Falterbaum/Bolk/Reiß · Buchführung und Bilanz

Grüne Reihe Band 10

Buchführung und Bilanz

unter besonderer Berücksichtigung
des Bilanzsteuerrechts und
der steuerrechtlichen Gewinnermittlung

Regierungsdirektor Hermann Falterbaum †,
Regierungsdirektor Wolfgang Bolk,
Prof. (Univ.) Dr. Wolfram Reiß,
Dipl.-Finanzwirt (FH) Roland Eberhart

18. Auflage
2001

Herausgeber:
Deutsche Steuer-Gewerkschaft

efv Erich Fleischer Verlag, Achim

Die Deutsche Bibliothek – CIP-Einheitsaufnahme

Falterbaum, Hermann:
Buchführung und Bilanz : unter besonderer Berücksichtigung
des Bilanzsteuerrechts und der steuerrechtlichen
Gewinnermittlung / von Hermann Falterbaum,
Wolfgang Bolk und Wolfram Reiß. Hrsg.: Deutsche Steuer-
Gewerkschaft. – Achim : Fleischer
  (Grüne Reihe ; Bd. 10)
  [Hauptbd.].. – 18. Aufl.. – 2001
   ISBN 3-8168-1108-6

ISBN 3-8168-1108-6

© 2001 Erich Fleischer Verlag, Achim bei Bremen

Ohne Genehmigung des Verlages ist es nicht gestattet, das Buch oder Teile daraus nachzudrucken oder auf fotomechanischem Wege zu vervielfältigen, auch nicht für Unterrichtszwecke. Auswertung durch Datenbanken oder ähnliche Einrichtungen nur mit Genehmigung des Verlages.

Gesamtherstellung: Graphischer Betrieb Ernst Gieseking GmbH, Bielefeld

Vorwort zur 18. Auflage

Das Bilanzsteuerrecht nimmt in Ausbildung, Praxis und Wissenschaft einen bedeutenden Raum ein. Die vorliegende 18. Auflage „Buchführung und Bilanz" will den vielfältigen Ansprüchen genügen, die der Lernende in Finanzverwaltung, Steuerberatung und Universität an ein Lehrbuch des Bilanzsteuerrechts stellt. Die Aufbereitung des Stoffes hilft einerseits dem Studienanfänger, sich die Grundsätze der Buchführung und der Erstellung des Jahresabschlusses zu erarbeiten und auch mithilfe von Übungen zu vertiefen, und andererseits dem Fortgeschrittenen im Studium und in der Praxis, sich die grundsätzlichen und besonderen Problemkreise des Bilanzsteuerrechts sowie des Jahresabschlusses bei Gesellschaften zu erschließen. Die eingearbeiteten umfangreichen Hinweise auf die Rechtsprechung mögen hier eine zusätzliche Hilfe sein. Dabei haben sich die Verfasser bemüht, das Bilanzsteuerrecht und die vorangehende handelsrechtliche Rechnungslegung weder nur aus dem Blickwinkel der Finanzverwaltung noch nur aus universitärer Sicht darzustellen.

„Buchführung und Bilanz" ist in den Jahren 1964 bis 1978 von **Hermann Falterbaum** als wichtiges Grundwerk der Ausbildung und Fortbildung geschaffen worden. **Heinz Beckmann** hat den „Falterbaum" fortgeführt und zu einem allgemein anerkannten Lehrbuch der Buchführung und des Bilanzsteuerrechts weiterentwickelt. Der „Falterbaum/Beckmann" ist durch die Bearbeitung von Heinz Beckmann nicht nur für das Studium an den Fachhochschulen für Finanzen unentbehrlich geworden, sondern dient insbesondere auch vielen Steuerberatern und Wirtschaftsprüfern im Rahmen ihrer Ausbildung sowie bei der Ausübung ihrer beruflichen Tätigkeit als wichtiger Wegweiser. Er wird auch an den externen Fachhochschulen und in der universitären Ausbildung geschätzt. Heinz Beckmann hat seine erfolgreiche Tätigkeit als Autor dieses Werkes mit dem Erscheinen der vorliegenden 18. Auflage beendet. Der Verlag und das neue Autorenteam wünschen ihm für den verdienten Ruhestand alles Gute. Wir sind sicher, dass Heinz Beckmann mit kritischem Rat die Fortführung seines Werkes begleiten wird.

Die Kontinuität und Qualität des Buches wird mit der Fortführung durch den bisherigen Mitautor, Regierungsdirektor **Wolfgang Bolk,** langjähriger Dozent an der Fachhochschule für Finanzen NW, Nordkirchen, gewährleistet. Wolfgang Bolk hat bereits in der Vorauflage insbesondere die Bereiche Bilanzsteuerrecht, Personengesellschaften und Kapitalgesellschaften betreut. Er ist seit vielen Jahren auch als Referent in Steuerberaterlehrgängen, Seminaren und Vortragsveranstaltungen für Steuerberater und Wirtschaftsprüfer tätig.

Für die umfangreiche Überarbeitung des gesamten Lehrbuches, die vor allem durch das Steuerentlastungsgesetz 1999/2000/2002, das Steuerbereinigungsgesetz 1999 und das Steuersenkungsgesetz 2001 sowie die zahlreichen Verwaltungsanweisungen und die umfangreiche neue Rechtsprechung erforderlich wurde, konnten zwei neue Mitautoren gewonnen werden. Diplom-Finanzwirt **Roland Eberhart** bringt dabei seine langjährige Erfahrung an der Fachhochschule für Finanzen in Baden-Württemberg ein. **Prof. Dr. Wolfram Reiß** ist im Steuerrecht ausgewiesen durch seine Beiträge im Fachschrifttum, seine Mitarbeit an Kommentaren des Einkommen- und Umsatzsteuerrechts sowie seine Lehrtätigkeit an der Universität Erlangen-Nürnberg, der TH Darmstadt und früher an der Fachhochschule für Finanzen NW.

Das neue Autorenteam bedankt sich bei den Mitarbeitern in Verlag und Druckerei für deren großes Engagement bei der Erstellung dieser Auflage. Unseren Lesern wünschen wir, dass dieses Lehrbuch die erhoffte Hilfe sein möge. Für Anregungen und Hinweise sind wir daher dankbar.

Erich Fleischer Verlag 2001　　Wolfgang Bolk　　Roland Eberhart　　Wolfram Reiß

Rechtsgrundlagen:

EStG	i. d. F. des Gesetzes zur Regelung der Bemessungsgrundlage für Zuschlagsteuern vom 21. 12. 2000 (BGBl 2000 I S. 1978)
EStDV	i. d. F. des Steuer-Euroglättungsgesetzes vom 19. 12. 2000 (BGBl 2000 I S. 1790)
EStR	vom 14. 12. 1999 (BStBl 1999 I, Sondernummer 3/1999)
Hinweise	„Amtliches Einkommensteuer-Handbuch 2000"
KStG	i. d. F. des Gesetzes zur Änderung des InvZulG 1999 vom 20. 12. 2000 (BGBl 2000 I S. 1850)
KStDV	i. d. F. des Steuer-Euroglättungsgesetzes vom 19. 12. 2000 (BGBl 2000 I S. 1790)
KStR	vom 15. 12. 1995 (BStBl 1996 I, Sondernummer 1/1996)
UmwStG	i. d. F. des Steuersenkungsgesetzes vom 23. 10. 2000 (BGBl 2000 I S. 1433)
UStG	i. d. F. des Steuersenkungsgesetzes vom 23. 10. 2000 (BGBl 2000 I S. 1433)
UStDV	i. d. F. des Steuerbereinigungsgesetzes vom 22. 12. 1999 (BGBl 1999 I S. 2601)
UStR 2000	vom 10. 12. 1999 (BStBl 1999 I, Sondernummer 2/1999)
GewStG	i. d. F. des Steuer-Euroglättungsgesetzes vom 19. 12. 2000 (BGBl 2000 I S. 1790)
GewStDV	i. d. F. des Steuer-Euroglättungsgesetzes vom 19. 12. 2000 (BGBl 2000 I S. 1790)
GewStR	vom 21. 12. 1998 (BStBl 1998 I, Sondernummer 2/1998)
GrEStG	i. d. F. des Steuer-Euroglättungsgesetzes vom 19. 12. 2000 (BGBl 2000 I S. 1790)
HGB	i. d. F. des KapCoRiLiG v. 24. 2. 2000 (BGBl 2000 I S. 154)
AktG	i. d. F. des KapCoRiLiG v. 24. 2. 2000 (BGBl 2000 I S. 154)
GmbHG	i. d. F. des HRefG v. 22. 6. 1998 (BGBl 1998 I S. 1474)

Inhaltsübersicht

			Seite
1	**Einführung**		
1.1	Einkunftsarten und ihre Gruppierung		37
1.2	Bedeutung der Buchführung für die Gewinnermittlung		
	1.2.1	Steuerrechtlicher Gewinnbegriff	38
	1.2.2	Übungsaufgabe 1: Fälle zur Gewinnermittlung	40
	1.2.3	Erfordernis der Buchführung	40
1.3	Zweige und Aufgaben des gesamten Rechnungswesens		
	1.3.1	Zweige des betrieblichen Rechnungswesens	41
	1.3.2	Aufgaben eines geordneten Rechnungswesens	42
	1.3.2.1	Buchführung	42
	1.3.2.2	Kosten- und Leistungsrechnung	42
	1.3.2.3	Statistik	42
	1.3.2.4	Planung	42
1.4	Buchführungs- und Aufzeichnungsvorschriften		
	1.4.1	Buchführungspflicht nach Handelsrecht	43
	1.4.2	Buchführungspflicht nach Steuerrecht	44
	1.4.2.1	Abgeleitete Buchführungspflicht nach § 140 AO	44
	1.4.2.2	Originäre Buchführungspflicht nach § 141 Abs. 1 AO	45
	1.4.2.3	Buchführungspflicht bei Sonderbetriebsvermögen	47
	1.4.2.4	Beginn der Buchführungspflicht	48
	1.4.2.5	Ende der Buchführungspflicht	50
	1.4.2.6	Besondere Buchführungspflicht für freiwillig Buch führende Land- und Forstwirte	50
	1.4.2.7	Besondere Buchführungspflicht beim gewerblichen Grundstückshandel	50
	1.4.3	Buchführungspflicht und Aufzeichnungspflicht	52
	1.4.3.1	Außersteuerrechtliche Aufzeichnungspflichten	52
	1.4.3.2	Steuerrechtliche Aufzeichnungspflichten	54
	1.4.4	Allgemeine Anforderungen an Buchführung und Aufzeichnungen	56
	1.4.5	Buchführungsmängel und Steuervergünstigungen	58
	1.4.6	Aufbewahrungspflicht	58
	1.4.7	Bewilligung von Erleichterungen	59
	1.4.8	Verletzung von Buchführungs- und Aufzeichnungspflichten	60
1.5	Buchführungssysteme		
	1.5.1	Einfache, doppelte und kameralistische Buchführung	61
	1.5.2	Wesen der einfachen Buchführung	61
	1.5.3	Wesen der doppelten Buchführung	63
2	**Grundlagen der Buchführung**		
2.1	Inventur und Inventar		
	2.1.1	Inventur	65
	2.1.2	Inventar	66
	2.1.3	Anforderungen, die an ein Inventar zu stellen sind	66
	2.1.4	Beispiel eines ordnungsmäßigen Inventars	68
	2.1.5	Inventurerleichterungen	70
	2.1.5.1	Zeitnahe Inventur	70
	2.1.5.2	Stichprobeninventur	70

Inhaltsübersicht

2.1.5.3	Permanente Inventur	71
2.1.5.4	Zeitlich verlegte Inventur	72
2.1.6	Erleichterungen bei der Inventarerstellung	73
2.1.6.1	Gruppenbewertung	73
2.1.6.2	Festbewertung	73
2.1.7	Rechtsfolge bei fehlender Bestandsaufnahme	74
2.1.8	Rechtsfolge bei unvollständiger Bestandsaufnahme	74
2.1.9	Folgen einer falschen Bewertung	74
2.2	Bilanz	
2.2.1	Aufstellung der Bilanz	75
2.2.1.1	Inhalt der Bilanz	75
2.2.1.2	Frist zur Bilanzaufstellung	76
2.2.1.3	Unterschied zwischen Bilanz und Bilanzkonto	78
2.2.2	Unterschied zwischen Inventar und Bilanz	78
2.2.3	Gliederung der Bilanz	78
2.2.3.1	Allgemeines	78
2.2.3.2	Inhalt der Bilanz (§ 247 HGB)	78
2.2.3.3	Besonderheiten bei Kapitalgesellschaften und GmbH & Co. KG	79
2.2.3.3.1	Größenklassen (§ 267 HGB)	79
2.2.3.3.2	Allgemeines zu Jahresabschluss und Gliederung der Bilanz	80
2.2.3.3.3	Gliederung der Bilanz für große Kapitalgesellschaften	81
2.2.3.3.4	Gliederung der Bilanz für mittelgroße Kapitalgesellschaften	82
2.2.3.3.5	Gliederung der Bilanz mittelgroßer Kapitalgesellschaften	82
2.2.3.3.6	Gliederung der Bilanz kleiner Kapitalgesellschaften	84
2.2.3.3.7	Gliederung der Bilanz von GmbH & Co. KG	84
2.2.3.3.8	Anlagengitter	85
2.2.3.4	Gliederung für bestimmte Unternehmen	86
2.2.3.5	Zusammenfassung	87
2.2.4	Beispiel einer ordnungsmäßigen Bilanz	87
2.2.5	Bilanzenzusammenhang (Bilanzidentität)	87
3	**Änderung der Bilanz durch Geschäftsvorfälle**	
3.1	Begriff und Einteilung der Geschäftsvorfälle	90
3.2	Betriebsvermögensumschichtungen	
3.2.1	Wesen und Arten der Umschichtungen	90
3.2.2	Aktivtausch	91
3.2.3	Passivtausch	92
3.2.4	Aktiv-Passiv-Tausch	92
3.2.4.1	Bilanzverlängerung (Erhöhung der Aktiva und Passiva)	92
3.2.4.2	Bilanzverkürzung (Minderung der Aktiva und Passiva)	93
3.3	Betriebsvermögensänderungen	
3.3.1	Wesen und Einteilung der Betriebsvermögensänderungen	93
3.3.2	Änderung des Kapitals durch Erträge und Aufwendungen	94
3.3.2.1	Betriebsvermögenserhöhungen durch Erträge (Gewinnerhöhungen)	94
3.3.2.2	Betriebsvermögensminderungen durch Aufwendungen (Gewinnminderungen)	95
3.3.3	Änderung des Kapitals durch Entnahmen und Einlagen	96
3.3.3.1	Betriebsvermögensminderungen durch Entnahmen	96
3.3.3.2	Betriebsvermögenserhöhungen durch Einlagen	97
3.3.3.3	Erfolgswirksame Entnahmen	97
3.3.3.3.1	Gewinnauswirkung bei abweichendem Teilwert	97
3.3.3.3.2	Teilwert höher als der Buchwert	97

	3.3.3.3.3	Teilwert niedriger als der Buchwert	98
	3.3.3.4	Entnahmen von Nutzungen und Leistungen	98
	3.3.3.5	Einlagen von Nutzungen und Leistungen (Aufwandseinlage)	99
3.4	Übersicht über die Arten von Geschäftsvorfällen		100
3.5	Übungsfälle		101
4	**Auflösung der Bilanz in Konten**		
4.1	Aufgabe und Begriff des Kontos		104
4.2	Doppelte Buchung		
	4.2.1	Buchung und Gegenbuchung	106
	4.2.2	Stornobuchung	107
4.3	Eröffnung der Konten		
	4.3.1	Eröffnungsbilanzkonto	108
	4.3.2	Durchführung der Konteneröffnung	108
	4.3.2.1	Eröffnung mit Eröffnungsbilanzkonto (EBK)	109
	4.3.2.2	Eröffnung ohne Eröffnungsbilanzkonto	109
	4.3.3	Verzicht auf Kontenvorträge	109
	4.3.4	Buchführung als zerlegte Bilanz	110
4.4	Sachkonten und Personenkonten		110
5	**Einteilung der Sachkonten**		
5.1	Bestandskonten		
	5.1.1	Wesen der Bestandskonten	111
	5.1.2	Aktive Bestandskonten (Vermögenskonten)	111
	5.1.3	Passive Bestandskonten	112
	5.1.4	Buchungen auf Bestandskonten	113
	5.1.4.1	Folgen der unterschiedlichen Buchungsregeln	113
	5.1.4.2	Übungsfälle	113
	5.1.5	Abschluss der Konten; Schlussbilanzkonto	114
	5.1.6	Übungsaufgabe 2: Buchung auf Bestandskonten	115
5.2	Unterkonten des Kapitalkontos		
	5.2.1	Gründe für die Buchung auf Unterkonten	116
	5.2.2	Gewinn- und Verlustkonto als Unterkonto für die betrieblich verursachten Kapitaländerungen	118
	5.2.3	Erfolgskonten als Unterkonten des Gewinn- und Verlustkontos	119
	5.2.3.1	Aufgabe der Erfolgskonten	119
	5.2.3.2	Aufwandskonten	120
	5.2.3.3	Ertragskonten	120
	5.2.3.4	Stellung und Abschluss der Erfolgskonten; Schaubild	121
	5.2.4	Privatkonto als Unterkonto für die außerbetrieblich veranlassten Kapitaländerungen	122
	5.2.4.1	Aufgabe des Privatkontos	122
	5.2.4.2	Entnahmekonto	122
	5.2.4.3	Einlagekonto	123
	5.2.4.4	Stellung und Abschluss der Privatkonten; Schaubild	123
	5.2.5	Zusammenhang der Konten mit der Bilanz	123
	5.2.6	Übungsaufgabe 3: Buchung auf Bestands- und Erfolgskonten	124
	5.2.7	Kapitalentwicklung	125
5.3	Gemischte Konten		
	5.3.1	Besonderheit der gemischten Konten	126

Inhaltsübersicht

	5.3.2	Gemischte Konten, bei denen beim Abschluss zuerst der Bestand festzustellen ist (Erfolgskonten mit Bestand)	127
	5.3.2.1	Wesen und Inhalt	127
	5.3.2.2	Übungsbeispiele	129
	5.3.2.3	Auflösung der Erfolgskonten mit Bestand	130
	5.3.3	Konten für Wirtschaftsgüter des abnutzbaren Anlagevermögens (Bestandskonten mit Erfolg)	132
5.4		Zusammenfassende Übersicht über die Kontenarten und den Konteninhalt	134
5.5		Schematische Darstellung des Jahresabschlusses unter Berücksichtigung der gemischten Konten	135
5.6		Umsatzsteuer-Konten	
	5.6.1	Erfüllung der Aufzeichnungspflichten im Rahmen der Buchführung	136
	5.6.2	USt-Schuldkonto	136
	5.6.2.1	Aufgabe und Wesen des USt-Schuldkontos	136
	5.6.2.2	Nettoverfahren	136
	5.6.2.3	Bruttoverfahren	137
	5.6.3	Vorsteuerkonto	137
	5.6.3.1	Aufgabe und Wesen des Vorsteuerkontos	137
	5.6.3.2	Nettoverfahren	138
	5.6.3.3	Bruttoverfahren	139
	5.6.4	Herausrechnung der USt beim Bruttoverfahren	139
	5.6.5	Abschluss der Umsatzsteuer-Konten	139
	5.6.6	Besonderheiten bei Versteuerung nach vereinnahmten Entgelten	142
	5.6.7	Mindest-Istversteuerung	142
	5.6.8	Innergemeinschaftlicher Erwerb	144
5.7		Übungsaufgabe 4: Buchung auf Bestands-, Erfolgs- und gemischten Konten	145
6		**Buchungssatz**	
6.1		Bedeutung des Buchungssatzes	148
6.2		Bilden einfacher und zusammengesetzter Buchungssätze für die laufenden Buchungen	
	6.2.1	Einfache Buchungssätze	148
	6.2.2	Zusammengesetzte Buchungssätze	149
	6.2.3	Zerlegung und Zusammenfassung von Geschäftsvorfällen	151
	6.2.4	Übungsaufgabe 5: Bildung von Buchungssätzen und Feststellung der Auswirkung von Geschäftsvorfällen auf Betriebsvermögen und Gewinn	152
6.3		Deuten von Buchungssätzen	
	6.3.1	Begriff und Grundsätze	153
	6.3.2	Übungsaufgabe 6: Deuten von Buchungssätzen und Feststellung der Auswirkung des Geschäftsvorfalls auf Betriebsvermögen und Gewinn	155
6.4		Kontenruf	156
6.5		Buchungssätze für die Konteneröffnung	156
6.6		Buchungssätze für den Kontenabschluss	157
7		**Warenkonto**	
7.1		Einheitliches (gemischtes) Warenkonto	158
	7.1.1	Inhalt des einheitlichen Warenkontos	158
	7.1.2	Wesen des ungeteilten Warenkontos	160
7.2		Warenbestandskonto und Warenerfolgskonto	160

Inhaltsübersicht

7.3		Wareneinkaufskonto und Warenverkaufskonto	
	7.3.1	Begründung für die Auflösung in zwei getrennte Konten	161
	7.3.2	Inhalt der getrennten Warenkonten	162
	7.3.2.1	Wareneinkaufskonto	162
	7.3.2.2	Warenverkaufskonto	163
	7.3.3	Abschluss der getrennten Warenkonten	164
	7.3.3.1	Nettoabschluss	164
	7.3.3.2	Bruttoabschluss	164
	7.3.3.3	Übungsaufgabe 7: Nettoabschluss und Bruttoabschluss	166
7.4		Wareneinkaufskonto und Warenbestandskonto	166
7.5		Rohgewinnsatz und Rohgewinnaufschlagsatz	
	7.5.1	Bedeutung für die Verprobung	167
	7.5.2	Begriff des wirtschaftlichen Rohgewinns	167
	7.5.3	Wirtschaftlicher Wareneinsatz	168
	7.5.4	Wirtschaftlicher Umsatz	169
	7.5.4.1	Begriff	169
	7.5.4.2	Besonderheiten bei Fertigungsbetrieben	169
	7.5.5	Umrechnung Rohgewinnsatz – Rohgewinnaufschlagsatz	169
7.6		Übungsaufgabe 8	170
7.7		Buchung von Frachten und anderen Bezugskosten	172
7.8		Buchung von Skonti, Rabatten und Boni	
	7.8.1	Skonto	173
	7.8.2	Rabatt	175
	7.8.3	Bonus	176
	7.8.4	Auswirkungen auf die Umsatzsteuer und Buchungen	177
	7.8.4.1	Skonto	177
	7.8.4.1.1	Minderung des Entgelts beim Leistenden	177
	7.8.4.1.2	Minderung des Einkaufsentgelts beim Leistungsempfänger	179
	7.8.4.2	Rabatte und Boni	179
	7.8.4.2.1	Minderung des Entgelts beim Leistenden	179
	7.8.4.2.2	Minderung des Einkaufsentgelts beim Leistungsempfänger	181
7.9		Buchung der Warenentnahmen für private Zwecke; innerbetrieblicher Verbrauch, Schwund und Warendiebstahl	
	7.9.1	Warenentnahmen	182
	7.9.1.1	Buchung auf dem Wareneinkaufskonto	182
	7.9.1.2	Buchung auf einem besonderen Erlöskonto	183
	7.9.2	Innerbetrieblicher Verbrauch, Schwund und Warendiebstahl	183
	7.9.3	Übungsaufgabe 9: Gewinnauswirkung bei Nichtbuchung	184
7.10		Änderung des Warenbestands und die Auswirkung auf den Gewinn	
	7.10.1	Begründung der Gewinnberichtigung	185
	7.10.2	Übungsaufgabe 10	186
8		**Jahresabschluss**	
8.1		Aufgabe und Durchführung des Jahresabschlusses	188
8.2		Vorbereitende Abschlussbuchungen	
	8.2.1	Zweck der vorbereitenden Abschlussbuchungen	188
	8.2.2	Richtigstellung von Erfolgskonten zwecks Abgrenzung der betrieblichen und privaten Sphäre	189
	8.2.2.1	Kraftfahrzeugkosten (privatanteilige Autokosten)	189
	8.2.2.2	Telefonkosten	195

	8.2.2.3	Nutzungswert der Wohnung im eigenen Haus	197
	8.2.2.4	Privatanteilige Haus- und Grundstücksaufwendungen bei Vermietung	198
	8.2.2.5	Grundstücksaufwendungen bei Grundstücksteilen von untergeordneter betrieblicher Bedeutung	199
	8.2.2.6	Warenentnahme für private Zwecke	200
	8.2.3	Nicht abzugsfähige Betriebsausgaben nach § 4 Abs. 5 EStG	201
	8.2.3.1	Allgemeine Grundsätze	201
	8.2.3.2	Fahrten zwischen Wohnung und Betriebsstätte bis 31. 12. 2000	203
	8.2.3.3	Entfernungspauschale ab 2001	204
	8.2.3.4	Arbeitszimmer	206
	8.2.4	Nicht abzugsfähige Betriebsausgaben bei fehlender Benennung des Zahlungsempfängers	208
	8.2.5	Rechnungsabgrenzungsposten	208
	8.2.5.1	Aufgabe der Rechnungsabgrenzungsposten	208
	8.2.5.2	Einteilung der Rechnungsabgrenzungsposten	208
	8.2.5.3	Voraussetzungen der Rechnungsabgrenzung	209
	8.2.5.4	Übersicht über die Fälle der Rechnungsabgrenzung	209
	8.2.5.5	Buchung der Abgrenzungsposten beim Jahresabschluss	212
	8.2.5.6	Auflösung der Abgrenzungsposten in späteren Wirtschaftsjahren	214
	8.2.5.7	Wesen der Rechnungsabgrenzungsposten	214
	8.2.5.8	Ausweispflicht	215
	8.2.5.9	Behandlung der Umsatzsteuer	216
	8.2.5.10	Abgrenzungsfragen zum Tatbestandsmerkmal „Bestimmte Zeit"	217
	8.2.5.11	Einzelfragen zur Rechnungsabgrenzung aus der Rechtsprechung	221
	8.2.6	Sonstige Forderungen und sonstige Verbindlichkeiten	225
	8.2.6.1	Aktivierung und Passivierung	225
	8.2.6.2	Auflösung	226
	8.2.6.3	Behandlung der Umsatzsteuer	227
	8.2.7	Rückstellungen	227
	8.2.7.1	Allgemeine Grundsätze	227
	8.2.7.2	Bildung und Auflösung der Rückstellungen	228
	8.2.8	Kapitalangleichungsbuchungen	229
	8.2.9	Übungsaufgabe 11	230
8.3	Abschluss der Erfolgskonten		
	8.3.1	Reihenfolge der Abschlussbuchungen	232
	8.3.2	Aufwandskonten	232
	8.3.3	Ertragskonten	232
8.4	Abschluss der gemischten Konten		
	8.4.1	Erfolgskonten mit Bestand	233
	8.4.2	Konten für Wirtschaftsgüter des abnutzbaren Anlagevermögens	233
8.5	Abschluss des Gewinn-und-Verlust-Kontos und des Privatkontos		
	8.5.1	Abschluss über das Kapitalkonto	233
	8.5.2	Abschluss des Gewinn-und-Verlust-Kontos über das Schlussbilanzkonto	234
	8.5.3	Abschluss der Privatkonten über das Schlussbilanzkonto	235
	8.5.4	Übungsaufgabe 12	237
8.6	Abschluss der Bestandskonten		237
8.7	Vorbereitung des Jahresabschlusses durch die Aufstellung einer Hauptabschlussübersicht		
	8.7.1	Aufgabe der Hauptabschlussübersicht	238

	8.7.2	Summenbilanz	238
	8.7.3	Saldenbilanz (Überschussbilanz)	240
	8.7.4	Schlussbilanz und Gewinn-und-Verlust-Rechnung	240
	8.7.5	Übungsaufgaben zur Fertigung einer Hauptabschlussübersicht ohne Umbuchungsspalte	242
	8.7.5.1	Übungsaufgabe 13	242
	8.7.5.2	Übungsaufgabe 14: Gemischte Konten	242
	8.7.5.3	Übungsaufgabe 15	243
	8.7.6	Hauptabschlussübersicht mit Umbuchungsspalte	243
	8.7.7	Übungsaufgaben zur Hauptabschlussübersicht mit Umbuchungsspalte	245
	8.7.7.1	Übungsaufgabe 16	245
	8.7.7.2	Übungsaufgabe 17	247
	8.7.7.3	Übungsaufgabe 18	248

9 Gewinn-und-Verlust-Rechnung

9.1 Bedeutung
- 9.1.1 Erfolgsrechnung der doppelten Buchführung ... 254
- 9.1.2 Gewinn-und-Verlust-Konto und Gewinn-und-Verlust-Rechnung ... 255

9.2 Gliederung der Gewinn-und-Verlust-Rechnung
- 9.2.1 Allgemeines ... 255
- 9.2.2 Gliederung der Gewinn-und-Verlust-Rechnung nach dem Gesamtkostenverfahren für große Kapitalgesellschaften (§ 275 Abs. 2 HGB) ... 256
- 9.2.3 Gliederung der Gewinn-und-Verlust-Rechnung nach dem Umsatzkostenverfahren für große Kapitalgesellschaften (§ 275 Abs. 3 HGB) ... 257
- 9.2.4 Gliederung der Gewinn-und-Verlust-Rechnung nach dem Gesamtkostenverfahren für kleine und mittelgroße Kapitalgesellschaften (§ 276 i. V. m. § 275 Abs. 2 HGB) ... 258
- 9.2.5 Gliederung der Gewinn-und-Verlust-Rechnung nach dem Umsatzkostenverfahren für kleine und mittelgroße Kapitalgesellschaften (§ 276 i. V. m. § 275 Abs. 3 HGB) ... 259
- 9.2.6 Gliederung für Einzelkaufleute und Personengesellschaften ... 259

10 Organisation der doppelten Buchführung

10.1 Bücherarten
- 10.1.1 Grundbücher ... 260
- 10.1.1.1 Bedeutung ... 260
- 10.1.1.2 Kassenbuch ... 260
- 10.1.1.3 Sonstige Grundbücher ... 261
- 10.1.1.4 Geordnete Belegablage oder Datenträger als Grundbuch ... 262
- 10.1.1.5 Zeitnahe Erfassung der Geschäftsvorfälle im Grundbuch ... 262
- 10.1.1.6 Kreditgeschäfte ... 262
- 10.1.2 Hauptbuch ... 262
- 10.1.3 Nebenbücher ... 263
- 10.1.3.1 Geschäftsfreundebuch (Kontokorrent) ... 263
- 10.1.3.2 Offene-Posten-Buchhaltung ... 264
- 10.1.3.3 Befreiung von der Führung eines Geschäftsfreundebuches ... 265
- 10.1.3.4 Weitere Nebenbücher ... 265
- 10.1.4 Hilfsbücher ... 266
- 10.1.5 Übungsaufgabe 19 ... 266

Inhaltsübersicht

10.2	Methoden der doppelten Buchführung	
	10.2.1 Amerikanische Methode (Übungsaufgabe 20)	268
	10.2.2 Durchschreibebuchführung	268
10.3	Elektronische Datenverarbeitung	
	10.3.1 Wesen der elektronischen Datenverarbeitung	271
	10.3.2 Buchführung mit Datenverarbeitungsanlagen	272
	10.3.3 DATEV-Buchführungssystem	274
	10.3.3.1 Überblick	274
	10.3.3.2 Primanota und Journal	276
	10.3.3.3 Laufende Konten	276
	10.3.3.4 Das DATEV-Kontenbuch	277
	10.3.3.5 Überblick über den Arbeitsablauf bei der DATEV	277
	10.3.3.6 Der DATEV-Buchungssatz	278
	10.3.3.7 Im-Haus-Lösung	281
10.4	Kontenrahmen, Kontenplan	
	10.4.1 Bedeutung für die Vergleichbarkeit der Buchführungsergebnisse	282
	10.4.2 Notwendigkeit der Kontenaufgliederung	282
	10.4.3 Unterschied zwischen Kontenrahmen und Kontenplan	283
	10.4.3.1 DATEV-Spezialkontenrahmen (SKR)	283
	10.4.3.2 Industriekontenrahmen (IKR)	283
11	**Schwierige Buchungen**	
11.1	Löhne und Gehälter	
	11.1.1 Bruttolöhne	289
	11.1.2 Nettolöhne	292
	11.1.3 Lohnvorschüsse	292
	11.1.4 Abschlagszahlungen	293
	11.1.5 Sachbezüge	293
	11.1.6 Überlassung von Fahrzeugen zur Nutzung durch Arbeitnehmer	299
11.2	Wechselgeschäfte	
	11.2.1 Wesen, Arten und Verwertung des Wechsels	300
	11.2.2 Normaler Lauf eines Warenwechsels	301
	11.2.2.1 Buchungen beim Aussteller	301
	11.2.2.1.1 Weitergabe an einen Lieferanten	302
	11.2.2.1.2 Diskontierung	303
	11.2.2.1.3 Aufbewahrung bis zum Verfalltag	304
	11.2.2.2 Buchungen beim Bezogenen	304
	11.2.2.3 Buchungen beim Wechselnehmer	305
	11.2.3 Prolongationswechsel	305
	11.2.3.1 Bedeutung der Prolongation	305
	11.2.3.2 Buchungen beim Aussteller	306
	11.2.3.3 Buchungen beim Bezogenen	307
	11.2.4 Wechselprotest und Rückgriff	307
	11.2.4.1 Gesonderte Erfassung der Protest(Rück)wechsel	307
	11.2.4.2 Buchungen beim Regressnehmer (Lieferant)	308
	11.2.4.3 Buchungen beim Regresspflichtigen (Kunde)	308
	11.2.5 Wechselobligo	309
11.3	Verkauf von Anlagegütern und Wertpapieren	
	11.3.1 Erfassung des Veräußerungsgewinns (-verlusts)	309
	11.3.2 Identitätsnachweis bei Wertpapieren	311

Inhaltsübersicht

11.4	Dividenden und Zinsen aus Wertpapieren		
	11.4.1	Abgrenzung gegenüber den Einkünften aus Kapitalvermögen	311
	11.4.2	Kapitalertragsteuerabzug	312
	11.4.3	Anrechenbare Körperschaftsteuer (Steuergutschrift)	312
	11.4.3.1	Rechtslage bis einschl. 2001	312
	11.4.3.2	Rechtslage nach dem Steuersenkungsgesetz	314
	11.4.4	Steuerrechtliche Behandlung der Stückzinsen	315
11.5	Erträge aus Beteiligungen		
	11.5.1	Begriff der Beteiligung	316
	11.5.2	Beteiligungen an Kapitalgesellschaften	316
	11.5.3	Beteiligung an Personengesellschaften	319
	11.5.3.1	Unterschiedliche Behandlung in Handels- und Steuerbilanz	319
	11.5.3.2	Behandlung in der Handelsbilanz	319
	11.5.3.3	Behandlung in der Steuerbilanz	320
	11.5.3.4	Beteiligung an vermögensverwaltenden Personengesellschaften	323
11.6	Devisengeschäfte		324
11.7	Kommissionsgeschäfte		
	11.7.1	Wesen und Inhalt des Kommissionsgeschäfts	325
	11.7.2	Einkaufskommission	326
	11.7.2.1	Erforderliche Konten	326
	11.7.2.2	Buchungsbeispiel zur Einkaufskommission	326
	11.7.2.2.1	Buchungen beim Kommissionär mit Kommissionswarenkonto	327
	11.7.2.2.2	Buchungen beim Kommissionär ohne Kommissionswarenkonto	327
	11.7.2.2.3	Buchungen beim Kommittenten	327
	11.7.2.3	Bilanzierung der Kommissionsware	328
	11.7.3	Verkaufskommission	328
	11.7.3.1	Erforderliche Konten	328
	11.7.3.2	Buchungsbeispiel zur Verkaufskommission	329
	11.7.3.2.1	Buchungen beim Kommissionär mit Kommissionswarenkonto	330
	11.7.3.2.2	Buchungen beim Kommissionär ohne Kommissionswarenkonto	330
	11.7.3.2.3	Buchungen beim Kommittenten	331
	11.7.3.3	Bilanzierung der Kommissionsware	332
11.8	Darlehensabgeld und Darlehensaufgeld		
	11.8.1	Darlehensabgeld (Damnum, Disagio)	332
	11.8.2	Darlehensaufgeld (Agio)	335
	11.8.3	Behandlung beim Darlehensgläubiger	335
12	**Bilanzierung und Bewertung nach Handelsrecht – Berührungspunkte zum Steuerrecht**		
12.1	Handelsrechtliche Rechnungslegungsvorschriften		336
12.2	Bilanzierung		
	12.2.1	Handelsbilanz und Steuerbilanz	336
	12.2.2	Handelsrechtliche Grundsätze ordnungsmäßiger Buchführung	337
	12.2.3	Einfluss der Bilanztheorien auf die Bilanzierung	338
	12.2.3.1	Statische Bilanzauffassung	338
	12.2.3.2	Dynamische Bilanzauffassung	339
	12.2.3.3	Pagatorische Bilanzauffassung	340
	12.2.3.4	Organische Bilanzauffassung	340
	12.2.3.5	Bedeutung der verschiedenen Bilanzauffassungen für die Steuerbilanz	341
	12.2.3.6	Bedeutung des Handelsrechts für die Steuerbilanz	341

Inhaltsübersicht

	12.2.4	Maßgeblichkeit der handelsrechtlichen Grundsätze ordnungsmäßiger Buchführung für die Bilanzierung nach Handels- und Steuerrecht (Ansatz dem Grunde nach)...............................	342
	12.2.4.1	Rechtsgrundlage	342
	12.2.4.2	Handelsrechtliche Aktivierungs- und Passivierungsgebote	342
	12.2.4.3	Handelsrechtliche Aktivierungs- und Passivierungsverbote	345
	12.2.4.4	Handelsrechtliche Bilanzierungswahlrechte	346
12.3	Grundzüge der Bewertung in der Handelsbilanz		
	12.3.1	Bewertung des abnutzbaren Anlagevermögens........................	348
	12.3.1.1	Grundsatz	348
	12.3.1.2	Voraussichtlich dauernde Wertminderung	348
	12.3.1.3	Vorübergehende Wertminderung...	348
	12.3.1.4	Abschreibung zwecks Bildung stiller Rücklagen......................	348
	12.3.1.5	Steuerrechtliche Abschreibungen..	349
	12.3.1.6	Grundsatz der Beibehaltung niedrigerer Wertansätze	349
	12.3.1.7	Einschränkungen bei Kapitalgesellschaften und GmbH & Co. KG	349
	12.3.1.7.1	Allgemeines	349
	12.3.1.7.2	Wertaufholungsgebot...	350
	12.3.1.7.3	Steuerrechtliche Abschreibungen und Sonderposten mit Rücklageanteil	351
	12.3.1.8	Beispiele	352
	12.3.1.9	Übungsaufgabe 21: Bewertung des abnutzbaren Anlagevermögens bei einer Kapitalgesellschaft	357
	12.3.2	Bewertung des nicht abnutzbaren Anlagevermögens.................	357
	12.3.2.1	Grundsatz	357
	12.3.2.2	Berücksichtigung einer Wertminderung................................	357
	12.3.2.3	Wertaufholung/Beibehaltungswahlrecht................................	358
	12.3.2.4	Wertaufholungsgebot für Kapitalgesellschaften.......................	358
	12.3.2.5	Steuerrechtlich geregelte Abschreibungen	358
	12.3.2.6	Beispiele	358
	12.3.3	Bewertung des Umlaufvermögens.......................................	359
	12.3.3.1	Grundsatz	359
	12.3.3.2	Niedriger Börsenkurs oder Marktpreis	359
	12.3.3.3	Niedriger beizulegender Wert	359
	12.3.3.4	Naher Zukunftswert	360
	12.3.3.5	Wertaufholung/Beibehaltung...	360
	12.3.3.6	Wertaufholungsgebot für Kapitalgesellschaften.......................	360
	12.3.3.7	Sonstiges	361
	12.3.3.8	Beispiele	361
	12.3.3.9	Übungsaufgabe 22: Bewertung des Umlaufvermögens..............	363
	12.3.3.10	Übungsaufgabe 23: Bewertung des Umlaufvermögens bei einer Kapitalgesellschaft	363
	12.3.4	Sonderposten mit Rücklageanteil..	364
	12.3.4.1	Grundsatz	364
	12.3.4.2	Einschränkungen bei Kapitalgesellschaften	364
	12.3.4.3	Erweiterung bei Kapitalgesellschaften..................................	365
	12.3.5	Steuerabgrenzung...	366
	12.3.5.1	Rückstellung für latente Steuern (§ 274 Abs. 1 HGB)................	366
	12.3.5.2	Bilanzierungshilfe für latente Steuern	367
12.4	Übersichten zum Anlage- und Umlaufvermögen		
	12.4.1	Übersicht über die Bewertung des Anlagevermögens	368
	12.4.2	Übersicht über die Bewertung des Umlaufvermögens................	371

# Inhaltsübersicht

13	**Bilanzierung in der Steuerbilanz**		
13.1	Begriff des Bilanzsteuerrechts		373
13.2	Bilanzierung und Bewertung in der Steuerbilanz		373
13.3	Gegenstand der Bilanzierung		
	13.3.1	Zusammensetzung des Betriebsvermögens	374
	13.3.2	Begriff des Wirtschaftsguts	374
	13.3.2.1	Fehlen einer Legaldefinition	374
	13.3.2.2	Folgen der wirtschaftlichen Betrachtungsweise	375
	13.3.2.3	Anlehnung an das Handelsrecht	377
	13.3.2.4	Selbstständige Bewertbarkeit	377
	13.3.2.5	Bedeutung der Verkehrsauffassung	379
	13.3.2.6	Ohne Aufwendungen entstandene Wirtschaftsgüter	379
	13.3.3	Einheitliche Behandlung eines Wirtschaftsguts	380
	13.3.4	Materielle und immaterielle Wirtschaftsgüter	381
	13.3.5	Abgrenzung der immateriellen Einzelwirtschaftsgüter vom Firmenwert	382
	13.3.6	Immaterielle Einzelwirtschaftsgüter	383
	13.3.6.1	Begriff	383
	13.3.6.2	Voraussetzung für die Aktivierung von Aufwendungen	385
	13.3.6.3	Aktivierungspflicht	387
	13.3.6.4	Aktivierungsverbot für selbst geschaffene immaterielle Anlagegüter	388
	13.3.6.5	Entgeltlicher Erwerb	389
	13.3.6.6	Entgeltlicher Erwerb bei Zuschüssen und Abstandszahlungen	392
	13.3.7	Abgrenzung der immateriellen Einzelwirtschaftsgüter von den Rechnungsabgrenzungsposten	394
	13.3.8	Gebäudeteile, die selbstständige Wirtschaftsgüter sind	395
	13.3.9	Sonstige selbstständige Gebäudeteile	395
	13.3.9.1	Voraussetzungen	395
	13.3.9.2	Wertmaßstab für die Aufteilung auf die einzelnen Wirtschaftsgüter	396
	13.3.9.3	Vereinfachungsregelung	396
	13.3.9.4	Eigenbetrieblich genutzte Gebäudeteile	396
	13.3.9.5	Fremdbetrieblich genutzte Gebäudeteile	397
	13.3.9.6	Zu fremden Wohnzwecken genutzte Gebäudeteile	397
	13.3.10	Zeitpunkt der Bilanzierung von Wirtschaftsgütern	398
13.4	Bilanzierungspflichtiger		
	13.4.1	Zurechnung beim zivilrechtlichen Eigentümer	403
	13.4.2	Zurechnung bei Auseinanderfallen von zivilrechtlichem und wirtschaftlichem Eigentum	403
	13.4.3	Begriff des wirtschaftlichen Eigentums	404
13.5	Umfang des Betriebsvermögens		
	13.5.1	Erfordernis der Abgrenzung vom Privatvermögen	408
	13.5.2	Zugehörigkeitskriterien	409
	13.5.3	Notwendiges Betriebsvermögen	412
	13.5.3.1	Wirtschaftsgüter	412
	13.5.3.2	Schulden	417
	13.5.3.2.1	Betriebliche Veranlassung	417
	13.5.3.2.2	Kontokorrentschulden	420
	13.5.3.2.3	Zweikontenmodell	422
	13.5.3.2.4	Beschränkung des Schuldzinsenabzugs nach § 4 Abs. 4 a EStG	425
	13.5.4	Notwendiges Privatvermögen	430
	13.5.5	Gewillkürtes Betriebsvermögen	431

17

Inhaltsübersicht

13.5.6	Teilweise betriebliche Nutzung	435
13.5.7	Zugehörigkeit von Grundstücken und Grundstücksteilen einschl. der sonstigen selbstständigen Gebäudeteile zum Betriebsvermögen	437
13.5.7.1	Allgemeines	437
13.5.7.2	Grundstücke als notwendiges Betriebsvermögen	437
13.5.7.2.1	Grundsatz	437
13.5.7.2.2	Wahlrecht bei Grundstücksteilen von untergeordnetem Wert	439
13.5.7.3	Grundstücke als gewillkürtes Betriebsvermögen	440
13.5.7.3.1	Vermietete Grundstücke oder Grundstücksteile	440
13.5.7.3.2	Zu eigenen Wohnzwecken genutzte Grundstücksteile	441
13.5.7.4	Wertmaßstab für die Aufteilung	442
13.5.8	Zugehörigkeit von Wertpapieren zum Betriebsvermögen	442
13.5.9	Wegfall der Voraussetzungen für die Behandlung als Betriebsvermögen	442
13.5.9.1	Eindeutige Entnahmehandlung	442
13.5.9.2	Nutzungsänderung	444
13.5.10	Einheitliche Beurteilung von Grund und Boden und Gebäude	446
13.5.11	Aufteilung des Grund und Bodens bei Gebäuden, die aus mehreren sonstigen selbstständigen Gebäudeteilen bestehen	446

14 Allgemeine Bilanzierungs- und Bewertungsgrundsätze

14.1	Maßgeblichkeit der Handelsbilanz für die Steuerbilanz	
14.1.1	Inhalt des Maßgeblichkeitsgrundsatzes	448
14.1.2	Maßgeblichkeit für die Bilanzierung bei steuerrechtlichen Bilanzierungswahlrechten	449
14.1.3	Maßgeblichkeit für die Bewertung bei steuerrechtlichen Bewertungswahlrechten	449
14.1.4	Umkehrung des Maßgeblichkeitsgrundsatzes in der Praxis	452
14.2	Stichtagsprinzip	
14.2.1	Maßgebende Bilanzierungs- und Bewertungszeitpunkte	452
14.2.2	Bedeutung von Vorgängen nach dem Bilanzstichtag	453
14.2.3	Bessere Erkenntnis bis zur Bilanzaufstellung	454
14.2.4	Bessere Erkenntnis nach Bilanzaufstellung	458
14.3	Bilanzklarheit und Bilanzwahrheit	
14.3.1	Bilanzklarheit (Generalnorm)	458
14.3.2	Bilanzwahrheit	459
14.4	Prinzipien der Bilanzverknüpfung	
14.4.1	Begriff und Arten der Bilanzverknüpfung	460
14.4.2	Bilanzenidentität (Bilanzenzusammenhang)	460
14.4.2.1	Begriff	460
14.4.2.2	Zweck des Bilanzenzusammenhangs	460
14.4.3	Bilanzkontinuität	462
14.4.3.1	Formelle Bilanzkontinuität	462
14.4.3.2	Materielle Bilanzkontinuität	462
14.5	Steuerrechtliche Folgen des Bilanzenzusammenhangs	
14.5.1	Bedeutung der materiellen Bestandskraft des Steuerbescheids für die Steuerbilanz	464
14.5.2	Rückwärtsberichtigung bei fehlerhafter Vorjahresbilanz	466
14.5.3	Erfolgswirksame Berichtigung in der nächsten Schlussbilanz	467
14.5.4	Steuerneutrale Berichtigung	473
14.5.4.1	Voraussetzungen	473

	14.5.4.2	Technische Durchführung der Bilanzberichtigung	475
	14.5.5	Durchbrechung des Bilanzenzusammenhangs in besonderen Fällen	476
	14.5.6	Besonderheiten bei Schätzung im Vorjahr	476
	14.5.7	Wiederherstellung des Bilanzenzusammenhangs nach einer Außenprüfung	477
15	**Bewertung der Wirtschaftsgüter des Betriebsvermögens**		
15.1	Allgemeines über die Bewertung		
	15.1.1	Erfordernis und Begriff der Bewertung	479
	15.1.2	Inhalt der handelsrechtlichen und steuerrechtlichen Bewertungsvorschriften	479
	15.1.3	Bewertungsvorbehalt nach § 5 Abs. 6 EStG	480
15.2	Bewertungsmaßstäbe		
	15.2.1	Begriff des Bewertungsmaßstabs	482
	15.2.2	Bewertungsmaßstäbe nach dem Einkommensteuergesetz	482
	15.2.3	Aussagekraft der wichtigsten Bewertungsmaßstäbe	482
15.3	Bewertungsverfahren		
	15.3.1	Einzelbewertung	483
	15.3.2	Gruppenbewertung (Sammelbewertung)	484
	15.3.3	Durchschnittsbewertung	485
	15.3.4	Bewertung nach unterstellten Verbrauchs- und Veräußerungsfolgen	486
	15.3.4.1	Allgemeines	486
	15.3.4.2	Zulässigkeit nach Handelsrecht	487
	15.3.4.3	Zulässigkeit nach Steuerrecht	487
	15.3.4.4	Das Lifo-Verfahren	487
	15.3.4.4.1	Voraussetzungen	487
	15.3.4.4.2	Wirtschaftsgüter des Vorratsvermögens	488
	15.3.4.4.3	Gleichartige Wirtschaftsgüter	488
	15.3.4.4.4	Übereinstimmung mit den handelsrechtlichen Grundsätzen ordnungsmäßiger Buchführung	490
	15.3.4.4.5	Keine Beeinträchtigung des Niederstwertprinzips	490
	15.3.4.4.6	Methoden der Lifo-Bewertung	491
	15.3.4.4.7	Permanentes (gleitendes) Lifo-Verfahren	491
	15.3.4.4.8	Perioden-Lifo-Verfahren	492
	15.3.4.4.8.1	Gleich bleibender Bestand	492
	15.3.4.4.8.2	Endbestand höher als Anfangsbestand	492
	15.3.4.4.8.3	Endbestand niedriger als Anfangsbestand	494
	15.3.4.4.9	Beachtung des Niederstwertprinzips	495
	15.3.4.4.10	Übergang zum Lifo-Verfahren in der Steuerbilanz	496
	15.3.4.4.11	Übergang auf eine andere Bewertungsmethode	497
	15.3.4.5	Zusammenfassung	498
	15.3.5	Festbewertung	498
	15.3.5.1	Zulässigkeit	498
	15.3.5.2	Wahlrecht	500
	15.3.5.3	Höhe des Festwerts	501
	15.3.5.4	Änderung des Festwerts	503
	15.3.5.5	Aufgabe der Festbewertung	504
15.4	Anschaffungskosten		
	15.4.1	Begriff	505
	15.4.2	Ermittlung der Anschaffungskosten	506

Inhaltsübersicht

	15.4.3	Zeitpunkt für die Ermittlung der Anschaffungskosten	506
	15.4.4	Erwerbsnebenkosten	508
	15.4.5	Abgrenzung von den Herstellungskosten	509
	15.4.6	Vorsteuerbeträge nach § 15 UStG	510
	15.4.6.1	Abziehbare Vorsteuer	510
	15.4.6.2	Nicht abziehbare Vorsteuer	511
	15.4.6.3	Teilweise abziehbare Vorsteuer	512
	15.4.6.4	Berichtigung des Vorsteuerabzugs nach § 15 a UStG	514
	15.4.7	Anschaffungspreisminderungen	515
	15.4.8	Geldbeschaffungskosten (Finanzierungskosten)	516
	15.4.9	Abgrenzung Finanzierungskosten – Anschaffungskosten	517
	15.4.10	Aufteilung eines Gesamtkaufpreises	517
	15.4.11	Einzelfragen	519
15.5	Besondere Anschaffungsvorgänge		
	15.5.1	Erwerb auf Rentenbasis	524
	15.5.1.1	Begriff und Abgrenzung der Renten	524
	15.5.1.2	Steuerrechtliche Behandlung beim Berechtigten	526
	15.5.1.2.1	Veräußerung einzelner Wirtschaftsgüter	526
	15.5.1.2.2	Veräußerung eines Betriebs, Teilbetriebs oder Mitunternehmeranteils	527
	15.5.1.3	Steuerrechtliche Behandlung beim Verpflichteten	529
	15.5.1.4	Ermittlung des Rentenbarwerts	530
	15.5.1.5	Buchungen beim Erwerb einzelner Wirtschaftsgüter auf Rentenbasis	530
	15.5.1.6	Buchungen bei der Rentenzahlung	531
	15.5.1.7	Erhöhung der Rente aufgrund einer Wertsicherungsklausel	532
	15.5.1.8	Buchungen beim vorzeitigen Wegfall der Rentenlast	533
	15.5.1.9	Längeres Leben als angenommene Lebenserwartung	535
	15.5.2	Tausch	535
	15.5.3	Grunderwerbsteuer bei umsatzsteuerpfl. Grundstücksveräußerung	538
	15.5.4	Zuschüsse	539
	15.5.5	Ersatzbeschaffungen wegen Ausscheidens infolge höherer Gewalt oder Enteignung	543
	15.5.5.1	Allgemeines zur Übertragung der stillen Reserven	543
	15.5.5.2	Höhere Gewalt und behördlicher Eingriff	544
	15.5.5.3	Buchmäßige Durchführung der Übertragung	546
	15.5.5.4	Sachliche Voraussetzungen der Übertragung stiller Reserven	548
	15.5.5.5	Ersatzbeschaffung in einem späteren Wirtschaftsjahr	550
	15.5.5.6	Gewinnerhöhende Auflösung der Rücklage für Ersatzbeschaffung	551
	15.5.5.7	Anteilige Übertragung bzw. Auflösung der Rücklage für Ersatzbeschaffung	552
	15.5.5.8	Beschädigung eines Wirtschaftsgutes	553
	15.5.5.9	Einzelfragen	553
	15.5.6	Reinvestitionen nach § 6 b EStG	554
	15.5.6.1	Zweck der Vorschrift	554
	15.5.6.2	Veräußerung	555
	15.5.6.3	Abzug des Veräußerungsgewinns	557
	15.5.6.4	Begünstigte Wirtschaftsgüter	557
	15.5.6.5	Frist für die Zugehörigkeit zum Anlagevermögen	558
	15.5.6.6	Begünstigte Reinvestitionen	559
	15.5.6.7	Abzug des Gewinns im Veräußerungsjahr	561
	15.5.6.8	Rücklagenbildung	562

Inhaltsübersicht

15.5.6.9	Buchungstechnik	563
15.5.6.10	Zeitraum der Investitionen	564
15.5.6.11	Sonstige Voraussetzungen	565
15.5.6.12	Übertragungsmöglichkeiten	565
15.5.6.13	Auflösung der Rücklage	566
15.5.6.14	Einzelfragen	567
15.5.6.15	Begünstigte Übertragung im Rahmen städtebaulicher Sanierungs- oder Entwicklungsmaßnahmen	570
15.5.6.16	Übersicht über die Unterschiede zwischen Abschn. 35 EStR und § 6 b EStG	571
15.5.7	Unentgeltlicher Erwerb einzelner Wirtschaftsgüter	572
15.5.7.1	Erwerb aus betrieblichem Anlass	572
15.5.7.2	Erwerb aus privatem Anlass	573
15.5.8	Unentgeltlicher Erwerb eines Betriebs	573
15.5.9	Anschaffung aus einer Erbauseinandersetzung	575
15.5.9.1	Erbengemeinschaft mit Betriebsvermögen	575
15.5.9.2	Erbengemeinschaft mit Privatvermögen	576
15.5.9.3	Erbengemeinschaft mit Betriebs- und Privatvermögen	577
15.5.9.4	Erbfallschulden	577
15.5.10	Leistungen im Rahmen vorweggenommener Erbfolge	577
15.5.10.1	Versorgungsleistungen	577
15.5.10.2	Vorbehalt oder Einräumung von Nutzungsrechten	578
15.5.10.3	Ausgleichsleistungen und Abstandszahlungen	578
15.5.10.4	Übernahme von Verbindlichkeiten	579
15.5.10.5	Teilentgeltlichkeit bei Betriebsübertragung	581
15.5.10.6	Negatives Kapitalkonto	583
15.5.10.7	Teilentgeltlichkeit bei Übertragung einzelner Wirtschaftsgüter	586
15.5.11	Mietkauf	587
15.5.12	Leasing	591
15.5.12.1	Zurechnung beweglicher Wirtschaftsgüter beim Finanzierungsleasing	591
15.5.12.2	Buch- und bilanzmäßige Behandlung der Leasingraten bei wirtschaftlichem Eigentum des Leasingnehmers	596
15.5.12.3	Zurechnung unbeweglicher Wirtschaftsgüter	599
15.5.12.4	Forfaitierung von Forderungen aus Leasingverträgen	599
15.5.12.5	Sonstiges	600
15.6	Herstellungskosten	
15.6.1	Bedeutung der Herstellungskosten	601
15.6.2	Grundbegriffe der Selbstkostenrechnung (Kalkulation)	602
15.6.2.1	Ausgaben, Aufwand und Kosten	602
15.6.2.2	Einzelkosten und Gemeinkosten	604
15.6.3	Umfang der Herstellungskosten	604
15.6.4	Fertigungsgemeinkosten	607
15.6.5	Ermittlung der Herstellungskosten für das zu bewertende Wirtschaftsgut	609
15.6.5.1	Kosten- und Leistungsrechnung	609
15.6.5.2	Kostenartenrechnung	610
15.6.5.3	Kostenstellenrechnung	611
15.6.5.3.1	Kostenbereiche, Kostenstellen	611
15.6.5.3.2	Betriebsabrechnungsbogen (BAB)	612
15.6.5.4	Kostenträgerrechnung	613
15.6.5.4.1	Kostenträgerzeitrechnung	613

15.6.5.4.2	Kostenträgerstückrechnung		614
15.6.6	Übungsaufgaben		616
15.6.6.1	Übungsaufgabe 24: Ermittlung der Herstellungskosten nach dem Divisionsverfahren		616
15.6.6.2	Übungsaufgabe 25: Ermittlung der Herstellungskosten nach dem Zuschlagsverfahren		617
15.6.6.3	Übungsaufgabe 26: Ermittlung der Herstellungskosten nach Handels- und Steuerrecht für den Bestand an Fertigerzeugnissen		618
15.6.7	Anpassung der Kosten an die steuerrechtlich als Betriebsausgaben abzugsfähigen aufwandsgleichen Kosten		620
15.6.8	Gesamtkostenverfahren und Umsatzkostenverfahren		621
15.6.8.1	Allgemeines		621
15.6.8.2	Gesamtkostenverfahren		621
15.6.8.3	Umsatzkostenverfahren		623
15.6.9	Übungsaufgabe 27: Buchung im Fertigungsbetrieb und zur Fertigung eines Betriebsabrechnungsbogens		623
15.6.10	Einzelfragen		624
15.6.11	Herstellungskosten bei Gebäuden		626
15.6.11.1	Planungsaufwand, vergebliche Aufwendungen zur Herstellung		626
15.6.11.2	Schnellbaukosten		628
15.6.11.3	Ablösungszahlungen, Abstandszahlungen		628
15.6.11.4	Erschließungsbeiträge, Anschlusskosten		629
15.6.11.5	Unselbstständige Gebäudeteile		630
15.6.11.6	Enttrümmerung		630
15.6.11.7	Einfriedungen		630
15.6.11.8	Aufwendungen im Rahmen sog. Bauherren- und vergleichbarer Modelle geschlossener sowie offener Immobilienfonds		631
15.6.11.9	Baumängelbeseitigung und Prozesskosten		631
15.6.11.10	Erdarbeiten		631
15.6.12	Herstellungskosten beim Gebäudeabbruch		632
15.6.12.1	Übersicht		632
15.6.12.2	Erwerb mit Abbruchabsicht		633
15.6.12.3	Erwerb ohne Abbruchabsicht und sonstiger Gebäudeabbruch		634
15.6.12.4	Erwerb in Abbruchabsicht und Errichtung einer Mehrheit von Wirtschaftsgütern		635
15.6.12.5	Dreijahreszeitraum als Indiz für Erwerb in Abbruchabsicht		635
15.6.12.6	Erlöse aus dem Verkauf von Abbruchmaterial		636
15.6.12.7	Teilabbruch		636
15.6.13	Anschaffungsnaher Aufwand		637
15.6.14	Nachträglicher Herstellungsaufwand und Erhaltungsaufwand		639
15.6.15	Verteilungsfähiger Erhaltungsaufwand		640
15.7	Teilwert		640
15.7.1	Begriff und Bedeutung		640
15.7.2	Ermittlung des Teilwertes		642
15.7.3	Grenzwerte für die Ermittlung des Teilwertes		642
15.7.3.1	Wiederbeschaffungskosten		642
15.7.3.2	Einzelveräußerungspreis		643
15.7.4	Vermutungen für die Höhe des Teilwertes		643
15.7.4.1	Grundsätze		643
15.7.4.2	Widerlegbarkeit der Teilwertvermutungen		645
15.7.5	Einfluss der Rentabilität auf die Höhe des Teilwertes		647
15.7.5.1	Gute Ertragslage		647

Inhaltsübersicht

	15.7.5.2	Schlechte Ertragslage	647
	15.7.6	Einzelfragen	648
15.8	Bewertung des abnutzbaren Anlagevermögens		
	15.8.1	Begriff und Abgrenzung des abnutzbaren Anlagevermögens	649
	15.8.1.1	Einteilung des Vermögens	649
	15.8.1.2	Begriff des Anlagevermögens und Abgrenzung zum Umlaufvermögen	650
	15.8.1.3	Abgrenzung zwischen abnutzbarem und nicht abnutzbarem Anlagevermögen	652
	15.8.1.4	Immaterielle Wirtschaftsgüter als abnutzbares Anlagevermögen	654
	15.8.2	Bewertungsgrundsätze	656
	15.8.2.1	Mögliche Wertansätze	656
	15.8.2.2	Ansatz des niedrigeren Teilwertes	658
	15.8.2.3	Wieder gestiegener Teilwert	659
	15.8.2.4	Regeln zum Ansatz des Teilwertes	661
	15.8.3	Abschreibungsarten	661
	15.8.3.1	Abschreibung als Oberbegriff	661
	15.8.3.2	Absetzung für Abnutzung	662
	15.8.3.3	Absetzung für Substanzverringerung	663
	15.8.3.4	Außergewöhnliche Absetzungen	663
	15.8.3.5	Teilwertabschreibungen	665
	15.8.3.6	Sonderabschreibungen, erhöhte Absetzungen	665
	15.8.4	Betriebswirtschaftliche Methoden der AfA	665
	15.8.5	Absetzungsberechtigter	666
15.9	Abschreibung beweglicher Wirtschaftsgüter des Anlagevermögens		
	15.9.1	Begriff der beweglichen Anlagegüter	666
	15.9.2	Lineare Absetzung	667
	15.9.3	AfA nach Maßgabe der Leistung	667
	15.9.4	Geometrisch-degressive Absetzung (Buchwertabsetzung)	667
	15.9.4.1	Besonderheit dieser Absetzungsmethode	667
	15.9.4.2	Wirtschaftliche Begründung für die degressive Absetzung	669
	15.9.4.3	Zulässigkeit der geometrisch-degressiven Absetzung	669
	15.9.4.4	Restwertproblem	671
	15.9.5	Arithmetisch-degressive Absetzung	672
	15.9.6	Absetzung in fallenden Staffelsätzen	673
	15.9.7	Beginn der AfA	674
	15.9.8	AfA bei Anschaffung oder Herstellung im Laufe des Jahres	674
	15.9.9	Wechsel in der AfA-Methode	675
	15.9.10	Außergewöhnliche Absetzungen	676
	15.9.11	AfA nach nachträglichen Anschaffungs- oder Herstellungskosten	677
	15.9.11.1	Grundsätzliches	677
	15.9.11.2	Vereinfachungsregel für das Jahr der nachträglichen Anschaffungs- oder Herstellungskosten	678
	15.9.11.3	AfA, erhöhte Absetzungen und Sonderabschreibungen bei nachträglichen Anschaffungs- oder Herstellungskosten im Begünstigungszeitraum	678
	15.9.12	AfA, erhöhte Absetzungen und Sonderabschreibungen nach Minderung der Anschaffungs- oder Herstellungskosten	678
	15.9.13	AfA nach Ablauf des Begünstigungszeitraums	679
	15.9.14	AfA beim Ausscheiden der Wirtschaftsgüter	679
	15.9.15	AfA vom Restwert und nach der Restnutzungsdauer	680
	15.9.16	AfA neben der Teilwertabschreibung?	680

15.9.17	AfA nach Einlage aus dem Privatvermögen	681
15.9.18	Abschreibung geringwertiger Wirtschaftsgüter	682
15.9.18.1	Bedeutung des Bewertungswahlrechts	682
15.9.18.2	Selbstständige Nutzungsfähigkeit	686
15.9.18.3	Einzelfragen	687
15.10	Abschreibung bei Gebäuden und Gebäudeteilen, die selbstständige Wirtschaftsgüter sind	
15.10.1	Gebäudebegriff und gesetzliche Grundlage der AfA	688
15.10.2	Zum Betriebsvermögen gehörende und nicht Wohnzwecken dienende Gebäude (Wirtschaftsgebäude)	689
15.10.3	Lineare AfA	691
15.10.3.1	Mindestabsetzung	691
15.10.3.2	AfA bei kürzerer Nutzungsdauer	691
15.10.4	Degressive AfA	692
15.10.5	Beginn der AfA	695
15.10.6	AfA bei Anschaffung oder Herstellung im Laufe des Wirtschaftsjahres	696
15.10.7	Wechsel der AfA-Methode	697
15.10.8	Zulässigkeit außergewöhnlicher Absetzungen	697
15.10.9	AfA bei nachträglichen Anschaffungs- oder Herstellungskosten	698
15.10.9.1	Grundsätzliches	698
15.10.9.2	Vereinfachungsregel für das Jahr der nachträglichen Anschaffungs- oder Herstellungskosten	699
15.10.10	Abgrenzung zwischen nachträglichen Herstellungskosten und Herstellungskosten für ein neues Wirtschaftsgut	699
15.10.11	Teilwertabschreibung	699
15.10.12	AfA nach außergewöhnlicher Absetzung oder Teilwertabschreibung	700
15.10.13	AfA, erhöhte Absetzungen und Sonderabschreibungen nach Minderung der Anschaffungs- oder Herstellungskosten	701
15.10.14	AfA nach Ablauf eines Begünstigungszeitraums	702
15.10.15	AfA neben der Teilwertabschreibung?	702
15.10.16	AfA nach Einlage aus dem Privatvermögen	703
15.10.17	AfA nach Entnahme aus dem Betriebsvermögen	704
15.10.18	AfA beim Ausscheiden der Gebäude	705
15.10.19	Unterlassene Gebäude-AfA	705
15.10.20	Korrektur einer überhöhten AfA	706
15.10.21	AfA für Gebäudeteile, die selbstständige Wirtschaftsgüter sind	706
15.10.21.1	Allgemeines	706
15.10.21.2	Betriebsvorrichtungen	709
15.10.21.3	Scheinbestandteile	709
15.10.21.4	Ladeneinbauten, Schaufensteranlagen, Gaststätteneinbauten, Schalterhallen von Kreditinstituten u. ä. Einbauten	710
15.10.21.5	Sonstige selbstständige Gebäudeteile	710
15.10.22	Baumaßnahmen auf fremden Grundstücken, insbesondere Mietereinbauten und Mieterumbauten	717
15.10.22.1	Begriff und Abgrenzungen	717
15.10.22.2	Übersicht	718
15.10.22.3	Erhaltungsaufwand	719
15.10.22.4	Herstellungsaufwand	719
15.10.22.5	Selbstständiges Wirtschaftsgut	719
15.10.22.6	Zurechnung bei Scheinbestandteilen	721

	15.10.22.7	Zurechnung der Betriebsvorrichtungen	722
	15.10.22.8	Zurechnung der sonstigen Mietereinbauten oder Mieterumbauten bei wirtschaftlichem Eigentum des Mieters	722
	15.10.22.9	Besonderer betrieblicher Nutzungsvorteil	724
	15.10.22.10	Immaterielles Wirtschaftsgut	725
	15.10.22.11	Vorzeitige Beendigung des Mietverhältnisses und teilweise Betriebseinstellung	726
	15.10.23	Gebäude auf fremdem Grund und Boden	727
	15.10.23.1	Allgemeines	727
	15.10.23.2	Bürgerlich-rechtlicher Eigentümer des Gebäudes auf fremdem Grund und Boden	727
	15.10.23.3	Wirtschaftlicher Eigentümer des Gebäudes auf fremdem Grund und Boden	728
	15.10.23.4	Eigentümer des Grund und Bodens ist auch Eigentümer des vom Nutzungsberechtigten errichteten Gebäudes	729
	15.10.24	Gebäude im Miteigentum	730
15.11	Abschreibung bei sonstigen Wirtschaftsgütern		
	15.11.1	Unentgeltlich erlangte Nutzungsrechte	732
	15.11.2	Die steuerliche Berücksichtigung von Drittaufwand	734
	15.11.2.1	Entwicklung der Rechtsprechung	734
	15.11.2.2	Abgrenzung des steuerlich relevanten Eigenaufwands vom Drittaufwand	735
	15.11.2.3	Tragen von Aufwand im eigenen betrieblichen Interesse	736
	15.11.2.4	Abziehbarkeit von Aufwendungen während der betrieblichen Nutzung	737
	15.11.2.4.1	Absetzung für Abnutzung	737
	15.11.2.4.2	Zuwendung des verbleibenden Aufwands	741
	15.11.2.4.3	Laufende Aufwendungen	741
	15.11.2.5	Bilanzierung des getragenen Aufwands	742
	15.11.2.6	Steuerliche Folgen bei Beendigung der betrieblichen Nutzung	743
	15.11.3	Nießbrauch	743
	15.11.3.1	Entgeltlich bestellter Zuwendungsnießbrauch	743
	15.11.3.2	Unentgeltlich bestellter Zuwendungsnießbrauch	744
	15.11.3.3	Das belastete Grundstück beim Zuwendungsnießbrauch	745
	15.11.3.4	Ablösung des Zuwendungsnießbrauchs	745
	15.11.3.5	Vorbehaltsnießbrauch bei unentgeltlicher Übertragung eines Betriebsgrundstücks	748
	15.11.3.6	Veräußerung eines mit einem Vorbehaltsnießbrauch belasteten Betriebs	749
	15.11.3.7	Vorbehaltsnießbrauch bei entgeltlicher Übertragung eines Betriebsgrundstückes	750
	15.11.3.8	Ablösung des Vorbehaltsnießbrauches	751
	15.11.3.9	Vorzeitiger Wegfall des entgeltlichen Zuwendungsnießbrauches	751
	15.11.3.10	Rückvermietung von Grundstücken aufgrund eines vorbehaltenen Nutzungsrechtes	751
	15.11.4	Unbewegliche Wirtschaftsgüter, die keine Gebäude oder selbstständige Gebäudeteile sind	751
	15.11.5	Geschäfts- oder Firmenwert	752
	15.11.5.1	Begriff des Geschäfts- oder Firmenwerts	752
	15.11.5.2	Originärer und derivativer Geschäfts- oder Firmenwert	752
	15.11.5.3	Aktivierbarkeit des Geschäfts- oder Firmenwerts	753
	15.11.5.4	Einordnung des Geschäfts- oder Firmenwerts	754

Inhaltsübersicht

	15.11.5.5	Bewertungsgrundsätze	757
	15.11.5.6	Abgrenzung von immateriellen Einzelwirtschaftsgütern	757
	15.11.6	Teilwertabschreibung des derivativ erworbenen Geschäftswertes	759
	15.11.6.1	Widerlegbarkeit der Teilwertvermutung	759
	15.11.6.2	Einheitstheorie	760
	15.11.6.3	Methoden zur Ermittlung des Teilwertes	760
	15.11.6.4	Indirekte Methode (= Mittelwertmethode)	761
	15.11.6.5	Direkte Methode (= Ertragswertmethode)	762
	15.11.6.6	Einzelfragen	763
15.12	Bewertung des nicht abnutzbaren Anlagevermögens		
	15.12.1	Begriff und Abgrenzung	763
	15.12.2	Bewertungsgrundsätze	764
	15.12.2.1	Mögliche Wertansätze	764
	15.12.2.2	Ansatz des niedrigeren Teilwertes	765
	15.12.2.3	Wieder gestiegener Teilwert	768
	15.12.2.4	Regeln zum Ansatz des Teilwertes	769
	15.12.3	Besonderheiten bei Beteiligungen und bei Anteilen an Kapitalgesellschaften	769
	15.12.3.1	Wertansatz	769
	15.12.3.2	Teilwertabschreibungen	770
	15.12.3.3	Teilwertabschreibungen auf Anteile an inländischen und ausländischen Kapitalgesellschaften ab 31. 12. 2001	772
	15.12.4	Niedrigverzinsliche Forderungen	772
	15.12.4.1	Anschaffungskosten	772
	15.12.4.2	Teilwert	773
	15.12.5	Zerobonds (Null-Kupon-Anleihen)	774
15.13	Bewertung des Umlaufvermögens		
	15.13.1	Begriff des Umlaufvermögens	775
	15.13.2	Bewertungsgrundsätze	776
	15.13.2.1	Mögliche Wertansätze	776
	15.13.2.2	Ansatz des niedrigeren Teilwertes	778
	15.13.2.3	Wieder gestiegener Teilwert	781
	15.13.2.4	Regeln zum Ansatz des Teilwertes	781
	15.13.3	Besonderheiten bei der Ermittlung der Anschaffungs- oder Herstellungskosten	782
	15.13.3.1	Gruppenbewertung (Sammelbewertung)	782
	15.13.3.2	Bewertung des Vorratsvermögens bei schwankenden Anschaffungs- oder Herstellungskosten	782
	15.13.3.3	Lifo-Verfahren	783
	15.13.4	Teilwert beim Vorratsvermögen	783
	15.13.4.1	Gründe der Teilwertabschreibung	783
	15.13.4.2	Sinken der Anschaffungskosten	784
	15.13.4.3	Sinken der Herstellungskosten	785
	15.13.4.4	Übersteuerung der Herstellung	785
	15.13.4.5	Sinken der Verkaufspreise und Minderwert der Ware	785
	15.13.4.6	Nachweispflicht bei Wertminderung	790
	15.13.5	Bewertungsabschlag für bestimmte Importwaren	791
	15.13.6	Unfertige und fertige Erzeugnisse	791
	15.13.7	Unfertige Bauten	792
	15.13.8	Aktivierungspflichtige Aufwendungen für Leistungen freier Berufsangehöriger	792
	15.13.9	Bewertung von Tieren	792

Inhaltsübersicht

15.13.10	Forderungen aus Lieferungen und Leistungen	793
15.13.10.1	Begriff der Forderungen	793
15.13.10.2	Entstehung der Forderungen	793
15.13.10.3	Einteilung der Forderungen	794
15.13.10.4	Abgrenzung der Kundenforderungen von den schwebenden Geschäften und Waren	794
15.13.10.5	Entstehung von bestimmten Forderungen	795
15.13.10.6	Bewertung im Allgemeinen	797
15.13.10.7	Wertmindernde Umstände	798
15.13.10.8	Uneinbringliche Kundenforderungen	799
15.13.10.9	Zweifelhafte Kundenforderungen	799
15.13.10.10	Einzelbewertung	801
15.13.10.11	Pauschal- oder Sammelbewertung	801
15.13.10.12	Gemischtes Verfahren	802
15.13.10.13	Bemessungsgrundlage der Abschreibung	803
15.13.10.14	Formen der Abschreibung	803
15.13.10.14.1	Direkte Abschreibung	803
15.13.10.14.2	Indirekte Abschreibung	804
15.13.10.15	Forderungen in Fremdwährung	805
15.14	Bewertung der Verbindlichkeiten	
15.14.1	Ausweis als Betriebsschuld	805
15.14.2	Bewertungsgrundsätze	807
15.14.2.1	Mögliche Wertansätze	807
15.14.2.2	Ansatz des niedrigeren Teilwertes	808
15.14.2.3	Wieder geminderter Teilwert	809
15.14.2.4	Regeln zum Ansatz des Teilwertes	809
15.14.3	Unverzinsliche oder niedrigverzinsliche Verbindlichkeiten	810
15.14.4	Valutaverbindlichkeiten	813
15.15	Bewertung bei Geschäftseröffnung	813
15.16	Bewertung bei entgeltlichem Erwerb eines Betriebes	
15.16.1	Bewertungsgrundsätze	814
15.16.2	Erwerb auf Rentenbasis	814
16	**Rückstellungen und Rücklagen**	
16.1	Allgemeine Grundsätze zur Passivierung von Rückstellungen	
16.1.1	Begriff der Rückstellung	816
16.1.2	Abgrenzung von den Rücklagen	817
16.1.3	Abgrenzung der Rückstellungen von den Verbindlichkeiten	817
16.1.4	Rückstellungen in der Handelsbilanz	817
16.1.5	Rückstellungen in der Steuerbilanz	821
16.1.6	Verfahren zur Bildung von Rückstellungen	821
16.1.7	Bewertung der Rückstellungen	822
16.1.8	Nachholung	825
16.1.9	Wegfall der Voraussetzungen für eine Rückstellung	825
16.2	Einzelfragen zu den Rückstellungen	
16.2.1	Gewerbesteuerrückstellung	826
16.2.2	Mehrsteuern aufgrund von Außenprüfungen	830
16.2.2.1	Erwartete Steuernachzahlungen	830
16.2.2.2	Steuernachzahlungen nach einer Betriebsprüfung	830
16.2.2.3	Steuernachzahlungen und Bilanzänderung	832
16.2.3	Garantierückstellungen, Gewährleistungspflicht	832

Inhaltsübersicht

		16.2.4	Kulanzleistungen	836
		16.2.5	Kundendienstverpflichtungen	837
		16.2.6	Bergschäden, Gruben- und Schachtversatz, Instandsetzungsverpflichtung, Wiederauffüllungsverpflichtung	837
		16.2.7	Drohende Verluste; Geschäftsverlegung	838
		16.2.8	Rücknahmeverpflichtung, Fastagen	840
		16.2.9	Unterlassene Instandhaltung, Abraumrückstand	841
		16.2.10	Lohnnachzahlung, Tantieme, Gratifikationen; Sozialpläne nach dem Betriebsverfassungsgesetz; Berufsausbildungskosten	842
		16.2.11	Jubiläumsrückstellung	843
		16.2.12	Patentverletzung	844
		16.2.13	Provisionsverpflichtungen	845
		16.2.14	Ausgleichsanspruch des Handelsvertreters	846
		16.2.15	Lizenzgebühren und Künstlerhonorare	846
		16.2.16	Prozesskosten	846
		16.2.17	Miet- oder Pachtanlagenbeseitigung, Abbruchverpflichtung	847
		16.2.18	Pachterneuerungsrückstellungen, Substanzerneuerungsrückstellungen	849
		16.2.19	Pensionsrückstellungen	851
		16.2.20	Leistungsverpflichtungen aus Vorruhestandsregelungen	853
		16.2.21	Urlaubsansprüche, Weihnachtsgratifikationen	854
		16.2.22	Wechselobligo	855
		16.2.23	Ärztemuster	856
		16.2.24	Jahresabschluss- und Prüfungskosten; Kosten der Hauptversammlung	856
	16.3	Rücklagen		
		16.3.1	Abgrenzungen	857
		16.3.2	Ansparrücklage	858
		16.3.3	Zuschussrücklage	860
		16.3.4	Rücklage für Ersatzbeschaffung (RfE)	861
		16.3.5	Reinvestitionsrücklage	862
		16.3.6	Auflösung steuerfreier Rücklagen bei Veräußerung oder Aufgabe des Betriebes	862
17	**Entnahmen und Einlagen**			
17.1	Begriff der Entnahmen			
		17.1.1	Gegenstand der Entnahme	863
		17.1.2	Entnahmefähigkeit	864
		17.1.3	Verwendung für betriebsfremde Zwecke	865
		17.1.4	Überführung in einen anderen Betrieb desselben Stpfl.	866
		17.1.5	Überführung in eine ausländische Betriebsstätte	867
		17.1.6	Wertabgabe	868
		17.1.7	Entnahmehandlung	869
		17.1.8	Entnahmezeitpunkt	872
		17.1.9	Verhältnis Entnahme und unentgeltliche Wertabgabe nach UStG	874
17.2	Bewertungsgrundsätze für Entnahmen			
		17.2.1	Bewertungsmaßstab	875
		17.2.2	Pauschsätze für die Ermittlung des Teilwertes	876
17.3	Einzelfragen			
		17.3.1	Entnahmen bei unentgeltlicher Übertragung	877

	17.3.2	Entnahme von Anteilen an der Betriebs-Kapitalgesellschaft aus dem Betriebsvermögen des Besitzunternehmens	878
	17.3.3	Entnahme von Investmentanteilen..	879
	17.3.4	Entnahme eines Gegenstandes, für den ein Vorsteuerabzug nicht möglich war	879
	17.3.5	Unfallkosten und private Nutzung von Fahrzeugen	880
	17.3.5.1	Ermittlung der Kosten anhand eines Fahrtenbuches	880
	17.3.5.2	Ermittlung der privatanteiligen Kosten mit der 1-%-Regelung.......	885
	17.3.6	Aufstockung eines Betriebsgebäudes	887
	17.3.7	Entnahme von Grundstücken bei Bauunternehmen	888
	17.3.8	Verdeckte Entnahmen..	888
	17.3.9	Verdeckte Gewinnausschüttungen als Entnahmen zwischen Übertragungsstichtag und Handelsregistereintragung bei Umwandlung einer Personengesellschaft in eine Kapitalgesellschaft	889
	17.3.10	Behandlung eines zur Rettung einer Forderung enteigneten Grundstücks	890
	17.3.11	Grundstücksentnahme durch Nutzungsänderung bei Personengesellschaften..	890
	17.3.12	Grundstücksentnahme im Rahmen einer Betriebsaufgabe	891
	17.3.13	Entnahmen bei Wohnungen im eigenen Betriebsgebäude	891
	17.3.14	Steuerfreie Entnahme von Grund und Boden wegen Errichtung einer Wohnung..	892
	17.3.15	Entnahmen zum Buchwert bei Spenden	893
17.4	Begriff der Einlagen		
	17.4.1	Gegenstand der Einlage...	893
	17.4.2	Einlagefähigkeit..	896
	17.4.3	Übernahme aus einem anderen Betrieb desselben Stpfl.	896
	17.4.4	Einlagehandlung und Einlagezeitpunkt.................................	896
	17.4.5	Einlage bei gemischter Schenkung......................................	897
	17.4.6	Verdeckte Einlagen...	897
17.5	Bewertungsgrundsätze für Einlagen		
	17.5.1	Bewertungsmaßstab	898
	17.5.2	Bewertungshöchstgrenze	899
	17.5.3	Einlage nach früherer Entnahme...	901
	17.5.4	Einlage abnutzbarer Anlagegüter innerhalb des Dreijahreszeitraumes	902
	17.5.5	Einlage abnutzbarer Wirtschaftsgüter außerhalb des Dreijahreszeitraumes (§ 7 Abs. 1 Satz 4 EStG)	903
18	**Gewinnermittlungsarten**		
18.1	Gewinnermittlung nach § 4 Abs. 1 EStG und § 5 EStG		
	18.1.1	Anwendungsbereich...	907
	18.1.2	Unterschiede im materiellen Bereich	907
	18.1.2.1	Bilanzierung und Bewertung des Betriebsvermögens	908
	18.1.2.2	Umfang des Betriebsvermögens	908
	18.1.3	Besonderheiten im formellen Bereich	908
	18.1.4	Besteuerung der betrieblichen Bodengewinne......................	909
18.2	Gewinnermittlung nach § 4 Abs. 3 EStG		
	18.2.1	Berechtigter Personenkreis	909
	18.2.2	Wesen der Überschussrechnung	910
	18.2.3	Voraussetzungen der Überschussrechnung..........................	910
	18.2.4	Gesamtgewinngleichheit...	911

Inhaltsübersicht

	18.2.5	Auswirkung auf die Steuerbelastung	912
	18.2.6	Betriebseinnahmen	912
	18.2.7	Betriebsausgaben	916
	18.2.8	Zeitpunkt der Vereinnahmung und Verausgabung	923
	18.2.9	Regelmäßig wiederkehrende Betriebseinnahmen und Betriebsausgaben	925
	18.2.10	Entnahmen und Einlagen	926
	18.2.10.1	Notwendigkeit der Erfassung	926
	18.2.10.2	Technische Durchführung	927
	18.2.10.3	Einzelfragen	928
	18.2.11	Zusammenfassung der wesentlichen Unterschiede zwischen Betriebsvermögensvergleich und Überschussrechnung	928
	18.2.12	Übungsaufgabe 28: Bestandsvergleich/Überschussrechnung	933
19	**Wechsel der Gewinnermittlungsart**		
19.1	Erfordernis der Gewinnkorrektur		935
	19.1.1	Grundsätze	935
	19.1.2	Besonderheiten bei Land- und Forstwirten	936
19.2	Übergang von der Überschussrechnung zum Betriebsvermögensvergleich		
	19.2.1	Praktische Bedeutung	937
	19.2.2	Erforderliche Gewinnberichtigungen	937
	19.2.3	Behandlung der Umsatzsteuer	939
	19.2.4	Keine Korrektur beim Anlagevermögen	940
	19.2.5	Bewertung in der Eröffnungsbilanz	941
	19.2.6	Besonderheiten beim Übergang zur Schätzung	942
	19.2.7	Vermeidung von Härtefällen	942
	19.2.8	Zeitpunkt der Erfassung der Zu- und Abschläge	943
	19.2.9	Unterbliebene oder fehlerhafte Ermittlung der Korrekturposten	944
	19.2.10	Betriebsveräußerung	944
	19.2.11	Übungsaufgabe 29: Wechsel von der Überschussrechnung zum Bestandsvergleich	945
19.3	Übergang vom Betriebsvermögensvergleich zur Überschussrechnung		
	19.3.1	Praktische Bedeutung	946
	19.3.2	Erforderliche Gewinnberichtigung	947
	19.3.3	Keine Korrektur beim Anlagevermögen	949
	19.3.4	Aufnahme der Buchwerte in das Anlageverzeichnis	949
	19.3.5	Behandlung des gewillkürten Betriebsvermögens	950
	19.3.6	Betriebsvermögen bei Beginn der Gewinnermittlung durch Bestandsvergleich	950
	19.3.7	Besonderheiten beim Übergang von der Schätzung	950
	19.3.8	Zeitpunkt der Erfassung der Hinzurechnungen und Kürzungen	951
	19.3.9	Übungsaufgabe 30: Wechsel vom Bestandsvergleich zur Überschussrechnung	952
20	**Bilanzberichtigung und Bilanzänderung**		
20.1	Bilanzberichtigung		
	20.1.1	Begriff	955
	20.1.2	Bedeutung der Bilanzberichtigung in der Praxis	958
	20.1.3	Zeitpunkt der Bilanzberichtigung	959
	20.1.3.1	Übersicht	959
	20.1.3.2	Grundsatz ▶ Berichtigung des Fehlerjahres	960
	20.1.3.3	Bilanzberichtigung erfolgt nicht im Fehlerjahr	960
	20.1.3.4	Erfolgswirksamer Fehler (R 15 Abs. 1 EStR)	961

Inhaltsübersicht

	20.1.3.5	Erfolgsneutrale Fehler	963
	20.1.3.6	AfA-Fehler in nicht mehr berichtigungsfähigen Jahren	965
	20.1.3.7	Abgrenzung: fehlende Aktivierung	966
	20.1.3.8	Vorsätzliche Fehler zur Herbeiführung eines künftigen steuerlichen Vorteils (willkürliche Fehler)	967
20.2	Bilanzänderung		
	20.2.1	Begriff	968
	20.2.2	Voraussetzungen für eine Bilanzänderung	969
	20.2.3	Gewerbesteuerrückstellung nach Betriebsprüfung	974
	20.2.4	Bilanzänderung bei Personengesellschaften	976
20.3	Gewinnauswirkung von Bilanzberichtigungen und Bilanzänderungen		
	20.3.1	Berichtigung oder Änderung der Jahresschlussbilanz	977
	20.3.1.1	Auswirkung auf den Gewinn des abgelaufenen Jahres	977
	20.3.1.2	Auswirkung auf den Gewinn der folgenden Geschäftsjahre	977
	20.3.2	Berichtigung oder Änderung der Eröffnungsbilanz	977
20.4	Mehr-und-Weniger-Rechnung		978
20.5	Übungsaufgaben		
	20.5.1	Übungsaufgabe 31: Bilanzberichtigung für ein Jahr	979
	20.5.2	Übungsaufgabe 32: Bilanzberichtigung für ein Jahr	981
	20.5.3	Übungsaufgabe 33: Bilanzberichtigung für ein Jahr	984
	20.5.4	Übungsaufgabe 34: Bilanzberichtigung für mehrere Jahre	988
21	**Personengesellschaften**		
21.1	Gewerbliche Mitunternehmergemeinschaften		992
	21.1.1	Steuersubjekteigenschaft und Transparenzprinzip	992
	21.1.2	Kriterien der gewerblichen Mitunternehmerschaft	993
	21.1.2.1	Tatbestandsmerkmale	993
	21.1.2.2	Gesellschaftsverhältnis	994
	21.1.2.3	Gesellschafterstellung – faktische Mitunternehmerschaft	997
	21.1.2.4	Mitunternehmer – Mitunternehmerrisiko und Mitunternehmerinitiative	998
	21.1.2.5	Gewerbliche Einkünfte	1001
	21.1.2.6	Gewinnerzielungsabsicht	1003
	21.1.3	Erbengemeinschaft und Vererbung eines Mitunternehmeranteils	1003
	21.1.3.1	Erbengemeinschaft nach Einzelunternehmer	1003
	21.1.3.2	Tod eines Mitunternehmers	1005
	21.1.4	Abfärbung gewerblicher Einkünfte bei Personengesellschaften	1008
	21.1.5	Gewerblich geprägte Personengesellschaften	1009
	21.1.6	Doppelstöckige Personengesellschaften	1011
	21.1.7	Schwesterpersonengesellschaften	1014
21.2	Besonderheiten in Buchführung und Jahresabschluss		
	21.2.1	Kapitalkonten für jeden Gesellschafter	1020
	21.2.2	Feste Konten für Kommanditeinlagen	1021
	21.2.3	Ausstehende Einlagen	1022
	21.2.4	Ausweis des Jahresergebnisses	1023
	21.2.4.1	Unverteilter Ausweis des Gewinns in der Bilanz	1023
	21.2.4.2	Kein besonderer Ausweis des Gewinns in der Bilanz	1023
	21.2.4.3	Ausweis der Kapitalanteile in der (veröffentlichten) Handelsbilanz	1023
	21.2.4.4	Einbeziehung in die Darstellung der Veränderungen der Kapitalkonten	1023
21.3	Verluste bei beschränkter Haftung		
	21.3.1	Allgemeines	1023

Inhaltsübersicht

	21.3.2	Rechtslage vor Beginn des Anwendungszeitraums des § 15 a EStG	1024
	21.3.3	Rechtslage im Anwendungszeitraum des § 15 a EStG	1025
21.4	Gewinnermittlung		
	21.4.1	Handelsbilanz, Steuerbilanz, Sonderbilanzen	1033
	21.4.2	Aufgabe der Bilanzbündeltheorie	1034
	21.4.3	Einheitliche Gewinnermittlung und Gewinnfeststellung	1035
	21.4.3.1	Einheitliche Ermittlung des Gewinns	1035
	21.4.3.2	Vergütungen für Tätigkeit, Hingabe von Darlehen und Überlassung von Wirtschaftsgütern	1036
	21.4.3.3	Vergütungen als nachträgliche Einkünfte	1038
	21.4.3.4	Sonderbetriebsausgaben, Sonderbetriebseinnahmen	1038
	21.4.3.5	Unterbeteiligung	1040
	21.4.4	Verträge zwischen Gesellschaft und Gesellschaftern	1041
	21.4.4.1	Zivilrechtliche Beurteilung	1041
	21.4.4.2	Steuerrechtliche Beurteilung	1041
	21.4.4.2.1	Dienst-, Darlehens- und Überlassungsverträge	1041
	21.4.4.2.2	Kaufverträge, Werklieferungsverträge	1047
	21.4.4.2.3	Leistungen an eine andere ganz oder teilweise beteiligungsidentische Personengesellschaft (Schwesterpersonengesellschaften)	1049
	21.4.5	Buchmäßige Behandlung von Vergütung und Vorweggewinn	1049
	21.4.5.1	Vergütungen und korrespondierende Bilanzierung	1049
	21.4.5.2	Vorweggewinn und Gewinnverteilung	1054
21.5	Umfang des Betriebsvermögens		
	21.5.1	Zivilrechtlich	1056
	21.5.2	Steuerrechtlich	1057
	21.5.2.1	Grundsätze	1057
	21.5.2.2	Gesellschaftsvermögen, das nicht Betriebsvermögen der Personengesellschaft sein kann (gesamthänderisch gebundenes Privatvermögen)	1059
	21.5.3	Sonderbetriebsvermögen der Gesellschafter	1061
	21.5.3.1	Begriff	1061
	21.5.3.2	Notwendiges Sonderbetriebsvermögen	1062
	21.5.3.2.1	Wirtschaftsgüter, die der Personengesellschaft dienen (Sonderbetriebsvermögen I)	1062
	21.5.3.2.2	Wirtschaftsgüter, die der Beteiligung des Gesellschafters dienen (Sonderbetriebsvermögen II)	1065
	21.5.3.3	Gewillkürtes Sonderbetriebsvermögen	1068
	21.5.3.4	Betriebseinnahmen und Betriebsausgaben bei zum Sonderbetriebsvermögen gehörenden Wirtschaftsgütern	1071
21.6	Erfassung des Sonderbetriebsvermögens		
	21.6.1	Steuerrechtliche Sonderbilanzen	1071
	21.6.2	Entgeltliche Überlassung der Nutzung eines Grundstücks des Gesellschafters an die Gesellschaft	1072
	21.6.3	Entgeltliche Überlassung der Nutzung einer beweglichen Sache an die Gesellschaft	1074
	21.6.4	Veräußerung von Sonderbetriebsvermögen	1074
	21.6.5	Auflösung von Sonderbetriebsvermögen bei Veräußerung des Mitunternehmeranteils bzw. bei Einbringung des Mitunternehmeranteils in eine Kapitalgesellschaft	1075
21.7	Übertragung von Wirtschaftsgütern		
	21.7.1	Grundlagen	1076
	21.7.2	Übertragungen innerhalb des Betriebsvermögens	1079

Inhaltsübersicht

	21.7.2.1	Möglichkeiten der Übertragung	1079
	21.7.2.2	Entgeltliche Veräußerungen	1080
	21.7.2.3	Überführungen in und aus eigenem Betriebsvermögen/ Sonderbetriebsvermögen	1081
	21.7.2.4	Übertragung in das Gesellschaftsvermögen	1082
	21.7.2.5	Übertragung aus Gesellschaftsvermögen	1084
	21.7.2.6	Unentgeltliche Übertragung von Sonderbetriebsvermögen	1085
	21.7.2.7	Übertragungen zwischen verschiedenen Mitunternehmerschaften	1086
	21.7.2.8	Übertragung bei Beteiligung von Kapitalgesellschaften	1088
	21.7.3	Übertragungen zwischen Betriebs- und Privatvermögen	1090
	21.7.3.1	Möglichkeiten der Übertragung	1090
	21.7.3.2	Überführungen zwischen Privatvermögen und Sonderbetriebsvermögen	1091
	21.7.3.3	Übertragungen gegen fremdübliches Entgelt	1091
	21.7.3.4	Übertragungen gegen Gewährung/Minderung von Gesellschaftsrechten	1092
	21.7.3.5	Verdeckte Einlagen und Entnahmen	1092
21.8	Gründung einer Personengesellschaft		
	21.8.1	Bargründung und Sachgründung	1093
	21.8.2	Einbringung eines Betriebs, Teilbetriebs oder Mitunternehmeranteils	1094
	21.8.2.1	Bewertungswahlrecht nach dem Umwandlungssteuergesetz	1094
	21.8.2.2	Buchwertverknüpfung	1096
	21.8.2.3	Vollrealisierung	1102
	21.8.2.4	Teilrealisierung	1105
	21.8.2.5	Zurückbehaltung einzelner Wirtschaftsgüter als Sonderbetriebsvermögen	1108
	21.8.2.6	Zurückbehaltung einzelner Wirtschaftsgüter	1109
	21.8.2.7	Übungsaufgabe 35: Umwandlung eines Einzelunternehmens in eine Personengesellschaft	1109
	21.8.2.8	Einbringung eines Betriebs in eine Personengesellschaft mit Zuzahlung des anderen Gesellschafters in das Privatvermögen des Einbringenden	1111
	21.8.3	Umwandlung einer GmbH in eine Personengesellschaft	1112
	21.8.3.1	Allgemeines	1112
	21.8.3.2	Beispiel zur Umwandlung einer GmbH in eine OHG	1115
	21.8.4	Gründung einer Personengesellschaft durch Aufnahme von Kindern	1117
	21.8.4.1	Steuerrechtliche Anerkennung	1117
	21.8.4.2	Gewinnverteilung	1119
	21.8.4.3	Gewinnrealisierung bei Schenkungen	1122
	21.8.5	Behandlung der Gründungskosten	1122
21.9	Veräußerung eines Mitunternehmeranteils		
	21.9.1	Gesellschafterwechsel (Veräußerung an einen Dritten)	1123
	21.9.1.1	Kaufpreis höher als der übernommene Kapitalanteil	1123
	21.9.1.1.1	Behandlung beim Erwerber	1123
	21.9.1.1.2	Behandlung beim Veräußerer	1131
	21.9.1.2	Übungsaufgabe 36: Gesellschafterwechsel	1132
	21.9.1.3	Kaufpreis niedriger als der übernommene Kapitalanteil	1134
	21.9.1.4	Teilentgeltliche Veräußerung	1137
	21.9.2	Ausscheiden eines Gesellschafters (Veräußerung an einen Gesellschafter)	1137

Inhaltsübersicht

21.9.3		Ausscheiden eines Gesellschafters (Veräußerung an die Gesellschaft oder Gesellschafter)	1138
21.9.3.1		Höhe der Abfindung; Abfindungsformen	1138
21.9.3.2		Abfindung höher als Buchwert	1139
21.9.3.2.1		Behandlung bei der Gesellschaft	1139
21.9.3.2.2		Behandlung beim Veräußerer	1143
21.9.3.3		Mehrabfindung an lästigen Gesellschafter als Aufwand	1144
21.9.3.4		Ermittlung des Firmenwerts	1145
21.9.3.5		Abfindung in Sachwerten	1145
21.9.3.6		Abfindung niedriger als der Kapitalanteil	1148
21.10	Eintritt eines Gesellschafters in eine bestehende Personengesellschaft		
21.10.1		Einbringung von Mitunternehmeranteilen	1149
21.10.2		Eintritt eines weiteren Gesellschafters mit Zuzahlung in das Privatvermögen der Alt-Gesellschafter	1154
21.11	Änderung der Beteiligungsverhältnisse		1156
21.12	Ergänzungsbilanzen bei objekt- und personenbezogenen Steuervergünstigungen		1157
21.13	Ergänzungsbilanzen bei Gesellschaftsvermögen, das notwendiges Privatvermögen ist		1160
21.14	Gewinnverteilung		
21.14.1		Zivilrechtliche Gewinnverteilung	1162
21.14.1.1		Gewinnverteilung nach Gesetz	1162
21.14.1.2		Gewinnverteilung nach Vertrag	1163
21.14.2		Steuerrechtliche Gewinnverteilung	1165
21.14.2.1		Gesellschaftsvertragliche Gewinnverteilungsabrede	1165
21.14.2.2		Rückwirkungsverbot	1166
21.14.2.3		Steuerrechtliche Mehrgewinne bei Außenprüfungen	1166
21.14.2.4		Gewinnverteilung und nicht abziehbare Betriebsausgaben	1166
21.14.2.5		Entnahmen im Rahmen der Gewinnverteilung	1169
21.14.2.6		Mehrgewinn bei unerlaubten Handlungen eines Gesellschafter	1171
21.14.2.7		Einfluss der sich aus Ergänzungs- und Sonderbilanz ergebenden GewSt-Belastung auf die Gewinnverteilung	1172
21.15	Realteilung		
21.15.1		Begriff und steuerliche Folgen	1175
21.15.2		Spitzenausgleich	1177
22	**Betriebsaufspaltung**		
22.1	Begriff		1179
22.2	Rechtsfolgen		1183
23	**Kapitalgesellschaften**		
23.1	Begriff und Wesen der Kapitalgesellschaft		
23.1.1		Begriff	1189
23.1.2		Wesen und wirtschaftliche Bedeutung der wichtigsten Kapitalgesellschaften des Handelsrechts	1189
23.1.2.1		Aktiengesellschaft	1189
23.1.2.2		Kommanditgesellschaft auf Aktien	1190
23.1.2.3		Gesellschaft mit beschränkter Haftung	1191
23.2	Besonderheiten gegenüber der Einzelfirma und den Personengesellschaften		
23.2.1		Körperschaftsteuer: Ersetzung des Anrechnungsverfahrens durch das so genannte Halbeinkünfteverfahren	1192

Inhaltsübersicht

23.2.2		Rechtsformbedingte Abweichungen zu gewerblichen Personenunternehmen	1199
23.2.3		Laufende Buchhaltung und Jahresabschluss	1201
23.2.3.1		Betriebsvermögen der Kapitalgesellschaft	1201
23.2.3.2		Keine Kapitalkonten der Gesellschafter	1201
23.2.3.3		Eigenkapital	1202
23.2.3.4		Behandlung des Jahreserfolgs	1204
23.2.3.5		Ausstehende Einlagen	1205
23.2.3.6		Eigenkapital in der Steuerbilanz	1205
23.2.3.7		Körperschaftsteuerrückstellung	1206

23.3 Besondere Buchungsfälle

23.3.1	Vorstandstantieme	1210
23.3.2	Aufsichtsratstantieme	1211
23.3.3	Personensteuern	1212
23.3.4	Einstellungen in und Entnahmen aus offenen Rücklagen	1213
23.3.4.1	Jahresüberschuss, Jahresfehlbetrag; Bilanzgewinn, Bilanzverlust ...	1213
23.3.4.2	Jahresergebniskonto, Bilanzergebniskonto	1215
23.3.4.3	Buchung der Veränderung von Rücklagen	1216
23.3.5	Gewinnverwendung	1219
23.3.5.1	Gewinn-und-Verlust-Verwendungskonto	1219
23.3.5.2	Bilanzgewinn wird voll ausgeschüttet	1220
23.3.5.3	Bilanzgewinn wird zum Teil ausgeschüttet und zum Teil offenen Rücklagen zugeführt	1221
23.3.5.4	Ausweis als Gewinnvortrag	1221
23.3.5.5	Zusätzlicher steuerrechtlicher Aufwand oder Ertrag	1222
23.3.6	Verlustdeckung	1225

23.4 Steuerrechtliche Gewinnermittlung

23.4.1	Jahresüberschuss, Handelsbilanzgewinn und steuerlicher Gewinn ..	1226
23.4.2	Maßgeblichkeit der einkommensteuerrechtlichen Gewinnermittlungsvorschriften	1228
23.4.3	Steuerrechtlich zwingend zu beachtende Gewinnermittlungsvorschriften	1229
23.4.3.1	Offene und verdeckte Ausschüttungen, offene und verdeckte Einlagen	1229
23.4.3.2	Steuerliche Ansatz- und Bewertungsvorbehalte	1232
23.4.3.3	Nicht abziehbare Betriebsausgaben und steuerfreie Betriebseinnahmen	1232
23.4.4	Gewinnermittlung durch Betriebsvermögensvergleich	1234
23.4.5	Besonderheiten bei der Ermittlung der Personensteuern	1235
23.4.6	Ableitung des Steuerbilanzergebnisses aus dem Bilanzgewinn	1237
23.4.7	Besondere Steuerbilanzen	1238
23.4.8	Steuerrechtliche Ausgleichsposten	1243
23.4.8.1	Entstehung und Aufgabe der steuerrechtlichen Ausgleichsposten ...	1243
23.4.8.2	Erstmaliger Ansatz eines steuerrechtlichen Ausgleichspostens und seine Fortführung	1243
23.4.8.3	Beispiel zur Aufstellung besonderer Steuerbilanzen einer Kapitalgesellschaft mit steuerrechtlichen Ausgleichsposten	1244
23.4.8.4	Übungsaufgabe 37: Bilanzberichtigung bei einer Kapitalgesellschaft	1249
23.4.8.5	Übungsaufgabe 38: Bilanzberichtigung bei einer Kapitalgesellschaft	1254

23.5	Ermittlung des zu versteuernden Einkommens aus dem Steuerbilanzergebnis		1259
23.6	Gründung einer GmbH		
	23.6.1	Bargründung und Sachgründung	1259
	23.6.2	Einbringung eines Betriebs, Teilbetriebs oder Mitunternehmeranteils	1262
	23.6.2.1	Allgemeines zur Sacheinlage	1262
	23.6.2.2	Zeitpunkt der Sacheinlage	1263
	23.6.2.3	Bewertungswahlrecht nach dem UmwStG	1264
	23.6.2.4	Buchwertverknüpfung	1265
	23.6.2.5	Vollrealisierung	1268
	23.6.2.6	Teilrealisierung	1270
	23.6.2.7	Veräußerung der Gesellschaftsanteile	1272
	23.6.2.8	Sonstiges	1273
23.7	Gründung einer Aktiengesellschaft		1273

24 GmbH & Co. KG

24.1	Begriff		1277
24.2	Gesonderte und einheitliche Gewinnfeststellung		1278
	24.2.1	Allgemeine Grundsätze	1278
	24.2.2	Vorweggewinn und Vergütungen bei der GmbH & Co. KG	1278
24.3	Anteile an der Komplementär-GmbH als Sonderbetriebsvermögen		1280
24.4	Geschäftsführergehälter		
	24.4.1	Keine Beteiligung des Geschäftsführers an der KG	1280
	24.4.2	Beteiligung des Geschäftsführers an der KG	1283
	24.4.3	Tätigkeitsvergütung als verdeckte Gewinnausschüttung	1285
24.5	Gewinnverteilung		
	24.5.1	Angemessener Gewinnanteil der am Kapital der KG beteiligten GmbH	1286
	24.5.2	Angemessener Gewinnanteil der nicht am Kapital der KG beteiligten GmbH	1287
	24.5.3	Unangemessen niedriger Gewinnanteil der GmbH	1287
	24.5.4	Unangemessen hoher Gewinnanteil der GmbH	1288
	24.5.5	Änderung der Gewinnverteilungsabrede zulasten der GmbH	1290
24.6	Unangemessene Vereinbarungen bei der Übertragung von Wirtschaftsgütern an die Kommanditisten		
	24.6.1	Allgemeines	1291
	24.6.2	Verbilligte Übertragung von Wirtschaftsgütern	1291
	24.6.3	Verdeckte Einlagen durch Übertragung von Wirtschaftsgütern auf die KG	1293
	24.7	Anteilsveräußerungen	
	24.7.1	Veräußerung des Kommandit- und GmbH-Anteils	1296
	24.7.2	Veräußerung nur des Kommanditanteils	1297
	24.7.3	Veräußerung nur des GmbH-Anteils	1297
	24.7.4	Unentgeltliche Übertragung des Kommanditanteils	1297

Abkürzungen	1299
Paragraphenschlüssel	1301
Stichwortverzeichnis	1317

1 Einführung

1.1 Einkunftsarten und ihre Gruppierung

Der Einkommensteuer unterliegt ein aus mehreren Einkünften zusammengefügtes Einkommen, das der Steuerpflichtige innerhalb eines Kalenderjahres bezogen hat (§ 2 Abs. 1 und 7 EStG). Dieses Einkommen wird durch Addition der Einkünfte aus verschiedenen Einkunftsarten ermittelt.
§ 2 Abs. 1 bis 4 EStG regelt, was unter Einkünften und Einkommen zu verstehen ist. **Einkommen** ist danach der Gesamtbetrag der Einkünfte, vermindert um die Sonderausgaben und die außergewöhnlichen Belastungen (§ 2 Abs. 4 EStG).

Einkünfte nach § 2 Abs. 2 EStG sind der

a) Gewinn

- bei Einkünften aus Land- und Forstwirtschaft
- bei Einkünften aus Gewerbebetrieb
- bei Einkünften aus selbstständiger Arbeit

} Gewinneinkünfte

b) Überschuss der Einnahmen über die Werbungskosten

- bei Einkünften aus nichtselbstständiger Arbeit
- bei Einkünften aus Kapitalvermögen
- bei Einkünften aus Vermietung und Verpachtung
- bei sonstigen Einkünften im Sinne des § 22 EStG

} Überschusseinkünfte

Gewinn im einkommensteuerrechtlichen Sinne sind hiernach die Einkünfte bei den ersten drei Einkunftsarten. Da alle Betriebe unter diese ersten drei Einkunftsarten fallen und damit Gewinneinkünfte erzielen, ist die **Gewinnermittlung** das Kernstück des Einkommensteuerrechts.

Von Gewinnermittlung ist auch dann die Rede, wenn ein Betrieb Verlust gemacht hat. In diesem Fall sind negative Einkünfte in die Ermittlung des Einkommens einzubeziehen.

1 Einführung

Die Gewinnermittlungsvorschriften der §§ 4 ff. EStG sind nicht nur für die Berechnung der **Einkommensteuer** der Land- und Forstwirte, Gewerbetreibenden und selbstständig Tätigen von Bedeutung. Sie sind auch von Unternehmen zu beachten, die der **Körperschaftsteuer** unterliegen. Sie gelten grundsätzlich auch für die **Gewerbesteuer**, bei der nur die Vorschriften des Einkommensteuergesetzes nicht anzuwenden sind, die ausdrücklich auf die Einkommensteuer beschränkt sind oder deren Anwendung dem Wesen der Gewerbesteuer widerspricht (Abschn. 39 Abs. 1 GewStR).

Gewinnermittlungszeitraum ist bei Land- und Forstwirten und bei Gewerbetreibenden das **Wirtschaftsjahr**. Es umfasst in der Regel einen Zeitraum von 12 Monaten und kann vom Kalenderjahr abweichen (§ 4 a EStG; §§ 8 b und 8 c EStDV).

Das Wirtschaftsjahr kann einen Zeitraum von weniger als 12 Monaten umfassen, nämlich bei der Eröffnung, beim Erwerb, bei der Aufgabe oder bei der Veräußerung eines Betriebs (§ 8 b Satz 2 Nrn. 1 u. 2 EStDV). Fällt ein solches Ereignis in den Lauf eines Kalenderjahrs, so entstehen Rumpfwirtschaftsjahre. Scheidet ein Gesellschafter aus einer zweigliedrigen Personengesellschaft aus und wird das Unternehmen durch den verbleibenden Gesellschafter fortgeführt, so stellt die Weiterführung des Betriebs als Einzelunternehmen die Eröffnung eines neuen Gewerbebetriebs dar. Fällt dieses Ereignis in den Lauf eines Kalenderjahrs, so entsteht sowohl für die Personengesellschaft als auch für das nachfolgende Einzelunternehmen je ein Rumpfwirtschaftsjahr[1].

1.2 Bedeutung der Buchführung für die Gewinnermittlung

1.2.1 Steuerrechtlicher Gewinnbegriff

Privatwirtschaftliche Unternehmen bauen ihre wirtschaftliche Existenz in aller Regel auf einem Vermögen auf. Mit dem vorhandenen Vermögen wird gewirtschaftet, um es durch Erträge zu vermehren. Demgemäß bezeichnet § 4 Abs. 1 EStG als **Gewinn** den **Unterschiedsbetrag zwischen dem Betriebsvermögen am Schluss des Wirtschaftsjahrs und dem Betriebsvermögen am Schluss des vorangegangenen Wirtschaftsjahrs, vermehrt um den Wert der Entnahmen und vermindert um den Wert der Einlagen.** An die Stelle des Betriebsvermögens am Schluss des vorangegangenen Wirtschaftsjahrs tritt bei einer Neueröffnung oder beim Erwerb eines Betriebs das Betriebsvermögen im Zeitpunkt der Eröffnung oder des Erwerbs (§ 6 Abs. 1 EStDV). Bei Aufgabe oder Veräußerung des Betriebs tritt an die Stelle des Betriebsvermögens am Schluss des Wirtschaftsjahrs das Betriebsvermögen im Zeitpunkt der Aufgabe oder der Veräußerung (§ 6 Abs. 2 EStDV).

---

1 BFH, BStBl 1989 II S. 519.

1.2 Bedeutung der Buchführung für die Gewinnermittlung

Die Grundnorm der Gewinnermittlung geht also vom **Betriebsvermögensvergleich** (Bestandsvergleich) aus, obwohl je nach Ausgestaltung der Buchführung eine zum gleichen Ergebnis führende Berechnung des Gewinns auch durch Gegenüberstellung der Erträge und Aufwendungen (Gewinn-und-Verlust-Rechnung) möglich wäre.

Betriebsvermögen im Sinne der genannten Vorschrift ist die Differenz zwischen den bewerteten Güterbeständen (= Vermögen und Schulden) des Betriebs. Es wird auch als Eigenkapital oder einfach als Kapital bezeichnet. Übersteigen die Schulden das Vermögen, ergibt sich ein negatives Betriebsvermögen.[2]

Die Hinzurechnung der Entnahmen sowie die Kürzung der Einlagen ist erforderlich, weil sonst außerbetriebliche Vorgänge, die das Betriebsvermögen verändert haben, den Gewinn beeinflussen würden. Das wäre mit § 12 EStG unvereinbar, wonach vor allem Ausgaben für den Haushalt des Steuerpflichtigen und den Unterhalt seiner Familienangehörigen sowie sonstige Lebenshaltungskosten, freiwillige Zuwendungen und Zuwendungen an gesetzlich unterhaltsberechtigte Personen, Personensteuern, in einem Strafverfahren festgesetzte Geldstrafen sowie andere nicht durch den Betrieb veranlasste Ausgaben weder bei den einzelnen Einkunftsarten noch vom Gesamtbetrag der Einkünfte abgezogen werden dürfen.

Beispiel einer Gewinnermittlung

	Betriebsvermögen am Schluss des Wirtschaftsjahrs	70 000 DM
./.	Betriebsvermögen am Schluss des vorangegangenen Wirtschaftsjahrs	30 000 DM
=	Unterschiedsbetrag	40 000 DM
+	Entnahmen	8 000 DM
		48 000 DM
./.	Einlagen	2 000 DM
=	Gewinn	46 000 DM

Diese Art der Gewinnermittlung haben im Rahmen der ersten 3 Einkunftsarten alle Unternehmer zu beachten, die buchführungspflichtig sind oder freiwillig bilanzieren (vgl. im Einzelnen 1.4). Insbesondere die buchführungspflichtigen oder freiwillig bilanzierenden **Gewerbetreibenden** haben nach den Grundsätzen des Betriebsvermögensvergleichs ihren Gewinn zu ermitteln und dabei für den Schluss des Wirt-

---

[2] Der Begriff „Betriebsvermögen" wird in mehrfachem Sinne verwendet. Erstens dient er dazu, den Gegensatz zum Privatvermögen auszudrücken. Zweitens dient er als Sammelbezeichnung für die Summe aller positiven und negativen Güter, die einem Betrieb dienen (= mengenmäßige Bedeutung). Oft verbindet man mit dem Wort Betriebsvermögen auch nur die Vorstellung von konkreten – aktiven – Gegenständen (Aktivvermögen). Dagegen ist nach § 4 Abs. 1 EStG Betriebsvermögen die Differenz zwischen dem Vermögen und den Schulden des Betriebs (= wertmäßige Bedeutung).
Vermögen: a) Betriebsvermögen: Aktivvermögen ./. Passivvermögen (Schulden) des Betriebs
b) Privatvermögen

1 Einführung

schaftsjahrs das Betriebsvermögen anzusetzen, das nach den handelsrechtlichen Grundsätzen ordnungsmäßiger Buchführung auszuweisen ist (§ 5 Abs. 1 EStG).

1.2.2 Übungsaufgabe 1: Fälle zur Gewinnermittlung

	a)	b)	c)	d)	e)	f)	g)	h)
Betriebsvermögen am Schluss des Wirtschaftsjahrs in 1000 DM	40	40	40	30	20	20	30	30
Betriebsvermögen am Schluss des vorangegangenen Wirtschaftsjahrs in 1000 DM	10	10	40	40	30	30	30	25
Entnahmen in 1000 DM	5	–	25	25	–	5	5	–
Einlagen in 1000 DM	–	20	5	–	–	–	15	35

	i)	j)	k)	l)	m)	n)	o)	p)
Betriebsvermögen am Schluss des Wirtschaftsjahrs in 1000 DM	./. 10	10	./. 20	./. 30	./. 10	10	./. 20	./. 15
Betriebsvermögen am Schluss des vorangegangenen Wirtschaftsjahrs in 1000 DM	20	./. 5	./. 40	./. 20	20	./. 25	./. 5	./. 25
Entnahmen in 1000 DM	40	5	5	30	10	5	3	5
Einlagen in 1000 DM	–	5	–	5	–	50	10	20

Aufgabe:
Der Gewinn ist durch Betriebsvermögensvergleich zu ermitteln.
Die **Lösung** zu dieser Übungsaufgabe ist in einem „Lösungsheft" (Bestell-Nr. 100) enthalten.

1.2.3 Erfordernis der Buchführung

Wenn als Gewinn der Unterschied zwischen dem Betriebsvermögen an zwei bestimmten Stichtagen anzusetzen ist, so bedarf es zunächst einer einwandfreien Abgrenzung des Betriebsvermögens gegenüber dem Privatvermögen. Nur das Betriebsvermögen ist in regelmäßigen Zeitabständen (zum jeweiligen Schluss des Wirtschaftsjahrs) zu ermitteln. Daneben müssen die im Wirtschaftsjahr vorgekommenen Entnahmen und Einlagen festgehalten werden. Hierzu bedarf es einer Buchführung, in der nicht nur das zu Beginn eines Wirtschaftsjahrs vorhandene Betriebsvermögen aus der Vorjahresrechnung übernommen wird, sondern auch seine während des Geschäftsjahrs eingetretenen Veränderungen durch laufende Buchungen verrechnet werden, damit unter Berücksichtigung der Bestände vom Jahresende der Gewinn ermittelt werden kann. Die Buchführung ist damit ein wesentliches Mittel zur Feststellung des Geschäftserfolgs. Ihre Aufgabe besteht nicht nur darin, den von der Gründung bis zur Liquidation erzielten Gesamtgewinn (**Totalgewinn**) festzustellen, sondern insbesondere auch im Interesse der Besteuerung die Ergebnisse bestimmter Wirtschaftsjahre (**Periodengewinne**).

Es wäre natürlich falsch, in der Buchführung nur ein Instrument der Gewinnermittlung zu sehen. Steuerrechtlich ist das sicher ihre wichtigste Aufgabe. Sie ist aber auch ein wichtiges Hilfsmittel für die Ermittlung anderer Besteuerungsgrundlagen. Sie dient z. B. der Umsatzermittlung und der Fertigung einer Vermögensaufstellung für Zwecke der Bedarfsbewertung des Betriebsvermögens bei der ErbSt. Auch für die Gewerbesteuer und den Steuerabzug vom Arbeitslohn (Lohnsteuer) sind Teile der Buchführung von Bedeutung.

Selbstverständlich reichen die Aufgaben der Buchführung über das Gebiet des Steuerrechts hinaus. Denn sie dient in erster Linie der wertmäßig richtigen Darstellung des in der Unternehmung arbeitenden Rohvermögens und damit dem Nachweis des investierten Kapitals. Zudem dient sie der aus handelsrechtlichen und innerbetrieblichen Gründen erforderlichen laufenden Darstellung = **Dokumentation** aller Geschäftsvorfälle. Kein modernes Unternehmen kann aus diesen Gründen auf eine geordnete Buchführung verzichten. An ihr sind außer dem Betrieb auch Geschäftspartner, Gesellschafter, Gläubiger, insbesondere Banken und Lieferanten, und nicht zuletzt der Staat als Steuergläubiger interessiert.

1.3 Zweige und Aufgaben des gesamten Rechnungswesens

1.3.1 Zweige des betrieblichen Rechnungswesens

Das Rechnungswesen privatwirtschaftlicher Unternehmen umfasst mehrere Zweige. Die Buchführung ist nur ein Teil des gesamten Rechnungswesens. Die wichtigsten Formen des betrieblichen Rechnungswesens sind:

- **Buchführung** (Zeitabschnittrechnung),
- **Kosten- und Leistungsrechnung** (Betriebsbuchführung, Betriebsabrechnung, Kalkulation),
- **Statistik** (Vergleichsrechnung) und
- **Planung** (betriebliche Vorschaurechnung).

Diese Zweige haben ihre besonderen Verfahren, ihre eigenen Anwendungsgebiete und ihre besondere Erkenntniskraft. Sie hängen eng zusammen und ergänzen sich.

1 Einführung

1.3.2 Aufgaben eines geordneten Rechnungswesens

1.3.2.1 Buchführung

Die Buchführung (**Geschäftsbuchhaltung, Finanzbuchhaltung**) ist eine Zeitabschnittrechnung. Sie hat die Aufgabe, Stand und Veränderung des Anlage- und Umlaufvermögens, des Eigen- und Fremdkapitals fortlaufend und systematisch zu verzeichnen. In ihr müssen zu diesem Zweck alle wirtschaftlichen und rechtlichen Vorgänge, die Vermögen und Kapital verändern, zahlenmäßig festgehalten werden. Das sind insbesondere die Geschäftsvorfälle, die den Verkehr mit der Außenwelt (Lieferanten, Kunden, Banken usw.) betreffen. Die Buchführung muss am Jahresende die Aufstellung einer Bilanz und möglichst einer Gewinn-und-Verlust-Rechnung, die die Quellen (Erträge) und Belastungen (Aufwendungen) des Erfolgs erkennen lässt, gewährleisten. Sie dient in besonderem Maße der Erfüllung gesetzlicher Pflichten.

1.3.2.2 Kosten- und Leistungsrechnung

Aufgabe einer geordneten Kosten- und Leistungsrechnung (**Betriebsbuchhaltung**) ist die richtige Erfassung und Verrechnung aller innerbetrieblichen Kosten und Leistungen und ihre Zusammenstellung zum Zweck ihrer Auswertung. Dieser Aufgabe dienen Kostenarten-, Kostenstellen- und Kostenträgerrechnung sowie Leistungs- und Ergebnisrechnung. In diesem Teil des Rechnungswesens werden die Kosten nach Art, Ort der Entstehung und Kostenträgern verrechnet.

Die Kostenrechnung dient vor allem der Schaffung von Unterlagen, deren Auswertung eine Überwachung der Kosten und Leistungen sowie der Wirtschaftlichkeit ermöglicht und die unternehmerische Disposition, vor allem die Preisbildung, erleichtert. Sie ist eine rein innerbetriebliche Angelegenheit.

1.3.2.3 Statistik

Durch die Statistik werden betriebliche **Kennzahlen** gewonnen und im Interesse des Betriebs ausgewertet. Die Kennzahlen dienen der Feststellung der bisherigen Entwicklung und damit der Kontrolle des Betriebs sowie der Marktüberwachung. Die Statistik schafft auch Grundlagen und Erkenntnisse für die betriebliche Planung.

Manche für die Vergleichsrechnung wichtige Daten können der Buchführung oder der Kostenrechnung entnommen werden; andere müssen besonders festgestellt oder aufgezeichnet werden.

1.3.2.4 Planung

Auch für die betriebliche Planung werden entweder die Ergebnisse der Buchführung und der Kostenrechnung, aber auch besonders aufgezeichnete oder berechnete Größen verwendet. Ihre Schwierigkeit besteht in der Vorausschätzung der zukünftigen Entwicklung des Betriebs. Dabei müssen Strukturwandlungen (Konsumänderungen, Modewechsel), Konjunkturschwankungen sowie die Möglichkeit der Vergrößerung oder der Verkleinerung des Absatzmarktes (Konkurrenz) berücksichtigt werden.

1.4 Buchführungs- und Aufzeichnungsvorschriften

1.4.1 Buchführungspflicht nach Handelsrecht

Die Vorschriften des Handelsrechts verpflichten Einzelfirmen, Personengesellschaften und juristische Personen, Bücher zu führen und regelmäßig Abschlüsse zu machen. Zu diesen Vorschriften gehören:

§§ 238 bis 245, 257 bis 261, §§ 264 bis 264 c, 336 HGB, § 91 AktG, § 41 GmbHG und § 33 GenG.

Nach § 238 HGB ist jeder Kaufmann verpflichtet, Bücher zu führen und in diesen seine Handelsgeschäfte und die Lage seines Vermögens nach den Grundsätzen ordnungsmäßiger Buchführung ersichtlich zu machen. §§ 240, 242 HGB bestimmen, dass jeder Kaufmann bei Beginn seines Handelsgewerbes sowie für den Schluss eines jeden Geschäftsjahrs ein Inventar und eine Bilanz aufzustellen hat. Diese Verpflichtungen gelten für Kaufleute i. S. der §§ 1 bis 6 HGB. Während der **Kaufmann kraft Betätigung** (§ 1 HGB) mit der Aufnahme seiner gewerblichen Tätigkeit bereits Kaufmann ist, erlangt der **Kaufmann kraft Eintragung** (§ 2 HGB) diese Eigenschaft mit der Eintragung seiner Firma in das Handelsregister (§§ 8 ff. HGB). Vor der Eintragung besteht keine Pflicht zur Buchführung.

Beispiele

a) A ist Bauunternehmer. Sein Unternehmen umfasst einen nach Art und Umfang in kaufmännischer Weise eingerichteten Geschäftsbetrieb.
Nach §§ 238 ff. HGB besteht Buchführungspflicht.

b) B ist Änderungsschneider. Er erledigt seine finanziellen Angelegenheiten regelmäßig in bar. Seine Kunden zahlen sofort. Arbeitnehmer beschäftigt B nicht.
B ist nicht nach §§ 238 ff. HGB zur Buchführung verpflichtet, denn sein Unternehmen erfordert keinen in besonderer Weise eingerichteten Geschäftsbetrieb (§ 1 Abs. 2 HGB).
Soweit B jedoch seine Firma in das Handelsregister eintragen lässt, ist er Kaufmann kraft Eintragung gem. § 2 HGB und folglich buchführungspflichtig.

Für die Beurteilung der Frage, ob ein Unternehmen vorliegt, das nach Art und Umfang einen in kaufmännischer Weise eingerichteten Geschäftsbetrieb erfordert, kommt es auf die Zahl der Beschäftigten, die Höhe des Anlagevermögens und ins-

1 Einführung

besondere auf den getätigten Umsatz an. Bei einem handwerklichen Bauunternehmen, in dem insgesamt 5 Personen beschäftigt werden, das ein Betriebskapital von 250 000 DM und einen Umsatz von ca. 350 000 DM aufweist und bei dem eine Umsatzsteigerung auf ca. 750 000 DM bis 800 000 DM nicht zu erwarten ist, besteht kein öffentliches Interesse an einer kaufmännischen Buchführung. Dagegen ist ein Gastwirt mit einem Gesamtumsatz von 1,2 Mio. DM, der 15 nicht der Familie angehörige Mitarbeiter beschäftigt, zur Buchführung verpflichtet.[3] Das Gleiche gilt für den Inhaber eines Handels mit Landmaschinen und Gartengeräten mit Jahresumsatz von 1 Mio. DM, Geschäftsverbindung mit 80 Lieferanten und Forderungen gegenüber 40 Kunden im Gesamtbetrag von 25 000 DM.[4] Die Handwerkskammern haben Richtlinien darüber aufgestellt, bei welcher Beschäftigtenzahl und bei welcher Umsatzhöhe ein Betrieb der Registeranmeldepflicht unterliegt.

Ein gemeinsam tätiger Zusammenschluss von Personen ist als **Personenhandelsgesellschaft** Kaufmann und damit buchführungspflichtig, wenn die Personen gemeinschaftlich ein Handelsgewerbe betreiben (§§ 1, 6 Abs. 1 HGB, §§ 105, 161 HGB). Soweit dieses Handelsgewerbe jedoch keinen nach Art und Umfang in kaufmännischer Weise eingerichteten Geschäftsbetrieb erfordert, ist die Personengesellschaft nur Kaufmann, wenn ihre Firma im Handelsregister eingetragen ist (§ 2 HGB, § 105 Abs. 2, § 161 Abs. 2 HGB).

Die **Kapitalhandelsgesellschaften** (AG, KGaA, GmbH, Genossenschaft) besitzen die Kaufmannseigenschaft als sog. Formkaufleute bereits kraft Rechtsform (§ 6 Abs. 2 HGB i. V. m. § 3 AktG, §§ 1, 13 GmbHG, § 17 GenG). Die §§ 238 bis 261 HGB gelten somit auch für diese Unternehmen. Ergänzende Vorschriften dazu für Kapitalgesellschaften enthalten die §§ 264 bis 335 HGB, für eingetragene Genossenschaften die §§ 336 bis 339 HGB.

1.4.2 Buchführungspflicht nach Steuerrecht

1.4.2.1 Abgeleitete Buchführungspflicht nach § 140 AO

Wer nach anderen Gesetzen als den Steuergesetzen Bücher und Aufzeichnungen zu führen hat, die für die Besteuerung von Bedeutung sind, hat die Verpflichtungen, die ihm nach den anderen Gesetzen obliegen, auch für die Besteuerung zu erfüllen. Dieser in § 140 AO festgelegte Grundsatz gilt vor allem für die Gewerbetreibenden, die in ihrer Eigenschaft als Kaufmann verpflichtet sind, Bücher zu führen, die den Vorschriften des HGB entsprechen.

Damit stellt § 140 AO lediglich klar, dass die nach anderen gesetzlichen Vorschriften bestehenden Verpflichtungen zur Führung von Büchern auch steuerrechtlich zu

---
3 OLG Celle v. 16. 3. 1982 (BB 1983 S. 659).
4 OLG Celle v. 5. 7. 1982 (BB 1983 S. 658).

1.4 Buchführungs- und Aufzeichnungsvorschriften

beachten sind. Folglich wird die steuerrechtliche Buchführungspflicht aus dem Handelsrecht abgeleitet. Die außersteuerrechtlichen Buchführungspflichten werden zu steuerrechtlichen Pflichten erklärt und sind damit erzwingbar.

1.4.2.2 Originäre Buchführungspflicht nach § 141 Abs. 1 AO

Die Besteuerung soll möglichst richtig und gerecht durchgeführt werden. Um dies sicherzustellen, zieht das Steuerrecht den Rahmen für die Buchführungspflicht weiter als das Handelsrecht. Über die nach § 140 AO bestehende Buchführungspflicht hinaus ist deshalb nach § 141 Abs. 1 AO Buchführungspflicht für gewerbliche Unternehmer sowie Land- und Forstwirte gegeben, die nach den Feststellungen der Finanzbehörde für den **einzelnen** Betrieb die folgenden Voraussetzungen erfüllen:

- **Umsätze** einschließlich der steuerfreien Umsätze, ausgenommen die Umsätze nach § 4 Nrn. 8 bis 10 UStG, von mehr als **500 000 DM** (260 000 Euro) im Kalenderjahr oder
- **selbstbewirtschaftete land- und forstwirtschaftliche Flächen** mit einem Wirtschaftswert (§ 46 BewG) von mehr als **40 000 DM** (20 500 Euro) oder
- einen **Gewinn aus Gewerbebetrieb** von mehr als **48 000 DM** (25 000 Euro) im Wirtschaftsjahr oder
- einen **Gewinn aus Land- und Forstwirtschaft** von mehr als **48 000 DM** (25 000 Euro) im Kalenderjahr.

Hiernach sind, wenn mindestens eine der in § 141 Abs. 1 Nrn. 1 bis 5 AO genannten Grenzen überschritten ist, auch die Personen buchführungspflichtig, für die das Handelsrecht nicht bzw. nur eingeschränkt gilt, nämlich Land- und Forstwirte oder Gewerbetreibende i. S. des § 1 Abs. 2 HGB. Sie müssen in Zukunft für diesen Betrieb aufgrund jährlicher Bestandsaufnahmen regelmäßig Abschlüsse machen. Die §§ 238, 240 bis 242 Abs. 1 und die §§ 243 bis 256 HGB gelten entsprechend.

Beachte: Unter § 141 Abs. 1 AO fallen nur gewerbliche Unternehmer (§ 15 Abs. 2 EStG) sowie Land- und Forstwirte, nicht jedoch die selbstständig Tätigen mit Einkünften nach § 18 EStG (AEAO vom 14. 2. 2000, BStBl 2000 I S. 190).[5]

Die Buchführungspflicht soll ab einer gewissen Betriebsgröße einsetzen. Die Betriebsgröße hängt wiederum von der Ertragskraft ab. Da der Gewinn, der bislang noch nicht exakt aufgrund eines Bestandsvergleichs ermittelt wurde, keine geeignete Aussagefähigkeit hat, sind als objektive Merkmale einer bestimmten Betriebsgröße außerdem Umsatz und Vermögen maßgebend.

---

5 **Wirtschaftswert** (= Wert des Wirtschaftsteils) ist der Einheitswert des Betriebs der Land- und Forstwirtschaft abzüglich der darin enthaltenen Wohnungswerts (§ 48 BewG). Er wird aus den **Ertragswerten** der landwirtschaftlichen, der forstwirtschaftlichen, der weinbaulichen, der gärtnerischen und der sonstigen land- und forstwirtschaftlichen Nutzung sowie den Ertragswerten der Nebenbetriebe, des Abbaulandes und des Geringstlandes gebildet. Im Beitrittsgebiet tritt an die Stelle des Wirtschaftswerts der Ersatzwirtschaftswert i. S. des § 125 BewG (Artikel 97 a § 2 Nr. 7 EGAO).

1 Einführung

Im Bereich der Land- und Forstwirtschaft kommt insbesondere dem Vermögen – hier **Wirtschaftswert** – eine große Bedeutung zu; denn der Wirtschaftswert setzt sich aus den verschiedenen kapitalisierten Reinerträgen zusammen und spiegelt somit die Ertragsfähigkeit wider. Da die objektive Ertragsfähigkeit des **einzelnen** Betriebs entscheidend ist (§ 141 Abs. 1 Satz 1 AO), wird gem. § 141 Abs. 1 Satz 3 AO der Wirtschaftswert i. S. des § 46 BewG dahin gehend korrigiert, als alle vom Land- und Forstwirt **selbst bewirtschafteten** Flächen maßgebend sind, und zwar unabhängig davon, ob sie in seinem Eigentum stehen oder nicht. Die Einzelertragswerte der im Einheitswert erfassten Nebenbetriebe sind nicht anzusetzen.[6] Somit ergibt sich folgende Berechnungsformel:

    Wirtschaftswert i. S. des § 46 BewG
+ zugepachtete Flächen
./. verpachtete Flächen
_____
= Wirtschaftswert i. S. des § 141 Abs. 1 Satz 1 Nr. 3 AO

Entsprechendes gilt bei der Verpachtung eines ganzen Betriebs, sodass die Vermögensgrenze für die Beurteilung der Buchführungspflicht des Verpächters keine Rolle spielt.

Für die Buchführungspflicht der Land- und Forstwirte nach § 141 Abs. 1 Nr. 5 AO kommt es, anders als bei Gewerbetreibenden, nicht auf den Gewinn des Wirtschaftsjahrs, sondern auf den im Kalenderjahr erzielten Gewinn an. Dieser wird durch zeitanteilige Aufteilung der Gewinne aus zwei Wirtschaftsjahren ermittelt (§ 4 a Abs. 2 Nr. 1 EStG). Durch den Ansatz der Hälfte der Gewinne aus zwei Wirtschaftsjahren wird bei schwankenden Gewinnen eine Nivellierung erzielt.

Beispiel

B ist Landwirt. Für das Wirtschaftsjahr 06/07 erzielte er nach § 13 a EStG einen Gewinn in Höhe von 44 000 DM. Für das Wirtschaftsjahr 07/08 ergibt sich ein Gewinn von 50 000 DM. Bei der Veranlagung für 07 werden als Einkünfte aus Land- und Forstwirtschaft angesetzt:

$\frac{1}{2}$ von 44 000 DM =	22 000 DM
$\frac{1}{2}$ von 50 000 DM =	25 000 DM
insgesamt	47 000 DM

Obwohl der Gewinn im Wirtschaftsjahr 07/08 50 000 DM betragen hat, besteht keine Buchführungspflicht.

Bei der Berechnung der in § 141 Abs. 1 Nrn. 4 und 5 AO bezeichneten Grenzen sind erhöhte Absetzungen und Sonderabschreibungen nicht zu berücksichtigen. Der Freibetrag nach § 13 Abs. 3 EStG berührt den Gewinn aus Land- und Forstwirtschaft ebenfalls nicht.

---

6 BFH, BStBl 1990 II S. 606.

1.4 Buchführungs- und Aufzeichnungsvorschriften

Übersicht über die Buchführungspflicht bestimmter Steuerpflichtiger

Berufsgruppe (Einkunftsart)	Besteuerungsmerkmal			
	Umsatz	Wirtschaftswert	Gewinn aus Gewerbebetrieb	Gewinn aus Land- und Forstwirtschaft
Land- u. Forstwirte (§ 13 EStG)	> 500 000 DM 260 000 Euro	> 40 000 DM 20 500 Euro	—	> 48 000 DM 25 000 Euro
Gewerbetreibende (§ 15 EStG)	> 500 000 DM 260 000 Euro	—	> 48 000 DM 25 000 Euro	—

Die Buchführungsgrenzen beziehen sich stets auf den einzelnen Betrieb, auch wenn der Steuerpflichtige mehrere Betriebe der gleichen Einkunftsart hat.[7] In den maßgebenden Umsatz sind auch die nicht steuerbaren Auslandsumsätze einzubeziehen.[8] Sie sind ggf. zu schätzen (§ 162 AO).

Die Buchführungspflicht geht auf denjenigen über, der den Betrieb im Ganzen zur Bewirtschaftung als Eigentümer oder Nutzungsberechtigter übernimmt (§ 141 Abs. 3 Satz 1 AO). Die Übernahme kann folglich sowohl durch entgeltlichen oder unentgeltlichen Erwerb als auch durch Pachtung, Einräumung eines Nießbrauchs sowie durch Begründung eines sonstigen umfassenden Nutzungsrechts am Betrieb im Ganzen erfolgen. In diesen Fällen ist kein Hinweis der Finanzbehörde auf den Beginn der Buchführungspflicht erforderlich (§ 141 Abs. 3 Satz 2 AO).

Dementsprechend endet die Buchführungspflicht für einen einheitlichen Betrieb der Land- und Forstwirtschaft nicht, wenn der landwirtschaftliche Teilbetrieb einem Dritten zur Nutzung überlassen, der forstwirtschaftliche Teilbetrieb aber nach wie vor selbst bewirtschaftet wird. In diesem Fall bleibt der bisherige Betrieb, wenn auch in verkleinertem Umfang, erhalten; für ihn muss die Buchführungspflicht nicht neu begründet werden.[9]

Bei Realteilung besteht dagegen grundsätzlich kein Übergang der Buchführungspflicht, weil kein Betrieb im Ganzen, sondern jeweils nur ein Teilbetrieb übernommen wird.

1.4.2.3 Buchführungspflicht bei Sonderbetriebsvermögen[10]

Die Buchführungspflicht für Sonderbetriebsvermögen obliegt nicht dem einzelnen Gesellschafter, sondern der Personenhandelsgesellschaft. Eine Personenhandelsgesellschaft ist nach § 238 Abs. 1 HGB und damit nach § 140 AO nur für ihr

---
7 BFH, BStBl 1989 II S. 7.
8 Nr. 3 zu § 141 des Anwendungserlasses zur AO vom 14. 2. 2000, BStBl 2000 I S. 190.
9 BFH, BStBl 1994 II S. 677.
10 S. u. 21.5.3.

Gesamthandsvermögen buchführungspflichtig; handelsrechtlich gibt es kein Sonderbetriebsvermögen. Zum steuerlichen Betriebsvermögen der Personengesellschaft gehört aber auch das Sonderbetriebsvermögen ihrer Gesellschafter, und damit erstreckt sich die steuerrechtliche Buchführungspflicht der Gesellschaft auch auf das Sonderbetriebsvermögen. Rechtsgrundlage für diese über das Gesamthandsvermögen hinausgehende Buchführungspflicht ist § 141 AO.[11]

1.4.2.4 Beginn der Buchführungspflicht

Bei den unter § 140 AO fallenden Steuerpflichtigen richtet sich der Beginn der Buchführungspflicht nach den anderen Gesetzen. So beginnt die Buchführungspflicht nach den §§ 238 ff. HGB in dem Zeitpunkt, in dem die Eigenschaft als Kaufmann erworben wird, d. h. grundsätzlich mit Beginn der Tätigkeit (§ 1 HGB), in den Fällen des § 2 HGB dagegen, ebenso wie beim Kannkaufmann (§ 3 HGB) und ggf. beim Scheinkaufmann (§ 5 HGB), aber erst mit der Eintragung in das Handelsregister.

Dabei beginnt die Buchführungspflicht für Kaufleute bereits mit den vorbereitenden Geschäften, während die Verpflichtung zur Erstellung der Eröffnungsbilanz erst mit Beginn des eigentlichen Geschäftsbetriebs entsteht. Da bis zur Aufstellung der Eröffnungsbilanz keine Gewinn-und-Verlust-Rechnung vorhanden ist, fragt es sich, wie die in der Buchführungsperiode vor der Eröffnungsbilanz entstehenden Aufwendungen buchmäßig zu behandeln sind. Eine praktikable Lösungsmöglichkeit besteht darin, die Aufwendungen – entsprechend § 269 Satz 1 HGB – zu aktivieren. Die Aktiva sind sodann in die Eröffnungsbilanz einzustellen und entweder sofort oder über einen Zeitraum von höchstens 5 Jahren abzuschreiben (§ 282 HGB).

Für die **steuerliche Gewinnermittlung** ist eine derartige Bilanzierung nicht zulässig (§ 5 EStG). Im Interesse einer richtigen, periodengerechten Erfassung der Aufwendungen muss daher für steuerliche Zwecke bereits eine Gewinnermittlung für den Zeitraum der vorbereitenden Geschäfte vorgenommen werden. Dem Abschnittsprinzip des EStG folgend hat dies unter Umständen für mehrere Jahre getrennt zu geschehen.

Die Verpflichtung zur Buchführung nach § 141 AO ist vom Beginn des Wirtschaftsjahrs an zu erfüllen, das auf die Bekanntgabe der Mitteilung folgt, mit der die Finanzbehörde auf den Beginn dieser Verpflichtung hingewiesen hat (§ 141 Abs. 2 Satz 1 AO). Voraussetzung für den Beginn der Buchführungspflicht nach § 141 AO sind Feststellungen der Finanzbehörde, dass einer der genannten Grenzwerte überschritten ist, und eine entsprechende Mitteilung des Finanzamts, dass aufgrund dieser Feststellungen mit dem Beginn des nächsten Wirtschaftsjahrs die Buchführungspflicht zu erfüllen ist.[12] Die Mitteilung des Finanzamts über den Beginn der Buchführungspflicht nach § 141 Abs. 2 Satz 1 AO ist ein rechtsgestaltender Verwal-

---

11 BFH, BStBl 1991 II S. 401; BFH, BStBl 1992 II S. 797.
12 BFH, BStBl 1983 II S. 257.

tungsakt, der den Beginn der Buchführungspflicht zu dem genannten Zeitpunkt auslöst. Wird er weder angefochten noch zurückgenommen noch widerrufen, so beginnt die Buchführungspflicht auch dann, wenn die Begründung der Mitteilung (Feststellung des Überschreitens einer Buchführungsgrenze nach § 141 Abs. 1 AO) nicht mehr zutreffend ist.[13]

Die **Feststellung** der Finanzbehörde, dass eine der in § 141 Abs. 1 AO genannten Buchführungsgrenzen überschritten ist, ergibt sich regelmäßig aus einem Steuer- oder Feststellungsbescheid. Sie kann aber auch in einem (feststellenden) Verwaltungsakt eigener Art getroffen oder mit der Buchführungsmitteilung nach § 141 Abs. 2 AO zu einem Verwaltungsakt verbunden werden.[14]

Dementsprechend kann auch die **Mitteilung** über die beginnende Buchführungspflicht in einem Steuerbescheid, in einem vorbezeichneten (feststellenden) Verwaltungsakt eigener Art oder gesondert ergehen. Sie soll dem Steuerpflichtigen mindestens einen Monat vor Beginn des Wirtschaftsjahrs bekannt gegeben werden, von dessen Beginn an die Buchführungsverpflichtung zu erfüllen ist.[15] Da die Bekanntgabe der Mitteilung ein **Tatbestandsmerkmal** des § 141 Abs. 2 Satz 1 AO ist,[16] beginnt die Buchführungspflicht nicht, wenn die Mitteilung z. B. versehentlich unterbleibt. Geht sie verspätet ein, verschiebt sich der Beginn der Buchführungspflicht um ein Jahr, ohne dass es einer erneuten Mitteilung bedarf.[17]

Fehlt für eine Mitteilung über den Beginn der Buchführungspflicht (§ 141 Abs. 2 AO) eine wirksame Feststellung der Finanzbehörde nach § 141 Abs. 1 AO, so bleibt die Mitteilung trotz Anfechtung wirksam, wenn die Finanzbehörde die fehlende Feststellung bis zum Beginn der Buchführungspflicht nachholt.[18] Wegen der rechtsgestaltenden Wirkung der Mitteilung ist für den Beginn der originären steuerlichen Buchführungspflicht nach § 141 AO auch dann der Hinweis der Finanzbehörde auf den Beginn dieser Verpflichtung erforderlich, wenn der Steuerpflichtige bereits (seit Jahren) freiwillig Bücher führt und seinen Gewinn durch Bestandsvergleich ermittelt.

Ist die Frage der Allein- oder Mitunternehmerschaft noch nicht entschieden, so ist die Mitteilung nach § 141 Abs. 2 AO rechtswirksam bekannt gegeben, wenn an denjenigen adressiert und bekannt gegeben wird, der (oder die) bei summarischer Prüfung prima facie (nach dem Beweis des ersten Anscheins) als Unternehmer in Betracht kommt.[19]

Wegen der Möglichkeit, Erleichterungen zu bewilligen, s. u. 1.4.9.

---

13 BFH, BStBl 1983 II S. 254.
14 BFH, BStBl 1983 II S. 768.
15 Nr. 4 zu § 141 des Anwendungserlasses zur AO vom 14. 2. 2000, BStBl I 2000 S. 190.
16 BFH, BStBl 1978 II S. 477.
17 BFH, BStBl 1986 II S. 39.
18 BFH, BStBl 1983 II S. 768.
19 BFH, BStBl 1988 II S. 238.

1 Einführung

1.4.2.5 Ende der Buchführungspflicht

In den Fällen einer Buchführungspflicht nach § 140 AO in Verbindung mit §§ 238 ff. HGB endet die Buchführungspflicht mit dem Verlust der Kaufmannseigenschaft. Bei den übrigen Steuerpflichtigen endet die Verpflichtung zur Buchführung ein Jahr nach Ablauf des Wirtschaftsjahrs, in dem die Finanzbehörde feststellt, dass die Voraussetzungen der Buchführungspflicht nicht mehr vorliegen (§ 141 Abs. 2 Satz 2 AO).[20] Stellt die Finanzbehörde jedoch vor dem Erlöschen der Verpflichtung wiederum das Bestehen der Buchführungspflicht fest, so wird der Wegfall der Buchführungspflicht nicht wirksam.

Die Pflicht und das Recht zur Buchführung und Bilanzierung gem. §§ 238 ff. HGB, § 140, § 141 AO enden stets im Zeitpunkt der Betriebsaufgabe[21] und bei Insolvenz mit dem Abschluss des Insolvenzverfahrens. Demgegenüber soll die Buchführungspflicht des Pächters eines landwirtschaftlichen Betriebs auch dann mit Ablauf des Pachtverhältnisses enden, wenn der Landwirt anschließend einen anderen landwirtschaftlichen Betrieb pachtet. Für den neu gepachteten Betrieb wird eine Buchführungspflicht erst begründet, wenn für ihn die Voraussetzungen des § 141 Abs. 1 und 2 AO erfüllt sind.[22]

1.4.2.6 Besondere Buchführungspflicht für freiwillig Buch führende Land- und Forstwirte

Freiwillig Buch führende Land- und Forstwirte, die die in § 13 a Abs. 1 EStG bezeichneten Voraussetzungen für die Gewinnermittlung nach Durchschnittssätzen erfüllen, können zwischen der Besteuerung nach Durchschnittssätzen (§ 13 a Abs. 3 bis 8 EStG) oder der Besteuerung nach dem Buchführungsergebnis bzw. den Einnahme-Ausgabe-Aufzeichnungen wählen. Entschließen sie sich zur Besteuerung nach dem Buchführungsergebnis bzw. dem Ergebnis der Aufzeichnungen, so sind sie nach § 13 a Abs. 2 Satz 1 EStG für vier aufeinander folgende Wirtschaftsjahre zur Gewinnermittlung durch Betriebsvermögensvergleich bzw. Vergleich der Betriebseinnahmen mit den Betriebsausgaben verpflichtet.

1.4.2.7 Besondere Buchführungspflicht beim gewerblichen Grundstückshandel

Die Buchführungspflicht ergibt sich auch für den gewerblichen Grundstückshandel grundsätzlich aus § 140 AO. Danach ist der gewerbliche Grundstückshändler für steuerrechtliche Zwecke zur Buchführung verpflichtet, wenn er diese Verpflichtung als Kaufmann nach den Vorschriften des HGB zu erfüllen hat. Nach § 1 Abs. 1 HGB ist derjenige Kaufmann, der ein Handelsgewerbe betreibt. Dies gilt nach § 1 Abs. 2 HGB allerdings nur dann, wenn der gewerbliche Grundstückshandel einen nach Art und Umfang in kaufmännischer Weise eingerichteten Geschäftsbetrieb

---

20 BFH, BStBl 1983 II S. 254, 257.
21 BFH, BStBl 1978 II S. 430.
22 BFH, BStBl 1986 II S. 431.

1.4 Buchführungs- und Aufzeichnungsvorschriften

erfordert. Ob ein gewerbliches Unternehmen einen solchen Geschäftsbetrieb erfordert, ist eine Frage, die nur im Einzelfall beantwortet werden kann.[23] Als Kriterien mögen die folgenden Überlegungen hilfreich sein:

- Ein Geschäftsbetrieb mit kaufmännischer Organisation ist bei größeren und ineinander übergreifenden Projekten erforderlich. Die Abwicklung überschaubarer Vorhaben setzt dagegen keinen besonderen Geschäftsbetrieb voraus.
- Bei der Beurteilung sind nicht nur die Grundstücksgeschäfte eines Jahres zu beurteilen, sondern im Rahmen einer Gesamtbetrachtung alle dem gleichen Zweck dienenden Vorhaben.[24]
- Für die Beurteilung sind insbesondere der Umfang von Baumaßnahmen, deren Planung, Abwicklung, Finanzierung sowie Vermarktung von Bedeutung.[25]
- Ein hoher Kapitaleinsatz erfordert auch im Interesse der Geschäftspartner eine kaufmännische Überwachung der Vermögenslage. Eine realistische Einschätzung der Wertentwicklung von wertvollen Sachwerten ist nur mit Hilfe eines vollkaufmännischen Rechnungswesens möglich.[26]

Darüber hinaus sind als weitere Merkmale in die Beurteilung einzubeziehen: Umsatz, Ertrag, Wert des Anlagevermögens, Betriebskapital, angestellte Arbeitnehmer, Kreditbeschaffung, Zahlungsweise, Kassenführung, Umfang des Lieferanten- und Kundenkreises, Qualität der Geschäftsräume.

Soweit den vorstehenden Grundsätzen entsprechend **keine** Buchführungspflicht nach Handelsrecht besteht, kann sich die Buchführungspflicht für steuerrechtliche Zwecke aus § 141 AO ergeben. Dafür wäre nach Überschreiten einer der dort genannten Grenzen eine Aufforderung durch die Finanzbehörde erforderlich (vgl. 1.4.2.2). Fehlt es auch an einer Buchführungspflicht nach § 141 AO, kann der Gewinn durch Überschussrechnung nach § 4 Abs. 3 EStG ermittelt werden. Dafür muss der Stpfl. ein entsprechendes **Wahlrecht** ausüben, indem er entweder die Betriebseinnahmen und die Betriebsausgaben aufzeichnet oder mindestens Einnahmen- und Ausgabenbelege sammelt und der Ermittlung seines Gewinns aus Gewerbebetrieb zugrunde legt.

Soweit derartige Aufzeichnungen oder Belegsammlungen nicht vorgelegt werden können, hat der Stpfl. sein Wahlrecht zugunsten der Überschussrechnung nicht ausgeübt. Der Gewinn ist dann nach § 4 Abs. 1 Satz 1 EStG zu ermitteln, ggf. zu schätzen (§ 162 AO).[27]

Befindet sich der Stpfl. im **Irrtum** über die Tatsache, dass seine Tätigkeit als gewerblicher Grundstückshandel einzustufen ist und hat er lediglich Einkünfte aus Vermietung oder Verpachtung erklärt, dann fehlt es an einer wirksamen Ausübung

---

23 BFH v. 21. 4. 1998, BFH/NV 1998 S. 1220.
24 Niedersächsisches FG v. 3. 2. 1998, EFG 1998 S. 725, rkr.
25 FG Münster v. 24. 4. 1995, EFG 1996 S. 423, rkr.
26 OLG Celle v. 5. 7. 1982, BB 1983 S. 658.
27 BFH v. 13. 10. 1989, BStBl. II 1990 S. 287.

1 Einführung

des Wahlrechts zur Gewinnermittlung durch Überschussrechnung nach § 4 Abs. 3 EStG.[28] Der Gewinn aus dem gewerblichen Grundstückshandel ist in diesem Fall nach § 4 Abs. 1 Satz 1 EStG zu ermitteln, obwohl keine Pflicht zur Buchführung und zur Erstellung regelmäßiger Abschlüsse besteht.[29]

Beispiel:

Im Rahmen einer Betriebsprüfung wird ein gewerblicher Grundstückshandel festgestellt. Der Stpfl. hatte seinen bisherigen ESt-Erklärungen keine Gewinnermittlung beigefügt, sondern hatte rechtsirrtümlich Einnahmen und Werbungskosten im Rahmen der Einkünfte aus Vermietung und Verpachtung erklärt. Veräußerungsgewinne hatte der Stpfl. nur unter den Voraussetzungen des § 23 EStG in seinen ESt-Erklärungen dargestellt.

Der Stpfl. hat von seinem Wahlrecht, den Gewinn nach § 4 Abs. 3 EStG zu ermitteln, keinen Gebrauch gemacht. Der Gewinn ist deshalb durch Betriebsvermögensvergleich nach der Grundregel des § 4 Abs. 1 Satz 1 EStG zu berechnen.

1.4.3 Buchführungspflicht und Aufzeichnungspflicht

Neben Buchführungspflichten gibt es Aufzeichnungspflichten. Das erfordert eine Abgrenzung von Buchführung und Aufzeichnungen.

Während das Wesen der Buchführung darin besteht, dafür **mindestens** zu sorgen, dass

- sämtliche Geschäftsvorfälle in einem oder mehreren **Grundbüchern** zeitnah und geordnet erfasst werden (H 29 „Zeitgerechte Erfassung" EStH),[30]
- ein **Geschäftsfreundebuch** geführt wird (R 29 Abs. 1 EStR, H 29 „Personenübersichten" EStH),
- jährlich Abschlüsse mit **Bestandsaufnahmen** gemacht werden (R 30 EStR, H 30 EStH),

sind Aufzeichnungen alle für die Rechnungslegung relevanten Notizen und Zusammenstellungen, die der Unternehmer freiwillig macht oder zu denen er durch Gesetz oder Verordnung verpflichtet ist.

1.4.3.1 Außersteuerrechtliche Aufzeichnungspflichten

Nach § 140 AO sind auch Aufzeichnungspflichten, die sich aus außersteuerrechtlichen Normen ergeben, für Zwecke der Besteuerung zu erfüllen. Wie bei den außersteuerrechtlichen Buchführungspflichten werden durch § 140 AO keine neuen Verpflichtungen begründet, sondern lediglich außersteuerrechtliche Aufzeichnungs-

---

[28] BFH v. 15. 4. 1999, BStBl II 1999 S. 481; BFH v. 8. 3. 1989, BStBl II 1989 S. 714 zu 1 b) der Gründe.
[29] OFD Frankfurt v. 18. 4. 2000 – S 2132 A – 3 – St II 20, Steuer Aktuell 17/2000.
[30] BFH, BStBl 1992 II S. 1010.

1.4 Buchführungs- und Aufzeichnungsvorschriften

pflichten zu steuerrechtlichen Pflichten erklärt. Damit wird ihr Zweck erweitert. Welche Ziele der Gesetzgeber mit den gesetzlichen Regelungen und den danach zu führenden Aufzeichnungen verfolgt, ist dabei unbedeutend. Es genügt, dass die Aufzeichnungen etwas enthalten, was steuerrechtlich irgendwie interessiert.

Es gibt viele Gesetze, die den Angehörigen bestimmter Berufsgruppen solche Aufzeichnungspflichten auferlegen oder die bei Ausführung bestimmter Leistungen Aufzeichnungen vorschreiben. Ein Teil dieser Verpflichtungen kann auch im Rahmen einer Buchführung erfüllt werden. Verstöße gegen diese außersteuerrechtlichen Aufzeichnungspflichten stehen den Verstößen gegen steuerrechtliche Aufzeichnungspflichten gleich.[31]

Eine vollständige Aufzählung dieser Vorschriften und der danach aufzeichnungspflichtigen Vorgänge ist kaum möglich, zumal es sich zum großen Teil um landesrechtliche Regelungen handelt. Hier können deshalb nur einige wichtige Fälle, die von allgemeinem Interesse sind, aufgezählt werden.

Aufzeichnungen für Angehörige bestimmter Berufsgruppen:

Altmetallhändler (Metallbuch nach landesrechtlichen Regelungen), **Apotheker** (Herstellungsbücher und Prüfungsbücher nach der Apothekerbetriebsordnung), **Auskunfteien und Detekteien** (Aufzeichnungen nach § 1 Auskunftei- und Detektei-VO), **Banken** (Depotbücher nach § 14 DepG), **Bauträger und Baubetreuer** (Aufzeichnungen nach der VO zur Durchführung des § 34 c der Gewerbeordnung vom 20. 6. 1974, BGBl I S. 1314), **Buchmacher** (Wettbuch nach § 4 Rennwett- und Lotteriegesetz), **Bewachungsgewerbe** (Aufzeichnungen nach § 11 der VO über das Bewachungsgewerbe), **Fahrschulen** (Aufzeichnungen über die Ausbildung eines jeden Fahrschülers sowie über das erhobene Entgelt nach § 18 Abs. 1 und 2 des Fahrlehrergesetzes), **Gebrauchtwagenhändler** (Gebrauchtwagenbuch nach § 38 GewO in Verbindung mit landesrechtlichen Regelungen), **Getreide- und Futtermittelhandel** (Aufzeichnungen nach § 16 Getreide- und Futtermittelgesetz), Aufzeichnungspflichten nach der **Getreide-MitverantwortungsabgabeVO** vom 25. 8. 1988 (BGBl I S. 1700), Unternehmen des **Güterfernverkehrs** (Fahrtenbücher, Bücher über den Güterfernverkehr, Beförderungs- und Begleitpapiere und Bücher über die Vermittlung von Ladegut oder Laderaum nach §§ 28, 29, 32 GüKG vom 6. 8. 1975, BGBl I S. 2132, i. V. m. §§ 1 bis 3 a der VO über die Tarifüberwachung im Güterfernverkehr und grenzüberschreitenden Güterkraftverkehr i. d. F. vom 30. 9. 1974, BGBl I S. 2428), **Handelsmakler** (Tagebuch nach § 100 HGB), **Hebammen** (Rechnungsbücher nach § 10 der 2. VO zum Hebammengesetz), Ausgeber von **Heimarbeit** (Entgeltbücher bei Ausgabe und Abnahme von Heimarbeit nach §§ 6 bis 9 Heimarbeitsgesetz), **Hennenhalter** (Aufzeichnungen nach § 7 der VO zum Schutz von Legehennen bei Käfigtierhaltung – HennenhaltungsVO – vom 10. 12. 1987, BGBl I S. 2622), **Hotel-, Gaststätten- und Pensionsgewerbe** (Fremdenbücher, Fremdenverzeichnisse nach § 19 der VO über das Meldewesen sowie der Meldegesetze der einzelnen Länder), Aufzeichnungspflichten nach § 9 der **HülsenfrüchtebeihilfeVO** vom 21. 6. 1988 (BGBl I S. 846), Beteiligte i. S. der **Kasein**-BeihilfenVO vom 20. 3. 1989 (in der VO geregelte Aufzeichnungs- und Aufbewahrungspflichten), **Insolvenzverwalter** (er hat anstelle des Gemeinschuldners die üblichen Buchführungspflichten nach Handels- und Steuerrecht zu erfüllen. Außerdem muss er insolvenzrechtliche Buchführungs- und Bilanzierungsvorschriften beachten, §§ 238 ff. HGB, §§ 151 bis 155 InsO), **Kürschner** (Rohfelleinkaufsbuch), **Lagerhalter** (Lagerbuch, Lager-

---

31 Vgl. auch AEAO v. 15. 7. 1998, BStBl 1998 I S. 630 zu § 140 AO.

1 Einführung

scheinregister), **Makler, Darlehens- und Anlagenvermittler, Bauträger und Baubetreuer** (Makler- und Bauträgerverordnung – MaBV – vom 7. 11. 1990, BGBl I S. 2479), **Metallhändler** (Einkaufsbücher nach § 6 des Gesetzes über den Verkehr mit unedlen Metallen), **Milchverarbeiter** (Aufzeichnungen nach § 23 des Gesetzes über den Verkehr mit Milch, Milcherzeugnissen und Fetten), **Munitionshändler** (Munitionshandelsbuch nach § 12 Abs. 3 Bundeswaffengesetz), **Nachlassverwalter** (§ 1985 BGB), **Pfandleiher** (Aufzeichnungen nach § 3 der VO über gewerbliche Pfandleiher), **Pflegeeinrichtungen** (Pflege- und Buchführungsverordnung – PBV), **Reisebüros** (Aufzeichnungen nach landesrechtlichen Bestimmungen in Verbindung mit § 38 GewO), **Schornsteinfeger** (Kehrbuch nach § 14 der VO über das Schornsteinfegerwesen), **Schrotthändler** (Aufzeichnungen nach landesrechtlichen Vorschriften), **Spediteure** (Lagerbücher, Lagerscheinregister), auf **Seeschiffen,** die berechtigt sind, die Bundesflagge zu führen, und auf **Binnenschiffen,** die in der Bundesrepublik in einem Schiffsregister eingetragen sind, sind **Seetagebücher** zu führen (Seetagebuch-VO vom 8. 2. 1985), **Schulmilchlieferanten** (Aufzeichnungen nach § 7 Schulmilch-Beihilfen-VO vom 8. 11. 1985), Führung eines Kontrollbuchs nach § 13 der **Tierseuchen-SchweinehaltungsVO** vom 29. 7. 1988 (BGBl I S. 1208), **Tierversuchsanstalten** (Kontrollbuch nach § 11 a Abs. 1 des Tierschutzgesetzes i. V. m. § 1 der VO über die Aufzeichnungen über Versuchstiere und deren Kennzeichnung vom 20. 5. 1988), **Trödelhändler** (Trödelbuch nach § 38 der GewO in Verbindung mit landesrechtlichen Regelungen), **Versteigerer** (Aufzeichnungen über die Versteigerungsaufträge nach § 21 der VO über gewerbsmäßige Versteigerungen), **Verwalter** (Aufzeichnung der Einnahmen und Ausgaben nach § 259 BGB), **Verwalter nach § 28 WEG** (Wirtschaftsplan und Abrechnung), **Viehhändler** (Ein- und Verkaufsbücher nach landesrechtlichen Bestimmungen), **Vieh- und Fleischverkäufer** (Aufzeichnungen nach § 10 Vieh- und Fleischgesetz), **Vormund** (Rechnungslegung nach § 1840 BGB), **Waffenhersteller und -händler** (Waffenherstellungs- bzw. Waffenhandelsbuch nach § 12 Abs. 1 u. 2 Bundeswaffengesetz), **Wildbrethändler** (Wildhandelsbuch nach § 36 Bundesjagdgesetz in Verbindung mit landesrechtlichen Regelungen, vgl. auch § 4 Bundeswildschutz-VO), **Weinkellereien, Weinbaubetriebe** (Fasslagerbuch, Kellerbuch, Kontrollbuch, Weinbuch, Weinlagerbuch nach dem Weingesetz).

1.4.3.2 Steuerrechtliche Aufzeichnungspflichten

Auch im Steuerrecht finden sich Vorschriften, die die Aufzeichnung bestimmter Vorgänge verlangen. Diese Aufzeichnungspflichten erlangen dann besondere Bedeutung, wenn Steuerpflichtige weder nach Handelsrecht noch nach Steuerrecht der Buchführungspflicht unterliegen. Buch führende Betriebe erfüllen diese steuerrechtlichen Aufzeichnungspflichten in der Regel im Rahmen ihrer kaufmännischen bzw. landwirtschaftlichen Buchführung.

Nach § 143 Abs. 1 AO müssen gewerbliche Unternehmer den **Wareneingang** aufzeichnen. Während Buch führende Gewerbetreibende die geforderten Aufzeichnungen in ihrer Buchführung machen, erfüllen die nicht Buch führenden Gewerbetreibenden diese Verpflichtung im Allgemeinen durch Führung eines Wareneingangsbuchs bzw. eines diesem gleichstehenden Buches (z. B. Steuerheft der Straßenhändler, Wildhandelsbuch der Wildbrethändler). Zur gesonderten Aufzeichnung des Wareneingangs sind nur Gewerbetreibende i. S. des § 15 Abs. 2 EStG verpflichtet. Land- und Forstwirte fallen nicht unter § 143 AO.

Aufzuzeichnen sind alle zur Weiterveräußerung oder zum Verbrauch erworbenen Vorräte. Das gilt für Waren, die nach der Art des Betriebs üblicherweise für den

Betrieb zur Weiterveräußerung oder zum Verbrauch erworben werden, auch dann, wenn sie für betriebsfremde Zwecke verwendet werden. Wegen des Umfangs der Aufzeichnungspflicht siehe § 143 Abs. 2 und 3 AO.

Nach § 144 Abs. 1 AO müssen gewerbliche Unternehmer, die nach der Art ihres Geschäftsbetriebs Waren regelmäßig an andere gewerbliche Unternehmer zur Weiterveräußerung oder zum Verbrauch als Hilfsstoffe liefern, den erkennbar für diese Zwecke bestimmten **Warenausgang** gesondert aufzeichnen. Betroffen sind von dieser Vorschrift vor allem Großhändler. Neben den Gewerbetreibenden müssen aber auch Buch führende Land- und Forstwirte den Warenausgang aufzeichnen (§ 144 Abs. 5 AO). Während Buch führende Unternehmer die Aufzeichnungen im Rahmen ihrer Buchführung machen, erfüllen die nicht Buch führenden Gewerbetreibenden diese Verpflichtung durch Führung eines Warenausgangsbuchs. Wegen des Umfangs der Aufzeichnungspflichten im Einzelnen siehe § 144 Abs. 2 bis 4 AO.[32]

Durch die Aufzeichnung des Wareneingangs und Warenausgangs soll eine Überprüfung der Angaben in den Steuererklärungen und die gegenseitige Kontrolle ermöglicht bzw. verbessert werden.

Weitere Aufzeichnungspflichten ergeben sich aus dem UStG, vor allem aus § 22 UStG in Verbindung mit den §§ 63 bis 68 UStDV. Danach müssen die **Entgelte** für Leistungen, die **Bemessungsgrundlagen** nach § 10 Abs. 5 UStG **für Leistungen** bei zu niedrigem Entgelt (Mindestbemessungsgrundlage) sowie die Bemessungsgrundlage für **unentgeltliche Wertabgaben** i. S. des § 3 Abs. 1 b bzw. § 3 Abs. 9 a UStG getrennt nach steuerfreien und steuerpflichtigen Umsätzen und nach Steuersätzen aufgezeichnet werden. Darüber hinaus sind die Entgelte der Umsätze an den Unternehmer und die darauf entfallende Vorsteuer ebenso aufzuzeichnen wie die Bemessungsgrundlage für die aus Drittländern eingeführten Gegenstände sowie die darauf entfallende Einfuhrumsatzsteuer. Seit 1993 sind zusätzlich aufzuzeichnen die Bemessungsgrundlagen für den innergemeinschaftlichen Erwerb von Gegenständen sowie die hierauf entfallenden Steuerbeträge (§ 22 Abs. 2 Nr. 7 UStG) und weitere Verbringungsfälle in das übrige Gemeinschaftsgebiet i. S. des § 22 Abs. 4 a UStG sowie das Verbringen von Gegenständen in das Inland nach § 22 Abs. 4 b UStG. Außerdem sind besondere Aufzeichnungen bei Reiseleistungen (§ 25 Abs. 5 UStG), im Rahmen des Umsatzsteuer-Abzugsverfahrens (§ 56 UStDV), für die nach § 14 Abs. 2, 3 UStG geschuldeten Steuerbeträge (§ 22 Abs. 2 Nr. 4 UStG) zu führen. Die Befreiung von der Führung des Umsatzsteuerhefts für Unternehmer i. S. des § 22 Abs. 5 UStG ist in § 68 UStDV geregelt. Besondere Aufzeichnungen sind auch erforderlich, wenn bestimmte Steuerbefreiungen in Anspruch genommen werden, z. B. nach § 4 Nr. 1 i. V. m. § 6 Abs. 4, § 7 Abs. 3 UStG und § 13 UStDV; § 4 Nr. 2 i. V. m. § 8 Abs. 3 UStG und § 18 UStDV; § 4 Nr. 3 UStG i. V. m. § 21 UStDV; § 4 Nr. 5 UStG i. V. m. § 22 UStDV.

---

32 AEAO zu § 144 vom 14. 2. 2000, BStBl 2000 I S. 190.

1 Einführung

Erweiterte Aufzeichnungen (= Verzeichnisse) sind nach § 6 Abs. 2 Satz 4 EStG für geringwertige Wirtschaftsgüter, nach § 4 Abs. 3 Satz 5 EStG für nichtabnutzbare Wirtschaftsgüter des Anlagevermögens sowie nach § 7 a Abs. 8 EStG für solche Wirtschaftsgüter zu führen, für die erhöhte Absetzungen oder Sonderabschreibungen in Anspruch genommen werden, soweit die Angaben nicht aus der Buchführung ersichtlich sind. Die Voraussetzungen des nach § 7 a Abs. 8 EStG zu führenden Verzeichnisses sind auch dann erfüllt, wenn es erst im Zeitpunkt der Geltendmachung der erhöhten Absetzungen oder Sonderabschreibungen erstellt wird.[33]

§ 4 Abs. 7 EStG bestimmt die Aufzeichnung der **Aufwendungen i. S. des § 4 Abs. 5 Nrn. 1 bis 5, 6 b und 7 EStG** einzeln und getrennt von den sonstigen Betriebsausgaben (R 22 EStR, H 22 EStH).

Im Rahmen der Gewinnermittlung nach § 4 Abs. 3 EStG (Überschussrechnung) sind die Entnahmen und Einlagen gesondert aufzuzeichnen, um die Ermittlung des betrieblichen Schuldzinsenabzugs und dessen Abzugsbeschränkung nach § 4 Abs. 4 a EStG ermitteln zu können (§ 4 Abs. 4 a Satz 7 EStG).

Nach § 41 EStG und § 4 LStDV hat der Arbeitgeber am Ort der Betriebsstätte für jeden Arbeitnehmer ein **Lohnkonto** zu führen. Wenn der Arbeitslohn die in § 4 Abs. 4 LStDV bezeichneten Beträge nicht übersteigt und keine Lohnsteuer und Kirchensteuer einzubehalten ist, braucht ein Lohnkonto nicht geführt zu werden.

Besondere Aufzeichnungspflichten bestehen auch für die Verkehrsteuern, so z. B. nach § 7 VersStDV.

1.4.4 Allgemeine Anforderungen an Buchführung und Aufzeichnungen

Die Eintragungen in Büchern und die sonst erforderlichen Aufzeichnungen müssen vollständig, richtig, zeitgerecht und geordnet vorgenommen werden (§ 239 Abs. 2 HGB, § 146 Abs. 1 AO).

Kassenaufzeichnungen müssen so beschaffen sein, dass der Sollbestand jederzeit mit dem Istbestand der Geschäftskasse verglichen werden kann (Kassensturzfähigkeit). Auch Geldverschiebungen zwischen mehreren Geschäftskassen eines Steuerpflichtigen sind buchmäßig festzuhalten.[34] Nach herrschender Meinung gebieten die Grundsätze ordnungsmäßiger Buchführung für den Kassenverkehr eine tägliche Buchung und für andere Geschäftsvorfälle eine Buchung innerhalb von längstens einem Monat, sofern die Buchführungsunterlagen organisatorisch gegen Verlust geschützt sind.[35]

---
33 BFH, BStBl 1985 II S. 47.
34 BFH, BStBl 1982 II S. 430.
35 BFH, BStBl 1992 II S. 1010 m. w. N.

1.4 Buchführungs- und Aufzeichnungsvorschriften

Die Grundsätze ordnungsmäßiger Buchführung erfordern grundsätzlich die Aufzeichnung jedes einzelnen Handelsgeschäfts in einem Umfang, der eine Überprüfung seiner Grundlagen, seines Inhalts und seiner Bedeutung für den Betrieb ermöglicht. Das bedeutet nicht nur die Aufzeichnung der in Geld bestehenden Gegenleistung, sondern auch des Inhalts des Geschäfts und des Namens oder der Firma und der Anschrift des Vertragspartners (Identität).

Eine Einzelaufzeichnung der baren Betriebseinnahmen im Einzelhandel ist unter dem Aspekt der Zumutbarkeit nicht erforderlich, wenn Waren von geringem Wert an eine bestimmte Vielzahl nicht bekannter und auch nicht feststellbarer Personen verkauft werden. Von der Zumutbarkeit von Einzelaufzeichnungen über die Identität ist jedenfalls bei einer Annahme von Bargeld im Wert von 20 000 DM und mehr auszugehen.[36]

Nach § 145 Abs. 1 AO muss die Buchführung so beschaffen sein, dass sie einem sachverständigen Dritten, z. B. einem Wirtschaftsprüfer, Steuerberater oder Betriebsprüfer, innerhalb angemessener Zeit einen Überblick über die Geschäftsvorfälle und über die Lage des Unternehmens vermitteln kann. Die Geschäftsvorfälle müssen sich in ihrer Entstehung und Abwicklung verfolgen lassen. Diese Vorschrift ist deshalb von Bedeutung, weil nur der ordnungsmäßigen Buchführung Beweiskraft zukommt (§ 158 AO).

Die Anforderungen an die Ausgestaltung der Buchführung hängen im Wesentlichen von der Art und Größe des Betriebs ab.[37] Der Grundsatz der Wirtschaftlichkeit kaufmännischen Handelns rechtfertigt es jedoch nicht, dass die Grundprinzipien der Ordnungsmäßigkeit verletzt und die Zwecke der Buchführung erheblich gefährdet werden.[38]

Bei mangelhafter Führung ist zwischen formellen und materiellen Mängeln zu unterscheiden. Formelle Mängel führen nur dann zum Verlust der Beweiskraft, wenn die Nachprüfung innerhalb angemessener Zeit nicht gewährleistet ist.[39] Bei materiellen Mängeln kommt es auf das sachliche Gewicht des Mangels an.[40] Bei der Beurteilung der Ordnungsmäßigkeit ist das individuelle Gesamtbild zu würdigen. **Das sachliche Ergebnis hat dabei Vorrang vor der Form.**

Aufzeichnungen sind so vorzunehmen, dass der Zweck, den sie für die Besteuerung erfüllen, erreicht wird (§ 145 Abs. 2 AO).

Für die Buchführung und Aufzeichnungen sind die Ordnungsvorschriften des § 146 AO zu beachten.

---

36 BMF vom 14. 12. 1994, BStBl 1995 I S. 7.
37 BFH, BStBl 1970 II S. 40.
38 BFH, BStBl 1968 II S. 527.
39 BFH, BStBl 1973 II S. 555.
40 BFH, BStBl 1973 II S. 114; 1978 II S. 307.

1 Einführung

Wegen der Besonderheiten bei Land- und Forstwirten vgl. § 141 Abs. 1 Satz 3 und § 142 AO.[41]

Die Ordnungsmäßigkeit einer **Buchführung auf Datenträgern** richtet sich grundsätzlich nach den gleichen Vorschriften und Grundsätzen, die auch für die anderen Buchführungsformen maßgebend sind. Die maßgebenden handelsrechtlichen Grundsätze ordnungsmäßiger Buchführung sind durch die **Grundsätze ordnungsmäßiger DV-gestützter Buchführungssysteme (GoBS)**[42] ergänzt worden, denen insbesondere hinsichtlich der allgemeinen Anforderungen an die Dokumentation und Prüfbarkeit eine grundsätzliche Bedeutung für jede Buchführung auf Datenträgern zukommt.[43]

1.4.5 Buchführungsmängel und Steuervergünstigungen

Grundsätzlich ist die Inanspruchnahme von Steuervergünstigungen nicht an die Ordnungsmäßigkeit der Buchführung gebunden. Für Steuervergünstigungen, die eine Gewinnermittlung nach § 4 Abs. 1 oder § 5 EStG voraussetzen, ist es allerdings erforderlich, dass die buchmäßigen Nachweise erbracht werden, die nach der jeweiligen Steuervergünstigungsvorschrift (z. B. §§ 6 b, 7 g EStG) vorliegen müssen.

Wenn gewährleistet ist, dass die Voraussetzungen für die Inanspruchnahme der Vergünstigungen in der Buchführung ausgewiesen und in ihr verfolgt werden können, sind etwaige sonstige Mängel der Buchführung unschädlich. Steuervergünstigungen, die eine Gewinnermittlung nach § 4 Abs. 1 oder § 5 EStG voraussetzen, können jedoch in der Regel nicht gewährt werden, wenn der Gewinn durch Vollschätzung ermittelt wird.

1.4.6 Aufbewahrungspflicht

Bücher und Aufzeichnungen müssen sowohl nach Handelsrecht als auch nach Steuerrecht aufbewahrt werden. Dadurch soll eine spätere Nachprüfung gewährleistet werden. Aus demselben Grunde fallen auch andere Geschäftspapiere, besonders die Belege, unter die Aufbewahrungspflicht (§ 257 HGB, § 147 Abs. 1 AO). Die Sammlung und Aufbewahrung der Belege muss im Rahmen des Möglichen gewährleisten, dass die Geschäftsvorfälle leicht identifizierbar und für einen die Lage des Vermögens darstellenden Abschluss unverlierbar sind.

§ 257 HGB gilt nur für Kaufleute. Dagegen erfasst § 147 Abs. 1 AO alle buchführungs- und aufzeichnungspflichtigen Personen und damit einen größeren Personenkreis als § 257 HGB.

Nach § 257 HGB und § 147 Abs. 1 und 3 AO sind Bücher und Aufzeichnungen, Inventare, Jahresabschlüsse, Lageberichte, die Eröffnungsbilanz sowie die zu ihrem

---
41 BMF vom 15. 12. 1981, BStBl 1981 I S. 878.
42 Anlage zum BMF-Schreiben vom 7. 11. 1995, BStBl I S. 738.
43 S. u. 10.3.2.

1.4 Buchführungs- und Aufzeichnungsvorschriften

Verständnis erforderlichen Arbeitsanweisungen und sonstigen Organisationsunterlagen, aber auch Geschäftsbriefe und Buchungsbelege **zehn Jahre,** die sonstigen Unterlagen grundsätzlich **sechs Jahre** lang aufzubewahren, sofern nicht in anderen Steuergesetzen kürzere Aufbewahrungsfristen zugelassen sind.

Die Aufbewahrungsfrist beginnt mit dem Schluss des Kalenderjahrs, in dem die letzte Eintragung in das Buch gemacht, das Inventar, die Eröffnungsbilanz, der Jahresabschluss oder der Lagebericht aufgestellt, der Handels- oder Geschäftsbrief empfangen oder abgesandt worden oder der Buchungsbeleg entstanden ist, ferner die Aufzeichnung vorgenommen worden ist oder die sonstigen Unterlagen entstanden sind (§ 147 Abs. 4 AO, § 257 Abs. 5 HGB).

Die Aufbewahrungsfrist läuft jedoch nicht ab, soweit und solange die Unterlagen für Steuern von Bedeutung sind, für welche die Festsetzungsfrist noch nicht abgelaufen ist (§ 147 Abs. 3 AO).

Wegen der Verwendung von Bildträgern oder anderen Datenträgern zur Erfüllung der gesetzlichen Aufbewahrungspflicht Hinweis auf § 257 Abs. 3 und § 261 HGB, § 147 Abs. 2 und 5 AO und die dazu ergangenen Verwaltungsanweisungen.[44]

Die Voraussetzungen für den Verzicht auf die Aufrechnung von Kassenstreifen bei Einsatz elektronischer Registrierkassen ergeben sich aus BMF, BStBl 1996 I S. 34.

1.4.7 Bewilligung von Erleichterungen

Die Finanzbehörden können für einzelne Fälle oder für bestimmte Gruppen von Fällen Erleichterungen bewilligen, wenn die Einhaltung der durch die Steuergesetze begründeten Buchführungs-, Aufzeichnungs- und Aufbewahrungspflichten Härten mit sich bringt und die Besteuerung durch die Erleichterung nicht beeinträchtigt wird. Eine Beeinträchtigung der Besteuerung i. S. des § 148 AO liegt nicht schon dann vor, wenn die begehrte Befreiung von der Buchführungspflicht eine Besteuerung eröffnet, bei der ein niedrigerer Gewinn als der sich aus der Buchführung ergebende zugrunde gelegt werden müsste. Die Erleichterungen können rückwirkend bewilligt werden. Die Bewilligung kann widerrufen werden (§ 148 AO).

Die Bewilligung von Erleichterungen kann sich nur auf steuerrechtliche Buchführungs-, Aufzeichnungs- und Aufbewahrungspflichten erstrecken; die bewilligten Erleichterungen gelten somit nicht für Pflichten nach Handelsrecht. Persönliche Gründe wie Alter und Krankheit des Steuerpflichtigen rechtfertigen in der Regel keine Erleichterungen. Neben der Hinausschiebung des Beginns kommt vor allem die Befreiung von der Buchführungspflicht in Betracht.

Eine Hinausschiebung kann in Betracht kommen, wenn der Beginn der Buchführungspflicht vom Ausgang eines nicht völlig aussichtslosen Rechtsbehelfsverfahrens abhängig ist. Eine Befreiung ist möglich, wenn die Grenzen des § 141 Abs. 1

---

44 Vgl. Nr. 3 des Anwendungserlasses zur AO vom 15. 7. 1998, BStBl 1998 I S. 630 bzw. vom 14. 2. 2000, BStBl 2000 I S. 190 und BMF, BStBl 1995 I S. 738.

1 Einführung

AO nur durch rein zufällige Umstände, außerordentliche Erträge oder durch ein besonders günstiges Ergebnis (z. B. einmalige Ernte infolge besonders günstiger Witterungsverhältnisse) geringfügig überschritten wurden.

Erleichterungen stehen gem. § 148 Satz 3 AO kraft Gesetzes unter Widerrufsvorbehalt (§ 131 AO). Sie sollen auch rückwirkend bewilligt werden, z. B. bei einer Außenprüfung, wenn sie bei rechtzeitigem Antrag bewilligt worden wären. Eine Bewilligung soll nur ausgesprochen werden, wenn der Steuerpflichtige sie beantragt oder zustimmt.

Der Umfang der von der Finanzbehörde zu bewilligenden Erleichterungen bei der Erfüllung der durch die Steuergesetze begründeten Buchführungspflichten richtet sich danach, welche Maßnahme im Einzelfall zur Vermeidung von Härten erforderlich ist. Dazu kann auch die vorübergehende Befreiung von der Buchführungspflicht gehören.[45] Dagegen kommen Erleichterungen in größtmöglichem Umfang in Form der Freistellung von der Buchführung regelmäßig nicht in Betracht.

1.4.8 Verletzung von Buchführungs- und Aufzeichnungspflichten

Die Erfüllung der Buchführungs- und Aufzeichnungspflichten kann nach §§ 328, 329 AO durch Festsetzung von **Zwangsgeld** erzwungen werden. Hat ein Steuerpflichtiger Buchführungs- und Aufzeichnungspflichten gleichwohl nicht beachtet oder sind die Bücher oder Aufzeichnungen unvollständig oder formell oder sachlich unrichtig, hat das Finanzamt die Besteuerungsgrundlagen zu **schätzen** (§ 162 AO).

Werden buchungs- oder aufzeichnungspflichtige Geschäftsvorfälle oder Betriebsvorgänge vorsätzlich oder leichtfertig nicht oder in tatsächlicher Hinsicht unrichtig gebucht und wird dadurch die Verkürzung von Steuereinnahmen ermöglicht, so liegt eine Steuergefährdung i. S. des § 379 Abs. 1 AO vor. Diese Ordnungswidrigkeit kann mit einer **Geldbuße** bis zu 10 000 DM geahndet werden. Hierfür kommen auch bloße Vorbereitungshandlungen in Betracht. Ist eine leichtfertige Steuerverkürzung i. S. des § 378 AO gegeben, kann die Geldbuße bis 100 000 DM betragen.

Die Verletzung von Buchführungsvorschriften kann zur **Bestrafung** führen, wenn der Täter seine Zahlungen eingestellt hat oder über sein Vermögen das Insolvenzverfahren eröffnet oder der Eröffnungsantrag mangels Masse abgewiesen worden ist (§§ 283 und 283 b StGB). Ansonsten kann bei Verletzung von Buchführungs- und Aufzeichnungsvorschriften nur bestraft werden, wenn der Tatbestand des § 370 AO (Steuerhinterziehung) erfüllt ist. Dabei sind Verstöße gegen die Buchführungs- und Aufzeichnungspflichten oft Vorbereitungshandlungen.

---

45 BFH, BStBl 1988 II S. 20.

1.5 Buchführungssysteme

1.5.1 Einfache, doppelte und kameralistische Buchführung

Die kaufmännische Buchführung kann vom Grundsatz her durch zwei Buchführungssysteme realisiert werden, und zwar

a) die einfache Buchführung und
b) die doppelte Buchführung.

Von den beiden Systemen der kaufmännischen Buchführung hat die **doppelte Buchführung** sich im Laufe der Zeit so durchgesetzt, dass die einfache Buchführung praktisch keine Bedeutung mehr hat. Der Grund liegt vor allem in der entschieden geringeren Aussagefähigkeit, weil es ein dem Hauptbuch der doppelten Buchführung vergleichbares Buch mit Bestands- und Erfolgskonten (Sachkonten) bei der einfachen Buchführung nicht gibt.

Die so genannte kameralistische Buchführung ist für kaufmännische Betriebe nicht geeignet, weil sie auf die Inventur und Bewertung des Vermögens verzichtet. Sie war lange Zeit das Buchführungssystem der Behörden.

1.5.2 Wesen der einfachen Buchführung[46]

Ihren Namen verdankt die einfache Buchführung den folgenden Umständen:

- alle Geschäftsvorfälle werden nur in zeitlicher Ordnung dargestellt,
- der Gewinn wird nur auf einfache Weise ermittelt, und
- es gibt keine entgegengesetzte Doppelbuchung.

In der einfachen Buchführung werden nur diejenigen Geschäftsvorfälle buchmäßig festgehalten, die aus Kontroll- und Inventargründen unbedingt benötigt werden. Es sind dies die Kassenvorgänge und die Abrechnungen mit den Kunden und den Lieferanten. Im Gegensatz zur doppelten Buchführung erfasst sie nur Zahlungsvorgänge der Gegenwart und der Zukunft, aber keine Leistungsvorgänge.

Abgesehen von einem Inventar- und Bilanzbuch werden bei der einfachen Buchführung regelmäßig geführt:

- ein **Grundbuch,** das alle Geschäftsvorfälle in zeitlicher Reihenfolge erfasst,
- ein **Hauptbuch** mit Personenkonten für die Kunden (Debitoren) und Lieferanten (Kreditoren).

Bei Bedarf können außerdem Neben- und Hilfsbücher geführt werden.

---

46 Nach § 242 Abs. 3 HGB besteht der Jahresabschluss für alle Kaufleute mindestens aus Bilanz und Gewinn-und-Verlust-Rechnung. Da es bei der einfachen Buchführung keine Gewinn-und-Verlust-Rechnung gibt, ist dieses Buchführungssystem handelsrechtlich und damit auch steuerrechtlich für Kaufleute nicht mehr zulässig (§ 140 AO; vgl. auch H 29 „Grundsätze ordnungsmäßiger Buchführung" EStH).

1 Einführung

Das **Grundbuch,** das im Mittelpunkt der einfachen Buchführung steht, kann in mehrere Grundbücher aufgelöst werden, z. B. in ein Kassenbuch für die Barvorgänge und in ein Tagebuch (Memorial) für die unbaren Geschäftsvorfälle.

Beispiel eines ungeteilten Grundbuchs

Datum	Text	Beleg	Betrag
2. 1.	Kunde Franz Schmitz, Köln, Aachener Str. 35, zahlt durch Banküberweisung	1	5 800 DM
15. 1.	Lieferant Edgar Müller, Kassel, An der Röhn 20, erhält durch Banküberweisung	2	20 000 DM
16. 1.	Die Miete für die Geschäftsräume wird bar gezahlt	3	5 000 DM
17. 1.	Bareinnahme aus Warenverkauf	4	1 200 DM
22. 1.	Wareneinkauf auf Ziel bei Edgar Müller, Kassel, An der Röhn 20	5	50 000 DM
26. 1.	Bareinkauf von Büromaterial	6	232 DM
27. 1.	Warenverkauf auf Ziel an Franz Schmitz, Köln, Aachener Str. 35	7	6 960 DM

In der Regel verstößt die nicht getrennte Buchung von baren und unbaren Geschäftsvorfällen ohne genügende Kennzeichnung gegen die Grundsätze der Wahrheit und Klarheit einer einfachen kaufmännischen Buchführung. Soll eine einfache Buchführung also ordnungsmäßig sein, muss mindestens ein **Kassenbuch** als zweites Grundbuch geführt werden.

Die Geschäftsvorfälle werden nur in zeitlicher Reihenfolge (chronologisch) gebucht. Das Grundbuch könnte deshalb auch als Zeitbuch bezeichnet werden. Ein Hauptbuch mit Konten, auf denen nach sachlichen Gesichtspunkten alle Geschäftsvorfälle nochmals gebucht werden, gibt es bei der einfachen Buchführung nicht. Im so genannten **Hauptbuch** werden lediglich Forderungen und Schulden nach Geschäftsfreunden getrennt erfasst wie im Geschäftsfreundebuch der doppelten Buchführung. Das Hauptbuch der einfachen Buchführung ist damit nicht mit dem (Sachkonten-)Hauptbuch der doppelten Buchführung vergleichbar. Es hat keine nach Bilanzposten und Erfolgsposten getrennten Verrechnungsstellen (Sachkonten), sondern lediglich Personenkonten. Seine Aufgabe besteht darin, den Geschäftsverkehr mit den einzelnen Kunden und Lieferanten kontenmäßig darzustellen wie im Kontokorrentbuch (Geschäftsfreundebuch) der doppelten Buchführung.

Die **Nachteile** der einfachen Buchführung bestehen darin, dass die Bücher bei den meisten Wirtschaftsgütern keinen Anhalt für ihren Bestand bieten. Die Bestände können lediglich durch sehr mühsame Auszüge und Zusammenstellungen aus dem Grundbuch ermittelt werden. Dies ist praktisch nicht durchführbar.

Kontrollmöglichkeiten sind bei der einfachen Buchführung nicht gegeben. Das Betriebsvermögen kann nur durch Inventur festgestellt werden. Besonders nachteilig ist, dass es keine Erfolgskonten gibt, auf denen laufend die Leistungsvorgänge als Erträge und Aufwendungen gesammelt werden. Der Gewinn kann dadurch nur auf einfache Weise ermittelt werden, nämlich durch den Betriebs-

1.5 Buchführungssysteme

vermögensvergleich, wie er in § 4 Abs. 1 EStG erläutert ist. Eine Gewinn-und-Verlust-Rechnung ist mangels Erfolgskonten nicht zu erstellen. Damit fehlt die Möglichkeit, den durch Bilanz ermittelten Gewinn durch eine (zweite) Erfolgsrechnung zu kontrollieren.

Trotz dieser Nachteile handelt es sich um eine Buchführung und nicht nur um Aufzeichnungen, denn die Mindesterfordernisse einer Buchführung (s. o. 1.4.3) sind erfüllt. Sind nur Betriebseinnahmen und Betriebsausgaben aufgezeichnet, so handelt es sich dagegen nicht um eine Buchführung, auch nicht um eine einfache Buchführung. Denn zum System einer jeden einfachen und doppelten Buchführung gehört auch die Aufzeichnung der unbaren Geschäftsvorfälle (Kreditgeschäfte).

1.5.3 Wesen der doppelten Buchführung

Im Gegensatz zur einfachen Buchführung werden bei der doppelten Buchführung alle im Laufe des Jahres vorkommenden **Geschäftsvorfälle** nicht nur in zeitlicher, sondern auch in sachlicher Ordnung festgehalten. Sie erfasst systematisch alle Vorgänge nach ihrer Vermögens- und nach ihrer Erfolgswirkung. Neben dem **Grundbuch**, in dem – wie bei der einfachen Buchführung – alle Vorgänge in zeitlicher Reihenfolge festgehalten werden, gibt es das **Hauptbuch**, in dem für alle Bilanzposten und alle Erfolgsquellen (Aufwendungen und Erträge) ein **Sachkonto** eingerichtet wird, das sämtliche Veränderungen aufnimmt. Dieses Sachkontenhauptbuch hat damit eine völlig andere Bedeutung als das Hauptbuch der einfachen Buchführung. In ihm finden sich die beiden Gruppen der Bestands- und Erfolgskonten. Daneben gibt es das Geschäftsfreundebuch mit den Personenkonten, das dem Hauptbuch der einfachen Buchführung entspricht. Es besteht also die gleiche Dreiteilung wie bei der einfachen Buchführung in

- Grundbücher,
- Hauptbuch und
- Nebenbücher.

Zu beachten ist dabei nur die völlig andere Bedeutung des Hauptbuchs.

Eine Teilung der Grundbücher ist zulässig und ermöglicht eine getrennte Bearbeitung, etwa nach

- sachlichem Stoff (Kasse, Bank, Zielgeschäfte),
- Zeit (wöchentlicher oder monatlicher Wechsel),
- Betriebsstellen (bei mehreren Filialen) und
- Kontenseiten (bei Banken).

Abgesehen von den größeren **Kontrollmöglichkeiten** bestehen die Vorteile der doppelten Buchführung darin, dass ein geschlossenes Kontensystem vorliegt, in dem nach sachlichen Gesichtspunkten gebucht wird. Zum Mittel der Erfolgsrechnung wird die Jahresbilanz nicht nur dadurch, dass sie eine Gewinnermittlung durch

1 Einführung

Betriebsvermögensvergleich ermöglicht, sondern vielmehr durch ihre Verbindung mit einer Gewinn-und-Verlust-Rechnung. Diese hat die Aufgabe, die Aufwendungen und Erträge zusammenfassend aufzuzeigen, deren Unterschiedsbetrag (Gewinn oder Verlust) dem durch Betriebsvermögensvergleich gewonnenen Ergebnis entsprechen muss. Der Erfolg laut Bilanz muss also mit dem Erfolg laut Gewinn-und-Verlust-Rechnung übereinstimmen.

Diese **doppelte Erfolgsrechnung** hat zusammen mit dem Prinzip der Doppelbuchung und der Darstellung in zeitlicher und sachlicher Ordnung zu der Bezeichnung „doppelte" Buchführung geführt. Hierbei besitzt die Gewinn-und-Verlust-Rechnung mit ihrer Offenbarung der Erfolgselemente einen größeren Erkenntniswert als die Bilanz. In ihr wird der Erfolg nämlich nicht nur summarisch ermittelt, sondern auch aus den einzelnen Erträgen und Aufwendungen das Zustandekommen des Gewinns entwickelt. Das Charakteristische der doppelten Buchführung liegt also nicht nur darin, dass jeder Vorgang doppelt, d. h. einmal im Soll und einmal im Haben, gebucht wird, sondern im Wesentlichen in der Möglichkeit der zweifachen Gewinnermittlung.

Die doppelte Buchführung ist ein Rechenwerk, das als systematische Vermögens- und Kapitalrechnung bezeichnet werden kann. Denn sie dient für eine bestimmte Wirtschaftsperiode der laufenden Dokumentation der Vermögens- und Kapitalveränderungen und damit der Ermittlung des Erfolgs im Ganzen und im Einzelnen mithilfe einer besonderen Gewinn- und-Verlust-Rechnung.

Ihr Wesen kann in folgenden Punkten zusammengefasst werden:

- Darstellung aller Geschäftsvorfälle in **zeitlicher** und **sachlicher** Ordnung mit der Auswirkung auf das Betriebsvermögen (bei einfacher Buchführung nur in zeitlicher Ordnung),
- Buchung auf jeweils zwei Konten, einmal im Soll und einmal im Haben,
- Darstellung der Zahlungs- und Leistungsvorgänge unter Verwendung von Bestands- und Erfolgskonten (bei einfacher Buchführung nur Erfassung der gegenwärtigen und zukünftigen Zahlungsvorgänge; keine Bestands- und Erfolgskonten),
- Möglichkeit der doppelten Gewinnermittlung.

2 Grundlagen der Buchführung

2.1 Inventur und Inventar

2.1.1 Inventur

Voraussetzung einer jeden ordnungsmäßigen Buchführung sind Bestandsaufnahmen für das Betriebsvermögen zu Beginn der unternehmerischen Tätigkeit und am Ende eines jeden Wirtschaftsjahrs. Bestandsaufnahmen sind für die vollständige Erfassung und die sachgemäße Bewertung der Wirtschaftsgüter und damit für die steuerrechtliche Gewinnermittlung unentbehrlich. Sie ermöglichen die Nachprüfbarkeit der Bilanzansätze auf ihre Vollständigkeit und richtige Bewertung. Außerdem bilden sie die notwendige Grundlage für die Eröffnung und den Abschluss der Buchführung.

Die Verpflichtung zur Bestandsaufnahme ergibt sich sowohl aus § 240 HGB in Verbindung mit § 140 AO als auch aus § 141 Abs. 1 AO, wonach aufgrund jährlicher Bestandsaufnahmen Abschlüsse zu machen sind. Die genaue Feststellung der vorhandenen Vermögenswerte und Schulden bezeichnet man als Inventur (vom lat. invenire = finden). Sie ist ein wichtiges Hilfsmittel der Erfolgsrechnung und geschieht bei körperlichen Gegenständen (Bargeld, Vorräten, Einrichtungsgegenständen) durch Zählen, Messen oder Wiegen (**körperliche Bestandsaufnahme**). Die so festgestellten Güter werden bewertet.

Dagegen werden die unkörperlichen Vermögensteile wie Forderungen und Schulden, die sich aus Belegen, Kontoauszügen, Saldenbestätigungen und Buchungen ergeben, nur wertmäßig durch so genannte **Buchinventur** ermittelt.

Auch unfertige Arbeiten müssen durch Inventur aufgenommen werden. Selbst bei ordnungsmäßiger Führung von Baukonten oder entsprechenden Unterlagen, aus denen sich der auf unfertige Arbeiten getätigte Aufwand ergibt, kann auf eine bestandsmäßige Erfassung der unfertigen Arbeiten nicht verzichtet werden. Man kann diese jedoch durch eine Ergänzung der Baukonten vereinfachen.[1]

Auf eine **jährliche Bestandsaufnahme** kann nicht verzichtet werden, weil die Einkommensbesteuerung im Interesse zeitnaher Besteuerungsgrundlagen keinen längeren Zeitraum als ein Jahr umfassen kann.[2] Andererseits ist eine Personengesellschaft nicht verpflichtet, auf den Stichtag eines Gesellschafterwechsels eine **Zwischenbilanz** aufzustellen.[3]

---

1 BP-Kartei NW Teil I; Konto: Teilfertige Arbeiten, Abschn. III Nr. 2.
2 BFH, BStBl 1979 II S. 333.
3 BFH, BStBl 1977 II S. 241.

2 Grundlagen der Buchführung

Eine Bestandsaufnahme ist nicht erforderlich, wenn keine Buchführungspflicht besteht und Bücher auch nicht freiwillig geführt werden. In diesen Fällen wird der Gewinn regelmäßig nach § 4 Abs. 3 EStG durch Gegenüberstellung der Betriebseinnahmen und der Betriebsausgaben ermittelt.

2.1.2 Inventar

Die Bestandsaufnahme findet ihren schriftlichen Niederschlag in einem Verzeichnis, das als **Inventar** bezeichnet wird. Für einen bestimmten Zeitpunkt werden hierin die einzelnen Vermögensbestandteile und Schulden nach Art, Menge und unter Angabe ihres Wertes genau verzeichnet. Durch Gegenüberstellung des Vermögens und der Schulden errechnet sich das der Unternehmung gewidmete Reinvermögen (Eigenkapital), das in § 4 Abs. 1 EStG und § 5 Abs. 1 EStG als Betriebsvermögen bezeichnet wird. Die Inventur ist also die **Tätigkeit,** durch die die Vermögensgegenstände und Schulden im Einzelnen körperlich aufgenommen werden, das Inventar ist das **Verzeichnis** über das Ergebnis der Inventur.

In das Bestandsverzeichnis nach § 240 HGB, §§ 140 und 141 Abs. 1 AO sind nicht nur die Wirtschaftsgüter des Vorratsvermögens aufzunehmen, sondern grundsätzlich auch sämtliche Gegenstände des Anlagevermögens, selbst wenn sie bereits in voller Höhe abgeschrieben sind. Ausnahmen bestehen nach R 31 Abs. 3 EStR für geringwertige Anlagegüter, wenn ihre Anschaffungs- oder Herstellungskosten, vermindert um einen darin enthaltenen Vorsteuerbetrag (§ 9 b Abs. 1 EStG), nicht mehr als 100 DM betragen haben oder auf einem besonderen Konto gebucht oder bei ihrer Anschaffung oder Herstellung in einem besonderen Verzeichnis erfasst worden sind.

Im Übrigen kann auf eine jährliche körperliche Bestandsaufnahme der beweglichen Gegenstände des Anlagevermögens nur verzichtet werden, wenn jeder Zugang und jeder Abgang laufend in ein Bestandsverzeichnis (Anlageverzeichnis) eingetragen wird und aufgrund dieses Verzeichnisses die am Bilanzstichtag vorhandenen Gegenstände ohne weiteres ermittelt werden können (Hinweis auf R 31 Abs. 5 EStR). In der Praxis werden diese Bestandsverzeichnisse regelmäßig in Karteiform geführt. Die zusammengefasste Übersicht aller Anlagegegenstände auf einen Bilanzstichtag wird **Anlagengitter** genannt (vgl. § 268 Abs. 2 und § 274 a HGB). Der früher übliche Begriff des Anlagespiegels hält sich standhaft im Sprachgebrauch der Praxis.

2.1.3 Anforderungen, die an ein Inventar zu stellen sind

Die §§ 238, 240 bis 242 Abs. 1 HGB, die auch bei Buchführungspflicht nach § 141 AO gelten (§ 141 Abs. 1 Satz 2 AO), enthalten nur wenige Regeln darüber, welche Anforderungen im Einzelnen an ein ordnungsmäßiges Inventar zu stellen sind. Mit

2.1 Inventur und Inventar

dieser Frage hat sich jedoch die Rechtsprechung wiederholt beschäftigt.[4] Danach sind je nach Branche und Größe des Betriebs unterschiedliche Anforderungen zu stellen. Das Inventar muss den Nachweis darüber ermöglichen, dass die bilanzierten Bestände vollständig aufgenommen worden sind.

Erforderlich ist zunächst eine **ordnungsmäßige mengenmäßige Bestandsaufnahme**. Der mengenmäßigen Aufnahme der Bestände soll im Allgemeinen die Angabe der Anschaffungskosten des einzelnen Wirtschaftsguts beigefügt sein. Es dürfen hier aber keine unangemessenen Anforderungen gestellt werden. Denn bei einem großen Warenlager ist es nicht immer möglich, diese Unterlagen in der verhältnismäßig kurzen Zeit, die für die Inventur zur Verfügung steht, zu beschaffen. Es wird deshalb in besonders gelagerten Fällen genügen, dass die Waren mit dem Gattungsnamen, der Stückzahl und durchschnittlichen Anschaffungskosten angegeben werden. Aus den gleichen Gründen hat die Rechtsprechung zugelassen, dass die Warenbestandsaufnahme anhand der Verkaufspreise erfolgt und ein entsprechender Abschlag zur Ermittlung der Anschaffungskosten vorgenommen wird (retrograde Bewertung, R 36 Abs. 2 Sätze 3 ff. EStR). Voraussetzung ist, dass die Rohgewinnabschläge ohne beachtliche Schätzungsfehler festzustellen sind.[5]

Die Originalaufzeichnungen über die Bestandsaufnahme müssen aufgehoben werden. Es sind also nicht nur die Reinschriften aufzuheben, sondern auch die ursprünglichen Belege, die den Bestandsverzeichnissen zugrunde liegen. Das Verzeichnis der Bestände muss so angelegt sein, dass eine Überprüfung der Mengen und der angesetzten Werte möglich ist. Hierzu ist es notwendig, dass über jeden einzelnen Posten im Inventar folgende Angaben enthalten sind:

- die Menge (Maß, Zahl, Gewicht),
- eine auch für den nicht im Betrieb tätigen Fachmann verständliche Bezeichnung der Vorräte (Art, Artikel-Nr., Größe),
- der Wert der Maßeinheit,
- der Wert der jeweiligen Vorräte (Gesamtwert unter Berücksichtigung der Menge),
- die Summe des Werts des gesamten Bestandes der Vorräte.

Die Angabe der Herkunft (Lieferant und Eingangsrechnung) erleichtert die Nachprüfbarkeit des Inventars. Im Allgemeinen kann es jedoch auch ohne diese Angaben nachgeprüft werden. Der Herkunftsnachweis wird deshalb nur bei wertvolleren Gegenständen verlangt, bei denen die Feststellung der Eingangsbelege ohne Schwierigkeiten möglich ist. Denn die Grundsätze ordnungsmäßiger Buchführung erfordern einen solchen Hinweis nicht, weil das bei einem größeren Warenlager zeitlich nicht durchführbar ist.

---

4 BFH, BStBl 1972 II S. 400 m. w. N.
5 BFH, BStBl 1984 II S. 35.

2 Grundlagen der Buchführung

2.1.4 Beispiel eines ordnungsmäßigen Inventars

Inventar für den 31. 12. ...
der Firma Franz Schmitz, Möbeleinzelhandel, Köln, Aachener Str. 121

I. Vermögenswerte

1. Grundstück Köln, Aachener Str. 121
Grund und Boden	113 000 DM	
Büro- und Ausstellungsgebäude	627 000 DM	
Lagerschuppen	50 000 DM	790 000 DM

2. Kraftfahrzeuge
1 Lieferwagen Ford 3,5 t mit Spezialaufbau, Baujahr . . .	37 000 DM	
1 VW Kleinbus, Baujahr . . .	8 000 DM	
1 PKW Opel Omega, Baujahr . . .	24 000 DM	69 000 DM

3. Büroeinrichtung
1 Aktenschrank, angeschafft . . .	800 DM	
3 Mauser-Stahlrohr-Schreibtische, angeschafft . . .	1 200 DM	
3 Mauser-Stahlrohr-Sessel, angeschafft . . .	100 DM	
1 Schreibmaschine Olympia, angeschafft . . .	100 DM	
1 Schreibmaschine Mercedes, angeschafft . . .	800 DM	
1 EDV-Anlage, angeschafft . . .	20 000 DM	23 000 DM

4. Wertpapiere
100 Aktien der Rheinischen Möbelwerke AG, Köln, Börsenpreis 50 DM		5 000 DM

5. Vorratsvermögen

a) Küchenmöbel
1 Küchenschrank „Gelsenkirchen", Lieferant Hermes, Einkaufsrechnung Nr. 24	800 DM	
2 Küchen „Asta", Rheinische Möbelwerke, Einkaufsrechnung Nr. 34	1 800 DM	
1 Hartmann-Anbauküche, Einkaufsrechnung Nr. 32	1 500 DM	
20 Küchenstühle	400 DM	

b) Schlafzimmer
1 kompl. Schlafzimmer „Angelika", Lieferant Meier u. Co., Hameln, Einkaufsrechnung Nr. 38	1 400 DM	
1 Schlafzimmer „Anna", Lieferant Franzheim, Herford, Einkaufsrechnung Nr. 41	1 100 DM	
3 Schlafzimmer „Ilse", Lieferant Rheinische Möbelwerke, Einkaufsrechnung Nr. 23 u. 36	3 600 DM	

c) Wohnzimmer
1 Wohnzimmerschrank „Berlin", Lieferant Westfälische Möbel-GmbH, Bielefeld, Einkaufsrechnung Nr. 54	2 400 DM	
1 Wohnzimmerschrank, altdeutsch „München", Lieferant Müller u. Co., Einkaufsrechnung Nr. 2	1 800 DM	
1 Kombischrank „Rosenheim", Lieferant Rheinische Möbelwerke, Einkaufsrechnung Nr. 31	1 100 DM	
Übertrag:	15 900 DM	887 000 DM

2.1 Inventur und Inventar

	Übertrag:	15 900 DM	887 000 DM
d) Polstermöbel			
1 kompl. Klubgarnitur „Isar", Lieferant Trauma, Einkaufsrechnung Nr. 51		2 600 DM	
1 Couch, Marke „Edda", Lieferant Hermes, Einkaufsrechnung Nr. 38		400 DM	
2 Polstergarnituren „Essen", Lieferant Trauma, Einkaufsrechnung Nr. 39		2 500 DM	
18 Patentmatratzen Trauma, Einzelpreis je 100 DM		1 800 DM	
e) Kleinmöbel			
2 Teewagen, Lieferant Schneider Möbelwerke, Einkaufsrechnung Nr. 55		100 DM	
1 Musiktruhe, Lieferant Schneider Möbelwerke, Einkaufsrechnung Nr. 28		400 DM	
10 Hocker		100 DM	23 800 DM
6. Kundenforderungen			
Fritz Müller, Köln, Herkulesplatz 1		3 820 DM	
Otto Undeutsch, Köln, Aachener Str. 80		2 400 DM	
Hans Frey, Köln, Piusstr. 18		240 DM	
Willi Michels, Köln, Blaubach 8		1 140 DM	
Heinz Vogel, Frechen, Grefrather Str. 11		2 100 DM	
Franz Hermann, Köln-Deutz, Siegener Str. 5		3 400 DM	
Hermann Jankow, Köln, Aachener Str. 5		5 300 DM	18 400 DM
7. Kassenbestand laut besonderer Aufnahme			820 DM
8. Bankguthaben			
Guthaben bei der Stadtsparkasse Köln, Kontonummer 2127, laut Kontoauszug		5 380 DM	
Guthaben bei der Deutschen Bank, Köln, Kontonummer 8142, laut Kontoauszug		1 740 DM	7 120 DM
= Summe der Vermögenswerte			937 140 DM
II. Schulden			
1. Bankschulden			
Darlehn der Rheinisch-Westfälischen Bank, Kontonummer 2725			200 000 DM
2. Lieferantenschulden			
Heinz Hermes, Köln, Bonner Str. 24		14 000 DM	
Schneider-Möbelwerke, Herford, Oerlinghauser Straße 14		15 000 DM	
Rheinische Möbelwerke, Köln, Ehrenfeldgürtel		54 000 DM	83 000 DM
3. Schuldwechsel (Akzepte)			
Aussteller Heinz Hermes, Köln, Bonner Str. 24, fällig am 20. 1. . . .			5 000 DM
4. USt-Schuld			
Finanzamt Köln-Süd für Umsatzsteuer Dezember . . .			8 000 DM
= Summe der Schulden			296 000 DM
III. Eigenkapital			
Summe der Vermögenswerte			937 140 DM
Summe der Schulden			296 000 DM
= Eigenkapital (Reinvermögen)			641 140 DM

2 Grundlagen der Buchführung

2.1.5 Inventurerleichterungen

2.1.5.1 Zeitnahe Inventur

Nach § 240 Abs. 2 HGB haben Kaufleute für den Schluss eines jeden Geschäftsjahrs ein Inventar aufzustellen. Die Inventur für den Bilanzstichtag braucht nicht am Bilanzstichtag vorgenommen zu werden. Sie muss aber zeitnah – in der Regel innerhalb einer Frist von 10 Tagen vor oder nach dem Bilanzstichtag – durchgeführt werden. Dabei muss sichergestellt sein, dass die Bestandsänderungen zwischen dem Bilanzstichtag und dem Tag der Bestandsaufnahme nach Art und Menge anhand von Belegen oder Aufzeichnungen ordnungsmäßig berücksichtigt werden (R 30 Abs. 1 EStR).

Eine solche rechnerische Ermittlung der Vorräte des Bilanzstichtages ist auch dann erforderlich, wenn die Bestände aus besonderen, insbesondere klimatischen Gründen (z. B. Schneefall bei Lagerung im Freien) nicht zeitnah, sondern erst in einem größeren Zeitabstand vom Bilanzstichtag aufgenommen werden. An die Belege und Aufzeichnungen über die zwischenzeitlichen Bestandsänderungen sind in diesen Fällen strenge Anforderungen zu stellen (R 30 Abs. 1 EStR).

2.1.5.2 Stichprobeninventur

Nach § 241 Abs. 1 HGB darf bei der Aufstellung des Inventars der Bestand der Vermögensgegenstände nach Art, Menge und Wert auch mithilfe anerkannter mathematisch-statistischer Methoden aufgrund von Stichproben ermittelt werden. Das Verfahren muss den Grundsätzen ordnungsmäßiger Buchführung entsprechen. Der Aussagewert des auf diese Weise aufgestellten Inventars muss dem Aussagewert eines aufgrund einer körperlichen Bestandsaufnahme aufgestellten Inventars gleichkommen.

Bei der Stichprobeninventur wird aus Zeit- und Kostengründen auf die Erfassung jeder einzelnen Bestandsposition verzichtet, vielmehr aus dem Gesamtbestand zufällig eine vorher zu bestimmende Anzahl von Wirtschaftsgütern ausgewählt. Diese als **Stichprobe** ausgewählten Positionen werden dann körperlich aufgenommen und bewertet. Das Stichprobenergebnis wird sodann auf den Gesamtbestand hochgerechnet, d. h., aus den Werten der zufällig ausgewählten Stichprobenpositionen wird der gesamte Inventurwert geschätzt. Das Schätzungsergebnis ist jedoch kein Zufallswert; die „anerkannten" mathematisch-statistischen Stichprobenverfahren gewährleisten im Gegenteil eine zuverlässige Schätzung der Inventurwerte, die dem Ergebnis einer körperlichen Bestandsaufnahme gleichkommt.

Mathematisch-statistische Stichprobenverfahren eignen sich auch in der Praxis der Betriebsprüfung dazu, bestimmte Prüfungsfälle rationell zu prüfen und bei Beanstandungen schnell zu Ergebnissen zu kommen. Entsprechendes gilt für die Jahresabschlussprüfung.[6]

---

6 Stellungnahme des Instituts der Wirtschaftsprüfer – HFA 1/1988, WPg Heft 8/1988 S. 240 und HFA 1/1981 i. d. F. 1990, WPg Heft 22/1990 S. 649.

2.1 Inventur und Inventar

2.1.5.3 Permanente Inventur

Nach § 241 Abs. 2 HGB bedarf es bei der Aufstellung des Inventars für den Schluss eines Geschäftsjahres einer körperlichen Bestandsaufnahme der Vermögensgegenstände für diesen Zeitpunkt nicht, soweit durch Anwendung eines den Grundsätzen ordnungsmäßiger Buchführung entsprechenden anderen Verfahrens gesichert ist, dass der Bestand der Wirtschaftsgüter nach Art, Menge und Wert auch ohne die körperliche Bestandsaufnahme für diesen Zeitpunkt festgestellt werden kann. Diese Vorschrift bildet die gesetzliche Grundlage für die so genannte permanente (= dauernde) Inventur. Dabei wird der Bestand für den Bilanzstichtag nach Art und Menge anhand von Lagerbüchern (Lagerkarteien), also buchmäßig, festgestellt.

Nach H 30 „Permanente Iventur" EStH müssen die folgenden Voraussetzungen erfüllt sein: Die Lagerbücher (Lagerkarteien) müssen belegmäßig nachgewiesene Einzelangaben über die Bestände und über alle Zugänge und Abgänge nach Tag, Art und Menge (Stückzahl, Gewicht oder Kubikinhalt) enthalten. Alle Eintragungen müssen durch Beleg nachgewiesen werden. In jedem Wirtschaftsjahr muss mindestens einmal durch körperliche Bestandsaufnahme geprüft werden, ob die buchmäßig aufgeführten mit den tatsächlich vorhandenen Beständen übereinstimmen. Ergeben sich Differenzen, müssen die Lagerbücher nach dem Ergebnis der Prüfung berichtigt werden. Die Überprüfung durch körperliche Bestandsaufnahme darf sich aber, abgesehen von der Stichprobeninventur nach § 241 Abs. 1 HGB, nicht nur auf Stichproben oder die Verprobung eines repräsentativen Querschnitts beschränken. Die Abstimmung der Buchbestände mit den tatsächlichen Beständen braucht nicht gleichzeitig für alle Vorräte vorgenommen zu werden. Dadurch können Betriebe, die verschiedene Waren führen, ihre Lagerkarteien zu verschiedenen Zeitpunkten überprüfen. Zweckmäßigerweise erfolgt die Abstimmung an Tagen mit niedrigem Bestand; in manchen Branchen (z. B. Schrotthandel) erfolgt die Abstimmung sogar bei völliger Räumung des Lagers. Der Tag der körperlichen Bestandsaufnahme ist in den Lagerbüchern oder Lagerkarteien zu vermerken.

Über die Durchführung und das Ergebnis der körperlichen Bestandsaufnahme sind Aufzeichnungen (Protokolle) anzufertigen, die unter Angabe des Zeitpunkts der Aufnahme von den aufnehmenden Personen zu unterzeichnen sind. Die Aufzeichnungen sind wie Handelsbücher **zehn Jahre** lang aufzubewahren.

Diese Erleichterungen gelten nicht, wenn bei den Beständen durch Schwund, Verdunsten, Verderb, leichte Zerbrechlichkeit oder ähnliche betriebliche Vorgänge ins Gewicht fallende unkontrollierbare Abgänge eintreten, es sei denn, dass diese Abgänge aufgrund von Erfahrungssätzen schätzungsweise annähernd zutreffend berücksichtigt werden können, und für Wirtschaftsgüter, die – abgestellt auf die Verhältnisse des jeweiligen Betriebs – besonders wertvoll sind (R 30 Abs. 3 EStR).

Die permanente Inventur ist keine bloße Buchinventur, sondern eine Buchinventur mit körperlicher Inventur. Die körperliche Bestandsaufnahme erfolgt lediglich zu einem anderen Zeitpunkt als zum Bilanzstichtag.

2 Grundlagen der Buchführung

2.1.5.4 Zeitlich verlegte Inventur

Nach § 241 Abs. 3 HGB kann die jährliche körperliche Bestandsaufnahme ganz oder teilweise innerhalb der letzten drei Monate vor oder der ersten zwei Monate nach dem Bilanzstichtag durchgeführt werden. Der dabei festgestellte Bestand ist nach Art und Menge in einem besonderen Inventar zu verzeichnen, das auch aufgrund einer permanenten Inventur erstellt werden kann. Der in dem besonderen Inventar erfasste Bestand ist auf den Tag der Bestandsaufnahme (Inventurstichtag) nach allgemeinen Grundsätzen zu bewerten. Der sich danach ergebende Gesamtwert ist dann **wertmäßig** auf den Bilanzstichtag fortzuschreiben bzw. zurückzurechnen. Der Bestand braucht in diesem Fall auf den Bilanzstichtag nicht nach Art und Menge festgestellt zu werden; es genügt die Feststellung des Gesamtwerts des Bestands vom Bilanzstichtag (R 30 Abs. 2 EStR).

Die Bestandsveränderungen zwischen dem Inventur- und dem Bilanzstichtag brauchen ebenfalls nicht nach Art und Menge aufgezeichnet zu werden. Sie müssen nur wertmäßig erfasst werden. Bei Vorräten mit unkontrollierbaren Abgängen und bei besonders wertvollen Wirtschaftsgütern sind diese Erleichterungen nicht zulässig (R 30 Abs. 3 EStR).

Beispiele

a) Ein Gewerbetreibender, dessen Wirtschaftsjahr mit dem Kalenderjahr übereinstimmt, hat zum 31. 10. eine körperliche Bestandsaufnahme durchgeführt. Danach ergibt sich für das Vorratsvermögen ein Wert von 120 000 DM. In der Zeit vom 1. 11. bis 31. 12. wurden zum Nettobetrag von 11 000 DM neue Waren eingekauft. Die Erlöse aus dem Verkauf betragen für die gleiche Zeit 32 000 DM (Nettobeträge ohne USt). Kalkuliert wird mit 25 % Aufschlag.

Der Bilanzwert errechnet sich wie folgt:

Inventurwert der vorgezogenen Inventur vom 31. 10.		120 000 DM
+ Zukauf in der Zeit vom 1. 11. bis 31. 12.		11 000 DM
		131 000 DM
./. Abgänge in der Zeit vom 1. 11. bis 31. 12.:		
Erlöse	32 000 DM	
./. Rohgewinn (20 % Abschlag)[7]	6 400 DM	25 600 DM
= Bilanzwert am 31. 12.		105 400 DM

b) Die körperliche Inventur, die einen Wert von 120 000 DM ergibt, wurde erst am 31. 1. durchgeführt. In der Zeit vom 1. 1. bis 31. 1. wurden zum Nettobetrag von 8 000 DM Waren eingekauft und für 10 000 DM (Nettobetrag ohne USt) Waren verkauft. Der Rohgewinnaufschlagsatz beträgt $33^1/_3$ %.

---

[7] Ein Rohgewinnaufschlag von 25 % entspricht einem Rohgewinnsatz (Abschlag) von 20 %.

Der Bilanzwert errechnet sich wie folgt:

Inventurwert der verschobenen Inventur vom 31. 1.		120 000 DM
./. Zukauf in der Zeit vom 1. 1. bis 31. 1.		8 000 DM
		112 000 DM
+ Abgänge in der Zeit vom 1. 1. bis 31. 1.:		
Erlöse	10 000 DM	
./. Rohgewinn (25 % Abschlag)	2 500 DM	7 500 DM
= Bilanzwert vom 31. 12.		119 500 DM

Die Vorteile dieser Erleichterungen bestehen darin, dass die Inventurarbeiten in eine ruhige Zeit verlagert werden können, ohne dass es der Anschreibung der mengenmäßigen Änderungen bedarf.

Die Bestände des Vorratsvermögens, deren Wertansatz gem. § 6 Abs. 1 Nr. 2 a EStG nach der „Lifo"-**Methode** ermittelt wird, sind durch körperliche Bestandsaufnahme oder durch permanente Inventur nachzuweisen. Die körperliche Bestandsaufnahme an einem Tag innerhalb der letzten drei Monate vor oder innerhalb der ersten zwei Monate nach dem Bilanzstichtag und die wertmäßige Fortschreibung bzw. Rückrechnung ist für diesen Teil des Vorratsvermögens nicht zulässig (vgl. R 30 Abs. 2 letzter Satz EStR).

2.1.6 Erleichterungen bei der Inventarerstellung

2.1.6.1 Gruppenbewertung

Es ist zulässig, gleichartige Wirtschaftsgüter des Vorratsvermögens sowie andere gleichartige oder annähernd gleichwertige bewegliche Wirtschaftsgüter jeweils zu einer Gruppe zusammenzufassen und mit dem gewogenen Durchschnittswert anzusetzen (§ 240 Abs. 4 HGB).

Annähernd gleichwertig sind die Wirtschaftsgüter, wenn ihre Preise (je nach Bewertungsverfahren Einkaufspreis oder Verkaufspreis) nur geringfügig abweichen. Die zur Gruppe zusammengefassten annähernd gleichwertigen Wirtschaftsgüter brauchen zwar nicht gleichartig zu sein; sie dürfen aber auch nicht gänzlich verschiedenartig sein.

Gleichartige Wirtschaftsgüter brauchen nicht gleichwertig zu sein (z. B. Krawatten oder Schals, Halstücher verschiedener Preislagen in einem Kaufhaus). Nach § 240 Abs. 4 HGB muss die Bewertung bei gruppenmäßiger Zusammenfassung mit dem gewogenen Durchschnittswert erfolgen. Ein aufgrund sonstiger Umstände bekannter Durchschnittswert ist nicht mehr zulässig. Wegen Einzelheiten der Gruppenbewertung s. u. 15.3.2.

2.1.6.2 Festbewertung

Wirtschaftsgüter des Sachanlagevermögens sowie Roh-, Hilfs- und Betriebsstoffe des Umlaufvermögens können mit einem Festwert angesetzt werden, wenn sie regelmäßig ersetzt werden, ihr Gesamtwert für das Unternehmen von nachrangiger Bedeutung ist und ihr Bestand in seiner Größe, seinem Wert und seiner Zusammensetzung nur geringen Veränderungen unterliegt. An jedem dritten Bilanzstichtag ist eine körperliche Bestandsaufnahme durchzuführen (§ 240 Abs. 3 HGB). Der Festwert darf nur der Erleichterung der Inventur und der Bewertung, nicht jedoch dem Ausgleich von Preisschwankungen dienen (H 36 „Festwert" EStH). Im Einzelnen s. u. 15.3.5.

2.1.7 Rechtsfolge bei fehlender Bestandsaufnahme

Fehlt die Bestandsaufnahme, dann entspricht die Buchführung nicht den Vorschriften der §§ 140 bis 148 AO. Das führt zum Verlust der Beweiskraft der Buchführung, denn ohne Inventar ist eine Überprüfung der Bestände nicht möglich. Die Besteuerungsgrundlagen müssen geschätzt werden (§ 162 Abs. 1 und 2 AO), wenn es nach Verprobung usw. unwahrscheinlich ist, dass die angesetzten Werte mit den tatsächlichen Verhältnissen übereinstimmen.

2.1.8 Rechtsfolge bei unvollständiger Bestandsaufnahme

Auch eine unvollständige Bestandsaufnahme entspricht nicht den §§ 140 bis 148 AO. Die fehlenden Bestände sind zu schätzen (§ 162 AO). Dabei sind im Betrieb vorgefundene Unterlagen zu verwerten. Im Übrigen ist das Buchführungsergebnis zu übernehmen, wenn sich keine weiteren Beanstandungen ergeben haben.

Beispiel

Durch Außenprüfung wird festgestellt, dass ein erheblicher Teil des Warenbestands sowohl in der HB als auch in der StB mengen- und wertmäßig nicht ausgewiesen wurde. Aufgrund der im Betrieb mehr oder weniger zufällig vorgefundenen Unterlagen ergibt sich, dass im Bestandsverzeichnis $^1/_3$ des Bestands fehlt.

Der festgestellte materielle Mangel führt zum Verlust der Beweiskraft der Buchführung.[8] Bei der erforderlichen Schätzung sind die im Betrieb vorgefundenen Unterlagen zu verwerten. Ergibt die Prüfung aber, dass diese unvollständig sind und noch weitere Bestände fehlen, sind Zuschätzungen erforderlich, wenn sich die Buchführung nicht noch in anderen Teilen als unbrauchbar erweist und deshalb eine Totalschätzung erforderlich ist.

2.1.9 Folgen einer falschen Bewertung

Ob eine Buchführung ordnungsmäßig ist, ist eine Frage, die nach handelsrechtlichen Grundsätzen zu beantworten ist. Die Beweiskraft der Buchführung ist deshalb trotzdem gegeben, wenn der Warenbestand nur wegen Verstoßes gegen die einkommensteuerrechtlichen Bewertungsvorschriften für die Steuerbilanz nicht übernommen

---

8 BFH, BStBl 1970 II S. 125.

werden kann. Eine Höherschätzung für Zwecke der richtigen Besteuerung stellt keinen Verstoß gegen die handelsrechtlichen Grundsätze ordnungsmäßiger Buchführung dar. Ist also nicht die vollständige mengenmäßige Erfassung, sondern die Bewertung streitig, und ist der Ansatz des niedrigeren Werts handelsrechtlich erlaubt, so ist die Buchführung ordnungsmäßig.

2.2 Bilanz

2.2.1 Aufstellung der Bilanz

2.2.1.1 Inhalt der Bilanz

Auf der Grundlage des Inventars wird die Bilanz aufgestellt. Sie stellt den Inhalt des Inventars unter Verzicht auf Einzelangaben über die Mengen und unter Zusammenfassung der Inventarposten zu größeren Gruppen dar. Während das Inventar eine ausführliche und genaue Zusammenstellung der Vermögensteile und Schulden in Staffelform darstellt, ist die Bilanz eine gedrängte Gegenüberstellung in einer T-Form:

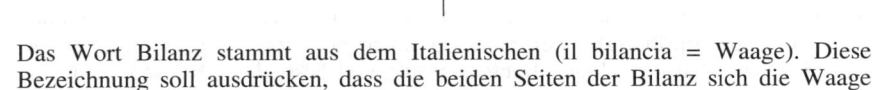

„——————————|——————————"

Das Wort Bilanz stammt aus dem Italienischen (il bilancia = Waage). Diese Bezeichnung soll ausdrücken, dass die beiden Seiten der Bilanz sich die Waage halten, d. h. gleich groß sind.

Das Vermögen, das sind alle Sachgüter und Rechte, über die der Unternehmer als juristischer, mindestens wirtschaftlicher Eigentümer verfügt, erscheint auf der linken Seite der Bilanz (= Aktiva). Diese zeigt die im Betrieb arbeitenden (aktiven) Wirtschaftsgüter, also die vorhandenen Mittel (Verwendung der Mittel). Die rechte Seite der Bilanz (= Passiva) stellt das in der Unternehmung tätige Gesamtkapital dar. Sie zeigt, wer die zur Beschaffung der positiven Wirtschaftsgüter erforderlichen (passiven) Mittel zur Verfügung gestellt hat, d. h. die Kapitalgeber (Herkunft der finanziellen Mittel). Von der Unternehmung her gesehen sind die Schulden als **Fremdkapital** und das Reinvermögen als **Eigenkapital** anzusehen. Eigenkapital und Fremdkapital stellen die aufgebrachten Mittel, das Vermögen stellt die verwendeten Mittel dar.

Das Eigenkapital ist die Differenz zwischen Vermögen und Schulden. Es entspricht dem Betriebsvermögen i. S. des § 4 Abs. 1 bzw. § 5 Abs. 1 EStG, auf das es für die steuerrechtliche Gewinnermittlung ankommt. Die rechnungsmäßige Gleichheit der beiden Bilanzseiten ist somit zwingend.

2 Grundlagen der Buchführung

Aktiva		Passiva
Besitzposten	Eigenkapital	
	Schuldposten	

Einen Posten aktivieren heißt, ihn auf die Aktivseite, einen Posten passivieren, ihn auf die Passivseite der Bilanz ausweisen.

2.2.1.2 Frist zur Bilanzaufstellung

Die Bilanz ist als Teil des Jahresabschlusses (§ 242 Abs. 3 HGB) innerhalb der einem **ordnungsmäßigen Geschäftsgang** entsprechenden Zeit aufzustellen (§ 243 Abs. 3 HGB). Diese Vorschrift betrifft Einzelunternehmen und Personenunternehmen (ohne GmbH & Co. KG), die nicht nach § 1 PublG[9] zur Offenlegung ihres Jahresabschlusses verpflichtet sind. Wegen der fehlenden Festlegung eines bestimmten Zeitraums besteht Unsicherheit, unter welchen Voraussetzungen die Bilanz noch innerhalb der einem ordnungsmäßigen Geschäftsgang entsprechenden Zeit aufgestellt wurde. Allgemein wird ein Zeitraum von **6 bis 9 Monaten** noch als ordnungsmäßig beurteilt.[10] Fristgerecht dürfte danach eine Bilanzaufstellung aber nur sein, wenn sie nach den Verhältnissen des betreffenden Unternehmens und den billigerweise zu stellenden Anforderungen zeitgerecht erfolgt ist.[11] Dabei können besondere Umstände eine längere Frist rechtfertigen (z. B. Personalprobleme, laufende Betriebsprüfung), aber auch zu einer kürzeren Frist zwingen (z. B. schlechte wirtschaftliche Lage, Belastung aufgrund besonderer Risiken, drohende Insolvenz).[12]

Darüber hinausgehend hat der BFH[13] für Einzelunternehmen und Personengesellschaften entschieden, dass eine Bilanzaufstellung noch fristgerecht ist, wenn sie innerhalb von **12 Monaten** nach Ablauf des Wirtschaftsjahres erfolgt ist.[14] Für bedeutsam erachtet der BFH dabei die Tatsache, dass bei späterer Aufstellung der Bilanz die Gefahr besteht, dass die Vermögensgegenstände nicht mehr nach den Verhältnissen des maßgeblichen Bilanzstichtages bestimmt werden, sondern unzulässigerweise unter Berücksichtigung der Ergebnisse mehrerer Jahre.[15]

---

9 Soweit ein Unternehmen unter das PublG fällt, beträgt die Frist 3 Monate.
10 Baetge/Fey in: Küting/Weber, Handbuch der Rechnungslegung, § 243 Anm. 93.
11 Glade, Rechnungslegung, NWB-Verlag, § 243 Anm. 20.
12 OLG Düsseldorf vom 27. 9. 1979, NJW 1980 S. 1292.
13 BFH vom 6. 12. 1983, BStBl 1984 II S. 227; vom 3. 7. 1991, BStBl 1991 II S. 802.
14 Dem hat sich die Bundessteuerberaterkammer in ihren Empfehlungen zur Bilanzaufstellung angeschlossen, vgl. DStR 1990, Beilage 1 S. 2.
15 Vgl. zur Bedeutung der Fristen im Rahmen der Wertaufhellung (§ 252 Abs. 1 Nr. 4 HGB) auch 14.2.3.

2.2 Bilanz

Für Kapitalgesellschaften und die GmbH & Co. KG[16] ist die Frist zur Aufstellung des Jahresabschlusses gesetzlich geregelt. Nach § 264 Abs. 1 Satz 2 HGB beträgt die Frist **3 Monate**. Kleine Kapitalgesellschaften und GmbH & Co. KG (§ 267 Abs. 1 HGB) dürfen den Jahresabschluss auch innerhalb von **6 Monaten** aufstellen, wenn dies einem ordnungsmäßigen Geschäftsgang entspricht.

Fristen für die Aufstellung des Jahresabschlusses

	Rechtsform	Umfang	Frist nach Ablauf Geschäftsjahr
1.	Einzelkaufmann nicht unter PublG fallend	Bilanz G + V	Innerhalb der einem ordnungsmäßigen Geschäftsgang entsprechenden Zeit (§ 243 Abs. 3 HGB)
2.	Personenhandelsgesellschaft nicht unter PublG fallend	Bilanz G + V	Frist für – Handelsbilanz streitig – Steuerbilanz längstens 12 Monate
3.	Einzelkaufmann vom PublG erfasst	Bilanz G + V	3 Monate (§ 5 Abs. 1 PublG)
4.	Personenhandelsgesellschaft von PublG erfasst	Bilanz G + V	3 Monate (§ 5 PublG)
5.	Kapitalgesellschaft (AG/GmbH)		
	– klein	Bilanz G + V Anhang	3 Monate, ggf. 6 Monate, wenn dies ordnungsmäßigem Geschäftsgang entspricht (§ 264 Abs. 1 Satz 3 HGB)
	– mittelgroß – groß	Bilanz G + V Anhang Lagebericht	3 Monate (§ 264 Abs. 1 HGB)
6.	Genossenschaft, soweit nicht Kreditinstitut	Bilanz G + V Anhang Lagebericht	5 Monate (§ 336 Abs. 1 HGB)
7.	Kreditinstitut	Bilanz G + V Anhang Lagebericht	3 Monate (§ 25 a KWG)
8.	GmbH & Co. KG	wie KapGes	§ 264 a HGB

---

16 Für die GmbH & Co. KG seit 2000, vgl. § 264 a HGB i. d. F. des KapCoRiLiG vom 24. 2. 2000, BGBl I S. 154.

2 Grundlagen der Buchführung

2.2.1.3 Unterschied zwischen Bilanz und Bilanzkonto

Von der Bilanz (Jahresabschlussbilanz) zu unterscheiden ist das **Bilanzkonto**, das in der doppelten Buchführung beim Jahresabschluss als Abschlusskonto und bei der Neueröffnung der Konten als technisches Hilfsmittel der Kontoneröffnung benutzt wird. Das Schlussbilanzkonto entspricht zwar dem Inhalt nach der Schlussbilanz (Jahresabschlussbilanz), folgt aber einer anderen Ermittlung. Während die Schlussbilanz aus dem Inventar abgeleitet wird, ist das Schlussbilanzkonto das Ergebnis der Buchführung durch Abschluss aller Konten.

2.2.2 Unterschied zwischen Inventar und Bilanz

Der entscheidende sachliche Unterschied zwischen Inventar und Bilanz besteht darin, dass in der Bilanz auf Einzelangaben über Art, Mengen und Einzelwerte verzichtet wird. Die Wirtschaftsgüter werden gruppenweise zusammengefasst in die Bilanz übernommen. Durch die Zusammenfassung wird eine Übersichtlichkeit hergestellt, die im Inventar durch die Vielzahl der Einzelposten, vor allem des Vorratsvermögens, nicht zu erreichen ist. Bei größeren Betrieben umfasst das Inventar oft umfangreiche Listen und Zusammenstellungen.

2.2.3 Gliederung der Bilanz

2.2.3.1 Allgemeines

Eine Bilanz, die über Vermögenszusammensetzung und Kapitalaufbau eines Unternehmens unterrichten soll, muss eine vollständige, übersichtliche und nach einheitlichen Gesichtspunkten gegliederte Zusammenstellung sein. Die einheitliche Gliederung ist sowohl für den Vergleich mehrerer aufeinander folgender Bilanzen eines Unternehmens (Zeitvergleich) als auch für den Vergleich der Bilanzen verschiedener Unternehmungen miteinander (Betriebsvergleich) von Bedeutung.

2.2.3.2 Inhalt der Bilanz (§ 247 HGB)

§ 247 Abs. 1 HGB enthält keine detaillierte Gliederungsvorschrift. Es wird lediglich umrissen, welche Posten grundsätzlich für den gesonderten Ausweis in der Bilanz in Betracht kommen, und vorgeschrieben, dass sie hinreichend aufzugliedern sind. Maßstab dafür ist der in § 243 Abs. 2 HGB niedergelegte Grundsatz der Klarheit und Übersichtlichkeit.

Ein für alle Kaufleute verbindliches vereinfachtes Gliederungsschema ist in den Ersten Abschnitt des Dritten Buchs des HGB nicht aufgenommen worden, weil die Entscheidung über die Bilanzgliederung dem Kaufmann vorbehalten bleiben soll, der dabei nach § 243 Abs. 1 HGB die Grundsätze ordnungsmäßiger Buchführung zu beachten hat.

Um dem Grundsatz der Bilanzklarheit zu genügen, sollte die Gliederung der Bilanz für **Einzelkaufleute und Personengesellschaften,** soweit sie nicht unter das

2.2 Bilanz

PublizitätsG fallen[17] oder als GmbH & Co. KG §§ 264 ff. HGB zu beachten haben, mindestens folgende Positionen enthalten:[18]

Aktivseite	Bilanz	Passivseite

A. Anlagevermögen
   I. Immaterielle Vermögensgegenstände
   II. Sachanlagen
   III. Finanzanlagen
B. Umlaufvermögen
   I. Vorräte
   II. Forderungen und sonstige Vermögensgegenstände
   III. Wertpapiere
   IV. Flüssige Mittel
C. Rechnungsabgrenzungsposten
		A. Eigenkapital
		B. Sonderposten mit Rücklageanteil
		C. Rückstellungen
		D. Verbindlichkeiten
		E. Rechnungsabgrenzungsposten

Die Bundessteuerberaterkammer empfiehlt ihren Berufsangehörigen, die Gliederung des Jahresabschlusses von Einzelkaufleuten und Personengesellschaften grundsätzlich nach den Gliederungsvorschriften des HGB für die großen Kapitalgesellschaften, soweit sie anwendbar sind, vorzunehmen (vgl. dazu u. 2.2.3.3.3). Eine Pflicht besteht insoweit allerdings nicht.

2.2.3.3 Besonderheiten bei Kapitalgesellschaften und GmbH & Co. KG

2.2.3.3.1 Größenklassen (§ 267 HGB)

Die Anwendung der besonderen Bilanzierungs- und Offenlegungsvorschriften für GmbH, AG und KG auf Aktien sowie GmbH & Co. KG[19] sind von der jeweiligen Größe einer Gesellschaft abhängig. Es gelten folgende Größenmerkmale:

	Rechtsform	Bilanzsumme	Umsatzerlöse	Arbeitnehmer
1.	Einzelkaufmann nach PublG	> 125 Mio.	> 250 Mio.	> 5000
2.	Personenhandelsgesellschaft nach PublG	> 125 Mio.	> 250 Mio.	> 5000
3.	Kapitalgesellschaft			
	– klein	< 6,72 Mio.	< 13,44 Mio.	< 50
	– mittelgroß	< 26,89 Mio.	< 53,78 Mio.	< 250
	– groß	> 26,89 Mio.	> 53,78 Mio.	> 250
	– börsennotiert	gilt stets als große Kapitalgesellschaft		

---

17 Unter das PublizitätsG fallen Unternehmen in der Rechtsform einer Personengesellschaft oder des Einzelkaufmanns, wenn für drei aufeinander folgende Abschlussstichtage mindestens zwei der folgenden Merkmale überschritten sind (vgl. § 1 Abs. 1 PublG): 125 Mill. DM Bilanzsumme, 250 Mill. DM Umsatz, 5000 Arbeitnehmer.
18 Vgl. dazu das geraffte Bilanzbild u. 2.2.3.3.2.
19 Die Rechnungslegungsvorschriften für Kapitalgesellschaften sind von GmbH & Co. KG entsprechend KapCoRiLiG vom 24. 2. 2000, BGBl I S. 154, für Geschäftsjahre zu beachten, die nach dem 31. 12. 1999 beginnen.

	Rechtsform	Bilanzsumme	Umsatzerlöse	Arbeitnehmer
4.	Genossenschaft	wie Kapitalgesellschaft		
5.	Konzernabschluss (§ 293 HGB)			
	– konsolidiert	> 26,89 Mio.	> 53,78 Mio.	> 250
	– addiert	> 32,27 Mio.	> 64,54 Mio.	> 250

Es müssen jeweils zwei der genannten Merkmale an zwei aufeinander folgenden Abschlussstichtagen erfüllt sein, um zur nächsten Größenklasse zu gehören (§ 267 Abs. 4 HGB). Als „große" Kapitalgesellschaft gilt jedoch unabhängig von der Größe jede Gesellschaft, deren Aktien oder andere Wertpapiere zur Börse zugelassen sind oder im geregelten Freiverkehr gehandelt werden (§ 267 Abs. 3 HGB).

2.2.3.3.3.2 Allgemeines zu Jahresabschluss und Gliederung der Bilanz

Kapitalgesellschaften und GmbH & Co. KG sind als Kaufleute bereits nach § 242 HGB zur Aufstellung eines aus der Bilanz und der Gewinn-und-Verlust-Rechnung bestehenden Jahresabschlusses verpflichtet. Nach § 264 Abs. 1 HGB müssen sie darüber hinaus den Jahresabschluss um einen Anhang erweitern und ferner einen Lagebericht aufstellen, dessen Inhalt in § 289 HGB geregelt ist. Kleine Kapitalgesellschaften brauchen den Lagebericht nicht aufzustellen (§ 264 Abs. 1 Satz 3 HGB).

Das in § 266 Abs. 2 HGB enthaltene Bilanzschema[20] gilt uneingeschränkt nur für **große Kapitalgesellschaften**.[21] **Kleinen Kapitalgesellschaften**[22] werden Zusammenfassungen bereits bei der Aufstellung der Bilanz gestattet. **Mittelgroße Kapitalgesellschaften**[23] haben zwar bei der Aufstellung der Bilanz die in § 267 Abs. 2, 3 HGB vorgeschriebene Gliederung zu beachten, sodass den Gesellschaftern ein vollständiger Überblick gegeben wird. Bei der Offenlegung sind jedoch Zusammenfassungen erlaubt (§ 327 i. V. m. § 266 Abs. 1 Satz 3 HGB), die allerdings nicht so weit gehen wie bei der kleinen Kapitalgesellschaft.

Dies gilt grundsätzlich auch für die GmbH & Co. KG, die allerdings nach § 264 c HGB Besonderheiten bei der Darstellung ihres Eigenkapitals zu beachten haben.[24]

Die Bilanz ist nach § 266 Abs. 1 Satz 1 HGB in **Kontoform** aufzustellen und hat zusammengedrängt folgendes Bild:

Aktivseite	**Passivseite**
Anlagevermögen Umlaufvermögen Rechnungsabgrenzungsposten	Eigenkapital Rückstellungen Verbindlichkeiten Rechnungsabgrenzungsposten

---

20 S. u. 2.2.3.3.3.
21 S. o. 2.2.3.3.3.1.
22 S. o. 2.2.3.3.3.1.
23 S. o. 2.2.3.3.3.1.
24 S. u. 2.2.3.3.3.7.

2.2.3.3.3 Gliederung der Bilanz für große Kapitalgesellschaften
(§ 266 Abs. 1 Sätze 1, 2, Absätze 2, 3, §§ 268 bis 274 HGB)

Aktivseite

- A. **Ausstehende Einlagen**
  - davon eingefordert
- B. **Aufwendungen für die Ingangsetzung und Erweiterung des Geschäftsbetriebs**
- C. **Anlagevermögen**
- I. Immaterielle Vermögensgegenstände
  1. Konzessionen, gewerbliche Schutzrechte und ähnliche Rechte und Werte sowie Lizenzen an solchen Rechten und Werten
  2. Geschäfts- oder Firmenwert
  3. geleistete Anzahlungen
- II. Sachanlagen
  1. Grundstücke, grundstücksgleiche Rechte und Bauten einschließlich der Bauten auf fremden Grundstücken
  2. technische Anlagen und Maschinen
  3. andere Anlagen, Betriebs- und Geschäftsausstattung
  4. geleistete Anzahlungen und Anlagen im Bau
- III. Finanzanlagen
  1. Anteile an verbundenen Unternehmen
  2. Ausleihungen an verbundene Unternehmen
  3. Beteiligungen
  4. Ausleihungen an Unternehmen, mit denen ein Beteiligungsverhältnis besteht
  5. Wertpapiere des Anlagevermögens
  6. sonstige Ausleihungen
- D. **Umlaufvermögen**
- I. Vorräte
  1. Roh-, Hilfs- und Betriebsstoffe
  2. unfertige Erzeugnisse, unfertige Leistungen
  3. fertige Erzeugnisse und Waren
  4. geleistete Anzahlungen
- II. Forderungen und sonstige Vermögensgegenstände
  1. Forderungen aus Lieferungen und Leistungen
     - davon mit einer Restlaufzeit von mehr als 1 Jahr

Passivseite

- A. **Eigenkapital**
- I. Gezeichnetes Kapital
- II. Kapitalrücklage
- III. Gewinnrücklagen
  1. gesetzliche Rücklage
  2. Rücklage für eigene Anteile
  3. satzungsmäßige Rücklagen
  4. andere Gewinnrücklagen
- IV. Gewinnvortrag/Verlustvortrag
- V. Jahresüberschuss/Jahresfehlbetrag
- B. **Sonderposten mit Rücklageanteil**
- C. **Rückstellungen**
  1. Rückstellungen für Pensionen und ähnliche Verpflichtungen
  2. Steuerrückstellungen
  3. Rückstellungen für latente Steuern
  4. sonstige Rückstellungen
- D. **Verbindlichkeiten**
  1. Anleihen
     - davon konvertibel
     - davon Restlaufzeit bis zu 1 Jahr
  2. Verbindlichkeiten gegenüber Kreditinstituten
     - davon Restlaufzeit bis zu 1 Jahr
  3. erhaltene Anzahlungen auf Bestellungen
  4. Verbindlichkeiten aus Lieferungen und Leistungen
     - davon Restlaufzeit bis zu 1 Jahr
  5. Verbindlichkeiten aus der Annahme gezogener Wechsel und der Ausstellung eigener Wechsel
     - davon Restlaufzeit bis zu 1 Jahr
  6. Verbindlichkeiten gegenüber verbundenen Unternehmen
     - davon Restlaufzeit bis zu 1 Jahr
  7. Verbindlichkeiten gegenüber Unternehmen, mit denen ein Beteiligungsverhältnis besteht
     - davon Restlaufzeit bis zu 1 Jahr
  8. sonstige Verbindlichkeiten
     - davon aus Steuern
     - davon im Rahmen der sozialen Sicherheit
     - davon Restlaufzeit bis zu 1 Jahr

2 Grundlagen der Buchführung

Aktivseite	Passivseite

2. Forderungen gegen verbundene Unternehmen
   – davon mit einer Restlaufzeit von mehr als 1 Jahr
3. Forderungen gegen Unternehmen, mit denen ein Beteiligungsverhältnis besteht
   – davon mit einer Restlaufzeit von mehr als 1 Jahr
4. sonstige Vermögensgegenstände
III. Wertpapiere
1. Anteile an verbundenen Unternehmen
2. eigene Anteile
3. sonstige Wertpapiere
IV. Kassenbestand, Bundesbankguthaben, Guthaben bei Kreditinstituten und Schecks
E. Rechnungsabgrenzungsposten
I. Disagio
II. Abgrenzungsposten für latente Steuern
III. sonstige Rechnungsabgrenzungsposten
	E. Rechnungsabgrenzungsposten

2.2.3.3.4 Gliederung der Bilanz für mittelgroße Kapitalgesellschaften, soweit nicht für die Offenlegung bestimmt (§ 266 Abs. 1 Sätze 1, 2, Absätze 2, 3, §§ 268 bis 274 HGB)

Gegenüber der Bilanz für große Kapitalgesellschaften bestehen keine Abweichungen.

2.2.3.3.5 Gliederung der Bilanz mittelgroßer Kapitalgesellschaften für Zwecke der Offenlegung (§ 266 Abs. 1 Sätze 1, 2, Absätze 2, 3, §§ 268 bis 274 i. V. m. § 327 HGB)

Aktivseite	Passivseite

A. Ausstehende Einlagen
   – davon eingefordert
B. Aufwendungen für die Ingangsetzung und Erweiterung des Geschäftsbetriebs
C. Anlagevermögen
I. Immaterielle Vermögensgegenstände
   – davon Geschäfts- oder Firmenwert
	A. Eigenkapital
	I. Gezeichnetes Kapital
	II. Kapitalrücklage
	III. Gewinnrücklagen
	IV. Gewinnvortrag/Verlustvortrag
	V. Jahresüberschuss/Jahresfehlbetrag
	B. Sonderposten mit Rücklageanteil

2.2 Bilanz

Aktivseite

II. Sachanlagen
   - davon Grundstücke, grundstücksgleiche Rechte und Bauten einschließlich der Bauten auf fremden Grundstücken
   - davon technische Anlagen und Maschinen
   - davon andere Anlagen, Betriebs- und Geschäftsausstattung
   - davon geleistete Anzahlungen und Anlagen im Bau
III. Finanzanlagen
   - davon Anteile an verbundenen Unternehmen
   - davon Ausleihungen an verbundene Unternehmen
   - davon Beteiligungen
   - davon Ausleihungen an Unternehmen, mit denen ein Beteiligungsverhältnis besteht
D. **Umlaufvermögen**
I. Vorräte
II. Forderungen und sonstige Vermögensgegenstände
   - davon mit einer Restlaufzeit von mehr als 1 Jahr
   - davon Forderungen gegen verbundene Unternehmen
   - davon Forderungen gegen Unternehmen, mit denen ein Beteiligungsverhältnis besteht
III. Wertpapiere
   - davon Anteile an verbundenen Unternehmen
   - davon eigene Anteile
IV. Kassenbestand, Bundesbankguthaben, Guthaben bei Kreditinstituten und Schecks
E. **Rechnungsabgrenzungsposten**
I. Abgrenzungsposten für latente Steuern
II. sonstige Rechnungsabgrenzungsposten

Passivseite

C. **Rückstellungen**
   - davon für latente Steuern
D. **Verbindlichkeiten**
   - davon Restlaufzeit bis zu 1 Jahr
   - davon Anleihen
   - davon konvertibel
   - davon Verbindlichkeiten gegenüber Kreditinstituten
   - davon Verbindlichkeiten gegenüber verbundenen Unternehmen
   - davon Verbindlichkeiten gegenüber Unternehmen, mit denen ein Beteiligungsverhältnis besteht
E. **Rechnungsabgrenzungsposten**

2 Grundlagen der Buchführung

2.2.3.3.6 Gliederung der Bilanz kleiner Kapitalgesellschaften
(§ 266 Abs. 1 Satz 3, §§ 268 bis 274 HGB)

Aktivseite	Passivseite

A. Ausstehende Einlagen
  – davon eingefordert
B. Aufwendungen für die Ingangsetzung und Erweiterung des Geschäftsbetriebs
C. Anlagevermögen
I. Immaterielle Vermögensgegenstände
II. Sachanlagen
III. Finanzanlagen
D. Umlaufvermögen
I. Vorräte
II. Forderungen und sonstige Vermögensgegenstände
  – davon Restlaufzeit von mehr als 1 Jahr
III. Wertpapiere
IV. Kassenbestand, Bundesbankguthaben, Guthaben bei Kreditinstituten und Schecks
E. Rechnungsabgrenzungsposten
I. Disagio
II. Abgrenzungsposten für latente Steuern
III. sonstige Rechnungsabgrenzungsposten
	A. Eigenkapital
	I. Gezeichnetes Kapital
	II. Kapitalrücklage
	III. Gewinnrücklagen
	IV. Gewinnvortrag/Verlustvortrag
	V. Jahresüberschuss/Jahresfehlbetrag
	B. Sonderposten mit Rücklageanteil
	C. Rückstellungen
	  – davon für latente Steuern
	D. Verbindlichkeiten
	  – davon Restlaufzeit bis zu 1 Jahr
	E. Rechnungsabgrenzungsposten

2.2.3.3.7 Gliederung der Bilanz von GmbH & Co. KG
(§ 266 Abs. 1 Satz 3, § 264 c HGB)

Aktivseite	Passivseite

A. Ausstehende Einlagen
  – davon eingefordert
B. Aufwendungen für die Ingangsetzung und Erweiterung des Geschäftsbetriebs
C. Anlagevermögen
I. Immaterielle Vermögensgegenstände
II. Sachanlagen
III. Finanzanlagen
	A. Eigenkapital
	I. Kapitalanteile
	II. Rücklagen
	III. Gewinnvortrag/Verlustvortrag
	IV. Jahresüberschuss/Jahresfehlbetrag
	B. Sonderposten mit Rücklageanteil
	C. Rückstellungen
	  – davon für latente Steuern

2.2 Bilanz

Aktivseite	Passivseite

D. Umlaufvermögen
I. Vorräte
II. Forderungen und sonstige Vermögensgegenstände
   – davon Restlaufzeit von mehr als 1 Jahr
III. Wertpapiere
IV. Schecks, Kassenbestand, Bundesbank- und Postgiroguthaben, Guthaben bei Kreditinstituten
E. Rechnungsabgrenzungsposten
I. Disagio
II. Abgrenzungsposten für latente Steuern
III. sonstige Rechnungsabgrenzungsposten
	D. Verbindlichkeiten
	   – davon Restlaufzeit bis zu 1 Jahr
	E. Rechnungsabgrenzungsposten

Die Abweichung betrifft in erster Linie die Gliederung des Eigenkapitals. Bei mittelgroßen und großen GmbH & Co. KG entspricht die Bilanzgliederung abgesehen von der Darstellung des Eigenkapitals den vorangehenden Darstellungen für Kapitalgesellschaften.

2.2.3.3.8 Anlagengitter

In der **Bilanz oder im Anhang** ist die Entwicklung der einzelnen Posten des Anlagevermögens und des Postens „Aufwendungen für die Ingangsetzung und Erweiterung des Geschäftsbetriebs" darzustellen (Anlagengitter).[25] Dabei sind, ausgehend von den gesamten Anschaffungs- und Herstellungskosten, die Zugänge, Abgänge, Umbuchungen und Zuschreibungen des Geschäftsjahrs sowie die Abschreibungen in ihrer gesamten Höhe gesondert aufzuführen. Die Abschreibungen des Geschäftsjahrs sind entweder in der Bilanz bei dem betreffenden Posten zu vermerken oder im Anhang in einer der Gliederung des Anlagevermögens entsprechenden Aufgliederung anzugeben (§ 268 Abs. 2 HGB).

Im Anlagengitter sind sämtliche Anlagegüter darzustellen, d. h. immaterielle Vermögensgegenstände, Sachanlagen und Finanzanlagen. Die Beachtung der Vorschrift ist für kleine Kapitalgesellschaften nicht verpflichtend (§ 274 a Nr. 1 i. V. m. § 267 Abs. 1 HGB).

---

25 In der Praxis hält sich hartnäckig der Begriff „Anlagespiegel", der bis zur Neuordnung der Rechnungslegungsvorschriften am 1. 1. 1987 durch das Bilanzrichtliniengesetz üblich war.

2 Grundlagen der Buchführung

Das Anlagengitter kann unter Berücksichtigung der Angaben für das Vorjahr (§ 265 Abs. 2 HGB) wie folgt aufgebaut werden:

Bilanz-posten	Anschaffungs- und Herstellungskosten	Zu-gänge	Ab-gänge	Umbu-chungen	Zu-schrei-bungen des Geschäfts-jahrs	Ab-schrei-bungen des Geschäfts-jahrs **und** früherer Jahre (kumuliert)	Rest-buch-wert 31. 12.	Rest-buch-wert Vorjahr
	DM	DM	DM	DM	DM	DM	DM	DM
	gesondert für die Aufwendungen für die Ingangsetzung und Erweiterung des Geschäftsbetriebs sowie für jeden Posten des Anlagevermögens							

Nicht eindeutig ist die Behandlung der **geringwertigen Wirtschaftsgüter**. Um bei erheblichem Bestand einen sicheren Einblick in die Vermögens-, Finanz- und Ertragslage der Kapitalgesellschaft zu gewährleisten, empfiehlt es sich, im Zugangsjahr zwar die Zugänge und in gleicher Höhe die Abschreibungen zu erfassen, aber weiterhin die ursprünglichen Anschaffungs- oder Herstellungskosten und die Abschreibungen in ihrer gesamten Höhe anzugeben, bis bei Ablauf der mutmaßlichen Nutzungsdauer ein Abgang erfasst wird.

2.2.3.4 Gliederung für bestimmte Unternehmen

Der Geschäftszweig erfordert eine abweichende Bilanzgliederung bei Kreditinstituten, privaten und öffentlich-rechtlichen Bausparkassen, Verkehrsunternehmen, Versicherungsunternehmen, Krankenhäusern, Hypothekenbanken und Schiffspfandbriefbanken sowie Wohnungsunternehmen. Für diese Unternehmen bestehen spezielle Formblätter (vgl. § 330 HGB und die entsprechenden VO über Formblätter für die Gliederung des Jahresabschlusses). Wie der äußere Aufbau und die Gliederung erfolgen, ist für die **steuerrechtliche** Gewinnermittlung unbedeutend. Entscheidend ist, dass alle Wirtschaftsgüter vollständig erfasst und richtig bewertet werden.

Darüber hinaus enthält das HGB im Vierten Abschnitt des Dritten Buches (§§ 340, 340 a–o HGB) ergänzende Vorschriften für Kreditinstitute.

2.2 Bilanz

2.2.3.5 Zusammenfassung

Die Gliederung ist so orientiert, dass auf der Aktivseite zunächst das als Anlagevermögen dem Betrieb dauernd dienende Vermögen erfasst wird und zuletzt erst das leicht verwertbare Umlaufvermögen (Ordnung nach dem **Prinzip steigender Liquidität**). Auf der Passivseite erscheint zuerst das Eigenkapital, dann folgen die langfristigen Verbindlichkeiten und zuletzt die kurzfristigen Schulden (Ordnung nach dem **Prinzip steigender Dringlichkeit**), siehe Tabelle auf Seite 87.

2.2.4 Beispiel einer ordnungsmäßigen Bilanz

Nach dem Inventar der Möbeleinzelhandlung Franz Schmitz[26] ergibt sich folgende Bilanz:

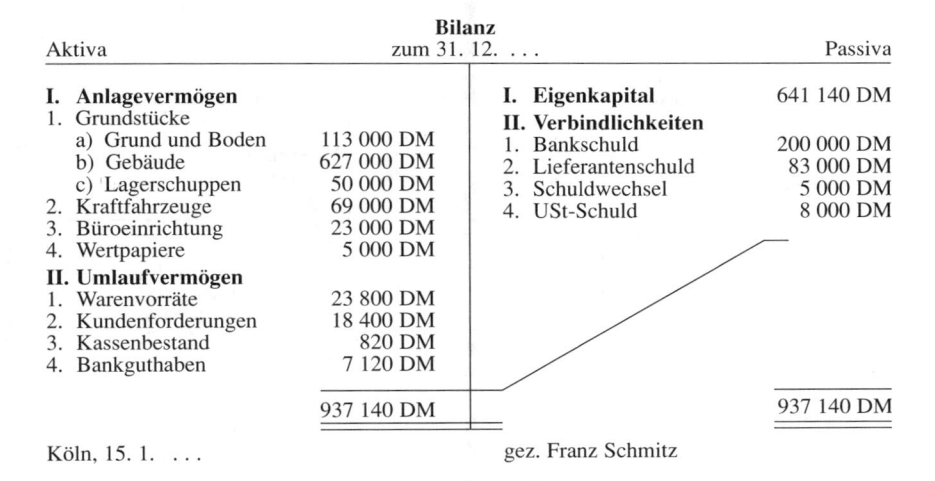

Bilanz zum 31. 12. ...

Aktiva		Passiva	
I. Anlagevermögen		I. Eigenkapital	641 140 DM
1. Grundstücke		II. Verbindlichkeiten	
a) Grund und Boden	113 000 DM	1. Bankschuld	200 000 DM
b) Gebäude	627 000 DM	2. Lieferantenschuld	83 000 DM
c) Lagerschuppen	50 000 DM	3. Schuldwechsel	5 000 DM
2. Kraftfahrzeuge	69 000 DM	4. USt-Schuld	8 000 DM
3. Büroeinrichtung	23 000 DM		
4. Wertpapiere	5 000 DM		
II. Umlaufvermögen			
1. Warenvorräte	23 800 DM		
2. Kundenforderungen	18 400 DM		
3. Kassenbestand	820 DM		
4. Bankguthaben	7 120 DM		
	937 140 DM		937 140 DM

Köln, 15. 1. ...   gez. Franz Schmitz

Die Pflicht zur Unterschrift ergibt sich aus § 245 HGB.

2.2.5 Bilanzenzusammenhang (Bilanzidentität)

Nach § 4 Abs. 1 EStG ist Gewinn der Unterschied zwischen dem Betriebsvermögen am Schluss des Wirtschaftsjahrs und dem Betriebsvermögen am Schluss des vorangegangenen Wirtschaftsjahrs (nicht Anfang des Wirtschaftsjahrs). Das sich

---

26 S. o. 2.1.4.

2 Grundlagen der Buchführung

Aktiva			Bilanz			Passiva
Konzessionen, Rechte (z. B. Patente)	Immaterielle Anlagen	Anlagevermögen = Gebrauchsgegenstände	Eigenkapital			
Geschäfts- oder Firmenwert				Rückstellungen		
geleistete Anzahlungen						
Grundstücke					Anleihen	
technische Anlagen und Maschinen	Sachanlagen					
Betriebs- und Geschäftsausstattung		dient dem Betrieb dauernd			Verbindlichkeiten gegenüber Kreditinstituten	
geleistete Anzahlungen u. Anlagen im Bau						
Beteiligungen						
Wertpapiere des Anlagevermögens	Finanzanlagen		Fremdkapital	Verbindlichkeiten	erhaltene Anzahlungen auf Bestellungen	
Ausleihungen						
Roh-, Hilfs- und Betriebsstoffe	Vorräte	Umlaufvermögen = Verbrauchsgegenstände				
unfertige Erzeugnisse, unfertige Leistungen					Verbindlichkeiten aus Lieferungen u. Leistungen	
fertige Erzeugnisse und Waren						
geleistete Anzahlungen						
Forderungen aus Lieferungen u. Leistungen	Forderungen u. sonstige Vermögensgegenstände	dient dem Betrieb nur kurzfristig			Wechselverbindlichkeiten	
sonstige Forderungen						
sonstige Vermögensgegenstände						
Wertpapiere	Wertpapiere, Schecks, Kassenbestand, Guthaben bei Kreditinstituten				sonstige Verbindlichkeiten	
Kassenbestand, Bundesbankguthaben, Guthaben bei Kreditinstituten und Schecks						
		aktive Rechnungsabgrenzungsposten		passive Rechnungsabgrenzungsposten		

2.2 Bilanz

aus einer Jahresschlussbilanz ergebende Betriebsvermögen ist damit für die Gewinnermittlung zweier aufeinander folgender Wirtschaftsjahre von Bedeutung:
- als Endbetriebsvermögen für die Gewinnermittlung des abgelaufenen Wirtschaftsjahrs und
- als Betriebsvermögen am Ende des vorangegangenen Jahres (= Anfang des abgelaufenen Wirtschaftsjahrs) für die Gewinnermittlung des Folgejahres.

Beispiel

Das Betriebsvermögen beträgt am	31. 12. 01	31. 12. 02	31. 12. 03
	35 000 DM	60 000 DM	105 000 DM
Entnahmen	— DM	26 500 DM	28 300 DM
Keine Einlagen.			

Der Gewinn für 02 und 03 ist wie folgt zu berechnen:

Betriebsvermögen am Schluss des Wj.	60 000 DM	105 000 DM
Betriebsvermögen am Schluss des vorangegangenen Wj.	35 000 DM	60 000 DM
Unterschiedsbetrag	25 000 DM	45 000 DM
+ Entnahmen	26 500 DM	28 300 DM
= Gewinn	51 500 DM	73 300 DM

Das Betriebsvermögen am Anfang eines Wirtschaftsjahrs ist identisch mit dem Betriebsvermögen am Schluss des vorangegangenen Wirtschaftsjahrs. Es ist nicht zulässig, beim Übergang vom einen auf das andere Wirtschaftsjahr Änderungen vorzunehmen. Die Schlussbilanz eines Jahres ist zugleich die Anfangsbilanz des folgenden Geschäftsjahrs (= Bilanzidentität). Vgl. auch § 252 Abs. 1 Nr. 1 HGB.
Der Bilanzenzusammenhang sichert die vollständige und lückenlose Erfassung des Gewinns (Totalgewinn).[27]

Beispiel
Bei der Gewinnermittlung wurde das Betriebsvermögen am Schluss des vorangegangenen Wirtschaftsjahrs mit 35 000 DM angesetzt, obwohl es nach der Jahresschlussbilanz des Vorjahrs nur 30 000 DM betragen hat.

	falsch	richtig
Gewinnermittlung:		
Betriebsvermögen am Schluss des Wj.	50 000 DM	50 000 DM
Betriebsvermögen am Schluss des vorangegangenen Wj.	35 000 DM	30 000 DM
Unterschiedsbetrag	15 000 DM	20 000 DM
+ Entnahmen	18 000 DM	18 000 DM
= Gewinn	33 000 DM	38 000 DM

Der Bilanzenzusammenhang wurde durchbrochen. Der Gewinn von 33 000 DM darf der Besteuerung nicht zugrunde gelegt werden.

---

[27] Im Einzelnen s. u. 14.4 und 14.5.

3 Änderung der Bilanz durch Geschäftsvorfälle

3.1 Begriff und Einteilung der Geschäftsvorfälle

Betriebe sind durch Güter- und Geldströme mit ihrer Umwelt verbunden. Die Vorgänge zwischen dem Betrieb und der Umwelt bezeichnet man als **Geschäftsvorfälle**. Ebenso sind tatsächliche Vorgänge innerhalb des Betriebs Geschäftsvorfälle, wenn sie Vermögen, Schulden oder Eigenkapital ändern.

Durch Geschäftsvorfälle ändert sich das Bild der Bilanz. Dem Wesen der Bilanz entsprechend muss die Übereinstimmung der Aktiva und Passiva dabei weiterhin erhalten bleiben. Dies geschieht dadurch, dass jede Änderung eines Bilanzpostens durch einen Geschäftsvorfall zugleich zu einer Änderung eines anderen Bilanzpostens führt oder das Eigenkapital als Differenz zwischen den Vermögenswerten und Betriebsschulden beeinflusst.

Die Geschäftsvorfälle können in zwei Gruppen eingeteilt werden. Die einen bewirken lediglich eine Änderung der Zusammensetzung des Betriebsvermögens. Die Höhe des Eigenkapitals bleibt gleich. Man bezeichnet sie als **Betriebsvermögensumschichtungen**. Die anderen bewirken eine Änderung der Höhe des Betriebsvermögens (Eigenkapital) und werden deshalb als **Betriebsvermögensänderungen** bezeichnet.

3.2 Betriebsvermögensumschichtungen

3.2.1 Wesen und Arten der Umschichtungen

Umschichtend sind Geschäftsvorfälle, die das Betriebsvermögen in seiner Höhe nicht ändern. Sie ändern nur die Zusammensetzung des Vermögens oder/und der Schulden. Der Bilanzposten Eigenkapital bleibt unverändert. Sie sind **erfolgsneutral**.

Bei den Betriebsvermögensumschichtungen lassen sich drei Arten unterscheiden. Die ersten führen nur zu einer Umschichtung (Änderung) auf der Aktivseite. Man spricht in diesen Fällen von einem Aktivtausch. Bei der zweiten Art von umschichtenden Geschäftsvorfällen sind nur Schuldposten (Passivposten außer Eigenkapital) betroffen. Sie werden als Passivtausch bezeichnet. Von einem Aktiv-Passiv-Tausch spricht man, wenn Bilanzposten beider Bilanzseiten durch den Vorgang umgeschichtet werden.

3.2 Betriebsvermögensumschichtungen

Beim Aktivtausch und beim Passivtausch bleibt die Bilanzsumme unverändert. Dagegen tritt beim Aktiv-Passiv-Tausch stets eine Änderung der Bilanzsumme ein. Erhöht sie sich, spricht man von einer Bilanzverlängerung. Wird sie geringer, handelt es sich um eine Bilanzverkürzung.

3.2.2 Aktivtausch

Beim Aktivtausch ändern sich durch den Geschäftsvorfall mindestens zwei Bilanzposten der Aktivseite. Der eine wird größer, der andere wird kleiner. Die Umschichtung kann auch mehr als zwei Bilanzposten berühren.

Es wird lediglich die Vermögensstruktur geändert, d. h., das Vermögen wird in seiner Zusammensetzung umgeschichtet. Bilanzsumme und Kapital ändern sich nicht.

Beispiele

Barzahlung eines Kunden 500 DM
> Kasse + Forderungen ./.

Barabhebung bei der Bank (bei Bankguthaben) 10 000 DM
> Kasse + Bank ./.

Bareinzahlung bei der Postbank (Neueinrichtung eines Kontos) 5000 DM
> Kasse ./. Postbank +

Banküberweisung eines Kunden 4000 DM
> Bank + Forderungen ./.

Kauf[1] von Einrichtungsgegenständen gegen Barzahlung 3000 DM
> Geschäftsausstattung + Kasse ./.

Gegenlieferung von Waren eines Kunden 7000 DM zur Bezahlung einer Lieferung
> Waren + Forderungen ./.

Kunde zahlt bar 500 DM und durch Bankscheck 1000 DM
> Kasse + Bank + Forderungen ./.

Wareneinkauf gegen Barzahlung 2000 DM und Banküberweisung 3000 DM
> Waren + Kasse ./. Bank ./.

Kauf eines Grundstücks gegen Barzahlung 10 000 DM
> Grundstück + Kasse ./.

In allen Fällen entspricht die Erhöhung des einen der Minderung des anderen Bilanzpostens. In den zuletzt aufgeführten Fällen ändern sich mehr als zwei Bilanzposten. Die Umschichtung findet nur auf der Aktivseite statt.

---

1 Bei der Beurteilung derjenigen Geschäftsvorfälle, die Kauf und Verkauf beinhalten, ist davon auszugehen, dass Verpflichtungs- und Erfüllungsgeschäft zusammenfallen. Da ohnehin schwebende, d. h. von keiner Seite erfüllte Geschäfte grundsätzlich nicht ausweisfähig sind (vgl. dazu auch u. 15.13.9.4), kommt es auf die buchmäßige Darstellung des Erfüllungsgeschäfts an.
Beispiel: Abschluss des Kaufvertrags (= Verpflichtungsgeschäft). Dieser Vorfall löst noch keine Buchung aus. Erfüllung des Vertrags, d. h., Verkäufer liefert aus und Käufer nimmt ab. Jetzt wird beim Käufer der Zugang, beim Verkäufer der Abgang des Kaufgegenstands berücksichtigt.

3 Änderung der Bilanz durch Geschäftsvorfälle

3.2.3 Passivtausch

Beim Passivtausch werden zwei (oder mehrere) Schuldposten der Passivseite geändert. Ein Posten wird größer, ein anderer wird kleiner. Es wird nur das Fremdkapital in seiner Zusammensetzung umgeschichtet. Bilanzsumme und Eigenkapital werden nicht berührt.

Beispiele

Der Lieferant erhält zum Ausgleich von Verbindlichkeiten einen Schuldwechsel (Akzept) 11 000 DM
> Verbindlichkeiten ./. Wechselschulden +

Umwandlung einer Lieferantenschuld in eine Darlehnsschuld 40 000 DM
> Verbindlichkeiten ./. Darlehnsschulden +

Banküberweisung an einen Lieferanten (bei Bankschuld) 6000 DM
> Verbindlichkeiten ./. Bankschulden +

Schuldwechsel (Akzept) wird durch die Bank eingelöst (bei Bankschuld) 11 000 DM
> Wechselschulden ./. Bankschulden +

Lieferant erhält einen Schuldwechsel über 2000 DM und einen Bankscheck über 500 DM (bei Bankschuld)
> Wechselschulden + Verbindlichkeiten ./. Bankschulden +

Auch hier entspricht die Erhöhung des einen der Minderung eines anderen Bilanzpostens. Im letzten Beispiel ändern sich mehr als zwei Ansätze. Die Umschichtung findet nur auf der Passivseite statt.

3.2.4 Aktiv-Passiv-Tausch

3.2.4.1 Bilanzverlängerung (Erhöhung der Aktiva und Passiva)

Beim Aktiv-Passiv-Tausch wird sowohl ein Aktivposten als auch ein Passivposten (oder mehrere Aktivposten oder Passivposten) geändert. Werden beide Ansätze höher und die Bilanzsumme demgemäß größer, spricht man von einer Bilanzverlängerung. Das Eigenkapital ändert sich nicht.

Beispiele

Zielkauf[2] von Waren 3000 DM
> Waren + Verbindlichkeiten +

Barabhebung bei der Bank (bei Bankschuld) 1000 DM
> Kasse + Bankschulden +

Betriebsstoffe (z. B. Öle, Fette) werden auf Ziel gekauft 2000 DM
> Betriebsstoffe + Verbindlichkeiten +

Kauf eines betrieblich genutzten Grundstücks bei Stundung des Kaufpreises 200 000 DM
> Grundstück + Sonstige Verbindlichkeiten +

---

2 Von Kauf auf Ziel spricht man, wenn der vereinbarte Kaufpreis nicht sofort, sondern bis zu einem vereinbarten Fälligkeitszeitpunkt zu entrichten ist.

Kauf eines Kraftwagens gegen Banküberweisung in Höhe von 20 000 DM (bei Bankschuld) und Annahme mehrerer Wechsel über insgesamt 40 000 DM
> Fahrzeuge + Bankschulden + Wechselschulden +

Zielkauf von Waren für 10 000 DM und Betriebsstoffen für 2000 DM
> Waren + Betriebsstoffe + Verbindlichkeiten +

In diesen Fällen entspricht die Erhöhung des Aktivpostens einer gleichen Erhöhung eines Passivpostens. Es können auch mehrere Posten einer Bilanzseite betroffen werden. Die Umschichtung vollzieht sich zwischen Aktivposten und Passivposten.

3.2.4.2 Bilanzverkürzung (Minderung der Aktiva und Passiva)

Auch bei der Bilanzverkürzung ändern sich Bilanzposten auf beiden Seiten. Sie werden durch die Geschäftsvorfälle gemindert. Die Bilanzsumme wird demgemäß kleiner. Das Eigenkapital ändert sich nicht.

Beispiele

Barzahlung an einen Lieferanten nach einem Wareneinkauf auf Ziel 1000 DM
> Kasse ./. Verbindlichkeiten ./.

Zahlung der als sonstige Verbindlichkeit ausgewiesenen rückständigen Betriebssteuern durch Banküberweisung 3000 DM
> Sonstige Verbindlichkeiten ./. Bank ./.

Einlösung einer Wechselschuld durch die Bank (bei Bankguthaben) 5000 DM
> Wechselschulden ./. Bank ./.

Tilgung einer Lieferantenschuld nach Wareneinkauf auf Ziel durch Überweisung vom Bankkonto (bei Bankguthaben) 8000 DM und vom Postbankkonto 2000 DM
> Verbindlichkeiten ./. Bank ./. Postbank ./.

Eine Darlehensschuld von 10 000 DM sowie Lieferantenschulden in Höhe von 12 000 DM werden durch Barzahlung getilgt (gleicher Gläubiger)
> Darlehensschulden ./. Verbindlichkeiten ./. Kasse ./.

In diesen Fällen entspricht die Minderung eines Aktivpostens einer gleichen Minderung eines Passivpostens. Es können auch mehrere Posten einer Bilanzseite betroffen werden. Die Umschichtung vollzieht sich – wie im Falle der Bilanzverlängerung – zwischen Aktivposten und Passivposten. Diese werden jedoch nicht höher, sondern niedriger.

3.3 Betriebsvermögensänderungen

3.3.1 Wesen und Einteilung der Betriebsvermögensänderungen

Viele Geschäftsvorfälle bewirken nicht nur eine Umschichtung von Bilanzposten, sondern auch eine betragsmäßige Änderung des Betriebsvermögens (Eigenkapital). Dies ist der Fall, wenn sich ein Aktivposten oder ein Passivposten ändert ohne gleichzeitige Änderung eines anderen Vermögens- oder Schuldpostens. Außerdem kommt es zu einer Änderung des Eigenkapitals, wenn sich die Vermögens- oder Schuldposten um unterschiedliche Beträge ändern.

3 Änderung der Bilanz durch Geschäftsvorfälle

Die Änderung des Kapitals und damit des Betriebsvermögens kann durch Erträge und Aufwendungen sowie durch Entnahmen und Einlagen verursacht sein. Erträge und Einlagen erhöhen, Aufwendungen und Entnahmen mindern das Betriebsvermögen. Die Kapitaländerungen durch Erträge und Aufwendungen sind erfolgswirksam; die durch Entnahmen und Einlagen verursachten Kapitaländerungen sind im Allgemeinen erfolgsneutral.[3]

3.3.2 Änderung des Kapitals durch Erträge und Aufwendungen

3.3.2.1 Betriebsvermögenserhöhungen durch Erträge (Gewinnerhöhungen)

Betriebliche Erträge führen in der Regel zu einer Erhöhung eines (oder mehrerer) Aktivpostens und damit bei konstanten Schulden zur Erhöhung des Kapitals. Beim Betriebsvermögensvergleich ergibt sich ein Gewinn.

Beispiele

Miete für die zum Betriebsvermögen gehörenden Grundstücksteile wird von den Mietern auf das betriebliche Bankkonto überwiesen 7000 DM
> Bank + Eigenkapital +

Vermittlungsprovision wird bei ihrer Entstehung sofort bar vereinnahmt; nicht umsatzsteuerbar 3000 DM
> Kasse + Eigenkapital +

Zinsgutschrift der Bank 800 DM
> Bank + Eigenkapital +

Darlehenszinsen werden bar vereinnahmt 1200 DM
> Kasse + Eigenkapital +

Lizenzgebühren werden auf das Postbankkonto überwiesen 10 000 DM; nicht umsatzsteuerbar
> Postbank + Eigenkapital +

Ein Lieferant gewährt nachträglich einen Mengenrabatt oder Preisnachlass für Waren, die bereits verkauft sind; die Lieferung war umsatzsteuerfrei 500 DM
> Verbindlichkeiten ./. Eigenkapital +

Zahlungseingang einer in früheren Jahren abgeschriebenen Kundenforderung; die Lieferung war umsatzsteuerfrei 1000 DM
> Bank + Eigenkapital +

Warenverkauf zu einem die Anschaffungskosten übersteigenden Betrag (Anschaffungskosten 500 DM, Verkaufspreis 800 DM); umsatzsteuerfreie Lieferung
> Forderungen + Eigenkapital + Waren ./.

Verkauf von Anlagegütern zu einem den Buchwert übersteigenden Betrag gegen Barzahlung (Erlös 3000 DM, Buchwert 1800 DM); umsatzsteuerfreie Lieferung
> Kasse + Fahrzeuge ./. Eigenkapital +

Verkauf von Wertpapieren mit Kursgewinn (Erlös 6000 DM, Buchwert 4200 DM); umsatzsteuerfrei
> Bank + Eigenkapital + Wertpapiere ./.

---

3 Wegen der Besonderheiten bei Nutzungen und Leistungen s. u. 3.3.3.4.

3.3 Betriebsvermögensänderungen

In den meisten Fällen erhöht sich ein Aktivposten ohne Änderung eines anderen Bilanzpostens, oder ein Aktivposten erhöht sich um einen größeren Betrag als ein anderer Posten der Aktivseite abnimmt. Es gibt jedoch auch Geschäftsvorfälle, bei denen sich ein Passivposten bei konstantem Vermögen mindert oder der Passivposten sich um einen größeren Betrag mindert als ein Bilanzposten der Aktivseite.

Beispiele

Provisionserträge für umsatzsteuerfreie Vermittlungsleistungen werden bei ihrer Entstehung sofort auf ein Bankkonto mit Schuldenbestand überwiesen 4000 DM
> Bankschulden ./. Eigenkapital +

Barzahlung an einen Lieferanten unter Berücksichtigung eines Skontoabzugs in Höhe von 3 % des Rechnungsbetrags von 5000 DM; die Lieferung war umsatzsteuerfrei
> Kasse ./. Verbindlichkeiten ./. Eigenkapital +

Bedingt durch diese Geschäftsvorfälle wird der Saldo zwischen den Vermögenswerten und den Schulden, d. h. das Betriebsvermögen, größer. Die Folge ist eine Gewinnerhöhung (Betriebsvermögensvergleich!).

Die Betriebsvermögenserhöhungen durch betriebliche Erträge können also beruhen auf einer Erhöhung der Aktiva durch Erträge (bei konstanten Verbindlichkeiten) oder einer Minderung der Passiva durch Erträge (bei konstantem Vermögen).

3.3.2.2 Betriebsvermögensminderungen durch Aufwendungen (Gewinnminderungen)

Betriebliche Aufwendungen, durch die kein aktivierungspflichtiger Vermögenswert entsteht, führen zu einer **Minderung** eines Aktivpostens oder mehrerer Aktivposten und damit bei konstanten Schulden zur Minderung des **Eigenkapitals**. Beim Betriebsvermögensvergleich ergibt sich bezogen auf diesen Geschäftsvorfall ein Verlust.

Beispiele

Barzahlung der Miete (ohne abziehbare Vorsteuer) für die Betriebsräume 3000 DM.

Löhne, Gehälter, Provisionen (keine abziehbare Vorsteuer), Zinsen, Grundsteuer, Gewerbesteuer oder ähnliche Betriebsausgaben werden sofort bar gezahlt.

Eine auf umsatzsteuerfreier Leistung beruhende Kundenforderung wird uneinbringlich 5000 DM

Verkauf von Wertpapieren mit Kursverlust (Erlös 3000 DM, Buchwert 4200 DM)

Verkauf und Übereignung von Anlagegütern zu einem unter dem Buchwert liegenden Verkaufserlös (Erlös 800 DM, Buchwert 1200 DM); umsatzsteuerfreie Lieferung

Warenverkauf mit Verlust (Verkaufspreis 100 DM, Anschaffungskosten 120 DM); umsatzsteuerfreie Lieferung

Passivierung einer Rückstellung für ungewisse Schulden 11 000 DM

In diesen Fällen mindert sich ein Aktivposten ohne Änderung eines anderen Bilanzpostens, oder es erhöht sich nur ein Schuldposten. Es können sich auch mehrere

3 Änderung der Bilanz durch Geschäftsvorfälle

Bilanzposten ändern. Bedingt durch diese Änderungen nimmt das Eigenkapital ab. Die Folge ist eine Gewinnminderung.

Die Betriebsvermögensminderungen durch betriebliche Aufwendungen können also beruhen auf einer

- Minderung der Aktiva durch Aufwand oder
- Erhöhung der Passiva durch Aufwand.

3.3.3 Änderung des Kapitals durch Entnahmen und Einlagen

3.3.3.1 Betriebsvermögensminderungen durch Entnahmen

Entnahmen sind alle Wirtschaftsgüter, die der Steuerpflichtige dem Betrieb für sich, für seinen Haushalt oder für andere betriebsfremde Zwecke im Laufe des Wirtschaftsjahres entnommen hat (§ 4 Abs. 1 Satz 2 EStG). Diese Entnahmen mindern das Betriebsvermögen. Da Entnahmen jedoch die Steuerbelastung nicht mindern und daher weder bei den einzelnen Einkunftsarten noch vom Gesamtbetrag der Einkünfte abgezogen werden dürfen, müssen sie dem durch **Betriebsvermögensvergleich** ermittelten Unterschiedsbetrag hinzugerechnet werden (§ 4 Abs. 1 Satz 1 EStG). Ohne die Hinzurechnung würden sie den Gewinn mindern.

- Entnahmen mindern das Betriebsvermögen, jedoch nicht den Gewinn.

Im Gegensatz zu den durch Aufwendungen verursachten Kapitalminderungen entstehen also durch Entnahmen im Allgemeinen keine Gewinnauswirkungen. Entnahmen sind folglich grundsätzlich **erfolgsneutral**.

> **Beispiele**
>
> Barzahlung der privaten Wohnungsmiete 900 DM aus betrieblichen Mitteln
> Entnahme in bar aus der Geschäftskasse für die Lebenshaltung 1000 DM
> Zahlung von Personensteuern (ESt, KiSt, ErbSt) 4000 DM
> Lebensversicherungsbeiträge werden überwiesen 800 DM
> Entnahme von Waren (Teilwert = Anschaffungskosten) 700 DM
> Zahlung einer Geldstrafe oder Geldbuße 500 DM
> Entnahme von Wertpapieren, Grundstücken oder anderen Anlagegütern aus dem Betriebsvermögen (Teilwert = Buchwert)
> Tilgung einer Privatschuld aus betrieblichen Mitteln 10 000 DM
> Vereinnahmung einer Kundenforderung durch eine Gegenlieferung des Kunden für private Zwecke 600 DM

In allen Fällen kommt es zu einer Minderung eines Aktivpostens. Dadurch mindert sich auch das Betriebsvermögen, nicht aber der Gewinn.

3.3 Betriebsvermögensänderungen

3.3.3.2 Betriebsvermögenserhöhungen durch Einlagen

Einlagen sind alle Wirtschaftsgüter, die der Steuerpflichtige dem Betrieb im Laufe des Wirtschaftsjahrs zugeführt hat (§ 4 Abs. 1 Satz 5 EStG). Die Zuführung aus dem Privatvermögen führt zu einer Erhöhung des Betriebsvermögens. Diese Mehrung ist aber nicht im Betrieb erwirtschaftet worden. Deshalb ist der Wert der Einlagen beim Betriebsvermögensvergleich abzusetzen. Einlagen führen folglich nicht zur Gewinnerhöhung, sie sind daher **erfolgsneutral**.

Beispiele

Bareingang der Miete aus zum Privatvermögen gehörenden Mietwohngrundstücken 2000 DM

Bareinlage aus dem Privatvermögen (z. B. von einem privaten Sparkonto) 5000 DM

Erstattung von Personensteuern durch Überweisung auf das betriebliche Bankkonto 4000 DM

Einlage von Einrichtungsgegenständen, Wertpapieren, Grundstücken aus dem Privatvermögen

Geerbte Wirtschaftsgüter oder Lottogewinne werden dem Betriebsvermögen zugeführt

Tilgung einer betrieblichen Schuld aus privaten Geldmitteln 10 000 DM

In diesen Fällen kommt es zu einer Erhöhung eines Aktivpostens oder zur Minderung eines Passivpostens. Dadurch erhöht sich das Betriebsvermögen, nicht aber der Gewinn.

3.3.3.3 Erfolgswirksame Entnahmen

3.3.3.3.1 Gewinnauswirkung bei abweichendem Teilwert

Nach § 6 Abs. 1 Nr. 4 Satz 1 EStG sind Entnahmen mit dem Teilwert anzusetzen. Wenn der Teilwert mit dem Buchwert übereinstimmt, entspricht die Vermögensminderung der Höhe nach der Hinzurechnung gem. § 4 Abs. 1 Satz 1 EStG. Der Vorgang ist **erfolgsneutral**. Sehr oft weicht der Teilwert jedoch vom Buchwert ab. Dann entstehen aufgrund der Entnahmen Gewinne oder Verluste wie bei einer Veräußerung der Wirtschaftsgüter.

3.3.3.3.2 Teilwert höher als der Buchwert

Ist der Teilwert der Entnahme nach § 6 Abs. 1 Nr. 4 Satz 1 EStG höher als der Buchwert, dann ergibt sich trotz der Verringerung des Betriebsvermögens eine Gewinnerhöhung. Im Rahmen des Betriebsvermögensvergleichs wird die Minderung des Betriebsvermögens (Eigenkapitals) durch den Ansatz der Entnahme nicht nur ausgeglichen, sondern infolge der Bewertung über dem Buchwert ein Gewinn errechnet, der der Differenz zwischen Teilwert und Buchwert entspricht.

3 Änderung der Bilanz durch Geschäftsvorfälle

Beispiele
Entnahme eines unbebauten Grundstücks: Teilwert 120 000 DM, Buchwert 50 000 DM.
> Der Gewinn beträgt 70 000 DM.
Überführung von Aktien, die für 6000 DM angeschafft wurden und seitdem unverändert bilanziert sind, ins Privatvermögen. Im Zeitpunkt der Entnahme beträgt der Teilwert infolge gestiegener Börsenkurse 7500 DM.
> Der Gewinn beträgt 1500 DM.
Entnahme von Waren, Teilwert 100 DM, Anschaffungskosten 80 DM.
> Der Gewinn beträgt 20 DM.

In allen Fällen bewirkt die Entnahme trotz der Minderung des Eigenkapitals eine Gewinnerhöhung in Höhe der Differenz zwischen Buchwert und Entnahmewert.

Ein Gewinn ergibt sich auch dann, wenn Wirtschaftsgüter entnommen werden, die überhaupt keinen Buchwert mehr haben.

Beispiel
Ein Bürosessel, dessen Anschaffungskosten von 580 DM nach § 6 Abs. 2 EStG abgesetzt wurden, wird entnommen. Im Zeitpunkt der Entnahme beträgt der Teilwert 300 DM.
> Der Gewinn beträgt 300 DM.

3.3.3.3.3 Teilwert niedriger als der Buchwert

Entnahmen sind auch dann mit dem Teilwert zu bewerten, wenn dieser niedriger ist als der Buchwert. Hierdurch ergibt sich bei einer Überführung ins Privatvermögen eine Gewinnminderung in Höhe der Differenz zwischen Buchwert und Teilwert. Im Rahmen des Betriebsvermögensvergleichs wird die Minderung des Eigenkapitals nur zum Teil wieder durch den Ansatz einer Entnahme ausgeglichen.

Beispiele
Ein unbebautes Grundstück wird mit einem privaten Wohnhaus (Einfamilienhaus) bebaut und dadurch ins Privatvermögen überführt. Buchwert 100 000 DM, Teilwert 80 000 DM.
> Die Gewinnminderung beträgt 20 000 DM.
Aktien, die für 3000 DM angeschafft wurden, werden ins Privatvermögen überführt. Im Zeitpunkt der Entnahme beträgt der Teilwert infolge gesunkener Börsenkurse 2000 DM.
> Die Gewinnminderung beträgt 1000 DM.
Entnahme von Waren im Teilwert von 100 DM, die für 120 DM angeschafft wurden.
> Die Gewinnminderung beträgt 20 DM.

Hier ergibt sich in allen Fällen ein Verlust in Höhe der Differenz zwischen Buchwert und Teilwert.

3.3.3.4 Entnahmen von Nutzungen und Leistungen

Die vorstehenden Ausführungen gelten im Wesentlichen auch für die Entnahme und die Einlage von Nutzungen und Leistungen. Werden sie entnommen, mindert

3.3 Betriebsvermögensänderungen

sich das Betriebsvermögen in Höhe der tatsächlich entstandenen Selbstkosten. Die Hinzurechnung als Entnahme gleicht bei der Gewinnermittlung die Minderung des Unterschiedsbetrags aus. Deshalb sind auch in diesen Fällen die Geschäftsvorfälle der Entnahmen regelmäßig erfolgsneutral.[4]

Beispiele

a) Durch die private Nutzung eines betrieblichen PKW entstehen dem Betrieb Aufwendungen. Der Umfang der privaten Nutzung wurde durch Fahrtenbuch nachgewiesen.[5]

b) Durch die Pflege des privaten Hausgartens durch einen im Betrieb angestellten Arbeiter entstehen dem Betrieb Aufwendungen in Form des anteiligen Arbeitslohns.

Durch die Hinzurechnung der privatanteiligen Aufwendungen als Entnahmen wird die Minderung des Betriebsvermögens bei der Gewinnermittlung in beiden Fällen wieder ausgeglichen.

3.3.3.5 Einlagen von Nutzungen und Leistungen (Aufwandseinlage)

Grundsätzlich sind Nutzungen und Leistungen **nicht** einlagefähig. Eine Einlage ist in entsprechenden Fällen nur möglich, wenn Aufwendungen getätigt werden, die außerhalb des Betriebs entstanden sind und betrieblichen Zwecken dienen. Man spricht daher von Aufwandseinlagen.

Bei der Einlage von Nutzungen und Leistungen kommt es zu einer Erhöhung des Kapitals, wenn es sich um aktivierungspflichtige Aufwendungen handelt. Wegen des Abzugs der Einlage beim Betriebsvermögensvergleich sind die Geschäftsvorfälle erfolgsneutral.

Beispiel

Bei der Herstellung eines betrieblichen Gebäudes wird ein privat angestellter Arbeitnehmer zeitweise eingesetzt.

Durch die Einlage der Leistung (aktivierungspflichtiger Herstellungsaufwand) erhöht sich das Betriebsvermögen, nicht aber der Gewinn, weil die Einlage um den Unterschiedsbetrag zwischen den beiden zu vergleichenden Betriebsvermögen zu kürzen ist. Die Einlage ist erfolgsneutral.

Bei nicht aktivierungspflichtigen Aufwendungen kommt es dagegen durch die Einlage zu keiner Erhöhung des Kapitals. Der Abzug des Werts der Einlage vom Unterschiedsbetrag führt somit zur Gewinnminderung. Diese Rechtsfolge ergibt sich immer dann, wenn abzugfähige Betriebsausgaben nur im Wege der Einlage erfasst werden können.[6]

---

4 Von der Gewinnauswirkung des Geschäftsvorfalls zu unterscheiden ist jedoch die Auswirkung der B u c h u n g auf den Gewinn. Sie ist bei solchen Entnahmen und Einlagen erfolgswirksam, weil durch die Buchung die Aufwendungen gemindert oder entsprechende Erlöse ausgewiesen werden.
5 Bei fehlendem Fahrtenbuch wird die private Nutzung nach § 6 Abs. 1 Nr. 4 Satz 2 EStG bewertet.
6 BFH, BStBl 1988 II S. 348; BFH, BStBl 1995 II S. 318.

3 Änderung der Bilanz durch Geschäftsvorfälle

Beispiele

a) Ein privater PKW wird vorübergehend für betriebliche Fahrten genutzt.
b) Eine privat angestellte Hausgehilfin verrichtet aushilfsweise für eine gewisse Zeit die Reinigungsarbeiten in den Geschäftsräumen.

Da es sich in beiden Fällen nicht um aktivierungspflichtige Aufwendungen handelt, führt die Einlage zu keiner Erhöhung des Betriebsvermögens. Der Abzug der Einlage beim Betriebsvermögensvergleich ergibt eine Minderung des Gewinns.

3.4 Übersicht über die Arten von Geschäftsvorfällen

Zusammenfassend ergibt sich die folgende Einteilung der Geschäftsvorfälle:[7]

Art	Gewinnauswirkung

I. Betriebsvermögensumschichtungen
1. Aktivtausch
2. Passivtausch
3. Aktiv-Passiv-Tausch
   a) Bilanzverlängerung
   b) Bilanzverkürzung
	Erfolgsneutral

II. Betriebsvermögensänderungen
1. Kapitaländerungen durch Erträge und Aufwendungen
   a) Betriebsvermögenserhöhungen durch Gewinne
      aa) Erhöhung der Aktiva durch Erträge
      bb) Minderung der Passiva durch Erträge
   b) Betriebsvermögensminderungen durch Verluste
      aa) Minderung der Aktiva durch Aufwendungen
      bb) Erhöhung der Passiva durch Aufwendungen
	Erfolgswirksam
	
	Erfolgswirksam

2. Kapitaländerungen durch Entnahmen und Einlagen
   a) Betriebsvermögensminderungen durch Entnahmen
   b) Betriebsvermögenserhöhungen durch Einlagen
	Erfolgsneutral
	Erfolgsneutral

c) Erfolgswirksame Entnahmen
   aa) Teilwert höher als der Buchwert
   bb) Teilwert niedriger als der Buchwert
	Erfolgswirksam

d) Erfolgswirksame Einlagen Einlage von Aufwendungen (Aufwandseinlage)	Erfolgswirksam

---

[7] Keine Geschäftsvorfälle sind bloße Umbuchungen (z. B. Stornobuchungen). Das gilt auch für die vorbereitenden Abschlussbuchungen (s. u. 8.2), durch die der Inhalt der Aufwands- und Ertragskonten beim Jahresabschluss korrigiert wird.

Regel: Geschäftsvorfälle ändern Bilanzposten (Vermögen, Schulden, Eigenkapital). Auch die Bilanzsummen können sich ändern.
Die Bilanzgleichung bleibt dagegen stets erhalten.

3.5 Übungsfälle

Bestimmen Sie in den nachstehenden Fällen, ohne auf die Umsatzsteuer einzugehen, die Art des Geschäftsvorfalls in der folgenden Reihenfolge:
- Umschichtung oder Betriebsvermögensänderung?
- Bei Betriebsvermögensumschichtungen: Aktivtausch, Passivtausch, Aktiv-Passiv-Tausch (Bilanzverlängerung, Bilanzverkürzung)?
- Bei Betriebsvermögensänderungen: Änderung durch Ertrag oder Aufwand bzw. Entnahme oder Einlage?
- Erfolgswirksam oder erfolgsneutral (Aufwand oder Ertrag)?

1. Wareneinkauf gegen Barzahlung 900 DM
2. Warenverkauf gegen bar, Anschaffungskosten 500 DM, Verkaufspreis 400 DM
3. Einlage aus dem Privatvermögen in bar 800 DM
4. Kundenanzahlung durch Banküberweisung 3000 DM
5. Bareinzahlung bei der Bank (bei Bankguthaben) 4000 DM
6. Barzahlung der fälligen betrieblichen Grundsteuer 1400 DM
7. Vereinnahmung der Vermittlungsprovision bei ihrer Entstehung durch Bankscheck 5000 DM
8. Weitergabe eines Kundenwechsels (Besitzwechsel) an einen Lieferanten 6000 DM
9. Kunde erhält einen Preisnachlass 80 DM
10. Lieferant gewährt einen Preisnachlass in Höhe von 60 DM, Ware noch vorhanden
11. Lieferant gewährt einen Preisnachlass in Höhe von 60 DM, Ware bereits verkauft
12. Barentnahme für private Zwecke 330 DM
13. Warenentnahme (Teilwert = Buchwert) 500 DM
14. Warenverkauf, Anschaffungskosten 1000 DM, Verkaufspreis 1400 DM
15. Annahme eines Kundenwechsels 2000 DM zum Ausgleich von Forderungen
16. Lieferant akzeptiert einen Schuldwechsel 7000 DM
17. Kauf eines betrieblichen Grundstücks gegen Barzahlung 100 000 DM
18. Zinsgutschrift der Bank 2500 DM
19. Miete für Privatwohnung wird bar aus der Geschäftskasse gezahlt 900 DM
20. Warenentnahme, Teilwert = 600 DM, Buchwert = 500 DM
21. Entnahme eines betrieblichen PKW, Teilwert = 5000 DM, Buchwert = 7000 DM
22. Einlage eines unbebauten Grundstücks aus dem Privatvermögen 200 000 DM
23. Erstattung der Gewerbesteuer für das laufende Jahr aufgrund einer irrtümlich veranlassten Überzahlung durch Banküberweisung 2800 DM

3 Änderung der Bilanz durch Geschäftsvorfälle

24. Tilgung einer Privatschuld aus betrieblichen Mitteln (Überweisung vom Postbankkonto) 9000 DM
25. Lohnzahlung in bar 4000 DM
26. Entnahme eines Grundstücks, Teilwert = 300 000 DM, Buchwert = 40 000 DM
27. Kundenforderung wird wegen Zahlungsunfähigkeit des Kunden uneinbringlich 3000 DM
28. Verkauf einer Maschine gegen Barzahlung, Erlös = 6000 DM, Buchwert = 4000 DM
29. Bareingang einer früher wegen Zahlungsunfähigkeit des Kunden abgeschriebenen Forderung 3000 DM
30. Warenrücksendung eines Kunden; Einkaufspreis 500 DM, Verkaufspreis 800 DM
31. Abtretung einer Kundenforderung an einen Lieferanten 1500 DM zum Ausgleich einer Lieferantenschuld
32. Warenrücksendung an einen Lieferanten 300 DM nach Mängelrüge. Die Lieferantenschuld war noch nicht bezahlt
33. Gegenlieferung an einen Lieferanten 1300 DM zum Ausgleich einer Lieferantenschuld (Hingabe an Erfüllungs statt); Anschaffungskosten der Ware = 900 DM
34. Gegenlieferung eines Kunden 700 DM zur Tilgung der gegen ihn bestehenden Forderung
35. PKW, der bereits auf 0 DM abgeschrieben ist, wird dem Sohn des Steuerpflichtigen geschenkt, Teilwert = 5000 DM
36. Betrieblicher Telefonanschluss wird für Privatgespräche genutzt 1200 DM
37. Fällige betriebliche KraftSt wird mit überzahlter ESt verrechnet (Aufrechnung) 1000 DM
38. Fällige GrSt wird mit überzahlter GewSt – der Gewerbesteuererstattungsanspruch ist für das laufende Jahr entstanden und noch nicht gebucht – verrechnet (Aufrechnung) 2000 DM. Das Grundstück gehört zum Betriebsvermögen.
39. Sachverhalt wie Nr. 38, jedoch gehört das Grundstück zum Privatvermögen.

Lösungen

1. BV-Umschichtung, Aktivtausch
2. BV-Änderung, Aufwand in Höhe von 100 DM
3. BV-Änderung, Einlage, erfolgsneutral
4. BV-Umschichtung, Aktiv-Passiv-Tausch, Bilanzverlängerung
5. BV-Umschichtung, Aktivtausch
6. BV-Änderung, Aufwand in Höhe von 1400 DM
7. BV-Änderung, Ertrag in Höhe von 5000 DM
8. BV-Umschichtung, Aktiv-Passiv-Tausch, Bilanzverkürzung
9. BV-Änderung, Aufwand in Höhe von 80 DM
10. BV-Umschichtung, Aktiv-Passiv-Tausch, Bilanzverkürzung
11. BV-Änderung, Ertrag in Höhe von 60 DM
12. BV-Änderung, Entnahme, erfolgsneutral
13. BV-Änderung, Entnahme, erfolgsneutral
14. BV-Änderung, Ertrag in Höhe von 400 DM
15. BV-Umschichtung, Aktivtausch

3.5 Übungsfälle

16. BV-Umschichtung, Passivtausch
17. BV-Umschichtung, Aktivtausch
18. BV-Änderung, Ertrag in Höhe von 2500 DM
19. BV-Änderung, Entnahme, erfolgsneutral
20. BV-Änderung, Entnahme, erfolgswirksam, Ertrag in Höhe von 100 DM
21. BV-Änderung, Entnahme, erfolgswirksam, Aufwand in Höhe von 2000 DM
22. BV-Änderung, Einlage, erfolgsneutral
23. BV-Änderung, Ertrag in Höhe von 2800 DM (Verringerung des Aufwands)
24. BV-Änderung, Entnahme, erfolgsneutral
25. BV-Änderung, Aufwand in Höhe von 4000 DM
26. BV-Änderung, Entnahme, erfolgswirksam, Ertrag in Höhe von 260 000 DM
27. BV-Änderung, Aufwand in Höhe von 3000 DM
28. BV-Änderung, Ertrag in Höhe von 2000 DM
29. BV-Änderung, Ertrag in Höhe von 3000 DM
30. BV-Änderung, Aufwand in Höhe von 300 DM (Verringerung des Ertrages)
31. BV-Umschichtung, Aktiv-Passiv-Tausch, Bilanzverkürzung
32. BV-Umschichtung, Aktiv-Passiv-Tausch, Bilanzverkürzung
33. BV-Änderung, Ertrag in Höhe von 400 DM
34. BV-Umschichtung, Aktivtausch
35. BV-Änderung, Entnahme, erfolgswirksam, Ertrag in Höhe von 5000 DM
36. BV-Änderung, Entnahme, erfolgswirksam, Ertrag in Höhe von 1200 DM
37. BV-Änderung, Einlage, erfolgswirksam, Aufwand in Höhe von 1000 DM
38. BV-Änderung, weil einer Verringerung von Aufwand (GewSt-Aufwand) eine Erhöhung eines anderen Aufwands (GrSt-Aufwand) gegenübersteht
39. BV-Änderung, Entnahme, erfolgswirksam, Ertrag in Höhe von 2000 DM

4 Auflösung der Bilanz in Konten

4.1 Aufgabe und Begriff des Kontos

Geschäftsvorfälle ändern die Bilanz. Gleichwohl ist es praktisch nicht sinnvoll, in der Regel auch nicht möglich, die Bilanz laufend fortzuschreiben, d. h. nach jedem Geschäftsvorfall eine neue Bilanz aufzustellen. Um alle Veränderungen der Bilanz erfassen zu können, zieht man in der doppelten Buchführung die Eröffnungsbilanz in Konten auseinander. Dadurch ändert sich sachlich nichts. Die Bilanz erhält lediglich eine Form, die eine buchmäßige Erfassung der Geschäftsvorfälle ermöglicht. Für jeden Bilanzposten wird eine Einzelabrechnung geführt, die den Wert laut Eröffnungsbilanz als Anfangsbestand übernimmt und alle Änderungen dieses Anfangsbestandes erfasst. Diese Verrechnungsstelle wird **Konto** genannt und übernimmt die buchmäßige Fortführung des jeweiligen Bilanzpostens.

Es wäre möglich, die Abrechnung in Staffelform zu führen. Hierbei würden Zugänge und Abgänge nacheinander eingetragen.

Beispiel

	Kassenbestand am 1. 1.	500 DM
./.	Ausgaben am 2. 1.	100 DM
		400 DM
+	Einnahmen am 2. 1.	300 DM
		700 DM
./.	Entnahme am 3. 1.	50 DM
		650 DM
+	Einnahmen am 3. 1.	80 DM
		730 DM

Diese Form der Einzelabrechnung hätte den Vorteil, dass der jeweilige Buchbestand erkennbar ausgewiesen würde. Nachteilig wäre dagegen, dass Zugänge und Abgänge nicht getrennt und die Umsätze nicht zu erkennen wären.

In der Praxis hat sich für die buchmäßige Fortführung der Anfangsbestände und die laufende Darstellung aller Geschäftsvorfälle die Form des Kontos durchgesetzt. Das **Konto** ist die der doppelten Buchführung eigentümliche Verrechnungsform für die Buchung der Geschäftsvorfälle im Hauptbuch.[1] Auf dem Konto (italienisch: conto = Rechnung) werden die Geschäftsvorfälle nicht untereinander, sondern Zu- und Abgänge auf zwei verschiedenen Seiten nebeneinander dargestellt. Die linke Seite wird als **Sollseite,** die rechte als **Habenseite** bezeichnet.

---

1 S. o. 1.5.3.

4.1 Aufgabe und Begriff des Kontos

Beispiel

Soll		Kassenkonto		Haben
1.1 Anfangsbestand	500 DM	2.1 Ausgaben		100 DM
2.1 Einnahmen	300 DM	3.1 Entnahmen		50 DM
3.1 Einnahmen	80 DM			

Das Konto ist also eine zweiseitig geführte Rechnung, bei der die Zugänge getrennt von den Abgängen aufgezeichnet werden. Es soll die in der körperlichen Aufnahme fixierten Anfangsbestände über alle bei den einzelnen Posten eintretenden Änderungen von Tag zu Tag weiterverfolgen. Seine äußere Form entspricht der Form der Bilanz. Das Konto ist so aufgebaut, dass eine Seite von der anderen abgezogen wird. Dabei kann man den senkrechten Trennstrich zwischen den beiden Kontoseiten als Minuszeichen ansehen.

Das Konto ist also eine Rechnung besonderer Art, die den Buchungsstoff (Geschäftsvorfälle) nach mathematischen Vorzeichen trennt, und zwar:

+	Konto	./.
Aktiva		Passiva
Erhöhung der Aktiven		Erhöhung der Passiven
Minderung der Passiven		Minderung der Aktiven

Die Seitenbezeichnungen **Soll** und **Haben** sind **historisch** zu verstehen. Sie entstammen dem Abrechnungsverkehr mit den Schuldnern und Gläubigern und lassen sich nur noch bei Kundenkonten und Lieferantenkonten erklären. Der Kunde „soll" zahlen, deshalb wird ein Warenverkauf auf Ziel auf der Sollseite des Kundenkontos gebucht. Die Lieferanten „haben" gut bzw. wir haben zu zahlen. Deshalb erfolgt bei Wareneinkauf auf Ziel eine Buchung auf der Habenseite des Lieferantenkontos. Die Bezeichnungen Soll und Haben deuten auf die ältesten Konten der Schuldverhältnisse hin.

Um die Seiten zu bezeichnen, auf denen eine Buchung erfolgen soll, spricht man von „Sollbuchung" oder „Habenbuchung". Man begegnet aber auch den Ausdrücken „belasten" (Belastung; Lastschrift) für Eintragungen auf der Sollseite und „erkennen" (Erkennung; Gutschrift) für Buchungen auf der Habenseite.

Das Konto	
Soll	Haben
Lastschrift	Gutschrift
belasten	erkennen

4 Auflösung der Bilanz in Konten

Das Konto wird abgeschlossen durch den **Saldo,** d. h. den Unterschiedsbetrag zwischen den beiden Seiten des Kontos, der zum Ausgleich auf der kleineren Seite eingesetzt wird. **Saldieren** bedeutet also Ermittlung des Unterschieds zwischen der Sollseite und der Habenseite. Zu diesem Zweck wird zunächst die größere Kontenseite aufgerechnet und die Summe auf beiden Kontenseiten eingetragen. Erst nach dem Saldieren kann auf dem Konto der jeweilige Bestand abgelesen werden.

Beispiel

Soll		Kassenkonto	Haben
Anfangsbestand	5 800 DM	Ausgabe 1	1 100 DM
Einnahme 1	6 100 DM	Ausgabe 2	2 500 DM
Einnahme 2	3 200 DM	Entnahme 1	500 DM
Einnahme 3	5 500 DM	Ausgabe 3	3 200 DM
Einnahme 4	7 400 DM	Entnahme 2	800 DM
Einnahme 5	1 500 DM	Saldo = Schlussbestand	21 400 DM
	29 500 DM		29 500 DM

Man pflegt den Saldo nach der **größeren** Seite als Soll- oder Habensaldo zu bezeichnen. Ein **Sollsaldo** wird daher zum Ausgleich auf der Habenseite eingesetzt, ein **Habensaldo** zum Kontenausgleich auf der Sollseite. Im Gegensatz zur Staffelform wird auf dem Konto der jeweilige Bestand nicht ausgewiesen. Vielmehr bedarf es zu seiner Ermittlung der Aufrechnung der beiden Kontenseiten und der Feststellung der Differenz (Saldo). Da alle Vorgänge einmal im Soll und einmal im Haben gebucht werden und somit die Summen aller Soll- und Habenbuchungen übereinstimmen, muss auch die Summe aller Soll- und Habensalden stets gleich groß sein.

4.2 Doppelte Buchung

4.2.1 Buchung und Gegenbuchung

Bei der doppelten Buchführung wird jeder Geschäftsvorfall zweimal gebucht, auf der Sollseite des einen und auf der Habenseite des anderen Kontos. Wird z. B. Ware gegen Barzahlung eingekauft, muss auf dem Warenkonto im Soll und auf dem Kassenkonto im Haben gebucht werden. Dadurch bleibt bei richtiger Buchung das in der Anfangsbilanz zum Ausdruck kommende Gleichgewicht zwischen der Aktivseite und der Passivseite im Laufe des Wirtschaftsjahrs erhalten.

4.2 Doppelte Buchung

Merksatz: Keine Buchung ohne Gegenbuchung!

Jede Buchung wird in einem Buchungssatz ausgedrückt.[2]

4.2.2 Stornobuchung

Ist eine Buchung unrichtig erfolgt, muss die Buchführung berichtigt werden. Die Berichtigung geschieht nicht mittels Durchstreichens der falschen Buchung, sondern durch eine entgegengesetzte Buchung. Nur wenn zweimal auf der gleichen Kontoseite (z. B. zweimal auf der Sollseite) gebucht wurde, kann dieser buchungstechnische Fehler durch Streichen der ursprünglichen Eintragung auf dem falschen Konto beseitigt werden. Dabei sind § 146 Abs. 4 AO und § 239 Abs. 3 HGB zu beachten.

Die Rückgängigmachung der ursprünglichen Eintragung bezeichnet man als Stornobuchung.

Auch für die Stornobuchung gelten somit die Grundsätze der Doppelbuchung. Dabei sind zwei Fälle zu unterscheiden:

a) Der Geschäftsvorfall wurde auf sachlich unzuständigen Konten gebucht.

In diesen Fällen wird zunächst die unrichtige durch die umgekehrte Buchung wieder aufgehoben (storniert) und anschließend die richtige Buchung auf den zuständigen Konten durchgeführt.

Beispiel

Eine Barzahlung eines Kunden wurde versehentlich gebucht: Bankkonto im Soll, Lieferantenkonto im Haben. Die Berichtigung erfolgt durch die Stornobuchung: Lieferantenkonto im Soll, Bankkonto im Haben. Anschließend erfolgt die richtige Buchung: Kassenkonto im Soll, Kundenkonto im Haben.

b) Der Geschäftsvorfall wurde zwar auf den sachlich richtigen Konten gebucht, aber seitenverdreht.

In diesen Fällen kann man durch eine einzige – entgegengesetzte – Buchung mit doppeltem Betrag den Fehler beseitigen.

Beispiel

Wurde die Barzahlung des Kunden im Betrage von 500 DM gebucht: Kundenkonto im Soll, Kassenkonto im Haben, dann kann durch die umgekehrte Buchung des doppelten Betrags (1000 DM) – auf dem Kassenkonto im Soll und dem Kundenkonto im Haben – der Fehler beseitigt werden.

Beim Einsatz von EDV-Anlagen kann auch durch Minusbuchungen auf der Kontoseite, auf der die Falschbuchung erfolgte, storniert werden.

---

2 S. u. 6.1.

4 Auflösung der Bilanz in Konten

4.3 Eröffnung der Konten

4.3.1 Eröffnungsbilanzkonto

Mit den **Eröffnungsbuchungen** wird die Anfangsbilanz (= Schlussbilanz des vorangegangenen Jahres) in Konten aufgelöst. Zu diesem Zweck werden ebenso viele Konten eingerichtet, wie Bilanzpositionen in der Eröffnungsbilanz bzw. Anfangsbilanz enthalten sind. Dabei kann die Eröffnung der Konten und damit der laufenden Buchführung mithilfe eines **Eröffnungsbilanzkontos** (EBK) erfolgen. Dieses Konto ist lediglich ein Hilfsmittel für die buchtechnische Erledigung der Konteneröffnung. Es hat nur zu Beginn der Buchführung eines Wirtschaftsjahres als Gegenkonto für die Eröffnungsbuchungen im Rahmen des Systems der **doppelten Buchführung** eine Funktion.

Wird ein solches Eröffnungsbilanzkonto verwendet, dann werden im Rahmen der Eröffnungsbuchungen die Anfangsbestände auf den **Aktivkonten** im Soll gebucht („belastet"). Der gleiche Betrag wird im Haben des Eröffnungsbilanzkontos gebucht („erkannt").

Die Anfangsbestände der Schulden und des Eigenkapitals werden auf der Habenseite der **Passivkonten** gebucht und gleichzeitig im Soll des Eröffnungsbilanzkontos ausgewiesen. Auf dem Eröffnungsbilanzkonto erscheinen Vermögenswerte, Schulden und Eigenkapital also genau umgekehrt im Vergleich zur Bilanz. Man bezeichnet deshalb das Eröffnungsbilanzkonto als **Spiegelbild der Bilanz.** In der Praxis können die Anfangsbestände erst vorgetragen werden, wenn sie durch Inventur festgestellt sind. Beim Einsatz von EDV-Anlagen werden sie deshalb erst später eingegeben.

Die Benutzung eines Eröffnungsbilanzkontos ist nicht erforderlich. Das Fehlen eines Eröffnungsbilanzkontos allein ist kein Verstoß gegen die handelsrechtlichen Grundsätze ordnungsmäßiger Buchführung. Die Konteneröffnung kann auch einfach durch **Übernahme** der Bilanzwerte auf die Aktiv- und Passivkonten erfolgen. Die Summe aller Eintragungen im Soll muss mit der Summe aller Eintragungen im Haben übereinstimmen, da die Vorträge aus der Bilanz übernommen werden. Gegenkonten für die Buchungen auf den Aktivkonten sind die Konten für Fremd- und Eigenkapital.

Buchungssatz: verschiedene Aktivkonten an verschiedene Passivkonten.

4.3.2 Durchführung der Konteneröffnung

Beispiel

Ein kaufmännischer Angestellter hat sich ab 1. 5. 02 als Handelsvertreter selbstständig gemacht. In seinen Gewerbebetrieb hat er eingebracht: PKW 25 000 DM, Bank-

4.3 Eröffnung der Konten

guthaben 5000 DM, Bargeld 1000 DM, Kaufpreisschuld PKW 10 000 DM. In der Eröffnungsbilanz beträgt das Kapital 21 000 DM.

Aktiva	Eröffnungsbilanz		Passiva
Fahrzeuge	25 000	Kapital	21 000
Bank	5 000	Kaufpreisschuld	10 000
Kasse	1 000		
	31 000		31 000

4.3.2.1 Eröffnung mit Eröffnungsbilanzkonto (EBK)

S	Fahrzeuge	H	S	Bank	H	S	Kasse	H
1)	25 000		2)	5 000		3)	1 000	

S	Kaufpreisschuld[3]	H	S	Kapital	H	S	EBK			H
	4)	10 000		5)	21 000	4)	10 000	1)	25 000	
						5)	21 000	2)	5 000	
								3)	1 000	
							31 000		31 000	

4.3.2.2 Eröffnung ohne Eröffnungsbilanzkonto

Wird auf das Eröffnungsbilanzkonto verzichtet, dann werden die Bilanzansätze einfach als Anfangsbestände auf den betreffenden Konten eingetragen. Auch dabei muss die Summe aller Sollbuchungen der Summe aller Habenbuchungen entsprechen: **Bilanzsummengleichheit!**

Am Ergebnis ändert sich nichts. Nach Auflösung der Bilanz stehen auf den einzelnen Konten dieselben Vorträge wie beim Einsatz eines Eröffnungsbilanzkontos.

4.3.3 Verzicht auf Kontenvorträge

Aus Vereinfachungsgründen wird häufig auf den Vortrag der Anfangsbestände ganz verzichtet. Die Konten erfassen dann nur die laufenden Geschäftsvorfälle. Die Anfangsbestände werden erst beim Jahresabschluss berücksichtigt.

Der Praxis ist diese Handhabung indes nicht zu empfehlen, denn sie verringert die Aussagefähigkeit der einzelnen Konten während des Jahres und macht vor allem Zwischenabschlüsse unmöglich.

---
3 Sonstige Verbindlichkeiten.

4.3.4 Buchführung als zerlegte Bilanz

Nach Auflösung der Eröffnungsbilanz zeigt die Grundform der Bilanz das folgende Bild:

Aktiva			Bilanz			Passiva

Die **Buchführung** mit ihren Konten ist also eine **zerlegte Bilanz**.

4.4 Sachkonten und Personenkonten

Auch für die buchmäßige Darstellung des Geschäftsverkehrs mit den einzelnen Kunden und Lieferanten bedient man sich des Kontos. Die hierfür im sog. Geschäftsfreundebuch geführten Konten nennt man Personenkonten. Dagegen bezeichnet man die im Hauptbuch geführten Konten als Sachkonten.

Auf den **Sachkonten** werden die Geschäftsvorfälle nach „sachlichen" Gesichtspunkten geordnet gebucht. Die Sachkonten sind damit das Kernstück der doppelten Buchführung. Dabei wird auch **ein** Sachkonto für die Kunden und **ein** Sachkonto für die Lieferanten geführt. Auf diesen Konten (Kontokorrentkonten) sind Entstehung und Tilgung der Forderungen und Schulden als getrennte Geschäftsvorfälle zu behandeln. Es ist jedoch nicht zu beanstanden, wenn Wareneingangsrechnungen und andere Einkäufe (Büromaterial, Benzin etc.), die innerhalb von acht Tagen nach Rechnungseingang oder innerhalb der ihrem gewöhnlichen Durchlauf durch den Betrieb entsprechenden Zeit beglichen werden, kontokorrentmäßig nicht erfasst, sondern lediglich die Zahlungsvorgänge gebucht werden (R 29 Abs. 1 EStR).[4]

Auf den **Personenkonten** werden die Vorgänge des Geschäftsverkehrs mit einzelnen Personen (Geschäftsfreunden) erfasst. Sie sind Bestandteil des Geschäftsfreundebuchs (Kontokorrentbuch), das für **jeden** Kunden und für **jeden** Lieferanten ein solches Konto enthält. Im Geschäftsfreundebuch, das vorwiegend in Form von Kontenblättern geführt wird, wird damit der Inhalt des Sachkontos Kundenforderungen noch einmal, aufgeteilt für die einzelnen Kunden, kontenmäßig dargestellt. Das Gleiche gilt für das Sachkonto Lieferantenschulden. Inhalt und Salden aller Personenkonten müssen mit dem Inhalt und dem Saldo des betreffenden Sachkontos des Hauptbuchs übereinstimmen.

---

4 BFH, BStBl 1968 II S. 527.

5 Einteilung der Sachkonten

5.1 Bestandskonten

5.1.1 Wesen der Bestandskonten

Als Bestandskonten bezeichnet man die Konten, die die Bestände der Eröffnungsbilanz bzw. Anfangsbilanz übernehmen, über ihre weitere Entwicklung abrechnen und bei denen der Kontensaldo (Buchbestand) bei richtiger Erfassung aller Geschäftsvorfälle mit dem tatsächlichen Bestand übereinstimmt. Ergibt sich aufgrund der Inventur oder einer sonstigen Überprüfung ein anderer Wert, ist eine Angleichung an den tatsächlichen Bestand erforderlich. Entsprechend der Gliederung der Bilanz unterscheidet man **aktive** und **passive** Bestandskonten. Diese Unterscheidung ist wichtig für die Buchung auf der richtigen Seite des Kontos.

5.1.2 Aktive Bestandskonten (Vermögenskonten)

Die Buchung der Vermögenswerte erfolgt auf aktiven Bestandskonten. Wie in der Bilanz, so werden die Vermögenswerte auch auf dem dafür einzurichtenden Konto auf seiner linken Seite (Sollseite) vorgetragen. Zugänge, die dem Anfangsbestand hinzugerechnet werden müssen, erscheinen bei Aktivkonten ebenfalls auf der Sollseite. Abgänge werden dagegen auf der Habenseite gebucht. Der jeweilige Bestand kann jederzeit als Unterschied zwischen den Summen der beiden Kontenseiten ermittelt werden. Er wird als Saldo bezeichnet und erscheint beim Abschluss zum Ausgleich auf der kleineren Habenseite.

Buchungsregeln für Aktivkonten:

Anfangsbestand und Zugänge stehen im Soll (links).

Abgänge und der Endbestand stehen im Haben (rechts).

Der Inhalt aktiver Bestandskonten ergibt sich aus folgendem Schaubild:

Soll	Aktivkonten	Haben
Anfangsbestand		Abgänge
Zugänge		Endbestand

5 Einteilung der Sachkonten

In einer Buchführung sind so viele aktive Bestandskonten einzurichten, wie Aktivposten in der Eröffnungsbilanz bzw. Anfangsbilanz enthalten sind. Für Vermögensteile, die erst im Laufe des Wirtschaftsjahrs erworben oder hergestellt werden, sind vom Zeitpunkt des Zugangs an aktive Bestandskonten neu einzurichten.

5.1.3 Passive Bestandskonten

Wie die Vermögenswerte auf der linken Bilanzseite und damit die Anfangsbestände auf der linken Seite des Kontos (Sollseite) gebucht werden, so wird für **Schuldposten** entsprechend der Bilanz bei **passiven Bestandskonten** der Anfangsbestand auf der rechten Seite (Habenseite) vorgetragen. Demgemäß müssen alle Zugänge, die den Anfangsbestand erhöhen, ebenfalls auf der Habenseite, Abgänge dagegen auf der Sollseite gebucht werden. Der jeweilige Bestand muss auch hier als Saldo, d. h. als Unterschied zwischen den Summen der beiden Kontenseiten, ermittelt werden. Er erscheint aber nicht auf der rechten Seite, sondern auf der kleineren Sollseite. Für Passivkonten gelten damit genau entgegengesetzte Grundsätze wie für Aktivkonten.

Buchungsregeln für Passivkonten:
Anfangsbestand und Zugänge stehen im Haben (rechts).
Abgänge und der Endbestand stehen im Soll (links).

Der Inhalt passiver Bestandskonten ergibt sich aus folgendem Schaubild:

Soll	Passivkonten	Haben
Abgänge		Anfangsbestand
Endbestand		**Zugänge**

Es sind so viele passive Bestandskonten einzurichten, wie Passivposten in der Eröffnungsbilanz bzw. Anfangsbilanz enthalten sind. Für Schulden, die im Laufe des Wirtschaftsjahrs entstehen, muss von dem Zeitpunkt der Entstehung ab ein Passivkonto neu eingerichtet werden.

Auch für das **Eigenkapital** ist ein besonderes Konto einzurichten. Da die Vermögenswerte in der Regel höher sind als die Schulden und damit das Eigenkapital zum Ausgleich der Bilanz auf der Passivseite steht, ist das Kapitalkonto als passives Bestandskonto zu führen, für das die gleichen Buchungsregeln gelten wie für alle anderen Passivkonten. Wird das Kapital, das man auch als „Schuld des Betriebs an den Betriebsinhaber" bezeichnen könnte, durch Gewinn bzw. Einlagen größer, erfolgt eine Buchung im Haben. Mindert sich das Kapital (Verlust, Entnahmen), muss im Soll gebucht werden.

5.1.4 Buchungen auf Bestandskonten

5.1.4.1 Folgen der unterschiedlichen Buchungsregeln

Jeder Geschäftsvorfall berührt zwei Konten. Da für aktive und passive Bestandskonten unterschiedliche Buchungsregeln gelten, müssen zum Zwecke ihrer richtigen Erfassung vor jeder Buchung die folgenden Fragen geklärt werden:

- Welche Bilanzposten ändern sich und welche Konten werden somit berührt?
- Handelt es sich bei den Konten um Aktiv- oder Passivkonten?
- Liegt ein Zugang oder ein Abgang vor?
- Auf welcher Seite ist bei den verschiedenen Konten zu buchen?

Beispiele
a) Ein Kunde zahlt 5000 DM durch Banküberweisung.
Lösung
- Berührt werden das Kundenkonto und das Bankkonto.
- Beide Konten sind Aktivkonten.
- Bankkonto Zugang, Kundenkonto Abgang.
- Buchung: Bankkonto im Soll, Kundenkonto im Haben.

b) Ein Lieferant erhält einen Schuldwechsel.
Lösung
- Berührt werden das Lieferantenkonto und das Schuldwechselkonto.
- Beide Konten sind Passivkonten.
- Schuldwechselkonto Zugang, Lieferantenkonto Abgang.
- Buchung: Lieferantenkonto im Soll, Schuldwechselkonto im Haben.

c) Ein Unternehmer kauft ein Grundstück. Der Kaufpreis wird gestundet.
Lösung
- Berührt werden das Grundstückskonto und das Konto Verbindlichkeiten.
- Das Grundstückskonto ist ein Aktivkonto, das Konto Verbindlichkeiten ein Passivkonto.
- Sowohl beim Grundstückskonto als auch beim Konto Verbindlichkeiten liegt ein Zugang vor.
- Buchung: Grundstückskonto im Soll, Konto Verbindlichkeiten im Haben.

5.1.4.2 Übungsfälle

Wie in den vorstehenden Beispielen ist die Buchung der folgenden Geschäftsvorfälle[1] zu erläutern:

Barzahlung eines Kunden 600 DM
Banküberweisung an einen Lieferanten 4500 DM
Bareinzahlung bei der Bank 2000 DM
Einkauf[2] von Waren gegen Banküberweisung 7000 DM

---
1 Aus Vereinfachungsgründen noch ohne USt.
2 Wegen der Bedeutung „Kauf" und „Verkauf" vgl. FN 1 in Kapitel 3.

5 Einteilung der Sachkonten

Verkauf eines betrieblichen Kraftfahrzeugs gegen Banküberweisung 12 000 DM
Kauf von Waren auf Ziel 8000 DM
Einlösung eines Schuldwechsels durch die Bank 3000 DM
Weitergabe eines Besitzwechsels an einen Lieferanten zum Ausgleich von Verbindlichkeiten 4000 DM
Ein Kunde bezahlt eine Ausgangsrechnung in bar 1000 DM
Annahme eines Kundenwechsels (Besitzwechsel) 2500 DM
Gegenlieferung von Waren eines Kunden 1600 DM
Lieferant erhält ein Akzept (Schuldwechsel) zum Ausgleich von Verbindlichkeiten 5000 DM
Gegenlieferung von Waren an einen Lieferanten 3600 DM
Überweisung rückständiger, als sonstige Verbindlichkeit ausgewiesener Betriebssteuern an das Finanzamt 1800 DM
Umwandlung einer Lieferantenschuld in eine Darlehnsschuld 30 000 DM

5.1.5 Abschluss der Konten; Schlussbilanzkonto

Durch die zweifache Buchung eines jeden Geschäftsvorfalls im Soll und im Haben zweier Konten bleibt die Bilanzgleichheit stets erhalten. Es ist deshalb jederzeit möglich, die Kontenbestände wieder in einer Bilanz zusammenzufassen. Zur buchtechnischen Durchführung bedient man sich dabei eines Schlussbilanzkontos (SBK). Es erfasst im System der doppelten Buchführung die Gegenbuchungen zwecks Abschluss der Konten.

Bei den **Abschlussbuchungen** werden die Schlussbestände auf den aktiven Bestandskonten im **Haben** gebucht. Die **Gegenbuchung** erfolgt im Soll des Schlussbilanzkontos. Die Schlussbestände auf den passiven Bestandskonten werden im **Soll** gebucht. Die **Gegenbuchung** auf dem Schlussbilanzkonto erfolgt im Haben.

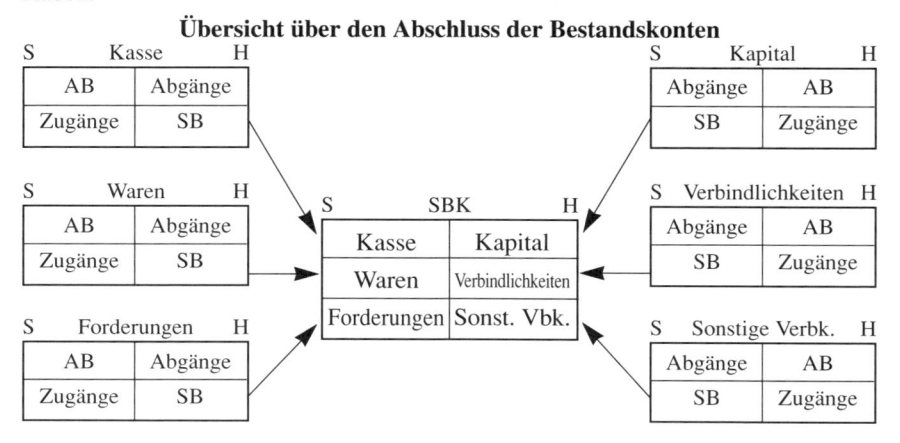

Übersicht über den Abschluss der Bestandskonten

S	Kasse	H
AB	Abgänge	
Zugänge	SB	

S	Kapital	H
Abgänge	AB	
SB	Zugänge	

S	Waren	H
AB	Abgänge	
Zugänge	SB	

S	SBK	H
Kasse	Kapital
Waren	Verbindlichkeiten
Forderungen	Sonst. Vbk.

S	Verbindlichkeiten	H
Abgänge	AB	
SB	Zugänge	

S	Forderungen	H
AB	Abgänge	
Zugänge	SB	

S	Sonstige Verbk.	H
Abgänge	AB	
SB	Zugänge	

5.1 Bestandskonten

5.1.6 Übungsaufgabe 2: Buchung auf Bestandskonten

Sachverhalt

Der Möbeleinzelhändler Franz Schmitz hat zum 31. 12. 01 die folgende richtige Bilanz aufgestellt:

Bilanz
Aktiva   zum 31. 12. 01   Passiva

Aktiva		Passiva	
I. Anlagevermögen		**I. Eigenkapital**	641 140 DM
1. Grundstücke		**II. Verbindlichkeiten**	
a) Grund und Boden	113 000 DM	1. Bankschuld	200 000 DM
b) Gebäude	627 000 DM	2. Lieferantenschuld	83 000 DM
c) Lagerschuppen	50 000 DM	3. Schuldwechsel	5 000 DM
2. Kraftfahrzeuge	69 000 DM	4. USt-Schuld	8 000 DM
3. Büroeinrichtung	23 000 DM		
4. Wertpapiere	5 000 DM		
II. Umlaufvermögen			
1. Warenvorräte	23 800 DM		
2. Kundenforderungen	18 400 DM		
3. Kassenbestand	820 DM		
4. Bankguthaben	7 120 DM		
	937 140 DM		937 140 DM

Im anschließenden Wirtschaftsjahr 02 haben sich die folgenden Geschäftsvorfälle ereignet:

1. Kunde Vogel bezahlt bar	2 100 DM
2. Die Rheinisch-Westfälische Bank erhöht den Kredit um Auszahlung erfolgt in bar	25 000 DM
3. Einlösung des Schuldwechsels in bar	5 000 DM
4. Die Umsatzsteuer für den Monat Dezember des Vorjahres wird bar gezahlt	8 000 DM
5. Wareneinkauf auf Ziel bei Heinz Hermes für 12 000 DM zzgl. 1920 DM USt	13 920 DM
6. Kunde Jankow überweist	5 300 DM
7. Wareneinkauf auf Ziel bei Heinz Esser, Zons, Neusser Str. 4, für 20 000 DM zzgl. 3200 DM USt	23 200 DM
8. Kauf weiterer Aktien gegen Banküberweisung	1 200 DM
9. Kunde Müller zahlt bar	2 000 DM
10. Barzahlung an Schneider-Möbelwerke	15 000 DM
11. Kunde Hermann überweist	3 400 DM
12. Banküberweisung an Heinz Hermes	2 000 DM
13. Barzahlung an Heinz Esser	1 000 DM
14. Wareneinkauf auf Ziel bei Heinz Hermes für 16 100 DM zzgl. 2576 DM USt	18 676 DM
15. Banküberweisung an Rheinische Möbelwerke	12 000 DM

5 Einteilung der Sachkonten

Aufgabe
a) Die Sachkonten sind unter Verwendung eines Eröffnungsbilanzkontos zu eröffnen.
b) Die Geschäftsvorfälle sind auf Sachkonten zu buchen. Wegen der Umsatzsteuer s. u. 5.6.
c) Zwecks Abschluss sind die Konten zur Schlussbilanz zusammenzufassen. Dabei ist das Vorsteuerguthaben zu aktivieren, weil keine steuerpflichtigen Umsätze ausgeführt wurden und deshalb keine USt zu entrichten ist.
d) Wie hoch ist der Gewinn? (Betriebsvermögensvergleich).
Die **Lösung** zu dieser Übungsaufgabe ist in einem „Lösungsheft" (Bestell-Nr. 100) enthalten.

5.2 Unterkonten des Kapitalkontos

5.2.1 Gründe für die Buchung auf Unterkonten

In der vorstehenden Übungsaufgabe hat sich das Eigenkapital nicht geändert, weil nur Umschichtungen vorgekommen sind. Das ist wirklichkeitsfremd. Denn in der Praxis ereignen sich selbstverständlich Betriebsvermögensänderungen. Als Kapitaländerungen kommen Erträge und Aufwendungen (Gewinne und Verluste), aber auch Entnahmen und Einlagen in Betracht. Da das Kapitalkonto ein passives Bestandskonto ist, müssen Zugänge im Haben und Abgänge im Soll gebucht werden. Damit ergäbe sich der folgende Inhalt des Kapitalkontos:

Soll	Kapitalkonto	Haben
Aufwendungen (Verluste)		Anfangsbestand
Entnahmen		Erträge (Gewinne)
Endbestand (Saldo)		Einlagen

Betriebliche und private Kapitaländerungen ereignen sich im Laufe des Wirtschaftsjahrs in wechselnder Reihenfolge. Infolge der chronologischen Erfassung all dieser Geschäftsvorfälle auf dem Kapitalkonto würde ohne Trennung der Entnahmen und Einlagen von den Aufwendungen und Erträgen keine Übersicht über das echte Betriebsergebnis erreicht.

Beispiel

Sachverhalt[3]

Bei dem Möbelhändler Franz Schmitz, dessen Eigenkapital laut Bilanz[4] vom 31. 12. 641 140 DM betrug, haben sich im Wirtschaftsjahr 02 die folgenden Geschäftsvorfälle ereignet:

1. Warenverkauf auf Ziel zum Nettopreis von   200 000 DM
Im Einkauf hat die Ware 140 000 DM (ohne USt) gekostet.
2. Gewerbesteuervorauszahlung wird bar gezahlt   800 DM

---
3 Vgl. FN 1 in Kapitel 3.
4 S. o. 5.1.6.

5.2 Unterkonten des Kapitalkontos

3. Entnahme in bar	700 DM
4. Barverkauf zum Nettopreis von	3 200 DM
Der Netto-Einkaufspreis der Ware beträgt 3500 DM.	
5. Gehälter werden bar gezahlt	24 200 DM
6. Ein Sessel aus dem Warenbestand wird für private Zwecke entnommen	400 DM
7. Die Bank schreibt Zinsen gut	1 280 DM
8. Betriebliche Kfz-Steuer wird an das Finanzamt überwiesen	640 DM
9. Miete der im Betriebsgrundstück vorhandenen Hausmeisterwohnung (Betriebsvermögen) geht ein	400 DM
10. Bareinlage eines Lottogewinns	6 800 DM

Aufgabe

1. Das Kapitalkonto ist (ohne Gegenkonto) darzustellen.
2. Wie hoch ist der Gewinn? (Betriebsvermögensvergleich).

Lösung

1.

Soll		Kapitalkonto		Haben
2) Gewerbesteuer	800 DM		Anfangsbestand	641 140 DM
3) Entnahme	700 DM		1) Warengewinn	60 000 DM
4) Warenverlust	300 DM		7) Zinsgutschrift	1 280 DM
5) Gehälter	24 200 DM		9) Mieteinnahme	400 DM
6) Warenentnahme	400 DM		10) Einlage	6 800 DM
8) Kfz-Steuer	640 DM			
Endbestand (Saldo)	682 580 DM			
	709 620 DM			709 620 DM

2.

Betriebsvermögen am Schluss des Wj.	682 580 DM
./. Betriebsvermögen am Schluss des vorangegangenen Wj.	641 140 DM
Unterschiedsbetrag	41 440 DM
+ Entnahmen (700 DM + 400 DM)	1 100 DM
	42 540 DM
./. Einlagen	6 800 DM
= Gewinn	35 740 DM

Es bedarf keiner weiteren Erläuterung, dass bei umfangreichem Geschäftsverkehr das Kapitalkonto so recht unübersichtlich wäre. Vor allem die Erfassung aller betrieblichen und privaten Kapitaländerungen auf einem Konto wäre sehr nachteilig. In der Praxis richtet man aus diesem Grunde mindestens zwei Unterkonten (Vorkonten) des Kapitalkontos ein, nämlich

a) das Gewinn- und Verlustkonto und
b) das Privatkonto.

Dadurch werden Erträge und Aufwendungen einerseits und Entnahmen und Einlagen andererseits getrennt. Auf dem Kapitalkonto erfolgt daher im Laufe des Jahres überhaupt keine Buchung. Erst beim Jahresabschluss übernimmt es die Salden der Unterkonten.

5.2.2 Gewinn- und Verlustkonto als Unterkonto für die betrieblich verursachten Kapitaländerungen

Die betrieblich veranlassten Kapitaländerungen werden auf dem Gewinn- und Verlustkonto erfasst. Es ist ein Unterkonto des Kapitalkontos. Auf ihm erscheinen lediglich die **Erträge** und **Aufwendungen**.

Für Unterkonten gelten die gleichen Buchungsregeln wie für die Hauptkonten. Das bedeutet, dass – wie auf dem Kapitalkonto – Betriebsvermögensminderungen auf der linken Seite des Gewinn- und Verlustkontos (im Soll) und Betriebsvermögenserhöhungen auf der rechten Seite (im Haben) zu buchen sind. Der Inhalt des Gewinn- und Verlustkontos ergibt sich hiernach aus dem folgenden Schaubild:

Soll	Gewinn- und Verlustkonto	Haben
Aufwendungen (Kapitalminderungen)		Erträge (Kapitalerhöhungen)
Saldo = Gewinn		

Bei Verlust sind die Aufwendungen größer als die Erträge. Der Saldo steht dann auf der Habenseite.

Soll	Gewinn- und Verlustkonto	Haben
Aufwendungen (Kapitalminderungen)		Erträge (Kapitalerhöhungen)
		Saldo = Verlust

Im Rahmen des Jahresabschlusses wird der im Gewinn- und Verlustkonto ausgewiesene Saldo (Gewinn oder Verlust) auf das Kapitalkonto übertragen.
- Buchung bei Gewinn:
  Gewinn- und Verlustkonto im Soll, Kapitalkonto im Haben.
- Buchung bei Verlust:
  Kapitalkonto im Soll, Gewinn- und Verlustkonto im Haben.

Auf dem Kapitalkonto erscheinen also nicht die einzelnen Kapitaländerungen, sondern nur die Differenz zwischen den Erträgen und Aufwendungen (Gewinn oder Verlust).

5.2 Unterkonten des Kapitalkontos

Beispiel
Sachverhalt
Bei einem Handelsvertreter haben sich die folgenden Geschäftsvorfälle ereignet (alle Beträge sind Werte ohne USt):

1) Provisionsabrechnung geht ein, Provisionsanspruch	13 000 DM
2) Büromiete wird gezahlt	500 DM
3) Kraftfahrzeugsteuer wird gezahlt	400 DM
4) Provisionsabrechnung geht ein, Provisionsanspruch	2 000 DM
5) Gewerbesteuer wird gezahlt	1 000 DM
6) Provisionsabrechnung geht ein, Provisionsanspruch	14 000 DM
7) Büromiete wird gezahlt	500 DM
8) Reisespesen werden gezahlt	100 DM
9) Provisionsabrechnung geht ein, Provisionsanspruch	20 000 DM
10) Telefongebühren werden gezahlt	550 DM
11) Reisespesen werden gezahlt	120 DM
12) Gehälter werden gezahlt	4 440 DM

Aufgabe
Stellen Sie das Gewinn- und Verlustkonto dar. Wie hoch ist der Gewinn?

Lösung

Soll		Gewinn- und Verlustkonto		Haben
2) Büromiete	500 DM	1) Provision		13 000 DM
3) Kfz-Steuer	400 DM	4) Provision		2 000 DM
5) GewSt	1 000 DM	6) Provision		14 000 DM
7) Büromiete	500 DM	9) Provision		20 000 DM
8) Reisespesen	100 DM			
10) Telefongebühren	550 DM			
11) Reisespesen	120 DM			
12) Gehälter	4 440 DM			
Gewinn	41 390 DM			
	49 000 DM			49 000 DM

5.2.3 Erfolgskonten als Unterkonten des Gewinn- und Verlustkontos

5.2.3.1 Aufgabe der Erfolgskonten

Das Gewinn- und Verlustkonto würde in der vorstehend erläuterten Form zwar alle Erträge und Aufwendungen in der Reihenfolge ihrer Entstehung ausweisen; die Erfolgsposten wären aber nicht nach sachlichen Gesichtspunkten, d. h. nach Gewinn- und Verlustquellen, geordnet. Die Summen der einzelnen Erträge und Aufwendungen könnten nicht ohne weiteres festgestellt werden. Um nun Aufwendungen und Erträge auch laufend nach ihren Entstehungsgründen sammeln zu können, werden dem Gewinn- und Verlustkonto eine Vielzahl von Einzelkonten (Unterkonten) vorgeschaltet. Die Zahl dieser Unterkonten kann bei den modernen Buchführungsformen nach Bedarf beliebig vermehrt werden.

Das Gewinn- und Verlustkonto sammelt als Hauptkonto der Erfolgsrechnung erst beim Abschluss die Summen aller auf diesen Unterkonten erfassten Aufwendungen und Erträge, um so an einer Stelle den Reinerfolg darzustellen. Es tritt, ebenso wie das Kapitalkonto, erst beim Jahresabschluss in Funktion.

Man bezeichnet die Unterkonten des Gewinn- und Verlustkontos als **Erfolgskonten**. Je nachdem, ob ihr Saldo ein Soll- oder Habensaldo ist, handelt es sich um **Aufwands- oder Ertragskonten**.

Beachte:
Der Saldo steht zum Ausgleich auf der kleineren Kontoseite. Bezeichnet wird er aber nach der größeren Seite. Sollsaldo = Aufwand, Habensaldo = Ertrag.

5.2.3.2 Aufwandskonten

Es gibt zwei Arten der Erfolgskonten. Aufwandskonten sammeln im Laufe des Jahres alle betrieblich veranlassten Kapitalminderungen, getrennt nach den einzelnen Aufwandsarten. Sie sind dem Gewinn- und Verlustkonto vorgeschaltet. Da das Gewinn- und Verlustkonto auch ein Unterkonto des Kapitalkontos ist, hat die Buchung auf den Aufwandskonten nach den gleichen Regeln zu erfolgen wie die direkte Buchung auf dem Kapitalkonto.

Aufwendungen sind deshalb als Kapitalminderung auf der linken Seite (im Soll) zu buchen. Werden Aufwendungen gemindert oder wieder rückgängig gemacht (z. B. bei Erstattungen), so erfolgt die Buchung der dadurch eintretenden Kapitalerhöhung auf der rechten Seite (im Haben). Der Inhalt der Aufwandskonten ergibt sich hiernach aus dem folgenden Schaubild:

Soll	Aufwandskonten	Haben
Einzelbeträge der Aufwendungen	Erstattungen und Stornobuchungen	
	Saldo = GuV	

Die Sollseite ist die größere Kontoseite. Der Saldo steht auf der Habenseite. Im Rahmen des Abschlusses wird er auf das Gewinn- und Verlustkonto übertragen.

● Buchung: Gewinn- und Verlustkonto im Soll, Aufwandskonto im Haben.

Das Gewinn- und Verlustkonto weist durch die Sammlung der Einzelbeträge auf Unterkonten nur die Endsumme der einzelnen Aufwandsposten aus.

5.2.3.3 Ertragskonten

Die Ertragskonten sammeln im Laufe des Jahres die betrieblich veranlassten Kapitalerhöhungen, getrennt nach den einzelnen Arten von Erträgen. Sie sind ebenfalls dem Gewinn- und Verlustkonto vorgeschaltet. Wie bei Aufwandskonten, so richtet

5.2 Unterkonten des Kapitalkontos

sich auch hier die Buchung nach den gleichen Buchungsregeln, die für das Gewinn- und Verlustkonto und für das Kapitalkonto gelten.

Erträge sind Kapitalerhöhungen. Ihre Buchung hat deshalb auf der rechten Kontoseite (im Haben) zu erfolgen. Werden Erträge wieder gemindert oder rückgängig gemacht, muss die dadurch verursachte Kapitalminderung auf der linken Seite (im Soll) gebucht werden (z. B. bei Erstattung von bereits vereinnahmten Erträgen). Der Inhalt der Ertragskonten ergibt sich hiernach aus dem folgenden Schaubild:

Soll	Ertragskonten	Haben
Erstattungen und Stornobuchungen		Einzelbeträge der Erträge
Saldo = GuV		

Die Habenseite ist die größere Kontoseite. Der Saldo steht damit auf der Sollseite. Beim Abschluss wird er auf das Gewinn- und Verlustkonto übertragen.

● Buchung: Ertragskonto im Soll, Gewinn- und Verlustkonto im Haben.

Im Gewinn- und Verlustkonto erscheinen nur die Endsummen der einzelnen Ertragsposten.

5.2.3.4 Stellung und Abschluss der Erfolgskonten; Schaubild

Die Stellung der Erfolgskonten im System der doppelten Buchführung zeigt folgendes Schaubild:

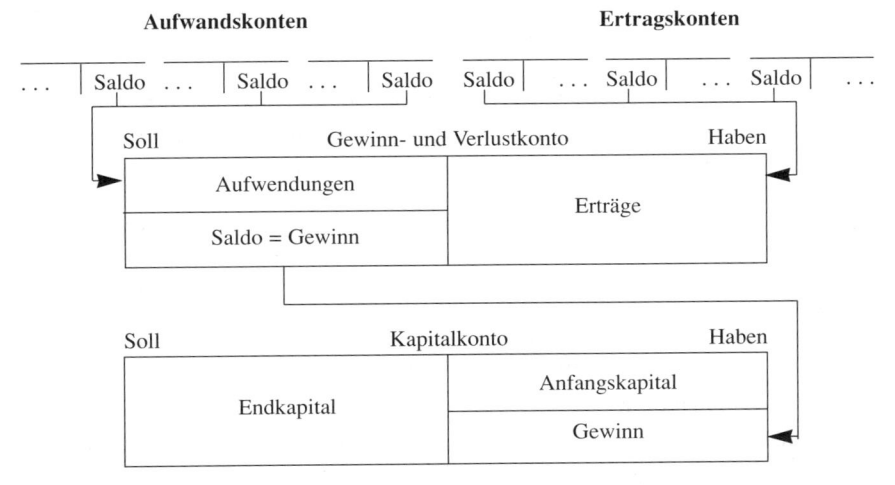

Aufwandskonten				Ertragskonten			
...	Saldo ...	Saldo ...	Saldo	Saldo	... Saldo	... Saldo	...

Soll	Gewinn- und Verlustkonto	Haben
Aufwendungen		Erträge
Saldo = Gewinn		

Soll	Kapitalkonto	Haben
Endkapital		Anfangskapital
		Gewinn

Entnahmen und Einlagen sind hierbei noch nicht berücksichtigt.

5 Einteilung der Sachkonten

5.2.4 Privatkonto als Unterkonto für die außerbetrieblich veranlassten Kapitaländerungen

5.2.4.1 Aufgabe des Privatkontos

Wie das Gewinn- und Verlustkonto (einschließlich der Aufwands- und Ertragskonten) für die betrieblichen, so ist das Privatkonto das Kapitalunterkonto für alle privat verursachten Kapitaländerungen. Es sammelt im Laufe des Jahres **alle Entnahmen und Einlagen**. Auch für das Privatkonto gelten die Buchungsregeln des Kapitalkontos (Passivkonto). Entnahmen mindern das Kapital. Sie sind auf der linken Seite (im Soll) zu buchen. Einlagen erhöhen das Kapital, also Buchung auf der rechten Kontoseite (im Haben). Den Inhalt des Privatkontos zeigt das nachstehende Schaubild:

Soll	Privatkonto	Haben
Entnahmen (Kapitalminderungen)	Einlagen (Kapitalerhöhungen)	
	Saldo (Entnahmenüberschuss)	

Sind die Einlagen höher als die Entnahmen, steht der Saldo auf der linken Kontoseite (im Soll):

Soll	Privatkonto	Haben
Entnahmen (Kapitalminderungen)	Einlagen (Kapitalerhöhungen)	
Saldo (Einlagenüberschuss)		

Der Saldo des Privatkontos wird am Jahresende über das Kapitalkonto abgeschlossen.

- Buchung bei Sollüberschuss: Kapitalkonto im Soll, Privatkonto im Haben.
- Buchung bei Habenüberschuss: Privatkonto im Soll, Kapitalkonto im Haben.

Das Kapitalkonto erfasst damit die privaten Kapitaländerungen ebenso wie die betrieblichen nur in einer Summe und ist dadurch übersichtlicher.

Es ist zulässig und insbesondere praxisüblich, mehrere Privatkonten einzurichten. So werden in der Praxis gesonderte Privatkonten für Barentnahmen, Privatsteuern (ESt, KiSt), Sonderausgaben oder Aufwendungen für private Grundstücke (bzw. Grundstücksteile) geführt. Laufende Buchungen und Abschluss weisen bei einer solchen Trennung keine Besonderheiten auf. Darüber hinaus trennt man das Privatkonto vor allem in ein **Entnahmekonto** und in ein **Einlagekonto**.

5.2.4.2 Entnahmekonto

Um Entnahmen und Einlagen getrennt ausweisen zu können, wird das Privatkonto geteilt. Dann sammelt das Entnahmekonto die Einzelbeträge der privat verursachten Kapitalminderungen. Sein Inhalt beschränkt sich auf die **Entnahmen**.

5.2 Unterkonten des Kapitalkontos

Soll	Entnahmekonto	Haben
Entnahmen (Einzelbeträge der privaten Kapitalminderungen)	Saldo (Summe der privat veranlassten Kapitalminderungen)	

Der Saldo wird an das Kapitalkonto abgegeben.
- Buchung: Kapitalkonto im Soll, Entnahmekonto im Haben.

5.2.4.3 Einlagekonto

Das Einlagekonto sammelt die Einzelbeträge der privat veranlassten Kapitalerhöhungen. Der Inhalt des Einlagekontos beschränkt sich auf die dem Betrieb aus dem Privatvermögen zugeführten Wirtschaftsgüter sowie die aus privaten Mitteln bezahlten Anschaffungen und Betriebsausgaben.

Soll	Einlagekonto	Haben
Saldo (Summe der privat veranlassten Kapitalerhöhungen)	Einlagen (Einzelbeträge der privat veranlassten Kapitalerhöhungen)	

Der Saldo wird auf das Kapitalkonto übernommen.
- Buchung: Einlagekonto im Soll, Kapitalkonto im Haben.

5.2.4.4 Stellung und Abschluss der Privatkonten; Schaubild

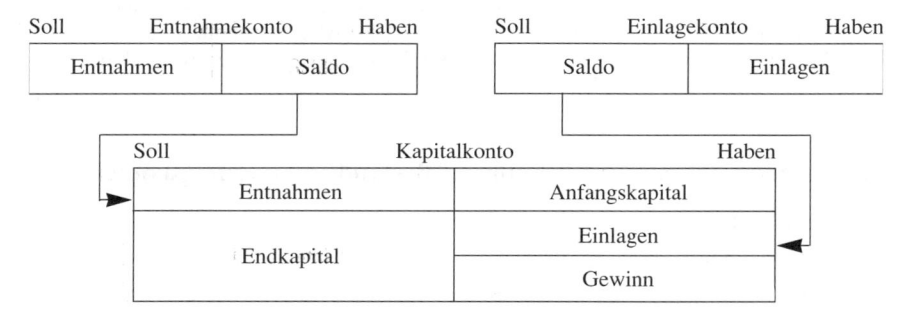

Soll	Entnahmekonto	Haben		Soll	Einlagekonto	Haben
Entnahmen		Saldo		Saldo		Einlagen

Soll	Kapitalkonto	Haben
Entnahmen		Anfangskapital
Endkapital		Einlagen
		Gewinn

5.2.5 Zusammenhang der Konten mit der Bilanz

Ausgehend von der Bedeutung für die Erfolgsrechnung unterscheidet man Bestandskonten und Erfolgskonten. Der Saldo bei Bestandskonten bedeutet Vermögen, Schuld oder Kapital. Der Saldo bei Erfolgskonten bedeutet Mehrung oder Minderung des Kapitals durch Erträge bzw. Aufwendungen, der Saldo der Privatkonten Minderung oder Mehrung des Kapitals durch Entnahmen und Einlagen.

5 Einteilung der Sachkonten

Den Zusammenhang aller Konten der doppelten Buchführung zeigt die folgende Übersicht, in der das Kapitalkonto wegen seiner zentralen Bedeutung gesondert aufgeführt ist.

Übersicht
über den Zusammenhang der Konten und ihren Abschluss
bei der doppelten Buchführung

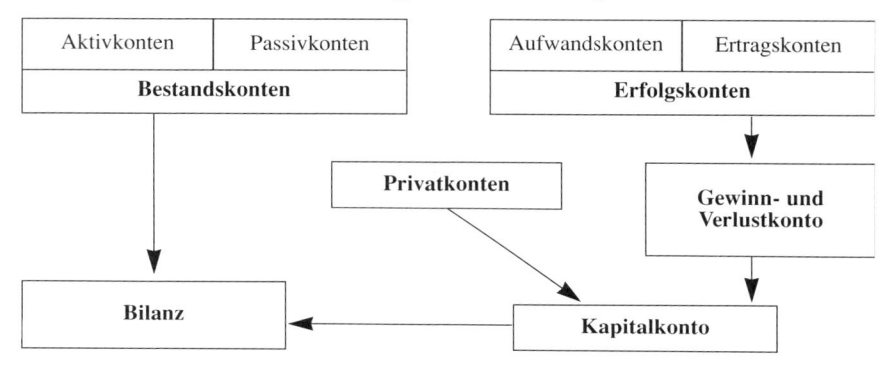

Aktivkonten	Passivkonten	Aufwandskonten	Ertragskonten
Bestandskonten		**Erfolgskonten**	

Privatkonten

Gewinn- und Verlustkonto

Bilanz ← Kapitalkonto

Aus dieser Übersicht ergibt sich auch die logische Reihenfolge für die Abschlussbuchungen. Zuerst sind die Unterkonten mit ihren Hauptkonten abzuschließen, also zuerst die Erfolgskonten über das Gewinn- und Verlustkonto. Nachdem so der Gewinn oder Verlust festgestellt ist, müssen Gewinn- und Verlustkonto und Privatkonten über Kapitalkonto abgeschlossen werden. Alsdann kann der Abschluss der Bestandskonten (einschließlich des Kapitalkontos) über Schlussbilanzkonto erfolgen.

5.2.6 Übungsaufgabe 3: Buchung auf Bestands- und Erfolgskonten

Sachverhalt

Werner Müller, Handelsvertreter, Essen, hat die nachstehende Bilanz aufgestellt:

Aktiva	Bilanz 31. 12. 01		Passiva
Provisionsforderungen	12 000 DM	Kapital	18 550 DM
Bankguthaben	9 470 DM	Gewerbesteuerschuld	3 340 DM
Kassenbestand	830 DM	USt-Schuld	410 DM
	22 300 DM		22 300 DM

5.2 Unterkonten des Kapitalkontos

Im anschließenden Wirtschaftsjahr 02 haben sich die folgenden Geschäftsvorfälle ereignet:[5]

1) Die in der Schlussbilanz zum 31. 12. 01 ausgewiesene Provisionsforderung wird bar vereinnahmt	12 000 DM
2) Die Miete für die Büroräume wird per Bank überwiesen	4 500 DM
3) Entnahme für private Zwecke, bar	6 000 DM
4) Die USt-Zahllast für das 4. Vj. des Vorjahres wird an das Finanzamt überwiesen	410 DM
5) Provisionsanspruch entsteht 42 300 DM zzgl. 6768 DM USt =	49 068 DM
6) Reisespesen werden verausgabt, bar 1100 DM zzgl. 176 DM USt =	1 276 DM
7) Die Gewerbesteuer für das Vorjahr (Gewerbesteuerschuld) wird bar gezahlt	3 340 DM
8) Abschlagszahlung auf Provisionsanspruch geht durch Banküberweisung ein	30 000 DM
9) Einkommensteuer wird an das Finanzamt überwiesen	3 100 DM
10) Telefongebühren werden bar gezahlt 800 DM zzgl. 128 DM USt =	928 DM
11) Portokosten werden bar gezahlt	850 DM
12) Einkauf von Büromaterial 900 DM zzgl. 144 DM USt, Banküberweisung =	1 044 DM
13) Erwerb eines privaten Grundstücks, Banküberweisung vom betrieblichen Konto	10 000 DM
14) Überweisung der Gewerbesteuer für das laufende Geschäftsjahr	4 500 DM

Aufgabe

Die Geschäftsvorfälle sind auf T-Konten zu buchen. Die Konten sind abzuschließen. Dabei ist der Saldo des Vorsteuerkontos über das USt-Schuldkonto abzuschließen. Der Gewinn ist durch Betriebsvermögensvergleich zu ermitteln.

Die **Lösung** zu dieser Übungsaufgabe ist in einem „Lösungsheft" (Bestell-Nr. 100) enthalten.

5.2.7 Kapitalentwicklung

Mit der Kapitalentwicklung wird der Inhalt des Kapitalkontos nicht in Kontoform, sondern in **Staffelform** dargestellt. Es handelt sich nicht um einen Bestandteil der Buchführung. Vielmehr wird neben der Buchführung das Ergebnis von GuV, Entnahmekonten und Einlagekonten nochmals dokumentiert. Zu diesem Zweck wird die Kapitalentwicklung im Allgemeinen in eine Vorspalte der Steuerbilanz aufgenommen. Dadurch wird nicht nur die Wahrung des Bilanzenzusammenhangs erkennbar, sondern auch die Höhe der Entnahmen und Einlagen. Auch in die Prüfungsberichte der Außenprüfung wird die Kapitalentwicklung aufgenommen.

---

[5] Natürlich wiederholen sich in der Praxis diese Geschäftsvorfälle laufend. In den Übungsaufgaben wird darauf aus Vereinfachungsgründen verzichtet.

Beispiel (Kapitalentwicklung laut vorstehender Übungsaufgabe):

	Kapital am 31. 12. 01	18 550 DM
./.	Entnahmen	19 100 DM
		./. 550 DM
+	Einlagen	0 DM
		./. 550 DM
+	Gewinn	29 650 DM
=	Kapital am 31. 12. 02	29 100 DM

Aus der Kapitalentwicklung lässt sich auch der Gewinn ablesen. Dieser muss mit dem Gewinn laut Erfolgsrechnung (GuV), die der Bilanz beizugeben ist (§ 242 Abs. 3 HGB, § 60 Abs. 1 EStDV), übereinstimmen. Auf der Passivseite der Bilanz ist damit gleichzeitig der Betriebsvermögensvergleich dargestellt, wie er in § 4 Abs. 1 bzw. § 5 Abs. 1 EStG vorgesehen ist, wenn auch in etwas anderer Reihenfolge.

Der **Unterschied** zwischen Betriebsvermögensvergleich und Kapitalentwicklung besteht darin, dass beim Betriebsvermögensvergleich, ausgehend vom Endkapital, durch Abzug des Kapitals am Schluss des vorangegangenen Wirtschaftsjahres unter Berücksichtigung der Entnahmen und Einlagen der Gewinn ermittelt wird. Dagegen zeigt die Kapitalentwicklung, wie, ausgehend vom Kapital lt. Schlussbilanz des Vorjahres, durch Abzug der Summe der Entnahmen und Hinzurechnung der Kapitalerhöhungen (Einlagen und Gewinn) das Kapital am Ende des fraglichen Geschäftsjahres zustande gekommen ist.

In der Kapitalentwicklung erscheint der Gewinn, der im Gegensatz zu den bereits gebuchten und damit bekannten Entnahmen und Einlagen des abgelaufenen Wirtschaftsjahrs durch den Jahresabschluss erst ermittelt werden muss, als letzter Posten vor dem Endkapital.

5.3 Gemischte Konten

5.3.1 Besonderheit der gemischten Konten

Von den Bestandskonten und den Erfolgskonten sind die **gemischten Konten** zu unterscheiden. Die Besonderheit dieser Kontengruppe besteht darin, dass ihr Saldo stets einen **Bestandsteil** und einen **Erfolgsteil** enthält. Die Bezeichnung „gemischte Konten" soll diesen Sachverhalt, dass die Konten Bestand und Erfolg enthalten, ausdrücken. Während die reinen Bestandskonten als Salden nur Endbestände aufweisen, die nach Bestätigung durch die Inventur in die Schlussbilanz übernommen werden, stellen die Salden der Erfolgskonten nur Aufwendungen und Erträge dar, die in die Gewinn-und-Verlust-Rechnung aufgenommen werden. Da die gemischten Konten Bestand und Erfolg umschließen, korrespondieren diese Konten beim Abschluss folglich sowohl mit dem **Schlussbilanzkonto** als auch mit dem **Gewinn- und Verlustkonto**.

Dabei ist der Erfolgsteil keine bloße – erfolgswirksam auszubuchende – Abstimmungsdifferenz, wie z. B. ein Kassenfehlbetrag, der zur Angleichung des buchmäßigen an den tatsächlichen Kassenbestand grundsätzlich als sonstiger betrieblicher Aufwand ausgewiesen werden muss, sondern ein sachbezogener Aufwand oder Ertrag.

Im Allgemeinen denkt man an das ungeteilte Warenkonto, wenn von gemischten Konten die Rede ist. Aber gerade das Warenkonto wird heute nur noch selten in der früher üblichen Form (einheitliches Konto für Einkäufe und Verkäufe) geführt. In der Praxis gibt es viele andere gemischte Konten, obwohl sie nicht immer als solche erkannt werden.

5.3.2 Gemischte Konten, bei denen beim Abschluss zuerst der Bestand festzustellen ist (Erfolgskonten mit Bestand)

5.3.2.1 Wesen und Inhalt

Es gibt Konten, auf denen Geschäftsvorfälle mit verschiedenen Preisen erscheinen. Zugänge werden mit Einkaufspreisen, Abgänge mit Verkaufspreisen gebucht. In Betracht kommt vor allem das (in der Praxis wenig benutzte) einheitliche Warenkonto, aber auch das gemischte Effektenkonto (Wertpapierkonto) oder das gemischte Devisenkonto. Selbst Anlagekonten (z. B. Grundstückskonto oder Maschinenkonto) können solche gemischten Konten sein, wenn bei Verkäufen als Abgang nicht der Buchwert, sondern der Veräußerungserlös gebucht wird. Geschieht dies, dann kann der Saldo weder der Bestand noch der Erfolg (Aufwand oder Ertrag) sein. Eine Aussage darüber, ob ein Aufwand oder Ertrag vorliegt, ist erst möglich, wenn der Bestand durch Inventur festgestellt ist. Erst dann kann der buchmäßige Saldo in Bestand und Erfolg aufgeteilt werden.

Hauptursache für Konten mit einem solchen gemischten Saldo ist, dass die Zugänge und Abgänge mit verschiedenen Preisen gebucht werden. Aber auch dann, wenn auf beiden Kontoseiten keine unterschiedlichen Preise erscheinen, können Konten einen solchen gemischten Saldo beinhalten und damit gemischte Konten sein, bei denen eine Auflösung des Saldos nach Bestand und Aufwand ohne vorherige Inventur nicht möglich ist. In Betracht kommt vor allem das Wareneinkaufskonto.[6]

Besonders deutlich wird der Charakter der gemischten Konten beim ungeteilten Warenkonto. Auf ihm wird auf der Sollseite der Wareneinkauf zum Einkaufspreis[7] und auf der Habenseite der Warenverkauf zum Verkaufspreis[7] gebucht. Da zwischen Einkauf und Verkauf regelmäßig eine Werterhöhung (Rohgewinn) liegt, ist die Habenseite in der Regel die größere Seite. Der Saldo des einheitlichen Warenkontos kann demnach nicht mit dem Warenendbestand übereinstimmen, denn

---
6 S. u. 7.3.
7 Mit Einkaufspreis und Verkaufspreis sind hier die Nettopreise ohne Umsatzsteuer gemeint.

bei einem aktiven Bestandskonto ist die Sollseite größer als die Habenseite. Aber selbst wenn die Sollseite – was vorkommt – größer ist, sagt der Saldo noch nichts über den Warenendbestand aus. Das wäre nur dann der Fall, wenn nicht nur die Zugänge, sondern auch die Abgänge zum Einkaufspreis[8] gebucht worden wären. Der wirkliche Endbestand wird in der Regel höher sein als ein Sollsaldo. Er kann nur durch Inventur ermittelt werden.

Andererseits stellt ein Habensaldo aber auch nicht einen Ertrag dar. Er würde sich nur dann mit dem Rohgewinn decken, wenn am Jahresende ausnahmsweise ein Endbestand nicht vorhanden wäre. Im Übrigen sind Bestand und Erfolg miteinander vermischt. Buchmäßig lassen sie sich ohne Inventur nicht trennen.

Zum Abschluss solcher Konten bedarf es deshalb zunächst der inventurmäßigen Feststellung des Endbestandes. Er wird auf der Habenseite des Kontos eingesetzt bei gleichzeitiger Buchung auf dem Schlussbilanzkonto. Der verbleibende Saldo stellt den Ertrag oder Aufwand dar, der in das Gewinn- und Verlustkonto geht.

Der Inhalt dieser gemischten Konten ergibt sich aus dem nachstehenden Schaubild:

Soll	Gemischtes Konto[8]	Haben
Anfangsbestand zum Einkaufspreis	Abgänge zum Verkaufspreis	
Zugänge zum Einkaufspreis		
Ertrag (verbleibender Saldo)	Schlussbestand zum Einkaufspreis	

Sind die Anschaffungskosten der veräußerten Wirtschaftsgüter höher als die erzielten Veräußerungserlöse, dann ergibt sich der folgende Inhalt:

Soll	Gemischtes Konto[8]	Haben
Anfangsbestand zum Einkaufspreis	Abgänge zum Verkaufspreis	
Zugänge zum Einkaufspreis	Schlussbestand zum Einkaufspreis	
	Aufwand (verbleibender Saldo)	

Diese Schaubilder machen deutlich, dass der endgültige Saldo, der nach Buchung des Endbestandes verbleibt, der Erfolgsteil ist. Weil ihr **Erfolgscharakter überwiegt,** kann man diese Konten auch als Erfolgskonten mit Bestand oder auch als gemischte Erfolgskonten bezeichnen. Diese Besonderheit zeigt sich auch darin, dass für sich allein betrachtet jede Sollbuchung den Gewinn mindert und jede Habenbuchung zu einer Gewinnerhöhung führt. Das ist besonders wichtig bei Falschbuchungen. Sind z. B. unzulässigerweise Entnahmen auf einem solchen Konto gebucht, wird der Gewinn durch die Falschbuchung geschmälert.

5.3 Gemischte Konten

Diese Regel, dass jede Sollbuchung den Gewinn mindert und jede Habenbuchung ihn erhöht, gilt für die Wareneingangsbuchung nur, wenn diese Buchung für sich allein betrachtet wird und man davon ausgeht, dass die Ware sofort zum Verkauf gelangt. Soweit sie am Jahresende im Warenbestand noch enthalten ist, wird die gewinnmindernde Sollbuchung durch die Abschlussbuchung „Schlussbilanzkonto an Warenkonto" wieder aufgehoben.[8]

5.3.2.2 Übungsbeispiele

Sachverhalt 1

Ein Gewerbetreibender hat am 20. 1. 400 Aktien für 24 000 DM erworben. Im Laufe des Jahres hat er einen Teil der Aktien wieder verkauft, und zwar am

30.	3. für	3000 DM
24.	4. für	2000 DM
6.	7. für	3000 DM
11.	9. für	6000 DM
20.	12. für	6500 DM

Laut Inventur beträgt der Endbestand 6000 DM (100 Aktien).

Aufgabe

Das Wertpapierkonto ist als gemischtes Konto darzustellen und abzuschließen.

Lösung

S	Wertpapierkonto			H	S	SBK		H
20. 1.	24 000	30. 3.		3 000	WP	6 000		
GuV	2 500	24. 4.		2 000	S	GuV		H
		6. 7.		3 000				
		11. 9.		6 000			WP-Erträge	2 500
		20. 12.		6 500				
		SBK		6 000				
	26 500			26 500				

Erklärung

Vor der Buchung des Endbestands, jedoch nach Buchung der laufenden Vorgänge, weist das Wertpapierkonto einen Sollüberschuss von 3500 DM auf. Nach dem ersten Anschein würde man einen Verlust erwarten. Tatsächlich ergibt sich jedoch ein Rohertrag von 2500 DM, da nicht alle Wertpapiere zur Erzielung des Veräußerungserlöses von 20 500 DM eingesetzt wurden. Um den Erfolg festzustellen, muss wie folgt gerechnet werden:

---

8 Das gemischte (ungeteilte) Warenkonto ist eingehend dargestellt unter 7.1.

5 Einteilung der Sachkonten

Erlöse laut Habenseite		20 500 DM
Anschaffungskosten insgesamt	24 000 DM	
./. noch vorhandene Wertpapiere	6 000 DM	
= Anschaffungskosten der verkauften Wertpapiere		18 000 DM
Gewinn		2 500 DM

Ohne inventurmäßige Feststellung des Endbestands wäre das Konto nicht ordnungsmäßig abzuschließen.

Sachverhalt 2

Ein Gewerbetreibender (Gewinnermittlung nach § 5 EStG) hat vor Jahren ein 10 000 qm großes Grundstück zum Kaufpreis von 200 000 DM erworben. Seitdem ist es in Buchführung und Bilanzen mit den Anschaffungskosten ausgewiesen, weil es der Erweiterung des Betriebs dienen sollte. Inzwischen wurde diese Absicht jedoch wieder aufgegeben. Im laufenden Wirtschaftsjahr wurde das Grundstück daher parzelliert und ein Teil verkauft, und zwar am

15. 7. eine Teilfläche für	150 000 DM
20. 8. eine Teilfläche für	60 000 DM
14. 9. eine Teilfläche für	240 000 DM

Die Inventur ergibt, dass die Hälfte der Grundstücksfläche veräußert wurde. Das Grundstück ist deshalb noch mit 100 000 DM in der Bilanz auszuweisen (§ 6 Abs. 1 Nr. 2 EStG).

Aufgabe

Das Grundstückskonto ist als gemischtes Konto darzustellen und abzuschließen.

Lösung

Erklärung

S	Grundstückskonto		H	S	SBK	H
AB	200 000	15. 7.	150 000	Grundstück 100 000		
GuV	350 000	20. 8.	60 000			
		14. 9.	240 000	S	GuV	H
		SBK	100 000			
	550 000		550 000		sonst. betriebl. Erträge	350 000

Vor Buchung des Endbestands ergibt sich ein Habenüberschuss von 250 000 DM. Vermuten würde man zunächst einen Veräußerungsgewinn von 250 000 DM. Unter Berücksichtigung des Endbestands ergibt sich bei Erlösen in Höhe von 450 000 DM ein „Einsatz" (Anschaffungskosten der verkauften Grundstücksfläche) von 100 000 DM und damit ein Ertrag von 350 000 DM.

5.3.2.3 Auflösung der Erfolgskonten mit Bestand

Bei den gemischten Konten stimmt der Saldo (Buchbestand) nicht mit dem wirklichen Bestand lt. Inventur, aber auch nicht mit dem Erfolg überein. Das sollte nach Möglichkeit vermieden werden. Nach den Grundsätzen ordnungsmäßiger Buchfüh-

5.3 Gemischte Konten

rung sollen die Bücher so beschaffen sein, dass aus ihnen jederzeit Vermögens- und Ertragslage des Unternehmens hervorgehen. Dies wird erreicht, wenn bereits bei jeder einzelnen Veräußerung die Abgänge zum Buchwert erfasst werden. In diesem Fall entstehen erst gar keine gemischten Konten. In der Praxis werden deshalb besondere Erfolgskonten (sonstige betriebliche Erträge, sonstige betriebliche Aufwendungen, Kursgewinne, Kursverluste) für die Veräußerungsgewinne und Veräußerungsverluste eingerichtet. Auf ihnen wird bei jeder Veräußerung der Unterschied zum Buchwert als Ertrag oder Aufwand ausgewiesen. Da auf dem jeweiligen Bestandskonto der Abgang zum Buchwert erfasst wird, ist der Saldo dieser Konten der Buchbestand.

Beispiele

Sachverhalt 1

In dem vorstehenden Beispiel zum Wertpapierkonto sind die Anteile wie folgt verkauft worden:

30. 3.	40 Aktien
24. 4.	20 Aktien
6. 7.	60 Aktien
11. 9.	80 Aktien
20. 12.	100 Aktien

Aufgabe[9]

Das Wertpapierkonto ist als Bestandskonto zu führen und für die Veräußerungsgewinne und Veräußerungsverluste sind besondere Ertragskonten darzustellen und abzuschließen.

Lösung

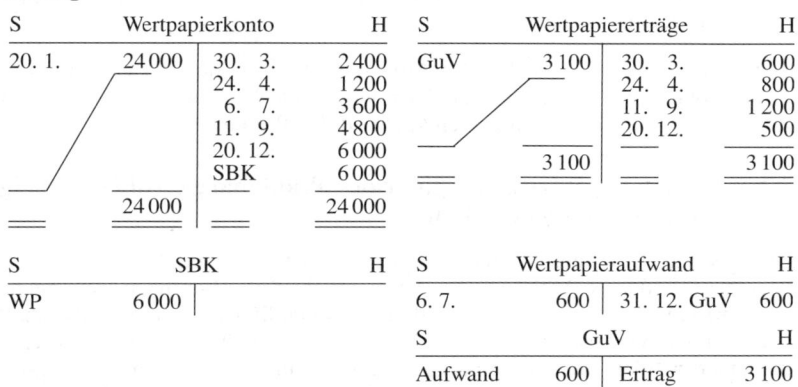

S	Wertpapierkonto		H		S	Wertpapiererträge		H
20. 1.	24 000	30. 3.	2 400		GuV	3 100	30. 3.	600
		24. 4.	1 200				24. 4.	800
		6. 7.	3 600				11. 9.	1 200
		11. 9.	4 800				20. 12.	500
		20. 12.	6 000			3 100		3 100
		SBK	6 000					
	24 000		24 000					

S	SBK		H		S	Wertpapieraufwand		H
WP	6 000				6. 7.	600	31. 12. GuV	600

S	GuV		H
Aufwand	600	Ertrag	3 100

Das Wertpapierkonto weist als reines Bestandskonto jederzeit den tatsächlichen Bestand aus.

---

9 Vgl. 6.2.2 zu den zusammengefassten Buchungssätzen.

5 Einteilung der Sachkonten

Sachverhalt 2
In dem vorstehenden Beispiel zum Grundstückskonto sind die nachstehenden Flächen veräußert worden:
15. 7.   2000 qm
20. 8.   500 qm
14. 9.   2500 qm

Aufgabe
Das Grundstückskonto ist als Bestandskonto darzustellen und abzuschließen; die Veräußerungsgewinne sind als sonstige betriebliche Erträge auszuweisen.

Lösung
Der durchschnittliche Anschaffungspreis pro qm beträgt 20 DM.

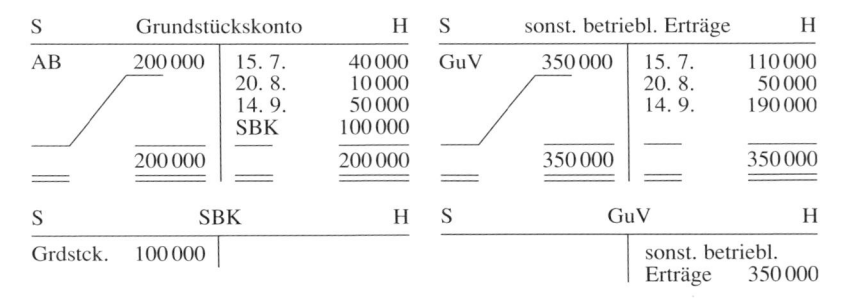

S	Grundstückskonto		H	S	sonst. betriebl. Erträge		H
AB	200 000	15. 7.	40 000	GuV	350 000	15. 7.	110 000
		20. 8.	10 000			20. 8.	50 000
		14. 9.	50 000			14. 9.	190 000
		SBK	100 000				
	200 000		200 000		350 000		350 000

S	SBK		H	S	GuV		H
Grdstck.	100 000					sonst. betriebl. Erträge	350 000

Das Grundstückskonto ist ein reines Bestandskonto, das Konto sonst. betriebl. Erträge ein reines Erfolgskonto.

Beim Warenkonto lässt sich diese Auflösung in ein reines Bestandskonto und ein Erfolgskonto im Allgemeinen nicht verwirklichen. Hier bedient man sich deshalb getrennter Konten für den Wareneinkauf und den Warenverkauf.

5.3.3 Konten für Wirtschaftsgüter des abnutzbaren Anlagevermögens (Bestandskonten mit Erfolg)

Die Anschaffungs- oder Herstellungskosten der Anlagegüter, deren Nutzung zeitlich begrenzt ist, sind sowohl nach handelsrechtlichen als auch nach steuerrechtlichen Vorschriften abzuschreiben. Die auf den **Anlagekonten** erfassten Anschaffungs- oder Herstellungskosten müssen zu diesem Zweck alljährlich um die Abschreibung gemindert werden, die zulasten der Erfolgsrechnung gebucht wird. Nur der nach der Abschreibung verbleibende Betrag wird als Bestand in der Schlussbilanz ausgewiesen. Hierdurch wird erreicht, dass die Anschaffungs- oder Herstellungskosten, die beim Erwerb oder der Herstellung nicht gewinnmindernd gebucht werden dürfen, im Laufe der Zeit als Aufwand erscheinen (= Verteilungsaufwand). Nach

5.3 Gemischte Konten

Ablauf der betriebsgewöhnlichen Nutzungsdauer sind sie in voller Höhe gewinnmindernd verrechnet. Solange die Wirtschaftsgüter im Betrieb noch vorhanden sind, kann man trotz des Ablaufs der Nutzungsdauer einen **Erinnerungsposten** (Restbuchwert) von 1 DM stehen lassen. Diese Sachbehandlung entspricht vielfach der Praxis. Sie ist jedoch nicht vorgeschrieben, sie entspricht vielmehr überkommener Handhabung. Angesichts der heute durch Datenverarbeitung erledigten Buchführung ist kein Grund erkennbar, warum ein Wirtschaftsgut mit 1 DM zu bilanzieren sein soll, um sich daran „erinnern" zu können.[10]

Der Begriff der Abschreibung umfasst verschiedene Arten von Absetzungen. Er wird als Oberbegriff für alle durch Abnutzung oder Wertänderung bedingten Absetzungen verwendet. Die wichtigste Abschreibung ist die Absetzung für Abnutzung (AfA), die in § 7 EStG geregelt ist. Ihr Ziel ist die Verteilung der Anschaffungs- oder Herstellungskosten auf die betriebsgewöhnliche Nutzungsdauer.

Die steuerrechtlich maßgebenden AfA-Beträge werden nach bestimmten, in § 7 EStG festgelegten Methoden ermittelt. Es können jedes Jahr gleiche Teile der Anschaffungs- oder Herstellungskosten abgesetzt werden, aber unter bestimmten Voraussetzungen auch ungleiche Teile.[11]

Die AfA stellt Aufwand dar, der beim Jahresabschluss entweder an ein besonderes Abschreibungskonto (Aufwandskonto) oder direkt an das Gewinn- und Verlustkonto abgegeben wird. Übrig bleibt der Endbestand. Der Saldo der Konten für abnutzbare Anlagegüter enthält also vor Durchführung des Jahresabschlusses Aufwand und Bestand.

Inhalt und Abschluss dieser Kontengruppe kann am Beispiel des Maschinenkontos wie folgt dargestellt werden:

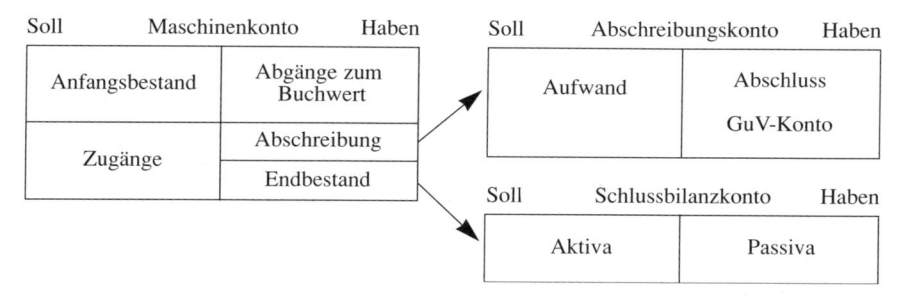

Soll	Maschinenkonto	Haben		Soll	Abschreibungskonto	Haben
Anfangsbestand	Abgänge zum Buchwert			Aufwand	Abschluss	
Zugänge	Abschreibung				GuV-Konto	
	Endbestand			Soll	Schlussbilanzkonto	Haben
				Aktiva	Passiva	

Das Wesen dieser Konten besteht darin, dass zuerst der Erfolgsteil ermittelt wird. Er ist vom buchmäßig ausgewiesenen Bestand abzusetzen. Übrig bleibt der in der

---
10 Für publizitätspflichtige Unternehmen ergibt sich der Nachweis aller im Unternehmen vorhandenen Vermögensgegenstände ohnehin aus dem Anlagengitter, § 268 Abs. 2 HGB.
11 Wegen der Abschreibungsmethoden s. u. 15.9 u. 15.10.

Schlussbilanz auszuweisende Endbestand. Es muss nicht der Bestand durch Inventur festgestellt werden, um den Erfolg zu ermitteln, sondern der Erfolgsteil muss ermittelt werden, um den Endbestand bestimmen zu können. Der Kontenabschluss wird unterstützt durch Aufzeichnungen, weil die Werte in Anlageverzeichnissen oder Anlagekarteien laufend fortgeschrieben werden. Aus diesen Aufzeichnungen wird auch das Anlagengitter (§ 268 Abs. 2 HGB) entwickelt.

Im Gegensatz zu den Erfolgskonten mit Bestand ist der endgültige Saldo der Endbestand. Der Bestand ist auch der wichtigere Inhalt dieser Konten, sodass es sich in erster Linie um Bestandskonten handelt. Reine Bestandskonten sind sie aber erst nach Buchung des Erfolgsteils (Aufwand). Man kann sie deshalb als Bestandskonten mit Erfolg bezeichnen.

5.4 Zusammenfassende Übersicht über die Kontenarten und den Konteninhalt

In der doppelten Buchführung unterscheidet man
- Sachkonten (Hauptbuch) und
- Personenkonten (Geschäftsfreundebuch = Debitoren und Kreditoren).

Nach der **Stellung** innerhalb des Systems der doppelten Buchführung und der Bedeutung für den Jahresabschluss ergibt sich die folgende Einteilung der **Sachkonten:**

Kontenart	Konteninhalt	
	Soll	Haben
I. Bestandskonten:		
1. Aktivkonten	Anfangsbestand Zugänge	Abgänge Endbestand
2. Passivkonten	Abgänge Endbestand	Anfangsbestand Zugänge
II. Unterkonten des Kapitalkontos:		
1. Gewinn- und Verlustkonto		
a) Aufwandskonten } Erfolgskonten	Aufwendungen	—
b) Ertragskonten	—	Erträge
2. Privatkonten		
a) Entnahmekonto	Entnahmen	—
b) Einlagekonto	—	Einlagen

5.5 Schematische Darstellung des Jahresabschlusses

Kontenart		Konteninhalt	
		Soll	Haben
III. Gemischte Konten:			
1. Erfolgskonten mit Bestand	a) Aktive Bestände	Anfangsbestand Zugänge Gewinn	Abgänge Endbestand Verlust
	b) Passive Bestände[12]	Abgänge Endbestand Gewinn	Anfangsbestand Zugänge Verlust
2. Bestandskonten mit Erfolg		Anfangsbestand Zugänge	Abschreibungen Endbestand

Nach der Bedeutung der Sachkonten für die **Bilanz** unterscheidet man
- Aktivkonten (Vermögenskonten) und
- Passivkonten (Konten für Fremd- und Eigenkapital).

Nach der Bedeutung für die **Erfolgsrechnung** sind zu unterscheiden:
- Bestandskonten
- Erfolgskonten und
- gemischte Konten.

5.5 Schematische Darstellung des Jahresabschlusses unter Berücksichtigung der gemischten Konten

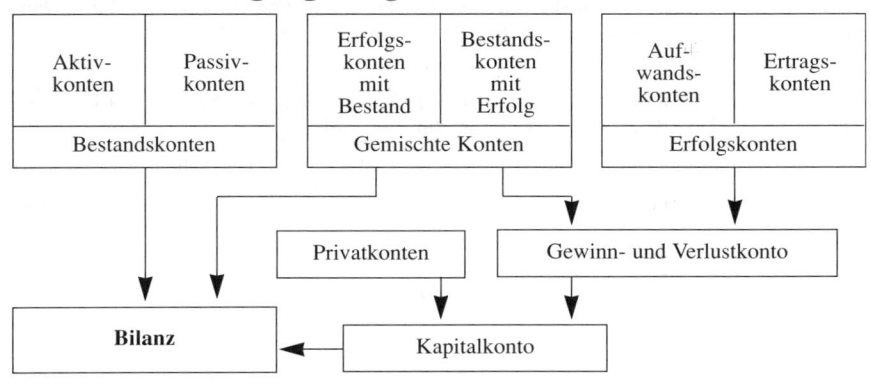

Aktiv-konten	Passiv-konten	Erfolgs-konten mit Bestand	Bestands-konten mit Erfolg	Auf-wands-konten	Ertrags-konten
Bestandskonten		Gemischte Konten		Erfolgskonten	

Privatkonten → Kapitalkonto

Gewinn- und Verlustkonto → Kapitalkonto

Kapitalkonto → Bilanz

---

12 Hierfür kommt das Rückstellungskonto (s. u. 8.2.7 u. 16.1) in Betracht.

5.6 Umsatzsteuer-Konten

5.6.1 Erfüllung der Aufzeichnungspflichten im Rahmen der Buchführung

Die nach dem UStG zu erfüllenden Aufzeichnungspflichten[13] werden von Buch führenden Betrieben im Rahmen der kaufmännischen Buchführung erfüllt.

Entsprechend der gesonderten Anforderung der USt in der Rechnung ist auch buchmäßig die USt von den übrigen Rechnungsbeträgen zu trennen. Zu diesem Zweck sind mindestens zwei Konten einzurichten, nämlich das USt-Schuldkonto und das Vorsteuerkonto. Werden diese Konten nach Steuersätzen getrennt bzw. weiter aufgegliedert (z. B. durch Einrichtung eines besonderen USt-Schuldkontos für die Steuer auf unentgeltliche Wertabgaben), so kann ein besonderes Verrechnungskonto (Sammelkonto) für die Ermittlung der USt-Zahllast empfehlenswert sein.

5.6.2 USt-Schuldkonto

5.6.2.1 Aufgabe und Wesen des USt-Schuldkontos

Für die Erfassung der für die Umsatzerlöse geschuldeten USt wird ein besonderes USt-Schuldkonto eingerichtet. Es erfasst die den Kunden gesondert in Rechnung gestellte und an das Finanzamt abzuführende USt.

Das USt-Schuldkonto ist ein **passives Bestandskonto**. Es gehört zur Kontengruppe der sonstigen Verbindlichkeiten. Es wird manchmal auch als Mehrwertsteuerkonto bezeichnet.

5.6.2.2 Nettoverfahren

Beim Nettoverfahren erfolgt die buchmäßige Trennung von Entgelt und darauf entfallender USt direkt bei jeder einzelnen Buchung. Dies ist der Regelfall der Praxis.

Beispiel

Der Großhändler A liefert an den Einzelhändler B Textilwaren für 1000 DM zzgl. 160 DM USt. Rechnungsbetrag insgesamt 1160 DM.

S	Kundenforderungen	H	S	USt-Schuld	H
1)	1160 DM			1)	160 DM

S	Warenverkauf	H
	1)	1000 DM

---

13 S. o. 1.4.5.

5.6.2.3 Bruttoverfahren

Nach § 63 Abs. 3 UStDV kann der Unternehmer die Bemessungsgrundlage und die darauf entfallende USt in einer Summe aufzeichnen. Spätestens jeweils am Schluss des Voranmeldungszeitraums hat er dann die aufgezeichneten Bruttobeträge in den Nettowert und die USt zu trennen.

Beispiel

Ein Einzelhändler, der alle Verkäufe als Bargeschäfte über die Ladentheke tätigt, hat im Laufe des Monats Tageseinnahmen in Höhe von 23 200 DM erzielt und diese zunächst brutto gebucht. Steuersatz 16 %. Die in den Tageseinnahmen enthaltene und am Monatsende herausgerechnete USt beträgt 3200 DM.

S	Kasse	H	S	USt-Schuld	H
1) 23 200 DM				2)	3 200 DM

S	Warenverkauf	H
2) 3 200 DM	1) 23 200 DM	

Das Bruttoverfahren ist zu empfehlen, wenn Unternehmer ihren Abnehmern üblicherweise keine Rechnungen ausstellen (Einzelhandel) oder wenn die Rechnungsbeträge nicht in Nettopreis und USt aufgeteilt werden. Sein Vorzug besteht dann darin, dass nicht bei jeder einzelnen Einnahme die USt für Buchungszwecke herausgerechnet werden muss.

5.6.3 Vorsteuerkonto

5.6.3.1 Aufgabe und Wesen des Vorsteuerkontos

Das Vorsteuerkonto erfasst die von anderen Unternehmern in Rechnung gestellte USt (Vorsteuer). Sie ist von der USt-Schuld für die eigenen Umsätze abzusetzen und mindert dadurch die an das Finanzamt abzuführende USt-Zahllast. Voraussetzung ist dafür, dass der Unternehmer persönlich und sachlich nach § 15 UStG zum Vorsteuerabzug berechtigt ist. Abziehbare Vorsteuer fällt nicht nur beim Wareneinkauf oder Kauf von Roh-, Hilfs- und Betriebsstoffen, sondern auch bei den Kosten der allgemeinen Verwaltung und bei Investitionen an.

Das Vorsteuerkonto ist ein **aktives Bestandskonto**. Beachte allerdings, dass das Vorsteuerkonto nicht unmittelbar über das Schlussbilanzkonto abgeschlossen wird, sondern wegen der Verrechnung mit der USt-Schuld zwangsläufig zunächst mit dem USt-Schuldkonto korrespondiert (vgl. 5.6.5).

Der Vorsteuerabzug ist bereits zulässig, wenn die Leistung an das Unternehmen ausgeführt wurde und eine Rechnung mit gesondertem Steuerausweis erteilt ist. Auf die Zahlung kommt es nicht an. Soweit die Rechnung noch nicht vorliegt, die Leis-

5 Einteilung der Sachkonten

tung aber schon ausgeführt worden ist, besteht ein Anspruch auf Erteilung einer Rechnung (§ 14 Abs. 1 Satz 1 UStG). Dieser Anspruch ist als sonstige Forderung zu aktivieren und wird in der Praxis als „Noch nicht verrechenbare Vorsteuer" bezeichnet.

Beispiel
Wareneinkauf auf Ziel in Höhe von 20 000 DM zzgl. 16 % USt. Die Ware geht im Betrieb am 20. 12. 01 ein. Die Rechnung wird am 10. 1. 02 erteilt und am 5. 2. 02 bezahlt.

Buchung am 20. 12. 01:

Wareneinkauf	20 000 DM		
Noch nicht verrechenbare VorSt	3 200 DM	an Verbindlichkeiten	23 200 DM

Buchung am 10. 1. 02:

Vorsteuer	3 200 DM	an Noch nicht verrechenbare VorSt	3 200 DM

Buchung am 5. 2. 02:

Verbindlichkeiten	23 200 DM	an Finanzkonto	23 200 DM

Entsprechende Lösungen sind zu beachten, wenn fehlerhafte Rechnungen erteilt wurden. Bis zum Eingang der berichtigten Rechnung ist der Vorsteuerabzug als „Noch nicht verrechenbare VorSt" zu aktivieren.[14] Liegt dagegen eine Rechnung vor, in der lediglich der Steuerbetrag zu hoch ausgewiesen ist, dann ist der Vorsteuerabzug in der umsatzsteuerrechtlich richtigen Höhe bereits zulässig (Abschn. 192 Abs. 6 UStR). Dementsprechend erfolgt die Buchung auch bereits auf dem Vorsteuerkonto.

5.6.3.2 Nettoverfahren

Wie auf der Rechnungsausgangsseite wird beim Nettoverfahren die buchmäßige Trennung von Einkaufsentgelt und darauf lastender USt direkt bei jeder einzelnen Buchung vorgenommen.

Beispiel
1. Ein Unternehmer erwirbt gegen Barzahlung Waren für 1000 DM zzgl. 160 DM USt.
2. Büromaterial wird gegen Barzahlung eingekauft für 200 DM zzgl. 32 DM USt.

S	Wareneinkauf	H	S	Vorsteuer	H
1)	1000 DM		1)	160 DM	
			2)	32 DM	

S	Kasse	H	S	Büromaterial	H
		1) 1160 DM	2)	200 DM	
		2) 232 DM			

---

14 BFH v. 12. 5. 1993, BStBl 1993 II S. 786.

5.6.3.3 Bruttoverfahren

Nach § 63 Abs. 5 UStDV kann der Unternehmer die Entgelte für steuerpflichtige Lieferungen und sonstige Leistungen, die an den Unternehmer ausgeführt worden sind, und die auf diese Umsätze entfallende Steuer in einer Summe aufzeichnen. Spätestens am Schluss eines jeden Voranmeldungszeitraums hat er die Summe der Einkaufsentgelte und die Summe des Steuerbetrags zu errechnen und aufzuzeichnen.

Beispiel
Sachverhalt wie im vorstehenden Beispiel.

S	Wareneinkauf		H	S	Vorsteuer		H
1)	1160 DM	3)	160 DM	3)	192 DM		

S	Kasse		H	S	Büromaterial		H
		1)	1160 DM	2)	232 DM	3)	32 DM
		2)	232 DM				

Das Bruttoverfahren mit späterer Herausrechnung ist angebracht, wenn in den Rechnungsbeträgen die Vorsteuer nicht gesondert ausgewiesen wird (Kleinbetragsrechnungen, Fahrausweise usw.).

5.6.4 Herausrechnung der USt beim Bruttoverfahren

Wird auf der Eingangsseite und/oder der Ausgangsseite nach dem Bruttoverfahren gebucht, muss die in den Bruttobeträgen enthaltene USt zum Zwecke der Umbuchung herausgerechnet werden. Dabei sind die folgenden Divisoren, Multiplikationsfaktoren oder Abzugsvomhundertsätze anzuwenden:

Steuersatz	**16 %**	**15 %**	**7 %**
Divisor	7,25	7,667	15,286
Multiplikationsfaktor	0,1379	0,1304	0,0654
Abzugsvomhundertsatz	13,79	13,04	6,54

Die Herausrechnung kann auch durch Umrechnung der Bruttobeträge in die Nettobeträge und Ermittlung der Differenz erfolgen. Dann beträgt der Divisor zur Ermittlung der Nettobeträge:

Steuersatz	**16 %**	**15 %**	**7 %**
Divisor	1,16	1,15	1,07

5.6.5 Abschluss der Umsatzsteuer-Konten

Die USt-Zahllast für den Voranmeldungszeitraum ist binnen zehn Tagen nach Ablauf des Voranmeldungszeitraums an das Finanzamt abzuführen (§ 18 Abs. 1 UStG). Sie errechnet sich aus der für Lieferungen, sonstige Leistungen sowie unentgeltliche Wertabgaben (§ 3 Abs. 1 b und § 3 Abs. 9 a UStG) oder innergemeinschaftliche Erwerbe (§ 1 a UStG) zu zahlenden Steuer abzüglich der nach § 15 UStG abziehbaren und in den Besteuerungszeitraum fallenden Vorsteuerbeträge (§ 16 Abs. 2 UStG).

Die buchmäßige Verrechnung der Vorsteuerbeträge kann am Ende eines jeden Voranmeldungszeitraums, aber auch erst am Jahresende erfolgen. Im zuletzt genannten Falle müssen die abgeführten Umsatzsteuervorauszahlungen bis zum Jahresabschluss auf einem besonderen Konto erfasst werden.

Beim Jahresabschluss wird das Vorsteuerkonto über das USt-Schuldkonto abgeschlossen und der sich auf diesem Konto ergebende Saldo an das Schlussbilanzkonto abgegeben. Damit erscheint in der Schlussbilanz die verbleibende Steuerschuld als sonstige Verbindlichkeit.

Abschluss der Umsatzsteuerkonten ohne Zahllastkonto

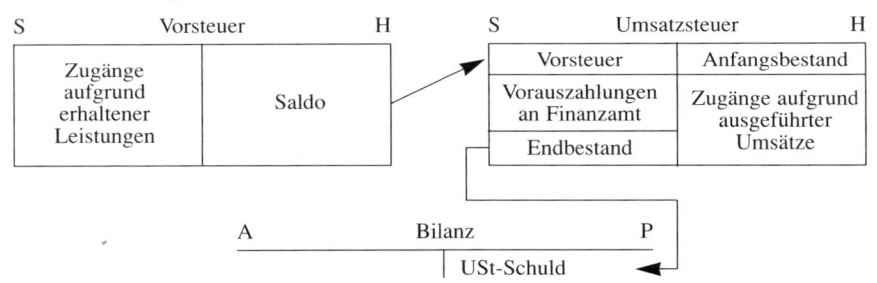

S	Vorsteuer	H	S	Umsatzsteuer	H
Zugänge aufgrund erhaltener Leistungen	Saldo		Vorsteuer	Anfangsbestand	
			Vorauszahlungen an Finanzamt	Zugänge aufgrund ausgeführter Umsätze	
			Endbestand		

A	Bilanz	P
	USt-Schuld	

Abschluss der Umsatzsteuerkonten mit Zahllastkonto

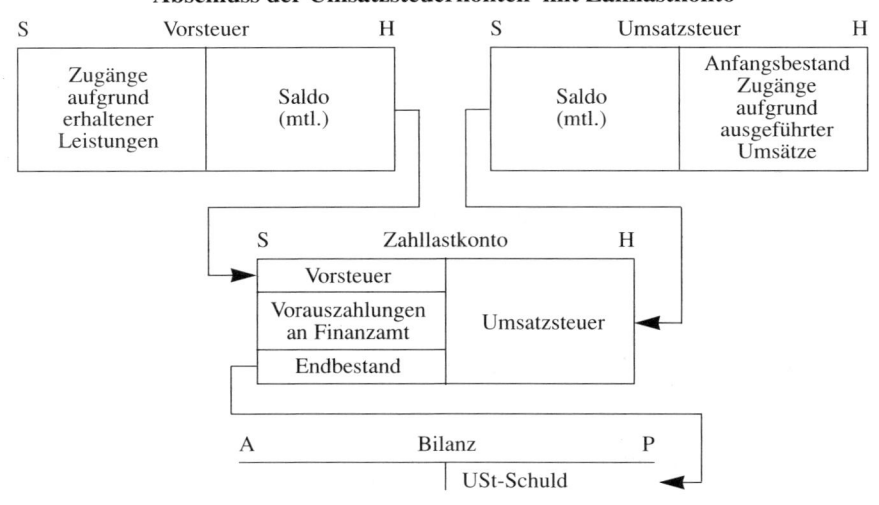

S	Vorsteuer	H	S	Umsatzsteuer	H
Zugänge aufgrund erhaltener Leistungen	Saldo (mtl.)		Saldo (mtl.)	Anfangsbestand Zugänge aufgrund ausgeführter Umsätze	

S	Zahllastkonto	H
Vorsteuer		
Vorauszahlungen an Finanzamt	Umsatzsteuer	
Endbestand		

A	Bilanz	P
	USt-Schuld	

5.6 Umsatzsteuer-Konten

Soweit der Saldo des Vorsteuerkontos die USt-Schuld für einen Voranmeldungszeitraum überschreiten sollte, ergibt sich ein Vergütungsanspruch[15], der zu aktivieren ist. In diesem Fall ist das Vorsteuerkonto entsprechend der umsatzsteuerrechtlichen Systematik des § 16 Abs. 1 und 2 UStG ebenfalls über das Umsatzsteuerkonto abzuschließen. Jedoch ergibt sich der Abschlusssaldo nunmehr auf der Habenseite. Dies korrespondiert zutreffend mit der Aktivierung des Vergütungsanspruchs als sonstige Forderung in der Bilanz. Bei Einschaltung eines **Zahllastkontos** ergibt sich der Vorsteuerüberhang auf diesem Konto.

Abschluss der Umsatzsteuerkonten ohne Zahllastkonto

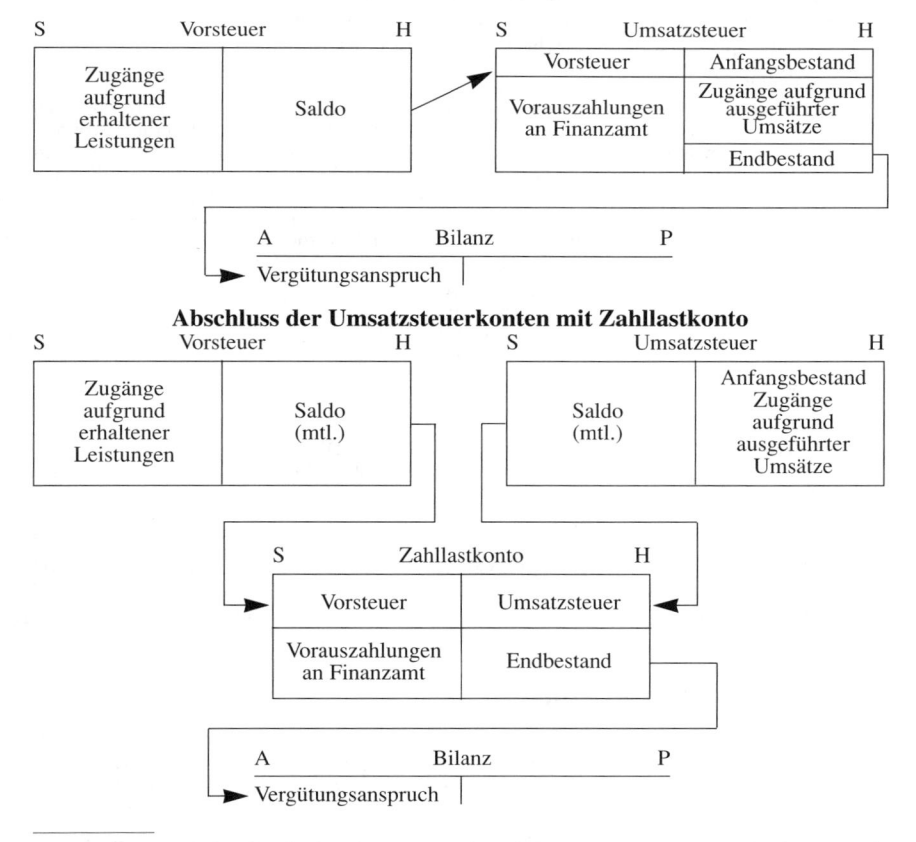

S	Vorsteuer	H		S	Umsatzsteuer	H
Zugänge aufgrund erhaltener Leistungen	Saldo			Vorsteuer	Anfangsbestand	
				Vorauszahlungen an Finanzamt	Zugänge aufgrund ausgeführter Umsätze	
					Endbestand	

A	Bilanz	P
Vergütungsanspruch		

Abschluss der Umsatzsteuerkonten mit Zahllastkonto

S	Vorsteuer	H		S	Umsatzsteuer	H
Zugänge aufgrund erhaltener Leistungen	Saldo (mtl.)			Saldo (mtl.)	Anfangsbestand Zugänge aufgrund ausgeführter Umsätze	

S	Zahllastkonto	H
Vorsteuer	Umsatzsteuer	
Vorauszahlungen an Finanzamt	Endbestand	

A	Bilanz	P
Vergütungsanspruch		

---

15 Zum Unterschied zwischen Vergütungsanspruch und Erstattungsanspruch vgl. § 43 AO sowie Lammerding, Abgabenordnung und FGO, Fleicher Verlag, Tz. 4.2.3.

5 Einteilung der Sachkonten

5.6.6 Besonderheiten bei Versteuerung nach vereinnahmten Entgelten

Das USt-Konto erfasst wie bei der Versteuerung nach vereinbarten Entgelten die im Rechnungsausgang enthaltene Umsatzsteuer, obgleich sie erst mit Ablauf des Voranmeldungszeitraums entsteht, in dem die Entgelte vereinnahmt worden sind (§ 13 Abs. 1 Nr. 1 b UStG). Wegen der Versteuerung der Isteinnahmen wird diese Steuer jedoch immer erst nach Vereinnahmung des Entgelts an das Finanzamt abgeführt. Dadurch enthält das USt-Schuldkonto neben der Umsatzsteuer des letzten Voranmeldungszeitraums stets einen Saldo, der der noch „abzuführenden USt" auf den Forderungsbestand entspricht.

Man kann jedoch auch die nach dem Zahlungseingang abzuführende Steuer vom USt-Schuldkonto auf ein besonderes Konto „abzuführende USt" übertragen. Das USt-Schuldkonto weist dann nur die USt auf den Forderungsbetrag aus.

Beispiel
Der Forderungsbestand am Ende des Voranmeldungszeitraums 02 beträgt 69 600 DM. Im Laufe des gleichen Voranmeldungszeitraums sind Umsätze ausgeführt worden, und zwar in Höhe von 10 000 DM zzgl. 1600 DM USt, die im gleichen Zeitraum bezahlt wurden, und in Höhe von 20 000 DM zzgl. 3200 DM USt, die von den Kunden noch nicht bezahlt worden sind. Am Ende des vorangegangenen Voranmeldungszeitraums 01 betrug der Forderungsbestand 81 200 DM. Von diesem Betrag sind im laufenden Voranmeldungszeitraum 46 400 DM bezahlt worden.

Entwicklung des Forderungsbestandes:
AB   92 800 DM
Zugang 02   + 34 800 DM
Zahlung 02   – 11 600 DM
Zahlung 02   – 46 400 DM
SB   69 600 DM

USt-Schuld am Ende des Voranmeldungszeitraums 02:
Vereinnahmt   10 000 DM zzgl. 1 600 DM USt
                  40 000 DM zzgl. 6 400 DM USt
                                  8 000 DM

S	USt-Schuld	H	S	Abzuführende USt	H
Abgang 1 600 DM	AB 12 800 DM				Zugang 1 600 DM
Abgang 6 400 DM	Zugang 4 800 DM				Zugang 6 400 DM
SB 9 600 DM			SB	8 000 DM	
17 600 DM	17 600 DM			8 000 DM	8 000 DM

5.6.7 Mindest-Istversteuerung

Bei der Versteuerung nach vereinbarten Entgelten entsteht die Umsatzsteuerschuld grundsätzlich mit Ablauf des Voranmeldungszeitraums, in dem die Leistungen bzw. Teilleistungen ausgeführt worden sind (§ 13 Abs. 1 Nr. 1 a Sätze 1 und 2 UStG). Dieser Grundsatz wird jedoch durch die Mindest-Istversteuerung durchbrochen. Nach § 13 Abs. 1 Nr. 1 a Satz 4 UStG entsteht die Umsatzsteuerschuld bereits mit Ablauf des Voranmeldungszeitraums, in dem das Entgelt oder Teilentgelt **vor** Aus-

5.6 Umsatzsteuer-Konten

führung der Leistung oder Teilleistung vereinnahmt worden ist. Es handelt sich um Fälle, in denen Anzahlungen oder Vorauszahlungen vor Ausführung des entsprechenden Umsatzes vereinnahmt werden.

Entsprechend ist nach § 15 Abs. 1 Nr. 1 Satz 2 UStG bei Vorliegen der sonstigen Voraussetzungen für den Vorsteuerabzug ein auf eine Vorauszahlung oder Anzahlung in Rechnung gestellter Steuerbetrag bereits als Vorsteuer abziehbar, wenn dafür die Rechnung vorliegt und die Zahlung geleistet worden ist.

Beispiel

Bauunternehmer B hat von dem Unternehmer A für die Errichtung eines Betriebsgebäudes aufgrund von Abschlagsrechnungen mit gesondertem Steuerausweis folgende Zahlungen erhalten:
3. 5.   30 000 DM zzgl. 4800 DM USt
10. 6. 40 000 DM zzgl. 6400 DM USt

B erteilt dem A am 6. 7. eine Endabrechnung über

Bauleistungen lt. Angebot			100 000 DM
16 % USt			16 000 DM
			116 000 DM
./. Abschlagszahlungen	**Entgelt**	**USt**	
vom 3. 5.	30 000 DM	4 800 DM	
vom 10. 6.	40 000 DM	6 400 DM	
	70 000 DM	11 200 DM	81 200 DM
noch zu zahlen			34 800 DM

Buchungen bei B

3. 5.	Bank	34 800 DM	an Anzahlungen		34 800 DM
	USt-Aufwand	4 800 DM	an USt-Schuld		4 800 DM
10. 6.	Bank	46 400 DM	an Anzahlungen		46 400 DM
	USt-Aufwand	6 400 DM	an USt-Schuld		6 400 DM
6. 7.	Forderungen	34 800 DM			
	Anzahlungen	81 200 DM	an Erlöse		100 000 DM
			an USt-Schuld		4 800 DM
			an USt-Aufwand		11 200 DM

S	Bank	H	S	Anzahlungen	H
3. 5. 34 800 DM			6. 7. 81 200 DM	3. 5. 34 800 DM	
10. 6. 46 400 DM				10. 6. 46 400 DM	

S	USt-Aufwand[16]	H	S	USt-Schuld	H
3. 5. 4 800 DM	6. 7. 11 200 DM			3. 5. 4 800 DM	
10. 6. 6 400 DM				10. 6. 6 400 DM	
				6. 7. 4 800 DM	

S	Forderungen	H	S	Erlöse	H
6. 7. 34 800 DM				6. 7. 100 000 DM	

---

16 Zur Behandlung der am Ende des Wirtschaftsjahrs noch nicht abgerechneten Beträge vgl. 8.2.5.10.

5   Einteilung der Sachkonten

Buchungen bei A

3. 5.	Anzahlungen	30 000 DM[17]		
	VorSt	4 800 DM	an Bank	34 800 DM
10. 6.	Anzahlungen	40 000 DM[17]		
	VorSt	6 400 DM	an Bank	46 400 DM
6. 7.	Gebäude	100 000 DM		
	VorSt	4 800 DM	an Verbindlichkeiten	34 800 DM
			an Anzahlungen	70 000 DM

S	Anzahlungen	H	S	Bank	H
3. 5. 30 000 DM	6. 7. 70 000 DM		3. 5. 34 800 DM		
10. 6. 40 000 DM			10. 6. 46 400 DM		

S	Vorsteuer	H	S	Gebäude	H
3. 5. 4 800 DM			6. 7. 100 000 DM		
10. 6. 6 400 DM					
6. 7. 4 800 DM					

S	Verbindlichkeiten	H
	6. 7. 34 800 DM	

5.6.8 Innergemeinschaftlicher Erwerb

Zur Verwirklichung des EG-Binnenmarktes tritt bei Einfuhren aus anderen EG-Mitgliedstaaten an die Stelle der bisherigen Einfuhrumsatzsteuer die Erwerbsbesteuerung nach § 1 Abs. 1 Nr. 5, § 1 a, § 1 b und § 3 d UStG.

Die Steuer für den innergemeinschaftlichen Erwerb bemisst sich nach dem Entgelt (§ 10 Abs. 1 Satz 1 UStG). Der Lieferer stellt dem Erwerber nur das Entgelt (d. h. keine ausländische Mehrwertsteuer) in Rechnung, denn es handelt sich um im Ursprungsland steuerfreie innergemeinschaftliche Lieferungen (§ 4 Nr. 1 b i. V. m. § 6 a UStG), die im Bestimmungsland steuerpflichtig sind (§ 1 Abs. 1 Nr. 5, § 1 a, § 1 b und § 3 d UStG).

Die Steuer für den innergemeinschaftlichen Erwerb entsteht mit Ausstellung der Rechnung, spätestens jedoch mit Ablauf des dem Erwerb folgenden Kalendermonats (§ 13 Abs. 1 Nr. 6 UStG).

Vorsteuerabzugsberechtigte Erwerber können die Steuer auf den innergemeinschaftlichen Erwerb als Vorsteuer abziehen (§ 15 Abs. 1 Nr. 3 UStG).

---

17 Während erhaltene Anzahlungen, soweit sie am Bilanzstichtag noch nicht verrechnet sind, gem. § 6 Abs. 1 Nr. 3, § 5 Abs. 1 EStG i. V. m. § 253 Abs. 1 Satz 2 HGB mit dem Rückzahlungsbetrag (= Nennwert, der dem Bruttobetrag entspricht) passiviert werden müssen, sind die geleisteten und am Bilanzstichtag noch vorhandenen Anzahlungen mit den Anschaffungskosten, höchstens jedoch mit dem Teilwert zu aktivieren (§ 6 Abs. 1 Nr. 2, § 5 Abs. 1 EStG i. V. m. § 253 Abs. 3 HGB). Wegen der Abzugsfähigkeit der Vorsteuer ist der gezahlte Betrag auf die beiden erworbenen Wirtschaftsgüter Anzahlung (= Sachleistungsanspruch) und Anspruch auf Verrechnung der Vorsteuer aufzuteilen (§ 9 b Abs. 1 EStG). Zur Bewertung der Wirtschaftsgüter des Betriebsvermögens vgl. u. 15.

5.7 Übungsaufgabe 4: Buchung auf Bestands-, Erfolgs- und gemischten Konten

Beispiele

a) Der Unternehmer D in Dortmund erwirbt von dem Unternehmer P in Paris am 30. 6. 03 Handelsware. P stellt am 1. 7. 03 eine Rechnung über 96 153,80 FF aus. Der nach § 16 Abs. 6 UStG für die Umrechnung maßgebende Briefkurs ist 100 FF = 31,20 DM. Der innergemeinschaftliche Erwerb unterliegt dem Regelsteuersatz nach § 12 Abs. 1 UStG.
D zahlt am 1. 8. 03 durch Banküberweisung unter Abzug von 3 % Skonto.
Umrechnung in DM:
96 153,80 × 0,312 DM = 30 000 DM
16 % von 30 000 DM = 4800 DM
Unter Hinweis auf § 22 Abs. 2 Nr. 7 UStG ergeben sich für D folgende Buchungen:

```
30. 6. 03  Innergemeinschaftliche Erwerbe[18]         30 000 DM
              an Verbindlichkeiten                              30 000 DM
 1. 7. 03  VorSt auf innergemeinschaftliche Erwerbe[19]  4 800 DM
              an USt auf innergemein-
              schaftliche Erwerbe                                4 800 DM
 1. 8. 03  Verbindlichkeiten                            30 000 DM
              an Bank                                           29 100 DM
              an Skontoerträge                                     900 DM
           USt auf innergemeinschaftl. Erwerbe            144 DM
              an VorSt auf innergemein-
              schaftliche Erwerbe                                  144 DM
```

b) Der Unternehmer D in Dortmund liefert an den Unternehmer P in Paris am 30. 6. 03 Handelsware und stellt eine Rechnung über 8000 DM aus. P zahlt am 10. 7. 03 durch Banküberweisung unter Abzug von 5 % Skonto.
Unter Hinweis auf § 22 Abs. 2 Nr. 1 Satz 1, 2 i. V. m. § 4 Nr. 1 b und § 6 a UStG ergeben sich für D folgende Buchungen:

```
30. 6. 03  Forderungen                                   8 000 DM
              an Umsatzerlöse aus
              innergemeinschaftlichen
              Lieferungen                                          8 000 DM
10. 7. 03  Bank                                          7 600 DM
           Skontoaufwendungen                              400 DM
              an Forderungen                                       8 000 DM
```

5.7 Übungsaufgabe 4: Buchung auf Bestands-, Erfolgs- und gemischten Konten

Sachverhalt

Ein Gewerbetreibender eröffnet am 1. 12. 01 mit den folgenden Wirtschaftsgütern seinen Betrieb:

Geschäftseinrichtung	3 000 DM
Wertpapiere	5 000 DM
Bankguthaben	35 000 DM

---

18 = Unterkonto zum Wareneinkaufskonto.
19 = Unterkonto zum Vorsteuerkonto.

5 Einteilung der Sachkonten

Kasse	5 000 DM
Anzahlung auf einen Lieferwagen	8 000 DM
Darlehnsschuld	10 000 DM

Im Monat Dezember 01 sind nachstehende Geschäftsvorfälle angefallen:

1) Eröffnung eines Postbankkontos, Bareinzahlung — 1 000 DM
2) Anmietung eines Geschäftslokals mit Privatwohnung, Mietzahlung durch Banküberweisung — 1 200 DM
   Davon entfallen 600 DM auf die Privatwohnung.
3) Aufgabe eines Werbeinserats und Bezahlung durch Postbanküberweisung, Rechnungsbetrag 300 DM zzgl. 48 DM USt = — 348 DM
4) Einkauf von Ware auf Ziel, 10 000 DM zzgl. 1600 DM USt = — 11 600 DM
5) Der angezahlte Lieferwagen wird ausgeliefert. Rechnungsbetrag 31 000 DM zzgl. 4960 DM USt = 35 960 DM
   Der Restkaufpreis wird durch Bank überwiesen — 27 960 DM
6) Warenverkauf gegen bar 3000 DM zzgl. 480 DM USt = — 3 480 DM
7) Warenverkauf auf Ziel 8000 DM zzgl. 1280 DM USt = — 9 280 DM
8) Wareneinkauf auf Ziel 12 000 DM zzgl. 1920 DM USt = — 13 920 DM
9) Bezahlung des Wareneinkaufs Nr. 4, Rechnungsbetrag 11 600 DM
   Vom Brutto-Rechnungsbetrag werden 3 % Skonto gekürzt.
   Banküberweisung 7000 DM, Rest wird bar gezahlt.
10) Banküberweisung eines Kunden — 9 094 DM
    Der Kunde hat vom Brutto-Rechnungsbetrag in Höhe von 9280 DM 2 % Skonto (186 DM) einbehalten.
    Davon entfallen auf die USt 26 DM.
11) Die Hälfte der Wertpapiere wird gegen Postbanküberweisung veräußert. Erlös — 10 000 DM
12) Warenverkauf auf Ziel 7000 DM zzgl. 1120 DM USt = — 8 120 DM
13) Der Kunde beanstandet die Lieferung und sendet Ware zum Preis von 2000 DM zzgl. 320 DM USt zurück — 2 320 DM
14) Die beanstandete Ware wird dem Lieferanten übersandt. Dieser erkennt die Mängelrüge an und schreibt gut 1500 DM zzgl. 240 DM USt = — 1 740 DM
15) Vom Bankkonto werden bar abgehoben — 3 000 DM
16) Barzahlung des Gehalts[20]
    Bruttogehalt — 3 000 DM
    Arbeitgeberanteil zur Sozialversicherung — 400 DM
    Einbehalten werden:
    Lohnsteuer — 500 DM
    Arbeitnehmeranteil zur Sozialversicherung — 400 DM
17) Entnahme in bar — 3 000 DM
    vom Postbankkonto — 10 000 DM
18) Der Angestellte erhält bei der Weihnachtsfeier ein Päckchen mit Waren im Einkaufswert von — 50 DM

---

20 S. u. 11.1. Auf Kirchensteuer und Solidaritätszuschlag ist aus Vereinfachungsgründen nicht einzugehen.

5.7 Übungsaufgabe 4: Buchung auf Bestands-, Erfolgs- und gemischten Konten

Es handelt sich um eine nichtsteuerbare Aufmerksamkeit (Abschn. 72 LStR).

Aufgabe
1. Aufstellung der Eröffnungsbilanz
2. Konteneröffnung ohne Eröffnungsbilanzkonto
3. Buchung der Geschäftsvorfälle auf T-Konten. Als Buchungstext ist die laufende Nummer des Geschäftsvorfalls anzugeben. Das Warenkonto ist als gemischtes Konto, das Wertpapierkonto als Bestandskonto zu führen. Vorsteuerkonto und USt-Schuldkonto sind nach dem Nettoverfahren zu führen. Sämtliche Vorsteuerbeträge sind nach § 15 Abs. 1 UStG abziehbar und deshalb keine Anschaffungskosten (§ 9 b Abs. 1 EStG).
4. Die Konten sind abzuschließen. Dabei sind Vorsteuerkonto und USt-Schuldkonto zusammenzufassen.
5. Der Warenbestand beträgt laut Inventur   11 000 DM
   AfA auf Einrichtung   30 DM
   AfA auf Lieferwagen (R 44 Abs. 2 Satz 3 EStR)   3 875 DM
   Im Übrigen stimmen die tatsächlichen Bestände mit den Buchsalden überein.
6. Der Gewinn ist zusätzlich durch Betriebsvermögensvergleich zu ermitteln.
7. Welchen Einfluss hat der Geschäftsvorfall 18 auf den Gewinn?
8. Ändert sich der Reingewinn, wenn die Buchung des Vorgangs 18 unterbleibt?

Beachte

Geschäftsvorfall und Buchung sind zu unterscheiden. Das ist wichtig bei Erklärung der Gewinnauswirkung und bei der Prüfung, wie eine Nichtbuchung von Geschäftsvorfällen sich auswirkt.[21] Abweichungen hinsichtlich der Gewinnauswirkung ergeben sich zwischen Geschäftsvorfall und Buchung vor allem beim Warenkonto. Das ist darauf zurückzuführen, dass der Endbestand durch Inventur ermittelt wird.

Die **Lösung** zu dieser Übungsaufgabe ist in einem „Lösungsheft" (Bestell-Nr. 100) enthalten.

---

21 S. u. 7.9.3.

6 Buchungssatz

6.1 Bedeutung des Buchungssatzes

Geschäftsvorfälle sind tatsächliche Vorgänge. Sie verändern Bilanzposten und damit das Vermögen, die Schulden und ggf. auch das Eigenkapital. Ihren schriftlichen Ausdruck finden die Geschäftsvorfälle in der Buchung.

Jeder Geschäftsvorfall muss nach den Grundsätzen der doppelten Buchführung auf mindestens zwei Konten gebucht werden, und zwar auf dem einen Konto im Soll und auf dem anderen Konto im Haben. Im Grundbuch, das die Geschäftsvorfälle in zeitlicher Reihenfolge aufnimmt, und auf den Belegen sind die in Betracht kommenden Konten zu vermerken. Dazu wird der Buchungssatz gebildet. Er bezeichnet die Konten, auf denen gebucht werden muss. Die beiden Konten werden durch das Wort „an" verbunden.

In jedem Buchungssatz wird zuerst das Konto mit der Eintragung im Soll und dann das Konto mit der Eintragung im Haben genannt. Lautet also der Buchungssatz: „Kassenkonto an Kundenforderungskonto", dann muss wegen Erhöhung des Kassenbestands im Soll und wegen Minderung der Kundenforderungen im Haben gebucht werden.

Weil das Wort Konto selbstverständlich ist, wird es weggelassen. Somit lautet der Buchungssatz einfach: **Kasse an Kundenforderung**.

Der Buchungssatz ist eine Besonderheit der doppelten Buchführung, durch die der Geschäftsvorfall kurz bezeichnet und gekennzeichnet werden kann. Er dient in der Praxis der Vereinfachung der Buchführungsarbeit. Erläuterungen zum Buchungssatz bezeichnet man als Buchungstext.

6.2 Bilden einfacher und zusammengesetzter Buchungssätze für die laufenden Buchungen

6.2.1 Einfache Buchungssätze

Werden nur zwei Konten durch den Geschäftsvorfall betroffen, dann ergibt sich ein einfacher Buchungssatz. Seine Bildung setzt die Klärung der bereits oben bei der Einteilung der Sachkonten behandelten Fragen voraus, also:

- Welche Konten werden berührt?
- Was sind das für Konten?

6.2 Bilden einfacher und zusammengesetzter Buchungssätze

- Liegt ein Zugang oder ein Abgang vor?
- Auf welcher Kontoseite ist zu buchen?

Das Bilden der Buchungssätze bereitet am Anfang Schwierigkeiten. Es muss deshalb gründlich geübt werden.

Übungsfälle

Bilden Sie für die folgenden Geschäftsvorfälle die Buchungssätze und geben Sie die Auswirkung des Geschäftsvorfalls auf Betriebsvermögen und Gewinn an:

Barabhebung von der Bank 5000 DM
Banküberweisung eines Kunden 6000 DM
Aufnahme einer Darlehensschuld; Barauszahlung 20 000 DM
Banküberweisung an einen Lieferanten 1000 DM
Bareinzahlung bei der Bank 3000 DM
Darlehensrückzahlung durch Banküberweisung 4000 DM
Barzahlung eines Kunden 800 DM
Portokosten werden bar bezahlt 190 DM
Bareinzahlung auf Bankkonto 1500 DM
Betriebliche Grundsteuer wird durch Banküberweisung gezahlt 560 DM
Gewährung eines Darlehens an Arbeitnehmer in bar 12 000 DM
Barzahlung an einen Lieferanten 1100 DM
Barentnahme 600 DM
Barabhebung vom Postbankkonto 3500 DM
Zahlung der Ladenmiete durch Banküberweisung 3000 DM
Überweisung vom Bankkonto auf das Postbankkonto 7000 DM
Zahlung eines Kunden durch Besitzwechsel 2000 DM
Bareinlösung eines Schuldwechsels 4000 DM
Zahlung an einen Lieferer durch Besitzwechsel 6000 DM
Zinsgutschrift der Bank 900 DM
Provisionsforderung aufgrund einer Geschäftsvermittlung entsteht
Provisionsforderung wird bar vereinnahmt 11 600 DM
Entnahme von Waren
Provisionsschuld wird durch Überweisung beglichen 17 400 DM
Schuldzinsen werden durch Bank überwiesen 1400 DM
Einlage in bar 2000 DM
Gewerbesteuer für das laufende Jahr wird vom Bankkonto überwiesen 4200 DM
Anzahlung beim Lieferanten in bar 1800 DM
Kunde zahlt an durch Postbanküberweisung 5000 DM

6.2.2 Zusammengesetzte Buchungssätze

Durch manche Geschäftsvorfälle werden nicht nur zwei, sondern mehrere Sachkonten berührt. Dann muss auf mehreren Konten im Soll und/oder Haben gebucht werden.

6 Buchungssatz

Dabei ist es auch möglich, dass ein Geschäftsvorfall sowohl im Soll als auch im Haben auf mehreren Konten gebucht werden muss.

Auch hier müssen zuerst die gleichen vier Grundfragen geklärt werden wie bei der Bildung einfacher Buchungssätze.

Übungsfälle[1]

Bilden Sie für die folgenden Geschäftsvorfälle die Buchungssätze und geben Sie die Auswirkung des Geschäftsvorfalls auf Betriebsvermögen und Gewinn an:

Zahlung eines Kunden bar 1000 DM und durch Postbank 9000 DM

Ausgleich einer Lieferantenrechnung durch Barzahlung 700 DM und Bankscheck 6300 DM

Banküberweisung an das Finanzamt: Umsatzsteuer 4200 DM, Kraftfahrzeugsteuer 800 DM und Einkommensteuer 9000 DM

Banküberweisung (4500,80 DM) eines Kunden mit Skontoabzug (139,20 DM); die Lieferung war umsatzsteuerpflichtig (16 %)

Ausgleich einer Lieferantenrechnung durch Besitzwechsel 4000 DM und Schuldwechsel 6000 DM

Barzahlung (2250,40 DM) an einen Lieferanten mit Skontoabzug (69,60 DM); die Lieferung war umsatzsteuerpflichtig (16 %)

Wohnungsmiete 900 DM und Ladenmiete 4100 DM werden überwiesen

Einlage in bar 600 DM und durch Einzahlung auf das betriebliche Bankkonto 1900 DM

Entnahme in bar 700 DM und Entnahme von Waren, Teilwert (aktueller Einkaufspreis zzgl. Nebenkosten) = 800 DM (umsatzsteuerpflichtige Wertabgabe gem. § 3 Abs. 1 b Nr. 1 UStG)

Zinsen in Höhe von 1700 DM für betriebliche und in Höhe von 600 DM für private Darlehen werden bar gezahlt

Kauf von Einrichtungsgegenständen gegen Barzahlung für 2000 DM zzgl. 320 DM USt

Kauf von Waren auf Ziel für 1500 DM zzgl. 240 DM USt

Warenverkauf für 1000 DM zzgl. 160 DM USt gegen Postbanküberweisung

Verkauf von Geschäftsausstattung gegen Barzahlung für 3000 DM zzgl. 480 DM USt (Buchwert = 3400 DM)

Warenverkauf auf Ziel für 10 000 DM zzgl. 1600 DM USt

Kauf von Waren gegen Postbanküberweisung für 800 DM zzgl. 128 DM USt

Warenrücksendung an einen Lieferanten für 100 DM zzgl. 16 DM USt

Warenrücksendung eines Kunden für 500 DM zzgl. 80 DM USt

Anschaffung einer Maschine für 15 000 DM zzgl. 2400 DM USt. Der Kaufpreis wird gestundet.

Preisnachlass eines Lieferanten 200 DM zzgl. 32 DM USt

Kunde erhält einen Preisnachlass von 150 DM zzgl. 24 DM USt

Büromaterial 300 DM zzgl. 48 DM USt wird bar gezahlt

---

1 Vgl. FN 1 in Kapitel 3.

6.2 Bilden einfacher und zusammengesetzter Buchungssätze

Ein Anspruch auf Erstattung von Einkommensteuer wird mit Grunderwerbsteuerschuld (1900 DM) und Kraftfahrzeugsteuer (200 DM) verrechnet
Verkauf von Wertpapieren, Erlös 6000 DM, Buchwert 4000 DM, bei gleichzeitiger Belastung mit 60 DM Bankspesen
Gehaltszahlung in bar, Brutto 2000 DM, Arbeitgeberanteil zur Sozialversicherung 200 DM. Einbehalten werden: Arbeitnehmeranteil zur Sozialversicherung 200 DM, Lohnsteuer 180 DM.

6.2.3 Zerlegung und Zusammenfassung von Geschäftsvorfällen

Geschäftsvorfälle, bei denen sich zusammengesetzte Buchungssätze ergeben, können auch in mehreren Buchungen vorgenommen werden.

Beispiel

Ein Kunde überweist den Rechnungsbetrag von 3480 DM nach Abzug von 3 % Skonto (104,40 DM), also 3375,60 DM, auf das Bankkonto.
Der Geschäftsvorfall kann mit einer, mit zwei oder sogar mit drei Buchungen gebucht werden.

Eine Buchung:

Bank	3375,60 DM		
Skontiaufwendungen	90,— DM		
USt-Schuld	14,40 DM		
		an Forderungen	3480,— DM

Drei Buchungen:

Bank	3375,60 DM	an Forderungen	3375,60 DM
Skontiaufwendungen	90,— DM	an Forderungen	90,— DM
USt-Schuld	14,40 DM	an Forderungen	14,40 DM

Typisch und daher praxisgerecht ist die Zerlegung in drei Buchungen nicht, denn sie erschwert die Aussagefähigkeit der Buchführung. In diesem Fall etwa werden 3 Bewegungen auf dem Forderungskonto gezeigt, obwohl nur **ein** Geschäftsvorfall gegeben ist.

So wie Geschäftsvorfälle zerlegt werden können, ist aus Vereinfachungsgründen auch eine Zusammenfassung mehrerer Geschäftsvorfälle in einer Buchung möglich.

Beispiele

a) Überzahlte betriebliche KfzSt wird von der Finanzkasse des Finanzamts auf ESt umgebucht.
Buchung: Entnahmen an KfzSt-Aufwand.
Der Buchung liegen zwei Geschäftsvorfälle zugrunde:
1. Die Entstehung des Erstattungsanspruchs (Buchung: Sonstige Forderungen an KfzSt-Aufwand),
2. die Verrechnung des Erstattungsanspruchs mit der privaten ESt-Schuld (Buchung: Entnahmen an Sonstige Forderungen).

b) Überzahlte ESt wird von der Finanzkasse des Finanzamts auf betriebliche KfzSt umgebucht.
Buchung: KfzSt-Aufwand an Einlagen.
Auch dieser Buchung liegen zwei Geschäftsvorfälle zugrunde:
1. Die Entstehung der betrieblichen Kfz-Steuerschuld (Buchung: KfzSt-Aufwand an Sonstige Verbindlichkeiten),
2. die Verrechnung der betrieblichen Schuld mit dem zum Privatvermögen gehörenden Erstattungsanspruch (Buchung: Sonstige Verbindlichkeiten an Einlagen).

Gegen eine solche Zerlegung oder Zusammenfassung, die oft der Vereinfachung dient, ist **steuerrechtlich** nichts einzuwenden.

6.2.4 Übungsaufgabe 5: Bildung von Buchungssätzen und Feststellung der Auswirkung von Geschäftsvorfällen auf Betriebsvermögen und Gewinn

Geschäftsvorfälle

1. ESt (1000 DM), KiSt (90 DM) und KfzSt (110 DM) werden per Bank überwiesen. Die KfzSt betrifft ein Betriebsfahrzeug.
2. Überweisung von 7000 DM GrESt für ein erworbenes Betriebsgrundstück.
3. Überweisung von 7000 DM GrESt für ein für private Zwecke erworbenes Grundstück.
4. Kauf einer Maschine, Rechnungsbetrag 40 000 DM zzgl. 6400 DM USt. Auf den Kaufpreis wird eine gebrauchte Maschine mit 5800 DM angerechnet, die mit einem Erinnerungsposten von 1 DM zu Buch steht. Die Zahlung des Restkaufpreises erfolgt durch Bankscheck (10 000 DM) und Postbanküberweisung (30 600 DM).
5. Wie Nr. 4, jedoch wurde die Zahlung von 10 000 DM aus privaten Mitteln entrichtet.
6. Wie Nr. 4, jedoch wurden die 10 000 DM durch Hingabe von Waren geleistet, die im Warenbestand mit den Anschaffungskosten von 6000 DM enthalten waren. Die aus dem Betrag von 10 000 DM herauszurechnende und abzuführende USt beträgt 1379,31 DM.
7. Lohnzahlung bar: Bruttolöhne 20 000 DM, einbehaltene LSt und KiSt 1800 DM, Arbeitnehmeranteile zur Sozialversicherung 1200 DM. Die Arbeitgeberanteile zur Sozialversicherung betragen ebenfalls 1200 DM. Auf den Solidaritätszuschlag ist aus Vereinfachungsgründen nicht einzugehen.
8. Warenentnahme für private Zwecke, Teilwert (Einkaufspreis zzgl. Nebenkosten im Zeitpunkt der Entnahme) = Anschaffungskosten 2000 DM; USt-Satz 16 %.
9. Eine private Schuld in Höhe von 5800 DM wird durch Hingabe von Waren aus dem eigenen Bestand beglichen. Anschaffungskosten der Ware seinerzeit 3000 DM; USt-Satz 16 %.
10. Die Tilgung der privaten Schuld (Nr. 9) erfolgt durch Hingabe eines auf 1 DM abgeschriebenen betrieblichen PKW; USt-Satz 16 %.
11. Vernichtung von Waren durch Brand im Lagergebäude, Anschaffungskosten der Ware seinerzeit 18 000 DM, üblicher Verkaufspreis (einschl. 16 % USt) 23 200 DM.

12. Entnahme von Wertpapieren, Teilwert im Zeitpunkt der Überführung ins Privatvermögen 5000 DM, Buchwert (Anschaffungskosten) 8500 DM.
13. Vorsteuerguthaben wird von der Finanzkasse mit fälliger ESt verrechnet, 2000 DM.
14. Überzahlte GewSt wird von der Stadtkasse auf GrSt, die für das Betriebsgrundstück zu zahlen ist, umgebucht, 300 DM.
15. Wie Nr. 14, nur handelt es sich um die GrSt für das private Einfamilienhaus.
16. Eine vor Jahren abgeschriebene Forderung in Höhe von 1725 DM wurde vom Schuldner beglichen. Steuersatz 15 %, weil die Lieferung vor dem 1. 4. 1998 ausgeführt wurde.
17. Miete für Geschäftsräume (600 DM) und Wohnung (400 DM) wird vom Bankkonto überwiesen, 1000 DM.
18. Ein Kunde überweist nach Abzug von 2 % Skonto 4547,20 DM. Rechnungsbetrag 4000 DM + 16 % USt = 4640 DM.
19. Lieferantenschulden werden in ein langfristiges Darlehen umgewandelt, 50 000 DM.
20. Für innerbetriebliche Zwecke (= Reinigung der Geschäftsräume) wird Ware verbraucht, deren Anschaffungskosten 300 DM betragen haben.

Aufgabe

Für die Geschäftsvorfälle sind die Buchungssätze zu bilden. Stellen Sie diese in Tabellenform nach folgendem Muster zusammen und geben Sie die Beträge an, um die sich das Betriebsvermögen (Eigenkapital) und der Gewinn erhöhen (+) oder mindern (–). Hat der Geschäftsvorfall keine Auswirkung auf das Betriebsvermögen bzw. den Gewinn, tragen Sie eine 0 ein.[2]

Nr.	Buchungssatz	Auswirkung auf das Betriebsvermögen	Auswirkung auf den Gewinn

Die **Lösung** zu dieser Übungsaufgabe ist in einem „Lösungsheft" (Bestell-Nr. 100) enthalten.

6.3 Deuten von Buchungssätzen

6.3.1 Begriff und Grundsätze

Beim Deuten von Buchungssätzen soll angegeben und erklärt werden, welcher Geschäftsvorfall einer Buchung zugrunde liegt.

---

[2] In schwierigen Fällen empfiehlt es sich, zur Feststellung der Auswirkung auf das Betriebsvermögen die Änderungen der einzelnen Bilanzposten in ein Bilanzkreuz einzutragen. Zur Feststellung der Gewinnauswirkung können Sie vom Betriebsvermögensvergleich oder der Gewinn-und-Verlust-Rechnung (Erfolgskonten) ausgehen. Beide Wege müssen zum selben Ergebnis führen. Zur Kontrolle sollten Sie deshalb beide Überlegungen anstellen.

6 Buchungssatz

Während das Bilden der Buchungssätze relativ schnell erlernt wird, bereitet das Deuten der Buchungssätze erfahrungsgemäß wesentlich mehr Schwierigkeiten. Geklärt werden müssen, um zum richtigen Ergebnis zu kommen, die folgenden Fragen:
- Welchen Charakter haben die betroffenen Konten?
- Bedeuten Sollbuchung und Habenbuchung Zugang oder Abgang?
- Welcher Geschäftsvorfall liegt demnach der Buchung zugrunde?

Das Deuten der Buchungssätze setzt besonders die Kenntnis der Kontenarten und die Grundsätze über die Buchungsregeln voraus.

Übungsfälle
Deuten Sie die folgenden Buchungssätze. Geben Sie an, wie Betriebsvermögen und Gewinn durch den Geschäftsvorfall der Höhe nach beeinflusst werden.

Ware 2000 DM und Vorsteuer 320 DM an Bank 2320 DM

Kundenforderungen 3480 DM an Waren 3000 DM und USt-Schuld 480 DM

Besitzwechsel an Kundenforderungen 3480 DM

Geschäftseinrichtung 10 000 DM und Vorsteuer 1600 DM an sonstige Verbindlichkeiten 11 600 DM

Lieferantenschulden an Schuldwechsel 12 000 DM

Entnahmen an Bank 7500 DM

Grundstücke an Einlagen 200 000 DM

Bank an Postbank 15 000 DM

Ware 6000 DM und Vorsteuer 960 DM an Lieferantenschulden 6960 DM

Postbank an Kundenforderungen 2320 DM

Lieferantenschulden an Besitzwechsel 6960 DM

Warenverkauf 1000 DM und USt-Schuld 160 DM an Kundenforderungen 1160 DM

Wareneinkauf 800 DM und Vorsteuer 128 DM an Kundenforderungen 928 DM

Zinsaufwendungen an Bank 760 DM

Lohnaufwendungen an Kasse 4800 DM

Kasse an Wertpapiere 2400 DM

Allgemeine Verwaltungskosten 900 DM und Vorsteuer 144 DM an Postbank 1044 DM

Lieferantenschulden 928 DM an Kasse 881,60 DM, Vorsteuer 6,40 DM und Skontierträge 40 DM

Postbank 6612 DM, USt-Schuld 48 DM und Skontiaufwendungen 300 DM an Kundenforderungen 6960 DM

Entnahmen 900 DM und Mietaufwendungen 5000 DM an Kasse 5900 DM

Postbank 6000 DM an Kasse 1000 DM und Einlagen 5000 DM

Bank 5000 DM, Postbank 6252 DM, Skontiaufwendungen 300 DM und USt-Schuld 48 DM an Kundenforderungen 11 600 DM

Lieferantenschulden 5800 DM an Warenverkauf 5000 DM und USt-Schuld 800 DM

Lieferantenschulden 4640 DM an Wareneinkauf 4000 DM und Vorsteuer 640 DM

Umsatzsteuerschuld an Einlagen 3000 DM

6.3 Deuten von Buchungssätzen

Lohnaufwendungen 5800 DM an Warenverkauf 5000 DM und USt-Schuld 800 DM
Kasse 116 DM an Telefonkosten 100 DM und USt-Schuld 16 DM
Lieferantenschulden an Kundenforderungen 4640 DM
Entnahmen an Waren 1000 DM
Entnahmen an Umsatzsteuerschuld 160 DM

6.3.2 Übungsaufgabe 6: Deuten von Buchungssätzen und Feststellung der Auswirkung des Geschäftsvorfalls auf Betriebsvermögen und Gewinn

Buchungssätze
1. Wareneinkauf 6000 DM, Vorsteuer 960 DM an Verbindlichkeiten 6960 DM
2. Bank an Gewerbesteuer 1200 DM
3. Mietaufwand 5000 DM und Entnahmen 2000 DM an Kasse 7000 DM
4. KfzSt-Aufwand an Einlagen 180 DM
5. USt an Einlagen 680 DM
6. Grundstücke an Einlagen 100 000 DM
7. Verbindlichkeiten 5800 DM an Bank 5684 DM, Vorsteuer 16 DM und Skontierträge 100 DM
8. Bank 11 368 DM, USt-Schuld 32 DM und Skontiaufwendungen 200 DM an Kundenforderungen 11 600 DM
9. Entnahmen 5684 DM, Skontiaufwendungen 100 DM, USt 16 DM an Kundenforderungen 5800 DM
10. Schuldwechsel an Bank 3000 DM
11. Entnahmen 6000 DM, Kursverluste 2000 DM an Wertpapiere 8000 DM
12. Entnahmen 696 DM an Erlöse aus unentgeltlicher Wertabgabe 600 DM und USt 96 DM
    Die Anschaffungskosten der Waren haben 600 DM betragen.
13. Wie Nr. 12. Die Anschaffungskosten haben 580 DM betragen.
14. Postbank 2320 DM an Warenverkauf 2000 DM und USt-Schuld 320 DM.
    Die Waren wurden für 1800 DM eingekauft.
15. Bank 9280 DM an Maschinen 3000 DM, sonstige betriebliche Erträge 5000 DM und USt-Schuld 1280 DM
16. Gewerbesteueraufwendungen 2000 DM und Entnahmen (GrSt) 300 DM an Bank 2300 DM
17. Betriebssteuern (Kfz-Steuer) an Einlagen (ESt) 420 DM
18. Bank an Anzahlungen 10 000 DM.

Aufgabe
Bestimmen Sie die Geschäftsvorfälle, die den Buchungen zugrunde liegen können. Geben Sie die Beträge an, um die sich das Betriebsvermögen und der Gewinn durch die Geschäftsvorfälle erhöhen (+) oder mindern (−). Hat der Geschäftsvorfall keine Auswirkung, tragen Sie eine 0 ein. Verwenden Sie zur Lösung das folgende Muster:

6 Buchungssatz

Nr.	Möglicher Geschäftsvorfall	Auswirkung auf das Betriebsvermögen	Auswirkung auf den Gewinn

Die **Lösung** zu dieser Übungsaufgabe ist in einem „Lösungsheft" (Bestell-Nr. 100) enthalten.

6.4 Kontenruf

In der Praxis wird nicht nur der Tag, an dem sich der Geschäftsvorfall ereignet hat, und der Betrag auf der zuständigen Kontoseite vermerkt, sondern auch das Gegenkonto. Damit kann man nicht nur das Konto feststellen, auf dem die Gegenbuchung steht, sondern den gesamten Geschäftsvorfall aus dem Konto ablesen. Die Eintragung des halben Buchungssatzes auf den Konten bezeichnet man als Kontenruf. Durch ihn entfällt eine eingehende Erläuterung des Geschäftsvorfalls.

Beispiel
Ein Kunde zahlt bar   5000 DM
Buchungssatz: Kasse 5000 DM an Kundenforderungen 5000 DM

S	Kasse	H	S	Kundenforderungen	H
Forderungen 5000 DM				Kasse 5000 DM	

Bei Verwendung eines Kontenplans[3] wird die Kontenbezeichnung durch die Kontenplannummer ersetzt.

S	1000 Kasse	H	S	1400 Kundenforderungen	H
1400 5000 DM				1000 5000 DM	

6.5 Buchungssätze für die Konteneröffnung

Verzichtet man bei der Konteneröffnung auf ein Eröffnungsbilanzkonto, dann lautet der Buchungssatz: verschiedene Aktivkonten an verschiedene Passivkonten.
Wird dagegen ein Eröffnungsbilanzkonto verwendet, dann sind zwei Buchungen erforderlich:

---

3 S. u. 10.4.

Verschiedene Aktivkonten an Eröffnungsbilanzkonto,
Eröffnungsbilanzkonto an verschiedene Passivkonten.

6.6 Buchungssätze für den Kontenabschluss

Schlussbilanzkonto

Die Durchführung des Jahresabschlusses erfolgt mithilfe eines Schlussbilanzkontos. Das Schlussbilanzkonto ist wie das Gewinn-und-Verlust-Konto ein echtes Abschlusskonto. Während auf dem Gewinn-und-Verlust-Konto alle Erfolgsposten schließlich erfasst sind, enthält das Schlussbilanzkonto nach Durchführung der Abschlussbuchungen die Salden der aktiven und passiven Bestandskonten. Die Buchungssätze für die Abschlussbuchungen lauten:

a) Erfolgskonten

Gewinn-und-Verlust-Konto an verschiedene Aufwandskonten
Verschiedene Ertragskonten an Gewinn-und-Verlust-Konto

b) gemischte Konten

Gewinn-und-Verlust-Konto an gemischte Konten
(bei Aufwand)
Gemischte Konten an Gewinn-und-Verlust-Konto
(bei Ertrag)
} Erfolgsteil

Schlussbilanzkonto an gemischte Konten
(bei aktivem Bestand)
Gemischte Konten an Schlussbilanzkonto
(bei passivem Bestand)
} Bestandsteil

c) Unterkonten des Kapitalkontos

Kapitalkonto an Privatkonto (Entnahmen)
Privatkonto (Einlagen) an Kapitalkonto
Gewinn-und-Verlust-Konto an Kapitalkonto (bei Gewinn)
Kapitalkonto an Gewinn-und-Verlust-Konto (bei Verlust)

d) Bestandskonten

Schlussbilanzkonto an verschiedene Aktivkonten
Verschiedene Passivkonten an Schlussbilanzkonto

7 Warenkonto

7.1 Einheitliches (gemischtes) Warenkonto

7.1.1 Inhalt des einheitlichen Warenkontos

Im Mittelpunkt der Buchführung eines Handelsbetriebs steht das Warenkonto.[1] Das einheitliche Warenkonto erfasst im Soll zunächst den Anfangsbestand sowie alle Zugänge zum Einkaufspreis netto, d. h. ohne abziehbare Vorsteuer. Auf der Habenseite erscheinen alle Abgänge zum Verkaufspreis netto, d. h. ohne die im Preis enthaltene Umsatzsteuer. Da zwischen beiden Preisen im Allgemeinen eine Werterhöhung (Rohgewinnaufschlag) liegt, zeigt der Saldo am Jahresende nicht die Höhe des Endbestandes, aber auch nicht den erwirtschafteten Rohgewinn. Er würde nur dann mit dem Rohgewinn übereinstimmen, wenn am Jahresende ein Endbestand nicht vorhanden wäre.

Die Auflösung wird möglich, wenn der **Endbestand** außerhalb des Warenkontos durch Inventur ermittelt ist. Dann kann der Rohgewinn durch Gegenüberstellung der Verkaufserlöse (Habenseite) und der Anschaffungskosten der verkauften Waren (Sollseite ./. Endbestand) errechnet werden. Zum gleichen Ergebnis gelangt man durch die Abschlussbuchung: Schlussbilanzkonto an Warenkonto, wobei der zu buchende Betrag dem Inventurbestand zu entsprechen hat. Der Endbestand wird also nicht von der Sollseite abgesetzt, sondern auf die Habenseite übernommen. Der auf der Sollseite gebuchte Warenanfangsbestand und die Wareneinkäufe stehen dann den Verkäufen und dem Endbestand auf der Habenseite gegenüber. Im Ergebnis (Saldo) bleibt der Warenrohgewinn (oder Rohverlust) übrig.

Als Rohgewinn bezeichnet man den Unterschied zwischen dem Warenverkauf (Warenumsatz) und dem Wareneinsatz (Anfangsbestand und Wareneinkäufe abzüglich Endbestand). Ermittlung des Rohgewinns:

	Warenverkauf (Habenseite)		100 000 DM
	Anfangsbestand (Sollseite)	3 000 DM	
+	Wareneinkäufe (Sollseite)	80 000 DM	
		83 000 DM	
./.	Warenendbestand (Habenseite)	8 000 DM	
=	Wareneinsatz (Aufwand)		75 000 DM
=	Rohgewinn		25 000 DM

---

1 Auch in diesem Abschnitt werden zunächst noch die Bezeichnungen Einkaufspreis und Verkaufspreis verwendet.

7.1 Einheitliches (gemischtes) Warenkonto

Während der Warenverkauf der Umsatz zum Verkaufspreis (ohne USt) ist, handelt es sich beim Wareneinsatz um den veräußerten Teil der Waren aus Anfangsbestand und Wareneingang (verkaufte Ware zum Einkaufspreis [ohne USt]). Neben den regelmäßigen Buchungen muss das Warenkonto auch die Vorgänge aufnehmen, durch die Soll- und Habenbuchungen rückgängig gemacht werden müssen. So müssen im Soll Warenrücksendungen der Kunden gebucht werden (Buchungssatz: Waren an Kundenforderungen). Außerdem werden auf der gleichen Kontoseite Preisnachlässe gegenüber Kunden gebucht. Auf der Habenseite des Warenkontos müssen neben den Warenverkäufen die Rücksendungen an Lieferanten und die Preisnachlässe von Lieferanten gebucht werden (Buchungssatz: Lieferantenschulden [Verbindlichkeiten] an Waren). Damit stehen auf jeder Kontoseite des einheitlichen Warenkontos nicht nur Buchungen zu gleichen Preisen, sondern zu Einkaufspreisen und Verkaufspreisen.

Das einheitliche Warenkonto enthält somit die folgenden Vorgänge:

Soll	Warenkonto	Haben
Anfangsbestand zum Nettoeinkaufspreis		Warenverkäufe zum Nettoverkaufspreis
Wareneinkäufe zum Nettoeinkaufspreis		Rücksendungen an Lieferanten zum Nettoeinkaufspreis
Rücksendungen der Kunden zum Nettoverkaufspreis		Preisnachlässe der Lieferanten zum Nettoeinkaufspreis
Preisnachlässe an Kunden zum Nettoverkaufspreis		Warenentnahmen zum Teilwert (im Allgemeinen Nettoeinkaufspreis)
Rohgewinn		Endbestand zum Nettoeinkaufspreis

Der Wareneinsatz wird im ungeteilten Warenkonto nicht ausgewiesen.

Beispiel
Sachverhalt

Warenanfangsbestand	5 000 DM
1) Wareneinkauf	20 000 DM
2) Warenverkauf	12 000 DM
3) Warenrücksendung an Lieferanten	1 000 DM
4) Preisnachlässe für Kunden	500 DM
5) Warenverkauf	13 000 DM
6) Warenrücksendung eines Kunden	1 000 DM
7) Wareneinkauf	2 000 DM
8) Warenentnahme (Teilwert = Anschaffungskosten)	200 DM
Warenbestand laut Inventur	10 000 DM

Aufgabe
Die Geschäftsvorfälle sind auf einem einheitlichen Warenkonto zu buchen. Von einer Darstellung der Gegenkonten ist abzusehen. Das Warenkonto ist abzuschließen. Die angegebenen Beträge sind Nettopreise (ohne USt).

7 Warenkonto

Lösung

Soll		Warenkonto		Haben
Anfangsbestand	5 000 DM	2) Warenverkauf		12 000 DM
1) Wareneinkauf	20 000 DM	3) Rücksendung		1 000 DM
4) Preisnachlass	500 DM	5) Warenverkauf		13 000 DM
6) Rücksendung	1 000 DM	8) Warenentnahmen		200 DM
7) Wareneinkauf	2 000 DM	Endbestand (SBK)		10 000 DM
Rohgewinn	7 700 DM			
	36 200 DM			36 200 DM

Wirtschaftlicher Umsatz und wirtschaftlicher Wareneinsatz[2] errechnen sich wie folgt:

Verkäufe (2 und 5)		25 000 DM
./. Preisnachlässe und Rücksendungen (4 und 6)		1 500 DM
= wirtschaftlicher Umsatz		23 500 DM
Warenanfangsbestand	5 000 DM	
+ Wareneinkäufe (1 und 7)	22 000 DM	
	27 000 DM	
./. Rücksendungen (3) u. Warenentnahmen (8)	1 200 DM	
	25 800 DM	
./. Warenendbestand	10 000 DM	
= wirtschaftlicher Wareneinsatz		15 800 DM
= wirtschaftlicher Rohgewinn		7 700 DM

7.1.2 Wesen des ungeteilten Warenkontos

Werden Wareneinkäufe und Warenverkäufe auf einem Konto gebucht, dann ist das Warenkonto ein typisch gemischtes Konto. Sein Saldo umfasst einen Erfolgsteil (Rohgewinn oder Rohverlust) und den Endbestand. Ein Abschluss ist nur nach Feststellung des Warenendbestands durch Inventur möglich.

7.2 Warenbestandskonto und Warenerfolgskonto

Die Nachteile des einheitlichen Warenkontos könnten durch Auflösung in ein reines Bestandskonto und ein Warenerfolgskonto beseitigt werden, wie das bei anderen Konten (Wertpapierkonto, Devisenkonto, Grundstückskonto usw.) geschieht.

Beispiel

Sachverhalt

Ein Autohändler hat im Laufe des Jahres umgesetzt:
Einkauf am 5. 3. für 6 000 DM, Verkauf am 8. 3. für 7 000 DM
Einkauf am 15. 5. für 12 000 DM, Verkauf am 19. 5. für 14 000 DM

---

[2] S. u. 7.5.

7.3 Wareneinkaufskonto und Warenverkaufskonto

Einkauf am 20. 6. für 8 000 DM, Verkauf am 30. 6. für 9 500 DM
Einkauf am 11. 10. für 18 000 DM, Verkauf am 12. 10. für 20 000 DM
Einkauf am 29. 12. für 5 000 DM, noch nicht verkauft

Aufgabe
Die Vorfälle sind auf einem Warenbestandskonto und einem Warenerfolgskonto zu buchen. Alle Beträge sind Nettopreise (ohne USt).

Lösung

S	Warenbestandskonto		H		S	Warenerfolgskonto		H
5. 3. WE	6 000	8. 3. WV	6 000		GuV	6 500	8. 3. WV	1 000
15. 5. WE	12 000	19. 5. WV	12 000				19. 5. WV	2 000
20. 6. WE	8 000	30. 6. WV	8 000				30. 6. WV	1 500
11. 10. WE	18 000	12. 10. WV	18 000				12. 10. WV	2 000
29. 12. WE	5 000	31. 12. SBK	5 000			6 500		6 500
	49 000		49 000					

S	SBK		H		S	GuV		H
Waren	5 000						Rohgewinn	6 500

Bei einer solchen Trennung wäre der Saldo des Warenbestandskontos der Bestand. Am Jahresende würde er nach Bestätigung durch die Inventur in die Bilanz übernommen. Der Saldo des Warenerfolgskontos wäre der Rohgewinn, der als Ertrag über das Gewinn-und-Verlust-Konto abgeschlossen würde.

Eine solche Auflösung ist jedoch nur möglich, wenn bei jedem einzelnen Verkauf der Einkaufspreis (Buchwert) der verkauften Wirtschaftsgüter festgestellt werden kann, wie bei Betrieben mit ganz wenig Umsätzen oder Betrieben, die mit sehr wertvollen Gegenständen handeln. Bei Betrieben, die Güter des täglichen Bedarfs umsetzen, ist sie jedoch unmöglich.

7.3 Wareneinkaufskonto und Warenverkaufskonto

7.3.1 Begründung für die Auflösung in zwei getrennte Konten

Die besondere Schwierigkeit des ungeteilten (gemischten) Warenkontos besteht darin, dass auf ihm mit unterschiedlichen Preisen (Einkaufspreise und Verkaufspreise) gebucht wird. Besonders schwerwiegend ist, dass nicht einmal auf den beiden Kontoseiten gleiche Preise erscheinen. Auf der Sollseite, die allgemein als die Einkaufsseite bezeichnet werden kann und auf der regelmäßig Einkaufspreise gebucht werden, erscheinen bei Rücksendungen, Preisnachlässen und sonstigen Stornobuchungen des Warenverkaufs auch Buchungen zum Verkaufspreis. Auf der Habenseite werden normalerweise die Warenverkäufe zum Verkaufspreis gebucht.

7 Warenkonto

Aber auch hier kommen Buchungen zum Einkaufspreis (Rücksendungen, Preisnachlässe und Stornobuchungen des Wareneingangs) vor. Außerdem wird hier der Warenendbestand erfasst. Diese Schwierigkeiten sollen durch die Trennung des Warenkontos in ein Einkaufskonto und ein Verkaufskonto ausgeschaltet werden. Dabei übernimmt das Wareneinkaufskonto alle Buchungen, die mit dem Wareneingang im Zusammenhang stehen, und das Warenverkaufskonto alle Buchungen, die den Warenumsatz betreffen.

Größere Unternehmen, die mit verschiedenartigen Waren handeln, richten oft für jede Warengruppe Wareneinkaufs- und Warenverkaufskonten ein. Hierdurch wird eine bessere Kontrolle und Verprobung gewährleistet. Auch bei Unternehmen mit mehreren Filialen werden mehrere Wareneinkaufs- und Warenverkaufskonten (für jede Filiale mindestens ein Konto) geführt. Zum Zwecke der USt-Berechnung sind nach Steuersätzen getrennte Verkaufskonten erforderlich, wenn die Erlöse unterschiedlichen Steuersätzen (§ 12 UStG) unterliegen.

7.3.2 Inhalt der getrennten Warenkonten

7.3.2.1 Wareneinkaufskonto

Das Wareneinkaufskonto übernimmt im Soll zunächst den Anfangsbestand und im Laufe des Jahres alle Wareneinkäufe. Auf der Habenseite werden Rücksendungen an die Lieferanten sowie Preisnachlässe zum Wareneinkauf gebucht. Ebenso können die Warenentnahmen für private Zwecke (unentgeltliche Wertabgabe nach § 3 Abs. 1 b Nr. 1 UStG) auf der Habenseite des Wareneinkaufskontos gebucht werden. Buchung: Entnahmen an Wareneinkauf.[3]

Der sich nach Buchung aller Geschäftsvorfälle auf dem Wareneinkaufskonto ergebende Saldo ist weder der Endbestand noch die verkaufte Ware zum Einkaufspreis. Vielmehr handelt es sich um den Aufwand für die Waren, die für Warenverkäufe im Laufe des Geschäftsjahrs zur Verfügung standen. Ob und inwieweit diese Waren verkauft sind, wird mit der Inventur festgestellt.

Der Abschluss des Wareneinkaufskontos ist buchmäßig, wie beim einheitlichen (gemischten) Warenkonto, erst **nach** vorhergehender **Inventur** möglich. Der Erfolgsteil des Wareneinkaufskontos (Wareneinsatz) bleibt als Saldo übrig, wenn der durch Inventur ermittelte Endbestand über das Schlussbilanzkonto abgeschlossen wird. Der Saldo des Wareneinkaufskontos enthält also vor Durchführung der Abschlussbuchungen, ebenso wie das ungeteilte Warenkonto, sowohl einen Bestand als auch einen Erfolg (Aufwand = Wareneinsatz).

Die Sollbuchung des Wareneinkaufs führt – für sich allein betrachtet – wie beim einheitlichen Warenkonto zu einer Gewinnminderung. Durch sie wird der Aufwand (Wareneinsatz) erhöht, soweit die Waren im Laufe des Wirtschaftsjahrs veräußert wurden.

---

3 Wegen anderer Buchungsmöglichkeiten s. u. 7.9.1.

7.3 Wareneinkaufskonto und Warenverkaufskonto

Ist die Ware am Jahresende noch vorhanden, wird die gewinnmindernde Sollbuchung durch die Abschlussbuchung: **„SBK an Wareneinkauf"** korrigiert, der Aufwand also im Ergebnis wieder gemindert. Die Regel, dass jede Sollbuchung auf dem Wareneinkaufskonto den Gewinn mindert und jede Habenbuchung auf dem Wareneinkaufskonto ihn erhöht, trifft also nur zu, wenn man die einzelne Buchung für sich allein betrachtet.

Im Gegensatz zum ungeteilten Warenkonto weist das Wareneinkaufskonto nicht den Rohgewinn, sondern den Aufwand für die verkauften Waren (Wareneinsatz) aus. Der Inhalt des Wareneinkaufskontos ergibt sich aus dem folgenden Schaubild:

Soll	Wareneinkaufskonto	Haben
Anfangsbestand	Rücksendungen, Preisnachlässe zum Einkaufspreis	
Wareneinkäufe zum Einkaufspreis	Warenentnahmen	
	Endbestand	
	Saldo = Wareneinsatz	

Weil das Wareneinkaufskonto zu den gemischten Konten gehört, wirken sich Falschbuchungen zwangsläufig auf den Gewinn aus. Wird z. B. eine nicht abzugsfähige Ausgabe auf der Sollseite des Wareneinkaufskontos gebucht, dann wird hierdurch der Aufwand (Wareneinsatz) erhöht und der Gewinn gemindert. Eine Habenbuchung führt aus den gleichen Gründen zur Minderung des Aufwands (Wareneinsatz) und zur Erhöhung des Gewinns.

7.3.2.2 Warenverkaufskonto

Auf dem Warenverkaufskonto werden alle Warenumsätze zum Rechnungsbetrag (Netto-Verkaufspreis) auf der Habenseite gebucht. Auf seiner Sollseite sind lediglich Rücksendungen der Kunden und Preisnachlässe zu buchen, die den Kunden gewährt wurden. Nach Durchführung der laufenden Buchungen verbleibt als Saldo der Verkaufserlös der veräußerten Ware (Warenumsatz).

Soll	Warenverkaufskonto	Haben
Rücksendungen und Preisnachlässe zum Verkaufspreis	Warenverkäufe zum Verkaufspreis	
Saldo = Warenumsatz		

Das Warenverkaufskonto ist ein reines Erfolgskonto. Damit gilt für das Warenverkaufskonto, abgestellt auf die einzelne Buchung, die Regel: Jede Sollbuchung mindert den Gewinn, jede Habenbuchung erhöht den Gewinn.

7 Warenkonto

7.3.3 Abschluss der getrennten Warenkonten

7.3.3.1 Nettoabschluss

Beim Nettoabschluss werden die beiden Warenkonten miteinander abgeschlossen. Der Saldo des Wareneinkaufskontos (Wareneinsatz), der nach Buchung des Endbestandes über das Schlussbilanzkonto verbleibt, wird auf das **Warenverkaufskonto** übertragen. Buchungssatz: **Warenverkauf an Wareneinkauf**.

Auf dem Warenverkaufskonto stehen sich danach Warenverkauf (verkaufte Ware zum Verkaufspreis) und Wareneinsatz (verkaufte Ware zum Einkaufspreis) gegenüber. Der Saldo ergibt den Rohgewinn, der über Gewinn-und-Verlust-Konto abgeschlossen wird. Buchungssatz: Warenverkauf an Gewinn-und-Verlust-Konto.

Das nachstehende Schaubild verdeutlicht den Nettoabschluss der beiden Warenkonten. Im Interesse der Übersichtlichkeit werden Rücksendungen und Preisnachlässe weggelassen und unterstellt, dass keine Erwerbsnebenkosten zu berücksichtigen sind.

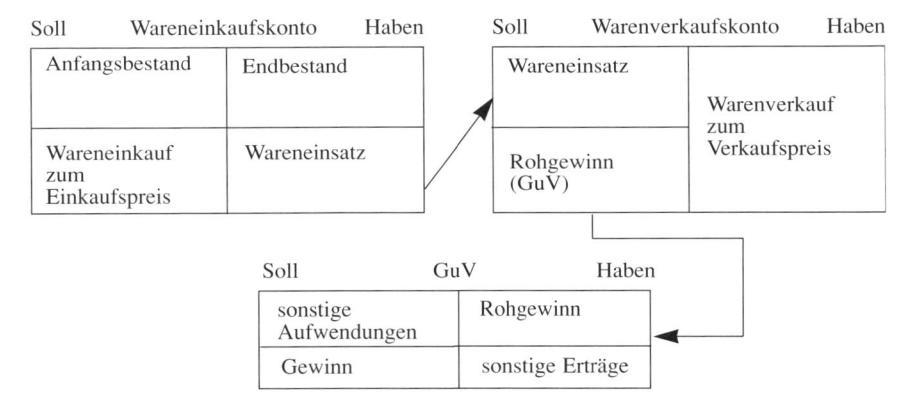

Soll	Wareneinkaufskonto	Haben
Anfangsbestand	Endbestand	
Wareneinkauf zum Einkaufspreis	Wareneinsatz	

Soll	Warenverkaufskonto	Haben
Wareneinsatz		
Rohgewinn (GuV)	Warenverkauf zum Verkaufspreis	

Soll	GuV	Haben
sonstige Aufwendungen	Rohgewinn	
Gewinn	sonstige Erträge	

Beim Nettoabschluss erscheint also in der Gewinn-und-Verlust-Rechnung der Rohgewinn.

7.3.3.2 Bruttoabschluss

Beim Bruttoabschluss werden Wareneinkaufskonto und Warenverkaufskonto nicht miteinander abgeschlossen, sondern jeweils unmittelbar über das Gewinn-und-Verlust-Konto. Der Saldo des Wareneinkaufskontos (Wareneinsatz) geht also nicht in das Warenverkaufskonto, sondern direkt in die Erfolgsrechnung. Die Gegenüberstellung des Warenverkaufs und Wareneinsatzes erfolgt damit nicht auf dem Waren-

7.3 Wareneinkaufskonto und Warenverkaufskonto

verkaufskonto, sondern im Gewinn-und-Verlust-Konto, denn auf der Sollseite steht der Aufwand (Wareneinsatz) und auf der Habenseite werden die Erlöse (Warenverkauf) ausgewiesen.

Der Vorteil des Bruttoabschlusses besteht darin, dass Wareneinsatz und Warenumsatz bereits in der GuV abgelesen werden können und dass damit durch einfache Nebenrechnung auch der Rohgewinn bestimmt werden kann. Wenn man die gesamte Buchführung zur Verfügung hat, lassen sich die entsprechenden Zahlen aus dem Warenverkaufskonto entnehmen. Stehen jedoch lediglich eine Abschrift der Bilanz und der Gewinn-und-Verlust-Rechnung zur Verfügung, sind bei Nettoabschluss die Verprobungsmöglichkeiten ohne nähere Erläuterungen gering. Mit dem Rohgewinn allein kann z. B. keine Rohgewinnprobe erfolgen. Dagegen ist beim Bruttoabschluss eine solche Verprobung ohne weiteres möglich.

Der Bruttoabschluss der Warenkonten ergibt sich aus dem folgenden Schaubild:[4]

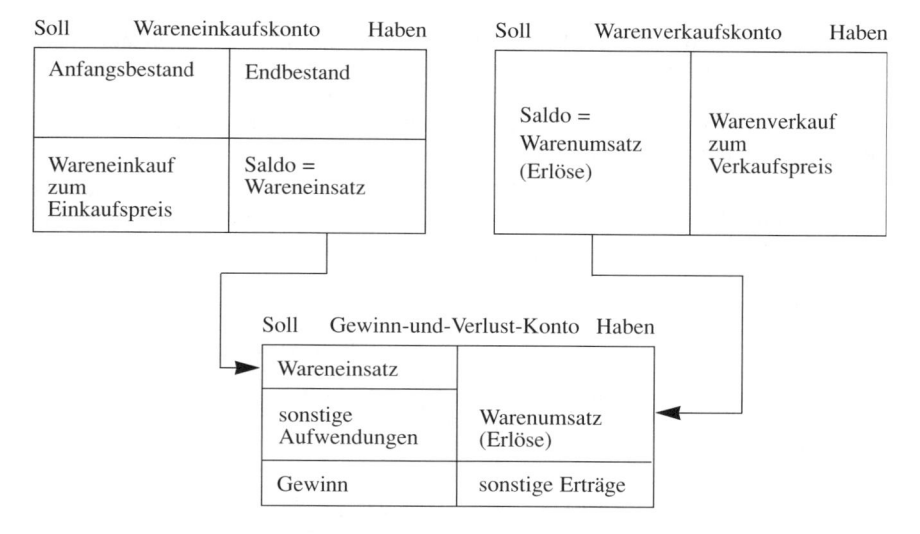

Soll	Wareneinkaufskonto	Haben		Soll	Warenverkaufskonto	Haben
Anfangsbestand		Endbestand				
Wareneinkauf zum Einkaufspreis		Saldo = Wareneinsatz		Saldo = Warenumsatz (Erlöse)		Warenverkauf zum Verkaufspreis

Soll	Gewinn-und-Verlust-Konto	Haben
Wareneinsatz		
sonstige Aufwendungen	Warenumsatz (Erlöse)	
Gewinn	sonstige Erträge	

Der Bruttoabschluss entspricht den Grundsätzen der Bilanzklarheit und hat sich in der Praxis durchgesetzt, obwohl kein Kaufmann gerne seine Kalkulationsspannen bekannt gibt. Kapitalgesellschaften[5] und GmbH & Co. KG haben nach §§ 275, 276 HGB die Gewinn-und-Verlust-Rechnung als Bruttorechnung zu erstellen. Auch für die unter das Publizitätsgesetz fallenden Unternehmen ist das Bruttoprinzip zu beachten (§ 5 PublG).

---

4 Wegen der Verwendung eines Kontos für Bestandsveränderungen s. u. 15.6.8.2.
5 S. o. 2.2.3.3.1.

7 Warenkonto

7.3.3.3 Übungsaufgabe 7: Nettoabschluss und Bruttoabschluss

Sachverhalt und Aufgabe

Die Vorgänge des Beispiels von Seite 157 sind auf zwei getrennten Konten für den Wareneinkauf und den Warenverkauf zu buchen.

Die Warenkonten sind abzuschließen
1. mit Nettoabschluss,
2. mit Bruttoabschluss.

Die **Lösung** zu dieser Übungsaufgabe ist in einem „Lösungsheft" (Bestell-Nr. 100) enthalten.

7.4 Wareneinkaufskonto und Warenbestandskonto

Bestandsveränderungen

Warenanfangs- und Warenendbestand können statt auf dem Wareneinkaufskonto auf dem eigenständigen Konto Warenbestand erfasst werden. Am Jahresende wird der Saldo dieses Kontos als Bestandsveränderung über das Wareneinkaufskonto abgeschlossen. Der Wareneinsatz ist dann aus den Positionen Wareneinkauf und Bestandsveränderungen zu ermitteln.

Aus diesem Grund wird der Saldo des Warenbestandskontos beim Jahresabschluss bei höherem Anfangsbestand auf die Sollseite des Wareneinkaufskontos, bei höherem Endbestand auf die Habenseite des Wareneinkaufskontos übertragen.

Abschluss bei Bestandserhöhung:

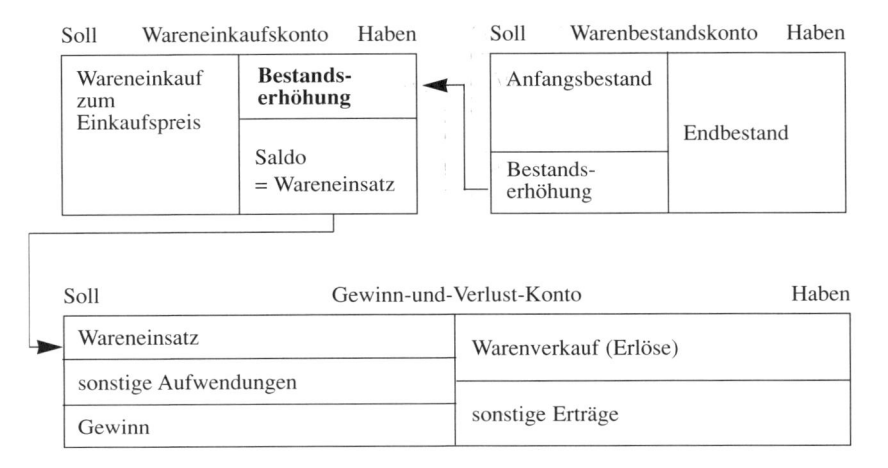

Soll	Wareneinkaufskonto	Haben		Soll	Warenbestandskonto	Haben
Wareneinkauf zum Einkaufspreis	Bestands-erhöhung			Anfangsbestand		
	Saldo = Wareneinsatz			Bestands-erhöhung	Endbestand	

Soll	Gewinn-und-Verlust-Konto	Haben
Wareneinsatz		Warenverkauf (Erlöse)
sonstige Aufwendungen		
Gewinn		sonstige Erträge

Abschluss bei Bestandsminderung:

Soll	Wareneinkaufskonto	Haben
Wareneinkauf zum Einkaufspreis	Saldo = Wareneinsatz	
Bestandsminderung		

Soll	Warenbestandskonto	Haben
Anfangsbestand	Endbestand	
	Bestandsminderung	

Soll	Gewinn-und-Verlust-Konto	Haben
Wareneinsatz	Warenverkauf (Erlöse)	
sonstige Aufwendungen		
Gewinn	sonstige Erträge	

7.5 Rohgewinnsatz und Rohgewinnaufschlagsatz

7.5.1 Bedeutung für die Verprobung

Durch die Rohgewinnprobe wird geprüft, ob das Buchführungsergebnis mit der betrieblichen Kalkulation und mit den Ergebnissen früherer Geschäftsjahre im Einklang steht. Diese Prüfung gehört zum **inneren Betriebsvergleich** (Zeitvergleich). Der Rohgewinn kann aber auch mit den Ergebnissen anderer Betriebe der gleichen Branche verglichen werden. Dabei handelt es sich um den **äußeren Betriebsvergleich**. Regelmäßig erfolgt dieser Vergleich mit den von der Finanzverwaltung ermittelten Richtsätzen für die verschiedenen Branchen, die in der sog. Richtsatzsammlung veröffentlicht werden.

7.5.2 Begriff des wirtschaftlichen Rohgewinns

Der Rohgewinn ergibt sich als Unterschied zwischen der Summe aller Warenverkäufe (wirtschaftlicher Umsatz) und dem wirtschaftlichen Wareneinsatz. Er ist, einmal abgesehen von Erwerbsnebenkosten und Wertdifferenzen, die Spanne zwischen

7 Warenkonto

Netto-Einkaufspreisen und Netto-Verkaufspreisen. Setzt man ihn ins Verhältnis zum wirtschaftlichen Umsatz, erhält man den Rohgewinn in Prozenten:

$$\text{Rohgewinnsatz} = \frac{\text{Wirtschaftlicher Rohgewinn} \times 100}{\text{wirtschaftlicher Umsatz}} = \frac{25\,000 \times 100}{100\,000} = 25\,\%$$

Abgestellt auf den einzelnen Warenposten bezeichnet man ihn als **Handelsspanne**. Setzt man den Rohgewinn ins Verhältnis zum wirtschaftlichen Wareneinsatz, erhält man den **Rohgewinnaufschlag** in Prozenten:

$$\text{Rohgewinnaufschlagsatz} = \frac{\text{Wirtschaftlicher Rohgewinn} \times 100}{\text{wirtschaftlicher Wareneinsatz}} = \frac{25\,000 \times 100}{75\,000} = 33\,^1/_3\,\%$$

Abgestellt auf den einzelnen Warenposten bezeichnet man ihn als **Kalkulationsaufschlag**.

7.5.3 Wirtschaftlicher Wareneinsatz

Unter dem wirtschaftlichen Wareneinsatz versteht man den veräußerten Teil der Waren aus Anfangsbestand und Wareneingang.

Formel zur Ermittlung des wirtschaftlichen Wareneinsatzes

(Alle Beträge verstehen sich ohne abziehbare Vorsteuer)

Warenbestand am Anfang des Jahres
+ Wareneingang (reiner Warenpreis zzgl. der Nebenkosten ihrer Beschaffung, z. B. Frachten, Zölle, Versicherungen, Verbrauchsteuern, abzüglich Rücksendungen, aber vor Abzug der Einkaufsskonti, Umsatzprämien, Treuerabatte usw.)
+ Fremdleistungen, soweit zur Weiterveräußerung bestimmt
./. Warenbestand am Ende des Jahres
./. unentgeltliche Warenabgaben an das Personal (§ 3 Abs. 1 b Nr. 2 UStG)
./. unentgeltliche Warenabgabe für private Zwecke (§ 3 Abs. 1 b Nr. 1 UStG)
./. Warenverbrauch für unberechnete Leistungen (z. B. Garantie-, Kulanz- oder Schadensersatzleistungen)
./. Warenverbrauch für eigenbetriebliche Zwecke
./. Warenverluste durch Diebstahl, Verderb, Bruch u. Ä.

= wirtschaftlicher Wareneinsatz (einschließlich Fremdleistungen)

Der wirtschaftliche Wareneinsatz sollte der Saldo des Wareneinkaufskontos sein. In der Praxis entspricht der auf dem Wareneinkaufskonto ausgewiesene Aufwand nur selten dem für Verprobungszwecke anzusetzenden wirtschaftlichen Wareneinsatz.

7.5 Rohgewinnsatz und Rohgewinnaufschlagsatz

Dies beruht einerseits darauf, dass die unentgeltlichen Wertabgaben aus umsatzsteuerrechtlichen Gründen auf gesonderten Konten gebucht werden (vgl. 7.9), und andererseits auf dem Umstand, dass Warenverluste oftmals nicht betragsmäßig bestimmt werden können.

7.5.4 Wirtschaftlicher Umsatz

7.5.4.1 Begriff

Unter dem wirtschaftlichen Umsatz versteht man die wirtschaftliche Leistung des Betriebs zu Verkaufspreisen ohne Umsatzsteuer (Mehrwertsteuer). Das sind in Handelsbetrieben die erzielbaren Erlöse für den wirtschaftlichen Wareneinsatz (abzgl. der Preisnachlässe wegen Mängelrügen). Regelmäßig stimmt der Saldo auf dem Warenverkaufskonto mit dem wirtschaftlichen Umsatz überein. Dafür sorgt schon der hohe Standard heutiger Buchführung durch Datenverarbeitung.

7.5.4.2 Besonderheiten bei Fertigungsbetrieben

Dem Sollumsatz sind die Bestände an unfertigen und fertigen Erzeugnissen zu Netto-Verkaufspreisen am Ende des Jahres hinzuzurechnen. Dagegen sind die entsprechenden Bestände vom Anfang des Jahres abzusetzen, ebenfalls zu Netto-Verkaufspreisen.

7.5.5 Umrechnung Rohgewinnsatz – Rohgewinnaufschlagsatz

Für eine Umrechnung des Rohgewinnsatzes in den Rohgewinnaufschlagsatz gibt es besondere Tabellen (z. B. in der Handausgabe der amtlichen Richtsätze). Hat man eine solche Tabelle nicht zur Hand, kann die Umrechnung nach den folgenden Formeln erfolgen:

a) Rohgewinnsatz bekannt (25 %), Aufschlagsatz gesucht:

$$\frac{r \times 100}{100 - r} = \frac{25 \times 100}{100 - 25} = 33\,^1/_3\,\%$$

b) Rohgewinnaufschlagsatz bekannt ($33\,^1/_3\,\%$), Rohgewinnsatz gesucht:

$$\frac{a \times 100}{100 + a} = \frac{33\,^1/_3 \times 100}{100 + 33\,^1/_3} = 25\,\%$$

Eine solche Umrechnung kann aus verschiedenen Gründen in Betracht kommen.

Beispiele

a) Die Bestandsaufnahme der Waren, die zu Verkaufspreisen erfolgt, ergibt nach Herausrechnung der USt einen Wert von 100 000 DM. Der Kaufmann kalkuliert mit einem Aufschlag von 40 %. Preisherabsetzungen liegen nicht vor.

7 Warenkonto

Die Anschaffungskosten der Waren errechnen sich durch Anwendung eines Abschlags von (100 x $^{40}/_{140}$ =) 28,57 % auf 71 430 DM.

b) Bei einer Außenprüfung wird festgestellt, dass in der Bestandsaufnahme ein Warenposten fehlt, der kurze Zeit nach dem Bilanzstichtag zum Netto-Verkaufspreis von 870 DM veräußert wurde. Kalkuliert wird mit einem Aufschlag von 30 %. Die Anschaffungskosten des in der Prüferbilanz anzusetzenden fehlenden Postens errechnen sich aus dem Verkaufspreis abzüglich (100 x $^{30}/_{130}$ =) 23,08 % auf 669,20 DM.

c) Umrechnung der Erlöse bei zeitlich verlegter Inventur.[6]

d) Bei einem Steuerpflichtigen mit gemischtem Warenkonto oder mit Nettoabschluss ergibt die Rohgewinnprobe einen Rohgewinnsatz von 22 %. Bekannt ist, dass in der Branche mit 35 % Aufschlag kalkuliert wird.

Die Umrechnung des Rohgewinnsatzes von 22 % ergibt einen Rohgewinnaufschlagsatz in Höhe von (100 x $^{22}/_{78}$ =) 28,21 %. Die Abweichung von der betrieblichen Kalkulation bedarf der Aufklärung.

7.6 Übungsaufgabe 8

Sachverhalt
Bilanz des Textilwarengroßhändlers Theo Schmitz (TS) am 31. 12. 01:

Aktiva			Passiva
Waren	60 000 DM	Kapital	138 800 DM
Kundenforderungen	80 000 DM	Lieferantenschulden	12 000 DM
Besitzwechsel[7]	15 000 DM	Schuldwechsel	10 000 DM
Gehaltsvorschuss	800 DM		
Kasse	5 000 DM		
	160 800 DM		160 800 DM

Geschäftsvorfälle im Wirtschaftsjahr 02:

1) Kunde bezahlt bar mit 2 % Skontoabzug, Rechnungsbetrag 20 000 DM zzgl. 3200 DM USt =	23 200 DM
2) TS sendet Waren an Lieferant zurück 1900 DM zzgl. 304 DM USt =	2 204 DM
3) Lieferant zahlt bar zurück für die Rücksendung	2 204 DM
4) TS richtet ein Bankkonto ein. Bareinzahlung	5 000 DM
5) TS lässt Besitzwechsel, fällig am 30. 4., am 30. 1. von der Bank diskontieren. Wechselbetrag Diskont 5 % für 90 Tage = 75 DM, Wechselspesen 30 DM[8]	6 000 DM

---

6 S. o. 2.1.5.4.
7 Kapitalgesellschaften dürfen den Posten Besitzwechsel nicht aktivieren. Das Gliederungsschema in § 266 HGB sieht lediglich den Passivposten Verbindlichkeiten aus der Annahme gezogener Wechsel vor (§ 266 Abs. 3 C. 5. HGB; s. auch u. 11.2.2.1).
8 Wegen der Auswirkung auf die USt-Schuld s. u. 11.2.2.1.2. Der Betrag, um den sich die USt-Schuld mindert, ist mit 10,35 DM anzusetzen.

7.6 Übungsaufgabe 8

6) Einkauf von Waren auf Ziel 3000 DM zzgl. 480 DM USt =	3 480 DM
7) Überweisung an Lieferant mit 3 % Skontoabzug, Rechnungsbetrag 3000 DM zzgl. 480 DM USt = Vom Skontoabzug entfallen rd. 14 DM auf die Vorsteuer.	3 480 DM
8) Eine Forderung wird uneinbringlich. Die Lieferung wurde mit 16 % versteuert.	580 DM
9) Verkauf von Waren gegen Barzahlung und 2 % Skonto, Rechnungsbetrag 70 000 DM zzgl. 11 200 DM USt	81 200 DM
10) Kauf von 100 Aktien, Nennbetrag je 50 DM, Kurs 60 DM pro Stück, durch Bank, Bankprovision Die Nebenkosten des Erwerbs rechnen steuerrechtlich zu den Anschaffungskosten. Sie sind deshalb auf dem Wertpapierkonto zu buchen.[9]	50 DM
11) Nach 14 Tagen Verkauf von 40 Aktien für 80 DM pro Stück. Bankprovision	30 DM
12) Gehaltszahlung in bar 2000 DM. Verrechnung des Gehaltsvorschusses: 800 DM. Einbehalten werden: 200 DM Lohnsteuer, 150 DM Sozialversicherung Barauszahlung also Der Arbeitgeberanteil zur Sozialversicherung beträgt	850 DM 150 DM
13) Zahlung von Vorauszahlungen des Inhabers in bar: Einkommensteuer 2000 DM, Kirchensteuer 200 DM.	2 200 DM
14) Die Gewerbesteuer wird durch Verrechnungsscheck bezahlt	3 765 DM
15) Barlohn an Hausgehilfin Barentnahme für private Zwecke	10 120 DM 85 000 DM
16) Auszahlung an die Ehefrau des Inhabers in bar. Der Betrag wurde für einen Einkauf von Waren für den Privathaushalt (700 DM) und für den betrieblichen Bereich (Kaffee für Kunden etc.) in Höhe von 100 DM verbraucht. Es liegen Quittungen der Händler vor. Rechnungen i. S. des § 14 UStG fehlen.	800 DM

Abschlussangaben:

17) Die Kassenbestandsaufnahme ergibt einen Fehlbestand von Vermutlich beruht die Differenz auf einem Fehler beim Wechseln von Geld für einen Kunden.	20 DM
18) Warenbestand lt. körperlicher Aufnahme Im Übrigen stimmen die Salden der Konten mit den vorhandenen Beständen überein.	12 000 DM

Aufgabe

1. Es sind Sachkonten (T-Konten) einzurichten und hierauf die Geschäftsvorfälle zu buchen. Hierbei sind Wareneinkauf und Warenverkauf auf getrennten Warenkonten zu erfassen. Das Wertpapierkonto ist als reines Bestandskonto zu führen. Sämtliche Vorsteuerbeträge sind nach § 15 Abs. 1 UStG abziehbar.
2. Die Konten sind abzuschließen. Bei den Warenkonten und den Umsatzsteuer-Konten ist der Nettoabschluss durchzuführen.

---
[9] S. u. 15.4.4.

3. Der Gewinn ist zusätzlich durch Betriebsvermögensvergleich zu ermitteln.
4. Die Kapitalentwicklung ist in Staffelform darzustellen.
5. Wie hoch ist der Rohgewinn in Prozent des Umsatzes und des Wareneinsatzes?

Die **Lösung** zu dieser Übungsaufgabe ist in einem „Lösungsheft" (Bestell-Nr. 100) enthalten.

7.7 Buchung von Frachten und anderen Bezugskosten

Bezugskosten (Frachten, Rollgelder, Speditionsgebühren, Zölle, Verbrauchsteuern) sind Nebenkosten des Erwerbs und damit Anschaffungskosten der zu bilanzierenden Vorräte.[10] Demgemäß könnte man die beim Wareneinkauf anfallenden Nebenkosten unmittelbar auf dem Wareneinkaufskonto buchen. Dann würde ihre Höhe aus dem Jahresabschluss nicht hervorgehen. In der Praxis werden für die Bezugskosten jedoch regelmäßig besondere Aufwandskonten eingerichtet, z. B. ein Konto für Eingangsfrachten. Dadurch kann die Höhe dieser Aufwendungen bei Bedarf leicht ermittelt werden.

Der Abschluss der für Bezugskosten eingerichteten Konten erfolgt nicht einheitlich. Wegen des wirtschaftlichen Zusammenhangs mit dem Anschaffungsvorgang schließen viele Betriebe die Konten über das Wareneinkaufskonto ab. In diesem Fall gehen sie in dem Aufwandsposten Wareneinsatz unter. Andere Betriebe schließen die Konten mit dem Gewinn-und-Verlust-Konto ab. Dann erscheinen sie als besonderer Aufwandsposten in der Erfolgsrechnung. Beide Abschlussmethoden haben gewisse Vorzüge.

Um zu einer richtigen sachlichen Aussage zu kommen, müsste man beim Abschluss über die Erfolgsrechnung den Anteil der Bezugskosten am Endbestand von dem betreffenden Aufwandskonto abbuchen.

Beispiel
Sachverhalt

Warenanfangsbestand	0 DM
Wareneingang	100 000 DM
Bezugskosten (Frachten)	5 000 DM
Warenendbestand (ohne Fracht)	20 000 DM

Alle Beträge sind Nettowerte (ohne USt). Die Bezugskosten verteilen sich gleichmäßig auf alle Einkäufe.

Aufgabe

Das Wareneinkaufskonto und das Frachtenkonto sind darzustellen und abzuschließen. Der Abschluss soll einmal über das Wareneinkaufskonto und einmal über das Gewinn-und-Verlust-Konto erfolgen.

---
10 Im Einzelnen s. u. 15.4.4.

Lösung

Der Warenendbestand beträgt unter Berücksichtigung der Bezugskosten 21 000 DM. Als Aufwand darf nur die Fracht erscheinen, die auf die vor dem Bilanzstichtag veräußerten Waren entfällt. Die auf den Endbestand entfallenden Frachtkosten dürfen sich erst bei der Veräußerung der fraglichen Waren gewinnmindernd auswirken.

a) Abschluss über Wareneinkaufskonto

S	Frachten		H	S	WEK		H
	5 000	WEK	5 000	AB	0	SBK	21 000
				WE	100 000	GuV	84 000
S	GuV		H	Frachten	5 000		
WES	84 000				105 000		105 000

b) Abschluss über Gewinn-und-Verlust-Konto

S	Frachten		H	S	WEK		H
	5 000	SBK	1 000	AB	0	SBK	20 000
		GuV	4 000	WE	100 000	GuV	80 000
S	GuV		H		100 000		100 000
WES	80 000						
Frachten	4 000						

Der in der Erfolgsrechnung erscheinende Aufwand beträgt auch dann insgesamt 84 000 DM, wenn der Endbestand von 21 000 DM gebucht würde: „SBK an Wareneinkauf 21 000 DM" und damit auf eine Korrektur des Frachtenkontos verzichtet würde.

Der Abschluss über das Wareneinkaufskonto ist vorzuziehen und entspricht auch überwiegend der Praxis. Erkennbar besteht der Vorteil darin, dass die Frachtkosten zum wirtschaftlichen Wareneinsatz und deshalb zum „Wareneinsatz" gehören. Beim Abschluss über Wareneinkauf wird diesem Erfordernis bereits im Rahmen der Buchungen Rechnung getragen.

7.8 Buchung von Skonti, Rabatten und Boni

7.8.1 Skonto

Der Skonto ist ein Rechnungsabzug für Zahlung innerhalb einer bestimmten Frist. Der Skontoabzug ist kein Zinsaufwand,[11] sondern mindert nach § 255 Abs. 1 Satz 3

---

11 BFH, BStBl 1991 II S. 456.

7 Warenkonto

HGB[12] beim Käufer die Anschaffungskosten. Beim Veräußerer handelt es sich um eine Erlösschmälerung. Nach § 277 Abs. 1 HGB sind u. a. als Umsatzerlöse i. S. des § 275 Abs. 2 Nr. 1, Abs. 3 Nr. 1 HGB die Erlöse aus dem Verkauf von Waren nach Abzug der Erlösschmälerungen auszuweisen.

Die Skonti aus dem Warengeschäft[13] werden im Laufe des Wirtschaftsjahres im Allgemeinen auf getrennten Erfolgskonten (Skontiaufwendungen und Skontierträge) gesammelt, die grundsätzlich unmittelbar über GuV abgeschlossen werden können.

Nach dem **Kontenrahmen des Einzelhandels** sowie nach dem **Großhandelskontenrahmen** erfolgt der Abschluss über die Warenkonten. Lieferantenskonti werden dabei an das Wareneinkaufskonto, Kundenskonti an das Warenverkaufskonto abgegeben. Dies entspricht auch dem DATEV-Kontenrahmen (SKR 03).

Nach dem **Industriekontenrahmen (IKR)** erfolgt der Abschluss der Skontierträge als Aufwandsberichtigungen über die Materialeinkaufskonten (Rohstoffe, Fertigungsmaterial, Hilfsstoffe etc.) und der Skontiaufwendungen als Erlösberichtigungen über Umsatzerlöse (das Konto Umsatzerlöse eines Fertigungsbetriebs entspricht dem Warenverkaufskonto eines Handelsbetriebs).

Für den Abschluss der Skontikonten über die Warenkonten spricht, dass der Lieferantenskonto eine Minderung der Anschaffungskosten und keinen Zinsgewinn darstellt. Skontiabzüge, die beim Einkauf von Waren vorgenommen worden sind, müssen bei der Bewertung des Warenbestands mindernd berücksichtigt werden.

Beispiel

Warenanfangsbestand	0 DM
Wareneinkäufe	100 000 DM
Lieferantenskonti (Skontierträge)	3 000 DM
Warenendbestand (ohne Berücksichtigung der Skontiabzüge)	20 000 DM

Die Lieferantenskonti verteilen sich gleichmäßig auf alle Wareneinkäufe. Alle Beträge sind Nettowerte (ohne USt).

Aufgabe

Das Wareneinkaufskonto und das Konto für Lieferantenskonti sind darzustellen und abzuschließen. Der Abschluss soll einmal über das Wareneinkaufskonto und einmal über das Gewinn-und-Verlust-Konto erfolgen.

Lösung

Der in der Steuerbilanz anzusetzende Warenendbestand (WEB) beträgt 19 400 DM. Soweit die Skontierträge auf den Warenendbestand entfallen, dürfen sie noch nicht als Gewinn ausgewiesen werden. Sie mindern die Anschaffungskosten. Als Ertrag erscheinen sie im Folgejahr (Wj. der Veräußerung).

---

12 Vgl. auch BFH, BStBl 1991 II S. 456, 458 li. Spalte.
13 Wegen der Behandlung von Skontiabzügen, die beim Anlagevermögen vorgenommen werden, s. u. 15.4.7. Zum Zwecke der steuerrechtlich zutreffenden Gewinnermittlung dürfen sie nicht als Skontoertrag ausgewiesen werden, sondern müssen auf der Habenseite des betreffenden Anlagekontos = Minderung der Anschaffungskosten erscheinen.

7.8 Buchung von Skonti, Rabatten und Boni

a) Abschluss über Wareneinkaufskonto

S	WEK		H	S	Skontierträge	H
AB	0	Skonti	3 000	WEK	3 000	3 000
WE	100 000	WEB/SBK	19 400			
		WES	77 600	S	GuV	H
	100 000		100 000	WES	77 600	

b) Abschluss über Gewinn-und-Verlust-Konto

S	WEK		H	S	Skontierträge	H
AB	0	WEB/SBK	19 400	GuV	3 000	3 000
WE	100 000	WES	80 600			
	100 000		100 000		3 000	3 000

S	SBK	H	S	GuV	H
Waren	19 400		WES	80 600	Skonto 3 000

Die Abschlussbuchung lautet: SBK 19 400 DM an Wareneinkauf 19 400 DM.

Der Abschluss der für Skontiaufwendungen und Skontierträge geführten Konten über das Gewinn-und-Verlust-Konto ist aus steuerlichen Gründen vorzuziehen. Eine Gewinn-und-Verlust-Rechnung, die diese Erfolgsposten zeigt, ist aussagefähiger. Sie ermöglicht die Feststellung der Werte, die im Interesse der richtigen Verprobung benötigt werden, denn bei der Rohgewinnverprobung dürfen Skontierträge den Wareneinsatz und Skontiaufwendungen den Warenerlös nicht mindern. Sind dagegen die Skontikonten über die Warenkonten abgeschlossen worden, müssen der in der Erfolgsrechnung ausgewiesene Wareneinsatz und der Warenerlös für Verprobungszwecke berichtigt werden.

Für die Ermittlung des richtigen Reingewinns ist es gleichgültig, wie der Abschluss erfolgt. Fasst man die im Gewinn-und-Verlust-Konto erscheinenden Aufwandsposten und Ertragsposten zusammen, ergibt sich im vorstehenden Beispiel in jedem Falle eine Gewinnminderung von 77 600 DM.

7.8.2 Rabatt

Rabatte sind Preisvergünstigungen, die sofort gewährt werden und im Wirtschaftsleben in verschiedenen Formen und unter verschiedenen Bezeichnungen auftreten. Sie kommen vor als Mengenrabatte und Treuerabatte, die bei Abnahme größerer Mengen oder langjähriger Geschäftsbeziehung bereits bei Lieferung gewährt werden, sowie als Funktions- oder Handelsrabatte (Wiederverkäuferrabatte). Letztere werden vor allem bei Verlagserzeugnissen und Markenartikeln mit vorgeschriebenen bzw. empfohlenen Bruttopreisen eingeräumt und ermöglichen erst auf der letzten Handelsstufe einen Gewinn.

Rabatte stellen eine Minderung der Rechnungsbeträge dar und werden buchmäßig nicht besonders ausgewiesen. Der Käufer bucht als Wareneinkauf die um die Rabatte geminderten Beträge. Beim Verkäufer erscheinen die gleichen Beträge als Erlös. Diese Behandlung ergibt sich für den Käufer aus dem Grundsatz, dass eine Bewertung nur zu Anschaffungskosten erfolgen darf und ein Ausweis nicht realisierter Gewinne nicht zulässig ist.

Nicht selten werden **Naturalrabatte** gewährt. Dabei erhält der Abnehmer z. B. bei Abnahme von zehn Wareneinheiten eine elfte ohne Berechnung. Diese Naturalrabatte erscheinen in der Regel weder in den Rechnungen noch in den Büchern.

7.8.3 Bonus

Auch der Bonus stellt eine besondere Form des Preisnachlasses dar. Der Bonus wird im Allgemeinen im Gegensatz zu den sonstigen Rabatten nicht sofort, sondern **nachträglich** gewährt, z. B. beim Bezug bestimmter Warenmengen in einem Geschäftsjahr. Die Gewährung ist also meist an bestimmte Bedingungen (Mindestumsatz) geknüpft. Oft ist der Bonus nach der Höhe des Umsatzes gestaffelt und wird deshalb auch als Umsatzvergütung bezeichnet.

Die Auffassungen über das Wesen der Boni sind geteilt.[14] Nach der steuerrechtlichen Rechtsprechung bedeuten erhaltene Boni eine Minderung der Anschaffungskosten. Industriekontenrahmen und DATEV-Kontenrahmen sehen für erhaltene Boni und den Kunden gewährte Boni jeweils gesonderte Konten vor, die über das Einkaufskonto (erhaltene Boni) und das Erlöskonto als Erlösschmälerung (den Kunden gewährte Boni) abgeschlossen werden können. Im Interesse einer möglichst klaren und aussagekräftigen Erfolgsrechnung ist der Abschluss jedoch über das Gewinn-und-Verlust-Konto zu bevorzugen.

Eine periodengerechte Gewinnermittlung erfordert, dass der Anspruchsberechtigte die Boni in den Jahren ihrer wirtschaftlichen Zugehörigkeit als Ertrag erfasst. Die am Ende des Wirtschaftsjahrs noch ausstehenden Boni sind am Jahresende als Forderung auszuweisen. Bei Zahlung erfolgt eine erfolgsneutrale Buchung. Allerdings kann die Erfassung der Ansprüche nur erfolgen, wenn die Umsatzvergütungen den Abnehmern rechtsverbindlich zugesagt sind. Bei Boni, deren Zahlung von den Lieferanten von Fall zu Fall nach den Ergebnissen der Geschäftsjahre abhängig gemacht wird, die also nach Ablauf der Geschäftsjahre erst beschlossen werden, kommt eine Aktivierung nicht in Betracht. Beim Zahlungsverpflichteten sind die rechtsverbindlich zugesagten und noch zu zahlenden Boni am Jahresende als Aufwand zu buchen. Entsprechend sind Verbindlichkeiten zu passivieren.[15]

---

14 Vgl. Küting/Weber, Handbuch der Rechnungslegung, Anm. 60 zu § 255 HGB.
15 Wegen der Buchungen vgl. 7.8.4.

7.8.4 Auswirkungen auf die Umsatzsteuer und Buchungen

7.8.4.1 Skonto

7.8.4.1.1 Minderung des Entgelts beim Leistenden

Der Skontoabzug mindert beim leistenden Unternehmer das Entgelt und damit die zu zahlende USt (§ 17 Abs. 1 Nr. 1 UStG). Die Voraussetzungen für die nachträgliche Steuerermäßigung sind nach § 17 Abs. 1 i. V. m. § 22 UStG buchmäßig nachzuweisen. Die Berichtigung ist in dem Voranmeldungszeitraum vorzunehmen, in dem die Änderung des Entgelts eingetreten ist.

Beispiel

Ein Großhändler hat an einen Einzelhändler für 1000 DM zzgl. 160 DM USt Textilwaren geliefert. Der Abnehmer überweist nach Abzug von 3 % Skonto auf das Bankkonto 1125,20 DM.

Die Kürzung betrifft nicht nur den Nettopreis, sondern auch die gesondert berechnete USt. Der Zahlungsabzug muss deshalb entsprechend aufgeteilt werden. Um 4,80 DM mindert sich die USt-Schuld (§ 17 Abs. 1 Nr. 1 UStG).

Buchungen:

S	Kundenforderungen	H	S	Warenverkauf	H
1)	1160 DM	2) 1160 DM		1)	1000 DM

S	USt-Schuld	H	S	Bank	H
2)	4,80 DM	1) 160 DM	2) 1125,20 DM		

S	Skontiaufwendungen	H
2)	30 DM	

Auf dem Buchungsbeleg wird der Zahlungsabzug in den auf das Entgelt und die gesondert berechnete USt entfallenden Anteil aufgeteilt.

Schwieriger wird die Aufteilung, wenn von Kunden Rechnungsbeträge unter Einbehaltung eines Skontoabzugs beglichen werden, die **unterschiedlich besteuert** wurden.

Beispiel

Ein Lebensmittelgroßhändler liefert an einen Einzelhändler begünstigte Lebensmittel für 500 DM zzgl. 35 DM USt, außerdem nicht begünstigte Waren für 300 DM zzgl. 48 DM USt. Rechnungsbetrag insgesamt 883 DM. Innerhalb der vorgesehenen Zahlungsfrist überweist der Abnehmer unter Einbehaltung von 2 % Skonto 865,34 DM.

7 Warenkonto

Buchungen:

S	Kundenforderungen	H	S	Bank	H
1) 883 DM	2) 883 DM		2) 865,34 DM		

S	Warenverkauf 16 %	H	S	Warenverkauf 7 %	H
	1) 300 DM			1) 500 DM	

S	Skontiaufwendungen	H	S	USt-Schuld	H
2) 16 DM			2) 1,66 DM	1) 83 DM	

Eine wesentliche Vereinfachung ergibt sich, wenn die Skontiaufwendungen zunächst in voller Höhe gesammelt werden und erst am Ende des Voranmeldungszeitraums der auf die USt entfallende Anteil herausgerechnet und auf das USt-Schuldkonto übertragen wird. Dann werden in **einem** Rechenvorgang aus der Summe der Skontiaufwendungen, und nicht aus jedem einzelnen Zahlungsvorgang, der USt-Anteil errechnet und Bemessungsgrundlage und USt-Schuld ordnungsgemäß berichtigt. Kommen mehrere Steuersätze in Betracht, so müssen dabei die Skontiaufwendungen nach Steuersätzen getrennt werden.

Beispiel

Im Voranmeldungszeitraum wurden für 20 000 DM zzgl. 1400 DM USt begünstigte Lebensmittel und für 80 000 DM zzgl. 12 800 DM USt andere Waren verkauft. Sämtliche Rechnungsbeträge wurden unter Einbehaltung eines Skontoabzugs von 2 % durch Banküberweisung beglichen.

Buchungen beim Bruttoverfahren:

S	Warenverkauf 16 %	H	S	Warenverkauf 7 %	H
	1) 80 000 DM			1) 20 000 DM	

S	Kundenforderungen	H	S	Bank	H
1) 114 200 DM	2) 114 200 DM		2) 111 916 DM		

S	USt-Schuld	H	S	Skontiaufwendungen 16 %	H
3) 256 DM	1) 14 200 DM		2) 1856 DM	3) 256 DM	
4) 28 DM					

S	Skontiaufwendungen 7 %	H
2) 428 DM	4) 28 DM	

7.8 Buchung von Skonti, Rabatten und Boni

7.8.4.1.2 Minderung des Einkaufsentgelts beim Leistungsempfänger

Werden Eingangsrechnungen unter Abzug von Skonto bezahlt, so mindert sich die abziehbare Vorsteuer (§ 17 Abs. 1 Nr. 2 UStG). Der Skontobetrag ist aufzuteilen in den Teil, der auf den Nettopreis entfällt, und den auf die USt entfallenden Anteil. Ohne die Aufteilung würde eine zu hohe Vorsteuer verrechnet.

Beispiel
Ein Unternehmer bezahlt eine Lieferantenrechnung in Höhe von 5000 DM zzgl. 800 DM USt unter Abzug von 3 % Skonto. Er überweist 5626 DM.

Buchungen:

S	Wareneinkauf	H	S	Vorsteuer	H
1)	5000 DM		1)	800 DM 2)	24 DM

S	Verbindlichkeiten	H	S	Bank	H
2)	5800 DM 1)	5800 DM		2)	5626 DM

S	Skontierträge	H
	2)	150 DM

Bei umfangreichem Geschäftsverkehr wird auf eine sofortige Aufteilung des Skontoabzugs auf Nettopreis und gesondert berechnete USt verzichtet. Dadurch wird die laufende Buchungsarbeit vereinfacht. Am Ende des Voranmeldungszeitraums muss dann zum Zwecke der Berechnung der richtigen Zahllast der insgesamt gebuchte Skonto aufgeteilt werden. Im vorstehenden Beispiel würde auf dem Konto für die Skontierträge zunächst ein Betrag von 174 DM erscheinen. Am Ende des Voranmeldungszeitraums müssten Skontierträge und Vorsteuer schließlich durch die Buchung Skontierträge an Vorsteuer 24 DM berichtigt werden.

Die moderne Buchführung durch Datenverarbeitung hat mit diesen Geschäftsvorfällen keine Probleme. Regelmäßig wird bei Buchung der Zahlung durch Eingabe des Skontoabzugs die zutreffende Buchung ohne weitere Rechenarbeit vom Programm erledigt.

7.8.4.2 Rabatte und Boni

7.8.4.2.1 Minderung des Entgelts beim Leistenden

Die vorstehenden Ausführungen über den Skontoabzug gelten sinngemäß für Rabatte und Boni. Auch sie stellen eine Minderung der Bemessungsgrundlage dar und müssen entsprechend gebucht werden. Dabei können sofort die Nettobeträge oder zunächst die Bruttobeträge bei nachträglicher Herausrechnung der USt erfasst werden. Nach § 17 Abs. 1 UStG ist – ebenso wie beim Skonto – die Berichtigung nicht rückwirkend, sondern für den Veranlagungszeitraum vorzunehmen, in dem die Änderung des Entgelts eingetreten ist (§ 17 Abs. 1 Satz 3 UStG).

Nach § 17 Abs. 4 UStG hat der Unternehmer dem Abnehmer der Lieferungen oder dem Empfänger der sonstigen Leistungen einen Beleg zu erteilen, wenn die Entgelte für **unterschiedlich besteuerte Umsätze** gemeinsam geändert werden. Das ist besonders bei Rabatten, Boni oder ähnlichen Umsatzvergütungen, die für einen längeren Zeitraum nachträglich gewährt werden, zu beachten. Aus dem Beleg muss zu ersehen sein, wie sich die Änderung der Entgelte auf die unterschiedlich besteuerten Umsätze verteilt. Dadurch soll eine übereinstimmende Buchung der Entgeltsberichtigung beim Lieferanten und der Berichtigung der Vorsteuer beim Leistungsempfänger gewährleistet werden. Anhand dieses Beleges erfolgt die buchmäßige Erfassung.

Beispiel

Ein Lebensmittelgroßhändler schreibt einem Kunden für das 1. Halbjahr einen Bonus gut, der nach der vereinbarten Staffelung bei einem Umsatz von mehr als 200 000 DM 3 % beträgt. Aus der Abrechnung ergibt sich, dass der Kunde bezogen hat: begünstigte Lebensmittel für 150 000 DM zzgl. 10 500 DM USt, andere Waren für 60 000 DM zzgl. 9600 DM USt.

Der Bonus beträgt 6903 DM. Davon entfallen auf die begünstigten Lebensmittel 4815 DM, auf die übrigen Waren 2088 DM.

Buchungen beim Lieferanten:

S	Sonstige Verbindlichkeiten[16]	H	S	USt-Schuld	H
	1) 6903 DM		1) 603 DM		

S	Boni 16 %	H	S	Boni 7 %	H
1) 1800 DM			1) 4500 DM		

Rechtsverbindlich zugesagte und am Bilanzstichtag noch zu zahlende Boni müssen mit ihren Bruttobeträgen passiviert werden (§ 246 Abs. 1 HGB, § 5 Abs. 1 EStG). Außerdem ist die USt-Schuld für den Besteuerungszeitraum zu berichtigen, in dem die Änderung des Entgelts eingetreten ist (§ 17 Abs. 1 Satz 3 UStG), also bereits im Zeitpunkt der Begründung der Bonusverbindlichkeit im abgelaufenen Wirtschaftsjahr. Bei der Besteuerung nach vereinbarten Entgelten ist die Fälligkeit bzw. Zahlung ohne Bedeutung (§ 13 Abs. 1 Nr. 1 a UStG). Kennen die Vertragspartner die

---

16 Soweit zu diesem Zeitpunkt Kundenforderungen bestehen und eine Aufrechnung vorgesehen ist, folgt als weitere Buchung:
sonstige Verbindlichkeiten 6903 DM an Kundenforderungen 6903 DM.

7.8 Buchung von Skonti, Rabatten und Boni

Höhe der Entgeltsminderung, ist für die Steuerberichtigung kein Belegaustausch erforderlich.

Beispiel

Am Bilanzstichtag hat ein Großhändler aufgrund rechtsverbindlicher Zusagen seinen Kunden noch Boni im Betrage von 34 800 DM zu zahlen. Die Auszahlung erfolgt 7 Monate nach dem Bilanzstichtag. Steuersatz 16 %.

Buchungen beim Jahresabschluss:

S	Boniaufwendungen	H	S	Sonstige Verbindlichkeiten	H
30 000 DM					34 800 DM

S		USt-Schuld	H
1)	4800 DM		

7.8.4.2.2 Minderung des Einkaufsentgelts beim Leistungsempfänger

Wie durch Skontierträge, so mindert sich auch durch Rabatte und Boni die abziehbare Vorsteuer. Die buchmäßige Erfassung wird erleichtert, wenn der Lieferant dem Unternehmer einen Beleg erteilt. Wenn Entgelte für **unterschiedlich besteuerte Umsätze** gemeinsam geändert werden, ist der Lieferant zur Ausstellung eines solchen Belegs verpflichtet (§ 17 Abs. 4 UStG). Bestehen am Jahresende noch Boniansprüche, müssen sie mit ihren Bruttobeträgen als Forderung erfasst werden. Außerdem ist der Vorsteuerabzug zu berichtigen, da die Entgeltsänderung bereits im abgelaufenen Wirtschaftsjahr eingetreten ist (§ 17 Abs. 1 Satz 3 i. V. m. § 13 Abs. 1 Nr. 1 a UStG). Ein Belegaustausch ist nicht erforderlich, wenn den Vertragspartnern die Höhe der Entgeltsminderung bekannt ist.

Beispiel

Am Bilanzstichtag hat ein Einzelhändler aufgrund rechtsverbindlicher Zusagen seiner Lieferanten Anspruch auf Boni im Betrag von 11 600 DM. Die Auszahlung erfolgt 5 Monate nach dem Bilanzstichtag. Steuersatz 16 %.

Buchungen beim Jahresabschluss:

S	Sonstige Forderungen	H	S	Bonierträge	H
11 600 DM					10 000 DM

S	Vorsteuer	H
	1600 DM	

7.9 Buchung der Warenentnahmen für private Zwecke; innerbetrieblicher Verbrauch, Schwund und Warendiebstahl

7.9.1 Warenentnahmen

Warenentnahmen für private Zwecke werden nicht einheitlich gebucht. Sie können auf dem Wareneinkaufskonto oder einem besonderen Erlöskonto (Warenentnahmen, unentgeltliche Wertabgaben, Entnahmen von Gegenständen [SKR 03 Kto 8910] bzw. sonstigen Leistungen [SK 03 Kto 8920]) erfasst werden.

7.9.1.1 Buchung auf dem Wareneinkaufskonto

Soll die Buchführung das richtige wirtschaftliche Betriebsergebnis, vor allem den richtigen wirtschaftlichen Wareneinsatz zeigen, müssen die Warenentnahmen für private Zwecke auf dem **Wareneinkaufskonto** gebucht werden. Dadurch werden sie aus dem Aufwandsposten **Wareneinsatz** ausgeschieden.

Es muss jedoch beachtet werden, dass Entnahmen nach § 6 Abs. 1 Nr. 4 EStG mit dem **Teilwert** zu bewerten sind. Das gilt grundsätzlich auch für die USt (§ 10 Abs. 4 Nr. 1 UStG), denn der aktuelle Einkaufspreis zzgl. der Nebenkosten entspricht i. d. R. dem Teilwert. Der Teilwert der entnommenen Waren wird zwar im Allgemeinen mit den Anschaffungskosten übereinstimmen. Er kann aber auch höher oder niedriger sein als die Anschaffungskosten. Würde in diesen Fällen der Teilwert auf dem Wareneinkaufskonto gebucht, würde ein zu hoher oder zu niedriger Wareneinsatz ausgewiesen. Um dies zu verhindern, müsste ein besonderes Konto eingerichtet werden, das die Wertdifferenz aufnimmt und unmittelbar über GuV abgeschlossen wird.

Beispiel

Der Wareneinkauf beträgt 50 000 DM. Darin enthalten ist ein für private Zwecke entnommener Warenposten mit Anschaffungskosten von 5000 DM. Im Zeitpunkt der Entnahme beträgt der Teilwert 6000 DM. Steuersatz 16 %.

S	Entnahmen	H	S	Wareneinkauf	H
1) 6960 DM			50 000 DM	1)	5000 DM

S	Wertdifferenzen	H	S	USt-Schuld	H
	1) 1000 DM			1)	960 DM

Durch diese Buchung wird auf dem Warenkonto der richtige wirtschaftliche Wareneinsatz ausgewiesen.

7.9 Buchung der Warenentnahmen für private Zwecke

Für die Ermittlung des steuerrechtlich richtigen Gewinns ist es jedoch unbedeutend, ob auf dem Warenkonto die Warenentnahmen mit dem Teilwert gebucht werden oder ob ein solches Wertdifferenzkonto geführt wird oder nicht. So würde z. B. bei einer Buchung des Teilwerts auf der Habenseite des Wareneinkaufskontos eine zwischenzeitlich eingetretene Wertsteigerung den Aufwandsposten Wareneinsatz mindern und dadurch den Gewinn erhöhen. Bei einem niedrigeren Teilwert würde die Wertminderung einen höheren Wareneinsatz zur Folge haben und dadurch eine Gewinnminderung auslösen.

7.9.1.2 Buchung auf einem besonderen Erlöskonto

Wegen der in § 22 Abs. 2 Nr. 3 UStG vorgeschriebenen Aufzeichnungspflicht, die eine buchmäßige Trennung der **unentgeltlichen** Lieferungen i. S. des § 3 Abs. 1 b Nr. 1 UStG von den übrigen Umsätzen erfordert, werden die Warenentnahmen in der Praxis – so sieht es auch der DATEV-Kontenrahmen vor – regelmäßig auf einem besonderen Erlöskonto erfasst. Bei Anwendung unterschiedlicher Steuersätze sind mehrere Erlöskonten erforderlich.

Beispiel

Sachverhalt wie im vorstehenden Beispiel.

S	Entnahmen	H	S	USt-Schuld	H
1) 6960 DM				1)	960 DM

S	Erlöse Warenentnahmen[17]	H
	1)	6000 DM

Bei Verprobungen müssen die Anschaffungskosten der entnommenen Waren von dem auf dem Wareneinkaufskonto ausgewiesenen Aufwand (Wareneinsatz) abgezogen werden, weil die Ware nicht zum Warenverkauf eingesetzt wurde.

Wie die Entnahme selbst, so muss auch die nach § 12 Nr. 3 EStG nicht abzugsfähige USt für die unentgeltliche Warenabgabe auf dem Privatkonto (Entnahmekonto) gebucht werden. Da sie auf betrieblichen Umsätzen lastet und die Steuerschuld mit Ablauf des Voranmeldungszeitraums entsteht, muss sie als Betriebsschuld ausgewiesen werden. Deshalb hat die Buchung auf dem Privatkonto nicht erst bei Zahlung der USt, sondern bereits im Zeitpunkt der Entnahme unter gleichzeitiger Buchung auf dem USt-Schuldkonto zu erfolgen.

7.9.2 Innerbetrieblicher Verbrauch, Schwund und Warendiebstahl

Werden dem Lager Waren für innerbetriebliche Zwecke entnommen, so bedarf es zwecks Bereinigung des Wareneinsatzes einer Umbuchung, so z. B. beim Ver-

---

17 Entnahmen von Gegenständen 16% USt (SKR 03 Kto 8910).

brauch von Putzmitteln zum Zwecke der Reinigung der Geschäftsräume. Unterbleibt die Umbuchung auf Raumkosten oder ein entsprechendes anderes Aufwandskonto, bleibt der Reingewinn zwar richtig, weil der Aufwand dann im Wareneinsatz steckt. Es wird jedoch ein zu niedriges Rohgewinnergebnis ausgewiesen.

Ähnlich verhält es sich, wenn Waren durch Schwund, Verderb oder Diebstahl nicht zur Veräußerung gelangen. Auch hier muss an sich zwecks Ausweis des wirtschaftlichen Wareneinsatzes eine entsprechende Umbuchung erfolgen. Geschieht dies nicht, weil die Verluste im Einzelnen nicht ermittelt werden können, bleibt das Reingewinnergebnis zwar richtig, nicht aber der wirtschaftliche Rohgewinn.

7.9.3 Übungsaufgabe 9: Gewinnauswirkung bei Nichtbuchung

Nicht selten wird festgestellt, dass solche Geschäftsvorfälle nicht gebucht sind. Für die Feststellung der Gewinnauswirkung ist von Bedeutung, dass jede Sollbuchung auf einem Erfolgskonto oder einem gemischten Konto (Erfolgskonto mit Bestand) den Gewinn mindert und jede Habenbuchung darauf den Gewinn erhöht.

Die nachstehenden Geschäftsvorfälle wurden nicht gebucht:

1. Warenverderb, Anschaffungskosten   2000 DM
2. Warenentnahme für private Zwecke, Teilwert   3000 DM
   Steuersatz 16 %
3. Innerbetrieblicher Verbrauch von Waren,
   Anschaffungskosten   250 DM
4. Einlage von Waren aus dem Privatvermögen, Teilwert   500 DM
5. Begleichung der Miete für die Geschäftsräume durch
   Warenlieferung   3480 DM

   Die Anschaffungskosten der Ware haben 2400 DM betragen. Steuersatz 16 %. Der Vermieter hat optiert (§ 9 UStG) und in der Mietrechnung 480 DM USt gesondert ausgewiesen.

6. Private Wohnungsmiete 928 DM wird durch Warenlieferung
   beglichen   928 DM

   Die Anschaffungskosten der hingegebenen Waren haben
   betragen. Steuersatz 16 %.   600 DM

Frage:

I. Welchen Einfluss hat die jeweilige Nichtbuchung auf den Rohgewinn?

II. Welchen Einfluss hat die jeweilige Nichtbuchung auf den Reingewinn?

Begründen Sie die Entscheidung a) nach dem Betriebsvermögensvergleich und b) nach der GuV-Rechnung.

Die **Lösung** zu dieser Übungsaufgabe ist in einem „Lösungsheft" (Bestell-Nr. 100) enthalten.

7.10 Änderung des Warenbestands und die Auswirkung auf den Gewinn

7.10.1 Begründung der Gewinnberichtigung

Bei Außenprüfungen kommt es sehr oft zu einer Änderung des Bilanzpostens Warenvorräte, weil entweder die Bestandsaufnahme unvollständig oder die Bewertung unrichtig ist. Die Berichtigung des Warenbestands führt regelmäßig zu einer Änderung des Gewinns und ist deshalb aus Sicht des Finanzamts von besonderem Interesse. Dabei mag das folgende Schema hilfreich sein:

```
  WAB
+ WEK
./. WEB
= WES
```

a) Änderung des Warenanfangsbestands (WAB)

Die Erhöhung des Warenanfangsbestands führt zum höheren Wareneinsatz und damit zur Gewinnminderung; eine Minderung des Warenanfangsbestands ergibt einen niedrigeren Wareneinsatz und damit eine Gewinnerhöhung.

		falsch	a) richtig	b) richtig
	WAB	150	250	50
+	WEK	700	700	700
./.	WEB	300	300	300
=	WES	550	650	450

b) Änderung des Warenendbestands (WEB)

Die Erhöhung des Warenendbestands führt zum niedrigeren Wareneinsatz und damit zur Gewinnerhöhung; eine Minderung des Warenendbestands ergibt einen höheren Wareneinsatz und damit eine Gewinnminderung.

		falsch	a) richtig	b) richtig
	WAB	200	200	200
+	WEK	800	800	800
./.	WEB	300	400	150
=	WES	700	600	850

c) Nachträgliche Änderung des Wareneinkaufs (WEK)

Die nachträgliche Erhöhung des Wareneinkaufs, etwa wegen fehlender Buchung eines Wareneinkaufs, führt zu Erhöhung des Wareneinsatzes und damit zu einer Gewinnminderung. Die Korrektur eines fehlerhaft zu hohen Wareneinkaufs führt

7 Warenkonto

dagegen zu einer Minderung des Wareneinsatzes und damit zu einer Gewinnerhöhung.

	falsch	a) richtig	b) richtig
WAB	100	100	100
+ WEK	800	900	750
./. WEB	200	200	200
= WES	700	800	650

7.10.2 Übungsaufgabe 10

Sachverhalt

Ein Betrieb hat dem Finanzamt die folgenden Jahresabschlussbilanzen eingereicht:

	1. Wj.	2. Wj.	3. Wj.
Aktiva:	DM	DM	DM
Verschiedene Aktivposten (ohne Vorräte)	60 000	50 000	30 000
Warenbestand	20 000	24 000	29 000
Eigenkapital	–	–	5 000
Summen	80 000	74 000	64 000
Passiva:			
Eigenkapital	8 000	5 000	–
Verschiedene Passivposten	72 000	69 000	64 000
Summen	80 000	74 000	64 000

Hierzu gehören die folgenden Gewinn-und-Verlust-Rechnungen:

	2. Wj.	3. Wj.
	DM	DM
Verschiedene Erträge	300 000	370 000
	DM	DM
Wareneinsatz	250 000	315 000
Sonstige Aufwendungen	38 000	41 000
Gewinn	12 000	14 000
	300 000	370 000

Bei einer Außenprüfung wird festgestellt, dass die richtigen Warenendbestände betragen:

	1. Wj.	2. Wj.	3. Wj.
	DM	DM	DM
	21 000	30 000	24 000

Der Wareneingang wurde vollständig und richtig gebucht.

7.10 Änderung des Warenbestands und die Auswirkung auf den Gewinn

Aufgabe
1) Wie hoch waren im 2. und 3. Wirtschaftsjahr die Entnahmen? Unterstellen Sie, dass Einlagen nicht getätigt worden sind.
2) Wie ändert sich der Gewinn dieser Jahre bei Ansatz der richtigen Warenbestände? Betriebsvermögensvergleich!
3) Wie hoch war der Wareneingang im 2. und 3. Wirtschaftsjahr?
4) Wie ändert sich die Gewinn-und-Verlust-Rechnung bei Ansatz der richtigen Warenbestände?
5) Stellen Sie das Wareneinkaufskonto für das 2. und 3. Wirtschaftsjahr vor und nach der Berichtigung dar.
6) Wie beeinflusst die für das 1. Wirtschaftsjahr erforderliche Bilanzberichtigung das Betriebsergebnis dieses Jahres?

Die **Lösung** zu dieser Übungsaufgabe ist in einem „Lösungsheft" (Bestell-Nr. 100) enthalten.

8 Jahresabschluss

8.1 Aufgabe und Durchführung des Jahresabschlusses

So wie zu Beginn eines Wirtschaftsjahrs die Eröffnungsbilanz aufgelöst wird, indem die einzelnen Bilanzposten auf Konten übertragen werden, so müssen am Ende eines jeden Wirtschaftsjahrs die einzelnen Konten zwecks Ermittlung des Gewinns wieder zur Schlussbilanz zusammengefasst werden. Dies ist die Aufgabe des Jahresabschlusses.

Sind die Konten im Soll und Haben ausgeglichen, d. h. weisen die beiden Kontoseiten die gleichen Summen auf, erfolgt ihr Abschluss einfach dadurch, dass unter die Summen der Seiten Doppelstriche gezogen werden. Weisen die Konten einen Sollüberschuss auf, erscheint der Saldo zum Ausgleich des Kontos unter gleichzeitiger Ablieferung an das zuständige Abschlusskonto auf der Habenseite. Es ist ein Sollsaldo, da die Salden nach der größeren Kontoseite bezeichnet werden. Zeigt die Habenseite einen Überschuss, steht der Saldo auf der Sollseite. In diesem Falle handelt es sich um einen Habensaldo.

Für die richtige Durchführung des Jahresabschlusses ist unbedingt die Kenntnis der Kontenarten erforderlich. Ohne diese Grundlagen ist ein ordnungsmäßiger Kontenabschluss nicht möglich. Es muss vor allem zwischen Bestandskonten, Erfolgskonten und gemischten Konten unterschieden werden.

Der Abschluss der Bestandskonten erfolgt über das Schlussbilanzkonto. Dagegen korrespondieren die Erfolgskonten mit dem Gewinn-und-Verlust-Konto, das ebenso wie die Privatkonten ein Unterkonto des Kapitalkontos ist. Gemischte Konten werden gleichzeitig über das Schlussbilanzkonto und das Gewinn-und-Verlust-Konto abgeschlossen.[1]

Auch beim Jahresabschluss bleibt der Grundsatz der Doppelbuchung erhalten. Jede Buchung wird also einmal auf der Sollseite und einmal auf der Habenseite vorgenommen. Beteiligt ist jeweils ein Abschlusskonto.

8.2 Vorbereitende Abschlussbuchungen

8.2.1 Zweck der vorbereitenden Abschlussbuchungen

Aus Vereinfachungsgründen werden bestimmte Geschäftsvorfälle im Laufe des Jahres nicht gebucht. Andere Geschäftsvorfälle werden (noch) nicht so gebucht, wie das für die steuerrechtliche Gewinnermittlung erforderlich ist. Das gilt vor allem für

---

1 Hinweis auf das Schaubild bei 5.5.

8.2 Vorbereitende Abschlussbuchungen

Geschäftsvorfälle, bei denen Ausgaben in einen abzugsfähigen (betrieblichen) und einen nicht abzugsfähigen Teil (Privatanteil) aufgeteilt werden müssen.[2] Schließlich sind noch Vorgänge zu erfassen, die das Wirtschaftsjahr betreffen, aber noch nicht durch Zahlungsvorgänge oder anderweitig in Erscheinung getreten sind. Zu diesen Fällen gehört die Buchung der Abschreibung, die Passivierung von Rückstellungen sowie die Rechnungsabgrenzung zur periodengerechten Gewinnermittlung. Vor Durchführung des Jahresabschlusses müssen solche Vorgänge erfasst bzw. richtig gestellt werden. Das ist die Aufgabe der vorbereitenden Abschlussbuchungen.

8.2.2 Richtigstellung von Erfolgskonten zwecks Abgrenzung der betrieblichen und privaten Sphäre

8.2.2.1 Kraftfahrzeugkosten (privatanteilige Autokosten)

PKW können Betriebsvermögen oder Privatvermögen sein. Das gilt auch bei gemischter Nutzung. In bestimmten Fällen hat der Steuerpflichtige ein Wahlrecht zur Behandlung als Betriebsvermögen oder Privatvermögen.[3]

Betriebliche Fahrzeuge werden in nicht unerheblichem Umfange auch privat genutzt. Der Anteil der Privatfahrten kann in der Regel nur geschätzt werden. Wird **geschätzt,** ist zwingend nach § 6 Abs. 1 Nr. 4 Satz 2 EStG vorzugehen. Nach dieser Vorschrift ist die private Nutzung eines Kfz für jeden Kalendermonat **mit 1 v. H. des inländischen Listenpreises im Zeitpunkt der Erstzulassung zzgl. der Kosten für Sonderausstattungen einschließlich der USt** anzusetzen.[4]

Abweichend davon kann die private Nutzung mit den auf die Privatfahrten entfallenden Aufwendungen angesetzt werden, wenn die für das Kfz insgesamt entstehenden Aufwendungen durch Belege und das Verhältnis der privaten zu den übrigen Fahrten durch ein **ordnungsmäßiges Fahrtenbuch nachgewiesen** werden (vgl. § 6 Abs. 1 Nr. 4 Satz 3 EStG). Zu diesen Aufwendungen gehören nicht nur die laufenden Aufwendungen (Kraftstoffverbrauch, Reparaturen, Pflege etc.), sondern auch die so genannten fixen Kosten. Auch die AfA muss anteilig erfasst werden.[5] Sonderabschreibungen und erhöhte Absetzungen bleiben jedoch außer Betracht.[6]

Für den Fall, dass der Unternehmer **mehrere Fahrzeuge** in seinem Betriebsvermögen hat, die er alle auch anteilig privat nutzt, ist er nicht verpflichtet, bei der Bestimmung der Nutzungsentnahme einheitlich vorzugehen. Es ist ihm nicht verwehrt, für einzelne Fahrzeuge ein Fahrtenbuch zu führen und für andere die 1 %-Regelung zu wählen.[7]

---
2 Vgl. R 117, 117 a EStR, H 117, 117 a EStH.
3 S. u. 13.5.6.
4 BFH v. 24. 2. 2000, BStBl 2000 II S. 273.
5 Einzelheiten zur ertragsteuerlichen Erfassung der Nutzung eines betrieblichen Kfz zu Privatfahrten ergeben sich aus BMF v. 12. 5. 1997, BStBl 1997 I S. 562. Zur USt vgl. BMF v. 29. 5. 2000, BStBl 2000 I S. 819.
6 BFH, BStBl 1988 II S. 655 m. w. N.
7 BFH v. 3. 8. 2000 – III R 2/00 gegen Auffassung der Finanzverwaltung in BMF v. 12. 5. 1997, BStBl 1997 I S. 562.

8 Jahresabschluss

Ein Gewinn aus der Veräußerung eines Kfz mindert nicht die Bemessungsgrundlage für die Ermittlung des **Kfz-Privatnutzungsanteils** im Veräußerungsjahr. Die Entnahme durch Privatnutzung eines Wirtschaftsguts und dessen spätere Veräußerung (ggf. Entnahme) sind unterschiedliche Vorgänge. Der Veräußerungserlös des Kfz ist nicht durch die Nutzung des Kfz verursacht; er beruht vielmehr darauf, dass das Kfz nicht mehr betrieblich genutzt werden soll und aus dem Betriebsvermögen ausgesondert wird.[8]

a) Beschaffung des Fahrzeugs vor dem 1. 4. 1999

Die private Kfz-Nutzung eines Betriebsinhabers und Unternehmers, der sein Unternehmen vom Inland aus betreibt, erfüllt, soweit es sich bei dem Kfz um ein WG des Unternehmensvermögens handelt, sowohl den Tatbestand der Entnahme i. S. des § 4 Abs. 1 Satz 2 EStG als auch der **unentgeltlichen Wertabgabe** i. S. des § 3 Abs. 9 a Nr. 1 UStG, wenn das Fahrzeug **vor dem 1. 4. 1999** erstmals dem Unternehmen zugeordnet wurde. Bemessungsgrundlage sind die auf die unternehmensfremde Verwendung entfallenden Kosten (§ 10 Abs. 4 Nr. 2 UStG).[9]

Bei der Ermittlung der Bemessungsgrundlage bleiben in diesem Falle z. B. die Kraftfahrzeugsteuer, die Kraftfahrzeugversicherungen (Haftpflicht-, Kasko-, Insassenunfallversicherung), die Garagenmiete, soweit im Ausnahmefall für die Vermietung die Steuerfreiheit nach § 4 Nr. 12 Satz 1 UStG in Betracht kommt, und die Rundfunkgebühren für das Autoradio außer Ansatz. Dies gilt ohne Rücksicht darauf, ob für das verwendete Kraftfahrzeug selbst ein Vorsteuerabzug möglich war.

Ermittelt der Unternehmer für Ertragsteuerzwecke den Wert der Nutzungsentnahme nach der sog. **1-v.-H.-Regelung** des § 6 Abs. 1 Nr. 4 Satz 2 EStG, so kann er von diesem Wert aus Vereinfachungsgründen bei der Bemessungsgrundlage für die unentgeltliche Wertabgabe ausgehen. Für die nicht mit Vorsteuern belasteten Kosten kann er einen pauschalen Abschlag von 20 v. H. vornehmen. Der so ermittelte Betrag ist nach Auffassung der Finanzverwaltung bereits die Bemessungsgrundlage. Die USt beträgt 16 % dieser Bemessungsgrundlage, obwohl im Ausgangswert (Listenpreis) bereits Umsatzsteuer enthalten ist.

Setzt der Unternehmer für Ertragsteuerzwecke die private Nutzung mit den auf die Privatfahrten entfallenden Aufwendungen an, indem er die für das Kfz insgesamt entstehenden Aufwendungen durch Belege und das Verhältnis der privaten zu den übrigen Fahrten durch ein ordnungsgemäßes **Fahrtenbuch** nachweist (§ 6 Abs. 1 Nr. 4 Satz 3 EStG), ist von diesem Wert auch bei der Bemessungsgrundlage für die unentgeltliche Wertabgabe auszugehen. Aus den Gesamtaufwendungen sind für Umsatzsteuerzwecke die nicht mit Vorsteuern belasteten Kosten in der belegmäßig nachgewiesenen Höhe auszuscheiden.

---
8 BFH, BStBl 1994 II S. 353.
9 Vgl. zu Einzelheiten, insbesondere zur Schätzung der anteiligen Kosten BMF v. 29. 5. 2000, BStBl 2000 I S. 819.

8.2 Vorbereitende Abschlussbuchungen

Beispiele

a) Ein Unternehmer nutzt seinen zum Betriebsvermögen gehörenden PKW auch für Privatfahrten. Die auf die Anschaffung des PKW entfallende USt wurde zu Recht als Vorsteuer abgezogen, weil die Beschaffung vor dem 1. 4. 1999 erfolgt ist. Der USt-Satz beträgt 16 v. H. Im Laufe des Jahres 02 sind folgende Kfz-Aufwendungen angefallen:

Laufende Betriebskosten	15 000 DM
KfzSt, KfzVers.	2 000 DM
AfA	15 000 DM

Ein Nachweis i. S. des § 6 Abs. 1 Nr. 4 Satz 3 EStG durch ein ordnungsmäßiges Fahrtenbuch liegt nicht vor. Der inländische Listenpreis des auch privat genutzten PKW im Zeitpunkt der Erstzulassung zzgl. der Kosten für Sonderausstattung einschließlich der USt beträgt 90 000 DM. Der PKW wurde das ganze Jahr 02 genutzt.

Der Unternehmer will die 1 %-Regelung auch für Zwecke der Umsatzsteuer zugrunde legen.

Die Nutzungsentnahme i. S. des § 4 Abs. 1 Satz 2 EStG ist gem. § 6 Abs. 1 Nr. 4 Satz 2 EStG wie folgt zu bewerten:

1 % von 90 000 DM = 900 DM; 900 DM × 12 =   10 800 DM

Ermittlung der USt für die unentgeltliche Wertabgabe
i. S. des § 3 Abs. 9 a Nr. 1 UStG:

Bemessungsgrundlage	10 800 DM
./. Pauschalabschlag 20 v. H.	2 160 DM
	8 640 DM

16 % USt (8640 DM × 0,16 =)   1 382,40 DM

Buchung:

Entnahmen 12 182,40 DM

    an Erlöse aus unentgeltlicher Wertabgabe 16 %   8 640,— DM
    an Erlöse aus unentgeltlicher Wertabgabe ohne USt   2 160,— DM
    an USt-Schuld   1 382,40 DM

Diese Buchung entspricht der umsatzsteuerrechtlichen Aufzeichnungspflicht des § 22 Abs. 2 Nr. 3 UStG.

Bei Privatfahrten im Ausland ergibt sich keine abweichende Lösung (§ 3 f UStG).

b) Sachverhalt wie im Beispiel a). Der Anteil der Privatfahrten beträgt lt. ordnungsmäßigem Fahrtenbuch i. S. des § 6 Abs. 1 Nr. 4 Satz 3 EStG 30 v. H.

Die Nutzungsentnahme i. S. des § 4 Abs. 1 Satz 2 EStG und die Bemessungsgrundlage für die unentgeltliche Wertabgabe i. S. des § 3 Abs. 9 a Nr. 1 UStG sind gem. § 6 Abs. 1 Nr. 4 Satz 3 EStG bzw. § 10 Abs. 4 Nr. 2 UStG wie folgt zu bewerten:

Laufende Betriebskosten	15 000 DM
AfA	15 000 DM
	30 000 DM

Bemessungsgrundlage für Zwecke der USt
(30 000 DM × 0,3 =)   9 000 DM
16 % USt (9000 DM × 0,16 =)   1 440 DM

KfzSt, KfzVers.	2 000 DM
	32 000 DM

Wert der Nutzungsentnahme (32 000 DM × 30 %)   9 600 DM

8 Jahresabschluss

Buchung:
Entnahmen 11 040 DM

an Erlöse aus unentgeltlicher Wertabgabe 16 %	9 000 DM
an Erlöse aus unentgeltlicher Wertabgabe ohne USt	600 DM
an USt-Schuld	1 440 DM

Der einkommensteuerrechtliche Begriff des Betriebs und der umsatzsteuerrechtliche Begriff des Unternehmens decken sich nicht. Daraus folgt, dass bei außerbetrieblicher Nutzung eines PKW nicht immer die gesamten privatanteiligen Kosten der Besteuerung für Zwecke der Umsatzsteuer unterliegen.

Beispiel

Ein Gewerbetreibender hat seinen betrieblichen PKW nachweislich wie folgt genutzt: eigenbetriebliche Verwendung 60 %, Fahrten zur Errichtung eines Geschäftshauses, das zum Privatvermögen gehört und umsatzsteuerfrei vermietet werden soll (§ 4 Nr. 12 a UStG), 10 %, allgemeine Privatfahrten 30 %. Bei der Anschaffung des PKW wurde Vorsteuer anteilig abgezogen (§ 15 Abs. 2 Nr. 1 UStG).

Im Laufe des Jahres 02 sind folgende Kfz-Aufwendungen angefallen:

laufende Betriebskosten	16 000 DM
damit zusammenhängende Vorsteuern	2 560 DM
KfzSt, KfzVers.	2 000 DM
AfA	14 000 DM

Als Entnahme sind 40 %, als unentgeltliche Wertabgabe i. S. des § 3 Abs. 9 a Nr. 1 UStG i. V. mit § 10 Abs. 4 Nr. 2 UStG nur 30 % der Kosten zu erfassen. Die Vermietung von Geschäftsräumen stellt eine unternehmerische Tätigkeit dar. Soweit der PKW dafür genutzt wurde, handelt es sich nicht um sonstige Leistungen, die im Rahmen des Unternehmens für Zwecke außerhalb des Unternehmens ausgeführt wurden.

Soweit die Vorsteuerbeträge auf die außerbetrieblichen, aber im Unternehmen für Zwecke des Geschäftshauses ausgeführten Fahrten entfallen, liegt eine Entnahme vor, selbst wenn die Vorsteuern umsatzsteuerrechtlich ganz abziehbar wären. Streng genommen muss deshalb eine entsprechende Umbuchung auf das Privatkonto erfolgen. Sonst würde die Betriebsschuld „Umsatzsteuer" um eine private Ausgabe gemindert.

Die Nutzungsentnahme ist mit 30 % von 32 000 DM = 9600 DM, soweit sie auf den Bereich Vermietung u. Verpachtung entfällt, mit 10 % von 32 000 DM = 3200 DM sowie 10 % des Vorsteuerbetrags von 2560 DM = 256 DM zu bewerten. Die USt für die unentgeltliche Wertabgabe beträgt (32 000 DM ./. 2000 DM KfzSt, KfzVers. × 0,3 × 0,16 =) 1440 DM. Die Entnahmen betragen mithin 14 496 DM (9600 + 3 200 + 256 + 1440).

Damit lautet die Umbuchung:

Entnahmen 14 496 DM

an Erlöse aus unentgeltlicher Wertabgabe 16 % (30 % v. 30 000 =)		9 000 DM
an Erlöse aus unentgeltlicher Wertabgabe ohne USt (30 % v. 2 000 =)		600 DM
an Erlöse aus unentgeltlicher Wertabgabe ohne USt (10 % v. 32 000 =)		3 200 DM
an USt-Schuld (256 + 1440 =)		1 696 DM
		14 496 DM

8.2 Vorbereitende Abschlussbuchungen

b) Beschaffung des Fahrzeugs nach dem 31. 3. 1999

Bei Fahrzeugen, die **mindestens zu 10 %** unternehmerischen Zwecken dienen und die vom Unternehmer auch zu außerunternehmerischen Zwecken verwendet werden, ist der Vorsteuerabzug aus der Anschaffung, Herstellung oder Anmietung sowie den Betriebskosten auf 50 v. H. des gesondert in Rechnung gestellten Umsatzsteuerbetrages beschränkt (§ 15 Abs. 1 b UStG).[10] Dies betrifft alle Fahrzeuge, die vom Unternehmer selbst oder von einem Gesellschafter einer Personengesellschaft neben einer nicht untergeordneten unternehmerischen Nutzung auch privat verwendet werden und nach dem 31. 3. 1999 dem Unternehmen zugeordnet wurden (§ 27 Abs. 3 UStG).[11]

Der begrenzte Vorsteuerabzug gilt für **alle** Fahrzeugkosten, also für die Anschaffungskosten ebenso wie für die laufenden Unterhalts- und Reparaturkosten, aber auch für Leasing- oder Mietwagenkosten. Zur Vermeidung einer Doppelbesteuerung findet keine Besteuerung der außerunternehmerischen Nutzung in der Form einer unentgeltlichen Wertabgabe statt (§ 3 Abs. 9 a Nr. 1 Satz 2 UStG).

Bilanzsteuerrechtlich betrachtet erhöhen sich wegen des teilweisen Vorsteuerabzugsverbots die **Anschaffungskosten** und damit die **AfA-Bemessungsgrundlage** für das Fahrzeug (§ 9 b Abs. 1 EStG).[12] Damit wirkt sich der nichtabziehbare Teil der Vorsteuer über die AfA gewinnmindernd aus. Gewinnmindernd als Teil der Kfz-Kosten sind auch die Vorsteuerbeträge zu behandeln, die auf den laufenden Kfz-Kosten lasten. § 12 Nr. 3 EStG verhindert diese Gewinnminderung nicht.

Unabhängig von der umsatzsteuerrechtlichen Folge einer außerunternehmerischen Verwendung muss die private Nutzung **ertragsteuerrechtlich** nach § 6 Abs. 1 Nr. 4 EStG als Entnahme **gewinnerhöhend** berücksichtigt werden. In diesen Fällen ist bei fehlendem Nachweis als Bemessungsgrundlage aus Vereinfachungsgründen die 1 %-Regelung zugrunde zu legen (§ 6 Abs. 4 Satz 2 EStG). Der BFH[13] hat bestätigt, dass für die Ermittlung des Werts der Entnahme der Listenpreis einschl. Umsatzsteuer maßgebend sei. Dies sei verfassungsrechtlich nicht zu beanstanden. Insbesondere stimmt der BFH der Auffassung der Finanzverwaltung zu, dass auch in den Fällen gebraucht erworbener Fahrzeuge eine sachgerechte Besteuerung der privaten Kfz-Nutzung vorliege. Die tatsächlich aufgewendeten Anschaffungskosten sind folglich bei der Bewertung der Entnahme ohne Belang. Allerdings ist der Wert der

---

10 Zu umsatzsteuerrechtlichen Problemen bei der späteren Änderung der Verwendung eines Fahrzeugs sowie der Veräußerung innerhalb von 5 Jahren seit Erwerb vgl. § 15 a Abs. 3 Nr. 2 UStG und BMF v. 29. 5. 2000, BStBl 2000 I S. 819, Tz. 7 ff.
11 Zur Zuordnung vgl. BMF v. 29. 5. 2000, BStBl 2000 I S. 819, Tz. 2.
12 R 86 Abs. 5 EStR. Die Verwaltungsauffassung wird zu Unrecht kritisiert. § 9 b Abs. 1 Satz 2 Nr. 2 EStG ist keiner über seinen Zweck hinausgehenden Auslegung zugänglich. Zweck der Vorschrift ist es, bei vergleichsweise niedrigen steuerfreien Umsätzen eine Aktivierung von geringfügigen nichtabziehbaren Vorsteuerbeträgen bei einer Vielzahl von Wirtschaftsgütern des Unternehmens aus Vereinfachungsgründen zu verhindern. Weder handelt es sich hier um einen Zusammenhang mit steuerfreien Umsätzen, noch kann davon ausgegangen werden, dass 50 % der Vorsteuer eines Fahrzeugs ein Bagatellbetrag ist. Darüber hinaus ist nicht erkennbar, wozu es in diesen Fällen einer Vereinfachung bedarf.
13 BFH v. 24. 2. 2000, BStBl II 2000 S. 273.

Entnahme nach der 1 %-Regelung auf die Höhe der tatsächlich angefallenen Kosten zu begrenzen (Deckelung).[14]

Beispiel
Unternehmer U erwirbt Anfang Juni 2000 einen PKW zum günstigen Preis von 80 000 DM zzgl. 12 800 DM USt (Listenpreis des Händlers einschl. Sonderausstattung und einschl. USt 104 400 DM). Bis zum 31. 12. 2000 entstehen Betriebskosten i. H. von 15 000 DM zuzüglich 2400 DM USt sowie Aufwendungen ohne Umsatzsteuer (Versicherung, Kfz-Steuer) i. H. von 2000 DM. Sämtliche Zahlungen sind über Bank abgewickelt worden. U führt kein Fahrtenbuch.

Lösung
Nach § 15 Abs. 1 b UStG kann U die Vorsteuer aus dem Erwerb des PKW nur i. H. von 6400 DM und aus den laufenden Betriebskosten lediglich i. H. von 1200 DM von seiner Umsatzsteuerschuld abziehen (§ 16 Abs. 2 UStG).

Weil die private Nutzung durch den Ausschluss vom Vorsteuerabzug umsatzsteuerrechtlich belastet worden ist, findet eine darüber hinausgehende Umsatzbesteuerung nicht statt (§ 3 Abs. 9 a Satz 2 UStG).

Ertragsteuerrechtlich betragen die Anschaffungskosten wegen des teilweisen Vorsteuerabzugsverbots nach § 9 b Abs. 1 EStG 86 400 DM. Dieser Betrag stellt auch die AfA-Bemessungsgrundlage dar.

Buchung: Fahrzeuge   86 400 DM
Vorsteuer   6 400 DM   an Bank   92 800 DM
AfA*   25 920 DM   an Fahrzeuge   25 920 DM
* 30 % nach § 7 Abs. 2 EStG, R 44 Abs. 2 Satz 3 EStR

Die nach Ertragsteuerrecht abziehbaren Betriebsausgaben betragen ohne AfA 18 200 DM (16 200 DM + 2000 DM).

Buchung: Fahrzeugkosten   18 200 DM
Vorsteuer   1 200 DM   an Bank   19 400 DM

Die private Nutzung muss nach § 6 Abs. 1 Nr. 4 EStG im Rahmen der Gewinnermittlung als Entnahme gewinnerhöhend berücksichtigt werden. Da mangels Fahrtenbuchs die 1 %-Regelung zugrunde zu legen ist, ergibt sich die folgende Berechnung (§ 6 Abs. 1 Nr. 4 Satz 2 EStG):
Listenpreis 104 400 DM × 1 % × 7 Monate = 7308 DM

Buchung: Entnahmen   7308 DM   an Erträge ohne USt[15]   7308 DM

Eine **Begrenzung** auf die tatsächlich entstandenen Kosten (Deckelung) ergibt sich nicht, weil die Kosten (18 200 DM zzgl. AfA 25 920 DM) den Wert der 1 %-Regelung übersteigen.

Führt der Unternehmer zur Ermittlung der privatanteiligen Kosten jedoch ein **Fahrtenbuch**,[16] dann sind bei der Ermittlung des Werts der Entnahme die für das fragliche Fahrzeug insgesamt entstehenden Kosten einschl. AfA nach dem Verhältnis der betrieblich veranlassten Fahrten zu den außerbetrieblich veranlassten Fahrten aufzuteilen (§ 6 Abs. 1 Nr. 4 Satz 3 EStG). Dabei ist zu berücksichtigen, dass

---
14 BMF v. 12. 5. 1997, BStBl I 1997 S. 562, Tz. 13.
15 Konto 8939 lt. DATEV-Kontenrahmen SKR 03.
16 Zu den Anforderungen, die an ein ordnungsmäßiges Fahrtenbuch zu stellen sind, vgl. BMF v. 12. 5. 1997, BStBl 1997 I S. 562, Tz. 15 ff. sowie Abschn. 31 Abs. 9 Nr. 2 LStR 2000 und H 31 (9–10) LStH „Erleichterungen bei der Führung eines Fahrtenbuchs".

8.2 Vorbereitende Abschlussbuchungen

sowohl die AfA als auch die laufenden Betriebskosten um den nichtabziehbaren Teil der Vorsteuer erhöht sind. Diese erhöhten Beträge gehen in die Berechnung der Entnahme ein, sodass die umsatzsteuerrechtliche Abzugsbeschränkung im Ergebnis den Betriebsausgabenabzug beeinflusst.

Beispiel

Unternehmer U erwirbt Anfang Juni 2000 einen PKW zum Preis von 75 000 DM zzgl. 12 000 DM USt (Listenpreis des Händlers einschl. USt 100 000 DM). Bis zum 31. 12. 2000 entstehen Betriebskosten i. H. von 12 000 DM zuzüglich 1920 DM USt sowie Aufwendungen ohne Umsatzsteuer (Versicherung, Kfz-Steuer) i. H. von 1600 DM. Sämtliche Zahlungen sind über Bank abgewickelt worden. U führt ein ordnungsmäßiges Fahrtenbuch. Von den im Jahre 2000 insgesamt gefahrenen Kilometern entfallen 30 % auf privat veranlasste Fahrten.

Lösung

Der Vorsteuerabzug aus dem Erwerb des PKW beträgt 6000 DM. Aus den laufenden Betriebskosten kann U Vorsteuer i. H. von 960 DM abziehen (§ 15 Abs. 1 b UStG). Weil die private Nutzung durch den Ausschluss vom Vorsteuerabzug umsatzsteuerrechtlich belastet worden ist, findet eine darüber hinausgehende Umsatzbesteuerung nicht statt (§ 3 Abs. 9 a Satz 2 UStG).

Ertragsteuerrechtlich betragen die Anschaffungskosten wegen des teilweisen Vorsteuerabzugsverbots nach § 9 b Abs. 1 EStG 81 000 DM. Dieser Betrag stellt die AfA-Bemessungsgrundlage dar.

Buchung: Fahrzeuge   81 000 DM
              Vorsteuer   6 000 DM   an Bank   87 000 DM
              AfA*   24 300 DM   an Fahrzeuge 24 300 DM
* 30 % nach § 7 Abs. 2 EStG, R 44 Abs. 2 Satz 3 EStR

Die nach Ertragsteuerrecht abziehbaren Betriebsausgaben betragen ohne AfA 14 560 DM (12 960 DM + 1600 DM).

Buchung: Fahrzeugkosten   14 560 DM
              Vorsteuer   960 DM   an Bank   15 520 DM

Obwohl die außerunternehmerische Verwendung umsatzsteuerrechtlich nach § 3 Abs. 9 a Satz 2 UStG nicht zu erfassen ist, muss die private Nutzung nach § 6 Abs. 1 Nr. 4 EStG im Rahmen der Gewinnermittlung als Entnahme gewinnerhöhend berücksichtigt werden. Da der Unternehmer ein ordnungsmäßiges Fahrtenbuch vorlegt, ist dies der Bewertung der Entnahme zugrunde zu legen. Der Listenpreis ist in diesem Fall unbeachtlich. Vielmehr sind die Kosten nach dem Verhältnis der betrieblich gefahrenen und der privat gefahrenen Kilometer aufzuteilen.

Es ergibt sich die folgende Berechnung:

AfA   24 300 DM
übrige Kfz-Kosten   + 14 560 DM = 38 860 DM × 30 % = 11 658 DM

Buchung: Entnahmen   11 658 DM   an Erträge ohne USt   11 658 DM

8.2.2.2 Telefonkosten

Auch betriebliche Telefonanschlüsse werden erfahrungsgemäß für private Zwecke genutzt. Der Anteil der Privatgespräche muss geschätzt werden. Umsatzsteuerrechtlich stellt die nichtunternehmerische (private) Nutzung fremder Geräte und von Fernsprechdienstleistungen keine unentgeltliche Wertabgabe dar.[17] Die von den Telekommunikationsunternehmen berechnete Umsatzsteuer ist entsprechend dem Verhältnis unternehmerische/nichtunternehmerische Nutzung in einen abziehbaren und nichtabziehbaren Anteil aufzuteilen.[18] Der Privatanteil wird im Allgemeinen erst beim Jahresabschluss gebucht.

Beispiel

Die im Laufe des Jahres angefallenen Telefonkosten betragen 8000 DM. Der geschätzte Privatanteil beträgt 100 DM monatlich. Die Deutsche Telekom hat Umsatzsteuer in Höhe von 1280 DM gesondert ausgewiesen. Der Betrag wurde jeweils auf dem Konto abziehbare Vorsteuer gebucht.

Die Umbuchung (vorbereitende Abschlussbuchung) lautet:

Entnahmen	1392 DM	an Telefonkosten	1200 DM
		an Vorsteuer	192 DM

S	Telefonkosten		H	S	Entnahmen	H
bisher	8000 DM	1)	1200 DM	1)	1392 DM	

S	Vorsteuer		H
bisher	1280 DM	1)	192 DM

Die nichtunternehmerische (private) Nutzung **eigener Geräte** (Fernsprechendgeräte wie z. B. Telefonanlagen nebst Zubehör, Telekopiergeräte, Mobilfunkeinrichtungen), die zum Betriebs- und Unternehmensvermögen gehören, unterliegt dagegen als unentgeltliche Wertabgabe (§ 3 Abs. 9 a Nr. 1 UStG) der Umsatzsteuer. Bemessungsgrundlage sind die AfA für die jeweiligen Geräte. Nicht zur Bemessungsgrundlage gehören die Grund- und Gesprächsgebühren. Die auf diese Gebühren entfallende Umsatzsteuer ist wie vorstehend bereits erläutert in einen abziehbaren und einen nichtabziehbaren Teil aufzuteilen.[19]

Beispiel

Die im Laufe des Jahres angefallenen Kosten für die Nutzung eigener Fernsprechgeräte betragen 10 000 DM, wovon 30 % auf Privatgespräche entfallen. In den 10 000 DM sind AfA in Höhe von 1000 DM und Grund- bzw. Gesprächsgebühren von 9000 DM enthalten. Die Deutsche Telekom hat Umsatzsteuer in Höhe von 1440 DM gesondert ausgewiesen. Dieser Betrag wurde als abziehbare Vorsteuer behandelt.

---

17 BFH, BStBl 1994 II S. 200; Abschn. 192 Abs. 18 Nr. 1 UStR.
18 Abschn. 24 c Abs. 4 Sätze 4 und 5 UStR i. V. m. Abschn. 192 Abs. 18 Nr. 1 UStR.
19 Abschn. 24 c Abs. 4 UStR i. V. m. Abschn. 192 Abs. 18 Nr. 1 UStR.

8.2 Vorbereitende Abschlussbuchungen

Die Umbuchung (vorbereitende Abschlussbuchung) lautet:

1. Entnahmen	3 132 DM	an Telefonkosten		2 700 DM
		an Vorsteuer		432 DM
2. Entnahmen	348 DM	an unentgeltliche Wert-		
		abgabe mit 16 % USt		300 DM
		an Umsatzsteuer		48 DM

S	Telefonkosten		H		S	Entnahmen		H
bisher 10 000 DM		1)	2 700 DM		1)	3 132 DM		
					2)	348 DM		

S	USt-Schuld		H		S	Erlöse aus unentgeltlicher Wertabgabe 16 %		H
		2)	48 DM				2)	300 DM

S	Vorsteuer		H
bisher 1 440 DM		1)	432 DM

8.2.2.3 Nutzungswert der Wohnung im eigenen Haus

Grundstücke können zum Betriebsvermögen oder zum Privatvermögen gehören.[20] Bewohnt ein Steuerpflichtiger in einem im Übrigen betrieblichen Zwecken dienenden Grundstück eine Wohnung, so stellt der Nutzungswert[21] (Bruttomietwert) dieser Wohnung **keinen** betrieblichen Ertrag dar. Der Teil des Grundstücks (Grund und Boden sowie Gebäude), der privaten Zwecken dient, gehört nicht zum Betriebsvermögen und darf folglich nicht aktiviert werden. Die anteiligen Kosten sind keine Betriebsausgaben.

Vorsteuerbeträge, die im Zusammenhang mit einem Grundstück anfallen, das teils eigenbetrieblichen und teils privaten Wohnzwecken dient, sind umsatzsteuerrechtlich nicht abziehbar, soweit sie auf die private Wohnung entfallen. Ebenso können Vorsteuern, die bei den nicht als Betriebsausgaben abzugsfähigen Aufwendungen für Schönheitsreparaturen in der Privatwohnung entstehen, nicht abgezogen werden.

Beispiel

Der Einzelhändler A nutzt ein Gebäude zu $^2/_3$ eigenbetrieblich und zu $^1/_3$ für eigene Wohnzwecke. Der Nutzungswert (Bruttomietwert) der Privatwohnung beträgt 7200 DM. Im Laufe des Wirtschaftsjahrs sind Haus- und Grundstücksaufwendungen in Höhe von 10 800 DM + 1728 DM USt (vor allem Reparaturkosten für das Dach) entstanden. Außerdem sind durch Schönheitsreparaturen der Privatwohnung weitere 1200 DM + 192 DM USt entstanden. Die Ausgaben wurden auf dem Konto „Grundstücksaufwendungen" und Vorsteuer gebucht. Die Aufteilung der Vorsteuerbeträge erfolgt nach § 15 Abs. 4 UStG.

---

20 S. u. 13.5.7.
21 Zur früher abweichenden Lösung bis incl. 1998 vgl. ggf. Vorauflagen.

8 Jahresabschluss

Im Rahmen der vorbereitenden Abschlussbuchungen sind die nachstehenden Buchungen vorzunehmen. Die nichtabziehbare Vorsteuer erhöht die Entnahmen.

S	Grundstücksaufwendungen		H	S	Entnahmen	H
bisher 12 000 DM	1)	3 600 DM		1)	4 176 DM	
	2)	1 200 DM		2)	1 392 DM	

S	Vorsteuer		H
bisher 1 920 DM	1)	576 DM	
	2)	192 DM	

8.2.2.4 Privatanteilige Haus- und Grundstücksaufwendungen bei Vermietung

Wird ein Betriebsgebäude teilweise vermietet und gehört der vermietete Teil nicht zum Betriebsvermögen, dann müssen die Haus- und Grundstücksaufwendungen aufgeteilt werden. Betriebsausgaben sind sie nur insoweit, als sie auf den zum Betriebsvermögen gehörenden Grundstücksteil entfallen. Der Rest ist als Werbungskosten bei den Einkünften aus Vermietung und Verpachtung zu berücksichtigen.

Bei sachgerechter Erfassung der Geschäftsvorfälle müssten alle Haus- und Grundstücksaufwendungen, die im Laufe des Wirtschaftsjahres anfielen, anteilig als Aufwand und Entnahme gebucht werden. Wird z. B. im Laufe des Jahres Grundsteuer gezahlt und beträgt der als Betriebsausgabe abzugsfähige Teil 60 %, dann müssen 60 % der Zahlung als Aufwand und 40 % als Entnahme gebucht werden.

Die sofortige Aufteilung erschwert die laufende Buchungsarbeit. Es ist deshalb üblich, die gesamten Haus- und Grundstücksaufwendungen im Laufe des Jahres auf einem Konto zu sammeln und durch eine Buchung am Jahresende den als Werbungskosten zu berücksichtigenden Anteil auf das Privatkonto zu übertragen.

Beispiel

Das Wohnhaus eines Handwerkers wird zu 30 % eigenbetrieblich genutzt und ist im Übrigen zu Wohnzwecken fremdvermietet. Die Haus- und Grundstücksaufwendungen (ohne AfA) haben im Wirtschaftsjahr 10 000 DM betragen und sind im Laufe des Jahres auf einem Konto gesammelt worden.

Die Ausgaben sind aufzuteilen. 70 % sind Werbungskosten bei den Einkünften aus Vermietung und Verpachtung, 30 % sind als Betriebsausgaben abzugsfähig. Zum Zwecke der Gewinnermittlung ergibt sich die nachstehende Umbuchung:

S	Grundstücksaufwendungen		H	S	Entnahmen	H
bisher 10 000 DM	1)	7 000 DM		1)	7 000 DM	

Die Aufteilung der AfA ergibt sich von selbst dadurch, dass nur 30 % der Anschaffungs- oder Herstellungskosten des Gebäudes in der Buchführung und Bilanz erfasst werden.

8.2 Vorbereitende Abschlussbuchungen

Vorsteuerbeträge (abziehbare wie nichtabziehbare), die auf den nicht als Betriebsausgabe abzugsfähigen Teil der Aufwendungen entfallen, sind wie die Aufwendungen selbst als Entnahme zu behandeln. Andernfalls würde, soweit es sich um abziehbare Vorsteuerbeträge handelt, eine zu niedrige Betriebsschuld passiviert, weil dieser Teil der Vorsteuer nicht auf den betrieblichen Bereich entfällt.

Ist der nicht zum Betriebsvermögen gehörende Grundstücksteil an einen anderen Unternehmer vermietet oder verpachtet und hat der Steuerpflichtige nach § 9 UStG auf die Steuerbefreiung des § 4 Nr. 12 a UStG verzichtet (für die Steuerpflicht optiert), dann ist umsatzsteuerrechtlich zwar die gesamte Vorsteuer abziehbar. Dennoch entfällt sie anteilig nicht auf den Betrieb und muss an sich als Entnahme behandelt werden. In der USt-Erklärung wäre dieser bei der Gewinnermittlung nicht abzugsfähige Teil aber als abziehbare Vorsteuer zu berücksichtigen.

Beispiel

Der Kaufmann F nutzt sein Grundstück zu 40 % eigenbetrieblich, zu 35 % fremdbetrieblich und zu 25 % zu eigenen Wohnzwecken. Nur der eigenbetriebliche Teil wird als Betriebsvermögen behandelt. Nach § 9 UStG wurde auf die Steuerbefreiung des § 4 Nr. 12 a UStG verzichtet. Die Grundstücksaufwendungen haben 24 000 DM, die berechnete Vorsteuer 2000 DM betragen.

Obwohl die Vorsteuerbeträge, die auf den vermieteten Grundstücksteil entfallen, umsatzsteuerrechtlich abziehbar sind, müssen bei der Gewinnermittlung 60 % auf das Privatkonto umgebucht werden.

S	Grundstücksaufwendungen		H	S	Vorsteuer		H
24 000 DM		1)	14 400 DM	2 000 DM		1)	1 200 DM

		S	Entnahmen	H
		1)	15 600 DM	

8.2.2.5 Grundstücksaufwendungen bei Grundstücksteilen von untergeordneter betrieblicher Bedeutung

Haus- und Grundstücksaufwendungen sind auch Betriebsausgaben, soweit sie für eigenbetrieblich genutzte Grundstücksteile anfallen, die wegen ihrer untergeordneten Bedeutung nicht als Betriebsvermögen behandelt werden (§ 8 a EStDV, R 13 Abs. 8 und R 18 Abs. 2 Satz 4 EStR).[22] Werden die Ausgaben in solchen Fällen aus privaten Mitteln bestritten und im Laufe des Jahres nicht gebucht, müssen sie beim Jahresabschluss im Rahmen einer vorbereitenden Abschlussbuchung als Aufwand erfasst werden. Zwecks Ausweises der richtigen betrieblichen USt-Schuld müssen dabei auch die Vorsteuerbeträge anteilig berücksichtigt werden.

Beispiel

Der eigenbetrieblich genutzte Grundstücksteil ist von untergeordneter Bedeutung und wird nicht als Betriebsvermögen behandelt.[21] Auf ihn entfallen 5 % der Grundstücks-

---

22 S. u. 13.5.7.2.2.

aufwendungen in Höhe von 14 100 DM zzgl. 800 DM Vorsteuer. Die Ausgaben wurden aus privaten Mitteln entrichtet.

S	Grundstücksaufwendungen	H
1)	705 DM	

S	Vorsteuer	H
1)	40 DM	

S	Einlagen	H
	1)	745 DM

8.2.2.6 Warenentnahme für private Zwecke

Die handelsrechtlichen Grundsätze ordnungsmäßiger Buchführung verlangen eine laufende Buchung der Sachentnahmen. In manchen Branchen (z. B. Lebensmittelhandel, Metzger, Bäcker, Wirte, Tabakwarenhandel) ist das nicht möglich. Die Erfassung der Warenentnahmen erfolgt in diesen Betrieben im Schätzungswege nach Pauschsätzen, die von der Finanzverwaltung als Erfahrungssätze bekannt gegeben werden. Die Höhe der Pauschsätze richtet sich nach der Zahl und dem Alter der zum Haushalt gehörenden Personen. Die pauschale Buchung von Entnahmen in Waren soll monatlich erfolgen. In der Regel werden die nach Pauschsätzen ermittelten Sachentnahmen jedoch erst bei den vorbereitenden Abschlussbuchungen erfasst.

Beispiel[23]
Die für einen Gastwirt (reine Schankwirtschaft) nach Pauschsätzen ermittelten Warenentnahmen betragen 3016 DM. Bei einem Steuersatz von 16 % ergibt sich ein Nettobetrag von 2600 DM und eine USt-Schuld von 416 DM.

S	Entnahmen	H
1)	3016 DM	

S	Erlöse aus unentgeltlicher Wertabgabe 16 %	H
	1)	2600 DM

S	USt-Schuld	H
	1)	416 DM

Würden die Warenentnahmen nicht gebucht, wäre der Gewinn um 2600 DM zu niedrig.

Da für die unentgeltliche Warengabe aus privaten Gründen die gleichen Steuersätze gelten wie für entgeltliche Lieferungen, sind die Pauschsätze in den Verwaltungsanweisungen für Umsatzsteuerzwecke nach Steuersätzen getrennt worden. Soweit es sich um Verzehr an Ort und Stelle handelt, ist eine unentgeltliche Wertabgabe

---
23 Wegen der verschiedenen Buchungsmöglichkeiten s. o. 7.9.1.

gegeben, die einer sonstigen Leistung gleichgestellt ist (§ 3 Abs. 9 Sätze 4 und 5 UStG i. V. mit § 3 Abs. 9 a Nr. 2 UStG). Der Steuersatz beträgt in diesem Fall 16 %.

8.2.3 Nicht abzugsfähige Betriebsausgaben nach § 4 Abs. 5 EStG

8.2.3.1 Allgemeine Grundsätze

Lebenshaltungskosten sind nicht abzugsfähig (§ 12 EStG). Nach § 4 Abs. 5 EStG bzw. § 4 Abs. 6 EStG sind aber auch bestimmte Betriebsausgaben (z. B. Aufwendungen für **Geschenke,** wozu auch Kosten einer für Geschäftsfreunde veranstalteten Auslandsreise[24] gehören, **Bewirtungskosten,** Aufwendungen für Gästehäuser, Jagdhütten usw., Mehraufwendungen für Verpflegung, für Fahrten zwischen Wohnung und Betrieb, für bestimmte Fälle der betrieblich veranlassten doppelten Haushaltsführung, Aufwendungen für ein häusliches Arbeitszimmer, Geldbußen, Ordnungsgelder, Verwarnungsgelder) ganz oder zum Teil vom Abzug ausgenommen.

Unangemessene Aufwendungen i. S. des § 4 Abs. 5 Nr. 7 EStG stellen bei aktivierungspflichtigen Wirtschaftsgütern des Anlagevermögens nur die AfA und nicht die Anschaffungskosten dar. Bei PKW werden die übrigen Betriebskosten (Kfz-Steuer und -Versicherung, Kraftstoff-, Reparatur-, Wartungs- und Pflegekosten, Garagenmiete usw.) in aller Regel nicht als unangemessen i. S. des § 4 Abs. 5 Nr. 7 EStG anzusehen sein.[25] Die Vorschrift des § 4 Abs. 5 Nr. 7 EStG dient der Verhinderung unangemessenen betrieblichen Repräsentationsaufwands und umfasst deshalb nicht nur Aufwendungen für PKW und Reisekosten, sondern grundsätzlich auch Aufwendungen für die Büroeinrichtung (z. B. Orientteppiche). Bei der Angemessenheitsprüfung ist darauf abzustellen, ob ein ordentlicher und gewissenhafter Unternehmer angesichts der erwarteten Vorteile die Aufwendungen ebenfalls auf sich genommen hätte. Es sind deshalb alle Umstände des Einzelfalls zu berücksichtigen.[26] Deshalb sind Anschaffungskosten für ein Kfz nicht generell unangemessen (im Wege der AfA), soweit gewisse absolute Höchstgrenzen überschritten werden. Auch hier kommt es auf die Umstände des Einzelfalls an.[27]

Ob Aufwendungen für die Anschaffung eines betrieblichen PKW die Lebensführung berühren und als unangemessen anzusehen sind (§ 4 Abs. 5 Nr. 7 EStG), hängt allein von den betrieblichen Verhältnissen ab (Höhe des Umsatzes und/oder des Gewinns, Bedeutung des Repräsentationsaufwands für den Geschäftserfolg). Die Abgrenzung bezieht sich nur auf die Anschaffungskosten und damit die Höhe der als Betriebsausgaben abzugsfähigen AfA; bei den laufenden Kosten für einen betrieblichen PKW ist grundsätzlich von deren Angemessenheit auszugehen.[28]

---

24 BFH, BStBl 1993 II S. 806.
25 BFH, BStBl 1987 II S. 853.
26 BFH, BStBl 1986 II S. 904, BStBl 1987 II S. 108.
27 BFH, BStBl 1987 II S. 853.
28 BFH, BStBl 1988 II S. 629.

8 Jahresabschluss

Eine **Bewirtung** i. S. des § 4 Abs. 5 Nr. 2 EStG liegt nur vor, wenn die Darreichung von Speisen und/oder Getränken eindeutig im Vordergrund steht. Werden neben dieser Bewirtung im engeren Sinn auch noch andere Leistungen (wie insbesondere Varieté, Striptease und Ähnliches) geboten und steht der insgesamt geforderte Preis in einem offensichtlichen Missverhältnis zu dem Wert der verzehrten Speisen und/ oder Getränke, richtet sich die Beurteilung der Aufwendungen nicht mehr nach § 4 Abs. 5 Nr. 2 EStG, sondern nach § 4 Abs. 5 Nr. 7 EStG. Danach sind Aufwendungen anlässlich des Besuchs von Nachtlokalen mit Varieté, Striptease usw. sowie anlässlich des Besuchs von Bordellen und bordellähnlichen Betrieben grundsätzlich insgesamt nicht abzugsfähig, auch wenn der Besuch solcher Lokale von bestimmten Gruppen von Geschäftsfreunden erwartet wird oder in bestimmten Branchen sogar üblich ist. Denn Prüfungsmaßstab ist die allgemeine Verkehrsauffassung und nicht die Anschauung der beteiligten Wirtschaftskreise.[29]

Die Lebenshaltungskosten sind auf dem Privatkonto zu buchen. Dagegen sind die nach § 4 Abs. 5 und 7 EStG nicht abzugsfähigen Aufwendungen einzeln und getrennt von den sonstigen Betriebsausgaben zu erfassen (§ 4 Abs. 7 EStG; R 22 EStR, H 22 EStH).

Die Pflicht zur besonderen Aufzeichnung ist erfüllt, wenn diese Aufwendungen auf besonderen Konten im Rahmen der Buchführung gebucht werden.[30] Statistische Zusammenstellungen oder die geordnete Sammlung von Belegen genügen nur dann, wenn zusätzlich die Summe der Aufwendungen periodisch und zeitnah auf einem besonderen Konto eingetragen wird oder vergleichbare Aufzeichnungen geführt werden.[31] Eine Aufzeichnung auf einem besonderen Konto liegt nicht vor, wenn die bezeichneten Aufwendungen auf Konten gebucht werden, auf denen auch nicht unter § 4 Abs. 5 Satz 1 Nr. 1 bis 5 und 7 EStG fallende Aufwendungen gebucht sind (H 22 „Besondere Aufzeichnung" EStH).

Diese Buchungen müssen zeitnah erfolgen (§ 146 Abs. 1 Satz 1 AO). Die Umbuchung auf ein besonderes Konto nach Ablauf des Geschäftsjahres reicht nicht aus. Die gesonderte Aufzeichnung ist auch dann erfüllt, wenn die betreffenden Belege getrennt von den übrigen Belegen aufbewahrt werden und periodisch die Summen der betreffenden Aufwendungen zeitnah auf einem besonderen Konto gebucht werden.[32] Bei Nichtbeachtung der Aufzeichnungspflichten wird der Abzug dieser Betriebsausgaben versagt.[33]

Zugaben i. S. der Zugabenverordnung sind keine Geschenke i. S. des § 4 Abs. 5 Nr. 1 EStG. Man versteht unter solchen Zugaben Waren oder Leistungen, die neben

---
29 BFH, BStBl 1990 II S. 575. Einzelheiten zum Nachweis der als angemessen anzusehenden Bewirtungsaufwendungen i. S. des § 4 Abs. 5 Nr. 2 EStG (R 21 Abs. 8 EStR) ergeben sich aus BMF in BStBl 1994 I S. 855.
30 BFH, BStBl 1974 II S. 211.
31 BFH, BStBl 1988 II S. 613.
32 BStBl 1988 II S. 535.
33 Vgl. bei rechtsirrtümlichen Buchungen BFH v. 19. 8. 1999 – IV R 20/99.

8.2 Vorbereitende Abschlussbuchungen

einer Hauptware (-Leistung) zwar ohne besonderes Entgelt, aber mit Rücksicht auf den Erwerb der Hauptware (-Leistung) gewährt werden. Da es sich nicht um Geschenke handelt, sind die betreffenden (Werbe-)Aufwendungen auch ohne Beachtung der besonderen Aufzeichnungsvorschriften des § 4 Abs. 7 EStG als Betriebsausgaben abzuziehen.[34]

Das Konto „nichtabzugsfähige Betriebsausgaben" wird im Allgemeinen mit der Erfolgsrechnung abgeschlossen, sodass die Aufwendungen zunächst den Gewinn mindern. Für steuerrechtliche Zwecke werden die Aufwendungen, die keine Entnahmen sind (§ 4 Abs. 5 Satz 1 EStG), außerhalb der Bilanz und Erfolgsrechnung dem Gewinn hinzugerechnet.[35] Das Konto „nichtabzugsfähige Betriebsausgaben" kann jedoch auch unmittelbar über das Kapitalkonto abgeschlossen werden. Dann entfällt eine solche Hinzurechnung. Diese Sachbehandlung ist nicht praxisüblich und aus Gründen der Kostenrechnung auch nicht zu empfehlen.

Wie die Aufwendungen selbst, ist auch die Vorsteuer im Zusammenhang mit diesen Ausgaben, die nach § 15 Abs. 1 a UStG vom Abzug ausgeschlossen ist, als nichtabzugsfähige Betriebsausgabe zu behandeln. Nur wenn einkommensteuerrechtlich eine Entnahme gegeben ist, wird die USt auf die unentgeltliche Wertabgabe i. S. des § 3 Abs. 1 b UStG oder § 3 Abs. 9 a UStG auf dem Privatkonto gebucht.

8.2.3.2 Fahrten zwischen Wohnung und Betriebsstätte bis 31. 12. 2000

Zu den teilweise nichtabzugsfähigen Aufwendungen gehören bis zum 31. 12. 2000 auch die Aufwendungen für **Fahrten** mit dem **eigenen Kraftfahrzeug** zwischen **Wohnung und Betriebsstätte**. Aufwendungen für Fahrten mit eigenem Kraftwagen zwischen Wohnung und Betriebsstätte dürfen gem. § 4 Abs. 5 Nr. 6 EStG grundsätzlich in folgender Höhe den Gewinn **nicht** mindern:

0,03 % des inländischen Listenpreises einschl. USt und zzgl. Kosten für Sonderausstattung des Kfz im Zeitpunkt der Erstzulassung je Kalendermonat für jeden Entfernungskilometer

./. 0,70 DM für jeden Entfernungskilometer zwischen Wohnung und Betriebsstätte

= nichtabziehbare Betriebsausgaben i. S. des § 4 Abs. 5 Nr. 6 EStG.

Weist der Steuerpfl. die tatsächlichen Aufwendungen durch Belege und ein ordnungsgemäßes Fahrtenbuch nach, so treten an die Stelle des mit 0,03 v. H. des inländischen Listenpreises ermittelten Betrags für Fahrten zwischen Wohnung und Betriebsstätte die auf diese Fahrten entfallenden tatsächlichen Aufwendungen.

Die Kosten für Fahrten zwischen Wohnung und Betrieb werden von den Aufzeichnungspflichten des § 4 Abs. 7 EStG nicht erfasst. Die Gewinnkorrektur erfolgt außerhalb der Bilanz.

---
34 BFH, BStBl 1994 II S. 170.
35 Vgl. auch BFH, BStBl 1987 II S. 853.

8 Jahresabschluss

Unabhängig davon, ob das fragliche Fahrzeug vor oder nach dem 1. 4. 1999 erstmals dem Unternehmen zugeordnet wurde, unterliegt die Verwendung für Fahrten zwischen Wohnung und Betriebsstätte nicht (mehr) der Umsatzsteuer. Es findet auch keine Begrenzung des Vorsteuerabzugs statt, denn § 4 Abs. 5 Nr. 6 EStG ist in § 15 Abs. 1 a UStG nicht erwähnt.

Beispiele

a) Ein Gewerbetreibender ist im Wirtschaftsjahr mit seinem PKW insgesamt 40 000 km gefahren; ein Nachweis über die tatsächliche Höhe der auf Fahrten zwischen Wohnung und Betriebsstätte entfallenden PKW-Kosten wurde nicht geführt. Der inländische Listenpreis des PKW im Zeitpunkt der Erstzulassung zzgl. der Kosten für Sonderausstattungen einschl. der USt beträgt 80 000 DM. Monatlich werden an 20 Tagen, insgesamt im Wirtschaftsjahr also an 240 Tagen Fahrten zwischen Wohnung und Betriebsstätte durchgeführt.

Ermittlung der nichtabziehbaren Betriebsausgaben:

0,03 % v. 80 000 DM × 15 km × 12	4320 DM
./. 240 × 15 km × 0,70 DM =	2520 DM
= Nichtabziehbare Betriebsausgaben	1800 DM

b) Sachverhalt wie im Beispiel a). Die Aufwendungen für die Unterhaltung des PKW einschließlich AfA betragen 44 000 DM; darin sind 4000 DM ohne Vorsteuerabzug enthalten (KfzSt und KfzVers.). Damit entfallen auf 1 km Fahrleistung 1,10 DM (44 000 DM : 40 000 km). Ein ordnungsgemäßer Nachweis i. S. des § 6 Abs. 1 Nr. 4 Satz 3 EStG liegt vor.

Ermittlung der nichtabziehbaren Betriebsausgaben:

240 Tage × 15 km × 2 × 1,10 DM/km =	7920 DM
./. 240 Tage × 15 km × 0,70 DM[36]	2520 DM
= Nichtabziehbare Betriebsausgaben	5400 DM

8.2.3.3 Entfernungspauschale ab 2001

Unabhängig davon, ob ein Stpfl. seine Wege zwischen Wohnung und Betriebsstätte zu Fuß, mit öffentlichen Verkehrsmitteln, mit dem Fahrrad oder einem Kraftfahrzeug zurücklegt, steht ihm seit dem **1. 1. 2001** eine **Entfernungspauschale** zu (§ 4 Abs. 5 Nr. 6 EStG).[37] Die Entfernungspauschale beträgt für jeden Entfernungskilometer 0,70 DM (0,36 Euro) für die ersten 10 Kilometer und 0,80 DM (0,40 Euro) für jeden weiteren Entfernungskilometer. Soweit für die Wege kein Kraftfahrzeug verwendet wird, darf der Betrag von **10 000 DM** (5112 Euro) insgesamt **nicht** überschritten werden (§ 9 Abs. 1 Satz 3 Nr. 4 EStG). Kosten für öffentliche Verkehrsmittel, die den Betrag von 10 000 DM überschreiten, sind allerdings gegen Nachweis abziehbar.

Da es sich nicht zwangsläufig um tatsächlich entstandene Aufwendungen handeln muss, ist der Stpfl. gezwungen, die tatsächlich angefallenen Aufwendungen, die

---

[36] 0,70 : 2 = 0,35 DM/km.
[37] EStG i. d. F. des Gesetzes zur Einführung einer Entfernungspauschale v. 21. 12. 2000, BGBl I 2000 S. 1918.

8.2 Vorbereitende Abschlussbuchungen

nicht zuletzt auch aus Gründen der Kostenrechnung bereits gewinnmindernd gebucht sind, mit der Entfernungspauschale zu vergleichen und den Differenzbetrag gewinnmindernd zu berücksichtigen. Dies kann im Weg der Einlage geschehen. Sinnvoller jedoch ist die Erfassung der Gewinnminderung **außerhalb** der Bilanz.

Beispiel

Gewerbetreibender G benutzt für die Fahrten zwischen seiner Wohnung und seinem Betrieb stets öffentliche Verkehrsmittel. Die Entfernung beträgt 6 km. Im fraglichen Wirtschaftsjahr hat G seinen Betrieb unstreitig an 280 Tagen aufgesucht. Die Bezahlung der Monatskarte für die öffentlichen Verkehrsmittel hat G jeweils wie folgt gebucht:

Fahrtkosten	30,00 DM		
Vorsteuer (7 %)	2,10 DM	an Kasse	32,10 DM

G steht ab 2001 eine Entfernungspauschale in Höhe von 280 × 6 × 0,70 DM = 1176 DM zu. Da monatlich 30 DM, mithin 360 DM bereits als Betriebsausgabe erfasst sind, ist außerhalb der Bilanz eine weitere Gewinnminderung in Höhe von 816 DM zu berücksichtigen.

Bei der **Benutzung eines Kraftfahrzeugs** ist die Entfernungspauschale ebenfalls gewinnmindernd zu berücksichtigen. Da die Kfz-Kosten solcher Fahrzeuge, die zu einem Betriebsvermögen gehören, bereits gewinnmindernd gebucht sind, müssen diejenigen Kfz-Aufwendungen, die die Entfernungspauschale übersteigen, als nicht abziehbar dem Gewinn **außerhalb** der Bilanz wieder hinzugerechnet werden (§ 4 Abs. 5 Nr. 6 Satz 2 EStG). Dabei sind zur Ermittlung der anteiligen Kfz-Aufwendungen entweder die durch Fahrtenbuch nachgewiesenen tatsächlichen Kfz-Kosten zugrunde zu legen oder es ist vereinfacht von der 0,03 %-Regelung für jeden Entfernungskilometer pro Monat auszugehen.

Beispiel

Gewerbetreibender G benutzt für die Fahrten zwischen Wohnung und Betrieb ein Fahrzeug, das zu seinem Betriebsvermögen gehört und zutreffend bilanziert ist. Entsprechende Fahrten erfolgen an 250 Tagen. Die Entfernung beträgt 22 km.

Die Kfz-Kosten incl. AfA haben im Wirtschaftsjahr 50 000 DM betragen und sind (auch im Hinblick auf § 15 Abs. 1 b UStG) zutreffend gewinnmindernd gebucht worden. Der Listenpreis des Fahrzeugs hat bei der Erstzulassung einschl. Sonderausstattung und einschl. Umsatzsteuer 100 000 DM betragen.

a) Ein Fahrtenbuch wurde nicht geführt.

Berechnung der nicht abziehbaren Betriebsausgaben:

0,03 % × 100 000 DM × 22 km × 12 Monate		7920 DM
./. 250 Tage × 10 km × 0,70 DM	1750 DM	
./. 250 Tage × 12 km × 0,80 DM	2400 DM	4150 DM
= Nichtabziehbare Betriebsausgaben		3770 DM

8 Jahresabschluss

b) Ein Fahrtenbuch wurde geführt. Danach wurden mit diesem Fahrzeug im Wirtschaftsjahr insgesamt 40 000 km gefahren. Angesichts der tatsächlich entstandenen Kfz-Kosten entfallen auf jeden gefahrenen Kilometer 1,25 DM (50 000 DM : 40 000 km).

Berechnung der nichtabziehbaren Betriebsausgaben:

250 Tage × 22 km × 2 × 1,25 DM		13 750 DM
./. 250 Tage × 10 km × 0,70 DM	1 750 DM	
./. 250 Tage × 12 km × 0,80 DM	2 400 DM	4 150 DM
= Nichtabziehbare Betriebsausgaben		9 600 DM

8.2.3.4 Arbeitszimmer

Das im eigenen Haus betrieblich genutzte Arbeitszimmer ist ein eigenbetrieblich genutzter Grundstücksteil, der zum notwendigen Betriebsvermögen gehört. Dies hat zur Folge, dass die anteiligen Grundstückskosten einschließlich AfA grundsätzlich Betriebsausgaben sind. Nach § 8 EStDV brauchen eigenbetrieblich genutzte Grundstücksteile jedoch nicht als Betriebsvermögen behandelt zu werden, wenn ihr Wert nicht mehr als ein Fünftel des gemeinen Werts des gesamten Grundstücks und nicht mehr als 40 000 DM (20 500 Euro) beträgt. Die Aufwendungen sind auch in diesem Fall Betriebsausgaben.

Gehört ein Grundstück nur teilweise dem Betriebsinhaber, so kann es nur insoweit Betriebsvermögen sein, als es dem Betriebsinhaber gehört; das gilt auch, wenn ein Grundstück Ehegatten gemeinsam gehört (H 13 Abs. 4, 7 EStH „Miteigentum").[38]

Der Abzug der Aufwendungen wird in diesen Fällen nicht vom Umfang der Bilanzierung bestimmt. Der Große Senat[39] hat entschieden, dass ein Stpfl. die Aufwendungen incl. AfA als Betriebsausgaben abziehen kann, soweit er diese getragen hat (Eigenaufwand) und sie dem Arbeitszimmer zuzurechnen sind.

Die Aufwendungen für ein **häusliches Arbeitszimmer** sowie die Kosten der Ausstattung dafür sind allerdings gem. § 4 Abs. 5 Nr. 6 b EStG **insgesamt nicht als Betriebsausgaben** abzugsfähig, wenn

– das Arbeitszimmer nicht den Mittelpunkt der gesamten betrieblichen und beruflichen Betätigung bildet,

– die betriebliche oder berufliche Nutzung des Arbeitszimmers nicht mehr als 50 v. H. der gesamten betrieblichen und beruflichen Tätigkeit beträgt und

– für die betriebliche oder berufliche Tätigkeit ein anderer Arbeitsplatz zur Verfügung steht.

Die Aufwendungen für ein **häusliches Arbeitszimmer** sowie die Kosten der Ausstattung dafür sind gem. § 4 Abs. 5 Nr. 6 b EStG **teilweise nicht als Betriebsaus-**

---

[38] BFH, BStBl 1996 II S. 193.
[39] BFH (GrS) v. 23. 8. 1999, BStBl 1999 II S. 774.

8.2 Vorbereitende Abschlussbuchungen

gaben abzugsfähig, wenn das Arbeitszimmer zwar nicht den Mittelpunkt der gesamten betrieblichen und beruflichen Betätigung bildet, aber
- die betriebliche oder berufliche Nutzung des Arbeitszimmers mehr als 50 v. H. der gesamten betrieblichen und beruflichen Tätigkeit beträgt oder
- für die betriebliche oder berufliche Tätigkeit kein anderer Arbeitsplatz zur Verfügung steht.

In diesen beiden Fällen wird die Höhe der abzugsfähigen Aufwendungen auf 2400 DM begrenzt; ein überschießender Betrag gehört zu den nichtabzugsfähigen Betriebsausgaben.

Die Aufwendungen für ein häusliches Arbeitszimmer sowie die Kosten der Ausstattung, die nicht als Betriebsausgaben abgezogen werden können, unterliegen nicht als unentgeltliche Wertabgabe der Umsatzsteuer, weil **keine** außerunternehmerische Verwendung des Arbeitszimmers vorliegt (vgl. § 3 Abs. 9 a Nr. 1 UStG). Soweit im Zusammenhang mit den Aufwendungen Vorsteuerbeträge stehen, sind diese grundsätzlich abziehbar, denn das Abzugsverbot des § 15 Abs. 1 a UStG greift nicht.

Beispiele

a) Der Gewerbetreibende G ist Eigentümer des selbst genutzten Einfamilienreihenhauses mit einer Gesamtnutzfläche von 100 qm. Der gemeine Wert des Einfamilienhausgrundstücks (einschl. Grund und Boden) beträgt 250 000 DM. Einen Raum des Gebäudes mit einer Fläche von 25 qm nutzt G ausschließlich für Arbeiten, die er abends und gelegentlich an Wochenenden für seinen Betrieb leistet. G übt seine betriebliche Tätigkeit weit überwiegend in seinem 5 km vom Wohnhaus entfernt liegenden Betrieb mit Werkstatt, Lager und Büro aus. Die Aufwendungen für das häusliche Arbeitszimmer haben 4000 DM betragen.

Das häusliche Arbeitszimmer ist als notwendiges Betriebsvermögen (§ 5 Abs. 1 EStG, R 13 Abs. 1 EStR) zu bilanzieren, weil es ausschließlich für den Betrieb genutzt wird und nicht von untergeordneter Bedeutung ist (§ 8 EStDV, R 13 Abs. 8 EStR). Die Aufwendungen in Höhe von 4000 DM sind zwar Betriebsausgaben, jedoch gem. § 4 Abs. 5 Nr. 6 b EStG insgesamt nichtabzugsfähig; ein Tatbestand i. S. des § 4 Abs. 5 Nr. 6 b Sätze 2, 3 EStG liegt nicht vor. Der Betrag von 4000 DM ist dem Gewinn außerhalb der Bilanz und der GuV-Rechnung hinzuzurechnen.

b) Sachverhalt wie im Beispiel a), jedoch umfasst das häusliche Arbeitszimmer eine Fläche von 15 qm.

Der eigenbetrieblich genutzte Grundstücksteil braucht wegen untergeordneter Bedeutung nicht als Betriebsvermögen behandelt zu werden. Gleichwohl sind die Aufwendungen in Höhe von 4000 DM Betriebsausgaben, die jedoch gem. § 4 Abs. 5 Nr. 6 b EStG nichtabzugsfähig sind (vgl. auch R 13 Abs. 2 S. 4 EStR). Die Rechtsfolgen sind dieselben wie im Beispiel a).

c) Sachverhalt wie im Beispiel a), jedoch leistet G in dem häuslichen Arbeitszimmer 60 % seiner gesamten betrieblichen Tätigkeit.

Von den Betriebsausgaben in Höhe von 4000 DM sind 2400 DM abzugsfähig und (4000 DM ./. 2400 DM =) 1600 DM gem. § 4 Abs. 5 Nr. 6 b EStG nichtabzugsfähig. Dem Gewinn sind außerhalb der Bilanz und der Erfolgsrechnung 1600 DM hinzuzurechnen.

8 Jahresabschluss

8.2.4 Nicht abzugsfähige Betriebsausgaben bei fehlender Benennung des Zahlungsempfängers

Betriebsausgaben sind steuerlich regelmäßig nicht zu berücksichtigen, wenn der Steuerpflichtige dem Verlangen der Finanzbehörde nicht nachkommt, die Empfänger genau zu bezeichnen (§ 160 Abs. 1 AO). Durch § 160 AO sollen diejenigen Fälle erfasst werden, in denen nach der Lebenserfahrung der Verdacht besteht, dass die Nichtbenennung des Empfängers diesem die Nichtversteuerung ermöglichen soll. Deshalb ist eine Aufforderung zur Benennung von Zahlungsempfängern auch dann rechtmäßig, wenn dem Steuerpfl. mit Sicherheit Betriebsausgaben entstanden sind, aber die Vermutung nahe liegt, dass der Empfänger den Bezug zu Unrecht nicht versteuert hat.[40] Bei der Ermittlung des Gewerbeertrags bleiben auch solche Betriebsausgaben nach § 160 AO unberücksichtigt, die an nicht gewerbesteuerpfl. Empfänger gezahlt wurden.[41]

Die nach § 160 AO gebotene Korrektur erfolgt außerhalb der Buchführung durch Hinzurechnung zum Gewinn. Umsatzsteuerrechtlich ist nichts zu veranlassen.

8.2.5 Rechnungsabgrenzungsposten[42]

8.2.5.1 Aufgabe der Rechnungsabgrenzungsposten

Alle Aufwands- und Ertragskonten müssen am Jahresende daraufhin überprüft werden, ob die gebuchten Beträge dem abgelaufenen Geschäftsjahr wirtschaftlich zuzurechnen sind. Enthalten die Konten Beträge, die auf spätere Wirtschaftsjahre entfallen, müssen sie abgegrenzt werden. Das geschieht durch Rechnungsabgrenzungsposten. Das sind Bilanzposten, die der richtigen **Periodenabgrenzung**, d. h. zeitlich richtigen Gewinnermittlung, dienen.

Der Anwendungsbereich liegt hauptsächlich auf dem Gebiet solcher gegenseitiger Verträge, bei denen Leistung und Gegenleistung ihrer Natur nach **zeitbezogen** sind, zeitlich aber auseinander fallen. Aufgabe der Rechnungsabgrenzungsposten ist es in diesen Fällen, die Vorleistung des einen Teils in das Jahr zu verlegen, in dem die nach dem Vertrag geschuldete Gegenleistung des anderen Teils erbracht wird. So sind z. B. gebuchte Einnahmen aus einem gegenseitigen Vertrag, den der Empfänger noch nicht oder noch nicht vollständig erfüllt hat, als Ertrag des Wirtschaftsjahrs zu behandeln, in dem der Empfänger seine Gegenleistung bewirkt.[43]

8.2.5.2 Einteilung der Rechnungsabgrenzungsposten

Es gibt **aktive** und **passive** Abgrenzungsposten. Auf der Aktivseite handelt es sich um **Ausgaben** vor dem Abschlussstichtag, die **Aufwand** für eine bestimmte Zeit

---
40 BFH, BStBl 1989 II S. 995 m. w. N.
41 BFH, BStBl 1996 II S. 51.
42 Vgl. auch u. 13.3.7.
43 BFH, BStBl 1970 II S. 178.

8.2 Vorbereitende Abschlussbuchungen

nach diesem Tag darstellen, auf der Passivseite um **Einnahmen** vor dem Abschlussstichtag, die **Ertrag** für eine bestimmte Zeit nach diesem Tag darstellen (§ 250 Abs. 1 Satz 1, Abs. 2 HGB und § 5 Abs. 5 Satz 1 EStG). Aus Gründen der Bilanzklarheit dürfen die aktiven und passiven Rechnungsabgrenzungsposten nicht verrechnet werden (§ 246 Abs. 2 HGB). Die für aktive und passive Abgrenzungsposten einzurichtenden Konten gehören zur Gruppe der Bestandskonten, die über SBK abzuschließen sind.

8.2.5.3 Voraussetzungen der Rechnungsabgrenzung

Rechnungsabgrenzungsposten sind an das Vorliegen von vier Voraussetzungen geknüpft:

- Vorleistungen des einen Vertragspartners aus einem gegenseitigen Vertrag für eine zeitraumbezogene Gegenleistung des anderen Vertragspartners[44] oder Vorleistungen aufgrund gesetzlicher Bestimmungen,[45]
- Ausgabe oder Einnahme vor dem Abschlusstag (vgl. im Einzelnen 8.2.5.4),
- erfolgswirksam als Aufwand oder Ertrag nach dem Abschlusstag,
- Ausgabe oder Einnahme muss Aufwand oder Ertrag für eine **bestimmte Zeit** (vgl. im Einzelnen 8.2.5.10) nach dem Abschlusstag darstellen.

8.2.5.4 Übersicht über die Fälle der Rechnungsabgrenzung

Für eine Rechnungsabgrenzung kommen fast alle Aufwands- und Ertragskonten in Betracht. Besonders die Erfolgskonten für Miete, Pacht, Versicherungsbeiträge, Gebühren, Gehälter, Löhne, Steuern und Zinsen müssen deshalb am Jahresende überprüft werden:

Geschäftsvorfall	Sachverhalt	im alten Jahr	im neuen Jahr	Bilanzposten
Miete, Pacht, Versicherungsbeiträge, Gebühren, Gehälter, Löhne usw.	im Voraus bezahlt	**Ausgabe**	**Aufwand**	Aktiver RAP (transitorisches Aktivum)
	im Voraus erhalten	**Einnahme**	**Ertrag**	Passiver RAP (transitorisches Passivum)

Das richtige Verständnis der Rechnungsabgrenzung erfordert eine eindeutige Unterscheidung zwischen **Ausgabe** und **Aufwand** auf der einen und **Einnahme** und **Ertrag** auf der anderen Seite. Aufwand und Ertrag sind die Erfolgsposten im Jahr ihrer wirtschaftlichen und sachlichen Zugehörigkeit. Ausgabe und Einnahme liegen

---
[44] BFH, BStBl 1984 II S. 273.
[45] BFH, BStBl 1988 II S. 327.

vor, wenn sie aus dem Betriebsvermögen abgeflossen bzw. dem Betrieb zugeflossen sind.

Beispiele
a) Feuerversicherungsbeiträge für das Betriebsgrundstück in Höhe von 12 000 DM werden am 1. 10. bezahlt. Der Beitrag betrifft die Zeit vom 1. 10. bis 30. 9. des folgenden Kalenderjahrs. Das Wirtschaftsjahr entspricht dem Kalenderjahr. 3000 DM sind Ausgabe und Aufwand zugleich. Die 9000 DM, die auf das nächste Jahr entfallen, stellen im alten Jahr eine Ausgabe dar. Aufwand sind sie erst im nächsten Wirtschaftsjahr.

b) Ein Unternehmer erhält am 1. 12. die Miete für die Monate Dezember bis Februar im Voraus. Die für den betrieblichen Gegenstand vereinbarte Monatsmiete beträgt 10 000 DM. Wirtschaftsjahr = Kalenderjahr.
10 000 DM sind Einnahme und Ertrag zugleich. Die restlichen 20 000 DM sind zwar eine Einnahme, Ertrag sind sie jedoch erst im nächsten Wirtschaftsjahr.

c) Kaufmann K hat bei seiner Hausbank ein Darlehen über 100 000 DM mit Wirkung vom 1. 1. 02 aufgenommen. Vereinbarungsgemäß zahlt die Bank das Darlehen am 30. 12. 01 unter Einbehaltung eines Damnums (Disagios) in Höhe von 5000 DM mit 95 000 DM an K aus.
Das Damnum ist Teil des Zinsaufwands, den K für das Darlehen zu zahlen hat. Die Einbehaltung des Damnums ist eine Ausgabe vor dem Bilanzstichtag und stellt Zinsaufwand für eine bestimmte Zeit der Darlehensgewährung nach diesem Stichtag dar. In Höhe des Damnums ist deshalb ein Rechnungsabgrenzungsposten zu aktivieren.[46]

Buchung am 31. 12. 01:
Bank   95 000 DM
akt. RAP (Damnum)   5 000 DM   an Darlehensschuld   100 000 DM

Voraussetzung für eine Rechnungsabgrenzung ist, dass es sich um Betriebseinnahmen bzw. Betriebsausgaben handelt. Soweit **privat** veranlasste Zahlungen aus betrieblichen Mitteln erfolgen, kommt auch dann **keine** Rechnungsabgrenzung in Betracht, wenn die fragliche Zahlung für eine bestimmte Zeit nach dem Bilanzstichtag erfolgt.

Beispiel
Gewerbetreibender G bezahlt die Gebäudeversicherung für seinen privaten Grundbesitz in Höhe von 30 000 DM für die Zeit vom 1. 10. 01 bis zum 30. 9. 02 am 20. 9. 01 aus betrieblichen Mitteln.
Buchung am 20. 9. 01:
Entnahmen   30 000 DM   an Bank   30 000 DM

Betrieblich veranlasste Ausgaben und **Einnahmen** im Sinne der Rechnungsabgrenzung nach § 250 Abs. 1 und 2 HGB bzw. § 5 Abs. 5 Satz 1 Nr. 1 und Nr. 2 EStG liegen aber nur vor, wenn Zahlungen als Bar- oder Buchgeld geleistet bzw. vereinnahmt worden sind.[47] Ursächlich hierfür ist, dass Zahlungsvorgänge zeit-

---
46 In der Handelsbilanz kann der Kaufmann nach § 250 Abs. 3 HGB von der Rechnungsabgrenzung absehen und das Damnum im vollen Umfang als Zinsaufwand des Jahres 01 erfassen. Wegen der dadurch zwangsläufigen Abweichung der Handelsbilanz von der Steuerbilanz verzichtet die Praxis regelmäßig auf die sofortige Aufwandsbuchung für Zwecke der Handelsbilanz.
47 BFH v. 17. 7. 1980, BStBl 1981 II S. 669.

8.2 Vorbereitende Abschlussbuchungen

punktbezogen sind. Ihnen fehlt eine zeitraumbezogene Wirkung. Daher kommt eine Rechnungsabgrenzung für zwar fällige, aber noch nicht bezahlte Forderungen oder Schulden nicht in Betracht, weil es insoweit an Ausgaben bzw. Einnahmen fehlt.[48]

Beispiel

Die Miete für Büroräume in Höhe von 6000 DM zzgl. 960 DM Umsatzsteuer ist im Voraus fällig, und zwar für die Monate Dezember 01 sowie Januar und Februar 02 am 1. 12. 01. Die Zahlung ist vertragswidrig am 2. 1. 02 erfolgt.

Mangels Ausgabe vor dem Stichtag erfolgt keine Rechnungsabgrenzung für die Monate Januar und Februar 02. Stattdessen ist die Verpflichtung zur Mietzahlung am Bilanzstichtag 31. 12. 01 nach den Grundsätzen der periodengerechten Gewinnermittlung insoweit als Verbindlichkeit auszuweisen, als der Mietaufwand im Wirtschaftsjahr 01 entstanden ist. Zum Zeitpunkt des Vorsteuerabzugs beachte § 15 Abs. 1 Nr. 1 Satz 2 UStG.

Buchung am 31. 12. 01:

Mietaufwand	2000 DM		
Noch nicht verrechenbare VorSt	320 DM	an Sonstige Verbindlichkeiten	2320 DM

Buchung am 2. 1. 02:

Sonstige Verbindlichkeiten	2320 DM		
Mietaufwand	4000 DM	an Noch nicht verrechenb. VorSt	320 DM
Vorsteuer	960 DM	an Bank	6960 DM

In einem Teil der Fachliteratur[49] wird dagegen auch dann eine Rechnungsabgrenzung für Aufwendungen bzw. Erträge nach dem Stichtag gefordert, wenn die fragliche Schuld bzw. Forderung **vor** dem Bilanzstichtag **fällig** ist, die Zahlung jedoch erst nach diesem Stichtag erfolgt. Begründet wird dies mit der Verpflichtung, eine fällige Schuld ausweisen zu müssen. Dies führt zwar nicht zu einem anderen Gewinnausweis, wohl aber zu einer Erhöhung der Bilanzsumme, denn der aktivierten Forderung steht die passive Rechnungsabgrenzung gegenüber. Im Falle einer aktiven Rechnungsabgrenzung ist danach auf der Passivseite der Bilanz eine Schuld auszuweisen.

Beispiel

Sachverhalt wie vorstehend.

Wegen der Fälligkeit der Mietzahlung vor dem Stichtag erfolgt neben der Passivierung der Verbindlichkeit in voller Höhe eine Rechnungsabgrenzung für die Monate Jan. und Feb. 02.

---

48 Streitig: vgl. auch Hermann/Heuer/Raupach, EStG, § 5 Rz. 1924. Wie hier: Schmidt/Weber-Grellet, EStG, § 5 Rz. 247. Soweit sich aus der BFH-Entscheidung v. 17. 7. 1987, BStBl 1988 II S. 327, etwas anderes ergibt, ist dem nicht zu folgen. Im fraglichen Fall hatte der BFH einen öffentlich-rechtlich bestehenden Anspruch auf eine Nichtvermarktungsprämie für eine bestimmte Zeit bereits aktiviert, obwohl die entsprechende Unterlassungsleistung des Berechtigten noch gar nicht erfolgt war. Es bedurfte also gar keiner passiven Rechnungsabgrenzung, weil die Forderung noch gar nicht hätte ausgewiesen werden dürfen (Realisationsprinzip, § 252 Abs. 1 Nr. 4 HGB).

49 Beck'scher Bilanzkommentar, § 250 Rz. 18; Glade, Praxishandbuch der Rechnungslegung, NWB-Verlag, § 250 Rz. 10; Blümich/Schreiber, EStG, § 5 Rz. 673; Littmann/Hoffmann; ADS § 250 Rz. 27.

8 Jahresabschluss

Buchung am 31. 12. 01:
Mietaufwand	2000 DM		
akt. RAP	4000 DM		
Noch nicht verrechenbare VorSt	960 DM	an Sonstige Verbindlichkeiten	6960 DM

Buchung am 2. 1. 02:
Sonstige Verbindlichkeiten	6960 DM	an Bank	6960 DM
Vorsteuer	960 DM	an Noch nicht verrechenb. VorSt	960 DM
Mietaufwand	4000 DM	an akt. RAP	4000 DM

Ein Vergleich dieser Lösung mit der vorstehenden Darstellung ergibt, dass hinsichtlich der periodengerechten Gewinnermittlung kein Unterschied besteht. Folglich handelt es sich lediglich um ein Ausweisproblem, sodass der Streit jedenfalls unter dem Gesichtswinkel der steuerrechtlich zutreffenden Gewinnermittlung durchaus dahinstehen kann. Dies vor allem auch deshalb, weil die Bilanzsumme steuerrechtlich grundsätzlich keine Bedeutung hat. Soweit zur Begründung vorgetragen wird, der Kaufmann sei dem Vorsichtsprinzip zufolge verpflichtet, eine fällige Schuld in seiner Bilanz auszuweisen, hilft dies bei der Lösung der streitigen Frage nicht weiter, weil es für die Bilanzierung auf die Fälligkeit einer Schuld nach den Grundsätzen ordnungsmäßiger Buchführung grundsätzlich nicht ankommt. Es ist unstreitig, dass der Kaufmann, der eine Leistung bereits bezogen hat, auch dann die Verbindlichkeit passivieren muß, wenn diese nach den zugrunde liegenden Vereinbarungen nicht mehr vor dem Bilanzstichtag fällig ist. Andererseits darf eine zwar fällige, jedoch noch nicht bezahlte Schuld nicht passiviert werden, wenn die Leistung vor dem Bilanzstichtag noch nicht bezogen wurde.

Beispiel
Kaufmann K hat mit Hersteller H einen Kaufvertrag abgeschlossen. Danach hat H Maschinen zum Preis von 200 000 DM zzgl. 32 000 DM Umsatzsteuer zu liefern. Zur Sicherung des Lieferanspruchs wurde vereinbart, dass K den Kaufpreis vor Auslieferung der Maschinen bereits am 1. 12. 01 zu zahlen hat. K hat die Zahlung jedoch erst am 10. 1. 02 vorgenommen. Die Maschinen sind am 1. 2. 02 an K ausgeliefert worden. Obwohl die Kaufpreiszahlung am 1. 12. 01 und damit vor dem Bilanzstichtag 31. 12. 01 fällig war, darf die Verpflichtung nicht passiviert werden. Andererseits darf auch der Anspruch auf die erwartete Lieferung noch nicht aktiviert werden. Dies entspricht dem Verbot der Bilanzierung schwebender Geschäfte, soweit sich Anspruch und Verpflichtung gleichwertig gegenüberstehen. Nur für den Fall, dass aus dem schwebenden Geschäft ein Verlust drohen sollte, ist nach § 249 Abs. 1 Satz 1 HGB eine Rückstellung geboten. Für die Steuerbilanz gilt insoweit ein Passivierungsverbot nach § 5 Abs. 4 a EStG.

8.2.5.5 Buchung der Abgrenzungsposten beim Jahresabschluss

Wird aufgrund einer Verpflichtung, etwa Miete, für ein späteres Wirtschaftsjahr im Voraus bezahlt, dann handelt es sich insoweit um einen Aufwand für das folgende Geschäftsjahr. Bei der Gewinnermittlung nach § 4 Abs. 1[50] oder § 5 Abs. 1 EStG

---
50 § 5 Abs. 5 EStG gilt auch für Stpfl. mit Gewinnermittlung nach § 4 Abs. 1 EStG (vgl. BFH, BStBl 1981 II S. 398, § 141 Abs. 1 Satz 2 AO, R 31 b Abs. 4 EStR).

8.2 Vorbereitende Abschlussbuchungen

dürfen nur die Ausgaben das Jahresergebnis mindern, die wirtschaftlich betrachtet Aufwand dieser Wirtschaftsperiode darstellen. Ist die vorausgezahlte Miete bei der Zahlung auf dem Konto „Mietaufwand" gebucht worden, so muss am Jahresende dieser Teil durch Umbuchung auf ein aktives Bestandskonto wieder neutralisiert werden.

Buchung: aktive Rechnungsabgrenzung an Mietaufwand.

Auf das Gewinn-und-Verlust-Konto wird als Aufwand nur der verbleibende Saldo des Mietaufwandkontos übertragen, während das Konto für aktive Rechnungsabgrenzungsposten über das Schlussbilanzkonto abgeschlossen wird.

Beispiel

Die Miete für Büroräume beträgt vierteljährlich 6000 DM und ist vorschüssig fällig. Der Unternehmer hat die Miete für 12/01 bis 2/02 am 1. 12. 01 überwiesen.

Buchungen:

1. 12. 01	Mietaufwand 6000 DM		an Bank	6000 DM
31. 12. 01	akt. Rechnungsabgrenzung 4000 DM		an Mietaufwand	6000 DM

Hat ein Betrieb Miete vereinnahmt, die das Folgejahr betrifft, dann darf sie in der Buchführung nicht als Ertrag des laufenden Jahres erscheinen. Ist bei der Vereinnahmung auf dem Mietertragskonto gebucht worden, muss die im Voraus vereinnahmte Miete am Jahresende durch Umbuchung auf ein passives Bestandskonto neutralisiert werden.

Buchung: Mieterträge an passive Rechnungsabgrenzung.

Als Ertrag erscheint damit im Gewinn-und-Verlust-Konto nur die Miete, die das laufende Jahr betrifft; die Miete des Folgejahres erscheint in der Bilanz auf der Passivseite. Sie wird erst im Folgejahr erfolgswirksam.

Beispiel

Der Unternehmer hat einen Teil seines Betriebsgebäudes an einen anderen Gewerbetreibenden vermietet. Zulässigerweise gehört auch dieser Gebäudeteil zum Betriebsvermögen. Am 1. 7. 01 zahlt der Mieter die Miete in Höhe von insgesamt 36 000 DM für zwei Jahre im Voraus.

Buchungen:

1. 7. 01	Bank	36 000 DM	an Mieterträge	36 000 DM
31. 12. 01	Mieterträge	27 000 DM	an pass. Rechnungsabgrenzung	27 000 DM
31. 12. 02	pass. Rechnungsabgrenzung	18 000 DM	an Mieterträge	18 000 DM
30. 6. 03	pass. Rechnungsabgrenzung	9 000 DM	an Mieterträge	9 000 DM

In den beiden vorstehenden Fällen gehen die im Voraus verausgabten oder vereinnahmten Teile erst in die Erfolgsrechnung des Folgejahres ein (transire = hinübergehen). Ertrag und Aufwand erscheinen zeitlich später als Einnahme und Ausgabe. Man spricht deshalb von transitorischen Rechnungsabgrenzungsposten.

8 Jahresabschluss

Buchungssätze für die Bildung von Rechnungsabgrenzungsposten

Transitorisches Aktivum: aktive Rechnungsabgrenzung an Aufwandskonto

Transitorisches Passivum: Ertragskonto an passive Rechnungsabgrenzung

Die Bildung der Rechnungsabgrenzungsposten geschieht im Allgemeinen erst im Rahmen der vorbereitenden Abschlussbuchungen. Sie kann jedoch auch schon während des Geschäftsjahrs erfolgen. Dann sind am Jahresende keine weiteren Prüfungen zur Feststellung der abzugrenzenden Beträge erforderlich.

8.2.5.6 Auflösung der Abgrenzungsposten in späteren Wirtschaftsjahren

Sinn und Zweck der Rechnungsabgrenzungsposten ist die buchmäßige Zuordnung von Einnahmen und Ausgaben in die Jahre ihrer wirtschaftlichen Zugehörigkeit. Daraus ergibt sich, wie die Bilanzposten im Folgejahr aufzulösen sind.

Beispiele

a) Ein aktiver Abgrenzungsposten ist gebildet worden, weil Mietausgaben im Voraus geleistet wurden. Die Auflösung des Aktivkontos im Folgejahr erfolgt durch die Buchung: Mietaufwandskonto an aktive Rechnungsabgrenzung.

b) Ein passiver Rechnungsabgrenzungsposten ist gebildet worden, weil Miete im alten Jahr im Voraus vereinnahmt wurde.

Die Auflösung des Abgrenzungspostens im neuen Jahr erfolgt durch die Buchung: passive Rechnungsabgrenzung an Mieterträge.

Buchungssätze für die Auflösung von Rechnungsabgrenzungsposten

Transitorisches Aktivum: Aufwandskonto an aktive Rechnungsabgrenzung

Transitorisches Passivum: passive Rechnungsabgrenzung an Ertragskonto

Die Auflösung der Rechnungsabgrenzungsposten erfolgt entweder sofort am Jahresanfang nach Durchführung der Kontoeröffnung oder erst, wenn die übertragenen Einnahmen und Ausgaben wirtschaftlich entstanden sind. In der Praxis erfolgt die Auflösung regelmäßig erst im Rahmen des Jahresabschlusses am Ende des folgenden Wirtschaftsjahrs zugleich mit der Prüfung, ob der Grund für die Rechnungsabgrenzung teilweise weiterhin besteht.

8.2.5.7 Wesen der Rechnungsabgrenzungsposten

Rechnungsabgrenzungsposten sind grundsätzlich **keine Wirtschaftsgüter**, sondern Verrechnungsposten (vgl. auch u. 13.3.7). Es geht bei der echten Rechnungsabgrenzung also nicht um die richtige Bewertung von Wirtschaftsgütern oder Verbindlichkeiten, sondern um die zutreffende Abgrenzung gebuchter Einnahmen und Ausgaben. Sie scheiden deshalb für eine Bewertung nach § 6 EStG aus.[51] Insbesondere kommt eine Teilwertabschreibung auf ein **Damnum** wegen veränderter Kreditbedingungen **nicht** in Betracht.

---

51 BFH, BStBl 1970 II S. 209.

8.2 Vorbereitende Abschlussbuchungen

Die Höhe des Rechnungsabgrenzungspostens bemisst sich ausschließlich nach dem Verhältnis der noch ausstehenden Gegenleistung zur gesamten Leistung.[52]

8.2.5.8 Ausweispflicht

In der Praxis beobachtet man oftmals, dass nur die passiven Rechnungsabgrenzungsposten vollständig gebildet werden. Der Grund hierfür ist klar: Aktive Abgrenzungsposten ergeben einen höheren Jahresgewinn, passive Abgrenzungsposten einen niedrigeren Gewinn. Die Unterlassung einer richtigen aktiven Periodenabgrenzung ergibt Gewinnverschiebungen und dadurch eine Verschiebung der Steuerlast in zukünftige Jahre.

Nach § 250 Abs. 1 Satz 1, Abs. 2 HGB „sind" Rechnungsabgrenzungsposten auszuweisen. Im Interesse der Ermittlung des richtigen steuerrechtlichen Periodengewinns bestimmt § 5 Abs. 5 Satz 1 EStG ebenfalls, dass Rechnungsabgrenzungsposten anzusetzen **sind**, soweit es sich um im Voraus geleistete Ausgaben und Einnahmen für eine bestimmte Zeit nach dem Bilanzstichtag handelt. Damit enthält § 250 Abs. 1 Satz 1, Abs. 2 HGB und § 5 Abs. 5 Satz 1 EStG ein **Aktivierungs- und Passivierungsgebot,** zugleich aber auch ein Bilanzierungsverbot für alle Fälle, in denen die übrigen Voraussetzungen dieser Vorschrift nicht gegeben sind.

Für geringfügige, insbesondere regelmäßig wiederkehrende und bedeutungslose Beträge nimmt die Praxis aus Vereinfachungsgründen gegen den Gesetzeswortlaut ein **Aktivierungswahlrecht** an. Dies ist nicht zu beanstanden und ergibt sich aus dem Grundsatz der Wesentlichkeit. Danach kann auf den Ausweis von Rechnungsabgrenzungsposten verzichtet werden, wenn wegen Geringfügigkeit der Beträge der Einblick in die Vermögens- und Ertragslage nicht beeinträchtigt wird.[53] In diesem Sinne hat die Rechtsprechung der Finanzgerichte Beträge bis zu etwa 2000 DM als geringfügig anerkannt. Angesichts der zwischenzeitlichen Preissteigerungen sollten Beträge bis zu 3600 DM je nach Größe des Unternehmens durchaus sofort als Aufwand erfasst werden dürfen. Dem entspricht, dass Rechnungsabgrenzungsposten im Rahmen der Außenprüfung nur berichtigt oder nachgeholt werden, wenn die abzugrenzenden Aufwendungen ins Gewicht fallen. Bei regelmäßig wiederkehrenden oder laufenden Aufwendungen von geringer Höhe unterbleibt die Korrektur von Rechnungsabgrenzungsposten im Rahmen einer Außenprüfung aus prüfungsökonomischen Gründen. Der Lernende stößt dagegen in Klausuren oftmals auch auf abzugrenzende Bagatellbeträge. Natürlich verlangt die Klausurlösung den Rechnungsabgrenzungsposten.

Beispiel

Kauffrau K ist Inhaberin der Boutique BEATE in Bonn. Die Haftpflichtversicherung für das Betriebsfahrzeug in Höhe von 1500 DM sowie die KfzSt in Höhe von 500 DM

---
52 BFH, BStBl 1970 II S. 178.
53 Niedersächsisches FG v. 2. 2. 1981, EFG 1981 S. 552; ADS, § 250 Rz. 44; Beck'scher Bilanz-Kommentar, § 250 Rz. 28; H/H/R, EStG, § 5 Rz. 1921.

hat K für die Zeit vom 1. 9. 01 bis 31. 8. 02 am 20. 8. 01 per Bank überwiesen. Eine Rechnungsabgrenzung ist zum 31. 12. 01 unterblieben.

Die fehlende Rechnungsabgrenzung ist nicht zu beanstanden. Eine Pflicht zur Abgrenzung besteht nicht bei geringfügigen, in der Höhe ungefähr gleichmäßig wiederkehrenden Beträgen, die das Geschäftsergebnis nicht wesentlich beeinflussen und deren Abgrenzung unter Berücksichtigung der Verhältnisse des Betriebs einen unangemessenen Arbeitsaufwand erfordert. An die bilanzielle Erfassung geringfügiger Rechnungsabgrenzungsposten dürfen weder in der Handelsbilanz, noch in der Steuerbilanz übertriebene Anforderungen gestellt werden.

8.2.5.9 Behandlung der Umsatzsteuer

Für eine Rechnungsabgrenzung kommen nur Ausgaben und Einnahmen in Betracht, die auch Aufwand bzw. Ertrag darstellen. Die Umsatzsteuer ist grundsätzlich erfolgsneutral und scheidet deshalb für eine Rechnungsabgrenzung aus. Nicht abziehbare Vorsteuer kann dagegen als Aufwand in Betracht kommen. Sie ist ggf. mit dem Hauptbetrag abzugrenzen.

Fällt bei abzugrenzenden Vorgängen Umsatzsteuer an, so richtet sich ihre Behandlung nach § 13 (Entstehung der Steuerschuld) und § 15 Abs. 1 UStG (Voraussetzungen für den Vorsteuerabzug). Soweit wegen der Mindest-Istversteuerung des § 13 Abs. 1 Nr. 1 a Satz 4 UStG bereits USt auf Vorauszahlungen entstanden und diese beim Zahlenden als Vorsteuer abziehbar ist (§ 15 Abs. 1 Nr. 1 Satz 2 UStG), ist dieser Betrag als USt-Schuld bzw. als abziehbare Vorsteuer zu buchen. Eine Abgrenzung ist insoweit unzulässig.

Beispiel

Ein Bauunternehmer, dessen Wirtschaftsjahr mit dem Kalenderjahr übereinstimmt, zahlt vereinbarungsgemäß am 28. 11. 01 10 000 DM Maschinenmiete zzgl. 1600 DM USt für die Monate Dezember und Januar im Voraus.
Die nach § 15 Abs. 1 Nr. 1 Satz 2 UStG abziehbare Vorsteuer ist kein Aufwand und scheidet für eine Rechnungsabgrenzung aus. Sie ist dem Vorsteuerkonto zu belasten.

Buchung am 28. 11. 01:

Mietaufwand	5 000 DM		
akt. Rechnungsabgrenzung	5 000 DM		
Vorsteuer	1 600 DM	an Bank	11 600 DM

Abweichend davon – und aus völlig anderem Rechtsgrund – ist die als Aufwand berücksichtigte USt auf am Abschlussstichtag zu passivierende **erhaltene Anzahlungen** gem. § 5 Abs. 5 Satz 2 Nr. 2 EStG zu aktivieren. Handelsrechtlich besteht Aktivierungswahlrecht (§ 250 Abs. 1 Satz 2 Nr. 2 HGB). Der Grund für diese Regelung hat mit der eigentlichen Rechnungsabgrenzung nichts zu tun. Vielmehr soll die USt wegen der Mindest-Istversteuerung nicht erfolgswirksam werden.

Beispiel

Unternehmer U hat am 28. 12. 01 durch Banküberweisung eine Anzahlung für eine in 02 zu erbringende Leistung in Höhe von 11 600 DM erhalten.

8.2 Vorbereitende Abschlussbuchungen

Wurde die USt, soweit sie auf die am 31. 12. zu passivierende Anzahlung entfällt, als Aufwand gebucht, ist sie zu aktivieren (§ 5 Abs. 5 Satz 2 Nr. 2 EStG).

28. 12.	Bank	11 600 DM	an Anzahlungen	11 600 DM
	USt-Aufwand	1 600 DM	an USt-Schuld	1 600 DM
31. 12.	USt auf Anz.	1 600 DM	an USt-Aufwand	1 600 DM

A		Bilanz 31. 12.		P
USt auf Anzahlungen	1 600 DM		Erhaltene Anzahlungen	11 600 DM
			USt-Schuld	1 600 DM

8.2.5.10 Abgrenzungsfragen zum Tatbestandsmerkmal „Bestimmte Zeit"

Ausgaben und Einnahmen dürfen nach § 250 Abs. 1 Satz 1, Abs. 2 HGB und § 5 Abs. 5 Satz 1 EStG nur ausgewiesen werden und müssen es dann auch, wenn sie Aufwand oder Ertrag für eine bestimmte Zeit nach dem Abschlusstag darstellen. Können sie keinem bestimmten Zeitabschnitt zugerechnet werden, sind sie von der Bilanzierung ausgeschlossen.

Zur wichtigsten Gruppe der Rechnungsabgrenzungsposten gehören die Vorleistungen aus schwebenden Dauerschuldverhältnissen. Steht einer Vorleistung eine noch nicht erbrachte **zeitraumbezogene** Gegenleistung gegenüber, so handelt es sich nach ständiger Rechtsprechung des BFH bei dieser Vorleistung um Aufwand für eine **bestimmte Zeit**.[54] Ein schwebendes Geschäft endet, wenn der zur Sachleistung verpflichtete Vertragspartner seine Leistungen erbracht hat. Sachleistung in diesem Sinne ist nicht die Herausgabe einer Sache (= Zeitpunktleistung), sondern die aufgrund des Dauerschuldverhältnisses zu erbringende Leistung, die keine Geldleistung ist. Dauerschuldverhältnisse haben ihre Grundlage z. B. in Miet-, Pacht-, Darlehens-, Dienst-, Versicherungsverträgen. Vermieter, Verpächter, Darlehensgläubiger, Arbeitnehmer, Versicherer erbringen fortdauernd Sachleistungen in diesem Sinne und werden dafür mit Geld bezahlt. Bei Versicherern besteht die fortdauernde Sachleistung in dem permanent gewährten Versicherungsschutz; gemeint ist hier nicht die Zahlung bei Eintritt des Versicherungsfalls.

Eine „bestimmte Zeit" liegt nur vor, wenn die Zeit, der die abzugrenzenden Ausgaben und Einnahmen zuzurechnen sind, festliegt und nicht nur geschätzt wird. Die abzugrenzenden Ausgaben und Einnahmen müssen deshalb schon ihrer Art nach unmittelbar zeitbezogen sein, also für einen bestimmten, nach dem Kalender zu bemessenden Zeitraum bezahlt oder vereinnahmt werden, z. B. monatliche, vierteljährliche, halbjährliche Mietvorauszahlungen oder Zahlung der Miete im Voraus für einen Messestand für eine zeitlich feststehende Messe.[55]

Eine einmalige Entschädigung, die zivilrechtlich dauernd, also nicht kalendermäßig befristet ist, stellt aber Ertrag für eine „bestimmte Zeit" nach dem Bilanzstichtag dar, wenn die Vereinbarung der Vertragsparteien über die Entschädigungszahlung

---
54 BFH, BStBl 1993 II S. 709 m. w. N.
55 H 31 b – bestimmte Zeit nach dem Abschlussstichtag – EStH.

für eine noch zu erbringende Gegenleistung es zulässt, **rechnerisch** einen (Mindest-) Zeitraum zu bestimmen, dem die Entschädigung als Ertrag zuzuordnen ist.[56] Das ist z. B. nicht der Fall, wenn der Erwerber eines Grundstücks gegen Entschädigungszahlung auf die im Kaufvertrag vereinbarte Verpflichtung des Veräußerers, auf dem Grundstück einen Gleisanschluss zu errichten, verzichtet. Dann verzichtet der Grundstückskäufer nicht auf künftige Nutzungen (dauernde Unterlassungslast als Zeitraumleistungen), sondern auf die Errichtung eines Gleisanschlusses. Dieser Verzicht ist eine Zeitpunktleistung, die am Bilanzstichtag bereits erfüllt war.[57]

Mit der Aufnahme passiver **Rechnungsabgrenzungsposten** in die Bilanz soll erreicht werden, dass vorab erhaltene Einnahmen entsprechend dem Realisationsprinzip (§ 252 Abs. 1 Nr. 4 2. Hs., Nr. 5 HGB) erst dann als Ertrag in Erscheinung treten, wenn der Unternehmer seine betriebliche Leistung erbracht hat. Ist der Zeitraum unbekannt, über den hinweg die geschuldete Leistung erbracht werden muss, dann steht nicht fest, in welchem Umfang die erhaltene Einnahme zu Ertrag geworden ist. Um einen willkürlichen Gewinnausweis zu vermeiden, setzt das Gesetz deshalb voraus, dass die bereits vergütete Leistung für einen **bestimmten Zeitraum** geschuldet wird; die Vorschrift dient damit der erforderlichen Objektivierung der Rechnungslegung.

Wird auf die Abgrenzung von Einnahmen aus diesem Grunde verzichtet, hat dies andererseits aber zur Folge, dass sie sogleich als Ertrag in Erscheinung treten, obwohl der Empfänger die geschuldete Leistung noch nicht erbracht hat. Dem kann nicht mit der Passivierung einer entsprechenden Verbindlichkeit begegnet werden, weil diese als Sachleistungsverpflichtung mit dem Erfüllungsaufwand bewertet werden müsste, nicht aber mit den erhaltenen Einnahmen. Beiden Gesichtspunkten ist bei der Auslegung des Tatbestandsmerkmals „bestimmte Zeit" Rechnung zu tragen.

Während der Gewinnausweis durch Einschränkung der Aktivierungsmöglichkeiten i. S. des Vorsichtsprinzips begrenzt ist (§ 250 Abs. 1 Satz 1 HGB, § 5 Abs. 5 Satz 1 Nr. 1 EStG), hat die Einschränkung der Passivierungsmöglichkeiten allerdings seine Ausweitung zur Folge (§ 250 Abs. 2 HGB, § 5 Abs. 5 Satz 1 Nr. 2 EStG). Diese gegensätzliche Auswirkung muss bei der Auslegung des Merkmals „bestimmte Zeit" berücksichtigt werden; sie kann aber nicht zu unterschiedlichen Ergebnissen auf der Aktiv- und Passivseite führen. Als Zeitmaßstab kann nur eine Größe anerkannt werden, die nicht von vornherein Zweifel über Beginn und Ende des Zeitraums aufkommen lässt.

Demgemäß hat die BFH-Rechtsprechung wiederholt die Bildung **passiver Rechnungsabgrenzungsposten** anerkannt, wenn sich aus einem Rechtsvorgang eindeutige Anhaltspunkte für die Bestimmung eines **Mindestzeitraums** gewinnen ließen. Über diesen Mindestzeitraum ist dann abzugrenzen.[58]

---

56 BFH, BStBl 1981 II S. 669, 1995 II S. 202 und BMF, BStBl 1995 I S. 183.
57 Vgl. dazu BFH, BStBl 1986 II S. 841.
58 BFH, BStBl 1995 II S. 202 m. w. N.; BMF, BStBl 1995 I S. 183.

8.2 Vorbereitende Abschlussbuchungen

Ausbeuteverträge gehören ihrem Wesen nach nicht zu den Verträgen, deren Ende kalendermäßig festliegt; bei ihnen bestimmt sich die Dauer des Rechtsverhältnisses nach der vorhandenen Abbaumenge und der Intensität des Abbaus. Trotzdem sind sie im Sinne der Rechnungsabgrenzung nicht unbestimmt. Die Abbaumenge kann regelmäßig am Ende des Jahres festgestellt werden. Die „bestimmte Zeit" lässt sich damit über die jeweilige Fördermenge definieren. Deshalb sind Vorleistungen aufgrund von Ausbeuteverträgen zum Abbau von Bodenschätzen als Rechnungsabgrenzungsposten zu bilanzieren, wenn mit dem Abbau bereits begonnen wurde. Sie sind als Anzahlungen auszuweisen, wenn in dem betreffenden Jahr mit dem Abbau noch nicht begonnen wurde.[59]

Eine bestimmbare, d. h. durch **Schätzung** festgelegte Zeit ist keine bestimmte Zeit. Anfang und Ende des Zeitraums, auf den sich die Zahlung bezieht, müssen von vornherein eindeutig feststehen. Aufwendungen, die wirtschaftlich zwar in einen späteren Zeitraum gehören, der aber unbestimmt ist, dürfen deshalb nicht als Rechnungsabgrenzungsposten aktiviert werden. Ist das Ende des Zeitraums an ein künftiges, terminlich noch nicht abzusehendes Ereignis geknüpft, kommt eine Aktivierung selbst dann nicht in Betracht, wenn ein Erwerber des Betriebs dem Steuerpflichtigen die Aufwendungen vergüten würde. Auf keinen Fall genügt es, dass die Ausgaben irgendeinen wirtschaftlichen Nutzen in der Zukunft versprechen.

Die bestimmte Zeit nach dem Abschlussstichtag kann sich auch über mehrere Wirtschaftsjahre erstrecken.

Beispiele

a) Kurz vor dem Ende des Wirtschaftsjahrs hat ein Autohersteller einen Reklamefeldzug für ein im neuen Wirtschaftsjahr herauskommendes Modell durchgeführt und für diese Zwecke 2 000 000 DM ausgegeben.

Eine Rechnungsabgrenzung kommt nicht in Betracht.[60]

b) Eine Bausparkasse hat Abschlussgebühren erhalten und möchte sie mittels passiver Rechnungsabgrenzungsposten auf die gesamte Laufzeit des jeweiligen Vertragsverhältnisses verteilen.

Die Abschlussgebühr ist Gegenleistung für den Sparvertrag als auch Gegenleistung für den Kreditvertrag und damit ein für die Gesamtdauer des Bausparvertrags bestimmtes Entgelt; es liegt eine zeitbezogene Leistung der Bausparkasse an den Bausparer vor. Die Einnahmen aus der Abschlussgebühr als Entgelt für die Gesamtdauer des Bausparvertrags stellen jedoch keinen Ertrag für eine „bestimmte Zeit" dar, weil die Gesamtvertragsdauer nicht nur vom Spar- und Tilgungsverhalten des Bausparers abhängt, sondern auch von den für die Zuteilung verfügbaren Mitteln. Eine Zeitbestimmung ist damit nicht möglich.[61]

---

59 BFH, BStBl 1995 II S. 312 m. w. N.
60 BFH, BStBl 1970 II S. 35.
61 BFH, BStBl 1983 II S. 132.

8 Jahresabschluss

c) Ein Betriebsinhaber hat einen Investitionszuschuss aus öffentlichen Mitteln zur Anschaffung von bestimmten Maschinen erhalten, um Arbeitsplätze an diesen Maschinen zu fördern.

Die Bereitstellung des Arbeitsplatzes mag zwar eine Gegenleistung des Betriebsinhabers für den empfangenen Zuschuss sein. Die Bildung eines passiven Rechnungsabgrenzungspostens ist jedoch nicht möglich, weil die Nutzungsdauer eines abnutzbaren Sachanlageguts keine „bestimmte Zeit" i. S. des § 5 Abs. 5 Satz 1 EStG ist. Die planmäßige bzw. betriebsgewöhnliche Nutzungsdauer eines abnutzbaren Sachanlageguts (§ 253 Abs. 2 HGB, § 7 Abs. 1 EStG) lässt sich nur durch Schätzung ermitteln.[62] Somit liegt keine Gegenleistung des Betriebsinhabers vor, die sich auf eine bestimmte Zeit erstreckt.

d) Die L-GmbH verleast bewegliche Sachen gegen gleich bleibende Leasingraten.[63] Sie bleibt wirtschaftliche Eigentümerin der verleasten Sachen, deren Anschaffung sie durch Veräußerung der Forderungen auf Zahlung der Leasingraten zum Barwert finanziert. Dabei trägt das Bonitätsrisiko das die Forderungen erwerbende Kreditinstitut, während die Haftung der L-GmbH auf den rechtlichen Bestand der Forderung beschränkt ist (sog. Forfaitierung) und die vorzeitige Auflösung des Leasingvertrages zur Rückabwicklung des Forderungskaufvertrages führt.

Der Forfaitierung liegen zwei verschiedene schuldrechtliche Vereinbarungen zugrunde, die dem Gebot der Einzelbewertung entsprechend getrennt zu beurteilen sind. Zum einen liegt ein dem Mietverhältnis vergleichbares Verhältnis zwischen Leasinggeber und Leasingnehmer vor. Im Rahmen dieses Rechtsverhältnisses hat kein Vertragspartner in einer die passive Rechnungsabgrenzung rechtfertigenden Weise vorgeleistet. Im Gegenteil liegen insoweit Rechte und Pflichten aus einem noch schwebenden Rechtsgeschäft vor, die, solange hieraus kein Verlust droht, nicht bilanzierungsfähig sind.

Das Forfaitierungsgeschäft als solches ist ein Kaufvertrag, aufgrund dessen der Leasinggeber erst noch fällig werdende Leasingraten abtritt, wobei das Bonitätsrisiko auf den Forderungserwerber übergeht. Die gegenseitigen Verpflichtungen aus diesem Kaufvertrag sind mit der Forderungsabtretung und der Zahlung des Forfaitierungserlöses erfüllt. Für die Frage der **Rechnungsabgrenzung** kann aber nicht unberücksichtigt bleiben, dass der Leasinggeber gegenüber dem Forderungskäufer verpflichtet bleibt, für die einredefreie Erfüllung des Leasingvertrages Sorge zu tragen, andernfalls Rückabwicklungsansprüche entstehen. Nach dem **Realisationsprinzip,** wie es in § 5 Abs. 5 Satz 1 Nr. 2 EStG seinen Niederschlag gefunden hat, dürfen nur Gewinne ausgewiesen werden, die am Abschlussstichtag durch Umsatzakt realisiert sind. Die Zahlung des Forfaitierungserlöses stellt sich aber aus der Sicht des Realisationsprinzips ähnlich einer Vorauszahlung des Leasingnehmers und damit einer Mietvorauszahlung dar. Deshalb hat die L-GmbH in Höhe des Forfaitierungserlöses einen passiven Rechnungsabgrenzungsposten zu bilden. Nach dem ausdrücklichen Wortlaut des § 5 Abs. 5 Satz 1 Nr. 2 EStG sind „Einnahmen" zu passivieren. Einnahme in diesem Sinne ist der vereinbarte Kaufpreis und nicht der Nennbetrag der Nutzungsüberlassungsverpflichtung in Höhe der Summe der noch ausstehenden Leasingraten. Nur wenn die Möglichkeit bestünde, die Nutzungsüberlassungsverpflichtung als solche zu passivieren, wäre ein Ansatz in dieser Höhe denkbar. Da die Nutzungsüberlassungsverpflichtung aber auf einem schwebenden Geschäft beruht, scheidet ihre isolierte Passivierung aus.

Der passive Rechnungsabgrenzungsposten ist linear, d. h. entsprechend der Dauer der Verpflichtung zur Nutzungsüberlassung, aufzulösen. Die Höhe des passiven Rech-

---

62 BFH, BStBl 1992 II S. 488.
63 Vgl. u. 15.5.12.

8.2 Vorbereitende Abschlussbuchungen

nungsabgrenzungspostens bemisst sich nach dem zeitlichen Verhältnis der noch ausstehenden Gegenleistung zur gesamten Leistung. Der passive Rechnungsabgrenzungsposten ist Ausdruck einer Leistungsverpflichtung, die der sofort erfolgswirksamen Vereinnahmung entgegensteht. Bleibt diese nach Art und Umfang gleich, führt dies zu einer dem Zeitablauf entsprechenden linearen Auflösung des passiven Rechnungsabgrenzungspostens. Dabei ist die Gleichmäßigkeit der Leasingraten zugleich Ausdruck einer gleichmäßigen Leistung des Leasinggebers.[64]

8.2.5.11 Einzelfragen zur Rechnungsabgrenzung aus der Rechtsprechung

Vorweggenommene **Betriebsausgaben sind** in der Regel sofort abzugsfähig. Man spricht auch von vorbereitenden Betriebsausgaben. Es handelt sich um Aufwendungen, die der Betriebseröffnung vorangehen, aber schon durch die künftige betriebliche Tätigkeit veranlasst sind. Sie sind nur dann zu bilanzieren, wenn ihnen ein aktivierungsfähiges Wirtschaftsgut gegenübersteht.

Werbekosten sind auch dann nicht zu aktivieren, wenn es sich um einen sog. **Reklamefeldzug** handelt.[65] Ausgaben eines Versandhauses zur Herstellung von **Katalogen** brauchen nicht aktiv abgegrenzt zu werden. Das gilt auch, soweit die Ausgaben Kataloge betreffen, die am Bilanzstichtag noch nicht versandt sind, es sei denn, es handelt sich um auf Vorrat hergestellte Kataloge für spätere Werbeaktionen; insoweit ist Umlaufvermögen gegeben. Auch **Provisionen,** die eine Buch- und Schallplattenvertriebsfirma ihren Werbern für die Vermittlung von Abonnementsverträgen leistet, sind als Betriebsausgaben nicht aktivierungspflichtig.[66]

Zins- und Gebührenforderungen des Pfandleihers gegen den Verpfänder sind abzugrenzen.

Das gilt auch für **Finanzierungszuschläge und Diskontspesen** bei Teilzahlungsgeschäften, die sich über mehrere Jahre erstrecken. Auch **Diskonte** auf Akzepte gehören zu den transitorischen Posten späterer Wirtschaftsjahre, die wie Vorauszahlungen für Honorare, Mieten, Verbands- und Versicherungsbeiträge sowie Zinsen abzugrenzen sind.

Eine **Entschädigung,** durch die eine zeitlich **unbefristete** Verpflichtung, **keinen Wettbewerb** zu bestreiten, abgegolten wird, kann nicht passiv abgegrenzt werden, weil sie nicht Ertrag für bestimmte spätere Wirtschaftsjahre darstellt. Wird auf die zeitlich bestimmte Abgrenzung von Einnahmen verzichtet, hat dies aber zur Folge, dass sie sogleich als Ertrag in Erscheinung treten, obwohl der Empfänger die geschuldete Leistung noch nicht erbracht hat. Das kann nicht durch die Passivierung einer entsprechenden Verbindlichkeit berücksichtigt werden, weil diese als Sachleistungsverpflichtung mit dem Erfüllungsaufwand bewertet werden müsste, nicht aber mit den erhaltenen Einnahmen.[67] Dagegen ist bei einem Handelsvertreter für

---

64 BFH, BStBl 1997 II S. 122 m. w. N.
65 BFH, BStBl 1970 II S. 35.
66 BFH, BStBl 1970 II S. 178.
67 BFH, BStBl 1995 II S. 202 m. w. N.

8 Jahresabschluss

die **Verpflichtung zur Unterlassung des Wettbewerbs** in Höhe des Anspruchs aus der Wettbewerbsabrede nach § 90 a HGB ein passiver Posten der Rechnungsabgrenzung zu bilden, der entsprechend der Dauer des Wettbewerbsverbots aufzulösen ist.[68]

Das **Damnum (Disagio)**, d. h. der Unterschied zwischen dem Rückzahlungsbetrag von Verbindlichkeiten und ihrem Auszahlungsbetrag, stellt eine besondere Form der aktiven Rechnungsabgrenzung dar.[69]

Finanzierungsbeihilfen zur Strukturverbesserung der Molkereiwirtschaft können nicht passiv abgegrenzt werden, weil für die Beihilfe keine Gegenleistung übernommen wird.[70]

In der Gewährung von **Investitionszuschüssen** nach dem Gesetz zur wirtschaftlichen Sicherung der Krankenhäuser und zur Regelung der Krankenhauspflegesätze liegt keine zusätzliche Vergütung für die Leistungen der Privatklinik, die in der Behandlung und Pflege der Patienten bestehen. Die Zuschüsse hängen nicht vom Umfang der Pflegeleistungen ab und sind nicht als Zusatzentgelt zum Pflegesatz gestaltet. Die Förderungsmittel mindern die Anschaffungskosten oder sind in voller Höhe als betrieblicher Ertrag zu erfassen. Die Bildung einer passiven Rechnungsabgrenzung ist nicht möglich.[71]

Im Voraus vereinnahmte **Kreditgebühren** sind nach der Zinsstaffelmethode (kapitalanteilig) passiv abzugrenzen. In Anbetracht der bürgerlich-rechtlichen Beurteilung kommen für eine Rechnungsabgrenzung auch sog. **verlorene Zuschüsse**[72] in Betracht, die auch steuerrechtlich wie Mietvorauszahlungen zu behandeln sind. Denn nach den wohnungsbaurechtlichen Bestimmungen hat der Mieter unter bestimmten Voraussetzungen einen unabdingbaren Erstattungsanspruch.

Vorauszahlungsbeträge können grundsätzlich nicht **abgezinst** werden, weil die ausgetauschten Leistungen in der Regel gleichwertig sind.[73]

Erhaltene **Vergütungen für die Übernahme einer** Ausbietungs**garantie** (Haftung) sind beim Garantiegeber passiv abzugrenzen. Der Rechnungsabgrenzungsposten ist an den folgenden Bilanzstichtagen insoweit aufzulösen, als die Vergütungen auf den bereits abgelaufenen Garantiezeitraum entfallen. Wie ein Versicherungsentgelt oder eine Bürgschaftsgebühr wird auch die Gebühr für eine Ausbietungsgarantie im Laufe des Garantiezeitraums „verdient", sodass es unerheblich ist, ob für die Haftende noch bis zum Ende der Leistungsbeziehung ein Haftungsrisiko bestand. Passive Rechnungsabgrenzungsposten dienen ausschließlich der zutreffenden zeitlichen Abgrenzung gebuchter Einnahmen und nicht der Darstellung geschäftlicher

---

68 BFH, BStBl 1970 II S. 315.
69 Im Einzelnen s. u. 11.8.
70 BFH, BStBl 1988 II S. 592.
71 BFH, BStBl 1989 II S. 189, S. 618; vgl. auch BFH, BStBl 1992 II S. 488.
72 BMF, BStBl 1978 I S. 352.
73 Vgl. BFH, BStBl 1981 II S. 669.

8.2 Vorbereitende Abschlussbuchungen

Risiken. Das Risiko des Garantiegebers, aus der Garantie in Anspruch genommen zu werden, muss ggf. durch Bildung einer Rückstellung berücksichtigt werden. Auf die zeitanteilige erfolgswirksame Auflösung der passiven Rechnungsabgrenzung hat dies keinen Einfluss.[74]

Beispiel

Eine Baubetreuungs-GmbH verkauft Eigentumswohnungen. Die Käufer der Wohnungen finanzierten den Immobilienerwerb u. a. durch Bankkredite. Die GmbH verpflichtete sich gegenüber den kreditgebenden Banken, für den Fall einer Zwangsvollstreckung durch Abgabe eines das Grundpfandrecht deckenden Gebots sicherzustellen, dass die finanzierende Bank keinen Ausfall erleidet. Für die Übernahme dieses Haftungsrisikos, das die GmbH bei jedem durch die Bank finanzierten Grundstücksgeschäft für die Zeit von fünf Jahren einging, beginnend jeweils am Tag des Eigentumsübergangs auf den Erwerber, erhielt die GmbH von dem jeweiligen Erwerber eine Gebühr von 2 % der Kreditsumme. Die Provision war stets bei Abschluss des Vertrages fällig.

Die GmbH hatte am 31. 12. 02 für die Finanzierung von Ende Dez. 02 vollzogene Übereignungen von Eigentumswohnungen Provisionen in Höhe von 100 000 DM eingenommen. Die GmbH bildete in der Bilanz zum 31. 12. 02 einen passiven Rechnungsabgrenzungsposten in Höhe von 100 000 DM und löste diesen Posten zum 31. 12. 07 in vollem Umfang gewinnerhöhend auf.

Die Ende Dez. 02 vereinnahmten Provisionen in Höhe von 100 000 DM sind Ertrag für die Jahre 03 bis 07 und gem. § 5 Abs. 5 Satz 1 Nr. 2 EStG in der Bilanz zum 31. 12. 02 passiv abzugrenzen. Damit sind die Betriebseinnahmen für 02 erfolgsneutral geblieben.

Die für den 5-jährigen Garantiezeitraum bereits Ende 02 vereinnahmten Provisionen wurden aber erst in den Jahren 03 bis 07 verdient, sodass die GmbH am 31. 12. 02 einen Erfüllungsrückstand von $^5/_5$ von 100 000 DM = 100 000 DM, am 31. 12. 03 von $^4/_5$ von 100 000 DM = 80 000 DM, am 31. 12. 04 von $^3/_5$ von 100 000 DM = 60 000 DM, am 31. 12. 05 von $^2/_5$ von 100 000 DM = 40 000 DM, am 31. 12. 06 von $^1/_5$ von 100 000 DM = 20 000 DM und am 31. 12. 07 von 0 DM hatte. Dementsprechend war die passive Rechnungsabgrenzung für die Jahre 03 bis 07 mit jeweils 20 000 DM gewinnerhöhend aufzulösen.

Das bis zum Ablauf des 5-jährigen Garantiezeitraums bestehende Risiko der Inanspruchnahme hat keinen Einfluss auf die Höhe des passiven Rechnungsabgrenzungspostens. Das Haftungsrisiko ist grundsätzlich durch Bildung einer Rückstellung zu berücksichtigen. Die Bildung einer Rückstellung kommt für die GmbH aber nicht in Betracht, weil sie im Haftungsfall die betreffende Wohnung ersteigern muss und dann der gesamte anschaffungsbezogene Aufwand zu den Anschaffungskosten der ersteigerten Eigentumswohnung gehört. Für eine sofort abziehbare Betriebsausgabe bleibt damit kein Raum.

Der **Leasinggeber** kann für die Verpflichtung, den Leasingnehmer bei Beendigung des Mietvertrags am Verwertungserlös zu beteiligen, während der Laufzeit des Mietvertrags weder eine Rückstellung noch einen passiven Rechnungsabgrenzungsposten bilden.[75]

---

74 BFH, BStBl 1995 II S. 772.
75 BFH, BStBl 1988 II S. 57.

8 Jahresabschluss

Lizenzgebühren und **Künstlerhonorare**, die eine Schallplattenverkaufsgesellschaft vor dem Verkauf der Platten bei deren Übernahme zahlt, sind nicht zu aktivieren. Es gibt keinen Grundsatz, nach dem Ausgaben im Wege der aktiven Rechnungsabgrenzung in das Jahr zu verlegen sind, in dem die Einnahmen fließen, aus denen die Ausgaben gedeckt werden sollen.[76]

Urlaubsgeld, das bei einem **abweichenden Wirtschaftsjahr** vor dem Bilanzstichtag für das gesamte Urlaubsjahr (= Kalenderjahr) gezahlt wird, ist nur dann anteilig aktiv abzugrenzen, wenn es bei vorzeitigem Ausscheiden des Arbeitnehmers von diesem zurückgezahlt werden muss. Entsteht der Anspruch des Arbeitnehmers auf das Urlaubsgeld ohne weitere Voraussetzungen mit Urlaubsantritt und ist eine Rückforderung ausgeschlossen, so ist die Zahlung des Urlaubsgeldes keine (teilweise) Vorleistung, sondern die endgültige Erfüllung des durch den Arbeitnehmer bereits verdienten Anspruchs.[77] Ein Rechnungsabgrenzungsposten kann nicht gebildet werden.

Zerobonds, auch **Null-Kupon-Anleihen** genannt, sind Anleihen, für die keine laufenden Zinszahlungen vereinbart werden, sondern am Ende der Laufzeit ein gegenüber dem Ausgabepreis deutlich höherer Einlösungspreis gezahlt wird. Für die Höhe des Bilanzansatzes eines Zerobonds ist ohne Bedeutung, ob die Anleihe als Aufzinsungsanleihe (Nennbetrag = Ausgabebetrag) oder als Abzinsungsanleihe (Nennbetrag = Einlösungsbetrag) ausgestaltet wird. In beiden Fällen ist der in den Ausgabe-Bedingungen anstelle einer Zinsvereinbarung festgelegte Unterschiedsbetrag zwischen Ausgabe- und Einlösungspreis das Entgelt für die Überlassung des Kapitals während der Laufzeit der Anleihe. Zu Beginn der Laufzeit eines Zerobonds ist der Ausgabebetrag maßgeblicher Ausgangswert sowohl für die Aktivierung beim Anleihe-Gläubiger als auch für die Passivierung beim Anleihe-Schuldner. Am Ende der Laufzeit sind der Anspruch des Anleihe-Gläubigers und die Verbindlichkeit des Anleihe-Schuldners mit dem Einlösungsbetrag auszuweisen.

Während der Laufzeit ist der Unterschiedsbetrag zu den jeweiligen Bilanzstichtagen mit dem Teil beim Anleihe-Gläubiger aktivisch und beim Anleihe-Schuldner passivisch zu erfassen, der bei Zinseszinsberechnung rechnerisch auf die abgelaufene Laufzeit entfällt. Dabei handelt es sich **nicht** um eine **Rechnungsabgrenzung**, sondern um Forderungen beim Anleihe-Gläubiger und Verbindlichkeiten beim Anleihe-Schuldner. Unberührt bleiben die bilanzsteuerrechtlichen Grundsätze für die Beurteilung von Kurswertänderungen aufgrund geänderter Marktkonditionen, z. B. bei Werterhöhungen eines Zerobonds, die sich nicht aus dem laufzeitabhängigen Anwachsen des Unterschiedsbetrags ergeben, oder bei Absinken des Kurswerts unter den nach obigen Grundsätzen ermittelten Bilanzansatz.[78]

---
76 BFH, BStBl 1970 II S. 104.
77 BFH, BStBl 1993 II S. 709.
78 BMF, BStBl 1987 I S. 394.

8.2 Vorbereitende Abschlussbuchungen

Als Aufwand berücksichtigte **Zölle und Verbrauchsteuern** sind auf der Aktivseite anzusetzen, soweit sie auf am Abschlussstichtag auszuweisende Wirtschaftsgüter des Vorratsvermögens entfallen (§ 5 Abs. 5 Satz 2 Nr. 1 EStG). Handelsrechtlich besteht nach § 250 Abs. 1 Satz 2 Nr. 1 HGB Aktivierungswahlrecht. Für die Abgrenzung kommt vor allem die Biersteuer in Betracht, die auf dem im Außenlager der Brauerei lagernden Bier lastet.

Zuschüsse, die ein Großhändler, der Bücher und Schallplatten für einen Lese- und Schallplattenring vertreibt, an Vertriebsfirmen leistet, sind laufende Betriebsausgaben.[79]

In der Übernahme von **Erschließungskosten** durch den **Erbbauberechtigten** liegt ein zusätzliches Entgelt für die Nutzung des Grundstücks. Gehört das Grundstück zum Betriebsvermögen des Erbbauverpflichteten, so ist dieses Entgelt mittels eines passiven Rechnungsabgrenzungspostens über die Dauer des Erbbaurechts zu verteilen.[80][81] Der Erbbauberechtigte hat in seiner Bilanz einen entsprechenden aktiven Rechnungsabgrenzungsposten auszuweisen. Es handelt sich um Vorleistungen an den Grundstückseigentümer für dessen zeitraumbezogene Gegenleistung und zugleich um eine Zuwendung an ihn in Form der Wertsteigerung des Grund und Bodens.[82][83]

Die Übernahme der Erschließungsbeiträge durch den Erbbauberechtigten ist auch dann ein neben den Erbbauzins tretendes zusätzliches Entgelt, wenn die Beiträge für die Ersetzung oder Modernisierung bereits vorhandener Erschließungsanlagen gezahlt werden (sog. Ergänzungsbeiträge). Für die Ausgabe ist ein aktiver Rechnungsabgrenzungsposten zu bilden.[84]

Wird die Zahlung erst mehrere Jahre nach der Verbesserung der Erschließungsanlage erbracht, ist ein Rechnungsabgrenzungsposten nur für die noch ausstehende Duldungsverpflichtung des Eigentümers zu bilden; hinsichtlich des Restbetrages ist sie auf den Erfüllungsrückstand zu verrechnen.[85]

8.2.6 Sonstige Forderungen und sonstige Verbindlichkeiten

8.2.6.1 Aktivierung und Passivierung

Ausgaben bzw. Einnahmen **nach** dem Bilanzstichtag, die Aufwand bzw. Ertrag für einen Zeitraum **vor** diesem Tag darstellen (antizipative Posten), dürfen **nicht** als Rechnungsabgrenzungsposten ausgewiesen werden (§ 250 Abs. 1 Satz 1, Abs. 2 HGB, § 5 Abs. 5 EStG). Soweit sich aus den ihnen zugrunde liegenden Geschäfts-

---
79 BFH, BStBl 1970 II S. 180.
80 BFH, BStBl 1981 II S. 398.
81 Wegen der Behandlung bei Gewinnermittlung nach § 4 Abs. 3 EStG s. u. 18.2.6.
82 BFH, BStBl 1985 II S. 617; 1989 II S. 407.
83 Wegen der Behandlung bei Gewinnermittlung nach § 4 Abs. 3 EStG s. u. 18.2.7.
84 S. u. 15.4.1.
85 BFH, BStBl 1994 II S. 109.

8 Jahresabschluss

vorfällen bereits Forderungen oder Verbindlichkeiten ergeben haben, sind sie als solche zu bilanzieren (R 31 b Abs. 3 Satz 2 EStR).

Auch diese Bilanzposten dienen neben dem vollständigen Ausweis des Vermögens der richtigen Periodenabgrenzung:

Geschäftsvorfall	Sachverhalt	im alten Jahr	im neuen Jahr	Bilanzposten
Miete, Pacht, Versicherungsbeiträge, Provisionen, Gehälter, Löhne usw.	noch zu zahlen	Aufwand	Ausgabe	Passiv (sonstige Verbindlichkeit)
	noch zu erhalten	Ertrag	Einnahme	Aktiv (sonstige Forderung)

Beispiele
a) Ein Betrieb hat noch 2000 DM Miete für das abgelaufene Wj. zu zahlen.
Der Aufwand ist zu erfassen, obwohl eine Zahlung noch nicht erfolgt ist. Erreicht wird dies durch die Bildung eines passiven Bilanzpostens.
Buchung: Mietaufwand an sonstige Verbindlichkeiten.
Das Mietaufwandskonto liefert hierdurch einen um die noch zu zahlende Miete erhöhten Aufwand an das Gewinn-undVerlust-Konto ab: die noch zu zahlende Miete erscheint als Verpflichtung auf der Passivseite der Bilanz.
b) Ein Betrieb hat noch 1500 DM Miete für das abgelaufene Wj. zu bekommen.
Der Ertrag wird erfasst, obwohl die Miete noch nicht vereinnahmt ist. Erreicht wird dies durch die Bildung eines aktiven Bilanzpostens.
Buchung: sonstige Forderungen an Mieterträge.
Die noch zu erhaltende Miete geht hierdurch mit den übrigen Mieterträgen als Ertrag in die Gewinn-und-Verlust-Rechnung. In der Bilanz erscheint sie als Aktivposten. Auch geringfügige Forderungen müssen aktiviert werden.

Durch die Bilanzierung werden Einnahmen und Ausgaben schon als Ertrag bzw. Aufwand erfasst, obwohl sie noch gar nicht angefallen sind. Sie werden wegen ihrer sachlichen Zugehörigkeit vorweggenommen (antizipare = vorwegnehmen), also vor ihrer Vereinnahmung oder Verausgabung schon erfolgswirksam erfasst. Ertrag und Aufwand erfolgen **zeitlich** früher als Einnahme und Ausgabe.

Buchungssätze für die Bilanzierung der sonstigen Verbindlichkeiten und sonstigen Forderungen:

Passivum: Aufwandskonto an sonstige Verbindlichkeiten

Aktivum: sonstige Forderungen an Ertragskonto

8.2.6.2 Auflösung

Wegen der erfolgswirksamen Einbuchung der sonstigen Forderungen und sonstigen Verbindlichkeiten im Jahr der wirtschaftlichen Zugehörigkeit müssen die Einnah-

8.2 Vorbereitende Abschlussbuchungen

men und Ausgaben im Folgejahr erfolgsneutral gebucht werden. Bei einer sonstigen Verbindlichkeit, die für noch zu zahlende Miete angesetzt wurde, erfolgt die Auflösung durch die Buchung: sonstige Verbindlichkeiten an Finanzkonto (Kasse, Bank usw.). Ist eine sonstige Forderung angesetzt worden, weil der Betrieb noch Mieteinnahmen zu erhalten hat, so ist im neuen Jahr zu buchen: Finanzkonto an sonstige Forderungen.

Buchungssätze für die Auflösung der sonstigen Verbindlichkeiten und sonstigen Forderungen:

Passivum: sonstige Verbindlichkeiten an Finanzkonto

Aktivum: Finanzkonto an sonstige Forderungen

8.2.6.3 Behandlung der Umsatzsteuer

Die Behandlung der USt richtet sich nach §§ 13, 15 UStG.

Beispiele

a) Am Bilanzstichtag schuldet ein gewerblicher Mieter dem Steuerpflichtigen noch die Miete für Dezember in Höhe von 2000 DM zzgl. 320 DM USt. Der Gesamtbetrag wird im Januar vereinnahmt.

Als sonstige Forderung sind 2320 DM auszuweisen. 2000 DM stellen Mietertrag, 320 DM entstandene USt-Schuld dar.

b) Die Kosten für die Wartung der Büromaschinen für die Zeit vom 1. 7. bis 30. 6. werden vereinbarungsgemäß erst am 30. 6. berechnet. Rechnungsbetrag 600 DM zzgl. 96 DM USt. Bilanzstichtag: 31. 12.

Als sonstige Verbindlichkeit sind 348 DM zu bilanzieren. 300 DM erscheinen als Aufwand, 48 DM als noch nicht verrechenbare Vorsteuer.

c) Am Bilanzstichtag steht die Rechnung über eine am Betriebsgrundstück durchgeführte Reparatur noch aus. Die später eingegangene Rechnung lautet über 3200 DM zzgl. 512 DM USt.

Als sonstige Verbindlichkeit sind 3712 DM zu bilanzieren. Wegen fehlender Rechnung ist die USt im alten Jahr noch nicht als VorSt abziehbar und deshalb gesondert als noch nicht verrechenbare Vorsteuer zu aktivieren.

8.2.7 Rückstellungen

8.2.7.1 Allgemeine Grundsätze

Auch die Rückstellungen dienen der richtigen zeitgerechten Gewinnermittlung. Sie werden passiviert für Ausgaben bzw. Verluste, die wirtschaftlich das abgelaufene Geschäftsjahr belasten, weil die Zahlungsverpflichtung in diesem Jahr dem Grunde nach entstanden ist oder in ihm verursacht wurde. Die Entstehung der Schuld kann vorläufig noch ungewiss sein (z. B. bei einem schwebenden Prozess).

Ist die Entstehung der Schuld zwar gewiss, so ist sie oft der Höhe nach noch nicht genau bestimmbar. Weil Betrag und Fälligkeit nicht genau bestimmbar sind, müssen die Beträge geschätzt werden.

8 Jahresabschluss

Rückstellungen können somit in einem Betrieb erforderlich werden, wenn Schulden gegenüber Dritten oder aufgrund öffentlich-rechtlicher Verpflichtung vorliegen, die am Bilanzstichtag entweder

- in ihrer Höhe oder/und
- in ihrer Geltendmachung durch den Gläubiger

ungewiss sind (§ 249 Abs. 1 Satz 1 HGB, R 31 c Abs. 2 EStR).

Es ist der Zweck der Rückstellungen, gerade auch solche Verbindlichkeiten zu berücksichtigen, die rechtlich erst in der Zukunft entstehen, wirtschaftlich aber in einem abgelaufenen Wirtschaftsjahr verursacht worden sind. Das entspricht dem Vorsichtsprinzip. Insbesondere sind auch Rückstellungen für eine aufschiebend bedingte Verbindlichkeit zulässig, sofern sie bis zum Bilanzstichtag wirtschaftlich verursacht ist.[86] Verpflichtungen, die dagegen erst aus künftigen Einnahmen oder Gewinnen zu tilgen sind, dürfen jedoch in der Steuerbilanz nicht als Rückstellungen passiviert werden (§ 5 Abs. 2 a EStG).

Die entfernte Möglichkeit einer Inanspruchnahme oder eines Verlustes genügt zur Rechtfertigung einer Rückstellung aber noch nicht; die Inanspruchnahme oder der Verlust muss vielmehr mit einiger Sicherheit oder wenigstens einiger Wahrscheinlichkeit erwartet werden können (R 31 Abs. 5 EStR).

Am Bilanzstichtag oder bei besserer Erkenntnis bis zum Tage der Bilanzaufstellung muss erkennbar sein, dass Ereignisse eingetreten sind, aufgrund deren der Steuerpflichtige ernsthaft mit einer Inanspruchnahme rechnen muss. Erforderlich ist eine konkrete Möglichkeit der Inanspruchnahme (vgl. auch § 252 Abs. 1 Nr. 4 HGB).[87]

Beispiele

a) Für das abgelaufene Geschäftsjahr ergibt sich eine Gewerbesteuerabschlusszahlung, deren genaue Höhe erst nach Bekanntgabe des GewSt-Bescheides feststeht.

b) Ein Betrieb ist wegen Patentverletzung auf Schadensersatz verklagt. Das Urteil des Gerichts steht am Bilanzstichtag noch aus.

Durch die Rückstellung werden die später zu leistenden Ausgaben durch Einstellung eines entsprechenden Passivpostens dem abgelaufenen Geschäftsjahr zugerechnet. Auch dies geschieht im Allgemeinen erst im Rahmen der vorbereitenden Abschlussbuchungen.

8.2.7.2 Bildung und Auflösung der Rückstellungen

Während die Bildung der Rückstellungen im Allgemeinen durch die Buchung Aufwandskonto an Rückstellungskonto erfolgt, geschieht ihre Auflösung normalerweise durch Zahlung.

---

[86] BFH, BStBl 1969 II S. 316, 1973 II S. 212.
[87] Wegen Einzelfragen s. u. 16.

8.2 Vorbereitende Abschlussbuchungen

Buchung: Rückstellungskonto an Finanzkonto.

Entstehen wider Erwarten später keine Ausgaben, muss die gewinnmindernd gebildete Rückstellung gewinnerhöhend aufgelöst werden.

Buchung: Rückstellungskonto an sonstige betriebliche Erträge.

Entsprechendes gilt, wenn die tatsächlichen Ausgaben später niedriger sind als die gebildete Rückstellung. Sind die späteren Ausgaben höher, muss der Mehrbetrag als periodenfremder Aufwand gebucht werden.

Buchung: Rückstellungskonto
  sonstige betriebliche Aufwendungen an Finanzkonto

In diesen Fällen wird zwar der Grundsatz der richtigen Periodenabgrenzung durchbrochen. Das lässt sich jedoch wegen der mit jeder Schätzung verbundenen Unsicherheit nicht vermeiden. Im Allgemeinen beeinflussen die dadurch verursachten Gewinnverlagerungen das Betriebsergebnis nur unerheblich.

In bestimmten Fällen erfolgt die Auflösung der Rückstellungen nach anderen buchtechnischen Regeln. Vgl. dazu im Einzelnen Tz. 16.

8.2.8 Kapitalangleichungsbuchungen[88]

Außenprüfungen führen sehr häufig zu Bilanzberichtigungen, die nicht nur die geprüften Wirtschaftsjahre berühren – wie die Berichtigung der Entnahmen (Warenentnahmen, PKW-Kosten usw.) –, sondern auch Auswirkungen auf die folgenden Wirtschaftsjahre haben. Das ist immer dann der Fall, wenn Aktiv- oder Passivposten durch die Außenprüfung geändert werden müssen. Wenn keine abweichenden Steuerbilanzen aufgestellt werden, müssen, um den Bilanzenzusammenhang herzustellen, die auf den Bestandskonten des laufenden Geschäftsjahrs vorgetragenen Anfangsbestände berichtigt, d. h. an die durch Außenprüfung festgestellten richtigen Bestände der letzten Prüferbilanz angeglichen werden. Entsprechendes gilt für das Kapitalkonto. Das geschieht in der Regel erst beim Jahresabschluss im Rahmen der vorbereitenden Abschlussbuchungen.

Beispiel

Im Laufe des Jahres 04 wird eine Außenprüfung für die Jahre 01, 02 und 03 durchgeführt. Nach den Feststellungen des Bpr. mussten berichtigt werden:

	01	02	03
Grundstücke	—	+ 10 000 DM	+ 10 000 DM
Warenbestand	+ 20 000 DM	+ 19 000 DM	+ 25 000 DM
Entnahmen	+ 5 800 DM	+ 5 800 DM	+ 5 800 DM
Gewerbesteuerrückstellung	+ 4 000 DM	+ 6 000 DM	+ 8 000 DM
USt-Schuld	+ 800 DM	+ 1 600 DM	+ 2 400 DM

Sind die Bestände vom 31. 12. 03 auf den Sachkonten 04 vorgetragen worden, ist die folgende Kapitalangleichungsbuchung vorzunehmen: Grundstücke 10 000 DM und

---

[88] S. auch u. 14.5.7.

Wareneinkauf (Warenanfangsbestand) 25 000 DM an Gewerbesteuerrückstellung 8000 DM, USt-Schuld 2250 DM und Kapital 24 750 DM. Für die Angleichung sind also nur die Veränderungen der letzten Steuerbilanz von Bedeutung. Die Änderungen bei den Entnahmen scheiden für eine Kapitalangleichung aus, weil es sich insoweit nicht um Bilanzposten handelt.

In der Praxis wird die Angleichung regelmäßig dadurch erreicht, dass die sich aus der letzten Prüferbilanz (berichtigte Steuerbilanz) ergebenden berichtigten Bestände als Anfangsbestände des folgenden Wirtschaftsjahres übernommen werden.

8.2.9 Übungsaufgabe 11

Sachverhalt

Ein Gewerbetreibender hat zum 31. 12. 01 die folgende Bilanz aufgestellt:

Aktiva	Bilanz		Passiva
Grund und Boden	2 000 DM	Kapital	54 500 DM
Gebäude	48 000 DM	Darlehensschuld	110 000 DM
Geschäftseinrichtung	30 000 DM	Lieferantenschulden	26 000 DM
Warenbestand	45 000 DM	Gewerbesteuerrück-	
Kundenforderung	16 000 DM	stellung	4 000 DM
Besitzwechsel[89]	3 000 DM	USt-Schuld	10 000 DM
Bankguthaben	53 000 DM		
Kassenbestand	7 500 DM		
	204 500 DM		204 500 DM

Für das nachfolgende Wirtschaftsjahr 02 sind die folgenden Geschäftsvorfälle zu buchen:

1) Kauf eines PKW am 1. 6. für 49 000 DM zzgl. 7840 DM USt; Bankscheck 48 400 DM. Der Restkaufpreis wird gestundet. Die Anschaffung ist umsatzsteuerrechtlich betrachtet nach dem 31. 3. 1999 erfolgt (§ 27 Abs. 3 UStG).

2) Forderungseingang 11 000 DM. Außerdem gingen 1150 DM auf eine in einem früheren Wirtschaftsjahr als uneinbringlich ausgebuchte Forderung ein. Im Zeitpunkt der Lieferung maßgebender USt-Satz 15 %. Beide Beträge wurden auf das Bankkonto überwiesen.

3) Lohnzahlung bar, Nettolohn 800 DM. Die später fällige Lohnsteuer beträgt 100 DM; Arbeitnehmer- und Arbeitgeberanteil zur Sozialversicherung betragen je 200 DM und werden später fällig. Auf KiSt und SolZ ist aus Vereinfachungsgründen nicht einzugehen.

4) Zwei Besitzwechsel über je 1000 DM werden an einen Lieferanten weitergegeben. Ein weiterer Wechsel über 1000 DM wird bei der Bank diskontiert, die nach Abzug von 69,60 DM Diskont und 30 DM Spesen 900,40 DM gutschreibt. Die Lieferung an den Kunden, von dem der Wechsel im Nennwert von 1000 DM stammt, war mit 16 v. H. USt zu versteuern.[90]

---

89 Anders als Personenunternehmen (Einzelfirma, Personenhandelsgesellschaft) dürfen Kapitalgesellschaften den Posten Besitzwechsel nicht aktivieren. Das Gliederungsschema in § 266 HGB sieht lediglich den Passivposten Verbindlichkeiten aus der Annahme gezogener Wechsel vor (§ 266 Abs. 3 C.5. HGB; s. auch u. 11.2.2.1).
90 Wegen der Auswirkung auf die USt-Schuld s. u. 11.2.2.1.2.

8.2 Vorbereitende Abschlussbuchungen

5) Der Gewerbesteuerbescheid für das Vorjahr geht ein. Die Steuerschuld beträgt 4000 DM und wird sofort durch Banküberweisung bezahlt.
6) Warenverkauf auf Ziel für 82 000 DM zzgl. 13 120 DM USt.
7) Warenentnahme: Anschaffungskosten   2100 DM zzgl. 336 DM USt
       Verkaufspreis   2800 DM zzgl. 448 DM USt
       Wiederbeschaffungskosten   2300 DM zzgl. 368 DM USt
8) 6000 DM Miete für den im Nachbargrundstück gelegenen Teil des Ladens wird am 1. 11. für die Zeit vom 1. 11. 02 bis 31. 10. 03 durch Banküberweisung gezahlt. Der Grundstückseigentümer hat nicht optiert (§ 9 UStG), sodass keine Vorsteuer in Rechnung gestellt wird.
9) Die PKW-Restschuld wird durch Banküberweisung von 4960 DM und Warenlieferung zum Verkaufspreis von 3000 DM zzgl. 480 DM USt beglichen. Die Anschaffungskosten der Waren haben 2500 DM betragen.
10) Die Umbuchung von 50 000 DM vom privaten Sparbuch auf das betriebliche Bankkonto wird veranlasst.
11) Barabhebung von 3000 DM vom Bankkonto für die Geschäftskasse.
12) Forderungseingang im Rechnungsbetrag von 29 000 DM abzügl. 2 % Skonto in bar.
13) Barzahlung an Lieferanten, Rechnungsbetrag 23 200 DM abzügl. 3 % Skonto.
14) Ein Lieferant gewährt einen Bonus in Waren. Nettopreis 500 DM zzgl. 80 DM USt. Neben der Gutschriftsanzeige erhält der Steuerpflichtige eine Warenrechnung mit besonderem Steuerausweis über 500 DM zzgl. 80 DM USt.
15) Die Kraftfahrzeugkosten haben insgesamt 15 000 DM zzgl. 2400 DM USt betragen. Die Zahlungen erfolgten durch Bankscheck.
16) Eine ESt-Überzahlung von 4000 DM wurde laut Mitteilung der Finanzkasse auf Umsatzsteuer umgebucht.

Aufgabe

1. Die Geschäftsvorfälle sind auf Sachkonten zu buchen. Dabei sind die Warenkonten unter Berücksichtigung der Bestandsveränderungen abzuschließen. Der allgemeine USt-Satz beträgt 16 %. Die Vorsteuerbeträge sind nach § 15 Abs. 1 UStG abziehbar. Soweit eine Aufteilung erforderlich ist, richtet sich diese nach § 15 Abs. 4 UStG.
2. Die folgenden Abschlussangaben sind noch zu berücksichtigen:

    a) AfA Gebäude   1 000 DM
        AfA Geschäftseinrichtung   3 000 DM
        AfA PKW (§ 7 Abs. 2 EStG, 30 %)   15 876 DM

    b) Der PKW ist etwa zu 35 % privat genutzt worden. Der Listenpreis des Fahrzeugs (Tz. 1) hat incl. USt 60 000 DM betragen. Der Händler hat einen Preisnachlass gewährt.

    c) Die Grundsteuer für das Betriebsgrundstück wurde erst im Januar des nächsten Jahres von der Stadtverwaltung angefordert. Sie beträgt für das abgelaufene Geschäftsjahr 600 DM.

    d) Die Gewerbesteuerabschlusszahlung für das abgelaufene Geschäftsjahr wird auf 1800 DM geschätzt.

    e) Darlehenszinsen von 400 DM sind für das abgelaufene Geschäftsjahr noch zu zahlen.

    f) Der richtig bewertete Warenendbestand beträgt laut Inventur 24 000 DM.

    g) Im abgelaufenen Wj. wurde am Betriebsgebäude eine Reparatur durchgeführt. Die kurze Zeit nach dem Bilanzstichtag eingegangene Rechnung lautet auf 2000 DM zzgl. 320 DM USt = 2320 DM.

3. Die vorbereitenden Abschlussbuchungen und die Abschlussbuchungen sind durchzuführen. Die Warenkonten sind ebenso wie die Skonti- und Bonikonten über das Gewinn- und-Verlust-Konto abzuschließen.
4. Gewinnermittlung durch Betriebsvermögensvergleich.
5. Wie ändert sich der Reingewinn, wenn die **Buchung** zu Geschäftsvorfall 14 unterbleibt?

Die **Lösung** zu dieser Übungsaufgabe ist in einem „Lösungsheft" (Bestell-Nr. 100) enthalten.

8.3 Abschluss der Erfolgskonten

8.3.1 Reihenfolge der Abschlussbuchungen

Erfolgskonten sind Unterkonten des Gewinn-und-Verlust-Kontos. Es ist deshalb folgerichtig, wenn zuerst diese Unterkonten über Gewinn-und-Verlust-Konto abgeschlossen werden. Danach werden die Bestandskonten über Schlussbilanzkonto abgeschlossen. Dabei erfolgt der Abschluss des Kapitalkontos zum Schluss, nachdem zunächst die GuV und die Privatkonten über Kapital abgeschlossen wurden. Eine andere Reihenfolge der Abschlussbuchungen ist nicht zu beanstanden, denn für das sachliche Ergebnis der Buchführung ist es gleichgültig, in welcher Reihenfolge die Konten abgeschlossen werden. Entscheidend ist allein, dass die Salden der Konten an die richtigen Abschlusskonten abgeliefert werden.

8.3.2 Aufwandskonten

Aufwandskonten enthalten die im Laufe des Jahres eingetretenen Kapitalminderungen aus **betrieblichen** Gründen. Sie geben am Jahresschluss die Salden an das Gewinn-und-Verlust-Konto ab.

Buchungssatz: Gewinn-und-Verlust-Konto an verschiedene Aufwandskonten.

Damit haben die Unterkonten ihren Zweck, die Einzelbeträge der verschiedenen Arten von Aufwendungen zu sammeln, erfüllt.

8.3.3 Ertragskonten

Die Ertragskonten enthalten die im Laufe des Jahres eingetretenen Kapitalerhöhungen aus **betrieblichen** Gründen. Sie geben am Jahresschluss ihre Salden ebenfalls an das Gewinn-und-Verlust-Konto ab.

Buchungssatz: verschiedene Ertragskonten an Gewinn-und-Verlust-Konto.

Nach Durchführung dieser Abschlussbuchungen haben auch die Ertragskonten ihre Aufgabe erfüllt, die darin besteht, die Einzelbeträge der verschiedenen Arten von Erträgen zu sammeln.

8.4 Abschluss der gemischten Konten

8.4.1 Erfolgskonten mit Bestand

Der Abschluss dieser Kontengruppe setzt die inventurmäßige Feststellung des Endbestands voraus. Im Allgemeinen wird zuerst dieser Bestand an das Schlussbilanzkonto abgegeben. Der verbleibende Erfolgsteil wird über Gewinn-und-Verlust-Konto gebucht.

Handelt es sich dabei um einen Gewinn, lautet der Buchungssatz:
gemischtes Konto an Gewinn-und-Verlust-Konto.

Handelt es sich um einen Verlust, so lautet der Buchungssatz:
Gewinn-und-Verlust-Konto an gemischtes Konto.

Man kann natürlich auch den Erfolgsteil zuerst buchen. Dann muss das Konto aufgerechnet und dieser Erfolgsteil unter Berücksichtigung des Endbestands außerhalb des Kontos ermittelt werden.

8.4.2 Konten für Wirtschaftsgüter des abnutzbaren Anlagevermögens

Bei den Wirtschaftsgütern des abnutzbaren Anlagevermögens sind AfA zu verrechnen. Regelmäßig hat ein Betrieb viele abnutzbare Wirtschaftsgüter, deshalb sammelt man gewöhnlich die AfA auf einem besonderen Abschreibungskonto, sodass die **Summe** der verschiedenen Abschreibungen über Gewinn-und-Verlust-Konto abgeschlossen wird.

8.5 Abschluss des Gewinn-und-Verlust-Kontos und des Privatkontos

8.5.1 Abschluss über das Kapitalkonto

Gewinn-und-Verlust-Konto (GuV) und Privatkonten sind Unterkonten des Kapitalkontos. Demgemäß werden sie über Kapitalkonto abgeschlossen. Dabei gibt das Gewinn-und-Verlust-Konto den im Laufe des Jahres erzielten Gewinn oder Verlust und die Privatkonten die aus außerbetrieblichen Gründen eingetretenen Kapitalveränderungen an das Kapitalkonto ab. Im Allgemeinen lauten die Buchungssätze:

a) Kapital   an Entnahmen
b) Einlagen   an Kapital
c) GuV   an Kapital (Gewinn)
d) Kapital   an GuV (Verlust).

Da das Gewinn-und-Verlust-Konto im Laufe des Jahres nicht benutzt wird, besteht seine Aufgabe darin, als Hauptkonto der Erfolgsrechnung beim Abschluss alle Einzelerfolge (Aufwendungen und Erträge) zu sammeln, um schließlich den Gewinn oder Verlust darzustellen. Der im Gewinn-und-Verlust-Konto ausgewiesene Gewinn (Verlust) wird über Kapitalkonto abgeschlossen. Nachdem auch die Privatkonten über Kapitalkonto abgeschlossen worden sind, kann das Kapitalkonto über SBK abgeschlossen werden. Der Saldo des Kapitalkontos entspricht nunmehr dem „Betriebsvermögen am Ende des Wirtschaftsjahres" i. S. des § 4 Abs. 1 Satz 1 EStG.

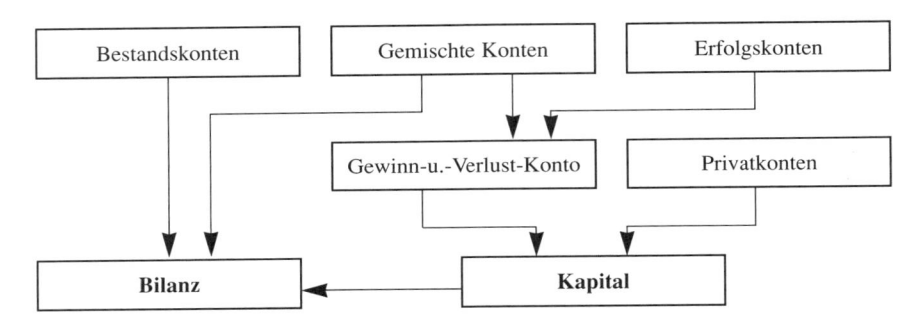

```
┌──────────────────┐   ┌──────────────────┐   ┌──────────────────┐
│  Bestandskonten  │   │  Gemischte Konten│   │   Erfolgskonten  │
└──────────────────┘   └──────────────────┘   └──────────────────┘
         │                      │                      │
         │              ┌───────┴──────────┐           │
         │              ▼                  ▼           │
         │     ┌──────────────────┐   ┌──────────────┐ │
         │     │Gewinn-u.-Verlust-│   │ Privatkonten │ │
         │     │      Konto       │   │              │ │
         │     └──────────────────┘   └──────────────┘ │
         │              │                      │      │
┌────────▼─────┐        │              ┌───────▼──────┐
│    Bilanz    │◄───────┴──────────────│   Kapital    │
└──────────────┘                       └──────────────┘
```

8.5.2 Abschluss des Gewinn-und-Verlust-Kontos über das Schlussbilanzkonto

Obwohl das Gewinn-und-Verlust-Konto ein Unterkonto des Kapitalkontos darstellt, wird es im Rahmen des Jahresabschlusses von manchen Firmen auch unmittelbar über das Schlussbilanzkonto abgeschlossen. Dadurch soll erreicht werden, dass der Gewinn nicht nur in der Erfolgsrechnung ausgewiesen wird, sondern auch in der Bilanz. Das entspricht dem Zweck der normalen Jahresabschlussbilanz, die in erster Linie eine Gewinnermittlungsbilanz ist. Der Gewinn steht in diesem Fall nicht nur in einer Vorspalte, sondern als besonderer Kapitalposten in der Bilanz.

Die **Kapitalentwicklung** lautet dann:

    Kapital am Anfang des Wirtschaftsjahres

./. Entnahmen

+ Einlagen

+ Gewinn

= Kapital am Ende des Wirtschaftsjahres

8.5 Abschluss des Gewinn-und-Verlust-Kontos und des Privatkontos

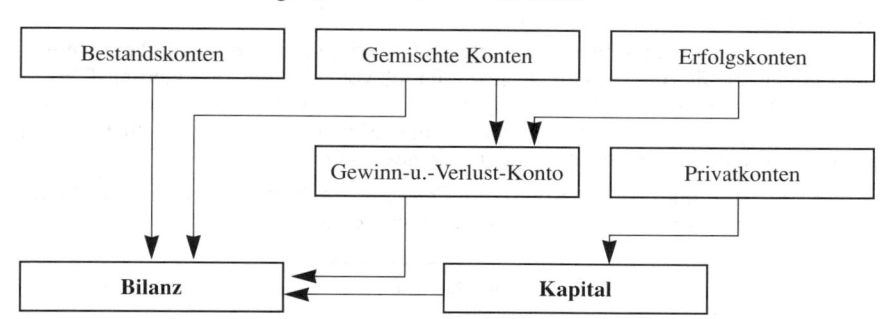

Den Kontenabschluss zeigt das nachstehende Schaubild:

```
Bestandskonten        Gemischte Konten         Erfolgskonten
                              │                      │
                              ▼                      ▼
                      Gewinn-u.-Verlust-Konto    Privatkonten
                              │                      │
                              ▼                      ▼
        Bilanz  ◄─────────────────────────  Kapital
```

Gegen den Abschluss des Gewinn-und-Verlust-Kontos über das Schlussbilanzkonto ist steuerrechtlich nichts einzuwenden. Es ist lediglich zu beachten, dass beim Betriebsvermögensvergleich das Kapital einschl. Jahresergebnis anzusetzen ist.

Wird der Gewinn in der Bilanz gesondert ausgewiesen, muss er am Anfang des folgenden Wirtschaftsjahrs auf das Kapitalkonto übertragen werden.

Buchungssatz: EBK an Kapital.

Bei **Gesellschaften** ist der gesonderte Gewinnausweis üblich und berechtigt. Zweck der Jahresschlussbilanz ist die Feststellung des Gewinns. Über ihren Gewinnanteil können die Gesellschafter grundsätzlich erst nach seiner Feststellung, also frühestens mit Beginn des Folgejahres verfügen.

Bei **Kapitalgesellschaften** muss der Jahresgewinn (Jahresüberschuss bzw. Bilanzgewinn) immer als besonderer Passivposten ausgewiesen werden, bis die Haupt- oder Gesellschafterversammlung über seine Verwendung beschlossen hat.[91]

8.5.3 Abschluss der Privatkonten über das Schlussbilanzkonto

Für den Abschluss der Privatkonten gibt es buchungstechnisch drei Möglichkeiten: a) Abschluss über das Kapitalkonto, b) Abschluss über das Gewinn-und-Verlust-Konto, c) Abschluss über das Schlussbilanzkonto.

Da die Privatkonten Unterkonten des Kapitalkontos sind, kann an sich nur der Abschluss über das Kapitalkonto in Betracht kommen. Hierbei wird der richtige Gewinn und das richtige Endkapital ausgewiesen.

Der Abschluss der Privatkonten über das Gewinn-und-Verlust-Konto kann nicht akzeptiert werden, denn in diesem Fall würden die Entnahmen als Aufwand auf der linken Seite der Erfolgsrechnung erscheinen. Dadurch würde der Gewinn um die Entnahmen gemindert, also ein steuerrechtlich unrichtiges Ergebnis in der Erfolgs-

---

91 Im Einzelnen s. u. 23.2.3.4.

rechnung erscheinen. Dagegen würde das Endkapital mit dem richtigen Betrag ausgewiesen.[92]

Werden die Privatkonten über das Schlussbilanzkonto abgeschlossen, dann werden die Entnahmen als Aktivposten ausgewiesen, obwohl sie keine aktivierungsfähigen Wirtschaftsgüter sind. Dadurch wird in der Bilanz ein um die aktivierten Entnahmen zu hohes Kapital ausgewiesen. Entsprechendes gilt für passivierte Einlagen, durch die in der Bilanz ein zu niedriges Kapital ausgewiesen wird.[93]

Werden Gewinn-und-Verlust-Konto und Privatkonten über das Schlussbilanzkonto abgeschlossen, ergibt sich der folgende Kontenabschluss:

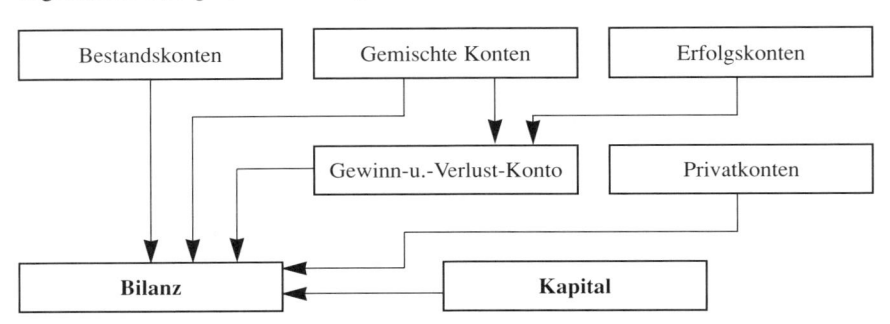

```
   Bestandskonten      Gemischte Konten      Erfolgskonten
                              │                     │
                              ▼                     ▼
                       Gewinn-u.-Verlust-Konto   Privatkonten
                              │                     │
   ▼ ▼ ▼                      ▼                     │
   Bilanz    ◄─────────    Kapital  ◄───────────────┘
```

Sind Entnahmen und Einlagen bilanziert, muss das bilanzmäßige Betriebsvermögen beim Betriebsvermögensvergleich erst in das tatsächliche Betriebsvermögen umgerechnet werden oder die Hinzurechnung der Entnahmen zum Unterschiedsbetrag zwischen dem Betriebsvermögen am Schluss des Wirtschaftsjahres und dem Betriebsvermögen am Schluss des vorangegangenen Jahres unterbleiben.

Beispiel

Ein buchführungspflichtiger Einzelunternehmer, dessen tatsächliches Betriebsvermögen am 1. 1. 15 000 DM betrug, hat die folgende Jahresschlussbilanz aufgestellt:

Aktiva			Passiva
Versch. Aktivposten	52 000 DM	Kapital	73 000 DM
Entnahmen	33 000 DM	Versch. Passivposten	12 000 DM
	85 000 DM		85 000 DM

Zur Gewinnermittlung durch Betriebsvermögensvergleich bestehen die folgenden Möglichkeiten:

---

92 Fehlende Entnahmen auf der Sollseite und zu niedriger Gewinn auf der Habenseite des Kapitalkontos heben sich auf.
93 Entnahmen und Einlagen werden hierbei erst am Anfang des nächsten Wirtschaftsjahres vom Kapitalkonto übernommen.

8.6 Abschluss der Bestandskonten

	Bilanzmäßiges Betriebsvermögen am 31. 12.	73 000 DM
./.	Aktivierte Entnahmen	33 000 DM
=	tatsächliches Betriebsvermögen am 31. 12.	40 000 DM
./.	tatsächliches Betriebsvermögen am 31. 12. des Vorjahres	15 000 DM
=	Unterschiedsbetrag	25 000 DM
+	Entnahmen	33 000 DM
=	Gewinn	58 000 DM

Hierbei wurde § 4 Abs. 1 EStG entsprechend zunächst das tatsächliche Betriebsvermögen vom Jahresende ermittelt und dann dem Wortlaut der Vorschrift gemäß verfahren.

Zum gleichen Ergebnis gelangt man wie folgt:

	Bilanzmäßiges Betriebsvermögen am 31. 12.	73 000 DM
./.	tatsächliches Betriebsvermögen am 31. 12. des Vorjahres	15 000 DM
=	Gewinn	58 000 DM

Man darf in diesem Fall die Entnahmen nicht dem Unterschiedsbetrag hinzurechnen, weil sie das Endkapital nicht gemindert haben.

8.5.4 Übungsaufgabe 12

Sachverhalt

Ein Gewerbetreibender hat die folgenden Jahresabschlussbilanzen aufgestellt:

Aktiva:	1. Wj. DM	2. Wj. DM	3. Wj. DM	4. Wj. DM
Anlagevermögen	60 000 DM	90 000 DM	85 000 DM	80 000 DM
Umlaufvermögen	80 000 DM	95 000 DM	70 000 DM	90 000 DM
Entnahmen	—	15 000 DM	28 000 DM	10 000 DM
Verlust	10 000 DM	—	—	—
Summe	150 000 DM	200 000 DM	183 000 DM	180 000 DM
Passiva:				
Verbindlichkeiten	45 000 DM	70 000 DM	85 000 DM	50 000 DM
Einlagen	20 000 DM	20 000 DM	—	20 000 DM
Kapital	85 000 DM	110 000 DM	98 000 DM	110 000 DM
Summe	150 000 DM	200 000 DM	183 000 DM	180 000 DM

Aufgabe

Die Gewinne des 2., 3. und 4. Wirtschaftsjahres sind durch Betriebsvermögensvergleich zu ermitteln.

Die **Lösung** zu dieser Übungsaufgabe ist in einem „Lösungsheft" (Bestell-Nr. 100) enthalten.

8.6 Abschluss der Bestandskonten

Nachdem die vorbereitenden Abschlussbuchungen und der Abschluss der Unterkonten des Kapitalkontos durchgeführt sind, bleibt lediglich der Abschluss der Bestandskonten übrig. Die Sammlung der Bestände dient der Zusammenfassung der

Konten zur Schlussbilanz. Sie erfolgt nach der Inventur und einer evtl. Anpassung der Buchbestände wegen Buchungsfehler, Diebstahl, Schwund, Verderb usw. Die Buchungssätze lauten:

SBK an verschiedene Aktivkonten.
Verschiedene Passivkonten an SBK.

8.7 Vorbereitung des Jahresabschlusses durch die Aufstellung einer Hauptabschlussübersicht

8.7.1 Aufgabe der Hauptabschlussübersicht

Die Hauptabschlussübersicht ist eine zusammenfassende Übersicht, die die Entwicklung aller Bestandskonten von der Eröffnungsbilanz bis zur Schlussbilanz und die Entwicklung der Erfolgskonten und gemischten Konten zur Gewinn-und-Verlust-Rechnung zeigt. Man bezeichnet sie auch als Abschlusstabelle oder als Betriebsübersicht. Im Gegensatz zur Schlussbilanz, die nur den Stand der Aktiven und Passiven des Bilanzstichtags zeigt, lässt die Hauptabschlussübersicht den Betriebsablauf des Geschäftsjahrs erkennen, wie er sich in den Umsätzen der Konten widerspiegelt.

Im Wesentlichen hat die Hauptabschlussübersicht zwei verschiedene Aufgaben, nämlich

- Vorbereitung des Jahresabschlusses und
- Information des Betriebsinhabers, der Gesellschafter und sonstiger interessierter Personen, Anstalten, Unternehmen und Behörden über das abgelaufene Geschäftsjahr durch zusammenfassende Übersicht.

Eine vor den eigentlichen Abschlussarbeiten aufgestellte Hauptabschlussübersicht führt zu einer Überprüfung des Rechenwerks der Buchführung. Sie vermittelt darüber hinaus einen ersten Überblick über das Geschäftsergebnis und ist dadurch Grundlage für die Ausübung von Bilanzierungs- und Bewertungswahlrechten beim endgültigen Jahresabschluss.

Mit der heutigen Buchführung durch Datenverarbeitung und der jederzeit möglichen Darstellung von Zwischenabschlüssen sowie Auswertungen aller Art hat die Hauptabschlussübersicht in der Praxis ihre frühere Bedeutung eingebüßt.

8.7.2 Summenbilanz

Die Fertigung einer Hauptabschlussübersicht beginnt mit der Summenbilanz. Darin erscheinen alle im Laufe des Wirtschaftsjahres geführten Konten (auch Unterkonten) einzeln mit den **Summen** sämtlicher Soll- und Habenbuchungen.

8.7 Vorbereitung des Jahresabschlusses

Beispiel

Konto	Summenbilanz	
	Soll	Haben
Kasse	242 500 DM	238 200 DM
Forderungen	150 100 DM	118 900 DM
Verbindlichkeiten	41 700 DM	84 000 DM
Entnahmen	20 100 DM	—
Kapital	—	10 600 DM
Allgemeine Verwaltungskosten	69 400 DM	—
Provisionserträge	—	72 100 DM
Summen	523 800 DM	523 800 DM

Bei Bestandskonten enthalten die Summen auch die vorgetragenen **Anfangsbestände**. Um den Aussagewert der Hauptabschlussübersicht zu erhöhen, werden der Summenbilanz im Allgemeinen zwei Spalten vorangestellt, in denen die Anfangsbestände und die Summenzugänge (Verkehrszahlen) getrennt ausgewiesen sind.

Beispiel

Konto	Eröffnungsbilanz		Summenzugänge		Summenbilanz	
	Soll	Haben	Soll	Haben	Soll	Haben
	DM	DM	DM	DM	DM	DM
Kasse	1 500	—	241 000	238 200	242 500	238 200
Forderungen	15 100	—	135 000	118 900	150 100	118 900
Verbindlichkeiten	—	6 000	41 700	78 000	41 700	84 000
Entnahmen	—	—	20 100	—	20 100	—
Kapital	—	10 600	—	—	—	10 600
Allgemeine Verwaltungskosten	—	—	69 400	—	69 400	—
Provisionserträge	—	—	—	72 100	—	72 100
Summen	16 600	16 600	507 200	507 200	523 800	523 800

Die Zahlen der **Summenbilanz** ergeben sich für die einzelnen Konten aus den Zahlen der Eröffnungsbilanz zuzüglich der Summenzugänge. Demgemäß ergibt sich die Endsumme der Summenbilanz aus den Endsummen der Eröffnungsbilanz und der Spalte Summenzugänge (16 600 DM + 507 200 DM = 523 800 DM).

Da bei der doppelten Buchführung jeder Geschäftsvorfall zweimal gebucht wird, und zwar einmal im Soll und einmal im Haben, müssen in der **Summenbilanz** die Summen der Sollspalte und der Habenspalte gleich groß sein. Ist dies nicht der Fall, sind Fehler vorgekommen, und zwar entweder Rechenfehler bei der Addition oder Buchungsfehler im Laufe des Jahres (z. B. Gegenbuchung fehlt oder doppelte Buchung auf einer Kontoseite). Die Fehler müssen geklärt werden, bevor die Hauptabschlussübersicht weiterentwickelt und der buchmäßige Jahresabschluss durchgeführt wird.

8 Jahresabschluss

Die Bedeutung der **Summenbilanz** darf nicht überschätzt werden. Sie kann nur technische Fehler im Rechenwerk der Buchführung aufdecken, nicht aber andere Falschbuchungen, z. B. die Buchung von privaten oder aktivierungspflichtigen Ausgaben auf Aufwandskonten. Wenn die Addition der Sollseite und der Habenseite gleich hohe Summen ergibt, ist lediglich bewiesen, dass jeder Sollbuchung eine gleich große Habenbuchung gegenübersteht und dass beim Addieren der Kontenseiten kein Fehler gemacht wurde.

Durch den Einsatz der EDV hat die Summenbilanz an Bedeutung verloren.

8.7.3 Saldenbilanz (Überschussbilanz)

Wenn die Endsummen der Summenbilanz übereinstimmen, kann aus ihr die **Saldenbilanz** entwickelt werden. In ihr wird der Überschuss der größeren über die kleinere Kontoseite ausgewiesen. Ist die Sollseite größer, ergibt sich ein Sollüberschuss (Sollsaldo); ist die Habenseite größer, so handelt es sich um einen Habenüberschuss (Habensaldo). Für jedes einzelne Konto wird damit der Sachkontenstand (Überschuss) vor Durchführung des Jahresabschlusses aufgezeigt.

Beispiel

Konto	Summenbilanz		Saldenbilanz	
	Soll	Haben	Soll	Haben
	DM	DM	DM	DM
Kasse	242 500	238 200	4 300	—
Forderungen	150 100	118 900	31 200	—
Verbindlichkeiten	41 700	84 000	—	42 300
Entnahmen	20 100	—	20 100	—
Kapital	—	10 600	—	10 600
Allgemeine Verwaltungskosten	69 400	—	69 400	—
Provisionserträge	—	72 100	—	72 100
Summen	523 800	523 800	125 000	125 000

Wie in der Eröffnungsbilanz, bei den Summenzugängen und in der Summenbilanz, so müssen auch in der **Saldenbilanz** die Soll- und Habensummen übereinstimmen.

Die Bezeichnung „Saldenbilanz", die in der Praxis üblich ist, ist irreführend, weil der Saldo auf der kleineren Seite eines Kontos eingesetzt wird, in der Saldenbilanz der Überschuss aber auf der größeren Seite erscheint. Treffender wäre die Bezeichnung „Überschussbilanz".

8.7.4 Schlussbilanz und Gewinn-und-Verlust-Rechnung

Stimmen die Buchbestände der Bestandskonten mit den durch Inventur festgestellten Beständen überein, können aus der Saldenbilanz die Hauptabschlussbilanz und die Gewinn-und-Verlust-Rechnung entwickelt werden. Die Überschüsse der

8.7 Vorbereitung des Jahresabschlusses

Bestandskonten werden in die Bilanz, die Überschüsse der Erfolgskonten als Aufwand oder Ertrag in die Gewinn-und-Verlust-Rechnung übernommen. Bei gemischten Konten ist der Endbestand in die Bilanz und der Erfolgsteil in die Gewinn-und-Verlust-Rechnung zu übernehmen. Bei reinen Bestandskonten und reinen Erfolgskonten ergeben sich die folgenden Möglichkeiten:

a) einem Sollüberschuss entspricht ein gleich hoher Aktivposten;

b) einem Habenüberschuss entspricht ein gleich hoher Passivposten;

c) einem Sollüberschuss steht kein Bilanzposten gegenüber, deshalb stellt er einen Aufwand dar;

d) einem Habenüberschuss steht kein Bilanzposten gegenüber, deshalb ist er als Ertrag auszuweisen.

Beispiel

Konto	Saldenbilanz		Schlussbilanz		Gewinn-und-Verlust-Rechnung	
	Soll	Haben	Soll	Haben	Soll	Haben
	DM	DM	DM	DM	DM	DM
Kasse	4 300	—	4 300	—	—	—
Forderungen	31 200	—	31 200	—	—	—
Verbindlichkeiten	—	42 300	—	42 300	—	—
Entnahmen	20 100	—	20 100	—	—	—
Kapital	—	10 600	—	10 600	—	—
Allgemeine Verwaltungskosten	69 400	—	—	—	69 400	—
Provisionserträge	—	72 100	—	—	—	72 100
Zwischensumme	125 000	125 000	55 600	52 900	69 400	72 100
Gewinn			—	2 700	2 700	—
			55 600	55 600	72 100	72 100

Die **Entnahmen** sind hierbei in die Schlussbilanz übernommen worden. Dies ist üblich in der Hauptabschlussübersicht, die zur Vorbereitung des Jahresabschlusses aufgestellt wird, wenn eine **Umbuchungsspalte** nicht eingerichtet ist. Entsprechendes gilt für die **Einlagen.**

Der **Gewinn** erscheint in der Hauptabschlussübersicht stets zum Ausgleich der Bilanz auf der Passivseite und zum Ausgleich der Gewinn-und-Verlust-Rechnung auf der Aufwandsseite. Ein Verlust erscheint jeweils auf der entgegengesetzten Seite.

8 Jahresabschluss

8.7.5 Übungsaufgaben zur Fertigung einer Hauptabschlussübersicht ohne Umbuchungsspalte

8.7.5.1 Übungsaufgabe 13

Sachverhalt

Ein Unternehmen mit ausschließlich steuerfreien Umsätzen hat die folgende Summenbilanz aufgestellt:

Konto	Eröffnungsbilanz Aktiva DM	Eröffnungsbilanz Passiva DM	Summenzugänge Soll DM	Summenzugänge Haben DM	Summenbilanz Soll DM	Summenbilanz Haben DM
Grund und Boden	18 000	—	—	—	18 000	—
Gebäude	65 000	—	—	—	65 000	—
Fuhrpark	9 201	—	—	1 000	9 201	1 000
Geschäftseinrichtung	2 500	—	—	—	2 500	—
Darlehen	—	19 200	—	—	—	19 200
Kapital	—	110 871	—	—	—	110 871
Kundenforderungen	35 000	—	62 300	56 300	97 300	56 300
Bank	10 800	—	150 200	151 330	161 000	151 330
Besitzwechsel[94]	5 000	—	41 000	18 000	46 000	18 000
Kasse	1 200	—	155 800	155 100	157 000	155 100
Entnahmen	—	—	6 000	—	6 000	—
Lieferantenschulden	—	35 000	102 000	118 000	102 000	153 000
Hausaufwendungen	—	—	2 800	—	2 800	—
Wareneinkauf	18 370	—	109 630	—	128 000	—
Warenverkauf	—	—	—	152 200	—	152 200
Gehälter	—	—	7 000	—	7 000	—
Sozialversicherungsbeiträge	—	—	1 900	—	1 900	—
Betriebssteuern	—	—	4 800	—	4 800	—
Allgemeine Verwaltungskosten	—	—	25 000	—	25 000	—
Sonstige Erträge	—	—	2 000	18 500	2 000	18 500
Summen	165 071	165 071	670 430	670 430	835 501	835 501

Die AfA beträgt für das Gebäude 1700 DM, für den Fuhrpark 925 DM und die Geschäftseinrichtung 800 DM. Der Warenbestand beträgt laut Inventur 30 000 DM. Im Übrigen stimmen die tatsächlichen Bestände mit den Buchsalden der Bestandskonten überein.

Aufgabe

Die Hauptabschlussübersicht ist (ohne Umbuchungsspalte) zu fertigen.

8.7.5.2 Übungsaufgabe 14: Gemischte Konten

Sachverhalt

Saldenbilanz und Schlussbilanz weisen bei den nachstehenden Konten die folgenden Überschüsse bzw. Bestände aus:

---

94 S. Fußnote 89.

8.7 Vorbereitung des Jahresabschlusses

Konto	Saldenbilanz Soll	Saldenbilanz Haben	Schlussbilanz Aktiva	Schlussbilanz Passiva	Gewinn-und-Verlust-Rechnung Aufwand	Gewinn-und-Verlust-Rechnung Ertrag
	DM	DM	DM	DM	DM	DM
Wertpapiere	5 000	—	8 000	—		
Wertpapiere	—	9 000	10 000	—		
Devisen	—	2 500	800	—		
Devisen	200	—	100	—		
Waren	20 000	—	25 000	—		
Waren	30 000	—	18 000	—		
Kasse	200	—	180	—		
Kasse	350	—	400	—		
Kraftfahrzeuge	—	4 499	1 500	—		
Kraftfahrzeuge	10 301	—	11 300	—		
Büromaterial	8 500	—	300	—		
Versicherungsbeiträge	3 200	—	—	—	400	
Gewerbesteuer	—	2 000	—	—	1 200	
Gewerbesteuer	8 000	—	—	1 000	—	
Mieten	—	5 500	—	—	—	500
Mieten	—	6 000	500	—	—	
Zinsen	—	300	200	—	—	
Zinsen	1 200	—	400	—	—	
Zinsen	1 200	—	—	—		500

Aufgabe
Ergänzen Sie die Hauptabschlussübersicht durch die Eintragungen in der Gewinn- und-Verlust-Rechnung.

8.7.5.3 Übungsaufgabe 15
Zur Übungsaufgabe 11 ist eine Hauptabschlussübersicht aufzustellen.

Die **Lösungen** zu den Übungsaufgaben 13 bis 15 sind in einem „Lösungsheft" (Bestell-Nr. 100) enthalten.

8.7.6 Hauptabschlussübersicht mit Umbuchungsspalte

Vor Durchführung des eigentlichen Jahresabschlusses sind regelmäßig vorbereitende Abschlussbuchungen erforderlich. Soll die Hauptabschlussübersicht mehr sein als eine rechnerische Verprobung der Buchführung, vor allem eine Übersicht über das Geschäftsergebnis vermitteln, dann müssen entweder die erforderlichen vorbereitenden Arbeiten auf den Konten durchgeführt sein oder aber im Rahmen der Hauptabschlussübersicht durch **Umbuchungen** berücksichtigt werden.

Um solche Umbuchungen in der Hauptabschlussübersicht erfassen zu können, wird in der Praxis hinter der Saldenbilanz eine **Umbuchungsspalte** eingerichtet. Sie enthält eine Sollseite und eine Habenseite und dient der Umbuchung von Konto zu

8 Jahresabschluss

Konto. Sind z. B. die Warenentnahmen für private Zwecke noch nicht gebucht, so wird auf der Zeile des Privatkontos der Betrag im Soll und auf den Zeilen des Erlöskontos Warenentnahmen und des USt-Schuldkontos im Haben gebucht. Entsprechend wird bei anderen Umbuchungen verfahren. Das Prinzip der Doppelbuchung bleibt also auch für die Umbuchungsspalte erhalten. Die Summen im Soll und im Haben der Umbuchungsspalte müssen deshalb gleich groß sein.[95]

Die Hauptabschlussübersicht kann so auch die Buchungen aufnehmen, die nach Ausübung von Bewertungswahlrechten, Sonderabschreibungen und ähnlichen Vergünstigungen erforderlich sind.

Nach Vornahme dieser Buchungen ergeben sich aus der Saldenbilanz und der Umbuchungsspalte die berichtigten Salden, die in die Bilanz oder Gewinn-und-Verlust-Rechnung übernommen werden müssen. Bei zahlreichen Umbuchungen empfiehlt sich jedoch zunächst die Aufstellung einer berichtigten **Saldenbilanz (Saldenbilanz II)**. Für diesen Fall enthält die Hauptabschlussübersicht die folgenden Spalten:

Konto	Eröffnungsbilanz		Summenzugänge		Summenbilanz		Saldenbilanz I		Umbuchungen		Saldenbilanz II		Schlussbilanz		Gewinn- und-Verlust-Rechnung	
	Aktiva	Passiva	Soll	Haben	Soll	Haben	Soll	Haben	Soll	Haben	Soll	Haben	Aktiva	Passiva	Aufwd.	Ertrag

Die **Umbuchungsspalte** kann auch zur Übertragung des Wareneinsatzes auf das Warenverkaufskonto (beim Nettoabschluss), für die Sammlung der verschiedenen Abschreibungsbeträge auf einem Abschreibungskonto, für den Abschluss der USt-Konten sowie für den Abschluss der Entnahmen und Einlagen über das Kapitalkonto verwendet werden.

Nach Fertigstellung der Hauptabschlussübersicht werden die Umbuchungen auf die Sachkonten übertragen und der Buchabschluss durchgeführt. Auf einen formellen Kontenabschluss kann jedoch verzichtet werden. Der Kaufmann muss dann den Besonderheiten dieser Abschlussform Rechnung tragen und

---

[95] Wegen des begrenzten Raumes wird in Prüfungsaufgaben oft verlangt, dass die Umbuchungen zunächst auf T-Konten vorzunehmen sind. In der Umbuchungsspalte sind dann nicht die einzelnen Um- und Nachtragsbuchungen einzutragen, sondern die Summen aller Soll- und Habenbuchungen auf dem betreffenden Konto (s. u. Übungsaufgabe 18).

8.7 Vorbereitung des Jahresabschlusses

- die Sachkonten eindeutig (durch doppeltes Unterstreichen der Summen in Soll und Haben) als abgeschlossen kennzeichnen,
- die Umbuchungen in der Hauptabschlussübersicht oder in einer besonderen **Umbuchungsliste** ausreichend erläutern und
- die Hauptabschlussübersicht – ggf. auch die zugehörige Umbuchungsliste – als Bestandteil der Buchführung (des Abschlusses) behandeln und aufbewahren (§ 147 Abs. 1 AO, § 257 Abs. 1 HGB).

Entsprechendes gilt für die Eröffnungsbuchungen. Die Bestände können statt auf den Sachkonten direkt in der Hauptabschlussübersicht vorgetragen werden. Dann erfassen die Sachkonten nur die Verkehrszahlen.

8.7.7 Übungsaufgaben zur Hauptabschlussübersicht mit Umbuchungsspalte

8.7.7.1 Übungsaufgabe 16

Sachverhalt

Ein Gewerbetreibender, der ausschließlich steuerfreie Umsätze ausführt, hat bis zum 31. 12. folgende Summenbilanz aufgestellt:

Konto	Eröffnungsbilanz Aktiva	Eröffnungsbilanz Passiva	Summenzugänge Soll	Summenzugänge Haben	Summenbilanz Soll	Summenbilanz Haben
	DM	DM	DM	DM	DM	DM
1. Grund und Boden	8 000	—	—	—	8 000	—
2. Gebäude	40 000	—	—	—	40 000	—
3. Fuhrpark	1	—	6 200	600	6 201	600
4. Geschäftsausstattung	2 500	—	—	—	2 500	—
5. Kapital	—	140 071	—	—	—	140 071
6. Forderungen	69 470	—	17 830	46 300	87 300	46 300
7. Bank	8 300	—	152 700	151 330	161 000	151 330
8. Besitzwechsel[96]	24 000	—	22 000	18 000	46 000	18 000
9. Kasse	1 800	—	195 200	195 500	197 000	195 500
10. Entnahmen	—	—	6 000	—	6 000	—
11. Verbindlichkeiten	—	34 000	127 000	109 000	127 000	143 000
12. Haus- und Grundstücksaufwendungen	—	—	2 800	—	2 800	—

---

96 S. Fußnote 89.

8 Jahresabschluss

Konto	Eröffnungsbilanz		Summenzugänge		Summenbilanz	
	Aktiva	Passiva	Soll	Haben	Soll	Haben
	DM	DM	DM	DM	DM	DM
13. Wareneinkauf	20 000	—	118 000	—	138 000	—
14. Warenverkauf	—	—	—	159 000	—	159 000
15. Gehälter	—	—	10 000	—	10 000	—
16. Sozialversicherungsbeiträge	—	—	2 700	—	2 700	—
17. Betriebssteuern	—	—	6 000	1 700	6 000	1 700
18. Allgemeine Verwaltungskosten	—	—	15 000	—	15 000	—
Summen	174 071	174 071	681 430	681 430	855 501	855 501

Abschlussangaben:

Zu Nr. 2: AfA 2 % der Anschaffungskosten in Höhe von 42 000 DM.

Zu Nr. 3: a) Bestand am 1. 1.: 1 Lieferwagen (alt) mit 1 DM. Abgang durch Verkauf am 5. 7.; Verkaufserlös 600 DM.

b) Zugang am 3. 7.: 1 Lieferwagen (gebraucht), Anschaffungskosten 6200 DM, betriebsgewöhnliche Nutzungsdauer 5 Jahre, lineare AfA. Die Vereinfachungsregelung der R 44 Abs. 2 Satz 3 EStR ist anzuwenden.

Zu Nr. 4: AfA 500 DM.

Zu Nr. 7: Belastung für Bankkosten laut Kontoauszug vom 12. 1. des Folgejahres 600 DM; Zinsgutschrift laut Auszug vom 12. 1. des Folgejahres 150 DM. Diese von der Bank am 12. 1. verrechneten Beträge sind noch nicht gebucht. Sie betreffen das abgelaufene Geschäftsjahr.

Zu Nr. 9: Die Kassenbestandsaufnahme hat einen Fehlbetrag von 30 DM ergeben. Feststellungen, dass dieser auf nicht gebuchte Entnahmen zurückzuführen sei, wurden nicht getroffen.

Zu Nr. 10: Gebucht sind nur die Barentnahmen. Die Warenentnahmen hatten einen Teilwert von 1200 DM (= Anschaffungskosten).

Zu Nr. 12: Eine am 10. 1. des Folgejahres fällige Reparaturrechnung von 700 DM ist noch nicht gebucht. Die Reparatur wurde im abgelaufenen Geschäftsjahr ausgeführt.

Zu Nr. 13: Warenbestand am 31. 12. laut Inventur 28 000 DM.

Zu Nr. 15: Vorausgezahlte Gehälter 600 DM.

Aufgabe

Die Hauptabschlussübersicht mit Umbuchungsspalte und zwei Saldenbilanzen ist zu erstellen. Das Privatkonto ist über Kapitalkonto, die Warenkonten sind nach der Nettomethode abzuschließen.

8.7 Vorbereitung des Jahresabschlusses

8.7.7.2 Übungsaufgabe 17

A. Sachverhalt

1. Allgemeines

Aufgrund der seit Geschäftsbeginn angelegten doppelten Buchführung hat der Buchhalter des Bauunternehmens A die in der Anlage beigefügte Hauptabschlussübersicht 05 bis zur Saldenbilanz I aufgestellt (s. Seite 244). Das Unternehmen unterliegt der Regelbesteuerung des UStG mit einem Steuersatz von 16 %. Steuerfreie Umsätze werden nicht ausgeführt. Wirtschaftsjahr ist das Kalenderjahr. Im Rahmen der Abschlussarbeiten sind folgende Feststellungen bzw. Angaben zu berücksichtigen:

2. Grundstück

Das bisher gepachtete und als Bauhof genutzte Grundstück hat A am 1. 7. 05 erworben. Der Kaufpreis für das 1000 m^2 große Gelände betrug 20 DM/m^2 = 20 000 DM/m^2. Die für das Jahr 05 im Voraus bezahlte Pacht von 4000 DM wurde zur Hälfte auf den Kaufpreis angerechnet. Die Restschuld soll mit jährlich 4000 DM getilgt und mit 8 % verzinst werden. Bis zum 31. 12. 05 wurden darauf keine Zahlungen geleistet. Lediglich die Grunderwerbsteuer von 700 DM, die Gerichtskosten von 300 DM und die Notargebühren von 300 DM + 16 % USt = 348 DM hat A aus Privatmitteln bezahlt. Buchungen sind insoweit unterblieben.

Im Dezember wurde ein fremdes Nachbargrundstück mit gleicher wirtschaftlicher Nutzungsmöglichkeit für 23 DM/m^2 veräußert. Der Preis entsprach der ortsüblichen Wertsteigerung auf dem Grundstücksmarkt.

3. Baugeräte

A erwarb am 2. 12. 05 eine Planierraupe, deren betriebsgewöhnliche Nutzungsdauer vier Jahre beträgt.

Kaufpreis 30 000 DM + 16 % USt 4800 DM		= 34 800 DM
Begleichung:		
Skontoabzug 3 % 900 DM + 16 % USt 144 DM		= 1 044 DM
Inzahlunggabe eines auf 1 DM abgeschriebenen Mörtelmischers		
1000 DM + 16 % USt 160 DM		1 160 DM
Übergabe eines Verrechnungsschecks		32 596 DM

Der Buchhalter hatte die Vertrags- und Abrechnungsunterlagen noch nicht in Händen. Er buchte aufgrund des ständigen Geschäftsverkehrs mit diesem Lieferanten nach dem erhaltenen Bankauszug: „Verbindlichkeiten an Bank 32 596 DM". Wegen des durchgehenden Winterbetriebs bestellte A bei einem anderen Lieferanten einen Wetterschutz für den Raupenfahrer. Dieser wurde nach einigen Tagen geliefert und fest auf der Raupe montiert.

Begleichung:		
Barzahlung Wetterschutz	2000 DM + 16 % USt 320 DM	= 2 320 DM
Barzahlung Montagekosten	500 DM + 16 % USt 80 DM	= 580 DM

A bezeichnete die Kosten als Erhaltungsaufwand und hatte den Buchhalter angewiesen, die Zahlungen über das Konto „Instandhaltungen und Reparaturen" bzw. „Vorsteuer" zu buchen.

4. Baustoffe

Auf dem Bauhof lagert ein Restposten von 20 000 Verblendern, die A Anfang 04 für netto 300 DM/Tsd. Stück erworben hat. Wegen der auf netto 200 DM/Tsd. Stück nachhaltig gesunkenen Wiederbeschaffungskosten wurde er in der Bilanz auf den 31. 12. 04 mit 4000 DM

8 Jahresabschluss

bewertet. Im Inventurwert 31. 12. 05 des Gesamtvorrats Baustoffe von 55 000 DM ist der Restposten noch mit diesem Betrag enthalten. Die Wiederbeschaffungskosten sind inzwischen nicht wieder gestiegen.

5. Darlehensschuld

Am 1. 10. 05 wurden dem Darlehensgläubiger 5000 DM überwiesen. Der Buchhalter hat gebucht: „Zinsen an Bank 5000 DM". Nach dem Darlehensvertrag entfallen davon 3000 DM auf die halbjährliche Tilgung und 2000 DM auf die Verzinsung für den Zeitraum 1. 10. 05 bis 31. 3. 06.

6. Rückstellung

Auf einer Betriebsversammlung im Februar 06 hat A den Betriebsangehörigen wegen ihrer besonderen Leistungen im vergangenen Jahr und des voraussichtlich günstigen Geschäftsergebnisses eine Tantieme in Höhe von 10 % des Gewinns, höchstens 10 000 DM, zugesagt. Der Betrag soll im Einvernehmen mit dem Betriebsrat nach der Dauer der Betriebszugehörigkeit verteilt werden.

7. Sonstige Angaben

a) AfA Baugeräte Altbestand   48 000 DM,
b) AfA Fuhrpark Altbestand   32 000 DM.
c) Die übrigen Buchwerte stimmen mit den Inventurwerten überein.

B. Aufgabe

1. Zu den einzelnen Punkten ist unter Hinweis auf die gesetzlichen Bestimmungen kurz Stellung zu nehmen. Dabei ist davon auszugehen, dass A den niedrigsten steuerrechtlich zulässigen Gewinn, jedoch lineare AfA ausweisen will.
2. Der Jahresabschluss ist in der als Anlage beigefügten Hauptabschlussübersicht (siehe Seite 244) durchzuführen. In der Umbuchungsspalte sind die fortlaufenden Nummern zu vermerken. Entnahme- und Einlagekonten sind über das Kapitalkonto abzuschließen. Die Konten für Bauerlöse und Baustoffe sind nach der Bruttomethode abzuschließen.
3. Pfennigbeträge sind auf volle DM abzurunden.

8.7.7.3 Übungsaufgabe 18

A. Sachverhalt

Die im Handelsregister eingetragene Firma X hat nach den Sachkonten der Buchhaltung des Geschäftsjahrs 05 die in der Anlage beigefügte Summenbilanz sowie eine Saldenbilanz I aufgestellt. Da X und sein Buchhalter sich über die richtige buch- und bilanzmäßige Behandlung verschiedener Vorgänge nicht im Klaren waren, sind die nachstehend erläuterten Sachverhalte im Rechenwerk der Buchhaltung noch nicht erfasst bzw. ist ihre buchmäßige Behandlung zu überprüfen.

Die Umsätze werden nach den allgemeinen Vorschriften des UStG versteuert. Die in den Steuererklärungen angegebenen Besteuerungsmerkmale (in Rechnung gestellte USt, Vorsteuerbeträge, USt auf den Eigenverbrauch) wurden den Konten der Buchhaltung entnommen. Dort nicht erfasste Vorgänge sind also auch bei der USt nicht berücksichtigt. Besondere, von der Handelsbilanz abweichende Steuerbilanzen werden nicht aufgestellt.

8.7 Vorbereitung des Jahresabschlusses

Hauptabschlussübersicht 05 (zu Übungsaufgabe 17) **Anlage**

Kontenbezeichnung	Saldenbilanz I		Tz.	Umbuchungen		Saldenbilanz II		Schlussbilanz		GuV-Rechnung	
	Soll	Haben		Soll	Tz. Haben	Soll	Haben	Aktiva	Passiva	Aufwand	Ertrag
	DM	DM									
Grundstück	—	—									
Baugeräte	320 001	—									
Fuhrpark	110 000	—									
Forderungen	240 000	—									
Geldkonten	39 000	—									
Vorsteuer	2 400	—									
aRAP	—	—									
Kapital	—	439 901									
Entnahmen	12 000	—									
Einlagen	—	—									
Rückstellungen	—	45 000									
Darlehensschuld	—	—									
Kaufpreisschuld	—	82 000									
Verbindlichkeiten	—	3 000									
Sonstige Verbindlichk.	—	6 400									
USt-Schuld	—	950 000									
Bauerlöse	—	—									
Sonst. betriebl. Erträge	—	1 100									
Skonti	260 000	—									
Baustoffe	320 000	—									
Löhne und Gehälter	—	—									
AfA	4 000	—									
Pachtaufwendungen	5 000	—									
Zinsaufwendungen	95 000	—									
Instandh. u. Repar.	120 000	—									
Sonstige Aufwendungen											
Summen	1 527 401	1 527 401									

8 Jahresabschluss

I. Feststellungen der Außenprüfung für 02 bis 04

Im September 05 wurde bei X eine steuerrechtliche Außenprüfung für die Jahre 02, 03 und 04 durchgeführt. Aus dem im November 05 eingegangenen Prüfungsbericht bzw. der ihm beigefügten PB ergeben sich die folgenden Änderungen, die von X anerkannt wurden. Kapitalangleichungsbuchungen sind bisher nicht erfolgt.

a) Der Warenbestand vom 31. 12. 04 wurde wegen Nichtanerkennung einer Teilwertabschreibung um 10 000 DM erhöht. Zum 31. 12. 02 war der Warenbestand wegen Nichterfassung eines Warenpostens um 5000 DM erhöht worden.

b) Die Entnahmen wurden in 02, 03 und 04 um jeweils 5000 DM zzgl. 800 DM USt erhöht. Dabei handelt es sich um nicht gebuchte Warenentnahmen.

c) Die USt-Schuld vom 31. 12. 04 wurde um die nachzuzahlende USt wegen der Entnahmen in Höhe von insgesamt 2400 DM (3 × 800 DM) erhöht. Die Nachzahlung erfolgte im Februar 06.

d) Die Gewerbesteuernachzahlungen für 02, 03 und 04 betragen insgesamt 4500 DM. Um diesen Betrag wurden die Rückstellungen in der PB vom 31. 12. 04 erhöht. Die Mehrsteuern wurden am 1. 3. 06 an die Gemeinde überwiesen.

II. Feststellungen zur Buchhaltung für 05

1. Grund und Boden

Auf diesem Konto sind zwei Grundstücke erfasst, die aus Betriebsmitteln für eine spätere Betriebserweiterung angeschafft worden waren.

Das **Grundstück A** wurde 02 in einer Größe von 4000 m² für 120 000 DM (einschließlich Erwerbsnebenkosten) erworben. In der Schlussbilanz für 04, die als Anfangsbilanz für 05 übernommen wurde, ist das Grundstück mit den Anschaffungskosten ausgewiesen.

Am 19. 9. 05 hat X eine Teilfläche von 500 m² zum Preis von 20 000 DM verkauft. Der Kaufpreis wurde mit Bankscheck bezahlt und gebucht: Bank an Grund und Boden 20 000 DM.

Das **Grundstück B** hat X im Jahre 00 in einer Größe von 1200 m² erworben. Die Anschaffungskosten in Höhe von 6000 DM stehen seitdem unverändert zu Buch.

Im Laufe des Jahres hat X auf diesem Grundstück ein Einfamilienhaus errichten lassen, das ab 1. 10. 05 ausschließlich privat genutzt wird. Die Herstellungskosten des Gebäudes haben 280 000 DM betragen. Sie wurden aus privaten Mitteln bzw. durch Aufnahme privater Kredite einer Bausparkasse bestritten und deshalb nicht gebucht. Zur Errichtung des Gebäudes wurde ein Posten Baumaterial verwendet, den X für die Durchführung von Reparaturarbeiten am Betriebsgebäude erworben hatte, aber für diese Zwecke nicht mehr gebraucht hat. Die Anschaffungskosten der auf dem Reparaturaufwandskonto erfassten Baumaterialien haben 3000 DM betragen. Die in Rechnung gestellte Vorsteuer wurde abgezogen. Die Wiederbeschaffungskosten sind seitdem unverändert geblieben. Die Verwendung dieser Baumaterialien zur Errichtung des Einfamilienhauses ist nicht gebucht.

Die Wiederbeschaffungskosten für ein vergleichbares Baugrundstück haben in 05 etwa 50 DM/m² betragen.

2. Gebäude

Das ausschließlich betrieblich genutzte Gebäude wurde im Jahre 03 in Leichtbauweise auf dem Grundstück A (Tz. 1) errichtet. Seine betriebsgewöhnliche Nutzungsdauer beträgt 25 Jahre. Die Herstellungskosten in Höhe von 400 000 DM wurden aktiviert und mit 4 % jährlich vom Zeitpunkt der Fertigstellung (1. 10. 03) an abgeschrieben.

8.7 Vorbereitung des Jahresabschlusses

Herstellungskosten		400 000 DM
./. AfA 03: 4 % = 16 000, ¼ =	4 000 DM	
./. AfA 04: 4 %	16 000 DM	20 000 DM
= Bilanzansatz am 31. 12. 04		380 000 DM

3. Maschinen

Der Buch- und Bilanzwert des etwa 4 Jahre alten Maschinenparks betrug zum 31. 12. 04 120 000 DM und ist weiterhin mit 30 % degressiv abzuschreiben.

Im Laufe des Monats November 05 hat X eine neue Maschine erworben. Die Rechnung des Herstellerwerks ist am 23. 11. 05 eingegangen und lautet über 28 000 DM zzgl. 4480 DM USt, insgesamt also 32 480 DM. Während die in Rechnung gestellte USt dem Vorsteuerkonto belastet wurde, ist mit dem Netto-Rechnungsbetrag versehentlich das Wareneinkaufskonto belastet worden.

Vereinbarungsgemäß erfolgte die Lieferung des Herstellerwerks ohne Antriebsmotor, weil X einen schwer verkäuflichen Elektromotor im Warenbestand hatte. Seine Anschaffungskosten haben im Oktober 04 2000 DM betragen. Mit diesem Betrag ist der Motor auch im Warenbestandsverzeichnis vom 31. 12. 04 ausgewiesen. Seit dem 20. 11. 05 wird der Elektromotor zusammen mit der Maschine im Betrieb genutzt. Die betriebsgewöhnliche Nutzungsdauer solcher nur einheitlich nutzbaren Anlagegüter beträgt 8 Jahre.

Infolge der allgemeinen Preisentwicklung sind die Wiederbeschaffungskosten des Elektromotors bis zur Inbetriebnahme um 15 % gestiegen.

4. PKW

X erwarb am 3. 1. 05 einen neuen PKW mit betriebsgewöhnlicher Nutzungsdauer von 5 Jahren. Beim Kauf wurde der in der Schlussbilanz 04 mit 6000 DM ausgewiesene PKW (Anschaffung Juni 02, Anschaffungskosten 15 000 DM, Nutzungsdauer 5 Jahre) zum Taxwert von 7000 DM in Zahlung gegeben. Die Abrechnung mit dem Autohändler erfolgte nach den vorliegenden Rechnungen wie folgt:

PKW einschließlich Nebenkosten		20 000 DM
+ 16 % USt		3 200 DM
		23 200 DM
ab: in Zahlung gegebener PKW	7 000 DM	
+ 16 % USt	1 120 DM	8 120 DM
verbleiben		15 080 DM

Der Listenpreis des Neufahrzeugs incl. USt betrug im Januar 05 lt. Händler-Preisliste 25 000 DM.

Gebucht ist lediglich der Restkaufpreis, und zwar: PKW an Bank 15 080 DM.

Der neue PKW wurde etwa zu ⅓ privat genutzt. Ein Fahrtenbuch wurde nicht geführt. Zu den Privatfahrten gehört eine längere Urlaubsreise durch Skandinavien, bei der rund 6000 km im Ausland gefahren wurden.

Die Unterhaltungskosten des PKW haben in 05 6500 DM zzgl. 1040 DM USt betragen. Außerdem sind KfzSt und KfzVers. in Höhe von 750 DM angefallen.

Insoweit wurde gebucht:

    Kfz-Aufwand   8290 DM   an Bank   8290 DM

8 Jahresabschluss

5. Wertpapiere
Zur Verstärkung seines Betriebskapitals hatte X am 20. 4. 05 Aktien im Nennbetrag von 10 000 DM aus seinem Privatvermögen eingelegt, die er am 17. 5. 02 für 20 000 DM zzgl. 200 DM Nebenkosten (Bankspesen) erworben hatte. Am 20. 4. 05 betrug der Kurswert 24 000 DM, die beim Erwerb aufzuwendenden Nebenkosten 240 DM. Buchung: Wertpapiere an Einlagen 24 240 DM.
Im Juli 05 erhielt X durch Gutschrift auf einem privaten Bankkonto 10 % Dividende nach Abzug von 25 % Kapitalertragsteuer = 750 DM, deren Ausschüttung die AG bei der Hauptversammlung am 16. 6. 05 beschlossen hatte. Eine Buchung erfolgte nicht, weil die Aktien in dem Zeitraum, für den die Dividende gezahlt wird (Geschäftsjahr 04), noch zum Privatvermögen des X gehört haben. Die anrechenbare KSt (Steuergutschrift) beträgt 563 DM (aufgerundet aus Vereinfachungsgründen).
Hinweis: Auf den SolZ ist aus Vereinfachungsgründen nicht einzugehen.

6. Rechnungsabgrenzung
Im November 05 hat X seinen Lebensversicherungsbeitrag für die Zeit vom 1. 12. 05 bis 31. 5. 06 mit Bankscheck, der auf 600 DM lautet, bezahlt. Buchung: Entnahmen 100 DM, aktive Rechnungsabgrenzung 500 DM an Bank 600 DM.

7. Rückstellungen
Für 05 ergibt sich eine GewSt-Abschlusszahlung von voraussichtlich 17 000 DM.

8. Abschlussangaben
Soweit keine besonderen Angaben gemacht werden, entsprechen die Buchwerte den Inventurwerten. Der Warenbestand beträgt laut Inventur 196 000 DM.

B. Aufgabe
1. Der Abschluss für 05 ist in Form einer Hauptabschlussübersicht (s. S. 248) durchzuführen. Die erforderlichen Berichtigungs- und Nachtragsbuchungen sind zunächst auf T-Konten vorzunehmen. In die Umbuchungsspalte sind die Summen der einzelnen T-Konten zu übernehmen. Pfennigbeträge können abgerundet werden.
2. Die Summe der Vorsteuerbeträge ist auf das USt-Schuldkonto zu übertragen. Die Warenkonten sind nach der Bruttomethode abzuschließen, sodass der Wareneinsatz in der GuV-Rechnung erscheint. Entnahmen und Einlagen sind über Kapitalkonto auszubuchen.
3. X wünscht für 05 den niedrigsten steuerrechtlich zulässigen Gewinn.
4. Die Entscheidungen sind zu begründen. Es ist anzugeben, wie sich die einzelnen Umbuchungen auf den Gewinn des Geschäftsjahrs auswirken.
5. Umsatzsteuerrechtlich ist davon auszugehen, dass der PKW nach dem 31. 3. 1999 angeschafft wurde.
6. Die degressive AfA nach § 7 Abs. 2 EStG ist entsprechend der Rechtslage bis einschl. 2000 mit höchstens 30 % vorzunehmen.

Die **Lösungen** zu den Übungsaufgaben 16 bis 18 sind in einem „Lösungsheft" (Bestell-Nr. 100) enthalten.

8.7 Vorbereitung des Jahresabschlusses

Konto	Summenbilanz DM	Summenbilanz DM	Saldenbilanz I DM	Saldenbilanz I DM	Um-buchungen	Salden-bilanz II	Schluss-bilanz	GuV-Rechnung
Grund und Boden	126 000	20 000	106 000	—				
Gebäude	380 000	—	380 000	—				
Maschinen	120 000	—	120 000	—				
PKW	20 820	—	20 820	—				
Wertpapiere	24 240	—	24 240	—				
Wareneinkauf	1 540 300	6 300	1 534 000	—				
Warenverkauf	—	1 733 200	—	1 727 000				
Vorsteuer	164 100	4 100	160 000	—				
Kapital	—	744 440	—	744 440				
Entnahmen	120 300	—	120 300	—				
Einlagen	—	24 240	—	24 240				
Forderungen	252 300	232 200	20 100	—				
Bankguthaben	1 840 300	1 820 100	20 200	—				
Kasse	433 100	431 900	1 200	—				
Aktive Rechnungsabgrenzung	500	—	500	—				
Verbindlichkeiten	—	11 000	—	11 000				
Rückstellungen	18 000	18 000	—	—				
USt-Schuld	1 300	186 430	—	185 130				
Sonst. betriebl. Erträge	—	4 100	—	4 100				
Reparaturaufwand	21 400	—	21 400	—				
Abschreibungen	—	—	—	—				
Kfz-Aufwand	8 390	100	8 290	—				
Unentgeltliche Wertabgaben	—	1 240	—	1 240				
Wertpapiererträge	—	—	—	—				
Betriebssteuern	41 300	—	41 300	—				
Löhne, Gehälter	80 100	—	80 100	—				
Allgemeine Verwaltungskosten	38 700	—	38 700	—				
	5 237 350	5 237 350	2 697 150	2 697 150				

9 Gewinn-und-Verlust-Rechnung

9.1 Bedeutung

9.1.1 Erfolgsrechnung der doppelten Buchführung

Mittel der Erfolgsrechnung ist die Jahresabschlussbilanz nicht nur dadurch, dass sie die Gewinnermittlung durch Betriebsvermögensvergleich ermöglicht, sondern – wie die Übungen gezeigt haben – mehr noch durch ihre Verbindung mit einer **Gewinn-und-Verlust-Rechnung** (GuV). Diese hat die Aufgabe, Aufwendungen und Erträge zusammenfassend aufzuzeigen. Der Unterschiedsbetrag (Gewinn oder Verlust) muss der durch Betriebsvermögensvergleich gewonnenen Endsumme entsprechen.

Diese Übereinstimmung ist zwangsläufig. Sie ergibt sich aus dem System der doppelten Buchführung. Denn Faktoren der Änderungen bei den Bilanzposten sind die Aufwendungen und Erträge, die in der Erfolgsrechnung erscheinen. Wird z. B. Miete bar vereinnahmt, dann erhöht sich der Kassenbestand und damit das Endkapital. Der Betriebsvermögensvergleich ergibt einen Gewinn. In der Erfolgsrechnung erscheint der gleiche Betrag als Ertrag, sodass die Übereinstimmung gewahrt ist. Diese doppelte Erfolgsermittlung hat zusammen mit dem Prinzip der Doppelbuchung und der Darstellung der Geschäftsvorfälle in zeitlicher und sachlicher Ordnung zu der Bezeichnung **doppelte Buchführung** geführt.

In der Gewinn-und-Verlust-Rechnung wird der Jahreserfolg nicht nur summarisch ermittelt, sondern auch mit den einzelnen Erträgen und Aufwendungen gezeigt, wie der Gewinn entstanden ist. Diese Erfolgsrechnung offenbart die einzelnen Erfolgselemente. Sie hat für den Unternehmer einen größeren Erkenntniswert als die Bilanz, die neben dem vorhandenen Vermögen den Gewinn nur in einer Summe angibt, ohne zu zeigen, aus welchen Erfolgsposten er entstanden ist. Die Praxis sieht demgemäß die Gewinn-und-Verlust-Rechnung als die eigentliche Erfolgsrechnung der doppelten Buchführung an.

§ 60 Abs. 1 EStDV bestimmt, dass bei doppelter Buchführung neben der Jahresschlussbilanz auch eine Gewinn-und-Verlust-Rechnung mit der Steuererklärung einzureichen ist. Nach § 242 Abs. 3 HGB bilden die Bilanz und die Gewinn-und-Verlust-Rechnung den Jahresabschluss, der bei Kapitalgesellschaften um einen Anhang zu erweitern ist (§ 264 Abs. 1 Satz 1 HGB). Damit ist festgelegt, dass für Kaufleute bzw. Gewerbetreibende, die ihren Gewinn nach § 5 EStG ermitteln, die doppelte Buchführung verbindlich ist.

9.1.2 Gewinn-und-Verlust-Konto und Gewinn-und-Verlust-Rechnung

So, wie man das Abschlusskonto für die Bestandskonten als Schlussbilanzkonto und eine Abschrift davon als Schlussbilanz bezeichnet, ist das Gewinn-und-Verlust-Konto innerhalb der Buchführung das Sammelkonto für die Erfolgskonten und die Gewinn-und-Verlust-Rechnung eine Abschrift dieses Abschlusskontos der doppelten Buchführung.

9.2 Gliederung der Gewinn-und-Verlust-Rechnung

9.2.1 Allgemeines

Im Interesse der Vergleichbarkeit ist eine klare Gliederung der Gewinn-und-Verlust-Rechnung erforderlich. Dies ist auch für steuerliche Verprobungen des Buchführungsergebnisses von Bedeutung. Im Allgemeinen richtet sich die Praxis heute nach dem für Kapitalgesellschaften geltenden Gliederungsschema, das in den §§ 275, 276 HGB vorgeschrieben ist. Nach § 275 Abs. 1 Satz 1 HGB ist die Gewinn-und-Verlust-Rechnung in **Staffelform** nach dem **Gesamtkostenverfahren**[1] (§ 275 Abs. 2 HGB) oder dem **Umsatzkostenverfahren**[2] (§ 275 Abs. 3 HGB) aufzustellen.

Statt des Gesamtkostenverfahrens kann das Umsatzkostenverfahren angewendet werden, das weltweit gebräuchlicher ist als das Gesamtkostenverfahren der kontinentaleuropäischen Staaten. Wird das Umsatzkostenverfahren angewendet, so müssen große[3] und mittelgroße[4] Kapitalgesellschaften zusätzlich im Anhang (§§ 284 bis 288 HGB) den Materialaufwand sowie den Personalaufwand und kleine Kapitalgesellschaften[5] zusätzlich den Personalaufwand entsprechend der in § 275 Abs. 2 HGB vorgesehenen Gliederung ausweisen (§ 288 i.V. m. § 285 Nr. 8 HGB). Diese Angaben haben grundsätzlich nur interne Bedeutung, da sie, bezogen auf den Materialaufwand, nur von großen Kapitalgesellschaften offen zu legen sind (vgl. § 326 Satz 3 HGB für kleine Kapitalgesellschaften, § 327 Nr. 2 HGB für mittelgroße Kapitalgesellschaften).

Die Gesellschaft ist in der Regel an die Wahl des Darstellungsverfahrens für die Zukunft gebunden, denn § 265 Abs. 1 HGB schreibt Stetigkeit für die Form der Gliederung auch bei der Gewinn-und-Verlust-Rechnung vor. Somit darf das Wahlrecht zwischen Umsatz- und Gesamtkostenverfahren grundsätzlich nur einmal ausgeübt werden.

---

1 S. u. 15.6.8.
2 S. u. 15.6.8.
3 S. o. 2.2.3.3.1.
4 S. o. 2.2.3.3.1.
5 S. o. 2.2.3.3.1.

9 Gewinn-und-Verlust-Rechnung

Wie bei der Bilanz in § 266 Abs. 1 HGB vorgesehen, gelten auch für die Gewinn- und-Verlust-Rechnung größenabhängige Erleichterungen. Kleine und mittelgroße Kapitalgesellschaften sowie GmbH & Co. KG dürfen sowohl beim Gesamtkosten- als auch beim Umsatzkostenverfahren die in § 276 HGB bezeichneten Positionen zu einem Posten unter der Bezeichnung „Rohergebnis" auswerfen.

Die Bundessteuerberaterkammer empfiehlt, die Gewinn-und-Verlust-Rechnung nach dem **Gesamtkostenverfahren** aufzustellen. Der Vorteil dieses Verfahrens wird darin gesehen, dass dem Bilanzleser der Gesamtaufwand des Jahres in der Aufgliederung der Arten gezeigt wird. Es ist im Regelfall weniger aufwendig als das Umsatzkostenverfahren und stellt geringere Anforderungen an die Buchführung.

9.2.2 Gliederung der Gewinn-und-Verlust-Rechnung nach dem Gesamtkostenverfahren für große Kapitalgesellschaften (§ 275 Abs. 2 HGB)

Bei Anwendung des Gesamtkostenverfahrens sind auszuweisen:

1. Umsatzerlöse
2. Erhöhung oder Verminderung des Bestands an fertigen und unfertigen Erzeugnissen
3. andere aktivierte Eigenleistungen
4. sonstige betriebliche Erträge
5. Materialaufwand:
   a) Aufwendungen für Roh-, Hilfs- und Betriebsstoffe und für bezogene Waren
   b) Aufwendungen für bezogene Leistungen
6. Personalaufwand:
   a) Löhne und Gehälter
   b) soziale Abgaben und Aufwendungen für Altersversorgung und für Unterstützung,
   davon für Altersversorgung
7. Abschreibungen:
   a) auf immaterielle Vermögensgegenstände des Anlagevermögens und Sachanlagen sowie auf aktivierte Aufwendungen für die Ingangsetzung und Erweiterung des Geschäftsbetriebs
   b) auf Vermögensgegenstände des Umlaufvermögens, soweit diese die in der Kapitalgesellschaft üblichen Abschreibungen überschreiten
8. sonstige betriebliche Aufwendungen
9. Erträge aus Beteiligungen,
   davon aus verbundenen Unternehmen

9.2 Gliederung der Gewinn-und-Verlust-Rechnung

10. Erträge aus anderen Wertpapieren und Ausleihungen des Finanzanlagevermögens,
    davon aus verbundenen Unternehmen
11. sonstige Zinsen und ähnliche Erträge,
    davon aus verbundenen Unternehmen
12. Abschreibungen auf Finanzanlagen und auf Wertpapiere des Umlaufvermögens
13. Zinsen und ähnliche Aufwendungen,
    davon an verbundene Unternehmen
14. Ergebnis der gewöhnlichen Geschäftstätigkeit
15. außerordentliche Erträge
16. außerordentliche Aufwendungen
17. außerordentliches Ergebnis
18. Steuern vom Einkommen und vom Ertrag
19. sonstige Steuern
20. Jahresüberschuss/Jahresfehlbetrag.

Die Darstellung der Gewinn-und-Verlust-Rechnung in Staffelform bedeutet, dass vom Umsatz sukzessive die Aufwendungen abgezogen werden, bis schließlich der Gewinn übrig bleibt. Es besteht die Möglichkeit, sowohl Zwischensummen der Erträge und Aufwendungen zu bilden als auch Zwischenergebnisse auszuweisen. Dabei sollen Betriebsergebnis und neutrales Ergebnis ausgewiesen werden. Nach § 275 Abs. 2 HGB ergibt sich folgender Aufbau der Gewinn-und-Verlust-Rechnung:

Betriebsergebnis	Posten 1 – 8
Finanzergebnis	Posten 9 – 13
Ergebnis der gewöhnlichen Geschäftstätigkeit	Posten 14
außerordentliches Ergebnis	Posten 15 – 17
Steuern	Posten 18 – 19
Jahresüberschuss/Jahresfehlbetrag	Posten 20

9.2.3 Gliederung der Gewinn-und-Verlust-Rechnung nach dem Umsatzkostenverfahren für große Kapitalgesellschaften
(§ 275 Abs. 3 HGB)

Bei Anwendung des Umsatzkostenverfahrens sind auszuweisen:
1. Umsatzerlöse
2. Herstellungskosten der zur Erzielung der Umsatzerlöse erbrachten Leistungen
3. Bruttoergebnis vom Umsatz

4. Vertriebskosten
5. allgemeine Verwaltungskosten
6. sonstige betriebliche Erträge
7. sonstige betriebliche Aufwendungen
8. Erträge aus Beteiligungen,
   davon aus verbundenen Unternehmen
9. Erträge aus anderen Wertpapieren und Ausleihungen des Finanzanlagevermögens,
   davon aus verbundenen Unternehmen
10. sonstige Zinsen und ähnliche Erträge,
    davon aus verbundenen Unternehmen
11. Abschreibungen auf Finanzanlagen und auf Wertpapiere des Umlaufvermögens
12. Zinsen und ähnliche Aufwendungen,
    davon an verbundene Unternehmen
13. Ergebnis der gewöhnlichen Geschäftstätigkeit
14. außerordentliche Erträge
15. außerordentliche Aufwendungen
16. außerordentliches Ergebnis
17. Steuern vom Einkommen und vom Ertrag
18. sonstige Steuern
19. Jahresüberschuss/Jahresfehlbetrag.

§ 275 Abs. 3 HGB zeigt folgenden Aufbau der Gewinn-und-Verlust-Rechnung:

Bruttoergebnis vom Umsatz	Posten 1 – 3
Betriebsergebnis	Posten 1 – 7
Finanzergebnis	Posten 8 – 12
Ergebnis der gewöhnlichen Geschäftstätigkeit	Posten 13
außerordentliches Ergebnis	Posten 14 – 16
Steuern	Posten 17 – 18
Jahresüberschuss/Jahresfehlbetrag	Posten 19

9.2.4 Gliederung der Gewinn-und-Verlust-Rechnung nach dem Gesamtkostenverfahren für kleine und mittelgroße Kapitalgesellschaften (§ 276 i. V. m. § 275 Abs. 2 HGB)

Die Posten 1 bis 5 können zu dem Posten „Rohergebnis" zusammengefasst werden.

9.2 Gliederung der Gewinn-und-Verlust-Rechnung

9.2.5 Gliederung der Gewinn-und-Verlust-Rechnung nach dem Umsatzkostenverfahren für kleine und mittelgroße Kapitalgesellschaften (§ 276 i. V. m. § 275 Abs. 3 HGB)

Die Posten 1 bis 3 und 6 können zu dem Posten „Rohergebnis" zusammengefasst werden.

9.2.6 Gliederung für Einzelkaufleute und Personengesellschaften

Die **Kontoform** und/oder eine Gliederung der Gewinn-und-Verlust-Rechnung, die von der für Kapitalgesellschaften vorgeschriebenen abweicht, sind für Kaufleute zulässig, die keine Kapitalgesellschaften sind, nicht GmbH & Co. KG sind und auch nicht unter das PublizitätsG[6] fallen. Diese Kaufleute haben lediglich die in § 243 HGB (Grundsätze ordnungsmäßiger Buchführung) und § 246 HGB (Darstellung sämtlicher Aufwendungen und Erträge, Verrechnungsverbot) enthaltenen Vorschriften zu beachten.

Die Bundessteuerberaterkammer empfiehlt den Berufsangehörigen, die Gliederung des Jahresabschlusses von Einzelkaufleuten und Personengesellschaften grundsätzlich nach den Gliederungsvorschriften des HGB für die großen Kapitalgesellschaften, soweit sie anwendbar sind, vorzunehmen (für die Bilanz insbes. § 266 HGB, für die GuV-Rechnung § 275 Abs. 2 HGB). Darüber hinaus sollten in der im Normalfall nach dem Gesamtkostenverfahren zu erstellenden GuV-Rechnung die sonstigen betriebl. Erträge und Aufwendungen so aufgegliedert werden, dass eine hinreichende Information über die Ertragslage ermöglicht wird.

---

[6] S. o. 2.2.3.2 FN 3.

10 Organisation der doppelten Buchführung

10.1 Bücherarten
10.1.1 Grundbücher
10.1.1.1 Bedeutung

Um alle Geschäftsvorfälle zu erfassen, braucht die doppelte Buchführung chronologisch und sachlich gegliederte Aufzeichnungen in Büchern und Konten. Die chronologische Aufzeichnung, d. h. die Erfassung in zeitlicher Reihenfolge, erfolgt in den Grundbüchern, deren Zahl durch die Arbeitsteilung im kaufmännischen Betrieb bedingt wird. Die große Bedeutung der Grundbücher liegt darin, dass sie es ermöglichen sollen, während der Aufbewahrungsfristen zu jedem beliebigen Zeitpunkt auch für die Vergangenheit ohne große Mühe den einzelnen Geschäftsvorfall bis zum Beleg zurück zu identifizieren.[1]

Um die Übernahme der Geschäftsvorfälle ins Hauptbuch zu erleichtern, wird vor einer kurzen Erläuterung des Buchungsfalles meist der Buchungssatz vermerkt.

10.1.1.2 Kassenbuch

Nach § 146 Abs. 1 Satz 2 AO sollen Kasseneinnahmen und Kassenausgaben täglich festgehalten werden. Dies geschieht im Allgemeinen in einem Kassenbuch. Es ist in vielen Betrieben das wichtigste Grundbuch.

Die Grundsätze ordnungsmäßiger Buchführung erfordern in der Regel die Aufzeichnung eines jeden einzelnen Handelsgeschäfts. Bei **Einzelhändlern,** die im allgemeinen Waren an ihnen der Person nach nicht bekannte Kunden über den Ladentisch gegen Barzahlung verkaufen, ist die Aufzeichnung eines jeden einzelnen Warenverkaufs kaum möglich. In diesen Fällen besteht – anders als bei den Angehörigen der freien Berufe – auch nach den Grundsätzen ordnungsmäßiger Buchführung **keine Verpflichtung zur Einzelaufzeichnung.** Die Tageseinnahmen können somit mittels Registrierkassen, aber auch durch Kassenberichte summarisch ermittelt werden.[2]

Einzelhändler haben jedoch bei Annahme einer baren Betriebseinnahme von **20 000 DM** und mehr diesen Betrag **einzeln** aufzuzeichnen und außerdem den Inhalt des Geschäfts und den Namen oder die Firma sowie die Anschrift des Vertragspartners anzugeben.[3]

---
1 BFH, BStBl 1968 II S. 527, BStBl 1969 II S. 157.
2 Vgl. auch BMF, BStBl 1996 I S. 34.
3 BMF, BStBl 1995 I S. 7.

Der Kassenendbestand wird durch Kassensturz ermittelt. Unter Berücksichtigung der aus der Kasse geleisteten und auf dem Kassenberichtszettel vermerkten Ausgaben und des Kassenendbestands vom Vortag errechnet sich die Tageseinnahme und damit der Warenverkauf. Einnahmen, die nicht aus Warenverkäufen stammen (z. B. Einlagen), sind zu vermerken und zur Ermittlung der Tageslosung vom Kasseneingang abzusetzen. Gebucht wird die Summe der Einnahmen.

Beispiel eines Kassenberichts

Nr. _____ Kassenbericht vom _____ Datum ____

Kassenbestand bei Geschäftsschluss	USt	
Ausgaben im Laufe des Tages:		
1. Zahlungen bei Wareneinkäufen:		
2. Geschäftsausgaben:		
3. Entnahmen:		
4. Sonstige:		
Zusammen		
abzüglich Kassenbestand des Vortages		
= Kasseneingang		
5. abzüglich: sonstige Einnahmen und Einlagen		
= Bareinnahmen (Tageslosung)		

Unterschrift

Bei der Ermittlung der Kasseneinnahmen durch Kassenbericht bildet die Feststellung des Kassenbestands eine unentbehrliche Grundlage für die Berechnung der Tageslosung.[4] Die Zettel über das Ergebnis der täglichen Auszählung brauchen nicht aufbewahrt zu werden.[5] Bei Aufzeichnung jeder einzelnen Kasseneinnahme und -ausgabe umfasst dagegen das Erfordernis einer Geschäftskasse in der Regel nicht die Pflicht zu laufenden Kassenbestandsaufnahmen.

10.1.1.3 Sonstige Grundbücher

Außer dem Kassenbuch kommen je nach Größe des Betriebs viele Grundbücher in Betracht, vor allem das Tagebuch, Rechnungseingangs- und Rechnungsausgangsbücher sowie Bankbücher.

---

4 BFH, BStBl 1970 II S. 45.
5 BFH, BStBl 1971 II S. 729.

10 Organisation der doppelten Buchführung

10.1.1.4 Geordnete Belegablage oder Datenträger als Grundbuch

Nach § 146 Abs. 5 AO können Bücher auch in der geordneten Ablage von Belegen bestehen oder auf Datenträgern geführt werden. So können Bankauszüge als Grundbücher verwendet werden.[6]

10.1.1.5 Zeitnahe Erfassung der Geschäftsvorfälle im Grundbuch

Sämtliche Geschäftsvorfälle sind zeitnah und geordnet in Grundbüchern zu erfassen. Die zeitnahe Erfassung der Geschäftsvorfälle erfordert – mit Ausnahme des baren Zahlungsverkehrs – keine tägliche Aufzeichnung. Es muss jedoch ein zeitlicher Zusammenhang zwischen den Vorgängen und ihrer buchmäßigen Erfassung bestehen.[7]

Nach R 29 Abs. 1 EStR ist es nicht zu beanstanden, wenn aus Gründen der Rationalisierung der Buchführungsarbeiten und zum wirtschaftlichen Einsatz von Datenverarbeitungsanlagen bei der Erstellung der Buchführung die Geschäftsvorfälle nicht laufend, sondern nur periodenmäßig gebucht werden. Die grundbuchmäßige Erfassung der Kreditgeschäfte eines Monats kann bis zum Ablauf des folgenden Monats erfolgen, sofern organisatorische Vorkehrungen getroffen werden, um sicherzustellen, dass Buchführungsunterlagen bis zu ihrer grundbuchmäßigen Erfassung nicht verloren gehen, z. B. durch laufende Nummerierung der eingehenden und ausgehenden Rechnungen oder durch ihre Abheftung in besonderen Mappen oder Ordnern.

10.1.1.6 Kreditgeschäfte

Bei Kreditgeschäften sind die Entstehung der Forderungen und Schulden und ihre Tilgung grundsätzlich als getrennte Geschäftsvorfälle zu behandeln (§ 145 Abs. 1 Satz 2 AO). Zur Erfüllung dieser Verpflichtung ist in der Regel ein Kontokorrentkonto, unterteilt nach Schuldnern (Kunden) und Gläubigern (Lieferanten) zu führen (R 29 Abs. 1 EStR). Wegen der Ausnahmen für Einzelhändler und Handwerker Hinweis auf R 29 Abs. 1 Satz 7 Buchstabe b EStR.

10.1.2 Hauptbuch

Die sachliche (systematische) Gliederung des Buchführungsstoffs findet sich in den Konten des Hauptbuchs, deren Abschluss die Bilanz und die Gewinn-und-Verlust-Rechnung ergibt. Neben dem Prinzip der Doppelbuchung (im Soll und im Haben) sowie der Möglichkeit der doppelten Gewinnermittlung ist diese doppelte Darstellung aller Geschäftsvorfälle – in zeitlicher und sachlicher Ordnung – ein Grund, der zur Bezeichnung „doppelte Buchführung" geführt hat.

---

6 H 29 „Belegablage" EStH, H 29 „Grundbuchaufzeichnungen" EStH.
7 BFH, BStBl 1992 II S. 1010.

Grundlage der Eintragungen im Grundbuch sind die Belege. Dagegen erfolgen die Buchungen im Hauptbuch nach der Erfassung im Grundbuch. Auf den für die einzelnen Posten der Bilanz und Gewinn-und-Verlust-Rechnung eingerichteten Sachkonten übernimmt das Hauptbuch die gleichen Vorgänge in sachlicher Ordnung. Dabei sind die **Entstehung** der Forderungen und Schulden und ihre **Tilgung** grundsätzlich als getrennte Geschäftsvorfälle zu behandeln (§ 145 Abs. 1 Satz 2 AO). Wegen der Ausnahmen Hinweis auf R 29 Abs. 1 Satz 3 EStR. Danach ist es nicht zu beanstanden, wenn Waren- und Kostenrechnungen, die innerhalb von **acht Tagen** nach Rechnungseingang oder innerhalb der ihrem gewöhnlichen Durchlauf durch den Betrieb entsprechenden Zeit beglichen werden, kontokorrentmäßig nicht erfasst werden. Es genügt also, dass nur der Zahlungsvorgang im Hauptbuch erfasst wird. Erfolgt die Begleichung jedoch nicht innerhalb der vorgesehenen Zeit, kann auf die Erfassung auf dem Sachkonto Kundenforderungen bzw. Lieferantenschulden nicht verzichtet werden. Die Funktion dieser Sachkonten kann jedoch durch Führung von Rechnungseingangs- und Rechnungsausgangsbüchern ersetzt werden.[8]

10.1.3 Nebenbücher

10.1.3.1 Geschäftsfreundebuch (Kontokorrent)

In der Praxis sind oft Nebenbücher und Hilfsbücher erforderlich. Sie stehen außerhalb des Kontensystems und ergänzen die chronologische und systematische Ordnung. Buchungssätze, also Buchungen mit Gegenbuchungen, sind ihnen fremd.

Das wichtigste Nebenbuch ist das **Geschäftsfreundebuch** (Kontokorrentbuch). In ihm werden Forderungen und Schulden gegenüber den Geschäftsfreunden von ihrer Entstehung bis zur Begleichung für jeden einzelnen **Kunden** und jeden einzelnen **Lieferanten** kontenmäßig dargestellt. Das geschieht auf den so genannten **Personenkonten** des Geschäftsfreundebuchs. Sie werden neben den Sachkonten (Kontokorrentkonten) Kundenforderungen (Forderungen aus Lieferungen und Leistungen) und Lieferantenschulden (Verbindlichkeiten aus Lieferungen und Leistungen), die im Hauptbuch für den Geschäftsverkehr mit allen Kunden und allen Lieferanten eingerichtet sind, geführt. Auf den Personenkonten wird damit der Inhalt der Sachkonten Kundenforderungen (Debitoren) und Lieferantenschulden (Kreditoren) nochmals dargestellt, aber getrennt für die einzelnen Kunden und getrennt für die einzelnen Lieferanten. Der Inhalt der verschiedenen Personenkonten ergibt der Summe nach den Inhalt des entsprechenden Sachkontos.

Beim Jahresabschluss erfolgt die Abstimmung der beiden Sachkonten durch Aufstellung einer **Saldenliste** getrennt nach Debitoren und Kreditoren. In ihr werden die sich aus den einzelnen Personenkonten ergebenden Salden zusammengestellt. Da inhaltlich auf den Personenkonten die gleichen Buchungen erfolgen wie auf den

---

8 BFH, BStBl 1972 II S. 400.

beiden Sachkonten des Hauptbuchs, muss die Summe der Saldenliste mit dem Saldo des betreffenden Sachkontos übereinstimmen. Ist diese Übereinstimmung nicht gegeben, sind Buchungsfehler aufzuklären bzw. unterlassene Buchungen nachzuholen. Der Abschluss der Personenkonten, die außerhalb der eigentlichen Buchhaltung stehen, ist einfach. Er erfolgt durch Einsetzen des Saldos auf der kleineren Kontoseite. Wie bei allen anderen Eintragungen auf den Personenkonten gibt es auch hier keine Gegenbuchung. Am Jahresanfang wird der Anfangsbestand ebenso ohne Gegenbuchung auf den einzelnen Personenkonten wieder vorgetragen, und zwar die Kundenforderungen im Soll und die Lieferantenschulden im Haben.

Ergebnis:

Summe der Einzelsalden aller Kundenkonten (Personenkonten) im Geschäftsfreundebuch = Saldo des Kundenkontos (Sachkonto) im Hauptbuch.

Summe der Einzelsalden aller Lieferantenkonten (Personenkonten) im Geschäftsfreundebuch = Saldo des Lieferantenkontos (Sachkonto) im Hauptbuch.

Das Geschäftsfreundebuch wird, wenn ausnahmsweise keine elektronische Datenverarbeitung[9] angewendet wird, im Allgemeinen in Karteiform geführt. Die Karteikarten werden in alphabetischer Reihenfolge in Kontenkästen aufbewahrt. Hieraus ergibt sich die Möglichkeit der Arbeitsteilung. Es können in größeren Betrieben verschiedene Buchhalter mit der Führung der Personenkonten sowie mit ihrer sonstigen Bearbeitung (Terminkontrolle, Mahnung usw.) beauftragt werden. Diese Aufteilung geschieht meist nach Buchstaben (z. B. Kontokorrentbuchhalter 1 = Kundenkonten der Buchstaben A–F, 2 = Buchstaben G–K, 3 = Buchstaben L–Z; 4 = Lieferantenkonten der Buchstaben A–Z).

Das Geschäftsfreundebuch gehört zur ordnungsmäßigen Buchführung. Es soll den Kaufmann über den Stand seiner Forderungen und Schulden auf dem Laufenden halten. Es erübrigt sich, soweit die Vorgänge nur einen Geschäftspartner betreffen. Bei nur wenigen Lieferanten und Kunden genügt es, wenn die Personenkonten wie ein aufgegliedertes Kontokorrentsachkonto in die Buchführung einbezogen werden.[10]

10.1.3.2 Offene-Posten-Buchhaltung

Von der Führung eines Geschäftsfreundebuches kann abgesehen werden, wenn die jederzeitige Übersicht über die Forderungen und Schulden gegenüber den Geschäftsfreunden nach der Organisation der Buchführung auf andere Weise sichergestellt ist. So kann der Zweck des Geschäftsfreundebuches statt durch Führung von Personenkonten auch durch eine geordnete Ablage der nicht ausgeglichenen Rechnungen erfüllt werden (§ 146 Abs. 5 AO). Man bezeichnet diese Form, die von den

---
9 S. u. 10.3.
10 BFH, BStBl 1970 II S. 40.

10.1 Bücherarten

offenen Rechnungen ausgeht, als **Offene-Posten-Buchhaltung.** Sie entspricht den Grundsätzen ordnungsmäßiger Buchführung (vgl. auch R 29 Abs. 1 Satz 6 EStR und H 29 „Belegablage" EStH). Bei der Offene-Posten-Buchführung dienen die Belege als Buchungsträger. Die Kontenführung entfällt.

10.1.3.3 Befreiung von der Führung eines Geschäftsfreundebuches

Nach R 29 Abs. 1 Satz 7 a EStR braucht ein Geschäftsfreundebuch nicht geführt zu werden, wenn ein laufender unbarer Geschäftsverkehr mit Geschäftsfreunden nicht besteht. Es genügt, wenn für jeden Bilanzstichtag über die an diesem Stichtag bestehenden Forderungen und Schulden Personenübersichten (Saldenlisten) aufgestellt werden.[11] Im Grundbuch und im Hauptbuch müssen die unbaren Geschäftsvorfälle jedoch erfasst werden.

Darüber hinaus können Einzelhändler und Handwerker Krediteinkäufe und Kreditverkäufe kleineren Umfangs vereinfacht buchen. Es genügt, wenn sie die Wareneinkäufe auf Kredit mindestens im Wareneingangsbuch in einer besonderen Spalte als Kreditgeschäfte kennzeichnen und den Tag der Begleichung der Rechnung vermerken. Bei kleineren Warenverkäufen auf Kredit ist es ausreichend, wenn die Einzelhändler diese Verkäufe einschließlich der Zahlung in einer Kladde festhalten, die als Teil der Buchhaltung aufzubewahren ist. Außerdem müssen in beiden Fällen für jeden Bilanzstichtag Personenübersichten aufgestellt werden. In diesen Fällen wird nicht nur auf die Führung des Geschäftsfreundebuches, sondern auch auf eine laufende Buchung im Grundbuch und Hauptbuch verzichtet (R 29 Abs. 1 Satz 7 Buchstabe b EStR). Es bedarf zwecks richtiger Gewinnermittlung lediglich der einmaligen Einbuchung der am Jahresende bestehenden Forderungen und Schulden.

10.1.3.4 Weitere Nebenbücher

Außer dem Geschäftsfreundebuch kommen noch andere Nebenbücher in Betracht, z. B. besondere Inventar- und Bilanzbücher, Wechselbücher, Lagerbücher sowie die Lohn- und Gehaltslisten.

Inventar- und Bilanzbücher werden nur selten noch in Buchform geführt. Meist handelt es sich bei diesen notwendigen Abschlussunterlagen um Loseblattmappen und Listen. **Wechselbücher** dienen der Aufzeichnung des Wechselverkehrs. Sie enthalten ausführliche Einzelangaben über die einzelnen Wechsel und die daran beteiligten Personen. Sie werden deshalb auch als Wechselkopierbücher bezeichnet. Aufgabe der Wechselbücher ist vor allem die Überwachung der Fälligkeitstage.

Lagerbücher dienen der mengenmäßigen Kontrolle der Waren- und Materialbestände. Sie werden meist in Karteiform geführt und ermöglichen die jederzeitige Feststellung des buchmäßigen Bestands.[12] Mit der heutigen Datenverarbeitung hat

---
11 H 29 „Personenübersichten" EStH.
12 Wegen der Bedeutung der Lagerbücher für die Inventur s. o. 2.1.5.

10 Organisation der doppelten Buchführung

sich die Lagerbuchführung zwar nicht dem Grunde nach verändert, allerdings entfällt eine zeitraubende Karteiführung, weil bei der Buchung von Wareneingang und Warenausgang gleichzeitig die mengenmäßige Veränderung des Warenbestandes oder anderer Lagerbestände fortgeschrieben wird. Das System, verschlüsselte Daten zu scannen, hat auf diesem Gebiet erhebliche Vereinfachung, aber auch Verbesserungen der Aussagekraft und mehr Verlässlichkeit gebracht.

In der **Lohn- und Gehaltsbuchhaltung** werden die Bruttobezüge, die Abzugsbeträge und die Nettobezüge für jeden Arbeitnehmer nachgewiesen. Im Grundbuch und im Hauptbuch werden im Allgemeinen nur die Endsummen, die sich hieraus ergeben, gebucht. Lohn- und Gehaltslisten sind dann Bestandteil der Buchführung.

Nach § 41 EStG, § 4 LStDV ist außerdem für jeden Arbeitnehmer ein Lohnkonto zu führen. Es enthält die für den Steuerabzug vom Arbeitslohn (Lohnsteuer) wichtigen Angaben, vor allem Namen, Geburtstag, Wohnsitz, Wohnung, Steuerklasse, Kinderzahl, Religionsbekenntnis, Gemeinde und Finanzamt. Außerdem hat der Arbeitgeber laufend einzutragen: Tag der Lohnzahlung und Lohnzahlungszeitraum, Arbeitslohn und einbehaltene Lohnsteuer. Die Lohnkonten sind bis zum Ablauf des sechsten Kalenderjahrs, das auf die zuletzt eingetragene Lohnzahlung folgt, aufzubewahren (§ 41 Abs. 1 letzter Satz EStG).

10.1.4 Hilfsbücher

Hilfsbücher besitzen noch weniger Zusammenhang mit der Buchführung als die Nebenbücher. Sie dienen meist reinen Kontrollzwecken, besonders für die Arbeitsabwicklung. Als Hilfsbücher kommen z. B. Auftragsbücher (Bestellbücher), Mahnbücher, Terminbücher, Kalkulationsbücher u. ä. Unterlagen in Betracht.

Die Zahl der Nebenbücher und Hilfsbücher kann den Bedürfnissen des jeweiligen Betriebs angepasst werden, also beliebig vermehrt werden.

10.1.5 Übungsaufgabe 19

Sachverhalt

1) A eröffnet am 1. 10. 2000 ohne Betriebsvermögen einen Betrieb. Aus Privatmitteln wird für die Geschäftsräume eine Mietvorauszahlung von 4000 DM geleistet. Davon entfallen 3000 DM auf das folgende Geschäftsjahr.
2) Anschaffung eines gebrauchten PC für 400 DM zzgl. 64 DM USt. Der Kaufpreis wird aus privaten Mitteln am 3. 10. entrichtet.
3) Wareneinkauf auf Ziel am 5. 10. bei Franz Schneider, Köln, für 1000 DM zzgl. 160 DM USt.
4) Wareneinkauf auf Ziel am 6. 10. bei Heinz Müller, Hamburg, für 500 DM zzgl. 80 DM USt.
5) Warenverkauf auf Ziel am 20. 10. an Otto Meyer, Essen, für 7000 DM zzgl. 1120 DM USt.

10.1 Bücherarten

6) Wareneinkauf auf Ziel am 5. 11. bei Hans Krüger, Berlin, für 8500 DM zzgl. 1360 DM USt.

7) Aus Privatmitteln werden 2000 DM ESt- und 1000 DM GewSt-Vorauszahlungen am 12. 11. geleistet.

8) Am 20. 11. werden Einrichtungsgegenstände eingebracht, die einen Teilwert von 11 000 DM haben und vor drei Jahren am 18. 11. für 10 500 DM (einschl. 16 % USt) privat angeschafft worden waren.[13]

9) Für 50 000 DM zzgl. 8000 DM USt abzüglich 3 % Skonto wird ein PKW für vorwiegend betriebliche Zwecke gekauft und aus Privatmitteln am 23. 11. bezahlt.[13]

10) Otto Meyer zahlt bar (in die Geschäftskasse) am 28. 11. 5000 DM.

11) Warenrücksendung an Hans Krüger am 3. 12. für 100 DM zzgl. 16 DM USt.

12) Krüger erhält am 8. 12. als Abschlagszahlung 2320 DM abzüglich 2 % Skonto in bar = 2273,60 DM.

13) Barzahlung allgemeiner Verwaltungskosten am 10. 12. 600 DM zzgl. 96 DM USt.

14) Autokosten in Höhe von 1050 DM zzgl. 144 DM USt werden am 12. 12. aus Privatmitteln gezahlt. In den Autokosten sind Aufwendungen für KfzSt und KfzVers. in Höhe von 150 DM enthalten.

15) Der für 400 DM angeschaffte PC wird für private Zwecke am 23. 12. entnommen. Teilwert (Einkaufspreis zzgl. Nebenkosten) im Zeitpunkt der Entnahme 450 DM.[13]

16) Warenverkauf auf Ziel an Rudi Vaupel, Witten, am 28. 12. 1000 DM zzgl. 160 DM USt.

Abschlussangaben

17) Alle Vorsteuerbeträge sind nach § 15 Abs. 1 UStG abziehbar.

18) AfA Einrichtung 500 DM.

19) Der PKW ist durch Fahrtenbuch nachgewiesen zu $1/3$ privat genutzt worden. Die AfA ist nach § 7 Abs. 2 EStG degressiv vorzunehmen.

20) Warenendbestand: Anschaffungskosten 3000 DM,
    Teilwert (aktueller Einkaufspreis zzgl. Nebenkosten) 3200 DM.

Aufgabe

1. Die Geschäftsvorfälle und die Abschlussbuchungen sind in einem Grundbuch und auf T-Konten (Hauptbuch) zu buchen. Es sind zwei getrennte Warenkonten für den Wareneinkauf und den Warenverkauf zu verwenden und nach der Bruttomethode abzuschließen. Beim Abschluss sind die Privatkonten auf das Kapitalkonto zu übertragen.
2. Neben dem Grundbuch und dem Hauptbuch ist das Geschäftsfreundebuch zu führen und eine Saldenliste für Kundenforderungen und Lieferantenschulden zu fertigen.
3. Der Reingewinn ist zusätzlich durch Betriebsvermögensvergleich zu ermitteln.
4. Wie hoch sind a) der Rohgewinnsatz und
            b) der Rohgewinnaufschlagsatz?

Die **Lösung** zu dieser Übungsaufgabe ist in einem „Lösungsheft" (Bestell-Nr. 100) enthalten.

---

13 Wegen der Bewertungsfragen s. u. 15.8 sowie 17.2 und 17.5.

10 Organisation der doppelten Buchführung

10.2 Methoden der doppelten Buchführung

10.2.1 Amerikanische Methode

Von den inzwischen veralteten Methoden der doppelten Buchführung hat lediglich die sog. amerikanische Methode noch eine gewisse Bedeutung für Klein- und Kleinstbetriebe. Bei der amerikanischen Methode sind Grundbuch und Hauptbuch in einem Journal, dem sog. amerikanischen Journal, vereinigt. In diesem Einheitsbuch werden neben dem Grundbuch die Konten des Hauptbuchs in Tabellenform geführt, sodass chronologisch und zugleich sachlich die Geschäftsvorfälle gebucht werden können.

Beispiel eines amerikanischen Journals

Tag	Buchungstext	Be-trag	Kasse		Waren-einkauf		Waren-verkauf		Liefe-ranten		AVK		Privat		Ver-schiedene Konten	
			S	H	S	H	S	H	S	H	S	H	S	H	S	H
1.1.	Anfangsbestände	4500	3500	—	1000	—	—	—	2000	—	—	—	—	—	2500	—
3.1.	Bareinkauf Ware	2000	—	2000	2000	—	—	—	—	—	—	—	—	—	—	—
4.1.	Barentnahme	500	—	500	—	—	—	—	—	—	—	—	500	—	—	—
5.1.	Barverkauf Ware	3000	3000	—	—	—	—	3000	—	—	—	—	—	—	—	—
5.1.	Barzahlung AVK	200	—	200	—	—	—	—	—	—	200	—	—	—	—	—

      Grundbuch   Hauptbuch

Übungsaufgabe 20: Amerikanische Methode

Die Übungsaufgabe 3 ist nochmals unter Verwendung des amerikanischen Journals zu lösen. Die Lösung zu dieser Übungsaufgabe ist in einem „Lösungsheft" (Bestell-Nr. 100) enthalten.

10.2.2 Durchschreibebuchführung

Um die notwendige Buchungsarbeit und Buchungszeit abzukürzen, ist die manuelle Buchführungspraxis später zur Durchschreibebuchführung übergegangen. Sie kommt je nach Betätigung vor als

a) **manuelles** (handschriftliches) Durchschreibeverfahren und

b) **maschinelles** Durchschreibeverfahren.

Erst dadurch wurde das Problem der Übertragungsarbeit gelöst. Grundbuch, Hauptbuch und Geschäftsfreundebuch werden im Wege der Durchschrift in einem Arbeitsgang erstellt. Das war nur möglich durch Lösung vom gebundenen Buch und den Übergang zum Loseblatt-Verfahren. Übertragungsfehler werden so ausgeschlossen. Die Kontenzahl ist nicht beschränkt.

10.2 Methoden der doppelten Buchführung

Es kann auf zwei Arten durchgeschrieben werden:

a) Urschrift auf dem Sachkontenblatt des Hauptbuchs, Durchschrift im Journal (Grundbuch) = **Original-Konto-Verfahren.**

b) Urschrift im Journal (Grundbuch), Durchschrift auf dem Sachkontenblatt des Hauptbuches = **Original-Journal-Verfahren.**

Zur Vermeidung eines leeren Raumes auf der einen oder anderen Kontenseite wird in der Durchschreibebuchführung anstelle des so genannten Kontenkreuzes oder T-Kontos folgende Kontenform mit je einer Datum-, Text- und Hinweisspalte sowie einer Sollspalte und einer Habenspalte benutzt:

Datum	Beleg	Text	Hinweis	Betrag	
				Soll	Haben

Das Wesen der Durchschreibebuchführung besteht darin, dass sie die chronologische Buchung im Grundbuch mit der systematischen (kontenmäßigen) Buchung im Hauptbuch und Geschäftsfreundebuch verbindet. Die Übernahme der Geschäftsvorfälle erfolgt nach den Grundaufzeichnungen (Kassenbuch, Wareneingangsbuch usw.).

Nach der Zahl der Doppelspalten im Journal unterscheidet man Dreispaltenverfahren und Vierspaltenverfahren.

Beim **Dreispaltenverfahren** werden im Journal (Grundbuch) drei Doppelspalten, getrennt für Kundenkonten, Lieferantenkonten und Sachkonten, geführt.

Muster für Journal

Datum	Text	Kunden		Lieferanten		Sachkonten	
		Soll	Haben	Soll	Haben	Soll	Haben

10 Organisation der doppelten Buchführung

Die Durchschriften der Personenkonten erscheinen in getrennten Spalten für die Kunden und Lieferanten. Dadurch kann der jeweilige Bestand an Kundenforderungen und Lieferantenschulden nicht nur durch Saldierung sämtlicher Personenkonten ermittelt werden, sondern zusätzlich durch Saldierung der jeweiligen Sachkonten, die im Journal geführt werden.

Muster für Personen- und Sachkonten zum vorstehenden Journal

Kundenkonten

Datum	Text	Soll	Haben				

Lieferantenkonten

Datum	Text			Soll	Haben		

Sachkonten

Datum	Text					Soll	Haben

Alle Konten enthalten zwei Blindspalten, die für die Durchschrift nicht benutzt werden.

Durch eine Aufteilung der Spalte Sachkonten in eine Spalte für Bestandskonten und eine weitere für Erfolgskonten gelangt man zum **Vierspaltenverfahren.** Dieses ermöglicht am schnellsten – wenigstens in zusammengefasster Form – die Aufstellung einer Bilanz und Gewinn-und-Verlust-Rechnung.

Muster (mit aufgelegtem Kundenkonto) beim Original-Konto-Verfahren

			Journal								
Datum	Beleg	Text	Kunden		Lieferanten		Bestandskonten		Erfolgskonten	
			Soll	Haben	Soll	Haben	Soll	Haben	Soll	Haben

			Konto							
Datum	Beleg	Text								

10.3 Elektronische Datenverarbeitung

10.3.1 Wesen der elektronischen Datenverarbeitung

Die elektronische Datenverarbeitung ist eine Abrechnungstechnik, bei der Informationen jeglicher Art (= Daten) in maschinell lesbaren Datenträgern (Disketten, CD-ROM, ZiP, Magnetbändern) erfasst werden, die dann von einer Rechenmaschine (Computer) ein- oder mehrmals weiterverarbeitet werden können.

Beim Einsatz von EDV-Anlagen für Zwecke des betrieblichen Rechnungswesens kommen als Daten in Betracht:

a) **Stammdaten** (= gleich bleibende Daten), z. B. Kontenbezeichnungen, Kontenfunktionen,
b) **Bewegungsdaten** (= veränderliche Daten), z. B. laufende Buchungen,
c) **Abrufdaten** wie Hauptabschlussübersicht, Bilanz, Gewinn-und-Verlust-Rechnung und andere Auswertungen (z. B. USt-Voranmeldung, betriebswirtschaftliche Auswertungen).

Die elektronische Datenverarbeitung vollzieht sich in vier Phasen: Erfassung, Speicherung, Auswertung und Weitergabe der Daten. Die Darstellung und Weitergabe erfolgt durch Symbole. Das können Zahlen, Buchstaben oder sonstige Zeichen sein.

Die Darstellung von Informationen durch Symbole in einer bestimmten Systematik bezeichnet man als Verschlüsselung oder **Codierung.**

Einmalerfassung, Speicherung und Auswertung nach vielen Gesichtspunkten sind wirtschaftliche Wesenselemente der elektronischen Datenverarbeitung und ermöglichen überhaupt erst eine sinnvolle Nutzung der Anlagen.

10.3.2 Buchführung mit Datenverarbeitungsanlagen

Das Gesetz schreibt kein bestimmtes Buchführungssystem vor. Heute finden sich nur noch in geringem Umfang und bei Kleinstbetrieben manuelle Systeme. Üblicherweise wird in irgendeiner Weise die Datenverarbeitung eingesetzt. Dabei reicht das Spektrum von einem Einzelplatz-PC bis hin zu Großrechnersystemen.

Die Grundsätze ordnungsmäßiger Buchführung (GoB) gelten auch beim Einsatz von DV-Anlagen. Zur Anpassung an die heute eingerichteten und zukünftigen Informationssysteme in den Unternehmen hat das BMF[14] die „**Grundsätze ordnungsmäßiger DV-gestützter Buchführungssysteme**" (GoBS) veröffentlicht.

Die gesetzlichen Voraussetzungen für eine Buchführung, die auf Datenträgern geführt wird (DV-Buchführung), enthalten das HGB und die AO. Nach § 239 Abs. 4 HGB und § 146 Abs. 5 AO können Handelsbücher oder Bücher und die sonst erforderlichen Aufzeichnungen auch in einer geordneten Ablage von Belegen bestehen oder auf Datenträgern geführt werden, soweit diese Formen der Buchführung einschließlich des dabei angewandten Verfahrens den GoB entsprechen.

Die Grundsätze ordnungsmäßiger DV-gestützter Buchführungssysteme ersetzen nicht die GoB; sie stellen lediglich eine Präzisierung der GoB im Hinblick auf die DV-Buchführung dar und beschreiben die Maßnahmen, die der Buchführungspflichtige ergreifen muss, um sicherzustellen, das die Buchungen und sonst erforderlichen Aufzeichnungen vollständig, richtig, zeitgerecht und geordnet vorgenommen werden. Für die Einhaltung der GoB ist auch bei der DV-Buchführung der Buchführungspflichtige verantwortlich.

---

14 Schreiben vom 7. 11. 1995 IV A 8 – S 0316 – 52/95 (BStBl 1995 I S. 738).

10.3 Elektronische Datenverarbeitung

Unter Berücksichtigung der in den §§ 238, 239, 257 HGB sowie §§ 145, 146 AO verankerten Ordnungsvorschriften sind bei einer DV-Buchführung vor allem folgende Punkte zu beachten:

- Die buchführungspflichtigen Geschäftsvorfälle müssen richtig, vollständig und zeitgerecht erfasst sein sowie sich in ihrer Entstehung und Abwicklung verfolgen lassen (**Beleg- und Journalfunktion**).
- Die Geschäftsvorfälle sind so zu verarbeiten, das sie geordnet darstellbar sind und ein Überblick über die Vermögens- und Ertragslage gewährleistet ist (**Kontenfunktion**).
- Die **Buchungen** müssen einzeln und geordnet nach Konten und diese fortgeschrieben nach Kontensummen oder Salden sowie nach Abschlusspositionen dargestellt und jederzeit lesbar gemacht werden können.
- Ein **sachverständiger Dritter** muss sich in dem jeweiligen Verfahren der Buchführung in angemessener Zeit zurechtfinden und sich einen Überblick über die Geschäftsvorfälle und die Lage des Unternehmens verschaffen können.
- Das Verfahren der DV-Buchführung muss durch eine **Verfahrensdokumentation**, die sowohl die aktuellen als auch die historischen Verfahrensinhalte nachweist, verständlich und nachvollziehbar gemacht werden.
- Das in der Dokumentation beschriebene Verfahren muss dem in der Praxis eingesetzten Programm (Version) voll entsprechen (**Programmidentität**).

Einzelheiten zur Beleg-, Journal- und Kontenfunktion, zur vollständigen, formal richtigen, zeitgerechten, verarbeitungsmäßig erfassten und gespeicherten Buchung der Geschäftsvorfälle, zum internen Kontrollsystem, zur Datensicherheit sowie zur Dokumentation und Prüfbarkeit der DV-Buchführung von einem sachverständigen Dritten ergeben sich aus den **Grundsätzen ordnungsmäßiger DV-gestützter Buchführungssysteme** (GoBS).

Daten und sonst erforderliche Aufzeichnungen mit Grundbuch- oder Kontenfunktion sind grundsätzlich zehn Jahre aufzubewahren. Entsprechendes gilt für Daten mit Belegfunktion (§ 147 Abs. 1 und 3 AO).

Die Verfahrensdokumentation zur DV-Buchführung gehört zu den Arbeitsanweisungen und sonstigen Organisationsunterlagen i. S. des § 257 Abs. 1 HGB bzw. § 147 Abs. 1 Nr. 1 AO und ist grundsätzlich zehn Jahre aufzubewahren. Teile der Verfahrensdokumentation, denen ausschließlich Belegfunktion zukommt (z. B. die Dokumentation zur DV-Verkaufsabrechnung, aus der sich die Buchungen zu den Forderungen ergeben), sind ebenfalls zehn Jahre aufzubewahren. Die Verfahrensdokumentation kann auf Bildträgern oder auf anderen Datenträgern aufbewahrt werden. Andere Unterlagen sind mindestens sechs Jahre aufzubewahren.

Die Aufbewahrungsfristen für die Verfahrensdokumentation beginnen mit dem Schluss des Kalenderjahres, in dem buchhaltungsrelevante Daten in Anwendung des jeweiligen Verfahrens erfasst wurden, entstanden sind oder bearbeitet wurden (§ 147 Abs. 4 AO).

Der Buchführungspflichtige hat gemäß § 147 Abs. 5 AO zu gewährleisten, dass die gespeicherten Belege, Buchungen und Dokumentationsunterlagen jederzeit innerhalb angemessener Frist lesbar gemacht werden können. Er muss die dazu erforderlichen Daten, Programme, Maschinenzeiten und sonstigen Hilfsmittel (z. B. Personal, Bildschirme, Lesegeräte) bereitstellen. Auf Verlangen eines berechtigten Dritten hat er in angemessener Zeit die Unterlagen vorzulegen und ohne Hilfsmittel lesbare Reproduktionen beizubringen. Hierbei wird es sich in der Regel um Ausdrucke/Hardcopys handeln.

Empfangene Handelsbriefe und Buchungsbelege, soweit sie ursprünglich bildlich vorgelegen haben, müssen so archiviert werden, dass eine originalgetreue, bildliche Wiedergabe sichergestellt ist.

Die Erfassung und die Verfahren der elektronischen Archivierung müssen ausreichend dokumentiert sein. Das Verfahren für die Wiedergabe der auf Bild- und anderen Datenträgern gespeicherten Unterlagen ist in einer Arbeitsanweisung zu regeln, in der auch das Ordnungsprinzip für die Wiedergabe zu beschreiben ist.

10.3.3 DATEV-Buchführungssystem

10.3.3.1 Überblick

Zur äußeren Gestaltung der Buchhaltung bei Verwendung elektronischer Datenverarbeitungsanlagen gibt es vielfache Möglichkeiten. Wegen der zunehmenden Bedeutung für die Praxis wird – stellvertretend für die vielen Verfahren – nachstehend die DATEV Datenverarbeitung und Dienstleistung für den steuerberatenden Beruf eG kurz erläutert. Die DATEV ist ein Softwarehaus mit Rechenzentrumsbetrieb, spezialisiert auf steuerlich-betriebswirtschaftliche Anwendungen für den steuerberatenden Beruf und seine Mandanten. Sie bietet den Mitgliedern ein abgestimmtes System aus Datenverarbeitung, Service und Software. Das Zusammenspiel der Programme richtet der Steuerberater am individuellen Beratungsbedarf seiner Mandanten aus. Nutzungsbreite und Anwendungstiefe der Produkte bestimmt der Anwender selbst. Dabei kann er zwischen einer Im-Haus-Lösung mit optionaler Nutzung des Rechenzentrums sowie einer Verbundlösung aus Großrechner und Personal-Computer wählen. Das flexible DATEV-System ermöglicht zudem eine arbeitsteilige Nutzung der Anwendungen zwischen Steuerberater und dessen meist mittelständischen Mandanten.

Das DATEV-Buchführungssystem ist anerkannter Standard. Es umfasst mehrere Programme (z. B. Finanzbuchführung, individuelle Gewinnermittlung § 4 Abs. 3 EStG, Anlagenprogramm, Lohnprogramm). Zur Anwendung dieser Programme wird mit Stammdaten gearbeitet. Stammdaten sind gleich bleibende Daten, die dem Programm einmal gemeldet werden müssen und bis zu einer Änderung gelten. Zu den Stammdaten gehören u. a. die Mandanten-Adressdaten und die Mandanten-Programmdaten.

10.3 Elektronische Datenverarbeitung

In den Mandanten-Programmdaten werden Art und Umfang der Auswertung für einen Mandanten festgelegt. Die Mandanten-Programmdaten FIBU werden aus organisatorischen Gründen in Mandanten-Programmdaten I bis VIII unterteilt:

I. Mindestangaben
II. Umsatzbesteuerung
III. Kontenrahmen
IV. Kontenausgabe
V. Grundauswertungen
VI. Buchungsvereinfachung
VII. Betriebswirtschaftliche Auswertungen (BWA)
VIII. Jahresabschluss

Als Mindestangaben sind folgende Informationen notwendig: Angaben über die Art der Umsatzbesteuerung (z. B. Sollversteuerung, Istversteuerung, keine Umsatzbesteuerung), den Kontenrahmen (18 Spezialkontenrahmen oder individuelle Kontenrahmen möglich) und für Anwender mit abweichendem Wirtschaftsjahr den Beginn (Tag und Monat) des Wirtschaftsjahres.

Zusammen mit eingegebenen Buchungssätzen (Bewegungsdaten) können – durch die Ausgabe von Konten und Journalen – Grund- und Hauptbuchfunktionen erfüllt werden. Betriebliche Besonderheiten werden durch die Eingabe weiterer, detaillierter Stammdaten berücksichtigt.

DATEV bietet verschiedene Alternativen bei der Datenverarbeitung. Im Folgenden wird speziell auf den RZ-orientierten Verbund eingegangen. Hierbei erfolgt die Datenerfassung vor Ort – Verarbeitung und Auswertungserstellung dagegen im DATEV-eigenen Rechenzentrum. Neu ist die Möglichkeit der vollständigen Vor-Ort-Verarbeitung, die in Kapitel 10.3.3.7 näher erläutert wird.

Als Bewegungsdaten werden die laufend zu erfassenden Buchungssätze bezeichnet. Um deren Erfassung möglichst rationell zu gestalten, empfiehlt sich eine Einteilung der Buchungen nach Buchungskreisen. So bilden z. B. sämtliche Kassenbuchungen einen Buchungskreis, sämtliche Bankbuchungen einer bestimmten Bank einen anderen Buchungskreis. Eine Aufteilung nach Buchungskreisen könnte wie folgt aussehen:

Kasse
Bank
Eingangsrechnungen
Ausgangsrechnungen
sonstige Belege

Eine derartige Gliederung ermöglicht neben den herkömmlichen Vollbuchungen sog. Kurz- und Folgebuchungen – wobei gleiche Informationen verschiedener Buchungssätze übernommen werden können. Bei Kurzbuchungen besteht der zu erfassende Buchungssatz im günstigsten Fall aus nur zwei Informationen, aus Betrag und Gegenkonto; Belegdatum, Belegnummer und Kontonummer werden aus der letzten Vollbuchung übernommen. Bei Folgebuchungen wird lediglich auf die Angabe der Kontonummer verzichtet; alle anderen Informationen werden eingegeben.

Mit der laufenden Datenerfassung entsteht die Primanota (= Grundbuchaufzeichnung in üblicher Schriftform).

Stamm- und Bewegungsdaten werden nun im nächsten Schritt per Datenfernübertragung (DFÜ) an das DATEV-Rechenzentrum gesendet. Hierbei wird das bisher übliche Modem verstärkt durch den Einsatz der ISDN-Technologie ersetzt, die bei hohen Übertragungsgeschwindigkeiten gleichzeitig eine sehr gute Übertragungsqualität gewährleistet.

Im Rechenzentrum werden die übermittelten Daten bis hin zu Auswertungen aufbereitet. Neben Grundauswertungen, wie Konten, Summen- und Saldenliste und Verarbeitungsprotokoll, werden auf Wunsch auch Umsatzsteuer-Voranmeldungen, betriebswirtschaftliche Auswertungen oder Auswertungen zur Kostenrechnung erstellt und an den Anwender zurückgesendet. Außerdem kann der Anwender aus den im Rechenzentrum gespeicherten Daten u. a. die Hauptabschlussübersicht und die Bilanz mit Gewinn-und-Verlust-Rechnung nach dem Bilanzrichtliniengesetz abrufen.

10.3.3.2 Primanota und Journal

Im Bereich der EDV-Buchführung werden die laufenden Geschäftsvorfälle zweifach dokumentiert. Zum einen wird die Primanota vom Anwender bei der Erfassung erstellt. Die Verarbeitung im Rechenzentrum wird durch das Journal bestätigt. Das Journal gibt als Maschinenprotokoll Auskunft darüber, welche Zahlen vom Programm verarbeitet wurden, und kann bei Bedarf ausgedruckt werden. Da die laufenden Eintragungen in der Primanota mit den laufenden Eintragungen im Journal übereinstimmen sollten, erfüllt das Journal eine wichtige Dokumentationsfunktion.

Im Gegensatz zu den Konten – Sortierung der Buchungen nach Daten und Beleg-Nummer – sind die Buchungssätze auf dem Journal in ihrer Erfassungsreihenfolge abgebildet.

10.3.3.3 Laufende Konten

Auf den Konten sind die eingegebenen Buchungen zunächst nach Kontonummern, innerhalb eines Kontos nach dem Belegdatum geordnet. Bei gleichem Belegdatum wird nach der Belegnummer sortiert.

Die Konten sind das Kernstück der Buchführung (Hauptbuch) und das Ergebnis der verarbeiteten Buchungen. Sie stellen die Grundlage für zahlreiche Zusatzauswertungen dar.

10.3 Elektronische Datenverarbeitung

Berater	Mandant	Name des Mandanten	Konto-Nr.	Blatt-Nr.
29223	200	Paumgartner	0 3400	3
Funktion			Konto-Bezeichnung	
AV			WARENEINKAUF HEIZUNGSKESSEL	
letzte Buchung	EB-Wert		Saldo alt	Soll Jahresverkehrszahlen alt Haben
31 03 2000			20531391 S	20531391

Datum	PN	Gegenkonto	Buchungstext	Beleg-Nr.	BU	Soll Umsatz Haben
5 03	1	71601	16%	13		43478
5 03	1	71602	16%	556		565217
9 03	1	81610	16%	26		504348
16 03	1	81613	16%	230		2173913
29 03	1	81613	Gutschrift Transportschaden16%	654		
			*Summe für Monat			65217
			*Summe per Abr.			**********65217 *******3286956
						**********65217 *******3286956
gebucht bis	EB-Wert		Saldo neu			Soll Jahresverkehrszahlen neu Haben
31 03 2000			17309652 S			20596608 3286956

10.3.3.4 Das DATEV-Kontenbuch

Zusätzlich zum laufenden Kontendruck kann jederzeit die Jahresbuchhaltung als gebundenes Kontenbuch abgerufen werden. Durch die datumsgenaue Sortierung der Geschäftsfälle wird es zum idealen Nachschlagewerk und dient als Prüfungsunterlage. Das gebundene Buch demonstriert Vollständigkeit und erschließt sich in kürzester Zeit jedem sachverständigen Leser.

10.3.3.5 Überblick über den Arbeitsablauf bei der DATEV

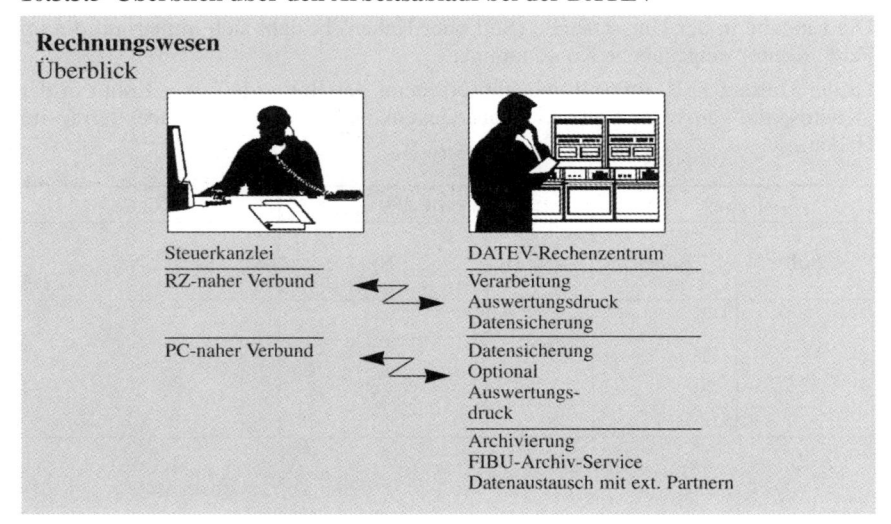

Rechnungswesen
Überblick

Steuerkanzlei		DATEV-Rechenzentrum
RZ-naher Verbund	⇄	Verarbeitung Auswertungsdruck Datensicherung
PC-naher Verbund	⇄	Datensicherung Optional Auswertungs- druck
		Archivierung FIBU-Archiv-Service Datenaustausch mit ext. Partnern

Grundsätzlich sind bei DATEV der RZ-orientierte Verbund und der PC-orientierte Verbund zu unterscheiden. Anwender haben somit die volle Wahlfreiheit, inwieweit das Rechenzentrum bzw. ein Vor-Ort-Programm genutzt werden soll. In allen Fällen liegt ein Testat vor, dass die Programmfunktionalitäten im Rahmen der Grundsätze ordnungsgemäßer Buchführung bestätigt.

Besonderer Nutzen des Rechenzentrums ergibt sich bei der Massendatenverarbeitung, Druck von großen Auswertungsmengen (z. B. Konten etc.) oder hochwertigen Auswertungen (z. B. Farbgrafiken) und bei der Nutzung des Rechenzentrums als Datendrehscheibe zu Finanzbehörden (z. B. direkte Übermittlung der UStVA an Finanzämter). Letztlich kann durch das Rechenzentrum ein Maximum an Datensicherheit und -schutz gewährleistet werden. Die 10-jährige Aufbewahrungspflicht (gemäß § 257 HGB und § 147 AO) von Grund- und Hauptbuch wird durch den FIBU-Archiv-Service gewährleistet – bei Bedarf (z. B. Betriebsprüfung) kann auch nach Jahren noch auf diese Auswertungen zurückgegriffen werden.

10.3.3.6 Der DATEV-Buchungssatz

Buchungen werden in den Programmen durch einen speziellen, standardisierten „DATEV-Buchungssatz" erfasst. In einer Zeile sind dabei zwei Konten enthalten: das Konto und das Gegenkonto; Datum, Belegnummer und Betrag gelten jeweils für beide Konten.

Die Eingabe in der Umsatzspalte (Soll oder Haben) bezieht sich immer auf die im Feld „Konto" eingegebene Kontonummer.

Ist der Umsatz z. B. im Soll gebucht, erscheint der Betrag auf dem Konto in der „Kontospalte" auch im Soll. Auf dem Gegenkonto erscheint derselbe Betrag im Haben.

Betrag		Storno	USt	Gegenkonto		Konto	
Soll	Haben			K	Nr.	K	Nr.

10.3 Elektronische Datenverarbeitung

Aufbau der Nummer des Gegenkontos:

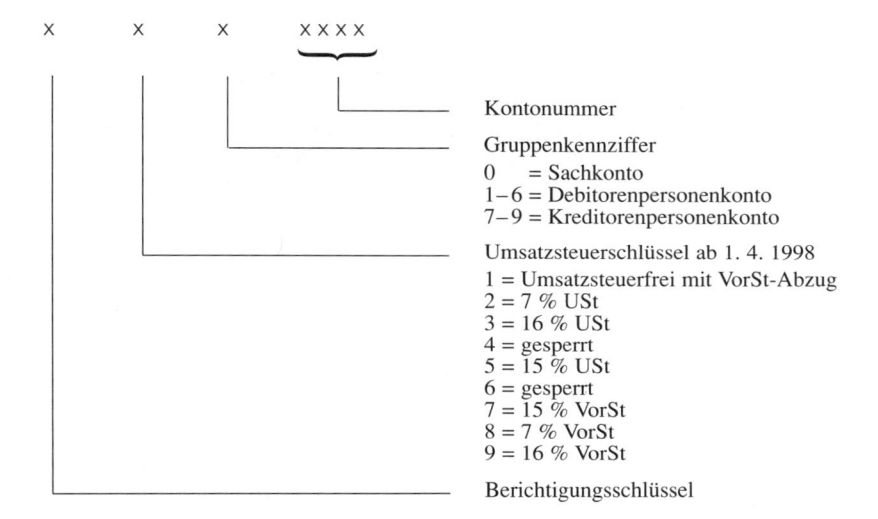

```
x    x    x    x x x x
                └─────── Kontonummer
           └──────────── Gruppenkennziffer
                         0   = Sachkonto
                         1–6 = Debitorenpersonenkonto
                         7–9 = Kreditorenpersonenkonto
      └───────────────── Umsatzsteuerschlüssel ab 1. 4. 1998
                         1 = Umsatzsteuerfrei mit VorSt-Abzug
                         2 = 7 % USt
                         3 = 16 % USt
                         4 = gesperrt
                         5 = 15 % USt
                         6 = gesperrt
                         7 = 15 % VorSt
                         8 = 7 % VorSt
                         9 = 16 % VorSt
 └──────────────────────  Berichtigungsschlüssel
```

Generell wird die Erfassung der Buchungssätze gleich gehandhabt. Zur Verdeutlichung werden im Folgenden exemplarisch zwei Geschäftsvorfälle dargestellt:

1. Warenverkauf auf Ziel an Fa. Muster lt. Ausgangsrechnung über 5000 DM zzgl. 800 DM USt = 5800 DM.

In der Umsatzspalte erscheint der Betrag auf derjenigen Seite, auf der im Konto zu buchen ist. Erlöse werden im Haben gebucht, also steht der Umsatz in der Betragsspalte im „Haben".

In der Betragsspalte ist der Bruttobetrag zu erfassen; durch die Angabe des entsprechenden Steuerschlüssels im Feld „Gegenkonto" wird die Steuer automatisch berechnet und auf das Umsatzsteuerkonto gebucht.

Als Gegenkonto wird das für den Kunden Muster geführte Personenkonto (Kontonummer 10074) eingegeben. Die Angabe des Umsatzsteuerschlüssels 3 in der Spalte „USt" an der 6. Stelle (von rechts) im Gegenkonto bewirkt die automatische Berechnung der Umsatzsteuer.

Im Feld „Konto" wird das Erlöskonto eingetragen. In diesem Beispiel „Umsatzerlöse" Kontonummer 4000.

Durch die Verarbeitung der Buchungsdaten im Rechenzentrum entstehen auf dem Journal zwei Buchungen.

10 Organisation der doppelten Buchführung

Konto	Soll	Haben
10074 Firma Muster	5800	
8000 Umsatzerlöse		5000
1770 Umsatzsteuer 16 %		800

Das Konto „Umsatzsteuer 16 %" (Kontonummer 1770) ist ein so genanntes Sammelkonto. Jede Umsatzsteuerbuchung (ausgelöst durch einen Umsatzsteuerschlüssel oder durch Verwendung eines Automatikkontos) wird hier ausgewiesen und für die Umsatzsteuervoranmeldung herangezogen.

Betrag				Gegenkonto		Konto	
Soll	Haben	Storno	USt	K	Nr.	K	Nr.
	5800	3	1		10074		8000

Die DATEV-Standardkontenrahmen bieten auch so genannte Automatikkonten. Dies sind Konten, die bereits eine fest hinterlegte Steuerfunktion haben. In diesen Fällen wird die Umsatzsteuer automatisch ermittelt und auf dem Sammelkonto gebucht. Die Eingabe eines Steuerschlüssels kann bei diesen Konten somit entfallen.

Durch den erläuterten Buchungssatz wird noch ein weiteres Konto automatisch angebucht; das Konto 1400 „Forderungen aus Lieferungen und Leistungen" ist ebenfalls ein Sammelkonto. Jede Buchung auf ein Debitorenkonto erfolgt automatisch zusätzlich auf das Sammelkonto.

Auf den Sammelkonten sind die Beträge der einzelnen Buchungen nicht ersichtlich. Die Beträge werden in einer Summe gebucht (sog. Sammelbuchung).

2. Sofortige Zahlung einer LKW-Reparatur durch Überweisung. Die Rechnung lautet über 2000 DM zzgl. 320 DM USt = 2320 DM.

Konto-Nummern der angesprochenen Konten:

Kfz-Reparatur = 4540
Bank = 1200

Durch die Verarbeitung der Buchung im Rechenzentrum entstehen auf dem Journal wiederum zwei Buchungen.

Konto	Soll	Haben
4540 Kfz-Reparaturen	2000	
1570 Vorsteuer 16 %	320	
1200 Bank		2320

10.3 Elektronische Datenverarbeitung

Das Konto 1570 „Vorsteuer 16 %" ist ebenfalls ein Sammelkonto. Durch Angabe des Vorsteuerschlüssels 9 wird aus dem Bruttobetrag 16 % Vorsteuer gerechnet und auf das Sammelkonto gebucht.

Betrag				Gegenkonto		Konto	
Soll	Haben	Storno	USt	K	Nr.	K	Nr.
2320			9	0	1200		4540

10.3.3.7 Im-Haus-Lösung

Seit einiger Zeit bietet die DATEV ein Produktsystem an, das die beiden Haupttätigkeitsfelder der Steuerkanzlei verbindet. Mit dem Programm Kanzlei-Rechnungswesen erfolgt die Abwicklung der laufenden Finanzbuchführung und die Jahresabschlusserstellung vor Ort am PC. Kanzlei-Rechnungswesen kombiniert die Flexibilität einer Vor-Ort-Verarbeitung mit den Stärken des DATEV-Rechenzentrums, weil das komplette Dienstleistungsangebot des Rechenzentrums auch weiterhin uneingeschränkt zur Verfügung steht. Das Programm orientiert sich an den speziellen Anforderungen in der Kanzlei. Die wichtigsten Leistungsmerkmale sind rationelle Arbeitsabläufe, sofortige Auskunftsfähigkeit vor Ort, Zeitersparnis und Reduzierung des Verwaltungsaufwandes.

Das Programm „Kanzlei-Rechnungswesen" ermöglicht die durchgängige Bearbeitung des gesamten Rechnungswesens vom Buchungssatz bis zur Bilanz in einem Schritt am PC. Die gemeinsame Stammdatenverwaltung für Finanzbuchführung und Jahresabschluss sorgt für Rationalisierung in der Kanzlei. Neuanlagen, Änderungen und Ergänzungen sind in beiden Bereichen wirksam, und es erfolgt eine sofortige Generierung der richtigen Stammdatenvorläufe für das Rechenzentrum, sodass die Datenbestände vor Ort immer mit denen im Rechenzentrum übereinstimmen. Ohne Arbeitsunterbrechung stehen die Buchungssätze aus der laufenden FIBU sofort am PC als Basis für die Jahresabschlusserstellung bereit. Abschlussbuchungen, die im Bilanzteil erfasst wurden, aktualisieren auf Wunsch den FIBU-Datenbestand am PC. Die erfassten Buchungssätze im Buchführungsteil werden gemäß der Rechenzentrumslogik geprüft, verarbeitet und ausgewertet. Da sämtliche Daten am PC gespeichert werden, können jederzeit alle standardmäßigen FIBU-Auswertungen sowie Zwischen- und Jahresabschlüsse vor Ort ausgegeben werden. Selbst das komplette Kontokorrent sowie Mahnwesen und Zahlungsvorschlag für die Buchführungsmandanten können so abgewickelt werden.

Komfortable Schnittstellen zu weiteren DATEV-Programmen sichern hohe Effektivität und rationelles Arbeiten. „Kanzlei-Rechnungswesen" bietet Schnittstellen zur Anlagenbuchführung und zu verschiedenen Steuer- und Wirtschaftsberatungs-Programmen. Darüber hinaus existieren Schnittstellen zur Tabellenkalkulation (ASCII) und Textverarbeitung (RTF) sowie für die Übernahme von Fremdbuchhaltungen.

Eine zusätzliche Entlastung der Kanzlei wird erreicht, wenn das DATEV-Rechenzentrum in sinnvoller Arbeitsteilung mit dem PC genutzt wird. Das DATEV-Rechenzentrum steht zur Datenarchivierung und als Druck- und Ausgabemedium zur Verfügung. Die hier gespeicherten Daten werden für die Übermittlung der USt-Werte an die Finanzbehörden herangezogen und bilden die Basis für die betriebswirtschaftlichen Beratungsinstrumente.

10.4 Kontenrahmen, Kontenplan

10.4.1 Bedeutung für die Vergleichbarkeit der Buchführungsergebnisse

Die im Mittelpunkt des betrieblichen Rechnungswesens stehende Buchführung soll nicht nur eine Übersicht über die Höhe und die Zusammensetzung des dem Unternehmen dienenden Vermögens und den Erfolg eines bestimmten Zeitraums verschaffen, sondern außerdem brauchbare Unterlagen für die Selbstkostenrechnung, die Statistik, die Finanzierung und die betriebliche Planung liefern. Diesen vielfältigen Anforderungen kann eine Buchführung nur gerecht werden, wenn der Buchungsstoff nach einheitlichen Grundsätzen verarbeitet wird. Nur so können aus ihr echte Vergleichszahlen gewonnen werden. Grundlage für die systematische Einreihung des Buchungsstoffes ist der **Kontenplan** des einzelnen Betriebs. Der Kontenplan wird zweckmäßigerweise aus dem **Kontenrahmen** des jeweiligen Wirtschaftszweigs entwickelt.

Durch die Verwendung eines Kontenplans wird es möglich, als Buchungstext neben dem Beleghinweis nur die Kontenplannummern der betroffenen Konten zu vermerken. Statt langer Buchungstexte sind vor allem in der Durchschreibebuchhaltung und der EDV Textabkürzungen durch Verwendung der Kontenplannummern möglich, ohne dass dadurch die Klarheit der Buchung leidet.

10.4.2 Notwendigkeit der Kontenaufgliederung

In der Praxis ist das Bedürfnis nach Einrichtung einer Vielzahl von Konten außerordentlich groß. Das gilt besonders für die Aufwandskonten. Sollen diese als Grundlage der Kalkulation dienen, dann muss jede Kostenart getrennt erfasst werden. Je weitergehender das Kontensystem gegliedert ist, umso größer ist der Aussagewert der

10.4 Kontenrahmen, Kontenplan

Buchführung, aber auch die Notwendigkeit, die geführten Konten übersichtlich zu gliedern und den Buchungsstoff einheitlich zu verarbeiten. Wird z. B. eine bestimmte Ausgabeart von zwei Betrieben unterschiedlich gebucht, sind die Aufwandsposten für einen Betriebsvergleich nicht verwendbar. Entsprechendes gilt für den Zeitvergleich, wenn in einem Betrieb von Geschäftsjahr zu Geschäftsjahr unterschiedlich verfahren wird.

10.4.3 Unterschied zwischen Kontenrahmen und Kontenplan

Die betriebswirtschaftliche Forschung hat insbesondere auch dafür gesorgt, dass die Organisation des betrieblichen Rechnungswesens weiter entwickelt wurde. Dieser Forschungsarbeit verdanken die Kontenrahmen ihre Entstehung. Sie gelten als Grundlage einer geordneten Buchführung und zugleich als unerlässliche Voraussetzung für Zeitvergleich und Betriebsvergleich.

Kontenrahmen sind Organisationspläne für die Buchführung der Betriebe einer bestimmten Branche. Sie sollen Ordnung und Übersicht in die Vielzahl der Konten bringen. Sie sind Modelle für den jeweiligen Wirtschaftszweig. Ihr Zweck besteht in der einheitlichen Ausrichtung der Buchführungsorganisation. Durch sie wird die gleichmäßige Buchung der Geschäftsvorfälle in den verschiedenen Betrieben gewährleistet.

Kontenpläne werden von den einzelnen Betrieben nach dem für sie geltenden Kontenrahmen aufgestellt. Die Besonderheiten des Betriebs können hierin berücksichtigt werden. Der Kontenplan des Unternehmens ist eine Übersicht über die zu führenden Konten. Er enthält alle Konten des Unternehmens zusammengefasst in einzelnen Klassen. In den Kontenplan sind nur die Konten aufzunehmen, die auch tatsächlich gebraucht werden. Kommen Geschäftsvorfälle einer bestimmten Art nicht vor, erübrigt sich die Aufnahme des im Kontenrahmen dafür vorgesehenen Kontos in den betrieblichen Kontenplan.

10.4.3.1 DATEV-Spezialkontenrahmen (SKR)

Der in der Praxis weit verbreitete Kontenrahmen ist der von der DATEV entwickelte und von vielen Beratern bei der Erstellung von Buchführung und Jahresabschluss verwendete „**Spezialkontenrahmen (SKR) 03**", der seit 1999 auch die Änderungen durch das StEntlG berücksichtigt.[15]

10.4.3.2 Industriekontenrahmen (IKR)

Der Bundesverband der Deutschen Industrie gibt den Industriekontenrahmen (IKR) heraus, dessen Gliederung am Gliederungsschema des HGB für große Kapitalgesellschaften (insbesondere §§ 266, 275 HGB) orientiert ist. Da in diesem Konten-

---
15 Der Kontenrahmen kann bei der DATEV, 90329 Nürnberg, angefordert werden.

rahmen nur wenige Kontengruppen von den Belangen der Industrie spezifisch geprägt sind, ist der IKR mit verhältnismäßig geringen Anpassungen auch für andere Wirtschaftsbereiche geeignet.

Der IKR nimmt, im Gegensatz zum HGB, keine Differenzierung zwischen Einzelunternehmen und Personengesellschaften einerseits und Kapitalgesellschaften sowie GmbH & Co. KG andererseits vor. Das hat lediglich pragmatische Gründe und soll nicht zu dem Schluss führen, die für Kapitalgesellschaften vorgeschriebenen Abschluss- und Gliederungsschemata würden auch für Einzelunternehmen und Personengesellschaften als verpflichtende Grundsätze ordnungsmäßiger Buchführung bzw. Bilanzierung angesehen. Mit dem IKR wird für den Ausweis im Jahresabschluss nur die Reihenfolge der Posten vorgegeben. Für die Abgrenzung der ausgewiesenen Posten bzw. das Maß ihrer Zusammenfassung bleibt jeder notwendige Spielraum.

Der IKR nutzt die Klassen 0 bis 4 für die Bilanz und die Klassen 5 bis 7 für die GuV-Rechnung, während die Klasse 8 die Eröffnungs- und Abschlusskonten und außerdem Konten für das Umsatzkostenverfahren und die kurzfristige Erfolgsrechnung enthält. Die Klasse 9 ist der Kosten- und Leistungsrechnung (Betriebsbuchhaltung) vorbehalten. In der Praxis wird die Kosten- und Leistungsrechnung jedoch gewöhnlich nur tabellarisch (BAB) durchgeführt (s. u. 15.6.5.1 und 15.6.5.3.2).

Der Industriekontenrahmen ist auf den nachfolgenden Seiten abgedruckt.

Industrie-Kontenrahmen (IKR)*

Kontenklasse 0	Kontenklasse 1	Kontenklasse 2
AKTIVA		
Anlagevermögen		Umlaufvermögen

Kontenklasse 0 – Anlagevermögen

- **0 Immaterielle Vermögensgegenstände und Sachanlagen**
- **00 Ausstehende Einlagen**
- 001 noch nicht eingeforderte Einlagen
- 002 eingeforderte Einlagen
- **01 Aufwendungen für die Ingangsetzung und Erweiterung des Geschäftsbetriebes**
- **02 Konzessionen, gewerbliche Schutzrechte und ähnliche Rechte und Werte sowie Lizenzen an solchen Rechten und Werten**
- **03 Geschäfts- oder Firmenwert**
- **04 Geleistete Anzahlungen auf immaterielle Vermögensgegenstände**
- **05 Grundstücke, grundstücksgleiche Rechte und Bauten einschließlich der Bauten auf fremden Grundstücken**
- 050 unbebaute Grundstücke
- 051 bebaute Grundstücke
- 052 grundstücksgleiche Rechte
- 053 Betriebsgebäude
- 054 Verwaltungsgebäude
- 055 andere Bauten
- 056 Grundstückseinrichtungen
- 057 Gebäudeeinrichtungen
- 059 Wohngebäude
- **06 frei**
- **07 Technische Anlagen und Maschinen**
- 070 Anlagen und Maschinen der Energieversorgung
- 071 Anlagen der Materiallagerung und -bereitstellung
- 072 Anlagen und Maschinen der mechanischen Materialbearbeitung, -verarbeitung und -umwandlung
- 073 Anlagen für Wärme-, Kälte- und chemische Prozesse sowie ähnliche Anlagen
- 074 Anlagen für Arbeitssicherheit und Umweltschutz
- 075 Transportanlagen und ähnliche Betriebsvorrichtungen
- 076 Verpackungsanlagen und -maschinen
- 077 sonstige Anlagen und Maschinen
- 078 Reservemaschinen und -anlageteile
- 079 geringwertige Anlagen und Maschinen
- **08 Andere Anlagen, Betriebs- und Geschäftsausstattung**
- 080 andere Anlagen
- 081 Werkstätteneinrichtung
- 082 Werkzeuge, Werksgeräte und Modelle, Prüf- und Messmittel
- 083 Lager- und Transporteinrichtungen
- 084 Fuhrpark
- 085 sonstige Betriebsausstattung
- 086 Büromaschinen, Organisationsmittel und Kommunikationsanlagen
- 087 Büromöbel und sonstige Geschäftsausstattung
- 088 Reserveteile für Betriebs- und Geschäftsausstattung
- 089 geringwertige Vermögensgegenstände der Betriebs- und Geschäftsausstattung
- **09 Geleistete Anzahlungen und Anlagen im Bau**
- 090 geleistete Anzahlungen auf Sachanlagen
- 095 Anlagen im Bau

Kontenklasse 1 – Anlagevermögen (Finanzanlagen)

- **1 Finanzanlagen**
- **10 frei**
- **11 Anteile an verbundenen Unternehmen**
- 110 – an einem herrschenden oder einem mit Mehrheit beteiligten Unternehmen
- 111 – an der Konzernmutter, soweit nicht zu Kto. 110 gehörig
- 112 – an Tochterunternehmen
- 119 – an sonstigen verb. Unternehmen
- **12 Ausleihungen an verbundene Unternehmen**
- 120 – gesichert, durch Grundpfandrechte oder andere Sicherheiten
- 125 – ungesichert
- **13 Beteiligungen**
- 130 Beteiligungen an assoziierten Unternehmen
- 135 andere Beteiligungen
- **14 Ausleihungen an Unternehmen, mit denen ein Beteiligungsverhältnis besteht**
- 140 – gesichert, durch Grundpfandrechte oder andere Sicherheiten
- 145 – ungesichert
- **15 Wertpapiere des Anlagevermögens**
- 150 Stammaktien
- 151 Vorzugsaktien
- 152 Genussscheine
- 153 Investmentzertifikate
- 154 Gewinnobligationen
- 155 Wandelschuldverschreibungen
- 156 festverzinsliche Wertpapiere
- 158 Optionsscheine
- 159 sonstige Wertpapiere
- **16 Sonstige Ausleihungen (Sonstige Finanzanlagen)**
- 160 Genossenschaftsanteile
- 161 gesicherte sonstige Ausleihungen
- 163 ungesicherte sonstige Ausleihungen
- 164 Ausleihungen an Mitarbeiter, an Organmitglieder und an Gesellschafter
- 169 übrige sonstige Finanzanlagen

Kontenklasse 2 – Umlaufvermögen

- **2 Umlaufvermögen und aktive Rechnungsabgrenzung**
- **20 Roh-, Hilfs- und Betriebsstoffe**
- 200 Rohstoffe / Fertigungsmaterial
- 201 Vorprodukte / Fremdbauteile
- 202 Hilfsstoffe
- 203 Betriebsstoffe
- **21 Unfertige Erzeugnisse, unfertige Leistungen**
- 210 unfertige Erzeugnisse
- 219 nicht abgerechnete Leistungen (unfertige Leistungen)
- **22 Fertige Erzeugnisse und Waren**
- 220 fertige Erzeugnisse
- 228 Waren (Handelswaren)
- **23 Geleistete Anzahlungen auf Vorräte**
- **24 Forderungen aus Lieferungen und Leistungen**
- 240 Forderungen aus Lieferungen und Leistungen
- 245 Wechselforderungen aus Lieferungen und Leistungen (Besitzwechsel)
- 249 Wertberichtigungen zu Forderungen aus Lieferungen und Leistungen
- **25 Forderungen gegen verbundene Unternehmen und gegen Unternehmen, mit denen ein Beteiligungsverhältnis besteht**
- **26 Sonstige Vermögensgegenstände**
- 260 anrechenbare Vorsteuer
- 261 aufzuteilende Vorsteuer
- 262 sonstige Forderungen an Finanzbehörden
- 263 Forderungen an Sozialversicherungsträger
- 264 Forderungen an Mitarbeiter, an Organmitglieder und an Gesellschafter
- 266 andere sonstige Forderungen
- 267 andere sonstige Vermögensgegenstände
- 268 eingefordertes, noch nicht eingezahltes Kapital und eingeforderte Nachschüsse
- 269 Wertberichtigungen zu sonstigen Forderungen und Vermögensgegenständen
- **27 Wertpapiere**
- 270 Anteile an verbundenen Unternehmen
- 271 eigene Anteile
- 272 Aktien
- 273 variable verzinsliche Wertpapiere
- 274 festverzinsliche Wertpapiere
- 275 Finanzwechsel
- 278 Optionsscheine
- 279 sonstige Wertpapiere
- **28 Flüssige Mittel**
- 280 Guthaben bei Kreditinstituten
- 285 Postgiroguthaben
- 286 Schecks
- 287 Bundesbank
- 288 Kasse
- 289 Nebenkassen
- **29 Aktive Rechnungsabgrenzung**
- 290 Disagio
- 291 Zölle und Verbrauchssteuern
- 292 Umsatzsteuer auf Anzahlungen
- 293 andere aktive Jahresabgrenzungsposten
- 295 aktive Steuerabgrenzung
- 299 nicht durch Eigenkapital gedeckter Fehlbetrag

* Aus Platzgründen ist hier nicht die „Tiefgliederung" des IKR abgedruckt. Interessenten können die Tiefgliederung mit Erläuterungen zu einzelnen Positionen beziehen durch: HEIDER-VERLAG, Postfach 20 05 40, 51435 Bergisch Gladbach.

Industrie-Kontenrahmen*

Kontenklasse 3	Kontenklasse 4	Kontenklasse 5
PASSIVA		ERTRÄGE

Kontenklasse 3 – PASSIVA

- **3 Eigenkapital und Rückstellungen**
- **30 Kapitalkonto/Gezeichnetes Kapital**
  Bei Einzelfirmen und Personengesellschaften:
- 300 Kapitalkonto Gesellschafter A
- 301 Kapitalkonto Gesellschafter B
  Bei Kapitalgesellschaften:
- 300 Gezeichnetes Kapital
- 305 noch nicht eingeforderte Einlagen
- **31 Kapitalrücklage**
- 311 Aufgeld aus der Ausgabe von Anteilen
- 312 Aufgeld aus der Ausgabe von Wandelschuldverschreibungen
- 313 Zahlung aus der Gewährung eines Vorzugs für Anteile
- 314 andere Zuzahlungen von Gesellschaftern in das Eigenkapital
- 318 eingeforderte Nachschüsse gemäß § 42 Abs. 2 GmbHG (vgl. Kto. 268)
- **32 Gewinnrücklagen**
- 321 gesetzliche Rücklagen
- 322 Rücklage für eigene Anteile
- 323 satzungsmäßige Rücklagen
- 324 andere Gewinnrücklagen
- 325 Eigenkapitalanteil bestimmter Passivposten
- **33 Ergebnisverwendung**
- 331 Jahresergebnis des Vorjahres
- 332 Ergebnisvortrag aus früheren Perioden
- 333 Entnahmen aus der Kapitalrücklage
- 334 Veränderungen der Gewinnrücklagen vor Bilanzergebnis
- 335 Bilanzergebnis (Bilanzgewinn / Bilanzverlust)
- 336 Ergebnisausschüttung
- 337 zusätzlicher Aufwand oder Ertrag aufgrund Ergebnisverwendungsbeschluss
- 338 Einstellungen in Gewinnrücklagen nach Bilanzergebnis
- 339 Ergebnisvortrag auf neue Rechnung
- **34 Jahresüberschuss/Jahresfehlbetrag**
- **35 Sonderposten mit Rücklageanteil**
- **36 Wertberichtigungen** (Bei Kapitalgesellschaften als Passivposten der Bilanz nicht mehr zulässig)
- **37 Rückstellungen für Pensionen und ähnliche Verpflichtungen**
- **38 Steuerrückstellungen**
- 380 Gewerbeertragsteuer
- 381 Körperschaftsteuer
- 382 Kapitalertragsteuer
- 383 ausländische Quellensteuer
- 384 andere Steuern vom Einkommen und Ertrag
- 385 latente Steuern
- 389 sonstige Steuerrückstellungen
- **39 Sonstige Rückstellungen**
- 390 – für Personalaufwendungen und die Vergütung an Aufsichtsgremien
- 391 – für Gewährleistung
- 392 – für Rechts- und Beratungskosten
- 393 – für andere ungewisse Verbindlichkeiten
- 397 – für drohende Verluste aus schwebenden Geschäften
- 398 – für unterlassene Instandhaltung
- 399 – für andere Aufwendungen gem. § 249 Abs. 2

Kontenklasse 4

- **4 Verbindlichkeiten und passive Rechnungsabgrenzung**
- **40 frei**
- **41 Anleihen**
- 410 konvertible Anleihen
- 415 Anleihen – nicht konvertibel
- **42 Verbindlichkeiten gegenüber Kreditinstituten**
- 420 Kredit, Bank A
- 424 Kredit, Bank Z
- 425 Investitionskredit, Bank A
- 428 Investitionskredit, Bank Z
- 429 sonstige Verbindlichkeiten gegenüber Kreditinstituten
- **43 Erhaltene Anzahlungen auf Bestellungen**
- **44 Verbindlichkeiten aus Lieferungen und Leistungen**
- 440 Verbindlichkeiten aus Lieferungen und Leistungen / Inland
- 445 Verbindlichkeiten aus Lieferungen und Leistungen / Ausland
- **45 Wechselverbindlichkeiten**
- 450 – gegenüber Dritten
- 451 – gegenüber verbundenen Unternehmen
- 452 – gegenüber Unternehmen, mit denen ein Beteiligungsverhältnis besteht
- **46 Verbindlichkeiten gegenüber verbundenen Unternehmen**
- 460 – aus Lieferungen und Leistungen / Inland
- 465 – aus Lieferungen und Leistungen / Ausland
- 469 sonstige Verbindlichkeiten (verb. Untern.)
- **47 Verbindlichkeiten gegenüber Unternehmen, mit denen ein Beteiligungsverhältnis besteht**
- 470 – aus Lieferungen und Leistungen / Inland
- 475 – aus Lieferungen und Leistungen / Ausland
- 479 sonstige Verbindlichkeiten (Betlg.verh.)
- **48 Sonstige Verbindlichkeiten**
- 480 Umsatzsteuer
- 481 Umsatzsteuer nicht fällig
- 482 Umsatzsteuervorauszahlung
- 483 Verbindlichkeiten gegenüber Sozialversicherungsträgern
- 484 Verbindlichkeiten gegenüber Mitarbeitern, Organmitgliedern und Gesellschaftern
- 486 andere sonstige Verbindlichkeiten
- 489 übrige sonstige Verbindlichkeiten
- **49 Passive Rechnungsabgrenzung**

Kontenklasse 5 – ERTRÄGE

- **5 Erträge**
- **50 Umsatzerlöse**
- 505 st.freie Umsätze § 4 Nr. 1–6 UStG
- 506 st.freie Umsätze § 4 Nr. 8 ff. UStG
- 507 Lieferungen in das Währungsgebiet der Mark der DDR
- 508 Erlöse $^{1}/_{2}$ USt-Satz
- **51**
- 510 Umsatzerlöse für eigene Erzeugnisse und andere eigene Leistungen
- 513 $^{1}/_{1}$ USt-Satz
- 514 andere Umsatzerlöse, $^{1}/_{1}$ USt-Satz
- 515 Umsatzerlöse für Waren, $^{1}/_{1}$ USt-Satz
- 516 Skonti
- 517 Boni
- 518 andere Erlösberichtigungen
- **52 Erhöhung oder Verminderung des Bestandes an unfertigen und fertigen Erzeugnissen**
- **53 Andere aktivierte Eigenleistungen**
- 530 selbst erstellte Anlagen
- 539 sonstige andere aktivierte Eigenleistungen
- **54 Sonstige betriebliche Erträge**
- 540 Nebenerlöse
- 541 sonstige Erlöse
- 542 Eigenverbrauch
- 543 andere sonstige betriebliche Erträge
- 544 Erträge aus Werterhöhungen von Gegenständen des Anlagevermögens
- 545 Erträge aus Werterhöhungen von Gegenständen des Umlaufvermögens außer Vorräten und Wertpapieren
- 546 Erträge aus dem Abgang von Vermögensgegenständen
- 547 Erträge aus der Auflösung von Sonderposten mit Rücklageanteil
- 548 Erträge aus der Herabsetzung von Rückstellungen
- 549 periodenfremde Erträge (soweit nicht bei den betroffenen Ertragsarten zu erfassen)
- **55 Erträge aus Beteiligungen**
- **56 Erträge aus anderen Wertpapieren und Ausleihungen des Finanzanlagevermögens**
- **57 Sonstige Zinsen und ähnliche Erträge**
- 570 sonstige Zinsen und ähnliche Erträge von verbundenen Unternehmen
- 571 Bankzinsen
- 573 Diskonterträge
- 575 Bürgschaftsprovisionen
- 576 Zinsen für Forderungen
- 577 Aufzinsungserträge
- 578 Erträge aus Wertpapieren des Umlaufvermögens (soweit von nicht verbundenen Unternehmen)
- 579 übrige sonstige Zinsen und ähnliche Erträge
- **58 Außerordentliche Erträge**
- **59 Erträge aus Verlustübernahme**

---

* Aus Platzgründen ist hier nicht die „Tiefgliederung" des IKR abgedruckt. Interessenten können die Tiefgliederung mit Erläuterungen zu einzelnen Positionen beziehen durch: HEIDER-VERLAG, Postfach 20 05 40, 51435 Bergisch Gladbach.

Industrie-Kontenrahmen*

Kontenklasse 6
AUFWENDUNGEN

6 Betriebliche Aufwendungen
60 Aufwendungen für Roh-, Hilfs- und Betriebsstoffe und für bezogene Waren
- 600 Rohstoffe / Fertigungsmaterial
- 601 Vorprodukte / Fremdbauteile
- 602 Hilfsstoffe
- 603 Betriebsstoffe / Verbrauchswerkzeuge
- 604 Verpackungsmaterial
- 605 Energie
- 606 Reparaturmaterial und Fremdinstandhaltung
- 607 sonstiges Material
- 608 Aufwendungen für Waren
- 609 Sonderabschreibungen auf Roh-, Hilfs- und Betriebsstoffe u. f. bezogene Waren

61 Aufwendungen für bezogene Leistungen
- 610 Fremdleistungen für Erzeugnisse und andere Umsatzleistungen
- 611 Fremdleistungen für die Auftragsgewinnung (bei Auftragsfertigung – soweit einzelnen Aufträgen zurechenbar)
- 612 Entwicklungs-, Versuchs- und Konstruktionsarbeiten durch Dritte
- 613 weitere Fremdleistungen
- 614 Frachten und Fremdlager (inkl. Vers. u. anderer Nebenkosten)
- 615 Vertriebsprovisionen
- 616 Fremdinstandhaltung und Reparaturmaterial
- 617 sonstige Aufwendungen für bezogene Leistungen
- 618 Skonti
- 619 Boni und andere Aufwandsberichtigungen

62 Löhne
- 620 Löhne für geleistete Arbeitszeit einschl. tariflicher, vertraglicher oder arbeitsbedingter Zulagen
- 621 Löhne für andere Zeiten (Urlaub, Feiertag, Krankheit)
- 622 sonstige tarifliche oder vertragliche Aufwendungen für Lohnempfänger
- 623 freiwillige Zuwendungen
- 625 Sachbezüge
- 626 Vergütungen an gewerbl. Auszubildende
- 629 sonstige Aufwendungen mit Lohncharakter

63 Gehälter
- 630 Gehälter einschließlich tariflicher, vertraglicher oder arbeitsbedingter Zulagen
- 632 sonstige tarifliche oder vertragliche Aufwendungen
- 633 freiwillige Zuwendungen
- 635 Sachbezüge
- 636 Vergütung an techn./kaufm. Auszubildende
- 639 sonstige Aufwendungen mit Gehaltscharakter

64 Soziale Abgaben und Aufwendungen für Altersversorgung und für Unterstützung
- 640 Arbeitgeberanteil zur Sozialversicherung (Lohnbereich)
- 641 Arbeitgeberanteil zur Sozialversicherung (Gehaltsbereich)
- 642 Beiträge zur Berufsgenossenschaft
- 643 sonstige soziale Abgaben
- 644 gezahlte Betriebsrenten
- 645 Veränderungen der Pensionsrückstellungen
- 646 Aufwendungen für Direktversicherungen
- 647 Zuweisungen an Pensions- und Unterstützungskassen
- 648 sonstige Aufwendungen für Altersversorgung
- 649 Beihilfen und Unterstützungsleistungen

65 Abschreibungen
- 650 Abschreibungen auf aktivierte Aufwendungen für die Ingangsetzung und Erweiterung des Geschäftsbetriebes
- 651 Abschreibungen auf immaterielle Vermögensgegenstände des Anlagevermögens
- 652 Abschreibungen auf Grundstücke und Gebäude
- 653 Abschreibungen auf technische Anlagen und Maschinen
- 654 Abschreibungen auf andere Anlagen, Betriebs- und Geschäftsausstattung
- 655 außerplanmäßige Abschreibungen auf Sachanlagen gem. § 253 Abs. 2 S. 3
- 656 steuerrechtliche Sonderabschreibungen auf Sachanlagen gem. § 254
- 657 unübliche Abschreibungen auf Vorräte
- 658 unübliche Abschreibungen auf Forderungen und sonstige Vermögensgegenstände

66 Sonstige Personalaufwendungen
- 660 Aufwendungen für Personaleinstellung
- 661 Aufwendungen für übernommene Fahrtkosten
- 662 Aufwendungen für Werkarzt und Arbeitssicherheit
- 663 personenbezogene Versicherungen
- 664 Aufwendungen für Fort- und Weiterbildung
- 665 Aufwendungen für Dienstjubiläen
- 666 Aufwendungen für Belegschaftsveranstaltungen
- 667 frei (evtl. Aufwendungen für Werksküche und Sozialeinrichtungen)
- 668 Ausgleichsabgabe nach dem Schwerbehindertengesetz
- 669 übrige sonstige Personalaufwendungen

67 Aufwendungen für die Inanspruchnahme von Rechten und Diensten
- 670 Mieten, Pachten, Erbbauzinsen
- 671 Leasing
- 672 Lizenzen und Konzessionen
- 673 Gebühren
- 674 Leiharbeitskräfte
- 675 Bankspesen / Kosten des Geldverkehrs u. d. Kapitalbeschaffung
- 676 Provisionen
- 677 Prüfung, Beratung, Rechtsschutz
- 678 Aufwendungen für Aufsichtsrat bzw. Beirat oder dgl.

68 Aufwendungen für Kommunikation (Dokumentation, Informatik, Reisen, Werbung)
- 680 Büromaterial und Drucksachen
- 681 Zeitungen und Fachliteratur
- 682 Post
- 683 sonstige Kommunikationsmittel
- 685 Reisekosten
- 686 Gästebewirtung und Repräsentation
- 687 Werbung
- 689 sonstige Aufwendungen für Kommunikation

69 Aufwendungen für Beiträge und sonstiges sowie Wertkorrekturen und periodenfremde Aufwendungen
- 690 Versicherungsbeiträge, diverse
- 691 Kfz-Versicherungsbeiträge
- 692 Beiträge zu Wirtschaftsverbänden und Berufsvertretungen
- 693 andere sonstige betriebliche Aufwendungen
- 695 Verluste aus Wertminderungen von Gegenständen des Umlaufvermögens (außer Vorräten und Wertpapieren)
- 696 Verluste aus dem Abgang von Vermögensgegenständen
- 697 Einstellungen in den Sonderposten mit Rücklageanteil
- 698 Zuführungen zu Rückstellungen, soweit nicht unter anderen Aufwendungen erfaßbar
- 699 periodenfremde Aufwendungen

---

* Aus Platzgründen ist hier nicht die „Tiefgliederung" des IKR abgedruckt. Interessenten können die Tiefgliederung mit Erläuterungen zu einzelnen Positionen beziehen durch: HEIDER-VERLAG, Postfach 20 05 40, 51435 Bergisch Gladbach.

Industrie-Kontenrahmen*

Kontenklasse 7	Kontenklasse 8	Kontenklasse 9
AUFWENDUNGEN	ERGEBNISRECHNUNG	KOSTEN- U. LEISTUNGSRECHNUNG

7 Weitere Aufwendungen
70 Betriebliche Steuern
700 Gewerbekapitalsteuer
701 Vermögensteuer
702 Grundsteuer
703 Kraftfahrzeugsteuer
705 Wechselsteuer
706 Gesellschaftsteuer
707 Ausfuhrzölle
708 Verbrauchsteuern
709 sonstige betriebliche Steuern
71 frei
72 frei
73 frei
74 Abschreibungen auf Finanzanlagen und auf Wertpapiere des Umlaufvermögens und Verluste aus entsprechenden Abgängen
740 Abschreibungen auf Finanzanlagen
742 Abschreibungen auf Wertpapiere des Umlaufvermögens
745 Verluste aus dem Abgang von Finanzanlagen
746 Verluste aus dem Abgang von Wertpapieren des Umlaufvermögens
749 Aufwendungen aus Verlustübernahme
(gem. § 277 Abs. 3 gesondert auszuweisen)
75 Zinsen und ähnliche Aufwendungen
750 Zinsen und ähnliche Aufwendungen an verbundene Unternehmen
751 Bankzinsen
752 Kredit- und Überziehungsprovisionen
753 Diskontaufwand
754 Abschreibung auf Disagio
755 Bürgschaftsprovisionen
756 Zinsen für Verbindlichkeiten
757 Abzinsungsbeträge
759 sonstige Zinsen und ähnliche Aufwendungen
76 Außerordentliche Aufwendungen
77 Steuern vom Einkommen und Ertrag
770 Gewerbeertragsteuer
771 Körperschaftsteuer
772 Kapitalertragsteuer
773 ausländ. Quellensteuer
775 latente Steuern
779 sonstige Steuern vom Einkommen und Ertrag
78 Sonstige Steuern
79 Aufwendungen aus Gewinnabführungsvertrag

8 Ergebnisrechnungen
80 Eröffnung / Abschluss
800 Eröffnungsbilanzkonto
801 Schlussbilanzkonto
802 GuV-Konto Gesamtkostenverfahren
803 GuV-Konto Umsatzkostenverfahren
81 Herstellungskosten
810 Fertigungsmaterial
811 Fertigungsfremdleistungen
812 Fertigungslöhne und -gehälter
813 Sondereinzelkosten der Fertigung
814 Primärgemeinkosten des Materialbereichs
815 Primärgemeinkosten des Fertigungsbereichs
816 Sekundärgemeinkosten des Materialbereichs
817 Sekundärgemeinkosten des Fertigungsbereichs
82 Vertriebskosten
83 Allgemeine Verwaltungskosten
84 Sonstige betriebliche Aufwendungen
85 Korrekturkonten zu den Erträgen der Kontenklasse 5
850 Umsatzerlöse
852 Bestandsveränderungen
853 andere aktivierte Eigenleistungen
854 sonstige betriebliche Erträge
855 Erträge aus Beteiligungen
856 Erträge aus anderen Wertpapieren und Ausleihungen des Finanzvermögens
857 sonstige Zinsen und ähnliche Erträge
858 außerordentliche Erträge
86 Korrekturkonten zu den Aufwendungen der Kontenklasse 6
860 Aufwendungen für Roh-, Hilfs- und Betriebsstoffe und für bezogene Waren
861 Aufwendungen für bezogene Leistungen
862 Löhne
863 Gehälter
864 soziale Abgaben und Aufwendungen für Altersversorgung und für Unterstützung
865 Abschreibungen
866 sonstige Personalaufwendungen
867 Aufwendungen für die Inanspruchnahme von Rechten und Diensten
868 Aufwendungen für Kommunikation (Dokumentation, Informatik, Reisen, Werbung)
869 Aufwendungen für Beiträge und sonstiges sowie Wertkorrekturen und periodenfremde Aufwendungen
87 Korrekturkonten zu den Aufwendungen der Kontenklasse 7
870 betriebliche Steuern
874 Abschreibungen auf Finanzanlagen und auf Wertpapiere des Umlaufvermögens und Verluste aus entsprechenden Abgängen
875 Zinsen und ähnliche Aufwendungen
876 außerordentliche Aufwendungen
877 Steuern vom Einkommen und Ertrag
878 sonstige Steuern
88 Kurzfristige Erfolgsrechnung
89 Innerjährige Rechnungsabgrenzung

9 Kosten- und Leistungsrechnung (KLR)
90 Unternehmensbezogene Abgrenzungen (betriebsfremde Aufwendungen und Erträge)
91 Kostenrechnerische Korrekturen
92 Kostenarten und Leistungsarten
93 Kostenstellen
94 Kostenträger
95 Fertige Erzeugnisse
96 Interne Lieferungen und Leistungen sowie deren Kosten
97 Umsatzkosten
98 Umsatzleistungen
99 Ergebnisausweise

In der Praxis wird die KLR gewöhnlich tabellarisch durchgeführt. Es wird auf die dreibändigen BDI-Empfehlungen zur Kosten- und Leistungsrechnung hingewiesen.

---

* Aus Platzgründen ist hier nicht die „Tiefgliederung" des IKR abgedruckt. Interessenten können die Tiefgliederung mit Erläuterungen z einzelnen Positionen beziehen durch: HEIDER-VERLAG, Postfach 20 05 40, 51435 Bergisch Gladbach.

11 Schwierige Buchungen

11.1 Löhne und Gehälter

11.1.1 Bruttolöhne

Aufgrund gesetzlicher Vorschriften ist der Arbeitgeber regelmäßig verpflichtet, bei der Zahlung von Löhnen und Gehältern Sozialversicherungsbeiträge sowie Lohnsteuer einzubehalten und an die zuständigen Stellen (Sozialversicherungsträger, Finanzamt) abzuführen. Die Lohnsteuer ist die Einkommensteuer der Arbeitnehmer, die nach § 38 EStG durch Steuerabzug vom Arbeitslohn erhoben wird.

Löhne sind die Vergütung für Arbeiter, Gehälter die Vergütung, die Angestellte für ihre Dienstleistungen erhalten. Buchmäßig werden diese auf getrennten Aufwandskonten erfasst, besonders in Herstellungsbetrieben, die aus Gründen der Selbstkostenrechnung eine einwandfreie Abgrenzung der Kosten durchführen. Innerhalb der Löhne und Gehälter werden weitere Unterteilungen der Aufwandskonten erforderlich (z. B. Fertigungslöhne, Hilfslöhne, Reparaturlöhne, Urlaubslöhne usw.).

Die gesetzlichen Sozialversicherungsbeiträge werden, abgesehen von Geringverdienern, je zur Hälfte vom Arbeitnehmer und vom Arbeitgeber gezahlt. Der Arbeitnehmeranteil ist bei der Lohn- und Gehaltszahlung von der Bruttovergütung einzubehalten und an den Versicherungsträger abzuführen. Daneben muss der Arbeitgeberanteil vom Arbeitgeber aufgebracht werden.

Darüber hinaus sind Beiträge zur Pflegeversicherung zu entrichten. Die Versicherungspflicht in der Pflegeversicherung folgt dabei der Versicherung in der gesetzlichen Krankenversicherung (Pflichtversicherung).

Die **Sozialversicherungs-Rechengrößen** für die Jahre 2000 und 2001 können der folgenden Tabelle entnommen werden:

	2000				2001			
	West		Ost		West		Ost	
	Monat DM	Jahr DM	Monat DM	Jahr DM	Monat DM	Jahr DM	Monat DM	Jahr DM
Beitragsbemessungsgrenze (ArV/AV)	8 600	103 200	7 100	85 200	8 700	104 400	7 300	87 600
Beitragsbemessungsgrenze (Knappschaft)	10 600	127 200	8 700	104 400	10 700	128 400	9 000	108 000

11 Schwierige Buchungen

	2000				2001			
	West		Ost		West		Ost	
	Monat DM	Jahr DM	Monat DM	Jahr DM	Monat DM	Jahr DM	Monat DM	Jahr DM
Beitragsbemessungsgrenze (Arbeitslosenversicherung)	8 600	103 200	7 100	85 200	8 700	104 400	7 300	87 600
Beitragsbemessungsgrenze (Pflegeversicherung)*	6 450	77 400	5 325	63 900	6 525	78 300	6 525	78 300
Beitragsbemessungsgrenze (Krankenversicherung)*	6 450	77 400	5 325	63 900	6 525	78 300	6 525	78 300
Bezugsgröße	4 480	53 760	3 640	43 680	4 480	53 760	3 780	45 360
Geringfügigkeitsgrenze (unverändert)	630		630		630		630	
Vorläufiges Durchschnittsentgelt/Jahr	54 513				54 684			

* Die Beitragsbemessungsgrenze in der Kranken- und Pflegeversicherung des Beitrittsgebiets beträgt aufgrund der Änderung des § 309 SGB V durch Art. 1 des Gesetzes zur Rechtsangleichung in der gesetzlichen Krankenversicherung vom 22. 12. 1999 ab 1. 1. 2001 75 % der Beitragsbemessungsgrenze nach § 159 SGB VI.

Die Beitragssätze betragen:

	Alte Bundesländer		Neue Bundesländer	
Beitragssätze	**2000**	**2001**	**2000**	**2001**
Rentenversicherung	19,3 %	19,1 %	19,3 %	19,1 %
Arbeitslosenversicherung	6,5 %	6,5 %	6,5 %	6,5 %
Krankenversicherung (kassenindividuell) durchschnittlich	13,5 %	13,5 %	13,8 %	13,8 %
Pflegeversicherung	1,7 %	1,7 %	1,7 %	1,7 %

Für **geringfügig entlohnte Beschäftigungen** gelten Sonderregelungen. Danach hat der Arbeitgeber die Sozialversicherungsbeiträge allein zu tragen, wenn die Beschäftigungszeit eines Arbeitnehmers weniger als **15 Stunden** in der Woche beträgt und der **Arbeitslohn 630 DM** nicht übersteigt. Der Sozialversicherungsbeitrag ist pauschal auf 10 % für die Krankenversicherung und 12 % für die Rentenversicherung gesetzlich festgeschrieben (§§ 168, 172, 249 b SGB). Entsprechende Entgelte sind **nicht lohnsteuerpflichtig** (§ 3 Nr. 39 EStG).

Die Zahlung der Abzugsbeträge sowie des Arbeitgeberanteils zur Sozialversicherung erfolgt in der Regel erst innerhalb einer bestimmten Frist nach dem Lohnzahlungstag. Wenn die Buchführung jederzeit den wirklichen Stand des Vermögens

11.1 Löhne und Gehälter

und den richtigen Erfolg zeigen soll, dann kann mit der Buchung der noch abzuführenden Abgaben nicht bis zum Tag ihrer Abführung gewartet werden. Die Bedeutung dieser Frage wird deutlich, wenn zwischen dem Lohnzahlungstag und dem Fälligkeitstag der Abgaben ein Abschluss durchgeführt werden muss. Ist nur der Nettolohn gebucht, würde der Gewinn um die noch abzuführenden Abgaben zu hoch ausgewiesen.

Beispiel

Der zu zahlende Bruttolohn beträgt 3000 DM. Davon werden einbehalten:

Lohnsteuer	400 DM
KiSt	36 DM
SolZ	22 DM
Sozialversicherungsbeiträge	540 DM.

Der Arbeitgeberanteil zur Sozialversicherung beträgt ebenfalls 540 DM. Er wird zusammen mit den einbehaltenen Beträgen nach 14 Tagen entrichtet.

Buchungen:

S	Lohnaufwendungen	H	S	Sonst. Verbindlichkeiten		H
1) 3000 DM			3) 1538 DM		1a)	458 DM
					1b)	540 DM
					2)	540 DM

S	Bank		H	S	Soziale Abgaben	H
	1)	2002 DM		2) 540 DM		
	3)	1538 DM				

Buchtechnisch bestehen noch andere Möglichkeiten. So kann für die noch zu zahlenden Abgaben ein besonderes Passivkonto eingerichtet werden (noch abzuführende Abgaben). Auch können die Sozialversicherungsbeiträge gemeinsam mit dem Bruttolohn auf einem Aufwandskonto erfasst werden.

Eine Auflösung des Aufwandskontos Löhne in besondere Konten für den Nettolohn, die Lohnsteuer und den Arbeitnehmeranteil zur Sozialversicherung führt zu sachlich falschen Aufwandsposten, denn der Betrieb schuldet keine Lohnsteuer und keinen Arbeitnehmeranteil zur Sozialversicherung. **Schuldner** ist der Arbeitnehmer (§ 38 Abs. 2 EStG).

Entscheidend ist die richtige Aufwandserfassung im Zeitpunkt der Lohnzahlung. Das erfordert den Ausweis der noch abzuführenden Abgaben als Schuld. Im vorstehenden Beispiel beträgt die Gewinnminderung 3540 DM. Der Änderung des Betriebsvermögens (Kapital) entsprechend beruht diese Minderung auf einem Rückgang des Bankbestandes um 2002 DM und einer Erhöhung der sonstigen Verbindlichkeiten um 1538 DM. Bei Abführung der einbehaltenen Abgaben ist die Buchung erfolgsneutral (Minderung der Verbindlichkeiten und des Bankguthabens).

11 Schwierige Buchungen

Bei Beschäftigung vieler Arbeitnehmer werden für Zwecke der Lohnberechnung Lohnlisten geführt, aus denen sich die Aufgliederung des Gesamtlohns auf die einzelnen Arbeitnehmer ergibt. Aus diesen Listen können die Endsummen in die Buchführung übernommen werden.

11.1.2 Nettolöhne

Gelegentlich wird die Zahlung von Nettolöhnen vereinbart. Dann sind alle gesetzlichen Lohnabzüge vom Arbeitgeber zu tragen. Die übernommenen Abzugsbeträge sind Teil des Arbeitslohns. Der Bruttolohn muss durch Rückrechnung vom auszuzahlenden Betrag ermittelt werden (R 122 LStR). Auch bei Vereinbarung von Nettolöhnen bleibt der Arbeitnehmer aber Steuerschuldner, sodass sich buchmäßig keine Besonderheiten ergeben. Es müssen also wie bei Bruttolohnvereinbarungen nicht nur die Barauszahlungen gebucht werden, sondern auch die noch abzuführenden Abgaben.

11.1.3 Lohnvorschüsse

Nicht selten werden Lohnvorschüsse gezahlt, die durch Verrechnung mit dem laufenden Arbeitslohn getilgt werden. Solche Lohnvorschüsse müssen erfolgsneutral gebucht werden. Sie stellen bis zur Verrechnung Forderungen gegenüber dem Arbeitnehmer dar. Der Ausweis eines aktiven Rechnungsabgrenzungspostens wäre falsch.

Beispiel
Bei der Einstellung eines Facharbeiters wird diesem neben der Umzugskostenvergütung ein Vorschuss von 3000 DM gewährt, der mit 100 DM monatlich auf den vereinbarten Arbeitslohn verrechnet werden soll. Der Lohn für den ersten Monat nach der Anstellung beträgt 2850 DM. Davon werden 360 DM Lohnsteuer und 513 DM Sozialversicherung einbehalten. Der Arbeitgeberanteil beträgt ebenfalls 513 DM. KiSt ist nicht einzubehalten. Auf den SolZ ist aus Vereinfachungsgründen nicht einzugehen.

Buchungen:

S	Lohnvorschuss (s. Forderung)	H	S	Lohnaufwendungen	H
1)	3000 DM	2) 100 DM	2)	2850 DM	

S	Sonst. Verbindlichkeiten	H	S	Bank	H
3)	1386 DM	2) 1386 DM		1)	3000 DM
				2)	1877 DM
				3)	1386 DM

S	Soziale Abgaben	H
2)	513 DM	

11.1 Löhne und Gehälter

Würde der volle Vorschuss von 3000 DM als Aufwand gebucht, wäre der Jahresgewinn um diesen Betrag abzüglich der bis zum Jahresende verrechneten Beträge zu gering. Im Zeitpunkt der Lohnzahlung könnte nur ein Betrag von 2750 DM als Aufwand gebucht werden. Gewinnverlagerungen wären die Folge.

11.1.4 Abschlagszahlungen

Die Berechnung der Arbeitslöhne ist vor allem in Großbetrieben mit einem erheblichen Arbeitsaufwand verbunden. Um diesen zu verringern, erfolgt die endgültige Lohnabrechnung in den Betrieben nur einmal im Monat. Im Laufe des Monats zahlt man lediglich Abschlagszahlungen, deren Höhe meist nach dem im Vormonat verdienten Arbeitslohn bemessen wird (z. B. am 10. und 20. eines jeden Monats $^1/_3$ des im Vormonat gezahlten Lohnes). Man kann die Abschlagszahlungen sofort auf dem Lohnkonto buchen oder ein besonderes Konto für die Abschlagszahlungen einrichten und dieses bei der Abrechnung auflösen. Der Vorteil besteht dabei darin, dass auf dem Lohnkonto nur die endgültigen Lohnsummen erscheinen.

Beispiel

Die Lohnabrechnung eines Betriebs ergibt für den Monat Juni eine Bruttolohnsumme von 133 700 DM. Davon sind einzubehalten: Lohnsteuer 18 718 DM und Sozialversicherung (Arbeitnehmeranteil) 24 066 DM. Der Arbeitgeberanteil zur Sozialversicherung beträgt ebenfalls 24 066 DM. Am 10. 6. und 20. 6. sind Abschlagszahlungen in Höhe von je 30 000 DM an die Arbeitnehmer gezahlt worden.

Buchungen:

S	Abschlagszahlungen	H	S	Sonst. Verbindlichkeiten	H
1) 30 000 DM	3)	60 000 DM	4) 66 850 DM	3)	66 850 DM
2) 30 000 DM					

S	Lohnaufwendungen	H	S	Bank	H
3) 133 700 DM				1)	30 000 DM
				2)	30 000 DM
S	Sozialversicherung	H		3)	30 916 DM
3) 24 066 DM				4)	66 850 DM

Bei sofortiger Erfassung auf dem Konto „Lohnaufwendungen" würden dort zweimal 30 000 DM und 73 700 DM ausgewiesen.

11.1.5 Sachbezüge

Die Regel bildet der Geldlohn. Naturallohn kommt nur zusammen mit Geldlohn und nur bei bestimmten Arten von Arbeitsverhältnissen vor (z. B. Deputate der landwirtschaftlichen Arbeiter). Mitunter erhalten Arbeitnehmer neben dem Barlohn freie Kost und Wohnung. Dies kommt besonders im Hotel- und Gaststättengewerbe sowie in bestimmten Handwerkszweigen vor.

11 Schwierige Buchungen

Die Bewertung der Sachbezüge erfolgt mit den um übliche Preisnachlässe geminderten üblichen Endpreisen am Abgabeort (§ 8 Abs. 2 Satz 1 EStG, § 4 Abs. 2 Nr. 3 LStDV). Bei Arbeitnehmern, für deren Sachbezüge durch Rechtsverordnung nach § 17 Abs. 1 Nr. 3 Viertes Buch Sozialgesetzbuch Werte bestimmt worden sind, sind diese Werte maßgebend (§ 8 Abs. 2 Satz 6 EStG). Die Sachbezugswerte werden von der Bundesregierung durch Sachbezugsverordnung festgesetzt. Dabei handelt es sich um Bruttobeträge einschließlich USt.

Sachbezüge unterliegen der Umsatzsteuer. Dabei handelt es sich entweder um Lieferungen oder sonstige Leistungen, denen regelmäßig die Arbeitsleistung als Gegenleistung gegenübersteht. Die Vorgänge sind daher grundsätzlich steuerbar nach § 1 Abs. 1 Nr. 1 UStG. Soweit die Arbeitsleistung in Ausnahmefällen nicht als Entgelt zu beurteilen ist, folgt die Steuerbarkeit aus § 1 Abs. 1 Nr. 1 UStG i. V. m. § 3 Abs. 1 b bzw. § 3 Abs. 9 a UStG. Das gilt nicht für Aufmerksamkeiten (vgl. auch Abschn. 12 UStR).

Beispiel

Arbeitnehmer A ist berechtigt, den Firmenwagen auch für private Zwecke zu benutzen. Der Wert der privaten Nutzung beträgt nach § 8 Abs. 2 Satz 2 EStG bei einem Listenpreis des Kfz von 58 000 DM pro Monat 580 DM.

Buchung:

Lohnaufwand	580 DM	an Erlöse	500 DM
		an USt	80 DM

Der Betrag von 580 DM unterliegt der Lohnsteuer und ist sozialversicherungspflichtig.

Sind die tatsächlichen Aufwendungen im Einzelfall höher als die Pauschbeträge, die Durchschnittswerte darstellen, so sind bei der Gewinnermittlung nicht die amtlichen Pauschsätze maßgebend, sondern die wirklichen Aufwendungen.

Die Buchung der freien **Kost** richtet sich danach, ob die Sachen dem eigenen Warenbestand entnommen oder ob sie aus privaten Mitteln (Haushaltsgeld) angeschafft wurden.

Beispiel

Ein Lebensmittelgroßhändler beschäftigt eine Verkäuferin, die nach den arbeitsrechtlichen Vereinbarungen neben 1900 DM in bar freie Verpflegung (Frühstück und Mittagessen) im Pauschbetrag von 217 DM monatlich erhält. Auf die Ermittlung des tatsächlichen höheren Warenaufwands wurde verzichtet. Die richtige Aufwandsbuchung hätte zwar einen höheren Lohnaufwand, dafür aber einen entsprechend geringeren Wareneinsatz ergeben, sodass der Reingewinn unverändert geblieben wäre. Die Lohnsteuer beträgt 300 DM, der Arbeitgeber- und Arbeitnehmer-Anteil zur Sozialversicherung je 387 DM. Die für die Beköstigung erforderlichen Waren werden ausschließlich dem eigenen Warenlager entnommen. Steuersatz 16 % (§ 3 Abs. 9 Sätze 4 und 5 i. V. m. § 12 Abs. 1 UStG).

11.1 Löhne und Gehälter

Buchungen:

S	Lohnaufwendungen	H	S	Kasse	H
1) 2117 DM				1) 1215 DM	
				2) 1074 DM	

S	Wareneinkauf	H	S	Soziale Abgaben	H
	1) 187,07 DM		1) 387 DM		

S	Sonst. Verbindlichkeiten	H	S	USt-Schuld	H
2) 1074 DM	1) 1074 DM			1) 29,93 DM	

In diesem Fall führt die Buchung der Sachbezüge zwar zu einem höheren Aufwandsposten Löhne. Diesem steht aber eine Minderung des Wareneinsatzes von 187,07 DM gegenüber. Letzten Endes tritt durch die Buchung also eine Gewinnminderung nur in Höhe von 29,93 DM ein.

Regelmäßig wird die Beköstigungsleistung auf einem besonderen Erlöskonto erfaßt, weil die Beköstigung steuerbar (§ 1 Abs. 1 Nr. 1 UStG) ist und mit Pauschbeträgen berücksichtigt wird. In den Fällen, in denen die Beköstigung im Haushalt des Unternehmers erfolgt, wird der Vorsteuerabzug ebenfalls pauschaliert. Der pauschale Vorsteuerabzug beträgt nach Abschn. 192 Abs. 20 UStR 7,32 % des Pauschbetrages.

Beispiel

Ein Bauunternehmer beschäftigt einen Gehilfen, der neben seiner Barvergütung im Betrag von 2350 DM freie Verpflegung im Haushalt des Unternehmers im Pauschbetrag von 356 DM sowie freie Unterkunft im Betriebsgebäude im Pauschbetrag von 347 DM monatlich erhält. Die tatsächlichen Bruttoaufwendungen für die Verpflegungs-Zukäufe betragen 420 DM, die tatsächlichen anteiligen Grundstücksaufwendungen 100 DM. Die Lohnsteuer beträgt 430 DM, der Arbeitgeber- und Arbeitnehmer-Anteil zur Sozialversicherung je 544 DM.

Die Gewährung der freien Unterkunft (mit Heizung und Beleuchtung) ist umsatzsteuerfrei (§ 4 Nr. 12 a UStG). Die beim Einkauf der Lebensmittel anfallenden Vorsteuern können ohne Einzelnachweis mit 7,32 % auf den Wert abgezogen werden, der bei der ESt für außerbetriebliche **Zukäufe** als Betriebsausgabe anerkannt wird.

a) Ermittlung des Arbeitslohns:

Barvergütung	2350,— DM
freie Unterkunft	347,— DM
freie Verpflegung	356,— DM
	3053,— DM

b) Ermittlung Entgelt und USt-Schuld für den stpfl. Umsatz:

Bruttobetrag freie Verpflegung	356,— DM
USt-Schuld = 356 DM : 1,16 × 16 %	49,10 DM
Entgelt	306,90 DM

11 Schwierige Buchungen

c) Ermittlung des tatsächlichen Verpflegungsaufwands:

Bruttobetrag der Verpflegungszukäufe	420,— DM
./. Vorsteuer 7,32 %	30,74 DM
= Verpflegungsaufwand	389,26 DM

d) Buchungen:

1) Grundstücksaufwand	100,— DM	an Bank	100,— DM
2) Verpflegungsaufwand	389,26 DM		
Vorsteuer (VorSt)	30,74 DM	an Einlagen	420,— DM
3) Lohnaufwand	3053,— DM	an Bank	1376,— DM
Soziale Abgaben	544,— DM	Mieterträge	347,— DM
		Erlöse Verpflegung	306,90 DM
		USt-Schuld	49,10 DM
		sonstige Verbindlichk.	1518,— DM
4) sonstige Verbindl.	1518,— DM	an Bank	1518,— DM

S	Lohnaufwand	H	S	Soziale Abgaben	H
3) 3053,— DM			3) 544,— DM		

S	Einlagen	H	S	Bank	H
	2) 420,— DM			1) 100,— DM	
				3) 1376,— DM	
				4) 1518,— DM	

S	sonstige Verbindl.	H	S	USt-Schuld	H
4) 1518,— DM	3) 1518,— DM			3) 49,10 DM	

S	Grundstücksaufwand	H	S	Vorsteuer	H
1) 100,— DM			2) 30,74 DM		

S	Verpflegungsaufwand	H	S	Erlöse Verpflegung	H
2) 389,26 DM				3) 306,90 DM	

S	Mieterträge	H
	3) 347,— DM	

Würde in diesem Beispiel die Buchung der Sachbezüge unterbleiben, wäre der Gewinn um (389,26 DM + 49,10 DM USt =) 438,36 DM zu hoch, denn die Personalbeköstigung berührt nicht den Wareneinsatz, sondern wird aus Privatmitteln finanziert und führt deshalb zu Einlagen in den Betrieb.

Beim Vergleich beider Fälle wird deutlich, dass es im ersten Beispiel für die Erfassung des richtigen Reingewinns – d. h. bis auf die USt – unwichtig ist, ob man die lohnsteuerrechtlichen Verpflegungs-Pauschsätze oder die tatsächlichen Aufwen-

11.1 Löhne und Gehälter

dungen bucht oder die Buchung überhaupt unterlässt. Im zweiten Beispiel ist dagegen die Erfassung des tatsächlichen Aufwands für die richtige Gewinnermittlung von Bedeutung.

In vielen Betrieben können die für die Beköstigung erforderlichen Lebensmittel nur zum Teil dem eigenen Warenbestand entnommen werden. Dann muss der Wert der Sachbezüge zum Zwecke der Buchung aufgeteilt werden.

Beispiel

Eine Bäckerei gewährt ihrem Meister neben einem Barlohn von 2850 DM freie Station (Verpflegung und Wohnung). Für Zwecke der gesetzlichen Lohnabzüge werden die Sachbezüge mit 856 DM bewertet. Davon entfallen 500 DM auf die Wohnung und 356 DM auf die Beköstigung. Die Unterbringung erfolgt in einem gemieteten Appartement, für das der Stpfl. 500 DM Miete zahlt. Die für die Beköstigung erforderlichen Lebensmittel werden zum Teil (80 %) zugekauft, tatsächlicher Bruttoaufwand 336 DM, und zum Teil dem eigenen Betrieb entnommen (20 %), tatsächlicher Aufwand 70 DM. Die einbehaltene Lohnsteuer beträgt 507 DM; Sozialversicherungsbeiträge je 636 DM.

a) Ermittlung des Arbeitslohns:

Barvergütung	2850,— DM
freie Wohnung	500,— DM
freie Verpflegung	356,— DM
	3706,— DM

b) Ermittlung Entgelt und USt-Schuld für den stpfl. Umsatz:

Bruttobetrag freie Verpflegung	356,— DM
USt-Schuld = 356 DM : 1,16 × 16 %	49,10 DM
Entgelt	306,90 DM

c) Ermittlung des tatsächlichen Verpflegungsaufwands:

Bruttobetrag der Verpflegungszukäufe	336,— DM
./. Vorsteuer 7,32 %	24,60 DM
= Verpflegungsaufwand	311,40 DM

d) Buchungen:

1)	Mietaufwendungen	500,— DM	an Bank	500,— DM
2)	Verpflegungsaufwand	311,40 DM	an Einlagen	336,— DM
	Vorsteuer	24,60 DM		
3)	Lohnaufwand	3706,— DM	an Bank	1707,— DM
	Soziale Abgaben	636,— DM	Mieterträge	500,— DM
			Erlöse Verpflegung	306,90 DM
			USt-Schuld	49,10 DM
			sonstige Verbindl.	1779,— DM

11 Schwierige Buchungen

S	Mietaufwendungen	H	S	Mieterträge	H
1) 500,— DM				3) 500,— DM	

S	Bank	H	S	Einlagen	H
	1) 500,— DM			2) 336,— DM	
	3) 1707,— DM				

S	Verpflegungsaufwand	H	S	Erlöse Verpflegung	H
2) 311,40 DM				3) 306,90 DM	

S	Vorsteuer	H	S	USt-Schuld	H
2) 24,60 DM				3) 49,10 DM	

S	Lohnaufwendungen	H	S	Soziale Abgaben	H
3) 3706,— DM			3) 636,— DM		

S	sonstige Verbindl.	H
	3) 1779,— DM	

Ist in den **arbeitsrechtlichen Vereinbarungen** die Gewährung der freien Kost nicht vorgesehen und zahlt der Arbeitgeber dem Arbeitnehmer nur einen reinen Brutto-Geldlohn, so bewirkt das Unternehmen keine Beköstigungsleistung. Das gilt auch dann, wenn der Unternehmer die Beköstigung gegen Entgelt in seinem Haushalt übernimmt. Die Verpflegung wird nicht als Vergütung für geleistete Dienste gewährt. Für diesen Fall sind jedoch klare Vereinbarungen erforderlich.

Oftmals wird Arbeitnehmern die freie **Unterkunft** in Räumen gewährt, die nicht als Betriebsvermögen behandelt werden. Auch in diesen Fällen führt der lohnsteuerrechtliche Pauschbetrag für den Sachbezug als Teil des Arbeitslohns zu einer Gewinnminderung, während der Betrag bei den Einkünften aus Vermietung und Verpachtung als Einnahme zu erfassen ist. Dies kommt jedoch nur in Betracht, wenn für die Gewährung von Unterkunft keine betrieblichen Gründe sprechen. Soweit die Überlassung der Wohnung jedoch betrieblich veranlasst ist, gehört der fragliche Grundstücksteil zum notwendigen Betriebsvermögen (R 13 Abs. 4 EStR), sodass die Mieterträge zu den Einkünften aus Gewerbebetrieb gehören.

Die Überlassung einer **Wohnung** ist nach § 4 Sachbezugsverordnung mit dem ortsüblichen Mietpreis anzusetzen.

Beispiel

Ein Arzt hat eine medizinisch-technische Assistentin in seinem privaten Einfamilienhaus untergebracht. Betriebliche Gründe waren dafür nicht ausschlaggebend; dieser Grundstücksteil gehört nicht zum Betriebsvermögen. Die Assistentin erhält als Sach-

11.1 Löhne und Gehälter

bezug nur die Wohnung einschl. Heizung und Beleuchtung. Die ortsübliche Warmmiete einschl. Beleuchtung beträgt 500 DM monatlich.

Die Buchung lautet: Lohnaufwand 500 DM an Einlagen 500 DM
Gegenstand der Einlage ist die Forderung auf den Mietzins, die mit der Verbindlichkeit aufgrund der Arbeitsleistung verrechnet wird.

Der Betrag von 500 DM erhöht die Einkünfte aus Vermietung und Verpachtung.

Eine privat veranlasste Mieteinnahme und kein betrieblicher Aufwand liegt vor, wenn der Unternehmer aufgrund des Anstellungsvertrags nur zur Zahlung des Barlohns verpflichtet ist und außerhalb dieses Vertrags an den Arbeitnehmer vermietet.

Beispiel
Ein Baustoffgroßhändler, der Eigentümer eines zum Privatvermögen gehörenden Appartementhauses ist, hat nach den arbeitsrechtlichen Vereinbarungen nur Barlohn zu zahlen. Aufgrund eines vom Arbeitsvertrag unabhängigen Mietvertrags hat er einem Kraftfahrer ein Appartement vermietet.
Der volle Bruttolohn (Barlohn) ist Aufwand. Die Einnahme aus der Vermietung wird nach § 21 EStG erfasst.

11.1.6 Überlassung von Fahrzeugen zur Nutzung durch Arbeitnehmer

Überlässt der Arbeitgeber dem Arbeitnehmer ein **Kfz** unentgeltlich **zur privaten Nutzung,** dann kann der Unternehmer den Privatanteil aufgrund eines ordnungsgemäß geführten Fahrtenbuchs ermitteln (§ 8 Abs. 2 Satz 4 EStG).

Wird ein Fahrtenbuch nicht geführt, muss der Arbeitgeber (Unternehmer) den privaten Nutzungswert mit monatlich 1 v. H. des inländischen Listenpreises des Kfz ermitteln (§ 8 Abs. 2 Satz 2 i. V. m. § 6 Abs. 1 Nr. 4 Satz 2 EStG, R 31 Abs. 9 Nr. 1 Satz 1 LStR). Kann das Kfz auch zu Fahrten zwischen Wohnung und Arbeitsstätte genutzt werden, erhöht sich der o. g. Wert für jeden Kilometer der Entfernung zwischen Wohnung und Arbeitsstätte um 0,03 v. H. des inländischen Listenpreises (§ 8 Abs. 2 Satz 3 EStG, R 31 Abs. 9 Nr. 1 Satz 2 LStR).

Umsatzsteuerrechtlich liegt ein tauschähnlicher Umsatz (§ 1 Abs. 1 Nr. 1, § 3 Abs. 12 Satz 2 UStG) vor. Die Bemessungsgrundlage ist nach § 10 Abs. 2 Satz 2 i. V. m. § 10 Abs. 1 Satz 1 UStG der Wert der nicht durch den Barlohn abgegoltenen Arbeitsleistung. Aus Vereinfachungsgründen kann für die umsatzsteuerliche Bemessungsgrundlage von den lohnsteuerlichen Werten ausgegangen werden. Da diese Werte als Bruttowerte anzusehen sind, ist aus ihnen die USt herauszurechnen.[1]

Beispiel
Der Arbeitgeber überlässt einem Arbeitnehmer einen betrieblichen PKW mit einem Listenpreis einschließlich USt von 70 000 DM auch zur privaten Nutzung und für Fahrten zwischen Wohnung und der 30 km entfernten Arbeitsstätte.
Lohnsteuerlicher geldwerter Vorteil sowie USt für die Überlassung des Firmenwagens sind je Monat der Nutzung wie folgt zu ermitteln:

---
1 BMF, BStBl 2000 I S. 819, Tz. 26.

11 Schwierige Buchungen

Private Nutzung (1 % v. 70 000 DM =)	700 DM
Fahrten zwischen Wohnung und Arbeitsstätte	
(0,03 % v. 70 000 DM × 30 km =)	630 DM
Lohnsteuerlicher geldwerter Vorteil, gleichzeitig Bruttowert der sonstigen Leistung an den Arbeitnehmer	1330 DM

Die darin enthaltene USt beträgt $^{16}/_{116}$ v. 1330 DM = 183,45 DM.

Buchung:
Lohnaufwendungen 1330 DM an Erlöse aus Kfz-Überlassung 1146,55 DM
an Umsatzsteuer 183,45 DM

11.2 Wechselgeschäfte

11.2.1 Wesen, Arten und Verwertung des Wechsels

Der Wechsel ist eine Urkunde. Man unterscheidet **eigene Wechsel** (Solawechsel) und gezogene Wechsel (Tratte, Akzept). Der eigene Wechsel ist eine Urkunde, in der sich der Aussteller selbst verpflichtet, an einem bestimmten Tag an eine bestimmte Person eine bestimmte Summe zu zahlen. Dagegen ist ein **gezogener Wechsel** eine Urkunde, durch die der Aussteller eine Person auffordert, an ihn oder eine andere Person zu einem bestimmten Zeitpunkt eine bestimmte Summe zu zahlen. In der Praxis hat der eigene Wechsel keine große Bedeutung. Deshalb wird nachstehend nur der gezogene Wechsel behandelt.

Am gezogenen Wechsel sind regelmäßig mehrere Personen beteiligt. Hiernach unterscheidet man den Aussteller, den Bezogenen und den Wechselnehmer.

Der Aussteller lässt den Wechsel vom Bezogenen annehmen (akzeptieren). Dadurch verpflichtet sich dieser, am Fälligkeitstag an den zu zahlen, der den Wechsel vorzeigt.

Der Wechsel kann vom Aussteller wie folgt verwertet werden:
● Weitergabe als Zahlungsmittel (z. B. an einen Lieferanten),
● Verkauf an eine Bank vor dem Verfalltag (Diskontierung),
● Aufbewahrung bis zum Verfalltag.

Mit der Weitergabe des Wechsels tritt der Aussteller seine Forderung gegenüber dem Bezogenen an den Wechselnehmer ab. Damit erlangt der Wechselnehmer die Forderung gegenüber dem Bezogenen. Die Weitergabe ist nur möglich, wenn jemand (z. B. ein Lieferant) bereit ist, den Wechsel in Zahlung zu nehmen.

Regelmäßig werden Wechsel jedoch vor dem Verfalltag an eine Bank verkauft. Diese bringt beim Ankauf die Zinsen bis zum Fälligkeitstag in Abzug, die als **Diskont** bezeichnet werden. Mit der Diskontierung wird die Forderung an die Bank abgetreten.

11.2 Wechselgeschäfte

Eine weitere Möglichkeit der Verwertung besteht darin, dass man den Wechsel bis zum Verfalltag aufbewahrt und am Fälligkeitstage vom Bezogenen gegen Aushändigung der Wechselurkunde die Zahlung verlangt. Der Aussteller erhält dann den vollen Wechselbetrag.

Liegt dem Wechsel ein Warengeschäft zugrunde, spricht man von einem **Warenwechsel** (auch Handelswechsel). Fehlt der Wechseleinziehung das Warengeschäft als Grundlage, so spricht man von einem **Finanzwechsel** (auch Gefälligkeitswechsel).

Buch- und bilanzmäßig unterscheidet man Besitzwechsel (auch Rimessen oder Aktivwechsel genannt) und Schuldwechsel (die man auch als Tratten bzw. Akzepte oder Passivwechsel bezeichnet). Das Besitzwechselkonto erfasst die Wechselforderungen, das Schuldwechselkonto die Wechselschulden. Wie man zwischen Kundenforderungen und Lieferantenschulden unterscheidet, so trennt man auch Wechselforderungen von den Wechselschulden. Eine Saldierung widerspricht den Grundsätzen ordnungsmäßiger Buchführung (§ 246 Abs. 2 HGB).

11.2.2 Normaler Lauf eines Warenwechsels

11.2.2.1 Buchungen beim Aussteller

Der erste buchungsfähige Vorgang entsteht, wenn der Bezogene den Wechsel akzeptiert hat. Dann verwandelt sich die einfache Warenforderung in eine Wechselforderung. Im Bestand der Forderung selbst tritt zivilrechtlich keine Änderung ein, denn der Wechsel wird lediglich zahlungshalber gegeben (§ 364 Abs. 2 BGB). Trotzdem sieht man im Wirtschaftsleben in der Wechselforderung, hinter der die strengen wechselrechtlichen Bestimmungen stehen, ein anderes Wirtschaftsgut als in einer einfachen Warenforderung. Deshalb werden diese buchmäßig voneinander getrennt.

Beispiel
A hat an B Waren geliefert. Der Rechnungsbetrag lautet über 4310,34 DM zzgl. 689,66 DM USt = 5000 DM. B akzeptiert den von A ausgestellten Wechsel.

Buchungen:

S	Kundenforderung	H	S	Besitzwechsel	H
1) 5000 DM	2) 5000 DM		2) 5000 DM		

S	Warenverkauf	H	S	USt-Schuld	H
	1) 4310,34 DM			1) 689,66 DM	

Zu beachten ist jedoch, dass **Kapitalgesellschaften und GmbH & Co. KG** den Posten Besitzwechsel nicht in der Bilanz aufweisen dürfen. Das Gliederungsschema in § 266 HGB sieht lediglich den Passivposten Verbindlichkeiten aus der Annahme

11 Schwierige Buchungen

gezogener Wechsel vor (§ 266 Abs. 3 C. 5. HGB). Deshalb sind bei Kapitalgesellschaften die Salden der Konten Forderungen aus Lieferungen und Leistungen sowie Besitzwechsel zu dem einheitlichen Bilanzposten Forderungen aus Lieferungen und Leistungen zusammenzufassen.

11.2.2.1.1 Weitergabe an einen Lieferanten

Hat A bei C Lieferantenschulden in Höhe von 5000 DM und gibt er den von B akzeptierten Wechsel an C weiter, dann ist zu buchen:

S	Besitzwechsel	H	S	Lieferantenschulden	H
bisher 5000 DM		3) 5000 DM	3) 5000 DM		5000 DM

Damit ist die Forderung gegenüber B und die Schuld gegenüber C buchmäßig getilgt. Rechtlich besteht sie weiter, weil die Annahme der Wechsel im Allgemeinen nur **zahlungshalber** und nicht an Zahlungs Statt erfolgt.

Häufig wird in der Praxis bei Annahme eines Wechsels vereinbart, dass die Wechselkosten zulasten desjenigen gehen sollen, der mit diesem seine Schuld begleicht. Man bezeichnet solche Wechsel als spesenfreie Papiere. In diesen Fällen belastet der Wechselnehmer seinen Geschäftspartner nachträglich mit den entstandenen Wechselkosten.

Beispiel

C stellt dem A 20 DM Wechselkosten zzgl. 3,20 DM USt in Rechnung. A belastet seinen Kunden B mit dem gleichen Betrag. A hat zu buchen:

S	Kosten des Geldverkehrs	H	S	Lieferantenschulden	H
4)	20 DM	5) 20 DM		4)	23,20 DM

S	Vorsteuer	H	S	Kundenforderungen	H
4)	3,20 DM		5)	23,20 DM	

S	USt-Schuld	H
	5)	3,20 DM

Damit ist das Konto für Kosten des Geldverkehrs wieder ausgeglichen. Die Gewinnminderung trägt der Bezogene.

Häufig wird für die erstatteten Wechselkosten ein besonderes Ertragskonto eingerichtet. Dann erscheinen die Wechselkosten sowohl im Aufwand als auch im Ertrag. Diese buchmäßige Darstellung erfolgt vor allem deshalb, weil dem Kunden oft neben den Fremdkosten auch die eigenen, mit der Bearbeitung des Wechsels zusammenhängenden Kosten in Rechnung gestellt werden, für die auf dem Aufwandskonto Wechselkosten eine entsprechende Belastung fehlt.

11.2 Wechselgeschäfte

11.2.2.1.2 Diskontierung

Gibt A den Wechsel nicht an den Lieferanten weiter, sondern lässt er ihn von seiner Bank diskontieren, dann schreibt diese nicht den vollen Wechselbetrag gut; sie zieht die Zinsen bis zum Fälligkeitstag ab. Außerdem berechnen die Banken regelmäßig Wechselspesen. Der Diskont stellt eine nachträgliche Minderung des Rechnungsbetrags (Entgelt zzgl. USt) dar. Deshalb ist die **USt-Schuld** zu berichtigen (§ 17 Abs. 1 UStG).[2] Nur der nach Herausrechnung der USt verbleibende Restbetrag stellt Aufwand dar.

Beispiel

Hat im vorstehenden Beispiel der Wechsel eine Laufzeit von 3 Monaten und beträgt der Diskontsatz 6 % (75 DM), dann ergeben sich bei 20 DM Wechselspesen und Aufteilung des Diskonts in Entgeltsminderung (75 : 1,16 = 64,66 DM) und USt-Minderung (16 % v. 64,66 = 10,34 DM) für A die folgenden Buchungen:

S	Besitzwechsel	H	S	Bank	H
bisher	5000 DM	1) 5000 DM	1)	4905 DM	

S	Kosten des Geldverkehrs	H	S	USt-Schuld	H
1)	20 DM		1)	10,34 DM	

S	Diskontaufwendungen	H
1)	64,66 DM	

Beachte: Der Diskontsatz bezieht sich immer auf das volle Kalenderjahr.

Auch im Falle der Diskontierung hat vereinbarungsgemäß oft der Bezogene die Wechselkosten zu tragen. Dann ergeben sich die gleichen Buchungen wie vorstehend für die Weitergabe an Lieferanten dargestellt.

Beispiel

Berechnet A seinem Kunden B 75 DM + 20 DM zzgl. (16 % von 20 DM =) 3,20 DM USt = 98,20 DM, dann hat er zu buchen:

S	Kundenforderungen	H	S	Diskontaufwendungen	H
2)	98,20 DM		bisher 3)	64,66 DM 10,34 DM	2) 75 DM

S	Kosten des Geldverkehrs	H	S	USt-Schuld	H
bisher	20 DM	2) 20 DM		10,34 DM	2) 3,20 DM 3) 10,34 DM

Es liegt zwar in Höhe von (75 : 1,16 =) 64,66 DM eine Entgeltsminderung und dementsprechend eine USt-Minderung in Höhe von (16 % von 64,66 =) 10,34 DM vor.

---

[2] Der Unternehmer, der die USt gesondert in Rechnung gestellt hat, muss die Höhe des Diskonts seinem Abnehmer mitteilen, damit dieser seinen Vorsteuerabzug berichtigen kann. Andernfalls schuldet er die in Rechnung gestellte Steuer, d. h., dann kann er seine USt-Schuld nicht berichtigen (vgl. auch Abschn. 151 Abs. 5 UStR).

11 Schwierige Buchungen

Die Weiterberechnung des Diskonts führt jedoch wieder zu einer entsprechenden Entgeltserhöhung und daraus resultierender USt-Erhöhung, sodass insgesamt lediglich in Höhe der weiterberechneten Spesen eine Entgeltserhöhung eintritt. Die **USt-Schuld** erhöht sich damit endgültig um (16 % von 20 DM =) 3,20 DM.

Gewährt der Unternehmer im Zusammenhang mit einer Lieferung oder sonstigen Leistung einen Kredit, der als gesonderte Leistung anzusehen ist (vgl. Abschn. 29 a Abs. 1 und 2 UStR), und hat er über die zu leistenden Zahlungen Wechsel ausgestellt, die vom Leistungsempfänger akzeptiert werden, so mindert der bei der Weitergabe der Wechsel berechnete Wechseldiskont nicht das Entgelt für die Lieferung oder sonstige Leistung (Abschn. 151 Abs. 5 UStR). Dann sind die weiterberechneten Wechselkosten Teil des Entgelts für die gem. § 4 Nr. 8 a UStG steuerfreie sonstige Leistung, sodass auch insoweit keine USt anfällt.

Endet die Laufzeit eines Wechsels nicht innerhalb des Wirtschaftsjahres, geht sie vielmehr über den Bilanzstichtag hinaus, so ist für den Teil der Wechselkosten, der wirtschaftlich dem neuen Jahr zuzuordnen ist, in der Bilanz des abgelaufenen Jahres ein **Rechnungsabgrenzungsposten** auszuweisen. Der Akzeptant hat die zuviel als Aufwand gebuchten Beträge aktiv abzugrenzen (§ 5 Abs. 5 Satz 1 Nr. 1 EStG), während der Aussteller die zuviel als Ertrag gebuchten Beträge passiv abgrenzen muss (§ 5 Abs. 5 Satz 1 Nr. 2 EStG).[3]

11.2.2.1.3 Aufbewahrung bis zum Verfalltag

Einfach sind die Buchungen, wenn A den Wechsel bis zum Verfalltag aufbewahrt und ihn dann zur Einlösung seinem Kunden vorlegt. In diesem Fall hat der Bezogene den vollen Wechselbetrag bei Fälligkeit zu zahlen.

S	Kundenforderungen	H	S	Warenverkauf	H
1) 5000 DM	2)	5000 DM		1)	4310,34 DM

S	Besitzwechsel	H	S	Kasse	H
2) 5000 DM	3)	5000 DM	3) 5000 DM		

S	USt-Schuld	H
	1)	689,66 DM

11.2.2.2 Buchungen beim Bezogenen

Der Bezogene errichtet ein Schuldwechselkonto, auf das nach Annahme des Wechsels die Lieferantenschulden umgebucht werden und das die Wechselschulden (Akzepte) bis zur Einlösung ausweist.

---

3 Vgl. aber BFH, BStBl 1995 II S. 594.

11.2 Wechselgeschäfte

Beispiel

Im vorstehenden Beispiel ergeben sich bei B die folgenden Buchungen:

S	Wareneinkauf	H		S	Lieferantenschulden		H
1)	4310,34 DM			2)	5000 DM	1)	5000 DM

S	Schuldwechsel	H		S	Finanzkonto		H
3)	5000 DM	2)	5000 DM			3)	5000 DM

S	Vorsteuer	H
1)	689,66 DM	

Werden die tatsächlich entstandenen Wechselkosten in Rechnung gestellt (vgl. oben 11.2.2.1.2), hat B zusätzlich zu buchen:

S	Diskontaufwendungen	H		S	Lieferantenschulden		H
4)	75 DM					4)	98,20 DM

S	Vorsteuer	H		S	Kosten des Geldverkehrs		H
4)	3,20 DM			4)	20 DM		

11.2.2.3 Buchungen beim Wechselnehmer

Der Lieferant C, der durch Warenverkauf eine Forderung gegenüber seinem Abnehmer A hat, bucht wie folgt:

S	Kundenforderungen	H		S	Warenverkauf		H
1)	5000 DM	2)	5000 DM			1)	4310,34 DM

S	Besitzwechsel	H		S	USt-Schuld		H
2)	5000 DM					1)	689,66 DM

Je nach Verwertung ergeben sich anschließend die gleichen Buchungen wie beim Wechselaussteller.

11.2.3 Prolongationswechsel

11.2.3.1 Bedeutung der Prolongation

Wenn der Bezogene am Fälligkeitstag nicht in der Lage ist, den vom Aussteller weitergegebenen Wechsel einzulösen, bittet er oft den Wechselaussteller, ihm den Wechselbetrag gegen einen neuen Wechsel (Prolongationswechsel) zur Verfügung

11 Schwierige Buchungen

zu stellen. Durch die Prolongation wird der drohende Wechselprotest verhindert. Hierbei ist von Bedeutung, dass bei Weitergabe des Wechsels durch den Aussteller ja unklar ist, wer am Fälligkeitstage den Wechsel zur Einlösung vorzeigt. Häufig werden für langfristige Forderungen Dreimonatsakzepte mit Prolongationsabrede gegeben, weil die Bundesbank nur Wechsel rediskontiert, die spätestens in drei Monaten fällig sind.

Vereinbarungsgemäß muss der Bezogene in diesen Fällen die Kosten des Wechsels seinem Lieferanten ersetzen. Der Wechselaussteller kann den neuen Wechsel wieder verwerten. Umsatzsteuerrechtlich werden die Kosten eines Prolongationswechsels wie die Kosten eines üblichen Warenwechsels behandelt (Abschn. 151 Abs. 5 UStR).

Eine Prolongation kommt natürlich nur dann in Betracht, wenn erwartet werden kann, dass der Bezogene seine Wechselverpflichtung später erfüllen wird.

Beispiel
B kann den von A weitergegebenen Wechsel über 5000 DM nicht einlösen. Er bittet A, ihm den zur Einlösung erforderlichen Betrag von 5000 DM gegen Ausstellung eines neuen Wechsels zur Verfügung zu stellen. Diskont (75 DM) und Wechselspesen (20 DM) für den neuen Wechsel zzgl. (16 % v. 95 DM =) 15,20 DM USt werden dem A unmittelbar erstattet.

11.2.3.2 Buchungen beim Aussteller

S	Kundenforderungen	H	S	Bank	H
1)	5000 DM	2) 5000 DM	3) 110,20 DM	1)	5000 DM

S	Besitzwechsel	H	S	Sonstige Erträge	H
2)	5000 DM			3)	95 DM

S	USt-Schuld	H
	3)	15,20 DM

Statt auf dem Konto für sonstige Erträge können die erstatteten Wechselkosten auf den Erfolgskonten für Zinserträge, Provisionen oder Kosten des Geldverkehrs gebucht werden. Das ist aber nicht zu empfehlen.

Die Wechselkosten werden häufig nicht unmittelbar erstattet, sondern dem Betrag des neuen Wechsels zugeschlagen.

Kann der Bezogene auch bei Fälligkeit des Prolongationswechsels nicht zahlen und löst deshalb der Aussteller diesen Wechsel ein, so hat der Aussteller seine Forderung gegenüber dem Bezogenen wegen Uneinbringlichkeit auszubuchen. Da der Prolongationswechsel als Zweitwechsel wie der Erstwechsel grundsätzlich erfüllungshalber gegeben wird (§ 364 Abs. 2 BGB) und damit die ursprüngliche Kaufpreisforderung zivilrechtlich noch nicht erloschen ist, tritt umsatzsteuerrechtlich

11.2 Wechselgeschäfte

Uneinbringlichkeit des vereinbarten Entgelts aus dem ursprünglich dem Wechselgeschäft zugrunde liegenden Warengeschäft ein. Die Umsatzsteuerschuld ist nach § 17 Abs. 2 Nr. 1 UStG zu berichtigen.[4]

11.2.3.3 Buchungen beim Bezogenen

S	Bank		H	S	Verbindlichkeiten		H
1) 5000 DM	3)	5000,— DM		2) 5000 DM	1)	5000 DM	
	4)	110,20 DM					

S	Schuldwechsel		H	S	Diskontaufwendungen	H
3) 5000 DM	bisher	5000 DM		4) 75 DM		
	2)	5000 DM				

S	Vorsteuer	H	S	Kosten des Geldverkehrs	H
4) 15,20 DM			4) 20 DM		

Wird das Kreditgeschäft der Wechselprolongation als eigenständige umsatzsteuerrechtliche Leistung behandelt (Abschn. 29 a Abs. 2, 3 UStR), sind die berechneten Wechselkosten Gegenleistung für die gem. § 4 Nr. 8 a UStG steuerfreie sonstige Leistung. Es entsteht keine Umsatzsteuerschuld.

11.2.4 Wechselprotest und Rückgriff

11.2.4.1 Gesonderte Erfassung der Protest(Rück)wechsel

Werden Wechsel am Fälligkeitstage vom Bezogenen nicht eingelöst, ergibt sich für alle am Wechsel Beteiligten die wechselrechtliche Haftpflicht, die letztlich den Aussteller trifft. Die vergeblich dem Bezogenen vorgelegten Wechsel gehen dann zu Protest, wenn es nicht zur Prolongation kommt. Der Wechselprotest muss durch eine öffentliche Urkunde festgestellt werden. Protestpersonen (Urkundsbeamte) sind Notare oder Gerichtsbeamte.

Protestwechsel sind mit einem großen Risiko behaftet. Sie müssen deshalb buchmäßig von den übrigen Wechselforderungen getrennt gehalten werden. Dies geschieht im Allgemeinen durch Buchung auf einem Protestwechselkonto oder einem Rückwechselkonto. Die Inanspruchnahme der Haftungspflichtigen bezeichnet man als Regress oder Rückgriff. Jeder Wechselinhaber kann sich mit dem Rückgriff an seinen unmittelbaren oder mittelbaren Vordermann wenden. Hiernach unterscheidet man den Reihenregress und den Sprungregress.

Umsatzsteuerrechtlich sind die im Falle des Rückgriffs zu zahlenden Zinsen, Kosten des Protests und Vergütungen als Schadensersatz zu behandeln.[5]

---
4 Vgl. auch BFH, BStBl 1990 II S. 1098.
5 BMF, BStBl 1986 I S. 149.

11 Schwierige Buchungen

Beispiel

Ein Kundenwechsel, der an einen Lieferanten weitergegeben wurde, geht am 16. 3. mangels Zahlung zu Protest. Der Lieferant nimmt Rückgriff und schickt am 22. 3. folgende Rechnung:

Wechselbetrag	10 000 DM
Protestkosten, Provisionen usw.	110 DM
Zinsen	30 DM

11.2.4.2 Buchungen beim Regressnehmer (Lieferant)

S	Besitzwechsel	H		S	Kundenforderungen	H
bisher 10 000 DM	1)	10 000 DM		1) 10 140 DM		

S	Sonstige Erträge	H		S	Zinserträge	H
	1)	110 DM			1)	30 DM

Die Buchung der Rückgriffsforderung kann auch auf einem besonderen Konto (oder als sonstige Forderung) erfolgen. Durch sie wird nicht nur die ursprüngliche Kundenforderung wieder ausgewiesen, sondern darüber hinaus auch der Anspruch auf Erstattung der Wechselkosten.

11.2.4.3 Buchungen beim Regresspflichtigen (Kunde)

S	Protest(Rück)wechsel	H		S	Kosten des Geldverkehrs	H
1) 10 000 DM				1) 110 DM		

S	Lieferanten	H		S	Zinsaufwendungen	H
	1)	10 140 DM		1) 30 DM		

Hier entsteht wieder die ursprüngliche und buchmäßig getilgte Lieferantenschuld.

Wenn der Regresspflichtige die Möglichkeit des Rückgriffs hat und hiervon Gebrauch macht, indem er am 27. 3. seinem Kunden eine Rechnung über 10 160 DM ausstellt (10 000 DM Wechselbetrag, 140 DM Fremdkosten und 20 DM eigene Kosten, davon 10 DM Zinsen), bucht er zusätzlich:

S	Rückwechsel	H	S	Kosten des Geldverkehrs	H
bisher 10 000 DM	2)	10 000 DM	bisher	110 DM	

S	Kundenforderungen	H	S	Zinsaufwendungen	H
2) 10 160 DM			bisher	30 DM	

S	Sonstige Erträge	H
	2)	120 DM

S	Zinserträge	H
	2)	40 DM

11.2.5 Wechselobligo

Solange die Wechsel nicht weitergegeben sind, kann eine Wertberichtigung der Wechselforderung vorgenommen werden wie bei allen anderen Kundenforderungen. Sind die Wechsel jedoch weitergegeben, entfällt die Möglichkeit der Wertberichtigung dadurch, dass buch- und bilanzmäßig die Forderung getilgt ist. Dennoch muss die Möglichkeit der Inanspruchnahme aus den weitergegebenen Kundenwechseln buch- und bilanzmäßig durch einen entsprechenden Passivposten zum Ausdruck gebracht werden, wenn erfahrungsgemäß in einem bestimmten Umfange damit zu rechnen ist. Das geschieht mithilfe der Rückstellung für das Wechselobligo.[6]

11.3 Verkauf von Anlagegütern und Wertpapieren

11.3.1 Erfassung des Veräußerungsgewinns (-verlusts)

Scheiden Gegenstände des Betriebsvermögens aus einem Betrieb gegen Entgelt aus oder werden sie ins Privatvermögen überführt, so muss darauf geachtet werden, dass der Unterschied zwischen dem Erlös (Teilwert) und dem Buchwert auf einem Erfolgskonto ausgewiesen wird. Das gilt trotz des Abzugsverbots des § 4 Abs. 5 EStG auch für Wirtschaftsgüter, die zu Repräsentationszwecken angeschafft wurden und deren AfA nach § 4 Abs. 5 Nr. 3, 4 oder 7 EStG vom Abzug als Betriebsausgabe ausgeschlossen war.[7] Der besondere Ausweis des Veräußerungsgewinns verhindert am Jahresende langwierige Prüfungen und Berechnungen zwecks Abschluss der Konten.

---
[6] S. u. 16.2.22.
[7] BFH, BStBl 1974 II S. 207; H (1) 21 „Veräußerung von Wirtschaftsgütern i. S. des § 4 Abs. 5 EStG" EStH.

11 Schwierige Buchungen

Beispiel

Ein Industrieunternehmen, das am Jahresanfang über viele Maschinen im Buchwert von 642 000 DM verfügte, hat am 20. 10. eine Maschine für 40 000 DM zzgl. 6400 DM USt verkauft, die im vorstehenden Buchwert mit 24 000 DM enthalten war und bisher mit 12 000 DM jährlich abgeschrieben wurde. Restbuchwert und AfA ergeben sich aus dem Anlagenverzeichnis.

Buchungen:

S	Maschinen	H		S	Bank	H
1. 1. 642 000 DM		1) 24 000 DM		1) 46 400 DM		

S	USt-Schuld	H		S	sonstige betriebl. Erträge	H
		1) 6 400 DM				1) 16 000 DM

Würde einfach der Netto-Erlös von 40 000 DM auf dem Maschinenkonto gebucht und der Ertrag (Buchgewinn) am Jahresende nicht umgebucht, würde der Maschinenbestand um 16 000 DM zu niedrig ausgewiesen; um den gleichen Betrag wäre der Gewinn gemindert. Bei einem unter dem Buchwert liegenden Erlös würde der Gewinn durch eine solche Falschbuchung zu hoch.[8]

Anstelle einer erfolgswirksamen Buchung nur hinsichtlich der Differenz zwischen Verkaufserlös und Buchwert kann der Anlagenabgang durch Buchung des Restbuchwerts als Aufwand erfolgen. Dann muss der volle Nettoerlös als Ertrag ausgewiesen werden. Diese Lösung ist wegen der USt zu bevorzugen und stellt die Regelbuchung der Praxis dar.[9]

Beispiel

Verkauf eines Fahrzeugs des Anlagevermögens für 23 200 DM. Der Buchwert zum 31. 12. des vorangegangenen Jahres betrug 15 000 DM. Die AfA bis zum Zeitpunkt der Veräußerung beträgt 8000 DM.

a) Buchungen bei Ausweis des Buchgewinns als Ertrag:

Abschreibungen	8 000 DM	an Fahrzeuge	8 000 DM
Finanzkonto	23 200 DM	an Fahrzeuge	7 000 DM
		an sonst. betriebl. Erträge	13 000 DM
		an Umsatzsteuer	3 200 DM

b) Buchungen bei Ausweis des Anlagenabgangs als Aufwand:

Abschreibungen	8 000 DM	an Fahrzeuge	8 000 DM
Aufwand aus Anlagenabgang	7 000 DM	an Fahrzeuge	7 000 DM
Finanzkonto	23 200 DM	an Erlöse aus Anlagenverkäufen	20 000 DM
		an Umsatzsteuer	3 200 DM

---

[8] Wegen der Frage, ob die AfA bis zum Tage des Ausscheidens aus dem Betriebsvermögen zu verrechnen ist, s. u. 15.9.14.
[9] Vgl. Kto. 2315 SKR 03 (Anlagenabgänge bei Buchgewinn) und Kto. 8800 SKR 03 (Erlöse aus Anlagenverkäufen).

Wird bei Verkäufen an nicht zum Vorsteuerabzug berechtigte Leistungsempfänger (z. B. Privatpersonen) die USt in den Rechnungen nicht besonders ausgewiesen, muss sie zum Zwecke der richtigen Buchung aus der Gegenleistung herausgerechnet werden.

11.3.2 Identitätsnachweis bei Wertpapieren

Hat ein Steuerpflichtiger mehrere Wertpapiere der gleichen Art und wird ein Wertpapier veräußert, so können dem Veräußerungspreis nur dann die tatsächlichen Anschaffungskosten gegenübergestellt werden, wenn die Identität des veräußerten mit einem bestimmten angeschafften Wertpapier nummernmäßig nachgewiesen wird. Bei Wertpapieren, die sich im Girosammeldepot befinden, ist das – anders als bei im Streifbanddepot verwahrten Stücken – ausgeschlossen. Diese Wertpapiere werden deshalb mit durchschnittlichen Anschaffungskosten bewertet, die bei der Veräußerung dem Erlös gegenüberzustellen sind.[10]

Beispiel

Ein Gewerbetreibender hat 170 Aktien der gleichen Gattung im Nennwert von 50 DM wie folgt angeschafft:
   01: 100 Stück für 80 DM = 8 000 DM
   05: 50 Stück für 200 DM = 10 000 DM
   07: 20 Stück für 350 DM = 7 000 DM

Im Laufe des Jahres 09 verkauft der Unternehmer 30 Stück für 400 DM pro Stück = 12 000 DM. Wegen der Aufbewahrung im Girosammeldepot kann nicht festgestellt werden, welche Aktien verkauft wurden. Der Buchwert der veräußerten 30 Aktien errechnet sich wie folgt: Anschaffungskosten insgesamt 25 000 DM : 170 = rd. 147 DM × 30 = 4 410 DM.

Buchung:
Bank   12 000 DM   an Wertpapiere   4 410 DM
                                an Erträge aus Wertpapieren 7 590 DM.

Soweit die Wertpapiere zum Anlagevermögen gehören, kann der Buchwert auch als „Aufwand aus Anlagenabgang" und der erzielte Kaufpreis als „Erlös aus Anlageverkäufen" gebucht werden.

Bei Veräußerungen **ab 2002** ist das **Halbeinkünfteverfahren**[11] nach § 3 Nr. 40 EStG außerhalb der Bilanz zu berücksichtigen.

11.4 Dividenden und Zinsen aus Wertpapieren

11.4.1 Abgrenzung gegenüber den Einkünften aus Kapitalvermögen

Dividenden und Zinsen aus festverzinslichen Wertpapieren sind Erträge des Betriebs, wenn die Wertpapiere zum notwendigen, mindestens gewillkürten

---
10 BFH, BStBl 1994 II S. 591.
11 Vgl. auch 24.

11 Schwierige Buchungen

Betriebsvermögen gehören (§ 20 Abs. 3 EStG). Gehören diese dagegen zum Privatvermögen, sind die Erträge Einkünfte aus Kapitalvermögen i. S. des § 20 EStG. Die Buchung der betrieblichen Erträge erfolgt im Allgemeinen auf einem besonderen Ertragskonto für Erträge aus Beteiligungen und Wertpapieren.

Anders als bei den Einkünften aus Kapitalvermögen sind die Dividenden nicht erst beim Zufluss, sondern bei ihrer Entstehung, also im Jahr des Ausschüttungsbeschlusses, zu erfassen. § 11 EStG gilt nur für die Überschusseinkünfte.

Auch in den Fällen, in denen ein bilanzierender Unternehmer mit Mehrheit (also beherrschend) an einem verbundenen Unternehmen mit gleichem Geschäftsjahr beteiligt ist, darf der Anspruch auf den Gewinn (Dividende) nicht phasengleich (zeitkongruent) als Forderung bereits im Jahresabschluss des Jahres aktiviert werden, für das die Ausschüttung bestimmt ist. Der Große Senat des BFH[12] lehnt es unter Aufgabe langjähriger Rechtsprechung ab, vor Ausschüttungsbeschluss und damit vor der rechtlichen Entstehung des Anspruchs auf die Gewinnausschüttung eine Forderung zu aktivieren. Es fehle an einem Vermögensgegenstand i. S. des § 246 Abs. 1 HGB und damit auch an einem Wirtschaftsgut i. S. des § 5 Abs. 1 EStG, sodass ein Ausweis in der Steuerbilanz vor Beschluss gegen das Realisationsprinzip verstoße (vgl. auch 11.5.2).

11.4.2 Kapitalertragsteuerabzug

Nach §§ 43 ff. EStG wird bei bestimmten inländischen Kapitalerträgen die ESt durch Abzug vom Kapitalertrag (Kapitalertragsteuer) erhoben. Zur Auszahlung gelangt deshalb der um die Kapitalertragsteuer geminderte Nettoertrag. Die Kapitalertragsteuer stellt eine besondere Erhebungsform der Einkommensteuer dar. Sie kann auf die Einkommensteuerschuld angerechnet werden (§ 36 Abs. 2 Nr. 2 EStG). Als Ertrag ist die Dividende vor Abzug der Kapitalertragsteuer zu erfassen. Die einbehaltene Kapitalertragsteuer ist als Entnahme zu beurteilen (§ 12 Nr. 3 EStG). Entsprechendes gilt für den Solidaritätszuschlag auf die Kapitalertragsteuer.

11.4.3 Anrechenbare Körperschaftsteuer (Steuergutschrift)

11.4.3.1 Rechtslage bis einschl. 2001

Auf die Einkommensteuerschuld wird im Regelfall bis einschließlich Veranlagungszeitraum 2001 auch die Körperschaftsteuer einer unbeschränkt körperschaftsteuerpflichtigen Körperschaft oder Personenvereinigung in Höhe von $^3/_7$ der Einnahmen angerechnet (§ 36 Abs. 2 Nr. 3 EStG). Die Höhe der anzurechnenden Körperschaftsteuer wird durch eine Bescheinigung nachgewiesen (§§ 44 ff. KStG). Dies gilt

---
12 BFH [GrS] v. 7. 8. 2000, BStBl 2000 II S. 632. Vgl. Übergangsregelung für Altfälle in BMF v. 1. 11. 2000, BStBl 2000 I S. 1510.

11.4 Dividenden und Zinsen aus Wertpapieren

letztmals für Ausschüttungen, die für das Jahr 2000 beschlossen werden, wenn der Ausschüttungsbeschluss in 2001 gefasst wird und die Ausschüttung dem Stpfl. vor dem 1. 1. 2002 zufließt (§ 52 Abs. 4 a EStG).
Gewinnanteile einschließlich Kapitalertragsteuer (§ 20 Abs. 1 Nr. 1 EStG) und anzurechnende KSt (§ 20 Abs. 1 Nr. 3 EStG) sind den Einkünften aus Gewerbebetrieb zuzuordnen, wenn die Beteiligung im Betriebsvermögen gehalten wird (§ 20 Abs. 3 EStG).[13] Auszahlungsbetrag, einzubehaltene KapSt, Solidaritätszuschlag und anzurechnende KSt sind grundsätzlich zusammen im Wirtschaftsjahr des Ausschüttungsbeschlusses als Ertrag zu erfassen (R 154 Abs. 2 EStR).

Beispiel

Ein Betrieb hält 280 Aktien der X-AG, die für 18 000 DM angeschafft wurden und seit der Anschaffung unverändert mit diesem Betrag zu Buche stehen. Am 19. 12. 01 beschließt die AG, für das am 30. 9. 01 abgelaufene Geschäftsjahr 10 % Dividende (= 1400 DM) zu zahlen. Die Auszahlung erfolgt am 2. 1. 02 nach Abzug von 25 % Kapitalertragsteuer (= 350 DM) und 5,5 % Solidaritätszuschlag von 350 DM (= 19,25 DM) mit 1030,75 DM. Die anrechenbare Körperschaftsteuer (Steuergutschrift) beträgt 600 DM.

Buchungen im laufenden Wirtschaftsjahr 01:

S	Sonst. Forderungen	H	S	Dividendenerträge	H
1)	2000 DM			1)	2000 DM

Damit erhöht die Dividende im Jahr des Ausschüttungsbeschlusses den Gewinn.

Buchungen im nachfolgenden Wirtschaftsjahr 02:

S	Bank	H	S	Entnahmen	H
2)	1030,75 DM		2)	969,25 DM	

S	Sonst. Forderungen	H
1. 1.	2000 DM	2) 2000 DM

Die auf dem Konto Entnahmen gebuchte Kapitalertragsteuer und Körperschaftsteuer wird bei der Veranlagung auf die Steuerschuld des Jahres 01 angerechnet (§ 36 Abs. 2 Nr. 2 und 3 EStG, R 213 g EStR).

Der KSt-Anrechnungsanspruch ist grundsätzlich zugleich mit dem Anspruch auf Dividende nach Ergehen des Ausschüttungsbeschlusses zu aktivieren.[14] Erst im Zeitpunkt der Auszahlung der Gewinnausschüttung wird die Kapitalertragsteuer zzgl. Solidaritätszuschlag einerseits und die anrechenbare Körperschaftsteuer als Entnahme erfasst. Es wird auch vertreten, die Entnahme bereits bei Beschluss zu

---
13 BFH, BStBl 1991 II S. 877.
14 Schmidt/Weber-Grellet, EStG, 19. Aufl., § 5 Rz. 270 „KSt-Anrechnungsanspruch" mit weiteren Nachweisen zur Rechtsprechung des BFH.

11 Schwierige Buchungen

buchen. Dies stößt allerdings auf Schwierigkeiten im Hinblick auf die Kapitalertragsteuer, die im Dividendenanspruch enthalten ist und erst bei Auszahlung einbehalten wird. Die Entnahme kann wohl kaum vor der Entstehung des Steueranspruchs liegen. Die folgenden Lösungen werden zwar auch praktiziert, mindestens die Lösung zu b) ist jedoch abzulehnen:

a) **01**
Sonstige Forderungen 1400,— DM
Entnahmen
(anrechenb. KSt) 600,— DM
    an Dividendenerträge 2000,— DM

02
Bank 1030,75 DM
Entnahmen 369,25 DM
    an sonstige Forderungen 1400,— DM

oder

b) **01**
Sonstige Forderungen 1030,75 DM
Entnahmen
  anrechenb. KSt 600,—
  einbehalt. KapSt 350,—
  einbehalt. SolZ 19,25   969,25 DM
    an Dividendenerträge 2000,— DM

02
Bank 1030,75 DM
    an sonstige Forderungen 1030,75 DM

Soweit die Beteiligung zum **Gesellschaftsvermögen** einer Personengesellschaft gehört, ist der KSt-Anrechnungsanspruch nicht in der Gesellschaftsbilanz, sondern in der **Sonderbilanz** der Mitunternehmer nach Maßgabe des vereinbarten Gewinnverteilungsschlüssels zu erfassen. Anrechnungsberechtigt sind die Mitunternehmer im Rahmen ihrer Belastung mit Einkommensteuer. Aus diesem Grund kann die anrechenbare KSt nicht als Anspruch der Personengesellschaft gewürdigt werden.[15] Der Anspruch auf Dividende ist dagegen einschl. Kapitalertragsteuer in der Gesellschaftsbilanz zu aktivieren. Bei Auszahlung der Dividende liegt in Höhe der Kapitalertragsteuer zzgl. Solidaritätszuschlag eine Entnahme aller Gesellschafter entsprechend ihrer Beteiligung vor.[16]

11.4.3.2 Rechtslage nach dem Steuersenkungsgesetz

Mit dem Steuersenkungsgesetz ist das Anrechnungsverfahren beseitigt worden. Stattdessen hat der Anteilseigner im Rahmen des sog. **Halbeinkünfteverfahrens** nur noch die Hälfte der Dividende als steuerpflichtige Einnahme zu versteuern (§ 3 Nr. 40 EStG). Innerhalb der Buchführung wird daher nur noch die Dividende unter

---
15 BGH v. 30. 1. 1995 II ZR 42/94, NJW 1995 S. 1088; BFH v. 22. 11. 1995, BStBl 1996 II S. 531.
16 Vgl. auch 21.1.4.2.1.

11.4 Dividenden und Zinsen aus Wertpapieren

Berücksichtigung der Kapitalertragsteuer **gewinnerhöhend** als Beteiligungsertrag erfasst. Die ertragsteuerrechtlichen Folgen der Besteuerung nur der Hälfte der Dividende werden **außerhalb der Bilanz** berücksichtigt.[17] Entsprechendes gilt im Falle einer Teilwertabschreibung, einer Wertaufholung oder einer Veräußerung der Beteiligung an der Kapitalgesellschaft.

Die Neuregelung gilt – jedenfalls im Regelfall, in dem das Kalenderjahr mit dem Wirtschaftsjahr übereinstimmt – für Ausschüttungen, die nach dem 31. 12. 2001 erfolgen (§ 52 Abs. 4 a EStG, § 34 KStG i. d. F. des StSenkG).

11.4.4 Steuerrechtliche Behandlung der Stückzinsen[18]

Werden festverzinsliche Wertpapiere im Laufe eines Zinszahlungszeitraums mit dem laufenden Zinsschein veräußert, so hat der Erwerber dem Veräußerer in der Regel den Zinsbetrag zu vergüten, der auf die Zeit seit dem Beginn des laufenden Zinszahlungszeitraums bis zur Veräußerung entfällt. Diese Zinsen nennt man Stückzinsen. Sie sind keine Anschaffungskosten des Wertpapiers. Sie stehen in wirtschaftlichem Zusammenhang mit dem Erwerb des Zinsanspruchs.

Beispiel

Ein Gewerbetreibender erwirbt am 6. 5. eine zu 9 % verzinsliche Anleihe im Nennbetrag von 50 000 DM zu 98 %. Zinstermine 1. 2. und 1. 8. Neben dem eigentlichen Kaufpreis von 49 000 DM sind die Stückzinsen für 96 Tage (9 % = 1200, 1200 ./. 30 % KapSt nach § 43 a Abs. 2 Sätze 2 ff. EStG = 840 DM), 1 % Bankprovision, 0,1 % Maklercourtage und 25 DM Bearbeitungsgebühren, Nebenkosten, insgesamt also 564 DM, zu zahlen. Die einbehaltene KapSt in Höhe von 360 DM wird am 7. 5. an das Finanzamt überwiesen.

Am 1. 8. werden Zinsen aufgrund folgender Abrechnung überwiesen:

9 % × 50 000 DM × $^6/_{12}$ =	2 250 DM
./. 30 % KapSt (Zinsabschlag nach § 43 a Abs. 1 Nr. 4 EStG)	675 DM
= Auszahlung	1 575 DM

Buchungen:

6. 5.	Wertpapiere	49 564 DM			
	Zinsforderung	1 200 DM	an	Bank	50 404 DM
			an	sonst. Verbindl.	360 DM
7. 5.	sonst. Verbindl.	360 DM	an	Bank	360 DM
	(Abführung der einbehaltenen KapSt)				
1. 8.	Bank	1 575 DM			
	Entnahmen	675 DM	an	Zinsforderung	1 200 DM
			an	Zinserträge	1 050 DM

Als Ertrag sind nur die Zinsen, die auf die Zeit vom 6. 5. bis 31. 7. entfallen ($^{84}/_{180}$ × 2250 = 1050), gewinnerhöhend zu buchen.

---

17 Vgl. auch 24.
18 Wegen der ertragsteuerrechtlichen Behandlung der Aufwendungen zur Abgeltung des Anspruchs des Veräußerers eines Anteils an einer Kapitalgesellschaft auf den zeitanteiligen Gewinn und wegen der Rückzahlung verdeckter Gewinnausschüttungen s. 15.4.11.

11 Schwierige Buchungen

Am 10. 9. wird die Anleihe zu 95 % wieder verkauft. Dabei erstattet der Käufer die Stückzinsen für die Zeit vom 1. 8. bis 10. 9. (40 Tage) in Höhe von (500 ⁒ 30 % KapSt =) 350 DM. Es entstehen Bankspesen von 50 DM.

Buchungen:

Bank	47 500 DM		
Kursverluste	2 064 DM	an Wertpapiere	49 564 DM
Bank	350 DM		
Entnahmen	150 DM	an Zinserträge	500 DM
Bankspesen	50 DM	an Bank	50 DM

Bis zum Bilanzstichtag aufgelaufene Zinsen der zum Betriebsvermögen gehörenden Wertpapiere sind als sonstige Forderung zu aktivieren (§ 5 Abs. 1 EStG i. V. m. § 252 Abs. 1 Nr. 5 HGB).

11.5 Erträge aus Beteiligungen

11.5.1 Begriff der Beteiligung

Im betriebswirtschaftlichen Sinne spricht man von einer Beteiligung, wenn sich jemand a) auf Dauer, b) mit Kapital, c) mit dem Ziele der Einflussnahme an einem Unternehmen beteiligt. Die Einflussnahme auf die Geschäftsführung geschieht entweder durch eigene Mitarbeit oder durch Ausübung eines bloßen Stimmrechts bei den Beschlussfassungen der Unternehmensorgane. Sie ist bei Kapitalgesellschaften nur möglich, wenn die Beteiligung eine gewisse Mindestquote des Nennkapitals erreicht. Nach § 271 Abs. 1 Satz 3 HGB gelten in Zweifelsfällen als Beteiligung Anteile an einer Kapitalgesellschaft, deren Nennbeträge insgesamt **20 v. H.** des Nennkapitals dieser Gesellschaft überschreiten.

Beteiligungen können in Wertpapieren verbrieft sein. Aber auch nicht verbriefte Anteilsrechte kommen als Beteiligung in Betracht, z. B. Anteile an einer GmbH, OHG und KG, bei denen die Möglichkeit der Verbriefung der Anteilsrechte in einem Wertpapier gar nicht gegeben ist. Ein Gesellschaftsverhältnis, bei dem der Gesellschafter als Mitunternehmer anzusehen ist, ist stets eine Beteiligung. Beteiligungen sind grundsätzlich gesondert auszuweisen (§§ 266 Abs. 2 A. III. 3., 265 Abs. 7, 266 Abs. 1 Sätze 2, 3 HGB).

11.5.2 Beteiligungen an Kapitalgesellschaften[19]

Nach allgemeinen Bilanzierungsgrundsätzen sind die Erträge aus Beteiligungen – wie die Wertpapiererträge – nicht erst bei der Auszahlung, sondern bereits mit der Entstehung des Anspruchs zu erfassen. Der Gewinnanspruch gegenüber Kapitalgesellschaften entsteht grundsätzlich nicht schon mit dem Ablauf des Geschäfts-

---
19 Vgl. auch u. 15.12.3.

11.5 Erträge aus Beteiligungen

jahres, sondern erst mit der **Beschlussfassung** der dafür zuständigen Organe, eine Gewinnausschüttung vorzunehmen. In allen Bilanzen, die auf einen nach der Beschlussfassung liegenden Stichtag aufzustellen sind, ist für den Anspruch bis zu seiner Auszahlung ein besonderer Aktivposten (Sonstige Forderungen) unter gleichzeitiger Buchung des Ertrags (Erträge aus Beteiligungen) zu bilden. Nur wenn die Ansprüche in Kapitaleinlagen umgewandelt sind, ist eine Übernahme auf das Beteiligungskonto zulässig. Eine Saldierung der Beteiligungserträge mit Verlusten aus anderen Beteiligungen ist mit dem Grundsatz der **Bilanzklarheit** und dem **Saldierungsverbot** (§ 246 Abs. 2 HGB) nicht vereinbar.

Verfügt der Beteiligte über die erforderliche Stimmenmehrheit an der sog. Tochtergesellschaft, die das gleiche Geschäftsjahr hat, ist es **handelsrechtlich** geboten, den auf die Beteiligung entfallenden Gewinnanteil bereits vor dem Ausschüttungsbeschluss zu erfassen, wenn der Jahresabschluss der Tochtergesellschaft vor dem Jahresabschluss des Mehrheitsgesellschafters festgestellt ist und ein entsprechender Gewinnverwendungsvorschlag vorliegt.[20]

Der Große Senat des BFH[21] lehnt dagegen die phasengleiche (zeitkongruente) Bilanzierung des Dividendenanspruchs entgegen langjähriger Rechtsprechung des BFH ab. Damit weicht in diesen Fällen – jedenfalls zurzeit – die Aktivierung in der Handelsbilanz von der zeitlichen Erfassung in der Steuerbilanz ab.[22]

Grundlage der zu bilanzierenden Ansprüche sind nicht die von der Beteiligungsgesellschaft erwirtschafteten, sondern lediglich die zur Ausschüttung kommenden Gewinne. Nicht ausgeschüttete Gewinne dürfen auch dann nicht als Zugang bei der Beteiligung erfasst werden, wenn durch sie der Wert der Beteiligung erhöht wird. § 6 EStG und die Grundsätze ordnungsmäßiger Buchführung (§ 252 Abs. 1 Nr. 4 HGB) verbieten den Ausweis eines Beteiligungsertrags.

Andererseits sind ausgeschüttete Gewinnanteile auch dann als Ertrag auszuweisen, wenn sie durch Auflösung von Gewinnrücklagen ermöglicht wurden. In diesen Fällen kann u. U. eine Teilwertabschreibung auf die Beteiligung in Betracht kommen.

Wie bei den Wertpapiererträgen sind steuerrechtlich nicht nur die ausgeschütteten Nettobeträge zu erfassen, sondern bei kapitalertragsteuerpflichtigen Erträgen die ungekürzten Gewinnanteile zzgl. der anzurechnenden Körperschaftsteuer (Steuergutschrift). Einbehaltene Kapitalertragsteuer, einbehaltener Solidaritätszuschlag sowie die auf die Einkommensteuer anzurechnende Körperschaftsteuer sind als Entnahme zu behandeln.[23] Ab 2001 ist das **Halbeinkünfteverfahren** zu beachten. Die Dividende wird **gewinnerhöhend** als Beteiligungsertrag gebucht. Die Folgen der

---
20 BGH v. 12. 1. 1998 II ZR 82/93, DStR 1998 S. 383 „TOMBERGER"; EuGH v. 27. 6. 1996 bzw. 10. 7. 1997, DStR 1996 S. 1093 und DStR 1997 S. 1416.
21 Beschluss v. 7. 8. 2000 – GrS 2/99, BStBl 2000 II S. 632.
22 Vgl. zur Übergangsregelung BMF v. 1. 11. 2000, BStBl I S. 1510.
23 S. o. 11.4.2 u. 11.4.3.

11 Schwierige Buchungen

Steuerbefreiung nach § 3 Nr. 40 EStG werden **außerhalb der Bilanz** berücksichtigt.

Bezüge aus Anteilen an einer unbeschränkt steuerpfl. Körperschaft gehören nach § 20 Abs. 1 Nrn. 1 und 2 EStG **nicht** zu den Einnahmen aus Kapitalvermögen, soweit sie

– aus Ausschüttungen oder aus einer Kapitalherabsetzung stammen, für die Eigenkapital i. S. des § 30 Abs. 2 Nr. 4 KStG (EK 04) als verwendet gilt, oder

– aufgrund einer Kapitalherabsetzung anfallen und die Kapitalrückzahlung aus dem übrigen Eigenkapital i. S. des § 29 Abs. 2 KStG geleistet wird.

Gehören die Anteile an der unbeschränkt steuerpfl. Körperschaft zu einem Betriebsvermögen, sind die gesamten Bezüge in den Betriebsvermögensvergleich einzubeziehen. In diesen Fällen ergeben sich bei der Einkommensbesteuerung des Empfängers folgende Auswirkungen:

Setzt die Körperschaft ihr Nennkapital zum Zweck der Kapitalrückzahlung herab (§ 222 AktG, § 58 GmbHG), so mindern die Rückzahlungsbeträge, soweit sie nicht Einnahmen i. S. des § 20 Abs. 1 Nr. 2 EStG sind, nachträglich die Anschaffungskosten der Anteile.

Nimmt die Körperschaft Ausschüttungen vor, sind diese als Kapitalrückzahlung zu behandeln, soweit für sie Eigenkapital i. S. des § 30 Abs. 2 Nr. 4 KStG als verwendet gilt.[24] Die Bezüge sind insoweit vom Buchwert der Anteile abzusetzen, weil es sich um eine Minderung der Anschaffungskosten handelt.[25] Der Teilwert der Anteile ist dabei ohne Bedeutung.[26] Die so geminderten Anschaffungskosten bilden auch die Obergrenze für die Wertaufholung nach § 6 Abs. 1 Nr. 2 Satz 3 EStG.[27] Bezüge der genannten Art, die den Buchwert der Anteile übersteigen, sind gewinnerhöhende Betriebseinnahmen.[28] Da es sich nicht um eine Veräußerung handelt, kann auf diesen Gewinn § 6 b EStG nicht angewendet werden.[29]

Beispiele
a) Der Buchwert der zum Betriebsvermögen gehörenden Anteile an der unbeschränkt steuerpfl. A-GmbH beträgt 90 000 DM. Der Anteilseigner erhält von der A-GmbH aufgrund Beschlusses in 2001 für das Geschäftsjahr 2000 eine Gewinnausschüttung in Höhe von 105 000 DM. Für einen Ausschüttungsteilbetrag von 70 000 DM gilt EK 04 als verwendet.

Aus der Ausschüttung resultieren
– Betriebseinnahmen in Höhe von (105 000 = ./. 70 000 =) 35 00 DM zzgl. $^3/_7$ von 35 000 DM = 15 000 DM (§ 20 Abs. 3 i. V. m. § 15 EStG),

---
24 BFH, BStBl 1995 II S. 315/317.
25 BFH, BStBl 1995 II S. 362 m. w. N.
26 Vgl. auch BFH, BStBl 1991 II S. 177.
27 BFH, BStBl 1994 II S. 527.
28 BFH v. 20. 4. 1999, BStBl 1999 II S. 647; BMF, BStBl 1987 I S. 171.
29 BFH, BStBl 1993 II S. 189; vgl. auch u. 15.5.6.2.

11.5 Erträge aus Beteiligungen

Buchung insoweit:

Finanzkonto	25 768,75 DM	an Beteiligungserträge	50 000 DM
Entnahmen (KapSt)	8 750,— DM		
Entnahmen (SolZ)	481,25 DM		
Entnahmen ($^3/_7$ KSt)	15 000,— DM		

– eine Vermögensumschichtung in Höhe von 70 000 DM (vgl. auch § 20 Abs. 1 Satz 3 i. V. m. § 20 Abs. 3 und § 15 EStG).

Buchung insoweit:
Finanzkonto   70 000 DM   an Beteiligungen   70 000 DM

b) Sachverhalt wie im Fall a), jedoch gilt für den Gesamtbetrag der Ausschüttung in Höhe von 105 000 DM EK 04 als verwendet.

Die Ausschüttung führt zu einer Vermögensumschichtung in Höhe von 90 000 DM und zu Erträgen in Höhe von 15 000 DM. Gleichwohl kommt eine KSt-Anrechnung nicht in Betracht, weil auf der Ebene der GmbH gem. § 40 Satz 1 Nr. 2 KStG keine KSt erhoben wurde.

Buchung:
Finanzkonto   105 000 DM   an Beteiligungen   90 000 DM
                                an Erträge aus Beteiligungen 15 000 DM

Beachte: Für Ausschüttungen, die nach dem 31. 12. 2001 erfolgen, kommt die Anrechnung von KSt nicht mehr in Betracht. Der steuerpfl. Teil der Ausschüttung unterliegt dem **Halbeinkünfteverfahren.** § 3 Nr. 40 EStG ist allerdings **außerhalb der Bilanz** zu berücksichtigen.

11.5.3 Beteiligung an Personengesellschaften[30]

11.5.3.1 Unterschiedliche Behandlung in Handels- und Steuerbilanz

Handels- und Steuerrecht gehen bei der Bilanzierung und Bewertung der zu einem Betriebsvermögen gehörenden Beteiligung an einer Personenhandelsgesellschaft verschiedene Wege. Insoweit deckt sich der bisherige handelsrechtliche Begriff des Vermögensgegenstandes nicht mit dem steuerrechtlichen Begriff des Wirtschaftsguts.[31]

11.5.3.2 Behandlung in der Handelsbilanz

In der Handelsbilanz ist die Beteiligung an der Personenhandelsgesellschaft als selbstständiger und einheitlicher Vermögensgegenstand mit den Anschaffungskosten, vermindert um etwaige Abschreibungen und erhöht um etwaige weitere Einlagen, anzusetzen. Gravierende Unterschiede zur Beteiligung an einer Kapitalgesellschaft bestehen also nicht. Beides sind Beteiligungen i. S. der §§ 266 Abs. 2 A. III. 3., 271 Abs. 1 HGB.[32] Einzelheiten ergeben sich aus der Stellungnahme des Instituts der Wirtschaftsprüfer, Düsseldorf.[33]

---

30 Vgl. auch u. 15.12.3.
31 BFH [GrS] v. 25. 2. 1991, BStBl 1991 II S. 691; BFH v. 26. 6. 1990, BStBl 1994 II S. 645.
32 Adler/Düring/Schmaltz, Rechnungslegung und Prüfung der Aktiengesellschaft, § 266 Anm. 81, § 271 Anm. 19; Küting/Weber, Handbuch der Rechnungslegung, § 271 Anm. 8.
33 HFA 1/1991, WPg Heft 11/1991 S. 334.

11 Schwierige Buchungen

11.5.3.3 Behandlung in der Steuerbilanz

Der Erwerb eines Mitunternehmeranteils an einer Personengesellschaft ist einkommensteuerrechtlich nicht als Anschaffung eines Wirtschaftsguts, vergleichbar der Beteiligung an einer Kapitalgesellschaft, zu werten, sondern als Anschaffung von Anteilen an den einzelnen Wirtschaftsgütern, die zum Gesellschaftsvermögen der PersG gehören.[34]

Für die **ertragsteuerliche Gewinnermittlung** hat der Posten „Beteiligung an einer Personenhandelsgesellschaft" keine selbstständige Bedeutung, weil für die Personenhandelsgesellschaft nach der steuerrechtlichen Grundordnung (§§ 179, 180 AO) eine eigenständige Gewinnermittlung durchzuführen ist und der Anteil am Gewinn der Personengesellschaft dem Teilhaber außerhalb der eigenen Steuerbilanz zugerechnet wird. Ist eine Kapitalgesellschaft Gesellschafterin einer Personengesellschaft, bildet der aufgrund des Feststellungsverfahrens sich ergebende Gewinn- oder Verlustanteil einen Teil des steuerlichen Gewinns der beteiligten Kapitalgesellschaft.

Da sich die Einkünfte des Gesellschafters aus der Personenhandelsgesellschaft ausschließlich nach der einheitlichen und gesonderten Gewinnfeststellung richten, kann die Beteiligung an einer Personengesellschaft, auch wenn ihr Erwerb betrieblich veranlasst war,[35] kein Wirtschaftsgut i. S. der §§ 4 bis 6 EStG darstellen. Somit sind alle Veränderungen des Bilanzpostens „Beteiligung an einer Personengesellschaft" mangels seiner Eigenschaft als Wirtschaftsgut erfolgsneutral.[36]

Eine Personenhandelsgesellschaft kann **Gesellschafterin** einer anderen Personengesellschaft sein. Das gilt aus Gründen der Gleichbehandlung auch für eine GbR. In diesen Fällen ist die PersG Mitunternehmerin einer anderen PersG i. S. des § 15 Abs. 1 Nr. 2 EStG.[37] Da die Beteiligung an der Untergesellschaft zum Gesellschaftsvermögen der Obergesellschaft gehört, werden auch die Einkünfte aus der Beteiligung an der Untergesellschaft der Obergesellschaft unmittelbar zugerechnet (§ 15 Abs. 1 Nr. 2 Satz 2 EStG).

Gehört die Beteiligung an einer Personengesellschaft zum Betriebsvermögen des Gesellschafters, so ergeben sich für die bilanzielle Darstellung verschiedene Möglichkeiten:

– Da die Beteiligung kein Wirtschaftsgut ist, wird sie in der StB nicht ausgewiesen. Dementsprechend ist das steuerrechtliche Kapital niedriger als das handelsrechtliche Kapital, denn in der HB ist die Aktivierung zwingend. Diese Lösung entspricht regelmäßig nicht der Praxis.

---
34 BFH, BStBl 1995 II S. 831 m. w. N.
35 BFH, BStBl 1986 II S. 182.
36 BStBl 1986 II S. 333.
37 BFH, BStBl 1991 II S. 691.

11.5 Erträge aus Beteiligungen

- Die Beteiligung wird entsprechend der HB in der StB ausgewiesen. Die nach Steuerrecht gebotenen Abweichungen werden außerhalb der Bilanz vorgenommen (§ 60 Abs. 1 Satz 1 EStDV).
- Die Beteiligung wird in der StB mit dem jeweiligen Wertansatz des Kapitalkontos lt. Gesellschaftsbilanz und Ergänzungsbilanz des Beteiligten bei der Personengesellschaft fortgeführt (sog. **Spiegelbildtheorie**). Die Beteiligung weist damit alle Veränderungen durch Gewinn- und Verlustzuweisungen sowie Einlagen und Entnahmen entsprechend der Veränderung des Kapitalkontos oder der Kapitalkonten in der Bilanz der Personengesellschaft sowie evtl. Ergänzungs- und Sonderbilanzen aus.

Aus praktischen Erwägungen dürfte der Lösung nach der Spiegelbildmethode der Vorzug gebühren.[38]

Beispiel

A ist Gesellschafter der A-KG; die Beteiligung an der KG gehört zum Betriebsvermögen seines Einzelunternehmens. In der KG-Bilanz sind für A ausgewiesen:

Kapital I 500 000 DM
Kapital II 170 000 DM

Dementsprechend ist die Beteiligung an der KG im Einzelunternehmen mit 670 000 DM aktiviert.

Folgende Geschäftsvorfälle sind in der KG und im Einzelunternehmen zu buchen:
1. Der Anteil des A am Gewinn der KG beträgt lt. gesonderter und einheitlicher Feststellung 100 000 DM. Der Gewinn kann wegen Entnahmebeschränkung lt. Gesellschaftsvertrag nicht entnommen werden.
   Buchung KG: GuV   an Kapitalkonto II A   100 000 DM
   Buchung A: Beteiligung   an Beteiligungserträge   100 000 DM
   Beachte § 9 Nr. 2 GewStG!
2. Der Anteil des A am Verlust der KG beträgt lt. gesonderter und einheitlicher Feststellung 40 000 DM.
   Buchung KG: Kapitalkonto II A   an GuV   40 000 DM
   Buchung A: Verluste aus Beteiligung   an Beteiligung   40 000 DM
   Beachte § 8 Nr. 8 GewStG!
3. A tätigt eine Einlage in Höhe von 80 000 DM in das Betriebsvermögen an der KG, die nicht seine Kommanditeinlage (Kapital I) erhöhen soll.
   Buchung KG: Bank   an Kapitalkonto II A   80 000 DM
   Buchung A: Beteiligung   an Bank   80 000 DM
4. A entnimmt aus dem BV der KG 90 000 DM mit Zustimmung der anderen Gesellschafter durch Überweisung dieses Betrages vom Bankkonto der KG auf das Bankkonto des Einzelunternehmens A.
   Buchung KG: Kapitalkonto II A   an Bank   90 000 DM
   Buchung A: Bank   an Beteiligung   90 000 DM
5. Wie Fall 4: Die KG überweist den Betrag von 90 000 DM auf ein privates Konto des A.
   Buchung KG: Kapitalkonto II A   an Bank   90 000 DM
   Buchung A: Entnahmen   an Beteiligung   90 000 DM

---

[38] Vgl. auch BMF v. 25. 3. 1998, BStBl 1998 I S. 268, Tz. 03.10.

11 Schwierige Buchungen

6. A überträgt ein Grundstück seines Einzelunternehmens auf die KG gegen Gewährung von Gesellschaftsrechten. Der gemeine Wert des Grundstücks entspricht ebenso wie der Teilwert dem Verkehrswert und beträgt 100 000 DM. Im Zeitpunkt der Übertragung betrug der Buchwert des Grundstücks infolge einer Abschreibung nach R 35 EStR 9000 DM. Die Nebenkosten der Übertragung (GrESt, Notar und Grundbuch) in Höhe von insgesamt 5000 DM zzgl. 320 DM USt aufgrund der Rechnung des Notars trägt die KG. Beachte zur Lösung § 6 Abs. 5 Satz 3 EStG, der u. E. in diesen Fällen den Vorrang vor § 6 Abs. 6 Satz 1 EStG genießt.[39]

a) Rechtslage 1999 und 2000:
Buchung A:
Beteiligung	100 000 DM	an Grundstück	9 000 DM
		an sonst. betr. Erträge	91 000 DM

Buchung KG:
Grundstück	105 000 DM	an Kapitalkonto I A	100 000 DM
Vorsteuer	320 DM	an sonst. Verbindlichkeiten	5 320 DM

b) Rechtslage ab 2001:
Die Übertragung muss mit dem Buchwert bewertet werden.

Buchung A:
Beteiligung	9 000 DM	an Grundstück	9 000 DM

Buchung KG (Gesellschaftsbilanz):
Grundstück	105 000 DM	an Kapitalkonto I A	100 000 DM
Vorsteuer	320 DM	an sonst. Verbindlichkeiten	5 320 DM

Ergänzungsbilanz für A:
Minderkapital	91 000 DM	an Grundstück	91 000 DM

Wird der Anteil an einer Personengesellschaft, der zum notwendigen Betriebsvermögen eines Einzelunternehmers gehört, im Zusammenhang mit der Veräußerung oder Aufgabe des Einzelunternehmens veräußert, so ist § 16 Abs. 4 EStG für beide Vorgänge gesondert zu prüfen.[40] Die Veräußerung des Einzelunternehmens und die Veräußerung des Anteils an der Personengesellschaft sind zwei voneinander getrennte Besteuerungstatbestände, weil in § 15 EStG mehrere Arten von Einkünften aus Gewerbebetrieb unterschieden werden. Den Einkünften aus gewerblichen (Einzel-)Unternehmen (§ 15 Abs. 1 Nr. 1 EStG) stehen u. a. die Gewinnanteile der Mitunternehmer (§ 15 Abs. 1 Nr. 2 EStG) gegenüber. Diese Unterscheidung setzt sich in § 16 EStG für den Fall fort, dass ein Einzelunternehmen veräußert bzw. aufgegeben (§ 16 Abs. 1 Nr. 1, Abs. 3 EStG) oder der Anteil eines Gesellschafters an einer Personengesellschaft veräußert wird (§ 16 Abs. 1 Nr. 2, u. U. auch § 16 Abs. 3 Satz 4 EStG).

Beispiel
Der 40-jährige A ist Gesellschafter der A & B-OHG und hält die Beteiligung im Betriebsvermögen seines Einzelunternehmens. Am 31. 12. 05 betrug der mit dem Kapitalkonto in der OHG identische Aktivposten „Beteiligung" 50 000 DM.

---
39 Gl. A. Brandenberg, FR 2000 S. 1182; Thiel, Stbg 2001 S. 1. Für den Vorrang des § 6 Abs. 6 EStG spricht sich Schmidt, EStG, 19. Aufl., § 15 Rz. 664, aus.
40 BFH, BStBl 1977 II S. 259.

11.5 Erträge aus Beteiligungen

A veräußert sein Einzelunternehmen am 10. 1. 06 einschließlich der Beteiligung an der OHG:

Erzielter Erlös insgesamt	300 000 DM
Buchwert insgesamt	200 000 DM
Veräußerungsgewinn insgesamt	100 000 DM

Von dem Veräußerungserlös (300 000 DM) entfallen 75 000 DM auf die Beteiligung an der OHG, deren Buchwert am 10. 1. 06 unverändert 50 000 DM beträgt.

Das für die OHG zuständige Finanzamt hat im Rahmen der gesonderten und einheitlichen Gewinnfeststellung für den Gesellschafter A einen Veräußerungsgewinn in Höhe von 25 000 DM festzustellen. Wegen der bindenden Wirkung der gesonderten und einheitlichen Gewinnfeststellung verbleiben für das Einzelunternehmen:

Erlös ohne OHG-Anteil	225 000 DM
Buchwert ohne OHG-Anteil	150 000 DM
Veräußerungsgewinn	75 000 DM

11.5.3.4 Beteiligungen an vermögensverwaltenden Personengesellschaften

Eine vermögensverwaltende Personengesellschaft, die die Voraussetzungen des § 15 Abs. 3 Nr. 2 EStG nicht erfüllt (nicht gewerblich geprägte Personengesellschaft), erzielt Einkünfte aus der Vermietung und Verpachtung oder Kapitalvermögen, die als Überschuss der Einnahmen über die Werbungskosten ermittelt und gesondert und einheitlich festgestellt werden. Nach der BFH-Rechtsprechung[41] ist auch den betrieblich beteiligten Gesellschaftern ein Anteil an den Einkünften aus Vermietung und Verpachtung oder Kapitalvermögen zuzurechnen, der aber auf der Ebene des Gesellschafters in betriebliche Einkünfte umqualifiziert wird.[42]

Beispiel

An der vermögensverwaltenden X-KG ist die Y-GmbH seit dem 1. 1. 01 als Kommanditistin mit einer Einlage von 25 000 DM beteiligt. Der Anteil der Y-GmbH an den Werbungskostenüberschüssen der Jahre 01 bis 03 beträgt ./. 5000 DM, ./. 4000 DM und ./. 3000 DM. Im Jahre 02 veräußert die X-KG außerhalb der Spekulationsfrist ein unbebautes Grundstück. Der Erlös wird an die Gesellschafter ausgekehrt; auf die Y-GmbH entfallen 1500 DM. Zum 31. 12. 03 veräußert die Y-GmbH ihre Beteiligung für 40 000 DM.

Der Buchwert der Beteiligung im Zeitpunkt der Beteiligungsveräußerung ist wie folgt zu ermitteln:

Kapitaleinlage 01		25 000 DM
./. Verlustanteil 01	5 000 DM	
./. Verlustanteil 02	4 000 DM	
./. Anteil an Ausschüttung 02	1 500 DM	
./. Verlustanteil 03	3 000 DM	
	13 500 DM	13 500 DM
Buchwert:		**11 500 DM**

Die Y-GmbH hat die Verlustanteile 01 und 02 in den entsprechenden Jahren jeweils mit positiven Einkünften aus ihrer übrigen Tätigkeit ausgeglichen.

---
41 BStBl 1984 II S. 751, 1987 II S. 212, 707/710, 1991 II S. 345, 1999 II S. 401.
42 Einzelheiten zum Verfahrensrecht ergeben sich aus BMF vom 29. 4. 1994 (BStBl 1994 I S. 282; BMF v. 8. 6. 1999, BStBl 1999 I S. 592).

11 Schwierige Buchungen

Bei der KSt-Veranlagung der Y-GmbH für das Jahr 03 sind anzusetzen:

Verlustanteil 03	./. 3 000 DM
+ Veräußerungserlös	40 000 DM
./. Buchwert	11 500 DM
Einkünfte aus Gewerbebetrieb	25 500 DM

11.6 Devisengeschäfte

Devisen im engeren Sinne sind Zahlungsanweisungen (Schecks, Wechsel), die auf ausländische Währung lauten. Im Allgemeinen versteht man darunter aber auch ausländische Zahlungsmittel (Sorten).

Die Buchführung inländischer Unternehmen wird in der Regel in DM, ab 2002 in Euro geführt. Die auf ausländische Währung lautenden Wirtschaftsgüter sind deshalb nach dem jeweils gültigen Kurs umzurechnen. Durch Schwankungen des Wechselkurses (bei flexiblen Devisenkursen = Floating) sowie Auf- und Abwertungen (bei starren Devisenkursen) können sich Kursgewinne und Kursverluste ergeben.

Für die ausländischen Zahlungsmittel ist ein besonderes Devisenkonto einzurichten. Dieses kann als gemischtes Konto oder als reines Bestandskonto geführt werden. Wird es als reines Bestandskonto geführt, sind Kursdifferenzen auf einem Kursdifferenzkonto bzw. dem Bruttoprinzip gemäß auf zwei getrennten Konten für Kursgewinne und Kursverluste zu erfassen. Dies sind Erfolgskonten.

Beispiel

Ein Gewerbetreibender verkauft für 1000 DM Waren an einen polnischen Abnehmer. Dieser Kunde übersendet einen Scheck über 2072,54 polnische Zloty. Der Tageskurs beträgt 48,25 DM für 100 polnische Zloty (PLN).

Der Scheck wird nach einigen Tagen bei der Bank eingelöst bei einem Tageskurs von 47,50 DM. Der Betrieb erhält also 984,46 DM, sodass ein Kursverlust von 15,54 DM entsteht.

Buchungen:

S	Kundenforderungen	H	S	Warenverkauf	H
1)	1000 DM | 2) 1000 DM			| 1)	1000 DM

S	Devisen	H	S	Bank	H
2)	1000 DM | 3) 1000 DM		3)	984,46 DM |	

S	Kursverluste	H
3)	15,54 DM |	

Entstehen Kursgewinne, ist ein Ertrag auszuweisen.

11.7 Kommissionsgeschäfte

11.7.1 Wesen und Inhalt des Kommissionsgeschäfts

Der Kaufmann bedient sich beim Verkauf und Einkauf einer Ware gelegentlich eines Kommissionärs. Das sind selbstständige Gewerbetreibende, die im **eigenen Namen**, aber für **fremde Rechnung** Einkäufe oder Verkäufe besorgen.

Der Inhalt des Kommissionsgeschäfts ergibt sich aus § 383 HGB: „Kommissionär ist, wer es gewerbsmäßig übernimmt, Waren oder Wertpapiere für Rechnung eines anderen (des Kommittenten) im eigenen Namen zu kaufen oder zu verkaufen." Die Einzelheiten des Kommissionsgeschäfts sind in den §§ 383 bis 406 HGB geregelt.

Am Kommissionsgeschäft sind in der Regel drei Personen beteiligt:

- Der Auftraggeber, der mit dem Kommissionär in Verbindung tritt und der den Auftrag erteilt. Man bezeichnet ihn als **Kommittent**.

- Der Vermittler, der für den Kommittenten einkauft oder verkauft. Das ist der **Kommissionär**.

- Der Dritte, von dem der Kommissionär die Ware kauft oder an den der Kommissionär die Ware verkauft.

Im Außenverhältnis (dem Dritten gegenüber) tritt der Kommissionär im eigenen Namen auf. Im Innenverhältnis (gegenüber dem Kommittenten) ist er Vermittler. Denn er handelt für Rechnung des Kommittenten.

Nicht selten übernehmen selbstständige Großhändler als Kommissionäre die Vermittlung von Handelsgeschäften. Es kommt auch vor, dass Unternehmer Handelsgeschäfte auf eigene Rechnung (als Eigenhändler), als Kommissionär und als Agent (im fremden Namen und für fremde Rechnung) abschließen. Teilweise tätigen Kommissionäre auch Geschäfte für mehrere Auftraggeber. Kommissionsgeschäfte im Überseehandel bezeichnet man als **Konsignationsgeschäfte**.

Der Kommissionär erhält für seine Tätigkeit eine Provision sowie Auslagenersatz. Er kann auch an einem Mehrerlös bei Festsetzung eines Limits (Mindestpreis bei Verkaufskommission) und an einem Minderpreis bei Festsetzung einer oberen Preisgrenze (bei Einkaufskommission) beteiligt werden. Dadurch erhält er einen zusätzlichen Anreiz zum günstigsten Vertragsabschluss.

Die Kommissionswaren werden im Allgemeinen auf besonderen Konten erfasst. Damit wird, wenn der Kommissionär auch Eigenhandel betreibt, vor allem die buchmäßige Trennung vom eigenen Warenlager erreicht.

11 Schwierige Buchungen

11.7.2 Einkaufskommission

11.7.2.1 Erforderliche Konten

Bei der Einkaufskommission übernimmt es der Kommissionär, Waren oder Wertpapiere im eigenen Namen für Rechnung des Auftraggebers einzukaufen. In der Regel erlangt der Einkaufskommissionär an der Ware, die er im eigenen Namen und für Rechnung des Kommittenten einkauft, das Eigentum. Er ist verpflichtet, das Eigentum an den Kommittenten zu übertragen. Handelt der Kommissionär beim Erwerb des Eigentums (nicht beim Abschluss des obligatorischen Rechtsgeschäfts) jedoch im Namen des Kommittenten, so erwirbt dieser das Eigentum unmittelbar von dem Dritten. Die Ware kann über das Lager des Kommissionärs oder direkt vom Verkäufer an den Kommittenten gehen (Streckengeschäft).

Kommissionsgeschäfte werden abgeschlossen, wenn zum Einkauf einer Ware besondere Erfahrungen erforderlich sind und der Kommissionär über diese verfügt oder wenn die Waren nur an bestimmten Markt- oder Börsenplätzen (z. B. in Übersee) gehandelt werden, die der Kommissionär regelmäßig besucht.

Geht die Ware vom Lieferanten direkt an den Kommittenten, also nicht über das Lager des Kommissionärs, dann braucht der Kommissionär kein Kommissionswarenkonto zu führen. Er richtet ein Kontokorrentkonto ein, auf dem die Geschäftsvorfälle gebucht werden. Berührt die Ware jedoch das Lager des Kommissionärs, ist es angebracht, die Geschäftsvorfälle auf einem besonderen Kommissionswarenkonto zu erfassen.

11.7.2.2 Buchungsbeispiel zur Einkaufskommission

Beispiel

Geschäftsvorfälle

1) Einkaufskommissionär B kauft bei seinem Lieferanten L für 20 000 DM zzgl. 3200 DM USt Kommissionsware. L liefert sofort an B aus.
2) B verauslagt bar Frachtkosten in Höhe von 200 DM zzgl. 32 DM USt.
3) Der Kommittent A holt die Ware beim Kommissionär B ab. Dieser berechnet:

Einkaufspreis (ohne USt)	20 000 DM
Frachtkosten (Vorfracht)	200 DM
Provision 10 %	2 000 DM
	22 200 DM
+ 16 % USt	3 552 DM
	25 752 DM

4) A zahlt an B 25 752 DM.
5) B zahlt 320 DM Umsatzsteuer (3552 DM abzgl. 3232 DM Vorsteuern).
6) B zahlt an seinen Lieferanten 23 200 DM.

11.7 Kommissionsgeschäfte

11.7.2.2.1 Buchungen beim Kommissionär mit Kommissionswarenkonto

S	Kommissionsware	H	S	Lieferantenschuld	H
1) 20 000 DM		3) 20 000 DM	6) 23 200 DM		1) 23 200 DM

S	Vorsteuer	H	S	Finanzkonto	H
1) 3 200 DM	5)	3 232 DM	4) 25 752 DM	2)	232 DM
2) 32 DM				5)	320 DM
				6)	23 200 DM

S	Forderungen ggü. Kommittent A	H	S	Provisionserträge	H
3) 25 752 DM		4) 25 752 DM		3)	2 000 DM

S	Frachtkosten	H	S	USt-Schuld	H
2) 200 DM		3) 200 DM	5) 3 552 DM		3) 3 552 DM

Die Fracht kann auch direkt auf dem Kommissionswarenkonto erfasst werden.

11.7.2.2.2 Buchungen beim Kommissionär ohne Kommissionswarenkonto

S	Finanzkonto Kommittent A	H	S	Finanzkonto	H
1) 20 000 DM		4) 25 752 DM	4) 25 752 DM	2)	232 DM
2) 200 DM				5)	320 DM
3) 5 552 DM				6)	23 200 DM

S	Lieferantenschulden	H	S	Provisionserträge	H
6) 23 200 DM		1) 23 200 DM		3)	2 000 DM

S	Vorsteuer	H	S	USt-Schuld	H
1) 3 200 DM	5)	3 232 DM	5) 3 552 DM		3) 3 552 DM
2) 32 DM					

11.7.2.2.3 Buchungen beim Kommittenten

Nur die Geschäftsvorfälle 3 und 4 lösen Buchungen aus.

S	Wareneinkauf	H	S	Kommissionär B	H
3) 22 200 DM			4) 25 752 DM		3) 25 752 DM

S	Finanzkonto	H	S	Vorsteuer	H
	4)	25 752 DM	3) 3 552 DM		

Frachtkosten und Einkaufsprovisionen rechnen zu den Anschaffungskosten der Ware. Sie können auch auf besonderen Aufwandskonten erfasst werden wie alle anderen Warennebenkosten. Beim Jahresabschluss sind diese Warennebenkosten im Rahmen der vorbereitenden Abschlussbuchungen über Wareneinkaufskonto abzuschließen.

11.7.2.3 Bilanzierung der Kommissionsware

Für die Zurechnung der Kommissionsware gelten die allgemeinen Grundsätze. Danach werden die Wirtschaftsgüter grundsätzlich dem Eigentümer zugerechnet. Bei abweichendem wirtschaftlichen Eigentum hat der wirtschaftliche Eigentümer die Gegenstände zu bilanzieren (§ 39 Abs. 2 Nr. 1 AO).[43]

Soweit sich die Kommissionsware am **Bilanzstichtag** noch auf dem Lager des Kommissionärs (oder einem anderen Ort) befindet und die Eigentumsübertragung noch nicht erfolgt ist, stellt sich die Frage, wer die Ware zu bilanzieren hat. Dabei muss berücksichtigt werden, dass der Kommissionär für fremde Rechnung und auf Risiko des Kommittenten handelt. Er ist verpflichtet, dem Kommittenten dasjenige herauszugeben, was er aus der Geschäftsbesorgung erlangt hat (§ 384 Abs. 2 HGB). Daraus folgt, dass der Kommittent im Allgemeinen den Kommissionär wirtschaftlich von jeder Einflussnahme auf die Kommissionsware ausschließen kann. Eine anderweitige Verfügung des Kommissionärs wäre vertragswidrig (wenn auch rechtlich möglich). Deshalb wird der **Kommittent** in der Regel **wirtschaftlicher Eigentümer** i. S. des § 39 Abs. 2 Nr. 1 AO sein. Er hat deshalb die Ware und die Zahlungsverpflichtung gegenüber dem Kommissionär zu bilanzieren. Der Kommissionär bilanziert dagegen seine Forderung gegenüber dem Kommittenten. Bei Führung eines Kommissionswarenkontos muss der Kommissionär beim Jahresabschluss eine entsprechende Umbuchung vornehmen.

Wenn sich in dem Buchungsbeispiel zur Einkaufskommission die Geschäftsvorfälle 1) und 2) vor, die Geschäftsvorfälle 3) bis 6) nach dem Bilanzstichtag ereignet haben, müssen Kommissionär und Kommittent den Geschäftsvorfall 3) bereits vor dem Abschlusszeitpunkt buchen.

Kommissionär B:	Kommittent A	25 752 DM	an Kommissionsware A	20 000 DM
			an Fracht Kommittent A	200 DM
			an Provisionserträge	2 000 DM
			an USt-Schuld	3 552 DM
Kommittent A:	Wareneinkauf	22 200 DM		
	noch nicht ver-			
	rechenbare VorSt			
	(Rechnung liegt			
	noch nicht vor)	3 552 DM	an Kommissionär B	25 752 DM

11.7.3 Verkaufskommission

11.7.3.1 Erforderliche Konten

Bei der Verkaufskommission übernimmt es der Kommissionär, Waren oder Wertpapiere im eigenen Namen für Rechnung des Kommittenten an einen Dritten zu verkaufen. Die Ware kann auch hier entweder über das Lager des Kommissionärs oder

---
43 S. u. 13.4.

11.7 Kommissionsgeschäfte

direkt vom Kommittenten an den Käufer gehen. Im Gegensatz zum Einkaufskommissionär wird der Verkaufskommissionär nicht Eigentümer der Ware.

Neben der Provision und dem Auslagenersatz erhält der Verkaufskommissionär oft eine so genannte Delkredereprovision, wenn er für den Zahlungseingang besonders haftet.

Der Kommittent bucht bei Übergabe an den Kommissionär die Ware vom allgemeinen Warenkonto auf das Kommissionswarenkonto um, und zwar zum Einstandspreis. Fabrikationsbetriebe buchen die Herstellungskosten: Kommissionswarenkonto an Fertigfabrikate. Beim Verkauf der Kommissionsware wird das Konto des Kommissionärs mit dem erzielten Verkaufserlös belastet.

Auf die Führung eines Kommissionswarenkontos wird häufig verzichtet. Dann muss die inventurmäßige Erfassung der Kommissionslagerbestände auf andere Weise gewährleistet sein, z. B. durch eine Lagerkartei.

Obwohl der Kommissionär nicht Eigentümer der Ware wird, kann er den Durchgang der Ware ebenfalls auf einem Kommissionswarenkonto festhalten. Hierzu besteht jedoch kein Zwang. Er kann den Eingang der Kommissionsware auch in einem Nebenbuch aufzeichnen und erst beim Verkauf den Erlös unmittelbar dem Kommittenten gutschreiben.

11.7.3.2 Buchungsbeispiel zur Verkaufskommission

Geschäftsvorfälle

1) Übergabe der Ware durch den Kommittenten A an den Kommissionär B zum Limitpreis von 100 000 DM.[44] Die vereinbarte Provision beträgt 7000 DM. Die Anschaffungskosten des Kommittenten A haben 70 000 DM betragen.

2) Für den Transport hat der Kommissionär B im eigenen Namen Frachtkosten in Höhe von 500 DM zzgl. 80 DM USt gezahlt, die weiterberechnet werden.

3) Kommissionär B verkauft für 110 000 DM zzgl. 17 600 DM USt und liefert sofort aus. Der Überpreis steht vereinbarungsgemäß dem Kommittenten A zu, der nunmehr eine Rechnung über 110 000 DM abz. 7000 DM Provision[45] = 103 000 DM zzgl. 16 480 DM USt = 119 480 DM ausstellt.

4) Der Kunde zahlt an den Kommissionär B 127 600 DM.

---

44 Umsatzsteuer entsteht noch nicht. Bei der Verkaufskommission liegt eine Lieferung des Kommittenten an den Kommissionär erst im Zeitpunkt der Lieferung des Kommissionsguts an den Abnehmer vor (BFH, BStBl 1987 II S. 278; Abschn. 24 Abs. 2 UStR).
Gelangt das Kommissionsgut bei der Zurverfügungstellung an den Kommissionär im Wege des innergemeinschaftlichen Verbringens vom Ausgangs- in den Bestimmungsmitgliedstaat, kann die Lieferung jedoch nach dem Sinn und Zweck der Regelung bereits zu diesem Zeitpunkt als erbracht angesehen werden. Dementsprechend ist der innergemeinschaftliche Erwerb beim Kommissionär der Besteuerung zu unterwerfen (Abschn. 24 Abs. 2 Satz 9 i. V. m. Abschn. 15 b Abs. 7 UStR).

45 Die Provision mindert das Entgelt des Kommittenten, weil beim Kommissionsgeschäft zwischen dem Kommittenten und dem Kommissionär eine Lieferung vorliegt (§ 3 Abs. 3 UStG). Nur bei Vermittlung durch einen Agenten ist die Provision nicht abzugsfähig.

11 Schwierige Buchungen

5) Der Kommissionär B zahlt an den Kommittenten A 118 900 DM (119 480 DM ./. 580 DM).
6) Kommissionär B zahlt nach Verrechnung mit den Vorsteuern 1120 DM USt.
7) Kommittent A zahlt seine USt.[40]

11.7.3.2.1 Buchungen beim Kommissionär mit Kommissionswarenkonto

1)	Kommissionsware A	100 000 DM	an Kommittent A	100 000 DM
2)	Frachtkosten	500 DM	an Bank	580 DM
	VorSt	80 DM	an Frachtkosten	500 DM
	Kommittent A	580 DM	an USt-Schuld	80 DM
3)	Kommissionsware A	10 000 DM	an Provisionserträge	7 000 DM
	VorSt	16 480 DM	an Kommittent A	19 480 DM
	Forderungen	127 600 DM	an Kommissionsware A	110 000 DM
			an USt-Schuld	17 600 DM
4)	Bank	127 600 DM	an Forderungen	127 600 DM
5)	Kommittent A	118 900 DM	an Bank	118 900 DM
6)	USt-Schuld	17 680 DM	an VorSt	16 560 DM
			an Bank	1 120 DM

S	Kommissionsware A	H	S	Kommittent A	H
1) 100 000 DM	3) 110 000 DM		2) 580 DM	1) 100 000 DM	
3) 10 000 DM			5) 118 900 DM	3) 19 480 DM	

S	Vorsteuer	H	S	Bank	H
2) 80 DM	6) 16 560 DM		4) 127 600 DM	2) 580 DM	
3) 16 480 DM				5) 118 900 DM	
				6) 1 120 DM	

S	Provisionserträge	H	S	USt-Schuld	H
	3) 7 000 DM		6) 17 680 DM	2) 80 DM	
				3) 17 600 DM	

S	Kundenforderungen	H	S	Frachtkosten	H
3) 127 600 DM	4) 127 600 DM		2) 500 DM	2) 500 DM	

11.7.3.2.2 Buchungen beim Kommissionär ohne Kommissionswarenkonto

1) entfällt
2) keine Änderung gegenüber 11.7.3.2.1
3) VorSt   16 480 DM   an Provisionserträge   7 000 DM
                                 an Kommittent A   9 480 DM
   Forderungen   127 600 DM   an Kommittent A   110 000 DM
                                 an USt-Schuld   17 600 DM

Die Buchungssätze 4 bis 6 bleiben unverändert.

11.7 Kommissionsgeschäfte

S	Kommittent A		H		S	Vorsteuer		H
2)	580 DM	3)	9 480 DM		2)	80 DM	6)	16 560 DM
5)	118 900 DM	3)	110 000 DM		3)	16 480 DM		

S	Bank		H		S	Provisionserträge		H
4)	127 600 DM	2)	580 DM				3)	7 000 DM
		5)	118 900 DM					
		6)	1 120 DM					

S	USt-Schuld		H		S	Kundenforderungen		H
6)	17 680 DM	2)	80 DM		3)	127 600 DM	4)	127 600 DM
		3)	17 600 DM					

S	Frachtkosten		H
2)	500 DM	2)	500 DM

Die Übergabe der Kommissionsware wird nicht auf einem besonderen Sachkonto der Buchführung, sondern in einem Nebenbuch (Kommissionsbuch) festgehalten. Erst nach Verkauf der Ware wird die Ablieferungspflicht ausgewiesen.

11.7.3.2.3 Buchungen beim Kommittenten

1) Kommissionsware bei B	70 000 DM	an Wareneinkauf	70 000 DM
2) Frachtkosten	500 DM		
VorSt	80 DM	an Kommissionär B	580 DM
3) Kommissionär B	119 480 DM	an Kommissionsware bei B	110 000 DM
Provisionsaufwand	7 000 DM	an USt-Schuld	16 480 DM
5) Bank	118 900 DM	an Kommissionär B	118 900 DM
6) USt-Schuld	16 480 DM	an VorSt	80 DM
		an Bank	16 400 DM

S	Wareneinkauf		H		S	Kommissionsware bei B		H
AB	70 000 DM	1)	70 000 DM		1)	70 000 DM	3)	110 000 DM

S	Provisionsaufwand		H		S	Frachtkosten		H
3)	7 000 DM				2)	500 DM		

S	USt-Schuld		H		S	Kommissionär B		H
6)	16 480 DM	3)	16 480 DM		3)	119 480 DM	2)	580 DM
							5)	118 900 DM

S	Bank		H		S	Vorsteuer		H
5)	118 900 DM	6)	16 400 DM		2)	80 DM	6)	80 DM

Beim Kommittenten darf das Kommissionswarenkonto nicht mit dem Limitpreis belastet werden, sondern nur mit den Anschaffungskosten oder Herstellungskosten. Denn durch die Übergabe der Ware an den Kommissionär wird noch kein Gewinn verwirklicht, sondern erst durch den anschließenden Verkauf der Ware.

In vorstehender Lösung ist das Kommissionswarenkonto ein gemischtes Konto. Es ist selbstverständlich möglich und zweckmäßig, die Verkaufsbuchung auf einem besonderen Kommissionswaren-Verkaufskonto vorzunehmen. Für den Abschluss der beiden Kommissionswarenkonten ergeben sich die gleichen Möglichkeiten wie beim normalen Warenkonto (Nettoabschluss und Bruttoabschluss).

11.7.3.3 Bilanzierung der Kommissionsware

Der Verkaufskommissionär wird weder rechtlicher Eigentümer noch wirtschaftlicher Eigentümer der ihm vom Kommittenten übergebenen Waren. Demgemäß hat der Kommittent die im Kommissionslager befindliche Ware im Inventar und in der Bilanz zu erfassen (§ 39 AO). Der zu bilanzierende Warenbestand umfasst sämtliche Bestände des Kaufmanns, unabhängig von ihrem Lagerort. Beim Kommittenten wird das Kommissionswarenkonto über das Schlussbilanzkonto abgeschlossen.

Hat der Kommissionär ein Kommissionswarenkonto geführt, ist es mit der Buchung (Kommittent A an Kommissionswarenkonto A) aufzulösen. Die Rückbuchung des Kommissionswarenbestandes ist zum Jahresabschluss erforderlich, weil der Kommissionär in seiner Bilanz keine fremden Bestände ausweisen darf.

Für die Bewertung des Kommissionswarenlagers gelten die allgemeinen Grundsätze (Anschaffungskosten, Herstellungskosten oder niedrigerer Teilwert bei voraussichtlich dauernder Wertminderung).

11.8 Darlehensabgeld und Darlehensaufgeld

11.8.1 Darlehensabgeld (Damnum, Disagio)

Bei der Aufnahme von Darlehen erhält der Schuldner oft einen geringeren Betrag als den zurückzuzahlenden Darlehensbetrag ausgezahlt. Den Unterschiedsbetrag bezeichnet man als Darlehensabgeld, Damnum oder Disagio. Er kann als eine neben der laufenden Verzinsung geleistete zusätzliche Vergütung für die Kapitalnutzung (zusätzliche Verzinsung), aber auch als Entgelt für die Bearbeitung bzw. Abwicklung des Kredits (z. B. die dem Gläubiger erwachsenen Geldbeschaffungskosten) angesehen werden. Eine Aufteilung in Zinsen und Bearbeitungskosten ist regelmäßig nicht erforderlich, weil der Gesamtbetrag als zusätzliches Entgelt für die Kreditgewährung zu beurteilen ist.[46]

---

46 Vgl. auch § 8 Nr. 1 GewStG.

11.8 Darlehensabgeld und Darlehensaufgeld

Handelsrechtlich **darf** der Unterschiedsbetrag zwischen dem Nennbetrag und dem Verfügungsbetrag unter die Rechnungsabgrenzungsposten der Aktivseite aufgenommen werden (§ 250 Abs. 3 Satz 1 HGB) und ist in diesen Fällen durch planmäßige jährliche Abschreibungen, die auf die gesamte Laufzeit verteilt werden können, zu tilgen (§ 250 Abs. 3 Satz 2 HGB). *Steuerrechtlich* **muss** der Unterschiedsbetrag aktiviert und verteilt werden (§ 5 Abs. 5 Satz 1 Nr. 1 EStG).[47] Es handelt sich um eine – bei Zufluss des Darlehensbetrags geleistete – Ausgabe für eine bestimmte Zeit nach dem Bilanzstichtag. Sind nicht alle Kostenelemente mit dem Damnum abgegolten, hat vielmehr der Darlehensnehmer zusätzlich Verwaltungs- und/oder Bearbeitungsgebühren bei Darlehensaufnahme gesondert an den Darlehensgläubiger zu zahlen, sind auch diese Beträge aktiv abzugrenzen und auf die Laufzeit des Darlehens zu verteilen.[48] Dagegen sind Provisionszahlungen, die der Darlehensnehmer an einen Dritten für die Vermittlung leistet, sofort abzugsfähige Betriebsausgaben.[49]

Beispiel

Ein Steuerpflichtiger hat am 2. 1. ein Darlehen von 100 000 DM aufgenommen, das nach 5 Jahren getilgt werden soll. Einbehalten wurde ein Darlehensabgeld in Höhe von 2 % (2000 DM).

S	Bank	H		S	Damnum	H
1)	98 000 DM			1)	2 000 DM	2) 400 DM
						5) 1 600 DM

S	Darlehensschuld	H		S	Zinsaufwand	H
4)	100 000 DM	1) 100 000 DM		2)	400 DM	3) 400 DM

S	SBK	H		S	GuV	H
5)	1 600 DM	4) 100 000 DM		3)	400 DM	

Eine **gleichmäßige Verteilung** des Damnums ist nur bei Fälligkeitsdarlehen zutreffend. Da das Damnum wirtschaftlich betrachtet zinsähnlichen Charakter hat, muss bei Tilgungsdarlehen seine Verteilung entsprechend der jeweils tatsächlichen Inanspruchnahme des Darlehens (also degressiv wie der Zinsaufwand) erfolgen. Die Verteilung des aktivierten Rechnungsabgrenzungspostens bei Tilgungsdarlehen nach der Zinsstaffelmethode (= degressiv) ist kein Grundsatz ordnungsmäßiger Buchführung.[50] Daraus wird überwiegend geschlossen, dass insoweit ein Wahlrecht zwischen linearer und degressiver Verteilung bestehe, während der entsprechende Passivposten bei Kreditinstituten kapitalanteilig nach der Zinsstaffelmethode aufzulösen ist.[51]

---

47 H 37 „Damnum" EStH.
48 H 37 „Bearbeitungsgebühren" EStH; BFH, BStBl 1978 II S. 262; BMF, BStBl 1978 I S. 352.
49 H 37 „Vermittlungsprovisionen" EStH; BFH, BStBl 1977 II S. 802.
50 BFH, BStBl II 1978 S. 262.
51 BFH, BStBl 1974 II S. 684; BMF, BStBl 1978 I S. 352.

11 Schwierige Buchungen

Allein schon aus Gründen der periodengerechten Gewinnermittlung ist das Wahlrecht abzulehnen. Die degressive Auflösung des Damnums folgt bereits aus § 5 Abs. 5 Satz 1 Nr. 1 EStG. Auf die GoB kann es deshalb gar nicht mehr ankommen, zumal nach Handelsrecht nicht mal ein Aktivierungsgebot besteht.

Beispiel
Bei der Aufnahme eines Darlehens von 100 000 DM erfolgte die Auszahlung mit 94 000 DM. Vereinbarungsgemäß ist die Schuld in 5 Raten von je 20 000 DM zu tilgen.

Nach der Zinsstaffelmethode ist das Darlehensabgeld von 6000 DM wie folgt auf die Laufzeit zu verteilen: 2000 DM, 1600 DM, 1200 DM, 800 DM und 400 DM.

Die Berechnung, die auch bei der Ermittlung des Zins- und Kostenanteils in Leasingraten[52] und bei der digitalen AfA[53] angewendet wird, geschieht mit der Formel:

$$S_n = \frac{n}{2}(n+1)$$

Dabei entspricht „n" der Anzahl der Raten. Auf das Beispiel bezogen ergeben sich folgende Zahlen:

$$15 = \frac{5}{2}(5+1)$$

6000 DM : 15 × 5 = 2000 DM
6000 DM : 15 × 4 = 1600 DM
6000 DM : 15 × 3 = 1200 DM
6000 DM : 15 × 2 = 800 DM
6000 DM : 15 × 1 = 400 DM
                   ―――――――
                   6000 DM

Wird die Schuld **vorzeitig** getilgt, ist der noch nicht aufgelöste Teil des Damnums als Aufwand des Wirtschaftsjahrs der Tilgung bzw. Kündigung zu buchen, soweit nicht ausnahmsweise eine Erstattung erfolgt. Geschieht die vorzeitige Rückzahlung anlässlich der Betriebsaufgabe, so ist das aktivierte Disagio zulasten des laufenden Gewinns, nicht des Aufgabegewinns auszubuchen.[54] Bei Verkürzung der Laufzeit muss das restliche Damnum auf die neue Restlaufzeit verteilt werden. Bei Verlängerung der Laufzeit ist dagegen eine Neuverteilung nicht vorzunehmen. Im Fall einer Umschuldung ist das Disagio durch eine außerplanmäßige Abschreibung zu tilgen, soweit es nicht bei wirtschaftlicher Betrachtung als zusätzliche Gegenleistung für das neue oder veränderte Darlehen anzusehen ist.[55] Bei Zinsfestschreibung ist der Rechnungsabgrenzungsposten für ein Damnum regelmäßig über den Zinsfestschreibungszeitraum und nicht über die vorgesehene Gesamtlaufzeit des Darlehens zu verteilen.[56]

---
52 S. u. 15.5.12.2.
53 S. u. 15.9.5.
54 BFH, BStBl 1984 II S. 713, vgl. BFH v. 25. 1. 2000, BStBl 2000 II S. 458, zur Vorfälligkeitsentschädigung.
55 BFH, BStBl 1974 II S. 359.
56 BFH, BStBl 1989 II S. 722.

11.8 Darlehensabgeld und Darlehensaufgeld

Das Damnum ist kein Wirtschaftsgut, sondern ein bloßer Verrechnungsposten. Es ist nicht zu bewerten und ist einer Teilwertabschreibung nicht zugänglich.[57][58]

Beispiel
Bei Darlehensaufnahme wurden 95 % des Darlehensbetrags von 100 000 DM ausgezahlt. Das Darlehensabgeld von 5 % wurde aktiviert und mit gleichen Jahresbeträgen auf die Laufzeit des Darlehens (5 Jahre) verteilt. Nach Ablauf von 2 Jahren verbessern sich die allgemeinen Kreditbedingungen so, dass das Darlehen nun bei gleichem Zinssatz ohne Damnum ausgezahlt würde.
Eine Teilwertabschreibung auf den Restbetrag von 3000 DM kommt nicht in Betracht.

11.8.2 Darlehensaufgeld (Agio)

Ist vertraglich vorgesehen, dass bei Fälligkeit ein Darlehensaufgeld zu zahlen ist, dann ist der Mehrbetrag kein Aufwand des Jahres der Zahlung, sondern anteilig Aufwand aller Wirtschaftsjahre der Darlehenslaufzeit.

Beispiel
Darlehensbetrag 100 000 DM, zu tilgen in 5 Jahren. Bei Tilgung ist ein Darlehensaufgeld von 2000 DM zu entrichten.

S	Bank	H		S	Darlehen	H
1)	100 000 DM			5)	102 000 DM	1) 102 000 DM

S	Darlehensaufgeld	H		S	Zinsaufwand	H
1)	2 000 DM	2) 400 DM		2)	400 DM	3) 400 DM
		4) 1 600 DM				

S	SBK	H		S	GuV	H
4)	1 600 DM	5) 102 000 DM		3)	400 DM	

Selbstverständlich kann man das Darlehensaufgeld auf der Passivseite auch getrennt vom Darlehen als sonstige Verbindlichkeit ausweisen.

11.8.3 Behandlung beim Darlehensgläubiger

Die vorstehenden Grundsätze über die Behandlung beim Darlehensschuldner gelten entsprechend für die buchmäßige Behandlung beim Darlehensgläubiger. Anstelle des Ausweises des Damnums bzw. Agios auf der Aktivseite ist in der Bilanz des Gläubigers ein passiver Rechnungsabgrenzungsposten geboten. Dieser ist bei Fälligkeitsdarlehen zeitanteilig linear und bei Tilgungsdarlehen zeitanteilig degressiv mithilfe der Zinsstaffelmethode aufzulösen.

---

57 BFH, BStBl 1970 II S. 209.
58 Wegen des Verhältnisses Rechnungsabgrenzungsposten/Wirtschaftsgut vgl. u. 13.3.7.

12 Bilanzierung und Bewertung nach Handelsrecht – Berührungspunkte zum Steuerrecht

12.1 Handelsrechtliche Rechnungslegungsvorschriften

Die handelsrechtlichen Rechnungslegungsvorschriften sind im Dritten Buch des HGB enthalten. Danach ergibt sich folgende Aufteilung:

- Im **Ersten Abschnitt** sind alle Vorschriften zusammengefasst, die für Einzelkaufleute und Personenhandelsgesellschaften unterhalb der Größenordnung des Publizitätsgesetzes abschließend und darüber hinaus für alle anderen Kaufleute gelten.
- Der **Zweite Abschnitt** enthält ergänzende Vorschriften, die nicht für alle Kaufleute, sondern speziell für Kapitalgesellschaften und GmbH & Co. KG gelten.
- Der **Dritte Abschnitt** regelt Besonderheiten zur Rechnungslegung eingetragener Genossenschaften.

Der Erste Abschnitt hat für Kapitalgesellschaften, GmbH & Co. KG und für Genossenschaften den Charakter eines allgemeinen Teils und der Zweite und Dritte Abschnitt jeweils den Charakter eines besonderen Teils, der für diese Gesellschaften Aufweis- und Bewertungsgrundsätze enthält, die für Zwecke der Publizität (Offenlegung) des Jahresabschlusses zwingend zu beachten sind.

12.2 Bilanzierung

12.2.1 Handelsbilanz und Steuerbilanz

Handelsbilanz ist die nach den handelsrechtlichen Vorschriften erstellte Bilanz. Gesetzliche Grundlage für die Handelsbilanz sind die §§ 238 ff. HGB. Nach § 242 Abs. 1 HGB hat jeder Kaufmann für den Schluss eines jeden Geschäftsjahrs eine Bilanz zu erstellen.

In der kaufmännischen Praxis hat die Handelsbilanz im Wesentlichen zwei Aufgaben. Sie dient

- als jährlich aufzustellende Erfolgsbilanz der Errechnung des im abgelaufenen Wirtschaftsjahr erzielten Gewinns und
- als Vermögensbilanz der wertmäßig richtigen Darstellung des Vermögens und des investierten Eigenkapitals.

12.2 Bilanzierung

Die Handelsbilanz[1] wird von den Bilanzierungs- und Bewertungsvorschriften des Handelsrechts, des Gesellschaftsrechts und vor allem den Grundsätzen ordnungsmäßiger Buchführung bestimmt.[2] Privatvermögen wird in den Handelsbilanzen nicht erfasst. Für Einzelunternehmen und Personenhandelsgesellschaften, die unter das Publizitätsgesetz fallen, wird seine Aufnahme in die Handelsbilanz durch § 5 Abs. 4 PublizitätsG ausdrücklich verboten.

Steuerbilanz ist die aufgrund zwingender steuerrechtlicher Vorschriften aufgestellte Bilanz. Sie wird bei Betrieben, die zur Aufstellung einer Handelsbilanz verpflichtet sind, aus der Handelsbilanz abgeleitet.[3] Gesetzliche Grundlage der Steuerbilanz sind die §§ 4, 5 ff. EStG i. V. m. §§ 238 ff. HGB und den handelsrechtlichen Grundsätzen ordnungsmäßiger Buchführung. Die Steuerbilanz dient der zutreffenden Ermittlung des steuerrechtlichen Gewinns durch Betriebsvermögensvergleich. Ihr Ziel ist die Ermittlung des Gewinns (Periodengewinn), der bei den Einkünften aus Land- und Forstwirtschaft, Gewerbebetrieb und selbstständiger Arbeit als Besteuerungsgrundlage dient. In der Steuerbilanz dürfen keine Wirtschaftsgüter erfasst werden, die zum Privatvermögen gehören.

Bei der Mehrzahl der gewerblichen Unternehmen wird nur eine Steuerbilanz erstellt, die zugleich als Handelsbilanz dient. Dies gelingt dadurch, dass die Bilanzierung in der Handelsbilanz auch im Falle von Wahlrechten steuerrechtlichen Vorschriften folgt. In diesem Fall spricht man von **Einheitsbilanz** (HB = StB).

Beispiele

a) Ein Gewerbetreibender verzichtet in der HB auf eine Abschreibung nach § 253 Abs. 4 HGB, weil diese wegen Unterschreitens des Teilwerts in der StB unzulässig wäre.

b) Ein Gewerbetreibender verzichtet in der HB auf die Passivierung einer Rückstellung nach § 249 Abs. 2 HGB, weil diese in der StB unzulässig wäre.[4]

12.2.2 Handelsrechtliche Grundsätze ordnungsmäßiger Buchführung

Die handelsrechtlichen Grundsätze ordnungsmäßiger Buchführung, die der Kaufmann nach §§ 238 Abs. 1, 243 Abs. 1 HGB zu berücksichtigen hat und die nach § 5 Abs. 1 EStG bei der Gewinnermittlung aller Buch führenden Gewerbetreibenden beachtet werden müssen, stellen einen unbestimmten Rechtsbegriff dar. Sie sind nicht induktiv, d. h. durch Erhebungen darüber, wie Kaufleute tatsächlich verfahren,

---
1 Wegen der Gliederung der Handelsbilanz s. o. 2.2.3.2 u. 2.2.3.3.
2 Die durch § 5 Abs. 1 Satz 2 EStG bewirkte umgekehrte Maßgeblichkeit (Maßgeblichkeit der Steuerbilanz für die Handelsbilanz) führt jedoch dazu, dass die Handelsbilanz insbesondere durch die Inanspruchnahme steuerrechtlicher Abschreibungen und sog. steuerfreier Rücklagen in erheblichem Maße verzerrt sein kann.
3 Vgl. auch § 60 Abs. 2 EStDV.
4 BFH, BStBl II 1989 S. 893.

sondern deduktiv, d. h. durch Überlegungen darüber, wie sie verfahren sollen, zu ermitteln.[5] Es kommt also nicht darauf an, was die Praxis tut, sondern was sie tun sollte.

Bei der Ausfüllung unbestimmter Rechtsbegriffe, wie dem handelsrechtlichen Begriff der ordnungsmäßigen Buchführung, kommt der Verkehrsauffassung eine große Bedeutung zu. Das ist die Auffassung der anständigen und ordentlichen Kaufmannschaft, die der Verpflichtung zur Transparenz der Geschäftsvorfälle und der Lage des Vermögens sorgfältig nachkommen will. Hierbei darf nicht der Maßstab eines übermäßig gewissenhaften Kaufmanns zugrunde gelegt werden, sondern die durchschnittlichen Anforderungen an die Redlichkeit und Sorgfalt eines ordentlichen Kaufmanns.[6]

12.2.3 Einfluss der Bilanztheorien auf die Bilanzierung

12.2.3.1 Statische Bilanzauffassung

Die Betriebswirtschaftslehre hat, um den Zweck der Bilanzen zu erklären, verschiedene Bilanztheorien entwickelt. Die wichtigsten sind die **statische,** die **dynamische** und die **organische** Bilanzauffassung.

Nach der statischen Bilanzlehre dient die Bilanz in erster Linie der richtigen Ermittlung des Betriebsvermögens. Es dürfen nur solche Bilanzposten angesetzt werden, die als selbstständige Vermögensbestandteile anzusehen und einer besonderen Bewertung fähig sind. Diese Gegenstände werden mit den Werten eingestellt, die bei einer Veräußerung erlöst werden können.

Das Schwergewicht einer statischen Bilanz liegt mithin bei der Ermittlung des Vermögens. Gewinn ist die im Wirtschaftsjahr eingetretene Vermögensmehrung. Dieser Gewinn ist nur Folge, jedoch kein Ziel der statischen Bilanz.

Die statische Bilanz will lediglich den am Bilanzstichtag bestehenden Zustand über das Betriebsvermögen zeigen. Die Periodenabgrenzung wird vernachlässigt. Gewinn- und Verlustausweis sind allein davon abhängig, ob es zu einer Erhöhung bzw. Minderung des Betriebsvermögens gekommen ist. Für die Bilanzierung gilt das **Realisationsprinzip.**

Besonders deutlich wird die statische Betrachtungsweise bei den **Rückstellungen.** Sie dienen dazu, die Verbindlichkeiten zu erfassen, die wegen der Ungewissheit ihres Bestehens oder ihrer Höhe noch nicht endgültig als Verbindlichkeit gebucht worden sind. Sie werden in der statischen Bilanz nur dann ausgewiesen, wenn am Bilanzstichtag entweder bereits eine Verbindlichkeit bestanden hat oder wenigstens nach den Grundsätzen ordnungsmäßiger Buchführung von einer Verbindlichkeit ausgegangen werden muss. Drohende Verluste werden nicht berücksichtigt.

5 BFH, BStBl 1966 III S. 372, BStBl 1967 II S. 607.
6 BFH, BStBl 1966 III S. 372.

12.2 Bilanzierung

12.2.3.2 Dynamische Bilanzauffassung

Nach der dynamischen Bilanzlehre liegt das Schwergewicht der Bilanz auf der Erfolgsermittlung. Der Erfolg bemisst sich nach dem Unterschied zwischen den Erträgen und Aufwendungen des Wirtschaftsjahres, d. h. nach den Bewegungen, die sich im Betrieb abgespielt haben. Aufwand des Wirtschaftsjahres ist die Summe der vor, während oder nach dem Wirtschaftsjahr angefallenen Ausgaben. Ertrag des Wirtschaftsjahres ist die Summe der vor, während oder nach dem Wirtschaftsjahr erzielten Einnahmen.

Das Wesen der dynamischen Bilanz liegt in der konsequenten Zuordnung der Ausgaben und Einnahmen zu dem Wirtschaftsjahr, in dem sie verursacht wurden. Zum Zweck der periodengerechten Gewinnermittlung sind auszuweisen: a) auf der Aktivseite Ausgaben und Leistungen, die erst in einem späteren Wirtschaftsjahr als Aufwand zu verrechnen sind, b) auf der Passivseite Einnahmen und Aufwendungen, die erst in einem späteren Wirtschaftsjahr zu Leistungen oder Ausgaben führen.

Die dynamische Bilanz zeigt nicht nur die Bewegungen selbst, sondern auch einen Zustand. Aus dem Status am Anfang und Ende einer Periode schließt man auf die Bewegungen. Für die Bilanzierung ist **nicht** entscheidend, ob ein Vermögensgegenstand oder eine Schuld vorliegt. Die Bilanzposten dienen allein der richtigen Aufwands- und Ertragsverteilung, also der zeitlich richtigen Zuordnung. Aktivierung und Passivierung sind vom **Verursachungsprinzip** bestimmt.

Der dynamische Charakter zeigt sich am deutlichsten an den Rechnungsabgrenzungsposten und den Rückstellungen. **Rechnungsabgrenzungsposten** sind nach der dynamischen Bilanzauffassung auch dann zu bilden, wenn sie keinen bewertbaren Vermögensgegenstand bzw. keine Verpflichtung verkörpern, wie z. B. gezahlte Kfz-Steuer, die auch das nächste Wirtschaftsjahr zeitanteilig betrifft. **Rückstellungen** betrachtet die dynamische Bilanzauffassung in erster Linie unter dem Gesichtspunkt der Vergleichbarkeit der Erfolgsermittlung. Danach ist es erforderlich, Ausgaben und Einnahmen dem Wirtschaftsjahr zuzurechnen, in dem sie verursacht sind. Der dynamische Rückstellungsbegriff geht damit weiter als der statische. Er umfasst auch Fälle, in denen am Bilanzstichtag noch keine Schuld gegenüber einem Dritten besteht.

> **Beispiel**
>
> Ein Bauunternehmer ist zur Beseitigung aller innerhalb von zwei Jahren nach Fertigstellung der Bauten auftretenden Mängel verpflichtet. Am Bilanzstichtag sind noch keine Mängel eingetreten und geltend gemacht.
>
> Nach der statischen Bilanzauffassung kann eine Rückstellung nicht gebildet werden. Dagegen sind nach der dynamischen Bilanzauffassung die erfahrungsgemäß später anfallenden Ausgaben zur Beseitigung von Baumängeln nach dem Verursachungsprinzip dem Herstellungsjahr durch Passivierung einer Rückstellung zuzurechnen.

Nach der dynamischen Bilanzauffassung sind auch Kosten für den Anstrich oder den Außenputz eines Hauses oder für Generalreparaturen, die in regelmäßigen Zeitabständen oder stoßweise anfallen, auf mehrere Wirtschaftsjahre zu verteilen. Zu diesem Zweck wäre die Bildung eines besonderen abzuschreibenden Aktivpostens bzw. die Bildung einer Rückstellung für zukünftige Reparaturen erforderlich. Reklamekosten, Forschungs- und Entwicklungskosten sowie andere Ausgaben, die irgendeinen Nutzen für die Zukunft versprechen, wären zu aktivieren und den späteren Wirtschaftsjahren zuzurechnen.

12.2.3.3 Pagatorische Bilanzauffassung

Die dynamische Bilanz ist von Kosiol in seiner als „pagatorische[7] Bilanztheorie" bezeichneten Auffassung weiterentwickelt worden. Kosiol weist nach, dass auch die Leistungsreihe sich auf Zahlungsvorgänge zurückführen lässt und folglich eine Trennung von Leistungsreihe und Zahlungsreihe nicht erforderlich ist. Sämtliche betrieblichen Vorgänge werden mit den Begriffen Einnahme und Ausgabe dargestellt. Das erfordert eine Erweiterung des Zahlungsbegriffs über den Begriff der Barzahlung hinaus. Barzahlungen späterer und früherer Perioden werden als Verrechnungszahlungen bezeichnet. Auf diese Weise können auch die leistungswirtschaftlichen Vorgänge (Aufwand und Ertrag) als Zahlungen definiert werden.

12.2.3.4 Organische Bilanzauffassung

Die organische Bilanzauffassung zeichnet sich dadurch aus, dass die Bewertung der Bilanzposten unter Berücksichtigung des organischen Zusammenhangs zwischen der Unternehmung und der volkswirtschaftlichen Entwicklung erfolgt (organische Tageswertbilanz). Nach ihr sind die Wirtschaftsgüter in der Bilanz mit den jeweiligen Wiederbeschaffungskosten zu bewerten. Dadurch sollen sowohl Vermögen als auch Gewinn möglichst zutreffend dargestellt werden. In der organischen Tageswertbilanz wird als Ergebnis der Unterschied zwischen dem nach Wiederbeschaffungskosten bewerteten Anfangsvermögen und dem nach Wiederbeschaffungskosten bewerteten Endvermögen ausgewiesen. Der Unterschied zwischen Buchwert und Wiederbeschaffungskosten des ruhenden Vermögens wird direkt über das Kapitalkonto oder ein entsprechendes Vorkonto (Vermögenswertänderungs-Konto) gebucht. Preissteigerungen bleiben damit erfolgsneutral. Nur Mengenänderungen erscheinen als Gewinn oder Verlust.

Die Lehre von der organischen Tageswertbilanz will im Interesse der Substanzerhaltung vor allem den Ausweis von Scheinerfolgen und damit die Scheingewinnbesteuerung verhindern. Sie hat sich wegen der praktischen Schwierigkeiten bei der Bewertung und der ständigen Zuschreibungen in der kaufmännischen Praxis nicht durchsetzen können. Ihre Grundgedanken gewinnen aber immer wieder in Zeiten mit Geldwertverschlechterung an Bedeutung.

---

7 Pagatorisch = auf Zahlungsvorgängen beruhend.

12.2 Bilanzierung

12.2.3.5 Bedeutung der verschiedenen Bilanzauffassungen für die Steuerbilanz

Das EStG hat die Frage, ob für die Steuerbilanz die statische, die dynamische oder die organische Bilanzauffassung gilt, nicht geregelt. Wie viele andere Fragen des Bilanzsteuerrechts musste auch dies durch die Rechtsprechung entschieden werden.

Eine Gewinnermittlung nach der organischen Tageswertbilanz wurde bereits vom RFH abgelehnt, weil der steuerrechtliche Gewinnbegriff vom Nennkapital ausgeht.[8] Für eine Auslegung des einkommensteuerrechtlichen Begriffs „Betriebsvermögen" kommen deshalb nur die beiden anderen Bilanzauffassungen in Betracht.

Der BFH hat für die Gewinnermittlung zwischen der statischen und der dynamischen Bilanzauffassung geschwankt. In manchen Fällen hat er unter Berufung auf die dynamische Bilanzauffassung und im Interesse einer periodengerechten Gewinnermittlung die Aktivierung von Aufwendungen verlangt, obwohl nach statischer Auffassung mangels Vermögensbestandteilen eine Aktivierung zu verneinen gewesen wäre. In anderen Entscheidungen hat er der statischen Bilanzauffassung den Vorzug gegeben und Ausgaben als sofort abzugsfähigen Aufwand behandelt, weil ihnen im wirtschaftlichen Verkehr kein selbstständiger Wert beigelegt werden könne oder der Wert nicht zuverlässig zu bestimmen sei.

Nach der Rechtsprechung ist also für die nach dem EStG aufzustellende Steuerbilanz sowohl die statische als auch die dynamische Bilanzauffassung von Bedeutung. Die Aktivseite steht mehr unter statischen Gesichtspunkten; die Passivseite wird mehr von der dynamischen Bilanzauffassung bestimmt. Die dynamische Auffassung zeigt sich insbesondere bei den Posten der Rechnungsabgrenzung.

12.2.3.6 Bedeutung des Handelsrechts für die Steuerbilanz

Die Handelsbilanz hat als Vermögensbilanz vorwiegend statischen Charakter. Dynamische Elemente enthalten u. a. § 250 HGB (Rechnungsabgrenzungsposten), § 249 Abs. 1 Sätze 2 und 3, Abs. 2 HGB (Aufwandsrückstellungen), § 268 Abs. 4 Satz 2, Abs. 5 Satz 3 HGB (antizipative Posten), §§ 269, 282 HGB (Aufwendungen für Ingangsetzung und Erweiterung des Geschäftsbetriebs), § 274 HGB (aktive und passive latente Steuern). Da die Steuerbilanz aber nur eine aufgrund zwingender steuerrechtlicher Vorschriften korrigierte Handelsbilanz ist, kann die dynamische Bilanzauffassung nur teilweise übernommen werden, obwohl die Steuerbilanz der Gewinnermittlung dient und dadurch zwangsläufig dynamische Züge trägt. Ein statisches Element hat die Steuerbilanz vor allem durch den Begriff des Wirtschaftsguts[9] erhalten. Die Bestimmung des Wirtschaftsgutsbegriffs aus Grundsätzen der dynamischen Bilanzauffassung wird sogar ausdrücklich abgelehnt.[10]

---

8 RFH, RStBl 1932 S. 22.
9 S. u. 13.3.2.
10 BFH, BStBl 1975 II S. 809.

12.2.4 Maßgeblichkeit der handelsrechtlichen Grundsätze ordnungsmäßiger Buchführung für die Bilanzierung nach Handels- und Steuerrecht (Ansatz dem Grunde nach)[11]

12.2.4.1 Rechtsgrundlage

§ 5 Abs. 1 Satz 1 EStG beschreibt den Grundsatz der Maßgeblichkeit der Handelsbilanz für die Steuerbilanz. Aus der Formulierung „... ist das Betriebsvermögen anzusetzen, das nach den handelsrechtlichen Grundsätzen ordnungsmäßiger Buchführung auszuweisen ist." ergibt sich der derivative und subsidiäre Charakter der Steuerbilanz und wird durch § 60 Abs. 1 und 2 EStDV unterstrichen.

Die handelsrechtlichen Grundsätze ordnungsmäßiger Buchführung umfassen u. a. Bilanzierungs- und Bewertungsgrundsätze, die nach § 5 Abs. 1 Satz 1 EStG auch für die Steuerbilanz maßgebend sind und damit unmittelbar steuerrechtliche Wirkung haben. Das gilt auch dann, wenn lediglich eine Steuerbilanz erstellt wird, die zugleich als Handelsbilanz dient.

Die handelsrechtlichen **Bilanzierungsgrundsätze** können Gebote, Verbote und Wahlrechte beinhalten. Insoweit spricht man auch von **Ansatzvorschriften** (siehe Schaubild auf der nächsten Seite). Davon abzugrenzen sind die **Bewertungsvorschriften**[12].

12.2.4.2 Handelsrechtliche Aktivierungs- und Passivierungsgebote

Aktiv- und Passivposten, die in der Handelsbilanz angesetzt werden müssen, sind auch in der Steuerbilanz anzusetzen, soweit für diese steuerrechtlich keine Sonderregelung besteht. So sind z. B. die körperlichen Wirtschaftsgüter des Anlagevermögens und Umlaufvermögens nach §§ 242 Abs. 1, 246 Abs. 1, 247 Abs. 1 HGB in die Handelsbilanz vollständig aufzunehmen und, weil steuerrechtlich kein Bilanzierungsverbot besteht, auch in der Steuerbilanz auszuweisen. Entsprechendes gilt für Verbindlichkeiten (§ 246 Abs. 1 HGB) einschl. Rückstellungen i. S. des § 249 Abs. 1 Satz 1 und 2 HGB.[13] Dabei haben jedoch die ausschließlich steuerrechtlichen Vorschriften zur Passivierung von Verbindlichkeiten und Rückstellungen nach § 5 Abs. 2 a, Abs. 3, Abs. 4, 4 a und 4 b EStG Vorrang. Insofern besteht auch bei handelsrechtlichem Passivierungsgebot ein steuerrechtliches **Passivierungsverbot.**

---
11 Vgl. auch u. 14.1.
12 Vgl. 12.3.
13 Wegen der Rückstellung für latente Steuern vgl. u. 12.3.5.

12.2 Bilanzierung

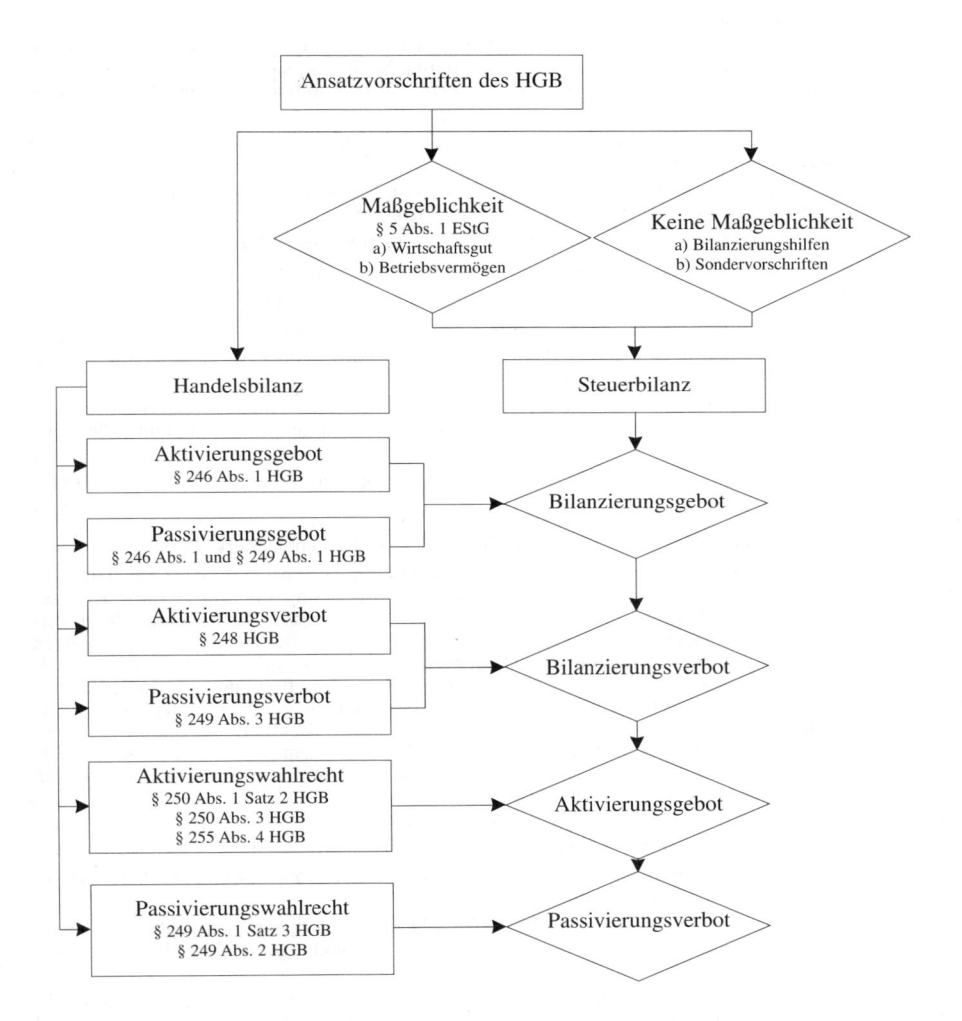

```
                    ┌─────────────────────────────┐
                    │ Ansatzvorschriften des HGB  │
                    └─────────────────────────────┘
```

                    Maßgeblichkeit   Keine Maßgeblichkeit
                    § 5 Abs. 1 EStG   a) Bilanzierungshilfen
                    a) Wirtschaftsgut   b) Sondervorschriften
                    b) Betriebsvermögen

          Handelsbilanz   Steuerbilanz

    Aktivierungsgebot
    § 246 Abs. 1 HGB
                                        Bilanzierungsgebot
    Passivierungsgebot
    § 246 Abs. 1 und § 249 Abs. 1 HGB

    Aktivierungsverbot
    § 248 HGB
                                        Bilanzierungsverbot
    Passivierungsverbot
    § 249 Abs. 3 HGB

    Aktivierungswahlrecht
    § 250 Abs. 1 Satz 2 HGB
    § 250 Abs. 3 HGB   Aktivierungsgebot
    § 255 Abs. 4 HGB

    Passivierungswahlrecht
    § 249 Abs. 1 Satz 3 HGB   Passivierungsverbot
    § 249 Abs. 2 HGB

12 Bilanzierung und Bewertung nach Handelsrecht

Erläuterungen zum Schaubild

a) Die handelsrechtlichen Grundsätze ordnungsmäßiger Buchführung sind im Bereich der Ansatzvorschriften nur dann und insoweit **maßgeblich,** als es sich um Vermögensgegenstände (Wirtschaftsgüter) und Schulden handelt, die zum **Betriebsvermögen** nach Steuerrecht gehören.

b) Die Bilanzierungsgrundsätze des Handelsrechts sind **nicht** zu beachten, soweit es sich lediglich um **Bilanzierungshilfen** handelt (z. B. § 269 HGB).

c) Die Bilanzierungsgrundsätze des Handelsrechts sind **steuerrechtlich** auch dann nicht zu beachten, wenn Vorschriften des EStG **entgegenstehen:**

▷ § 5 Abs. 2 EStG verlangt die Aktivierung des erworbenen Firmenwerts,
▷ § 5 Abs. 2 a EStG verbietet Rückstellungen, die aus Erlösen zu tilgen sind,
▷ § 5 Abs. 3 EStG schränkt Rückstellungen wegen Verletzung von Schutzrechten ein,
▷ § 5 Abs. 4 EStG schränkt die Bildung von Jubiläumsrückstellungen ein,
▷ § 5 Abs. 4 a EStG verbietet die Rückstellung für drohende Verluste aus schwebenden Geschäften,
▷ § 5 Abs. 4 b EStG verbietet die Passivierung einer Rückstellung, wenn die Erfüllung der Verpflichtung zur Entstehung eines aktivierungspflichtigen Wirtschaftsguts führt,
▷ § 5 a EStG regelt Besonderheiten der Gewinnermittlung bei Handelsschiffen.[14]

Beispiele

a) Ein Gewerbetreibender hat ein Grundstück auf Rentenbasis erworben. In der Handelsbilanz ist das Grundstück mit seinen Anschaffungskosten (Barwert zzgl. Erwerbsnebenkosten) und die Rentenverpflichtung mit ihrem Barwert anzusetzen (§ 253 Abs. 1 Satz 2 HGB). Der Ansatz der Rentenverpflichtung mit versicherungsmathematischen Barwert entspricht den handelsrechtlichen Grundsätzen ordnungsmäßiger Buchführung. Da der Ansatz handelsrechtlich nach §§ 246 Abs. 1, 253 Abs. 1 Satz 2 HGB geboten ist, muss die Rentenverpflichtung auch in der Steuerbilanz passiviert werden. Es ist aus diesem Grunde nicht zulässig, in der Steuerbilanz auf eine Passivierung zu verzichten und die vollen Rentenzahlungen im Jahr der Zahlung als Aufwand zu buchen. Lediglich der in der Rente enthaltene Zinsanteil darf im Endergebnis den Gewinn mindern.[15] Auch der Ansatz des Grundstücks entspricht den handelsrechtlichen Grundsätzen.

b) Am Bilanzstichtag besteht aufgrund schwebenden Prozesses eine ungewisse Verbindlichkeit, weil im Falle des Unterliegens Schadensersatzzahlungen zu leisten sind. Nach § 249 Abs. 1 Satz 1 HGB ist die Rückstellung geboten. Sie ist deshalb auch in der Steuerbilanz anzusetzen.[16]

c) Aus einem schwebenden Geschäft droht ein Verlust, weil gegenüber der Preisvereinbarung bei Vertragsabschluss bis zum Bilanzstichtag erhebliche Marktpreisveränderungen eingetreten sind.
Auch hier ist handelsrechtlich gem. § 249 Abs. 1 Satz 1 HGB die Bildung einer Rückstellung geboten. Der in § 5 Abs. 1 EStG verankerte Maßgeblichkeitsgrundsatz wird jedoch durch § 5 Abs. 4 a EStG durchbrochen. In der Steuerbilanz ist die Rückstellung nicht zulässig.

---

14 BMF vom 24. 6. 1999, BStBl 1999 I S. 669.
15 Im Einzelnen s. u. 15.5.1.
16 S. u. 16.1.

12.2 Bilanzierung

> **Merke:**
> Was handelsrechtlich aktiviert werden muss, ist auch steuerrechtlich zu aktivieren (Aktivierungsgebot).
> Was handelsrechtlich passiviert werden muss, ist grundsätzlich auch in der Steuerbilanz auszuweisen (Passivierungsgebot). Ausnahmen bestehen nach § 5 Abs. 2 a, 3, 4, 4 a und 4 b EStG.

12.2.4.3 Handelsrechtliche Aktivierungs- und Passivierungsverbote

Auch an handelsrechtliche Aktivierungsverbote und Passivierungsverbote sind Steuerpflichtige mit Gewinnermittlung nach § 5 EStG gebunden.[17]

Aktivierungsverbote enthalten insbesondere § 248 Abs. 2 HGB (immaterielle Vermögensgegenstände des Anlagevermögens, die nicht entgeltlich erworben wurden), § 255 Abs. 4 i. V. m. § 248 Abs. 2 HGB (selbst geschaffener Geschäfts- oder Firmenwert), § 248 Abs. 1 HGB (Aufwendungen für die Gründung des Unternehmens und für die Beschaffung des Eigenkapitals).

Passivierungsverbote ergeben sich aus § 249 Abs. 3 HGB (Rückstellungen für Zwecke, die nicht in § 249 Abs. 1, 2 HGB bezeichnet sind) und speziell für Kapitalgesellschaften aus § 273 HGB (Einschränkungen zur Bildung des Sonderpostens mit Rücklageanteil).

Beispiele

a) Ein Gewerbetreibender hat eine Erfindung gemacht, die einen Verkehrswert von 900 000 DM hat. Außer den Anmeldekosten beim Patentamt sind nur geringfügige Versuchs- und Entwicklungskosten entstanden.
Handelsrechtlich ist eine Aktivierung nicht zulässig, wenn ein immaterielles Anlagegut nicht entgeltlich erworben wurde (§ 248 Abs. 2 HGB). Da ein entgeltlicher Erwerb nicht vorliegt, kann auch steuerrechtlich eine Aktivierung nicht in Betracht kommen. Das Verbot der Aktivierung nicht entgeltlich erworbener immaterieller Wirtschaftsgüter wird durch § 5 Abs. 2 EStG bestätigt.

b) Ein gewerbliches Unternehmen hat einen erheblichen selbst geschaffenen Geschäfts- und Firmenwert.
Handelsrechtlich ist eine Aktivierung nicht zulässig (§ 255 Abs. 4 i. V. m. § 248 Abs. 2 HGB). Das Aktivierungsverbot gilt damit auch für die Steuerbilanz. Die spezielle steuerrechtliche Bestätigung enthält wiederum § 5 Abs. 2 EStG.

c) Ein Großhandelsunternehmen ist infolge umfangreicher Exportgeschäfte mit einem erheblichen Unternehmerwagnis behaftet.
Nach § 249 Abs. 3 HGB ist die Bildung einer Rückstellung für ein allgemeines Unternehmerwagnis ausgeschlossen. Damit kann auch für die Steuerbilanz eine Rückstellung nicht in Betracht kommen.

---

17 BFH, BStBl 1969 II S. 291.

12 Bilanzierung und Bewertung nach Handelsrecht

d) Ein Gewerbetreibender baut in das gemietete Gebäude eine Heizung ein, die der Gebäudenutzung und nicht besonderen Zwecken des Betriebs dient. Es handelt sich um Herstellungsaufwand.

Sowohl nach § 248 Abs. 2 HGB als auch nach § 5 Abs. 2 EStG entfällt mangels entgeltlichen **Erwerbs** eine Aktivierung des immateriellen Wirtschaftsguts.[18][19]

e) Der Reklameaufwand für ein neues Erzeugnis beträgt 800 000 DM und fällt kurz vor dem Ende des Wirtschaftsjahrs an.

Sowohl nach § 250 Abs. 1 HGB als auch nach § 5 Abs. 5 EStG entfällt eine Aktivierung.[20]

Merke:

Was handelsrechtlich nicht aktiviert werden darf, darf auch steuerrechtlich nicht bilanziert werden (Aktivierungsverbot).

Was handelsrechtlich nicht passiviert werden darf, ist auch in der Steuerbilanz nicht anzusetzen (Passivierungsverbot).

Die Übernahme der handelsrechtlichen Aktivierungs- und Passivierungsverbote in § 5 Abs. 2 und 5 EStG stellt eine gesetzliche Fixierung des Maßgeblichkeitsgrundsatzes dar, die der Klarstellung dient.

12.2.4.4 Handelsrechtliche Bilanzierungswahlrechte

Während handelsrechtliche Bilanzierungsgebote und -verbote für die Steuerbilanz maßgeblich sind, besteht **keine Bindung** bei handelsrechtlichen Bilanzierungs**wahlrechten**. Handelsrechtliche Aktivierungsfähigkeit führt steuerrechtlich zur **Aktivierungspflicht**, während handelsrechtliche Passivierungswahlrechte **nicht** für eine Passivierung in der Steuerbilanz ausreichen.

Merke:

Was handelsrechtlich aktiviert werden darf, muss steuerrechtlich im Interesse einer möglichst zutreffenden Abschnittsbesteuerung bilanziert werden.[21]

Was handelsrechtlich nicht passiviert werden muss, darf steuerrechtlich nicht passiviert werden.[22]

---

18 BFH, BStBl 1975 II S. 443.
19 S. u. 15.10.22.10.
20 S. o. 8.2.5.
21 BFH, BStBl 1994 II S. 176/178 m. w. N.
22 BFH, BStBl 1969 II S. 291, 581.

12.2 Bilanzierung

Beispiele

a) Beim Erwerb eines Unternehmens hat ein Gewerbetreibender einen Betrag von 200 000 DM für den Geschäfts- oder Firmenwert gezahlt.
Ein entsprechender Aktivposten **kann** in der Handelsbilanz angesetzt werden, ein Gebot besteht indes nicht (§ 255 Abs. 4 HGB). Auch wenn der Ansatz in der Handelsbilanz unterblieben ist, muss der Firmenwert in der Steuerbilanz angesetzt und mit den Anschaffungskosten abzüglich AfA bewertet werden. Steuerrechtlich besteht Aktivierungspflicht (§ 5 Abs. 2 EStG). Die AfA richtet sich nach § 7 Abs. 1 Satz 3 EStG.

b) Kurz vor dem Bilanzstichtag wurde ein Fälligkeitsdarlehen mit einer Laufzeit von 7 Jahren aufgenommen und nach Abzug eines Disagios von 6 % in Höhe von 94 000 DM ausgezahlt.
Auch wenn die Zahlung in Höhe von 6000 DM handelsrechtlich als Aufwand behandelt wird (§ 250 Abs. 3 Satz 1 HGB), besteht nach § 5 Abs. 5 EStG Aktivierungspflicht.

c) Eine GmbH hat in der Handelsbilanz zum 31. 12. 03 eine Rückstellung für unterlassene Aufwendungen für Instandhaltung gebildet. Die Instandhaltung wurde in den Monaten März bis Mai 04 nachgeholt.
Die Instandhaltung wurde nicht bis spätestens 31. 3. 04 nachgeholt (§ 249 Abs. 1 Satz 2 HGB), sodass kein Passivierungsgebot besteht. Nach § 249 Abs. 1 Satz 3 HGB hat der Kaufmann ein Wahlrecht zur Bildung der Rückstellung. Da handelsrechtliche Passivierungswahlrechte steuerrechtlich Passivierungsverbote bedeuten, kann diese Rückstellung nicht in die Steuerbilanz übernommen werden.[23][24]

d) Ein Gewerbetreibender hat für die Verpflichtung zur Zahlung eines Ausgleichs nach § 89 b HGB vor Beendigung des Vertragsverhältnisses mit dem Handelsvertreter eine Rückstellung gebildet.
Handelsrechtlich ist die Rückstellung nicht geboten.[25] Besteht aber handelsrechtlich nur ein Wahlrecht, diese Rückstellung zu bilden, so ist daran das Steuerrecht nach § 5 EStG nicht gebunden.[26] Eine Passivierung kommt deshalb steuerrechtlich nicht in Betracht.[27] Ist das Vertragsverhältnis allerdings bereits beendet und streiten die Vertragspartner noch über die Höhe der Abfindung, liegt eine ungewisse Verbindlichkeit i. S. des § 249 Abs. 1 Satz 1 HGB vor, für die in HB und StB Passivierungs**verbot** besteht.[28]

e) Eine AG hat eine Rückstellung für die Verpflichtung zur Durchführung der Hauptversammlung passiviert.
Die AG ist handelsrechtlich nicht verpflichtet, die Kosten für die Durchführung der Hauptversammlung in ihrem Jahresabschluss gewinnmindernd zurückzustellen. Ein handelsrechtliches Wahlrecht kann die steuerrechtliche Passivierungspflicht nicht begründen.[29]

f) Eine KG hat Anfang 01 mit einem „Wartungs- u. Reparatur-Dienst" einen Vertrag über die Wartung einer Betriebsvorrichtung abgeschlossen. Danach soll alle drei Jahre eine vollständige Inspektion der Anlage zum Festpreis von jeweils 36 000 DM vorgenommen werden. In der HB wurde zwecks Verteilung des Aufwands eine Rück-

---

23 BFH, BStBl 1969 II S. 291, 581.
24 S. u. 16.2.9.
25 BGH v. 11. 7. 1966, BB 1966 S. 915.
26 BFH, BStBl 1983 II S. 375.
27 S. u. 16.2.14.
28 BFH/NV 99 S. 1076; H 31 c (4) EStH.
29 BFH, BStBl 1981 II S. 62.

stellung gem. § 249 Abs. 2 HGB zum 31. 12. 01 in Höhe von 12 000 DM, zum 31. 12. 02 in Höhe von 24 000 DM und zum 31. 12. 03 von 36 000 DM gebildet. Die KG darf die Rückstellung in der HB bilden. Das handelsrechtliche Wahlrecht führt steuerrechtlich weder zu einem Passivierungsgebot noch zu einer Passivierungsmöglichkeit; die Rückstellung kann in der StB nicht ausgewiesen werden. Die Aktivierung in der Steuerbilanz setzt voraus, dass durch die Aufwendungen ein **Wirtschaftsgut**[30] geschaffen wird oder dass sie zu einem **Rechnungsabgrenzungsposten** i. S. des § 5 Abs. 5 EStG führen. Deshalb können Aufwendungen für die Ingangsetzung des Geschäftsbetriebs und dessen Erweiterung, die in der Handelsbilanz nach § 269 HGB bilanziert werden, und aktivierte latente Steuern,[31] deren Bilanzierungsfähigkeit sich aus § 274 Abs. 2 HGB ergibt, **nicht** in die Steuerbilanz übernommen werden. Bei diesen Regelungen handelt es sich um zulässige **Bilanzierungshilfen**, die keinen allgemeinen Grundsatz ordnungsmäßiger Buchführung darstellen.

12.3 Grundzüge der Bewertung in der Handelsbilanz

12.3.1 Bewertung des abnutzbaren Anlagevermögens[32]

12.3.1.1 Grundsatz

Wirtschaftsgüter des Anlagevermögens, deren Nutzung zeitlich begrenzt ist, sind mit den Anschaffungskosten (vgl. § 255 Abs. 1 HGB) oder Herstellungskosten (vgl. § 255 Abs. 2, 3 HGB), vermindert um planmäßige Abschreibungen, anzusetzen (§ 253 Abs. 1 Satz 1, Abs. 2 Satz 1 HGB).

12.3.1.2 Voraussichtlich dauernde Wertminderung

Bei einer voraussichtlich dauernden Wertminderung **sind** außerplanmäßige Abschreibungen vorzunehmen, um das betreffende Wirtschaftsgut mit dem niedrigeren Wert, der ihm am Abschlussstichtag beizulegen ist, anzusetzen (§ 253 Abs. 1 Satz 1, Abs. 2 Satz 3 HGB).[33]

12.3.1.3 Vorübergehende Wertminderung

Bei Wirtschaftsgütern des Anlagevermögens, deren Nutzung zeitlich begrenzt ist, **können** im Falle vorübergehender Wertminderungen außerplanmäßige Abschreibungen vorgenommen werden (§ 253 Abs. 1 Satz 1, Abs. 2 Satz 3 HGB).

12.3.1.4 Abschreibung zwecks Bildung stiller Rücklagen

Nach § 253 Abs. 4 HGB sind außerdem Abschreibungen im Rahmen vernünftiger kaufmännischer Beurteilung zulässig. Diese Vorschrift gestattet die Vornahme von

---
30 S. u. 13.3.2.
31 Vgl. u. 12.3.5.
32 Zu Begriff und Abgrenzung s. u. 15.8.1, wegen der Bewertungsgrundsätze vgl. u. 15.8.2.
33 Vgl. u. 12.3.1.8 Beispiel a).

12.3 Grundzüge der Bewertung in der Handelsbilanz

Abschreibungen mit dem Ziel, stille Rücklagen zu bilden. Kapitalgesellschaften und GmbH & Co. KG ist diese Möglichkeit verwehrt (§ 279 Abs. 1 Satz 1 HGB).

12.3.1.5 Steuerrechtliche Abschreibungen[34]

Nach § 254 HGB können Abschreibungen auch vorgenommen werden, um Vermögensgegenstände des Anlage- oder Umlaufvermögens mit dem niedrigeren Wert anzusetzen, der auf einer nur steuerrechtlich zulässigen Abschreibung beruht. Dieser niedrigere Wertansatz darf beibehalten werden, auch wenn die Gründe dafür nicht mehr bestehen (§ 254 Satz 2 i. V. m. § 253 Abs. 5 HGB).

Ausschließlich steuerlich zulässige Sonderabschreibungen und erhöhte Absetzungen, die in der StB berücksichtigt werden sollen, dürfen für die Bewertung in der HB übernommen werden (§ 254 HGB). Ohne diese Sonderregelung wäre die Berücksichtigung derartiger steuerrechtlicher Wertminderungen in der StB nicht möglich, denn § 5 Abs. 1 EStG fordert grundsätzlich die Beachtung handelsrechtlicher Vorschriften für die Aufstellung der Steuerbilanz. Das Handelsrecht kennt aber außer den planmäßigen nur außerplanmäßige Abschreibungen und grundsätzlich[35] keine weiter gehenden Wertminderungen. Da auch die Sonderregelung des § 5 Abs. 6 EStG nicht greift, kann nur die Vorschrift des § 254 HGB helfen, um wieder zum Ziel HB = StB zu gelangen. Jetzt ist der Grundsatz aber umgekehrt: Die StB ist für die HB maßgeblich. Dieser **umgekehrte Maßgeblichkeitsgrundsatz** ist in § 5 Abs. 1 Satz 2 EStG geregelt. Steuerrechtlich mögliche erhöhte Absetzungen, Sonderabschreibungen etc. können bei der steuerrechtlichen Gewinnermittlung nur dann berücksichtigt werden, wenn die betreffenden Wirtschaftsgüter auch in der Handelsbilanz mit den niedrigeren steuerrechtlichen Werten ausgewiesen werden.

12.3.1.6 Grundsatz der Beibehaltung niedrigerer Wertansätze

Der aus einer außerplanmäßigen, aber auch steuerrechtlichen Abschreibung resultierende niedrigere Wert darf grundsätzlich beibehalten werden, auch wenn inzwischen eine Wertsteigerung eingetreten ist oder die Gründe für die Inanspruchnahme weggefallen sind (§ 253 Abs. 5, § 254 Satz 2 HGB).

12.3.1.7 Einschränkungen bei Kapitalgesellschaften und GmbH & Co. KG[36]

12.3.1.7.1 Allgemeines

§ 279 HGB ist Folge der Aufteilung der Bewertungsvorschriften in einen allgemeinen Teil (für alle Kaufleute) und einen besonderen Teil (für Kapitalgesellschaften und GmbH & Co. KG).

---

34 Vgl. u. 12.3.1.8 Beispiel c).
35 Ausnahme: § 253 Abs. 4 HGB, der aber nicht für Kapitalgesellschaften gilt, vgl. § 279 Abs. 1 HGB.
36 Für Geschäftsjahre, die nach dem 31. 12. 1999 beginnen, sind die für Kapitalgesellschaften maßgebenden Grundsätze auch von einer GmbH & Co. KG zu beachten.

12 Bilanzierung und Bewertung nach Handelsrecht

Entsprechend der 4. EG-Richtlinie (Bilanz-Richtlinie) dürfen **Kapitalgesellschaften** die in § 253 Abs. 4 HGB enthaltene Vorschrift über die Bildung stiller Rücklagen nicht anwenden (§ 279 Abs. 1 Satz 1 HGB). Ferner können Kapitalgesellschaften die in § 253 Abs. 2 Satz 3 HGB geregelten außerplanmäßigen Abschreibungen bei voraussichtlich nicht dauernder Wertminderung nur auf **Finanzanlagen** vornehmen (§ 279 Abs. 1 Satz 2 HGB).

Nach § 279 Abs. 2 HGB dürfen steuerrechtlich zulässige Abschreibungen i. S. des § 254 HGB nur insoweit vorgenommen werden, als das Steuerrecht ihre Anerkennung bei der steuerrechtlichen Gewinnermittlung davon abhängig macht, dass sie sich aus der Bilanz ergeben (= sog. umgekehrte Maßgeblichkeit). Es handelt sich dabei insbesondere um erhöhte Absetzungen, Sonderabschreibungen, Abschreibungen nach § 6 Abs. 2 EStG (geringwertige Wirtschaftsgüter) und den Abzug des Veräußerungsgewinns nach § 6 b EStG bei Wirtschaftsgütern des Anlagevermögens sowie den Abzug nach R 35 EStR. Die umgekehrte Maßgeblichkeit erstreckt sich u. a. auch auf den Abzug von Zuschüssen (R 34 Abs. 2 Satz 4 EStR) und dessen Rückgängigmachung durch Zuschreibung (R 34 Abs. 2 Satz 5 EStR), den Abzug stiller Rücklagen bei Ersatzbeschaffung (R 35 Abs. 1 Nr. 3 EStR) und dessen Rückgängigmachung durch Zuschreibung (R 35 Abs. 3 Satz 4 EStR), die Bildung einer Reinvestitionsrücklage i. S. des § 6 b EStG (R 41 b Abs. 2 Satz 1, 2 EStR), die Bildung einer Zuschussrücklage (R 34 Abs. 4 Satz 2 EStR), die Bildung einer Rücklage für Ersatzbeschaffung (R 35 Abs. 4 EStR).

§ 279 Abs. 2 HGB hat seine ursprüngliche Bedeutung durch die Anfügung des Satzes 2 in § 5 Abs. 1 EStG verloren: „Steuerrechtliche Wahlrechte bei der Gewinnermittlung sind in Übereinstimmung mit der handelsrechtlichen Jahresbilanz auszuüben." **Damit hat die umgekehrte Maßgeblichkeit absolute Bedeutung für alle Gewerbetreibenden, die ihren Gewinn nach § 5 EStG ermitteln.**

Während früher Abweichungen zwischen HB und StB im Zusammenhang mit der Berücksichtigung steuerlicher Vergünstigungen möglich waren, ist dies heute grundsätzlich unmöglich.[37] Wegen der Inkonsequenz steuerrechtlicher Regelungen und der systematisch kritikwürdigen Umsetzung der mit dem Steuerentlastungsgesetz 1999/2000/2002 verfolgten Ziele musste das BMF eine **Ausnahme** vom Grundsatz der umgekehrten Maßgeblichkeit per Erlass[38] regeln. Danach kann die Rücklage nach § 52 Abs. 16 EStG auch dann in der StB passiviert werden, wenn in der HB eine entsprechende Rücklage fehlt, weil handelsrechtlich keine dem EStG entsprechende Bewertung verlangt ist.

12.3.1.7.2 Wertaufholungsgebot

Ist eine außerplanmäßige Abschreibung i. S. des § 253 Abs. 2 Satz 3 bzw. Abs. 3 HGB oder eine Abschreibung i. S. des § 254 Satz 1 HGB vorgenommen worden

---
[37] § 5 Abs. 1 Satz 2 EStG ist erstmals für Wirtschaftsjahre anzuwenden, die nach dem 31. 12. 1989 enden.
[38] BMF v. 25. 2. 2000, BStBl 2000 I S. 372, Rz. 37.

12.3 Grundzüge der Bewertung in der Handelsbilanz

und bestehen die Gründe dafür in einem späteren Geschäftsjahr nicht mehr, so ist grundsätzlich der Betrag dieser Abschreibung im Umfang der Werterhöhung zuzuschreiben. Dabei sind die Abschreibungen, die inzwischen vorzunehmen gewesen wären, zu berücksichtigen (§ 280 Abs. 1 HGB).[39]

Von der Zuschreibung kann nach § 280 Abs. 2 HGB abgesehen werden, wenn der niedrigere Wertansatz bei der **steuerrechtlichen Gewinnermittlung** beibehalten werden kann und wenn Voraussetzung für die Beibehaltung ist, dass der niedrigere Wertansatz auch in der Bilanz beibehalten wird. Das hier angesprochene und steuerrechtlich in § 5 Abs. 1 Satz 2 EStG verankerte **umgekehrte Maßgeblichkeitsprinzip** gestattet damit über § 280 Abs. 2 HGB auch Kapitalgesellschaften grundsätzlich die Beibehaltung der niedrigeren Wertansätze.[40] Der Betrag der im Geschäftsjahr aus steuerrechtlichen Gründen unterlassenen Zuschreibungen ist nach § 280 Abs. 3 HGB im Anhang anzugeben und hinreichend zu begründen.

§ 280 Abs. 2 HGB beruht auf der früher im Steuerrecht zulässigen Möglichkeit, niedrigere Werte aufgrund von **Teilwertabschreibungen** beibehalten zu dürfen, obwohl die Gründe dafür bereits nicht mehr vorlagen. Mit § 280 Abs. 2 HGB wurde ein Zwang zur Zuschreibung bzw. Wertaufholung in der Steuerbilanz mit der Folge höherer Steuerbelastung vermieden. Nachdem durch das Steuerentlastungsgesetz 1999/2000/2002 das Beibehaltungswahlrecht durch ein strenges Wertaufholungsgebot ersetzt wurde, hat § 280 Abs. 2 HGB seine bisherige Bedeutung verloren. Gelingt es einer Kapitalgesellschaft nicht, für ein Wirtschaftsgut alljährlich das Fortbestehen eines niedrigeren Teilwerts aufgrund voraussichtlich dauernder Wertminderung **nachzuweisen,** dann **muss** in der **HB** nach § 280 Abs. 1 HGB und in der **StB** nach § 6 Abs. 1 Nr. 1 Satz 4 bzw. § 6 Abs. 1 Nr. 2 Satz 3 EStG eine Wertaufholung erfolgen. § 280 Abs. 2 HGB läuft daher grundsätzlich leer.

12.3.1.7.3 Steuerrechtliche Abschreibungen und Sonderposten mit Rücklageanteil[41]

Nach § 281 Abs. 1 HGB dürfen Wertminderungen, die ausschließlich aufgrund steuerrechtlicher Vorschriften zulässig sind, auch in der Weise vorgenommen werden, dass sie auf der Passivseite durch Einstellung in den Sonderposten mit Rücklageanteil berücksichtigt werden.

Um die Verschlechterung des Einblicks in die Ertragslage des jeweiligen Geschäftsjahrs infolge der Berücksichtigung steuerrechtlicher Sonderregelungen auszugleichen, schreibt § 281 Abs. 2 Satz 1 HGB vor, dass im Anhang der Betrag der im Geschäftsjahr allein nach steuerrechtlichen Vorschriften vorgenommenen Abschreibungen, getrennt nach Anlage- und Umlaufvermögen, anzugeben ist, soweit

---
39 Vgl. u. 12.3.1.8 Beispiel f).
40 Vgl. u. 12.3.1.8 Beispiel a).
41 Vgl. u. 12.3.1.8 Beispiel g).

12 Bilanzierung und Bewertung nach Handelsrecht

er sich nicht aus der Bilanz oder der Gewinn-und-Verlust-Rechnung ergibt. Außerdem ist er hinreichend zu begründen.

Nach § 281 Abs. 2 Satz 2 HGB sind Erträge aus der Auflösung des Sonderpostens mit Rücklageanteil in dem Posten „sonstige betriebliche Erträge", Einstellungen in den Sonderposten mit Rücklageanteil in dem Posten „sonstige betriebliche Aufwendungen" der Gewinn-und-Verlust-Rechnung gesondert auszuweisen oder im Anhang anzugeben. Die Vorschrift dient dem Zweck, den Ausweis dieser Erträge und Aufwendungen unter den außerordentlichen Posten auszuschließen.

12.3.1.8 Beispiele

a) Die Anschaffungskosten einer Anfang 02 angeschafften Maschine betragen 100 000 DM. Die Abschreibung erfolgt linear entsprechend der betriebsgewöhnlichen Nutzungsdauer von 10 Jahren. Infolge einer in 03 eingetretenen **voraussichtlich dauernden Wertminderung** beträgt der dem Vermögensgegenstand am 31. 12. 03 beizulegende Wert 48 000 DM. Am 31. 12. 05 ist der Grund für die außerplanmäßige Abschreibung entfallen.

Die Maschine gehört
1. dem Kaufmann Arndt,
2. dem Formkaufmann Z-GmbH.

Zum 31. 12. 05 soll auch in der HB des Kaufmanns Arndt eine Zuschreibung vorgenommen werden.

	HB u. StB		GuV
Anschaffungskosten 02	100 000		
planm. Abschr./AfA § 7 Abs. 1 EStG 02	10 000	./.	10 000
Buchwert 31. 12. 02	90 000		
planm. Abschr./AfA § 7 Abs. 1 EStG 03	10 000	./.	10 000
außerplanm. Abschr./Teilwertabschr. 03	32 000	./.	32 000
Buchwert 31. 12. 03	48 000		
planm. Abschr./AfA § 7 Abs. 1 EStG 04 (48 000 : 8 =)	6 000	./.	6 000
Buchwert 31. 12. 04	42 000		
planm. Abschr./AfA § 7 Abs. 1 EStG 05	6 000	./.	6 000
	36 000		
Zuschreibung 05:			
Anschaffungskosten	100 000		
./. planm. Abschreibung	40 000		
	60 000		
./. Buchwert vor Zuschr.	36 000		
Zuschreibung	24 000	24 000	+ 24 000
Buchwert 31. 12. 05	60 000		
planm. Abschr./AfA § 7 Abs. 1 EStG 06–11		60 000	./. 60 000
Buchwert 31. 12. 11		0	
Gewinnminderung insgesamt			./. 100 000

12.3 Grundzüge der Bewertung in der Handelsbilanz

Vermögensgegenstände des Anlagevermögens, deren Nutzung zeitlich begrenzt ist, sind mit den Anschaffungs- (vgl. § 255 Abs. 1 HGB) oder Herstellungskosten (vgl. § 255 Abs. 2, 3 HGB), vermindert um planmäßige Abschreibungen, anzusetzen (§ 253 Abs. 1 Satz 1, Abs. 2 Satz 1 HGB). Entsprechendes gilt für die Steuerbilanz gem. § 6 Abs. 1 Nr. 1 Satz 1 EStG.

Bei Vermögensgegenständen des Anlagevermögens sind im Falle voraussichtlich dauernder Wertminderungen außerplanmäßige Abschreibungen vorzunehmen (§ 253 Abs. 1 Satz 1, Abs. 2 Satz 3 HGB). Dies gilt auch für die Steuerbilanz, vgl. § 6 Abs. 1 Nr. 1 Satz 2 i. V. m. § 5 Abs. 1 EStG.

Der aus einer außerplanmäßigen Abschreibung resultierende niedrigere Wert darf beibehalten werden, auch wenn die Gründe dafür nicht mehr bestehen (§ 253 Abs. 5 HGB). Dies gilt nicht für Kapitalgesellschaften (§ 280 Abs. 1 HGB). Während der Einzelkaufmann Arndt die Wertaufholung wählen kann, ist die GmbH dazu verpflichtet.

Steuerrechtlich sind beide Unternehmen zur Wertaufholung **verpflichtet** (§ 6 Abs. 1 Nr. 1 Satz 4 EStG). Da Einzelkaufleute regelmäßig eine Einheitsbilanz (HB = StB) anstreben, erweist sich § 253 Abs. 5 HGB als Leerformel. Das Wahlrecht besteht nur vordergründig. Wegen des Wertaufholungsgebots für Kapitalgesellschaften nach § 280 Abs. 1 HGB und zugleich § 6 Abs. 1 Nr. 1 Satz 4 EStG läuft § 280 Abs. 2 HGB leer.

b) Sachverhalt wie im Beispiel a); es handelt sich jedoch um eine vorübergehende Wertminderung.

Bei Vermögensgegenständen des Anlagevermögens können im Fall vorübergehender Wertminderungen außerplanmäßige Abschreibungen vorgenommen werden (§ 253 Abs. 1 Satz 1, Abs. 2 Satz 3 HGB). Kapitalgesellschaften dürfen jedoch im Falle einer nur vorübergehenden Wertminderung eines Anlageguts außerplanmäßige Abschreibungen nur vornehmen, wenn es sich um Vermögensgegenstände handelt, die Finanzanlagen sind (§ 279 Abs. 1 Satz 2 HGB).

Steuerrechtlich kommt unabhängig von der Rechtsform bei vorübergehender Wertminderung eine Teilwertabschreibung nicht in Betracht. Während die GmbH nach § 279 Abs. 1 HGB gezwungen ist, auf eine Abschreibung zu verzichten, muss Arndt auf sein Wahlrecht nach § 253 Abs. 2 HGB freiwillig verzichten, um eine Einheitsbilanz aufstellen zu können.

	HB u. StB
Anschaffungskosten 02	100 000 DM
planm. Abschr./AfA § 7 Abs. 1 EStG 02	10 000 DM
Buchwert 31. 12. 02	90 000 DM
planm. Abschr./AfA § 7 Abs. 1 EStG 03	10 000 DM
Buchwert 31. 12. 03	80 000 DM
planm. Abschr./AfA § 7 Abs. 1 EStG 04	10 000 DM
Buchwert 31. 12. 04	70 000 DM
planm. Abschr./AfA § 7 Abs. 1 EStG 05–11	70 000 DM
Buchwert 31. 12. 11	0 DM

c) Kaufmann D erwirbt im Januar 02 für sein Einzelunternehmen in Weimar (Thüringen) ein neues bewegliches Wirtschaftsgut i. S. des § 7g Abs. 2 EStG. Die Anschaffungskosten betragen 100 000 DM; die betriebsgewöhnliche Nutzungsdauer beträgt 10 Jahre. D möchte für 02 neben der degressiven AfA (30 % von 100 000 DM = 30 000 DM) eine Sonderabschreibung gem. § 7 g Abs. 1 EStG in Höhe von 20 % in Anspruch nehmen.

Handelsrechtlich können Abschreibungen auch vorgenommen werden, um Vermögensgegenstände mit dem niedrigeren Wert anzusetzen, der auf einer nur steuerrechtlich zulässigen Abschreibung beruht (§ 254 Satz 1 HGB). Nach § 5 Abs. 1 Satz 2 EStG ist Voraussetzung für die Sonderabschreibung nach § 7 g Abs. 1 EStG, dass das Anlagegut in der HB mit dem sich danach ergebenden niedrigeren Wert angesetzt wird.

Ergebnis: Sowohl handels- als auch steuerrechtlich kann die Sonderabschreibung nach § 7 g Abs. 1 EStG für 02 in Höhe von 20 000 DM in Anspruch genommen werden.

Zugang Januar 02		100 000 DM
planm. Abschr./AfA § 7 Abs. 2 EStG 02	30 000 DM	
steuerrechtl. Abschr./Sonderabschreibung	20 000 DM	
	50 000 DM	50 000 DM
Buchwert 31. 12. 02		50 000 DM

d) Sachverhalt wie im Beispiel c), jedoch handelt es sich um die E-GmbH. Gegenüber der Lösung zu Beispiel c) ergibt sich keine Abweichung. Die GmbH darf als Kapitalgesellschaft die Abschreibung nach § 254 HGB vornehmen, weil § 5 Abs. 1 Satz 2 EStG ihre Anerkennung bei der steuerrechtlichen Gewinnermittlung davon abhängig macht, dass sie sich aus der HB ergibt (§ 279 Abs. 2 HGB).

e) Sachverhalt wie in den Beispielen c) und d), jedoch nimmt die E-GmbH in der HB zum 31. 12. 05 eine Zuschreibung in Höhe von 20 000 DM vor (§ 254 Satz 2, § 253 Abs. 5 HGB). Die GmbH macht also die Sonderabschreibung rückgängig. Dies ist zulässig.

Die Zuschreibung ist gem. § 6 Abs. 1 Nr. 1 Satz 4 i. V. m. § 5 Abs. 1 EStG auch in der StB zum 31. 12. 05 durchzuführen.

Die GmbH kann die Zuschreibung vollständig als Ertrag ausweisen. Mit Zustimmung der Gesellschafter kann aber auch der **Eigenkapitalanteil** der Wertaufholung bei den Gewinnrücklagen (§ 272 Abs. 3 HGB) ausgewiesen werden (§ 29 Abs. 4 GmbHG, vgl. auch § 58 Abs. 2 a AktG). Bei einer angenommenen Ertragsteuerbelastung von 50 % (Fremdkapital) ergibt sich ein Eigenkapitalanteil von ebenfalls 50 %. Die Buchungen dazu lauten:

a) für die Zuschreibung
Anlagegut   200 000 DM   an sonstige betriebliche Erträge   200 000 DM

b) für die Wertaufholungsrücklage[42]
Einstellung in andere Gewinnrücklagen 100 000 DM
an andere Gewinnrücklagen
(Wertaufholungsrücklage)   100 000 DM

f) Die E-GmbH mit Sitz in Dresden hat den Bilanzposten für eine technische Anlage mit betriebsgewöhnlicher Nutzungsdauer von 10 Jahren, die ein Wirtschaftsgut i. S. des § 2 FördG ist, bis zum 31. 12. 04 wie folgt entwickelt:

---

42 Vgl. dazu auch u. 23.3.4.3.

12.3 Grundzüge der Bewertung in der Handelsbilanz

	HB	StB
Zugang Jan. 02	800 000 DM	800 000 DM
planm. Abschr. 02 (§ 253 Abs. 2 Satz 1 HGB)	80 000 DM	—
AfA 02 (§ 7 Abs. 1 EStG) steuerrechtl.	—	80 000 DM
Abschr. 02 (§ 254 HGB)	400 000 DM	—
Sonderabschr. 02 (§ 4 Abs. 1 FördG)	—	400 000 DM
Buchwert 31. 12. 02	320 000 DM	320 000 DM
planm. Abschr. 03 (§ 253 Abs. 2 Satz 1 HGB)	80 000 DM	—
AfA 03 (§ 7 Abs. 1 i. V. m. § 7 a Abs. 4 EStG)	—	80 000 DM
Buchwert 31. 12. 03	240 000 DM	240 000 DM

Wegen Produktionsumstellung wird die Anlage seit Januar 04 in die Düsseldorfer Betriebsstätte der E-GmbH verbracht und nur noch dort eingesetzt.

Handelsrechtlich können Abschreibungen auch vorgenommen werden, um Vermögensgegenstände mit dem niedrigeren Wert anzusetzen, der auf einer nur steuerrechtlich zulässigen Abschreibung beruht (§ 254 Satz 1 HGB). Nach § 5 Abs. 1 Satz 2 EStG ist Voraussetzung für die Sonderabschreibungen nach § 4 Abs. 1 FördG, dass das begünstigte Anlagegut in der HB mit dem sich danach ergebenden niedrigeren Wert angesetzt wird.

§ 279 Abs. 2 HGB, der bei Kapitalgesellschaften zu beachten ist, steht der Abschreibung nach § 254 nicht entgegen, weil nach § 5 Abs. 1 Satz 2 EStG Voraussetzung für die Inanspruchnahme von Sonderabschreibungen ist, dass die betreffenden Wirtschaftsgüter in der handelsrechtlichen Jahresbilanz mit den sich danach ergebenden niedrigeren Werten ausgewiesen werden.

Gehört das Wirtschaftsgut nicht mindestens drei Jahre nach seiner Anschaffung zum Anlagevermögen einer Betriebsstätte der E-GmbH im Fördergebiet und verbleibt es während dieser Zeit nicht in dieser Betriebsstätte, so ist die Sonderabschreibung rückwirkend zu versagen. Bereits durchgeführte Veranlagungen sind nach § 175 Abs. 1 Nr. 2, Abs. 2 AO zu ändern.

Die Rückwärtsberichtigung der Steuerbilanzen bis in das Jahr 02 (§ 4 Abs. 2 Satz 1 EStG i. V. m. § 175 Abs. 1 Nr. 2, Abs. 2 AO) kann dagegen in der HB frühestens im Jahr des Wegfalls der Voraussetzungen für die Anwendung des § 4 Abs. 1 FördG (hier 04) zu einer Zuschreibung führen (§ 254 Satz 2 i. V. m. § 253 Abs. 5 HGB). Die E-GmbH hat jedoch als Kapitalgesellschaft das Wertaufholungsgebot des § 280 Abs. 1 HGB zu beachten. Danach ist, entgegen § 254 Satz 2 HGB, in dem Geschäftsjahr, in dem sich herausstellt, dass die Gründe für die steuerrechtliche Abschreibung i. S. des § 254 Satz 1 HGB nicht mehr bestehen, die Differenz zwischen der steuerrechtlichen Abschreibung und der Summe der Abschreibungsbeträge, die zwischenzeitlich berücksichtigungsfähig gewesen wären, zuzuschreiben.

HB 31. 12. 03	240 000 DM
Abschreibung 04	80 000 DM
	160 000 DM
Zuschreibung 04[43]	400 000 DM
Buchwert 31. 12. 04	560 000 DM

[43] Abschreibungen bisher:
02 = 480 000 DM
03 =   80 000 DM
04 =   80 000 DM
       640 000 DM
Vorzunehmen gewesen wären 3 × 80 000 = 240 000 DM
Zuschreibung   400 000 DM

12 Bilanzierung und Bewertung nach Handelsrecht

g) Die E-GmbH mit Sitz in Leipzig hat ein Wirtschaftsgut in 02 für 800 000 DM angeschafft, das nach §§ 2, 4 FörderG neben der linearen AfA von 10 % im Wege einer Sonderabschreibung mit 50 % abgeschrieben werden darf. Die E-GmbH möchte jedoch die Sonderabschreibung nach § 281 HGB auf der Passivseite als Sonderposten ausweisen.

Die Sonderabschreibung darf auch in der Weise vorgenommen werden, dass sie in den Sonderposten mit Rücklageanteil eingestellt wird (§ 281 i. V. m. § 247 Abs. 3 HGB). Die Wertminderung ist insoweit aufzulösen, als das Wirtschaftsgut aus dem Vermögen ausscheidet oder die steuerrechtliche Wertminderung durch handelsrechtliche Abschreibungen ersetzt wird.

	HB		GuV	StB	GuV
	Anlagegut	Rücklage		Anlagegut	
Anschaffungskosten 02	800 000	–		800 000	
planm. Abschr. 02 = AfA 02	80 000	–	./. 80 000	80 000	./. 80 000
Sonderabschreibung	–	400 000	./. 400 000	400 000	./. 400 000
Buchwert 31. 12. 02	720 000	400 000		320 000	
planm. Abschr. = AfA 03	80 000	–	./. 80 000	80 000	./. 80 000
Buchwert 31. 12. 03	640 000	400 000		240 000	
planm. Abschr. = AfA 04–06 (3 x 80 000 DM =)	240 000	–	./. 240 000	240 000	./. 240 000
Buchwert 31. 12. 06	400 000	400 000		0	
planm. Abschr. 07	80 000	–	./. 80 000	–	
Auflösung Rücklage 07	–	80 000	+ 80 000	–	
Buchwert 31. 12. 07	320 000	320 000		0	
planm. Abschr. 08–11 (4 x 80 000 DM =)	320 000	–	./. 320 000	–	
Auflösung Rücklage 08–11 (4 x 80 000 DM =)	–	320 000	+ 320 000	–	
Buchwert 31. 12. 11	0	0		0	
			./. 800 000		./. 800 000

Buchungen 02:

Abschreibungen		80 000		
an Wirtschaftsgut				80 000
sonstige betriebliche Aufwendungen (§ 281 Abs. 2 Satz 2 HGB)		400 000		
an Sonderposten mit Rücklageanteil				400 000

Buchungen 03 bis 011 jeweils:

| Abschreibungen | | 80 000 | | |
| an Wirtschaftsgut | | | | 80 000 |

Buchungen 07 bis 011 jeweils außerdem:

| Sonderposten mit Rücklageanteil | | 80 000 | | |
| an sonstige betriebliche Erträge (§ 281 Abs. 2 Satz 2 HGB) | | | | 80 000 |

Für den Fall, dass eine Kapitalgesellschaft von der Darstellung steuerrechtlich zulässiger Mehrabschreibung Gebrauch macht, besteht keine Pflicht, eine StB aufzustellen, in der die Abschreibung aktivisch vorgenommen wird (§ 60 Abs. 2 EStDV).

12.3 Grundzüge der Bewertung in der Handelsbilanz

12.3.1.9 Übungsaufgabe 21: Bewertung des abnutzbaren Anlagevermögens bei einer Kapitalgesellschaft

Sachverhalt

Die V-GmbH erwarb im Januar 02 eine Maschine mit einer betriebsgewöhnlichen Nutzungsdauer von 10 Jahren. Die Anschaffungskosten betrugen 100 000 DM. Sämtliche Voraussetzungen des § 7 g EStG sind erfüllt. Die GmbH hat die Maschine wie folgt abgeschrieben:

	HB	StB
Anschaffungskosten Jan. 02 (Zugang)	100 000 DM	100 000 DM
planm. Abschr. 02 (§ 253 Abs. 2 Satz 1 HGB) = AfA gem. § 7 Abs. 2 EStG i. V. m. § 7 g Abs. 1 EStG 30 %[44]	30 000 DM	30 000 DM
Buchwert 31. 12. 02	70 000 DM	70 000 DM
planm. Abschr. 03 = AfA § 7 Abs. 2 EStG	21 000 DM	21 000 DM
Buchwert 31. 12. 03	49 000 DM	49 000 DM
planm. Abschr. 04 = AfA § 7 Abs. 2 EStG	14 700 DM	14 700 DM
Buchwert 31. 12. 04	34 300 DM	34 300 DM
planm. Abschr. 05 = AfA § 7 Abs. 2 EStG	10 290 DM	10 290 DM
Buchwert 31. 12. 05	24 010 DM	24 010 DM
planm. Abschr. 06 = AfA § 7 Abs. 2 EStG	7 203 DM	7 203 DM
steuerrechtl. Abschr. 02 (§ 254 HGB) = Sonderabschr. § 7 g Abs. 1 EStG	16 807 DM	16 807 DM
Buchwert 31. 12. 06	0 DM	0 DM

Aufgabe

Prüfen Sie die Zulässigkeit der dargestellten Bilanzierung und begründen Sie Ihre Entscheidung unter Angabe der gesetzlichen Bestimmungen.

Die **Lösung** zu dieser Übungsaufgabe ist in einem „Lösungsheft" (Bestell-Nr. 100) enthalten.

12.3.2 Bewertung des nicht abnutzbaren Anlagevermögens[45]

12.3.2.1 Grundsatz

Wirtschaftsgüter des Anlagevermögens, deren Nutzung nicht zeitlich begrenzt ist, sind mit den Anschaffungskosten (vgl. § 255 Abs. 1 HGB) anzusetzen (§ 253 Abs. 1 Satz 1 HGB).

12.3.2.2 Berücksichtigung einer Wertminderung

Im Falle einer voraussichtlich dauernden Wertminderung **sind** Wirtschaftsgüter des Anlagevermögens, deren Nutzung nicht zeitlich begrenzt ist, mit den Anschaffungskosten, vermindert um außerplanmäßige Abschreibungen, anzusetzen (Abschrei-

---
44 § 7 a Abs. 4 EStG ist in den Fällen des § 7 g Abs. 1 EStG nicht zu beachten.
45 Zu Begriff und Abgrenzung s. u. 15.12.1, wegen der Bewertungsgrundsätze s. u. 15.12.2.

bungsgebot nach § 253 Abs. 1 Satz 1, Abs. 2 Satz 3 HGB). Im Falle lediglich vorübergehender Wertminderung **darf** der Vermögensgegenstand mit dem niedrigeren Wert angesetzt werden.

12.3.2.3 Wertaufholung/Beibehaltungswahlrecht

Nach § 253 Abs. 5 HGB **kann** der Kaufmann einen niedrigeren Wert grundsätzlich beibehalten, wenn nach einer früheren außerplanmäßigen Abschreibung die Gründe für die Wertminderung am Bilanzstichtag nicht mehr bestehen.

12.3.2.4 Wertaufholungsgebot für Kapitalgesellschaften

§ 280 Abs. 1 HGB schreibt die Wertaufholung bei Wegfall der Gründe für eine früher zulässige Wertminderung zwingend vor. Nach § 280 Abs. 2 HBG könnte die nach § 280 Abs. 1 HGB gebotene Zuschreibung nur unterbleiben, wenn der niedrigere Wertansatz bei der steuerrechtlichen Gewinnermittlung beibehalten werden könnte und wenn Voraussetzung für die Beibehaltung wäre, dass der niedrigere Wertansatz auch in der HB beibehalten wird (§ 280 Abs. 2 HGB).

Das ist jedoch nicht der Fall. § 6 Abs. 1 Nr. 2 Satz 3 EStG verweist auf § 6 Abs. 1 Nr. 1 Satz 4 EStG und verlangt damit für die StB zwingend die Wertaufholung, wenn der Nachweis einer fortbestehenden Wertminderung zum Bilanzstichtag nicht gelingt. § 280 Abs. 2 HGB läuft daher leer.

12.3.2.5 Steuerrechtlich geregelte Abschreibungen

Hinsichtlich der Regelungen zur umgekehrten Maßgeblichkeit und damit zur übereinstimmenden Bewertung in HB und StB im Falle von Sonderabschreibungen, erhöhten Absetzungen sowie des Abzugs nach § 6 b Abs. 1 EStG oder R 35 Abs. 1 bis 3 EStR gelten die Ausführungen zum abnutzbaren Anlagevermögen auch für das nicht abnutzbare Anlagevermögen.

12.3.2.6 Beispiele

a) Kauffrau F erwirbt am 3. 2. 02 für ihr Einzelunternehmen eine Beteiligung an der X-AG (Finanzanlage). Die Anschaffungskosten betragen 600 000 DM. Wegen einer im November 02 eingetretenen vorübergehenden Wertminderung beträgt der am 31. 12. 02 beizulegende Wert 400 000 DM. Bereits in 03 ist nicht nur die Werteinbuße beigelegt, sondern darüber hinaus eine Wertsteigerung auf 700 000 DM zu verzeichnen (Stand 31. 12. 03).

F kann in der HB zum 31. 12. 02 wie folgt bilanzieren:
- Beibehaltung der Anschaffungskosten (§ 253 Abs. 1 Satz 1 HGB) in Höhe von 600 000 DM

oder
- Ansatz des durch Vornahme einer außerplanmäßigen Abschreibung ermittelten beizulegenden Werts in Höhe von 400 000 DM (§ 253 Abs. 2 Satz 3 HGB)

oder
- Ansatz eines Werts zwischen 600 000 DM und 400 000 DM.

12.3 Grundzüge der Bewertung in der Handelsbilanz

Wurde die Finanzanlage in der Bilanz zum 31. 12. 02 mit 400 000 DM aktiviert, hat F für die Bewertung in der HB zum 31. 12. 03 folgende Möglichkeiten:
- Beibehaltung des vorjährigen Bilanzansatzes in Höhe von 400 000 DM (§ 253 Abs. 5 HGB)

oder
- Ansatz in Höhe der Anschaffungskosten von 600 000 DM durch Zuschreibung (aus § 253 Abs. 5 i. V. m. § 253 Abs. 1 Satz 1 HGB ist zu entnehmen, dass die Anschaffungskosten nicht überschritten werden können)

oder
- Ansatz eines Werts zwischen 400 000 DM und 600 000 DM.

Im Rahmen der steuerrechtlichen Gewinnermittlung bestehen diese Bewertungsmöglichkeiten nicht. Da es sich um eine lediglich vorübergehende Wertminderung handelt, erlaubt § 6 Abs. 1 Nr. 2 EStG nur die Bewertung mit den Anschaffungskosten.[46]

b) Sachverhalt wie im Beispiel a); jedoch wird die Beteiligung an der X-AG von der B-GmbH erworben. Die GmbH möchte in der HB zum 31. 12. 02 und 31. 12. 03 den niedrigstmöglichen Wert ansetzen.

In der Handelsbilanz zum 31. 12. 02 kann gem. § 279 Abs. 1 Satz 2 i. V. m. § 253 Abs. 2 Satz 3 HGB der beizulegende Wert in Höhe von 400 000 DM ausgewiesen werden.

In der HB zum 31. 12. 03 muss die Beteiligung mit 600 000 DM bewertet werden (Wertaufholungsgebot, § 280 Abs. 1 HGB), weil der niedrigere Wertansatz bei der steuerrechtlichen Gewinnermittlung nicht beibehalten werden kann (§ 6 Abs. 1 Nr. 2 Satz 3 EStG).

12.3.3 Bewertung des Umlaufvermögens[47]

12.3.3.1 Grundsatz

Wirtschaftsgüter des Umlaufvermögens sind mit den Anschaffungs- oder Herstellungskosten anzusetzen (§ 253 Abs. 1 Satz 1 HGB).

12.3.3.2 Niedrigerer Börsenkurs oder Marktpreis[48]

Bei Wirtschaftsgütern des Umlaufvermögens sind Abschreibungen vorzunehmen, um diese mit dem Wert anzusetzen, der sich aus dem niedrigeren Börsenkurs oder Marktpreis am Abschlussstichtag ergibt (§ 253 Abs. 3 Satz 1 HGB).

12.3.3.3 Niedrigerer beizulegender Wert[49]

Ist ein Börsenkurs oder Marktpreis nicht festzustellen und übersteigen die Anschaffungs- oder Herstellungskosten den Wert, der dem Wirtschaftsgut am Abschlussstichtag beizulegen ist, so ist das Wirtschaftsgut auf diesen Wert abzuschreiben (§ 253 Abs. 3 Satz 2 HGB). Dieser Wert wird im Allgemeinen auch Zeitwert genannt.

---
46 S. u. 15.12.2.
47 Zum Begriff s. u. 15.13.1, wegen der Bewertungsgrundsätze vgl. u. 15.13.2.
48 S. u. 15.13.2.2.
49 S. u. 15.13.2.2.

12.3.3.4 Naher Zukunftswert

Bei einem Wirtschaftsgut des Umlaufvermögens dürfen außer den aus dem Niederstwertprinzip resultierenden Abschreibungen nach § 253 Abs. 3 Satz 1, 2 HGB weitere Abschreibungen vorgenommen werden, soweit diese nach vernünftiger kaufmännischer Beurteilung notwendig sind, um zu verhindern, dass in der nächsten Zukunft der Wertansatz dieses Wirtschaftsguts aufgrund von **Wertschwankungen** geändert werden muss (§ 253 Abs. 3 Satz 3 HGB). Das Abschreibungs**wahlrecht** kann ausgeübt werden, wenn anzunehmen ist, dass der aktuelle Wert weiter oder wieder fällt.

Nach § 253 Abs. 3 Satz 3 HGB sind weder die Preise am Bilanzstichtag noch die Preise am Stichtag der Bilanzaufstellung, vielmehr die in nächster Zukunft (etwa bis zu 2 Jahren)[50] erwarteten Preise Ausgangspunkt für die Bewertung. Die Vorschrift beinhaltet ein Abwertungswahlrecht, welches nur dann greift, wenn der nahe Zukunftswert unter den Anschaffungs- oder Herstellungskosten bzw. bei niedrigerem Börsenkurs, Marktpreis oder beizulegendem Wert noch unter diesen Werten liegt. Das Abwertungswahlrecht geht also über das Niederstwertprinzip nach § 253 Abs. 3 Satz 1, 2 HGB hinaus.

Nach § 277 Abs. 3 Satz 1 HGB müssen Kapitalgesellschaften den Betrag dieser Abschreibung in der GuV-Rechnung gesondert ausweisen oder im Anhang angeben.

12.3.3.5 Wertaufholung/Beibehaltung

Nach § 253 Abs. 5 HGB **kann** der Kaufmann auch bei den Vermögensgegenständen des Umlaufvermögens einen niedrigeren Wert beibehalten, wenn nach einer Abschreibung auf einen niedrigeren Wert am Bilanzstichtag die Gründe für diese Wertminderung nicht mehr bestehen.

12.3.3.6 Wertaufholungsgebot für Kapitalgesellschaften

Während der Kaufmann grundsätzlich ein Wahlrecht hat, den niedrigeren Wert beizubehalten oder sich für eine gewinnerhöhende Zuschreibung zu entscheiden, sind Kapitalgesellschaften und GmbH & Co. KG zur Wertaufholung nach § 280 Abs. 1 HGB verpflichtet. Das Wahlrecht nach § 280 Abs. 2 HGB läuft leer, weil nach § 6 Abs. 1 Nr. 2 Satz 3 EStG im Rahmen der steuerrechtlichen Gewinnermittlung der niedrigere Wert nicht beibehalten werden darf, wenn kein Nachweis gelingt, dass die Wertminderung noch besteht.

Stellt sich in einem späteren Geschäftsjahr heraus, dass die Gründe für eine Abschreibung auf den nahen Zukunftswert nach § 253 Abs. 3 Satz 3 HGB nicht mehr bestehen, so ist der Betrag dieser Abschreibung im Umfang der Werterhöhung

---

50 Vgl. Küting/Weber, Handbuch der Rechnungslegung, Anm. 183 zu § 253 HGB.

12.3 Grundzüge der Bewertung in der Handelsbilanz

zuzuschreiben. Überlegungen zu § 280 Abs. 2 HGB scheiden in diesem Fall von vornherein aus, weil eine Abschreibung nach § 253 Abs. 3 Satz 3 HGB steuerrechtlich schon dem Grunde nach unzulässig ist.

12.3.3.7 Sonstiges

Wegen Abschreibungen nach § 253 Abs. 4 HGB zwecks Bildung stiller Reserven in der Handelsbilanz von Einzelunternehmen und Personengesellschaften (ohne GmbH & Co. KG) und steuerrechtlicher Abschreibungen nach § 254 HGB wird auf die Ausführungen zum abnutzbaren Anlagevermögen verwiesen, die im Grundsatz auch für das Umlaufvermögen gelten. Der sachliche Rahmen für eine Abschreibung nach § 254 HGB ist allerdings im Umlaufvermögen begrenzt. Nach Streichung des Importwarenabschlags durch das StEntlG 1999 kommt z. Z. nur eine Abwertung nach R 36 Abs. 2 EStR in Betracht.

12.3.3.8 Beispiele

a) In dem von der A-KG betriebenen Warenhaus sind am Bilanzstichtag 30. 9. 02 modische Textilwaren vorrätig. Im Warenbestand befinden sich u. a. im Jan. 02 angeschaffte Damenkleider, deren ursprüngliche Verkaufspreise pro Artikel wie folgt kalkuliert waren:

Anschaffungskosten	190 DM
+ Aufschlag 110,53 %	210 DM
	400 DM
+ 16 % USt	64 DM
= kalkulierter Verkaufspreis	464 DM

Diese Kleider entsprachen am Abschlusszeitpunkt 30. 9. 02 nicht mehr der aktuellen Mode, waren bei den Lieferanten nicht mehr erhältlich und hatten deshalb keinen Marktpreis mehr. Um sie noch verkaufen zu können, wurden die Verkaufspreise am 25. 9. 02 auf jeweils 232 DM herabgesetzt. Die Veräußerungskosten – das sind die nach dem Bilanzstichtag bis zum Zeitpunkt des Verkaufs noch entstehenden Verwaltungs- und Vertriebskosten – werden etwa 80 DM betragen; der durchschnittliche Unternehmergewinn, bezogen auf diese Ware, beträgt etwa 32 DM. Die bis zum Bilanzstichtag 30. 9. 02 bereits entstandenen Kosten betragen rd. 16 DM.

Waren gehören zu den Vorräten und damit zum Umlaufvermögen (§ 266 Abs. 2 B I 3 HGB). Die Kleider sind nach § 253 Abs. 1 Satz 1 HGB grundsätzlich mit den Anschaffungskosten zu bewerten. Ist bei Vermögensgegenständen des Umlaufvermögens ein Börsen- oder Marktpreis nicht festzustellen und übersteigen die Anschaffungskosten den diesen Vermögensgegenständen am Abschlussstichtag beizulegenden Wert, so ist auf diesen Wert (= Zeitwert) abzuschreiben (§ 253 Abs. 3 Satz 2 HGB).

Da für die zu bewertenden Waren kein Börsen- oder Marktpreis existiert, ist zwecks Überprüfung, ob eine Abschreibung von den Anschaffungskosten geboten ist, der beizulegende Wert zu ermitteln. Dieser ist bei Waren vom Absatzmarkt abzuleiten.

Dabei gilt der Grundsatz einer **verlustfreien Bewertung:** Vom noch erzielbaren Verkaufspreis netto (ohne USt) werden alle nach dem Bilanzstichtag bis zum Verkauf noch anfallenden Aufwendungen abgezogen. Der sich so ergebende Wert ist, bezogen auf den Zeitraum nach dem Bilanzstichtag, kostendeckend. Die bis zum Bilanzstichtag entstandenen Aufwendungen haben bereits den Gewinn des abgelaufenen Geschäftsjahrs gemindert. Sie werden deshalb nicht abgezogen.

12 Bilanzierung und Bewertung nach Handelsrecht

Voraussichtlich erzielbarer Verkaufspreis pro Kleid (ohne USt)	200 DM
./. Veräußerungskosten	80 DM
= beizulegender Wert (Zeitwert)	120 DM

Die KG hat die Ware von 200 DM Anschaffungskosten auf den niedrigeren Zeitwert von 120 DM abzuschreiben (§ 253 Abs. 3 Satz 2 HGB).

Darüber hinaus ist zu prüfen, ob zusätzlich eine Abschreibung nach § 254 HGB vorgenommen werden kann. § 6 Abs. 1 Nr. 2 Satz 2 EStG gestattet im Falle einer voraussichtlich dauernden Wertminderung den Ansatz des niedrigeren Teilwerts,[51] der wie folgt ermittelt werden **kann:**

Erzielbarer Verkaufspreis netto	200 DM
./. Veräußerungskosten	80 DM
= Zeitwert	120 DM
./. durchschnittlicher Unternehmergewinn	32 DM
= Teilwert	88 DM

Da der Teilwert niedriger als der beizulegende Wert (= Zeitwert) und diese Wertminderung absatzmarktbedingt unstreitig von Dauer ist, kann die KG zusätzlich nach § 254 HGB i. V. mit § 5 Abs. 1 Satz 2 EStG eine Abschreibung in Höhe von 32 DM vornehmen und die Ware mit 88 DM je Stück bilanzieren.

Zusammenfassend: Die KG ist zur Abschreibung auf 120 DM verpflichtet (§ 253 Abs. 3 Satz 2 HGB) und hat das Wahlrecht zu einer weiteren Abschreibung auf 88 DM (§ 254 HGB i. V. m. § 6 Abs. 1 Nr. 2 Satz 2 EStG). Es kann auch jeder beliebige Wert zwischen 120 DM und 88 DM ausgewiesen werden.

Anstelle dieser detaillierten Berechnung des niedrigeren Teilwerts kann die Abschreibung auch vereinfacht mit der Formel entsprechend R 36 Abs. 2 Sätze 3 ff. EStR ermittelt werden. Dabei sollte allerdings beachtet werden, dass der Teilwert bei Berechnung mit Formel höher ist als bei detaillierter Berechnung. Ursache ist eine fehlerhafte Umsetzung der BFH-Entscheidung v. 17. 10. 1983.[52] Danach ist der Rohgewinnaufschlag auf die Anschaffungskosten zu beziehen und nicht auf den herabgesetzten Verkaufspreis. Nach BFH ist ein Fehlbetrag zu ermitteln, der vom erzielbaren Verkaufspreis abzuziehen ist.

Mit der Formel nach R 36 Abs. 2 EStR gerechnet beträgt der Teilwert ausgehend von der Unterstellung, dass der Rohgewinnaufschlagsatz dem Kalkulationsaufschlag lt. Sachverhalt von 110,53 % entspricht: $\frac{200}{1 + 110{,}53\,\%} = $ **95 DM.**

b) Das Warenhaus wird von der A-GmbH betrieben.

Während das Abschreibungsgebot auf den beizulegenden Wert von 120 DM auch für Kapitalgesellschaften gilt – § 279 HGB enthält insoweit keine Einschränkung –, ist noch zu untersuchen, ob § 279 Abs. 2 HGB dürfen Abschreibungen i. S. des § 254 HGB nur insoweit vorgenommen werden, als das Steuerrecht ihre Anerkennung bei der steuerrechtlichen Gewinnermittlung davon abhängig macht, dass sie sich aus der Handelsbilanz ergeben.

Nach § 6 Abs. 1 Nr. 2 Satz 2 EStG kann die GmbH eine Teilwertabschreibung vornehmen. Dieses Wahlrecht ist jedoch gem. § 5 Abs. 1 Satz 2 EStG in Übereinstimmung mit der handelsrechtlichen Jahresbilanz auszuüben.

---

51 S. u. 15.13.2.2 und 15.13.4.
52 BStBl 1984 II S. 35. Vgl. auch 15.13.4.5.

12.3 Grundzüge der Bewertung in der Handelsbilanz

Da das Steuerrecht die Anerkennung der Teilwertabschreibung bei der steuerrechtlichen Gewinnermittlung von einer entsprechenden Abschreibung in der HB abhängig macht, sind die Tatbestandsmerkmale des § 279 Abs. 2 HGB erfüllt. Somit besteht auch für die A-GmbH die Möglichkeit zur Abschreibung auf 88 DM oder jeden Wert zwischen 120 DM und 88 DM. Soweit der Teilwert mit Formel nach R 36 Abs. 2 EStR berechnet wird, ist der Warenposten mit 95 DM zu bewerten.

12.3.3.9 Übungsaufgabe 22: Bewertung des Umlaufvermögens

Sachverhalt

Aktien im Umlaufvermögen des Einzelunternehmers EU sind 1997 und 1998 wie folgt zutreffend mit dem Börsenpreis = Teilwert bewertet worden:

Aktien der	A-AG	B-AG	C-AG
Anschaffungskosten 1997	100	200	300
Bilanzansatz 31. 12. 1997	70	200	250
Bilanzansatz 31. 12. 1998	70	180	220
Die Börsenpreise = Teilwerte haben betragen:			
Zum 31. 12. 1997	70	220	250
Zum 31. 12. 1998	120	180	220
Zum 31. 12. 1999	150	140	280

Aufgabe

Die Aktien sind zum 31. 12. 1999 zu bewerten. Wie lauten die Bilanzansätze in der Handelsbilanz und in der Steuerbilanz zum 31. 12. 1999, wenn ein möglichst niedriger Ansatz anzustreben ist?

Unter welchen Voraussetzungen darf in der Steuerbilanz zum 31. 12. 1999 eine gewinnmindernde Rücklage nach § 52 Abs. 16 EStG passiviert werden?

Für die Lösung der Aufgabe ist davon auszugehen, dass die Börsenpreise stark schwanken und nur als vorübergehende Wertminderungen beurteilt werden können.

Die **Lösung** zur Übungsaufgabe 22 ist im „Lösungsheft" (Bestell-Nr. 100) enthalten.

12.3.3.10 Übungsaufgabe 23: Bewertung des Umlaufvermögens bei einer Kapitalgesellschaft

Sachverhalt

Sachverhalt wie Übung 22, jedoch gehören die Aktien zum Umlaufvermögen der X-GmbH.

Aufgabe

Die Aktien sind zum 31. 12. 1999 zu bewerten. Wie lauten die Bilanzansätze in der Handelsbilanz und in der Steuerbilanz zum 31. 12. 1999, wenn ein möglichst niedrigerer Ansatz anzustreben ist?

Unter welchen Voraussetzungen darf in der Steuerbilanz zum 31. 12. 1999 eine gewinnmindernde Rücklage nach § 52 Abs. 16 EStG passiviert werden?

Für die Lösung der Aufgabe ist davon auszugehen, dass die Börsenpreise stark schwanken und nur als vorübergehende Wirkung beurteilt werden können.

Die **Lösung** zur Übungsaufgabe 23 ist im „Lösungsheft" (Bestell-Nr. 100) enthalten.

12.3.4 Sonderposten mit Rücklageanteil

12.3.4.1 Grundsatz

§ 247 Abs. 3 HGB regelt die Bildung von Passivposten aufgrund des Steuerrechts. Gestattet das Steuerrecht die Bildung von Passivposten, die nach dem Handelsrecht nicht in Betracht kommen, können diese Passivposten nach § 247 Abs. 3 HGB unter der Bezeichnung „Sonderposten mit Rücklageanteil" in die HB übernommen werden.

Beispiel

Kaufmann A hat am 6. 7. 01 aus der Veräußerung eines Betriebsgrundstücks einen Veräußerungsgewinn in Höhe von 500 000 DM erzielt. A hat im Laufe des Jahres 01 keine Reinvestition i. S. des § 6 b Abs. 1 Satz 2 EStG getätigt, möchte aber gleichwohl den Veräußerungsgewinn steuerneutral behandeln. Die Voraussetzungen nach § 6 b Abs. 4 EStG sind erfüllt.[53]

A kann gem. § 6 b Abs. 3 Satz 1 EStG im Wirtschaftsjahr 01 eine gewinnmindernde Rücklage bilden, indem der erzielte Veräußerungsgewinn durch die Buchung: sonst. betr. Aufwendungen 500 000 DM an Rücklagen 500 000 DM neutralisiert wird.

Die Passivierung dieser Rücklage ist jedoch nur zulässig, wenn in der HB ein entsprechender Passivposten in mindestens gleicher Höhe ausgewiesen wird (§ 5 Abs. 1 Satz 2 EStG). Die handelsrechtliche Grundlage dafür bildet § 247 Abs. 3 HGB. Danach kann der Betrag von 500 000 DM in den Sonderposten mit Rücklageanteil eingestellt werden.

In Betracht kommen nach gegenwärtigem Recht folgende Rücklagen

a) Rücklage nach § 6 b Abs. 3 EStG
b) Rücklage nach § 7 g Abs. 3 EStG
c) Rücklage nach § 52 Abs. 16 EStG
d) Rücklage nach § 6 d EStG
e) Rücklage nach § 6 UmwStG
f) Rücklage nach R 35 Abs. 4 EStR
g) Rücklage nach R 34 Abs. 4 EStR

12.3.4.2 Einschränkungen bei Kapitalgesellschaften

§ 273 HGB schränkt § 247 Abs. 3 Satz 1 HGB für Kapitalgesellschaften dahin gehend ein, dass der Sonderposten mit Rücklageanteil nur insoweit gebildet werden darf, als das Steuerrecht die Anerkennung des Wertansatzes bei der steuerrechtlichen Gewinnermittlung davon abhängig macht, dass der Sonderposten in der Bilanz gebildet wird. Nach § 273 Satz 2 HGB ist der Posten auf der Passivseite **vor den Rückstellungen** auszuweisen. Ferner sind in der **Bilanz** oder im **Anhang** die Vorschriften anzugeben, nach denen er gebildet worden ist.

---

53 S. u. 15.5.6.

12.3 Grundzüge der Bewertung in der Handelsbilanz

Aufgrund der umfassenden Regelung der umgekehrten Maßgeblichkeit durch § 5 Abs. 1 Satz 2 EStG ist gesetzlich betrachtet keine Rücklage denkbar, bei der ein gleich lautender Ausweis in der HB fehlen dürfte. Eine Ausnahme erlaubt die Finanzverwaltung[54] im Falle der Rücklage nach § 52 Abs. 16 EStG, soweit die Gewinnerhöhung aufgrund der Neubewertung der Wirtschaftsgüter zum 31. 12. 1999 von der Bewertung nach Handelsrecht abweicht.

12.3.4.3 Erweiterung bei Kapitalgesellschaften

Der Inhalt des Bilanzpostens „Sonderposten mit Rücklageanteil" wird für Kapitalgesellschaften durch § 281 Abs. 1 HGB erweitert. Danach besteht das Wahlrecht, steuerrechtliche Abschreibungen nicht direkt durch Minderung des Aktivwerts, sondern indirekt durch Einstellung der Differenz zwischen handelsrechtlicher Bewertung und steuerrechtlich niedrigerem Wert in den Sonderposten mit Rücklageanteil vorzunehmen.[55]

Beispiele

a) Vgl. o. 12.3.1.8 Beispiel g).

b) Die G-GmbH hat am 24. 5. 04 aus der Veräußerung eines unbebauten Grundstücks (Erlös = 600 000 DM, Buchwert = 200 000 DM) einen Veräußerungsgewinn in Höhe von 400 000 DM erzielt und möchte diesen Gewinn gem. § 6 b Abs. 1 EStG von den Anschaffungskosten des am 2. 5. 04 erworbenen Grund und Bodens in Höhe von 900 000 DM abziehen. Die Voraussetzungen des § 6 b Abs. 4 EStG sind erfüllt.

Die GmbH kann den Veräußerungsgewinn in Höhe von 400 000 DM durch Abzug von den Anschaffungskosten des erworbenen Grundstücks neutralisieren (§ 6 b Abs. 1 EStG).

Buchungen:

Finanzkonto	600 000 DM		
		an Grund und Boden	200 000 DM
		an sonst. betriebl. Erträge	400 000 DM
Grund und Boden	900 000 DM		
		an Finanzkonto	900 000 DM
Abschreibungen	400 000 DM		
		an Grund und Boden	400 000 DM

Voraussetzung dieser steuerrechtlichen Behandlung ist jedoch, dass der am 2. 5. 04 erworbene Grundbesitz in der HB mit dem sich ergebenden Wert von (900 000 ./. 400 000 =) 500 000 DM ausgewiesen wird (§ 5 Abs. 1 Satz 2 EStG).

Die handelsrechtliche Möglichkeit dazu bietet § 254 HGB. Nach Satz 1 dieser Vorschrift können Abschreibungen auch vorgenommen werden, um Vermögensgegenstände des Anlage- oder Umlaufvermögens mit dem niedrigeren Wert anzusetzen, der auf einer nur steuerrechtlich zulässigen Abschreibung beruht.

Die steuerrechtliche Abschreibung in Höhe von 400 000 DM darf in der HB auch indirekt durch Bildung eines **Sonderpostens mit Rücklageanteil** vorgenommen werden (§ 281 i. V. m. § 247 Abs. 3 HGB).

---

54 BMF v. 25. 2. 2000, BStBl 2000 I S. 372, Tz. 37.
55 Vgl. auch o. 12.3.1.7.3.

An die Stelle der Buchung
Abschreibungen 400 000 DM an Grund und Boden 400 000 DM
tritt die Buchung
sonstige betriebl.
Aufwendungen 400 000 DM an Sonderposten
mit Rücklageanteil 400 000 DM

Bilanzauszug 31. 12. 04:

Aktiva	HB	StB
Grund und Boden	900 000 DM	500 000 DM

Passiva
Sonderposten mit Rücklageanteil 400 000 DM

Selbstverständlich bedarf es in diesem Fall nicht der Aufstellung einer Steuerbilanz, in der das Grundstück mit 500 000 DM ausgewiesen ist (§ 60 Abs. 2 Satz 1 EStDV).

12.3.5 Steuerabgrenzung

§ 274 HGB regelt die bilanzielle Beurteilung der latenten Steuerbelastung und deren Einfluss auf die GuV. Dabei geht es um die Körperschaftsteuer-, Solidaritätszuschlag- und Gewerbeertragsteuerbelastung, die auf vorübergehenden Bewertungsdifferenzen zwischen HB und StB beruhen.

12.3.5.1 Rückstellung für latente Steuern (§ 274 Abs. 1 HGB)

Ist der dem Geschäftsjahr und früheren Geschäftsjahren zuzurechnende Steueraufwand zu **niedrig,** weil der nach den steuerrechtlichen Vorschriften zu versteuernde Gewinn niedriger als das handelsrechtliche Ergebnis ist, und gleicht sich der zu niedrige Steueraufwand des Geschäftsjahrs und früherer Geschäftsjahre in späteren Geschäftsjahren voraussichtlich aus, so ist **in Höhe der voraussichtlichen Steuerbelastung nachfolgender Geschäftsjahre eine Rückstellung nach § 249 Abs. 1 Satz 1 HGB zu bilden** und in der Bilanz oder im Anhang gesondert anzugeben. Die Rückstellung für latente Steuern ist aufzulösen, sobald die höhere Steuerbelastung eintritt oder mit ihr voraussichtlich nicht mehr zu rechnen ist.

Die Vorschrift hat keine größere praktische Bedeutung, da wegen des in § 5 Abs. 1 Satz 2 EStG kodifizierten umgekehrten Maßgeblichkeitsprinzips die Steuerbilanzwerte nur in seltenen Ausnahmefällen unter den Handelsbilanzwerten liegen. Derartige Ausnahmefälle bestehen bei der handelsrechtlichen Aktivierung der Aufwendungen für die Ingangsetzung und Erweiterung des Geschäftsbetriebs (§ 269 HGB) sowie der Bewertung bei steigenden Preisen in der HB nach dem „fifo"-Verfahren, in der StB nach dem Durchschnittsverfahren oder nach der Lifo-Methode.[56]

---

56 Vgl. auch u. 12.4.2 Nr. 9.

12.3 Grundzüge der Bewertung in der Handelsbilanz

Beispiel

Die X-GmbH hat in der HB zum 31. 12. 04 Aufwendungen für die Erweiterung des Geschäftsbetriebs in Höhe von 200 000 DM als **Bilanzierungshilfe** aktiviert (§ 269 Abs. 1 HGB). Mit der Abschreibung nach § 282 HGB wird im Geschäftsjahr 05 begonnen. Die Aktivierung in der HB, die in der StB nicht zulässig ist, führt zu einem handelsrechtlichen Mehrgewinn 04 von 200 000 DM. Wegen des um 200 000 DM niedrigeren steuerrechtlichen Gewinns ist der Steueraufwand im handelsrechtlichen Jahresabschluss um 18 % GewSt und 42,20 % KSt und SolZ zu niedrig. Dieser zu niedrige Steueraufwand wird sich in den Geschäftsjahren 05 folgende durch Abschreibungen nach § 282 HGB wieder ausgleichen.

In der HB zum 31. 12. 04 ist gem. § 274 Abs. 1 Satz 1 i. V. m. § 249 Abs. 1 Satz 1 HGB eine Rückstellung für latente Steuern in folgender Höhe zu bilden:

Mehrgewinn in der HB gegenüber der StB	200 000 DM	
18 % GewSt	./. 36 000 DM	36 000 DM
	164 000 DM	
40 % KSt + 5,5 % SolZ = 42,20 %	./. 69 208 DM	+ 69 208 DM
verbleibender Mehrgewinn	94 792 DM	
Rückstellung		105 208 DM

Die Vorschrift des § 274 Abs. 1 HGB enthält ein **Passivierungsgebot**. Da handelsrechtliche Passivierungsgebote grundsätzlich steuerrechtliche Passivierungspflicht begründen,[57] wäre die Rückstellung eigentlich in die StB der Kapitalgesellschaft zu übernehmen.

Abweichend von diesem Grundsatz gilt für die Rückstellung nach § 274 Abs. 1 HGB jedoch ein **Passivierungsverbot in der StB.** Zweck des § 274 HGB ist, wegen des Auseinanderklaffens von HB und StB sich zunächst ergebende aperiodische Steueraufwendungen bei der handelsrechtlichen Gewinnermittlung periodengerecht zu gestalten. Bei Übernahme in die StB würde man bei der steuerrechtlichen Gewinnermittlung gerade das Gegenteil erreichen. Der Gewinn wäre doppelt gemindert, und zwar einmal durch niedrigeren Ansatz eines Aktivpostens und außerdem durch Bildung der Rückstellung für latente Steuern.

12.3.5.2 Bilanzierungshilfe für latente Steuern

Ist der dem Geschäftsjahr und früheren Geschäftsjahren in der handelsrechtlichen Gewinn-und-Verlust-Rechnung zugerechnete Steueraufwand **höher,** als dies den handelsrechtlichen Ergebnissen entspricht, weil die nach den steuerrechtlichen Vorschriften zu versteuernden Gewinne höher als die handelsrechtlichen Ergebnisse sind, so **darf** nach § 274 Abs. 2 HGB auf der Aktivseite der Bilanz ein Abgrenzungsposten als **Bilanzierungshilfe,** verbunden mit einem entsprechenden Gewinnausschüttungsverbot, ausgewiesen werden. Voraussetzung ist, dass sich der zu hohe Steuerausweis des Geschäftsjahrs oder früherer Geschäftsjahre in späteren Geschäftsjahren voraussichtlich ausgleicht. Die Bilanzierungshilfe für latente

---

57 Vgl. BFH, BStBl 1969 II S. 291, BStBl 1983 II S. 361, 375, 670.

Steuern darf in Höhe der voraussichtlichen Steuerentlastung nachfolgender Geschäftsjahre angesetzt werden.

Bilanzierungshilfen sind weder Vermögensgegenstände im Sinne des Handelsrechts noch Wirtschaftsgüter im Sinne des Steuerrechts noch Rechnungsabgrenzungsposten. Sie gehören damit nicht zum Betriebsvermögen i. S. des § 5 Abs. 1 EStG.[58] Ein Ausweis in der StB kommt daher **nicht** in Betracht.

Nach herrschender Meinung, bestätigt durch die Stellungnahme des Instituts der Wirtschaftsprüfer,[59] errechnet sich der Steuerabgrenzungsposten aus dem Saldo aller positiven und negativen Ergebnisunterschiede des Geschäftsjahres, sodass ein positiver Gesamtüberhang **aktivierungsfähig** und ein negativer Gesamtüberhang **passivierungspflichtig** ist. Danach kann es in einer Bilanz nicht zum gleichzeitigen Ausweis einer Bilanzierungshilfe und einer Rückstellung für latente Steuern kommen. Begründet wird diese Behandlung aus dem Gesetzeswortlaut des § 274 HGB, der nicht auf Unterschiede zwischen handelsrechtlichen und steuerrechtlichen Aufwendungen und Erträgen abstellt, sondern auf den Unterschied zwischen dem nach steuerrechtlichen Vorschriften ermittelten Gewinn und dem handelsrechtlichen Ergebnis.

12.4 Übersichten zum Anlage- und Umlaufvermögen

12.4.1 Übersicht über die Bewertung des Anlagevermögens

	abnutzbares Anlagevermögen		nicht abnutzbares Anlagevermögen	
	Einzelkaufleute und Personengesellschaften	Kapitalgesellschaften- und GmbH & Co. KG	Einzelkaufleute und Personengesellschaften	Kapitalgesellschaften und GmbH & Co. KG
1. Grundsatz	Anschaffungs- oder Herstellungskosten abzügl. planmäßige Abschreibungen, § 253 Abs. 1 Satz 1, Abs. 2 Satz 3 HGB		Anschaffungskosten, § 253 Abs. 1 Satz 1 HGB	

---

58 Vgl. auch u. 12.4.1 Nr. 9, 12.4.2 Nr. 10, 15.11.4.4 Beispiel b). Weitere Anwendungsfälle: sofortige Ausbuchung des Disagios (§ 250 Abs. 3 HGB), Abschreibungen nach § 253 Abs. 3 Satz 3 HGB, Anwendung einer Abschreibungsmethode in der HB, die steuerrechtlich wegen § 5 Abs. 6 i. V. m. § 7 EStG unzulässig ist und in der HB zu niedrigeren Werten führt, Ansatz der Herstellungskosten mit niedrigeren Beträgen als in der Steuerbilanz (§ 255 Abs. 2 HGB), Passivierung von Pensionsrückstellungen in der HB mit Werten, die in der StB nicht anerkannt werden (Nachholungsverbot, niedriger Rechnungszinsfuß, keine Schriftform); Bildung von Rückstellungen nach § 249 Abs. 1 Satz 3, § 249 Abs. 2 HGB, Bildung von steuerrechtlich nicht mehr zulässigen Rückstellungen für drohende Verluste aus schwebenden Geschäften.
59 WPg Heft 23/88 S. 683.

12.4 Übersichten zum Anlage- und Umlaufvermögen

	abnutzbares Anlagevermögen		nicht abnutzbares Anlagevermögen	
	Einzelkaufleute und Personengesellschaften	Kapitalgesellschaften und GmbH & Co. KG	Einzelkaufleute und Personengesellschaften	Kapitalgesellschaften und GmbH & Co. KG
2. voraussichtlich dauernde Wertminderung	Pflicht zur außerplanmäßigen Abschreibung, § 253 Abs. 2 Satz 3 HGB	Pflicht zur außerplanmäßigen Abschreibung, § 253 Abs. 2 Satz 3 HGB	Pflicht zur außerplanmäßigen Abschreibung, § 253 Abs. 2 Satz 3 HGB	
3. vorübergehende Wertminderung	Möglichkeit der außerplanmäßigen Abschreibung, § 253 Abs. 2 Satz 3 HGB	Verbot der außerplanmäßigen Abschreibung, § 279 Abs. 1 Satz 2 HGB	Möglichkeit der außerplanmäßigen Abschreibung, § 253 Abs. 2 Satz 2 HGB	Möglichkeit der außerplanmäßigen Abschreibung, nur bei Finanzanlagen, § 279 Abs. 1 Satz 2 HGB; vgl. aber Verbot in StB nach § 6 Abs. 1 Nr. 2 Satz 2 EStG
4. Steuerrechtliche Abschreibungen	Wahlrecht, § 254 HGB	Wahlrecht, wenn die steuerrechtliche Anerkennung von der Berücksichtigung in der HB abhängt, § 279 Abs. 2 HGB	Wahlrecht, § 254 HGB	Wahlrecht, wenn die steuerrechtliche Anerkennung von der Berücksichtigung in der HB abhängt, § 279 Abs. 2 HGB
5. Wegfall der Gründe für eine außerplanmäßige Abschreibung i. S. des § 253 Abs. 2 Satz 3 HGB	Zuschreibungswahlrecht, § 253 Abs. 5 HGB, Höchstwert sind die Anschaffungs- oder Herstellungskosten abzügl. planmäßige Abschreibung, § 253 Abs. 1 Satz 1 HGB	Zuschreibungsgebot, § 280 Abs. 1 HGB i. V. m. § 6 Abs. 1 Nr. 1 Satz 4 EStG. Höchstwert sind die Anschaffungs- oder Herstellungskosten abzügl. planmäßige Abschreibung, § 253 Abs. 1 Satz 1 HGB	Zuschreibungswahlrecht, § 253 Abs. 5 HGB. Höchstwert sind die Anschaffungskosten, § 253 Abs. 1 Satz 1 HGB	Zuschreibungsgebot, § 280 Abs. 1 HGB i. V. m. § 6 Abs. 1 Nr. 2 Satz 3 EStG. Höchstwert sind die AK, § 253 Abs. 1 Satz 1 HGB

12 Bilanzierung und Bewertung nach Handelsrecht

	abnutzbares Anlagevermögen		nicht abnutzbares Anlagevermögen	
	Einzelkaufleute und Personengesellschaften	**Kapitalgesellschaften und GmbH & Co. KG**	**Einzelkaufleute und Personengesellschaften**	**Kapitalgesellschaften und GmbH & Co. KG**
6. Wegfall der Gründe für eine nur steuerrechtlich zulässige Abschreibung	Zuschreibungswahlrecht, § 254 Satz 2 i. V. m. § 253 Abs. 5 HGB. Höchstwert können ggf. die AK o. HK abzügl. planmäßige Abschreibung sein, § 253 Abs. 1 Satz 1 HGB	Zuschreibungsgebot § 280 Abs. 1 HGB, § 280 Abs. 2 HGB greift nicht, weil in der StB Rückwärtsberichtigung geboten ist. Höchstwert können ggf. die AK o. HK abzügl. planmäßige Abschreibung sein, § 253 Abs. 1 Satz 1 HGB	Wie abnutzbares Anlagevermögen. Höchstwert können ggf. die AK sein, § 253 Abs. 1 Satz 1 HGB	
7. Freiwillige Rückgängigmachung einer nur steuerrechtlich zulässigen Abschreibung	Wie 6.	Zuschreibungswahlrecht, § 254 Satz 2 i. V. m. § 253 Abs. 5 HGB. Höchstwert können ggf. die AK o. HK abzügl. planmäßige Abschreibung sein, § 253 Abs. 1 Satz 1 HGB	Zuschreibungswahlrecht, § 254 Satz 2 i. V. m. § 253 Abs. 5 HGB. Höchstwert können ggf. die AK sein, § 253 Abs. 1 Satz 1 HGB	
8. Abschreibung i. S. des § 253 Abs. 4 HGB zwecks Bildung stiller Rücklagen	Ja – bei Wegfall der Gründe für diese Abschreibung besteht Zuschreibungswahlrecht	Nein § 279 Abs. 1 Satz 1 HGB	Ja Wie abnutzbares Anlagevermögen	Nein Wie abnutzbares Anlagevermögen

12.4 Übersichten zum Anlage- und Umlaufvermögen

	abnutzbares Anlagevermögen		nicht abnutzbares Anlagevermögen	
	Einzelkaufleute und Personengesellschaften	Kapitalgesellschaften und GmbH & Co. KG	Einzelkaufleute und Personengesellschaften	Kapitalgesellschaften und GmbH & Co. KG
9. aktivische latente Steuern		Aktivierungswahlrecht, wenn HB-Gewinn < StB-Gewinn und Differenz nur vorübergehend, § 274 Abs. 2 HGB.		Wie abnutzbares Anlagevermögen
10. Sonderposten mit Rücklageanteil		Bei indirekter Abschreibung, die steuerrechtl. zulässig ist, in Höhe des die handelsrechtl. Abschr. übersteigenden Betrags, § 281 i. V. m. § 247 Abs. 3 HGB		Wie abnutzbares Anlagevermögen

12.4.2 Übersicht über die Bewertung des Umlaufvermögens

	Einzelkaufleute und Personengesellschaften	Kapitalgesellschaften und GmbH & Co. KG
1. Grundsatz	Anschaffungs- oder Herstellungskosten, § 253 Abs. 1 Satz 1 HGB	
2. Wert, der sich aus dem niedrigeren Börsenkurs oder Marktpreis ergibt	Abschreibungsgebot, § 253 Abs. 3 Satz 1 HGB	
3. niedrigerer beizulegender Wert	Abschreibungsgebot, § 253 Abs. 3 Satz 2 HGB	
4. naher Zukunftswert	Abschreibungswahlrecht, § 253 Abs. 3 Satz 3 HGB	

12 Bilanzierung und Bewertung nach Handelsrecht

	Einzelkaufleute und Personengesellschaften	Kapitalgesellschaften und GmbH & Co. KG
5. Abschr. i. S. des § 253 Abs. 4 HGB zwecks Bildung stiller Rücklagen	Ja. Bei Wegfall der Gründe für diese Abschr. besteht Zuschreibungswahlrecht	Nein, § 279 Abs. 1 Satz 1 HGB
6. Berücksichtigung nur steuerrechtl. zulässiger Abwertungen	Abschreibungswahlrecht, § 254 Satz 1 HGB	Abschreibungswahlrecht, § 279 Abs. 2 i. V. m. § 254 Satz 1 HGB
7. Wegfall der Gründe für eine Abschreibung auf den niedrigeren Wert	Zuschreibungswahlrecht, § 253 Abs. 5 HGB. Höchstwert können ggf. die AK o. HK sein, § 253 Abs. 1 Satz 1 HGB	Zuschreibungsgebot, § 280 Abs. 1 HGB i. V. m. § 6 Abs. 1 Nr. 2 Satz 3 EStG. Höchstwert können ggf. die AK o. HK sein, § 253 Abs. 1 Satz 1 HGB
8. Sonderposten mit Rücklageanteil		Bildung bei indirekter Abschreibung, die aus steuerrechtlichen Gründen zulässig ist, in Höhe des die handelsrechtliche Abschr. übersteigenden Abschreibungsbetrags; § 281 HGB
9. Rückstellung für latente Steuern		Pflicht zur Passivierung, § 274 Abs. 1 HGB
10. aktivische latente Steuern		Aktivierungswahlrecht als Bilanzierungshilfe, § 274 Abs. 2 HGB[60]

---

60 Beispiele s. FN 58.

13 Bilanzierung in der Steuerbilanz

13.1 Begriff des Bilanzsteuerrechts

Zum Bilanzsteuerrecht gehören alle Rechtsvorschriften, die die **Bilanzierung** und **Bewertung** in der Steuerbilanz regeln. Das sind insbesondere die §§ 4 bis 7g EStG sowie §§ 6, 8, 8 b, 11 c und 60 EStDV. Im weiteren Sinne können auch die §§ 140 bis 148, 154 AO dazugerechnet werden. Weil bei Gewinnermittlung der Buch führenden Gewerbetreibenden die handelsrechtlichen Grundsätze ordnungsmäßiger Buchführung zu beachten sind, müssen für die Steuerbilanz auch solche Vorschriften des Handels- und Gesellschaftsrechts beachtet werden, die Ausdruck dieses allgemeinen Grundsatzes sind. Dazu gehören insbesondere die §§ 238 ff. HGB.[1]

Die gesetzlichen Regelungen im EStG enthalten oft nur allgemeine Grundsätze, z. B. die Bewertungsvorschrift des § 6 EStG. Bei der Vielschichtigkeit des Wirtschaftslebens können nicht alle in der Praxis auftretenden Fälle gesetzlich erfasst werden. Zur Lösung konkreter Einzelfälle muss deshalb öfter als in manchen anderen Steuerrechtsgebieten auf die Rechtsprechung zurückgegriffen werden. Das ist eine Besonderheit des Bilanzsteuerrechts. Es ist weitgehend Richterrecht.

13.2 Bilanzierung und Bewertung in der Steuerbilanz

Nach § 5 Abs. 1 Satz 1 EStG ist für den Schluss des Wirtschaftsjahres das Betriebsvermögen anzusetzen, das nach den handelsrechtlichen Grundsätzen ordnungsmäßiger Buchführung und Bilanzierung auszuweisen ist. Ansatz in diesem Sinne bedeutet nach wohl überwiegender Auffassung, jedenfalls nach Verwaltungspraxis, dem Grunde (Bilanzierung) und der Höhe (Bewertung) nach. Nach diesen handelsrechtlichen Grundsätzen muss bei Aufstellung der Steuerbilanz zunächst entschieden werden,

- ob die Möglichkeit eines Ausweises in der Steuerbilanz besteht (= Bilanzierungsfähigkeit) und
- ob eine Bilanzierungspflicht oder ein Bilanzierungswahlrecht gegeben ist.

Bilanzierungsfähigkeit bedeutet, dass Vermögensgegenstände und Schulden für eine Bilanzierung in Betracht kommen können. Für bilanzierungsfähige Vermögensgegenstände und Schulden kann eine **Bilanzierungspflicht,** d. h. ein Zwang zur Aktivierung bzw. Passivierung, oder ein **Bilanzierungswahlrecht** bestehen.

---
1 Vgl. auch H 29 „Allgemeines" EStH.

Von der Bilanzierung, d. h. dem Ausweis in der Bilanz, zu unterscheiden ist die Frage, mit welchem Wert ein Aktiv- oder Passivposten in der Bilanz auszuweisen ist. Nach § 5 Abs. 1 Satz 1 EStG richtet sich die Bewertung in der Steuerbilanz zwar nach den handelsrechtlichen Bewertungsvorschriften; davon muss aber nach § 5 Abs. 6 EStG abgewichen werden, wenn die §§ 6 ff. EStG zwingend eine andere Bewertung gebieten.

Merke:

Was zu bilanzieren ist, bestimmt sich nach § 5 EStG in Verbindung mit den handelsrechtlichen Grundsätzen ordnungsmäßiger Buchführung, insbesondere §§ 246 bis 250 HGB, für Kapitalgesellschaften und GmbH & Co. KG zusätzlich §§ 268 bis 274 HGB.

Wie zu bewerten ist, entscheidet sich nach den §§ 6 ff. i. V. m. § 5 EStG und den handelsrechtlichen Bewertungsvorschriften der §§ 252 ff. HGB.

13.3 Gegenstand der Bilanzierung

13.3.1 Zusammensetzung des Betriebsvermögens

In der Regel sind viele Güter zu einem einheitlichen Zweck in einem Betrieb vereinigt. Sie sind Teile des in der Bilanz auszuweisenden Betriebsvermögens[2] und können einen positiven oder negativen Wert haben. Diese Vermögenswerte und Schulden werden im Steuerrecht als Wirtschaftsgüter bezeichnet. Die positiven Wirtschaftsgüter stehen als Vermögenswerte auf der Aktivseite der Bilanz. Aktive Wirtschaftsgüter können körperliche (materielle) oder unkörperliche (immaterielle) Wirtschaftsgüter sein. Dagegen müssen die Schulden und Rückstellungen als negative Wirtschaftsgüter auf der Passivseite ausgewiesen werden.

13.3.2 Begriff des Wirtschaftsguts

13.3.2.1 Fehlen einer Legaldefinition

Weder im EStG noch in einem anderen Steuergesetz ist der Begriff des Wirtschaftsguts definiert. Auch im bürgerlichen Recht hat er kein Vorbild. Die Rechtsprechung hat diesen Begriff wegen der steuerrechtlich gebotenen wirtschaftlichen Betrachtungsweise entwickelt und sich dadurch für das Gebiet des Steuerrechts vom bürgerlichen Recht gelöst. Das entspricht dem Sinn und Zweck der steuerrechtlichen Gewinnermittlung, die den vollen Gewinn erfassen will. Der Begriff des Wirtschaftsguts muss weit gefasst werden.

---

2 Wegen der mehrdeutigen Verwendung des Begriffs „Betriebsvermögens" s. FN 2 auf S. 39.

13.3 Gegenstand der Bilanzierung

Wirtschaftsgüter sind nicht nur Gegenstände im Sinne des bürgerlichen Rechts (Sachen und Rechte), sondern auch tatsächliche Zustände, konkrete Möglichkeiten und Vorteile für den Betrieb, sofern ihnen im Geschäftsverkehr ein selbstständiger Wert beigelegt wird und sie – allein oder mit dem Betrieb – verkehrsfähig sind.[3] Nach dieser Rechtsprechung sind das Vorhandensein eines Wirtschaftsguts und dessen Bilanzierung insbesondere davon abhängig, ob ein **wirtschaftlicher Wert** vorliegt, eine **selbstständige Bewertung** möglich und ein **greifbarer längerfristiger Nutzen** gegeben ist.

13.3.2.2 Folgen der wirtschaftlichen Betrachtungsweise

Ob ein Wirtschaftsgut vorliegt, ist nicht nach bürgerlichem Recht, sondern nach wirtschaftlichen Grundsätzen zu bestimmen. Auch im Rechtsverkehr unselbstständige Güter (z. B. wesentliche Bestandteile im Sinne des bürgerlichen Rechts) können bei wirtschaftlicher Betrachtung Wirtschaftsgüter sein. So bilden bei bebauten Grundstücken Grund und Boden einerseits und Gebäude andererseits mindestens zwei verschiedene Wirtschaftsgüter. Das gilt nicht nur hinsichtlich der Anschaffungskosten und der AfA, sondern auch in Bezug auf die Teilwertabschreibung.[4] Ebenso können andere Bestandteile einer Sache Wirtschaftsgüter sein, selbst wenn sie bürgerlich-rechtlich nicht Gegenstand besonderer Rechte sein können, z. B. Betriebsvorrichtungen, Einbauten des Grundstückseigentümers für vorübergehende Zwecke, Mietereinbauten, Ladeneinbauten, -umbauten und Schaufensteranlagen sowie sonstige Anlagen auf Grundstücken.[5] Entsprechend sind Hofbefestigung, Straßenzufahrt und Umzäunung gegenüber dem Betriebsgebäude selbstständige Wirtschaftsgüter.[6]

Beispiele

a) Ein Kraftfahrzeugmeister errichtet in seiner Werkstatt eine Hebebühne, die fest mit dem Grund und Boden verbunden ist.

Obwohl es sich bürgerlich-rechtlich um einen Bestandteil des Grundstücks handelt, ist diese Betriebsvorrichtung steuerrechtlich als selbstständiges Wirtschaftsgut anzusehen.

b) Ein Herstellerwerk errichtet eine neue Straße mit Platzbefestigung. Obwohl diese Anlagen bürgerlich-rechtlich als Bestandteil und bewertungsrechtlich als Außenanlage zum Grundstück gehören, handelt es sich bilanzsteuerrechtlich um ein besonderes Wirtschaftsgut.

Selbst ein einheitliches Gebäude wird in mehrere selbstständige Wirtschaftsgüter aufgeteilt, wenn es wegen unterschiedlicher Nutzung in verschiedenen Nutzungs- und Funktionszusammenhängen steht (R 13 Abs. 4 EStR).

---

3 BFH, BStBl 1992 II S. 977/978 m. w. N.
4 BFH, BStBl 1969 II S. 108.
5 BFH (GrS) v. 26. 11. 1973, BStBl 1974 II S. 132; BFH (GrS) v. 30. 1. 1995, BStBl 1995 II S. 281; BFH (GrS) v. 23. 8. 1999, BStBl 1999 II S. 774; R 13 Abs. 3, R 42 Absätze 3, 4 EStR.
6 BFH v. 10. 10. 1990, BStBl 1991 II S. 59.

13 Bilanzierung in der Steuerbilanz

Bodenschätze (z. B. Kies- oder Sandvorkommen) sind bürgerlich-rechtlich betrachtet Teil des Grund und Bodens. Nach § 3 des Bundesberggesetzes sind Bodenschätze entweder bergfrei oder stehen im Eigentum des Grundeigentümers. Zur Gewinnung bergfreier Bodenschätze bedarf es nach dem Bundesberggesetz einer Bergbauberechtigung, die das Recht zur Gewinnung und Aneignung der jeweiligen Bodenschätze gewährt. Dagegen ergibt sich das Recht zur Gewinnung der im Eigentum des Grundeigentümers stehenden Bodenschätze aus dem Inhalt des Grundeigentums selbst (§§ 903, 93, 94 BGB).

Bergfreie Bodenschätze sind z. B. Stein- und Braunkohle, Erdöl und Erdgas. Grundeigene Bodenschätze i. S. des Bundesberggesetzes sind z. B. Feldspat und Kaolin. Nicht zum Geltungsbereich des Bundesberggesetzes gehörende sonstige Grundeigentümerbodenschätze sind z. B. gewöhnliche Kiese und Sande. Sowohl bergfreie als auch im Eigentum des Grundeigentümers stehende Bodenschätze dürfen regelmäßig erst dann abgebaut werden, wenn die erforderlichen behördlichen Genehmigungen erteilt sind.

Der **Bodenschatz** entsteht als ein vom Grund und Boden **getrennt** zu behandelndes Wirtschaftsgut, wenn er zur nachhaltigen Nutzung in den Verkehr gebracht wird, indem mit seiner **Aufschließung** begonnen wird oder alsbald mit der Aufschließung zu rechnen ist. Mit der Aufschließung darf regelmäßig nur begonnen werden, wenn alle zum Abbau notwendigen öffentlich-rechtlichen Erlaubnisse, Genehmigungen, Bewilligungen oder sonstigen behördlichen Maßnahmen erteilt worden sind. Spätestens wenn diese Verwaltungsakte vorliegen, entsteht der Bodenschatz als selbstständig bewertbares Wirtschaftsgut. Bis zu seiner Entstehung bleibt er auch bilanzsteuerrechtlich betrachtet ein **unselbstständiger Teil** des Grund und Bodens.[7] Die Entdeckung des Bodenschatzes ist noch kein Grund, ein selbstständiges Wirtschaftsgut anzunehmen.[8]

Wird ein bodenschatzführendes Grundstück veräußert, so entsteht der Bodenschatz als ein Wirtschaftsgut des Veräußerers auch ohne das Vorliegen der für den Abbau erforderlichen Genehmigungen, wenn neben dem Kaufpreis für den Grund und Boden ein besonderes **Entgelt** für den Bodenschatz zu zahlen ist und alsbald mit dem Beginn der Aufschließung gerechnet werden kann.[9] Wird der Anspruch auf die Zahlung des auf den Bodenschatz entfallenden anteiligen Kaufpreises unter dem Vorbehalt der Abbaugenehmigung vereinbart, dann wird der Bodenschatz erst durch die Erteilung der Abbaugenehmigung zum selbstständigen Wirtschaftsgut.[10]

Aus ähnlichen Gründen – allerdings ohne dass Genehmigungen erforderlich sind – erhalten Silberhalogenide, die im Unternehmen eines Filmumkehrdienstes bei der Entwicklung von Kundenfilmen durch eigene Elektrolyse in Form von Rohsilber

---
7 BFH v. 7. 12. 1989, BStBl 1990 II S. 317; BFH v. 26. 11. 1993, BStBl 1994 II S. 293.
8 BFH v. 28. 10. 1982, BStBl 1983 II S. 106; BFH v. 8. 4. 1992, BStBl 1992 II S. 893.
9 BFH v. 4. 1. 1997, BStBl 1998 II S. 657.
10 BMF v. 7. 10. 1998, BStBl 1998 I S. 1221.

13.3 Gegenstand der Bilanzierung

rückgewonnen werden, erst mit diesem Prozess die Eigenschaft eines Wirtschaftsguts.[11]

Der Begriff des Wirtschaftsguts geht also über den bürgerlich-rechtlichen Begriff „Gegenstände des Rechtsverkehrs" hinaus.

13.3.2.3 Anlehnung an das Handelsrecht

Ob überhaupt ein Wirtschaftsgut vorliegt und ob die weiteren Voraussetzungen für seine Aktivierung gegeben sind, entscheidet sich bei Gewerbetreibenden nach den handelsrechtlichen Grundsätzen ordnungsmäßiger Buchführung, die nach § 5 Abs. 1 EStG bei der steuerrechtlichen Gewinnermittlung maßgebend sind. Das Handelsrecht kennt zwar den Begriff des Wirtschaftsguts nicht. § 240 Abs. 1, § 246 Abs. 1, §§ 253 bis 256 HGB bezeichnen die zu bilanzierenden Güter als Vermögensgegenstände und Schulden. **Vermögensgegenstände** sind nicht nur Sachen und Rechte, sondern auch sonstige wirtschaftliche Güter. Denn wie der steuerrechtliche Begriff des Wirtschaftsguts ist auch der Begriff „Vermögensgegenstand" weit und nach wirtschaftlichen Gesichtspunkten auszulegen. Deshalb kann auch der Firmenwert ein Vermögensgegenstand = Wirtschaftsgut sein. Die Ausweismöglichkeit findet ihre Grenze in den Grundsätzen ordnungsmäßiger Buchführung. Danach darf ein Kaufmann einen tatsächlich vorhandenen Vermögenswert nicht willkürlich außer Ansatz lassen. Andererseits darf er keinen Posten ausweisen, der sich im Insolvenzfall als „Luftposten" erweisen würde.

Auch als Vermögensgegenstand kommt somit nicht nur in Betracht, was als Sache oder Recht qualifiziert werden kann, sondern alles, was Vermögensbestandteil sein kann. Der Begriff des Wirtschaftsguts, der dem entspricht, ist demnach ein Sammelbegriff für alles, was – neben Rechnungsabgrenzungsposten – in den Bilanzen ausgewiesen werden kann.[12] Er kann aber nicht weiter gehen als der handelsrechtliche Begriff des Vermögensgegenstandes.[13]

13.3.2.4 Selbstständige Bewertbarkeit

Als selbstständig ist ein Wirtschaftsgut anzusehen, wenn es für sich bewertungsfähig (§ 6 Abs. 1 Satz 1 EStG, § 240 Abs. 1 HGB) und nicht mit einem anderen Wirtschaftsgut derart verbunden ist, dass es nach der Verkehrsanschauung nur in der Gesamtheit mit dem anderen, als dessen Teil es sich darstellt, bewertet werden kann.[14]

Ob ein **selbstständig** bewertungsfähiges **Wirtschaftsgut** vorliegt, hat die Rechtsprechung bei positiven Gütern vor allem danach beurteilt, ob ein Erwerber des ganzen Betriebs nach kaufmännischer Übung dafür im Rahmen des Gesamtkauf-

---
11 BFH, BStBl 1992 II S. 893.
12 BFH (GrS) v. 7. 8. 2000, BStBl 2000 II S. 632.
13 BFH, BStBl 1988 II S. 348 (352 linke Spalte).
14 BFH, BStBl 1991 II S. 187.

13 Bilanzierung in der Steuerbilanz

preises ein besonderes Entgelt ansetzen würde. Wirtschaftsgut kann also nur sein, was bei einer Veräußerung greifbar ist und als solches angesetzt wird. Das ist bei Heizungen,[15] Elektro-Nachtspeicheröfen,[16] Personenfahrstühlen, Be- und Entlüftungsanlagen eines Gebäudes, Feuerlöschanlagen in Fabriken oder Warenhäusern[17] oder bei Rolltreppen eines Kaufhauses[18] (= unselbstständige Gebäudeteile) nicht der Fall, wohl aber bei selbstständigen Gebäudeteilen wie Betriebsvorrichtungen,[19] Einbauten für vorübergehende Zwecke, Ladeneinbauten, -umbauten und Schaufensteranlagen.[20][21] Auch **Maschinenwerkzeuge** (Bohrer, Fräser, Drehstähle und Sägeblätter) sind selbstständig bewertbar.[22] Das gilt auch für ein mit einem PKW verbundenes Autotelefon.[23] Ferner kann das Leitungsnetz eines Versorgungsunternehmens entsprechend seinen Teilfunktionen (Antransport, Fern- und Zwischentransport, Abnehmergruppen) in mehrere Wirtschaftsgüter aufgeteilt werden. Innerhalb des Gesamtnetzes eines Unternehmens, das Mineralölprodukte in Leitungen transportiert, bildet eine neu errichtete Leitung jedenfalls dann ein selbstständiges Wirtschaftsgut, wenn sie den Anschluss an eine weitere Raffinerie herstellt, einen neuen Kundenkreis erschließt und infolge eines größeren Rohrdurchmessers eine größere Durchlaufkapazität als die vorhandenen Leitungen hat. In einem solchen Fall ist unerheblich, dass das Gesamtnetz zentral gesteuert wird.[24]

Kein selbstständig bewertbares Wirtschaftsgut entsteht durch vorbereitende Betriebsausgaben (Organisationsaufwendungen). Im wirtschaftlichen Verkehr wird diesen Aufwendungen kein selbstständiger Wert beigemessen, weil der Wert sich nicht zuverlässig bestimmen lässt.

Beispiel

Ein Steuerpflichtiger mietet einen Büroraum und bereitet die Errichtung eines Fabrikationsbetriebs vor. Dadurch entstehen neben Mietaufwendungen Löhne, Gehälter, Sozialabgaben, Telefonkosten, Reisekosten, Anlernkosten, Kfz-Kosten und Reklamekosten.

Durch die vorbereitenden Betriebsausgaben wird kein Wirtschaftsgut geschaffen. Die Aufwendungen sind nicht aktivierbar, sondern als Betriebsausgaben abzusetzen. Handelsrechtlich dürfen Kapitalgesellschaften die Kosten der Ingangsetzung des Geschäftsbetriebs und dessen Erweiterung zwar aktivieren. Bei der Regelung der §§ 269, 282 HGB handelt es sich jedoch nicht um einen allgemeinen Grundsatz ordnungsmäßiger Buchführung, sondern um eine bloße Bilanzierungshilfe für neu

---

15 BFH, BStBl 1975 II S. 689.
16 BFH, BStBl 1977 II S. 306.
17 BFH, BStBl 1980 II S. 409, 1984 II S. 262.
18 BFH, BStBl 1983 II S. 223.
19 BFH, BStBl 1971 II S. 768.
20 BFH, BStBl 1974 II S. 132; R 13 Abs. 3 EStR.
21 Wegen der Behandlung von Umbauten oder Einbauten des Mieters s. u. 15.10.22.
22 BFH, BStBl 1973 II S. 53.
23 BFH, BStBl 1997 II S. 360.
24 BFH, BStBl 1988 II S. 539. Ausführungen zu Leitungsanlagen als selbstständige Wirtschaftsgüter innerhalb der Versorgungsanlage und zur steuerlichen Behandlung der Aufwendungen für die Erweiterung, Verstärkung und aktivierungspflichtige Erneuerung eines Leitungsnetzes bei Energieversorgungsunternehmen enthält das BMF-Schreiben v. 30. 5. 1997, BStBl 1997 I S. 567.

13.3 Gegenstand der Bilanzierung

gegründete oder vergrößerte Betriebe. Soweit von der Aktivierung in der HB Gebrauch gemacht wird, kommt ein Ausweis in der StB **nicht** in Betracht.

Selbstständige Bewertbarkeit ist nicht gleichzusetzen mit **selbstständiger Verkehrsfähigkeit**. Deshalb kann dem Recht auf die Firma und dem Warenzeichenrecht die Eigenschaft eines Vermögensgegenstandes = Wirtschaftsgut nicht abgesprochen werden, obwohl sie nach § 23 HGB bzw. § 8 des Warenzeichengesetzes nicht ohne den Betrieb veräußert werden können.[25]

Die **selbstständige Nutzungsfähigkeit** ist kein Merkmal des Wirtschaftsguts schlechthin, sondern lediglich zusätzliches Erfordernis für die Annahme eines geringwertigen Wirtschaftsguts (§ 6 Abs. 2 EStG).

Wegen der fehlenden Bewertbarkeit ist die Arbeitskraft des Betriebsinhabers bzw. seine besondere Tüchtigkeit kein Wirtschaftsgut.

13.3.2.5 Bedeutung der Verkehrsauffassung

In Zweifelsfällen richtet sich die Frage, ob ein Wirtschaftsgut gegeben ist, nach der Verkehrsauffassung.[26] Das ist die Auffassung der am Wirtschaftsleben beteiligten Personen. Sie ist vor allem maßgebend, wenn entschieden werden muss, ob ein Wirtschaftsgut oder mehrere Wirtschaftsgüter vorliegen.

Beispiele
a) Ein Fuhrunternehmer hat mehrere LKW mit Anhänger. Wegen der geringeren Beanspruchung beträgt die betriebsgewöhnliche Nutzungsdauer der Anhänger 11 Jahre, während die LKW eine durchschnittliche betriebsgewöhnliche Nutzungsdauer von 9 Jahren haben. Zur Nutzungsdauer vgl. die ab 2001 geltende amtliche AfA-Tabelle.[27]

LKW und Anhänger können getrennt angeschafft und getrennt veräußert werden. Nach der Verkehrsauffassung ist nicht der ganze Lastzug ein Wirtschaftsgut, sondern LKW und Anhänger sind jeweils selbstständige Wirtschaftsgüter.

b) In einem Fabrikationsbetrieb sind vollautomatisch arbeitende Maschinen durch Transferstraßen verbunden. Die einzelnen Gegenstände sind fest und auf Dauer miteinander verbunden und nur in der zusammengestellten Kombination für die spezielle Fertigung des einzelnen Betriebs einzusetzen.
Die Anlage erscheint als ein einheitliches Ganzes. Die Einzelteile stehen in einem einheitlichen Nutzungs- und Funktionszusammenhang. Es handelt sich um ein Wirtschaftsgut.

13.3.2.6 Ohne Aufwendungen entstandene Wirtschaftsgüter

Begrifflich kann ein Wirtschaftsgut auch dann gegeben sein, wenn der Steuerpflichtige keine Anschaffungskosten oder keine Aufwendungen für dieses Gut

---

25 Zur Abschreibung vgl. BMF v. 12. 7. 1999, BStBl 1999 I S. 686: AfA nach § 7 Abs. 1 EStG bei einer betriebsgewöhnlichen Nutzungsdauer von 15 Jahren. § 6 Abs. 1 Nr. 1 Satz 2 EStG ist ggf. zu beachten.
26 BFH, BStBl 1990 II S. 794.
27 BMF v. 15. 12. 2000, BStBl 2000 I S. 1532.

gehabt hat.[28] Das gilt vor allem für immaterielle Wirtschaftsgüter. Eine andere Frage ist, ob solche Wirtschaftsgüter bilanzierungsfähig sind.

Beispiele

a) Die Gewinnaussichten eines Unternehmens sind außergewöhnlich günstig. Bei einer Veräußerung würde ein gedachter Erwerber des Betriebs deshalb einen erheblich höheren Preis zahlen als die Summe der Teilwerte der Einzelwirtschaftsgüter.

Der wegen der hohen Gewinnaussichten gegebene Firmenwert ist ein Wirtschaftsgut. Wenn er nicht entgeltlich erworben ist, sondern sich im Unternehmen im Laufe der Zeit gebildet hat, darf er jedoch weder in der Handelsbilanz noch in der Steuerbilanz bilanziert werden (§ 248 Abs. 2 HGB).

b) Ein Unternehmer hat eine Erfindung gemacht. Außer den Kosten der Anmeldung beim Bundespatentamt sind dem Steuerpflichtigen keine Aufwendungen entstanden.

Das Patent darf nicht bilanziert werden. Die Kosten für die Anmeldung sind nicht zu aktivieren, denn es handelt sich nicht um Anschaffungskosten (§ 248 Abs. 2; § 255 Abs. 1 HGB; § 5 Abs. 1 und 2 EStG). Dennoch handelt es sich um ein Wirtschaftsgut. Bei einer Entnahme wäre es mit dem Teilwert zu bewerten (§ 6 Abs. 1 Nr. 4 EStG).

13.3.3 Einheitliche Behandlung eines Wirtschaftsguts

Ein nach wirtschaftlicher Betrachtungsweise einheitliches Wirtschaftsgut darf buch- und bilanzmäßig nicht in seine Bestandteile aufgelöst werden.[29] Das gilt vor allem für die Bemessung der AfA oder die Beantwortung der Frage, ob eine Teilwertabschreibung in Betracht kommt,[30] aber auch für die Zurechnung. Jedes Wirtschaftsgut unterliegt als solches einer einheitlichen AfA, z. B. ein Gebäude, das keine selbstständigen Gebäudeteile im Sinne der R 13 Abs. 4 umfasst, oder ein Kraftfahrzeug.

Es ist grundsätzlich nicht zulässig, unselbstständige Teile eines Wirtschaftsguts gesondert abzuschreiben, weil sie sich schneller abnutzen als die übrigen Teile. So ist eine auf einem Zweifamilienhausgrundstück errichtete frei stehende Doppelgarage mit ausschließlich dienender Funktion als Nebengebäude zum Hauptgebäude (Zweifamilienhaus) dem Hauptgebäude unter- und zuzuordnen. Ob die Garage erst nachträglich errichtet worden ist, spielt dabei keine Rolle. Das bedeutet: Wird das Zweifamilienhaus linear abgeschrieben, kann für die Doppelgarage nicht die degressive AfA beansprucht werden.[31]

Eine Ausnahme ist hinsichtlich der AfA bei eigenbetrieblich genutzten Gebäuden gegeben, die sowohl den betrieblichen Zwecken des Stpfl. dienen als auch zu Wohnzwecken **aus betrieblichen** Gründen an Arbeitnehmer überlassen werden (R 13 Abs. 4 EStR). In diesen Fällen kann der Wohnzwecken dienende Teil des Wirtschaftsguts anders abzuschreiben sein, als der Teil, der den betrieblichen Zwecken dient (vgl. § 7 Abs. 4 Satz 1 und § 7 Abs. 5 Nr. 3 b EStG).

---

28 BFH, BStBl 1989 II S. 37.
29 BFH, BStBl 1990 II S. 86, S. 88 li. Spalte.
30 BFH, BStBl 1979 II S. 259.
31 BFH, BStBl 1984 II S. 196.

13.3 Gegenstand der Bilanzierung

Unselbstständige Teile eines Wirtschaftsguts liegen vor, wenn sie in den Funktions- und Nutzungszusammenhang des Wirtschaftsguts eingeordnet sind. Wird dieser Zusammenhang gelöst, können selbstständige Wirtschaftsgüter anderer Art entstehen, z. B. durch die Demontage der Reifen eines schrottreifen Omnibusses oder die Demontage vollautomatisch arbeitender Maschinen, die durch Transferstraßen verbunden sind.

Ein **Bodenschatz** (Mineralvorkommen) entsteht neben dem Grund und Boden als selbstständiges Wirtschaftsgut, sobald er zur nachhaltigen Nutzung in den Verkehr gebracht wird, d. h., wenn ihn entweder der Eigentümer selbst nutzt oder wenn ihn dieser durch einen Dritten nutzen lässt.[32] Das Wirtschaftsgut Bodenschatz entsteht nicht in der Form eines selbstständigen materiellen Wirtschaftsguts, sondern als selbstständig verwertbare Abbauberechtigung.[33] Vgl. ausführlich unter 13.3.2.2.

Selbstständige Gebäudeteile (Betriebsvorrichtungen, Einbauten für vorübergehende Zwecke, Ladeneinbauten, -umbauten und Schaufensteranlagen, sonstige Mietereinbauten sowie sonstige selbstständige Gebäudeteile) sind selbstständige Wirtschaftsgüter und deshalb gesondert vom Gebäude abzuschreiben.[34] [35]

Eine Dauerkultur ist eine in sich geschlossene Pflanzenanlage, die während einer Reihe von Jahren regelmäßig Erträge durch ihre zum Verkauf bestimmten Früchte oder Pflanzenteile liefert. **Die gesamte Dauerkultur ist ein einheitliches bewegliches Wirtschaftsgut des Anlagevermögens.**[36] Ebenso ist das Rohrleitungsnetz eines Wasserversorgungsunternehmens ein einheitliches Wirtschaftsgut; es handelt sich um eine Betriebsvorrichtung.[37]

13.3.4 Materielle und immaterielle Wirtschaftsgüter

Wirtschaftsgüter können materielle oder immaterielle Güter sein. Die Unterscheidung ist vor allem wegen des Aktivierungsverbots selbst geschaffener Wirtschaftsgüter des Anlagevermögens wichtig (§ 248 Abs. 2 HGB, § 5 Abs. 2 EStG).[38]

Materielle Wirtschaftsgüter sind konkrete (körperliche) Gegenstände wie Grundstücke, Maschinen oder sonstige Sachanlagen. **Immaterielle** Wirtschaftsgüter sind Güter, die entweder gar keine körperliche Gestalt haben, wie es z. B. bei Forderungen oder sonstigen Rechten der Fall ist, oder deren wesentlicher Inhalt allein im geistigen Gehalt besteht, dessen „Festhalten" (Konservierung) durch Verkörperung

---

32 BFH, BStBl 1994 II S. 846 m. w. N.
33 Einzelheiten zur bergrechtlichen Einteilung der Bodenschätze, zur Entstehung eines im Eigentum des Grundstückseigentümers stehenden Bodenschatzes als Wirtschaftsgut und zur Zuordnung des Wirtschaftsguts Bodenschatz zum Betriebsvermögen oder Privatvermögen ergeben sich aus BMF, BStBl 1993 I S. 678.
34 BFH, BStBl 1974 II S. 132; R 13 Abs. 3, R 42 Abs. 3–6 EStR, H 42 EStH.
35 Wegen der Mieterumbauten oder -einbauten s. u. 15.10.22.
36 BMF, BStBl 1990 I S. 420.
37 BFH, BStBl 1992 II S. 5, 1993 II S. 41.
38 S. u. 13.3.6.4.

z. B. in Form eines Manuskripts aber zwecks Übermittlung an den Empfänger notwendig ist. In diesem Falle hat das „Körperliche" keine eigenständige Bedeutung; es fungiert nur als sog. Ideenträger.

Rechte, deren Inhalt Forderungen oder Ansprüche auf sonstige Leistungen gegen bestimmte Dritte sind, sowie Guthaben und Beteiligungen gehören zwar zu den immateriellen Wirtschaftsgütern. Bei diesen ist der materielle Wert im Zeitpunkt der Entstehung aber konkretisierbar; auf diese Wirtschaftsgüter sind die Vorschriften des § 248 Abs. 2 HGB und des § 5 Abs. 2 EStG nicht anwendbar.[39] Die anderen immateriellen Wirtschaftsgüter zeichnen sich durch besondere „Flüchtigkeit" und schwere „Greifbarkeit" aus.

Ein zu aktivierendes materielles Wirtschaftsgut liegt im Falle der Herstellung bereits dann vor, wenn mit der Herstellung vor dem Bilanzstichtag begonnen worden ist. Bei der Errichtung von Gebäuden beginnt die Herstellung nicht erst mit dem Beginn der eigentlichen Bauarbeiten, sondern bereits mit den Planungsarbeiten,[40] ggf. bereits mit der Einreichung des Bauantrags.[41]

Beispiel
Ein Gewerbetreibender beabsichtigt die Errichtung eines neuen Verwaltungsgebäudes. Die Bauplanung ist abgeschlossen. Für Architektenhonorare, statische Berechnung usw. wurden bis zum Bilanzstichtag 87 500 DM aufgewendet. Der Neubau wurde im folgenden Wirtschaftsjahr errichtet.
Die angefallenen Aufwendungen sind als Herstellungskosten des Gebäudes zu aktivieren.[42] Der Bilanzausweis erfolgt als „Anlagen im Bau". AfA kommt erst ab Bezugsfertigkeit in Betracht.

13.3.5 Abgrenzung der immateriellen Einzelwirtschaftsgüter vom Firmenwert

Zu den immateriellen Wirtschaftsgütern gehört auch der Geschäfts- oder Firmenwert. Es muss deshalb zwischen immateriellen Einzelwirtschaftsgütern und dem Geschäfts- oder Firmenwert unterschieden werden.[43]

Der Geschäftswert ist seinem Wesen nach ein immaterielles Gesamtwirtschaftsgut. Es umfasst auch Vorteile und Chancen, die nicht selbstständig bewertbar sind und deshalb in diesem immateriellen Gesamtwirtschaftsgut aufgehen, z. B. die Vorteile, die sich aus der Werbung ergeben. Wenn der Geschäftswert konkretisiert ist, wird er wie ein immaterielles Einzelwirtschaftsgut behandelt.[44]

---
39 Wegen der Frage, ob Mieterein- oder -umbauten materielle oder immaterielle Wirtschaftsgüter sind, s. u. 15.10.22.
40 BFH, BStBl 1976 II S. 614.
41 BFH, BStBl 1982 II S. 63.
42 Wegen der Möglichkeit der Teilwertabschreibung für den Fall, dass Gebäude nicht errichtet wird, s. u. 15.10.11.
43 BFH, BStBl 1980 II S. 346, 1986 II S. 176.
44 Zur Behandlung des Geschäftswerts im Einzelnen s. u. 15.11.4 und 15.11.5.

13.3.6 Immaterielle Einzelwirtschaftsgüter

13.3.6.1 Begriff

Die Frage, ob ein Wirtschaftsgut gegeben ist, ist vor allem bei immateriellen nicht immer leicht zu beantworten. Bei materiellen Vermögensgegenständen ist wegen der realen Substanz das Vorliegen eines Wirtschaftsguts in der Regel nicht zweifelhaft. Als **immaterielle Einzelwirtschaftsgüter** kommen in Betracht: Rechte, rechtsähnliche Werte und sonstige Vorteile. Dazu gehören insbesondere Nutzungsrechte, Patente, Markenrechte, Urheberrechte, Verlagsrechte, Verlagsarchiv,[45] Verwendungsrecht,[46] Belieferungsrechte, Optionsrechte, Konzessionen, Lizenzen, ungeschützte Erfindungen, Gebrauchsmuster, Fabrikationsverfahren, Know-how.[47] Auch Warenzeichen[48] und Computerprogramme, gleichgültig, ob es sich um problemorientierte Individualprogramme oder problemorientierte Standard-Programme[49] bzw. Anwender-Standardprogramme handelt,[50] sind grundsätzlich immaterielle Wirtschaftsgüter. **Standardprogramme** (sie werden serienmäßig hergestellt) stellen immaterielle Wirtschaftsgüter dar, wenn dem Programminhalt die überragende wirtschaftliche Bedeutung zukommt und der Programmträger demgegenüber, gemessen an Funktion und Materialwert, zurücktritt. Maßgebendes Zuordnungskriterium der Standardprogramme zu den immateriellen Wirtschaftsgütern ist nach der Rechtsprechung des BFH[51] das Wertverhältnis von Programminhalt und Programmträger. Würde sich dieses Wertverhältnis wesentlich verschieben, wie das bei Trivialprogrammen der Fall ist, so will der BFH einen Vergleich dieser Programme mit Büchern oder Schallplatten nicht ausschließen.[52]

Computerprogramme mit Beständen von Daten, die allgemein bekannt und jedermann zugänglich sind (z. B. mit Zahlen und Buchstaben), sind dagegen regelmäßig materielle Wirtschaftsgüter.[53] Diese Programme enthalten keine Befehle, sie steuern keine Maschinen, sondern speichern lediglich Datenbestände, die von Maschinen verarbeitet werden.[54] Sie können nicht als Software qualifiziert werden. Trivialprogramme, z. B. Computerspiele, sind nach R 31 a Abs. 1 Satz 2 EStR abnutzbare bewegliche und selbstständig nutzbare Wirtschaftsgüter. Computerprogramme, deren Anschaffungskosten nicht mehr als 800 DM betragen, sind nach R 31 a Abs. 1 Satz 3 EStR stets als Trivialprogramme zu behandeln.

---

45 BFH, BStBl 1989 II S. 160, 161.
46 BFH, BStBl 1989 II S. 830.
47 BFH, BStBl 1970 II S. 804. Vgl. auch H 31 a „Immaterielle Wirtschaftsgüter" EStH.
48 BFH, BStBl 1970 II S. 370; zur Abschreibung vgl. BMF v. 12. 7. 1999, BStBl 1999 I S. 686 sowie 13.3.2.4.
49 BFH, BStBl 1980 II S. 16, S. 17.
50 BFH, BStBl 1987 II S. 728, S. 787.
51 BStBl 1987 II S. 728 und 787.
52 BFH, BStBl 1987 II S. 728, hier S. 732 unter e.
53 BFH, BStBl 1988 II S. 737.
54 BFH, BStBl 1989 II S. 160.

13 Bilanzierung in der Steuerbilanz

Spezialprogramme, die für die speziellen Belange des einzelnen Auftraggebers hergestellt werden, stellen **keine materiellen Wirtschaftsgüter** dar, weil allein der geistige Gehalt von Bedeutung ist und die Fixierung auf Datenträgern keinen eigenständigen Wert hat. Das Festhalten auf Datenträgern dient lediglich dazu, den Gehalt unverlierbar und für den Empfänger (Computer) „lesbar" zu machen.[55]

Systemprogramme, für die – z. B. bei gesonderter Anschaffung – abgrenzbare Kosten von den Aufwendungen für die Hardware entstanden sind, stellen selbstständige Wirtschaftsgüter dar. Es handelt sich dabei wie bei Computeranwenderprogrammen grundsätzlich um immaterielle Wirtschaftsgüter. Durch das Installieren des Programms auf der Festplatte verliert die Systemsoftware ihre Eigenschaft als selbstständiges Wirtschaftsgut nicht. Aus technischen Gründen wurde die Steuerung der Hardware von dieser losgelöst und gesonderten Programmen übertragen. Diese verbleiben auch während der Nutzung in Verbindung mit dem Computer selbstständige Wirtschaftsgüter. Denn sie können, wodurch sich die Flexibilität einer Anlage erhöht, jederzeit modifiziert und ausgetauscht werden.[56] Lediglich für Ausnahmefälle, wie z. B. beim Erwerb von Hardware und zugehöriger Systemsoftware im Rahmen eines sog. Bundling, bei dem die Systemsoftware zusammen mit der Hardware ohne gesonderte Berechnung und ohne eine Aufteilbarkeit des Entgelts zur Verfügung gestellt wird, bildet die Hardware mit der Systemsoftware eine Einheit.[57]

Werden für eine Erfindung in mehreren Ländern Patente erteilt, so sind die einzelnen Patente verschiedene Wirtschaftsgüter.[58]

Das **Erbbaurecht** ist als grundstücksgleiches Recht ein Wirtschaftsgut des Sachanlagevermögens und damit kein immaterielles Wirtschaftsgut (§ 266 Abs. 2 A I u. II 1 HGB).[59]

Immaterielle Wirtschaftsgüter können zum abnutzbaren und zum nicht abnutzbaren Anlagevermögen gehören. Wenn ihr Nutzen zeitlich beschränkt ist wie bei einem zeitlich beschränkten Recht, sind sie beim **unbeweglichen abnutzbaren Anlagevermögen** einzuordnen. Ihre Anschaffungskosten sind dann auf die Laufzeit zu verteilen. Die AfA kann nur zeitanteilig und linear nach § 7 Abs. 1 EStG vorgenommen werden. **Nicht abnutzbar** ist ein immaterielles Wirtschaftsgut nur dann, wenn es dem Betrieb in seinem Bestand und seinem Wert bei normalem Geschäftsablauf voraussichtlich für die Dauer seines Bestehens erhalten bleibt und dem Betrieb nur bei Eintritt außergewöhnlicher Ereignisse, die durch eine Teilwertabschreibung zu berücksichtigen sind, verloren geht. Bei nicht abnutzbaren immateriellen Wirtschaftsgütern kommt eine Absetzung für Abnutzung nicht in Betracht.[60]

---

55 BFH v. 28. 7. 1994, BStBl 1994 II S. 873.
56 BFH, BStBl 1994 II S. 873.
57 BFH, BStBl 1990 II S. 794.
58 BFH, BStBl 1994 II S. 168/169 Nrn. 4 u. 5.
59 BFH, BStBl 1992 II S. 70, 72.
60 Wegen der Möglichkeit der Abschreibung im Einzelnen s. u. 15.8.1.4.

13.3 Gegenstand der Bilanzierung

Als nicht abnutzbare immaterielle Wirtschaftsgüter (keine AfA nach § 7 EStG) werden in der Regel **Konzessionen** beurteilt.[61] **Warenzeichen** (Marken) sind dagegen abnutzbare Wirtschaftsgüter.[62]

13.3.6.2 Voraussetzung für die Aktivierung von Aufwendungen

Die Aktivierung von Aufwendungen setzt, abgesehen von Rechnungsabgrenzungsposten, das Vorliegen eines Wirtschaftsguts voraus. Die Aufwendungen müssen zum Erwerb eines Wirtschaftsguts durch Anschaffung oder Herstellung geführt haben.[63] Dies ist bei immateriellen Wirtschaftsgütern nur dann der Fall, wenn

- der Kaufmann zur **Erlangung eines konkreten betrieblichen Vorteils einen einmaligen Betrag aufwendet,**

- der Betrag im Rahmen der sonstigen Aufwendungen des Betriebs nicht unbedeutend ist und sich **klar und einwandfrei von den übrigen Aufwendungen abgrenzen lässt,**[64]

- die Aufwendungen dem Kaufmann einen sich über mehrere Jahre erstreckenden **greifbaren Nutzen** bringen,[65] der nur für ihn wirksam ist (R 31 a Abs. 2 Satz 4 EStR), und

- ein fremder **Erwerber diesen Vorteil als Vermögenswert bei der Kaufpreisbemessung berücksichtigen würde,** vorausgesetzt, dass das Unternehmen in gleicher Weise wie bisher weiterbetrieben würde.[66]

Nicht alle durch Aufwendungen entstandenen Vorteile führen zu selbstständig bewertbaren Wirtschaftsgütern.

Beispiele

a) Ein Gewerbetreibender hat nach § 89 b Abs. 1 HGB an einen Handelsvertreter nach Beendigung des Vertragsverhältnisses eine Ausgleichszahlung geleistet.

Durch die Ausgleichszahlung nach § 89 b Abs. 1 HGB erlangt der Unternehmer keine neuen geschäftlichen Vorteile. Sie ist ein Ausgleich für die Vorteile, die der Unternehmer aus der Geschäftsverbindung mit den vom Handelsvertreter geworbenen Kunden auch noch nach der Beendigung des Vertragsverhältnisses hat. Die vom Handelsvertreter geschaffenen Vorteile gehören dem Unternehmer bereits, da der Vertreter handelt im Namen und für Rechnung des Gewerbetreibenden. Da kein entgeltlicher Erwerb eines Wirtschaftsguts vorliegt, gehört die Ausgleichszahlung zu den sofort abzugsfähigen Betriebsausgaben.[67] [68]

---

61 Zur Güterfernverkehrskonzession vgl. auch BFH, BStBl 1990 II S. 420, BStBl 1992 II S. 529 sowie BMF, BStBl 1996 I S. 372.
62 BMF v. 12. 7. 1999, BStBl 1999 I S. 686.
63 BFH, BStBl 1976 II S. 614.
64 BFH, BStBl 1979 II S. 734.
65 BFH, BStBl 1975 II S. 56.
66 BFH, BStBl 1975 II S. 809.
67 BFH, BStBl 1975 II S. 85.
68 Vgl. aber u. 13.3.6.5 Beispiel f) und BFH, BStBl 1983 II S. 375, hier S. 377 li. Spalte.

b) Der neue Mieter von Geschäftsräumen zahlt dem bisherigen Inhaber eine Abfindung dafür, dass er dessen branchenfremdes Warenlager nicht zu übernehmen und – möglicherweise verlustbringend – zu verwerten braucht.

Die Ausgabe stellt weder eine Mietvorauszahlung noch eine Zahlung dar, die bezweckte, früher als vereinbart in den Besitz der Mieträume zu gelangen. Der durch die Zahlung erlangte Vorteil bestand darin, die gemieteten Räume pünktlich wie vereinbart in Besitz nehmen zu können. Der erlangte Vorteil erschöpfte sich im Jahr der Zahlung, denn auch die Übernahme des fremden Warenlagers hätte sich erfahrungsgemäß nur auf das Ergebnis des ersten Geschäftsjahrs ausgewirkt. Das Gleiche muss für die Abgeltungszahlung angenommen werden.[69]

c) Eine GmbH erwirbt die Aktien einer AG, um diese zu liquidieren und auf diese Weise einen lästigen Konkurrenten auszuschalten. Sie zahlt einen Preis, der über dem Wert der Anteile einer Liquidationsgesellschaft liegt.

Die Vorteile, die die Gesellschaft anstrebte, sind unbestimmt. Es fehlt an einem Vorteil, der bei der Bewertung des Unternehmens als Einzelheit feststellbar (greifbar) wäre, und damit an einem selbstständig bewertbaren Wirtschaftsgut. Es handelt sich um Aufwendungen zur Verbesserung des eigenen Geschäftswerts, die nicht aktiviert werden dürfen.[70]

d) Durch einen „Reklamefeldzug" entstehen einem Unternehmen erhebliche Ausgaben. Sie dienen dazu, ein neues Erzeugnis (Modell) auf den Markt zu bringen.

Die Ausgaben können nicht aktiviert werden.[71] Betriebliche Chancen, die für die Zukunft günstige Auswirkungen erhoffen lassen, führen zu keinem Wirtschaftsgut. Damit erübrigt sich die Frage der Entgeltlichkeit.

Ob ein selbstständig bewertbarer Vorteil und damit überhaupt ein Wirtschaftsgut vorliegt, kann bei **Zuschüssen** fraglich sein (R 31 a Abs. 2 Satz 4 EStR).

Beispiele

a) Grundstückseigentümer, die gleichzeitig Gewerbetreibende sind, sowie Gewerbetreibende, die nicht gleichzeitig Grundstückseigentümer sind, zahlen freiwillig an die Stadt Zuschüsse zum Ausbau öffentlicher Straßen, Wege und Plätze zu so genannten Fußgängerzonen. Die Höhe des jeweiligen Zuschusses richtet sich nach der Geschäftsfläche und nicht nach der Grundstücksgröße oder der Länge der Straßenfront des Grundstücks.

Die Zuschüsse sind nicht grundstücksbezogen, weil sie nicht aufgrund besonderer Rechtsnormen von Gewerbetreibenden in ihrer Eigenschaft als Grundstückseigentümer unabhängig von der Nutzung des Grundstücks gezahlt werden. Nachträgliche Anschaffungskosten für den Grund und Boden[72] scheiden deshalb aus.

Die Aufwendungen sind aber betriebsbezogen. Sie stehen mit einer bestimmten Grundstücksnutzung, hier einer gewerblichen Nutzung, in wirtschaftlichem Zusammenhang; ihre Höhe ist nach der Geschäftsfläche bemessen.

Die betriebsbezogenen Aufwendungen können auch nicht als Anschaffungskosten eines immateriellen Wirtschaftsguts angesehen werden. Zwar mag der Ausbau zu einer Fußgängerzone für die anliegenden Gewerbetreibenden zu wirtschaftlichen Vorteilen in Form von Umsatzsteigerungen führen. Immaterielle Wirtschaftsgüter sind aber nur zu aktivieren, wenn sie entgeltlich erworben wurden (§ 5 Abs. 2 EStG), und ein abgeleiteter Erwerb des ggf. vorhandenen immateriellen Wirtschaftsguts fehlt bei

---

69 BFH, BStBl 1975 II S. 56.
70 BFH, BStBl 1976 II S. 475.
71 BFH, BStBl 1970 II S. 35.
72 BFH, BStBl 1983 II S. 111, 1984 II S. 480.

13.3 Gegenstand der Bilanzierung

einem derartigen freiwilligen Zuschuss an die Kommune, der lediglich die Mitbenutzung einer vorhandenen oder noch zu schaffenden Anlage ermöglicht. Es handelt sich um sofort abzugsfähige Betriebsausgaben.[73]

b) Ein Kieswerk zahlt freiwillig einen Zuschuss an die Stadt zum Ausbau der zu seinem Grundstück führenden öffentlichen Straße.

Der Betrieb hat mit dem Ausbau der Straße zwar einen wirtschaftlichen Vorteil erlangt, der aber nicht als eigenständiges immaterielles Wirtschaftsgut angesehen werden kann. Die Nutzung der ausgebauten Straße ist allgemeiner Natur und kann nicht mit dem Betrieb übertragen werden; eine Abgrenzung gegenüber dem Geschäftswert ist nicht möglich.[74]

c) Ein Kaufhauskonzern zahlt im Zusammenhang mit der Errichtung eines Neubaus an die Gemeinde einen Zuschuss zum Bau einer Fußgängerunterführung unter einer öffentlichen Straße. Der Zuschuss wurde nach den Baukosten und den Kosten der Verlegung von Versorgungsleitungen bemessen. Die Baugenehmigung wurde von der Gewährung des Zuschusses abhängig gemacht.

Der Zuschuss steht in unmittelbarem wirtschaftlichen Zusammenhang mit der Herstellung des Gebäudes. Selbst wenn das Kaufhaus durch den Fußgängertunnel einen besseren Zugang erhält, handelt es sich nicht um ein selbstständiges immaterielles Wirtschaftsgut. Der Zuschuss gehört zu den Herstellungskosten des Gebäudes.[75]

d) Der Grundstückserwerber, der auf einem erworbenen unbebauten Grundstück ein Fabrikationsgebäude errichten wollte, zahlt an die das Grundstück nutzenden Kleingärtner Entschädigungen für die vorzeitige Räumung.

Durch die Entschädigungen wird kein selbstständig bewertbarer Vorteil erworben. Sie gehören wegen des engen wirtschaftlichen Zusammenhangs mit der Errichtung des Gebäudes zu dessen Herstellungskosten.

e) Ein Gewerbetreibender leistet eine Abstandszahlung an einen dinglich Wohnberechtigten, um diesen zur Aufgabe des Wohnrechts und zur vorzeitigen Räumung des abzureißenden Gebäudes zu veranlassen.

Die Abfindung wird nicht für ein selbstständiges immaterielles Einzelwirtschaftsgut aufgewendet, sondern zur Errichtung des neuen Gebäudes.[76]

Regelmäßig wiederkehrende Aufwendungen, z. B. Provisionen, die eine Buch- und Schallplattenfirma ihren Werbern für die Vermittlung von Abonnementsverträgen leistet,[77] Provisionszahlungen an selbstständige Handelsvertreter für die Beschaffung von Aufträgen des täglichen Geschäftsverkehrs,[78] sowie umsatzabhängige Lizenzgebühren und Künstlerhonorare[79] können nicht als Anschaffungskosten eines immateriellen Wirtschaftsguts aktiviert werden.

13.3.6.3 Aktivierungspflicht

Für immaterielle Vermögensgegenstände des Anlagevermögens, die nicht entgeltlich erworben wurden, darf ein Aktivposten **nicht** angesetzt werden (§ 248 Abs. 2

---

[73] BFH, BStBl 1984 II S. 489.
[74] BFH, BStBl 1990 II S. 570.
[75] BFH, BStBl 1975 II S. 874.
[76] BFH, BStBl 1976 II S. 184.
[77] BFH, BStBl 1970 II S. 178.
[78] BFH, BStBl 1990 II S. 47.
[79] BFH, BStBl 1970 II S. 104.

13 Bilanzierung in der Steuerbilanz

HGB). Aus dieser Vorschrift und aus § 246 Abs. 1 HGB, wonach der Jahresabschluss sämtliche Vermögensgegenstände zu enthalten hat, soweit gesetzlich nichts anderes bestimmt ist, ist im Umkehrschluss zu entnehmen, dass die entgeltlich erworbenen immateriellen Vermögensgegenstände des Anlagevermögens zu aktivieren sind. Nach § 5 Abs. 2 EStG ist für immaterielle Wirtschaftsgüter des Anlagevermögens ein Aktivposten nur anzusetzen, wenn sie entgeltlich erworben wurden. Die Begriffe „immaterielle Vermögensgegenstände" und „immaterielle Wirtschaftsgüter" haben den gleichen Inhalt.

Somit besteht bei entgeltlichem Erwerb immaterieller Anlagegüter sowohl handels- als auch steuerrechtlich **Aktivierungspflicht**.[80]

Die Aktivierungspflicht greift auch bei unentgeltlicher Übertragung eines Betriebs, Teilbetriebs oder Mitunternehmeranteils, soweit das fragliche immaterielle Wirtschaftsgut bereits beim Rechtsvorgänger wegen entgeltlichen Erwerbs aktiviert war (§ 6 Abs. 3 EStG). Das Aktivierungsgebot ist darüber hinaus bei Einlagen[81] und bei unentgeltlichem Erwerb aus betrieblichem Anlass aus einem anderen Betrieb (§ 6 Abs. 4 EStG, R 31 a Abs. 3 EStR) zu beachten. Das Aktivierungsgebot ist schließlich auch auf die verdeckte Einlage anzuwenden.[82]

13.3.6.4 Aktivierungsverbot für selbst geschaffene immaterielle Anlagegüter

Der Aktivierungspflicht für entgeltlich erworbene immaterielle Anlagegüter entspricht ein **Aktivierungsverbot** für selbst geschaffene immaterielle Anlagegüter. Diese dürfen selbst dann nicht aktiviert werden, wenn dem Betrieb Aufwendungen für Arbeitsleistung als Löhne bzw. Honorare oder sonstige Kosten[83] entstanden sind. Solche Aufwendungen dienen nicht dem Erwerb des Wirtschaftsguts von einem Dritten.

Beispiel
Eine Brauerei hat zur Aufnahme der Produktion eines alkoholarmen Bieres erhebliche Entwicklungskosten aufgewendet. Das Herstellungsverfahren ist rechtlich nicht geschützt.
Es handelt sich zwar um ein selbstständig bewertbares immaterielles Wirtschaftsgut. Eine Aktivierung entfällt jedoch, weil das immaterielle Wirtschaftsgut selbst geschaffen wurde.

Die Aktivierung selbst geschaffener immaterieller Anlagegüter ist deshalb verboten, weil es sich bei diesen um unsichere und schwer schätzbare Werte handelt, die noch keine Bestätigung durch den Markt gefunden haben. Bei entgeltlich erworbenen immateriellen Wirtschaftsgütern ist dagegen der Wert vom Markt bestätigt. Anders als in den Herstellungskosten der selbst geschaffenen immateriellen Wirtschaftsgüter sind in den Anschaffungskosten der erworbenen immateriellen Wirt-

---
80 Wegen der Besonderheiten beim Geschäfts- oder Firmenwert s. u. 15.11.4.
81 BFH, BStBl 1981 II S. 68.
82 BFH, BStBl 1987 II S. 455.
83 Vgl. BFH, BStBl 1993 II S. 538 zu Konzeptionskosten.

13.3 Gegenstand der Bilanzierung

schaftsgüter die Wertvorstellungen zweier Beteiligter vereinigt. Sie sind das Ergebnis von Angebot und Nachfrage. Die Wertfindung bereitet keine Schwierigkeiten.

Die Aufwendungen für selbst geschaffene immaterielle Anlagegüter sind auch bei Steuerpflichtigen, die ihren Gewinn nach § 4 Abs. 1 oder § 4 Abs. 3 EStG ermitteln, sofort als Betriebsausgaben abzuziehen.[84]

Das Aktivierungsverbot gilt nach dem eindeutigen Wortlaut des § 248 Abs. 2 HGB, § 5 Abs. 2 EStG nur für selbst geschaffene immaterielle Anlagegüter. Für selbst geschaffene immaterielle Wirtschaftsgüter des **Umlaufvermögens** besteht **kein Aktivierungsverbot.**

Beispiele

a) Zum Zwecke der Veräußerung einer Managementkonzeption sind in einem Unternehmen Forschungs- und Entwicklungskosten sowie Ausgaben für selbst erstellte Zeichnungen, Pläne und Entwürfe angefallen.
Das Aktivierungsverbot nach § 248 Abs. 2 HGB, § 5 Abs. 2 EStG greift nicht.

b) Ein Filmproduzent hat für eine Fernsehanstalt in Auftragsproduktion Filme hergestellt.
Die Auftragsproduktionen sind immaterielle Wirtschaftsgüter des Umlaufvermögens (Vorratsvermögens), die mit ihren Herstellungskosten zu aktivieren sind. Der Aktivierung stehen § 5 Abs. 2 EStG, § 248 Abs. 2 HGB nicht entgegen.[85]

13.3.6.5 Entgeltlicher Erwerb

Ein immaterielles Wirtschaftsgut ist entgeltlich erworben, wenn es durch einen Hoheitsakt oder ein Rechtsgeschäft gegen Hingabe einer bestimmten Gegenleistung übergegangen oder eingeräumt worden ist (R 31 a Abs. 2 Satz 2 EStR).

Der Ausdruck „Entgeltlicher Erwerb" besagt:

- Es muss sich um einen abgeleiteten Erwerb handeln.
- Gegenstand des Erwerbsvorgangs muss das immaterielle Anlagegut als solches gewesen sein.
- Es muss ein Entgelt gezahlt worden sein bzw. gezahlt werden.
- Das Entgelt muss Gegenleistung für die Leistung des immateriellen Wirtschaftsguts sein.

Erwerb setzt voraus, dass das Wirtschaftsgut aus dem Vermögen eines anderen erlangt wurde (abgeleiteter Erwerb). Es muss etwas aus dem Vermögen des einen in das Vermögen des anderen übergehen. An dieser Voraussetzung fehlt es, wenn der Steuerpflichtige etwas selbst schafft (herstellt) oder sich aneignet. Kein entgeltlicher Erwerb i. S. des § 5 Abs. 2 EStG ist also gegeben, wenn der immaterielle Vermögenswert originär beim Steuerpflichtigen selbst entstanden ist. Aufwendungen allein genügen nicht für die Annahme eines entgeltlichen Erwerbs. Das Entgelt

---

84 BFH, BStBl 1980 II S. 146, H 31 a „Gewinnermittlung..." EStH.
85 BFH, BStBl 1997 II S. 320.

389

muss vielmehr auf den Vorgang des abgeleiteten Erwerbs des immateriellen Wirtschaftsguts als solchen bezogen sein.[86] Auch Belieferungsrechte aus Abonnentenverträgen dürfen sowohl handels- als auch steuerrechtlich nur als immaterielle Wirtschaftsgüter aktiviert werden, wenn sie entgeltlich erworben worden sind. Nach § 5 Abs. 2 EStG, § 248 Abs. 2 HGB müssen Erwerb und Entgelt im Verhältnis von Leistung und Gegenleistung stehen, und der Wert des immateriellen Wirtschaftsguts muss durch das entgeltliche Erwerbsgeschäft eine objektivierte Bestätigung am Markt gefunden haben. Provision als Tätigkeitsvergütung erfüllt diese Ansprüche nicht, weil Vermittlungsprovisionen keine einmaligen, sondern laufende, regelmäßig wiederkehrende Aufwendungen darstellen.[87]

Beispiele

a) Ein Fabrikbetrieb erlangt durch jahrelange Forschung und Entwicklung ein Patent (oder eine ungeschützte Erfindung bzw. betriebliche Erfahrungen). Die dadurch entstandenen Aufwendungen bestehen aus Löhnen, Materialverbrauch, Honoraren sowie Kosten für Gutachten und Versuchsmaschinen.
Die durch die Aufwendungen erlangten Werte (Arbeitsleistung, Material, Gutachten usw.) sind wirtschaftlich nicht identisch mit dem erlangten Wirtschaftsgut (Patent). Dieses wird geschaffen und nicht erworben. Ein abgeleiteter Erwerb liegt nicht vor. Dagegen ist bei Diensterfindungen ein entgeltlicher Erwerb gegeben. Die Erfindervergütung ist das Entgelt für den Übergang des Vermögenswerts, dessen sich der Arbeitnehmer mit der Inanspruchnahme der Erfindung durch den Arbeitgeber begeben hat.[88]

b) Ein Unternehmer erwirbt ein Patent (oder eine geschützte Erfindung) gegen eine einmalige Zahlung eines Betrages von 800 000 DM.
Das Patent als immaterielles Wirtschaftsgut ist entgeltlich erworben. Erlangtes und Hingegebenes entsprechen einander.

c) Der Inhaber eines Patents (Lizenzgeber) räumt einem anderen Unternehmer (Lizenznehmer) die ausschließliche Nutzung an dem Patent gegen ein einmaliges Entgelt von 750 000 DM ein.
Der Lizenzgeber verzichtet auf die Nutzungsmöglichkeit und räumt sie dem Lizenznehmer ein. Es handelt sich um einen entgeltlichen Erwerb i. S. des § 5 Abs. 2 EStG.

d) Ein Unternehmer überlässt einem anderen Unternehmer eine betriebliche Erfahrung zur Nutzung in dessen Betrieb gegen Zahlung einer einmaligen Vergütung von 500 000 DM.
Der Empfänger erlangt die geldwerten Kenntnisse der betrieblichen Erfahrung und die Möglichkeit, sie zu nutzen. Der Geber verliert die ausschließliche Kenntnis und Nutzungsmöglichkeit durch die Mitteilung des Know-how. Der entgeltliche Erwerb eines immateriellen Wirtschaftsguts liegt vor.

e) Zur Benutzung einer EDV-Anlage erwirbt ein Unternehmer verschiedene Spezialprogramme (Software), deren Nutzungsdauer erheblich von der Nutzungsdauer der Anlage (Hardware) abweicht.

---
86 BFH, BStBl 1994 II S. 444 m. w. N.
87 BFH, BStBl 1994 II S. 444.
88 BFH, BStBl 1976 II S. 746.

13.3 Gegenstand der Bilanzierung

Bei der Software handelt es sich um ein selbstständig bewertungsfähiges immaterielles Wirtschaftsgut.[89] Da es entgeltlich erworben wurde, müssen die Anschaffungskosten aktiviert werden. Bei vom Benutzer der EDV-Anlage selbst erarbeiteten Programmen kommt eine Aktivierung nicht in Betracht.

f) Ein Handelsvertreter zahlt bei Übernahme der Vertretung für den Ausgleichsanspruch nach § 89 b HGB seines Vorgängers und zum Erwerb des Kundenstamms eine Abfindung an die anstellende Firma.

Der Handelsvertreter hat den Abfindungsaufwand als Anschaffungskosten für ein entgeltlich erworbenes immaterielles Wirtschaftsgut des Anlagevermögens zu aktivieren und auf die Zeit seiner voraussichtlichen Wirksamkeit zu verteilen.[90]

Entgeltlicher Erwerb ist immer dann gegeben, wenn ein Leistungsaustausch mit Dritten vorliegt. Diesem liegt entweder ein Kaufvertrag, ein Tauschvertrag oder ein gesellschaftsrechtlicher Vorgang (Einbringung) zugrunde. **Entgelt** ist die Gegenleistung für das erworbene immaterielle Wirtschaftsgut.

Ist ein Erwerbsvorgang gegeben, so ist es nicht erforderlich, dass das immaterielle Wirtschaftsgut bereits vor Abschluss des Rechtsgeschäfts bestanden hat und beim Verkäufer aktiviert war; es kann auch erst durch den Abschluss des Rechtsgeschäfts entstehen (R 31 a Abs. 2 Satz 3 EStR).

Beispiele

a) Ein Fußballverein (= eingetragener Verein), der mit Einkünften aus der Lizenzspielermannschaft in der Bundesliga im Rahmen eines wirtschaftlichen Geschäftsbetriebs steuerpflichtig ist, zahlt anlässlich der Anstellung von Lizenzfußballern, die zuvor für einen anderen Verein gespielt hatten, sog. Transferentschädigungen nach Maßgabe des Lizenzspielerstatuts des DFB an diese Vereine.

Transferentschädigungen, die nach dem Lizenzspielerstatut des DFB beim Wechsel eines Spielers nach Beendigung seines bisherigen Vertrags und bei vorzeitiger Vertragsbeendigung an den abgebenden Verein gezahlt werden, sind Anschaffungskosten für die vom DFB zu erteilende Spielerlaubnis. Diese ist ein immaterieller Vermögensgegenstand i. S. des § 266 Abs. 2 Buchst. A I 1 HGB und damit gleichzeitig ein immaterielles Wirtschaftsgut. Der Verein erwirbt die Spielerlaubnis und zahlt aus Anlass des Erwerbs die Transferentschädigung. Auch bei Zahlung an Dritte ist von einem abgeleiteten Erwerb auszugehen, denn der entgeltliche Erwerb setzt nicht notwendigerweise voraus, dass ein bereits bestehendes Wirtschaftsgut übertragen wird. Es reicht die Begründung eines neuen immateriellen Wirtschaftsguts aus.[91]

b) Eine Brauerei verkauft eine Gaststätte zum Kaufpreis von 250 000 DM. Der Erwerber verpflichtet sich in einem weiteren Vertrage desselben Tages, die Gaststätte im bisherigen Umfang weiterzubetreiben und zunächst auf die Dauer von 10 Jahren Bier ausschließlich von der Brauerei zu beziehen. Für den Fall der Nichterfüllung sieht der Vertrag die Rückübertragung des Anwesens vor. Der Vorteil, der sich für die Brauerei aus der Möglichkeit der Bierlieferung ergibt, hatte im Zeitpunkt der Veräußerung der Gaststätte einen gemeinen Wert von 30 000 DM.

Das bei der Veräußerung der Gaststätte erlangte Bierlieferungsrecht, dessen gemeiner Wert einen Teil des Veräußerungsentgelts bildet, ist ein neues, selbstständig bewertungsfähiges immaterielles Wirtschaftsgut. Es ist auch nicht identisch mit der

---
89 BFH, BStBl 1987 II S. 787.
90 BFH, BStBl 1989 II S. 549.
91 BFH, BStBl 1992 II S. 977/979 m. w. N.

13 Bilanzierung in der Steuerbilanz

bisherigen, sich aus der Eigentümerstellung der Brauerei ergebenden Möglichkeit, in ihrer Gaststätte das eigene Bier abzusetzen. Diese Absatzchance ging bisher in dem allgemeinen Geschäftswert des Brauereiunternehmens auf.[92] Der Gastwirt gibt die Möglichkeit des freien Einkaufs auf.

Ein Entgelt kann auch in der teilweisen Aufgabe des Geschäftswerts bestehen.

Beispiel
Sachverhalt wie im vorstehenden Beispiel.
Das Bierlieferungsrecht der Brauerei wurde entgeltlich erworben. Die Aufwendungen lagen in der Übertragung des Gaststättenanwesens und in der durch sie bedingten Minderung des allgemeinen Geschäftswerts. In der Begründung eines selbstständigen Bierlieferungsrechts lag insoweit eine im Tauschwege herbeigeführte teilweise Realisierung des Geschäftswerts. Damit stehen weder handelsrechtliche Grundsätze noch § 5 Abs. 2 EStG der Aktivierung entgegen.[93]

13.3.6.6 Entgeltlicher Erwerb bei Zuschüssen und Abstandszahlungen

Ein entgeltlicher Erwerb eines immateriellen Wirtschaftsguts liegt auch bei der Hingabe eines sog. verlorenen Zuschusses vor, wenn der Zuschussgeber von dem Zuschussempfänger eine bestimmte Gegenleistung erhält oder eine solche nach den Umständen zu erwarten ist oder wenn der Zuschussgeber durch die Zuschusshingabe einen besonderen Vorteil erlangt, der nur für ihn wirksam ist (R 31 a Abs. 2 Satz 4 EStR). Entsprechendes gilt für bestimmte Abstandszahlungen.

Beispiele
a) Ein Betriebsinhaber zahlt einen Zuschuss an das Elektrizitätswerk, damit dieses zur Sicherstellung des Bedarfs an Strom einen nur für den Unternehmer bestimmten Transformator errichtet.
Durch die Zahlung erwirbt der Steuerpflichtige bestimmte Ansprüche gegen das E-Werk. Er erlangt dadurch eine anspruchsähnliche (rechtsähnliche) Position, die die Annahme eines immateriellen Wirtschaftsguts rechtfertigt. Hinzu kommt, dass das E-Werk über den Trafo nicht mehr frei verfügen kann, obwohl er im uneingeschränkten Eigentum des E-Werks steht und bleibt. Aus dem Vermögen des E-Werks scheidet diese anderweitige Verwertungsmöglichkeit über den Trafo aus. Das Wirtschaftsgut „gesicherte Energieversorgung" ist auch entgeltlich erworben. Der Zuschuss ist nach § 7 EStG auf die Nutzungsdauer zu verteilen (BFH, BStBl 1970 II S. 35).
b) Der Erwerber eines bebauten Grundstücks zahlt kurze Zeit nach dem Erwerb an den Pächter eines auf diesem Grundstück befindlichen Gewerbebetriebs eine Abstandszahlung, um ihn zur Räumung des Grundstücks vor Ablauf der vertraglich festgelegten Pachtzeit zu veranlassen.
Der durch die Abstandszahlung erlangte Vorteil ist ein selbstständig bewertbares Wirtschaftsgut. Die Zahlung bringt dem Steuerpflichtigen einen sich über mehrere Wirtschaftsjahre erstreckenden greifbaren Nutzen (Möglichkeit der eigengewerblichen Nutzung vor dem Ablauf des Miet- und Pachtvertrags). Sie ist im Zeitraum zwischen dem vereinbarten Räumungstermin und dem im ursprünglichen Pachtvertrag verein-

---
92 BFH, BStBl 1969 II S. 238.
93 BFH, BStBl 1969 II S. 238.

13.3 Gegenstand der Bilanzierung

barten Ablauf des Pachtverhältnisses in gleichmäßigen Beträgen abzuschreiben.[94] [95] Dagegen gehört eine Entschädigung für vorzeitige Räumung, die der Erwerber eines unbebauten Grundstücks an Mieter oder Pächter zahlt, um vorzeitig bauen zu können, zu den Herstellungskosten des Gebäudes.[96]

c) Ein Gewerbetreibender zahlt an den vorzeitig ausgeschiedenen atypischen stillen Gesellschafter eine Abfindung in Höhe der Summe der Gewinnanteile, die der stille Gesellschafter bei Fortdauer des Gesellschaftsverhältnisses bis zum Zeitpunkt der erstmöglichen ordentlichen Kündigung mutmaßlich erhalten hätte.

Der mit der Abfindungszahlung erlangte betriebliche Vorteil (Befreiung von einer befristeten Verpflichtung zur Abführung von Teilen des lfd. Gewinns an einen Dritten) ist als abnutzbarer Vermögensgegenstand im handelsrechtlichen Sinne und als abnutzbares Wirtschaftsgut im ertragsteuerrechtlichen Sinne zu beurteilen und mit den Anschaffungskosten zu aktivieren. Die AfA richtet sich nach § 7 Abs. 1 EStG.[97]

d) Ein Gewerbetreibender zahlt einen Zuschuss zur Errichtung eines Hotels. Er erhält dadurch ein Belegungsvorrecht.

Es handelt sich um ein entgeltlich erworbenes immaterielles Wirtschaftsgut.

e) Eine Brauerei gibt Gastwirten Zuschüsse gegen Übernahme von zeitlich begrenzten Bierbezugsverpflichtungen.

Das Belieferungsrecht gibt der Brauerei das Recht, von den Gastwirten die Abnahme einer bestimmten Menge Bier zu verlangen. Das ist als Vermögensgegenstand = Wirtschaftsgut anzusehen. Es ist ein selbstständiges Recht (§ 241 BGB) und kann seiner Art nach zusammen mit dem Betrieb der Brauerei veräußert werden.[98] **Beachte:** In der Praxis werden solche vertraglichen Bindungen in Form von Darlehensverträgen vereinbart. Die Aktivierung beruht dann bereits auf dem Umstand, dass die Brauerei eine Forderung hat.

Voraussetzung für den entgeltlichen Erwerb ist bei Zuschüssen, dass sie sich nach dem Inhalt des Vertrags (§§ 133, 157 BGB) oder jedenfalls nach den Vorstellungen beider Vertragsteile (subjektive Geschäftsgrundlage) als Gegenleistung für den erlangten Vorteil erweisen.[99]

Beispiele

a) Ein Unternehmer beteiligt sich an den Mehrkosten einer städtischen Anlage, welche durch betriebsbedingte besondere Abwasserzuführungen veranlasst sind.

Die geleisteten Aufwendungen sind weder grundstücksbezogen (d. h. keine Anschaffungskosten des Grundstücks) noch Anschaffungskosten für ein besonderes immaterielles Wirtschaftsgut. Aufwendungen, die lediglich einen Beitrag zu den Kosten einer vom Betriebsinhaber mitbenutzten Einrichtung bilden, gehören zu den Aufwendungen für einen originären und nicht für einen abgeleiteten Erwerb des Nutzungsrechts. Es handelt sich um sofort abziehbare Betriebsausgaben.[100]

---

94 BFH, BStBl 1970 II S. 382.
95 Im Rahmen der Einkünfte aus Vermietung und Verpachtung führt eine solche Abstandszahlung jedoch zu sofort abziehbaren Werbungskosten (BFH, BStBl 1980 II S. 187). Der Eigentümer verschafft sich mit der Abstandszahlung an einen Mieter/Pächter lediglich die Möglichkeit, das Grundstück anderweitig zu nutzen. Demgegenüber erwirbt der Grundstückseigentümer mit der Ablösung einer dinglichen Belastung (Wohnrecht, Nießbrauch) erstmals die freie Verfügungsbefugnis i. S. des § 903 BGB, sodass dafür geleistete Ablösungen zu den – nachträglichen – Anschaffungskosten des Grundstücks gehören (BFH, BStBl 1993 II S. 484, S. 486, S. 488).
96 BFH, BStBl 1983 II S. 451.
97 BFH, BStBl 1979 II S. 74.
98 BFH, BStBl 1976 II S. 13.
99 BFH, BStBl 1976 II S. 13.
100 BFH, BStBl 1983 II S. 38.

b) Ein Gewerbetreibender zahlt einen Beitrag zu den Aufwendungen eines E-Werks für die Durchführung von Anschlussarbeiten anlässlich der Umstellung der Stromversorgung.
Die Zahlung ist Gegenleistung für die leistungsfähigere Ausgestaltung des Anschlusses des Betriebs an eine von einer Vielzahl von Personen genutzte Einrichtung (das Stromversorgungsnetz). Solche Kosten für die bloße Mitbenutzung einer Einrichtung gehören zu den nicht aktivierbaren Aufwendungen für eine ursprüngliche Schaffung, nicht dagegen für einen abgeleiteten Erwerb des Nutzungsvorteils.[101]

13.3.7 Abgrenzung der immateriellen Einzelwirtschaftsgüter von den Rechnungsabgrenzungsposten

Die Begriffe „Wirtschaftsgut" und „Bilanzposten" decken sich nicht. Sonst wäre der Begriff des Wirtschaftsgutes ja auch überflüssig. Während Wirtschaftsgüter den Regeln von Ansatz und Bewertung unterliegen, gilt dies für Rechnungsabgrenzungsposten nicht. Insoweit handelt es sich zwar um Bilanzposten, nicht aber um Wirtschaftsgüter.

Beispiele
a) Betrieb zahl KfzSt für Betriebsfahrzeuge am 10. 9. 01 für die Zeit vom 1. 9. 01 bis 31. 8. 02.
b) Bei der Auszahlung eines Darlehens hat die Bank ein Damnum einbehalten.

Daraus folgt, dass ein Rechnungsabgrenzungsposten i.e.S., anders als ein Wirtschaftsgut, nicht zu bewerten ist. Ein Rechnungsabgrenzungsposten besitzt begrifflich keinen Teilwert und ist einer Teilwertabschreibung – aus welchen Gründen auch immer – nicht zugänglich.[102] [103]

Die BFH-Rechtsprechung geht wohl davon aus, dass Ausgaben im Zusammenhang mit Dauerschuldverhältnissen, soweit die Ausgaben vor dem Abschlusszeitpunkt geleistet sind und Aufwand für eine bestimmte Zeit nach diesem Abschlusstag darstellen, auch dann als Rechnungsabgrenzungsposten zu aktivieren sind, wenn aufgrund des Dauerschuldverhältnisses ein Nutzungsrecht entstanden ist (Vorauszahlungen an Miete, Pacht, Erbbauzinsen).[104]

Wird jedoch für ein **unbefristetes** Nutzungsrecht eine **Einmalzahlung** geleistet – z. B. einmalige Lizenzzahlung für eine zeitlich unbefristete Patentnutzung –, so kann ein Posten der Rechnungsabgrenzung nicht aktiviert werden; es fehlt das Tatbestandsmerkmal „bestimmte Zeit". Vielmehr handelt es sich bei der Einmalzahlung um die Anschaffungskosten des immateriellen Wirtschaftsguts „Nutzungsrecht".[105]

---
101 BFH, BStBl 1985 II S. 289.
102 BFH, BStBl 1970 II S. 209.
103 S. o. 11.8.1.
104 BFH, BStBl 1989 II S. 830; vgl. auch Schmidt/Weber-Grellet, EStG, 19. Aufl., § 5 Rz. 176.
105 Vgl. A. Stapperfend, FR 1993 S. 525, 530. Schmidt/Weber-Grellet, EStG, 19. Aufl., § 5 Rz. 176, will die Zahlung als sofort abziehbar behandeln.

13.3.8 Gebäudeteile, die selbstständige Wirtschaftsgüter sind

Gebäudeteile sind selbstständige Wirtschaftsgüter, wenn sie besonderen Zwecken dienen und mithin in einem von der eigentlichen Gebäudenutzung verschiedenen Nutzungs- und Funktionszusammenhang stehen.[106] Es handelt sich dabei um Betriebsvorrichtungen, Einbauten für vorübergehende Zwecke (= Scheinbestandteile), Ladeneinbauten, Schaufensteranlagen, Gaststätteneinbauten, Schalterhallen von Kreditinstituten sowie ähnliche Einbauten, die einem schnellen Wandel des modischen Geschmacks unterliegen, sonstige selbstständige Gebäudeteile und Mietereinbauten (vgl. auch R 13 Abs. 3 EStR). Das gilt auch für entsprechende Bauten, die in Neubauten eingefügt werden.

13.3.9 Sonstige selbstständige Gebäudeteile[107]

13.3.9.1 Voraussetzungen

Sonstige selbstständige Gebäudeteile liegen vor, wenn ein Gebäude in verschiedenen Nutzungs- und Funktionszusammenhängen steht. Das ist der Fall, wenn ein Gebäude verschiedene Nutzungsarten aufweist. Entsprechend seiner Nutzung kann ein einheitliches Gebäude bis zu vier sonstige selbstständige Gebäudeteile umfassen. So besteht nach R 13 Abs. 4 Satz 1 EStR ein Gebäude aus vier verschiedenen Wirtschaftsgütern, wenn es teils eigenbetrieblich, teils fremdbetrieblich, teils zu eigenen Wohnzwecken und teils zu fremden Wohnzwecken genutzt wird. Dabei ist die Vermietung zu hoheitlichen, zu gemeinnützigen oder zu Zwecken eines Berufsverbands der fremdbetrieblichen Nutzung zuzuordnen (R 13 Abs. 4 Satz 3 EStR).[108] Ein Gebäude besteht aus drei Wirtschaftsgütern, wenn es drei verschiedenartigen Zwecken, aus zwei Wirtschaftsgütern, wenn es zwei verschiedenartigen Zwecken dient, und es bildet ein Wirtschaftsgut, wenn es nur eine Nutzungsart aufweist.

Beispiel

Ein Gebäude wird je ¼ zu eigenen Wohnzwecken, eigenbetrieblich, durch Vermietung an Gewerbetreibende zu betrieblichen Zwecken, durch Vermietung zu Wohnzwecken genutzt. Gemeinschaftsanlagen, z. B. Treppenhaus, bestimmte Keller- und Bodenräume, sind bereits zutreffend nach dem Verhältnis der Gebäudeteile zueinander aufgeteilt.

Das Gebäude besteht aus vier Wirtschaftsgütern, und zwar bildet der eigenbetrieblich, der fremdbetrieblich, der zu eigenen Wohnzwecken und der zu fremden Wohnzwecken genutzte Gebäudeteil jeweils ein Wirtschaftsgut für sich. Dabei brauchen die Flächen nicht räumlich verbunden zu sein, um davon auszugehen, dass sie zu demselben Nutzungs- und Funktionszusammenhang gehören.

---
106 BFH, BStBl 1974 II S. 132.
107 Wegen der übrigen Gebäudeteile, die selbstständige Wirtschaftsgüter sind, s. im Einzelnen u. 15.10.21 und 15.10.22.
108 BFH, BStBl 1989 II S. 903.

13 Bilanzierung in der Steuerbilanz

Der Begriff des sonstigen selbstständigen Gebäudeteils umfasst baulich abgegrenzte Einbauten wie Haupt- oder Nebengebäude, Stockwerk oder Raum. Ein Teil eines Raumes, wie der durch Einrichtungsgegenstände abgegrenzte Arbeitsbereich, kann jedoch nicht als selbstständiger Gebäudeteil angesehen werden. Körperlichkeit und Unbeweglichkeit dieses Wirtschaftsguts setzen voraus, dass es durch Bauteile wie Decken, Wände, Fenster und Türen umschlossen und abgeschlossen wird.

13.3.9.2 Wertmaßstab für die Aufteilung auf die einzelnen Wirtschaftsgüter

Besteht ein Gebäude aus mehreren Wirtschaftsgütern, weil „sonstige selbstständige Gebäudeteile" vorliegen, sind die Anschaffungs- oder Herstellungskosten des gesamten Gebäudes auf die einzelnen Gebäudeteile aufzuteilen. Für die Aufteilung ist das Verhältnis der Nutzfläche des Gebäudeteils zur Nutzfläche des ganzen Gebäudes maßgebend, es sei denn, die Aufteilung nach dem Verhältnis der Nutzflächen führt zu einem unangemessenen Ergebnis (R 13 Abs. 6 EStR). Die Aufteilung nach dem Flächenverhältnis führt ausnahmsweise zu einem unangemessenen Ergebnis, wenn mehrgeschossige Gebäude unterschiedliche Geschosshöhen aufweisen oder die Herstellungskosten der einzelnen Räume wegen unterschiedlicher baulicher Ausstattung voneinander abweichen. In diesen Fällen ist bei nicht unwesentlichen Abweichungen der Rauminhalt oder das Verhältnis der tatsächlichen Herstellungskosten zugrunde zu legen.

13.3.9.3 Vereinfachungsregelung

Besteht ein Gebäude aus mehreren selbstständigen Gebäudeteilen, die insgesamt zum Betriebsvermögen gehören, und wird für sämtliche Gebäudeteile eine einheitliche AfA in Anspruch genommen, wird zweckmäßig nach der Vereinfachungsregelung der R 13 Abs. 6 Satz 3 EStR verfahren und das Gebäude *wie* **ein** Wirtschaftsgut behandelt. Dasselbe gilt, wenn das gesamte Gebäude zum Privatvermögen gehört.

13.3.9.4 Eigenbetrieblich genutzte Gebäudeteile

Wird ein Gebäude oder Gebäudeteil ausschließlich eigenbetrieblich genutzt, so liegt auch dann jeweils ein Wirtschaftsgut vor, wenn das Gebäude oder der Gebäudeteil im Rahmen mehrerer Betriebe des Steuerpflichtigen genutzt wird.[109]

Beispiel
Gewerbetreibender G nutzt das Gebäude seines bebauten Grundstücks je $^1/_6$ zu eigenen Wohnzwecken, eigenbetrieblich durch Betrieb 1, eigenbetrieblich durch Betrieb 2, Vermietung an A zu betrieblichen Zwecken, Vermietung an B zu betrieblichen Zwecken, Vermietung an B zu privaten Wohnzwecken.
Das Gebäude wird teils eigenbetrieblich (Betriebe 1 und 2), teils fremdbetrieblich (durch A und B) und teils zu eigenen sowie fremden Wohnzwecken (Mieter B) genutzt. Es handelt sich gem. R 13 Abs. 4 Satz 1 EStR um vier verschiedene Wirt-

---
[109] H 13 Abs. 4 „Nutzung im Rahmen mehrerer Betriebe" EStH; vgl. auch BFH, BStBl 1995 II S. 72.

13.3 Gegenstand der Bilanzierung

schaftsgüter. Zwar dient der eigenbetrieblich genutzte Gebäudeteil nicht nur einem, vielmehr mehreren Betrieben des G und der fremdbetrieblich genutzte Gebäudeteil nicht nur einem, sondern mehreren Mietern zu unterschiedlichen betrieblichen Zwecken. Unter Hinweis auf R 13 Abs. 4 Sätze 1, 4 EStR sowie H 13 Abs. 4 „Nutzung im Rahmen mehrerer Betriebe" EStH ist auch in diesem Fall von 4 Wirtschaftsgütern auszugehen.

Von selbstständigen Wirtschaftsgütern ist bei gleichen Nutzungsverhältnissen jedoch dann auszugehen, wenn das Gebäude (der Gebäudeteil) nach dem WEG in Teileigentum aufgeteilt wurde.[110]

Das Wirtschaftsgut „eigenbetrieblich genutztes Gebäude" bzw. „eigenbetrieblich genutzter Gebäudeteil" umfasst nach R 13 Abs. 4 Satz 2 EStR auch Wohnräume, die wegen Vermietung an Arbeitnehmer des Stpfl. notwendiges Betriebsvermögen sind, weil für die Vermietung an Arbeitnehmer gerade betriebliche Gründe maßgebend waren.

Beispiel

Gewerbetreibender G hat in seinem Betriebsgebäude neben den Räumen der Produktion und der Büros vier Wohnungen geschaffen. Wohnung 1 bewohnt G selbst. Wohnung 2 bewohnt der Betriebsleiter, der in ständiger Nähe zum Betrieb die Produktion auch nachts zu überwachen hat. Wohnung 3 und 4 werden bevorzugt Mitarbeitern zur Anmietung angeboten. Z. Z. wird Wohnung 3 von einem Buchhalter bewohnt. Wohnung 4 ist an Verwandte eines Mitarbeiters vermietet.

Zum eigenbetrieblich genutzten Gebäudeteil und damit zum notwendigen Betriebsvermögen gehört nur Wohnung 2. Die bevorzugte Vermietung an Mitarbeiter ist kein ausreichender betrieblicher Grund, die Wohnungen 3 und 4 dem notwendigen Betriebsvermögen zwingend zuzuordnen.

13.3.9.5 Fremdbetrieblich genutzte Gebäudeteile

Entsprechend der Regelung bei eigenbetrieblich genutzten Gebäuden oder Gebäudeteilen sind ausschließlich fremdbetrieblich genutzte Gebäude oder Gebäudeteile auch dann jeweils ein Wirtschaftsgut, wenn sie verschiedenen Personen zu unterschiedlichen Nutzungen überlassen werden (R 13 Abs. 4 Satz 4 EStR).[111] Auch hier ist bei gleichen Nutzungsverhältnissen von selbstständigen Wirtschaftsgütern auszugehen, wenn das Gebäude (der Gebäudeteil) nach dem WEG in Teileigentum aufgeteilt wurde.

13.3.9.6 Zu fremden Wohnzwecken genutzte Gebäudeteile

Ausschließlich fremden Wohnzwecken dienende Gebäude oder Gebäudeteile sind stets ein Wirtschaftsgut, und zwar unabhängig davon, ob die Nutzung durch eine Person oder Personengruppe (Mietpartei) oder mehrere Personen oder Personengruppen (Mietparteien) geschieht. Nicht zu dem Wirtschaftsgut „Wohnzwecken dienender Gebäudeteil" gehören jedoch die Wohnräume, die aus betrieblichen

---
110 BFH, BStBl 1995 II S. 72.
111 BFH, BStBl 1995 II S. 72.

Gründen an Arbeitnehmer des Grundstückseigentümers vermietet sind; insoweit handelt es sich gem. R 13 Abs. 4 Satz 2 EStR um Teile des Wirtschaftsguts „eigenbetrieblich genutzter Gebäudeteil".

13.3.10 Zeitpunkt der Bilanzierung von Wirtschaftsgütern

Für die Frage, ob eine Bilanzierung erfolgen muss, kommt es nicht auf die formalrechtliche Entstehung eines Rechts oder einer Verbindlichkeit an, sondern darauf, ob bei wirtschaftlicher Betrachtung durch das Vorhandensein eines positiven Wirtschaftsguts eine Vermögensmehrung oder durch ein negatives Wirtschaftsgut eine Vermögensminderung eingetreten ist. Dabei ist nach den handelsrechtlichen Grundsätzen ordnungsmäßiger Buchführung zu entscheiden.

Dies beruht auf dem Grundsatz der Maßgeblichkeit (§ 5 Abs. 1 Satz 1 EStG) und der Vorgabe, dass der handelsrechtliche Vermögensgegenstand mit dem steuerrechtlich so bezeichneten Wirtschaftsgut identisch ist.[112] Ein Wirtschaftsgut ist daher nur dann zu aktivieren, wenn es durch Realisation existent geworden ist. Bei materiellen Wirtschaftsgütern ist hierbei erforderlich, dass für deren Erwerb oder Herstellung Aufwendungen getätigt worden sind. Für immaterielle Wirtschaftsgüter ist ein entgeltlicher Erwerb, mindestens eine Einlage erforderlich (§ 246 Abs. 1, § 248 Abs. 2 HGB, § 5 Abs. 2 EStG, R 31 a Abs. 3 EStR). Forderungen sind zu aktivieren, wenn der Anspruch zivilrechtlich besteht und durchsetzbar ist.

Der Große Senat des BFH[113] lehnt es ab, eine Forderung zu aktivieren, wenn der Anspruch zivilrechtlich noch gar nicht existent ist. Entgegen der Rechtsprechung des EuGH[114] und des BGH[115] kommt danach die Aktivierung eines Gewinnanspruchs gegenüber einer Kapitalgesellschaft vor dem Beschluss über die Gewinnverwendung nicht in Betracht. Das soll auch dann gelten, wenn es sich um den Anspruch des beherrschenden Anteilseigners handelt.

Der Anspruch auf Zinsen wegen einer **Steuererstattung** entsteht nach § 233 a Abs. 1 AO dann, wenn die Festsetzung einer (Betriebs-)Steuer zu einer Steuererstattung führt. Vor erfolgter Steuerfestsetzung ist rechtlich kein Zinsanspruch entstanden.[116] Gleichwohl ist nach Ablauf der in § 233 a Abs. 2 AO enthaltenen Frist von 15 Monaten nach Ablauf des Kalenderjahrs, für das der Steuererstattungsanspruch entstanden ist, eine Forderung auf Zinsen wegen Steuererstattungen auszuweisen, unabhängig davon, ob die entsprechenden Steuern festgesetzt wurden. Eine Forderung auf Zinsen wegen einer Steuererstattung ist demnach frühestens zu

---

112 BFH (GrS) v. 7. 8. 2000, BStBl 2000 II S. 632.
113 Änderung der Rechtsprechung durch BFH (GrS) v. 7. 8. 2000. Vgl. auch 11.5.2.
114 EuGH v. 17. 6. 1996 mit Berichtigung v. 10. 7. 1997, DStR 1996 S. 1093 und DStR 1997 S. 1416 „Tomberger".
115 BGH v. 12. 1. 1998 II ZR 82/93, DStR 1998 S. 383.
116 Vgl. BMF, BStBl 1992 I S. 430.

13.3 Gegenstand der Bilanzierung

dem Bilanzstichtag zu aktivieren, der 15 Monate nach Ablauf des Kalenderjahrs liegt, für das der Anspruch auf Steuererstattung entstanden ist.[117]
Nach dem **Realisationsprinzip** (§ 252 Abs. 1 Nr. 4 HGB) dürfen Gewinne aus Umsatzgeschäften handelsrechtlich erst ausgewiesen werden, wenn sie durch einen Realisationsakt verwirklicht sind; steuerrechtlich besteht dann Aktivierungsgebot.[118] Forderungen und Schulden aus dem **Umsatzprozess** sind auszuweisen, wenn nach den Grundsätzen des BGB der Anspruch auf die Leistung in einer dem Berechtigten nicht mehr streitig zu machenden Weise entstanden ist.[119] [120] Das ist bei Abschluss des schuldrechtlichen Veräußerungsgeschäfts noch nicht der Fall, wohl jedoch im Zeitpunkt der **Lieferung** des veräußerten Wirtschaftsgutes. Von diesem Zeitpunkt an ist das mit jedem Umsatzprozess verbundene Risiko des Veräußerers gering und überschaubar geworden. Es beschränkt sich im Wesentlichen darauf, dass der Erwerber Gewährleistungsansprüche geltend macht oder den Kaufpreis ganz oder teilweise nicht erfüllt. Dieses Risiko ist nach allgemeinen Erfahrungssätzen quantifizierbar und in Form von Teilwertabschreibungen und Rückstellungen bilanziell erfassbar.

Das Realisationsprinzip gebietet die Aktivierung von **Vorsteuer-Ansprüchen** bereits zu einem Zeitpunkt, in dem noch keine bzw. noch keine berichtigten Rechnungen vorliegen. Mit der Ausführung von Lieferungen oder sonstigen Leistungen an einen anderen Unternehmer ist der Vorsteuer-Anspruch des leistungsempfangenden Unternehmers wirtschaftlich bereits begründet und durchsetzbar, denn § 14 Abs. 1 Satz 1 UStG vermittelt einen Anspruch auf Erteilung einer ordnungsmäßigen Rechnung, die für den Vorsteuerabzug Voraussetzung ist (§ 15 Abs. 1 Nr. 1 UStG).[121]

Hinsichtlich des Realisationszeitpunktes gilt für den **Tausch** das Gleiche wie für den Kauf. Bei diesen Umsatzgeschäften, die auch bürgerlich-rechtlich gleich behandelt werden (§ 515 BGB), kommt es steuerrechtlich zur Gewinnverwirklichung, wenn der jeweilige Vertrag vom Veräußerer wirtschaftlich erfüllt ist. Das ist im Allgemeinen der Fall mit der Übergabe der Sache (§ 446 Abs. 1 BGB), bei Grundstücken mit der Eintragung des Eigentumswechsels im Grundbuch (§ 446 Abs. 2 BGB). Wirtschaftliche Vertragserfüllung liegt jedoch so lange nicht vor, als der Veräußerer noch wirtschaftlicher Eigentümer des hingetauschten Wirtschaftsgutes ist.[122] Ist aber das **wirtschaftliche Eigentum** an einem Grundstück übertragen, so ist Gewinnrealisierung auch dann anzunehmen, wenn der Käufer am Bilanzstichtag des Veräußerungsjahres noch das Recht hat, unter bestimmten Voraussetzungen vom Kaufvertrag zurückzutreten.[123] Ist mangels Eindeutigkeit der vertraglichen Regelungen nicht

---
117 OFD Münster v. 2. 6. 1993 – S 2133 – 169 – St 12 – 31, StLex 3, 5–6, 1242.
118 BFH, BStBl 1989 II S. 323.
119 BFH, BStBl 1980 II S. 239.
120 Im Einzelnen s. u. 15.13.10.2 und 15.13.10.5.
121 BFH, BStBl 1993 II S. 786 m. w. N.
122 BFH, BStBl 1983 II S. 303.
123 BFH, BStBl 1997 II S. 382. Zur Problematik, ob wegen der drohenden Ausübung des Rücktrittsrechts ggf. eine Rückstellung zu bilden ist, vgl. BFH, BStBl 1997 II S. 382 sowie Nichtanwendungserlass zur Bildung der Rückstellung in BStBl 1997 I S. 611.

13 Bilanzierung in der Steuerbilanz

klar erkennbar, ob das wirtschaftliche Eigentum bereits auf den Käufer übergegangen ist, liegt noch keine Gewinnrealisierung vor.[124] Ebenso darf der Rechnungsbetrag am 31. 12. nicht als Forderung aktiviert werden, wenn ein bestellter Gegenstand im Dezember fertig gestellt, aber erst im Januar ausgeliefert wird. Es sind vielmehr lediglich die Herstellungskosten anzusetzen.[125] **Teilleistungen,** d. h. abgrenzbare Teile einer wirtschaftlich teilbaren Leistung, führen zur Gewinnverwirklichung, wenn sie bis zum Bilanzstichtag erbracht und vom Auftraggeber abgenommen worden sind.

Bei der Herstellung eines **Großbauwerks** (z. B. Autobahnbrücke, Staudamm, Schiff), die sich über **mehrere Jahre** erstreckt, führt die Gewinnrealisierung erst im Wirtschaftsjahr der Abnahme dazu, dass in diesem Jahr die in den Vorjahren erwirtschafteten Teilgewinne sich zusammenballen und in den Vorjahren ggf. nur Verluste ausgewiesen werden.[126] In diesen Fällen ist eine Teilgewinnrealisierung bei langfristigen Vorhaben nur zuzulassen, wenn endgültige **Teilabrechnungen** vorliegen und Teilabnahmen erfolgt sind.[127] Demgegenüber räumt die Finanzverwaltung dem Bauunternehmer bei sich·über mehrere Jahre erstreckenden Bauvorhaben, die sich nicht in selbstständige Teilleistungen zerlegen lassen, hinsichtlich der Gewinnverwirklichung ein Wahlrecht ein.[128]

Ist nach einem Kaufvertrag auch der Käufer (neben anderen Gegenleistungen) zu einer Sachleistung (= Bau eines Gebäudes auf einem anderen Grundstück) verpflichtet, so wird der Gewinn aus der Grundstücksveräußerung dann verwirklicht, wenn das Grundstück im Grundbuch umgeschrieben wird und hinsichtlich der Vertragserfüllung im Übrigen kein Risiko mehr für den Verkäufer (hier: Erlaubnis zur Bebauung des veräußerten Grundstücks vor völliger Erbringung der Gegenleistung) besteht.[129] Werden jedoch in einem Vertrag, der der Durchführung eines Sanierungsvorhabens dient, außer der entgeltlichen Übertragung eines Betriebsgrundstücks auch Entschädigungsleistungen für die durch die Räumung des Grundstücks und durch die **Betriebsverlagerung** entstehenden Schäden vereinbart, so handelt es sich hierbei um einen einheitlichen gegenseitigen Vertrag, der vom Grundstücksveräußerer bilanzmäßig so lange als schwebender Vertrag zu behandeln ist, bis er seinerseits die ihm nach dem Vertrag obliegenden Verpflichtungen erfüllt hat.[130]

Der aus einem **Zwangsvergleich** herrührende Gewinn ist schon mit der gerichtlichen Bestätigung des Vergleichs und nicht erst mit Ablauf der Beschwerdefrist realisiert.[131]

---

124 BFH, BStBl 1986 II S. 552.
125 BFH, BStBl 1987 II S. 797.
126 LG Düsseldorf v. 24. 10. 1980 (DB 1980 S. 2381).
127 Vgl. auch BFH, BStBl 1976 II S. 541.
128 Bp-Kartei der Oberfinanzdirektionen Düsseldorf und Münster „Konto Teilfertige Arbeiten" II.2.f.
129 BFH, BStBl 1979 II S. 738.
130 BFH, BStBl 1990 II S. 733.
131 BFH, BStBl 1981 II S. 8.

13.3 Gegenstand der Bilanzierung

Auch für den Ausweis eines Anspruchs auf **Schadensersatz** gilt das Realisationsprinzip. Der Schadensersatzanspruch entsteht abstrakt zwar mit dem schädigenden Ereignis. Das genügt aber nicht zur Bejahung der Aktivierungspflicht in der Bilanz. Ein umstrittener Schadensersatzanspruch braucht erst aktiviert zu werden, wenn wegen des Anspruchs ein rechtskräftiges obsiegendes Urteil vorliegt. Durch ein erstinstanzliches Urteil, das angefochten ist, wird der Anspruch noch nicht hinreichend konkretisiert.[132]

Das gilt auch für bestrittene Forderungen aufgrund einer **Vertragsverletzung,** einer **unerlaubten Handlung** oder einer **ungerechtfertigten Bereicherung.** Diese Ansprüche können erst am Schluss des Wirtschaftsjahres angesetzt werden, in dem über den Anspruch rechtskräftig entschieden wird bzw. in dem eine Einigung mit dem Schuldner zustande kommt.[133] Bei solchen Forderungen erscheint es u. U. geboten, zunächst nicht bestrittene Forderungen erst anzusetzen, wenn sie anerkannt sind bzw. über sie rechtskräftig entschieden ist.

Ansprüche und Verbindlichkeiten aus **schwebenden Geschäften** werden nicht bilanziert, solange und soweit sie einander ausgleichend gegenüberstehen, auch wenn sie am Bilanzstichtag bereits rechtlich entstanden sind. Aktivierungen und Passivierungen unterbleiben, solange das Gleichgewicht solcher Vertragsbeziehungen nicht durch schuldrechtliche Vorleistungen oder Erfüllungsrückstände gestört ist.[134] Auch ein befristetes **Erbbaurechtsverhältnis** ist sowohl für den Erbbauberechtigten als auch für den Grundstückseigentümer ein schwebendes Geschäft, bei dem sich a) beim Erbbauberechtigten die Rechte aus dem Erbbaurecht in Verbindung mit dem der Erbbaurechtbestellung zugrunde liegenden schuldrechtlichen Grundgeschäft und die sich aus diesem Grundgeschäft ergebende Pflicht zur Entrichtung wiederkehrender Erbbauzinsen, und b) beim Grundstückseigentümer das sich aus dem schuldrechtlichen Grundgeschäft ergebende Recht auf den wiederkehrenden Erbbauzins und die sich aus dem Inhalt des Erbbaurechts in Verbindung mit dem zugrunde liegenden schuldrechtlichen Grundgeschäft ergebenden Pflichten in der Regel gleichwertig gegenüberstehen.[135]

Erhält ein Großhändler aufgrund langjähriger Übung von sämtlichen Lieferanten der Höhe nach feststehende **Umsatzprämien** (Bonus), die jeweils einige Monate nach Ablauf des Jahres gezahlt werden, so sind die zu erwartenden Zahlungen auch dann zu aktivieren, wenn sie unter dem Vorbehalt der Freiwilligkeit und unter Ausschluss eines irgendwie gearteten Rechtsanspruchs gewährt werden. Maßgebend ist dabei, dass der Vermögensvorteil **wirtschaftlich** ausnutzbar ist und damit einen realisierbaren Vermögenswert darstellt. Etwas anderes könnte nur dann gelten,

---

132 BFH, BStBl 1974 II S. 90.
133 BFH, BStBl 1991 II S. 213.
134 BFH, BStBl 1983 II S. 369.
135 BFH, BStBl 1983 II S. 413, 1992 II S. 70.

wenn der Großhändler aufgrund besonderer tatsächlicher Umstände mit der Prämiengewährung nicht fest rechnen konnte.[136]

Sieht die Satzung einer **Genossenschaft** vor, dass der Überschuss aus dem Mitgliedergeschäft oder ein bestimmter bzw. bestimmbarer Teil dieses Überschusses als **Warenrückvergütung** an die Mitglieder auszuschütten ist, ist es der Genossenschaft verwehrt, über die Verwendung des Überschusses aus dem Mitgliedergeschäft frei zu verfügen. Sie muss die Warenrückvergütung an die Genossen ausschütten. Ein Anspruch der einzelnen Genossen gegen die Genossenschaft auf Warenrückvergütung entsteht damit dem Grunde nach bereits mit Ablauf der Rechnungsperiode, für die der Überschuss aus dem Mitgliedergeschäft zu ermitteln ist, also in der Regel mit Ablauf des Geschäftsjahres.[137]

Der Anspruch auf Ausschüttungen eines **Wertpapierfonds** ist zu aktivieren, wenn er nach den Vertragsbedingungen entstanden ist. Dem Aktivierungsgebot steht nicht entgegen, dass der Anspruch zum Bilanzstichtag nach den vertraglichen Regeln noch nicht fällig war oder dass möglicherweise zum Bilanzstichtag des Anspruchsberechtigten die Höhe des Anspruchs noch nicht ermittelt war. Dann ist die Höhe des Anspruchs zunächst zu schätzen, wobei wertaufhellende Faktoren[138] zu berücksichtigen sind.[139]

Erhält der Verkäufer eines bebauten Grundstücks, dem das Nutzungsrecht daran bis zur Übergabe des Grundstücks ohne Gebäude zusteht, außer dem Kaufpreis auch eine **Entschädigung für den durch den Gebäudeabbruch** entstehenden Verlust, so ist sie erst im Abbruchjahr als Ertrag zu erfassen. Enthält der Kaufpreis zum Teil die Entschädigung für den Gebäudeabbruch, so mindert sich entsprechend der aus der Veräußerung des Grund und Bodens resultierende Gewinn.[140]

Wird im Vertrag über den Verkauf einer freiberuflichen Praxis vereinbart, dass der Erwerber die Praxis „**mit Wirkung vom 1. 1. 02**" übernehmen soll, und findet auch die Übergabe vereinbarungsgemäß zu Beginn des Jahres 02 statt, so entsteht der Veräußerungsgewinn regelmäßig nicht bereits im Jahre 01. Bei einer Betriebsveräußerung kommt es nach den für zweiseitige Rechtsgeschäfte allgemein geltenden Regeln zur Gewinnverwirklichung, wenn der jeweilige Vertrag vom Veräußerer wirtschaftlich erfüllt ist. Entscheidend ist, von wann an der Erwerber nach dem Willen der Vertragspartner wirtschaftlich über das erworbene Betriebsvermögen verfügen kann.[141]

Bei einem **Mietverhältnis** (Dauerschuldverhältnis) wird der Gewinn aus den Leistungen des Vermieters fortlaufend während der Mietzeit verwirklicht. Die Mieterträge sind jeweils für die Vergangenheit realisiert, unabhängig davon, wann sie

---

136 BFH, BStBl 1978 II S. 370.
137 BFH, BStBl 1984 II S. 554.
138 S. u. 14.2.3.
139 BFH, BStBl 1995 II S. 54.
140 BFH, BStBl 1985 II S. 126.
141 BFH, BStBl 1992 II S. 525.

abzurechnen sind. Deshalb hat ein gewerblicher Autovermieter die auf die Zeit vor Bilanzstichtag entfallende Miete für solche Fahrzeuge zeitanteilig zu aktivieren, die am Bilanzstichtag noch nicht zurückgegeben worden sind. Bei diesen zeitraumbezogenen Leistungen verwirklicht sich der Anspruch auf die Gegenleistung fortlaufend, und es sind Forderungen aus Leistungen auszuweisen (§ 266 Abs. 2 Buchst. B. II HGB). Dieser Ausweis verdrängt die Rechnungsabgrenzung.[142]

Entsprechendes gilt für Schulungen, Lehrgänge usw., die einen mehrmonatigen Unterricht zur Vorbereitung auf ein Berufsexamen anbieten. Soweit der Unterricht vor dem Bilanzstichtag bereits erteilt ist, sind Forderungen mit Gewinnrealisation zu aktivieren. Sollten die Teilnehmer Vorauszahlungen geleistet haben, kommt dagegen eine passive Rechnungsabgrenzung in Betracht.[143]

Die Verpflichtung aus einem **Wartungsvertrag** begründet kein dem Mietverhältnis vergleichbares Dauerschuldverhältnis. Die im Vordergrund des Dauerwartungsvertrages stehenden Wartungsleistungen sind nicht zeitraumbezogene, sondern gegenstandsbezogene Dienstleistungen; die im Bedarfsfall auszuführenden Reparaturen sind sogar Werkleistungen.[144]

13.4 Bilanzierungspflichtiger

13.4.1 Zurechnung beim zivilrechtlichen Eigentümer

Nach § 240 Abs. 1, § 242 Abs. 1 HGB hat jeder Kaufmann „seine" Vermögensgegenstände und Schulden im Inventar und in der Bilanz genau zu verzeichnen. Diese Vorschrift knüpft an das bürgerlich-rechtliche Eigentum an. Auch das Steuerrecht rechnet die Wirtschaftsgüter grundsätzlich dem zivilrechtlichen Eigentümer zu (§ 39 Abs. 1 AO). Bei immateriellen Wirtschaftsgütern, an denen es kein Eigentum gibt, wird man auf die „Inhaberschaft" abstellen müssen.

13.4.2 Zurechnung bei Auseinanderfallen von zivilrechtlichem und wirtschaftlichem Eigentum

Wenn sich bürgerlich-rechtliches und wirtschaftliches Eigentum nicht decken, hat der wirtschaftliche Eigentümer das Wirtschaftsgut zu bilanzieren. Das gilt sowohl für die Handelsbilanz als auch für die Steuerbilanz. Für die Steuerbilanz ergibt sich dieser Rechtsgrundsatz aus § 39 Abs. 2 Nr. 1 AO. Danach ist entscheidendes Merkmal für die Annahme wirtschaftlichen Eigentums die tatsächliche Herrschaft über ein Wirtschaftsgut.

---
142 BFH v. 20. 5. 1992, BStBl 1992 II S. 904.
143 BFH v. 10. 9. 1998, BStBl 1999 II S. 21.
144 BFH v. 20. 5. 1992, BStBl 1992 II S. 904/907.

13.4.3 Begriff des wirtschaftlichen Eigentums[145]

Übt ein anderer als der Eigentümer die tatsächliche Herrschaft über ein Wirtschaftsgut in der Weise aus, dass er den Eigentümer im Regelfall für die gewöhnliche Nutzungsdauer von der Einwirkung auf das Wirtschaftsgut wirtschaftlich ausschließen kann, so ist ihm das Wirtschaftsgut zuzurechnen. Bei Treuhandverhältnissen[146] sind die Wirtschaftsgüter dem Treugeber, beim Sicherungseigentum dem Sicherungsgeber und beim Eigenbesitz dem Eigenbesitzer zuzurechnen (§ 39 Abs. 2 Nr. 1 AO). Der Herausgabeanspruch des bürgerlich-rechtlichen Eigentümers hat dann keine wirtschaftliche Bedeutung mehr.[147]

Beispiele

a) Ein Einzelhändler hat vor dem Bilanzstichtag Ware eingekauft. Der Rechnungsbetrag wurde am Anfang des nächsten Wirtschaftsjahrs überwiesen. Die Lieferung erfolgte unter Eigentumsvorbehalt (§ 455 BGB).

Der Einzelhändler ist wirtschaftlicher Eigentümer. Er hat die Ware in seiner Bilanz zu erfassen. Der Lieferant hat den Anspruch auf den Kaufpreis auszuweisen. In Höhe des Unterschieds zwischen dem Netto-Kaufpreis und den Anschaffungskosten ist bei ihm ein Gewinn verwirklicht.

b) Der Inhaber eines Kaufhauses hat seinen Warenbestand der Hausbank zur Sicherung übereignet.

Der Sicherungsgeber, nicht die Bank als Eigentümer, hat die Waren zu bilanzieren (§ 39 Abs. 2 Nr. 1 Satz 2 AO). Die Übereignung nur sicherungshalber beinhaltet, dass dieser Rechtsakt mit der schuldrechtlichen Abrede verknüpft ist, er solle nicht endgültig sein, sondern nur für die Dauer des Bestehens einer Forderung des Erwerbers (Sicherungsnehmers) gegen den Übertragenden (Sicherungsgeber) gelten. Sicherungsübereignungen gewähren zwar volles bürgerlich-rechtliches Eigentum; der Eigentümer (Sicherungsnehmer) ist aber schuldrechtlich gegenüber dem Sicherungsgeber gebunden, soweit dieser seiner Zahlungsverpflichtung nachkommt. Daraus folgert das Steuerrecht, dass sicherungshalber übereignete Wirtschaftsgüter dem Sicherungsgeber und nicht dem Sicherungsnehmer zuzurechnen sind.[148]

Dem entspricht die gesetzliche Regelung im Insolvenzverfahren. Dem Sicherungsnehmer steht nicht das Aussonderungsrecht des Eigentümers (§ 47 Insolvenzordnung – InsO), sondern nach § 51 InsO nur der Anspruch auf abgesonderte Befriedigung aus dem Sicherungseigentum zu.[149]

c) Der Inhaber eines Fabrikationsbetriebs hat ein Nachbargrundstück zum Zwecke der Betriebserweiterung erworben. Der Kaufvertrag wurde am 20. 11. abgeschlossen. Vereinbarungsgemäß sind Besitz, Gefahr, Nutzungen und Lasten am 1. 12. auf den Käufer übergegangen. Die Eintragung des Eigentumswechsels im Grundbuch erfolgte am 20. 2. des nächsten Jahres.

Der Käufer ist ab 1. 12. wirtschaftlicher Eigentümer des Grundstücks. Der Übergang des wirtschaftlichen Eigentums ist unabhängig von der Auflassung und der Grundbucheintragung, aber auch unabhängig vom tatsächlichen Abschluss eines notariellen

---

145 Eine eingehende Darstellung der steuerrechtlichen Zurechnung findet sich in den Bänden 2 und 9 dieser Buchreihe.
146 Wegen des Notaranderkontos vgl. BFH, BStBl 1986 II S. 404.
147 BFH, BStBl 1971 II S. 34, BStBl 1975 II S. 281.
148 § 39 Abs. 2 Nr. 1 AO; vgl. auch BFH, BStBl 1984 II S. 217.
149 Vgl. auch BFH, BStBl 1978 II S. 684 m. w. N.

13.4 Bilanzierungspflichtiger

Vertrags. Wenn Besitz, Gefahr, Nutzungen und Lasten auf den Käufer übergegangen sind und der rechtliche Eigentumsübergang nachfolgen soll, ist der Käufer wirtschaftlicher Eigentümer.[150] Er hat das Grundstück in der Jahresschlussbilanz vom 31. 12. mit den Anschaffungskosten auszuweisen. Auf die Zahlung des Kaufpreises kommt es nicht an. Die Kaufpreisverpflichtung ist zu passivieren.

Problematisch ist in diesem Fall die Beurteilung der Erwerbsnebenkosten. Da die GrESt an den Kaufvertrag anknüpft (§ 1 GrEStG), ist nicht streitig, dass die Verpflichtung zur Zahlung der GrESt bereits bei Übergang des wirtschaftlichen Eigentums zu passivieren ist. § 5 Abs. 4 b EStG steht dem nicht entgegen, weil die Passivierung nicht gewinnmindernd erfolgt, sondern der Aktivierung der Erwerbsnebenkosten gegenübersteht. Entsprechendes gilt für die Notariatskosten, denn die Leistung des Notars ist in diesem Zeitpunkt im Wesentlichen ausgeführt. Da es an einer Rechnung noch fehlt, muss der Anspruch auf Vorsteuerabzug als noch nicht verrechenbar aktiviert werden. Wohl noch nicht zu berücksichtigen ist die Verpflichtung zur Zahlung der Kosten für die Umschreibung des Eigentümers im Grundbuch. Diese Aufwendungen entstehen erst mit der Handlung der Behörde. Insoweit liegen folglich nachträgliche Anschaffungskosten vor.

d) Im Miet- oder Pachtvertrag ist vereinbart, dass das Mietobjekt – für den Vermieter unwiderruflich – dem Mieter überlassen werden und nach dem Tod des Vermieters auch das Eigentum auf den Mieter übergehen soll.

Nach dem für die gewöhnliche Gestaltung typischen Verlauf kann der Mieter den Eigentümer auf Dauer von der Einwirkung auf das Wirtschaftsgut ausschließen und ist damit wirtschaftlicher Eigentümer.[151]

e) Ein Unternehmer hat Waren bestellt. Der Lieferant hat die bestellte Ware vor dem Bilanzstichtag zur Post gegeben. Die Sendung ist im nächsten Wirtschaftsjahr beim Käufer eingegangen. Besondere Vereinbarungen über den Gefahrenübergang wurden nicht getroffen.

Der Lieferant hat durch die Übergabe der Waren zur Post die von ihm geschuldete Erfüllungshandlung voll erbracht und damit den Anspruch auf den Kaufpreis realisiert (§ 447 BGB). Demgemäß hat der Käufer eine entsprechende Verpflichtung. Ihm ist jedoch die Ware noch nicht zuzurechnen, weil er nicht die Verfügungsmacht in Gestalt des unmittelbaren oder mittelbaren Besitzes an ihnen erlangt hat.[152] [153]

f) Der Lieferant hat die bestellte Ware vor dem Bilanzstichtag einem Verfrachter übergeben, aber am Bilanzstichtag die Konnossemente noch in Händen. Aufgrund der vereinbarten cif-Klausel ist die Gefahr bezüglich der am Bilanzstichtag „schwimmenden Ware" auf den Käufer übergegangen.

Der Käufer darf die schwimmende Ware erst dann bilanzieren, wenn er im Besitz der Konnossemente ist. Das gilt auch dann, wenn die Gefahr des zufälligen Untergangs bereits vorher auf ihn übergegangen ist. Der Besitz der Konnossemente ist für die tatsächliche Sachherrschaft und die Verfügungsmöglichkeit über die schwimmende Ware in Gestalt des mittelbaren Besitzes wesentlich. Der Gefahrenübergang im Rahmen der Vereinbarung sog. Incoterms ist für den Übergang des wirtschaftlichen Eigentums unbeachtlich.[152] [153]

---

150 BFH, BStBl 1990 II S. 733, hier S. 735.
151 BFH, BStBl 1975 II S. 281.
152 BFH, BStBl 1989 II S. 21.
153 Nach herrschender Meinung hat der Lieferant den Gewinn in der Regel mit dem Übergang der Preisgefahr realisiert (Buchung: Forderungen an Erlöse und USt), obgleich das wirtschaftliche Eigentum noch nicht auf den Käufer übergegangen ist und somit das veräußerte Wirtschaftsgut zwar nicht mehr beim Verkäufer, aber auch noch nicht beim Erwerber anzusetzen ist (Schmidt/Weber-Grellet, EStG, 19. Aufl., § 5 Rz. 609 m. w. N.).

g) Ein Kaufmann errichtet auf eigene Kosten auf einem gepachteten Grundstück eine Lagerhalle. Er hat das Recht, das Gebäude jederzeit baulich zu verändern und wieder abzureißen. Er trägt auch den Wertverzehr des Gebäudes. Eine Pflicht zur Beseitigung des Bauwerks bei Pachtende ist nicht vereinbart. Der Verpächter ist andererseits nicht verpflichtet, eine Entschädigung nach § 951 BGB zu zahlen, falls der Pächter das Gebäude räumt, ohne es abzureißen.

Das auf fremdem Grund und Boden errichtete Gebäude ist dem Kaufmann steuerrechtlich zuzurechnen, auch wenn er nicht bürgerlich-rechtlicher Eigentümer ist (§§ 93, 94, 946 BGB). Er hat die Lagerhalle zu aktivieren.

Weitere Fälle von abweichendem wirtschaftlichen Eigentum können sich bei Kommissionsgeschäften,[154] Treuhandverhältnissen, Eigenbesitz, Mietkaufverträgen, beim Leasing[155] und bei Mieterein- und -umbauten[156] ergeben.

Sachherrschaft, die der Steuerpflichtige ausschließlich oder ganz überwiegend nur im Interesse (für Rechnung) eines Dritten ausüben darf und auch tatsächlich ausübt, begründet bei ihm kein wirtschaftliches Eigentum.[157]

Werden **Grundstücke** etwa im Rahmen **vorweggenommener Erbfolge** schenkweise übertragen und nutzt der Übertragende aufgrund unentgeltlicher, auf Lebenszeit vorbehaltener **Nießbrauchsrechte** den übereigneten Grundbesitz wirtschaftlich unverändert, insbesondere in gleichem Maß und in gleicher Weise wie zuvor für seine betrieblichen Zwecke, so verliert er durch die Schenkung nicht nur das zivilrechtliche Eigentum, sondern auch die Möglichkeit, über den Gegenstand wirtschaftlich **wie** ein Eigentümer zu verfügen. Es liegt mithin **kein** wirtschaftliches Eigentum beim Betriebsinhaber vor, sodass im Zeitpunkt der Schenkung eine gewinnrealisierende Entnahme vorliegt.[158] Das dinglich gesicherte Nutzungsrecht (Nießbrauch) kann nicht eingelegt werden.

Dem **Abbauunternehmer** ist wirtschaftliches Eigentum an einem Ausbeuterecht zuzurechnen, wenn ihm durch langfristigen und bedingungsfreien Vertrag unter Ausschaltung der Verfügung des Grundstückseigentümers die Befugnis zur vollen Ausbeute der vorhandenen abbaufähigen Mineralien übertragen ist.[159] [160]

Werden **Kommanditanteile** schenkweise mit der Maßgabe übertragen, dass der Schenker ihre Rückübertragung jederzeit ohne Angabe von Gründen einseitig veranlassen kann, dann ist der Beschenkte steuerrechtlich nicht als Mitunternehmer anzusehen. Steuerrechtlich ist vielmehr der Schenker als Kommanditist anzusehen, weil er trotz der zivilrechtlichen Übertragung seines Anteils tatsächlich seine Stellung als Kommanditist der KG nicht aufgegeben hat.[161]

---

154 S. o. 11.7.
155 S. u. 15.5.12.
156 S. u. 15.10.22.
157 BFH, BStBl 1989 II S. 414.
158 BFH v. 8. 12. 1983, BStBl 1984 II S. 202; BFH v. 20. 9. 1989, BStBl 1990 II S. 368. BFH v. 17. 9. 1992, BStBl 1993 II S. 218. Vgl. auch Schmidt/Weber-Grellet, EStG, 19. Aufl., § 5 Rz. 156, 653.
159 BFH, BStBl 1990 II S. 388 m. w. N.
160 S. auch o. 13.3.3.
161 BFH, BStBl 1989 II S. 877.

13.4 Bilanzierungspflichtiger

Nutzt der **Verkäufer eines bebauten Grundstücks** die Gebäude vertragsgemäß auch nach dem Verkauf für betriebliche Zwecke weiter bis zum Gebäudeabbruch, um das Grundstück wie vereinbart ohne Gebäude übergeben zu können, so steht ihm als wirtschaftlichem Eigentümer die Gebäude-AfA zu. Der bürgerlich-rechtliche Eigentümer hat keinen Herausgabeanspruch hinsichtlich der Gebäude, da der Nutzungsberechtigte die Gebäude nach Ablauf der vereinbarten Nutzungsdauer zu beseitigen hat. Bei dieser Sachlage kann der Grundstückserwerber zu keinem Zeitpunkt auf die Gebäude einwirken. Der Verkäufer kann anstelle der AfA nach § 7 Abs. 4 Satz 1 EStG die der tatsächlichen Nutzungsdauer entsprechende AfA nach Satz 2 beanspruchen und den noch nicht abgeschriebenen Betrag auf die Restnutzungsdauer verteilen.[162]

Ein testamentarisch als **Nacherbe** nach dem Grundstückseigentümer eingesetzter Stpfl., dem das bebaute Grundstück zur Nutzung überlassen ist und der die Grundstückslasten trägt, ist nicht AfA-berechtigt. Die Annahme des wirtschaftlichen Eigentums setzt (zusätzlich) voraus, dass der Grundstückseigentümer bis zum Eintritt des Nacherbfalls auf sein Verfügungsrecht verzichtet.[163]

Überlässt eine Mutter ihrem Sohn das zur Ausübung eines Gewerbebetriebs notwendige Grundstück bei in Aussicht genommener späterer Übereignung lediglich zur Nutzung – bei gleichzeitiger Übereignung der dem Betrieb dienenden Einrichtungsgegenstände –, so erwirbt der Sohn auch dann kein wirtschaftliches Eigentum an dem Grundstück, wenn er sämtliche Grundstückslasten und Gebäudeinstandsetzungskosten trägt.[164]

Ein **Pachtvertrag** über ein Grundstück mit dem unwiderruflichen Recht, nach Ablauf der Pachtzeit von 20 Jahren den Pachtgegenstand zu einem dann auszuhandelnden Preis als Eigentümer zu erwerben (Ankaufsrecht), begründet noch kein wirtschaftliches Eigentum des Pächters. Bei einer solch langen Laufzeit und der Ungewissheit über die Höhe des Kaufpreises kann noch nicht beurteilt werden, ob das Kaufrecht mit hoher Wahrscheinlichkeit ausgeübt wird.[165]

Wirtschaftsgüter im Eigentum des anderen **Ehegatten** sind fremde Güter. Sie sind in den Bilanzen des Ehegatten, der sie in seinem Betrieb nutzt, nicht zu erfassen,[166] es sei denn, dass der Betriebsinhaber wirtschaftlicher Eigentümer ist.

Wirtschaftliches Eigentum in der Form von **Eigenbesitz** i. S. des § 39 Abs. 2 Nr. 1 AO ist bei Bauten auf fremdem Grund und Boden nicht schon deshalb zu bejahen, weil die nicht am Unternehmen beteiligte Ehefrau mit dem Bauvorhaben des Unternehmerehegatten auf ihrem Grundstück einverstanden ist. Erforderlich ist vielmehr, dass der Eigentümer durch vertragliche Vereinbarung oder aus anderen Gründen

---
162 BFH, BStBl 1985 II S. 126.
163 Nds. FG, rkr., EFG 1981 S. 395.
164 BFH, BStBl 1980 II S. 181.
165 BFH, BStBl 1982 II S. 107.
166 BFH, BStBl 1969 II S. 233.

von der Einwirkung auf das Wirtschaftsgut auf Dauer ausgeschlossen ist. Diese Voraussetzung ist dann erfüllt, wenn der Herausgabeanspruch des bürgerlich-rechtlichen Eigentümers keine wirtschaftliche Bedeutung mehr hat oder ein Herausgabeanspruch überhaupt nicht besteht. Aus einem bloßen Einverständnis mit dem Bauvorhaben lässt sich nicht ableiten, dass der Besitzer den Eigentümer für die gewöhnliche Nutzungsdauer von der Einwirkung auf das Gebäude ausschließen kann.[167]

13.5 Umfang des Betriebsvermögens[168]

13.5.1 Erfordernis der Abgrenzung vom Privatvermögen

Die steuerrechtliche Gewinnermittlung aufgrund einer Buchführung erfolgt durch Betriebsvermögensvergleich. Hierbei darf nur das Betriebsvermögen berücksichtigt werden. Privatvermögen darf deshalb in den Steuerbilanzen nicht erfasst werden. Das erfordert eine klare Abgrenzung der Wirtschaftsgüter des Betriebsvermögens und des Privatvermögens. Welche Wirtschaftsgüter dem Betriebsvermögen zuzuordnen sind, ergibt sich in den meisten Fällen ohne weiteres aus ihrer objektiven Beziehung zum Betrieb.

In manchen Zweifelsfällen ist richtige Abgrenzung von entscheidender Bedeutung für eine zutreffende Gewinnermittlung.

Beispiele

a) Der Kaufmann A hat B ein Darlehen gewährt. Nach einiger Zeit wird die Forderung uneinbringlich.

Gehört die Darlehensforderung zum Betriebsvermögen, ist der Verlust gewinnmindernd zu berücksichtigen. Denn die Forderung, die im Anfangsvermögen noch erfasst war, wird im Endvermögen mit Null angesetzt und damit in der Erfolgsrechnung als Forderungsverlust ausgewiesen. Gehört sie dagegen zum Privatvermögen, dann tritt eine Gewinnminderung nicht ein. Auch an keiner anderen Stelle kann der Vermögensverlust bei der Einkommensermittlung berücksichtigt werden.

b) Ein Gewerbetreibender ist Eigentümer eines unbebauten Grundstücks. Bei Zugehörigkeit zum Betriebsvermögen sind die Grundstücksaufwendungen Betriebsausgaben; Einnahmen aus einer evtl. Verpachtung sind Betriebseinnahmen. Bei einer Wertminderung kann Teilwertabschreibung den Gewinn mindern. Wird bei der Veräußerung ein Erlös erzielt, der den Buchwert übersteigt, ergibt sich ein steuerpflichtiger Gewinn (sonst. betriebl. Ertrag), bei niedrigerem Erlös ergibt sich ein abzugsfähiger Verlust (sonst. betriebl. Aufwand). Bei Zugehörigkeit zum Privatvermögen wären dagegen die Ausgaben Werbungskosten, Pachteinnahmen Einnahmen der Einkunftsart Vermietung und Verpachtung (§ 21 EStG). Eine Teilwertabschreibung wäre nicht möglich. Der Veräußerungsvorgang würde nur dann das zu ver-

---

167 BFH, BStBl 1988 II S. 493 m. w. N.
168 Die Bezeichnung „Betriebsvermögen" dient hier der Abgrenzung vom Privatvermögen. Siehe auch FN 2 auf Seite 39.

13.5 Umfang des Betriebsvermögens

steuernde Einkommen beeinflussen, wenn es sich um ein privates Veräußerungsgeschäft i. S. des § 23 EStG handeln würde.

13.5.2 Zugehörigkeitskriterien

Zum Betriebsvermögen gehören alle Wirtschaftsgüter, die aus betrieblicher Veranlassung angeschafft, hergestellt oder eingelegt werden. Eine betriebliche Veranlassung liegt vor, wenn ein objektiver Zusammenhang mit dem Betrieb besteht. Dieser Zusammenhang wird nicht nur durch die Widmung eines angeschafften Wirtschaftsguts zu betrieblichen Zwecken begründet; er wird unabhängig von der tatsächlichen oder beabsichtigten Nutzung des Wirtschaftsgutes dadurch hergestellt, dass die Anschaffung ein betrieblicher Vorgang ist. Dies ist insbesondere dann der Fall, wenn das angeschaffte Wirtschaftsgut Entgelt für ein hingegebenes Wirtschaftsgut des Betriebsvermögens oder für eine sonstige Wertabgabe aus dem Betriebsvermögen ist. Dann ist der Zugang des angeschafften Gegenstandes zum Betriebsvermögen notwendige Folge des betrieblich veranlassten Erwerbs. Das Entgelt ist notwendigerweise eine Betriebseinnahme und führt zwangsläufig zu einem Zugang des als Entgelt erhaltenen Wirtschaftsgutes zum Betriebsvermögen, und zwar ungeachtet einer etwaigen sofortigen Entnahme.[169]

Beispiel

Ein Einzelhändler veräußert Handelsware an einen Maler, der dafür ein von ihm gemaltes Bild als Gegenleistung gibt, welches der Einzelhändler sofort nach Erwerb zur Ausschmückung seiner Wohnung verwendet. Der übliche Ladenverkaufspreis der Waren beträgt wie der gemeine Wert des Gemäldes 4640 DM.

Das Bild ist eine Betriebseinnahme und wird damit zwangsläufig zu einem Wirtschaftsgut des Betriebsvermögens, das erst durch eine Entnahme aus dem Betriebsvermögen dem Privatvermögen zugeführt wird.

Buchungen: Gemälde 4640 DM an Warenverkauf 4000 DM
 an USt-Schuld 640 DM
 Entnahmen 4640 DM an Gemälde 4640 DM
oder abgekürzt: Entnahmen 4640 DM an Warenverkauf 4000 DM
 an USt-Schuld 640 DM

Diese Grundsätze gelten nicht für den entgeltlichen Erwerb von Wirtschaftsgütern mit betrieblichen Geldmitteln.[170]

Beispiel

Ein Gewerbebetreibender erwirbt für seinen Privatbereich ein Gemälde und leistet die sofortige Zahlung des Kaufpreises von 4640 DM durch Überweisung vom betrieblichen Bankkonto.

Das Gemälde ist zu keinem Zeitpunkt ein Wirtschaftsgut des Betriebsvermögens gewesen. Die Entnahme bezieht sich auf Geld zur Begleichung einer privaten Schuld.

Buchung: Entnahmen 4640 DM an Bank 4640 DM

---

169 BFH, BStBl 1990 II S. 128 m. w. N.
170 BFH, BStBl 1994 II S. 172.

13 Bilanzierung in der Steuerbilanz

Geschäfte eines Kaufmanns gehören regelmäßig dann zum Gewerbebetrieb, wenn sie sich auf Waren beziehen, die für den Betrieb mittelbar oder unmittelbar von wesentlicher Bedeutung sind = branchengleiche Wirtschaftsgüter.[171] Das entspricht auch der Regelung des § 344 HGB, wonach die von einem Kaufmann vorgenommenen Rechtsgeschäfte im Zweifel als zum Betrieb seines Handelsgewerbes gehörig gelten. Bei solchen Geschäften sind die ihnen zugrunde liegenden oder durch sie entstandenen Wirtschaftsgüter **Betriebsvermögen**. Das folgt aus der Nähe der Tätigkeit zum gewerblichen Betrieb und der Schwierigkeit der Aussonderung einzelner angeblich privater Geschäftsvorfälle aus den ständig im Gewerbebetrieb vorkommenden Geschäften.

Beispiel
Ein Antiquitätenhändler hat unter Ausnutzung seiner Geschäftsbeziehungen einen alten Bauernschrank erworben und nach 8 Monaten mit erheblichem Gewinn wieder veräußert.
Nach § 344 HGB handelt es sich um Rechtsgeschäfte seines Handelsgewerbes. Der Veräußerungsgewinn ist im Rahmen der Gewinnermittlung zu erfassen, da es sich um branchengleiche Wirtschaftsgüter handelt. Bei einer zwischen Erwerb und Veräußerung durchzuführenden Bestandsaufnahme ist der Bauernschrank als Betriebsvermögen zu erfassen.

Dieser Grundsatz gilt für **Effektengeschäfte** nur eingeschränkt. **Wertpapiere** gehören zu jedem größeren Vermögen. Die Verwaltung jedes größeren Vermögens bringt den An- und Verkauf von Effekten mit sich. Insofern liegen die Verhältnisse bei privaten Effektengeschäften eines Bankiers anders als bei sonstigen kaufmännischen Geschäften.[172] Branchenuntypische Wertpapier-, Termin- und Optionsgeschäfte sind dem Betrieb auch dann nicht zuzuordnen, wenn die Möglichkeit besteht, Gewinne damit zu erzielen.[173]

Nicht jede Nutzbarmachung betrieblicher Erfahrungen, Kenntnisse und Verbindungen genügt also, um private Geschäfte zu gewerblichen zu machen. Werden Wertpapiergeschäfte eindeutig als Privatgeschäfte behandelt und halten sie sich nach Umfang und Art ihrer Abwicklung im Rahmen des von der Verkehrsauffassung geprägten Bildes einer privaten Vermögensverwaltung, so gehören sie nicht zum Gewerbebetrieb des Steuerpflichtigen. Sie sind aber dem betrieblichen Bereich zuzuordnen, wenn sie der Bankier in der Weise abwickelt, dass er häufig wiederkehrend dem Betrieb Mittel entnimmt, Käufe und Verkäufe über die Bank abschließt und die Erlöse alsbald wieder dem Betrieb zuführt.[174]

Stellen Effektengeschäfte zwar **branchenfremde Geschäfte** dar, finden sie aber nicht mehr im Rahmen einer privaten Vermögensverwaltung statt, so begründen sie selbst eine gewerbliche Tätigkeit.[175] Dabei kann der An- und Verkauf festverzins-

---
171 BFH v. 19. 2. 1997, BStBl 1997 II S. 399.
172 BFH, BStBl 1968 II S. 775.
173 BFH v. 19. 2. 1997, BStBl 1997 II S. 399.
174 BFH, BStBl 1977 II S. 287.
175 BFH, BStBl 1980 II S. 389.

13.5 Umfang des Betriebsvermögens

licher Wertpapiere auch dann Gewerbebetrieb sein, wenn die Tätigkeit von vornherein auf die Dauer von 5 Wochen ausgelegt ist. Besteht die von einem Stpfl. ausgeübte Tätigkeit aus einem sich wiederholenden Leistungsaustausch, so ist sie nachhaltig, wenn sie von dem Entschluss getragen wird, sie zu wiederholen und daraus eine Einkunftsquelle zu machen. Werden deshalb 10 Wertpapiergeschäfte von einer einheitlichen Wiederholungsabsicht getragen, so ist eine nachhaltige Tätigkeit zu bejahen. Da auch die private Vermögensverwaltung (§ 14 Satz 3 AO) eine selbstständige, nachhaltige und von Gewinnabsicht getragene Teilnahme am allgemeinen wirtschaftlichen Verkehr sein kann, muss die gewerbliche Tätigkeit den Rahmen einer Vermögensverwaltung überschreiten. Dieser Rahmen ist überschritten, wenn festverzinsliche Wertpapiere nicht zur Erzielung von Einkünften aus Kapitalvermögen i. S. des § 20 Abs. 1 EStG, sondern in der Absicht der baldigen Wiederveräußerung erworben werden.[176]

Ähnliche Grundsätze gelten für **Architekten** und **Bauunternehmer.** Auch ihnen kann es nicht verwehrt sein, ihr Vermögen zu nutzen oder zwecks Erzielung höherer Einnahmen umzuschichten. Bei Errichtung von Häusern mit Verkaufsabsicht durch einen Architekten, der gewerblichen Grundstückshandel betreibt, sind gewerbliche Geschäfte anzunehmen.[177] Veräußert eine „Privatperson" oder eine „private Grundstücksgemeinschaft" innerhalb eines engen zeitlichen Zusammenhangs zwischen Bau und Verkauf (grundsätzlich bis zu fünf Jahren) mindestens vier Objekte, ist regelmäßig von einem gewerblichen Grundstückshandel auszugehen, weil die äußeren Umstände den Schluss zulassen, dass es dem Steuerpfl. auf die Verwertung von Vermögenswerten durch Umschichtung ankommt.[178] Was für den Bau von Eigentumswohnungen gilt, gilt auch für die Aufteilung eines zuvor erworbenen Mehrfamilienhauses in Eigentumswohnungen – jedenfalls dann, wenn der Aufteilung und Veräußerung umfangreiche Modernisierungsmaßnahmen vorangegangen sind –.[179] Nach inzwischen gefestigter Rechtsprechung überschreitet die Errichtung und der Verkauf von bis zu 3 Wohnungen oder Eigenheimen grundsätzlich nicht die Grenze privater Vermögensverwaltung.[180] [181]

Die Grundsätze, die für die Abgrenzung zwischen gewerblichem Grundstückshandel und privater Vermögensanlage maßgebend sind, gelten auch dann, wenn ein Steuerpflichtiger Wohneinheiten im Rahmen von Bauherrenmodellen erwirbt und veräußert.[182]

Erwirbt jemand ein Grundstück, das er noch am selben Tag den von einer Bauträgergesellschaft zu benennenden Personen zum Kauf anbietet, und erwerben die

---
176 BFH, BStBl 1991 II S. 66, BFH, BStBl 1991 II S. 631.
177 BFH, BStBl 1969 II S. 375.
178 Vgl. auch BFH, BStBl 1996 II S. 232/237 m. w. N.
179 BFH, BStBl 1994 II S. 463 m. w. N.
180 BFH, BStBl 1990 II S. 1051, 1053, 1054; vgl. auch BFH, BStBl 1991 II S. 844, 1992 II S. 135, S. 143.
181 Wegen der Abgrenzung zwischen privater Vermögensverwaltung und gewerblichem Grundstückshandel vgl. auch BMF, BStBl 1990 I S. 884.
182 BFH, BStBl 1995 II S. 839.

zwölf von der Bauträgergesellschaft benannten Personen (Bauherren) das Grundstück später zu unterschiedlichen Bruchteilen, so handelt es sich um gewerblichen Grundstückshandel. Denn veräußert wird nicht das ursprünglich erworbene Grundstück als Ganzes, sondern unterschiedliche Miteigentumsanteile an verschiedene Erwerber, und damit ist die Zahl von drei Objekten weit überschritten.[183]

Grundstücksverkäufe einer GbR können einem Gesellschafter, der auch eigene Grundstücke veräußert, in der Weise zugerechnet werden, dass unter Einbeziehung dieser Veräußerungen ein **gewerblicher Grundstückshandel** des Gesellschafters besteht.[184]

Erwerben und veräußern mehrere Personen Grundbesitz teils in Form von Bruchteilseigentum, teils in Form vermögensverwaltender Gesellschaften, so können in die steuerrechtliche Gesamtbeurteilung der Tätigkeit der einzelnen Gemeinschaften oder Gesellschaften die Aktivitäten der jeweils anderen Gemeinschaften oder Gesellschaften jedenfalls dann miteinbezogen werden, wenn alle Gemeinschafter oder Gesellschafter identisch sind. Bei Beantwortung der Frage, ob die „Drei-Objekt-Grenze" überschritten ist, sind die Veräußerungen von Anteilen an Grundstücksgesellschaften miteinzubeziehen.[185]

Erwirbt jemand zwei Grundstücke, errichtet er hierauf in Verkaufsabsicht jeweils ein Supermarktgebäude und veräußert er diese Grundstücke in zeitlichem Zusammenhang mit der Bebauung, unterhält er einen Gewerbebetrieb. Die zu **Wohneinheiten** entwickelte „Drei-Objekt-Grenze" schließt diese Annahme nicht aus.[186] Die Errichtung von gewerblich genutzten Gebäuden einer bestimmten Größenordnung zum Zwecke der Veräußerung entspricht dem Bild des typischen Gewerbetreibenden, der eigeninitiativ tätig wird und Produktionsfaktoren zu marktfähigen Güter- und Dienstleistungsangeboten bündelt und sie am Markt absetzt.[187]

Werden einzelne Objekte einer Grundstücksgemeinschaft den Gemeinschaftern gegen Zahlung auf das gemeinsame Baukonto ohne Gewinnerzielungsabsicht zu Alleineigentum zugewiesen, so handelt es sich nicht um Vorgänge, die auf die „Drei-Objekt-Grenze" Anrechnung finden.[188]

13.5.3 Notwendiges Betriebsvermögen

13.5.3.1 Wirtschaftsgüter

Wirtschaftsgüter gehören zum notwendigen Betriebsvermögen, wenn sie dem Betrieb des Steuerpflichtigen derart dienen, dass sie objektiv erkennbar zum unmit-

---
183 BFH, BStBl 1996 II S. 367.
184 BFH, BStBl 1995 II S. 617.
185 BFH, BStBl 1996 II S. 369.
186 BFH, BStBl 1996 II S. 303.
187 BFH, BStBl 1996 II S. 303/305 m. w. N.
188 BFH, BStBl 1996 II S. 599.

13.5 Umfang des Betriebsvermögens

telbaren Einsatz im Betrieb selbst bestimmt sind.[189] Es sind entweder Gegenstände, die ihrer Natur nach mit dem Betrieb des Steuerpflichtigen eng verbunden und für die Führung des Betriebs wesentlich oder gar unentbehrlich sind (geborenes notwendiges Betriebsvermögen), oder Wirtschaftsgüter, die allein aufgrund ihrer Zweckbestimmung und tatsächlichen Verwendung unmittelbar dem Betrieb dienen (gekorenes notwendiges Betriebsvermögen). Welche Wirtschaftsgüter notwendiges Betriebsvermögen darstellen, kann in Grenzfällen nur aus den Gegebenheiten des Wirtschaftsgutes und seinem Verhältnis zu einem bestimmten Betrieb entschieden werden. Ein Wirtschaftsgut, das notwendiges Betriebsvermögen ist, ist es nicht wegen der buch- und bilanzmäßigen Behandlung, sondern wegen seiner Art oder tatsächlichen Beziehung zum einzelnen Betrieb. Deshalb ist seine Entnahme nicht durch Behandlung als Privatvermögen, sondern nur durch Zweckentfremdung oder Übertragung auf Dritte (Schenkung) möglich.

Ein Wirtschaftsgut, das im Zeitpunkt seines Erwerbs notwendiges Betriebsvermögen war, verliert die Eigenschaft als Betriebsvermögen erst durch Entnahme.[190] [191]

Ist ein Wirtschaftsgut des notwendigen Betriebsvermögens zu Unrecht als Privatvermögen behandelt worden, ist die Bilanz zu **berichtigen**. Es handelt sich nicht um eine nach § 6 Abs. 1 Nr. 5 EStG zu bewertende Einlage. Stattdessen muss das fragliche Wirtschaftsgut mit dem Wert in die Bilanz aufgenommen werden, mit dem es bei von Anfang an richtiger Bilanzierung auszuweisen gewesen wäre. Soweit dabei AfA versehentlich unterlassen wurden, können diese Abschreibungen nachgeholt werden (R 44 Abs. 10 EStR).[192]

Notwendiges Betriebsvermögen sind z. B. Betriebsgrundstücke, Maschinen, Betriebsvorrichtungen, Roh-, Hilfs- und Betriebsstoffe, soziale Einrichtungen des Unternehmens, Forderungen aus Lieferungen und Leistungen und Patente bei eigengewerblicher Verwertung der Erfindung.[193]

Zum notwendigen Betriebsvermögen rechnen – unabhängig von ihrer tatsächlichen Nutzung – alle Wirtschaftsgüter, die **betrieblich veranlasst** angeschafft, hergestellt oder eingelegt werden. Eine betriebliche Veranlassung liegt vor, wenn ein objektiver wirtschaftlicher oder tatsächlicher Zusammenhang mit dem Betrieb besteht. Dieser Zusammenhang mit dem Betrieb wird nicht nur durch die Widmung eines angeschafften Gegenstands zu betrieblichen Zwecken begründet; er wird auch unabhängig von der tatsächlichen oder beabsichtigten Nutzung des Gegenstands dadurch hergestellt, dass der Anschaffungsvorgang als solcher betrieblich veranlasst ist. In diesem Fall ist der Zugang des angeschafften Gegenstands zum Betriebsvermögen notwendige Folge des betrieblich veranlassten Erwerbs. Ein vergleichbarer Zusammenhang besteht bei allen Vermögenszuflüssen, die auf einem betrieblichen Vor-

---
189 BFH, BStBl 1979 II S. 554.
190 BFH, BStBl 1980 II S. 439.
191 Im Einzelnen s. u. 13.5.9.
192 Vgl. auch H 44 „Unterlassene ... AfA" EStH.
193 BFH, BStBl 1970 II S. 317.

gang beruhen. So gelangt ein Vermögensgegenstand, den ein Unternehmer statt Geld als Entgelt für eine betriebliche Leistung erhält, auch dann in sein Betriebsvermögen, wenn eine betriebliche Verwendung weder vorgesehen noch möglich ist. Betriebsvermögen werden im Zeitpunkt des Zugangs auch betrieblich veranlasste Sachgeschenke, die ihrer Art nach nicht im Betrieb verwendet werden können. Sie werden sofort nach dem Zugang zum Betriebsvermögen in den Privatbereich entnommen.

Zum Betriebsvermögen rechnen somit alle Gegenstände, die dem Unternehmer im Rahmen seiner betrieblichen Tätigkeit, deren Ziel gerade die Mehrung des Betriebsvermögens ist, zugehen.[194]

Der Erwerb eines Grundstücks zur Rettung des durch ein Grundpfandrecht gesicherten Werts einer betrieblichen Forderung vollzieht sich im betrieblichen Bereich. Denn der Erwerb in der Zwangsversteigerung stellt eine Form der Realisierung der Forderung und insoweit eine typische betriebliche Tätigkeit dar. Allerdings kann der betriebliche Zusammenhang durch private Zielvorstellungen überlagert werden, falls das ersteigerte Grundstück außerbetrieblichen Zwecken zugeführt wird. Ist der Unternehmer jedoch gezwungen, sich für sein Grundpfandrecht in dem Grundstück selbst einen Ersatz zu verschaffen, so liegt das auslösende Moment für den Erwerbsvorgang in der betrieblichen Sphäre. Ist der Erwerbsvorgang selbst betrieblich veranlasst, so kann nicht davon ausgegangen werden, dass der Unternehmer bereits die betriebliche Forderung und das Sicherungsrecht entnommen und zur Erlangung eines privaten Wirtschaftsgutes verwendet hat. Denn der betriebliche Zusammenhang wird erst durch die Erwerbsvorgang nachfolgende private Verwendung gelöst.[195]

Wirtschaftsgüter des Anlagevermögens, die nicht mehr betrieblich genutzt werden können, weil sie wirtschaftlich verbraucht und daher zur Veräußerung bestimmt sind, bleiben als Umlaufvermögen bis zur Veräußerung notwendiges Betriebsvermögen. Wird das Wirtschaftsgut später tatsächlich veräußert, gehört der Verkaufserlös deshalb auch dann zu den Betriebseinnahmen, wenn das Wirtschaftsgut vor der Veräußerung mit dem Buchwert zulasten des Kapitalkontos erfolgsneutral ausgebucht worden ist, um die Veräußerung im nichtbetrieblichen Bereich stattfinden zu lassen.

Ein aus betrieblichen Mitteln gewährtes Darlehen gehört nicht ohne weiteres zum notwendigen Betriebsvermögen.[196] Dagegen gehört eine Darlehensforderung zum notwendigen Betriebsvermögen, wenn sie im Zusammenhang mit dem Erwerb eines Betriebsgrundstücks steht bzw. ihn erst ermöglicht[197] oder wenn der Empfänger mit der Darlehenssumme ein Grundstück erwerben soll, welches im Wege langfristiger

---
194 BFH, BStBl 1988 II S. 424.
195 BFH, BStBl 1988 II S. 424.
196 BFH, BStBl 1970 II S. 621.
197 BFH, BStBl 1974 II S. 734.

13.5 Umfang des Betriebsvermögens

Nutzungsüberlassung den betrieblichen Zwecken des Darlehensgebers zu dienen bestimmt ist.[198]

Die Darlehensforderung eines Steuerberaters gegen seinen Mandanten ist notwendiges Betriebsvermögen, wenn das Darlehen zur Rettung einer Honorarforderung gewährt wurde.[199]

Notwendiges Betriebsvermögen ist auch das **Fernsehgerät,** das ein Fernsehautor und Regisseur **außerhalb seiner Wohnung** in beruflich genutzten Räumen aufgestellt hat und das er nur in unwesentlichem Umfang privat nutzt.[200]

Die Gewinne aus „Schlossbesichtigung" gehören zu den Einkünften aus Gewerbebetrieb. Die für die Besichtigung freigegebenen Räume eines Schlosses und die darin aufgestellten Gegenstände sind Grundlage für die gewerbliche Tätigkeit und gehören daher zum notwendigen Betriebsvermögen des „Besichtigungsbetriebs".[201]

Ein Mietwohngrundstück gehört dann zum notwendigen Betriebsvermögen, wenn für die Vermietung gerade an Arbeitnehmer betriebliche Gründe maßgebend waren.[202]

Eine – wenn auch nur geringfügige – Beteiligung eines Malermeisters an einer Wohnungsbau-GmbH gehört zum notwendigen Betriebsvermögen des Malermeisters, wenn die Beteiligung dazu bestimmt ist, die gewerbliche (branchengleiche) Betätigung des Steuerpfl. entscheidend zu fördern, oder wenn sie dazu dienen soll, den Absatz von Produkten des Steuerpfl. zu gewährleisten.[203]

Die Beteiligung an einer GmbH kann auch bei einem Freiberufler zum notwendigen Betriebsvermögen gehören, z. B. die Beteiligung eines Wirtschaftsprüfers an einer Treuhandgesellschaft. Voraussetzung ist, dass der Betrieb der GmbH der freiberuflichen Tätigkeit nicht wesensfremd ist.[204] Demgegenüber ist der Anteil eines Steuerberaters an einer GmbH, deren Betrieb der Steuerberatungspraxis wesensfremd ist, auch dann nicht dem freiberuflichen Vermögen zuzurechnen (weder notwendiges noch gewillkürtes Betriebsvermögen), wenn er in der Absicht erworben wurde, das steuerliche Mandat der GmbH zu erlangen.[205]

GmbH-Anteile gehören im Rahmen einer Betriebsaufspaltung zum Betriebsvermögen des Besitzunternehmens, wenn sie der Durchsetzung des einheitlichen geschäftlichen Betätigungswillens in der Betriebsgesellschaft dienen.[206] Eine Beteiligung

---
198 BFH, BStBl 1975 II S. 573.
199 BFH, BStBl 1980 II S. 571.
200 BFH, BStBl 1980 II S. 412.
201 BFH, BStBl 1980 II S. 633.
202 BFH, BStBl 1977 II S. 315.
203 BFH, BStBl 1994 II S. 296 m. w. N.
204 BFH, BStBl 1976 II S. 380; vgl. auch BFH, BStBl 1982 II S. 345, 1994 II S. 296 m. w. N.
205 BFH, BStBl 1981 II S. 564; vgl. auch BFH, BStBl 1985 II S. 517.
206 BFH, BStBl 1989 II S. 456, S. 714.

13 Bilanzierung in der Steuerbilanz

ohne beherrschenden Einfluss auf eine als Kommanditistin an der Betriebspersonengesellschaft beteiligte GmbH erfüllt diese Voraussetzung nicht.[207] Ein Wirtschaftsgut ist jedoch nicht schon allein deshalb notwendiges Betriebsvermögen, weil es mit betrieblichen Mitteln angeschafft wurde oder der Sicherung betrieblicher Kredite dient.

Da es nicht nur auf die Art, sondern auch auf die Beziehung der Gegenstände zum einzelnen Betrieb ankommt, können gleichartige Gegenstände bei einem Steuerpflichtigen notwendiges Betriebsvermögen, beim anderen gewillkürtes Betriebsvermögen oder Privatvermögen bilden.

Wirtschaftsgüter, die zum Zwecke der betrieblichen Nutzung erworben wurden, sind auch dann notwendiges Betriebsvermögen, wenn sie zunächst noch nicht ihrem endgültigen Erwerbszweck gemäß genutzt werden. Dies setzt aber voraus, dass eine andere als die betriebliche Verwendung nach objektiven Gegebenheiten künftig nicht in Betracht kommen wird.[208] Dasselbe gilt, wenn die betriebliche Verwendung später aus Gründen scheitert, die vom Unternehmer nicht zu beeinflussen waren, oder wenn der Erwerber seine Absicht – äußerlich nicht erkennbar – geändert haben sollte.[209]

Beispiele

a) Eine Ziegelei erwirbt Nachbargrundstücke als Vorratsgelände. Mit dem Lehmabbau wird erst nach 4 Jahren begonnen.

b) Ein Unternehmer erwirbt das Nachbargrundstück zum Zwecke der unbedingt erforderlichen Betriebserweiterung. Wegen Finanzierungsschwierigkeiten verzögert sich der Erweiterungsbau um einige Jahre.

In beiden Fällen handelt es sich um notwendiges Betriebsvermögen. Es ist nicht möglich, die Grundstücke zunächst als Privatvermögen zu behandeln, um sie bei Beginn der eigentlichen betrieblichen Nutzung als Einlage mit dem Teilwert einzubuchen.

c) Ein als Belegschaftsheim erworbenes Grundstück am Bodensee wird mangels Nachfrage bei den Mitarbeitern wegen des allgemeinen Urlaubstrends auf außerdeutsche Ziele nicht genutzt.

Es handelt sich um notwendiges Betriebsvermögen.[210]

Bloße Planungen eines Hoteliers, auf einem Grundstück ggf. ein weiteres Hotel zu errichten, stellen noch nicht eine so nahe Beziehung des Grund und Bodens zu seinem Hotelbetrieb her, dass das Grundstück schon dadurch objektiv erkennbar zum unmittelbaren Einsatz im Betrieb bestimmt ist; notwendiges Betriebsvermögen liegt noch nicht vor.[211]

---

207 BFH, BStBl 1982 II S. 60.
208 BFH, BStBl 1991 II S. 829.
209 BFH, BStBl 1993 II S. 752 m. w. N.
210 BFH, BStBl 1976 II S. 179.
211 FG Münster vom 17. 9. 1991, rkr., EFG 1992 S. 251.

13.5.3.2 Schulden

13.5.3.2.1 Betriebliche Veranlassung

Schulden gehören zum (notwendigen) Betriebsvermögen, wenn sie mit dem Betrieb in wirtschaftlichem Zusammenhang stehen oder zu dem Zweck übernommen wurden, dem Betrieb Mittel zuzuführen. Die Zuordnung einer Verbindlichkeit zum Betriebs- oder Privatvermögen hängt daher von dem **Anlass** ihrer Entstehung ab. Eine Verbindlichkeit ist dann betrieblich veranlasst, wenn der sie auslösende Vorgang im betrieblichen Bereich liegt.[212] Dementsprechend gehört ein Darlehen, das zur Ablösung einer Schuld aufgenommen wurde, nur dann zum Betriebsvermögen, wenn auch die abgelöste Schuld betrieblich veranlasst war.[213]

Setzen sich Miterben über einen Nachlass teilweise auseinander und erwirbt einer der Miterben ein zum Privatvermögen des Erblassers gehörendes Grundstück gegen Abfindung zur Nutzung in seinem Betrieb, so ist die Abfindungsverbindlichkeit eine Betriebsschuld.[214]

Ist der Erbfall in einkommensteuerrechtlicher Sicht notwendig ein privater (außerbetrieblicher) Vorgang und damit der Erwerb durch Erbfall ein privater Erwerb, so müssen auch Erbfallschulden, insbesondere Vermächtnis- und Pflichtteilsschulden, private Verbindlichkeiten sein. Die Erfüllung eines **Pflichtteilsanspruchs** kann mithin nicht als entgeltliches Geschäft angesehen werden.

Der private Charakter einer Pflichtteilsverbindlichkeit wird nicht dadurch beeinträchtigt, dass Erbe und Pflichtteilsberechtigter die verzinsliche Stundung der Pflichtteilsverbindlichkeit vereinbaren. Wird eine Pflichtteilsverbindlichkeit, die aus ererbtem Betriebsvermögen resultiert, mithilfe eines Darlehens abgelöst, so bildet auch dieses Darlehen keine betriebliche Verbindlichkeit.[215] Die Annahme einer **Betriebsschuld** ist nur in der Weise möglich, dass die Erbfallschuld zunächst durch Entnahme liquider Mittel aus dem Betriebsvermögen getilgt wird und anschließend betriebliche Aufwendungen mit betrieblichen Mitteln bestritten werden.[216]

Der Unternehmer kann das Schulddarlehen im Allgemeinen nicht aus dem Betriebsvermögen in das Privatvermögen überführen; bei Schulden gibt es grundsätzlich **kein** gewillkürtes Betriebsvermögen und somit kein Wahlrecht.[217] Deshalb bleiben Verbindlichkeiten, die bis zur Vollbeendigung eines Gewerbebetriebs trotz Verwertung des Aktivvermögens nicht getilgt werden konnten, weiterhin Betriebsschulden,[218] und zwar selbst dann, wenn zu ihrer Sicherung ein privates Einfamilienhaus mit einer Hypothek belastet wird.[219]

---

212 BFH, BStBl 1986 II S. 255.
213 BFH, BStBl 1991 II S. 226.
214 BFH, BStBl 1987 II S. 423, BStBl 1994 II S. 619/621.
215 BFH, BStBl 1994 II S. 619.
216 BFH, BStBl 1994 II S. 619.
217 BFH, BStBl 1978 II S. 618.
218 BFH, BStBl 1998 II S. 144.
219 BFH, BStBl 1981 II S. 461; vgl. auch BFH, BStBl 1989 II S. 456.

13 Bilanzierung in der Steuerbilanz

Hat der Gewerbetreibende aber den für betriebliche Zwecke aufgenommenen Kredit nach **Aufgabe seines Betriebs** nicht getilgt, obwohl ihm hierfür ausreichende Mittel aus der Abwicklung des Betriebsvermögens zur Verfügung gestanden hätten, verlieren die Schulden ihren betrieblichen Zusammenhang mit der Folge, dass die auf den Kredit entfallenden Zinsen nicht als (nachträgliche) Betriebsausgaben abziehbar sind.[220] Dies gilt nicht, wenn der Veräußerungserlös verwendet wird, um anderes Betriebsvermögen, ggf. auch einen Mitunternehmeranteil, zu erwerben. In diesem Fall ist die fragliche Schuld Betriebsschuld im Rahmen des neu erworbenen Betriebsvermögens.[221] Im Falle des Erwerbs eines Mitunternehmeranteils wird die Schuld negatives Sonderbetriebsvermögen II und ist in einer Sonderbilanz zu passivieren.

Von diesem Grundsatz ist auch auszugehen, wenn ein Gesellschafter Zinsen für Verbindlichkeiten bezahlt, die in wirtschaftlichem Zusammenhang mit der Tätigkeit der Personengesellschaft entstanden und damit negatives Betriebsvermögen der **Gesellschaft** geworden sind.[222]

Hat der Gesellschafter einer Personengesellschaft zur Finanzierung seiner Gesellschaftseinlage einen Kredit aufgenommen, so gehört diese Verbindlichkeit, solange seine Mitunternehmerstellung andauert, zum negativen **Sonderbetriebsvermögen II** des Gesellschafters. Die hierfür gezahlten Zinsen sind **Sonderbetriebsausgaben.** Sie sind als nachträgliche Betriebsausgaben abziehbar, soweit mit dem Erlös aus der Veräußerung des Mitunternehmeranteils die zu seiner Begründung oder zu seinem Erwerb eingegangenen Verbindlichkeiten nicht getilgt werden können.[223]

Was für diese zum Sonderbetriebsvermögen II eines Gesellschafters gehörenden Verbindlichkeiten gilt, gilt auch für Verbindlichkeiten, die in wirtschaftlichem Zusammenhang mit Wirtschaftsgütern stehen, die ein Gesellschafter einer Personengesellschaft, an der er beteiligt ist, zur Nutzung überlässt (**Sonderbetriebsvermögen I**). Verwendet der Gesellschafter die Wirtschaftsgüter des Sonderbetriebsvermögens nach Beendigung seiner Mitunternehmerstellung nicht zur Rückführung der mit diesem Vermögen wirtschaftlich zusammenhängenden Verbindlichkeiten, muss er sich so behandeln lassen, als ob er die zurückbehaltenen Aktivwerte zur Schuldentilgung verwendet hätte mit der Folge, dass die Schulden nicht mehr Betriebsschulden und die Zinsen keine Betriebsausgaben sind.[224][225]

Zahlt ein Gesellschafter Zinsen für **Gesellschaftsschulden,** die bislang wegen nicht mehr vorhandenen Gesellschaftsvermögens nicht getilgt werden konnten, so muss er sich nicht entgegenhalten lassen, dass er die Aktivwerte seines Sonderbetriebsvermögens zur Tilgung dieser Verbindlichkeiten hätte einsetzen können. Die

---

220 BFH, BStBl 1996 II S. 291 m. w. N.
221 BFH, BStBl 1991 II S. 14.
222 BFH, BStBl 1996 II S. 291/293 m. w. N.
223 S. u. 21.4.3.4, 21.5.3.2.2.
224 BFH, BStBl 1996 II S. 291/293.
225 S. u. 21.5.3.2.1.

13.5 Umfang des Betriebsvermögens

Gesellschaftsschulden bleiben Betriebsschulden, und damit sind die betreffenden Schuldzinsen Betriebsausgaben.[226]

Unabhängig davon, ob eine Tilgung möglich war, bleibt eine nach Grund und/oder Höhe **ungewisse Verbindlichkeit** des Betriebsvermögens nach Veräußerung oder Aufgabe des Betriebs grundsätzlich bis zu dem Zeitpunkt notwendiges Betriebsvermögen, in dem sie zu einer nach Grund und Höhe gewissen Verbindlichkeit wird. Ungewisse Verbindlichkeiten bergen besondere Risiken und Chancen. Auch wenn sie bei der Ermittlung des Veräußerungs- oder Aufgabegewinns gem. § 16 EStG nach den zu diesem Zeitpunkt vorhandenen Erkenntnissen zutreffend bewertet wurden, kann sich diese Bewertung später als falsch erweisen. Lagen die die Ungewissheit auslösenden Vorgänge ebenso wie die die Entstehung der Schuld auslösenden im betrieblichen Bereich, dann sind die auf der Ungewissheit beruhenden Risiken und Chancen betrieblich veranlasst. Sie sind betriebliche Risiken und Chancen und bleiben dies auch nach der Veräußerung oder Aufgabe des Betriebes. Verwirklichen sich diese Risiken und Chancen, so sind die dadurch entstehenden Vermögensminderungen oder -mehrungen noch Folge dieser Vorgänge. Sie sind Verluste oder Gewinne aus der ehemaligen gewerblichen Tätigkeit.[227]

Diese Grundsätze gelten auch für die dem Grunde und der Höhe nach bestrittenen Forderungen.[228]

Eine Verbindlichkeit, die ein Mitunternehmer begründete, um seiner gesellschaftsrechtlichen Einlageverpflichtung nachzukommen, gehört zum negativen Sonderbetriebsvermögen des Gesellschafters, solange die Mitunternehmerstellung andauert. Bestehen bei der Veräußerung des Mitunternehmeranteils hinsichtlich der früheren Betriebsschuld Rückzahlungshindernisse, entfällt zunächst die Möglichkeit einer Schuldentilgung; eine Verrechnung zwischen den früheren Betriebsschulden und den anlässlich der Veräußerung erlangten Aktivwerten kann nicht stattfinden. Der Steuerpflichtige wird so behandelt, als ob die nicht tilgbaren früheren Betriebsschulden ihren betrieblichen Charakter beibehalten, bis die Rückzahlungshindernisse entfallen sind. Die daraus resultierenden Schuldzinsen sind nachträgliche Betriebsausgaben (BFH, BStBl 1985 II S. 323). Nur wenn ein eindeutiger Zusammenhang mit einem Wirtschaftsgut besteht und dieses aus dem Betriebsvermögen ausscheidet, wird das Darlehen eine Privatschuld (R 13 Abs. 15 Satz 1 EStR).

Beispiel

Auf einem Grundstück, das aus dem Betriebsvermögen durch Entnahme ausscheidet, lastet eine Restkaufpreis-Hypothek.

Da zwischen dem Grundstück und der Schuld ein wirtschaftlicher Zusammenhang besteht, wird die Schuld durch die Entnahme des Grundstücks eine Privatschuld. Bestand zwischen dem Grundstück und der Schuld jedoch nur ein rechtlicher Zusammenhang (dingliche Sicherheit), erfolgte also die Schuldaufnahme aus anderem

---
226 BFH, BStBl 1996 II S. 291.
227 BFH, BStBl 1990 II S. 537.
228 BFH, BStBl 1994 II S. 564.

13 Bilanzierung in der Steuerbilanz

betrieblichen Anlass, so bleibt die Schuld auch bei Überführung des Grundstücks ins Privatvermögen eine betriebliche Schuld.

13.5.3.2.2 Kontokorrentschulden

Entsteht eine **Kontokorrentverbindlichkeit** sowohl durch betrieblich als auch privat veranlasste Auszahlungen oder Überweisungen, so ist sowohl bei der Gewinnermittlung durch Betriebsvermögensvergleich (§ 4 Abs. 1, § 5 EStG) als auch bei der Gewinnermittlung nach § 4 Abs. 3 EStG nur der betrieblich veranlasste Teil des Kredits dem Betriebsvermögen zuzurechnen und bei Gewinnermittlung durch Betriebsvermögensvergleich zu **passivieren**. Die auf diesen Teil des Kontokorrentkredites entfallenden Schuldzinsen sind **vorbehaltlich § 4 Abs. 4 a EStG** abziehbare Betriebsausgaben.

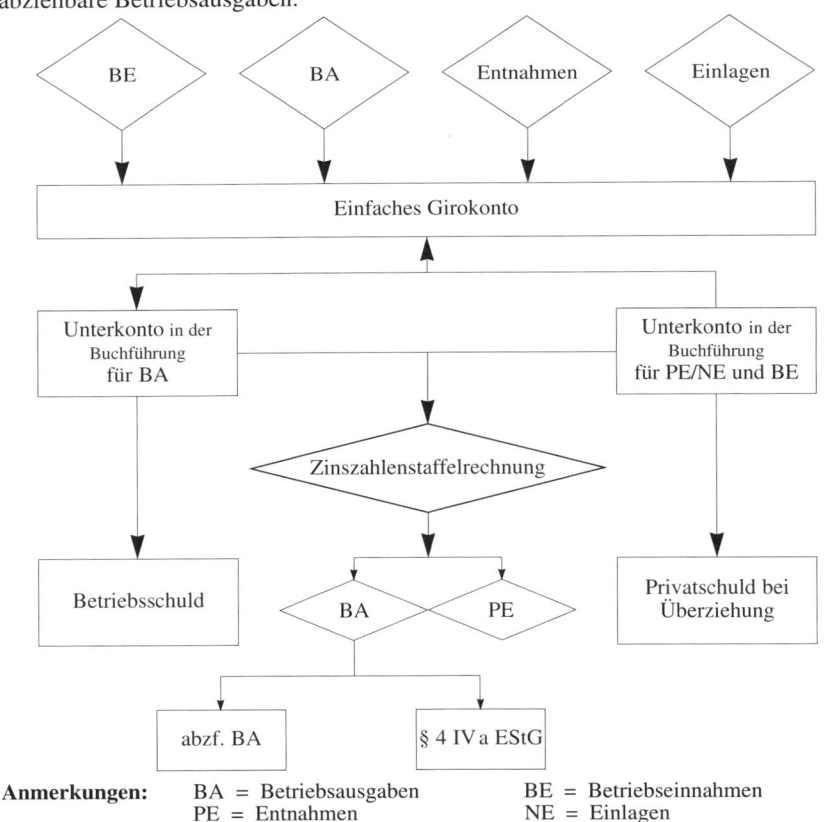

```
    ⟨ BE ⟩    ⟨ BA ⟩    ⟨ Entnahmen ⟩    ⟨ Einlagen ⟩
       │        │           │              │
       ▼        ▼           ▼              ▼
    ┌──────────────────────────────────────────────┐
    │           Einfaches Girokonto                │
    └──────────────────────────────────────────────┘
         │                              │
         ▼                              ▼
    ┌─────────────────┐          ┌─────────────────┐
    │ Unterkonto in der│─────────│ Unterkonto in der│
    │  Buchführung    │          │  Buchführung    │
    │    für BA       │          │ für PE/NE und BE│
    └─────────────────┘          └─────────────────┘
         │                              │
         │          ⟨ Zinszahlenstaffelrechnung ⟩
         │                    │
         ▼              ▼           ▼          ▼
    ┌──────────────┐  ⟨ BA ⟩   ⟨ PE ⟩   ┌──────────────┐
    │ Betriebsschuld│                    │ Privatschuld bei│
    │               │                    │   Überziehung   │
    └──────────────┘                    └──────────────┘
            │              │
         abzf. BA      § 4 IV a EStG
```

Anmerkungen: BA = Betriebsausgaben   BE = Betriebseinnahmen
                 PE = Entnahmen   NE = Einlagen

13.5 Umfang des Betriebsvermögens

Die gebotene Aufteilung der für gemischte Kontokorrentkonten entrichteten **Schuldzinsen** ist grundsätzlich nach der sog. **Zinszahlenstaffelmethode** vorzunehmen. Dazu ist das Kontokorrentkonto entsprechend den privaten und betrieblichen Sollbuchungen rechnerisch in zwei Unterkonten aufzuteilen. Auf dem einen Unterkonto erscheinen die privat veranlassten, auf dem anderen Konto die betrieblich veranlassten Sollbuchungen. Betriebseinnahmen sind vorab dem privaten Unterkonto gutzubringen, anfallende Betriebsausgaben aber dem betrieblichen Unterkonto zu belasten. Einlagen des Betriebsinhabers werden ebenfalls vorab dem privaten Unterkonto gutgeschrieben.[229]

Beispiel

Inhalt des Kontokorrentkontos für den Monat Dezember 06:

Soll			Haben		
1. 12. Betriebseinnahmen	17 000 DM		1. 12. Bestand		1 000 DM
9. 12. Betriebseinnahmen	12 000 DM		1. 12. Betriebsausgaben		18 000 DM
18. 12. Betriebseinnahmen	21 000 DM		9. 12. Betriebsausgaben		11 000 DM
23. 12. Betriebseinnahmen	27 000 DM		9. 12. ESt-Nachzahlung		60 000 DM
28. 12. Betriebseinnahmen	9 000 DM		17. 12. Betriebsausgaben		10 000 DM
30. 12. Betriebseinnahmen	13 000 DM		17. 12. Entnahmen		8 000 DM
31. 12. Bestand	136 000 DM		23. 12. Kaufpreis Privatgrundstück		100 000 DM
			28. 12. Entnahmen		7 000 DM
			30. 12. Betriebsausgaben		20 000 DM
	235 000 DM				235 000 DM

Die Schuldzinsen betragen 14 v. H.

Formeln für die Ermittlung der Zinsen und Zinszahlen:

$$\text{Zinsen} = \frac{\text{Kapital} \times \text{Zinsen} \times \text{Tage}}{100 \times 360}$$

$$\text{Zinszahl} = \frac{\text{Kapital} \times \text{Tage}}{100}$$

$$\text{Dann Zinsen} = \frac{\text{Zinssatz} \times \text{Zinszahl}}{360}$$

Alle über das Kontokorrentkonto abgewickelten Zahlungsvorgänge sind einzeln auf ihre betriebliche oder private Veranlassung zu beurteilen.[230] Dabei kann unterstellt werden, dass durch die laufenden Geldeingänge zunächst die privaten Schuldenteile getilgt werden.[231]

---

229 BFH, BStBl 1990 II S. 817; BFH, BStBl 1991 II S. 226, S. 390.
230 BFH, BStBl 1983 II S. 723.
231 BFH, BStBl 1990 II S. 817; BStBl 1991 II S. 226, S. 390.

13 Bilanzierung in der Steuerbilanz

Datum	Gesamtkonto	Teilkonto Betrieb			Teilkonto Privat		
		Betrag	Zinstage	Zinszahl	Betrag	Zinstage	Zinszahl
1. 12.	./. 1 000 + 17 000 ./. 18 000	./. 1 000 + 17 000 ./. 18 000					
9. 12.	./. 2 000 + 12 000 ./. 11 000 ./. 60 000	./. 2 000 — ./. 11 000 —	8	160	— + 12 000 — ./. 60 000		
17. 12.	./. 61 000 ./. 10 000 ./. 8 000	./. 13 000 ./. 10 000 —	8	1 040	./. 48 000 — ./. 8 000	8	3 840
18. 12.	./. 79 000 + 21 000	./. 23 000 —	1	230	./. 56 000 + 21 000	1	560
23. 12.	./. 58 000 + 27 000 ./. 100 000	./. 23 000 — —	5	1 150	./. 35 000 + 27 000 ./. 100 000	5	1 750
28. 12.	./. 131 000 + 9 000 ./. 7 000	./. 23 000 — —	5	1 150	./. 108 000 + 9 000 ./. 7 000	5	5 400
30. 12.	./. 129 000 + 13 000 ./. 20 000	./. 23 000 — ./. 20 000	2	460	./. 106 000 + 13 000 —	2	2 120
	./. 136 000	./. 43 000	1	430	./. 93 000	1	930
			30	4 620		22	14 600

Die als Betriebsausgaben abziehbaren Zinsen betragen

$$\left(\frac{14}{360} \times 4620 = \right) \ 179{,}67 \ \text{DM}.$$

13.5.3.2.3 Zweikontenmodell

Der Aufteilung der Kontokorrentschuld und der Kontokorrentzinsen nach Maßgabe der Zinszahlenstaffelmethode oder aufgrund einer Schätzung bedarf es nicht, wenn der Steuerpflichtige **zwei** oder mehr **Kontokorrentkonten** unterhält und die betrieblich sowie die außerbetrieblich veranlassten Auszahlungen über unterschiedliche Konten abgewickelt werden. Das der Abwicklung **betrieblich** veranlasster Zahlungsvorgänge dienende Konto ist **Betriebsschuld**. Die Zinsen sind vorbehaltlich § 4 Abs. 4 a EStG Betriebsausgaben. Das der Abwicklung der **außerbetrieblichen** Auszahlungen dienende Kontokorrentkonto ist auch zugleich das Konto, auf dem die Betriebseinnahmen eingehen. Es handelt sich regelmäßig um ein Konto mit Guthaben, das auf der Aktivseite der Bilanz auszuweisen ist. Für den Fall allerdings, dass die Entnahmen die Betriebseinnahmen übersteigen, liegt eine **Privatschuld** vor.

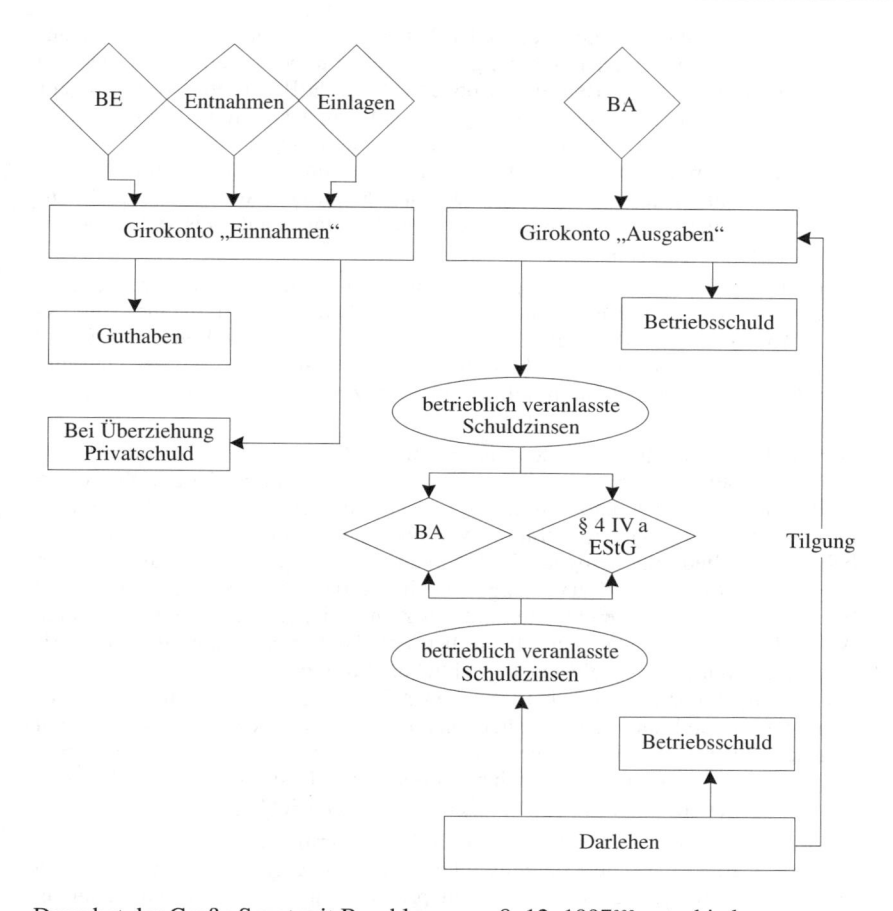

13.5 Umfang des Betriebsvermögens

```
    BE    Entnahmen   Einlagen              BA
     │         │         │                   │
     ▼         ▼         ▼                   ▼
   Girokonto „Einnahmen"          Girokonto „Ausgaben" ◄──┐
        │                                   │             │
        ▼                                   ▼             │
     Guthaben                         Betriebsschuld      │
                                                          │
  Bei Überziehung ◄──┐         betrieblich veranlasste    │
    Privatschuld     │             Schuldzinsen           │
                     │                   │                │
                     │         ┌─────────┴─────────┐      │
                     │         ▼                   ▼      │
                     │        BA              § 4 IV a   Tilgung
                     │                          EStG
                     │                           ▲
                     │         ┌─────────────────┘
                     │         │
                     │   betrieblich veranlasste
                     │       Schuldzinsen
                     │             ▲
                     │             │
                     │      Betriebsschuld
                     │             ▲
                     │             │
                     └────────  Darlehen  ──────────────┘
```

Dazu hat der Große Senat mit Beschluss vom 8. 12. 1997[232] entschieden:

1. **Schuldzinsen**, die für eine Verbindlichkeit geleistet werden, die durch den Betrieb veranlasst ist und deshalb zum Betriebsvermögen gehört, sind Betriebsausgaben. Ausgehend von dem Grundsatz, dass der Unternehmer in seiner Entscheidung frei ist, ob er sein Unternehmen unter Einsatz von Eigenkapital oder Fremdkapital führt, ist allein die Verwendung des Darlehensbetrages ausschlag-

---
232 BFH (GrS) v. 8. 12. 1997, BStBl 1998 II S. 193. Vgl. auch BMF v. 10. 11. 1993, BStBl 1993 I S. 930. Die Anweisungen im Schreiben des BMF stimmen teilweise mit den Grundsätzen der Entscheidung des Großen Senats nicht überein. Die Tz. 8–10 sind daher nach BMF v. 22. 5. 2000, BStBl 2000 I S. 588 Tz. 39, überholt.

gebend. Unerheblich ist dagegen, ob der Steuerpflichtige die mit Darlehen finanzierten Aufwendungen auch durch eigene Mittel hätte bestreiten können oder ob der Betrieb über aktives Betriebsvermögen oder stille Reserven verfügt, die zur Deckung der Betriebsschulden herangezogen werden könnten. Damit steht es dem Unternehmer frei, zunächst dem Betrieb Barmittel ohne Begrenzung auf einen Zahlungsmittelüberschuss zu entnehmen und im Anschluss hieran betriebliche Aufwendungen durch Darlehen zu finanzieren. Der Abzug der Schuldzinsen bedeutet nicht etwa eine steuerliche Vergünstigung, sondern ist die Folge des objektiven Nettoprinzips.

Folglich wird die betriebliche Veranlassung von Schuldzinsen nicht dadurch beeinträchtigt, dass der betriebliche Fremdmittelbedarf auf Entnahmen zurückgeht. Andererseits sind Schuldzinsen nicht etwa deshalb als Betriebsausgaben abziehbar, weil Eigenmittel für betriebliche Zwecke eingesetzt worden sind und aus diesem Grunde Fremdmittel für private Zwecke aufgenommen werden mussten.[233]

2. Der Große Senat billigt eine **Kontentrennung**, die auch als Zwei- oder Mehr-Konten-Modell bezeichnet wird. Es bedarf nicht der Aufteilung der Kontokorrentschuld und der Kontokorrentzinsen nach Maßgabe der Zinszahlenstaffelmethode, wenn der Steuerpflichtige zwei (oder mehr) Kontokorrentkonten unterhält und die betrieblich sowie die außerbetrieblich veranlassten Auszahlungen über unterschiedliche Konten abgewickelt werden. Der Steuerpflichtige ist berechtigt, die Betriebseinnahmen auf ein Konto einzuzahlen, das nur privaten Auszahlungen dient. Dies berührt die betriebliche Veranlassung des durch private Auszahlungen ausgelösten betrieblichen Mittelbedarfs nicht. Betriebliche Auszahlungen von dem dem betrieblichen Zahlungsverkehr gewidmeten Kontokorrentkonto und die damit einhergehende Erhöhung des Schuldsaldos sind ungeachtet der Tatsache, dass der Finanzierungsbedarf durch die Barentnahmen ausgelöst worden ist, ausschließlich betrieblich veranlasst. Die damit zusammenhängenden Schuldzinsen sind als Betriebsausgaben abziehbar.

3. Die Möglichkeit der Kontentrennung stellt keine missbräuchliche Umgehung des § 4 Abs. 4 EStG dar. Die Kontentrennung dient der Abgrenzung der betrieblich veranlassten Verbindlichkeiten von den privat veranlassten Verbindlichkeiten. Sie bedeutet im Prinzip nichts wesentlich anderes als die rechnerische Führung von Unterkonten im Rahmen eines gemischten Kontokorrentkontos; durch sie werden Steuerpflichtige und FA von dem mit der sog. Zinszahlenstaffelmethode verbundenen erheblichen Arbeitsaufwand entlastet. Eine Einschränkung wäre auch mit dem Grundsatz der Finanzierungsfreiheit des Steuerpflichtigen nicht vereinbar.

4. Wird eine Kontokorrentschuld, die betrieblich veranlasst ist, durch einen **langfristigen Kredit** abgelöst, so ist auch dieses langfristige Darlehen eine Betriebs-

---
[233] BFH v. 21. 2. 1991, BStBl 1991 II S. 514.

schuld. Die hierfür anfallenden Schuldzinsen sind Betriebsausgaben, und zwar auch dann, wenn gleichzeitig Entnahmen ein Guthaben auf einem Kontokorrentkonto aufgrund von Betriebseinnahmen verringern.

Das gilt nicht nur bei Entnahmen zur Finanzierung des allgemeinen Lebensbedarfs, sondern auch dann, wenn das Darlehen in zeitlichem Zusammenhang mit dem Erwerb eines zur Eigennutzung bestimmten Wohngrundstücks aufgenommen wird, gleichzeitig aber Betriebseinnahmen auf einem anderen Konto angesammelt wurden, um eine betragsmäßig der Darlehensvaluta entsprechende Kaufpreisrate für das Grundstück zu zahlen.

Entscheidend ist, dass die Kreditmittel tatsächlich zur Ablösung einer Betriebsschuld (betriebliche Kontokorrentschuld) verwendet werden. Auf die Art der dafür hingegebenen Sicherheiten kommt es ebenso wenig an[234] wie auf eine zeitliche Nähe zwischen der Zuführung der langfristigen Kreditmittel auf das negative betriebliche Kontokorrentkonto und der Verwendung der im Unternehmen vorhandenen und auf einem Einnahmekonto gesondert gebuchten Barmittel.

5. Anders ist hingegen zu entscheiden, wenn ein Darlehen nicht zur Finanzierung betrieblicher Aufwendungen, sondern tatsächlich zur Finanzierung einer Entnahme und damit für private Zwecke verwendet wird. Ein solcher Fall ist dann gegeben, wenn dem Betrieb keine entnahmefähigen Barmittel zur Verfügung stehen und die Entnahme von Barmitteln erst dadurch möglich wird, dass Darlehensmittel in das Unternehmen fließen. In einem solchen Fall findet keine Ersetzung von Eigen- durch Fremdkapital statt, sondern es werden Entnahmen durch Darlehensmittel finanziert.

13.5.3.2.4 Beschränkung des Schuldzinsenabzugs nach § 4 Abs. 4 a EStG

Mit dem Steuerbereinigungsgesetz 1999 wird mit Wirkung vom Veranlagungszeitraum 1999 der betrieblich veranlasste Schuldzinsenabzug nach § 4 Abs. 4 a EStG beschränkt (§ 52 Abs. 11 EStG). Die Vorschrift ist eine Reaktion des Gesetzgebers auf die nach seiner Auffassung zu weitgehende Entscheidung des Großen Senats des BFH.[235] Um der Situation Rechnung zu tragen, dass Entnahmen aus vorhandenen Barmitteln getätigt werden können und gleichzeitig ein Fremdmittelbedarf für betrieblich veranlasste Zahlungen zum Schuldzinsenabzug führt, begrenzt § 4 Abs. 4 a EStG kurzerhand den Abzug von Betriebsausgaben.

Um Missverständnissen vorzubeugen: Nach § 4 Abs. 4 a EStG werden nicht privat veranlasste Schuldzinsen im Wege pauschaler Berechnung ermittelt und dem Gewinn hinzugerechnet. Privat veranlasste Schuldzinsen etwa durch Überziehung eines betrieblichen Kontokorrentkontos durch Entnahmen, weil nicht genügend Guthaben vorhanden ist, sind erst gar nicht Betriebsausgaben i. S. des § 4 Abs. 4

---
234 BFH v. 29. 5. 1996, BStBl 1997 II S. 57.
235 BFH (GrS) v. 8. 12. 1997, BStBl 1998 II S. 193. Die Anweisungen in BMF v. 10. 11. 1993, BStBl 1993 I S. 930 sind aufgrund des Beschlusses des Großen Senats teilweise überholt.

13 Bilanzierung in der Steuerbilanz

EStG. Also bedarf es insoweit keiner Beschränkung des Abzugs. Vielmehr geht es um die Schuldzinsen, die mit Schulden im Zusammenhang stehen, deren Veranlassung unstreitig betrieblich ist.

Beispiel
Unternehmer U hat bei seiner Bank drei Girokonten eingerichtet. Girokonto I weist nach Betriebseinnahmen ein Guthaben in Höhe von 20 000 DM aus. Girokonto II weist nach Betriebseinnahmen ein Guthaben in Höhe von 10 000 DM aus. Girokonto III ist aufgrund von Lohnzahlungen sowie der Zahlung von Wareneinkäufen negativ und beträgt ./. 300 000 DM. Um seinen privaten Lebensbedarf zu finanzieren entnimmt U durch Überweisung von Girokonto I auf sein Privatkonto 20 000 DM und vom Girokonto II 25 000 DM.

a) Nach Überweisung lautet das Girokonto I auf 0 DM, Schuldzinsen fallen insoweit nicht an.

b) Nach Überweisung lautet das Girokonto II auf ./. 15 000 DM. Die Schuldzinsen, die die Bank für Girokonto II in Rechnung stellt, sind privat veranlasst und dürfen nicht als Betriebsausgaben abgezogen werden. Der Schuldsaldo stellt keine Betriebsschuld dar. Mithin ist die Überweisung vom Girokonto II auch nur in Höhe von 10 000 DM eine Entnahme i. S. des § 4 Abs. 1 Satz 2 EStG. Der darüber hinausgehende Betrag ist kein Geschäftsvorfall, der im Rahmen der Buchführung des Unternehmens Berücksichtigung finden kann. Im Inventar ist das Girokonto II mit 0 DM enthalten.

c) Der Schuldsaldo auf dem Girokonto III ist betrieblich veranlasst. Die Schuldzinsen, die die Bank für Girokonto III in Rechnung stellt, sind Betriebsausgaben. Der Abzug dieser Schuldzinsen als Betriebsausgabe wird nach Maßgabe der Regelung des § 4 Abs. 4 a EStG beschränkt.

Die Beschränkung des betrieblich veranlassten Schuldzinsenabzugs versucht § 4 Abs. 4 a EStG nach folgenden Grundsätzen zu erreichen:[236]

1. **Schuldzinsen** für Finanzierung von **Anlagevermögen** sind voll abziehbar. Erforderlich ist dafür jedoch, dass die Finanzierung im Rahmen eines selbstständigen Schuldverhältnisses abgrenzbar ist und nicht im Rahmen einer Kontokorrentschuld zusammen mit anderen Ausgaben zu einem Schuldsaldo geführt hat.[237]

2. **Betrieblich veranlasste Schuldzinsen**, die **nicht** mit der Finanzierung von Wirtschaftsgütern des Anlagevermögens im Zusammenhang stehen, sind bis zu einem Betrag von **4000 DM** stets abziehbar. Bei Personengesellschaften wird diese Bagatellgrenze nach Auffassung der Finanzverwaltung nicht mit der Anzahl der Mitunternehmer vervielfältigt.[238]

3. Soweit die **betrieblich veranlassten Schuldzinsen** 4000 DM übersteigen, ist der Schuldzinsenabzug **gesperrt** in Höhe von **typisiert 6 %** der **Überentnahmen** des Wirtschaftsjahres. Überentnahmen der vorangegangenen Wirtschaftsjahre erhöhen die Bemessungsgrundlage. Unterentnahmen der vorangegangenen Wirtschaftsjahre mindern die Bemessungsgrundlage.

---
236 Vgl. zu Einzelfragen auch BMF v. 22. 5. 2000, BStBl 2000 I S. 588.
237 BMF v. 22. 5. 2000, BStBl 2000 I S. 588, Tz. 26 ff.
238 BMF v. 22. 5. 2000, BStBl 2000 I S. 588, Tz. 30.

13.5 Umfang des Betriebsvermögens

Überentnahmen liegen vor, wenn die Entnahmen (Bar- und Sachentnahmen) die Summe des Gewinns und evtl. Einlagen überschreiten. **Unterentnahmen** liegen dagegen vor, wenn die Entnahmen den Gewinn und evtl. Einlagen nicht überschreiten. Dem folgend spricht man von **Einlageüberschüssen**, wenn die Einlagen den Wert der Entnahmen überschreiten.[239]

Beispiel 1

Schuldzinsen lt. GuV 1999 (betrieblich veranlasst)		30 000 DM
./. Darlehenszinsen zur Finanzierung von Anlagevermögen		25 000 DM
Verbleiben (von § 4 Abs. 4 a EStG betroffen)		5 000 DM
Entnahmen lt. Buchführung 1999		120 000 DM
Gewinn lt. GuV 1999	80 000 DM	
Einlagen 1999	5 000 DM	– 85 000 DM
Überentnahme des Jahres 1999		35 000 DM

Hinzurechnung zum Gewinn nach § 4 Abs. 4 a EStG

→ Überentnahme 35 000 DM × 6 % =		**2 100 DM**
→ Höchstens Schuldzinsen lt. GuV	5 000 DM ./. 4 000 DM =	**1 000 DM**

Beispiel 2

Gleicher Sachverhalt wie zu 1, die Schuldzinsen ohne Finanzierung von Anlagevermögen betragen jedoch 12 000 DM.

Hinzurechnung zum Gewinn nach § 4 Abs. 4 a EStG

→ Überentnahme 35 000 DM × 6 % =		**2 100 DM**
→ Höchstens Schuldzinsen lt. GuV	12 000 DM ./. 4 000 DM =	**8 000 DM**

4. Der **Hinzurechnungsbetrag** nach § 4 Abs. 4 a EStG gehört zu den nichtabziehbaren Betriebsausgaben, die nur den Gewinn nach Steuerrecht erhöhen. Der Betrag ist deshalb dem Gewinn **außerhalb** der Bilanz hinzuzurechnen.

5. Die Gewinnerhöhung beeinflusst grundsätzlich auch den **Gewerbeertrag**.[240] Da jedoch zur Berechnung der Überentnahmen der Gewinn ermittelt werden muss, der sich durch die Zuführung zur **GewSt-Rückstellung** verringert, führt die Hinzurechnung zu einem größeren Gewerbeertrag, der wiederum eine höhere GewSt-Rückstellung auslöst. Diese höhere GewSt-Rückstellung wiederum mindert den Gewinn, der doch gerade Grundlage für die Berechnung der Bemessungsgrundlage nach § 4 Abs. 4 a EStG war. Die gegenseitige Abhängigkeit ist evident. Aus diesem Grund ist die GewSt-Rückstellung aufgrund der Hinzurechnung nach § 4 Abs. 4 a EStG aus **Vereinfachungsgründen** nicht zu korrigieren.[241]

---

239 BMF v. 22. 5. 2000, BStBl 2000 I S. 588, Tz. 16.
240 Soweit eine Hinzurechnung nach § 8 Nr. 1 GewStG bei Kontokorrentzinsen (7-Tage-Regelung) in Betracht kommt, muss der Hinzurechnungsbetrag unter Beachtung von § 4 Abs. 4 a EStG berechnet werden.
241 BMF v. 22. 5. 2000, BStBl 2000 I S. 588, Tz. 21.

13 Bilanzierung in der Steuerbilanz

6. **Verluste** bleiben im Jahr der **Verlustentstehung** unberücksichtigt.[242]

Beispiel

Schuldzinsen lt. GuV 1999		30 000 DM
./. Darlehenszinsen zur Finanzierung von Anlagevermögen		5 000 DM
Verbleiben (von § 4 Abs. 4 a EStG betroffen)		25 000 DM
Entnahmen lt. Buchführung 1999		120 000 DM
Verlust lt. GuV 1999	80 000 DM	
Einlagen 1999	5 000 DM	– 5 000 DM
Überentnahme des Jahres 1999		115 000 DM
Hinzurechnung zum Gewinn nach § 4 Abs. 4 a EStG		
→ Überentnahme 115 000 DM × 6 % =		**6 900 DM**
→ Höchstens Schuldzinsen lt. GuV 25 000 DM ./. 4 000 DM =		21 000 DM

7. **Verluste** vorangegangener Wirtschaftsjahre sind mit **Unterentnahmen**[243] der vorangegangenen und zukünftigen Jahre zu verrechnen.[244]

Beispiel

Schuldzinsen lt. GuV 2001 (von § 4 Abs. 4 a EStG betroffen)		25 000 DM
Entnahmen lt. Buchführung 2001		120 000 DM
Gewinn lt. GuV 2001	80 000 DM	
Einlagen 2001	5 000 DM	– 85 000 DM
Überentnahme des Jahres 2001		35 000 DM
Unterentnahmen 1999		40 000 DM
Verlust lt. GuV 2000		30 000 DM
Verbleibende Unterentnahme aus Vorjahren		10 000 DM
Bemessungsgrundlage für § 4 Abs. 4 a EStG in 2001		25 000 DM
Hinzurechnung zum Gewinn nach § 4 Abs. 4 a EStG		
→ Überentnahme 25 000 DM × 6 % =		**1 500 DM**
→ Höchstens Schuldzinsen lt. GuV 25 000 DM ./. 4 000 DM =		21 000 DM

8. Dem Wortlaut des § 4 Abs. 4 a EStG zufolge sind Überentnahmen bzw. Unterentnahmen der **vorangegangenen** Jahre zu berücksichtigen. Das gilt nach **BMF**[245] erst **ab 1999**. Der **Anfangsbestand** am 1. 1. 1999 beträgt daher **0 DM**. Auf die Höhe des Kapitalkontos am 1. 1. 1999 kommt es daher nicht an. Dies ist für Unternehmer mit negativem Kapitalkonto aufgrund von Entnahmen in den Jahren vor 1999 von großem Vorteil. Unternehmer mit positivem Eigenkapital werden dagegen benachteiligt.

---

242 BMF v. 22. 5. 2000, BStBl 2000 I S. 588, Tz. 11.
243 Entsprechendes gilt für Einlagenüberschüsse = Einlagen > Entnahmen.
244 BMF v. 22. 5. 2000, BStBl 2000 I S. 588, Tz. 11–15.
245 BMF v. 22. 5. 2000, BStBl 2000 I S. 588, Tz. 36.

13.5 Umfang des Betriebsvermögens

Beispiel

Kapitalkonto 1. 1. 1999	– 120 000 DM
Verluste in den Vorjahren	80 000 DM
Folge: Überentnahmen in den Vorjahren	40 000 DM
Schuldzinsen lt. GuV 1999 (i. S. des § 4 Abs. 4 a EStG)	25 000 DM
Entnahmen lt. Buchführung 1999	180 000 DM
./. Gewinn lt. GuV 1999 100 000 DM	
./. Einlagen 1999 10 000 DM	110 000 DM
Überentnahmen des Jahres 1999	**70 000 DM**
Überentnahmen aus der Zeit vor 1999	0 DM
Hinzurechnung zum Gewinn nach § 4 Abs. 4 a EStG	
→ Überentnahmen 1999 → 70 000 DM × 6 % =	**4 200 DM**
→ Höchstens Schuldzinsen lt. GuV 25 000 DM ./. 4 000 DM =	21 000 DM

9. Entnahmen und Einlagen innerhalb von **3 Monaten vor und nach dem Bilanzstichtag** bleiben bei der Berechnung der Über- bzw. Unterentnahmen unberücksichtigt, soweit sie im Saldo rückgängig gemacht worden sind (§ 4 Abs. 4 a Satz 3 EStG). Eine Einlage vor dem Jahresende zur Verringerung der Summe der Überentnahmen wird daher nicht in die Berechnung der Beschränkung des Schuldzinsenabzugs zugunsten des Unternehmers einbezogen, wenn und soweit nach Beginn des folgenden Geschäftsjahres eine Entnahme erfolgt. Diese zur Vermeidung der Manipulation vorgesehene Regelung zwingt den Stpfl., die Entnahmen und Einlagen zeitlich genau zu bestimmen. Bei Nutzungsentnahmen etwa muss eine zeitanteilige Zurechnung erfolgen. Es sind daher zusätzliche Aufzeichnungen geboten, um die Summe der Entnahmen und Einlagen innerhalb des IV. Quartals und des I. Quartals eines Wirtschaftsjahres bestimmen zu können.

Beispiel

Die Schuldzinsen i. S. des § 4 Abs. 4 a EStG betragen für 01 12 000 DM und für 02 14 000 DM.

	Wirtschaftsjahr 01				Wirtschaftsjahr 02			
	I	II	III	IV	I	II	III	IV
Entnahmen	30 000	30 000	30 000	0	30 000	30 000	30 000	0
Einlagen	1 000	2 000	3 000	30 000	0	1 000	2 000	30 000
Gewinn	54 000				57 000			

Die Einlagen im IV. Quartal des Jahres 01 bleiben unberücksichtigt, weil sie im I. Quartal des Folgejahres rückgängig gemacht worden sind. Die Entnahme im I. Quartal des Jahres 02 bleibt bei der Berechnung der Überentnahmen des Jahres 02 außer Betracht, um eine doppelte Berücksichtigung zu vermeiden.[246] Die Beschränkung des Schuldzinsenabzugs beträgt

a) für 01:

Entnahmen		90 000 DM
./. Einlagen	36 000 DM	
Gewinn	54 000 DM	90 000 DM
		0 DM
+ Korrektur nach § 4 Abs. 4 a Satz 3 EStG		30 000 DM
Überentnahmen 01		30 000 DM × 6 % = 1 800 DM

b) für 02:

Entnahmen		90 000 DM
./. Einlagen	33 000 DM	
Gewinn	57 000 DM	90 000 DM
		0 DM
./. Korrektur nach § 4 Abs. 4 a Satz 3 EStG		30 000 DM
Unterentnahmen 02		− 30 000 DM.

Eine Beschränkung des Schuldzinsenabzugs kommt für 02 nicht in Betracht.[247]

13.5.4 Notwendiges Privatvermögen

Wirtschaftsgüter, die ihrer Natur nach zum privaten Vermögen gehören und die der Unternehmer, auch wenn er es wollte, nicht zum Betriebsvermögen ziehen kann, bezeichnet man als **notwendiges Privatvermögen**. Sie haben keine Beziehung zum Betrieb. Ihrem Wesen nach sind sie nicht geeignet, dem Betrieb des Steuerpflichtigen zu dienen. Sie dürfen deshalb weder in den Bestandsaufnahmen noch in den Bilanzen ausgewiesen werden. Sind die Wirtschaftsgüter nicht schon wegen ihrer Art notwendiges Privatvermögen, so können sie wegen ihrer tatsächlichen Beziehung zum privaten Bereich notwendiges Privatvermögen sein. Nur durch eine Änderung dieser Beziehung kann sich die Zuordnung ändern. In diesen privaten Bereich gehören z. B. privat genutzte Einfamilienhäuser, Hausrat, Kleidung, Schmuck, aber auch Darlehen, die aus außerbetrieblichen Erwägungen gewährt werden,[248] und solche Wirtschaftsgüter, bei denen bereits erkennbar ist, dass sie dem Betrieb keinen Nutzen, sondern nur noch Verluste bringen werden.[249]

Ein zur nachhaltigen Nutzung in den Verkehr gebrachter **Bodenschatz** (Mineralvorkommen) ist ein besonderes, neben dem landwirtschaftlich genutzten Grund und Boden bestehendes Wirtschaftsgut, das in der Regel – d. h., wenn der Bodenschatz

---

246 BMF v. 22. 5. 2000, BStBl 2000 I S. 588, Tz. 16.
247 Weitere **Beispiele** vgl. BMF v. 22. 5. 2000, BStBl 2000 I S. 588, Tz. 16–18.
248 BFH (GrS), BStBl 1990 II S. 817.
249 BFH, BStBl 1982 II S. 461.

13.5 Umfang des Betriebsvermögens

nicht für Zwecke der Landwirtschaft gewonnen und in ihr verwertet wird – zum Privatvermögen gehört.[250] Scheidet der Vater aus einem mit seinem Sohn betriebenen Unternehmen unentgeltlich aus und wird dabei sein negatives Kapital in eine Forderung des Sohnes gegen ihn umgewandelt, so gehört diese Forderung zum Privatvermögen des Sohnes. Ihre Zinslosigkeit kann deshalb nicht zu einer Abzinsung zulasten des Gewinns führen.[251]

Privatvermögen wird durch eine Belastung (Verpfändung) zu betrieblichen Zwecken nicht zwangsläufig Betriebsvermögen. Die Verpfändung führt lediglich zu einem rechtlichen, aber keinem wirtschaftlichen Zusammenhang zum Betrieb.[252]

Ist ein Wirtschaftsgut des notwendigen Privatvermögens zu **Unrecht** als Betriebsvermögen behandelt worden, ist die Bilanz zu berichtigen. Da keine **Entnahme** vorliegt, hat die Herausnahme zum Buchwert und nicht zum Teilwert zu erfolgen.[253] Entsprechendes gilt, wenn ein Wirtschaftsgut durch Entnahme aus dem Betriebsvermögen ausgeschieden ist, nunmehr zum Privatvermögen gehört, jedoch weiterhin bilanziert wird, weil es unterlassen wurde, die Entnahme buchmäßig zu erfassen.[254]

13.5.5 Gewillkürtes Betriebsvermögen

Wirtschaftsgüter, die weder notwendiges Betriebsvermögen noch notwendiges Privatvermögen darstellen, können zum **gewillkürten Betriebsvermögen** gehören. Hierfür kommen Wirtschaftsgüter in Betracht, deren Art nicht eindeutig in den betrieblichen oder privaten Bereich weist, deren Einreihung in den betrieblichen oder privaten Bereich aber auch ihrer Natur nicht widerspricht. Der Unternehmer kann selbst entscheiden, ob er sie als Betriebsvermögen oder als Privatvermögen führen will. Entschließt er sich für eine Behandlung als Betriebsvermögen, dann muss diese Entscheidung unmissverständlich in einer Weise kundgemacht werden, dass ein sachverständiger Dritter ohne weitere Erklärung des Steuerpfl. die Zugehörigkeit zum Betriebsvermögen erkennen kann.[255] Bei der Ermittlung des Gewinns aus Land- und Forstwirtschaft nach Durchschnittssätzen kann wegen fehlender Buchführung gewillkürtes Betriebsvermögen nicht gebildet werden.[256]

Der buch- und bilanzmäßige Ausweis ist dann nicht entscheidend, wenn das betreffende Wirtschaftsgut nach dem Willen des Betriebsinhabers nicht als (gewillkürtes) Betriebsvermögen behandelt werden soll. Wird z. B. ein vom finanzamtlichen Betriebsprüfer **irrtümlich** in die Bilanzen aufgenommenes Grundstück in den fol-

---

250 BFH, BStBl 1983 II S. 203, BStBl 1987 II S. 865; BFH, BStBl 1994 II S. 846; vgl. auch BMF, BStBl 1998 I S. 1221.
251 BFH, BStBl 1980 II S. 96.
252 BFH, BStBl 1973 II S. 628.
253 BFH, BStBl 1976 II S. 378.
254 BFH, BStBl 1977 II S. 148.
255 BFH, BStBl 1994 II S. 172.
256 BFH, BStBl 1991 II S. 798.

13 Bilanzierung in der Steuerbilanz

genden Jahren weiterhin buchmäßig erfasst, liegt gleichwohl keine Einlage vor. Die Steuerpflichtigen befinden sich hier in einer gewissen Zwangslage, weil sie annehmen, der Auffassung des Finanzamts nicht mit Erfolg entgegentreten zu können.[257] **Voraussetzung** der Bildung gewillkürten Betriebsvermögens ist, dass das dem Betrieb zugewiesene Wirtschaftsgut **objektiv geeignet** ist, dem Betrieb zu dienen und diesen mittelbar, z. B. durch Einnahmen in Form von Vermögenserträgen oder Verstärkung des Betriebskapitals,[258] zu fördern.[259] Das kann nur nach den Umständen jedes einzelnen Falles beurteilt werden. Es obliegt jedoch dem Steuerpflichtigen, der die Zuordnung eines Wirtschaftsgutes zum Betriebsvermögen anstrebt, konkrete objektiv nachprüfbare Umstände darzulegen, dass es betriebliche Gründe waren, die ihn dazu veranlasst haben, das Wirtschaftsgut in die Gewinnermittlung einzubeziehen. Dabei dürfen an das Bestehen dieses objektiven Zusammenhangs keine übertriebenen Anforderungen gestellt werden. Die bloße Behauptung, betriebliche Gründe seien ausschlaggebend, **genügt jedoch auf keinen Fall.** Der Wohnwagen eines Schaustellers kann zum Betriebsvermögen gehören,[260] ebenso das von einem freiberuflich tätigen Ingenieur zum Zwecke der Betriebserweiterung erworbene Grundstück.[261]

Beispiel
In der Buchführung und Bilanz ist ein unbebautes Grundstück ausgewiesen, dessen endgültige Verwendung noch offen ist. Eine Verwendung als Tauschobjekt zum Erwerb eines unmittelbar betrieblich zu nutzenden Grundstücks liegt im Bereich der konkret ins Auge gefassten Möglichkeiten.
Das Grundstück ist objektiv geeignet und vom Betriebsinhaber dazu bestimmt, den Betrieb zu fördern.

Die **Verpfändung einer Forderung** rechtfertigt in der Regel ihre Einbringung in das Betriebsvermögen. Ebenso können Patente bei Verwertung durch Vergabe von Lizenzen gewillkürtes Betriebsvermögen sein.[262]

Barrengold kommt als gewillkürtes Betriebsvermögen jedenfalls für solche Gewerbebetriebe nicht in Betracht, die nach ihrer Art oder Kapitalausstattung kurzfristig auf Liquidität für geplante Investitionen angewiesen sind.[263]

Die Zuordnung von **Devisentermingeschäften** zum gewillkürten Betriebsvermögen ist denkbar, unterliegt aber bei branchenfremden Unternehmen wegen der hohen Risikoträchtigkeit der Geschäfte strengen Anforderungen.[264]

Eine allgemeine **Unfallversicherung** für den Betriebsinhaber zur Abdeckung der Unfallrisiken im betrieblichen und privaten Bereich **kann** dem Betriebsvermögen

---
257 BFH, BStBl 1984 II S. 294.
258 BFH v. 20. 4. 1999, BStBl 1999 II S. 466.
259 BFH, BStBl 1985 II S. 395, BStBl 1993 II S. 21.
260 BFH, BStBl 1975 II S. 172 und S. 769.
261 BFH, BStBl 1981 II S. 618.
262 BFH, BStBl 1970 II S. 317.
263 BFH, BStBl 1997 II S. 351.
264 BFH v. 20. 4. 1999, BStBl 1999 II S. 466.

13.5 Umfang des Betriebsvermögens

zugerechnet werden. Wird so verfahren, dann sind die Prämien anteilig als Betriebsausgaben abziehbar. Die Versicherungsleistungen sind Betriebseinnahmen, wenn sich der Unfall im betrieblichen Bereich ereignet hat.[265]

Schließt eine Personenhandelsgesellschaft eine **Risikolebensversicherung** auf das Leben eines Gesellschafters ab, so bilden die Prämien auch dann keine Betriebsausgaben, wenn die Versicherung der Absicherung eines Bankkredits dient.[266] Die von einer **Personengesellschaft** auf das Leben ihrer Gesellschafter abgeschlossene Lebensversicherung gehört selbst dann nicht zum Betriebsvermögen, wenn die Versicherungsleistungen zur Abfindung der Hinterbliebenen des verstorbenen Gesellschafters verwendet werden sollen.[267]

Schließt aber ein Unternehmen einen Versicherungsvertrag auf das Leben oder den Tod eines fremden **Dritten** (z. B. Arbeitnehmer oder Geschäftspartner) ab und ist Bezugsberechtigter nicht der Dritte, sondern das Unternehmen, so kann der Anspruch auf die Versicherungsleistung zum Betriebsvermögen gehören.[268]

Vermietet der Inhaber eines Hotelgaststättenbetriebs ein auf der dem Betrieb gegenüberliegenden Straßenseite belegenes Einfamilienhaus zu fremden Wohnzwecken, so liegt ein für die Eigenschaft gewillkürtes Betriebsvermögen erforderlicher Förderungszusammenhang vor, wenn das Gebäude jederzeit als Wohnung für Betriebsangehörige bzw. Betriebspächter verwendet oder veräußert werden kann, um dem Betrieb Mittel zuzuführen.[269]

Beim **gewillkürten Betriebsvermögen** schafft der äußere Vorgang der Buchung auf Bestandskonten die widerlegbare Vermutung, dass die Wirtschaftsgüter zum Betriebsvermögen gehören. Im Allgemeinen ist eine Rückgängigmachung dieser Entscheidung ebenso wie eine Überführung ins Privatvermögen nur im Wege der erfolgswirksamen **Entnahme** möglich.[270]

Beispiel

Ein Buch führender Gewerbetreibender, dessen Wirtschaftsjahr mit dem Kalenderjahr übereinstimmt, hat am 1. 4. Wertpapiere zum Anschaffungspreis von 40 000 DM erworben. Die Anschaffungskosten wurden auf dem Wertpapierkonto gebucht. Bis zum Ende des Wirtschaftsjahrs ist der Kurswert auf 100 000 DM gestiegen. Wegen des beabsichtigten Verkaufs wurden die Anschaffungskosten bei den vorbereitenden Abschlussbuchungen umgebucht: Entnahmen an Wertpapiere 40 000 DM.
Eine Überführung ins Privatvermögen ist nur im Wege der erfolgswirksamen Entnahme, die mit dem Teilwert von 100 000 DM zu bewerten ist, möglich. Lediglich bei Fernbuchführung kann eine Rückbuchung anerkannt werden, wenn die Entscheidung des Steuerpflichtigen über die Zugehörigkeit zum Betriebs- oder Privatvermögen, z. B.

---

265 BFH v. 22. 6. 1990, BStBl 1990 II S. 901 und BMF v. 18. 2. 1997, BStBl 1997 I S. 278 zur entsprechenden Sachbehandlung bei Arbeitnehmern.
266 BFH, BStBl 1989 II S. 657; vgl. auch BFH, BStBl 1990 II S. 1017.
267 BFH, BStBl 1992 II S. 653 zur Teilhaberversicherung.
268 BFH, BStBl 1997 II S. 343.
269 FG Baden-Württemberg vom 4. 4. 1990, rkr., EFG 1990 S. 564.
270 BFH, BStBl 1968 II S. 522.

13 Bilanzierung in der Steuerbilanz

wegen einer Geschäftsreise oder schwerer Krankheit, zunächst nicht zu erreichen war.[271] In solchen Fällen wird im Allgemeinen eine Klärung innerhalb von 1 bis 2 Monaten erwartet werden dürfen.

Gewillkürtes Betriebsvermögen wird nicht allein deshalb Privatvermögen, weil der Gewinn nicht aufgrund ordnungsmäßiger Buchführung, sondern durch Schätzung nach § 162 AO ermittelt wird.[272]

Auch ein Buch führender Landwirt kann gewillkürtes Betriebsvermögen haben.[273] Selbst eine vermietete Hofstelle kann zum gewillkürten Betriebsvermögen gehören.[274] Ebenso können Wertpapiere eines bilanzierenden Freiberuflers gewillkürtes Betriebsvermögen sein.[275]

Da aber Voraussetzung für den Ansatz gewillkürten Betriebsvermögens ist, dass das Wirtschaftsgut objektiv geeignet ist, dem Betrieb zu dienen und diesen zu fördern, haben Gewerbetreibende in größerem Umfang die Möglichkeit, Wirtschaftsgüter zum Betriebsvermögen zu ziehen. So sind Bodenschätze, die nicht für Zwecke der Landwirtschaft gewonnen und in ihr verwertet werden, nicht geeignet, im Rahmen des § 13 Abs. 1 EStG dem Betrieb zu dienen und ihn zu fördern.[276]

Bei der Gewinnermittlung nach § 4 Abs. 3 EStG wird gewillkürtes Betriebsvermögen grundsätzlich nicht anerkannt (R 13 Abs. 16 EStR),[277] weil die Wirtschaftsgüter wegen der fehlenden Bestandsaufnahme unbemerkt in das Privatvermögen überführt und dadurch der Versteuerung entzogen werden könnten.[278] Ausnahmen können sich lediglich aus dem besonderen Entnahmebegriff des § 4 Abs. 1 Satz 4 EStG ergeben. Deshalb bleiben in einer Röntgenpraxis gewonnene und zur Veräußerung bestimmte Silberabfälle Betriebsvermögen, auch wenn sie zu Barren umgegossen werden; es sei denn, sie werden durch eindeutige Entnahmehandlung aus dem Betriebsvermögen entfernt.[279] Ebenso führt die Bebauung und Vermietung von bisher land- und forstwirtschaftlich genutzten Grundstücken auch bei nicht Buch führenden Land- und Forstwirten nicht zwingend zu einer Entnahme des Grund und Bodens. Da aber Gebäude und zugehörige Bodenfläche hinsichtlich der Zuordnung zum Betriebs- oder Privatvermögen einheitlich zu behandeln sind,[280] darf das auf dem bisher land- und forstwirtschaftlich genutzten Grund und Boden errichtete Gebäude auch bei einem nicht Buch führenden Land- und Forstwirt grundsätzlich als gewillkürtes Betriebsvermögen behandelt werden.

---

271 BFH, BStBl 1968 II S. 522.
272 BFH, BStBl 1969 II S. 35.
273 BFH, BStBl 1988 II S. 490.
274 BFH, BStBl 1972 II S. 942.
275 BFH, BStBl 1973 II S. 289.
276 BFH, BStBl 1982 II S. 526, 1983 II S. 106, 203.
277 H 16 Abs. 6 „Geduldetes" gewillkürtes Betriebsvermögen EStH.
278 Dieses Argument wird zunehmend kritisiert. Offensichtlich bewegt sich die Rechtsprechung des BFH wohl in Richtung „Gewillkürtes Betriebsvermögen bei § 4 Abs. 3 EStG zulässig". Vgl. Schmidt/Heinicke, EStG, 19. Aufl., § 4 Rz. 166–167.
279 BFH, BStBl 1986 II S. 907.
280 H 13 (7) „Anteilige Zugehörigkeit" EStH.

13.5 Umfang des Betriebsvermögens

Bei besonderen Verhältnissen kann die Einbringung in das Betriebsvermögen abgelehnt werden, z. B. die Einlage nur Verluste verursachender Beteiligungen, wenn die Einbringung offensichtlich den Zweck verfolgt, bisher das Privatvermögen treffende Verluste in den betrieblichen Bereich zu verlagern.[281] Ein nicht zum notwendigen Betriebsvermögen gehörender Vorgang darf nicht mehr in die betriebliche Sphäre verlagert werden, wenn sich bereits Verluste abzeichnen.[282]

Wertpapiere können gewillkürtes Betriebsvermögen eines Gewerbebetriebs sein, wenn nicht bereits bei ihrem Erwerb erkennbar ist, dass sie dem Betrieb keinen Nutzen, sondern nur Verluste bringen. Gleichwohl sind branchenuntypische Termin- und Optionsgeschäfte dem betrieblichen Bereich auch dann nicht zuzuordnen, wenn generell die Möglichkeit besteht, damit Gewinne zu erzielen. Bei dieser Art von Geschäften ist der spekulative Charakter so sehr ausgeprägt, dass ein Förderungszusammenhang mit dem Betrieb nicht bejaht werden kann.[283]

Für die Angehörigen der freien Berufe ist der Umfang des Betriebsvermögens nicht unwesentlich eingeschränkt, weil Geschäfte, die nach der Standesauffassung diesen Berufen fremd sind (z. B. Darlehens- und Wertpapiergeschäfte), nicht zum gewillkürten Betriebsvermögen führen können.[284] Berufsfremde Geld- und Darlehensgeschäfte eines Anwalts sind dem privaten Bereich zuzurechnen, wenn nicht ganz besondere Umstände den Zusammenhang mit der Anwaltstätigkeit ergeben.[285]

Ebenso gehört das vermietete und alsbald nach seiner Fertigstellung weiterveräußerte Lager- und Bürogebäude eines Architekten auch dann nicht zum gewillkürten Betriebsvermögen einer freiberuflichen Bauplanungspraxis, wenn es vom Steuerpfl. auch als Ansichtsobjekt für künftige Auftraggeber errichtet wurde.[286]

13.5.6 Teilweise betriebliche Nutzung

Grundsätzlich gehören Wirtschaftsgüter entweder in vollem Umfang zum Betriebsvermögen oder zum Privatvermögen. Ein rechtlich und wirtschaftlich einheitliches Wirtschaftsgut kann nicht in einen betrieblichen und einen privaten Teil zerlegt werden. Es muss auch für die steuerrechtliche Gewinnermittlung als Einheit behandelt werden (R 13 Abs. 1 EStR). Eine Aufteilung in Betriebs- und Privatvermögen ist hiernach bei Fahrzeugen, Stereoanlagen, Personal-Computern, Waschmaschinen, Heimbüglern, Kühlschränken, Fernsehgeräten und ähnlichen Gegenständen abzulehnen.

Werden solche Wirtschaftsgüter **überwiegend** betrieblich genutzt, rechnen sie in vollem Umfang zum notwendigen Betriebsvermögen. Zum notwendigen Betriebs-

---
[281] BFH, BStBl 1993 II S. 21.
[282] BFH, BStBl 1970 II S. 492, vgl. auch BFH, BStBl 1983 II S. 566.
[283] BFH, BStBl 1997 II S. 399.
[284] BFH, BStBl 1981 II S. 564.
[285] BFH, BStBl 1982 II S. 340.
[286] BFH, BStBl 1989 II S. 666.

13 Bilanzierung in der Steuerbilanz

vermögen gehört auch ein Wirtschaftsgut, das in mehreren Betrieben des Steuerpflichtigen genutzt wird und dessen gesamte eigenbetriebliche Nutzung mehr als 50 v. H. beträgt (R 13 Abs. 1 Satz 7 EStR). Hier wird es dem Steuerpflichtigen überlassen bleiben, welchem seiner Betriebe er das Wirtschaftsgut zuordnet.

Überwiegt die **private Nutzung**, können die betreffenden Wirtschaftsgüter als **gewillkürtes Betriebsvermögen** behandelt werden, wenn die betriebliche Nutzung nicht unbedeutend ist und ein geeigneter Maßstab zur Abgrenzung der betrieblichen und der privaten Nutzung zur Verfügung steht.[287] Bei ganz unbedeutender betrieblicher Nutzung (= unter 10 %) gehören sie zum notwendigen Privatvermögen (R 13 Abs. 1 Satz 5 EStR).

Beispiele

a) Ein Arzt nutzt seinen PKW zu 70 % für betriebliche und 30 % für private Zwecke.

Der PKW gehört zum notwendigen Betriebsvermögen.

b) Ein Friseur nutzt seine Waschmaschine zu 40 % eigenbetrieblich und zu 60 % für private Zwecke.

Die Waschmaschine kann als gewillkürtes Betriebsvermögen, aber auch als Privatvermögen behandelt werden.

c) Ein Apotheker nutzt seinen PKW zu 5 % für eigengewerbliche und 95 % für private Zwecke.

Der PKW gehört zum notwendigen Privatvermögen, weil die betriebliche Nutzung unbedeutend ist.

Werden Wirtschaftsgüter auch betrieblich genutzt, obgleich sie wegen der untergeordneten betrieblichen Nutzung nicht zum Betriebsvermögen gehören, sind die laufenden Aufwendungen einschließlich der fixen Kosten, zu denen auch die AfA gehört, grundsätzlich in Betriebsausgaben und Kosten der Lebensführung aufzuteilen. Dies kann auch im Wege der Schätzung erfolgen (R 117 Sätze 1 und 2 EStR). Nur wenn sich private und betriebliche Nutzung nicht leicht und zweifelsfrei trennen lassen, sind die gesamten Aufwendungen vom Abzug als Betriebsausgabe ausgeschlossen (R 117 Satz 3 EStR).[288]

Beispiel

Ein Kfz-Händler errichtet eine Schwimmhalle, die ein selbstständiges Wirtschaftsgut darstellt, und nutzt sie sowohl privat als auch betrieblich, indem er seinen Arbeitnehmern die Benutzung zu bestimmten Zeiten gestattet.

Das gemischt genutzte Wirtschaftsgut kann nicht als (gewillkürtes) Betriebsvermögen behandelt werden, weil eine leichte und zweifelsfreie Trennung der betrieblichen und privaten Nutzung nicht möglich ist. Aus demselben Grund entfällt ein anteiliger Abzug der Aufwendungen als Betriebsausgaben.[289]

---

287 BFH, BStBl 1981 II S. 201.
288 Vgl. Beispiele in H 117 EStH.
289 BFH, BStBl 1981 II S. 201.

13.5.7 Zugehörigkeit von Grundstücken und Grundstücksteilen einschl. der sonstigen selbstständigen Gebäudeteile zum Betriebsvermögen

13.5.7.1 Allgemeines

Ein Gebäude bildet, abgesehen von den in R 13 Abs. 3 Satz 3 Nr. 1–4 EStR bezeichneten Wirtschaftsgütern (Betriebsvorrichtungen, Scheinbestandteile, Ladeneinbauten usw., Mietereinbauten), entsprechend seiner Nutzungsart entweder ein Wirtschaftsgut oder maximal vier verschiedene Wirtschaftsgüter.[290]

Für die Behandlung als Betriebsvermögen/Privatvermögen ergeben sich folgende Zuordnungsmöglichkeiten:

- **eigenbetrieblich** genutzte Gebäude oder eigenbetrieblich genutzte sonstige selbstständige Gebäudeteile sind vorbehaltlich der Sonderregelung in § 8 EStDV, R 13 Abs. 8 EStR (Wahlrecht bei untergeordneter Bedeutung) **notwendiges Betriebsvermögen;**

- **fremdbetrieblich** genutzte Gebäude oder entsprechend genutzte sonstige selbstständige Gebäudeteile können unter bestimmten Voraussetzungen (R 13 Abs. 9, 10 EStR) **gewillkürtes Betriebsvermögen** sein;

- zu **fremden Wohnzwecken** genutzte Gebäude oder zu fremden Wohnzwecken genutzte sonstige selbstständige Gebäudeteile können ebenfalls unter bestimmten Voraussetzungen (R 13 Abs. 9, 10 EStR) **gewillkürtes Betriebsvermögen** sein;

- zu **eigenen Wohnzwecken** genutzte sonstige selbstständige Gebäudeteile gehören zum **Privatvermögen**. Die Übergangsregelung, wonach die eigene Wohnung unter Beachtung bestimmter Voraussetzungen zum gewillkürten Betriebsvermögen gehören konnte, ist mit Ablauf des 31. 12. 1998 ausgelaufen.[291] Soweit eine eigene Wohnung im Betriebsgebäude über den 31. 12. 1998 hinaus bilanziert sein sollte, ist die Bilanz nunmehr falsch. Die Ausbuchung muss mit dem **Buchwert** erfolgen. Ein Entnahmegewinn entsteht nicht.

13.5.7.2 Grundstücke als notwendiges Betriebsvermögen

13.5.7.2.1 Grundsatz

Grundstücke und Grundstücksteile, die ausschließlich und unmittelbar eigenbetrieblichen Zwecken dienen, sind regelmäßig notwendiges Betriebsvermögen

---

290 S. o. 13.3.9.1.
291 Zur Sachbehandlung bis einschließlich 1998 vgl. § 52 Abs. 15 und 21 EStG a. F.

13 Bilanzierung in der Steuerbilanz

(R 13 Abs. 7 Satz 1 EStR). Bei notwendigem Betriebsvermögen ist im Gegensatz zu gewillkürtem Betriebsvermögen die buch- und bilanzmäßige Behandlung ohne Bedeutung. Sollte notwendiges Betriebsvermögen, das nicht von untergeordneter Bedeutung ist, nicht bilanziert worden sein, wäre die betreffende Bilanz falsch, und es müsste eine Bilanzberichtigung vorgenommen werden.

Gehört ein Grundstück nur **teilweise** dem Betriebsinhaber, so kann es nur insoweit Betriebsvermögen sein, als es dem Betriebsinhaber gehört, d. h. ihm nach § 39 AO zuzurechnen ist.[292]

Erweitert oder errichtet der **Miteigentümer** mit Zustimmung der anderen Miteigentümer auf dem gemeinsamen Grundstück ein Gebäude im eigenen Namen und für eigene Rechnung, um den hinzugekommenen Gebäudeteil oder das neu errichtete Gebäude ausschließlich für eigenbetriebliche Zwecke zu nutzen, so hat der Betriebsinhaber den Teil der Herstellungskosten, der auf die ihm nicht zuzurechnende Substanz der anderen Miteigentümer entfällt, als Nutzungsrecht wie ein materielles Wirtschaftsgut zu aktivieren und nach den für Gebäude geltenden Grundsätzen abzuschreiben.[293] [294]

An **Arbeitnehmer** vermietete Grundstücke oder Grundstücksteile sind notwendiges Betriebsvermögen des Arbeitgebers, wenn für die Vermietung gerade an Arbeitnehmer betriebliche Gründe maßgebend waren.[295] Der Bau und der daran anschließende Verkauf von auch nur vier Eigentumswohnungen kann eine gewerbliche Betätigung sein.[296] Dann ist der Grundbesitz ebenfalls bereits mit Beginn der ersten Vorbereitungshandlungen notwendiges Betriebsvermögen.

Bisher private Grundstücke, die bebaut und **veräußert** werden sollen, werden in der Regel dann notwendiges Betriebsvermögen eines gewerblichen Grundstückshandels, wenn der Eigentümer mit Tätigkeiten beginnt, die objektiv erkennbar auf die Vorbereitung der Grundstücksgeschäfte gerichtet sind.[297]

Erwirbt ein **Landwirt** einen langfristig verpachteten landwirtschaftlichen Betrieb in der erklärten und für einen Teil der landwirtschaftlichen Nutzflächen auch tatsächlich verwirklichten Absicht, den Pachtvertrag zu beendigen, um den gesamten Betrieb so bald wie möglich selbst zu bewirtschaften, entsteht vom Erwerb an notwendiges Betriebsvermögen.[298]

---

[292] BFH, BStBl 1996 II S. 193.
[293] BFH, BStBl 1995 II S. 281; vgl. auch BMF, BStBl 1996 I S. 1257; bestätigt durch BFH (GrS), BStBl 1999 II S. 774.
[294] Einzelheiten zu den Nutzungsrechten s. u. 15.10.22.9 und 15.10.24.
[295] BFH, BStBl 1977 II S. 315.
[296] BFH, BStBl 1980 II S. 106.
[297] BFH, BStBl 1978 II S. 193, BStBl 1983 II S. 451.
[298] BFH, BStBl 1992 II S. 134.

13.5 Umfang des Betriebsvermögens

13.5.7.2.2 Wahlrecht bei Grundstücksteilen von untergeordnetem Wert

Ist der Wert eigenbetrieblich genutzter Grundstücksteile im Verhältnis zum Wert des ganzen Grundstücks von **untergeordneter Bedeutung,** brauchen sie nicht als Betriebsvermögen behandelt zu werden (§ 8 EStDV, R 13 Abs. 8 EStR). Der eigenbetrieblich genutzte Grundstücksteil ist von untergeordneter Bedeutung, wenn

- sein Wert nicht mehr als ein Fünftel des gemeinen Werts des gesamten Grundstücks und
- auch nicht mehr als 40 000 DM beträgt.

Beispiele

a) Ein Steuerpflichtiger hat im eigenen Haus eine Tischlerei. Der gemeine Wert des Grundstücks beträgt 400 000 DM, der Wert des eigenbetrieblich genutzten Grundstücksteils 60 000 DM.
Der eigenbetrieblich genutzte Grundstücksteil ist notwendiges Betriebsvermögen, weil sein Wert 40 000 DM übersteigt.

b) Ein Rechtsanwalt übt seine Praxis in seinem von ihm selbst bewohnten Einfamilienhaus aus. Der gemeine Wert des ganzen Grundstücks beträgt 500 000 DM, der Wert des eigenbetrieblich genutzten Grundstücksteils 36 000 DM.
Der eigenbetrieblich genutzte Grundstücksteil ist kein notwendiges Betriebsvermögen, weil sein Wert nicht mehr als ein Fünftel des Werts des ganzen Grundstücks beträgt und auch 40 000 DM nicht übersteigt.

Für die Frage, ob ein Grundstücksteil nach § 8 EStDV von untergeordneter Bedeutung ist, ist vom Wert des **ganzen** Grundstücks, und zwar des Bodenwerts und des Gebäudewerts, auszugehen (R 13 Abs. 8 Satz 2 EStR).

Beispiel

Der gemeine Wert eines zu 10 % eigengewerblich genutzten Grundstücks beträgt 500 000 DM. Davon entfallen 200 000 DM auf den Grund und Boden und 300 000 DM auf das Gebäude.
Geht man für die Frage, ob der betrieblich genutzte Grundstücksteil von untergeordneter Bedeutung ist, davon aus, dass es sich um zwei selbstständige Wirtschaftsgüter handelt, so wäre sowohl der Wert des eigenbetrieblich genutzten Grund und Bodens (20 000 DM) als auch der Wert des betrieblich genutzten Gebäudes (30 000 DM) von untergeordneter Bedeutung. Da jedoch nach § 8 EStDV, R 13 Abs. 8 EStR der anteilige Wert des Grund und Bodens mit dem anteiligen Gebäudewert zusammenzurechnen ist (50 000 DM), wird die feste Grenze von 40 000 DM überschritten. Der betrieblich genutzte Teil ist daher notwendiges Betriebsvermögen.

Soweit das Grundstück mehreren Personen in Miteigentum gehört, ist für die Frage der untergeordneten Bedeutung der Wert des ganzen Grundstücks bezogen auf den **Miteigentumsanteil** maßgebend.

Beispiele

a) Gemeiner Wert eines Grundstücks, das einer Grundstücksgemeinschaft gehört, 200 000 DM. Das Grundstück dient zu 30 % dem Gewerbebetrieb eines Steuerpflichtigen, der zu 50 % an der Gemeinschaft beteiligt ist.
Der betrieblich genutzte Grundstücksteil ist kein notwendiges Betriebsvermögen. Betrieblicher Nutzungsanteil 30 % × Eigentumsanteil (50 %) = 15 % von 200 000 DM = 30 000 DM.

13 Bilanzierung in der Steuerbilanz

b) Die Eheleute A haben ein zu 40 % privat und zu 60 % vom Ehemann für eigengewerbliche Zwecke genutztes Grundstück auf Rentenbasis erworben. Sie sind im Grundbuch zu je ½ als Miteigentümer eingetragen. Der Rentenbarwert beträgt im Zeitpunkt des Erwerbs 335 000 DM. Die Erwerbsnebenkosten in Höhe von 15 000 DM wurden von den Eheleuten gemeinsam aus privaten Mitteln bezahlt. Die Rentenzahlungen wurden von den Ehegatten ebenfalls gemeinsam finanziert.

Der dem Steuerpflichtigen gehörende Teil ist entsprechend der Teilnutzung in einen eigenbetrieblich genutzten und einen nicht eigenbetrieblich genutzten Teil aufzuspalten. Nur der betrieblich genutzte Teil gehört zum notwendigen Betriebsvermögen, also ½ × 60 % von 350 000 DM = 105 000 DM. Dieser Betrag überschreitet die Grenzen nach § 8 EStDV. Da der Gewerbetreibende die Hälfte der Anschaffungskosten finanziert hat und davon 30 % seinem Miteigentumsanteil entsprechen, sind die verbleibenden 20 % um der Erlangung der betrieblichen Nutzung willen aufgewendet worden. In diesem Umfang ist dem Gewerbetreibenden der seinem Ehegatten zivilrechtlich zuzurechnende Grundstücksteil wie ein materielles Wirtschaftsgut zuzurechnen.[299] Soweit die Aufwendungen das Gebäude betreffen, ist die AfA nach Gebäudegrundsätzen zulässig.[300] Die Rentenschuld ist ebenso nur insoweit, als sie wirtschaftlich mit diesem Grundstücksteil zusammenhängt, zu passivieren.

Beträgt der Wert eines bislang bilanzierten eigenbetrieblich genutzten Grundstücksteils nicht mehr als ein Fünftel des gesamten Grundstückswerts und nicht mehr als 40 000 DM, so besteht ein **Wahlrecht,** den Grundstücksteil weiterhin als Betriebsvermögen zu behandeln oder zum Teilwert zu entnehmen (R 13 Abs. 8 Satz 6 EStR). War ein Grundstücksteil zunächst von untergeordneter Bedeutung und nicht als Betriebsvermögen behandelt und wird erst zu einem späteren Bilanzstichtag die absolute Wertgrenze überschritten, so ist er notwendiges Betriebsvermögen geworden und an diesem Stichtag als Einlage zu behandeln.[301]

Beispiel

Der gemeine Wert eines Grundstücks hat am letzten Bilanzstichtag 216 000 DM betragen. Davon entfallen auf den eigengewerblich genutzten Anteil ⅙ = 36 000 DM. Im folgenden Wirtschaftsjahr steigt der gemeine Wert auf 300 000 DM. An der Nutzung ändert sich nichts.

Der eigengewerblich genutzte Anteil von ⅙ = 50 000 DM ist nun nicht mehr von untergeordneter Bedeutung. Er ist mit 50 000 DM als Einlage einzubuchen, wenn kein abweichender Teilwert gegeben ist.

13.5.7.3 Grundstücke als gewillkürtes Betriebsvermögen

13.5.7.3.1 Vermietete Grundstücke oder Grundstücksteile

Nicht eigenbetrieblich genutzte Grundstücksteile, die auch nicht eigenen Wohnzwecken dienen und auch nicht an Dritte zu Wohnzwecken unentgeltlich überlassen sind, können als Betriebsvermögen behandelt werden (R 13 Abs. 9 EStR); das gilt

---

299 BFH (GrS), BStBl 1999 II S. 774.
300 Wegen des Nutzungsrechts an dem der Ehefrau zuzurechnenden Grundstücksteil s. u. 15.11.1.
301 H 13 (8) „Einlage" EStH.

13.5 Umfang des Betriebsvermögens

auch für Grundstücksteile von untergeordneter Bedeutung. In Betracht kommen hierfür insbesondere Grundstücksteile, die zu Wohnzwecken oder zur gewerblichen Nutzung an Dritte vermietet sind. Das Wahlrecht muss in einer eindeutigen buch- und bilanzmäßigen Behandlung zum Ausdruck kommen.

Beispiel

Ein Gewerbetreibender ist Eigentümer eines bebauten Grundstücks, in dem sich außer seiner Privatwohnung (60 %) Ladengeschäfte befinden, die an Fremde vermietet sind und deren Wert 40 % des Werts des ganzen Grundstücks ausmachen.
Der vermietete Teil kann als Betriebsvermögen behandelt werden.

Die Voraussetzungen für die Behandlung von Grundstücken oder Grundstücksteilen als gewillkürtes Betriebsvermögen liegen grundsätzlich bei an Betriebsfremde vermieteten Miet- und Geschäftshäusern Buch führender **Land- und Forstwirte** vor, **wenn** die Grundstücke vor der Bebauung land- und forstwirtschaftlich genutzt waren. Von einem Land- und Forstwirt neu erworbene Grundstücke, die mit einem Miet- und Geschäftshaus bebaut sind oder bebaut werden sollen, können hingegen regelmäßig nicht als gewillkürtes Betriebsvermögen behandelt werden, weil hier im Allgemeinen kein objektiver Zusammenhang zum Betrieb der Land- und Forstwirtschaft besteht (R 13 Abs. 9 Sätze 3, 4 EStR).

Ein von einem **Freiberufler** zum Zwecke der geplanten späteren Betriebserweiterung erworbenes Einfamilienhaus, das nach dem Erwerb zunächst zu einem Zweifamilienhaus umgebaut wurde und bei der späteren Betriebserweiterung zu einem Bürogebäude umgestaltet werden soll, kann im Zeitpunkt der Anschaffung gewillkürtes Betriebsvermögen sein.[302]

Ein Grundstück oder Grundstücksteil, der nicht zum notwendigen Betriebsvermögen gehört, kann nur durch eine Einlagehandlung Betriebsvermögen werden. Eine solche Einlagehandlung ist nicht schon darin zu sehen, dass der Unternehmer ein vom Betriebsprüfer **irrtümlich** in die Prüferbilanz aufgenommenes Wirtschaftsgut in der Buchführung belässt.[303]

13.5.7.3.2 Zu eigenen Wohnzwecken genutzte Grundstücksteile

Zu eigenen Wohnzwecken genutzte Grundstücksteile eines im Übrigen betrieblich verwendeten Gebäudes können **nicht** bilanziert werden.

Wenn ein Grundstück zu mehr als 50 % die Voraussetzungen für die Behandlung als Betriebsvermögen erfüllt, konnte in bestimmten Fällen für eine Übergangszeit auch der eigenen Wohnzwecken dienende Teil bis zum 31. 12. 1998 als Betriebsvermögen behandelt werden (R 13 Abs. 10 Satz 5 EStR i. V. m. BMF, BStBl 1986 I S. 528).

Wegen des Auslaufens des Wahlrechts vgl. o. 13.5.7.1.

---
[302] BFH, BStBl 1981 II S. 618.
[303] BFH, BStBl 1969 II S. 617.

13.5.7.4 Wertmaßstab für die Aufteilung

Für die wertmäßige Beurteilung, ob ein Grundstücksteil von untergeordneter Bedeutung ist oder ein Grundstücksteil mehr als zur Hälfte die Voraussetzungen als Betriebsvermögen erfüllt, ist in der Regel das Verhältnis der Nutzflächen zugrunde zu legen.[304]

13.5.8 Zugehörigkeit von Wertpapieren zum Betriebsvermögen

Für die Beurteilung von Wertpapieren als Betriebsvermögen gelten ähnliche Grundsätze wie bei Grundstücken. Auch Wertpapiere werden durch ihre Verpfändung für Betriebskredite in der Regel nicht notwendiges Betriebsvermögen.[305] Allerdings sind strenge Anforderungen zu beachten, wenn es darum geht, Wertpapiere zum gewillkürten Betriebsvermögen ziehen zu wollen.[306]

13.5.9 Wegfall der Voraussetzungen für die Behandlung als Betriebsvermögen[307]

13.5.9.1 Eindeutige Entnahmehandlung

Ein zum Betriebsvermögen gehörendes Wirtschaftsgut kann im Allgemeinen bei Fortbestehen des Betriebs nur durch eine eindeutige Entnahmehandlung Privatvermögen werden.[308] Die Entnahmehandlung kann sein

- eine ausdrückliche Erklärung oder Handlung, z. B. die Ausbuchung eines bisher zum gewillkürten Betriebsvermögen gerechneten Wirtschaftsguts.[309] Durch die Ausbuchung wird der Wille des Steuerpflichtigen verdeutlicht.
- eine konkludente Handlung, etwa eine Nutzungsänderung dergestalt, dass das Wirtschaftsgut nicht mehr dem Betrieb dient.

Beispiel

Der Stpfl. bebaut eine Teilfläche des Lagerplatzes seines Betriebs mit einem Einfamilienhaus, das privaten Zwecken dienen soll. Die Bebauung für private Zwecke ist eine Entnahmehandlung. Die Teilfläche ist mit Baubeginn durch Entnahme aus dem Betriebsvermögen ausgeschieden (§ 4 Abs. 1 Satz 2 EStG, § 6 Abs. 1 Nr. 4 Satz 1 EStG).

Eine Änderung in den Umständen, die die Eigenschaft als notwendiges Betriebsvermögen begründet haben, ist keine Entnahmehandlung.

---
304 S. im Einzelnen o. 13.3.9.2.
305 H 13 (1) „Wertpapiere" EStH.
306 Vgl. BFH v. 20. 4. 1999, BStBl 1999 II S. 21 zur Zuordnung von Termingeschäften bei branchenfremden Unternehmen.
307 S. auch 17.1.6.
308 BFH, BStBl 1990 II S. 128 m. w. N.
309 BFH, BStBl 1968 II S. 522.

13.5 Umfang des Betriebsvermögens

Beispiele

a) Ein Buch führender Landwirt hat sich an einer Genossenschaft beteiligt, weil diese den Absatz und die Verwertung landwirtschaftlicher Produkte ihrer Mitglieder zum Gegenstand hatte. In der Folgezeit bezog die Genossenschaft diese Produkte in gleicher Weise und zu gleichen Konditionen auch von Nichtmitgliedern, sodass die Mitgliedschaft keine Vorteile mehr bot.

Ein Wirtschaftsgut, das im Zeitpunkt seines Erwerbs notwendiges Betriebsvermögen war, verliert die Eigenschaft als Betriebsvermögen erst durch Entnahme und nicht bereits durch Änderungen der Umstände, die die Eigenschaft als notwendiges Betriebsvermögen begründet haben.[310]

b) Ein Buch führender Landwirt nutzt nach Verlegung seines Betriebs die alte Hofstelle durch Vermietung an Gewerbetreibende (Lagerhalle).

Das Gebäude der alten Hofstelle, das bisher zum notwendigen Betriebsvermögen gehörte, scheidet allein durch die gewerbliche Nutzung nicht aus dem Betriebsvermögen aus. Es kann als gewillkürtes Betriebsvermögen fortgeführt werden.[311]

Beim **Strukturwandel** eines Gewerbebetriebs zum landwirtschaftlichen Betrieb fehlt die Entnahmehandlung, d. h. das auf ein bestimmtes Wirtschaftsgut des Betriebs unmittelbar gerichtete Tätigwerden des Steuerpflichtigen, aus dem zu entnehmen ist, dass das Wirtschaftsgut nicht mehr dem Betrieb gewidmet ist.[312]

Die Bestellung eines **Erbbaurechts** an einem Betriebsgrundstück stellt keine Entnahmehandlung dar.[313]

Bei einem trotz fehlender betrieblicher Nutzung zum Betriebsvermögen gehörenden Grundstück bewirkt die bloße Absicht, das Grundstück auf Dauer einer außerbetrieblichen Nutzung zuzuführen, noch nicht die Entnahme. Zur Entnahme durch Nutzungsänderung, insbesondere durch Bebauung mit einem für eigene Wohnzwecke bestimmten Haus, kommt es erst, wenn die Nutzungsänderung tatsächlich vollzogen wird.[314]

Im Regelfall wird die Eigenschaft sämtlicher Wirtschaftsgüter eines verpachteten Betriebs als Betriebsvermögen (wenn keine Aufgabeerklärung erfolgt ist) nicht dadurch berührt, dass der Pächter Teile der gepachteten Wirtschaftsgüter privat nutzt. Der Pächter kann dem Verpächter eine Entnahme nicht aufzwingen. Duldet der Verpächter eines Gewerbebetriebes, dass der Pächter auf dem mitverpachteten Betriebsgrundstück ein ausschließlich eigenen Wohnzwecken des Pächters dienendes Einfamilienhaus errichtet, so ist nur bei Hinzutreten weiterer Umstände der dem errichteten Einfamilienhaus zuzuordnende Grund und Boden nicht mehr zur Nutzung im Rahmen des Verpachtungsunternehmens bestimmt und mit der Bebauung als aus dem Betriebsvermögen des Verpächters entnommen anzusehen.[315]

---

310 BFH, BStBl 1980 II S. 439.
311 BFH, BStBl 1972 II S. 942.
312 BFH, BStBl 1975 II S. 168.
313 BFH, BStBl 1970 II S. 419, BStBl 1988 II S. 490, BStBl 1990 II S. 961.
314 BFH, BStBl 1993 II S. 225.
315 BFH, BStBl 1987 II S. 261.

13 Bilanzierung in der Steuerbilanz

13.5.9.2 Nutzungsänderung

Entnahmen liegen regelmäßig vor, wenn der Kaufmann jede Beziehung des Wirtschaftsgutes oder eines Grundstücksteiles zum Betrieb endgültig beendet, also die Verknüpfung des Wirtschaftsgutes mit dem Betriebsvermögen gelöst wird.[316]

Beispiele

a) Ein Gewerbetreibender nutzt sein Gebäude, das er bisher ausschließlich betrieblich genutzt und voll bilanziert hat, ausschließlich zu privaten Wohnzwecken.

Die Nutzungsänderung bedeutet eine Entnahmehandlung mit Gewinnrealisierung. Das gilt nur dann nicht, wenn Umstände vorliegen, die zweifelhaft erscheinen lassen, dass der Grundstücksteil auf Dauer Wohnzwecken dienen soll.[317]

b) Ein Gewerbetreibender nutzt sein Gebäude zu je 30 % für ein Lebensmittelgeschäft und eine Gaststätte. Nur den betrieblichen Teil hat er bisher als Betriebsvermögen behandelt. Durch Aufgabe des Ladengeschäfts erhöht sich der privat genutzte Wohnungsteil von 40 % auf 70 %.

Die Nutzungsänderung führt zu einer Entnahme in Höhe von 30 % des Grundstückswerts.

c) Ein Bauunternehmer errichtet auf einer Teilfläche eines zum gewillkürten Betriebsvermögen gehörenden Grundstückes ein zu Wohnzwecken vermietetes Gebäude, das er als Privatvermögen behandelt.

Da ein Grundstück und ein darauf errichtetes Gebäude nur einheitlich als Betriebs- oder Privatvermögen behandelt werden können, führt die private Gebäudenutzung zur Entnahme der betreffenden Grundstücksfläche.[318]

d) Auf einem Betriebsgrundstück wird ein Gebäude errichtet, das teilweise Privatvermögen ist.

Der anteilige Grund und Boden wird ebenfalls Privatvermögen und deshalb aus dem Betriebsvermögen entnommen.[319]

In besonders gelagerten Fällen kann auch ein Rechtsvorgang genügen, der das Wirtschaftsgut aus dem Betriebsvermögen ausscheiden lässt, z. B. Vermögensübergang durch Erbfall.

Beispiel

Ein Grundstück gehört dem Gesellschafter einer KG. Das Grundstück ist der KG zur Nutzung überlassen und deshalb Sonderbetriebsvermögen.

Der Gesellschafter verstirbt. Sein Kommanditanteil geht im Wege der qualifizierten Nachfolge (Sonderrechtsnachfolge) auf sein erstgeborenes Kind über entsprechend Regelung im Gesellschaftsvertrag. Das Grundstück wird Eigentum der Erbengemeinschaft. Soweit das Grundstück durch den Todesfall auf die Miterben übergeht, die nicht zur Nachfolge in die Stellung als Kommanditist berufen sind, liegt eine Entnahmehandlung vor.

Liegt eine eindeutige **Entnahmehandlung** vor und wird dadurch das zum Betriebsvermögen gehörende Erdgeschoss eines Gebäudes ins Privatvermögen überführt, so liegt auch dann eine mit dem Teilwert anzusetzende Entnahme des Erdgeschosses

---
316 BFH, BStBl 1975 II S. 168.
317 BFH, BStBl 1974 II S. 240, BStBl 1989 II S. 621.
318 BFH, BStBl 1980 II S. 740.
319 BFH, BStBl 1983 II S. 365.

13.5 Umfang des Betriebsvermögens

vor, wenn gleichzeitig anstelle des Erdgeschosses das erste Obergeschoss des Gebäudes ins Betriebsvermögen übernommen wird.[320] Besteht ein Gebäude aus den beiden Wirtschaftsgütern „eigenbetrieblich" und „fremdbetrieblich genutzter Gebäudeteil" und wird ein Teil des bisher zum notwendigen Betriebsvermögen gehörenden Wirtschaftsgutes „eigenbetrieblich genutzter Gebäudeteil" einer fremdbetrieblichen Nutzung zugeführt, so wird der von der Nutzungsänderung betroffene Anteil **Teil des Wirtschaftsgutes** „fremdbetrieblich genutzter Gebäudeteil", für dessen Bilanzierung oder Nichtbilanzierung sich der Betriebsinhaber einheitlich entscheiden muss. Mit der Entscheidung, den bisher privat behandelten Gebäudeteil „fremdbetriebliche Nutzung" im Privatvermögen zu belassen, wird deshalb gleichzeitig die Entscheidung getroffen, den von der Nutzungsänderung betroffenen Anteil zu entnehmen; die Entnahme ist mit dem Teilwert zu bewerten.

Beispiele
a) Ein Gebäude wird zu je 50 % eigenbetrieblich und fremdbetrieblich genutzt. Während der eigenbetrieblich genutzte Gebäudeteil gem. R 13 Abs. 7 Satz 1 EStR zum notwendigen Betriebsvermögen gehört, ist der fremdbetrieblich genutzte Gebäudeteil als Privatvermögen zulässigerweise nicht bilanziert. Ab 1. 7. 07 beträgt die eigenbetriebliche Nutzung 30 %, die fremdbetriebliche 70 %.
Entschließt sich der Grundstückseigentümer, den fremdbetrieblich genutzten Gebäudeteil im Privatvermögen zu belassen, bedeutet diese Entscheidung, verbunden mit der Nutzungsänderung, dass eine Entnahme in Höhe von 20 % des Gebäudes und des zugehörigen Anteils am Grund und Boden vorliegt.
Führt aber der Grundstückseigentümer den fremdbetrieblich genutzten Gebäudeteil einschließlich des zugehörigen Anteils am Grund und Boden als Einlagen dem gewillkürten Betriebsvermögen zu, stellt die Nutzungsänderung keine Entnahmehandlung dar; sie bewirkt lediglich eine Verringerung des notwendigen Betriebsvermögens und eine Erhöhung des gewillkürten Betriebsvermögens um jeweils 20 %. Der Vorgang ist erfolgsneutral.
b) Sachverhalt wie a), jedoch ist der fremdbetrieblich genutzte Gebäudeteil als gewillkürtes Betriebsvermögen behandelt.
Wird der fremdbetrieblich genutzte Gebäudeteil einschließlich des zugehörigen Grund und Bodens auch weiterhin als gewillkürtes Betriebsvermögen behandelt, erhöht sich dieser Grundstücksteil um 20 %. Die Nutzungsänderung führt zu keiner Entnahme.
Entschließt sich der Grundstückseigentümer im Zeitpunkt der Nutzungsänderung zur Überführung des fremdbetrieblich genutzten Gebäudeteils in das Privatvermögen, werden 70 % des Grundstücks entnommen.

Demgegenüber kann aber der Erwerb eines Miteigentumsanteils von einem anderen Miteigentümer nicht bewirken, dass der dem erwerbenden Betriebsinhaber bereits zuvor gehörende und zulässigerweise dem gewillkürten Betriebsvermögen zugeführte Gebäudeteil die Betriebsvermögenseigenschaft verliert. Dieser Gebäudeteil kann nur durch Entnahme (oder Veräußerung) oder durch Wegfall der objektiven Voraussetzungen für die Willkürung die Betriebsvermögenseigenschaft verlieren.[321]

---
320 BFH, BStBl 1970 II S. 313.
321 BFH, BStBl 1994 II S. 559.

13 Bilanzierung in der Steuerbilanz

13.5.10 Einheitliche Beurteilung von Grund und Boden und Gebäude

Wird auf einem Grundstück ein Gebäude errichtet, das nicht zur Nutzung im Rahmen des Betriebes bestimmt ist, so verliert das Grundstück in der Regel seine Eignung, dem Gewerbebetrieb zu dienen, und scheidet damit aus dem Betriebsvermögen aus. Ein Grundstück und ein darauf errichtetes Gebäude können nur **einheitlich** als Betriebs- oder Privatvermögen qualifiziert werden.[322]

13.5.11 Aufteilung des Grund und Bodens bei Gebäuden, die aus mehreren sonstigen selbstständigen Gebäudeteilen bestehen

Besteht ein Gebäude aus mehreren sonstigen selbstständigen Gebäudeteilen, kann eines dieser Wirtschaftsgüter zum Betriebsvermögen, ein anderes zum Privatvermögen gehören; innerhalb des Betriebsvermögens können verschiedene Einkunftsarten angesprochen sein mit der Folge, dass der beim Grundstücksverkauf erzielte Veräußerungsgewinn der GewSt unterliegt oder nicht. Eine exakte Zuordnung des Grund und Bodens auf die einzelnen sonstigen selbstständigen Gebäudeteile kann erhebliche Bedeutung haben und ist deshalb geboten. So bestimmt R 13 Abs. 7 Satz 2, Abs. 9 Satz 7 EStR,[323] dass der zum Gebäude gehörende Grund und Boden anteilig zum Betriebsvermögen gehört, wenn ein Teil eines Gebäudes entweder notwendiges oder gewillkürtes Betriebsvermögen ist. Der Umfang, in dem der Grund und Boden anteilig zum Betriebsvermögen gehört, ist unter Berücksichtigung der Verhältnisse des Einzelfalles zu ermitteln.

Die mit dem Gebäude bebaute Fläche ist grundsätzlich nach dem Verhältnis der sonstigen selbstständigen Gebäudeteile zueinander aufzuteilen. Gehören zu einem sonstigen selbstständigen Gebäudeteil Nebengebäude, z. B. Garagen, Werkstätten, teilt die Grundstücksfläche, auf der diese Nebengebäude stehen, das Schicksal des Gebäudeteils, zu dem die betreffenden Nebengebäude gehören. Die Grundstücksfläche, die nicht bebaut ist, z. B. Hoffläche, Lagerplatz, Parkplatz oder sonstige Abstellfläche für Kfz, ist direkt auf die einzelnen Gebäudeteile aufzuteilen, wenn eine entsprechende ausschließliche Nutzung gegeben ist; ansonsten ist im Einzelfall eine indirekte Zuordnung durch Schätzung vorzunehmen.

Beispiel

Auf einem Grundstück mit einer Fläche von 1000 m^2 ist ein Gebäude mit einer Grundfläche von 400 m^2 errichtet, das zu 40 % eigenbetrieblich und zu 60 % zu eigenen Wohnzwecken genutzt wird. Auf dem Grundstück befindet sich ein dem Betrieb dienendes kleines Werkstattgebäude, bebaute Fläche 30 m^2, ein Kundenparkplatz von 300 m^2, ein Nutz- und Ziergarten von 100 m^2 und eine Hoffläche von 170 m^2.

---

[322] H 14 (2–4) „Grundstücke oder Grundstücksteile" EStH.
[323] H 13 (7) „Anteilige Zugehörigkeit" EStH.

13.5 Umfang des Betriebsvermögens

Aufteilung des Grund und Bodens:

		BV	PV
Gebäudefläche	40 % : 60 %	160 m²	240 m²
Werkstattfläche	100 % : 0 %	30 m²	—
Kundenparkplatz	100 % : 0 %	300 m²	—
Garten	0 % : 100 %	—	100 m²
Hoffläche	40 % : 60 %	68 m²	102 m²
		558 m²	442 m²

Das Aufteilungsverhältnis beträgt also 558 : 442.

14 Allgemeine Bilanzierungs- und Bewertungsgrundsätze

14.1 Maßgeblichkeit der Handelsbilanz für die Steuerbilanz

14.1.1 Inhalt des Maßgeblichkeitsgrundsatzes

Bei der steuerrechtlichen Gewinnermittlung der Gewerbetreibenden ist nach § 5 Abs. 1 Satz 1 EStG das Betriebsvermögen anzusetzen, das nach den handelsrechtlichen Grundsätzen ordnungsmäßiger Buchführung auszuweisen ist. Handelsrechtliche Bilanzierungsgrundsätze haben dadurch unmittelbare steuerrechtliche Wirkung.[1] Es soll eine enge Anlehnung der Steuerbilanz an die Handelsbilanz erreicht werden. Die Anknüpfung (Bindung) an das Handelsrecht bezieht sich nach der Entstehungsgeschichte und Rechtsprechung aber nicht nur auf die abstrakten handelsrechtlichen Bilanzierungs- und Bewertungsgrundsätze (= **materielle Maßgeblichkeit** der HB für die StB), sondern auch auf die tatsächliche, vom Kaufmann aufgestellte Handelsbilanz (= **formelle Maßgeblichkeit** der HB für die StB, vgl. § 5 Abs. 1 Satz 2 EStG). Deshalb sind bei steuerrechtlichen Bilanzierungs- und Bewertungswahlrechten die Ansätze der Handelsbilanz für die Steuerbilanz maßgebend.

Das bedeutet, dass die Handelsbilanz Ausgangspunkt für die Steuerbilanz sein muss. Wegen des Grundsatzes der Maßgeblichkeit bezeichnet man die **Steuerbilanz** der Gewerbetreibenden als **abgeleitete Handelsbilanz**.

Hat ein Kaufmann eine rechtsgültige Handelsbilanz aufgestellt, so ist er an sie auch für die Besteuerung gebunden, es sei denn, dass das Steuerrecht eine abweichende Bilanzierung vorschreibt. Wenn die Handelsbilanz gegen zwingende Vorschriften des Handelsrechts oder die handelsrechtlichen Grundsätze ordnungsmäßiger Buchführung verstößt, ist sie nichtig und für die Steuerbilanz nicht bindend. Die Maßgeblichkeit **entfällt** weiter, wenn die Ansätze der Handelsbilanz gegen die in § 5 Abs. 6 EStG genannten Vorschriften verstoßen. So tritt der Grundsatz der Maßgeblichkeit z. B. zurück gegenüber § 6 EStG.[2] Weitere Durchbrechungen des Maßgeblichkeitsgrundsatzes ergeben sich bei der Bilanzierung und Besteuerung von Mitunternehmerschaften.[3][4]

Der Grundsatz der Maßgeblichkeit der Handelsbilanz gilt nur für Gewerbetreibende mit Buchführung. Für Land- und Forstwirte und für die selbstständig Tätigen mit

---
1 S. o. 12.2.4.
2 Im Einzelnen s. u. 15.1.3.
3 BFH v. 18. 7. 1979, BStBl 1979 II S. 750.
4 Vgl. insbesondere u. 21.4.

14.1 Maßgeblichkeit der Handelsbilanz für die Steuerbilanz

Buchführung gibt es keine Handelsbilanz und damit keine Bindung. Nach § 141 Abs. 1 Satz 2 AO gelten lediglich die §§ 238, 240 bis 242 Abs.1 und die §§ 243 bis 256 HGB sinngemäß, sofern sich nicht aus den Steuergesetzen etwas anderes ergibt.

14.1.2 Maßgeblichkeit für die Bilanzierung bei steuerrechtlichen Bilanzierungswahlrechten

Besteht steuerrechtlich ein Bilanzierungswahlrecht, so ist für die Steuerbilanz der Ansatz der Handelsbilanz maßgebend. Besteht auch handelsrechtlich ein Wahlrecht, so kommt ein Ansatz in der Steuerbilanz nur insoweit in Betracht, als sich der Steuerpflichtige für eine Bilanzierung in der Handelsbilanz entschieden hat. Der steuerrechtlich zulässige Ansatz der Handelsbilanz ist für die Steuerbilanz maßgebend.

Beispiel

In der Handelsbilanz hat ein Gewerbetreibender auf die Bildung einer Reinvestitionsrücklage verzichtet und den durch Veräußerung aufgedeckten Gewinn voll ausgewiesen.

Nach § 6 b EStG kann eine steuerfreie Rücklage gebildet werden, wenn eine begünstigte Veräußerung gegeben ist. Sie ist jedoch davon abhängig, dass in der handelsrechtlichen Jahresbilanz ein entsprechender Passivposten in mindestens gleicher Höhe ausgewiesen wird (§ 5 Abs. 1 Satz 2 EStG, R 41 b Abs. 2 EStR).

Sind handelsrechtliche Bilanzierungswahlrechte steuerrechtlich ausdrücklich bestätigt, so ist ein Ansatz in der Steuerbilanz erforderlich, wenn und soweit der Posten in die Handelsbilanz eingestellt wurde. Ist ein Ansatz in der Handelsbilanz unterblieben, kann der Posten auch in die Steuerbilanz nicht eingestellt werden.

14.1.3 Maßgeblichkeit für die Bewertung bei steuerrechtlichen Bewertungswahlrechten

Sind nach § 6 EStG verschiedene Wertansätze möglich, so richtet sich die Bewertung nach den handelsrechtlichen Vorschriften. Ist danach ein bestimmter Wert zwingend vorgeschrieben, so ist der handelsrechtlich maßgebende Wert auch in der Steuerbilanz anzusetzen. Besteht dagegen auch handelsrechtlich ein Bewertungswahlrecht, z. B. aufgrund des § 253 Abs. 2, 5 HGB, bei Kapitalgesellschaften i. V. m. § 279 Abs. 1 HGB, so muss sich der Kaufmann für die Handelsbilanz entscheiden. Wenn die Entscheidung getroffen und steuerlich zulässig ist, bindet sie ihn auch für die Steuerbilanz.[5]

---

5 Vgl. auch BFH, BStBl 1990 II S. 681.

14 Allgemeine Bilanzierungs- und Bewertungsgrundsätze

Beispiel

Bei Aufstellung der Handelsbilanz hat ein Kaufmann sein abnutzbares Anlagevermögen mit 10 % linear abgeschrieben. In der dem Finanzamt eingereichten Steuerbilanz begehrte er eine degressive AfA in Höhe von 30 % (§ 7 Abs. 2 EStG).

Da die degressive AfA steuerrechtlich nicht zwingend ist, kann sie für die steuerrechtliche Gewinnermittlung nicht anerkannt werden. Der Wertansatz der Handelsbilanz ist steuerrechtlich zulässig und maßgebend.[6]

Entsprechende Regelungen gelten für die Abschreibung der geringwertigen Wirtschaftsgüter nach § 6 Abs. 2 EStG, die nach § 254 Satz 1 HGB auch handelsrechtlich zulässig ist, und zwar auch bei Kapitalgesellschaften (§ 279 Abs. 2 HGB i. V. m. § 5 Abs. 1 Satz 2 EStG).

Beispiel

Ein Gewerbebetrieb hat die Anschaffungskosten geringwertiger Wirtschaftsgüter in Höhe von 82 200 DM aktiviert und entsprechend der betriebsgewöhnlichen Nutzungsdauer von 6 Jahren mit 68 500 DM in der HB angesetzt. Für Zwecke der StB begehrt er die volle Absetzung nach § 6 Abs. 2 EStG.

Der Ansatz in der HB ist auch steuerrechtlich zulässig und damit für die StB bindend.

Aufgrund des sog. **umgekehrten Maßgeblichkeitsgrundsatzes**[7] besteht handelsrechtlich ebenfalls die Möglichkeit der sofortigen Vollabschreibung (§ 254 HGB). Voraussetzung für die sofortige steuerrechtliche Vollabschreibung ist die entsprechende Behandlung in der HB (§ 5 Abs. 1 Satz 2 EStG i. V. m. § 254 HGB).[8]

Keine Bindung besteht, wenn Wirtschaftsgüter in der **Handelsbilanz nicht mit den steuerrechtlich richtigen Anschaffungs- oder Herstellungskosten aktiviert** oder die **handelsrechtlichen Abschreibungen i. S. des § 253 HGB nicht mit den steuerrechtlichen AfA i. S. des § 7 EStG identisch sind**. In diesen Fällen sind die Bilanzansätze der Handelsbilanz steuerrechtlich nicht zulässig und deshalb ggf. besondere, von der Handelsbilanz abweichende Steuerbilanzen aufzustellen (§ 5 Abs. 6 EStG i. V. m. § 60 Abs. 2 EStDV). Dabei ist jedoch zu beachten, dass hinsichtlich der **AfA-Methode** die HB maßgeblich ist.[9]

Nach § 5 Abs. 1 Satz 2 EStG müssen **steuerliche Wahlrechte** bei der Gewinnermittlung in HB und StB einheitlich ausgeübt werden. Nach Auffassung des BFH[10] setzt die steuerliche Inanspruchnahme der degressiven AfA voraus, dass diese Methode auch in der HB zugrunde gelegt wird. Da bei Gebäuden insoweit nicht anders verfahren werden kann als bei beweglichen Wirtschaftsgütern, gilt dieser Grundsatz auch für die AfA bei Betriebsgebäuden nach § 7 Abs. 4 und 5 EStG.

---

6 BFH, BStBl 1990 II S. 681.
7 S. o. 12.3.1.5.
8 Nach Haeger/Küting in Küting/Weber, Handbuch der Rechnungslegung, 3. Aufl., Anm. 65 ff. zu § 254 HGB (m. w. N.) ist die Möglichkeit zur Sofortabschreibung geringwertiger Wirtschaftsgüter ein Ausfluss des Grundsatzes der Vereinfachung oder Wirtschaftlichkeit der Buchführungs- und Bilanzierungsaufgaben und als Grundsatz ordnungsmäßiger Buchführung zu betrachten.
9 BFH, BStBl 1990 II S. 681.
10 BStBl 1990 II S. 681.

14.1 Maßgeblichkeit der Handelsbilanz für die Steuerbilanz

Die Regelungen des § 7 Abs. 4 Satz 1 und Abs. 5 Satz 1 EStG legen für Gebäude nicht eine Gesamtnutzungsdauer, sondern gesetzlich typisierte feste Vomhundertsätze für die Vornahme der AfA, also einen gesetzlichen Abschreibungszeitraum fest. Dieser muss nicht zwangsläufig mit der voraussichtlichen tatsächlichen Nutzungsdauer übereinstimmen, die nach § 253 Abs. 2 HGB für die planmäßigen Abschreibungen bei Anlagegütern maßgebend ist. Nach § 254 HGB können handelsrechtlich auch Abschreibungen vorgenommen werden, um Vermögensgegenstände mit dem niedrigeren Wert anzusetzen, der auf einer nur steuerrechtlich zulässigen Abschreibung beruht. Aus § 5 Abs. 1 Satz 2 EStG folgt, dass die AfA in HB und StB auch betragsmäßig übereinstimmen muss.

Die Frage, ob der Grundsatz der sog. **umgekehrten Maßgeblichkeit der Handelsbilanz für die Steuerbilanz** (§ 5 Abs. 1 Satz 2 EStG) auch für AfA nach § 7 Abs. 4 und 5 EStG von **Betriebsgebäuden** gilt, hat das BMF abschließend mit Schreiben v. 30. 12. 1994[11] beantwortet. Danach gilt: In der Steuerbilanz muss der Stpfl. mindestens die linearen AfA nach § 7 Abs. 4 EStG ansetzen. Wurden in der Handelsbilanz für ein Gebäude oder einen Gebäudeteil die linearen AfA gewählt, so ist auch steuerlich die lineare Abschreibungsmethode zu wählen. Wählt der Stpfl. steuerlich die degressive AfA-Methode nach § 7 Abs. 5 EStG, so ist wegen des Grundsatzes der umgekehrten Maßgeblichkeit der Steuerbilanz in der Handelsbilanz entsprechend zu verfahren. Dies gilt – für die gesamte Abschreibungsdauer – nicht nur für die Wahl der AfA-Methode, sondern auch für die steuerlich angesetzten AfA-Beträge (§ 5 Abs. 1 Satz 2 EStG i. V. m. § 254 HGB). Werden in der Handelsbilanz andere degressive AfA-Beträge als steuerlich zulässig angesetzt, führt das in der Steuerbilanz zwangsläufig zum Ansatz der linearen (Mindest-)AfA. Wird von einer einmal getroffenen Wahl für die Anwendung der AfA nach § 7 Abs. 5 EStG i. V. m. § 254 HGB in den Folgejahren in der Handelsbilanz abgewichen, sind die AfA in der Steuerbilanz ab dem Jahr der Abweichung in Höhe der linearen AfA-Sätze nach § 7 Abs. 4 EStG, höchstens jedoch in Höhe der fortgeführten AfA-Sätze nach § 7 Abs. 5 EStG vorzunehmen.

Zu beachten ist jedoch, dass ein **Wechsel zwischen den verschiedenen Absetzungsverfahren** nach § 7 Abs. 4 und § 7 Abs. 5 EStG steuerlich nur nach Maßgabe von R 44 Abs. 8 EStR zulässig ist.

Beispiele
a) Die Herstellungskosten eines im Jan. 06 fertig gestellten Betriebsgebäudes, das nicht Wohnzwecken dient und für das der Antrag auf Baugenehmigung nach dem 31. 3. 1985 und vor dem 1. 1. 1994 gestellt worden ist, betragen 1 000 000 DM. Die tatsächliche Lebensdauer beträgt 50 Jahre. Das Gebäude wurde in der HB zum 31. 12. 06 mit 1 000 000 ./. (2 % =) 20 000 = 980 000 DM angesetzt.
In der StB ist das Gebäude nach § 7 Abs. 4 Satz 1 Nr. 1 EStG abzuschreiben. Die HB ist zwar hinsichtlich der AfA-Methode maßgeblich;[12] danach ist auch in der StB linear abzuschreiben. Die Maßgeblichkeit erstreckt sich aber nicht auf die Höhe der AfA,

---
11 BB 1995, S. 196.
12 BFH, BStBl 1990 II S. 681.

14 Allgemeine Bilanzierungs- und Bewertungsgrundsätze

weil der handelsrechtlich zulässige Wert (§ 253 Abs. 2 Sätze 1, 2 HGB) nicht dem steuerrechtlich gebotenen Wert entspricht (§ 5 Abs. 6 i. V. m. § 6 Abs. 1 Nr. 1 und § 7 Abs. 4 Satz 1 Nr. 1 EStG).

b) Sachverhalt wie im Beispiel a). In der HB wurden 1 000 000 DM ./. (4 % =) 40 000 DM = 960 000 DM angesetzt.

Da die handelsrechtliche Abschreibung mit der steuerrechtlich möglichen AfA nach § 7 Abs. 4 Satz 1 Nr. 1 EStG identisch ist, muss das Gebäude entsprechend dem Maßgeblichkeitsgebot des § 5 Abs. 1 EStG in der StB ebenfalls mit 960 000 DM bilanziert werden.

c) In der HB wurden 1 000 000 DM ./. (6 % degressiv =) 60 000 = 940 000 DM angesetzt.[13]

Die in der HB gewählte degressive AfA ist steuerlich nicht zulässig. Gem. § 5 Abs. 6 EStG gilt hier das Maßgeblichkeitsprinzip des § 5 Abs. 1 Satz 1 EStG nicht. Das Gebäude ist in der StB mit 1 000 000 DM ./. (4 % linear =) 40 000 DM = 960 000 DM anzusetzen (§ 6 Abs. 1 Nr. 1 Satz 1 i. V. m. § 7 Abs. 4 Satz 1 Nr. 1 EStG).

d) Nach den handelsrechtlichen Grundsätzen ordnungsmäßiger Buchführung beträgt die voraussichtliche Nutzungsdauer mindestens 50 Jahre. Die nicht unter das Publizitätsgesetz fallende KG möchte in der HB wie in der StB 900 000 DM ausweisen.

Die KG kann wie folgt abschreiben:

Herstellungskosten	1 000 000 DM
./. planmäßige Abschreibungen (§ 253 Abs. 2 HGB) 5 % degressiv	50 000 DM
./. steuerrechtliche Abschreibungen (§ 254 HGB)	50 000 DM
31. 12. 06	900 000 DM

Der StB-Ansatz von 900 000 DM wird über § 6 Abs. 1 Nr. 1 i. V. m. § 7 Abs. 5 Satz 1 Nr. 1 EStG erreicht.

e) Wie d), es handelt sich um das Gebäude einer GmbH.

In der HB ist auch die über 50 000 DM hinausgehende Abschreibung in Höhe von ebenfalls 50 000 DM zulässig. Nach Ansicht des BMF ist die degressive Gebäude-AfA i. S. des § 7 Abs. 5 Satz 1 Nr. 1 EStG eine steuerrechtliche Abschreibung, die unter das Wahlrecht des § 5 Abs. 1 Satz 2 EStG fällt. Dann ist § 279 Abs. 2 HGB kein Hinderungsgrund für die Vornahme der degressiven AfA.

14.1.4 Umkehrung des Maßgeblichkeitsgrundsatzes in der Praxis

Dazu wird auf die Erläuterungen in Abschnitt 12.3.1.5 verwiesen.

14.2 Stichtagsprinzip

14.2.1 Maßgebende Bilanzierungs- und Bewertungszeitpunkte

Die Bilanzierung und Bewertung richtet sich nach den Verhältnissen in einem bestimmten Zeitpunkt. Wichtigster Bilanzierungs- und Bewertungszeitpunkt ist der

---

13 Nach Wöhe, Bilanzierung und Bilanzpolitik, 9. Aufl., S. 424, sind handelsrechtlich alle Verfahren zeitlicher Verteilung der Anschaffungs- oder Herstellungskosten (linear, degressiv, progressiv), ebenso die Verteilung nach Maßgabe der Leistung, zulässig. Es wird lediglich gefordert, dass das Abschreibungsverfahren den Grundsätzen ordnungsmäßiger Buchführung entspricht.

14.2 Stichtagsprinzip

Abschlusszeitpunkt (Schluss des Geschäftsjahres nach § 242 HGB bzw. Schluss des Wirtschaftsjahres nach § 4 Abs. 1, § 4 a EStG, § 8 b EStDV). Alle in diesem Zeitpunkt zum Betriebsvermögen gehörenden Wirtschaftsgüter sind zu bilanzieren und nach den Wertverhältnissen des Bilanzstichtags zu bewerten. Das Stichtagsprinzip besagt, dass Verhältnisse früherer oder späterer Zeitpunkte dabei grundsätzlich ausscheiden.

Das Stichtagsprinzip gilt sowohl für die **Bilanzierung**, d. h. für die Frage, welche Posten in der Jahresbilanz auszuweisen sind, als auch für die **Bewertung**.

Beispiele

a) Ein Handelsvertreter scheidet zum 31. 12. (Bilanzstichtag) aus dem Vertragsverhältnis aus. Im Folgejahr erhält er eine Gutschrift über eine Ausgleichszahlung nach § 89 b HGB in Höhe von 30 000 DM + 4800 DM USt, die der zur Zahlung verpflichtete Unternehmer bei der Zahlung als Aufwand gebucht hat.

Der Ausgleichsanspruch entsteht mit Beendigung des Vertragsverhältnisses, nicht früher, nicht später, auch keine „logische" Sekunde später. Zum Abschlusszeitpunkt sind 30 000 DM als Aufwand zu buchen und 4800 DM als noch nicht verrechenbare Vorsteuer sowie 34 800 DM als Verbindlichkeit zu bilanzieren.

b) Der Kurswert zum Betriebsvermögen gehörender Wertpapiere hat betragen am 31. 12. des Vorjahres 20 000 DM, am 1. 10. des laufenden Jahres 12 000 DM und am nachfolgenden 31. 12. 22 000 DM.

Der Kursverlust, der im Laufe des Wirtschaftsjahres eingetreten war, aber bis zum Jahresende wieder durch Kurssteigerungen aufgehoben ist, kann nicht berücksichtigt werden. Für die Bewertung kommt es allein auf die Verhältnisse des Bilanzstichtags an.

Besondere Bedeutung hat das Stichtagsprinzip für den Ausweis von Forderungen und Verbindlichkeiten. Dabei gilt das **Realisationsprinzip**.[14] Neben den am Bilanzstichtag vorhandenen Wirtschaftsgütern müssen dem Betrieb im Laufe des Wirtschaftsjahres entnommene bzw. ihm zugeführte Wirtschaftsgüter zum Zwecke der Gewinnermittlung bewertet werden. Dabei sind nicht die Wertverhältnisse des Bilanzstichtags, sondern des Tages der Entnahme bzw. der Einlage maßgebend. Auch die Ermittlung der Anschaffungskosten erworbener Güter richtet sich nach den Verhältnissen eines anderen Tages, nämlich nach den Verhältnissen am Tag des Erwerbs.

14.2.2 Bedeutung von Vorgängen nach dem Bilanzstichtag

Bei der Bilanzierung und Bewertung sind alle Umstände, die am Bilanzstichtag objektiv bestanden haben, zu berücksichtigen. Vorgänge, die sich nach dem Schluss des Wirtschaftsjahres ereignet und Tatsachen geschaffen haben, die am Bilanzstichtag noch nicht gegeben waren und auch nicht erwartet werden konnten, scheiden für die Bilanzierung und Bewertung auf diesen Zeitpunkt aus. Sie zeigen nicht die

---

14 S. o. 13.3.10.

objektiven Verhältnisse dieses Stichtags, sondern verändern sie als rechtsbegründende Tatsachen erst nach dem Bilanzstichtag.[15]

Beispiele

a) Am 31. 12. besteht eine Kundenforderung gegenüber einem Holzhändler von 60 000 DM. Wertmindernde Umstände liegen zu diesem Zeitpunkt nicht vor. Am 20. 1. des darauf folgenden Jahres brennt das Holzlager des Kunden ab. Mangels Versicherung kommt es zum Konkurs und zum völligen Ausfall der Forderung.

Die durch den Brand eingetretene Zahlungsunfähigkeit bleibt bei der Bewertung auf den 31. 12. unberücksichtigt. Der Verlust ist ein Geschäftsvorfall des neuen Jahres.

b) Durch Lottogewinn wird der Schuldner einer am Bilanzstichtag uneinbringlichen Forderung wieder zahlungsfähig.

Das nach dem Bilanzstichtag eingetretene Ereignis beeinflusst nicht den objektiven Wert der Forderung am vorhergehenden Abschlusstag.

c) Der Barwert einer betrieblichen Rentenverpflichtung hat zum letzten Bilanzstichtag 85 000 DM betragen. Bevor die Jahresschlussbilanz für dieses Wirtschaftsjahr aufgestellt werden konnte (z. B. wenige Tage nach dem Stichtag), ist der Rentenberechtigte gestorben.

Der Wegfall der Schuld und die deshalb erforderliche gewinnerhöhende Auflösung erfolgt im neuen Wirtschaftsjahr. Denn am Bilanzstichtag war die Verpflichtung noch gegeben.

d) Ein Unternehmer hat kurze Zeit vor dem Bilanzstichtag Waren für 10 000 DM zzgl. 1600 DM USt gekauft. Nach dem Stichtag bezahlt er den Rechnungsbetrag unter Abzug von 3 % Skonto.

Die Vorräte sind mit 10 000 DM zu bewerten. Die Minderung der Anschaffungskosten ist erst nach dem Bilanzstichtag eingetreten.[16]

e) Eine GmbH hat in ihrer HB Abschreibungen auf das Vorratsvermögen gem. § 253 Abs. 3 Satz 3 HGB wegen künftiger Wertschwankungen vorgenommen.

Nach dem Stichtagsprinzip sind steuerrechtlich nur die Wertminderungen zu berücksichtigen, die bereits am Bilanzstichtag eingetreten sind (Ausnahme: Bei Waren, deren Preise stark schwanken, darf die Preisentwicklung etwa 4 bis 6 Wochen vor und nach dem Bilanzstichtag berücksichtigt werden, vgl. u. 15.13.4.2). Die handelsrechtlich mögliche Abschreibung ist steuerrechtlich nicht zulässig.

14.2.3 Bessere Erkenntnis bis zur Bilanzaufstellung

Bei vielen Bilanzposten muss wegen der großen Unsicherheit mit Schätzungen gearbeitet werden (Rückstellungen für Wechselobligo, Garantieleistungen, schwebende Prozesse und umstrittene Steuernachzahlungen); ebenso bei Mieteranlagen, wenn die voraussichtliche Mietdauer ungewiss ist.[17] Besonders für diese Fälle ist zu beachten, dass der Kaufmann verpflichtet ist, bei der Bilanzaufstellung alle Umstände zu berücksichtigen, die für die Verhältnisse am Bilanzstichtag von Bedeutung sind (**Wertaufhellungstheorie**). Die zwischen dem Bilanzstichtag und

---

15 BFH, BStBl 1988 II S. 430, BStBl 1996 II S. 153.
16 BFH, BStBl 1991 II S. 456.
17 BFH, BStBl 1968 II S. 5.

14.2 Stichtagsprinzip

dem Tag der Bilanzaufstellung erlangte **bessere Erkenntnis** über die Verhältnisse am Bilanzstichtag ist zu berücksichtigen (§ 252 Abs. 1 Nr. 4 HGB).[18]

Beispiel

Der Brand im Holzlager des Kunden, der zur Zahlungsunfähigkeit führt (siehe vorstehendes Beispiel a), hat sich in der Nacht vom 20. zum 21. 12. ereignet. Der Gläubiger erfährt davon erst am 15. 1. des nächsten Jahres.

Der Forderungsausfall ist beim Jahresabschluss zu berücksichtigen, wenn die Forderung zu diesem Zeitpunkt bereits uneinbringlich war.

Die Verhältnisse des Bilanzstichtags sollen in diesen Fällen so zutreffend wie möglich erfasst werden. Das gilt auch dann, wenn die bekannt gewordenen aufhellenden Umstände zulasten des Kaufmanns gehen. Stellt sich z. B. bei Bilanzaufstellung innerhalb der einem ordnungsmäßigen Geschäftsgang entsprechenden Zeit (§ 243 Abs. 3 HGB) bis zum Tage der Aufstellung heraus, dass die Notwendigkeit für die Bildung einer Rückstellung oder einer Teilwertabschreibung nicht gegeben war, so sind diese nicht zulässig. Umstände, die die am vorangegangenen Bilanzstichtag bestehenden tatsächlichen Verhältnisse aber nicht aufhellen, sondern erst nach dem Bilanzstichtag verändern, können auf den vorangegangenen Bilanzstichtag nicht berücksichtigt werden. Es muss also zwischen **wertaufhellenden** und **wertbeeinflussenden** (wertbegründenden) Tatsachen unterschieden werden.[19]

Wertaufhellende Tatsachen sind auch dann zu berücksichtigen, wenn sie am Bilanzstichtag noch nicht eingetreten oder noch nicht bekannt waren, aber die Verhältnisse am Bilanzstichtag objektiv zeigen, weil sie einen Rückschluss auf die Wertverhältnisse am Bilanzstichtag zulassen. Aus den bis zur Bilanzaufstellung eingetretenen oder bekannt gewordenen Tatsachen müssen also Schlüsse über das Bestehen oder Nichtbestehen eines Risikos am Bilanzstichtag gezogen werden können.[20]

Beispiele

a) Ein Gewerbetreibender hat für das Wechselobligo eine Rückstellung nach Maßgabe des bei dem einzelnen Wechsel bestehenden Risikos gebildet. Die Bilanz wird 6 Monate nach dem Bilanzstichtag aufgestellt. Bis dahin sind alle Wechsel von den Bezogenen eingelöst worden.

Die Entwicklung bis zum Tag der Bilanzaufstellung zeigt, dass die Notwendigkeit zur Bildung einer Rückstellung nicht bestanden hat. Die Rückstellung kann nicht anerkannt werden.[21] Nur wenn die Einlösung der Wechsel auf Umständen beruht, die erst nach dem Bilanzstichtag eingetreten sind (wertbeeinflussende Tatsachen), wäre sie zulässig.

b) Derselbe Steuerpflichtige hat bei einer Kundenforderung aufgrund einer Einzelbewertung eine Abschreibung von 30 % vorgenommen. Bis zum Tage der Aufstellung der Bilanz ist die Forderung eingegangen.

---

18 BFH, BStBl 1968 II S. 5.
19 BFH, BStBl 1993 II S. 153, 446, BStBl 1996 II S. 153.
20 BFH v. 21. 10. 1981, BStBl 1982 II S. 121; BFH v. 7. 5. 1998, BFH/NV 1998 S. 1471.
21 BFH, BStBl 1973 II S. 218.

14 Allgemeine Bilanzierungs- und Bewertungsgrundsätze

Für das Ausfallwagnis kann eine Abschreibung nicht zugelassen werden.

c) Die Rückstellung bzw. Abschreibung wurde pauschal nach den Erfahrungen früherer Jahre gebildet. Alle Wechsel bzw. Forderungen wurden bis zur Bilanzaufstellung eingelöst.

Pauschalrückstellung und Pauschalabschreibungen sind nicht zulässig.

d) Die Abschreibung auf Kundenforderungen erfolgt pauschal mit 4 % des Nettobetrags von 500 000 DM = 20 000 DM. Bei Bilanzaufstellung stehen noch 85 000 DM (Nettobetrag) der Forderungen aus.

Die Abschreibung kann mit 20 000 DM berücksichtigt werden.

e) Wie Beispiel d). Bei Bilanzaufstellung stehen noch 12 500 DM Nettobetrag aus.

Die Abschreibung kann nur mit 12 500 DM berücksichtigt werden.

f) Seit Jahren schwebt gegen ein Unternehmen ein Prozess wegen einer objektiv gegebenen Patentverletzung. Die dafür in früheren Wirtschaftsjahren gebildete Rückstellung beträgt 600 000 DM. Kurz nach Beginn des neuen Wirtschaftsjahres und vor Aufstellung der Jahresschlussbilanz wird der Klage des Prozessgegners in letzter Instanz nur hinsichtlich eines Betrages von 150 000 DM stattgegeben.

450 000 DM sind nicht erst in dem Wirtschaftsjahr gewinnerhöhend aufzulösen, in dem das Urteil ergeht, sondern bereits zum Schluss des vorangegangenen Wirtschaftsjahres. Die nach diesem Zeitpunkt aufgrund der Klärung durch das Urteil gewonnene bessere Erkenntnis über die Verhältnisse vom Bilanzstichtag muss berücksichtigt werden.

g) Ein Unternehmer hat auf fremdem Grund und Boden Anlagen errichtet. Die vereinbarte Dauer des Mietvertrags beträgt 3 Jahre. Sie soll sich um jeweils ein Jahr verlängern, wenn nicht von einer Vertragspartei gekündigt wird. Mit einer entsprechenden Verlängerung des Vertragsverhältnisses war zunächst zu rechnen. Die Herstellungskosten der Anlagen wurden deshalb auf eine mutmaßliche Mietdauer von 10 Jahren verteilt, die auch etwa der betriebsgewöhnlichen Nutzungsdauer solcher Anlagen entspricht. Kurz vor der Aufstellung der Jahresabschlussbilanz des 4. Wirtschaftsjahres kündigt der Grundstückseigentümer.

Die bessere Erkenntnis über die Dauer des Vertragsverhältnisses muss berücksichtigt werden. Das führt dazu, dass mithilfe einer Absetzung für außergewöhnliche Abnutzung der Bilanzwert der restlichen Mietdauer angepasst wird.

Für die ab 31. 12. 1998 als Voraussetzung zur Abschreibung auf den niedrigeren Teilwert geforderte **voraussichtlich dauernde Wertminderung** (§ 6 Abs. 1 Nr. 1, 2 EStG)[22] kommt es auf die Verhältnisse am Bilanzstichtag an. Zusätzliche Erkenntnisse bis zum Zeitpunkt der Aufstellung der Bilanz sind zu berücksichtigen.[23]

Auch für die Frage, ob am Bilanzstichtag ein Wirtschaftsgut vorhanden ist, sind **nach dem Stichtag eingetretene Umstände** zu berücksichtigen. Das gilt jedoch nur dann, wenn nachträgliche Umstände Erkenntnisse darüber vermitteln, dass am Bilanzstichtag ein Wirtschaftsgut tatsächlich gegeben war.[24]

---

22 I. d. F. des Steuerentlastungsgesetzes 1999/2000/2002 v. 24. 3. 1999, BStBl 1999 I S. 304.
23 BMF v. 25. 2. 2000, BStBl 2000 I S. 372.
24 BFH, BStBl 1974 II S. 90.

14.2 Stichtagsprinzip

Die **Wertaufhellungstheorie** rechtfertigt es nicht, das Anerkenntnis einer zunächst bestrittenen Forderung aufgrund einer Vertragsverletzung, einer unerlaubten Handlung oder einer ungerechtfertigten Bereicherung bzw. die Bestätigung dieser Forderung durch ein rechtskräftiges Urteil bereits zu Bilanzstichtagen zu berücksichtigen, die vor diesen Ereignissen liegen. Durch das rechtskräftige Urteil bzw. das Anerkenntnis nach einem Bilanzstichtag werden keine besseren Erkenntnisse über das Bestehen eines Wirtschaftsguts zum Bilanzstichtag vermittelt, vielmehr erstmals die Voraussetzungen für ein bilanzierungsfähiges Wirtschaftsgut erfüllt. Dem steht nicht entgegen, dass das Urteil eines Zivilgerichts nur feststellt, was rechtens ist, nicht aber selbst Recht schafft. Die Bestätigung der zu dem vorangegangenen Bilanzstichtag bereits bestehenden Rechtslage ist erst Grundlage für die endgültige Durchsetzbarkeit des Anspruchs.[25]

Beispiel

Ein Bauunternehmer hat im Jahre 01 einen Unfall erlitten. Um den lästigen Versicherungsfall zum Abschluss zu bringen, hat die Versicherungsgesellschaft des Schädigers im Januar 03 dem Bauunternehmer ein Abfindungsangebot gemacht.

Der Bauunternehmer hat durch das Vergleichsangebot der Versicherungsgesellschaft im Januar 03 keine Kenntnis über das Bestehen des Ersatzanspruchs erhalten, sondern das Wirtschaftsgut Ersatzanspruch selbst ist als aktivierungsfähiges Wirtschaftsgut überhaupt erst nach dem 31. 12. 02 entstanden (Realisationsprinzip). Dass der Zeitpunkt der Konkretisierung des Ersatzanspruchs vor dem Zeitpunkt der Bilanzaufstellung liegt, reicht allein für einen Ausweis in der Bilanz zum 31. 12. 02 nicht aus.

Der Grundsatz, dass **wertaufhellende Umstände**, die zwischen dem Bilanzstichtag und dem Tag der Aufstellung der Bilanz entstehen oder bekannt werden, berücksichtigt werden müssen, ist keine Abweichung vom Stichtagsprinzip. Er beruht vielmehr im Gegenteil auf der Überlegung, dass die Verhältnisse am Stichtag so zutreffend wie möglich erfasst werden sollen.

Tag der Bilanzaufstellung ist der Tag, an dem die entscheidenden Bilanzarbeiten abgeschlossen werden und die Bilanz im Wesentlichen fertig gestellt wird. Die Bilanz ist i. S. des § 243 Abs. 3 HGB rechtzeitig aufgestellt, wenn der Kaufmann im Laufe des folgenden Geschäftsjahres auf den Bilanzstichtag einen auf dem Inventar und einer Hauptabschlussübersicht beruhenden „Vermögensstatus" erstellt, den er seinen Gläubigern übersendet, obgleich diese Vermögensübersicht und die laufende Buchführung inhaltliche Mängel aufweisen.[26] Der Umstand, dass die Reinschrift der Bilanz – nach Vornahme einer Reihe von Korrekturen – erst daran anschließend nach Ablauf eines weiteren Jahres gefertigt worden ist, fällt demgegenüber nicht mehr entscheidend ins Gewicht.

Wird die Bilanz nicht innerhalb der einem ordnungsmäßigen Geschäftsgang entsprechenden Zeit (§ 243 Abs. 3 HGB) aufgestellt, gelten die vorstehenden Ausführungen, wonach die bessere Erkenntnis zu berücksichtigen ist, nicht. Als Zeit, die

---
25 BFH, BStBl 1991 II S. 213.
26 BFH, BStBl 1982 II S. 485.

einem ordnungsmäßigen Geschäftsgang entspricht, wurden 6 bis 7 Monate[27] und 10 Monate[28] anerkannt, nicht aber 2½ Jahre[29] oder mehr als 2 Jahre.[30] Der BFH geht allgemein von einem Zeitraum von **12 Monaten** aus.[31] Hierdurch werden die für bestimmte Formkaufleute und publizitätspflichtige Unternehmen gesetzlich festgelegten Fristen nicht berührt.[32] Derartige Fristen sind bei kleinen Kapitalgesellschaften: 3, ggf. 6 Monate, wenn dies einem ordnungsgemäßen Geschäftsgang entspricht (§ 264 Abs. 1 Satz 3 HGB), bei mittelgroßen und großen Kapitalgesellschaften: 3 Monate (§ 264 Abs. 1 Satz 2 HGB), bei Genossenschaften: 5 Monate (§ 336 Abs. 1 Satz 2 HGB), bei publizitätspflichtigen Unternehmen: 3 Monate (§ 5 Abs. 1 Satz 1 PublG), bei Kreditinstituten: 3 Monate (§ 26 Abs. 1 KWG), bei Versicherungsunternehmen: 4 Monate (§ 55 Abs. 1 Satz 1 VAG).[33]

14.2.4 Bessere Erkenntnis nach Bilanzaufstellung

Besteht die Ungewissheit am Tage der Bilanzaufstellung noch fort, so muss der Kaufmann im Rahmen vertretbaren Ermessens und nach Maßgabe der in diesem Zeitpunkt bestehenden Erkenntnismöglichkeiten endgültig entscheiden. Eine sich nachträglich herausstellende Fehlbeurteilung macht die Bilanz nicht unrichtig und schließt normalerweise eine Bilanzberichtigung aus. Denn wenn der Steuerpflichtige aufgrund seiner Kenntnisse bilanziert, bilanziert er richtig, selbst wenn seine Kenntnisse falsch sind.[34]

14.3 Bilanzklarheit und Bilanzwahrheit

14.3.1 Bilanzklarheit (Generalnorm)

Der Jahresabschluss ist nach den Grundsätzen ordnungsmäßiger Buchführung aufzustellen (§ 243 Abs. 1 HGB), und er muss klar und übersichtlich sein (§ 243 Abs. 2 HGB). Diese **allgemeine Generalnorm** ist für alle Kaufleute verbindlich. Darüber hinaus haben Kapitalgesellschaften die **spezielle Generalnorm** des § 264 Abs. 2 HGB, den sog. „**true and fair view**", zu beachten. Danach hat der Jahresabschluss der Kapitalgesellschaft unter Beachtung der Grundsätze ordnungsmäßiger Buchführung ein den tatsächlichen Verhältnissen entsprechendes Bild der Vermögens-, Finanz- und Ertragslage der Kapitalgesellschaften zu vermitteln. Führen besondere

---

27 BFH, BStBl 1965 III S. 409.
28 BFH, BStBl 1968 II S. 5.
29 BFH, BStBl 1973 II S. 555.
30 BFH, BStBl 1978 II S. 525.
31 BStBl 1978 II S. 525, 1984 II S. 227, 1991 II S. 802.
32 BFH, BStBl 1978 II S. 315.
33 S. o. 2.2.1.2 ff.
34 BFH, BStBl 1991 II S. 802.

14.3 Bilanzklarheit und Bilanzwahrheit

Umstände dazu, dass der Jahresabschluss ein den tatsächlichen Verhältnissen entsprechendes Bild i. S. des § 264 Abs. 2 Satz 1 HGB nicht vermittelt, so sind im **Anhang** zusätzliche Angaben zu machen (§ 264 Abs. 2 Satz 2 HGB). Der in den §§ 243 Abs. 1 u. 2, 264 Abs. 2 HGB ausdrücklich festgelegte Bilanzierungsgrundsatz betrifft die formelle Seite des Jahresabschlusses. Der Inhalt des Jahresabschlusses soll möglichst weitgehend erkennbar, für einen Fachmann lesbar sein. Falsche und irreführende Bezeichnungen sind verboten.

Der Begriff des „true and fair view" hat in seinem Entstehungsland (Großbritannien) einen anderen Inhalt als im deutschen Bilanzrecht, weil die deutschen Rechnungslegungsvorschriften weitestgehend den Anforderungen der Generalklausel des § 264 Abs. 2 HGB entsprechen. Diese Vorschrift hat deshalb in der Regel nur die Funktion einer Auslegungshilfe.

Der Grundsatz der Bilanzklarheit bezieht sich nicht nur auf die Bilanz, sondern auch auf die Gewinn-und-Verlust-Rechnung.

Die Bilanz muss den Vorschriften des § 247 HGB für Kapitalgesellschaften den **Gliederungsvorschriften** des § 266 HGB entsprechen. Posten der Aktivseite dürfen nicht mit Posten der Passivseite, Grundstücksrechte nicht mit Grundstückslasten, Aufwendungen nicht mit Erträgen verrechnet werden (§ 246 Abs. 2 HGB). Damit muss die Gewinn-und-Verlust-Rechnung die Erfolgsquellen erkennen lassen. Das Bruttoprinzip gilt sowohl für die Bilanz als auch für die Gewinn-und-Verlust-Rechnung. Kleine und mittelgroße Kapitalgesellschaften haben jedoch bei der Gewinn-und-Verlust-Rechnung die Saldierungsmöglichkeiten nach § 276 HGB.

14.3.2 Bilanzwahrheit

Der Grundsatz der Bilanzwahrheit besagt, dass der Jahresabschluss, d. h. Bilanz und Gewinn-und-Verlust-Rechnung (§ 242 Abs. 3 HGB), vollständig und im Rahmen der jeweils geltenden Bewertungsvorschriften (Handelsrecht oder Steuerrecht) fachgerecht aufgestellt wird. Er betrifft den materiellen Inhalt der Bilanz. Es müssen sämtliche Vermögensgegenstände, Schulden, Rechnungsabgrenzungsposten, Aufwendungen und Erträge unter Berücksichtigung des Stichtagsprinzips und der Aktivierungs- und Passivierungsgebote vollständig erfasst werden. Das **Vollständigkeitsprinzip** ergibt sich aus § 246 Abs. 1 HGB.

Durch eine nach Bilanzierungs- und Bewertungsvorschriften fachgerecht aufgestellte Bilanz wird vor allem ein überhöhter Vermögensausweis und der Ausweis nicht realisierter Gewinne, aber auch die willkürliche Bildung stiller Reserven verhindert.

14 Allgemeine Bilanzierungs- und Bewertungsgrundsätze

14.4 Prinzipien der Bilanzverknüpfung

14.4.1 Begriff und Arten der Bilanzverknüpfung

Jede Jahresschlussbilanz ist mit den Bilanzen der vorhergehenden oder folgenden Wirtschaftsjahre verknüpft. Die Regeln, die das Verhältnis zu diesen Bilanzen betreffen, bezeichnet man als Prinzipien der Bilanzverknüpfung. In Betracht kommen die Bilanzenidentität und die Bilanzkontinuität.

14.4.2 Bilanzenidentität (Bilanzenzusammenhang)[35]

14.4.2.1 Begriff

Bilanzenidentität bedeutet zahlenmäßige Übereinstimmung zwischen der Jahresschlussbilanz eines Wirtschaftsjahres und der Eröffnungsbilanz des Folgejahres. Sie wird im Steuerrecht allgemein als Bilanzenzusammenhang bezeichnet. Gesetzliche Grundlage ist § 4 Abs. 1 EStG und § 252 Abs. 1 Nr. 1 HGB. Die darin vorgeschriebene Gegenüberstellung des Betriebsvermögens am Schluss des Wirtschaftsjahres mit dem Betriebsvermögen am Schluss des vorangegangenen Wirtschaftsjahres hat zur Folge, dass das Endvermögen des laufenden Wirtschaftsjahres zugleich das Anfangsvermögen des folgenden Wirtschaftsjahres ist. Diese zweifache Maßgeblichkeit jeder Bilanz sowohl für die Gewinnermittlung der Vergangenheit als auch der Zukunft bezeichnet man als **Zweischneidigkeit** der Bilanz. Sie ist der wesentliche Inhalt des Bilanzenzusammenhangs.

14.4.2.2 Zweck des Bilanzenzusammenhangs

§ 4 Abs. 1 EStG soll verhindern, dass beim Übergang vom einen auf das andere Wirtschaftsjahr Änderungen vorgenommen werden können, um Teile aus der Gewinnermittlung auszuschließen. Er sichert die fortlaufende und lückenlose Erfassung des Gewinns. Mithilfe einer Durchbrechung des Bilanzenzusammenhangs können die Erträge und Aufwendungen nicht willkürlich beeinflusst werden. So ist sichergestellt, dass wenigstens der richtige **Totalgewinn,** der von der Gründung bis zur Schließung des Betriebs erzielt wurde, erfasst wird.

---

35 Als Bilanzenidentität wird auch die formelle Bilanzkontinuität bezeichnet.

14.4 Prinzipien der Bilanzverknüpfung

Beispiel

Ein Steuerpflichtiger hat die folgenden Bilanzen aufgestellt:

Aktiva	31. 12. des 1. Wj.		Passiva
Versch. Aktivposten	30 000 DM	Kapital	10 000 DM
Waren	20 000 DM	Versch. Passivposten	40 000 DM
	50 000 DM		50 000 DM

Für das folgende Wirtschaftsjahr wurde folgende Eröffnungsbilanz aufgestellt:

Aktiva	1. 1. des 2. Wj.		Passiva
Versch. Aktivposten	30 000 DM	Kapital	15 000 DM
Waren	25 000 DM	Versch. Passivposten	40 000 DM
	55 000 DM		55 000 DM

Das Kapital am Ende des 2. Wj. beträgt 20 000 DM.

Gewinnermittlung:

	falsch	richtig
Betriebsvermögen am 31. 12. des 2. Wj.	20 000 DM	20 000 DM
./. Betriebsvermögen am 1. 1. des 2. Wj.	15 000 DM	10 000 DM
Unterschiedsbetrag	5 000 DM	10 000 DM
+ Entnahmen	8 000 DM	8 000 DM
= Gewinn	13 000 DM	18 000 DM

Da die Eröffnungsbilanz des Folgejahres regelmäßig nicht eingereicht wird, muss auf die Einhaltung des Bilanzenzusammenhangs bei der Prüfung der Jahresschlussbilanzen geachtet werden. Dabei ist die Kapitalentwicklung von besonderer Bedeutung.

Beispiel

Statt der Eröffnungsbilanz wird in vorstehendem Beispiel die Schlussbilanz mit Kapitalentwicklung eingereicht.

Aktiva	31. 12. des 2. Wj.			Passiva
Versch. Aktivposten	70 000 DM	Kapital 1. 1.	15 000 DM	
		./. Entnahmen	8 000 DM	
			7 000 DM	
		+ Gewinn	13 000 DM	20 000 DM
		Versch. Passivposten		50 000 DM
	70 000 DM			70 000 DM

14 Allgemeine Bilanzierungs- und Bewertungsgrundsätze

In der Kapitalentwicklung erscheint das Anfangskapital mit 15 000 DM, obwohl es nach der Vorjahresbilanz nur 10 000 DM beträgt. Daraus ergibt sich die Nichtbeachtung des Bilanzenzusammenhangs.

Der Bilanzenzusammenhang ist gewahrt, wenn zwischen Abschluss und Eröffnung der Buchhaltung keine Bilanzposten verschwinden oder neu hinzukommen und keine Bewertungsunterschiede bestehen.

Die Notwendigkeit der Übereinstimmung der Eröffnungsbilanz des Folgejahres mit der Jahresschlussbilanz des Vorjahres bezieht sich nicht nur auf das Eigenkapital, sondern auch auf die einzelnen Bilanzposten.

Beispiel

Ein Steuerpflichtiger hat für 100 000 DM ein unbebautes Grundstück erworben. In der Eröffnungsbilanz des Folgejahres setzt er es mit 80 000 DM an. Um den Unterschiedsbetrag von 20 000 DM erhöht er den Warenbestand.

Durch diese Veränderung wird das Anfangskapital nicht falsch. Es ist jedoch das Kapital am Ende des folgenden Wirtschaftsjahres um 20 000 DM zu niedrig, wenn der Betrag von 80 000 DM fortgeführt und der Warenbestand in diesem Jahre verkauft wird. Diese Durchbrechung des Bilanzenzusammenhangs ergibt im Folgejahr eine Gewinnminderung von 20 000 DM. Sie ist nicht zulässig.

14.4.3 Bilanzkontinuität

14.4.3.1 Formelle Bilanzkontinuität[36]

Nach dem Grundsatz der Bilanzkontinuität soll die formelle und materielle Vergleichbarkeit aufeinander folgender Jahresabschlüsse gewährleistet sein. Die formelle Bilanzkontinuität bezieht sich auf den äußeren Aufbau der Bilanz, insbesondere eine gleiche Gliederung, gleiche inhaltliche Abgrenzung und gleiche Bezeichnung der Posten. Die Einhaltung der gleichen Grundsätze von Bilanz zu Bilanz sichert die Vergleichbarkeit.

14.4.3.2 Materielle Bilanzkontinuität

Die materielle Bilanzkontinuität umfasst

- die Bewertungsstetigkeit und
- den Wertzusammenhang (Wertstetigkeit).

Bewertungsstetigkeit (Bewertungskontinuität) bedeutet Anwendung der gleichen Bewertungsgrundsätze von Schlussbilanz zu Schlussbilanz, um eine Vergleichbarkeit aufeinander folgender Jahre zu ermöglichen. Nach § 252 Abs. 1 Nr. 6 HGB sollen die auf den vorhergehenden Jahresabschluss angewandten Bewertungsmethoden beibehalten werden. Kann der Steuerpflichtige bei der Bewertung verschiedene Ver-

---

36 Unter der formellen Bilanzkontinuität wird auch die Übereinstimmung von Schlussbilanz und Eröffnungsbilanz (Bilanzidentität) verstanden (vgl. dazu auch BFH, BStBl 1992 II S. 512/516).

14.4 Prinzipien der Bilanzverknüpfung

fahren anwenden, muss er sich entscheiden, z. B. für Einzelbewertung oder Gruppenbewertung oder Bilanzierung von Festwerten oder ein bestimmtes Verbrauchsfolgeverfahren; Ermittlung der Herstellungskosten zu Einzelkosten oder in Höhe der Herstellungskosten I oder in Höhe der Herstellungskosten II,[37] ggf. unter Einbeziehung von Fremdkapitalzinsen; Einzelbewertung oder Pauschalbewertung bei Forderungen oder Garantierückstellungen; Bemessung des Zinssatzes bei der Ermittlung des Barwerts von Rentenverpflichtungen. Das einmal angewendete Verfahren muss grundsätzlich beibehalten werden. Es kann nicht willkürlich gewechselt werden. Das schließt nicht aus, dass wirtschaftlich vernünftige Gründe einen Wechsel rechtfertigen können[38] (§ 252 Abs. 2 HGB).

Als begründete Ausnahmefälle i. S. des § 252 Abs. 2 HGB kommen nach der Stellungnahme HFA 3/1997 des IDW[39] insbesondere in Betracht, wenn die Abweichung

- durch eine Änderung der rechtlichen Gegebenheiten (Änderung von Gesetz und Satzung oder Rechtsprechung) veranlasst wurde,
- dazu dient, Bewertungsvereinfachungsverfahren in Anspruch zu nehmen,
- unter Beachtung der GoB ein besseres Bild der Vermögens-, Finanz- oder Ertragslage vermitteln soll,
- erforderlich ist, um steuerliche Ziele zu verfolgen.

In den Fällen der Unterbrechung der Bewertungsstetigkeit sind Kapitalgesellschaften gem. § 284 Abs. 2 Nr. 4 HGB zur Berichterstattung verpflichtet.

Die Inanspruchnahme steuerrechtlicher Sonderabschreibungen, erhöhter Absetzungen usw. fällt zwar in den Bereich der Bewertungsmethoden. Nach herrschender Auffassung wird das erneute Wahlrecht bei jedem Neuzugang als begründete Ausnahme i. S. des § 252 Abs. 2 HGB angesehen.

Zwingende Abweichungen aufgrund von Einzelvorschriften, wie außerplanmäßige Abschreibungen, berühren mangels Wahlmöglichkeit nicht das Stetigkeitsgebot.

Wertzusammenhang (Wertstetigkeit) bedeutet, dass ein Wertansatz für die Zukunft fortzuführen ist, solange das Wirtschaftsgut noch zum Betriebsvermögen gehört. Eine Erhöhung des Bilanzansatzes ohne Zugang ist grundsätzlich verboten (Grundsatz des eingeschränkten Wertzusammenhangs).[40] Entsprechendes gilt für Verbindlichkeiten, bei denen der Wertzusammenhang bedeutet, dass der vorjährige Wertansatz nicht unterschritten werden darf.[41] Die Wertfortführung kann sich nur auf ein ganz bestimmtes Wirtschaftsgut beziehen, das am Schluss des vorangegangenen Wirtschaftsjahres zum Betriebsvermögen gehört hat.

---
37 S. u. 15.6.3.
38 BFH, BStBl 1958 III S. 291.
39 WPg 1997 S. 540–542.
40 Im Einzelnen s. u. 15.8.2.3, 15.12.2.3 und 15.13.2.3.
41 Im Einzelnen s. u. 15.14.2.3.

Das Verbot eines höheren Wertausweises als die Anschaffungs- oder Herstellungskosten abzügl. AfA (abnutzbares Anlagevermögen) bzw. die Anschaffungskosten (nichtabnutzbares Anlagevermögen) bzw. die Anschaffungs- oder Herstellungskosten (Umlaufvermögen) verhindert, dass nicht verwirklichte Gewinne ausgewiesen und versteuert werden. Soweit stille Reserven entstanden sind, werden sie erst beim Ausscheiden aus dem Betriebsvermögen, d. h. bei ihrer endgültigen Realisierung, versteuert.

Bei Bilanzposten mit wechselndem Bestand erlaubt der Grundsatz des Wertzusammenhangs nicht die Beibehaltung eines unzulässig gebildeten Bilanzansatzes in den Bilanzen der Folgejahre.

14.5 Steuerrechtliche Folgen des Bilanzenzusammenhangs

14.5.1 Bedeutung der materiellen Bestandskraft des Steuerbescheids für die Steuerbilanz

Der sich aus der Steuerbilanz ergebende Gewinn geht in den Steuerbescheid ein. **Besteuerungsmerkmale** sind unselbstständige Teile des Steuerbescheids (§ 157 Abs. 2 AO). Wird der Steuerbescheid materiell bestandskräftig, d. h. ist er unabänderbar, so kann die **Steuerschuld** grundsätzlich nicht mehr abweichend festgesetzt und damit auch nicht vom festgestellten Gewinn abgewichen werden. Zu keiner materiellen Bestandskraft führt die vorläufige Steuerfestsetzung (§ 165 AO). Bei Steuerfestsetzung unter dem Vorbehalt der Nachprüfung (§ 164 AO) tritt die materielle Bestandskraft erst mit der Aufhebung des Vorbehalts bzw. der Festsetzungsverjährung ein.

Aus der Unabänderbarkeit der Steuerfestsetzung folgt, dass eine Änderung bzw. Berichtigung der berücksichtigten Besteuerungsgrundlagen und somit auch der Steuerbilanz nach Eintritt der materiellen Bestandskraft des Steuerbescheids grundsätzlich nicht mehr möglich ist. Wegen der Bilanzenidentität gilt das nicht nur für die Gewinnermittlung des abgelaufenen Wirtschaftsjahres, sondern auch für die Gewinnermittlung des folgenden Geschäftsjahres. Die fehlerhafte Bilanz, die der Veranlagung eines Jahres zugrunde gelegen hat, ist solange als Anfangsbilanz des folgenden Jahres anzusehen, wie die Veranlagung unverändert bleibt. Das bedeutet:

Betriebsvermögen am Schluss des vorangegangenen Wirtschaftsjahres ist grundsätzlich das bei der Veranlagung dieses Jahres angesetzte Betriebsvermögen. Es muss selbst dann bei der Gewinnermittlung des Folgejahres angesetzt werden, wenn sich bei richtiger Anwendung der steuerrechtlichen Bilanzierungs- und Bewertungsvorschriften ein anderes Betriebsvermögen ergeben hätte.[42] Dies

---
42 BFH, BStBl 1992 II S. 881 m. w. N.

14.5 Steuerrechtliche Folgen des Bilanzenzusammenhangs

gilt allerdings dann nicht, wenn die Einkommensteuerfestsetzung des Fehlerjahres infolge eines geringen Einkommens vor und nach der Fehlerkorrektur auf 0 DM lautet, kein Verlustrücktrag durchgeführt und keine vortragsfähigen Verluste nach § 10 d EStG gesondert festgestellt wurden; in diesem Fall können die nicht in Bestandskraft erwachsenen Besteuerungsgrundlagen einschließlich des zum Ende des Wirtschaftsjahres angesetzten Betriebsvermögens richtig gestellt werden, ohne dass es einer Änderung der festgesetzten Steuer bzw. der gesonderten Feststellung bedarf (sog. **Auswirkungsvorbehalt**).[43]

Beispiele

a) Ein Gewerbetreibender hat in seiner Jahresschlussbilanz die Warenvorräte mit dem Verkaufspreis angesetzt. Dadurch wurden Betriebsvermögen und Gewinn um 10 000 DM zu hoch ausgewiesen. Der Steuerbescheid für dieses Kalenderjahr ist materiell bestandskräftig. Die Möglichkeit der Berichtigung des Steuerbescheids nach § 173 Abs. 1 Nr. 2 AO ist nicht gegeben, weil die falsche Bewertung aus einer Anlage zur Steuererklärung zu erkennen und damit für das Finanzamt nicht neu ist.

Bei der Gewinnermittlung des Folgejahres muss von der falschen Vorjahresbilanz ausgegangen werden. Durch die falsche Bewertung wurde im Vorjahr ein zu hoher Gewinn versteuert. Dieser Fehler gleicht sich im nächsten Wirtschaftsjahr durch den entsprechend höheren Wareneinsatz wieder aus, sodass zwar nicht die richtigen Periodengewinne, aber der richtige Totalgewinn erfasst wird.

b) Beim Jahresabschluss ist die Bildung einer Gewerbesteuerrückstellung unterblieben. Obwohl in einer Anlage der Bilanz erläutert, wurde der Fehler vom Finanzamt bei der Veranlagung nicht bemerkt. Erst bei einer Außenprüfung für die folgenden Wirtschaftsjahre wird der Fehler festgestellt, nachdem für das betreffende Jahr die Festsetzungsfrist (§ 169 AO) abgelaufen ist.

Auch in diesem Falle muss die falsche Bilanz für die Gewinnermittlung des Folgejahres übernommen werden. Dadurch wirkt sich die Gewerbesteuernachzahlung später als Betriebsausgabe aus.

c) Der Inhaber einer Drogerie hat die ihm am Bilanzstichtag zustehenden Umsatzboni nicht aktiviert. Sie wurden erst im jeweils darauf folgenden Jahr bei ihrer Vereinnahmung als Ertrag erfasst. Anlässlich einer Außenprüfung hat der Prüfer in den Schlussbilanzen die entsprechenden Forderungen angesetzt und die Gewinne berichtigt. Der Steuerpflichtige beantragt den Ansatz auch für die Anfangsbilanz des ersten geprüften Wirtschaftsjahres. Eine Berichtigung der Steuerfestsetzung des Vorjahres kommt nach den Vorschriften der AO nicht in Betracht.

Dem Antrag kann nicht entsprochen werden.[44] Der in dem früheren Veranlagungszeitraum nicht berücksichtigte Ertrag wird dadurch im Folgejahr erfasst.

Die **Zweischneidigkeit der Veranlagungsbilanzen,** die – wie vorstehende Beispiele zeigen – zu einem selbsttätigen Ausgleich von Bilanzierungsfehlern führt, ist der eigentliche Sinn des Bilanzenzusammenhangs. Es entspricht nicht nur dem Wortlaut, sondern auch dem Sinn und Zweck des § 4 Abs. 1 EStG, fehlerhafte Bilanzierungen in der Weise auszugleichen, dass frühere nicht erfasste Erträge in einer späteren Gewinnperiode herangezogen, frühere nicht erfasste Aufwendungen

---

43 BFH v. 22. 4. 1998, BFH/NV 1999 S. 162.
44 BFH, BStBl 1960 III S. 137 und S. 444.

in einem späteren Wirtschaftsjahr steuerrechtlich berücksichtigt werden. Ein solcher Fehlerausgleich entspricht in der Regel gleichermaßen den Interessen der Steuerpflichtigen und des Fiskus.[45] Entsprechendes gilt bei einer falschen Bewertung. Der Steueranspruch entsteht dann im Jahr des Fehlerausgleichs nach Maßgabe des in diesem Jahr ausgewiesenen Gewinns.[46] Infolge der Zweischneidigkeit der Bilanz kann sich die **Gewinnauswirkung des Fehlers** (z. B. überhöhte Teilwertabschreibung) später wieder **ausgleichen** (höherer Veräußerungsgewinn, weniger Abschreibung), und zwar unabhängig davon, ob für das Fehlerentstehungsjahr bereits **Festsetzungsverjährung** (§§ 169 ff. AO) eingetreten ist. Die Verjährungsgrundsätze der AO werden insoweit unterlaufen.[47]

Der Grundsatz, dass ein falscher Bilanzansatz, der einer materiell bestandskräftigen, nach der AO nicht mehr berichtigungsfähigen Veranlagung zugrunde liegt, mit Wirkung für die Zukunft nicht geändert werden kann,[48] gilt selbst dann, wenn der Betrieb inzwischen unentgeltlich auf einen anderen übertragen wurde und dieser von der steuerrechtlichen Auswirkung der Berichtigung betroffen ist.[49]

14.5.2 Rückwärtsberichtigung bei fehlerhafter Vorjahresbilanz

Eine falsche Bilanz ist zu berichtigen (§ 4 Abs. 2 EStG). Einer Bilanzberichtigung[50] steht jedoch grundsätzlich die materielle Bestandskraft des Steuerbescheids entgegen. Wegen des Bilanzzusammenhangs (Bilanzidentität) gilt das auch für eine fehlerhafte Vorjahresbilanz. Eine Berichtigung dieser Bilanz kann nur in Betracht kommen, wenn

- das fehlerhaft ermittelte Betriebsvermögen einer Veranlagung noch nicht zugrunde liegt, oder

- die Steuerfestsetzung zwar erfolgt, materielle Bestandskraft aber noch nicht eingetreten ist, weil z. B. die Rechtsbehelfsfrist noch nicht abgelaufen ist, die Steuerfestsetzung unter dem Vorbehalt der Nachprüfung steht (§ 164 AO) und die Festsetzungsfrist noch nicht abgelaufen ist oder eine vorläufige Steuerfestsetzung erfolgte (§ 165 AO), oder

- der Steuerbescheid trotz der materiellen Bestandskraft nach den Vorschriften der AO (§§ 172 ff. AO) aufgehoben oder geändert werden kann.[51]

Ist hiernach die Bilanzberichtigung zulässig, so ist soweit möglich, **bis zur Fehlerquelle zurück zu berichtigen.**[52]

---

45 BFH, BStBl 1966 III S. 142.
46 BFH, BStBl 1977 II S. 472.
47 BFH v. 27. 1. 1998, BB 1998 S. 1626; BFH v. 22. 4. 1998, BFH/NV 1999, S. 162; H 15 „Richtigstellung eines unrichtigen Bilanzansatzes" EStH.
48 BFH, BStBl 1963 III S. 599, BStBl 1966 III S. 142.
49 BFH, BStBl 1965 III S. 48.
50 Wegen des Begriffs der Bilanzberichtigung und der Abgrenzung zur Bilanzänderung s. u. 20.1.
51 BFH, BStBl 1962 III S. 273, BStBl 1966 III S. 142.
52 BFH, BStBl 1968 II S. 144.

14.5 Steuerrechtliche Folgen des Bilanzenzusammenhangs

Beispiel

Ein Gewerbetreibender hat in der Jahresschlussbilanz seine Warenvorräte um 50 000 DM zu niedrig bewertet. Das wird bei einer Außenprüfung des folgenden Wirtschaftsjahres festgestellt. Der Steuerbescheid, dem der falsche Warenbestand zugrunde liegt, ist materiell bestandskräftig. Die Festsetzungsverjährung ist noch nicht eingetreten.
Die Feststellung stellt eine neue Tatsache i. S. des § 173 Abs. 1 Nr. 1 AO dar. Die Veranlagung des Vorjahres ist zu berichtigen. Da die berichtigte Schlussbilanz zugleich die berichtigte Anfangsbilanz für das Folgejahr ist, wirkt die Berichtigung auch für dieses Jahr. Wäre der Steuerbescheid des Vorjahres aufgrund einer Außenprüfung ergangen, wäre die Änderung nach § 173 Abs. 2 AO ausgeschlossen.

Ist dagegen die Möglichkeit der Berichtigung wegen Verjährung oder wegen der Bestandskraft der Veranlagung und des Fehlens verfahrensrechtlicher Möglichkeiten zur Berichtigung nicht mehr gegeben, so ist der falsche Bilanzansatz in der Steuerbilanz des auf die bestandskräftig veranlagten Wirtschaftsjahre folgenden Wirtschaftsjahres richtig zu stellen.[53]

14.5.3 Erfolgswirksame Berichtigung in der nächsten Schlussbilanz

Ist eine Berichtigung der Veranlagungen bis zur Fehlerquelle zurück nicht möglich, kann der falsche Bilanzansatz erst in der Schlussbilanz eines späteren Steuerabschnitts, dessen Veranlagung noch berichtigungsfähig ist, **erfolgswirksam** richtig gestellt werden.[54] Es kann nicht zweifelhaft sein, dass eine solche erfolgswirksame Bilanzberichtigung immer erforderlich ist, wenn das **Wirtschaftsgut nicht mehr vorhanden** und nur ein entsprechendes neues Wirtschaftsgut in der Schlussbilanz zu bilanzieren und zu bewerten ist (Bilanzposten mit wechselndem Bestand). Das folgt schon aus dem für die Veranlagungssteuern geltenden Grundsatz der Abschnittsbesteuerung, nach dem jedes Jahr erneut zu prüfen ist.

Beispiele

a) Bei einer Außenprüfung wird festgestellt, dass ein Gewerbetreibender Umsatzvergütungen (Boni), die er durch Warenbezüge im Vorjahr verdient hat und auf deren Zahlung ein Rechtsanspruch besteht, immer erst im Jahr der Vereinnahmung als Ertrag ausgewiesen hat. Die insoweit unrichtigen Veranlagungen der letzten 10 Jahre sind materiell bestandskräftig und nach den Vorschriften der AO nicht mehr berichtigungsfähig.
Die Bonianspräche sind in der Bilanz der ersten berichtigungsfähigen bzw. noch nicht durchgeführten Veranlagung zu aktivieren. Dabei handelt es sich in der Regel nur um neue, im letzten Wirtschaftsjahr entstandene Ansprüche.

b) Es wird festgestellt, dass ein Kaufmann seit Jahren für das Wechselobligo eine Rückstellung gebildet hat, obwohl die Voraussetzungen der Rückstellungsbildung nicht gegeben waren. Eine Berichtigung der materiell bestandskräftigen Veranlagungen scheidet aus.

---
53 BFH, BStBl 1977 II S. 148; BStBl 1994 II S. 109/111; BFH v. 27. 1. 1998, BB 1998 S. 1626; H 15 EStH.
54 BFH, BStBl 1990 II S. 1044, BStBl 1992 II S. 512/516.

14 Allgemeine Bilanzierungs- und Bewertungsgrundsätze

Die Voraussetzungen der Bilanzierung einer Rückstellung sind nach dem Grundsatz der Abschnittsbesteuerung für jeden Bilanzstichtag erneut zu prüfen.[55] Wenn sich dabei herausstellt, dass für die am Bilanzstichtag umlaufenden Kundenwechsel eine Rückstellung nicht zulässig ist, ist in der Bilanz, die noch keiner bestandskräftigen oder einer berichtigungsfähigen Veranlagung zugrunde liegt, die Rückstellung zu streichen.

c) Ein Weinbaubetrieb hat seit Jahren die Vorräte nur mit den Einzelkosten (ohne Fertigungsgemeinkosten) bewertet. Dies wird bei einer Außenprüfung festgestellt. Die Veranlagungen der Jahre bis einschließlich 08 können wegen Verjährung nicht mehr berichtigt werden.

Erstmals in der Prüferbilanz für 09 sind die zu diesem Zeitpunkt vorhandenen neuen (aus der letzten Ernte stammenden) Vorräte mit den richtigen Herstellungskosten anzusetzen.

Eine solche erfolgswirksame Berichtigung in der nächsten Schlussbilanz kommt auch dann in Betracht, wenn zu diesem Zeitpunkt noch **dasselbe (alte) Wirtschaftsgut vorhanden ist.**

Beispiele

a) Ein Handelsvertreter hat in der Schlussbilanz für 06 einen Versicherungsanspruch nicht aktiviert. Die Veranlagung für 06 ist materiell bestandskräftig und kann nicht berichtigt werden. Für 07 liegt noch kein Steuerbescheid vor. Die Auszahlung durch die Versicherung erfolgt Anfang 08.

Weil der Bilanzierungsfehler dazu geführt hat, dass die Versicherungsleistung in 06 nicht erfasst wurde, muss der Vorgang zwecks Erfassung des richtigen Totalgewinns bei der Gewinnermittlung erfasst werden. Das geschieht normalerweise – weil ein Aktivposten fehlt – durch Buchung eines entsprechenden Ertrags bei der Vereinnahmung. Besteht der Anspruch am Ende des nächsten Wirtschaftsjahres – hier am 31. 12. 07 – fort, wird er zu diesem Bilanzstichtag erfolgswirksam eingebucht.[56]

b) Ein Gewerbetreibender hat in seinen bisherigen Bilanzen den derivativ erworbenen Firmenwert mit den fortgeführten Anschaffungskosten angesetzt. Eine Abschreibung auf den Teilwert von 0 DM wurde nicht vorgenommen, weil der Steuerpflichtige sie nicht für zulässig hielt.

Wenn der Wert voraussichtlich auf Dauer gesunken ist, muss der niedrigere Teilwert angesetzt werden. Ist die Abschreibung nicht willkürlich unterblieben und verstößt die Nachholung nicht gegen Treu und Glauben, kann sie in der Steuerbilanz nachgeholt werden, die noch keiner materiell bestandskräftigen oder einer berichtigungsfähigen Steuerfestsetzung zugrunde liegt.[57]

c) Ein Betriebsinhaber hatte wegen des im Jahre 02 erfolgten Anschlusses seines Betriebsgrundstücks, auf dem sich eine werkseigene Kläranlage befand, an eine neu errichtete gemeindliche Ortskanalisation einen Entwässerungsbeitrag zu entrichten. Die in 02 geleistete Zahlung in Höhe von 100 000 DM wurde dem Konto Grund und Boden belastet. Wegen Modernisierung der bereits vorhandenen Möglichkeit der Abwasserbeseitigung handelt es sich um Erhaltungsaufwand.[58] Die bestandskräftigen Veranlagungen 02 und 03 sind nicht mehr änderungsfähig.

Die Zahlung in Höhe von 100 000 DM hätte nicht als Zugang zum Grund und Boden aktiviert werden dürfen, sondern als Betriebsausgabe des Jahres 02 gewinnmindernd behandelt werden müssen. Die Bilanzen ab 31. 12. 02 enthalten somit den falschen

---

55 BFH, BStBl 1969 II S. 314.
56 BFH, BStBl 1962 III S. 273.
57 BFH, BStBl 1977 II S. 76.
58 BFH, BStBl 1987 II S. 333.

14.5 Steuerrechtliche Folgen des Bilanzenzusammenhangs

Bilanzansatz Grund und Boden. Die nach § 4 Abs. 2 Satz 1 EStG gebotene Berichtigung der fehlerhaften Bilanzen ist jedoch für die Jahre 02 und 03 wegen Bestandskraft der Veranlagungen dieser Jahre nicht mehr möglich. Deshalb ist der Fehler erfolgswirksam in der Bilanz des Jahres zu berichtigen, dessen Veranlagung noch nicht durchgeführt ist oder noch geändert werden kann. Folglich ist der Bilanzansatz Grund und Boden zum 31. 12. 04 um 100 000 DM zu mindern. Das führt zu einer Minderung des Gewinns 04 um 100 000 DM.

Eine solche erfolgswirksame Berichtigung in der ersten noch offenen Schlussbilanz ist jedoch nicht geboten, wenn die Fehler geringfügig sind und sich von selbst ausgleichen, z. B. bei **zu hoher oder zu niedriger AfA**.[59]

Durch Bilanzberichtigung kann auch die Beteiligung der Gesellschafter einer **Personengesellschaft** am Gesellschaftsvermögen berichtigt und dadurch eine zurückliegende Gewinnverteilung korrigiert werden; der Bilanzenzusammenhang bezieht sich auch auf die Aufteilung des Betriebsvermögens auf die Gesellschafter.[60]

Die Grundsätze des Bilanzenzusammenhangs gelten auch für eine Personengesellschaft, die das eingebrachte Betriebsvermögen gem. § 24 Abs. 2 UmwStG mit dem Buchwert in ihrer Bilanz angesetzt hat. Danach sind Fehler in den Bilanzen des **eingebrachten Unternehmens,** die wegen Bestandskraft der Veranlagungen nicht mehr berichtigt werden können, in der ersten Schlussbilanz der Personengesellschaft, in der eine Änderung möglich ist, erfolgswirksam zu berichtigen.[61]

Beim Wegfall des negativen Kapitalkontos eines Kommanditisten, das durch einkommensteuerrechtliche Verlustzurechnungen entstanden ist, ergibt sich für den Kommanditisten in Höhe des negativen Kapitalkontos ein Gewinn. Dieser Gewinn entsteht grundsätzlich zu dem Zeitpunkt, in dem feststeht, dass ein Ausgleich des negativen Kapitalkontos mit künftigen Gewinnanteilen nicht mehr in Betracht kommt.[62] Ist nun das **negative Kapitalkonto** des Kommanditisten zu Unrecht **nicht (gewinnerhöhend) aufgelöst** worden und die Veranlagung bestandskräftig, so ist die Auflösung im Folgejahr nachzuholen.[63]

Sind jedoch in den Folgejahren **weder Bilanzen erstellt noch Gewinnfeststellungen durchgeführt** und ist die Feststellungsfrist für diese Jahre abgelaufen, so ist es nicht möglich, nach den Grundsätzen der Rechtsprechung zum Bilanzenzusammenhang an eine – wenn auch fehlerhafte – Schlussbilanz des vorangegangenen Wirtschaftsjahres anzuknüpfen. In einem solchen Fall ist der Bilanzenzusammenhang durchbrochen. Für den folgenden Feststellungszeitraum ist, ebenso wie bei der Eröffnung eines Betriebs (vgl. § 6 Abs. 1 EStDV), eine neue Anfangsbilanz aufzustellen. Eine Bindung an frühere Bilanzansätze besteht dabei nur insoweit, als diese den Grundsätzen ordnungsmäßiger Buchführung und Bilanzierung entsprechen. Das negative

---

59 BFH, BStBl 1988 II S. 335, BStBl 1993 II S. 661; H 15 „Bilanzberichtigung", H 44 „unterlassene oder überhöhte AfA" EStH.
60 BFH, BStBl 1993 II S. 594 m. w. N.
61 BFH, BStBl 1988 II S. 886, BStBl 1989 II S. 407.
62 BFH, BStBl 1981 II S. 164/170.
63 BFH, BStBl 1992 II S. 650.

Kapitalkonto des Kommanditisten kann dann nicht mehr berücksichtigt werden, sodass dessen unterbliebene gewinnerhöhende Auflösung nicht mehr nachholbar ist.[64]

Diese Rechtsfolge tritt aber nicht ein, wenn die wegen nicht erstellter Bilanzen vorgenommene Schätzung des Gewinns/Verlusts die Bilanzpositionen – hier die negativen Kapitalkonten der Kommanditisten – unberührt lässt. Dann ist eine für die Gewinnermittlung brauchbare Bilanz vorhanden, sodass aufgrund des Bilanzenzusammenhangs die negativen Kapitalkonten der Kommanditisten in der ersten noch offenen Bilanz eines Folgejahres aufzulösen sind.[65]

Kann sich ein fehlerhafter Bilanzansatz der nicht mehr berichtigungsfähigen Vorjahresbilanz in der Schlussbilanz des Folgejahres nicht mehr auswirken, weil das betreffende Wirtschaftsgut infolge eines Geschäftsvorfalls des laufenden Wirtschaftsjahres nicht mehr besteht, so ist der Geschäftsvorfall erfolgswirksam zu erfassen.[66]

Beispiel

Zum 31. 12. 01 wurde eine gebotene Garantierückstellung in Höhe von 50 000 DM versehentlich nicht gebildet. Der Bauschaden wurde im Jahre 02 nach Aufstellung der Bilanz zum 31. 12. 01 beseitigt. Die Veranlagung 01 bleibt bestandskräftig (weder vorläufige Veranlagung noch Vorbehalt der Nachprüfung noch neue Tatsachen).

Eine Bilanzberichtigung im ersten offenen Jahr – hier 02 – kann nicht in Betracht kommen; am Jahresende existierte der Passivposten nicht mehr. Deshalb ist der betreffende Geschäftsvorfall nicht erfolgsneutral „Kapital 50 000 DM an Finanzkonto 50 000 DM", sondern erfolgswirksam „Aufwendungen 50 000 DM an Finanzkonto 50 000 DM" zu erfassen.

Nicht einhellig sind die Meinungen zur sog. **Reaktivierung,** die bei unterbliebener Aktivierung insbesondere von Wirtschaftsgütern des abnutzbaren Anlagevermögens Bedeutung haben kann. Sind die betr. Steuerbescheide bestandskräftig und nicht mehr berichtigungsfähig und handelt es sich um ein Wirtschaftsgut mit einer noch erheblichen Rest-ND, ist u. E. eine Reaktivierung geboten. Zwar fordert der Grundgedanke der Erfassung des richtigen Totalgewinns keine erfolgswirksame Berichtigung in der ersten offenen Schlussbilanz; denn solche Fehler heben sich in den folgenden Jahren dadurch von selbst auf, dass AfA fehlen bzw. beim Ausscheiden der Wirtschaftsgüter aus dem Betriebsvermögen (Veräußerung oder Entnahme) dem Erlös bzw. Teilwert kein Buchwert gegenübersteht. Für Kapitalgesellschaften besteht u. E. gem. § 5 Abs. 1 EStG i. V. m. § 264 Abs. 2 HGB ein Gebot zur Reaktivierung: „Der Jahresabschluss der Kapitalgesellschaft hat unter Beachtung der Grundsätze ordnungsmäßiger Buchführung ein den tatsächlichen Verhältnissen entsprechendes Bild der Vermögens-, Finanz- und Ertragslage der Kapitalgesellschaft zu vermitteln."

---

64 BFH, BStBl 1992 II S. 881.
65 BFH, BStBl 1994 II S. 174.
66 BFH, BStBl 1989 II S. 881, 887 re. Spalte.

14.5 Steuerrechtliche Folgen des Bilanzenzusammenhangs

Beispiele

a) Anlässlich einer Außenprüfung wird durch Betriebsbesichtigung festgestellt, dass die Herstellungskosten einer Betriebsvorrichtung in Höhe von 100 000 DM im Jahre 01 nicht aktiviert sind. Die betriebsgewöhnl. ND beträgt 20 Jahre; es soll lineare AfA in Betracht kommen. Die Nachprüfung ergibt, dass die Steuerbescheide des Veranlagungszeitraums 01 materiell bestandskräftig sind und nach den Vorschriften der AO nicht mehr berichtigt werden können. Die frühestmögliche Berücksichtigung besteht für 04.

Aufgrund der vorangestellten Ausführungen ist u. E. die Betriebsvorrichtung 04 wie folgt zu aktivieren:

Herstellungskosten 01	100 000 DM
AfA 01–03 (5000 DM × 3 =)	15 000 DM
04 als a. o. Ertrag einzubuchen	85 000 DM
AfA 04	5 000 DM
31. 12. 04	80 000 DM

b) Beim Erwerb eines Unternehmens wurde eine Zahlung auf den Firmenwert als Aufwand gebucht. Der Steueranspruch dieses Jahres ist verjährt.

In diesem Falle kann u. E. auf eine Reaktivierung verzichtet werden, da nach § 255 Abs. 4 HGB kein Aktivierungszwang besteht.

Der rückwirkende **Wegfall einer Sonderabschreibung** führt[67] zu einer Reaktivierung in der nächsten noch berichtigungsfähigen Bilanz. Damit scheint der BFH grundsätzliches Reaktivierungsgebot zu bejahen.

Andererseits ist eine Fehlerberichtigung in der ersten noch offenen Schlussbilanz dann nicht geboten, wenn der Stpfl. **zu hohe Gebäude-AfA** beansprucht hat (Normal-AfA), weil sich der Fehler automatisch durch den Ausfall von AfA im Wege höherer Gewinnrealisierungen in den Folgejahren ausgleicht.[68][69]

Gegenstand des BFH-Urteils vom 8. 12. 1988[70] ist der umgekehrte Fall zur Reaktivierung; es geht um die nachträgliche Passivierung. Im Urteilstenor heißt es u. a.: „Ist die Passivierung unterblieben, muss sie nach den Grundsätzen der Bilanzberichtigung in der Bilanz des ersten Wirtschaftsjahres nachgeholt werden, in dem dies mit steuerlicher Wirkung möglich ist."

Beispiel

Der Erbbauverpflichtete hat im Januar 01 die vom Erbbauberechtigten für 60 Jahre im Voraus entrichteten Erbbauzinsen in Höhe von 120 000 DM gebucht: Bank an Erträge 120 000 DM. Die bestandskräftigen Veranlagungen der Jahre 01–03 sind nicht mehr änderungsfähig. Bewusstes Handeln,[71] das zu einer Durchbrechung des Bilanzenzusammenhangs führen würde,[72] liegt nicht vor.

---

67 BFH, BStBl 1985 II S. 386.
68 BFH, BStBl 1988 II S. 335.
69 Wegen der AfA-Korrekturen in den Folgejahren vgl. u. 15.10.20.
70 BStBl 1989 II S. 407.
71 H 15 „Berichtigung einer Bilanz, die einer bestandskräftigen Veranlagung zugrunde liegt" EStH.
72 S. u. 14.5.5.

Die Schlussbilanzen ab 31. 12. 01 sind falsch, weil der nach § 250 Abs. 2 HGB, § 5 Abs. 5 Satz 1 Nr. 2 EStG gebotene Ansatz der passiven Rechnungsabgrenzung unterblieben ist. Eine Bilanzberichtigung nach § 4 Abs. 2 Satz 1 EStG kommt erstmals zum 31. 12. 04 in Betracht, weil die bestandskräftigen Steuerbescheide 01–03 lt. Sachverhalt nicht mehr geändert werden können. Unter Beachtung des Bilanzenzusammenhangs (§ 252 Abs. 1 Nr. 1 HGB, § 4 Abs. 1 Satz 1 EStG) ist der falsche Bilanzansatz in der Bilanz zum 31. 12. 04 erfolgswirksam richtig zu stellen (R 15 Abs. 1 Satz 3 EStR). Die Richtigstellung in 04 ergibt sich buch- und bilanzmäßig wie folgt:

Für 60 Jahre im Voraus vereinnahmte Erbbauzinsen	120 000 DM
davon entfallen auf die Jahre 01–03 (³/₆₀ v. 120 000 =)	6 000 DM
04 als Aufwand einzubuchen	114 000 DM
gewinnhöhende Auflösung 04 (¹/₅₇ v. 114 000 =)	2 000 DM
passive Rechnungsabgr. 31. 12. 04	112 000 DM
gewinnhöhende Auflösung 05	2 000 DM
passive Rechnungsabgr. 31. 12. 05	110 000 DM
usw. bis zum 31. 12. 60.	

Zwar sind die Periodengewinne 01–04 falsch:

	01	02	03	04
Gewinnhöhung durch Erbbauzinserträge	120 000	—	—	2 000
Gewinnmind. durch Erbbauzinserträge	—	—	—	./. 114 000
richtige Gewinnhöhung wäre gewesen	2 000	2 000	2 000	2 000

Durch die Richtigstellung in 04 zulasten des Gewinns in Höhe von 114 000 DM ist jedoch der Totalgewinn dieser 4 Jahre sowie der jeweilige Gewinn der Jahre ab 05 korrekt.

Gewinnauswirkung 01–04 bei richtiger Behandlung von Anfang an:
(4 × 2000 =)   8000 DM
Gewinnauswirkung 01–04 bei der vorgenommenen Behandlung:
(120 000 + 2000 ./. 114 000 =)   8000 DM

Eine erfolgswirksame Berichtigung kann aber nicht in Betracht kommen, um **Entnahmen früherer Jahre nachzuholen.**[73] Auch der Bilanzenzusammenhang sichert also nicht zwingend die steuerrechtliche Erfassung des Totalgewinns.[74]

Der Grundsatz, aus früheren Entnahmen resultierende falsche Bilanzansätze sind erfolgsneutral auszubuchen, erfährt folgende Ausnahme: Wird hinsichtlich eines aus dem Betriebsvermögen entnommenen Wirtschaftsgutes bei der Berechnung des Entnahmegewinns nur der Teilwert gewinnhöhend berücksichtigt, der Buchwert jedoch versehentlich nicht gegengerechnet, sondern in den Bilanzen der Folgejahre fortgeführt, so ist nach dem Grundsatz des Bilanzenzusammenhangs die im Entnahmejahr unterbliebene Gewinnminderung dadurch nachzuholen, dass der Bilanzansatz für das fälschlicherweise weiter als Betriebsvermögen bilanzierte Wirtschaftsgut in der Schlussbilanz des ersten berichtigungsfähigen Veranlagungszeitraums zulasten des Gewinns ausgebucht wird. Diese Behandlung resultiert aus der Betrachtung des erfolgswirksamen Geschäftsvorfalls „Entnahme des Grundstücks

---
73 BFH, BStBl 1972 II S. 874, BStBl 1977 II S. 148.
74 S. u. 14.5.4.

14.5 Steuerrechtliche Folgen des Bilanzenzusammenhangs

zum Teilwert" nach dem Bruttoprinzip: Teilwert = Erlös, Buchwert = Aufwand.[75] Entsprechend ist eine beim Tausch unterbliebene Ausbuchung des hingetauschten Wirtschaftsguts und Einbuchung einer Forderung auf Lieferung des eingetauschten Wirtschaftsguts in der ersten noch änderbaren Schlussbilanz erfolgswirksam nachzuholen.[76]

14.5.4 Steuerneutrale Berichtigung

14.5.4.1 Voraussetzungen

Die erfolgsneutrale Berichtigung eines fehlerhaften Bilanzansatzes in der nächsten Schlussbilanz ist nach materieller Bestandskraft der Veranlagung möglich, wenn es sich um einen individuellen Gegenstand (nicht Bilanzposten mit wechselndem Bestand von Gegenständen) handelt und **sich der falsche Ansatz im Betriebsvermögen auf die Höhe der veranlagten Steuer nicht ausgewirkt hat**, d. h. die Bilanzberichtigung diese Steuer nicht verändern würde.[77] Aus Zweckmäßigkeitsgründen werden jedoch nicht alle fehlerhaften Bilanzen korrigiert; vielmehr erfolgt die Bilanzberichtigung für das erste Jahr, dessen Steuerveranlagung noch nicht durchgeführt ist oder noch geändert werden kann.[78]

Beispiele

a) Anlässlich einer Außenprüfung wird festgestellt, dass ein seit Geschäftsgründung unverändert mit 40 000 DM bilanziertes Grundstück mit Teilwert von 200 000 DM im Eigentum der Ehefrau steht.

Eine Berichtigung des fehlerhaften Bilanzansatzes ist möglich, weil sich der Fehler im steuerlichen Ergebnis nicht ausgewirkt hat. Der Buchwert des fremden Wirtschaftsguts ist – erfolgsneutral – herauszunehmen. Es handelt sich nicht um eine mit dem Teilwert zu bewertende Entnahme, denn das Grundstück hat nie zum Betriebsvermögen gehört. Entnommen werden kann nur, was sich noch im Betriebsvermögen befindet.[79]

b) Bei einer Außenprüfung wird festgestellt, dass im Prüfungszeitraum eine Darlehensforderung zulasten des Gewinns ausgebucht wurde. Die Nachprüfung ergibt, dass es sich um notwendiges Privatvermögen (Forderung gegenüber dem Bruder) handelte. Die Forderung steht seit 20 Jahren unverändert mit dem Nennwert zu Buch.

Das Darlehen ist in der ersten noch berichtigungsfähigen Steuerbilanz erfolgsneutral herauszunehmen. Wegen der Aufwandsbuchung (Forderungsverlust) erhöht sich jedoch der Gewinn des Prüfungszeitraums.

c) Es wird festgestellt, dass beim Erwerb eines Betriebsgrundstücks Erwerbsnebenkosten aus privaten Mitteln gezahlt und nicht gebucht wurden. Eine Berichtigungsveranlagung kommt nicht in Betracht.

---

75 FG Düsseldorf v. 31. 3. 1981, EFG 1981, S. 615.
76 BFH, BStBl 1983 II S. 303.
77 BFH, BStBl 1962 III S. 273, BStBl 1969 II S. 464.
78 H 15 „Berichtigung einer Bilanz, die einer bestandskräftigen Veranlagung zugrunde liegt" EStH; BFH, BStBl 1992 II S. 512/516.
79 BFH, BStBl 1972 II S. 874.

14 Allgemeine Bilanzierungs- und Bewertungsgrundsätze

Der Fehler kann im ersten offenen Wirtschaftsjahr erfolgsneutral richtig gestellt werden.

d) Ein Gewerbetreibender war verpflichtet, die gepachteten Gegenstände dem Verpächter nach Ablauf der Pachtzeit in neuwertigem Zustand zurückzugeben. Fünf Jahre später, im Jahr 06, erließ der Verpächter dem Pächter diese rechtlich begründete Verbindlichkeit, die auch zweifelsfrei eine wirtschaftliche Last darstellte, aus privaten Schenkungsgründen. In der Bilanz zum 31. 12. 06 war die Pachterneuerungsrückstellung mit 50 000 DM passiviert. Sie wurde in den Folgejahren unverändert fortgeführt. Die Veranlagungen der Jahre bis einschließlich 06 bleiben bestandskräftig; Änderungsmöglichkeiten ergeben sich lediglich für den Prüfungszeitraum 08–10 (§ 164 Abs. 2 AO).

Der Wegfall der betrieblichen Verbindlichkeit durch Schulderlass des Verpächters führt zu einer Erhöhung des Betriebsvermögens, die jedoch in den Bilanzen ab 31. 12. 06 keinen Niederschlag gefunden hat; die betreffenden Bilanzen sind also fehlerhaft und müssen deshalb grundsätzlich nach § 4 Abs. 2 Satz 1 EStG berichtigt werden. Die Mehrung des Betriebsvermögens (= Wegfall der Schuld) ist auf private, d. h. außerbetriebliche Gründe zurückzuführen; deshalb liegt eine Einlage i. S. des § 4 Abs. 1 Satz 5 EStG vor. Da Einlagen erfolgsneutral sind (vgl. § 4 Abs. 1 Satz 1 EStG), hat die Bilanzberichtigung erfolgsneutral zu erfolgen.[80] Aus verwaltungsökonomischen Gründen sind lediglich die Bilanzen 08–10 zu berichtigen.

Eine steuerneutrale Berichtigung ist auch dann durchzuführen, wenn ein **entnommenes Wirtschaftsgut** in den folgenden Wirtschaftsjahren **weiterhin** als Betriebsvermögen **bilanziert** wurde oder wenn ein Wirtschaftsgut buchmäßig dem Privatvermögen zugeführt wurde, es sich aber weiterhin um notwendiges Betriebsvermögen handelt.

Beispiele

a) Anlässlich einer Außenprüfung wird festgestellt, dass in den Steuerbilanzen ein unbebautes Grundstück mit den Anschaffungskosten von 80 000 DM ausgewiesen ist, das bereits vor mehreren Jahren durch Nutzungsänderung entnommen worden war. Im Zeitpunkt der Entnahme betrug der Teilwert 150 000 DM. Bis zur Außenprüfung war er auf 220 000 DM gestiegen. Eine Berichtigung der Steuerfestsetzung des Wirtschaftsjahres der Entnahme scheitert an den Vorschriften der AO.

Das Grundstück ist in der Schlussbilanz des ersten berichtigungsfähigen Veranlagungszeitraums erfolgsneutral aus dem Betriebsvermögen auszuscheiden. Eine erfolgswirksame Berichtigung durch Ausbuchung des Bilanzansatzes als Aufwand und Hinzurechnung des Teilwerts, den das Wirtschaftsgut im Jahre der Entnahme hatte, ist nicht zulässig.[81]

b) Ein unbebautes Grundstück wurde vor vielen Jahren buchmäßig durch Belastung des Privatkontos dem Privatvermögen zugeführt, obgleich es bis zur Veräußerung im Jahre 09 tatsächlich notwendiges Betriebsvermögen bildete. Im Zeitpunkt der Veräußerung betrug der Buchwert (= historische Anschaffungskosten) 90 000 DM. Der erzielte Veräußerungserlös in Höhe von 200 000 DM wurde auf ein privates Konto überwiesen.

---

80 BFH, BStBl 1989 II S. 612.
81 BFH, BStBl 1977 II S. 148 betr. Wertpapiere.

14.5 Steuerrechtliche Folgen des Bilanzenzusammenhangs

Das Grundstück ist in der Schlussbilanz des ersten berichtigungsfähigen Jahres (z. B. 31. 12. 07) mit dem zutreffenden Wert (§ 6 Abs. 1 Nr. 2 EStG) von 90 000 DM erfolgsneutral anzusetzen. Daraus folgt, dass die Veräußerung im Jahre 09 zu einer Gewinnerhöhung von (200 000 ./. 90 000 =) 110 000 DM führt.

Bei der erfolgsneutralen Berichtigung bleiben **Wertveränderungen,** die während der Behandlung als Betriebsvermögen eingetreten sind (gewinnmindernd gebuchte AfA oder Teilwertabschreibungen), unberücksichtigt. Wegen der Bestandskraft der Bescheide der vorausgegangenen Jahre bzw. der Verjährung der Steueransprüche besteht keine Möglichkeit, diese gewinnmindernd gebuchten Beträge dem Buchwert hinzuzurechnen.[82]

Sind in den Vorjahren im Hinblick auf eine zu niedrige Bemessungsgrundlage **zu wenig AfA** geltend gemacht worden, kann die letzte Anfangsbilanz erfolgsneutral korrigiert werden, indem der richtige höhere Anfangswert, gekürzt um die tatsächlich vorgenommenen Absetzungsbeträge, in die Bilanz eingestellt wird.[83]

14.5.4.2 Technische Durchführung der Bilanzberichtigung

Die erfolgsneutrale Berichtigung im ersten offenen Jahr kann wie folgt erreicht werden:

- durch **Ausbuchung zulasten oder Einbuchung zugunsten des Kapitals**[84] oder
- durch **Berichtigung der Eröffnungsbilanz des Jahres der Berichtigung.** Das ist keine Durchbrechung des Bilanzenzusammenhangs, sondern eine durch den Mangel einschlägiger Bewertungsvorschriften bedingte Begrenzung des Bilanzenzusammenhangs.[85]

Systematisch richtiger ist zwar die Berichtigung in der Eröffnungsbilanz; weniger arbeitsaufwendig als das Erstellen einer kompletten Bilanz ist jedoch die Korrektur über das Kapital. Gemeint ist nicht die Kapitaländerung zum 31. 12., sondern zum 1. 1. des ersten offenen Jahres. Dann lautet die Korrektur für 07 (bezogen auf das vorstehende Beispiel b): 1. 1. Grund u. Boden an Kapital 90 000 DM. Auf jeden Fall muss beachtet werden, dass es sich bei der Ausbuchung oder Einbuchung über Kapital nicht um eine Entnahme bzw. Einlage handelt. Theoretisch könnten in Höhe der 90 000 DM (vgl. das soeben behandelte Beispiel b) sämtliche Bilanzen bis zur Fehlerquelle korrigiert werden, da diese Korrekturen in den betreffenden Jahren ohne steuerliche Auswirkungen wären.

Im Übrigen führen beide Wege zum selben Ergebnis.

---

82 BFH, BStBl 1981 II S. 125.
83 BFH, BStBl 1992 II S. 512/516; BFH, BStBl 1996 II S. 601/603.
84 BFH, BStBl 1972 II S. 874, BStBl 1977 II S. 148.
85 BFH, BStBl 1977 II S. 148.

14 Allgemeine Bilanzierungs- und Bewertungsgrundsätze

14.5.5 Durchbrechung des Bilanzenzusammenhangs in besonderen Fällen

Unter bestimmten Voraussetzungen muss der Bilanzenzusammenhang durchbrochen werden. In diesen Fällen wird die **Anfangsbilanz** eines noch zu veranlagenden Steuerabschnitts mit Wirkung für die Zukunft und ohne Richtigstellung vergangener Zeiträume berichtigt. Eine solche Durchbrechung des Bilanzenzusammenhangs kommt nur in Betracht, wenn die Voraussetzungen für eine Rückwärtsberichtigung bis zur Fehlerquelle nicht vorliegen[86] und auch eine steuerneutrale Berichtigung ausscheidet.

Eine Durchbrechung zuungunsten des Steuerpflichtigen setzt voraus, dass die Grundsätze von Treu und Glauben sie gebieten, z. B. bei **willkürlich unterlassener AfA**.[87] Willkür liegt vor, wenn der Steuerpflichtige eine zu niedrige AfA vorgenommen hat, um später in den Genuss beachtlicher steuerrechtlicher Vorteile zu gelangen.[88]

Beispiele

a) Ein Gewerbetreibender, bei dem für die Jahre 04 bis 06 eine Außenprüfung stattfindet, hat willkürlich gebotene Absetzungen in 03 unterlassen, um sie in späteren Jahren nachholen zu können und dadurch zu einer beachtlichen Steuerersparnis zu kommen. Eine Berichtigung der Veranlagung 03 scheitert an verfahrensrechtlichen Vorschriften der AO.

Es liegt ein Verstoß gegen die Grundsätze von Treu und Glauben vor. Der Bilanzenzusammenhang muss durchbrochen werden, weil eine Rückwärtsberichtigung bis zur Fehlerquelle nicht möglich ist. In der berichtigten Anfangsbilanz für 04 werden die Wirtschaftsgüter mit den Werten angesetzt, die sich bei richtiger Absetzung zum 31. 12. 03 ergeben hätten. Da für 03 eine Berichtigungsveranlagung nicht in Betracht kommt, geht die in diesem Jahr unterbliebene AfA dem Steuerpflichtigen **endgültig** verloren.

b) Aus denselben Gründen hat der Steuerpflichtige zum 31. 12. 03 eine sonstige Verbindlichkeit (später fällige Ausgaben) nicht bilanziert.

Auch dieser Fehler ist unter Durchbrechung des Bilanzenzusammenhangs in der Anfangsbilanz 04 zu berichtigen. Dadurch entfällt der Abzug der Ausgaben endgültig.

14.5.6 Besonderheiten bei Schätzung im Vorjahr

Wenn der Gewinn des Vorjahres im Wege der Totalschätzung ermittelt wurde, ist für das Folgejahr eine neue, von der nicht anerkannten Schlussbilanz unabhängige Anfangsbilanz aufzustellen.[89] In solchen Fällen handelt es sich aber nicht um eine Durchbrechung des Bilanzenzusammenhangs, weil die falsche Schlussbilanz der

---

[86] BFH, BStBl 1953 II S. 158.
[87] BFH, BStBl 1956 III S. 250, BStBl 1962 III S. 273; H 15 „Berichtigung einer Bilanz, die einer bestandskräftigen Veranlagung zugrunde liegt" EStH.
[88] BFH, BStBl 1972 II S. 272, BStBl 1981 II S. 255.
[89] BFH v. 28. 1. 1992, BStBl 1992 II S. 881.

14.5 Steuerrechtliche Folgen des Bilanzenzusammenhangs

Veranlagung des Vorjahres nicht zugrunde gelegt wurde. Ergibt die neue Eröffnungsbilanz, dass die Schätzung des Vorjahres offensichtlich unrichtig ist, kann für dieses Jahr eine Berichtigung nach § 173 Abs. 1 Nr. 1 AO in Betracht kommen. Beruht die Schätzung jedoch auf einer vom Bpr. gefertigten Zusammenstellung des Betriebsvermögens, so ist der sich danach ergebende Betrag das Betriebsvermögen am Schluss des vorangegangenen Wirtschaftsjahres.[90]

14.5.7 Wiederherstellung des Bilanzenzusammenhangs nach einer Außenprüfung

Die Prüfungsberichte über steuerliche Außenprüfungen werden den Betrieben oft erst zugesandt, wenn die Steuerbilanzen des folgenden (nicht geprüften) Wirtschaftsjahres schon aufgestellt und eingereicht sind. Soll in solchen Fällen keine von der HB abweichende StB fortgeführt werden, so bedarf es einer Angleichung an das Ergebnis der Außenprüfung.

Das kann nicht mehr durch Kapitalangleichungsbuchungen[91] oder durch Übernahme der Prüfungsbilanz in die Hauptabschlussübersicht, sondern nur durch Aufstellung einer berichtigten Schlussbilanz erfolgen. Dabei kann eine Mehr-und-Weniger-Rechnung die Gewinnauswirkung aufzeigen. Wird die Schlussbilanz des folgenden Wirtschaftsjahres von den Änderungen nicht berührt, ist nur eine berichtigte Gewinnermittlung erforderlich.

Beispiel
Nach Aufstellung und Einreichung der Bilanz für 07 geht beim Steuerpflichtigen im Juli 08 der Prüfungsbericht über die Außenprüfung für die Jahre 04–06 ein. Danach ergeben sich die folgenden Berichtigungen:

	31. 12. 04 DM	31. 12. 05 DM	31. 12. 06 DM
Grundstücke	—	+ 18 000	+ 18 000
Vorräte	+ 10 000	+ 40 000	+ 30 000
Forderungen	—	—	+ 9 280
Entnahmen	+ 3 480	+ 3 480	+ 3 480
USt-Schuld	+ 480	+ 960	+ 2 720
GewSt-Rückstellung	+ 1 500	+ 9 000	+ 9 200

Die Berichtigungen haben die folgenden Ursachen:

Grundstücke: 18 000 DM Erwerbsnebenkosten waren in 05 als Aufwand gebucht. Das Grundstück gehört auch am 31. 12. 07 noch zum Betriebsvermögen. **Vorräte:** nicht erfasste Waren und Bewertungsfehler. **Forderungen:** Ein Warenverkauf des Jahres 06 über 8000 DM zzgl. 1280 DM USt war erst in 07 gebucht worden.

Entnahmen: Die Warenentnahmen im Teilwert von 3000 DM zzgl. 16 % USt waren nicht erfasst worden. **USt-Schuld:** Die Erhöhung betrifft die USt auf den Eigenver-

---
90 BFH, BStBl 1968 II S. 261.
91 S. o. 8.2.8.

14 Allgemeine Bilanzierungs- und Bewertungsgrundsätze

brauch und die USt auf den erst in 07 gebuchten Warenverkauf. Die Nachzahlung der USt auf den Eigenverbrauch der Jahre 04–06 in Höhe von 1440 DM erfolgt in 09.

GewSt-Rückstellung: Nachzahlung durch die Mehrgewinne, gezahlt im Dezember 08.

Bei Aufstellung der eingereichten Steuerbilanz für 07 ist der Steuerpflichtige von der von ihm aufgestellten Steuerbilanz 06 ausgegangen. Die Feststellungen der Außenprüfung wurden dabei nicht berücksichtigt. Die vom Steuerpflichtigen aufgestellten Steuerbilanzen sind in der nachstehenden Zusammenstellung enthalten.

Um den Bilanzenzusammenhang herzustellen, ist die PB 06 als Anfangsbilanz für 07 zu übernehmen. Die Veränderungen in den früheren Wirtschaftsjahren und die Berichtigung bei den Entnahmen sind für die Gewinnermittlung 07 unbedeutend.

Bilanztabelle:

	31. 12. 06		31. 12. 07	
	StB DM	PB DM	StB DM	PB DM
Grundstück	150 000	168 000	150 000	168 000
Vorräte	210 000	240 000	320 000	320 000
Forderungen	100 000	109 280	112 500	112 500
Sonstige Aktiva	480 500	480 500	610 500	610 500
Summe der Aktiva	940 500	997 780	1 193 000	1 211 000
Kapital	549 130	594 490	525 550	532 910
USt-Schuld	8 670	11 390	6 450	7 890
GewSt-Rückstellung	5 700	14 900	21 000	30 200
Sonstige Passiva	377 000	377 000	640 000	640 000
Summe der Passiva	940 500	997 780	1 193 000	1 211 000

Gewinnermittlung 07:

	StB	PB
Betriebsvermögen 31. 12. 07	525 550 DM	532 910 DM
./. Betriebsvermögen 31. 12. 06	549 130 DM	594 490 DM
= Unterschiedsbetrag	./. 23 580 DM	./. 61 580 DM
+ Entnahmen	86 500 DM	86 500 DM
	62 920 DM	24 920 DM
./. Einlagen	8 000 DM	8 000 DM
= Gewinn	54 920 DM	16 920 DM

Mehr-und-Weniger-Rechnung[92]

Bilanzposten	Erfolgsposten	+	./.
Vorräte	Wareneinsatz	—	30 000 DM
Forderungen	Warenverkauf	—	8 000 DM
Wenigergewinn			38 000 DM
Gewinn lt. StB			54 920 DM
Gewinn lt. PB			16 920 DM

---

92 S. u. 20.4.

15 Bewertung der Wirtschaftsgüter des Betriebsvermögens

15.1 Allgemeines über die Bewertung

15.1.1 Erfordernis und Begriff der Bewertung

Wenn nach § 4 Abs. 1 und § 5 Abs. 1 EStG Gewinn der Unterschied zwischen dem Betriebsvermögen am Schluss des Wirtschaftsjahres und am Schluss des vorangegangenen Wirtschaftsjahres ist, vermehrt um den Wert der Entnahmen und vermindert um den Wert der Einlagen, so ergibt sich hieraus nicht nur die Notwendigkeit der vollständigen Erfassung aller Wirtschaftsgüter, sondern auch das Erfordernis der richtigen Bewertung. Denn das Ergebnis des Betriebsvermögensvergleichs wird wesentlich beeinflusst durch die Wertansätze der einzelnen Wirtschaftsgüter, die zu den zu vergleichenden Betriebsvermögen gehören, sowie durch den Wertansatz der Entnahmen und Einlagen.

Unter der Bewertung versteht man die Umrechnung der nicht in Geld bestehenden Wirtschaftsgüter in Geldeswert. Diese Umrechnung hat für die steuerrechtliche Gewinnermittlung nach den Bewertungsregeln der §§ 6 ff. EStG zu erfolgen. Denn bei der Gewinnermittlung sind die Vorschriften über die Bewertung (§§ 6, 6 a) und über die Absetzung für Abnutzung oder Substanzverringerung (§ 7) zu befolgen (§ 4 Abs. 1 Satz 6, § 5 Abs. 6 EStG). Der Begriff „Wirtschaftsgut" ist hier als Bezeichnung für alles aufzufassen, was – neben Rechnungsabgrenzungsposten – für eine Bilanzierung in Betracht kommt. Was nicht angesetzt werden kann, braucht nicht bewertet zu werden.

§ 6 EStG ist für die Ertragsteuern uneingeschränkt maßgebend. Für die Erbschaftsteuer gelten grds. abweichende Grundsätze, die im Bewertungsgesetz enthalten sind (Ausnahme: § 109 BewG).

15.1.2 Inhalt der handelsrechtlichen und steuerrechtlichen Bewertungsvorschriften

Die Bewertungsregeln der §§ 6 ff. EStG decken sich nicht mit den handelsrechtlichen Bewertungsvorschriften (§§ 252 bis 256, 279 bis 283 HGB). Das liegt an der unterschiedlichen Zweckbestimmung. Die handelsrechtlichen Regelungen enthalten in erster Linie Vorschriften, die dem Gläubigerschutz dienen. Die Handelsbilanz wird aufgemäß vom Vorsichtsprinzip beherrscht. Die handelsrechtlichen Bewertungsvorschriften lassen zwar eine willkürliche Bildung stiller Reserven nicht zu, gestatten ihre Bildung jedoch insbesondere durch § 253 Abs. 3 Satz 3 HGB: Bei Vermögensgegenständen des Umlaufvermögens dürfen über das Niederstwert-

15 Bewertung der Wirtschaftsgüter des Betriebsvermögens

prinzip hinausgehende Abschreibungen vorgenommen werden, soweit diese nach vernünftiger kaufmännischer Beurteilung notwendig sind, um zu verhindern, dass in der nächsten Zukunft der Wertansatz dieser Vermögensgegenstände aufgrund von Wertschwankungen geändert werden muss; § 253 Abs. 4 HGB: Abschreibungen sind außerdem – bei Anlage- und Umlaufvermögen – im Rahmen vernünftiger kaufmännischer Beurteilung zulässig; § 249 Abs. 2 HGB: Rückstellungen dürfen außerdem für ihrer Eigenart nach genau umschriebene, dem Geschäftsjahr oder einem früheren Geschäftsjahr zuzuordnende Aufwendungen gebildet werden, die am Abschlusstag wahrscheinlich oder sicher, aber hinsichtlich ihrer Höhe oder des Zeitpunkts ihres Eintritts unbestimmt sind.

Die Bildung stiller Reserven ist handelsrechtlich für Kapitalgesellschaften erheblich eingeschränkt. So darf § 253 Abs. 4 HGB nicht angewendet werden (§ 279 Abs. 1 Satz 1 HGB). Beim Anlagevermögen sind außerplanmäßige Abschreibungen wegen vorübergehender Wertminderung grundsätzlich nur bei Finanzanlagen möglich (§ 279 Abs. 1 Satz 2 HGB), steuerrechtliche Abschreibungen (Sonderabschreibungen, erhöhte Absetzungen, Abzüge nach § 6 b EStG, R 35 EStR und R 34 EStR) sind nach § 5 Abs. 1 Satz 2 EStG nur im Rahmen der umgekehrten Maßgeblichkeit zulässig (§ 279 Abs. 2 HGB). Das Gleiche gilt für gewinnmindernd gebildete Sonderposten mit Rücklageanteil (§ 273 HGB). Außerdem besteht ein grundsätzliches Wertaufholungsgebot (§ 280 HGB).

Hinsichtlich der Bewertungs- und Abschreibungsmethoden lässt das Handelsrecht aber auch Kapitalgesellschaften einen allerdings nicht unbeachtlichen Bewertungsspielraum, sodass eine niedrigere Bewertung im Rahmen dieser ausdrücklich eingeräumten Wahlrechte möglich ist.

Die Steuerbilanz dient der Gewinnermittlung durch Betriebsvermögensvergleich. Mit ihr soll zum Zwecke der Besteuerung der „wirkliche" Gewinn ermittelt werden. Wegen dieser anderen Zweckbestimmung muss das Steuerrecht konkrete Bewertungsregeln setzen. Sie können eine willkürliche Unterbewertung – ebenso wie eine zu hohe Bewertung – nicht gestatten. Bei ihrer Zulassung würde gegen den Grundsatz der Gerechtigkeit und Gleichmäßigkeit der Besteuerung verstoßen.

Aus der grundsätzlich entgegengesetzten Tendenz und den sich hieraus ergebenden abweichenden Bewertungsvorschriften ergibt sich oft die Notwendigkeit, eine besondere, von der Handelsbilanz abweichende Steuerbilanz zu erstellen (§ 60 Abs. 2 EStDV).

15.1.3 Bewertungsvorbehalt nach § 5 Abs. 6 EStG

Da die handelsrechtlichen Bewertungsregeln für das Steuerrecht nicht übernommen werden konnten, musste der Maßgeblichkeitsgrundsatz insoweit aufgehoben werden. Das ist in § 5 Abs. 6 EStG geschehen. Danach sind die Vorschriften des EStG über die Bewertung (§§ 6, 6 a, 6 b) und über die AfA und AfS (§ 7) bei der steuerrechtlichen Gewinnermittlung zu befolgen. Sie haben damit als Spezialvor-

15.1 Allgemeines über die Bewertung

schriften Vorrang vor den entsprechenden handelsrechtlichen Regelungen. Daraus folgt, dass eine Bindung der Steuerbilanz an die Handelsbilanz hinsichtlich der Bewertung nur dann bestehen kann, wenn nach dem EStG ein Bewertungswahlrecht besteht.[1]

Durch den Bewertungsvorbehalt des § 5 Abs. 6 EStG sind **handelsrechtliche Bewertungswahlrechte** steuerrechtlich unbeachtlich. Die steuerrechtlichen Bewertungsvorschriften, besonders die §§ 6, 6 a und 7 EStG, haben also Vorrang vor den handelsrechtlichen Bewertungsregeln. Die handelsrechtlichen Bewertungsvorschriften gelten nur insoweit, als die §§ 6 ff. EStG keine andere Bewertung vorschreiben.

Wenn ein handelsrechtlicher Wertansatz zwingenden steuerrechtlichen Vorschriften widerspricht, ist für die Steuerbilanz eine abweichende Bewertung erforderlich. Dann ist der Ansatz in der Handelsbilanz steuerrechtlich nicht zu vertreten, sodass es keine Maßgeblichkeit gibt.

Beispiel
Nach § 256 HGB ist bei der Bewertung des Vorratsvermögens auch das Fifo-Verfahren zulässig.
Es handelt sich nicht um ein Aktivierungswahlrecht, sondern um ein bewertungsmäßiges Methodenwahlrecht. Wegen des Bewertungsvorbehalts in § 5 Abs. 6 EStG richtet sich die steuerrechtliche Zulässigkeit ausschließlich nach § 6 EStG. Danach ist dieses Verfahren nicht zulässig (§ 6 Abs. 1 Nr. 2 a EStG, R 36 a Abs. 1 EStR).

Besteht handelsrechtlich ein Bewertungswahlrecht, so ist die Maßgeblichkeit der Handelsbilanz für die Steuerbilanz unter Beachtung des Bewertungsvorbehalts des § 5 Abs. 6 EStG zu beurteilen. Die Wertansätze der Handelsbilanz können nur dann in die Steuerbilanz übernommen werden, wenn sie den steuerrechtlichen Bewertungsregeln entsprechen.

Beispiele
a) Bei der Herstellung von Erzeugnissen wurden in der HB nur die Einzelkosten angesetzt (§ 255 Abs. 2 HGB). Steuerrechtlich sind auch die notwendigen Gemeinkosten zu aktivieren.

b) Bei der Herstellung von Erzeugnissen wurden in der HB sowohl die Einzelkosten als auch Gemeinkosten und Verwaltungskosten aktiviert. Die Bewertung ist für die StB maßgeblich.

Die steuerrechtlichen Bewertungsvorschriften haben auch Vorrang, wenn der Kaufmann sich bei einem handelsrechtlichen Bilanzierungswahlrecht für die Bilanzierung in der Handelsbilanz entschieden hat.

Beispiel
Eine AG hat beim Erwerb eines Unternehmens zu Beginn des Geschäftsjahres 2 000 000 DM für den Geschäfts- oder Firmenwert gezahlt. Die Anschaffungskosten wurden aktiviert und ab dem folgenden Jahr mit $1/4$ jährlich abgeschrieben. In der Handelsbilanz wurden 2 000 000 DM, im Folgejahr 1 500 000 DM angesetzt.

---
1 S. o. 14.1.3.

15 Bewertung der Wirtschaftsgüter des Betriebsvermögens

Handelsrechtlich besteht die Wahl zwischen der sofortigen Abschreibung, der Aufwandsverteilung auf 4 Jahre und der planmäßigen Verteilung der Abschreibung auf die Geschäftsjahre der voraussichtlichen Nutzung (§ 255 Abs. 4 HGB). Steuerrechtlich gilt als betriebsgewöhnliche Nutzungsdauer des Geschäfts- oder Firmenwertes ein Zeitraum von 15 Jahren (§ 7 Abs. 1 Satz 3 EStG). Der Geschäftswert ist somit in der Steuerbilanz des Erwerbsjahres mit (2 000 000 ./. 133 333 =) 1 866 667 DM, in der Steuerbilanz des Folgejahres mit (1 866 667 ./. 133 333 =) 1 733 334 DM anzusetzen. Lediglich der Ansatz eines niedrigeren Teilwertes kann ggf. in Betracht kommen.

15.2 Bewertungsmaßstäbe

15.2.1 Begriff des Bewertungsmaßstabs

Bewertungsmaßstab ist eine bestimmte Wertvorstellung, an der der Wert der Güter gemessen wird. Der Wert eines Gegenstands kann nach seinem Ertrag, nach seinen Anschaffungs- oder Herstellungskosten, nach den Wiederbeschaffungskosten oder dem erzielbaren Verkaufserlös bestimmt werden.

15.2.2 Bewertungsmaßstäbe nach dem Einkommensteuergesetz

Als Maßstab für die Bewertung der einzelnen Wirtschaftsgüter bestimmt § 6 EStG die Anschaffungskosten, die Herstellungskosten und den niedrigeren Teilwert. Beim abnutzbaren Anlagevermögen sind die Anschaffungs- oder Herstellungskosten um die AfA zu mindern (fortgeführte Anschaffungs- oder Herstellungskosten). Andere Bewertungsmaßstäbe kennt das Steuerrecht zur Ermittlung des Jahresgewinns nicht. Vor allem ist der gemeine Wert, d. h. der Wert, der im gewöhnlichen Geschäftsverkehr bei der Veräußerung im Einzelnen zu erzielen ist, für die Ermittlung des laufenden Gewinns nicht zu verwenden. Lediglich beim Tausch von Wirtschaftsgütern stellt der gemeine Wert des hingegebenen Wirtschaftsgutes die Anschaffungskosten für das erworbene Gut dar (§ 6 Abs. 4 EStG). Daneben ist der gemeine Wert noch bei Betriebsaufgabe für die Ermittlung des Veräußerungsgewinns von Bedeutung (§ 16 Abs. 3 EStG). So ist auch die aus der Betriebsveräußerung resultierende Kaufpreisforderung, die gestundet wird, mit dem gemeinen Wert im Zeitpunkt der Veräußerung anzusetzen.[2] Sein Hauptanwendungsgebiet ist die Bewertung nach dem Bewertungsgesetz für Grundsteuer und Erbschaftsteuer.

15.2.3 Aussagekraft der wichtigsten Bewertungsmaßstäbe

Der Grundsatz der kaufmännischen Vorsicht, insbesondere auch die Rücksicht auf den Schutz der Gläubiger, gebietet es, in der Bilanz nur solche Gegenstände anzu-

---
[2] H 139 (11) „Kaufpreisstundung" EStH.

setzen, deren Wert möglichst objektiv bestimmt werden kann. Objektive Wertmaßstäbe sind die Anschaffungskosten (§ 255 Abs. 1 HGB) und die Herstellungskosten (§ 255 Abs. 2, 3 HGB). Sie bilden sowohl nach Handelsrecht als auch nach Steuerrecht die obere Grenze für die Bewertung (§ 253 HGB).

15.3 Bewertungsverfahren

15.3.1 Einzelbewertung

Aus dem Einleitungssatz des § 6 EStG und aus § 240 Abs. 1, § 252 Abs. 1 Nr. 3 HGB geht hervor, dass jedes einzelne Wirtschaftsgut für sich zu bewerten ist. Es gilt der Grundsatz der Einzelbewertung.[3]

Der Grundsatz der Einzelbewertung sichert, dass notwendige Abschreibungen oder Wertabschläge nicht etwa deshalb unterbleiben, weil anderen Vermögensgegenständen ein höherer Wert als der Buch- und Bilanzwert beizulegen ist. Er verhindert einen Bewertungsausgleich zwischen den einzelnen Wirtschaftsgütern.

Beispiele

a) Der Teilwert einer Maschine ist unter den Buchwert gesunken.

Eine Teilwertabschreibung ist auch zulässig, wenn bei den anderen Gegenständen des Anlagevermögens und beim Umlaufvermögen erhebliche Wertsteigerungen zu verzeichnen sind, die bei der Bewertung dieser Güter nicht berücksichtigt werden dürfen.

b) Am Bilanzstichtag hatte ein Unternehmer Valutaforderungen und Valutaverbindlichkeiten. Durch Rückgang des Devisenkurses der ausländischen Währung sind nicht realisierte Kursverluste und -gewinne eingetreten.

Eine Verrechnung des bei den Forderungen eingetretenen Verlustes mit den bei den Verbindlichkeiten entstandenen, aber noch nicht verwirklichten Währungsgewinnen scheidet aus.

Die Einzelbewertung findet ihre Grenze jedoch dort, wo die damit verbundene Arbeit, besonders bei der Inventur, durch den wirtschaftlichen Zweck nicht mehr gerechtfertigt ist. Deshalb kommen neben der Einzelbewertung auch die **Gruppenbewertung** (Sammelbewertung), die **Durchschnittsbewertung,** die **Bewertung nach unterstellten Verbrauchs- und Veräußerungsfolgen** und die **Festbewertung** in Betracht. Der Grundsatz der Einzelbewertung gilt also nicht ohne Ausnahme. Von ihm kann abgewichen werden, wenn es sich um Wirtschaftsgüter handelt, die sich in ihren bewertungsrechtlich erheblichen Eigenschaften ähnlich sind.

---

3 BFH v. 5. 12. 1996, BFH/NV 1996 S. 394.

15 Bewertung der Wirtschaftsgüter des Betriebsvermögens

15.3.2 Gruppenbewertung (Sammelbewertung)

Die Rechtsprechung hat schon immer eine Gruppenbewertung zugelassen. Diese Praxis hat in § 240 Abs. 4, § 256 Satz 2 HGB eine gesetzliche Grundlage gefunden (R 31 Abs. 2 Satz 3, R 36 Abs. 4 EStR). Voraussetzungen der Gruppenbewertung sind beim Vorratsvermögen Gleichartigkeit und Ansatz mit dem gewogenen Durchschnittswert, bei anderen beweglichen Wirtschaftsgütern (Sachen i. S. des § 90 BGB; R 42 Abs. 2 EStR) Gleichartigkeit oder annähernde Gleichwertigkeit und Ansatz mit dem gewogenen Durchschnittswert. Beim abnutzbaren Anlagevermögen müssen dementsprechend grundsätzlich Anschaffung in demselben Veranlagungszeitraum, gleiche Anschaffungskosten und eine im Wesentlichen gleiche betriebsgewöhnliche Nutzungsdauer der zur Gruppe zusammengefassten Wirtschaftsgüter hinzukommen. Die Güter müssen, um zum gewogenen Durchschnittswert zu gelangen, nach der gleichen Methode abgeschrieben werden.

Die Gruppenbewertung ist also nicht auf das Vorratsvermögen beschränkt. Sie ist auch bei Gegenständen des abnutzbaren Anlagevermögens zulässig (R 31 Abs. 2 Satz 3 EStR).

Beispiele

a) Zum Vorratsvermögen eines Kaufhauses gehören Knöpfe, Bänder und Litzen sowie Herrensocken in großer Zahl.

b) Zum Materialbestand eines Handwerkers gehören Nägel, Schrauben und Muttern in großer Zahl.

c) In einer Automobilfabrik verfügt jeder Monteur über einen bestimmten Werkzeugbestand.

d) Zum Anlagevermögen eines Erzeugergroßmarkts gehören Kisten und Säcke sowie Flaschen in großer Zahl.

Da es sich in den Fällen a) u. b) jeweils um gleichartige und in den Fällen c) u. d) jeweils um gleichartige bzw. annähernd gleichwertige Wirtschaftsgüter handelt, ist in allen Fällen eine Zusammenfassung zu jeweils einer Gruppe möglich. Die Gruppe ist mit dem dafür ermittelten gewogenen Durchschnittswert anzusetzen.

Da Kundenforderungen keine beweglichen Wirtschaftsgüter sind, kommt für sie eine Gruppenbewertung nach § 256 Satz 2 i. V. m. § 240 Abs. 4 HGB nicht in Betracht. Gleichwohl entspricht es den Grundsätzen ordnungsmäßiger Buchführung, bei einem größeren Forderungsbestand abweichend vom Grundsatz der Einzelbewertung (§ 252 Abs. 1 Nr. 3 HGB) eine pauschale Wertberichtigung vorzunehmen (§ 252 Abs. 2 HGB).[4]

Im Gegensatz zur Festbewertung muss der Durchschnittswert für jeden Bilanzstichtag neu ermittelt werden.

Wegen der besonderen Ausweispflicht im Anhang, der **Kapitalgesellschaften** unterliegen, s. u. 15.3.4.5.

---

4 BFH v. 22. 11. 1988, BStBl 1989 II S. 359.

15.3.3 Durchschnittsbewertung

Voraussetzung der Gruppenbewertung ist u. a., dass für die betreffenden Wirtschaftsgüter ein Durchschnittswert bekannt ist (R 36 Abs. 4 EStR). Unbeschadet der Gruppenbewertung kommt die Durchschnittsbewertung ganz allgemein in Betracht, wenn die Anschaffungskosten vertretbarer Wirtschaftsgüter (§ 91 BGB) des Vorratsvermögens wegen Schwankungen der Einstandspreise im Laufe des Wirtschaftsjahres und wegen Vermischung dieser Wirtschaftsgüter im Rahmen der Lagerhaltung (z. B. Öl, Treibstoff in Tanks; Schrott, Kohle auf Halde) im Einzelnen nicht mehr einwandfrei festgestellt werden können und deshalb ein Mittelwert errechnet werden muss. Dieser Durchschnittswert wird ermittelt, indem von den Anschaffungskosten aller im Wirtschaftsjahr beschafften Vorräte ausgegangen wird.[5]

„Vertretbar" ist nach § 91 BGB eine Sache, die im Verkehr nach Zahl, Maß oder Gewicht bestimmt zu werden pflegt. Dies ist der Fall, wenn sie sich von anderen Sachen gleicher Art nicht durch ausgeprägte Individualisierungsmerkmale abhebt und daher ohne weiteres austauschbar ist. Dabei kommt es auf die objektive Auffassung im Handelsverkehr und nicht auf die individuelle Parteivereinbarung an.[6]

Beispiel

Ein Großhändler hatte in einem Wirtschaftsjahr die folgenden Eingänge einer bestimmten Warensorte:

10. 1.	500 Stück à	400 DM	200 000 DM
20. 3.	1500 Stück à	266 DM	399 000 DM
10. 8.	800 Stück à	475 DM	380 000 DM
14. 9.	500 Stück à	440 DM	220 000 DM
20. 9.	600 Stück à	400 DM	240 000 DM
10. 11.	400 Stück à	425 DM	170 000 DM
15. 12.	1500 Stück à	280 DM	420 000 DM
	5800 Stück à	2686 DM	2 029 000 DM

Am 31. 12. ergibt sich lt. Inventur ein Bestand von 1300 Stück. Es ist nicht mehr festzustellen, aus welcher Lieferung diese Menge stammt. Auch aus der Lagerung ergeben sich hierfür keine Anhaltspunkte. Die Wiederbeschaffungskosten vom Stichtag betragen 360 DM pro Stück.

Die Bewertung hat nach dem gewogenen Mittel zu erfolgen. Das ergibt die folgende Berechnung:

$$\frac{\text{Anschaffungskosten insgesamt } 2\,029\,000}{\text{gesamte Einkaufsmenge in Stück } 5800} = 349{,}83 \text{ DM}$$

Die durchschnittlichen Anschaffungskosten betragen 349,83 DM, sodass der Bestand mit (1300 × 349,83 =) 454 779 DM zu bewerten ist.

Der einfache Durchschnitt beträgt

$$\frac{\text{Summe der Stückpreise } 2686}{\text{Anzahl der Einkäufe} \quad 7} = 383{,}71 \text{ DM}$$

---

5 Im Übrigen s. u. 15.13.3.
6 BFH v. 17. 12. 1985, BStBl 1986 II S. 346.

und scheidet für seine Bewertung aus, weil hierbei nicht beachtet wird, welche Mengen zu dem jeweiligen Einzelpreis bezogen wurden. Ist bereits ein Anfangsbestand vorhanden, so wird der Durchschnittswert aus dem Anfangsbestand zzgl. der Wareneingänge des lfd. Jahres ermittelt.

Die Ermittlung des Durchschnittswerts kann dadurch verfeinert werden, dass nicht auf das gesamte Wirtschaftsjahr, sondern auf kürzere Perioden, z. B. das zweite Halbjahr oder das letzte Quartal vor dem Bilanzstichtag, abgestellt wird. Dies wird dann zu genaueren Ergebnissen führen, wenn davon ausgegangen werden kann, dass der Endbestand im Wesentlichen aus diesen Zukäufen besteht.

Noch genauer ist die Ermittlung des Durchschnittswerts aufgrund permanenter Fortschreibung der Zu- und Abgänge. Dabei wird nach jedem Zugang ein neuer Durchschnittspreis ermittelt und der darauf folgende Abgang mit diesem Durchschnittspreis abgezogen.

Die Durchschnittsbewertung gilt auch für **Wertpapiere derselben Art,** die zu unterschiedlichen Einstandspreisen erworben und in Giro-Sammelverwahrung gegeben werden.[7] Die im Sammeldepot liegenden Wertpapiere sind also mit dem durchschnittlichen Wert sämtlicher Papiere derselben Art, über die der Stpfl. verfügt, zu bewerten, weil wegen der Vermischung der gattungsgleichen Stücke die Anschaffungskosten nicht ermittelt werden können und sonstige Anhaltspunkte für einen zutreffenden Schätzwert fehlen. Das ist von besonderer Bedeutung für die Ermittlung des Gewinns im Falle der Veräußerung.[8] Die Anwendung des Lifo- oder Fifo-Verfahrens wurde für Wertpapiere abgelehnt.[9]

Mit der Durchschnittsbewertung wird lediglich die Ermittlung der Anschaffungskosten bezweckt. Die Bewertung in der Bilanz zum Zwecke der Gewinnermittlung richtet sich nach § 6 Abs. 1 Nr. 2 EStG. Danach sind die Anschaffungskosten (hier nach R 36 Abs. 4 EStR geschätzt) oder Herstellungskosten maßgebend; bei niedrigerem Teilwert ist dieser grundsätzlich anzusetzen.[10]

15.3.4 Bewertung nach unterstellten Verbrauchs- und Veräußerungsfolgen

15.3.4.1 Allgemeines

Nach § 256 Satz 1 HGB kann für den Wertansatz gleichartiger Gegenstände des Vorratsvermögens unterstellt werden, dass die zuerst oder dass die zuletzt angeschafften oder hergestellten Gegenstände zuerst oder in einer sonstigen bestimmten Folge verbraucht oder veräußert worden sind. Das Handelsrecht lässt also zusätzlich

---
7 BFH, BStBl 1966 III S. 274; FinMin NW v. 20. 6. 1968, BStBl 1968 I S. 986.
8 S. o. 11.3.2.
9 BFH v. 15. 2. 1966, BStBl 1966 III S. 274.
10 S. u. 15.13.2.

15.3 Bewertungsverfahren

besondere Bewertungsverfahren zu, die eine bestimmte Verbrauchs- und Veräußerungsfolge unterstellen (Verbrauchs- und Veräußerungsfolgeverfahren). Voraussetzung für ein derartiges Verfahren ist jedoch, dass es den Grundsätzen ordnungsmäßiger Buchführung entspricht (§ 256 Satz 1 HGB). Es handelt sich hierbei besonders um die Unterstellung, dass die zuletzt beschafften oder hergestellten Gegenstände zuerst verbraucht oder veräußert worden sind (last in – first out; **lifo**), sowie um den umgekehrten Fall, dass die zuerst beschafften oder hergestellten Vorräte zuerst verbraucht oder veräußert worden sind (first in – first out; **fifo**).

Bei der **Hifo**-Methode (highest in – first out) geht man davon aus, dass die Wirtschaftsgüter mit den höchsten Anschaffungskosten zuerst verbraucht oder veräußert werden. Dadurch wird der Endbestand mit den jeweils niedrigsten Anschaffungskosten bewertet.

Während die genannten drei Methoden „lifo", „fifo", „hifo" im Prinzip den handelsrechtlichen Grundsätzen ordnungsmäßiger Buchführung entsprechen, wird man dieses verneinen müssen bei der **Lofo**-Methode (lowest in – first out) und den US-amerikanischen Verfahren „Dollar – value" und „retail – lifo".[11]

15.3.4.2 Zulässigkeit nach Handelsrecht

Wie in 15.3.4.1 ausgeführt, entsprechen die Verbrauchs- und Veräußerungsfolgeverfahren „lifo", „fifo" und „hifo" den Grundsätzen ordnungsmäßiger Buchführung und sind damit handelsrechtlich zulässig.

15.3.4.3 Zulässigkeit nach Steuerrecht

Nach § 6 Abs. 1 Nr. 2 a EStG ist steuerrechtlich lediglich die Lifo-Methode zulässig.

15.3.4.4 Das Lifo-Verfahren

15.3.4.4.1 Voraussetzungen

Nach § 6 Abs. 1 Nr. 2 a i. V. m. § 5 Abs. 1 Satz 2 EStG ist die Anwendung des Lifo-Verfahrens an folgende Voraussetzungen geknüpft:
– Gewinnermittlung nach § 5 EStG,
– Wirtschaftsgüter des Vorratsvermögens,
– Gleichartigkeit der Wirtschaftsgüter,
– Anwendung der Lifo-Methode in der Handelsbilanz (§ 5 Abs. 1 Satz 2 EStG i. V. m. § 256 Satz 1 HGB),

---

11 Vgl. ADS, § 256 Anm. 27, 67, 73.

15 Bewertung der Wirtschaftsgüter des Betriebsvermögens

- Übereinstimmung mit den handelsrechtlichen Grundsätzen ordnungsmäßiger Buchführung,
- Nichtvornahme eines Bewertungsabschlags nach § 51 Abs. 1 Nr. 2 EStG i. V. m. § 80 EStDV.[12]

15.3.4.4.2 Wirtschaftsgüter des Vorratsvermögens

Nach § 6 Abs. 1 Nr. 2 a EStG ist das Lifo-Verfahren nur für Wirtschaftsgüter des Vorratsvermögens und dementsprechend nach § 256 Satz 1 HGB nur für Vermögensgegenstände des Vorratsvermögens zulässig. Zum **Vorratsvermögen in diesem Sinne** gehören gem. § 266 Abs. 2 B. I. HGB Roh-, Hilfs- und Betriebsstoffe, unfertige und fertige Erzeugnisse sowie Waren.

15.3.4.4.3 Gleichartige Wirtschaftsgüter

Die Anwendung der Lifo-Methode ist nur bei gleichartigen Wirtschaftsgütern des Vorratsvermögens möglich (§ 6 Abs. 1 Nr. 2 a EStG). Damit sind im Vorfeld der Lifo-Bewertung Gruppen gleichartiger Wirtschaftsgüter zu bilden. Je weiter die jeweilige Bewertungsgruppe gefasst ist, umso wirkungsvoller ist die Anwendung der Lifo-Methode. Ändert sich die Zusammensetzung des Vorratsvermögens und werden innerhalb der jeweiligen Gruppe ursprünglich gleichartige Wirtschaftsgüter durch nicht gleichartige ersetzt, so verringert sich zwangsläufig die betreffende Gruppe. Das führt dazu, dass die in den aufgelösten Lifo-Beständen enthaltenen stillen Reserven gewinnerhöhend aufzulösen sind.

Bei großzügiger Auslegung des unbestimmten Begriffs Gleichartigkeit können die Bewertungsgruppen weit gefasst werden. Dann ist der Austausch innerhalb der Gruppen „gleichartiger" Wirtschaftsgüter des Vorratsvermögens leichter möglich, sodass die wegen steigender Preise gebildeten stillen Reserven weitgehend erhalten bleiben.

Gleichartigkeit setzt zunächst voraus, dass die betreffenden Wirtschaftsgüter keine erheblichen Qualitätsunterschiede aufweisen. Nach R 36 a Abs. 3 Satz 4 EStR sind erhebliche Preisunterschiede Anzeichen für Qualitätsunterschiede. Danach dürften Wirtschaftsgüter gleichartig sein, die der gleichen Warengattung angehören und annähernd preisgleich **oder** funktionsgleich und annähernd preisgleich sind.

Zur gleichen Warengattung gehören z. B. Vorräte unterschiedlicher Größe oder Farbe, Modelle eines Gebrauchsgutes (z. B. PKW) mit geringen Typen-Unterschieden. Funktionsgleich können z. B. Metall und Kunststoff, mechanische und elektronische Bauteile, das ursprüngliche und sein Nachfolge-Modell sein.

---

12 Zur letztmaligen Anwendung siehe § 84 Abs. 3 d EStDV.

15.3 Bewertungsverfahren

Bei der **Lifo-Bewertung in der Weinwirtschaft** ist für das Tatbestandsmerkmal „Gleichartigkeit" und damit für die Zuordnung zu einer Gruppe grundsätzlich von der Art des Weins (Stillwein oder Schaumwein) und der Qualitätsstufe auszugehen.[13] Eine weitere Unterteilung nach Farbe, Rebsorte, Lage und Jahrgang ist aus Gründen der Bewertungsvereinfachung nicht erforderlich. Danach ist inländischer Wein mindestens in folgende Gruppen einzuteilen:

- Tafelwein

- Qualitätswein

- Kabinett

- Spätlese

- Auslese, Beerenauslese, Trockenbeerenauslese und Eiswein

- einfacher Schaumwein

- Qualitätsschaumwein (Sekt), Qualitätsschaumwein bestimmter Anbaugebiete (Sekt bestimmter Anbaugebiete).

Aufgrund des Ergebnisses der Erörterung mit den obersten Finanzbehörden der Länder[14] bestehen keine Bedenken, wenn im Rahmen der Bewertung der Warenvorräte in der **Sekundärrohstoff- und Entsorgungswirtschaft** folgende Gruppeneinteilung vorgenommen wird:

Gruppe 1: Eisen-Schrotte
Gruppe 2: legierte Stahl-Schrotte
Gruppe 3: Aluminium-Schrotte
Gruppe 4: Blei-Schrotte
Gruppe 5: Kupfer-Schrotte
Gruppe 6: Messing-Schrotte
Gruppe 7: Zink-Schrotte
Gruppe 8: Zinn-Schrotte
Gruppe 9: Altglas
Gruppe 10: Altholz
Gruppe 11: Altkunststoff
Gruppe 12: Altpapier.

Was die Bewertung der Legierungen im Bereich der Metall-Schrotte angeht, so sind diese Legierungen nach Auffassung der obersten Finanzbehörden der Länder mit den zugrunde liegenden Rohstoffen art- und funktionsgleich, wenn ihre zusätzlichen Metallkomponenten wert- und mengenmäßig nur von untergeordneter Bedeutung sind.

---

13 BMF-Schreiben v. 28. 3. 1990, BStBl 1990 I S. 148.
14 Verfügung der OFD Münster v. 15. 6. 1992, BB 1992 S. 1388.

15 Bewertung der Wirtschaftsgüter des Betriebsvermögens

15.3.4.4.4 Übereinstimmung mit den handelsrechtlichen Grundsätzen ordnungsmäßiger Buchführung

Nach § 6 Abs. 1 Nr. 2 a EStG muss das Lifo-Verfahren den handelsrechtlichen Grundsätzen ordnungsmäßiger Buchführung entsprechen. Das bedeutet nicht, dass die Lifo-Methode mit der tatsächlichen Verbrauchs- oder Veräußerungsfolge übereinstimmen muss; sie darf jedoch nicht völlig unvereinbar mit dem betrieblichen Geschehensablauf sein. Danach dürfte das Lifo-Verfahren nicht anwendbar sein, wenn stets die gesamten in Betracht kommenden Vorräte verbraucht bzw. veräußert werden, bevor neue angeschafft oder hergestellt worden sind (vgl. auch R 36 a Abs. 2 Satz 2 EStR). Die Anwendung der Lifo-Bewertungsmethode ist deshalb nicht möglich bei leicht verderblichen Waren (z. B. Frischobst, Frischgemüse) oder bei Saisonbetrieben, die über keine Vorräte mehr aus dem Vorjahr verfügen (z. B. Zuckerfabriken).[15]

Sollte die gesetzliche Fiktion, nach der die zuletzt angeschafften oder hergestellten Wirtschaftsgüter des Vorratsvermögens zuerst verbraucht oder veräußert worden sind, zu erheblichen Unterbewertungen führen, so haben Kapitalgesellschaften den Unterschiedsbetrag zwischen dem Ergebnis der üblichen Einzelbewertung und dem Ergebnis der Lifo-Methode pauschal für die jeweilige Gruppe im Anhang auszuweisen (§ 284 Abs. 2 Nr. 4 HGB).

Die Lifo-Methode muss nicht auf das gesamte Vorratsvermögen angewandt werden (R 36 a Abs. 2 Satz 3 EStR). So ist es zulässig, bestimmte Bewertungsgruppen mit dem bekannten gewogenen Durchschnittswert anzusetzen (§ 256 Satz 2 i. V. m. § 240 Abs. 4 HGB und R 36 Abs. 4 EStR), andere Bewertungsgruppen allgemein mit dem jeweils zu ermittelnden gewogenen Durchschnitt zu bewerten (R 36 Abs. 3 EStR). Es ist jedoch das Stetigkeitsgebot des § 252 Abs. 1 Nr. 6 HGB zu beachten, von dem nur in begründeten Ausnahmefällen abgewichen werden darf (§ 252 Abs. 2 HGB). Die Lifo-Methode darf nach R 36 a Abs. 2 Satz 4 EStR auch bei der Bewertung der Materialbestandteile unfertiger oder fertiger Erzeugnisse angewandt werden, wenn der Materialbestandteil dieser Wirtschaftsgüter in der Buchführung getrennt erfasst wird und dies (ausnahmsweise) den handelsrechtlichen Grundsätzen ordnungsmäßiger Buchführung entspricht. So ist es branchenüblich und dürfte auch den Grundsätzen ordnungsmäßiger Buchführung entsprechen, das Blei in Akkumulatoren oder das Kupfer in Kabeln isoliert von Verarbeitungs- oder Restwert zu erfassen.

15.3.4.4.5 Keine Beeinträchtigung des Niederstwertprinzips

Durch § 6 Abs. 1 Nr. 2 a EStG und § 256 Satz 1 HGB wird das bei der Bewertung des Umlaufvermögens zwingend zu beachtende Niederstwertprinzip (§ 6 Abs. 1 Nr. 1 Satz 2 i. V. m. § 5 Abs. 1 Satz 1 EStG und § 253 Abs. 3 Sätze 1 u. 2 HGB)

---

[15] BMF v. 2. 5. 1997, DB 1997 S. 1251.

15.3 Bewertungsverfahren

nicht beeinträchtigt. Ist der ggf. mit dem handelsrechtlichen Vergleichswert (der sich aus einem Börsen- oder Marktpreis ergebende Wert bzw. der beizulegende Wert) identische steuerrechtliche Teilwert niedriger als der nach der Lifo-Methode ermittelte Wert, so ist der niedrigere Teilwert anzusetzen.

15.3.4.4.6 Methoden der Lifo-Bewertung

Es haben sich zwei Methoden herausgebildet, und zwar
- das permanente Lifo-Verfahren und
- das Perioden-Lifo-Verfahren.

15.3.4.4.7 Permanentes (gleitendes) Lifo-Verfahren

Bei diesem Verfahren werden die Zu- und Abgänge fortlaufend erfasst, sodass der Bestand permanent fortgeschrieben wird.

Beispiel 1

1. 1.	Anfangsbestand	80 t à 600 DM			48 000 DM
12. 1.	Zugang	100 t à 800 DM			80 000 DM
	neuer Bestand	180 t			128 000 DM
25. 1.	Abgang	120 t			
	davon	100 t à 800 DM		./.	80 000 DM
	davon	20 t à 600 DM		./.	12 000 DM
	neuer Bestand	60 t à 600 DM			36 000 DM
15. 2.	Zugang	100 t à 700 DM			70 000 DM
	neuer Bestand	160 t			106 000 DM
12. 6.	Abgang	130 t			
	davon	100 t à 700 DM		./.	70 000 DM
	davon	30 t à 600 DM		./.	18 000 DM
	neuer Bestand	30 t à 600 DM			18 000 DM
20. 7.	Zugang	200 t à 850 DM			170 000 DM
	neuer Bestand	230 t			188 000 DM
10. 11.	Abgang	190 t à 850 DM		./.	161 500 DM
	neuer Bestand	40 t			26 500 DM
	davon	10 t à 850 DM	8 500 DM		
	davon	30 t à 600 DM	18 000 DM		
15. 12.	Zugang	100 t à 900 DM			90 000 DM
	neuer Bestand	140 t			116 500 DM
21. 12.	Abgang	90 t à 900 DM		./.	81 000 DM
	neuer Bestand, gleichzeitig				
31. 12.	Endbestand	50 t			35 500 DM
	davon	10 t à 900 DM	9 000 DM		
	davon	10 t à 850 DM	8 500 DM		
	davon	30 t à 600 DM	18 000 DM		

15 Bewertung der Wirtschaftsgüter des Betriebsvermögens

15.3.4.4.8 Perioden-Lifo-Verfahren

15.3.4.4.8.1 Gleich bleibender Bestand

Ist der durch Inventur ermittelte Bestand am Ende des Wirtschaftsjahres in der gleichen Menge vorhanden wie der Anfangsbestand der zu einer Bewertungsgruppe zusammengefassten Vorräte, so wird der Endbestand, unabhängig von den tatsächlichen (höheren) Anschaffungs- oder Herstellungskosten, mit dem Wert des Anfangsbestands angesetzt; die Verbrauchsfolge lautet ja: „last in – first out", und nach dieser Fiktion gelten alle Zugänge als verkauft und nicht der Anfangsbestand. Dieser Wert kann ggf. viele Jahre bestehen bleiben. Entscheidend ist, dass die Preise steigen, der Teilwert nicht niedriger ist und noch gleichartige Bestände der betreffenden Bewertungsgruppe vorhanden sind.

Beispiel 2
Anfangsbestand und Zugänge wie im Beispiel 1; der Abgang am 21. 12. beträgt jedoch nur 60 t, sodass der Endbestand wie der Anfangsbestand 80 t umfasst.
Beim Permanent-Lifo ermittelt sich der Endbestand wie folgt:

15. 12. neuer Bestand	140 t (wie im Beispiel 1)	116 500 DM
21. 12. Abgang	60 t à 900 DM	./. 54 000 DM
31. 12. Endbestand	80 t	62 500 DM
davon	40 t à 900 DM	36 000 DM
davon	10 t à 850 DM	8 500 DM
davon	30 t à 600 DM	18 000 DM

Bei Anwendung des Perioden-Lifo-Verfahrens entspricht der Endbestand dem Anfangsbestand und beträgt unverändert **48 000 DM**. Damit sind trotz tatsächlicher Verkäufe aus dem Anfangsbestand noch sämtliche stillen Reserven unangetastet.

15.3.4.4.8.2 Endbestand höher als Anfangsbestand

Ist der durch Inventur ermittelte Endbestand der zu einer Bewertungsgruppe zusammengefassten Wirtschaftsgüter des Vorratsvermögens mengenmäßig höher als der Anfangsbestand dieser Gruppe, so ist der Anfangsbestand mit dem bisherigen Wert fortzuführen und der Mehrbestand mit den tatsächlichen Anschaffungs- oder Herstellungskosten der Reihenfolge des Zugangs zu bewerten. Da die Ermittlung der tatsächlichen Anschaffungskosten derjenigen Zukäufe, die am Ende des Wirtschaftsjahres noch zum Bestand gehören, kaum möglich ist, werden in der Praxis mehrere Möglichkeiten als zulässig angesehen:[16]

– Ansatz mit dem Wert des ersten Zugangs des Wirtschaftsjahres;
– Ansatz mit dem Wert des Zugangs, der zur Mengensteigerung geführt hat (sofern feststellbar);
– Ansatz der durchschnittl. Anschaffungskosten aller Zugänge des Wirtschaftsjahres;
– Ansatz mit dem Wert des letzten Zugangs im Wirtschaftsjahr.

---
16 Mayer-Wegelin in: Küting/Weber, Handbuch der Rechnungslegung, § 256 Rn. 36 m. w. N.

15.3 Bewertungsverfahren

Die letztere Möglichkeit stellt eine Vermischung mit der Verbrauchsfolge „fifo" dar und ist an sich dem Lifo-Verfahren systemfremd.

Der nach einer der vorgestellten Möglichkeiten ermittelte Mehrbestand ist fortzuführen. Für die Fortführung des Mehrbestands bestehen zwei Möglichkeiten:

– Anfangs- und Mehrbestand werden zu einem Durchschnittsbestand zusammengefasst, der den Anfangsbestand für das Folgejahr bildet;

– der jährliche Mehrbestand wird für jede Bewertungsgruppe als sog. Layer (Ableger) gesondert ausgewiesen und fortgeführt, wobei für seit mehreren Jahren bestehende Mehrbestände für jede Bewertungsgruppe und jedes Jahr ein besonderer Layer gebildet wird. Dadurch geht zwar der Vereinfachungseffekt verloren; es wird jedoch eine größtmögliche Bildung bzw. Beibehaltung stiller Reserven ermöglicht.

Beispiel 3

Anfangsbestand und Zugänge 05 wie im Beispiel 1; der Abgang am 21. 12. 05 beträgt jedoch nur 10 t, sodass der Endbestand am 31. 12. 05 130 t umfasst. Am 31. 12. 06 sind 120 t am Lager.

1) Wird der am 31. 12. 05 vorhandene Mehrbestand mit dem Wert des ersten Zugangs 05 angesetzt und dieser Betrag mit dem Anfangsbestand zu einem durchschnittlichen Endbestand zusammengefasst, so ist der Gesamtbestand am 31. 12. 05 wie folgt zu bewerten:

80 t (= Bestand am 1. 1.)	à 600,— DM	48 000 DM
50 t (= Mehrbestand am 31. 12.)	à 800,— DM	40 000 DM
130 t (= Gesamtbestand am 31. 12.)	à 676,92 DM (88 000 : 130)	88 000 DM
Am 31. 12. 06 beträgt der Endbestand 120 t à 676,92 DM		81 230 DM

2) Wird der am 31. 12. 05 vorhandene Mehrbestand mit durchschnittlichen Anschaffungskosten aller Zugänge des laufenden Jahres bewertet und dieser Betrag mit dem Anfangsbestand zu einem durchschnittlichen Endbestand zusammengefasst, ergibt sich folgende Berechnung:

12. 1. Zugang 100 t à 800 DM	80 000 DM
15. 2. Zugang 100 t à 700 DM	70 000 DM
20. 7. Zugang 200 t à 850 DM	170 000 DM
15. 12. Zugang 100 t à 900 DM	90 000 DM
500 t	410 000 DM

410 000 : 500 = 820 DM je t

Dann ist der Endbestand wie folgt zu bewerten:

80 t (= Bestand am 1. 1.)	à 600,— DM	48 000 DM
50 t (= Mehrbestand am 31. 12.)	à 820,— DM	41 000 DM
130 t (= Gesamtbestand am 31. 12.)	à 684,62 DM (89 000 : 130)	89 000 DM
Am 31. 12. 06 beträgt der Endbestand 120 t à 684,62 DM		82 154 DM

15 Bewertung der Wirtschaftsgüter des Betriebsvermögens

Werden die Mehrmengen selbstständig in Form von Layern fortgeführt, ergibt sich folgende Berechnung:

3) Bestand am 1. 1. 05	80 t à 600 DM	48 000 DM
Layer	50 t à 800 DM (bei Ansatz mit dem Wert des ersten Zugangs des Wirtschaftsjahres 05)	40 000 DM
Bestand am 31. 12. 05		88 000 DM
Ermittlung des Inventurwerts zum 31. 12. 06:		
Bestand am 31. 12. 05	80 t à 600 DM	48 000 DM
Layer	40 t à 800 DM	32 000 DM
Bestand am 31. 12. 06		80 000 DM
4) Bestand am 1. 1. 05	80 t à 600 DM	48 000 DM
Layer	50 t à 820 DM (bei Ansatz mit den durchschnittl. AK aller Zugänge des Wirtschaftsjahres 05)	41 000 DM
Bestand am 31. 12. 05		89 000 DM
Ermittlung des Inventurwerts zum 31. 12. 06		
Bestand am 31. 12. 05	80 t à 600 DM	48 000 DM
Layer	40 t à 820 DM	32 800 DM
Bestand am 31. 12. 06		80 800 DM

15.3.4.4.8.3 Endbestand niedriger als Anfangsbestand

Bei Bestandsminderungen müssen die Abgänge, soweit sie die Zugänge des laufenden Jahres übersteigen, vom Anfangsbestand abgezogen werden. Gibt es nur einen einheitlich bewerteten Anfangsbestand, werden die Bestandsminderungen mit diesem Wert ausgebucht, sodass in Höhe der Differenz zum Erlös Gewinnrealisierung eintritt. Es handelt sich dabei um den normalen Rohgewinn zzgl. der in den abgebauten Beständen enthaltenen stillen Reserven.

Besteht der Anfangsbestand aus einem oder mehreren Layern, so ist die Mindermenge von dem zuletzt gebildeten Layer abzuziehen. Übersteigt die Bestandsminderung den Wert dieses Layers, so ist der überschießende Teil vom vorletzten Layer abzusetzen usw. Da der zuletzt gebildete Layer in der Regel auch am höchsten bewertet ist, kann bei diesem Verfahren die Bestandsminderung mit den höheren Anschaffungskosten erfolgen, sodass der realisierte Gewinn dann entsprechend geringer ist.

Beispiel 4

Bestände, Zu- und Abgänge wie im Beispiel 1. Der Endbestand umfasst 50 t und soll nach dem Perioden-Lifo bewertet werden.

Der Endbestand beträgt (50 t à 600 DM =)   30 000 DM

15.3 Bewertungsverfahren

15.3.4.4.9 Beachtung des Niederstwertprinzips

Ist der sich aus dem Börsen- und Marktpreis ergebende Wert bzw. der beizulegende Wert identisch mit dem niedrigeren Teilwert, so ist nach § 6 Abs. 1 Nr. 2 Satz 2 i. V. m. § 5 Abs. 1 Satz 1 EStG und § 253 Abs. 3 Sätze 1 u. 2 HGB der niedrigere Teilwert anzusetzen.

Wird zulässigerweise eine Gruppe von Wirtschaftsgütern mit ihrem Durchschnittswert angesetzt, ist der Teilwert der Betrag, den ein Erwerber des ganzen Betriebes im Rahmen des Gesamtkaufpreises für die betreffende Gruppe von Wirtschaftsgütern ansetzen würde. Der Teilwert ist in diesen Fällen ein Durchschnittswert.

Auch im Falle der Gruppenbewertung ist die Lifo-Methode zur Ermittlung des Wertansatzes gleichartiger Vermögensgegenstände des Vorratsvermögens aus Vereinfachungsgründen ausdrücklich zugelassen (§ 6 Abs. 1 Nr. 2 EStG, § 256 HGB, R 36 a EStR).

Werden Mehrbestände in Form von Layern ausgewiesen (R 36 a Abs. 4 Satz 4 EStR), so ist der Layer eine besonders bewertete Gruppe von Wirtschaftsgütern. Der Wertansatz des einzelnen Layers, der nach der Durchschnittsmethode bewertet worden ist, ist deshalb mit der Summe der Teilwerte der im Layer ausgewiesenen Wirtschaftsgüter zu vergleichen und ggf. auf den niedrigeren Teilwert abzuschreiben. Das Niederstwertprinzip ist auf jeden einzelnen Layer gesondert anzuwenden (R 36 a Abs. 6 Satz 3 EStR – layerbezogene Wertermittlung).[17]

Beispiel 5
Sachverhalt wie im Beispiel 3, jedoch beträgt der Teilwert am 31. 12. 06 650 DM je t. Wird der 31. 12. 05 vorhandene Mehrbestand mit dem Anfangsbestand zu einem durchschnittlichen Wert zusammengefasst, beträgt der Bilanzwert am 31. 12. 06:

1) Bilanzwert zu AK nach Lifo, vgl. 1) in Beispiel 3		81 230 DM
./. Teilwertabschreibung		3 230 DM
Bilanzwert (120 t à 650 DM =)		78 000 DM
2) Bilanzwert zu AK nach Lifo, vgl. 2) in Beispiel 3		82 154 DM
./. Teilwertabschreibung		4 154 DM
Bilanzwert (120 t à 650 DM =)		78 000 DM

Wird der am 31. 12. 05 vorhandene Mehrbestand selbst als Layer fortgeführt, beträgt der Bilanzwert am 31. 12. 06:

3) 80 t Altbestand zu AK nach Lifo, vgl. 3) in Beispiel 3		48 000 DM
40 t Layer zu AK nach Lifo, vgl. 3) in Beispiel 3	32 000	
Teilwertabschreibung auf Layer ./.	6 000	
Bilanzwert Layer (40 t à 650 DM =)	26 000	26 000 DM
Bilanzwert des gesamten Bestands		74 000 DM
4) 80 t Altbestand zu AK nach Lifo, vgl. 4) in Beispiel 3		48 000 DM
40 t Layer zu AK nach Lifo, vgl. 4) in Beispiel 3	32 800	
Teilwertabschreibung auf Layer ./.	6 800	
Bilanzwert Layer (40 t à 650 DM =)	26 000	26 000 DM
Bilanzwert des gesamten Bestands		74 000 DM

---

17 BMF-Schreiben v. 21. 2. 1992, DB S. 554.

15 Bewertung der Wirtschaftsgüter des Betriebsvermögens

Ist der Teilwert noch niedriger als die AK des Altbestandes, ist auch hierauf eine Teilwertabschreibung vorzunehmen.

15.3.4.4.10 Übergang zum Lifo-Verfahren in der Steuerbilanz

Ausgangswert für den Übergang zur Lifo-Methode in der StB ist der steuerrechtlich zulässige Wert, den der Stpfl. für den Bestand an Vorräten in der HB des Wirtschaftsjahres gewählt hat, das dem Wirtschaftsjahr des Übergangs zur Lifo-Methode vorangeht (R 36 a Abs. 7 Satz 1 EStR). Deshalb ist der ggf. in Anspruch genommene Importwarenabschlag i. S. des § 51 Abs. 1 Nr. 2 m EStG i. V. m. § 80 EStDV[18] des Wirtschaftsjahres, das der erstmaligen Anwendung der Lifo-Methode vorangeht, bei der Ermittlung des Ausgangswerts für die Lifo-Methode abzuziehen (§ 6 Abs. 1 Nr. 2 a Satz 2 EStG). Die Rechtsgrundlage für den Importwarenabschlag in der HB bildet § 254 Satz 1 HGB.

Beispiel 1

Kaufmann K hatte am 31. 12. 03 einen Bestand an Importwaren i. S. des § 51 Abs. 1 Nr. 2 m EStG i. V. m. § 80 Abs. 1 EStDV, die er im Laufe des Jahres 03 für insgesamt 800 000 DM angeschafft hatte. Es handelt sich um 1000 Einheiten gleichartiger Wirtschaftsgüter, deren Teilwerte am 31. 12. 03 infolge Preissteigerungen insgesamt 860 000 DM betragen.

K nahm für Zwecke der Bewertung in der StB, die gleichzeitig HB ist, einen Bewertungsabschlag nach § 80 Abs. 1 EStDV in Höhe von 10 v. H. von 800 000 DM = 80 000 DM vor und bilanzierte diesen Warenbestand mit dem zulässigen Wert von (800 000 ./. 80 000 =) 720 000 DM (vgl. auch § 80 Abs. 2 EStDV). Der Bewertungsabschlag ist handelsrechtlich nach § 254 Satz 1 HGB zulässig.

Im Laufe des Jahres 04 hatte K weitere 7000 Einheiten dieses Importartikels erworben und dafür AK in Höhe von (7000 × 900 =) 6 300 000 DM aufgewendet.

Die Zugänge des Jahres 05 betrugen 6000 Einheiten à 970 DM, insgesamt 5 820 000 DM, des Jahres 06 8 500 Einheiten à 1100 DM, insgesamt 9 350 000 DM.

Der Bestand betrug am 31. 12. 04, 05 und 06 unverändert jeweils 1000 Einheiten. Wegen fortlaufender Preiserhöhungen sind die Teilwerte am Bilanzstichtag stets höher als die tatsächlichen Anschaffungskosten. Ab 04 hat K keinen Importwarenabschlag mehr vorgenommen.

K möchte erstmals beim Jahresabschluss 04 das Lifo-Verfahren anwenden. Die Lifo-Methode könnte dem betrieblichen Geschehensablauf entsprechen. Die tatsächlichen AK des Importwarenbestandes betrugen am 31. 12. 04 900 000 DM, am 31. 12. 05 970 000 DM und am 31. 12. 06 1 100 000 DM.

Die Anwendung des Lifo-Verfahrens beim Jahresabschluss 04, 05 und 06 ist zulässig (§ 6 Abs. 1 Nr. 2 a EStG). Die betreffenden Importwaren sind gleichartige Wirtschaftsgüter des Vorratsvermögens, die gewählte Veräußerungsfolgefiktion entspricht den handelsrechtlichen Grundsätzen ordnungsmäßiger Buchführung (vgl. auch R 36 a Abs. 2 EStR), und ein Bewertungsabschlag nach § 51 Abs. 1 Nr. 2 m EStG i. V. m. § 80 EStDV wurde auf den am 31. 12. 04, 05 und 06 vorhandenen Warenbestand nicht vorgenommen. Außerdem wurde § 5 Abs. 1 Satz 2 EStG beachtet, wonach steuerrechtliche Wahlrechte bei der Gewinnermittlung – hier Anwendung des Lifo-Ver-

---

[18] Zur letztmaligen Anwendung siehe § 84 Abs. 3 d EStDV.

15.3 Bewertungsverfahren

fahrens – in Übereinstimmung mit der handelsrechtlichen Jahresbilanz auszuüben sind; lt. Sachverhalt wird keine eigenständige HB aufgestellt.
Nach § 6 Abs. 1 Nr. 2 a Satz 2 EStG gilt der Vorratsbestand am 31. 12. 03 mit seinem Bilanzansatz in Höhe von 720 000 DM als erster Zugang des Wirtschaftsjahres 04; der in 03 vorgenommene Importwarenabschlag bleibt danach erhalten.

Damit beträgt der nach dem Lifo-Verfahren ermittelte Bilanzansatz des Importwarenbestandes von 1000 Einheiten am 31. 12. 04, 05 und 06 unverändert 720 000 DM.

Die aufgrund des Lifo-Verfahrens gelegten stillen Reserven betragen:

	31. 12. 04	31. 12. 05	31. 12. 06
tatsächl. AK des Warenbestandes	900 000	970 000	1 100 000
nach Lifo unterstellte AK	720 000	720 000	720 000
stille Reserven	180 000	250 000	380 000

Stille Reserven bei Inanspruchnahme des Importwarenabschlags und damit Verzicht auf die Anwendung des Lifo-Verfahrens:

	31. 12. 04	31. 12. 05	31. 12. 06
10 v. H. von 900 000 DM	90 000		
10 v. H. von 970 000 DM		97 000	
10 v. H. von 1 100 000 DM			110 000

Beispiel 2
Sachverhalt wie im Beispiel 1 mit folgender Abwandlung:
K hatte am 31. 12. 05 einen Bestand an Importwaren, die er im Laufe des Jahres 05 für insgesamt 970 000 DM angeschafft hatte. K nahm einen Bewertungsabschlag nach § 51 Abs. 1 Nr. 2 m Satz 2 EStG in Höhe von 10 v. H. von 970 000 DM = 97 000 DM vor und aktivierte diesen Warenbestand mit dem zulässigen Wert von (970 000 ./. 97 000 =) 873 000 DM. K möchte erstmals beim Jahresabschluss 06 das Lifo-Verfahren anwenden.
Nach § 6 Abs. 1 Nr. 2 a Satz 2 EStG gilt der Vorratsbestand am 31. 12. 05 von 1000 Einheiten mit seinem Bilanzansatz als erster Zugang des Wirtschaftsjahres 06. Da der am 31. 12. 06 vorhandene Bestand ebenfalls 1000 Einheiten umfasst, ist er nach § 6 Abs. 1 Nr. 2 Satz 1 i. V. m. § 6 Abs. 1 Nr. 2 a EStG mit dem unveränderten Wert von 873 000 DM anzusetzen (der Teilwert ist lt. Sachverhalt höher).

15.3.4.4.11 Übergang auf eine andere Bewertungsmethode

Die Anwendung des Lifo-Verfahrens beruht nach § 6 Abs. 1 Nr. 2 a EStG auf einem Wahlrecht. Möchte der Stpfl. in einem folgenden Wirtschaftsjahr zur Durchschnittsbewertung oder zur Einzelbewertung übergehen, ist dies nur mit Zustimmung des Finanzamtes möglich (§ 6 Abs. 1 Nr. 2 a Satz 4 EStG). Dadurch soll sichergestellt werden, dass der Übergang zur Durchschnittsbewertung nicht willkürlich erfolgt.[19] Es handelt sich – ähnlich wie bei § 4 a Abs. 1 Nr. 2 EStG (Umstellung des Wirtschaftsjahres) – um eine Ermessensentscheidung des Finanzamtes. Im Rahmen dieser Ermessensentscheidung hat das Finanzamt zu prüfen, ob der Methodenwechsel nicht als willkürlich anzusehen ist, weil er dem Stetigkeitsgebot des § 256 Abs. 1

---
[19] BT-Drucks. 11/2157 S. 140.

15 Bewertung der Wirtschaftsgüter des Betriebsvermögens

Nr. 6 HGB i. V. m. § 5 Abs. 1 Satz 1 EStG widerspricht. Anders als bei der Umstellung des Wirtschaftsjahres, dessen Zeitraum vorher bekannt sein muss, ist die Zustimmung des Finanzamtes ebenso wie bei der Bilanzänderung gem. § 4 Abs. 2 Satz 2 EStG eine Nebenentscheidung des ESt- oder Feststellungsbescheides und kann als solche (nur) mit diesem auf ihre Richtigkeit hin überprüft werden.[20] Wenn der Sachverhalt offen gelegt wird, kann das Finanzamt allerdings vorab im Rahmen einer verbindlichen Auskunft über die Rechtslage entscheiden.[21]

15.3.4.5 Zusammenfassung

Das Lifo-Verfahren ist besonders in Zeiten mit anhaltenden Preissteigerungen von besonderem Interesse. Mit seiner Hilfe können stille Reserven gelegt werden. Die Preissteigerungen werden weitgehend schon im Jahre der Anschaffung in den Aufwand der Produkte genommen. Bei Fifo bleiben jedoch bei lang anhaltender Preissteigerung zunächst die höchsten Werte für die Bilanzierung übrig.

Beispiel

Ein Gewerbetreibender hat im Laufe des Wirtschaftsjahres gleichartige Massengüter erworben, und zwar:

12. 1.	100 t zum Nettopreis von 800 DM =	80 000 DM
15. 2.	100 t zum Nettopreis von 700 DM =	70 000 DM
20. 7.	200 t zum Nettopreis von 850 DM =	170 000 DM
15. 12.	100 t zum Nettopreis von 900 DM =	90 000 DM
insgesamt	500 t	410 000 DM

Es kann nicht festgestellt werden, aus welcher Lieferung die am Jahresende vorhandenen 50 t stammen.

Während sich nach der Durchschnittsbewertung ein Wert von 41 000 DM ergibt, würde sich bei Anwendung des Fifo-Verfahrens ein Wert von 45 000 DM, beim Lifo-Verfahren ein Wertansatz von 40 000 DM und beim Hifo-Verfahren sogar nur ein Wert von 35 000 DM ergeben.

§ 284 Abs. 2 Nr. 4 HGB verlangt bei erheblichen Unterbewertungen, dass Kapitalgesellschaften den Unterschiedsbetrag zwischen dem Ergebnis der üblichen Einzelbewertung und dem Ergebnis, ermittelt aufgrund der nach § 240 Abs. 4, § 256 Satz 1 HGB zulässigen Gruppenbewertung/Verbrauchsfolgefiktion, im Anhang pauschal für die jeweilige Gruppe ausweisen.

15.3.5 Festbewertung

15.3.5.1 Zulässigkeit

Nach § 240 Abs. 3, § 256 Satz 2 HGB können bei Aufstellung des Inventars und der Bilanz Gegenstände des Sachanlagevermögens sowie Roh-, Hilfs- und Betriebsstoffe des Vorratsvermögens mit einer gleich bleibenden Menge und mit einem

---

20 Ähnlich BFH v. 9. 8. 1989, BStBl 1990 II S. 195.
21 BMF v. 24. 6. 1987, BStBl 1987 I S. 474.

15.3 Bewertungsverfahren

gleich bleibenden Wert angesetzt werden, wenn ihr Bestand in seiner Größe, seinem Wert und seiner Zusammensetzung nur geringen Veränderungen unterliegt. Ferner müssen die betreffenden Vermögensgegenstände (Wirtschaftsgüter) regelmäßig ersetzt werden, und ihr Gesamtwert darf für das Unternehmen nur von nachrangiger Bedeutung sein.

Eine Festbewertung ist hiernach sowohl bei den Gegenständen des **Anlagevermögens** als auch des **Vorratsvermögens** zulässig. Ihr Wesen besteht darin, dass die ständig vorhandenen Wirtschaftsgüter, deren Bestand in seiner Größe, seinem Wert und seiner Zusammensetzung nur geringen Veränderungen unterliegt, in den Jahresbilanzen mit einem unverändert fortzuführenden Wertansatz (Festwert, Standardwert) in die Bilanz aufgenommen werden (R 31 Abs. 4 EStR).

Die Gütermengen dürfen ihrer Zahl oder ihrem Maß oder Gewicht nach nur **geringe Veränderungen** aufweisen. Ist das der Fall, unterstellt man, dass sich die Mengen- und Wertschwankungen von Bilanzstichtag zu Bilanzstichtag ausgleichen oder zumindest so geringfügig sind, dass es einer besonderen Kenntlichmachung in der Bilanz nicht bedarf.

Bei **Roh-, Hilfs- und Betriebsstoffen** des Vorratsvermögens dient die Festbewertung der Erleichterung der Inventur und der Bewertung. Zum Ausgleich von Preisschwankungen, insbesondere Preissteigerungen, darf der Festwert nicht dienen.[22]

Beispiele

a) Ein Fabrikationsbetrieb verfügt ständig über einen gewissen, nach Größe und Wert etwa gleich bleibenden Bestand an Heizstoffen, Ölen und Fetten.
Zur Erleichterung der Inventur und der Bewertung kann für diese Betriebsstoffe ein Festwert gebildet werden.

b) Am Bilanzstichtag befindet sich regelmäßig ein bestimmter, noch nicht bearbeiteter Bestand an Rohstoffen in den Produktionsanlagen, ohne dass dieser durch körperliche Aufnahme festgestellt werden könnte.
Für diese Rohstoffe kann ein Festwert gebildet werden.

Für **Waren** (Handelswaren) sowie **unfertige und fertige Erzeugnisse** sind Festwerte nicht zulässig. Ebenso scheiden sie bei **Vorräten** aus, die beachtlichen Preisschwankungen unterliegen (Blei, Kupfer usw.).

Beim **Sachanlagevermögen** (immaterielle Wirtschaftsgüter oder Beteiligungen scheiden also aus) ist die Bildung von Festwerten vor allem bei solchen Gegenständen mit ungefähr gleicher technischer oder wirtschaftlicher Zweckbestimmung sinnvoll, die in einer größeren Anzahl im Betrieb vorhanden sind, als Einzelstücke keinen erheblichen Wert haben und ständig in größerem Umfang erneuert und ergänzt werden müssen. Es muss sich um Wirtschaftsgüter handeln, deren Nutzung sich nicht bereits im Jahr der Anschaffung erschöpft bzw. deren Nutzungsdauer zwölf Monate nicht übersteigt.[23] Das trifft z. B. zu für Schienen, Hotelgeschirr,

---

22 H 36 „Festwert" EStH.
23 BFH v. 26. 8. 1993, BStBl 1994 II S. 232.

15 Bewertung der Wirtschaftsgüter des Betriebsvermögens

Hotelwäsche, Werkzeuge, insbesondere maschinengebundene Werkzeuge, die wegen fehlender selbstständiger Nutzbarkeit nicht unter § 6 Abs. 2 EStG fallen,[24] Formen, Modelle, Gerüst- und Schalungsteile, Fässer, Flaschen und Flaschenkästen. Sind mengenmäßig starke Unterschiede zu verzeichnen oder unterliegen die Güter erfahrungsgemäß wesentlichen Preisschwankungen, so ist die Bildung eines Festwerts aber auch hier nicht zulässig. Dasselbe gilt bei langer oder unterschiedlicher betriebsgewöhnlicher Nutzungsdauer.

Zur **Beurteilung der Nachrangigkeit** gegenüber dem Gesamtwert des Unternehmens ist bei beweglichem Anlagevermögen sowie Vorratsvermögen auf die Bilanzsumme abzustellen. Der Gesamtwert der für einen einzelnen Festwert in Betracht kommenden Wirtschaftsgüter ist für das Unternehmen grundsätzlich von nachrangiger Bedeutung, wenn er an den dem Bilanzstichtag vorangegangenen fünf Bilanzstichtagen im Durchschnitt 10 v. H. der Bilanzsumme nicht überschritten hat.[25] Danach werden Baugeschäfte in der Regel Festwerte für Gerüst- und Schalungsteile bilden können, nicht jedoch reine Gerüstbaubetriebe.

Für **unbewegliche Wirtschaftsgüter** des Anlagevermögens wird ein Festwert regelmäßig nicht in Betracht kommen, weil zum einen die Voraussetzung des regelmäßigen Ersatzes nicht erfüllt sein wird und zum anderen das unbewegliche Wirtschaftsgut (Grundstück oder Gebäude) für den Stpfl. grundsätzlich nicht von nachrangiger Bedeutung ist.[26]

Festwerte kommen beim abnutzbaren Anlagevermögen insbesondere dann in Betracht, wenn sich AfA, Erhaltungsaufwand und Abgänge einerseits sowie aktivierungspflichtiger Herstellungsaufwand und Ersatzbeschaffungen andererseits im Wesentlichen ausgleichen, sodass sich auch ohne Bildung eines Festwerts über eine Reihe von Jahren hin ein im Wesentlichen gleich bleibender Wertansatz ergäbe.

15.3.5.2 Wahlrecht

Der Stpfl. hat nach § 240 Abs. 3, § 256 Satz 2 HGB zwar das Recht, aber **keine Pflicht** zur Bildung von Festwerten. Der Ansatz des Festwerts bildet lediglich eine Vereinfachungsmaßnahme.

Soweit die Gegenstände des abnutzbaren Anlagevermögens selbstständig nutzbar und deshalb die Voraussetzungen des § 6 Abs. 2 EStG gegeben sind, wird die Bildung von Festwerten kaum angestrebt. In diesen Fällen werden die Anschaffungskosten regelmäßig in voller Höhe als Aufwand gebucht. Dagegen werden Festwerte im Allgemeinen gebildet, wenn Güter nicht selbstständig nutzbar sind, wie Maschinenwerkzeuge (Stanzen, Pressen, Formen, Bohrer, Fräser, Drehstähle und Sägeblätter), die nur in Verbindung mit den entsprechenden Maschinen genutzt werden

---
24 BFH v. 6. 10. 1995, BStBl 1996 II S. 166 m. w. N.
25 BMF v. 8. 3. 1993, BStBl 1993 I S. 276.
26 BMF v. 26. 2. 1992, DStR 1992 S. 542.

15.3 Bewertungsverfahren

können, sowie bei Beleuchtungsanlagen (soweit es sich um Betriebsvorrichtungen, z. B. Spezialanlagen für Schaufenster, handelt) und Gleisanlagen. Auch Gerüst- und Schalungsteile, die im Baugewerbe benutzt werden, kommen für die Bildung von Festwerten in Betracht, wenn sie technisch aufeinander abgestimmt und genormt und keiner selbstständigen Bewertung und Nutzung fähig sind. Ihre Anschaffungs- oder Herstellungskosten können aus diesem Grunde nicht nach § 6 Abs. 2 EStG sofort abgesetzt werden. Dagegen sind Gerüst- und Schalungsteile, die nicht technisch aufeinander abgestimmt und genormt sind, sondern je nach Bedarf für den einzelnen Bau geschnitten und zusammengestellt werden, wie Fichtenbretter, Fichtenstangen, Kanthölzer, Stempel und Gerüstbretter, selbstständig nutzbar und deshalb als geringwertige Wirtschaftsgüter selbst dann sofort absetzbar, wenn ihre betriebsgewöhnliche Nutzungsdauer mehr als ein Jahr beträgt.

15.3.5.3 Höhe des Festwerts

Bei Roh-, Hilfs- und Betriebsstoffen richtet sich der Festwert nach den Anschaffungskosten. Dagegen muss beim Anlagevermögen berücksichtigt werden, dass der Bestand an Wirtschaftsgütern, für die ein Festwert gebildet wird, im Allgemeinen altersmäßig gemischt ist. Ein Teil ist neuwertig, ein anderer Teil dagegen mehr oder weniger abzuschreiben. Aus diesem Grunde können als Festwert nicht die vollen Anschaffungs- oder Herstellungskosten angesetzt werden. Orientierungsgröße sind vielmehr die um angemessene Abschreibungen gekürzten Anschaffungs- oder Herstellungskosten.

Beispiel

Die im Festwert erfassten Wirtschaftsgüter mit Nutzungsdauer von 5 Jahren sind zum Teil völlig neu, zum Teil fast abgenutzt. Der Rest bewegt sich zwischen diesen beiden extremen Punkten.

Bei dieser Sachlage ist (bei linearer AfA) ein Festwert von 50 % der Anschaffungs- oder Herstellungskosten anzusetzen.

Bei Gerüst- und Schalungsteilen werden 40 % der Anschaffungs- oder Herstellungskosten bzw. der niedrigeren Wiederbeschaffungskosten als Festwert zugelassen.[27] Das ist berechtigt, weil erfahrungsgemäß die Anschaffungen vor Beginn der Bausaison im Frühjahr erfolgen und somit für das Anschaffungsjahr die volle Jahres-AfA berücksichtigt wird.

Bei Neugründungen oder bei erstmaliger Bildung eines Festwerts sind zunächst die um AfA geminderten Anschaffungskosten zu aktivieren, weil sich die Zugänge in den ersten Jahren der Nutzung nicht mit den AfA und Abgängen ausgleichen. Erst wenn der Zustand dieses Kostenausgleichs erreicht ist, kann nach Aktivierung der Zugänge der ermittelte Festwert angesetzt werden. Das wird etwa dann der Fall sein, wenn sich nach der planmäßigen Abschreibung der Wirtschaftsgüter des Anlagevermögens ein Anlagewert von 40 bis 50 v. H. der tatsächlichen Anschaf-

---

27 FinMin NW v. 12. 12. 1961, BStBl 1961 I S. 194.

15 Bewertung der Wirtschaftsgüter des Betriebsvermögens

fungs- oder Herstellungskosten ergibt. Dabei ist von der steuerlich zulässigen linearen oder degressiven AfA nach § 7 EStG auszugehen, sodass Sonderabschreibungen, Absetzungen für außergewöhnliche Abnutzung sowie außerplanmäßige Abschreibungen, d. h. Teilwertabschreibungen der einzelnen Wirtschaftsgüter, außer Betracht bleiben.[28]

Beispiel

Ein Gewerbetreibender hat jeweils zu Beginn des Wirtschaftsjahres – erstmals in 02 – einen bestimmten Vorrat an gleichartigen Wirtschaftsgütern der Betriebsausstattung angeschafft. Die betriebsgewöhnliche Nutzungsdauer dieser Wirtschaftsgüter beträgt 5 Jahre. Die Anschaffungskosten haben betragen:

```
02 =  50 000 DM
03 =  60 000 DM
04 =  40 000 DM
05 =  55 000 DM
06 =  45 000 DM
     250 000 DM
```

Berechnung des jeweiligen Bilanzpostens:

Zugang 02		50 000 DM
AfA 02		10 000 DM
31. 12. 02		40 000 DM
Zugang 03		60 000 DM
		100 000 DM
AfA auf Zugang 02	10 000 DM	
AfA auf Zugang 03	12 000 DM	22 000 DM
31. 12. 03		78 000 DM
Zugang 04		40 000 DM
		118 000 DM
AfA auf Zugang 02 und 03	22 000 DM	
AfA auf Zugang 04	8 000 DM	30 000 DM
31. 12. 04		88 000 DM
Zugang 05		55 000 DM
		143 000 DM
AfA auf Zugang 02 bis 04	30 000 DM	
AfA auf Zugang 05	11 000 DM	41 000 DM
31. 12. 05		102 000 DM
Zugang 06		45 000 DM
		147 000 DM
AfA auf Zugang 02 bis 05	41 000 DM	
AfA auf Zugang 06	9 000 DM	50 000 DM
31. 12. 06		97 000 DM

Der Zustand des Kostenausgleichs ist am 31. 12. 05 erreicht, sodass der Wert von 102 000 DM als Festwert übernommen werden kann.[29]

---

[28] BMF v. 8. 3. 1993, BStBl 1993 I S. 276.
[29] Vgl. auch Bp-Kartei der Oberfinanzdirektionen Düsseldorf, Köln und Münster, „Konto Festwerte".

15.3 Bewertungsverfahren

Gelegentlich werden in der Praxis je nach den betrieblichen Besonderheiten andere Kennzahlen verwertet, etwa der Umsatz, die Zahl der Monteure oder Werkzeugmacher, die Zahl der Maschinen, die Kosten der laufenden Ersatzbeschaffungen oder ähnliche Merkmale. Solche Schlüsselzahlen sind oft sehr aussagefähig.

Der einmal festgestellte Wert wird grundsätzlich beibehalten. Statt der Abgänge und der AfA werden die aktivierungspflichtigen Aufwendungen für Ersatzbeschaffungen gewinnmindernd gebucht. Menge und Wert der im Festwert zusammengefassten Wirtschaftsgüter werden im Einzelnen gar nicht ermittelt.

15.3.5.4 Änderung des Festwerts

Obwohl die Bildung eines Festwerts grundsätzlich voraussetzt, dass der Bestand der Wirtschaftsgüter in seiner Größe, seinem Wert und seiner Zusammensetzung nur geringen Veränderungen unterliegt, ist nicht auszuschließen, dass gelegentlich einmal eine nicht unwesentliche Veränderung eintritt. Deshalb muss der Festwert, abgesehen von wesentlichen Veränderungen des Betriebs durch Erweiterung oder Einstellung der Produktion, **von Zeit zu Zeit durch eine körperliche Bestandsaufnahme überprüft werden.**

Nach § 240 Abs. 3 Satz 2 i. V. m. § 256 Satz 2 HGB ist eine körperliche Bestandsaufnahme in der Regel **alle drei Jahre** durchzuführen. Der Bestand ist nach allgemeinen Grundsätzen zu bewerten, um den Anhaltewert zu ermitteln.

Übersteigt der für diesen Bilanzstichtag durch körperliche Bestandsaufnahme ermittelte Wert den bisherigen Festwert um mehr als 10 %, so ist der ermittelte Wert als neuer Festwert maßgebend. Bis er erreicht ist, sind die nach dem Bilanzstichtag des vorangegangenen Wirtschaftsjahres entstandenen Anschaffungskosten der Neuanschaffungen nicht gewinnmindernd zu buchen, sondern der Festwert ist um diese aufzustocken.

Ist der ermittelte Wert **niedriger** als der bisherige Festwert, so kann der Stpfl. den ermittelten Wert als neuen Festwert ansetzen. Stpfl., die ihren Gewinn nach § 5 Abs. 1 EStG ermitteln, **müssen** den niedrigen Wert als neuen Festwert ansetzen, weil nach § 253 Abs. 1 HGB, § 6 Abs. 1 EStG ein Ausweis oberhalb der Anschaffungskosten bzw. Herstellungskosten nicht zulässig ist. Beruht die Minderung des Festwertes dagegen nicht auf einem niedrigeren Bestand, sondern auf einer Wertminderung wegen Preisrückgangs oder stärkerer Abnutzung, dann ist das handelsrechtliche Niederstwertprinzip zu beachten. Die Herabsetzung führt in diesen Fällen zu einer Aufwandsbuchung.

Übersteigt der ermittelte Wert den bisherigen Festwert um nicht mehr als 10 %, so kann der bisherige Festwert beibehalten werden (R 31 Abs. 4 EStR).

Beispiele

a) Ein Bauunternehmer hat für technisch aufeinander abgestimmte und genormte Gerüst- und Schalungsteile, deren betriebsgewöhnliche Nutzungsdauer 5 Jahre beträgt, vor Jahren einen Festwert in Höhe von 10 000 DM gebildet (40 % der Anschaffungskosten). Durch Bestandsaufnahme wird zum 31. 12. 06 für diese Wirtschaftsgüter ein neuer Festwert von 19 800 DM (40 % der Anschaffungskosten) ermittelt. In 06 wurden zum Nettopreis von 8200 DM, in 07 für 11 000 DM und 08 für 10 000 DM neue Gerüst- und Schalungsteile erworben.

Zum 31. 12. 06 ist der Festwert aufzustocken, denn die Abweichung beträgt mehr als 10 %. Ein Ansatz des vollen neu ermittelten Festwerts von 19 800 DM kommt zu diesem Bilanzstichtag aber noch nicht in Betracht, weil in 06 nur 8200 DM angefallen sind. Anzusetzen sind somit nur 18 200 DM.

Zum 31. 12. 07 ist eine weitere Aufstockung auf 19 800 DM erforderlich. Die über den noch fehlenden Unterschiedsbetrag von 1600 DM hinausgehenden Anschaffungskosten 07 sind als Aufwand zu behandeln. Buchung bei der Aufstockung: Festwertkonto an Aufwandskonto für Gerüst- und Schalungsteile. Ebenso sind die Anschaffungen des Jahres 08 in voller Höhe als Aufwand zu buchen.

b) Die körperliche Bestandsaufnahme hat bei annähernd gleichem Bestand wegen Preisrückgangs einen neuen Festwert von 8000 DM ergeben. Der Stpfl. muss diesen Betrag in seiner Schlussbilanz für 06 ansetzen, weil es sich um eine dauernde Wertminderung handelt. Buchung: sonst. betriebl. Aufwand (oder Aufwandskonto Gerüst- und Schalungsteile) an Festwertkonto 2000 DM. Die gesamten Anschaffungskosten sind als Aufwand zu buchen. Bei nur vorübergehender Wertminderung darf lediglich handelsrechtlich (§ 253 Abs. 2 Satz 2 HGB), nicht aber steuerlich (§ 6 Abs. 1 Nr. 1 Satz 2 EStG) abgewertet werden.

c) Die körperliche Bestandsaufnahme hat einen Wert von 11 000 DM ergeben. Da die Wertabweichung nicht mehr als 10 % beträgt, kann der bisherige Festwert beibehalten werden.

Wertsteigerungen dürfen den vorhandenen Altbestand nicht beeinflussen, andernfalls würden nicht realisierte Gewinne versteuert. Außerdem läge lediglich die Bewertung mit einer Festmenge, aber nicht auch mit dem Festwert vor. Dagegen sind bei den Neuzugängen und Ersatzbeschaffungen Teuerungen zu berücksichtigen, weil sie auch bei einer Einzelbewertung durch höhere Anschaffungs- oder Herstellungskosten den buchmäßigen Dauerbestand erhöhen würden. Die Bildung der Festwerte soll zu einer Vereinfachung, nicht zu einer Ermäßigung der Bewertung führen. Wertminderungen können sich dagegen auch auf den Altbestand auswirken. Die Wertermittlung kann bei Roh-, Hilfs- und Betriebsstoffen nach der Durchschnittsbewertung oder nach dem Lifo-Verfahren vorgenommen werden.

15.3.5.5 Aufgabe der Festbewertung

Der Grundsatz der Bewertungsstetigkeit (§ 252 Abs. 1 Nr. 6 HGB) verbietet einen willkürlichen Wechsel der Bewertungsmethoden. In begründeten Ausnahmefällen kann jedoch das Bewertungsverfahren gewechselt werden. Ein Übergang von Festwertverfahren hin zur Einzelbewertung ist grds. immer möglich, solange kein willkürliches Hin- und Herwechseln vorliegt. Liegen die Voraussetzungen für eine Festwertbildung aufgrund geänderter Verhältnisse nicht mehr vor, muss das Verfahren gewechselt werden. Eine schädliche Änderung der Verhältnisse stellt beispielsweise der Eintritt erheblicher Preis- und/oder Bestandsschwankungen dar. Bei **Roh-, Hilfs- und Betriebsstoffen** ist der im Wege der Einzelbewertung zum Ende des

Wirtschaftsjahres neu ermittelte Wert als Schlussbestand einzubuchen. Handelt es sich um **Anlagevermögen,** sind im Jahr des Überganges die Zugänge als solche auszuweisen und nach den allgemeinen Grundsätzen planmäßig abzuschreiben. Der bisherige Festwert ist auf die betriebsgewöhnliche Nutzungsdauer des darin enthaltenen Altbestandes abzuschreiben.

15.4 Anschaffungskosten

15.4.1 Begriff

Die Bewertung erworbener Wirtschaftsgüter richtet sich nach den Anschaffungskosten. **Anschaffungskosten sind die Aufwendungen, die geleistet werden, um einen Vermögensgegenstand (Wirtschaftsgut) zu erwerben und ihn in einen betriebsbereiten (d. h. dem angestrebten Zweck entsprechenden) Zustand zu versetzen, soweit sie dem Vermögensgegenstand (Wirtschaftsgut) einzeln zugeordnet werden können. Zu den Anschaffungskosten gehören auch die Nebenkosten sowie die nachträglichen Anschaffungskosten. Anschaffungspreisminderungen sind abzusetzen** (§ 255 Abs. 1 HGB). Diese Definition entspricht auch dem steuerlichen Begriff der Anschaffungskosten.[30] Auch der Wert übernommener Verbindlichkeiten gehört dazu.[31]

Die Anschaffung setzt also einen Erwerbsvorgang voraus. Was der Erwerber dabei an Einzelkosten[32] aufwendet, gehört zu den Anschaffungskosten. Der Gesetzgeber geht offensichtlich von der Vermutung aus, dass ein Wirtschaftsgut das wert ist, was es gekostet hat.

Anschaffungskosten entstehen mit der Verpflichtung zur Gegenleistung. Auf die Bezahlung kommt es nicht an. Das ist z. B. für den Beginn der AfA bei abnutzbaren Anlagegütern von Bedeutung. Sind die Anschaffungskosten (oder ein Teil davon) bis zum Bilanzstichtag nicht gezahlt, sind sie als Schuld auszuweisen.

Für die Qualifizierung von Aufwendungen als Anschaffungskosten eines materiellen Wirtschaftsgutes ist Voraussetzung, dass mit der Anschaffung durch vorbereitende Maßnahmen begonnen ist. Nicht erforderlich ist, dass der Stpfl. das Wirtschaftsgut bereits in dem Sinne angeschafft hat, dass er das rechtliche oder zumindest das wirtschaftliche Eigentum an dem Wirtschaftsgut erlangt hat und deshalb bilanzrechtlich das Wirtschaftsgut als solches nicht mehr dem Veräußerer, sondern bereits dem Erwerber zuzurechnen ist. So sind die mit Abschluss eines Kaufvertrags über ein Grundstück gem. § 652 Abs. 1 Satz 1 BGB entstandenen und fällig gewordenen Maklergebühren auch dann als Anschaffungskosten des gekauften Grund-

---
30 BFH v. 14. 11. 1985, BStBl 1986 II S. 60; H 32 a „Anschaffungskosten" EStH.
31 H 32 a „Schuldenübernahmen" EStH.
32 S. u. 15.6.2.2.

stücks zu aktivieren, wenn am Bilanzstichtag der Kaufvertrag beiderseitig noch nicht erfüllt, insbesondere das Grundstück noch nicht aufgelassen und noch nicht übergeben ist (und der Kaufvertrag somit bilanzrechtlich noch ein schwebendes Geschäft darstellt). Für die Pflicht zur Aktivierung von Aufwendungen, deren Zweck der Erwerb (Erlangung des Eigentums) eines bestimmten Wirtschaftsgutes ist, muss es gemäß dem finalen Gehalt des Begriffs der Anschaffungskosten notwendigerweise genügen, dass am Bilanzstichtag mit der Anschaffung „begonnen" ist, z. B. durch Abschluss eines Kaufvertrags über ein bestimmtes Wirtschaftsgut oder durch Erteilung eines Auftrags und einer Vollmacht zum Abschluss eines derartigen Kaufvertrages.[33]

15.4.2 Ermittlung der Anschaffungskosten

Die Anschaffungskosten können durch Einzelfeststellung oder retrograde Bewertung, d. h. Abzug der Bruttospanne vom Netto-Verkaufspreis, ermittelt werden.[34] Bei vertretbaren Sachen sind Durchschnittspreise anzusetzen, wenn die tatsächlichen Anschaffungskosten nicht festzustellen sind (Durchschnittsbewertung). Die Anschaffungskosten eines Bezugsrechts auf eine junge Aktie sind nach der Gesamtwertmethode zu ermitteln.[35] Bei Ausgabe von Gratisanteilen an einer Kapitalgesellschaft sind die früheren Anschaffungskosten handels- und steuerrechtlich auf die Altanteile und die Gratisanteile gleichmäßig zu verteilen (§ 57 o GmbHG, § 220 AktG, § 3 KapErhStG).

15.4.3 Zeitpunkt für die Ermittlung der Anschaffungskosten

Für die Ermittlung der Anschaffungskosten ist der Tag des Erwerbs des Wirtschaftsgutes, nicht der Bilanzstichtag maßgebend (R 44 Abs. 1 S. 2 EStR). Wertänderungen nach dem Zeitpunkt der Anschaffung, z. B. Wechselkursänderungen oder Änderungen des Rentenbarwerts, berühren deshalb die Anschaffungskosten nicht. Bei Anschaffungsgeschäften in ausländischer Währung werden die Anschaffungskosten durch den im Anschaffungszeitpunkt gültigen Umrechnungskurs bestimmt.[36]

Keine Anschaffungskosten eines bebauten Grundstücks stellen aus dem gleichen Grunde **Abstandszahlungen** dar, die der Erwerber kurze Zeit nach dem Erwerb an den Pächter eines auf diesem Grundstück befindlichen Gewerbebetriebs leistet, um ihn zur Räumung vor Ablauf der vertraglichen Pachtzeit zu veranlassen. Sie dienen nicht mehr dem Erwerb des Grundstücks, sondern dazu, die eigengewerbliche Nutzung des Grundstücks vor Ablauf der Miet- oder Pachtzeit zu ermöglichen. Der

---

33 BFH v. 13. 10. 1983, BStBl 1984 II S. 101.
34 H 32 a „Waren" EStH.
35 BFH v. 6. 12. 1968, BStBl 1969 II S. 105.
36 H 32 a „Ausländische Währung" EStH.

15.4 Anschaffungskosten

Erwerbsvorgang ist abgeschlossen, wenn der Stpfl. die wirtschaftliche **Verfügungsgewalt** erlangt hat (R 41 a Abs. 2 S. 2, R 44 Abs. 1 S. 2 EStR, §§ 446, 447 BGB).[37] Die **Räumungsentschädigung** kann jedoch Anschaffungskosten für ein weiteres Wirtschaftsgut sein.[38] **Nachträgliche Aufwendungen** sind nur dann Anschaffungskosten, wenn sie von vornherein in sachlichem Zusammenhang zum Erwerb stehen, d. h., wenn sie unmittelbare Folgekosten des Erwerbsvorgangs sind und zu einer Erhöhung des Werts des Wirtschaftsgutes führen.[39] Derartige Folgekosten und damit Teil der Anschaffungskosten sind z. B. die auf dem erworbenen Branntwein lastende **Branntweinsteuer**[40] oder die nach dem Erwerb eines bebauten Grundstücks in Abbruchabsicht entstandenen **Abbruchkosten** zwecks Beseitigung des Gebäudes, ohne dass an seiner Stelle ein anderes Gebäude errichtet wird. Auch diese nachträglich entstandenen Abbruchkosten gehören zu den Anschaffungskosten des Grund und Bodens.[41]

Aufwendungen für eine als Grunddienstbarkeit eingetragene **Duldung einer Grenzbebauung** sind keine Herstellungskosten des errichteten Gebäudes, sondern nachträgliche Anschaffungskosten für den Grund und Boden, wenn das Recht nicht nur für den Einzelfall der konkreten Bebauung eingeräumt wird. Herstellungskosten sind nur diejenigen durch die Herstellung eines Wirtschaftsgutes veranlassten werterhöhenden Aufwendungen, die das Schicksal des betreffenden Wirtschaftsgutes teilen, d. h. zusammen mit ihm einem Wertverzehr unterliegen. Bliebe der Wert trotz einer evtl. Vernichtung des Gebäudes erhalten, handelt es sich um Anschaffungskosten des Grund und Bodens; würde der Wert mit dem Gebäude untergehen, handelt es sich um Herstellungskosten des Gebäudes.[42]

Nachträgliche Anschaffungskosten liegen auch vor, wenn beim Grundstückserwerb vereinbart ist, im Falle einer späteren Veräußerung durch den jetzigen Erwerber einen Teil des Übererlöses abzuführen, und der jetzige Erwerber später zur Abgeltung dieser aufschiebend bedingten Verpflichtung eine Zahlung leistet.[43] Nachträgliche Änderungen des Entgelts, die auf einem **Vergleich oder Schiedsspruch** beruhen, sind auch dann noch durch die Anschaffung des Wirtschaftsgutes veranlasst, wenn sie in großem zeitlichen Abstand erfolgen.[44] Die **Ablösung eines Wohnrechtes** führt zu nachträglichen Anschaffungskosten.[45]

---

37 H 41 a „Zeitpunkt des Überganges des wirtschaftlichen Eigentums", H 41 b „Anschaffungszeitpunkt" EStH.
38 S. o. 13.3.6.6.
39 BFH v. 6. 7. 1989, BStBl 1990 II S. 126.
40 BFH v. 5. 5. 1983, BStBl 1983 II S. 559.
41 S. u. 15.6.12.1; H 33 a „Abbruchkosten" EStH.
42 FG Köln v. 23. 10. 1986, rkr., EFG 1987 S. 166.
43 BFH v. 6. 2. 1987, BStBl 1987 II S. 423.
44 BFH v. 6. 2. 1987, BStBl 1987 II S. 423 m. w. N.
45 H 32 a „Wohnrechtsablösung" EStH.

15.4.4 Erwerbsnebenkosten

Zu den Anschaffungskosten rechnen die gesamten Kosten des Erwerbs eines Wirtschaftsgutes einschließlich der **Nebenkosten** der Anschaffung, soweit sie durch den Erwerb des wirtschaftlichen Eigentums veranlasst und **Einzelkosten**, d. h. nicht Gemeinkosten[46] sind. Um das zum Ausdruck zu bringen, spricht man in der Praxis vom **Einstandspreis**.

Demgemäß sind bei der Anschaffung von Vorräten die Kosten des **Transports** zum Betriebsgrundstück sowie auch die Kosten des Umladens, des Transports zum Lagerplatz und des Einlagerns zum Beschaffungsbereich und damit zu den Anschaffungskosten zu rechnen, soweit es sich um Einzelkosten handelt. Das wird dann der Fall sein, wenn die im Beschaffungsbereich anfallenden Kosten durch Inanspruchnahme fremder Unternehmer entstehen. Entrichtet ein Gasversorgungsunternehmen bei dem Bezug von Erdgas neben einem Mengenpreis auch ein Entgelt für die dauernde Lieferbereitschaft seines Gaslieferanten, so gehört auch dieses Entgelt zu den Anschaffungskosten des bezogenen Erdgases.[47] Zu den Anschaffungskosten von Anlagegütern zählen sämtliche anlässlich des Erwerbs und im Zuammenhang mit ihm entstandene **Kosten bis zur Betriebsbereitschaft** des angeschafften Gegenstandes. Deshalb handelt es sich bei den Transportkosten für einen im Ausland erworbenen Seeleichter, der in das Inland verbracht wird, um vor seinem erstmaligen Einsatz umgebaut zu werden, um aktivierungspflichtige Anschaffungsnebenkosten.[48]

Zu aktivierende und wie der eigentliche Kaufpreis zu buchende Nebenkosten sind u. a. **Grunderwerbsteuer** sowie die damit zusammenhängenden Nebenleistungen, wie z. B. Säumniszuschläge,[49] **Notariats- und Grundbuchkosten, Vermittlungs- und Maklergebühren, Verpackungs-, Transport-, Überführungs- und Frachtkosten, Rollgelder, Zölle, Aufstellungs- und Fundamentierungskosten.** Bei Wertpapieren und Beteiligungen gehören auch Bankprovisionen, Maklercourtage und Bearbeitungsgebühren sowie bei GmbH-Anteilen die Kosten für die Beurkundung des Anschaffungsvertrages zu den Anschaffungskosten.

Die praktische Bedeutung des Grundsatzes, dass solche Nebenkosten als Anschaffungskosten anzusehen sind, besteht darin, dass sie mit dem Netto-Kaufpreis aktiviert werden müssen und dessen Schicksal teilen. Sie sind also **nicht sofort** gewinnmindernd **abzugsfähig,** sondern mindern erst in dem Augenblick den Gewinn, in dem sie entweder mit den Anschaffungskosten abgeschrieben werden oder aber bei einer Veräußerung dem Erlös gegenüberstehen.

In der Praxis beobachtet man immer wieder, dass die Nebenkosten des Erwerbs sofort als Aufwand gebucht werden. Dann müssen die Bilanzen berichtigt werden.

---
46 H 32 a „Nebenkosten" EStH; s. u. 15.6.2.2.
47 BFH v. 13. 4. 1988, BStBl 1988 II S. 892.
48 BFH v. 14. 11. 1985, BStBl 1986 II S. 60.
49 BFH v. 14. 1. 1992, BStBl 1992 II S. 464.

15.4 Anschaffungskosten

Beispiele
a) Beim Kauf eines unbebauten Grundstücks wurden entrichtet:

Kaufpreis	110 000 DM
Grunderwerbsteuer	3 850 DM
Notariatsgebühren (Nettobetrag ohne USt)	1 200 DM
Grundbuchkosten	150 DM
Die Anschaffungskosten betragen demnach	115 200 DM.

b) Durch den Kauf eines GmbH-Anteils sind entstanden:

Kaufpreis	50 000 DM
Beurkundungskosten	425 DM
Anschaffungskosten	50 425 DM

Keine Erwerbsnebenkosten sind **Gemeinkosten**,[50] die im Beschaffungsbereich anfallen, z. B. die anteiligen Kosten der Einkaufsabteilung.[51] Insofern besteht ein wesentlicher Unterschied zum Begriff der **Herstellungskosten** (§ 255 Abs. 1, 2 HGB).

Beispiel
Ein Unternehmer hat Vorräte mit eigenem LKW beim Hersteller abgeholt. AfA, Benzinverbrauch, Ölverbrauch, Reparaturen usw. können nur indirekt (im Wege der Schätzung) ermittelt werden. Sie sind keine aktivierungsfähigen Anschaffungskosten.

Ebenso werden Löhne, die beim Transport, Ausladen, Umladen oder erstmaligen Einlagern anfallen, zu den nicht aktivierungspflichtigen Aufwendungen gerechnet.[52] Das gilt jedenfalls dann, wenn die Arbeiter gleichzeitig anderweitig beschäftigt sind.

Reisekosten, die im Zusammenhang mit der Anschaffung von Wirtschaftsgütern anfallen, lassen sich nur u. U. dem einzelnen Anschaffungsvorgang zurechnen. Ist die Zurechnung einwandfrei möglich, handelt es sich um Einzelkosten und damit um Anschaffungskosten.

Besichtigt ein Stpfl. eine Anzahl gleichartiger bebauter Grundstücke und erwirbt er eines dieser Objekte, so rechnen die Reisekosten, die dem erworbenen Grundstück zugeordnet werden können, zu dessen Anschaffungskosten, während die übrigen Reisekosten sofort abzugsfähige Betriebsausgaben oder Werbungskosten darstellen.[53]

15.4.5 Abgrenzung von den Herstellungskosten

Von der Herstellung unterscheidet sich die Anschaffung darin, dass ein bereits bestehendes Wirtschaftsgut erworben wird. Abgrenzungsprobleme können sich ergeben, wenn das erworbene Wirtschaftsgut vor der erstmaligen Nutzung noch **umgestaltet** wird. Dann kommt es darauf an, ob das Wirtschaftsgut in seiner Wesensart so verändert wird, dass wirtschaftlich gesehen ein neues Wirtschaftsgut entsteht.

---
50 S. u. 15.6.2.2.
51 H 32 a „Gemeinkosten" EStH.
52 BFH, BStBl 1972 II S. 422.
53 BFH v. 10. 3. 1981, BStBl 1981 II S. 470.

15 Bewertung der Wirtschaftsgüter des Betriebsvermögens

Beispiele
a) Die erworbene Maschine wird auf einem selbst hergestellten Fundament montiert. Es handelt sich um eine Anschaffung. Zu den Anschaffungskosten gehören auch die Aufwendungen für Betonsockel und Maschinenmontage (Aufwendungen, um die Maschine in einen betriebsbereiten Zustand zu versetzen, § 255 Abs. 1 Satz 1 HGB), soweit es sich um Einzelkosten handelt (R 44 Abs. 1 EStR).
b) Der erworbene Elektromotor wird in eine selbst hergestellte Maschine eingefügt. Es liegt Herstellung einer Maschine vor. Die Anschaffungskosten des Motors gehen als Materialeinzelkosten in die Herstellungskosten der Maschine ein.

Da sowohl im **Anschaffungs- wie auch im Herstellungsfall** die **Abschreibung** erst dann beginnt, wenn das Wirtschaftsgut in den ihm zugedachten Zustand versetzt ist (R 44 Abs. 1 EStR)[54] könnte die Unterscheidung zwischen Anschaffungs- und Herstellungsvorgang letztlich dahingestellt bleiben. Tatsächlich ist die **Unterscheidung von Bedeutung** für die Aktivierungspflicht angefallener Gemeinkosten sowie die Inanspruchnahme verschiedener Steuervergünstigungen (Investitionszulage, erhöhte Abschreibungen und Sonderabschreibungen).[55] Herstellen bedeutet das Schaffen eines noch nicht existenten Vermögensgegenstandes bzw. Wirtschaftsgutes (§ 255 Abs. 2 Satz 1 HGB). Der Herstellungsvorgang erfordert Einflussnahme auf das Risiko der Herstellung (§ 15 Abs. 1 EStDV). Letztlich ist die Entscheidung immer nach den Verhältnissen des Einzelfalles zu treffen.

Beispiel
Ein Kapitalanleger erwirbt einen Rohbau, stellt ihn fertig und vermietet ihn. Der BFH hat einen Herstellungsvorgang angenommen (R 43 Abs. 1 Satz 2, Abs. 5 Satz 1 EStR).

15.4.6 Vorsteuerbeträge nach § 15 UStG

15.4.6.1 Abziehbare Vorsteuer

Beträge, die der Unternehmer nicht zu tragen hat, sind keine Anschaffungskosten. Deshalb gehört die nach § 15 Abs. 1 UStG abziehbare Vorsteuer nicht zu den Anschaffungskosten (§ 9 b Abs. 1 Satz 1 EStG). Der Unternehmer erwirbt in diesen Fällen mit dem verrechenbaren Vorsteuerguthaben praktisch ein zweites Wirtschaftsgut. Entsprechendes gilt für die **Einfuhrumsatzsteuer.**

Beispiele
a) Ein Unternehmer, der seine Umsätze nach den allgemeinen Vorschriften des UStG versteuert, hat zum Kauf einer Schreibmaschine aufgewendet: Nettorechnungsbetrag 770 DM + 20 DM Versandkosten + 126,40 DM USt = 916,40 DM.
Die Anschaffungskosten betragen 790 DM. Bewertungsfreiheit nach § 6 Abs. 2 EStG kommt in Betracht.

---

54 H 44 „Fertigstellung" EStH.
55 BFH v. 19. 1. 1990, BStBl 1993 II S. 136 zur InvZl nach § 19 BerlinFG; BMF v. 3. 12. 1991, DB 1992 S. 15 zur Sonderabschreibung gem. § 4 FördGG.

15.4 Anschaffungskosten

b) Demselben Unternehmer sind zum Kauf eines Warenpostens entstanden:

	Nettopreise	USt	insgesamt
Kaufpreis	2500 DM	400,— DM	= 2900,— DM
Frachtkosten	160 DM	25,60 DM	= 185,60 DM
Rollgelder	60 DM	9,60 DM	= 69,60 DM
Transportversicherung	100 DM	—	= 100,— DM
Zoll	200 DM	—	= 200,— DM
insgesamt	3020 DM	435,20 DM	3455,20 DM

Die Anschaffungskosten, die im Inventar und damit in der Bilanz ausgewiesen werden müssen, wenn die Waren am Jahresende noch vorhanden sind, betragen 3020 DM.

15.4.6.2 Nicht abziehbare Vorsteuer

Nach § 9 b Abs. 1 Satz 1 EStG rechnet nur die abziehbare Vorsteuer nicht zu den Anschaffungskosten. Damit ist zugleich bestimmt, dass die Vorsteuer, die nach § 15 Abs. 2, 3 UStG nicht abgezogen werden kann, zu den Anschaffungskosten gehört. Die Vereinfachungsregelung des § 9 b Abs. 1 Satz 2 EStG gilt nicht für ein Wirtschaftsgut, dessen Vorsteuer umsatzsteuerrechtlich in voller Höhe nicht abziehbar bzw. nicht abzugsfähig ist.

Beispiele
a) Ein Landarzt (vgl. § 4 Nr. 14 UStG) erwirbt vor dem 1. 4. 1999 einen PKW für 30 000 DM zzgl. USt und nutzt ihn zu 100 % betrieblich.
Da die Vorsteuer zwar abziehbar, aber nicht abzugsfähig ist (§ 15 Abs. 2 Nr. 1 UStG), betragen die aktivierungspflichtigen Anschaffungskosten 34 800 DM (§ 9 b Abs. 1 Satz 1 EStG). Die Vereinfachungsregelung des § 9 b Abs. 1 Satz 2 Nrn. 1, 2 EStG gilt nur, wenn die Vorsteuerbeträge umsatzsteuerrechtlich **nur zum Teil abzugsfähig** sind und deshalb eine Aufteilung vorzunehmen ist (R 86 Abs. 2 Satz 4 EStR).
b) Wie a), aber der Landarzt erwirbt den PKW nach dem 31. 3. 1999.
Die Vorsteuer bleibt abziehbar, ist aber nicht abzugsfähig (§ 15 Abs. 2 Nr. 1 UStG). Aufgrund der ausschließlich betrieblichen Nutzung kommt § 15 Abs. 1 b UStG nicht zur Anwendung. Lösung wie Beispiel a).
c) Der Inhaber eines mittelständischen Betriebes erwirbt nach dem 31. 3. 1999 für 100 000 DM zzgl. USt eine Segeljacht und stellt diese seinen Geschäftsfreunden (nicht seinen Arbeitnehmern) unentgeltlich zur Verfügung. Obwohl der betriebliche Anlass gegeben ist, stellen die Aufwendungen eine nicht abzugsfähige Betriebsausgabe gem. § 4 Abs. 5 Nr. 4 EStG dar.
Die gem. § 15 Abs. 1 a UStG nicht abziehbare Vorsteuer erhöht die Anschaffungskosten (§ 9 b Abs. 1 Satz 1 EStG, R 86 Abs. 5 Sätze 1, 3 EStR) und teilt deren Schicksal.
d) Der Arzt kauft für betriebliche Zwecke einen Medikamentenschrank für 3000 DM zzgl. 480 DM USt.
Auch in diesem Falle gehört die nicht abziehbare Vorsteuer zu den aktivierungspflichtigen Anschaffungskosten. Die Vereinfachungsregelung des § 9 b Abs. 1 Satz 2 gilt nicht.
e) Weiter kauft der Arzt ein Bestrahlungsgerät für 780 DM zzgl. 124,80 DM USt.
Die Anschaffungskosten betragen 904,80 DM. Sie können nach § 6 Abs. 2 EStG in vollem Umfang als Betriebsausgabe abgesetzt werden, weil es für die Anwendung dieser Vorschrift auf den reinen Warenpreis ohne Vorsteuer ankommt (R 86 Abs. 4 EStR).

15 Bewertung der Wirtschaftsgüter des Betriebsvermögens

Die Zurechnung der nicht abziehbaren Vorsteuer zu den Anschaffungskosten des zugehörigen Wirtschaftsgutes gilt sowohl für Wirtschaftsgüter des **Anlagevermögens** als auch für die Wirtschaftsgüter des **Umlaufvermögens** (R 86 Abs. 1 EStR). Das führt dazu, dass die nicht abziehbare Vorsteuer den Waren- oder Materialeinsatz der veräußerten bzw. verbrauchten Wirtschaftsgüter oder, soweit die Wirtschaftsgüter am Bilanzstichtag noch vorhanden sind, deren aktivierungspflichtige Anschaffungskosten erhöht. Im letzteren Fall wirkt sich die Vorsteuer erst mit dem Verbrauch der aktivierten Wirtschaftsgüter auf den Gewinn aus.

Fällt nicht abziehbare Vorsteuer bei sofort abzugsfähigen Betriebsausgaben an (z. B. Reparaturkosten), so erhöht sie den Aufwand und führt unmittelbar zur Gewinnminderung.

15.4.6.3 Teilweise abziehbare Vorsteuer

Führt der Unternehmer neben Umsätzen, die zum Ausschluss vom Vorsteuerabzug führen, auch Umsätze aus, bei denen ein solcher Ausschluss nicht eintritt, so ist die Vorsteuer aufzuteilen (§ 15 Abs. 4 UStG). Nur der abziehbare Teil der Vorsteuer gehört nicht zu den Anschaffungskosten. Der andere Teil müsste grundsätzlich den Anschaffungskosten zugerechnet werden. Nach § 9 b Abs. 1 Satz 2 EStG braucht dieser Teil den Anschaffungs- oder Herstellungskosten jedoch nicht zugerechnet zu werden,

- wenn er 25 % des Vorsteuerbetrags **und** 500 DM nicht übersteigt

oder

- wenn die zum Ausschluss vom Vorsteuerabzug führenden Umsätze nicht mehr als 3 % des Gesamtumsatzes betragen.

Die in § 9 b Abs. 1 Satz 2 Nr. 1 EStG bezeichneten Grenzen von 25 % des Vorsteuerbetrags und von 500 DM gelten kumulativ; es darf weder die eine noch die andere Grenze überschritten werden. Sie beziehen sich jeweils auf den umsatzsteuerrechtlich nicht abziehbaren Teil des Vorsteuerbetrags **eines Wirtschaftsgutes** (R 86 Abs. 2 Sätze 1 bis 3 EStR). Dagegen gilt die in § 9 b Abs. 1 Satz 2 Nr. 2 EStG bezeichnete Grenze, die auf das **Unternehmen** abstellt, alternativ.

Der Begriff des Gesamtumsatzes umfasst im Gegensatz zu § 19 Abs. 3 UStG sämtliche Umsätze.

Liegen mehrere gleichartige Wirtschaftsgüter vor, die **stückzahlmäßig gehandelt** werden, so kommt die 500-DM-Grenze jeweils für den auf ein Stück entfallenden nicht abziehbaren Teil des Vorsteuerbetrags in Betracht. Bei Wirtschaftsgütern, die nicht stückmäßig, sondern **mengenmäßig gehandelt** werden, z. B. bei Flüssigkeiten oder Schüttgütern, ist als ein Wirtschaftsgut die jeweilige handelsübliche Rechnungseinheit, wie Liter, Hektoliter, Tonne usw., anzunehmen (R 86 Abs. 2 Sätze 2 u. 3 EStR).

15.4 Anschaffungskosten

Die nach § 15 Abs. 1 b UStG zu 50 % nicht abziehbaren Vorsteuerbeträge aus der Anschaffung eines privat mitbenutzten PKW gehören gem. § 9 b Abs. 1 Satz 1 EStG zu dessen Anschaffungskosten; die Vereinfachungsregelung des § 9 b Abs. 1 Satz 2 Nr. 2 EStG ist ihrem Wesen nach insoweit nicht anwendbar (R 86 Abs. 5 Sätze 4, 5 EStR).

Beispiele

a) Ein Unternehmer kauft eine Maschine für 38000 DM zzgl. 6080 DM USt = 44080 DM, die zu 20 % zur Ausführung von Ausschlussumsätzen verwendet wird.

20 % der Vorsteuer (1216 DM) gehören zu den Anschaffungskosten, weil der nicht abziehbare Teil mehr als 500 DM beträgt. Nur wenn beide Grenzen des § 9 b Abs. 1 Satz 2 Nr. 1 EStG nicht überschritten sind, kann von einer Aktivierung des nicht abziehbaren Teils abgesehen werden.

b) Die Maschine kostet 20000 DM zzgl. 3200 DM USt = 23200 DM. Die Verwendung für Ausschlussumsätze beträgt 10 %.

Die nicht abziehbare Vorsteuer von 320 DM braucht den Anschaffungskosten nicht zugerechnet zu werden.

c) Ein Unternehmer ist als Handelsvertreter und als Bausparkassenvertreter tätig. Seine Umsätze betrugen:

390000 DM = steuerpflichtig,
 10000 DM = steuerfrei nach § 4 Nr. 11 UStG.

Am 1. 10. 08 wurde ein PKW für 40000 DM zzgl. 6400 DM USt erworben und nur betrieblich genutzt. Die USt wurde entsprechend der unternehmerischen Verwendung zutreffend nur in Höhe von ($^2/_3$ von 6400 DM =) 4267 DM abgezogen.

Die nach § 15 Abs. 2 Nr. 1 UStG nicht abziehbare Vorsteuer von 2133 DM ist den Anschaffungskosten des PKW hinzuzurechnen, da kein Fall des § 9 b Abs. 1 Satz 2 EStG vorliegt.

d) Ein Unternehmer erwirbt nach dem 31. 3. 1999 einen PKW für 70000 DM zzgl. 11200 DM Umsatzsteuer. Er möchte den PKW voll dem Unternehmensvermögen zuordnen und den höchstmöglichen Vorsteuerabzug in Anspruch nehmen. Das Fahrzeug wird zu 60 % für Privatfahren und zu 40 % zur Ausführung steuerpflichtiger Umsätze genutzt.

Wegen der Privatnutzung des PKW ist der Vorsteuerabzug aus den Anschaffungskosten nach **§ 15 Abs. 1 b UStG** um 50 % von 11200 DM = 5600 DM zu reduzieren. Der PKW ist mit seinen Anschaffungskosten in Höhe von 75600 DM zu aktivieren.[56]

e) Wie d), aber das Fahrzeug wird zu 30 % für Privatfahrten, zu 40 % zur Ausführung steuerpflichtiger Umsätze und zu 30 % zur Ausführung sog. Ausschlussumsätze i. S. des **§ 15 Abs. 2 UStG** verwendet.

Gem. § 15 Abs. 1 b UStG ist der Vorsteuerabzug aus den Anschaffungskosten um 50 % von 11200 DM = 5600 DM zu reduzieren. Dieser Kürzungsbetrag erhöht die aktivierungspflichtigen Anschaffungskosten des PKW (75600 DM, vgl. R 86 Abs. 5 Satz 4 EStR). Wegen der Ausführung sog. Ausschlussumsätze i. S. des **§ 15 Abs. 2 UStG** mindert der Vorsteuerabzug nochmals um $^{30}/_{70}$ von 5600 DM = 2400 DM. U. E. kann es dem Unternehmer nicht verwehrt werden, bezüglich dieses Betrages die Vereinfachungsregelung des § 9 b Abs. 1 Satz 2 EStG zu prüfen. Da weder die Grenze von Nr. 1 noch von Nr. 2 unterschritten ist, erhöhen sich die aktivierungspflichtigen

---

56 BMF v. 29. 5. 2000, BStBl 2000 I S. 819.

15 Bewertung der Wirtschaftsgüter des Betriebsvermögens

Anschaffungskosten um 2400 DM auf insgesamt 78 000 DM. Es verbleiben 3200 DM abzugsfähige Vorsteuer.

f) Wie e), aber das Fahrzeug wird zu 30 % für Privatfahrten, zu 60 % zur Ausführung steuerpflichtiger Umsätze und zu 10 % zur Ausführung sog. Ausschlussumsätze i. S. des § **15 Abs. 2 UStG** verwendet. Die Ausschlussumsätze betragen weniger als 3 % des Gesamtumsatzes.

Gem. § 15 Abs. 1 b UStG ist der Vorsteuerabzug aus den Anschaffungskosten um 50 % von 11 200 DM = 5600 DM zu reduzieren (aktivierungspflichtige Anschaffungskosten: 75 600 DM). Wegen der Ausführung sog. Ausschlussumsätze i. S. des § **15 Abs. 2 UStG** mindert sich der Vorsteuerabzug nochmals um 10 % von 5600 DM = 560 DM (§ 15 Abs. 4 UStG). Da die Grenze des § 9 b Abs. 1 Satz 2 Nr. 2 EStG unterschritten ist, braucht dieser Betrag nicht aktiviert zu werden. Aktivierungspflichtig somit: 75 600 DM, sofort abzugsfähiger Aufwand: 560 DM, abzugsfähige Vorsteuer: 5040 DM.

§ 9 b Abs. 1 Satz 2 Nrn. 1 und 2 EStG unterscheiden sich dadurch, dass Nr. 1 auf das **einzelne Wirtschaftsgut,** Nr. 2 auf das **Unternehmen** abstellt. Es ist zweckmäßig, zunächst festzustellen, ob nach Nr. 2 die Aktivierung erforderlich ist. Wenn das zu verneinen ist, braucht eine Prüfung nach Nr. 1 erst gar nicht vorgenommen zu werden.

15.4.6.4 Berichtigung des Vorsteuerabzugs nach § 15 a UStG

Bei einer nachträglichen Berichtigung des Vorsteuerabzugs nach § 15 a UStG (z. B. beim späteren Einsatz von Gegenständen zur Erzielung von nach § 4 Nr. 8 ff. UStG steuerfreien Umsätzen, soweit sie den Vorsteuerabzug ausschließen, oder einer vorzeitigen Veräußerung oder Entnahme, wenn dieser Umsatz für den Vorsteuerabzug anders zu beurteilen ist als die Verwendung im ersten Kalenderjahr) müssten an sich auch die bilanzsteuerrechtlich maßgebenden Anschaffungs- oder Herstellungskosten berichtigt werden. Das ergäbe viele Schwierigkeiten. So müssten beim abnutzbaren Anlagevermögen die AfA neu berechnet werden.

Im Interesse der Vereinfachung sieht § 9 b Abs. 2 EStG vor, dass solche nachträglichen Korrekturen des Vorsteuerabzugs ertragsteuerrechtlich sofort erfolgswirksam (sonst. betriebl. Erträge, sonst. betriebl. Aufwendungen) sind. Die Anschaffungs- oder Herstellungskosten bleiben von einer solchen Berichtigung unberührt. Diese Regelung ist **zwingend.** Bei einer Minderung der aktivierten Vorsteuer kann jedoch eine Teilwertabschreibung in Betracht kommen.

Beispiel

Ein Einzelhändler erwirbt am 12. 4. 1999 einen PKW für 40 000 DM zzgl. 6400 DM Umsatzsteuer, den er zunächst ausschließlich für unternehmerische Zwecke nutzt. Ab dem 10. 7. 2000 nutzt er diesen PKW auch privat.
Im April 1999 ist die gesamte Vorsteuer abziehbar und abzugsfähig. Ab 10. 7. 2000 darf der Vorsteuerabzug aus den Unterhaltskosten des Fahrzeugs nur noch zu 50 % vorgenommen werden (§ **15 Abs. 1 b UStG**). Die Besteuerung der Privatnutzung entfällt (§ 3 Abs. 9 a Satz 2 UStG). Außerdem ist aufgrund der Nutzungsänderung ab Juli 2000 der Vorsteuerabzug aus den Anschaffungskosten zuungunsten des Unternehmers zu berichtigen (§ **15 a Abs. 3 Nr. 2 Buchst. a UStG**). Die abgezogene Vorsteuer ist wie folgt ans Finanzamt zurückzuzahlen:

15.4 Anschaffungskosten

Jahr 2000	(6 Monate):	6400 DM × 50 % × $^{6}/_{60}$	=	320 DM
Jahr 2001	(12 Monate):	6400 DM × 50 % × $^{12}/_{60}$	=	640 DM
Jahr 2002	(12 Monate):	6400 DM × 50 % × $^{12}/_{60}$	=	640 DM
Jahr 2003	(12 Monate):	6400 DM × 50 % × $^{12}/_{60}$	=	640 DM
Jahr 2004	(3 Monate):	6400 DM × 50 % × $^{3}/_{60}$	=	160 DM
insgesamt	(45 Monate):	6400 DM × 50 % × $^{45}/_{60}$	=	2400 DM

Gem. § 9 b Abs. 2 EStG ist die Rückzahlung im Zeitpunkt der Berichtigung als betrieblicher Aufwand zu buchen; die Anschaffungskosten bzw. die Abschreibungsbemessungsgrundlage des PKW bleiben unberührt.[57]

15.4.7 Anschaffungspreisminderungen

Beim Kauf erhaltene **Zahlungsabzüge** (insbesondere Skonti, Rabatte, Boni) mindern die Anschaffungskosten. Das ist z. B. von Bedeutung für die Frage, ob die Anschaffungskosten 800 DM übersteigen und die Bewertungsfreiheit des § 6 Abs. 2 EStG gewährt werden kann. Aber auch bei den mehr als 800 DM kostenden Wirtschaftsgütern ist dies zu beachten.[58]

Beispiel

Ein Unternehmer erwirbt eine Maschine für 10 000 DM zzgl. 1600 DM USt. Er zahlt nach Abzug von 3 % Skonto (348 DM) 11 252 DM.
Die aktivierungspflichtigen Anschaffungskosten betragen 9700 DM. Der Skontoabzug darf nicht als Ertrag ausgewiesen werden. Soweit er auf den Nettorechnungsbetrag entfällt, stellt er eine Minderung der Anschaffungskosten dar. Das führt dazu, dass nur 9700 DM auf die Nutzungsdauer verteilt werden. Der Skontoabzug wirkt sich demgemäß nicht sofort im Jahr der Anschaffung gewinnerhöhend aus, sondern erst im Laufe der Jahre durch eine geringere AfA.
Der Teil des Abzugs, der auf die gesondert in Rechnung gestellte USt entfällt, führt zu einer Minderung der abziehbaren Vorsteuer.

S	Maschinen	H	S	Vorsteuer	H
1)	10 000 DM	2) 300 DM	1)	1 600 DM	2) 48 DM

S	Verbindlichkeiten	H	S	Bank	H
2)	11 600 DM	1) 11 600 DM			2) 11 252 DM

Auch beim **Vorratsvermögen** führen Zahlungsabzüge zu einer Minderung der Anschaffungskosten. Im Inventar dürfen nur die um erhaltene Rabatte und Skonti gekürzten Beträge erscheinen. Voraussetzung ist Bezahlung vor dem Bilanzstichtag, andernfalls ist die Minderung der Anschaffungskosten noch nicht eingetreten.[59] Soweit die Bewertung des Vorratsvermögens nach der **Lifo-Methode** erfolgt,[60] werden am Bilanzstichtag nur solche Wirtschaftsgüter zum Bestand gehören, die bereits bezahlt sind. Denn durch das Lifo-Verfahren wird unterstellt, dass die zuletzt

---

[57] BMF v. 29. 5. 2000, BStBl 2000 I S. 819.
[58] H 32 a „Skonto" EStH.
[59] BFH v. 27. 2. 1991, BStBl 1991 II S. 456.
[60] S. o. 15.3.4.4.

15 Bewertung der Wirtschaftsgüter des Betriebsvermögens

angeschafften Vorräte zuerst verbraucht oder veräußert werden. Selbst wenn die kurz vor dem Bilanzstichtag erworbenen Gegenstände des Vorratsvermögens zum Bilanzstichtag noch nicht bezahlt und Skonto noch nicht abgezogen wurde, gelten diese nach der fiktiven Verbrauchsfolge bereits als verbraucht oder veräußert.

Der **Begriff der Anschaffungskosten ist wirtschaftlich zu verstehen.** Deshalb mindert der Preisnachlass auf ein Kfz, der nicht vom Verkäufer (Hersteller), sondern vom Autohändler (Agent) aus dessen Provision gewährt wird, ebenso wie ein vom Verkäufer gewährter Rabatt die Anschaffungskosten.[61]

Wegen der Abgrenzung der Zahlungsabzüge von den **Zuschüssen** s. u. 15.5.4.

Schadensersatz, den ein Gewerbetreibender von seinem Steuerberater dafür erhält, dass bei anderer als der von ihm vorgeschlagenen steuerlichen Gestaltung keine GrESt angefallen wäre, ist nicht als Minderung der Anschaffungskosten der Grundstücke, sondern als stpfl. Ertrag zu behandeln, weil die ursprüngliche Höhe der GrESt nicht nachträglich gemindert wird oder ganz entfällt.[62]

15.4.8 Geldbeschaffungskosten (Finanzierungskosten)

Voraussetzung für die Anschaffung eines Wirtschaftsgutes ist oft die Beschaffung des erforderlichen Geldes. **Anschaffung und Finanzierung sind zwei getrennte Vorgänge.** Die für die Finanzierung aufgewendeten Geldbeschaffungskosten, wie Zinsen, Spesen, Damnum usw., stehen nur im mittelbaren Zusammenhang mit der Anschaffung. Das Gleiche gilt für **Wechseldiskont** und **Wechselspesen.** Die Kosten des zur Anschaffung eines Wirtschaftsgutes aufgenommenen Kredites sind keine Anschaffungskosten dieses Wirtschaftsgutes, sondern Anschaffungskosten des Kredites.[63] Sie sind ggf. mithilfe von Rechnungsabgrenzungsposten auf die Laufzeit des Kredits zu verteilen.

Die Geldbeschaffungskosten werden oft, besonders bei Teilzahlungsgeschäften, auch als Finanzierungskosten bezeichnet. Im Gegensatz zu den Aufwendungen für die laufende Nutzung eines Kredits (Zinsen) handelt es sich bei den eigentlichen Geldbeschaffungskosten in der Regel um einmalige Beträge. Auch **Stundungszinsen** und **Verzugszinsen** sind keine Anschaffungskosten. Dasselbe gilt für **Vertragsstrafen.**

Beispiel

Ein Fuhrunternehmer kauft am 1. 12. einen LKW für 80 000 DM zzgl. 12 800 DM USt = 92 800 DM. Durch die Finanzierung entstehen Wechselkosten in Höhe von 2143 DM zzgl. 343 DM USt. Der Stpfl. leistet eine Anzahlung von 20 886 DM. Für den Rest von 74 400 DM akzeptiert er 24 Wechsel, die mit 3100 DM am 30. jeden Monats einzulösen sind.

---

61 BFH v. 22. 4. 1988, BStBl 1988 II S. 901.
62 BFH v. 26. 3. 1992, BStBl 1993 II S. 96.
63 H 37 „Damnum", „Vermittlungsprovision" EStH.

15.4 Anschaffungskosten

Im Anschaffungsjahr ergeben sich die folgenden Buchungen:

S	LKW	H	S	Vorsteuer	H
1) 80 000 DM			1) 13 143 DM		

S	Bank	H	S	Schuldwechsel	H
	1) 20 886 DM		2) 3 100 DM	1) 74 400 DM	
	2) 3 100 DM				

S	Rechnungsabgrenzung	H	S	Wechselkosten	H
1) 2 054 DM			1) 89 DM		

15.4.9 Abgrenzung Finanzierungskosten – Anschaffungskosten

Zu den Finanzierungskosten gehören nicht alle Aufwendungen, die ihrem ursprünglichen Charakter nach solche Kosten darstellen. Entscheidend ist, ob die Zahlung bei wirtschaftlicher Betrachtung des gesamten Vorgangs als Vergütung für die Überlassung von Kapital zur Finanzierung der Anschaffungskosten angesehen werden kann (Finanzierungskosten) oder ob sich der Veräußerer nur seine eigenen Aufwendungen für die bislang von ihm getragene Finanzierung ersetzen lässt. Dann stellen sie für den Erwerber keine Finanzierungskosten, sondern Anschaffungskosten des erworbenen Wirtschaftsgutes dar.[64]

Beispiel
E erwirbt am 1. 10. 03 ein Betriebsgrundstück von V und finanziert den Kauf u. a. durch Übernahme einer Hypothekenschuld in Höhe von 100 000 DM. Die Zinsen sind jeweils nachschüssig am 30. 6. und 31. 12. zu zahlen. E hatte sich verpflichtet, auch die Zinsen für den Zeitraum 1. 7. bis 30. 9. 03 zu entrichten, und zahlte am 31. 12. 03 7 % von 100 000 DM für 6 Monate = 3500 DM.

Zu den Anschaffungskosten des Grundstücks gehören neben der Hypothek in Höhe von 100 000 DM die auf den Zeitraum 1. 7. bis 30. 9. 03 entfallenden Zinsen in Höhe von 1750 DM. Insoweit liegen keine Finanzierungskosten vor, weil es sich noch um Zinsen des V handelt. Die Übernahme dieser Zinsschuld steht wie die Übernahme der Hypothekenschuld in unmittelbarem wirtschaftlichen Zusammenhang mit dem Grundstückserwerb. Erst die auf die Zeit ab 1. 10. 03 entfallenden Zinsen sind Finanzierungskosten des E und nicht mehr den Anschaffungskosten des Grundstücks zuzurechnen.

15.4.10 Aufteilung eines Gesamtkaufpreises

Werden gleichzeitig mehrere Wirtschaftsgüter zu einem Gesamtkaufpreis erworben, muss dieser auf die einzelnen erworbenen Güter aufgeteilt werden. Dabei

---

[64] BFH v. 18. 2. 1993, BStBl 1994 II S. 224, 226.

15 Bewertung der Wirtschaftsgüter des Betriebsvermögens

kommt es auf das **Verhältnis der Teilwerte** der einzelnen Wirtschaftsgüter an.[65] Für die Schätzung des Teilwertes des Boden- und des Gebäudeanteils kann die Verordnung über Grundsätze für die Ermittlung des Verkehrswertes von Grundstücken (Wertermittlungsverordnung (WertV)) i. d. F. vom 6. Dezember 1988 (BGBl 1988 I S. 2209), die zur Ermittlung von Grundstückswerten nach dem Bundesbaugesetz und dem Städtebauförderungsgesetz ergangen ist, entsprechend herangezogen werden. Die WertV sieht für die Verkehrswertermittlung in § 7 Abs. 1 das Vergleichswert-, das Ertragswert- oder das Sachwertverfahren vor.[66]

Bei der Ermittlung der Verkehrswerte von Grund und Boden sowie Gebäuden kann allerdings der für unbebaute Grundstücke ermittelte sog. Bodenrichtwert nicht ohne weiteres der Bewertung des bebauten Grund und Bodens zugrunde gelegt werden.[67]

Beispiele

a) Die Anschaffungskosten eines bebauten Grundstücks einschließlich Erwerbsnebenkosten betragen 318 050 DM. Das Grundstück ist 1500 m² groß. Für unbebaute Grundstücke werden in entsprechender Lage etwa 200 DM/m² gezahlt.

Die Anschaffungskosten sind vor allem wegen der AfA in den Bodenwert und Gebäudewert aufzuteilen. Würde man dabei von der Restwertmethode ausgehen, d. h. die Anschaffungskosten um den Betrag mindern, der für unbebaute Grundstücke in gleicher Lage und bei gleicher Benutzungsmöglichkeit gezahlt wird, so würden lediglich 18 050 DM auf das Gebäude entfallen. War der Kaufpreis jedoch anormal niedrig, so bezieht sich dieser Umstand auch auf den Grund und Boden. Deshalb hat der BFH die Restwertmethode aufgegeben. Die Aufteilung erfolgt nach dem Verhältnis der Teilwerte.[68]

b) Durch einen einheitlichen Vertrag hat ein Maschinenhändler aus der Konkursmasse eines Bauunternehmers den gesamten Maschinenpark übernommen.

Auch hier hat die Verteilung des Gesamtkaufpreises auf die erworbenen Wirtschaftsgüter nach dem Verhältnis der Teilwerte zu erfolgen.

Diese Grundsätze sind entsprechend anzuwenden, wenn lediglich ein Wirtschaftsgut angeschafft worden ist und der Kaufpreis auf unterschiedlich wertvolle Teile des Wirtschaftsgutes aufgeteilt werden soll.[69] Deshalb ist in Fällen der Veräußerung einer Teilfläche eines zum Betriebsvermögen gehörenden Grundstücks der Buchwert des bisherigen Gesamtgrundstücks im Verhältnis der Teilwerte des abgegebenen und des verbleibenden Grundstücksteils aufzuteilen. Maßgebend sind die Teilwerte im Zeitpunkt der Anschaffung des bisherigen Gesamtgrundstücks.[70]

Die Aufteilung der Anschaffungskosten nach dem Verhältnis der Verkehrswerte auf Grund und Boden und Gebäude gilt auch für **Eigentumswohnungen.**[71]

---

65 BFH v. 15. 1. 1985, BStBl 1985 II S. 252; BFH v. 29. 10. 1991, BStBl 1992 S. 512.
66 BFH v. 15. 1. 1985, BStBl 1985 II S. 252; BFH v. 24. 2. 1999, BFH/NV 1999 S. 1201.
67 H 43 „Anschaffungskosten" EStH; FG Köln, rkr., EFG 1988 S. 294.
68 BFH v. 12. 6. 1978, BStBl 1978 II S. 620, hier S. 625.
69 BFH v. 19. 7. 1983, BStBl 1984 II S. 26.
70 BFH v. 1. 12. 1982, BStBl 1983 II S. 130.
71 BFH v. 15. 1. 1985, BStBl 1985 II S. 252.

15.4.11 Einzelfragen

Ergänzungsbeschaffungen gehören zu den Anschaffungskosten, soweit ein zeitlicher und sachlicher Zusammenhang mit der Anschaffung vorliegt, z. B. bei nachträglichem Einbau eines Autoradios.[72]

Bei **anschaffungsnahem Aufwand** muss zwischen Herstellungs- und Erhaltungsaufwand unterschieden werden.[73]

Das **Erbbaurecht** ist ein beschränkt dingliches grundstücksähnliches Nutzungsrecht zur Errichtung und/oder Unterhaltung eines Gebäudes auf einem Grundstück (§ 1 ErbbauVO v. 15. 1. 1919, zuletzt geändert durch das EuroEG v. 9. 6. 1998, BGBl 1998 I S. 1242). Es ist veräußerbar und vererblich. Steuerlich wird es nach der wirtschaftlichen Betrachtungsweise grds. wie ein verdinglichtes Miet- oder Pachtverhältnis angesehen. Mit der Begründung des Erbbaurechts entsteht bezüglich des vom Dienstleistungs- bzw. Erbbauverpflichteten noch nicht erfüllten Dauerschuldverhältnisses ein schwebendes Geschäft. **Einmalige Aufwendungen des Erbbauberechtigten** für den Erwerb dieses Rechts (Grunderwerbsteuer, Maklerprovision, Notar- und Gerichtsgebühren etc.) stellen Anschaffungskosten dar.[74] Die (schwebende) Verpflichtung zur Zahlung der künftigen **laufenden Erbbauzinsen** begründet keine Anschaffungkosten. Bei Bestellung des Erbbaurechts ganz oder teilweise **vorausbezahlte Erbbauzinsen** sind im betrieblichen Bereich des bilanzierenden Erwerbers keine Anschaffungskosten des immateriellen Wirtschaftsgutes „Erbbaurecht", sondern im Wege der aktiven Rechnungsabgrenzung gem. § 5 Abs. 5 Nr. 1 EStG zu verteilender Miet- bzw. Pachtaufwand; die für den Privatbereich aufgestellten Grundsätze des BMF-Schreibens v. 10. 12. 1996, BStBl 1996 I S. 1440 – Einmalzahlung als Anschaffungskosten des Erbbaurechts – finden im Bereich der Bilanzierung keine Anwendung.[75] Übernimmt der bilanzierende Erbbauberechtigte vertragsgemäß dem Erbbauverpflichteten obliegende **Erschließungskosten,** liegen im betrieblichen Bereich keine Anschaffungskosten des Rechts vor, sondern ein zusätzliches gem. § 5 Abs. 5 Nr. 1 EStG abzugrenzendes Entgelt für die Überlassung des Grundstückes;[76] dies gilt auch dann, wenn es sich um sog. **Ergänzungsbeiträge** handelt, welche der Ersetzung oder Modernisierung vorhandener Erschließungsanlagen dienen.[77] Die abweichend geregelte Behandlung im Privatbereich – Erschließungskosten als Anschaffungskosten des Rechts – gilt insoweit nicht.[78]

Der **Erbbauberechtigte** ist weder berechtigt noch verpflichtet, a) die Erbbauzinsverpflichtung mit dem Barwert (unter Einbeziehung der aufgrund der Wertsiche-

---
72 BFH v. 24. 10. 1972, BStBl 1973 II S. 78.
73 BFH v. 8. 7. 1980, BStBl 1980 II S. 744; BMF v. 16. 12. 1996, BStBl 1996 I S. 1442; s. u. 15.6.13.
74 H 32 a „Erbbaurecht" EStH; BFH v. 4. 6. 1991, BStBl 1992 II S. 70.
75 BFH v. 14. 9. 1999, BFH/NV 2000 S. 558.
76 BFH v. 8. 12. 1988, BStBl 1989 II S. 407; OFG Düsseldorf v. 10. 11. 1992, FR 1993 S. 25.
77 BFH v. 19. 10. 1993, BStBl 1994 II S. 109; H 33 a „Anschaffungskosten des Grund und Bodens" EStH.
78 BFH v. 21. 11. 1989, BStBl 1990 II S. 310; BMF v. 16. 12. 1991, BStBl 1991 I S. 1011; BFH v. 14. 9. 1999, BFH/NV 2000 S. 558; Schmidt/Glanegger EStG § 6 Anm. 140.

rungsklausel eingetretenen Erhöhungen der Jahresleistungen) zu passivieren und b) das Erbbaurecht zu aktivieren und dabei als Anschaffungskosten den Kapitalwert der Erbbauzinsverpflichtung im Zeitpunkt der Bestellung des Erbbaurechts – d. h. ohne Erhöhung aufgrund der Wertsicherungsklausel – anzusetzen. Dem Ausweis eines Aktivwerts und des Passivpostens stehen die Rechtsgrundsätze über die Bilanzierung schwebender Geschäfte entgegen.[79]

Anschaffungskosten des Wirtschaftsgutes Erbbaurecht liegen allerdings vor bei **Erwerb des Erbbaurechts von einem Erbbauberechtigten.** Der Erwerber des Erbbaurechts hat den an den bisherigen Erbbauberechtigten gezahlten Betrag für die Übertragung des Erbbaurechts an dem inzwischen erschlossenen Grundstück als Anschaffungskosten des Erbbaurechts zu aktivieren.[80]

Die entgeltliche Bestellung eines **Erbbaurechts** für betriebliche Zwecke des Erbbauberechtigten führt bei ihm nicht zu Anschaffungskosten des Erbbaurechts, wenn zwischen ihm und dem Grundstückseigentümer während der Dauer des Erbbaurechtsverhältnisses **vertragliche Leistungen ausgetauscht** werden (Duldung der Errichtung und Unterhaltung eines Bauwerks einerseits und jährliche Erbbauzinszahlung andererseits). Diese Leistungen kennzeichnen das Erbbaurecht als **schwebendes Geschäft.**

Erwirbt der Erbbauberechtigte vom Erbbauverpflichteten später das Eigentum an dem mit dem Erbbaurecht belasteten Grundstück, entstehen in Höhe des Kaufpreises **weitere Anschaffungskosten.** Hebt der Erwerber gleichzeitig das Erbbaurecht rechtsgeschäftlich auf, so erlischt es; Rechnungsabgrenzungsposten[81] und ein evtl. vorhandener Restbuchwert[82] des Rechts dürfen nicht fortgeführt werden, sondern erhöhen die Anschaffungskosten des Grundstücks. Dasselbe gilt wohl auch bei Konfusion.[83]

Bei einer **Darlehensforderung** bestehen die Anschaffungskosten im Nennbetrag der Forderung. Das gilt auch bei unverzinslichen Darlehensforderungen.[84]

Bei der **gemischten Schenkung** handelt es sich um teilentgeltlichen Erwerb; in Höhe der Gegenleistung liegen Anschaffungskosten vor.[85]

Ob und inwieweit Vermögensübertragungen im Rahmen der **vorweggenommenen Erbfolge** als (entgeltliches) Veräußerungs- bzw. Anschaffungsgeschäft zu beurteilen sind, wurde durch die Rechtsprechung des Großen Senats eindeutig geregelt.[86] Die steuerliche Behandlung hängt weitgehend von der vertraglichen Gestaltung

---

79 BFH v. 20. 1. 1983, BStBl 1983 II S. 413.
80 BFH v. 23. 11. 1993, BStBl 1994 II S. 292; BFH v. 27. 7. 1994, BStBl 1994 II S. 934.
81 BFH v. 17. 4. 1985, BStBl 1985 II S. 617; BFH v. 4. 9. 1997, BFH/NV 1998 S. 569.
82 BGH, BB 1989 S. 318.
83 Schmidt/Glanegger, EStG § 6 Rz. 140 „Erbbaurecht".
84 H 37 „Anschaffungskosten" EStH; BFH v. 30. 11. 1988, BStBl 1990 II S. 117.
85 H 140 Abs. 4 „Teilentgeltliche Übertragung" EStH.
86 BFH-GrS v. 5. 7. 1990, BStBl 1990 I S. 847.

15.4 Anschaffungskosten

ab.[87] Werden Wirtschaftsgüter, Betriebe, Teilbetriebe oder Mitunternehmeranteile gegen Entgelt übertragen, liegt ein entgeltlicher Vorgang vor, soweit die **Beteiligten Leistung und Gegenleistung subjektiv wie unter Fremden nach kaufmännischen Gesichtspunkten gegeneinander abgewogen** haben. Ob eine objektive Gleichwertigkeit tatsächlich besteht, spielt keine Rolle.[88] Nur wenn subjektiv **voll-** bzw. **soweit teilentgeltlich** übertragen wurde, entstehen **Anschaffungskosten**. Die Gegenleistung des Übernehmers kann auch in der **Übernahme von Verbindlichkeiten** des Übergebers bestehen. Ein entgeltliches Anschaffungsgeschäft ist auch anzunehmen, wenn der Übernehmer an den Übergeber oder an dessen Angehörige **Gleichstellungsgelder** zahlen muss. Ist der Übernehmer lediglich verpflichtet **Versorgungsleistungen** (Versorgungsrenten oder dauernde Lasten) an den Übergeber und/oder dessen Angehörige zu zahlen, ist die Vermögensübertragung als unentgeltlich zu qualifizieren; ebenso wenn die Zahlungen steuerlich **nicht abziehbare Unterhaltsleistungen** darstellen. Sowohl bei Zahlung von Versorgungsleistungen wie auch nicht abzugsfähiger Unterhaltsleistungen wird eine unentgeltliche Vermögensübertragung unterstellt. Soweit der Übernehmer unentgeltlich erworben hat, setzt er die AfA des Übergebers fort (§ 11 d EStDV, § 7 EStDV bzw. § 6 Abs. 3 EStG).[89] Versorgungsleistungen sind im Rahmen der Einkommensteuerveranlagung beim Übernehmer Sonderausgaben (§ 10 Abs. 1 a EStG) und beim Übergeber sonstige Einkünfte (§ 22 Nr. 1 EStG).[90]

Der **Übergang eines Betriebs, Teilbetriebs oder eines Mitunternehmeranteils** durch **Erbfall** auf einen Erben stellt einen unentgeltlichen Vorgang der Gesamtrechtsnachfolge (§ 45 AO) dar; stille Reserven sind nicht aufzudecken (§ 7 Abs. 1 EStDV bzw. § 6 Abs. 3 EStG). Dies gilt auch bei Übergang auf eine **Mehrheit von Erben** (Erbengemeinschaft gem. § 1922 BGB). Die Erfüllung sog. **Erbfallschulden** (Pflichtteilsansprüche, Erbersatzansprüche) gilt nicht als Erwerbs- bzw. Veräußerungsvorgang, sondern als schlichte durch den Erbfall verursachte Verbindlichkeit.[91]

Setzt sich die Erbengemeinschaft ganz oder teilweise auseinander, stellt dieser Vorgang einen vom Erbfall abzugrenzenden und eigenständig zu beurteilenden Sachverhalt dar.[92] Dies gilt grds. unabhängig davon, ob diese Auseinandersetzung zeitnah zum Erbfall oder erst Jahrzehnte später stattfindet.[93] Erwirbt ein Miterbe einen **über seine Erbquote hinausgehenden Anteil am Nachlass**, so sind die an die Miterben zu leistenden Abfindungszahlungen grds. Anschaffungskosten. Dasselbe gilt, wenn ein Miterbe den **Erbteil eines anderen vollständig übernimmt**.[94]

---
87 Vgl. Tz. 15.5.10.
88 BFH v. 29. 1. 1992, BStBl 1992 II S. 465.
89 Ausführlich mit Beispielen in BMF v. 13. 1. 1993, BStBl 1993 I S. 464.
90 Zur Abgrenzung vgl. sog. Rentenerlass des BMF v. 23. 12. 1996, BStBl 1996 I S. 1508.
91 BFH v. 2. 3. 1993, BStBl 1994 II S. 619; BFH v. 2. 3. 1995, BStBl 1995 II S. 413.
92 Vgl. Tz. 15.5.9.
93 BFH-GrS v. 5. 7. 1990, BStBl 1990 II S. 837.
94 Ausführlich mit Beispielen in BMF v. 11. 1. 1993, BStBl 1993 I S. 62.

15 Bewertung der Wirtschaftsgüter des Betriebsvermögens

In beiden Fällen spielt es keine Rolle, ob die als Gegenleistung zu erbringenden Abfindungszahlungen oder Vermögensübertragungen aus dem erlangten Nachlassvermögen des übernehmenden Miterben oder aus dessen Privatvermögen erbracht werden. Diese Grundsätze gelten auch, wenn der Erblasser im Testament von vornherein bestimmt, dass nur einer der Miterben das Betriebsvermögen erben soll.[95]

Die **Schenkung- und Erbschaftsteuer** stellen keine Aufwendung zur Erlangung der wirtschaftlichen Verfügungsmacht an den geschenkten Wirtschaftsgütern dar. Sie ist eine Folge der durch den unentgeltlichen Erwerb erlangten Verfügungsmacht und unterscheidet sich insofern von der Grunderwerbsteuer, die zu den Anschaffungskosten eines Grundstücks gehört, weil sie aufgewendet wird, um das Grundstück von der fremden in die eigene Verfügungsmacht zu überführen.[96]

Die ertragsteuerliche Behandlung von Provisionen für die Vermittlung des Eintritts von Kommanditisten in eine gewerblich tätige KG hängt allein davon ab, wer Schuldner der Vermittlungsprovision ist. Schuldet die KG die Provision, so handelt es sich um Betriebsausgaben der KG. Schuldet dagegen der neu eintretende Gesellschafter die Vermittlungsprovision, so handelt es sich um zusätzliche Anschaffungskosten dieses Gesellschafters, die in seiner Ergänzungsbilanz zu aktivieren sind.[97]

Stückzinsen sind keine Anschaffungskosten der festverzinslichen Wertpapiere, sondern Anschaffungskosten des Zinsanspruchs.[98]

Aufwendungen zur Abgeltung des Anspruchs des Veräußerers auf den **zeitanteiligen Gewinn** nach § 101 Nr. 2 BGB gehören zu den **Anschaffungskosten der Anteile an Kapitalgesellschaften**.[99]

Hat der Gesellschafter einer Kapitalgesellschaft ein **Darlehen** ggeben und sowohl die Beteiligung wie auch die Darlehensforderung zulässigerweise als Betriebsvermögen behandelt, so kann die ausgefallene Forderung in Höhe des Nennwertes als verdeckte Einlage und somit als **nachträgliche Anschaffungskosten der Beteiligung** zu beurteilen sein, wenn der Gesellschafter der Kapitalgesellschaft nicht als Darlehensgeber, sondern auf der Gesellschafterebene begegnet ist; dies ist u. E. insbesondere dann der Fall, wenn das Darlehen als Krisendarlehen, krisenbestimmtes Darlehen oder als Finanzplandarlehen gewährt wurde[100] und die Beteiligung den Tatbestand des § 271 Abs. 1 HGB erfüllt (> 20 %) oder eine Betriebsaufspaltung vorliegt. Dies gilt auch, wenn der Gesellschafter aus einer für die Kapitalgesellschaft aus gesellschaftsrechtlichen Gründen (s. o.) abgegebenen **Bürgschaft** in

---

95 BFH v. 13. 12. 1990, BStBl 1992 II S. 510.
96 BFH v. 9. 8. 1983, BStBl 1984 II S. 27.
97 BMF v. 12. 2. 1988, BStBl 1988 I S. 98.
98 S. o. 11.4.4.
99 BMF, BStBl 1980 I S. 146; BFH v. 21. 5. 1986, BStBl 1986 II S. 815.
100 BMF v. 8. 6. 1999, BStBl 1999 I S. 545 zu § 17 EStG m. w. N.

15.4 Anschaffungskosten

Anspruch genommen wird und sein Rückgriffsanspruch gegen die Kapitalgesellschaft (§ 774 BGB) wertlos ist.[101] Auch die Zahlung des Gesellschafters an die Kapitalgesellschaft zur **Freistellung von einer** solchen **Bürgschaftsverpflichtung** kann eine verdeckte Einlage darstellen.[102]

Zahlt ein Gesellschafter eine **verdeckte Gewinnausschüttung** an die Kapitalgesellschaft zurück, entstehen für ihn in Höhe des **zurückgezahlten Betrags** zusätzliche **Anschaffungskosten der Anteile;** ein Abzug als negative Einnahmen ist ausgeschlossen.[103]

Wegen Minderung der Anschaffungskosten der Anteile beim Empfänger **rückgewährter Einlagen** s. o. 11.5.2.[104]

Schadensersatz, den eine gewerblich tätige GbR von ihrem Steuerberater dafür erhält, dass bei anderer als der von ihm vorgeschlagenen steuerlichen Gestaltung keine Grunderwerbsteuer angefallen wäre, ist nicht als Minderung der Anschaffungskosten der Grundstücke, sondern als steuerpfl. Ertrag zu behandeln, weil die ursprüngliche Höhe der Grunderwerbsteuer nicht nachträglich gemindert wird oder ganz entfällt.[105]

Beim **Erwerb eines Grundstückes im Zwangsversteigerungsverfahren** gehören zu den Anschaffungskosten nicht nur das **Bargebot** (§ 49 Abs. 1 ZVG), die **bestehen bleibenden Rechte,**[106] die vom Erwerber zu entrichtende **GrErwSt** und die von ihm zu tragenden **Versteigerungskosten,** sondern auch die nicht ausgebotenen **nachrangigen Grundpfandrechte** des Erstigerers, soweit ihr Wert durch den Verkehrswert des ersteigerten Grundstücks gedeckt ist, und ferner alle **Verpflichtungen,** die der Ersteigerer gegenüber dem Schuldner oder auch gegenüber Dritten im Zusammenhang mit der Zwangsversteigerung übernimmt.[107] **Bargebotszinsen** sind keine Anschaffungskosten. Wird das Vermögen einer **Erbengemeinschaft** zwangsversteigert und erhält ein Miterbe den Zuschlag, berechnen sich dessen Anschaffungskosten nach den Regeln der Erbauseinandersetzung.[108] In der Teilungsversteigerung eines Grundstückes zur Aufhebung der Gemeinschaft i. S. von § 180 ZVG werden durch den Zuschlag an einen Miteigentümer steuerrechtlich lediglich die ihm noch nicht gehörenden Miteigentumsanteile hinzuworben.[109]

Investitionen im Rahmen von **sog. Bauherrenmodellen und vergleichbaren Modellen sowie geschlossenen Immobilienfonds** stellen grds. einen **Erwerbs- und keinen Herstellungsvorgang** dar.[110] Zu den Anschaffungskosten des errichte-

---
101 OFD Cottbus v. 26. 3. 1999, FR 1999 S. 478.
102 BFH v. 2. 10. 1984, BStBl 1985 II S. 320.
103 BFH v. 16. 4. 1991, BStBl 1992 II S. 234; BMF v. 6. 8. 1981, BStBl 1981 I S. 599.
104 Vgl. auch OFD Erfurt v. 12. 2. 1998, DStR 1998 S. 569.
105 BFH v. 26. 3. 1992, BStBl 1993 II S. 96.
106 Kolbinger in BB 1993 S. 2119.
107 BFH v. 26. 4. 1979, BStBl 1979 II S. 667; BFH v. 11. 11. 1987, BStBl 1988 II S. 424.
108 BFH v. 29. 4. 1992, BStBl 1992 II S. 727; BMF v. 11. 1. 1993, BStBl 1993 I S. 62.
109 BFH v. 26. 4. 1977, BStBl 1977 II S. 714.
110 Vgl. BFH v. 14. 11. 1989, BStBl 1990 II S. 299 m. w. N.

ten, sanierten oder modernisierten Objekts rechnen grds. alle aufgrund des vorformulierten Vertragswerkes an die Anbieterseite geleisteten Aufwendungen, die auf den Erwerb des Grundstücks mit dem bezugsfertigen Gebäude gerichtet sind. In Rechnung gestellte weitere Kosten (z. B. Baubetreuungs-, Treuhand-, Finanzierungsvermittlungs- und Zinsfreistellungsgebühren, Gebühren für die Vermittlung des Objekts oder Eigenkapitals und des Treuhandauftrages, Abschlussgebühren, Courtage, Agio, Beratungs- und Bearbeitungsgebühren, Plazierungsgarantiegebühren, Kosten für die Ausarbeitung der technischen, wirtschaftlichen und steuerlichen Grundkonzeption, für die Werbung der Bauinteressenten, für die Prospektprüfung und sonstige Vorbereitungskosten sowie Gebühren für die Übernahme von Garantien und Bürgschaften) sind nur unter engen Voraussetzungen als Werbungskosten bzw. laufende Betriebsausgabe abzugsfähig.[111]

Bei nicht nur kurzfristig **zinslos gestundetem Kaufpreis** für ein Wirtschaftsgut bestehen die Anschaffungskosten im **Barwert** der Kaufpreisschuld. Die in der Kaufpreissumme enthaltenen Zinsen sind auf die Laufzeit der Verbindlichkeit mit Hilfe eines Rechnungsabgrenzungspostens kapitalanteilig nach der Zinsstaffelmethode zu verteilen (§ 5 Abs. 5 Satz 1 Nr. 1 EStG).[112]

Zu den Anschaffungskosten des **Wirtschaftsgutes „Bausparvorratsvertrag"** eines Kreditinstituts gehört auch die Abschlussgebühr.[113]

15.5 Besondere Anschaffungsvorgänge

15.5.1 Erwerb auf Rentenbasis

15.5.1.1 Begriff und Abgrenzung der Renten

Renten sind laufende Bezüge in Geld oder Geldeswert, auf die der Empfänger für eine gewisse Zeitdauer einen Anspruch hat, sodass die periodisch wiederkehrenden Bezüge auf einem einheitlichen Stammrecht (Rentenrecht) beruhen und dessen Früchte darstellen. Nach der Dauer unterscheidet man Zeitrenten und Leibrenten (auf Lebenszeit zahlbare Renten). Die Rente ist Frucht des Rentenstammrechts, das den Hauptgegenstand des Rentenvertrags bildet. Sie fließt aus diesem Recht und ist gelöst von den Gegenleistungen. Sie muss regelmäßig wiederkehren, gleichmäßig und fest begrenzt sein.

Keine Renten sind Kaufpreisraten (Tilgungsraten). Als Abgrenzungskriterium gegenüber den Zeitrenten kann von Bedeutung sein, ob die Zahlungen im Interesse

---

111 Vgl. BMF v. 31. 8. 1990, BStBl 1990 I S. 366; BMF v. 5. 10. 1992, BStBl 1992 I S. 585; BMF v. 1. 3. 1995, BStBl 1995 I S. 167.
112 S. o. 8.2.5 und u. 15.14.2.2.
113 BFH v. 9. 7. 1986, BStBl 1987 II S. 14.

15.5 Besondere Anschaffungsvorgänge

des Gläubigers (Versorgungsgedanke) oder im Interesse des Schuldners (Stundung) hinausgeschoben wurden. Ferner ist unabdingbares Merkmal einer Zeitrente eine Laufzeit von 10 Jahren. Die Grenze zwischen Kaufpreisraten und Renten ist fließend. Gegen Hingabe eines Vermögensgegenstandes erworbene so genannte Zeitrenten, die ein Stpfl. in jeweils gleich bleibender Höhe für eine von vornherein eindeutig festgelegte Laufzeit zu gewähren hat, sind regelmäßig als Kaufpreisraten zu behandeln.[114]

Zu unterscheiden sind betriebliche und private Renten. Bei privaten Renten ist ein wirtschaftlicher Zusammenhang mit Gewinneinkünften nicht gegeben. Die Frage, ob eine Rente als betriebliche oder private Rente anzusehen ist, muss jeweils für den Verpflichteten und für den Berechtigten getrennt beurteilt werden. Ob eine entgeltliche Leibrentenverpflichtung einen betrieblichen Vorgang darstellt und eine Betriebsschuld begründet, ist deshalb grundsätzlich aus der Sicht des Verpflichteten zu beurteilen. Dabei ist jedoch nicht ausgeschlossen, für die Beurteilung der Sicht des Verpflichteten Motive des Berechtigten mit heranzuziehen.[115]

Im betrieblichen Bereich haben besondere Bedeutung die betrieblichen Veräußerungsrenten. Eine **betriebliche Veräußerungsrente,** beim Erwerber eine betriebliche Erwerbsrente, liegt vor, wenn Betriebsvermögen gegen Zahlung einer Rente erworben wird und die Rente den angemessenen Kaufpreis für die vom Erwerber übernommenen Wirtschaftsgüter einschließlich der stillen Reserven und des Firmenwerts darstellt. Der Wert von Leistung und Gegenleistung muss von den Beteiligten bewusst nach kaufmännischen Gesichtspunkten abgewogen und bestimmt worden sein. Unter diesen Voraussetzungen stellt auch die aufgrund einer Betriebsübertragung zwischen Eltern und Kindern gezahlte Rente eine betriebliche Veräußerungsrente dar, und zwar auch dann, wenn die Zahlungen dem Versorgungsbedürfnis der Eltern angepasst sind.[116]

Wird der Rentenbarwert nach der Höhe des buchmäßigen Kapitalanteils des ausscheidenden Gesellschafters bemessen, kann gleichwohl eine betriebliche Versorgungsrente vorliegen, wenn der Gesellschaftsvertrag eine derartige Buchwertklausel enthält, wie sie auch unter einander Fremden vereinbart wird.[117]

Ist die Höhe einer Rente ausschließlich nach dem Unterhaltsbedürfnis des Empfängers und nicht nach dem Wert des übernommenen Vermögens bestimmt worden, so handelt es sich um eine **Versorgungsrente.** Dabei kann der Wert der Leistung höher oder niedriger sein als der Wert der Bezüge. Im Allgemeinen sind Versorgungsrenten private Renten. Nur in extremen Ausnahmefällen können sie betrieblich bedingt sein, dabei kann die betriebliche Veranlassung für solche Fürsorgeleistungen sowohl in früher geleisteten Diensten als ausnahmsweise auch in anderen

---
114 BFH v. 24. 4. 1970, BStBl 1970 II S. 541.
115 BFH v. 5. 10. 1973, BStBl 1974 II S. 88.
116 BFH v. 24. 10. 1978, BStBl 1979 II S. 135.
117 BFH v. 29. 1. 1992, BStBl 1992 II S. 465.

15 Bewertung der Wirtschaftsgüter des Betriebsvermögens

Umständen (z. B. Rücksichtnahme auf das geschäftliche Ansehen des Betriebsübernehmers usw.) zu finden sein.[118] Man spricht in diesem Ausnahmefall von einer **betrieblichen Versorgungsrente**.

Versorgungsrenten werden aber nur dann angenommen, wenn der Wert der Gegenleistung ins Gewicht fällt. Liegt keine Gegenleistung vor oder beträgt ihr Wert weniger als 50 % der Leistung, so handelt es sich um **Unterhaltsbezüge**.[119] Die für die Unterscheidung zwischen Veräußerungs- und Versorgungsrente maßgeblichen Grundsätze hat der BFH im Urteil vom 29. 1. 1992,[120] zusammengefasst.[121] Danach kann trotz objektiver Ungleichgewichtigkeit von Leistung und Gegenleistung eine Veräußerungs-/Erwerbsrente vorliegen, wenn

● die Beteiligten subjektiv von der Gleichwertigkeit ausgegangen sind und

● die Annahme der Ausgewogenheit der beiderseitigen Leistungen bei Berücksichtigung der tatsächlichen und rechtlichen Umstände im Zeitpunkt des Vertragsabschlusses vertretbar erscheint.[122]

15.5.1.2 Steuerrechtliche Behandlung beim Berechtigten

15.5.1.2.1 Veräußerung einzelner Wirtschaftsgüter

Bei der Veräußerung einzelner Wirtschaftsgüter des Betriebsvermögens gegen eine **Rente** wird ihr Barwert mit dem Buchwert des veräußerten Wirtschaftsgutes verglichen und der so ermittelte Unterschiedsbetrag als sonst. betriebl. Ertrag (ggf. sonst. betriebl. Aufwand) erfasst. Buchung: „Rentenforderung an Wirtschaftsgut und sonst. betriebl. Erträge". Dies entspricht der Rechtsprechung, die im Falle der Veräußerung eines im Betriebsvermögen befindlichen Wirtschaftsgutes gegen eine Leibrente den Gewinnausweis fordert.[123] Der Barwert des Rentenrechts ist zu jedem Bilanzstichtag neu zu ermitteln und zu aktivieren. Während die laufenden Rentenzahlungen als Rentenerträge zu erfassen sind, stellt der Unterschied zwischen den jeweils ermittelten Rentenbarwerten den in den Rentenzahlungen enthaltenen Tilgungsanteil dar und wird durch die Umbuchung: „Rentenerträge an Rentenforderung" erfasst. Im Ergebnis schließt das Konto Rentenerträge mit dem Ertragsanteil, d. h. dem in den Rentenzahlungen enthaltenen Zinsanteil, ab.

Diese Behandlung ist unabhängig davon, ob das einzelne Wirtschaftsgut gegen **Zeitrente, Leibrente, Kaufpreisraten**[124] oder gegen **dauernde Last** veräußert wurde.[125]

---

118 BFH v. 12. 11. 1985, BStBl 1986 II S. 55; BFH v. 26. 1. 1978, BStBl 1978 II S. 301.
119 BMF v. 23. 12. 1996, Rn. 42, BStBl 1996 I S. 1508.
120 BStBl 1992 II S. 465.
121 Vgl. hierzu sehr ausführlich BMF v. 23. 12. 1996, BStBl 1996 I S. 1508.
122 Vgl. BFH v. 16. 12. 1993, BStBl 1996 II S. 669/672; BMF v. 23. 12. 1996, Rn. 4, BStBl 1996 I S. 1508.
123 BFH v. 14. 12. 1988, BStBl 1989 II S. 323 m. w. N.
124 BFH v. 20. 8. 1970, BStBl 1970 II S. 807.
125 BFH v. 9. 2. 1994, BStBl 1995 II S. 47.

15.5 Besondere Anschaffungsvorgänge

Das **Wahlrecht zwischen der Sofort- und der Zuflussversteuerung**[126] steht bei Veräußerung einzelner Wirtschaftsgüter nicht zu.

15.5.1.2.2 Veräußerung eines Betriebs, Teilbetriebs oder Mitunternehmeranteils

Bei der Veräußerung eines Betriebs, Teilbetriebs oder Mitunternehmeranteils gegen wiederkehrende Bezüge (Veräußerungsleibrente, Zeitrente, Kaufpreisraten) wird der abgezinste Barwert des Rentenrechts bzw. des Kaufpreises mit dem Kapitalkonto und den Veräußerungskosten verglichen und der so ermittelte Veräußerungsgewinn im Veräußerungsjahr nach §§ 16, 34 EStG versteuert (sog. **Sofortversteuerung**); ein evtl. Veräußerungsverlust wird nach § 2 Abs. 3, 10 d EStG ausgeglichen. Die in den Renten- bzw. Ratenzahlungen enthaltenen Ertrags- bzw. Zinsanteile sind im Privatvermögen bei Zufluss gem. § 22 Nr. 1 Buchst. a EStG als sonstige Einkünfte bzw. nach § 20 EStG als Einkünfte aus Kapitalvermögen zu erfassen (R 139 Abs. 11 Sätze 1–5 EStR); wird ein Teilbetrieb oder ein Mitunternehmeranteil des BV veräußert, ist das Recht auf die Bezüge bzw. die Kaufpreisforderung BV des Restbetriebes, es sei denn, es findet eine Entnahme statt (§§ 20 Abs. 3, 22 Nr. 1 Satz 1 EStG).

Kann der **Versorgungscharakter** der laufenden Zahlungen als Nebenzweck festgestellt werden und handelt es sich deshalb nicht um Kaufpreisraten, sondern um eine **Zeitrente**, bestehen keine Bedenken dagegen, den Veräußerungsgewinn wie bei der Veräußerung gegen eine Leibrente oder gegen sonstige wiederkehrende Bezüge zu berechnen und zu versteuern.[127]

Wahlweise ist nach Verwaltungspraxis und Rechtsprechung bei der vollentgeltlichen Veräußerung gegen eine **Leibrente** alternativ zur Sofortversteuerung auch die sog. **laufende Versteuerung** bzw. **Zuflussversteuerung** zulässig (R 139 Abs. 11 Sätze 6, 7 EStR). Diese Wahlmöglichkeit gilt ferner, wenn gegen einen in **Raten** zu zahlenden Kaufpreis veräußert wird, die Raten über mehr als 10 Jahre zu zahlen sind und eindeutig der Versorgung des Veräußerers dienen[128] sowie bei Veräußerung gegen eine **Zeitrente** mit langer, nicht mehr überschaubarer Laufzeit, wenn sie auch der Versorgung des Veräußerers dient.[129] Bei der **Zuflussversteuerung** sind die laufenden Renten- bzw. Ratenzuflüsse so lange nicht zu versteuern, wie deren Summe das steuerliche Kapitalkonto des Veräußerers zzgl. etwaiger Veräußerungskosten nicht übersteigt (**Verrechnungsphase**). Im Anschluss an diesen Zeitpunkt stellen die Renten- bzw. Ratenzahlungen im Zeitpunkt ihres Zuflusses (§ 11 EStG) nachträglichen Betriebseinnahmen i. S. der §§ 13, 15, 18, 24 Nr. 2

---
126 Vgl. unten 15.5.1.2.2.
127 H 139 Abs. 11 „Zeitrente" EStH; BFH v. 26. 7. 1984, BStBl 1984 II S. 829.
128 H 139 Abs. 11 „Ratenzahlungen" EStH.
129 H 139 Abs. 11 „Zeitrente" EStH.

EStG dar (**Versteuerungsphase**). Während beider Phasen müssen die Renten- bzw. Ratenzuflüsse in voller Höhe, d. h. nicht nur der Zins- bzw. Ertragsanteil, sondern auch der Tilgungsanteil – angesetzt werden.[130] Ein Veräußerungsgewinn nach § 16 Abs. 2 EStG wird nicht berechnet bzw. versteuert, da dies die Versteuerung eines noch nicht verwirklichten Gewinnes zur Folge hätte. Da es bei der Zuflussversteuerung nicht zur zusammengeballten Aufdeckung bzw. Besteuerung entstandener stiller Reserven kommt, kann weder der Freibetrag des § 16 Abs. 4 EStG noch der ermäßigte Steuersatz des § 34 EStG in Anspruch genommen werden.[131] Auch der **Gesamtrechtsnachfolger** kann Beziehher nachträglicher Einkünfte i. S. der §§ 2 Abs. 1 Nr. 2, 24 Nr. 2 EStG sein.[132]

Die **Entscheidung zwischen der Sofort- und der Zuflussversteuerung** wird im Veräußerungsjahr getroffen und bindet – auch evtl. Rechtsnachfolger (§ 45 AO) – für die Zukunft.[133] Sie kann u. E. geändert werden, solange die betroffenen Steuerfestsetzungen noch nicht unanfechtbar sind bzw. unter dem Vorbehalt der nachprüfung (§ 164 AO) stehen.[134]

Beispiel

Der Betrieb wurde zum 31. 12. 01 gegen eine Veräußerungsleibrente veräußert. Veräußerer V erklärte in der Einkommensteuererklärung 01 einen Veräußerungsgewinn und unterwarf diesen – rechtlich zutreffend – der Besteuerung gem. §§ 16, 34 EStG. Das FA ist dieser Behandlung gefolgt. In den Folgejahren 02–04 wurde die Rente mit dem Ertragsanteil gem. § 22 Nr. 1 Buchst. a EStG versteuert. Als der Veräußerer im Januar 05 überraschend verstirbt, möchte der Alleinerbe E als Gesamtrechtsnachfolger das Wahlrecht zugunsten der Zuflussversteuerung rückwirkend anders ausüben.

a) In allen Veranlagungszeiträumen wurde eine Einkommensteuer festgesetzt. Alle Bescheide sind endgültig, kein Vorbehalt der Nachprüfung.
Der Verlust des Rentenstammrechtes im Privatvermögen durch Ableben des Berechtigten V im Januar 05 stellt einen einkommensteuerlich irrelevanten Verlust auf der nichtsteuerbaren Vermögensebene des V dar. Insbesondere wirkt der Tod des V nicht i. S. des § 175 Abs. 1 Nr. 2 AO zurück auf das Jahr der Veräußerung bzw. Versteuerung des Veräußerungsgewinnes.[135] Da E als Gesamtrechtsnachfolger an die Entscheidung des V gebunden ist, könnte das Wahlrecht nur dann neu ausgeübt werden, wenn sich entweder keine steuerliche Auswirkung auf die festgesetzte Einkommensteuer der maßgeblichen Jahre ergibt oder eine Korrekturvorschrift greift. Die Neuausübung eines Wahlrechtes ist weder ein Ereignis mit Rückwirkung i. S. des § 175 Abs. 1 Nr. 1 AO noch eine (neue) Tatsache gem. § 173 AO. Andere Korrekturvorschriften (z. B. § 164 Abs. 2 AO) kommen lt. Sachverhalt nicht in Betracht.

b) In allen Veranlagungszeiträumen wurde eine Einkommensteuer festgesetzt. Alle Bescheide sind unter dem Vorbehalt der Nachprüfung (§ 164 Abs. 1 AO).

---
130 BFH v. 24. 1. 1996, BStBl 1996 II S. 287.
131 BFH v. 21. 12. 1988, BStBl 1989 II S. 409.
132 BFH v. 24. 1. 1996, BStBl 1996 II S. 287.
133 BFH v. 10. 7. 1991, BB 1991 II S. 2353; BFH v. 12. 5. 1999, BFH/NV 1999 S. 1330.
134 Vgl. hierzu auch Schmidt/Wacker, EStG, § 16 Rz. 226.
135 Vgl. zur Abgrenzung: H 139 Abs. 10 „Nachträgliche Änderungen des Veräußerungspreises oder des gemeinen Wertes" EStH; BFH v. 19. 8. 1999, IV R 67/98.

15.5 Besondere Anschaffungsvorgänge

Solange noch keine Festsetzungsverjährung eingetreten ist, kann der Alleinerbe als Gesamtrechtsnachfolger jederzeit eine Änderung der Bescheide 01–04 gem. § 164 Abs. 2 AO beantragen.

c) Nur für das Veräußerungsjahr 01 wurde eine Einkommensteuer unter dem Vorbehalt der Nachprüfung festgesetzt. In den Folgejahren wurde mangels steuerlicher Auswirkung kein Steuerbescheid erlassen oder eine Einkommensteuer von 0 DM festgesetzt. Eine gesonderte Feststellung vortragsfähiger Verluste war nicht zu erlassen. Solange noch keine Festsetzungsverjährung eingetreten ist, kann der Alleinerbe als Gesamtrechtsnachfolger jederzeit eine Änderung des Bescheides 01 beantragen.

d) In allen Veranlagungszeiträumen wurde eine Einkommensteuer festgesetzt. Der Bescheid 01 wurde unter dem Vorbehalt der Nachprüfung festgesetzt (§ 164 Abs. 1 AO).
Für eine Neuausübung des Wahlrechts reicht es nicht aus, dass die Steuerfestsetzung 01 nach § 164 Abs. 2 AO geändert wird. Für eine Änderung der Bescheide 02–04 – kein Ansatz der Renteneinkünfte innerhalb der Verrechnungsphase – greift keine Korrekturvorschrift. Insbesondere stellt die gewünschte Verrechnung der Rente mit dem Kapitalkonto zum 31. 12. 01 ff. keine Änderung des Bilanzansatzes i. S. von § 175 Abs. 1 Satz 1 Nr. 2 AO mit rückwirkender Bindung für die Folgejahre dar, da diese Verrechnung nicht nach Bilanzierungsgrundsätzen, sondern nach dem Zufluss stattfindet.[136]

Das Wahlrecht zwischen der Sofort- und der Zuflussversteuerung steht dem Veräußerer auch dann zu, wenn er den Betrieb, Teilbetrieb oder Mitunternehmeranteil gegen einen **festen Barpreis und gegen wiederkehrende Bezüge** veräußert – allerdings nicht hinsichtlich des durch den festen Barpreis sofort realisierte Teil des Veräußerungsgewinnes (R 139 Abs. 11 Satz 8 EStR).[137]

Betriebliche Versorgungsrenten sind voll als nachträgliche Einkünfte i. S. des § 24 Nr. 2, 13–18 EStG zu versteuern; die Steuerermäßigung nach § 34 EStG kommt nicht in Betracht.[138]

15.5.1.3 Steuerrechtliche Behandlung beim Verpflichteten

Gegenwartswert der Kaufpreisraten und Barwert der Leib- oder Zeitrenten stellen die aktivierungspflichtigen Anschaffungskosten der erworbenen Wirtschaftsgüter dar. Sie sind außerdem als Schuldposten zu passivieren (§ 246 Abs. 1, § 253 Abs. 1 Satz 2 HGB).

Im Gegensatz hierzu kommt eine Aktivierung und Passivierung bei **betrieblichen Versorgungsrenten** nicht in Betracht. Betriebliche Versorgungsrenten sind bei ihrer Fälligkeit in voller Höhe als Aufwand zu erfassen.[139] Beim Erwerb eines Betriebs, Teilbetriebs oder Mitunternehmeranteils sind die übernommenen Wirt-

---
136 BFH v. 19. 8. 1999, BFH/NV 2000 S. 251 m. w. N.
137 H 139 Abs. 11 „Betriebsveräußerung gegen wiederkehrende Bezüge und festes Entgelt", „Freibetrag" EStH.
138 BFH v. 12. 11. 1985, BStBl 1986 II S. 55.
139 BFH v. 27. 4. 1977, BStBl 1977 II S. 603; BFH – Vorlagebeschluss – v. 25. 4. 1990, BStBl 1990 II S. 630; BFH v. 7. 7. 1992, BStBl 1993 II S. 26.

schaftsgüter mit ihren bisherigen Buchwerten fortzuführen, denn der Erwerb erfolgte unentgeltlich (§ 6 Abs. 3 EStG).

15.5.1.4 Ermittlung des Rentenbarwerts

Bestehen die Anschaffungskosten ganz oder zum Teil in der Übernahme einer Rentenverpflichtung, so ist in aller Regel der Kapitalwert dieser Verpflichtung nach **versicherungsmathematischen Grundsätzen** zu ermitteln. Diese Grundsätze lassen – als auf Durchschnittswerten beruhend – die Berücksichtigung individueller Verhältnisse in der Person des Veräußerers wie Gesundheitszustand, Lebenserwartung usw. nicht zu.[140]

Für die Ermittlung des Kapitalwerts sind die §§ 13 bis 16 BewG insoweit maßgebend, als grundsätzlich der Zinssatz 5,5 % zugrunde zu legen ist, wenn nicht vertraglich ein anderer Satz vereinbart ist (R 32 a EStR; R 139 Abs. 11 Satz 9 EStR).[141]

Wenn in R 32 a Satz 1 EStR zwecks Ermittlung der Anschaffungskosten der Barwert der Rente grundsätzlich nach §§ 12 ff. BewG zu ermitteln ist, kann sich das u. E. nicht allgemein auf Gewerbetreibende mit Gewinnermittlung nach § 5 EStG beziehen, weil § 5 Abs. 1 Satz 1 EStG die Beachtung der handelsrechtlichen Grundsätze ordnungsmäßiger Buchführung gebietet. Danach ist der Barwert von Leibrenten durch versicherungsmathematisches Gutachten anhand einer aktuellen Sterbetafel zu ermitteln. Gegen die Anwendung des § 14 Abs. 1 BewG i. V. m. der Anlage 9 zu § 14 BewG, die Kapitalisierungsfaktoren auf der Basis einer Sterbetafel aus den Jahren 1986/1988 enthält, dürften handelsrechtlich und damit auch steuerrechtlich keine Bedenken bestehen, wenn es sich um Leibrenten ohne beachtlichen Wert handelt. Dann dient die Berechnung nach dem BewG der Vereinfachung und der Kosteneinsparung.[142]

15.5.1.5 Buchungen beim Erwerb einzelner Wirtschaftsgüter auf Rentenbasis[143]

Besonders beim Erwerb von Grundstücken werden Rentenzahlungen vereinbart. Dann stellt der Rentenbarwert die Anschaffungskosten dar.

Beispiel

Am 29. 4. erwirbt ein Betriebsinhaber gegen Zahlung einer Leibrente von 6000 DM jährlich (zahlbar ab 1. 5. mit 500 DM monatlich) ein unbebautes Grundstück. Der Rentenbarwert im Zeitpunkt des Erwerbs beträgt 62 400 DM. Die Erwerbsneben-

---
140 Vgl. Koller/Roth/Morck, HGB, § 255 Rz. 4.
141 BFH v. 31. 1. 1980, BStBl 1980 II S. 491.
142 BFH v. 23. 5. 1991, BStBl 1991 II S. 796, 797 re. Spalte.
143 Wegen der Buchungen beim Erwerb eines Betriebes auf Rentenbasis s. u. 15.16.2.

15.5 Besondere Anschaffungsvorgänge

kosten (Grunderwerbsteuer 2184 DM und Notariatskosten und Grundbuchkosten 566 DM) wurden bar gezahlt.

Buchungen und Erwerb:

S	Unbebaute Grundstücke	H	S	Rentenverpflichtung	H
1) 65 150 DM				1)	62 400 DM

S	Kasse	H
	1)	2 750 DM

15.5.1.6 Buchungen bei der Rentenzahlung

Nach § 253 Abs. 1 Satz 2 HGB sind Rentenverpflichtungen mit ihrem Barwert anzusetzen. Hiernach **muss** zur Auflösung der Rentenverpflichtung die versicherungsmathematische Methode angewendet werden.

Bei der versicherungsmathematischen Methode werden die Rentenzahlungen als Aufwand gebucht. Der Unterschied zwischen dem versicherungsmathematischen Barwert am Schluss des Wirtschaftsjahres und am Schluss des vorangegangenen Wirtschaftsjahres wird gewinnerhöhend aufgelöst. Dadurch erscheint im Endergebnis als Betriebsausgabe der in der Rente enthaltene Zinsanteil, der in den ersten Jahren am höchsten ist.[144]

Beispiel

Im vorstehenden Beispiel beträgt der Rentenbarwert am Ende des ersten Wirtschaftsjahres 59 200 DM und am Ende des zweiten Jahres 54 700 DM.

Buchungen im ersten Wirtschaftsjahr:

S	Rentenverpflichtung	H	S	Kasse	H
3)	3 200 DM	62 400 DM		1)	4 000 DM

S	Rentenaufwand	H	S	GuV	H
1)	4 000 DM	2) 4 000 DM	2) 4 000 DM	3)	3 200 DM

---

[144] BFH v. 20. 8. 1970, BStBl 1970 II S. 807.

15 Bewertung der Wirtschaftsgüter des Betriebsvermögens

Buchungen im ersten Wirtschaftsjahr:

S	Rentenverpflichtung	H	S	Kasse	H
3)	4 500 DM	1. 1. 59 200 DM		1)	6 000 DM

S	Rentenaufwand	H	S	GuV	H
1)	6 000 DM	2) 6 000 DM	2) 6 000 DM	3)	4 500 DM

Im ersten Jahr mindert der Zinsanteil von 800 DM, im zweiten Jahr der Zinsanteil von 1500 DM den Gewinn.

Sachlich richtiger wäre es, wenn man nach der Nettomethode verfahren würde. Dabei wird die Barwertminderung nicht auf das GuV-Konto, sondern auf das Rentenaufwandskonto übertragen, das dann als Saldo nur den Zinsanteil ausweist. Denn sachlich ist die Differenz zwischen den Barwerten kein Ertrag. Die Rentenzahlungen sind Aufwand nur in Höhe des Zinsanteils. Im Übrigen sind sie erfolgsneutrale Tilgung einer betrieblichen Schuld.

15.5.1.7 Erhöhung der Rente aufgrund einer Wertsicherungsklausel

Unter einer Wertsicherungsklausel ist die im Kaufvertrag getroffene **Vereinbarung** zu verstehen, die ursprünglich festgelegten Rentenzahlungen an später eintretende Änderungen (z. B. die Entwicklung der Beamten- oder Abgeordnetenbezüge, die Lohn- oder Preisentwicklung) anzupassen. **Wertschwankungen des angeschafften Wirtschaftsgutes** beeinflussen die Zahlungen nicht im Sinne einer Wertsicherungsklausel, da diese unabhängig davon zu erbringen sind, ob das erworbene Wirtschaftsgut in seinem Wert gestiegen oder gefallen ist.[145] Regelmäßig führt die Anpassung aufgrund einer Wertsicherungsklausel zu einer Erhöhung der Rentenzahlungen. Es gilt der Grundsatz, dass der Anschaffungsvorgang mit der Vereinbarung der Rente abgeschlossen ist und eine spätere Veränderung der Rentenhöhe aufgrund einer vereinbarten Wertsicherungsklausel ein **separat zu beurteilender Vorgang** ist, der keinen Einfluss auf die Anschaffungskosten der erworbenen Wirtschaftsgüter hat.[146] Sowohl Anschaffungskosten, Abschreibungsbemessungsgrundlage wie auch der Restbuchwert bzw. das Abschreibungsvolumen der auf Rentenbasis erworbenen Wirtschaftsgüter bleiben also unberührt.[147] Verändert sich die Höhe der Rentenzahlungen, ist zum nächsten Bilanzstichtag der Rentenbarwert (Rentenverbindlichkeit und Rentenforderung) entsprechend erfolgswirksam anzupassen; bei einer Erhöhung des Kapital- bzw. Rentenbarwertes führt dies auf der Seite des Rentenverpflichteten zu einem „sonstigen betrieblichen Aufwand". Zu

---
145 BFH v. 16. 1. 1979, BStBl 1979 II S. 334.
146 BFH v. 5. 2. 1969, BStBl 1969 II S. 334.
147 BFH v. 11. 8. 1967, BStBl 1967 III S. 699.

15.5 Besondere Anschaffungsvorgänge

beachten ist, dass die Höherbewertung der Rentenverbindlichkeit unter das Höchstwertprinzip des § 253 Abs. 1 Satz 2 HGB fällt.[148] Der Unterschiedsbetrag gegenüber dem letzten Bilanzansatz wirkt sich in dem Wirtschaftsjahr, in dessen Verlauf die Rentenerhöhung fällt, in vollem Umfang erfolgswirksam aus.[149] Dieser Ertrag auf der Seite des Rentenberechtigten kann nicht in einen Sonderposten mit Rücklagenanteil gem. § 6 b EStG eingestellt bzw. übertragen werden, da es sich nicht um einen nachträglichen Veräußerungsgewinn handelt (§ 6 b Abs. 2 EStG).

Beispiel
Ein Gewerbetreibender hat sich beim Kauf eines betrieblichen Grundstücks zur Zahlung einer Leibrente von 1000 DM monatlich verpflichtet. Aufgrund einer Wertsicherungsklausel (z. B. Anlehnung an Beamtengehälter) erhöhen sich die monatlichen Zahlungen ab 1. 2. auf 1100 DM. Demgemäß erhöht sich der Rentenbarwert der bisher mit 84 000 DM bilanzierten Rente auf 92 400 DM.

Buchung:

S	Rentenverpflichtung	H	S	Rentenaufwand	H
	1. 1. 84 000 DM		1) 8 400 DM	
	1) 8 400 DM			

15.5.1.8 Buchungen beim vorzeitigen Wegfall der Rentenlast

Bei Leibrenten fällt mit dem Tode die Rentenverpflichtung weg. Die Rentenverpflichtung ist gewinnerhöhend aufzulösen. Der vorzeitige Wegfall der Verpflichtung stellt keine nachträgliche Minderung der Anschaffungskosten dar, sondern einen echten Gewinn.[150] Das gilt auch, wenn die Rentenverpflichtung in früheren Wirtschaftsjahren im Rahmen einer Bilanzberichtigung erfolgsneutral eingebucht worden ist.[151]

Beispiel
Nachdem seit dem Erwerb des unbebauten Grundstücks mehrere Jahre vergangen sind, beträgt der letzte Bilanzansatz der Rentenverpflichtung noch 31 300 DM. Am 5. 1. stirbt der Rentenberechtigte (Veräußerer des unbebauten Grundstücks).

Buchungen:

S	Unbebaute Grundstücke	H	S	Rentenverpflichtung	H
1. 1. 67 300 DM			1) 31 300 DM	1. 1. 31 300 DM	

S	sonst. betriebl. Erträge	H
	1) 31 300 DM	

---

148 H 37 „Anschaffungskosten", „Rentenverpflichtung" EStH.
149 BFH v. 24. 10. 1990, BStBl 1991 II S. 358 m. w. N.
150 BFH v. 24. 10. 1990, BStBl 1991 II S. 358 m. w. N.
151 BFH v. 26. 6. 1996, BStBl 1996 II S. 601.

15 Bewertung der Wirtschaftsgüter des Betriebsvermögens

Der Buch- und Bilanzwert des unbebauten Grundstücks wird durch den vorzeitigen Wegfall der Rentenzahlungen nicht berührt. Auch wenn die Rentenverpflichtung schon kurze Zeit nach dem Erwerb des Wirtschaftsgutes wegfällt, kommt eine Buchung „Rentenverpflichtung an unbebaute Grundstücke" nicht in Betracht. Der Fortfall der Rente beruht nicht auf einem überhöhten Grundstückspreis, sondern auf dem Risiko, das jeder Leibrente immanent ist.

Ein Ertrag kann sich auch bei teilweisem Wegfall der Rentenlast ergeben.

Beispiel

Nach dem Rentenvertrag hat ein Gewerbetreibender an die Eheleute A (Veräußerer) monatlich 1200 DM zu zahlen, solange beide leben. Nach dem Tod eines der Ehegatten soll sich die monatliche Rente auf 900 DM ermäßigen. Die Rentenverpflichtung war bisher mit 74 000 DM bilanziert. Durch den Tod des Ehemannes ergibt sich ein Rentenbarwert (für die Witwenrente) von 41 000 DM.
Der Unterschiedsbetrag von 33 000 DM ist gewinnerhöhend aufzulösen.

Wird ein Gewerbebetrieb gegen Gewährung einer Leibrente erworben und stirbt die Rentenberechtigte nach Vertragsabschluss, aber noch vor der Übergabe des Betriebs an den Erwerber, so entsteht durch den vorzeitigen teilweisen Wegfall der Rentenlast kein steuerpfl. Gewinn.[152]

Beispiel

Ein Apotheker kaufte mit Vertrag vom 15. 8. 06 eine Apotheke gegen eine Leibrente von monatlich 3000 DM, die ab dem vereinbarten Tag der Übergabe am 1. 10. 06 zu zahlen war. Durch den Tod der Verkäuferin am 20. 9. 06 verminderte sich die an die Erben zu zahlende Rente auf monatlich 2000 DM. Der Rentenbarwert auf den 15. 8. 06 beträgt 516 720 DM, der ermäßigte Wert auf den 1. 10. 06 = 384 408 DM.
Die Anschaffungskosten der erworbenen Wirtschaftsgüter bestimmen sich nach dem nach versicherungsmathematischen Grundsätzen ermittelten Wert der an die Verkäuferin zu zahlenden Rentenverpflichtung auf den Tag des Vertragsabschlusses (15. 8. 06). Demzufolge bleibt die Höhe der Anschaffungskosten unberührt, wenn sich nach Vertragsabschluss der den Anschaffungskosten zugrunde gelegte Barwert der Rentenverpflichtung durch den Tod der Rentenberechtigten ermäßigt. Die Anschaffungskosten sind auch für den Ansatz der erworbenen Wirtschaftsgüter in der Eröffnungsbilanz auf den 1. 10. 06 maßgebend, da keine niedrigeren Teilwerte erkennbar sind.
Die Rentenverpflichtung ist in der Eröffnungsbilanz auf den 1. 10. 06 mit dem Barwert in Höhe von 384 408 DM anzusetzen (§ 6 Abs. 1 Nrn. 3, 2, § 5 Abs. 1 EStG i. V. m. § 253 Abs. 2 Satz 1 HGB).

Aktiva	Eröffnungsbilanz 1. 10. 06		Passiva
versch. Aktiva	516 720 DM	Kapital	132 312 DM
		Rentenverpfl.	384 408 DM
	516 720 DM		516 720 DM

---

[152] Hess. FG, rkr., EFG 1980 S. 273.

15.5 Besondere Anschaffungsvorgänge

15.5.1.9 Längeres Leben als angenommene Lebenserwartung

Lebt der Veräußerer länger als nach der Sterbetafel angenommen, dann übersteigen die weiterhin vom Erwerber zu leistenden Zahlungen den ursprünglichen als Anschaffungskosten zugrunde gelegten Barwert. Aber auch in diesem Fall wird der Gewinn gemindert, soweit die Jahresleistungen die jeweiligen Barwertminderungen der weiterhin an jedem Bilanzstichtag neu zu passivierenden Rentenverbindlichkeiten übersteigen.

Die Anschaffungskosten und die AfA bleiben unverändert. Es liegen keine nachträglichen Anschaffungskosten vor, weil der Erwerber nach wie vor die Zahlungen allein aufgrund des ursprünglichen Kaufvertrages leistet.[153]

15.5.2 Tausch

Beim Tausch wird ein WG (eingetauschtes WG) gegen Hingabe eines anderen (hingetauschtes WG) erworben. In der Regel sind die getauschten WG nicht gleichwertig. Wird dieser Wertunterschied durch eine Zuzahlung ausgeglichen (nicht zwingend), spricht man von einem **Tausch mit Baraufgabe**. Zivilrechtlich finden für den Tausch die Vorschriften über den Kauf sinngemäß Anwendung (§ 515 BGB).

Für den Ansatz des eingetauschten Vermögensgegenstandes bzw. WG gelten die allgemeinen Vorschriften des Handelsrechts (§ 253 HGB) bzw. des Ertragssteuerrechts (§ 6 Abs. 6 EStG). **Handelsrechtlich** ist es bei Tauschgeschäften zulässig (Wahlrecht), den eingetauschten Vermögensgegenstand mit dem Buchwert des hingetauschten anzusetzen.[154] **Steuerlich** bildet nach dem In-Kraft-Treten des § 6 Abs. 6 Satz 1 EStG[155] der Tausch einzelner WG stets einen Gewinnrealisierungstatbestand. Der Gewinn wird in der Weise realisiert, dass das hingetauschte WG ausgebucht und das eingetauschte mit seinen AK in der Bilanz aufgenommen wird; als AK des eingetauschten ist der **gemeine Wert** (§ 9 BewG) des **hingetauschten WG** anzusetzen. Nach der Neuregelung des § 6 Abs. 6 Satz 1 EStG kommt es in diesen Fällen stets zur Realisierung stiller Reserven, sofern der Tausch auf einem nach dem 31. 12. 1998 rechtswirksam abgeschlossenen obligatorischen Rechtsgeschäft beruht (§ 52 Abs. 16 Satz 11 EStG).

Die bis zum Inkrafttreten dieser Rechtsänderung geltende Rechtsprechung des BFH zum Tausch wert-, art- und funktionsgleicher Anteile an Kapitalgesellschaften unter Fortführung des Buchwertes der hingetauschten Anteile (sog. **Tauschgutachten**) ist somit aus vorrangigen gesetzlichen Gründen nicht mehr anwendbar (R 32 a Satz 2 EStR).[156] Entsprechend wurde auch § 21 Abs. 1 UmwStG durch das Steuerentlastungsgesetz 1999/2000/2002 dahin gehend geändert, dass die in **einbringungs-**

---
153 BFH v. 9. 2. 1994, BStBl 1995 II S. 47/51.
154 BeBiKo § 255 Rz. 131.
155 I. d. F. des Steuerentlastungsgesetzes 1999/2000/2002.
156 BFH v. 16. 12. 1958, BStBl 1959 III S. 30; BMF v. 9. 2. 1998, BStBl 1998 I S. 163.

15 Bewertung der Wirtschaftsgüter des Betriebsvermögens

geborenen **Anteilen** verhafteten stillen Reserven aufzudecken sind, wenn sie nach dem 31. 12. 1998 in wert-, art- und funktionsgleiche Anteile getauscht werden (§ 27 Abs. 5 a UmwStG). Diese Rechtsänderung wirkt sich auch in dem Fall aus, dass die einbringungsgeborenen Anteile in einem Betriebsvermögen gehalten und getauscht werden (§ 21 Abs. 4 UmwStG). Die AK der vor dem 1. 1. 1999 getauschten Anteile bestimmen sich weiterhin nach dem Tauschgutachten bzw. nach § 21 Abs. 1 Satz 4 UmwStG a. F.

Beim **Tausch mit Baraufgabe** gehört neben dem gemeinen Wert des hingegebenen Wirtschaftsgutes auch die vom Erwerber geleistete Barzahlung zu den Anschaffungskosten des erworbenen Wirtschaftsgutes.

Der gemeine Wert (erzielbarer Preis, der die eigene USt einschließt) stellt die Anschaffungskosten des erworbenen Wirtschaftsgutes und der ggf. vom Tauschpartner gesondert in Rechnung gestellten Vorsteuer dar. Weist der Tauschpartner keine USt aus (z. B. bei Gegenlieferung eines Grundstücks), wendet der Erwerber den gemeinen Wert nur für das erworbene Wirtschaftsgut auf.

Bei der Bemessung der AK des eingetauschten WG spielt der **BW des hingetauschten WG** keine Rolle. Wenn er allerdings unter dem gemeinen Wert liegt (= Verkaufserlös für das hingetauschte WG) oder sogar nur noch in Form eines Erinnerungspostens besteht, wird durch die tauschbedingte Veräußerung des ausscheidenden WG ein Gewinn in Höhe des Differenzbetrages (ggf. abzüglich USt) realisiert.

Umsatzsteuerlich liegen beim Tausch zwei Umsätze vor (§ 3 Abs. 12 Satz 1 UStG). Bemessungsgrundlage ist jeweils der gemeine Wert (abzüglich USt in der richtigen Höhe) des für die Lieferung erhaltenen Wirtschaftsgutes (§ 10 Abs. 2 UStG). Eine erhaltene Baraufgabe erhöht die Bemessungsgrundlage des Empfängers; beim zahlenden Unternehmer ist der Wert der erhaltenen Sachleistung um diese zu mindern.[157] Für den Vorsteuerabzug ist erforderlich, dass der die Rechnung oder Gutschrift ausstellende Unternehmer die USt in der richtigen Höhe ausweist.

Beispiele

a) Ein zum Vorsteuerabzug berechtigter Unternehmer erwirbt Waren im gemeinen Wert (d. h. inschl. USt) von 11 600 DM gegen Hingabe einer Maschine mit Buchwert von 6000 DM, deren im gewöhnlichen Geschäftsverkehr erzielbarer Verkaufspreis 8000 DM + 1280 DM USt beträgt. Kein Barausgleich. Wegen des umsatzsteuerrechtlichen Tausches darf der Warenlieferant nur 1280 DM USt berechnen; einen etwaigen Mehrbetrag würde er nach § 14 Abs. 2 UStG schulden.

Die Anschaffungskosten der Waren betragen (gemeiner Wert der hingegebenen Maschine 9280 DM ./. abziehbare Vorsteuer 1280 DM =) 8000 DM.

Die Anschaffungskosten der Maschine betragen (gemeiner Wert der hingegebenen Waren 11 600 DM ./. abziehbare Vorsteuer 1600 DM =) 10 000 DM.

---

[157] R 153 Abs. 1 UStR.

15.5 Besondere Anschaffungsvorgänge

Buchungen:

S	Maschinen	H	S	Wareneinkauf	H
6000 DM	1)	6000 DM	1)	8000 DM	

S	Vorsteuer	H	S	USt-Schuld	H
1)	1280 DM			1)	1600 DM

			S	sonst. betriebl. Erträge	H
				1)	1680 DM

Buchungen beim Erwerber der Maschine:

S	Maschinen	H	S	Warenverkauf	H
1)	10000 DM			1)	10320 DM

S	Vorsteuer	H	S	USt-Schuld	H
1)	1600 DM			1)	1280 DM

b) Ein Unternehmer erwirbt zum Listenpreis von 10000 DM zzgl. 1600 DM USt einen PKW. In Zahlung gegeben wird ein Altwagen mit 2000 DM zzgl. 320 DM USt (gemeiner Wert 2320 DM), der einen Buchwert von 1 DM hat.

Zum Erwerb des neuen Fahrzeugs werden aufgewendet:
Gemeiner Wert Altwagen 2320 DM + 9280 DM bar = 11600 DM, davon entfallen auf die Vorsteuer 1600 DM. Die Anschaffungskosten des neuen PKW betragen damit 10000 DM.

S		PKW		H	S	Sonst. Verbindlichkeiten	H
1.1.		1 DM	2)	1 DM	2)	2320 DM	1)	11600 DM
1)	10000 DM				3)	9280 DM		

S	sonst. betriebl. Erträge	H	S	Vorsteuer	H
	2)	1999 DM	1)	1600 DM	

S	Kasse	H	S	USt-Schuld	H
	3)	9280 DM		2)	320 DM

Beim Tausch gilt somit der Grundsatz, dass nicht nur der Buchwert des hingegebenen Gegenstands, sondern auch die **stillen Reserven** zur Anschaffung aufgewendet werden. Der gemeine Wert des Hingegebenen stellt die Anschaffungskosten des erworbenen Guts und ggf. der Vorsteuer dar. Das gilt auch beim Tausch von **Grundstücken.** Es ist grds. nicht zulässig, die stillen Reserven des ausgeschiedenen Wirtschaftsgutes auf das Ersatzgut zu übertragen.[158]

---

[158] Vgl. aber § 6 b EStG / R 41 a Abs. 2 Satz 3 EStR (s. u. 15.5.6) und R 35 EStR / H 35 Abs. 2 „Behördlicher Eingriff" EStH (s. u. 15.5.5).

15 Bewertung der Wirtschaftsgüter des Betriebsvermögens

Nicht selten werden beim Kauf **verdeckte Preisnachlässe** durch Anrechnung gebrauchter Wirtschaftsgüter zu einem über dem gemeinen Wert liegenden Betrag gewährt. Der Mehrbetrag gehört nicht zu den Anschaffungskosten des Erworbenen und führt zu keinem Gewinn beim veräußerten Wirtschaftsgut. Wegen der **umsatzsteuerrechtlichen** Behandlung siehe Abschn. 153 Abs. 4 UStR. Danach kann als gemeiner Wert der Gebrauchtwagen der Schätzpreis eines amtlich bestellten Kfz-Sachverständigen anerkannt werden, wenn dieser Preis im Zeitpunkt der Übernahme festgestellt worden ist. Im Übrigen kann bei Weiterlieferung innerhalb von drei Monaten als gemeiner Wert der Verkaufserlös abzüglich etwaiger Reparaturkosten und abzüglich eines Pauschalbetrages bis zu 15 % für Verkaufskosten anerkannt werden. Bei Fahrzeugen, die nicht innerhalb einer Frist von drei Monaten weitergeliefert werden, kann der Verkaufserlös abzügl. etwaiger Reparaturkosten, aber ohne Pauschalabschlag als gemeiner Wert anerkannt werden.

Durch Hingabe eines betrieblichen WG eingetauschte WG werden – auch bei privater Nutzung – zunächst **notwendiges BV**.[159] Wenn das eingetauschte WG im notwendigen oder gewillkürten BV des Erwerbers bleibt, können **aufgedeckte stille Reserven** ggf. nach R 35 EStR[160] bzw. gem. § 6 b EStG[161] **übertragen werden.**

15.5.3 Grunderwerbsteuer bei umsatzsteuerpfl. Grundstücksveräußerung

Bei **umsatzsteuerpfl. Grundstücksveräußerungen** (§ 9 i. V. m. § 4 Nr. 9 a UStG) gehört die Umsatzsteuer zur grunderwerbsteuerrechtlichen Gegenleistung i. S. des § 9 GrEStG.[162] Zum Entgelt für den umsatzsteuerpfl. Umsatz rechnet jedoch nur die Hälfte der GrESt, wenn die Parteien eines Grundstückskaufvertrags vereinbaren, dass der Erwerber die GrESt allein zu tragen hat.[163] Um zusätzliche Berechnungen wegen der wechselseitigen Abhängigkeit der Bemessungsgrundlagen für die Umsatzsteuer und die Grunderwerbsteuer zu vermeiden, ist die Umsatzsteuer nur insoweit der grunderwerbsteuerrechtlichen Gegenleistung hinzuzurechnen, als sie in ihrer Höhe noch nicht durch die GrESt beeinflusst ist.

Beispiel

A erwarb von B mit not. Kaufvertrag vom 15. 10. 07 ein unbebautes Grundstück zum Kaufpreis von 1 000 000 DM zzgl. Umsatzsteuer. A war vertraglich zur Übernahme der gesamten aus dem Erwerbsvorgang resultierenden GrESt verpflichtet. B hatte gem. § 9 i. V. m. § 4 Nr. 9 a UStG für die Umsatzsteuerpflicht der Grundstückslieferung optiert.

---
159 H 13 „Wirtschaftsgut" EStH.
160 H 35 Abs. 2 „Behördlicher Eingriff" EStH; s. u. 15.5.5.
161 R 41 a Abs. 2 Satz 3 EStR; H 41 a „Tausch" EStH; H 41 a „Umlegungs- und Flurbereinigungsverfahren" EStH ist durch § 6 Abs. 6 Satz 1 EStG wohl überholt; s. u. 15.5.7.
162 BFH v. 18. 10. 1972, BStBl 1973 II S. 126.
163 BMF, BStBl 1981 I S. 24; R 149 Abs. 7 Sätze 4 und 5 UStR.

15.5 Besondere Anschaffungsvorgänge

Die zu den Anschaffungskosten des Grundstücks gehörende GrESt bemisst sich nach dem Wert der Gegenleistung (§ 8 Abs. 1 GrESt). Als Gegenleistung gilt bei einem Kauf der Kaufpreis (§ 9 Abs. 1 Nr. 1 GrESt). Verzichtet der veräußernde Unternehmer auf die Umsatzsteuerfreiheit des Grundstücksumsatzes, so gehört die dem Käufer berechnete USt zum Kaufpreis und damit zur grunderwerbsteuerrechtl. Gegenleistung. Da bei Übernahme der gesamten GrESt durch den Erwerber beim Veräußerer die Hälfte der GrESt zum umsatzsteuerrechtlichen Entgelt gehört, die GrESt aber wiederum von dem zivilrechtlichen Preis – d. h. einschl. USt – zu berechnen ist, wird bei der Ermittlung der GrESt nicht die tatsächliche USt, sondern die nach dem Entgelt ausschließlich der GrESt berechnete fiktive USt angesetzt.

Umsatzsteuerrechtliches Entgelt ohne GrESt	1 000 000 DM
+ 16 % USt (= fiktive USt)	160 000 DM
= Gegenleistung i. S. des § 8 GrEStG	1 160 000 DM
Die GrESt beträgt nach § 11 Abs. 1 GrEStG (3,5 % von 1 160 000 DM =)	40 600 DM

15.5.4 Zuschüsse

Echte Zuschüsse sind einmalige oder wiederkehrende Zuwendungen, die ohne Rückzahlungsverpflichtung von öffentlicher oder privater Seite gegeben werden, ohne dass ein unmittelbarer wirtschaftlicher Zusammenhang mit einer Leistung des Zuschussempfängers feststellbar ist. Der Zuschussgeber muss den Vermögensvorteil zur Förderung eines – zumindest auch – in seinem Interesse liegenden Zwecks dem Zuschussempfänger zuwenden (R 34 Abs. 1 Satz 1 EStR). Werden die Zuschüsse zur Verbesserung der Ertragskraft eines Unternehmens gegeben (Ertragszuschüsse), sind sie Betriebseinnahmen.[164] Dagegen besteht bei Zuschüssen, die als Anreiz für bestimmte Investitionen gegeben werden (Kapitalzuschüsse), ein Wahlrecht.[165] Ferner muss beim Kapitalzuschuss die Leistung des Zuschussgebers beim Zuschussempfänger rechtlich in dem Sinn zweckgebunden sein, dass die Leistung zurückgefordert werden kann, wenn der Empfänger sie nicht zweckentsprechend verwendet.[166]

Wesentlich für einen Zuschuss ist, dass er von einem außerhalb des Anschaffungsgeschäfts (bzw. der Herstellung) stehenden Dritten gewährt wird und daher nicht in einem unmittelbaren Zusammenhang mit der Leistung des Zuschussempfängers steht. Der Preisnachlass auf ein Kfz, der nicht von dem Verkäufer (Hersteller), sondern von dem Autohändler (Agent) aus dessen Provision gewährt wird, ist kein Zuschuss, sondern ein die Anschaffungskosten mindernder Preisnachlass.[167] Der Agent ist zwar rechtlich nicht in das Anschaffungsgeschäft eingebunden – Rechts-

---
164 BFH v. 17. 9. 1987, BStBl 1988 II S. 324.
165 BFH v. 22. 1. 1992, BStBl 1992 II S. 488; BFH v. 19. 7. 1995, BStBl 1996 II S. 28, 32.
166 BFH v. 29. 4. 1982, BStBl 1982 II S. 591, BFH v. 10. 6. 1992, BStBl 1993 II S. 41.
167 BFH v. 22. 4. 1988, BStBl 1988 II S. 901.

beziehungen aus dem Kaufvertrag bestehen nur zwischen dem Hersteller und dem Käufer –, wirtschaftlich ist der Autohändler (Agent) aber am Anschaffungsgeschäft beteiligt. Damit steht die Preisvergünstigung wirtschaftlich in unmittelbarem Zusammenhang mit der Kaufpreisleistung des Käufers, sodass nicht ein Zuschuss, sondern ein Preisnachlass gegeben ist.

Stpfl., die Anlagegüter mit Zuschüssen aus öffentlichen oder privaten Mitteln angeschafft oder hergestellt haben, dürfen die Zuschüsse als Ertrag ausweisen. Die Anschaffungs- oder Herstellungskosten werden dann durch die Zuschüsse nicht berührt. Da es bei echten Kapitalzuschüssen an einer Gegenleistung und damit insbesondere an einer zeitraumbezogenen Gegenleistung fehlt, ist die Bildung eines passiven **Rechnungsabgrenzungspostens** nicht möglich.[168] Zuschussempfänger können die Zuschüsse aber auch **erfolgsneutral** behandeln.[169] In diesem Falle werden die Anlagegüter nur mit den Anschaffungs- oder Herstellungskosten bewertet, die sie selbst aufgewendet haben (R 34 Abs. 2 EStR). Diese eigenen Aufwendungen bilden bei abnutzbaren Anlagegütern die Grundlage für die Bemessung der AfA (R 43 Abs. 4 EStR). Da ein **Wahlrecht** besteht, können u. E. Zuschüsse auch teilweise als Ertrag bzw. Minderung der Anschaffungskosten behandelt werden.

Die Anschaffungskosten eines Schiffes sind um den Zuschuss, der nach den Grundsätzen für die Förderung der deutschen Seeschifffahrt gewährt worden ist, zu mindern. Es kann dabei dahingestellt bleiben, ob nach R 34 EStR die Anschaffungskosten von vornherein um den Zuschuss gekürzt werden oder ob dieser erfolgswirksam vereinnahmt und sodann eine Teilwertabschreibung auf das Schiff vorgenommen wird. Eine sich über eine lange Zeit hinziehende Subventionspraxis der Bundesregierung für Seeschiffe wirkt sich nämlich unmittelbar auf den Teilwert aus.[170]

Voraussetzung für die erfolgsneutrale Behandlung der Zuschüsse ist, dass in der Handelsbilanz entsprechend verfahren wird (§ 5 Abs. 1 Satz 2 EStG i. V. m. R 34 Abs. 2 Satz 4 EStR; vgl. auch § 255 Abs. 1 Satz 3 HGB).[171] Soweit in einem folgenden Wirtschaftsjahr bei einem Wirtschaftsgut in der Handelsbilanz eine durch Zuschuss vorgenommene Minderung der Anschaffungs- oder Herstellungskosten durch eine **Zuschreibung** rückgängig gemacht wird, erhöht der Betrag der Zuschreibung den Buchwert des Wirtschaftsgutes (R 34 Abs. 2 Satz 5 EStR).

Beispiel

Ein Fabrikant erhält zur Anschaffung einer Anlage mit Anschaffungskosten von 3 000 000 DM zzgl. 480 000 DM USt einen Zuschuss aus öffentlichen Mitteln in Höhe von 1 000 000 DM. Die betriebsgewöhnliche Nutzungsdauer beträgt 10 Jahre.

---

168 BFH v. 28. 4. 1989, BStBl 1989 II S. 618, hier S. 620; BFH v. 21. 6. 1990, BStBl 1990 II S. 980; BFH v. 22. 1. 1992, BStBl 1992 II S. 488.
169 H 34 „Wahlrecht" EStH.
170 Niedersächs. FG, rkr., EFG 1987 S. 342.
171 BFH v. 14. 7. 1988, BStBl 1989 II S. 189, hier S. 191 re. Spalte.

15.5 Besondere Anschaffungsvorgänge

Buchungen:

S	Maschinen		H		S	Bank		H
1) 3 000 000 DM	2)	1 000 000 DM			2) 1 000 000 DM	1)	3 480 000 DM	
	3)	200 000 DM						

S	AfA	H		S	Vorsteuer	H
3) 200 000 DM				1) 480 000 DM		

Es erscheint also kein Ertrag von 1 000 000 DM und eine jährliche AfA von 300 000 DM (lineare AfA unterstellt), sondern durch die Minderung der Anschaffungskosten auf 2 000 000 DM lediglich eine jährliche AfA von 200 000 DM. Im Jahr der Vereinnahmung erhöht der erhaltene Betrag nicht den Gewinn und damit die Steuer.

Manchmal gehen diese Zuschüsse in einem **früheren oder späteren Wirtschaftsjahr ein, als die Anschaffung erfolgt.** Dann gelten die hierfür vorgesehenen Sonderregelungen der R 34 Abs. 3 und 4 EStR.

Bei **späterem Eingang** stellt ein nachträglich vereinnahmter Zuschuss, der erfolgsneutral behandelt wird, eine nachträgliche Minderung der Anschaffungs- oder Herstellungskosten dar. Eine Berichtigung des Buchansatzes wegen der etwaigen vorher vorgenommenen AfA ist nicht zulässig. Nach Gewährung des Zuschusses sind die AfA nach den um den Zuschuss geminderten Anschaffungs- oder Herstellungskosten zu bemessen, soweit es sich um typisierte Gebäude-AfA nach § 7 Abs. 4 Satz 1 und Abs. 5 EStG handelt, in allen anderen Fällen nach dem um den Zuschuss geminderten Buchwert oder Restwert des Wirtschaftsgutes (R 43 Abs. 4 Satz 2 EStR).

Beispiel

Wenn der Zuschuss im vorstehenden Beispiel im auf die Anschaffung folgenden Wirtschaftsjahr eingeht, ergeben sich die folgenden Buchungen:

Anschaffungsjahr

S	Maschinen		H		S	Bank		H
1) 3 000 000 DM	2)	300 000 DM				1)	3 480 000 DM	
	SBK	2 700 000 DM						
3 000 000 DM		3 000 000 DM			S	Vorsteuer		H
					1) 480 000 DM			

S	AfA	H
2) 300 000 DM		

15 Bewertung der Wirtschaftsgüter des Betriebsvermögens

Folgejahr

S	Maschinen	H	S	Bank	H
EBK 2 700 000 DM	3) 1 000 000 DM		3) 1 000 000 DM		
	4) 188 889 DM				
	SBK 1 511 111 DM		S	AfA	H
2 700 000 DM	2 700 000 DM		4) 188 889 DM		

Ab dem Folgejahr ist der Restwert von 1 700 000 DM auf die Restnutzungsdauer von 9 Jahren zu verteilen, sodass die jährliche AfA (1 700 000 : 9 =) 188 889 DM beträgt.

Werden die Anlagegüter in einem auf die Vereinnahmung des Zuschusses folgenden Wirtschaftsjahr angeschafft, dann kann im Jahr der Vereinnahmung zum Zwecke der Nichterfassung eines Ertrages eine **steuerfreie Rücklage** gebildet werden, die im Wirtschaftsjahr der Anschaffung oder Herstellung auf das Anlagegut zu übertragen ist (R 34 Abs. 4 EStR).[172] Für die Bildung der Rücklage ist Voraussetzung, dass in der Handelsbilanz ein entsprechender Passivposten in mindestens gleicher Höhe ausgewiesen wird (§ 5 Abs. 1 Satz 2 EStG i. V. m. R 34 Abs. 4 Satz 2 EStR). Handelsrechtliche Grundlage für die umgekehrte Maßgeblichkeit ist § 247 Abs. 3 HGB, für Kapitalgesellschaften zusätzlich § 273 HGB.

Stehen Zuschüsse in unmittelbarem wirtschaftlichen Zusammenhang mit einer Leistung des Zuschussempfängers **(unechter Zuschuss),** so sind sie als Betriebseinnahme zu erfassen. Ggf. kann eine passive Rechnungsabgrenzung nach § 5 Abs. 5 Satz 1 Nr. 2 EStG in Betracht kommen.

Nach bürgerlichem Recht sind **Mieterzuschüsse** (verlorene Zuschüsse) den Mietvorauszahlungen ähnlich. Sie müssen deshalb auch steuerrechtlich entsprechend behandelt werden. Es handelt sich um sog. unechte Zuschüsse, weil ihnen die Verpflichtung des Zuschussempfängers auf Überlassung des Grundstücks oder Grundstücksteils gegenübersteht. Diese Zuschüsse stehen also in unmittelbarem wirtschaftlichen Zusammenhang mit Leistungen des Zuschussempfängers. Eine Kürzung der Herstellungskosten ist deshalb nicht möglich; die Beträge sind als Betriebseinnahmen zu erfassen und in der Regel mittels einer passiven Rechnungsabgrenzung (besser: sonstige Verbindlichkeit) auf eine bestimmte Anzahl von Jahren zu verteilen (R 163 Abs. 3 EStR).[173]

Kein Zuschuss in diesem Sinne liegt vor, wenn der Stpfl. aus privaten Gründen erworbenes Geld (Schenkung) einlegt.

Investitionszulagen nach den Investitionszulagengesetzen 1996 und 1999 sind echte Subventionen, die nicht zu den steuerpflichtigen Einkünften im Sinne des EStG gehören. Sie mindern auch nicht die Anschaffungs- oder Herstellungskosten (§ 10 InvZulG 1996, § 9 InvZulG 1999). Dadurch wird eine indirekte Steuernachholung verhindert.

---

172 S. u. 16.3.3.
173 BFH v. 28. 10. 1980, BStBl 1981 II S. 161.

15.5 Besondere Anschaffungsvorgänge

15.5.5 Ersatzbeschaffungen wegen Ausscheidens infolge höherer Gewalt oder Enteignung

15.5.5.1 Allgemeines zur Übertragung der stillen Reserven

Die Bewertung der Wirtschaftsgüter des Betriebsvermögens nach § 6 EStG schließt nicht aus, dass der Wertansatz einzelner Wirtschaftsgüter in der Bilanz stille Reserven (Unterschied zwischen dem Zeitwert und dem tatsächlichen Wertansatz) enthält. Stille Reserven können bei Einhaltung der gesetzlichen Bewertungsvorschriften automatisch entstehen (**gesetzliche stille Reserven**), aber auch aus der Ausübung eines Wahlrechts resultieren (**freiwillige stille Reserven**). Sie werden aufgelöst, wenn das Wirtschaftsgut veräußert oder aus dem Betriebsvermögen entnommen wird. Es entsteht dann ein steuerpflichtiger Gewinn (sonst. betriebl. Ertrag) in Höhe des Betrags, um den das Entgelt oder der Teilwert den Buchwert des Wirtschaftsgutes im Zeitpunkt der Veräußerung oder Entnahme übersteigt. Buchwert ist der Wert, der sich für das Wirtschaftsgut im Zeitpunkt des Ausscheidens aus dem Betriebsvermögen ergibt (R 41 a Abs. 3 EStR).[174]

Der Grundsatz, dass zulässigerweise gebildete stille Reserven im Zeitpunkt ihrer Aufdeckung den steuerpflichtigen Gewinn erhöhen, wird zur Vermeidung von Härten durchbrochen, wenn das Wirtschaftsgut infolge höherer Gewalt, z. B. Brand, Diebstahl, oder infolge oder zur Vermeidung eines behördlichen Eingriffs (z. B. drohende Enteignung, Inanspruchnahme für Verteidigungszwecke) gegen Entschädigung aus dem Betriebsvermögen ausscheidet und alsbald ein Ersatzwirtschaftsgut angeschafft oder hergestellt wird. Für den Nachweis der ernstlich drohenden Enteignung kann eine Erklärung der zuständigen Behörde ausreichen.[175]

Die stillen Reserven dürfen in diesem Fall auf das Ersatzwirtschaftsgut übertragen und in diesem fortgeführt werden, damit die Entschädigung, die dem Stpfl. wegen des Ausscheidens des Wirtschaftsgutes aus dem Betriebsvermögen gewährt wird, ungeschmälert für die Ersatzbeschaffung zur Verfügung steht. Erhält ein Stpfl. beim Ausscheiden eines Wirtschaftsgutes keine Gegenleistung, fehlt es an dieser Voraussetzung. Deshalb kommt die Übertragung der durch **Entnahmen** aufgedeckten stillen Reserven nicht in Betracht.[176] Eine Verpflichtung zur Übertragung besteht nicht. Wird kein Ersatzgut angeschafft, muss der Gewinn in voller Höhe versteuert werden.

Eine **gesetzliche Grundlage** für die Übertragung der aufgedeckten Reserven fehlt. Die von der Rechtsprechung zur Vermeidung der Gewinnrealisierung entwickelten Grundsätze sind gewohnheitsrechtlicher Natur[177] und stehen mit dem Grundgesetz im Einklang. Rechtsprechung und Verwaltung haben mit R 35 EStR keinen neuen Eingriffstatbestand contra legem geschaffen oder auch nur einen bestehenden Ein-

---
174 H 35 Abs. 3 „Buchwert" EStH.
175 H 35 Abs. 2 „behördlicher Eingriff" EStH.
176 BFH v. 24. 5. 1973, BStBl 1973 II S. 582; H 35 Abs. 1 „Entnahme" EStH.
177 BFH v. 18. 9. 1987, BStBl 1988 II S. 330.

griffstatbestand erweitert, sondern im Gegenteil eine den Stpfl. begünstigende Ausnahme von den gesetzlichen Vorschriften herausgearbeitet, die an sich zur Gewinnrealisierung führen würde.[178] Diese begünstigende Ausnahme darf aber nicht über den **Grundsatz, dass inländische Gewinne irgendwann zu versteuern sind,** hinausgehen. Deshalb ist § 6 b Abs. 4 Nrn. 3, 4 EStG entsprechend anzuwenden mit der Folge, dass die Ersatzwirtschaftsgüter zu einer inländischen Betriebsstätte eines Betriebes des Stpfl. gehören müssen und die aufgedeckten stillen Reserven bei der Ermittlung des im Inland stpfl. Gewinns nicht außer Ansatz bleiben dürfen.[179]

15.5.5.2 Höhere Gewalt und behördlicher Eingriff

Höhere Gewalt sind **Elementarereignisse** (z. B. Brand, Sturm, Überschwemmung). Nur bei diesen haben RFH und BFH bisher die erfolgsneutrale Übertragung stiller Reserven zugelassen. Im Zivilrecht spricht man von höherer Gewalt bei einem außergewöhnlichen Ereignis, das unter den gegebenen Umständen auch durch äußerste, nach Lage der Sache vom Betroffenen zu erwartende Sorgfalt nicht verhindert werden kann.[180] Danach muss es als höhere Gewalt angesehen werden, wenn ein zum Anlage- oder Umlaufvermögen gehörendes Nutztier infolge einer unheilbaren Krankheit (z. B. BSE) vor Ablauf seiner gewöhnlichen Lebensdauer eingeht oder auf behördliche Anweisung geschlachtet werden muss.[181] Nach der Praxis der Finanzverwaltung (vgl. R 35 Abs. 2 EStR) wird sowohl **Diebstahl** als höhere Gewalt angesehen, obgleich es sich nicht um ein Elementarereignis handelt, als auch **Brand,** wenn die Brandursache nicht durch ein Elementarereignis, sondern von einem Dritten vorsätzlich oder fahrlässig herbeigeführt wurde. Der BFH folgt dieser weiteren Auslegung des Begriffs „höhere Gewalt" und gestattet die Anwendung der R 35 EStR auf den Abriss eines Gebäudes wegen erheblicher, kurze Zeit nach der Fertigstellung aufgetretener **Baumängel,** für den eine über dem Buchwert liegende Entschädigung der Bauhaftpflichtversicherung gezahlt wurde.[182] Offen bleibt, ob auch für andere **Zufallsschäden** mehr oder weniger alltäglicher Art, die zum Ausscheiden des Wirtschaftsgutes aus dem Betriebsvermögen führen, die Möglichkeit der Übertragung der stillen Reserven besteht. Sie ist jedenfalls dann nicht zulässig, wenn eine Maschine infolge eines **Material- oder Konstruktionsmangels** oder eines **Fehlers bei der Bedienung** gegen eine Entschädigung aus dem Betriebsvermögen ausscheidet.[183]

Beispiel
Eine hydraulische Presse wird durch Bruch eines massiven Ständers so stark beschädigt, dass sich eine Reparatur nicht mehr lohnt. Aus einer Maschinenversicherung erhält der Stpfl. eine Entschädigung, die den Buchwert der Maschine übersteigt.

---
178 BVerfG vom 20. 5. 1988, 1 BvR 273/88, BB 1988 S. 1716.
179 S. u. 15.5.6.11.
180 OLG Hamm, NJW 1980 S. 242.
181 FG Köln, rkr., EFG 1982 S. 119.
182 BFH v. 18. 9. 1987, BStBl 1988 II S. 330.
183 BFH v. 15. 5. 1975, BStBl 1975 II S. 692.

15.5 Besondere Anschaffungsvorgänge

Die Übertragung der stillen Reserven auf ein Ersatzwirtschaftsgut kommt nicht in Betracht.

Demgegenüber hat der BFH neuerdings am Beispiel des Verkehrsunfalles gegen R 35 Abs. 2 EStR eine **weitere Auslegung des Begriffes der höheren Gewalt** vertreten;[184] höhere Gewalt sei – so der BFH – jedes von außen einwirkende unvorhersehbare Ereignis. Danach können die stillen Reserven eines PKW, der nach einem **vom Stpfl. nicht verschuldeten Verkehrsunfall** aus dem BV ausscheidet, erfolgsneutral auf den Ersatz-PKW übertragen werden. U. E. stellt auch der vom Arbeitnehmer des Stpfl. verschuldete Unfall für den Arbeitgeber ein unvorhersehbares Ereignis dar.

Ein **behördlicher Eingriff** liegt vor, wenn der Betroffene kraft öffentlich-rechtlichen Zwangs gehalten ist, seine privatwirtschaftliche Entschließungsfreiheit aufzugeben.[185] Eine moralische oder wirtschaftliche Zwangslage kann einem behördlichen Eingriff oder höherer Gewalt nicht gleichgesetzt werden.[186]

Auch drohende behördliche Beschränkungen des Straßenverkehrs, die den Inhaber eines gewerblichen Unternehmens zur Betriebsverlegung veranlassen, genügen nicht.[187] Ein behördlicher Eingriff i. S. der R 35 EStR liegt ebenfalls nicht vor, wenn durch Änderung des Bebauungsplans die bisherige Nutzung des betroffenen Grundstücks wegen Bestandsschutzes unberührt bleibt, der Eingriff eine wirtschaftlich sinnvolle Betriebserweiterung oder -umstellung jedoch ausschließt.[188]

Ein behördlicher Eingriff ist auch dann zu bejahen, wenn die Enteignung nur einem Teil zusammenhängender Grundstücke droht, die Restgrundstücke aber nicht mehr wirtschaftlich genutzt werden können.[189]

Die Übertragung einer stillen Rücklage auf ein Ersatzwirtschaftsgut ist dann nicht zulässig, wenn der Stpfl. bereits beim Erwerb oder der Bebauung eines Grundstücks mit hoher Wahrscheinlichkeit damit rechnen musste, dass ihn ein behördlicher Eingriff dazu zwingen werde, das Grundstück wieder zu veräußern oder zu räumen.[190] Denn in diesem Fall ist die Räumung oder Veräußerung des Grundstücks bei wirtschaftlicher Betrachtung weniger eine Folge des behördlichen Eingriffs als eine Folge eines eigenen geschäftlichen Verhaltens. Die Geltendmachung eines vereinbarten Wiederkaufrechts durch eine Behörde gestattet keine Übertragung stiller Reserven; das Bestehen der Gemeinde auf Einhalten der vertraglichen Verpflichtung beruht dann nicht auf behördlichem Zwang, sondern auf vertraglicher Grundlage.[191] Ebenso rechtfertigt bei Tausch von Grundstücken oder Veräußerung eines Grundstücks und Erwerb eines Ersatzgrundstücks ein gewisses öffentliches

---
184 BFH v. 14. 10. 1999, BFH/NV 2000 S. 636.
185 BFH v. 14. 11. 1990, BStBl 1991 II S. 222 m. w. N.
186 H 35 Abs. 2 „behördlicher Eingriff" EStH.
187 BFH v. 6. 5. 1971, BStBl 1971 II S. 664.
188 BFH v. 14. 11. 1990, BStBl 1991 II S. 222.
189 BFH v. 8. 10. 1975, BStBl 1976 II S. 186.
190 BFH v. 14. 5. 1969, BStBl 1969 II S. 488.
191 BFH v. 21. 2. 1978, BStBl 1978 II S. 428.

15 Bewertung der Wirtschaftsgüter des Betriebsvermögens

Interesse an den Maßnahmen allein nicht die erfolgsneutrale Übertragung stiller Reserven auf das Ersatzgrundstück.[192]

15.5.5.3 Buchmäßige Durchführung der Übertragung[193]

Wird im Laufe desselben Wirtschaftsjahres ein Ersatzwirtschaftsgut angeschafft oder hergestellt, so dient ein Rücklagekonto (Rücklage für Ersatzbeschaffung, handelsrechtlich den Sonderposten mit Rücklageanteil zuzuordnen, § 247 Abs. 3, vgl. auch § 273 HGB) zur vorübergehenden Erfassung der aufgedeckten stillen Reserven. Nach der Ersatzbeschaffung wird sie übertragen.

Beispiel

Buchwert einer Maschine im Zeitpunkt der Zerstörung 20 000 DM. Entschädigung der Versicherung 50 000 DM. Für 100 000 DM zzgl. 16 000 DM USt wird eine neue Maschine angeschafft. Schrotterlös 2000 DM + 320 DM USt.

Die Lösung ergibt sich aus den nachstehenden Konten. Der Schrotterlös, der nach dem Sinn der ganzen Regelung auch zu keinem Gewinn führen darf, ist in die Entschädigung einzubeziehen, denn um den Schrottwert dürfte die Versicherungsleistung niedriger sein als bei absolutem Totalschaden.

Buchungen:

S	Maschinen	H		S	Sonst. Forderungen	H
	20 000 DM	1)	20 000 DM	1)	50 000 DM	2)	50 000 DM
3)	100 000 DM	5)	32 000 DM				

S	Rückl. f. Ersatzbesch.	H		S	Vorsteuer	H
5)	32 000 DM	1)	30 000 DM	3)	16 000 DM		
		4)	2 000 DM				

S	USt-Schuld	H		S	Bank	H
		4)	320 DM	2)	50 000 DM	3)	116 000 DM
				4)	2 320 DM		

---

[192] BFH v. 29. 3. 1979, BStBl 1979 II S. 412.
[193] Im Interesse einer einheitlichen Behandlung kann buchmäßig auch nach den u. 15.5.6.9 zu § 6 b EStG dargestellten Grundsätzen vorgegangen werden.
Dann lauten die Buchungssätze:

1) sonst. Forderungen	50 000 DM	an Maschinen	20 000 DM
		an sonst. betriebl. Erträge	30 000 DM
2) Bank	50 000 DM	an sonst. Forderungen	50 000 DM
3) Maschinen	100 000 DM		
Vorsteuer	16 000 DM		
		an Bank	116 000 DM
4) Bank	2 320 DM	an sonst. betriebl. Erträge	2 000 DM
		an USt-Schuld	320 DM
5) sonst. betriebl. Aufwendungen	32 000 DM	an Maschinen	32 000 DM

15.5 Besondere Anschaffungsvorgänge

Der realisierte Gewinn (32 000 DM) wird durch die Übertragung nicht ausgewiesen. Das wird dadurch erreicht, dass das Ersatzwirtschaftsgut mit den Anschaffungskosten abzüglich des Betrags angesetzt wird, um den die Entschädigung den Buchwert des ausgeschiedenen Wirtschaftsgutes übersteigt. Diese Übertragung ist auch dann zulässig, wenn die Entschädigung höher ist als der Teilwert des ausgeschiedenen Wirtschaftsgutes.

Die **Versteuerung** der aufgedeckten Reserve ist aber nur **hinausgeschoben.** Denn die AfA des Ersatzwirtschaftsgutes sind nach seiner betriebsgewöhnlichen Nutzungsdauer unter Zugrundelegung seiner Anschaffungskosten oder Herstellungskosten, vermindert um den Betrag der übertragenen stillen Rücklage, zu bemessen (R 35 Abs. 1 Satz 2 Nr. 2 i. V. m. R 43 Abs. 4 EStR, R 35 Abs. 4 Satz 6 i. V. m. R 43 Abs. 4 EStR). Diese Bemessungsgrundlage ist auch für Sonderabschreibungen maßgebend,[194] ebenso für erhöhte Absetzungen.[195]

Auch bei **nicht abnutzbarem Anlagevermögen** (z. B. unbebaute Grundstücke) und beim **Umlaufvermögen** ist die Übertragung zulässig. Sie führt hier ebenfalls zu einem niedrigeren Buchwert, der aber erst im Zeitpunkt der Veräußerung oder Entnahme des Ersatzwirtschaftsgutes eine entsprechende Gewinnerhöhung bewirkt, weil hier eine jährliche AfA nicht zu verrechnen ist.

Beispiele

a) Ein unbebautes Grundstück mit einem Buchwert von 50 000 DM wird enteignet. Die Entschädigung beträgt 100 000 DM. Für 120 000 DM (einschließlich Erwerbsnebenkosten) wird ein Ersatzwirtschaftsgut erworben.

Buchungen:

S	Unbebautes Grundst.	H	S	Sonst. Forderungen	H
3)	50 000 DM 120 000 DM	1) 4)	50 000 DM 50 000 DM	1)	100 000 DM	2)	100 000 DM

S	Rückl. f. Ersatzbesch.	H	S	Bank	H
4)	50 000 DM	1)	50 000 DM	2)	100 000 DM	3)	120 000 DM

Nach Übertragung verbleibt für das neue Grundstück ein Buchwert von 70 000 DM, mit dem es vorerst weitergeführt wird.

b) Durch Brand wurde das Warenlager eines Holzhändlers im Buchwert von 50 000 DM vernichtet. Die Feuerversicherung zahlte unverzüglich eine Entschädigung von 70 000 DM. Für 80 000 DM zzgl. 12 800 DM USt wurden Ersatzwirtschaftsgüter gekauft.

---

[194] BFH v. 2. 4. 1980, BStBl 1980 II S. 584.
[195] BFH v. 11. 4. 1989, BStBl 1989 II S. 697.

15 Bewertung der Wirtschaftsgüter des Betriebsvermögens

Buchungen:

S	Wareneingang	H		S	Bank	H
	50 000 DM	1) 50 000 DM		1) 70 000 DM	2) 92 800 DM	
2) 80 000 DM		3) 20 000 DM				

S	Rückl. f. Ersatzbesch.	H		S	Vorsteuer	H
3) 20 000 DM		1) 20 000 DM		2) 12 800 DM		

Nach Übertragung der stillen Reserve ergibt sich für die Ersatzwirtschaftsgüter ein Buchwert von nur 60 000 DM. Werden diese im gleichen Wirtschaftsjahr noch veräußert, wird die übertragene Reserve doch als Gewinn erfasst. Denn der Wareneinsatz ist um 20 000 DM gemindert worden.

Beachte: Wenn die Waren (Ersatzwirtschaftsgüter) am Ende des Wirtschaftsjahres noch vorhanden sind, darf in der Inventur der Bestand nicht zum Anschaffungspreis bewertet werden, sondern zu Anschaffungskosten abzüglich der übertragenen Reserve (im vorstehenden Beispiel mit 60 000 DM). Werden in der Bestandsaufnahme die Anschaffungskosten angesetzt, wird der Wareneinsatz um die übertragenen Reserven gemindert und damit der durch das Ausscheiden der Wirtschaftsgüter aufgedeckte Gewinn doch ausgewiesen.

Hiernach ergibt die Übertragung der stillen Reserven auf die Ersatzwirtschaftsgüter bei

- **abnutzbarem Anlagevermögen** eine Verlagerung des Gewinns in die Jahre der betriebsgewöhnlichen Nutzungsdauer der Ersatzgüter,
- **nicht abnutzbarem Anlagevermögen** wegen der Nichtzulässigkeit von AfA und der dauernden Zugehörigkeit zum Betriebsvermögen im Allgemeinen eine **langfristige** Gewinnverlagerung und beim
- **Umlaufvermögen** nur eine **kurzfristige** Gewinnverlagerung.

15.5.5.4 Sachliche Voraussetzungen der Übertragung stiller Reserven

Neben den bereits genannten (Ausscheiden infolge höherer Gewalt usw.) müssen für die Übertragung der stillen Reserven die folgenden Voraussetzungen vorliegen:

- Die Entschädigung muss für das aus dem Betriebsvermögen ausgeschiedene **Wirtschaftsgut** als solches und nicht für Schäden gezahlt worden sein, die die Folge des Ausscheidens aus dem Betriebsvermögen sind (z. B. Aufräumungskosten, entgehender Gewinn, Umzugskosten).[196] Solche Vergütungen sind als Ertrag zu erfassen (bzw. als Gegenposten der Aufwendungen).

---

[196] H 35 Abs. 1 „Entschädigung" EStH.

15.5 Besondere Anschaffungsvorgänge

● Das Ersatzwirtschaftsgut muss **wirtschaftlich dieselbe oder eine entsprechende Aufgabe erfüllen** wie das ausgeschiedene Wirtschaftsgut (R 35 Abs. 1 Satz 2 Nr. 2 EStR). Bei der Prüfung dieser Voraussetzung wird im Allgemeinen nicht kleinlich verfahren, selbst wenn das Ersatzwirtschaftsgut infolge des technischen Fortschritts eine höhere Leistung aufweist. Das Ersatzgut muss die Lücke schließen, die das Ausscheiden des alten Wirtschaftsgutes verursacht hat. Das ist der Fall, wenn es gleicher oder ähnlicher Art wie das ausgeschiedene Wirtschaftsgut ist. Aus dem Erfordernis, dass das Ersatz-WG die gleiche Funktion haben muss, wie das ausgeschiedene, folgt aber zugleich, dass es in derselben Weise wie das ausgeschiedene WG zu **nutzen** ist.[197] Ein art- und funktionsgleiches Ersatz-WG kann auch in einem **Verpachtungsbetrieb** angeschafft oder hergestellt werden.

● In der **handelsrechtlichen Jahresbilanz** des Stpfl. muss entsprechend verfahren werden (§ 5 Abs. 1 Satz 2 EStG i. V. m. R 35 Abs. 1 Satz 2 Nr. 3 EStR). Soweit in einem folgenden Wirtschaftsjahr bei einem Wirtschaftsgut in der HB eine nach R 35 EStR vorgenommene Bewertung durch eine **Zuschreibung** rückgängig gemacht wird, erhöht der Betrag der Zuschreibung den Buchwert des Wirtschaftsgutes (§ 5 Abs. 1 Satz 2 EStG i. V. m. R 35 Abs. 3 Satz 4, Abs. 4 Satz 7 EStR).

Unter diesen Voraussetzungen können bei einem ausgeschiedenen Betriebsgrundstück mit aufstehendem Gebäude die in dem **Bilanzansatz für den Grund und Boden und die in dem Bilanzansatz für das Gebäude enthaltenen stillen Rücklagen** jeweils auf neu angeschafften Grund und Boden oder auf ein neu angeschafftes oder hergestelltes Gebäude übertragen werden. Soweit eine Übertragung der bei dem Grund und Boden aufgedeckten stillen Rücklagen auf die Anschaffungskosten des erworbenen Grund und Bodens nicht möglich ist, können die stillen Rücklagen auf die Anschaffungs- oder Herstellungskosten des Gebäudes übertragen werden. Entsprechendes gilt für die bei dem Gebäude aufgedeckten stillen Rücklagen (R 35 Abs. 3 EStR). Diese vom Grundsatz der Einzelbewertung abweichende Regelung bezieht sich aber nur auf bebaute Grundstücke, sie kann nicht auf andere Wirtschaftsgüter übertragen werden.

Beispiel

Durch Enteignung für Zwecke der Straßenverlegung ist im Laufe des Wirtschaftsjahres ein bebautes Grundstück mit Buchwert von 50 000 DM für den Grund und Boden und 150 000 DM für das Gebäude gegen eine Entschädigung von 500 000 DM enteignet worden. Die stille Reserve entfällt ausschließlich auf den Grund und Boden. Für 600 000 DM wird ein Ersatzgrundstück angeschafft. Davon entfallen 200 000 DM auf den Grund und Boden und 400 000 DM auf das Gebäude.

---

[197] BFH v. 29. 4. 1999, BStBl 1999 II S. 488; H 35 Abs. 1 „Ersatzwirtschaftsgut" EStH.

15 Bewertung der Wirtschaftsgüter des Betriebsvermögens

Buchungen:

S	Grund und Boden	H		S	Gebäude	H
	50 000 DM	1)	50 000 DM		150 000 DM	1)	150 000 DM
2)	200 000 DM	3)	199 999 DM	2)	400 000 DM	3)	100 001 DM

S	Bank	H		S	RfE	H
1)	500 000 DM	2)	600 000 DM	3)	300 000 DM	1)	300 000 DM

15.5.5.5 Ersatzbeschaffung in einem späteren Wirtschaftsjahr

Wenn bis zum Ende des Wirtschaftsjahres, in dem die Wirtschaftsgüter aus dem Betriebsvermögen ausgeschieden sind, eine Ersatzbeschaffung ernstlich geplant, aber noch nicht vorgenommen wurde, kann in diesem Wirtschaftsjahr die buchmäßige Übertragung der stillen Reserven nicht erfolgen. Nach R 35 Abs. 4 EStR kann in diesen Fällen eine **steuerfreie Rücklage für Ersatzbeschaffung** gebildet werden, und zwar in Höhe des Unterschieds zwischen dem Buchwert des ausgeschiedenen Wirtschaftsgutes und der Entschädigung.

Voraussetzung für die Bildung der Rücklage ist, dass in der HB ein entsprechender Passivposten (Sonderposten mit Rücklageanteil gem. § 247 Abs. 3 HGB) in mindestens gleicher Höhe ausgewiesen wird (§ 5 Abs. 1 Satz 2 EStG). Das Rücklagekonto, das die aufgedeckte Reserve aufnimmt, wird über das Schlussbilanzkonto abgeschlossen. Im Zeitpunkt der Ersatzbeschaffung ist sie durch Übertragung auf die Anschaffungs- oder Herstellungskosten des Ersatzwirtschaftsgutes aufzulösen. Das Ersatzwirtschaftsgut ist zu diesem Zweck in der Bilanz mit den Anschaffungskosten oder Herstellungskosten abzüglich des Betrags der aufgelösten Rücklage für Ersatzbeschaffung anzusetzen (R 35 Abs. 4 Satz 6 EStR).

Eine **Teilwertabschreibung** auf das Ersatzwirtschaftsgut ist nur möglich, wenn der nach Übertragung der Rücklage verbleibende Betrag höher ist als der Teilwert.[198]

Beispiel

Sachverhalt wie im vorstehenden Beispiel. Erst im Folgejahr gelang es dem Stpfl., ein Ersatzgrundstück für 1 000 000 DM zu erwerben. Vom Kaufpreis entfallen 600 000 DM auf den Grund und Boden und 400 000 DM auf das Gebäude.

---

[198] BFH v. 5. 2. 1981, BStBl 1981 II S. 432; H 35 Abs. 3 „Teilwertabschreibung" EStH.

15.5 Besondere Anschaffungsvorgänge

Buchungen im 1. Wirtschaftsjahr:

S	Grund und Boden	H
50 000 DM	1)	50 000 DM

S	Gebäude	H
150 000 DM	1)	150 000 DM

S	Bank	H
1) 500 000 DM		

S	RfE	H
2) 300 000 DM	1)	300 000 DM

S	SBK	H
	2)	300 000 DM

Buchungen im 2. Wirtschaftsjahr:

S	RfE	H
2) 300 000 DM	1. 1.	300 000 DM

S	Grund und Boden	H
1) 600 000 DM	2)	300 000 DM

S	Gebäude	H
1) 400 000 DM		

S	Bank	H
	1)	1 000 000 DM

15.5.5.6 Gewinnerhöhende Auflösung der Rücklage für Ersatzbeschaffung

Der Gewinn, der infolge der Auflösung der im ausgeschiedenen Wirtschaftsgut enthaltenen stillen Reserve entsteht, ist voll zu versteuern, wenn die Anschaffung oder Herstellung eines Wirtschaftsgutes am Schluss des Wirtschaftsjahres, in dem das Wirtschaftsgut ausgeschieden ist, nicht ernstlich geplant und nicht zu erwarten ist (R 35 Abs. 4 Satz 1 EStR). Das Gleiche gilt, wenn ein bewegliches Ersatzwirtschaftsgut bis zum Schluss des ersten Wirtschaftsjahres oder wenn ein Grundstück oder ein Gebäude bis zum Schluss des zweiten Wirtschaftsjahres, das auf das Wirtschaftsjahr der Bildung der Rücklage für Ersatzbeschaffung folgt, weder angeschafft oder hergestellt noch bestellt worden ist (R 35 Abs. 4 EStR). Die Ausbuchung erfolgt über das Konto sonstige betriebliche Erträge.

Beispiele

a) In einem Wirtschaftsjahr ist ein Lastkraftwagen durch höhere Gewalt aus dem Betriebsvermögen ausgeschieden. Dabei wurde eine stille Reserve von 3000 DM aufgedeckt und eine Rücklage für Ersatzbeschaffung in entsprechender Höhe gebildet. Eine Ersatzbeschaffung war ursprünglich geplant. Im Laufe des folgenden Wirtschaftsjahres wird diese Absicht aufgegeben. Damit ist die Rücklage für Ersatzbeschaffung in diesem Jahr gewinnerhöhend aufzulösen.

Buchung: Rücklage für Ersatzbeschaffung an sonstige betriebliche Erträge.

b) In einem Wirtschaftsjahr wurde ein unbebautes Grundstück zwecks Vermeidung eines behördlichen Eingriffs veräußert. Die dabei aufgedeckten stillen Reserven betrugen 50 000 DM und wurden einer Rücklage für Ersatzbeschaffung zugeführt. Eine Ersatzbeschaffung war geplant, aber bis zum 31. 12. des übernächsten Wirtschaftsjahres nicht durchgeführt. Die Rücklage für Ersatzbeschaffung ist deshalb in diesem Jahr gewinnerhöhend aufzulösen.

15 Bewertung der Wirtschaftsgüter des Betriebsvermögens

Diese Verpflichtung zur Auflösung kann zu Härten führen, wenn die Ersatzbeschaffung aus besonderen Gründen noch nicht möglich war. Die Frist von einem bzw. zwei Jahren kann deshalb im Einzelfall angemessen verlängert werden, wenn der Stpfl. glaubhaft macht, dass die Ersatzbeschaffung noch ernstlich geplant und zu erwarten ist (R 35 Abs. 4 Satz 5 EStR).
Eine Fortführung des nicht verbrauchten Teils der Rücklage kommt im Rahmen der in R 35 Abs. 4 EStR genannten Fristen nur dann in Betracht, wenn es sich bei der Ersatzbeschaffung um einen Teilersatz gehandelt hat und eine ergänzende Ersatzbeschaffung ernstlich geplant ist.[199]
Bei Veräußerung oder Aufgabe des Betriebs erhöht die Rücklage den steuerbegünstigten Veräußerungsgewinn.[200]

15.5.5.7 Anteilige Übertragung bzw. Auflösung der Rücklage für Ersatzbeschaffung

Scheidet ein Wirtschaftsgut gegen **Barzahlung und gegen Erhalt eines Ersatzwirtschaftsgutes** aus dem Betriebsvermögen aus oder wird die Entschädigung **nicht in voller Höhe** zur Beschaffung eines Ersatzwirtschaftsgutes verwendet, so darf die aufgelöste Rücklage bzw. Rücklage für Ersatzbeschaffung nur anteilig, d. h. in dem Verhältnis, in dem die Entschädigung zur Ersatzbeschaffung verwendet wird, auf das Ersatzwirtschaftsgut übertragen werden.[201] Der übertragbare Teil der Rücklage errechnet sich nach der folgenden Formel:

$$\frac{\text{Rücklage} \times \text{Anschaffungskosten des Ersatzwirtschaftsgutes}}{\text{Entschädigung}} = \text{übertragbare Rücklage}$$

Beispiele	a	b	c	d	e	f
			in 1000 DM			
Letzter Buchwert der ausgeschiedenen Wirtschaftsgüter	30	30	30	30	30	30
Entschädigung	50	50	50	50	50	50
Aufgelöste Reserven	20	20	20	20	20	20
Anschaffungs- oder Herstellungskosten des Ersatzwirtschaftsgutes	50	40	30	20	10	0
Nicht zur Ersatzbeschaffung verwendeter Betrag	0	10	20	30	40	50
Das sind in % der Entschädigung	–	20 %	40 %	60 %	80 %	100 %
Als Gewinn sind somit aufzulösen (vorstehender %-Satz angewendet auf die aufgelösten Reserven)	–	4	8	12	16	20
Übertragbar ist der Restbetrag von	20	16	12	8	4	0
Das sind in % der aufgelösten Reserven	100 %	80 %	60 %	40 %	20 %	–
Das Ersatzwirtschaftsgut wird also angesetzt mit	30	24	18	12	6	–

---
199 BFH v. 15. 1. 1969, BStBl 1969 II S. 310.
200 H 139 Abs. 9 „Rücklage" EStH.
201 H 35 Abs. 3 „Mehrentschädigung" EStH.

15.5 Besondere Anschaffungsvorgänge

15.5.5.8 Beschädigung eines Wirtschaftsgutes

Ist ein Wirtschaftsgut infolge höherer Gewalt oder eines behördlichen Eingriffs beschädigt worden und erhält der Stpfl. eine Entschädigung, so ist die Entschädigung in voller Höhe als Betriebseinnahme (**sonstiger betriebl. Ertrag**) zu erfassen. Wird das beschädigte Wirtschaftsgut jedoch erst in einem späteren Wirtschaftsjahr repariert, so kann in Höhe der Entschädigung eine **Rücklage** gebildet werden, die im Zeitpunkt der Reparatur in voller Höhe aufzulösen ist. Ist die Reparatur am Ende des zweiten auf die Bildung der Rücklage folgenden Wirtschaftsjahres noch nicht erfolgt, so ist die Rücklage zu diesem Zeitpunkt aufzulösen. Die Frist kann im Einzelfall angemessen verlängert werden, wenn glaubhaft dargelegt wird, dass die Reparatur noch ernstlich geplant und zu erwarten ist, aber aus besonderen Gründen noch nicht durchgeführt werden konnte (R 35 Abs. 7 EStR).

Beispiel
Wegen der Beschädigung eines Wirtschaftsgutes in 06 wurde noch in 06 eine Entschädigung in Höhe von 8000 DM geleistet. Die Schadensbeseitigung in 07 führte zu einem Reparaturaufwand in Höhe von 7000 DM.

06:	Bank	8000 DM	an s. betriebl. Erträge	8000 DM
	sonst. betriebl. Aufw.	8000 DM	an RfE	8000 DM
07:	Reparaturaufwand	7000 DM	an Bank	7000 DM
	RfE	8000 DM	an s. betriebl. Erträge	8000 DM

Der Ertrag in Höhe von 8000 DM wurde mittels der Rücklage in das Jahr 07 verlagert und führt in 07 zu einer effektiven Gewinnerhöhung von (8000 ./. 7000 =) 1000 DM.

15.5.5.9 Einzelfragen

Die Übertragung der Rücklage ist auch dann zulässig, wenn das Ersatzwirtschaftsgut bereits **vor einem behördlichen Eingriff angeschafft** worden ist.[202]

Auf **eingelegte Wirtschaftsgüter** kann die Rücklage nicht übertragen werden. Das entspricht dem Grundgedanken der Regelung, wonach die Entschädigung voll für die Ersatzbeschaffung zur Verfügung stehen soll.[203] Besteht die Entschädigung für ein ausgeschiedenes Wirtschaftsgut in einem Grundstück, das notwendiges Privatvermögen wird, so wird dadurch allein die Bildung einer Rücklage für Ersatzbeschaffung nicht ohne weiteres ausgeschlossen, wenn die Absicht der Ersatzbeschaffung besteht.[204]

In eine Rücklage für Ersatzbeschaffung können ausnahmsweise auch **Zinsen** einbezogen werden, die dem Stpfl. aus der vorübergehenden Anlage der vorzeitig ausgezahlten Entschädigungssumme zugeflossen sind, sofern diese Zinsen vereinbarungsgemäß als zusätzliche Entschädigung für die in der Zeit zwischen der Eini-

---
202 H 35 Abs. 3 „vorherige Anschaffung" EStH.
203 H 35 Abs. 1 „Einlage" EStH.
204 H 35 Abs. 1 „Entschädigung" EStH.

gung über die Veräußerung eines Wirtschaftsgutes zwecks Vermeidung eines behördlichen Eingriffs und der Übertragung des wirtschaftlichen Eigentums an diesem Wirtschaftsgut durch die allgemeine Preissteigerung weiter anwachsenden stillen Reserven gedacht sind.[205]

Werden mit Leistungen aus einer **Betriebsunterbrechungs-Versicherung** ausschließlich Anschaffungskosten für ein durch Brand zerstörtes Wirtschaftsgut des Anlagevermögens ersetzt oder die Mehrkosten für eine beschleunigte Wiederbeschaffung des zerstörten Wirtschaftsgutes erstattet, kann der versicherte Unternehmer eine Rücklage für Ersatzbeschaffung bilden. Damit kann die Ersatzleistung ungeschmälert für die Wiederbeschaffung verwendet werden. Zu den Kosten der Wiederbeschaffung gehören auch zusätzliche Aufwendungen, die dem Geschädigten für die beschleunigte Wiedererlangung eines Ersatzwirtschaftsgutes erwachsen. Auf welcher Versicherungsart die Erstattung beruht, ist unerheblich.[206]

Ergibt sich nach der Übertragung bei beweglichen abnutzbaren Anlagegütern ein Betrag von nicht mehr als 800 DM, kommt die **Bewertungsfreiheit** nach § 6 Abs. 2 EStG in Betracht (R 40 Abs. 5 Nr. 3 EStR).

Eine **Teilwertabschreibung** auf das Ersatzwirtschaftsgut ist nur möglich, wenn der nach Übertragung der stillen Reserven verbleibende Betrag höher ist als der Teilwert.[207]

Die um den Abzugsbetrag nach R 35 EStR geminderten Anschaffungs- oder Herstellungskosten des Ersatzwirtschaftsgutes bilden die **Bemessungsgrundlage** nicht nur für die **AfA** (R 35 Abs. 1 Satz 2 Nr. 2 i. V. m. R 43 Abs. 4 EStR, R 35 Abs. 4 Satz 6 u. R 43 Abs. 4 EStR), sondern auch für **Sonderabschreibungen**[208] und **erhöhte Absetzungen**.[209]

Wird einem vorsteuerabzugsberechtigten Unternehmer anlässlich eines Versicherungsfalles der **Wiederbeschaffungswert einschließlich USt** ersetzt, so kann auch der auf die **USt entfallende Entschädigungsbetrag** in eine Rücklage für Ersatzbeschaffung eingestellt werden; die spätere Inanspruchnahme eines Vorsteuerabzuges im Zusammenhang mit der Wiederbeschaffung führt nicht dazu, dass die Rücklage in Höhe des Vorsteuerabzuges gewinnerhöhend aufzulösen ist.[210]

15.5.6 Reinvestitionen nach § 6 b EStG

15.5.6.1 Zweck der Vorschrift

§ 6 b EStG soll die sofortige Besteuerung von Veräußerungsgewinnen verhindern, welche durch die Aufdeckung stiller Reserven von Wirtschaftsgütern des Anlage-

---
205 BFH v. 29. 4. 1982, BStBl 1982 II S. 568.
206 BFH v. 9. 12. 1982, BStBl 1983 II S. 371.
207 BFH v. 5. 2. 1981, BStBl 1981 II S. 432; H 35 Abs. 3 „Teilwertabschreibung" EStH.
208 BFH v. 2. 4. 1980, BStBl 1980 II S. 584.
209 BFH v. 11. 4. 1989, BStBl 1989 II S. 697.
210 BFH v. 24. 6. 1999, BB 1999 S. 2024.

vermögens entstanden sind. Dieses wird dadurch ermöglicht, dass der Stpfl. die stillen Reserven unter bestimmten Voraussetzungen auf Reinvestitionsgüter übertragen kann. Diese Behandlung der stillen Reserven soll in erster Linie dazu dienen, den Unternehmen durch Veräußerung nicht mehr benötigter Anlagegüter Mittel für dringende Investitionsvorhaben zu verschaffen und ungeschmälert zu erhalten.[211] Der Anwendungsbereich der Vorschrift ist durch die **Einschränkung der begünstigten WG** in Art. 1 Nr. 7 b Steuerentlastungsgesetz 1999/2000/2002[212] zurückgegangen. Bei **Veräußerungen nach dem 31. 12. 1998** (§ 52 Abs. 18 EStG) können nur noch Gewinne aus der Veräußerung von Grundstücken und Gebäuden sowie von Aufwuchs auf Grundstücken übertragen werden (§ 6 b Abs. 1 Satz 1 EStG); diese stillen Reserven können nur von den AK der Reinvestitionsgüter Grundstücke, Gebäude und Aufwuchs auf Grundstücken abgezogen werden (§ 6 b Abs. 1 Satz 2 EStG). Gleichwohl ist die praktische Bedeutung der Vorschrift nach wie vor erheblich, da es gerade diese WG sind, in denen erhebliche stille Reserven ruhen.

15.5.6.2 Veräußerung

Im Gegensatz zu R 35 EStR setzt die Übertragung kein zwangsweises Ausscheiden voraus, sondern ein Aufdecken stiller Reserven durch Veräußerung, d. h. die **entgeltliche Übertragung** des wirtschaftlichen Eigentums an einem Wirtschaftsgut. Das wirtschaftliche Eigentum ist in dem Zeitpunkt übertragen, in dem die Verfügungsmacht (Herrschaftsgewalt) auf den Erwerber übergeht. Eine solche Verfügungsmacht beinhaltet aber nicht nur die Befugnis, das Wirtschaftsgut zu nutzen oder es wiederum zu übertragen, sondern ebenso, es zu zerstören. Darin liegt wohl die umfassendste Befugnis, mit dem Wirtschaftsgut „nach Belieben" (vgl. § 903 BGB) zu verfahren. Deshalb ist eine Veräußerung von Gebäuden i. S. des § 6 b Abs. 1 EStG auch dann anzunehmen, wenn der Berechtigte einem Dritten entgeltlich das Recht zu deren **Abbruch** einräumt.[213] Die Veräußerung setzt den Übergang eines Wirtschaftsgutes von einer Person auf eine andere voraus. Auch der **Tausch** von Wirtschaftsgütern ist eine Veräußerung (R 41 a Abs. 2 Satz 3 EStR).

Neben einer freiwilligen Veräußerung kommt auch die **Veräußerung unter Zwang**, z. B. infolge oder zur Vermeidung eines behördlichen Eingriffs[214] oder im Wege einer **Zwangsversteigerung**, als Veräußerung in Betracht. Keine Veräußerung ist jedoch gegeben bei **Überführung von Wirtschaftsgütern** aus einem Betrieb in einen anderen Betrieb des Stpfl. zum Buchwert (§ 6 Abs. 5 Satz 1 EStG), bei Überführung ins Privatvermögen[215] und beim **Ausscheiden** von Wirtschaftsgütern infolge **höherer Gewalt**, ebenso beim **Untergang der Anteile** im Fall der Auflösung und Abwicklung einer Kapitalgesellschaft (R 41 a Abs. 2 EStR). Keine

---
211 BFH v. 24. 8. 1989, BStBl 1989 II S. 1016; BFH v. 7. 5. 1987, BStBl 1987 II S. 670, S. 672 m. w. N.
212 BStBl 1999 I S. 81.
213 BFH v. 13. 11. 1991, BStBl 1992 II S. 517.
214 BFH v. 29. 6. 1995, BStBl 1996 II S. 60 m. w. N.
215 BFH v. 27. 8. 1992, BStBl 1993 II S. 225.

15 Bewertung der Wirtschaftsgüter des Betriebsvermögens

Veräußerung, vielmehr eine Entnahme liegt vor, wenn die Gegenleistung für die tauschweise Hingabe eines betrieblichen Wirtschaftsgutes in der **Erlangung eines Wirtschaftsgutes des notwendigen Privatvermögens** oder in der **Befreiung von einer privaten Schuld** besteht.[216] Wird also das weggegebene Wirtschaftsgut nur deshalb **veräußert, um Privatvermögen zu erwerben,** so fällt schon die Veräußerung in den privaten Bereich.[217] Ist der **Anlass** für die Veräußerung aber ein betrieblicher, so wird der betriebliche Zusammenhang erst durch die dem Erwerbsvorgang nachfolgende private Verwendung des im Tauschwege erworbenen Wirtschaftsgutes gelöst.[218]

Beispiel

Der Gewerbetreibende G übertrug zwei Grundstücke seines Betriebsvermögens an die Stadt. Als Gegenleistung übertrug diese der Schwiegertochter S des G „im Rahmen eines Vertrages zugunsten Dritter" ein wertgleiches anderes Grundstück. Anlass für die Übertragung der Grundstücke durch G auf die Stadt waren deren Drängen auf Übereignung zur Vermeidung eines etwaigen Enteignungsverfahrens und die Absicht des G, die für sein Unternehmen wesentliche Geschäftsverbindung mit der Stadt nicht zu stören. Die Übertragung des Tauschgrundstücks von der Stadt auf S beruhte auf einer Schenkung des G an S.

Die Veräußerung der Grundstücke an die Stadt diente der Vermeidung einer Enteignung und der Aufrechterhaltung der guten Geschäftsbeziehungen zur Stadt. Damit war die Veräußerung betrieblich veranlasst. Erst danach wurde der betriebliche Zusammenhang durch einen Privatvorgang gelöst. Aus der Zurechnung der Veräußerung zum betrieblichen Bereich ergibt sich, dass auch das für die veräußerten Grundstücke Erlangte zunächst notwendiges Betriebsvermögen wurde, bis es entnommen wurde. Hier wurde das eingetauschte Grundstück infolge der vereinbarungsgemäß vollzogenen unmittelbaren Übertragung von S nicht Betriebsvermögen des G. In das Betriebsvermögen gelangte jedoch der Sachleistungsanspruch auf das eingetauschte Grundstück; dieser trat zunächst an die Stelle der veräußerten Grundstücke. G hat diesen Sachleistungsanspruch entnommen.

Buchungen bei unterstelltem Buchwert der hingegebenen Grundstücke in Höhe von insgesamt 100 000 DM und gemeinem Wert von insgesamt 600 000 DM (s. u. 15.5.6.9):

Forderungen		
(Sachleistungsanspr.)	600 000 DM	
	an Grundstücke	100 000 DM
	an sonstige betriebl. Erträge	500 000 DM
sonst. betriebl. Aufw.	500 000 DM	
	an Rücklage § 6 b EStG	
	(Sonderposten mit Rücklageanteil)	500 000 DM
Entnahmen	600 000 DM	
	an Forderungen	600 000 DM

---

216 H 41 a „Entnahme" EStH.
217 BFH v. 29. 6. 1995, BStBl 1996 II S. 60.
218 BFH v. 29. 6. 1995, BStBl 1996 II S. 60 m. w. N.; H 41 a „Tausch" EStH.

15.5.6.3 Abzug des Veräußerungsgewinns

Der bei der Veräußerung nach § 6 b Abs. 1 Satz 1 EStG begünstigter Wirtschaftsgüter entstandene Gewinn kann von den Anschaffungs- oder Herstellungskosten neu beschaffter und ebenfalls begünstigter Wirtschaftsgüter bis zu 100 v. H. abgezogen werden. Der **abziehbare Betrag** errechnet sich aus einer Gegenüberstellung des Veräußerungserlöses abzügl. Veräußerungskosten und des Buchwerts, der sich für das Wirtschaftsgut im Zeitpunkt der Veräußerung ergeben würde, wenn für diesen Zeitpunkt eine Bilanz neu aufzustellen wäre (§ 6 b Abs. 2 Satz 1 EStG). Das bedeutet, dass bei abnutzbaren Anlagegütern auch noch AfA nach § 7 EStG sowie etwaige Sonderabschreibungen für den Zeitraum vom letzten Bilanzstichtag bis zum Veräußerungszeitpunkt vorgenommen werden können (§ 6 b Abs. 2 Satz 2 EStG, R 41 a Abs. 3 EStR). Veräußerungskosten sind die Aufwendungen, die in unmittelbarer sachlicher Beziehung zu dem Veräußerungsgeschäft stehen. Dazu zählen alle durch die Veräußerung unmittelbar veranlassten Kosten (z. B. Notariatskosten, Maklerprovisionen, Grundbuchgebühren, Reise-, Beratungs-, Gutachterkosten, Verkehrsteuern). Abbruchkosten, die im Zusammenhang mit der Veräußerung eines anderen Wirtschaftsgutes anfallen, erfüllen diese Voraussetzungen nicht. Unmittelbar sind die Abbruchkosten mit dem abgebrochenen Wirtschaftsgut verbunden. Zu dem veräußerten Wirtschaftsgut besteht nur ein mittelbarer Zusammenhang, indem der Abbruch der Gebäude die vertragsgemäße Veräußerung des Grundstücks ermöglichte. Mithin ist der Veräußerungspreis nur um den Buchwert des veräußerten, nicht um den des vom Veräußerer abgebrochenen Wirtschaftsgutes zu mindern.[219]

15.5.6.4 Begünstigte Wirtschaftsgüter

Die Übertragung der durch Veräußerung aufgedeckten stillen Reserven kommt nur in Betracht, wenn ein **begünstigtes Wirtschaftsgut veräußert wird.** Die hierfür in Betracht kommenden Güter sind in § 6 b Abs. 1 Satz 1 EStG abschließend aufgezählt.[220] Eine Rücklagenbildung ist nicht möglich, wenn ein Schiff zunächst im eigenen Betrieb abgewrackt und dann der Schrott veräußert wird; Schrott sei kein Schiff.[221] Einzelfragen regelt R 41 a Abs. 1 EStR.[222]

Der Abzug des Veräußerungsgewinns ist auch möglich, wenn der Stpfl. Aufwuchs (aufstehendes Holz) und den dazugehörigen Grund und Boden in engem sachlichen (wirtschaftlichen) und zeitlichen Zusammenhang an zwei verschiedene Erwerber veräußert (Holz an E 1, Grund und Boden an E 2) und wenn die Veräußerung auf einem einheitlichen Veräußerungsentschluss beruht. Entscheidend ist, dass der **Aufwuchs** mit dem dazugehörigen Grund und Boden veräußert wird. Wald kann z. B.

---
219 BFH v. 27. 2. 1991, BStBl 1991 II S. 628.
220 BFH v. 24. 8. 1989, BStBl 1989 II S. 1016.
221 BFH v. 13. 2. 1979, BStBl 1979 II S. 409.
222 Vgl. auch H 41 a „nicht begünstigte Wirtschaftsgüter" EStH.

15 Bewertung der Wirtschaftsgüter des Betriebsvermögens

nicht als Holz auf dem Stamm, d. h. ohne die betreffende Grundstücksfläche, steuerbegünstigt veräußert werden; ebensowenig ist die Veräußerung von Aufwuchs durch den Pächter an den Eigentümer des Grund und Bodens nach Pachtende begünstigt.[223]
Wie ein Gebäude zu behandeln sind (vgl. R 42 Abs. 5 Satz 3 EStR)
- ein **Nutzungsrecht**, das durch **Erweiterung eines Gebäudes** durch einen Miteigentümer mit Zustimmung der anderen Miteigentümer entstanden ist,[224]
- ein **Nutzungsrecht**, das durch **Errichtung eines Gebäudes** durch einen Miteigentümer mit Zustimmung der anderen Miteigentümer entstanden ist,[225]
- ein **Nutzungsrecht**, das durch **Errichtung eines Gebäudes** auf fremdem Grund und Boden entstanden ist.[226]

Die ertragsteuerrechtliche Behandlung dieser Nutzungsrechte nach den für Gebäude geltenden Vorschriften bedeutet auch die Anwendung des § 6 b EStG.[227]

15.5.6.5 Frist für die Zugehörigkeit zum Anlagevermögen

Die veräußerten Wirtschaftsgüter müssen mindestens sechs Jahre zum Anlagevermögen gehört haben (§ 6 b Abs. 4 Nr. 2 EStG). Für die Fristberechnung gelten die Vorschriften des BGB. Da es sich um eine Ereignisfrist handelt, zählt der Tag der Anschaffung oder Herstellung nicht mit (§ 187 Abs. 1 BGB).[228]
Ob ein Wirtschaftsgut zum Anlagevermögen gehört, ergibt sich aus seiner Zweckbestimmung, nicht aus seiner Bilanzierung. Ist die Zweckbestimmung nicht eindeutig feststellbar, so begründet die Bilanzierung eine Vermutung. Bei mindestens sechsjähriger Zugehörigkeit von Wirtschaftsgütern zum Betriebsvermögen des Stpfl. kann in der Regel **Anlagevermögen** angenommen werden, es sei denn, dass besondere Gründe gegen eine Zurechnung zum Anlagevermögen vorhanden sind (R 41 c Abs. 1 EStR).
Werden Eigentumswohnungen veräußert, die durch Teilung eines Mietwohngrundstücks des Anlagevermögens nach § 8 WEG entstanden sind, so kann § 6 b EStG grundsätzlich in Anspruch genommen werden. Die **Aufteilung von Gebäuden in Eigentumswohnungen** führt nicht zur Entstehung von Umlaufvermögen, wenn die Gebäude wie bisher zum Anlagevermögen gehört haben und wenn sie bis zu ihrem Verkauf wie vor der Aufteilung genutzt werden.[229]
Die sechsjährige Zugehörigkeit des veräußerten Wirtschaftsgutes zum Anlagevermögen ist nur gegeben, wenn das Wirtschaftsgut mindestens sechs Jahre **ununterbrochen** zum Betriebsvermögen des veräußernden Stpfl. gehört hat. § 6 b EStG ist

---
223 BFH v. 7. 5. 1987, BStBl 1987 II S. 670 m. w. N.
224 S. u. 15.10.24.
225 S. u. 15.10.24.
226 S. u. 15.10.23.4.
227 BMF v. 3. 5. 1985, BStBl 1985 I S. 188; BFH v. 10. 4. 1997, BStBl 1997 II S. 718.
228 BFH v. 26. 8. 1993, BStBl 1994 II S. 232/234 m. w. N.
229 BMF v. 29. 10. 1979, BStBl 1979 I S. 639, in Abweichung von BFH v. 26. 11. 1974, BStBl 1975 II S. 352.

15.5 Besondere Anschaffungsvorgänge

eine **objekt- und personenbezogene Steuervergünstigung.** Die 6-Jahres-Frist bezieht sich bei der Veräußerung durch einen Einzelunternehmer oder eine Kapitalgesellschaft auf die Zugehörigkeit zum Anlagevermögen **des veräußernden Stpfl.** Bei einer Veräußerung durch eine **Personengesellschaft** war nach geltender Rechtslage bis zum 31. 12. 1998 (§ 52 Abs. 18 EStG) die Besitzzeit des einzelnen Gesellschafters innerhalb der Gesellschaft maßgeblich.[230] Nach der Neueinfügung des § 6 b Abs. 10 EStG durch Art. 1 Nr. 7 b des Steueränderungsgesetzes 1999/2000/2002[231] ist für Veräußerungen nach dem 31. 12. 1998 aus dem Gesamthandsvermögen der Personengesellschaft heraus die 6-Jahres-Frist dann erfüllt, wenn das veräußerte Anlagegut mindestens sechs Jahre im Gesamthandsvermögen der Personengesellschaft oder deren Rechtsvorgänger (§ 45 AO) verweilt hat; insoweit ist es nach neuer Rechtslage nicht mehr schädlich i. S. des § 6 b Abs. 4 Satz 1 Nr. 2 EStG, dass nach einem **Gesellschafterwechsel** einzelne oder alle Gesellschafter die Voraussetzung der sechsjährigen Vorbesitzzeit nicht erfüllen.

Bei der Veräußerung von **Grundstücken** oder **Eigentumswohnungen** des Anlagevermögens, die durch **Aufteilung** entstanden sind, beginnt die 6-Jahres-Frist mit der Zuführung des ungeteilten Wirtschaftsgutes zum Anlagevermögen.[232] Wegen der Ermittlung der Vorbesitzzeit nach § 6 b Abs. 4 Nr. 2 EStG bei der Veräußerung land- und forstwirtschaftlich genutzten Grund und Bodens im Beitrittsgebiet vgl. BMF, BStBl 1994 I S. 854. Wie zu verfahren ist bei **mehreren Betrieben** des Stpfl., Herstellung eines neuen Wirtschaftsgutes unter **Verwendung von gebrauchten Wirtschaftsgütern, nachträglichen Herstellungskosten, Anteilen** an Kapitalgesellschaften, **Ersatzwirtschaftsgütern** und beim Übergang eines Betriebs mit Buchwertverknüpfungen, vergleiche Hinweis auf R 41 c Abs. 1 bis 5 EStR.

15.5.6.6 Begünstigte Reinvestitionen

Die Übertragung der stillen Reserven setzt eine Reinvestition, d. h. die Anschaffung oder Herstellung eines begünstigten Wirtschaftsgutes voraus. Die **Einlage** eines Wirtschaftsgutes aus dem Privatvermögen in das Betriebsvermögen ist keine Anschaffung i. S. von § 6 b EStG.[233] Auf welche Wirtschaftsgüter die stillen Reserven übertragen werden können, bestimmt § 6 b Abs. 1 Satz 2 EStG. Dabei braucht es sich nicht um Wirtschaftsgüter zu handeln, die die gleiche Funktion wie die ausgeschiedenen Güter haben (keine Ersatzwirtschaftsgüter, sondern Reinvestitionswirtschaftsgüter).

Welche veräußerten Wirtschaftsgüter begünstigt sind und auf welche angeschafften Wirtschaftsgüter übertragen werden kann, zeigen die nachstehenden Übersichten.

---
230 BFH v. 13. 8. 1987, BStBl 1987 II S. 782; BFH v. 26. 2. 1992, BStBl 1992 II S. 988.
231 BStBl 1999 I S. 81.
232 BMF v. 29. 10. 1979, BStBl 1979 I S. 639.
233 BFH v. 11. 12. 1984, BStBl 1985 II S. 250; H 41 b „Einlage" EStH.

15 Bewertung der Wirtschaftsgüter des Betriebsvermögens

Rechtslage bei Veräußerungen vor 1. 1. 1999 (§ 52 Abs. 18 EStG):

Gewinn aus Veräußerung von ...	Übertragung auf:				
	Grund und Boden	Gebäude	Aufwuchs oder Anlagen im Grund und Boden	abnutzbare bewegliche Wirtschaftsgüter	Anteile an Kapitalgesellschaften
Grund und Boden	100 %	100 %	100 %	100 %	nein
Gebäuden	nein	100 %	nein	100 %	nein
abnutzbaren beweglichen Wirtschaftsgütern mit einer Nutzungsdauer von mind. 25 Jahren	nein	nein	nein	50 %	nein
Schiffen	nein	nein	nein	50 %	nein
Anteilen an Kapitalgesellschaften a) durch Unternehmensbeteiligungsgesellschaft	nein	100 %	nein	100 %	100 %
b) sonstige	nein	50 %	nein	50 %	50 %
Aufwuchs auf oder Anlagen im Grund und Boden (im land- und forstwirtschaftlichen Betriebsvermögen)	nein	100 %	100 %	100 %	nein
lebendem Inventar (bei Betriebsumstellung in der Land- und Forstwirtschaft)	nein	nein	nein	50 %	

Rechtslage bei Veräußerungen ab 31. 12. 1998 (§ 52 Abs. 18 EStG):

Gewinn aus Veräußerung von ...	Übertragung auf:		
	Grund und Boden	Gebäude	Aufwuchs*
Grund und Boden	100 %	100 %	100 %
Aufwuchs*	nein	100 %	100 %
Gebäude	nein	100 %	nein

---

* Aufwuchs Grund und Boden mit dem dazugehörenden Grund und Boden, wenn der Aufwuchs zu einem land- und forstwirtschaftlichen Betriebsvermögen gehört.

15.5 Besondere Anschaffungsvorgänge

Zur Eigenkapitalstärkung von kleineren und mittleren Betrieben in den **neuen Bundesländern** ermöglicht § 52 Abs. 8 Nr. 5 b, c EStG a. F. den vollen Abzug des bei der Veräußerung von Anteilen an Kapitalgesellschaften entstandenen Gewinns. Der Gewinn muss in Wirtschaftsjahren entstehen, die nach dem 31. 12. 1995 beginnen und vor dem 1. 1. 1999 enden. Der Abzug ist zulässig bei den Anschaffungskosten von Anteilen an Kapitalgesellschaften, soweit sie durch Erhöhung des Kapitals dieser Gesellschaften oder durch Neugründung dieser Gesellschaften entstanden sind, die Gesellschaften ihren Sitz und ihre Geschäftsleitung im Fördergebiet i. S. des § 1 Abs. 2 FördGG haben und im Zeitpunkt des Erwerbs der Beteiligung nicht mehr als 250 Arbeitnehmer in einem gegenwärtigen Dienstverhältnis beschäftigen, die Arbeitslohn, Kurzarbeitergeld oder Schlechtwettergeld beziehen. Begünstigt ist unter weiteren in § 52 Abs. 8 Nr. 5 c EStG a. F. genannten Voraussetzungen auch die mittelbare Beteiligung über eine Kapitalgesellschaft, deren Unternehmensgegenstand ausschließlich besteht im Erwerb bestimmter Anteile an Kapitalgesellschaften, im Erwerb bestimmter Mitunternehmeranteile i. S. des § 15 Abs. 1 Nr. 2 EStG, in der Beteiligung als stiller Gesellschafter an Unternehmen sowie in der Verwaltung und Veräußerung der bezeichneten Anteile an Kapitalgesellschaften und Anteile an Personengesellschaften.

15.5.6.7 Abzug des Gewinns im Veräußerungsjahr

Der Abzug nach § 6 b Abs. 1 EStG kann im Veräußerungsjahr vorgenommen werden. Dabei ist es unerheblich, ob das Wirtschaftsgut vor oder nach der Veräußerung des begünstigten Wirtschaftsgutes angeschafft oder hergestellt worden ist. Ist das Wirtschaftsgut i. S. des § 6 b Abs. 1 Satz 2 EStG **im Wirtschaftsjahr vor der Veräußerung angeschafft oder hergestellt worden,** so ist der Abzug nach § 6 b Abs. 1 EStG von dem Restbuchwert nach § 6 b Abs. 5 EStG vorzunehmen. Sind bei diesen Wirtschaftsgütern im Veräußerungsjahr noch **nachträgliche Anschaffungs- oder Herstellungskosten** angefallen, so ist der Abzug von dem um diese Kosten erhöhten Buchwert vorzunehmen (siehe R 41 b Abs. 1 EStR). Folglich kommt die Übertragung stiller Reserven nicht in Betracht bei nachträglichen Anschaffungs- oder Herstellungskosten für Wirtschaftsgüter, die bereits am vorletzten Bilanzstichtag vor der Veräußerung vorhanden waren,[234] es sei denn, es handelt sich dabei um Aufwendungen für die Erweiterung, den Ausbau und den Umbau eines Gebäudes (§ 6 b Abs. 1 Sätze 3 und 4 EStG) oder Schiffes (bis 31. 12. 1998).

Mit der zeitlichen Ausdehnung der Übertragungsmöglichkeit auf Wirtschaftsgüter i. S. des § 6 b Abs. 1 Satz 2 EStG, die bereits **im Wirtschaftsjahr vor der Veräußerung angeschafft oder hergestellt** worden sind, berücksichtigt der Gesetzgeber die Fälle, in denen zur Sicherung eines störungsfreien Betriebsablaufs Anschaffungen oder Herstellungen bereits vor der Veräußerung der Altanlagen erfolgen müssen. Dann ist der Veräußerungsgewinn vom Buchwert am Schluss des

---
[234] BFH v. 14. 11. 1990, BStBl 1991 II S. 222.

15 Bewertung der Wirtschaftsgüter des Betriebsvermögens

Wirtschaftsjahres der Anschaffung oder Herstellung abzuziehen (§ 6 b Abs. 5 EStG). Das bedeutet, dass sich die AfA im Wirtschaftsjahr der Anschaffung oder Herstellung des Reinvestitionsgutes noch nach den ungekürzten Anschaffungs- oder Herstellungskosten bemessen. Im Wirtschaftsjahr der Veräußerung ist der nach Abzug der AfA des Vorjahres verbleibende Buchwert des Reinvestitionsgutes um den Veräußerungsgewinn zu mindern (R 43 Abs. 4 EStR). Die **weiteren AfA** sind von dem verbleibenden Restwert vorzunehmen (§ 6 b Abs. 6 EStG). Bei Anwendung der typisierten Gebäude-AfA nach § 7 Abs. 4 Satz 1 und Abs. 5 EStG sind jedoch die um den Abzugsbetrag nach § 6 b Abs. 1 oder 3 EStG geminderten Anschaffungs- oder Herstellungskosten als AfA-Bemessungsgrundlage zugrunde zu legen (§ 6 b Abs. 6 Satz 2 EStG).

Voraussetzung für den Abzug des begünstigten Gewinns von den Anschaffungs- oder Herstellungskosten eines Wirtschaftsgutes nach § 6 b Abs. 1 oder Abs. 3 Satz 2 EStG ist, dass in der **HB entsprechend verfahren** wird. Soweit der Abzug in einem der folgenden Wirtschaftsjahre in der HB durch **eine Zuschreibung** rückgängig gemacht wird, erhöht der Betrag der Zuschreibung den Buchwert des Wirtschaftsgutes (§ 5 Abs. 1 Satz 2 EStG i. V. m. R 41 b Abs. 1 Sätze 1, 2 EStR).

15.5.6.8 Rücklagenbildung

Soweit der Abzug im Jahr der Veräußerung nicht erfolgt ist, kann **im Jahr der Veräußerung** eine den steuerrechtlichen Gewinn mindernde Rücklage gebildet werden. Diese kann von den Anschaffungs- oder Herstellungskosten der begünstigten Reinvestitionen der folgenden vier Wirtschaftsjahre abgesetzt werden (§ 6 b Abs. 3 EStG). Zur Sicherung einer möglichst schnellen Eigenkapitalzuführung beträgt die Reinvestitionsfrist in den in § 52 Abs. 8 Satz 2 EStG a. F. für das **Beitrittsgebiet** geregelten Sonderfällen statt vier nur zwei Jahre. Voraussetzung für die Bildung der Rücklage nach § 6 b EStG ist, dass ein entsprechender Schuldposten in der **Handelsbilanz** ausgewiesen wird (§ 5 Abs. 1 Satz 2 EStG, R 41 b Abs. 2 und 3 EStR; wegen der handelsrechtlichen Behandlung s. o. 12.3.4.1). Soweit Stpfl. keine Handelsbilanz aufstellen und dazu auch nicht verpflichtet sind, brauchen sie die Rücklage nur in der Steuerbilanz auszuweisen, z. B. Gesellschafter einer Personengesellschaft, wenn Wirtschaftsgüter veräußert worden sind, die von der Personengesellschaft genutzt wurden, aber nicht im Gesamthandseigentum der Gesellschafter standen, sondern nur einem oder einigen Gesellschaftern gehörten (R 41 b Abs. 2 Satz 2 EStR).[235]

Das Bilanzierungswahlrecht gem. § 6 b Abs. 3 EStG kann nur durch Ausweis der Rücklage in der Bilanz ausgeübt werden. Hat der Stpfl. keine Schlussbilanz aufgestellt und wird der Gewinn durch Schätzung ermittelt, kann eine Rücklage nicht gebildet werden (R 41 b Abs. 4 EStR).[236]

---
235 BFH v. 30. 3. 1989, BStBl 1989 II S. 560.
236 BFH v. 24. 1. 1990, BStBl 1990 II S. 426; H 41 b „Rücklagenbildung" EStH.

15.5 Besondere Anschaffungsvorgänge

15.5.6.9 Buchungstechnik

Die buchtechnische Durchführung des Abzugs bzw. Bildung und Auflösung der Rücklage kann im Hinblick auf den zutreffenden Gewinn nach den gleichen Grundsätzen wie bei Ersatzbeschaffungen nach R 35 EStR geschehen. Nach dem Wortlaut des Gesetzes ist jedoch – in Anlehnung an die handelsrechtliche Behandlung – wie folgt zu buchen:

a) § 6 b Abs. 1 Satz 1 EStG: Gewinnabzug von Neuzugängen im Veräußerungsjahr
aa) Veräußerungsgewinn zu 100 % abzugsfähig

		Verkaufserlös GruBo	500 000 DM
		Buchwert GruBo	100 000 DM
		tats. AK Zugang GruBo	700 000 DM
Finanzkonto	500 000 DM	an GruBo alt	100 000 DM
		an sonst. betriebl. Erträge	400 000 DM
Abschreibungen	400 000 DM	an GruBo neu	400 000 DM

bb) Veräußerungsgewinn zu 50 % abzugsfähig

		Verkaufserlös Betriebsvorr.	500 000 DM
		Buchwert Betriebsvorr.	100 000 DM
		tats. AK Zug. Betriebsvorr.	700 000 DM
Finanzkonto	500 000 DM	an Betriebsvorr. alt	100 000 DM
		an sonst. betriebl. Erträge	400 000 DM
Abschreibungen	200 000 DM	an Betriebsvorr. neu	200 000 DM

b) § 6 b Abs. 3 Sätze 1, 2 und 4 EStG: Bildung einer Rücklage (Sonderposten mit Rücklageanteil) im Veräußerungsjahr 01 und Gewinnabzug von Neuzugängen im Wirtschaftsjahr 02
aa) Veräußerungsgewinn zu 100 % abzugsfähig

01

Finanzkonto	500 000 DM	an Grund und Boden alt	100 000 DM
		an sonst. betriebl. Erträge	400 000 DM
sonst. betriebl. Aufw.	400 000 DM	an Rücklage § 6 b EStG	
		(Sonderposten mit	
		Rücklageanteil)	400 000 DM

02

Abschreibungen	400 000 DM	an Grund und Boden neu	400 000 DM
Rücklage § 6 b EStG			
(Sonderposten mit			
Rücklageanteil)	400 000 DM	an sonst. betriebl. Erträge	400 000 DM

bb) Veräußerungsgewinn zu 50 % abzugsfähig

01

Finanzkonto	500 000 DM	an Betriebsvorr. alt	100 000 DM
		an sonst. betriebl. Erträge	400 000 DM
sonst. betriebl. Aufw.	200 000 DM	an Rücklage § 6 b EStG	
		(Sonderposten mit	
		Rücklageanteil)	200 000 DM

15 Bewertung der Wirtschaftsgüter des Betriebsvermögens

02
Abschreibungen	200 000 DM	an Betriebsvorr. neu	200 000 DM
Rücklage § 6 b EStG			
(Sonderposten mit			
Rücklageanteil)	200 000 DM	an sonst. betriebl. Erträge	200 000 DM

15.5.6.10 Zeitraum der Investitionen

Nach § 6 b Abs. 3 EStG muss die Reinvestition in der Regel bis zum Ablauf der **vier folgenden Wirtschaftsjahre** erfolgen. Vgl. aber die in § 52 Abs. 8 Satz 2 EStG geregelten Sondertatbestände. Bei **Gebäuden** verlängert sich die Frist auf **sechs Jahre,** wenn mit ihrer Herstellung vor dem Schluss des vierten auf die Bildung der Rücklage folgenden Wirtschaftsjahres begonnen worden ist (§ 6 b Abs. 3 Satz 3 EStG). Dann kann die Rücklage aber nur **in Höhe der noch zu erwartenden Herstellungskosten** dieses Gebäudes fortgeführt werden.[237] Mit der Herstellung eines Gebäudes ist i. S. von § 6 b Abs. 3 Satz 3 EStG auch dann begonnen worden, wenn vor dem Schluss des vierten auf die Bildung der Rücklage folgenden Wirtschaftsjahres der **Bauantrag** gestellt wurde und das Gebäude bis zum Schluss des sechsten Wirtschaftsjahres nach Bildung der Rücklage fertig gestellt wird.[238] Wird ein **Gebäude abgerissen,** das der Stpfl. auf einem ihm bereits gehörenden Grundstück errichtet hatte oder das er ohne Abbruchabsicht erworben hat, dann ist der Abbruch als Beginn der Herstellung anzusehen, wenn zwischen Abbruch des alten und Beginn des Baus des neuen Gebäudes ein wirtschaftlicher und zeitlicher Zusammenhang besteht. Für die Reinvestitionsfrist nach § 6 b Abs. 3 Satz 3 EStG kann davon ausgegangen werden, dass ein wirtschaftlicher und zeitlicher Zusammenhang besteht, wenn der Abbruch eines Gebäudes vor dem Schluss des vierten auf die Bildung der Rücklage folgenden Wirtschaftsjahres erfolgt und das neue Gebäude innerhalb des verlängerten Reinvestitionszeitraums fertig gestellt wird.[239] Im Fall des **Tauschs mit verzögerter Gegenleistung** kann der Anspruch auf Lieferung eines Wirtschaftsgutes nicht der tatsächlichen Anschaffung des Wirtschaftsgutes gleichgestellt werden.[240]

Gehen **Besitz, Nutzungen und Lasten** eines Grundstücks zum ersten Tag eines Wirtschaftsjahres (1. 1. 04) auf den Erwerber über, so ist das Grundstück regelmäßig in diesem Wirtschaftsjahr angeschafft. War die Frist i. S. des § 6 b Abs. 3 EStG bereits mit Ablauf des davor liegenden Wirtschaftsjahres (31. 12. 03) beendet, so kann die Rücklage nicht auf das am 1. 1. 04 angeschaffte Grundstück übertragen werden; sie ist gem. § 6 b Abs. 3 Satz 5 EStG zum 31. 12. 03 gewinnerhöhend aufzulösen.[241]

---
237 BFH v. 26. 10. 1989, BStBl 1990 II S. 290.
238 BFH v. 15. 10. 1981, BStBl 1982 II S. 63.
239 H 41 b „Rücklagenauflösung" EStH.
240 BFH v. 14. 12. 1982, BStBl 1983 II S. 303.
241 BFH v. 7. 11. 1991, BStBl 1992 II S. 398; H 41 a „Zeitpunkt des Überganges des wirtschaftlichen Eigentums" EStH.

15.5 Besondere Anschaffungsvorgänge

15.5.6.11 Sonstige Voraussetzungen

Weitere Voraussetzungen für die Übertragung der stillen Reserven ergeben sich aus § 6 b Abs. 4 EStG. Dabei darf der bei der Veräußerung entstandene Gewinn der **inländischen Besteuerung nicht entzogen werden.** Befindet sich das Grundstück, auf das stille Reserven nach § 6 b EStG übertragen werden sollen, in einem ausländischen Staat, mit dem zum Zeitpunkt der geplanten Übertragung noch kein DBA bestand, ist im Zeitpunkt der Übertragung die Besteuerung der stillen Reserven weiterhin möglich und damit die Übertragung zulässig. Wird später ein DBA abgeschlossen, welches das Besteuerungsrecht dem anderen Vertragsstaat zuspricht, entfällt ab diesem Zeitpunkt die Möglichkeit einer Nachversteuerung der übertragenen stillen Reserven.[242] Abzug sowie Bildung und Auflösung der Rücklage müssen in der Buchführung verfolgt werden können (§ 6 b Abs. 4 Nr. 5 EStG). Deshalb ist ein Abzug bzw. die Bildung einer Rücklage nicht zulässig, wenn der **Gewinn** vom Finanzamt **geschätzt** wurde, weil der Stpfl. keine Bilanz erstellt hat.[243] Wird der Gewinn für ein Wirtschaftsjahr nach Bildung und vor der gebotenen Auflösung der Rücklage geschätzt, weil keine Bilanz aufgestellt wurde, so ist die Rücklage in diesem Wirtschaftsjahr gewinnerhöhend aufzulösen und ein Betrag in Höhe der Rücklage im Rahmen der Gewinnschätzung zu berücksichtigen (R 41 b Abs. 4 EStR).

15.5.6.12 Übertragungsmöglichkeiten

Die Übertragung der stillen Reserven kann auch **auf andere Betriebe des Stpfl.** und sogar auf **Wirtschaftsgüter einer Personengesellschaft** erfolgen, an der der Stpfl. als Mitunternehmer beteiligt ist. Letzteres gilt auch dann, wenn der beteiligte Mitunternehmer eine **Kapitalgesellschaft** ist.[244] Wegen Einzelheiten Hinweis auf R 41 b Abs. 6 und 7 EStR. Zur **Verbuchung** vgl. R 41 b Abs. 8 EStR. Ausnahmen ergeben sich aus § 6 b Abs. 4 Satz 2 EStG. Danach ist der Abzug der aufgedeckten stillen Reserven bei Wirtschaftsgütern, die zu einem land- und forstwirtschaftlichen Betrieb gehören oder der selbstständigen Arbeit dienen, zur Vermeidung von Gewerbesteuerausfällen nicht zulässig, wenn der Gewinn bei der Veräußerung von Wirtschaftsgütern **eines Gewerbebetriebs** entstanden ist. Die verschiedenen Möglichkeiten zeigt die nachstehende Übersicht:

Gewinn aufgedeckt bei Wirtschafts- gütern der Einkunftsart	Abzug zulässig bei Wirtschaftsgütern der Einkunftsart		
	Land- und Forst- wirtschaft	Gewerbebetrieb	Selbstständige Arbeit
Land- und Forstwirtschaft	ja	ja	ja
Gewerbebetrieb	nein	ja	nein
Selbstständige Arbeit	ja	ja	ja

---

242 BFH v. 16. 12. 1975, BStBl 1976 II S. 246.
243 BFH v. 24. 1. 1990, BStBl 1990 II S. 426; H 41 b „Rücklagenbildung" EStH.
244 Vfg. OFD München v. 30. 4. 1999, S 2139 – 36 St 42.

15 Bewertung der Wirtschaftsgüter des Betriebsvermögens

Die Rücklage ist an die **Person des Stpfl.** gebunden.[245] Daraus ergeben sich Folgen bei Änderung der Unternehmensform und bei einer Betriebsveräußerung (R 41 b Abs. 9 und 10 EStR).

15.5.6.13 Auflösung der Rücklage

Die Rücklage nach § 6 b EStG ist nach Ablauf des Begünstigungszeitraums gewinnerhöhend aufzulösen. Sie kann aber auch vorzeitig aufgelöst werden; denn von einer Reinvestitionsabsicht ist die Vergünstigung nach § 6 b EStG nicht abhängig.[246] Wird ein Betrieb veräußert und besteht keine Übertragungsmöglichkeit, erhöht die Rücklage den **steuerbegünstigten Veräußerungsgewinn** (R 41 b Abs. 10 Satz 6 EStR). Wird jedoch bei der Ermittlung des Gewinns aus der Veräußerung eines Gewerbebetriebs eine Rücklage nach § 6 b EStG gebildet, so führt die spätere Auflösung der Rücklage zu nachträglich nicht tarifbegünstigten Einkünften aus Gewerbebetrieb.[247] Nach § 34 Abs. 1 letzter Satz EStG bewirkt die Inanspruchnahme des § 6 b EStG für einen Teil eines Betriebsveräußerungs- oder Betriebsaufgabegewinns, dass der restliche sofort zu versteuernde Betriebsveräußerungs- oder Betriebsaufgabegewinn nicht tarifbegünstigt ist; wegen der insoweit eindeutigen gesetzlichen Regelung ist es daher ohne Bedeutung, ob der anlässlich der Betriebsaufgabe/-veräußerung in eine steuerfreie §-6-b-Rücklage eingestellte Gewinn aus einer wesentlichen oder unwesentlichen Betriebsgrundlage herrührt. Die Fortführung oder Bildung einer steuerfreien §-6-b-Rücklage aus stillen Reserven einer wesentlichen Betriebsgrundlage steht allerdings der Gewährung des Freibetrages nach § 16 Abs. 4 EStG und damit auch der Anwendung des § 34 Abs. 1, 2 Nr. 1 EStG entgegen.[248]

Scheidet ein Gesellschafter einer Personengesellschaft in der Zeit zwischen der Veräußerung eines Wirtschaftsgutes und der Reinvestition des Veräußerungsgewinns **durch Tod aus** mit der Folge, dass die Gesellschaft nach dem Gesellschaftsvertrag mit seinem Erben nicht fortgesetzt wird (dieser vielmehr nur Anspruch auf Auszahlung des Buchkapitals des Erblassers hat), so kann die Personengesellschaft aufgrund von Veräußerungen nach dem 31. 12. 1998 gebildete steuerfreie §-6-b-Rücklagen hinsichtlich des auf den verstorbenen Gesellschafter entfallenden Anteiles fortführen und übertragen (§§ 6 Abs. 10, 52 Abs. 18 EStG); vor diesem Zeitpunkt gebildete Rücklagen müssen – wenn sie nach dem 31. 12. 1998 noch bestehen und ein Gesellschafter verstirbt – nach der alten Rechtslage (personenbezogene Betrachtung der 6-jährigen Verbleibensfrist) anteilig aufgelöst werden.[249]

---
245 BFH v. 30. 3. 1989, BStBl 1989 II S. 558.
246 BFH v. 17. 9. 1987, BStBl 1988 II S. 55.
247 BFH v. 4. 2. 1982, BStBl 1982 II S. 348; H 41 b „Rücklage bei Betriebsveräußerung" EStH; H 139 „Rücklage" EStH.
248 H 139 Abs. 1 „Gewinnermittlung", H 139 Abs. 3 „Auflösung stiller Reserven", H 139 Abs. 4 „Sonderbetriebsvermögen" EStH.
249 S. o. 15.5.6.5.

15.5 Besondere Anschaffungsvorgänge

Nach § 6 b Abs. 7 EStG ist der Gewinn des Wirtschaftsjahres, in dem die Rücklage aufgelöst wird, ohne dass es zu einem Abzug nach § 6 b Abs. 3 Satz 2 oder 5 EStG kommt, für jedes **volle** Wirtschaftsjahr, in dem die Rücklage bestanden hat, um 6 v. H. des aufzulösenden Rücklagebetrags zu erhöhen. Die Rücklage hat auch dann während des ganzen Wirtschaftsjahres bestanden, wenn sie buchungstechnisch bereits während des laufenden Wirtschaftsjahres aufgelöst wird.[250] Dieser „**Stundungszuschlag**" wird aus Zweckmäßigkeitsgründen, auch im Hinblick auf Kapitalgesellschaften, außerhalb von Buchführung und Bilanz durch Erhöhung des Bilanzgewinns erfasst; er kann bei Einzelunternehmen und Personengesellschaften auch über das Konto „Entnahmen" (an „Zinserträge") gebucht werden (neuerdings aber Auswirkung bei § 4 Abs. 4 a EStG).
Bei Kapitalgesellschaften erhöht der Gewinnzuschlag das EK 45, obgleich keine Vermögensmehrung eingetreten ist. Der gleichzeitig vorzunehmende Abzug hat beim EK 02 zu geschehen (Abschn. 83 Abs. 2 Nr. 6 KStR).

Beispiele
Aus der Veräußerung von Maschinen mit einer betriebsgewöhnlichen Nutzungsdauer von 25 Jahren wurde am 1. 7. ein Veräußerungsgewinn von 100 000 DM erzielt und, soweit nach § 6 b Abs. 1 Satz 1 i. V. m. Abs. 3 EStG zulässig, einer steuerfreien Rücklage gem. § 6 b EStG zugeführt.
a) Die Veräußerung war 04 und die Rücklage besteht noch am 31. 12. 08. Die Voraussetzungen einer Fristverlängerung nach § 6 b Abs. 3 Satz 3 EStG liegen nicht vor.
Die Rücklage in Höhe von (50 % v. 100 000 DM =) 50 000 DM ist zum 31. 12. 08 aufzulösen und der Gewinn des Jahres 08 zusätzlich um (24 v. H. von 50 000 DM =) 12 000 DM zu erhöhen.

Buchung:
Rücklage § 6 b EStG (Sonderposten
mit Rücklageanteil)   50 000 DM
an sonst. betriebl. Erträge   50 000 DM
Ferner ist der Gewinn außerhalb der Bilanz um 12 000 DM zu erhöhen.
b) Die Veräußerung war 04; aber die Rücklage in Höhe von 50 000 DM wurde bereits 05 – ohne Vornahme eines gewinnmindernden Abzugs nach § 6 b Abs. 3 Satz 2 EStG – aufgelöst.
Da die Rücklage mit rechtlicher Wirkung erst zum Bilanzabschluss aufgelöst werden kann, hat sie im Wirtschaftsjahr 05 volle 12 Monate bestanden. Nach § 6 b Abs. 7 EStG ist der Gewinn 05 zusätzlich um (6 % von 50 000 =) 3000 DM zu erhöhen.

15.5.6.14 Einzelfragen

Ist ein Betrag nach § 6 b Abs. 1 oder 3 EStG abgezogen worden, so tritt gem. § 6 b Abs. 6 Satz 1 EStG für die **AfA** oder **AfS** im Wirtschaftsjahr des Abzugs der verbleibende Betrag an die Stelle der Anschaffungs- oder Herstellungskosten (R 43 Abs. 4 EStR). Seit der Neufassung des § 6 Abs. 1 Nrn. 1 ff. EStG durch das Steuerentlastungsgesetz 1999/2000/2002 v. 24. 3. 1999[251] ist auch klargestellt, dass § 6 b

---
[250] BFH v. 26. 10. 1989, BStBl 1990 II S. 290; H 41 b „Gewinnzuschlag" EStH.
[251] BStBl 1999 I S. 304.

Abs. 6 EStG neben der AfA-Bemessungsgrundlage des Reinvestitionsguts auch dessen **Zuschreibungsobergrenze** gemäß § 6 Abs. 1 Nr. 1 Satz 4, Nr. 2 Satz 3 EStG mindert.[252]

§ 6 b Abs. 6 Satz 1 EStG hat auch Bedeutung für die Abschreibung nach **§ 6 Abs. 2 EStG**. Werden **geringwertige Wirtschaftsgüter** im Wirtschaftsjahr des Abzugs angeschafft oder hergestellt, sind für die Möglichkeit der sofortigen Abschreibung nach § 6 Abs. 2 EStG (die Wertgrenze beträgt 800 DM) die um den Abzugsbetrag geminderten Anschaffungs- oder Herstellungskosten maßgebend (R 40 Abs. 5 Nr. 1 EStR).

Eine Rücklage nach § 6 b EStG kann gem. § 4 Abs. 2 Satz 2 EStG – seit seiner Änderung das Steuerbereinigungsgesetz 1999 v. 22. 12. 1999[253] ohne Zustimmung des FA – auch nach Einreichung der Bilanz beim FA im Wege der **Bilanzänderung nachträglich gebildet** werden, wenn die betroffenen Steuerfestsetzungen bzw. die gesonderte Feststellung der Einkünfte (§ 180 Abs. 1 Nr. 2 a, b AO) noch nicht ergangen oder noch offen ist (z. B. Vorbehalt der Nachprüfung gem. § 164 Abs. 1 AO, zulässiger Einspruch, § 351 Abs. 1 AO bei Bescheidänderung aus anderem Grund). Dies gilt selbst dann, wenn im Zeitpunkt der Einreichung der geänderten Bilanz beim FA die Reinvestitionsfrist des § 6 b Abs. 3, 8 EStG bereits abgelaufen ist und keine begünstigte Reinvestition gem. § 6 b Abs. 1 Satz 2 EStG getätigt wurde. Darauf, ob am Bilanzstichtag des Veräußerungsjahres die Absicht bestand, begünstigte Wirtschaftsgüter anzuschaffen oder herzustellen, kommt es nicht an.[254] Die Bildung einer Rücklage nach § 6 b EStG setzt auch bei einer Betriebsveräußerung **keine Reinvestitionsabsicht** des Stpfl. voraus, sondern wird als Instrument zur zeitlichen Verschiebung von Gewinnen toleriert – allerdings mit der Sanktion der Verzinsung nach § 6 b Abs. 7 EStG.[255] Aufgrund der Neufassung des § 4 Abs. 2 Satz 2 EStG bestand in der Vergangenheit eine Rechtsunsicherheit darüber, ob und ggf. in welchem Umfang das **Mehrergebnis aufgrund einer Außenprüfung** durch die nachträgliche Bildung einer Rücklage nach § 6 b EStG kompensiert werden darf. Nach BMF v. 18. 5. 2000,[256] setzt der geforderte **zeitliche und sachliche Zusammenhang** voraus, dass sich sowohl die Bilanzberichtigung (des Außenprüfers) wie auch die (vom Stpfl. begehrte) Bilanzänderung auf **dieselbe Bilanz** beziehen. Die Änderung der Bilanz dieses Wirtschaftsjahres ist danach unabhängig von der Frage, auf welche Wirtschaftsgüter oder Rechnungsabgrenzungsposten sich die Berichtigung dieser Bilanz bezieht, **bis zur Höhe des gesamten Berichtigungsbetrages** zulässig. Ein zeitlicher Zusammenhang liegt darüber hinaus nur vor, wenn die Bilanz **unverzüglich nach der Bilanzberichtigung** des Außenprüfers geändert wird. Diese Regelung gilt für alle offenen Fälle, in denen Bilanzberichtigungsanträge bei den FÄ nach dem 31. 12. 1998 eingegangen sind (§ 52 Abs. 9 EStG).

252 Zur erstmaligen Anwendung vgl. § 52 Abs. 16 EStG.
253 BStBl 2000 I S. 13.
254 BFH v. 22. 9. 1994, BStBl 1995 II S. 367/370 m. w. N.; BFH v. 7. 3. 1996, BStBl 568.
255 BFH v. 5. 6. 1997, BFH/NV 1997 S. 754.
256 BStBl 2000 I S. 587.

15.5 Besondere Anschaffungsvorgänge

Bei der **unentgeltlichen Übertragung eines Betriebes** geht eine vom Rechtsvorgänger nach § 6 b EStG gebildete Rücklage auf den Rechtsnachfolger über.[257]

Beispiel

Vater (V) hat seinen Gewerbebetrieb mit Wirkung vom 1. 1. 08 unentgeltlich auf seine Tochter (T) übertragen. Im Jahre 04 hat V einen Veräußerungsgewinn i. S. des § 6 b Abs. 1 Satz 1 EStG erzielt, der in Höhe von 1 000 000 DM begünstigt ist. V hat weder einen Abzug nach § 6 b Abs. 1 Satz 1 EStG vorgenommen noch nach § 6 b Abs. 3 EStG eine Rücklage gebildet.

Im Rahmen einer Betriebsprüfung bei V im Jahre 09 für den Zeitraum 04–07 begehrte V im Wege der Bilanzänderung die gewinnmindernde Bildung einer Rücklage nach § 6 b Abs. 3 EStG in Höhe von 1 000 000 DM, um einen noch höheren Mehrgewinn 04 des Außenprüfers teilweise zu neutralisieren.

Die Bildung der Rücklage kann gem. § 4 Abs. 2 Satz 2 EStG im Wege einer Bilanzänderung nachgeholt werden. Der Rücklagenbildung im Jahre 09 mit Wirkung vom 31. 12. 04 steht nicht entgegen, dass im Jahre 09 die Reinvestitionsfrist von vier Jahren bereits abgelaufen war (§ 6 b Abs. 3 Satz 5 EStG). Das Wahlrecht, eine Rücklage zu bilden oder davon abzusehen, wie auch das Recht, im Wege der Bilanzänderung eine zunächst unterlassene Rücklagenbildung nachzuholen, steht dem V zu, der den Veräußerungsgewinn erzielt hat. Wird ein Betrieb unentgeltlich durch Schenkung oder im Wege der vorweggenommenen Erbfolge übertragen, dann ist es folglich der Schenker, nicht der Beschenkte, der bilanzielle Wahlrechte für Zeiträume vor der Betriebsübertragung ausübt. Der Zustimmung des Rechtsnachfolgers bedarf es für die steuerrechtliche Wirksamkeit der Wahlrechtsausübung nicht.

Die nach § 7 Abs. 1 EStDV bzw. § 6 Abs. 3 EStG gebotene Buchwertverknüpfung führt nicht zu einer Gewinnrealisierung. Dann kommt es beim Betriebsübergeber V am 1. 1. 08 auch nicht zu einer gewinnerhöhenden Auflösung der im Wege der Bilanzänderung zum 31. 12. 04 nach § 6 b EStG gebildeten steuerfreien Rücklage. Folglich muss der Gewinn aus der später wegen Zeitablaufs zum 31. 12. 08 aufzulösenden Rücklage bei der Betriebsübernehmerin T erfasst werden.[258]

Korrekturen im Betrieb des V:	
Rücklage § 6 b EStG 31. 12. 04	+ 1 000 000 DM
Rücklage § 6 b EStG 31. 12. 05	+ 1 000 000 DM
Rücklage § 6 b EStG 31. 12. 06	+ 1 000 000 DM
Rücklage § 6 b EStG 31. 12. 07	+ 1 000 000 DM
Gewinn 04	./. 1 000 000 DM
Korrekturen im Betrieb der T:	
Kapital 1. 1. 08	./. 1 000 000 DM
Gewinn 08, § 6 b Abs. 3 Satz 5 EStG	+ 1 000 000 DM
Gewinn 08, § 6 b Abs. 7 EStG (4 × 6 = 24, 24 % v. 1 000 000 =)	+ 240 000 DM

Werden entsprechende Wirtschaftsgüter im Wirtschaftsjahr vor der Veräußerung angeschafft oder hergestellt, kann der Abzug von den Anschaffungs- oder Herstellungskosten im Veräußerungsjahr zwar zu einem Betrag führen, der 800 DM nicht übersteigt. § 6 Abs. 2 EStG ist jedoch nicht anwendbar, weil die Sofortabschreibung nur im Wirtschaftsjahr der Anschaffung oder Herstellung möglich ist. Vorauset-

---
[257] BFH v. 22. 9. 1994, BStBl 1995 II S. 367.
[258] BFH v. 22. 9. 1994, BStBl 1995 II S. 367.

15 Bewertung der Wirtschaftsgüter des Betriebsvermögens

zung dafür ist u. a., dass die Anschaffungs- oder Herstellungskosten in **diesem** Jahr nicht mehr als 800 DM betragen.

Beispiele

a) Am 31. 5. 09 (Veräußerung vor 1. 1. 1999, vgl. § 52 Abs. 18 EStG) wurde eine Betriebsvorrichtung (ND = 25 Jahre) für 500 000 DM zzgl. 16 % USt veräußert. Der Buchwert betrug zu diesem Zeitpunkt 100 000 DM. Am 30. 6. 09 wurde für 200 800 DM netto eine neue Betriebsvorrichtung (ND = 10 Jahre) angeschafft. Für 09 soll die höchstmögliche Abschreibung berücksichtigt werden.

Buchungen bezüglich Veräußerung und Abzug:

Bank	580 000 DM	an BetrVo alt	100 000 DM
		an USt-Verbindlichk.	80 000 DM
		an sonst. betriebl. Erträge	400 000 DM
Abschreibungen (50 % v. 400 000)	200 000 DM	an BetrVo neu	200 000 DM

Kontenentwicklung:

BetrVo neu	**HB = StB**
Zugang 30. 6. 09	200 800 DM
Abzug § 6 b Abs. 1 Satz 1 EStG	200 000 DM
Wert i. S. des § 6 b Abs. 6 Satz 1 EStG	800 DM
Abschr. § 6 Abs. 2 EStG	800 DM
31. 12. 09	0 DM

b) Sachverhalt wie im Beispiel a, jedoch betragen die Anschaffungskosten der neuen Betriebsvorrichtung 286 800 DM. Die Anschaffung war am 30. 6. 08. Für 08 und 09 sollen die höchstmöglichen AfA vorgenommen werden.
Buchungen bezüglich Veräußerung und Abzug wie im Beispiel a.
Kontenentwicklung:

BetrVo neu	**HB = StB**
Zugang 30. 6. 08	286 800 DM
AfA 08 30 % degr. nach § 7 Abs. 2 EStG, R 44 Abs. 2 Satz 3 EStR	86 040 DM
31. 12. 08	200 760 DM
Abzug § 6 b Abs. 1, 5 EStG in 09	200 000 DM
Wert i. S. des § 6 b Abs. 6 Satz 1 EStG	760 DM
AfA § 7 Abs. 2 EStG 30 % degr.	228 DM
31. 12. 09	532 DM

Beim **Wechsel der Gewinnermittlungsart** zu beachtende Besonderheiten ergeben sich aus R 41 b Abs. 11 EStR.

15.5.6.15 Begünstigte Übertragung im Rahmen städtebaulicher Sanierungs- oder Entwicklungsmaßnahmen

Für Veräußerungsgewinne, die durch Übertragung von Wirtschaftsgütern i. S. des § 6 b Abs. 1 EStG auf Gebietskörperschaften, Gemeindeverbände usw. zum Zweck der Vorbereitung der Durchführung von städtebaulichen Sanierungs- oder Entwick-

15.5 Besondere Anschaffungsvorgänge

lungsmaßnahmen erzielt wurden, gilt eine **sieben- bzw. neunjährige Übertragungsfrist**. Weitere Einzelheiten dazu ergeben sich aus § 6 b Abs. 8, 9 EStG.[259]

15.5.6.16 Übersicht über die Unterschiede zwischen Abschn. 35 EStR und § 6 b EStG

Wenngleich für die buchmäßige Durchführung der Übertragung die gleichen Grundsätze gelten wie beim Ausscheiden infolge höherer Gewalt, so besteht doch eine Reihe von Unterschieden zwischen der Regelung der R 35 EStR und des § 6 b EStG. Die wichtigsten Abweichungen ergeben sich aus der nachstehenden Übersicht.

Merkmal	R 35 EStR	§ 6 b EStG n. F.
Zugehörigkeit der ausgeschiedenen Güter	Anlagevermögen oder Umlaufvermögen	Mindestens 6 Jahre Anlagevermögen (§ 6 b Abs. 4 Nr. 2 EStG; R 41 c EStR)
Begünstigte ausgeschiedene Güter	Alle betrieblichen Güter	Nur bestimmte Güter (§ 6 b Abs. 1 Satz 1 EStG)[260]
Ausscheidungsursache	Zwangsweise, z. B. infolge höherer Gewalt oder behördlichen Eingriffes (R 35 Abs. 1 EStR)	Veräußerung (R 41 a Abs. 2 EStR)
Übertragung der stillen Reserven auf	Ersatzwirtschaftsgüter (R 35 Abs. 1, 4 EStR)	Nur bestimmte Güter (§ 6 b Abs. 1 Satz 2 u. Abs. 4 Nr. 3 EStG; R 41 b Abs. 6 u. 7 EStR)
Begrenzung der Höhe	Entschädigung höher als Aufwand f. Ersatzbeschaffung[261]	100 % (§ 6 b Abs. 1 Satz 1 EStG)
Abzug der stillen Reserven im Wirtschaftsjahr der	Ersatzbeschaffung (dazu als Sondertatbestand)[262]	Anschaffung oder Herstellung, bei Anschaffung oder Herstellung im Wirtschaftsjahr vor der Veräußerung Abzug im Jahr der Veräußerung
Auflösung einer gebildeten Rücklage	in einem bzw. zwei Jahren (R 35 Abs. 4 EStR)	in vier bzw. sechs Jahren (§ 6 b Abs. 3 EStG), ggf. mit Zinszuschlag (§ 6 b Abs. 7 EStG)

259 Vgl. Vfg. OFD Kiel v. 14. 2. 2000, S 2139 A – St 232; Vfg. OFD München v. 13. 2. 2000, S 2139 – 33/2 St 42.
260 H 41 a EStH.
261 H 35 Abs. 3 „Mehrentschädigung" EStH.
262 H 35 Abs. 3 „Vorherige Anschaffung" EStH.

15 Bewertung der Wirtschaftsgüter des Betriebsvermögens

15.5.7 Unentgeltlicher Erwerb einzelner Wirtschaftsgüter

15.5.7.1 Erwerb aus betrieblichem Anlass

Werden aus betrieblichem Anlass einzelne Wirtschaftsgüter aus einem Betriebsvermögen unentgeltlich in das Betriebsvermögen eines anderen Stpfl. übertragen, so gilt nach §§ 7 Abs. 2, 84 Abs. 1 a EStDV bzw. §§ 6 Abs. 4, 52 Abs. 16 Satz 11 EStG für den Erwerber der Betrag als Anschaffungskosten, den er für das einzelne Wirtschaftsgut im Zeitpunkt des Erwerbs hätte aufwenden müssen **(fiktive Anschaffungskosten).** Dazu gehört die Vorsteuer, die bei entgeltlichem Erwerb entstanden wäre, nicht, wenn der Unternehmer zum Vorsteuerabzug berechtigt ist. Der Empfang des Wirtschaftsguts führt zur Gewinnrealisierung.

Beispiele

a) Ein Kaufmann erhält von einem Geschäftsfreund aus besonderem Anlass (Geschäftseröffnung, Geschäftsjubiläum) ohne Rechtsverpflichtung ein Sachgeschenk. Es kann davon ausgegangen werden, dass die Zuwendung durch geschäftliche Beziehungen der Beteiligten veranlasst war.
Der Wert des Wirtschaftsgutes gehört zu den Betriebseinnahmen des bedachten Kunden. Das gilt auch dann, wenn der Zuwendende seine Ausgaben nach § 4 Abs. 5 EStG nicht als Betriebsausgabe absetzen kann.[263]

b) Bei dem Sachgeschenk handelt es sich um Gegenstände (antike Silbergegenstände), die für eine betriebliche Nutzung ausscheiden und vom Beschenkten sogleich in seinen Privatbereich übernommen wurden.
Auch in solchen Fällen vollzieht sich die Zuwendung noch im betrieblichen Bereich.[264]

c) Der Betriebsinhaber hat aufgrund der erfolgreichen Teilnahme an einem Verkaufswettbewerb eine Auslandsreise gewonnen. Die Reise, deren Wert 10 000 DM beträgt, ist nach ihrer Gestaltung dem privaten Lebensbereich zuzurechnen.[265]
Die Reiseteilnahme stellt die Entnahme einer betrieblich begründeten Sachleistungsforderung dar. Der Gewinn ist um 10 000 DM zu erhöhen.[266]

Buchung: Entnahmen an sonst. betriebl. Erträge 10 000 DM
oder
sonstige Forderung an sonst. betriebl. Erträge 10 000 DM
Entnahmen an sonst. Forderung 10 000 DM

Umsatzsteuerrechtlich liegt ein Preisnachlass durch den Lieferanten und damit eine Minderung der Bemessungsgrundlage für die Vorsteuer des Betriebsinhabers vor

---

263 BFH v. 13. 12. 1973, BStBl 1974 II S. 210.
264 BFH v. 13. 12. 1973, a. a. O.
265 Einzelheiten zur ertragsteuerrechtlichen Behandlung von Incentive-Reisen ergeben sich aus BMF v. 14. 10. 1996, BStBl 1996 I S. 1192.
266 BFH v. 22. 7. 1988, BStBl 1988 II S. 995; BFH v. 20. 4. 1989, BStBl 1989 II S. 641.

15.5 Besondere Anschaffungsvorgänge

(§ 17 Abs. 1 Satz 1 Nr. 1 Satz 2 UStG).[267] Bei einem gemeinen Wert der Reise von 10 000 DM lautet die Buchung:

Entnahmen 10 000 DM	an sonstige betriebl. Erträge	
	(ggf. Wareneinkauf)	8 620,69 DM
	Vorsteuer	1 379,31 DM

Wenn die Voraussetzungen des § 6 Abs. 2 EStG erfüllt sind, können die (fiktiven) Anschaffungskosten sofort abgesetzt werden. Sie stehen tatsächlichen Anschaffungskosten eines entgeltlichen Erwerbs gleich.

15.5.7.2 Erwerb aus privatem Anlass

Unentgeltlicher Erwerb aus privatem Anlass (Schenkung) führt beim Erwerber nicht zum Ertrag, sondern zur erfolgsneutralen Einlage (Entnahme beim Schenker).[268]

15.5.8 Unentgeltlicher Erwerb eines Betriebs

Wird ein Betrieb im Ganzen unentgeltlich auf einen Dritten übertragen, ist weder der Tatbestand der Betriebsveräußerung noch der Betriebsaufgabe oder der Entnahme erfüllt. Da der Übergeber danach keinen Gewinn verwirklicht, muss der Übernehmer hinsichtlich der vorhandenen positiven und negativen Wirtschaftsgüter des Betriebs an die Buchwerte seines Rechtsvorgängers anknüpfen.[269] Dazu bestimmen die §§ 7 Abs. 1, 84 Abs. 1 a EStDV bzw. §§ 6 Abs. 3, 52 Abs. 1 EStG: „Wird ein **Betrieb**, ein **Teilbetrieb** oder der **Anteil eines Mitunternehmers an einem Betrieb** unentgeltlich übertragen, so sind bei der Ermittlung des Gewinns des bisherigen Betriebsinhabers (Mitunternehmers) die Wirtschaftsgüter mit den Werten anzusetzen, die sich nach den Vorschriften über die Gewinnermittlung ergeben. Der Rechtsnachfolger ist an diese Werte gebunden." Dies schließt aus, im Übergang der Verbindlichkeiten ein Entgelt zu sehen.[270]

Die unentgeltliche Übertragung eines Betriebs (Teilbetriebs) i. S. von § 6 Abs. 3 EStG setzt voraus, dass die wesentlichen Betriebsgrundlagen durch **einheitlichen Übertragungsakt** auf einen Erwerber überführt werden. Eine in mehrere, zeitlich aufeinander folgende Einzelakte aufgespaltene Gesamtübertragung kann nur dann als einheitlicher Übertragungsakt angesehen werden, wenn sie auf einem einheitlichen Willensentschluss beruht und zwischen den einzelnen Übertragungsvorgängen ein zeitlicher und sachlicher Zusammenhang besteht.[271]

Wird ein Betrieb zwar unentgeltlich übertragen, behält der Übertragende aber **nicht unwesentliche Teile zurück** und überführt sie ins Privatvermögen, so liegt keine

---
267 BFH v. 28. 6. 1995, BStBl 1995 II S. 850.
268 BFH v. 12. 10. 1977, BStBl 1978 II S. 191, 192.
269 BFH v. 5. 7. 1990, BStBl 1990 II S. 847, 854.
270 BFH v. 5. 7. 1990, BStBl 1990 II S. 847, 854.
271 BFH v. 12. 4. 1989, BStBl 1989 II S. 653.

15 Bewertung der Wirtschaftsgüter des Betriebsvermögens

Betriebsübertragung im Ganzen mit Buchwertverknüpfung nach § 6 Abs. 3 EStG, sondern eine Betriebsaufgabe i. S. des § 16 Abs. 3 Satz 1 EStG mit (gewinnrealisierender) Entnahme sämtlicher Wirtschaftsgüter des Betriebsvermögens vor.[272] Wird ein Betrieb unentgeltlich im Wege der **vorweggenommenen Erbfolge** übertragen, so liegt weder eine Entnahme noch eine Betriebsaufgabe vor. Der Betrieb wird vielmehr steuerrechtlich unverändert durch den Rechtsnachfolger fortgeführt. Dieser ist an die Buchwerte des Rechtsvorgängers gebunden (§ 6 Abs. 3 EStG). Unentgeltlich ist der Erwerb im Rahmen der vorweggenommenen Erbfolge auch dann, wenn sich der Übertragende den **Nießbrauch** an dem land- und forstwirtschaftl. Betrieb vorbehält. Die Bestellung des Nießbrauchs hat bei land- und forstwirtschaftl. Betrieben grundsätzlich zur Folge, dass zwei Betriebe entstehen, und zwar ein nicht aufgegebener in der Hand des nunmehrigen Eigentümers und ein wirtschaftender in der Hand des Nießbrauchsberechtigten und Hofübergebers. Solange der neue Eigentümer und Nießbrauchsverpflichtete die Betriebsaufgabe nicht ausdrücklich erklärt, ist er Inhaber eines land- und forstwirtschaftl. Betriebs.[273]

Betrifft ein **Sachvermächtnis** einen ganzen Betrieb, so erzielt die Erbengemeinschaft oder der Alleinerbe keinen Veräußerungs- oder Aufgabegewinn. Der Vermächtnisnehmer führt nach § 6 Abs. 3 EStG die Buchwerte des Betriebsvermögens der Erbengemeinschaft fort.[274]

Führt der Nießbraucher aufgrund eines ihm vom Erben in Erfüllung eines Vermächtnisses eingeräumten Nießbrauchs am Unternehmen den Gewerbebetrieb des Erblassers fort, so ist das Nießbrauchsrecht in der Bilanz seines Unternehmens nicht anzusetzen, weil der Nießbraucher das dingliche Nutzungsrecht nicht entgeltlich erworben hat. Eine mit dem Teilwert zu bewertende Einlage liegt ebenfalls nicht vor, weil das Nutzungsrecht nicht vorher aus dem Betriebsvermögen des Erblassers entnommen wurde. Denn ebenso wie die unentgeltliche Übertragung eines ganzen Betriebs oder eines Teilbetriebs zu betriebsfremden Zwecken keine Entnahme beinhaltet, führt die unentgeltliche Überlassung eines gesamten Betriebs zur Nutzung nicht zu einer Entnahme des Nutzungsrechts. Vielmehr tritt der Nutzungsberechtigte, was die Nutzung des Betriebsvermögens zur Einkunftserzielung betrifft, wie ein Rechtsnachfolger an die Stelle des die Nutzungsberechtigung überlassenden Eigentümers (§ 6 Abs. 3 EStG). Daraus folgt, dass eine dem Nießbraucher für die Aufgabe des Nießbrauchs gezahlte Entschädigung in voller Höhe als Aufgabegewinn zu erfassen ist.[275]

Ein unentgeltlicher Erwerb liegt in der Regel auch bei einer **Schenkung unter Auflage** vor.[276] Ist das Entgelt bei teilentgeltlichem Erwerb **(gemischte Schenkung)** eines Betriebs, Teilbetriebs oder Anteils eines Mitunternehmers an einem Betrieb

---
272 BFH v. 1. 2. 1990, BStBl 1990 II S. 428.
273 BFH v. 15. 10. 1987, BStBl 1988 II S. 260 m. w. N.
274 BFH v. 7. 12. 1990, BStBl 1991 II S. 350; BMF v. 11. 1. 1993, BStBl 1993 I S. 62/75.
275 BFH v. 23. 1. 1981, BStBl 1981 II S. 396.
276 BFH v. 26. 11. 1985, BStBl 1986 II S. 161; streitig, vgl. Schmidt/Wacker, EStG, § 16 Rz. 39–42.

niedriger als der Buchwert, kann der Erwerber die stillen Reserven seines Rechtsvorgängers nach § 6 Abs. 3 EStG fortführen; der Vorgang ist nicht in ein vollentgeltliches und voll unentgeltliches Geschäft zu zerlegen (**Einheitstheorie; keine Anwendung der Trennungstheorie** wie bei teilentgeltlicher Übertragung von PV).[277]

15.5.9 Anschaffung aus einer Erbauseinandersetzung[278]

15.5.9.1 Erbengemeinschaft mit Betriebsvermögen

Die **entgeltliche Übertragung des Erbanteils** an eine gewerblich tätigen Erbengemeinschaft bedeutet die Veräußerung eines Mitunternehmeranteils i. S. von § 16 Abs. 1 Nr. 2 EStG und führt beim Erwerber zu Anschaffungskosten. Anschaffungskosten und Veräußerungsgewinn errechnen sich wie bei der Übertragung eines Gesellschafteranteils.[279]

Scheidet ein Miterbe **gegen Abfindung** aus der Erbengemeinschaft aus, entstehen hieraus grundsätzlich für den Ausscheidenden ein Veräußerungsgewinn und für die verbliebenen Miterben Anschaffungskosten.[280]

Überträgt die Erbengemeinschaft den Betrieb auf einen Erben und findet dieser die übrigen Miterben ab, stellt die Abfindung für den verbleibenden Erben Anschaffungskosten dar. Die Ausschlagung der Erbschaft gegen eine Abfindung steht der entgeltlichen Veräußerung des Erbteils gleich.[281]

Mitunternehmeranteile, die vom Erblasser **gesondert** auf die Miterben übergegangen sind, können in die Erbauseinandersetzung einbezogen und abweichend aufgeteilt werden. Ausgleichszahlungen an die weichenden Miterben führen **auch** in diesem Fall zu Anschaffungskosten.[282]

Die **Realteilung**[283] einer Mitunternehmerschaft bzw. Erbengemeinschaft **ohne Ausgleichszahlungen** stellt einen unentgeltlichen Vorgang dar und wird nicht als Veräußerungs- bzw. Anschaffungsgeschäft behandelt. Realteilungen **bis 31. 12. 1998** führten allenfalls unter dem Gesichtspunkt der Zerschlagung des Betriebes zur Aufgabe der Mitunternehmerschaft. Dies bedeutete aber nicht zwingend, dass die stillen Reserven auch realisiert werden mussten. Vielmehr war bei Einsatz der zugewiesenen Wirtschaftsgüter in einem eigenen Betrieb oder einer weiteren Mitunternehmerschaft des Miterben wahlweise die Fortführung der Buchwerte möglich, und zwar unabhängig davon, ob Teilbetriebe, Mitunternehmeranteile oder Einzelwirtschafts-

---

277 BFH v. 10. 7. 1986, BStBl 1986 II S. 811; s. u. 15.5.10.5.
278 BFH v. 5. 7. 1990, BStBl 1990 II S. 837.
279 S. u. 21.9.1 u. 21.9.2.
280 S. u. 21.9.3.
281 BMF v. 11. 1. 1993, BStBl 1993 I S. 62/71.
282 BFH v. 13. 12. 1990, BStBl 1992 II S. 510.
283 Begriff s. u. 21.15.

güter verteilt wurden.[284] §§ 16 Abs. 3 Satz 2, 52 Abs. 34 Satz 2 EStG unterscheiden bei Realteilungen **nach dem 31. 12. 1998** danach, ob Einzelwirtschaftsgüter oder Teilbetriebe bzw. Mitunternehmeranteile zur Verteilung kommen. Der Übergang von Einzelwirtschaftsgütern führt nach neuer Rechtslage zwingend zur Aufdeckung der stillen Reserven (vgl. ebenso den neu eingefügten § 6 Abs. 4 EStG); bei der Übertragung eines Teilbetriebes oder Mitunternehmeranteiles entfällt (in Angleichung an den neu eingefügten § 6 Abs. 3 EStG) das Wahlrecht zur Betriebsaufgabe.[285] Die Neuregelung gilt auch für die **Erbengemeinschaft** (R 139 Abs. 4 Satz 2 EStR). Die steuerliche Behandlung eines unter den realteilenden Miterben bezahlten **Spitzenausgleichs**[286] hat durch die Neufassung des § 16 Abs. 3 Satz 2 EStG keine Änderung erfahren. Ausgleichszahlungen führen beim empfangenden Miterben zu einem anteiligen Veräußerungsgeschäft bzw. beim zahlenden zu Anschaffungskosten. Bei der Übertragung von Betrieben, Teilbetrieben oder Mitunternehmeranteilen ist die Abfindungszahlung dem Teil des Kapitalkontos gegenüberzustellen, der dem Verhältnis von Abfindungszahlungen zum Wert des übernommenen Betriebsvermögens entspricht.[287] Führt die Realteilung nicht zum Spitzenausgleich, sondern zur **Übernahme von Verbindlichkeiten** über die Erbquote hinaus, entstehen keine Anschaffungskosten.[288]

15.5.9.2 Erbengemeinschaft mit Privatvermögen

Erwirbt ein Miterbe die **Erbanteile der übrigen Miterben,** entstehen ihm Anschaffungskosten für die hinzuerworbenen Anteile am Gemeinschaftsvermögen.

Wird das Gemeinschaftsvermögen im Wege der Erbauseinandersetzung unter die Miterben verteilt, so ist die Erfüllung des erbrechtlichen Auseinandersetzungsanspruchs kein Anschaffungs- und Veräußerungsgeschäft. Der übernehmende Miterbe hat vielmehr bei einer derartigen **Realteilung**[289] entsprechend § 11 d Abs. 1 Satz 1 EStDV die von der Erbengemeinschaft anzusetzenden Anschaffungs- oder Herstellungskosten fortzuführen. Soweit allerdings der Wert des Erlangten den Wert seines Erbanteils übersteigt, muss der begünstigte Erbe **Ausgleichszahlungen** leisten; diese bilden für ihn Anschaffungskosten.

Das gilt auch, wenn sich die Erbengemeinschaft im Wege der **Versteigerung** ihrer Grundstücke auseinander setzt und einer der Erben eines oder mehrere Grundstücke ersteigert. Dann entstehen ihm insoweit Anschaffungskosten, als seine Bargebote

---
284 BMF v. 11. 1. 1993, BStBl 1993 I S. 62/65.
285 Ebenso Schmidt/Wacker, EStG, § 16 Rz. 650; BT-Drucks. 14/443; BMF v. 11. 1. 1993, BStBl 1993 I S. 62/65 insoweit überholt.
286 S. u. 21.15.2.
287 BMF v. 11. 1. 1993, BStBl 1993 I S. 62/66 mit Beispiel 3; vgl. dazu 21.15.2.2; das entgegenstehende BFH-Urteil v. 1. 12. 1992; BStBl 1994 II S. 607, ist nach BMF v. 11. 8. 1994, BStBl 1994 I S. 601, nicht über den entschiedenen Einzelfall hinaus anzuwenden.
288 BMF v. 11. 1. 1993, BStBl 1993 I S. 62/66.
289 S. u. 21.15.

15.5 Besondere Anschaffungsvorgänge

den ihm zustehenden Anteil am Versteigerungserlös aller Grundstücke übersteigen.[290]

Eine Schuldübernahme führt auch insoweit nicht zu Anschaffungskosten, als sie die Erbquote übersteigt.[291]

15.5.9.3 Erbengemeinschaft mit Betriebs- und Privatvermögen

Erwirbt ein Erbe den **Erbanteil eines Miterben,** ist der Vorgang beim Veräußerer und beim Erwerber beiden Bereichen zuzuordnen, sodass grundsätzlich in beiden Bereichen Anschaffungskosten und Veräußerungserlöse entstehen.

Bei einer **Vermögensverteilung zur Auseinandersetzung** der Erbengemeinschaft kommt es in beiden Bereichen nicht zu Anschaffungs- oder Veräußerungsgeschäften. Der Miterbe führt grundsätzlich die Buchwerte im erhaltenen Gewerbebetrieb (§ 7 Abs. 1 EStDV/§ 6 Abs. 3 EStG) und die Steuerwerte im erhaltenen Privatvermögen (§ 11 d Abs. 1 EStDV) fort.[292]

15.5.9.4 Erbfallschulden

Die Erfüllung von Erbfallschulden (insbesondere Vermächtnis-, Pflichtteils- und Erbersatzansprüche nach § 1934 a BGB) stellt sich nicht als Erwerbs- und Veräußerungsvorgang, sondern als schlichte Erfüllung einer durch den Erbfall verursachten Verbindlichkeit dar, die die bereits durch den Erbfall verursachte Zuordnung des rechtlichen und wirtschaftlichen Eigentums an den Nachlassgegenständen nicht berührt. Der Nachlass geht **unmittelbar und unentgeltlich** auf den Erben bzw. die Erbengemeinschaft über.[293] Wird ein Pflichtteilsanspruch aufgrund einer Vereinbarung mit dem Erben eines Betriebs **verzinslich gestundet,** sind die Schuldzinsen mangels Vorliegens einer Betriebsschuld nicht als Betriebsausgaben abziehbar. Entsprechendes gilt für den in eine KG eingetretenen Erben eines Kommanditanteils hinsichtlich des Abzugs von Sonderbetriebsausgaben.[294]

15.5.10 Leistungen im Rahmen vorweggenommener Erbfolge[295]

15.5.10.1 Versorgungsleistungen

Versorgungsleistungen (lfd. Zuwendungen in Form von Geld, Wohnung, Kost), die anlässlich der Übertragung von Vermögen im Wege der vorweggenommenen Erb-

---

290 BFH v. 29. 4. 1992, BStBl 1992 II S. 727.
291 BMF v. 11. 1. 1993, BStBl 1993 I S. 62/68.
292 Wegen weiterer Einzelheiten vgl. BMF v. 11. 1. 1993, BStBl 1993 I S. 62/70, 71.
293 BFH v. 17. 10. 1991, BStBl 1992 II S. 392; BFH v. 14. 4. 1992, BStBl 1993 II S. 275.
294 BFH v. 2. 3. 1993, BStBl 1994 II S. 619, entgegen BMF v. 11. 1. 1993, BStBl 1993 I S. 62 ff., Tz. 37 letzter Absatz, Tz. 70; vgl. dazu BMF v. 11. 8. 1994, BStBl 1994 I S. 603, BFH v. 2. 3. 1995, BStBl 1995 II S. 413.
295 Vgl. BFH v. 5. 7. 1990, BStBl 1990 II S. 847; BFH v. 15. 7. 1991, BStBl 1992 II S. 78.

folge vom Übernehmer zugesagt werden, stellen weder Veräußerungsentgelt noch Anschaffungskosten, sondern beim Übergeber wiederkehrende Bezüge (§ 22 Nr. 1 EStG) und beim Übernehmer Sonderausgaben (§ 10 Abs. 1 Nr. 1 a EStG) dar. Der Übernehmer erwirbt **unentgeltlich** und hat deshalb die Buchwerte des Übergebers fortzuführen, und zwar beim Betriebserwerb gem. § 7 Abs. 1 EStDV/§ 6 Abs. 3 EStG, hinsichtlich der nicht zum Betriebsvermögen gehörenden Wirtschaftsgüter entsprechend § 11 d Abs. 1 EStDV.

Die zugesagte **Versorgungsrente** stellt auch dann kein Entgelt dar, wenn sie nicht aus Erträgen des übertragenen Vermögens geleistet werden kann. Es ist i. d. R. auch nicht zu prüfen, ob der Vermögensübergeber auf die Versorgungsleistungen zur Bestreitung seines Lebensunterhalts angewiesen ist.[296]

Als **Abfindung** für einen **Erb- oder Pflichtteilsverzicht** geleistete Rentenzahlungen sind regelmäßig wiederkehrende Bezüge i. S. des § 22 EStG, weil es sich bei dieser Vereinbarung weder um ein vollentgeltliches noch ein teilentgeltliches Anschaffungs- und Veräußerungsgeschäft handelt. Die Abfindung stellt keine Anschaffungskosten dar.[297]

Liegt ausnahmsweise bei der Übertragung eines Betriebs von Eltern auf Kinder eine **betriebliche Veräußerungsrente** vor, gelten die in Kapitel 15.5.1 dargelegten Grundsätze.

15.5.10.2 Vorbehalt oder Einräumung von Nutzungsrechten

Behält sich der Übergeber ein dingliches oder obligatorisches Nutzungsrecht (z. B. Nießbrauch, Wohnrecht) an übertragenen Wirtschaftsgütern vor oder verpflichtet er den Übernehmer, ihm oder einem Dritten ein solches Nutzungsrecht einzuräumen, wird das bereits mit dem Nutzungsrecht belastete Vermögen erworben. Ein entgeltlicher Erwerb liegt insoweit nicht vor.[298]

15.5.10.3 Ausgleichsleistungen und Abstandszahlungen

Aus steuerrechtlicher Sicht erwirbt der Übernehmer **unentgeltlich,** wenn er Teile des übernommenen Vermögens Angehörigen zu überlassen hat. Diese Verpflichtung ist keine Gegenleistung des Übernehmers für die Übertragung des Vermögens; sie mindert vielmehr von vornherein das übertragene Vermögen, das mit den Buchwerten fortzuführen ist (§ 7 Abs. 1 EStDV/§ 6 Abs. 3 EStG bzw. § 11 d Abs. 1 EStDV).

Bei Abstandszahlungen **an den Vermögensübergeber** leistet der Übernehmer eigene Aufwendungen, um das Vermögen übertragen zu erhalten. Der Übergeber

---
296 BFH v. 23. 1. 1992, BStBl 1992 II S. 526.
297 BFH v. 7. 4. 1992, BStBl 1992 II S. 809.
298 BMF v. 22. 5. 1992, BStBl 1993 I S. 80/82.

15.5 Besondere Anschaffungsvorgänge

erlangt einen Gegenwert für das übertragene Vermögen. Damit sind die Voraussetzungen eines **Anschaffungs- und Veräußerungsgeschäfts** gegeben. Bei der Vereinbarung von Ausgleichszahlungen **an Dritte** (insbesondere an Geschwister und sonstige Verwandte in Form der sog. **Gleichstellungsgelder**) ergibt sich für den bisherigen Vermögensinhaber gleichfalls ein **Veräußerungsvorgang** und für den Vermögensübernehmer ein **Anschaffungsgeschäft**. Er nimmt die Aufwendungen für die versprochenen Leistungen auf sich, um die Verfügungsgewalt über das Vermögen des bisherigen Inhabers zu erlangen; hierin liegen Anschaffungskosten für die übertragenen Wirtschaftsgüter. Das Veräußerungsentgelt des bisherigen Vermögensinhabers besteht in der Forderung auf Gewährung der Ausgleichszahlungen an den begünstigten Dritten; die direkte Leistung an die Ausgleichsberechtigten stellt lediglich eine Abkürzung des Zahlungsweges dar. Für diese steuerrechtliche Beurteilung ist ohne Bedeutung, ob sich der Übergabevertrag in zivilrechtlicher Sicht als gemischte Schenkung oder als Auflagenschenkung darstellt.[299]

15.5.10.4 Übernahme von Verbindlichkeiten

In der Rechtsprechung der Zivilgerichte wird die Übernahme der dinglichen Lasten (insbesondere von Grundpfandrechten) durch den Beschenkten als reine Schenkung behandelt, weil der Gegenstand so geschenkt wird, wie er beim Übergeber vorhanden ist. In der Übernahme der persönlichen Verbindlichkeit wird dagegen eine Schenkungsauflage gesehen.

Steuerrechtlich liegen in der Übernahme von Verbindlichkeiten des Veräußerers durch den Erwerber **Anschaffungskosten** vor[300]

- bei Übernahme **privater Verbindlichkeiten** des Übergebers,[301]
- bei Übernahme **betrieblicher Verbindlichkeiten** des Übergebers, wenn die Übernahme im Zusammenhang mit der Übertragung einzelner Wirtschaftsgüter des Betriebsvermögens steht.

Beispiel
Kauffrau M überträgt ihren Gewerbebetrieb im Rahmen der vorweggenommenen Erbfolge mit Wirkung vom 1. 1. 02 mit sämtlichen Aktiven und Passiven auf ihren Sohn S. Wegen dieser Vermögensübertragung leistet S aus seinem privaten Vermögen eine Abstandszahlung an M in Höhe von 600 000 DM und übernimmt private Schulden der M, und zwar Hypothekenschulden in Höhe von 500 000 DM, die M zur Finanzierung von privatem Grundbesitz aufgenommen hatte, sowie Personensteuerschulden der M in Höhe von 200 000 DM.

M hat zum 31. 12. 01 folgende den handels- und steuerrechtlichen Vorschriften (§ 4 ff. EStG i. V. m. § 238 ff. HGB) entsprechende, in zusammengedrängter Form wiedergegebene Schlussbilanz aufgestellt:

---
299 BMF v. 13. 1. 1993, BStBl 1993 I S. 80, ber. BStBl 1993 I S. 464.
300 H 32 a „Schuldübernahme" EStH.
301 BFH v. 8. 11. 1990, BStBl 1991 II S. 450.

15 Bewertung der Wirtschaftsgüter des Betriebsvermögens

A		31. 12. 01	P
Sachanlagen	500 000 DM	Kapital	400 000 DM
Finanzanlagen	100 000 DM	Verbindlichkeiten	1 200 000 DM
Umlaufvermögen	1 000 000 DM		
	1 600 000 DM		1 600 000 DM

Stille Reserven enthalten

Firmenwert	200 000 DM
Sachanlagen	600 000 DM
Umlaufvermögen	100 000 DM
	900 000 DM

M hat infolge der entgeltlichen Veräußerung des ganzen Gewerbebetriebs (§ 16 Abs. 1 Nr. 1 EStG) einen Veräußerungsgewinn (§ 16 Abs. 2 EStG) in folgender Höhe erzielt:

Veräußerungspreis (600 000 + 500 000 + 200 000 =)	1 300 000 DM
./. Buchwert des Betriebsvermögens	400 000 DM
= Veräußerungsgewinn	900 000 DM

Für S ist aufgrund des entgeltlichen Erwerbs des Betriebs auf den 1. 1. 02 folgende Anfangsbilanz aufzustellen (vgl. auch § 6 Abs. 1 Nr. 7 EStG, § 5 Abs. 1 EStG i. V. m. § 255 Abs. 4 HGB):

A		1. 1. 02	P
Immaterielle Vermögens- gegenstände (Firmenwert)	200 000 DM	Kapital Verbindlichkeiten	600 000 DM 1 900 000 DM
Sachanlagen	1 100 000 DM		
Finanzanlagen	100 000 DM		
Umlaufvermögen	1 100 000 DM		
	2 500 000 DM		2 500 000 DM

Hinsichtlich des Teils des Veräußerungserlöses der M, der das Kapitalkonto im Zeitpunkt der Betriebsübergabe (400 000 DM) übersteigt (1 300 000 ./. 400 000 = 900 000), lautet die zusammengefasste Buchung:

Immaterielle Vermögensgegenstände	200 000 DM		
Sachanlagen	600 000 DM		
Umlaufvermögen	100 000 DM		
		an Kapital	200 000 DM
		Verbindlichk.	700 000 DM

Bei der Übertragung eines **Betriebs oder Mitunternehmeranteils** stellen die Verbindlichkeiten, die zum Betriebsvermögen gehören und auf den Erwerber übergehen, keine Gegenleistung dar. Wird ein Betrieb oder Mitunternehmeranteil im Ganzen unentgeltlich auf einen Dritten übertragen, ist weder der Tatbestand der Betriebsveräußerung noch der Betriebsaufgabe oder der Entnahme erfüllt. Da der Übergeber danach keinen Gewinn realisiert, muss der Übernehmer hinsichtlich der vorhandenen positiven und negativen Wirtschaftsgüter des Betriebs an die Buch-

15.5 Besondere Anschaffungsvorgänge

werte seines Vorgängers anknüpfen (vgl. § 7 Abs. 1 EStDV/§ 6 Abs. 3 EStG). Dies schließt es aus, im Übergang der Verbindlichkeiten ein Entgelt zu sehen.

15.5.10.5 Teilentgeltlichkeit bei Betriebsübertragung

Ausgleichsleistungen und Abstandszahlungen, die der Übernehmer an den Übergeber des Vermögens oder an Dritte zu erbringen hat, werden im Regelfall niedriger sein als der tatsächliche Wert des übertragenen Vermögens. Dann ist von Teilentgeltlichkeit auszugehen.

Bei der teilentgeltlichen Veräußerung eines Betriebs hat der BFH ebenso wie für die teilentgeltliche Veräußerung eines Mitunternehmeranteils entschieden,[302] dass der Veräußerungsgewinn i. S. des § 16 Abs. 2 EStG nach der sog. **Einheitstheorie** durch Gegenüberstellung des Entgelts und des Kapitalkontos des Übertragenden zu ermitteln ist.[303] Der ggf. nach § 16 Abs. 4 EStG zu gewährende Freibetrag richtet sich nach dem Verhältnis des erzielten Gewinns zu dem bei einer vollentgeltlichen Veräußerung des Betriebs erzielbaren Gewinn.[304] Die Veräußerungsfreigrenze ist entsprechend anteilig zu berücksichtigen.

Zu einer Aufdeckung der stillen Reserven, die auf einen vom Übertragenden selbst geschaffenen Geschäfts- oder Firmenwert entfallen, kommt es erst nach vollständiger Aufdeckung der stillen Reserven, die in den übrigen Wirtschaftsgütern des Betriebsvermögens enthalten sind.[305]

Ist die Gegenleistung mit dem Buchwert des übertragenen Betriebsvermögens (Kapitalkonto) identisch oder niedriger als der Buchwert, so hat der Erwerber die Buchwerte unverändert fortzuführen (§ 7 Abs. 1 EStDV/§ 6 Abs. 3 EStG). Für den Veräußerer entsteht dann kein Veräußerungsgewinn, bei einem den Buchwert unterschreitenden Entgelt aber auch kein Veräußerungsverlust. Ein in diesem Zusammenhang zur Finanzierung der Abstandszahlung an den Veräußerer bzw. der Ausgleichsleistungen an Dritte aufgenommenes Darlehen ist jedoch eine Betriebsschuld. Die Darlehenszinsen sind Betriebsausgaben, denn der Kredit dient der Finanzierung betrieblich veranlasster Aufwendungen.[306] Dies gilt auch, wenn die Schuldzinsen auf einer vom Rechtsvorgänger übernommenen privat veranlassten Verbindlichkeit beruhen.[307]

Beispiel 1

Kaufmann V überträgt seinen Gewerbebetrieb im Rahmen der vorweggenommenen Erbfolge mit Wirkung vom 1. 1. 06 auf seine Tochter T. Wegen dieser Vermögens-

---
302 BFH v. 10. 7. 1986, BStBl 1986 II S. 811; H 139 Abs. 7 „Veräußerungsgewinn" EStH; vgl. u. 21.9.1.4.
303 BMF v. 13. 1. 1993, BStBl 1993 I S. 80/86, 87.
304 BMF v. 13. 1. 1993, BStBl 1993 I S. 80/87.
305 BMF v. 13. 1. 1993, BStBl 1993 I S. 80/86.
306 BFH v. 4. 7. 1990, BStBl 1990 II S. 817/824.
307 BMF v. 13. 1. 1993, BStBl 1993 I S. 80/87.

15 Bewertung der Wirtschaftsgüter des Betriebsvermögens

übertragung leistet T aus ihrem Vermögen eine Abstandszahlung an ihren Vater sowie Ausgleichszahlungen an ihre Geschwister in Höhe von insgesamt 500 000 DM.
V hat zum 31. 12. 05 folgende den handels- und steuerrechtlichen Vorschriften (§ 4 ff. EStG i. V. m. § 238 ff. HGB) entsprechende, in zusammengedrängter Form wiedergegebene Schlussbilanz aufgestellt:

A	31. 12. 05		P
Sachanlagen	500 000 DM	Kapital	400 000 DM
Finanzanlagen	100 000 DM	Verbindlichkeiten	1 200 000 DM
Umlaufvermögen	1 000 000 DM		
	1 600 000 DM		1 600 000 DM

Stille Reserven enthalten

Firmenwert	200 000 DM
Sachanlagen	600 000 DM
Umlaufvermögen	100 000 DM
	900 000 DM

V hat bei der teilentgeltlichen Veräußerung seines ganzen Gewerbebetriebs (§ 16 Abs. 1 Nr. 1 EStG) einen Veräußerungsgewinn nach § 16 Abs. 2 EStG in folgender Höhe erzielt:

Veräußerungspreis	500 000 DM
./. Buchwert des Betriebsvermögens	400 000 DM
= Veräußerungsgewinn	100 000 DM

Die in dem von V selbst geschaffenen Firmenwert enthaltenen stillen Reserven sind nicht aufzudecken, weil es nicht zur vollständigen Aufdeckung der in den übrigen Wirtschaftsgütern enthaltenen stillen Reserven kommt.
Die gleichmäßige Aufstockung der vergüteten stillen Reserven[308] in Höhe von insgesamt 100 000 DM bei Sachanlagen und Umlaufvermögen

Sachanlagen	$6/7$ von 100 000 DM =	85 714 DM
Umlaufvermögen	$1/7$ von 100 000 DM =	14 286 DM
		100 000 DM

führt zu der folgenden zusammengefassten Buchung:

Sachanlagen	85 714 DM		
Umlaufvermögen	14 286 DM		
		an Kapital	100 000 DM

Die Anfangsbilanz der T zum 1. 1. 06 lautet (vgl. § 6 Abs. 1 Nr. 6, 7 EStG, § 5 Abs. 1 EStG i. V. m. § 255 Abs. 4 HGB):

A	1. 1. 06		P
Sachanlagen	585 714 DM	Kapital	500 000 DM
Finanzanlagen	100 000 DM	Verbindlichkeiten	1 200 000 DM
Umlaufvermögen	1 014 286 DM		
	1 700 000 DM		1 700 000 DM

---

308 Vgl. BMF v. 13. 1. 1993, BStBl 1993 I S. 80/87.

15.5 Besondere Anschaffungsvorgänge

Beispiel 2

Sachverhalt wie im Beispiel 1, jedoch betragen Abstandszahlung und Ausgleichsleistungen insgesamt nur 300 000 DM.
T hat bei diesem teilentgeltlichen Betriebserwerb, bei dem das Entgelt in Höhe von 300 000 DM nicht den Buchwert übersteigt, gem. § 7 Abs. 1 EStDV/§ 6 Abs. 3 EStG die einzelnen Buchwerte fortzuführen, während sich für V kein Veräußerungsgewinn, aber auch kein Veräußerungsverlust ergibt.
Die für T zum 1. 1. 06 aufzustellende Anfangsbilanz ist mit der Schlussbilanz des V zum 31. 12. 05 identisch.

Beispiel 3

Sachverhalt wie vor, jedoch hat T nur 100 000 DM aus ihrem eigenen Vermögen aufbringen können und zwecks Finanzierung der restlichen 200 000 DM ein Darlehen in Höhe von 200 000 DM aufgenommen.
Auch bei diesem teilentgeltlichen Betriebserwerb übersteigt das Entgelt in Höhe von 300 000 DM nicht den Buchwert des gesamten Betriebs in Höhe von 400 000 DM.
T hat die Buchwerte des übernommenen Betriebsvermögens fortzuführen (§ 7 Abs. 1 EStDV/§ 6 Abs. 3 EStG) und das Darlehen als Betriebsschuld (zulasten des Kapitals) zu passivieren. Dem V ist weder ein Veräußerungsgewinn noch ein Veräußerungsverlust entstanden.
Die Eröffnungsbilanz der T zum 1. 1. 06 lautet:

A	1. 1. 06		P
Sachanlagen	500 000 DM	Kapital	200 000 DM
Finanzanlagen	100 000 DM	Verbindlichkeiten	1 400 000 DM
Umlaufvermögen	1 000 000 DM		
	1 600 000 DM		1 600 000 DM

Beispiel 4

Sachverhalt wie im Beispiel 1, jedoch hat T keine Abstands- bzw. Ausgleichszahlungen zu leisten, sondern private Schulden ihres Vaters in Höhe von insgesamt 200 000 DM übernommen.
Für den Betriebserwerb hat T ein Entgelt in Höhe von 200 000 DM entrichtet, und zwar durch Übernahme der privaten Schulden des V. Bei diesem teilentgeltlichen Erwerb übersteigt das Entgelt nicht den Buchwert des gesamten Betriebs in Höhe von 400 000 DM. Deshalb hat T die Buchwerte des übernommenen Betriebsvermögens fortzuführen (§ 7 Abs. 1 EStDV/§ 6 Abs. 3 EStG), während der Vorgang für V erfolgsneutral ist.
Die Buchung lautet:
Kapital   200 000 DM   an Verbindlichkeiten   200 000 DM
Die Anfangsbilanz der T zum 1. 1. 06 ist mit derjenigen lt. Beispiel 3 identisch.

15.5.10.6 Negatives Kapitalkonto

Die Übernahme der Verbindlichkeiten bei der Übertragung eines Betriebs oder Mitunternehmeranteils stellt auch dann grundsätzlich kein Entgelt dar, wenn das steuerliche Kapitalkonto des Übergebers negativ ist.[309]

---

[309] BFH v. 23. 4. 1971, BStBl 1971 II S. 686; BFH v. 24. 8. 1972, BStBl 1973 II S. 111; BMF v. 13. 1. 1993, BStBl 1993 I S. 80/85.

15 Bewertung der Wirtschaftsgüter des Betriebsvermögens

Sind im Falle eines negativen Kapitalkontos stille Reserven vorhanden und werden in Höhe des tatsächlichen Werts des übertragenen Betriebsvermögens Abstands- bzw. Ausgleichszahlungen geleistet oder private Schulden übernommen, so liegt ein voll entgeltliches Geschäft vor, bei dem § 7 Abs. 1 EStDV/§ 6 Abs. 3 EStG nicht anwendbar ist. Für den Veräußerer gilt § 16, für den Erwerber § 6 Abs. 1 Nr. 7 EStG.

Sind im Falle eines negativen Kapitalkontos stille Reserven vorhanden und bleiben die vom Betriebsübernehmer zu leistenden Ausgleichs-, Abstandszahlungen bzw. zu übernehmenden privaten Verbindlichkeiten des Betriebsübergebers hinter dem tatsächlichen Wert des übergegangenen Betriebsvermögens zurück, so handelt es sich um ein teilentgeltliches Geschäft. Auch in diesem Fall ist § 7 Abs. 1 EStDV/ § 6 Abs. 3 EStG nicht anwendbar, weil die Gegenleistung stets den Buchwert überschreitet. Für den Veräußerer ist § 16, für den Erwerber § 6 Abs. 1 Nr. 7 EStG zu beachten.[310]

Beispiel 1

Kaufmann V überträgt seinen Gewerbebetrieb im Rahmen der vorweggenommenen Erbfolge mit Wirkung vom 1. 1. 06 mit sämtlichen Aktiven und Passiven auf seinen Sohn S, der kein besonderes Entgelt zu entrichten hat.

V hat zum 31. 12. 05 folgende den handels- und steuerrechtlichen Vorschriften (§ 4 ff. EStG i.V. m. § 238 ff. HGB) entsprechende, in zusammengedrängter Form wiedergegebene Schlussbilanz aufgestellt:

A	31. 12. 05		P
Sachanlagen	500 000 DM	Verbindlichkeiten	1 700 000 DM
Finanzanlagen	100 000 DM		
Umlaufvermögen	1 000 000 DM		
Kapital	100 000 DM		
	1 700 000 DM		1 700 000 DM

Von den vorhandenen stillen Reserven in Höhe von 900 000 DM entfallen auf

Firmenwert	200 000 DM
Sachanlagen	600 000 DM
Umlaufvermögen	100 000 DM
	900 000 DM

Da die Übernahme der betrieblichen Schulden anlässlich der Betriebsübertragung grundsätzlich nicht als Entgelt zu werten ist, liegt hier ein unentgeltlicher Betriebsübergang vor. S hat die Buchwerte fortzuführen (§ 7 Abs. 1 EStDV/§ 6 Abs. 3 EStG); für V ist kein Veräußerungsgewinn entstanden.

Beispiel 2

Sachverhalt wie im Beispiel 1, jedoch hat S an V eine Abstandszahlung in Höhe des tatsächlichen Werts des Unternehmens, d. h. in Höhe von 800 000 DM, zu leisten.
S zahlt den Betrag aus seinem eigenen Vermögen.

---

310 BFH v. 16. 12. 1992, BStBl 1993 II S. 436.

15.5 Besondere Anschaffungsvorgänge

Bei dem vorliegenden voll entgeltlichen Geschäft beträgt der von V erzielte Veräußerungsgewinn (§ 16 Abs. 2 EStG):

Veräußerungspreis	800 000 DM
./. Buchwert des Betriebsvermögens	./. 100 000 DM
= Veräußerungsgewinn	900 000 DM

Für S ist auf den 1. 1. 06 gem. § 6 Abs. 1 Nrn. 6, 7, § 5 Abs. 1 EStG i. V. m. § 255 Abs. 4 HGB folgende Eröffnungsbilanz aufzustellen:

A	1. 1. 06		P
Firmenwert	200 000 DM	Kapital	800 000 DM
Sachanlagen	1 100 000 DM	Verbindlichkeiten	1 700 000 DM
Finanzanlagen	100 000 DM		
Umlaufvermögen	1 100 000 DM		
	2 500 000 DM		2 500 000 DM

Die zusammengefasste Buchung lautet:

Firmenwert	200 000 DM		
Sachanlagen	600 000 DM		
Umlaufvermögen	100 000 DM		
		an Kapital	900 000 DM

Beispiel 3

Sachverhalt wie im Beispiel 1, jedoch S hat an V eine Abstandszahlung in Höhe von 300 000 DM zu leisten, die S aus seinem privaten Vermögen entrichtet.

Bei dem vorliegenden teilentgeltlichen Geschäft beträgt der von V erzielte Veräußerungsgewinn (§ 16 Abs. 2 EStG):

Veräußerungserlös	300 000 DM
./. Buchwert des Betriebsvermögens	./. 100 000 DM
= Veräußerungsgewinn	400 000 DM

Bei der gebotenen gleichmäßigen Aufstockung der vergüteten stillen Reserven nach dem Verhältnis der stillen Reserven in Höhe von insgesamt 400 000 DM auf Sachanlagen und Umlaufvermögen, nicht auf den originären Firmenwert,[311] erhöhen sich die betreffenden Bilanzpositionen wie folgt:

Sachanlagen	$6/7$ von 400 000 DM =	342 857 DM
Umlaufvermögen	$1/7$ von 400 000 DM =	57 143 DM
		400 000 DM

Die zusammengefasste Buchung lautet:

Sachanlagen	342 857 DM		
Umlaufvermögen	57 143 DM		
		an Kapital	400 000 DM

---

311 BMF v. 13. 1. 1993, BStBl 1993 I S. 80/86.

15 Bewertung der Wirtschaftsgüter des Betriebsvermögens

Damit ergibt sich zum 1. 1. 06 folgende Eröffnungsbilanz (§ 6 Abs. 1 Nrn. 6, 7 EStG, § 5 Abs. 1 EStG i. V. m. § 255 Abs. 4 HGB):

A	1. 1. 06		P
Sachanlagen	842 857 DM	Kapital	300 000 DM
Finanzanlagen	100 000 DM	Verbindlichkeiten	1 700 000 DM
Umlaufvermögen	1 057 143 DM		
	2 000 000 DM		2 000 000 DM

15.5.10.7 Teilentgeltlichkeit bei Übertragung einzelner Wirtschaftsgüter

Die Übertragung einzelner Wirtschaftsgüter aus dem Betriebsvermögen aus **privatem, außerbetrieblichem Anlass** führt auch dann zu einem Gewinn in Höhe der Differenz zwischen Teilwert und Buchwert im Zeitpunkt der Übertragung, wenn diese nicht unentgeltlich, sondern teilentgeltlich erfolgt. Die Grundsätze der teilentgeltlichen Betriebsübertragung sind hierbei nicht anwendbar, weil bei Übertragung eines einzelnen Wirtschaftsguts i. d. R. die steuerliche Erfassung der stillen Reserven beim Übernehmer nicht möglich ist.

Da sämtliche stillen Reserven durch einen Vorgang aufzulösen sind, der Elemente der Veräußerung und Entnahme beinhaltet, ist die teilentgeltliche Übereignung in einen entgeltlichen und einen unentgeltlichen Teil zu zerlegen. Bedeutung kann die Aufteilung des realisierten Gewinns in Veräußerungsgewinn und Entnahmegewinn z. B. bei Anwendung der Vorschrift des § 6 b EStG haben.[312]

Beispiel

Gewerbetreibender V überträgt im Rahmen der vorweggenommenen Erbfolge ein seit 20 Jahren zu seinem Anlagevermögen gehörendes unbebautes Grundstück auf seine Tochter T mit der Maßgabe, dass T an ihre Schwester S 150 000 DM zahlt. Im Zeitpunkt der Übertragung des Grundstücks betrug sein Buchwert 50 000 DM, sein Teilwert 300 000 DM. Die in § 6 b Abs. 4 EStG genannten Voraussetzungen sind erfüllt. V möchte den durch die Grundstücksübertragung realisierten Gewinn soweit wie möglich durch Bildung einer Rücklage nach § 6 b neutralisieren. T überführt das Grundstück in ihr Einzelunternehmen.

Das Teilentgelt in Höhe von 150 000 DM beträgt 50 v. H. des Werts des Grundstücks (300 000 DM). Die Grundstücksübertragung enthält Elemente der Veräußerung sowie der Entnahme, die jeweils 50 v. H. ausmachen. Damit entfällt von dem insgesamt realisierten Gewinn von (300 000 DM ./. 50 000 DM =) 250 000 DM je ein Betrag von 125 000 DM auf Veräußerungs- und Entnahmegewinn.

Der Veräußerungsgewinn in Höhe von 125 000 DM ist nach § 6 b EStG begünstigt. Nach dieser Vorschrift können Stpfl. mit Gewinnermittlung durch Betriebsvermögensvergleich, die Grund u. Boden veräußern, der im Zeitpunkt der Veräußerung mindestens sechs Jahre ununterbrochen zu einem Anlagevermögen einer inländischen Betriebsstätte gehört hat, im Wirtschaftsjahr der Veräußerung eine sog. steuerfreie Rücklage bilden (§ 6 b Abs. 3 Satz 1 EStG), wenn auch die übrigen Voraussetzungen des § 6 b Abs. 4 EStG vorliegen, welches lt. Sachverhalt der Fall ist.

---

[312] S. o. 15.5.6.

15.5 Besondere Anschaffungsvorgänge

Die Buchung des Übertragungsvorgangs lautet:

Forderungen (aus Verkauf ½ Grundstück)	150 000 DM	
an Grund u. Boden		25 000 DM
an sonstige betriebl. Erträge		125 000 DM
Entnahmen (aus Entnahme ½ Grundstück)	150 000 DM	
an Grund u. Boden		25 000 DM
an sonstige betriebl. Erträge		125 000 DM
sonstige betriebl. Aufwendungen	125 000 DM	
an Rücklage nach § 6 b EStG (Sonderposten mit Rücklageanteil, § 247 Abs. 3 HGB)		125 000 DM
Entnahmen	150 000 DM	
an Forderungen		150 000 DM

Die durch die Teilveräußerung des Grundstücks entstandene Forderung des V an T ist im Zeitpunkt der Direktzahlung von T an S erloschen. Dieser Privatvorgang führt zu einer Entnahme der zunächst im betrieblichen Bereich entstandenen Forderung.

T hat das Grundstück zu je 50 v. H. entgeltlich und unentgeltlich erworben. Soweit es sich um unentgeltlichen Erwerb handelt, liegt eine Einlage in den Betrieb der T vor (§ 4 Abs. 1 Satz 5 EStG). Die Einlage ist gem. § 6 Abs. 1 Nr. 5 EStG mit dem Teilwert im Zeitpunkt der Zuführung anzusetzen, während für den entgeltlichen Teil des Erwerbs die Anschaffungskosten maßgebend sind. Auf dem Konto unbebaute Grundstücke sind außer den Nebenkosten des Erwerbs als Zugang zu erfassen:

Teilwert	150 000 DM
Anschaffungskosten	150 000 DM
insgesamt	300 000 DM

15.5.11 Mietkauf

Mietkaufverträge sind Mietverträge, bei denen dem Mieter vertraglich das Recht eingeräumt wird, den gemieteten Gegenstand unter Anrechnung der gezahlten Miete auf den Kaufpreis zu erwerben. Sie enthalten Elemente des Miet- und des Kaufvertrags.

Die bis zum Erwerb gezahlte Miete ist Betriebsausgabe. Die Anrechnung der bis zur Übernahme gezahlten Miete auf den vereinbarten Kaufpreis bedeutet eine mit Erstattung der Mietzahlungen verbundene Rückgängigmachung des bisher bestehenden Mietvertrags. Die erstattete Miete ist als Ertrag auszuweisen. Der erworbene Gegenstand ist mit dem vereinbarten Kaufpreis (Restzahlung + erstattete Miete) zu aktivieren (ggf. gekürzt um die auf die Zeit ab Ingebrauchnahme bis zum Erwerb entfallende AfA). Anschaffungskosten sind also nicht nur die Restzahlung, sondern auch die als Miete gezahlten Beträge.[313]

---

313 Vgl. Bp-Kartei der OFD'en Düsseldorf, Köln und Münster, Konto: Mietkaufverträge.

15 Bewertung der Wirtschaftsgüter des Betriebsvermögens

Beispiel
Der Fabrikant F mietet ab 1. 7. 03 einen Bürocomputer gegen monatliche Mietzahlungen von 1000 DM zzgl. im Vertrag offen ausgewiesener USt in Höhe von 160 DM. F hat die vertraglich eingeräumte Möglichkeit, jederzeit den gemieteten Computer unter Anrechnung der bis dahin geleisteten Mieten auf den Kaufpreis zu erwerben. Der reguläre Kaufpreis von 40 000 DM zzgl. 16 % USt erhöht sich im Falle der Option für den Kauf um 1 % je Monat für den Zeitraum 1. 7. 03 bis zum Tage des Kaufs. Die betriebsgewöhnliche Nutzungsdauer des Geräts beträgt fünf Jahre.

F entschließt sich am 29. 12. 04 zum Kauf und erhält eine Rechnung

über	40 000 DM
+ Zuschlag 1 % für 18 Monate (= 18 %)	7 200 DM
	47 200 DM
./. gezahlte Miete (1000 × 18 =)	18 000 DM
	29 200 DM
+ 16 % USt	4 672 DM
	33 872 DM

Der Betrag von 33 872 DM wurde am 29. 12. 04 auf das Bankkonto des Verkäufers überwiesen.

Buchungen im Wirtschaftsjahr 03:

S	Mietaufwendungen	H		S	Bank	H
	6 000 DM					6 960 DM

S	Vorsteuer	H
	960 DM	

Buchungen im Wirtschaftsjahr 04:

S	Mietaufwendungen	H		S	Bank	H
1)	12 000 DM	2) 3 840 DM			1)	13 920 DM
					2)	33 872 DM

S	Vorsteuer	H		S	Büroeinrichtung	H
1)	1 920 DM			2) 33 040 DM	3)	4 720 DM
2)	4 672 DM					

S	AfA	H
3)	4 720 DM	

15.5 Besondere Anschaffungsvorgänge

Ermittlung der Anschaffungskosten des Computers und Entwicklung des Bilanzansatzes:

Rechnungsbetrag netto	29 200 DM
+ gezahlte und angerechnete Miete	18 000 DM
	47 200 DM
./. AfA 1. 7. 03 – 29. 12. 04 (10 % + 20 % = 30 %)	14 160 DM
= Anschaffungskosten	33 040 DM
./. AfA 04 (AK : Rest-ND = 33 040 : 3,5 = 9440 DM)	
für ½ Jahr (R 44 Abs. 2 Satz 3 EStR)	4 720 DM
= Bilanzansatz 31. 12. 04	28 320 DM

Die Habenbuchung auf dem Konto Mietaufwendungen in Höhe von 3840 DM beinhaltet die Differenz zwischen dem Mietaufwand für den Zeitraum 1. 7. 03 bis 29. 12. 04 in Höhe von 18 000 DM und der auf diesen Zeitraum entfallenden AfA im Gesamtbetrag von 14 160 DM (18 000 DM ./. 14 160 DM = 3840 DM) und bewirkt, dass insgesamt ein Betrag in Höhe der AfA von 14 160 DM als Aufwand erscheint. Dieser Betrag wäre Aufwand gewesen, wenn von Anfang an ein Kauf vorgelegen hätte. Der Gewinn des Jahres 03 wird nicht berichtigt; er ist nicht falsch, weil in 03 noch ein Mietverhältnis vorlag.

Von diesem echten Mietkaufvertrag zu unterscheiden ist der Fall, dass im Verlauf eines normalen Mietverhältnisses der Vermieter den Gegenstand zum **Zeitwert** verkauft. In diesem Falle bleibt die gesamte Miete als Betriebsausgabe abzugsfähig. Die Anschaffungskosten bestehen dann nur aus dem später vereinbarten Kaufpreis abzüglich der Vorsteuer.

Wenn von den Parteien von Anbeginn ein Kaufvertrag unter Gewährung von Ratenzahlungen gewollt ist, die Kaufpreisraten jedoch als Mietzahlungen getarnt sind (unechter Mietkaufvertrag), liegt von Anbeginn ein Anschaffungsgeschäft vor. Die „Miete" ist nicht als Betriebsausgabe abzugsfähig, sondern als Ratenzahlung zu behandeln. Das ist immer dann erforderlich, wenn nach Lage der Verhältnisse anzunehmen ist, dass sich der „Vermieter" schon bei Beginn des Vertragsverhältnisses des Vertragsgegenstands endgültig zugunsten „des Mieters" entäußert hat.[314] Außergewöhnlich hohe und im Vergleich zum Neuwert unangemessene Mietzahlungen sind ein Beweisanzeichen hierfür. Entsprechendes gilt auch ohne ausdrücklich vereinbarte Anrechnung der Mietzahlungen, wenn der bei der Ausübung der Kaufoption zu entrichtende Übernahmepreis so niedrig bemessen ist, dass er ohne Hinzurechnung der bis dahin zu leistenden Mietzahlungen als Kaufpreis wirtschaftlich nicht verständlich wäre.[315]

Beispiel

Ein Bauunternehmer benötigt zur Durchführung eines Auftrags einen großen Bagger, dessen Kaufpreis 120 000 DM zzgl. 19 200 DM USt beträgt. Am 1. 3. wird der Bagger übergeben und vereinbart, dass der Rechnungsbetrag in 12 gleichen Monatsraten zu entrichten ist. Über die „Miete" werden pro forma Rechnungen mit gesondertem Steuerausweis ausgestellt. Am 1. 2. des Folgejahrs wird vom Veräußerer der „Kauf-

---

314 BFH v. 12. 9. 1991, BStBl 1992 II S. 182.
315 BFH v. 18. 11. 1970, BStBl 1971 II S. 133.

15 Bewertung der Wirtschaftsgüter des Betriebsvermögens

preis" von 10 000 DM zzgl. 1600 DM USt in Rechnung gestellt. Die betriebsgewöhnliche Nutzungsdauer des Baggers beträgt 10 Jahre (lineare AfA).

(Falsche) Buchungen im 1. Wirtschaftsjahr:

S	Mietaufwand	H		S	Bank	H
1)	100 000 DM				1)	116 000 DM

S	Vorsteuer	H
1)	16 000 DM	

(Falsche) Buchungen im 2. Wirtschaftsjahr:

S	Mietaufwand	H		S	Vorsteuer	H
2)	10 000 DM			2)	1 600 DM	
				3)	1 600 DM	

S	Baumaschinen	H		S	Bank	H
3)	10 000 DM	4) 1 000 DM			2)	11 600 DM
					3)	11 600 DM

S	AfA	H
4)	1 000 DM	

Aus der Höhe der Miete im Verhältnis zum Neuwert geht eindeutig hervor, dass die Beteiligten von vornherein nur an einem Kauf interessiert sein konnten. Deshalb sind die vorstehenden Buchungen steuerrechtlich nicht zulässig. Vielmehr sind die Anschaffungskosten im 1. Wirtschaftsjahr auf dem Maschinenkonto zu erfassen. Eine Abzinsung der Kaufpreisschuld nach den für Kaufpreisrenten geltenden Grundsätzen kommt nur bei rentenähnlichen Vereinbarungen in Betracht.[316]

Richtige Buchungen im 1. Wirtschaftsjahr:

S	Baumaschinen	H		S	Vorsteuer	H
1)	120 000 DM	3) 12 000 DM		1)	19 200 DM	

S	Sonst. Verbindlichkeiten	H		S	Bank	H
2)	116 000 DM	1) 139 200 DM			2)	116 000 DM

S	AfA	H
3)	12 000 DM	

---

[316] BFH v. 18. 11. 1970, BStBl 1971 II S. 133; im Übrigen ist das für eine Abzinsung in § 12 Abs. 3 BewG geforderte Tatbestandsmerkmal „Laufzeit mehr als 1 Jahr" nicht erfüllt.

15.5 Besondere Anschaffungsvorgänge

Richtige Buchungen im 2. Wirtschaftsjahr:

S	Baumaschinen	H		S	Sonst. Verbindlichkeiten	H
1. 1. 108 000 DM	5)	12 000 DM		4) 23 200 DM	1. 1.	23 200 DM

S	Bank	H		S	AfA	H
	4)	23 200 DM		5) 12 000 DM		

Im 1. Wirtschaftsjahr ergibt die Berichtigung einen Mehrgewinn von 88 000 DM (100 000 DM ./. 12 000 DM), im 2. Wirtschaftsjahr ergibt sich dagegen ein Wenigergewinn von 1000 DM. In den Folgejahren beträgt der Wenigergewinn (Mehr-AfA) sogar jeweils 11 000 DM.

Wird in einem Mietvertrag die Mietdauer so bemessen, dass bei ihrem Ablauf die Mietsache verbraucht ist, und kann der Mieter sie praktisch nicht zurückgeben, so ist der Vertrag als Kaufvertrag zu behandeln. Der Mieter kann den Vermieter trotz des Vorbehalts des bürgerlich-rechtlichen Eigentums für die Dauer der wirtschaftlichen Nutzungsmöglichkeit des „Mietobjekts" davon ausschließen, das Eigentum durch Herausgabe geltend zu machen. Somit ist der Mieter als wirtschaftlicher Eigentümer i. S. des § 39 Abs. 2 Nr. 1 AO anzusehen.[317] Das darf aber nicht verallgemeinert werden.[318]

Diese Grundsätze über die Behandlung der Mietkaufverträge über bewegliche Wirtschaftsgüter gelten auch für Pachtverträge über Grundstücke.[319]

15.5.12 Leasing

15.5.12.1 Zurechnung beweglicher Wirtschaftsgüter beim Finanzierungsleasing

Ähnliche Fragen wie bei den Mietkaufverträgen ergeben sich beim Leasing. Darunter werden in der Praxis Verträge eingeordnet, die vom normalen Mietvertrag bis zum verdeckten Raten-Kaufvertrag reichen. Stets handelt es sich um eine entgeltliche Gebrauchs- oder Nutzungsüberlassung von Wirtschaftsgütern, die im Gegensatz zur früheren Übung nicht gekauft, sondern gemietet werden.

Maßgeblich für die steuerrechtliche Beurteilung solcher Verträge über bewegliche Wirtschaftsgüter ist die wirtschaftliche Betrachtungsweise. Ob Wirtschaftsgüter, die Gegenstand eines solchen Leasingvertrags sind, steuerrechtlich dem Leasinggeber oder dem Leasingnehmer zuzurechnen sind, beurteilt sich nach den Umständen des Einzelfalls.[320]

---
317 BFH v. 2. 6. 1978, BStBl 1978 II S. 507.
318 BFH v. 2. 8. 1966, BStBl 1967 III S. 63.
319 BFH v. 10. 12. 1964, BStBl 1965 III S. 224; BFH v. 18. 11. 1970, BStBl 1971 II S. 133.
320 BFH v. 26. 1. 1970, BStBl 1970 II S. 264; BFH v. 8. 8. 1990, BStBl 1991 II S. 70.

15 Bewertung der Wirtschaftsgüter des Betriebsvermögens

Keine Schwierigkeiten ergeben sich steuerrechtlich, wenn das Vertragsverhältnis kurzfristig, wenn nicht sogar jederzeit kündbar ist. Bei dieser Form (sog. **Operate-Leasingverträge**), die sich neben der Überlassung von Telefonanlagen, EDV-Anlagen und Frankiermaschinen auch auf die Überlassung von Konsumgütern (Fernsehgeräte, Autos) erstreckt und oftmals noch die Übernahme des laufenden Service durch den Leasinggeber zum Inhalt hat, können die Wirtschaftsgüter nach Ablauf des Vertrags ohne große Schwierigkeiten weitervermietet oder verkauft werden. Die für die Überlassung gezahlten Vergütungen sind wie Mieten Betriebsausgaben. Als Leasinggeber treten in diesen Fällen regelmäßig die Hersteller der Gegenstände auf.

Die bedeutendste Gruppe von Leasingverträgen über bewegliche Gegenstände, die unter den Begriff des Leasings im engeren Sinne einzuordnen ist, ist das **Finanzierungsleasing** (Finance-Leasing oder financial-lease). Bei ihm dient der Leasingvertrag in erster Linie oder sogar ausschließlich als Finanzierungsinstrument. Diese Leasingart befasst sich hauptsächlich mit Investitionsgütern.

Als Leasinggeber tritt meist nicht der Hersteller selbst, sondern eine Finanzierungsgesellschaft (Leasinggesellschaft) auf. Unternehmer mieten bei ihr Investitionsgüter, nachdem sie diese beim Hersteller oder bei einem Händler ausgewählt haben. Die Leasinggesellschaft kauft und verkauft, der Leasingnehmer mietet die Gegenstände.

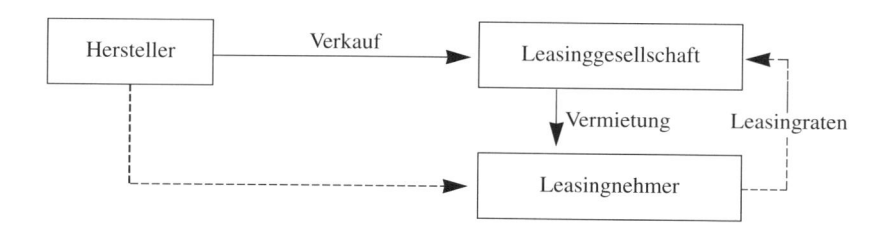

```
┌────────────┐   Verkauf    ┌──────────────────┐
│ Hersteller ├─────────────▶│ Leasinggesellschaft │◀─┐
└────┬───────┘              └────────┬─────────┘  │
     ┊                         Vermietung│        │ Leasingraten
     ┊                                   ▼        │
     └┄┄┄┄┄┄┄┄┄┄┄┄┄┄┄┄┄┄┄┄┄▶ ┌──────────────────┐ │
                             │   Leasingnehmer  ├─┘
                             └──────────────────┘
```

Der typische Vorgang dieses indirekten Finanzierungsleasing ist also der, dass die Leasinggesellschaft das Wirtschaftsgut im eigenen Namen und für eigene Rechnung beschafft und es dann als Leasinggeber dem Leasingnehmer zur Nutzung überlässt, wobei nach dem Finanzierungsumfang Finanzierungsleasingverträge mit **Voll-** und **Teilamortisation** zu unterscheiden sind.

Das Finanzierungsleasing weist in der Regel die folgenden Wesensmerkmale auf:

- Der Leasingvertrag wird über eine bestimmte mehrjährige Zeit (Grundmietzeit) abgeschlossen, meist zwischen drei und sechs Jahren, die in der Regel kürzer ist als die betriebsgewöhnliche Nutzungsdauer des überlassenen Wirtschaftsgutes.

15.5 Besondere Anschaffungsvorgänge

- Der Vertrag kann während dieser Zeit vom Leasingnehmer nicht gekündigt werden. Auch der Leasinggeber ist gebunden, solange der Leasingnehmer den Vertrag einhält.

- Die Leasingraten sind bei Vollamortisationsverträgen („Full-pay-out-Leasing") so bemessen, dass nach Ablauf der Grundmietzeit die dem Leasinggeber entstandenen Anschaffungs- oder Herstellungskosten einschl. Nebenkosten voll abgedeckt sind und daneben dem Leasinggeber eine Verzinsung des eingesetzten Kapitals oder ein Gewinnzuschlag verbleibt. Im Zusammenhang mit der Unkündbarkeit des Vertrages durch den Leasingnehmer wird also bewirkt, dass auf den Leasingnehmer fast alle Risiken übergehen.

- Die Gefahr des Untergangs und der Verschlechterung der Sache wird in aller Regel auf den Leasingnehmer überwälzt, der daher auch meistens zum Versicherungsschutz verpflichtet wird.

- Im Falle des Zahlungsverzugs oder des Konkurses des Leasingnehmers werden i. d. R. sämtliche Leasingraten fällig unbeschadet des Rechts des Leasinggebers, den Gegenstand in Besitz zu nehmen.

Für die Beurteilung des Finanzierungsleasings ist von besonderer Bedeutung, was nach Ablauf der so genannten Grundmietzeit zu geschehen hat.

Folgende Fälle sind zu unterscheiden:

a) Leasingverträge ohne Kauf- oder Verlängerungsoption,

b) Leasingverträge mit Kaufoption,

c) Leasingverträge mit Mietverlängerungsoption.

Im Falle a) hat der Leasingnehmer nach Ablauf der Vertragszeit den Leasinggegenstand zurückzugeben. Das Rechtsverhältnis ist mit einem üblichen Mietvertrag vergleichbar und wie dieser zu behandeln. Eine wirtschaftliche Zurechnung beim Leasingnehmer kommt normalerweise nicht in Betracht. Der Leasinggeber ist nicht auf Dauer von der Einwirkung auf das Leasinggut ausgeschlossen. Wenn die unkündbare Mietzeit und die betriebsgewöhnliche Nutzungsdauer sich jedoch in etwa decken, ist der Leasinggeber bei normalem Verlauf auf Dauer wirtschaftlich von Einwirkungen auf das Leasinggut ausgeschlossen. Was bei kürzerer Grundmietzeit erst durch Option bewirkt wird, steht hier von vornherein fest, dass nämlich der Leasingnehmer den Leasinggegenstand bis zur völligen wirtschaftlichen oder technischen Abnutzung nutzen wird. Auf die Einräumung und Ausübung eines Optionsrechts kann es daher in diesen Fällen nicht mehr ankommen.

Der Fall b) zeigt die Wesenszüge des Mietkaufvertrags. Denn der Leasingnehmer kann nach Ablauf der Grundmietzeit den Gegenstand kaufen. Dieser Fall kommt in Deutschland kaum vor.

Weit verbreitet ist dagegen das Finanzierungsleasing mit Verlängerungsklausel (Fall c). Hierbei wird im Vertrag vereinbart, dass der Leasingnehmer nach Ablauf der Grundmietzeit durch einseitige Willenserklärung den Leasingvertrag verlängern kann, wobei er dann nur noch wesentlich herabgesetzte Folgemieten (etwa 5 bis 10 % der bisherigen Miete) zu zahlen hat. Diese ähneln wirtschaftlich mehr einer Anerkennungsgebühr.

Hat der Leasingnehmer bei von beiden Seiten unkündbarer Grundmietzeit das Recht, das Leasingverhältnis auf unbestimmte Zeit oder jedenfalls auf die Zeit, die der Nutzungsdauer des Leasinggegenstandes entspricht, zu verlängern, oder hat er ein Kaufoptionsrecht, so kann er, wenn er den Vertrag einhält, auf Dauer, d. h. jedenfalls bis zur völligen Abnutzung des Wirtschaftsguts, den Leasinggeber von der Einwirkung ausschließen. Diese bloße Möglichkeit allein genügt allerdings für die wirtschaftliche Zurechnung beim Leasingnehmer nicht. Hinzukommen muss, dass mit der Ausnutzung dieser Möglichkeit zu rechnen ist. Soweit das zutrifft, ist der Leasingnehmer wirtschaftlicher Eigentümer i. S. des § 39 Abs. 2 AO.

Die Frage, ob der optionsberechtigte Leasingnehmer das Leasingobjekt auf Dauer besitzen und nutzen wird, beurteilt sich nach dem Wahrscheinlichkeitsgrad der Optionsausübung. Ein wesentlicher Gesichtspunkt für diese Beurteilung kann sein, in welchem Verhältnis die Grundmietzeit zur betriebsgewöhnlichen Nutzungsdauer des Wirtschaftsgutes steht. Je kürzer die Grundmietzeit im Vergleich zur Nutzungsdauer ist, desto mehr ist die Annahme gerechtfertigt, dass der Leasingnehmer von seinem Optionsrecht Gebrauch machen wird, um für seine hohen Anfangszahlungen auch den entsprechenden Gegenwert zu erhalten.

Das Verhältnis von Grundmietzeit und betriebsgewöhnlicher Nutzungsdauer ist jedoch in den Fällen ohne besondere Bedeutung für die wirtschaftliche Zurechnung, in denen der Leasinggegenstand in einem solchen Maße auf die speziellen Anforderungen und Verhältnisse des Leasingnehmers zugeschnitten ist, dass eine wirtschaftlich sinnvolle anderweitige Nutzung oder Verwertung nicht möglich erscheint (**Spezialleasing**). Kein Beteiligter kann dann ein Interesse daran haben, das Leasingverhältnis vor dem restlosen Verbrauch der Leasinggegenstände zu beenden. Vielmehr wird der Leasingnehmer durch Ausübung des Optionsrechts auf Dauer unter Ausschaltung des Leasinggebers die tatsächliche Herrschaft über den Leasinggegenstand ausüben.

Nach dem BdF-Erlass vom 19. 4. 1971[321] zu den sog. **Vollamortisationsverträgen** werden die Leasinggegenstände stets dem Leasingnehmer als wirtschaftlichem Eigentümer zugerechnet beim Spezialleasing, im Übrigen, wenn die Grundmietzeit weniger als 40 % oder mehr als 90 % der betriebsgewöhnlichen Nutzungsdauer beträgt. Denn bei einer Grundmietzeit von mehr als 90 % der betriebsgewöhnlichen Nutzungsdauer dürfte von vornherein feststehen, dass der Leasingnehmer den Gegenstand bis zur wirtschaftlichen Wertlosigkeit nutzen wird. Bei einer relativ kurzen Grundmietzeit ist zu vermuten, dass sich der Leasingnehmer die weitere Nutzung durch Nebenabreden gesichert hat, da er sonst einen überhöhten Mietpreis

---

321 BStBl 1971 I S. 264 (Vollamortisationsleasing).

15.5 Besondere Anschaffungsvorgänge

zahlen würde. Darüber hinaus wird der Leasingnehmer als wirtschaftlicher Eigentümer angesehen bei **Leasingverträgen mit Kaufoption (Fall b)**, wenn der für den Fall der Ausübung des Optionsrechts vorgesehene Kaufpreis niedriger ist als der unter Anwendung der linearen AfA nach der amtlichen AfA-Tabelle ermittelte Buchwert oder der niedrigere gemeine Wert im Zeitpunkt der Veräußerung, bei **Leasingverträgen mit Mietverlängerungsoption (Fall c)**, wenn die Anschlussmiete so bemessen ist, dass sie den Wertverzehr für den Leasinggegenstand nicht deckt, der sich auf der Basis des unter Berücksichtigung der linearen AfA nach der amtlichen AfA-Tabelle ermittelten Buchwerts oder des niedrigeren gemeinen Werts und der Restnutzungsdauer lt. AfA-Tabelle ergibt.

Zuordnungskriterien zu den sog. **Teilamortisationsverträgen** („Non-pay-out-Leasing") – während der beiderseits unkündbaren Grundmietzeit von mehr als 40 %, aber nicht mehr als 90 % der betriebsgewöhnlichen Nutzungsdauer werden die Anschaffungs- oder Herstellungskosten des Leasinggebers nur zum Teil gedeckt – ergeben sich aus dem BMF-Schreiben vom 22. 12. 1975[322] anhand von drei Vertragsmodellen.

a) Vertragsmodell mit Andienungsrecht des Leasinggebers, jedoch ohne Optionsrecht des Leasingnehmers

Aufgrund des dem Leasinggeber vertraglich zustehenden Andienungsrechts ist der Leasingnehmer, sofern ein Verlängerungsvertrag nicht zustande kommt, auf Verlangen des Leasinggebers verpflichtet, den Leasinggegenstand zu einem Preis zu kaufen, der bereits bei Abschluss des Leasingvertrags fest vereinbart wird. Ein Recht, den Leasinggegenstand zu erwerben, hat der Leasingnehmer jedoch nicht.

Liegt der Marktpreis nach Ablauf der Grundmietzeit über dem vereinbarten Kaufpreis, wird der Leasinggeber sein Andienungsrecht nicht ausüben, sondern den Leasinggegenstand am Markt veräußern. Ist jedoch der Marktpreis geringer als der vereinbarte Kaufpreis, wird der Leasinggeber von seinem Andienungsrecht Gebrauch machen. Da der Leasingnehmer das Risiko der Wertminderung unter den vereinbarten Kaufpreis tragen muss, die Chancen der Wertsteigerung aber ausschließlich beim Leasinggeber liegen, kann der Leasingnehmer nicht als wirtschaftlicher Eigentümer angesehen werden.

b) Vertragsmodell mit Aufteilung des Mehrerlöses

Nach Ablauf der Grundmietzeit wird der Leasinggegenstand durch den Leasinggeber veräußert. Wenn der Veräußerungserlös die Anschaffungs- oder Herstellungskosten zzgl. der Finanzierungskosten und abzügl. der erhaltenen Leasingraten nicht deckt, ist der Leasingnehmer verpflichtet, dem Leasinggeber den Differenzbetrag zu erstatten. Sollte ein Mehrerlös erzielt werden, wird dieser nach einem vertraglich

---
[322] DB 1976 S. 172 f.

vereinbarten Schlüssel auf beide Vertragspartner aufgeteilt. Erhält danach der Leasinggeber weniger als 25 % des Mehrerlöses, ist der Leasinggegenstand dem Leasingnehmer als dem wirtschaftlichen Eigentümer zuzurechnen. Bei einer Beteiligung des Leasinggebers von 25 % und mehr am Mehrerlös wird der Leasinggeber als wirtschaftlicher Eigentümer angesehen.

Es steht der Zurechnung des Leasinggegenstands beim Leasinggeber nicht entgegen, wenn der Leasinggeber bereits bei Abschluss des Leasingvertrags dem Leasingnehmer in Aussicht stellt, im Falle eines Anschluss-Leasingvertrags auf seinen Anteil am Mehrerlös (25 %) zu verzichten und diesen als Bonus auf die Leasingraten des neuen Vertrags anzurechnen. Entscheidend für diese Beurteilung ist, dass nicht von vornherein davon ausgegangen werden kann, es werde regelmäßig zu einem Anschlussvertrag kommen. Die Verpflichtung zur Überlassung des Gesamtverwertungserlöses für den Fall des Abschlusses eines weiteren Vertrags kann deshalb nicht bereits bei Abschluss des Erstvertrags als realisierter wirtschaftlicher Vorteil für den Leasingnehmer beurteilt werden.

c) **Kündbarer Mietvertrag mit Anrechnung des Veräußerungserlöses auf die vom Leasingnehmer zu leistende Schlusszahlung**

Der Leasingnehmer kann den Leasingvertrag frühestens nach Ablauf einer Grundmietzeit, die 40 % der betriebsgewöhnlichen Nutzungsdauer beträgt, kündigen. Bei Kündigung ist eine Abschlusszahlung in Höhe der durch die Leasingraten nicht gedeckten Gesamtkosten des Leasinggebers zu entrichten. Auf diese Abschlusszahlung werden 90 % des vom Leasinggeber erzielten Veräußerungserlöses angerechnet. Ist der anrechenbare Betrag niedriger als die Abschlusszahlung, so muss der Leasingnehmer die Differenz an den Leasinggeber zahlen. Ist der anrechenbare Betrag höher als die Abschlusszahlung, so behält der Leasinggeber diesen Mehrbetrag in vollem Umfang.

Da Wertsteigerungen in vollem Umfang dem Leasinggeber zugute kommen, ist er nicht nur rechtlicher, sondern auch wirtschaftlicher Eigentümer des Leasingobjekts.

15.5.12.2 Buch- und bilanzmäßige Behandlung der Leasingraten bei wirtschaftlichem Eigentum des Leasingnehmers

Hat der Leasingnehmer die Stellung eines wirtschaftlichen Eigentümers, so muss er das Leasingobjekt mit den Anschaffungs- oder Herstellungskosten aktivieren und eine entsprechende Verbindlichkeit gegenüber dem Leasinggeber passivieren. Die Leasingraten sind in einen Zins- und Kostenanteil sowie einen Tilgungsanteil aufzuteilen. Der Zins- und Kostenanteil stellt eine sofort abzugsfähige Betriebsausgabe

15.5 Besondere Anschaffungsvorgänge

dar, während der andere Teil der Leasingrate als Tilgung der Kaufpreisschuld erfolgsneutral zu behandeln ist.[323]

Der in den Leasingraten enthaltene Zins- und Kostenanteil ergibt sich, wenn die Summe der Leistungen, die der Leasingnehmer vor und während der Grundmietzeit zu erbringen hat, um den Betrag der Anschaffungs- oder Herstellungskosten vermindert wird. Dabei ist von dem Betrag auszugehen, der in den Verträgen als Anschaffungs- oder Herstellungskosten für die Berechnung der Leasingraten festgelegt wurde. Die tatsächlichen Kosten werden von den Leasinggesellschaften aus Wettbewerbsgründen nicht offen gelegt. Bei der Aufteilung der Raten ist zu berücksichtigen, dass sich durch Tilgung der Zinsanteil verringert und der Tilgungsanteil erhöht. Soweit nach Ablauf der Grundmietzeit aufgrund einer Kaufoption eine **Schlusszahlung** zu leisten ist, gehört auch diese Zahlung in die Gesamtleistung. Dementsprechend erhöhen sich die Zins- und Kostenanteile um den Betrag dieser Zahlung (nach Abzug der Umsatzsteuer).[324]

Der Zins- und Kostenanteil kann nach der Barwertvergleichsmethode ermittelt werden. Zugelassen wird jedoch auch die Zinsstaffelmethode. Dabei wird der Zins- und Kostenanteil nach der folgenden Formel ermittelt:

$$\frac{\text{Summe der Zins- und Kostenanteile aller Leasingraten}}{\text{Summe der Zahlenreihen aller Raten}} \times \text{Anzahl der restlichen Raten} + 1$$

Beispiel

Die Anschaffungskosten des Leasinggegenstandes, die der Ermittlung der Leasingraten zugrunde gelegt worden sind, betragen 60 000 DM. Die am 1. Jan. 01 beginnende Grundmietzeit beträgt 6 Jahre. Die jährlich zu entrichtenden Leasingraten belaufen sich auf jeweils 15 000 DM.

Die Summe der Zins- und Kostenanteile aller Leasingraten beträgt:

6 Raten je 15 000 DM	90 000 DM
./. Anschaffungskosten	60 000 DM
= Gesamtgebühr (Kosten- und Zinsanteil)	30 000 DM.

Die Barwerte der Verbindlichkeit für 01 betragen:
1. 1. 01 = 60 000 DM,
31. 12. 01 = 53 400 DM.

---

323 BdF-Erlass vom 19. 4. 1971, BStBl 1971 I S. 264.
324 Die Zahlung aufgrund einer Kauf- oder Mietverlängerungsoption am Ende der Grundmietzeit stellt **keine nachträglichen Anschaffungskosten** für das Leasinggut dar.

15 Bewertung der Wirtschaftsgüter des Betriebsvermögens

a) Barwertvergleichsmethode (Buchungen)

S	Anlagegut	H		S	Verbindlichkeiten	H
1)	60 000 DM			2) 6 600 DM	1)	60 000 DM

S	Zinsen u. Kosten	H		S	Bank	H
2)	8 400 DM				2)	15 000 DM

b) Zinsstaffelmethode

Die Summe der Zahlenreihe beträgt 21 (1 + 2 + 3 + 4 + 5 + 6 = 21 oder

$\frac{(1+6)\,6}{2} = 21)$.

Als Zins- und Kostenanteil sind bei der ersten Rate $^6/_{21}$ von 30 000 DM = 8571,42 DM, bei der zweiten Rate $^5/_{21}$ = 7142,85 DM, bei der dritten Rate $^4/_{21}$ = 5714,28 DM usw. anzusetzen.[325]

Buchungen:

S	Anlagegut	H		S	Verbindlichkeiten	H
1)	60 000 DM			2) 6 428,58 DM	1)	60 000 DM

S	Zinsen u. Kosten	H		S	Bank	H
2)	8 571,42 DM				2)	15 000 DM

Das Beispiel geht von nachschüssiger Zahlungsweise aus. Bei vorschüssiger Zahlungsweise kann zwecks Ermittlung des jeweiligen Zins- und Kostenanteils die letzte Rate wegen fehlenden Zinsanteils nicht gezählt werden.

Jetzt beträgt die Summe der Zahlenreihe $\frac{(5+1)\,5}{2} = 15$.

	Gesamtbetrag	Zins- und Kostenanteil	Tilgung
Rate 01	15 000 DM	$^5/_{15}$ v. 30 000 = 10 000 DM	5 000 DM
Rate 02	15 000 DM	$^4/_{15}$ v. 30 000 = 8 000 DM	7 000 DM
Rate 03	15 000 DM	$^3/_{15}$ v. 30 000 = 6 000 DM	9 000 DM
Rate 04	15 000 DM	$^2/_{15}$ v. 30 000 = 4 000 DM	11 000 DM
Rate 05	15 000 DM	$^1/_{15}$ v. 30 000 = 2 000 DM	13 000 DM
Rate 06	15 000 DM	—	15 000 DM
	90 000 DM	30 000 DM	60 000 DM

---

325 Im Einzelnen siehe FinMin NRW vom 13. 12. 1973, S 2170, ESt-Kartei NRW zu § 5, Tz. 2.3.

15.5 Besondere Anschaffungsvorgänge

15.5.12.3 Zurechnung unbeweglicher Wirtschaftsgüter

Für die Zurechnung gelten die gleichen Grundsätze wie bei beweglichen Wirtschaftsgütern.[326] So ist bei einem Immobilienleasing in der Form des Full-pay-out-Leasing (sog. Vollamortisationsvertrag) der Leasinggegenstand dem Leasingnehmer steuerlich zuzurechnen, wenn zu erwarten ist, dass nach Ablauf der Grundmietzeit das bürgerlich-rechtliche Eigentum an dem Leasinggegenstand ohne Zahlung eines zusätzlichen Entgelts oder gegen Zahlung nur eines geringen Entgelts auf den Leasingnehmer übergeht.[327] Im Übrigen siehe zur ertragsteuerrechtlichen Behandlung von Finanzierungsleasingverträgen über unbewegliche Wirtschaftsgüter BMF vom 21. 3. 1972[328] und BMF vom 23. 12. 1991[329] sowie, bezogen auf die seit 1985 in bestimmten Fällen anwendbare AfA-Regelung für Betriebsgebäude gem. § 7 Abs. 4 Satz 1 Nr. 1, Abs. 5 Satz 1 Nr. 1 EStG, BMF vom 9. 6. 1987.[330]

15.5.12.4 Forfaitierung von Forderungen aus Leasingverträgen

Bei der Forfaitierung handelt es sich um die Abtretung künftiger Forderungen aus Leasingverträgen aufgrund eines Kaufvertrags zwischen dem Forderungsverkäufer (Forfaitist) und einer Bank oder einem Spezialinstitut als Forderungskäufer (Forfaiteur). Dabei gehen alle Rechte aus der Forderung, aber auch das Risiko der Zahlungsunfähigkeit des Schuldners auf den Forderungskäufer über.

Die Forfaitierung der künftigen Forderungen auf Leasingraten beeinflusst die Zurechnung des Leasinggegenstandes nicht. Entsprechendes gilt grundsätzlich auch dann, wenn der künftige Anspruch auf den Erlös aus der Verwertung des Leasinggegenstandes nach Ablauf der Grundmietzeit forfaitiert wird.

Die forfaitierte Forderung ist wie folgt zu bilanzieren:

– im Falle der Forfaitierung der künftigen Forderung auf Leasingraten erhält der Leasinggeber von dem Forderungskäufer den Betrag der Leasingraten als Forfaitierungserlös. Wegen seiner Verpflichtung zur Nutzungsüberlassung gegenüber dem Leasingnehmer hat der Leasinggeber den Forfaitierungserlös in einen passiven Rechnungsabgrenzungsposten einzustellen und diesen, verteilt auf die Grundmietzeit, linear gewinnerhöhend aufzulösen, wenn der Leasinggeber zu gleich bleibenden Leistungen gegenüber dem Leasingnehmer verpflichtet bleibt. Die Gleichmäßigkeit der Leasingrate ist grundsätzlich Ausdruck einer solchen gleichmäßigen Leistungsverpflichtung;[331]

– im Falle der Forfaitierung des künftigen Anspruchs auf den Erlös aus der Verwertung des Leasinggegenstands (Restwertforfaitierung) hat der Leasinggeber den

---
326 BFH v. 18. 11. 1970, BStBl 1971 II S. 133.
327 BFH v. 30. 5. 1984, BStBl 1984 II S. 825.
328 BStBl I S. 188 (= Vollamortisationsleasing).
329 BStBl 1992 I S. 13 (= Teilamortisationsleasing).
330 BStBl 1987 I S. 440.
331 BFH v. 24. 7. 1996, BStBl 1997 II S. 122.

15 Bewertung der Wirtschaftsgüter des Betriebsvermögens

Forfaitierungserlös wie eine Anzahlung zu passivieren, und zwar wegen seiner künftigen Verpflichtung zur Verschaffung des Eigentums an dem Leasinggegenstand. Der Passivposten ist verteilt über die Zeitspanne bis zum Ablauf der Grundmietzeit linear gewinnmindernd auf den Wert aufzustocken, der Grundlage für die Festlegung des Forfaitierungserlöses war. Das ist grundsätzlich der im Leasingvertrag vereinbarte Andienungspreis. Nach Ablauf der Grundmietzeit ist der Passivposten gewinnerhöhend aufzulösen.

Übernimmt der Leasinggeber auch die Haftung für die Zahlungsfähigkeit des Leasingnehmers oder verpflichtet er sich zum Rückkauf der Forderung im Falle der Uneinbringlichkeit, so ist dieser Vorgang als Darlehensgewährung der Bank an den Leasinggeber zu beurteilen. Der Leasinggeber hat die erhaltenen Erlöse als Darlehensschuld zu passivieren. Dies gilt auch, wenn der Vorgang als Forfaitierung der künftigen Forderungen auf Leasingraten oder als Forfaitierung des künftigen Anspruchs auf den Erlös aus der Verwertung des Leasinggegenstandes bezeichnet wird.[332]

15.5.12.5 Sonstiges

Werden für die Grundmietzeit **degressive Leasingraten** vereinbart, enthalten aber die während dieser Zeit entrichteten Raten auch Aufwand für die Zeit nach Ablauf der Grundmietzeit und ist mit einer Kündigung bei Beendigung der Grundmietzeit nicht zu rechnen, ist von der Gesamtsumme der auf die Grundmietzeit entfallenden (degressiven) Raten der Aufwand abzuziehen, der auf die spätere Zeit entfällt. Der verbleibende Unterschiedsbetrag ist gleichmäßig auf die Grundmietzeit zu verteilen, während die auf die spätere Zeit entfallenden Aufwendungen als Aktivposten zu bilanzieren sind.[333]

Wird das Leasingobjekt entsprechend den Vertragsbedingungen nach Vertragsende an einen Dritten veräußert und der Leasingnehmer an dem in seiner Höhe ungewissen Veräußerungserlös beteiligt, so kann der **Leasinggeber** für die Verpflichtung, den Leasingnehmer bei Beendigung des Mietvertrags am Verwertungserlös zu beteiligen, während der Laufzeit des Mietvertrags weder eine Rückstellung noch einen passiven Rechnungsabgrenzungsposten bilden.[334] Die Bildung einer Rückstellung für einen drohenden Verlust aus einem schwebenden Geschäft kommt nicht in Betracht, weil aus den abgeschlossenen Mietverträgen bei vertragsgemäßer Abwicklung keine Verluste zu befürchten sind. Die Bildung einer Rückstellung für eine ungewisse Verbindlichkeit ist nicht möglich, weil kein Erfüllungsrückstand besteht. Die Bildung eines passiven Rechnungsabgrenzungspostens scheitert schon daran, dass die Mietraten nicht, auch nicht teilweise, Ertrag für eine (bestimmte) Zeit nach dem Bilanzstichtag darstellen.

---
332 BMF v. 9. 1. 1996, BStBl 1996 I S. 9.
333 BFH v. 12. 8. 1982, BStBl 1982 II S. 696; BMF, BStBl 1983 I S. 431.
334 BFH v. 8. 10. 1987, BStBl 1988 II S. 57.

Abweichend davon hat der BFH mit Urteil vom 15. 4. 1993[335] entschieden: Entrichtet der Leasingnehmer erhöhte Leasingraten und räumt der Leasinggeber ihm dafür das Recht ein, das Leasingobjekt zum Ende der Grundmietzeit zu einem Vorzugspreis zu übernehmen, so muss der Leasinggeber für diese Verpflichtung eine Verbindlichkeitsrückstellung ansammeln, wenn das Leasinggut ihm zugerechnet wurde.

Rückstellungen eines **Leasingnehmers** für drohende Verluste aus dem Leasingvertrag setzen voraus, dass der Wert der Verpflichtung zur Zahlung der Leasingraten den Erfolgsbeitrag des Leasingobjekts im Unternehmen des Leasingnehmers übersteigt (Verpflichtungsüberschuss). Ist der Erfolgsbeitrag des Leasingobjekts im Unternehmen des Leasingnehmers nicht feststellbar, so ist eine Rückstellung nicht zulässig.[336]

15.6 Herstellungskosten

15.6.1 Bedeutung der Herstellungskosten

Im Unterschied zur Anschaffung liegt eine Herstellung immer dann vor, wenn der Stpfl. ein Wirtschaftsgut auf eigene Rechnung und Gefahr herstellt oder herstellen lässt und das Herstellungsgeschehen beherrscht.[337]

Die Herstellungskosten sind damit Bewertungsmaßstab für die nicht erworbenen, sondern selbst hergestellten Wirtschaftsgüter. Herstellungskosten kommen vor allem bei der Vorratsbewertung (unfertige und fertige Erzeugnisse) der Fabrikationsbetriebe in Betracht. Aber auch bei Gegenständen des Anlagevermögens, z. B. Betriebsvorrichtungen, sind die Herstellungskosten anzusetzen, wenn diese Wirtschaftsgüter im eigenen Betrieb gefertigt wurden. Darüber hinaus liegen auch Herstellungsmaßnahmen vor, wenn Wirtschaftsgüter im Auftrag des Stpfl. errichtet werden, wie das etwa bei der Herstellung von Gebäuden regelmäßig üblich ist.

Dem Anschaffungswert der von Dritten erworbenen Wirtschaftsgüter entspricht somit der Begriff der Herstellungskosten für die im eigenen Betrieb hergestellten Wirtschaftsgüter. Durch die Aktivierung sollen die Aufwendungen zur Herstellung zunächst erfolgsneutral behandelt werden. Erst in späteren Wirtschaftsjahren, beim Vorratsvermögen im Jahr ihrer Veräußerung, erscheinen sie als Aufwand.

Herstellungskosten sind alle Aufwendungen, die durch den Verbrauch von Gütern und die Inanspruchnahme von Diensten für die Herstellung eines Erzeugnisses entstehen. Danach gehören zu den Herstellungskosten sowohl die Kosten, die unmittelbar der Herstellung dienen, als auch die Aufwendungen, die zwangsläufig im

---
335 BB 1993, S. 1912.
336 BFH v. 27. 7. 1988, BStBl 1988 II S. 999.
337 BFH, BStBl 1992 II S. 725 m. w. N.; vgl. auch o. 15.4.5.

15 Bewertung der Wirtschaftsgüter des Betriebsvermögens

Zusammenhang mit der Herstellung des Wirtschaftsgutes anfallen oder mit der Herstellung in einem engen wirtschaftlichen Zusammenhang stehen. Wie bei den Anschaffungskosten kommt auch für die Zuordnung von Aufwendungen zu den Herstellungskosten der Zweckrichtung der Aufwendungen als finales Element entscheidende rechtliche Bedeutung zu.[338]

15.6.2 Grundbegriffe der Selbstkostenrechnung (Kalkulation)

15.6.2.1 Ausgaben, Aufwand und Kosten

Das Verständnis der Herstellungskosten erfordert eine grundlegende Kenntnis der Selbstkostenrechnung (Kalkulation) und deren Grundbegriffe.

Die Kalkulation arbeitet mit Begriffen, die Kosten oder Leistungen bedeuten. Unter Kosten versteht man den wertmäßigen Güter- und Dienstverzehr zur Erstellung von Leistungen. Kosten sind nicht gleichbedeutend mit Ausgaben und Aufwendungen. Sie unterscheiden sich von diesen wie folgt:

Ausgaben liegen erst dann vor, wenn Zahlungsmittel oder Sachen für empfangene Güter oder von Dritten geleistete Dienste die Unternehmung verlassen. Ob die erhaltenen Güter und Leistungen der Leistungserstellung oder einem anderen Unternehmenszweck dienen, ist unbedeutend. Der Zeitpunkt der Bewirkung von Ausgaben ist für die Gewinnermittlung nach den §§ 4 Abs. 1, 5 Abs. 1 EStG unbeachtlich. Im Rahmen der Gewinnermittlung nach § 4 Abs. 3 EStG ist der Abfluss von Ausgaben nach § 11 Abs. 2 EStG maßgebend.

Aufwand sind die Ausgaben für empfangene Güter und Dienstleistungen im Jahr ihrer wirtschaftlichen Zugehörigkeit. In der Zurechnung der Ausgaben zu einer bestimmten Periode (Wirtschaftsjahr) unterscheidet sich der Aufwand von den Ausgaben. Aufwendungen erscheinen bei der Gewinnermittlung nach § 4 Abs. 1 und § 5 Abs. 1 EStG in der Erfolgsrechnung (Gewinn-und-Verlust-Rechnung).

Kosten sind die in der Unternehmung zum eigentlichen Betriebszweck eingesetzten Güter und Dienste. Während Aufwendungen den gesamten Verzehr an Gütern und Diensten umfassen und pagatorischer Natur sind, d. h., sie haben tatsächlich zu Ausgaben geführt, sind Kosten nur die zur betrieblichen Leistungserstellung verbrauchten Güter und Dienste, berechnet nach aktuellen Tagespreisen.

Kosten können

– mit den Aufwendungen identisch sein (sog. aufwandsgleiche Kosten oder **Grundkosten**),

---
[338] BFH, BStBl 1984 II S. 101, BStBl 1988 II S. 431.

15.6 Herstellungskosten

- mit den Aufwendungen teilweise identisch sein (sog. aufwandsungleiche oder **Anderskosten**). Dazu gehören z. B. die kalkulatorischen Abschreibungen, die nur teilweise mit den bilanzmäßigen Abschreibungen (AfA) übereinstimmen,
- Verzehr an Gütern und Diensten sein, dem keine Aufwendungen gegenüberstehen (sog. aufwandslose Kosten oder **Zusatzkosten**). Dazu gehören u. a. kalkulatorischer Unternehmerlohn, kalkulatorische Zinsen (für betriebsnotwendiges Eigenkapital).

Abgrenzung von Aufwand und Kosten

Neutraler Aufwand	Aufwand und	
	Kosten zugleich	Zusatzkosten

Kosten in der Selbstkostenrechnung

Das Schaubild macht deutlich, dass viele Aufwendungen auch Kosten im Sinne der Selbstkostenrechnung darstellen. Keine Kosten sind jedoch die neutralen Aufwendungen. Andererseits gibt es Zusatzkosten, die zum Zwecke der Kalkulation berücksichtigt werden müssen, aber als Aufwand nicht in Erscheinung treten.

Neutrale Aufwendungen (= sog. unternehmensbezogene Aufwendungen) betreffen das Unternehmen insgesamt. Sie fallen nicht im Zusammenhang mit der geplanten Leistungserstellung und -verwertung an und werden deshalb auch nicht in die betriebswirtschaftliche Kosten- und Leistungsrechnung übernommen. Als neutrale Aufwendungen sind sie von den betrieblichen Aufwendungen abzugrenzen. Die neutralen oder unternehmensbezogenen Aufwendungen setzen sich zusammen aus den **außerordentlichen Aufwendungen** i. S. des § 275 Abs. 2 Nr. 16, Abs. 3 Nr. 15 HGB und dem Teil der sonstigen betrieblichen Aufwendungen i. S. des § 275 Abs. 2 Nr. 8, Abs. 3 Nr. 7 HGB, der **betriebsfremd** ist oder nicht **regelmäßig wiederkehrend** dem eigentlichen Betriebszweck dient oder **periodenfremd** ist.

Betriebsfremde Aufwendungen entstehen bei der Verfolgung betriebsfremder Ziele: Verluste aus Wertpapiergeschäften, Aufwendungen für ein nicht betrieblich genutztes Grundstück.

Nicht regelmäßig wiederkehrende Aufwendungen werden zwar durch den Betriebszweck verursacht, entsprechen aber wegen ihres unregelmäßigen Anfalls nicht dem geplanten Betriebsgeschehen. Sie gehen daher nicht oder nicht in der ausgewiesenen Höhe in die Kosten- und Leistungsrechnung ein. Beispiele: Verluste aus dem Abgang von Anlagevermögen, kleinere Diebstähle, Zahlungsunfähigkeit eines Schuldners.

15 Bewertung der Wirtschaftsgüter des Betriebsvermögens

Periodenfremde Aufwendungen sind zwar betriebsbedingt, betreffen aber vergangene Geschäftsjahre, für die z. B. keine ausreichenden Rückstellungen gebildet worden sind (z. B. Nachholung von Pensionsrückstellungen).
Außerordentliche Aufwendungen i. S. des § 275 Abs. 2 Nr. 16, Abs. 3 Nr. 15 HGB fallen außerhalb der gewöhnlichen Geschäftstätigkeit an. Sie sind in ihrer Art ungewöhnlich und kommen selten vor. Beispiele: Verluste aus großen Schadensfällen, aus Enteignungen, aus dem Verkauf eines Teilbetriebs.
Zusatzkosten sind keine Aufwendungen im Sinne der Buchführung. Werden sie in der Buchführung erfasst, müssen sie im Interesse einer steuerrechtlich richtigen Gewinnermittlung erfolgsneutral gebucht werden. Das geschieht durch Gegenbuchung auf Ertragskonten für verrechnete kalkulatorische Kosten (Unternehmerlohn, Zinsen usw.). In der Praxis geschieht diese Abgrenzungsrechnung jedoch überwiegend tabellarisch in der Ergebnistabelle außerhalb der Buchführung.

Da als Herstellungskosten nur Aufwendungen des Betriebs in Betracht kommen, dürfen die Zusatzkosten bei der Bewertung nach § 6 EStG nicht berücksichtigt werden. Das gilt auch für die übrigen kalkulatorischen Kosten (Anderskosten), und zwar insoweit, als sie nicht mit den Aufwendungen identisch sind. Der Begriff der Herstellungskosten, den § 6 EStG verwendet, ist deshalb ungenau.

15.6.2.2 Einzelkosten und Gemeinkosten

Weitere Grundbegriffe der Kalkulation sind Einzelkosten und Gemeinkosten. **Einzelkosten** sind die Kosten, die den Leistungen (Kostenträgern) direkt zugerechnet werden können. Dazu rechnen vor allem Fertigungsmaterial und Fertigungslöhne. Durch entsprechende Aufzeichnungen kann festgestellt werden, in welchem Umfang sie zur Herstellung der einzelnen Stücke aufgewendet wurden. **Gemeinkosten** sind die Kosten, die für alle Leistungen gemeinsam anfallen und nicht direkt zurechenbar sind. Sie werden zunächst nach Belegen oder bestimmten Verrechnungsschlüsseln den Abteilungen (= Kostenstellen) zugeordnet, in denen sie verursacht wurden. Diese Zuordnung geschieht in der Praxis fast ausschließlich tabellarisch im Betriebsabrechnungsbogen (BAB). Anschließend können die so aufbereiteten Gemeinkosten mithilfe von Zuschlagssätzen (v. H.) anteilig den Kostenträgern (= Erzeugnisse) zugeordnet werden.

15.6.3 Umfang der Herstellungskosten

In der **Betriebswirtschaftslehre** unterscheidet man Herstellungskosten, Verwaltungskosten und Vertriebskosten. Aus ihrer Summe (= Selbstkosten) errechnet sich unter Berücksichtigung des Gewinnaufschlags der kalkulierte Verkaufspreis. Als Herstellungskosten bezeichnet man die Summe aus dem verbrauchten Fertigungs-

15.6 Herstellungskosten

material, den Fertigungslöhnen und den Fertigungsgemeinkosten, die regelmäßig in die materialabhängigen Gemeinkosten (Materialgemeinkosten) und die lohnabhängigen Fertigungsgemeinkosten aufgegliedert werden.

Für das **Handelsrecht** bestimmen § 255 Absätze 2 und 3 HGB Definition und Umfang der Herstellungskosten:

> „(2) Herstellungskosten sind die Aufwendungen, die durch den Verbrauch von Gütern und die Inanspruchnahme von Diensten für die Herstellung eines Vermögensgegenstands, seine Erweiterung oder für eine über seinen ursprünglichen Zustand hinausgehende wesentliche Verbesserung entstehen. Dazu gehören die Materialkosten, die Fertigungskosten und die Sonderkosten der Fertigung. Bei der Berechnung der Herstellungskosten dürfen auch angemessene Teile der notwendigen Materialgemeinkosten, der notwendigen Fertigungsgemeinkosten und des Wertverzehrs des Anlagevermögens, soweit er durch die Fertigung veranlasst ist, eingerechnet werden. Kosten der allgemeinen Verwaltung sowie Aufwendungen für soziale Einrichtungen des Betriebs, für freiwillige soziale Leistungen und für betriebliche Altersversorgung brauchen nicht eingerechnet zu werden. Aufwendungen i. S. der Sätze 3 und 4 dürfen nur insoweit berücksichtigt werden, als sie auf den Zeitraum der Herstellung entfallen. Vertriebskosten dürfen nicht in die Herstellungskosten einbezogen werden.
>
> (3) Zinsen für Fremdkapital gehören nicht zu den Herstellungskosten. Zinsen für Fremdkapital, das zur Finanzierung der Herstellung eines Vermögensgegenstands verwendet wird, dürfen angesetzt werden, soweit sie auf den Zeitraum der Herstellung entfallen; in diesem Falle gelten sie als Herstellungskosten des Vermögensgegenstands."

Das **Steuerrecht** verwendet den Begriff der Herstellungskosten, ohne ihn zu definieren (vgl. § 6 Abs. 1 EStG). Es ist jedoch unbestritten und aufgrund der Maßgeblichkeit über § 5 Abs. 1 EStG auch zwingend, dass die handelsrechtliche Umschreibung der Herstellungskosten auch steuerrechtlich maßgebend ist.[339] Da auch handelsrechtlich nur **Aufwendungen** Herstellungskosten sein können, bleiben kalkulatorische Kosten, soweit sie über die Aufwendungen hinausgehen, sowie der Wert der eigenen Arbeitskraft des Unternehmers außer Ansatz.[340] Die Kosten der allgemeinen Verwaltung brauchen im Gegensatz zu den im Fertigungsbereich angefallenen Verwaltungskosten nicht in die Herstellungskosten einbezogen zu werden (R 33 Abs. 4 EStR).

Kosten der allgemeinen Verwaltung sind die Aufwendungen für Geschäftsleitung, Einkauf und Wareneingang, Betriebsrat, Personalbüro, Nachrichtenwesen, Ausbildungswesen, Rechnungswesen (Buchführung, Betriebsabrechnung, Statistik und Kalkulation), Feuerwehr, Werkschutz sowie allgemeine Fürsorge einschließlich Betriebskrankenkasse (R 33 Abs. 4 EStR).

Material- und Fertigungsgemeinkosten können nach § 255 Abs. 2 HGB in die Ermittlung der Herstellungskosten einbezogen werden. Die Untergrenze der nach

---
[339] BFH, BStBl 1994 II S. 176.
[340] H 33 „kalkulatorische Kosten" EStH.

15 Bewertung der Wirtschaftsgüter des Betriebsvermögens

Handelsrecht zwingend anzusetzenden Herstellungskosten ergibt sich demgemäß nur durch Material- und Fertigungseinzelkosten zzgl. Sonderkosten der Fertigung. **Steuerrechtlich** müssen die Material- und Fertigungsgemeinkosten dagegen in die Ermittlung der Herstellungskosten einbezogen werden.[341] Das Steuerrecht enthält anders als § 255 Abs. 2 HGB kein Wahlrecht, von der Einbeziehung der Gemeinkosten abzusehen. Da § 6 Abs. 1 EStG den Ansatz der Herstellungskosten ohne Einschränkung vorschreibt, geht diese Regelung nach § 5 Abs. 6 EStG in der Steuerbilanz vor (vgl. auch R 33 Abs. 1 EStR).

Sonderkosten gehören zu den Herstellungskosten, soweit sie in unmittelbarer Beziehung zur Produktion der zu aktivierenden Halb- und Fertigerzeugnisse bzw. zu den für den eigenen Betrieb hergestellten Maschinen und Werkzeugen stehen und nicht zu den allgemeinen Verwaltungskosten oder den Vertriebskosten zu rechnen sind. Das sind besondere Aufwendungen wie Entwicklungs- und Entwurfskosten, Patentgebühren sowie Kosten für den Ankauf neuer Fabrikationsmethoden und das Anlernen neuer Fachkräfte zur Umschulung auf die neue Fabrikation.

Die **bilanzsteuerrechtlich** nach § 6 Abs. 1 EStG, R 33 EStR maßgebenden Herstellungskosten ergeben sich daher wie folgt:

    Materialeinzelkosten
+ Materialgemeinkosten
+ Fertigungseinzelkosten
+ Fertigungsgemeinkosten
+ Sonderkosten der Fertigung
+ Sondergemeinkosten

= Herstellungskosten
+ allgemeine Verwaltungskosten
+ Vertriebskosten

= Selbstkosten
+ Gewinnzuschlag und kalkulatorische Kosten

= Netto-Verkaufspreis

Hinsichtlich der als Vorsteuer abziehbaren **USt** gelten die gleichen Grundsätze wie bei der Bestimmung der Anschaffungskosten (§ 9 b EStG; R 86 EStR).[342]

Den Umfang der steuerrechtlich anzusetzenden Herstellungskosten zeigt das nachstehende Schaubild. Die Einzelkosten sind mindestens in der Handelsbilanz, die Herstellungskosten I sind **mindestens** in der Steuerbilanz anzusetzen. Die Herstellungskosten II **dürfen** ausgewiesen werden.

---
341 BFH, BStBl 1994 II S. 176.
342 H 33 „Vorsteuerbeträge" EStH.

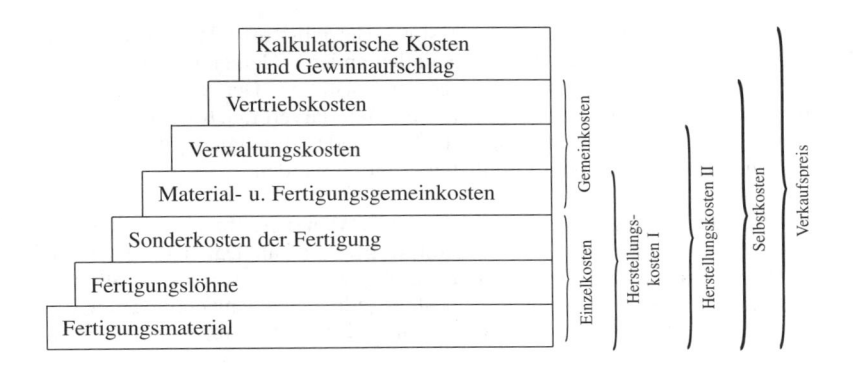

15.6 Herstellungskosten

Kalkulatorische Kosten und Gewinnaufschlag					
Vertriebskosten					
Verwaltungskosten	Gemeinkosten				
Material- u. Fertigungsgemeinkosten			Herstellungskosten II	Selbstkosten	Verkaufspreis
Sonderkosten der Fertigung		Herstellungskosten I			
Fertigungslöhne	Einzelkosten				
Fertigungsmaterial					

Natürlich kommen für eine Aktivierung nicht die gesamten im Wirtschaftsjahr angefallenen Herstellungskosten in Betracht, sondern nur der Anteil, der auf die am Bilanzstichtag noch vorhandenen Wirtschaftsgüter entfällt.[343] Der Unterschied zwischen den am Anfang des Wirtschaftsjahrs aktivierten und am Schluss des Wirtschaftsjahres zu aktivierenden Herstellungskosten der unfertigen und fertigen Erzeugnisse wird im Allgemeinen unter Verwendung eines Kontos „Bestandsveränderungen" in der Erfolgsrechnung ausgewiesen.

15.6.4 Fertigungsgemeinkosten

Außer den Einzelkosten für Material und Löhne gehören steuerrechtlich auch die Fertigungsgemeinkosten zu den aktivierungspflichtigen Herstellungskosten. Auf ihre richtige Erfassung muss deshalb besonders geachtet werden. Fertigungsgemeinkosten sind nach R 33 Abs. 2 EStR u. a. die Aufwendungen für die folgenden Kostenstellen:

Lagerhaltung, Transport und Prüfung des Fertigungsmaterials,

Vorbereitung und Kontrolle der Fertigung,

Werkzeuglager,

Betriebsleitung, Raumkosten, Sachversicherungen,

Unfallstationen und Unfallverhütungseinrichtungen der Fertigungsstätten,

Lohnbüro, soweit in ihm die Löhne und Gehälter der in der Fertigung tätigen Arbeitnehmer abgerechnet werden.

Fertigungsgemeinkosten sind darüber hinaus auch die Aufwendungen für Hilfsstoffe, die in die Fertigerzeugnisse eingehen, ohne aber deren Hauptbestandteil zu

---

343 Wegen der Methoden zur Ermittlung dieser Anteile s. u. 15.6.5.

15 Bewertung der Wirtschaftsgüter des Betriebsvermögens

werden (Schrauben, Nägel, Farben), sowie Betriebsstoffe (Heizstoffe, Schmierstoffe u. Ä.). Bei ihnen kann man – wie bei allen anderen Gemeinkosten – den Verbrauch für das einzelne Werkstück nicht genau feststellen. Der Verbrauch lässt sich nur prozentual ermitteln. Dagegen kann der Materialverbrauch (Hauptstoffe) aufgrund von Materialentnahmescheinen und die für jedes Erzeugnis aufgewendete Arbeitszeit nach Lohnzetteln oder Lohnlisten ermittelt werden.

Zu den Herstellungskosten gehört auch der **Wertverzehr des Anlagevermögens,** soweit er der Fertigung der Erzeugnisse gedient hat. Dabei ist grundsätzlich der Betrag anzusetzen, der bei der Bilanzierung des Anlagevermögens als AfA berücksichtigt ist. Eine Sonderregelung besteht jedoch bei Anwendung der degressiven Absetzung sowie Sonderabschreibungen und erhöhter Absetzungen (R 33 Abs. 3 EStR).

Ebenso bestehen für die **freiwilligen sozialen Leistungen** des Unternehmens und die Aufwendungen der betrieblichen Altersversorgung Vereinfachungen nach R 33 Abs. 4 Sätze 4 und 5 EStR. Danach besteht ein Wahlrecht zur Erfassung.

Hinsichtlich der **Gewerbeertragsteuer** hat der Stpfl. ein Wahlrecht, ob er sie in die Herstellungskosten einbeziehen will (R 33 Abs. 5 Satz 2 EStR).

Die **Gewerbekapitalsteuer** ist dagegen in die Herstellungskosten einzubeziehen, soweit sie auf die Fertigungsanlagen entfällt (beachte Wegfall der Gewerbekapitalsteuer in den alten Bundesländern ab 1. 1. 1998).

Kalkulatorische Zinsen für Eigenkapital gehören nie, **Zinsen für Fremdkapital** grundsätzlich nicht zu den Herstellungskosten. Wird jedoch nachweislich in unmittelbarem wirtschaftlichen Zusammenhang mit der Herstellung eines Wirtschaftsgutes ein Kredit aufgenommen, so können die Zinsen, soweit sie auf den Herstellungszeitraum entfallen, in die Herstellungskosten des Wirtschaftsgutes einbezogen werden (§ 255 Abs. 3 HGB). Voraussetzung für die Einbeziehung der Zinsen für Fremdkapital in die steuerrechtlichen Herstellungskosten eines Wirtschaftsgutes ist, dass in der HB entsprechend verfahren wird.[344]

Fertigungsgemeinkosten machen bei vielen Fabrikbetrieben einen erheblichen Teil der Herstellungskosten aus, vor allem dann, wenn für die Herstellung große Gebäude und viele wertvolle Maschinen erforderlich sind.

Die gegenüberliegende Übersicht soll einen Überblick über die Herstellungskosten sowie deren Beurteilung in der Handelsbilanz und in der Steuerbilanz vermitteln.

---

344 H 33 „kalkulatorische Kosten" EStH.

15.6.5 Ermittlung der Herstellungskosten für das zu bewertende Wirtschaftsgut

15.6.5.1 Kosten- und Leistungsrechnung

Die Kosten- und Leistungsrechnung beinhaltet die gesamte Betriebsabrechnung, die die Grundlage bildet für

die Ermittlung der Herstellungskosten, der Selbstkosten und der Leistungen[345] einer Abrechnungsperiode,

die Ermittlung der Herstellungskosten, Selbstkosten und Verkaufspreise für das jeweilige Erzeugnis,

die Kontrolle der Angebotskalkulation und der Wirtschaftlichkeit,

die Bewertung der unfertigen und fertigen Erzeugnisse in der Jahresbilanz,

Planungen und unternehmerische Entscheidungen.

Herstellungskosten sind Aufwendungen, die entstehen durch
- Verbrauch von Gütern und
- Inanspruchnahme von Diensten,
um einen Vermögensgegenstand
- herzustellen,
- zu erweitern oder
- wesentlich zu verbessern.

Aufwandsart	Handelsbilanz (§ 255 Abs. 2, 3 HGB)			Steuerbilanz (§ 6 Abs. 1 EStG, R 33 EStR)		
	Aktivierungs-			Aktivierungs-		
	pflicht	wahlrecht	verbot	pflicht	wahlrecht	verbot
Materialeinzelkosten	x			x		
Fertigungseinzelkosten	x			x		
Sondereinzelkosten der Fertigung	x			x		
Materialgemeinkosten		x			x	
Fertigungsgemeinkosten		x			x	
Wertverzehr des der Fertigung dienenden Anlagevermögens		x			x	

---

345 Leistungen in diesem Sinne sind:
  a) Umsatzerlöse
  b) Erhöhung der Bestände an unfertigen und fertigen Erzeugnissen
  c) andere aktivierte Eigenleistungen (eigenbetrieblich genutzte Gebäude, Maschinen usw., die im eigenen Betrieb hergestellt wurden, unfertige Werkleistungen oder unfertige andere Leistungen gegenüber Auftraggebern).

15 Bewertung der Wirtschaftsgüter des Betriebsvermögens

Aufwandsart	Handelsbilanz (§ 255 Abs. 2, 3 HGB)			Steuerbilanz (§ 6 Abs. 1 EStG, R 33 EStR)		
	Aktivierungspflicht	Aktivierungswahlrecht	verbot	Aktivierungspflicht	Aktivierungswahlrecht	verbot
Gewerbeertragsteuer		×				×
Gewerbekapitalsteuer		×		×		
Kosten der allgemeinen Verwaltung		×				×
Aufwand für soziale Einrichtungen		×				×
Aufwand für freiwillige soziale Leistungen		×				×
Aufwand für betriebliche Altersversorgung		×				×
Fremdkapitalzinsen (soweit zurechenbar, § 255 Abs. 3 HGB)		×				×
Vertriebskosten			×			×

Zur Erreichung dieser Ziele werden die Kosten

- nach **Kostenarten** gegliedert für jeweils eine Abrechnungsperiode erfasst. Es handelt sich um **die Kostenartenrechnung,** die Auskunft darüber gibt, welche Kosten entstanden sind;
- entsprechend ihrer Verursachung auf **Kostenstellen** verteilt. Diese sog. **Kostenstellenrechnung,** die i. d. R. außerhalb der Buchführung tabellarisch mithilfe des Betriebsabrechnungsbogens (BAB) geführt wird, gibt Auskunft darüber, wo die Kosten entstanden sind (= Orte der Kostenverursachung);
- den **Kostenträgern** (= Erzeugnisse) zur Ermittlung des Erfolgs oder der Preiskalkulation zugeordnet. Diese sog. **Kostenträgerrechnung** gibt über die Kalkulation Auskunft darüber, wer die Kosten zu tragen hat.

15.6.5.2 Kostenartenrechnung

In der Kostenartenrechnung werden die Kosten nach verschiedenen Gesichtspunkten gegliedert:

- Gliederung nach den **Aufwandspositionen in der Gewinn-und-Verlust-Rechnung,** vgl. dazu § 275 HGB,
- Gliederung nach der Art der Verrechnung in **Einzel-** und **Gemeinkosten,**

15.6 Herstellungskosten

– Gliederung nach dem Verhalten bei Beschäftigungsänderungen in **fixe** und **variable** Kosten.

Fixe Kosten oder Kosten der Betriebsbereitschaft fallen kontinuierlich in annähernd gleicher Höhe unabhängig von der Produktionsmenge oder dem Umfang sonstiger betrieblicher Leistungen an. So wie die KfzSt unabhängig von der Anzahl der gefahrenen km erhoben wird, richten sich die planmäßigen Abschreibungen auf Betriebsgebäude nicht nach der Intensität der Nutzung. Neben Steuern und Abschreibungen (Ausnahme: AfA nach Maßgabe der Leistung) sind fixe Kosten z. B. Gehälter, Miete, Beiträge.

Variable Kosten reagieren auf Veränderungen der Marktlage; sie passen sich der veränderten Beschäftigung an. Deshalb sind sämtliche Einzelkosten und zum Teil auch die Gemeinkosten variable Kosten. Als variable Gemeinkosten kommen z. B. in Betracht Energiekosten, soweit es sich nicht um Grundgebühren handelt, und Transportkosten, soweit es sich nicht um Steuern und Abschreibungen auf eigene Fahrzeuge handelt.

15.6.5.3 Kostenstellenrechnung

15.6.5.3.1 Kostenbereiche, Kostenstellen

Es ist üblich, den Gesamtbetrieb entsprechend seiner Funktionen in die fünf **Kostenbereiche:** allgemeiner Bereich, Material, Fertigung, Verwaltung, Vertrieb einzuteilen und die jeweiligen Kostenbereiche in Kostenstellen zu gliedern.

So kann der **allgemeine Bereich,** in dem diejenigen Gemeinkosten erfasst werden, die das Unternehmen insgesamt betreffen, in die **Kostenstellen** Sozialeinrichtungen, Werkschutz, der **Materialbereich** in die **Kostenstellen** Materialeinkauf, Materialprüfung, Materialverwaltung, der **Fertigungsbereich** in die **Kostenstellen** Schlosserei, Dreherei, Montage, der **Verwaltungsbereich** in die **Kostenstellen** kaufmännische Leitung, Finanzabteilung, Buchhaltung, der **Vertriebsbereich** in die **Kostenstellen** Werbung, Verkauf, Fertiglager gegliedert werden.

Da die auf den allgemeinen Kostenstellen (allgemeiner Bereich) erfassten Gemeinkosten grundsätzlich von allen Betriebsabteilungen verursacht worden sind, werden sie nach einem geeigneten Schlüssel auf die übergeordneten Kostenbereiche umgelegt und belasten damit endgültig deren Kostenstellen. Im Fertigungsbereich werden die Kostenstellen i. d. R. in Fertigungshilfsstellen und Fertigungshauptstellen unterteilt. Die den Fertigungshauptstellen untergeordneten Fertigungshilfsstellen erfassen Gemeinkosten, die den Fertigungsbereich insgesamt betreffen. Es handelt sich um Abteilungen, die die Grundlagen, aber auch Hilfsdienste für die Fertigung leisten, wie technische Betriebsleitung, Arbeitsvorbereitung, Konstruktionsbüro, Reparatur-

15 Bewertung der Wirtschaftsgüter des Betriebsvermögens

werkstatt. Die Fertigungshilfsstellen geben die bei ihnen erfassten Gemeinkosten nach einem geeigneten Aufteilungsschlüssel an die übergeordneten Fertigungshauptstellen ab.

15.6.5.3.2 Betriebsabrechnungsbogen (BAB)

Die Kostenstellenrechnung wird i. d. R. außerhalb der Buchführung tabellarisch mithilfe des Betriebsabrechnungsbogens durchgeführt. In ihm werden die Kostenarten, soweit sie Gemeinkosten sind, auf die Kostenstellen verteilt. Auf diese Weise erhält man für jede Kostenstelle die dort entstandenen Gemeinkosten. Setzt man sie ins Verhältnis zu den Einzelkosten der betreffenden Kostenstelle, so erhält man die bei der Kalkulation zu verrechnenden Zuschlagsätze.

Die besondere Schwierigkeit besteht in der richtigen und gerechten Aufteilung der Gemeinkosten. Von ihr ist die richtige Erfassung der Herstellungskosten abhängig.

Bei Außenprüfungen ist der Betriebsabrechnungsbogen von ganz besonderer Bedeutung für:

● Umsatzverprobungen,

● die Vorrätebewertung (hierbei ist jedoch darauf zu achten, ob kalkulatorische Kosten in der Betriebsabrechnung erfasst werden),

● die Feststellung innerbetrieblicher Leistungen (selbst errichtete Anlagen) und

● die Feststellung von Leistungen für private Zwecke.

Beispiel eines Betriebsabrechnungsbogens

In einem Fertigungsbetrieb sind die folgenden Einzelkosten entstanden:

Fertigungslöhne 272 000 DM
Materialverbrauch 1 005 000 DM.

Die Gemeinkosten und deren Verteilung auf die verschiedenen Kostenstellen ergibt sich aus dem nachstehenden Betriebsabrechnungsbogen.

Aus Vereinfachungsgründen wird auf die Darstellung eines allgemeinen Kostenbereichs und besonderer Kostenstellen in den Kostenbereichen Material, Fertigung, Verwaltung und Vertrieb verzichtet.

Die in Spalte 3 „Zahlen der Buchhaltung" angegebenen Beträge beinhalten lediglich aufwandsgleiche Kosten und sind steuerrechtlich abzugsfähige Betriebsausgaben.

15.6 Herstellungskosten

Konto Nr.	Kostenart	Zahlen der Buchhaltung	Verteilungsschlüssel	Kostenstelle I (3000 m²) Lager	Kostenstelle II (10 000 m²) Fertigungsbetrieb	Kostenstelle III (5000 m²) Verwaltung	Kostenstelle IV (2000 m²) Vertrieb
		DM		DM	DM	DM	DM
603	Betriebsstoffe, Verbrauchswerkzeuge	84 000	II 68 000, Rest 1:1:2	4 000	68 000	4 000	8 000
605	Strom, Gas, Wasser	50 000	II 44 000, Rest 1:1:1	2 000	44 000	2 000	2 000
606	Reparaturen	14 000	II 11 000, Rest 1:1:1	1 000	11 000	1 000	1 000
616	Kleine Fremdrepar.	12 000	1:1:3:1	2 000	2 000	6 000	2 000
627	Hilfslöhne	132 000	Direkt (Lohnzettel)	12 000	90 000	10 000	20 000
63	Gehälter	128 000	2:4:7:3	16 000	32 000	56 000	24 000
64	Sozialaufwend.	48 000	Direkt	4 000	26 000	12 000	6 000
65	AfA	120 000	1:6:2:1	12 000	72 000	24 000	12 000
680	Allg. Verwaltungsk.	40 000	2:5:10:3	4 000	10 000	20 000	6 000
686	Spesen	36 000	IV	–	–	–	36 000
690	Versicherungsbeitr.	44 000	Grundfläche	6 600	22 000	11 000	4 400
70	Steuern	72 000	Grundfläche	10 800	36 000	18 000	7 200
75	Zinsen	66 000	1:4:5:1	6 000	24 000	30 000	6 000
		846 000		80 400	437 000	194 000	134 600

Materialverbrauch	1 005 000		
Materialgemeinkosten (Materialgemeinkostenzuschlag)	8 %		
Fertigungslöhne		272 000	
Fertigungskosten (Fertigungsgemeinkostenzuschlag)		160,7 %	
Herstellungskosten (1 005 000 + 272 000 + 80 400 + 437 000 DM)			1 794 400	1 794 400
Verwaltungskosten (Verwaltungskostenzuschlag)			10,8 %	—
Vertriebskosten (Vertriebskostenzuschlag)				7,5 %

15.6.5.4 Kostenträgerrechnung

Die Kostenträgerrechnung gliedert sich in die Kostenträgerzeitrechnung und die Kostenträgerstückrechnung.

15.6.5.4.1 Kostenträgerzeitrechnung

Die Kostenträgerzeitrechnung ist Grundlage für die Ermittlung der Herstellungskosten, Selbstkosten und das Betriebsergebnis einer Abrechnungsperiode. Abrechnungsperiode ist das Geschäftsjahr, in den meisten Betrieben jedoch zwecks Durchführung kurzfristiger Erfolgsrechnungen der Kalendermonat.

Die Kostenträgerzeitrechnung dient der Ermittlung des Anteils der verschiedenen Kostenträgergruppen (= Erzeugnisgruppen, z. B. in einer Werkzeugfabrik die ver-

15 Bewertung der Wirtschaftsgüter des Betriebsvermögens

schiedenen Arten der hergestellten Werkzeuge) an den Gesamtkosten der betreffenden Abrechnungsperiode, des Anteils der einzelnen Erzeugnisgruppen am Umsatz sowie der Ermittlung des monatlichen Betriebsergebnisses.

15.6.5.4.2 Kostenträgerstückrechnung

Die Kostenträgerstückrechnung – sie wird auch Kalkulation genannt – dient der Ermittlung der Herstellungskosten, Selbstkosten und des Verkaufspreises für den **einzelnen** Kostenträger (= das einzelne Erzeugnis).

Je nach Produktionsprogramm und Fertigungsverfahren sind u. a. folgende Kalkulationsverfahren üblich:

a) Divisionsverfahren (Divisionskalkulation)

Bei Betrieben mit gleichartigen Erzeugnissen (Ziegeleien, Brauereien, Wasser-, Gas- oder Elektrizitätswerke, Mühlen, Kohlenzechen, Brikettfabriken usw.) können die auf das einzelne Stück entfallenden Herstellungskosten mittels Division der Summe aller Herstellungskosten durch die hergestellte Stückzahl ermittelt werden. Dieses Verfahren bezeichnet man als Divisionsverfahren. In gleicher Weise ermitteln diese Betriebe ihre Selbstkosten, die sie aus Kalkulationsgründen kennen müssen (Divisionskalkulation).

Beim Divisionsverfahren können die im Laufe des Jahres angefallenen Herstellungskosten ohne Rücksicht darauf, ob es sich um Einzelkosten oder Gemeinkosten handelt, zusammengefasst werden.

Beispiel

Eine Ziegelei hat in einem Wirtschaftsjahr 20 000 000 Ziegelsteine gleicher Art hergestellt. Durch die Produktion sind entstanden:

Materialverbrauch	600 000 DM
Lohneinsatz	500 000 DM
Material-/Fertigungsgemeinkosten	900 000 DM
Herstellungskosten	2 000 000 DM
Verwaltungs- und Vertriebskosten	400 000 DM
Selbstkosten	2 400 000 DM

Die Herstellungskosten pro Stück errechnen sich wie folgt:

$$\frac{\text{Herstellungskosten}}{\text{hergestellte Stückzahl}} = \frac{2\,000\,000 \text{ DM}}{20\,000\,000} = 0{,}10 \text{ DM pro Stück}$$

Beträgt der Endbestand laut Inventur 50 000 Stück, dann ergibt sich ein Bilanzansatz von 50 000 × 0,10 DM = 5000 DM.

Die Selbstkosten betragen 0,12 DM pro Stück.

Das Divisionsverfahren kommt nur bei einfach gelagerten Verhältnissen in Betracht. Werden verschiedenartige Erzeugnisse hergestellt, sind getrennte Aufzeichnungen für die verschiedenen Produktgruppen erforderlich.

15.6 Herstellungskosten

b) Divisionskalkulation mit Äquivalenzziffern

Die Voraussetzungen des einfachen Divisionsverfahrens sind bereits dann nicht mehr gegeben, wenn die Produkte gewisse Unterschiede aufweisen. Entstehen bei solchen artverwandten Erzeugnissen annähernd gleiche Kosten und stehen diese in einem bestimmten Verhältnis, kann das Divisionsverfahren mit Äquivalenzziffern (Angleichungsziffern) in Betracht kommen. Dabei sind die Mengen mit den Kosten pro Rechnungseinheit und den Äquivalenzziffern zu multiplizieren.

Beispiel

Es wurden zwei Ziegelsteinsorten hergestellt, und zwar je 10 000 000 Stück vom Typ A und vom Typ B. Die Herstellungskosten stehen sich aufgrund genauer langjähriger Untersuchungen im Verhältnis 1 : 1,5 gegenüber.

Mithilfe dieser Äquivalenzziffern und der hergestellten Stückzahl sind Rechnungseinheiten zu ermitteln, durch die die gesamten Herstellungskosten geteilt werden.

10 000 000 Stück × 1 = 10 000 000
10 000 000 Stück × 1,5 = 15 000 000
Rechnungseinheiten = 25 000 000

$$\frac{\text{Herstellungskosten}}{\text{Rechnungseinheiten}} = \frac{2\,000\,000 \text{ DM}}{25\,000\,000} = 0{,}08 \text{ DM für eine Einheit}$$

Beträgt der festgestellte Endbestand laut Inventur für Typ A 30 000 und für Typ B 20 000 Stück, so sind in der Bilanz anzusetzen:

30 000 Stück × (0,08 DM × 1) = 2400 DM
20 000 Stück × (0,08 DM × 1,5) = 2400 DM
Bilanzansatz   4800 DM

Die Äquivalenzziffern sind Verhältniszahlen (Gleichwertigkeitszahlen). Sie haben den Sinn, die einzelnen Sorten gleich zu machen, um das Divisionsverfahren anwenden zu können.

c) Zuschlagsverfahren (Zuschlagskalkulation)

Wenn in einem Betrieb nicht stets nur ein einziges Erzeugnis, sondern mehrere Wirtschaftsgüter verschiedenster Art hergestellt werden (Serienfabrikation und Einzelfertigung), ist die Ermittlung der Herstellungskosten der Bestände an unfertigen und fertigen Erzeugnissen nach dem Divisionsverfahren nicht möglich. In diesen Fällen sind für die durch Inventur festgestellten Bestände zunächst die aufgewendeten Einzelkosten zu ermitteln. Hierüber müssen schon aus Kalkulationsgründen Aufzeichnungen (Laufzettel, Kommissionskarten) gefertigt werden, in denen aufgrund von Materialentnahmescheinen, Lohnlisten und Lohnzetteln die Einzelkosten durch die jeweiligen Betriebsabteilungen vermerkt werden, wenn nicht sogar innerhalb der Buchführung hierfür verschiedene Sammelkonten (Kostenstellenkonten) geführt werden. Neben den aufgezeichneten Einzelkosten sind jedoch auch die anteiligen Fertigungsgemeinkosten durch Zuschläge zu den Einzelkosten zu erfassen.

15 Bewertung der Wirtschaftsgüter des Betriebsvermögens

Beispiel

Anlässlich der Inventur einer Elektromotorenfabrik wird ein zum Teil fertiger Elektromotor aufgenommen. Aus den Aufzeichnungen ergibt sich, dass die folgenden Einzelkosten entstanden sind:

Betriebsabteilung	Stanzerei		Wicklerei	
Material	300 DM		60 DM	
Löhne	80 DM		50 DM	
Es betragen erfahrungsgemäß (lt. BAB)				
die Materialgemeinkosten	20 %		25 %	
die Fertigungsgemeinkosten	120 %		100 %	
des Materialverbrauchs bzw. der Fertigungslöhne.				
Hiernach ergibt sich die folgende Bewertung:				
Materialverbrauch	300 DM		60 DM	
+ Materialgemeinkosten	60 DM	360 DM	15 DM	75 DM
Löhne	80 DM		50 DM	
+ Fertigungsgemeinkosten	96 DM	176 DM	50 DM	100 DM
		536 DM		175 DM
Bilanzansatz insgesamt		711 DM.		

15.6.6 Übungsaufgaben

15.6.6.1 Übungsaufgabe 24: Ermittlung der Herstellungskosten nach dem Divisionsverfahren

Bei einer Brauerei ergeben sich nach den Sachkonten die folgenden Zahlen:

Konto-Nr.

60	Hopfen- und Malzverbrauch	1 520 000 DM
605	Kraftstrom, Wasser, Gas (Betrieb)	200 000 DM
606	Betriebsreparaturen	52 000 DM
615	Verkaufsprovision	85 600 DM
618	Verschiedene Betriebskosten	508 000 DM
620	Brauerlöhne	400 000 DM
627	Hilfslöhne	112 000 DM
630	Braumeistergehalt	48 000 DM
637	Kaufmännische Gehälter	82 000 DM
640	Soziale Abgaben (Betrieb)	40 000 DM
641	Soziale Abgaben (Verwaltung)	6 000 DM
652	AfA (Betrieb)	360 000 DM
658	AfA Geschäftseinrichtung	32 000 DM

15.6 Herstellungskosten

Konto-Nr.
680 Verschiedene Verwaltungskosten   650 400 DM
687 Werbekosten   44 000 DM
708 Biersteuer   1 596 000 DM

Hergestellt wurden in diesem Geschäftsjahr insgesamt 72 000 hl Normalbier gleicher Güte und Qualität. Wie hoch sind a) die Herstellungskosten I insgesamt,
                     b) die Herstellungskosten I für 1 hl,
                     c) die Selbstkosten für 1 hl?

Mit welchem Wert muss der am Jahresende vorhandene Bestand von 1000 hl in der Bilanz mindestens bewertet werden?

Die **Lösung** zu dieser Übungsaufgabe ist in einem „Lösungsheft" (Bestell-Nr. 100) enthalten.

15.6.6.2 Übungsaufgabe 25: Ermittlung der Herstellungskosten nach dem Zuschlagsverfahren

Sachverhalt

Ein Industrieunternehmen mit Wirtschaftsjahr = Kalenderjahr und monatlicher Erfolgsrechnung hat zur Erstellung des BAB für den Monat Dezember 02 das aus der Buchführung in Betracht kommende Zahlenmaterial bereits wie folgt aufbereitet:

Gemeinkosten-arten	Zahlen der Buch-führung	Allg. Kosten-stelle: Repara-turen	Material	Fertigung				Verwaltung	Vertrieb
				Hilfsstelle Arbeitsvor-bereitung	Hauptstellen				
					A	B	C		
Hilfsstoffe	3 000	3 000	–	–	–	–	–	–	–
Betriebsstoffe	6 000	2 000	70	10	700	1 100	1 000	920	200
Energie	20 000	500	400	400	3 000	8 000	7 000	300	400
Reparaturmaterial	5 000	5 000	–	–	–	–	–	–	–
Hilfslöhne	45 000	8 000	2 000	–	16 000	10 000	9 000	–	–
Gehälter	60 000	3 000	10 000	12 000	3 000	5 000	10 000	7 000	10 000
Soziale Abgaben	13 000	1 400	1 500	1 500	2 300	1 850	2 300	900	1 250
Büromaterial	10 000	700	200	300	2 000	2 300	2 400	1 100	1 000
Versicherungen	18 000	3 000	3 500	2 000	4 000	2 100	2 300	500	600
AfA	20 000	1 800	2 000	1 000	3 000	6 000	5 000	700	500
gesamt	200 000	28 400	19 670	17 210	34 000	36 350	39 000	11 420	13 950

Im Monat Dezember 02 sind folgende Einzelkosten entstanden:
Materialeinzelkosten   300 000 DM
Fertigungseinzelkosten A   32 000 DM
Fertigungseinzelkosten B   40 000 DM
Fertigungseinzelkosten C   45 000 DM

15 Bewertung der Wirtschaftsgüter des Betriebsvermögens

Lt. Inventur waren am 31. 12. 02 folgende Bestände an unfertigen und fertigen Erzeugnissen vorhanden:

Warengruppe	I	II	III	IV	V	VI
Stückzahl unfertige Erzeugnisse	2	—	5	3	4	—
Stückzahl fertige Erzeugnisse	10	30	20	40	5	50

Sämtliche unfertigen Erzeugnisse hatten bis zum 31. 12. 02 nur die Fertigungshauptstelle A durchlaufen. Die weitere Verarbeitung in den nachfolgenden Fertigungshauptstellen B und C hatte noch nicht begonnen.
Für das einzelne Erzeugnis sind folgende Einzelkosten entstanden:

	I	II	III	IV	V	VI
Materialeinzelkosten	1000 DM	700 DM	300 DM	400 DM	200 DM	100 DM
Fertigungseinzelkosten A	20 DM	30 DM	100 DM	80 DM	10 DM	40 DM
Fertigungseinzelkosten B	10 DM	5 DM	90 DM	100 DM	30 DM	60 DM
Fertigungseinzelkosten C	50 DM	40 DM	20 DM	30 DM	10 DM	70 DM

Aufgabe
1. Der BAB ist fertig zu stellen.
   Dabei sind
   a) die Gemeinkosten der Reparaturabteilung wie folgt auf die nachfolgenden Kostenstellen zu verteilen:
   2400 DM, 1000 DM, 10000 DM, 7000 DM, 6000 DM, 500 DM, 1500 DM
   b) die Gemeinkosten der Fertigungshilfskostenstelle Arbeitsvorbereitung mit folgenden Beträgen auf die Fertigungshauptkostenstellen A, B und C umzulegen:
   5000 DM   7000 DM   6210 DM
2. Die Herstellungskosten der am 31. 12. 02 vorhandenen Bestände an unfertigen und fertigen Erzeugnissen sind zu ermitteln. Die Verwaltungskosten sind nicht einzubeziehen. Sämtliche Beträge sind aufwandsgleiche Kosten. Nicht abz. Betriebsausgaben i. S. des § 4 Abs. 5 EStG sind darin nicht enthalten.

Die Lösung zu dieser Übungsaufgabe ist in einem „Lösungsheft" (Bestell-Nr. 100) enthalten.

15.6.6.3 Übungsaufgabe 26: Ermittlung der Herstellungskosten nach Handels- und Steuerrecht für den Bestand an Fertigerzeugnissen

Sachverhalt
Zu bewerten ist der am Bilanzstichtag 31. 12. 08 vorhandene Bestand an Fertigerzeugnissen einer Fabrik, die Maschinen und Geräte für die Bauwirtschaft herstellt. Der durch Inventur zum 31. 12. 08 ermittelte Bestand umfasst 10 Transportgeräte der Marke „Z". Die vollständig ermittelten Einzelkosten betragen für ein Gerät:

15.6 Herstellungskosten

Fertigungsmaterial (= Materialeinzelkosten)	4000 DM
Fertigungslöhne (= Fertigungseinzelkosten)	3000 DM
Lizenzgebühren (= Sondereinzelkosten der Fertigung)	200 DM

Aus der Buchführung und Betriebsabrechnung ergeben sich die folgenden Zahlen:

Fertigungsmaterial	3 000 000 DM
Lizenzgebühren	200 000 DM
Fertigungslöhne einschließlich darauf entfallender Arbeitgeberanteile zur gesetzlichen Sozialversicherung	700 000 DM
Aufwendungen für soziale Einrichtungen Fertigungsbereich	30 000 DM
Löhne, Gehälter Lagerverwalter	150 000 DM
Arbeitgeberanteil zur gesetzl. Sozialvers. Lagerverwalter } je $^1/_2$ Material- und Fertigwarenlager	27 000 DM
Aufwendungen für soziale Einrichtungen Lagerverwalter	7 000 DM
AfA, Raumkosten, Sachversicherungen Lager	40 000 DM
AfA, Raumkosten, Sachversicherungen übrige Bereiche (50 % Fertigung, 40 % allg. Vertrieb)	500 000 DM
Gehälter Betriebsleitung, Kontrolle der Fertigung	300 000 DM
Arbeitgeberanteil zur gesetzlichen Sozialversicherung Betriebsleiter, Prüfer	50 000 DM
Aufwendungen für soziale Einrichtungen Betriebsleiter, Prüfer	15 000 DM
Aufwendungen Ausbildungsbereich einschl. Lehrlingsvergütung	30 000 DM
Gehälter einschl. Arbeitgeberanteil zur gesetzl. Sozialvers. kaufm. Verwaltung } 5 % Lohnbüro Fertigungsbereich, 80 % Verwaltung, 15 % Vertrieb	400 000 DM
Aufwendungen für soziale Einrichtungen kaufm. Verwaltung	17 000 DM
Geschenke, nicht abziehbar nach § 4 Abs. 5 Nr. 1 EStG (10 % Materialbeschaffung, 90 % Vertrieb)	100 000 DM
Teilwertabschreibung auf Computeranlage (80 % allg. Verwaltung, 20 % Vertrieb)	10 000 DM
Zinsaufwendungen für Kredit zur Herstellung von Teleskopbaggern (sämtliche Bagger waren am 31. 12. verkauft und ausgeliefert)	12 000 DM
Gewerbeertragsteuer	85 000 DM
Zinsaufwendungen allgemein	20 000 DM
kalkulatorische Zinsen auf das betriebsnotwendige Eigenkapital } 80 % Fertigung, je 10 % Verwaltung, Vertrieb	8 000 DM
sonstige betriebliche Aufwendungen	280 000 DM

Bis auf die kalkulatorischen Zinsen für das betriebsnotwendige Eigenkapital handelt es sich um aufwandsgleiche Kosten.

Die AfA wurden nach der linearen Methode vorgenommen.

Im Herbst 08 ruhte die Abteilung Herstellung von Betonspritzgeräten wegen mangelnder Aufträge. Die allein hierdurch verursachten Kosten betragen 40 000 DM; sie sind in der obigen Aufstellung nicht enthalten.

15 Bewertung der Wirtschaftsgüter des Betriebsvermögens

Aufgabe
Zu ermitteln sind die mindestens anzusetzenden und die höchstzulässigen Herstellungskosten des Bestands an Fertigerzeugnissen in der Handelsbilanz und in der Steuerbilanz. Teilwerte bzw. beizulegender Wert liegen noch über den höchstzulässigen Herstellungskosten.
Die **Lösung** zu dieser Übungsaufgabe ist in einem „Lösungsheft" (Bestell-Nr. 100) enthalten.

15.6.7 Anpassung der Kosten an die steuerrechtlich als Betriebsausgaben abzugsfähigen aufwandsgleichen Kosten

Werden im BAB Kostenarten, die keine Aufwendungen sind, auf die Kostenstellen verteilt, können die fertigen Ergebnisse nicht ohne Korrekturen für die Ermittlung der steuerrechtlichen Herstellungskosten übernommen werden. In diesen Fällen sind die kalkulatorischen Kosten entweder auszuscheiden (kalkulatorischer Unternehmerlohn, kalkulatorische Zinsen für Eigenkapital) oder zu bereinigen (Unterschiede zwischen kalkulatorischen Abschreibungen und steuerrechtlichen AfA). Außerdem sind die Aufwendungen auszusondern, die steuerrechtlich nicht abziehbare Betriebsausgaben sind, wie Aufwendungen i. S. des § 4 Abs. 5 EStG und Personensteuern. Hinzuzurechnen sind Aufwendungen, die zwar zu den abzugsfähigen Betriebsausgaben gehören, aber handelsrechtlich infolge zulässiger Wahlrechte nicht in die Herstellungskosten einbezogen wurden (Materialgemeinkosten, Fertigungsgemeinkosten).

Beispiel
Im BAB wurden u. a. folgende Kosten auf die Kostenstellen im Material- und Fertigungsbereich verteilt:

Personalkosten	200 000 DM	davon kalkulat. Unternehmerlohn 60 000 DM
kalkulatorische Abschreibungen	400 000 DM	die AfA i. S. des § 7 Abs. 1 und § 7 Abs. 4 EStG (es wurde nur linear abgeschrieben) betragen 350 000 DM
kalkulatorische Miete	100 000 DM	Fremdmiete ist nicht entstanden
nicht abziehbare Betriebsausgaben	80 000 DM	
KSt	220 000 DM	
	1 000 000 DM	

In die steuerrechtlichen Herstellungskosten sind lediglich einzubeziehen

Personalkosten	140 000 DM
Abschreibungen	350 000 DM
	490 000 DM

Kalkulatorischer Unternehmerlohn, kalkulatorische Miete und die Differenz zwischen kalkulatorischen und steuerrechtlichen Abschreibungen stellen keine Aufwendungen dar und können deshalb nicht in die handelsrechtlichen und steuerrechtlichen Herstel-

15.6 Herstellungskosten

lungskosten einbezogen werden. Nicht abziehbare Betriebsausgaben und Personensteuern sind zwar Aufwendungen, die handelsrechtlich in die Herstellungskosten einbezogen werden können; steuerrechtlich besteht jedoch Aktivierungsverbot.

15.6.8 Gesamtkostenverfahren und Umsatzkostenverfahren

15.6.8.1 Allgemeines

Für die Darstellung der Gewinn-und-Verlust-Rechnung stehen nach § 275 HGB zwei Möglichkeiten zur Wahl, das Gesamtkosten- und das Umsatzkostenverfahren. Das **Gesamtkostenverfahren** vergleicht die Aufwendungen einer Periode mit den in ihr erbrachten Leistungen (Umsatz, Bestandsveränderung der Erzeugnisse, andere aktivierte Eigenleistungen), während beim **Umsatzkostenverfahren** den Umsatzerlösen die zu ihrer Erzielung angefallenen Aufwendungen gegenübergestellt werden. Beide Verfahren führen zum gleichen Ergebnis; denn beim Umsatzkostenverfahren stellen die Aufwendungen der zur Erzielung der Umsatzerlöse erbrachten Leistungen nichts anderes dar als die um die Bestandserhöhung der Erzeugnisse und anderen aktivierten Eigenleistungen gekürzten bzw. um die Bestandsverminderung der Erzeugnisse erhöhten Aufwendungen des Gesamtkostenverfahrens.

Die Gliederung der Gewinn-und-Verlust-Rechnung nach dem Gesamtkostenprinzip (§ 275 Abs. 2 HGB) unterteilt die Aufwendungen nach Arten (Primärprinzip). Demgegenüber werden beim Umsatzkostenverfahren (§ 275 Abs. 3 HGB) die betriebsbezogenen Aufwendungen funktional nach den Bereichen Herstellung, Vertrieb und allgemeine Verwaltung gegliedert (Sekundärprinzip); zum Teil werden aber auch Aufwendungen und Erträge nach dem Primärprinzip ausgewiesen.

15.6.8.2 Gesamtkostenverfahren

Beim Gesamtkostenverfahren sammelt das Gewinn-und-Verlust-Konto die Salden aller Aufwandskonten, auch der Konten, die Herstellungskosten enthalten, wie das Rohstoffkonto, das Konto für Fertigungslöhne und die Vielzahl der Konten, die auch Fertigungsgemeinkosten enthalten. Damit erscheinen die einzelnen Kostenarten in der Erfolgsrechnung, und nicht nur die Gesamtsumme aller Herstellungskosten.

Beim Gesamtkostenverfahren werden auf den Konten der unfertigen Erzeugnisse und der Fertigerzeugnisse lediglich die durch Inventur ermittelten Bestände vom Jahresanfang und Jahresende ausgewiesen. Da die Endbestände sich nur selten mit den Anfangsbeständen decken, muss im Rahmen des Jahresabschlusses eine buchmäßige Anpassung dieser Konten an die wirklichen Bestände erfolgen. Dies geschieht mithilfe des Kontos „Bestandsveränderungen", das Aufwandskonto oder Ertragskonto sein kann, je nachdem, ob eine Abnahme oder eine Zunahme gegenüber den Beständen vom Jahresanfang vorliegt.

15 Bewertung der Wirtschaftsgüter des Betriebsvermögens

Bei einer Bestandsabnahme weisen die einzelnen Aufwandskonten zu niedrige Herstellungskosten der verkauften Erzeugnisse aus. Es muss gebucht werden: Konto Bestandsveränderungen an Konten der unfertigen und fertigen Erzeugnisse. Der Abschluss des Kontos Bestandsveränderungen erfolgt durch die Buchung: Gewinn-und-Verlust-Konto an Bestandsveränderungen.

Bei einer Bestandszunahme weisen die Aufwandskonten zu hohe Herstellungskosten der verkauften Erzeugnisse aus. Dies wird dadurch berichtigt, dass die Bestandszunahme als Ertrag den Kosten gegenübergestellt wird.

Buchung:

Konten der unfertigen und fertigen Erzeugnisse an Bestandsveränderungen.

Der Abschluss des Kontos Bestandsveränderungen erfolgt durch die Buchung: Bestandsveränderungen an Gewinn-und-Verlust-Konto (§ 275 Abs. 2 Nr. 2 HGB).

Beispiel

Vor Abschluss der Konten der unfertigen und fertigen Erzeugnisse weist das Gewinn-und-Verlust-Konto 500 000 DM Aufwendungen und 600 000 DM Erlöse aus. Die Bestände der unfertigen Erzeugnisse haben sich von 20 000 DM am Jahresanfang auf 30 000 DM erhöht. Ebenso haben sich die Fertigerzeugnisse von 40 000 DM auf 55 000 DM erhöht.

Nach Durchführung der Abschlussbuchungen ergeben sich bei Verwendung eines Kontos Bestandsveränderungen die folgenden Kontenbilder:

S	Unfertige Erzeugnisse		H	S	Fertigerzeugnisse		H
EBK	20 000 DM	4) SBK		EBK	40 000 DM	5) SBK	
1)	10 000 DM		30 000 DM	2)	15 000 DM		55 000 DM
	30 000 DM		30 000 DM		55 000 DM		55 000 DM

S	Bestandsveränderungen		H	S	Kapital		H
3) GuV		1)	10 000 DM	PE	80 000 DM	1. 1.	290 000 DM
	25 000 DM	2)	15 000 DM	SBK	335 000 DM	GuV	125 000 DM
	25 000 DM		25 000 DM		415 000 DM		415 000 DM

S	GuV		H	S	SBK		H
	500 000 DM		600 000 DM		800 000 DM		550 000 DM
Gewinn		3)	25 000 DM	4)	30 000 DM	Kapital	
	125 000 DM			5)	55 000 DM		335 000 DM
	625 000 DM		625 000 DM		885 000 DM		885 000 DM

15.6 Herstellungskosten

Das Konto „Bestandsveränderungen" ist nach § 275 Abs. 2 Nr. 2 HGB für den Jahresabschluss von Kapitalgesellschaften vorgeschrieben. Andere Unternehmen können jedoch durchaus auf das Konto Bestandsveränderungen verzichten und die Veränderungen direkt über das Gewinn-und-Verlust-Konto buchen. Dann erscheinen die Veränderungen bei den unfertigen und fertigen Erzeugnissen getrennt in der Erfolgsrechnung.

15.6.8.3 Umsatzkostenverfahren

Das in der Bundesrepublik wenig gebräuchliche Umsatzkostenverfahren i. S. des § 275 Abs. 3 HGB weist die Aufwendungen im betrieblichen Bereich nach den vier Funktionen Herstellung (§ 275 Abs. 3 Nr. 2 HBG), Vertrieb (§ 275 Abs. 3 Nr. 4 HGB), Verwaltung (§ 275 Abs. 3 Nr. 5 HGB) und sonstige betriebliche Aufwendungen (§ 275 Abs. 3 Nr. 7 HGB) getrennt aus. Der wesentliche Unterschied zum Gesamtkostenverfahren besteht darin, dass den Umsatzerlösen die Herstellungskosten der zur Erzielung dieser Umsatzerlöse erbrachten Leistungen gegenübergestellt werden (§ 275 Abs. 3 Nr. 2 HGB), wobei es gleichgültig ist, ob diese Herstellungskosten in der laufenden oder einer früheren Periode angefallen sind. Das bedeutet, dass die Herstellungskosten der laufenden Periode gemindert werden um Bestandserhöhungen und aktivierte Eigenleistungen (weil insoweit noch kein Umsatz) und erhöht werden um Bestandsverminderungen (weil insoweit Umsatz, für den Aufwand bereits in einer früheren Periode angefallen ist).

15.6.9 Übungsaufgabe 27: Buchung im Fertigungsbetrieb und zur Fertigung eines Betriebsabrechnungsbogens

Sachverhalt

Vor dem Kontenabschluss ergeben sich die folgenden Salden und Bestände:
Konto-Nr.

600	Rohstoffe 1 350 000 DM; Endbestand laut Inventur 120 000 DM.
603	Betriebsstoffe, Verbrauchswerkzeuge 300 000 DM; Endbestand 80 000 DM.
605	Strom, Gas und Wasser 48 000 DM; auf die Fertigung entfallen 40 000 DM, auf die Verwaltung 5000 DM und den Vertrieb 3000 DM.
615	Sonderkosten des Vertriebs 123 500 DM (Provision).
62	Löhne 1 210 000 DM; sie entfallen ganz auf die Fertigung.
63	Gehälter 180 000 DM; hiervon entfallen 80 000 DM auf die Fertigung und je 50 000 DM auf die Verwaltung und den Vertrieb.
64	Soziale Aufwendungen 16 200 DM; auf den Fertigungsbereich entfallen 15 000 DM, auf die Verwaltung und den Vertrieb je 600 DM.
65	AfA 34 000 DM; entstanden sind im Fertigungsbereich 24 000 DM, in der Verwaltung 8000 DM und im Vertrieb 2000 DM.
67	Verschiedene Kosten 68 500 DM; hiervon entfallen auf die Verwaltung 65 000 DM und den Vertrieb 3500 DM.
680	Büromaterial 63 000 DM; davon entfallen auf die Fertigung 20 000 DM, auf die Verwaltung 29 000 DM und auf den Vertrieb 14 000 DM.
695	Abschreibungen auf Forderungen 10 500 DM.
50	Erlöse laut Verkaufskonto 3 700 000 DM.

15 Bewertung der Wirtschaftsgüter des Betriebsvermögens

Bestände an unfertigen Erzeugnissen	1. 1.	12 000 DM
	31. 12.	17 000 DM
Bestände an Fertigerzeugnissen	1. 1.	25 000 DM
	31. 12.	34 000 DM

Aufgabe
1. Die Konten sind einzurichten und unter Verwendung besonderer Konten für unfertige Erzeugnisse, Fertigerzeugnisse und Erlöse nach dem Gesamtkostenverfahren abzuschließen. Als Buchungstext sind die Kontenplannummern zu vermerken.
2. Zeigt die Gewinn-und-Verlust-Rechnung beim Gesamtkostenverfahren die Herstellungskosten?
3. Fertigen Sie einen statistischen Betriebsabrechnungsbogen mit 3 Kostenstellen (Fertigung, Verwaltung und Vertrieb).

Die **Lösung** zu dieser Übungsaufgabe ist in einem „Lösungsheft" (Bestell-Nr. 100) enthalten.

15.6.10 Einzelfragen

Forschungs- und Entwicklungskosten (Grundlagenforschung) sind keine Herstellungskosten. Sie sind nicht für die Herstellung der am Bilanzstichtag vorhandenen Erzeugnisse aufgewendet worden.

Klischeekosten eines Buchverlags sind Herstellungskosten der Bücher.[346]

Die **Abfüllkosten** einer Brauerei sind aktivierungspflichtige Herstellungskosten des Fassbiers oder Flaschenbiers. Die **Biersteuer** gehört nicht zu den Herstellungskosten. Sie entsteht nicht mit der Fertigstellung des Bieres, sondern nach § 2 Abs. 1 BierStG dadurch, dass das Bier aus der Brauerei entfernt wird.[347] Sie kann nach § 5 Abs. 5 Satz 2 Nr. 1 EStG für eine Rechnungsabgrenzung in Betracht kommen.[348]

Die auf dem erworbenen Branntwein lastende **Branntweinsteuer** gehört zu den Anschaffungskosten des Branntweins und damit zu den Herstellungskosten der Fertigprodukte eines Spirituosenherstellers.[349]

Bei den **Verpackungskosten** ist zwischen der Innen- und Außenverpackung zu unterscheiden. Ist die Verpackung notwendig, um das Erzeugnis in den Handel bringen zu können, spricht man von **Innenverpackung,** die der **Herstellung** zugerechnet wird (üblich bei Flüssigkeiten und bestimmten Lebensmitteln, die ohne Umschließung nicht verkaufsfähig sind, wie Bier in Flaschen, Milch in Tüten, Pulverkaffee in Gläsern, Brotscheiben in Folien, Zahnpasta in Tuben). In diesen Fällen wird die Warenumschließung nach der Verkehrsauffassung Bestandteil des Erzeugnisses und ist mit diesem als Sachganzes zu bewerten. Im Gegensatz dazu

---
346 BFH, BStBl 1971 II S. 304.
347 BFH, BStBl 1976 II S. 13.
348 S. o. 8.2.5.11.
349 BFH, BStBl 1983 II S. 559.

15.6 Herstellungskosten

wird die **Außenverpackung** dem **Vertrieb** zugerechnet.[350] So gehört die Verpackung von Einmalkanülen zum Vertriebsbereich, auch wenn die Kanülen erst anschließend in verpacktem Zustand durch Sterilisierung fertig gestellt werden. Denn Verpackungsvorschriften, die nur dem Schutz des hergestellten Produkts vor Beschädigung und Verschmutzung, mithin lediglich der Aufrechterhaltung der Brauchbarkeit dienen, vermögen an der Zuordnung der betreffenden Verpackungsvorgänge zum Vertriebsbereich nichts zu ändern.[351]

Die Aktivierung von **Teilherstellungskosten** setzt voraus, dass bei der Herstellung eines noch nicht fertig gestellten Wirtschaftsgutes Kosten durch den Verbrauch von Gütern und durch die Inanspruchnahme von Diensten erwachsen sind, die in das in Herstellung befindliche Wirtschaftsgut eingegangen sind. Ob und in welchem Umfang der Hersteller (Bauherr) Zahlungen geleistet hat, ist ohne Bedeutung. Eine im Konkurs des Generalbauunternehmers ausgefallene Forderung des Bauherrn aus Überzahlung von Teilleistungen des Generalbauunternehmers ist deshalb nicht in die Teilherstellungskosten einzubeziehen, weil insoweit noch keine Gegenleistung (Inanspruchnahme von Diensten, Verbrauch von Gütern) vorliegt.[352]

Transportkosten oder Versendungskosten auf auswärtige Lager dienen nicht mehr der technischen Herstellung, sondern der Vorbereitung der Veräußerung. Sie sind deshalb keine Herstellungskosten, sondern Vertriebskosten.[353]

Kosten wegen verminderter Kapazitätsausnutzung gehören grundsätzlich nicht zu den Herstellungskosten (R 33 Abs. 6 EStR).[354]

Die Kosten der Schaffung eines **Abraumvorrats** bei der Mineralgewinnung sind als Herstellungskosten der herzustellenden Sande o. ä. Produkte beim Umlaufvermögen unter den unfertigen Erzeugnissen zu aktivieren. Die Schaffung des Abraumvorrats ist der Beginn der Herstellung des Mineralprodukts. In diesem Fall sind zunächst die gesamten, auch auf spätere Gewinnermittlungsperioden entfallenden Kosten zu aktivieren; sie sind dem Planungsaufwand eines Gebäudes vergleichbar.[355]

Wird eine bereits vorhandene bewegliche Sache unter Verwendung anderer, neu angeschaffter beweglicher Sachen so **tief greifend umgestaltet** oder in einem solchen Ausmaß erweitert, dass die neuen Teile der Gesamtsache das Gepräge geben und die Altteile bedeutungs- und wertmäßig untergeordnet erscheinen, ist von der Herstellung eines neuen selbstständigen Wirtschaftsgutes (unter Einbeziehung auch des bisher vorhanden gewesenen Wirtschaftsgutes) auszugehen.[356] Für **Gebäude** vgl. R 43 Abs. 5 EStR.

---

350 BFH, BStBl 1987 II S. 789; BStBl 1988 II S. 961; BFH v. 8. 7. 1998, BFH/NV 1999 S. 365.
351 BFH, BStBl 1990 II S. 593.
352 BFH, BStBl 1986 II S. 367, vgl. auch BFH, BStBl 1987 II S. 695, hier S. 697 re. Spalte, S. 698; und BFH, BStBl 1990 II S. 830.
353 BFH, BStBl 1976 II S. 409.
354 H 33 „Ausnutzung von Produktionsanlagen" EStH.
355 BFH, BStBl 1979 II S. 143; H 33 „Abraumvorrat" EStH.
356 BFH, BStBl 1991 II S. 361.

15 Bewertung der Wirtschaftsgüter des Betriebsvermögens

Die **eigene Arbeitsleistung** des **Einzelunternehmers** kann nicht in Form von „Lohn" und damit als Teil der Herstellungskosten berücksichtigt werden. Insoweit fehlt das Tatbestandsmerkmal „Aufwendungen".
Erhalten jedoch **Mitunternehmer** aufgrund eines Dienstvertrags Vergütungen i. S. des § 15 Abs. 1 Satz 1 Nr. 2 Satz 1, 2. Alternative EStG für herstellungsbezogene Tätigkeiten, so sind die Vergütungen, die dem Herstellungsvorgang eines Wirtschaftsgutes zuzurechnen sind, als Teil der Herstellungskosten zu berücksichtigen.[357]
Bei Grundstücken können – vorwiegend im land- und forstwirtschaftlichen Bereich – Aufwendungen anfallen, die als nachträgliche Herstellungskosten des Grund und Bodens anzusehen sind. Das ist bislang durch die höchstrichterliche Finanzrechtsprechung angenommen worden bei der Urbarmachung von Unland oder ehemaligem Straßengelände sowie bei Umgestaltung einer Naturschafweide in für intensive landwirtschaftliche Nutzung geeignete Flächen.[358]

15.6.11 Herstellungskosten bei Gebäuden[359]

15.6.11.1 Planungsaufwand, vergebliche Aufwendungen zur Herstellung

Die Kosten für die Planung eines Gebäudes (die eigentlichen Bauplanungskosten sowie andere der Vorbereitung des geplanten Bauvorhabens dienende Kosten, z. B. Kosten der statischen Berechnung) gehören grundsätzlich zu dessen Herstellungskosten. Das gilt auch, wenn es nach Verwerfung der ursprünglichen Planung aufgrund einer neuen Planung dann doch noch zur Errichtung des Gebäudes kommt. So sind vergebliche Bauplanungskosten für ein Gebäude, das nicht gebaut wird, Herstellungskosten des auf demselben Grundstück gebauten anderen Gebäudes mit gleicher Zweckbestimmung, wenn die nicht verwirklichte Planung klargestellt hat, in welcher Weise der Bau bautechnisch und baurechtlich durchgeführt werden kann. Dann haben letztlich alle Planungen dem erstrebten Ziel gedient. Solche Mehrkosten können nicht sofort als Aufwand gebucht werden.[360]
Handelt es sich bei dem ursprünglich geplanten und dem aufgrund der neuen Planung errichteten Gebäude um zwei nach Zweck und Bauart völlig verschiedene Bauwerke (z. B. anstelle eines ursprünglich geplanten Wohngebäudes wird eine Fabrikhalle errichtet) und dient die erste Planung in keiner Weise der Errichtung des neuen Gebäudes, gehören die Kosten der nicht verwirklichten Planung **nicht** zu den Herstellungskosten des errichteten Gebäudes.[361] Die vergeblichen Planungskosten gehören jedoch ganz oder teilweise zu den Herstellungskosten des errichte-

---
357 BFH, BStBl 1996 II S. 427; s. u. 21.4.4.2.1.
358 BFH, BStBl 1994 II S. 512 m. w. N.
359 Wegen der Abgrenzung nachträglicher Anschaffungskosten für den Grund und Boden gegenüber nachträglicher Herstellungskosten des Gebäudes s. o. 15.4.3.
360 BFH, BStBl 1975 II S. 574, BStBl 1984 II S. 306.
361 BFH, BStBl 1976 II S. 614.

15.6 Herstellungskosten

ten Gebäudes, wenn sie in irgendeiner Form der Errichtung des Gebäudes gedient haben. Die vergeblichen Planungskosten müssen in das tatsächlich errichtete Bauwerk wertbestimmend eingegangen sein; hierbei genügt für die Annahme von Herstellungskosten, dass Erfahrungen für die Planung und Errichtung des Gebäudes gewonnen werden.[362] Erfahrungen, die lediglich für die Finanzierung des Gebäudes Bedeutung haben, reichen unter diesen Umständen nicht aus. Herstellungskosten sind gegeben, soweit baurechtliche, statische und architektonische Elemente der ursprünglichen Planung in die endgültige Gebäudeausführung eingegangen sind. Nur soweit diese Planungskosten keine Herstellungskosten sind (etwa Kosten der Finanzierungsplanung des nicht verwirklichten Baues), sind sie sofort abziehbare Aufwendungen.[363]

Wird anstelle des zunächst geplanten ein anderes art- und funktionsgleiches Gebäude hergestellt, sind aber die Aufwendungen für die Herstellung des ursprünglich geplanten Hauses deshalb verloren, weil der Empfänger der Zahlung insolvent wird, **ohne** die **Gegenleistung** erbracht zu haben, so gehören diese Aufwendungen **nicht** zu den Herstellungskosten des tatsächlich errichteten Gebäudes.[364]

Herstellungskosten entstehen erst mit der Erbringung von Herstellungsleistungen und nicht bereits durch Voraus- oder Anzahlungen für die Herstellung. Vorauszahlungen für ein Bauvorhaben, für die infolge Konkurses des Bauunternehmers Herstellungsleistungen nicht erbracht werden, gehören nicht zu den Herstellungskosten des Bauherrn, weil es insoweit nicht zum Verbrauch von Gütern oder zur Inanspruchnahme von Diensten für das herzustellende Gebäude gekommen ist. Soweit für Vorauszahlungen auf Herstellungskosten Gegenleistungen des Bauunternehmers konkursbedingt nicht erbracht werden, sind sie wirtschaftlich verbraucht, ohne dass die Herstellungsleistung auf ihnen beruht. Eine Verteilung der in dieser Weise vergeblichen Vorauszahlungen auf die Nutzungsdauer des hergestellten Wirtschaftsguts wäre – auch unter dem Gesichtspunkt kaufmännischer Vorsicht – sachlich nicht gerechtfertigt, weil es zu einer Vermögensumschichtung nicht gekommen ist.[365]

Dem steht nicht entgegen, dass der Begriff Herstellungskosten final definiert wird. Entscheidend für die steuerrechtliche Beurteilung ist vielmehr, dass der Besteller für die Zwecke der Gebäudeherstellung zunächst nur Vorauszahlungen auf Herstellungskosten geleistet hat. Hierdurch ist jedoch Aufwand noch nicht entstanden; es handelt sich vielmehr um eine Forderung aufgrund einer Vorleistung im Rahmen eines schwebenden Geschäfts. Der Aufwand erwächst dem Besteller erst dadurch, dass der Anspruch gegen den Bauunternehmer infolge dessen Insolvenz wertlos wird. Soweit die Vorauszahlungen wegen Insolvenz vergeblich bleiben, hat der Besteller keine Aufwendungen für tatsächlich erbrachte Herstellungsleistungen am

---
362 BFH v. 8. 9. 1998, BB 1998, S. 2354.
363 BFH, BStBl 1984 II S. 303.
364 BFH, BStBl 1981 II S. 418.
365 BFH, BStBl 1990 II S. 830, 833.

15 Bewertung der Wirtschaftsgüter des Betriebsvermögens

Gebäude getätigt. Da dieser betrieblich veranlasste Aufwand nicht zu den Herstellungskosten gehört, ist er als Betriebsausgabe abzugsfähig.[366] Diese Grundsätze gelten entsprechend für die Einkünfte aus Vermietung und Verpachtung.[367]

Aufwendungen für die Bauplanung sind auch dann als Herstellungskosten des Gebäudes zu aktivieren, wenn zum Bilanzstichtag mit den eigentlichen Bauarbeiten noch nicht begonnen worden ist. Dies gilt jedenfalls dann, wenn die Planung abgeschlossen ist.[368] Die Aktivierung erfolgt unter „Anlagen im Bau".

Wenn sich die erste Planung als Fehlmaßnahme erweist, kann der Teilwert der im Bau befindlichen Gebäude unter die Herstellungskosten der Baupläne gesunken sein.[369]

15.6.11.2 Schnellbaukosten[370]

Schnellbaukosten entstehen vor allem bei Warenhäusern, um zu einem bestimmten Zeitpunkt (Weihnachtsgeschäft) das Gebäude benutzen zu können. Sie sind aktivierungspflichtige Herstellungskosten.[371]

15.6.11.3 Ablösungszahlungen, Abstandszahlungen

Beträge, die Stpfl. zur Ablösung der Verpflichtung zum Bau von Einstellplätzen nach den Bauordnungen der Länder bzw. dem Baugesetzbuch an eine Gemeinde leisten,[372] sowie Abstandszahlungen, die zum Zwecke der Bebauung eines erworbenen Grundstücks für die vorzeitige Räumung an den bisherigen Mieter/Pächter gezahlt werden,[373] gehören zu den Herstellungskosten der Gebäude. Dasselbe gilt für eine Abstandszahlung, die an einen dinglich Wohnberechtigten geleistet wird, um diesen zur vorzeitigen Räumung des abzureißenden Gebäudes zu veranlassen.[374]

Aufwendungen für die Ablösung der Verpflichtung zur Errichtung von Stellplätzen nach § 64 Abs. 7 BauO NRW gehören auch dann zu den Herstellungskosten eines Gebäudes, wenn eine Verpflichtung zur nachträglichen Herstellung von Stellplätzen bei bereits bestehenden baulichen Anlagen (§ 64 Abs. 4 BauO NRW bzw. Baugesetzbuch) abgelöst wird. Ebenso wie bei den nachträglichen Anschaffungskosten

---
366 Vgl. BFH, BStBl 1990 II S. 830, 834.
367 BFH, BStBl 1990 II S. 830, 835 ff., BStBl 1992 II S. 805.
368 BFH, BStBl 1976 II S. 614.
369 BFH, BStBl 1976 II S. 614; s. u. 15.7.6.
370 S. auch u. 15.7.4.1.
371 BFH v. 24. 3. 1987, BStBl 1987 II S. 695.
372 BFH, BStBl 1984 II S. 702.
373 BFH, BStBl 1983 II S. 451.
374 BFH, BStBl 1976 II S. 184.

15.6 Herstellungskosten

ist das Merkmal des zeitlichen Zusammenhangs auch bei den Herstellungskosten nicht entscheidend; es kommt auf den engen wirtschaftlichen Zusammenhang an.[375]

15.6.11.4 Erschließungsbeiträge, Anschlusskosten

Erschließungsbeiträge nach § 127 BauGB sowie an die Gemeinde zu entrichtende Kanalanschlussgebühren gehören grundsätzlich zu den Anschaffungskosten des Grund und Bodens. Sie sind weder als Herstellungskosten des Gebäudes noch als Aufwendungen für ein selbstständig bewertbares Wirtschaftsgut zu aktivieren.[376] Das gilt auch dann, wenn der Erschließungsbeitrag von der Gemeinde erst nach Jahren aufgrund einer Änderung des Bewertungsmaßstabs nachgefordert wird, aber nach wie vor auf der erstmaligen Erschließungsmaßnahme beruht.[377]

Beiträge für die **Zweiterschließung** eines Grundstücks durch eine weitere Straße sowie Straßenausbaubeiträge, die ein Grundstückseigentümer für die Ersetzung oder Modernisierung bereits vorhandener Erschließungseinrichtungen zu entrichten hat, sind dagegen nicht als nachträgliche Anschaffungskosten für den Grund und Boden zu beurteilen, sondern stellen grundsätzlich sofort abziehbare Erhaltungsaufwendungen dar.[378] Diese Grundsätze gelten auch dann, wenn die bisher durch eine Privatstraße vorgenommene Anbindung eines Grundstücks an das öffentliche Straßennetz durch eine öffentliche Straße ersetzt wird. Entscheidend ist, ob die bisherige (privatrechtliche) Anbindung geeignet gewesen ist, das fragliche Grundstück baureif und damit nutzbar zu gestalten. Die Anbindung durch eine öffentliche Straße ändert in diesem Fall nicht die Nutzbarkeit des Grundstücks und stellt auch keine Wertveränderung dar. Die für die öffentliche Erschließung entrichteten Beiträge sind folglich sofort abziehbare Betriebsausgaben.[379] Das gilt auch für Aufwendungen, die der Stpfl. übernimmt, damit eine öffentliche Straße zur Nutzung durch Schwerlastfahrzeuge des Betriebs verstärkt ausgebaut wird.[380]

Andererseits sind Beiträge für die Zweiterschließung allerdings dann als **nachträgliche Anschaffungskosten** des Grund und Bodens zu beurteilen, wenn sich der Wert des Grundstücks aufgrund der neuen Erschließungsmaßnahme dadurch erhöht, dass eine Erweiterung der Nutzbarkeit des Grundstücks vorliegt oder die Lage des Grundstücks verkehrstechnisch als wesentlich günstiger zu beurteilen ist.[381]

Aufwendungen für den erstmaligen Anschluss des Gebäudes an die Kanalisation sowie die Kosten für den Anschluss an das Stromversorgungsnetz, das Gasnetz sowie die Wasser- und Wärmeversorgung gehören stets zu den Herstellungskosten des Gebäudes.[382]

---
375 BFH, BStBl 1984 II S. 702.
376 BFH, BStBl 1974 II S. 337, BStBl 1994 II S. 842.
377 BFH v. 3. 7. 1997, BStBl 1997 II S. 811.
378 BFH, BStBl 1996 II S. 134 m. w. N.
379 BFH, BStBl 1996 II S. 89.
380 BFH, BStBl 1980 II S. 687.
381 BFH, BStBl 1995 II S. 632, BStBl 1996 II S. 190.
382 H 33 a „Hausanschlusskosten" EStH.

15 Bewertung der Wirtschaftsgüter des Betriebsvermögens

15.6.11.5 Unselbstständige Gebäudeteile

Zu den Herstellungskosten gehören auch Aufwendungen des Eigentümers für Einbauten, die wegen ihres einheitlichen Nutzungs- oder Funktionszusammenhangs mit dem Gebäude nicht als selbstständige Gebäudeteile angesehen werden können.[383]

15.6.11.6 Enttrümmerung

Die Kosten der Enttrümmerung eines durch ein vom Willen des Stpfl. unabhängiges Ereignis im Wesentlichen zerstörten Gebäudes sind sofort abzugs-fähige Betriebsausgaben. Dabei ist unbedeutend, ob die Enttrümmerung dazu dient, den Grund und Boden wieder nutzbar zu machen, oder ob sie den Zweck hat, den Wiederaufbau auf der Grundlage noch vorhandener (unwesentlicher) Teile des zerstörten Gebäudes zu ermöglichen.

Wird ein Trümmergrundstück erworben, um darauf ein neues Gebäude zu errichten, so sind die Enttrümmerungskosten Herstellungskosten des neuen Gebäudes, obwohl das alte Gebäude im Wesentlichen zerstört und daher technisch und wirtschaftlich verbraucht war.[384]

Soweit nach dem Abbruch bzw. der Enttrümmerung kein Neubau erfolgt, gehören die fraglichen Aufwendungen dagegen zu den Anschaffungskosten des Grund und Bodens (§ 255 Abs. 1 HGB).

Der Wert des beim Abbruch bzw. bei der Enttrümmerung eines zerstörten Gebäudes gewonnenen und wiederverwendeten Baumaterials gehört ebenfalls zu den Herstellungskosten des Gebäudes.[385] Die Einbeziehung muss mit dem anteiligen Buchwert des fraglichen Materials erfolgen. Ein höherer tatsächlicher Wert würde zu einer unzulässigen Gewinnrealisation führen (§ 252 Abs. 1 Nr. 4 HGB).

15.6.11.7 Einfriedungen

Aufwendungen für die Umzäunung eines Wohngrundstücks gehören zu den Gebäudeherstellungskosten und sind einheitlich mit dem Gebäude abzuschreiben, wenn ein einheitlicher Nutzungs- und Funktionszusammenhang besteht.[386] Außenanlagen bei Grundstücken des Betriebsvermögens sind dagegen selbstständige unbewegliche Wirtschaftsgüter.[387] Die Gartenanlage ist sowohl bei betrieblich genutzten Grundstücken als auch bei Wohngebäuden ein selbstständiges Wirtschaftsgut.[388]

---

383 BFH, BStBl 1974 II S. 132; H 13 (5) „Unselbstständige Gebäudeteile" EStH.
384 H 33 a „Abbruch" Satz 3 b.
385 BFH, BStBl 1964 III S. 299.
386 BFH, BStBl 1978 II S. 210.
387 BFH, BStBl 1991 S. 59.
388 BFH, BStBl 1997 II S. 25.

15.6.11.8 Aufwendungen im Rahmen sog. Bauherren- und vergleichbarer Modelle sowie geschlossener Immobilienfonds

Einzelheiten zu den Herstellungskosten ergeben sich aus dem BMF-Schreiben vom 31. 8. 1990.[389]

15.6.11.9 Baumängelbeseitigung und Prozesskosten

Prozesskosten teilen als Folgekosten die einkommensteuerrechtliche Qualifikation der Aufwendungen, die Gegenstand des Prozesses waren. Betrifft der Prozess die Herstellung eines Gebäudes, so stellen die Prozesskosten Herstellungskosten dar. Aufwendungen für die Beseitigung von Baumängeln, die bereits bei der Herstellung des Gebäudes aufgetreten sind, aber erst nach dessen Fertigstellung behoben werden, sind ebenfalls Herstellungskosten des Gebäudes.[390]

15.6.11.10 Erdarbeiten

Zu den Herstellungskosten eines Gebäudes oder einer Außenanlage rechnen auch die beim Bau des Gebäudes oder der Außenanlage anfallenden Erdarbeiten. Dazu gehören vornehmlich die Abtragung, Lagerung, Einplanierung bzw. Abtransport des Mutterbodens sowie der Aushub des Bodens für die Baugrube, seine Lagerung und ggf. sein Abtransport. Denn diese Arbeiten sind nicht durch den Erwerb des Eigentums am Grund und Boden, sondern durch die Errichtung des Gebäudes und der Außenanlagen veranlasst.[391]

Ferner gehören zu den Herstellungskosten des Gebäudes die Aufwendungen, die bei der Bebauung eines **Hanggrundstücks** dadurch entstehen, dass ein Teil des Hanges abgetragen und das abgetragene Erdreich abtransportiert wird, um das Gebäude auf einer ebenen Grundfläche erstellen zu können. Das Gleiche gilt, wenn das Gebäude auf den Hang aufgesetzt und z. B. durch eine Mauer, durch Pfeiler oder eine Aufschüttung gestützt wird, für die dafür anfallenden Kosten. In beiden Fällen verteuert sich der Bau gegenüber einer Errichtung auf ebenem Gelände.[392]

Zu den Herstellungskosten des neu errichteten Gebäudes und der Außenanlage gehören darüber hinaus auch entstandene Aufwendungen für das Freimachen des Geländes von Hecken, Buschwerk und Bäumen, soweit dies für die Durchführung der Baumaßnahmen (Gebäude mit Außenanlage) erforderlich ist. Auch diese Kosten sind unmittelbar durch die Herstellung des Gebäudes und der Außenanlage verursacht und deshalb deren Herstellungskosten zuzurechnen. Dieser Beurteilung steht nicht entgegen, dass der Aufwand bei einer späteren erneuten Bebauung nicht mehr anfällt und er sich über die Nutzungsdauer des zunächst errichteten Gebäudes hi-

---

389 BStBl 1990 I S. 366.
390 BFH, BStBl 1987 II S. 694, BStBl 1988 II S. 431, BStBl 1992 II S. 805; vgl. auch BFH, BStBl 1993 II S. 702, 1995 II S. 306.
391 BFH, BStBl 1994 II S. 512.
392 BFH, BStBl 1994 II S. 512.

15.6.12 Herstellungskosten beim Gebäudeabbruch

15.6.12.1 Übersicht

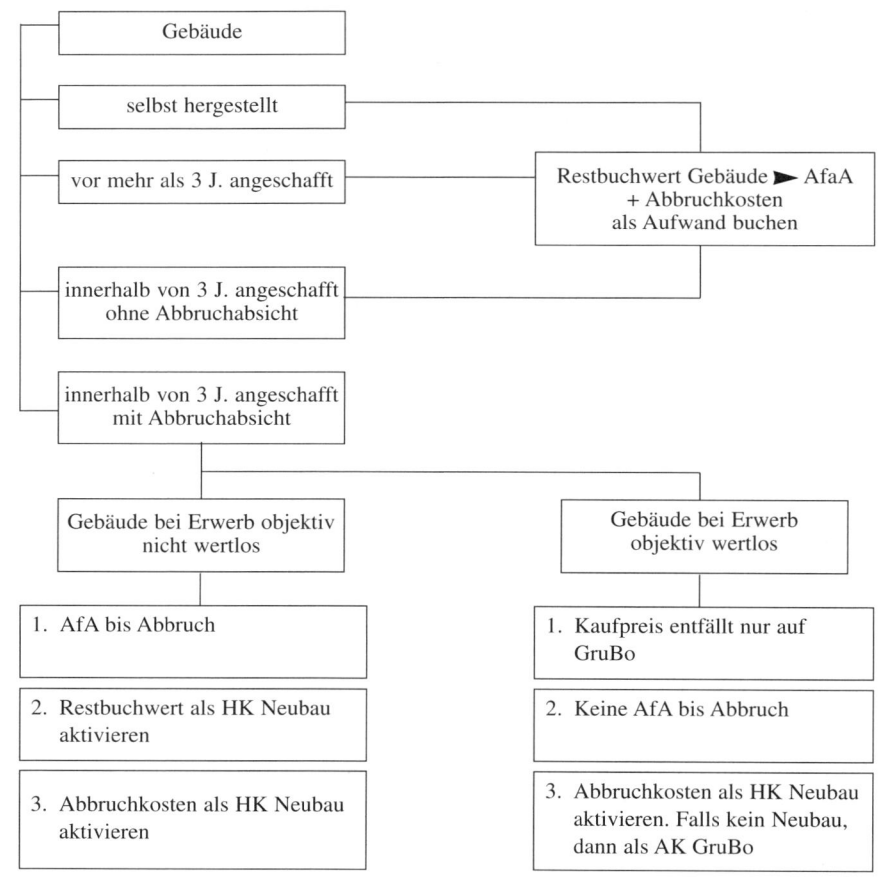

```
┌─ Gebäude
│
├── selbst hergestellt ──────────────────────┐
│                                            │
├── vor mehr als 3 J. angeschafft ──────── Restbuchwert Gebäude ► AfaA
│                                          + Abbruchkosten
│                                          als Aufwand buchen
│
├── innerhalb von 3 J. angeschafft
│   ohne Abbruchabsicht
│
└── innerhalb von 3 J. angeschafft
    mit Abbruchabsicht
         │
    ┌────┴─────────────────────────┐
 Gebäude bei Erwerb objektiv    Gebäude bei Erwerb
 nicht wertlos                  objektiv wertlos

 1. AfA bis Abbruch             1. Kaufpreis entfällt nur auf
                                   GruBo
 2. Restbuchwert als HK Neubau  2. Keine AfA bis Abbruch
    aktivieren
 3. Abbruchkosten als HK Neubau 3. Abbruchkosten als HK Neubau
    aktivieren                     aktivieren. Falls kein Neubau,
                                   dann als AK GruBo
```

Bei Teilabbruch gelten die gleichen Grundsätze. Bei Einlagen mit Abbruchabsicht ist der Teilwert des Gebäudes nach den vorstehenden Grundsätzen zu beurteilen.

---
393 BFH, BStBl 1995 II S. 71 m. w. N.

15.6.12.2 Erwerb mit Abbruchabsicht

Wird ein Gebäude zum Zwecke des Abbruchs und der Errichtung eines Neubaus erworben, so ist der **Restbuchwert** des abgebrochenen Gebäudes (Erwerbskosten, die auf das Gebäude entfallen) den **Herstellungskosten des Neubaus** zuzurechnen, wenn das Gebäude im Zeitpunkt des Erwerbs bei objektiver Beurteilung weder technisch noch wirtschaftlich verbraucht war. Wie der Restbuchwert sind auch die **Abbruchkosten** zu behandeln. Auch sie gehören bei zum Zwecke des Abbruchs erworbenen Gebäuden zu den Herstellungskosten des neuen Gebäudes.[394] Auf ein in Abbruchabsicht erworbenes Gebäude sind bis zum Abbruch AfA nach § 7 Abs. 4 EStG abzuziehen.[395] Eine Verkürzung der Nutzungsdauer des Gebäudes wegen des beabsichtigten Abbruchs ist nicht zulässig.[396]

Besteht beim Erwerb eines technisch oder wirtschaftlich noch nicht verbrauchten Gebäudes nicht die Absicht einer Nutzung, sondern der Umgestaltung des Gebäudes unter nahezu völliger Aufgabe der vorhandenen Bausubstanz, sodass der Umbau innerhalb von drei Jahren nach dem Erwerb einem Abbruch und Neubau gleichzuachten ist, können weder die Abbruchkosten noch Absetzungen für außergewöhnliche Abnutzung als Betriebsausgaben abgezogen werden. Die Abbruchabsicht beim Erwerb eines Gebäudes ist auch dann zu bejahen, wenn der Erwerber den schlechten baulichen Zustand des Gebäudes kannte und für den Fall der Undurchführbarkeit des geplanten Umbaus den Abbruch des Gebäudes billigend in Kauf nimmt.[397]

Ein bisher zum Privatvermögen gehörendes Grundstück, dessen Bebauung mit 30 zur Veräußerung bestimmten Eigentumswohnungen geplant ist, wird notwendiges Betriebsvermögen eines Gewerbebetriebs, sobald mit der gewerblichen Betätigung objektiv erkennbar (hier: Fertigung der Baupläne) begonnen wird. Soweit sich auf dem Grundstück Gebäude befinden, ist deren Einlagewert nicht schon deshalb mit 0 DM anzusetzen, weil ihr Abbruch beabsichtigt ist. Hat im Zeitpunkt der Eröffnung des Gewerbebetriebs die Abbruchabsicht bestanden, gehören der Wert der abgebrochenen Gebäude und die Abbruchkosten zu den Herstellungskosten des neu zu errichtenden Bauwerks.[398]

Entsprechend kann diejenige Person, der ein bebautes Grundstück geschenkt wird und die bereits im Zeitpunkt der Schenkung den Abbruch des Gebäudes beabsichtigt, weder die Abbruchkosten abziehen noch eine Absetzung für außergewöhnliche Abnutzung geltend machen. Es besteht kein Unterschied, ob ein Gebäudeabbruch nach entgeltlichem Erwerb oder nach einer Schenkung erfolgt, wenn die Abbruchabsicht beim Erwerb vorlag.[399]

---

394 BFH, BStBl 1978 II S. 620.
395 BFH, BStBl 1994 II S. 11.
396 BFH, BStBl 1982 II S. 385.
397 BFH, BStBl 1985 II S. 208.
398 BFH, BStBl 1983 II S. 451.
399 BFH, BStBl 1987 II S. 330.

Restbuchwert und Abbruchkosten sind **Herstellungskosten eines anderen Wirtschaftsgutes** (z. B. Lagerplatz, Parkplatz, Zufahrtstraße), wenn der Zweck des Abbruchs in der Freimachung des Grundstücks zur Herstellung eines derartigen anderen Wirtschaftsgutes bestand.[400]

Eine andere Beurteilung ist dann geboten, wenn ein Stpfl. ein Grundstück mit einem im Zeitpunkt des Erwerbs **objektiv wertlosen Gebäude** erwirbt,[401] das er nach dem Erwerb abbricht. Dann entfällt der volle Anschaffungspreis auf den Grund und Boden. Die Aktivierung eines Teils des Anschaffungspreises beim Gebäude und eine Abschreibung eines Restbuchwerts beim Abbruch sind in diesem Falle nicht zulässig.[402] Auch die Kosten des Abbruchs gehören in diesem Fall grundsätzlich zu den **Anschaffungskosten des Grund und Bodens**. Steht der Abbruch dagegen mit der Herstellung eines neuen Wirtschaftsguts in einem engen wirtschaftlichen Zusammenhang, dann gehören die Abbruchkosten zu den Herstellungskosten des neuen Wirtschaftsgutes.[403]

Ein Gebäude ist wirtschaftlich verbraucht, wenn – ungeachtet einer fortbestehenden technischen Verwendbarkeit – für Erwerber und Veräußerer die Möglichkeit einer wirtschaftlich sinnvollen Verwendung durch Nutzung oder anderweitige Veräußerung endgültig entfallen ist. Wird ein Grundstück mit der Abbruchverpflichtung der aufstehenden Gebäude erworben, so entfällt der volle Kaufpreis auf den Grund und Boden. Auch in diesem Fall kommt eine Aufteilung des Kaufpreises nach dem Verhältnis der Teilwerte nicht in Betracht.[404]

Wird das in Abbruchabsicht erworbene Gebäude beseitigt, **ohne dass** an seiner Stelle **ein neues Gebäude oder sonstiges Wirtschaftsgut hergestellt wird,** so bestand das alleinige Ziel des Grundstückserwerbs in dem Erwerb des Grund und Bodens. Dabei ist es ohne Bedeutung, ob das Gebäude objektiv noch einen Wert hatte und ob der Stpfl. für den Gebäudeerwerb einen Kaufpreisanteil aufwenden musste. In diesem Fall gehören Buchwert und Abbruchkosten des Gebäudes zu den **Anschaffungskosten des Grund und Bodens;** wird das Gebäude nicht unmittelbar nach dem Erwerb abgebrochen, liegen **nachträgliche Anschaffungskosten für den Grund und Boden** vor.[405]

15.6.12.3 Erwerb ohne Abbruchabsicht und sonstiger Gebäudeabbruch

Wird ein Gebäude in der Absicht erworben, es als Gebäude zu nutzen, und entschließt sich der Stpfl. erst nach dem Erwerb, das Gebäude abzureißen, so sind im

---

400 BFH, BStBl 1978 II S. 620.
401 BFH, BStBl 1989 II S. 604.
402 BFH, BStBl 1973 II S. 678.
403 H 33 a Abs. 2 Satz 3 b „Abbruch" EStH.
404 BFH, BStBl 1989 II S. 604.
405 BFH, BStBl 1978 II S. 620.

15.6 Herstellungskosten

Jahr des Abbruchs **Restbuchwert** im Wege einer AfaA und **Abbruchkosten** als **Betriebsausgaben** abzusetzen.[406]

Diese Rechtsfolge tritt auch ein, wenn der Stpfl. ein objektiv technisch und wirtschaftlich noch nicht verbrauchtes Gebäude, das er auf einem ihm bereits gehörenden Grundstück errichtet hat, abreißt.

Mit dem Abbruch bringt der Grundstückseigentümer allgemein zum Ausdruck, dass das abgebrochene Gebäude für ihn wirtschaftlich verbraucht ist.[407] Sein Restbuchwert ist deshalb durch eine Absetzung für außergewöhnliche Abnutzung (AfaA) abzuschreiben (§ 7 Abs. 1 Satz 5 i. V. m. § 7 Abs. 4 Satz 3 EStG). Das gilt auch dann, wenn das abgebrochene Gebäude bisher nach § 7 Abs. 5 EStG degressiv abgeschrieben wurde (R 44 Abs. 13 EStG).

Ist nach den Verhältnissen am Bilanzstichtag der Abbruch nicht nur geplant, besteht vielmehr eine zeitlich bestimmte Verpflichtung dazu, so ist der Restbuchwert auf die Restnutzungsdauer zu verteilen.[408]

Für die Behandlung des Restbuchwerts und der Abbruchkosten als sofort abzugsfähige Betriebsausgaben ist es gleichgültig, ob ein neues Gebäude oder ein anderes Wirtschaftsgut (z. B. Betriebsvorrichtung, Platzbefestigung) errichtet wird.

15.6.12.4 Erwerb in Abbruchabsicht und Errichtung einer Mehrheit von Wirtschaftsgütern

Werden anstelle des in Abbruchabsicht erworbenen bebauten Grundstücks und anschließend abgebrochenen Gebäudes mehrere Wirtschaftsgüter, wie Gebäude, Parkplätze, Ladeflächen, errichtet, so sind Restbuchwert und Abbruchkosten auf diese Wirtschaftsgüter zu verteilen. Fehlt ein wirtschaftlicher Zusammenhang zwischen dem Gebäudeabbruch und der Herstellung der neuen Wirtschaftsgüter, weil z. B. ein Teil der freien Fläche nicht als Grundlage neuer Wirtschaftsgüter dient, entfällt ein zu schätzender Teil des Restwerts und der Abbruchkosten auf den Grund und Boden.[409]

15.6.12.5 Dreijahreszeitraum als Indiz für Erwerb in Abbruchabsicht

Wird das Gebäude innerhalb von drei Jahren seit dem Erwerb abgebrochen, so spricht der Beweis des ersten Anscheins dafür, dass der Erwerb in Abbruchabsicht geschehen ist. Der Erwerber kann diesen Anscheinsbeweis durch den Gegenbeweis entkräften, dass es zum Abbruch erst aufgrund eines ungewöhnlichen, zunächst nicht erkennbaren Geschehensablaufs gekommen ist. Für den **Beginn der Dreijahresfrist** ist in der Regel der **Abschluss des obligatorischen Rechtsgeschäfts**

---
406 BFH v. 13. 1. 1998, BFH/NV S. 1080.
407 BFH, BStBl 1978 II S. 620.
408 BFH, BStBl 1985 II S. 126.
409 BFH, BStBl 1979 II S. 299.

maßgebend. Damit ist nicht ausgeschlossen, dass in besonders gelagerten Fällen – z. B. bei großen Arrondierungskäufen – auch bei einem Zeitraum von mehr als drei Jahren zwischen Erwerb und Abbruch der Beweis des ersten Anscheins für einen Erwerb in Abbruchabsicht spricht.[410]

15.6.12.6 Erlöse aus dem Verkauf von Abbruchmaterial

Das beim Abbruch gewonnene und bei der Erstellung des Neubaus mitverwendete Material gehört zu den Herstellungskosten des Neubaus.[411] Soweit das Abbruchmaterial weiterveräußert wird, ist der erzielte Erlös mit den Abbruchkosten und dem Restbuchwert des Gebäudes zu verrechnen (Bp-Kartei der Oberfinanzdirektionen Düsseldorf, Köln und Münster, Konto: Abbruchkosten).

15.6.12.7 Teilabbruch

Die vorstehenden Grundsätze gelten auch bei Teilentfernung von Gebäudeteilen, die wertmäßig im Bilanzwert des Gebäudes enthalten sind (Böden, Fenster, Dach). Der abgerissene Teil wird auch in diesem Fall vom Unternehmer als wirtschaftlich verbraucht betrachtet werden. Der anteilige Restbuchwert, der ggf. zu schätzen ist, ist nach § 7 Abs. 1 Satz 5 EStG i. V. m. § 7 Abs. 4 Satz 3 EStG abzuschreiben.[412] Das gilt auch bei degressiv abgeschriebenen Gebäuden (§ 7 Abs. 5 EStG, R 44 Abs. 13 EStR). Die Kosten des teilweisen Abbruchs sind ebenfalls Betriebsausgaben.

Anteiliger Restbuchwert und Abbruchkosten sind jedoch keine sofort abziehbaren Betriebsausgaben, sondern Teil der Herstellungskosten (ggf. nachträglichen Herstellungskosten) des umgebauten Gebäudes, wenn ein Gebäude in der Absicht erworben wird, es teilweise abzubrechen und anschließend grundlegend umzubauen.[413] Bei der Umgestaltung des Gebäudes innerhalb von drei Jahren nach dessen Anschaffung spricht der Beweis des ersten Anscheins für eine Umbauabsicht.[414]

Wird ein älteres Gebäude nach dem Erwerb umgestaltet, spricht dies entsprechend den Grundsätzen zur steuerlichen Behandlung des sog. anschaffungsnahen Aufwands dafür, dass der Kaufpreis des Gebäudes im Hinblick auf dessen Alter und Verschleiß gemindert worden ist und dass dementsprechend die entfernten Teile, zumindest nicht mit einem abgrenzbaren Betrag, in den Anschaffungskosten enthalten sind.[415]

---
410 H 33 a „Abbruchkosten" EStH.
411 BFH, BStBl 1964 III S. 299.
412 BFH, BStBl 1994 II S. 902.
413 BFH, BStBl 1993 II S. 504.
414 BFH, BStBl 1978 II S. 620.
415 S. u. 15.16.13.

15.6 Herstellungskosten

Übersteigen die Abbruchkosten wider Erwarten den Rahmen, der ursprünglich geplant war (Beweislast beim Stpfl.), dann sind die bei einem Teilabbruch anfallenden Aufwendungen auch innerhalb der Dreijahresfrist hinsichtlich der unerwarteten Belastung sofort abziehbare Betriebsausgaben.[416]
Bei der Bestimmung der AfA-Bemessungsgrundlage für das Gebäude ist im Falle des Teilabbruchs nach zulässiger AfaA § 11 c Abs. 2 EStDV zu beachten.

15.6.13 Anschaffungsnaher Aufwand

Arbeiten, die der Erwerber eines Grundstücks im zeitlichen Anschluss an den **ganz oder teilweise entgeltlichen Erwerb** zur Instandsetzung eines Gebäudes durchführen lässt, dienen nicht mehr dazu, das Gebäude zu erwerben, sondern es in dem erworbenen Zustand zu erhalten oder zu verändern.[417] Diese anschaffungsnahen Aufwendungen gehören deshalb nicht zu den Anschaffungskosten des Gebäudes.[418] Sie müssen vielmehr daraufhin untersucht werden, ob sie Herstellungsaufwand oder Erhaltungsaufwand sind (R 157 Abs. 4 EStR).

Beispiel

Ein Gewerbetreibender kauft ein bebautes Grundstück. Anschaffungskosten 520 000 DM. Um das Gebäude für die Zwecke des Betriebs herzurichten, werden 2 500 000 DM Baukosten aufgewendet.

Bei der Beurteilung, ob Aufwendungen auf ein erworbenes Gebäude Herstellungs- oder Erhaltungsaufwand sind, darf nicht außer Acht gelassen werden, in welchem Zustand sich das Gebäude in dem Zeitpunkt befand, in dem es der Stpfl. ganz oder teilweise entgeltlich erwarb. Mit ihm ist zu vergleichen, was aus dem Gebäude durch die an ihm ausgeführten Arbeiten geworden ist. Wenn die Aufwendungen und der durch sie bewirkte wirtschaftliche Erfolg erheblich sind, ist Herstellungsaufwand anzunehmen. Das ist in der Regel der Fall, wenn nach dem Erwerb im Verhältnis zum Kaufpreis hohe Aufwendungen gemacht werden, durch die das Wesen des Gebäudes verändert, der Nutzungswert erheblich erhöht oder die Nutzungsdauer erheblich verlängert wird. Das ist regelmäßig bei stark heruntergewirtschafteten Gebäuden der Fall, für die ein entsprechend niedriger Kaufpreis gezahlt worden ist und die durch hohe Aufwendungen wieder vollkommen instand gesetzt werden. Dem steht nicht entgegen, dass der Verkäufer diese Aufwendungen möglicherweise als Erhaltungsaufwand hätte absetzen dürfen. So sind erhebliche Kosten der Umstellung der Ofenheizung in eine Gas-Etagenheizung in einem zwei Jahre vor der Umstellung erworbenen Mietshaus Herstellungsaufwand, während sie beim Verkäufer Erhaltungsaufwand gewesen wären.[419]

---
416 BFH, BStBl 1997 II S. 325.
417 H 157 „Anschaffungsnaher Herstellungsaufwand" EStH.
418 BFH, BStBl 1996 II S. 632.
419 BFH, BStBl 1980 II S. 744.

15 Bewertung der Wirtschaftsgüter des Betriebsvermögens

Ob sich durch die Renovierungsmaßnahmen auch der Verkehrswert des Gebäudes wesentlich erhöht, ist ohne Belang.[420]

Fallen im Rahmen einer anschaffungsbezogenen umfassenden Renovierung und Modernisierung auch übliche Schönheitsreparaturen an, so sind die Aufwendungen dafür in den anschaffungsnahen Aufwand einzubeziehen; die gesamte Maßnahme ist einheitlich als Herstellungsaufwand anzusehen.[421]

Anschaffungsnähe wird nur angenommen, wenn die Aufwendungen in den ersten **drei Jahren nach dem Erwerb** anfallen. Anschaffungsnaher Herstellungsaufwand kann ausnahmsweise auch bei Instandsetzungsarbeiten entstehen, die zwar erst nach Ablauf von drei Jahren seit dem Erwerb des Gebäudes durchgeführt werden, aber einen schon im Zeitpunkt der Anschaffung vorhandenen erheblichen Instandhaltungsrückstand aufholen. Diese Fallgestaltung kommt in Betracht, wenn ein älteres Gebäude im Anschluss an den **verbilligten** Erwerb gleichsam in Raten erneuert und modernisiert wird.[422] Im Verhältnis zum Kaufpreis hohe Aufwendungen werden angenommen, wenn sie innerhalb der ersten drei Jahre nach dem Erwerb insgesamt mehr als 15 % der Anschaffungskosten des Gebäudes betragen (R 157 Abs. 4 EStR). Bei Gebäuden, die aufgrund eines vor dem 1. 1. 1994 rechtswirksam abgeschlossenen obligatorischen Vertrags oder gleichstehenden Rechtsakts angeschafft worden sind, galt ein Vomhundertsatz von 20 (R 157 Abs. 4 Satz 3 EStR). Bewegt sich die Summe der Reparaturaufwendungen unterhalb der 15-%-Grenze, stellen diese selbst dann keinen anschaffungsnahen Herstellungsaufwand dar, wenn sie im Rahmen einer sog. **Generalüberholung** des Gebäudes ausgeführt wurden.[423]

Die Behandlung anschaffungsnaher Aufwendungen als Herstellungsaufwand ist nicht auf den Betrag begrenzt, um den der Kaufpreis wegen baulicher Mängel des Gebäudes gemindert wurde.[424]

Soll das erworbene **Gebäude verschiedenen Zwecken des Käufers dienen,** so bilden die unterschiedlich genutzten Zwecke des Käufers besondere Wirtschaftsgüter.[425] Hieraus lässt sich für die Höhe des anschaffungsnahen Aufwands allerdings nicht folgern, dass die einzelnen Renovierungs- und Modernisierungsaufwendungen den einzelnen Gebäudeteilen zuzuordnen, insoweit entsprechend geringer und daher sofort als Erhaltungsaufwand abziehbar sind. Obgleich es sich um die Anschaffung eines selbstständigen Gebäudeteils oder mehrerer Gebäudeteile handelt, ist daher für die Frage, ob die anschaffungsnahen Aufwendungen im Verhältnis zum Kaufpreis hoch sind, maßgebend, was in engem zeitlichen Zusammenhang mit dem

---
420 BFH, BStBl 1992 II S. 940.
421 BFH, BStBl 1992 II S. 28, S. 285.
422 BFH, BStBl 1992 II S. 30.
423 BFH v. 28. 4. 1998, BB 1998 S. 1567; vgl. aber u. 15.6.14 bzw. BMF v. 16. 12. 1996, BStBl 1996 I S. 1442.
424 BFH, BStBl 1973 II S. 483.
425 S. o. 13.3.9.

15.6 Herstellungskosten

Erwerb in das **Gebäude insgesamt** für dessen Renovierung und Modernisierung investiert wurde.[426]

Auch bei im Verhältnis zum Kaufpreis hohen anschaffungsnahen Aufwendungen kann der Stpfl. die **Vermutung aktivierungspflichtigen Aufwands widerlegen**, indem er nachweist, dass die in Rede stehenden Aufwendungen nicht zu einer wesentlichen Verbesserung des Gebäudes i. S. des § 255 Abs. 2 Satz 1 HGB geführt haben.[427]

15.6.14 Nachträglicher Herstellungsaufwand und Erhaltungsaufwand

Wenn ein Gebäude oder ein sonstiges Wirtschaftsgut wesentlich in seiner Substanz vermehrt, in seinem Wesen erheblich verändert oder über seinen bisherigen Zustand hinaus deutlich verbessert wird, liegen nachträgliche Herstellungskosten vor (§ 255 Abs. 2 Satz 1 HGB, R 157 Abs. 3 EStR).[428]

Herstellungsaufwand ist zu aktivieren und mithilfe der AfA einheitlich mit dem Restbuchwert auf die betriebsgewöhnliche Nutzungsdauer zu verteilen. Dagegen ist Erhaltungsaufwand sofort als Betriebsausgabe abzugsfähig. Aus der unterschiedlichen Behandlung ergibt sich die **Notwendigkeit der einwandfreien Abgrenzung**. Die Grenze zwischen Erhaltungsaufwand und Herstellungsaufwand ist fließend. Zum Erhaltungsaufwand zählen die Aufwendungen, die

- die Wesensart des Gegenstandes nicht verändern und
- den Gegenstand im ordnungsmäßigen Zustand erhalten sollen und
- regelmäßig in ungefähr gleicher Höhe wiederkehren.

Auch wenn nicht alle drei Voraussetzungen zusammen vorliegen, kann u. U. Erhaltungsaufwand in Betracht kommen. Zum Erhaltungsaufwand rechnen vor allem die laufenden Aufwendungen zur Instandhaltung, Pflege und Wartung. Die Einzelheiten der Abgrenzung ergeben sich aus R 157 EStR und H 157 EStH.

Ob Herstellungsaufwand vorliegt, ist hiernach nur bei größeren Aufwendungen zu prüfen. Fällt im Rahmen des Herstellungsaufwands auch Erhaltungsaufwand an, so ist einheitlich Herstellungsaufwand bei allen Aufwendungen anzunehmen, die mit der einzelnen Baumaßnahme in engem räumlichen, zeitlichen und sachlichen Zusammenhang stehen.[429] Eine Aufteilung ist nur möglich, wenn die Arbeiten ohne diesen Zusammenhang lediglich gleichzeitig vorgenommen wurden.

Erhaltungsaufwand bei **Wohngebäuden** liegt vor, soweit die Maßnahmen dazu führen, Mängel des Gebäudes, die seinem bisherigen Wohnkomfort entgegenstehen, zu beseitigen. Dies ist insbesondere dann anzunehmen, wenn die Mängelbeseitigung durch Verwendung von Teilen der ursprünglichen Qualität, aber auch durch Ver-

---
426 BFH, BStBl 1992 II S. 940.
427 BFH-Beschluss v. 17. 6. 1998, BFH/NV 1999 S. 32.
428 BMF v. 16. 12. 1996, BStBl 1996 I S. 1442 mit Hinweisen auf die Rechtsprechung des BFH.
429 BFH, BStBl 1996 II S. 632.

wendung von dem allgemeinen technischen Fortschritt entsprechenden fortentwickelten Teilen erfolgt. Bei der Umstellung einer **Heizungsanlage** ist deshalb grundsätzlich **Erhaltungsaufwand** gegeben. Das gilt selbst dann, wenn anstelle von Kohleöfen eine Zentralheizung eingebaut wird. Der Ersatz von Kohleöfen durch eine Zentralheizung geht nicht über eine Modernisierung hinaus. Das Wesen der Modernisierung besteht darin, dem Haus den zeitgemäßen Wohnkomfort wiederzugeben, den es ursprünglich besessen, durch den technischen Fortschritt und die Veränderung der Lebensgewohnheiten jedoch verloren hat. In der Vergangenheit war die Ausstattung mit Kohleöfen zeitgerecht. Inzwischen haben sich die Ansprüche jedoch gewandelt, sodass die Anpassung des Gebäudes an die Zeitumstände weder Substanzvermehrung noch Wesensveränderung, vielmehr lediglich Modernisierung bedeutet.[430]

Eine **zusätzliche Fassadenverkleidung** etwa aus Sichtklinkern ist ebenso Erhaltungsaufwand wie das **Versetzen von Wänden**, das **Vergrößern von Fenstern** oder der Umbau eines **Flachdachs in Satteldach,** wenn dadurch keine Änderung der nutzbaren Fläche erfolgt.

Aufwendungen für einen **Austauschmotor** oder einen fabrikneuen Motor sind auch dann Erhaltungsaufwand, wenn das Fahrzeug bereits voll abgeschrieben ist, denn es handelt sich lediglich um eine substanzerhaltende Erneuerung eines Bestandteils des Wirtschaftsgutes.[431]

Die Zusammenballung von Erhaltungsaufwendungen ist nicht insgesamt als Herstellungsmaßnahme zu beurteilen. Dementsprechend stellt auch eine **Generalüberholung** Erhaltungsaufwand dar.[432]

15.6.15 Verteilungsfähiger Erhaltungsaufwand

Sofort als Betriebsausgabe abziehbarer Erhaltungsaufwand bei Gebäuden in Sanierungsgebieten und städtebaulichen Entwicklungsbereichen sowie bei Baudenkmalen kann gem. § 4 Abs. 8 i. V. m. §§ 11 a, 11 b EStG auf zwei bis fünf Jahre verteilt werden.

15.7 Teilwert

15.7.1 Begriff und Bedeutung

Neben Anschaffungskosten und Herstellungskosten ist der Teilwert der **dritte mögliche Bewertungsmaßstab** für die stichtagsbezogene Bewertung in der Steuerbilanz.[433] Nach Vornahme der planmäßigen Abschreibung (§ 7 Abs. 1, 2, 4, 5 EStG)

---
430 BFH, BStBl 1980 II S. 7.
431 BFH, BStBl 1974 II S. 520.
432 BFH, BStBl 1996 II S. 632 = Änderung der Rechtsprechung; BFH v. 13. 10. 1998, BFH/NV 1999, S. 761.
433 H 35 a „Zeitpunkt der Teilwertabschreibung" EStH.

15.7 Teilwert

einschließlich der Abschreibung für technische oder wirtschaftliche Abnutzung (§ 7 Abs. 1 Satz 6 EStG) bzw. der Absetzung für Substanzverringerung (§ 7 Abs. 6 EStG) kann der so errechnete Restbuchwert unter bestimmten Voraussetzungen auf den noch niedrigeren Teilwert abgeschrieben werden (sog. **Teilwertabschreibung** gem. § 6 Abs. 1 Nr. 1 Satz 2, Nr. 2 Satz 3, Nr. 3 EStG). Der Teilwert ist ferner grds. Wertmaßstab für **Entnahmen** und **Einlagen**; bei der Neugründung eines Betriebes im Privatvermögen bereits vorhandene Wirtschaftsgüter sind grds. mit ihrem Teilwert einzulegen (§ 6 Abs. 1 Nr. 4, 5, 6 EStG). Ebenso ist er von Bedeutung bei der **Übertragung von Wirtschaftsgütern** zwischen einer Personengesellschaft und deren Gesellschaftern (§ 6 Abs. 5 EStG). Teilwert ist der Betrag, den ein Erwerber **des ganzen Betriebs** im Rahmen des Gesamtkaufpreises für das einzelne Wirtschaftsgut ansetzen würde; dabei ist davon auszugehen, dass der Erwerber den Betrieb fortführt (§ 6 Abs. 1 Nr. 1 Satz 3 EStG). Der **Liquidationswert** ist deshalb ohne Bedeutung. Während der gemeine Wert aus der Sicht des Veräußerers eines einzelnen Wirtschaftsgutes ermittelt wird, ist der Teilwert aus der Sicht des Erwerbers eines Betriebs zu ermitteln.

Der Grundgedanke dieses Wertbegriffs ist, den Mehrwert zu erfassen, der sich gegenüber dem **gemeinen Wert** (vgl. §§ 6 Abs. 4, 6, 16 Abs. 3 EStG) als Einzelveräußerungspreis von Wirtschaftsgütern dadurch ergibt, dass sie zur Vermögensmasse eines Betriebs gehören, der weitergeführt wird.

Beispiel
Nach den üblichen Bodenpreisen ergibt sich für ein unbebautes Grundstück ein gemeiner Wert von 250 000 DM. Wegen der außergewöhnlich günstigen Lage zu den anderen Betriebsanlagen wäre ein Erwerber des Betriebs jedoch bereit, 320 000 DM für das Grundstück zu zahlen.

Auch handelsrechtlich ist bei der Bewertung von der Fortführung der Unternehmenstätigkeit auszugehen, sofern dem nicht tatsächliche oder rechtliche Gegebenheiten entgegenstehen (sog. **Going-concern-Prinzip** nach § 252 Abs. 1 Nr. 2 HGB).

Bei Wirtschaftsgütern, die jederzeit durch andere ersetzt werden können, wird im Allgemeinen ein solcher Mehrwert nicht vorhanden sein. Dann deckt sich der Teilwert mit dem gemeinen Wert[434] abzgl. der **USt**, wenn der Unternehmer zum Vorsteuerabzug berechtigt ist. Lediglich um die **Erwerbsnebenkosten** ist der Teilwert höher als der gemeine Wert (ohne USt).

§ 6 EStG beruht auf dem Grundgedanken, dass nicht verwirklichte Gewinne nicht ausgewiesen werden dürfen, dass dagegen nicht verwirklichte Verluste ausgewiesen werden können bzw. wegen der Bindung an die Handelsbilanz zum Teil ausgewiesen werden müssen. Damit gilt für Gewinne das **Realisationsprinzip,** für Verluste das **Verursachungsprinzip.** Diesen Grundsatz der ungleichen Behandlung der

---
[434] BFH, BStBl 1988 II S. 490 [492 li. Spalte].

nicht verwirklichten Gewinne und Verluste bezeichnet man als **Imparitätsprinzip**. Hieraus folgt, dass in der Steuerbilanz der Teilwert immer nur dann in Betracht kommen kann, wenn er niedriger ist als die Anschaffungs- oder Herstellungskosten.

15.7.2 Ermittlung des Teilwertes[435]

Die Ermittlung des Teilwertes muss stets im Wege der **Schätzung** erfolgen. Dabei muss vom Gesamtkaufpreis des Unternehmens ausgegangen werden. Als Hilfsmittel für die Ermittlung des Teilwertes hat die Rechtsprechung bestimmte Grenzwerte gesetzt und gewisse Vermutungen aufgestellt. Dabei ist jedoch stets zu beachten, dass der Teilwert ein objektiver Wert ist, der nicht auf der persönlichen Auffassung des einzelnen Kaufmanns über die zukünftige wirtschaftliche Entwicklung, sondern auf einer allgemeinen Werteinschätzung beruht, wie sie in der Marktlage am Bilanzstichtag ihren Ausdruck findet.[436]

Der Gesamtkaufpreis ist nicht nur aus der Sicht des **gedachten Erwerbers** zu beurteilen. Es muss auch berücksichtigt werden, was der **gedachte Veräußerer** für das Wirtschaftsgut fordern würde.[437] Weil die **unveränderte Betriebsfortführung** unterstellt wird, ist anzunehmen, dass – von Fehlmaßnahmen abgesehen – der gedachte Erwerber von den gleichen Erwägungen ausgeht, die den gedachten Veräußerer bei seiner Betriebsführung bestimmt haben.[438]

Entsprechend dem Grundsatz der Einzelbewertung ist der Teilwert für jedes **einzelne Wirtschaftsgut** zu ermitteln. Eine Zusammenfassung mehrerer Wirtschaftsgüter kommt auch bei bebauten Grundstücken nicht in Betracht.[439]

15.7.3 Grenzwerte für die Ermittlung des Teilwertes

15.7.3.1 Wiederbeschaffungskosten

In der Regel findet der Teilwert seine **obere Grenze** in den Wiederbeschaffungskosten für ein Wirtschaftsgut gleicher Art und Güte im Zeitpunkt der Bewertung.[440] Die Wiederbeschaffungskosten für ein Wirtschaftsgut umfassen alle Kosten, die bei einer Wiederbeschaffung aufzuwenden wären, also die bis zum Bilanzstichtag angefallenen **Selbstkosten**.[441] Ausgangspunkt für die Ermittlung der Wiederbeschaffungskosten sind die Anschaffungskosten (Neuwert) für ein gleichartiges Wirtschaftsgut. Der Teilwert der im Betrieb hergestellten Wirtschaftsgüter entspricht in

---
435 Wegen der Teilwertermittlung beim Vorratsvermögen s. u. 15.13.4.
436 BFH, BStBl 1991 II S. 342, BStBl 1995 II S. 309.
437 BFH, BStBl 1960 III S. 461, BStBl 1966 III S. 310.
438 BFH, BStBl 1966 III S. 643.
439 S. u. 15.10.11.
440 BFH, BStBl 1984 II S. 33.
441 BFH, BStBl 1984 II S. 35, BStBl 1995 II S. 336.

15.7 Teilwert

der Regel den **Wiederherstellungskosten** zzgl. der Verwaltungs- und Vertriebskosten.[442] Zutreffend als Herstellungskosten aktivierte Zinsen (§ 255 Abs. 3 Satz 2 HGB) haben aber keinen Einfluss auf den Teilwert der betreffenden finanzierten Wirtschaftsgüter. Das Wahlrecht der Aktivierung ändert nichts daran, dass es sich im Prinzip nicht um Herstellungskosten, vielmehr um **Finanzierungskosten** handelt.[443]

Die Wiederbeschaffungskosten kommen in der Regel für Wirtschaftsgüter in Betracht, die **im Betrieb voll genutzt** werden. Für nicht nur vorübergehend im Betrieb ungenutzte Wirtschaftsgüter ist in der Regel der Netto-Einzelveräußerungspreis abzügl. Veräußerungskosten der Teilwert. Das ist mindestens der **Material- oder Schrottwert** abzügl. Veräußerungskosten. Die **Umsatzsteuer** gehört nicht zu den Wiederbeschaffungskosten, soweit sie abziehbar ist.

Die Wiederbeschaffungskosten **gebrauchter Wirtschaftsgüter** des abnutzbaren Anlagevermögens, die keinen Marktpreis haben, errechnen sich aus dem Neupreis vom Stichtag abzügl. der danach zu bemessenden AfA für die bisherige Zeit der Nutzung.[444]

Die Behandlung der **Erwerbsnebenkosten** bei der Teilwertbestimmung ist nach Lage des Einzelfalls zu entscheiden. Wenn die Nebenkosten beim Erwerber auch entstehen würden, beeinflussen sie den Teilwert. Wenn ihre Höhe sich nach dem Wert richtet, sind sie anteilig bei der Bestimmung des Teilwertes zu berücksichtigen.

Beispiel:
Die Nebenkosten des Erwerbs von Wertpapieren betragen 2 % des Börsenkurswertes. Der Teilwert der Wertpapiere bestimmt sich nach dem aktuellen Börsenkurswert zzgl. 2 % Nebenkosten, die auch der Erwerber aufwenden müsste.

15.7.3.2 Einzelveräußerungspreis

Seine **untere Grenze** findet der Teilwert im Netto-Einzelveräußerungspreis, abzüglich der Veräußerungskosten. Dabei ist davon auszugehen, dass an einen Erwerber veräußert wird, der auf **derselben Marktstufe** steht.[445]

15.7.4 Vermutungen für die Höhe des Teilwertes

15.7.4.1 Grundsätze

Zunächst besteht die Vermutung, dass der Teilwert im Zeitpunkt der Anschaffung oder Herstellung oder kurze Zeit danach den tatsächlichen Anschaffungs- oder Herstellungskosten entspricht.[446]

---
442 BFH, BStBl 1989 II S. 962.
443 BFH, BStBl 1989 II S. 962.
444 BFH, BStBl 1989 II S. 962, hier S. 963 li. Spalte m. w. N.
445 BFH, BStBl 1984 II S. 33.
446 BFH, BStBl 1988 II S. 892, 1989 II S. 183; H 35 a „Teilwertvermutungen" EStH.

15 Bewertung der Wirtschaftsgüter des Betriebsvermögens

Auch bei **bezuschussten Wirtschaftsgütern** geht die Teilwertvermutung von den ungekürzten Anschaffungs- oder Herstellungskosten aus.[447] Die Vermutung, die auch für unverzinsliche und niedrigverzinsliche **Darlehensforderungen** gilt,[448] beruht auf der Vorstellung, dass ein Kaufmann für ein Wirtschaftsgut in der Regel keine größeren Aufwendungen macht, als ihm das Gut für den Betrieb wert ist. Macht ein Stpfl. geltend, dass die Vermutung bei ihm nicht zutreffe, so muss er darlegen, warum der Teilwert seiner Wirtschaftsgüter niedriger ist. **Im Zeitpunkt der Anschaffung oder Herstellung** eines Wirtschaftsgutes entspricht der Teilwert also den tatsächlichen Anschaffungskosten oder Herstellungskosten. Das gilt auch dann, wenn diese bei einer Einzelveräußerung nicht zu erzielen wären.

Beispiel

Ein Gewerbetreibender holt beim Herstellerwerk einen PKW ab, dessen Anschaffungskosten 30 000 DM betragen haben. Auf dem Gebrauchtwagenmarkt werden fast neue PKW dieser Bauart mit 25 000 DM gehandelt.

Die Preise des Gebrauchtwagenmarkts bilden eine wesentliche Grundlage für die Bemessung des gemeinen Werts. Für die Ermittlung des Teilwertes sind die Preise des Gebrauchtwagenmarkts nicht in jedem Fall geeignet. Mit der Ingebrauchnahme des PKW allein kann deshalb eine Teilwertabschreibung nicht begründet werden.

Übergroße und aufwendige Bauweise eines neuen Betriebsgebäudes rechtfertigen nicht allein deshalb eine Teilwertabschreibung. Auch wenn ein Gebäude in seiner Gestaltung auf die Pläne und Vorstellungen des Betriebsinhabers abgestellt ist, rechtfertigt das Ausscheiden des Inhabers aus dem Betrieb allein noch keine Teilwertabschreibung.[449] Ähnliche Überlegungen liegen dem BFH-Urteil in BStBl 1982 II S. 591 zugrunde. Es ging um die Ersatzbeschaffung einer 1250-t-Presse durch eine 2000-t-Presse, obgleich eine billigere 1250-t-Presse genügt hätte. Die Betriebsunterbrechung hätte aber bei Bestellung der 1250-t-Presse 12 Monate betragen, während die Lieferzeit der 2000-t-Presse 6 Monate betrug. Außerdem wäre bei einer Einzelveräußerung für die 2000-t-Presse ein höherer Preis zu erzielen gewesen als für die 1250-t-Presse. Sog. **Schnellbaukosten**[450] rechtfertigen eine Teilwertabschreibung nicht, wenn die Schnellbauweise in der betreffenden Branche die normale Bauweise ist.

Bei **nicht abnutzbaren Anlagegütern** wird angenommen, dass der Teilwert auch später noch den tatsächlichen Anschaffungskosten entspricht. Dagegen tritt bei **abnutzbaren Anlagegütern** an die Stelle der Anschaffungs- oder Herstellungskosten der durch AfA fortgeführte Buchwert. Diese Teilwertvermutung gilt ohne weitere Prüfung, wenn der Betrieb die **lineare AfA-Methode** gewählt hat. Bei Anwendung der **degressiven AfA** hat der Stpfl. nachzuweisen, dass die daraus resultierenden Werte den Teilwerten entsprechen.[451] Liegen keine besonderen

---
447 BFH, BStBl 1996 II S. 28; H 35 a „Investitionszuschüsse" EStH.
448 BFH, BStBl 1990 II S. 117.
449 BFH, BStBl 1978 II S. 335.
450 S. o. 15.6.11.2.
451 BFH, BStBl 1989 II S. 183.

15.7 Teilwert

Umstände vor, kommt kurze Zeit nach dem Erwerb eine Abschreibung auf einen niedrigeren Teilwert nicht in Betracht.

15.7.4.2 Widerlegbarkeit der Teilwertvermutungen

Besondere Umstände, durch die die vorstehende Vermutung widerlegt werden kann, sind zwischenzeitlich eingetretene **Preisveränderungen**. Sind z. B. die Preise für ein Anlagegut herabgesetzt worden, wird kein Käufer des Betriebs bereit sein, den bezahlten Neupreis (ggf. abzüglich AfA) zu zahlen. Die Voraussetzungen einer Teilwertabschreibung sind damit gegeben. Andererseits wird ein Käufer des Betriebs bei Preissteigerungen im Allgemeinen bereit sein, mehr als die bezahlten Anschaffungskosten zu zahlen. Bei erheblichen Preissteigerungen auf dem Beschaffungsmarkt kann zur Schätzung des Teilwertes abnutzbarer Anlagegüter von den z. B. aus branchenüblichen Preislisten ersichtlichen Neupreisen gleicher Güter ausgegangen werden. Diese sind um die dem Alters- und Abnutzungsgrad der Wirtschaftsgüter entsprechende AfA zu vermindern.[452]

Für die in den Betrieben genutzten **älteren Wirtschaftsgüter** wird die von der Rechtsprechung entwickelte Teilwertvermutung im Regelfall nicht gelten. Das gilt vor allem dann, wenn die Herstellerfirma verbesserte Modelle (z. B. technisch fortentwickelte PKW) herausgebracht hat. Hier fällt bei gut gehenden Betrieben der Teilwert mit den Wiederbeschaffungskosten zusammen.

Beim **Vorratsvermögen** kann der Teilwert auch von den am Absatzmarkt erzielbaren Preisen abhängig sein.[453]

Auch durch den Nachweis einer **Fehlmaßnahme** (z. B. bei Grundstücken) kann die vorstehende Teilwertvermutung widerlegt werden.[454] Es kann davon ausgegangen werden, dass der Erwerber nur die Kosten ersetzen würde, die der Veräußerer bei sinnvollem Verhalten aufgewendet hätte.

Als **Fehlmaßnahme** ist die Anschaffung oder Herstellung eines Wirtschaftsgutes des Anlagevermögens zu werten, wenn ihr **wirtschaftlicher Nutzen** bei objektiver Betrachtung deutlich hinter dem für den Erwerb oder die Herstellung getätigten Aufwand zurückbleibt und demgemäß dieser Aufwand so unwirtschaftlich war, dass er von einem gedachten Erwerber des gesamten Betriebs im Kaufpreis nicht honoriert würde.[455] Danach ist eine Fehlmaßnahme z. B. der Erwerb einer Maschine, die von Anfang an mit erheblichen Mängeln behaftet ist und deshalb nicht oder nur zeitweise funktionsfähig ist, sofern diese Mängel vom Veräußerer nicht alsbald behoben werden können. Des Weiteren ist als Fehlmaßnahme z. B. der Erwerb einer Produktionsanlage zur Herstellung einer bestimmten Ware (etwa eines Medikaments) zu werten, wenn zwischen dem Zeitpunkt der Anschaffung der Anlage und

---

452 BFH, BStBl 1970 II S. 205.
453 Im Einzelnen s. u. 15.13.4.5.
454 BFH, BStBl 1989 II S. 269 m. w. N.
455 H 35 a „Fehlmaßnahme" EStH.

15 Bewertung der Wirtschaftsgüter des Betriebsvermögens

dem maßgeblichen Bilanzstichtag der Vertrieb der Ware gesetzlich verboten wird und die Produktionsanlage auch anderweitig nicht nutzbar ist. In derartigen Fällen ist eine Teilwertabschreibung auch angesichts einer guten Ertragslage des Betriebs gerechtfertigt, denn der gedachte Erwerber eines Betriebs würde unter zwei vergleichbar rentablen Betrieben den vorziehen, der nicht mit den mangelhaften bzw. überflüssigen Anlagegütern belastet ist.

Als **Fehlmaßnahme** ist aber nicht nur die Anschaffung oder Herstellung eines mangelhaften bzw. überflüssigen Anlagegutes, sondern auch die Anschaffung oder Herstellung z. B. einer Maschine zu werten, die nach den im Einzelfall gegebenen betrieblichen Verhältnissen erheblich und dauerhaft **überdimensioniert** ist, weil das Unternehmen nur noch Aufträge erhält, die ohne weiteres mit einer kleineren und dann auch erheblich billigeren Maschine ausgeführt werden könnten. Voraussetzung für die Wertung der Anschaffung oder Herstellung eines überdimensionierten Anlagegutes als Fehlmaßnahme ist dabei, dass die Überdimensionierung erheblich und nachhaltig ist, d. h., dass nach den Erkenntnismöglichkeiten am Bilanzstichtag das Anlagegut mit hoher Wahrscheinlichkeit mindestens für den weitaus überwiegenden Teil seiner technischen Restnutzungsdauer nicht mehr wirtschaftlich sinnvoll eingesetzt werden kann. Auch in diesem Fall steht einer Teilwertabschreibung nicht entgegen, dass die Ertragslage des Betriebs insgesamt gut ist, denn der gedachte Erwerber eines Betriebs würde unter zwei vergleichbar rentablen Betrieben den vorziehen, der nicht mit den überdimensionierten und teuren, sondern mit den richtig dimensionierten und entsprechend billigeren Anlagen ausgestattet ist.[456] Dann entspricht der Teilwert den Wiederbeschaffungskosten für ein dem betrieblichen Bedarf genügendes kleineres Wirtschaftsgut. In diesem Fall ist so weit abzuschreiben, dass nur noch die Abschreibungen des kleineren Anlagegutes erwirtschaftet werden müssen, wobei jedoch der Einzelveräußerungspreis des Wirtschaftsgutes als untere Grenze nicht unterschritten werden darf.[457]

Auch bei Bekanntwerden **verborgener Mängel** kann beim Erwerber eine Teilwertabschreibung in Betracht kommen. Auf **im Ausland befindliche Wirtschaftsgüter** können Teilwertabschreibungen geboten sein, wenn erhöhte politische Risiken zu konkreten Wertverlusten führen, z. B. durch eintretende Finanzierungsschwierigkeiten und den darauf beruhenden Preisverfall auf dem Immobilienmarkt.

Bei einem aus einer Zwangslage heraus erworbenen und zur ungestörten Fortführung eines gut rentierenden Betriebes notwendigen Betriebsgrundstück ist eine Abschreibung auf den Verkehrswert nicht mit der Begründung zulässig, der **Überpreis** habe lediglich in den Sonderinteressen des Betriebs seine Begründung gehabt.[458]

---
456 BFH, BStBl 1988 II S. 488 m. w. N.
457 BFH, BStBl 1988 II S. 488 m. w. N.
458 BFH, BStBl 1989 II S. 269.

15.7.5 Einfluss der Rentabilität auf die Höhe des Teilwertes

15.7.5.1 Gute Ertragslage

Setzt man den Gewinn eines Unternehmens ins Verhältnis zum Kapitaleinsatz, so erhält man die **Rentabilität**. Bei der Prüfung der Frage, ob die Rentabilität die Höhe des Teilwertes beeinflusst, muss zwischen guter und schlechter Rentabilität unterschieden werden.

Eine gute Rentabilität darf bei der Bewertung der einzelnen Wirtschaftsgüter nicht berücksichtigt werden. Sie spiegelt sich in einem höheren Geschäftswert wider.[459]

15.7.5.2 Schlechte Ertragslage

Ein negativer Geschäftswert, in dem sich die schlechte Rentabilität des Unternehmens widerspiegeln würde, kann nicht erfasst werden. Daraus folgt, dass die schlechte Ertragslage den **Teilwert** der einzelnen Wirtschaftsgüter **beeinflussen kann**.[460] Diese Grundsätze gelten auch für Teilbetriebe.[461]

Eine lediglich **vorübergehende** schlechte Ertragslage führt jedoch nicht zu einem Absinken des Teilwertes der verschiedenen Anlagegüter unter die Wiederbeschaffungskosten. Dagegen beeinflusst eine nachhaltige und erhebliche Unrentabilität als Folge starker Rückläufigkeit der Produktion den Teilwert, wenn ein Unternehmen objektive Maßnahmen getroffen hat, um den Betrieb oder einen Zweigbetrieb (Zweigstelle) sobald wie möglich zu liquidieren bzw. stillzulegen.[462] Besonders wenn sich die Ertragsverhältnisse eines ganzen Betriebs durch technische oder strukturelle Veränderungen auf Dauer stark rückläufig gestalten, kann auch bei den einzelnen hiervon betroffenen Wirtschaftsgütern des Betriebs eine Teilwertabschreibung nicht ausgeschlossen werden.[463]

In solchen Fällen deckt sich der Teilwert der Anlagegüter **mindestens** mit dem Material- oder Schrottwert abzügl. Veräußerungskosten. Ein Absinken unter diese Werte kann aber in Betracht kommen, wenn bei besonderen Umständen, z. B. wegen zu hoher Abbruchkosten bei bergwerkstypischen Anlagen, eine Veräußerung der Anlagegüter ausscheidet.[464]

Grund und Boden sowie Gebäude verlieren bei notleidend werdenden Branchen am wenigsten an Wert. Deshalb kann bei einem noch mit Gewinn arbeitenden Lichtspieltheater eine Teilwertabschreibung für das Kinogebäude nicht mit der schlechten Ertragslage in der Kinobranche begründet werden.[465]

---

459 BFH, BStBl 1994 II S. 569.
460 H 35 a „unrentabler Betrieb" EStH.
461 BFH, BStBl 1984 II S. 56; BFH, BStBl 1990 II S. 206.
462 BFH, BStBl 1990 II S. 206.
463 BFH, BStBl 1973 II S. 54.
464 BFH, BStBl 1973 II S. 475.
465 BFH, BStBl 1973 II S. 581.

15.7.6 Einzelfragen

Der Teilwert für den Betrieb **entbehrlicher Investmentanteile** wird durch den Rücknahmepreis bestimmt.[466]

Bei der Ermittlung des Teilwertes eines Grundstücks sind **Vorzugspreise**, die eine Gemeinde Erwerbern vergleichbarer Grundstücke aus ansiedlungspolitischen Gründen einräumt, nur zu berücksichtigen, wenn die Gemeinde dadurch nachhaltig, über längere Zeit und in etwa gleich bleibenden Beträgen in das Marktgeschehen eingreift, sodass zum Bilanzstichtag auch andere Eigentümer ihre Grundstücke nicht teurer verkaufen können.[467]

Der Verkehrswert (gemeiner Wert) **unbebauter Grundstücke** ist entweder unmittelbar aus Verkaufspreisen für benachbarte vergleichbare Grundstücke oder auf der Grundlage von Durchschnittswerten **(Richtwerten)** oder – in Ausnahmefällen – durch **Einzelgutachten** zu ermitteln. Der Wertermittlung unmittelbar aus Verkaufspreisen für benachbarte Vergleichsgrundstücke kommt grundsätzlich der Vorrang vor anderen Wertermittlungsmethoden zu. Voraussetzung für die Wertermittlung durch unmittelbaren Vergleich mit Verkaufspreisen ist jedoch, dass eine ausreichende Zahl repräsentativer und stichtagsnaher Verkaufsfälle in der näheren Umgebung vorliegt. Andernfalls verdient aus Gründen der gleichmäßigen Besteuerung die Ableitung aus Richtwerten den Vorzug.[468]

Grundstücke, die ein Kreditinstitut zur Vermeidung höherer Forderungsausfälle ersteigert, sind bei diesem als **Umlaufvermögen** grundsätzlich mit seinen Anschaffungskosten zu bewerten. Die Rechtsprechung des BFH zur retrograden Ermittlung des Einzelveräußerungspreises lässt für derartige Grundstücke eine Minderung des voraussichtlichen Veräußerungserlöses um die künftig zu zahlenden (Spar-)Zinsen und einen banküblichen Unternehmergewinn nicht zu. Dasselbe gilt im Regelfall für die künftig auf die Grundstücke entfallenden Gemeinkosten. Ein Grundstück kann nicht wie eine unverzinsliche Forderung abgezinst werden.[469]

Beim Erwerb eines Grundstückes mit einem darunter befindlichen **abbaubaren Bodenschatz** (Mineralvorkommen) liegen zwei Wirtschaftsgüter vor, die jeweils mit ihren Anschaffungskosten zu aktivieren sind.[470] Der Abbau des Bodenschatzes kann neben der Abschreibung für Substanzverringerung auf diesen (§ 7 Abs. 1 EStG, R 44 a EStR) sowie der evtl. Rückstellung für Abraumbeseitigung (R 31 c Abs. 11 EStR) auch eine Teilwertminderung des Grundstückes zur Folge haben.[471]

Wenn sich die **erste Bauplanung als Fehlmaßnahme** erweist, kann eine Teilwertabschreibung der im Bau befindlichen Gebäude unter die Herstellungskosten der

---

466 BFH, BStBl 1972 II S. 489; BStBl 1973 II S. 207.
467 BFH, BStBl 1995 II S. 309; H 35 a „Vorzugspreise einer Gemeinde" EStH.
468 BFH, BStBl 1995 II S. 309 m. w. N.
469 BFH v. 9. 11. 1994, BStBl 1995 II S. 309 m. w. N.
470 BMF v. 7. 10. 1998, BStBl 1998 I S. 1221.
471 OFD Münster v. 7. 9. 1987, DB 1987 S. 2015.

Baupläne in Betracht kommen. Ob und in welcher Höhe eine Teilwertabschreibung vorgenommen werden kann, hängt vom Grad der Abweichung der ersten von der zweiten Planung bzw. der tatsächlichen Bauausführung ab. Nur wenn ein ganz erheblicher Unterschied festgestellt werden kann, ist eine Teilwertabschreibung möglich. Sie scheidet jedoch aus, wenn wesentliche Teile der alten Pläne für die neue Planung übernommen werden.[472] Wird die Planung jedoch völlig aufgegeben und das Grundstück veräußert, können die vor Baubeginn angefallenen Herstellungskosten auf 0 DM abgeschrieben werden.[473]

Die Teilwertermittlung von **Grundbesitz** bislang gemeinnütziger Wohnungsunternehmen in der Anfangsbilanz nach § 13 Abs. 2, 3 und 5 KStG ist nach einem vereinfachten Verfahren zulässig.[474]

Der Teilwert von Maschinen, die im Betrieb aus bereits **vorhandenen Altteilen** und **hinzuerworbenen Neuteilen hergestellt** wurden, ergibt sich aus der Summe der Anschaffungskosten für die Neuteile und dem Teilwert für die im Betrieb bereits vorhandenen Altteile einschließlich Montagekosten.[475]

Bei sog. **Verlustprodukten** gilt die Vermutung, dass der Teilwert den Anschaffungs- bzw. Herstellungskosten entspricht, wenn der Verkaufspreis bewusst nicht kostendeckend kalkuliert wird; dies gilt jedenfalls so lange, wie das Unternehmen insgesamt Gewinn erzielt.[476]

Der Teilwert einer **Beteiligung** an einer Kapitalgesellschaft (§ 271 Abs. 1 HGB) wird nach allgemeinen Grundsätzen ermittelt. Dabei kann ein sog. Paketzuschlag auf das Wirtschaftsgut „Beteiligung" zu berücksichtigen sein.[477]

15.8 Bewertung des abnutzbaren Anlagevermögens

15.8.1 Begriff und Abgrenzung des abnutzbaren Anlagevermögens

15.8.1.1 Einteilung des Vermögens

§ 6 EStG teilt die auf der Aktivseite der Bilanz auszuweisenden Wirtschaftsgüter in zwei Gruppen ein, nämlich in abnutzbares Anlagevermögen und andere Wirtschaftsgüter. Die anderen Wirtschaftsgüter können nichtabnutzbares Anlagevermögen oder Umlaufvermögen sein.

---

472 BFH, BStBl 1976 II S. 614.
473 BFH, BStBl 1983 II S. 451.
474 BMF, BStBl 1990 I S. 149.
475 BFH, BStBl 1992 II S. 452.
476 H 35 a „Verlustprodukte" EStH; BMF v. 25. 2. 2000, BStBl 2000 I S. 372.
477 H 35 a „Beteiligung" EStH; s. o. 11.5.2, 15.12.3.

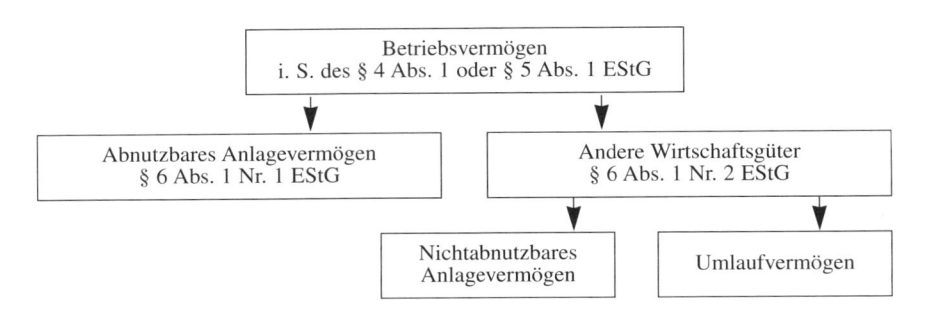

15 Bewertung der Wirtschaftsgüter des Betriebsvermögens

```
                    Betriebsvermögen
                i. S. des § 4 Abs. 1 oder § 5 Abs. 1 EStG
                    ↓                    ↓
    Abnutzbares Anlagevermögen    Andere Wirtschaftsgüter
        § 6 Abs. 1 Nr. 1 EStG        § 6 Abs. 1 Nr. 2 EStG
                                      ↓                ↓
                              Nichtabnutzbares
                               Anlagevermögen    Umlaufvermögen
```

Wirtschaftsgut i. S. des § 6 EStG ist alles, was – abgesehen von Rechnungsabgrenzungsposten – für eine Bilanzierung in Betracht kommt. **Was zu bilanzieren ist**, ergibt sich aus den §§ 4 und 5 EStG. § 6 EStG ist eine bloße Bewertungsvorschrift, die regelt, **wie** die auszuweisenden Wirtschaftsgüter zu bewerten sind.

15.8.1.2 Begriff des Anlagevermögens und Abgrenzung zum Umlaufvermögen

Zum Anlagevermögen gehören alle Wirtschaftsgüter, die dazu bestimmt sind, dem Betrieb **auf Dauer** zu dienen (R 32 Abs. 1 EStR).[478] Es sind die Güter, die im Betrieb gebraucht werden. Zum Verbrauch und zur Veräußerung bestimmte Güter gehören zum **Umlaufvermögen** (R 32 Abs. 1 EStR),[479] wobei der Unternehmer die Erzeugnisse oder Waren, die er dem Vorratsvermögen zuordnen will, grundsätzlich sofort zur Lieferung auf eintretende Bestellung hin bereithalten muss.[480]

Entscheidend für die Einbeziehung in das Anlagevermögen ist die **Zweckbestimmung** am jeweiligen Bilanzstichtag. Die Zweckbestimmung kann sich aus der Sache selbst ergeben oder vom Willen des Unternehmers abhängen. Daraus folgt, dass sich die Zweckbestimmung eines Vermögensgegenstandes zwischen zwei Bilanzstichtagen ändern kann.

Der Werbung dienende Vorführ- und Mustergegenstände, die noch nicht zur Veräußerung bereitstehen, vielmehr **erst nach einer gewissen Zeit** bei sich bietender Gelegenheit verkauft werden sollen, gehören zum **Anlagevermögen**.[481]

Von den Vorführ- und Mustergegenständen des Anlagevermögens sind die Gegenstände abzugrenzen, die zwar in den Geschäfts- bzw. Ausstellungsräumen eines Unternehmens ausgestellt sind, um dessen Verkaufsprogramm vorzuführen, die aber **zur sofortigen Veräußerung und Lieferung an Abnehmer bereitstehen** und ggf. sogleich durch entsprechende Gegenstände aus dem Vorratslager des Unter-

---
478 Vgl. auch § 247 Abs. 2 HGB.
479 BFH, BStBl 1988 II S. 502.
480 BFH, BStBl 1977 II S. 825.
481 BFH, BStBl 1977 II S. 684; H 32 „Musterhäuser", „Vorführ- und Dienstwagen" EStH.

15.8 Bewertung des abnutzbaren Anlagevermögens

nehmens ersetzt werden sollen. Diese Gegenstände sind der alsbaldigen Veräußerung gewidmet und damit dem **Vorratsvermögen – Umlaufvermögen –** zuzuordnen. Auch Ausstellungsgegenstände auf Verkaufsausstellungen und Messen von **kurzer Dauer** dürften i. d. R. dem Vorratsvermögen zuzuordnen sein, da sie zwar das Programm des Ausstellers dem Publikum vorführen sollen, jedoch bereits während der Dauer der Ausstellung zum Verkauf bereitstehen, mit der – durch den Messezweck bedingten – Besonderheit, dass ihre Lieferung an den Abnehmer erst nach Beendigung der Messe erfolgt.[482]

Fernsehgeräte, die ein Einzelhändler im Rahmen eines „**Test-Mietvertrags**" seinen Kunden auf die Dauer von sechs Monaten zur Nutzung überlässt und die nach Ablauf dieser Zeit vom Kunden unter Anrechnung der geleisteten Mietzahlung auf den Kaufpreis erworben werden können, gehören von Anfang an zum Umlaufvermögen des Gewerbebetriebs, wenn es sich nicht um Vorführgeräte handelt, die mehrfach einer größeren Zahl von Kaufinteressenten zu Testzwecken zur Verfügung gestellt werden.[483]

Die **zum Zweck des nachfolgenden Verkaufs** produzierten Gegenstände gehören grundsätzlich zum Umlaufvermögen. Wird jedoch bei der Herstellung typengenormter Produkte in Serie seitens des Stpfl. ein Produkt nicht verkauft, sondern im Wege des Leasing **vermietet,** liegt jedenfalls dann, wenn diese Absatzform die Ausnahme und nicht die Regel ist, eine Umwidmung in der Zweckbestimmung des Produkts vor, und zwar zu dem Zeitpunkt, in dem der umgewidmete Gegenstand individualisiert wird und sich die geänderte Zweckbestimmung durch Abschluss des Leasing-Vertrags konkretisiert. Der im Wege des Herstellerleasing vermietete Gegenstand scheidet zu diesem Zeitpunkt wegen Wegfalls der ursprünglich gegebenen Verkaufsabsicht aus dem Umlaufvermögen aus und ist vom Stpfl. zum maßgeblichen Bilanzstichtag als Teil seines Anlagevermögens auszuweisen.[484]

Ein in einem Grundstück als seiner natürlichen Lagerstätte ruhendes **Kiesvorkommen** gehört – im Gegensatz zu gewonnenem Kies – zum Anlagevermögen.[485] Allein durch die **Verkaufsabsicht** muss sich die Zweckbestimmung jedoch nicht ändern, wenn das Wirtschaftsgut seiner Widmung entsprechend weiter im Betrieb genutzt wird. Werden Grundstücke des Anlagevermögens in Verkaufsabsicht parzelliert oder in Eigentumswohnungen aufgeteilt, bleiben die Parzellen bzw. Eigentumswohnungen Anlagevermögen, wenn die bisherige Nutzung bis zur Veräußerung nicht geändert wird (R 32 Abs. 1 Sätze 7 und 8 EStR).

Beispiele
a) Ein Möbelhändler verwendet Möbel aus seinem Warenbestand für die Einrichtung eines neuen Büros.
Die Gegenstände gehören zum Anlagevermögen.

---
482 BFH, BStBl 1977 II S. 684.
483 BFH, BStBl 1990 II S. 706.
484 BFH, BStBl 1987 II S. 448.
485 BFH, BStBl 1977 II S. 825.

b) Der Hersteller von Fertighäusern stellt Musterhäuser zum Zweck der Werbung von Kaufinteressenten auf. Ein Verkauf der auf dem Ausstellungsgelände befindlichen Häuser ist in absehbarer Zeit nicht geplant.

Die Fertighäuser gehören zum Anlagevermögen, da sie ihrer derzeitigen Zweckbestimmung nach dem Betrieb noch für eine gewisse Dauer dienen sollen. AfA und Investitionszulagen kommen in Betracht.[486] Dieselbe Beurteilung gilt für **Musterküchen** und **Musterelektrogeräte**.

c) Das Ausstellungsgelände soll geräumt werden. Der Unternehmer richtet die Häuser zum Verkauf her und bietet sie durch Anzeigen zu Sonderpreisen an.

Die Zweckbestimmung der Häuser hat sich geändert, denn sie sind der alsbaldigen Veräußerung gewidmet. Die Häuser gehören zum Umlaufvermögen.[487]

d) Ein Kraftfahrzeughändler hat einen Vorführwagen.

Vorführwagen dienen dem Betrieb jedenfalls für die Zeit auf Dauer, in der sie dem Betrieb zur Verkaufswerbung dienen. Entscheidend ist die vorgesehene Art, nicht die Dauer des Dienens für den Betrieb. Dient ein Wirtschaftsgut Ausstellungs- oder Vorführzwecken, so kann die Dauer der Zweckerfüllung verhältnismäßig kurz sein, ohne bereits für die Zurechnung zum Umlaufvermögen zu sprechen.[488]

e) Eine Brauerei hat, um ihre Forderungen vor dem Ausfall zu retten, ein Gaststättengrundstück erworben.

Wenn die Brauerei das Grundstück tatsächlich dem Betriebszweck eingliedern will, handelt es sich um Anlagevermögen. Dagegen gehört es zum Umlaufvermögen, wenn die Brauerei das Grundstück bei sich bietender Gelegenheit früher oder später wieder abstoßen will.

f) Ein Kiesabbauunternehmer hatte eines seiner Grundstücke im Jahre 02 vollständig ausgebeutet, das Grundstück im Jahre 08 erfolgsneutral ausgebucht und im Jahre 12 verkauft. Der Veräußerungsgewinn in Höhe von 100 000 DM wurde nicht erfasst.

Wirtschaftsgüter des Anlagevermögens, die nicht mehr betrieblich genutzt werden können, weil sie wirtschaftlich verbraucht sind, bleiben als Umlaufvermögen bis zur Veräußerung notwendiges Betriebsvermögen. Der bei der Veräußerung erzielte Gewinn ist den Einkünften aus Gewerbebetrieb zuzuordnen.[489]

g) Reparaturmaterialien und Ersatzteile gehören nur dann zum Anlagevermögen, wenn es sich um die Erstausstattung an Ersatz- oder Reserveteilen handelt, die bei der Lieferung oder Herstellung des Wirtschaftsgutes mitgeliefert oder mithergestellt worden sind.[490]

h) Leergut einer Brauerei gehört grundsätzlich zu deren Anlagevermögen.[491]

15.8.1.3 Abgrenzung zwischen abnutzbarem und nicht abnutzbarem Anlagevermögen

Die Wirtschaftsgüter des Anlagevermögens können abnutzbar oder nicht abnutzbar sein. Zum abnutzbaren Anlagevermögen gehören sie, wenn ihre Nutzung zeitlich

---

486 BFH, BStBl 1977 II S. 684.
487 BFH, BStBl 1977 II S. 684.
488 BFH, BStBl 1982 II S. 344; BMF, BStBl 1982 I S. 589; H 32 „Vorführ- und Dienstwagen" EStH.
489 Wegen der Frage der Bilanzberichtigung s. o. 14.5.4.
490 BMF, BStBl 1977 I S. 249.
491 BMF, BStBl 1995 I S. 363; H 32 „Leergut bei Getränkeindustrie" EStH.

15.8 Bewertung des abnutzbaren Anlagevermögens

begrenzt ist. Die Nutzungsdauer kann auch durch Fristablauf beschränkt sein. Abnutzbar ist auch ein Wirtschaftsgut, dessen Nutzung deshalb zeitlich begrenzt ist, weil seine Substanz allmählich verbraucht wird.[492] Abnutzbare Anlagegüter sind z. B. Gebäude, Maschinen, maschinelle Anlagen, Büroausstattung, Einrichtungsgegenstände einschließlich Bilder, die der Einrichtung von Gaststätten, Cafés und Hotels dienen, sowie Kraftfahrzeuge. Weil ihre Nutzung zeitlich begrenzt ist, sind planmäßige Abschreibungen während der Dauer der Nutzung vorzunehmen. Dagegen kann bei anderen Wirtschaftsgütern, deren Nutzung zeitlich nicht begrenzt ist, z. B. Grund und Boden, Beteiligungen und bei Werken anerkannter Meister, eine AfA nicht in Betracht kommen.[493] Echte Teppiche, die durch die Benutzung nicht an Wert verlieren, dürften ebenfalls keiner AfA unterliegen. Entgeltlich erworbene **Güterfernverkehrsgenehmigungen** gehören zu den Wirtschaftsgütern des nicht abnutzbaren Anlagevermögens; im Einzelfall sind jedoch Teilwertabschreibungen zulässig.[494] Aufgrund der Wertminderungen, die sich aus dem Wegfall der Kontingentierung von Genehmigungen für den innergemeinschaftlichen Güterbeförderungsverkehr (EWG-VO Nr. 1841/88) ergeben, sind Teilwertabschreibungen auf grenzüberschreitende Güterfernverkehrskonzessionen seit 1989 zulässig, und zwar ab 1989 aus Vereinfachungsgründen in Höhe von jährlich 25 % der Anschaffungskosten.[495] Dagegen sind Teilwertabschreibungen bei **Konzessionen für den innerdeutschen Verkehr** im Hinblick auf die vollständige Freigabe der Kabotage ab 1. 1. 1998 erstmals für den Veranlagungszeitraum 1992 erlaubt worden. Die Teilwertabschreibung soll jährlich $1/7$ der Anschaffungskosten nicht überschreiten, sodass der Buchwert zum 31. 12. 1997 abgeschrieben ist. Soweit diese Teilwertabschreibungen seit 1992 wegen bestandskräftiger Veranlagungen nicht mehr im Wege der Bilanzberichtigung erfolgen können, sind sie in der ersten nach der AO noch berichtigungsfähigen Schlussbilanz nachzuholen.[496]

Kunstgegenstände, Sammlungsstücke etc. gehören zum nicht abnutzbaren Anlagevermögen, wenn sich der körperliche Verschleiß im Wesentlichen auf geringfügige Umwelteinflüsse beschränkt. Vollzieht sich die Abnutzung deshalb in so großen Zeiträumen, die es nicht mehr erlauben, eine betriebsgewöhnliche Nutzungsdauer annähernd zu bestimmen, kann eine technische AfA im Hinblick auf ihre Geringfügigkeit im jeweiligen Veranlagungszeitraum steuerlich vernachlässigt werden. So sind z. B. **Kunstgegenstände,** die in Räumen aufbewahrt und i. d. R. sachgemäß behandelt werden, keine abnutzbaren Wirtschaftsgüter. Diese Grundsätze gelten in gleicher Weise für Gebrauchsgegenstände, wenn sie nicht dem Gebrauch entsprechend ihrer jeweiligen Bestimmung, sondern wie Kunstgegenstände in erster Linie als Sammlungs- und Anschauungsobjekte dienen.[497] Dagegen

---
492 BFH, BStBl 1968 II S. 4.
493 BFH, BStBl 1978 II S. 164.
494 BFH, BStBl 1992 II S. 529; BMF, BStBl 1996 I S. 372.
495 OFD Frankfurt v. 28. 11. 1996, BB 1997 S. 309.
496 BMF, BStBl 1996 I S. 372.
497 BFH, BStBl 1990 II S. 50 m. w. N.

15 Bewertung der Wirtschaftsgüter des Betriebsvermögens

hat der BFH die **wirtschaftliche** Abnutzung eines über 100 Jahre alten Schreibtisches und eines Schreibtischsessels verneint und auch mögliche Wertsteigerungen eingeräumt, dennoch aber bei den als Arbeitsmittel genutzten Gegenständen Absetzungen wegen **technischer** Abnutzung zugelassen; die Nutzungsdauer kann im Einzelfall 15 oder 20 Jahre übersteigen.[498]

Bei zum Anlagevermögen gehörenden Wirtschaftsgütern, die im Wesentlichen aus **Gold und Silber** bestehen, wird eine **technische** AfA kaum in Betracht kommen. Es ist aber ein – wenn auch nur ganz geringer – **wirtschaftlicher** Verzehr denkbar, weil auch Schmuckgegenstände einem Modetrend unterworfen sind.[499]

15.8.1.4 Immaterielle Wirtschaftsgüter als abnutzbares Anlagevermögen

Neben körperlichen Gegenständen (Sachen) kommen auch **immaterielle Wirtschaftsgüter** (Rechte), z. B. Patente, Gebrauchsmuster, Warenzeichen,[500] der Geschäfts- oder Firmenwert eines Gewerbebetriebs oder eines Betriebs der Land- und Forstwirtschaft und der Praxiswert bei Angehörigen der freien Berufe, als abnutzbare Wirtschaftsgüter in Betracht (R 32 Abs. 1 Satz 4, 31 a Abs. 1 EStR).

Der erworbene **Geschäfts- oder Firmenwert** wird seit dem 1. 1. 1987 als abnutzbares Wirtschaftsgut behandelt, weil er sich ebenso wie der Praxiswert eines Freiberuflers im Laufe der Zeit verflüchtigt. Wenn der Wert des Geschäfts oder Firmenwerts nach dem Erwerb tatsächlich nicht absinkt und unverändert bleibt, ist davon auszugehen, dass an die Stelle des erworbenen Geschäfts- oder Firmenwerts, der sich verflüchtigt hat, ein neuer selbst geschaffener Geschäfts- oder Firmenwert getreten ist. Als betriebsgewöhnliche Nutzungsdauer gilt ein Zeitraum von 15 Jahren (§ 7 Abs. 1 Satz 3 EStG).[501]

Der **Praxiswert** wird deshalb als abnutzbares Anlagegut angesehen, weil er von der persönlichen Leistungsfähigkeit des jeweiligen Praxisinhabers bestimmt wird, nur begrenzt übertragbar ist und sich nach Praxiserwerb regelmäßig schnell verflüchtigt bzw. durch einen vom Erwerber der Praxis neu gebildeten Wert ersetzt wird. Im Allgemeinen erfolgt die Abschreibung auf 3 bis 5 Jahre beim Erwerb einer Einzelpraxis und 6 bis 10 Jahre bei einer Sozietät.[502]

Weitere abnutzbare Wirtschaftsgüter sind das **Bierlieferungsrecht**,[503] das **Erbbaurecht**, das allerdings als grundstücksgleiches Recht kein immaterielles Wirtschaftsgut, sondern ein Wirtschaftsgut des Sachanlagevermögens darstellt,[504] der **Nießbrauch**,[505] Abfindungen an einen atypischen stillen Gesellschafter zwecks Befrei-

---

498 BFH, BStBl 1986 II S. 355; H 42 „wirtschaftliche oder technische Abnutzung" EStH.
499 BFH, BStBl 1990 II S. 692, hier S. 694 li. Spalte.
500 BFH, BStBl 1996 II S. 586.
501 BMF v. 20. 11. 1986, BStBl 1986 I S. 532; H 32 „Geschäfts- und Firmenwert" EStH.
502 BFH, BStBl 1994 II S. 590; BMF v. 15. 1. 1995, BStBl 1995 I S. 14; H 32 „Praxiswert" EStH.
503 BFH, BStBl 1990 II S. 15.
504 BFH, BStBl 1992 II S. 70.
505 S. u. 15.11.2.

15.8 Bewertung des abnutzbaren Anlagevermögens

ung von einer befristeten Verpflichtung zur Abführung von Teilen des lfd. Gewinns,[506] Abstandszahlungen zum Zwecke der vorzeitigen Räumung und betrieblichen Eigennutzung eines erworbenen Grundstücks.[507] **Transferentschädigungen** für die Spielerlaubnis, die nach den Vorschriften des Lizenzspielerstatuts des DFB bei dem Wechsel eines Spielers von einem Verein der Fußball-Bundesliga zu einem anderen Verein gezahlt wurden,[508] **Erwerb einer Handelsvertretung** durch Übernahme des Ausgleichsanspruchs nach § 89 b HGB.[509] **Kundenstamm**, wenn dieser ausnahmsweise nicht Teil des Geschäftswerts ist,[510] sowie ein befristetes **Wettbewerbsrecht**, das eine wesentliche Grundlage der Geschäftsübernahme war,[511] soweit vom Firmenwert ausreichend abgrenzbar und von eigenständiger wirtschaftlicher Bedeutung.[512] Auch Aufwendungen für ein befristetes, jedoch mit dem Tode des Verpflichteten erlöschendes **Wettbewerbsverbot** sind durch AfA auf die mutmaßliche Lebenszeit des Verpflichteten zu verteilen.[513]

Zahlungen, die der Besteller von Gussteilen dafür leistet, dass der Lieferer eine Gussform herstellt und für die erwarteten Bestellungen verwendet, sind als Anschaffungskosten für das **Verwendungsrecht** vom Besteller zu aktivieren und über die erwartete Dauer der Lieferungen abzuschreiben.[514]

Linienbuskonzession[515] und die **Güterfernverkehrskonzession**[516] werden dagegen als Wirtschaftsgüter des nichtabnutzbaren Anlagevermögens angesehen,[517] ebenso **Brennrechte**.[518]

Immaterielle Wirtschaftsgüter gehören nicht zu den **beweglichen** Wirtschaftsgütern (R 42 Abs. 2 EStR).[519] Daraus folgt, dass die AfA linear zu bemessen und die Vereinfachungsregelung der R 44 Abs. 2 Satz 3 EStR nicht anwendbar ist.

Zeitlich begrenzte Rechte unterliegen auch dann einem durch AfA zu berücksichtigenden Wertverzehr, wenn sie der Erzielung von Einkünften aus Vermietung und Verpachtung dienen.[520]

---

506 BFH, BStBl 1979 II S. 74.
507 BFH, BStBl 1970 II S. 382.
508 BFH, BStBl 1992 II S. 977.
509 BFH, BStBl 1989 II S. 549.
510 BFH, BStBl 1982 II S. 189.
511 BFH, BStBl 1982 II S. 56.
512 BFH, BStBl 1984 II S. 233.
513 BFH, BStBl 1979 II S. 369.
514 BFH, BStBl 1989 II S. 830.
515 BFH, BStBl 1956 III S. 149.
516 BFH, BStBl 1992 II S. 383.
517 BMF, BStBl 1986 I S. 532, vgl. auch o. 15.8.1.3.
518 BMF v. 22. 2. 1989, DB 1989 S. 702.
519 H 42 „bewegliche Wirtschaftsgüter" EStH.
520 BFH, BStBl 1979 II S. 38.

15.8.2 Bewertungsgrundsätze

15.8.2.1 Mögliche Wertansätze

Wirtschaftsgüter des abnutzbaren Anlagevermögens sind **steuerlich** gem. § 6 Abs. 1 Nr. 1 Satz 1 EStG mit den Anschaffungs- oder Herstellungskosten, vermindert um die AfA nach § 7 EStG, anzusetzen (Restbuchwert). Ein gegenüber dem Restbuchwert **niedrigerer Teilwert** durfte am Bilanzstichtag eines vor dem 1. 1. 1999 endenden Wirtschaftsjahres (Letztjahr) angesetzt werden (**Bewertungswahlrecht** gem. § 6 Abs. 1 Nr. 1 Satz 2 EStG).[521] Nach §§ 6 Abs. 1 Nr. 1 Satz 2, 52 Abs. 16 Sätze 1, 2 EStG[522] kann der **niederigere Teilwert** ab dem ersten nach dem 31. 12. 1998 endenden Wirtschaftsjahr (Erstjahr) nur noch angesetzt werden, wenn er **voraussichtlich dauerhaft gemindert** ist. Zeitgleich ist das bislang geltende **Wertbeibehaltungswahlrecht** aufgehoben und stattdessen ein **striktes Wertaufholungsgebot** eingeführt worden (§§ 6 Abs. 1 Nr. 1 Satz 4, 52 Abs. 16 Sätze 1, 2 EStG).[523] Der Ansatz eines über den Restbuchwert (Anschaffungs- oder Herstellungskosten abzüglich AfA nach § 7 EStG) **gestiegenen Teilwertes** ist nach wie vor nicht zulässig (§ 6 Abs. 1 Nr. 1 Satz 4 EStG); er würde zum Ausweis eines nicht realisierten Gewinnes führen. Dies widerspricht nicht nur § 6 EStG, sondern auch den Grundsätzen ordnungsgemäßer Buchführung (§ 252 Abs. 1 Nr. 4 HGB).

Zusammenfassend gelten also beim abnutzbaren Anlagevermögen **steuerlich** die folgenden Grundsätze:

- Wertansatz in Höhe der Anschaffungs- oder Herstellungskosten abzüglich AfA (Restbuchwert). Dieser Wert bildet zugleich die Bewertungsobergrenze.

- Nur der voraussichtlich dauerhaft niedrigere Teilwert darf (muss aber nicht) angesetzt werden. Mit Rücksicht auf das bestehende Wahlrecht sind auch Zwischenwerte zulässig.

- Hat sich der Teilwert nach einer vorangegangenen Teilwertabschreibung wieder erhöht bzw. ist die Minderung nicht mehr dauerhaft, ist steuerlich zwingend eine Wertaufholung bis zum gestiegenen Teilwert bzw. bis zur Bewertungsobergrenze vorzunehmen.

Der in das EStG neu eingeführte Begriff der „**dauerhaften Wertminderung**" stammt aus dem Handelsrecht (§ 253 Abs. 2 Satz 3 HGB) und ist für Vornahme einer Teilwertabschreibung von grds. Bedeutung. Eine voraussichtlich dauernde Wertminderung bedeutet ein voraussichtlich **nachhaltiges** Absinken des Wertes des Wirtschaftsgutes unter den maßgeblichen Buchwert. Die Wertminderung ist voraussichtlich nachhaltig, wenn der Stpfl. hiermit aus der Sicht am Bilanzstichtag aufgrund objektiver Anzeichen ernsthaft zu rechnen hat. Aus der Sicht eines sorgfälti-

---

521 I. d. F. vor Änderung durch Art. 1 des Steuerentlastungsgesetzes 1999/2000/2002 v. 24. 3. 1999, BStBl 1999 I S. 304.
522 I. d. F. des Steuerentlastungsgesetzes 1999/2000/2002 v. 24. 3. 1999, BStBl 1999 I S. 304.
523 I. d. F. des Steuerentlastungsgesetzes 1999/2000/2002 v. 24. 3. 1999, BStBl 1999 I S. 304.

15.8 Bewertung des abnutzbaren Anlagevermögens

gen und gewissenhaften Kaufmannes müssen mehr Gründe für als gegen eine Nachhaltigkeit sprechen. Grundsätzlich ist von einer voraussichtlich dauernden Wertminderung auszugehen, wenn der Wert des Wirtschaftsgutes die Bewertungsobergrenze während eines **erheblichen Teiles der voraussichtlichen Verweildauer im Unternehmen** nicht erreichen wird. Wertminderungen aus besonderem Anlass (z. B. Katastrophen oder technischer Fortschritt) sind regelmäßig von Dauer. Zusätzliche Erkenntnisse bis zum Zeitpunkt der Aufstellung der Handelsbilanz sind zu berücksichtigen. Wenn keine Handelsbilanz aufzustellen ist, ist der Zeitpunkt der Aufstellung der Steuerbilanz maßgebend. Für die Beurteilung eines voraussichtlich dauernden Wertverlustes zum Bilanzstichtag kommt der Eigenart des betreffenden Wirtschaftsgutes eine maßgebliche Bedeutung zu.[524] Für die Wirtschaftsgüter des **abnutzbaren Anlagevermögens** kann von einer voraussichtlich dauernden Wertminderung ausgegangen werden, wenn der Wert des jeweiligen Wirtschaftsgutes zum Bilanzstichtag **mindestens für die halbe Restnutzungsdauer unter dem planmäßigen Restbuchwert** liegt. Die verbleibende Nutzungsdauer ist für Gebäude nach § 7 Abs. 4 und 5 EStG, für andere Wirtschaftsgüter grundsätzlich nach den amtlichen AfA-Tabellen zu bestimmen.[525]

Die **normale Absetzung** (AfA) ist zwingend. Sie muss auch in Verlustjahren vorgenommen werden. Auch wenn der Teilwert gleich geblieben oder sogar gestiegen ist, darf sie nicht unterlassen werden. **Unterlassene AfA oder AfS** dürfen nicht im Einmalbetrag nachgeholt werden.[526] Sind sie nicht willkürlich unterblieben, um in den Genuss beachtlicher steuerrechtlicher Vorteile zu gelangen, ist der Buchwert auf die Restnutzungsdauer zu verteilen[527] oder bei Gebäuden mit typisierter Abschreibung nach § 7 Abs. 4 Satz 1 EStG bzw. § 7 Abs. 5 EStG durch längere Abschreibungszeit nachzuholen (R 44 Abs. 10, R 44 a EStR).[528] Im Übrigen wird der Fehler dadurch ausgeglichen, dass im Jahr der Veräußerung ein entsprechend höherer Buchwert vom Erlös abgesetzt wird.[529] Allerdings kann eine **bewusste und willkürliche Unterlassung gebotener AfA oder AfS** eine Durchbrechung des Bilanzzusammenhangs erforderlich machen.[530]

Die Grundsätze der Bewertung der Vermögensgegenstände des abnutzbaren Anlagevermögens in der **Handelsbilanz** ergeben sich in unverändertem Inhalt aus §§ 253 Abs. 2, 4, 254 HGB.[531]

---

524 BFH v. 27. 11. 1974, BStBl 1975 II S. 294.
525 BMF v. 25. 2. 2000, BStBl 2000 I S. 372.
526 BFH, BStBl 1988 II S. 335.
527 BFH, BStBl 1981 II S. 255.
528 H 44 „Unterlassene oder überhöhte AfA" EStH; H 44 a „unterbliebene AfS" EStH.
529 BFH, BStBl 1972 II S. 271.
530 S. o. 14.5.5.
531 S. o. 12.3.

15.8.2.2 Ansatz des niedrigeren Teilwertes

Der Ansatz des niedrigeren Teilwertes ist grds. **nicht zwingend**. In Übereinstimmung mit dem Handelsrecht kann der Stpfl. an den Anschaffungs- oder Herstellungskosten abzügl. AfA auch dann festhalten, wenn der Teilwert vorübergehend unter die durch AfA fortgeführten Anschaffungs- oder Herstellungskosten gesunken ist. Nur eine **voraussichtlich dauernde Wertminderung** muss handelsrechtlich berücksichtigt werden (§ 253 Abs. 2 Satz 3 HGB = **gemildertes oder eingeschränktes Niederstwertprinzip**). Durch die Übernahme des bisher handelsrechtlich verwendeten Begriffes der voraussichtlich dauerhaften Wertminderung aus § 253 Abs. 2 Satz 3 HGB in die steuerliche Bewertungsvorschrift des § 6 Abs. 1 Nr. 1 EStG ist bezüglich des abnutzbaren Anlagevermögens nur vordergründig eine Übereinstimmung zwischen Handels- und Steuerrecht herbeigeführt worden. Ist die **Wertminderung dauerhaft,** besteht handelsrechtlich eine Pflicht zur Abwertung, die aufgrund des Maßgeblichkeitsgrundsatzes (§ 5 Abs. 1 EStG) zwingend in die Steuerbilanz zu übernehmen ist; nach dem Wortlaut des § 6 Abs. 1 Nr. 1 Satz 2 EStG wäre diese Abwertung indes steuerlich zwar nicht zwingend, aber sie ist zulässig (§ 5 Abs. 1 Satz 2 EStG). Demgegenüber kann dem Erfordernis des § 5 Abs. 1 Satz 2 EStG im Sinne einer Einheitsbilanz dann nicht entsprochen werden, wenn der Wert des Anlagevermögens lediglich **vorübergehend gemindert** ist und handelsrechtlich ein Abwertungswahlrecht, steuerlich jedoch ein Abwertungsverbot besteht. Im Interesse einer Einheitsbilanz kann allerdings handelsrechtlich auf die Abwertung verzichtet werden.

Beispiel 1

Der Stpfl. hat eine Maschine zu Anschaffungskosten von 100 000 DM erworben. Die Nutzungsdauer beträgt 10 Jahre, die jährliche AfA beträgt 10 000 DM. Im Jahre 02 beträgt der Teilwert nur noch 30 000 DM bei einer Restnutzungsdauer von acht Jahren.
Eine Teilwertabschreibung auf 30 000 DM ist zulässig. Die Minderung ist voraussichtlich von Dauer, da der Wert des Wirtschaftsgutes zum Bilanzstichtag bei planmäßiger Abschreibung erst nach fünf Jahren, das heißt erst nach mehr als der Hälfte der Restnutzungsdauer, erreicht wird.

Beispiel 2

Wie Beispiel 1, aber der Teilwert beträgt 50 000 DM.
Eine Teilwertabschreibung auf 50 000 DM ist nicht zulässig. Die Minderung ist voraussichtlich nicht von Dauer, da der Wert des Wirtschaftsgutes zum Bilanzstichtag bei planmäßiger Abschreibung schon nach drei Jahren und damit früher als nach mehr als der Hälfte der Restnutzungsdauer erreicht wird.

Ist in der **Handelsbilanz** zulässigerweise ein Wert angesetzt worden, der dem niedrigeren Teilwert entspricht, so muss er auch in der Steuerbilanz angesetzt werden. Es ist nicht zulässig, in der Steuerbilanz auf die Teilwertabschreibung zu verzichten. Das ergibt sich aus der **Maßgeblichkeit** der Handelsbilanz für die Steuerbilanz (§ 5 Abs. 1 EStG).

15.8 Bewertung des abnutzbaren Anlagevermögens

Beispiel
Restbuchwert einer Maschine nach Vornahme der üblichen AfA 20 000 DM. Der nachgewiesene und in der Handelsbilanz angesetzte dauerhaft geminderte Teilwert beträgt nur 15 000 DM. In der Steuerbilanz will der Betriebsinhaber auf die Durchführung der Teilwertabschreibung von 5000 DM verzichten. Das ergäbe einen um 5000 DM höheren Gewinn.
Der Handelsbilanzansatz von 15 000 DM ist steuerrechtlich zulässig und bedarf keiner Änderung. Aufgrund der Bindung der Steuerbilanz an die Handelsbilanz ist ein anderer Wert ausgeschlossen.

Die **buchmäßige Durchführung** der Teilwertabschreibung erfolgt durch Erfassung der Wertminderung auf einem Aufwandskonto. Zutreffend ist es dabei, die Teilwertminderung auf dem Konto „Abschreibungen" zu buchen (vgl. auch § 275 Abs. 2 Nr. 7 HGB).

Die **AfA** errechnet sich nach einer Teilwertabschreibung gem. § 11 c Abs. 2 Satz 2 EStDV.

15.8.2.3 Wieder gestiegener Teilwert[532]

Wenn der Teilwert eines im Wege der Teilwertabschreibung abgewerteten Wirtschaftsgutes des abnutzbaren Anlagevermögens in einem nachfolgenden Wirtschaftsjahr wieder vorübergehend oder dauerhaft angestiegen war, **konnte** dieser am Bilanzstichtag eines vor dem 1. 1. 1999 endenden Wirtschaftsjahres (Letztjahr) wahlweise angesetzt werden, und zwar auch dann, wenn er den letzten Bilanzansatz überstiegen hat; es durften jedoch höchstens die Anschaffungs- oder Herstellungskosten (oder der entsprechende Wert), vermindert um die AfA nach § 7 EStG, angesetzt werden (**Wertbeibehaltungs-** bzw. **Zuschreibungswahlrecht** bis zur **Bewertungsobergrenze** gem. § 6 Abs. 1 Nr. 1 Satz 4 EStG).[533] Nach §§ 6 Abs. 1 Nr. 1 Satz 4, 52 Abs. 16 Sätze 1, 2 EStG[534] besteht ab dem ersten nach dem 31. 12. 1998 endenden Wirtschaftsjahr (Erstjahr) ein **striktes Wertaufholungsgebot.** Der Ansatz eines über den Restbuchwert (Anschaffungs- oder Herstellungskosten abzüglich AfA nach § 7 EStG) gestiegenen Teilwertes ist nach wie vor nicht zulässig. Hiernach ergibt sich nunmehr der Wertansatz eines in der Vergangenheit auf den niedrigeren Teilwert abgeschriebenen Wirtschaftsgutes für **jeden** Bilanzstichtag aus dem Vergleich der um die zulässigen Abzüge geminderten Anschaffungs- oder Herstellungskosten oder des an deren Stelle tretenden Wertes als der **Bewertungsobergrenze** und dem niedrigeren Teilwert als der **Bewertungsuntergrenze**. Hat sich der Wert des Wirtschaftsgutes nach einer vorangegangenen Teilwertabschreibung wieder erhöht, so ist diese Betriebsvermögensmehrung bis zum Erreichen der Bewertungsobergrenze steuerlich zu erfassen. Dabei kommt es nicht darauf an, ob die **Werterhöhung** darauf beruht, dass die konkreten Gründe für die vorherige Teil-

---
532 Vgl. BMF v. 25. 2. 2000, BStBl 2000 I S. 372.
533 I. d. F. vor Änderung durch Art. 1 des Steuerentlastungsgesetzes 1999/2000/2002 v. 24. 3. 1999, BStBl 1999 I S. 304.
534 I. d. F. des Steuerentlastungsgesetzes 1999/2000/2002 v. 24. 3. 1999, BStBl 1999 I S. 304.

15 Bewertung der Wirtschaftsgüter des Betriebsvermögens

wertabschreibung weggefallen sind, oder auf anderen Gründen. Dieses Wertaufholungsgebot gilt auch dann, wenn sich die vorherige Teilwertabschreibung seinerzeit steuerlich nicht oder nicht vollständig ausgewirkt hat. Grundsätzlich hat der Stpfl. die Bewertungsobergrenze anhand geeigneter Unterlagen (historische Anschaffungs- oder Herstellungskosten) **nachzuweisen.** Können die historischen Anschaffungs- oder Herstellungskosten nicht nachgewiesen werden, gilt der Buchwert, der in der ältesten noch vorhandenen Bilanz als Anfangswert für das Wirtschaftsjahr ausgewiesen ist, als Bewertungsobergrenze, es sei denn, die Finanzbehörde legt – zum Beispiel aufgrund der dort vorhandenen Unterlagen – eine höhere Bewertungsobergrenze dar.

Die **AfA** errechnet sich ab dem ersten Folgewirtschaftsjahr der Wertaufholung nach §§ 11 c Abs. 2 Satz 3, 84 Abs. 2 a EStDV.

Beispiel

Die Anschaffungskosten einer Anfang 02 angeschafften Maschine haben 100 000 DM betragen. Die AfA erfolgt linear entsprechend der betriebsgewöhnlichen Nutzungsdauer von fünf Jahren. Infolge einer Ende 02 eingetretenen voraussichtlich dauernden Wertminderung beträgt der Teilwert der Maschine am 31. 12. 02 56 000 DM. Nach Instandhaltungsmaßnahmen ist der Teilwert der Maschine am 31. 12. 04 dauerhaft auf 50 000 DM gestiegen.

Der Bilanzposten Maschine entwickelt sich wie folgt:[535]

	HB/StB	mit Zuschreibung GuV
AK 02	100 000	
AfA 02	20 000	./. 20 000
Teilwertabschreibung 02	24 000	./. 24 000
31. 12. 02	56 000	
AfA 03 (56 000 : 4 =)	14 000	./. 14 000
31. 12. 03	42 000	
AfA 04	14 000	./. 14 000
Zwischensumme	28 000	
Zuschreibung 04	12 000	+ 12 000
31. 12. 04	40 000	
AfA 05	20 000	./. 20 000
31. 12. 05	20 000	
AfA 06	20 000	./. 20 000
31. 12. 06	0	./. 100 000
Berechnung der Zuschreibung:		
AK	100 000	
./. AfA 02–04 (3 × 20 000)	60 000	
= Bilanzwert 31. 12. 04 bei Normal-AfA	40 000	
./. tatsächlicher Bilanzwert 31. 12. 04	28 000	
= Zuschreibung 04	12 000	

---

[535] Vgl. auch o. 12.3.1.8 Beispiel a).

15.8 Bewertung des abnutzbaren Anlagevermögens

Beachte: Der Zuschreibung geht die Erfassung der AfA zunächst vor. Dabei wird die AfA noch ohne Berücksichtigung der Zuschreibung ermittelt.

15.8.2.4 Regeln zum Ansatz des Teilwertes

Hinsichtlich des Ansatzes des Teilwertes ergeben sich somit beim abnutzbaren Anlagevermögen die folgenden grundsätzlichen Regeln:

- Der über die um die AfA nach § 7 EStG geminderten Anschaffungs- oder Herstellungskosten (**Bewertungsobergrenze**) hinausgehende **höhere Teilwert** darf sowohl bei Gewinnermittlung nach § 4 Abs. 1 EStG wie auch nach § 5 EStG **nicht** angesetzt werden (§§ 5, 6 Abs. 1 Nr. 1 Satz 1, 4 EStG, § 253 Abs. 1 Satz 1 HGB).

- Bei Gewinnermittlung nach § 4 Abs. 1 EStG darf nur der **dauerhaft niedrigere Teilwert** angesetzt werden, anstelle des dauerhaft niedrigeren Teilwertes können auch **Zwischenwerte** angesetzt werden. Bei Gewinnermittlung nach § 5 EStG (Einheitsbilanz) muss auf den **dauerhaft niedrigeren Teilwert** abgeschrieben werden, ein **nicht dauerhaft niedrigerer Teilwert** darf nicht angesetzt werden; in beiden Fällen sind auch keine **Zwischenwerte** zulässig (§§ 5, 6 Abs. 1 Nr. 1 Satz 2 EStG, § 253 Abs. 2 Satz 3 HGB).

- Bei Gewinnermittlung nach § 4 Abs. 1 EStG darf **nach vorangegangener Abschreibung auf den dauerhaft niedrigeren Teilwert** dieser nicht mehr beibehalten werden, wenn er nicht mehr **dauerhaft** gemindert bzw. aus anderen Gründen **gestiegen** ist – es ist bis max. zur Bewertungsobergrenze erfolgswirksam zuzuschreiben. Dies gilt auch bei Gewinnermittlung nach § 5 EStG (Einheitsbilanz, §§ 5, 6 Abs. 1 Nr. 1 Satz 4 EStG, § 253 Abs. 2 HGB).

Eine Besonderheit besteht für Buch führende Land- und Forstwirte. Sie können das zum Anlagevermögen gehörende **Vieh** mit Durchschnittswerten ansetzen (R 125 EStR).

15.8.3 Abschreibungsarten

15.8.3.1 Abschreibung als Oberbegriff

Im allgemeinen Sprachgebrauch spricht man von der Abschreibung, wenn man die jährliche AfA meint. Die Abschreibung ist aber genau genommen der Oberbegriff für alle möglichen Wertabsetzungen. Sie umfasst

- die Absetzung für Abnutzung (AfA) in gleichen oder fallenden Jahresbeträgen oder nach Maßgabe der Leistung nach § 7 Abs. 1 Sätze 1–5, Abs. 2, Abs. 3 EStG
- die Absetzung für Substanzverringerung (AfS) nach § 7 Abs. 6 EStG
- Absetzungen wegen außergewöhnlicher technischer Abnutzung (AfaA) nach § 7 Abs. 1 Satz 6 EStG

15 Bewertung der Wirtschaftsgüter des Betriebsvermögens

- Absetzungen wegen außergewöhnlicher wirtschaftlicher Abnutzung (AfaA) nach § 7 Abs. 1 Satz 6 EStG
- Teilwertabschreibungen nach § 6 Abs. 1 Nr. 1 Satz 2, Nr. 2 Satz 2, Nr. 3 Satz 1 EStG
- erhöhte Absetzungen nach §§ 7 a, c, d, h, i, k EStG
- Sonderabschreibungen nach §§ 7 a, f, g EStG
- GWG-Abschreibungen nach § 6 Abs. 2 EStG
- Abzug nach § 6 b Abs. 1 oder Abs. 3 EStG
- Abzug nach R 35 Abs. 3 EStR
- Abzug der Zuschussrücklage nach R 34 Abs. 4 EStR.

15.8.3.2 Absetzung für Abnutzung

Ausgaben zur Anschaffung eines abnutzbaren Wirtschaftsguts sind Betriebsausgaben. Sie sind steuerrechtlich aber nicht sofort abzugsfähig, sondern nach § 7 EStG im Wege der AfA auf die Gesamtdauer der Verwendung oder Nutzung zu verteilen, wenn die Verwendung oder Nutzung durch den Stpfl. zur Erzielung von Einkünften sich erfahrungsgemäß auf einen Zeitraum von mehr als einem Jahr erstreckt. Für den Fall, dass die Nutzungsdauer höchstens ein Jahr beträgt (sog. kurzlebige Wirtschaftsgüter), sind die Anschaffungs- oder Herstellungskosten auch dann in voller Höhe im Wirtschaftsjahr der Anschaffung oder Herstellung abzuziehen, wenn sie in der zweiten Hälfte des Wirtschaftsjahres angeschafft oder hergestellt werden und ihre Nutzungsdauer über den Bilanzstichtag hinausreicht.[536]

Beispiel
Am 1. 12. erwirbt ein Gewerbetreibender, dessen Wirtschaftsjahr dem Kalenderjahr entspricht, eine Maschine, die eine betriebsgewöhnliche Nutzungsdauer von einem Jahr hat. Anschaffungskosten 3600 DM.
Die Anschaffungskosten sind im Jahr der Anschaffung sofort als Aufwand abzusetzen.

AfA erfolgen bei abnutzbaren Anlagegütern zwecks Verteilung der Anschaffungs- oder Herstellungskosten auf die **betriebsgewöhnliche Nutzungsdauer.** Bei in gebrauchtem Zustand erworbenen Wirtschaftsgütern ist das die Restnutzungsdauer.[537] Bei Beginn der AfA wird der Plan festgelegt, nach dem die Abschreibung während der Nutzungsdauer zu erfolgen hat. Dabei kann als Nutzungszeit die **technische oder die wirtschaftliche Nutzungsdauer** in Betracht kommen.[538]

Technische Nutzungsdauer ist die Zeit, in der ein Anlagegut eine betrieblich nutzbare Leistung erbringt. Sie wird durch technische Neuerungen und körperlichen (materiellen) Verschleiß geprägt. Wirtschaftliche Nutzungsdauer ist die Zeit, in der das Gut in betriebswirtschaftlich sinnvoller Weise (rationell, rentabel) eingesetzt

---
536 BFH, BStBl 1994 II S. 232.
537 BFH, BStBl 1977 II S. 60.
538 BFH, BStBl 1986 II S. 355.

15.8 Bewertung des abnutzbaren Anlagevermögens

werden kann. Die wirtschaftliche Nutzungsdauer ist meist kürzer als die technische Nutzungsdauer und für die Berechnung der AfA maßgebend.[539]

Die Buchwerte, die sich nach Verrechnung der AfA ergeben, repräsentieren nur bedingt den wirklichen Wert der bilanzierten Gegenstände. Denn die AfA ist nicht an den tatsächlichen Wertverzehr gebunden. Der Wertverzehr wird typisiert und planmäßig erfasst. Planmäßig bedeutet also nicht entsprechend der tatsächlichen Wertentwicklung.

In der Regel wird auf 0 DM, ggf. bis auf einen gesetzlich nicht vorgeschriebenen Erinnerungswert von 1 DM abgeschrieben. Falls am Ende der Nutzung erfahrungsgemäß noch ein beträchtlicher, im Vergleich zu den Anschaffungs- oder Herstellungskosten – auch bei Anlegung eines absoluten Maßstabs – erheblich ins Gewicht fallender Restwert (Schrottwert) zu erwarten ist, wie im Allgemeinen bei schweren Gegenständen oder bei Gegenständen aus wertvollem Material, ist dieser aus der Bemessungsgrundlage der AfA auszuscheiden. Ein steuerrechtlich zu berücksichtigender Schrottwert wird im Allgemeinen bei Seeschiffen vorliegen,[540] kann aber auch bei anderen Wirtschaftsgütern in Betracht kommen.[541] Danach ist bei der AfA für Milchkühe ein nach Beendigung der Nutzung verbleibender Schlachtwert zu berücksichtigen.

15.8.3.3 Absetzung für Substanzverringerung

AfS werden bei Wirtschaftsgütern vorgenommen, die einen Verbrauch der Substanz mit sich bringen (§ 7 Abs. 6 EStG). Ein Substanzverzehr entsteht vor allem bei Bergbauunternehmen, Steinbruchunternehmen, Kiesgruben, Ziegeleien u. ä. Betrieben durch den Abbau der Bodenbestandteile (Vorkommen an Kohle usw.). AfS sind nur zulässig, wenn für die Substanz Anschaffungskosten angefallen sind.[542] Bei Bodenschätzen, die ein Stpfl. auf einem ihm gehörenden Grundstück im Privatvermögen entdeckt und in sein (Sonder-)Betriebsvermögen einlegt, sind AfS nicht zulässig (§ 11 d Abs. 2 EStDV). Eingelegt wird nicht das Mineralvorkommen oder ein anderer Bodenbestandteil, sondern das Recht bzw. die aus dem Eigentum fließende Berechtigung, den Bodenschatz auszubeuten. Das in das Betriebsvermögen eingelegte Nutzungsrecht ist mit 0 DM zu bewerten.[543]

15.8.3.4 Außergewöhnliche Absetzungen

Absetzungen für außergewöhnliche **technische** Abnutzung sind bei einem ungewöhnlichen, bei Bestimmung der Nutzungsdauer nicht eingeplanten Verschleiß (Feuerschaden, Abbruch, Unfallschaden etc.) erforderlich. Absetzungen für außer-

---
539 BFH, BStBl 1990 II S. 50.
540 BFH, BStBl 1968 II S. 268, BStBl 1971 II S. 800, BStBl 1988 II S. 502/504.
541 BFH, BStBl 1993 II S. 284.
542 BFH, BStBl 1989 II S. 37; BMF, BStBl 1993 I S. 678.
543 BFH, BStBl 1994 II S. 846 m. w. N.; vgl. dazu u. 15.11.1.

15 Bewertung der Wirtschaftsgüter des Betriebsvermögens

gewöhnliche **wirtschaftliche** Abnutzung sind erforderlich, wenn die ursprünglich angenommene Nutzungsdauer durch außergewöhnliche wirtschaftliche Umstände (Modewechsel, Änderung der Konsumentennachfrage, Übergang zur Automation) nicht erreicht werden wird. Ein **Gebäude** ist wirtschaftlich verbraucht, wenn – ungeachtet einer fortbestehenden technischen Verwendbarkeit – für Erwerber und Veräußerer die Möglichkeit einer wirtschaftlich sinnvollen Verwendung durch Nutzung oder anderweitige Veräußerung endgültig entfallen ist.[544] Außergewöhnliche Absetzungen sind vor allem vorzunehmen, wenn sich später herausstellt, dass die Schätzung der Nutzungsdauer unrichtig und die vorgenommene Absetzung unzureichend war. Das ist auch der Fall, wenn ein Wirtschaftsgut im Interesse des Gesamtbetriebs einem anderen weichen muss, das an seiner Stelle besser den Interessen des Gesamtbetriebes dient.[545] Eine Verkürzung der Nutzung ist aber nicht unbedingt erforderlich. In solchen Fällen erfolgt eine AfaA, es handelt sich folglich nicht um eine Nachholung einer unterbliebenen AfA.

Beispiel

Die Anschaffungskosten eines Anlagegutes mit angenommener betriebsgewöhnlicher Nutzungsdauer von 10 Jahren haben 100 000 DM betragen. Nach 6 Jahren stellt sich heraus, dass der Gegenstand nur noch 2 Jahre genutzt werden kann.
Berechnung der außergewöhnlichen Absetzung bei linearer AfA:
100 000 DM : 8 = 12 500 DM × 6 = 75 000 DM, tatsächlich verrechnete AfA 60 000 DM, außergewöhnliche Absetzung also 15 000 DM.

Beim Vorliegen der Voraussetzungen für eine außergewöhnliche Absetzung hat der Stpfl. kein Wahlrecht, wenn ein Wirtschaftsgut durch außergewöhnliche Umstände ganz oder teilweise aus dem Betriebsvermögen ausgeschieden ist.[546] Außergewöhnliche Absetzungen sind deshalb auch beim **Gebäudeabbruch** erforderlich. Dabei kommt es auf die Dauer der Zeit, während der das Gebäude dem Betrieb des Stpfl. gedient hat, nicht an.

Beispiel

Nachdem Verhandlungen über den Ankauf des Nachbargrundstücks zwecks Betriebserweiterung gescheitert waren, hatte der Stpfl. auf dem angrenzenden Teil des Werksgeländes Garagen errichtet. Zwei Jahre später kann wider Erwarten das Nachbargrundstück gekauft und der geplante Erweiterungsbau nach Abbruch der Garagen errichtet werden.
Der Restbuchwert ist im Wege der AfaA abzuschreiben, weil das Garagengebäude wirtschaftlich verbraucht ist.[547]

Außergewöhnliche Absetzungen sind nur bei bestehenden Wirtschaftsgütern möglich, sodass sie wegen **mangelhafter Bauleistungen** an einem noch nicht fertig

---
544 BFH, BStBl 1989 II S. 604.
545 BFH, BStBl 1973 II S. 678.
546 H 44 „AfaA" EStH.
547 BFH, BStBl 1973 II S. 678.

gestellten Geäude nicht in Betracht kommen.[548] Dann wird ggf. eine Teilwertabschreibung auf Anlagen im Bau geboten sein.[549]

15.8.3.5 Teilwertabschreibungen

Teilwertabschreibungen sind erforderlich, wenn die Ursache der Wertminderung **allein im Wert** begründet ist, z. B. weil die Wiederbeschaffungskosten gesunken sind. Die **Abgrenzung** der Teilwertabschreibungen von den Absetzungen für außergewöhnliche wirtschaftliche Abnutzungen ist oft schwierig, weil auch bei Verringerung der ursprünglich angenommenen Nutzungsdauer im Allgemeinen ein Rückgang des Teilwertes eintreten wird. Soweit daher beide Voraussetzungen erfüllt sind, was nur bei abnutzbaren Wirtschaftsgütern denkbar ist, **geht die AfaA vor**, weil sie geboten ist.[550] Eine bloße Wertminderung, ohne dass dadurch die betriebsgewöhnliche Nutzung beeinflusst wird, kann eine Teilwertabschreibung, aber keine Absetzung für außergewöhnliche Abnutzung rechtfertigen.

15.8.3.6 Sonderabschreibungen, erhöhte Absetzungen

Sonderabschreibungen sind **zusätzlich** zur Normal-AfA in Form der linearen Abschreibung möglich (§ 7 a Abs. 4 EStG), Sonderabschreibungen nach § 7 g EStG sogar zusätzlich zur degressiven AfA nach § 7 Abs. 2 EStG, während erhöhte Absetzungen **an die Stelle** der Normal-AfA treten. Sonderabschreibungen bzw. erhöhte Absetzungen sind nur zulässig, wenn die Steuergesetze aus besonderen Gründen eine solche Absetzung zulassen (§§ 7 b, c, d, f, g, h, i, k EStG, §§ 76 bis 82 i EStDV).

15.8.4 Betriebswirtschaftliche Methoden der AfA

Nach der absoluten Höhe, d. h. nach der jährlichen Quote, die abgesetzt wird, können die AfA in

gleich bleibende (lineare)

fallende (degressive)

steigende (progressive) und

schwankende Absetzungen

eingeteilt werden. Degressive und progressive Absetzungen kann man weiter unterteilen in Absetzungen mit

gleichmäßigem Abfall bzw. Anstieg (arithmetische Reihe) und ungleichmäßigem Abfall bzw. Anstieg (geometrische Reihe).

Die wirtschaftlichen Voraussetzungen für eine progressive Absetzung sind nur selten gegeben. Sie käme in Betracht, wenn mit den Jahren der Nutzung die

---

548 BFH, BStBl 1992 II S. 805, BStBl 1993 II S. 702, BStBl 1995 II S. 306.
549 S. u. 15.8.3.5.
550 BFH, BStBl 1994 II S. 11.

Leistung eines Wirtschaftsguts (z. B. einer Talsperre, eines Kraftwerks) steigt. Da meistens jedoch genau das Gegenteil eintritt, ist die progressive Absetzung im EStG nicht vorgesehen. Sie ist **steuerrechtlich nicht zulässig.**

15.8.5 Absetzungsberechtigter

Absetzungsberechtigter ist der, der die Abnutzung **wirtschaftlich trägt.** Das ist im Allgemeinen der bürgerlich-rechtliche Eigentümer. Deshalb kann ein Gewerbetreibender, der Wirtschaftsgüter seines Ehegatten unentgeltlich nutzt, den dadurch entstandenen Wertverzehr nicht als Betriebsausgaben abziehen (**Drittaufwand**).[551]

Zur Vornahme der AfA bei **verpachteten Wirtschaftsgütern** ist nur der Verpächter berechtigt. Das gilt auch bei Substanzerhaltungs- und -erneuerungspflicht des Pächters (§ 582 a Abs. 2 BGB).

Der **Nießbraucher** kann die AfA für das belastete Grundstück grundsätzlich nicht abziehen, weil er nach der tatsächlichen Gestaltung der Verhältnisse grundsätzlich nicht wirtschaftlicher Eigentümer des belasteten Grundstücks ist.[552] Dem Nießbraucher steht allerdings AfA zu, soweit ihm abschreibungsfähige Aufwendungen entstanden sind. Das kann etwa beim **Vorbehaltsnießbrauch** der Fall sein.[553] Der **Vermächtnisnießbraucher** kann AfA nicht abziehen.[554]

15.9 Abschreibung beweglicher Wirtschaftsgüter des Anlagevermögens

15.9.1 Begriff der beweglichen Anlagegüter

Bewegliche Anlagegüter können nur Sachen (§ 90 BGB), Tiere (§ 90 a BGB und Scheinbestandteile (§ 95 BGB i. V. m. R 42 EStR)[555] sein. **Immaterielle Wirtschaftsgüter** kommen also nicht in Betracht.[556] Zu den beweglichen Anlagegütern gehören insbesondere Maschinen, maschinelle Anlagen und sonstige Betriebsvorrichtungen, auch wenn sie wesentliche Bestandteile eines Grundstücks sind, sowie Werkzeuge, Fahrzeuge und Einrichtungsgegenstände. Obwohl dem Grunde nach regelmäßig unbeweglich, sind die **Betriebsvorrichtungen**[557] den beweglichen Anlagegütern gleichgestellt (R 42 Abs. 3 EStR).[558] **Schiffe** sind bewegliche Wirt-

---
551 BFH, BStBl 1995 II S. 281; BStBl 1991 II S. 82; BMF, BStBl 1996 I S. 1257; zur Einlage abnutzbarer Nutzungsrechte vgl. u. 15.11.1.
552 BFH, BStBl 1995 II S. 241/246 bbb) 1.
553 S. u. 15.11.5.
554 BFH, BStBl 1996 II S. 440.
555 H 42 „bewegliche Wirtschaftsgüter", „Mietereinbauten", „Scheinbestandteile" EStH.
556 H 42 „bewegliche Wirtschaftsgüter" EStH.
557 S. u. 15.10.21.2.
558 H 42 „Betriebsvorrichtungen" EStH.

15.9 Abschreibung beweglicher Wirtschaftsgüter des Anlagevermögens

schaftsgüter, auch wenn sie im Schiffsregister eingetragen sind. Bei der Abgrenzung der Betriebsvorrichtungen von den Betriebsgrundstücken sind die allgemeinen Grundsätze des Bewertungsrechts anzuwenden (R 42 Abs. 5 EStR).[559] **Gewächshäuser** sind grundsätzlich als Gebäude zu behandeln.[560] Das Gleiche gilt für **Bürocontainer** auf festem Fundament.[561]

15.9.2 Lineare Absetzung

Das Wesen der linearen Absetzungsmethode besteht darin, dass die Anschaffungs- oder Herstellungskosten durch die Zahl der voraussichtlichen Nutzungsjahre dividiert und die so berechneten jährlich gleichen Beträge als Aufwand in der Gewinn- und-Verlust-Rechnung verrechnet werden. Man kann sie auch als Zeit-AfA bezeichnen. Sie ist einfach zu berechnen und war früher die vorherrschende Methode. Die einzige Schwierigkeit besteht in der Festlegung der betriebsgewöhnlichen Nutzungsdauer (bgND). Diese muss im Einzelfall unter Berücksichtigung aller Umstände geschätzt werden. Bei der Schätzung sind Erfahrungssätze (amtliche AfA-Tabellen) zu beachten.[562]

Beispiel

Anschaffungskosten	80 000 DM
betriebsgewöhnliche Nutzungsdauer (bgND) 10 Jahre	
AfA für das Anschaffungsjahr	8 000 DM
Restwert nach Ablauf des ersten Wirtschaftsjahres	72 000 DM
./. AfA für das zweite Wirtschaftsjahr	8 000 DM
Restwert nach Ablauf des zweiten Wirtschaftsjahres	64 000 DM

Ist der Nutzen aus einem Wirtschaftsgut in allen Perioden der Nutzungsdauer im Wesentlichen gleich, so ist die gleichmäßige Verteilung der Anschaffungs- oder Herstellungskosten auf die Jahre der Nutzung betriebswirtschaftlich gesehen richtig. Infolge der erfahrungsgemäß steigenden Erhaltungsaufwendungen (Reparaturen) geht jedoch der Nutzen im Allgemeinen mit zunehmendem Alter des Wirtschaftsguts zurück.

Da von einer betriebsgewöhnlichen Nutzungsdauer ausgegangen wird, ist eine übliche **mehrschichtige Nutzung** bei der Schätzung der Nutzungsdauer berücksichtigt. Nur wenn die Nutzungsdauer durch eine unvorhergesehene mehrschichtige Nutzung verkürzt wird, können Zuschläge in Betracht kommen (25 bis 50 % der Jahresabsetzung), weil sich die Nutzungsdauer zwangsläufig verkürzt.

---
559 H 42 „Betriebsvorrichtungen" EStH.
560 BMF v. 10. 7. 1979, BStBl 1979 I S. 591.
561 BFH, BStBl 1996 II S. 613.
562 BMF v. 15. 12. 2000, BStBl 2000 I S. 1532.

15.9.3 AfA nach Maßgabe der Leistung

Nach § 7 Abs. 1 Satz 5 EStG kann der Stpfl. statt der AfA in gleichen Jahresbeträgen bei beweglichen Wirtschaftsgütern des Anlagevermögens, bei denen es wirtschaftlich begründet ist, die AfA nach Maßgabe der Leistung des Wirtschaftsgutes vornehmen, wenn er den auf das einzelne Jahr entfallenden Umfang der Leistung nachweist. Dabei werden nicht gleiche Jahresbeträge, sondern pro Leistungseinheit gleiche Beträge verrechnet. Die Leistungsabschreibung findet ihre betriebswirtschaftliche Begründung in dem in der Höhe wechselnden Wertverzehr durch unterschiedliche Beanspruchung der Wirtschaftsgüter in den einzelnen Nutzungsjahren.

Die Bemessung der AfA nach Maßgabe der Leistung ist bei solchen beweglichen Anlagegütern sinnvoll, deren **Leistung in der Regel erheblich schwankt** und deren Verschleiß dementsprechend wesentliche Unterschiede aufweist. An die Stelle der betriebsgewöhnlichen Nutzungsdauer tritt dabei die **betriebsgewöhnliche Gesamtleistung,** die nach den Verhältnissen des Einzelfalls unter Berücksichtigung aller Umstände geschätzt werden muss. Der Nachweis der Jahresleistung kann z. B. bei einer Maschine durch ein die Arbeitsvorgänge registrierendes Zählwerk oder bei einem Kraftfahrzeug durch den Kilometerzähler geführt werden (vgl. R 44 Abs. 5 EStR).

Beispiel

Die voraussichtliche Gesamtleistung eines LKW mit Anschaffungskosten von 280 000 DM beträgt 400 000 km. Die Jahresleistung beträgt laut Kilometerzähler im 1. Wirtschaftsjahr 180 000 km (45 %), 2. Wirtschaftsjahr 80 000 km (20 %) und 3. Wirtschaftsjahr 140 000 km (35 %).

Es können abgeschrieben werden im 1. Wirtschaftsjahr 126 000 DM, im 2. Wirtschaftsjahr 56 000 DM und im 3. Wirtschaftsjahr 98 000 DM.

Wie dieses Beispiel zeigt, besteht bei der Leistungsabschreibung keine Beschränkung in der Höhe der AfA. So können im Anschaffungsjahr bei einer Jahresleistung von 45 % der Gesamtleistung bereits 45 % der Anschaffungskosten abgeschrieben werden. Das ist mehr als bei der degressiven Absetzung.

Da die Leistungsabschreibung den tatsächlichen Wertverzehr relativ genau widerspiegelt, ist sie als betriebswirtschaftlich sinnvolle Abschreibung bei entsprechend geeigneten Wirtschaftsgütern zu bevorzugen.

15.9.4 Geometrisch-degressive Absetzung (Buchwertabsetzung)

15.9.4.1 Besonderheit dieser Absetzungsmethode

Bei der geometrisch-degressiven Absetzung wird die AfA nach einem gleich bleibenden Prozentsatz vom jeweiligen Restbuchwert berechnet. Ihr Wesen besteht darin, dass die ersten Jahre der Nutzung mit sehr hohen Abschreibungsquoten

15.9 Abschreibung beweglicher Wirtschaftsgüter des Anlagevermögens

belastet werden; in den späteren Jahren erscheinen entsprechend niedrigere Abschreibungsbeträge. Sie führt theoretisch nie zu einem Endwert von null.

Die geometrisch-degressive Absetzung wird nach ihrer Berechnungsgrundlage auch als Buchwertabschreibung bezeichnet. Man bezeichnet sie als radikale Buchwertabschreibung, weil bei ihr die ersten Nutzungsjahre stärker belastet werden als bei der arithmetisch-degressiven Methode.

Wenn man bei Anwendung dieses Verfahrens im Laufe der betriebsgewöhnlichen Nutzungsdauer in etwa die Anschaffungs- oder Herstellungskosten als Aufwand verrechnen will, muss man natürlich einen viel höheren Abschreibungssatz (etwa das Dreifache) nehmen als bei der linearen AfA. Aber selbst dann ergibt sich nach Ablauf der Nutzungsdauer noch ein Restwert von etwa 3 % der Anschaffungs- oder Herstellungskosten, weil mit der Abnahme des Restwerts sich auch ständig die jährliche Abschreibungsquote mindert. Es ergibt sich eine geometrische (unendliche) Reihe.

15.9.4.2 Wirtschaftliche Begründung für die degressive Absetzung

Die degressive AfA kann zunächst darin begründet sein, dass in erheblichem Umfang steigender Erhaltungsaufwand in den späteren Jahren der Nutzung bei einem Anlagegut notwendig wird. Außerdem kann sie auf die Gefahr der raschen Veralterung eines Wirtschaftsguts gestützt werden.

Die höhere Abschreibung in den ersten Jahren der Nutzung soll ein Ausgleich sein für die in diesen Jahren fehlenden Reparaturaufwendungen. Durch sie soll bis zu einem gewissen Grade eine gleichmäßige Verteilung der gesamten Aufwendungen des Wirtschaftsgutes auf die Nutzungszeit erreicht werden.

15.9.4.3 Zulässigkeit der geometrisch-degressiven Absetzung

Nach § 7 Abs. 2 EStG ist die degressive Absetzung bei **beweglichen Anlagegütern** allgemein zulässig. Grundsätzlich ist die degressive AfA auf das **Zweifache (Dreifache)** des Jahresbetrages der linearen AfA begrenzt; der Abschreibungssatz darf allerdings **20 % (30 %)** nicht übersteigen (§ 7 Abs. 2 Satz 2 EStG).[563] Die gegenüber der bisherigen Fassung abgesenkten Sätze sind erstmals anzuwenden auf Wirtschaftsgüter, die **nach dem 31. 12. 2000 angeschafft oder hergestellt** werden (§ 52 Abs. 21 a EStG).[564] Für vor dem 1. 1. 2001 angeschaffte oder hergestellte Wirtschaftsgüter gelten die in Klammern dargestellten Werte. Wegen des Begriffes der Anschaffung oder Herstellung vgl. R 44 Abs. 1 EStR.[565]

---

563 I. d. F. des Steuersenkungsgesetzes v. 23. 10. 2000, BGBl 2000 I S. 1433.
564 I. d. F. des Steuersenkungsgesetzes v. 23. 10. 2000, BGBl 2000 I S. 1433.
565 H 44 „Fertigstellung" EStH.

15 Bewertung der Wirtschaftsgüter des Betriebsvermögens

Die Auswirkungen der Änderung ergeben sich aus der nachfolgenden Übersicht:

betriebsgewöhnliche Nutzungsdauer	Höchstsatz bis 31. 12. 2000	Höchstsatz ab 1. 1. 2001
1–10 Jahre	30,00 v. H.	20,00 v. H.
11 Jahre	27,27 v. H.	18,18 v. H.
12 Jahre	25,00 v. H.	16,67 v. H.
13 Jahre	23,08 v. H.	15,38 v. H.
14 Jahre	21,43 v. H.	14,29 v. H.
15 Jahre	20,00 v. H.	13,33 v. H.
20 Jahre	15,00 v. H.	10,00 v. H.
25 Jahre	12,00 v. H.	8,00 v. H.
30 Jahre	10,00 v. H.	6,67 v. H.
40 Jahre	7,50 v. H.	5,00 v. H.
50 Jahre	6,00 v. H.	4,00 v. H.

Die **Begrenzung des Abschreibungsprozentsatzes** auf maximal 20 % bzw. 30 % greift ein, wenn die betriebsgewöhnliche Nutzungsdauer weniger als 10 Jahre beträgt. Bei einer Nutzungsdauer von mehr als 10 Jahren ist die Beschränkung auf das Zweifache bzw. Dreifache der linearen AfA zu beachten.

Beispiele

a) Die betriebsgewöhnliche Nutzungsdauer einer nach dem 1. 1. 2001 angeschafften Maschine beträgt 25 Jahre.
Bei Anwendung der linearen AfA können jedes Jahr 4 % abgeschrieben werden. Wendet der Stpfl. die degressive Buchwertabschreibung an, kann er nach neuer Rechtslage höchstens 8 % (das Zweifache der linearen AfA) vom jeweiligen Restwert absetzen. Der Höchstwert von 20 % wird nicht überschritten.

b) Die betriebsgewöhnliche Nutzungsdauer beträgt 8 Jahre.
Bei Anwendung der linearen AfA können 12,5 % der Anschaffungs- oder Herstellungskosten jährlich als Aufwand verrechnet werden. Bei Anwendung der degressiven AfA kann zwar das Zweifache des bei der linearen AfA in Betracht kommenden Hundertsatzes abgesetzt werden (25 %); da hierbei der Höchstsatz von 20 % überschritten würde, kann die degressive AfA nur nach dem Höchstsatz von 20 % vorgenommen werden.

c) Die Anschaffungskosten eines beweglichen Anlageguts mit einer voraussichtlichen Nutzungsdauer von zehn Jahren betragen 80 000 DM. Nach § 7 Abs. 2 EStG ergibt sich der folgende Abschreibungsverlauf:

Anschaffungskosten	80 000 DM
./. 20 % AfA für das 1. Wirtschaftsjahr	16 000 DM
Restwert am Ende des 1. Wirtschaftsjahres	64 000 DM
./. 20 % AfA für das 2. Wirtschaftsjahr	12 800 DM
Restwert am Ende des 2. Wirtschaftsjahres	51 200 DM
./. 20 % AfA für das 3. Wirtschaftsjahr	10 240 DM
Übertrag:	40 960 DM

15.9 Abschreibung beweglicher Wirtschaftsgüter des Anlagevermögens

Restwert am Ende des 3. Wirtschaftsjahres	40 960 DM
./. 20 % für das 4. Wirtschaftsjahr	8 192 DM
Restwert am Ende des 4. Wirtschaftsjahres	32 768 DM
./. 20 % für das 5. Wirtschaftsjahr	6 554 DM
Restwert am Ende des 5. Wirtschaftsjahres	26 214 DM
./. 20 % für das 6. Wirtschaftsjahr	5 243 DM
Restwert am Ende des 6. Wirtschaftsjahres	20 971 DM
./. 20 % für das 7. Wirtschaftsjahr	4 194 DM
Restwert am Ende des 7. Wirtschaftsjahres	16 777 DM
./. 20 % für das 8. Wirtschaftsjahr	3 355 DM
Restwert am Ende des 8. Wirtschaftsjahres	13 422 DM
./. 20 % für das 9. Wirtschaftsjahr	2 684 DM
Restwert am Ende des 9. Wirtschaftsjahres	10 738 DM
./. 20 % für das 10. Wirtschaftsjahr	2 148 DM
Restwert am Ende des 10. Wirtschaftsjahres	8 590 DM.

Anders als bei linearer AfA werden die Nutzungsjahre nicht gleichmäßig mit 8 000 DM belastet, sondern die ersten vier Jahre mit höheren und die letzten sechs Jahre mit niedrigeren Beträgen.

Erst wenn die Nutzungsdauer **mindestens sechs Jahre** beträgt, ergibt die degressive Absetzungsmethode für das erste Nutzungsjahr eine höhere AfA als die lineare Absetzungsmethode. Dennoch ist sie – wegen der niedrigeren Bemessungsgrundlage in den Folgejahren – erst bei einer längeren Nutzungsdauer sinnvoll. Die degressive AfA führt wegen der höheren Absetzungen in den ersten Nutzungsjahren zu einer Verlagerung der Steuerzahlung in die späteren Jahre der Nutzung und damit im Ergebnis zu einer zinslosen Steuerstundung, verbunden mit einem Liquiditätsvorteil.

15.9.4.4 Restwertproblem

Durch die Beschränkung der degressiven AfA auf einen Höchstsatz von 20 % bzw. 30 % verbleibt nach Ablauf der betriebsgewöhnlichen Nutzungsdauer noch ein Restwert von etwa 11 % bzw. 3 % der ursprünglichen Anschaffungskosten bzw. Herstellungskosten. Dieser Restwert **darf im letzten Nutzungsjahr in voller Höhe abgesetzt werden,** weil die Anschaffungskosten auf die betriebsgewöhnliche Nutzungsdauer zu verteilen sind und diese abgelaufen ist. § 7 Abs. 2 EStG bezweckt keine Verlängerung der Abschreibungszeit. Die Absetzung des Restwerts im letzten Nutzungsjahr kann auch durch einen Übergang zur linearen Absetzung gelöst werden (§ 7 Abs. 3 EStG).[566]

Üblich und sinnvoll ist ein Übergang zur linearen AfA in dem Jahr, in dem die gleichmäßige Verteilung des Restbuchwerts auf die restliche Nutzungsdauer höhere Absetzungsbeträge ergibt als die Fortführung der degressiven Methode. In vor-

---
566 Wegen der Zulässigkeit s. u. 15.9.9.

stehendem Beispiel trifft das ab dem siebten Wirtschaftsjahr zu (Buchwert 31. 12. 06 20 971 DM : 4 = 5243 DM).

Tabelle zur Ermittlung des günstigsten Zeitpunkts für den Übergang von der degressiven (30 %) zur linearen Absetzung

Betriebs-gewöhnliche Nutzungsdauer in Jahren	Degressive AfA bei Anschaffung oder Herstellung (% des Buchwertes)	Übergang auf lineare AfA nach ... Jahren	Rest-Nutzungs-dauer in Jahren	lineare AfA (%)
10	30,00	7	3	33,33
11	27,27	8	3	33,33
12	25,00	9	3	33,33
13	23,07	9	4	25,00
14	21,42	10	4	25,00
15	20,00	11	4	25,00
16	18,75	11	5	20,00
17	17,64	12	5	20,00
18	16,66	13	5	20,00
19	15,78	13	6	16,67
20	15,00	14	6	16,67
21	14,28	15	6	16,67
22	13,63	15	7	14,29
23	13,04	16	7	14,29
24	12,50	17	7	14,29
25	12,00	17	8	12,50
30	10,00	21	9	11,11
40	7,50	27	13	7,69

Für Wirtschaftsgüter, die nach dem 31. 12. 2000 angeschafft oder hergestellt worden sind, wird die degressive AfA auf 20 % beschränkt.

15.9.5 Arithmetisch-degressive Absetzung

Die arithmetisch-degressive Abschreibung ist **handelsrechtlich** zulässig, weil es sich um eine planmäßige Minderung der Anschaffungs- bzw. Herstellungskosten handelt. Entsprechend dem klaren Wortlaut des § 7 Abs. 2 EStG kommt diese Abschreibung in der **Steuerbilanz** indes **nicht in Betracht.**[567] Aus diesem Grund ist die praktische Bedeutung gering.

---

567 Die arithmetisch-degressive AfA ist seit dem 1. 1. 1985 steuerlich nicht mehr zulässig.

15.9 Abschreibung beweglicher Wirtschaftsgüter des Anlagevermögens

Bei der arithmetisch-degressiven Methode wird die AfA nach **gleichmäßig fallenden Prozentsätzen vom Anschaffungswert** berechnet. Man kann die jährlichen AfA-Beträge als Bruchteil der Anschaffungs- oder Herstellungskosten errechnen. Hierbei bildet die Summe der Nutzungsjahre in arithmetischer Reihenfolge den Nenner und das jeweilige Nutzungsjahr in umgekehrter Reihenfolge den Zähler des Bruchs.

Beispiel

Betriebsgewöhnliche Nutzungsdauer 10 Jahre, Anschaffungskosten 80 000 DM.

Nenner: $1 + 2 + 3 + 4 + 5 + 6 + 7 + 8 + 9 + 10 = 55$

oder $\dfrac{(1 + 10) \times 10}{2} = 55.$

Abgesetzt werden hiernach im
1. Wirtschaftsjahr $^{10}/_{55}$ (18,18 %) = 14 545 DM
2. Wirtschaftsjahr $^{9}/_{55}$ (16,36 %) = 13 091 DM
3. Wirtschaftsjahr $^{8}/_{55}$ (14,54 %) = 11 636 DM
10. Wirtschaftsjahr $^{1}/_{55}$ (1,82 %) = 1 455 DM

Die jährlichen Abschreibungsquoten nehmen gleichmäßig um jeweils $^{1}/_{55}$ (1,82 %) der Anschaffungs- oder Herstellungskosten = 1455 DM ab.

Die arithmetisch-degressive AfA wird auch als **digitale** AfA bezeichnet. Bei ihr bleibt, anders als bei der geometrisch-degressiven Absetzung, die Differenz zwischen den Abschreibungsbeträgen der aufeinander folgenden Wirtschaftsjahre stets gleich hoch. Dagegen nimmt die Differenz (Degressionsbetrag) bei der geometrisch-degressiven AfA wie der Restwert stets ab.

15.9.6 Absetzung in fallenden Staffelsätzen[568]

Bei der Absetzung in fallenden Staffelsätzen wird die Nutzungsdauer in verschiedene gleich lange Teilabschnitte (Staffeln) aufgeteilt. Innerhalb der Staffeln wird mit gleichem Prozentsatz abgeschrieben.

Beispiel

Betriebsgewöhnliche Nutzungsdauer einer Maschine 15 Jahre. Das ergibt bei linearer Absetzung einen AfA-Satz von $6^2/_3$ % der Anschaffungs- oder Herstellungskosten.

Staffel 1   1.– 5. Nutzungsjahr je 10 %
Staffel 2   6.–10. Nutzungsjahr je $6^2/_3$ %
Staffel 3   11.–15. Nutzungsjahr je $3^1/_3$ %.

Da der Vomhundertsatz nicht unveränderlich ist und als Bemessungsgrundlage nicht der jeweilige Buchwert maßgebend ist, widerspricht diese Methode § 7 Abs. 2 EStG und ist damit in der **Steuerbilanz nicht zulässig.**

---

[568] Diese Art der degressiven AfA für bewegliche Wirtschaftsgüter des Anlagevermögens ist seit dem 1. 1. 1985 steuerlich nicht mehr zulässig.

15 Bewertung der Wirtschaftsgüter des Betriebsvermögens

15.9.7 Beginn der AfA

Aus dem Wortlaut des § 7 EStG kann nicht entnommen werden, ob die AfA vom Zeitpunkt der Anschaffung oder Herstellung oder erst vom Zeitpunkt der Ingebrauchnahme des Anlageguts an in Anspruch genommen werden kann. Aus Vereinfachungsgründen stellt R 44 Abs. 1 Satz 1 EStR für den Beginn der AfA auf den **Zeitpunkt der Anschaffung oder Herstellung** ab. Dies ist bei Anschaffung der Zeitpunkt der Lieferung, bei Herstellung der Zeitpunkt der Fertigstellung (§ 9 a EStDV).[569] Zur Abgrenzung der Anschaffung/Herstellung in **Montagefällen** s. R 44 Abs. 1 Sätze 3–4 EStR. Ein **Betriebsgebäude** ist dann fertig gestellt, wenn es in all seinen wesentlichen Teilen und entsprechend der ursprünglichen Planung dem Betrieb zur Verfügung steht; die tatsächliche Nutzung eines als Lager geplanten Gebäudes kommt einer Fertigstellung dann nicht gleich, wenn entgegen der dem Bauantrag zugrunde liegenden Planung Innenputz, Estrich und teilweise die Türen noch fehlen.[570] Eine **Dauerkultur** ist eine in sich geschlossene Pflanzenanlage, die während einer Reihe von Jahren regelmäßig Erträge durch ihre zum Verkauf bestimmten Früchte oder Pflanzenteile liefert; als ein einheitliches bewegliches Wirtschaftsgut des Anlagevermögens ist sie fertig gestellt, sobald die gesamte Anlage ihrer Zweckbestimmung entsprechend genutzt werden kann (Ertragsreife).[571] Für **Anzahlungen** oder **Teilherstellungskosten** können AfA grundsätzlich nicht vorgenommen werden.

15.9.8 AfA bei Anschaffung oder Herstellung im Laufe des Jahres

Für Wirtschaftsgüter, die im Laufe eines Wirtschaftsjahres angeschafft oder hergestellt werden, kann in diesem Jahr die AfA nur **zeitanteilig** (pro rata temporis) verrechnet werden. Dabei wird im Allgemeinen eine Aufrundung auf volle Monate nicht beanstandet.

Nach R 44 Abs. 2 Satz 3 EStR ist es aus **Vereinfachungsgründen** nicht zu beanstanden, wenn bei **beweglichen** Wirtschaftsgütern des Anlagevermögens, die in der **ersten Jahreshälfte** angeschafft oder hergestellt wurden, die volle Jahresabschreibung und bei den in der **zweiten Jahreshälfte** angeschafften oder hergestellten Wirtschaftsgütern die Hälfte des für ein Jahr in Betracht kommenden Absetzungsbetrags verrechnet wird. Das gilt auch für **Einlagen** (R 44 Abs. 2 Satz 6 EStR). Da Betriebsvorrichtungen zum beweglichen Anlagevermögen gehören, gilt diese Vereinfachungsregelung auch für diese. Entsprechendes gilt für Scheinbestandteile (§ 95 BGB, R 42 Abs. 4 EStR). Bei Betrieben, deren Wirtschaftsjahr vom Kalenderjahr abweicht, ist zu beachten, dass es für die Anwendung der R 44 Abs. 2 EStR darauf ankommt, ob das Wirtschaftsgut in der ersten oder zweiten Hälfte **des Wirtschaftsjahres** (nicht Kalenderjahres) angeschafft oder hergestellt wurde.

---

569 H 44 „Fertigstellung" EStH.
570 BFH v. 21. 7. 1989, BStBl 1989 II S. 906.
571 BMF v. 17. 9. 1990, BStBl 1990 I S. 420; H 44 „Fertigstellung" EStH.

15.9 Abschreibung beweglicher Wirtschaftsgüter des Anlagevermögens

Beispiel
Das Wirtschaftsjahr eines Vollkaufmanns läuft vom 1. 10. – 30. 9. Am 3. 11. wird eine Maschine angeschafft. Es handelt sich um eine Anschaffung in der ersten Jahreshälfte, sodass der volle Jahresbetrag abgesetzt werden kann.

Bei **Rumpfwirtschaftsjahren** ist zunächst der Jahresbetrag nach der wirklichen Dauer des Wirtschaftsjahres zu ermitteln. Danach kann je nach Anschaffung in der ersten oder zweiten Hälfte des Rumpfwirtschaftsjahres die AfA nach R 44 Abs. 2 Satz 3 EStR bemessen werden (R 44 Abs. 2 Sätze 4, 5 EStR).

Die Anwendung der Vereinfachungsregelung steht im Belieben des Stpfl. Es gibt kein Nachholverbot, wenn von der Möglichkeit der Vereinfachungsregelung kein Gebrauch gemacht wird.

Diese Vereinfachungsmöglichkeit besteht nach R 44 Abs. 1 Satz 3 EStR auch bei der Bemessung der AfA von den Anschaffungs- oder Herstellungskosten eines **Arbeitsmittels** i. S. des § 9 Abs. 1 Nr. 6 EStG.

15.9.9 Wechsel in der AfA-Methode

Beim **beweglichen** Anlagevermögen ist der Übergang von der **degressiven zur linearen AfA** zulässig (§ 7 Abs. 3 Satz 1 EStG). Der Übergang von der AfA in gleichen Jahresbeträgen zur AfA in fallenden Jahresbeträgen ist dagegen nicht gestattet (§ 7 Abs. 3 letzter Satz EStG).

Im Allgemeinen wird man eine einmal gewählte AfA-Methode beibehalten. Beim beweglichen Anlagevermögen ist jedoch ein Wechsel von der degressiven zur linearen Absetzung erforderlich, wenn eine **außergewöhnliche Absetzung** erfolgen soll, denn neben der degressiven Absetzung ist nach § 7 Abs. 2 Satz 4 EStG eine außergewöhnliche Absetzung nicht zulässig. Durch den Übergang zur linearen Absetzung kann man sie erreichen. Im Übrigen ist dieser Wechsel angebracht, wenn ein bestimmter Restwert erreicht ist.[572] Der Wechsel zwischen der **Leistungsabsetzung** und anderen AfA-Methoden ist im Gesetz nicht geregelt. U. E. ist der Wechsel zur Leistungsabschreibung zulässig.[573]

Wird beim beweglichen Anlagevermögen von der degressiven zur linearen AfA gewechselt, so bemisst sich die AfA vom Zeitpunkt des Übergangs an nach dem dann noch vorhandenen **Restwert** und der **Restnutzungsdauer** des einzelnen Wirtschaftsgutes (§ 7 Abs. 3 Satz 2 EStG).

Beispiel
Maschine mit bND von zehn Jahren steht am Ende des 7. Wirtschaftsjahres nach degressiver AfA mit 21 000 DM zu Buch. Nach Übergang zur linearen AfA beträgt die Abschreibung für das 8. Wirtschaftsjahr 7 000 DM (21 000 DM : 3).

---
572 S. o. 15.9.4.4.
573 Vgl. A. Schmidt/Drenseck, EStG, § 7 Rz. 140; a. A. Herrmann/Heuer/Raupach, EStG, § 7 Rz. 203.

15 Bewertung der Wirtschaftsgüter des Betriebsvermögens

Ein unzulässiger Wechsel der Absetzungsmethode liegt nicht vor, wenn ein Stpfl. nachträglich die rückwirkende Anerkennung einer anderen Absetzungsart im Wege der **Bilanzänderung** begehrt (§ 4 Abs. 2 Satz 2 EStG).

Beispiel
Bei Durchführung des Jahresabschlusses hat ein Bauunternehmen die AfA für einen 03 angeschafften Baukran nach der linearen Absetzungsmethode verrechnet. Anlässlich einer in 08 durchgeführten Außenprüfung begehrt er im Wege der Bilanzänderung die degressive Absetzung für 03, 04 und 05, weil sich die Grundlagen, auf denen das Bewertungswahlrecht ausgeübt wurde, durch die Prüfungsfeststellungen wesentlich zu seinem Nachteil verändert haben.
§ 7 Abs. 3 Satz 3 EStG steht der Anerkennung der degressiven Absetzung von Anfang an nicht entgegen.

15.9.10 Außergewöhnliche Absetzungen

Wird die AfA nach § 7 Abs. 1 EStG (lineare AfA oder AfA nach Maßgabe der Leistung) berechnet, sind Absetzungen für außergewöhnliche technische oder wirtschaftliche Abnutzung **zulässig** (§ 7 Abs. 1 letzter Satz EStG).[574] Dagegen sind bei Wirtschaftsgütern, bei denen die AfA in **fallenden Jahresbeträgen** bemessen wird, Absetzungen für außergewöhnliche technische oder wirtschaftliche Abnutzung **nicht zulässig** (§ 7 Abs. 2 Satz 4 EStG). Um sie zu erreichen, muss zur linearen AfA übergegangen werden.[575] Wurde auf einen vorangegangenen Bilanzstichtag eine Absetzung für außerordentliche technische oder wirtschaftliche Abnutzung vorgenommen und **entfallen die hierfür maßgeblichen Gründe** nach dem 31. 12. 1998, so ist bei Gewinnermittlung nach §§ 4 Abs. 1, 5 EStG auf den nächsten Bilanzstichtag eine entsprechende **Zuschreibung** erfolgswirksam vorzunehmen (§§ 7 Abs. 1 Satz 6, 52 Abs. 21 EStG).[576] Für diesen steuererhöhenden Umstand trägt nach den allgemeinen Beweislastregeln das FA die **Feststellungslast;** eine Umkehr der Beweislast wie bei der Wertaufholungspflicht nach einer Teilwertabschreibung besteht hier nicht. Das Zuschreibungsgebot gilt nicht, wenn die spätere Aufwertung des Wirtschaftsgutes nicht mit der zurückliegenden Absetzung für außerordentliche technische oder wirtschaftliche Abnutzung zusammenhängt, sondern z. B. der **Teilwert aus anderen Gründen dauerhaft ansteigt.** Zur Berechnung der **AfA nach dieser Zuschreibung** vgl. §§ 11 c Abs. 2 Satz 3, 84 Abs. 2 EStDV. Wurde eine Absetzung für außerordentliche technische oder wirtschaftliche Abnutzung vor dem 1. 1. 1999 vorgenommen und sind die hierfür maßgeblichen Gründe **vor Inkrafttreten der Neuregelung entfallen,** braucht – anders als bei der Wertaufholung eines gestiegenen Teilwertes – keine Zuschreibung vorgenommen zu werden; entsprechend sieht der Wortlaut des § 52 Abs. 21 Satz 2 EStG abweichend von § 52 Abs. 16 EStG nicht die Bildung einer **Wertaufholungsrücklage** vor.

---
574 H 44 „AfaA" EStH.
575 S. o. 15.9.9.
576 I. d. F. des Steuerentlastungsgesetzes 1999/2000/2002 v. 24. 3. 1999, BStBl 1999 I S. 304.

15.9 Abschreibung beweglicher Wirtschaftsgüter des Anlagevermögens

Aufgrund der im Gesetz unterschiedlich formulierten **Wertaufholungsgebote** nach einer **vorangegangenen Abschreibung auf den dauerhaft niedrigeren Teilwert** bzw. nach einer **Absetzung für außerordentliche technische oder wirtschaftliche Abnutzung** sowie der unterschiedlichen **Beweislastregelungen** (vgl. §§ 6 Abs. 1 Nr. 1 Satz 4, 7 Abs. 1 Satz 6 EStG) kommt der Abgrenzung zwischen diesen beiden Formen der Abwertung künftig mehr Bedeutung zu.

15.9.11 AfA nach nachträglichen Anschaffungs- oder Herstellungskosten

15.9.11.1 Grundsätzliches

Der Buchwert von Wirtschaftsgütern, die nicht Gebäude sind, wird um die nachträglichen Anschaffungs- oder Herstellungskosten erhöht (R 43 Abs. 5 EStR).[577] Die sich so ergebende Bemessungsgrundlage wird auf die Restnutzungsdauer verteilt. Diese ist unter Berücksichtigung des Zustandes des Wirtschaftsgutes im Zeitpunkt der Beendigung der nachträglichen Herstellungsarbeiten neu zu schätzen (R 44 Abs. 11 Satz 1 EStR). Ist durch die nachträglichen Herstellungsarbeiten ein **anderes Wirtschaftsgut entstanden,** so ist die AfA nach der voraussichtlichen Nutzungsdauer des anderen (neuen) Wirtschaftsgutes zu bemessen (R 43 Abs. 5; R 44 Abs. 11 Satz 4 EStR).[578]

Beispiele

a) Am Ende des 2. Nutzungsjahres beträgt der Buchwert einer nach § 7 Abs. 2 EStG mit 20 % (Altfall) abgeschriebenen Maschine, deren Anschaffungskosten 80 000 DM betragen haben, 51 200 DM. Betriebsgewöhnliche Nutzungsdauer 15 Jahre. Zu Beginn des 3. Nutzungsjahres fällt Herstellungsaufwand in Höhe von 12 000 DM an. Dadurch hat sich die betriebsgewöhnliche Nutzungsdauer nicht verlängert.
Für das 3. Nutzungsjahr berechnet sich die AfA wie folgt: 51 200 DM + 12 000 DM = 63 200 DM, davon 23,07 % (degr. AfA bei Rest-Nutzungsdauer 13 Jahre) = 14 580 DM. Ohne den nachträglichen Herstellungsaufwand hätte die AfA 20 % v. 51 200 DM = 10 240 DM betragen. Da die nachträglichen Herstellungskosten nicht zur Entstehung eines neuen Wirtschaftsgutes geführt haben, ist hinsichtlich der degressiven AfA weiterhin von der bei Anschaffung bzw. Herstellung geltenden Rechtslage auszugehen (§ 52 Abs. 21 a EStG).[579]

b) Sachverhalt wie im Beispiel a); durch den Herstellungsaufwand hat sich die betriebsgewöhnliche Nutzungsdauer um zwei Jahre verlängert.
Für das 3. Nutzungsjahr berechnet sich die AfA wie folgt: 20 % (degr. AfA bei Rest-ND von 15 Jahren) von 63 200 DM = 12 640 DM.

c) Die Herstellungskosten einer Betriebsvorrichtung mit betriebsgewöhnlicher Nutzungsdauer von 20 Jahren haben 1 000 000 DM betragen. Am Ende des 3. Wirtschafts-

---

[577] H 43 „Nachträgliche Anschaffungs- oder Herstellungskosten" EStH; zu nachträglichen Anschaffungs- oder Herstellungskosten bei Gebäuden vgl. 15.10.9.
[578] H 44 „Nachträgliche Anschaffungs- oder Herstellungskosten", „Neubau" EStH.
[579] I. d. F. des Steuersenkungsgesetzes v. 23. 10. 2000, BGBl 2000 I S. 1433.

15 Bewertung der Wirtschaftsgüter des Betriebsvermögens

jahres hat die Anlage (Abschreibungssatz 15 %) noch einen Restwert von 614 125 DM. Im 4. Nutzungsjahr wird die Anlage bei Herstellungskosten von 4 500 000 DM so verändert, dass wirtschaftlich betrachtet ein neues Wirtschaftsgut entstanden ist. Ihre voraussichtliche Nutzungsdauer beträgt 25 Jahre.

Für das 4. Nutzungsjahr berechnet sich die AfA wie folgt:

614 125 DM + 4 500 000 DM = 5 114 125 DM, davon 12 % = 613 695 DM.

15.9.11.2 Vereinfachungsregel für das Jahr der nachträglichen Anschaffungs- oder Herstellungskosten

Bei der Bemessung der AfA für das Jahr der Entstehung der nachträglichen Anschaffungs- oder Herstellungskosten sind diese Kosten aus Vereinfachungsgründen so zu berücksichtigen, als wären sie zu Beginn dieses Jahres aufgewendet worden (R 44 Abs. 11 Satz 3 EStR).

15.9.11.3 AfA, erhöhte Absetzungen und Sonderabschreibungen bei nachträglichen Anschaffungs- oder Herstellungskosten im Begünstigungszeitraum

Werden in einem Begünstigungszeitraum nachträgliche Anschaffungs- oder Herstellungskosten aufgewendet, so bemessen sich vom Jahr der Entstehung der nachträglichen Herstellungskosten an bis zum Ende des Begünstigungszeitraums die AfA, erhöhten Absetzungen und Sonderabschreibungen nach den um die nachträglichen Herstellungskosten erhöhten Anschaffungs- oder Herstellungskosten. Entsprechendes gilt für nachträgliche Anschaffungskosten (§ 7 a Abs. 1 EStG). Nachträgliche Anschaffungs- oder Herstellungskosten sind so zu berücksichtigen, als wären sie zu Beginn des Jahres ihrer Entstehung aufgewendet worden (R 45 Abs. 3 EStR).[580] Sonderregelungen bezüglich der Behandlung nachträglicher Anschaffungs- oder Herstellungskosten haben Vorrang (R 45 Abs. 3 Satz 2 EStR).

15.9.12 AfA, erhöhte Absetzungen und Sonderabschreibungen nach Minderung der Anschaffungs- oder Herstellungskosten

Nachträgliche Minderungen der Anschaffungs- oder Herstellungskosten i. S. des § 7 a Abs. 1 Satz 3 EStG sind im Jahr der Minderung von der bisherigen Bemessungsgrundlage für die AfA, für die erhöhten Absetzungen und für die Sonderabschreibungen abzuziehen und so zu berücksichtigen, als wäre die Minderung zu Beginn des Jahres eingetreten (R 45 Abs. 4 Satz 1 EStR). Zuschüsse mindern die Bemessungsgrundlage bei Gewinnermittlung durch Betriebsvermögensvergleich im Jahr der Bewilligung des Zuschusses (R 45 Abs. 4 EStR).[581]

---
580 H 45 „Beispiele" EStH.
581 H 45 „Beispiele" EStH.

15.9 Abschreibung beweglicher Wirtschaftsgüter des Anlagevermögens

15.9.13 AfA nach Ablauf des Begünstigungszeitraums

Sind für ein Wirtschaftsgut Sonderabschreibungen vorgenommen worden, so bemessen sich die AfA nach Ablauf des maßgebenden Begünstigungszeitraums nach dem **Restwert** und der **Restnutzungsdauer** (§ 7 a Abs. 9 EStG). Dabei ist die Restnutzungsdauer des Wirtschaftsguts bei Beginn der Restwertabschreibung neu zu schätzen. Es ist jedoch nicht zu beanstanden, wenn für die weitere Bemessung der AfA die um den Begünstigungszeitraum verminderte ursprüngliche Nutzungsdauer des Wirtschaftsguts als Restnutzungsdauer zugrunde gelegt wird (R 45 Abs. 10 EStR).

15.9.14 AfA beim Ausscheiden der Wirtschaftsgüter

Scheiden Wirtschaftsgüter im Laufe des Jahres aus, so ist die AfA **zeitanteilig** zu verrechnen (R 44 Abs. 9 EStR). Die AfA wird in diesen Fällen bis zum Zeitpunkt des Ausscheidens (vgl. auch § 6 b Abs. 2 EStG, R 41 a Abs. 3 EStR) verrechnet. Einer Vereinfachungsregelung wie beim Erwerb der Wirtschaftsgüter bedarf es nicht, weil eine höhere AfA wieder ausgeglichen wird durch einen höheren Veräußerungsgewinn (oder niedrigeren Veräußerungsverlust).

Obwohl die zeitanteilige Verrechnung der AfA betriebswirtschaftlich richtig und wegen des Saldierungsverbots nach § 246 Abs. 2 HGB auch geboten ist, ist der steuerrechtliche Gewinn im Allgemeinen nicht falsch, wenn für das Wirtschaftsjahr des Ausscheidens überhaupt keine AfA mehr berechnet wird. Deshalb wird in der Praxis oftmals aus Vereinfachungsgründen als Veräußerungsgewinn der Unterschied zwischen Erlös und Buchwert vom Beginn des Wirtschaftsjahres ausgewiesen. Steuerrechtlich erforderlich ist die **Verrechnung der AfA bis zum Zeitpunkt des Ausscheidens** jedoch

- bei Fahrzeugen zwecks Ermittlung der privatanteiligen Autokosten bei Nachweis durch Fahrtenbuch
- beim Ausscheiden von Wirtschaftsgütern infolge höherer Gewalt bzw. eines behördlichen Eingriffs i. S. der R 35 EStR und bei Veräußerungen i. S. des § 6 b EStG zum Zweck der Feststellung der übertragbaren stillen Reserven und
- bei Ermittlung des Veräußerungsgewinns nach § 16 EStG.

Im Falle der privaten PKW-Nutzung ergibt die Verrechnung der AfA bis zum Tage des Ausscheidens einen höheren Privatanteil und damit einen höheren Gewinn.

Dagegen ergibt sich beim Ausscheiden von Wirtschaftsgütern infolge höherer Gewalt durch die anteilige Verrechnung der AfA ein Aufwand, ein niedrigerer Buchwert und damit die Möglichkeit der Übertragung einer größeren stillen Reserve auf das Ersatzgut. Entsprechendes gilt für Übertragungen nach § 6 b EStG.

Bei der Betriebsveräußerung oder Betriebsaufgabe ergibt die Verrechnung der AfA ebenfalls einen Aufwand und dadurch einen niedrigeren, normal zu versteuernden

15 Bewertung der Wirtschaftsgüter des Betriebsvermögens

laufenden Gewinn. Das Betriebsvermögen am Ende mindert sich, sodass der steuerbegünstigte Veräußerungsgewinn größer wird.

Die verschiedenen Fallgestaltungen bereiten Schwierigkeiten hinsichtlich der Frage, ob der Monat des Ausscheidens bei der Berechnung der AfA noch zu berücksichtigen ist oder nicht. Die Rechtsfrage ist nicht geklärt. Richtig kann grundsätzlich nur eine **Berechnung nach Tagen** sein. Aus Vereinfachungsgründen ist eine Berechnung nach vollen Monaten zu empfehlen, wobei die für den Stpfl. günstigere Lösung der Maßstab sein sollte. Bei Veräußerungen i. S. des § 6 b EStG und des § 16 EStG sowie bei Vorgängen i. S. des R 35 EStG wird daher AfA auch für den vollen Monat des Ausscheidens berechnet.

15.9.15 AfA vom Restwert und nach der Restnutzungsdauer

In den folgenden Fällen bemisst sich die zukünftige AfA bei beweglichen Anlagegütern nach dem Restbuchwert und der Restnutzungsdauer:

- im Anschluss an Teilwertabschreibungen
- im Anschluss an außergewöhnliche Absetzungen
- bei nachträglichem Herstellungsaufwand und linearer AfA
- nach einem zulässigen Wechsel der Absetzungsmethode (§ 7 Abs. 3 Satz 2 EStG)
- nach nicht willkürlich unterbliebener AfA (R 44 Abs. 10 EStR)
- nach Inanspruchnahme von Sonderabschreibungen.

Bei nachträglichen Herstellungskosten ist die Restnutzungsdauer neu zu schätzen (R 44 Abs. 11 Satz 1 EStR).

15.9.16 AfA neben der Teilwertabschreibung?

Nach ständiger Rechtsprechung ist es nicht zulässig, neben einer Teilwertabschreibung noch AfA zu verrechnen. Denn die Teilwertabschreibung schließt auch die durch den Gebrauch entstandene Wertminderung des abgelaufenen Jahres ein.

Diese Rechtsprechung wird oft missverstanden. Sie wird nicht selten so ausgelegt, dass es auf jeden Fall unzulässig sei, für Wirtschaftsjahre, in denen am Jahresende der niedrigere Teilwert angesetzt wird, AfA zu verrechnen. Das ist unrichtig, denn AfA ist nach § 7 Abs. 1 EStG und § 6 Abs. 1 Nr. 1 Satz 1 EStG zwingend. Auch aus Gründen der richtigen Kostenrechnung ist es geboten, **zuerst die AfA** zu verrechnen und dann eine noch **verbleibende Wertdifferenz als Teilwertabschreibung** auszuweisen.

Beispiel
Die Anschaffungskosten einer Maschine haben 10 000 DM betragen; ihre betriebsgewöhnliche Nutzungsdauer beträgt zehn Jahre. Am Ende des 5. Wirtschaftsjahres wird festgestellt, dass der Teilwert nur noch 3000 DM beträgt (dauerhafte Wertminderung). Es ergeben sich die folgenden Möglichkeiten:

15.9 Abschreibung beweglicher Wirtschaftsgüter des Anlagevermögens

	A	B
Buchwert zu Beginn des Wirtschaftsjahres	6000 DM	6000 DM
./. AfA	— DM	1000 DM
= fortgeführte Anschaffungskosten	6000 DM	5000 DM
./. Teilwertabschreibung	3000 DM	2000 DM
Bilanzwert am Ende des 5. Wirtschaftsjahres	3000 DM	3000 DM.

In beiden Fällen erscheint in der Jahresabschlussbilanz der Teilwert von 3000 DM. Der Unterschied besteht darin, dass im zweiten Falle zunächst die AfA verrechnet wird und dann erst die Teilwertabschreibung. Die Lösung B ist rechtlich zutreffend.

Unzulässig ist auch folgende Berechnung:

Wert zu Beginn des Wirtschaftsjahres	6000 DM
./. Teilwertabschreibung	3000 DM
bleiben	3000 DM
./. AfA	1000 DM
Bilanzwert am Ende des 5. Wirtschaftsjahres	2000 DM.

Hier würde wirklich **neben** der Teilwertabschreibung, die die AfA des Kalenderjahres einschließt, noch eine AfA verrechnet und der Gewinn um 1000 DM zusätzlich gemindert. Selbst eine Verteilung des Restwerts von 2000 DM auf die restliche Nutzungsdauer würde nicht berücksichtigen, dass die Teilwertabschreibung auch die im abgelaufenen Wirtschaftsjahr eingetretene Abnutzung ausdrückt.

Um dem Unterschied zwischen der Teilwertabschreibung und der AfA gerecht zu werden, sollte der Rechtsanwender die oberflächliche und inhaltlich falsche Abkürzung „Teilwert-AfA" dringend vermeiden.

15.9.17 AfA nach Einlage aus dem Privatvermögen

Die Einlage von abnutzbaren Wirtschaftsgütern erfolgt grundsätzlich auch dann zum **Teilwert**, wenn diese vor der Einlage zur Erzielung von Überschusseinkünften genutzt wurden (§ 6 Abs. 1 Nr. 5 EStG). Wird ein solches Wirtschaftsgut **nach dem 31. 12. 1998** in das Betriebsvermögen **eingelegt**, so bemessen sich nach §§ 7 Abs. 1 Satz 4, 52 Abs. 21 Satz 1 EStG[582] die weiteren Absetzungen für Abnutzung nicht mehr nach dem Einlagewert, sondern **nach dem Restbuchwert** des Wirtschaftsgutes im Einlagezeitpunkt (**Bemessungsgrundlage**). Diese Regelung gilt für sämtliche Wirtschaftsgüter, also auch bei Gebäuden (§ 7 Abs. 4 Satz 1 EStG). Ob die Einlage durch eine Nutzungsänderung (notwendiges Betriebsvermögen) oder durch die Behandlung als gewillkürtes Betriebsvermögen stattfindet, spielt keine Rolle. § 7 Abs. 1 Satz 4 EStG gilt auch bei **unentgeltlicher Einzelrechtsnachfolge bzw. bei Gesamtrechtsnachfolge,** wenn der Rechtsvorgänger auf das Wirtschaftsgut Absetzungen im Rahmen seiner Überschusseinkünfte in Anspruch genommen hat. Durch diese Regelung sollte vermieden werden, dass mit der Einlage neues Abschreibungsvolumen geschaffen wird. Zu beachten ist, dass § 7 Abs. 1 Satz 4 EStG eine reine Abschreibungsvorschrift ist und deshalb der Teilwert weiterhin grds. Einlagewert bleibt. Da mithin der Einlagewert bzw. das Abschreibungsvolumen unverän-

---

[582] I. d. F. des Steuerentlastungsgesetzes 1999/2000/2002 v. 24. 3. 1999, BStBl 1999 I S. 304.

15 Bewertung der Wirtschaftsgüter des Betriebsvermögens

dert sind, verbleibt im Falle des gegenüber dem Restbuchwert höheren Teilwertes im betrieblichen Bereich ein nach § 7 Abs. 1 Satz 4 EStG **nicht abschreibbarer Restwert**, welcher u. E. entweder ggf. eine Teilwertabschreibung rechtfertigt bzw. spätestens bei Veräußerung, Verbrauch oder Entnahme als **Aufwand** erscheint.[583] Unter Berücksichtigung dessen, dass nach §§ 23 Abs. 1 Satz 5, 52 Abs. 39 Satz 3 EStG[584] die im Privatvermögen bis zur Einlage gebildeten „stillen Reserven" ggf. zu versteuern sind, erscheint dies auch sachgerecht. Werden Wirtschaftsgüter, die der Erzielung von Überschusseinkünften gedient haben, **innerhalb der Dreijahresfrist des § 6 Abs. 1 Nr. 5 EStG eingelegt,** ist der Restbuchwert nicht nur AfA-Bemessungsgrundlage, sondern auch Einlagewert; insoweit hat § 7 Abs. 1 Satz 4 EStG nicht zu einer Änderung der Rechtslage geführt.

§ 7 Abs. 1 Satz 4 EStG ist auch dann anwendbar, wenn sich ein **Arbeitnehmer** selbstständig macht und seinen bisher für Dienstreisen und/oder für **Fahrten zwischen Wohnung und Arbeitsstätte** genutzten PKW in seinen neu gegründeten Betrieb einbringt. Es kommt dabei nicht darauf an, ob der Stpfl. für seine beruflichen Fahrten – soweit möglich – die tatsächlichen Kosten oder die gesetzlichen bzw. in den Richtlinien bestimmten Kilometersätze oder die Entfernungspauschale geltend gemacht hat. Auch das Verhältnis der beruflichen und privaten Nutzung spielt keine Rolle.

Beispiel
Der angestellte Apotheker A hatte in 1994 folgende Wirtschaftsgüter angeschafft: Schreibtisch 750 DM, Stuhl 500 DM, Regal 450 DM, Sideboard 380 DM, und die Aufwendungen bei der Einkommensteuerveranlagung 1994 zutreffend in vollem Umfang als Werbungskosten bei seinen Einkünften aus nichtselbstständiger Tätigkeit geltend gemacht. In 1999 eröffnet A eine Apotheke und legt die vg. Wirtschaftsgüter mit folgenden Teilwerten in sein Betriebsvermögen ein: Schreibtisch 330 DM, Stuhl 220 DM, Regal 210 DM, Sideboard 180 DM.
Die Einlage ist, da sie nach Ablauf von drei Jahren nach der Anschaffung erfolgt, nach § 6 Abs. 1 Nr. 5 EStG mit dem Teilwert zu bewerten. Die Bemessungsgrundlage für die AfA bestimmt sich jedoch nach § 7 Abs. 1 Satz 4 EStG aus den Anschaffungskosten abzügl. der im Rahmen der Einkünfte aus nichtselbstständiger Tätigkeit in Anspruch genommenen GwG-Abschreibung, mithin als 0 DM. In der Gewinnermittlung erscheinen die eingelegten Wirtschaftsgüter mit einem nicht abschreibbaren Restwert in Höhe des Einlagewertes, der spätestens bei einer Veräußerung der Wirtschaftsgüter als Aufwand zu verbuchen ist.

15.9.18 Abschreibung geringwertiger Wirtschaftsgüter

15.9.18.1 Bedeutung des Bewertungswahlrechts

Nach § 6 Abs. 2 EStG können die Anschaffungs- oder Herstellungskosten von beweglichen Wirtschaftsgütern des Anlagevermögens, die der Abnutzung unter-

---
583 Schmidt/Drenseck, EStG, § 7 Rz. 68.
584 I. d. F. des Steuerbereinigungsgesetzes 1999 v. 22. 12. 1999, BStBl 2000 I S. 13.

15.9 Abschreibung beweglicher Wirtschaftsgüter des Anlagevermögens

liegen und die einer selbstständigen Nutzung fähig sind, im Jahr der Anschaffung oder Herstellung in voller Höhe als Betriebsausgaben abgesetzt werden, wenn die Anschaffungs- oder Herstellungskosten, vermindert um einen darin enthaltenen Vorsteuerbetrag (§ 9 b Abs. 1 EStG), für das einzelne Wirtschaftsgut 800 DM nicht übersteigen.

Beispiel
Ein Arzt, der ausschließlich steuerfreie Umsätze ausführt, kauft ein medizinisch-technisches Gerät mit Kaufpreis von 800 DM zzgl. 16 % USt = 128 DM, insgesamt also für 928 DM. Obwohl die USt nicht abziehbar ist und deshalb zu den steuerrechtlichen Anschaffungskosten gehört, sind die Voraussetzungen des § 6 Abs. 2 EStG erfüllt. Denn auszugehen ist vom reinen Warenpreis ohne Vorsteuer.

Dies gilt auch dann, wenn die geringwertigen Wirtschaftsgüter im Rahmen des Erwerbs eines ganzen Betriebes angeschafft worden sind.[585]

Werden geringwertige Wirtschaftsgüter aus dem Privatvermögen in das Betriebsvermögen **eingelegt**, kann im Wirtschaftsjahr der Einlage die Bewertungsfreiheit nach § 6 Abs. 2 EStG in Anspruch genommen werden. Diese Grundsätze gelten auch für die in § 6 Abs. 1 Nr. 6 EStG geregelte **Eröffnung eines Betriebes**. Anstelle der tatsächlichen Anschaffungs- oder Herstellungskosten tritt der Teilwert im Zeitpunkt der Einlage oder im Zeitpunkt der Betriebseröffnung. Bei **Einlagen innerhalb der letzten drei Jahre** oder bei **wesentlichen Beteiligungen** an Kapitalgesellschaften sind die Höchstwertvorschriften des § 6 Abs. 1 Nr. 5 Buchstaben a und b EStG zu beachten (§ 6 Abs. 2 Satz 1 EStG).[586]

Übertragene stille Reserven und erfolgsneutral behandelte **Zuschüsse** mindern die Anschaffungs- oder Herstellungskosten oder den nach § 6 Abs. 1 Nr. 5 oder 6 EStG an deren Stelle tretenden Wert. Das gilt wohl auch für die übertragene **Akkumulationsrücklage** gem. § 58 Abs. 2 EStG.[587] Der so geminderte Betrag ist für die Beurteilung der Frage, ob der Grenzwert von 800 DM nicht überschritten wird, maßgebend (R 40 Abs. 5 EStR).

Die Anschaffungs- und Herstellungskosten bzw. der nach § 6 Abs. 1 Nr. 5 oder 6 EStG an deren Stelle tretende Wert werden bei Inanspruchnahme des § 6 Abs. 2 EStG nicht auf Bestandskonten (Maschinen, Einrichtung usw.) gebucht, sondern auf Aufwandskonten. Wegen der Regelung in R 31 Abs. 3 EStR erfasst man sie in der Regel auf einem **Konto „Geringwertige Wirtschaftsgüter"**. Dadurch brauchen die Wirtschaftsgüter nicht in das alljährlich aufzustellende Bestandsverzeichnis aufgenommen zu werden. Durch das Bewertungswahlrecht soll die Buchführung entlastet und im Interesse der Wirtschaft und Verwaltung vereinfacht werden.

Die sofortige Absetzung führt nicht zu einer endgültigen Gewinnminderung, sondern zu einer Gewinnverlagerung innerhalb mehrerer Jahre. Sie gilt nicht nur für

---
585 BFH, BStBl 1988 II S. 441.
586 Vgl. auch u. 17.5.
587 Offen nach BFH v. 17. 6. 1999, DB 1999 S. 2345.

15 Bewertung der Wirtschaftsgüter des Betriebsvermögens

neue, sondern auch für gebrauchte Wirtschaftsgüter. Die Dauer der betriebsgewöhnlichen Nutzungsdauer ist unbedeutend. Die sofortige Absetzung als Aufwand ist also auch bei langlebigen Anlagegütern zulässig. Das Wahlrecht bezieht sich auf **jedes** einzelne, selbstständig nutzbare Wirtschaftsgut. Deshalb besteht auch die Möglichkeit, die sofortige Abschreibung auf einen Teil der Anschaffungen des lfd. Jahres zu beschränken.

Die sofortige Absetzung kann nur **im Jahr der Anschaffung oder Herstellung bzw. Einlage oder Betriebseröffnung** vorgenommen werden. Die Anschaffungs- oder Herstellungskosten bzw. der nach § 6 Abs. 1 Nr. 5 oder 6 EStG an deren Stelle tretende Wert sind dabei voll abzusetzen. Es ist nicht zulässig, im Jahr der Anschaffung oder Herstellung nur einen Teil der Anschaffungskosten eines Wirtschaftsgutes abzusetzen und den Rest auf die Nutzungsdauer zu verteilen. Auch eine Nachholung in einem späteren Jahr ist nicht zulässig (R 40 Abs. 4 EStR).

Von der Bewertungsfreiheit wird insoweit kein Gebrauch gemacht, als geringwertige Wirtschaftsgüter in einem **Festwert** ausgewiesen werden. Folglich ist auch in diesen Fällen eine Nachholung der Bewertungsfreiheit in einem späteren Jahr nicht möglich. Das bedeutet, dass der Festwert beibehalten werden muss und nicht im Jahr nach der Anschaffung oder Herstellung bzw. Einlage/Betriebseröffnung und Einbeziehung der geringwertigen Wirtschaftsgüter in den Festwert dieser um den darin enthaltenen Wert der geringwertigen Wirtschaftsgüter zulasten des Gewinns aufgelöst werden kann.[588]

Jede **ganz oder teilweise entgeltliche Anschaffung** eines geringwertigen Wirtschaftsgutes berechtigt unter den weiteren Voraussetzungen der Vorschrift zum sofortigen Abzug der Anschaffungskosten, z. B. **Einbringung** in eine Kapitalgesellschaft gem. §§ 20 ff. UmwStG oder in eine Personengesellschaft (§ 24 UmwStG) mit einem über dem Buchwert liegenden Wert.

Keine Anschaffung liegt bei Übernahme eines in einem früheren Jahr angeschafften Gegenstands **aus dem Umlaufvermögen** vor.[589]

Werden geringwertige Wirtschaftsgüter **auf Vorrat** genommen, so erkennt die Verwaltung das Bewertungswahlrecht nur an, wenn die Vorratshaltung sich in normalen Grenzen hält. Ein offensichtlicher Missbrauch des § 6 Abs. 2 EStG wird angenommen, wenn über den Bedarf des laufenden und folgenden Wirtschaftsjahres hinaus geringwertige Wirtschaftsgüter auf Vorrat genommen werden. Die sofortige Absetzung wird in diesen Fällen versagt.[590]

§ 6 Abs. 2 EStG setzt voraus, dass die Wirtschaftsgüter **abnutzbar, beweglich** und **selbstständig nutzbar** sind und ihre Anschaffungskosten, vermindert um einen darin enthaltenen Vorsteuerbetrag, 800 DM nicht übersteigen.

---
588 BFH, BStBl 1982 II S. 545.
589 BFH, BStBl 1971 II S. 198.
590 Anw. 11 zu § 6 Abs. 2 ESt-Kartei NRW.

15.9 Abschreibung beweglicher Wirtschaftsgüter des Anlagevermögens

Anschaffungsnebenkosten (z. B. Bezugskosten, Montagekosten) erhöhen die Anschaffungskosten und sind deshalb bei der Prüfung der 800-DM-Grenze mit zu berücksichtigen, während Rabatte, Boni und Skonti die Anschaffungskosten mindern. Bei Zahlung mit Skontoabzug ist ein am Bilanzstichtag zwar gelieferter, aber noch nicht bezahlter Gegenstand mit dem Einkaufspreis (jedoch ohne Umsatzsteuer, die als Vorsteuer abziehbar ist) zu bewerten, auch wenn nach dem Bilanzstichtag die Rechnung unter Abzug von Skonto bezahlt wird.[591]

Der sofortige Abzug als Betriebsausgaben wird nicht dadurch ausgeschlossen, dass das betreffende geringwertige Wirtschaftsgut **auch für private Zwecke benutzt** wird. Dann ist nach Auffassung der FinVerw während der Nutzungszeit des Wirtschaftsgutes jährlich der Teil der Aufwendungen dem Gewinn hinzuzurechnen, der dem privaten Nutzungsanteil aufgrund der tatsächlichen Nutzung in jedem Wirtschaftsjahr entspricht.[592]

Beispiel

Anschaffung eines PKW am 12. 1. 02, Anschaffungskosten	70 000 DM
Abzug nach R 35 EStR (vgl. R 40 Abs. 5 EStR)[593]	69 200 DM
Anschaffungskosten i. S. des § 6 Abs. 2 EStG	800 DM

Der PKW hat eine bND von fünf Jahren. Der Betrag von 800 DM wurde gem. § 6 Abs. 2 EStG sofort als Betriebsausgabe abgesetzt. Die private Autonutzung beträgt lt. Nachweis jährlich 30 v. H.

Das Privatkonto ist jährlich – außer mit den übrigen privatanteiligen Autokosten – mit 30 % von 20 % von 800 DM = 48 DM zu belasten, sodass sich der Gewinn um weitere 48 DM erhöht.[594]

Ob diese Auffassung heute noch Bestand haben kann, muss bezweifelt werden. Privat veranlasste Nutzungsentnahmen sind mit den **Selbstkosten** zu bewerten.[595] Selbstkosten sind danach nur die Aufwendungen, die zu einer Verringerung des buchmäßigen Betriebsvermögens geführt haben. Nur in dieser Höhe findet eine Korrektur nach § 4 Abs. 1 Sätze 1 und 2 EStG statt.[596] Dementsprechend ist der Wert der Nutzungsentnahme im Jahr der Sofortabschreibung größer als in den Folgejahren.

Beispiel

Im vorstehenden Beispiel ist der Wert der Nutzungsentnahme im Jahr 02 neben den übrigen Aufwendungen um 30 % v. 800 DM = 240 DM zu erhöhen. In den Folgejahren sind Abschreibungen nicht zu berücksichtigen.

In den Fällen, in denen seit 1996 die 1-%-Regelung Anwendung findet, spielen die vorstehenden Überlegungen keine Rolle mehr (vgl. § 6 Abs. 1 Nr. 4 Satz 2 EStG).

---

591 BStBl 1991 II S. 456; vgl. auch o. 14.2.2.
592 H 40 „Private Mitbenutzung" EStH.
593 S. o. 15.5.5.9.
594 Vgl. auch o. 8.2.2.1.
595 BFH, BStBl 1988 II S. 348; BStBl 1990 II S. 8.
596 BFH, BStBl 1990 II S. 8.

15 Bewertung der Wirtschaftsgüter des Betriebsvermögens

15.9.18.2 Selbstständige Nutzungsfähigkeit

Wirtschaftsgüter, die nicht selbstständig nutzungsfähig sind, kommen für die sofortige Absetzung nicht in Betracht. Die Tatsache, dass ein Wirtschaftsgut **selbstständig bewertbar** ist, indiziiert keine eigenständige Nutzbarkeit. Ein Wirtschaftsgut ist einer selbstständigen Nutzung nicht fähig, wenn es nach seiner betrieblichen Zweckbestimmung nur zusammen mit anderen Wirtschaftsgütern des Anlagevermögens genutzt werden kann und die in den Nutzungszusammenhang eingefügten Wirtschaftsgüter technisch aufeinander abgestimmt sind. Das gilt auch, wenn das Wirtschaftsgut aus dem betrieblichen Nutzungszusammenhang gelöst und in einen anderen betrieblichen Nutzungszusammenhang eingefügt werden kann (§ 6 Abs. 2 Sätze 1 bis 3 EStG).

Die Rechtsprechung hat verschiedene Merkmale für die Beurteilung der selbstständigen Nutzungsfähigkeit bezeichnet. Bei der Verschiedenartigkeit des Sachverhalts, besonders der unterschiedlichen Gestaltung der technischen und wirtschaftlichen Verbindung der Gegenstände und der Auswirkung ihrer Trennung, haben diese Merkmale nicht in allen Fällen gleich bleibendes Gewicht. Bei technisch oder wirtschaftlich miteinander verbundenen Wirtschaftsgütern ist es von allgemeiner Bedeutung, ob die miteinander verbundenen Wirtschaftsgüter nach außen als ein einheitliches Ganzes in Erscheinung treten und in dem Betrieb des Stpfl. nur in dieser Verbindung nutzbar sind. Maßgebend sind die **Verhältnisse im konkreten Betrieb.** Sind sie zwar technisch und organisch aufeinander abgestimmt, können sie aber ihrer allgemeinen Bestimmung gemäß genutzt werden, sind die Voraussetzungen des § 6 Abs. 2 EStG gegeben. Die Bewertungsfreiheit kommt allerdings nicht in Betracht, wenn der Nutzungszusammenhang mit anderen Wirtschaftsgütern der Einheit (Fabrikanlage usw.) unauflöslich und das Wirtschaftsgut außerhalb dieser Einheit einer Nutzung nicht mehr fähig ist (vgl. R 40 Abs. 1 EStR).[597]

Bei Anwendung des § 6 Abs. 2 EStG darf weder ein einheitliches Wirtschaftsgut in Teile aufgelöst werden, um die Abschreibung zu erreichen, noch dürfen Gegenstände, die einer selbstständigen Bewertung und Nutzung zugänglich sind, zu einer Einheit erhoben werden, um die sofortige Abschreibung zu versagen. Darum verlieren auch gleichartige Gegenstände, die in einer großen Zahl im Betrieb auftreten, dadurch nicht ihre Nutzungsfähigkeit. Das gilt auch, wenn sie in einheitlichem Stil gehalten sind.

Nicht selten werden auf Wunsch der Kunden von den Lieferfirmen über einen einheitlichen Gegenstand mehrere Teilrechnungen ausgestellt, sodass die jeweiligen Rechnungsbeträge den Betrag von 800 DM nicht überschreiten. Dadurch werden die einzelnen Teile nicht selbstständig nutzbar. Die Sofortabschreibung ist zu versagen.

---

[597] H 40 „ABC" EStH.

15.9.18.3 Einzelfragen

Trotz umfangreicher Rechtsprechung (siehe H 40 EStH) ergeben sich hinsichtlich der selbstständigen Nutzungsfähigkeit immer wieder Zweifelsfragen.

Selbstständig nutzungsfähig sind z. B.:
- Autotelefon im Kfz fest eingebaut,[598]
- Musterbücher und Musterkollektionen,[599]
- Einrichtungsgegenstände, auch wenn sie in einem einheitlichen Stil gehalten sind,[600]
- die Erstausstattung eines Hotels,[601]
- einheitlich beschaffte und genormte Transportkästen,[602]
- Flachpaletten, auf denen Ware gelagert wird,[603]
- Straßenleuchten,[604]
- Schriftenminima,[605]
- Spinnkannen einer Spinnerei,[606]
- Bestecke, Schallplatten, Tonbandkassetten, Trivialprogramme[607], Videokassetten (R 40 Abs. 1 Satz 5; R 31 a Abs. 1 Sätze 2, 3 EStR),
- Regale, die aus genormten Stahlregalteilen zusammengesetzt werden und nach ihrer betrieblichen Zweckbestimmung i. d. R. auf Dauer in dieser Zusammensetzung genutzt werden sollen.[608]

Nicht selbstständig nutzungsfähig sind z. B.:
- Teile einer Computer-Anlage (Rechner, Tastatur, Monitor, Maus, Drucker),[609]
- Maschinenwerkzeuge wie Bohrer, Fräser, Sägeblätter,[610]
- technisch aufeinander abgestimmte und genormte Gerüst- und Schalungsteile,[611]
- Leuchtstoffröhren, die in Lichtbändern zu einer Beleuchtungsanlage für die Beleuchtung eines ganzen Fabrikraums verbunden sind,[612]
- Lichtbänder zur Ausleuchtung der einzelnen Stockwerke eines Warenhauses,[613]

---

598 BFH, BStBl 1997 II S. 360.
599 BFH, BStBl 1966 III S. 86.
600 BFH, BStBl 1967 III S. 61.
601 BFH, BStBl 1968 II S. 566.
602 BFH, BStBl 1968 II S. 568.
603 BFH, BStBl 1990 II S. 82.
604 BFH, BStBl 1974 II S. 2.
605 BFH, BStBl 1976 II S. 214.
606 BFH, BStBl 1978 II S. 322.
607 S. o. 13.3.6.1.
608 BFH, BStBl 1980 II S. 176, 671.
609 FG München v. 30. 6. 1992, EFG 1993 S. 214; OFD Kiel v. 19. 7. 1993, StLex 3, 5–6, 1244.
610 BFH, BStBl 1996 II S. 166.
611 BFH, BStBl 1957 III S. 27.
612 BFH, BStBl 1956 III S. 376.
613 BFH, BStBl 1974 II S. 353.

– Kanaldielen, die in Tiefbauunternehmen bestimmungsgemäß zur Zusammensetzung von Trennwänden verwendet werden,[614]
– die der Durchlüftung lagernden Getreides dienenden Kühlkanäle, die lose an ein Kühlgerät angeschlossen werden, weil die technische Verwendung auf die Verbindung von Kühlgeräten und Kühlkanälen abgestellt ist, sodass in dieser Verbindung ein einheitliches Ganzes zu sehen ist,[615]
– Betriebssystemsoftware.

Ein Betriebsinhaber kann die Bewertungsfreiheit für geringwertige Wirtschaftsgüter in Anspruch nehmen, wenn er Ruhebänke mit seinem Namen oder seiner Firmenbezeichnung aufstellen lässt, ohne sie zu übereignen. Die Bänke sind als Werbeträger Wirtschaftsgüter des Anlagevermögens, die dazu bestimmt sind, dauernd dem Geschäftsbetrieb des Betriebsinhabers zu dienen (§ 247 Abs. 2 HGB). Die weiteren Erfordernisse des § 6 Abs. 2 EStG sind ebenfalls gegeben, da die Ruhebänke zur selbstständigen Nutzung geeignet, abnutzbar und beweglich sind (§ 95 Abs. 1 Satz 1 BGB).

Leasinggesellschaften dürfen geringwertige Wirtschaftsgüter nach § 6 Abs. 2 EStG auch dann im Jahr der Anschaffung voll abschreiben, wenn sie entsprechende Gegenstände in großem Umfang einkaufen und an Leasingnehmer vermieten.

15.10 Abschreibung bei Gebäuden und Gebäudeteilen, die selbstständige Wirtschaftsgüter sind

15.10.1 Gebäudebegriff und gesetzliche Grundlage der AfA

Für den Begriff des Gebäudes sind die Abgrenzungsmerkmale des Bewertungsrechts maßgebend. Ein Gebäude ist danach ein Bauwerk auf eigenem oder fremdem Grund und Boden, das Menschen oder Sachen durch räumliche Umschließung Schutz gegen äußere Einflüsse gewährt, den Aufenthalt von Menschen gestattet, fest mit dem Grund und Boden verbunden, von einiger Beständigkeit und standfest ist. **Gebäudeteile,** die selbstständige unbewegliche Wirtschaftsgüter sind, sowie **Eigentumswohnungen** und im **Teileigentum** stehende Räume stehen Gebäuden gleich (§ 7 Abs. 5 a EStG). Wegen der Abgrenzung der Gebäude von den Betriebsvorrichtungen siehe R 42 EStR.[616]

Die AfA für Gebäude richtet sich nach § 7 Abs. 4 und 5 EStG. Danach kommt neben der **linearen AfA,** für die feste Vomhundertsätze bestimmt sind, eine **degressive AfA** in Form fallender Staffelsätze in Betracht (typisierte AfA). Daneben ist

---
614 BFH, BStBl 1981 II S. 652.
615 BFH, BStBl 1988 II S. 126.
616 H 42 „Betriebsvorrichtungen", „Gebäude" EStH.

15.10 Abschreibung bei Gebäuden und Gebäudeteilen

AfA nach § 7 Abs. 4 Satz 2 EStG orientiert an der **tatsächlichen Nutzungsdauer** möglich, wenn die AfA dadurch höher ist als unter Anwendung typisierter AfA-Beträge.

15.10.2 Zum Betriebsvermögen gehörende und nicht Wohnzwecken dienende Gebäude (Wirtschaftsgebäude)

Ist für ein Gebäude, das zum Betriebsvermögen gehört und nicht Wohnzwecken dient, der Antrag auf Baugenehmigung nach dem 31. 3. 1985 gestellt worden, so ist es gem. §§ 7 Abs. 4 Satz 1 Nr. 3, 52 Abs. 21 b EStG[617] (zwingend) entsprechend einer Nutzungsdauer von 33 Jahren (25 Jahren) entweder **linear mit 3 % (4 %)** oder, falls der Bauantrag vor dem 1. 1. 1994 gestellt worden ist bzw. eine Anschaffung aufgrund eines vor dem 1. 1. 1994 rechtswirksam abgeschlossenen obligatorischen Vertrages vorliegt, wahlweise nach den in § 7 Abs. 5 Satz 1 Nr. 1 EStG vorgegebenen **degressiv** fallenden Staffelsätzen abzuschreiben. Wegen der Voraussetzungen zur Anwendung der degressiven AfA vgl. § 7 Abs. 5 EStG.[618]

Das Gebäude muss zum **Betriebsvermögen** gehören. Ob es sich dabei um notwendiges oder gewillkürtes Betriebsvermögen handelt, ist unerheblich. Das Gebäude darf jedoch **nicht Wohnzwecken** dienen, und zwar weder eigenen noch fremden (R 42 a Abs. 1 EStR). Daher fällt ein Gebäude, das aus betrieblichen Gründen an Arbeitnehmer des Stpfl. vermietet ist und deshalb zum notwendigen Betriebsvermögen gehört (R 13 Abs. 4 Satz 2 EStR), jedenfalls insoweit nicht unter § 7 Abs. 4 Satz 1 Nr. 1 EStG (siehe Schaubild Seite 690).

Nur wenn die **tatsächliche Nutzungsdauer** weniger als 33 Jahre (25 Jahre) beträgt, ist von der tatsächlichen Nutzungsdauer auszugehen (§ 7 Abs. 4 Satz 2 EStG). In diesen Fällen kann nach dem Wortlaut des § 7 Abs. 5 EStG gleichwohl die degressive Gebäude-AfA angewendet werden.

Die AfA-Regelung nach § 7 Abs. 4 Satz 1 Nr. 1 bzw. § 7 Abs. 5 Satz 1 Nr. 1 EStG rechtfertigt bei den nicht in diesen Vorschriften bezeichneten Gebäuden weder Absetzungen für außergewöhnliche Abnutzung noch Teilwertabschreibungen (§ 7 Abs. 4 Satz 4 EStG).

Beispiel

Ein Gebäude des Betriebsvermögens (Bj. 1935) hat der Stpfl. in gutem baulichen Zustand im Jahr 1994 erworben. Anschaffungskosten des Gebäudes 600 000 DM.

Der AfA-Satz beträgt nach § 7 Abs. 4 Satz 1 Nr. 2 EStG 2 %. Die Tatsache, dass ein Gebäude des Betriebsvermögens mit Baujahr 1994 nach § 7 Abs. 4 Satz 1 Nr. 1 EStG mit 3 % bzw. 4 % abgeschrieben werden darf, berechtigt den Stpfl. weder zu einer AfaA von jährlich 2 % noch zu einer Teilwertabschreibung in dieser Höhe. Soweit der Stpfl. außerplanmäßige Wertminderungen nachweist, sind entsprechende Abschreibungen natürlich zulässig.

---

617 I. d. F. des Steuersenkungsgesetzes v. 23. 10. 2000, BGBl 2000 I S. 1433.
618 S. u. 15.10.4.

15 Bewertung der Wirtschaftsgüter des Betriebsvermögens

Übersicht über lineare und degressive Gebäude-AfA nach § 7 EStG

Voraussetzungen	Wirtschaftsgebäude			alle anderen Gebäude			
	linear	degressiv		linear	degressiv		
Voraussetzungen	Betriebsvermögen; keine Wohnzwecke; Bauantrag nach dem 31.3.85	Betriebsvermögen; keine Wohnzwecke		fertig gestellt			
	Bauantrag/ Kaufvertrag vor dem 1.1.2001	Bauantrag/ Kaufvertrag nach dem 31.12.2000	Bauantrag nach dem 31.3.85 und vor dem 1.1.94	vor dem 1.1.25	nach dem 31.12.24	Bauantrag Kaufvertrag	Bauantrag Kaufvertrag	Wohnzwecke Bauantrag Kaufvertrag
						vor dem 30.7.81	nach dem 29.7.81 und vor dem 1.1.95	nach dem 28.2.89 und vor dem 1.1.96	nach dem 31.12.95
						* s. u.		
AfA-Satz	4 %	3 %	4 x 10% 3 x 5% 18 x 2,5%	2,5 %	2 %	12 x 3,5% 20 x 2 % 18 x 1 %	8 x 5% 6 x 2,5% 36 x 1,25%	4 x 7% 6 x 5% 6 x 2% 24 x 1,25%	8 x 5% 6 x 2,5% 36 x 1,25%
Bemessungsgrundlage	AK/HK	HK/AK		AK/HK	HK/AK		
Personenkreis	Erwerber/ Bauherr	Bauherr/ ggf. Erwerber		Erwerber/ Bauherr	Bauherr/ ggf. Erwerber		
AfA im Erstjahr	zeitanteilig	voll		zeitanteilig	voll		

* Vom 8. 5. 1973 bis 1. 9. 1977 war die degressive Gebäude-AfA ausgeschlossen (Anlage 2 zu H 44).

15.10 Abschreibung bei Gebäuden und Gebäudeteilen

Bei Gebäudeteilen, die selbstständige unbewegliche Wirtschaftsgüter darstellen, sind Besonderheiten zu beachten.[619]

15.10.3 Lineare AfA

15.10.3.1 Mindestabsetzung

Unabhängig von der tatsächlichen Nutzungsdauer sind bis zur vollen Absetzung abzuziehen:

- bei Gebäuden, soweit sie zu einem Betriebsvermögen gehören und nicht Wohnzwecken dienen und für die der Antrag auf Baugenehmigung nach dem 31. 12. 1985 gestellt worden ist, 3 % (Anschaffung bzw. Herstellung nach dem 31. 12. 2000) bzw. 4 % (Anschaffung bzw. Herstellung vor dem 1. 1. 2001),[620]
- bei anderen Gebäuden, die
  - nach dem 31. 12. 1924 fertig gestellt worden sind, jährlich 2 vom Hundert,
  - vor dem 1. 1. 1925 fertig gestellt worden sind, jährlich 2,5 vom Hundert

der Anschaffungs- oder Herstellungskosten.

Das Gesetz teilt die Gebäude also in zwei Gruppen ein und setzt die AfA **unabhängig von der voraussichtlichen Nutzungsdauer** fest. Auch wenn die voraussichtliche Nutzungsdauer länger ist, als es den vorstehenden Prozentsätzen entspricht (25, 50 bzw. 40 Jahre), ist die AfA mit 4 % bzw. 3 %, 2 % bzw. 2,5 % zu berechnen. Die Anwendung niedrigerer AfA-Sätze ist ausgeschlossen (R 44 Abs. 4 Satz 2 EStR).

Ist Bemessungsgrundlage für ein Gebäude, das bereits am 21. 6. 1948 zum Betriebsvermögen gehört hat, der **Einheitswert,** so ist der darin enthaltene Anteil des Grund und Bodens auszuscheiden.[621]

15.10.3.2 AfA bei kürzerer Nutzungsdauer

Beträgt die tatsächliche Nutzungsdauer weniger als 25, 50 bzw. 40 Jahre, so können nach der ausdrücklichen Bestimmung in § 7 Abs. 4 Satz 2 EStG anstelle der vorstehenden Prozentsätze die der tatsächlichen Nutzungsdauer entsprechenden AfA vorgenommen werden. Die höhere AfA ist nur nach der linearen Methode gestattet. Sie kann bei Fabrikgebäuden mit besonders hohem Verschleiß wie in Nass- oder Säurebetrieben oder bei erheblichen Erschütterungen bei nicht massiv gebauten Lagerhallen, Kaufhäusern, Garagenhochhäusern, bei älteren Gebäuden in schlechtem baulichen Zustand sowie bei Gebäuden in Leichtbauweise oder solchen auf fremdem Grund und Boden in Betracht kommen.

---

619 S. u. 15.10.21.
620 § 52 Abs. 21 b EStG i. d. F. des Steuersenkungsgesetzes v. 23. 10. 2000, BGBl 2000 I S. 1433.
621 BFH, BStBl 1967 III S. 287.

15 Bewertung der Wirtschaftsgüter des Betriebsvermögens

Nutzungsdauer eines Gebäudes i. S. des § 7 Abs. 4 Satz 2 EStG ist der Zeitraum, in dem ein Gebäude voraussichtlich seiner Zweckbestimmung entsprechend genutzt werden kann (§ 11 c Abs. 1 Satz 1 EStDV). Bei der Schätzung der Nutzungsdauer sind alle technischen und wirtschaftlichen Umstände des einzelnen Falles zu berücksichtigen (R 44 Abs. 3 und 4 EStR).[622]

Nutzt der Verkäufer eines bebauten Grundstücks die Gebäude vertragsgemäß auch nach dem Verkauf für betriebliche Zwecke weiter bis zum **Gebäudeabbruch**, um das Grundstück vereinbarungsgemäß ohne Gebäude übergeben zu können, so steht ihm als wirtschaftlichem Eigentümer die Gebäude-AfA zu. Der bürgerlich-rechtliche Eigentümer hat keinen Herausgabeanspruch hinsichtlich der Gebäude, da der Nutzungsberechtigte die Gebäude nach Ablauf der vereinbarten Nutzungsdauer zu beseitigen hat. Bei dieser Sachlage kann der Grundstückserwerber zu keinem Zeitpunkt auf die Gebäude einwirken. Der Verkäufer kann anstelle der AfA nach § 7 Abs. 4 Satz 1 EStG die der tatsächlichen Nutzungsdauer entsprechende AfA nach Satz 2 beanspruchen (Verteilung des noch nicht abgeschriebenen Betrags auf die Restnutzungsdauer).[623]

15.10.4 Degressive AfA

Bei Gebäuden ist die degressive AfA nur mit den in § 7 Abs. 5 EStG geregelten Staffelsätzen zulässig, und zwar bei

- Errichtung des Gebäudes durch den Stpfl.;
- Erwerb eines unfertigen Gebäudes und anschließende Fertigstellung durch den Erwerber unter der Voraussetzung, dass der Veräußerer auf die Teilherstellungskosten keine erhöhten Absetzungen bzw. Sonderabschreibungen vorgenommen hat;
- Erwerb eines fertig gestellten Gebäudes im Jahr der Fertigstellung, wenn der Veräußerer weder die AfA nach § 7 Abs. 5 EStG noch erhöhte Absetzungen bzw. Sonderabschreibungen geltend gemacht hat;
- Eintritt eines Gesellschafters in eine Personengesellschaft oder Gesellschafterwechsel während der Bauzeit.

Nach Wortlaut und Zweck des § 7 Abs. 5 EStG, die Erneuerung des Gebäudebestandes zu fördern, können die AfA nach § 7 Abs. 5 EStG nur für **Neubauten** in Anspruch genommen werden (R 43 Abs. 5 EStR).[624] Erforderlich ist, dass das Gebäude in **bautechnischer Hinsicht** neu ist. Der grundlegende Umbau eines Gebäudes steht nur dann einem Neubau gleich, wenn die neu eingefügten Gebäudeteile dem Gesamtgebäude das bautechnische Gepräge eines neuen Gebäudes verleihen. Das ist insbesondere der Fall, wenn verbrauchte Teile ersetzt werden, die für

---
622 H 44 „Nutzungsdauer" EStH.
623 BFH, BStBl 1985 II S. 126.
624 H 44 „Neubau" EStH.

15.10 Abschreibung bei Gebäuden und Gebäudeteilen

die Nutzungsdauer des Gebäudes bestimmend sind, wie z. B. Fundamente, tragende Außen- und Innenwände, Geschossdecken und die Dachkonstruktion. Die Voraussetzungen des § 7 Abs. 5 EStG sind nicht allein schon dann erfüllt, wenn das Gebäude durch die Umgestaltung eine Funktions- oder Nutzungsänderung erfährt. Eine Änderung der Zweckbestimmung (z. B. Umbau eines Mühlengebäudes in ein Wohngebäude ohne Entfernung der tragenden Bauteile) kann zwar zur Herstellung eines neuen Vermögensgegenstandes i. S. des § 255 Abs. 2 HGB führen. Damit ist aber nur entschieden, dass es sich bei den hierfür aufgewendeten Kosten nicht um sofort abziehbaren Erhaltungsaufwand, sondern um Herstellungsaufwand handelt.[625] Aus Vereinfachungsgründen kann in diesen Fällen von einem neuen Gebäude ausgegangen werden, wenn die Baukosten den Verkehrswert des bisherigen Wirtschaftsgutes überschreiten (R 43 Abs. 5 Satz 2 EStR).

Die AfA nach § 7 Abs. 5 i. V. m. § 7 Abs. 5 a EStG kann auch bei einer **Eigentumswohnung** nur in Anspruch genommen werden, wenn diese in bautechnischer Hinsicht neu ist. Eine Eigentumswohnung wird nicht allein schon durch die rechtliche Umwandlung eines bestehenden Gebäudes in Eigentumswohnungen gem. § 8 WEG (neu) hergestellt.[626]

Die degressive AfA ist auf im **Inland** belegene Gebäude beschränkt. Für zum Betriebsvermögen gehörende und nicht Wohnzwecken dienende Gebäude (**Wirtschaftsgebäude**) mit Bauantrag[627] nach dem 31. 3. 1985 und vor dem 1. 1. 1994 oder bei Anschaffung i. S. des § 7 Abs. 5 Satz 2 EStG mit rechtswirksamem Abschluss des obligatorischen Vertrags vor dem 1. 1. 1994 können im Jahr der Fertigstellung oder Anschaffung und in den folgenden drei Jahren jeweils 10 v. H., in den darauf folgenden drei Jahren jeweils 5 v. H. und in den dann folgenden 18 Jahren jeweils 2,5 v. H. der Anschaffungs- oder Herstellungskosten abgezogen werden.

Für **Wohngebäude** i. S. des § 7 Abs. 5 Satz 1 Nr. 3 EStG (vgl. auch R 42 a Abs. 1 sowie Abs. 2 bis 3 EStR) können im Jahr der Fertigstellung und in den folgenden drei Jahren jeweils 7 v. H., in den darauf folgenden sechs Jahren jeweils 5 v. H., in den darauf folgenden sechs Jahren jeweils 2 v. H. und in den dann folgenden 24 Jahren jeweils 1,25 v. H. der Herstellungs- oder Anschaffungskosten abgezogen werden. Für Wohngebäude i. S. des § 7 Abs. 5 Satz 1 Nr. 3 EStG mit Bauantrag nach dem 31. 12. 1995 oder bei Anschaffung aufgrund eines nach dem 31. 12. 1995 abgeschlossenen Kaufvertrags richtet sich die degressive AfA nach § 7 Abs. 5 Satz 1 Nr. 2 EStG. Danach beträgt die degressive AfA im Jahr der Fertigstellung oder Anschaffung und in den folgenden sieben Jahren jeweils 5 v. H., in den darauf folgenden sechs Jahren jeweils 2,5 v. H. und in den dann folgenden 36 Jahren jeweils 1,25 v. H. der Herstellungskosten. Die degressive AfA in fallenden Staffelsätzen hat folgenden Abschreibungsverlauf:

---

625 BFH, BStBl 1992 II S. 808.
626 BFH, BStBl 1993 II S. 188.
627 BMF v. 8. 12. 1994, BStBl 1994 I S. 882.

15 Bewertung der Wirtschaftsgüter des Betriebsvermögens

a) Zum Betriebsvermögen gehörende und nicht Wohnzwecken dienende Gebäude unter den Voraussetzungen des § 7 Abs. 5 Satz 1 Nr. 1 EStG mit Bauantrag vor dem 1. 1. 1994:

Nutzungsjahre	Jahre insgesamt	jährliche AfA	AfA insgesamt
1– 4	4	10 %	40 %
5– 7	3	5 %	15 %
8–25	18	2,5 %	45 %

b) Wohngebäude i. S. des § 7 Abs. 5 Satz 1 Nr. 3 a EStG mit Bauantrag (Kaufvertrag) vor dem 1. 1. 1996:

Nutzungsjahre	Jahre insgesamt	jährliche AfA	AfA insgesamt
1– 4	4	7 %	28 %
5–10	6	5 %	30 %
11–16	6	2 %	12 %
17–40	24	1,25 %	30 %

c) Wohngebäude i. S. des § 7 Abs. 5 Satz 1 Nr. 3 b EStG mit Bauantrag nach dem 31. 12. 1995:

Nutzungsjahre	Jahre insgesamt	jährliche AfA	AfA insgesamt
1– 8	8	5 %	40 %
9–14	6	2,5 %	15 %
15–50	36	1,25 %	45 %

Wirtschaftsgebäude (-gebäudeteile), die nicht zum Betriebsvermögen gehören, die vermietet sind und für die der Bauantrag (Kaufvertrag) vor dem 1. 1. 1995 gestellt ist, sind nach § 7 Abs. 5 Satz 2 Nr. 2 EStG abzuschreiben.

Andere AfA-Methoden mit anderer Staffelung oder degressive Absetzungen nach Maßgabe einer kürzeren oder längeren Nutzungsdauer sind nicht zulässig (R 44 Abs. 6 Satz 1 EStR).

Die Anwendung der degressiven AfA ist nicht zwingend, sondern beruht auf dem **Wahlrecht** des Stpfl., das allerdings nur unter Beachtung der **umgekehrten Maßgeblichkeit** ausgeübt werden kann (§ 5 Abs. 1 Satz 2 EStG). Die degressive Abschreibung führt bei Gebäuden ebenso wie beim beweglichen Anlagevermögen zu einer Vorverlagerung der Absetzungen und damit zu erheblichen zinslosen Steuerstundungen.

15.10 Abschreibung bei Gebäuden und Gebäudeteilen

15.10.5 Beginn der AfA

Die Nutzungsdauer und damit die AfA beginnt grundsätzlich mit dem Zeitpunkt der Anschaffung oder Fertigstellung (R 44 Abs. 1, 2 EStR),[628] bei Gebäuden, die der Stpfl. vor dem 21. 6. 1948 angeschafft oder hergestellt hat, mit dem 21. 6. 1948 bzw. dem an seine Stelle tretenden Tag (§ 11 c Abs. 1 EStDV). Die AfA gem. § 7 Abs. 5 EStG setzt nicht voraus, dass das einheitlich geplante Gebäude insgesamt fertig gestellt ist. Es genügt, dass ein **Teil des Gebäudes,** der einem eigenständigen Nutzungs- und Funktionszusammenhang dienen soll, abgeschlossen erstellt ist und genutzt wird. Abschreibungsgrundlage sind die gesamten bisher angefallenen Herstellungskosten des Gebäudes.[629]

Wird jedoch bei der Errichtung eines zur unterschiedlichen Nutzung bestimmten Gebäudes **zunächst ein zum Betriebsvermögen gehörender Gebäudeteil** und danach ein zum Privatvermögen gehörender Gebäudeteil **fertig gestellt,** so hat der Stpfl. gemäß R 43 Abs. 2 EStR ein Wahlrecht, ob er vorerst in die AfA-Bemessungsgrundlage des fertig gestellten Gebäudeteils die Herstellungskosten des noch nicht fertig gestellten Gebäudeteils einbezieht (1. Alternative) oder ob er hierauf verzichtet (2. Alternative).[630]

Beispiel
Der Gewerbetreibende G hat ein Gebäude errichtet, für das er den Bauantrag gestellt hat. Das Gebäude enthält im Erdgeschoss und im 1. Stockwerk eigengewerblich genutzte Räume, in den oberen Stockwerken vermietete Wohnungen. Von den gesamten Herstellungskosten in Höhe von 900 000 DM entfallen 500 000 DM auf den zum Betriebsvermögen gehörenden eigenbetrieblich genutzten Gebäudeteil und 400 000 DM auf den zum Privatvermögen gehörenden fremden Wohnzwecken dienenden Gebäudeteil (vgl. R 13 EStR).
Am 31. 12. 04 waren der eigenbetrieblich genutzte Gebäudeteil, das Dach des Hauses sowie die Außenwände des fremden Wohnzwecken dienenden Gebäudeteils fertig gestellt. Die Herstellungskosten hierfür haben 800 000 DM betragen. Die restlichen Ausbauarbeiten für den fremden Wohnzwecken dienenden Gebäudeteil waren im Februar 05 fertiggestellt. Die in 05 angefallenen Herstellungskosten betrugen 100 000 DM. Der Teilwert des Gebäudes entspricht den Herstellungskosten bzw. den Herstellungskosten abzügl. AfA. Die lineare AfA für den eigenbetrieblich genutzten Gebäudeteil wurde zulässigerweise mit 4 % angesetzt; der zu fremden Wohnzwecken dienende Gebäudeteil soll degressiv abgeschrieben werden (5 % / 2,5 % / 1,25 %).

Lösung nach R 43 Abs. 2 EStR erste Alternative[631]
Eigenbetrieblich genutzter Gebäudeteil

Bis zum 31. 12. 04 angefallene HK des Gebäudes	800 000 DM
AfA 1. 12.–31. 12. 04 nach § 7 Abs. 4 Satz 1 Nr. 1 EStG i. V. m. R 44 Abs. 2 EStR (800 000 × 0,04 × $^1/_{12}$)	2 667 DM
Buchwert 31. 12. 04	797 333 DM

---

628 BFH, BStBl 1990 II S. 203, S. 906; H 44 „Fertigstellung" EStH.
629 BFH, BStBl 1991 II S. 132.
630 H 43 „Fertigstellung von Teilen eines Gebäudes zu unterschiedlichen Zeitpunkten" EStH; Vfg. OFD Frankfurt v. 22. 2. 2000, S 2196 A – 25 – St II 23.
631 BFH, BStBl 1991 II S. 132.

15 Bewertung der Wirtschaftsgüter des Betriebsvermögens

Buchwert 31. 12. 04		797 333 DM
AfA 1. 1.–31. 1. 05 nach § 7 Abs. 4 Satz 1 Nr. 1 EStG		
i. V. m. R 44 Abs. 9 EStR (800 000 × 0,04 × $^{1}/_{12}$)		2 667 DM
		794 666 DM
Abgang 1. 2. 05: $\dfrac{794\,666 \times 300\,000}{800\,000}$		298 000 DM
		496 666 DM
AfA 1. 2.–31. 12. 05 (500 000 × 0,04 × $^{11}/_{12}$)		18 333 DM
Buchwert 31. 12. 05		478 333 DM

Fremden Wohnzwecken dienender Gebäudeteil

HK 05		100 000 DM
Zugang 1. 2. 05		298 000 DM
		398 000 DM
AfA § 7 Abs. 5 Satz 1 Nr. 3 b EStG		
5 % für 12 Monate von 100 000 DM	5 000 DM	
AfA § 7 Abs. 4 Satz 1 Nr. 2 a i. V. m.		
R 44 Abs. 8 Satz 2, R 44 Abs. 12 Satz 2 EStR		
2 % für 11 Monate von 298 000 DM	5 463 DM	10 463 DM
31. 12. 05		387 537 DM

Bei dieser Lösung werden also zunächst die gesamten Herstellungskosten und der gesamte Grund und Boden aktiviert. Bei Fertigstellung des zu fremden Wohnzwecken genutzten Gebäudeteils, der lt. Sachverhalt nicht dem gewillkürten Betriebsvermögen, sondern dem Privatvermögen zugeordnet wird, kommt es dann zur Entnahme der entsprechenden Anteile am Grund und Boden und Gebäude, die sich gewinnerhöhend auswirken könnte (§ 4 Abs. 1 S. 2, § 6 Abs. 1 Nr. 4 EStG).

Lösung nach R 43 Abs. 2 EStR zweite Alternative

Eigenbetrieblich genutzter Gebäudeteil

Zugang 1. 12. 04	500 000 DM
AfA 1. 12.–31. 12. 04 nach § 7 Abs. 4 Satz 1 Nr. 1 EStG	
i. V. m. R 44 Abs. 2 EStR (500 000 × 0,04 × $^{1}/_{12}$)	1 667 DM
Buchwert 31. 12. 04	498 333 DM
AfA 05 (4 % von 500 000 DM)	20 000 DM
Buchwert 31. 12. 05	478 333 DM

Fremden Wohnzwecken dienender Gebäudeteil

Zugang 1. 2. 05	400 000 DM
AfA nach § 7 Abs. 5 Satz 1 Nr. 3 b EStG 5 % für 12 Monate	20 000 DM
Buchwert 31. 12. 05	380 000 DM

15.10.6 AfA bei Anschaffung oder Herstellung im Laufe des Wirtschaftsjahres

Die lineare AfA **ist** nur zeitanteilig (pro rata temporis) zu verrechnen. Dagegen können die degressiven Absetzungen nach § 7 Abs. 5 EStG im Jahr der Fertigstellung des Gebäudes mit dem vollen Jahresbetrag abgezogen werden.[632] Dies

---

[632] BFH, BStBl 1974 II S. 704.

15.10 Abschreibung bei Gebäuden und Gebäudeteilen

beruht auf dem Wortlaut des Gesetzes, wonach im **Jahr** der Fertigstellung ein bestimmter AfA-Betrag abgezogen werden kann.

15.10.7 Wechsel der AfA-Methode

Der Übergang von der degressiven Absetzung mit fallenden Staffelsätzen nach § 7 Abs. 5 EStG zur linearen Absetzung nach § 7 Abs. 4 EStG und umgekehrt ist unzulässig.[633] Ebenfalls unzulässig ist der Wechsel zwischen den jeweiligen Absetzungsverfahren nach § 7 Abs. 5 EStG sowie zwischen den Absetzungsverfahren nach § 7 Abs. 4 EStG.

Ein Wechsel zwischen den Absetzungsverfahren nach § 7 Abs. 4 EStG ist jedoch vorzunehmen, wenn ein Gebäude in einem auf das Jahr der Anschaffung oder Herstellung folgenden Jahr die Voraussetzungen des § 7 Abs. 4 Satz 1 Nr. 1 EStG erstmals erfüllt. Dann sind die weiteren AfA nach § 7 Abs. 4 Satz 1 Nr. 1 EStG zu bemessen. Der Wechsel innerhalb des § 7 Abs. 4 EStG ist auch vorzunehmen, wenn ein Gebäude in einem auf das Jahr der Anschaffung oder Herstellung folgenden Jahr die Voraussetzungen des § 7 Abs. 4 Satz 1 Nr. 1 EStG nicht mehr erfüllt oder ein nach § 7 Abs. 5 Satz 1 Nr. 3 EStG abgeschriebener Mietwohnbau nicht mehr Wohnzwecken dient. In diesem Fall ist der Wechsel von degressiver zu linearer AfA sogar zwingend. Dann sind die weiteren AfA nach § 7 Abs. 4 Satz 1 Nr. 2 a EStG zu bemessen (vgl. R 44 Abs. 8 EStR).[634]

15.10.8 Zulässigkeit außergewöhnlicher Absetzungen

Bei der linearen AfA sind außergewöhnliche Absetzungen zulässig (§ 7 Abs. 4 Satz 3 EStG). Die Vornahme von Absetzungen für außergewöhnliche technische oder wirtschaftliche Abnutzung wird jedoch auch bei Gebäuden nicht beanstandet, bei denen von der degressiven Absetzung nach § 7 Abs. 5 EStG Gebrauch gemacht wird (R 44 Abs. 13 EStR).[635]

Außergewöhnliche Absetzungen können bei Beschädigungen, Zerstörung, Katastrophen oder wegen Abbruchs der Gebäude in Betracht kommen.

Der für Gebäude i. S. des § 7 Abs. 4 Satz 1 Nr. 1 EStG geltende AfA-Satz von 3 % bzw. 4 % allein kann jedoch für ältere Gebäude i. S. des § 7 Abs. 4 Satz 1 Nr. 2 EStG keine Absetzung für außergewöhnliche Abnutzung begründen (§ 7 Abs. 4 letzter Satz EStG).[636]

Das durch die Änderung der §§ 7 Abs. 1 Satz 6, 52 Abs. 21 EStG[637] mit Wirkung ab 31. 12. 1998 eingefügte **Zuschreibungsgebot** gilt auch für Gebäude und Gebäudeteile.[638]

---

633 BFH, BStBl 1987 II S. 618; H 44 „Wechsel" EStH.
634 Vgl. auch die Beispiele d) bis i) u. 15.10.21.5.
635 H 44 „AfaA" EStH.
636 Beispiel unter 15.10.2.
637 I. d. F. des Steuerentlastungsgesetzes 1999/2000/2002 v. 24. 3. 1999, BStBl 1999 I S. 304.
638 S. o. 15.9.10.

15.10.9 AfA bei nachträglichen Anschaffungs- oder Herstellungskosten

15.10.9.1 Grundsätzliches

Die nachträglichen Anschaffungs- oder Herstellungskosten sind den Anschaffungs- oder Herstellungskosten oder dem an deren Stelle tretenden Wert hinzuzurechnen und die weiteren Absetzungen für Abnutzung einheitlich für das gesamte Gebäude nach dem sich danach ergebenden Betrag und dem für das Gebäude maßgebenden Hundertsatz zu bemessen.[639] Das gilt sowohl bei der linearen als auch bei Anwendung der degressiven Absetzungsmethode (R 43 Abs. 5, R 44 Abs. 11 EStR).[640]

Beispiel

Die Anschaffungskosten eines Gebäudes haben im Januar 02 500 000 DM betragen. Bis einschließlich 07 wurden 2 % jährlich, insgesamt 60 000 DM, abgesetzt. Durch erhebliche Umbau- und Erweiterungsarbeiten sind in 08 400 000 DM nachträgliche Herstellungskosten entstanden, die nicht dazu geführt haben, dass das Gebäude nunmehr als neues Wirtschaftsgut erscheint. Die Arbeiten waren am 1. 7. 08 abgeschlossen.

Ab 08 ergibt sich für das Gebäude die folgende Bemessungsgrundlage für die AfA: 500 000 DM + 400 000 DM = 900 000 DM. AfA 2 % = 18 000 DM. Für 08 werden die Kosten aus Vereinfachungsgründen so berücksichtigt, als wären sie zu Beginn dieses Jahres aufgewendet worden (R 44 Abs. 11 Satz 3 EStR).

Durch die Beibehaltung des AfA-Satzes kommt es zu einer Verlängerung der Abschreibungszeit über die fiktive Nutzungsdauer von 25, 40 bzw. 50 Jahren hinaus. Bei Anwendung der degressiven AfA gibt es für die Zeit nach Ablauf des 25- oder 50-Jahres-Zeitraumes keine Sonderregelung, sodass die AfA dann nach § 7 Abs. 4 Satz 1 EStG zu bemessen sind.[641] Nur wenn auf diese Weise die volle Absetzung des Abschreibungsvolumens innerhalb der tatsächlichen Nutzungsdauer nicht erreicht wird, kann der Restbuchwert zusammen mit den nachträglichen Herstellungskosten entsprechend § 7 Abs. 4 Satz 2 EStG auf die tatsächliche Restnutzungsdauer des Gebäudes verteilt werden.[642]

Handelt es sich um nachträgliche Herstellungskosten eines zum Betriebsvermögen gehörenden Gebäudes und war der Antrag auf Baugenehmigung für das Gebäude vor dem 1. 4. 1985, für die Durchführung der Herstellungsmaßnahme, durch die kein neues Wirtschaftsgut entstanden ist, nach dem 31. 3. 1985 gestellt, so liegt kein Fall der AfA-Regelung nach § 7 Abs. 4 Satz 1 Nr. 1 EStG vor.

Wird auf eine gegenüber der gesetzlich fingierten betriebsgewöhnlichen Nutzungsdauer von 25 J., 33 J., 50 J. oder 40 J. **kürzere tatsächliche betriebsgewöhnliche Nutzungsdauer abgeschrieben** (§ 7 Abs. 4 Satz 2 EStG), sind die nachträglichen Anschaffungs- oder Herstellungskosten dem Restbuchwert hinzuzurechnen und der sich so ergebende Betrag (neue AfA-Bemessungsgrundlage) auf die **neu zu schät-**

---
639 BFH, BStBl 1987 II S. 491.
640 H 43, H 44, jeweils „Nachträgliche Anschaffungs- oder Herstellungskosten" EStH.
641 BFH, BStBl 1987 II S. 491.
642 BFH, BStBl 1977 II S. 606; H 44 „Nachträgliche Anschaffungs- oder Herstellungskosten" EStH.

15.10 Abschreibung bei Gebäuden und Gebäudeteilen

zende **Restnutzungsdauer** zu verteilen. Aus Vereinfachungsgründen wird es jedoch nicht beanstandet, wenn die neue AfA-Bemessungsgrundlage mit dem bisherigen AfA-Satz abgeschrieben wird (R 44 Abs. 11 EStR).[643]

15.10.9.2 Vereinfachungsregel für das Jahr der nachträglichen Anschaffungs- oder Herstellungskosten

Nach R 44 Abs. 11 Satz 3 EStR können die nachträglichen Anschaffungs- oder Herstellungskosten so behandelt werden, als wären sie **zu Beginn des Wirtschaftsjahres** entstanden.

15.10.10 Abgrenzung zwischen nachträglichen Herstellungskosten und Herstellungskosten für ein neues Wirtschaftsgut

In den folgenden Fällen handelt es sich nicht um nachträgliche Herstellungskosten für ein bereits bestehendes Gebäude, sondern um Herstellungskosten für ein anderes **neues Wirtschaftsgut:**[644]

- **Anbau,** der zu einer **Verschachtelung** mit dem bestehenden Gebäude führt, oder **Umbau,** wenn diese Baumaßnahmen so wesentlich sind, dass sie dem Gebäude das **Gepräge** geben. Das ist aus Vereinfachungsgründen anzunehmen, wenn die Aufwendungen den Verkehrswert des bisherigen Wirtschaftsgutes übersteigen (R 43 Abs. 5 Satz 2 EStR).
- **Anbau,** der nicht mit dem bisherigen Gebäude verschachtelt ist;
- Aufwendungen für die Herstellung eines **selbstständigen Gebäudeteils** i. S. der R 13 Abs. 3, 4 EStR.

Für **jedes neue Wirtschaftsgut** ist die AfA gesondert nach der Summe aus dem Buchwert oder Restwert des bisherigen Gebäudes oder Gebäudeteils und den nachträglichen Herstellungskosten (R 43 Abs. 5 EStR) oder, falls kein Buch- oder Restwert vorhanden war, nach den jetzt angefallenen Herstellungskosten zu bemessen. Das kann lineare AfA nach § 7 Abs. 4 EStG, degressive AfA nach § 7 Abs. 5 EStG oder bei Gebäudeteilen, die Betriebsvorrichtungen oder Scheinbestandteile sind, lineare AfA nach § 7 Abs. 1 oder degressive AfA nach § 7 Abs. 2 EStG sein. Dabei ist die voraussichtliche Nutzungsdauer des neu entstandenen Wirtschaftsgutes zugrunde zu legen (R 44 Abs. 11 Satz 4 EStR).

15.10.11 Teilwertabschreibung

Bei der Ermittlung des Teilwertes von bebauten Grundstücken eines Betriebsvermögens ist nicht davon auszugehen, dass der Grund und Boden und die Gebäude eine

---
[643] H 43 „Nachträgliche Anschaffungs- oder Herstellungskosten", H 44 „Nachträgliche Anschaffungs- oder Herstellungskosten" EStH.
[644] H 43 „Nachträgliche Anschaffungs- oder Herstellungskosten" EStH.

Einheit bilden. Ebenso sind zur Ermittlung des Teilwertes von Grundstücken mit Fabrikationsgebäuden die betrieblich genutzten bebauten Grundstücke nicht in ihrer Gesamtheit zu beurteilen.[645] Auch insoweit gilt der **Grundsatz der Einzelbewertung** (§ 252 Abs. 1 Nr. 3 HGB).

Beispiel

Ein Stpfl. weist nach, dass der Teilwert seines bebauten Grundstücks dauerhaft 200 000 DM beträgt. Davon sollen nach vorgelegtem Gutachten 150 000 DM auf den Grund und Boden und 50 000 DM auf das Gebäude entfallen. In der letzten Bilanz wurde der Grund und Boden mit 100 000 DM und das Gebäude mit 120 000 DM angesetzt.

Obwohl der Grund und Boden einen wesentlich höheren Teilwert als Buchwert hat, kann beim Gebäude eine Teilwertabschreibung in Höhe von 70 000 DM vorgenommen werden.

Eine Teilwertabschreibung kann auch in Betracht kommen, wenn sich die Bauplanung als Fehlmaßnahme erweist und die Pläne nicht verwirklicht bzw. die Gebäude aufgrund neu erstellter Baupläne errichtet werden.[646] Eine Teilwertabschreibung kann für ältere Gebäude i. S. des § 7 Abs. 4 Satz 1 Nr. 2 EStG jedoch nicht darauf gestützt werden, dass für Gebäude i. S. des § 7 Abs. 4 Satz 1 Nr. 1 EStG der AfA-Satz von 4 v. H. in Betracht kommt (vgl. § 7 Abs. 4 letzter Satz EStG).

Wenn der Teilwert eines im Wege der Teilwertabschreibung abgewerteten Grundstückes oder Gebäudes in einem nachfolgenden Wirtschaftsjahr wieder vorübergehend oder dauerhaft angestiegen war, **konnte** dieser am Bilanzstichtag eines vor dem 1. 1. 1999 endenden Wirtschaftsjahres (Letztjahr) wahlweise angesetzt werden, und zwar auch dann, wenn er den letzten Bilanzansatz überstiegen hat; es durften jedoch höchstens die Anschaffungs- oder Herstellungskosten (oder der entsprechende Wert), vermindert um die AfA nach § 7 EStG, angesetzt werden (**Wertbeibehaltungs-** bzw. **Zuschreibungswahlrecht** bis zur **Bewertungsobergrenze** gem. § 6 Abs. 1 Satz 4 EStG).[647] Nach §§ 6 Abs. 1 Nr. 1 Satz 4, 52 Abs. 16 Sätze 1 und 2 EStG[648] besteht ab dem ersten nach dem 31. 12. 1998 endenden Wirtschaftsjahr (Erstjahr) ein **striktes Wertaufholungsgebot**. Insoweit gelten die Ausführungen zu abnutzbaren beweglichen Wirtschaftsgütern entsprechend.[649]

15.10.12 AfA nach außergewöhnlicher Absetzung oder Teilwertabschreibung

Hat der Stpfl. nach § 7 Abs. 4 Satz 3 EStG bei einem Gebäude eine Absetzung für außergewöhnliche technische oder wirtschaftliche Abnutzung vorgenommen, so bemessen sich die Absetzungen für Abnutzung von dem folgenden Wirtschaftsjahr

---
645 BFH, BStBl 1969 II S. 108.
646 BFH, BStBl 1976 II S. 614; s. o. 15.7.6.
647 I. d. F. vor Änderung durch Art. 1 des Steuerentlastungsgesetzes 1999/2000/2002 v. 24. 3. 1999, BStBl 1999 I S. 304.
648 I. d. F. des Steuerentlastungsgesetzes 1999/2000/2002 v. 24. 3. 1999, BStBl 1999 I S. 304.
649 S. o. 15.8.2.3 sowie BMF v. 25. 2. 2000, BStBl 2000 I S. 372.

15.10 Abschreibung bei Gebäuden und Gebäudeteilen

an nach den Anschaffungs- oder Herstellungskosten des Gebäudes abzüglich des Betrags der Absetzung für außergewöhnliche technische oder wirtschaftliche Abnutzung. Entsprechendes gilt, wenn der Stpfl. ein zu seinem Betriebsvermögen gehörendes Gebäude nach § 6 Abs. 1 Nr. 1 Satz 2 EStG mit dem niedrigeren Teilwert angesetzt hat (§ 11 c Abs. 2 EStDV).

Beispiel

Der Teilwert eines für 300 000 DM erworbenen Betriebsgebäudes sinkt dauerhaft unter den letzten Buchwert von 189 000 DM auf 150 000 DM ab. Neben der normalen AfA von 2 % = 6000 DM nimmt der Stpfl. eine Teilwertabschreibung von 33 000 DM vor.

Die zukünftigen AfA errechnen sich wie folgt: 300 000 DM ./. 33 000 DM = 267 000 DM × 2 % = 5340 DM.

Werden nach Vornahme einer Absetzung für außergewöhnliche Abnutzung Herstellungskosten aufgewendet, so ergibt sich die neue Bemessungsgrundlage für die AfA aus den ursprünglichen Anschaffungs- oder Herstellungskosten abzüglich des Betrags der Absetzung für außergewöhnliche Abnutzung zuzüglich des Betrags der aufgewendeten Herstellungskosten (§ 11 c Abs. 2 EStDV).[650]

Beispiel

Ein Betriebsgebäude, dessen Buchwert bei einem AfA-Satz von 4 % 800 000 DM beträgt, wird nach Abbruch des Daches um 2 Geschosse vergrößert. Durch die Baumaßnahme entsteht kein neues Wirtschaftsgut. Wegen des Teilabbruchs ist eine außergewöhnliche Absetzung in Höhe von 80 000 DM erforderlich. Die ursprünglichen Anschaffungskosten des Gebäudes haben 1 200 000 DM, die Herstellungskosten infolge der Aufstockung 430 000 DM betragen.

Die Bemessungsgrundlage der zukünftigen AfA beträgt: 1 200 000 DM ./. 80 000 DM + 430 000 DM = 1 550 000 DM, obwohl das Gebäude nach Fertigstellung des Umbaus nur mit 1 150 000 DM (800 000 DM ./. 80 000 DM + 430 000 DM) zu Buche steht.

Zu beachten ist, dass nach § 11 c Abs. 2 EStDV die neue Bemessungsgrundlage nach außergewöhnlicher Absetzung oder Teilwertabschreibung erst vom **folgenden** Wirtschaftsjahr an gilt. Dagegen ist der nachträgliche Herstellungsaufwand aus Vereinfachungsgründen so zu berücksichtigen, als wäre er zu Beginn des Jahres aufgewendet worden (R 44 Abs. 11 Satz 3 EStR). Im vorstehenden Beispiel beträgt daher die AfA im Jahr der Aufstockung 4 % von 1 630 000 DM = 65 200 DM und in den Folgejahren 4 % von 1 550 000 DM = 62 000 DM.

15.10.13 AfA, erhöhte Absetzungen und Sonderabschreibungen nach Minderung der Anschaffungs- oder Herstellungskosten

Vgl. die obigen Ausführungen.[651]

---

650 H 44 „Nachträgliche Anschaffungs- oder Herstellungskosten" EStH.
651 Unter 15.9.12.

15 Bewertung der Wirtschaftsgüter des Betriebsvermögens

15.10.14 AfA nach Ablauf eines Begünstigungszeitraums

Bei Gebäuden, für die Sonderabschreibungen nach § 3 ZRFG, §§ 3 und 4 Fördergebietsgesetz, § 58 Abs. 1 EStG oder erhöhte Absetzungen nach § 14 Abs. 1, § 14 a Abs. 4, § 14 d Abs. 1 Nr. 2, § 15 Abs. 2 Satz 2 BerlinFG bzw. nach § 14 a BerlinFG 1976 vorgenommen worden sind, ist die lineare AfA in Anlehnung an § 7 Abs. 4 Sätze 1 und 2 EStG nach einem um den Begünstigungszeitraum verminderten Abschreibungszeitraum von 25 Jahren (§ 7 Abs. 4 Satz 1 Nr. 1 EStG) oder von 50 Jahren (§ 7 Abs. 4 Satz 1 Nr. 2 a EStG) zu bemessen (R 45 Abs. 9 EStR).[652]

Beispiel

Für ein im Januar 1993 hergestelltes Betriebsgebäude mit einer tatsächlichen Nutzungsdauer von mehr als 25 Jahren ist für das Jahr 1993 die nach § 4 FördG zulässige Sonderabschreibung vorgenommen worden. Nach Ablauf des Begünstigungszeitraums am 31. 12. 1997 beträgt die restliche Abschreibungsdauer des Gebäudes noch 20 Jahre.

Auch wenn die Nutzungsdauer des Gebäudes nach Ablauf des Begünstigungszeitraums noch immer mindestens 25 Jahre beträgt, ist die AfA auf den Restwert nach einem neuen Vomhundertsatz zu berechnen.

Herstellungskosten Jan. 1993		1 000 000 DM
AfA 1993 nach § 7 Abs. 4 Satz 1 Nr. 1 EStG 4 %	= 40 000 DM	
Sonderabschreibung nach § 4 FördG 50 %	= 500 000 DM	
AfA 1994–1997 nach § 7 Abs. 4 Satz 1 Nr. 1 EStG (4 × 4 % =) 16 %	= 160 000 DM	700 000 DM
Buchwert/Restwert am 31. 12. 1997		300 000 DM

Von 1998 an beträgt die AfA v. H. von 300 000 DM = 15 000 DM
Abschreibungszeitraum (25 Jahre ./. 5 Jahre Begünstigungszeitraum =) 20 Jahre:
AfA-Satz (100 : 20 =) 5 %

Diese Regelungen gelten nicht, wenn der Restwert eines Gebäudes nach Ablauf eines Begünstigungszeitraums den Anschaffungs- oder Herstellungskosten des Gebäudes oder dem an deren Stelle tretenden Wert hinzuzurechnen ist (z. B. in Fällen des § 82 a EStDV) oder wenn der Restwert nach einem in der gesetzlichen Vorschrift genannten festen Vomhundertsatz abzuschreiben ist.[653]

15.10.15 AfA neben der Teilwertabschreibung?

Die Ausführungen zum beweglichen Anlagevermögen gelten entsprechend.[654] Die Frage, ob zuerst die AfA und dann die Teilwertabschreibung zu verrechnen ist, ist auch für die Höhe der zukünftigen AfA nach vorheriger Teilwertabschreibung wichtig.[655]

---

652 BFH, BStBl 1992 II S. 622; H 45 „Beispiel 4" EStH.
653 R 45 Abs. 9 Satz 3 EStR.
654 S. o. 15.9.16.
655 S. o. 15.10.12.

15.10.16 AfA nach Einlage aus dem Privatvermögen

Die Einlage von Wirtschaftsgütern erfolgt grundsätzlich auch dann zum **Teilwert**, wenn diese vor der Einlage zur Erzielung von Überschusseinkünften genutzt wurden (§ 6 Abs. 1 Nr. 5 EStG).
Wurden bebaute Grundstücke **vor dem 1. 1. 1999** aus dem Privatvermögen in das Betriebsvermögen überführt, so bemessen sich die weiteren Absetzungen nach dem Wert, mit dem die Einlage nach § 6 Abs. 1 Nr. 5 EStG anzusetzen ist (in der Regel mit dem Teilwert, R 43 Abs. 6 Satz 1 EStR). Ab dem Einlagezeitpunkt ist die AfA **linear** nach § 7 Abs. 4 Satz 1 EStG oder nach § 7 Abs. 4 Satz 2 EStG und der tatsächlichen künftigen Nutzungsdauer des Gebäudes zu bemessen (R 44 Abs. 12 Satz 1 Nr. 1 EStR). Das gilt auch dann, wenn das Gebäude vor der Einlage im Rahmen des § 21 EStG nach § 7 Abs. 5 EStG degressiv abgeschrieben worden sein sollte.[656]

Wird ein Gebäude **nach dem 31. 12. 1998** in das Betriebsvermögen **eingelegt**, so bemessen sich nach §§ 7 Abs. 1 Satz 4, Abs. 4 Satz 1, 52 Abs. 21 Satz 1 EStG[657] die weiteren Absetzungen für Abnutzung nicht mehr nach dem Einlagewert, sondern **nach dem Restbuchwert** des Gebäudes im Einlagezeitpunkt **(Bemessungsgrundlage)**. Die Ausführungen zur Abschreibung beweglicher Wirtschaftsgüter des abnutzbaren Anlagevermögens gelten entsprechend.[658]

Beispiele
a) Die Anschaffungskosten eines im Privatvermögen erworbenen Gebäudes (Bauantrag vor dem 1. 4. 1985) haben 250 000 DM betragen. Davon wurden im Wege der AfA bei den Einkünften aus Vermietung und Verpachtung bisher 70 000 DM abgesetzt. Im Zeitpunkt der Überführung in das Betriebsvermögen aa) vor dem 1. 1. 1999, ab) nach dem 31. 12. 1998 ergibt sich für das Gebäude ein Teilwert von 375 000 DM. Die tatsächliche Restnutzungsdauer des Gebäudes beträgt im Zeitpunkt der Einlage 40 Jahre.

aa) Das Gebäude ist mit seinem Teilwert im Zeitpunkt der Einlage i. H. von 375 000 DM einzulegen. Die jährliche AfA beträgt nach § 7 Abs. 4 Satz 2 EStG ab Einlage ($^{100}/_{40}$ =) 2,5 % von 375 000 DM = 9375 DM.

ab) Auch nach neuer Rechtslage ist das Gebäude mit seinem Teilwert im Zeitpunkt der Einlage i. H. von 375 000 DM einzulegen. Bemessungsgrundlage für die AfA im Betriebsvermögen ist nach § 7 Abs. 1 Satz 4, Abs. 4 Satz 1 EStG der im Privatvermögen errechnete Restbuchwert von 250 000 DM ./. 70 000 DM = 180 000 DM. Die jährliche AfA beträgt nach § 7 Abs. 4 Satz 2 EStG ab Einlage 2,5 % von 180 000 DM = 4500 DM.

b) Sachverhalt wie im Beispiel a). Die tatsächliche Restnutzungsdauer des nach dem 31. 12. 1924 fertig gestellten Gebäudes betrug im Zeitpunkt der Einlage noch mindestens 50 Jahre.
Die jährliche AfA ist in beiden Fällen nach § 7 Abs. 4 Satz 1 Nr. 2 EStG ab Einlage mit 2 % der Bemessungsgrundlage von 375 000 DM (ba) bzw. 180 000 DM (bb) zu berücksichtigen.

---

656 BFH, BStBl 1995 II S. 170.
657 I. d. F. des Steuerentlastungsgesetzes 1999/2000/2002 v. 24. 3. 1999, BStBl 1999 I S. 304.
658 S. o. 15.9.17.

c) Die Anschaffungskosten eines am 2. 1. 02 im Privatvermögen erworbenen Gebäudes haben 500 000 DM betragen. Davon wurden im Wege der AfA bei den Einkünften aus Vermietung und Verpachtung bisher (2 × 2 % von 500 000 =) 20 000 DM abgesetzt. Am 2. 1. 04 wurde das bebaute Grundstück in das Betriebsvermögen eingelegt. Der Teilwert für das Gebäude betrug zu diesem Zeitpunkt 500 000 DM. Der Bauantrag ist nach dem 31. 3. 1985 gestellt worden. Das Gebäude dient ab 2. 1. 04 nicht mehr Wohnzwecken. Die Restnutzungsdauer beträgt nicht weniger als 50 Jahre.

Das Gebäude erfüllt ab 2. 1. 04 sämtliche Voraussetzungen des § 7 Abs. 4 Satz 1 Nr. 1 EStG und ist ab diesem Zeitpunkt jährlich mit 4 v. H. abzuschreiben. Da das Gebäude innerhalb der letzten drei Jahre vor der Einlage angeschafft worden ist, ist die Einlage mit dem Teilwert, höchstens mit den fortgeführten Anschaffungskosten von (500 000 DM ./. 20 000 DM =) 480 000 DM anzusetzen (§ 6 Abs. 1 Nr. 5 EStG). Die jährliche AfA beträgt nach § 7 Abs. 4 Satz 1 Nr. 1 EStG ab Einlage 4 % von 480 000 DM = 19 200 DM.

d) Sachverhalt wie im Beispiel c). Der Stpfl. hat das Gebäude hergestellt und für die Jahre 02 und 03 jeweils 5 % AfA nach § 7 Abs. 5 Satz 1 Nr. 2 EStG als Werbungskosten abgezogen, sodass die fortgeführten Herstellungskosten am 2. 1. 04 (500 000 DM ./. 50 000 DM =) 450 000 DM betrugen.

Die jährliche AfA beträgt ab Einlage 4 % von 450 000 DM = 18 000 DM (§ 7 Abs. 4 Satz 1 EStG, R 44 Abs. 12 Satz 1 Nr. 1 EStR). Einlagen sind anschaffungsähnliche Vorgänge, sodass degressive Gebäude-AfA nicht möglich ist. Etwas anderes gilt nur, wenn die Einlage im Jahr der Fertigstellung erfolgt und Abschreibungen nach § 7 Abs. 5 EStG im Privatvermögen nicht vorgenommen worden sind. Diese Beurteilung beruht auf der sinngemäßen Anwendung der BFH-Rechtsprechung zur AfA-Bemessungsgrundlage bei Entnahmen.[659]

Da der Einlagewert = AfA-Bemessungsgrundlage bereits durch die Anwendung des § 6 Abs. 1 Nr. 5 EStG auf den im Privatvermögen errechneten Restbuchwert „gedeckelt" wird, kommt bei der Einlage nach dem 31. 12. 1998 § 7 Abs. 1 Satz 4, Abs. 4 Satz 1 EStG nicht zum Zug.

15.10.17 AfA nach Entnahme aus dem Betriebsvermögen

Bei Gebäuden, die der Stpfl. aus einem Betriebsvermögen in das Privatvermögen überführt hat, sind die weiteren AfA nach dem Teilwert (§ 6 Abs. 1 Nr. 4 EStG) oder gemeinen Wert (§ 16 Abs. 3 Satz 3 EStG) zu bemessen, mit dem das Gebäude bei der Überführung steuerlich erfasst worden ist (R 43 Abs. 6 Satz 4 EStR). Die weiteren AfA sind nach § 7 Abs. 4 Satz 1 oder nach § 7 Abs. 4 Satz 2 und der tatsächlichen künftigen Nutzungsdauer des Gebäudes zu bemessen (R 44 Abs. 12 Satz 2 Nr. 1 EStR).

Die gewinnrealisierende Entnahme ist ein **anschaffungsähnlicher Vorgang.** Das bedeutet, dass die degressive Gebäude-AfA nicht in Anspruch genommen werden kann, wenn die Überführung in das Privatvermögen nicht im Jahr der Fertigstellung des Gebäudes erfolgt.[660] Hat bei einem Gebäudeerwerb im Jahr der Herstellung der Hersteller bereits degressive AfA in Anspruch genommen, ist dem Erwerber die

---

659 BStBl 1995 II S. 170 m. w. N.
660 BFH, BStBl 1995 II S. 170.

degressive AfA verwehrt (§ 7 Abs. 5 Satz 3 EStG). Ebenso ist nach der Entnahme im Jahr der Herstellung des Gebäudes degressive AfA nicht möglich, wenn der Betriebsinhaber bereits degressive AfA als Betriebsausgaben geltend gemacht hat.[661]

Als AfA-Bemessungsgrundlage dienen aber weiterhin die Anschaffungs- oder Herstellungskosten oder der an deren Stelle tretende Wert des Gebäudes, wenn ein Gebäude **bei der Überführung aus dem Betriebsvermögen in das Privatvermögen mit dem Buchwert angesetzt** wird (R 43 Abs. 6 Satz 5 Nr. 1 EStR). Es handelt sich insbesondere um die Übergangsregelung zur Wohneigentumsbesteuerung (§ 52 Abs. 15 EStG). Dann ist die bisherige Gebäude-AfA nach der Entnahme grundsätzlich sowohl hinsichtlich der Bemessungsgrundlage und der AfA-Methode als auch des noch abschreibbaren Restvolumens der Anschaffungs- oder Herstellungskosten (Buchwert) unverändert fortzuführen (R 44 Abs. 12 Satz 1 Nr. 2 EStR).[662] Die Fortführung der degressiven AfA-Methode dürfte in diesen Fällen allerdings nicht zulässig sein.

15.10.18 AfA beim Ausscheiden der Gebäude

Für das Jahr der Veräußerung des Gebäudes dürfen sowohl die linearen Absetzungen nach § 7 Abs. 4 EStG als auch die degressiven Absetzungen nach § 7 Abs. 5 EStG nur zeitanteilig vorgenommen werden (R 44 Abs. 9 EStR).[663]

15.10.19 Unterlassene Gebäude-AfA

Unterlassene Gebäude-AfA können nachgeholt werden (R 44 Abs. 10 EStR). Das bedeutet bei Anwendung des § 7 Abs. 4 Satz 1 EStG zwar grundsätzlich eine unveränderte Beibehaltung der AfA mit 4 v. H. bzw. 2 v. H. der Anschaffungs- oder Herstellungskosten, führt jedoch zu einer Verlängerung der Abschreibungszeit und damit im 26. bzw. 51. Jahr und ggf. in den Folgejahren zur Nachholung.[664]

Wurde bislang degressiv nach § 7 Abs. 5 EStG abgeschrieben und dann keine AfA mehr berücksichtigt, sind die degressiven AfA wie bisher fortzuführen mit der Folge, dass die unterbliebenen AfA ebenfalls erst nach Ablauf des „normalen" AfA-Zeitraums nachgeholt werden können. Die Nachholung hat dann jedoch nicht degressiv, sondern linear nach § 7 Abs. 4 EStG zu geschehen.[665]

Sind überhaupt keine AfA geltend gemacht worden, dürften sie wahlweise nach § 7 Abs. 4 Satz 1 oder Abs. 5 EStG, ggf. nach § 7 Abs. 4 Satz 2 EStG, und der tatsächlichen restlichen Nutzungsdauer des Gebäudes zu bemessen sein.

---

661 BFH, BStBl 1992 II S. 909.
662 BFH, BStBl 1994 II S. 749.
663 BFH, BStBl 1977 II S. 835.
664 H 44 „Unterlassene oder überhöhte AfA" EStH; BFH, BStBl 1988 II S. 335.
665 BFH, BStBl 1987 II S. 491.

15 Bewertung der Wirtschaftsgüter des Betriebsvermögens

15.10.20 Korrektur einer überhöhten AfA

Liegen die Voraussetzungen für eine degressive Gebäude-AfA nicht vor, sind bei Gebäuden die lineare AfA jährlich mit 2 v. H. (bei Wirtschaftsgebäuden mit Bauantrag nach dem 31. 3. 1985 mit 4 % bzw. 3 %) der Anschaffungs- oder Herstellungskosten vorzunehmen. Sind höhere AfA-Beträge als 2 % (4 % bzw. 3 %) der Bemessungsgrundlage jährlich berücksichtigt worden und können die Steuerbescheide für die betreffenden Veranlagungszeiträume nicht mehr geändert werden, so sind ab den Jahren, deren Steuerveranlagungen noch berichtigt werden können, die AfA mit 2 % (4 % bzw. 3 %) der im Einzelfall maßgeblichen Bemessungsgrundlage (AK/HK/Einlagewert) vorzunehmen.[666] Die Korrektur erfolgt mithin **nicht im Einmalbetrag**. Vielmehr **verkürzt** sich der verbleibende Abschreibungszeitraum.

Die Bemessungsgrundlage für die AfA wird im Falle überhöhter Abschreibungen nicht um den fehlerhaften Betrag gemindert, d. h. § 11 c Abs. 2 EStDV ist nicht analog anzuwenden.[667]

Beispiel

Für die Jahre 04 bis 07 sind nach Anschaffung eines Betriebsgebäudes statt der typisierten Gebäude-AfA in Höhe von 4 % irrtümlich 10 v. H. AfA von 500 000 DM Gebäudeanschaffungskosten vorgenommen worden. Die Steuerveranlagungen ab 08 können noch berichtigt werden.

Ab 08 beträgt die AfA 4 % von 500 000 DM.
Entwicklung des Gebäudewerts:

Herstellungskosten des Gebäudes	500 000 DM
./. AfA 04–07 (4 × 10 % = 40 % von 500 000 DM =)	200 000 DM
Buchwert 31. 12. 07	300 000 DM
./. AfA 08 4 % von 500 000 DM	20 000 DM
Buchwert 31. 12. 08	280 000 DM
./. AfA 09	20 000 DM
Buchwert 31. 12. 09	260 000 DM

15.10.21 AfA für Gebäudeteile, die selbstständige Wirtschaftsgüter sind

15.10.21.1 Allgemeines

Gebäude sind hinsichtlich der AfA grundsätzlich als Einheit zu behandeln. **Unselbstständige** Gebäudeteile sind deshalb einheitlich mit dem Gebäude abzuschreiben, zu dem sie gehören. Ein Gebäudeteil ist unselbstständig, wenn er der eigentlichen Nutzung als Gebäude dient (R 13 Abs. 5 EStR),[668] wie das z. B. bei **Fahrstuhl-, Heizungs-, Be- und Entlüftungsanlagen** und **Müllschluckern** grund-

---

666 BFH, BStBl 1988 II S. 335.
667 BFH, BStBl 1993 II S. 661.
668 H 13 Abs. 5 „Unselbstständige Gebäudeteile"; H 42 „Unbewegliche Wirtschaftsgüter, die keine Gebäude oder Gebäudeteile sind" EStH.

15.10 Abschreibung bei Gebäuden und Gebäudeteilen

sätzlich der Fall ist. Eine gesonderte AfA ist für solche Gebäudeteile deshalb nicht zulässig.[669] Auch die **Heizungsanlage** einer Fabrikhalle gehört zur Bewertungseinheit des Gebäudes. Deshalb können Einzelteile der Heizung nicht als bewegliche Wirtschaftsgüter degressiv nach § 7 Abs. 2 EStG abgeschrieben werden.[670] Ferner sind unselbstständige Gebäudeteile in einem Hotel eingebaute **Bäder** (**Hotelschwimmbecken** jedoch Betriebsvorrichtungen) und **Duschen**,[671] **Rolltreppen** in einem mehrstöckigen Kaufhaus auch dann, wenn sie zusätzlich zu bereits vorhandenen Treppenanlagen eingebaut worden sind,[672] eine in einer Bar eingebaute **Schallschutzdecke**,[673] eine abgehängte, mit einer Beleuchtungsanlage versehene **Kassettendecke** eines Büroraums[674] sowie **Sprinkleranlagen** in Warenhäusern. Die Sprinkleranlage dient dem Schutz des Gebäudes und damit der Sicherheit des Menschen, aber nicht unmittelbar dem in dem Gebäude unterhaltenen Gewerbebetrieb.[675]

Beleuchtungsanlagen gehören grundsätzlich zu den unselbstständigen Gebäudeteilen. Dagegen sind Spezialbeleuchtungsanlagen, z. B. für Schaufenster, Betriebsvorrichtungen.[676]

Schallschutzvorrichtungen an Decken oder Wänden innerhalb eines Gebäudes können ausnahmsweise Betriebsvorrichtungen sein, wenn von einem Betrieb ein so starker Lärm ausgeht, dass ohne die Vorrichtungen ein reibungsloser Betriebsablauf infrage gestellt wäre. Der Zweck der Verhinderung dieser Beeinträchtigung muss bei dem Einbau und der Gestaltung der Vorrichtungen den Ausschlag gegeben haben.[677]

Selbst **getrennt stehende** Baulichkeiten können zu einem einheitlichen Gebäude bzw. Gebäudeteil, der ein selbstständiges Wirtschaftsgut ist, zusammenzufassen sein. Das ist der Fall, wenn bei fehlender baulicher Verbindung eine Baulichkeit oder eine sonstige Einrichtung dem auf dem gleichen Grundstück befindlichen Hauptgebäude derart dient, dass dieses ohne die Einrichtung unvollständig erscheint. So wird bei Wohngebäuden die **Umzäunung** als Teil des durch den Zaun geschützten Gebäudes behandelt und eine auf dem Hausgrundstück **frei stehende Garage** mit ausschließlich dienender Funktion als Nebengebäude zum Hauptgebäude dem Hauptgebäude unter- und zugeordnet.[678] Daraus folgt: Wird das Gebäude linear abgeschrieben, kann für die Garage nicht die degressive AfA beansprucht werden.[679] Andererseits ist die zu einem Wohngebäude gehörende **Garten-**

---

669 H 42 „Gebäudeteile" EStH.
670 BFH, BStBl 1975 II S. 689.
671 BFH, BStBl 1982 II S. 782.
672 BFH, BStBl 1983 II S. 223.
673 BFH, BStBl 1988 II S. 300.
674 BFH, BStBl 1988 II S. 440.
675 BFH, BStBl 1984 II S. 262.
676 BFH, BStBl 1974 II S. 353.
677 BFH, BStBl 1990 II S. 751.
678 H 42 „Unbewegliche Wirtschaftsgüter, die keine Gebäude oder Gebäudeteile sind" EStH.
679 BFH, BStBl 1984 II S. 196.

15 Bewertung der Wirtschaftsgüter des Betriebsvermögens

anlage ein selbstständiges Wirtschaftsgut.[680] Bei Betriebsgrundstücken sind **Außenanlagen** stets selbstständige unbewegliche Wirtschaftsgüter (vgl. R 42 Abs. 1 Nr. 3 EStR).[681]

Selbstständige Gebäudeteile gehören nicht zum Gebäude. Sie sind selbstständige Wirtschaftsgüter und deshalb gesondert vom Gebäude abzuschreiben. Ein Gebäudeteil ist selbstständig, wenn er besonderen Zwecken dient, mithin in einem von der eigentlichen Gebäudenutzung verschiedenen Nutzungs- und Funktionszusammenhang steht (R 13 Abs. 3 EStR).[682] Dies ist stets anzunehmen bei Betriebsvorrichtungen, Scheinbestandteilen, Ladeneinbauten, Schaufensteranlagen, Gaststätteneinbauten und ähnlichen schnell unmodern werdenden Einbauten, sonstigen Mietereinbauten sowie **sonstigen selbstständigen Gebäudeteilen** i. S. der R 13 Abs. 4 EStR. Wegen des Grundsatzes der Einzelbewertung besteht bei selbstständigen Gebäudeteilen grundsätzlich die Verpflichtung zur gesonderten Aktivierung und Bewertung.

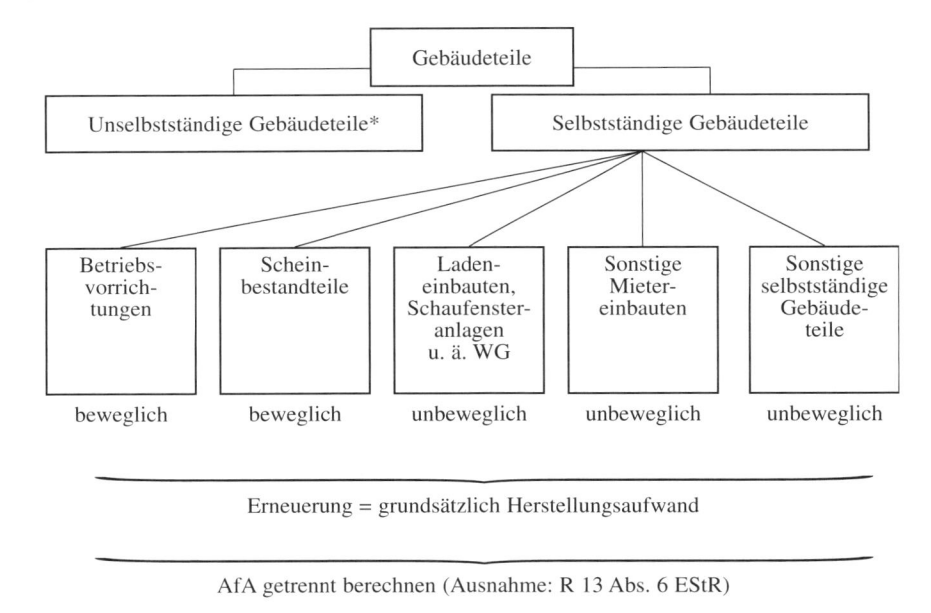

```
                          Gebäudeteile
                   ┌───────────┴───────────┐
         Unselbstständige          Selbstständige
         Gebäudeteile*              Gebäudeteile
                          ┌─────┬─────┬─────┬─────┐
                       Betriebs- Schein- Laden-  Sonstige Sonstige
                       vorrich-  bestand- einbauten, Mieter-  selbstständige
                       tungen    teile    Schaufenster- einbauten Gebäude-
                                          anlagen                teile
                                          u. ä. WG
                       beweglich beweglich unbeweglich unbeweglich unbeweglich
```

Erneuerung = grundsätzlich Herstellungsaufwand

AfA getrennt berechnen (Ausnahme: R 13 Abs. 6 EStR)

* Keine gesonderte AfA; Erneuerung = Erhaltungsaufwand.

---

680 BFH, BStBl 1997 II S. 25.
681 H 42 „Unbewegliche Wirtschaftsgüter, die keine Gebäude oder Gebäudeteile sind" EStH.
682 H 13 Abs. 3 EStH.

15.10 Abschreibung bei Gebäuden und Gebäudeteilen

15.10.21.2 Betriebsvorrichtungen

Betriebsvorrichtungen (R 13 Abs. 3 Satz 3 Nr. 1 EStR) sind Maschinen und sonstige Vorrichtungen aller Art, die zu einer Betriebsanlage gehören, selbst wenn sie wesentliche Bestandteile eines Grundstückes oder Gebäudes sind, sowie selbstständige Bauwerke oder Gebäudebestandteile, wenn durch diese das Gewerbe unmittelbar betrieben wird, sie in Bezug auf die Ausübung des Gewerbebetriebs somit eine ähnliche Funktion wie Maschinen haben (Lastenaufzüge, Autoaufzüge in Parkhäusern, Verkaufsautomaten, Schauvitrinen, Tresoranlagen, Industrieschornsteine, Öfen in Ziegeleien, Bäckereien etc., Klimaanlagen in Chemiefaser- und Tabakfabriken sowie ein vollautomatisches Hochregallager).[683] Es reicht nicht aus, wenn eine Anlage für einen Gewerbebetrieb lediglich nützlich oder notwendig oder sogar gewerbepolizeilich vorgeschrieben ist.[684] Einbaumöbel, die zu einem Betriebsvermögen gehören, stehen nicht in einem mit der eigentlichen Gebäudenutzung einheitlichen Nutzungs- und Funktionszusammenhang, sondern erfüllen die Funktion von Einrichtungsgegenständen. Sie sind deshalb als selbstständige Wirtschaftsgüter anzusehen.

Ein Silo, in dem von Holzverarbeitungsmaschinen abgesaugtes Sägemehl gespeichert und anschließend in der Gebäudeheizung verbrannt wird, kann Betriebsvorrichtung sein. Anders als ein Öltank, der ausschließlich als Vorratsbehälter für eine Heizung dient, erfüllt der Holzabfallbehälter neben dieser Vorratsfunktion in erster Linie die Aufgabe, den bei der Produktion entstehenden Abfall aufzunehmen und entsprechend den feuerpolizeilichen Erfordernissen zu lagern. Der Silo ist damit mehr einem Rohstoffbehälter vergleichbar.[685]

Betriebsvorrichtungen dienen nicht der Nutzung des Gebäudes, sondern stehen in einer besonderen und unmittelbaren Beziehung zu dem auf dem Grundstück oder in dem Gebäude ausgeübten Gewerbebetrieb. Betriebsvorrichtungen sind stets als **bewegliche Wirtschaftsgüter** zu behandeln (R 42 Abs. 3 Satz 2 EStR) und nach § 7 Abs. 1 oder § 7 Abs. 2 EStG abzuschreiben (R 42 Abs. 1 Nr. 1 EStR).

Zur **Abgrenzung** der Betriebsvorrichtungen **von den Betriebsgrundstücken** sind die allgemeinen Grundsätze des Bewertungsrechts (§§ 68 Abs. 2 Nr. 2; 99 Abs. 1 Nr. 1 BewG) anzuwenden.[686]

15.10.21.3 Scheinbestandteile

Auch Scheinbestandteile sind selbstständige Wirtschaftsgüter (R 13 Abs. 3 Satz 3 Nr. 2 EStR). Sie entstehen, wenn bewegliche Wirtschaftsgüter zu einem vorübergehenden Zweck in ein Gebäude eingefügt werden (§ 95 Abs. 2 BGB).

Einbauten zu vorübergehenden Zwecken können sein:
- die vom Stpfl. für seine eigenen Zwecke vorübergehend eingefügten Anlagen (R 42 Abs. 4 Nr. 1 EStR),[687]

---
683 BFH, BStBl 1987 II S. 551.
684 BFH, BStBl 1988 II S. 300.
685 BFH, BStBl 1990 II S. 79.
686 H 42 „Betriebsvorrichtungen" EStH mit Hinweis auf BMF v. 31. 3. 1992, BStBl 1992 I S. 342.
687 H 42 „Scheinbestandteile" EStH.

15 Bewertung der Wirtschaftsgüter des Betriebsvermögens

- die vom Vermieter oder Verpächter zur Erfüllung besonderer Bedürfnisse des Mieters oder Pächters eingefügten Anlagen, deren Nutzungsdauer nicht länger als die Laufzeit des Vertragsverhältnisses ist (R 42 Abs. 4 Nr. 2 EStR),
- Einbauten des Mieters oder Pächters, die bei Vertragsende wieder zu entfernen sind.[688]

Eine Einfügung zu einem **vorübergehenden Zweck** liegt vor, wenn die eigentliche betriebsgewöhnliche Nutzungsdauer der eingefügten beweglichen Wirtschaftsgüter länger als die tatsächliche Nutzungsdauer ist, für die sie eingebaut werden. Die eingefügten beweglichen Wirtschaftsgüter müssen auch nach ihrem Ausbau noch einen beachtlichen Wiederverwendungswert repräsentieren und nach den Umständen, insbesondere nach Art und Zweck der Verbindung, ist damit zu rechnen, dass sie später wieder entfernt werden.

Da Scheinbestandteile **bewegliche Wirtschaftsgüter** sind, sind sie nach § 7 Abs. 1 oder § 7 Abs. 2 EStG abzuschreiben (R 42 Abs. 1 Nr. 1 EStR).

15.10.21.4 Ladeneinbauten, Schaufensteranlagen, Gaststätteneinbauten, Schalterhallen von Kreditinstituten u. ä. Einbauten

Hierbei handelt es sich um selbstständige Gebäudeteile, die **selbstständige unbewegliche** Wirtschaftsgüter sind (R 13 Abs. 3 Satz 3 Nr. 3; 42 Abs. 6 EStR). Dies gilt auch bei Neubauten.[689] Für sie können, auch in Neubauten, neben der Gebäudeabschreibung AfA nach § 7 Abs. 5 a i. V. m. Abs. 4 oder Abs. 5 EStG vorgenommen werden (vgl. R 42 Abs. 1 Nr. 4, Abs. 6 EStR). Bei der Bemessung der voraussichtlichen Nutzungsdauer ist die schnelle Wandlung des modischen Geschmacks zu berücksichtigen. Die AfA für entsprechende Wirtschaftsgüter i. S. des R 13 Abs. 3 Nr. 3 EStR, die nach dem 31. 12. 1994 angeschafft oder hergestellt werden, sind nach einer **betriebsgewöhnlichen Nutzungsdauer von sieben Jahren** (AfA-Satz 14 v. H.) zu bemessen.[690] Bei Anschaffungen oder Herstellungen vor dem 1. 1. 1995 kann von einer Nutzungsdauer von fünf bis zehn Jahren ausgegangen werden. Als Herstellungskosten dieser Einbauten kommen nur Aufwendungen für Gebäudeteile in Betracht, die statisch für das Gesamtgebäude **unwesentlich** sind, z. B. Aufwendungen für Trennwände, Fassaden, Passagen sowie für die Beseitigung und Neuerrichtung von nichttragenden Wänden und Decken.

Zu diesen selbstständigen Wirtschaftsgütern gehören auch **Eingangshallen von Kreditinstituten,** die optisch auf die dahinter liegende Kassenhalle abgestimmt sind, funktionell mit dieser in Verbindung stehen und nur als Zugang zu den Kassenräumen dienen.

15.10.21.5 Sonstige selbstständige Gebäudeteile

Sonstige selbstständige Gebäudeteile i. S. des § 7 Abs. 5 a EStG sind **selbstständige unbewegliche** Wirtschaftsgüter (R 13 Abs. 3 Satz 3 Nr. 4, Abs. 4 EStR). Sonstige

---

688 BMF v. 15. 1. 1976, BStBl 1976 I S. 66 „Mietereinbau-Erlass" Tz. 2.
689 H 13 Abs. 3 „Schaufensteranlagen" EStH.
690 BMF v. 30. 5. 1996, BStBl 1996 I S. 643.

15.10 Abschreibung bei Gebäuden und Gebäudeteilen

selbstständige Gebäudeteile liegen vor, wenn ein Gebäude **teils eigenbetrieblich, teils fremdbetrieblich, teils zu fremden und teils zu eigenen Wohnzwecken genutzt** wird. Das Gebäude selbst kann daher aus bis zu **4 verschiedenen** (sonstigen) selbstständigen Gebäudeteilen bestehen. Die jeweiligen Gebäudeteile stehen in unterschiedlichen Nutzungs- und Funktionszusammenhängen und sind daher getrennt zu beurteilen.[691] Dient ein Gebäude (Gebäudeteil) ausschließlich eigenbetrieblichen Zwecken, so ist eine weitere Aufteilung auch dann nicht vorzunehmen, wenn es (er) im Rahmen **mehrerer selbstständiger (eigener) Betriebe** des Stpfl. genutzt wird, es sei denn, es liegt Teileigentum vor.[692]

Für jeden sonstigen selbstständigen Gebäudeteil sind grundsätzlich die AfA nach § 7 Abs. 5 a i. V. m. Abs. 4 oder Abs. 5 EStG (vgl. R 42 Abs. 1 Nr. 4 i. V. m. R 42 Abs. 5 und 6 EStR) gesondert vorzunehmen. Zu diesem Zweck sind die Anschaffungs- bzw. Herstellungskosten nach dem Verhältnis der Nutzflächen **aufzuteilen.** Die Aufteilung kann allerdings nach R 13 Abs. 6 Satz 3 unterbleiben, wenn sie aus steuerlichen Gründen nicht erforderlich ist, etwa weil das ganze Gebäude zum Betriebsvermögen gehört und wegen Erwerbs nur nach § 7 Abs. 4 EStG abgeschrieben werden kann. In solchen Fällen werden die AfA einheitlich für das gesamte Gebäude berechnet.

Kann die Vereinfachungsregelung nach R 13 Abs. 6 Satz 3 EStR nicht angewendet werden, so bemessen sich die AfA für jeden sonstigen selbstständigen Gebäudeteil nach dem Teil der Anschaffungs- oder Herstellungskosten des Gebäudes, der anteilig auf diesen Gebäudeteil entfällt. Die Tatsache, dass jeder sonstige selbstständige Gebäudeteil für sich abgeschrieben wird, hat zur Folge, dass **für die einzelnen Gebäudeteile unterschiedliche AfA-Methoden zulässig** sind (R 44 Abs. 6 Satz 2 EStR).

Beispiele

a) Anschaffung eines bebauten Grundstücks, für dessen Gebäude der Erwerber zutreffend die AfA nach § 7 Abs. 5 EStG beanspruchen kann, am 1. 12. 01. Das Grundstück dient ab Anschaffungszeitpunkt zu je $^1/_3$ eigenbetrieblichen Zwecken, fremdbetrieblichen Zwecken und fremden Wohnzwecken. Die Anschaffungskosten in Höhe von 1 200 000 DM, von denen 300 000 DM auf den Grund und Boden entfallen, verteilen sich nach R 13 Abs. 6 Satz 2 EStR mit jeweils 300 000 DM auf die einzelnen sonstigen selbstständigen Gebäudeteile. Der Antrag auf Baugenehmigung ist nach dem 31. 3. 1985 und vor dem 1. 3. 1989 gestellt worden. Zu den eigen- und fremdbetrieblichen Zwecken gehören keine Arbeitnehmerwohnungen. Die vermieteten Gebäudeteile stehen in einem Förderungszusammenhang mit dem Betrieb.

Das Grundstück kann insgesamt als Betriebsvermögen behandelt werden (R 13 Abs. 7, 9 und 10 EStR).

Der eigenbetrieblich genutzte Gebäudeteil ist notwendiges Betriebsvermögen. Die AfA ist nach § 7 Abs. 4 Satz 1 Nr. 1 EStG linear mit 4 % von 300 000 DM oder wahlweise nach § 7 Abs. 5 Satz 1 Nr. 1 EStG degressiv mit 10 % von 300 000 DM zu

---

691 Wegen des Begriffes Hinweis auf 13.3.9, wegen der Zugehörigkeit zum Betriebsvermögen Hinweis auf 13.5.7.
692 H 13 Abs. 4 „Nutzung im Rahmen mehrerer Betriebe" EStH.

15 Bewertung der Wirtschaftsgüter des Betriebsvermögens

berechnen (vgl. § 7 Abs. 5 a EStG). Sollte eine Sonderabschreibung in Betracht kommen, könnte für diesen Gebäudeteil neben der AfA nach § 7 Abs. 4 Satz 1 Nr. 1 EStG die Sonderabschreibung abgezogen werden.

Wird der fremdbetrieblich genutzte Gebäudeteil als gewillkürtes Betriebsvermögen behandelt, kann die AfA ebenfalls entweder nach § 7 Abs. 4 Satz 1 Nr. 1 (4 %) oder nach § 7 Abs. 5 Satz 1 Nr. 1 EStG (10 %) berechnet werden. Eine Bindung an die für den eigenbetrieblich genutzten Gebäudeteil gewählte AfA besteht nicht.

Wird der fremdbetrieblich genutzte Gebäudeteil nicht als Betriebsvermögen behandelt, richtet sich die AfA nicht mehr nach § 7 Abs. 4 Satz 1 Nr. 1 oder § 7 Abs. 5 Satz 1 Nr. 1 EStG, weil dieses Wirtschaftsgut nicht zum Betriebsvermögen gehört. Also kommt AfA nach § 7 Abs. 4 Satz 1 Nr. 2 a (2 %) oder nach § 7 Abs. 5 Satz 1 Nr. 2 EStG (5 %) in Betracht.

Die AfA für den zu fremden Wohnzwecken genutzten Gebäudeteil bestimmt sich – unabhängig davon, ob das Wirtschaftsgut zum Betriebsvermögen oder zum Privatvermögen gehört – nach § 7 Abs. 4 Satz 1 Nr. 2 a (2 %) oder § 7 Abs. 5 Satz 1 Nr. 2 EStG (5 %).

b) Sachverhalt wie im Beispiel a); der Stpfl. hat das Gebäude nach dem 28. 2. 1989 aufgrund eines nach diesem Zeitpunkt und vor dem 1. 1. 1996 rechtswirksam abgeschlossenen Kaufvertrages (vgl. R 42 a Abs. 6 EStR) bis zum Ende des Jahres der Fertigstellung angeschafft. Zu den eigen- und fremdbetrieblichen Zwecken gehören keine Arbeitnehmerwohnungen.

Auch dieses Gebäude kann insgesamt als Betriebsvermögen behandelt werden (R 13 Abs. 7, 9 und 10 EStR).

Wegen der AfA bezüglich des eigenbetrieblich und des fremdbetrieblich genutzten Gebäudeteils vgl. die Lösung zu Beispiel a).

Die AfA für den zu Wohnzwecken genutzten Gebäudeteil bestimmt sich – unabhängig davon, ob das Wirtschaftsgut zum Betriebsvermögen oder zum Privatvermögen gehört – nach § 7 Abs. 4 Satz 1 Nr. 2 (2 %) oder § 7 Abs. 5 Satz 1 Nr. 3 EStG (7 %).

c) Sachverhalt wie a), jedoch wird die eigenbetriebliche Nutzung ab 1. 1. 03 auf die Hälfte des bisher fremdbetrieblich genutzten Gebäudeteils ausgedehnt. Der fremdbetrieblich genutzte Gebäudeteil verringert sich damit um 50 v. H. Der fremdbetrieblich genutzte Gebäudeteil war von Anfang an gewillkürtes Betriebsvermögen, der fremden Wohnzwecken dienende Gebäudeteil Privatvermögen.

Entwicklung der Bilanzwerte zum 31. 12. 02:

eigenbetrieblich genutzter Gebäudeteil		fremdbetrieblich genutzter Gebäudeteil	
Zugang 1. 12. 01	300 000 DM		300 000 DM
AfA 01 10 % f. 1 Jahr	30 000 DM	4 % f. 1 Monat	1 000 DM
31. 12. 01	270 000 DM		299 000 DM
AfA 02 10 %	30 000 DM	4 % v. 300 000 DM	12 000 DM
31. 12. 02	240 000 DM		287 000 DM

Ein Wechsel der AfA-Methode ist gem. R 44 Abs. 8 EStR unzulässig; also muss der eigenbetrieblich genutzte Gebäudeteil weiterhin nach § 7 Abs. 5 EStG abgeschrieben werden, während für den fremdbetrieblich genutzten Gebäudeteil die lineare AfA verbindlich bleibt. Wird der Nutzungsumfang eines Gebäudeteils infolge einer Nutzungsänderung des Gebäudes ausgedehnt, so bemessen sich die weiteren AfA von der neuen Bemessungsgrundlage insoweit nach § 7 Abs. 4 EStG (R 44 Abs. 12 Satz 2 EStR).

15.10 Abschreibung bei Gebäuden und Gebäudeteilen

Entwicklung der Bilanzwerte zum 31. 12. 03:

eigenbetrieblich genutzter Gebäudeteil		fremdbetrieblich genutzter Gebäudeteil	
31. 12. 02 = 1. 1. 03	240 000 DM		287 000 DM
Zugang 1. 1. 03	143 500 DM	Abgang 1. 1. 03	143 500 DM
	383 500 DM		143 500 DM
AfA 03			
10 % v. 300 000 DM	30 000 DM		
4 % v. 150 000 DM	6 000 DM	4 % v. 150 000 DM	6 000 DM
31. 12. 03	347 500 DM		137 500 DM

Wurde der fremdbetrieblich genutzte Gebäudeteil bislang ebenfalls degressiv abgeschrieben, so ist der Zugang 1. 1. 03 beim eigenbetrieblich genutzten Gebäudeteil entgegen R 44 Abs. 12 Satz 2 EStR wie bisher mit 10 % degressiv abzuschreiben. Hier hat der Grundsatz, dass die einmal gewählte AfA-Methode beizubehalten ist, absoluten Vorrang, denn an den Voraussetzungen für die degressive AfA hat sich nichts geändert.

eigenbetrieblich genutzter Gebäudeteil		fremdbetrieblich genutzter Gebäudeteil	
31. 12. 02 = 1. 1. 03	240 000 DM		240 000 DM
Zugang 1. 1. 03	120 000 DM	Abgang 1. 1. 03	120 000 DM
	360 000 DM		120 000 DM
AfA 03			
10 % v. 450 000 DM	45 000 DM	10 % v. 150 000 DM	15 000 DM
31. 12. 03	315 000 DM		105 000 DM

d) Sachverhalt wie a), jedoch wird die eigenbetriebliche Nutzung ab 1. 5. 05 auf die Hälfte des bisher zu fremden Wohnzwecken genutzten Gebäudeteils ausgedehnt. Der fremden Wohnzwecken dienende Gebäudeteil war bisher ein Wirtschaftsgut des Privatvermögens und soll es auch weiterhin bleiben. Der Teilwert des seit dem 1. 5. 05 zusätzlich eigenbetrieblich genutzten Gebäudeteils betrug am 1. 5. 05 160 000 DM. Die Restnutzungsdauer des Gebäudes beträgt nicht weniger als 50 Jahre. Der eigenbetrieblich genutzte Gebäudeteil wurde bislang degressiv, der fremdbetrieblich genutzte Gebäudeteil linear abgeschrieben.

Die Nutzungsänderung führt am 1. 5. 05 zu einer Einlage i. S. des § 4 Abs. 1 Satz 5 EStG, die gem. § 6 Abs. 1 Nr. 5 EStG mit dem Teilwert anzusetzen ist. Die AfA für den in das Betriebsvermögen eingelegten Gebäudeteil sind ab 1. 5. 05 nicht mehr wie bisher linear mit 2 % (§ 7 Abs. 4 Satz 1 Nr. 2 a EStG), sondern linear mit 4 % (§ 7 Abs. 4 Satz 1 Nr. 1 EStG) nach dem Teilwert in Höhe von 160 000 DM zu bemessen (R 43 Abs. 6 Satz 1 EStR).[693] Gem. R 44 Abs. 8 Nr. 1 EStR ist ein Wechsel der AfA-Methode bei Gebäuden vorzunehmen, wenn in einem auf das Jahr der Anschaffung oder Herstellung folgenden Jahr die Voraussetzungen des § 7 Abs. 4 Satz 1 Nr. 1 EStG erstmals erfüllt, was hier der Fall ist. Da die Einlage wie eine Anschaffung behandelt wird (R 44 Abs. 12 Nr. 1 EStR),[694] liegen „zusätzliche Anschaffungskosten" für den ein selbstständiges Wirtschaftsgut bildenden eigenbetrieblich genutzten Gebäudeteil vor. Degressive Gebäude-AfA auf Anschaffungs-

---

[693] Zur Anwendung der § 7 Abs. 1 Satz 4, Abs. 4 Satz 1, § 52 Abs. 21 EStG i. d. F. des Steuerentlastungsgesetzes 1999/2000/2002 v. 24. 3. 1999, BStBl 1999 I S. 304 auf Einlagen nach dem 31. 12. 1998 s. o. 15.10.16.
[694] Vgl. BFH, BStBl 1983 II S. 759.

15 Bewertung der Wirtschaftsgüter des Betriebsvermögens

kosten sind nicht zulässig. Deshalb wird die AfA für den eingelegten Gebäudeteil ab 1. 5. 05 mit 4 % berechnet.
Ab 1. 5. 05 beträgt die AfA 10 % v. 300 000 DM zzgl. 4 % v. 160 000 DM.
Der Bilanzwert zum 31. 12. 05 entwickelt sich wie folgt:

1. 12. 01		300 000 DM
./. AfA 01–04 (10 % v. 300 000 DM × 4)	120 000 DM	
./. AfA 1. 1. – 30. 4. 05 (10 % v. 300 000 DM × ⅓)	10 000 DM	130 000 DM
= Buchwert 1. 5. 05		170 000 DM
+ Zugang 1. 5. 05		160 000 DM
		330 000 DM
./. AfA 1. 5. – 31. 12. 05:		
10 % v. 300 000 DM × ⅔	20 000 DM	
4 % v. 160 000 DM × ⅔	4 267 DM	24 267 DM
= 31. 12. 05		305 733 DM

e) Ein Gebäude des Betriebsvermögens – Antrag auf Baugenehmigung nach dem 31. 3. 1985 und vor dem 1. 3. 1989 – diente bisher ausschließlich Wohnzwecken und wurde wie folgt linear mit 2 % abgeschrieben:

Herstellungskosten 2. 1. 02	600 000 DM
AfA 02 – 04 (3 × 12 000 DM)	36 000 DM
31. 12. 04	564 000 DM

Bis zum 31. 12. 04 waren die Wohnungen geräumt, und sie wurden vom 2. 1. 05 bis 31. 1. 05 zu Büro- und Praxisräumen umgebaut. Dadurch sind Herstellungskosten in Höhe von 40 000 DM entstanden; die Voraussetzungen für eine Absetzung für außergewöhnliche Abnutzung lagen nicht vor. Das Gebäude wird weiterhin als gewillkürtes Betriebsvermögen behandelt. Die Restnutzungsdauer beträgt noch mindestens 50 Jahre.
Ab 1. 1. 05 liegen sämtliche Voraussetzungen des § 7 Abs. 4 Satz 1 Nr. 1 EStG vor: Das Gebäude gehört zum Betriebsvermögen, der Bauantrag ist nach dem 31. 3. 1985 gestellt worden, und das Gebäude dient nicht Wohnzwecken. Folglich sind die AfA ab 1. 1. 05 nach § 7 Abs. 4 Satz 1 Nr. 1 EStG zu bemessen (R 44 Abs. 8 Sätze 1, 2 EStR). Nach R 44 Abs. 11 Satz 3 EStR sind nachträgliche Herstellungskosten im Jahr ihrer Entstehung so zu berücksichtigen, als wären sie zu Beginn des Jahres aufgewendet worden.
Weiterentwicklung des Bilanzansatzes:

31. 12. 04	564 000 DM
Zugang 05	40 000 DM
	604 000 DM
AfA 05 4 % von (600 000 DM + 40 000 DM, vgl. H 43 „Nachträgliche Anschaffungs- oder Herstellungskosten" EStH)	25 600 DM
31. 12. 05	578 400 DM

f) Sachverhalt wie im Beispiel e). Das Gebäude wurde wie folgt degressiv mit 5 % abgeschrieben:

Herstellungskosten 2. 1. 02	600 000 DM
AfA 02 – 04 (3 × 30 000 DM)	90 000 DM
31. 12. 04	510 000 DM

15.10 Abschreibung bei Gebäuden und Gebäudeteilen

Da ab 1. 1. 05 sämtliche Voraussetzungen des § 7 Abs. 4 Satz 1 Nr. 1 EStG vorliegen, ist nunmehr nach dieser Vorschrift abzuschreiben. An sich wäre stattdessen die AfA nach § 7 Abs. 5 Satz 1 Nr. 1 EStG zulässig. Diese Möglichkeit muss hier jedoch ausscheiden (R 44 Abs. 8 EStR), weil die degressive AfA nur vom Jahr der Fertigstellung oder Anschaffung an und nur mit den in § 7 Abs. 5 EStG bezeichneten unterschiedlichen starren Staffelsätzen vorgenommen werden darf.[695] Da auch § 7 Abs. 4 Satz 2 EStG ausscheidet – die tatsächliche Restnutzungsdauer beträgt ab 1. 1. 05 nicht weniger als 25 Jahre –, bemisst sich die AfA mit 4 % von (600 000 + 40 000 =) 640 000 DM und beträgt ab 05 jährlich 25 600 DM.

g) Ein Gebäude des Betriebsvermögens – Bauantrag nach dem 31. 3. 1985, die Voraussetzungen des § 7 Abs. 5 Satz 1 Nr. 3 EStG liegen nicht vor – wurde bislang ausschließlich zu fremden Wohnzwecken genutzt und wie folgt linear mit 2 % abgeschrieben:

Anschaffungskosten 3. 1. 02	800 000 DM
AfA 02 – 04 (3 × 16 000 DM)	48 000 DM
31. 12. 04	752 000 DM

Bis zum 31. 12. 04 waren die Wohnungen im Erdgeschoss und 1. Obergeschoss (das sind insgesamt 50 % der Bausubstanz) geräumt. Sie wurden vom 2. 1. 05 bis 31. 1. 05 zu Laden- und Büroräumen umgebaut und anschließend an Gewerbetreibende vermietet. Die entstandenen Herstellungskosten betrugen 30 000 DM; Absetzungen für außergewöhnliche Abnutzung sind nicht gerechtfertigt. Der umgebaute Gebäudeteil bleibt gewillkürtes Betriebsvermögen. Die Restnutzungsdauer des gesamten Gebäudes beträgt noch mindestens 50 Jahre.

Seit dem 1. 1. 05 besteht das bis dahin ein Wirtschaftsgut bildende Gebäude infolge Nutzungsänderung aus den beiden Wirtschaftsgütern „zu fremden Wohnzwecken genutzter Gebäudeteil" und „fremdbetrieblich genutzter Gebäudeteil" (R 13 Abs. 4 Satz 1 EStR). Für das Wirtschaftsgut „zu fremden Wohnzwecken genutzter Gebäudeteil" ist die bisherige AfA-Methode beizubehalten (R 44 Abs. 8 EStR);[696] die AfA-Bemessungsgrundlage beträgt (¹/₂ von 800 000 =) 400 000 DM.

Entwicklung des Bilanzansatzes zum 31. 12. 05:

31. 12. 04	752 000 DM
Abgang 50 %	376 000 DM
	376 000 DM
AfA 05 (2 % von 400 000 DM)	8 000 DM
31. 12. 05	368 000 DM

Für das Wirtschaftsgut „fremdbetrieblich genutzter Gebäudeteil" liegen sämtliche Voraussetzungen des § 7 Abs. 4 Satz 1 Nr. 1 i. V. m. § 7 Abs. 5 a EStG vor (Gebäudeteil, der ein selbstständiges unbewegliches Wirtschaftsgut ist, gehört zum BV, dient nicht Wohnzwecken und Bauantragstellung nach dem 31. 3. 1985). Deshalb sind die AfA ab 1. 1. 05 mit 4 % zu berechnen (R 44 Abs. 8 Satz 1 Nr. 1 EStR).

Entwicklung des Bilanzansatzes zum 31. 12. 05:

Zugang 1. 1. 05	376 000 DM
Zugang Januar 05	30 000 DM
	406 000 DM
AfA 05 (4 % von 400 000 DM + 30 000 DM)	17 200 DM
31. 12. 05	388 800 DM

---

[695] BFH, BStBl 1976 II S. 414.
[696] H 44 „Wechsel der AfA-Methode bei Gebäuden" EStH; BFH, BStBl 1976 II S. 414.

15 Bewertung der Wirtschaftsgüter des Betriebsvermögens

h) Sachverhalt wie im Beispiel g). Sämtliche Wohnungen waren und die nach dem Umbau verbliebenen sind aus betrieblichen Gründen an Arbeitnehmer des Stpfl. vermietet. Die durch Umbau entstandenen Laden- und Büroräume werden eigenbetrieblich genutzt.

Durch den Umbau ist kein neues Wirtschaftsgut entstanden, denn nach wie vor dient das gesamte Gebäude eigenbetrieblichen Zwecken. Da das einheitliche Wirtschaftsgut Gebäude das Tatbestandsmerkmal „nicht Wohnzwecken dienend" nicht erfüllt, kann die AfA-Regelung nach § 7 Abs. 4 Satz 1 Nr. 1 EStG nicht angewendet werden.

Entwicklung des Bilanzansatzes zum 31. 12. 05:

31. 12. 04 = 1. 1. 05	752 000 DM
Zugang Januar 05	30 000 DM
	782 000 DM
AfA 05 (2 % von 800 000 DM + 30 000 DM)	16 600 DM
31. 12. 05	765 400 DM

Entsteht jedoch durch den Anbau oder die Aufstockung (also Vermehrung der Bausubstanz) ein neues Wirtschaftsgut „eigenbetrieblich oder fremdbetrieblich genutzter Gebäudeteil", der nicht an Arbeitnehmer zu Wohnzwecken vermietet ist, und ist der Bauantrag für diese substanzerhöhende Baumaßnahme nach dem 31. 3. 1985 und vor dem 1. 1. 1994 gestellt worden, so liegen für diesen Gebäudeteil alle die Voraussetzungen des § 7 Abs. 5 Satz 1 Nr. 1 EStG vor. Dann kann also wahlweise entweder nach § 7 Abs. 4 Satz 1 Nr. 1 EStG linear mit 4 % oder nach § 7 Abs. 5 Satz 1 Nr. 1 EStG degressiv mit zunächst 10 % abgeschrieben werden (§ 7 Abs. 5 a EStG).

i) Sachverhalt wie im Beispiel g) mit folgender Abweichung: Ein Gebäude des Betriebsvermögens – Bauantrag nach dem 28. 2. 1989 – wurde bislang ausschließlich zu fremden Wohnzwecken genutzt und wie folgt degressiv mit 7 % abgeschrieben:

Herstellungskosten 3. 1. 02	800 000 DM
AfA 02 – 04 (3 × 56 000 DM)	168 000 DM
31. 12. 04	632 000 DM

Ab 1. 1. 05 besteht das bis dahin ein Wirtschaftsgut bildende Gebäude infolge Nutzungsänderung aus den beiden Wirtschaftsgütern „zu fremden Wohnzwecken genutzter Gebäudeteil" und „fremdbetrieblich genutzter Gebäudeteil" (R 13 Abs. 4 Satz 1 EStR). Für das Wirtschaftsgut „zu fremden Wohnzwecken genutzter Gebäudeteil" ist die bisherige AfA-Methode beizubehalten (vgl. R 44 Abs. 8 EStR); die AfA-Bemessungsgrundlage beträgt ($^1/_2$ von 800 000 =) 400 000 DM.

Entwicklung des Bilanzansatzes zum 31. 12. 05:

31. 12. 04	632 000 DM
Abgang 50 %	316 000 DM
	316 000 DM
AfA 05 (7 % von 400 000 DM)	28 000 DM
31. 12. 05	288 000 DM

Für das Wirtschaftsgut „fremdbetrieblich genutzter Gebäudeteil" liegen sämtliche Voraussetzungen des § 7 Abs. 4 Satz 1 Nr. 1 i. V. m. § 7 Abs. 5 a EStG vor. Deshalb ist die AfA ab 1. 1. 05 mit 4 % zu berechnen (R 44 Abs. 8 Satz 1 Nr. 1 EStR).

15.10 Abschreibung bei Gebäuden und Gebäudeteilen

Entwicklung des Bilanzansatzes zum 31. 12. 05:
Zugang 1. 1. 05	316 000 DM
Zugang Januar 05	30 000 DM
	346 000 DM
AfA 05 (4 % von 400 000 DM + 30 000 DM)	17 200 DM
31. 12. 05	328 800 DM

15.10.22 Baumaßnahmen auf fremden Grundstücken, insbesondere Mietereinbauten und Mieterumbauten

15.10.22.1 Begriff und Abgrenzungen

Baumaßnahmen, die ein Nutzungsberechtigter im eigenen Namen und für eigene Rechnung auf fremdem Grund und Boden bzw. an einem ihm nicht gehörenden Gebäude durchführt, werden vielfach auch als Mietereinbauten bzw. Mieterumbauten bezeichnet (R 13 Abs. 3 Satz 3 Nr. 4 EStR). Die Bezeichnung „Mietereinbauten" ist eng und wird der Vielfalt der fraglichen Sachverhalte nicht gerecht. Besser ist es daher, entsprechend der Bilanzgliederungsvorschrift (§ 266 Abs. 2 A.II.1. HGB) von **Bauten auf fremden Grundstücken** zu sprechen. Zu den Sachverhalten dieser Art können Baumaßnahmen gehören, die auf eigene Rechnung ausgeführt werden:
- vom Mieter auf dem Grundstück des Vermieters,
- vom Pächter auf dem Grundstück des Verpächters,
- vom Ehegatten auf dem Grundstück des anderen Ehegatten,
- von einem Ehegatten auf einem zum Bruchteilsvermögen der beiden Ehegatten gehörenden Grundstück, soweit das Grundstück anteilig dem anderen Ehegatten zuzurechnen ist,
- vom Erben auf dem Grundstück der Erbengemeinschaft, soweit das Grundstück anteilig den anderen Erben zuzurechnen ist,
- vom Gesellschafter auf dem Grundstück einer Gesellschaft,
- von einer Gesellschaft auf dem Grundstück des Gesellschafters.

Die Aufwendungen für die Baumaßnahmen auf fremdem Grund und Boden hat der Nutzungsberechtigte zu aktivieren,
- wenn sie von ihm im eigenen Namen und für eigene Rechnung (Bauherr) getragen wurden **(Eigenaufwand),**[697]
- wenn die Aufwendungen nicht Erhaltungsaufwand darstellen und
- wenn selbstständige Wirtschaftsgüter geschaffen worden sind.[698]

Aktivierungspflichtige Wirtschaftsgüter liegen vor, wenn die Baumaßnahme in einem von der eigentlichen Gebäudenutzung verschiedenen Nutzungs- und Funktionszusammenhang steht. In diesem Sinne kommt eine Aktivierung nur in Betracht, wenn der Nutzungsberechtigte
- durch die Baumaßnahme Betriebsvorrichtungen hergestellt hat,

---
[697] BFH [GrS], BStBl 1995 II S. 281; BFH, BStBl 1997 II S. 718; BMF, BStBl 1996 I S. 1257.
[698] BFH, BStBl 1997 II S. 774.

15 Bewertung der Wirtschaftsgüter des Betriebsvermögens

- aufgrund der Baumaßnahme Scheinbestandteile eingefügt hat,
- wirtschaftlicher Eigentümer geworden ist,
- mit der Baumaßnahme einen besonderen betrieblichen Nutzungsvorteil für seinen Betrieb geschaffen hat.

Für den Fall, dass die Baumaßnahme zwar Herstellungsaufwand darstellt, jedoch keinen besonderen Nutzungsvorteil für den Betrieb des Nutzungsberechtigten bedeutet, mithin lediglich zu einer Verbesserung der eigentlichen Gebäudenutzung führt, liegt nur ein selbst geschaffener immaterieller Vorteil vor, der mangels entgeltlichen Erwerbs nicht aktiviert werden darf.

15.10.22.2 Übersicht

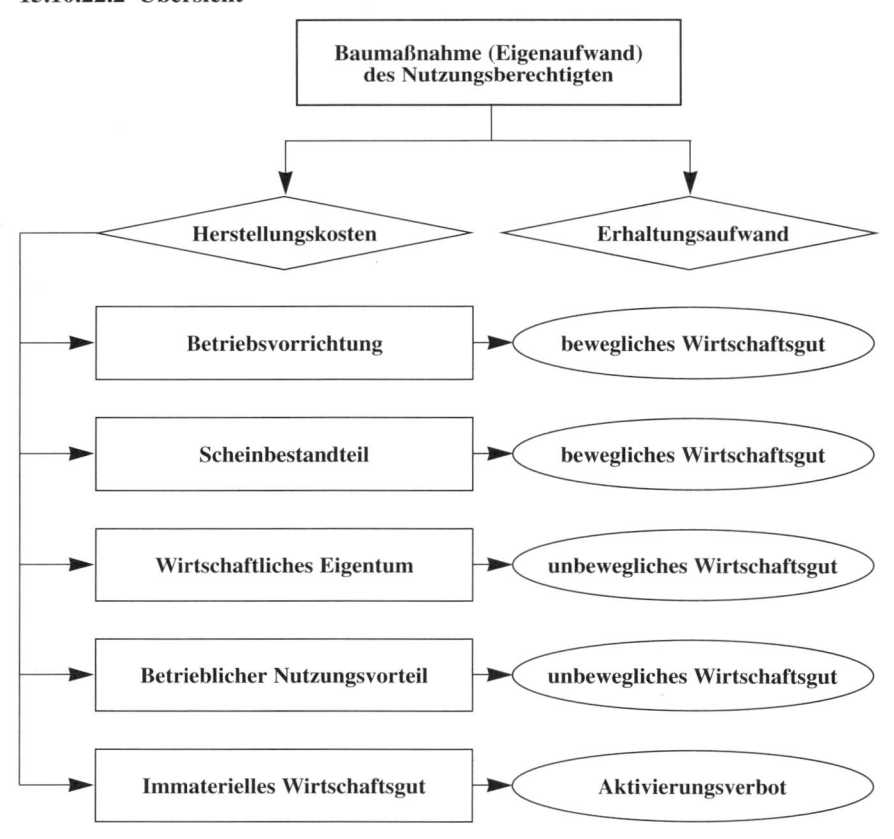

```
              Baumaßnahme (Eigenaufwand)
              des Nutzungsberechtigten
              /                         \
     Herstellungskosten              Erhaltungsaufwand

     Betriebsvorrichtung    →    bewegliches Wirtschaftsgut

     Scheinbestandteil      →    bewegliches Wirtschaftsgut

     Wirtschaftliches Eigentum  →  unbewegliches Wirtschaftsgut

     Betrieblicher Nutzungsvorteil  →  unbewegliches Wirtschaftsgut

     Immaterielles Wirtschaftsgut   →  Aktivierungsverbot
```

15.10 Abschreibung bei Gebäuden und Gebäudeteilen

Die AfA für **Betriebsvorrichtungen** und **Scheinbestandteile** können nach Wahl des Stpfl. nach § 7 Abs. 1 EStG linear oder nach § 7 Abs. 2 EStG degressiv vorgenommen werden. Soweit die Voraussetzungen vorliegen, ist die Sonderabschreibung nach § 7 g EStG zulässig.

Die AfA für die **unbeweglichen Wirtschaftsgüter** wird stets nach Gebäudegrundsätzen vorgenommen.[699] Wegen der regelmäßig kürzeren Nutzungsdauer kommt dabei normalerweise § 7 Abs. 4 Satz 2 EStG zum Zuge. Das gilt auch dann, wenn es sich lediglich um Einbauten oder Umbauten handelt.[700]

15.10.22.3 Erhaltungsaufwand

Die Aktivierung von Aufwendungen des Mieters für gemietete Räume kommt nur in Betracht, wenn ein selbstständiger Gebäudeteil entsteht. Das ist bei Aufwendungen, die der Sache nach Erhaltungsaufwand darstellen, nicht der Fall.[701] Sie sind deshalb sofort abziehbar.

Beispiel
Der Mieter lässt die gemieteten Räume neu tapezieren und anstreichen.
Die Aufwendungen sind sofort abzugsfähige Betriebsausgaben.

15.10.22.4 Herstellungsaufwand

Für die bilanzsteuerrechtliche Behandlung von Mietereinbauten und Mieterumbauten, d. h. solche Baumaßnahmen, die nicht Erhaltungsaufwand sind, kommen zwei Möglichkeiten in Betracht, nämlich die **Aktivierung** der Ausgaben als materielles Wirtschaftsgut (bzw. wie ein materielles Wirtschaftsgut) oder der **sofortige Abzug**. Die Aktivierung von Mieteraufwendungen setzt voraus, dass

- die Aufwendungen zu einem selbstständigen materiellen Wirtschaftsgut (oder zu einem Wirtschaftsgut, das wie ein materielles behandelt wird) geführt haben und
- das Wirtschaftsgut dem Mieter zuzurechnen ist.

15.10.22.5 Selbstständiges Wirtschaftsgut

Herstellungsaufwendungen, das sind Aufwendungen zur Nutzbarmachung, Verbesserung oder Erweiterung gemieteter Räume, sind zu aktivieren und mithilfe von AfA auf die Nutzungsdauer zu verteilen, wenn die durch Umbauten oder Einbauten des Mieters geschaffenen neuen Gebäudebestandteile gegenüber der Gebäudeeinheit selbstständige Wirtschaftsgüter sind. Das ist der Fall, wenn sie unmittelbar besonderen Zwecken des auf dem Grundstück oder in dem Gebäude ausgeübten Gewerbebetriebes des Mieters dienen und in einem von der eigentlichen Gebäudenutzung verschiedenen Funktionszusammenhang stehen.

---
699 BFH, BStBl 1997 II S. 533.
700 H 42 „Unbewegliche..." EStH ist daher insoweit überholt.
701 BFH, BStBl 1990 II S. 286.

15 Bewertung der Wirtschaftsgüter des Betriebsvermögens

Ein besonderer, von der Gebäudenutzung sich unterscheidender Nutzungs- und Funktionszusammenhang wird stets angenommen bei Einbauten für vorübergehende Zwecke (§ 95 BGB), Betriebsvorrichtungen, Einbauten, deren wirtschaftlicher Eigentümer der Mieter ist, sowie Ladeneinbauten, -umbauten und Schaufensteranlagen.

Beispiele

a) Der Mieter errichtet in der gemieteten Autoreparaturwerkstatt eine Hebebühne.

Die Hebebühne ist eine Betriebsvorrichtung und damit ein selbstständiges Wirtschaftsgut.

b) Der Mieter baut in gemietete Räume Trennwände ein, um die Büronutzung zu verbessern. Die Trennwände sind bei Vertragsende wieder zu beseitigen. Eine Weiterverwendung danach ist möglich. Die Nutzungsdauer der Trennwände beträgt 20 Jahre, die voraussichtliche Mietzeit beträgt noch zehn Jahre.

Es handelt sich um einen Einbau für einen vorübergehenden Zweck (Scheinbestandteil).

c) Ein gemieteter Laden wird umgebaut und so für die Zwecke des eigenen Betriebs hergerichtet. Dabei wird die Außenmauer durchgebrochen und ein Ausstellungsraum mit Schaufenstern geschaffen.

Auch in diesem Falle handelt es sich nach Auffassung des BFH um ein selbstständiges Wirtschaftsgut, das wie ein materielles Wirtschaftsgut zu behandeln ist.[702]

d) Der Mieter eines Gebäudes baut ein Lager in Büroräume um, die seinem Gewerbebetrieb dienen.

Die Büroräume des Klägers stehen in einem besonderen Nutzungs- und Funktionszusammenhang mit dem Gewerbebetrieb des Mieters. Die durch den Umbau geschaffene Nutzungsmöglichkeit ist wie ein materielles Wirtschaftsgut mit den Herstellungskosten abzügl. AfA zu aktivieren.[703]

e) Ein Friseur lässt in den gemieteten Betriebsräumen, in denen bislang noch keine Heizung vorhanden war, eine einheitliche Warmwasser-Zentralheizung einbauen, die sowohl die Räume erwärmt als auch das warme Wasser für den Gewerbebetrieb liefert. Der Mieter ist nicht wirtschaftlicher Eigentümer.

Es fehlt an einem vorrangigen Nutzungs- und Funktionszusammenhang zum Betrieb. Die Heizungsanlage ist deshalb ein unselbstständiger Gebäudeteil und damit kein selbstständiges Wirtschaftsgut des Mieters.[704] Der Mieter erlangt lediglich ein immaterielles Wirtschaftsgut.[705]

Betriebsvorrichtungen und **Scheinbestandteile** sind als **bewegliche Wirtschaftsgüter** (vgl. auch R 42 Abs. 1 Nr. 1 i. V. m. R 42 Abs. 3, 4 EStR) und die **sonstigen (materiellen) Mietereinbauten und Mieterumbauten** sind nach **Gebäudegrundsätzen** abzuschreiben.[706]

---

702 BFH, BStBl 1975 II S. 443, BStBl 1979 II S. 399, 507, BStBl 1997 II S. 533, S. 774.
703 BFH, BStBl 1975 II S. 443, BStBl 1979 II S. 399, 507, BStBl 1997 II S. 533.
704 BFH, BStBl 1975 II S. 689, BStBl 1977 II S. 144.
705 Wegen der Behandlung vom Vermieter vgl. R 163 Abs. 3 EStR und BFH, BStBl 1981 II S. 161; s. u. 15.10.22.10.
706 BFH, BStBl 1997 II S. 533; H 42 „Unbewegliche Wirtschaftsgüter, die keine Gebäude oder Gebäudeteile sind" EStH ist damit überholt; BMF-Schreiben v. 15. 1. 1976, BStBl 1976 I S. 66.

15.10 Abschreibung bei Gebäuden und Gebäudeteilen

Trägt ein Mieter Aufwendungen zur Erhaltung der Sache, kann dies auch dann betrieblich veranlasst sein, wenn sich eine entsprechende Verpflichtung aus den gesetzlichen Regelungen und den Vereinbarungen im Mietvertrag nicht ergibt. Die betriebliche Veranlassung kann sich insbesondere daraus ergeben, dass der Mieter die gemieteten Räume für seine betrieblichen Zwecke herrichtet, ohne gegen den Vermieter einen entsprechenden Anspruch auf Ersatz seiner Aufwendungen zu haben, um die Räume weiterhin nutzen zu können oder die bestehenden Nutzungsmöglichkeiten zu verbessern. Die Aufwendungen müssen aber ausschließlich oder fast ausschließlich im eigenen betrieblichen Interesse getätigt werden.

Handelt es sich hingegen um größere Aufwendungen, die auch im Interesse des Vermieters getätigt werden, insbesondere um Reparaturen, die die Substanz des Gebäudes betreffen, so erfüllt der Mieter vorrangig eine gem. § 536 BGB dem Vermieter obliegende Verpflichtung mit der Folge, dass ihm ein entsprechender Anspruch auf Ersatz der Aufwendungen nach § 547 BGB oder nach §§ 677 ff., 683 BGB erwächst. Wird ein Erstattungsanspruch von vornherein nicht geltend gemacht, so rechtfertigt dies jedenfalls dann den Schluss, die Aufwendungen seien nicht betrieblich veranlasst, wenn außerbetriebliche Beziehungen zum Eigentümer bestehen, die als Grund für die Kostenübernahme in Betracht kommen. So liegen nicht abziehbare Zuwendungen i. S. des § 12 Nr. 2 EStG vor, wenn der Nutzungsberechtigte zugunsten des ihm gegenüber gesetzlich unterhaltsberechtigten Eigentümers größere Instandhaltungs- oder Reparaturaufwendungen trägt und von vornherein nicht beabsichtigt, einen Erstattungsanspruch geltend zu machen.[707]

15.10.22.6 Zurechnung bei Scheinbestandteilen

Bilanzierungspflichtig ist grundsätzlich der Eigentümer (§ 39 Abs. 1 AO). Deshalb muss geprüft werden, wer Eigentümer der vom Nutzungsberechtigten errichteten Wirtschaftsgüter ist.

Der Mieter ist bürgerlich-rechtlicher (und wirtschaftlicher) Eigentümer der eingebauten Sachen, wenn es sich um so genannte Scheinbestandteile handelt. Das ist der Fall, wenn die Verbindung mit dem Gebäude oder Grundstück nur zu einem vorübergehenden Zweck erfolgt (§ 95 Abs. 2 BGB).[708]

Beispiel
Der Mieter baut in einem gemieteten Gebäude vorgefertigte Trennwände ein. Nach Ablauf der Mietzeit sollen diese wieder ausgebaut werden.
Der Mieter hat die Trennwände als materielle Wirtschaftsgüter zu aktivieren. Wenn der Einbau nicht in der Absicht der späteren Entfernung erfolgt wäre, wäre der Eigentümer des Grundstücks auch Eigentümer der Trennwände geworden (§§ 93, 94, 946 BGB).

---
707 BFH, BStBl 1992 II S. 192.
708 S. o. 15.10.21.3.

15 Bewertung der Wirtschaftsgüter des Betriebsvermögens

Nach der Rechtsprechung[709] ist Einfügung zu einem vorübergehenden Zweck anzunehmen, wenn

- die Nutzungsdauer der eingefügten Sachen länger als die voraussichtliche Mietdauer ist **und**
- die eingefügten Sachen nach ihrem Wiederausbau nicht nur Schrottwert, sondern noch einen beachtlichen Wiederverwendungswert repräsentieren **und**
- nach den gesamten Umständen, insbesondere nach Art und Zweck der Verwendung, damit gerechnet werden kann, dass die eingefügten Sachen später wieder entfernt werden.

Für die Annahme eines vorübergehenden Zwecks ist nicht allein ausreichend, dass sich der Mieter vertraglich verpflichtet hat, die eingebaute Sache nach Ablauf der Mietzeit wieder zu entfernen.

Sind die vorstehenden Voraussetzungen erfüllt, hat der Mieter die von ihm geschaffenen Wirtschaftsgüter zu aktivieren. Es handelt sich um bewegliche Sachen.

15.10.22.7 Zurechnung der Betriebsvorrichtungen

Betriebsvorrichtungen sind stets selbstständige, vom Gebäude unabhängige Wirtschaftsgüter, selbst dann, wenn sie bürgerlich-rechtlich wesentliche Bestandteile eines Gebäudes sind. Für die Frage, ob durch Aufwendungen des Mieters eine Betriebsvorrichtung entsteht, gelten die allgemeinen Grundsätze (R 42 Abs. 3 EStR).[710] Derartige Betriebsvorrichtungen sind als bewegliche Sachen stets dem Mieter zuzurechnen, denn es handelt sich entweder um Scheinbestandteile (Einbau zu einem vorübergehenden Zweck[711] oder der Mieter ist wirtschaftlicher Eigentümer[712] oder die Vorrichtung ist wie ein materielles Wirtschaftsgut dem Mieter zuzurechnen.[713]

15.10.22.8 Zurechnung der sonstigen Mietereinbauten oder Mieterumbauten bei wirtschaftlichem Eigentum des Mieters

Die durch Ein- und Umbauten entstandenen Wirtschaftsgüter, die nicht Scheinbestandteile oder Betriebsvorrichtungen darstellen, sind dem Mieter zuzurechnen, wenn er ihr wirtschaftlicher Eigentümer ist. Nach § 39 Abs. 2 Nr. 1 AO ist das der Fall, wenn er die tatsächliche Herrschaft über ein Wirtschaftsgut in der Weise ausübt, dass er den Eigentümer im Regelfall für die gewöhnliche Nutzungsdauer von der Einwirkung auf das Wirtschaftsgut wirtschaftlich ausschließen kann.

---

709 BFH, BStBl 1971 II S. 157 und S. 165.
710 S. o. 15.10.21.2.
711 S. o. 15.10.22.6.
712 S. u. 15.10.22.8.
713 S. u. 15.10.22.9.

15.10 Abschreibung bei Gebäuden und Gebäudeteilen

Bei Mietereinbauten und -umbauten ist diese Voraussetzung erfüllt, wenn

- die eingebauten Sachen während der voraussichtlichen Mietdauer technisch oder wirtschaftlich verbraucht werden[714] oder
- der Mieter bei Beendigung des Mietvertrags vom Eigentümer mindestens die Erstattung des noch verbliebenen gemeinen Werts des Einbaus oder Umbaus verlangen kann.[715]

Auch in diesem Fall kann der Mieter den Eigentümer wirtschaftlich von Einwirkungen auf die Einbauten ausschließen. Aufgrund des bei Beendigung des Nutzungsverhältnisses bestehenden Entschädigungsanspruchs in Höhe des Restwerts der Einbauten steht dem Mieter der jeweilige Wert der Einbauten zu jedem gedachten Zeitpunkt des Mietvertrages wirtschaftlich zu. Der Eigentümer kann damit über den Wert der Einbauten wirtschaftlich nicht verfügen, sodass seinem Herausgabeanspruch kein Wert beizulegen ist.[716]

Beispiele

a) Der Mieter baut in ein für zehn Jahre gemietetes, soeben hergestelltes Gebäude erstmals Teppichböden ein. Bei Beendigung des Mietverhältnisses wird der gemeine Wert des Teppichbodens durch Abnutzung 0 DM betragen.

Der Mieter ist wirtschaftlicher Eigentümer.

b) Gastwirt G lässt in einem für 15 Jahre gemieteten Gebäude Wohnräume zu einer Gaststätte umbauen. Die betriebsgewöhnliche Nutzungsdauer des selbstständigen Wirtschaftsgutes Gaststätteneinbau (vgl. R 13 Abs. 3 Nr. 3 EStR) beträgt sieben Jahre.[717]

Der Gaststätteneinbau ist dem G als wirtschaftlichem Eigentümer zuzurechnen.

c) In eine große Fabrikhalle baut der Mieter Trennwände ein, die nach Beendigung des Mietverhältnisses nicht entfernt werden dürfen. Der Vermieter hat bei Beendigung des Mietverhältnisses den Wert der Trennwände zu vergüten.

Auch in diesem Fall ist der Mieter als wirtschaftlicher Eigentümer anzusehen. Der Eigentümer hat zwar einen Herausgabeanspruch auf die Trennwände; dieser Anspruch ist jedoch ohne wirtschaftliche Bedeutung, weil der Mieter bei Mietende einen gleich hohen Ersatzanspruch hat.

Das Aktivierungsverbot des § 248 Abs. 2 HGB und des § 5 Abs. 2 EStG greift nicht. Die Wirtschaftsgüter sind gem. § 6 Abs. 1 Nr. 1 EStG mit den Anschaffungs- oder Herstellungskosten, vermindert um die AfA nach § 7 EStG, anzusetzen.

Die dem Mieter zuzurechnenden Wirtschaftsgüter sind als unbewegliche Wirtschaftsgüter nach Gebäudegrundsätzen, in der Regel nach § 7 Abs. 4 Satz 2 EStG, abzuschreiben.[718]

---

714 BFH, BStBl 1978 II S. 507.
715 BFH, BStBl 1997 II S. 774; Tz. 6 des BdF-Schreibens v. 15. 1. 1976, BStBl 1976 I S. 66.
716 BFH, BStBl 1994 II S. 164.
717 BMF, BStBl 1996 I S. 643.
718 BFH, BStBl 1997 II S. 533; H 42 „Unbewegliche Wirtschaftsgüter, die keine Gebäude oder Gebäudeteile sind" EStH ist überholt.

15 Bewertung der Wirtschaftsgüter des Betriebsvermögens

15.10.22.9 Besonderer betrieblicher Nutzungsvorteil

Dient die Baumaßnahme nicht der eigentlichen Gebäudenutzung, sondern besteht vielmehr ein **besonderer Nutzungs- und Funktionszusammenhang mit dem Betrieb des Mieters**, dann hat der Nutzungsberechtigte (Mieter) durch die Baumaßnahme einen Nutzungsvorteil für seinen Betrieb geschaffen, der nach der Rechtsprechung[719] **wie** ein **materielles Wirtschaftsgut** zu beurteilen und als selbstständiges **unbewegliches** Wirtschaftsgut zu aktivieren ist. Das gilt auch für die Handelsbilanz.[720]

Die Beurteilung nach diesen Grundsätzen kommt immer dann in Betracht, wenn

▸ Herstellungskosten[721] für Bauten, Einbauten oder Umbauten gegeben sind,

▸ keine Betriebsvorrichtung geschaffen wurde,

▸ kein Scheinbestandteil geschaffen wurde,

▸ der Mieter nicht wirtschaftlicher Eigentümer ist und

▸ die Baumaßnahme den besonderen Bedingungen des Mieterbetriebs dient und der Nutzungs- und Funktionszusammenhang mit dem eigentlichen Gebäude nebensächlich ist.

Unbeachtlich ist in diesen Fällen, dass dem Nutzungsberechtigten (Mieter) die Bauten in diesen Fällen weder juristisch (§§ 93, 94, 946 BGB; § 39 Abs. 1 AO) noch wirtschaftlich (§ 39 Abs. 2 Nr. 1 AO) zuzurechnen sind. Gegenstand der Aktivierung ist die Nutzungsmöglichkeit, ggf. ein Nutzungsrecht, das eigentlich immaterieller Art ist. Hintergrund dieser Würdigung ist der **Verwendungsersatzanspruch** nach **§ 951 BGB,** den der Mieter gegen den Eigentümer bei vorzeitigem Vertragsende hat, wenn die Bauten, Einbauten etc. noch nicht wirtschaftlich verbraucht sein sollten. Im Hinblick darauf, dass Bauten auf fremden Grundstücken indes nach § 266 Abs. 2 A.II.2 HGB unter den **Sachanlagen** auszuweisen sind, handelt es sich der Qualität nach um ein materielles Wirtschaftsgut. Dieses Wirtschaftsgut ist unbeweglich und daher nach **Gebäudegrundsätzen** abzuschreiben.[722] Der XI. Senat des BFH nimmt in den Fällen, in denen der Eigentümer einen Verwendungsersatzanspruch nach § 951 BGB geltend machen kann, bereits wirtschaftliches Eigentum des Mieters an.[723] Dagegen kommen der IV. Senat[724] und der VIII. Senat[725] in den Fällen eines Anspruchs nach § 951 BGB zum Ergebnis, dass der Mieter eine Nutzungsmöglichkeit für seinen Betrieb geschaffen hat, die ihm **wie** ein materielles Wirtschaftsgut zuzurechnen und mit den Herstellungskosten zu bewerten ist.

---
719 BFH, BStBl II 1997 S. 533 m. w. N.
720 BFH v. 6. 11. 1995 II ZR 164/94, BB 1996 S. 155; Adler/Düring/Schmaltz (ADS), Rechnungslegung, § 246 HGB Tz. 145, 196.
721 In Abgrenzungsfragen beachte auch BMF v. 16. 12. 1996, BStBl 1996 I S. 1442.
722 BFH, BStBl 1997 II S. 533, S. 718.
723 BStBl 1997 II S. 774.
724 BStBl 1997 II S. 718.
725 BStBl 1997 II S. 533.

15.10 Abschreibung bei Gebäuden und Gebäudeteilen

Beispiele

a) Eine GmbH hat in einem angemieteten Lagergebäude durch Einziehen von Zwischenwänden und Geschossdecken sowie Installation von Heizung und Beleuchtung für 500 000 DM Büroräume geschaffen. Die bND beträgt etwa 25 Jahre, der Mietvertrag läuft ab Fertigstellung noch 15 Jahre.

▶ Die Baumaßnahme ist zu aktivieren und nach § 7 Abs. 4 Satz 2 EStG auf 15 Jahre linear abzuschreiben.

b) Ein Einzelhändler mietet Räume an. Durch Entfernen von Zwischenwänden und sonstige Baumaßnahmen entstehen mit Zustimmung des Eigentümers Laden- und Büroräume. Vertragslaufzeit noch 15 Jahre.

▶ Die Baumaßnahme ist zu aktivieren und nach § 7 Abs. 4 Satz 2 EStG auf 15 Jahre linear abzuschreiben.

c) Ein Textileinzelhändler baut in ein gemietetes Kaufhaus Personenfahrstühle und Rolltreppen ein, um die Kunden besser und moderner zu den Warenangeboten führen zu können. BgND der Anlagen 20 Jahre; Vertragslaufzeit 15 Jahre. Es besteht keine Ausbauverpflichtung.

▶ Die Baumaßnahme ist zu aktivieren und nach § 7 Abs. 4 Satz 2 EStG auf 15 Jahre linear abzuschreiben.

d) Ein Apotheker lässt auf eigene Rechnung in dem gemieteten Gebäude, in dem sich die Apotheke befindet, eine Wohnung in eine Arztpraxis umbauen. Die Umbaukosten werden nicht erstattet.

▶ Durch den Umbau ist weder ein Scheinbestandteil noch eine Betriebsvorrichtung entstanden, noch ist der Apotheker wirtschaftlicher Eigentümer der eingefügten Bausubstanz. Der Umbau steht jedoch in einem unmittelbaren Nutzungs- und Funktionszusammenhang mit dem Betrieb der Apotheke. Die Aufwendungen sind daher wie ein materielles Wirtschaftsgut zu aktivieren und nach Gebäudegrundsätzen abzuschreiben.[726]

Zusammenfassend bleibt festzuhalten, dass Aufwendungen für selbstständige Gebäudeteile vom Mieter grundsätzlich zu aktivieren sind, gleichgültig, ob er ihr rechtlicher oder wirtschaftlicher Eigentümer ist oder nicht. Rechtsgrundlage ist entweder § 68 Abs. 2 Nr. 2 BewG i. V. m. R 42 Abs. 3 EStR (für Betriebsvorrichtungen) oder § 95 BGB i. V. m. § 39 Abs. 1 AO (für Scheinbestandteile) oder § 39 Abs. 2 AO (für wirtschaftliches Eigentum) oder § 5 Abs. 1 Satz 1 EStG i. V. m. § 266 Abs. 2 A.II.1 HGB (für Mietereinbauten ohne rechtliches oder wirtschaftliches Eigentum des Mieters, die aber in einem besonderen Nutzungs- und Funktionszusammenhang zum Betrieb des Mieters stehen).

15.10.22.10 Immaterielles Wirtschaftsgut

Soweit die Baumaßnahmen des Nutzungsberechtigten (Mieter etc.) zwar als Herstellungsaufwand zu qualifizieren sind, aber keine unmittelbare sachliche Beziehung zum Betrieb des Mieters haben, handelt es sich lediglich um die Verbesserung der Gebäudenutzung. Dieser immaterielle Vorteil ist auch dann nicht wie

---

[726] BFH, BStBl 1997 II S. 533.

ein materielles Wirtschaftsgut zu aktivieren, wenn von der Verbesserung der Gebäudenutzung in der Folge auch der Mieterbetrieb profitiert.

Beispiele

a) Der Stpfl. mietet eine Lagerhalle an, in die er mit Zustimmung des Vermieters eine Heizungsanlage erstmals einbaut.

b) Der Stpfl. mietet Fabrikationsräume an. Mit Zustimmung des Vermieters verbessert der Stpfl. die Lichtverhältnisse im Gebäude durch den Einbau zusätzlicher Fenster.

Die Aufwendungen des Nutzungsberechtigten führen lediglich zur Entstehung eines immateriellen Wirtschaftsgutes. Eine Aktivierung darf mangels entgeltlichen Erwerbs jedoch nicht erfolgen (§ 248 Abs. 2 HGB, § 5 Abs. 2 EStG). Denn ein entgeltlicher Erwerb liegt nicht schon dann vor, wenn im Zusammenhang mit dem Erwerb Aufwendungen entstanden sind. Das Entgelt muss vielmehr auf den Vorgang des abgeleiteten Erwerbs des immateriellen Wirtschaftsgutes als solchen bezogen sein. Diese Voraussetzung fehlt bei Mietereinbauten oder -umbauten, die zu einem immateriellen Wirtschaftsgut geführt haben. Die durch Umbauten oder Einbauten veranlassten Aufwendungen bilden die Gegenleistung z. B. für die Materialien und die Handwerkerleistungen, nicht aber für ein von dritter Seite erworbenes immaterielles Wirtschaftsgut.[727]

Auch der Ausweis eines aktiven Rechnungsabgrenzungspostens kommt nicht in Betracht. Denn bei Mietereinbauten oder Mieterumbauten fehlt es an Ausgaben, die Entgelt für eine Leistung des Vermieters in einem bestimmten Zeitraum nach dem Abschlussstichtag darstellen. Sie sind Entgelt für die betreffenden Handwerkerleistungen, die aber nicht zeitraumbezogen, vielmehr zeitpunktbezogen sind. Der Erfolg ist bereits eingetreten.

15.10.22.11 Vorzeitige Beendigung des Mietverhältnisses und teilweise Betriebseinstellung

Wird das Nutzungsverhältnis beendet, bevor die aktivierten Aufwendungen abgeschrieben sind, muss der Restbuchwert im Wege einer außergewöhnlichen Absetzung ausgebucht werden (R 44 Abs. 13 EStR).[728]

Gleichzeitig stehen dieser Absetzung durch außergewöhnliche Abnutzung jedoch i. d. R. Ausgleichsansprüche gegen den Grundstückseigentümer nach § 951 i. V. m. § 812 BGB gegenüber, sodass sich eine Gewinnrealisierung in Höhe der Differenz zwischen der Ausgleichsforderung und dem Restbuchwert des aktivierten Nutzungsrechts ergibt.[729] Der nach §§ 951, 812 BGB entstandene Ersatzanspruch bemisst sich i. d. R. nach dem gemeinen Wert der Baumaßnahmen des Mieters im Zeitpunkt der Beendigung des Mietverhältnisses.[730]

---
727 BFH, BStBl 1975 II S. 443.
728 BFH, BStBl 1990 II S. 6; BMF, BStBl 1996 I S. 1257, Tz. 2; H 44 „AfaA" EStH.
729 BFH, BStBl 1989 II S. 269.
730 BFH, BStBl 1988 II S. 493; BMF, BStBl 1996 I S. 1257.

15.10 Abschreibung bei Gebäuden und Gebäudeteilen

Nach der Rechtsprechung des BGH[731] ist der Anspruch des Bauherrn beim Bau auf fremdem Grund und Boden nicht auf den Rechtsverlust an den eingebauten Baumaterialien beschränkt. Es handelt sich vielmehr um einen einheitlichen auf Wertersatz gerichteten Anspruch, dessen Höhe sich nach der Steigerung des gemeinen Werts (Verkehrswert des Grundstücks durch die Bebauung) bemisst und deshalb nicht durch den Verlust des Entreicherten begrenzt wird.

Der Ausgleichsanspruch ist auch dann gewinnerhöhend, und zwar im Wege der Entnahme zu erfassen, wenn der Nutzungsberechtigte (Mieter etc.) aus außerbetrieblichen Gründen auf die Realisation des Anspruchs verzichtet. Letzteres ist insbesondere auch bei Baumaßnahmen auf Ehegattengrundstücken anzutreffen.

15.10.23 Gebäude auf fremdem Grund und Boden

15.10.23.1 Allgemeines

Errichtet ein Gewerbetreibender auf fremdem Grund und Boden ein Gebäude für eigenbetriebliche Zwecke, so hat er die aufgewendeten Herstellungskosten zu aktivieren

- als Gebäude, wenn er bürgerlich-rechtlicher und damit grundsätzlich auch wirtschaftlicher Eigentümer des Bauwerks ist, oder
- ebenfalls als Gebäude, wenn er zwar nicht bürgerlich-rechtlicher, aber wirtschaftlicher Eigentümer des Bauwerks ist, oder
- wie ein materielles Wirtschaftsgut, wenn er kein wirtschaftlicher Eigentümer des Bauwerks ist, das Gebäude jedoch seinem Betrieb zu dienen bestimmt ist. Die bilanzrechtliche Beurteilung richtet sich nach Gebäudegrundsätzen.[732]

15.10.23.2 Bürgerlich-rechtlicher Eigentümer des Gebäudes auf fremdem Grund und Boden

Grundsätzlich gehören Gebäude zu den wesentlichen Bestandteilen eines Grundstücks (§ 94 Abs. 1 BGB). Entsprechend zieht § 946 BGB aus der Verbindung beweglicher Sachen mit einem Grundstück zu wesentlichen Bestandteilen des Grundstücks den rechtlichen Schluss, dass sich das Eigentum an dem Grundstück (auch) auf diese Sache(n) erstreckt. Diese Rechtsfolge tritt aber nicht ein, wenn Sachen nur zu einem vorübergehenden Zweck mit dem Grund und Boden verbunden sind. Dann handelt es sich um sog. **Scheinbestandteile** i. S. des § 95 BGB. Die Frage, ob ein Gebäude als Grundstücksbestandteil oder als Scheinbestandteil zu beurteilen ist, richtet sich ausschließlich nach den Vorschriften des bürgerlichen Rechts. Hiernach liegt ein Scheinbestandteil vor, wenn bei Errichtung eines

---
731 Vgl. Nachweise in BFH, BStBl 1990 II S. 6.
732 BFH [GrS], BStBl 1995 II S. 281; BFH, BStBl 1997 II S. 533; BStBl 1997 II S. 718.

Betriebsgebäudes auf fremdem Grund und Boden die Vereinbarung getroffen wird, dass nach Ablauf des Miet- oder Pachtvertrags über das Grundstück die vom Mieter oder Pächter errichteten Gebäude wieder abgerissen werden müssen. Ein Scheinbestandteil liegt hingegen nicht vor, wenn der Eigentümer des Grundstücks die Halle nach Ablauf des Mietvertrags entgeltlich oder unentgeltlich übernehmen soll oder wenn ihm die Übernahme ausdrücklich freigestellt ist. Auf die Dauer des Grundstücksmietvertrags kommt es dabei nicht an. Soweit hingegen in Miet- oder Pachtverträgen keine konkrete Vereinbarung über den späteren Übergang der aufstehenden Gebäude getroffen wurde, spricht die tatsächliche Vermutung dafür, dass es sich um Scheinbestandteile i. S. des § 95 BGB handelt. Das ergibt sich aus § 556 Abs. 1 BGB. Nach dieser Vorschrift ist der Mieter verpflichtet, die gemietete Sache nach Beendigung des Mietverhältnisses zurückzugeben. § 556 Abs. 1 BGB wird von der herrschenden Meinung in Rechtsprechung und Schrifttum dahin ausgelegt, dass die auf einer gemieteten oder gepachteten Grundstücksfläche errichteten Gebäude vor der Rückgabe vom Mieter grundsätzlich beseitigt werden müssen, wenn vertraglich nichts anderes bestimmt ist.[733]

Ein Gebäude ist ebenfalls als **Scheinbestandteil** zu qualifizieren, wenn es in Ausübung eines (dinglichen) Rechts an einem fremden Grundstück von dem Berechtigten mit dem Grundstück verbunden worden ist (§ 95 Abs. 1 Satz 2 BGB). Hat der **Erbbauberechtigte** aufgrund des Erbbaurechts auf dem mit dem **Erbbaurecht** belasteten Grundstück oder der **Nießbraucher** in Ausübung des **Nießbrauchsrechts** auf dem fremden Grundstück ein Gebäude errichtet, so sind Erbbauberechtigter sowie Nießbraucher **bürgerlich-rechtlicher** Eigentümer des Gebäudes (vgl. § 95 Abs. 1 i. V. m. § 946 und § 94 Abs. 1 BGB).

Der Nutzungsberechtigte des Grundstücks hat das Gebäude zu aktivieren und nach den AfA-Vorschriften für Gebäude längstens auf die voraussichtliche Mietdauer abzuschreiben. Daneben hat der Erbbauberechtigte das Erbbaurecht mit den Anschaffungskosten (Notar, Grundbuch, GrESt) zu aktivieren und unter den Sachanlagen auszuweisen.[734]

15.10.23.3 Wirtschaftlicher Eigentümer des Gebäudes auf fremdem Grund und Boden

Die Voraussetzungen des wirtschaftlichen Eigentums bei Gebäuden auf fremdem Grund und Boden sind dieselben wie bei sonstigen Mietereinbauten oder Mieterumbauten.[735] Danach ist von wirtschaftlichem Eigentum auszugehen, wenn die Nutzungsdauer des Gebäudes kürzer ist als die voraussichtliche Mietdauer oder wenn bei Vertragsende Anspruch auf eine Zeitwertentschädigung besteht.[736] Nach Auffas-

---
733 BFH, BStBl 1981 II S. 764 m. w. N.
734 BFH, BStBl 1992 II S. 70.
735 Vgl. o. 15.10.22.8.
736 BFH, BStBl 1994 II S. 164.

15.10 Abschreibung bei Gebäuden und Gebäudeteilen

sung des XI. Senats des BFH[737] genügt für die Annahme wirtschaftlichen Eigentums das Bestehen eines Anspruchs nach § 951, § 812 BGB. Auch in diesen Fällen hat der Nutzungsberechtigte des Grundstücks das Gebäude zu aktivieren und nach den AfA-Vorschriften für Gebäude mit 4 % bzw. 3 % (Bauantrag nach dem 31. 3. 1985), ggf. nach § 7 Abs. 5 EStG oder auf die tatsächlich kürzere betriebsgewöhnliche Nutzungsdauer abzuschreiben; bei Entschädigung des gemeinen Werts des Gebäudes bei Mietende ist m. E. ebenfalls auf die betriebsgewöhnliche Nutzungsdauer und nicht auf die ggf. kürzere Mietdauer abzuschreiben, denn hier ist die Übergabe einem Verkauf gleichzusetzen.

Beispiel

Mit Zustimmung des Grundstückseigentümers errichtet der Pächter eines Grundstückes aufgrund Bauantrags vom 1. 4. 1996 ein Betriebsgebäude. Die Herstellungskosten betragen 1 500 000 DM. Pachtende wird voraussichtlich nach Ablauf von 20 Jahren sein. Der Verpächter hat dann den Zeitwert des Bauwerks zu entschädigen.

Lösung

Dem Schreiben der FinVerw[738] könnte man entnehmen, dass die Abschreibung auf die Pachtdauer mithin nach § 7 Abs. 4 Satz 2 EStG zu erfolgen habe. Der AfA-Satz würde in diesem Fall 5 % betragen.

Im Zeitpunkt der Beendigung des Nutzungsverhältnisses würde das unstreitig noch nicht verbrauchte Gebäude mit 0 DM zu Buche stehen. Die vom Verpächter vereinnahmte Zeitwertentschädigung würde in voller Höhe gewinnwirksam vereinnahmt werden müssen.

Richtig dürfte demgegenüber sein, das Gebäude der gesetzlichen Typisierung entsprechend nach § 7 Abs. 4 Satz 1 Nr. 1 EStG mit 4 % bzw. 3 % abzuschreiben. Im Zeitpunkt des Übergangs des wirtschaftlichen Eigentums gegen Zeitwertentschädigung wird dann lediglich die stille Reserve aufgedeckt, die sich aufgrund der typisierten Abschreibung und der Zeitwertentwicklung angesammelt hat. Dieser Betrag kann unter Beachtung der übrigen Voraussetzungen auch nach § 6 b EStG begünstigt werden.[739]

15.10.23.4 Eigentümer des Grund und Bodens ist auch Eigentümer des vom Nutzungsberechtigten errichteten Gebäudes

Das vom Nutzungsberechtigten auf fremdem Grund und Boden errichtete Gebäude ist gem. § 946 BGB Eigentum des Grundstückseigentümers und ihm auch als solches steuerlich zuzurechnen, wenn nicht die Ausnahmetatbestände Scheinbestandteil oder wirtschaftliches Eigentum des Nutzungsberechtigten gegeben sind.

Da der Nutzungsberechtigte (i. d. R. Mieter oder Pächter) kein Eigentümer des Gebäudes ist, kann es von ihm nicht bilanziert werden. Der Mieter hat lediglich eine Nutzungsmöglichkeit, die ihrem Rechtscharakter nach ein immaterielles Wirt-

---
[737] BStBl 1997 II S. 774.
[738] BStBl 1976 I S. 66.
[739] BMF, BStBl 1985 I S. 188.

schaftsgut darstellt, denn der Sache nach handelt es sich insoweit um schuldrechtliche Ansprüche gegenüber dem Grundstückseigentümer auf Verwendungsersatz (§ 951 i. V. m. § 812 BGB) oder um verbesserte Gebrauchsvorteile. Nach kontinuierlicher Rechtsprechung des BFH[740] ist das Gebäude (Gebäudeteil) **wie** ein materielles Wirtschaftsgut mit den Herstellungskosten vom Nutzungsberechtigten zu aktivieren. Dann sind auch die AfA nach den für Gebäude geltenden Vorschriften zu berücksichtigen (R 42 Abs. 5 Satz 3 EStR).[741]

15.10.24 Gebäude im Miteigentum

Soweit der Bauherr Miteigentümer des Grundstückes ist, gelten hinsichtlich des nicht in sein Miteigentum übergehenden Anteils der Baumaßnahme dieselben Grundsätze wie beim Gebäude auf fremdem Grund und Boden (R 42 Abs. 5 Satz 3 EStR).[742]

Beispiel 1

Die Ehegatten F und M sind zu je $1/2$ Miteigentümer eines unbebauten Grundstückes. M hat darauf ein Lagergebäude errichtet (Bauantrag nach dem 31. 12. 1993), das am 1. 4. 02 fertig gestellt war. Die Herstellungskosten in Höhe von 240 000 DM wurden von M allein getragen. F überlässt dem M die anteilig ihr gehörende Hälfte des Grund und Bodens unentgeltlich; sie war mit der Errichtung des Lagergebäudes einverstanden; auf zivilrechtliche Ansprüche (§ 951 BGB) hat sie nicht verzichtet. Die betriebsgewöhnliche Nutzungsdauer des Gebäudes beträgt 33 Jahre.

M ist zu 50 v. H. Miteigentümer des Grundstückes, sodass 50 v. H. des Grund und Bodens und 50 v. H. des errichteten Gebäudes zum notwendigen Betriebsvermögen gehören und zu bilanzieren sind (§ 5 Abs. 1 EStG, § 246 Abs. 1 HGB).[743]

Der auf den Miteigentumsanteil der F entfallende Gebäudeanteil kann als materielles Wirtschaftsgut nicht in der Bilanz des M erfasst werden; lt. Sachverhalt ist M weder rechtlicher noch wirtschaftlicher Eigentümer.

M hat jedoch insoweit für seinen Betrieb ein Nutzungsrecht geschaffen, das wie ein materielles Wirtschaftsgut des M, hier wie ein Anteil am Gebäude, zu behandeln ist (vgl. auch R 42 Abs. 5 Satz 3 EStR).[744]

	Gebäude	Nutzungsrecht
Herstellungskosten	120 000 DM	120 000 DM
AfA § 7 Abs. 4 Satz 1 Nr. 1 EStG (4 % × $9/12$)	3 600 DM	3 600 DM
Buchwert 31. 12. 02	116 400 DM	116 400 DM

Die Aktivierung der auf den fremden Miteigentumsanteil entfallenden Herstellungskosten unter dem Gesichtspunkt eines Nutzungsrechts, das wie ein Anteil am Gebäude zu behandeln ist, kommt allerdings nicht in Betracht, wenn die Übernahme

---
740 Vgl. die Zusammenstellung in BFH, BStBl 1997 II S. 533.
741 BMF, BStBl 1985 I S. 188; BMF, BStBl 1996 I S. 1257. Wegen evtl. Ausgleichsansprüche bei Beendigung des Nutzungsverhältnisses s. o. 15.10.22.11.
742 BMF, BStBl 1996 I S. 1257 „Eigenaufwand"; s. o. 15.10.23.2 bis 15.10.23.4.
743 BFH, BStBl 1978 II S. 299, BStBl 1991 II S. 82; H 13 [7] „Miteigentum" EStH.
744 BFH, BStBl 1990 II S. 6, 1995 II S. 281; BMF, BStBl 1996 I S. 1257 „Eigenaufwand".

15.10 Abschreibung bei Gebäuden und Gebäudeteilen

der Baukosten für den fremden Miteigentümeranteil privat veranlasst ist, wie z. B. bei Schenkung an den Miteigentümerehegatten des Betriebsinhabers.[745]

Beispiel 2
Sachverhalt wie im Beispiel 1, jedoch hat M bereits bei der Errichtung des Lagergebäudes auf den Aufwendungsersatz gem. § 951 BGB verzichtet; M wollte der F den Gebäudeanteil unentgeltlich zuwenden.
M kann den auf F entfallenden Gebäudeanteil nicht aktivieren.[746] Eine Aktivierung als materielles Wirtschaftsgut scheidet aus, weil M insoweit nicht Eigentümer ist. Eine Aktivierung des Nutzungsrechts wie ein materielles Wirtschaftsgut kommt nicht in Betracht, weil M die Baukosten insoweit nicht betrieblich veranlasst getragen hat. Es handelt sich daher um Entnahmen i. S. des § 4 Abs. 1 Satz 2 EStG. Damit kann die AfA auf diesen Gebäudeanteil nicht als Betriebsausgabe abgezogen werden. Ein Abzug als Werbungskosten der F ist ebenfalls nicht möglich, weil F mangels Einnahmen keine Einkünfte aus Vermietung und Verpachtung erzielt.

Haben die Miteigentümer im Zeitpunkt der Errichtung des Bauwerks den Aufwendungsersatzanspruch (§ 951 BGB) des Bauherrn ausgeschlossen und stattdessen vereinbart, dass die Übernahme der auf den fremden Miteigentumsanteil entfallenden Baukosten vorausgezahltes Nutzungsentgelt für den überlassenen fremden Gebäudeanteil sein soll, so besteht das Nutzungsentgelt in dem Verzicht des Bauherrn auf den Aufwendungsersatzanspruch gem. § 951 BGB. Als Folge daraus hat der Bauherr die auf den fremden Miteigentumsanteil entfallenden Bauaufwendungen als aktive Rechnungsabgrenzung (§ 5 Abs. 5 Satz 1 Nr. 1 EStG) zu aktivieren und auf die Dauer des Nutzungsverhältnisses zu verteilen.[747]

Beispiel 3
Sachverhalt wie im Beispiel 1. F und M haben eine Nutzungsdauer von 20 Jahren und bezüglich des Miteigentumsanteils der F als Nutzungsentgelt den Verzicht des M auf den Aufwendungsersatzanspruch nach § 951 BGB vereinbart.
Die Übernahme der auf den Miteigentumsanteil der F entfallenden Herstellungskosten durch M bedeutet eine Vorleistung des M, der eine zeitbezogene Gegenleistung der F gegenübersteht. M hat in seiner Bilanz zum 31. 12. 02 gem. § 5 Abs. 5 Satz 1 Nr. 1 EStG i. V. m. R 31 b Abs. 2 EStR folgende Rechnungsabgrenzung zu aktivieren:

Ausgaben 02 in Höhe der auf den Miteigentumsanteil der F entfallenden Herstellungskosten = Vorauszahlung	120 000 DM
davon Aufwand 02 (120 000 DM : 20 × $^9/_{12}$ =)	4 500 DM
	115 500 DM

F erzielt Einnahmen aus Vermietung und Verpachtung (§ 21 Abs. 1 EStG, vgl. auch R 163 Abs. 3 EStR) und kann deshalb die auf ihren Gebäudeanteil entfallende AfA als Werbungskosten geltend machen. Der Gebäudeanteil der F gehört nicht zum Betriebsvermögen. Die AfA richtet sich bei einer bgND von 33 Jahren nach § 7 Abs. 4 Satz 2 EStG und beträgt jährlich 3 % von 120 000 = 3600 DM, für 02 3600 × $^9/_{12}$ = 2700 DM. Für die Ermittlung des jährlich als Werbungskosten abziehbaren AfA-Betrages ist nicht die Mietvertragsdauer, sondern die betriebsgewöhnliche Nutzungsdauer des Gebäudes maßgeblich.

---

745 Vgl. auch BFH, BStBl 1988 II S. 493, 1989 II S. 269, 1997 II S. 718.
746 BFH, BStBl 1988 II S. 493, 1989 II S. 269.
747 Vgl. BFH, BStBl 1989 II S. 269.

Für den Grundfall, dass mangels abweichender Vereinbarungen das Nutzungsrecht wie ein materielles Wirtschaftsgut zu aktivieren ist (Beispiel 1), kann es sich ergeben, dass die Nutzungsmöglichkeit vorzeitig, etwa durch Tod, durch Scheidung oder auch Veräußerung des Betriebes endet. In diesem Fall ist der noch nicht abgeschriebene Restbuchwert im Wege einer AfaA (§ 7 Abs. 4 Satz 3 EStG) auszubuchen. Der gewinnmindernden Abschreibung des Nutzungsrechts steht jedoch eine gewinnerhöhende Erfassung des Ausgleichsanspruchs gegenüber, den der Bauherr an den Miteigentümer gem. § 951 i. V. m. § 812 BGB hat.[748]

Beispiel 4

Sachverhalt wie im Beispiel 1. Wegen seines angegriffenen Gesundheitszustandes gibt M die gewerbliche Tätigkeit am 31. 3. 11 auf. Das Lagergebäude wird seitdem von den Ehegatten gemeinsam an einen fremden Unternehmer vermietet.

Mit der Betriebsaufgabe ist das Nutzungsrecht gegenstandslos geworden. Der Wegfall des Nutzungsrechts ist durch eine AfaA in Höhe des Restbuchwertes zu berücksichtigen.

Andererseits hat M gegenüber F einen Ausgleichsanspruch nach §§ 951, 812 BGB, der nunmehr gewinnerhöhend mit dem gemeinen Wert des auf F entfallenden Gebäudeanteils zu erfassen ist.

Die Buchungen lauten:

a) AfaA   an Gebäude auf fremdem Grund und Boden
b) Forderungen   an sonstige betriebliche Erträge

Verzichtet M auf die Realisierung des Ausgleichs, so ist dies ein außerbetrieblicher Vorgang, der zu einer Entnahme in Höhe des Ausgleichsanspruchs führt. Dann lauten die Buchungen:

Forderungen   an sonstige betriebliche Erträge
Entnahmen   an Forderungen
AfaA   an Gebäude auf fremdem Grund und Boden

15.11 Abschreibung bei sonstigen Wirtschaftsgütern

15.11.1 Unentgeltlich erlangte Nutzungsrechte

Überlässt der Eigentümer einem Stpfl. ein Wirtschaftsgut **unentgeltlich** zur Erzielung von Einkünften, ohne dass dieser die Anschaffungs- oder Herstellungskosten ganz oder teilweise getragen hat, werden dem Stpfl. keine abschreibungsfähigen Anschaffungs- oder Herstellungskosten, sondern eine **Nutzungsmöglichkeit** zugewendet; diese ist nicht Teil des Wirtschaftsgutes. In der Regel erlangt der Nutzer kein wirtschaftliches Eigentum. Da somit allein der Eigentümer mit den Anschaffungs- oder Herstellungskosten belastet bleibt, können diese dem Nutzer weder zivilrechtlich noch steuerrechtlich übertragen bzw. zugewendet werden. Eine Fortführung der AfA nach den Grundsätzen der unentgeltlichen Einzelrechtsnachfolge

---

748 Vgl. BFH, BStBl 1988 II S. 493, 1989 II S. 269; BMF, BStBl 1996 I S. 1257.

15.11 Abschreibung bei sonstigen Wirtschaftsgütern

(§ 6 Abs. 3 EStG, § 11 d EStDV) kommt weder direkt noch analog zur Anwendung, weil die Anwendung dieser Vorschrift in jedem Fall die Übertragung des Eigentums voraussetzt.

Handelt es sich um ein unentgeltlich erlangtes Nutzungsrecht insbesondere am Vermögen eines Angehörigen, hätte die Erfassung und Bewertung der Einlage mit dem Teilwert (§ 6 Abs. 1 Nr. 5 EStG) zur Folge, dass die durch Realisierung des Nutzungsrechts erzielte Vermögensmehrung unbesteuert bliebe; dem Nutzungsertrag stünde eine entsprechende Abschreibung auf das Nutzungsrecht gegenüber. Das Ertragsteuerrecht ist jedoch so gestaltet, dass **erzielte Nutzungen besteuert** werden. Nur soweit **dem Stpfl. Aufwendungen entstehen,** kann er sie wie bei der betrieblichen Nutzung von eigenem Vermögen als Betriebsausgaben absetzen.[749] Da dem Stpfl. für die Erlangung des Nutzungsrechts keine Aufwendungen entstanden sind, handelt es sich lediglich um unentgeltlich erworbene Nutzungen bzw. Nutzungsvorteile. Das gilt auch bei dinglich oder lediglich schuldrechtlich vereinbarten Nutzungen. Sie sind daher **kein einlagefähiges Wirtschaftsgut** mit der Folge, dass AfA nicht in Betracht kommen. Der Abzug von **Drittaufwand** als Betriebsausgabe ist damit **unzulässig.**[750]

Beispiele

a) F ist Alleineigentümerin eines unbebauten Grundstückes und gestattet ihrem Ehemann M unentgeltlich die langfristige Nutzung dieses Grundstückes. M ist Alleininhaber eines Gewerbebetriebs und nutzt das unbebaute Grundstück zu 100 % in seinem Betrieb. Am Bilanzstichtag ist noch mit einer Nutzungszeit von 20 Jahren zu rechnen. Bei Vermietung des Grundstücks würde F jährlich 20 000 DM erhalten.

M hat bezüglich der Grundstücksnutzung eine gesicherte Rechtsposition erlangt, denn F wäre zu einem uneingeschränkten Entzug der unentgeltlichen Nutzungsbefugnis gegen den Willen des M im Hinblick auf die ihr aus §§ 1353 ff. BGB erwachsende eheliche Mitwirkungspflicht nicht berechtigt. Gleichwohl darf M die Nutzungsbefugnis nicht im Wege der Einlage aktivieren und abschreiben. Der Abzug von Drittaufwand ist unzulässig. F hat wegen unentgeltlicher Überlassung des Grundstücks keine steuerrechtlich relevanten Einnahmen.

b) Auf dem Grundstück lt. Beispiel a) befindet sich ein Gebäude, das M ebenfalls zu 100 % in seinem Betrieb nutzt und dessen Herstellungskosten er auch nicht zum Teil getragen hat. Bei Vermietung des bebauten Grundstücks könnte F jährlich 50 000 DM erzielen und AfA in Höhe von 10 000 DM berücksichtigen.

Die gesicherte Rechtsposition des M bezieht sich auch auf die Nutzung des bebauten Grundstücks. Aber auch die unentgeltlich eingeräumte Möglichkeit, betriebliche Nutzungen aus dem Gebäude zu ziehen, ist kein einlagefähiges Wirtschaftsgut.[751] M

---

749 BFH, BStBl 1995 II S. 281.
750 BFH, BStBl 1991 II S. 82, BStBl 1994 II S. 846, BStBl 1995 II S. 281, BStBl 1996 II S. 192; BMF, BStBl 1996 I S. 1257; BFH, GrS v. 23. 8. 1999, GrS 1/97, BStBl 1999 II S. 778; v. 23. 8. 1999, GrS 2/97, BStBl 1999 II S. 782; v. 23. 8. 1999, GrS 3/97, BStBl 1999 II S. 787; v. 23. 8. 1999, GrS 5/97, BStBl 1999 II S. 774; soweit entsprechende Nutzungsrechte, gestützt auf frühere Rechtsprechung des BFH mit Billigung durch die Finanzverwaltung, bisher aktiviert und abgeschrieben worden sind, war der Restbuchwert zum Ende des Wirtschaftsjahres, das nach dem 30. 12. 1996 endete, erfolgsneutral auszubuchen (BMF, BStBl 1996 I S. 1257, Tz. 7).
751 BFH, BStBl 1990 II S. 741.

hat zwar Einkünfte aus Gewerbebetrieb, sodass für ihn grundsätzlich ein Betriebsausgabenabzug in Betracht kommt. Nach § 4 Abs. 4 EStG sind jedoch Betriebsausgaben **Aufwendungen,** die durch den Betrieb veranlasst sind. Da M die Gebäude-Herstellungskosten nicht getragen hat, stellen sie für ihn keine über die AfA verteilungsfähigen Aufwendungen dar. Bei der AfA auf das Gebäude handelt es sich für M um sogenannten „Drittaufwand". F kann mangels Einnahmen Gebäude-AfA nicht als Werbungskosten absetzen. Damit geht die Gebäude-AfA verloren.[752]

c) M zahlt für die Nutzung des bebauten Grundstücks aufgrund eines nicht zu beanstandenden Mietvertrages die angemessene Miete von insgesamt 50 000 DM p. a. (monatlich 4167 DM). Die lfd. Grundstücksaufwendungen (Reparaturen, Haftpflicht, Grundsteuern) betragen 8000 DM und werden vertragsmäßig von M getragen (Zahlung vom betrieblichen Bankkonto).

Hier liegt schon deshalb kein einlagefähiges Nutzungsrecht vor, weil die aus dem Mietverhältnis resultierenden Ansprüche und Verpflichtungen einander wertgleich gegenüberstehen (ausgewogenes schwebendes Geschäft). Bei M sind die Miete in Höhe von 50 000 DM und die lfd. Grundstücksaufwendungen in Höhe von 8000 DM als Betriebsausgaben abzugsfähig (§ 4 Abs. 4 EStG). F hat Einnahmen in Höhe von 50 000 DM und Werbungskosten in Höhe der AfA von 10 000 DM.

15.11.2 Die steuerliche Berücksichtigung von Drittaufwand

15.11.2.1 Entwicklung der Rechtsprechung

Mit Urteilen v. 23. 8. 1999[753] hat der Große Senat des BFH mit vier Beschlüssen über die Behandlung des sog. **Drittaufwandes** entschieden. Dabei ging es vor allem um die Frage, ob ein Ehegatte die Kosten eines Arbeitszimmers als **Werbungskosten** geltend machen kann, wenn das Gebäude dem **anderen Ehegatten allein gehört** und dieser auch allein dessen Anschaffungskosten getragen hat. Der GrS hat in diesem Fall den Werbungskostenabzug mit der Begründung abgelehnt, nur derjenige könne sie grds. geltend machen, der die Aufwendungen **persönlich** getragen hat.[754] Das gilt auch bei **Ehegatten,** und zwar selbst dann, wenn sie zusammen zur Einkommensteuer veranlagt werden. Der GrS stellt damit die **Subjektbezogenheit der Einkunftsermittlung** bzw. die persönliche Leistungsfähigkeit **des Einzelnen** vor die eheliche Wirtschaftsgemeinschaft. Für den **Betriebsausgabenabzug** gelten dieselben Grundsätze. Auch zum im **Miteigentum** von Ehegatten stehenden Gebäude, in dem sich von einem Ehegatten benutzte Räume befinden, hat der BFH zur steuerlichen Abzugsfähigkeit der Kosten Stellung genommen.[755] Mit den vg. Beschlüssen v. 23. 8. 1999 sind verschiedene offene Fragen abschließend geklärt, andererseits aber auch neue Fragen aufgeworfen worden. Die Finanzverwaltung hat sich bislang noch nicht geäußert. Das BMF hat im Rahmen der Veröffentlichung der Beschlüsse im BStBl Teil II lediglich angemerkt, dass das BMF-

---
752 BFH, BStBl 1991 II S. 82; zur Übergangsregelung vgl. FN. 750.
753 BFH, GrS v. 23. 8. 1999, GrS 1/97, BStBl 1999 II S. 778; v. 23. 8. 1999, GrS 2/97, BStBl 1999 II S. 782; v. 23. 8. 1999, GrS 3/97, BStBl 1999 II S. 787; v. 23. 8. 1999, GrS 5/97, BStBl 1999 II S. 774.
754 BFH, GrS v. 23. 8. 1999, GrS 2/97, a. a. O.
755 BFH, GrS v. 23. 8. 1999, GrS 5/97, a. a. O.

15.11 Abschreibung bei sonstigen Wirtschaftsgütern

Schreiben v. 5. 11. 1996[756] überarbeitet werde, soweit es der Anwendung der neuen Urteile entgegenstehe.

15.11.2.2 Abgrenzung des steuerlich relevanten Eigenaufwands vom Drittaufwand

Drittaufwand liegt vor, wenn ein Dritter die Kosten trägt, die durch die Einkunftserzielung des Stpfl. veranlasst sind und der Stpfl. diese Kosten schuldrechtlich nicht selbst tragen muss. Entsprechend liegt Drittaufwand bei Anschaffungs- und Herstellungskosten vor, wenn ein Dritter sie trägt und das angeschaffte oder hergestellte Wirtschaftsgut vom Stpfl. zur Erzielung von Einkünften genutzt wird, er jedoch kein Eigentum an dem Wirtschaftsgut hat. **Drittaufwand** ist steuerlich **weder beim Dritten noch beim Stpfl.** abzugsfähig, da hierfür keine gesetzliche Grundlage besteht. Abzugsfähig sind dagegen **Eigenaufwendungen** des Stpfl. auf ein nicht in seinem Eigentum stehendes Wirtschaftsgut, wenn er sie im eigenen beruflichen oder betrieblichen Interesse aufgewendet hat (sog. **unechter Drittaufwand**). In der Regel entsteht durch diesen Aufwand bereits ein dem Stpfl. zuzurechnendes bilanzierungsfähiges materielles oder immaterielles Wirtschaftsgut, doch ist der Eigenaufwand auch dann abziehbar, wenn die Voraussetzungen eines bilanzierungsfähigen Wirtschaftsgutes nicht vorliegen; der GrS bezeichnet den Eigenaufwand in diesem Fall als „**vergleichbare Anschaffungs- oder Herstellungskosten**", die nicht sofort abzugsfähig sind, sondern wie solche zu behandeln sind. Die AfA richten sich in diesen Fällen nicht nach der Dauer des Nutzungsrechts, sondern nach dem jeweiligen Wirtschaftsgut, auf welches sie sich beziehen.[757]

Eigenaufwand des Stpfl. liegt auch bei **Abkürzung des Zahlungsweges** vor. Darunter versteht man die Zuwendung eines Geldbetrages an den Stpfl. in der Weise, dass der Zuwendende im Einvernehmen mit diesem dessen betriebliche Schuld tilgt (§ 267 Abs. 1 BGB), statt ihm den Geldbetrag unmittelbar zu geben. Davon kann nur dann die Rede sein, wenn der Dritte **für Rechnung des Stpfl.** an dessen Gläubiger leistet.[758] Der GrS hat noch ausdrücklich offen gelassen,[759] ob auch der **abgekürzte Vertragsweg** (ein Dritter schließt in eigenem Namen für den Stpfl. einen Vertrag und leistet auch die Zahlungen) zu Eigenaufwand führen kann. Nach neuester Rechtsprechung liegt im Falle des abgekürzten Vertragsweges abziehbarer Eigenaufwand des Stpfl. dann vor, wenn **Geschäfte des täglichen Lebens** abgewickelt werden; liegt dagegen ein **Dauerschuldverhältnis** zugrunde, handelt es sich um einen nicht berücksichtigungsfähigen Drittaufwand.[760]

---

756 BStBl 1996 I S. 1257.
757 BFH, GrS v. 30. 1. 1995, BStBl 1995 II S. 281.
758 BFH v. 13. 3. 1996, BStBl 1996 II S. 375.
759 Beschluss v. 23. 8. 1999, GrS 2/97, a. a. O.
760 BFH v. 24. 2. 2000, BStBl 2000 II S. 314.

Beispiel
Ein Grundstückseigentümer überlässt seinem Ehegatten unentgeltlich einen Raum zur betrieblichen Nutzung. Nach der Vereinbarung hat der nutzende Ehegatte die laufenden Erhaltungsaufwendungen zu tragen.
a) Der nutzende Ehegatte trägt – vereinbarungsgemäß – die gewöhnlichen Erhaltungsaufwendungen, indem er den Handwerker beauftragt und bezahlt.
Die anteiligen Aufwendungen können als Betriebsausgaben abgezogen werden.
b) Der nutzende Ehegatte beauftragt den Handwerker. Der Grundstückseigentümer wendet dem Ehegatten einen Geldbetrag zu. Damit bezahlt der Ehegatte den Handwerker.
Es liegt eine Geldschenkung des Grundstückseigentümers an den nutzenden Ehegatten vor. Die anteiligen Aufwendungen können als Betriebsausgaben abgesetzt werden.
c) Der nutzende Ehegatte beauftragt den Handwerker. Der Grundstückseigentümer bezahlt die Rechnung.
Abgekürzter Zahlungsweg; wie b)
d) Der Grundstückseigentümer beauftragt den Handwerker. Er bezahlt den Handwerker. Der nutzende Ehegatte ersetzt ihm seine Aufwendungen.
Der nutzende Ehegatte kann die anteiligen Aufwendungen als Betriebsausgaben absetzen.
e) Der Grundstückseigentümer beauftragt den Handwerker. Er bezahlt den Handwerker. Der nutzende Ehegatte erstattet ihm seine Aufwendungen nicht.
Nichtabzugsfähiger Drittaufwand (§ 12 EStG).

15.11.2.3 Tragen von Aufwand im eigenen betrieblichen Interesse

Eigenaufwand des einkunftserzielenden Stpfl. (Nichteigentümers) auf ein ihm nicht gehörendes Wirtschaftsgut ist bei ihm nur abzugsfähig, soweit dieser ihn selber getragen hat, und zwar in seinem eigenen betrieblichen Interesse.[761]

Tragen von Aufwand:

Nach dem Grundsatz der Besteuerung nach der persönlichen Leistungsfähigkeit und dem daraus abgeleiteten **Nettoprinzip** muss der Stpfl. durch den Aufwand in seiner **eigenen** Leistungsfähigkeit eingeschränkt sein. Deshalb reicht es nicht, wenn er lediglich (Mit-)Schuldner eines **Darlehens** ist, mit dem die Anschaffung bzw. Herstellung eines Gebäudes finanziert wird; hinzukommen muss, dass er die Tilgungen mitträgt.

Bei Ehegatten ist bei der Beantwortung der Frage, welcher Ehegatte den Aufwand getragen hat, ungeachtet des Güterstandes die Tatsache der ehelichen Wirtschaftsgemeinschaft zu berücksichtigen. Aus dem zivilrechtlichen Rechtsinstitut der **ehebedingten Zuwendung** ableitend[762] kann grds. davon ausgegangen werden, dass der Nichteigentümer-Ehegatte etwaige Aufwendungen zumindest insoweit dem

---
761 BFH, GrS v. 23. 8. 1999, GrS 1/97, a. a. O.
762 BGH v. 8. 7. 1982, BGHZ 1984 S. 361 ff.

15.11 Abschreibung bei sonstigen Wirtschaftsgütern

Eigentümer-Ehegatten zuwendet, als sie vom Zuwendenden steuerlich nicht selbst aufgebraucht werden (**Zuwendungsvermutung**). Wenn ein Ehegatte Anschaffungs- oder Herstellungskosten auf das **Alleineigentum des anderen Ehegatten** getragen hat, kann davon ausgegangen werden, dass er diesen Finanzierungsbeitrag dem Eigentümer-Ehegatten zugewendet hat; der Eigentümer-Ehegatte wird steuerlich so behandelt, als habe er selbst diese Anschaffungs- oder Herstellungskosten getragen. Sind **Ehegatten Miteigentümer** eines Grundstücks und errichten darauf gemeinsam ein Gebäude, ist entsprechend davon auszugehen, dass jeder Ehegatte den über seinen Miteigentumsanteil hinausgehenden Aufwand dem anderen Ehegatten zugewendet hat; jeder hat demnach Aufwand entsprechend seinem Eigentumsanteil getragen. Im Falle der sog. **Topffinanzierung** (Finanzierung aus Guthaben, zu denen beide Ehegatten beigetragen haben, bzw. aus Darlehensmitteln, die zulasten beider Ehegatten aufgenommen wurden) gilt somit ebenfalls die Vermutung, dass jeder Ehegatte den Aufwand entsprechend seinem Eigentumsanteil getragen hat.

Eigenes betriebliches Interesse:

Mit dem Erfordernis des „eigenen betrieblichen Interesses" hat der GrS eine Grenze für die vg. Zuwendungsvermutung gesetzt. **Soweit der aufwendende und einkunftserzielende Ehegatte den Aufwand steuerlich selbst benötigt,** also eine eigene betriebliche Nutzung vorliegt, kann nicht von einer Zuwendung an den Eigentümer-Ehegatten ausgegangen werden.[763]

Prüfungsschema

I. Liegt Eigenaufwand des Ehegatten auf ein seinem Ehepartner gehörendes Wirtschaftsgut vor? (JA ➤ II)

II. Nutzt der aufwendende Ehegatte das ihm nicht gehörende Wirtschaftsgut unentgeltlich ganz oder teilweise selbst zur Erzielung von Einkünften?
(JA ➤ Soweit der Aufwand die anteiligen Anschaffungs- bzw. Herstellungskosten des eigengenutzten Gebäudeteils nicht übersteigt, liegt abzugsfähiger Eigenaufwand des nutzenden Ehegatten vor. Der übersteigende Betrag gilt als dem Eigentümer-Ehegatten zugewendet;
NEIN ➤ Der gesamte Finanzierungsbeitrag gilt als dem Eigentümer-Ehegatten zugewendet.)

15.11.2.4 Abziehbarkeit von Aufwendungen während der betrieblichen Nutzung

15.11.2.4.1 Absetzung für Abnutzung

Wird ein Wirtschaftsgut ganz oder teilweise zur Einkunftserzielung genutzt, kann der Stpfl. Abschreibungen dann geltend machen, wenn er sich an den **Anschaffungs- oder Herstellungskosten beteiligt.** Das gilt auch, wenn er nicht (zivilrechtlicher oder wirtschaftlicher) Eigentümer des Grundstückes wird. Er erwirbt dann

---

[763] BFH, GrS v. 23. 8. 1999, GrS 1/97, a. a. O.; BFH v. 23. 8. 1999, GrS 2/97, a. a. O.

zwar kein ihm zuzurechnendes Wirtschaftsgut, tätigt aber Aufwendungen im eigenen betrieblichen Interesse, die ihn zum steuerlichen Abzug derselben berechtigen. Der Nichteigentümer wird dann so behandelt, als ob er selbst Anschaffungs- oder Herstellungskosten aufgewendet hat – entsprechend wird der Eigenaufwand nach der für das zugrunde liegende Wirtschaftsgut zulässigen AfA-Methode auf die betriebsgewöhnliche Nutzungsdauer verteilt.

Das Gebäude steht im Alleineigentum des anderen Ehegatten

Beispiel 1

EM nutzt im eigengenutzten Haus, das im Alleineigentum seiner Ehefrau EF steht, ohne vertragliche Vereinbarung mehrere Räume für betriebliche Zwecke. Es liegt kein unter die Abzugsbeschränkung des § 4 Abs. 5 Nr. 6 b EStG fallendes häusliches Arbeitszimmer vor. Die Herstellungskosten des Hauses haben 1 000 000 DM betragen; davon entfallen auf den betrieblich genutzten Teil 200 000 DM. EM hat sich an der Finanzierung der Anschaffungs- bzw. Herstellungskosten mit 200 000 DM beteiligt.

Der Finanzierungsbeitrag des EM stellt bei ihm steuerlich abzugsfähigen Eigenaufwand dar, den er mit dem Ziel der anteiligen betrieblichen Mitbenutzung und somit im eigenen betrieblichen Interesse aufgewendet hat. Da dieser Finanzierungsbeitrag den anteiligen Herstellungskosten der Räume entspricht, muss EM die 200 000 DM in seinem Betriebsvermögen ggf. aktivieren und nach § 7 Abs. 4 Satz 1 Nr. 1 EStG abschreiben. Die zwischen Ehegatten geltende Zuwendungsvermutung wird nicht benötigt.[764]

Abwandlung 1 zu Beispiel 1

EM und EF haben jeweils einen eigenen Betrieb und nutzten die Räume gemeinsam jeweils für eigene betriebliche Zwecke.

Die auf die betrieblichen Räume entfallenden Herstellungskosten von 200 000 DM können steuerlich nur einmal abgezogen werden. Die Konkurrenz zwischen dem Abzug bei EM, der in dieser Höhe einen betrieblich veranlassten Finanzierungsbeitrag geleistet hat, und bei EF, die als Eigentümerin und Nutzende abschreibungsberechtigt ist, kann in der Weise gelöst werden, dass jedem Ehegatten die Hälfte der Herstellungskosten der betrieblich genutzten Räume als AfA-Volumen zugewiesen wird.[765]

Abwandlung 2 zu Beispiel 1

Der Finanzierungsbeitrag des EM beträgt 300 000 DM.

Auch in diesem Fall stellt der Finanzierungsbeitrag des EM bei ihm steuerlich abzugsfähigen Eigenaufwand dar (vgl. Beispiel). Soweit er allerdings bei ihm selbst steuerlich nicht aufgebraucht werden kann (100 000 DM) wird nach der Zuwendungsvermutung zwischen Ehegatten[766] unterstellt, dass EM ihn der Eigentümerin EF im Wege der ehebedingten Zuwendung übertragen hat. EF wird so behandelt, als habe sie neben den 700 000 DM auch die 100 000 DM selbst aufgewendet. Der Gesamtbetrag von 800 000 DM geht bei EF in eine etwaige AfA-Bemessungsgrundlage (z. B. bei Vermietung) oder in die Bemessungsgrundlage nach § 8 EigZulG ein.

---

764 BFH, GrS v. 23. 8. 1999, GrS 1/97, a. a. O.
765 BFH, GrS v. 23. 8. 1999, GrS 3/97, a. a. O.; H 14 Abs. 4 „Miteigentum" EStH; Schmidt/Drenseck, EStG § 7 Rz. 41.
766 S. o. 15.11.2.3.

15.11 Abschreibung bei sonstigen Wirtschaftsgütern

Abwandlung 3 zu Beispiel 1
Der Finanzierungsbeitrag des EM beträgt nur 150 000 DM. Steuerlich berücksichtigungsfähiger Eigenaufwand kann nur in Höhe von 150 000 DM vorliegen. Daher kann die AfA bei EM auch nur aus einer Bemessungsgrundlage von 150 000 DM errechnet werden. Die übersteigenden anteiligen Herstellungskosten in Höhe von 50 000 DM wurden von der Eigentümerin EF getragen und können bei EM – als echter Drittaufwand – nicht berücksichtigt werden. Insoweit gilt also keine Zuwendungsvermutung vom aufwendenden Eigentümer- auf den Nichteigentümer-Ehegatten. Um die Abschreibung insoweit nicht verloren gehen zu lassen, müsste EF mit EM einen Mietvertrag abschließen.

Beispiel 2
EM und seine Ehefrau EF haben mit gemeinsamen Mitteln „aus einem Topf" gleichzeitig jeweils eine Eigentumswohnung zum alleinigen Eigentum erworben. Die im Eigentum der Ehefrau stehende Wohnung wurde vermietet, die des Ehemannes gemeinsam zu Wohnzwecken genutzt. In dieser Wohnung nutzt die Ehefrau ein Arbeitszimmer allein zu betrieblichen Zwecken. In der Einkommensteuererklärung machte sie Absetzungen auf die darauf entfallenden Anschaffungskosten bis zum Höchstbetrag von 2400 DM als eigene Betriebsausgaben geltend. Der GrS[767] hat dies abgelehnt. Er ging zunächst davon aus, dass jeder der Ehegatten so zu behandeln ist, als habe er die Anschaffungskosten seiner Wohnung allein getragen. Die **Finanzierung der Wohnungen „aus einem Topf"** hat nach der Entscheidung nicht zur Folge, dass die Anschaffungskosten beider der Wohnungen steuerlich als von beiden Ehegatten aufgewendet gelten. Anschaffungskosten hat vielmehr jeweils nur der Eigentümer der Wohnung getragen, also der Schuldner des Kaufpreises. Da die Ehefrau die Anschaffungskosten der Wohnung des Ehemannes nicht mitgetragen hat, hat sie auch nicht das Recht, die darauf entfallenden Absetzungen geltend zu machen.

Das Gebäude steht im Miteigentum der Ehegatten

Beispiel
Die Ehegatten EM und EF sind jeweils zur Hälfte Eigentümer eines eigengenutzten Hauses, dessen Herstellungskosten 1 000 000 DM betragen haben. Von den Herstellungskosten, die die Ehegatten gemeinsam getragen haben, entfallen 200 000 DM auf mehrere betrieblich genutzte Räume, die der Ehemann EM ohne vertragliche Vereinbarungen eigenbetrieblich nutzt.

Abweichend von der bisherigen Rechtsprechung des BFH und der Verwaltungsmeinung hat der GrS[768] entschieden, dass jeder Ehegatte die AfA auf die gesamten Herstellungskosten seines von ihm genutzten Raumes erhält. EM hat seinen Finanzierungsbeitrag vollständig vorrangig für die von ihm betrieblich genutzten Räume aufgewendet. Soweit ihm die Räume als Miteigentümer zuzurechnen sind (50 %), erhält er die anteilige AfA bereits als Eigentümer zur anderen Hälfte muss EM die Aufwendungen „wie ein materielles Wirtschaftsgut" behandeln. Für den Bereich der Überschusseinkünfte galt dies bereits bisher.[769] Nach neuester Rechtsprechung wird der Abzug der AfA auf den von einem (Mit-)Eigentümer-Ehegatten genutzten Gebäudeteil im Bereich der Überschusseinkünfte und der Gewinneinkünfte gleich behandelt und gleich begründet. Der Nachteil besteht aber darin, dass möglicherweise bei einer

---

767 BFH, GrS v. 23. 8. 1999, GrS 2/97, a. a. O.
768 BFH, GrS v. 23. 8. 1999, GrS 5/97, a. a. O.
769 BFH v. 12. 2. 1998, BStBl 1998 II S. 764.

15 Bewertung der Wirtschaftsgüter des Betriebsvermögens

Veräußerung oder Entnahme des Grundstückes aus dem Betriebsvermögen die stillen Reserven des auf den Büroraum entfallenden Grundstücksanteils versteuert werden müssen. Bisher waren entsprechend dem hälftigen Miteigentumsanteil auch nur die hälftigen stillen Reserven zu versteuern.

Beispiel

Die Ehegatten EM und EF haben auf einem Grundstück, das ihnen je zur Hälfte gehört, ein gemischt genutztes Grundstück errichtet. Das Gebäude dient zu 60 % eigenbetrieblichen Zwecken des EM und ist zu 40 % zu fremden Wohnzwecken vermietet. Die Herstellungskosten von 1 000 000 DM haben die Ehegatten jeweils zur Hälfte getragen.

Das Gebäude ist zunächst nach Miteigentumsanteilen und unterschiedlichen Nutzungs- und Funktionszusammenhängen aufzuteilen (R 13 Abs. 4 Satz 1 EStR).[770] Der Miteigentumsanteil des EM zerfällt in die Wirtschaftsgüter „eigenbetriebliche Zwecke" (30 %) und „fremde Wohnzwecke" (20 %), während der Miteigentumsanteil der EF aus den Wirtschaftsgütern „fremdbetriebliche Zwecke" (30 %) und „fremde Wohnzwecke" (20 %) besteht. Das zum notwendigen Betriebsvermögen des FM gehörende Wirtschaftsgut „eigenbetriebliche Zwecke" berechtigt ihn zur Inanspruchnahme der AfA aus 300 000 DM. Die in der Person des FM noch verbleibenden Herstellungskosten von 200 000 DM (500 000 DM ./. 300 000 DM) kann er als Eigenaufwand für den betrieblich genutzten fremden Gebäudeteil berücksichtigen und „wie ein materielles Wirtschaftsgut" nach den für Gebäude geltenden Grundsätzen abschreiben. Die restlichen auf diesen Gebäudeteil entfallenden Herstellungskosten in Höhe von 100 000 DM (1 000 000 DM × 60 % = 600 000 DM ./. 500 000 DM) sind Aufwendungen, die die EF getragen hat, und damit als echter Drittaufwand bei EM steuerlich nicht abzugsfähig sind. Nachdem der Finanzierungsbeitrag des EM in vollem Umfang dem ihm zustehenden Gebäudeteil zugeordnet wurde, entfallen die von der EF getragenen Herstellungskosten (500 000 DM) mit einem Anteil von 40 % (aus 1 000 000 DM) = 400 000 DM auf das Gebäudeteil „fremde Wohnzwecke". Konsequenterweise steht ihr insoweit die AfA voll, d. h. einschließlich des auf das Wirtschaftsgut „fremde Wohnzwecke" im bürgerlich-rechtlichen Miteigentum des EF entfallenden Anteils, zu obwohl die Einnahmen aus Vermietung und Verpachtung EM und EF je zur Hälfte zuzurechnen sind. Soweit EF Herstellungskosten (aus ihrer Sicht) fremdbetrieblich genutzten und unentgeltlich an EM überlassenen Wirtschaftsguts zuzurechnen sind (100 000 DM), erfüllt sie nicht den Tatbestand der Einkunftserzielung und kann keine AfA in Anspruch nehmen.[771]

Abwandlung 1

Die Ehefrau EF hat die gesamten Herstellungskosten des Gebäudes allein getragen.

EF hat Herstellungskosten über ihren Miteigentumsanteil hinaus getragen; nach der zwischen Ehegatten geltenden Zuwendungsvermutung[772] hat sie dem EM entsprechend seinem Miteigentumsanteil die Hälfte der Herstellungskosten (500 000 DM) zugewendet. Der zugewendete Betrag von 500 000 DM ist in der Person des EM so zu behandeln, als ob er ihn selbst getragen hätte. Da vorliegend die Zuwendung den Miteigentumsanteil des EM am Gebäude erreicht, ist sie auf die in seinem Eigentum stehenden Wirtschaftsgüter (R 13 Abs. 4 Satz 1 EStR) zu verteilen. Somit entfallen 300 000 DM (60 % von 500 000 DM) auf sein Wirtschaftsgut „eigenbetriebliche Zwecke" und 200 000 DM (40 % von 500 000 DM) auf sein Wirtschaftsgut „fremde

---

770 BFH, GrS v. 23. 8. 1999, 5/97, a. a. O.
771 Vgl. auch Küffner/Haberstock, DStR 2000 S. 1672.
772 S. o. 15.11.2.3.

15.11 Abschreibung bei sonstigen Wirtschaftsgütern

Wohnzwecke". EF hat eigene Herstellungskosten in Höhe von 200 000 DM für ihr Wirtschaftsgut „fremde Wohnzwecke" und 300 000 DM für ihr Wirtschaftsgut „fremdbetriebliche Zwecke". Letztere können weder bei EM (echter Drittaufwand) noch bei EF (keine Einkunftserzielungsabsicht) steuerlich abgezogen werden.[773]

Abwandlung 2
Ehemann EM hat die gesamten Herstellungskosten des Gebäudes allein getragen.

Die Zuwendungsvermutung zwischen Ehegatten greift nur insoweit, wie der aufwendende Ehegatte den Finanzierungsbeitrag selbst nicht steuerlich benötigt.[774] Vorliegend ist eine ehebedingte Zuwendung in Höhe des Miteigentumsanteiles der EF = 500 000 DM nicht zu unterstellen, da EM die Herstellungskosten von 1 000 000 DM vorrangig im eigenen betrieblichen Interesse dazu aufgewendet hat, um das Gebäude zu 60 % eigenbetrieblich nutzen zu können. EM hat somit Herstellungskosten in Höhe von 300 000 DM (500 000 DM × 60 %) für das zu seinem notwendigen Betriebsvermögen gehörende Wirtschaftsgut „eigenbetriebliche Zwecke" aufgewendet. Weitere 300 000 DM entfallen zwar zivilrechtlich auf EF, können aber bei EM als Eigenaufwand auf ein fremdes Wirtschaftsgut steuerlich berücksichtigt werden. Die verbleibenden 400 000 DM hat EM der EF zugewendet. Diese Zuwendung führt zu eigenen Herstellungskosten der EF, die insoweit AfA im Rahmen der Einkunftsart Vermietung und Verpachtung in Anspruch nehmen kann.

15.11.2.4.2 Zuwendung des verbleibenden Aufwands

Endet die betriebliche Nutzung vor Ablauf der betriebsgewöhnlichen Nutzungsdauer des Gebäudes oder wird das Grundstück verkauft, wendet der nutzende Ehegatte den als Eigenaufwand im eigenen betrieblichen Interesse aufgewendeten Finanzierungsbeitrag dem Eigentümer-Ehegatten zu, soweit dieser noch nicht abgeschrieben ist.[775] Dies geschieht im Falle der Bilanzierung durch **erfolgsneutrale Ausbuchung**. Beim Eigentümer-Ehegatten liegen insoweit **nachträgliche Herstellungskosten** vor.[776] Im Falle der Vermietung bemisst sich bei ihm die künftige AfA deshalb nach jenen Anschaffungs- oder Herstellungskosten, die er ursprünglich selber getragen hat, zuzüglich des vom ehemals nutzenden Ehegatten zugewendeten Restbuchwertes.

15.11.2.4.3 Laufende Aufwendungen

Durch einen betrieblich genutzten Gebäudeteil veranlasste laufende Aufwendungen werden ebenfalls nach den Grundsätzen **„Eigenaufwand ist abziehbar"** und **„Drittaufwand ist nicht abziehbar"** beurteilt. Der nutzende Ehegatte kann also grds. jene anteiligen Aufwendungen als Betriebsausgabe absetzen, die er **selbst getragen** hat. Dabei unterscheidet die Rechtsprechung zwischen grundstücks- und nutzungsorientierten Aufwendungen:[777]

---
773 Vgl. auch Küffner/Haberstock, DStR 2000 S. 1672.
774 S. o. 15.11.2.3.
775 BFH, GrS v. 23. 8. 1999, GrS 1/97, BStBl 1999 II S. 778.
776 BFH v. 20. 2. 1975, BStBl 1975 II S. 412; BFH v. 20. 1. 1987, BStBl 1987 II S. 491.
777 BFH, GrS v. 23. 8. 1999, GrS 2/97, a. a. O.; BFH v. 23. 8. 1999, GrS 3/97, a. a. O.

- **Grundstücksorientierte Aufwendungen** sind Schuldzinsen, öffentliche Abgaben, Reparaturkosten und Versicherungen etc.
  Das Gebäude steht im Alleineigentum des anderen Ehegatten:
  Werden die laufenden Aufwendungen vom **gemeinsamen Konto** der Eheleute bezahlt, sind diese als für den Alleineigentümer-Ehegatten bezahlt anzusehen, da dieser den Betrag zivilrechtlich schuldet. Da insoweit echter Drittaufwand und kein Eigenaufwand vorliegt, hat der Nichteigentümer-Ehegatte auch keinen anteiligen Betriebsausgabenabzug. In diesem Fall kann der betrieblich nutzende Nichteigentümer den Betriebsausgabenabzug nur erreichen, wenn er mit dem Eigentümer eine Absprache trifft, der zufolge er die anteiligen Kosten selbst übernimmt.
  Das Gebäude steht im Miteigentum der Ehegatten:
  Insoweit gilt das Gleiche wie bei der AfA; da in diesem Fall der betrieblich nutzende Ehegatte Mitschuldner dieser Aufwendungen ist, steht ihm der anteilige Betriebsausgabenabzug zu, wenn die betriebliche Nutzung den Miteigentumsanteil nicht überschreitet. In diesem Fall ist unbeachtlich, wer die grundstücksorientierten Kosten tatsächlich bezahlt hat (ggf. abgekürzter Zahlungsweg).
- **Nutzungsorientierte Aufwendungen,** die unmittelbar mit der Nutzung der betrieblich genutzten Gebäudeteile zusammenhängen (z. B. anteilige Energiekosten für Heizung und Beleuchtung, nur diese Räume betreffende Reparaturkosten), kann der Nutzende – **unabhängig von den Eigentumsverhältnissen** – jedenfalls dann als Betriebsausgaben absetzen, wenn sie **von ihm selbst** oder von einem **gemeinsamen Konto** bezahlt werden. Werden sie allein vom Eigentümer-Ehegatten bezahlt, kann der nutzende Nichteigentümer-Ehegatte die anteiligen Kosten auf jeden Fall dann absetzen, wenn er zivilrechtlich Mitschuldner ist und auf diese Weise die Voraussetzungen für einen **abgekürzten Zahlungsweg** erfüllt sind (z. B. gemeinsamer Vertragspartner des Energieversorgungsunternehmens); ebenso verhält es sich mit direkt zuordnungsfähigen Reparaturaufwendungen, wenn diese unter Abkürzung des Zahlungsweges[778] oder im **abgekürzten Vertragsweg** (für Bargeschäfte des täglichen Lebens möglich)[779] vom Alleineigentümer-Ehegatten bezahlt werden.

15.11.2.5 Bilanzierung des getragenen Aufwands

Der Eigenaufwand des Nichteigentümer-Ehegatten führt nicht zur Entstehung eines bilanzierungsfähigen Wirtschaftsgutes. Mangels ausdrücklicher vertraglicher Vereinbarung erlangt er durch diesen Finanzierungsbeitrag auf das nicht in seinem Eigentum stehende Grundstück bzw. Gebäude weder wirtschaftliches Eigentum noch ein immaterielles Wirtschaftsgut „Nutzungsrecht". Der GrS umschreibt diese

---
778 BFH v. 23. 8. 1999, GrS 2/97, a. a. O.
779 BFH v. 24. 2. 2000, BStBl 2000 II S. 314.

15.11 Abschreibung bei sonstigen Wirtschaftsgütern

Situation mit den Terminus „wie ein fremdes Wirtschaftsgut" und macht damit deutlich, dass zugewandte Anschaffungs- oder Herstellungskosten nicht sofort abziehbar, sondern nach den für das jeweilige Wirtschaftsgut geltenden AfA-Regeln abzuschreiben sind. Der bilanzierte Eigenaufwand stellt somit lediglich einen steuerlichen Merkposten für gespeicherten Aufwand, vergleichbar einem Rechnungsabgrenzungsposten, dar. Gleiches gilt im Falle des Miteigentums, wenn der nutzende Ehegatte Kosten trägt, die über seinen Eigentumsanteil hinausgehen.

15.11.2.6 Steuerliche Folgen bei Beendigung der betrieblichen Nutzung

Bei Beendigung des Nutzungsverhältnisses bzw. bei Veräußerung des Grundstücks ist der Restbuchwert des steuerlichen Merkpostens erfolgsneutral auszubuchen und dem Eigentümer-Ehegatten als Anschaffungskosten zuzurechnen.[780] Etwaige stille Reserven bzw. ein Gewinn aus einem privaten Veräußerungsgeschäft nach § 23 EStG sind ausschließlich beim Eigentümer-Ehegatten zu versteuern. Unter Umständen muss dem Nichteigentümer-Ehegatten aber ein bereicherungsrechtlicher Ausgleichsanspruch nach § 812 BGB zugerechnet werden.

15.11.3 Nießbrauch

15.11.3.1 Entgeltlich bestellter Zuwendungsnießbrauch

Wird die betriebliche Nutzung eines fremden Grundstücks dadurch ermöglicht, dass der Grundstückseigentümer **zugunsten des Nutzenden** an dem betreffenden Grundstück, das dem Nutzenden vor der Nutzungsüberlassung nicht gehört hat, **ein Nießbrauchsrecht bestellt**, stellt das Nießbrauchsrecht (Zuwendungsnießbrauch) beim Nießbraucher ein **immaterielles Wirtschaftsgut** des Betriebsvermögens dar. Bei entgeltlichem Erwerb ist das Wirtschaftsgut bilanzierungsfähig und bilanzierungspflichtig (§ 5 Abs. 2 EStG). Es handelt sich um abnutzbares Anlagevermögen. Auch lebenslängliche Nießbrauchsrechte unterliegen der Abnutzung. Die AfA sind linear auf die mutmaßliche Lebenszeit des Nießbrauchers zu verteilen.[781] Wirtschaftsgüter des abnutzbaren Anlagevermögens sind für Zwecke der Bilanzierung nach § 6 Abs. 1 Nr. 1 EStG zu bewerten. Danach sind – abgesehen vom niedrigeren Teilwert – die Anschaffungskosten abzügl. AfA maßgebend. Bei immateriellen Wirtschaftsgütern richten sich die AfA nach § 7 Abs. 1 EStG, da die degressive AfA nach § 7 Abs. 2 EStG nur bei beweglichen Wirtschaftsgütern des Anlagevermögens (dazu gehören die immateriellen Wirtschaftsgüter nicht; vgl. R 42 Abs. 1 Nr. 2 EStR)[782] in Betracht kommt und die AfA-Regelungen nach § 7 Absätze 4 und 5 EStG den

---
[780] S. o. 15.11.2.4.2, 15.11.2.5.
[781] BFH, BStBl 1979 II S. 369.
[782] BFH, BStBl 1979 II S. 634.

15 Bewertung der Wirtschaftsgüter des Betriebsvermögens

Gebäuden vorbehalten sind. Im Jahre der Anschaffung ist der auf dieses Jahr entfallende Teilbetrag der AfA zeitanteilig zu berücksichtigen; die Vereinfachungsregelung nach R 44 Abs. 2 Satz 3 EStR ist nur bei abnutzbaren Wirtschaftsgütern des beweglichen Anlagevermögens anwendbar.

15.11.3.2 Unentgeltlich bestellter Zuwendungsnießbrauch

Der Nießbrauchsberechtigte hat eine dinglich gesicherte Rechtsposition.[783] Das Nutzungsrecht des Nießbrauchsberechtigten bildet damit zwar ein **Wirtschaftsgut**, das jedoch **nicht einlagefähig** ist. Die im außerbetrieblichen Bereich unentgeltlich eingeräumte Möglichkeit, betriebliche Nutzung aus einem Gegenstand zu ziehen, ist kein einlagefähiges Wirtschaftsgut.[784]

Beispiel

A hatte bis zum 31. 12. 02 aus der Vermietung seines Geschäftsgrundstücks C-Straße Einkünfte aus Vermietung und Verpachtung erzielt. Durch Einigung und Eintragung im Grundbuch (§ 873 BGB) bestellte A seinem Sohn B mit Wirkung vom 1. 1. 03 unentgeltlich den lebenslänglichen Nießbrauch an diesem Grundstück. B nutzt das Geschäftsgrundstück ausschließlich im Rahmen seines Fliesenfachgeschäftes. Nach dem Nießbrauchsvertrag hat B sämtliche Grundstücksaufwendungen zu tragen. B hat im Jahre 03 aufgewendet:

Gebäudeversicherung (§ 1045 BGB)	1 000 DM
Grundbesitzabgaben (§ 1047 BGB)	2 000 DM
Hypothekenzinsen – Kaufpreishypothek – (§ 1047 BGB)	5 000 DM
kleinere Reparaturen (§ 1041 BGB)	3 000 DM
Erneuerung der Fenster und des Außenputzes (§ 1041 Satz 2 BGB)	50 000 DM

A hatte für das Anfang 00 hergestellte Gebäude bis einschl. 02 zutreffend AfA gem. § 7 Abs. 4 Satz 1 Nr. 2 EStG in Höhe von 6000 DM p. a. als Werbungskosten abgezogen (2 % v. 300 000 DM). Der dem gemeinen Wert entsprechende Teilwert des Gebäudes betrug am 1. 1. 03 270 000 DM.

Das Nießbrauchsrecht gewährt dem Nutzungsberechtigten B eine rechtlich gesicherte Position, die ihm gegen seinen Willen nicht entzogen werden kann. Trotzdem ist das Nutzungsrecht nicht einlagefähig, weil dem B insoweit keine Aufwendungen entstanden sind, die als Betriebsausgaben im Wege der Einlage abzugsfähig wären. Die Herstellungskosten des Gebäudes stellen für A Aufwand, für B sog. „Drittaufwand" dar. A kann die Gebäude-AfA mangels Einnahmen nicht als Werbungskosten geltend machen. B hat zwar Einkünfte; die Gebäude-AfA sind für ihn jedoch in keiner Form abzugsfähig, weil sie für ihn keinen Aufwand darstellen, denn nicht B, sondern A hat die Herstellungskosten des Gebäudes getragen. Betriebsausgaben sind nur Aufwendungen des Stpfl. (Eigenaufwand), die durch den Betrieb veranlasst sind. Für den Betriebsausgabenabzug kommen daher die AfA als Drittaufwand nicht in Betracht.

B kann jedoch sämtliche oben bezeichneten Grundstücksaufwendungen als Betriebsausgaben abziehen (§ 15 Abs. 1 Nr. 1 i. V. m. § 21 Abs. 3 EStG).[785]

Entsprechende Lösungen sind beim **Vermächtnisnießbrauch** angezeigt.[786]

---

[783] BFH, BStBl 1983 II S. 739.
[784] BFH, BStBl 1990 II S. 741; vgl. im Einzelnen o. 15.12.1.
[785] BFH, BStBl 1990 II S. 888.
[786] BFH, BStBl 1996 II S. 440.

15.11 Abschreibung bei sonstigen Wirtschaftsgütern

15.11.3.3 Das belastete Grundstück beim Zuwendungsnießbrauch

Wird der Zuwendungsnießbrauch **an einem Grundstück des Betriebsvermögens bestellt**, stellt sich die Frage, ob das so belastete Grundstück weiterhin notwendiges Betriebsvermögen bleibt oder gewillkürtes Betriebsvermögen bleiben oder werden kann. Das Grundstück wird notwendiges Betriebsvermögen bleiben, wenn ausschließlich **betriebliche Gründe** zu der Nießbrauchsbestellung geführt haben. Auch bei der Bestellung des Nießbrauchs aus **privaten Gründen** – in der Regel zugunsten Angehöriger – kann die Eigenschaft des Grundstückes als Betriebsvermögen im Ausnahmefall erhalten bleiben, wenn auch nunmehr als gewillkürtes Betriebsvermögen. Entscheidend ist, ob das Grundstück nach Wegfall des Nutzungsrechts voraussichtlich weiterhin dem Betrieb des Zuwendenden oder der betreffenden Gesellschaft, bei der es Sonderbetriebsvermögen bildet, dienen soll.[787] Das gilt auch für den Fall, dass die Ehefrau und Betriebsinhaberin an einem ihrer Betriebsgrundstücke zugunsten ihres Ehemannes ein entgeltliches **Erbbaurecht** bestellt. Errichtet der Ehemann (Erbbauberechtigter) auf dem belasteten Grundstück ein Einfamilienhaus, das er nach Fertigstellung mit seiner Familie bewohnt, liegt eine Entnahmehandlung nicht vor, und zwar auch nicht im Hinblick darauf, dass allein steuerrechtliche Überlegungen, nämlich die Vermeidung eines Entnahmegewinns, zu dem Erbbaurechtsverhältnis geführt haben.[788]

Gleiches muss u. E. für Nießbrauchsverhältnisse gelten.[789] Das führt bei **entgeltlich** bestelltem Nießbrauch dazu, dass die Gegenleistung des Nießbrauchers als Betriebseinnahme zu erfassen ist. Bei Einmalzahlung des Gesamtbetrages oder sonstiger periodenfremder Zahlung ist die Passivierung eines Rechnungsabgrenzungspostens und dessen periodengerechte Auflösung zugunsten des Gewinns geboten.

Da der Grundstückseigentümer bei **unentgeltlich** bestelltem Zuwendungsnießbrauch aus dem belasteten Grundstück keine Einkünfte erzielt, kann er folgerichtig die Gebäude-AfA nicht als Betriebsausgaben berücksichtigen.[790]

15.11.3.4 Ablösung des Zuwendungsnießbrauchs

Zahlungen, die der Nießbraucher zwecks Ablösung des Nießbrauchs vom Grundstückseigentümer erhält, stellen beim Nießbraucher keine Betriebseinnahmen dar, wenn der Nießbrauch **unentgeltlich** bestellt worden war. Insoweit dürfte Tz. 61 des Nießbrauchserlasses[791] sinngemäß anzuwenden sein. Beim Grundstückseigentümer stellt der Betrag Einkommensverwendung dar, es sei denn, dabei handelt es sich um Anschaffungskosten für ein eigenständiges immaterielles Wirtschaftsgut des

---
787 BFH, BStBl 1995 II S. 241/246 m. w. N.
788 H 14 Abs. 2–4 „keine Entnahme…" EStH.
789 BFH, BStBl 1986 II S. 713.
790 BFH, BStBl 1991 II S. 82, BStBl 1995 II S. 241/246.
791 BMF-Schreiben v. 24. 7. 1998, BStBl 1998 I S. 914.

15 Bewertung der Wirtschaftsgüter des Betriebsvermögens

Betriebsvermögens „vorzeitige Nutzungsmöglichkeit des eigenen Grundstückes" (vgl. dazu die weiteren Ausführungen zu entgeltlich bestelltem Nießbrauch im folgenden Absatz).

Bei **entgeltlich** bestelltem Nießbrauch sind die erhaltenen Zahlungen zwecks Ablösung des Nießbrauchs beim Nießbraucher gewinnerhöhend zu berücksichtigen, soweit sie den Buchwert des entgeltlich erworbenen Nutzungsrechts im Zeitpunkt der Ablösung übersteigen. Gehört das Grundstück zum Betriebsvermögen des Eigentümers, bildet bei ihm die Differenz zwischen der passivierten sonstigen Verbindlichkeit (= Verbindlichkeit aus schwebendem Geschäft) bzw. den passivierten Rechnungsabgrenzungsposten und dem Ablösungsbetrag netto (ohne Umsatzsteuer) keinen sonstigen betrieblichen Aufwand, sondern Anschaffungskosten für ein **besonderes immaterielles Wirtschaftsgut „vorzeitige Nutzungsmöglichkeit des eigenen Grundstücks".** So hat der BFH[792] entschieden, dass eine Abstandszahlung an den vorzeitig das Grundstück räumenden Pächter Anschaffungskosten für ein selbstständig bewertbares immaterielles Wirtschaftsgut sind, das entsprechend dem Zeitaufwand zwischen Ablösung und vertragskonformer Beendigung des Pachtverhältnisses abzuschreiben ist.

Beispiele

a) Nießbraucher NB ist aufgrund notariellen Vertrages vom 2. 1. 01 berechtigt, das Grundstück des G betrieblich zu nutzen. Als Nutzungsentgelt wurde für eine Laufzeit von 20 Jahren ein Betrag von einmalig 180 000 DM zzgl. 16 % gesondert in Rechnung gestellter Umsatzsteuer vereinbart (Option gem. § 4 Nr. 12 c UStG i. V. m. § 9 UStG).[793] NB hat das Nießbrauchsrecht aktiviert und auf die Laufzeit linear verteilt. Am 15. 12. 05 erhält NB vom Grundstückseigentümer G für die Ablösung dieses entgeltlich bestellten Zuwendungsnießbrauchs zum 31. 12. 05 einen Einmalbetrag von 200 000 DM zzgl. 16 % USt (32 000 DM). Die höhere Abfindung beruht auf dem Umstand, dass sich der Mietindex seit dem Vertragsabschluss erheblich verändert hat. G will das fragliche Grundstück für eigene betriebliche Zwecke verwenden.

Buchungen des NB:

01:	akt. RAP	180 000 DM		
	Vorsteuer	28 800 DM	an Finanzkonto	208 800 DM
02	s. b. Aufwendungen	9 000 DM	an akt. RAP	9 000 DM
03	s. b. Aufwendungen	9 000 DM	an akt. RAP	9 000 DM
04	s. b. Aufwendungen	9 000 DM	an akt. RAP	9 000 DM
05	s. b. Aufwendungen	9 000 DM	an akt. RAP	9 000 DM
05	Finanzkonto	232 000 DM	an akt. RAP	135 000 DM
			an s. b. Erträge	65 000 DM
			an Umsatzsteuer	32 000 DM

Anmerkungen zur Lösung:

Das Nießbrauchsverhältnis ist ein auf die Nutzungsbefugnis gerichtetes Dauerschuldverhältnis. Insoweit handelt es sich am 2. 1. 01 um ein schwebendes Geschäft. Voraus-

---

792 BFH, GrS 1/69, BStBl 1970 II S. 382.
793 Option kann sinnvoll sein zur Vermeidung negativer Folgen aus § 15 a UStG.

15.11 Abschreibung bei sonstigen Wirtschaftsgütern

zahlungen können daher allenthalben nur als aktive Rechnungsabgrenzung erfasst werden.[794] Verschiedentlich wird in den Fällen des Nießbrauchs gegen Einmalzahlung auch der entgeltliche Erwerb eines immateriellen Wirtschaftsgutes unterstellt. Dieses Wirtschaftsgut soll sodann linear nach § 7 Abs. 1 EStG auf die Vertragslaufzeit abgeschrieben werden. Die abweichende Auffassung hat jedenfalls im Hinblick auf die Gewinnauswirkung keine anderen Folgen.

Buchungen des G:

01:	Finanzkonto	208 800 DM	an pass. RAP	180 000 DM
			an Umsatzsteuer	28 800 DM
	pass. RAP	9 000 DM	an s. b. Erträge	9 000 DM
02	pass. RAP	9 000 DM	an s. b. Erträge	9 000 DM
03	pass. RAP	9 000 DM	an s. b. Erträge	9 000 DM
04	pass. RAP	9 000 DM	an s. b. Erträge	9 000 DM
05	pass. RAP	9 000 DM	an s. b. Erträge	9 000 DM
05	pass. RAP	135 000 DM		
	Immaterielles WG	65 000 DM		
	Vorsteuer	32 000 DM	an Finanzkonto	232 000 DM

Anmerkungen zur Lösung:

Während es sich beim Nießbrauch selbst lediglich um ein schwebendes Geschäft handelt, das als solches nicht bilanziert werden darf, sodass das vorausgezahlte Nutzungsentgelt passiv abzugrenzen ist, ist die Abfindung aus der Sicht des G jedenfalls teilweise eine Zahlung zur Erlangung des Vorteils einer vorzeitigen Nutzungsmöglichkeit des Grundstücks. Diese Nutzungsmöglichkeit beruht nicht mehr auf dem schwebenden Geschäft, sondern ist Folge dessen Beendigung. Diesen Vorteil hat der Kaufmann G sich etwas kosten lassen, sodass ein entgeltlich erworbenes immaterielles Wirtschaftsgut zu aktivieren und auf den Zeitraum der vorzeitig erlangten Nutzungsmöglichkeit von 15 Jahren linear nach § 7 Abs. 1 EStG abzuschreiben ist.

b) Nießbraucher NB ist aufgrund notariellen Vertrages vom 2. 1. 01 berechtigt, das Grundstück des G betrieblich zu nutzen. Ein Nutzungsentgelt wurde für die Laufzeit von 20 Jahren nicht vereinbart, weil NB und G Geschwister sind. NB hat das Nießbrauchsrecht in seiner Bilanz nicht erfasst. Die laufenden Grundstückskosten hat NB getragen und zutreffend als Betriebsausgaben erfasst.

Das Grundstück war bei G bisher als Betriebsgrundstück aktiviert. Bei einem Buchwert von 100 000 DM betrug der Teilwert des Grundstücks am 2. 1. 01 unstreitig 180 000 DM.

Am 15. 12. 05 erhält NB von Grundstückseigentümer G für die Ablösung des unentgeltlich bestellten Zuwendungsnießbrauchs zum 31. 12. 05 einen Einmalbetrag von 50 000 DM. G will das fragliche Grundstück für eigene betriebliche Zwecke verwenden.

Buchungen des NB in 05:

05	Finanzkonto	50 000 DM	an Einlagen	50 000 DM

Anmerkungen zur Lösung:

Da das Nießbrauchsverhältnis unentgeltlich vereinbart worden ist, ist die Abfindung keine Betriebseinnahme, weil die Beendigung des Nutzungsverhältnisses ebenfalls als außerbetrieblich veranlasst zu beurteilen ist.[795]

---

794 BFH, BStBl 1984 II S. 267, BStBl 1995 II S. 312.
795 Tz. 61 des Nießbrauchserlasses v. 24. 7. 1998, BStBl 1998 I S. 914.

15 Bewertung der Wirtschaftsgüter des Betriebsvermögens

Buchungen des G:

05   Immaterielles WG   50 000 DM   an Finanzkonto   50 000 DM

Anmerkungen zur Lösung:

Unabhängig von der Sachbehandlung beim NB ist die bilanzielle Würdigung bei G vorzunehmen. G hat die Abfindung aus seiner Sicht zur Erlangung des Vorteils einer vorzeitigen Nutzungsmöglichkeit des Grundstücks im eigenen Betrieb geleistet, sodass ein entgeltlich erworbenes immaterielles Wirtschaftsgut zu aktivieren und auf den Zeitraum der vorzeitig erlangten Nutzungsmöglichkeit von 15 Jahren linear nach § 7 Abs. 1 EStG abzuschreiben ist.

15.11.3.5 Vorbehaltsnießbrauch bei unentgeltlicher Übertragung eines Betriebsgrundstücks

Der an einem Grundstück bestellte Nießbrauch wird als Vorbehaltsnießbrauch bezeichnet, wenn das Eigentum am Grundstück übertragen und anlässlich der Eigentumsübertragung zugunsten des Übertragenden – also des bisherigen Eigentümers – das Nießbrauchsrecht bestellt wird. Der Vorbehaltsnießbraucher ist i. d. R. **nicht wirtschaftlicher Eigentümer** des belasteten Grundstücks,[796] sodass beim Nießbraucher nicht das Grundstück, sondern das Nießbrauchsrecht zu beurteilen ist.

Bei **privat veranlassten Schenkungen** von Grundstücken des Betriebsvermögens unter Vorbehalt des Nießbrauchs liegt eine Entnahme des Grundstücks aus dem Betriebsvermögen vor (§ 4 Abs. 1 Satz 2 EStG), die gem. § 6 Abs. 1 Nr. 4 EStG mit dem Teilwert zu bewerten ist.[797]

Dem Vorbehaltsnießbraucher entstehende Aufwendungen, die im Zusammenhang mit dem betrieblich genutzten Grundstück stehen, stellen für ihn Betriebsausgaben dar, obgleich das Grundstück wegen Fremdeigentums nicht in der Bilanz des Nießbrauchers erscheinen darf; die Aufwendungen sind durch den Betrieb veranlasst (§ 4 Abs. 4 EStG). Die betriebliche Veranlassung der Aufwendungen für Anschaffung oder Herstellung des fortdauernd betrieblich genutzten Gebäudes bleibt auch nach Aufgabe des Eigentums gewahrt, sodass die **Gebäude-AfA zu den Betriebsausgaben des Vorbehaltsnießbrauchers** gehören. Sie werden durch Erfassung einer entsprechenden Einlage gewinnmindernd berücksichtigt.[798]

Nach der erfolgswirksamen Entnahme des Grundstücks aus dem Betriebsvermögen wird die AfA nicht mehr nach den tatsächlichen Anschaffungs- oder Herstellungskosten des Gebäudes, sondern vielmehr nach dessen Entnahmewert (Teilwert) bemessen.[799]

---

796 Vgl. BFH, BStBl 1997 II S. 121.
797 H 14 „Vorbehaltsnießbrauch" EStH.
798 H 18 „Unentgeltliche Übertragung", „Nießbrauch" EStH.
799 BFH, BStBl 1990 II S. 368.

15.11 Abschreibung bei sonstigen Wirtschaftsgütern

Beispiel
Der Gewerbetreibende V schenkte seiner Tochter T mit Wirkung v. 1. 7. 01 ein Betriebsgrundstück unter Vorbehalt des lebenslänglichen Nießbrauchs. Grundstücksübereignung und Nießbrauchsbestellung wurden rechtswirksam durch Auflassung und Eintragung (§ 925 BGB) bzw. durch Einigung und Eintragung (§ 873 BGB) im Grundbuch vollzogen. Die folgenden Werte wurden zum 1. 7. 01 festgestellt:

	Grund u. Boden	Gebäude
Buchwert	80 000 DM	400 000 DM
Teilwert	180 000 DM	450 000 DM

Mit der Schenkung und Auflassung des Grundstücks hat V die Wirtschaftsgüter Grund und Boden und Gebäude seinem Betriebsvermögen entnommen (§ 4 Abs. 1 Satz 2 EStG). Entnahmen sind gem. § 6 Abs. 1 Nr. 4 EStG mit dem Teilwert anzusetzen. Daraus resultiert folgende Gewinnrealisierung:

	Grund u. Boden	Gebäude	gesamt
Teilwert	180 000 DM	450 000 DM	630 000 DM
Buchwert	80 000 DM	400 000 DM	480 000 DM
sonstiger betrieblicher Ertrag	100 000 DM	50 000 DM	150 000 DM

Da V das Grundstück seit dem 1. 7. 01 weiterhin ausschließlich eigengewerblich, nunmehr jedoch nicht mehr als Eigentümer, sondern als Nießbraucher nutzt, ist er berechtigt, AfA abzuziehen, denn er hat seinerzeit die Anschaffungs- bzw. Herstellungskosten getragen (Eigenaufwand).
Ab 1. 7. 01 beträgt die Gebäude-AfA jährlich 2 v. H. von 450 000 DM = 9000 DM. Der jährliche AfA-Betrag ist gewinnmindernd als Einlage zu erfassen. Die Buchung dazu lautet: „AfA an Einlagen 9000 DM", für 01 zeitanteilig ($^6/_{12}$), also 4500 DM.[800] Das AfA-Volumen ist allerdings auf den Restbuchwert von 400 000 DM beschränkt.
Die mit der betrieblichen Nutzung des nießbrauchsbelasteten Grundstücks zusammenhängenden eigenen Aufwendungen sind als Betriebsausgaben abziehbar. Zu diesen Aufwendungen rechnet auch die Gebäude-AfA, weil V als Vorbehaltsnießbraucher die betreffenden Aufwendungen selbst getragen hat. Da V das Gebäude erfolgswirksam aus seinem Betriebsvermögen entnommen hat, bemisst sich die AfA nicht nach den von ihm aufgewendeten Anschaffungs- oder Herstellungskosten, vielmehr nach dem Entnahmewert in Höhe von 450 000 DM.

AfA kann auch ein Schenker beanspruchen, der mit seinen Mitteln den Kauf eines von ihm **im Voraus bestimmten Grundstückes** einem zu Beschenkenden ermöglicht, sich dabei ein Nießbrauchsrecht an dem Grundstück vorbehält und dieses anschließend zur Erzielung von Einkünften nutzt.[801]

15.11.3.6 Veräußerung eines mit einem Vorbehaltsnießbrauch belasteten Betriebs

Bei unentgeltlicher Übertragung eines landwirtschaftlichen Betriebes im Wege vorweggenommener Erbfolge führt der Hofnachfolger den Betrieb unverändert fort **(Buchwertfortführung).** Der neue Eigentümer hat den Betrieb auch dann unent-

---
800 H 18 „Unentgeltliche Übertragung", „Nießbrauch" EStH.
801 BFH, BStBl 1992 II S. 67.

geltlich erworben, wenn sich der Übertragende den Nießbrauch am Betrieb vorbehalten hat (**Zuwendung unter einer Auflage**). Es bestehen zwei Betriebe, ein ruhender in der Hand des Eigentümers (Nießbrauchsverpflichteten) und ein wirtschaftender in der Hand des Nießbrauchsberechtigten (Hofübergebers). Der Eigentümer kann wählen, ob er die Betriebsaufgabe erklärt. Sieht er von der Erklärung ab und veräußert er den Betrieb oder einzelne Grundstücke, so sind Gewinne aus der Veräußerung dem Eigentümer zuzurechnen. Der Veräußerungserlös ist nicht um vertragliche Altenteilsleistungen zu mindern, da sie auf privater Altenteilsverpflichtung beruhen.[802]

15.11.3.7 Vorbehaltsnießbrauch bei entgeltlicher Übertragung eines Betriebsgrundstückes

Nach h. A.[803] gehört im Falle entgeltlicher Veräußerung eines Grundstückes ebenso wie bei den Einkünften aus Vermietung und Verpachtung[804] die Bestellung des Vorbehaltsnießbrauchs nicht zur Gegenleistung des Grundstückserwerbers und damit zu den Anschaffungskosten des Grundstückes. Insgesamt ist der Vorgang nicht als Tausch mit Barausgleich anzusehen.[805]

Beispiel

A veräußert sein bebautes Betriebsgrundstück mit Wirkung vom 1. 1. 02 an B unter Vorbehalt des Nießbrauchs für die Dauer von 20 Jahren. Das Grundstück gehört bei B seit dem Anschaffungszeitpunkt zum Betriebsvermögen. Der Preis, von dem 25 % auf den Grund und Boden entfallen, wurde folgendermaßen ermittelt:

Marktpreis des Grundstückes	1 000 000 DM
Wert des Nießbrauchsrechtes	345 000 DM
Barzahlungsbetrag	655 000 DM

Am 31. 12. 01 betrugen die Buchwerte in der Bilanz des A:
Grund und Boden = 100 000 DM
Gebäude = 500 000 DM

Für **B** handelt es sich um die Anschaffung der Wirtschaftsgüter Grund und Boden und Gebäude gegen Barzahlung in Höhe von 655 000 DM. Die Nießbrauchsverbindlichkeit im Werte von 300 000 DM darf nicht passiviert werden.

Buchungen:

Grund und Boden 163 750 DM
Gebäude 491 250 DM
  an Finanzkonto 655 000 DM

Für **A** handelt es sich um die Veräußerung der Wirtschaftsgüter Grund und Boden und Gebäude. Eine Anschaffung des immateriellen Wirtschaftsguts Nießbrauchsrecht liegt mangels Entgelts für das Recht nicht vor (§ 5 Abs. 2 EStG). Vielmehr ist ein um den Wert des Nießbrauchs gemindertes Grundstück erworben worden.

---

802 BFH, BStBl 1996 II S. 440.
803 Vgl. Schmidt/Weber-Grellet, EStG, § 5 Rz. 612.
804 Vgl. Tz. 40 des Nießbrauchserlasses und BFH-Urteil v. 7. 12. 1982 VIII R 153/81, BStBl 1983 II S. 627; vgl. aber BFH, BStBl 1984 II S. 711, hier S. 713 li. Spalte).
805 BFH, BStBl 1987 II S. 772; a. A. Schmidt/Weber-Grellet, EStG, § 5 Rz. 612 bb).

15.11 Abschreibung bei sonstigen Wirtschaftsgütern

Buchungen:

Finanzkonto	655 000 DM		
		an Grund und Boden	100 000 DM
		an Gebäude	500 000 DM
		an sonst. betriebl. Erträge	55 000 DM

15.11.3.8 Ablösung des Vorbehaltsnießbrauches

Es gelten die zum **entgeltlich** bestellten Zuwendungsnießbrauch dargelegten Grundsätze auch für den Vorbehaltsnießbrauch, sodass sich keine Abweichungen ergeben.[806]

15.11.3.9 Vorzeitiger Wegfall des entgeltlichen Zuwendungsnießbrauches

Erlischt der aktivierte entgeltlich bestellte Zuwendungsnießbrauch durch Tod des Berechtigten vor der vereinbarten Zeitdauer bzw. bei lebenslänglichem Recht vor Ablauf der angenommenen mittleren Lebenserwartung, so ist in Höhe des Restbuchwertes des Nießbrauchsrechtes eine Absetzung für außergewöhnliche Absetzung vorzunehmen (§ 7 Abs. 1 letzter Satz EStG).

15.11.3.10 Rückvermietung von Grundstücken aufgrund eines vorbehaltenen Nutzungsrechtes

Übereignen Eltern Grundstücke unter Nießbrauchsvorbehalt auf ihre Kinder und vermieten sie in Ausübung dieses Nießbrauches die Grundstücke zum Zwecke der betrieblichen Nutzung an die Kinder, so nutzen die Kinder die Grundstücke nicht als Grundstückseigentümer, sondern als **Mieter.** Das hat zur Folge, dass zwar die **Mietzahlungen** als Betriebsausgaben abziehbar sind, nicht jedoch die **Gebäude-AfA.**[807] Die AfA bleibt beim bisherigen Grundstückseigentümer nach Maßgabe des Entnahmewertes (Bemessungsgrundlage) bzw. der von diesem aufgebrachten Anschaffungs- oder Herstellungskosten (AfA-Volumen), allerdings nur dann, wenn der Grundstückseigentümer das Grundstück **schenkweise** übereignet hat.[808]

Diese Grundsätze gelten auch bei Grundstücksübertragung unter Vorbehalt eines obligatorischen Nutzungsrechtes.[809]

15.11.4 Unbewegliche Wirtschaftsgüter, die keine Gebäude oder selbstständige Gebäudeteile sind

Bei abnutzbaren **unbeweglichen Wirtschaftsgütern,** die **nicht Gebäude** oder **selbstständige Gebäudeteile** sind, können die AfA nur in gleichen Jahresbeträgen

---
806 S. o. 15.11.3.4.
807 BFH, BStBl 1986 II S. 322.
808 BFH, BStBl 1982 II S. 320, BStBl 1986 II S. 322.
809 BFH, BStBl 1989 II S. 872.

(§ 7 Abs. 1 Sätze 1 und 2 EStG) bemessen werden. Degressive AfA (§ 7 Abs. 2 EStG) sowie AfA nach Maßgabe der Leistung (§ 7 Abs. 1 Satz 4 EStG) scheiden aus. AfA nach § 7 Absätze 4 bis 5 a EStG kann mangels Gebäudeeigenschaft nicht in Betracht kommen.

Bei diesen abnutzbaren unbeweglichen Wirtschaftsgütern handelt es sich zwar um wesentliche Grundstücksbestandteile; sie sind aber wie Gebäude gegenüber dem nicht der Abnutzung unterliegenden Grund und Boden selbstständige Wirtschaftsgüter. Sie könnten Gebäudeteile sein, wenn sie in einem einheitlichen Nutzungs- und Funktionszusammenhang zum Gebäude stünden.[810] Das ist aber nicht der Fall bei **Außenanlagen**, wie Straßen- und Wegebrücken, Fahrbahnen, Parkplätze, Hofbefestigungen, Grünanlagen, Brunnen, Drainagen, Löschwasserteiche, Uferbefestigungen, Umzäunungen.

15.11.5 Geschäfts- oder Firmenwert

15.11.5.1 Begriff des Geschäfts- oder Firmenwerts

Geschäfts- oder Firmenwert ist der von persönlichen Eigenschaften des Unternehmers losgelöste und im Wirtschaftsleben anerkannte Mehrwert, der einem Unternehmen als solchem über die Teilwerte der einzelnen Wirtschaftsgüter (abzüglich der Schulden) hinaus innewohnt.[811]

Er ist Ausdruck für die Gewinnchancen eines Unternehmens, soweit sie nicht in einzelnen Wirtschaftsgütern verkörpert sind.[812] Mit anderen Worten: Geschäftswert ist die nicht in den einzelnen Wirtschaftsgütern verkörperte Ertragskraft des Unternehmens.[813]

Er umfasst sehr unterschiedliche Dinge, z. B. Ruf, innerbetriebliche und äußere Organisation, besondere Verfahrens- und Fertigungstechniken, Vertriebsnetz, Geschäftsbeziehungen (Kundenstamm), Tüchtigkeit und Ideenreichtum der im Unternehmen Tätigen, Zukunftsaussichten usw.

15.11.5.2 Originärer und derivativer Geschäfts- oder Firmenwert

Der Geschäfts- oder Firmenwert kann sich im Laufe der Zeit in einem Unternehmen bilden, ohne dass dafür besondere Aufwendungen anfallen. Das ist der originäre Firmenwert. Davon zu unterscheiden ist der entgeltlich erworbene Firmenwert (derivativer Firmenwert).

---

810 BFH, BStBl 1983 II S. 686.
811 BFH, BStBl 1977 II S. 73, BStBl 1982 II S. 650, BStBl 1994 II S. 224/225.
812 BFH, BStBl 1982 II S. 620, 652.
813 BFH, BStBl 1982 II S. 758.

15.11.5.3 Aktivierbarkeit des Geschäfts- oder Firmenwerts

Für den im Rahmen eines Unternehmenserwerbs entgeltlich erworbenen (derivativen) Geschäfts- oder Firmenwert besteht handelsrechtlich ein **Aktivierungswahlrecht** (§ 255 Abs. 4 HGB), steuerrechtlich jedoch ein **Aktivierungsgebot** (§ 5 Abs. 2 EStG). Ein Firmenwert kann aber erst angesetzt werden, soweit der Kaufpreis nicht für andere materielle oder immaterielle Einzelwirtschaftsgüter bezahlt wurde.[814]

Die Aktivierung eines Geschäfts- oder Firmenwerts setzt den Erwerb eines lebenden Unternehmens im Ganzen voraus. Nur für diesen Fall kann die Leistung des Erwerbers den Buchwert der übernommenen Wirtschaftsgüter und die Abgeltung der in ihnen liegenden stillen Reserven übersteigen.[815] Bei einem noch **im Aufbau befindlichen Unternehmen,** das seinen Geschäftsbetrieb noch nicht begonnen hat, lassen sich zwar Prognosen über künftige Marktchancen und mögliche oder wahrscheinliche Gewinne erstellen. Diese Prognosen spiegeln aber nicht einen im Unternehmen entstandenen und dort bereits vorhandenen Wert wider, sondern sind lediglich das Ergebnis einer Zukunftsbetrachtung. Beim Erwerb eines noch im Aufbau befindlichen Unternehmens können die über das Kapitalkonto des Veräußernden hinaus geleisteten Zahlungen jedoch zusätzliche Aufwendungen für bereits aktivierte Wirtschaftsgüter sein. Lässt sich der Veräußerer z. B. von ihm bereits aufgewendete **Bauzeitinsen** vergüten, so liegen mit der Übernahme durch den Erwerber für diesen insoweit zusätzliche Anschaffungskosten des zum Betriebsvermögen gehörenden Grundbesitzes vor.[816]

Aufwendungen des Erwerbers eines Unternehmens können ebenfalls keine aktivierungsfähigen Anschaffungskosten für einen Geschäftswert des erworbenen Unternehmens sein, wenn der Erwerber beabsichtigt, das erworbene Unternehmen **sofort stillzulegen,** und wenn er dieser Absicht gemäß verfährt. Die Aufwendungen dienen dem Zweck, das soeben erworbene Wirtschaftsgut Geschäftswert zu zerstören und auf diese Weise den eigenen Geschäftswert durch Ausschaltung eines Konkurrenten zu verbessern. Aufwendungen zur **Verbesserung des eigenen Geschäftswertes** können jedoch mangels abgeleiteten Erwerbs nicht bilanziert werden.[817] Entsprechend sind **Zertifizierungsaufwendungen** nach ISO 9001–9003 grds. sofort abzugsfähige Betriebsausgaben.[818] Wird nicht ein Unternehmen im Ganzen, sondern werden nur **einzelne Gegenstände** eines Unternehmens veräußert, so erwirbt der Käufer keinen Geschäftswert.[819] Der **Erwerb eines Mitunternehmeranteiles** steht dem Erwerb eines ganzen Unternehmens gleich. Auch beim Erwerb eines **Teilbetriebes** kann die Aktivierung eines Firmenwerts in Betracht kommen.[820]

---

814 BFH, BStBl 1972 II S. 884.
815 BFH, BStBl 1968 II S. 66, BStBl 1994 II S. 224/225 m. w. N.
816 BFH, BStBl 1994 II S. 224.
817 BFH, BStBl 1979 II S. 369, BStBl 1982 II S. 56; vgl. auch § 5 Abs. 2 EStG, § 5 Abs. 1 EStG i. V. m. § 255 Abs. 4 HGB.
818 BMF v. 22. 1. 1998; DB 1998 S. 344.
819 BFH, BStBl 1967 III S. 306.
820 BFH, BStBl 1971 II S. 69.

15 Bewertung der Wirtschaftsgüter des Betriebsvermögens

Der Geschäftswert ist ein **einlagefähiges** Wirtschaftsgut. Die Einlagefähigkeit eines Wirtschaftsgutes richtet sich nach dessen allgemeiner Bilanzierungsfähigkeit, und allgemein betrachtet ist auch der selbst geschaffene Geschäftswert bilanzierungsfähig, denn er kann gesellschaftsrechtlich Gegenstand einer Sacheinlage gegen Gewährung von Gesellschaftsrechten sein. In diesem Fall wird die Sacheinlage wie ein Anschaffungsgeschäft der Gesellschaft behandelt, und deshalb finden § 248 Abs. 2 HGB und der inhaltsgleiche § 5 Abs. 2 EStG (für immaterielle Wirtschaftsgüter des Anlagevermögens ist ein Aktivposten nur anzusetzen, wenn sie entgeltlich erworben wurden) keine Anwendung.[821] Bezüglich der Einlage ist es unmaßgeblich, ob sie **offen** oder in **verdeckter Form** geschieht. Es kommt nicht darauf an, dass ein Betrieb oder Teilbetrieb ohne Entgelt für den tatsächlich vorhandenen Geschäftswert übertragen wird.[822] Folglich ist nicht nur der entgeltlich erworbene Geschäftswert, sondern auch der im Zusammenhang mit einer Betriebs- oder Teilbetriebsübertragung eingelegte Geschäfts- oder Firmenwert handelsrechtlich bilanzierungsfähig und steuerrechtlich bilanzierungspflichtig.

Da der Geschäftswert an den fortbestehenden Betrieb (Teilbetrieb) gebunden ist, kann er nicht für sich allein, sondern nur zusammen mit dem Betrieb oder einem Teilbetrieb genutzt und veräußert werden. Der Geschäftswert führt **kein Eigenleben** und kann deshalb auch nicht wie andere Einzelwirtschaftsgüter für sich entnommen und in eine andere Betriebsstätte überführt werden.[823]

Bei der Ermittlung des **Aufgabegewinnes** nach erklärter Betriebsaufgabe im Falle der Betriebsverpachtung ist auch ein derivativer Geschäftswert nicht anzusetzen. Weder der originäre noch der derivative Geschäftswert ist privatisierbar; beide Arten des Geschäftswertes sind außerhalb eines Betriebsvermögens nicht denkbar. Der derivative Geschäftswert wird folglich weiterhin gem. § 6 Abs. 1 Nr. 1 i. V. m. § 7 Abs. 1 Satz 3 EStG als Wirtschaftsgut des Betriebsvermögens abgeschrieben.[824]

15.11.5.4 Einordnung des Geschäfts- oder Firmenwerts

Bei der Ausübung des **Wahlrechtes** durch Aktivierung ist **handelsrechtlich** nach § 255 Abs. 4 HGB der Betrag des erworbenen Geschäfts- oder Firmenwerts in jedem folgenden Geschäftsjahr zu **mindestens einem Viertel** durch Abschreibungen zu tilgen. Stattdessen kann in der Handelsbilanz auch eine **planmäßige Abschreibung** auf die voraussichtliche Nutzungsdauer erfolgen. Diese Dauer ist nicht gesetzlich bestimmt. Es darf aber wohl davon ausgegangen werden, dass eine Abschreibung dem Steuerrecht entsprechend auf 15 Jahre gemeint ist. Nur diese Sicht ermöglicht dem Stpfl. die Aufstellung einer **Einheitsbilanz** (Handelsbilanz = Steuerbilanz).[825]

---
821 BFH, BStBl 1987 II S. 705 m. w. N.
822 BFH, BStBl 1987 II S. 455, S. 705.
823 BFH, BStBl 1983 II S. 113.
824 BFH, BStBl 1989 II S. 606.
825 Bericht des Rechtsausschusses, BT-Drucksache 10/4268, 101.

15.11 Abschreibung bei sonstigen Wirtschaftsgütern

Nach § 7 Abs. 1 Satz 3 EStG gilt **steuerrechtlich** als betriebsgewöhnliche Nutzungsdauer des Geschäfts- oder Firmenwerts eines Gewerbebetriebs oder eines Betriebs der Land- und Forstwirtschaft zwingend ein Zeitraum von **15 Jahren.** Die AfA dürfen auch dann **nicht** nach einer **kürzeren Nutzungsdauer** bemessen werden, wenn im Einzelfall Erkenntnisse dafür vorliegen, dass die tatsächliche Nutzungsdauer kürzer als 15 Jahre sein wird, beispielsweise bei sog. personenbezogenen Betrieben, bei denen der Unternehmenswert so eng mit der Person des Betriebsinhabers verbunden ist, dass nach dessen Ausscheiden mit einer kürzeren Nutzungsdauer des erworbenen Geschäfts- oder Firmenwerts zu rechnen ist.[826] Personenbezogen kann z. B. der Betrieb eines Handelsvertreters, eines Friseurs, eines Kunsthandwerkers, eines Designers und eines Werbegrafikers sein.[827] Allerdings kann bei entsprechendem Nachweis einer dauerhaften Wertminderung eine Teilwertabschreibung nach § 6 Abs. 1 Nr. 1 Satz 2 EStG in Betracht kommen.

Beispiele

a) Kaufmann A, dessen Wirtschaftsjahr dem Kalenderjahr entspricht, wendet am 2. 1. 01 im Rahmen des Erwerbs eines Konkurrenzunternehmens für den Geschäfts- oder Firmenwert 100 000 DM auf.

A hat u. a. folgende Möglichkeiten der buch- und bilanzmäßigen Behandlung.

	HB 1 DM		HB 2 DM		HB 3 DM		HB 4 DM	HB 5 DM		HB 6 = StB DM
Zugang 2. 1. 01	100 000		100 000		100 000		100 000			100 000
Abschr. 01	—	25 %	25 000	33^1/$_3$ %	33 333	50 %	50 000	—	6^2/$_3$ %	6 667
31. 12. 01	100 000		75 000		66 667		50 000	—		93 333
Gewinnminderung 01	—		25 000		33 333		50 000	100 000		6 667

b) Sachverhalt wie in Beispiel a), jedoch Erwerb durch die A-GmbH. Es ergeben sich dieselben Möglichkeiten wie im Beispiel a). Im Fall 1 ist jedoch in der Handelsbilanz eine Rückstellung für latente Steuern zu bilden, weil der HB-Gewinn höher ist als der StB-Gewinn und die Differenz nur vorübergehend ist (§ 274 Abs. 1 HGB), während die GmbH in den Fällen 2 bis 5 einen Aktivposten für aktivische latente Steuern in der Handelsbilanz als Bilanzierungshilfe aktivieren **kann.** Der HB-Gewinn ist niedriger als der StB-Gewinn, und die Differenz hat nur vorübergehenden Charakter (§ 274 Abs. 2 HGB).[828]

In der StB der A-GmbH erscheint lediglich die Position Geschäfts- oder Firmenwert mit 93 333 DM. Steuerrechtlich unzulässig sind nicht nur die Alternativlösungen 1–5 zum Firmenwert (§ 5 Abs. 6 EStG), vielmehr auch die Rückstellung für latente Steuern und der lediglich als Bilanzierungshilfe gebildete Aktivposten für aktivische latente Steuern. Hierbei handelt es sich weder um ein Wirtschaftsgut noch um einen Aktivposten i. S. des § 5 Abs. 5 EStG.

---

826 BMF, BStBl 1986 I S. 532.
827 BFH, BStBl 1989 II S. 549, BStBl 1994 II S. 449.
828 Vgl. auch o. 12.3.5.

15 Bewertung der Wirtschaftsgüter des Betriebsvermögens

Für den geschäftswertähnlichen **Verlagswert** gelten entsprechende Grundsätze.[829] Daher ist die gesetzlich vorgeschriebene Nutzungsdauer von 15 Jahren (§ 7 Abs. 1 Satz 3 EStG) auch bei der bilanziellen Behandlung von Verlagswerten anzuwenden.[830] Die Belieferungsrechte und -chancen sind Teil der Verlagswerte und können nicht als selbstständig abnutzbare immaterielle Einzelwirtschaftsgüter behandelt werden.[831] Etwas anderes gilt für die Verlagsrechte. Hierbei handelt es sich um Nutzungsrechte, die aus dem Urheberrecht abgeleitet werden. Verlagsrechte sind daher keine firmenwertähnlichen Wirtschaftsgüter, sondern selbstständige immaterielle Vermögensgegenstände, die im Falle entgeltlichen Erwerbs (§ 5 Abs. 2 EStG) nach § 7 Abs. 1 Satz 1 EStG linear abgeschrieben werden.[832]

Der Geschäfts- oder Firmenwert unterscheidet sich vom – personenbezogenen – **Praxiswert** der Angehörigen der freien Berufe durch die Bemessung der betriebsgewöhnlichen Nutzungsdauer. Während für den Geschäfts- oder Firmenwert eine betriebsgewöhnliche Nutzungsdauer von 15 Jahren gilt (§ 7 Abs. 1 Satz 3 EStG), erfolgt die Abschreibung des Praxiswerts im Allgemeinen innerhalb von drei bis fünf Jahren.[833] Wird der Praxiswert bei Gründung einer Sozietät oder beim Erwerb durch eine WP- oder StB-GmbH aufgedeckt und übt der bisherige Praxisinhaber weiterhin entscheidenden Einfluss im Unternehmen aus, so stellt der entgeltlich erworbene (oder verdeckt) eingelegte Praxiswert ein abnutzbares Wirtschaftsgut dar.[834] Die Grundsätze dieses Urteils sind gem. BMF-Schreiben v. 15. 1. 1995[835] wie folgt anzuwenden:

Der anlässlich der Gründung einer Sozietät aufgedeckte Praxiswert stellt ebenso wie der Wert einer erworbenen Einzelpraxis ein abnutzbares immaterielles Wirtschaftsgut dar. § 7 Abs. 1 Satz 3 EStG ist jedoch auf die Bemessung der AfA für den (Einzel- oder Sozietäts-)Praxiswert nicht anzuwenden. Wegen der Beteiligung und der weiteren Mitwirkung des bisherigen Praxisinhabers (Sozius) ist vielmehr davon auszugehen, dass die betriebsgewöhnliche Nutzungsdauer des anlässlich der Gründung einer Sozietät aufgedeckten Praxiswerts doppelt so lang ist wie die Nutzungsdauer des Werts einer erworbenen Einzelpraxis. Die betriebsgewöhnliche Nutzungsdauer ist nach den Umständen des einzelnen Falls sachgerecht zu schätzen. Dabei ist es nicht zu beanstanden, wenn für den anlässlich der **Gründung einer Sozietät** aufgedeckten Praxiswert eine betriebsgewöhnliche Nutzungsdauer von **sechs bis zehn** Jahren und für den Wert einer erworbenen Einzelpraxis eine betriebsgewöhnliche Nutzungsdauer von **drei bis fünf** Jahren angenommen wird.

Diese Grundsätze gelten entsprechend für den Erwerb eines Praxiswerts durch eine **Wirtschaftsprüfer- oder Steuerberater-GmbH**. Sie sind in noch offenen Fällen

---
829 BFH, BStBl 1995 II S. 505.
830 BMF, BStBl 1986 I S. 532.
831 BFH, BStBl 1979 II S. 470.
832 BFH, BStBl 1995 II S. 505.
833 BFH, BStBl 1975 II S. 381; BStBl 1994 II S. 903.
834 BFH, BStBl 1994 II S. 590.
835 BStBl 1995 I S. 14.

15.11 Abschreibung bei sonstigen Wirtschaftsgütern

ab dem Veranlagungszeitraum 1993, auf Antrag auch ab einem früheren Veranlagungszeitraum, anzuwenden; eine ggf. aufgestellte Bilanz ist zu berichtigen. Zur Abgrenzung des Praxiswerts vom Mandantenstamm vgl. BFH-Urteil v. 30. 3. 1994.[836]

Scheidet ein Gesellschafter aus einer freiberuflich tätigen Personengesellschaft gegen eine **Abfindung** aus, die **höher ist als der Buchwert seines Kapitalkontos,** so kann der gezahlte Mehrwert die Gegenleistung für einen Anteil am Unternehmenswert der Gesellschaft darstellen. Die AfA auf einen solchen Anteil am Unternehmenswert ist nach § 7 Abs. 1 Satz 3 EStG (Geschäftswert) zu bestimmen, wenn der ausscheidende Gesellschafter eine „berufsfremde" (nicht freiberuflich tätige) Person war und die in der Gesellschaft verbliebenen Gesellschafter im bisherigen Umfang ihre freiberufliche Tätigkeit fortsetzten.[837] Entsprechendes gilt, wenn der Sozietätsanteil auf eine berufsfremde Person übertragen wird.[838]

15.11.5.5 Bewertungsgrundsätze

Die Bewertung eines derivativen Firmenwerts erfolgt nach den gleichen Grundsätzen wie die Bewertung aller anderen Wirtschaftsgüter des abnutzbaren Anlagevermögens. Im Allgemeinen sind die Anschaffungskosten, vermindert um die AfA nach § 7 Abs. 1 EStG, anzusetzen. Statt der fortgeführten Anschaffungskosten kann (steuerlich) bzw. muss (handelsrechtlich) bei **voraussichtlich dauerhafter Wertminderung** der **niedrigere Teilwert** angesetzt werden (§ 6 Abs. 1 Nr. 1 EStG, § 5 Abs. 1 EStG i. V. m. § 253 Abs. 2 Satz 3 HGB).[839]

Ist beim Erwerb eines Betriebs ein Geschäfts- oder Firmenwert bezahlt worden, so kann er nur in Höhe der **tatsächlichen Anschaffungskosten** aktiviert werden. **Spätere Steigerungen** des Geschäftswertes, z. B. infolge der Tüchtigkeit des Erwerbers oder einer günstigen Entwicklung des Unternehmens, dürfen nicht nachaktiviert werden (§ 5 Abs. 2 EStG).

15.11.5.6 Abgrenzung von immateriellen Einzelwirtschaftsgütern[840]

Der Geschäftswert ist nicht etwa die Summe der immateriellen Wirtschaftsgüter eines Unternehmens, sondern der **Ausdruck für die Gewinnchancen, soweit sie nicht in einzelnen Wirtschaftsgütern verkörpert** sind.[841] Von ihm zu unterscheiden sind abgrenzbare und nach objektiver Feststellung mit besonderem

---

836 BStBl 1994 II S. 902.
837 BFH, BStBl 1982 II S. 620.
838 BFH, BStBl 1994 II S. 922.
839 Zur Ermittlung des Teilwertes s. u. 15.11.5.
840 Vgl. auch o. 13.3.5 und 15.8.1.4.
841 BFH, BStBl 1982 II S. 620.

Anschaffungsaufwand erworbene immaterielle Einzelwirtschaftsgüter.[842] Die Abgrenzung ist schwierig.

Lässt sich ein einzelnes immaterielles Wirtschaftsgut vom Geschäftswert als selbstständiges immaterielles Wirtschaftsgut abgrenzen, so sind die Grundsätze des § 7 EStG (AfA) nur dann anwendbar, wenn sich der Wert dieses Wirtschaftsgutes innerhalb einer ungefähr bestimmbaren Zeit erschöpft.[843]

Nicht unter die Regelung des § 7 Abs. 1 Satz 3 EStG fallende abnutzbare immaterielle Wirtschaftsgüter sind also grundsätzlich selbstständige Wirtschaftsgüter und nicht Teil des Geschäfts- oder Firmenwertes.[844] Das gilt auch bei Zahlung eines Betrags für die Einführung in persönliche Geschäftsbeziehungen.[845] Aus demselben Grunde ist die für **Gewinnchancen aus schwebenden Geschäften** geleistete Zahlung in den Bilanzen gesondert auszuweisen und bei Abnahme dieser Geschäfte gewinnmindernd zu verrechnen. Voraussetzung für ein selbstständiges Wirtschaftsgut ist jedoch, dass im Einzelfall tatsächlich bereits feste Aufträge erteilt sind, die eine selbstständig bewertbare Gewinnchance beinhalten.[846] Schwebende Arbeitsverträge sind regelmäßig keine immateriellen Einzelwirtschaftsgüter, sondern **geschäftswertbildende Faktoren**.[847] Ein **befristetes Wettbewerbsverbot**, das wesentliche Grundlage der Geschäftsübernahme war, ist ein selbstständiges (abschreibbares) immaterielles Wirtschaftsgut. Voraussetzung ist, dass das Wettbewerbsverbot in einem besonderen Entgelt klar zum Ausdruck gekommen ist.[848] Aufwendungen für ein Wettbewerbsverbot, das zwar unbefristet ist, jedoch mit dem Tode des Verpflichteten erlischt, sind durch Aktivierung und AfA auf die mutmaßliche Lebenszeit des Verpflichteten zu verteilen.[849]

Stellt der übernommene **Kundenstamm** praktisch den gesamten immateriellen Wert eines Betriebes dar und sind andere ins Gewicht fallende geschäftswertbildende Faktoren nicht erkennbar, ist für den Ansatz eines Geschäftswerts kein Raum. Der Kundenkreis kann dann ein abschreibbares immaterielles Wirtschaftsgut sein. Die Vereinbarung eines Wettbewerbsverbots und des Rechts zur Firmenfortführung muss dem nicht entgegenstehen.

---

842 BFH, BStBl 1980 II S. 346, 1994 II S. 903, 1995 II S. 505.
843 BFH, BStBl 1982 II S. 189.
844 BFH, BStBl 1969 II S. 66.
845 BFH, BStBl 1971 II S. 175.
846 BFH, BStBl 1986 II S. 176.
847 BFH, BStBl 1986 II S. 176.
848 BFH, BStBl 1984 II S. 233.
849 BFH, BStBl 1979 II S. 369.

15.11.6 Teilwertabschreibung des derivativ erworbenen Geschäftswertes

15.11.6.1 Widerlegbarkeit der Teilwertvermutung

Auch beim Geschäftswert gilt zunächst die dem Gesetz zugrunde liegende Vermutung, dass sich der Teilwert mit den Anschaffungskosten abzügl. AfA deckt. Diese Vermutung ist widerlegbar, und zwar durch den Nachweis, dass

- sich die Zahlung als **Fehlmaßnahme** erwiesen hat oder
- der Wert unter den seinerzeit gezahlten und noch nicht durch AfA aufgezehrten Betrag gesunken bzw. der Geschäftswert überhaupt nicht mehr vorhanden ist.[850]

Eine Abschreibung des Aufwands für einen Geschäftswert unter dem Gesichtspunkt einer Fehlmaßnahme ist in der Regel nur dann zulässig, wenn sich die Annahme eines Geschäftswerts bereits bis zum Ende desjenigen Geschäftsjahrs, in dem die Zahlung geleistet wurde, als Fehlmaßnahme erwiesen hat. Für spätere Jahre ist dem Stpfl. die Berufung auf eine Fehlmaßnahme in der Regel versagt. Eine Fehlmaßnahme ließe sich nur darauf stützen, dass beim Erwerb erkennbar von bestimmten in der Zukunft zu erwartenden Umsätzen und Gewinnen ausgegangen wurde und sich diese Hoffnungen nicht erfüllt haben.[851]

Ein nachhaltiges Sinken des Geschäftswerts kann sich aus der wirtschaftlichen Entwicklung des Unternehmens seit dem Zeitpunkt der erstmaligen Aktivierung ergeben. Die Abschreibung erfordert eindeutige Anhaltspunkte, dass der aktivierte und tatsächlich vorhandene Geschäftswert durch Minderung aller oder einzelner geschäftswertbildender Faktoren insgesamt gesunken ist. Erst dann kann die zusätzliche Auswertung der nachstehend dargestellten Methoden zu dem Ergebnis führen, dass sich der Geschäftswert auf einen bestimmten Teilwert verringert hat oder überhaupt nicht mehr vorhanden ist.[852] So kann ein entgeltlich erworbener Geschäftswert auf den niedrigeren Teilwert abgeschrieben werden, wenn die wirtschaftliche Entwicklung des Unternehmens seit der erstmaligen Aktivierung des Geschäftswertes zeigt, dass dessen Rentabilität nachhaltig gesunken ist.[853]

Eine Teilwertabschreibung kommt auch in Betracht, wenn über einen längeren Zeitraum gesehen die Entwicklung der wirtschaftlichen und sozialen Verhältnisse dazu geführt hat, dass im Falle der Betriebsveräußerung in dem Wirtschaftszweig Geschäftswerte nicht mehr vergütet werden, weil der nachhaltig zu erzielende Gewinn nicht höher als ein angemessener Unternehmerlohn ist.[854]

---

850 BFH, BStBl 1982 II S. 758.
851 BFH, BStBl 1977 II S. 412 und S. 607.
852 BFH, BStBl 1977 II S. 412.
853 BFH, BStBl 1983 II S. 667.
854 BFH, BStBl 1977 II S. 607.

15 Bewertung der Wirtschaftsgüter des Betriebsvermögens

Beispiel

Beim Erwerb eines Handwerksbetriebs wurden 20 000 DM für den Geschäftswert gezahlt, der buchmäßig noch nicht durch AfA aufgezehrt ist. Infolge der allgemeinen Umsatzrückgänge in der Branche werden nachhaltig nur noch Gewinne erzielt, die niedriger sind als der Jahresarbeitslohn eines Gesellen.

Unter diesen Umständen wird kein Erwerber des Betriebs bereit sein, einen Geschäftswert zu vergüten. Eine Teilwertabschreibung ist zulässig.[855]

15.11.6.2 Einheitstheorie

Der Einheitstheorie[856] zufolge wird der Firmenwert als immaterielles Gesamtwirtschaftsgut angesehen, das nicht zerlegt werden kann in einen erworbenen Firmenwert, der sich im Laufe der Zeit verflüchtigt, und einen selbst geschaffenen Firmenwert, der an die Stelle des sich nach und nach abbauenden erworbenen Firmenwertes tritt. Eine Teilwertabschreibung des aktivierten Geschäftswerts ist demnach nur zulässig, wenn der Geschäftswert in seiner Gesamtheit einschließlich seiner zwischenzeitlich angewachsenen originären Bestandteile dauerhaft gesunken ist. Eine Teilwertabschreibung auf den insgesamt nicht geminderten Geschäftswert kann deshalb nicht damit begründet werden, dass geschäftswertbildende Umstände (z. B. der Kundenkreis), die beim Erwerb des Unternehmens vorgelegen haben, inzwischen weggefallen sind.

Die Rechtsprechung des BFH folgt der Einheitstheorie.[857]

15.11.6.3 Methoden zur Ermittlung des Teilwertes

Es gibt verschiedene Methoden, nach denen der Teilwert des Geschäftswertes berechnet werden kann. Dabei handelt es sich im Grunde um Schätzungen nach erarbeiteten Faustregeln, deren Ergebnisse für sich allein keinen echten Nachweis für das Vorhandensein oder Nichtvorhandensein des Geschäftswertes darstellen können. Bei derartigen Methoden zur Kalkulation dieses Geschäftswertes handelt es sich um Verfahren pauschaler Art, die nur annäherungsweise ergeben können, ob und in welcher Größenordnung ungefähr ein Geschäftswert angenommen werden kann.[858] Sie dürfen nicht schematisch angewendet werden, sondern haben lediglich die Funktion einer Kontrollrechnung.[859]

Die Methoden zur Berechnung des Geschäftswertes sind für sich allein auch nicht geeignet, darzutun, dass sich die Aufwendungen für einen Geschäftswert beim Erwerb eines Unternehmens als Fehlmaßnahme erwiesen haben.[860]

---
855 BFH, BStBl 1977 II S. 607.
856 BMF v. 20. 11. 1986, BStBl 1986 I S. 532.
857 BFH/NV 1994 S. 543.
858 BFH, BStBl 1977 II S. 73.
859 BFH, BStBl 1977 II S. 409 und S. 412.
860 BFH, BStBl 1977 II S. 412.

15.11.6.4 Indirekte Methode (= Mittelwertmethode)

Bei der indirekten Methode wird zunächst der **Gesamtwert der Unternehmung** ermittelt, und zwar als Mittelwert zwischen Substanzwert und Ertragswert. Firmenwert ist der Unterschied zwischen dem Gesamtwert des Unternehmens und dem Substanzwert. Die den Substanzwert bestimmenden Wirtschaftsgüter sind mit dem Teilwert anzusetzen.[861]

Beispiel
Der nach Abzug eines angemessenen Unternehmerlohnes von 72 000 DM verbleibende nachhaltig erzielbare Jahresgewinn eines Unternehmens beträgt 50 000 DM. Die bei entsprechenden Kapitalanlagen erwartete und übliche Verzinsung kann 10 % betragen. Daraus errechnet sich ein Kapitalisierungsfaktor von (100 : 10 =) 10. Der Ertragswert des Unternehmens beträgt also 500 000 DM. Bei einem angenommenen Substanzwert von 200 000 DM, der ausgehend vom Teilwert der einzelnen Wirtschaftsgüter ermittelt wird, ergibt sich die folgende Berechnung:

Ertragswert	500 000 DM	
+ Substanzwert	200 000 DM	
	700 000 DM	
$\dfrac{}{2}$ = Gesamtwert		350 000 DM

Der Firmenwert beträgt somit 350 000 DM ./. 200 000 DM = 150 000 DM. Den Mittelwert nimmt man wegen der Gefahr besonderer Konkurrenz bei hohen Ertragsaussichten und niedrigem Kapitaleinsatz.
Die Rechtsprechung ist diesem Verfahren im Ergebnis gefolgt.[862] Rechnerisch geht sie jedoch wie folgt vor:

Ertragswert	500 000 DM
./. Substanzwert	200 000 DM
= Innerer Wert des Unternehmens	300 000 DM
./. 50 % Abschlag zur Abgeltung von Fehlerquellen und Risiken	150 000 DM
= Mehrwert des Unternehmens = Firmenwert	150 000 DM

Für die Höhe des Firmenwerts sind hiernach von besonderer Bedeutung: nachhaltig erzielbarer künftiger Reinertrag, angemessener Unternehmerlohn, erwartete Verzinsung (Rendite) und der davon abhängige Kapitalisierungsfaktor (100 : Zinssatz) sowie der Substanzwert. Bei der Berechnung des Ertragswertes eines Unternehmens durch Kapitalisierung des Gewinns ist allein die Anwendung der Formel für eine immer während Rente sachgemäß. Bei der Bestimmung des Zinssatzes ist von der üblichen Effektivverzinsung inländischer öffentlicher Anleihen und nicht vom „landesüblichen Zinssatz" auszugehen. Dem besonderen Risiko der Kapitalanlage ist durch einen Risikozuschlag Rechnung zu tragen.[863] Wird der Reinertrag aus den Gewinnen der Vergangenheit abgeleitet, müssen diese um außerordentliche, betriebsfremde und periodenfremde Aufwendungen und Erträge bereinigt werden. Diese so genannte indirekte Methode enthält damit viele **Unsicherheitsfaktoren.**

---
861 BFH, BStBl 1977 II S. 409.
862 BFH, BStBl 1969 II S. 2.
863 BGH-Urteil v. 30. 9. 1981 – IVa ZR 127/80, BFH, BStBl 1983 II S. 667.

15 Bewertung der Wirtschaftsgüter des Betriebsvermögens

In Fortentwicklung seiner bisherigen Rechtsprechung hat der Bundesfinanzhof anerkannt, dass auch bei Einzelunternehmen und Personengesellschaften vom Jahresgewinn ein angemessener Unternehmerlohn abzuziehen ist.[864] Bei Personengesellschaften sind außerdem die – ggf. normalisierten – Tätigkeitsvergütungen der Gesellschafter (§ 15 Abs. 1 Nr. 2 EStG), soweit sie den ohnehin zu berücksichtigenden angemessenen Unternehmerlohn eines vergleichbaren Einzelunternehmens übersteigen, abzuziehen.[865]

15.11.6.5 Direkte Methode (= Ertragswertmethode)

Die direkte Methode geht davon aus, dass ein Geschäftswert nur vorhanden ist, wenn nachhaltig ein die normale Verzinsung des eingesetzten Kapitals und den kalkulatorischen Unternehmerlohn übersteigender Gewinn, ein so genannter **Übergewinn**, erzielt werden kann. Der Übergewinn wird kapitalisiert. Die direkte Methode beruht auf der richtigen Annahme, dass in der Regel einem Unternehmen im Falle seiner Veräußerung vom Erwerber ein Geschäftswert nur dann zugebilligt wird, wenn die Erträge höher liegen als die Summe aus angemessenem Unternehmerlohn und normaler Verzinsung des eingesetzten Kapitals. Bei der Wahl des Zinssatzes ist vom landesüblichen Zins für sichere langfristige Kapitalanlagen auszugehen, den der Unternehmer bei anderweitiger Anlage seiner Mittel erzielen könnte. Dieser Zinssatz ist ggf. durch Zuschläge für die ungesicherte Kapitalanlage im eigenen Betrieb und wegen der Ungewissheit des erwarteten Gewinnes zu erhöhen.[866] [867] Wenn ein Unternehmer nachhaltig keinen höheren Ertrag erwirtschaften kann als den ihm angemessenen Unternehmerlohn, den er bei derselben Tätigkeit auch als Angestellter erhalten würde, scheidet der Ansatz eines Geschäftswertes in aller Regel aus. In diesen Fällen zeigt die direkte Berechnungsmethode besonders bei kleineren Betrieben, deren Gewinn nicht so sehr durch den Kapitaleinsatz, sondern weitgehend oder sogar ausschließlich durch die persönliche Arbeitsleistung des Unternehmers erwirtschaftet wird, dass ein von den persönlichen Eigenschaften des Unternehmers losgelöster, dem Unternehmen als solchem innewohnender, im Geschäftsleben als Wirtschaftsgut anerkannter Wert, der eine besondere Gewinnchance ausdrücken soll, nicht angesetzt werden kann.[868]

Beispiele

a) Kapitaleinsatz 20 000 DM
Verzinsung des Kapitals 10 % 2 000 DM
Angemessener Unternehmerlohn 72 000 DM 74 000 DM
durchschnittlicher nachhaltig erzielbarer Gewinn 60 000 DM
Übergewinn 0 DM

---

864 BFH, BStBl 1977 II S. 409.
865 BFH, BStBl 1979 II S. 302.
866 BFH, BStBl 1980 II S. 690.
867 Wegen Zinssatzes vgl. aber das unter 15.11.6.4 zitierte BGH-Urteil v. 30. 9. 1981.
868 BFH, BStBl 1977 II S. 73.

15.12 Bewertung des nicht abnutzbaren Anlagevermögens

Da nachhaltig kein Übergewinn zu erwarten ist, kann ein ggf. erworbener Firmenwert auf den Teilwert von 0 DM abgeschrieben werden.

b) Kapitaleinsatz 20 000 DM
Verzinsung des Kapitals 10 %   2 000 DM
Angemessener Unternehmerlohn   72 000 DM   74 000 DM
durchschnittlicher nachhaltig erzielbarer Gewinn   90 000 DM
Übergewinn   16 000 DM
Kapitalwert = Firmenwert (16 000 DM × 10 =)   160 000 DM

Die indirekte und Mittelwert-Methode sowie die direkte Methode sind von den gleichen Grundsätzen beherrscht und müssten zum selben Ergebnis führen. Der nach der direkten Methode ermittelte Wert ist doppelt so hoch wie der nach der indirekten bzw. Mittelwertmethode ermittelte Wert, weil der BFH den **Unsicherheitsabschlag** von 50 % nicht vorgenommen hat. Dieser ist aber bei der direkten Methode ebenso gerechtfertigt, sodass Wertgleichheit bestehen müsste.

15.11.6.6 Einzelfragen

Ein derivativer Geschäftswert, der in den Bilanzen eines Einzelunternehmens aktiviert ist, kann in der Schlussbilanz dieses Unternehmens nicht allein mit der Begründung auf 0 DM abgeschrieben werden, dass er durch die Einbringung des Unternehmens in eine Personengesellschaft wertlos geworden sei.[869]

Aufgrund der seit 1958 bestehenden Niederlassungsfreiheit für Apotheker waren die **Apothekenrealrechte** (Apothekenrealrecht = veräußerliches und vererbliches Recht, das den jeweiligen Inhaber zum Betrieb einer Apotheke berechtigte) wirtschaftlich entwertet worden. Deshalb wurde mit BMF-Schreiben v. 9. 5. 1959 IV B I – S 2130 – 66/59 grundsätzlich eine Teilwertabschreibung zugelassen. Diese betrug aber nur ²/₃ des Wertes eines bilanzierten Realrechtes, weil das Recht als einheitliches Wirtschaftsgut auch den Firmenwert umfasste. Dieses Rest-Drittel ist nach BMF v. 20. 4. 1989 B 2 – S 2172 – 12/89 entsprechend der in § 7 Abs. 1 Satz 3 EStG festgelegten Nutzungsdauer von 15 Jahren abzuschreiben.

15.12 Bewertung des nicht abnutzbaren Anlagevermögens

15.12.1 Begriff und Abgrenzung

Nicht abnutzbare Anlagegüter sind der Grund und Boden, Beteiligungen, Wertpapiere, soweit sie dem Betrieb dauernd dienen sollen, sowie Ausleihungen und Konzessionen. Ihr Nutzen ist zeitlich nicht beschränkt. AfA kommen deshalb nicht in Betracht. Sie sind nach § 6 Abs. 1 Nr. 2 EStG grundsätzlich mit den Anschaffungskosten zu bewerten.

---
[869] BFH, BStBl 1975 II S. 817.

15 Bewertung der Wirtschaftsgüter des Betriebsvermögens

Die **Abgrenzung** des Anlagevermögens vom Umlaufvermögen ist besonders bei den Wertpapieren nicht einfach. Wenn sich jemand mit Kapital auf die Dauer zum Zwecke der Einflussnahme an einem anderen Unternehmen beteiligt, liegt auf jeden Fall Anlagevermögen vor. Kauft ein Stpfl. jedoch nur einzelne **Wertpapiere** oder Anteile, dann entscheidet die Zweckbestimmung am jeweiligen Bilanzstichtag über die Zugehörigkeit zum Anlagevermögen oder Umlaufvermögen. Bestehen Geschäftsbeziehungen zu den anderen Unternehmen und ist nicht beabsichtigt, die Wirtschaftsgüter kurzfristig wieder zu veräußern, dann handelt es sich um Anlagevermögen. Erfolgte die Anschaffung in der Absicht, die Werte bei günstiger Gelegenheit wieder zu veräußern, so liegt Umlaufvermögen vor.

Nach § 271 Abs. 1 HGB sind **Beteiligungen** Anteile an anderen Unternehmen, die bestimmt sind, dem eigenen Geschäftsbetrieb durch Herstellung einer dauernden Verbindung zu jenen Unternehmen zu dienen. Dabei ist es unerheblich, ob die Anteile in Wertpapieren verbrieft sind oder nicht. Als Beteiligung gelten im Zweifel Anteile an einer Kapitalgesellschaft, deren Nennbeträge insgesamt den fünften Teil des Nennkapitals dieser Gesellschaft überschreiten. Für die Anwendung des § 6 b EStG soll in der Regel Anlagevermögen angenommen werden, wenn die Wirtschaftsgüter sechs Jahre zum Betriebsvermögen des Stpfl. gehört haben (R 41 c Abs. 1 EStR).

15.12.2 Bewertungsgrundsätze
15.12.2.1 Mögliche Wertansätze

Wirtschaftsgüter des nicht abnutzbaren Anlagevermögens sind **steuerlich** gem. § 6 Abs. 1 Nr. 2 Satz 1 EStG mit den Anschaffungs- und Herstellungskosten oder dem an deren Stelle tretenden Wert, vermindert um Abzüge nach § 6 b EStG, R 35 EStR, R 34 EStR etc. (Buchwert), anzusetzen. Ein gegenüber dem Buchwert **niedrigerer Teilwert** durfte am Bilanzstichtag eines vor dem 1. 1. 1999 endenden Wirtschaftsjahres (Letztjahr) angesetzt werden (**Bewertungswahlrecht** gem. § 6 Abs. 1 Nr. 2 Satz 2 EStG).[870] Nach §§ 6 Abs. 1 Nr. 2 Satz 2; 52 Abs. 16 Sätze 1 und 2 EStG[871] kann der **niedrigere Teilwert** ab dem ersten nach dem 31. 12. 1998 endenden Wirtschaftsjahr (Erstjahr) nur noch angesetzt werden, wenn er **voraussichtlich dauerhaft gemindert** ist. Zeitgleich ist das bislang geltende **Wertbeibehaltungswahlrecht** aufgehoben und stattdessen ein **striktes Wertaufholungsgebot** eingeführt worden (§§ 6 Abs. 1 Nr. 2 Satz 3; 52 Abs. 16 Sätze 1 und 2 EStG).[872] Der Ansatz eines über die Anschaffungs- oder Herstellungskosten **gestiegenen Teilwertes** ist nach wie vor nicht zulässig (§ 6 Abs. 1 Nr. 2 Satz 3 EStG); er würde zum Ausweis eines nicht realisierten Gewinnes führen. Dies widerspricht nicht nur

---
[870] I. d. F. vor Änderung durch Art. 1 des Steuerentlastungsgesetzes 1999/2000/2002 v. 24. 3. 1999, BStBl 1999 I S. 304.
[871] I. d. F. des Steuerentlastungsgesetzes 1999/2000/2002 v. 24. 3. 1999, BStBl 1999 I S. 304.
[872] I. d. F. des Steuerentlastungsgesetzes 1999/2000/2002 v. 24. 3. 1999, BStBl 1999 I S. 304.

15.12 Bewertung des nicht abnutzbaren Anlagevermögens

§ 6 EStG, sondern auch den Grundsätzen ordnungsgemäßer Buchführung (§ 252 Abs. 1 Nr. 4 HGB).

Zusammenfassend gelten also beim nicht abnutzbaren Anlagevermögen **steuerlich** die folgenden Grundsätze:

- Wertansatz in Höhe der Anschaffungs- oder Herstellungskosten oder des an deren Stelle tretenden Wertes, vermindert um Abzüge nach § 6 b EStG, R 35 EStR, R 34 EStR etc. (Buchwert, zugleich Bewertungsobergrenze).
- Nur der voraussichtlich dauerhaft niedrigere Teilwert darf (muss aber nicht) angesetzt werden. Mit Rücksicht auf das bestehende Wahlrecht sind auch Zwischenwerte zulässig.
- Hat sich der Teilwert nach einer vorangegangenen Teilwertabschreibung wieder erhöht bzw. ist die Minderung nicht mehr dauerhaft, ist steuerlich zwingend eine Wertaufholung bis zum gestiegenen Teilwert bzw. bis zur Bewertungsobergrenze vorzunehmen.

Der in das EStG neu eingeführte Begriff der „**dauerhaften Wertminderung**" stammt aus dem Handelsrecht (§ 253 Abs. 2 Satz 3 HGB) und ist für Vornahme einer Teilwertabschreibung von grds. Bedeutung.[873] Wertminderungen aus besonderem Anlass (z. B. Katastrophen oder technischer Fortschritt) sind regelmäßig von Dauer. Zusätzliche **Erkenntnisse bis zum Zeitpunkt der Aufstellung der Handelsbilanz** sind zu berücksichtigen. Wenn keine Handelsbilanz aufzustellen ist, ist der Zeitpunkt der Aufstellung der Steuerbilanz maßgebend. Für die Beurteilung eines voraussichtlich dauernden Wertverlustes zum Bilanzstichtag kommt der Eigenart des betreffenden Wirtschaftsgutes eine maßgebliche Bedeutung zu.[874] Für die Wirtschaftsgüter des nicht abnutzbaren Anlagevermögens ist grundsätzlich darauf abzustellen, ob die **Gründe für eine niedrigere Bewertung voraussichtlich anhalten** werden. Kursschwankungen von **börsennotierten Wirtschaftsgütern** des Anlagevermögens stellen eine nur vorübergehende Wertminderung dar und berechtigen demgemäß nicht zum Ansatz des niedrigeren Teilwertes.[875]

Die Grundsätze der Bewertung der Vermögensgegenstände des nicht abnutzbaren Anlagevermögens in der **Handelsbilanz** ergeben sich in unverändertem Inhalt aus §§ 253 Abs. 1, Abs. 2 Satz 3, Abs. 4; 254 HGB.[876]

15.12.2.2 Ansatz des niedrigeren Teilwertes

Durch die Übernahme des bisher handelsrechtlich verwendeten Betriffes der voraussichtlich dauerhaften Wertminderung aus § 253 Abs. 2 Satz 3 HGB in die steuer-

---
[873] Zu diesem Begriff s. o. 15.8.2.1.
[874] BFH v. 27. 11. 1974, BStBl 1975 II S. 294.
[875] BMF v. 25. 2. 2000, BStBl 2000 I S. 372.
[876] S. o. 12.3.

15 Bewertung der Wirtschaftsgüter des Betriebsvermögens

liche Bewertungsvorschrift des § 6 Abs. 1 Nr. 2 EStG ist auch bezüglich des nicht abnutzbaren Anlagevermögens nur vordergründig eine Übereinstimmung zwischen Handels- und Steuerrecht herbeigeführt worden. Ist die **Wertminderung dauerhaft**, besteht handelsrechtlich eine Pflicht zur Abwertung, die aufgrund des Maßgeblichkeitsgrundsatzes (§ 5 Abs. 1 EStG) zwingend in der Steuerbilanz zu übernehmen ist; nach dem Wortlaut des § 6 Abs. 1 Nr. 2 Satz 2 EStG wäre diese Abwertung indes steuerlich zwar nicht zwingend, aber sie ist zulässig (§ 5 Abs. 1 Satz 2 EStG). Demgegenüber kann dem Erfordernis des § 5 Abs. 1 Satz 2 EStG i. S. einer Einheitsbilanz dann nicht entsprochen werden, wenn der Wert des Anlagevermögens lediglich **vorübergehend gemindert** ist und handelsrechtlich ein Abwertungswahlrecht, steuerlich jedoch ein Abwertungsverbot besteht. Im Interesse einer Einheitsbilanz kann allerdings handelsrechtlich auf die Abwertung verzichtet werden. Zum Begriff der voraussichtlich dauernden Wertminderung hat der BMF bereits Stellung genommen.[877]

Beispiel 1
Der Stpfl. ist Eigentümer eines mit Altlasten verseuchten Grundstückes. Die ursprünglichen Anschaffungskosten des Grund und Bodens betragen 200 000 DM. Zum Bilanzstichtag ermittelt ein Gutachter den Wert des Grundstückes aufgrund der festgestellten Altlast mit nur noch 10 000 DM. Aus umweltrechtlichen Gründen ist der Stpfl. grundsätzlich verpflichtet, die Altlast zu beseitigen. Mangels akuter Umweltgefährdung wird die zuständige Behörde die Schadensbeseitigung jedoch erst fordern, wenn der Stpfl. die derzeitige Nutzung des Grundstückes ändert. Die Bildung einer Rückstellung ist aus diesem Grund nicht zulässig.
Eine Teilwertabschreibung in Höhe von 190 000 DM auf den vom Gutachter ermittelten Wert ist zulässig. Zwar ist der Stpfl. grundsätzlich verpflichtet, die Altlast zu beseitigen. Allerdings ist vor dem Hintergrund einer eventuellen Nutzungsänderung des Grundstückes nicht zu erwarten, dass der Stpfl. in absehbarer Zeit behördlich zur Beseitigung des Schadens aufgefordert wird. Aus der Sicht am Bilanzstichtag ist daher von einer voraussichtlich dauernden Wertminderung des Grundstückes auszugehen. Wird die Altlast später beseitigt und erhöht sich dementsprechend der Wert des Grundstückes, ist eine Zuschreibung bis höchstens zu den ursprünglichen Anschaffungskosten vorzunehmen.

Beispiel 2
Der Stpfl. betreibt ein Kiesausbeuteunternehmen. Der zu dem Unternehmen gehörige Grund und Boden ist z. T. aufgeschlossen, z. T. rekultiviert und wieder der ursprünglichen landwirtschaftlichen Nutzung zugeführt. Da die Preise für landwirtschaftliche Grundstücke allgemein gefallen sind, macht der Stpfl. zum Bilanzstichtag eine Teilwertabschreibung für die Grundstücke geltend. Nach den Feststellungen des FA liegen die Richtwerte für die verfüllten Grundstücke indes höher als die Anschaffungskosten.
Eine Teilwertabschreibung ist nicht zulässig. Die Preise auf dem Markt für landwirtschaftliche Grundstücke unterliegen ebenso wie die anderen Immobilienpreise marktbedingten Schwankungen. Die Preisschwankungen stellen deshalb eine nur vorübergehende Wertminderung dar. Die Preise für die verfüllten Grundstücke liegen am Bilanzstichtag sogar höher als die Anschaffungskosten. Aus diesem Grund ist es auch

---
877 BMF v. 25. 2. 2000, BStBl 2000 I S. 372.

15.12 Bewertung des nicht abnutzbaren Anlagevermögens

für die Grundstücke, auf denen noch die Kiesausbeute betrieben wird, nicht ausgeschlossen, dass die Preise bis zu dem Zeitpunkt, an dem die Kiesausbeute und die sich daran anschließende Wiederauffüllung abgeschlossen sein werden, die Anschaffungskosten wieder erreichen oder sogar noch übersteigen.

Beispiel 3

Der Stpfl. hat festverzinsliche Wertpapiere mit einer Restlaufzeit von vier Jahren, die dazu bestimmt sind, dauernd dem Geschäftsbetrieb zu dienen, zum Wert von 102 % erworben. Die Papiere werden bei Fälligkeit zu 100 % eingelöst. Aufgrund einer **nachhaltigen** Änderung des Zinsniveaus unterschreitet der Börsenkurs den Einlösebetrag zum Bilanzstichtag auf Dauer und beträgt zum Bilanzstichtag nur noch 98 %.

Eine Teilwertabschreibung ist nur auf 100 % zulässig, weil die Papiere bei Fälligkeit zum Nennwert eingelöst werden. Der niedrigere Börsenkurs am Bilanzstichtag ist nicht von Dauer.

Beispiel 4

Der Stpfl. hat Aktien der X-AG zum Preis von 100 DM/Stück erworben. Die Aktien sind als langfristige Kapitalanlage dazu bestimmt, dauernd dem Geschäftsbetrieb zu dienen.

a) Der Kurs der Aktien schwankt nach der Anschaffung zwischen 70 und 100 DM. Am Bilanzstichtag beträgt der Börsenpreis 90 DM.

Eine Teilwertabschreibung ist nicht zulässig. Der durch die Kursschwankung verursachte niedrigere Börsenpreis am Bilanzstichtag stellt eine nur vorübergehende Wertminderung dar.

b) Die X-AG gerät im Laufe des Wirtschaftsjahres unerwartet in Zahlungsschwierigkeiten und es droht ein Insolvenzverfahren. Der Aktienkurs bricht daraufhin auf 20 DM ein. Nachfolgend wird ein Sanierungsplan für die Gesellschaft erstellt. Im Zusammenhang damit erhält die Gesellschaft einen Liquiditätskredit. Daraufhin erholt sich der Aktienkurs auf 40 DM und schwankt bis zum Bilanzstichtag zwischen 35 und 40 DM. Am Bilanzstichtag beträgt der Kurs 38 DM.

Der durch die plötzliche Zahlungsnot verursachte Kurseinbruch stellt eine Wertminderung aus besonderem Anlass und keine bloße Kursschwankung dar. Aus diesem Grund ist die Teilwertabschreibung zulässig, für deren Höhe auch die Kurserholung zu berücksichtigen ist. Die Aktien können hiernach mit 40 DM/Stück angesetzt werden. Der demgegenüber niedrigere Börsenpreis am Bilanzstichtag folgt aus einer Kursschwankung und stellt insoweit eine nur vorübergehende Wertminderung dar.

Lauten **Ausleihungen auf ausländische Währung,** dürfen Kursgewinne erst ausgewiesen werden, wenn die Forderungen eingehen. Kursverluste dürfen steuerlich erst dann berücksichtigt werden, wenn die Kursänderung zu einer voraussichtlich dauerhaften Wertminderung führt – diese Voraussetzung dürfte naturbedingt selten erfüllt sein.

Die **buchmäßige Durchführung** der Teilwertabschreibung erfolgt wie beim abnutzbaren Anlagevermögen. Die Wertminderung geht als Abschreibung in die Gewinn-und-Verlust-Rechnung.

15 Bewertung der Wirtschaftsgüter des Betriebsvermögens

15.12.2.3 Wieder gestiegener Teilwert[878]

Wenn der Teilwert eines im Wege der Teilwertabschreibung abgewerteten Wirtschaftsgutes des nicht abnutzbaren Anlagevermögens in einem nachfolgenden Wirtschaftsjahr wieder vorübergehend oder dauerhaft angestiegen war, **konnte** dieser am Bilanzstichtag eines vor dem 1. 1. 1999 endenden Wirtschaftsjahres (Letztjahr) wahlweise angesetzt werden, und zwar auch dann, wenn er den letzten Bilanzansatz überstiegen hat; es durften jedoch höchstens die Anschaffungs- oder Herstellungskosten (oder der an deren Stelle tretende Wert) angesetzt werden (**Wertbeibehaltungs- bzw. Zuschreibungswahlrecht** bis zur **Bewertungsobergrenze** gem. § 6 Abs. 1 Nr. 2 Satz 3 EStG).[879] Nach §§ 6 Abs. 1 Nr. 2 Satz; 52 Abs. 16 Sätze 1 und 2 EStG[880] besteht ab dem ersten nach dem 31. 12. 1998 endenden Wirtschaftsjahr (Erstjahr) ein **striktes Wertaufholungsgebot**. Ein höherer Teilwert, der über die Anschaffungs- und Herstellungskosten bzw. über den an deren Stelle tretenden Wert, vermindert um Abzüge nach § 6 b EStG und ähnliche Abzüge, hinaus angestiegen ist, darf nach wie vor nicht angesetzt werden. Nach neuer Rechtslage ergibt sich der Wertansatz eines in der Vergangenheit auf den niedrigeren Teilwert abgeschriebenen Wirtschaftsgutes für **jeden** Bilanzstichtag aus dem Vergleich der Anschaffungs- oder Herstellungskosten bzw. des an deren Stelle tretenden Werts als der **Bewertungsobergrenze** und dem niedrigeren Teilwert als der **Bewertungsuntergrenze**. Hat sich der Wert des Wirtschaftsgutes nach einer vorangegangenen Teilwertabschreibung wieder erhöht bzw. ist die Minderung nicht mehr von Dauer, so ist diese Betriebsvermögensmehrung bis zum Erreichen der Bewertungsobergrenze steuerlich zu erfassen. Dabei kommt es nicht darauf an, ob die **Werterhöhung** darauf beruht, dass die konkreten Gründe für die vorherige Teilwertabschreibung weggefallen sind, oder aus anderen Gründen. Dieses Wertaufholungsgebot gilt auch dann, wenn sich die vorherige Teilwertabschreibung seinerzeit steuerlich nicht oder nicht vollständig ausgewirkt hat. Grundsätzlich hat der Stpfl. die Bewertungsobergrenze anhand geeigneter Unterlagen (historische Anschaffungs- oder Herstellungskosten) **nachzuweisen.**

Beispiel
Ein im Jahr 03 wegen voraussichtlich dauernder Wertminderung von 80 000 DM (Anschaffungskosten) auf 10 000 DM (Teilwert) abgeschriebenes unbebautes Grundstück ist im Jahr 09 wider Erwarten zu Bauland erklärt worden. Zum 31. 12. 09 beträgt der Teilwert 180 000 DM.
Zum 31. 12. 09 kann der bisherige Bilanzansatz in Höhe v. 10 000 DM nach neuer Rechtslage nicht mehr beibehalten werden (§ 6 Abs. 1 Nr. 2 Satz 3 EStG). Unter Wahrung der Einheitsbilanz ist eine Zuschreibung von 70 000 DM bis zu den historischen Anschaffungskosten gewinnerhöhend vorzunehmen; ein höherer Wertansatz ist weder handelsrechtlich noch steuerrechtlich zulässig. Aufgrund dieser Zuschreibung wird kein nicht realisierter Gewinn ausgewiesen, sondern ein früherer Verlust wieder rückgängig gemacht.

---

878 Vgl. BMF v. 25. 2. 2000, BStBl 2000 I S. 372.
879 I. d. F. vor Änderung durch Art. 1 des Steuerentlastungsgesetzes 1999/2000/2002 v. 24. 3. 1999, BStBl 1999 I S. 304.
880 I. d. F. des Steuerentlastungsgesetzes 1999/2000/2002 v. 24. 3. 1999, BStBl 1999 I S. 304.

15.12 Bewertung des nicht abnutzbaren Anlagevermögens

15.12.2.4 Regeln zum Ansatz des Teilwertes

- Der über die Anschaffungs- oder Herstellungskosten bzw. über den an deren Stelle tretenden Wert (**Bewertungsobergrenze**) hinausgehende **höhere Teilwert** darf sowohl bei Gewinnermittlung nach § 4 Abs. 1 EStG wie auch nach § 5 EStG **nicht** angesetzt werden (§§ 5, 6 Abs. 1 Nr. 2 Sätze 1 und 4 EStG, § 253 Abs. 1 Satz 1 HGB).

- Bei Gewinnermittlung nach § 4 Abs. 1 EStG darf nur der **dauerhaft niedrigere Teilwert** angesetzt werden, anstelle des dauerhaft niedrigeren Teilwertes können auch **Zwischenwerte** angesetzt werden. Bei Gewinnermittlung nach § 5 EStG (Einheitsbilanz) muss auf den **dauerhaft niedrigeren Teilwert** abgeschrieben werden, ein **nicht dauernd niedriger Teilwert** darf nicht angesetzt werden; in beiden Fällen sind auch keine **Zwischenwerte** zulässig (§§ 5, 6 Abs. 1 Nr. 2 Satz 2 EStG, § 253 Abs. 2 Satz 3 HGB).

- Bei Gewinnermittlung nach § 4 Abs. 1 EStG darf **nach vorangegangener Abschreibung auf den dauerhaft niedrigeren Teilwert** dieser nicht mehr beibehalten werden, wenn er nicht mehr **dauerhaft** gemindert bzw. aus anderen Gründen **gestiegen** ist – es ist bis max. zur Bewertungsobergrenze erfolgswirksam zuzuschreiben. Dies gilt auch bei Gewinnermittlung nach § 5 EStG (Einheitsbilanz, §§ 5, 6 Abs. 1 Nr. 2 Satz 4 EStG, § 253 Abs. 2 HGB).

15.12.3 Besonderheiten bei Beteiligungen und bei Anteilen an Kapitalgesellschaften[881]

15.12.3.1 Wertansatz

Beteiligungen an **Kapitalgesellschaften** sind nach § 6 Abs. 1 Nr. 2 EStG grundsätzlich mit den Anschaffungskosten zu aktivieren. Zu den Anschaffungskosten der übernommenen Stammanteile gehört die bereits geleistete wie auch die noch ausstehende **Einlage,** gleichgültig, ob sie bereits eingefordert ist oder nicht. Die Aktivierung der GmbH-Anteile im Übernahmezeitpunkt mit dem vollen Ausgabebetrag und die Passivierung einer noch nicht bestehenden Einzahlungsverpflichtung (sog. Bruttomethode) entsprechen dem Vollständigkeitsgebot nach § 246 Abs. 1 HGB und dem Verrechnungsverbot nach § 246 Abs. 2 HGB.[882]

Verdeckte Einlagen[883] erhöhen als nachträgliche Anschaffungskosten den Wert der Beteiligung.[884] Der Wert der verdeckten Einlage richtet sich nach dem Teilwert im Zeitpunkt der Einlage (§ 6 Abs. 1 Nr. 5 EStG).

---
881 Vgl. auch o. 11.5.
882 Vgl. auch Karrenbauer in Küting/Weber, Handbuch der Rechnungslegung, 3. Auflage, § 253 HGB, Rn. 29 m. w. N.; FinMin Nds. v. 30. 11. 1988 – S 2171 – 3 – 31 1 entsprechend einheitlichen Ländererlassen.
883 S. u. 17.4.6.
884 BFH, BStBl 1995 II S. 362/366 m. w. N.

15 Bewertung der Wirtschaftsgüter des Betriebsvermögens

Beispiel
Einzelunternehmer C ist beherrschender Gesellschafter der C-GmbH und hält die Beteiligung an der GmbH in seinem Betriebsvermögen. Am 15. 11. 03 übereignet er der C-GmbH ein unbebautes Grundstück seines Betriebsvermögens. Zu diesem Zeitpunkt beträgt der Buchwert 20 000 DM, der Teilwert des Grundstückes 120 000 DM. Die Zuwendung ist nur aus dem Gesellschaftsverhältnis zu erklären.

Die unentgeltliche Übereignung des Grundstücks ist durch das Gesellschaftsverhältnis veranlasst und ist als verdeckte Einlage zu qualifizieren (vgl. § 4 Abs. 1 Satz 5 EStG, Abschn. 36 a KStR). Die Einlage stellt in Höhe von 120 000 DM nachträgliche Anschaffungskosten auf die Beteiligung an der C-GmbH dar.

Buchung:
Beteiligung 120 000 DM an unbebautes Grundstück 20 000 DM
an sonst. betriebl. Erträge 100 000 DM

Rückzahlungen von Gewinnanteilen aus Anteilen an einer Kapitalgesellschaft sind beim Gesellschafter als Einlage und nicht als negative Einnahmen oder Werbungskosten bei den Einkünften aus Kapitalvermögen zu behandeln, wenn diese Rückzahlungen durch das Gesellschaftsverhältnis veranlasst sind.[885] Dementsprechend führen die Rückzahlungen nicht zu Gewinnminderungen, wenn die Anteile zum Betriebsvermögen gehören. In Höhe der Einlage liegen nachträgliche Anschaffungskosten der Anteile vor.

Für **Anteile an Personengesellschaften** gelten die vorstehenden Grundsätze jedenfalls in der StB nicht.[886] Danach handelt es sich nicht um ein Wirtschaftsgut. Der Ausweis in der StB im Falle des § 60 Abs. 2 Satz 2 EStDV entspricht nach h. A. dem Kapitalkonto des Anteilseigners in der StB der Personengesellschaft (sog. **Spiegelbildtheorie**).

15.12.3.2 Teilwertabschreibungen

Die Abschreibung einer **Beteiligung an einer Kapitalgesellschaft** auf den niedrigeren Teilwert setzt voraus, dass – soweit nicht nachweisbar eine Fehlmaßnahme die Aufwendungen der gezahlten Anschaffungskosten bestimmte – am Bilanzstichtag die Wiederbeschaffungskosten der Beteiligung unter den seinerzeit aufgewendeten AK liegen.

Da der Teilwert im Anschaffungszeitpunkt in der Regel den gezahlten Anschaffungskosten entspricht und durch die Entwicklung des Anlagevermögens sowie durch die Ertragsaussichten eines Unternehmens bestimmt wird, kann ein Indiz für das Vorliegen eines niedrigeren Teilwertes in dem Verlust eines großen Teils des Grund- oder Stammkapitals eines Unternehmens zu sehen sein, wenn ein alsbaldiger Ausgleich dieses Verlustes im normalen Geschäftsbetrieb ausgeschlossen erscheint.[887] Auch infolge von **Ausschüttungen** kann der Teilwert unter den Buch-

---
885 BFH, BStBl 1994 II S. 561.
886 BFH, BStBl 1986 I S. 333; BFH, GrS, BStBl 1991 II S. 691; BStBl 1994 II S. 645.
887 BFH, BStBl 1989 II S. 274.

15.12 Bewertung des nicht abnutzbaren Anlagevermögens

wert sinken.[888] Aufwendungen zur Abgeltung des Anspruchs des Veräußerers auf den zeitanteiligen Gewinn nach **§ 101 Nr. 2 BGB** gehören zu den Anschaffungskosten der Anteile an Kapitalgesellschaften. Durch eine Ausschüttung kann der Wert einer Beteiligung unter den Buchwert sinken.[889] § 50 c EStG ist im gegebenen Falle zu beachten.

Zwar kann die Möglichkeit eines Betriebsinhabers, über seine im Betriebsvermögen gehaltene Beteiligung an einer Kapitalgesellschaft auf die Geschäftsbeziehungen in seinem Sinn günstig einzuwirken, Einfluss auf den Teilwert der Beteiligung haben; werden aber die wirtschaftlichen Erwartungen bei Gründung einer Kapitalgesellschaft nicht erfüllt und wird hierdurch das Geschäftsergebnis nachteilig beeinflusst, so rechtfertigt dies den Ansatz eines niedrigeren Teilwertes dieser Beteiligung wegen Vorliegens einer **Fehlmaßnahme**.[890]

Durch **Kapitalerhöhung** geschaffene neue Anteile sind selbstständige Wirtschaftsgüter unbeschadet der Tatsache, dass sie in anderer Hinsicht (z. B. Schachteldividende, Anlagevermögen) mit den bisherigen Anteilen eine Einheit bilden. Die neuen Anteile sind deshalb entsprechend dem Grundsatz der Einzelbewertung für sich zu bewerten.[891]

Bloße **Anlaufverluste** rechtfertigen im Hinblick auf ihren alsbald zu erwartenden Ausgleich im normalen Geschäftsbetrieb in der Regel keine Abschreibung auf den niedrigeren Teilwert.[892] Anlaufverluste neu gegründeter Unternehmen liegen begrifflich dann vor, wenn der Betrieb nach betriebswirtschaftlichen Grundsätzen voraussehbar in naher Zukunft nachhaltig mit Gewinn arbeiten wird,[893] die Verluste also nicht auf einer Fehlmaßnahme beruhen. Im Regelfall können als Anlaufphase für eine im Inland gegründete Kapitalgesellschaft drei Jahre und für eine im Ausland gegründete Kapitalgesellschaft fünf Jahre angenommen werden.[894] Demzufolge kann das Besitzunternehmen die im Betriebsvermögen gehaltene Beteiligung an der Betriebs-GmbH nicht schon deshalb auf den niedrigeren Teilwert abschreiben, weil die GmbH im Jahr ihrer Gründung einen ihr Stammkapital aufzehrenden Verlust erlitten hat. Eine Teilwertabschreibung entfällt vor allem dann, wenn der Gesellschafter zur Beseitigung dieser Verluste der Gesellschaft erhebliche neue Mittel zuführt.

Sinkt der Börsenkurs **einer Aktie,** so müssen deshalb nicht auch die Wiederbeschaffungskosten einer **Beteiligung** an derselben AG sinken. Dies ergibt sich schon daraus, dass die Beteiligung an der Börse nicht gehandelt wird und die Börsenkurswerte auch von Spekulationsabsichten der Aktienerwerber und -veräußerer sowie

---

888 BFH, BStBl 1972 II S. 397.
889 BFH, BStBl 1970 II S. 107.
890 BFH, BStBl 1979 II S. 108.
891 BFH, BStBl 1989 II S. 274.
892 BFH, BStBl 1989 II S. 274.
893 BFH, BStBl 1968 II S. 692, BStBl 1970 II S. 87.
894 BFH, BStBl 1989 II S. 274.

von allgemeinen politischen und wirtschaftlichen Entwicklungen, Erwartungen und Tendenzen beeinflusst werden. Diese Faktoren haben nicht den gleichen Einfluss auf den Wert einer Beteiligung; deren innerer Wert muss sich deshalb bei einem sinkenden Börsenkurswert nicht verändern. Eine entsprechende Wertminderung kann nur dann angenommen werden, wenn sie sich auch in anderen den inneren Wert der Beteiligung bildenden Faktoren niederschlägt. Dazu gehören insbesondere der Ertragswert der Beteiligung, der nach den Ertragsaussichten der Gesellschaft zu ermitteln ist, sowie der Substanzwert, der nach dem Vermögen der Gesellschaft zu den Wiederbeschaffungskosten zu ermitteln ist.[895]

Bei Beteiligungen an **Personengesellschaften,** bei denen der Buchwert dem Kapitalkonto bei der Personengesellschaft entspricht, ist für eine besondere Abschreibung auf den niedrigeren Teilwert kein Raum.[896]

15.12.3.3 Teilwertabschreibungen auf Anteile an inländischen und ausländischen Kapitalgesellschaften ab 31. 12. 2001

Bedingt durch den Systemwechsel vom Körperschaftsteueranrechnungsverfahren zum sog. **Halbeinkünfteverfahren** werden Ausschüttungen von Kapitalgesellschaften bzw. Gewinne aus Anteilsveräußerungen unter bestimmten Voraussetzungen **zur Hälfte steuerfrei gestellt** (§ 3 Nr. 40 EStG).[897] Mit derart steuerbefreiten Einkünften zusammenhängende Teilwertabschreibungen dürfen nach §§ 3 c Abs. 2; 52 Abs. 8 a EStG[898] **nur noch zur Hälfte abgezogen** werden. Diese Einschränkung gilt grds. erst für Teilwertabschreibungen, die auf einen Bilanzstichtag **nach dem 31. 12. 2001** vorgenommen werden.

15.12.4 Niedrigverzinsliche Forderungen

15.12.4.1 Anschaffungskosten

Bei unverzinslichen oder niedrigverzinslichen Darlehensforderungen entspricht der Nennbetrag den Anschaffungskosten der Forderung. Die Unverzinslichkeit oder die niedrige Verzinslichkeit betreffen nicht die Anschaffungskosten, sondern den Teilwert der Forderung.[899]

---

895 BFH, BStBl 1991 II S. 342.
896 BFH, BStBl 1985 II S. 654.
897 I. d. F. des Steuersenkungsgesetzes v. 23. 10. 2000, BGBl 2000 I S. 1433.
898 I. d. F. des Steuersenkungsgesetzes v. 23. 10. 2000, BGBl 2000 I S. 1433.
899 BFH, BStBl 1990 II S. 117, S. 639.

15.12 Bewertung des nicht abnutzbaren Anlagevermögens

15.12.4.2 Teilwert

Der Teilwert unverzinslicher Darlehensforderungen des Anlagevermögens mit einer Laufzeit von mehr als einem Jahr, denen keine bestimmte Gegenleistung gegenübersteht, entspricht dem durch Abzinsung ermittelten Barwert.[900] Allerdings ist der Teilwert der Forderung durch diese Unverzinslichkeit **nicht voraussichtlich dauerhaft gemindert,** da er bis zur Fälligkeit fortlaufend steigt und den Nennwert erreicht. Handelsrechtlich ist keine außerplanmäßige Abschreibung geboten, sie wäre allerdings zulässig (§ 253 Abs. 2 Satz 3 HGB). Steuerlich besteht gem. § 6 Abs. 1 Nr. 2 EStG[901] ein Abwertungsverbot. Bei Wahrung der Einheitsbilanz kann somit eine **Teilwertabschreibung nicht** vorgenommen werden.

Enthält jedoch, wie es regelmäßig der Fall sein wird, die gestundete Forderung einen **Zinsbetrag,** so kommt wegen der Stundung eine Teilwertabschreibung nicht in Betracht. Dann ist die Differenz zwischen Nennwert und Barwert der Forderung im Rahmen einer **passiven Rechnungsabgrenzung** über die Laufzeit der Forderung zu verteilen.[902]

Beispiel

Eine GmbH stundet eine Honorarforderung im Nennwert von 100 000 DM für die Dauer von zehn Jahren. Umsatzsteuer ist darin nicht mehr enthalten; sie wurde bereits an die GmbH bezahlt. Es ist davon auszugehen, dass die Beteiligten den nach zehn Jahren zu zahlenden Betrag unter Berücksichtigung einer Verzinsung von 5,5 % ermittelt haben.

Der Nennwert (= nach zehn Jahren zu zahlender Betrag) der Forderung setzt sich zusammen aus dem Barwert in Höhe von (100 000 DM × 0,585 =)[903] 58 500 DM und den Zinsen für zehn Jahre in Höhe von insgesamt (100 000 DM ./. 58 500 DM =) 41 500 DM. Bei sofortiger Zahlung hätte die Forderung also nur 58 500 DM betragen.

Die Zinsen in Höhe von 41 500 DM sind durch die Bildung eines passiven Rechnungsabgrenzungspostens (§ 5 Abs. 5 Satz 1 Nr. 2 EStG) gleichmäßig auf den Zeitraum von zehn Jahren zu verteilen.

Buchungen:

1) Forderung	100 000 DM	an Erlöse aus Leistungen	58 500 DM
		an passive Rechnungs-abgrenzung	41 500 DM
2) jährlich: passive Rechnungsabgrenzung an Zinserträge			4 150 DM

Ein Zins kann auch in anderen vertretbaren Sachen oder Rechten bestehen als in Geld. Der Mangel der Verzinslichkeit kann auch durch Ausstattung der Forderung mit besonderen Vorteilen ausgeglichen werden, die nach dem Inhalt des Vertrages oder jedenfalls nach den Vorstellungen beider Vertragsteile eine Gegenleistung für die Gewährung des Darlehens darstellen. Es muss sich dabei aber um greifbare, abgrenzbare Vorteile handeln, die auch ein Erwerber des ganzen Betriebes im

---
900 BFH, BStBl 1981 II S. 160.
901 I. d. F. des Steueränderungsgesetzes 1999/2000/2002 v. 24. 3. 1999, BStBl 1999 I S. 304.
902 BFH, BStBl 1987 II S. 553, hier S. 556 re. Spalte.
903 Vgl. Tabelle 1 in Anhang 4 der amtl. Handausgabe der VStR.

15 Bewertung der Wirtschaftsgüter des Betriebsvermögens

Rahmen des Gesamtkaufpreises bei der Bewertung der Forderung berücksichtigen würde.[904] In diesen Fällen setzt eine Teilwertabschreibung voraus, dass der Zinsverlust höher ist als der Wert der Gegenleistung.[905]

Unverzinsliche Darlehen an Betriebsangehörige sind eine besondere Form betrieblicher Sozialleistungen. Sie werden im Allgemeinen zur Verbesserung des Betriebs- oder Arbeitsklimas oder aufgrund tarifvertraglicher Vereinbarungen gewährt. Ein gedachter Erwerber des gesamten fortzuführenden Unternehmens würde im Rahmen eines Gesamtkaufpreises für aus sozialen Gründen gewährte niedrigverzinsliche oder unverzinsliche Darlehensforderungen an Arbeitnehmer den Nennwert vergüten. Er würde die mit dem niedrigen Zinsertrag angestrebten unternehmerischen Zwecke ebenso zum Maßstab seiner Preisvorstellungen machen wie beim Erwerb einer Betriebskantine oder von Fahrzeugen zur Beförderung von Betriebsangehörigen. Bei isolierter Betrachtung eines Kantinenbetriebs oder von Transportmitteln zur Beförderung von Arbeitnehmern zeigt sich i. d. R. eine gegenüber gastronomischen Betrieben oder Verkehrsbetrieben geringere Ertragskraft. Gleichwohl würden die für den Gesamtbetriebsablauf positiven Einrichtungen bzw. Wirtschaftsgüter von einem gedachten Erwerber auch bei einer Einzelbewertung honoriert werden.[906]

Bei Darlehensforderungen, die wegen **Bierlieferungsrechten** niedriger verzinst werden, kommt eine Teilwertabschreibung nicht in Betracht.[907]

15.12.5 Zerobonds (Null-Kupon-Anleihen)

Zerobonds, auch Null-Kupon-Anleihen genannt, sind Anleihen, für die keine laufenden Zinszahlungen vereinbart werden, sondern am Ende der Laufzeit ein gegenüber dem Ausgabepreis deutlich höherer Einlösungspreis gezahlt wird.

Für die Höhe des Bilanzansatzes eines Zerobonds ist ohne Bedeutung, ob die Anleihe als Aufzinsungsanleihe (Nennbetrag = Ausgabebetrag) oder als Abzinsungsanleihe (Nennbetrag = Einlösungsbetrag) ausgestattet wird. In beiden Fällen ist der in den Ausgabebedingungen anstelle einer Zinsvereinbarung festgelegte Unterschiedsbetrag zwischen Ausgabe- und Einlösungspreis das Entgelt für die Überlassung des Kapitals während der Laufzeit der Anleihe.

Zu Beginn der Laufzeit eines Zerobonds ist der Ausgabebetrag maßgeblicher Ausgangswert sowohl für die Aktivierung beim Anleihe-Gläubiger als auch für die Passivierung beim Anleihe-Schuldner.

Am Ende der Laufzeit sind der Anspruch des Anleihe-Gläubigers und die Verbindlichkeit des Anleihe-Schuldners mit dem Einlösungsbetrag auszuweisen.

---

904 BFH, BStBl 1975 II S. 875.
905 BFH, BStBl 1981 II S. 734.
906 BFH, BStBl 1990 II S. 117, S. 639.
907 BFH, BStBl 1976 II S. 13.

Während der Laufzeit ist der Unterschiedsbetrag zu den jeweiligen Bilanzstichtagen mit dem Teil beim Anleihe-Gläubiger zu aktivieren und beim Anleihe-Schuldner zu passivieren, der bei Zinseszinsberechnung rechnerisch auf die abgelaufene Laufzeit entfällt.[908]

Beispiel

U erwarb Anfang Januar 01 Zerobonds zum Ausgabepreis von 10 000 DM, Laufzeit drei Jahre; entsprechend dem Jahreszins von 5 % errechnet sich ein Einlösungsbetrag von 11 576 DM.

Die Zerobonds sind zu aktivieren
am 31. 12. 01 mit   10 500 DM,
am 31. 12. 02 mit   11 025 DM und
am 31. 12. 03 mit   11 576 DM.

Die jährliche Aktivierung bzw. „Zuschreibung" wird als „Zinsertrag" erfolgswirksam gebucht.

Zinssenkungen auf dem Kapitalmarkt gebieten grds. eine Teilwertabschreibung der Zerobonds; ab 1. 1. 1999 dürfte diese steuerlich allerdings nicht mehr in Betracht kommen, da regelmäßig nicht von einer voraussichtlich dauernden Wertminderung ausgegangen werden kann (§ 6 Abs. 1 Nr. 2 Satz 2 EStG). **Werterhöhungen** eines Zerobonds, die sich nicht aus dem laufzeitabhängigen Anwachsen des Unterschiedsbetrages ergeben, dürfen nicht ausgewiesen werden.

15.13 Bewertung des Umlaufvermögens

15.13.1 Begriff des Umlaufvermögens

Anlagegüter sollen dem Betrieb dauernd dienen. Sie sind zum Gebrauch innerhalb des Unternehmens bestimmt. Beim Umlaufvermögen sind diejenigen Wirtschaftsgüter auszuweisen, die nicht bestimmt sind, dauernd dem Geschäftsbetrieb des Unternehmens zu dienen (§ 247 Abs. 2 HGB im Umkehrschluss). Umlaufgüter gehören nur **vorübergehend** zum Betriebsvermögen. Sie sind entweder zur Veräußerung, zur Verarbeitung, zum Verbrauch oder für eine sonstige kurzfristige Verwertung innerhalb des Unternehmens bestimmt. Umlaufvermögen sind alle Vermögensteile, die nicht gem. § 247 Abs. 2 HGB zum Anlagevermögen gehören und keine Rechnungsabgrenzungsposten sind, vor allem **Vorräte, Forderungen, Geldbestände, Wechsel** und **Wertpapiere**, die nur der vorübergehenden Anlegung flüssiger Mittel dienen. Außerdem gehören zum Umlaufvermögen aufgrund Rechtsprechung Buchumschläge eines Verlags,[909] Baumschulkulturen[910] und Warenkataloge.[911] Maßgebend sind die Verhältnisse am Bilanzstichtag. § 266 Abs. 2 B

---

908 BMF v. 5. 3. 1987, BStBl 1987 I S. 394.
909 BFH, BStBl 1971 II S. 304.
910 BFH, BStBl 1971 II S. 321.
911 BFH, BStBl 1972 II S. 752.

HGB unterscheidet beim Umlaufvermögen Vorräte (Roh-, Hilfs- und Betriebsstoffe, unfertige Erzeugnisse, unfertige Leistungen, fertige Erzeugnisse, Waren), Forderungen, Wertpapiere, Schecks, Kassenbestand, Guthaben bei Banken und sonstige Gegenstände des Umlaufvermögens.

Unfertige Erzeugnisse sind Bestände, auf denen nach Be- oder Verarbeitung im eigenen Betrieb bereits Löhne und Gemeinkosten ruhen, die aber noch nicht zu den Fertigerzeugnissen gehören.

Zum Umlaufvermögen gehören grundsätzlich auch **Reparaturmaterialien** und **Ersatzteile**. Sie gehören nur dann zum Anlagevermögen, wenn es sich um die Erstausstattung an Ersatz- oder Reserveteilen handelt, die bei der Lieferung oder Herstellung des Wirtschaftsgutes mitgeliefert oder mithergestellt worden sind.[912] Auch Baumaterial, das für spätere Instandhaltungsarbeiten bestimmt ist, gehört zum aktivierungspflichtigen Vorratsvermögen.[913] Ebenso sind Ärztemuster der Arzneimittelhersteller Vorratsvermögen.[914] Gehören **Gebäude** zum Umlaufvermögen, z. B. bei einer Bauträgergesellschaft, kommen AfA nach § 7 nicht in Betracht.

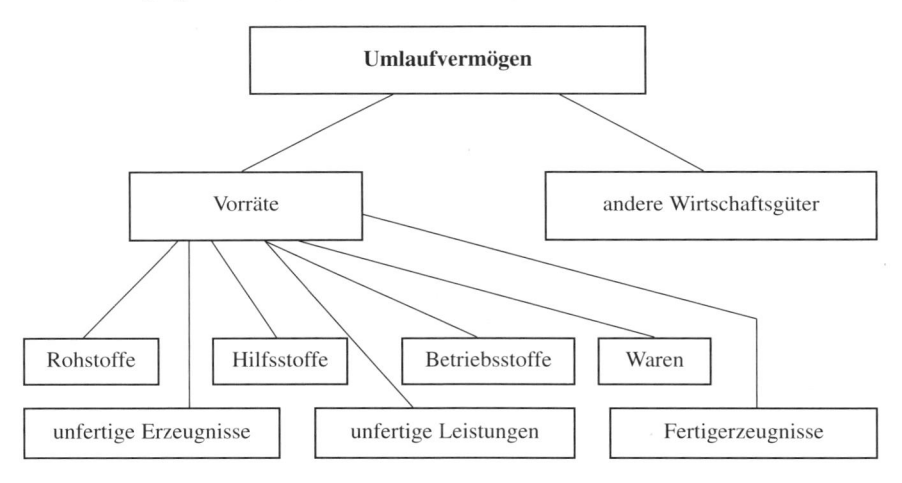

```
                    Umlaufvermögen
                   /              \
               Vorräte         andere Wirtschaftsgüter

   Rohstoffe   Hilfsstoffe   Betriebsstoffe   Waren

   unfertige Erzeugnisse   unfertige Leistungen   Fertigerzeugnisse
```

15.13.2 Bewertungsgrundsätze

15.13.2.1 Mögliche Wertansätze

Das Umlaufvermögen ist wie das nicht abnutzbare Anlagevermögen nach § 6 Abs. 1 Nr. 2 EStG zu bewerten. Danach sind grds. die **Anschaffungs- oder Herstellungs-**

---
912 BMF, BStBl 1977 I S. 249.
913 BFH, BStBl 1974 II S. 25.
914 BFH, BStBl 1977 II S. 278, 1980 II S. 327.

15.13 Bewertung des Umlaufvermögens

kosten oder der an deren Stelle tretende Wert, vermindert um Abzüge nach R 35 EStR und ähnliche Abzüge, anzusetzen. Dieser Wert bildet zugleich die **Bewertungsobergrenze**. Ein **niedrigerer Teilwert** durfte am Bilanzstichtag eines vor dem 1. 1. 1999 endenden Wirtschaftsjahres (Letztjahr) angesetzt werden (**Bewertungswahlrecht** gem. § 6 Abs. 1 Nr. 2 Satz 2 EStG).[915] Nach §§ 6 Abs. 1 Nr. 2 Satz 2, 52 Abs. 16 Sätze 1 und 2 EStG[916] kann der **niedrigere Teilwert** ab dem ersten nach dem 31. 12. 1998 endenden Wirtschaftsjahr (Erstjahr) nur noch angesetzt werden, wenn er **voraussichtlich dauerhaft gemindert** ist. Zeitgleich ist das bislang geltende **Wertbeibehaltungswahlrecht** aufgehoben und stattdessen ein **striktes Wertaufholungsgebot** eingeführt worden (§§ 6 Abs. 1 Nr. 2 Satz 3, 52 Abs. 16 Sätze 1 und 2 EStG).[917] Der Ansatz eines über die Bewertungsobergrenze **gestiegenen Teilwertes** ist nach wie vor nicht zulässig (§ 6 Abs. 1 Nr. 2 Satz 3 EStG), da ein nicht realisierter Gewinn ausgewiesen würde. Der **Ausweis eines nicht realisierten Gewinnes** widerspricht nicht nur § 6 EStG, sondern auch den Grundsätzen ordnungsgemäßer Buchführung (§ 252 Abs. 1 Nr. 4 HGB).

Zusammenfassend gelten also beim Umlaufvermögen **steuerlich** die folgenden Grundsätze:

● Wertansatz in Höhe der Anschaffungs- oder Herstellungskosten oder des an deren Stelle tretenden Wertes, vermindert um Abzüge nach R 35 EStR und ähnliche Abzüge (Bewertungsobergrenze).

● Nur der voraussichtlich dauerhaft niedrigere Teilwert darf (muss aber nicht) angesetzt werden. Mit Rücksicht auf das bestehende Wahlrecht sind auch Zwischenwerte zulässig.

● Hat sich der Teilwert nach einer vorangegangenen Teilwertabschreibung wieder erhöht bzw. ist die Minderung nicht mehr dauerhaft, ist steuerlich zwingend eine Wertaufholung bis zum gestiegenen Teilwert bzw. bis zur Bewertungsobergrenze vorzunehmen.

Der in das EStG neu eingeführte Begriff der „**dauernden Wertminderung**" stammt aus dem Handelsrecht (§ 253 Abs. 2 Satz 3 HGB) und ist für Vornahme einer Teilwertabschreibung von grundsätzlicher Bedeutung.[918] Da Wirtschaftsgüter des Umlaufvermögens regelmäßig zum **alsbaldigen Verkauf oder Verbrauch** bereitgehalten werden und mithin nicht dazu bestimmt sind, dem Betrieb auf Dauer zu dienen, kommt für die Beurteilung der Dauerhaftigkeit der Wertminderung dem **vorgesehenen Zeitpunkt der Veräußerung oder Verwendung** eine besondere Bedeutung zu. Hält die Minderung bis zum Zeitpunkt der Aufstellung der Bilanz oder dem vorangegangenen Verkaufs- oder Verbrauchszeitpunkt an, so ist die Wert-

---
915 I. d. F. vor Änderung durch Art. 1 des Steuerentlastungsgesetzes 1999/2000/2002 v. 24. 3. 1999, BStBl 1999 I S. 304.
916 I. d. F. des Steuerentlastungsgesetzes 1999/2000/2002 v. 24. 3. 1999, BStBl 1999 I S. 304.
917 I. d. F. des Steuerentlastungsgesetzes 1999/2000/2002 v. 24. 3. 1999, BStBl 1999 I S. 304.
918 Zu diesem Begriff s. o. 15.8.2.1, 15.12.2.1; s. u. 15.14.2.1; BMF v. 25. 2. 2000, BStBl 2000 I S. 372.

minderung voraussichtlich von Dauer. Zusätzliche Erkenntnisse bis zu diesen Zeitpunkten sind zu berücksichtigen. Allgemeine Marktentwicklungen, z. B. Kursschwankungen von börsennotierten Wirtschaftsgütern des Umlaufvermögens, sind zusätzliche Erkenntnisse und als solche in die Beurteilung einer voraussichtlich dauernden Wertminderung der Wirtschaftsgüter zum Bilanzstichtag einzubeziehen.

Die Grundsätze der Bewertung der Vermögensgegenstände des Umlaufvermögens in der **Handelsbilanz** ergeben sich in unverändertem Inhalt aus § 253 Abs. 3, 4, § 254 HGB.[919] Stpfl., die den Gewinn nach § 5 EStG ermitteln, müssen auch die handelsrechtlichen **Grundsätze ordnungsgemäßer Buchführung** beachten (§ 5 Abs. 1 Satz 1 EStG). Dazu gehört das **strenge Niederstwertprinzip**, wonach bei Vermögensgegenständen des Umlaufvermögens Abschreibungen zwingend vorzunehmen sind, um diese mit einem niedrigeren Wert anzusetzen, der sich aus einem Börsen- oder Marktpreis am Abschlussstichtag ergibt (§ 253 Abs. 3 Satz 1 HGB). Ist ein Börsen- oder Marktpreis nicht festzustellen und übersteigen die Anschaffungs- oder Herstellungskosten den Wert, der den Gegenständen am Abschlussstichtag beizulegen ist (Tageswert, Zeitwert), so ist auf diesen Wert abzuschreiben (§ 253 Abs. 3 Satz 2 HGB). § 253 Abs. 3 Satz 3 HGB, wonach diese Werte handelsrechtlich in bestimmten Fällen sogar unterschritten werden dürfen, geht über das strenge Niederstwertprinzip noch hinaus.[920]

15.13.2.2 Ansatz des niedrigeren Teilwertes

Durch die Übernahme des bisher handelsrechtlich verwendeten Begriffes der voraussichtlich dauerhaften Wertminderung aus § 253 Abs. 2 Satz 3 HGB in die steuerliche Bewertungsvorschrift des § 6 Abs. 1 Nr. 2 EStG ist bezüglich des Umlaufvermögens nur vordergründig eine Übereinstimmung zwischen Handels- und Steuerrecht herbeigeführt worden. Liegt eine – wenn auch vorübergehende – **Wertminderung** vor, besteht **handelsrechtlich** eine Pflicht zur Abwertung, die aufgrund des Maßgeblichkeitsgrundsatzes (§ 5 Abs. 1 EStG) zwingend in die Steuerbilanz zu übernehmen ist; nach dem Wortlaut des § 6 Abs. 1 Nr. 2 Satz 2 EStG indes ist diese Abwertung steuerlich nur dann zulässig, wenn die Wertminderung **voraussichtlich dauerhaft** ist. Somit kann dem Erfordernis des § 5 Abs. 1 EStG im Sinne einer **Einheitsbilanz** nur dann entsprochen werden, wenn der Wert des Umlaufvermögens voraussichtlich dauerhaft gemindert ist; in diesem Fall findet handelsrechtlich das **strenge Niederstwertprinzip** = Abwertungsgebot Anwendung und steuerlich ein Abwertungswahlrecht, welches über das strenge Niederstwertprinzip ebenfalls zum Gebot wird. Nur soweit der **beizulegende Wert** (§ 253 Abs. 3 Satz 2 HGB) **dauerhaft über dem steuerlichen Teilwert** liegt, besteht steuerrechtlich keine Pflicht zum niedrigeren Wertansatz; das kann bei Gütern ohne Börsen- und Marktpreis vorkommen, da bei der Ermittlung des Tageswertes der Gewinnaufschlag vom voraus-

---
919 S. o. 12.3.
920 S. o. 12.3.3.4.

15.13 Bewertung des Umlaufvermögens

sichtlichen Erlös nicht abgesetzt werden muss, während zur Ermittlung des Teilwertes die durchschnittliche Gewinnspanne abzuziehen ist (R 36 Abs. 1 Sätze 3 und 4 EStR).

Mindert sich – z. B. infolge von Kursschwankungen bei Wertpapieren des Umlaufvermögens – der Teilwert lediglich **vorübergehend,** wird der **Maßgeblichkeitsgrundsatz zwingend durchbrochen.** Will man – insbesondere bei Kapitalgesellschaften – die Gefahr der **Nichtigkeit des handelsrechtlichen Jahresabschlusses** und der auf dessen Basis gefassten Ergebnisverwendungsbeschlüsse vermeiden, ist darauf zu achten, dass neben der zutreffenden Handelsbilanz (strenges Niederstwertprinzip) eine ordnungsgemäße Überleitungsrechnung zur ordnungsgemäßen steuerlichen Bewertung – keine Teilwertabschreibung – organisiert ist (§ 60 Abs. 2 EStDV); diese kann z. B. in einer Umbuchungsliste bestehen.

Beispiel 1

Der Stpfl. hält festverzinsliche Wertpapiere des Umlaufvermögens, die bei Fälligkeit zu 100 % eingelöst werden. Aufgrund einer Änderung des Zinsniveaus beträgt der Börsenkurs am Bilanzstichtag nur noch 98 % gegenüber dem Nennwert. Bis zum Zeitpunkt der Bilanzaufstellung hat sich der Börsenkurs auf 98,5 % erholt.

Grundsätzlich ist eine Teilwertabschreibung zum Bilanzstichtag zulässig. Allerdings sind die zusätzlichen Erkenntnisse bis zur Bilanzaufstellung zu berücksichtigen. Danach können die Wertpapiere mit einem Kurswert von 98,5 % des Nennwerts angesetzt werden.

Beispiel 2

Der Stpfl. hat Aktien des Umlaufvermögens zum Preis von 100 DM/Stück erworben. Zum Bilanzstichtag ist der Börsenpreis der Aktien auf 80 DM/Stück gesunken.

a) Bis zum Zeitpunkt der Bilanzaufstellung hat der Börsenkurs zwischen 70 und 90 DM geschwankt.
   Grundsätzlich ist eine Teilwertabschreibung zum Bilanzstichtag zulässig. Die Erkenntnisse bis zum Zeitpunkt der Bilanzaufstellung haben jedoch gezeigt, dass die ursprüngliche Wertminderung in Höhe von 20 DM/Stück nicht von Dauer war. Vielmehr ist eine voraussichtlich dauernde Wertminderung nur in Höhe von 10 DM/Stück gegeben, sodass eine Teilwertabschreibung nur in dieser Höhe vorgenommen werden kann. Die Aktien können demnach mit 90 DM/Stück angesetzt werden.

b) Bis zum Zeitpunkt der Bilanzaufstellung hat der Börsenkurs zwischen 70 und 110 DM geschwankt.
   Die Erkenntnisse bis zum Zeitpunkt der Bilanzaufstellung haben gezeigt, dass die ursprüngliche Wertminderung in Höhe von 20 DM/Stück nicht von Dauer war. Vielmehr hat der Wert der Aktie bis zur Bilanzaufstellung die ursprünglichen Anschaffungskosten sogar noch überstiegen. Eine Teilwertabschreibung zum Bilanzstichtag ist daher nicht zulässig.

c) Bis zum Zeitpunkt der Bilanzaufstellung hat der Börsenkurs zwischen 60 und 80 DM geschwankt.
   Eine Teilwertabschreibung zum Bilanzstichtag ist zulässig. Die Erkenntnisse bis zum Zeitpunkt der Bilanzaufstellung haben gezeigt, dass die ursprüngliche Wertminderung in Höhe von 20 DM/Stück von Dauer war. Aus diesem Grund kann eine Teilwertabschreibung in Höhe von 20 DM/Stück vorgenommen werden. Eine

15 Bewertung der Wirtschaftsgüter des Betriebsvermögens

Teilwertabschreibung unter den Wert des Bilanzstichtags kommt allerdings nicht in Betracht. Die Aktien können somit mit 80 DM/Stück angesetzt werden.

Beispiel 3
Der Stpfl. hat eine Forderung aus einem Kredit im Nennwert von 100 an die Y-KG. Wegen unerwarteter Zahlungsausfälle ist die Y-KG im Laufe des Wirtschaftsjahres notleidend geworden. Am Bilanzstichtag kann die Forderung des Stpfl. deshalb nur in Höhe von 20 % bedient werden. Bis zum Zeitpunkt der Bilanzaufstellung stellt die Y-KG wider Erwarten eine Sicherheit in Höhe von 30 % der Forderung.

Am Bilanzstichtag ist eine Teilwertabschreibung auf die Forderung des Stpfl. in Höhe von 80 % zulässig, da mit überwiegender Wahrscheinlichkeit nur mit einem Zahlungseingang von 20 % gerechnet werden kann. Zwar gewinnt die Forderung bis zum Zeitpunkt der Bilanzaufstellung durch die Gestellung der Sicherheit nachträglich an Wert. Ein unerwartetes Ereignis dieser Art ist jedoch keine zusätzliche Erkenntnis.

Die **retrograde bzw. verlustfreie Bewertung** ermittelt den Teilwert bzw. beizulegenden Wert nach dem erwarteten Verkaufspreis abzüglich der bis zur Veräußerung noch anfallenden Kosten und des Unternehmergewinns. Dieses Verfahren bleibt auch nach Änderung des § 6 Abs. 1 Nr. 2 EStG durch Art. 1 des Steuerentlastungsgesetzes 1999/2000/2002 v. 24. 3. 1999[921] weiterhin anwendbar (R 36 Abs. 2 EStG). Gemäß BMF v. 25. 2. 2000[922] kann der Teilwert nach wie vor bei gesunkenen Verkaufspreisen retrograd ermittelt werden. Ausgenommen davon sind allerdings explizit **Verlustprodukte,** deren Verlust beabsichtigt eingegangen wird, um beispielsweise den Verkauf anderer Produkte zu unterstützen.[923]

Beispiel
Auf dem Lager eines Autohändlers befindet sich ein PKW, der durch Hagelschlag beschädigt wurde. Die Anschaffungskosten haben 17 500 DM betragen. Der Teilwert ist auf 13 000 DM gesunken. Wegen der Beschädigung ist der Verkaufspreis von 20 000 DM auf 16 000 DM zzgl. USt herabgesetzt worden. Die bis zum Verkauf noch aufzuwendenden anteiligen Lager- und Vertriebskosten betragen 500 DM.
Der handelsrechtliche Zeitwert beträgt 15 500 DM. Er darf höchstens angesetzt werden. In der Steuerbilanz kann der niedrigere Teilwert von 13 000 DM angesetzt werden. Dazu besteht aber keine Pflicht. Maßgebend ist der Ansatz in der HB. In der HB kann ebenfalls der niedrigere Wert von 13 000 DM angesetzt werden, denn nach § 254 Satz 1 HGB können Abschreibungen auch vorgenommen werden, um Vermögensgegenstände des Anlage- oder Umlaufvermögens mit dem niedrigeren Wert anzusetzen, der auf einer nur steuerrechtlich zulässigen Abschreibung beruht. Das gilt nach § 279 Abs. 2 HGB auch für Kapitalgesellschaften.

Waren, deren Marktpreis am Bilanzstichtag gegenüber den Anschaffungskosten nachhaltig allgemein rückläufig ist, dürfen ohne Verstoß gegen **§ 5 Abs. 4 a EStG** auch dann mit dem Marktpreis angesetzt werden, wenn Waren dieser Art am Bilanzstichtag bereits **fest verkauft** sind, der Kaufvertrag aber noch von keiner Seite erfüllt ist.

---

921 BStBl 1999 I S. 304.
922 BStBl 2000 I S. 372.
923 H 35 a „Verlustprodukte" EStH.

15.13 Bewertung des Umlaufvermögens

Soweit aus handelsrechtlichen Gründen ein Abwertungsgebot besteht, entfällt damit im Allgemeinen die Möglichkeit des Ansatzes von Zwischenwerten sowie die Verteilung der Teilwertabschreibung auf mehrere Jahre.

Die Teilwertabschreibung kann nur zum **Bilanzstichtag** vorgenommen werden.[924] Beim **Vorratsvermögen** erfolgt sie im Rahmen der **Bestandsaufnahme**. Darin wird der um die Teilwertabschreibung geminderte Endbestand ausgewiesen. Durch die Buchung: Schlussbilanzkonto an Wareneinkaufskonto ergibt sich ein höherer Wareneinsatz und damit eine Gewinnminderung. Entsprechendes gilt für Rohstoffe, Hilfsstoffe, Betriebsstoffe und die Erzeugnisse, wobei die Teilwertabschreibung sich auf die Bestandsveränderungen auswirkt, die in der GuV auszuweisen sind.

15.13.2.3 Wieder gestiegener Teilwert[925]

Wenn der Teilwert eines im Wege der Teilwertabschreibung abgewerteten Wirtschaftsgutes des Umlaufvermögens **zu einem späteren Bilanzstichtag** wieder vorübergehend oder dauerhaft angestiegen war, **konnte** dieser am Bilanzstichtag eines vor dem 1. 1. 1999 endenden Wirtschaftsjahres (Letztjahr) wahlweise angesetzt werden, und zwar auch dann, wenn er den letzten Bilanzansatz überstiegen hat; es durften jedoch höchstens die Anschaffungs- oder Herstellungskosten angesetzt werden (**Wertbeibehaltungs-** bzw. **Zuschreibungswahlrecht** bis zur **Bewertungsobergrenze** gem. § 6 Abs. 1 Nr. 2 Satz 3 EStG).[926] Nach §§ 6 Abs. 1 Nr. 2 Satz 3; 52 Abs. 16 Sätze 1 und 2 EStG[927] besteht ab dem ersten nach dem 31. 12. 1998 endenden Wirtschaftsjahr (Erstjahr) ein **striktes Wertaufholungsgebot.** Der Ansatz eines über die Anschaffungs- oder Herstellungskosten bzw. den an deren Stelle tretenden Wertes, vermindert um Abzüge nach R 35 EStR o. Ä., gestiegenen Teilwert ist nach wie vor nicht zulässig. Hiernach ergibt sich nunmehr der Wertansatz eines in der Vergangenheit auf den niedrigeren Teilwert abgeschriebenen Wirtschaftsgutes für **jeden** Bilanzstichtag aus dem Vergleich der Anschaffungs- oder Herstellungskosten bzw. des an deren Stelle tretenden Werts, vermindert um Abzüge nach R 35 EStR o. Ä., als der **Bewertungsobergrenze** und dem niedrigeren Teilwert als der **Bewertungsuntergrenze**. Hat sich der Wert des Wirtschaftsgutes nach einer vorangegangenen Teilwertabschreibung **wieder erhöht oder ist die Wertminderung nicht mehr voraussichtlich dauerhaft,** so ist diese Betriebsvermögensmehrung bis zum Erreichen der Bewertungsobergrenze steuerlich zu erfassen. Dabei kommt es nicht darauf an, ob die **Werterhöhung** darauf beruht, dass die konkreten Gründe für die vorherige Teilwertabschreibung weggefallen sind, oder auf anderen Gründen. Dieses Wertaufholungsgebot gilt auch dann, wenn sich die vorherige Teilwertabschreibung seinerzeit steuerlich nicht oder nicht vollständig

---
924 H 35 a „Zeitpunkt" EStH.
925 Vgl. BMF v. 25. 2. 2000, BStBl 2000 I S. 372.
926 I. d. F. vor Änderung durch Art. 1 des Steuerentlastungsgesetzes 1999/2000/2002 v. 24. 3. 1999, BStBl 1999 I S. 304.
927 I. d. F. des Steuerentlastungsgesetzes 1999/2000/2002 v. 24. 3. 1999, BStBl 1999 I S. 304.

ausgewirkt hat. Zu dieser Wertaufholung ist nicht nur der nach § 4 Abs. 1 EStG Buch führende Unternehmer verpflichtet, sondern auch der Gewerbetreibende gem. § 5 Abs. 1 EStG; ein Fall des § 253 Abs. 5 HGB liegt nicht vor.

15.13.2.4 Regeln zum Ansatz des Teilwertes

- Der über die Anschaffungs- oder Herstellungskosten bzw. den an deren Stelle tretenden Wert, gemindert um Abzüge nach R 35 EStR u. Ä. (**Bewertungsobergrenze**), hinausgehende **höhere Teilwert** darf sowohl bei Gewinnermittlung nach § 4 Abs. 1 EStG wie auch nach § 5 EStG **nicht** angesetzt werden (§§ 5, 6 Abs. 1 Nr. 2 EStG, § 253 Abs. 1 Satz 1 HGB).
- Bei Gewinnermittlung nach § 4 Abs. 1 EStG darf nur der **dauerhaft niedrigere Teilwert** angesetzt werden, anstelle des dauerhaft niedrigeren Teilwertes können auch **Zwischenwerte** angesetzt werden. Bei Gewinnermittlung nach § 5 EStG muss auf den **voraussichtlich dauerhaft niedrigeren Teilwert** abgeschrieben werden, ein **nicht voraussichtlich dauerhaft niedriger Teilwert** darf steuerlich nicht angesetzt werden; in beiden Fällen sind auch keine **Zwischenwerte** zulässig (§§ 5, 6 Abs. 1 Nr. 2 EStG; § 253 Abs. 3 HGB).
- Bei Gewinnermittlung nach § 4 Abs. 1 EStG darf **nach vorangegangener Abschreibung auf den dauerhaft niedrigeren Teilwert** dieser nicht mehr beibehalten werden, wenn er nicht mehr **dauerhaft** gemindert bzw. aus anderen Gründen **gestiegen** ist – es ist bis max. zur Bewertungsobergrenze erfolgswirksam zuzuschreiben. Dies gilt auch bei Gewinnermittlung nach § 5 EStG, §§ 5, 6 Abs. 1 Nr. 2 EStG, § 253 Abs. 3 HGB.

15.13.3 Besonderheiten bei der Ermittlung der Anschaffungs- oder Herstellungskosten

15.13.3.1 Gruppenbewertung (Sammelbewertung)

§ 240 Abs. 4 HGB i. V. m. § 6 Abs. 1 Nr. 2 EStG und R 36 Abs. 4 EStR.[928]

15.13.3.2 Bewertung des Vorratsvermögens bei schwankenden Anschaffungs- oder Herstellungskosten

Enthält das Vorratsvermögen am Bilanzstichtag Wirtschaftsgüter, die im Verkehr nach Maß, Zahl oder Gewicht bestimmt werden (vertretbare Wirtschaftsgüter) und bei denen die Anschaffungs- oder Herstellungskosten wegen Schwankungen der Einstandspreise im Laufe des Wirtschaftsjahres im Einzelnen nicht mehr einwandfrei feststellbar sind, so ist der Wert dieser Wirtschaftsgüter zu schätzen. In diesen Fällen stellt die **Durchschnittsbewertung** (Bewertung nach dem gewogenen Mittel

---

928 Wegen Einzelheiten s. o. 15.3.2.

15.13 Bewertung des Umlaufvermögens

der im Laufe des Wirtschaftsjahres erworbenen und ggf. zu Beginn des Wirtschaftsjahrs vorhandenen Wirtschaftsgüter) ein zweckentsprechendes Schätzungsverfahren dar (R 36 Abs. 3 Sätze 2 und 3 EStR).[929]

Zu beachten ist weiter, dass bei Waren, deren Preise stark schwanken, die Preisentwicklung etwa 4 bis 6 Wochen vor und nach dem Bilanzstichtag berücksichtigt werden darf.[930]

15.13.3.3 Lifo-Verfahren[931]

Die Bewertung nach dem Anschaffungs- oder Herstellungskostenprinzip führt bei Preissteigerungen zur Entstehung von **Scheingewinnen,** deren Besteuerung zur Folge haben kann, dass die Wiederbeschaffung verbrauchter Vorräte nicht mehr aus den Erlösen finanzierbar ist und die Vorratshaltung deshalb evtl. eingeschränkt werden muss **(Substanzbesteuerung).**

Beispiel

Anschaffungskosten einer Ware 1000 DM, Verkaufspreis netto 1500 DM, Wiederbeschaffungskosten 1300 DM, Steuersatz 50 %. Aus Vereinfachungsgründen sollen bei diesem Geschäft allgemeine Verwaltungskosten und Vertriebskosten nicht angefallen sein.

Während der steuerliche Gewinn entsprechend dem Anschaffungskostenprinzip (1500 ./. 1000 =) 500 DM beträgt und daraus Ertragsteuern von 250 DM resultieren, beträgt der tatsächlich (betriebswirtschaftlich) erzielte Gewinn nur (1500 ./. 1300 =) 200 DM. Die abzuführenden Ertragsteuern sind sogar noch höher als der tatsächliche Gewinn, weil der sog. Scheingewinn von (1300 ./. 1000 =) 300 DM ebenfalls besteuert wird.

Bei der Lifo-Methode (§ 6 Abs. 1 Nr. 2 a EStG) wird unterstellt, dass die zuletzt ggf. teurer angeschafften oder hergestellten Vorräte zuerst veräußert oder verbraucht worden sind. Daraus folgt, dass die Inventurbestände nicht mit den tatsächlichen Anschaffungs- oder Herstellungskosten, sondern den ggf. niedrigeren fiktiven Anschaffungs- oder Herstellungskosten angesetzt werden.

15.13.4 Teilwert beim Vorratsvermögen

15.13.4.1 Gründe der Teilwertabschreibung

Der Teilwert der Vorräte kann nur geschätzt werden. Dabei bilden die **Wiederbeschaffungskosten (Wiederherstellungskosten),** d. h. die nach Verhältnissen am Stichtag anfallenden Selbstkosten,[932] die obere und der aus dem Einzelveräußerungspreis abgeleitete Wert die untere Grenze. Ferner ist davon auszugehen, dass an einen Erwerber veräußert wird, der auf derselben Marktstufe steht.

---
929 Wegen weiterer Einzelheiten s. o. 15.3.3.
930 BFH, BStBl 1964 III S. 226.
931 Einzelheiten zum Lifo-Verfahren s. o. 15.3.4.4.
932 BFH, BStBl 1984 II S. 33.

15 Bewertung der Wirtschaftsgüter des Betriebsvermögens

Bei Waren deckt sich der Wiederbeschaffungswert grundsätzlich mit dem **Netto-Einzelveräußerungswert**, wenn an einen Erwerber auf derselben Marktstufe verkauft wird (= Teilwertfiktion), weil die betriebliche Funktion der Waren in der Regel nicht als werterhöhender Faktor ins Gewicht fällt.

Eine Teilwertabschreibung kann in Betracht kommen bei voraussichtlich dauerhaftem Sinken der Einkaufspreise oder Herstellungskosten, Überteuerung der Herstellung, Sinken der Verkaufspreise und Minderwert der Ware. **Lange Lagerdauer** und damit **sinkende Verkaufsmöglichkeit** von Waren rechtfertigen eine Teilwertabschreibung nicht, solange die Waren zu den ursprünglichen Preisen oder doch ohne ins Gewicht fallende Preisabschläge angeboten und verkauft werden.[933] Der **Zinsverlust** und der Zinsaufwand, der für lange lagernde Waren entsteht, rechtfertigen für sich allein keine Teilwertabschreibung. Das gilt besonders für Waren, die zur Auffüllung des Sortiments am Lager gehalten werden, mit deren raschem Verkauf der Kaufmann aber nicht rechnet.[934]

So darf ein Kfz-Vertragshändler bei der Bewertung des Ersatzteillagers keine Teilwertabschreibungen aufgrund der Lagerdauer bestimmter Ersatzteilgruppen vornehmen. Denn es besteht kein schematischer Zusammenhang zwischen dem Verwendungszeitpunkt bzw. der Lagerdauer – gekennzeichnet durch die Umschlagshäufigkeit – und den tatsächlichen Verwendungschancen. Auch bei alljährlichen Modellerneuerungen sind mehr Kfz älterer Baujahre im Verkehr als solche des laufenden Jahrgangs.[935]

15.13.4.2 Sinken der Anschaffungskosten

Der Teilwert von Wirtschaftsgütern des Vorratsvermögens, deren Netto-Einkaufspreis (Börsen- oder Marktpreis) am Bilanzstichtag unter die Anschaffungskosten gesunken ist, deckt sich in der Regel mit den Wiederbeschaffungskosten am Bilanzstichtag. Das gilt auch dann, wenn mit einem entsprechenden Rückgang der Verkaufspreise nicht gerechnet zu werden braucht (R 36 Abs. 2 Satz 1 EStR).

Der niedrigere Marktpreis darf u. E. ohne Verstoß gegen § 5 Abs. 4 a EStG auch dann angesetzt werden, wenn er am Bilanzstichtag gegenüber den Anschaffungskosten nachhaltig allgemein rückläufig ist, selbst wenn Waren dieser Art am Bilanzstichtag bereits fest verkauft sind, der Kaufvertrag aber noch von keiner Seite erfüllt ist.[936] Wird die Teilwertabschreibung auf Waren damit begründet, dass die Wiederbeschaffungskosten unter den Anschaffungskosten liegen, so sind an den Nachweis dann strenge Anforderungen zu stellen, wenn der allgemeine für diese Waren maß-

---
933 BFH, BStBl 1994 II S. 514; Ausnahmen s. u. 15.13.4.6.
934 BFH, BStBl 1968 II S. 801.
935 BFH, BStBl 1994 II S. 514.
936 BFH, BStBl 1965 III S. 648.

15.13 Bewertung des Umlaufvermögens

gebende Preisspiegel nicht nachhaltig gesunken ist; die Preise für einzelne Sonderangebote nach Ablauf der Saison oder für Ausverkaufsware bleiben außer Betracht. Wenn der objektive Wert der Wirtschaftsgüter höher ist oder nur vorübergehende, völlig außergewöhnliche Umstände den Börsen- oder Marktpreis beeinflusst haben, muss nicht auf den niedrigeren, sich aus dem Börsen- oder Marktpreis ergebenden Wert abgeschrieben werden. Das ist besonders für Waren wichtig, deren Preise stark schwanken. Um Zufallsergebnisse auszuschalten, kann bei diesen die Preisentwicklung an den internationalen Märkten etwa vier bis sechs Wochen vor und nach dem Bilanzstichtag berücksichtigt werden.[937]

§ 253 Abs. 3 Satz 3 HGB gestattet zwar beim Umlaufvermögen die Berücksichtigung von in der nächsten Zukunft eingetretenen Wertminderungen, wenn das bei vernünftiger kaufmännischer Beurteilung notwendig ist. Diese Vorschrift dient dazu, eine mit dem Stichtagsprinzip allein nicht zu rechtfertigende Niedrigbewertung zu sanktionieren. Ein zusätzlicher Blick in die Zukunft ist also handelsrechtlich erlaubt. Durch den **Bewertungsvorbehalt des § 5 Abs. 6 EStG** ist diese handelsrechtliche Regelung steuerrechtlich jedoch nicht bindend.

15.13.4.3 Sinken der Herstellungskosten

Der Teilwert der Erzeugnisse entspricht den Reproduktionskosten zzgl. der Gemeinkosten und Vertriebskosten = Selbstkosten und nicht nur den aktivierungspflichtigen Herstellungskosten.[938] Sind die Kosten zur Herstellung von Wirtschaftsgütern des Umlaufvermögens am Bilanzstichtag nachhaltig gegenüber dem Zeitpunkt der Herstellung gesunken, so entspricht der Teilwert dieser Wirtschaftsgüter auch dann den niedrigeren Wiederherstellungskosten zzgl. der Gemeinkosten und Vertriebskosten, wenn der Veräußerungspreis voraussichtlich nicht entsprechend sinkt. Die Ermittlung der Wiederherstellungskosten erfordert, dass die **am Bilanzstichtag geltenden Preise und Löhne** für die gesamten Aufwendungen berücksichtigt werden. Neben den **Kostensenkungen** sind auch die **Kostenerhöhungen** zu beachten. Dabei sind nur solche Preisänderungen zu berücksichtigen, die zu nachhaltigen, die Herstellungskosten voraussichtlich für längere Zeit beeinflussenden Änderungen des Preisspiegels führen.

15.13.4.4 Überteuerung der Herstellung

Der Ansatz des niedrigeren Teilwertes kann bei Überteuerung der Herstellung, z. B. infolge **unwirtschaftlicher Betriebsführung** oder **unorganischen Aufbaus** des Betriebs, begründet sein.[939] Eine Teilwertabschreibung ist aber nur insoweit gerecht-

---
937 BFH, BStBl 1964 III S. 226.
938 BFH, BStBl 1972 II S. 748.
939 Bp-Kartei der Oberfinanzdirektionen Düsseldorf, Köln und Münster, Konto: Fertigerzeugnisse.

15 Bewertung der Wirtschaftsgüter des Betriebsvermögens

fertigt, als die voraussichtlich erzielbaren Verkaufserlöse die Selbstkosten und den durchschnittlichen Unternehmergewinn nicht decken (vgl. auch R 36 Abs. 2 Satz 3 EStR).

15.13.4.5 Sinken der Verkaufspreise und Minderwert der Ware

Im Allgemeinen sind bei einer Herabsetzung der ursprünglich kalkulierten Verkaufspreise (Zurücknahme überhöhter Handelsspannen) ohne Veränderung der Anschaffungs- oder Herstellungskosten Teilwertabschreibungen nicht zulässig. Erst wenn die am Bilanzstichtag voraussichtlich erzielbaren Verkaufspreise die **Selbstkosten** (Anschaffungs- oder Herstellungskosten zzgl. noch entstehender Verwaltungs- und Vertriebskosten) und den betriebsüblichen, nachhaltig erzielbaren durchschnittlichen **Unternehmergewinn** nicht mehr decken, ist ein Wertansatz unter den Anschaffungs- oder Herstellungskosten gerechtfertigt.[940] Die bis zur Bilanzaufstellung erlangte bessere Erkenntnis über die erzielbaren Verkaufspreise ist zu berücksichtigen.[941]

Als **durchschnittliche Verwaltungs- und Vertriebskosten** sind grundsätzlich nur die Beträge anzusetzen, die nach dem Bilanzstichtag noch aufzuwenden sind, also noch nicht gewinnmindernd verrechnet sind. Denn nur sie würden dem gedachten Erwerber des Betriebs bis zur Veräußerung noch entstehen. Vom Betrieb bis zum Bilanzstichtag getragene Verwaltungs- und Vertriebskosten, z. B. Musterungs- und Einkaufskosten, Aufwendungen für Dekoration und Werbung, müssen grundsätzlich ausgeschieden werden.

Auch bei der Schätzung des Teilwertes von Waren, die durch **lange Lagerung, Unmodernwerden** und aus anderen Gründen im Wert gemindert sind, ist davon auszugehen, dass der Betriebserwerber sie nur zu einem Preis übernehmen würde, der ihm noch einen Unternehmergewinn zu erzielen gestattet. Dabei ist von dem im Betrieb üblichen durchschnittlichen Unternehmergewinn auszugehen.[942] Entsprechendes gilt für Waren, die der Unternehmer selbst hergestellt hat.

Beispiel 1

Ein Textilwarenhändler, der am 31. 8. bilanziert und der nachhaltig einen Reingewinn von 10 % des Umsatzes erzielt, hat nach Ablauf der Saison Badeanzüge auf Lager. Die Anschaffungskosten haben 71 DM betragen. Der am 31. 8. ausgezeichnete – herabgesetzte – und auch später tatsächlich erzielte Netto-Verkaufspreis beträgt 90 DM. Die nach dem Bilanzstichtag noch anfallenden Verwaltungs- und Vertriebskosten betragen 18 DM.
Die zulässige Teilwertabschreibung errechnet sich wie folgt:

---
940 BFH, BStBl 1994 II S. 514.
941 BFH, BStBl 1984 II S. 35.
942 BFH, BStBl 1984 II S. 35.

15.13 Bewertung des Umlaufvermögens

Voraussichtlich erzielbarer Netto-Verkaufspreis		90 DM
Anschaffungskosten	71 DM	
+ noch anfallende Verwaltungs- und Vertriebskosten	18 DM	
= Selbstkosten	89 DM	
+ durchschnittlicher Gewinn 10 % von 90 DM	9 DM	98 DM
= zulässige Teilwertabschreibung		8 DM

Der Teilwert beträgt also 90 DM ./. 18 DM ./. 9 DM = 63 DM.

Die mögliche Abschreibung entspricht der Differenz zwischen den Anschaffungskosten von 71 DM und dem Teilwert von 63 DM.

Im Hinblick auf den handelsrechtlich beizulegenden Wert, der nach dem Prinzip der verlustfreien Bewertung nicht unter den Anschaffungskosten liegt, könnte der Stpfl. jedoch auch 71 DM oder einen Zwischenwert (71 DM bis 63 DM) ansetzen.[943]

Beispiel 2

Ein Elektrogerätehersteller hat wie folgt kalkuliert:

Materialeinzelkosten	180 DM	
Materialgemeinkosten	18 DM	198,— DM
Fertigungseinzelkosten	80 DM	
Fertigungsgemeinkosten	96 DM	176,— DM
= Herstellungskosten		374,— DM
+ Kosten der allgemeinen Verwaltung		75,— DM
+ Vertriebskosten		36,— DM
= Selbstkosten		485,— DM
= Gewinn 5 % des Verkaufserlöses		25,50 DM
= Verkaufserlös ohne Umsatzsteuer pro Gerät		510,50 DM

Aus Konkurrenzgründen und weil der Geräteabsatz immer mehr zurückgegangen ist, mussten die Verkaufspreise ständig herabgesetzt werden. Schließlich wurde die Produktion umgestellt. Am Bilanzstichtag des 1. Wirtschaftsjahres waren noch 500 Altgeräte mit erzielbarem Verkaufserlös von je 499 DM auf Lager. Von den kalkulierten Verwaltungs- und Vertriebskosten sind 50 DM je Gerät erst im 2. Wirtschaftsjahr angefallen. Am nächsten Bilanzstichtag waren noch 120 Geräte auf Lager, deren erzielbarer Verkaufserlös noch je 350 DM betrug. Von den kalkulierten Verwaltungs- und Vertriebskosten werden im 3. Wirtschaftsjahr noch 30 DM je Gerät anfallen.

Der durchschnittliche Reingewinn von 5 % des Verkaufserlöses ist branchen- und betriebsüblich und für eine rentable Betriebsführung erforderlich. Der Teilwert errechnet sich wie folgt:

	1. Wirtschaftsjahr	2. Wirtschaftsjahr
Erzielbarer Verkaufserlös	499,— DM	350,— DM
./. noch anfallende Verkaufskosten	50,— DM	30,— DM
	449,— DM	320,— DM
./. 5 % betriebsüblicher Reingewinn	24,95 DM	17,50 DM
= Teilwert	424,05 DM	302,50 DM

---

[943] Vgl. o. 12.3.3.7 Beispiel a.

15 Bewertung der Wirtschaftsgüter des Betriebsvermögens

Die Bilanzansätze betragen 187 000 DM (HK 374 DM × 500) und 36 300 DM (302,50 DM × 120). Dabei ist zu beachten, dass am Ende des 1. Wirtschaftsjahres der Teilwert noch höher ist als die Herstellungskosten.

Wegen der Schwierigkeiten der Ermittlung der Teilwertabschreibung und der Bestimmung der nach dem Bilanzstichtag anfallenden Verwaltungs- und Vertriebskosten hat der BFH folgende Teilwertermittlung für zulässig gehalten, wenn der **voraussichtlich erzielbare Nettoverkaufspreis die Selbstkosten der Waren zzgl. eines durchschnittlichen Unternehmergewinnes nicht mehr deckt:**[944] Die Anschaffungskosten der Ware sind um diesen Fehlbetrag zu mindern. Als Selbstkosten sind die Anschaffungskosten der Ware und ein Aufschlag für ihren Anteil am betrieblichen Aufwand zu berücksichtigen. Der betriebliche Aufwand und der Unternehmergewinn können dem Jahresabschluss entnommen und als tatsächlicher Rohgewinnaufschlag zum Wareneinsatz in Beziehung gesetzt werden. Nach § 6 Abs. 1 Nr. 2 Satz 2 EStG[945] wird allerdings für nach dem 31. 12. 1998 endende Wirtschaftsjahre vorausgesetzt, dass diese Verhältnisse nachweislich voraussichtlich von Dauer sind.

Entspricht bei dem einzelnen Warenposten der ursprünglich kalkulierte Aufschlag dem tatsächlichen Rohgewinnaufschlag lt. Gewinn-und-Verlust-Rechnung oder ist er niedriger, so führt jede **voraussichtlich dauerhafte Herabsetzung des Verkaufspreises** zu einem Fehlbetrag, der als Teilwertabschlag die Anschaffungskosten mindert.

Beispiel 3

Ursprüngliche Kalkulation:	Anschaffungskosten	100 DM
	+ Handelsspanne 60 %	60 DM
	= Verkaufspreis netto	160 DM

Wegen Wertminderung herabgesetzter Verkaufspreis netto = 130 DM.
Der Rohgewinnaufschlag lt. Gewinn-und-Verlust-Rechnung des abgelaufenen Wirtschaftsjahres beträgt 80 v. H.
Ermittlung des Teilwertabschlages:

Ursprünglicher Verkaufspreis netto	160 DM
./. herabgesetzter Verkaufspreis netto	130 DM
= Fehlbetrag	30 DM
Anschaffungskosten	100 DM
./. Fehlbetrag	30 DM
= Teilwert	70 DM

War der ursprünglich kalkulierte Aufschlag höher als der Rohgewinnaufschlag lt. Gewinn-und-Verlust-Rechnung, bedarf es einer besonderen Berechnung, um fest-

---
944 BFH v. 27. 10. 1983, BStBl 1984 II S. 35; BFH v. 9. 11. 1994, BStBl 1995 II S. 336; H 36 „Warenvorräte" EStH 1998.
945 I. d. F. des Steuerentlastungsgesetzes 1999/2000/2002 v. 24. 3. 1999, BStBl 1999 I S. 304.

15.13 Bewertung des Umlaufvermögens

zustellen, inwieweit der ermäßigte Preis die Anschaffungskosten zuzüglich Rohgewinnaufschlag lt. Gewinn-und-Verlust-Rechnung deckt.

Beispiel 4

Ursprüngliche Kalkulation:		I		II		III
Anschaffungskosten		100		100		100
+ Handelsspanne	100 %	100	150 %	150	150 %	150
= Verkaufspreis netto kalkuliert		200		250		250
Wegen Wertmind. herabgesetzter VP netto		170		190		170

Der Rohgewinnaufschlag lt. Gewinn-und-Verlust-Rechnung des abgelaufenen Wirtschaftsjahres beträgt 80 v. H.

Ob und ggf. in welcher Höhe eine Teilwertabschreibung in Betracht kommt, ergibt sich aus folgender Berechnung:

	I	II	III
Anschaffungskosten	100	100	100
+ Rohgewinnaufschlag lt. Gewinn-und-Verlust-Rechnung	80	80	80
= Selbstkosten zzgl. Unternehmergewinn	180	180	180
Voraussichtlich erzielbarer VP netto	170	190	170
Fehlbetrag	10	—	10
Anschaffungskosten	100	100	100
./. Fehlbetrag	10	—	10
= Teilwert	90	100	90

Beispiel 5

Wie Beispiel 1, aber mit folgender Ergänzung:
Ursprünglich kalkulierter Verkaufspreis:

Anschaffungskosten	71 DM
+ Handelsspanne 100 %	71 DM
= Verkaufspreis netto	142 DM

Der Rohgewinnaufschlag, bezogen auf den im abgelaufenen Wirtschaftsjahr tatsächlich lt. Gewinn-und-Verlust-Rechnung für sämtliche Waren erzielten Rohgewinn, beträgt 50 v. H. und entspricht einem Rohgewinnsatz von $33^{1}/_{3}$ v. H.[946]

Anschaffungskosten	71,— DM
+ Rohgewinnaufschlag lt. Gewinn-und-Verlust-Rechnung 50 %	35,50 DM
= Selbstkosten zuzüglich Unternehmergewinn	106,50 DM
Voraussichtlich erzielbarer Verkaufspreis netto	90,— DM
Fehlbetrag	16,50 DM
Anschaffungskosten	71,— DM
./. Fehlbetrag	16,50 DM
= Teilwert	54,50 DM

---

[946] S. o. 7.5.

15 Bewertung der Wirtschaftsgüter des Betriebsvermögens

Nach R 36 Abs. 2 Sätze 3 bis 10 EStR ist der Teilwert nach folgender **Formel** zu ermitteln:

$$X = \frac{Z}{1+Y}$$

Dabei sind: X der zu suchende Teilwert,
Y der Rohgewinnaufschlagsatz,
Z der Verkaufserlös.

Nach dieser Formel sind die Beispiele 3, 4 und 5 wie folgt zu lösen:

Beispiel 3 – Lösung nach Formel:

$$\text{Teilwert} = \frac{130}{1 + 0{,}8} \quad \text{Teilwert} = 72{,}22 \text{ DM}$$

Beispiel 4 – Lösung nach Formel:

	I	II	III
Teilwert =	$\frac{170}{1+0{,}8}$	$\frac{190}{1+0{,}8}$	$\frac{170}{1+0{,}8}$
Teilwert =	94,44 DM	105,55 DM	94,44 DM
anzusetzen sind			
– der niedrigere Teilwert	94,44 DM	—	94,44 DM
– die Anschaffungskosten	—	100,— DM	—

Beispiel 5 – Lösung nach Formel:

$$\text{Teilwert} = \frac{90}{1 + 0{,}5} \quad \text{Teilwert} = 60{,}— \text{ DM}$$

Die Formel in R 36 Abs. 2 EStR entspricht nicht den Grundsätzen der BFH-Entscheidung. Sie führt zu einem höheren Teilwert als nach der Berechnung des BFH, weil sie den erzielbaren Gewinn prozentual auf den Umsatz statt auf den Einsatz bezieht. Der BFH hatte aber ausdrücklich den Rohgewinnaufschlag, bezogen auf den Wareneinsatz, als richtige Berechnung vorgegeben.

15.13.4.6 Nachweispflicht bei Wertminderung

Macht ein Stpfl. für Wertminderungen eine Teilwertabschreibung geltend, so muss er die **Wertminderung** sowie deren **Dauerhaftigkeit** nachweisen. Dazu muss er Unterlagen vorlegen, die aus den Verhältnissen seines Betriebes gewonnen sind und die eine sachgemäße Schätzung des Teilwertes ermöglichen. In der Regel sind die tatsächlich erzielten Verkaufspreise für die im Wert geminderten Wirtschaftsgüter in der Weise und in einer so großen Anzahl von Fällen nachzuweisen, dass sich daraus ein repräsentativer Querschnitt für die zu bewertenden Wirtschaftsgüter ergibt und allgemeine Schlussfolgerungen gezogen werden können (R 36 Abs. 2 Sätze 8 bis 10 EStR).[947]

Ein Kaufmann, der dem Finanzamt gegenüber die Wertminderung nur behauptet, die Ware aber den Kunden zum ursprünglich kalkulierten Verkaufspreis anbietet und auch in einzelnen Fällen verkauft, kann grundsätzlich keinen Ansatz unter den Anschaffungskosten verlangen. Nur in Ausnahmefällen kann ein niedrigerer Teilwert auch dann vorliegen, wenn die Verkaufspreise nicht herabgesetzt werden.[948]

Aber auch in diesem Fall trägt der Stpfl. die Feststellungslast für die teilwertmindernden Tatsachen. Das hat zur Folge, dass eine Bemessung des Teilwertes unter den Anschaffungs- oder Herstellungskosten nicht möglich ist, wenn die behaupteten Tatsachen nicht feststellbar sind.[949]

15.13.5 Bewertungsabschlag für bestimmte Importwaren

Stpfl. mit Gewinnermittlung nach § 5 EStG können unter Beachtung der umgekehrten Maßgeblichkeit bei bestimmten Wirtschaftsgütern des Umlaufvermögens, soweit sie ausländischer Herkunft sind, Bewertungsabschläge von den nach § 6 EStG maßgebenden Anschaffungskosten oder dem niedrigeren Börsen- oder Marktpreis vornehmen (§ 51 Abs. 1 Nr. 2 m EStG, § 80 EStDV).

Der Bewertungsabschlag beträgt 10 % und darf nur vorgenommen werden, wenn die fraglichen Importwaren nach der Anschaffung noch nicht be- oder verarbeitet worden sind, im Verzeichnis zu § 80 EStDV als solche bezeichnet sind und nicht nach dem Lifo-Verfahren (§ 6 Abs. 1 Nr. 2 a EStG) bewertet worden sind.

Mit dem Steuerentlastungsgesetz 1999/2000/2002 v. 24. 3. 1999[950] wurde § 80 EStDV aufgehoben. Nach § 84 Abs. 3 e EStDV i. d. F. des Steuerentlastungsgesetzes kann der Bewertungsabschlag letztmals für das Wirtschaftsjahr angewandt werden, das **vor dem 1. 1. 1999 endet.**

15.13.6 Unfertige und fertige Erzeugnisse

Die Feststellung der für die Bewertung der selbst hergestellten Erzeugnisse maßgebenden Herstellungskosten ist nicht einfach. Sie erfordert die Kenntnis der Grundbegriffe der **Kalkulation.** Daneben müssen der Umfang der Herstellungskosten und vor allem der Begriff der Fertigungsgemeinkosten bekannt sein. Von der buchmäßigen Behandlung ist es abhängig, aus welchen Konten sich die Herstellungskosten ergeben.

---
[947] BFH, BStBl 1984 II S. 35.
[948] BFH, BStBl 1977 II S. 540.
[949] BFH, BStBl 1994 II S. 514.
[950] BStBl 1999 I S. 304.

15 Bewertung der Wirtschaftsgüter des Betriebsvermögens

Von entscheidender Bedeutung ist für das anzuwendende Verfahren die Frage, welche Erzeugnisse der Betrieb herstellt. Werden gleiche oder annähernd gleiche Produkte hergestellt, kann die Ermittlung der Herstellungskosten nach dem Divisionsverfahren erfolgen. Im Übrigen kommt das Zuschlagsverfahren (aufbauende Methode) in Betracht. Die Feststellung der zu aktivierenden Herstellungskosten erfolgt damit im Wesentlichen so, wie der Fertigungsbetrieb die Selbstkosten bzw. Gemeinkostenzuschläge zum Zwecke der Kalkulation ermittelt.[951]

Dabei muss beachtet werden, dass vor allem wegen der Erfassung kalkulatorischer Kosten nicht ohne weiteres die Zuschlagsätze angewendet werden können, die sich aus dem Betriebsabrechnungsbogen ergeben. Nur als Betriebsausgaben abziehbare Aufwendungen kommen als Herstellungskosten in Betracht.

Bei **Kuppelprodukten,** die in einem einheitlichen technischen Vorgang entstehen, wird im Allgemeinen die so genannte Restkostenmethode angewendet. Dabei werden die Erlöse für das zwangsweise angefallene Nebenprodukt von den Gesamtkosten abgezogen und der verbleibende Kostenrest allein dem Hauptprodukt zugerechnet.[952]

15.13.7 Unfertige Bauten

Bei Bauunternehmen und Bauhandwerkern sind in den Bilanzen die unfertigen Bauten anzusetzen, die unbeweglich und fest mit dem Grund und Boden des Auftraggebers verbunden oder in Gebäude eingebaut sind. Dabei handelt es sich um besonders geartete Forderungen aufgrund eines schwebenden Geschäfts.[953] Sie sind mit den Herstellungskosten zu bewerten.

Ist das fertige Werk übergeben und vom Auftraggeber abgenommen, ist die Gewinnverwirklichung eingetreten. Zu bilanzieren sind die entstandenen Forderungen mit dem vereinbarten Rechnungsbetrag. Auf die Erteilung der Rechnungen kommt es für die Frage der Gewinnrealisierung nicht an. Soweit eine förmliche Abnahme nicht vorgesehen ist, genügt ein schlüssiges Verhalten, z. B. die Benutzung.

15.13.8 Aktivierungspflichtige Aufwendungen für Leistungen freier Berufsangehöriger

Hat ein Freiberufler bis zum Bilanzstichtag noch keine Leistung oder Teilleistung erbracht, so sind die mit dem betreffenden Auftrag zusammenhängenden Aufwendungen unter dem Gesichtspunkt der teilfertigen Arbeiten zu aktivieren, soweit es sich um Aufwendungen von einigem Gewicht handelt, die sich einem bestimmten Auftrag eindeutig zuordnen lassen.[954]

---
951 Vgl. dazu o. 15.6.5.4.2.
952 BFH, BStBl 1976 II S. 202.
953 So für die Einheitsbewertung BFH, BStBl 1968 II S. 575.
954 BFH, BStBl 1980 II S. 239.

15.13.9 Bewertung von Tieren

Herstellungsbeginn einer Kuh ist die Geburt; Herstellungskosten sind alle Aufwendungen für das Jungtier von Geburt bis zum ersten Abkalben. Es sind weder die Aufwendungen für Mutterkuh vor der Geburt des Jungtieres hinzuzurechnen noch Aufwendungen für das Jungtier im Hinblick auf das später von diesem geborene Kalb abzuziehen.[955] Zur Bewertung von Tieren wird im Übrigen auf das BMF-Schreiben v. 22. 2. 1995[956] hingewiesen; die dort aufgestellten Grundsätze gelten für alle land- und forstwirtschaftlichen Betriebe sowie bei gewerblicher Tierhaltung unabhängig von ihrer Rechtsform.

15.13.10 Forderungen aus Lieferungen und Leistungen

15.13.10.1 Begriff der Forderungen

Zum Umlaufvermögen gehören auch die **kurzfristigen Forderungen**. Der Begriff der Forderungen umfasst alle Ansprüche, die sich als Forderung im Rechtssinne darstellen. Sie beruhen auf einem Schuldverhältnis (§ 241 BGB), z. B. auf Kaufverträgen, Werkverträgen und Dienstleistungsverträgen. Scheidet man bestimmte Forderungen wie Bankguthaben, Darlehen, Hypotheken, Provisionsforderungen und Wechsel aus, erhält man die Forderungen im engeren Sinne. Diese ergeben sich aus den Sollüberschüssen der im Geschäftsfreundebuch geführten Einzelkonten (Kontokorrentkonten). Sie stellen den Gegenwert für eine erbrachte Leistung dar. Forderungen und Verbindlichkeiten dürfen nach § 246 Abs. 2 HGB nicht verrechnet werden.

Forderungen sind keine immateriellen Wirtschaftsgüter i. S. des § 5 Abs. 2 EStG.

15.13.10.2 Entstehung der Forderungen[957]

Eine Forderung entsteht in dem Zeitpunkt, in dem die **Lieferung erfolgt** oder die **sonstige Leistung erbracht** wird. Ein Kaufvertrag ist seitens des Verkäufers im Allgemeinen mit der Übergabe der Sache erfüllt. In der Regel darf der Verkäufer erst zu diesem Zeitpunkt den Anspruch auf die Gegenleistung mit der Folge der Gewinnrealisierung aktivieren (§ 252 Abs. 1 Nr. 4 HGB). Auf den Zeitpunkt der Rechnungserteilung kommt es nicht an, ebenso nicht auf die Fälligkeit.

Im Gegensatz zu unvollendeten, nicht abgerechneten Bauvorhaben, die in der Bilanz des Auftragnehmers mit den Herstellungskosten der teilfertigen Bauten anzusetzen sind, sind **Forderungen aus Werkverträgen** über bereits fertig gestellte und vom Auftraggeber abgenommene Bauvorhaben, auch wenn sie noch nicht abgerechnet sind, in voller Höhe, also einschließlich des in der vereinbarten Vergütung

---
955 BFH v. 15. 5. 1997, BStBl 1997 II S. 575.
956 BStBl 1995 I S. 179.
957 Vgl. auch o. 13.3.10.

enthaltenen Gewinns auszuweisen. Die am Bilanzstichtag noch bestehende Abrechnungsverpflichtung führt nicht zu einer Minderung des Teilwertes des aktivierten Vergütungsanspruchs unter den Nennwert. Eine solche Handhabung würde gegen den Grundsatz der Einzelbewertung (§ 6 Abs. 1 Satz 1 EStG, § 252 Abs. 1 Nr. 3 HGB) verstoßen, denn der Vergütungsanspruch ist ein gegenüber der Verpflichtung zur Abrechnung nach § 14 VOB/B selbstständiges Wirtschaftsgut. Für die sich aus § 14 VOB/B ergebende Abrechnungsverpflichtung, die am Bilanzstichtag noch nicht erfüllt war, ist eine Rückstellung zu bilden.[958]

Werden gewerbsmäßig Gebäude zum Zwecke späterer Veräußerung errichtet und erstreckt sich die Herstellung der Gebäude über mehrere Jahre, so darf ein Kaufpreisanspruch jedenfalls so lange auch nicht zum Teil aktiviert werden, als mit den künftigen Erwerbern lediglich privatschriftliche Kaufanwartschaftsverträge abgeschlossen werden.[959]

Provisionsvorschüsse, die vor der rechtlichen Entstehung des Provisionsanspruchs an einen Handelsvertreter gezahlt werden, sind als Anzahlungen zu aktivieren.[960]

15.13.10.3 Einteilung der Forderungen

Man kann die Forderungen nach verschiedenen Gesichtspunkten einteilen, besonders nach ihrer Fälligkeit, nach ihrer **Rechnungseinheit** und nach ihrer **Bonität**. Hiernach unterscheidet man kurzfristige und langfristige Forderungen, DM-Forderungen und Forderungen in ausländischer Währung sowie uneinbringliche, zweifelhafte und vollwertige (ohne ein besonderes Risiko belastete) Forderungen.

15.13.10.4 Abgrenzung der Kundenforderungen von den schwebenden Geschäften und Waren

Die Forderungen sind abzugrenzen gegenüber den schwebenden Geschäften und den Waren. Wenn ein **gegenseitiger Vertrag abgeschlossen ist, aber noch niemand geleistet hat,** handelt es sich um ein schwebendes Geschäft, für das in der Regel keine Buchung vorzunehmen ist. Solche Vorgänge erscheinen auch bilanzmäßig nicht, es sei denn, dass Ausgaben für dieses Geschäft bereits entstanden sind. Forderungen aus gegenseitigen Verträgen gelten erst dann als Wirtschaftsgut, wenn der zur Sachleistung Verpflichtete den Vertrag wirtschaftlich erfüllt hat.[961]

Nach ständiger Rechtsprechung sind Ausgaben an Dritte, die in einem unmittelbaren wirtschaftlichen Zusammenhang mit dem Erwerb oder der Durchführung des schwebenden Geschäfts stehen und die bereits geleistet worden sind, während der gegenseitige Vertrag sich noch in der Schwebe befunden hat, durch eine aktive Abgrenzung auf das Geschäftsjahr zu verlagern, in dem der Ertrag aus dem schwe-

---
958 BFH, BStBl 1986 II S. 788.
959 BFH, BStBl 1976 II S. 541.
960 BFH, BStBl 1976 II S. 675.
961 BFH, BStBl 1991 II S. 213 m. w. N.

15.13 Bewertung des Umlaufvermögens

benden Geschäft gebucht wird.[962] Einen Grundsatz, nach dem ganz allgemein Ausgaben in das Jahr zu verlagern sind, in dem die Einnahmen zufließen, gibt es jedoch nicht.[963]

Zu den aktivierungspflichtigen Vorleistungen aufgrund eines schwebenden Vertrages gehören auch **Anzahlungen**. Sie sind ohne Rücksicht auf die Aktivierbarkeit der Gegenleistung zu bilanzieren, z. B. eine Anzahlung für Erhaltungsaufwand[964] oder eine Anzahlung für einen nach dem Bilanzstichtag im Fernsehen gesendeten Werbefilm. Auch **Provisionsvorschüsse**, die vor der rechtlichen Entstehung des Provisionsanspruchs an einen Handelsvertreter gezahlt werden, sind als Anzahlungen zu aktivieren.[965]

Nicht zu den Anzahlungen gehören **Vorauszahlungen auf kommunale Beiträge**, weil sie nicht aufgrund von vertraglichen (zivilrechtlichen) Vereinbarungen zu leisten sind; sie sind auch nicht damit vergleichbar.[966] Derartige Zahlungsverpflichtungen sind gesetzlich begründet und entstehen mit Erlass des Vorauszahlungsbescheids. Deshalb sind Vorauszahlungen auf Klärbeitrag und Entwässerungsbeitrag nicht als Anzahlungen zu aktivieren, sondern sofort als Betriebsausgaben abziehbar.[967]

Grundsätzlich entsteht die Forderung beim Warenverkauf mit der Übergabe der Waren. Für den Fall, dass die **Preisgefahr** bereits vorher übergeht (Versendungskauf, § 447 BGB; schwimmende Ware mit der Vereinbarung von Incoterms „f.o.b." oder „c.i.f."), ist die Forderung bereits in diesem Zeitpunkt realisiert, obwohl das wirtschaftliche Eigentum dem Käufer noch nicht zugerechnet werden kann, weil er noch nicht den unmittelbaren, mindestens den mittelbaren Besitz hat.[968] Damit wird das veräußerte Wirtschaftsgut zwar nicht mehr beim Verkäufer, aber auch noch nicht beim Käufer aktiviert (schwebendes Geschäft).

15.13.10.5 Entstehung von bestimmten Forderungen[969]

Handelsvertreter müssen **Provisionsansprüche** aktivieren, sobald das Geschäft durch den Geschäftsherrn ausgeführt ist. Das gilt auch dann, wenn aufgrund besonderer Vereinbarung der Provisionsanspruch mit den Zahlungen des Kunden verknüpft wird, d. h. der Provisionsanspruch vereinbarungsgemäß erst nach Maßgabe der Zahlung des Kunden entstehen soll.[970] Ist vereinbart, dass der Provisionsanspruch ohne Rücksicht auf die Ausführung des Geschäfts schon vorher entstehen

---

962 BFH, BStBl 1970 II S. 104 und S. 178.
963 BFH, BStBl 1973 II S. 774, BStBl 1976 II S. 450.
964 BFH, BStBl 1974 II S. 25.
965 BFH, BStBl 1976 II S. 675.
966 BFH, BStBl 1987 II S. 333.
967 BFH, BStBl 1987 II S. 373.
968 BFH, BStBl 1989 II S. 21.
969 Vgl. auch 13.3.10.
970 BFH, BStBl 1969 II S. 296.

soll, ist der Anspruch zu aktivieren.[971] Bei Versicherungsvertretern besteht Aktivierungspflicht, wenn die Erstprämie für die vermittelten Lebensversicherungsverträge am Bilanzstichtag bezahlt war.[972]

Der **Ausgleichsanspruch des Handelsvertreters** nach § 89 b HGB entsteht mit Beendigung des Vertragsverhältnisses. Vor diesem Zeitpunkt ist ungewiss, ob die einzelnen Voraussetzungen des Ausgleichsanspruchs erfüllt sein werden. Endet das Vertragsverhältnis zu einem Zeitpunkt, der mit dem Ende eines Wirtschaftsjahres zusammenfällt, so ist der Anspruch anzusetzen. Er entsteht mit der Beendigung des Vertrags und nicht eine „logische Sekunde" später.[973]

Ein **Immobilienmakler** ist in der Regel nicht verpflichtet, seinen Gebührenanspruch für die Vermittlung eines Grundstückskaufvertrags schon vor der Erteilung einer zur Rechtswirksamkeit des Vertrags noch erforderlichen behördlichen Genehmigung zu aktivieren, es sei denn, dass er die Vermittlungsgebühr bereits mit dem Abschluss des notariellen Grundstückskaufvertrags – ohne Rücksicht auf die erforderliche behördliche Genehmigung – verlangen kann. Die Abrede, dass die Vermittlungsgebühr erst nach der Durchführung des vermittelten Geschäfts oder nach der Eintragung des Eigentumswechsels in das Grundbuch zahlbar ist, rechtfertigt in der Regel keine Hinausschiebung der Aktivierung über den Zeitpunkt des Eintritts der Rechtswirksamkeit des Vertrags hinaus.[974]

Forderungen der **Apotheker** gegen die Krankenkassen entstehen mit der Lieferung, nicht erst durch die monatliche Abrechnung und Einreichung der Rezepte.[975]

Vermittlungsgebühren eines **Bühnenvermittlers** für am Bilanzstichtag abgeschlossene Verträge sind auch insoweit zu bilanzieren, als sie noch nicht fällig geworden sind.[976]

Angehörige der freien Berufe haben bei der Gewinnermittlung nach § 4 Abs. 1 EStG **Honorarforderungen,** die infolge Vollendung ihrer vertraglichen Leistungen bürgerlich-rechtlich entstanden sind, auch insoweit zu aktivieren, als Rechnungen dafür gegenüber den Auftraggebern noch nicht erstellt sind. Auch bei selbstständig abrechenbaren Teilleistungen, für die ein Anspruch auf Vergütung nach einer Gebührenordnung oder aufgrund von Vereinbarungen zwischen den Beteiligten besteht, ist der Anspruch zu aktivieren.[977]

Honoraransprüche eines nach § 4 Abs. 1 EStG bilanzierenden **Architekten** sind zu einem der fertig gestellten Bauarbeiten entsprechenden Teil zu aktivieren, und zwar auch dann, wenn noch nicht alle Einzelrechnungen der Bauhandwerker vorliegen.[978]

---

971 BFH, BStBl 1986 II S. 669.
972 BFH, BStBl 1972 II S. 274.
973 BFH, BStBl 1978 II S. 497.
974 BFH, BStBl 1969 II S. 269.
975 BFH, BStBl 1970 II S. 307.
976 BFH, BStBl 1970 II S. 517.
977 BFH, BStBl 1992 II S. 904.
978 BFH, BStBl 1969 II S. 118.

15.13 Bewertung des Umlaufvermögens

Schadensersatzansprüche entstehen abstrakt zwar mit dem schädigenden Ereignis. Bis ein rechtskräftiges obsiegendes Urteil vorliegt, ist ein umstrittener Schadensersatzanspruch jedoch noch nicht hinreichend konkretisiert.[979]

Bestrittene Forderungen aufgrund einer Vertragsverletzung, einer unerlaubten Handlung oder einer ungerechtfertigten Bereicherung können erst am Schluss des Wirtschaftsjahres angesetzt werden, in dem über den Anspruch rechtskräftig entschieden wird bzw. in dem eine Einigung mit dem Schuldner zustande kommt. Bei solchen Forderungen erscheint es u. U. geboten, zunächst nicht bestrittene Forderungen erst anzusetzen, wenn sie anerkannt bzw. über sie rechtskräftig entschieden ist.[980]

Der Höhe nach feststehende **Umsatzprämien,** die aufgrund langjähriger Übung jeweils einige Monate nach Ablauf des Jahres gezahlt werden, sind beim Empfänger auch dann aktivierungspflichtig, wenn sie ohne rechtliche Verpflichtung freiwillig gewährt werden.[981]

Sieht die Satzung einer Genossenschaft vor, dass der Überschuss aus dem Mitgliedergeschäft oder ein bestimmter bzw. bestimmbarer Teil dieses Überschusses als **Warenrückvergütung** an die Mitglieder auszuschütten ist, ist es der Genossenschaft verwehrt, über die Verwendung des Überschusses aus dem Mitgliedergeschäft frei zu verfügen; sie muss diesen als Warenrückvergütung an die Genossen ausschütten. Ein Anspruch der einzelnen Genossen gegen die Genossenschaft auf Warenrückvergütung entsteht damit dem Grunde nach bereits mit Ablauf der Rechnungsperiode, für die der Überschuss aus dem Mitgliedergeschäft zu ermitteln ist, also i. d. R. mit Ablauf des Geschäftsjahres. Er ist bei dem einzelnen Genossen mit dem Betrag zu aktivieren, mit dessen Ausschüttung der Genosse nach den bis zur Aufstellung seiner Bilanz erlangten Kenntnissen fest rechnen kann.[982]

Da bei einem **Mietverhältnis** (Dauerschuldverhältnis) der Gewinn aus den Leistungen des Vermieters fortlaufend während der Mietzeit verwirklicht wird, hat ein Unternehmer, der Kfz an Selbstfahrer vermietet, zum Bilanzstichtag grundsätzlich auch die Mietzinsforderungen zeitanteilig zu aktivieren, die auf die Vermietung von Kfz entfallen, die am Bilanzstichtag noch nicht zurückgegeben worden sind.[983]

15.13.10.6 Bewertung im Allgemeinen

Die zum Umlaufvermögen gehörenden Forderungen aus Lieferungen und Leistungen sind mit den **Anschaffungskosten** oder dem **Teilwert** zu bewerten, wenn dieser voraussichtlich dauerhaft niedriger ist. Bei der Ermittlung der Anschaffungskosten

---
979 BFH, BStBl 1974 II S. 90.
980 BFH, BStBl 1991 II S. 213.
981 BFH, BStBl 1978 II S. 370.
982 BFH, BStBl 1984 II S. 554.
983 BFH, BStBl 1992 II S. 904.

15 Bewertung der Wirtschaftsgüter des Betriebsvermögens

muss auf den Vorgang abgestellt werden, der zur Entstehung des Wirtschaftsgutes führte. Das ist bei Forderungen aus der Veräußerung von Waren dieser Veräußerungsvorgang, nicht aber das Anschaffungsgeschäft der veräußerten Waren. Forderungen sind deshalb mit dem Nennwert anzusetzen. Die sich daraus im Zeitpunkt der Lieferung ergebende Gewinnrealisierung entspricht den Grundsätzen ordnungsmäßiger Buchführung und der gesetzlichen Regelung des § 253 Abs. 1 Satz 1, Abs. 3 Satz 2 HGB i. V. m. § 252 Abs. 1 Nr. 4 HGB, § 5 Abs. 1 EStG.

Der Nennbetrag gilt auch dann als Anschaffungskosten, wenn die Forderung, z. B. ein Darlehen, unverzinslich ist.[984]

Nach § 253 Abs. 3 Satz 2 HGB sind Forderungen auf den am Bilanzstichtag beizulegenden Wert abzuschreiben, wenn dieser niedriger als die Anschaffungskosten ist. Bei der Bewertung sind die Zahlungsfähigkeit und die Zahlungswilligkeit des Schuldners sowie die sonstigen Aussichten des Zahlungseingangs zu berücksichtigen. Der Kaufmann muss alle Umstände beachten, die geeignet sind, den Wert der Forderungen nach den Verhältnissen des Bilanzstichtags zu beeinträchtigen.

Alle Kundenforderungen müssen am Jahresende also nach Echtheit, d. h. nach ihrer wirklichen Einbringlichkeit, untersucht werden. Gefährdete Forderungen werden i. d. R. als zweifelhafte Forderungen gesondert ausgewiesen. Uneinbringliche Forderungen sind auszubuchen. Dabei, sowie für die Bewertung der übrigen Forderungen, sind alle Gesichtspunkte zu berücksichtigen, die am Bilanzstichtag gegeben waren. Auch nach dem Bilanzstichtag bekannt gewordene Tatsachen müssen berücksichtigt werden.

Sind die **Gründe für eine Teilwertabschreibung weggefallen** bzw. ist der Teilwert gegenüber den Anschaffungskosten **nicht mehr dauerhaft gemindert** oder ist der Teilwert aus anderen Gründen wieder **gestiegen,** besteht ein **Wertaufholungsgebot.**[985]

15.13.10.7 Wertmindernde Umstände

Wertmindernd ist vor allem das **Ausfallwagnis**. Je schwerwiegender die Umstände sind, die Ausfälle erwarten lassen, umso größer ist der Abschlag, den ein Erwerber des Betriebes in Abzug bringen würde.

Zu den anderen Umständen, die den Wert einer Forderung mindern, gehören z. B. der **innerbetriebliche Zinsverlust** für die Laufzeit der am Bilanzstichtag noch offenen Forderungen bis zu ihrer Fälligkeit und ihrer Bezahlung, etwaige Skonti und sonstige Erlösschmälerungen, mit denen bei den am Bilanzstichtag noch offenen Forderungen zu rechnen ist, sowie ggf. noch anfallende Bearbeitungskosten (Kosten für Mahnungen, gerichtliche Verfolgung und Zwangsvollstreckung), Inkassospesen

---
984 BFH, BStBl 1975 II S. 875.
985 S. o. 15.13.2.3.

15.13 Bewertung des Umlaufvermögens

und Inkassoprovisionen. Sie sind dem Wirtschaftsjahr zuzurechnen, in dem die ausgewiesenen Forderungen entstehen und zu einer Gewinnrealisierung führen. Wenn eine Forderung unverzinslich oder eine zu niedrige Verzinsung gegeben ist, kommt eine Abzinsung auf den Barwert in Betracht. Denn die **Unverzinslichkeit** bzw. niedrige Verzinsung betrifft den Teilwert.[986] Bei den meist kurzfristigen Forderungen aus Lieferungen und Leistungen ist eine Abzinsung jedoch nicht üblich. Das entspricht den handelsrechtlichen Grundsätzen ordnungsmäßiger Buchführung.

15.13.10.8 Uneinbringliche Kundenforderungen

Forderungen sind uneinbringlich, wenn am Bilanzstichtag feststeht, dass eine Bezahlung nicht erreicht wird und sie in voller Höhe ausfallen werden. In diesem Falle wäre der Ansatz der Forderung mit dem Nennwert ein offensichtlicher Verstoß gegen § 253 Abs. 3 Satz 2 HGB, § 5 Abs. 1 EStG. Die Bilanz müsste berichtigt werden, weil die Forderungen wertlos sind.

Uneinbringliche Forderungen müssen ausgebucht (abgeschrieben) werden (§ 6 Abs. 1 Nr. 2, § 5 Abs. 1 EStG i. V. m. § 253 Abs. 3 Satz 2 HGB). Der Teilwert beträgt 0 DM. **Forderungen sind uneinbringlich,** wenn

- der **Konkurs** des Schuldners mangels Masse eingestellt ist,
- die **Insolvenzmasse** zur Deckung der Forderungen nicht ausreicht,
- die **Zwangsvollstreckung fruchtlos** verlaufen ist und auch in absehbarer Zeit fruchtlos bleiben wird,
- der Schuldner eine **eidesstattliche Versicherung** gemäß § 807 ZPO (früher Offenbarungseid) geleistet hat, in absehbarer Zeit mit einer Verbesserung seiner Vermögenslage nicht zu rechnen ist,
- der Schuldner **verstorben, verzogen** oder **ausgewandert** ist, ohne Vermögenswerte zu hinterlassen,
- die Forderung durch Gerichtsentscheid für **unberechtigt** erklärt wurde,
- der Schuldner mit Recht die **Einrede der Verjährung** einwendet.

In diesen und ähnlichen Fällen ist eine sofortige Ausbuchung der Forderung erforderlich. Buchung: Abschreibungen auf Forderungen und USt-Schuld an Kundenforderungen. Der Verlust erscheint damit auf einem Aufwandskonto unter gleichzeitiger Minderung der Aktiva. Beim Verkauf unter **Eigentumsvorbehalt** ist jedoch der Herausgabeanspruch zu aktivieren.

Besteht für eine ausgefallene Forderung eine **Delkredereversicherung** und erkennt der Versicherer vor Aufstellung der Bilanz eine bestimmte Entschädigungsleistung an, so darf allenfalls in Höhe des offen gebliebenen Betrages eine Wertberichtigung gebildet werden.

[986] BFH, BStBl 1975 II S. 875. Im Übrigen s. o. 15.12.4.

15 Bewertung der Wirtschaftsgüter des Betriebsvermögens

15.13.10.9 Zweifelhafte Kundenforderungen

Bei zweifelhaften Kundenforderungen, die auch als Dubiose bezeichnet werden, steht nach den Verhältnissen des Bilanzstichtages der Verlust noch nicht endgültig fest. Er ist aber wahrscheinlich. Erwartet wird ein teilweiser Zahlungseingang. Auch hier wäre es nicht richtig, den vollen Nennwert in die Bilanz einzusetzen. Deshalb muss die Wahrscheinlichkeit des Verlustes aus dem gegebenen Sachverhalt abgeleitet und der Nennbetrag auf den wahrscheinlichen Wert abgeschrieben werden (§ 6 Abs. 1 Nr. 2, § 5 Abs. 1 EStG i. V. m. § 253 Abs. 3 Satz 2 HGB).

Zunächst bedarf es jedoch aus Gründen der Bilanzklarheit der buch- und bilanzmäßigen Trennung dieser zweifelhaften von den nicht besonders gefährdeten Kundenforderungen. Dies geschieht mithilfe eines Kontos „Zweifelhafte Kundenforderungen" (oder Dubiose).

Beispiel
Bei einem Forderungsbestand von 100 000 DM wird der Eingang einer Kundenforderung von 8000 DM zweifelhaft.

Buchung

S	Kundenforderungen	H	S	Zweifelh. Kundenforderungen	H
100 000 DM	1)	8000 DM	1) 8000 DM		

Das Konto für die zweifelhaften Kundenforderungen ist ein aktives Bestandskonto. Durch die Übertragung wird lediglich eine buch- und bilanzmäßige Trennung erreicht. Der Gewinn wird durch die Umbuchung nicht beeinflusst. Erst wenn ein Teil dieser zweifelhaften Forderungen abgeschrieben wird, erscheint der voraussichtliche Verlust als Aufwand.

Forderungen sind zweifelhaft, wenn

- der Schuldner sich in Zahlungsverzug befindet, bei Nichtbeachtung von Mahnungen, Mahnbescheid, Eingang der Zahlung ungewiss,
- das Vergleichsverfahren eingeleitet, die Forderung nicht bevorrechtigt ist,
- Mängelrügen wegen mangelhafter Lieferung geltend gemacht sind. Die bloße Möglichkeit zukünftiger Mängelrügen beeinflusst jedoch nicht den Wert der Forderung. Sie rechtfertigt allenfalls die Bildung einer Rückstellung.

Die Bewertung zweifelhafter Forderungen geschieht im Allgemeinen im Wege der **Einzelbewertung**. Dabei kommt dem Ermessen des Kaufmanns erhebliche Bedeutung zu. Das Niederstwertprinzip, das einen Schutz der Gläubiger bezweckt, lässt dem Kaufmann einen weit gehenden Spielraum für die Bestimmung des wahrscheinlichen Wertes nach unten. Nicht zulässig sind lediglich willkürliche Abschreibungen.

Da nach § 6 Abs. 1 Nr. 2 EStG[987] seit dem 1. 1. 1999 steuerlich nur noch auf einen **voraussichtlich dauerhaft** niedrigeren Teilwert abgewertet werden kann, ist dieser

---
[987] I. d. F. des Steuerentlastungsgesetzes 1999/2000/2002 v. 24. 3. 1999, BStBl 1999 I S. 304.

15.13 Bewertung des Umlaufvermögens

Aspekt auch bei der Forderungsbewertung zu berücksichtigen. Der voraussichtliche (Teil-)Ausfall einer Forderung stellt jedoch regelmäßig einen dauerhaft wertmindernden Umstand dar.

15.13.10.10 Einzelbewertung

Wie beim übrigen Betriebsvermögen, so gilt auch bei Kundenforderungen der Grundsatz der Einzelbewertung. Dieses Verfahren hat die größte Aussicht, den wirklichen Teilwert zu treffen. Es setzt jedoch voraus, dass die finanziellen Verhältnisse der Kunden überschaubar sind. Nur dann kann zuverlässig geprüft werden, welche Verluste wahrscheinlich zu erwarten sind.

Bei der Einzelbewertung werden die einzelnen Forderungen nach ihrem inneren Wert untersucht und die voraussichtlichen Verluste nach den jeweiligen Gegebenheiten der Kunden bemessen. Die Einzelbewertung ist damit ohne Zweifel am zuverlässigsten, aber nur möglich, wenn der Kaufmann einige wenige Außenstände hat.

15.13.10.11 Pauschal- oder Sammelbewertung

Die Möglichkeit der Einzelbewertung ist oft nicht gegeben, weil bei großem Kundenkreis die finanzielle und wirtschaftliche Lage der einzelnen Abnehmer nicht bekannt ist. Erfahrungsgemäß ist aber mit Forderungsausfällen zu rechnen. Weil man die im Einzelnen gefährdeten Forderungen nicht kennt, schätzt man die Höhe der voraussichtlichen Ausfälle und bucht den geschätzten Betrag als Aufwand (Abschreibungen). Sind die späteren Ausfälle geringer, führt die zu hohe Abschreibung im Folgejahr zu einer Gewinnerhöhung. Sind die Forderungsausfälle höher als der zunächst geschätzte Betrag, wird der Differenzbetrag im Folgejahr als Aufwand gebucht.

Die im Gesetz getroffenen Ausnahmeregelungen vom Grundsatz der Einzelbewertung (§§ 240 Absätze 3 und 4; 256 HGB) gelten nicht für Forderungen. Rechtsgrundlage der pauschalen Wertberichtigung von Forderungen sind § 242 Abs. 1 Satz 1 und § 252 Abs. 2 HGB. Ist die individuelle Ermittlung des Wertes und der Risiken einer einzelnen Forderung unmöglich, schwierig oder unzumutbar, ergibt erst die zusammengefasste Bewertung mehrerer Forderungen ein zutreffendes Bild der Vermögensverhältnisse des Kaufmanns und des Standes seiner Schulden (§ 242 Abs. 1 Satz 1 HGB). Nach § 252 Abs. 2 HGB darf in begründeten Ausnahmefällen von den Grundsätzen der Einzelbewertung abgewichen werden.[988]

Materiell handelt es sich bei der Pauschalbewertung um eine **vereinfachte Form der Teilwertermittlung** der einzelnen Forderungen insbesondere wegen des allgemeinen Kreditrisikos. Zum allgemeinen Kreditrisiko gehören die Möglichkeit eines Forderungsausfalls wegen Abschwächung der Konjunktur, bei Auslandsforderungen

---

[988] Vgl. auch BFH, BStBl 1989 II S. 359, hier S. 362.

die Risiken aufgrund politischer Maßnahmen, aber auch allgemein das Ausfallrisiko, das einer Forderung von an sich guter Bonität anhaftet, weil der Schuldner durch unvorhergesehene Ereignisse, wie z. B. Krankheit, in Zahlungsschwierigkeiten geraten kann, sowie unverkennbare Bonitätsrisiken, die besonders dann erheblich steigen können, wenn der Umsatz ausgeweitet und neue Kunden hinzugewonnen werden.

Die Pauschalbewertung erfolgt im Allgemeinen nach einem **betrieblichen Erfahrungssatz** und der Summe des jeweiligen Forderungsbestandes. Treten keine besonderen Umstände ein, muss aus Gründen der **Bewertungsstetigkeit** der einmal gewählte Pauschsatz beibehalten werden. Er darf nicht willkürlich geändert werden, um in bestimmter Weise das Jahresergebnis zu beeinflussen. Der Grundsatz der Bewertungsstetigkeit gilt natürlich nicht, wenn sich die Verhältnisse wesentlich geändert haben und wenn triftige Gründe eine Erhöhung oder Herabsetzung des Pauschsatzes rechtfertigen (§ 252 Abs. 1 Nr. 6, Abs. 2 HGB).

Entscheidend ist bei diesem Verfahren die Höhe des Pauschsatzes. Fast bei jeder steuerrechtlichen Außenprüfung ist dieser Punkt Gegenstand der Schlussbesprechung. Die Finanzverwaltung ist berechtigt und verpflichtet, in freier Beweisführung aller Tatumstände die angesetzten Werte zu prüfen. Sie muss hierbei die Auffassung des Kaufmanns, der seine Verhältnisse am besten kennt, berücksichtigen. Die Rechtsprechung hat Abschreibungen anerkannt, die sich nach den Grundsätzen ordnungsmäßiger Buchführung rechtfertigen lassen, nicht aber willkürliche und nach Lage der Sache nicht gerechtfertigte Absetzungen. Die Absetzung ganz willkürlicher Abschreibungsbeträge verbietet schon der Grundsatz der Gleichmäßigkeit der Besteuerung.

Für die Höhe des Pauschsatzes, der letzten Endes nur geschätzt werden kann, sind die Erfahrungen der Vergangenheit ein wertvoller Anhaltspunkt. Solange sich die betrieblichen Verhältnisse nicht wesentlich ändern, ist der einmal gewählte Pauschsatz beizubehalten.

Natürlich können Fehlschätzungen nicht verhindert werden, denn kein noch so sorgfältiger Kaufmann kann die wirkliche Wertminderung im Voraus genau bestimmen. Dadurch sind Gewinnverlagerungen nicht immer zu vermeiden.

Die Besonderheiten der Pauschalwertberichtigung bei Kreditinstituten (§ 15 der VO über die Rechnungslegung der Kreditinstitute) werden in dem BMF-Schreiben v. 10. 1. 1994[989] behandelt.

15.13.10.12 Gemischtes Verfahren

Die Rechtsprechung hat auch ein gemischtes Verfahren zugelassen, bei dem für einen Teil der Kundenforderungen die Einzelbewertung und für den restlichen For-

---
989 BStBl 1994 I S. 98.

derungsbestand das Pauschalverfahren angewendet wird. Die Forderungen, für die eine Einzelbewertung erfolgt, scheiden für die pauschale Wertberichtigung natürlich aus.

Das gemischte Verfahren ist dann sinnvoll, wenn einzelne, z. B. größere Forderungen als nicht vollwertig erkannt sind und bei diesen ernsthaft mit Ausfällen gerechnet werden muss, darüber hinaus aber auch bei der Vielzahl der anderen Forderungen ein allgemeines Kreditrisiko besteht.

Werden Einzelbewertung und Pauschalbewertung nebeneinander durchgeführt, wird im Allgemeinen für den restlichen Forderungsbestand ein niedrigerer Pauschsatz angewendet werden müssen als beim bloßen Pauschalverfahren.

15.13.10.13 Bemessungsgrundlage der Abschreibung

Es fragt sich, ob die Wertminderungen nach den Bruttobeträgen einschließlich USt oder nach den Nettobeträgen zu bemessen sind. Dabei ist von Bedeutung, dass der Unternehmer, der nach vereinbarten Entgelten (Solleinnahmen) besteuert, den Steuerbetrag entsprechend berichtigt, wenn das Entgelt uneinbringlich wird (§ 17 Abs. 2 UStG).

Soweit für voraussichtliche Forderungsausfälle eine Wertminderung eintritt, ist der Unternehmer nur hinsichtlich des Nettobetrages belastet, weil er nach § 17 Abs. 2 UStG einen Kürzungsanspruch gegenüber dem Finanzamt hat, der den Forderungsverlust um die darin enthaltene USt mindert. Demgemäß kann die Wertminderung nur vom Nettobetrag der Forderungen ohne USt bemessen werden.[990] Kommt wegen zu erwartender Mahn- und Beitreibungskosten, Zinsverluste, Porti usw. eine Wertminderung in Betracht, muss vom Bruttobetrag einschließlich USt ausgegangen werden.

15.13.10.14 Formen der Abschreibung
15.13.10.14.1 Direkte Abschreibung

Wenn bei Forderungen die Voraussetzungen für eine Bewertung unter dem Nennwert vorliegen, ist eine Angleichung der Nennwerte an den wirklichen Wert erforderlich. Die buchmäßige Angleichung kann direkt, d. h. durch Minderung der Nennbeträge, die auf dem Forderungskonto erscheinen, oder indirekt durch Bildung eines Wertberichtigungspostens erfolgen.

Die direkte Abschreibung führt dazu, dass auf der Aktivseite der Bilanz nicht die vollen Rechtsansprüche erscheinen, sondern der um die Abschreibung geminderte Wert der Forderungen. Die sonst übliche Übereinstimmung zwischen den Salden der Personenkonten des Geschäftsfreundebuches und dem Sachkonto für Kundenforderungen wird aufgegeben. Eine entsprechende Abbuchung auf den Personen-

---

[990] BFH, BStBl 1981 II S. 766.

konten ist nicht zweckmäßig, weil diese zur Überwachung und Mahnung geführt werden.

Beispiel
Durch Einzelbewertung wird am Ende des Wirtschaftsjahres festgestellt, dass vom Forderungsbestand in Höhe von 115 000 DM voraussichtlich 5000 DM nicht eingehen werden (= voraussichtlich dauernde Wertminderung). Bei Anwendung der direkten Abschreibung ergeben sich folgende Buchungen:

S	Kundenforderungen	H	S	Abschreibungen a. Fordg.	H
115 000 DM	1) 5000 DM		1) 5000 DM		

15.13.10.14.2 Indirekte Abschreibung

Bei der indirekten Abschreibung erfolgt die erforderliche Angleichung der Nennwerte an die Teilwerte nicht durch entsprechende Abbuchung vom Forderungskonto, sondern durch Bildung eines Wertberichtigungspostens. In der Bilanz erscheint auf der Aktivseite die ungekürzte Summe der Nennbeträge; die mutmaßliche Wertminderung erscheint auf der Passivseite der Bilanz. Man bezeichnet den Wertberichtigungsposten der Bilanz als Delkredere. Es ist ein Korrekturposten zu den aktivierten Kundenforderungen.

Beispiel
Der betriebliche Erfahrungssatz für das allgemeine Kreditrisiko beträgt 5 %, der Forderungsbestand einschließlich 15 % USt 115 000 DM.

Buchungen

S	Kundenforderungen	H	S	Abschreibung a. Kundenfordg.	H
115 000 DM	2) 115 000 DM		1) 5 000 DM		

S	Delkredere	H	S	SBK	H
3) 5 000 DM	1) 5 000 DM		2) 115 000 DM	3) 5 000 DM	

In der Schlussbilanz erscheinen also auf der Aktivseite die vollen Rechtsansprüche aus Warenlieferungen und Leistungen. Die Abschreibung erscheint als Wertberichtigungsposten auf der Passivseite der Bilanz. Die Bildung des Delkredere ergibt einen Aufwand.

Das Delkredere ist kein selbstständiger Bilanzposten. Es steht mit dem Aktivposten Kundenforderungen in Zusammenhang und teilt dessen Schicksal. Sind die Forderungen erloschen, ist auch kein Raum mehr für eine Wertberichtigung.

Die Passivierung der Wertberichtigung ist den Kapitalgesellschaften nach § 266 Abs. 3 HGB, den eingetragenen Genossenschaften nach § 336 Abs. 2 i. V. m. § 266 Abs. 3 HGB und den unter das PublizitätsG fallenden Kaufleuten nach § 5 PublizitätsG i. V. m. § 266 Abs. 3 HGB verschlossen. Kapitalgesellschaften müssen bei indirekter Abschreibung, die sich für den Bereich der Personenkonten zwecks Ausweises der zivilrechtlichen Ansprüche empfiehlt, das Konto Delkredere am Jahresende über das Sachkonto Kundenforderungen abschließen. Dann erscheint in der Bilanz, wie es die §§ 247 Abs. 1, 266 HGB gebieten, als Forderungsbestand der um die Abschreibungen geminderte Wert.

Ob Einzelkaufleute und Personengesellschaften in ihrer Handelsbilanz den Posten Delkredere passivisch aufweisen dürfen, kann nur nach § 247 Abs. 1 HGB beantwortet werden. Danach sind in der Bilanz das Anlage- und das Umlaufvermögen, das Eigenkapital, die Schulden und die Rechnungsabgrenzungsposten hinreichend gegliedert auszuweisen. Wertberichtigungsposten sind in der Bilanzgliederung nicht vorgesehen. Daher ergibt sich folgerichtig, dass auch Kaufleute, die nicht KapG sind, den Posten Delkredere nicht passivieren dürfen, sondern eine direkte Forderungsabschreibung vornehmen müssen.

15.13.10.15 Forderungen in Fremdwährung

Der Jahresabschluss ist in deutscher Sprache und in deutscher Mark aufzustellen (§ 244 HGB). Forderungen in Fremdwährung sind daher in DM umzurechnen. Zum Bilanzstichtag sind die Anschaffungskurse mit den Stichtagskursen zu vergleichen. Das handelsrechtliche Niederstwertprinzip gebietet die Bewertung mit dem niedrigeren der beiden zu vergleichenden Kurse. Eine Abschreibung auf den niedrigeren Kurswert am Bilanzstichtag ist steuerlich nicht zulässig, wenn der Wertverfall nicht voraussichtlich dauerhaft ist.

15.14 Bewertung der Verbindlichkeiten

15.14.1 Ausweis als Betriebsschuld

Handelsrechtlich sind vor allem aus Gründen des Gläubigerschutzes an die Vollständigkeit des Ausweises von Verbindlichkeiten und deren richtige Bewertung besonders hohe Anforderungen zu stellen, da durch das Weglassen einer Verbindlichkeit oder durch zu niedrige Bewertung die Vermögenslage zu günstig ausgewiesen würde. Aus diesem Grunde können Verbindlichkeiten nicht allein deshalb gewinnerhöhend ausgebucht werden, weil der Schuldner bei Fälligkeit nicht in der Lage ist, sie zu erfüllen.[991]

---

[991] BFH, BStBl 1993 II S. 747.

15 Bewertung der Wirtschaftsgüter des Betriebsvermögens

Ist ein Wirtschaftsgut für den Betrieb angeschafft worden, so gehört eine zu diesem Zweck etwa aufgenommene Schuld zum Betriebsvermögen. Wird ein derart angeschafftes Wirtschaftsgut teilweise privat und teilweise betrieblich genutzt, so wird die Behandlung der Schuld in aller Regel der Behandlung des Wirtschaftsgutes folgen. Handelt es sich um einen nur einheitlich zu behandelnden Gegenstand (z. B. PKW), so ist je nach der Behandlung dieses Gegenstandes auch die Schuldaufnahme entweder nur betrieblich oder nur privat. Ist der Gegenstand dagegen „teilbar" – wie bei Grundstücken –, so ist die zur Anschaffung aufgenommene Schuld grundsätzlich in derselben Weise aufzuteilen wie der Gegenstand.[992]

Da eine Schuld das Schicksal des Wirtschaftsgutes teilt, zu dessen Finanzierung sie begründet wurde, gibt es grundsätzlich keine gewillkürten Betriebsschulden.[993]

Erbt ein Stpfl. einen Gewerbebetrieb und nimmt er einen Kredit auf, um die Ansprüche des Vermächtnisnehmers, Pflichtteilsberechtigten oder Ersatzerben zu erfüllen, so liegen keine Anschaffungskosten vor; der Erbe hat als Gesamtrechtsnachfolger unentgeltlich erworben (§ 6 Abs. 3 EStG, § 7 Abs. 1 EStDV).[994] Der Kredit stellt keine Betriebsschuld dar, denn er dient der Finanzierung von nicht betrieblich veranlassten Erbfallschulden. Folglich dürfen die Schuldzinsen nicht als Betriebsausgaben abgezogen werden.[995] Der früher zulässige Schuldzinsenabzug ist seit 1995 nicht mehr erlaubt.

Verbindlichkeiten, die nur aus künftigen Gewinnen zu tilgen sind, können grundsätzlich nicht passiviert werden. Werden jedoch aktivierungspflichtige Wirtschaftsgüter gegen eine derartige Zusage erworben, so ist ein entsprechender Passivposten zu bilden.[996]

Eine Rangrücktrittsvereinbarung, nach einer Darlehensverbindlichkeit nur zulasten von Gewinnen, aus einem Liquidationsüberschuss oder aus dem die sonstigen Verbindlichkeiten des Darlehensnehmers übersteigenden Vermögen bedient zu werden braucht, führt nicht zur gewinnerhöhenden Auflösung der Verbindlichkeit. Der fehlende Ausweis solcher Verbindlichkeiten in der HB und StB verstieße gegen den Vollständigkeits- und den Vorsichtsgrundsatz und würde die Ausschüttung wie die Besteuerung nicht realisierter Gewinne ermöglichen.[997]

Eine Verbindlichkeit darf nicht mehr passiviert werden, wenn anzunehmen ist, dass sich der Schuldner auf deren Verjährung berufen wird. In diesem Fall stellt die Verbindlichkeit keine wirtschaftliche Last mehr dar.[998] Entsprechendes gilt, wenn mit

---
992 BFH, BStBl 1969 II S. 233.
993 Zur Umschuldung einer Privatschuld in eine Betriebsschuld s. o. 13.5.3.
994 BFH, BStBl 1987 II S. 621.
995 BFH, BStBl 1992 II S. 392, BStBl 1993 II S. 275, BStBl 1995 II S. 413; BMF, BStBl 1994 I S. 603; H 18 „Schuldzinsen" EStH.
996 BFH, BStBl 1989 II S. 549, BStBl 1995 II S. 246.
997 BFH, BStBl 1993 II S. 502.
998 BFH, BStBl 1993 II S. 543.

15.14 Bewertung der Verbindlichkeiten

an Sicherheit grenzender Wahrscheinlichkeit feststeht, dass eine Inanspruchnahme nicht mehr erfolgen wird.[999]

Ob eine Leibrentenverpflichtung eine Betriebsschuld begründet, ist grundsätzlich aus der Sicht des Verpflichteten zu beurteilen.[1000] Nach ständiger Rechtsprechung des BFH ist eine langfristige Kapitalhingabe ohne Bestellung von Sicherheiten zwischen Fremden unüblich und daher ein ungesicherter langfristiger Darlehensvertrag zwischen nahen Angehörigen steuerrechtlich nicht anzuerkennen.[1001]

15.14.2 Bewertungsgrundsätze

15.14.2.1 Mögliche Wertansätze

Verbindlichkeiten sind **steuerlich** gem. § 6 Abs. 1 Nr. 3 Satz 1 EStG unter sinngemäßer Anwendung des § 6 Abs. 1 Nr. 2 EStG zu bewerten. Als Bewertungsmaßstab kommen daher die **Anschaffungskosten** und der **Teilwert** in Betracht. Der Begriff der Anschaffungskosten lässt sich auf Verbindlichkeiten nicht ohne weiteres übertragen. Die Rechtsprechung versteht darunter den **Nenn- oder Rückzahlungsbetrag** nach § 253 Abs. 1 Satz 2 HGB.[1002] Auch bei einer **Darlehensverbindlichkeit** gilt der Nennwert der Verbindlichkeit als Anschaffungskosten.[1003] Um einen Kredit zu erlangen, müssen Darlehensnehmer oft eine höhere Schuld eingehen als den Verfügungsbetrag, der dem Schuldner zugeflossen ist; das dabei vereinbarte **Aufgeld** (Agio) oder **Abgeld** (Disagio) gehört zu den Anschaffungskosten des Kredits und muss auf die wirtschaftliche Nutzungszeit verteilt werden.[1004]

Ein gegenüber dem Nennwert des Darlehens gestiegener Rückzahlungsbetrag = **höherer Teilwert** durfte am Bilanzstichtag eines vor dem 1. 1. 1999 endenden Wirtschaftsjahres (Letztjahr) angesetzt werden (**Bewertungswahlrecht** gem. § 6 Abs. 1 Nr. 3 EStG.[1005] Nach §§ 6 Abs. 1 Nr. 3, 52 Abs. 16 Sätze 1 und 2 EStG[1006] kann der höhere Teilwert ab dem ersten nach dem 31. 12. 1998 endenden Wirtschaftsjahres (Erstjahr) nur noch angesetzt werden, wenn er **voraussichtlich dauerhaft erhöht** ist. Zeitgleich ist das bislang geltende **Wertbeibehaltungswahlrecht** aufgehoben und stattdessen ein **striktes Wertaufholungsgebot** eingeführt worden (§§ 6 Abs. 1 Nr. 3 Satz 1, Nr. 2 Satz 3, Nr. 1 Satz 4, 52 Abs. 16 Sätze 1 und 2, EStG.[1007] Der Ansatz eines unter die Anschaffungskosten bzw. unter den Nennwert

---
999 BFH, BStBl 1996 II S. 470.
1000 BFH, BStBl 1974 II S. 88.
1001 BFH, BStBl 1989 II S. 137.
1002 H 37 „Anschaffungskosten" EStH; BFH, BStBl 1988 II S. 1001.
1003 BFH, BStBl 1977 II S. 380, 802.
1004 H 37 „Damnum" EStH; BFH, BStBl 1989 II S. 722.
1005 I. d. F. vor Änderung durch Art. 1 des Steuerentlastungsgesetzes 1999/2000/2002 v. 24. 3. 1999, BStBl 1999 I S. 304.
1006 I. d. F. des Steuerentlastungsgesetzes 1999/2000/2002 v. 24. 3. 1999, BStBl 1999 I S. 304.
1007 I. d. F. des Steuerentlastungsgesetzes 1999/2000/2002 v. 24. 3. 1999, BStBl 1999 I S. 304.

der Verbindlichkeit herabgesunkenen Werts = **niedrigerer Teilwert** ist nach wie vor nicht zulässig, da insoweit ein nicht realisierter Gewinn ausgewiesen würde (§ 252 Abs. 1 Nr. 4 HGB).

Zusammenfassend gelten also bei den Verbindlichkeiten **steuerlich** die folgenden Grundsätze:

- Wertansatz in Höhe der Anschaffungskosten bzw. des Nennwerts (zugleich Bewertungsuntergrenze).

- Nur der voraussichtlich dauerhaft höhere Teilwert darf (muss aber nicht) angesetzt werden. Zwischenwerte sind zulässig.[1008]

- Hat sich der Teilwert nach einer vorangegangenen Teilwertabschreibung wieder vermindert bzw. ist die Erhöhung nicht mehr dauerhaft, ist steuerlich zwingend eine Wertaufholung bis zum gesunkenen Teilwert bzw. bis zur Bewertungsuntergrenze vorzunehmen.

15.14.2.2 Ansatz des niedrigeren Teilwertes

Anders als bei der Bewertung der Aktiva bildet bei der Bewertung der Verbindlichkeiten der Anschaffungs- bzw. Nennwert die **untere Grenze;** ihr Unterschreiten würde gegen das Verbot des Ausweises nicht verwirklichter Gewinne verstoßen. Umgekehrt fordert der Grundsatz des Ausweises nicht realisierter Verluste, dass dann, wenn der Rückzahlungswert der Verbindlichkeit **höher** ist als der Anschaffungswert, der Teilwert anzusetzen ist (§ 5 Abs. 1 EStG i. V. m. § 253 Abs. 1 HGB). Das für Wirtschaftsgüter des Umlaufvermögens geltende **handelsrechtliche** Niederstwertprinzip verwandelt sich bei Verbindlichkeiten in ein **Höchstwertprinzip** (§ 252 Abs. 1 Nr. 4 HGB). Der in der Handelsbilanz angesetzte **dauerhaft oder vorübergehend gestiegene Rückzahlungswert** ist aufgrund des **Maßgeblichkeitsgrundsatzes** (§ 5 Abs. 1 EStG) zwingend in der Steuerbilanz zu übernehmen; nach dem Wortlaut des § 6 Abs. 1 Nr. 3 Satz 1 EStG ist diese Zuschreibung indes steuerlich nur dann zulässig, wenn die Erhöhung der Rückzahlungsverpflichtung einen **voraussichtlich dauerhaften Charakter** hat. Somit kann dem Erfordernis des § 5 Abs. 1 Satz 2 EStG im Sinne einer **Einheitsbilanz** nur dann entsprochen werden, wenn der Wert der Rückzahlungsverpflichtung **voraussichtlich dauerhaft** erhöht ist; in diesem Fall findet handelsrechtlich das Höchstwertprinzip = Zuschreibungsgebot Anwendung und steuerlich ein Zuschreibungswahlrecht, welches über das Höchstwertprinzip ebenfalls zum Gebot wird. Erhöht sich – z. B. infolge von Kursschwankungen bei Valutaverbindlichkeiten – der Wert der Rückzahlungsverpflichtung lediglich **vorübergehend,** wird der **Maßgeblichkeitsgrundsatz** zwingend durchbrochen. Will man – insbesondere bei Kapitalgesellschaften – die Gefahr der Nichtigkeit des handelsrechtlichen Jahresabschlusses und der auf dessen

---

1008 Zum Begriff der „**dauerhaften Wertminderung**" s. o. 15.8.2.1, 15.12.2.1, 15.13.2.1; BMF v. 25. 2. 2000, BStBl 2000 I S. 372.

15.14 Bewertung der Verbindlichkeiten

Basis gefassten Ergebnisverwendungsbeschlüsse vermeiden, ist darauf zu achten, dass **vorübergehend erhöhte Verbindlichkeiten** in der Handelsbilanz nach dem Höchstwertprinzip bewertet werden; für steuerliche Zwecke ist eine Überleitungsrechnung z. B. in Form einer Umbuchungsliste zu organisieren (§ 60 Abs. 2 EStDV).

15.14.2.3 Wieder geminderter Teilwert[1009]

Wenn der Teilwert einer im Wege der Teilwertabschreibung erhöhten Verbindlichkeit in einem nachfolgenden Wirtschaftsjahr wieder vorübergehend oder dauerhaft gefallen war, **konnte** dieser am Bilanzstichtag eines vor dem 1. 1. 1999 endenden Wirtschaftsjahres (Letztjahr) wahlweise angesetzt werden, und zwar auch dann, wenn er den letzten Bilanzansatz der Verbindlichkeit unterschritten hat, es mussten jedoch mindestens die Anschaffungskosten angesetzt werden (**Wertbeibehaltungsrecht** gem. § 6 Abs. 1 Nr. 3, Nr. 2 Satz 3 EStG).[1010] Nach §§ 6 Abs. 1 Nr. 3 Satz 1, Nr. 2 Satz 3, Nr. 1 Satz 4, 52 Abs. 16 Sätze 1 und 2 EStG[1011] besteht ab dem ersten nach dem 31. 12. 1998 endenden Wirtschaftsjahr (Erstjahr) ein **striktes Wertaufholungsgebot**. Ein höherer Teilwert darf nicht mehr beibehalten werden, wenn seine Erhöhung nicht mehr voraussichtlich dauerhaft ist bzw. wenn der Teilwert zwischenzeitlich wieder gefallen ist. Der Wertansatz einer in der Vergangenheit auf den höheren Teilwert aufgewerteten Verbindlichkeit ist für **jeden** nachfolgenden Bilanzstichtag aus dem Vergleich der Anschaffungskosten (**Bewertungsuntergrenze**) und dem höheren Teilwert (**Bewertungsobergrenze**) zu bestimmen.

15.14.2.4 Regeln zum Ansatz des Teilwertes

- Der die Anschaffungskosten bzw. den Nennwert der Verbindlichkeit (**Bewertungsuntergrenze**) unterschreitende **niedrigere Teilwert** darf sowohl bei Gewinnermittlung nach § 4 Abs. 1 EStG wie auch nach § 5 EStG **nicht** angesetzt werden (§§ 5, 6 Abs. 1 Nr. 3 Sätze 1 und 4 EStG, § 253 Abs. 1 Satz 2 HGB).

- Bei Gewinnermittlung nach § 4 Abs. 1 EStG darf nur der **voraussichtlich dauerhaft erhöhte Teilwert** angesetzt werden, anstelle dessen können auch **Zwischenwerte** angesetzt werden. Bei Gewinnermittlung nach § 5 EStG (Einheitsbilanz) muss auf den **voraussichtlich dauerhaft höheren Teilwert** zugeschrieben werden, der Ansatz eines **Zwischenwerts** ist nicht zulässig. Ist der Teilwert **nicht voraussichtlich dauerhaft gestiegen,** besteht handelsrechtlich ein Zuschreibungsgebot, steuerlich jedoch ein Verbot (§§ 5, 6 Abs. 1 Nr. 3 EStG, §§ 252 Abs. 1 Nr. 4, 253 Abs. 1 Satz 2 HGB).

1009 Vgl. BMF v. 25. 2. 2000, BStBl 2000 I S. 372.
1010 I. d. F. vor Änderung durch Art. 1 des Steuerentlastungsgesetzes 1999/2000/2002 v. 24. 3. 1999, BStBl 1999 I S. 304.
1011 I. d. F. des Steuerentlastungsgesetzes 1999/2000/2002 v. 24. 3. 1999, BStBl 1999 I S. 304.

15 Bewertung der Wirtschaftsgüter des Betriebsvermögens

- Bei Gewinnermittlung nach § 4 Abs. 1 EStG darf **nach vorangegangener Zuschreibung auf den dauerhaft höheren Teilwert** dieser nicht mehr beibehalten werden, wenn er nicht mehr **dauerhaft** erhöht bzw. herabgemindert ist – es ist bis max. zur Bewertungsuntergrenze erfolgswirksam abzuwerten. Dies gilt auch bei Gewinnermittlung nach § 5 EStG (§§ 5, 6 Abs. 1 Nr. 3 EStG, § 253 Abs. 1 Satz 2 HGB).

15.14.3 Unverzinslich oder niedrigverzinsliche Verbindlichkeiten

Bei der Bewertung von Verbindlichkeiten besteht für Wirtschaftsjahre, die nach dem 31. 12. 1998 enden, grundsätzlich ein **Abzinsungsgebot;** dabei ist ein Zinssatz von **5,5 %** zu berücksichtigen (§ 6 Abs. 1 Nr. 3 Satz 1 i. V. m. § 52 Abs. 16 Satz 2 EStG).

Verzinsliche Verbindlichkeiten sind nicht abzuzinsen (§ 6 Abs. 1 Nr. 3 Satz 2 EStG). Eine verzinsliche Verbindlichkeit liegt vor, wenn ein Zinssatz von mehr als 0 % vereinbart ist. Die Vereinbarung eines Zinssatzes nahe 0 % kann im Einzelfall als missbräuchliche Gestaltung i. S. von § 42 AO zu beurteilen sein. Hat der Darlehensgeber mit dem Darlehensnehmer keine Verzinsung im vorstehenden Sinne vereinbart, das Darlehen aber unter einer **Auflage** gewährt, nach der die Vorteile aus der Zinslosigkeit dem Darlehensnehmer nicht verbleiben, unterbleibt die Abzinsung.[1012] Eine derartige Auflage entspricht in ihrem wirtschaftlichen Gehalt einer Zinsvereinbarung.

Die mit der Gewährung von Darlehen zur **Förderung des sozialen Wohnungsbaus**, des Wohnungsbaus für Angehörige des öffentlichen Dienstes und des Bergarbeiterwohnungsbaus oder anderer Förderprogramme im Bereich des Wohnungswesens verbundenen Auflagen, die den Darlehensnehmer insbesondere dazu verpflichten, die geförderten Wohnungen nur bestimmten Wohnungssuchenden zu überlassen (Belegungsbindung) oder Vorteile aus der Zinslosigkeit in Form von preisgünstigen Mieten an Dritte weiterzugeben, sind als Auflage im vg. Sinne anzusehen; derartige Darlehen sind nicht abzuzinsen.[1013]

Auch bei einer unverzinslichen Schuld entspricht der Teilwert dem Barwert der Verbindlichkeit. Da der Teilwert (= Barwert) jedoch niedriger ist als die Anschaffungskosten (Nennbetrag), darf er nicht angesetzt werden. Längerfristige Verbindlichkeiten enthalten jedoch auch ohne besondere Absprache i. d. R. einen Zinsbetrag,[1014] sodass sich das Problem einer niedrigeren Bewertung i. d. R. jedenfalls nicht stellt.

1012 BFH v. 9. 7. 1982, BStBl 1982 II S. 639.
1013 BFM v. 1. 7. 1999, BStBl 1999 I S. 818.
1014 BFH, BStBl 1975 II S. 647, BStBl 1987 II S. 553, hier: S. 556; vgl. auch BFH, BStBl 1991 II S. 479, 493 re. Spalte.

15.14 Bewertung der Verbindlichkeiten

Beim Erwerb von Anlagegütern gegen Einräumung unverzinslicher längerfristiger Kaufpreisraten entsprechen die Anschaffungskosten der erworbenen Wirtschaftsgüter dem (abgezinsten) Barwert oder Gegenwartswert der Schuld.[1015] Die Differenz zwischen den zu aktivierenden Anschaffungskosten des Anlagegegenstandes in Höhe des Barwerts der Schuld und der zu passivierenden Kaufpreisschuld in Höhe des Rückzahlungsbetrags (§ 5 Abs. 1 EStG i.V. m. § 253 Abs. 1 Satz 2 HGB und § 6 Abs. 1 Nr. 3 EStG) stellt die Summe der in den Kaufpreisraten enthaltenen Zinsen dar,[1016] die aktiv abzugrenzen sind.

Beispiel

Der Nettopreis für eine am 2. 1. 01 angeschaffte Maschine beträgt 100 000 DM. Diese Kaufpreisschuld ist unverzinslich und jährlich jeweils am 1. 7. mit 20 000 DM zu tilgen. Die erste Tilgungsrate ist am 1. 7. 01 fällig. Der Gegenwartswert der Schuld beträgt am 2. 1. 01 = 87 760 DM, am 31. 12. 01 = 72 040 DM.

Buchungen 01:

1) 2. 1. Maschinen		87 760 DM		
akt. RAP		12 240 DM	an sonst. Verbindlichk.	100 000 DM
2) 31. 12. sonst. Verbindlichk.		20 000 DM	an Bank	20 000 DM
3) 31. 12. Zinsaufwendungen		4 280 DM	an akt. RAP	4 280 DM

Berechnung der Zinsaufwendungen 01:

Barwert der Schuld am 2. 1. 01	87 760 DM
Barwert der Schuld am 31. 12. 01	72 040 DM
Differenz = Tilgung 01	15 720 DM
Rate 01	20 000 DM
davon Tilgungsanteil	15 720 DM
davon Zinsanteil	4 280 DM

S	Maschinen	H	S	sonst. Verbindlichk.	H
1)	87 760 DM		2) 20 000 DM	1)	100 000 DM

S	akt. RAP	H	S	Bank	H
1) 12 240 DM	3)	4 280 DM		2)	20 000 DM

S	Zinsaufwendungen	H
3) 4 280 DM		

Wird die Umsatzsteuer i. H. von 16 % des Nettokaufpreises (16 000 DM) in den zu tilgenden Kaufpreis einbezogen, ergibt sich Folgendes:
Bei jährlichen Tilgungsraten von 23 200 DM beträgt der Gegenwartswert der Schuld am 2. 1. 01 = 101 802 DM, am 31. 12. 01 = 83 566 DM.

1015 BFH, BStBl 1975 II S. 647.
1016 BFH, BStBl 1981 II S. 160.

15 Bewertung der Wirtschaftsgüter des Betriebsvermögens

Buchungen 01:

1) 2. 1. Maschinen	85 802 DM			
VorSt	16 000 DM			
akt. RAP	14 198 DM	an sonst. Verbindlichk.	116 000 DM
2) 31. 12. sonst. Verbindlichk.	23 200 DM	an Bank	23 200 DM
3) 31. 12. Zinsaufwendungen	4 964 DM	an akt. RAP	4 964 DM

Berechnung der Zinsaufwendungen 01:
Barwert der Schuld am 2. 1. 01	101 802 DM
Barwert der Schuld am 31. 12. 01	83 566 DM
Differenz = Tilgung 01	18 236 DM
Rate 01	23 200 DM
davon Tilgungsanteil	18 236 DM
davon Zinsanteil	4 964 DM

Sind Zahlungen an Arbeitnehmer erst nach geraumer Zeit zu leisten, dann ist ebenfalls davon auszugehen, dass der Arbeitgeber bei alsbaldiger Auszahlung einen geringeren Betrag entrichtet hätte, dass die erst später zu zahlende Summe bei wirtschaftlicher Betrachtung also einen Zinsanteil enthält.[1017] Auch in diesem Falle ist in Höhe der Differenz zwischen dem zu passivierenden Rückzahlungsbetrag (Nennwert) und dem Barwert (Teilwert) ein aktiver Rechnungsabgrenzungsposten zu bilden.

Beispiel
Ende 01 rechtlich und wirtschaftlich entstandene Tantiemen in Höhe von 100 000 DM sind am 31. 12. 11 fällig. Der Barwert beträgt am 31. 12. 01 58 500 DM, am 31. 12. 02 61 800 DM sowie am 31. 12. 03 65 200 DM.

Buchungen 01:			
Lohnaufwendungen	58 500 DM		
akt. RAP	41 500 DM	an sonst. Verbindlichk.	100 000 DM
Buchung 02:			
Zinsaufwendungen	3 300 DM	an akt. RAP	3 300 DM
Buchung 03:			
Zinsaufwendungen	3 400 DM	an akt. RAP	3 400 DM
Buchungen 11:			
Zinsaufwendungen	5 200 DM	an akt. RAP	5 200 DM
sonst. Verbindlichk.	100 000 DM	an Finanzkonto	100 000 DM

Wegen der Passivierung der **Zerobonds** (= Null-Kupon-Anleihen) beim Anleiheschuldner Hinweis auf 15.12.5.

Nach den Grundsätzen der kaufmännischen Vorsicht ist eine Verbindlichkeit im Zweifel eher höher als zu niedrig anzusetzen. Dem entspricht, dass bei Ermittlung des Barwerts einer Rentenlast eher ein niedriger als ein zu hoher Zinssatz zugrunde zu legen ist. Bei der Anwendung des § 6 Abs. 1 Nr. 3 EStG, z. B. bei Kaufpreisleib-

---
1017 BFH, BStBl 1983 II S. 753.

renten, ist davon auszugehen, dass ein Zinssatz von 5,5 % angemessen ist (§ 6 Abs. 1 Nr. 3 Satz 2 EStG).[1018]

15.14.4 Valutaverbindlichkeiten

Besondere Bedeutung haben diese Grundsätze für Schulden in ausländischer Währung (Valutaverbindlichkeiten, Fremdwährungsschulden). Diese sind auch dann mit den Anschaffungskosten anzusetzen, wenn der Kurs der ausländischen Währung **gesunken** ist. **Steigt** der Kurs- bzw. Teilwert einer Valutaverbindlichkeit voraussichtlich dauerhaft, so muss der höhere Teilwert angesetzt werden,[1019] und zwar nur bei Gewinnermittlung nach § 5 EStG, nicht dagegen bei § 4 Abs. 1 EStG (§ 141 Abs. 1 Satz 2 AO, § 253 Abs. 1 HGB, § 6 Abs. 1 Nr. 3 Satz 1 EStG).[1020]

Beispiele

a) Ein Stpfl. mit Gewinnermittlung nach § 5 EStG hat eine kurzfristige Darlehensschuld von 100 000 US-Dollar aufgenommen. Beim Umtausch der Devisen in DM betrug der Wechselkurs 1,90 DM; bis zum Ende des Wirtschaftsjahres war der Devisenkurs dauerhaft auf 2,– DM gestiegen.

S	Bank	H	S	Darlehen		H
1)	190 000 DM		3)	200 000 DM	1)	190 000 DM
					2)	10 000 DM

S	Wertdifferenzen	H	S	SBK	H
2)	10 000 DM				3) 200 000 DM

b) Am Ende des nächsten Wirtschaftsjahres beträgt der Wechselkurs 1,70 DM. Der Bilanzansatz des Vorjahres (200 000 DM) kann nicht beibehalten werden. Es müssen wieder 190 000 DM angesetzt werden. Damit würde der Verlust des ersten Wirtschaftsjahres rückgängig gemacht, aber kein nicht realisierter Gewinn ausgewiesen.

c) Sachverhalt wie a). Nur beträgt der Devisenkurs am Ende des Wirtschaftsjahres der Darlehensaufnahme 1,70 DM.

Die Darlehensschuld ist unverändert mit 190 000 DM auszuweisen, obwohl bei einer Tilgung nur 170 000 DM zum Kauf der 100 000 US-Dollar aufgewendet werden müssten. Der Ansatz von 170 000 DM würde einen nicht realisierten Gewinn ergeben.

Erst wenn bei der Tilgung der Schuld der Wechselkurs noch unter 1,90 DM liegt, ergibt sich ein Gewinn.

1018 BFH, BStBl 1983 II S. 753.
1019 BFH v. 15. 11. 1990, BStBl 1991 II S. 228.
1020 Zweifelhaft, vgl. Schmidt/Glanegger, EStG, § 6 Rz. 391.

15.15 Bewertung bei Geschäftseröffnung

Nach § 6 Abs. 1 Nr. 6 EStG sind die Grundsätze über die Bewertung von Einlagen auch bei neu eröffneten Betrieben zur Bewertung der in der Eröffnungsbilanz anzusetzenden Wirtschaftsgüter zu beachten.[1021]

Der Teilwert eines Wirtschaftsgutes, bezogen auf den Zeitpunkt der Eröffnung eines Betriebes, ist derjenige Preis, den ein fremder Dritter für die Beschaffung des Wirtschaftsgutes aufgewandt hätte, wenn er anstelle des Stpfl. den Betrieb eröffnet und fortgeführt haben würde. An die Stelle der Wiederbeschaffungskosten treten die Beschaffungskosten, die i. d. R. mit dem Preis übereinstimmen, der auf dem Markt als Veräußerungspreis verlangt und erzielt wird – gemeiner Wert –.[1022] Der gemeine Wert soll grundsätzlich auch bei eingelegten Wirtschaftsgütern des Umlaufvermögens in Betracht kommen.[1023]

15.16 Bewertung bei entgeltlichem Erwerb eines Betriebes

15.16.1 Bewertungsgrundsätze

Bei entgeltlichem Erwerb eines Betriebes sind die Wirtschaftsgüter nach § 6 Abs. 1 Nr. 7 EStG mit dem Teilwert, höchstens mit den Anschaffungs- oder Herstellungskosten anzusetzen. Bei der Bemessung des Teilwertes beweglicher Anlagegüter in der Eröffnungsbilanz eines Betriebserwerbers darf nicht auf die tatsächlichen Anschaffungskosten des Rechtsvorgängers abgestellt werden, wenn die Wiederbeschaffungskosten solcher Wirtschaftsgüter inzwischen erheblich gestiegen waren. Bei der Schätzung des Wiederbeschaffungswertes (Teilwertes) abnutzbarer Anlagegüter kann von den z. B. aus branchenüblichen Preislisten ersichtlichen Neupreisen gleicher Güter ausgegangen werden. Diese sind um den Alters- und Abnutzungsgrad der Wirtschaftsgüter entsprechende AfA zu vermindern.[1024]

Übersteigt der Kaufpreis die Summe der Teilwerte der übernommenen materiellen und immateriellen Wirtschaftsgüter abzügl. Schulden des Betriebes, dann stellt der Unterschiedsbetrag Anschaffungskosten für den entgeltlich erworbenen Firmenwert dar (vgl. auch § 255 Abs. 4 HGB).

15.16.2 Erwerb auf Rentenbasis

Wird ein Betrieb gegen Veräußerungsrente erworben, dann ist der nach versicherungsmathematischen Grundsätzen errechnete Barwert der Rente der Anschaffungs-

---
1021 Im Einzelnen s. u. 17.
1022 BFH, BStBl 1979 II S. 729.
1023 BFH, BStBl 1991 II S. 840.
1024 BFH, BStBl 1970 II S. 205; wegen Bewertung bei unentgeltlichem Erwerb s. o. 15.5.8.

15.16 Bewertung bei entgeltlichem Erwerb eines Betriebes

preis für die übernommenen Wirtschaftsgüter.[1025] Diese Grundsätze lassen – als auf Durchschnittssätzen beruhend – die Berücksichtigung individueller Verhältnisse in der Person des Veräußerers, wie Gesundheitszustand, Lebenserwartung, nicht zu. Sichere Voraussagen sind in Ansehung der Einzelperson nicht möglich.
Der Rentenbarwert ist auf der Passivseite der Eröffnungsbilanz als Schuldposten auszuweisen. Auf der Aktivseite bildet er der Höhe nach die Anschaffungskosten der erworbenen Wirtschaftsgüter. Soweit der Wert der Rentenverpflichtung höher ist als der Teilwert der übernommenen feststellbaren positiven und negativen Wirtschaftsgüter, entfällt der Mehrwert auf den Firmenwert, der als besonderes immaterielles Anlagegut bilanziert werden muss. Der Geschäftswert wird durch den Mehrwert ausgedrückt, den ein Unternehmen als Ganzes gegenüber der Summe der Teilwerte seiner Wirtschaftsgüter hat. Entsprechend ist die Behandlung beim Erwerb gegen Kaufpreisraten.

Beispiel
A verkauft B seinen Betrieb gegen Zahlung einer Leibrente, deren Barwert 200 000 DM beträgt. Zum übernommenen Betriebsvermögen gehören:

Grundstücke im Teilwert von	70 000 DM
Maschinen im Teilwert von	30 000 DM
Vorräte im Teilwert von	50 000 DM
Kundenforderungen im Teilwert von	40 000 DM
	190 000 DM
Lieferantenschulden im Teilwert von	30 000 DM
insgesamt Reinvermögen	160 000 DM

Die Mehrzahlung von 40 000 DM entfällt auf den Firmenwert.
USt entsteht nicht, weil eine Geschäftsveräußerung im Ganzen vorliegt (§ 1 Abs. 1 a UStG).

Buchungen beim Erwerb bzw. lt. Eröffnungsbilanz:

S	Grundstücke	H	S	Maschinen	H
1) 70 000 DM			1) 30 000 DM		

S	Vorräte	H	S	Kundenforderung	H
1) 50 000 DM			1) 40 000 DM		

S	Lieferantenschulden	H	S	Firmenwert	H
		1) 30 000 DM	1) 40 000 DM		

S	Rentenverpflichtung	H
		1) 200 000 DM

1025 BFH, BStBl 1969 II S. 334.

16 Rückstellungen und Rücklagen

16.1 Allgemeine Grundsätze zur Passivierung von Rückstellungen

16.1.1 Begriff der Rückstellung[1]

Die Passivierung von Rückstellungen dient dem Zweck, künftige Ausgaben oder Verluste dem Wirtschaftsjahr der **Verursachung** zuzuordnen. Nach handelsrechtlichen Grundsätzen ordnungsmäßiger Buchführung sind Rückstellungen wegen ungewisser Verbindlichkeiten, wegen drohender Verluste aus schwebenden Geschäften sowie Garantieleistungen ohne rechtliche Verpflichtung zu bilden (§ 249 Abs. 1 HGB). Darüber hinaus sind Rückstellungen zulässig, wenn ohne eine Verpflichtung zu haben, künftig Aufwendungen entstehen, die durch den Geschäftsbetrieb bereits verursacht sind. Zu dieser Gruppe von Aufwandsrückstellungen gehören vor allem die Rückstellungen für unterlassene Instandhaltung.[2] Um eine Rückstellung passivieren zu können, genügt die bloße Möglichkeit einer Inanspruchnahme oder eines Verlustes nicht. Vielmehr muss ernsthaft mit der Inanspruchnahme gerechnet werden; d. h., die betreffende ungewisse Verbindlichkeit muss mit einiger Wahrscheinlichkeit bereits bestehen oder noch entstehen, und die künftigen zur Tilgung der ungewissen Verbindlichkeit zu leistenden Ausgaben müssen wesentlich bereits im abgelaufenen oder in vorausgegangenen Wirtschaftsjahren verursacht sein. Die die künftige Belastung begründenden Tatsachen müssen am Bilanzstichtag bereits vorhanden sein.[3] Dabei sind Umstände, die die Verhältnisse vom Bilanzstichtag aufhellen, auch dann zu berücksichtigen, wenn sie am Bilanzstichtag noch nicht bekannt waren.[4]

Rückstellungen kommen aus den verschiedensten Gründen in Betracht. Hier können zunächst nur einige Fälle beispielhaft aufgezählt werden: Pensionsrückstellungen (§ 6 a EStG), Rückstellungen für betriebliche Steuernachzahlungen (R 20 EStR), Garantierückstellungen wegen Gewährleistungspflicht nach Vertrag oder Gesetz (§ 633 BGB), Rückstellungen zur vertragsgemäßen Beseitigung von Miet- und Pachtanlagen, Rückstellungen für Preisnachlässe, Rückstellungen für schwebende Prozesse oder Rückstellungen für Umweltlasten.

Grundsätzlich sind die **handelsrechtlichen** Vorschriften zur Passivierung von Rückstellungen maßgeblich für die Steuerbilanz (§ 5 Abs. 1 Satz 1 EStG). Durch § 5

---
1 Vgl. dazu im Einzelnen BFH, BStBl 1993 II S. 891.
2 Wegen der einfachen Regeln zur Passivierung von Rückstellungen s. o. 8.2.7.
3 BFH, BStBl 1996 II S. 406 m. w. N. auf die ständige BFH-Rechtsprechung.
4 BFH, BStBl 1993 II S. 153.

16.1 Allgemeine Grundsätze zur Passivierung von Rückstellungen

Abs. 2 a, § 5 Abs. 3, § 5 Abs. 4, § 5 Abs. 4 a und § 5 Abs. 4 b EStG sowie § 6 Abs. 1 Nr. 3 a EStG ist dieser Grundsatz allerdings erheblich eingeschränkt.

16.1.2 Abgrenzung von den Rücklagen

Von den Rückstellungen abzugrenzen sind Rücklagen, die als offene oder stille Rücklagen in Betracht kommen können. **Stille Rücklagen** (stille Reserven) werden in den Bilanzen nicht ausgewiesen. Sie entstehen etwa bei Preissteigerungen durch die Einhaltung der gesetzlichen Höchstwertvorschriften. Die Bildung stiller Rücklagen ist also nicht verboten, sondern ergibt sich zwingend aus dem geltenden Recht.

Beispiel
In der Bilanz eines Handelsbetriebes ist das Grundstück mit aufstehendem Ladengebäude mit den Anschaffungskosten abzügl. zwischenzeitlicher Gebäude-AfA mit 500 000 DM aktiviert. Das bebaute Grundstück hat einen Verkehrswert von 800 000 DM. Die stille Rücklage (stille Reserve) beträgt 300 000 DM.

Offene Rücklagen werden bilanzmäßig ausgewiesen. Es sind Teile des Eigenkapitals. Diese Rücklagen werden aus rechtlichen (§ 150 AktG, § 272 Abs. 2 bis 4 HGB) oder betriebswirtschaftlichen Gründen zur Deckung künftiger Belastungen gebildet. Hierher gehören die Kapitalrücklage und die Gewinnrücklagen. Sie mindern den steuerlichen Gewinn auch dann nicht, wenn sie aus dem Ergebnis gebildet werden (Ergebnisverwendung). Von den offenen Rücklagen müssen die **sog. steuerfreien Rücklagen** unterschieden werden, die bei der Gewinnermittlung mit umgekehrter Maßgeblichkeit (§ 5 Abs. 1 Satz 2 EStG) etwa nach § 6 b EStG oder § 7 g Abs. 3 EStG oder R 35 EStR zulässig sind, um ein bestimmtes steuerrechtliches Ergebnis zu erreichen.

Rückstellungen und Rücklagen sind jeweils gesondert zu passivieren (§ 266 Abs. 3 A.II. und III. HGB und andererseits § 266 Abs. 3 B HGB sowie hinsichtlich der sog. steuerfreien Rücklagen § 247 Abs. 3, § 273 HGB).

16.1.3 Abgrenzung der Rückstellungen von den Verbindlichkeiten

Von den Verbindlichkeiten unterscheiden sich die Rückstellungen dadurch, dass die genaue Höhe oder/und die endgültige Entstehung und Fälligkeit der Ausgaben noch ungewiss ist. Die Rückstellungen beruhen deshalb zahlenmäßig regelmäßig auf Schätzung. Zu schätzen sind Wahrscheinlichkeit und Höhe der möglichen Inanspruchnahme. Hierbei erleichtern in der Praxis oftmals Erfahrungssätze die Wertermittlung. Bei den Verbindlichkeiten sind Verpflichtungsgrund und Höhe der Schuld gewiss (genau bestimmbar).

16.1.4 Rückstellungen in der Handelsbilanz

Die handelsrechtliche und die steuerrechtliche **Definition der Rückstellung** stimmen überein.[5] § 249 und § 274 Abs. 1 HGB bestimmen abschließend, für

---
5 BFH, BStBl 1996 II S. 406.

welche Zwecke die Rückstellungen gebildet werden müssen bzw. dürfen. Rückstellungen **sind** nach Handelsrecht zu bilden für

- ungewisse Verbindlichkeiten,
- drohende Verluste aus schwebenden Geschäften,
- im Geschäftsjahr unterlassene Aufwendungen für Instandhaltung, die im folgenden Geschäftsjahr innerhalb von drei Monaten nachgeholt werden,
- im Geschäftsjahr unterlassene Aufwendungen für Abraumbeseitigung, die im folgenden Geschäftsjahr nachgeholt werden,
- Gewährleistungen, die ohne rechtliche Verpflichtung erbracht werden,
- latente Steuern (nur in der Handelsbilanz von Kapitalgesellschaften, § 274 Abs. 1 HGB).

Rückstellungen **dürfen** gebildet werden für

- im Geschäftsjahr unterlassene Aufwendungen für Instandhaltung, die im folgenden Geschäftsjahr nach Ablauf von drei Monaten, aber bis zum Jahresende nachgeholt werden,
- bestimmte andere Aufwendungen i. S. des § 249 Abs. 2 HGB, insbesondere für künftige Großreparaturen.

Wesensmerkmale der wichtigsten Fallgruppe, der Rückstellungen für **ungewisse Verbindlichkeiten,** sind Verpflichtungscharakter und Ungewissheit über Bestehen, Entstehen und/oder Höhe der Verbindlichkeit.

Verpflichtungscharakter setzt Verbindlichkeit gegenüber einem Dritten oder eine öffentlich-rechtliche Verpflichtung voraus. Bei rechtlich bereits entstandenen Verbindlichkeiten ist diese Voraussetzung stets gegeben. Nicht erforderlich ist, dass der dem Dritten zustehende Anspruch fällig oder geltend gemacht ist.[6] Der Dritte muss seinen Anspruch jedoch grds. kennen.[7] Bei drohender Inanspruchnahme aufgrund einer Garantieverpflichtung, Produzentenhaftung oder drohenden Lasten aufgrund von Bergschäden z. B. ist die Kenntnis des Gläubigers (Dritter) nicht erforderlich.[8] Entsprechendes gilt bei der Verletzung fremder Schutzrechte, für die lediglich steuerrechtlich Beschränkungen zu beachten sind (§ 5 Abs. 3 EStG).

Bestehen keine ernstlichen Zweifel daran, dass die Verbindlichkeit dem Grunde nach besteht, so darf im Allgemeinen davon ausgegangen werden, dass die Geltendmachung des Anspruchs durch den Gläubiger auch wahrscheinlich ist.[9]

Auch für rechtlich noch nicht entstandene Verbindlichkeiten kann die Bildung von Rückstellungen für ungewisse Verbindlichkeiten geboten sein, wenn die Ursache für eine später erst entstehende Verbindlichkeit (z. B. Prozesskosten) vor dem

---

6 BFH, BStBl 1988 II S. 430.
7 BFH, BStBl 1993 II S. 153 und BStBl 1993 II S. 891.
8 Schmidt/Weber-Grellet, EStG, § 5 Rz. 378.
9 BFH, BStBl 1988 II S. 430.

16.1 Allgemeine Grundsätze zur Passivierung von Rückstellungen

Bilanzstichtag liegt (Verursachungsprinzip). Wirtschaftliche Verursachung oder wirtschaftliche Entstehung i. S. des Rückstellungsbegriffs setzen voraus, dass der Tatbestand, dessen Rechtsfolge die Verbindlichkeit ist, im Wesentlichen vor dem Bilanzstichtag verwirklicht worden ist.[10]

Andererseits muss eine rechtlich begründete Verbindlichkeit außerdem eine gegenwärtige wirtschaftliche Belastung darstellen. Die wirtschaftliche Verursachung einer Verbindlichkeit im abgelaufenen Wirtschaftsjahr oder in den Vorjahren setzt voraus, dass die wirtschaftlich wesentlichen Tatbestandsmerkmale erfüllt sind und das Entstehen der Verbindlichkeit nur noch von wirtschaftlich unwesentlichen Tatbestandsmerkmalen abhängt.[11] Das ist nicht der Fall, wenn die geschuldeten Leistungen des Betriebsinhabers erst nach längerer Zeit und dann ausschließlich nach Maßgabe der späteren Ertragslage zu zahlen sind.[12] Vgl. dazu auch § 5 Abs. 2 a EStG. An einer gegenwärtigen wirtschaftlichen Belastung fehlt es z. B. auch, wenn Arbeitnehmern sog. Erfolgsprämien zugesagt worden sind, welche aber erst nach langer Zeit und dann nur nach Maßgabe der späteren Ertrags- und Liquiditätslage des Unternehmens ratenweise zu zahlen sind. Eine Rückstellung ist dann erst in den Jahren zulässig, in denen die Gewinne entstehen, aus denen die Verbindlichkeiten zu tilgen sind.[13]

An einer gegenwärtigen wirtschaftlichen Belastung fehlt es beispielsweise auch bei der Übernahme von zukünftigen Reinigungs- und Instandhaltungsarbeiten im Zusammenhang mit dem Erwerb eines Wirtschaftsgutes oder der Vermietung eines bebauten Grundstückes. Die Reinigungs- bzw. Reparaturleistung ist hier abhängig von der – zukünftigen – Reinigungs- bzw. Reparaturbedürftigkeit. Sie konkretisiert sich erst in dem Zeitpunkt, in dem einzelne Maßnahmen zur Reinigung bzw. Instandhaltung tatsächlich erforderlich werden. Deshalb dürfen Hörgeräteakustiker und Optiker für künftige Nachbetreuungsleistungen an Hör- und Sehhilfen keine Rückstellungen bilden. Wesentliche Ursache für das wirtschaftliche Entstehen der künftigen Verpflichtung zu Nachbetreuungsleistungen ist nicht schon der Verkauf der Hör- und Sehhilfen an den Kunden, sondern erst das künftige Auftreten der Mängel. Die Verpflichtung, Nachbetreuungsleistungen vorzunehmen, ist damit zukunftsbezogen und deshalb nicht rückstellungsfähig.[14]

Eine wirtschaftliche Belastung liegt auch nicht vor, wenn die Erfüllung der Verpflichtung zu Ausgaben führt, die aktivierungspflichtig sind (z. B. Pflicht zur Errichtung eines Schornsteins zum Schutz der Umwelt), vgl. § 5 Abs. 4 b EStG für die Steuerbilanz.[15]

---

10 BFH, BStBl 1994 II S. 158 und BStBl 1996 II S. 406 m. w. N.
11 BFH, BStBl 1992 II S. 336/338 m. w. N.
12 BFH, BStBl 1981 II S. 654.
13 BFH, BStBl 1980 II S. 740.
14 BFH, BStBl 1994 II S. 158.
15 Vgl. auch BFH v. 19. 8. 1998, BStBl 1999 II S. 18.

16 Rückstellungen und Rücklagen

Der Begriff Verbindlichkeit i. S. des § 249 Abs. 1 Satz 1 HGB ist nicht identisch mit dem zivilrechtlichen Begriff der „Schuld". Deshalb fallen unter § 249 Abs. 1 Satz 1 HGB auch solche Verpflichtungen, denen sich der Bilanzierende aus sittlichen oder moralischen Gründen tatsächlich nicht entziehen kann. Das trifft auch zu, wenn der Unternehmer nicht beabsichtigt, sich gegenüber einer verjährten Forderung auf Verjährung zu berufen (Einrede der Verjährung, § 222 BGB).

Ungewissheit bedeutet, dass der zu klärende Sachverhalt nicht abschließend beurteilt werden kann. Sie kann sich beziehen auf die Höhe, das Bestehen oder Entstehen sowie die Höhe und das Bestehen oder Entstehen einer Verbindlichkeit. Verbindlichkeiten sind auch und gerade dann ungewiss und damit rückstellungsfähig, wenn zweifelhaft ist, ob sie überhaupt – d. h. dem Grunde nach – bestehen. Bekannt sein muss lediglich ein in die Bilanzperiode fallender Sachverhalt, der eine Schuld verursacht haben kann, ohne dass hierüber Gewissheit besteht. Außerdem muss der Betriebsinhaber ernsthaft damit rechnen, dass er in Anspruch genommen wird; d. h. eine rechtlich bestehende Last muss sich am Bilanzstichtag zu einer wirtschaftlichen Last konkretisiert haben.[16] Die bloße Möglichkeit des Bestehens oder Entstehens einer Verbindlichkeit reicht zur gewinnmindernden Bildung einer Rückstellung in der Steuerbilanz nicht aus.[17] Ist lediglich der Zeitpunkt der Fälligkeit einer Verbindlichkeit ungewiss, dann handelt es sich nicht um eine Rückstellung, sondern um eine Verbindlichkeit.

Zu den Rückstellungen für ungewisse Verbindlichkeiten gehören nach gefestigter Rechtsprechung des BFH auch Lasten **öffentlich-rechtlicher** Art, ungeachtet dessen, ob diese auf Geld oder einen anderen Leistungsinhalt gerichtet sind. Voraussetzung einer öffentlich-rechtlichen Verbindlichkeit ist jedoch, dass sie

- am Bilanzstichtag hinreichend konkretisiert und
- entweder dem Grunde nach entstanden oder, sofern es sich um eine künftig entstehende Verbindlichkeit handelt, wirtschaftlich im abgelaufenen Wirtschaftsjahr verursacht worden ist.[18]

Deshalb ist der Halter eines Luftfahrtgeräts (Hubschrauber) nicht berechtigt, vor Ablauf der zulässigen Betriebszeit Rückstellungen für die Verpflichtung zur Grund- oder Teilüberholung des Luftfahrtgeräts zu bilden, weil diese Verpflichtung vor Ablauf der zulässigen Betriebszeit noch nicht wirtschaftlich verursacht ist.[19] In der Handelsbilanz sind allerdings bereits Aufwandsrückstellungen nach § 249 Abs. 2 HGB zulässig.

Eine Rückstellung für die öffentlich-rechtliche Verpflichtung zur Beseitigung von **Umweltschäden** – hier Altlastensanierung – darf erst gebildet werden, wenn die die Verpflichtung begründenden Tatsachen der zuständigen Fachbehörde bekannt

---
16 BFH, BStBl 1993 II S. 153.
17 BFH, BStBl 1996 II S. 406.
18 BFH, BStBl 1992 II S. 1010 und BStBl 1995 II S. 742.
19 BFH, BStBl 1987 II S. 848.

16.1 Allgemeine Grundsätze zur Passivierung von Rückstellungen

gegeben sind oder dies doch unmittelbar bevorsteht. Erst dann ist die Verbindlichkeit hinreichend konkretisiert.[20]

16.1.5 Rückstellungen in der Steuerbilanz

Die Bildung von Rückstellungen in der Steuerbilanz richtet sich bei Gewinnermittlung nach § 5 EStG nach den handelsrechtlichen Grundsätzen ordnungsmäßiger Buchführung. Soweit nach Handelsrecht eine Rückstellung **geboten** ist, ist auch in der Steuerbilanz grundsätzlich eine Rückstellung auszuweisen. Besteht dagegen handelsrechtlich keine Pflicht zur Passivierung einer Rückstellung, so darf im Allgemeinen eine Rückstellung in der Steuerbilanz nicht ausgewiesen werden.[21]

Über diese grundsätzlichen Regeln hinaus ist die Passivierung von Rückstellungen in der Steuerbilanz in folgenden Fällen eingeschränkt oder unzulässig:

- § 5 Abs. 2 a EStG **verbietet** Rückstellungen für ungewisse Verbindlichkeiten, die nur zu tilgen sind, soweit künftig Gewinne oder Einnahmen anfallen.

- § 5 Abs. 3 EStG **schränkt** die Passivierung von Rückstellungen wegen Verletzung von fremden Schutzrechten **ein.**

- § 5 Abs. 4 EStG **schränkt** die Bildung von Rückstellungen für die Verpflichtung zu einer Zuwendung aus Anlass eines Dienstjubiläums **ein.**[22]

- § 5 Abs. 4 a EStG **verbietet** die Rückstellung für drohende Verluste aus schwebenden Geschäften.

- § 5 Abs. 4 b EStG **verbietet** die Passivierung einer Rückstellung, wenn die Erfüllung der Verpflichtung zur Entstehung eines aktivierungspflichtigen Wirtschaftsgutes führt.

- § 5 Abs. 1 EStG **verbietet** für die Steuerbilanz die Passivierung einer Rückstellung für latente Ertragsteuern (§ 274 Abs. 1 HGB), weil es an einer wirtschaftlichen Verursachung im abgelaufenen Wirtschaftsjahr fehlt.

- § 4 Abs. 5 EStG **verbietet** für die Steuerbilanz die Passivierung einer Rückstellung, wenn der zugrunde liegende Aufwand nach den Grundsätzen des § 4 Abs. 5 bis 8 EStG zu den nichtabziehbaren Ausgaben gehört.[23]

16.1.6 Verfahren zur Bildung von Rückstellungen

Bei der Bildung von Rückstellungen kann die Einzelbewertung, die Pauschalbewertung oder ein gemischtes Verfahren in Betracht kommen.[24] Welches Verfahren

---
20 BFH, BStBl 1993 II S. 891.
21 BFH, BStBl 1992 II S. 336.
22 BMF v. 12. 4. 1999, BStBl 1999 I S. 434.
23 BFH v. 9. 6. 1999, BStBl 1999 II S. 656.
24 BFH, BStBl 1984 II S. 263.

16 Rückstellungen und Rücklagen

anzuwenden ist, richtet sich im Wesentlichen nach dem zu beurteilenden Sachverhalt.

Die im Gesetz getroffenen Ausnahmeregelungen vom Grundsatz der Einzelbewertung (§§ 240 Abs. 3 und 4, 256 HGB) gelten zwar nicht für Verbindlichkeiten. Gleichwohl ist ein pauschales Bewertungsverfahren zulässig, wenn eine Einzelbewertung nicht durchgeführt werden kann (§ 252 Abs. 2 HGB).[25] Eine Pauschalrückstellung ist z. B. bei einer Vielzahl von Risiken zulässig, wie das z. B. bei der Garantierückstellung der Fall ist. Handelt es sich dagegen um eine geringe Zahl von Risiken, bei denen die Einzelbewertung möglich und zumutbar ist, so scheidet eine Pauschal- oder Sammelrückstellung aus.

16.1.7 Bewertung der Rückstellungen

Nach § 253 Abs. 1 Satz 2 HGB sind Rückstellungen nur in Höhe des Betrags anzusetzen, der nach vernünftiger kaufmännischer Beurteilung notwendig ist, um die Verpflichtung zu erfüllen. Der Schätzung des Kaufmanns in der Handelsbilanz kommt dabei eine wesentliche Bedeutung zu, soweit sie sich im Rahmen einer vernünftigen kaufmännischen Beurteilung hält. Die Umstände, die die Schätzung rechtfertigen, müssen objektiv nachprüfbar sein. Für gleichartige Rückstellungen gibt es Erfahrungssätze. Nach § 6 Abs. 1 Nr. 3 a Buchstabe a EStG ist auf der Grundlage der Erfahrungen der Vergangenheit die Wahrscheinlichkeit der Inanspruchnahme zu beurteilen.

Bei der Bewertung der Rückstellungen ist grundsätzlich das Gebot der Einzelbewertung zu beachten. Dies schließt indes nicht aus, dass vollwertige Rückgriffsmöglichkeiten mindernd zu berücksichtigen sind, § 6 Abs. 1 Nr. 3 Buchstabe c EStG, R 38 Abs. 1 EStR.[26] So sind etwa Rückgriffsansprüche gegenüber einer Urlaubskasse bei der Bewertung von Rückstellungen für rückständige Urlaubsansprüche der Arbeitnehmer abzuziehen. Entsprechendes gilt für Ansprüche aus Garantieversicherungen. Bereits entstandene Rückgriffsmöglichkeiten sind allerdings gesondert zu aktivieren, wenn die Ansprüche realisiert, d. h. als solche unbestritten durchsetzbar sind.

Die Höhe der Rückstellungen richtet sich nach den voraussichtlichen Aufwendungen. Das sind bei Sachwertverpflichtungen die Vollkosten nach Preisverhältnissen am Bilanzstichtag (Einzel- und angemessene notwendige Gemeinkosten, § 6 Abs. 1 Nr. 3 a Buchstabe b EStG).[27] Abziehbare Vorsteuer, die bei einer späteren Inanspruchnahme anfällt, kann bei der Bewertung der Rückstellung nicht berücksichtigt werden.

Nach § 6 Abs. 1 Nr. 3 a Buchstabe d EStG sind die zur Erfüllung einer Verpflichtung erforderlichen Beträge **zeitanteilig linear** anzusammeln, wenn die Verpflich-

---
25 BFH, BStBl 1991 II S. 359, hier S. 362.
26 BFH, BStBl 1993 II S. 437; BStBl 1995 II S. 412.
27 BFH, BStBl 1986 II S. 788; BStBl 1993 II S. 89.

16.1 Allgemeine Grundsätze zur Passivierung von Rückstellungen

tung wirtschaftlich betrachtet durch den laufenden Betrieb über einen längeren Zeitraum entsteht (vgl. auch R 38 Abs. 2 EStR). Eine solche **Ansammlung** kommt insbesondere bei Verpflichtungen in Betracht, die nach einem bestimmten Zeitablauf zu erfüllen sind, wie das etwa bei Verpflichtungen zum Abbruch von Bauten auf fremden Grundstücken der Fall ist.[28] Der Bewertung am jeweiligen Bilanzstichtag sind die **Wert- bzw. Preisverhältnisse** dieses Tages zugrunde zu legen.

Beispiel

Eine GmbH hat sich verpflichtet, Bauten auf fremdem Grund und Boden bei Pachtende nach 15 Jahren abzureißen und das Grundstück im ursprünglichen Zustand zurückzugeben. Die künftigen Abbruch- und Entsorgungskosten werden nach Verhältnissen zum 31. 12. 01 nach Abzinsung voraussichtlich 300 000 DM und zum 31. 12. 02 voraussichtlich 330 000 DM betragen.

Rückstellung 31. 12. 01: 20 000 DM (300 000 DM × $^1/_{15}$)
Rückstellung 31. 12. 02: 44 000 DM (330 000 DM × $^2/_{15}$)

Ein Gebot zur **Ansammlung**, das zu einer gleichmäßigen Aufstockung der Rückstellung führt, liegt allerdings **nicht** vor, wenn die fragliche Verpflichtung nicht zeitraumbezogen entsteht, sondern jeweils tatsächlich am Schluss des Wirtschaftsjahres besteht. Daher sind Rekultivierungsrückstellungen entsprechend dem tatsächlichen (Kies-, Sand-, Braunkohle-)Abbau in voller Höhe zu passivieren (vgl. R 38 Abs. 2 Satz 3 EStR).

Ein besonderes Problem stellt die **Abzinsung** von Rückstellungen dar. Nach § 253 Abs. 1 Satz 3 HGB dürfen Rückstellungen im Rahmen der Bewertung in der Handelsbilanz nur abgezinst werden, wenn die zugrunde liegende Verbindlichkeit einen Zinsanteil enthält. Eine darüber hinausgehende Abzinsung sieht das HGB nicht vor. Während für Rückstellungen in der Steuerbilanz für Wirtschaftsjahre vor 1999 nur auf der Grundlage der Rechtsprechung des BFH[29] eine Abzinsung für zulässig gehalten wurde, ist die Abzinsung seit 1999 gesetzlich geregelt. Nach § 6 Abs. 1 Nr. 3 a Buchstabe e EStG sind Rückstellungen in der Steuerbilanz mit einem Zinssatz von 5,5 % abzuzinsen. Dies gilt allerdings nur für Rückstellungen mit einer Laufzeit am Bilanzstichtag von mehr als 12 Monaten. Während die Finanzverwaltung für Sonderfälle lang laufender Rückstellungen hinsichtlich der Laufzeit vereinfachende Regeln aufgestellt hat,[30] ist in vielen Fällen der Praxis völlig unklar, wie die Laufzeit für Zwecke der Abzinsung bestimmt werden soll. Die Finanzverwaltung wird sich schwer tun, die Schätzung des Stpfl. zu widerlegen. Insbesondere ist dabei zu beachten, dass der Wertaufhellungszeitraum der überprüfenden Finanzver-

---

28 Wegen Rückstellungen für Verpflichtungen zur Gewährung von Vergütungen für die Zeit der Arbeitsfreistellung vor dem Ausscheiden aus dem Berufsleben und für Zuwendungen im Zeitpunkt des Eintritts des Versorgungsfalles vgl. BMF v. 11. 11. 1999, BStBl 2000 I S. 959.
29 BFH v. 12. 1. 1990, BStBl 1991 II S. 479 und insbesondere BFH v. 15. 7. 1998, BStBl 1999 II S. 728.
30 Zur Abzinsung von Rückstellungen in der Versicherungswirtschaft vgl. BMF v. 5. 5. 2000, BStBl 2000 I S. 487; BFH v. 16. 8. 2000, BStBl 2000 I S. 1218 und bei Rückstellungen für bergrechtliche Verpflichtungen vgl. BMF v. 9. 12. 1999, BStBl 1999 I S. 1127.

16 Rückstellungen und Rücklagen

waltung nach § 252 Abs. 1 Nr. 4 HGB nicht erst mit Abschluss der Außenprüfung, sondern ebenfalls mit fristgerechter Aufstellung der Bilanz durch den Stpfl. endet.

Beispiel

Kaufmann K hat gegen die Unfallverhütungsvorschriften in seinem Betrieb verstoßen. Mehrere Arbeitnehmer haben Gesundheitsschäden erlitten und wollen K auf Schadensersatz verklagen. Nach Einschätzung von Anwälten wird der Prozess je nach Bereitschaft der Kläger zum Vergleich und der Anrufung weiterer Instanzen voraussichtlich zwischen zwei und fünf Jahren dauern. Die Abzinsung kann bei dieser objektiven Einschätzung allenfalls auf einen Zeitraum von zwei Jahren berechnet werden.

Der Abzinsung unterliegen sowohl Rückstellungen für Verpflichtungen, die in Geld zu erfüllen sind, als auch Sachleistungsverpflichtungen.[31] Bei Sachleistungsverpflichtungen wird die Laufzeit nach dem Zeitpunkt des Beginns der Erfüllung der Verpflichtung bestimmt. Der abzuzinsende Betrag ist dabei nach den Verhältnissen am Bilanzstichtag zu bestimmen.[32]

Beispiel

Die X-GmbH ist aufgrund behördlicher Anordnung v. 12. 12. 01 verpflichtet, eine Verunreinigung des Bodens durch Giftstoffe spätestens bis zum Ablauf des Jahres 03 zu beseitigen. Die GmbH hat ein Angebot beim Entsorgungsunternehmen A eingeholt. Danach soll die Dekontaminierung zum 31. 12. 01 voraussichtlich 150 000 DM betragen. Unter Berücksichtigung von Preissteigerungen ist damit zu rechnen, dass die Entsorgung Ende 02 mindestens 200 000 DM und Ende 03 wahrscheinlich 350 000 DM betragen wird.

Zum 31. 12. 01 ist die Rückstellung ausgehend von einem Betrag in Höhe von 150 000 DM auf eine Restlaufzeit von zwei Jahren abzuzinsen. Zum 31. 12. 02 ist die Rückstellung nach den Preisverhältnissen am Bilanzstichtag 02 zu bewerten. Eine Abzinsung kommt nicht mehr in Betracht, weil die Verpflichtung innerhalb eines Zeitraumes von 12 Monaten zu erfüllen ist.

Die Abzinsung ist mit einem Zinssatz von 5,5 % vorzunehmen. § 6 Abs. 1 Nr. 3 a Buchstabe e EStG kann dabei nicht entnommen werden, ob bei der Berechnung auch Zinseszinsen zu berücksichtigen sind.[33] Verneint man dies, kommt eine Bewertung unter Berücksichtigung der Grundsätze des § 12 Abs. 3 BewG nicht in Betracht. Geht man jedoch davon aus, dass die Finanzverwaltung die Grundsätze nicht ändern, sondern lediglich gesetzlich absichern wollte, dann dürften für die Abzinsungstechnik die gleichen Grundsätze gelten, die bereits vor 1999 zugrunde gelegt worden sind. Danach wurde die Abzinsung nach Tabelle 1 zu § 12 Abs. 3 BewG vorgenommen.[34] Diese Lösung nur dürfte auch sachgerecht sein, denn das Wort Abzinsung schließt u. E. eine Berücksichtigung von Zinseszinsen ein.

---

31 Sachleistungsverpflichtungen wurden vor dem 1. 1. 1999 nicht abgezinst, vgl. BFH v. 7. 7. 1983, BStBl 1983 II S. 753; BFH v. 15. 7. 1998, BStBl 1999 II S. 728.
32 BFH, BStBl 1992 II S. 910.
33 Der Wortlaut der Vorschrift unterscheidet sich insoweit von § 12 Abs. 3 BewG.
34 Zustimmend Schmidt/Glanegger, EStG, § 6 Rz. 408.

16.1 Allgemeine Grundsätze zur Passivierung von Rückstellungen

Dem **Abzinsungsgebot** unterliegen nach Auffassung der Finanzverwaltung auch solche Verpflichtungen, die nach dem Ansammlungsgebot zeitanteilig nach Preisverhältnissen vom jeweiligen Bilanzstichtag aufzustocken sind.[35]

Beispiel
Eine KG ist verpflichtet, Bauten auf fremdem Grund und Boden bei Pachtende nach 15 Jahren abzureißen und das Grundstück im ursprünglichen Zustand zurückzugeben. Die künftigen Abbruch- und Entsorgungskosten **vor Abzinsung** werden nach Verhältnissen zum 31. 12. 01 voraussichtlich 275 000 DM und zum 31. 12. 02 unter Berücksichtigung von Preissteigerungen voraussichtlich 300 000 DM betragen.
Ausgehend davon, dass bei der Abzinsung die Bewertung nach § 12 Abs. 3 BewG zu erfolgen hat, sind die Rückstellungen entsprechend der Tabelle 1 zu § 12 Abs. 3 BewG wie folgt zu bewerten:
Rückstellung 31. 12. 01: 8 213 DM (275 000 DM × $^1/_{15}$ × 0,448)
Rückstellung 31. 12. 02: 18 920 DM (300 000 DM × $^2/_{15}$ × 0,473)

16.1.8 Nachholung

Waren die Voraussetzungen für die Passivierung einer Rückstellung bereits an einem früheren Bilanzstichtag erfüllt, ohne dass der Bilanzausweis gewinnmindernd erfolgt ist, muss die Passivierung erfolgswirksam nachgeholt werden. Dies geschieht in der Bilanz, die einer nach der AO noch änderbaren Veranlagung zugrunde liegt (R 15 Abs. 1 Satz 3 EStR).[36] Das gilt jedenfalls stets dann, wenn die Passivierung nicht willkürlich zur Erlangung beachtlicher Steuervorteile unterblieben ist.[37]

16.1.9 Wegfall der Voraussetzungen für eine Rückstellung

Sind an einem Bilanzstichtag die Voraussetzungen für eine Rückstellung nicht mehr gegeben, muss die Rückstellung in Handels- und Steuerbilanz gewinnerhöhend aufgelöst werden, § 249 Abs. 3 Satz 2 HGB (R 31 c Abs. 13 EStR).[38] Das gilt auch dann, wenn das Finanzamt bei einer früheren Veranlagung eine Rückstellung zu Unrecht anerkannt hat. Diese Anerkennung steht nicht der Richtigstellung durch Auflösung der Rückstellung bei einer späteren Veranlagung entgegen.[39] Das gilt auch dann, wenn das Finanzamt die Passivierung jahrelang duldete.

---

35 Diese Auffassung ist kritikwürdig, denn die Rückstellungen sind dem Stichtagsprinzip zufolge mit den Kosten zu bewerten, die am Bilanzstichtag aufzuwenden wären. Dieser Betrag entspricht aber gerade dem Gegenwartswert, sodass eine weitere Abzinsung nicht in Betracht kommen kann, vgl. auch BFH v. 12. 12. 1990, BStBl 1991 II S. 479; BFH v. 5. 12. 1991, BStBl 1993 II S. 89.
36 BFH, BStBl 1987 II S. 845.
37 Vgl. H 15 „Bilanzberichtigung..." EStH.
38 BFH, BStBl 1989 II S. 612.
39 BFH, BStBl 1988 II S. 886.

Die Verpflichtung zur Auflösung gilt auch für Rückstellungen, die zwar dem Grunde, aber nicht der Höhe nach berechtigt sind. Der überhöhte Teilbetrag ist über Ertrag aufzulösen. Die Auflösung einer Rückstellung erhöht auch dann den Gewinn, wenn und soweit die Rückstellung in der Eröffnungsbilanz gewinnneutral gebildet worden ist und diese Passivierung seinerzeit nicht zu beanstanden war.[40]

16.2 Einzelfragen zu den Rückstellungen

16.2.1 Gewerbesteuerrückstellung

Der Kaufmann ist nach den Grundsätzen ordnungsmäßiger Buchführung verpflichtet, die voraussichtliche Gewerbesteuerabschlusszahlung durch eine Rückstellung zu berücksichtigen (§ 249 Abs. 1 Satz 1 HGB, § 5 Abs. 1 EStG).[41]

Bei der Ermittlung der Gewerbesteuerrückstellung ergibt sich ein mathematisches Problem, weil die Gewerbesteuer bei ihrer eigenen Bemessungsgrundlage „Gewerbeertrag" abzugsfähig ist. Aus Vereinfachungsgründen lässt R 20 Abs. 2 EStR zu, dass die Gewerbesteuer schätzungsweise mit $^5/_6$ des Betrages der Gewerbesteuer angesetzt wird,[42] die sich ohne Berücksichtigung der Gewerbesteuer als Betriebsausgabe ergeben würde. Diese Grundsätze gelten entsprechend für die Berechnung von Erstattungsansprüchen.

Beispiel

Der Gewinn eines Einzelgewerbebetriebes vor Buchung der GewSt-Rückstellung beträgt 277 587 DM. Dabei sind GewSt-Vorauszahlungen in Höhe von 45 000 DM gewinnmindernd gebucht worden. Die Hinzurechnungen nach § 8 GewStG betragen 82 000 DM und die Kürzungen nach § 9 GewStG sind mit 6000 DM zu berücksichtigen. Der Hebesatz der hebeberechtigten Gemeinde beträgt 400 %.

Berechnung der GewSt-Rückstellung (GewSt-RS)

Gewinn vor GewSt-RS	277 587 DM
+ Hinzurechnungen (§ 8 GewStG)	82 000 DM
./. Kürzungen (§ 9 GewStG)	6 000 DM
	353 587 DM

---

40 BFH, BStBl 1973 II S. 320.
41 BFH, BStBl 1984 II S. 554.
42 Der Bruch von $^5/_6$ beruht auf einem Hebesatz von 400 %. Bei anderen Hebesätzen als 400 % liegen – zulässigerweise – ungenaue Ergebnisse vor.

16.2 Einzelfragen zu den Rückstellungen

Übertrag	353 587 DM
+ GewSt-Vorauszahlungen	45 000 DM
	398 587 DM
./. Freibetrag	48 000 DM
./. Staffelfreibetrag (1 % – 5 %)[43]	48 000 DM
Gewerbeertrag vor GewSt-RS	**302 587 DM**
× ⁵/₆ (R 20 Abs. 2 EStR)	252 155 DM
abgerundet auf volle 100 DM	252 100 DM
Steuermessbetrag (252 100 DM × 5 %)	12 605 DM
Hebesatz 400 % ▶ Gewerbesteuerschuld	50 420 DM
./. Vorauszahlungen	45 000 DM
GewSt-Rückstellung 07	**5 420 DM**

Kontrollrechnung

Gewinn vor GewSt-RS	277 587 DM
./. Zuführung zur GewSt-RS	5 420 DM
Gewinn aus Gewerbebetrieb	272 167 DM
+ Hinzurechnungen (§ 8 GewStG)	82 000 DM
./. Kürzungen (§ 9 GewStG)	6 000 DM
Gewerbeertrag, abgerundet auf volle 100 DM	348 100 DM
./. Freibetrag	48 000 DM
./. Staffelfreibetrag (1 % – 5 %)	48 000 DM
	252 100 DM
× 5 % × 400 % Hebesatz ▶ Gewerbesteuerschuld	50 420 DM
./. Vorauszahlungen	45 000 DM
Verbleibende GewSt-Schuld = GewSt-RS	**5 420 DM**

Die Berechnung der Gewerbesteuerrückstellung mithilfe der ⁵/₆-Methode führt nicht zu genauen Ergebnissen, wenn der Hebesatz anders als auf 400 % lautet. Gleichwohl hat der Gewerbetreibende auch dann einen Anspruch auf Berechnung der Rückstellung nach dieser Methode, wenn der zurückzustellende Betrag höher ist als bei mathematisch genauer Berechnung.[44]

Beispiel

Sachverhalt wie vorstehend, der Hebesatz beträgt jedoch 450 %. Entsprechend der Berechnung im vorliegenden Beispiel beträgt der Gewerbeertrag vor Gewerbesteuerrückstellung 302 587 DM.

---

43 **Hinweis:** Anstelle des Abzugs eines zusätzlichen Freibetrags für die Staffelung der Steuermesszahl von 1 % – 5 % in Höhe von 48 000 DM kann auch eine Minderung des **Steuermessbetrages** um 2400 DM erfolgen. Dies geht allerdings zulasten der Genauigkeit und führt gegenüber der oben dargestellten Berechnung zu einer niedrigeren GewSt-Rückstellung in Höhe von 600 DM.
44 BFH v. 23. 4. 1991, BStBl 1991 II S. 752, zur damals noch zulässigen ⁹/₁₀-Methode.

16 Rückstellungen und Rücklagen

Berechnung der GewSt-Rückstellung (GewSt-RS)

Gewerbeertrag vor GewSt-RS	302 587 DM
× ⁵/₆ (R 20 Abs. 2 EStR)	252 155 DM
abgerundet auf volle 100 DM	252 100 DM
Steuermessbetrag (252 100 DM × 5 %)	12 605 DM
Hebesatz 450 % ▶ Gewerbesteuerschuld	56 722 DM
./. Vorauszahlungen	45 000 DM
GewSt-Rückstellung	**11 722 DM**

Kontrollrechnung

Gewinn vor GewSt-RS	277 587 DM
./. Zuführung zur GewSt-RS	11 722 DM
Gewinn aus Gewerbebetrieb	265 865 DM
+ Hinzurechnungen (§ 8 GewStG)	82 000 DM
./. Kürzungen (§ 9 GewStG)	6 000 DM
Gewerbeertrag, abgerundet auf volle 100 DM	341 800 DM
./. Freibetrag	48 000 DM
./. Staffelfreibetrag (1 % – 5 %)	48 000 DM
	245 800 DM
× 5 % × 450 % Hebesatz ▶ Gewerbesteuerschuld	55 305 DM
./. Vorauszahlungen	45 000 DM
Verbleibende GewSt-Schuld = GewSt-RS	**10 305 DM**
Differenz zur berechneten GewSt-RS	1 417 DM

Anstelle der vereinfachten Berechnung der GewSt-Rückstellung mit der ⁵/₆-Methode nach R 20 Abs. 2 EStR ist es dem Gewerbetreibenden natürlich nicht verwehrt, eine mathematisch präzise Berechnung vorzunehmen. Dies ist in der Praxis im Hinblick auf den Einsatz qualifizierter Software auch der Regelfall. Die genaue Berechnung erfolgt mithilfe eines Divisors. Dabei ist zu beachten, dass bei **Kapitalgesellschaften** die Steuermesszahl stets 5 % beträgt und ein Freibetrag nicht gewährt wird. Bei **Einzelunternehmen** und **Personengesellschaften** ist dagegen ein Freibetrag abzuziehen und die Steuermesszahl ist gestaffelt (§ 11 Abs. 2 GewStG). Unter Beachtung dieser Grundsätze ist der Divisor nach der folgenden Formel zu berechnen:

$$\frac{\text{höchste Staffelzahl} \times \text{Hebesatz}}{100 \times 100} + 1$$

Als „höchste Staffelzahl" kommt für Kapitalgesellschaften stets 5, bei Einzelunternehmen und Personengesellschaften die Zahl 5 erst bei einem Gewerbeertrag von über 96 000 DM in Betracht. Beläuft sich der um den Freibetrag von 48 000 DM geminderte Gewerbeertrag eines Einzelunternehmens oder einer Personengesellschaft z. B. auf 36 800 DM, so ergibt sich nach § 11 Abs. 2 Nr. 1 GewStG als höchste Steuermesszahl 2 v. H. Mithin lautet der

$$\text{Divisor: } \frac{2 \times \text{Hebesatz}}{100 \times 100} + 1$$

16.2 Einzelfragen zu den Rückstellungen

Bei einer Steuermesszahl von 5 v. H. und einem Hebesatz von
- 300 v. H. beträgt der Divisor 1,15,
- 400 v. H. beträgt der Divisor 1,2.[45]

Beispiel

Sachverhalt wie vorstehend, der Hebesatz beträgt 450 %. Die Berechnung der Gewerbesteuerrückstellung soll nach der Divisormethode erfolgen.

Berechnung der GewSt-Rückstellung (GewSt-RS)

Gewinn vor GewSt-RS	277 587 DM
+ Hinzurechnungen (§ 8 GewStG)	82 000 DM
./. Kürzungen (§ 9 GewStG)	6 000 DM
	353 587 DM
+ GewSt-Vorauszahlungen	45 000 DM
	398 587 DM
./. Freibetrag	48 000 DM
./. Staffelfreibetrag (1 % – 5 %)	48 000 DM
Gewerbeertrag vor GewSt-RS	**302 587 DM**
: Divisor 1,225	247 009 DM
abgerundet auf volle 100 DM	247 000 DM
Steuermessbetrag (247 000 DM × 5 %)	12 350 DM
Hebesatz 450 % ▶ Gewerbesteuerschuld	55 575 DM
./. Vorauszahlungen	45 000 DM
GewSt-Rückstellung	**10 575 DM**

Kontrollrechnung

Gewinn vor GewSt-RS	277 587 DM
./. Zuführung zur GewSt-RS	10 575 DM
Gewinn aus Gewerbebetrieb	267 012 DM
+ Hinzurechnungen (§ 8 GewStG)	82 000 DM
./. Kürzungen (§ 9 GewStG)	6 000 DM
Gewerbeertrag, abgerundet auf volle 100 DM	343 000 DM
./. Freibetrag	48 000 DM
./. Staffelfreibetrag (1 % – 5 %)	48 000 DM
	247 000 DM
× 5 % × 450 % Hebesatz ▶ Gewerbesteuerschuld	55 575 DM
./. Vorauszahlungen	45 000 DM
Verbleibende GewSt-Schuld = GewSt-RS	**10 575 DM**

Gewerbetreibende, die ihren Gewinn nach § 5 EStG ermitteln, dürfen die Gewerbesteuer für den Erhebungszeitraum, der am Ende eines vom Kalenderjahr abweichenden Wirtschaftsjahres noch läuft, in voller Höhe zulasten des Gewinns dieses Wirtschaftsjahres verrechnen.[46]

---

[45] Im Übrigen entspricht dem Faktor $^5/_6$ ein Divisor von $^6/_5 = 1,2$.
[46] H 20 „Zeitliche Erfassung der Gewerbesteuer" EStH.

16 Rückstellungen und Rücklagen

16.2.2 Mehrsteuern aufgrund von Außenprüfungen

16.2.2.1 Erwartete Steuernachzahlungen

Mehrsteuern können nur dann durch Rückstellungen berücksichtigt werden, wenn der Stpfl. bei sorgfältiger Prüfung mit der Nachzahlung rechnen muss.[47] Die Tatsache, dass nach allgemeiner Erfahrung bei einer Außenprüfung mit Steuernachzahlungen zu rechnen sei, rechtfertigt nicht die Bildung einer Rückstellung.[48]

16.2.2.2 Steuernachzahlungen nach einer Betriebsprüfung

Nach R 20 Abs. 3 Nr. 1 und 2 EStR in der Fassung **vor 1999** konnten die Mehrsteuern aufgrund einer Betriebsprüfung zulasten des Wirtschaftsjahres der Nachforderung oder **wahlweise** auf Antrag zulasten des Wirtschaftsjahres der wirtschaftlichen Zugehörigkeit berücksichtigt werden. Ursache hierfür war, dass bisher hinsichtlich der Erhöhung der Gewerbesteuerrückstellung aufgrund einer Außenprüfung eine **Bilanzänderung** angenommen wurde. Mit R 20 EStR in der Fassung **ab 1999** ist diese Verwaltungsanweisung **ersatzlos** aufgehoben worden. Nunmehr geht die **Finanzverwaltung** ohne weitere Begründung von einer **Bilanzberichtigung** aus.[49]

Dementsprechend dürfen die Mehrsteuern nicht mehr im Jahr der Nachforderung gewinnmindernd berücksichtigt werden, sondern **müssen** zulasten des Wirtschaftsjahres passiviert werden, zu dem sie wirtschaftlich gehören. Diese Rechtsfolge war bisher schon zwingend in den Fällen, in denen es sich um **hinterzogene Steuerbeträge** gehandelt hat.[50]

Das **Passivierungsgebot** betrifft alle Steuernachzahlungen. Es gilt daher neben der Gewerbesteuer auch für Umsatzsteuerschulden. Es gilt darüber hinaus auch für die Körperschaftsteuer und den Solidaritätszuschlag, und zwar ungeachtet der Besonderheit, dass diese Aufwendungen bei der Ermittlung des zu versteuernden Einkommens nach § 10 Nr. 2 KStG wieder hinzuzurechnen sind.

Beispiel

Die Gitta-GmbH hat für 02 ein zu versteuerndes Einkommen in Höhe von 2 178 000 DM erklärt. Der Gewerbeertrag wurde mit 2 417 000 DM erklärt. Dabei wurden Hinzurechnungen nach § 8 GewStG in Höhe von 245 000 DM und Kürzungen in Höhe von 7000 DM berücksichtigt. Der GewSt-Hebesatz beträgt 460 %. An GewSt-Vorauszahlungen wurden 400 000 DM gezahlt. Die GewSt-Rückstellung für 02 wurde in Höhe von 50 000 DM passiviert.

---

47 BFH, BStBl 1996 II S. 592.
48 BFH, BStBl 1966 III S. 189.
49 Sitzung der Einkommensteuerreferenten der obersten Finanzbehörden des Bundes und der Länder v. 30. 5. 2000. Vgl. auch ESt-Kartei NRW § 4 (1–3) mit Zusatz für die OFD Düsseldorf und OFD Münster.
50 Zur Rückstellung für hinterzogene Lohnsteuer und die darauf entfallenden Hinterziehungszinsen vgl. BFH v. 16. 2. 1996, BStBl 1996 II S. 592.

16.2 Einzelfragen zu den Rückstellungen

Aufgrund einer Außenprüfung für 02 wurde das zu versteuernde Einkommen um 352 000 DM und die Hinzurechnungen nach § 8 GewStG wurden um 12 000 DM erhöht.

Die GewSt-Rückstellung für 02 ist wie folgt zu berichtigen:

Zu versteuerndes Einkommen bisher	2 178 000 DM
Erhöhung aufgrund der Außenprüfung	352 000 DM
Gewinn aus Gewerbebetrieb	2 530 000 DM
+ Hinzurechnungen (§ 8 GewStG) – berichtigt –	257 000 DM
./. Kürzungen (§ 9 GewStG)	7 000 DM
	2 780 000 DM
+ GewSt-Vorauszahlungen	400 000 DM
+ Zuführung zur GewSt-Rückstellung	50 000 DM
Gewerbeertrag vor Gewerbesteuer	3 230 000 DM
× ⁵/₆ (R 20 Abs. 2 EStR)	2 691 667 DM
abgerundet auf volle 100 DM	2 691 600 DM
Steuermessbetrag (2 691 600 DM × 5 %)	134 580 DM
Hebesatz 460 % ▸ Gewerbesteuerschuld	619 068 DM
./. GewSt-Vorauszahlungen	400 000 DM
GewSt-Rückstellung – berichtigt –	**219 068 DM**
GewSt-Rückstellung – bisher –	**50 000 DM**
Berichtigung	**169 068 DM**

Bei einer Berichtigung der GewSt-Rückstellung mithilfe des Divisors, um eine genaue Berechnung zu erreichen, ergeben sich die folgenden Zahlen:

Gewerbeertrag vor Gewerbesteuer	3 230 000 DM
Divisor 1,23⁵¹	2 626 016 DM
abgerundet auf volle 100 DM	2 626 000 DM
Steuermessbetrag (2 626 000 DM × 5 %)	131 300 DM
Hebesatz 460 % ▸ Gewerbesteuerschuld	603 980 DM
./. GewSt-Vorauszahlungen	400 000 DM
GewSt-Rückstellung – berichtigt –	**203 980 DM**
GewSt-Rückstellung – bisher –	**50 000 DM**
Berichtigung	**153 980 DM**

Ändern sich die festgestellten Mehrsteuern **nachträglich** nochmals, so ist die dafür passivierte Rückstellung erneut zu berichtigen. Eine Berichtigung einer Steuerrückstellung ist darüber hinaus auch dann geboten, wenn das Betriebsvermögen des vorangegangenen Jahres korrigiert und dadurch der Gewinn des Folgejahres beeinflusst wird (Bilanzenzusammenhang, § 4 Abs. 1 Satz 1 EStG). Es handelt sich insoweit um ein **rückwirkendes** Ereignis für die Besteuerung des Folgejahres nach § 175 Abs. 1 Nr. 2 AO, sodass die Berichtigung der Steuerrückstellung auch dann nicht unterbleibt, wenn das Folgejahr im Übrigen nach den Vorschriften der AO nicht mehr änderbar wäre.[52]

---

51 $\frac{5 \times 460}{100 \times 100} + 1$

52 BFH v. 19. 8. 1999, BStBl 2000 II S. 18.

16.2.2.3 Steuernachzahlungen und Bilanzänderung

Soweit die Berichtigung von Steuerschulden nach einer Außenprüfung eine gewinnmindernde Wirkung entfalten, reduzieren sie das **Volumen** der gesamten **Bilanzberichtigung,** auf die eine mögliche **Bilanzänderung** begrenzt ist (§ 4 Abs. 2 Satz 2 EStG). Dies gilt insbesondere für die Gewerbesteuer-Rückstellung im Gefolge anderer gewinnerhöhender Berichtigungen.

Es ist deshalb zu fragen, ob die **Gewerbesteuerrückstellung** aufgrund einer Außenprüfung zunächst ohne die Auswirkungen der Bilanzänderung zu passivieren ist und sich erst dann der Rahmen der Bilanzänderung abgrenzen lässt, mit der Folge, das sich nach Bilanzänderung die zunächst passivierte Gewerbesteuerbelastung wieder reduziert. Oder muss es nicht vielmehr richtig sein, die Berichtigung der Gewerbesteuerrückstellung erst nach Bilanzänderung eingreifen zu lassen? Letzteres sollte schon aus Vereinfachungsgründen die richtige Lösung sein. Sollte sich die FinVerw nicht zu einer entsprechenden Ergänzung des R 20 EStR durchringen können, wird wohl erst die Rechtsprechung eine Klärung dieser Rechtsfrage herbeiführen.

Beispiel

Nach einer Außenprüfung wurde der Warenbestand nach unzulässiger Teilwertabschreibung um 120 000 DM erhöht. Der Hebesatz für die Gewerbesteuer beträgt 400 %.

Im Rahmen der Schlussbesprechung trägt der Stpfl. vor, dass er der Gewinnerhöhung mit einer Ansparabschreibung nach § 7 g Abs. 3 EStG in Höhe von 120 000 DM im Wege der Bilanzänderung begegnen will. Die Voraussetzungen nach § 7 g EStG liegen vor.

Lösung

Aufgrund der Bilanzberichtigung erhöht sich die Gewerbesteuerrückstellung um 20 000 DM (120 000 DM × 5 % × 400 % × $^5/_6$).[53] Die Gewinnerhöhung aufgrund aller Bilanzberichtigungen im Wirtschaftsjahr beträgt damit 100 000 DM. Die Bilanzänderung wäre folglich auf 100 000 DM zu begrenzen. Anschließend würde sich die Gewerbesteuerbelastung wieder mindern.

Aus Vereinfachungsgründen sollte eine evtl. zulässige Bilanzänderung vor Ermittlung der berichtigten Gewerbesteuerrückstellung oder jedenfalls unter Berücksichtigung der insoweit entlasteten Wirkung vorgenommen werden.

16.2.3 Garantierückstellungen, Gewährleistungspflicht

Garantierückstellungen sind zu passivieren, wenn der Unternehmer **kraft Gesetzes** eine Gewährleistungspflicht hat. Darüber hinaus sind Garantierückstellungen geboten, wenn und soweit der Unternehmer sich **vertraglich** zur Gewährleistung verpflichtet hat. Oftmals wird die gesetzliche Verpflichtung hinsichtlich erbrachter Leistungen durch weiter gehende Zusicherungen auch nur ergänzt. Das geschieht z. T. individuell oder durch allgemeine Geschäfts- oder Lieferungsbedingungen.

---

53 R 20 Abs. 2 Satz 2 EStR.

16.2 Einzelfragen zu den Rückstellungen

Für die Gewährleistungs- bzw. Garantiepflicht kommen Rückstellungen vor allem im Baugewerbe, Baunebengewerbe (Handwerker) und bei Industrieunternehmen in Betracht. Natürlich sind auch andere Unternehmer (Handwerker, Händler etc.) zur Gewährleistung im Rahmen gesetzlicher Vorschriften verpflichtet, sodass auch hier Rückstellungen zu bilanzieren sind, soweit mit einer Inanspruchnahme ernstlich zu rechnen ist.

Garantierückstellungen sind zu passivieren, wenn am Bilanzstichtag der Eintritt eines Schadens vom Kunden geltend gemacht oder eine künftige Inanspruchnahme wahrscheinlich ist. Ihr Wert ist zu schätzen, wie sie ein Erwerber des ganzen Betriebes schätzen würde. Die Höhe der Rückstellung ist weitgehend dem Ermessen des Kaufmanns überlassen; seine Schätzung muss aber einer objektiven Beurteilung der gesamten Umstände standhalten und darf ein angemessenes, den betrieblichen Verhältnissen entsprechendes Maß nicht überschreiten.

Die bloße Möglichkeit der Inanspruchnahme genügt nicht, ebenfalls nicht Vermutungen. Der Unternehmer muss im Rahmen des ihm Zumutbaren Tatsachen dafür anführen, dass die Schäden in dem von ihm geschätzten Ausmaß mit einer gewissen Wahrscheinlichkeit eintreten.[54] Die Inanspruchnahme muss sich erkennbar abzeichnen.[55]

Vor allem bei Veränderungen der jahrelang beibehaltenen Grundlage der Berechnung von Garantierisiken sind besonders strenge Anforderungen an die Darlegungspflicht zu stellen. Tatsachen, die nach dem Bilanzstichtag eingetreten sind, scheiden grundsätzlich aus. Die nachträgliche Entwicklung lässt aber Rückschlüsse auf die Angemessenheit der Rückstellung zu.

Wenn dem Kaufmann bei der Passivierung der Garantierückstellung spezielle Garantierisiken bereits bekannt waren, müssen die Risiken bei der Bemessung der Rückstellung bereits berücksichtigt werden. Besondere Garantierisiken ergeben sich beispielsweise aus dem Auslandseinsatz gelieferter Aggregate, aus der Neuartigkeit des Auftrags, aus der Unsicherheit über den Standort verkaufter Maschinen, aus einer verlängerten Garantiefrist, aus einer zur Sicherheit der Garantie hingegebenen Bankbürgschaft und aus mangelnder Versicherungsdeckung.[56]

Über die vorstehenden Überlegungen zur Passivierung von **Garantierückstellungen** hinaus sind die allgemeinen Grundsätze[57] für die Bewertung ungewisser Verbindlichkeiten zu berücksichtigen. Dazu gehört neben der Beachtung **wertaufhellender** Umstände (§ 252 Abs. 1 Nr. 4 HGB, § 5 Abs. 1 EStG) seit **1999** für Rückstellungen in der **Steuerbilanz** die Würdigung nach § 6 Abs. 1 Nr. 3 a EStG.[58]

---

54 BFH, BStBl 1983 II S. 104, BStBl 1984 II S. 263.
55 BFH, BStBl 1992 II S. 519.
56 FG Hamburg v. 27. 5. 1992, EFG 1993 S. 85.
57 BFH, BStBl 1996 II S. 406.
58 § 253 Abs. 1 Satz 2 HGB, § 5 Abs. 1 und 6 EStG, § 6 Abs. 1 Nr. 3 und 3 a EStG, R 38 EStR.

Danach ist bei der Bewertung von Rückstellungen zu berücksichtigen, dass nach den betrieblichen Erfahrungen der Vergangenheit voraussichtlich nur teilweise eine Inanspruchnahme droht. Das ist der Fall, wenn gleichartige Verpflichtungen in der Vergangenheit nur teilweise zu erfüllen waren. Das gilt auch für Pauschalrückstellungen (§ 6 Abs. 1 Nr. 3 a Buchstabe a EStG).

Beispiel
Garantierückstellungen dürfen nicht mit einem branchentypischen Pauschsatz des garantiebehafteten Sollumsatzes bewertet werden, wenn die Garantieverpflichtungen aufgrund der Erfahrungen in diesem Betrieb in der Vergangenheit deutlich unter diesem Betrag lagen.[59]

Während nach Grundsätzen ordnungsmäßiger Buchführung bei der Bewertung von Sachleistungsrückstellungen die **Vollkosten** anzusetzen sind (§ 253 Abs. 1 Satz 2 HGB), dürfen in der Steuerbilanz **seit 1999** neben den **Einzelkosten** nur noch die **notwendigen Gemeinkosten** einbezogen werden, soweit diese **angemessen** sind (§ 6 Abs. 1 Nr. 3 a Buchstabe b EStG). Aufwendungen, die voraussichtlich ohnehin im Unternehmen anfallen und nicht nur durch die drohende Verpflichtung verursacht sein werden (z. B. allgemeine Verwaltungskosten) sowie freiwillige Sozialleistungen gegenüber den Arbeitnehmern, die die erforderlichen Arbeiten erledigen werden, dürfen nicht berücksichtigt werden.

Nach § 6 Abs. 1 Nr. 3 a Buchstabe c EStG sind künftige Einnahmen (Vorteile) zu saldieren **(Saldierungsgebot).** Das gilt allerdings nicht für alle denkbaren Vorteile, sondern nur für solche Fälle, in denen am Bilanzstichtag mehr als die bloße Möglichkeit einer späteren Einnahme besteht. Daher müssen für eine Saldierung am Bilanzstichtag bereits vertragliche Beziehungen bestehen, wonach im Zusammenhang mit der Erfüllung der Verpflichtung künftig mit Einnahmen zu rechnen sein wird (R 38 Abs. 1 EStR).

Beispiele
1. Bei Bewertung einer Garantierückstellung ist zu berücksichtigen, dass der Stpfl. für den Fall einer Inanspruchnahme Ansprüche aus einer Garantieversicherung geltend machen kann. Entsprechendes gilt für Ansprüche aus einer Produkthaftpflichtversicherung.
2. Bei Bewertung einer Garantierückstellung ist zu berücksichtigen, dass der Stpfl. für den Fall einer Inanspruchnahme Ansprüche gegen einen **Subunternehmer** geltend machen kann.

Falls der fragliche Anspruch am Bilanzstichtag bereits als **Forderung** realisiert sein sollte, genießt die Aktivierung der Forderung (natürlich) den Vorrang vor der Saldierung im Rahmen der Bewertung der fraglichen Rückstellung (§ 252 Abs. 1 Nr. 4 HGB – Realisationsprinzip).

Ungewisse und **Sachleistungsverpflichtungen** unterliegen **seit 1999** ebenso wie **Geldleistungsverpflichtungen** dem strengen **Abzinsungsgebot** (§ 6 Abs. 1 Nr. 3 a

---

[59] Vgl. auch Urteil des EuGH v. 14. 9. 1999, Rs. C-275/97, DB 1999 S. 2035.

16.2 Einzelfragen zu den Rückstellungen

Buchstabe e EStG). Die Abzinsung hat mit einem Zinssatz von 5,5 % zu erfolgen, wenn die Verpflichtung mehr als 12 Monate nach dem Bilanzstichtag zu erfüllen ist. Eine Abzinsung kann daher für Garantierückstellungen nur in Betracht kommen, wenn es sich um eine mehrjährige Garantiezusage handelt. Vgl. zur Abzinsung der Höhe nach 16.1.7.

Grundsätzlich sind Garantierückstellungen nach Maßgabe des einzelnen Garantierisikos zu bewerten (§ 252 Abs. 1 Nr. 3 HGB – Einzelbewertung). Soweit **keine** Einzelbewertung des Garantiefalls möglich ist, ist Grundlage für die Bildung der Garantierückstellung im Allgemeinen der am Bilanzstichtag noch garantieverpflichtete **Sollumsatz** und ein gleich bleibender Prozentsatz, der als betrieblicher Erfahrungssatz anzusehen ist. Umsätze, bei denen die Garantiezeit bereits abgelaufen ist oder die nicht unter die Garantieverpflichtung fallen (z. B. Handelsumsätze), müssen aus der Berechnungsgrundlage ausgeschieden werden. Dasselbe gilt, soweit ein Rückgriffsrecht auf Vorlieferer (z. B. Subunternehmer) besteht.[60] Für die Höhe des Prozentsatzes sind in der Regel die Verluste der Vergangenheit bedeutsam. Eine veränderte Bauweise, neue Produktionsverfahren oder nicht erprobtes Material können eine erhöhte Rückstellung erforderlich machen.

Die Höhe der Rückstellungen für die garantiebelasteten Umsätze nimmt im Laufe des Garantiezeitraums ab; sie hängt von der **Verteilung** der Garantieleistungen über die Garantiezeit ab. Entsprechend dieser Verteilung mindert sich der Ausgangshundertsatz in den Folgejahren. Mit diesen verringerten Sätzen sind die Rückstellungen für jedes noch in der Garantiezeit liegende Leistungsjahr am jeweiligen Bilanzstichtag neu zu berechnen. Ergeben sich keine Anhaltspunkte für eine bestimmte Verteilung der Aufwendungen, kann eine gleichmäßige Auflösung der Rückstellungen über die Garantiezeit infrage kommen.[61] Bei dieser Berechnungsmethode sind die tatsächlich bewirkten Garantieleistungen, die zweckmäßigerweise auf einem besonderen Aufwandskonto gebucht werden, als sofort abziehbare Betriebsausgaben zu behandeln – sie mindern also nicht die Rückstellung.

Soweit die garantiepflichtige Leistung bereits im **Laufe des Jahres** ausgeführt wurde, ist am Bilanzstichtag bereits ein Teil der Garantiezeit abgelaufen. Das muss bei der pauschalen Bewertung zum Bilanzstichtag berücksichtigt werden. Verteilen sich die Abnahmen etwa **gleichmäßig** auf das betreffende Wirtschaftsjahr, kann bei der Berechnung der Pauschalrückstellung nur noch die Hälfte des geschätzten Aufwands dieses Jahres berücksichtigt werden. Besteht jedoch der gesamte garantiebehaftete Umsatz aus einer einzigen Leistung, die erst am Jahresende abgenommen wurde, ist für dieses Jahr der darauf entfallende Gesamtaufwand zu berücksichtigen.

Beispiel für eine Pauschalrückstellung

Ein Bauunternehmer ist verpflichtet, innerhalb von zwei Jahren nach Fertigstellung der Bauten auftretende Mängel zu beseitigen. Erfahrungsgemäß sind hierfür 3 % des

---

60 Vgl. auch BFH, BStBl 1993 II S. 437; BFH, BStBl 1994 II S. 444.
61 BFH, BStBl 1983 II S. 104.

16 Rückstellungen und Rücklagen

Sollumsatzes aufzuwenden. Der am Bilanzstichtag 31. 12. 06 noch garantiebehaftete Sollumsatz beträgt aus 05 800 000 DM und aus 06 1 000 000 DM. Für einen Teilbetrag aus 05 in Höhe von 100 000 DM und aus 06 in Höhe von 200 000 DM bestehen Rückgriffsrechte gegenüber Subunternehmern. Die auf den noch garantiepflichtigen Umsatz seit der Fertigstellung bereits erbrachten Garantieleistungen betragen 13 500 DM. Die Garantieaufwendungen verteilen sich etwa gleichmäßig auf die Garantiezeit und werden stets dem Aufwandskonto Garantieleistungen belastet.

Die Garantierückstellung zum 31. 12. 06 errechnet sich wie folgt:

		05		06
Sollumsatz, für den die Garantiefrist noch nicht abgelaufen ist		800 000 DM		1 000 000 DM
./. Umsatzanteil mit Rückgriffsrecht gegenüber Subunternehmern		100 000 DM		200 000 DM
garantiepflichtiger Sollumsatz		700 000 DM		800 000 DM
davon	1,5 %	10 500 DM	3 %	24 000 DM
			⟶	10 500 DM
Garantierückstellung zum 31. 12. 06				34 500 DM

In den Fällen, in denen sich die Garantieverpflichtung auf ein zu fertigendes Werk (Bauwerk, Betriebsvorrichtung etc.) bezieht, beginnt die Garantiezeit mit der **Bauabnahme,** bei größeren Objekten evtl. auch schon mit der Teilnahme. Vorher sind Rückstellungen nicht zulässig. Vor der Bauabnahme kann lediglich der Ansatz eines niedrigeren Teilwertes der unfertigen Bauten in Betracht kommen, soweit am Bilanzstichtag Schäden vorhanden sind.

Bei einem **Automobilhersteller** sind die Gewährleistungsverpflichtungen gegenüber seinen Vertragshändlern hinsichtlich des verwendeten **Ersatzteilmaterials** wie folgt zu bestimmen:[62]

- Ist die Verbindlichkeit auf eine Sachleistung – kostenlose Überlassung des schadhaften Teils an den Händler – gerichtet, so sind Selbstkosten des Automobilherstellers dessen Anschaffungskosten für dieses Ersatzteil.

- Besteht die Verbindlichkeit des Herstellers in einer Geldzahlung in Höhe des Netto-Einkaufspreises des Händlers (Netto-Verkaufspreis des Herstellers), so bildet dieser Betrag die Selbstkosten.

16.2.4 Kulanzleistungen[63]

Nach § 249 Abs. 1 Satz 2 Nr. 2 HGB sind für Gewährleistungen, die ohne rechtliche Verpflichtung erbracht werden, Rückstellungen zu bilden.

Steuerrechtlich müssen Garantieleistungen, die aus Gründen der Kulanz ständig auch nach Ablauf der vereinbarten Garantiefrist kostenlos gewährt werden, dem

---
62 BFH, BStBl 1992 II S. 519.
63 Vgl. auch o. 16.1.4 und 16.1.5.

16.2 Einzelfragen zu den Rückstellungen

Maßgeblichkeitsgrundsatz folgend wie in der Handelsbilanz berücksichtigt werden (§ 5 Abs. 1 EStG i. V. m. § 249 Abs. 1 Satz 2 Nr. 2 HGB).

16.2.5 Kundendienstverpflichtungen

Autohändler dürfen für Freiinspektionen oder Inspektionen, die sie nach den Kundendienst-Scheckheften voraussichtlich nach Ablauf des Wirtschaftsjahres unter Selbstkosten für solche Kunden ausführen müssen, die bei ihnen einen neuen Wagen gekauft haben, keine Rückstellung bilden. Die Verpflichtung zur Vornahme solcher Kundendienstleistungen ergibt sich nicht allein aus den Kaufverträgen, sondern vor allem aus dem Händlervertrag.[64] Solche durch den Kundendienst entstehenden Belastungen betreffen das Jahr, in dem die Reparaturen anfallen.[65]

16.2.6 Bergschäden, Gruben- und Schachtversatz, Instandsetzungsverpflichtung, Wiederauffüllungsverpflichtung

Für Bergschäden, die noch nicht entstanden sind, mit deren künftigem Eintritt aber am Bilanzstichtag noch gerechnet werden muss, können nach Erfahrungssätzen Rückstellungen gebildet werden.[66] Ein Rückstellungsgrund ist also nicht erst dann gegeben, wenn Schäden tatsächlich eingetreten sind, sondern bereits dann, wenn eine mögliche Schadensursache gesetzt ist und mit hinreichender Wahrscheinlichkeit mit dem Schadenseintritt gerechnet werden kann.

Die Verpflichtung zum fortlaufenden Verfüllen der durch den Kohleabbau entstandenen Hohlräume ist in der Bilanz des Wirtschaftsjahres zu berücksichtigen, in dem der entsprechende Abbau stattgefunden hat. Die Verpflichtung ist rechtlich (aufgrund öffentlich-rechtlicher Vorschriften = landesrechtlicher Vorschriften des Bergrechts) entstanden und wirtschaftlich durch den Abbau verursacht.[67]

Auch die Verpflichtung des Pächters, Grundstücke bei Beendigung der Nutzung wieder in den ursprünglichen Zustand zu versetzen, ist durch eine Rückstellung zu berücksichtigen. So muss die Verpflichtung eines Kohlenbergwerks zur Wiederinstandsetzung von Ackerland nach Beendigung der Kohlenausbeute alljährlich entsprechend den Kohlenmengen, die auf den in Betracht kommenden Grundstücken gefördert werden, bemessen werden.

Das Gleiche gilt für eine Verpflichtung, eine Kiesgrube wieder aufzufüllen, die auf einer Nebenabrede im Kiesausbeutevertrag und/oder auf öffentlichem Recht beruht. Die Verpflichtung ist als selbstständige wirtschaftliche Belastung rückstellungsfähig. Sie ist niedriger zu bewerten, wenn beim Auffüllvorgang auch Einnahmen

---

64 BFH, BFH/NV 1990 S. 691.
65 BFH, BStBl 1994 II S. 158.
66 BFH, BStBl 1969 II S. 266.
67 Wegen weiterer Einzelheiten zur Rückstellung für Gruben- und Schaftversatz vgl. BMF, BStBl 1980 I S. 230.

(Kippgebühren) erzielt werden (§ 6 Abs. 1 Nr. 3 a Buchstabe c EStG).[68] Zur Abzinsung vgl. § 6 Abs. 1 Nr. 3 a Buchstabe e EStG sowie die dazu ergangene Anweisung des BMF an die Finanzverwaltung.[69]

16.2.7 Drohende Verluste; Geschäftsverlegung

Rückstellungen für drohende Verluste aus schwebenden Geschäften sind in der **Handelsbilanz** zu passivieren für den Teil der eigenen Verbindlichkeit aus dem schwebenden Geschäft, um den diese den Wert der Gegenleistung aus dem schwebenden Geschäft übersteigt.[70] Es handelt sich um einen Grundsatz ordnungsmäßiger Bilanzierung, der für alle Kaufleute gilt und früher auch steuerrechtlich verbindlich war (§ 5 Abs. 1 EStG i. V. m. § 249 Abs. 1 Satz 1 HGB). Nach § 5 Abs. 4 a EStG sind jedoch **nach dem 31. 12. 1996** entsprechende Rückstellungen in der Steuerbilanz nicht mehr zulässig.

Die nachstehend beschriebenen Grundsätze zum Ansatz und zur Bewertung von Drohverlustrückstellungen sind **handelsrechtlich** ohne Einschränkung, allerdings in der **Steuerbilanz** letztmals zum 31. 12. 1996 zu beachten:

Sind bei schwebenden **Einkaufsverträgen** die Wiederbeschaffungskosten der Waren am Bilanzstichtag niedriger als zur Zeit des Geschäftsabschlusses, so kann der Betrag zurückgestellt werden, um den die Wiederbeschaffungskosten (Markt- und Börsenpreis) niedriger als die vom Unternehmer aufgrund der ungünstigen schwebenden Verträge aufzuwendenden Kosten sind. Insoweit werden die Auswirkungen einer Teilwertabschreibung vorweggenommen.[71] Teilwertabschreibungen sind bei sinkenden Wiederbeschaffungspreisen auf die bereits geliefert erhaltenen Gegenstände auch dann zulässig, wenn diese bereits fest zu einem höheren Preis verkauft sind. Durch die Rückstellung wird also der Betrag erfasst, um den die Verpflichtung des Kaufmanns den Wert seines Anspruchs aus dem schwebenden Vertrag übersteigt. Ein Kaufmann hat bereits für das Jahr der Bestellung von Modeartikeln eine Rückstellung für drohende Verluste aus einem schwebenden Geschäft zu bilden, wenn der künftige Absatz der am Bilanzstichtag noch nicht gelieferten Ware von vornherein mit einem besonderen Risiko behaftet ist und wenn bis zur Aufstellung der Bilanz schon erkennbar ist, dass Verkaufsverluste wahrscheinlich sind.[72]

Die Höhe der Rückstellung für drohende Verluste aus **Verkaufsverträgen** (Lieferverpflichtungen) bemisst sich nach dem Betrag, um den die nach den Verhältnissen am Bilanzstichtag zu erwartenden Selbstkosten ohne kalkulatorische Kosten und Unternehmergewinn den vereinbarten Verkaufspreis übersteigen. Bei Wirtschafts-

---
68 S. auch u. 16.2.17.
69 BMF v. 9. 12. 1999, BStBl 1999 I S. 1127.
70 Vgl. auch BFH, BStBl 1993 II S. 441.
71 Vgl. auch BFH, BStBl 1984 II S. 344.
72 BFH, BStBl 1982 II S. 121.

16.2 Einzelfragen zu den Rückstellungen

gütern, die im Betrieb des Stpfl. hergestellt werden, sind die voraussichtlich aufzuwendenden Vollkosten (Selbstkosten) zu berücksichtigen. Das sind die noch entstehenden oder bereits entstandenen Herstellungskosten, Verwaltungskosten und Vertriebskosten, die grundsätzlich nach den Preisverhältnissen am Bilanzstichtag zu bewerten sind.[73]

Ist das zu liefernde Wirtschaftsgut in der Bilanz bereits ganz oder teilweise mit einem Wert ausgewiesen, so kann eine Rückstellung für drohende Verluste aus Lieferverpflichtungen nur in Höhe des Betrags gebildet werden, um den die Summe des zutreffend aktivierten Betrags und der am Bilanzstichtag noch zu erwartenden Selbstkosten ohne kalkulatorische Kosten und Unternehmergewinn den vereinbarten Verkaufspreis übersteigt. Bereits angefallene Verwaltungsgemeinkosten, die wegen eines bestehenden Bilanzierungswahlrechts bei den teilfertigen Arbeiten nicht aktiviert, sondern als laufender Aufwand behandelt wurden, dürfen zwecks Bewertung der Rückstellung in den Wert der Lieferverpflichtung nicht einbezogen werden. Ansonsten würden sich diese Kosten im Jahresabschluss doppelt auswirken.

Rückstellungen für drohende Verluste aus schwebenden Geschäften sind auch bei **Dauerschuldverhältnissen** (z. B. Mietverhältnissen) zu bilden. Voraussetzung ist, dass aus dem einzelnen Mietverhältnis **insgesamt** ein Verlust droht; es genügt nicht, dass einzelne Geschäftsjahre mit Verlust abschließen.[74] Vorteile, die außerhalb des zu beurteilenden schwebenden Geschäfts liegen, dürfen nach dem Grundsatz der Einzelbewertung nicht berücksichtigt werden. Ein Verlust aus einem schwebenden Geschäft, der zu einer Rückstellung berechtigt, ist also gegeben, wenn der Wert der eigenen Verpflichtung den Wert des Anspruchs auf Gegenleistung übersteigt.[75]

Die für drohende Verluste aus einem **Zeitchartervertrag** zu bildende Rückstellung umfasst auch die Zinsen, die aus dem zum Ankauf des vercharterten Schiffs aufgenommenen Darlehen anfallen werden. Insoweit handelt es sich um Einzelkosten der zu erbringenden Charterleistung.[76]

Ausbildungsverträge können nicht zum Anlass genommen werden, eine Rückstellung für drohende Verluste zu passivieren.[77] Das gilt auch dann, wenn der Auszubildende später nicht in ein Dienstverhältnis übernommen werden soll. Dem BFH zufolge kann die Ausgeglichenheit von Ansprüchen und Verpflichtungen aus einem Vertrag unterstellt werden, wenn der Vertrag zu Bedingungen abgeschlossen wird, die als üblich anzusehen sind. Für die Üblichkeit sprechen dabei insbesondere die Übereinstimmung mit einem Tarifvertrag oder andere allgemein verbindliche Grundsätze.

---
73 BFH, BStBl 1988 II S. 661, BStBl 1993 II S. 441.
74 Zur Bewertung dieser Rückstellungen vgl. BFH, BStBl 1984 II S. 56, hier S. 59 li. Spalte.
75 Verpflichtungsüberhang; BFH, BStBl 1988 II S. 338 m. w. N.
76 BFH, BStBl 1988 II S. 661.
77 BFH v. 25. 1. 1984, BStBl 1984 II S. 344.

Eine tarifvertragliche **Verdienstsicherung** für ältere Arbeitnehmer rechtfertigt auch im Umsetzungsfall regelmäßig keine Rückstellung wegen drohender Verluste aus schwebenden Geschäften,[78] ebenso nicht die künftige Verpflichtung zur **Lohnfortzahlung** im Fall der Arbeitsunfähigkeit wegen Krankheit,[79] weil dem vereinbarten Lohn einschließlich sämtlicher Nebenleistungen regelmäßig gleichwertige Ansprüche der Arbeitnehmer gegenüberstehen. Zum Kreis der in die Gleichwertigkeitsvermutung einzustellenden Aufwendungen gehören alle Leistungen, die aufgewendet werden müssen, um die Gegenleistung der anderen Partei zu erhalten, demnach auch Gehaltsaufwendungen des Arbeitgebers für (künftige) Krankheitstage.

Eine Rückstellung wegen drohender Verluste aus schwebenden Geschäften ist schon vor einem Vertragsabschluss zulässig und geboten, wenn der Kaufmann ein bindendes **Vertragsangebot** abgegeben hat, dessen Annahme mit Sicherheit erwartet werden kann.[80]

Ein Kaufmann, der mit dem anderen Vertragsteil über die Änderung oder Aufhebung eines geschlossenen Vertrags verhandelt, darf nach dem Grundsatz vorsichtiger Bilanzierung von dem Ansatz einer Rückstellung oder einer Verbindlichkeit, die sich aus dem bestehenden Vertrag ergibt, erst dann absehen, wenn der Vertrag geändert oder aufgehoben ist.[81]

Wegen der mit einer **Geschäftsverlegung** verbundenen Risiken kann erst nach Beginn der Verlegung eine Rückstellung gebildet werden. Das gilt auch dann, wenn die Verlegung wegen Kündigung gemieteter Räume erforderlich ist.[82]

16.2.8 Rücknahmeverpflichtung, Fastagen

Sind Kunden zur Rückgabe der Fastagen (Warenumschließungen wie Fässer, Kisten, Flaschen, Säcke usw.), Unternehmer zur Rücknahme und zur Rückzahlung des Fastagen-Preises (Pfandgelder) verpflichtet, so haben sie in Höhe der ihnen obliegenden Übernahme- und Rückzahlungspflicht eine Rückstellung zu bilden. Auf die zivilrechtliche Gestaltung des Vorgangs, ob Kauf mit Rückkaufverpflichtung oder Leihe gegen Pfand anzunehmen ist, kommt es dabei nicht an. Eine Rückstellung ist in der Höhe zu bilden, in der durch die Aktivierung der Forderung an den Abnehmer oder durch dessen Zahlung des Fastagenpreises eine Vermögensvermehrung eingetreten ist, die durch spätere Rückzahlung wahrscheinlich wieder entfällt.[83]

---
78 BFH, BStBl 1986 II S. 465.
79 BFH, BStBl 1988 II S. 886.
80 BFH, BStBl 1983 II S. 361.
81 BFH, BStBl 1988 II S. 430.
82 BFH, BStBl 1972 II S. 943.
83 Vgl. auch BMF, BStBl 1995 I S. 363.

16.2 Einzelfragen zu den Rückstellungen

In der Praxis werden die für die Warenumschließung vereinnahmten Beträge meist sofort einem Passivkonto zugeführt. Es werden z. B. Pfandbeträge gebucht: Kasse an Pfandkonto (oder Rücknahmeverpflichtung). Die Rückgabe der vereinnahmten Beträge wird gebucht: Pfandkonto an Kasse. Der Saldo dieses Passivkontos geht am Jahresende als Rückstellung in die Bilanz. Ist nur mit einer teilweisen Rückgabe zu rechnen oder werden die berechneten Beträge nur z. T. den Kunden wieder erstattet (z. B. $^2/_3$ des Pfandbetrages), dann muss ein Teil der Rückstellung am Jahresende gewinnerhöhend aufgelöst werden.

16.2.9 Unterlassene Instandhaltung, Abraumrückstand

Für **zukünftige Instandhaltungsaufwendungen** (Reparaturen) sind steuerrechtlich weder unter dem Gesichtspunkt ungewisser Verbindlichkeiten noch unter dem Gesichtspunkt drohender Verluste Rückstellungen gerechtfertigt.[84] Nur in besonderen Fällen, in denen der **Vermieter** wegen Nichterfüllung oder sonstiger Verletzung seiner Pflichten zur Instandhaltung bzw. Instandsetzung der vermieteten Sache mit einer Inanspruchnahme durch den Mieter ernstlich rechnen muss, ist eine Rückstellung in Höhe des aufgestauten Reparaturbedarfs zu bilden. Es handelt sich dabei um eine Rückstellung für ungewisse Verbindlichkeiten, § 249 Abs. 1 Satz 1 HGB. Das gilt umgekehrt auch für die Fälle, in denen der **Mieter** vertraglich zu Instandsetzungen an dem Mietobjekt verpflichtet ist und am Bilanzstichtag notwendig gewesene Reparaturen noch nicht durchgeführt hat.

Beispiel
Das am 31. 12. 01 schadhafte Dach wird erst im Januar 02 repariert.

Ebenso kann ein Baubetreuungsunternehmen, das auf eigene Rechnung die Instandhaltungsarbeiten für den Eigentümer von Wohnanlagen vornimmt, für die von ihm noch zu erbringenden Instandhaltungsleistungen eine Rückstellung bilden, wenn es die volle vereinbarte Vergütung im Voraus erhalten hat. Die Rückstellung ist insoweit zulässig, als die Schuld in der Zeit bis zu den Bilanzstichtagen wirtschaftlich verursacht wurde.[85]

Nach § 249 Abs. 1 Satz 2 Nr. 1 HGB **sind** Rückstellungen zu bilden für die im Geschäftsjahr **unterlassenen** Aufwendungen für **Instandhaltung,** die im folgenden Geschäftsjahr innerhalb von **drei** Monaten nachgeholt werden. Diese handelsrechtlich gebotene Rückstellung ist auch steuerrechtlich zu bilden (§ 5 Abs. 1 EStG, R 31 c Abs. 11 EStR). Es handelt sich hierbei jedoch nicht um eine Rückstellung für ungewisse Verbindlichkeiten, sondern um eine **Aufwandsrückstellung** (Reparaturen an eigenen Anlagen). Es muss sich um unaufschiebbare umfangreiche Erhaltungsarbeiten, also nicht Herstellungsaufwand, handeln.[86] Bei Erhaltungsarbeiten, die erfahrungsgemäß in ungefähr gleichem Umfang und in gleichen Zeitabständen

---
84 BFH, BStBl 1987 II S. 848.
85 BFH, BStBl 1976 II S. 778.
86 BFH, BStBl 1981 II S. 660.

anfallen und turnusgemäß durchgeführt werden, liegt i. d. R. keine unterlassene Instandhaltung in diesem Sinne vor, sodass insoweit keine Rückstellung wegen unterlassener Instandhaltung gebildet werden kann.

Darüber hinaus **dürfen** handelsrechtlich auch Rückstellungen gebildet werden für unterlassene Aufwendungen für Instandhaltung, die im folgenden Geschäftsjahr nach Ablauf von drei Monaten **bis zum Jahresende** nachgeholt werden (§ 249 Abs. 1 Satz 3 HGB). Dieses handelsrechtliche Wahlrecht bedeutet jedoch steuerrechtlich ein Passivierungsverbot.[87]

Ebenfalls nach § 249 Abs. 1 Satz 2 Nr. 1 HGB **sind** Rückstellungen zu bilden für unterlassene Aufwendungen für **Abraumbeseitigung**, die im folgenden Geschäftsjahr nachgeholt werden. Die Höhe dieser bei Abbaubetrieben entstehenden Aufwendungen wird wesentlich durch die geologischen Verhältnisse bestimmt. Steuerrechtlich ist jedoch nur der im nächsten Jahr beseitigte Abraumrückstand passivierungsfähig und passivierungspflichtig.

16.2.10 Lohnnachzahlung, Tantieme, Gratifikationen; Sozialpläne nach dem Betriebsverfassungsgesetz; Berufsausbildungskosten

Soll mit Rücksicht auf ein günstiges Jahresergebnis eine Lohnnachzahlung geleistet werden, so ist eine Rückstellung nicht zulässig, wenn die Verpflichtung dazu erst bei Vornahme des Abschlusses, also im neuen Jahr, übernommen wird. Eine sittliche Verpflichtung zu Gehaltsnachzahlungen mit Rücksicht auf das günstige Geschäftsergebnis kann im Allgemeinen nicht bejaht werden. Eine Rückstellung ist aber möglich, wenn an den Betriebsratsvorsitzenden vor Abschluss des Wirtschaftsjahres schon bestimmte, in ihren Grundlagen festgelegte Zusagen gemacht worden sind. Ist die Zahlung einer Tantieme im Anstellungsvertrag festgelegt, muss die Rückstellung erfolgen.

Verpflichtungen aus einer Gratifikation, die an die Arbeitnehmer nach Ablauf mehrerer Jahre unter der Voraussetzung weiterer Betriebszugehörigkeit auszuzahlen ist, müssen vom Arbeitgeber durch eine Rückstellung berücksichtigt werden. Von dem zugesagten Betrag ist ein Abschlag für die Fluktuation und für einen Zinsanteil zu machen.[88][89] Leistungsprämien an Arbeitnehmer mindern den Gewinn des Jahres, für das sie gezahlt werden.[90]

Hinsichtlich der aufgrund eines Sozialplans bei Stilllegung usw. zu erbringenden Leistungen besteht eine ungewisse Verbindlichkeit im Allgemeinen ab dem Zeitpunkt, in dem der Unternehmer den Betriebsrat über die geplante(n) Betriebsveränderung(en) gem. § 111 Satz 1 BetrVerfG unterrichtet hat. Im Einzelnen siehe R 31 c Abs. 6 EStR.

---
87 BFH, BStBl 1969 II S. 291, 581; R 31 c Abs. 11 Satz 4 EStR.
88 BFH, BStBl 1983 II S. 753.
89 S. auch o. 15.14.2.2.
90 BFH, BStBl 1993 II S. 109.

16.2 Einzelfragen zu den Rückstellungen

Bei **Berufsausbildungsverträgen** handelt es sich um schwebende Geschäfte, soweit es sich um Zeiträume nach dem Bilanzstichtag handelt oder soweit der einzelne Vertrag am Bilanzstichtag noch von keiner Seite voll erfüllt ist. Ein Verlust aus Berufsausbildungsverhältnissen ist für das Unternehmen nicht gegeben, wenn die Vertragsbedingungen üblich sind (Vorschriften des Berufsbildungsgesetzes, Tarifverträge zur Ausbildungsvergütung). Es besteht die Vermutung, dass der Wert der Gegenleistung der Vergütung und den Ausbildungsleistungen des Unternehmens entspricht. Zum Wert der Gegenleistung zählt auch der Vorteil für das Unternehmen, aus einem Bestand „im eigenen Haus" ausgebildeter Fachkräfte auswählen zu können; dieser Vorteil ergibt sich unmittelbar aus dem Ausbildungsverhältnis. Der Gleichwertigkeit der beiderseitigen Leistungen aus Ausbildungsverhältnissen steht nicht entgegen, dass die Ausgeglichenheit in bestimmten Abschnitten – insbesondere im ersten Ausbildungsjahr – nicht gegeben ist. Da Phasenverschiebungen typisch sind, ist die Ausgeglichenheit auf die Gesamtzeitdauer des Ausbildungsvertrages entscheidend. Eine Rückstellung wegen zu erwartender Ausbildungskosten kann deshalb grundsätzlich nicht gebildet werden.[91]

Eine Rückstellung für Verluste aus Berufsausbildungsverhältnissen darf das ausbildende Unternehmen auch dann nicht bilden, wenn es aus sozialen, arbeitsmarkt- oder wirtschaftspolitischen Gründen mit mehr Personen Berufsausbildungsverträge abgeschlossen hat, als es zur Sicherung eines ausreichenden Bestands an im eigenen Unternehmen ausgebildeten Fachkräften voraussichtlich benötigen wird (Fall des sog. „Überbestands" an Berufsausbildungsverhältnissen). Entsprechendes gilt, wenn das ausbildende Unternehmen den Auszubildenden unübliche Zusatzleistungen erbringt, die geeignet sind, das Ansehen des Unternehmens zu sichern oder zu erhöhen.

16.2.11 Jubiläumsrückstellung

Nach § 5 Abs. 4 EStG dürfen Rückstellungen für die Verpflichtung zu einer Zuwendung anlässlich eines Dienstjubiläums nur gebildet werden, wenn

- das Dienstverhältnis mindestens zehn Jahre bestanden hat,
- das Dienstjubiläum das Bestehen eines Dienstverhältnisses von mindestens 15 Jahren voraussetzt,
- die Zusage schriftlich erteilt und
- die Anwartschaft nach dem 31. 12. 1992 erworben wurde.

Rückstellungen können erst gebildet werden, wenn das Dienstverhältnis mindestens zehn Jahre bestanden hat. Mit dieser Regelung wird das Ausscheiden von Arbeitnehmern aufgrund von Kündigungen (Fluktuation) in pauschaler Weise berücksichtigt, sodass ein gesonderter Fluktuationsabschlag zum jeweiligen Bilanzstichtag

---

[91] BFH, BStBl 1993 II S. 441.

16 Rückstellungen und Rücklagen

nicht vorzunehmen ist. Die Wahrscheinlichkeit des Ausscheidens wegen Tod oder Invalidität ist jedoch gesondert zu berücksichtigen. Außerdem ist eine Abzinsung mit einem Zinssatz von mindestens 5,5 v. H. vorzunehmen.[92]
Die Rückstellung ist mit dem Teilwert zu bewerten. Der Teilwert ist grundsätzlich unter Berücksichtigung der anerkannten Regeln der Versicherungsmathematik nach abgezinsten Barwerten zu ermitteln (sog. **Teilwertverfahren**).
Es ist jedoch nicht zu beanstanden, wenn der Teilwert nach einem pauschalen Verfahren ermittelt wird (sog. **Pauschalwertverfahren**). Hierbei sind zwingend die Werte der im Schreiben des BMF v. 12. 4 1999[93] abgedruckten Tabelle zugrunde zu legen. Diese Werte berücksichtigen bereits die Wahrscheinlichkeit des Ausscheidens und die Abzinsung. Die bis zum 31. 12. 1992 verdienten Anwartschaften bleiben bei der Bemessung der Jubiläumsrückstellung unberücksichtigt. Das gilt allerdings nur für die Steuerbilanz. Diese Begrenzung ist fragwürdig und wird zurzeit vom BVerfG geprüft.[94]

Beispiel

Ein Arbeitnehmer soll aufgrund schriftlicher Zusage nach 25 Dienstjahren eine Zuwendung in Höhe von 5000 DM erhalten. Beginn der Dienstzeit 1/1980.
Wert der Zusage lt. Tabelle des BMF:

31. 12. 2000 (21 J.) $\quad \dfrac{447 \times 5000}{1000} = 2235\ \text{DM}$

./. 31. 12. 1992 (13 J.) $\quad \dfrac{132 \times 5000}{1000} = \underline{\ 660\ \text{DM}}$

Rückstellung 31. 12. 2000 $\quad = 1575\ \text{DM}$

Die Rückstellung ist in der Handelsbilanz mit 2235 DM und in der Steuerbilanz mit 1575 DM zu bewerten. Eine entsprechende Berechnung ist für jeden einzelnen Arbeitnehmer geboten, dem eine entsprechende Zusage gemacht worden ist.

16.2.12 Patentverletzung

Voraussetzung für die steuerrechtliche Anerkennung von Rückstellungen wegen **Verletzung** fremder Patent-, Urheber- oder ähnlicher Schutzrechte ist, dass entweder der Rechtsinhaber bereits Ansprüche wegen der Rechtsverletzung geltend gemacht hat oder mit einer **Inanspruchnahme** wegen der Rechtsverletzung ernsthaft zu rechnen ist (§ 5 Abs. 3 Satz 1 EStG).

Mit einer Inanspruchnahme ist **ernsthaft** zu rechnen (§ 5 Abs. 3 Satz 1 Nr. 2 EStG), wenn ein fremdes Patent oder sonstiges Schutzrecht objektiv verletzt ist und der

---

92 BMF v. 29. 10. 1993, BStBl 1993 I S. 898.
93 BStBl 1999 I S. 434.
94 Vorlage des BFH v. 10. 11. 1999 – X R 60/95. Normenkontrollverfahren 2 BvL 1/00.

16.2 Einzelfragen zu den Rückstellungen

Rechtsinhaber mit Aussicht auf Erfolg Schadenersatzansprüche geltend machen kann.

Der **Schadenersatzanspruch** aus einer Patentverletzung verjährt nach § 141 PatG innerhalb von drei Jahren ab dem Zeitpunkt, in dem der Berechtigte von der Verletzung und der Person des Verpflichteten Kenntnis erlangt. Soweit entsprechende Kenntnisse nicht vorliegen, verjähren die Ansprüche in 30 Jahren, gerechnet vom Zeitpunkt der Verletzung. § 5 Abs. 3 Satz 2 EStG schreibt daher zwingend vor, dass eine wegen nur erwarteter Inanspruchnahme gebildete Rückstellung (§ 5 Abs. 3 Satz 1 Nr. 2 EStG) spätestens in der Bilanz des dritten auf ihre erstmalige Bildung folgenden Wirtschaftsjahres **gewinnerhöhend** aufzulösen ist, wenn Ansprüche nicht geltend gemacht worden sind. Dieses Auflösungsgebot bezieht sich auf alle Rückstellungsbeträge, die wegen der Verletzung desselben Schutzrechts passiviert worden sind.

Wird das Schutzrecht **weiterhin** verletzt und deshalb die Rückstellung in den folgenden Wirtschaftsjahren aufgestockt, beginnt für die Zuführungsbeträge **keine** neue Frist, sodass nach Ablauf des Dreijahreszeitraums die bereits gebildete Rückstellung aufzulösen ist und weitere Rückstellungen wegen Verletzung desselben Schutzrechts nicht zulässig sind, solange Ansprüche nicht geltend gemacht worden sind.

Die Höhe des Rückstellungsbetrages ist für den jeweiligen Bilanzstichtag zu schätzen. Die Verpflichtung ist auf Geld gerichtet. Sie ist davon abhängig, ob der Patentinhaber den ihm entgangenen Gewinn, eine angemessene Lizenzgebühr oder den Verletzergewinn einfordert.[95] Problematisch ist die Pflicht zur **Abzinsung** in der Steuerbilanz (§ 6 Abs. 1 Nr. 3 a Buchstabe e EStG), weil die Laufzeit der Verpflichtung nur schwerlich zu schätzen ist.

16.2.13 Provisionsverpflichtungen

Die Provisionsansprüche der Handelsvertreter entstehen nach § 87 a HGB dann, wenn die vermittelte Lieferung oder Leistung **ausgeführt** wird. Erhält ein Handelsvertreter bereits vorher Abschlagszahlungen, so sind diese in der Bilanz des vertretenen Unternehmens als **Anzahlungen** zu aktivieren, wenn das vermittelte Geschäft nicht mehr im abgelaufenen Geschäftsjahr ausgeführt wurde. Insoweit tritt durch die Provisionszahlung noch keine Gewinnminderung ein.

Für **Provisionsverpflichtungen,** die durch die Ausführung des Geschäfts durch den Geschäftsherrn aufschiebend bedingt sind, können vor Eintritt der Bedingungen keine Rückstellungen gebildet werden.[96] Wird jedoch durch vertragliche Vereinbarungen geregelt, dass der Handelsvertreter bereits vor Ausführung der vermittelten Leistung Anspruch auf Provision hat – z. B. bereits mit der Vermittlung des

---

95 BFH, BStBl 1970 II S. 802.
96 BFH, BStBl 1973 II S. 481.

16 Rückstellungen und Rücklagen

Geschäfts –, so stellen die gezahlten Provisionen keine Anzahlung dar und sind sofort als Betriebsausgaben abzugsfähig.[97]

16.2.14 Ausgleichsanspruch des Handelsvertreters

Verbindlichkeiten, die rechtlich erst in der Zukunft entstehen, können nur dann passiviert werden, wenn sie so eng mit dem betrieblichen Geschehen des vergangenen Geschäftsjahrs verknüpft sind, dass es gerechtfertigt erscheint, sie wirtschaftlich als eine bereits am Bilanzstichtag bestehende Last anzusehen. Das wird man im Allgemeinen nur annehmen können, wenn der Tatbestand, dessen Rechtsfolge die Verbindlichkeit ist, im Wesentlichen vor dem Bilanzstichtag verwirklicht wird. Diese Voraussetzung ist für die Verpflichtung zur Zahlung eines Ausgleichs nach § 89 b HGB vor Beendigung des Vertragsverhältnisses nicht erfüllt.

Der Ausgleichsanspruch des Handelsvertreters nach § 89 b HGB entsteht **rechtlich** erst mit der Beendigung des Vertragsverhältnisses. Die Verpflichtung des Unternehmers zur Zahlung des Ausgleichs ist aber auch **wirtschaftlich** eng mit den Vorteilen nach Beendigung des Vertragsverhältnisses verknüpft und deshalb nicht (wesentlich) in der Vergangenheit verursacht. Denn wesentliche Voraussetzung für einen solchen Ausgleich ist, dass dem Unternehmer aus der früheren Tätigkeit des Vertreters mit hoher Wahrscheinlichkeit noch nach Beendigung des Vertragsverhältnisses erhebliche Vorteile erwachsen.[98]

Die Rückstellung ist **handelsrechtlich** bereits vor Beendigung des Vertragsverhältnisses **zulässig**, aber nicht geboten (§ 249 Abs. 2 HGB). Bei handelsrechtlichen Passivierungswahlrechten besteht **steuerrechtlich Passivierungsverbot**.[99]

16.2.15 Lizenzgebühren und Künstlerhonorare

Entsteht eine Schuld rechtlich erst mit dem Verkauf von z. B. Tonträgern, so kann sie vorher nicht durch den Ansatz einer Rückstellung oder Verbindlichkeit berücksichtigt werden. Die Lizenzgebühren und Künstlerhonorare sind auch nicht wirtschaftlich im Geschäftsjahr der Übernahme der Tonträger durch den Stpfl., sondern erst durch deren Verkauf durch den Stpfl. verursacht.[100]

16.2.16 Prozesskosten

Bei einem schwebenden Prozess ist eine Rückstellung für Prozesskosten zu passivieren. Dabei darf die Rückstellung erst gebildet werden, wenn die Streitsache **rechtshängig** geworden ist.[101] Künftige Prozesskosten für ein am Stichtag noch

---

97 BFH, BStBl 1986 II S. 669.
98 BFH, BStBl 1983 II S. 375.
99 BFH, BStBl 1992 II S. 336.
100 BFH, BStBl 1970 II S. 104.
101 BFH v. 6. 12. 1995, BStBl 1996 II S. 406.

16.2 Einzelfragen zu den Rückstellungen

nicht anhängiges Verfahren können nicht zurückgestellt werden, weil die Pflicht zur Kostentragung noch nicht verursacht ist. Für die Entstehung der Verpflichtung ist die Einlegung des Rechtsmittels Voraussetzung. Unbeachtlich ist, dass der Prozess angestrengt werden soll, um eine bereits bestehende Schadenersatzverpflichtung zu beseitigen oder zu reduzieren.

Diese Grundsätze gelten sowohl für das Prozesskostenrisiko des Klägers (Aktivprozess) als auch des Beklagten (Passivprozess). Entsprechendes gilt für Prozesszinsen.[102] Die Höhe der Rückstellung ist nur nach dem Streitwert am Bilanzstichtag unter Berücksichtigung der in diesem Zeitpunkt angerufenen Instanzen zu berechnen. Das gilt auch für Musterprozesse. Ansprüche aus einer Rechtsschutzversicherung sind zu saldieren (§ 6 Abs. 1 Nr. 3 a Buchstabe a EStG). Die für den Fall des Unterliegens geplante, später verwirklichte Anrufung höherer Instanzen kann nicht berücksichtigt werden. Allerdings kann eine Anrufung der nächsten Instanz nach dem Stichtag wertaufhellend sein, wenn die Vorentscheidung bis zum Stichtag ergangen ist.

Das Urteil selbst kann nicht **wertaufhellend** i. S. des § 252 Abs. 1 Nr. 4 HGB sein. Ergeht das Urteil nach dem Bilanzstichtag, aber vor Bilanzaufstellung, so vermittelt ein das Verfahren beendendes Urteil weder bessere Erkenntnis hinsichtlich des Klagegegenstandes (Schadenersatzrisiko) noch hinsichtlich des Prozesskostenrisikos.[103]

16.2.17 Miet- oder Pachtanlagenbeseitigung, Abbruchverpflichtung

Ist der Mieter oder Pächter verpflichtet, die von ihm errichteten Anlagen wieder zu beseitigen, so stellen die voraussichtlichen Aufwendungen zur Wiederherstellung des ursprünglichen Zustandes wirtschaftlich betrachtet Aufwand für die ganze Miet-/Pachtdauer dar. Im Laufe der Vertragszeit muss eine entsprechende Rückstellung gebildet werden. Bei Preissteigerungen sind die voraussichtlichen Aufwendungen zu jedem Bilanzstichtag neu zu ermitteln und im Wege der **Ansammlung** (§ 6 Abs. 1 Nr. 3 a Buchstabe d EStG) sowie unter Berücksichtigung der Grundsätze zur **Abzinsung** (§ 6 Abs. 1 Nr. 3 a Buchstabe e EStG) zu bewerten. Vgl. zur Berechnung auch 16.1.7.

Die zur Erfüllung einer Verpflichtung erforderlichen Beträge sind **zeitanteilig linear** anzusammeln. Dabei ist die Summe der in früheren Jahren angesammelten Beträge zum Bilanzstichtag auf die an diesem Tag maßgeblichen Preisverhältnisse anzuheben (vgl. auch R 38 Abs. 2 EStR). Der danach erforderliche Betrag einer Aufstockung erhöht die Rückstellung in einem Einmalbetrag. Allerdings braucht die Aufstockung nicht gesondert berechnet zu werden. Es genügt, wenn nach den Preisverhältnissen an den folgenden Bilanzstichtagen der zeitanteilige Rückstellungsbetrag errechnet wird.

---

102 BFH v. 6. 12. 1995, BStBl 1996 II S. 406.
103 BFH v. 27. 11. 1997, BStBl 1998 II S. 375.

16 Rückstellungen und Rücklagen

Beispiel
Eine GmbH hat sich verpflichtet, Bauten auf fremdem Grund und Boden bei Pachtende nach 15 Jahren abzureißen und das Grundstück im ursprünglichen Zustand zurückzugeben. Das fragliche Gebäude ist am 1. 10. 01 bezugsfertig geworden. Die künftigen Abbruch- und Entsorgungskosten werden nach Verhältnissen zum 31. 12. 01 voraussichtlich 150 000 DM und zum 31. 12. 02 voraussichtlich 180 000 DM betragen. Diese Beträge sind bereits unter Berücksichtigung der gebotenen Abzinsung ermittelt worden. Zur Technik der Abzinsung s. u.
Der Ansammlungszeitraum umfasst 15 Jahre (180 Monate) und beginnt am 1. 10. 01. Dementsprechend beträgt die Rückstellung zum 31. 12. 01 insgesamt $^3/_{180}$ und zum 31. 12. 02 insgesamt $^{15}/_{180}$ der Verpflichtung:
- **Rückstellung 31. 12. 01:** 150 000 DM × $^3/_{180}$ = 2 500 DM
- **Rückstellung 31. 12. 02:** 180 000 DM × $^{15}/_{180}$ = 15 000 DM

Dem **Abzinsungsgebot** sollen auch solche Verpflichtungen unterliegen, die durch Ansammlung zeitanteilig nach Preisverhältnissen vom jeweiligen Bilanzstichtag aufzustocken sind. Diese Auffassung ist kritikwürdig, denn die Rückstellungen sind dem Stichtagsprinzip zufolge mit den Kosten zu bewerten, die am Bilanzstichtag aufzuwenden wären. Dieser Betrag entspricht aber gerade dem Gegenwartswert, sodass eine weitere Abzinsung nicht in Betracht kommen kann.[104] Für das nachfolgende Beispiel wird die Richtigkeit der Abzinsung auch in den vorliegenden Fällen der Ansammlung unterstellt. Außerdem wird davon ausgegangen, dass die Abzinsung nach den Grundsätzen des § 12 Abs. 3 BewG zu erfolgen hat (vgl. dazu 16.1.7).

Beispiel
Eine GmbH hat sich verpflichtet, Bauten auf fremdem Grund und Boden bei Pachtende nach 15 Jahren abzureißen und das Grundstück im ursprünglichen Zustand zurückzugeben. Die künftigen Abbruch- und Entsorgungskosten **vor Abzinsung** werden nach Verhältnissen zum 31. 12. 01 voraussichtlich 300 000 DM und zum 31. 12. 02 voraussichtlich 330 000 DM betragen.
Vervielfältigt nach Tabelle 1 zu § 12 Abs. 3 BewG: 15 Jahre = 0,448
14 Jahre = 0,473
13 Jahre = 0,499
- **Rückstellung 31. 12. 01:** 300 000 DM × $^1/_{15}$ × 0,473 = 9 460 DM
- **Rückstellung 31. 12. 02:** 330 000 DM × $^2/_{15}$ × 0,499 = 21 956 DM

Anmerkungen:
a) Die Ansammlung muss berücksichtigen, dass die Verpflichtung zum 31. 12. 01 bereits mit $^1/_{15}$ verursacht ist.
b) Die Abzinsung erfolgt am 31. 12. 01 nur noch für eine Restlaufzeit von 14 Jahren.

Eine Rückstellung ist auch für die Verpflichtung geboten, auf öffentlich-rechtlichem Grund und Boden errichtete Anlagen zu beseitigen. Entsprechendes gilt für Entfernungsverpflichtungen, die Energieversorgungsunternehmen bei Ablauf von Konzessionen zu erfüllen haben.[105]

---
[104] BFH v. 12. 12. 1990, BStBl 1991 II S. 479; BFH v. 3. 12. 1991, BStBl 1993 II S. 89.
[105] BFH, BStBl 1969 II S. 247.

16.2 Einzelfragen zu den Rückstellungen

Abgrenzung:

Ein Gebot zur Ansammlung, das zu einer gleichmäßigen Aufstockung der Rückstellung führt, liegt allerdings nicht vor, wenn die fragliche Verpflichtung nicht zeitraumbezogen entsteht, sondern jeweils tatsächlich am Schluss des Wirtschaftsjahres besteht. Daher sind Rekultivierungsrückstellungen nunmehr entsprechend dem tatsächlichen (Kies-, Sand-, Braunkohle-)Abbau in voller Höhe zu passivieren (vgl. nunmehr R 38 Abs. 2 Satz 3 EStR).

16.2.18 Pachterneuerungsrückstellungen, Substanzerneuerungsrückstellungen

Im Rahmen von Pachtverträgen, die auf Wirtschaftsgüter des Betriebsvermögens zur betrieblichen Nutzung gerichtet sind, gelten die folgenden Grundsätze:

a) Das bürgerlich-rechtliche Eigentum an den verpachteten Grundstücken und beweglichen Sachen verbleibt beim Verpächter, § 581 BGB. Er ist auch wirtschaftlicher Eigentümer (§ 39 Abs. 1 AO).

b) Der Verpächter trägt die gewöhnliche Abnutzung (AfA) aller verpachteten Wirtschaftsgüter. Eine evtl. zulässige Teilwertabschreibung hat der Verpächter vorzunehmen.

c) Der Pächter hat lediglich Instandhaltungspflicht kraft Gesetzes (§§ 582, 586 BGB).

d) Soweit der Pächter das Inventar (Pachtgüter) zum Schätzwert unter der Auflage übernimmt, diese Pachtgüter zum Schätzwert bei Pachtende zurückzugewähren, trägt er die Gefahr des zufälligen Untergangs und einer eventuellen Verschlechterung des Inventars. Der Pächter ist daher zur Ersetzung verpflichtet, um den Zustand bei Pachtbeginn zu erhalten.

Diese Vereinbarung macht den Pächter nicht zum wirtschaftlichen Eigentümer. Die ersetzten Wirtschaftsgüter werden mit der Einverleibung in das Inventar Eigentum des Verpächters (§ 582 a Abs. 2 Satz 2 BGB) und sind von diesem zu aktivieren.

Die Substanzerhaltungs- bzw. Substanzerneuerungspflicht, die den Pächter im Rahmen dieser Vereinbarung trifft, muss sowohl handelsrechtlich als auch bilanzsteuerrechtlich im Wege einer **Substanzerhaltungs- und Erneuerungsrückstellung** (nicht Rücklage) berücksichtigt werden.[106] Dies gilt allerdings nur dann, wenn die Erneuerung voraussichtlich während der Vertragszeit fällig wird. Im Zeitpunkt der Substanzerneuerung ist die Rückstellung aufzulösen. Der Höhe nach bestimmt sich die Rückstellung nach der Nutzungsdauer des gepachteten Wirtschaftsgutes und der Wiederbeschaffungskosten am Bilanzstichtag.

---

[106] § 249 Abs. 1 S. 1 HGB; BFH v. 3. 12. 1991, BStBl 1993 II S. 89; BFH v. 7. 2. 1998, BStBl 1998 II S. 505; BFH v. 24. 6. 2000, BStBl 2000 II S. 309.

16 Rückstellungen und Rücklagen

Beispiel

Eine Betriebsvorrichtung wurde vom Verpächter am 2. 1. 01 hergestellt und wird seit diesem Zeitpunkt an eine Betriebs-GmbH verpachtet. Die Betriebs-GmbH hat sich verpflichtet, eine entsprechend neuwertige Betriebsvorrichtung bei Pachtende zurückzugeben.

Herstellungskosten der Betriebsvorrichtung 100 000 DM, bND 10 Jahre

Wiederbeschaffungskosten/Teilwert abgezinst am 31. 12. 01 = 120 000 DM
Wiederbeschaffungskosten/Teilwert abgezinst am 31. 12. 02 = 130 000 DM

- **Rückstellung 31. 12. 01:** 120 000 DM × $^1/_{10}$ = 12 000 DM
- **Rückstellung 31. 12. 02:** 130 000 DM × $^2/_{10}$ = 26 000 DM

Beispiel

Die Rückstellung beträgt zum Zeitpunkt der Substanzerneuerung 200 000 DM. Der Pächter erfüllt seine Verpflichtung und lässt auf seine Rechnung eine entsprechende Betriebsvorrichtung herstellen. Die Herstellungskosten haben 220 000 DM zzgl. 35 200 DM Umsatzsteuer betragen.

Die Buchung im Zeitpunkt der Substanzerneuerung lautet:

Rückstellungen	200 000 DM	an Finanzkonto	255 200 DM
Pachtaufwand	20 000 DM		
Vorsteuer	35 200 DM		

Ausgehend von der Unterstellung, dass der Verpächter nach Option steuerpflichtig handelnder Unternehmer i. S. des UStG ist und dass zwischen Verpächter und Pächter keine Organschaft besteht, ist darüber hinaus zu beachten, dass der Pächter mit der Einverleibung des erneuerten Pachtgutes in das Inventar des Verpächters eine Lieferung nach § 3 Abs. 1 UStG ausgeführt hat, der als Gegenleistung die Einräumung der Nutzung des fraglichen Gegenstandes im Rahmen der Verpachtung gegenübersteht. Soweit Verpächter und Pächter entsprechende Rechnungen mit gesondertem Steuerausweis erteilen, ist folgende weitere Buchung geboten.

Vorsteuer (aus Pacht)	35 200 DM	an Umsatzsteuer	35 200 DM

Handelt es sich bei den Pachtgütern im Zeitpunkt der Übergabe bei Pachtbeginn um **gebrauchte** Gegenstände, dann ist eine Rückstellung zu passivieren, die die Wertigkeit bei Pachtbeginn zu berücksichtigen hat. Dementsprechend entsteht bei Erneuerung des Pachtgegenstandes eine **Wertausgleichsforderung,** die vom Pächter zu aktivieren und abzuschreiben ist.

Beispiel

Die Rückstellung beträgt zum Zeitpunkt der Sustanzerneuerung 80 000 DM. Bei der Bewertung wurde berücksichtigt, dass das übernommene Wirtschaftsgut bei einer bND von zehn Jahren bereits sechs Jahre alt war, mithin über eine Wertigkeit von 40 % verfügte. Der Pächter erfüllt seine Verpflichtung und lässt auf seine Rechnung eine entsprechende Betriebsvorrichtung herstellen. Die Herstellungskosten haben 220 000 DM zzgl. 35 200 DM Umsatzsteuer betragen.

Die Buchung im Zeitpunkt der Substanzerneuerung lautet:

Rückstellungen	80 000 DM	an Finanzkonto	255 200 DM
Pachtaufwand	8 000 DM		
Wertausgleichsforderung (60 %)	132 000 DM		
Vorsteuer (aus Herstellung)	35 200 DM		
Vorsteuer (aus Verpachtung)	35 200 DM	an Umsatzsteuer	35 200 DM

16.2 Einzelfragen zu den Rückstellungen

Der **Verpächter** hat vor Ersatzbeschaffung das verpachtete Wirtschaftsgut zu aktivieren und abzuschreiben nach Maßgabe des § 7 EStG. Daneben ist auch der **Substanzerhaltungsanspruch** unter Berücksichtigung der zum jeweiligen Bilanzstichtag gestiegenen Wiederbeschaffungskosten gewinnerhöhend auszuweisen (sonstige Forderungen an Pachterträge). Nach Ersatzbeschaffung ist das erneuerte Wirtschaftsgut zu aktivieren (Wirtschaftsgut an sonstige Forderungen).[107] Dem Vorsteueranspruch aus der Lieferung des Pächters steht die Umsatzsteuerschuld aufgrund des (zusätzlichen) Entgeltes für die Verpachtung im Rahmen eines tauschähnlichen Umsatzes (§ 3 Abs. 12 Satz 2 UStG) gegenüber.

16.2.19 Pensionsrückstellungen

Pensionsanwartschaften und laufende Pensionen sind Verbindlichkeiten gegenüber Dritten und gehören daher zu den Rückstellungen für ungewisse Verbindlichkeiten, die nach § 249 Abs. 1 Satz 1 HGB zu passivieren sind. Die Passivierungspflicht gilt erst für Zusagen, die nach dem 31. 12. 1986 erteilt worden sind (Artikel 28 EGHGB). Da handelsrechtliche Passivierungsgebote als Grundsätze ordnungsmäßiger Buchführung auch steuerrechtlich zu beachten sind (§ 5 Abs. 1 EStG), besteht für nach dem 31. 12. 1986 gegebene Pensionszusagen auch steuerrechtlich Passivierungszwang.

Der Wortlaut des § 6 a EStG („darf ... gebildet werden") ist dahin zu verstehen, dass die handelsrechtliche Passivierungspflicht zwar maßgebend ist, die Bildung der Rückstellung in der Steuerbilanz aber von der Erfüllung der in § 6 a Abs. 1 und Abs. 2 EStG genannten Voraussetzungen abhängt. Die vom Handelsrecht abweichenden steuerrechtlichen Voraussetzungen betreffen grundsätzlich die Bewertung der Rückstellungen, nicht aber den Bilanzansatz. Aus diesem Grund ist auch weiterhin das steuerrechtliche Nachholverbot von Bedeutung.[108]

Wegen der Voraussetzungen der Bildung von Pensionsrückstellungen und deren Auflösung vgl. im Einzelnen Hinweis auf § 6 a EStG und R 41 EStR.[109]

Soll ein **Mitarbeiter** bei Eintritt in den Ruhestand eine gewinnabhängige Tätigkeitsvergütung als betriebliche Altersversorgung fortgezahlt erhalten, kann aufgrund der Ruhegeldzusage keine Pensionsrückstellung zulasten des Steuerbilanzgewinns

---

107 BFH v. 17. 2. 1998, BStBl 1998 II S. 505; BFH v. 24. 6. 1999, BStBl 2000 II S. 309; vgl. auch Schmidt/Weber-Grellet, EStG, § 5 Rz. 702.
108 BMF, BStBl 1987 I S. 365.
109 BMF, BStBl 1979 I S. 273, 1981 I S. 41, wegen des Übergangs auf die Richttafeln zur Bewertung der Pensionsrückstellung von Dr. Klaus Heubeck und wegen der Berücksichtigung von Anwartschaften auf Waisenrente Hinweis auf BMF, BStBl 1984 I S. 260. Zur Berücksichtigung von Sozialversicherungsrenten bei der Berechnung von Pensionsrückstellungen vgl. BMF, BStBl 1990 I S. 868 und 1996 I S. 1195; zu den Auswirkungen des Rentenreformgesetzes 1992 vgl. BMF-Schreiben v. 11. 6. 1992 – IV B 2 – S 2176 – 18/92 und den Auswirkungen des Rentenreformgesetzes 1999 v. 16. 12. 1997 vgl. BMF v. 30. 12. 1997, BStBl 1997 I S. 1024, BMF, v. 8. 2. 1999, BStBl 1999 I S. 212 und BMF v. 17. 7. 2000, BStBl 2000 I S. 1197. Die Auswirkungen der durch das Bilanzrichtliniengesetz geänderten Vorschriften sind im BMF-Schreiben v. 13. 3. 1987, BStBl 1987 I S. 365 geregelt.

gebildet werden, weil es bei Leistungen, die nach Maßgabe der späteren Ertragslage zu zahlen sind, an einer gegenwärtigen wirtschaftlichen Belastung fehlt.[110] Rückstellungen für eine **Pensionszusage** gegenüber dem im Betrieb mitarbeitenden **Ehegatten** sind zulässig, wenn die Zusage betrieblich veranlasst war, die Verpflichtung aus der Zusage ernstlich gewollt und eindeutig vereinbart ist und wenn eine solche Versorgung auch einem familienfremden Arbeitnehmer erteilt worden wäre.[111] Eine Rückstellung ist jedoch nicht zulässig, wenn nach dem der Pensionsvereinbarung zugrunde liegenden Rechtsverhältnis an den Ehegatten außer der Pension kein Arbeitslohn zu zahlen ist (sog. Nur-Pension). Der Höhe nach ist die Zusage nur betrieblich veranlasst, wenn durch die betriebliche Leistung nicht eine sog. Überversorgung eintritt, die ein Arbeitgeber sonst im eigenen Interesse zu verhindern sucht.[112] Aus **Vereinfachungsgründen** kann angenommen werden, dass diese Grenze nicht überschritten ist, wenn die Aufwendungen für die Altersversorgung des Arbeitnehmer-Ehegatten (Arbeitgeber- und Arbeitnehmeranteile zur gesetzlichen Rentenversicherung, freiwillige Leistungen des Arbeitgebers für Zwecke der Altersversorgung und Zuführung zu einer Pensionsrückstellung) 30 v. H. des Arbeitslohns nicht übersteigen.[113]

Ist einem Arbeitnehmer auch eine **Witwenversorgung** zugesagt worden, dann ist die Pensionsrückstellung nicht mit steuerlicher Wirkung abzulehnen, wenn Arbeitgeber eine sog. Einpersonen-GmbH & Co. KG ist, deren alleinige Gesellschafterin der GmbH und alleinige Kommanditistin die Ehegattin des versorgungsberechtigten Arbeitnehmers. Weder die handelsrechtlichen Vorschriften noch § 6 a EStG erlauben oder gebieten es, den Teil der Zusage unberücksichtigt zu lassen, der sich auf die Witwenversorgung bezieht, wenn die hieraus Begünstigte gleichzeitig alleiniger Kommanditist und alleiniger Gesellschafter der Komplementär-GmbH ist. Denn auch aus diesem Teil der Zusage ergibt sich für die Gesellschaft als solche eine ungewisse Verbindlichkeit, der durch Bildung einer entsprechenden Rückstellung Rechnung getragen werden muss (§ 249 Abs. 1 HGB, R 41 Abs. 1 Satz 2 EStR). Da Inhaber des Anspruchs die Witwe des verstorbenen Arbeitnehmers sein wird und die GmbH & Co. KG die Verpflichtung zu erfüllen hat, fallen bei Eintritt des Versorgungsfalls Anspruch und Verpflichtung nicht – wie bei einem Einzelunternehmen – in einer Person zusammen.[114] Dagegen ist eine Zusage auf **Witwenversorgung** im Rahmen von Ehegatten-Pensionszusagen in Einzelunternehmen nicht rückstellungsfähig.[115]

Bei **Einzelunternehmen** ist in Fällen, in denen der Arbeitnehmer-Ehegatte wesentlich jünger als der Arbeitgeber-Ehegatte ist, mit der Inanspruchnahme aus der Ver-

---

110 BFH, BStBl 1981 II S. 654.
111 BFH, BStBl 1983 II S. 500, vgl. auch BFH, BStBl 1989 II S. 969, 1990 II S. 1044, 1993 II S. 604 m. w. N., 1994 II S. 381 m. w. N.
112 BFH, BStBl 1983 II S. 209.
113 BFH, BStBl 1987 II S. 557.
114 BFH, BStBl 1988 II S. 883.
115 H 41 [10] EStH; BFH v. 16. 2. 1994 – IX R 32/93. DB 1994 S. 1400 bzw. BFHE 174, 146.

sorgungszusage nur dann zu rechnen, wenn ausgeschlossen werden kann, dass der Arbeitnehmer-Ehegatte den Betrieb des Arbeitgeber-Ehegatten übernimmt. Außerdem müssen konkrete Anhaltspunkte dafür gegeben sein, dass bei einer Veräußerung des Betriebes durch den Arbeitgeber-Ehegatten die Verpflichtung aus der Versorgungszusage vom Erwerber übernommen wird, wenn und soweit sie nicht aus dem Veräußerungserlös erfüllt werden kann.[116]

Erteilt eine „Arbeitgeber-Mutter" ihrem „Arbeitnehmer-Sohn" eine Pensions- und Versorgungszusage, so ist eine Rückstellung nur zulässig, wenn die „Arbeitgeber-Mutter" mit ihrer Inanspruchnahme rechnen muss. Das ist nicht der Fall, wenn der Sohn als Erbe eingesetzt ist und wegen des großen Altersunterschiedes und des fortgeschrittenen Alters der Mutter eine Inanspruchnahme weder für die Altersversorgung noch für die Versorgung bei Invalidität noch für die Hinterbliebenen wahrscheinlich ist.[117]

Für künftige **Beiträge an den Pensionssicherungsverein** (PSV) aus bereits eingetretenen Insolvenzfällen sind Rückstellungen unzulässig.[118]

16.2.20 Leistungsverpflichtungen aus Vorruhestandsregelungen

Im Zusammenhang mit dem Gesetz zur Erleichterung des Übergangs vom Arbeitsleben in den Ruhestand[119] hat der Arbeitgeber zur Abfindung von bestimmten, vorzeitig ausscheidenden Arbeitnehmern Vorruhestandsgeld bis zum Erreichen der Altersgrenze, d. h. bis zum Beginn der Zahlung von Altersruhegeld, zu leisten. Nach Auffassung der Finanzverwaltung[120] kann die Verpflichtung des Arbeitgebers zur Zahlung von Vorruhestandsleistungen steuerrechtlich durch Bildung einer Rückstellung berücksichtigt werden. Die Rückstellung ist entsprechend den Grundsätzen des § 6 a EStG vorzunehmen; das bedeutet u. a. Nachholverbot, Rechnungszinsfuß in Höhe von 6 v. H., Verteilungswahlrecht nach § 6 a Abs. 4 EStG.

Auch bei den Verpflichtungen zu Vorruhestandsleistungen und zur Zahlung von Überbrückungsgeldern ist die Vorschrift des § 249 Abs. 1 Satz 1 HGB und bei entsprechenden Altzusagen Artikel 28 Abs. 1 Satz 1 EGHGB anzuwenden. Die steuerrechtliche Behandlung entspricht demnach der bei unmittelbaren Pensionszusagen nach § 6 a EStG.

---

116 BFH, BStBl 1984 II S. 661. Weitere Einzelheiten zur steuerrechtlichen Behandlung von Aufwendungen des Arbeitgebers für die betriebliche Altersversorgung des im Betrieb mitarbeitenden Ehegatten ergeben sich aus BMF, BStBl 1984 I S. 495. Zum Fremdvergleich und zur Nurpension vgl. darüber hinaus BFH, BStBl 1996 II S. 153.
117 BFH, BStBl 1994 II S. 111.
118 BFH, BStBl 1996 II S. 406.
119 V. 13. 4. 1984, BGBl I S. 601.
120 BMF, BStBl 1984 I S. 518.

16 Rückstellungen und Rücklagen

16.2.21 Urlaubsansprüche, Weihnachtsgratifikationen

Am Bilanzstichtag rückständige Urlaubsverpflichtungen bemessen sich nach dem den betroffenen Arbeitnehmern zustehenden Urlaubsentgelt einschließlich der Lohnnebenkosten. Im Einzelnen sind in die Bewertung der Rückstellung einzubeziehen:[121]

- Bruttoarbeitsentgelt,
- Arbeitgeberanteile zur Sozialversicherung,
- Urlaubsgeld,
- weitere lohnabhängige Nebenkosten (z. B. Beiträge an die Berufsgenossenschaft).

Nicht einzubeziehen sind

- jährlich vereinbarte Sondervergütungen (Weihnachtsgeld, Tantiemezahlungen, Zuführungen zu Pensions- und Jubiläumsrückstellungen),
- Zahlungen, die nicht Bestandteil von Lohn und Gehalt sind (z. B. vermögenswirksame Leistungen),
- allgemeine Verwaltungskosten.

Die Höhe der Rückstellung bestimmt sich nach dem Urlaubsentgelt, das der Arbeitgeber hätte aufwenden müssen, wenn er seine Zahlungsverpflichtung bereits am Bilanzstichtag erfüllt hätte. Das bedeutet, dass nach dem Bilanzstichtag eintretende Gehalts- und Lohnsteigerungen auch dann nicht berücksichtigt werden können, wenn sie bei Aufstellung der Bilanz bereits bekannt waren.[122] Bei der Bewertung der Rückstellung sind Ausgleichsansprüche gegen Urlaubskassen nach § 6 Abs. 1 Nr. 3 a Buchstabe c EStG zu berücksichtigen.[123]

Eine noch offene Verpflichtung des Arbeitgebers zur Zahlung von Urlaubsentgelt kann bei Unternehmen mit einem vom Kalenderjahr abweichenden Wirtschaftsjahr nur insoweit als Verbindlichkeit bilanziert werden, als sie Urlaub betrifft, der auf den vor dem Bilanzstichtag liegenden Teil des Urlaubsjahres entfällt. Nur insoweit ist das Gleichgewicht von Leistung und Gegenleistung gestört.

Auch die Verpflichtung des Arbeitgebers zur Zahlung von **Weihnachtsgeld** kann bei abweichendem Wirtschaftsjahr nur in einer Höhe bilanziert werden, die bei zeitproportionaler Aufteilung des Weihnachtsgeldes auf die Zeit vor dem Bilanzstichtag entfällt.[124]

---

121 BFH, BStBl 1992 II S. 910.
122 BFH, BStBl 1996 II S. 406.
123 BFH, BStBl 1995 II S. 412.
124 BFH, BStBl 1980 II S. 506.

16.2.22 Wechselobligo

Soweit ein Kaufmann Kundenwechsel vor ihrer Einlösung weitergegeben hat, sind wegen des am Bilanzstichtag vorhandenen Risikos aus den weitergegebenen, noch nicht eingelösten Kundenwechseln (**Wechselobligo**) Einzelrückstellungen oder bei fehlendem konkreten Einzelrisiko eine **Pauschalrückstellung** zu bilden. Maßgebend für die Höhe der Rückstellung sind die Verhältnisse am Bilanzstichtag. Dabei sind alle bis zum Tag der Bilanzaufstellung eingetretenen oder bekannt gewordenen Umstände zu berücksichtigen, die Rückschlüsse auf die Bonität der Wechselschuldner am Bilanzstichtag zulassen (wertaufhellende Tatsachen). Eine wertaufhellende Tatsache liegt grundsätzlich auch dann vor, wenn ein Wechsel bis zum Tag der Bilanzaufstellung eingelöst worden ist.

Eine **Einzelrückstellung** kann daher für am Bilanzstichtag weitergegebene, aber bis zur Bilanzaufstellung eingelöste Kundenwechsel regelmäßig nicht gebildet werden. Die Passivierung einer Einzelrückstellung für das Wechselobligo aus einem am Bilanzstichtag weitergegebenen Kundenwechsel wird durch seine Einlösung bis zur Aufstellung der Bilanz nur dann nicht berührt, wenn die Einlösung des Wechsels auf Umständen beruht, die erst nach dem Bilanzstichtag eingetreten sind (wertbeeinflussende Tatsachen, z. B. eine Erbschaft).

Bei der **Pauschalrückstellung** ist der für das Wechselobligo maßgebliche Vomhundertsatz i. d. R. nach den betrieblichen Erfahrungen der vorangegangenen Wirtschaftsjahre zu ermitteln (§ 6 Abs. 1 Nr. 3 a Buchstabe a EStG). Die Höhe der Pauschalrückstellung ergibt sich aus der Anwendung dieses Vomhundertsatzes auf den Nennbetrag der bis zum Bilanzstichtag weitergegebenen Kundenwechsel, für die das Pauschalverfahren angewendet wird. Sind **alle** weitergegebenen Kundenwechsel, für die eine Pauschalrückstellung gebildet werden soll, im Zeitpunkt der Bilanzaufstellung eingelöst worden, so scheidet die Bildung einer Pauschalrückstellung aus. In diesem Fall ist erkennbar, dass am Bilanzstichtag objektiv keine Veranlassung zur Bildung einer Rückstellung bestand.[125] Sind die weitergegebenen Kundenwechsel im Zeitpunkt der Bilanzaufstellung nur zum **Teil** eingelöst worden, so darf die Rückstellung die Gesamtsumme der bei Bilanzaufstellung noch nicht eingelösten Kundenwechsel nicht übersteigen.

Beispiel

Gesamtbetrag der am Bilanzstichtag weitergegebenen Wechsel, für die das Pauschalverfahren angewendet wird	1 000 000 DM
Maßgeblicher Vomhundertsatz 3 v. H., Pauschalrückstellung rechnerisch	30 000 DM
Noch vorhandene Gesamtsumme der Wechsel bei Bilanzaufstellung	25 000 DM
Zulässige Pauschalrückstellung in der Steuerbilanz	25 000 DM

---

125 BFH, BStBl 1972 II S. 218.

16.2.23 Ärztemuster

Ein Arzneimittelhersteller, der in Werbeprospekten versprochen hat, den Interessenten auf Verlangen ein Ärztemuster abzugeben, kann dafür keine Rückstellung bilden. Von einer Schuld im Sinne eines schuldrechtlichen Anspruchs eines Gläubigers kann bei Werbemaßnahmen der vorliegenden Art nicht gesprochen werden.[126]

16.2.24 Jahresabschluss- und Prüfungskosten; Kosten der Hauptversammlung

In der Bilanz sind Rückstellungen für die **gesetzliche Verpflichtung** zur Aufstellung dieses Jahresabschlusses zu passivieren.[127] Das Gleiche gilt für die gesetzliche Verpflichtung zur **Prüfung** des Jahresabschlusses, zur **Veröffentlichung** des Jahresabschlusses im Bundesanzeiger, zur Erstellung des **Geschäftsberichts** und Erstellung der die Betriebssteuern des abgelaufenen Jahres betreffenden **Steuererklärungen**.[128] Zwar mag die Verpflichtung rechtlich erst im folgenden Wirtschaftsjahr entstehen, wirtschaftlich ist sie jedoch bereits im abgelaufenen Jahr begründet worden.[129] Eine Rückstellung für die Verpflichtung zur Durchführung der **Hauptversammlung** (Gesellschafterversammlung) ist nicht zulässig, weil die Hauptversammlung im Wesentlichen Aufgaben wahrzunehmen hat, die wirtschaftlich dem Jahr ihres Zusammentritts und ihrer Beschlussfassung zuzuordnen sind.[130] Eine Rückstellung kommt mangels Verpflichtung auch nicht in Betracht, wenn die Prüfung des Jahresabschlusses nur freiwillig oder gesellschaftsvertraglich angeordnet erfolgt.

Rückstellungen sind zu bilden für **Jahresabschlusskosten** und für die Kosten der Erstellung von **Betriebssteuererklärungen**. Dazu gehören GewSt-, USt- und KSt-Erklärungen. Eine Personengesellschaft kann dagegen keine Rückstellung für die Kosten der Erklärung für die gesonderte und einheitliche Feststellung des gewerblichen Gewinns bilden. Die Höhe der Rückstellungen für Jahresabschlusskosten bzw. für die Kosten der Erstellung von Betriebssteuererklärungen richtet sich nach den Kosten, die ein Steuerberater, Wirtschaftsprüfer etc. voraussichtlich in Rechnung stellen wird. Die künftig abziehbare Vorsteuer darf in die Rückstellung nicht einbezogen werden. Soweit der Jahresabschluss und die Betriebssteuererklärungen von Mitarbeitern im eigenen Unternehmen erstellt werden, sind nach § 6 Abs. 1 Nr. 3 a Buchstabe b EStG die Einzelkosten (Gehälter der Mitarbeiter) und die notwendigen Gemeinkosten einzubeziehen. Fraglich ist, ob nach der nunmehr gesetzlich geregelten Bewertung noch an der Rechtsprechung des BFH[131] festgehalten

---
126 BFH, BStBl 1977 II S. 278.
127 BFH, BStBl 1995 II S. 742.
128 BFH, BStBl 1981 II S. 62, 63.
129 Vgl. dazu auch BFH, BStBl 1980 II S. 297.
130 BFH, BStBl 1981 II S. 62.
131 BFH v. 24. 11. 1983, BStBl 1984 II S. 301.

werden kann, wonach Gemeinkosten nicht berücksichtigt werden dürfen.[132] Die Finanzverwaltung hat den noch im ESt-Handbuch 1998 enthaltenen Hinweis auf die fragliche BFH-Entscheidung in das ESt-Handbuch 1999 nicht mehr übernommen. Es darf daher davon ausgegangen werden, dass die Finanzverwaltung die notwendigen Gemeinkosten nunmehr ebenfalls einbeziehen will.

Die Verpflichtung zur **Buchung** laufender Geschäftsvorfälle des Vorjahres berechtigt zur Bildung einer eigenständigen Rückstellung in der Steuerbilanz.[133]

16.3 Rücklagen

16.3.1 Abgrenzungen

Ein Unternehmen kann jederzeit Rücklagen bilden. Diese Rücklagen sind Teil des Eigenkapitals und mindern den Gewinn nicht. Eine **gewinnneutrale** Passivierung von Rücklagen kann jedoch unter besonderen Umständen zu steuerrechtlichen Härten und wirtschaftlich unbefriedigenden Ergebnissen führen. Deshalb sind aus wirtschaftlichen und aus steuerpolitischen Gründen unter bestimmten Voraussetzungen **gewinnmindernde Rücklagen** zulässig.

Es sind zwei Gruppen gewinnmindernder Rücklagen zu unterscheiden:

a) **Der Stpfl. kann unter bestimmten Voraussetzungen Rücklagen gewinnmindernd bilden**, um einen realisierten Gewinn erst in der Zukunft zu versteuern bzw. mit Verlusten oder Abschreibungen auszugleichen. Zu diesen so genannten steuerfreien Rücklagen gehören die **Euroumrechnungsrücklage** (§ 6 d EStG), die **Ansparrücklage** (§ 7 g Abs. 3 EStG), die **Zuschussrücklage** (R 34 Abs. 4 EStR), die **Rücklage** nach **§ 6 Abs. 1 UmwStG** sowie die **Rücklage** nach **§ 52 Abs. 16 EStG**. Abgesehen von der Ansparabschreibung, der Zuschussrücklage und der Rücklage für den Umwandlungsfolgegewinn können Rücklagen nach § 6 d EStG erstmalig nur zum 31. 12. 1998 und Rücklagen nach § 52 Abs. 16 EStG erstmalig nur zum 31. 12. 1999 gebildet werden.

b) **Der Stpfl. kann eine aufgedeckte stille Reserve entweder gewinnmindernd ("steuerfrei") auf ein anderes Wirtschaftsgut übertragen** oder – wenn eine solche Übertragung bis zum Schluss des Wirtschaftsjahres, in dem die stille Reserve aufgedeckt worden ist, nicht möglich oder nicht zulässig war – die aufgedeckte stille Reserve gewinnmindernd in eine Rücklage (**Sonderposten mit Rücklageanteil**) einstellen. Zu dieser Gruppe von so genannten steuerfreien Rücklagen gehören die Rücklage für Ersatzbeschaffung (R 35 EStR) sowie die Re-Investitionsrücklage nach § 6 b EStG.

---
132 Vgl. BFH v. 25. 2. 1986, BStBl 1986 II S. 788 zu Abrechnungsverpflichtungen nach VOB, die mit Einzelkosten **und** Gemeinkosten zu bewerten sind.
133 BFH v. 25. 3. 1992, BStBl 1992 II S. 1010.

16.3.2 Ansparrücklage

Für Wirtschaftsjahre, die erstmals nach dem 31. 12. 1994 enden, dürfen Stpfl. gewinnmindernde Rücklagen in der Form einer sog. Ansparrücklage nach § 7 g Abs. 3 EStG passivieren. Die Ansparrücklage darf für die **künftige** Anschaffung oder Herstellung eines **neuen beweglichen** Wirtschaftsgutes gebildet werden. Dabei darf die Rücklage 50 % der Anschaffungskosten oder Herstellungskosten der voraussichtlichen Investition nicht überschreiten. Für Investitionen, die nach dem 31. 12. 2001 getätigt werden sollen, darf die Rücklage zum 31. 12. 2001 höchstens 40 % der voraussichtlichen Beschaffungskosten betragen (§ 52 Abs. 23 EStG i. d. F. des StSenkG). Begünstigt sind Investitionen, die der Stpfl. bis zum Ablauf des zweiten Jahres vornehmen will, das auf die Bildung der Rücklage folgt. Insgesamt darf die Rücklage am Bilanzstichtag 300 000 DM nicht übersteigen, sodass ein Investitionsvolumen von maximal 600 000 DM begünstigt ist.

Voraussetzung ist grundsätzlich, dass der Betrieb des Stpfl. die Größenordnungsmerkmale nach § 7 g Abs. 2 EStG erfüllt. Danach darf das Betriebsvermögen zum Schluss des vorangegangenen Jahres den Betrag von 400 000 DM nicht überschreiten. Voraussetzung ist nach Auffassung der Finanzverwaltung darüber hinaus, dass der Stpfl. die geplanten Investitionen nachweist. Zwar muss kein Investitionsplan vorgelegt werden, der Stpfl. soll aber das fragliche Wirtschaftsgut seiner Funktion nach benennen und den voraussichtlichen Investitionszeitpunkt sowie die voraussichtlichen Anschaffungs- bzw. Herstellungskosten angeben.[134] Dies ist u. E. eine sehr enge Auslegung der gesetzlichen Vorschriften.

Für Investitionen, die nach dem 31. 12. 2000 getätigt werden, ist Voraussetzung, dass vorher eine Rücklage passiviert wurde (§ 7 g Abs. 2 Nr. 3 EStG).

Beachtlich ist dagegen die Erlaubnis, auch für die beabsichtigte Beschaffung von **geringwertigen Wirtschaftsgütern** und **Firmenfahrzeugen** mit privatanteiliger Nutzung Ansparrücklagen passivieren zu dürfen. Dies entspricht zwar wörtlicher Gesetzesauslegung, überrascht dennoch, denn diese Wirtschaftsgüter unterliegen im Jahr ihrer Investition nicht der Sonderabschreibung nach § 7 g Abs. 1 EStG i. V. m. § 6 Abs. 2 EStG bzw. § 7 g Abs. 2 Nr. 2 b EStG.

a) **Auflösung der Rücklage** bei **rechtzeitiger** Verwirklichung der beabsichtigten Investition:
Die Rücklage ist in Höhe der Anschaffungs- oder Herstellungskosten des begünstigten Wirtschaftsgutes gewinnerhöhend aufzulösen, **sobald** Abschreibungen auf das Wirtschaftsgut zulässig sind (§ 7 g Abs. 4 Satz 1 EStG). Die Auflösung ist auch dann geboten, wenn der Stpfl. lediglich planmäßige Abschreibungen, jedoch Sonderabschreibungen nach § 7 g Abs. 1 EStG nicht oder noch nicht vornimmt oder nicht vornehmen darf, weil etwa die Voraussetzungen nach § 7 g Abs. 2 Nr. 2 b EStG nicht erfüllt sind.

---
134 BMF, BStBl 1996 I S. 1441.

16.3 Rücklagen

Beispiel

Wegen der beabsichtigten Investition eines neuen LKW (voraussichtliche AK 240 000 DM) hat ein Speditionsbetrieb zum 31. 12. 1999 eine Rücklage i. H. von 120 000 DM passiviert. Am 12. 11. 2000 wird der LKW angeschafft. Die AK haben 250 000 DM betragen. Die Voraussetzungen des § 7 g Abs. 2 EStG liegen vor. Der AfA-Satz beträgt 30 %, weil die Investition vor dem 1. 1. 2001 erfolgt ist.

Buchungen in 2000:

1. Fahrzeuge	250 000 DM		
VorSt (16 %)	40 000 DM	an Bank	290 000 DM
2. Abschreibungen	50 000 DM	an Fahrzeuge	50 000 DM
3. AfA (30 % × $^1/_2$)	37 500 DM	an Fahrzeuge	37 500 DM
4. SoPo/RL	120 000 DM	an sb Erträge	120 000 DM

b) **Auflösung der Rücklage,** wenn die beabsichtigte Investition nicht oder nicht fristgerecht verwirklicht wird:
Erfolgt die beabsichtigte Investition nicht bis zum Ablauf von zwei Jahren nach Bildung der Rücklage, dann ist die Rücklage **gewinnhöhend** aufzulösen (§ 7 g Abs. 4 Satz 2 EStG). Außerhalb der Bilanz erfolgt ein Gewinnzuschlag nach § 7 g Abs. 5 EStG.

c) **Auflösung der Rücklage,** wenn die beabsichtigte Investition nicht verwirklicht wird:
Erfolgt anstelle der beabsichtigten Investition eine nicht funktionsgleiche andere Investition, ist die Rücklage **gewinnhöhend** aufzulösen (§ 7 g Abs. 4 Satz 2 EStG). Außerhalb der Bilanz erfolgt ein Gewinnzuschlag nach § 7 g Abs. 5 EStG.

Beispiel

Wegen der beabsichtigten Investition einer neuen Datenverarbeitungsanlage (voraussichtliche AK 200 000 DM) hat ein Speditionsbetrieb zum 31. 12. 1998 eine Rücklage in Höhe von 100 000 DM passiviert. Am 12. 5. 2000 ist ein LKW des Betriebs nach Unfall wegen Totalschaden verschrottet worden. Da der Betrieb die erforderliche Liquidität für die Ersatzbeschaffung eines neuen LKW benötigte, wurde die Beschaffung der Datenverarbeitungsanlage auf 2001 verschoben. Die AK des neuen LKW haben am 12. 6. 2000 insgesamt 250 000 DM betragen. Die Voraussetzungen des § 7 g Abs. 2 EStG liegen vor.

Lösung:[135]

1. Zugang LKW (AK 250 000 DM)
2. Sonderabschreibung nach § 7 g Abs. 1 EStG ist zulässig. Erst für Sonderabschreibungen ab 2001 ist § 7 g Abs. 2 Nr. 3 EStG zu beachten.
3. AfA nach § 7 Abs. 2 EStG, maximal 30 %, weil die Beschaffung vor dem 31. 12. 2000 erfolgt ist.
4. Gewinnhöhende Auflösung der Rücklage aus 1998 zum 31. 12. 2000!

---
[135] BMF, BStBl 1996 I S. 1441.

16 Rückstellungen und Rücklagen

5. Gewinnzuschlag außerhalb der Bilanz für zwei Jahre (6 % von 100 000 DM × 2 = 12 000 DM), § 7 g Abs. 5 EStG.
6. Neue Rücklage zum 31. 12. 2000 ist zulässig, weil die Investition der EDV-Anlage voraussichtlich innerhalb der nächsten zwei Jahre – 2001 – stattfinden soll.

d) **Auflösung der Rücklage,** wenn die beabsichtigte Investition auch tatsächlich erfolgt ist, jedoch preiswerter als ursprünglich geplant verwirklicht werden konnte:
Soweit die Rücklage 50 % (ab 2001: 40 %) der tatsächlichen AK/HK der beabsichtigten Investition übersteigt, ist die Rücklage auch hinsichtlich des übersteigenden Betrages **gewinnerhöhend** aufzulösen (§ 7 g Abs. 4 Satz 2 EStG). Außerhalb der Bilanz erfolgt ein Gewinnzuschlag nach § 7 g Abs. 5 EStG für den übersteigenden Betrag.

Beispiel

Wegen der beabsichtigten Investition einer neuen Datenverarbeitungsanlage (voraussichtliche AK 200 000 DM) hat ein Speditionsbetrieb zum 31. 12. 1999 eine Rücklage in Höhe von 100 000 DM passiviert. Die tatsächlichen AK der Datenverarbeitungsanlage haben am 16. 11. 2000 180 000 DM betragen.

Lösung:

1. Betr/GA   180 000 DM
   VorSt (16 %)   28 800 DM   an Bank   208 800 DM
2. Abschreibungen (§ 7 g EStG) 36 000 DM   an Betr/GA   36 000 DM
3. AfA (30 % × ¹/₂)   27 000 DM   an Betr/GA   27 000 DM
4. SoPo/RL   100 000 DM   an sb Erträge   100 000 DM
5. Gewinnzuschlag außerhalb der Bilanz 6 % von 10 000 DM = 600 DM.

16.3.3 Zuschussrücklage

Zuschüsse zur Anschaffung oder Herstellung von Anlagegütern können als Minderung der Anschaffungs- oder Herstellungskosten behandelt werden (R 34 EStR). Werden die Zuschüsse in einem früheren Wirtschaftsjahr vereinnahmt, als die Anschaffung oder Herstellung des Wirtschaftsgutes erfolgt, kann die vorgesehene Minderung auf dem Anlagekonto noch nicht erfolgen. Zwecks Verhinderung eines steuerpflichtigen Ertrages erlaubt R 34 Abs. 4 EStR, dass in Höhe des Zuschusses eine gewinnmindernde Rücklage gebildet wird, die im Jahr der Anschaffung oder Herstellung im Wege der Abschreibung (§ 254 HGB, § 5 Abs. 1 Satz 2 EStG) auf das Anlagegut zu übertragen ist.

Beispiel

Zwecks Anschaffung einer Maschine erhält ein Unternehmer aus öffentlichen Mitteln einen Zuschuss von 10 000 DM. Die Anschaffung erfolgt im folgenden Wirtschaftsjahr zum Preise von 40 000 DM zzgl. 6400 DM USt.

16.3 Rücklagen

Buchungen im 1. Wirtschaftsjahr:

S	Bank	H		S	Zuschussrücklage	H
1) 10 000 DM				SBK 10 000 DM	2)	10 000 DM

S	sb Erträge	H		S	sb Erträge	H
	1)	10 000 DM		2) 10 000 DM		

Buchungen im 2. Wirtschaftsjahr:

S	Zuschussrücklage	H		S	Maschinen	H
3) 10 000 DM	AB	10 000 DM		1) 40 000 DM	2)	10 000 DM

S	Bank	H		S	Vorsteuer	H
	1)	46 400 DM		1) 6 400 DM		

S	Abschreibungen	H		S	sb Erträge	H
2) 10 000 DM					3)	10 000 DM

Wegen weiterer Einzelheiten vgl. 15.5.4.

16.3.4 Rücklage für Ersatzbeschaffung (RfE)

Die Rücklage für Ersatzbeschaffung (R 35 EStR) verfolgt den Zweck, stille Reserven, die durch das Ausscheiden eines Wirtschaftsgutes aus dem Betriebsvermögen aufgrund höherer Gewalt oder eines behördlichen Eingriffs aufgedeckt wurden, bis zur Anschaffung oder Herstellung des Ersatzwirtschaftsgutes, auf das die im ausgeschiedenen Wirtschaftsgut enthaltenen stillen Reserven übertragen werden dürfen, in der Bilanz zu neutralisieren. Die RfE ist gewinnerhöhend aufzulösen, wenn das Ersatzwirtschaftsgut angeschafft oder hergestellt oder wenn die Absicht der Ersatzbeschaffung endgültig aufgegeben wird. Im ersten Fall wird die stille Reserve im Wege der Abschreibung (§ 254 HGB) von den Anschaffungs- oder Herstellungskosten des Ersatzwirtschaftsgutes abgezogen und die Rücklage gewinnerhöhend aufgelöst (sb Erträge). Bei Aufgabe der Ersatzbeschaffungsabsicht wird der bisher noch nicht versteuerte Gewinn durch Auflösung der Rücklage zugunsten der sonstigen betrieblichen Erträge (vgl. § 281 Abs. 2 HGB) realisiert.[136]

---

136 Wegen der Möglichkeit der Übertragung stiller Reserven, die beim Ausscheiden von Wirtschaftsgütern infolge höherer Gewalt aufgedeckt werden, s. o. 15.5.5.

16 Rückstellungen und Rücklagen

16.3.5 Reinvestitionsrücklage

Wegen der Möglichkeit der Übertragung stiller Reserven, die bei Veräußerungen aufgedeckt werden, s. 15.5.6. Eine gewinnmindernde Rücklage ist nur dann zu bilanzieren, wenn eine Übertragung nach § 6 b Abs. 1 EStG bis zum Bilanzstichtag nicht erfolgt ist und die Fristen gem. § 6 b Abs. 3 EStG (ggf. § 6 b Abs. 8 EStG) noch nicht abgelaufen sind.

16.3.6 Auflösung steuerfreier Rücklagen bei Veräußerung oder Aufgabe des Betriebes

Bei der Veräußerung oder Aufgabe eines Betriebes sind Gewinne aus der Auflösung so genannter steuerfreier Rücklagen nicht dem laufenden Gewinn, sondern dem Veräußerungsgewinn zuzurechnen.[137] Dies gilt auch für den Gewinnzuschlag nach § 6 b Abs. 7 EStG bzw. § 7 g Abs. 5 EStG.[138]

---

137 BFH, BStBl 1992 II S. 392, vgl. auch H 139 [9] „Rücklage" EStH.
138 BMF, BStBl 1996 I S. 1441.

17 Entnahmen und Einlagen

17.1 Begriff der Entnahmen

17.1.1 Gegenstand der Entnahme

Nach § 4 Abs. 1 Satz 2 EStG sind Entnahmen alle **Wirtschaftsgüter,** die der Stpfl. dem Betrieb für sich, für seinen Haushalt oder für andere betriebsfremde Zwecke, z. B. zur Schenkung an nahe Verwandte, im Laufe des Wirtschaftsjahres entnommen hat. Als Entnahme kommen damit nicht nur bilanzierungsfähige Wirtschaftsgüter (Geld, Waren, Erzeugnisse, Wertpapiere, Grundstücke, Kraftfahrzeuge usw.) in Betracht, sondern auch geldwerte Vorteile, die nicht die Eigenschaft eines Wirtschaftsgutes besitzen (schlichte Nutzungen und Leistungen). Wird z. B. einem Gewerbetreibenden von einem Geschäftspartner eine Reise zugewendet, so ist der Wert dieser Reise als Betriebseinnahme zu erfassen. Wird dieser aus betrieblichem Anlass zugewendete Sachwert zu betriebsfremden, insbesondere privaten Zwecken verwendet, so kann die Verwendung nicht zu Betriebsausgaben führen; es liegt vielmehr die Entnahme einer Leistung vor.[1]

Da Entnahmen alle **Wertabgaben des Betriebes für betriebsfremde Zwecke** sind,[2] kommen außer bilanzierungsfähigen und nicht bilanzierungsfähigen Wirtschaftsgütern auch schlichte Nutzungen und Leistungen in Betracht. Die Korrektur des Ergebnisses des Betriebsvermögensvergleichs durch Hinzurechnung der Entnahmen und Abzug der Einlagen hat allein den Zweck, beim Einzelunternehmer die betriebliche von der privaten Sphäre abzugrenzen. Diese Abgrenzung erstreckt sich nicht nur auf die den Vermögensgegenständen gleichzusetzenden Wirtschaftsgüter, sondern auch auf Aufwendungen. Im Betrieb angefallene Aufwendungen, die nicht betrieblich veranlasst sind, sind keine Betriebsausgaben i. S. des § 4 Abs. 4 EStG und können deshalb nicht gewinnmindernd berücksichtigt werden. Andererseits sind aber die im Privatbereich angefallenen Aufwendungen Betriebsausgaben i. S. des § 4 Abs. 4 EStG, soweit sie betrieblich veranlasst sind. Deshalb wird bei der betriebsfremden Nutzung von Wirtschaftsgütern des Betriebsvermögens die Nutzungsentnahme nicht mit dem tatsächlichen Wert der Nutzung, sondern mit den auf die Nutzung entfallenden Aufwendungen erfasst.[3]

Beispiele
a) Ein Bauunternehmer lässt durch Arbeitskräfte seines Betriebes an seinem Wohnhaus Reparaturen durchführen.

---

1 BFH, BStBl 1989 II S. 641.
2 Vgl. auch BFH, BStBl 1988 II S. 995.
3 BFH, BStBl 1988 II S. 348 m. w. N., BStBl 1989 II S. 872, hier S. 874, BStBl 1990 II S. 8, BStBl 1994 II S. 353.

17 Entnahmen und Einlagen

Es handelt sich um eine Wertabgabe in Form einer Leistung in Höhe der durch die Leistung verursachten Aufwendungen.
b) Mit dem betrieblichen PKW werden Privatfahrten ausgeführt.
Die Wertabgabe besteht in einer Nutzung in Höhe des durch die private Nutzung verursachten Aufwands.[4]
Die persönliche Arbeitsleistung des Betriebsinhabers bewirkt keinen Aufwand und scheidet deshalb für eine Entnahme aus.

Beispiele
a) Ein Architekt fertigt den Entwurf für sein Wohnhaus.
b) Ein Arzt behandelt seine Familienmitglieder kostenlos.
Es handelt sich nicht um Entnahmen.

Werden im Betrieb hergestellte Erzeugnisse entnommen, dann erstreckt sich die Entnahme auf den fertigen Gegenstand. Sie erfasst dann natürlich bei Mitarbeit des Betriebsinhabers auch seine persönliche Arbeitsleistung, die in das Wirtschaftsgut eingegangen ist und so dessen Teilwert bestimmt.

Entnahmen ergeben sich im Allgemeinen bei Verschiebung von Wirtschaftsgütern vom Betriebsvermögen ins Privatvermögen, also wenn ein Wirtschaftsgut aus dem betrieblichen Bereich in den privaten Bereich übergeht. Dazu bedarf es einer außerbetrieblichen Sphäre, in die die Wirtschaftsgüter überführt werden können. Begrifflich sind Entnahmen deshalb nur bei Einzelunternehmen und Personengesellschaften möglich, denn alle Wirtschaftsgüter der Kapitalgesellschaften rechnen zum Betriebsvermögen.

Zu den Entnahmen gehören auch alle Beträge, die zur Zahlung nicht abziehbarer Personensteuern (ESt, KiSt, SolZ, ErbSt) und damit zusammenhängender Nebenleistungen dem Betriebsvermögen entnommen werden. Dasselbe gilt für die USt auf unentgeltliche Wertabgaben i. S. des § 3 Abs. 1 b bzw. § 3 Abs. 9 a UStG (§ 12 Nr. 3 EStG, § 10 Nr. 2 KStG). Die USt im Zusammenhang mit Entnahmen muss deshalb ebenfalls als Entnahme gebucht werden.

Beispiel
Der Unternehmer schenkt seiner Tochter ein gebrauchtes Fahrzeug seines Anlagevermögens (Teilwert = Wiedereinkaufspreis ohne USt 5000 DM; Buchwert 3000 DM).

Buchung
Entnahmen	5800 DM	an Fahrzeuge	3000 DM
		an sb Erträge	2000 DM
		an USt	800 DM

17.1.2 Entnahmefähigkeit

Grundsätzlich sind neben Nutzungen und Leistungen alle Wirtschaftsgüter entnahmefähig. Die Aktivierungsfähigkeit ist nicht entscheidend. Deshalb können auch nicht entgeltlich erworbene immaterielle Wirtschaftsgüter des Anlagevermögens

---
4 Vgl. auch o. 8.2.2.

17.1 Begriff der Entnahmen

entnommen werden. Bei Gegenständen des notwendigen Betriebsvermögens ist eine Entnahme im Allgemeinen nicht möglich, solange die betriebliche Zweckbestimmung weiter besteht. Nur wenn sie durch Entnahme vom Betrieb endgültig gelöst wird, sich also die objektive Beziehung zum Betrieb ändert, wie bei Warenentnahmen, können auch Wirtschaftsgüter des notwendigen Betriebsvermögens entnommen werden.

Grundsätzlich nicht entnahmefähig ist der Geschäfts- oder Firmenwert; er ist mit dem betreffenden Betrieb unlösbar verbunden. Eine Ausnahme besteht jedoch dann, wenn ein Stpfl. sein Einzelunternehmen an eine zuvor von ihm bar gegründete GmbH verkauft und sich der Kaufpreis nur nach den im Einzelunternehmen bilanzierten Aktiva und Passiva bemisst, obgleich ein erheblicher, nicht bilanzierter Firmenwert vorhanden ist. In diesem Fall bedeutet der unentgeltliche Übergang des Geschäftswerts auf die GmbH eine im Rahmen der ansonsten entgeltlichen Geschäftsveräußerung getätigte Entnahme mit der Folge der Gewinnrealisierung gem. § 16 Abs. 3 EStG und gleichzeitigen Erhöhung der Anschaffungskosten der GmbH-Beteiligung.[5] Zur Behandlung in der GmbH als verdeckte Einlage s. u. 17.4.6.

17.1.3 Verwendung für betriebsfremde Zwecke

Eine Entnahme setzt begrifflich voraus, dass die Wirtschaftsgüter betriebsfremden Zwecken zugeführt werden. Das trifft zu bei Entnahmen für die private Lebensführung, aber auch bei Überführung von Wirtschaftsgütern, z. B. eines vermieteten Grundstücks, in das Privatvermögen. Durch die Entnahme wird das Wirtschaftsgut, das bisher dem Betrieb gewidmet war, aus dieser Bindung gelöst und in den außerbetrieblichen Vermögensbereich des Unternehmers überführt.

Bei Waren des notwendigen Betriebsvermögens liegt eine Verwendung für betriebsfremde Zwecke nicht vor, wenn die entnommenen Waren weiterverkauft werden. Die Veräußerung ist kein Privatgeschäft, sondern ein Geschäftsvorfall im Rahmen des Gewerbebetriebes. Handelsgeschäfte gehören im Zweifel zum Handelsgewerbe eines Kaufmanns (§ 344 HGB).

Beispiel
Ein Kaufmann ist mit der Miete für seine Privatwohnung im Rückstand. Die Schuld in Höhe von 2400 DM begleicht er durch eine Warenlieferung, die an Zahlungs statt genommen wird. Die Anschaffungskosten dieser Waren, die dem Teilwert entsprechen, haben 1800 DM betragen.
Durch die Lieferung erhält der Kaufmann 2400 DM, denn er wird in dieser Höhe von einer privaten Schuld befreit. Zur Tilgung der privaten Schuld wird nicht die Ware im Teilwert von 1800 DM, sondern die durch eine betriebliche Leistung entstandene Forderung auf den Warenverkauf verwendet.[6]

---

5 BFH, BStBl 1987 II S. 705.
6 Nach BFH, BStBl 1982 II S. 18 soll zwar die Hingabe eines betrieblichen Wirtschaftsgutes zur Erlangung eines privaten Wirtschaftsgutes oder zur Befreiung von einer privaten Schuld eine Entnahme des **Wirtschaftsgutes** sein. Diese zu § 6 b EStG ergangene Entscheidung kann aber u. E. nicht verallgemeinert werden.

17 Entnahmen und Einlagen

Buchung

Entnahmen	2400 DM	an Warenverkauf	2068,97 DM
		an USt	331,03 DM

17.1.4 Überführung in einen anderen Betrieb desselben Stpfl.

Nach § 6 Abs. 5 Satz 1 EStG ist keine Entnahme gegeben, wenn ein Wirtschaftsgut innerhalb des betrieblichen Bereichs von einem Betrieb oder Betriebsteil unmittelbar in einen anderen Betrieb oder Betriebsteil desselben Stpfl. übergeht und dabei eine spätere steuerrechtliche Erfassung der im Buchansatz für dieses Wirtschaftsgut enthaltenen stillen Reserven gewährleistet ist (sog. finaler Entnahmebegriff). Die Wirtschaftsgüter werden in solchen Fällen nicht zu betriebsfremden Zwecken verwendet; sie verlassen nicht den betrieblichen Bereich. Unter dem Betrieb wird das gesamte betriebliche Vermögen eines Stpfl. verstanden und nicht nur die jeweilige wirtschaftliche Einheit. Demgemäß wird auch das Wort „betriebsfremd" auf das gesamte betriebliche Vermögen bezogen.[7] Dazu gehört nicht nur das gewerbliche Betriebsvermögen, sondern auch das land- und forstwirtschaftliche sowie das freiberufliche Betriebsvermögen.

Beispiel

Ein Wirtschaftsgut wird aus einer freiberuflichen Praxis in das gewerbliche Betriebsvermögen desselben Stpfl. überführt.

Weil die Erfassung stiller Reserven nicht beeinträchtigt wird, handelt es sich um keine zur Gewinnrealisierung führende Entnahme. Der Übergang in das gewerbliche Betriebsvermögen **ist** nach § 6 Abs. 5 Satz 1 EStG mit dem **Buchwert** zu bewerten.

Entsprechendes gilt auch für ein Wirtschaftsgut, z. B. ein Grundstück, das aus einem Gewerbebetrieb in einen land- und forstwirtschaftlichen Betrieb überführt wird. Das gilt auch dann, wenn **der Gewerbebetrieb** gleichzeitig eingestellt wird. Es liegt **keine** Entnahme des Grundstücks vor, weil die einkommensteuerrechtliche Erfassung der im Gewerbebetrieb gebildeten stillen Reserven gewährleistet ist.[8] Die stillen Reserven werden durch die Überführung in den landwirtschaftlichen Betrieb zwar der Gewerbesteuer entzogen. Das ist hier jedoch unerheblich, weil im Fall der Betriebseinstellung Gewerbesteuer auf die vorhandenen stillen Reserven nicht mehr anfallen kann.[9]

Ist begrifflich keine Entnahme gegeben, dann hat die Ausbuchung sowie die Übernahme der Wirtschaftsgüter durch den aufnehmenden Betrieb zum Buchwert zu erfolgen. Beim übertragenden Betrieb findet keine Gewinnrealisierung statt.

Liegt zwar keine Entnahme durch **Überführung** in den außerbetrieblichen Bereich vor, ist aber nach Nutzungsänderung die Versteuerung der stillen Reserven **(Steuer-**

---

7 BFH, BStBl 1975 II S. 168
8 BFH, BStBl 1989 II S. 187.
9 BFH, BStBl 1987 II S. 342; s. auch Abschn. 38 Abs. 1 Satz 18 GewStR.

17.1 Begriff der Entnahmen

verstrickung) nicht gesichert, dann kommt es zur Entnahme zum Teilwert (**Steuerentstrickung**).

Beispiele

a) Ein Wirtschaftsgut wird aus einem gewerblichen Betriebsvermögen in einen Betrieb der Land- und Forstwirtschaft (Gewinnermittlung nach Durchschnittssätzen gem. § 13 a EStG) desselben Stpfl. überführt.
Es handelt sich um eine mit dem Teilwert zu bewertende Entnahme. Die Versteuerung der stillen Reserven ist nicht gewährleistet, § 6 Abs. 5 Satz 1 EStG.[10]

b) Ein Wirtschaftsgut wird aus einem inländischen Betrieb in dessen ausländische Betriebsstätte überführt. Der Gewinn der ausländischen Betriebsstätte unterliegt aufgrund eines Doppelbesteuerungsabkommens (DBA) nicht der inländischen Besteuerung.
Auch in diesem Falle handelt es sich um eine mit dem Teilwert zu bewertende Entnahme.[11]

17.1.5 Überführung in eine ausländische Betriebsstätte

Bei der Überführung eines Wirtschaftsgutes von einer inländischen in eine ausländische Betriebsstätte sind die stillen Reserven aufzudecken.

Die DBA regeln jedoch nicht die Frage, in welchem Zeitpunkt der Gewinn oder Verlust verwirklicht wird. Diese Frage ist nach den allgemeinen Grundsätzen zu beantworten. Danach wird im Zeitpunkt der Überführung eines Wirtschaftsgutes von einer Betriebsstätte in eine andere noch kein Gewinn oder Verlust verwirklicht, weil das Wirtschaftsgut den betrieblichen Bereich noch nicht verlassen hat. Erst im **Zeitpunkt der Veräußerung** oder **Entnahme** des Wirtschaftsgutes aus dem Vermögen der ausländischen Betriebsstätte heraus ist der Gewinn zu versteuern.

Als Gewinn (Verlust) ist der Unterschiedsbetrag zwischen dem **Fremdvergleichspreis** des Wirtschaftsgutes und dem Wert zu erfassen, den das Wirtschaftsgut nach § 6 EStG (Buchwert) im **Zeitpunkt seiner Überführung** hat. Fremdvergleichspreis ist der Preis, den unabhängige Dritte unter gleichen oder ähnlichen Bedingungen vereinbart hätten. Da der Gewinn (Verlust) im Zeitpunkt der Überführung steuerlich noch nicht zu berücksichtigen ist, ist der Unterschiedsbetrag (Fremdvergleichspreis ./. Buchwert) zunächst durch einen passiven (aktiven) **Ausgleichsposten** in der **Steuerbilanz** zu **neutralisieren**. Der Ausgleichsposten ist bei Ausscheiden des Wirtschaftsgutes aus der ausländischen Betriebsstätte **erfolgswirksam** aufzulösen. Bei abnutzbaren Anlagegütern ist der Ausgleichsposten bereits vorher zeitanteilig gemäß ihrer restlichen Nutzungsdauer in der ausländischen Betriebsstätte aufzulösen. **Wahlweise** kann der Stpfl. Gewinne (Verluste) aus der Überführung von Wirtschaftsgütern abweichend von den vorstehenden Grundsätzen bereits im Zeitpunkt der Überführung bei der inländischen Besteuerung berücksichtigen.

---
10 BFH, BStBl 1989 II S. 187.
11 BFH, BStBl 1970 II S. 175, BStBl 1972 II S. 760; BMF, BStBl 1990 I S. 72.

Wird das in eine ausländische Betriebsstätte überführte Wirtschaftsgut in eine inländische Betriebsstätte des Unternehmens **zurückgeführt,** so ist für Zwecke der Gewinnabgrenzung zwischen den Betriebsstätten von dem Fremdvergleichspreis im Zeitpunkt der Rückführung auszugehen. Das Wirtschaftsgut ist in der Steuerbilanz mit dem Fremdvergleichspreis zu **aktivieren.** Ein für dieses Wirtschaftsgut noch bestehender Ausgleichsposten, der bei Überführung in die ausländische Betriebsstätte gebildet worden war, ist durch Kürzung vom Fremdvergleichspreis erfolgsneutral aufzulösen.[12]

Bei der Überführung eines Wirtschaftsgutes aus der inländischen beschränkt stpfl. Betriebsstätte in ein **ausländisches Stammhaus** verlässt das Wirtschaftsgut den Unternehmensbereich, der der deutschen Steuerhoheit unterliegt, jedoch endgültig. Daher müssen schon im Zeitpunkt des Ausscheidens aus der inländischen Betriebsstätte die stillen Reserven aufgedeckt und versteuert werden. Der Gewinn aus diesem Überführungstatbestand ist allein der inländischen Betriebsstätte, nicht dem ausländischen Stammhaus zuzuordnen. Die Vorschriften des nationalen Steuerrechts lassen es deshalb grundsätzlich nicht zu, bei Ausscheiden eines Wirtschaftsgutes aus einer **beschränkt** stpfl. inländischen Betriebsstätte die vorstehenden Regelungen entsprechend anzuwenden.[13]

Auch wenn in den überführten Wirtschaftsgütern tatsächlich keine stillen Reserven enthalten sind, handelt es sich in diesen Fällen um Entnahmen.

Wegen der Entnahme bei Mitunternehmerschaften s. u. 21.7.3.

17.1.6 Wertabgabe

Entnahme eines Wirtschaftsgutes bedeutet dessen Entfernung aus dem Betriebsvermögen. Ein Wirtschaftsgut wird jedoch nicht ohne weiteres entnommen, wenn es **auch** privat **genutzt** wird. Dann ist Gegenstand der Entnahme die betriebsfremde Nutzung des Wirtschaftsgutes. Die damit verbundene Wertabgabe des Betriebes an den außerbetrieblichen Bereich ist mit dem anteiligen Aufwand anzusetzen.[14] Bei derartigen Nutzungen kommt es nicht darauf an, ob Wirtschaftsgüter für betriebliche Zwecke auch ohne private Benutzung oder Nutzung den gleichen Aufwand verursachen würden, sondern allein darauf, ob und in welcher Höhe durch die außerbetriebliche Inanspruchnahme der Betrieb Werte abgibt. Ein noch so großer Nutzen für den Inhaber oder seinen Haushalt ist keine Entnahme, wenn sie den Betrieb nichts kostet. Zur Bewertung der privaten PKW-Nutzung s. 17.3.5.

Die Nutzung eines zum Betriebsvermögen gehörigen Flugzeugs für private Flüge führt zu einer Entnahme, die ohne Rücksicht auf die Auslastung des Flugzeugs durch Aufteilung der jährlichen Gesamtaufwendungen für das Flugzeug – ein-

---
12 BMF, BStBl 1990 I S. 72.
13 BMF-Schreiben v. 3. 6. 1992 – IV B 2 – S 2135 – 4/92, BB 1992 S. 1321.
14 BFH, BStBl 1988 II S. 348, BStBl 1989 II S. 872, hier S. 874, BStBl 1990 II S. 8.

17.1 Begriff der Entnahmen

schließlich sämtlicher fixen Kosten – in einen betrieblichen und einen privaten Anteil zu berechnen ist; Teilungsmaßstab sind die betrieblich und privat zurückgelegten Flugminuten. Unerheblich ist, dass die Charterung eines anderen Flugzeugs preislich günstiger wäre.[15]

Aufwendungen eines Architekturbüros (Materialkosten und Lohnkosten für Arbeitnehmer) für den privaten Hausbau des Architekten dürfen den Gewinn aus freiberuflicher Tätigkeit auch dann nicht mindern, wenn die zeichnerischen Hilfsdienste nur ausgeführt werden, weil die Arbeitnehmer nicht ausgelastet sind.[16]

Abgrenzend ist zu beachten, dass zu Unrecht bilanzierte Wirtschaftsgüter des notwendigen Privatvermögens nicht zum Betriebsvermögen gehören, mithin keine Wertabgabe und daher keine mit dem Teilwert zu bewertende Entnahme darstellen können. Vielmehr handelt es sich um eine Bilanzberichtigung, die erfolgsneutral zum „Buchwert" erfolgt.[17]

17.1.7 Entnahmehandlung[18]

Wirtschaftsgüter des Betriebsvermögens werden in erster Linie durch eine **ausdrückliche** Entnahmehandlung, aber auch durch **schlüssige** (konkludente) Handlungen oder entsprechende Rechtsvorgänge entnommen.[19]

Bei der Gegenstandsentnahme kann eine Entnahmehandlung wie im Fall der Betriebsaufgabe, die einen Entnahmevorgang eigener Art = Totalentnahme darstellt,[20] in einer Erklärung oder in einer buchmäßigen Verdeutlichung des Willens des Stpfl. bestehen. So entscheidet beim **gewillkürten Betriebsvermögen** die Buchung über die Zugehörigkeit des Wirtschaftsgutes. Solange die Willensentschließung der privaten Nutzung nicht in einer eindeutigen Entnahmebuchung ihren Niederschlag gefunden hat, liegt eine Entnahme nicht vor. Der Indizwert einer Buchung entfällt jedoch, wenn sie den zu beurteilenden Geschäftsvorfall zweideutig oder unzutreffend wiedergibt.[21] Bei Wirtschaftsgütern des **notwendigen** Betriebsvermögens oder **notwendigen** Privatvermögens kommt der buchmäßigen Behandlung keine Bedeutung zu.

Auch eine Nutzungsänderung kann eine konkludente Entnahmehandlung sein, wenn sie unmittelbar auf die Entnahme des Wirtschaftsgutes gerichtet ist.[22] Wird ein bisher zum Betriebsvermögen gehörendes Gebäude nur noch zu eigenen Wohnzwecken verwendet, so wird es mit der Nutzungsänderung notwendiges Privat-

---

15 BFH, BStBl 1980 II S. 176, 671.
16 FG München, rkr., EFG 1983 S. 595.
17 BFH, BStBl 1972 II S. 874.
18 Wegen der Besonderheiten bei Grundstücken Hinweis auf 13.5.9.
19 BFH, BStBl 1990 II S. 317, hier S. 318 re. Spalte. Zu den Anforderungen an die Eindeutigkeit einer Entnahmehandlung vgl. BFH, BStBl 1990 II S. 318 m. w. N.
20 BFH, BStBl 1983 II S. 771.
21 BFH, BStBl 1975 II S. 811.
22 BFH, BStBl 1976 II S. 66.

17 Entnahmen und Einlagen

vermögen.[23] Auch die teilweise Nutzungsänderung kann zu einer Entnahme führen.[24] Dasselbe gilt, wenn ein Teil des Betriebsgrundstücks privat überbaut wird.[25] In besonders gelagerten Fällen kann auch ein Rechtsvorgang genügen, der das Wirtschaftsgut aus dem Betriebsvermögen ausscheiden und notwendiges Privatvermögen werden lässt.[26]

Beispiele

a) Ein bislang zum Betriebsvermögen gehörendes Wirtschaftsgut wird durch Erbfall notwendiges Privatvermögen.

b) Durch Wegfall der personellen Verflechtung zwischen Besitz- und Betriebsunternehmen kommt es zu einer Betriebsaufgabe des Besitzunternehmens mit der Folge, dass die im Betriebsvermögen des früheren Besitzunternehmens enthaltenen stillen Reserven aufzulösen sind.[27]

Die Entnahmehandlung oder der entsprechende Rechtsvorgang bewirkt entweder eine Lösung der **persönlichen** Verknüpfung der Wirtschaftsgüter mit dem Betrieb durch Änderung der Rechtszuständigkeit, d. h. durch Übergang des zivilrechtlichen oder wirtschaftlichen Eigentums auf eine andere Person als den Betriebsinhaber, z. B. durch eine Schenkung, oder eine Lösung der **sachlichen** Verknüpfung mit dem Betrieb, z. B. durch eine ausschließliche Nutzung für private Zwecke.[28] Ist eine eindeutige Entnahmehandlung festgestellt, so kommt es auf die Vorstellungen des Stpfl. über die spätere Verwendung des entnommenen Wirtschaftsgutes (z. B. eines auf ein privates Sparkonto eingezahlten Geldbetrages) nicht an.[29]

Der **Strukturwandel** eines Gewerbebetriebs zum landwirtschaftlichen Betrieb ist keine Entnahmehandlung,[30] ebenso wenig der Übergang zur Liebhaberei.[31]

Wie der Strukturwandel zum Gewerbebetrieb oder die Betriebsverpachtung führt die Verkleinerung des Betriebs der Land- und Forstwirtschaft selbst dann nicht zu einer Zwangsentnahme der verbliebenen landwirtschaftlichen Flächen, wenn eine ertragreiche Bewirtschaftung nicht mehr möglich ist. Mangels einer ausdrücklichen Erklärung der Entnahme findet nur der Übergang vom notwendigen zum gewillkürten Betriebsvermögen statt.[32]

Ein zum gewillkürten Betriebsvermögen gehörender Miteigentumsanteil an einem Grundstück verliert die Betriebsvermögenseigenschaft nicht dadurch, dass der Anteil des anderen Miteigentümers hinzuerworben, aber nicht dem Betriebsvermögen zugeordnet wird, sondern Privatvermögen bleibt.[33]

---

23 BFH, BStBl 1973 II S. 313, BStBl 1974 II S. 240.
24 BFH, BStBl 1973 II S. 477.
25 BFH, BStBl 1973 II S. 706. Wegen der Entnahme bei Geschosswechsel s. BFH, BStBl 1970 II S. 313.
26 BFH, BStBl 1975 II S. 580.
27 BFH, BStBl 1984 II S. 474, s. auch u. 22.
28 BFH, BStBl 1986 II S. 666.
29 BFH, BStBl 1975 II S. 811.
30 BFH, BStBl 1975 II S. 168.
31 BFH, BStBl 1982 II S. 381.
32 BFH, BStBl 1993 II S. 430.
33 BFH, BStBl 1994 II S. 559.

17.1 Begriff der Entnahmen

Ist eine Forderung aus Gründen, die mit ihrer betrieblichen Entstehung zusammenhängen, dem Grund und/oder der Höhe nach bestritten, so sind ihr ein betrieblich verursachtes Risiko und eine betrieblich verursachte Chance wesenseigen, die sich auch im betrieblichen Bereich auswirken müssen. Sie können nicht durch „Entnahme" in den privaten Bereich verlagert werden. Ein solche nicht entnahmefähige Forderung[34] bleibt auch nach Aufgabe des Betriebs Betriebsvermögen.[35]

Ein Wirtschaftsgut, das bei der Gewinnermittlung durch Betriebsvermögensvergleich (§ 4 Abs. 1 oder § 5 EStG) als gewillkürtes Betriebsvermögen behandelt worden ist, wird durch den **Übergang zu einer Gewinnermittlungsart**, bei der gewillkürtes Betriebsvermögen nicht in Betracht kommt (§ 4 Abs. 3 EStG, § 13 a EStG), nicht zwangsläufig entnommen (§ 4 Abs. 1 Satz 3 EStG).

Wird bei der Gewinnermittlung durch Überschussrechnung nach § 4 Abs. 3 EStG oder nach Durchschnittssätzen nach § 13 a EStG die Nutzung eines Wirtschaftsgutes in der Weise geändert, dass es nach der **Nutzungsänderung** nicht mehr zum notwendigen Betriebsvermögen, aber auch nicht zum notwendigen Privatvermögen gehört, so ist die Nutzungsänderung nach § 4 Abs. 1 Satz 4 EStG keine Entnahme.

Die entgeltliche Bestellung einer Vielzahl von Erbbaurechten an einem zum Betriebsvermögen gehörenden Grundstück und die anschließende Bebauung durch die Berechtigten führen grundsätzlich nicht zu einer Entnahme.[36]

Beispiele

a) Ein Buch führender Landwirt mit Gewinnermittlung nach § 4 Abs. 1 EStG hat eine unbebaute Fläche langfristig verpachtet und zulässigerweise als gewillkürtes Betriebsvermögen behandelt. Am 1. 7. 01 geht der Landwirt zur Gewinnermittlung nach § 13 a EStG über.

Zwar ist bei der Gewinnermittlung nach § 13 a EStG die Bildung gewillkürten Betriebsvermögens grundsätzlich nicht möglich; der Übergang von der Gewinnermittlung durch Betriebsvermögensvergleich zur Gewinnermittlung nach Durchschnittssätzen führt jedoch nicht zu einer Entnahme aus dem Betriebsvermögen (§ 4 Abs. 1 Satz 3 EStG). Die stillen Reserven müssen noch nicht versteuert werden.

b) Ein Freiberufler mit Gewinnermittlung nach § 4 Abs. 3 EStG verlegt am 1. 7. 01 seine Praxis aus der sein Teileigentum (§ 1 Abs. 3 WEG) bildenden Praxisetage in sein neu errichtetes Einfamilienhaus mit Praxisanbau. Die Etage ist seit dem 1. 7. 01 gegen ein marktgerechtes Nutzungsentgelt vermietet. Am 1. 7. 01 beträgt der Buchwert des Teileigentums 300 000 DM, der Teilwert 400 000 DM.

Das Teileigentum gehört nach der Nutzungsänderung weder zum notwendigen Betriebsvermögen noch zum notwendigen Privatvermögen und kann trotz Gewinnermittlung nach § 4 Abs. 3 EStG als gewillkürtes Betriebsvermögen[37] behandelt werden (§ 4 Abs. 1 Satz 4 EStG). Die stillen Reserven in Höhe von 100 000 DM sind noch nicht zu realisieren.

---

34 Das gilt auch für ungewisse Verbindlichkeiten, BFH, BStBl 1990 II S. 537.
35 BFH, BStBl 1994 II S. 564.
36 BFH, BStBl 1993 II S. 342; BFH, BStBl 1998 II S. 665.
37 Ob außerhalb des § 4 Abs. 1 Satz 3 EStG im Rahmen der Überschussrechnung gewillkürtes Betriebsvermögen möglich ist, ist zur Zeit nicht abschließend geklärt. Vgl. R 13 Abs. 16 EStR, aber andererseits BFH v. 24. 2. 2000, BStBl 2000 II S. 297.

c) Der Freiberufler mit Gewinnermittlung nach § 4 Abs. 3 EStG verlegt am 1. 7. 01 seine Praxis aus seinem Einfamilienhaus, das bis zu diesem Zeitpunkt zu 30 % eigenbetrieblich und zu 70 % zu eigenen Wohnzwecken genutzt wurde, in das soeben erworbene Teileigentum. Ab 1. 7. 01 dient das Einfamilienhaus ausschließlich eigenen Wohnzwecken. Am 1. 7. 01 betragen Buchwert des bisherigen Praxisteils 100 000 DM und Teilwert = 250 000 DM.

Die Nutzungsänderung führt zu einer Entnahme des bislang eigenbetrieblich genutzten Grundstücksteils. Ab 1. 7. 01 gehört das gesamte Grundstück zum notwendigen Privatvermögen. Die mit dem Teilwert anzusetzende Entnahme (§ 6 Abs. 1 Nr. 4 EStG) führt zu einem Entnahmegewinn von 150 000 DM.

17.1.8 Entnahmezeitpunkt

Die Entnahmehandlung legt gleichzeitig den Zeitpunkt der Entnahme fest. Bei der Gegenstandsentnahme kommt es auf den Zeitpunkt des Tätigwerdens des Stpfl. an, d. h. auf die Abgabe der Erklärung, die buchmäßige Verdeutlichung bzw. den Zeitpunkt der Nutzungsänderung. Bei Entnahme durch Rechtsvorgang ist der Zeitpunkt maßgebend, in dem die Rechtsänderung eingetreten ist. Da die Entnahmehandlung in der Sphäre des Stpfl. liegt, trägt er die objektive Beweislast für den Entnahmezeitpunkt.[38] Bei Übertragung des Eigentums ist Entnahmezeitpunkt der Zeitpunkt, zu dem das wirtschaftliche Eigentum übergeht.

Eine erst im Rahmen des Jahresabschlusses und der Aufstellung der Steuerbilanz vorgenommene Buchung einer Entnahme, die erst die Entfernung aus dem Betriebsvermögen darstellt und **nicht** auf einer tatsächlich früheren Entnahmehandlung beruht, kann nicht auf das abgelaufene Wirtschaftsjahr zurückbezogen werden. Sie ist dem Jahr zuzurechnen, in welchem die Buchung stattgefunden hat.[39] Der früheste Termin ist der Zeitpunkt der Ausbuchung im Rahmen des Abschlusses; als spätester Entnahmetermin kommt der Tag in Betracht, an dem die Bilanz und die Steuererklärung beim Finanzamt eingegangen sind.[40]

Erwirbt ein **Miterbe** das Alleineigentum an einem Nachlassgegenstand des Betriebsvermögens gegen Zahlung einer Abfindung an die Erbengemeinschaft, so liegt ein entgeltliches Geschäft zwischen Mitunternehmer und Mitunternehmerschaft vor.[41][42] Der erwerbende Miterbe hat in voller Höhe der Abfindungszahlung Anschaffungskosten. Die Erbengemeinschaft erzielt insoweit einen Veräußerungsgewinn, als die gezahlte Abfindung den Buchwert des veräußerten Wirtschaftsgutes übersteigt.[43]

Leistet der erwerbende Miterbe keine Abfindungszahlung, weil ihm der Wert des übertragenen Gegenstands bei der Auseinandersetzung über den weiteren Nachlass angerechnet werden soll, so tätigt er als Mitunternehmer eine Entnahme aus dem Betriebsvermögen der Erbengemeinschaft.

---

38 BFH, BStBl 1987 II S. 679.
39 BFH, BStBl 1983 II S. 365.
40 BFH, BStBl 1985 II S. 395.
41 BFH, BStBl 1990 II S. 837.
42 S. u. 21.1.2.
43 S. u. 21.7.2.2.

17.1 Begriff der Entnahmen

Der Entnahmegewinn ist Teil des Gesamtgewinns der Mitunternehmerschaft. Dieser ist den Mitunternehmern (Miterben) nach dem allgemeinen Gewinnverteilungsschlüssel zuzurechnen, der sich bei den Miterben nach ihrem Anteil am Nachlass bestimmt.[44]

Beispiele

a) Mit dem Tod des Einzelunternehmers V am 15. 11. 02 sind seine Kinder A und B als seine Erben Miteigentümer des ererbten Vermögens zur gesamten Hand (§ 2032 Abs. 1 BGB) und zugleich Mitunternehmer i. S. des § 15 Abs. 1 Satz 1 Nr. 2 EStG geworden. Die Erbengemeinschaft führt das Einzelunternehmen fort.
Am 10. 5. 04 veräußert die Erbengemeinschaft das zum gewillkürten Betriebsvermögen gehörende unbebaute Grundstück, dessen Buchwert 50 000 DM beträgt, zum Verkehrswert (= Teilwert) in Höhe von 200 000 DM an B, die das Grundstück ab Erlangung des wirtschaftlichen Eigentums am 10. 5. 04 privat nutzt. B zahlt den Preis am 10. 5. 04 durch Banküberweisung.

Die Veräußerung des Grundstücks an B zu Bedingungen, wie sie unter fremden Dritten üblich sind, führt auch im Verhältnis Mitunternehmerschaft – Mitunternehmer zur vollen Gewinnrealisierung und zu Anschaffungskosten. Ggf. kann der Veräußerungsgewinn nach § 6 b EStG neutralisiert werden (s. o. 15.5.6).

Die Buchung lautet:

Bank   300 000 DM   an unbebaute Grundstücke   50 000 DM
                                                  an sonst. betriebl. Erträge 250 000 DM

Für B sind hierdurch Anschaffungskosten in Höhe von 300 000 DM entstanden, die sich noch um weitere Aufwendungen wie Grundbuch- und Notarkosten sowie GrESt erhöhen.

b) Sachverhalt wie im Beispiel a). Am 10. 5. 04 entnimmt B im Einvernehmen mit A das Grundstück und nutzt es seitdem privat. Eine Schenkung des A an B ist mit der Überführung des Grundstücks in das Alleineigentum der B nicht verbunden; es handelt sich um eine teilweise Erbauseinandersetzung.
Die Entnahme des Grundstücks (§ 4 Abs. 1 Satz 2 EStG) ist gem. § 6 Abs. 1 Nr. 4 Satz 1 EStG mit dem Teilwert in Höhe von 300 000 DM zu bewerten.

Die Buchung lautet:

Entnahmen B   300 000 DM   an unbebaute Grundstücke   50 000 DM
                                                  an sonst. betriebl. Erträge 250 000 DM

Da keine unentgeltliche Zuwendung des A an B vorliegt, das Grundstück vielmehr bei der späteren Auseinandersetzung über den gesamten Nachlass angerechnet werden soll, kann der erzielte Gewinn von 250 000 DM nicht B allein zugerechnet werden. Dieser Gewinn ist vielmehr im Rahmen der Gewinnverteilung den Kapitalkonten A und B mit je 125 000 DM gutzuschreiben.[45]

c) Nach dem Testament des Vaters erbt der Sohn das Einzelunternehmen, die Tochter ein Betriebsgrundstück, das sie nach der Auseinandersetzung an ihren Bruder zur betrieblichen Nutzung vermietet. Die Vermietung fällt unter § 21 EStG.
Die Teilungsanordnung hat schuldrechtliche Wirkung und begründet keine Sondererbfolge. Die Miterben sind zunächst Mitunternehmer des ererbten Betriebs geworden.[46]

---

[44] § 2038 Abs. 2, § 743 Abs. 1 BGB, s. BMF, BStBl 1993 I S. 62, 74.
[45] S. auch BMF, BStBl 1993 I S. 62/74.
[46] BFH, BStBl 1990 II S. 837.

873

17 Entnahmen und Einlagen

Nunmehr scheidet die Tochter gegen Abfindung in Sachwerten aus der Mitunternehmerschaft aus.[47]

Die Vermietung und Verpachtung eines bisher betrieblich genutzten Grundstücks führt zu keiner Entnahme, solange der Stpfl. das Grundstück weiterhin in seiner Bilanz ausweist und objektive Merkmale fehlen, die darauf schließen lassen, dass eine spätere Verwendung zu betrieblichen Zwecken ausgeschlossen erscheint. Ist die Absicht, das vermietete Grundstück in Zukunft betrieblich zu nutzen, nicht mehr zu verwirklichen, oder erweist sich diese Absicht nachträglich als nicht ernsthaft, so muss der Stpfl. sich die Vermietung als Entnahme zu dem Zeitpunkt zurechnen lassen, in dem erstmals erkennbar wird, dass die Voraussetzungen für die Annahme von Betriebsvermögen fehlen. Im Urteilsfall war das der Zeitpunkt der Geschäftsaufgabe.[48]

Entnahmen können nicht zurückdatiert werden. Sie können vor allem **nicht** durch eine **Bilanzänderung** auf einen Zeitpunkt vor dem Bilanzstichtag zurückbezogen werden.[49] Ebenso ist es grundsätzlich nicht möglich, Entnahmen mit rückwirkender Kraft wieder aufzuheben.[50] Verschenkt ein Betriebsinhaber sein Betriebsgrundstück an seinen Sohn und wird der Vertrag nach zweieinhalb Monaten im selben Kalenderjahr wieder aufgehoben, weil die steuerlichen Folgen der Übertragung (Gewinnverwirklichung durch Entnahme) vermieden werden sollen, so lässt diese Gestaltung nicht zu, die Entnahme des Grundstücks als ungeschehen anzusehen. Es liegt vielmehr eine **Einlage nach Entnahme** vor (§ 6 Abs. 1 Nr. 5 EStG). Rückübertragung des Grundstücks und Einlage in das Betriebsvermögen bedeuten keine Rückgängigmachung der Schenkung mit steuerlicher Wirkung.

Eine Entnahme liegt auch dann vor, wenn sich der Betriebsinhaber den **Nießbrauch** am Grundstück vorbehalten hat, ohne wirtschaftlicher Eigentümer des Grundstücks zu bleiben.[51]

17.1.9 Verhältnis Entnahme und unentgeltlicher Wertabgabe nach UStG

Der einkommensteuerrechtliche Entnahmebegriff deckt sich nicht mit dem umsatzsteuerrechtlichen Begriff der unentgeltlichen Wertabgabe i. S. der § 3 Abs. 1 b und § 3 Abs. 9 a UStG. Obwohl in vielen Fällen der Praxis Entnahme nach EStG und Entnahme nach UStG deckungsgleich vorliegen und regelmäßig mit derselben Bemessungsgrundlage[52] erfasst werden, sind doch eine Reihe von Sachverhalten denkbar, bei denen die Tatbestände voneinander abweichen.

---

47 S. u. 21.9.3.5.
48 BFH, BStBl 1987 II S. 113.
49 BFH, BStBl 1973 II S. 700.
50 BFH, BStBl 1975 II S. 811.
51 Vgl. dazu auch 15.11.2.5.
52 Bemessungsgrundlage ist nach § 6 Abs. 1 Nr. 4 EStG grundsätzlich der Teilwert, der im Regelfall dem Wiedereinkaufspreis ohne USt nach § 10 Abs. 4 Nr. 1 UStG bzw. den anteiligen Kosten nach § 10 Abs. 4 Nr. 2 UStG entspricht.

17.2 Bewertungsgrundsätze für Entnahmen

Beispiele

a) Möbelhändler M entnimmt seinem Warenlager Möbel zur Ausstattung seiner Wohnung.

Es liegt eine Entnahme nach § 4 Abs. 1 Satz 2 EStG vor, die mit dem Teilwert zu bewerten ist. Gleichzeitig handelt es sich um eine unentgeltliche Wertabgabe i. S. des § 3 Abs. 1 b Nr. 1 UStG, die mit dem Wiedereinkaufspreis ohne USt (regelmäßig = Teilwert) angesetzt wird.

b) Kfz-Händler K schenkt seiner Tochter zum Abitur einen PKW aus dem Bestand seiner Gebrauchtwagen, den er ohne Vorsteuerabzug von einem Privatmann erworben hatte.

Es liegt eine Entnahme nach § 4 Abs. 1 Satz 2 EStG vor, die mit dem Teilwert zu bewerten ist. Eine unentgeltliche Wertabgabe liegt dagegen nicht vor, weil K bei Erwerb des Fahrzeuges nicht zum Vorsteuerabzug berechtigt war (§ 3 Abs. 1 b Satz 2 UStG).

c) Ein Möbelhändler entnimmt seinem Warenlager Gegenstände für die Einrichtung von Zimmern in seinem Miethaus, die möbliert an Studenten vermietet werden sollen.

Die Entnahme erfolgt zwar für betriebsfremde Zwecke, nicht aber für Zwecke, die außerhalb des Unternehmens liegen. Denn die Vermietung ist eine unternehmerische Tätigkeit.

d) Arbeitnehmer führen Reparaturen am privaten Wochenendhaus des Betriebsinhabers in Holland aus. Aus dem Betrieb im Inland werden keine Materialien entnommen.

Es liegt zwar eine Entnahme in Höhe der Lohnkosten vor. Da die Arbeitnehmer im Ausland tätig werden, liegt jedoch kein steuerbarer Umsatz vor (§ 1 Abs. 1 Nr. 1, § 3 Abs. 9 a Nr. 2 UStG).

17.2 Bewertungsgrundsätze für Entnahmen

17.2.1 Bewertungsmaßstab

Nach § 6 Abs. 1 Nr. 4 EStG sind Entnahmen mit dem **Teilwert** zu bewerten. Dadurch soll verhindert werden, dass stille Reserven durch eine Entnahme der Besteuerung entzogen werden könnten. Die **gesamte** Wertabgabe des Betriebes soll erfasst werden. Das gilt auch dann, wenn das Wirtschaftsgut vor der Entnahme auch privat genutzt und die private Nutzung als Entnahme behandelt worden ist. Nur bei den in § 6 Abs. 1 Nr. 4 Satz 4 EStG geregelten Sondertatbeständen zum Spendenabzug kann die Entnahme mit dem **Buchwert** angesetzt werden.

Bei **Geldbeträgen** entspricht der Nennbetrag dem Teilwert. Bei Waren richtet sich der Teilwert im Allgemeinen nach den **Wiederbeschaffungskosten** (= Selbstkosten). Bei Betrieben, die zum Vorsteuerabzug berechtigt sind, ist das der Wiederbeschaffungspreis **ohne** die darauf entfallende USt. Denn der Teilwert ist ein betriebsbezogener Wert. Der gedachte Erwerber könnte ebenso wie der Betriebsinhaber das entnommene Wirtschaftsgut zum Nettopreis wiederbeschaffen, wenn die Vorsteuer abgezogen werden kann. Nur wenn oder soweit ein Abzug ausscheidet (§ 15 Abs. 2 bis 4; § 19 Abs. 1 UStG), müsste er die USt wirtschaftlich tragen. Daraus folgt, dass der Teilwert i. S. des § 6 Abs. 1 Nr. 4 EStG grundsätzlich den Nettowiederbeschaffungskosten entspricht und die darauf entfallende abziehbare Vorsteuer im Falle der Besteuerung nach den allgemeinen Vorschriften des UStG nicht berücksichtigt werden darf.

Bei selbst hergestellten Erzeugnissen entspricht der Teilwert den Selbstkosten, also den Wiederherstellungskosten zzgl. entstandener Verwaltungs- und Vertriebskosten im Entnahmezeitpunkt.[53]

§ 6 Abs. 1 Nr. 4 EStG regelt mit Ausnahme der privaten PKW-Nutzung nicht, mit welchem Wert **Nutzungs- bzw. Leistungsentnahmen** zu bewerten sind. Diese Gesetzeslücke hat der BFH geschlossen.[54] Danach sind die im Betrieb tatsächlich angefallenen Selbstkosten maßgebend. Stille Reserven wie bei der Bewertung mit dem Teilwert im Falle der Sachentnahme werden dabei nicht berücksichtigt, weil diese bei einer bloßen Nutzung nicht aufgedeckt werden. Die Bewertung der Entnahme von **Gegenständen** mit dem Teilwert findet ihre Rechtfertigung darin, dass die in dem Buchwert des Wirtschaftsgutes ruhenden stillen Reserven in das Privatvermögen überführt werden. Stille Reserven können sich nur in bilanzierungsfähigen Wirtschaftsgütern ansammeln. Durch eine private **Nutzung** können zwar stille Reserven vernichtet oder reduziert werden, sie werden jedoch nicht in das Privatvermögen verlagert. Damit fehlt es bezüglich der vernichteten stillen Reserven an der Verwirklichung eines unter § 4 Abs. 1 Satz 2 EStG fallenden Tatbestandes. Dies ist der Grund, weshalb stille Reserven bei der Bewertung einer Nutzungsentnahme außer Betracht bleiben müssen.

Auch bei der Bewertung der Entnahme von **Leistungen** kann der Teilwert eines Wirtschaftsgutes keine Rolle spielen. Vielmehr ist der durch Leistungen des Betriebes für den außerbetrieblichen Bereich verursachte **Aufwand** zu berücksichtigen. Dieser entspricht wie bei der Entnahme von Nutzungen den Vollkosten. Das sind die Selbstkosten ohne kalkulatorische Kosten.

17.2.2 Pauschsätze für die Ermittlung des Teilwertes

In manchen Branchen sind Einzelaufzeichnungen über die Warenentnahmen nicht möglich. Dies gilt vor allem für die Betriebe, die Nahrungsmittel und Genussmittel vertreiben, sowie für die Landwirtschaft. Im Interesse der Vereinfachung erfolgt die Bewertung der Warenentnahmen in diesen Fällen nach Pauschsätzen, die von der Finanzverwaltung festgesetzt und mit der Richtsatzsammlung Jahr für Jahr fortgeschrieben und bekannt gegeben werden. Die Pauschsätze sind nicht bindend. Der Einzelnachweis bleibt vorbehalten. Die für Umsatzsteuerzwecke (§ 3 Abs. 1 b und

---

53 BFH, BStBl 1980 II S. 176, BStBl 1990 II S. 8.
54 BStBl 1990 II S. 8; BStBl 1994 II S. 353.

§ 3 Abs. 9 a UStG) maßgebenden Pauschbeträge werden ebenfalls in den entsprechenden Verwaltungsanweisungen angegeben.

17.3 Einzelfragen

17.3.1 Entnahmen bei unentgeltlicher Übertragung[55]

Wie im Fall der Gesamtrechtsnachfolge stellt die unentgeltliche Übertragung eines Betriebes, Teilbetriebes oder eines Anteiles am Betrieb unter Lebenden keine Entnahme dar.[56] Die Versteuerung der stillen Reserven wird durch Fortführung der Buchwerte gesichert (§ 6 Abs. 3 EStG).

Führt der **Nießbraucher** aufgrund eines ihm vom Erben in Erfüllung eines Vermächtnisses eingeräumten Nießbrauches am Unternehmen den Gewerbebetrieb des Erblassers fort, so ist das Nießbrauchsrecht in der Bilanz seines Unternehmens nicht anzusetzen. Denn ebenso wie die unentgeltliche Übertragung eines ganzen Betriebes oder Teilbetriebes zu betriebsfremden Zwecken keine Entnahme beinhaltet, führt die unentgeltliche Überlassung eines gesamten Betriebes zur Nutzung nicht zu einer Entnahme des Nutzungsrechts. Vielmehr tritt der Nutzungsberechtigte, was die Nutzung des Betriebsvermögens zur Einkunftserzielung betrifft, wie ein Rechtsnachfolger an die Stelle des die Nutzungsberechtigung überlassenden Eigentümers.[57]

Werden einzelne zu einem Betriebsvermögen gehörende Wirtschaftsgüter unentgeltlich übertragen, so liegt eine mit dem Teilwert zu bewertende Entnahme vor, wenn die **Schenkung** nicht auf betrieblichen, sondern auf persönlichen (familiären) Gründen beruht. Das gilt grundsätzlich auch dann, wenn es sich bei den Beschenkten um Angehörige handelt, z. B. die Ehefrau. Andernfalls würden die im Betrieb gebildeten stillen Reserven unversteuert bleiben.

Schenkungen, vorweggenommene **Erbregelungen, Erbteilungen** usw. sind Vorgänge, die stets in der privaten Sphäre liegen und den betrieblichen Gewinn **nicht** beeinflussen dürfen. Das setzt hinsichtlich des zum Betriebsvermögen gehörenden Teils eine Entnahme voraus, die mit dem Teilwert zu bewerten ist.[58] In diesen Fällen liegt eine Entnahme jedoch nur dann vor, wenn der Betriebsinhaber nicht nur das zivilrechtliche, sondern auch das wirtschaftliche Eigentum verliert.[59]

Die Schenkung eines Betriebsgrundstückes aus privaten Gründen setzt dessen Entnahme voraus. Das gilt auch dann, wenn der Eigentümer sich den **Nießbrauch** an

---
55 Bei teilentgeltlicher Übertragung s. o. 15.5.10.5 und 15.5.10.6.
56 BFH, BStBl 1971 II S. 686.
57 BFH, BStBl 1981 II S. 396.
58 BFH, BStBl 1972 II S. 876, BStBl 1974 II S. 481.
59 BFH, BStBl 1983 II S. 631.

dem Grundstück vorbehält. Der Umstand, dass der (bisherige) Eigentümer das Grundstück weiter betrieblich nutzt, ist nicht als Einlage des Nießbrauchsrechts zu erfassen.[60] Die bloße Nutzung ist nicht einlagefähig.[61]

Erhält ein **Vermächtnisnehmer** ein Wirtschaftsgut, das zum Betriebsvermögen des Erblassers gehörte und das bei dem Vermächtnisnehmer Privatvermögen wird, so liegt eine Entnahme des Alleinerben oder aller Miterben vor.[62] Ein etwa anfallender Entnahmegewinn ist dem Erben (den Miterben), nicht dem Vermächtnisnehmer anzurechnen.[63] Erhält ein **Pflichtteilsberechtigter** von den Erben statt Geld ein Wirtschaftsgut aus dem ererbten Betriebsvermögen, so wird ein Entnahmegewinn nicht beim Pflichtteilsberechtigten, sondern bei den Erben realisiert.[64]

Errichtet eine PersG auf einem zum **Sonderbetriebsvermögen** eines Gesellschafters (Mitunternehmers) gehörenden Grundstück ein Betriebsgebäude und entnimmt der Gesellschafter das Grundstück durch unentgeltliche Übereignung auf einen Nicht-Mitunternehmer, so erstreckt sich die Entnahme nicht auf das Gebäude, das der PersG wie ein materielles Wirtschaftsgut oder evtl. als wirtschaftliches Eigentum zuzurechnen ist.[65] [66]

Außergewöhnlich ist die Lösung, wenn ein **Mitunternehmer** einer PersG ein Wirtschaftsgut seines **Sonderbetriebsvermögens** (z. B. Grundstück, Beteiligung) auf einen anderen Mitunternehmer derselben PersG **unentgeltlich** überträgt, wobei das Wirtschaftsgut nach der Übertragung zum Sonderbetriebsvermögen des Beschenkten gehört. Bis **einschließlich 1998** war die Übertragung zum **Buchwert** zulässig.[67] In den Jahren 1999 und 2000 muss die Übertragung als Entnahme mit dem **Teilwert** bewertet werden (§ 6 Abs. 5 Satz 3 EStG i. d. F. des StEntlG). **Seit 2001** erfolgt die Bewertung wieder mit dem **Buchwert** (§ 6 Abs. 5 Satz 3 EStG i. d. F. des StSenkG).[68]

17.3.2 Entnahme von Anteilen an der Betriebs-Kapitalgesellschaft aus dem Betriebsvermögen des Besitzunternehmens

Überträgt das Besitzunternehmen oder übertragen seine Gesellschafter Anteile an der Betriebs-Kapitalgesellschaft, die zum **Sonderbetriebsvermögen** der Gesellschafter des Besitzunternehmens gehören, auf nahe stehende Personen zu einem Kaufpreis, der niedriger als der bei der Veräußerung an einen fremden Dritten erzielbare Kaufpreis ist, so liegt in Höhe des Unterschiedsbetrages zwischen erziel-

---

60 BFH, BStBl 1988 II S. 348, BStBl 1991 II S. 82.
61 Vgl. auch H 14 [1] „Nutzungsvorteile" EStH; wegen der AfA vgl. H 18 „Nießbrauch" EStH.
62 BFH, BStBl 1990 II S. 837; vgl. auch BMF, BStBl 1993 I S. 62/74, 75.
63 BFH, BStBl 1994 II S. 319/321.
64 BFH, BStBl 1981 II S. 19.
65 BFH, BStBl 1982 II S. 693; BFH [GrS], BStBl 1995 II S. 281 und BStBl 1999 II S. 774.
66 Vgl. auch o. 15.11.2.5.
67 BFH, BStBl 1982 II S. 695.
68 Ein Musterbeispiel für eine „konsequente" Steuergesetzgebung.

barem und vereinbartem Kaufpreis eine Entnahme aus dem Besitzunternehmen vor (§ 4 Abs. 1 Satz 2, § 6 Abs. 1 Nr. 4 EStG). Eine Entnahme in diesem Sinne liegt auch vor, wenn die Inhaber des Besitzunternehmens es einer nahe stehenden Person ermöglichen, Anteile an der aus einer Betriebsaufspaltung hervorgegangenen Kapitalgesellschaft gegen Leistung einer Einlage, die niedriger als der Wert der Anteile ist, zu erwerben. In diesem Fall fehlt es zwar an einer unmittelbar auf die Anteile bezogenen Entnahmehandlung. Gleichwohl liegt eine Entnahme vor, weil die gewählte rechtliche Gestaltung dazu führt, dass stille Reserven von den den Gesellschaftern der Besitzgesellschaft gehörenden Anteilen auf Personen übergehen, bei denen diese Anteile nicht zum Betriebsvermögen der Besitzgesellschaft gehören. Der Wert der Entnahme entspricht dem Betrag der übergehenden stillen Reserven.[69]

17.3.3 Entnahme von Investmentanteilen

Entnahmewert von zum Betriebsvermögen gehörenden Investmentanteilen ist der Rücknahmepreis, wenn die Anteile für den Betrieb entbehrlich sind. Im zeitlichen Zusammenhang mit ihrer Anschaffung können die Investmentanteile jedoch noch nicht als überflüssige Wirtschaftsgüter angesehen werden. Dann gilt als Teilwert der Ausgabepreis.[70]

17.3.4 Entnahme eines Gegenstandes, für den ein Vorsteuerabzug nicht möglich war

Aufgrund des EuGH-Urteils vom 27. 6. 1989 Rs. 50/88 (UR 1989 S. 373) ist grundsätzlich geklärt, dass Art. 6 Abs. 2 a der 6. EG-Richtlinie die Besteuerung der privaten **Nutzung** eines Betriebsgegenstandes (Verwendungseigenverbrauch) ausschließt, der nicht zum vollen oder teilweisen Abzug der Mehrwertsteuer berechtigt hat, und dass sich ein Stpfl. vor den nationalen Gerichten auf dieses Verbot berufen kann.[71] Für die **Entnahme** eines Gegenstandes, der auf **Dauer** dem Unternehmen entzogen wird, enthält Art. 5 Abs. 6 der 6. EG-Richtlinie ein entsprechendes Besteuerungsverbot.[72]

Dem tragen nunmehr § 3 Abs. 1 b Satz 2 UStG und § 3 Abs. 9 a Nr. 1 UStG Rechnung. In den Fällen der Entnahme eines Gegenstandes liegt kein steuerbarer Umsatz vor, wenn bei der Beschaffung ein Vorsteuerabzug etwa wegen Erwerbs von einem Kleinunternehmer oder einer Privatperson nicht zulässig war.

---

69 BFH, BStBl 1991 II S. 832, der damit die Auffassung der Verwaltung bestätigt: BMF, BStBl 1985 I S. 97; zur Betriebsaufspaltung vgl. auch u. 22.2.
70 BFH, BStBl 1973 II S. 207.
71 Vgl. auch o. 8.2.2.1.
72 BFH v. 29. 8. 1991, BStBl 1992 II S. 267.

17 Entnahmen und Einlagen

Problematisch und zurzeit nicht geklärt ist die Rechtsfrage, die sich stellt, wenn der Unternehmer zwar für den Gegenstand selbst nicht zum Vorsteuerabzug berechtigt war, wohl aber für die später darin eingegangenen Bestandteile. Nach Auffassung der Finanzverwaltung soll in diesen Fällen im vollen Umfang ein steuerbarer Umsatz vorliegen (Abschn. 24 b Abs. 2 UStR; BMF v. 29. 5. 2000, BStBl 2000 I S. 819 Rz. 21).

Bestandteile sind dabei nur solche unselbstständigen Bauteile, die in das Fahrzeug der Substanz nach eingehen (z. B. nachgerüstetes Navigationsgerät). Nicht dazu gehören Erhaltungsaufwendungen aller Art (Reparaturen, Inspektion, Pflege).

Beispiel
Ein Unternehmer erwirbt für sein Unternehmen aus privater Hand einen gebrauchten PKW für 10 000 DM. Nach zwei Jahren entnimmt er den PKW in sein Privatvermögen. Während der zweijährigen unternehmerischen Nutzung hat er für Inspektionen, Reparaturen, Austausch von Verschleißteilen und Wagenwäsche insgesamt 2 100 DM (netto) aufgewendet und entsprechende Vorsteuerbeträge geltend gemacht.
Die Aufwendungen in Höhe von 2 100 DM stellen ausschließlich Erhaltungsaufwendungen dar. Die Entnahme des PKW unterliegt daher nicht der USt (§ 3 Abs. 1 b Nr. 1 und § 3 Abs. 1 b Satz 2 UStG).

Diese Regelung gilt auch dann, wenn der Unternehmer Gegenstände unentgeltlich an seine Arbeitnehmer liefert bzw. für unentgeltliche Lieferungen von Gesellschaften an ihre Gesellschafter.

17.3.5 Unfallkosten und private Nutzung von Fahrzeugen

17.3.5.1 Ermittlung der Kosten anhand eines Fahrtenbuches

Bei Fahrzeugen, die zum Betriebsvermögen gehören und vom Unternehmer auch für Privatfahrten benutzt werden, liegen im Hinblick auf die Privatnutzung **Entnahmen** vor (§ 4 Abs. 1 Satz 2 EStG). Zur Ermittlung der privatanteiligen Kosten sind die Gesamtaufwendungen für das Fahrzeug nach § 6 Abs. 1 Nr. 4 Satz 3 EStG nach dem Verhältnis der betrieblich veranlassten zur privat veranlassten Fahrtleistung aufzuteilen, wenn ein **ordnungsmäßiges Fahrtenbuch** geführt wird.[73] In die Gesamtaufwendungen und damit in die **Aufteilung** sind auch außerordentliche Reparaturkosten einzubeziehen, die aus Anlass eines **Unfalls auf einer Privatfahrt** entstanden sind.[74] Erstattungsansprüche etwa gegen eine Versicherung sind dabei abzuziehen.[75] Privat veranlasst ist ein Unfall auch dann, wenn er sich zwar auf einer Betriebsfahrt ereignet hat, aber vorsätzlich herbeigeführt wurde oder durch außerbetrieblich veranlasstes Verhalten (z. B. Trunkenheit) ausgelöst wurde.

---
73 Vgl. im Einzelnen dazu 8.2.2.1.
74 BFH v. 13. 3. 1996, BStBl 1996 II S. 375, befasst sich mit Unfallkosten, die durch Unfall auf einem privat veranlassten Umweg im Zusammenhang mit Fahrten eines Arbeitnehmers zwischen Wohnung und Arbeitsstelle entstanden sind. Der BFH hat für diesen Fall eine anteilige Berücksichtigung als Werbungskosten abgelehnt.
75 BMF v. 16. 2. 1999, BStBl 1999 I S. 224.

17.3 Einzelfragen

Fraglich ist die Beurteilung von **Unfallkosten,** die wegen eines Unfalls auf einer **betrieblich** veranlassten Fahrt entstanden sind. Die Ausführungen des BMF[76] sind nicht ganz deutlich. Es ist aber wohl zu unterstellen, dass auch hier die Einbeziehung in die Gesamtaufwendungen vorzunehmen sein soll. Es dürfte allerdings auch nicht beanstandet werden, wenn der Stpfl. Unfallkosten je nach Veranlassung unmittelbar dem betrieblichen oder privaten Bereich zuordnet.[77]

Zum Umfang der Nutzungsentnahme gehört auch die AfaA in Höhe des Buchverlustes, wenn das Fahrzeug auf der Privatfahrt **Totalschaden** erleidet und aus dem Betriebsvermögen ausscheidet.[78] Stille Reserven sind dabei nicht aufzudecken, denn die Nutzungsentnahme wird nicht mit dem Teilwert angesetzt, sondern mit den bei der privat veranlassten Nutzung entstandenen Aufwendungen.[79] Soweit der Unternehmer nach einem Unfallschaden einen **Schadensersatzanspruch** gegen den Schädiger, ggf. gegen eine Versicherung, durchsetzen kann, liegt eine Betriebseinnahme vor. Übersteigt diese Betriebseinnahme den Buchwert im Zeitpunkt des Ausscheidens, wirkt sich der Mehrbetrag **gewinnerhöhend** aus,[80] denn dem Buchverlust (AfaA) steht der Ertrag aufgrund des Entschädigungsanspruches gegenüber. Der Buchverlust ist daher in diesen Fällen nicht in die Gesamtaufwendungen zur Ermittlung der privatanteiligen Kosten einzubeziehen.

Für den Fall, dass auch Personenschäden vorliegen, die durch eine **Insassenunfallversicherung** abgedeckt sind, berührt dieser Umstand nicht die Nutzungsentnahme im Hinblick auf das fragliche Fahrzeug. Da die Versicherungsbeiträge für die Insassenunfallversicherung entsprechend der **Nutzung** des Fahrzeugs ebenfalls aufgeteilt werden, und zwar in anteilige Betriebsausgaben (§ 4 Abs. 4 EStG) und anteilige Sonderausgaben (§ 10 EStG), ist auch der Versicherungsanspruch nach der Veranlassung zuzuordnen. Hat sich daher der Unfall auf einer privat veranlassten Fahrt ereignet, ist der Versicherungsanspruch **nicht** als Betriebseinnahme zu erfassen.[81] Umgekehrt ist der Anspruch gewinnerhöhend zu **aktivieren,** wenn der Personenschaden durch Unfallversicherung abgedeckt auf einer betrieblich veranlassten Fahrt eingetreten ist.

Umsatzsteuerrechtlich liegt im Umfang der außerunternehmerischen Nutzung eine unentgeltliche Wertabgabe vor (§ 3 Abs. 9 a Nr. 1 UStG). Dies gilt aber nur für solche Fahrzeuge, die **vor dem 1. 4. 1999** dem Unternehmen zugeordnet worden sind (§ 3 Abs. 9 a Satz 2 i. V. m. § 27 Abs. 3 UStG). Liegt nach diesen Grundsätzen ein steuerbarer Umsatz vor, dann sind als Bemessungsgrundlage die privatanteiligen

---

76 BMF v. 16. 2. 1999, BStBl 1999 I S. 224.
77 Schmidt/Glanegger, EStG, 19. Aufl., § 6 Rz. 422, sprechen sich bei Einzelnachweis durch Fahrtenbuch ebenfalls dafür aus, alle Unfallkosten je nach Anlass der Fahrt direkt dem betrieblichen oder dem außerbetrieblichen Bereich zuzuordnen. Vgl. zu Unfallkosten, die als Werbungskosten abgezogen werden können, BFH v. 13. 3. 1998, BStBl 1998 II S. 443.
78 R 18 Abs. 1 Satz 4 EStR; BFH v. 25. 4. 1989, BStBl 1990 II S. 8.
79 Revision beim BFH unter Az. VIII R 48/98.
80 R 18 Abs. 1 Satz 5 EStR.
81 BFH, BStBl 1978 II S. 212.

17 Entnahmen und Einlagen

Kosten anzusetzen.[82] Dazu gehören auch die Unfallkosten entsprechend der ertragsteuerrechtlichen Zuordnung.[83] Aus der Bemessungsgrundlage sind allerdings solche Kosten auszuscheiden, bei denen ein Vorsteuerabzug nicht zulässig war (§ 10 Abs. 4 Nr. 2 UStG).[84] Im Zusammenhang mit dem Unfall in Rechnung gestellte Umsatzsteuerbeträge sind als Vorsteuer im vollen Umfang abziehbar (§ 15 Abs. 1 Nr. 1 UStG).[85]

Beispiele

a) Der Gewerbetreibende G nutzt den (seit 1998) zu seinem Betriebsvermögen gehörenden PKW lt. Fahrtenbuch zu 70 % betrieblich und zu 30 % privat. Die auf die Anschaffung des PKW entfallende USt hat G zu Recht als Vorsteuer abgezogen. Am 25. 12. 03 wird der PKW auf einer Privatfahrt durch Verschulden des G vollständig zerstört. Der Buchwert des PKW betrug am 31. 12. 02 70 000 DM. Auf den Zeitraum 1. 1. bis 25. 12. 03 entfällt eine AfA von 20 000 DM. Die Versicherung überwies Ende Dezember 03 auf ein betriebliches Bankkonto des G 65 000 DM aufgrund der Vollkaskoversicherung und 5000 DM aufgrund der Insassenunfallversicherung. Am 25. 12. 03 betrug der Buchwert des PKW 50 000 DM und sein Teilwert 60 000 DM. Die Kosten für diesen PKW (Benzin, Öl, Reparaturen, Inspektionen, KfzSt, Versicherung, AfA) haben in 03 40 000 DM betragen; davon entfallen auf KfzSt und Haftpflicht, Kasko- und Insassenunfallversicherung insgesamt 5000 DM.

Lösung

Die Nutzung des PKW für private Zwecke ist einkommensteuerrechtlich eine Entnahme i. S. des § 4 Abs. 1 Satz 2 EStG und umsatzsteuerrechtlich eine unentgeltliche Wertabgabe i. S. des § 3 Abs. 9 a Nr. 1 UStG. Die Steuerbarkeit entfällt nicht, weil das Fahrzeug vor dem 1. 4. 1999 dem Unternehmen erstmals zugeordnet worden ist (§ 3 Abs. 9 a Satz 2, § 27 Abs. 3 UStG). Die Bemessungsgrundlage i. S. des § 10 Abs. 4 Nr. 2 UStG beträgt 30 % von (40 000 ./. 5000) = 10 500 DM, sodass die Umsatzsteuer für die private Nutzung (16 % v. 10 500 =) 1680 DM beträgt. Im vorliegenden Fall ist der Buchwert des zerstörten PKW abzügl. Kaskoentschädigung umsatzsteuerrechtlich nicht zu berücksichtigen, weil der Schaden vollständig ausgeglichen wurde.[86]

Bilanzsteuerrechtlich ist die Schadensersatzleistung aus der Vollkaskoversicherung als Betriebseinnahme zu erfassen.[87] Dabei ist die Schadensersatzleistung mit dem Restbuchwert des PKW zu verrechnen, weil nur hinsichtlich des Betrages, der den Buchwert übersteigt, eine Gewinnerhöhung eintreten darf. Auch bei einer Veräußerung ergäbe sich der Veräußerungsgewinn aus der Differenz zwischen Erlös und Buchwert des betreffenden Wirtschaftsgutes.

Der Anspruch aus der Insassenunfallversicherung gehört nicht zum Betriebsvermögen, weil sich der Unfall auf einer Privatfahrt ereignet hat und es sich insoweit nicht um einen Sachschaden bezüglich eines Wirtschaftsgutes des Betriebsvermögens handelt.[88]

---

82 Vgl. dazu ausführlich auch 8.2.2.1.
83 BMF v. 16. 2. 1999, BStBl 1999 I S. 224.
84 Abschn. 155 Abs. 2 UStR; BMF v. 29. 5. 2000, BStBl 2000 I S. 819 Rz. 18.
85 BFH v. 28. 6. 1995, BStBl 1995 II S. 850.
86 BFH, BStBl 1980 II S. 309.
87 BFH, BStBl 1990 II S. 8.
88 Vgl. auch BFH, BStBl 1978 II S. 212.

17.3 Einzelfragen

Buchungen

AfaA	50 000 DM	an Fahrzeuge	50 000 DM
Bank	70 000 DM	an sb Erträge	65 000 DM
		an Einlagen (Insassenunfall)	5 000 DM
Entnahmen	13 680 DM	an unentgeltliche Wertabgabe – mit USt[89]	10 500 DM
		an Umsatzsteuer	1 680 DM
		an unentgeltliche Wertabgabe – ohne USt	1 500 DM

b) Sachverhalt wie a), jedoch hatte G keine Kaskoversicherung und keine Insassenunfallversicherung abgeschlossen. Die Kfz-Haftpflichtbeiträge und die KfzSt haben daher in 03 lediglich 3000 DM betragen.

Lösung

Die private Nutzung des Fahrzeugs stellt eine Entnahme dar (§ 4 Abs. 1 Satz 2 EStG). Da G ein Fahrtenbuch führt, sind die privatanteiligen Kosten nach dem Verhältnis der betrieblich veranlassten Fahrten und der privat veranlassten Fahrten aufzuteilen (§ 6 Abs. 1 Nr. 4 Satz 3 EStG). Zu den aufzuteilenden Gesamtaufwendungen gehören auch die Kosten, die durch einen Unfall auf einer Privatfahrt verursacht worden sind.[90] Die privatanteiligen Kosten betragen daher 33 000 DM (30 % von 20 000 DM + 50 000 DM + 40 000 DM).

Gleichzeitig liegt eine unentgeltliche Wertabgabe i. S. des § 3 Abs. 9 a Nr. 1 UStG vor. Bemessungsgrundlage sind nach § 10 Abs. 4 Nr. 2 UStG die privatanteiligen Kosten, bei denen ein Vorsteuerabzug in Anspruch genommen werden konnte. Die Bemessungsgrundlage beträgt danach 32 100 DM (30 % von 20 000 DM + 50 000 DM + 40 000 DM ./. 3000 DM). Die Umsatzsteuer beträgt folglich 5136 DM.

Buchungen

AfaA	50 000 DM	an Fahrzeuge	50 000 DM
Entnahmen	38 136 DM	an unentgeltliche Wertabgabe – mit USt	32 100 DM
		an Umsatzsteuer	5 136 DM
		an unentgeltliche Wertabgabe – ohne USt	900 DM

Soweit das Fahrzeug **nach dem 31. 3. 1999** erstmals dem Unternehmen zugeordnet wurde, liegt **keine** steuerbare unentgeltliche Wertabgabe i. S. des § 3 Abs. 9 a Nr. 1 UStG vor. Stattdessen ist der **Vorsteuerabzug** auf **50 %** der in Rechnung gestellten Beträge **beschränkt** (§ 15 Abs. 1 b UStG). Ob diese Vorschrift mit der 6. EG-Richtlinie im Einklang steht, ist umstritten. Die Rechtsfrage liegt zurzeit dem EuGH[91] zur Entscheidung vor. Die nachfolgende Darstellung folgt der gegenwärtigen gesetzlichen Regelung.

Das gilt nicht nur für die Vorsteuer aufgrund der Anschaffung, sondern auch für die Vorsteuer aufgrund der laufenden Nutzung und schließlich auch für die Vorsteuer-

---

89 Anstelle einer Buchung im Haben des Kontos „Kfz-Aufwendungen" entspricht es der Praxis, wenn die Buchung im Interesse einer zutreffenden umsatzsteuerrechtlichen Erfassung (§ 22 UStG) über „unentgeltliche Wertabgabe – mit USt" bzw. „Entnahme von sonstigen Leistungen mit 16 % USt" (Kto. 8920 lt. DATEV-Spezialkontenrahmen – SKR 03) bzw. für den nichtsteuerbaren Teil über „unentgeltliche Wertabgabe – ohne USt" bzw. „Entnahme von sonstigen Leistungen ohne USt" (Kto. 8939 lt. DATEV-Spezialkontenrahmen – SKR 03) erfolgt.
90 BMF v. 16. 2. 1999, BStBl 1999 I S. 224.
91 Vorlage des BFH v. 30. 11. 2000 – V R 30/00.

17 Entnahmen und Einlagen

beträge, die im Zusammenhang mit der Beseitigung von Unfallschäden in Rechnung gestellt worden sind. Die danach **nicht abziehbare Vorsteuer** erhöht im Zusammenhang mit der Anschaffung die Anschaffungskosten (R 86 Abs. 5 EStR). Soweit die nicht abziehbaren Vorsteuerbeträge mit den laufenden Kosten und den Unfallkosten im Zusammenhang stehen, mindern sie wie der Aufwand selbst ebenfalls den Gewinn.

Ertragsteuerrechtlich sind in diesen Fällen die Gesamtaufwendungen **einschließlich** der ebenfalls gewinnmindernd gebuchten nicht abziehbaren Vorsteuer nach Maßgabe des Fahrtenbuches in betrieblich veranlasste und außerbetrieblich veranlasste Kosten aufzuteilen. Die privatanteiligen Kosten sind als Entnahme **gewinnerhöhend** zu erfassen (§ 4 Abs. 1 Satz 2, § 6 Abs. 1 Nr. 4 Satz 3 EStG). Damit geht ein Teil der nicht abziehbaren Vorsteuer in die Bewertung der Entnahme ein.

Beispiel
Unternehmer U nutzt den zu seinem Betriebsvermögen gehörenden PKW auch für private Zwecke. Dem ordnungsmäßigen Fahrtenbuch zufolge entfallen auf die Privatfahrten 15 % der gesamten Kfz-Kosten. Das Fahrzeug hat U am 1. 4. 02 (nach dem 31. 3. 1999 und vor dem 1. 1. 2001) für 100 000 DM zzgl. 16 000 DM Umsatzsteuer erworben.
Bei Erwerb hat U buchen lassen:
Fahrzeuge 108 000 DM
Vorsteuer 8 000 DM an Bank 116 000 DM
Die AfA nimmt U wegen Anschaffung vor dem 1. 1. 2001 degressiv zulässigerweise mit 30 % in Anspruch, und zwar mit 32 400 DM in 02 und mit 22 680 DM in 03. Die AfA ist auch in dieser Höhe gebucht worden.
Am 15. 12. 03 erleidet U mit dem Fahrzeug in dichtem Nebel einen Unfall auf einer privat veranlassten Fahrt. Die Reparaturkosten betragen 12 000 DM zzgl. 1920 DM Umsatzsteuer. Da der Unfall selbst verschuldet ist und eine Vollkaskoversicherung nicht besteht, kann U keine Ersatzleistung erwarten. Personenschäden sind nicht zu beklagen.
Die Kfz-Kosten (Benzin, Inspektion etc.) haben in 03 insgesamt 30 000 DM zzgl. 4800 DM Umsatzsteuer betragen. Die Kfz-Haftpflicht sowie die KfzSt sind in 03 mit insgesamt 3000 DM gewinnmindernd gebucht worden.
U hat bisher die laufenden Kosten ebenso wie die Unfallkosten als Kfz-Aufwand gebucht und die in Rechnung gestellte Umsatzsteuer als Vorsteuer abgezogen.

Lösung
Die **AfA** ist zutreffend ermittelt worden.[92] Die **Vorsteuer** im Zusammenhang mit den laufenden Kfz-Kosten und den Unfallkosten ist nach § 15 Abs. 1 b UStG nur in Höhe von 50 % abziehbar. Der nicht abziehbare Teil erhöht die Kfz-Aufwendungen. Eine darüber hinausgehende Belastung mit **Umsatzsteuer** kommt nicht in Betracht (§ 3 Abs. 9 a Satz 2 UStG).
Die private Nutzung in 03 ist ertragsteuerrechtlich als **Entnahme** zu erfassen (§ 4 Abs. 1 Satz 2 EStG). Da ein Fahrtenbuch geführt wurde, ist die Entnahme nach § 6 Abs. 1 Nr. 4 Satz 3 EStG mit den privatanteiligen Kosten zu bewerten. Diese betragen in 03:

---
[92] Vgl. R 86 Abs. 5 EStR.

17.3 Einzelfragen

AfA	22 680 DM
Benzin/Inspektion etc.	30 000 DM
zzgl. nicht abziehbare Vorsteuer (50 %)	2 400 DM
Kfz-Haftpflicht/KfzSt	3 000 DM
Unfallkosten	12 000 DM
zzgl. nicht abziehbare Vorsteuer (50 %)	960 DM
Gesamtaufwendungen	71 040 DM
Privatanteil (15 %)	10 656 DM

Buchungen

Kfz-Aufwendungen	2 400 DM		
Kfz-Aufwendungen	960 DM	an Vorsteuer	3 360 DM
Entnahmen	10 656 DM	an unentgeltliche Wertabgabe – ohne USt[93]	10 656 DM

17.3.5.2 Ermittlung der privatanteiligen Kosten mit der 1-%-Regelung

Bei Fahrzeugen, die zum Betriebsvermögen gehören und vom Unternehmer auch für Privatfahrten benutzt werden, sind die **Entnahmen** aufgrund der Privatnutzung (§ 4 Abs. 1 Satz 2 EStG) mithilfe der sog. 1-%-Regelung nach § 6 Abs. 1 Nr. 4 Satz 2 EStG zu bestimmen, wenn ein **ordnungsgemäßes Fahrtenbuch nicht geführt wird**.[94] Dabei ist die Entnahme mit 1 % des Listenpreises zzgl. Umsatzsteuer pro Monat der Nutzung zu bewerten.[95] Mit diesem pauschalen Ansatz sind sämtliche Kosten abgegolten, die im Zusammenhang mit der Fahrzeugnutzung privat veranlasst entstanden sind. Dazu gehören auch außerordentliche Reparaturkosten, die aus Anlass eines **Unfalls auf einer Privatfahrt** entstanden sind.[96] Die Reparaturkosten sind daher als Betriebsausgabe zu erfassen. Aus dem gleichen Grund ist der **Buchverlust bei Totalschaden** (AfaA) gewinnmindernd zu berücksichtigen. Dies gilt unabhängig davon, ob sich der Unfall auf einer Betriebsfahrt oder einer Privatfahrt ereignet hat oder sonst aus außerbetrieblichen Gründen verursacht wurde. Erstattungsansprüche etwa gegen eine Versicherung sind gewinnerhöhend zu erfassen.

Umsatzsteuerrechtlich ist zu beachten, dass die unentgeltliche Wertabgabe nur dann als steuerbarer Umsatz zu erfassen ist, wenn das fragliche Fahrzeug dem Unternehmen **vor dem 1. 4. 1999** erstmals zugeordnet wurde (§ 3 Abs. 9 a Nr. 1 und § 3 Abs. 9 a Satz 2 i. V. m. § 27 Abs. 3 UStG). Die Bemessungsgrundlage ist nach § 10 Abs. 4 Nr. 2 UStG zu bestimmen. Danach sind die privatanteiligen Kosten zugrunde zu legen. Nachdem der BFH es abgelehnt hat, bei der Bestimmung der privatanteiligen Kosten für umsatzsteuerrechtliche Zwecke die ertragsteuerrechtlich anzusetzende 1-%-Regelung zwingend zu übernehmen, stehen nach Auf-

---

[93] Anstelle einer Minderung der „Kfz-Aufwendungen" entspricht es der Praxis, wenn die Buchung über „unentgeltliche Wertabgabe – ohne USt" bzw. „Entnahme von sonstigen Leistungen ohne USt" (Kto. 8939 lt. DATEV-Spezialkontenrahmen – SKR 03) erfolgt.
[94] Vgl. im Einzelnen dazu 8.2.2.1.
[95] BFH v. 24. 2. 2000, BStBl 2000 II S. 273.
[96] BMF v. 16. 2. 1999, BStBl 1999 I S. 224.

17 Entnahmen und Einlagen

fassung der Finanzverwaltung[97] folgende Wege zur Bestimmung der Bemessungsgrundlage zur Verfügung:

a) Der Unternehmer legt ein **Fahrtenbuch** vor (vgl. vorstehend unter 17.3.5.1). Als Bemessungsgrundlage ist der Teil der Gesamtaufwendungen einschließlich Unfallkosten anzusetzen, der auf die Privatfahrten entfällt. Aufwendungen, bei denen ein Vorsteuerabzug vorgreiflich nicht zulässig war, sind aus den Gesamtaufwendungen auszuscheiden.

b) Der Unternehmer schätzt die privatanteiligen Kosten. Dabei soll er für seine **Schätzung** geeignete Unterlagen vorlegen. Gelingt ihm dies nicht, so sollen als Bemessungsgrundlage 50 % der Gesamtaufwendungen einschließlich Unfallkosten angesetzt werden. Aufwendungen, bei denen ein Vorsteuerabzug nicht zulässig war, sind jedoch aus den Gesamtaufwendungen auszuscheiden.

c) Der Unternehmer kann aus **Vereinfachungsgründen** von der **1-%-Regelung** Gebrauch machen, wenn er diese auch der Bewertung der Entnahme für ertragsteuerrechtliche Zwecke zugrunde legt. Eine darüber hinausgehende Besteuerung der Unfallkosten auf einer Privatfahrt kommt nicht in Betracht. Für den Anteil der nicht mit Vorsteuer belasteten Kosten kann ein **pauschaler Abschlag von 20 %** vorgenommen werden. Der verbleibende Betrag soll Bemessungsgrundlage sein. Die Umsatzsteuer ist demzufolge nicht aus diesem Betrag herauszurechnen, sondern von diesem Betrag zu berechnen.[98]

Unabhängig von der Bestimmung der Bemessungsgrundlage für die unentgeltliche Wertabgabe ist die gesondert ausgewiesene Umsatzsteuer, die für eine Reparatur nach einem Unfall mit einem Betriebsfahrzeug in Rechnung gestellt wird, als Vorsteuer abziehbar, weil eine Leistung für das Unternehmen vorliegt. Das gilt auch dann, wenn der Unfall sich auf einer Privatfahrt ereignet hat.[99]

Beispiel

Unternehmer U nutzt den zu seinem Betriebsvermögen gehörenden PKW auch für private Zwecke. U legt weder ein Fahrtenbuch vor, noch verfügt er über geeignete Unterlagen, den privaten Nutzungsanteil zu schätzen. Das Fahrzeug hat U am 10. 2. 02 (vor dem 31. 3. 1999) für 100 000 DM zzgl. 16 000 DM Umsatzsteuer erworben. Bei den Kaufpreisverhandlungen war U erfolgreich, denn der Listenpreis des Fahrzeugs betrug einschließlich USt 125 000 DM.

U hat bei Erwerb die Vorsteuer in voller Höhe abgezogen und das Fahrzeug nach Abzug degressiver AfA in der Bilanz zum 31. 12. 02 und 31. 12. 03 ausgewiesen. Am 15. 12. 03 erleidet U mit dem Fahrzeug in dichtem Nebel einen Unfall auf einer privat veranlassten Fahrt. Die Reparaturkosten betragen 12 000 DM zzgl. 1920 DM Umsatzsteuer. Da der Unfall selbst verschuldet ist und eine Vollkaskoversicherung nicht besteht, kann U keine Ersatzleistung erwarten. Personenschäden sind nicht zu beklagen.

---
97 BMF v. 29. 5. 2000, BStBl 2000 I S. 819 Rz. 16–19.
98 Nach BMF (a. a. O.) „aufzuschlagen".
99 BFH v. 28. 6. 1995, BStBl 1995 II S. 850.

17.3 Einzelfragen

Die Kfz-Kosten (Benzin, Inspektion etc.) haben in 03 insgesamt 30 000 DM zzgl. 4800 DM Umsatzsteuer betragen. Die Kfz-Haftpflicht sowie die KfzSt sind in 03 mit insgesamt 3000 DM gewinnmindernd gebucht worden.

U hat bisher die laufenden Kosten ebenso wie die Unfallkosten als Kfz-Aufwand gebucht und die in Rechnung gestellte Umsatzsteuer als Vorsteuer abgezogen.

U möchte die 1-%-Regelung aus Vereinfachungsgründen auch für umsatzsteuerrechtliche Zwecke anwenden.

Lösung

Sowohl die AfA als auch die laufenden Kosten sind zutreffend gewürdigt worden. Der Vorsteuerabzug ist nicht zu beanstanden. Die private Nutzung in 03 ist ertragsteuerrechtlich als **Entnahme** zu erfassen (§ 4 Abs. 1 Satz 2 EStG). Da ein Fahrtenbuch nicht geführt wurde, ist die Entnahme nach § 6 Abs. 1 Nr. 4 Satz 2 EStG mithilfe der 1-%-Regelung zu bewerten (125 000 × 1 % × 12 = 15 000 DM). Dem ist auf Wunsch des Unternehmers auch für umsatzsteuerrechtliche Zwecke zu folgen (125 000 DM × 1 % × 12 abzügl. 20 % = 12 000 DM).

Buchungen

Entnahmen	16 920 DM	an unentgeltliche Wertabgabe – mit USt[100] 12 000 DM
		an unentgeltliche Wertabgabe – ohne USt 3 000 DM
		an Umsatzsteuer 1 920 DM

Die **unentgeltliche Wertabgabe** unterliegt dagegen **nicht** der Umsatzsteuer, wenn das fragliche Fahrzeug dem Unternehmen **nach dem 31. 3. 1999** erstmals zugeordnet[101] wurde (§ 3 Abs. 9 a Satz 2 i. V. m. § 27 Abs. 3 UStG). In diesem Fall ist allerdings der Vorsteuerabzug auf **50 %** der in Rechnung gestellten Beträge begrenzt (§ 15 Abs. 1 b UStG). Das gilt für sämtliche Fahrzeugkosten, also auch für Unfallkosten. **Bilanzsteuerrechtlich** beschränkt sich der Wert der Entnahme in diesem Fall auf 1 % des Listenpreises einschließlich Umsatzsteuer je Monat der privaten Nutzung. Eine darüber hinausgehende Entnahme aufgrund von § 12 Nr. 3 EStG kommt nicht in Betracht.

17.3.6 Aufstockung eines Betriebsgebäudes

Bei Aufstockung eines Betriebsgebäudes um einen dem Privatvermögen zugeordneten Gebäudeteil wird der anteilige Grund und Boden zwangsläufig entnommen, weil nach R 13 Abs. 7 Satz 2 und Abs. 9 Satz 7 EStR der Grund und Boden dem jeweiligen Gebäudeteil anteilig zuzuordnen ist.[102]

---

100 Anstelle einer Buchung im Haben des Kontos „Kfz-Aufwendungen" entspricht es der Praxis, wenn die Buchung im Interesse einer zutreffenden umsatzsteuerrechtlichen Erfassung (§ 22 UStG) über „unentgeltliche Wertabgabe – mit USt" bzw. „Entnahme von sonstigen Leistungen mit 16 % USt" (Kto. 8920 lt. DATEV-Spezialkontenrahmen – SKR 03) bzw. für den nichtsteuerbaren Teil über „Entnahme von sonstigen Leistungen ohne USt" (Kto. 8939 lt. DATEV-Spezialkontenrahmen – SKR 03) erfolgt.
101 Vgl. zur Zuordnung in Zweifelsfällen BMF v. 29. 5. 2000, BStBl 2000 I S. 819 Rz. 2.
102 Vgl. auch BFH, BStBl 1983 II S. 365. Zur Bestimmung des Teilwertes, der grundsätzlich dem Verkehrswert entspricht, vgl. BFH, BStBl 1995 II S. 309.

17 Entnahmen und Einlagen

17.3.7 Entnahme von Grundstücken bei Bauunternehmen

Bei Sachleistungen richtet sich der Teilwert nach der Wertabgabe des Betriebes. Das ist von besonderer Bedeutung für die Beurteilung von Entnahmevorgängen bei Bauunternehmen.

Beispiele

a) Ein Bauunternehmer errichtet auf einem privaten Grundstück ein für private Zwecke bestimmtes Wohnhaus.

Die Wertabgabe des Betriebs besteht in den Selbstkosten (Materialverbrauch, Fertigungslöhne sowie anteilige Fertigungs- und Verwaltungsgemeinkosten). Der Wert der eigenen Arbeitsleistung bleibt außer Ansatz.[103]

b) Das Gebäude wird auf einem Grundstück errichtet, das zum Betriebsvermögen gehört hat.

Spätestens bei Baubeginn wird der Grund und Boden ins Privatvermögen überführt. Im Übrigen gilt das Gleiche wie im Beispiel a).

c) Auf einem Betriebsgrundstück ist ein Gebäude errichtet worden, das zur dauernden Nutzung im Betrieb bestimmt war. Nach der Fertigstellung wird die Absicht der betrieblichen Nutzung aufgegeben und das Gebäude privat genutzt.

Im Gegensatz zu den Beispielen a) u. b) sind Gegenstand der Entnahme nicht eine Vielzahl von Wirtschaftsgütern (Materialien) bzw. Nutzungen und Leistungen, sondern nur die beiden Wirtschaftsgüter Grund und Boden und Gebäude. Der Teilwert des Gebäudes wird den Selbstkosten zzgl. des Wertes der eigenen Arbeitsleistung entsprechen. Der gedachte Erwerber, der in die Stellung des jetzigen Betriebsinhabers eintritt, wird nicht bereit sein, mehr als dieser aufzuwenden. Denn als Bauunternehmer ist auch der Erwerber in der Lage, entsprechende Bauwerke zu erstellen, und wird das bei der Ermittlung des Preises im Rahmen des Gesamtkaufpreises berücksichtigt haben und deshalb nicht den üblichen Verkaufspreis (einschl. Gewinnaufschlag) bezahlen wollen.

d) Auf einem Betriebsgrundstück wurde ein zum Verkauf bestimmtes Gebäude errichtet (Bauträgergesellschaft, Bau für fremden Auftraggeber). Nach der Fertigstellung wird das Gebäude für private Zwecke entnommen.

Der Teilwert richtet sich nach dem Einzelveräußerungspreis am Absatzmarkt abzügl. des Unternehmergewinns, d. h. nach den Selbstkosten.

Bei Entnahme eines Wohngebäudes werden durch den Ansatz des Teilwerts auch die stillen Reserven aufgedeckt, die durch erhöhte Absetzungen oder Sonderabschreibungen sowie Übertragung von Rücklagen (z. B. § 6 b EStG) entstanden sind.

17.3.8 Verdeckte Entnahmen

Eine verdeckte Entnahme liegt vor, wenn ein Wirtschaftsgut aus dem Gesamthandsvermögen einer Personengesellschaft in das Privatvermögen eines Gesellschafters übertragen wird und für die Übertragung kein Entgelt oder kein angemessenes Entgelt bezahlt wird und für eine Übertragung ohne angemessenes Entgelt keine betriebliche Veranlassung besteht. In diesem Fall erklärt sich die Übertragung nur

---

103 BFH, BStBl 1988 II S. 342 und BStBl 1990 II S. 8.

17.3 Einzelfragen

aus dem Gesellschaftsverhältnis. Dies gilt in gleicher Weise, wenn das Wirtschaftsgut nicht in das Privatvermögen des Gesellschafters, sondern in das Vermögen einer dem Gesellschafter nahe stehenden Person überführt wird.[104]

Beispiel

Die A-KG veräußert an ihren Komplementär A Wertpapiere, die im Zeitpunkt der Veräußerung einen Buchwert von 10 000 DM und einen Teilwert von 50 000 DM haben, für 15 000 DM. Buchung: Bank 15 000 DM an Wertpapiere 10 000 DM und sonstige betriebl. Erträge 5000 DM. A hält die erworbenen Wertpapiere in seinem Privatvermögen.

Da die Übertragung der Wertpapiere auf A ohne angemessenes Entgelt erfolgt und dafür eine betriebliche Veranlassung nicht erkennbar ist, liegt eine verdeckte Entnahme vor, die mit dem Teilwert zu bewerten ist (§ 6 Abs. 1 Nr. 4 EStG). Soll der daraus resultierende Mehrgewinn von (50 000 ./. 15 000 =) 35 000 DM nach dem Willen der Gesellschafter nur A zugerechnet werden, so sind die Entnahmen des A um 35 000 DM zu erhöhen. Der Gewinn der KG erhöht sich um 35 000 DM. Bei entsprechender Vereinbarung ist dieser Gewinn im Rahmen der Gewinnverteilung vorweg dem A zuzurechnen.[105]

Um eine verdeckte Entnahme handelt es sich allerdings **nicht,** wenn die Übertragung in das Privatvermögen des Gesellschafters gegen **Minderung** seiner **Gesellschaftsrechte** erfolgt. In diesem Fall liegt ein **tauschähnlicher Vorgang** vor, der nach § 6 Abs. 6 Satz 1 EStG als **Veräußerung** zu würdigen ist.[106]

17.3.9 Verdeckte Gewinnausschüttungen als Entnahmen zwischen Übertragungsstichtag und Handelsregistereintragung bei Umwandlung einer Personengesellschaft in eine Kapitalgesellschaft

Bei Sacheinlagen i. S. des § 20 Abs. 1 UmwStG ist das Einkommen der übernehmenden Kapitalgesellschaft auf Antrag so zu ermitteln, als ob das eingebrachte Betriebsvermögen mit Ablauf des steuerlichen Übertragungsstichtags auf die Kapitalgesellschaft übergegangen wäre (§ 20 Abs. 7 Satz 1 UmwStG). Die Entstehung der Kapitalgesellschaft wird für ertragsteuerrechtliche Zwecke durch gesetzliche Fiktion auf den Übertragungsstichtag zurückbezogen, sodass ab Umwandlungsstichtag die für Kapitalgesellschaften geltenden steuerrechtlichen Vorschriften anzuwenden sind. Rückwirkende Gehaltserhöhungen an beherrschende Gesellschafter-Geschäftsführer sind demnach grundsätzlich verdeckte Gewinnausschüttungen. Eine Rückbeziehung der Vereinbarungen auf den Übertragungsstichtag ist in § 20 Abs. 7 UmwStG nicht vorgesehen. Hinsichtlich des Einkommens und Gewerbeertrags der Kapitalgesellschaft gilt die Rückbeziehung des § 20 Abs. 7 UmwStG ebenfalls nicht für Entnahmen. Auf diese Weise soll vermieden werden, dass durch die grundsätzliche Anwendung körperschaftsteuerrechtlicher Vorschriften Vor-

---
104 BFH, BStBl 1986 II S. 17, 1987 II S. 459, hier S. 461, BStBl 1992 II S. 375.
105 BFH v. 28. 9. 1995, BStBl 1996 II S. 276.
106 BMF v. 29. 3. 2000, BStBl 2000 I S. 462 zu II.3.

gänge als verdeckte Gewinnausschüttung besteuert werden, die nach dem Recht der Personengesellschaft Entnahmen gewesen wären. Die auf den Zeitraum zwischen Umwandlungsstichtag und Handelsregistereintragung entfallenden rückwirkenden Gehaltserhöhungen werden deshalb nicht als verdeckte Gewinnausschüttungen, sondern als Entnahmen behandelt (Hinzurechnung zum Einkommen der Kapitalgesellschaft, falls Betriebsausgabenabzug vorgenommen wurde). Die Behandlung als Entnahmen hat zur Folge, dass bis einschließlich 2000 nach § 27 KStG keine Ausschüttungsbelastung hergestellt wird. Es kommt daher nicht zur Anrechnung von Körperschaftsteuer auf die ESt-Schuld des Anteilseigners.[107] Ab 2001 findet insoweit nicht das Halbeinkünfteverfahren nach § 3 Nr. 40 EStG Anwendung, weil keine Ausschüttung vorliegt.

17.3.10 Behandlung eines zur Rettung einer Forderung enteigneten Grundstücks

Dient der Erwerb eines Grundstücks in der Zwangsversteigerung der Rettung einer betrieblichen Forderung, so gelangt das Grundstück auch dann im Erwerbszeitpunkt in das Betriebsvermögen, wenn es nicht zum Einsatz im Betrieb bestimmt ist. Wird das ersteigerte Grundstück für außerbetriebliche Zwecke genutzt, so ist davon auszugehen, dass es unmittelbar nach Erteilung des Zuschlags dem Betriebsvermögen wieder entnommen worden ist. Der Teilwert der Entnahme ist dabei mit dem Verkehrswert anzusetzen.[108]

17.3.11 Grundstücksentnahme durch Nutzungsänderung bei Personengesellschaften

Wird ein zum **Gesellschaftsvermögen** einer **Personengesellschaft** gehörendes Grundstück mit einem Gebäude bebaut, das eigenen Wohnzwecken eines, mehrerer oder aller Gesellschafter **unentgeltlich** dienen soll, so verliert das Grundstück dadurch i. d. R. seine Eigenschaft als Betriebsvermögen. Es wird zum Privatvermögen der Personengesellschaft, wenn alle Gesellschafter ausdrücklich oder durch schlüssiges Handeln (Einverständnis mit der Bebauung) der Entnahme zustimmen, es sei denn, im Gesellschaftsvertrag ist für die Entnahme eine andere Stimmenmehrheit vorgesehen.[109]

Ein zum Gesellschaftsvermögen gehörendes Grundstück wird aus dem Betriebsvermögen der Personengesellschaft nicht dadurch entnommen, dass es zugunsten eines Gesellschafters mit einem **Erbbaurecht** belastet und von dem Gesellschafter mit einem für seine eigenen Wohnzwecke bestimmten und später benutzten Gebäude

---
107 Vgl. BFH, BStBl 1987 II S. 797.
108 BFH, BStBl 1988 II S. 424.
109 BFH, BStBl 1988 II S. 418, vgl. auch H 14 [2–4] „Entnahme von Grundstücken oder Grundstücksteilen – Personengesellschaft" EStH.

bebaut wird.[110] Entsprechendes gilt in den Fällen, in denen das Grundstück an den Gesellschafter für dessen Wohnzwecke fremdüblich vermietet wird.

17.3.12 Grundstücksentnahme im Rahmen einer Betriebsaufgabe

Der gemeine Wert der im Rahmen einer Betriebsaufgabe (§ 16 Abs. 3 EStG) in das Privatvermögen überführten Grundstücke und Gebäude entspricht i. d. R. dem Verkehrswert.[111] Regelmäßig sind dabei Verkaufspreise benachbarter Grundstücke oder Durchschnittswerte (Richtwerte) zugrunde zu legen. Der Verkehrswert kann auch auf der Grundlage der VO über die Ermittlung des Verkehrswerts von Grundstücken in der Fassung vom 15. 8. 1972 (BGBl I, 1417) geschätzt werden. Welches Wertermittlungsverfahren (Vergleichswert-, Sachwert- oder Ertragswertverfahren) hierbei zugrunde zu legen ist, ergibt sich aus den Gegebenheiten des Einzelfalls. Der Wert von Geschäftsgrundstücken, die üblicherweise vermietet werden, ist im Allgemeinen nach dem Ertragswertverfahren zu schätzen.[112]

17.3.13 Entnahmen bei Wohnungen im eigenen Betriebsgebäude

Nach § 52 Abs. 15, 21 EStG bedeutet der Verzicht auf die Besteuerung des Nutzungswerts der selbst genutzten Wohnung im eigenen Haus ab Veranlagungszeitraum 1987 mit einer Übergangsregelung bis einschließlich Veranlagungszeitraum 1998:

- Im Veranlagungszeitraum 1986 und früher für eigene Wohnzwecke genutzte, nach R 13 Abs. 10 EStR als Betriebsvermögen ausgewiesene Wohnungen können ab dem Veranlagungszeitraum des Verzichts auf die Nutzungswertbesteuerung nicht mehr als Betriebsvermögen ausgewiesen werden; die Wohnung ist zu entnehmen. Ein etwaiger Entnahmegewinn wird nicht besteuert (§ 52 Abs. 15 EStG i. d. F. bis 1998).
- Nach dem 31. 12. 1986 erstmals für eigene Wohnzwecke genutzte Wohnungen dürfen nicht als Betriebsvermögen ausgewiesen werden.

Beispiel
Seit dem 1. 1. 1980 wurde ein bebautes Grundstück zu 100 % eigenbetrieblich genutzt. Infolge Nutzungsänderung am 1. 7. 1997 beträgt die eigenbetriebliche Nutzung noch 70 % und die Nutzung zu eigenen Wohnzwecken 30 %. Im Zeitpunkt der Nutzungsänderung betrugen

	Grund und Boden	**Gebäude**
der Teilwert	300 000 DM	500 000 DM
der Buchwert	200 000 DM	450 000 DM
die stillen Reserven	100 000 DM	50 000 DM

---
110 BFH, BStBl 1990 II S. 961.
111 BFH, BStBl 1995 II S. 309.
112 BFH, BStBl 1990 II S. 497.

17 Entnahmen und Einlagen

Durch die Nutzungsänderung sind zwei Wirtschaftsgüter des notwendigen Privatvermögens entstanden (eigenen Wohnzwecken dienender Gebäudeteil nach R 13 Abs. 4 EStR und dazu gehörender Grund und Boden nach R 13 Abs. 7 Satz 2 EStR). Die Übergangsregelung ist nicht anwendbar, weil diese Wohnung 1986 nicht der Nutzungswertbesteuerung unterlag. Damit wurden 30 % des Gebäudes und 30 % des Grund und Bodens gewinnerhöhend entnommen.

Buchung

Entnahmen	240 000 DM	an Grund und Boden	60 000 DM
		an Gebäude	135 000 DM
		an sonst. betriebl. Erträge	45 000 DM

17.3.14 Steuerfreie Entnahme von Grund und Boden wegen Errichtung einer Wohnung

Ein Entnahmegewinn wird steuerlich nicht erfasst, wenn Grund und Boden nach dem 31. 12. 1986 dadurch entnommen wird, dass auf diesem Grund und Boden die Wohnung des Stpfl. oder eine Altenteilerwohnung errichtet wird (§ 15 Abs. 1 Satz 3 i. V. m. § 13 Abs. 5 EStG). Die (eigentlich nicht gerechtfertigte) Steuerbefreiung ist zeitlich nicht befristet und bedeutet eine endgültige steuerfreie Entnahmemöglichkeit für Grund und Boden.[113]

Diese Befreiungsvorschrift gilt nicht nur für die erstmalige Bebauung von zum Betriebsvermögen gehörendem Grund und Boden mit einer zu **eigenen** Wohnzwecken genutzten Wohnung, sondern auch bei Bebauung mit einer für einen **Altenteiler** bestimmten Wohnung. Auch **Aufstockungen** eines bisher in vollem Umfang zum Betriebsvermögen gehörenden Gebäudes mit einem zum Privatvermögen gehörenden Gebäudeteil führen ebenfalls zu einer anteiligen steuerfreien Entnahme des zum Betriebsvermögen gehörenden Grund und Bodens.[114] Gleiches gilt, wenn in einem bisher in vollem Umfang zum Betriebsvermögen gehörenden Gebäude ein Teil zu einem zum Privatvermögen gehörenden Gebäudeteil ausgebaut wird oder wenn an einem ganz zum Betriebsvermögen gehörenden Gebäude ein Anbau errichtet wird, der nicht ebenfalls zum Betriebsvermögen gehört.

Der Gewinn aus der Entnahme des anteiligen Grund und Bodens ist allerdings nur dann steuerfrei, wenn eine vollständige **Wohnung** neu gebaut wird. Führt die Aufstockung, der Ausbau oder der Anbau an dem bisher ganz zum Betriebsvermögen gehörenden Gebäude nur zur Schaffung einzelner Räume, die privaten Zwecken dienen, so hat zwar ebenfalls eine anteilige Entnahme des Grund und Bodens stattgefunden, der Entnahmegewinn ist jedoch nicht steuerfrei.

---

113 Zum Umfang der steuerfreien Entnahme vgl. BFH, BStBl 1997 II S. 50: Nichtbeanstandungsgrenze von 1000 m².
114 BFH, BStBl 1983 II S. 365.

17.3.15 Entnahmen zum Buchwert bei Spenden

Wird ein Wirtschaftsgut unmittelbar nach seiner Entnahme einer nach § 5 Abs. 1 Nr. 9 KStG von der Körperschaftsteuer befreiten Körperschaft, Personenvereinigung oder Vermögensmasse oder einer juristischen Person des öffentlichen Rechts als **Spende** zur Verwendung für steuerbegünstigte Zwecke i. S. des § 10 b Abs. 1 Satz 1 EStG unentgeltlich überlassen, so kann die Entnahme mit dem Buchwert angesetzt werden (§ 6 Abs. 1 Nr. 4 Satz 4 EStG). Diese Regelung gilt nicht für die Entnahme von Nutzungen und Leistungen (§ 6 Abs. 1 Nr. 4 Satz 5 EStG).

17.4 Begriff der Einlagen

17.4.1 Gegenstand der Einlage

Nach § 4 Abs. 1 Satz 5 EStG sind Einlagen alle Wirtschaftsgüter, die der Stpfl. dem Betrieb im Laufe des Wirtschaftsjahres zugeführt hat. Als Gegenstand der Einlage können außer Bargeld auch andere Sachen und Rechte in Betracht kommen. Dagegen können Dienstleistungen, bloße Nutzungen und andere Vorteile nicht Gegenstand einer Einlage sein.[115]

Nutzungsvorteile sind weder selbstständige Wirtschaftsgüter noch Vermögensgegenstände, sodass die Zuführung schlichter Nutzungen durch den Betriebsinhaber **nicht** zu einer Einlage in Höhe des Nutzungswerts (kapitalisierte fiktive Erträge) führt. Das gilt auch bei schuldrechtlich oder dinglich gesicherten Nutzungsrechten. Die unentgeltliche Nutzung von Grundstücken ist daher nicht Gegenstand einer Einlage. Deshalb ist auch der von einem Gesellschafter einer Kapitalgesellschaft gewährte Vorteil, ein Darlehen zinslos nutzen zu können, steuerrechtlich kein einlagefähiges Wirtschaftsgut.[116] Die Kapitalgesellschaft kann in diesen Fällen keine fiktiven Zinsen im Wege der Einlage als Betriebsausgaben abziehen.

Von den bloßen Nutzungsvorteilen sind allerdings die Fälle abzugrenzen, in denen Wirtschaftsgüter des Privatvermögens betrieblich[117] genutzt werden, sodass ein Teil des Aufwandes Betriebsausgabe ist. Man spricht in diesen Fällen von einer **Aufwandseinlage.**

Nach § 4 Abs. 4 EStG sind Betriebsausgaben alle Aufwendungen, die durch den Betrieb veranlasst sind. Daher müssen die mit der betrieblichen Nutzung von Wirtschaftsgütern des Privatvermögens des Stpfl. im Zusammenhang stehenden

---

115 BFH [GrS] v. 26. 10. 1987, BStBl 1988 II S. 348, v. 20. 9. 1990, BStBl 1991 II S. 82; BFH [GrS] v. 9. 6. 1997, BStBl 1998 II S. 307.
116 BFH, BStBl 1990 II S. 649, hier S. 651 li. Spalte.
117 Die betriebliche Nutzung überschreitet nicht die Grenze von 50 %: Im anderen Fall läge notwendiges Betriebsvermögen vor.

17 Entnahmen und Einlagen

Aufwendungen einschließlich AfA im Wege einer Einlage abgesetzt werden.[118] Wird ein zum Privatvermögen gehörendes Kfz eines selbstständig Tätigen bei einer beruflich veranlassten Fahrt infolge eines Unfalls beschädigt und nicht repariert, so ist die Vermögenseinbuße nach § 7 Abs. 1 Satz 6 EStG als AfaA im Wege der Einlage gewinnmindernd zu berücksichtigen. Ebenso ist zu verfahren, wenn mit Mitteln des Privatvermögens des Stpfl. Leistungen für seinen betrieblichen Bereich erbracht werden. Die betreffenden betrieblich veranlassten Aufwendungen sind im Wege der Einlage gewinnmindernd zu berücksichtigen.

Beispiele

a) Ein bisher verpachtetes unbebautes Grundstück des Privatvermögens wird vorübergehend im Betrieb als Lagerplatz benötigt und für eine entsprechende Nutzung hergerichtet. Die Grundstückskosten (Grundsteuer etc.) sind für die Zeit der betrieblichen Nutzung im Wege der Einlage als Betriebsausgabe zu erfassen.

b) Ein ESt-Erstattungsanspruch wird mit fälliger betrieblicher Kfz-Steuer verrechnet.

c) Die privat angestellte und entlohnte Hausgehilfin pflegt die Geschäftsräume.

d) Ein zum Privatvermögen gehörender PKW wird auch betrieblich genutzt. Die betriebliche Nutzung überschreitet nicht 50 %. AfA und andere Kfz-Kosten sind anteilig im Wege der Einlage als Betriebsausgaben zu buchen.

Nicht einlagefähig ist die Arbeitsleistung des Betriebsinhabers, sie bewirkt keinen Aufwand. Nur Arbeitsleistungen Dritter für den Betrieb können als Einlage gebucht werden, wenn aus privaten Mitteln bezahlte Aufwendungen entstanden sind.

Gegenstand einer Einlage kann grundsätzlich nur ein **bilanzierungsfähiges** Wirtschaftsgut sein. Das können **materielle** oder **immaterielle** Wirtschaftsgüter sein. Dementsprechend werden auch aus dem Privatvermögen in das Betriebsvermögen überführte immaterielle Wirtschaftsgüter als Einlagen erfasst, obgleich nach § 5 Abs. 2 EStG ein Ansatz nur bei entgeltlichem Erwerb zulässig ist (vgl. auch R 31 a Abs. 3 Sätze 3 und 4 EStR). Durch den Ansatz der dem Betriebsvermögen aus dem Privatvermögen zugeführten immateriellen Wirtschaftsgüter mit dem Teilwert soll erreicht werden, dass vom Stpfl. steuerfrei gebildetes oder bei ihm bereits besteuertes Vermögen nach seiner Einbringung in den Betrieb nicht durch eine Erhöhung der Gewinneinkünfte der Besteuerung unterworfen wird.[119]

Beispiel

Ein im Privatbereich entwickeltes patentrechtlich geschütztes gewerbliches Verfahren wird nach Betriebsgründung ab 1. 7. 04 ausschließlich eigenbetrieblich genutzt. Der Teilwert beträgt am 1. 7. 04 100 000 DM.

Das Patentrecht ist ein einlagefähiges immaterielles Wirtschaftsgut. Das Aktivierungsverbot für nicht entgeltlich erworbene immaterielle Anlagewerte (§ 5 Abs. 2 EStG) steht der Einlage nicht entgegen. Der Rechtsgrund für den Abzug von Einlagen beim Vermögensvergleich, der darin besteht, dass der private Bereich und der betriebliche Bereich voneinander zu trennen sind, geht dem Aktivierungsverbot vor.[120]

---

118 BFH, BStBl 1988 II S. 348; BFH, BStBl 1995 II S. 318.
119 BFH, BStBl 1988 II S. 348/353.
120 BFH, BStBl 1994 II S. 454.

17.4 Begriff der Einlagen

Das Patentrecht ist mit dem Teilwert in Höhe von 100 000 DM anzusetzen (§ 6 Abs. 1 Nr. 5 EStG) und gem. § 6 Abs. 1 Nr. 1 i. V. m. § 7 Abs. 1 EStG entsprechend der betriebsgewöhnlichen Nutzungsdauer abzuschreiben.

Wird eine **Betriebsschuld** mit Mitteln des Privatvermögens getilgt, so werden zuvor die Tilgungsmittel notwendig als Einlage in das Betriebsvermögen gebracht.

Eine Einlage liegt auch dann vor, wenn der Gläubiger aus **außerbetrieblichen** Gründen auf die Rückzahlung einer Darlehensforderung **verzichtet,** die als Schuld zum Betriebsvermögen des Darlehensschuldners gehört,[121] oder der Darlehensschuldner den Darlehensgläubiger beerbt. Entsprechendes gilt beim Verzicht eines Gesellschafters auf eine Forderung gegenüber „seiner" Kapitalgesellschaft (vgl. auch 17.4.6).

Beispiele

a) S hat von seinem Vater zur Finanzierung betrieblicher Investitionen ein langfristiges, auch steuerlich anzuerkennendes Darlehen mit üblicher Verzinsung erhalten. Der Vater starb am 1. 7. 03; Alleinerbe wurde S. Im Zeitpunkt des Erbfalls betrug die Darlehensverpflichtung des S gegenüber seinem Vater 100 000 DM, die Zinsverpflichtung aus dem letzten Halbjahr 4000 DM. Die übrigen Zinsen wurden stets pünktlich halbjährlich nachschüssig gezahlt.

Durch den Erbfall kommt es zur Konfusion, d. h. der Vereinigung von Forderung und Schuld in einer Person. Nach der Rechtsprechung des BFH[122] ist der Erbfall dem privaten Bereich des Erben zuzuordnen. Daraus folgt, dass der Wegfall von Darlehens- und Zinsverbindlichkeit nicht den Gewinn erhöht, sondern das Betriebsvermögen in Form von Einlagen verstärkt. Die Einlagen sind mit (100 000 DM + 4000 DM =) 104 000 DM anzusetzen.

Die Buchung lautet:

Darlehensschuld	100 000 DM		
sonstige Verbindlichkeit	4 000 DM	an Einlagen	104 000 DM

b) X ist Gesellschafter-Geschäftsführer der X-GmbH und an dieser mit 80 % beteiligt. Da sich die X-GmbH in einer Krise befindet, verzichtet X auf seine Darlehensforderung gegenüber der X-GmbH zum Nennwert von 100 000 DM zzgl. aufgelaufene und noch nicht bezahlte Zinsen in Höhe von 12 000 DM. Außerdem verzichtet X auf seine Pensionsansprüche, die ihm aufgrund eines steuerrechtlich nicht zu beanstandenden Vertrages zustehen. Die Pensionsverpflichtung ist im Zeitpunkt des Verzichtes mit 180 000 DM als Rückstellung bei der X-GmbH passiviert. Der nach versicherungsmathematischen Grundsätzen ermittelte Barwert der Pensionsverpflichtung beträgt in diesem Zeitpunkt 200 000 DM.

Der Verzicht auf Rückzahlung des Darlehens ebenso wie der Verzicht auf den Pensionsanspruch stellt eine Einlage in das Vermögen der X-GmbH dar. Die Bewertung hat mit dem Teilwert zu erfolgen. Dieser entspricht dem werthaltigen Teil der Ansprüche.[123] Unterstellt, dass die X-GmbH andere Gläubiger aus dinglich gesicherten Darlehensmitteln befriedigt, mithin der Teilwert der Ansprüche nicht unter dem Nennwert bzw. dem Barwert liegt, ergeben sich folgende **Buchungen** bei der X-GmbH:

---

121 BFH, BStBl 1989 II S. 612; BFH [GrS] v. 15. 10. 1997, BStBl 1998 II S. 307.
122 BFH [GrS] v. 5. 7. 1990, BStBl 1990 II S. 837/847.
123 BFH [GrS] v. 15. 10. 1997, BStBl 1998 II S. 307/310.

17 Entnahmen und Einlagen

Darlehensschuld	100 000 DM		
sonstige Verbindlichkeit	12 000 DM	an Kapitalrücklage	112 000 DM
Rückstellungen	180 000 DM		
Lohnaufwand	20 000 DM	an Kapitalrücklage	200 000 DM

Auf der Ebene des Gesellschafters liegen nachträgliche Anschaffungskosten auf die Beteiligung in Höhe von 312 000 DM vor. Darüber hinaus sind dem X Einnahmen nach § 20 EStG[124] in Höhe von 12 000 DM und nach § 19 EStG in Höhe von 200 000 DM zuzurechnen.

17.4.2 Einlagefähigkeit[125]

Einlagefähig sind Wirtschaftsgüter nur dann, wenn sie dazu bestimmt sind, dem Betrieb zu dienen. Soweit ein Wirtschaftsgut nach der Einlage zum notwendigen Betriebsvermögen gehört, ist die Einlage zwingend. Einlagefähig sind darüber hinaus alle Wirtschaftsgüter, die geeignet sind, zum gewillkürten Betriebsvermögen zu gehören. Notwendiges Privatvermögen scheidet für eine Einlage aus, weil es seiner Natur nach dem Betrieb nicht dienen kann. Nur wenn sich die objektive Beziehung zum Betrieb ändert, z. B. bei einer Nutzungsänderung eines Einfamilienhauses, können solche Wirtschaftsgüter eingelegt werden. Ebenfalls nicht einlagefähig sind solche Wirtschaftsgüter, bei denen bereits erkennbar ist, dass sie dem Betrieb keinen Nutzen, sondern nur noch Verluste bringen werden.[126]

17.4.3 Übernahme aus einem anderen Betrieb desselben Stpfl.

Wie bei unmittelbarer Überführung von Wirtschaftsgütern in einen anderen Betrieb des Stpfl. keine Entnahme des abgebenden Betriebs angenommen wird, wenn die Erfassung der stillen Reserven gesichert ist, so stellt die Zuführung bei dem aufnehmenden Betrieb keine Einlage dar. Die Wirtschaftsgüter verlassen nicht den betrieblichen Bereich und werden somit nicht aus dem Privatvermögen eingebracht. Die Einbuchung hat zum Buchwert zu erfolgen (§ 6 Abs. 5 Satz 1 EStG). Dies gilt jedenfalls dann, wenn im aufnehmenden Betrieb die Versteuerung der stillen Reserven gesichert ist. Vgl. dagegen 17.1.5 zur Überführung in eine ausländische Betriebsstätte.

17.4.4 Einlagehandlung und Einlagezeitpunkt

Es gelten sinngemäß die gleichen Grundsätze wie bei den Entnahmen.

---

124 Soweit die Darlehensforderung zum Betriebsvermögen gehören sollte, liegen nach § 20 Abs. 3 i. V. m. § 15 EStG gewerbliche Einkünfte vor.
125 Zu unentgeltlichen Nutzungsrechten s. o. 15.11.1, zu unentgeltlich bestelltem Zuwendungsnießbrauch s. o. 15.11.2.2 und zu Vorbehaltsnießbrauch bei unentgeltlicher Übertragung eines Betriebsgrundstückes s. o. 15.11.2.5.
126 BFH, BStBl 1983 II S. 566.

17.4.5 Einlage bei gemischter Schenkung

Gehört ein im Rahmen einer gemischten Schenkung erworbenes Wirtschaftsgut ab Erwerbszeitpunkt zum Betriebsvermögen, ist neben den tatsächlichen Anschaffungskosten noch eine Einlage anzusetzen.[127]

17.4.6 Verdeckte Einlagen[128]

Eine verdeckte Einlage liegt vor, wenn ein Gesellschafter oder eine ihm nahestehende Person der Kapitalgesellschaft einen einlagefähigen, d. h. bilanzierungsfähigen Vermögensvorteil zuwendet und diese Zuwendung durch das Gesellschaftsverhältnis veranlasst ist (Abschn. 36 a KStR). Die verdeckte Einlage ist das Gegenteil einer verdeckten Gewinnausschüttung, die vorliegt, wenn die Kapitalgesellschaft einem Gesellschafter einen Vorteil zuwendet und diese Zuwendung durch das Gesellschaftsverhältnis veranlasst ist (vgl. Abschn. 31 Abs. 3 KStR). Die Veranlassung durch das Gesellschaftsverhältnis ist gegeben, wenn ein Nichtgesellschafter bei Anwendung der Sorgfalt eines ordentlichen Kaufmanns den Vermögensvorteil der Gesellschaft nicht eingeräumt hätte.[129]

Beispiele

a) Einzelunternehmer A ist beherrschender Gesellschafter der A-GmbH und hält die Beteiligung in seinem Betriebsvermögen. Am 2. 6. 02 hat A der GmbH ein Darlehen in Höhe von 100 000 DM, fällig am 2. 6. 07, gegeben. Am Fälligkeitstag verzichtet A aus gesellschaftsrechtlichen Gründen unwiderruflich auf die Rückzahlung des Darlehens, dessen Teilwert zu diesem Zeitpunkt nach wie vor dem Nennwert entspricht. Der Betrag von 100 000 DM wurde in der GmbH als sonstiger betriebl. Ertrag gewinnerhöhend und im Einzelunternehmen als sonstiger betriebl. Aufwand gewinnmindernd behandelt.
Die Zuwendung hat ihre Ursache im Gesellschaftsverhältnis und stellt eine verdeckte Einlage dar. Einlagen dürfen den Gewinn nicht beeinflussen, sodass der Jahresüberschuss oder Jahresfehlbetrag der GmbH außerhalb der Bilanz um 100 000 DM zu mindern ist, denn die Einlage ist nach § 6 Abs. 1 Nr. 5 EStG mit dem Teilwert zu bewerten.
Die verdeckte Einlage in die GmbH ist geeignet, den Wert der Beteiligung des A an der GmbH zu erhöhen. Die 100 000 DM sind bei A nicht als Betriebsausgaben abziehbar; sie erhöhen vielmehr als weitere Anschaffungskosten den Wert der Beteiligung.[130]

b) Der Einzelunternehmer A, vgl. Beispiel a), beliefert die GmbH zu Einkaufspreisen. Eine Erklärung dafür ergibt sich allein aufgrund des Gesellschaftsverhältnisses.
Ist die Vereinbarung eines zu niedrigen Preises für Lieferungen des Gesellschafters an die Kapitalgesellschaft durch das Gesellschaftsverhältnis veranlasst, bedeutet die

---

127 BFH, BStBl 1981 II S. 794.
128 Vgl. auch o. 15.12.3.1.
129 Vgl. Abschn. 36 a Abs. 1 KStR und die dort zitierte BFH-Rechtsprechung; vgl. ferner BFH, BStBl 1987 II S. 257, 455, 705, BStBl 1988 II S. 348, BStBl 1992 II S. 375, BStBl 1994 II S. 242, BStBl 1995 II S. 362/366 m. w. N. sowie insbesondere den Beschluss des Großen Senats zur Einlage von werthaltigen Forderungen aus Anlass eines Forderungsverzichts durch den Gesellschafter v. 9. 6. 1997, BStBl 1998 II S. 307.
130 S. auch BFH, BStBl 1991 II S. 172, BStBl 1992 II S. 234.

Unterpreislieferung eine verdeckte Einlage. Da die GmbH das Wareneinkaufskonto nicht mit den üblichen Einkaufspreisen zzgl. Nebenkosten (= Teilwerte), sondern mit den Einkaufspreisen ihres Lieferanten belastet hat und damit den erzielten Erlösen ein zu niedriger Wareneinsatz gegenübersteht, ist der Gewinn der GmbH zu hoch. Einlagen, auch in verdeckter Form, sind jedoch erfolgsneutral. Deshalb ist der Gewinn der GmbH in Höhe der Differenz zwischen dem üblichen und berechneten Einkaufspreis zu mindern.

In Höhe des Preisverzichts ergeben sich für den Gesellschafter nachträgliche Anschaffungskosten für die Beteiligung und in gleicher Höhe zusätzliche Erträge in seinem Unternehmen.[131]

Gemäß § 8 Abs. 1 und 2 KStG, § 5 Abs. 6 EStG i. V. m. § 4 Abs. 1 Satz 1 und 5 EStG sind Einlagen alle Wirtschaftsgüter, die der Gesellschafter dem Betrieb der Kapitalgesellschaft zugeführt hat. Ein Wirtschaftsgut kann danach dem Betrieb einer Kapitalgesellschaft nur zugeführt werden, wenn es zuvor dem Vermögen des Gesellschafters oder dem Vermögen eines Dritten angehörte und dieser das Wirtschaftsgut im Auftrag und für Rechnung des Gesellschafters dem Vermögen der Gesellschaft zuführt.[132] Wenn also der Gesellschafter das betreffende Wirtschaftsgut zuführen muss, setzt dies begrifflich voraus, dass der Gesellschafter das Wirtschaftsgut zunächst innehat. Das gilt auch für die Pensionsanwartschaft, die ein Gesellschafter-Geschäftsführer einer GmbH aus der ihm von der GmbH gegebenen Pensionszusage erlangt. Der Verzicht des Gesellschafter-Geschäftsführers auf die ihm zugesagte Pension führt in Höhe des Teilwerts der Anwartschaft zu einer Einlage in das Vermögen der GmbH. Die GmbH hat folglich die Rückstellung im Wege der Einlage gewinnneutral aufzulösen.[133]

17.5 Bewertungsgrundsätze für Einlagen

17.5.1 Bewertungsmaßstab

Nach § 6 Abs. 1 Nr. 5 EStG sind Einlagen grundsätzlich mit dem Teilwert für den Zeitpunkt der Zuführung anzusetzen. Dadurch soll verhindert werden, dass die seit der Anschaffung im privaten Bereich eingetretene Wertsteigerung im Betrieb realisiert wird, z. B. bei einer späteren Veräußerung.[134] Andererseits soll eine vor der Einlage eingetretene Wertminderung nicht zulasten des Gewinns gehen.

Beispiel
Ein Gewerbetreibender legt 08 ein Grundstück mit Teilwert von 150 000 DM ein, das er 01 für 80 000 DM erworben hat.
Die Einlage ist mit 150 000 DM zu bewerten. Dadurch wird die Bildung von stillen Reserven im Zeitpunkt der Einbringung verhindert.

---
131 BFH, BStBl 1990 II S. 86.
132 BFH [GrS 1/94], Beschluss v. 9. 6. 1997, BStBl 1998 II S. 307.
133 Vgl. auch u. 23.4.3 sowie Beispiel unter 17.4.1.
134 Vgl. auch BFH, BStBl 1989 II S. 922, hier S. 924 re. Spalte.

17.5.2 Bewertungshöchstgrenze

Es sind jedoch höchstens die Anschaffungs- oder Herstellungskosten anzusetzen, wenn das zugeführte Wirtschaftsgut
- innerhalb der letzten 3 Jahre vor dem Zeitpunkt der Zuführung angeschafft oder hergestellt worden ist (§ 6 Abs. 1 Satz 1 Nr. 5 Buchstabe a EStG) oder
- ein Anteil an einer Kapitalgesellschaft ist und der Stpfl. an der Gesellschaft i. S. von § 17 Abs. 1 EStG beteiligt ist.

In diesen Sonderfällen werden die vor der Einbringung eingetretenen Wertsteigerungen erst bei späterer Realisierung (Veräußerung, Entnahme) versteuert.

Für den Fall, dass die eingelegten Wirtschaftsgüter vor der Einlage im Privatvermögen unentgeltlich im Wege der **Einzelrechtsnachfolge** erworben worden sind, hat die Einschränkung des § 6 Abs. 1 Satz 1 Nr. 5 Buchstabe a und Satz 3 EStG keine Bedeutung.[135] Anders ist dies im Fall der Gesamtrechtsnachfolge. Der **Gesamtrechtsnachfolger** (insbesondere der Erbe) tritt steuerrechtlich in die Rechtsstellung des Rechtsvorgängers ein, sodass insoweit die Anschaffungskosten und der Anschaffungszeitpunkt des Rechtsvorgängers maßgebend sind.

Durch die Dreijahresfrist sollen Manipulationen ausgeschaltet werden. Es soll verhindert werden, dass Wirtschaftsgüter bei niedrigem Preis angeschafft bzw. entnommen und nach einer Wertsteigerung zum höheren Teilwert ins Betriebsvermögen eingebracht werden. Außerdem soll die Dreijahresfrist dazu beitragen, die Besteuerung von stillen Reserven abzusichern, wenn die Veräußerung nach der Einlage aus dem Betriebsvermögen erfolgt. Im anderen Fall könnte ansonsten unter Wahrung der Fristen eine Umgehung des § 23 EStG vorliegen. Durch § 23 Abs. 1 Satz 5 EStG ist diese Möglichkeit jedenfalls bei Grundstücken versperrt.

Beispiele zu § 6 Abs. 1 Nr. 5 a EStG

a) Das 08 eingelegte Grundstück mit Teilwert von 150 000 DM war erst 06 für Anschaffungskosten von 100 000 DM gekauft worden.
Die Einlage ist mit 100 000 DM zu bewerten.

b) Ein Gewerbetreibender hat 06 Aktien zum Kaufpreis von 6000 DM als Privatvermögen erworben und diese 08 dem Betriebsvermögen zugeführt. Teilwert im Zeitpunkt der Zuführung 10 000 DM.
Die Einlage ist mit 6000 DM zu bewerten.

c) Sachverhalt wie b): Beträgt der Teilwert im Zeitpunkt der Einlage 5000 DM, dann ist – ohne Rücksicht auf das Anschaffungsjahr – die Einlage mit 5000 DM zu bewerten.

d) Erwerb eines unbebauten Grundstückes mit Wirkung vom 1. 4. 02. Die Anschaffungskosten haben 100 000 DM betragen. Da eine betriebliche Nutzung nicht beabsichtigt ist, liegt kein notwendiges Betriebsvermögen vor. Gewillkürtes Betriebsvermögen ist nicht erwünscht. Mit Wirkung vom 1. 4. 04 ändert der Stpfl. die Zweckbestimmung. Das Grundstück soll im Rahmen einer Betriebserweiterung bebaut werden.

---

135 BFH, BStBl 1994 II S. 15.

17 Entnahmen und Einlagen

Deshalb nimmt der Stpfl. das Grundstück in die Bilanz auf. Zu diesem Zeitpunkt beträgt der Teilwert 180 000 DM. Nachdem sich die Bebauung als unmöglich erwiesen hat, weil der Flächennutzungsplan wider Erwarten nicht geändert worden ist, wird das Grundstück mit Wirkung vom 1. 7. 09 für 500 000 DM an einen Immobilienfonds veräußert.

Die Einlage ist nach § 6 Abs. 1 Nr. 5 a EStG höchstens mit den Anschaffungskosten von 100 000 DM zu bewerten, weil die Einlage innerhalb der Dreijahresfrist seit Erwerb erfolgt ist. Bei Veräußerung realisiert der Stpfl. im Betriebsvermögen einen Gewinn von 400 000 DM. § 23 Abs. 1 Satz 5 EStG ist nicht anzuwenden, weil die stillen Reserven vollständig bereits im Rahmen der Einkünfte aus Gewerbebetrieb erfasst sind.

e) Sachverhalt wie d), jedoch erfolgt die Einlage zum 1. 1. 06. Der Teilwert zu diesem Zeitpunkt beträgt 220 000 DM.

Die Einlage ist nach § 6 Abs. 1 Nr. 5 EStG mit dem Teilwert von 220 000 DM zu bewerten. Eine Begrenzung auf die Anschaffungskosten kommt nicht in Betracht, weil die Einlage nicht innerhalb der Dreijahresfrist seit Erwerb erfolgt ist. Bei Veräußerung realisiert der Stpfl. im Betriebsvermögen einen Gewinn von 280 000 DM. § 23 Abs. 1 Satz 5 EStG ist anzuwenden, weil die Veräußerung des Grundstückes aus dem Betriebsvermögen innerhalb eines Zehnjahreszeitraumes seit dem Erwerb erfolgt ist. Dementsprechend ist nach § 22 Nr. 2 i. V. m. § 23 Abs. 1 Nr. 1 EStG zusätzlich ein Gewinn in Höhe von 120 000 DM aus privatem Veräußerungsgeschäft zu versteuern.

Bei Einlagen innerhalb der Dreijahresfrist ist zu beachten, dass die **Vorsteuer,** die im privaten Bereich nicht verrechnet werden konnte, zu den damaligen Anschaffungskosten gehört hat. Bei der Ermittlung des Teilwerts scheidet sie dagegen aus, wenn der Unternehmer zum Vorsteuerabzug berechtigt ist. Daraus folgt, dass der Teilwert bei gleichem Preisniveau niedriger ist als die Anschaffungs- oder Herstellungskosten, die höchstens angesetzt werden dürfen.

Beispiel

Ein Gewerbetreibender, der seine Umsätze nach den allgemeinen Vorschriften des UStG versteuert, legt im Januar 08 einen PKW ins Betriebsvermögen ein, den er im Januar 06 für 20 000 DM zzgl. 3200 DM USt = 23 200 DM als Privatfahrzeug angeschafft hatte. Die betriebsgewöhnliche Nutzungsdauer beträgt fünf Jahre. Preisveränderungen sind nicht eingetreten.

Der Teilwert beträgt 20 000 DM ./. 8000 DM = 12 000 DM; die fortgeführten Anschaffungskosten betragen 23 200 DM ./. 9280 DM = 13 920 DM. Anzusetzen ist der Teilwert. Zur AfA in der Zeit vor der Einlage vgl. unten 17.5.4.

Bei **wesentlichen Beteiligungen** sind stets die Anschaffungskosten Höchstgrenze. Dadurch soll verhindert werden, dass durch die Einbringung der Beteiligung ins Betriebsvermögen die sich aus § 17 EStG ergebende Steuerpflicht für Veräußerungsgewinne der zum Privatvermögen gehörenden Beteiligungen umgangen werden kann. Bei unentgeltlichem Erwerb sind die Anschaffungskosten des Rechtsvorgängers als Höchstgrenze maßgebend (§ 6 Abs. 1 Nr. 5 b 2. Halbsatz EStG).

Beispiele zu § 6 Abs. 1 Nr. 5 b EStG

a) Ein Gewerbetreibender hat vor 12 Jahren ein Aktienpaket (40 % des Grundkapitals der AG) für 350 000 DM als Privatvermögen erworben. Diese Beteiligung wird in das

17.5 Bewertungsgrundsätze für Einlagen

Betriebsvermögen eingebracht. Im Zeitpunkt der Einlage beträgt der Teilwert 800 000 DM. Im Laufe des folgenden Wirtschaftsjahres wird die Beteiligung für 800 000 DM veräußert.

Die Einlage ist mit 350 000 DM zu bewerten. Damit entsteht bei der späteren Veräußerung ein Veräußerungsgewinn von 450 000 DM, der im Rahmen der Buchführung zu erfassen ist (sb Erträge). Wäre die Bewertung der Einlage mit 800 000 DM zugelassen, würde sich kein Veräußerungsgewinn ergeben. Auch eine Steuerpflicht aus § 17 EStG käme nicht in Betracht, weil keine Beteiligung des Privatvermögens veräußert wird.

Durch die Einlage in das Betriebsvermögen könnte die Steuerpflicht aus § 17 EStG umgangen werden, wenn für Beteiligungen die gleichen Regeln gelten würden wie für die Einlage anderer Wirtschaftsgüter. Das soll § 6 Abs. 1 Nr. 5 Buchstabe b EStG verhindern.

b) Beträgt der Teilwert im Zeitpunkt der Einlage nur 300 000 DM, ist die Einlage mit dem niedrigeren Teilwert von 300 000 DM zu bewerten.[136] Der Unterschied zwischen den damaligen Anschaffungskosten und dem Teilwert ist nach R 140 Abs. 8 EStR außerhalb der Bilanz „festzuhalten" und bei der Veräußerung gewinnmindernd zu erfassen. Diese Regelung widerspricht der Rechtsprechung des BFH.[137] Danach soll die Einlage wesentlicher Beteiligungen i. S. des § 6 Abs. 1 Nr. 5 b EStG stets mit den damaligen Anschaffungskosten erfolgen.

Die Einlage wesentlicher Beteiligungen in eine Personengesellschaft gegen Gewährung von Gesellschaftsrechten ist dagegen nicht nach § 6 Abs. 1 Nr. 5 b EStG zu beurteilen, sondern stellt einen tauschähnlichen Vorgang dar, der zur Versteuerung nach § 17 EStG beim Einbringenden führt.[138]

17.5.3 Einlage nach früherer Entnahme

Ist die Einlage ein Wirtschaftsgut, das vor der Zuführung aus einem Betriebsvermögen des Stpfl. entnommen worden ist, so tritt an die Stelle der Anschaffungs- oder Herstellungskosten der Wert, mit dem die Entnahme angesetzt worden ist, und an die Stelle des Zeitpunkts der Anschaffung oder Herstellung der Zeitpunkt der Entnahme (§ 6 Abs. 1 Nr. 5 Satz 3 EStG).[139]

Beispiel

Ein Gewerbetreibender hat 100 Aktien im Nennwert von je 50 DM entnommen, die für 4000 DM vor vielen Jahren als Wirtschaftsgüter des Betriebsvermögens angeschafft worden waren. Im Zeitpunkt der Entnahme betrug der Kurswert 6000 DM. Innerhalb von drei Jahren werden diese Wertpapiere bei einem Kurswert von 9000 DM wieder eingelegt.

---

136 BMF, BStBl 1996 I S. 1500.
137 Urteil v. 5. 12. 1996, BStBl 1996 II S. 684.
138 BFH v. 19. 10. 1998, BStBl 2000 II S. 230; BMF v. 29. 3. 2000, BStBl 2000 I S. 462.
139 BFH v. 5. 12. 1996, BStBl 1997 II S. 287.

17 Entnahmen und Einlagen

Buchungen im Zeitpunkt der Entnahme

S	Wertpapiere	H		S	Entnahmen	H
1. 1. 4000 DM	1) 4000 DM			1) 6000 DM		

S	sonst. betriebl. Erträge	H
	1) 2000 DM	

Buchungen im Zeitpunkt der Einlage

S	Wertpapiere	H		S	Einlagen	H
2) 6000 DM					2) 6000 DM	

Bei einer späteren Veräußerung ergibt sich ein Gewinn, der die vor der Einlage eingetretene Wertsteigerung einschließt. Werden z. B. die Wertpapiere einige Jahre später bei einem Kurswert von 10 000 DM veräußert, dann ist zu buchen:

S	Wertpapiere	H		S	Bank	H
1. 1. 6000 DM	3) 6000 DM			3) 10 000 DM		

S	sonst. betriebl. Erträge	H
	3) 4000 DM	

Wäre die Bewertung der Einlage mit 9000 DM zugelassen worden, würde sich im Zeitpunkt der Veräußerung nur ein Ertrag von 1000 DM ergeben.

17.5.4 Einlage abnutzbarer Anlagegüter innerhalb des Dreijahreszeitraumes

Nach § 6 Abs. 1 Nr. 5 Satz 2 EStG sind bei der Einlage abnutzbarer Anlagegüter **innerhalb** des **Dreijahreszeitraumes** die Anschaffungs- oder Herstellungskosten um die AfA nach § 7 EStG, die erhöhten Absetzungen sowie etwaige Sonderabschreibungen zu kürzen, die auf den Zeitraum zwischen der Anschaffung oder der Herstellung des Wirtschaftsgutes und der Einlage entfallen. Dabei ist es unerheblich, ob sich die Absetzungen während der Zugehörigkeit des Wirtschaftsgutes zum Privatvermögen einkommensmindernd ausgewirkt haben (R 39 EStR).

Geringwertige Wirtschaftsgüter, deren Anschaffungskosten im Rahmen einer Überschusseinkunftsart nach § 9 Abs. 1 Satz 3 Nr. 7 i. V. m. § 6 Abs. 2 EStG sofort in voller Höhe als Werbungskosten abgesetzt worden sind, können innerhalb von drei Jahren nach Anschaffung nur mit einem Wert von 0 DM in ein Betriebsvermögen eingelegt werden. Zur Einlage **außerhalb** des Dreijahreszeitraumes vgl. nachfolgend unter 17.5.5.

17.5 Bewertungsgrundsätze für Einlagen

Bei der Berechnung der AfA vor der Einlage ist bei beweglichen Wirtschaftsgütern von § 7 Abs. 1 EStG auszugehen, denn § 7 Abs. 2 EStG setzt die Zugehörigkeit zum Anlagevermögen, mithin zum Betriebsvermögen voraus.

R 44 Abs. 2 Satz 3 EStR wird zur Berechnung der fortgeführten Anschaffungs- oder Herstellungskosten von abnutzbaren beweglichen Wirtschaftsgütern nicht angewendet, weil dadurch die Einlagen zu niedrig angesetzt würden. Im Anschluss an die Einlage ist R 44 Abs. 2 Satz 3 EStR zur Berechnung der AfA im Betriebsvermögen jedoch zu beachten. Natürlich kann der Stpfl. das Wirtschaftsgut nach der Einlage auch degressiv nach § 7 Abs. 2 EStG abschreiben.

Beispiel

Ein PKW, der am 1. 4. 01 zur ausschließlich privaten Nutzung für 100 000 DM zzgl. 16 000 DM USt angeschafft worden war, dient seit dem 1. 10. 02 etwa im Umfang von 70 % betrieblichen Zwecken. Die Nutzungsdauer des Fahrzeugs kann mit fünf Jahren angenommen werden. Ab Einlage beträgt die betriebsgewöhnliche Restnutzungsdauer unstreitig noch vier Jahre. Der Teilwert des Fahrzeugs beträgt am 1. 10. 02 90 000 DM.

Lösung

Das Fahrzeug gehört seit dem 1. 10. 02 zum notwendigen Betriebsvermögen. Die Einlage ist nach § 6 Abs. 1 Nr. 5 a EStG mit dem Teilwert des Fahrzeugs, höchstens den fortgeführten Anschaffungskosten zu bewerten. Bei der Ermittlung der AfA im Privatbereich darf weder die degressive AfA noch die Vereinfachungsregelung (R 44 Abs. 2 Satz 3 EStR) berücksichtigt werden.

Anschaffungskosten im Privatbereich	116 000 DM
./. AfA 1. 4. 01 bis 30. 9. 02 (linear für 18 Monate)	34 800 DM
Fortgeführte Anschaffungskosten = Einlagewert	81 200 DM
./. AfA für 02 (§ 7 Abs. 2 EStG, R 44 Abs. 2 Satz 3 EStR = $^1/_2$)	12 180 DM
Bilanzansatz 31. 12. 02	69 020 DM

17.5.5 Einlage abnutzbarer Wirtschaftsgüter außerhalb des Dreijahreszeitraumes (§ 7 Abs. 1 Satz 4 EStG)

Wirtschaftsgüter, die außerhalb eines Zeitraumes von drei Jahren seit ihrer Anschaffung oder Herstellung in ein Betriebsvermögen eingelegt werden, sind mit dem **Teilwert** zu bewerten (§ 6 Abs. 1 Nr. 5 EStG). Diese Bewertung wird **nicht** durch § 7 Abs. 1 Satz 4 EStG beeinflusst. Nach dieser Vorschrift wird lediglich die **AfA nach der Einlage** geregelt.

Während als **AfA-Bemessungsgrundlage** nach einer Einlage **grundsätzlich** der Einlagewert zugrunde zu legen ist, bestimmt § 7 Abs. 1 Satz 4 EStG dagegen, dass anstelle des Einlagewertes als Bemessungsgrundlage die ursprünglichen Anschaffungs- oder Herstellungskosten abzügl. Absetzungen für Abnutzung (AfA) oder Substanzverringerung (AfS), Sonderabschreibungen oder erhöhte Absetzungen

17 Entnahmen und Einlagen

anzusetzen sind, **soweit** diese Abschreibungen **vor** der Einlage als **Werbungskosten** bei den Einkünften i. S. des § 2 Abs. 1 Nr. 4 bis 7 EStG (**Überschusseinkünfte**) abgezogen worden sind.

Beispiel

Ein Steuerberater hat sich nach bestandener Beraterprüfung selbstständig gemacht. Seine Fachliteratur sowie Gegenstände der Büroausstattung (Schreibtisch, Stuhl, Schrank, PC) hatte er bereits im Rahmen der Vorbereitung auf seine StB-Prüfung angeschafft und die Anschaffungskosten nach § 9 Abs. 1 Nr. 7 und § 6 Abs. 2 EStG als geringwertige Wirtschaftsgüter in voller Höhe als Werbungskosten im Rahmen seiner Einkünfte nach § 19 EStG abgezogen.

Der Teilwert der Gegenstände beträgt zum Zeitpunkt der Betriebseröffnung addiert 5000 DM. Zwischen Anschaffung und Einlage sind mehr als drei Jahre vergangen.

Lösung

Die Einlage der Gegenstände der Geschäftsausstattung ist mit dem Teilwert in Höhe von 5000 DM zu bewerten (§ 6 Abs. 1 Nr. 5 EStG). Dies gilt auch für den Fall der Betriebseröffnung (§ 6 Abs. 1 Nr. 6 EStG). Im Anschluss an die Einlage darf der Steuerberater weder die Sofortabschreibung nach § 6 Abs. 2 EStG noch AfA nach § 7 EStG als Betriebsausgaben abziehen.[140] Die Wirtschaftsgüter werden bis zu ihrer Veräußerung oder Entnahme aus dem Betriebsvermögen mit dem Betrag von 5000 DM fortgeführt. Das gilt auch im Falle der Gewinnermittlung nach § 4 Abs. 3 EStG.

Entsprechendes gilt insbesondere für **Gebäude** (§ 7 Abs. 4 Satz 1, 2. Halbsatz EStG), die vor der Einlage zur **Erzielung von Einnahmen** nach § 21 EStG und unter Inanspruchnahme von Abschreibungen und vor allem auch Sonderabschreibungen nach dem FörderG eingesetzt worden sind. Unerheblich ist, ob die Anschaffungs- oder Herstellungskosten und damit die Abschreibung vor der Einlage dem Stpfl. selbst oder einem Rechtsvorgänger zuzurechnen waren. Dies gilt sowohl in den Fällen der **Gesamtrechtsnachfolge** (z. B. Erbfolge) wie auch im Falle der **Einzelrechtsnachfolge** (z. B. vorweggenommene Erbfolge).

Da die Einlage selbst mit dem Teilwert bewertet wird, wenn die Dreijahresfrist zwischen Erwerb und Einlage verstrichen ist, weichen Einlagewert und AfA-Bemessungsgrundlage in diesen Fällen voneinander ab.[141]

Beispiel

	a)	b)
Herstellungskosten Anfang 01	900 000 DM	900 000 DM
AfA vor der Einlage 2 % für 01–05	90 000 DM	90 000 DM
Sonderabschreibung vor der Einlage	450 000 DM	0 DM
Teilwert bei Einlage Anfang 06	700 000 DM	700 000 DM

---

140 Zur abweichenden Lösung in den Fällen, in denen die Einlage **vor dem 1. 1. 1999** erfolgt ist, vgl. BFH v. 27. 1. 1994, BStBl 1994 II S. 638.
141 Vgl. auch R 43 Abs. 6 EStR.

17.5 Bewertungsgrundsätze für Einlagen

Lösung	a)	b)
Bewertung der Einlage (Teilwert)	700 000 DM	700 000 DM
AfA-Bemessungsgrundlage (HK ./. Abschreibungen)	360 000 DM	810 000 DM
AfA jährlich (4 % der AfA-Bemessungsgrundlage)	14 400 DM	32 400 DM
AfA insgesamt im Betriebsvermögen	360 000 DM	700 000 DM
Buchwert nach 25 Jahren	340 000 DM	0 DM
AfA im Jahr 26	0 DM	0 DM
Veräußerung im Jahr 27 (angenommen) für	500 000 DM	500 000 DM
Gewinn in 27 **innerhalb** der Bilanz	160 000 DM	500 000 DM

Die Lösung zu b) befremdet. Offensichtlich ist bei der Fassung des Gesetzes nicht bedacht worden, dass der Teilwert auch unterhalb der fortgeführten Anschaffungs- oder Herstellungskosten liegen kann. Im Fall b) entgeht dem Stpfl. AfA in Höhe von 110 000 DM. Deshalb muss der Gewinn im Jahr der Veräußerung (hier des Jahres 27) **außerhalb** der Bilanz um 110 000 DM gemindert werden.[142]

Die vorstehende Lösung entspricht offensichtlich der Auffassung der **Finanzverwaltung**.[143] Mit guten Gründen könnte sich aus dem Regelungszusammenhang von Satz 1 und Satz 4 des § 7 Abs. 1 EStG auch vertreten lassen, dass als Bemessungsgrundlage der **Einlagewert** abzügl. AfA und Sonderabschreibung vor der Einlage maßgebend sein soll.[144] Die Ursache für die unterschiedliche Interpretation ergibt sich aus § 7 Abs. 1 Satz 1 EStG selbst. Dort fehlt für den Fall der Einlage überhaupt eine positive Regelung. Dabei wurde Satz 1 schon bisher auch von der Finanzverwaltung unstreitig dahin gehend ausgelegt, dass in den Fällen der Einlage an die Stelle der Anschaffungs- oder Herstellungskosten der Einlagewert tritt.[145] Da Satz 4 seiner Stellung im Gesetz nach nur Bezug auf den Begriff der Anschaffungs- oder Herstellungskosten in Satz 1 nehmen kann, könnte man auch annehmen, dass auch in Satz 4 der Begriff der Anschaffungs- oder Herstellungskosten im Falle der Einlage durch den Einlagewert zu ersetzen sei.[146] Insgesamt betrachtet ist die Vorschrift des § 7 Abs. 1 Satz 4 EStG unklar und daher misslungen.[147]

---

142 Warnke (NWB F 3 S. 10915) will dagegen einen **negativen** Buchwert entstehen lassen. Schmidt/Drenseck, EStG, 19. Aufl., § 7 Rz. 68, schließen sich dieser Auffassung ohne weiteren Kommentar an. Mit Grundsätzen ordnungsmäßiger Buchführung kann dieser Vorschlag sicher nicht vereinbart werden.
143 H 43 „Einlage eines Wirtschaftsgutes" EStH.
144 Weber-Grellet, DB 2000 S. 165, 166, geht davon aus, dass die Einlage mit dem Teilwert vermindert um die bereits abgesetzten Abschreibungen anzusetzen sei. Unklar bleibt, ob dieser Betrag auch die AfA-Bemessungsgrundlage sein soll.
145 R 43 Abs. 6 Satz 1 EStR 1998, R 44 Abs. 12 Nr. 1 EStR 1998 und wortgleich R 44 Abs. 12 Nr. 1 EStR 1999, BFH v. 27. 1. 1994, BStBl 1994 II S. 638. Zum vergleichbaren Fall der Bemessungsgrundlage nach richer Entnahme vgl. BFH v. 29. 4. 1992, NStBl 1992 II S. 969; vgl. auch Schmidt/Drenseck, EStG, 19. Aufl., § 7 Rz. 68.
146 Wollte man etwas anderes regeln, hätte in § 7 Satz 1 EStG entsprechend der Regelung zur Einlage in § 6 Abs. 1 Nr. 1 EStG die Formulierung „... oder den an deren Stelle tretenden Wert ..." ergänzt werden müssen.
147 Dies setzt sich in den EStR 1999 fort, denn dort ist es versäumt worden, R 44 Abs. 12 EStR an die geänderte Fassung des R 43 Abs. 6 EStR anzupassen.

17 Entnahmen und Einlagen

Beispiel
Sachverhalt wie vorstehend. Die Lösungen würden dann lauten:
Lösung zu a)
AfA-Bemessungsgrundlage 160 000 DM, AfA ab Einlage jährlich   6 400 DM
Lösung zu b)
AfA-Bemessungsgrundlage 610 000 DM, AfA ab Einlage jährlich   24 400 DM
Erkennbar führt die abweichende Auslegung im Falle der Lösung zu a) zu einem ungünstigeren Ergebnis und im Falle der Lösung zu b) dagegen zu einem günstigeren Ergebnis.

18 Gewinnermittlungsarten

18.1 Gewinnermittlung nach § 4 Abs. 1 EStG und § 5 EStG

18.1.1 Anwendungsbereich

Die steuerrechtliche Gewinnermittlung aufgrund einer Buchführung erfolgt entweder nach § 4 Abs.1 oder nach § 5 EStG. Die beiden Gewinnermittlungsvorschriften gelten für verschiedene Personenkreise.

§ 4 Abs.1 EStG gilt für

a) **Land- und Forstwirte,** die nach §§ 140, 141 AO zur Buchführung verpflichtet sind oder die freiwillig Bücher führen und Abschlüsse machen, wenn ein Antrag nach § 13 a Abs. 2 Nr. 1 EStG gestellt worden ist (R 12 Abs.1 EStR);

b) **Gewerbetreibende ohne Buchführungspflicht,** die auch freiwillig keine Bücher führen und keine für eine Gewinnermittlung nach § 4 Abs. 3 EStG ausreichenden Aufzeichnungen haben. Der Gewinn ist nach § 4 Abs. 1 EStG zu schätzen;[1]

c) **Angehörige der freien Berufe,** die freiwillig Bücher führen und regelmäßig Abschlüsse machen.[2]

§ 5 EStG gilt für alle Gewerbetreibenden, die zur Buchführung verpflichtet sind oder die freiwillig Bücher führen. Das gilt auch im Falle der Schätzung (R 12 Abs. 2 Sätze 2 und 3 EStR).

18.1.2 Unterschiede im materiellen Bereich

Sowohl bei der Gewinnermittlung nach § 4 Abs. 1 EStG als auch nach § 5 EStG ist Gewinn der Unterschied zwischen dem Betriebsvermögen am Schluss des Wirtschaftsjahres und am Schluss des vorangegangenen Wirtschaftsjahres, vermehrt um den Wert der Entnahmen und vermindert um den Wert der Einlagen. Anders als im Falle des § 4 Abs. 1 EStG ist bei der Gewinnermittlung nach § 5 EStG das Betriebsvermögen anzusetzen, das nach den handelsrechtlichen Grundsätzen ordnungsmäßiger Buchführung (GoB) auszuweisen ist. Daraus ergeben sich die folgenden Unterschiede zwischen § 4 Abs. 1 und § 5 EStG.

---

1 H 12 „Gewinnschätzung" EStH.
2 H 142 „Buchführung" EStH.

18 Gewinnermittlungsarten

18.1.2.1 Bilanzierung und Bewertung des Betriebsvermögens

Grundlage für die Aufstellung der Steuerbilanz ist bei Gewerbetreibenden (Vollkaufleuten) die Handelsbilanz. Die Bilanzansätze der Handelsbilanz sind für die steuerrechtliche Gewinnermittlung immer dann maßgebend, wenn nach dem EStG Bilanzierungs- und Bewertungswahlrechte bestehen und der Ansatz der Handelsbilanz steuerrechtlich zulässig ist (Maßgeblichkeit der Handelsbilanz für die Steuerbilanz).[3] Bei der Gewinnermittlung nach § 4 Abs. 1 EStG gibt es eine maßgebende Handelsbilanz nicht.

In § 4 Abs.1 EStG fehlt zwar das Gebot, die handelsrechtlichen Grundsätze ordnungsmäßiger Buchführung zu beachten (Gebot der Maßgeblichkeit der Handelsbilanz für die Steuerbilanz). Gleichwohl sind bei der Aufstellung der Steuerbilanz handelsrechtliche Vorschriften zur Buchführungspflicht (§ 238 HGB), zu Inventur und Inventar (§§ 240, 241 HGB), zur Bilanz (§ 242 Abs. 1, §§ 243 bis 245 HGB), zum Ansatz der Wirtschaftsgüter (§§ 246 bis 251 HGB) und zur Bewertung der Wirtschaftsgüter (§§ 252 bis 256 HGB) zu beachten. Grundlage dafür ist § 141 Abs.1 Satz 2 AO; vgl. auch R 12 Abs. 5 i. V. m. R 29 bis 31 EStR, H 31 a; H 31 b; H 31 c „Gewinnermittlung" EStH.

18.1.2.2 Umfang des Betriebsvermögens

Bei beiden Gewinnermittlungsarten kommt zwar gewillkürtes Betriebsvermögen in Betracht; bei der Gewinnermittlung nach § 4 Abs. 1 EStG sind jedoch gewisse Einschränkungen zu beachten.[4]

Der wesentliche Unterschied zur Gewinnermittlung nach § 4 Abs. 1 EStG besteht also bei Vollkaufleuten mit Gewinnermittlung nach § 5 EStG im Vorhandensein einer Handelsbilanz, nach der sich die Steuerbilanz zu richten hat. § 5 EStG will eine möglichst enge Anlehnung der steuerrechtlichen an die handelsrechtliche Gewinnermittlung erreichen. Viele Gewerbetreibende stellen daher nur eine Bilanz auf, die sowohl Handelsbilanz als auch Steuerbilanz ist.

18.1.3 Besonderheiten im formellen Bereich

Die allgemeinen Regeln der kaufmännischen Buchführung sind auch bei der Gewinnermittlung nach § 4 Abs. 1 EStG zu beachten.[5] Angehörige der freien Berufe müssen deshalb ihre Honorarforderungen in einem Grundbuch, auf einem Kontokorrentkonto und im Geschäftsfreundebuch erfassen und im Zeitpunkt der erbrachten Leistung aktivieren.[6] Das Geschäftsfreundebuch kann durch eine geordnete Rechnungsablage (Offene-Posten-Buchhaltung) ersetzt werden. Auf ein Konto-

---

3 Im Einzelnen s. o. 14.1.
4 S. o. 13.5.5.
5 BFH, BStBl 1981 II S. 301; H 12 „Gewinnschätzung" EStH.
6 BFH, BStBl 1971 II S. 167.

korrentkonto kann verzichtet werden, wenn die Honorarforderungen der Zeitfolge nach in einem Hilfsbuch erfasst sind und daraus in angemessener Zeit ein Überblick über die Außenstände gewonnen werden kann.[7]

18.1.4 Besteuerung der betrieblichen Bodengewinne

Früher blieb bei der Gewinnermittlung nach § 4 Abs. 1 EStG der Wert des Grund und Bodens, der zum Anlagevermögen gehört, außer Ansatz. Durch das StÄndG 1971 wurde dieses in erster Linie für die Land- und Forstwirte geltende Privileg beseitigt, sodass die durch Veräußerungen und Entnahmen von Grund und Boden nach dem 30. 6. 1970 (bei Land- und Forstwirten) bzw. 14. 8. 1971 (bei Kleingewerbetreibenden und selbstständig Tätigen i. S. des § 18 EStG) realisierten Gewinne auch bei der Gewinnermittlung nach § 4 Abs. 1 EStG zu berücksichtigen sind. § 55 EStG enthält Sondervorschriften für die Behandlung des vor dem 1. 7. 1970 angeschafften Grund und Bodens.

18.2 Gewinnermittlung nach § 4 Abs. 3 EStG

18.2.1 Berechtigter Personenkreis

Nach § 4 Abs. 3 EStG können Stpfl., die nicht aufgrund gesetzlicher Vorschriften verpflichtet sind, Bücher zu führen und regelmäßig Abschlüsse zu machen,[8] und die auch keine Bücher führen und keine Abschlüsse machen, als Gewinn den Überschuss der Betriebseinnahmen über die Betriebsausgaben ansetzen. Man bezeichnet diese Art der Gewinnermittlung als Überschussrechnung, weil hier der Gewinn – ähnlich wie bei den Überschusseinkünften – durch Gegenüberstellung von Einnahmen und Ausgaben ermittelt wird. § 4 Abs. 3 EStG ist eine Kannvorschrift. Die dort getroffene Regelung stellt eine Ausnahme von der als Regelfall geltenden Gewinnermittlung durch Betriebsvermögensvergleich dar.

Für die Überschussrechnung kommen vor allem Kleingewerbetreibende und die Angehörigen der freien Berufe in Betracht. Bei ihnen hat das Betriebsvermögen im Allgemeinen keine große Bedeutung, sodass sich der zutreffende Gewinn aus einer Gegenüberstellung von Betriebseinnahmen und Betriebsausgaben ergibt. Diese vereinfachte Art der Gewinnermittlung ist ausgeschlossen, wenn jemand ohne eine gesetzliche Verpflichtung freiwillig Bücher führt und aufgrund jährlicher Bestandsaufnahmen Abschlüsse macht, die einen Betriebsvermögensvergleich ermöglichen (R 16 Abs. 1 EStR). Hier besteht kein Anlass zur Vereinfachung.

---

7 BFH, BStBl 1972 II S. 400. Zur Aufzeichnungspflicht der Angehörigen der freien Berufe vgl. auch H 142 EStH.
8 Zur Buchführungspflicht vgl. insbesondere o. 1.4.1 und 1.4.2.

18 Gewinnermittlungsarten

Nicht zur Buchführung verpflichtete Land- und Forstwirte können sich statt der Besteuerung nach Durchschnittssätzen für die Gewinnermittlung nach § 4 Abs. 3 EStG entscheiden, wenn die Betriebseinnahmen und Betriebsausgaben aufgezeichnet werden (§ 13 a Abs. 2 Nr. 2 EStG).

Nach der Veräußerung oder Aufgabe des gewerblichen Betriebes sind die nachträglichen Einkünfte aus Gewerbebetrieb ausschließlich durch Gegenüberstellung der dann noch anfallenden Betriebseinnahmen und Betriebsausgaben zu ermitteln.[9]

18.2.2 Wesen der Überschussrechnung

Die Überschussrechnung hat eine gewisse Ähnlichkeit mit der Gewinn-und-Verlust-Rechnung der doppelten Buchführung. Sachlich erfasst sie jedoch ganz andere Vorgänge als diese Erfolgsrechnung. In der Gewinn-und-Verlust-Rechnung erscheinen Aufwendungen und Erträge, in der Überschussrechnung **Betriebseinnahmen und Betriebsausgaben.**

Der Überschussrechnung liegt die Überlegung zugrunde, dass jede Veränderung des Betriebsvermögens, die auf betrieblichen Vorgängen beruht, sich irgendwann einmal in Form von Betriebseinnahmen bzw. Betriebsausgaben niederschlagen muss. Ihr besonderer Vorzug besteht darin, dass die Bestände des Betriebsvermögens nicht berücksichtigt werden und dadurch jährliche Bestandsaufnahmen entfallen. Es handelt sich aber nicht um eine reine Kassenrechnung (Geldrechnung), denn das Ist-Prinzip ist in mehreren Fällen durchbrochen.

18.2.3 Voraussetzungen der Überschussrechnung

Grundsätzlich ist der Gewinn durch Betriebsvermögensvergleich zu ermitteln. Der nicht buchführungspflichtige Stpfl. hat jedoch ein **Wahlrecht,** das nur er und nicht das Finanzamt ausüben kann.[10] Der Stpfl. hat das Wahlrecht zugunsten der Gewinnermittlung nach § 4 Abs. 3 EStG ausgeübt, falls er lediglich Betriebseinnahmen und Betriebsausgaben aufzeichnet.

Ist diese Voraussetzung erfüllt, kann folglich auf Verlangen des Stpfl. nicht der Gewinn nach § 4 Abs. 1 EStG **geschätzt** werden.[11] Es ist aber zu beachten, dass nach § 4 Abs. 3 EStG keine Aufzeichnungspflicht besteht. Die Betriebseinnahmen und -ausgaben können deshalb auch nach Belegen zusammengestellt werden.[12] Aufzeichnungspflicht besteht jedoch nach § 22 UStG und ggf. auch § 143 Abs. 1 AO (Aufzeichnung des Wareneingangs), § 144 Abs. 1 AO (Aufzeichnung des Warenausgangs),[13] wenn die umsatzsteuerrechtlichen Aufzeichnungen dafür nicht ausreichen.

---

9 BFH, BStBl 1978 II S. 430.
10 BFH, BStBl 1981 II S. 301.
11 BFH v. 2. 3. 1982, BStBl 1984 II S. 504.
12 BFH, BStBl 1990 II S. 287.
13 S. o. 1.4.5.

Will ein Stpfl. keinen Gewinn ermitteln, weil er bestreitet, gewerblich tätig geworden zu sein, hat er keine Wahl zwischen den Gewinnermittlungsarten getroffen. Dann ist der Gewinn nach der Regel-Gewinnermittlungsart des Betriebsvermögensvergleichs gem. § 4 Abs. 1 EStG, ggf. im Wege der Schätzung, zu ermitteln.[14]

18.2.4 Gesamtgewinngleichheit

Die Überschussrechnung ist im Ergebnis eine Unterart der Gewinnermittlung des § 4 Abs. 1 EStG. Sie muss auf die Dauer gesehen den gleichen Totalgewinn ergeben wie der Betriebsvermögensvergleich des § 4 Abs. 1 EStG.[15] § 4 Abs. 3 EStG will keinen abweichenden Gewinnbegriff aufstellen, sondern lediglich eine Erleichterung in der Gewinnermittlung schaffen. Die befristete Verschiebung des Gewinnausweises wird aus Gründen der Vereinfachung in Kauf genommen.[16] Bei der Durchführung der vereinfachten Gewinnermittlung muss dieser Grundgedanke, dass im Ganzen und auf die Dauer gesehen das gleiche Gesamtergebnis herauskommen muss, stets beachtet werden. Aus diesem Grunde können und müssen Betriebseinnahmen und Betriebsausgaben immer dann angesetzt werden, wenn bei Buchführung ein Ertrag oder Aufwand erfasst würde.

Beispiel

Ein Versicherungsvertreter übernimmt am 14. 1. mit 10 000 DM Bargeld eine Vertretung. Ihm stehen laut Provisionsabrechnung zu für das 1. Wirtschaftsjahr 34 000 DM, das 2. Wirtschaftsjahr 45 000 DM und das 3. Wirtschaftsjahr 38 000 DM. Davon wurden vereinnahmt im 1. Wirtschaftsjahr 20 000 DM, im 2. Wirtschaftsjahr 47 000 DM und im 3. Wirtschaftsjahr 50 000 DM. An Betriebsausgaben sind entstanden und gezahlt worden im 1. Wirtschaftsjahr 26 000 DM, im 2. Wirtschaftsjahr 38 000 DM und im 3. Wirtschaftsjahr 31 000 DM. Die Entnahmen in bar betragen im 1. Wirtschaftsjahr 3000 DM, im 2. Wirtschaftsjahr 8000 DM und im 3. Wirtschaftsjahr 21 000 DM. Mit Ablauf des 3. Wirtschaftsjahres wird der Betrieb wieder eingestellt.

Gewinnermittlung nach § 5 EStG	**1. Wj.**	**2. Wj.**	**3. Wj.**
Betriebsvermögen am 31. 12.	15 000 DM	14 000 DM	0 DM
Betriebsvermögen am 14. 1.	10 000 DM	15 000 DM	14 000 DM
Unterschiedsbetrag	5 000 DM	./. 1 000 DM	./. 14 000 DM
+ Entnahmen	3 000 DM	8 000 DM	21 000 DM
Gewinn	8 000 DM	7 000 DM	7 000 DM
insgesamt		22 000 DM	

---

14 BFH, BStBl 1981 II S. 301; BFH, BStBl 1989 II S. 714; vgl. auch H 12 „Gewinnschätzung" EStH.
15 BFH, BStBl 1991 II S. 228 m. w. N.
16 BFH, BStBl 1972 II S. 334.

18 Gewinnermittlungsarten

Gewinnermittlung nach § 4 Abs. 3 EStG	1. Wj.	2. Wj.	3. Wj.
Betriebseinnahmen	20 000 DM	47 000 DM	50 000 DM
Betriebsausgaben	26 000 DM	38 000 DM	31 000 DM
Gewinn (Verlust)	./. 6 000 DM	9 000 DM	19 000 DM
insgesamt		22 000 DM	

Es ergeben sich zwar unterschiedliche Jahresergebnisse. Fasst man diese jedoch zusammen, erhält man in beiden Fällen einen gleichen Totalgewinn von 22 000 DM.

Eine Einschränkung erfährt der Grundsatz der Gesamtgewinngleichheit dadurch, dass gewillkürtes Betriebsvermögen bei der Überschussrechnung nicht zugelassen ist (Ausnahmen: § 4 Abs. 1 Sätze 3 und 4 EStG). Die Übereinstimmung des Totalgewinns besteht deshalb nur so lange, wie gewillkürtes Betriebsvermögen nicht vorhanden ist.

18.2.5 Auswirkung auf die Steuerbelastung

Die Überschussrechnung ergibt im Verhältnis zum Betriebsvermögensvergleich nur Gewinnverlagerungen. Diese werden spätestens bei der Aufgabe oder Veräußerung des Betriebes oder beim Übergang zum Bestandsvergleich ausgeglichen (= Wechsel der Gewinnermittlung, vgl. auch u. 19.). Es darf aber nicht übersehen werden, dass die Steuerbelastung bei Anwendung der Überschussrechnung höher oder niedriger sein kann als bei der Gewinnermittlung durch Betriebsvermögensvergleich. Die insgesamt zu entrichtenden Steuerbeträge können vor allem durch die Progression und durch Tarifänderungen abweichen. Der Vorzug der Überschussrechnung besteht also ausschließlich in der vereinfachten Gewinnermittlung.

18.2.6 Betriebseinnahmen[17]

Der Begriff der Betriebseinnahmen i. S. des § 4 Abs. 3 EStG ist gesetzlich nicht bestimmt. Nach seinem Sinn und Zweck ist er in Anlehnung an § 8 EStG zu bestimmen. Danach sind Betriebseinnahmen alle betrieblich veranlassten Wertzugänge zum Betriebsvermögen, die keine Einlagen sind.[18] Die Einnahmen können in Geld oder in Sachwerten bestehen und aus Grundgeschäften oder Hilfsgeschäften stammen bzw. sonstige durch den Betrieb veranlasste Zuwendungen sein.[19] In Betracht kommen vor allem Einnahmen aus der Veräußerung von Gegenständen des Betriebsvermögens sowie aus sonstigen Leistungen des Betriebes, auch wenn die Einnahmen in Form einer Leibrente zufließen.[20] Wird einem Gewerbetreibenden

---

17 Betriebseinnahmen entstehen beim Bilanzierenden, wenn sein Betriebsvermögen durch Geld oder in Geldeswert bestehende Wertzugänge erhöht wird, die keine Einlagen sind. Ein solcher Wertzugang findet bei der Aktivierung statt, BFH, BStBl 1995 II S. 54/56 m. w. N.
18 BFH, BStBl 1982 II S. 587.
19 BFH, BStBl 1988 II S. 995, BStBl 1989 II S. 641.
20 BFH, BStBl 1987 II S. 597.

18.2 Gewinnermittlung nach § 4 Abs. 3 EStG

von einem Geschäftspartner eine Reise (sog. Incentive-Reise) zugewendet, so ist der Wert dieser Reise als Betriebseinnahme zu erfassen.[21] Die bei betrieblicher Tätigkeit in einer Röntgenarztpraxis angefallenen Silberabfälle gehören zum Betriebsvermögen. Beim Anfall der Abfälle ergeben sich keine Betriebseinnahmen, sondern erst durch Veräußerung oder bei Entnahme.[22] Durch Erschließungskosten, die der Erbbauberechtigte übernimmt, tritt beim Grundstückseigentümer und Erbbauverpflichteten ein Wertzuwachs ein. Ermittelt der Grundstückseigentümer und Erbbauverpflichtete den Gewinn nach § 4 Abs. 3 EStG und gehört das mit dem **Erbbaurecht** belastete Grundstück zum Betriebsvermögen des Erbbauverpflichteten, fließt der Wertzuwachs dem Erbbauverpflichteten erst im Zeitpunkt des Heimfalls oder der Beendigung des Erbbaurechts zu.[23]

Besteht beim **Tausch** der Zufluss der Sachwerte in Umlaufvermögen, liegen gleichzeitig eine Betriebseinnahme und eine Betriebsausgabe vor; der Gewinn bleibt unverändert.[24] Besteht der Zufluss in Anlagevermögen, ist der im Tauschwege erworbene Anlagegegenstand als Betriebseinnahme zu erfassen; zu einer Betriebsausgabe kommt es erst im Wege der AfA (bei abnutzbarem Anlagevermögen) oder bei Veräußerung. Besteht der Zufluss der Sachwerte in Wirtschaftsgütern, die unmittelbar Privatvermögen werden, so liegt lediglich eine Betriebseinnahme vor, der keine Betriebsausgabe gegenübersteht.

Die Betriebseinnahme setzt zwingend einen sachlichen Zusammenhang mit dem Betrieb voraus. Es genügt auch ein mittelbarer Zusammenhang. Deshalb führt die mit einer Preisverleihung verbundene Geldzuwendung bei einem freiberuflich tätigen Regisseur zu Betriebseinnahmen, wenn die mit dem Preis prämierte Leistung im Rahmen seiner freiberuflichen Tätigkeit erbracht worden ist. Dabei genügt schon die betriebliche oder berufliche Mitveranlassung.[25] Demgegenüber ist die mit der Preisverleihung an einen Journalisten verbundene Dotierung als steuerfreie Einnahme zu beurteilen, wenn die Preisverleihung vor allem eine Ehrung der Persönlichkeit des Preisträgers darstellt oder das Lebenswerk prämieren soll.[26] Ist einem Handwerker von einer Förderstiftung verliehene Geldpreis zeitlich und sachlich an die Aufnahme einer selbstständigen gewerblichen Tätigkeit geknüpft, so ist er auch dann als betrieblich veranlasst (Betriebseinnahme) anzusehen, wenn er nur bei herausragenden Leistungen in der Meisterprüfung verliehen wird.[27]

Bei der Verleihung von **Filmpreisen** für künstlerische Einzelleistungen (Preise für darstellerische Leistungen, Regie, Drehbuch, Kameraführung/Bildgestaltung, Schnitt,

---

21 BFH, BStBl 1989 II S. 641; BStBl 1996 II S. 273; vgl. dazu auch BMF v. 14. 10. 1996, BStBl 1996 I S. 1192.
22 BFH, BStBl 1986 II S. 907.
23 BFH, BStBl 1990 II S. 310.
24 BFH, BStBl 1986 II S. 607, BStBl 1993 II S. 36.
25 BFH, BStBl 1989 II S. 650.
26 BFH, BStBl 1985 II S. 427.
27 BFH, BStBl 1989 II S. 650.

Filmmusik, Ausstattung, Kostüme) ist im Allgemeinen davon auszugehen, dass mit dem Preis in erster Linie eine bestimmte berufliche Leistung des Preisträgers gewürdigt werden soll. Die mit den Filmpreisen verbundenen Preisgelder unterliegen daher ausnahmsweise lediglich dann nicht der Einkommensteuer, wenn insbesondere nach den jeweiligen Vergaberichtlinien das Gesamtschaffen oder die Gesamtpersönlichkeit des Preisträgers der ausschlaggebende Grund für die Preisverleihung war.[28]

Auch eine Schenkung kann in ursächlichem Zusammenhang mit dem Betrieb stehen und damit eine Betriebseinnahme sein, wenn sie betrieblich veranlasst ist. Ein wichtiges Beweisanzeichen für eine betrieblich veranlasste Zuwendung und Betriebseinnahme kann in der Regel die Tatsache sein, dass der Empfänger die notwendigen Aufwendungen als Betriebsausgaben behandelt hat. Nur Zuwendungen geringen Werts können als übliche Aufmerksamkeit angesehen werden und brauchen deshalb nicht als geldwerte Vorteilszuwendung und Erhöhung der Betriebseinnahmen erfasst zu werden.

Zu den Betriebseinnahmen gehören auch die Einnahmen aus der Veräußerung von abnutzbaren und nicht abnutzbaren Anlagegütern einschl. Grund und Boden sowie das Entgelt für die Aufgabe des Rechts der Nutzung gemieteter Praxisräume (R 16 Abs. 3 EStR). Betriebseinnahmen liegen bei Zufluss der Gegenleistung vor. Auf den Zeitpunkt des Abgangs kommt es nicht an.[29]

Keine Betriebseinnahmen stellen Beträge dar, die dem Betrieb nicht aufgrund betrieblicher Leistungen, sondern durch die **Aufnahme von Darlehen** zugeflossen sind (H 16 [2] „Darlehen" EStH). Sie fließen dem Betrieb wegen der Verpflichtung zur Rückzahlung nicht endgültig zu. Ebenso sind Tilgungsraten eines gewährten Darlehens keine Betriebseinnahme, sondern nur die vereinnahmten Zinsen. Dagegen fließen dem Darlehensgeber im Jahr der Darlehenshingabe Betriebseinnahmen in Höhe des einbehaltenen **Damnums** zu.[30]

Keine Betriebseinnahme ist gegeben, wenn ein Stpfl. aus betrieblichen Gründen davon absieht, eine entstandene Honorarforderung einzuziehen, oder sie aus betrieblichen Gründen dem Schuldner erlässt. Betriebliche Gründe sind anzunehmen, wenn der Stpfl. die Beitreibung für aussichtslos erachtet (z. B. wegen Vermögenslosigkeit des Schuldners oder wegen zu erwartender Einreden aus Gründen der Verjährung) oder weil er sich davon verspricht, vom Honorarschuldner weitere Aufträge zu erhalten.[31]

Erwirbt ein Unternehmer, der sich mit der gewerblichen Vermittlung bestimmter Wertpapierverkäufe befasst, selbst derartige Wertpapiere zu privaten Zwecken, so

---

28 Vgl. dazu auch BMF, BStBl 1996 I S. 1150.
29 BFH, BStBl 1995 II S. 635.
30 BFH, BStBl 1994 II S. 93 m. w. N.
31 BFH, BStBl 1975 II S. 526.

18.2 Gewinnermittlung nach § 4 Abs. 3 EStG

sind die ihm in diesem Zusammenhang zugeflossenen Vorteile (Preisnachlässe, Barzuwendungen und dgl.) keine Betriebseinnahmen.[32]

Einnahmen aus dem Verkauf von Wirtschaftsgütern, die bei Gewinnermittlung durch Betriebsvermögensvergleich zum gewillkürten Betriebsvermögen gehören können, sind keine Betriebseinnahmen, weil bei der Überschussrechnung die Bildung von gewillkürtem Betriebsvermögen von der Finanzverwaltung abgelehnt wird.[33] Das gilt nicht in den Fällen, in denen das Wirtschaftsgut beim Übergang zur Gewinnermittlung nach § 4 Abs. 3 EStG oder bei einer Änderung der Nutzung nicht zu entnehmen ist (§ 4 Abs. 1 Sätze 3 und 4 EStG).

Durchlaufende Posten, die im Namen und für Rechnung eines anderen vereinnahmt und verausgabt werden, scheiden nach § 4 Abs. 3 Satz 2 EStG aus. Ermittelt ein Hausgewerbetreibender seinen Gewinn nach § 4 Abs. 3 EStG, dann sind die Vereinnahmung und Abführung der Arbeitgeberanteile zur Sozialversicherung ein durchlaufender Posten, wenn sie im Namen des Sozialversicherungsträgers oder der Auftraggeber erfolgen; andernfalls sind die Zahlungen der Auftraggeber beim Hausgewerbetreibenden Betriebseinnahmen und die Zahlungen an den Versicherungsträger Betriebsausgaben.[34] Die **Umsatzsteuer** ist kein durchlaufender Posten im Sinne dieser Vorschrift. Als Betriebseinnahme sind also die Einnahmen **einschließlich Umsatzsteuer** anzusetzen.[35] Ebenso sind Leistungen der Versicherungen Betriebseinnahmen und keine durchlaufenden Posten. Auch ein Zuschuss, der aus betrieblichen Gründen gewährt wird, ist zunächst einmal eine Betriebseinnahme.[36] Ein durchlaufender Posten liegt grundsätzlich nicht vor, wenn der Zahlungsverpflichtete nicht weiß, an wen der Unternehmer die von ihm gezahlten Beträge weiterleitet.[37]

Auch die Übernahme der Kraft- und Schmierstoffe durch einen Tankstellenverwalter (Pächter), deren Veräußerung, die Vereinnahmung der Kaufpreisgelder durch den Verwalter und deren Weiterleitung an die Mineralölfirma dürfen den durch Überschussrechnung zu ermittelnden Gewinn nicht berühren, weil ein Handeln für fremde Rechnung vorliegt.[38]

Die **unentgeltliche Übertragung** eines Betriebes nach **§ 6 Abs. 3 EStG** bleibt auch bei Gewinnermittlung nach § 4 Abs. 3 EStG erfolgsneutral. Geht der Rechtsnachfolger zur Gewinnermittlung durch Betriebsvermögensvergleich über oder hatte er bereits einen Betrieb mit Gewinnermittlung durch Betriebsvermögensvergleich und erweitert er diesen Betrieb um den hinzuerworbenen Betrieb oder Teilbetrieb, so hat

---
32 BFH, BStBl 1982 II S. 587.
33 R 13 Abs. 16 EStR. Beachte abgrenzend BFH v. 24. 2. 2000, BStBl 2000 II S. 297.
34 BFH, BStBl 1982 II S. 196, 200.
35 BFH v. 29. 6. 1982, BStBl 1982 II S. 755; vgl. auch H 86 EStH.
36 BFH, BStBl 1968 II S. 736.
37 BFH, BStBl 1970 II S. 191.
38 BFH, BStBl 1974 II S. 518.

er die wegen des Wechsels der Gewinnermittlung erforderlichen Gewinnberichtigungen zu beachten (vgl. u. 19.2).

Nach dem Grundsatz der Gesamtgewinngleichheit ist eine **Betriebseinnahme** zu erfassen, wenn eine zur Anschaffung von Wirtschaftsgütern des **Anlagevermögens** eingegangene **Leibrentenverpflichtung** durch Tod des Berechtigten **wegfällt**.[39] Soweit die Rentenverpflichtung auf erworbenes Umlaufvermögen entfällt, stellt das Erlöschen des Rentenstammrechts keine Betriebseinnahme dar (R 16 Abs. 4 Satz 7 EStR). Der Wegfall wirkt sich von selbst dadurch aus, dass in Zukunft keine abzugsfähigen Betriebsausgaben mehr entstehen. Vgl. weitere Einzelheiten zur Beurteilung von Renten im Rahmen der Überschussrechnung unter 18.2.7.

18.2.7 Betriebsausgaben

Nach § 4 Abs. 4 EStG sind Betriebsausgaben Aufwendungen, die durch den Betrieb veranlasst sind. Eine betriebliche Veranlassung ist bei Betriebsausgaben stets anzunehmen, wenn **objektiv** ein Zusammenhang mit dem Betrieb besteht und **subjektiv** die Aufwendungen dem Betrieb zu dienen bestimmt sind.[40] Dabei setzen Betriebsausgaben stets zwingend einen solchen objektiven Zusammenhang voraus, während die subjektive Absicht, mit der Ausgabe den Betrieb zu fördern, kein in jedem Fall notwendiges Merkmal des Betriebsausgabenbegriffs ist, weil z. B. auch unfreiwillige Ausgaben und Zwangsaufwendungen nach dem objektiven Nettoprinzip Betriebsausgaben sind.[41] Betriebsausgaben sind Güter, die den Betrieb aufgrund eines Betriebsvorfalls verlassen. Wie die Einnahmen können auch die Ausgaben in bar oder in Sachwerten geleistet werden. Allerdings führt die Hingabe von veräußerten oder entnommenen Waren zu keiner Betriebsausgabe i. S. des § 4 Abs. 3 EStG. Das folgt aus dem Grundsatz der Gesamtgewinngleichheit. Ihre Anschaffungskosten sind bei der Zahlung als Betriebsausgabe abgesetzt worden.

Da hinsichtlich der Betriebsausgaben keine Aufzeichnungspflicht besteht, können sie am Jahresende aufgrund der Belege zusammengestellt werden.

Zu den sofort abzugsfähigen Betriebsausgaben gehören die Anschaffungskosten zzgl. der darauf entfallenden und **in Rechnung gestellten USt**[42] für Waren sowie Roh-, Hilfs- und Betriebsstoffe.

Ausgaben eines Zahnarztes mit Gewinnermittlung nach § 4 Abs. 3 EStG für die Beschaffung von Zahngold bilden auch dann Betriebsausgaben, wenn der angeschaffte Goldvorrat den Verbrauch für einige Jahre deckt. Dies setzt jedoch voraus, dass der Goldvorrat während einer übersehbaren Zeit verbraucht werden kann und später auch tatsächlich verbraucht wird. Anders als im Falle des Bestandsvergleichs nach § 4 Abs. 1 EStG kann der Betriebsinhaber im Fall der Überschussrechnung

---
39 BFH, BStBl 1996 II S. 601; vgl. auch H 16 (4) EStH.
40 BFH, BStBl 1992 II S. 647 m. w. N.
41 BFH, BStBl 1981 II S. 368.
42 Vorsteuer; vgl. H 86 EStH.

18.2 Gewinnermittlung nach § 4 Abs. 3 EStG

nach § 4 Abs. 3 EStG auf die Höhe des Gewinns u. a. dadurch Einfluss nehmen, dass er die Bezahlung von Vorratsvermögen vorverlagert oder die Einziehung von Forderungen aufschiebt. Es kann einem Zahnarzt grundsätzlich nicht verwehrt werden, eine vermeintlich günstige Marktsituation auszunutzen und im Wege der unterstützenden Praxisvorsorge auch umfangreiche Vorratskäufe zu tätigen.[43]

Prämienzahlungen für eine vorwiegend betrieblich veranlasste betriebliche **Unfallversicherung** sind nur anteilig als Betriebsausgaben abziehbar. **Steuerberatungskosten** sind abzugsfähig, soweit sie bei der Ermittlung des Gewinns entstehen oder für die Erstellung von Betriebssteuererklärungen anfallen.

Beiträge zu einer **Krankentagegeldversicherung** können auch dann nicht als Betriebsausgaben abgezogen werden, wenn sich die Inhaber einer freiberuflichen Praxis im Gesellschaftsvertrag gegenseitig zum Abschluss einer Krankentagegeldversicherung verpflichten und vereinbaren, dass anfallende Versicherungsleistungen den Betriebseinnahmen zugerechnet werden.[44] Dies gilt jedenfalls dann, wenn der Gewinn durch Überschussrechnung ermittelt wird. Es kann dahinstehen, ob ein Versicherungsvertrag über Krankentagegelder zum gewillkürten Betriebsvermögen gezogen werden kann; denn bei der Gewinnermittlung nach § 4 Abs. 3 EStG kommt gewillkürtes Betriebsvermögen grundsätzlich nicht in Betracht.[45] Daher reicht es nicht aus, dass anfallende Versicherungsleistungen möglicherweise objektiv geeignet und auch dazu bestimmt sind, den Betrieb zu fördern.

Nach § 4 Abs. 3 Satz 3 EStG sind die Vorschriften über die AfA oder AfS auch bei dieser vereinfachten Gewinnermittlung zu befolgen. Das bedeutet, dass die Anschaffungskosten **abnutzbarer Anlagegüter** nicht sofort abgesetzt werden können, sondern ebenso wie in der Buchführung mithilfe jährlicher Absetzungen erst im Laufe ihrer betriebsgewöhnlichen Nutzungsdauer als Betriebsausgabe berücksichtigt werden dürfen, sofern nicht die Voraussetzungen des § 6 Abs. 2 EStG vorliegen. Dabei kann es für die AfA nicht auf die Zahlung ankommen. AfA sind daher schon zulässig, wenn die Anschaffungskosten noch nicht bezahlt wurden.

Anders als der eigentliche Kaufpreis ist die abziehbare **Vorsteuer**, die nach § 9 b Abs. 1 EStG nicht zu den auf die Nutzungsdauer zu verteilenden Anschaffungs- oder Herstellungskosten gehört, bei der Zahlung an den Lieferanten in voller Höhe als Betriebsausgabe abzusetzen.[46] Sonst würde sie zwar die als Betriebsausgabe absetzbare USt-Zahllast mindern, ohne dass diese Gewinnerhöhung durch eine entsprechende Betriebsausgabe ausgeglichen würde. Dagegen darf nach § 15 Abs. 2 UStG nicht abziehbare Vorsteuer wegen der Einbeziehung in die Anschaffungs-

---
43 BFH, BStBl 1991 II S. 13, BStBl 1993 II S. 36; BFH, BStBl 1994 II S. 750.
44 BFH, BStBl 1969 II S. 489.
45 R 13 Abs. 16 EStR; kritisch BFH, BStBl 1994 II S. 172 und ausdrücklich offen gelassen in BFH v. 24. 2. 2000, BStBl 2000 II S. 297.
46 BFH, BStBl 1975 II S. 441.

oder Herstellungskosten und damit in die AfA-Bemessungsgrundlage nicht als Betriebsausgabe abgezogen werden.

Ist die beim Erwerb von abnutzbarem Anlagevermögen anfallende Vorsteuer nur teilweise abziehbar, so ist der abziehbare Teil sofort als Betriebsausgabe abzugsfähig.

Stellt ein **Erbbaurecht** ein betrieblich genutztes Wirtschaftsgut dar, so sind die gezahlten **Erschließungskosten** in Fällen der Gewinnermittlung durch Betriebsvermögensvergleich als aktiver Rechnungsabgrenzungsposten auszuweisen und auf die Dauer des Erbbaurechts als Aufwand zu verteilen (vgl. o. 15.4.11). Bei der Gewinnermittlung nach § 4 Abs. 3 bzw. § 13 a EStG liegen – entsprechend den Regelungen im Privatvermögen nach Auffassung der Finanzverwaltung – Anschaffungskosten auf das Erbbaurecht vor.[47] Die AfA auf das Erbbaurecht ist nach § 4 Abs. 3 Satz 3 i. V. m. § 7 Abs. 1 EStG als Betriebsausgabe abzuziehen.[48] Es ist entgegen der Auffassung der Finanzverwaltung kein Grund ersichtlich, die Erschließungskosten im Zusammenhang mit einem Erbbaurecht im Rahmen der Überschussrechnung als Anschaffungskosten zu behandeln, nur um den sofortigen Abzug als Betriebsausgabe zu verhindern. Entsprechendes gilt für Werbungskosten bei § 21 EStG. Wenn es sich bei einem bilanzierenden Stpfl. insoweit nicht um Anschaffungskosten handelt,[49] sondern um **Ausgaben,** die aktiv abzugrenzen sind, ist im Rahmen der Überschussrechnung ebenfalls eine Ausgabe anzunehmen, die nach § 11 Abs. 2 EStG abgeflossen ist.

Werden **Wirtschaftsgüter der gehobenen Lebensführung** (Waschmaschinen, Heimbügler, Kühlschrank usw.) sowohl privat als auch betrieblich genutzt, so wirkt sich die anteilige AfA als Betriebsausgabe aus, wenn die betriebliche Nutzung nicht nur von untergeordneter Bedeutung ist und der betriebliche Nutzungsteil sich leicht und einwandfrei anhand von Unterlagen nach objektiven, nachprüfbaren Merkmalen – ggf. im Wege der Schätzung (§ 162 AO) – von den nicht abzugsfähigen Kosten der Lebenshaltung trennen lässt. Dabei spielt es keine Rolle, ob die Wirtschaftsgüter Betriebsvermögen oder Privatvermögen darstellen. Sind diese Voraussetzungen erfüllt, so gehören diese Wirtschaftsgüter bei der Gewinnermittlung nach § 4 Abs. 3 EStG in vollem Umfang zum notwendigen Betriebsvermögen, wenn die betriebliche Nutzung mehr als 50 % beträgt. Sonst rechnen sie, mangels Möglichkeit bei einer Nutzung zwischen 50 % und 10 % zu gewillküren, zum notwendigen Privatvermögen.

Beim Erwerb von **geringwertigen Anlagegütern** erfolgt die Absetzung nach dem Wortlaut des § 6 Abs. 2 EStG im Jahr der Anschaffung. In der Anweisung Nr. 13 zu § 6 Abs. 2 ESt-Kartei NRW ist jedoch schon die Absetzung von Anzahlungen zugelassen, wenn der Gesamtkaufpreis 800 DM nicht übersteigt. Die bei der Anschaf-

---
47 BMF, BStBl 1991 I S. 1011.
48 Vgl. auch OFD Düsseldorf v. 10. 11. 1992 – S 2133 A – StH, DStR 50/1992 S. IV.
49 BFH, BStBl 1989 II S. 409, BStBl 1994 II S. 109.

18.2 Gewinnermittlung nach § 4 Abs. 3 EStG

fung zu zahlende USt ist ebenfalls Betriebsausgabe. Voraussetzung der vollen Absetzung ist, dass die Wirtschaftsgüter in ein besonderes, laufend zu führendes Verzeichnis aufgenommen werden, das den Tag der Anschaffung oder Herstellung sowie die Anschaffungs- oder Herstellungskosten zu enthalten hat.

Aufwendungen für ein abnutzbares Anlagegut, die bis zu seiner **Veräußerung oder Entnahme** noch nicht im Wege der AfA berücksichtigt worden sind, sind im Wirtschaftsjahr seiner Veräußerung bzw. Entnahme als Betriebsausgaben abzusetzen. Gleichzeitig ist die Gegenleistung als Betriebseinnahme zu erfassen, jedoch erst bei Zufluss.[50] Soweit die AfA nicht willkürlich unterlassen worden sind, gilt das auch bei in der Vergangenheit zu niedrig bemessener AfA. Fehler in der AfA der Vorjahre gleichen sich damit bei der Überschussrechnung – wie bei der Buchführung – im Augenblick der Veräußerung aus. Nur bei willkürlich unterlassener bzw. zu niedrig berechneter AfA, die spätere **beachtliche** steuerrechtliche Vorteile bezweckt, ist ein **Abzugsverbot** gerechtfertigt.[51]

Die Anschaffungs- oder Herstellungskosten für **nicht abnutzbare Wirtschaftsgüter des Anlagevermögens** sind erst im Zeitpunkt der Veräußerung oder Entnahme dieser Wirtschaftsgüter als Betriebsausgaben zu berücksichtigen, soweit die Aufwendungen vor dem 1. 1. 1971 nicht bereits im Zeitpunkt der Zahlung abgesetzt worden sind (§ 4 Abs. 3 Satz 4 EStG; R 16 Abs. 3 Satz 4 EStR). Die nicht abnutzbaren Wirtschaftsgüter des Anlagevermögens sind unter Angabe des Tages der Anschaffung oder Herstellung und der Anschaffungs- oder Herstellungskosten oder des an deren Stelle getretenen Werts in besondere, laufend zu führende Verzeichnisse aufzunehmen (§ 4 Abs. 3 Satz 5 EStG), damit bei einer späteren Veräußerung oder Entnahme die Anschaffungs- oder Herstellungskosten festgestellt werden können.

Geldbeträge, die zur **Tilgung von Darlehen** geleistet werden, stellen keine Betriebsausgaben dar (H 16 [2] EStH). Nur die Darlehenszinsen kommen als Betriebsausgabe in Betracht.

Wird ein **Fremdwährungsdarlehen** aufgenommen, so ist bei einer Tilgung bzw. Teiltilgung der **Kursverlust,** der sich infolge Kursanstiegs der Fremdwährung ergibt, Betriebsausgabe des Jahres der Tilgung bzw. Teiltilgung.[52]

Zinsaufwendungen für einen **Kontokorrentkredit** können nur insoweit als Betriebsausgaben abgezogen werden, als der Kredit betrieblich veranlasst war. Der betrieblich veranlasste Teil der Zinsaufwendungen ist i. d. R. nach der sog. Zinszahlenstaffelmethode zu ermitteln.[53] Wegen Einzelheiten insbesondere zu § 4 Abs. 4 a EStG vgl. 13.5.3. Stpfl. mit Überschussrechnung müssen seit dem Veranlagungszeitraum 2000 zur Berechnung der Beschränkung des Schuldzinsenabzuges sämt-

---

50 BFH, BStBl 1995 II S. 635.
51 BFH, BStBl 1981 II S. 255.
52 BFH, BStBl 1991 II S. 228, vgl. auch H 16 [2] „Fremdwährungsdarlehen" EStH.
53 BMF, BStBl 1993 I S. 930; BFH [GrS] v. 8. 12. 1997, BStBl 1998 II S. 193; BMF v. 22. 5. 2000, BStBl 2000 I S. 588 zu § 4 Abs. 4 a EStG.

liche Entnahmen und Einlagen gesondert aufzeichnen (§ 4 a Abs. 4 Satz 7 EStG, § 52 Abs. 11 EStG).

Wird im Zusammenhang mit einem aufgenommenen Darlehen ein **Darlehensabgeld** (Damnum, Disagio) gezahlt, so ist in der Regel – anders als bei Buch führenden – der volle Betrag des Damnums im Zeitpunkt der Auszahlung des Kapitals beim Schuldner als Ausgabe abzusetzen.[54] Das gilt bei entsprechender Vereinbarung auch, wenn ein Darlehen ratenweise ausgezahlt wird.[55] Wird das Damnum vor Auszahlung des aufgenommenen Darlehens entrichtet, kann es bereits im Jahr der Entrichtung abgezogen werden, es sei denn, dass die Vorausleistung des Damnums von keinen sinnvollen wirtschaftlichen Erwägungen getragen wird.[56] **Geldbeschaffungskosten** sind im Jahr der Verausgabung abzusetzen.

Aufwendungen für die Anschaffung oder Herstellung von Wirtschaftsgütern, die bei einer Gewinnermittlung durch Betriebsvermögensvergleich zum **gewillkürten Betriebsvermögen** gehören könnten, dürfen bei der Gewinnermittlung nach § 4 Abs. 3 EStG nicht als Betriebsausgabe abgesetzt werden, weil hierbei die Bildung von gewillkürtem Betriebsvermögen nicht zugelassen wird (R 13 Abs. 16 EStR).[57]

Als Betriebsausgabe ist auch die **USt-Zahllast**, die an das Finanzamt abgeführt wird, anzusetzen. Dabei ist jedoch zu beachten, dass die USt auf unentgeltliche Wertabgaben i. S. des § 3 Abs. 1 b bzw. § 3 Abs. 9 UStG im Falle außerunternehmerischer Veranlassung nicht abziehbar ist (§ 12 Nr. 3 EStG). Sie muss deshalb aus der USt-Zahllast ausgeschieden werden. Aus Vereinfachungsgründen sollte es jedenfalls in der Praxis nicht beanstandet werden, wenn die USt dem Wert der Entnahme hinzugerechnet und zusammen mit der Entnahme als Betriebseinnahme behandelt wird. In diesem Fall ist die Zahllast ungekürzt als Betriebsausgabe abzuziehen.[58] Das kommt vor allem bei Warenentnahmen, die mit Pauschsätzen berücksichtigt werden, in Betracht, weil es sich bei den für Einkommensteuerzwecke festgesetzten Pauschsätzen um Bruttobeträge einschließlich USt handelt. Die nach § 15 Abs. 1 a UStG nicht abziehbare Vorsteuer im Zusammenhang mit Aufwendungen i. S. des § 4 Abs. 5 EStG darf nicht als Betriebsausgabe abgezogen werden (§ 12 Nr. 3 EStG).

Teilwertabschreibungen sind bei der Überschussrechnung nicht zulässig. Dagegen sind **Absetzungen** wegen außergewöhnlicher technischer oder wirtschaftlicher Abnutzung (AfaA) selbstverständlich nach § 7 EStG zulässig.[59]

Scheidet ein Wirtschaftsgut infolge Zerstörung (Totalschaden) aus dem Betriebsvermögen aus, so ist der noch nicht als Betriebsausgabe verrechnete Teil der Anschaffungs- oder Herstellungskosten im Wege einer außergewöhnlichen tech-

---

54 BFH, BStBl 1979 II S. 169.
55 BFH, BStBl 1975 II S. 880.
56 BFH, BStBl 1987 II S. 492.
57 H 16 [6] EStH; offen in BFH v. 24. 2. 2000, BStBl 2000 II S. 297.
58 ESt-Kartei NW Anw. 8 zu § 4 Abs. 3 EStG.
59 Wegen der Abgrenzung s. o. 15.8.3.

18.2 Gewinnermittlung nach § 4 Abs. 3 EStG

nischen Absetzung (AfaA) zu berücksichtigen. Schadenersatzzahlungen sind Betriebseinnahmen.

Forderungsausfälle bei Warenforderungen wirken sich dadurch gewinnmindernd aus, dass entsprechende Betriebseinnahmen ausbleiben. Daher führt der Erlass einer Honorarforderung nicht zu einer Betriebsausgabe. Das gilt auch dann, wenn der Erlass aus betrieblichen Gründen erfolgt.[60]

Verluste von Darlehensforderungen sind dann und nur in dem Wirtschaftsjahr, in dem der Verlust endgültig feststeht, wie Betriebsausgaben abzusetzen, wenn besondere Umstände ihre ausschließliche Zugehörigkeit zur betrieblichen Sphäre ergeben.[61]

Verluste durch Diebstahl und Unterschlagung von Waren wirken sich von selbst dadurch gewinnmindernd aus, dass entsprechende Einnahmen aus ihrem Verkauf ausbleiben. Geldverluste durch Diebstahl und Unterschlagung müssen als Betriebsausgabe zugelassen werden, wenn die Geldmittel eindeutig zum Betriebsvermögen gehört haben. Das kann grundsätzlich nur bei Führung eines Kassenbuchs und eindeutiger Trennung von Privatgeld und Geschäftsgeld anerkannt werden.

Ob das entwendete Geld dem Betriebsvermögen zuzuordnen war, kann aber auch unter Einbeziehung weiterer Anhaltspunkte geprüft werden; hierbei kann die Aufbewahrung des Geldes im betrieblichen Bereich oder die Bereithaltung eines abgezählten Betrags zur Begleichung einer betrieblichen Verbindlichkeit berücksichtigt werden.[62]

Auch ohne geschlossene Kassenführung ist eine räumliche und sachliche Verbindung zum beruflichen Bereich gegeben, wenn Praxisangestellte Honorargelder widerrechtlich an sich nehmen. Das Geld ist mit seiner Entwendung wirtschaftlich endgültig abgeflossen, weil ungewiss ist, ob und in welcher Höhe ein Anspruch auf Ersatz des Geldes durchsetzbar ist.[63]

Gelingt der **Nachweis** betrieblich veranlasster Verluste nicht, sind Geldeingänge mit ihrer Vereinnahmung regelmäßig als entnommen, d. h. als Privatvermögen, anzusehen. Dies muss auch gelten, wenn für die betrieblich vereinnahmten Gelder eine besondere Kasse bzw. besondere Bankkonten vorhanden sind, aber mangels Betriebskassenführung und damit ordnungsmäßiger Buchführung überhaupt weder nachgewiesen noch geprüft werden kann, ob und inwieweit aus dieser Kasse zugleich der Privatverbrauch bestritten worden ist. In einem solchen Falle muss hinsichtlich der Kasse bzw. den Bankkonten nichts anderes als die Privatkasse bzw. die Privatkonten des Unternehmers angenommen werden.

Wegen der **Übertragung stiller Reserven** auf Ersatzwirtschaftsgüter Hinweis auf R 35 Abs. 5 EStR. Wegen der Übertragung der bei Veräußerung bestimmter

---

60 BFH, BStBl 1975 II S. 526.
61 BFH, BStBl 1972 II S. 334, BStBl 1976 II S. 380.
62 BFH, BStBl 1992 II S. 343.
63 BFH, BStBl 1976 II S. 560.

18 Gewinnermittlungsarten

Anlagegüter aufgedeckten stillen Reserven Hinweis auf § 6 c EStG und R 41 d EStR.

Bei **Rentenzahlungen** ist der Zinsanteil voll als Betriebsausgabe abzugsfähig (R 16 Abs. 4 Satz 2 EStR). Der Tilgungsanteil ist nur insoweit abzusetzen, als er Anschaffungskosten für Wirtschaftsgüter darstellt, die als Betriebsausgabe bei Abfluss abziehbar sind. Das ist beim Erwerb von Wirtschaftsgütern des **Umlaufvermögens** der Fall (R 16 Abs. 4 Satz 6 EStR).

Beispiele
a) Erwerb eines Warenlagers gegen Vereinbarung einer Rente.
   Zinsanteil **und** Tilgungsanteil sind bei Zahlung Betriebsausgaben.
b) Erwerb eines unbebauten Grundstücks gegen Vereinbarung einer Rente.
   Nur der Zinsanteil darf als Betriebsausgabe abgezogen werden.

Fällt die Rentenverpflichtung fort, z. B. bei **Tod des Rentenberechtigten,** so liegt eine Betriebseinnahme in Höhe des versicherungsmathematischen Barwerts vor, den die Rentenverpflichtung im Augenblick ihres Fortfalls hatte (R 16 Abs. 4 Satz 5 EStR; H 16 [4] EStH). Der Wegfall einer Rente aufgrund des Erwerbs von Umlaufvermögen stellt dagegen keine Betriebseinnahme dar (R 16 Abs. 4 Satz 7 EStR).

Soweit die Rentenzahlungen mit Anlagegütern im Zusammenhang stehen und aufgeteilt werden müssen, ist es aus **Vereinfachungsgründen** nicht zu beanstanden, wenn die einzelnen Rentenzahlungen in voller Höhe mit dem Barwert der ursprünglichen Rentenverpflichtung verrechnet werden. Sobald die Summe der Rentenzahlungen diesen Wert übersteigt, sind die übersteigenden Rentenzahlungen in vollem Umfang als Betriebsausgabe abzusetzen (R 16 Abs. 4 Satz 4 EStR). Bei vorzeitigem Fortfall der Rentenverpflichtung ist der Betrag als Betriebseinnahme anzusetzen, der nach Abzug aller bis zum Fortfall geleisteten Rentenzahlungen von dem ursprünglichen Barwert verbleibt.

Die Erhöhung des Rentenbarwerts aufgrund einer **Wertsicherungsklausel** ist anders als bei der Gewinnermittlung durch Betriebsvermögensvergleich nicht sofort und in vollem Umfang als Betriebsausgabe zu berücksichtigen.[64] Vielmehr sind bei der Gewinnermittlung nach § 4 Abs. 3 EStG die infolge der Wertsicherungsklausel erhöhten Rentenzahlungen hinsichtlich des Mehrbetrags als Betriebsausgaben abzuziehen und nicht die Erhöhung des Rentenbarwerts. Dementsprechend soll eine gedankliche Passivierung der Erhöhung der Rentenverpflichtung unterbleiben. Dann ist bei Wegfall der Rentenverpflichtung lediglich der Rentenbarwert als Betriebseinnahme zu erfassen, der sich auf der Grundlage der ursprünglich vereinbarten Zahlungen errechnet.

Beispiel
Ein Stpfl. hat am 1. 4. 01 eine freiberufliche Praxis einschließlich des Grundstücks gegen Zahlung einer monatlichen Rente von 2000 DM übernommen. Die Höhe der

---
64 BFH, BStBl 1991 II S. 796.

18.2 Gewinnermittlung nach § 4 Abs. 3 EStG

Rente wurde nach dem Wert der folgenden übernommenen Vermögenswerte bemessen:

Grund und Boden	40 000 DM
Gebäude	136 000 DM
Röntgengerät	8 000 DM
Praxiswert	12 000 DM
Geringwertige Wirtschaftsgüter	2 000 DM
Vorräte	2 000 DM
Insgesamt	200 000 DM

Der nach versicherungsmathematischen Grundsätzen ermittelte Rentenbarwert beträgt im Zeitpunkt des Erwerbs 200 000 DM, am 31. 12. des gleichen Jahres 186 000 DM. Eine Umsatzbesteuerung kommt nicht in Betracht (§ 19 Abs. 1 UStG).
Nach § 4 Abs. 3 EStG sind als Betriebsausgaben abzugsfähig:

Zinsanteil der Rente   4000 DM

Rentenzahlungen 9 × 2000 DM = 18 000 DM ./. Tilgungsanteil (Rückgang des Rentenbarwerts) 14 000 DM.

1 % des Tilgungsanteils von 14 000 DM =   140 DM

Vom Gesamtkaufpreis entfallen 1 % auf die Vorräte, deren Anschaffungskosten bei der Zahlung voll als Betriebsausgabe abgesetzt werden können.

Anschaffungskosten der geringwertigen Wirtschaftsgüter
(ohne Rücksicht auf die Zahlung; vgl. § 6 Abs. 2 EStG)   2000 DM

AfA der abnutzbaren Anlagegüter
Gebäude 2 % von 136 000 DM = 2720 DM, $^9/_{12}$ =   2040 DM
Röntgengerät 20 % von 8000 DM, $^9/_{12}$ = 1200 DM Jahresbetrag, weil Rumpfwirtschaftsjahr; voller Jahresbetrag, weil Anschaffung in der ersten Hälfte des (Rumpf-)Wirtschaftsjahres (Abschn. 44 Abs. 2 EStR)   1200 DM
Praxiswert 20 % von 12 000 DM = 2400 DM, $^9/_{12}$ =   1800 DM

18.2.8 Zeitpunkt der Vereinnahmung und Verausgabung

Betriebseinnahmen sind in dem Wirtschaftsjahr anzusetzen, in dem sie dem Stpfl. zugeflossen sind. Demgemäß sind Aufwendungen nicht schon bei ihrer Entstehung, sondern erst bei ihrer Zahlung als Betriebsausgabe abzugsfähig. Für die Gewinnermittlung nach § 4 Abs. 3 EStG gelten also die Grundsätze des § 11 EStG, die an sich nur für Überschußeinkünfte anzuwenden sind. Hiernach sind Vorschüsse, Teilzahlungen und Abschlagszahlungen Betriebseinnahmen im Zeitpunkt des Zufließens der Zahlung. So sind bei Rechtsanwälten mit Gewinnermittlung nach § 4 Abs. 3 EStG Vorschüsse, ohne Rücksicht auf die Art der Buchung, schon im Zeitpunkt des Zufließens als Betriebseinnahme zu behandeln. Vorschussweise geleistete Honorare sind auch dann zugeflossen, wenn im Zeitpunkt der Veranlagung feststeht, dass sie teilweise zurückzuzahlen sind.[65] Das „Behaltendürfen" ist nicht Merkmal des Zuflusses i. S. des § 11 Abs. 1 EStG.[66]

---

65 BFH, BStBl 1982 II S. 593.
66 BFH, BStBl 1990 II S. 287.

Müssen **Vorschüsse** später ganz oder teilweise zurückgezahlt werden, so stellen die Rückzahlungen Betriebsausgaben dar. Dasselbe gilt, wenn Einnahmen wegen eines Herausgabeanspruchs nach § 667 BGB gepfändet werden.[67]
Nach § 11 Abs. 1 Satz 1 EStG sind Einnahmen immer dann zugeflossen, wenn sie in den unmittelbaren Verfügungsbereich des Stpfl. gelangt sind, sei es durch Zahlung an ihn oder durch Zahlung an einen Dritten, der für den Stpfl. zur Entgegennahme der Zahlung berechtigt ist (Bevollmächtigter, Bank, Arbeitnehmer). Das gilt auch dann, wenn Angestellte Honorargelder widerrechtlich an sich nehmen.[68] Honorare für kassenärztliche Tätigkeit fließen den Ärzten grundsätzlich mit dem Eingang des durch die kassenärztliche Vereinigung überwiesenen Betrages zu.[69]

Zufließen und Abfließen bedeutet nicht, dass der Empfänger den Betrag tatsächlich erhalten hat bzw. der Verpflichtete ihn tatsächlich gezahlt hat. Es genügt, wenn der Berechtigte über den Betrag wirtschaftlich verfügen kann. Dazu genügt auch schon eine Gutschrift, wenn der Betrag jederzeit abgerufen werden kann[70] oder wenn der Geld- oder Sachwert an einen Dritten für Rechnung des Stpfl. geleistet wird.[71]

Nach der Rechtsprechung des BFH rechtfertigt der Umstand, dass Leistungen auf ein **Sperrkonto** des Zahlungsempfängers überwiesen wurden und dass das Guthaben daran anschließend der Bank verpfändet wurde, nicht den Schluss, dass damit die Leistungen dem Zahlungsempfänger nicht i. S. von § 11 Abs. 1 Satz 1 EStG zugeflossen seien.[72]

Verdiente und **fällige Provisionen** sind zugeflossen, wenn das Versicherungsunternehmen diese in ihren Büchern mit Einverständnis des Entgeltsberechtigten zur Sicherung von Gegenforderungen auf einem besonderen Konto gutschreibt. Die Gutschrift auf einem sog. Stornoreservekonto ist aber nur dann zugeflossen, wenn die Beträge fällig waren und verzinst werden.[73] Die Gestellung einer Kaution auf einem vom Kautionsnehmer geführten Konto bewirkt beim Kautionsgeber i. d. R. keine Ausgabe i. S. von § 11 Abs. 2 Satz 1 EStG.[74]

Werden Leistungen ohne wirtschaftlich vernünftigen Grund im Voraus erbracht, so kann hierin ein Missbrauch von Gestaltungsmöglichkeiten des Rechts (§ 42 AO) liegen.[75]

Wechsel werden zahlungshalber gegeben. Die Einnahmen fließen erst bei Einlösung bzw. Diskontierung zu.[76]

---

67 BFH, BStBl 1975 II S. 776.
68 BFH, BStBl 1976 II S. 560.
69 BFH, BStBl 1996 II S. 266.
70 BFH, BStBl 1982 II S. 469, hier S. 472 li. Spalte.
71 BFH, BStBl 1994 II S. 179.
72 BFH, BStBl 1989 II S. 702.
73 BFH v. 12. 11. 1997, BStBl 1998 II S. 252.
74 BFH, BStBl 1993 II S. 499.
75 BFH, BStBl 1989 II S. 702.
76 BFH, BStBl 1981 II S. 305.

18.2 Gewinnermittlung nach § 4 Abs. 3 EStG

Dagegen sind Einnahmen mit der Entgegennahme eines **Schecks** oder Verrechnungsschecks zugeflossen.[77] § 11 Abs. 2 Satz 1 EStG stellt auf den Zeitpunkt der Leistung ab, nicht auf den Zeitpunkt der Erfüllung. Mit der **Hingabe** eines Schecks ist die Leistung grundsätzlich erbracht, denn Schecks werden immer mehr als Zahlungsmittel angesehen.[78] Fallen Hingabe und Entgegennahme eines Schecks zeitlich auseinander, wie z. B. bei Übermittlung eines Schecks durch die Post, ist der maßgebliche Abfluss (§ 11 EStG) beim Leistenden bereits mit der Aufgabe zur Post gegeben, während Zufluss beim Empfänger erst mit Erhalt des Schecks vorliegt.[79] [80] Eine Ausgabe, die mittels **Überweisungsauftrags** von einem Bankkonto geleistet wird, ist bei dem Kontoinhaber in dem Zeitpunkt abgeflossen, in dem der Überweisungsauftrag der Bank zugegangen ist und der Stpfl. im Übrigen alles in seiner Macht Stehende getan hat, um eine unverzügliche bankübliche Ausführung zu gewährleisten. Hierzu gehört insbesondere, dass der Stpfl. im Zeitpunkt der Erteilung des Überweisungsauftrags für eine genügende Deckung auf seinem Girokonto (durch Guthaben oder Kreditrahmen) gesorgt hat.[81]

Bestehen die Betriebseinnahmen in **Sachwerten,** so sind sie mit dem Erwerb der Vermögensgegenstände bezogen.[82]

18.2.9 Regelmäßig wiederkehrende Betriebseinnahmen und Betriebsausgaben

Eine Ausnahme vom Zufluss- bzw. Abflussprinzip besteht nach § 11 Abs. 1 Satz 2 sowie § 11 Abs. 2 Satz 2 EStG für regelmäßig wiederkehrende Einnahmen und Ausgaben. Sie gelten in den Kalenderjahren als bezogen bzw. verausgabt, zu denen sie wirtschaftlich gehören, wenn sie kurze Zeit vor Beginn oder nach Beendigung des Kalenderjahres gezahlt werden. Als kurze Zeit gilt ein Zeitraum von höchstens zehn Tagen.[83]

Entgegen früherer Rechtsprechung kommt es nicht darauf an, ob die fragliche Zahlung (Zufluss oder Abfluss) ebenfalls in der kurzen Zeit vor oder nach dem Jahreswechsel fällig war.

---

77 Vgl. H 116 „Scheck, Scheckkarte" EStH.
78 BFH, BStBl 1981 II S. 305.
79 Vgl. auch BFH, BStBl 1986 II S. 284, S. 453.
80 Zwar sind nach § 7 a Abs. 2 Sätze 4 und 5 EStG Anzahlungen auf Anschaffungskosten durch Hingabe eines Schecks erst in dem Zeitpunkt aufgewendet, in dem der Lieferanten durch Einlösung des Schecks das Geld tatsächlich zufließt. Hierbei handelt es sich jedoch um eine Sondervorschrift für erhöhte Absetzungen und Sonderabschreibungen, die bereits auf Anzahlungen vorgenommen werden können. Der Grund für diese Sonderregelung ist, dass bei Anzahlungen durch Wechsel und Scheck die Gefahr des Missbrauchs besonders groß ist, indem Vergünstigungen in ein Wirtschaftsjahr vorverlegt werden, in dem entsprechende Mittel tatsächlich noch nicht in den Verfügungsbereich des Gläubigers geflossen sind (vgl. BFH, BStBl 1987 II S. 673).
81 BFH, BStBl 1986 II S. 453, BStBl 1989 II S. 702.
82 BFH, BStBl 1975 II S. 526.
83 BFH v. 24. 7. 1986, BStBl 1987 II S. 16, v. 6. 7. 1995, BStBl 1996 II S. 266 und v. 23. 9. 1999, BStBl 2000 II S. 121.

Ausdrücklich betont der BFH,[84] dass nach § 11 Abs. 1 Satz 2 EStG nicht die Fälligkeit maßgebend sei, sondern nur der tatsächliche Zufluss. Gerade nicht soll es darauf ankommen, ob die Einnahme noch in dem Jahr fällig geworden ist, für das sie geleistet wurde. Deshalb ist eine Einnahme auch dann dem Jahr ihrer wirtschaftlichen Zugehörigkeit zuzurechnen, wenn sie erst im folgenden Kalenderjahr fällig wird. Auf den Zeitpunkt, zu dem die Leistung zu erbringen ist, kommt es nicht an.

Beispiel
Aufgrund eines Pachtvertrages ist die Pacht für ein Lagergrundstück nachträglich zum Ende des Quartals zu entrichten, und zwar für das IV. Quartal 01 am 1. 1. 02. Die Zahlung der Pacht ist am 5. 1. 02 beim Verpächter eingegangen.

Die Pachtzahlung ist beim Verpächter in 01 als Betriebseinnahme zu berücksichtigen.

Unerheblich ist auch, ob die Zahlungen ihrer Natur nach in der Höhe schwanken. Es genügt, dass die fragliche Einnahme oder Ausgabe als solche auf einem Vertrag oder auf öffentlichem Recht beruht und aus diesem Rechtsgrund regelmäßig wiederkehrend ist. Dementsprechend hat der BFH die Zahlung der kassenärztlichen Vereinigung für das III. Quartal eines Jahres, die am 3. Januar des Folgejahres vereinnahmt worden war, noch dem abgelaufenen Jahr nach § 11 Abs. 1 Satz 2 EStG zugerechnet.

Unter Berücksichtigung der insoweit geänderten Rechtsprechung dürften als regelmäßig wiederkehrende Ausgaben in Betracht kommen:

– die Zahlung von Schuldzinsen für Zeiträume vor dem Jahreswechsel, wenn die Zahlung innerhalb von zehn Tagen nach dem Jahreswechsel erfolgt,

– die Abrechnung der Telekom (oder entsprechender Dienstleistungsunternehmen) für einen Zeitraum vor dem Jahreswechsel, wenn die Zahlung innerhalb von zehn Tagen nach dem Jahreswechsel erfolgt,

– Versicherungsbeiträge, die innerhalb von zehn Tagen vor dem Jahreswechsel gezahlt werden, aber Versicherungszeiträume nach dem Jahreswechsel betreffen.

18.2.10 Entnahmen und Einlagen

18.2.10.1 Notwendigkeit der Erfassung

Obwohl in § 4 Abs. 3 EStG nicht ausdrücklich ausgesprochen, müssen auch bei der Überschussrechnung Entnahmen und Einlagen berücksichtigt werden, soweit sich aus der Eigenart dieser Gewinnermittlung nicht etwas Abweichendes ergibt.[85]

Entnahmen und Einlagen, die in Geld bestehen, werden allerdings nicht berücksichtigt. Das folgt aus der Eigenart der Überschussrechnung. Die entnommenen

---
84 BFH v. 23. 9. 1999, BStBl 2000 II S. 121.
85 BFH, BStBl 1975 II S. 526.

18.2 Gewinnermittlung nach § 4 Abs. 3 EStG

Geldbeträge sind beim Zufluss als Betriebseinnahme erfasst. Der Abfluss ist keine Betriebsausgabe. Geldeinlagen sind nicht zu berücksichtigen, weil der Zugang des Geldes nicht durch den Betrieb veranlasst ist.

Sachentnahmen und Sacheinlagen müssen dagegen bei der Überschussrechnung berücksichtigt werden. Das folgt aus dem Grundsatz der Gesamtgewinngleichheit (s. o. 18.2.4). Dasselbe gilt für Betriebsausgaben durch Nutzung von Wirtschaftsgütern des Privatvermögens oder Leistungen aus dem privaten in den betrieblichen Bereich.

Beispiel
Ein Gewerbetreibender hat seinem Warenlager Gegenstände entnommen, die er für 1800 DM Anschaffungskosten eingekauft hatte. Im Zeitpunkt der Entnahme beträgt der Teilwert (= aktueller Einkaufspreis zzgl. Nebenkosten) 2000 DM. Bei Buchführung würde eine Entnahme von 2000 DM (§ 6 Abs. 1 Nr. 4 EStG) gebucht und dadurch nicht nur der Anschaffungsaufwand rückgängig gemacht, sondern darüber hinaus ein Gewinn von 200 DM ausgewiesen. Ohne Erfassung einer Entnahme würde bei der Überschussrechnung nicht nur kein Gewinn erfasst, sondern die gezahlten Anschaffungskosten würden als Betriebsausgabe berücksichtigt. Erst durch die Erfassung einer Entnahme von 2000 DM wird der gleiche Totalgewinn ausgewiesen.[86]

Die Bewertung der Sacheinlagen erfolgt in entsprechender Anwendung des § 6 Abs. 1 Nr. 5 EStG. Dasselbe gilt für die Einlage von Nutzungen und Leistungen. Die Behandlung der Einlagen richtet sich danach, was eingelegt wird:

Gegenstand der Einlage	Sachbehandlung
Umlaufvermögen	= Sofortiger Abzug des Wertes der Einlage
Abnutzbares Anlagevermögen	= Kein Abzug der Einlage, jedoch Abzug der AfA als Betriebsausgabe
Nicht abnutzbares Anlagevermögen	= Kein Abzug der Einlage, aber Betriebsausgabe im Zeitpunkt der Veräußerung oder Entnahme (§ 4 Abs. 3 Satz 4 EStG)
Betriebsausgaben durch Nutzung von Wirtschaftsgütern des Privatvermögens oder durch Leistungen aus dem privaten in den betrieblichen Bereich	= Der Abzug als Betriebsausgabe erfolgt (sofort) bei Zahlung, ggf. durch Berücksichtigung anteiliger AfA

18.2.10.2 Technische Durchführung

Die Erfassung der Sachentnahmen und Sacheinlagen erfolgt in der Weise, dass der Wert der Entnahmen dem Überschuss der Betriebseinnahmen über die Betriebsaus-

---

86 Wegen der Erfassung der USt aufgrund der unentgeltlichen Wertabgabe (§ 3 Abs. 1 b Nr. 1 UStG) s. 18.2.7.

18 Gewinnermittlungsarten

gaben hinzugerechnet und der Wert der zu berücksichtigenden Einlagen davon abgezogen wird.[87] Die zu berücksichtigenden Entnahmen und Einlagen sind also nicht unmittelbar bei den Betriebseinnahmen und Betriebsausgaben, sondern erst beim Überschuss zu erfassen. Dies wird in der Praxis aus verschiedenen Gründen bevorzugt:

- Im Zeitpunkt der Anschaffung von Wirtschaftsgütern ist die spätere private Verwendung noch nicht abzusehen.

- Aus umsatzsteuerrechtlicher Sicht stellen die Entnahmen i. d. R. einen steuerbaren Umsatz dar.

- Entnommene Waren sind vielfach in einem ganz anderen Wirtschaftsjahr (z. B. Vorjahr) angeschafft worden. Eine Verminderung der Ausgaben würde somit die wirklichen, in diesem Jahr geleisteten Betriebsausgaben verfälschen.

- Die Bewertung der Entnahmen richtet sich nicht nach den Anschaffungskosten, sondern in entsprechender Anwendung des § 6 Abs. 1 Nr. 4 EStG nach dem Teilwert. Dies ergibt sich aus dem Grundsatz der Gesamtgewinngleichheit. Würde man nämlich die Bewertung zu Anschaffungskosten zulassen, wäre der Totalgewinn um die Wertveränderungen zwischen dem Zeitpunkt der Anschaffung und dem Entnahmetag unzulässigerweise beeinflusst.

18.2.10.3 Einzelfragen

Der Erlass einer Honorarforderung aus privaten Gründen ist als Entnahme der Honorarforderung zu werten. Der Überschuss der Betriebseinnahmen über die Betriebsausgaben ist um den Wert der entnommenen Honorarforderung zu erhöhen.[88]

Stpfl. mit Gewinnermittlung nach § 4 Abs. 3 EStG müssen die in § 4 Abs. 7 EStG bezeichneten Aufwendungen im Rahmen ihrer Ausgabenaufzeichnungen getrennt oder in Form einer gesonderten Aufzeichnung der fraglichen Aufwendungen erfassen. Die gesetzliche Aufzeichnungspflicht ist durch eine geordnete Belegablage nicht erfüllt.[89]

18.2.11 Zusammenfassung der wesentlichen Unterschiede zwischen Betriebsvermögensvergleich und Überschussrechnung

Gegenüber der Gewinnermittlung durch Betriebsvermögensvergleich weist die Überschussrechnung folgende Besonderheiten auf:

---
87 BFH, BStBl 1975 II S. 526.
88 BFH, BStBl 1975 II S. 526.
89 BFH, BStBl 1988 II S. 611.

18.2 Gewinnermittlung nach § 4 Abs. 3 EStG

- Das Betriebsvermögen sowie seine Änderungen sind bei der Überschussrechnung unbedeutend, soweit sie sich noch nicht in Betriebseinnahmen oder Betriebsausgaben konkretisiert haben. Inventuren sind nicht erforderlich.

- Gegenübergestellt werden nicht Aufwendungen (Sollausgaben) und Erträge (Solleinnahmen), sondern, von wenigen Ausnahmen abgesehen, Ausgaben (Abfluss) und Einnahmen (Zufluss). Ein ordnungsmäßiges Kassenbuch ist nicht erforderlich. Es genügen bloße Aufzeichnungen oder Zusammenstellungen über die Betriebseinnahmen und Betriebsausgaben.

- Wertschwankungen im Betriebsvermögen können bei der Überschussrechnung nicht durch Teilwertabschreibungen berücksichtigt werden. Dagegen sind außergewöhnliche Absetzungen (§ 7 Abs. 1 Satz 6 EStG) zulässig.

- Abgesehen von regelmäßig wiederkehrenden Betriebseinnahmen und Betriebsausgaben kommen Erfolgsabgrenzungen nicht in Betracht. Es gibt also bei der Überschussrechnung keine Rechnungsabgrenzungsposten oder Rückstellungen (auch nicht für betriebliche Mehrsteuern aufgrund einer Außenprüfung). Das Gleiche gilt für sonstige Verbindlichkeiten und sonstige Forderungen.

- Gewillkürtes Betriebsvermögen kann bei der Überschussrechnung mangels Bilanzausweises nicht gebildet werden (R 13 Abs. 16 EStR).[90] Ausnahmen von diesem Grundsatz regeln § 4 Abs. 1 Sätze 3 und 4 EStG für Sonderfälle.

Der entscheidende Unterschied zwischen der Buchführung und der Überschussrechnung besteht also in der nicht periodengerechten Zuordnung von Einnahmen und Ausgaben. Will man das Wesen der Überschussrechnung im Vergleich zur Buchführung richtig erfassen, dann bedarf es einer klaren Unterscheidung zwischen Ausgabe und Aufwand auf der einen und Einnahme und Ertrag auf der anderen Seite. Die Erfolgsrechnung der doppelten Buchführung (Gewinn-und-Verlust-Rechnung) erfasst Erträge und Aufwendungen. Hierbei kommt es auf die wirtschaftliche Zugehörigkeit an.

Erfolgt die Vereinnahmung und Verausgabung, wie bei der großen Zahl der Geschäftsvorfälle, im Jahr der wirtschaftlichen Zugehörigkeit, dann ergeben sich keine Unterschiede. Erfolgt die Vereinnahmung und Verausgabung jedoch in einem anderen Wirtschaftsjahr, dann besteht zwar Übereinstimmung hinsichtlich des Totalgewinns, nicht aber in den einzelnen Periodengewinnen. Die Überschussrechnung weist, abgesehen von der technischen Vereinfachung der Aufzeichnungen und der Befreiung von Bestandsaufnahmen, sowohl Vorteile als auch Nachteile auf. Ein entscheidender Vorteil besteht darin, dass Warenverkäufe erst im Jahr des Geldeingangs zu Betriebseinnahmen führen. Dafür dürfen Wareneinkäufe erst im Jahr der Zahlung abgesetzt werden. Entsprechendes gilt für Honorare bei Dienstleistungen.

---

90 BFH, BStBl 1983 II S. 102; dazu jedoch kritisch BFH, BStBl 1994 II S. 172; offen gelassen in BFH v. 24. 2. 2000, BStBl 2000 II S. 297.

Gewinnermittlungsarten

Beispiel
Bei einem Arzt sind im Kalenderjahr die folgenden Geschäftsvorfälle vorgekommen: Betriebseinnahmen (Behandlung von Kassen- und Privatpatienten) 309 300 DM. Betriebsausgaben: Löhne, Sozialversicherung, Heizung, Licht, Wasser, Wäsche für Praxis, Ärztekammerbeitrag usw. 70 000 DM, Medikamente, Verbandsmaterial usw. 11 000 DM.
Die AfA für ein Röntgengerät (Anschaffungskosten 30 000 DM) beträgt 6000 DM.
Zur Anschaffung des Röntgengeräts war ein Darlehen von 20 000 DM aufgenommen worden, das im abgelaufenen Wirtschaftsjahr mit 10 000 DM getilgt wurde. Die gezahlten Darlehenszinsen betragen 1600 DM und sind in den vorstehenden Betriebsausgaben nicht enthalten.
Das alte Röntgengerät ist im gleichen Jahr für 5000 DM veräußert worden. Es war bis auf 2000 DM abgeschrieben.
Es haben betragen die Honorarforderungen am 1. 1. 14 000 DM, 31. 12. 11 000 DM, der Bestand an Medikamenten, Verbandsmaterial etc. am 1. 1. 1200 DM, 31. 12. 800 DM, rückständige Betriebsausgaben (Löhne, Ärztekammerbeitrag usw.) am 1. 1. 3000 DM, 31. 12. 3600 DM. Die Geldmittel betragen am 1. 1. 8000 DM und am 31. 12. 12 200 DM.
Für private Zwecke wurden Medikamente im Werte von 200 DM entnommen. Die Barentnahmen betragen 227 500 DM. Aus dem Verkauf eines privaten Grundstücks wurden 20 000 DM dem Betriebsvermögen zugeführt.
Hinweis: Sämtliche Zahlungsvorgänge sind außerhalb des kurzen Zeitraums (zehn Tage) vor bzw. nach dem jeweiligen Jahreswechsel erfolgt.

Gewinnermittlung nach § 4 Abs. 3 EStG

Betriebseinnahmen:	
Behandlung von Kassenpatienten und Privatpatienten	309 300 DM
Erlös aus Verkauf des alten Röntgengerätes	5 000 DM
= Summe der Betriebseinnahmen	314 300 DM
Betriebsausgaben:	
Löhne, Sozialversicherung usw.	70 000 DM
Medikamente, Verbandsmaterial usw.	11 000 DM
Restbuchwert altes Röntgengerät	2 000 DM
AfA neues Röntgengerät	6 000 DM
Darlehenszinsen	1 600 DM
= Summe der Betriebsausgaben	90 600 DM
Betriebseinnahmen	314 300 DM
./. Betriebsausgaben	90 600 DM
	223 700 DM
+ Entnahme von Medikamenten	200 DM
= Gewinn nach § 4 Abs. 3 EStG	223 900 DM

Gewinnermittlung nach § 4 Abs. 1 EStG

Betriebsvermögen am 31. 12.	34 400 DM
Betriebsvermögen am 1. 1.	22 200 DM
Unterschiedsbetrag	12 200 DM
+ Entnahmen	227 700 DM
	239 900 DM
./. Einlagen	20 000 DM
= Gewinn nach § 4 Abs. 1 EStG	219 900 DM

18.2 Gewinnermittlung nach § 4 Abs. 3 EStG

Das Betriebsvermögen ergibt sich aus den folgenden Bilanzen:

Aktiva	Bilanz am 1. 1.		Passiva
Röntgengerät	2 000 DM	Eigenkapital	22 200 DM
Medikamente	1 200 DM	Sonstige	
Honorarforderungen	14 000 DM	Verbindlichkeiten	3 000 DM
Geldmittel	8 000 DM		
	25 200 DM		25 200 DM

Aktiva	Bilanz am 31. 12.		Passiva
Röntgengerät	24 000 DM	Eigenkapital	34 400 DM
Medikamente	800 DM	Sonst. Verbindlichkeiten	3 600 DM
Honorarforderungen	11 000 DM	Darlehen	10 000 DM
Geldmittel	12 200 DM		
	48 000 DM		48 000 DM

Dazu gehört die folgende Gewinn-und-Verlust-Rechnung:

Aufwendungen			Erträge
Löhne usw.	70 600 DM	Honorare	306 300 DM
Medikamente	11 200 DM	sonst. betriebl. Erträge	
AfA	6 000 DM	(Röntgengerät)	3 000 DM
Darlehenszinsen	1 600 DM		
Gewinn	219 900 DM		
	309 300 DM		309 300 DM

Die einzelnen Erfolgsposten errechnen sich wie folgt:

Erträge
Einnahmen aus Behandlung	309 300 DM
./. Honorarforderungen am 1. 1.	14 000 DM
	295 300 DM
+ Honorarforderungen am 31. 12.	11 000 DM
= Erträge aus Behandlung	306 300 DM

Aufwendungen für Löhne, Sozialversicherung usw.
Ausgaben für Löhne, Sozialversicherung usw.	70 000 DM
./. Rückständige Betriebsausgaben am 1. 1.	3 000 DM
	67 000 DM
+ Rückständige Betriebsausgaben am 31. 12.	3 600 DM
= Aufwendungen für Löhne, Sozialversicherung usw.	70 600 DM

Aufwendungen für Medikamente, Verbandsmaterial usw.
Ausgaben	11 000 DM
+ Bestand am 1. 1.	1 200 DM
	12 200 DM

18 Gewinnermittlungsarten

Übertrag	12 200 DM
./. Bestand am 31. 12.	800 DM
	11 400 DM
./. Verbrauch für private Zwecke	200 DM
= Verbrauch an Medikamenten, Verbandsmaterial usw.	11 200 DM

Ergebnisvergleich

Gewinn nach § 4 Abs. 3 EStG	223 900 DM
Gewinn nach § 4 Abs. 1 EStG	219 900 DM
Unterschiedsbetrag	4 000 DM

Die Überschussrechnung führt zu einem um 4000 DM höheren Gewinn. Der Unterschiedsbetrag ergibt sich aus der folgenden Zusammenstellung:

	+	./.
Medikamente am 1. 1.	1 200 DM	—
Medikamente am 31. 12.	—	800 DM
Honorarforderungen am 1. 1.	14 000 DM	—
Honorarforderungen am 31. 12.	—	11 000 DM
Sonstige Verbindlichkeiten am 1. 1.	—	3 000 DM
Sonstige Verbindlichkeiten am 31. 12.	3 600 DM	
	18 800 DM	14 800 DM
	14 800 DM ◄——┘	
Abweichung (Mehrgewinn nach § 4 Abs. 3 EStG)	4 000 DM	

Begründung

Die Medikamente erscheinen bei der Überschussrechnung im Jahr der Bezahlung als Betriebsausgabe, in der Buchführung erscheinen sie im Jahr des Verbrauchs als Aufwand. Demgemäß muss der Gewinn laut Überschussrechnung um den Bestand vom 1. 1. höher sein als laut Buchführung. Um den Bestand vom 31. 12. ist er niedriger.

Die Honorarforderungen vom 1. 1. erscheinen im Laufe des Jahres als Betriebseinnahme. In der Buchführung werden sie erfolgsneutral vereinnahmt, weil sie schon bei ihrer Entstehung als Erlös gebucht wurden. Dadurch muss der Gewinn laut Überschussrechnung um 14 000 DM höher sein als laut Buchführung. Umgekehrt verhält es sich bei den Honorarforderungen vom 31. 12. Sie können mangels Vereinnahmung im laufenden Kalenderjahr nicht als Betriebseinnahme erfasst werden, während sie bei Buchführung im Jahr der Entstehung erfasst würden. Demgemäß muss der Gewinn laut Überschussrechnung um 11 000 DM niedriger sein als laut Buchführung.

Ähnlich verhält es sich mit den rückständigen Betriebsausgaben, die als sonstige Verbindlichkeiten in den Bilanzen erscheinen. Die am 1. 1. rückständigen Beträge werden im Laufe des Jahres gezahlt und erscheinen dann als Betriebsausgabe. In der Buchführung würden sie erfolgsneutral durch Auflösung des Schuldpostens gebucht. Also ist der Gewinn laut Überschussrechnung um 3000 DM niedriger. Die am Jahresende noch zu zahlenden 3600 DM können in der Überschussrechnung noch nicht erfasst werden, während sie bei Buchführung den Gewinn mindern. Also muss der Gewinn laut Überschussrechnung um 3600 DM höher sein.

Man muss zur Begründung des Unterschiedes also alle Bilanzposten berücksichtigen, die sich bei der Überschussrechnung anders auswirken als in der Buchfüh-

18.2 Gewinnermittlung nach § 4 Abs. 3 EStG

rung. Zu diesen Bilanzposten gehören auch die noch nicht verrechnete Vorsteuer und die USt-Schuld, weil sie anders als bei Buchführung – abgestellt auf das einzelne Wirtschaftsjahr – durch den Einfluss auf die USt-Zahllast in der Überschussrechnung nicht erfolgsneutral sind. Abnutzbares Anlagevermögen, Geldmittel oder Darlehen werden in beiden Fällen gleich behandelt und scheiden damit zur Erklärung des Unterschiedes aus.

Bei der Probe kann man auch rein schematisch verfahren und die maßgebenden Bilanzposten vom Jahresanfang und Jahresende in der folgenden Weise zusammenstellen:

	1. 1.	31. 12.
Medikamente, Verbandsmaterial	1 200 DM	800 DM
Honorarforderungen	14 000 DM	11 000 DM
	15 200 DM	11 800 DM
./. Sonstige Verbindlichkeiten	3 000 DM	3 600 DM
	12 200 DM	8 200 DM
	8 200 DM	
Unterschied	4 000 DM	

18.2.12 Übungsaufgabe 28: Bestandsvergleich/Überschussrechnung

Sachverhalt

Ein Gewerbetreibender, der seine Umsätze nach den allgemeinen Vorschriften des UStG versteuert (Steuersatz 16 %), hat durch Inventur das folgende Betriebsvermögen festgestellt:

	1. 1.	31. 12.
Geschäftseinrichtung	20 000 DM	15 000 DM
Warenbestand	40 000 DM	48 000 DM
Kundenforderungen	16 100 DM	13 800 DM
Geldmittel	3 000 DM	4 786 DM
Vorsteuerguthaben	—	1 304 DM
Summe des Vermögens	79 100 DM	82 890 DM
Lieferantenschulden	40 250 DM	50 600 DM
Darlehensschuld	46 000 DM	29 286 DM
Sonstige Verbindlichkeiten	1 000 DM	2 160 DM
USt-Schuld	790 DM	—
Summe der Schulden	88 040 DM	82 046 DM

18 Gewinnermittlungsarten

Aufgezeichnet sind folgende Vorgänge:
Wareneinkäufe auf Ziel	280 000 DM +	44 800 DM USt =	324 800 DM
Rücksendungen Lieferanten	2 000 DM +	320 DM USt =	2 320 DM
Lieferantenskonti	5 600 DM +	896 DM USt =	6 496 DM
Warenverkäufe auf Ziel	342 000 DM +	54 720 DM USt =	396 720 DM
Kundenskonti	2 400 DM +	384 DM USt =	2 784 DM
Einnahmen aus abgeschriebenen Forderungen	3 000 DM +	480 DM USt =	3 480 DM
Warenentnahmen für private Zwecke	2 600 DM +	416 DM USt =	3 016 DM
Barentnahmen			12 000 DM
Bareinlagen			15 000 DM
Zahlungen sofort abzugsfähiger Betriebsausgaben (ohne Warenbezahlung)	65 000 DM +	10 400 DM USt =	75 400 DM
Eingegangene Rechnungen insoweit	66 000 DM +	10 560 DM USt =	76 560 DM
AfA Geschäftseinrichtung			5 000 DM
Abgeführte USt (Zahllast)			3 182 DM

Davon entfallen 416 DM auf die Warenentnahmen (§ 3 Abs. 1 b Nr. 1 UStG).

Aufgabe
1. Ermittlung des Betriebsergebnisses nach § 5 EStG durch
   a) Betriebsvermögensvergleich,
   b) Gewinn-und-Verlust-Rechnung.
2. Ermittlung des Betriebsergebnisses nach § 4 Abs. 3 EStG durch Erstellung einer Überschussrechnung.
3. Zahlenmäßige Begründung des Unterschieds zwischen dem Betriebsergebnis nach § 5 EStG und dem Ergebnis nach § 4 Abs. 3 EStG.

Die **Lösung** zu dieser Übungsaufgabe ist in einem „Lösungsheft" (Bestell-Nr. 100) enthalten.

19 Wechsel der Gewinnermittlungsart

19.1 Erfordernis der Gewinnkorrektur

19.1.1 Grundsätze

Jedes Steuersystem muss den Grundsatz der Gerechtigkeit der Besteuerung beachten. Gegen diesen Grundsatz würde verstoßen, wenn bei einem Wechsel der Gewinnermittlungsart Vorgänge doppelt erfasst oder überhaupt nicht berücksichtigt würden. Hierdurch würde der Besteuerung ein Gesamtergebnis zugrunde gelegt, das von dem Totalgewinn der Unternehmung erheblich abweichen könnte. Das muss durch Korrekturposten verhindert werden.[1]

Der Wechsel in der Gewinnermittlungsart ist im EStG nicht geregelt. Erst die Rechtsprechung hat die Grundsätze entwickelt, nach denen die Gewinnberichtigungen vorzunehmen sind. Beim Übergang von der Überschussrechnung nach § 4 Abs. 3 EStG zur Gewinnermittlung durch Betriebsvermögensvergleich sind alle Betriebsvorgänge, die bei der Überschussrechnung nicht erfasst wurden, beim ersten Betriebsvermögensvergleich nach dem Übergang zu berücksichtigen.[2] Für den Übergang vom Betriebsvermögensvergleich zur Überschussrechnung gelten die gleichen Erwägungen.

● **Beachte:**
Es muss also geprüft werden, wie sich die einzelnen Vorgänge im Rahmen der bisherigen Gewinnermittlung ausgewirkt haben und wie sie zukünftig den Gewinn beeinflussen. Werden erfolgswirksame Vorgänge durch den Wechsel weder beim Betriebsvermögensvergleich noch bei der Überschussrechnung erfasst, müssen **Hinzurechnungen** und **Abrechnungen** zwecks Erfassung des richtigen Totalgewinns erfolgen. Werden Vorgänge doppelt erfasst, müssen die Gewinne aus den gleichen Gründen durch Hinzurechnungen und Abrechnungen berichtigt werden. Keine Zu- und Abschläge sind erforderlich, wenn Wirtschaftsgüter bei den verschiedenen Gewinnermittlungsarten nicht unterschiedlich behandelt werden.

Die Grundsätze der Rechtsprechung sind in R 17 EStR zusammengefasst worden. In einer Übersicht, die als Anlage 1 den EStR beigegeben wurde, sind die wichtigsten Fälle der Gewinnberichtigung in übersichtlicher Form zusammengestellt. Die Übersicht ist nicht erschöpfend. Sie erfasst lediglich die regelmäßig vorkommenden Korrekturposten (Hinzurechnungen und Abrechnungen).

---

[1] BFH, BStBl 1985 II S. 255.
[2] R 17 EStR; BFH v. 24. 1. 1985, BStBl 1985 II S. 255.

19.1.2 Besonderheiten bei Land- und Forstwirten

Bei **Land- und Forstwirten** ist im Falle des Wechsels der Gewinnermittlungsart darauf zu achten, dass die Gewinnermittlung nach § 13 a EStG grundsätzlich der nach § 4 Abs. 1 EStG gleichzustellen ist, jedoch die Gewinne nach § 13 a Abs. 6 Nrn. 1 und 2 EStG grundsätzlich nach den Regeln des § 4 Abs. 3 EStG ermittelt werden.[3]

Der Grundsatz, dass in der Übergangsbilanz die Wirtschaftsgüter mit den Werten anzusetzen sind, mit denen sie zu Buche stünden, wenn der Gewinn von Anfang an durch Bestandsvergleich ermittelt worden wäre, gilt nicht nur für den Übergang von der Gewinnermittlung nach Durchschnittssätzen gemäß § 13 a EStG zur Gewinnermittlung durch Bestandsvergleich nach § 4 Abs. 1 EStG, sondern auch für einen zur Buchführung übergehenden Schätzungslandwirt.[4]

Geht ein Landwirt von der Gewinnermittlung nach Durchschnittssätzen gemäß § 13 a EStG zur Gewinnermittlung durch Vermögensvergleich gemäß § 4 Abs. 1 EStG über, hat er vorhandene geringwertige Wirtschaftsgüter in der Anfangsbilanz (Übergangsbilanz) mit ihren Anschaffungs- oder Herstellungskosten vermindert um die AfA-Beträge nach § 7 EStG anzusetzen, die während der Gewinnermittlung nach § 13 a EStG angefallen wären. Es kann nicht unterstellt werden, dass der Landwirt während der Gewinnermittlung nach Durchschnittssätzen das Wahlrecht gemäß § 6 Abs. 2 EStG ausgeübt hat.[5]

Da die Ausübung von bestehenden Wahlrechten allein dem Buch führenden Landwirt vorbehalten ist, bestimmen sich beim Wechsel von der Gewinnermittlung nach Durchschnittssätzen zum Bestandsvergleich die in die Übergangsbilanz einzustellenden Buchwerte landwirtschaftlicher Betriebsgebäude nach den Anschaffungs- oder Herstellungskosten, gemindert um die im Zeitpunkt der Errichtung und im Laufe der Nutzung der Gebäude **üblichen** AfA.[6] Die besonderen betrieblichen Verhältnisse sind auch dann unbeachtlich, wenn für diesen Zeitraum amtliche AfA-Tabellen nicht zur Verfügung gestanden haben.[7]

---

3 BFH, BStBl 1985 II S. 255, BStBl 1989 II S. 708; vgl. auch R 127 Abs. 2 EStR.
4 BFH, BStBl 1993 II S. 272.
5 BFH, BStBl 1988 II S. 770.
6 Einzelheiten zur Bilanzierung von Wirtschaftsgütern beim Übergang zur Buchführung (Übergangsbilanz) bei Land- und Forstwirten ergeben sich aus der Vfg. der OFD Münster S 2163 – 33 – St 12 – 31 v. 24. 2. 1992.
7 BFH, BStBl 1993 II S. 344 m. w. N.

19.2 Übergang von der Überschussrechnung zum Betriebsvermögensvergleich

19.2.1 Praktische Bedeutung

Der Übergang von der Überschussrechnung zum Betriebsvermögensvergleich kommt in Betracht, wenn Stpfl., die bisher ihren Gewinn durch Überschussrechnung ermittelt haben, diese Gewinnermittlungsart nicht mehr anwenden dürfen, weil sie nach § 140 oder § 141 AO zur Buchführung verpflichtet sind oder weil wegen Betriebsveräußerung oder Betriebsaufgabe der Veräußerungsgewinn zu ermitteln ist.[8] Aber auch ohne eine solche Verpflichtung zur Buchführung kann jederzeit freiwillig zur Gewinnermittlung durch Betriebsvermögensvergleich gewechselt werden. Ein erneuter Wechsel für Gewinnermittlung nach § 4 Abs. 3 EStG ist vor Ablauf von drei Jahren nicht zulässig.[9]

19.2.2 Erforderliche Gewinnberichtigungen

Die Überschussrechnung ergibt völlig andere Periodengewinne als der Betriebsvermögensvergleich. Dennoch muss sie auf die Dauer gesehen den gleichen Gesamtgewinn (Totalgewinn) ergeben wie die Gewinnermittlung nach § 4 Abs. 1 bzw. § 5 EStG.[10] Das ist nur möglich, wenn die unterschiedlichen Periodengewinne sich irgendwann einmal ausgleichen. Ein niedrigerer Periodengewinn zieht zwangsläufig in einem späteren Wirtschaftsjahr einen höheren Gewinn nach sich. Dieser mit jeder Gewinnermittlungsart verbundene Ausgleich wird durch einen Wechsel in der Gewinnermittlungsart unterbrochen, sodass insgesamt ohne Korrektur ein unrichtiger Gesamtgewinn ausgewiesen würde.

Der **Übergang** von der Gewinnermittlung nach § 4 Abs. 3 EStG zur Gewinnermittlung durch Betriebsvermögensvergleich erfordert, dass Betriebsvorgänge, die bisher nicht berücksichtigt worden sind, beim ersten Bestandsvergleich erfasst werden. Umgekehrt dürfen Vorgänge, die sich bei der Überschussrechnung bereits ausgewirkt haben, nicht noch einmal erfasst werden. Darauf muss im Interesse eines steuerrechtlich richtigen Gesamtergebnisses geachtet werden.

Die Gewinnberichtigungen stellen eine einmalige Nachholung des steuerrechtlich noch nicht berücksichtigten Teils des gesamten Betriebsergebnisses der früheren Wirtschaftsjahre dar. Soweit sich die Vorgänge bei der Überschussrechnung schon ausgewirkt haben und sie beim Betriebsvermögensvergleich nochmals erfolgswirksam sind, sollen sie die in der Vergangenheit eingetretene Erfolgswirkung wieder neutralisieren. Die Gewinnberichtigungen beruhen damit letzten Endes auf der nicht periodengerechten Gewinnermittlung der vergangenen Wirtschaftsjahre, die § 4

---

8 BFH, BStBl 1980 II S. 692.
9 BFH v. 9. 11. 2000 IV R 18/00.
10 BFH, BStBl 1980 II S. 239, 1981 II S. 780, 1985 II S. 255.

19 Wechsel der Gewinnermittlungsart

Abs. 3 EStG aus Vereinfachungsgründen zulässt. Der richtigen Besteuerung des einzelnen Geschäftsvorfalls wird – wie beim Bilanzenzusammenhang – Vorrang vor dem Grundsatz der Abschnittsbesteuerung eingeräumt.[11]

Beispiele

a) Ein Arzt, der nur steuerfreie Umsätze ausführt, hat bisher seinen Gewinn durch Überschussrechnung ermittelt. Ab sofort ermittelt er den Gewinn durch Betriebsvermögensvergleich aufgrund von Bestandsaufnahmen und Bilanzen. Im Zeitpunkt des Übergangs (1. 1.) betragen seine Honorarforderungen 23 000 DM.

Bei der bisherigen Überschussrechnung waren diese Forderungen mangels Vereinnahmung noch nicht zu erfassen. In der Buchführung werden sie nach Ausweis in der Eröffnungsbilanz schließlich erfolgsneutral vereinnahmt (Bank an Forderungen). Somit werden diese Betriebseinnahmen durch den Wechsel der Gewinnermittlungsart nicht erfasst. Zur Vermeidung der Nichterfassung muss dem ersten Buchführungsergebnis ein Betrag von 23 000 DM hinzugesetzt werden.

Ohne den Wechsel in der Gewinnermittlungsart wäre der Betrag von 23 000 DM bei der Vereinnahmung als Betriebseinnahme und damit gewinnerhöhend erfasst worden.

b) Im Zeitpunkt des Übergangs beträgt der Bestand an Vorräten (Medikamente usw.) 3000 DM. Bei der Überschussrechnung wurden die Anschaffungskosten als Betriebsausgabe abgesetzt. In der Buchführung erscheinen die Bestände in der Eröffnungsbilanz und erst beim Verbrauch als Aufwand. Um die doppelte Erfassung als Betriebsausgabe zu verhindern, muss eine Hinzurechnung zum Gewinn erfolgen.

Ohne den Übergang zum Betriebsvermögensvergleich wäre die doppelte Gewinnminderung nicht eingetreten.

c) Im Zeitpunkt des Übergangs (1. 1. 02) schuldet der Arzt den Kammerbeitrag für das Vorjahr in Höhe von 480 DM.

Bei der Überschussrechnung für 01 konnte der Beitrag mangels Zahlung nicht als Betriebsausgabe berücksichtigt werden. In der Eröffnungsbilanz erscheint er als sonstige Verbindlichkeit. Bei der Zahlung wird erfolgsneutral gebucht (sonstige Verbindlichkeiten an Bank). Damit würde eine Betriebsausgabe weder im Vorjahr noch im Folgejahr erfasst. Der Gewinn des Jahres 02 muss deshalb um 480 DM gemindert werden. Wäre kein Wechsel in der Gewinnermittlungsart eingetreten, hätte bei der Bezahlung der Beitrag als Betriebsausgabe abgesetzt werden können.

d) Ein Lebensmitteleinzelhändler, der bisher seinen Gewinn nach § 4 Abs. 3 EStG ermittelt hat, geht zum 1. 1. 02 zum Bestandsvergleich nach § 5 EStG über. Im Zeitpunkt des Übergangs beträgt der Warenbestand 21 000 DM.

Nach Einkauf im Vorjahr wurden die Anschaffungskosten der Waren bei Zahlung in 01 als Betriebsausgabe abgesetzt. Nach Erfassung des Warenbestands in der Eröffnungsbilanz wird sich beim Verkauf der Wareneinsatz erhöhen. Um die doppelte Gewinnminderung auszugleichen, muss dem Gewinn für 02 der Betrag von 21 000 DM hinzugerechnet werden.

e) Beträgt der Teilwert im Zeitpunkt des Wechsels der Gewinnermittlung nur 20 000 DM und beachtet der Stpfl. das handelsrechtliche Niederstwertprinzip in der Eröffnungsbilanz, dann beträgt die zur Anpassung an den richtigen Totalgewinn erforderliche Hinzurechnung nur 20 000 DM.

f) Im Zeitpunkt des Wechsels der Gewinnermittlungsart bestehen Lieferantenschulden in Höhe von 5000 DM.

---

11 BFH, BStBl 1968 II S. 650; vgl. H 17 EStH.

19.2 Übergang von der Überschussrechnung zum Betriebsvermögensvergleich

In der Überschussrechnung konnten sie mangels Zahlung nicht abgesetzt werden. Bei der Zahlung erfolgt nach Einrichtung der Buchführung eine erfolgsneutrale Buchung (Verbindlichkeiten an Bank). Um die Gewinnauswirkung herbeizuführen, muss eine Abrechnung in Höhe von 5000 DM erfolgen.

Lieferantenschulden werden nicht mit dem Warenbestand verrechnet, weil sie nicht nur mit den noch vorhandenen, sondern auch mit den bereits veräußerten Waren in wirtschaftlichem Zusammenhang stehen können und eine genaue Prüfung dieser Frage in vielen Branchen gar nicht durchführbar ist.

So wie in diesen Beispielen muss bei jedem einzelnen Bilanzposten der Eröffnungsbilanz geprüft werden, wie der Totalgewinn durch den Übergang zum Betriebsvermögensvergleich beeinflusst wird. Es muss untersucht werden, wie sich die Vorgänge in der vorangegangenen Überschussrechnung ausgewirkt haben und wie sie bei der zukünftigen Buchführung den Gewinn beeinflussen werden. Neben den Vorräten, Kundenforderungen und Lieferantenschulden kommen viele andere Bilanzposten für die Bildung von Korrekturposten in Betracht, z. B. unfertige Arbeiten, Anzahlungen, Damnum, Rückstellungen, steuerfreie Rücklagen, Kundenanzahlungen, sonstige Forderungen und sonstige Verbindlichkeiten sowie aktive und passive Rechnungsabgrenzungsposten. Agenturbestände und die mit ihnen zusammenhängenden Herausgabe- und Abrechnungsverpflichtungen bleiben bei der Ermittlung des Korrekturpostens außer Ansatz.[12]

Durch die Korrekturposten wird der Gewinn des auf den Übergang folgenden Wirtschaftsjahres um die Beträge berichtigt, die sich bisher schon ausgewirkt haben und ein zweites Mal in der Buchführung erscheinen oder infolge des Übergangs weder in der Vergangenheit noch in der Zukunft erfasst würden. Das gilt auch, wenn der Erbe eines Betriebs zur Buchführung übergeht hinsichtlich der beim Erblasser nicht erfassten Vorgänge.[13]

Korrekturposten sind auch dann zu bilden, wenn der Stpfl. im Jahr vor dem Übergang zu Unrecht die Überschussrechnung beibehalten hat und ein Teil der angefallenen Betriebsausgaben der Höhe nach geschätzt werden musste.[14]

19.2.3 Behandlung der Umsatzsteuer

Bei Betrieben, deren Umsätze der Besteuerung nach den allgemeinen Vorschriften des Umsatzsteuergesetzes unterliegen, müssen die noch nicht verrechnete Vorsteuer und die noch abzuführende USt-Schuld in die Gewinnkorrektur einbezogen werden. Die USt auf unentgeltliche Wertabgaben aufgrund außerunternehmerischer Veranlassung ist dabei nur zu berücksichtigen, wenn sie als Teil der Entnahme den Betriebseinnahmen hinzugerechnet wurde.[15]

---

12 BFH, BStBl 1974 II S. 518.
13 BFH, BStBl 1971 II S. 526, BStBl 1972 II S. 338; H 17 „Unterbliebene Korrekturen" EStH.
14 BFH, BStBl 1975 II S. 732.
15 BFH, BStBl 1990 II S. 742.

19 Wechsel der Gewinnermittlungsart

Beispiele

a) Im Zeitpunkt des Übergangs zur Buchführung betragen bei einem Gewerbetreibenden mit steuerpflichtigen Umsätzen die noch nicht verrechnete Vorsteuer 300 DM und die USt-Schuld 800 DM. In der Eröffnungsbilanz erscheint die USt-Zahllast von 500 DM.

Die an die Vorunternehmer gezahlte Vorsteuer steckt in den abgesetzten Betriebsausgaben. Mangels Verrechnung mit der USt-Schuld hat sie die bei der Überschussrechnung als Betriebsausgabe absetzbare USt noch nicht gemindert. Dadurch wurden 300 DM mehr als Betriebsausgaben abgesetzt als bei einem Buchführenden, bei dem die Vorsteuer den Gewinn überhaupt nicht beeinflusst.

Die noch nicht an das Finanzamt abgeführte und von den Kunden gezahlte USt steckt in den Betriebseinnahmen. Mangels Weitergabe an das Finanzamt sind die 800 DM noch nicht als Betriebsausgabe abgesetzt. Dadurch würden 800 DM Gewinn mehr versteuert als von einem Stpfl. mit Gewinnermittlung aufgrund einer Buchführung, der Inrechnungstellung und Zahlung erfolgsneutral bucht. Die bilanzierte USt-Zahllast in Höhe von 500 DM (800 DM ./. 300 DM) ist als Abrechnung zu erfassen.

b) Sachverhalt wie a), allerdings ist in der USt-Schuld ein Betrag von 120 DM für Warenentnahmen enthalten.

Die erforderliche Abrechnung beträgt lediglich 380 DM. Nur wenn bei der Überschussrechnung des Vorjahres der Bruttobetrag einschließlich USt als Entnahme erfasst wurde, muss zwecks Erfassung des richtigen Totalgewinns eine Abrechnung von 500 DM gemacht werden.

19.2.4 Keine Korrektur beim Anlagevermögen

Wirtschaftsgüter, die bei den verschiedenen Gewinnermittlungsarten nicht unterschiedlich behandelt werden, z. B. abnutzbare und nicht abnutzbare Anlagegüter, langfristige Darlehensschulden, sind bei der Ermittlung des Übergangsgewinns nicht zu berücksichtigen. Dasselbe gilt für Schulden, die in wirtschaftlichem Zusammenhang mit der Anschaffung solcher Wirtschaftsgüter stehen.

Beispiel

Beim Übergang zur Buchführung hat der Gewerbetreibende eine Kaufpreisschuld in Höhe von 12 500 DM, die in wirtschaftlichem Zusammenhang mit dem Erwerb eines Anlagegutes steht.

Weder bei der bisherigen noch bei der zukünftigen Gewinnermittlung beeinflusst die Kaufpreisschuld den Gewinn. Ein Korrekturposten ist deshalb nicht erforderlich.

Beim nicht abnutzbaren Anlagevermögen (mit Ausnahme des Grund und Bodens) ist aber ein Korrekturposten zu bilden, soweit die Anschaffungskosten der erworbenen Wirtschaftsgüter während der Dauer der Einnahmeüberschussrechnung vor dem 1. 1. 1971 als Betriebsausgaben abgesetzt wurden (Anlage 1 zu R 17 EStR).

Beispiel

Ein Steuerberater hatte sich im Jahre 1969 an der DATEV (Datenverarbeitungsorganisation für die Angehörigen des steuerberatenden Berufes eGmbH in Nürnberg) beteiligt. Die Anschaffungskosten in Höhe von 3000 DM wurden bei der Gewinnermittlung nach § 4 Abs. 3 EStG entsprechend der früheren gesetzlichen Regelung als Betriebsausgabe abgesetzt.

19.2 Übergang von der Überschussrechnung zum Betriebsvermögensvergleich

Geht der Steuerberater zum 1. 1. 01 zur Buchführung über, so ist der Genossenschaftsanteil mit den Anschaffungskosten in der Eröffnungsbilanz anzusetzen. Dadurch würde sich der Betrag von 3000 DM spätestens bei der Veräußerung noch einmal gewinnmindernd auswirken. Zur Ermittlung des richtigen Totalgewinns ist ein Korrekturposten von 3000 DM hinzuzurechnen. Der Zuschlag kann nicht deshalb unterbleiben, weil die frühere Behandlung als Betriebsausgabe nicht mehr heutigem Recht entspricht.

19.2.5 Bewertung in der Eröffnungsbilanz

Die einzelnen Wirtschaftsgüter sind beim Übergang zum Bestandsvergleich nach § 4 Abs. 1 EStG oder ggf. § 5 EStG mit den Werten anzusetzen, mit denen sie zu Buche stehen würden, wenn von Anfang an der Gewinn durch Betriebsvermögensvergleich ermittelt worden wäre. Mögliche **Bewertungswahlrechte** gelten als nicht ausgeübt.[16] Zum **Anlagevermögen** gehörender Grund und Boden ist mit dem Wert anzusetzen, mit dem er in das nach § 4 Abs. 3 Satz 5 EStG laufend zu führende Verzeichnis aufgenommen werden musste. Dasselbe gilt für andere **nicht abnutzbare Anlagegüter**.

Beispiele

a) Ein Architekt, der bisher seinen Gewinn nach § 4 Abs. 3 EStG ermittelt hat, geht zum 1. 1. 01 zur Gewinnermittlung nach § 4 Abs. 1 EStG über. Im Zeitpunkt des Übergangs war der zum Betriebsvermögen gehörende Grund und Boden mit den Anschaffungskosten in Höhe von 130 000 DM in dem nach § 4 Abs. 3 Satz 5 EStG zu führenden Verzeichnis enthalten. Der Teilwert am 1. 1. 01 beträgt unstreitig 300 000 DM.

Der Grund und Boden ist in der Eröffnungsbilanz vom 1. 1. 01 mit 130 000 DM anzusetzen.

b) Die Anschaffungskosten eines zum Betriebsvermögen (Anlagevermögen) gehörenden Genossenschaftsanteils haben 1500 DM betragen. Mit diesem Betrag ist er in das Verzeichnis nach § 4 Abs. 3 Satz 5 EStG aufgenommen worden. Der Teilwert beträgt am 1. 1. 01 (Zeitpunkt des Übergangs zur Buchführung) 1200 DM.

In der Eröffnungsbilanz zum 1. 1. 01 sind 1200 DM anzusetzen.

Bei der Berechnung des Übergangsgewinnes ist eine Kürzung in Höhe von 300 DM zu berücksichtigen.

Vorratsvermögen und Forderungen, die im Zeitpunkt des Übergangs mit einem unter den Anschaffungskosten liegenden Teilwert zu bewerten sind, sind in der Eröffnungsbilanz mit dem niedrigeren Teilwert zu erfassen, wenn der niedrigere Teilwert auf einer voraussichtlich dauernden Wertminderung beruht (§ 6 Abs. 1 Nr. 2 Satz 2 EStG). Dieser niedrigere Wert ist bei der Berechnung des Übergangsgewinns zugrunde zu legen.

---

16 BFH, BStBl 1988 II S. 672.

19.2.6 Besonderheiten beim Übergang zur Schätzung

Ist wegen unvollständiger Aufzeichnungen eine Schätzung geboten, ist bei Gewinnermittlung nach § 4 Abs. 3 EStG der Gewinn in Geldrechnung zu schätzen.[17] Ist jedoch der Gewinn, der bisher aufgrund der aufgezeichneten Betriebseinnahmen und Betriebsausgaben nach § 4 Abs. 3 EStG ermittelt wurde, zu schätzen, weil keine oder keine brauchbaren Aufzeichnungen über die Betriebseinnahmen und Betriebsausgaben, die eine Gewinnermittlung nach § 4 Abs. 3 EStG ermöglichen, mehr gefertigt wurden, und ist auch keine ordnungsmäßige Buchführung vorhanden, kommt eine Schätzung nach § 4 Abs. 1 EStG in Betracht. Dann gelten die vorstehenden Ausführungen zum Übergang entsprechend. Eine solche Schätzung nach § 4 Abs. 1 EStG kommt bei Land- und Forstwirten, selbstständig Tätigen sowie bei nichtbuchführungspflichtigen Gewerbetreibenden in Betracht. Bei Letzteren erfolgt die Schätzung in der Regel unter Anwendung der amtlichen Richtsätze. Bei Gewerbetreibenden, die buchführungspflichtig sind, aber keine oder keine ordnungsmäßigen Bücher geführt haben, ist der Gewinn nach § 5 EStG zu schätzen.

Die Schätzung des Gewinns nach § 4 Abs. 1 EStG stellt einen Wechsel in der Gewinnermittlungsart dar, der wie jeder andere Übergang zum Betriebsvermögensvergleich zu behandeln ist. Die Gewinnberichtigung ist grundsätzlich in dem Jahr der Schätzung vorzunehmen.

Beispiel
Der Gewinn eines nicht zur Buchführung verpflichteten Kleingewerbetreibenden ist seit Gründung des Betriebs nach § 4 Abs. 3 EStG ermittelt worden. Für 01 muss er aus besonderem Anlass nach § 4 Abs. 1 EStG geschätzt werden. Der wirtschaftliche Umsatz beträgt 80 000 DM; als Reingewinnsatz sollen 10 % angemessen sein.
Die Bestände am 1. 1. 01 betragen:

Waren	3 000 DM
Warenforderungen	2 300 DM
Warenschulden	2 070 DM
USt-Schuld (Zahllast)	400 DM
In diesem Falle sind dem Richtsatzgewinn von 10 % des wirtschaftlichen Umsatzes von 80 000 DM =	8 000 DM
hinzuzurechnen: 3000 + 2300 ./. 2070 ./. 400 DM =	2 830 DM
berichtigter Gewinn	10 830 DM

19.2.7 Vermeidung von Härtefällen

Beim Übergang zur Gewinnermittlung durch Betriebsvermögensvergleich können sich infolge der Hinzurechnungen ein außergewöhnlich hoher Gewinn und eine außergewöhnlich hohe Steuer ergeben. Zur Vermeidung von Härten können auf Antrag des Stpfl. die Zurechnungsbeträge gleichmäßig auf das Jahr des Übergangs

---
17 BFH, BStBl 1984 II S. 504.

19.2 Übergang von der Überschussrechnung zum Betriebsvermögensvergleich

und das folgende oder die beiden folgenden Jahre verteilt werden (R 17 Abs. 1 Satz 4 EStR).

Beispiel

Ein Architekt hat seinerzeit mit 20 000 DM Bargeld ein Architekturbüro eröffnet und bisher seinen Gewinn nach § 4 Abs. 3 EStG ermittelt. Ab 1. 1. 01 geht er freiwillig zur Gewinnermittlung durch Bilanzierung nach § 4 Abs. 1 EStG über. Die Bestände vom 1. 1. 01 betragen laut Eröffnungsbilanz:

Honorarforderungen	72 000 DM
Verbindlichkeiten (Löhne, Reparaturen, Telefon etc.)	9 000 DM
USt-Schuld (Zahllast)	3 000 DM

Die während der Überschussrechnung eingetretene Betriebsvermögensvermehrung, die als Gewinn noch nicht erfasst ist, beträgt 60 000 DM (72 000 ./. 9000 ./. 3000 DM). Sie ist in mehreren Jahren angesammelt worden. Um diesen Betrag ist in den vergangenen Veranlagungszeiträumen ein zu niedriger Gewinn versteuert worden. Die erforderliche Hinzurechnung von 60 000 DM kann für das Übergangsjahr eine außergewöhnlich hohe Steuer (Progression!) ergeben. Deshalb ist eine Verteilung des in mehreren Jahren entstandenen und nachzuholenden Betrages mit je 20 000 DM auf bis zu drei Jahre zugelassen (R 17 Abs. 1 Satz 4 EStR).

Bei der unentgeltlichen Übernahme eines Betriebs ist der Übergangsgewinn dem laufenden Gewinn des Rechtsnachfolgers hinzuzurechnen, soweit er wegen der Verteilung auf längstens drei Jahre noch nicht erfasst wurde.[18]

19.2.8 Zeitpunkt der Erfassung der Zu- und Abschläge

Beim Übergang von der Überschussrechnung zum Betriebsvermögensvergleich stellen die Zu- und Abschläge eine einmalige Nachholung des bisher nicht berücksichtigten Teils des Totalgewinns der zurückliegenden Wirtschaftsjahre dar. Es ist deshalb gerechtfertigt, dass dieser Teil dem ersten Bilanzgewinn hinzugerechnet, also sofort erfasst wird. Obwohl die Korrekturen mit dem ersten Veranlagungszeitraum, dessen Ergebnis aufgrund des Betriebsvermögensvergleichs ermittelt worden ist, an sich nichts zu tun haben, kommt, weil dieser Veranlagungszeitraum unmittelbar dem Übergang folgt, die Zu- und Abrechnung vernünftigerweise nur hier in Betracht. Dieser Korrekturposten ist auch dann dem Gewinn und damit den Einkünften aus Gewerbebetrieb zuzurechnen, wenn zugleich mit der Änderung der Gewinnermittlung infolge Strukturwandels der bisherige landwirtschaftliche Betrieb zum Gewerbebetrieb wird. Da das Ergebnis des ersten Bestandsvergleichs korrigiert werden soll, dieses Ergebnis aber Einkünfte aus Gewerbebetrieb darstellt, können nicht nachträgliche Einkünfte aus Land- und Forstwirtschaft angenommen werden.[19] Eine Berichtigung der früheren Jahre scheidet aus. Nach R 17 Abs. 1 EStR kann der Zu- oder Abschlag lediglich zur Vermeidung von Härten auf bis zu drei

---

18 BFH, BStBl 1972 II S. 338.
19 BFH, BStBl 1981 II S. 780.

Jahre verteilt werden. Im Falle der Gewerbesteuerpflicht ist die gewählte Verteilung für den Gewerbeertrag verbindlich.

Die Erfassung der Korrekturposten in dem auf den Wechsel folgenden Veranlagungszeitraum entspricht auch einem Bedürfnis der Praxis. Mit der kurzfristigen (bis zu drei Jahre) Hinzurechnung oder Kürzung soll die erforderliche Gewinnberichtigung möglichst bald endgültig abgewickelt sein.

19.2.9 Unterbliebene oder fehlerhafte Ermittlung der Korrekturposten

Ist beim früheren Übergang vom Betriebsvermögensvergleich zur Überschussrechnung zu Unrecht eine Gewinnkorrektur unterblieben und kann dieser Fehler der früheren Veranlagung nicht mehr berichtigt werden, so darf der Fehler nicht durch Zuschlag bei einem späteren Übergang von der Überschussrechnung zum Betriebsvermögensvergleich erfasst werden. Das wäre eine unzulässige Nachholung der zu Unrecht unterlassenen Gewinnkorrektur. Dasselbe gilt, wenn die Gewinnberichtigung im Jahr des Übergangs zur Schätzung unterblieben ist und der Stpfl. später zum Betriebsvermögensvergleich übergeht.[20]

Ist im Jahr des Übergangs zur Überschussrechnung der Übergangsgewinn fehlerhaft ermittelt worden und ist die Veranlagung des Übergangsjahres bestandskräftig geworden, so kann eine Berichtigung des Übergangsgewinns nur insoweit vorgenommen werden, als die Veranlagung nach den Steuergesetzen unter Beseitigung der Bestandskraft noch geändert oder berichtigt werden kann. Die Verteilung des Übergangsgewinns nach R 17 Abs. 1 EStR gestattet es dem Finanzamt nicht, den Übergangsgewinn zu berichtigen und den Steuerfestsetzungen der noch nicht bestandskräftig veranlagten Folgejahre zugrunde zu legen.[21]

19.2.10 Betriebsveräußerung

Bei der Betriebsveräußerung sind Stpfl., die bisher ihren Gewinn nach § 4 Abs. 3 EStG ermittelt haben, so zu behandeln, als seien sie im Augenblick der Veräußerung zunächst zum Betriebsvermögensvergleich übergegangen (R 16 Abs. 7 EStR). Die erforderlichen Zu- und Abrechnungen sind beim laufenden Gewinn und nicht beim Veräußerungsgewinn zu berücksichtigen. Sie können nicht auf drei Jahre verteilt werden.[22]

---

20 BFH, BStBl 1970 II S. 745; H 17 EStH.
21 BFH, BStBl 1974 II S. 303.
22 H 16 „Übergangsgewinn" EStH.

19.2 Übergang von der Überschussrechnung zum Betriebsvermögensvergleich

19.2.11 Übungsaufgabe 29: Wechsel von der Überschussrechnung zum Bestandsvergleich

Sachverhalt

Ein Gewerbetreibender, der bisher seinen Gewinn nach § 4 Abs. 3 EStG ermittelte, hat zum 1. 1. 2001 eine doppelte Buchführung eingerichtet und die nachstehende Eröffnungsbilanz aufgestellt:

Zu den einzelnen Bilanzposten wird Folgendes festgestellt:

Aktiva	Eröffnungsbilanz vom 1. 1. 2001		Passiva
Grund und Boden	13 000 DM	Kapital	65 200 DM
Gebäude	29 000 DM	Darlehen	10 000 DM
Maschinen	9 000 DM	Garantierückstellung	1 500 DM
Rohstoffe	8 000 DM	Rückstellung für	
Hilfs- und Betriebsstoffe	500 DM	Wechselobligo	1 000 DM
Unfertige Erzeugnisse	2 000 DM	Kundenanzahlung	1 000 DM
Fertigwaren	11 000 DM	Lieferantenschulden	18 000 DM
Anzahlungen	4 000 DM	Tantiemenrückstellung	
Geschäftsguthaben	1 500 DM	für Arbeitnehmer	1 000 DM
Darlehen	2 500 DM	Rücklage für Ersatz-	
Kundenforderungen	17 000 DM	beschaffung	800 DM
Kasse und Bankguthaben	7 500 DM	Schuldwechsel	3 000 DM
Sonstige Forderungen	1 000 DM	USt-Schuld	5 300 DM
Damnum	200 DM	Sonstige Verbindlichkeiten	200 DM
Rechnungsabgrenzung	800 DM		
	107 000 DM		107 000 DM

Zu den einzelnen Bilanzposten wird Folgendes festgestellt:

1. Die Anschaffung des Grundstücks erfolgte vor zwei Jahren. Die Anschaffungskosten betrugen 13 000 DM.
2. Der Bilanzwert des Gebäudes errechnet sich aus den Herstellungskosten abzüglich der betriebsgewöhnlichen AfA.
3. Die Anschaffungskosten der Maschinen betrugen 15 000 DM. Während der Gewinnermittlung nach § 4 Abs. 3 EStG wurden hiervon 3000 DM AfA als Betriebsausgabe abgesetzt, sodass sich zum 31. 12. 2000 ein „Buchwert" von 12 000 DM ergibt. In der Eröffnungsbilanz wurde der niedrigere Teilwert von 9000 DM angesetzt, weil eine voraussichtlich dauernde Wertminderung vorliegt.
4. Die Rohstoffbestände wurden mit dem Teilwert in Höhe von 8000 DM bewertet. Die Anschaffungskosten hatten 8500 DM betragen.
5. Die Hilfs- und Betriebsstoffe wurden mit den Anschaffungskosten angesetzt.
6. Die Bewertung der unfertigen und fertigen Erzeugnisse erfolgt nach § 6 EStG mit den Herstellungskosten.
7. Der Betrag für Anzahlungen an Lieferanten von 4000 DM wurde im Jahr 2000 geleistet.
8. Beim Geschäftsguthaben handelt es sich um die Anschaffungskosten des im Vorjahr erworbenen Genossenschaftsanteils. Die Anschaffungskosten ergeben sich aus dem Verzeichnis nach § 4 Abs. 3 Satz 5 EStG.
9. Das Darlehen wurde im Vorjahr einem Arbeitnehmer gewährt.

19 Wechsel der Gewinnermittlungsart

10. Die Kundenforderungen wurden mit ihren Nennbeträgen abzügl. einer nicht zu beanstandenden Pauschalabschreibung in Höhe von 800 DM erfasst.
11. Die sonstigen Forderungen betreffen einen Gewerbesteuererstattungsanspruch.
12. Das Damnum betrifft das auf der Passivseite ausgewiesene Darlehen, das eine Laufzeit von vier Jahren hat und 1999 aufgenommen wurde. Hierbei hat der Darlehensgeber ein Darlehensabgeld von 4 % = 400 DM abgezogen. Vereinbarungsgemäß ist der Darlehensbetrag Ende 2002 zu tilgen (Fälligkeitsdarlehen). Das Abgeld wurde im Jahr der Darlehensaufnahme als Betriebsausgabe abgesetzt.
13. Als aktive Rechnungsabgrenzungsposten sind in der Eröffnungsbilanz im Voraus gezahlte Versicherungsbeiträge ausgewiesen.
14. Die Bilanzansätze für Garantierückstellung und Wechselobligo entsprechen den betriebs- und brancheüblichen Erfahrungssätzen.
15. Die Kundenanzahlung wurde 2000 vereinnahmt; die Lieferung erfolgte 2001.
16. Die Lieferantenschulden sind mit den Nennbeträgen ausgewiesen.
17. Die Tantiemerückstellung für Arbeitnehmer betrifft einen Rechtsanspruch auf Gewinnbeteiligung aus dem Gewinn des Jahres 2000 in Höhe von 1000 DM.
18. Die Rücklage für Ersatzbeschaffung ist für ein Anlagegut gebildet worden, das 2000 durch höhere Gewalt aus dem Betriebsvermögen ausgeschieden ist und im Zeitpunkt des Ausscheidens noch einen fiktiven Buchwert von 2200 DM hatte. Die Entschädigung in Höhe von 3000 DM wurde 2000 vereinnahmt. Die Ersatzbeschaffung war am 1. 1. noch nicht durchgeführt, aber geplant. Entschädigung und Verlust wurden nach R 35 Abs. 5 EStR bei der Gewinnermittlung 2000 (Überschussrechnung) nicht berücksichtigt.
19. Die Schuldwechsel wurden zur Finanzierung von Rohstoffeinkäufen gegeben.
20. Die USt-Schuld entfällt ausschließlich auf Lieferungen und wurde am 17. 1. 2001 entrichtet.
21. Bei den sonstigen Verbindlichkeiten handelt es sich um später fällige Betriebsausgaben.

Aufgabe

Es ist zu prüfen, welche Hinzurechnungen und Abrechnungen wegen des Wechsels in der Gewinnermittlungsart beim ersten Buchführungsergebnis, das bisher lt. GuV einen Gewinn von 26 000 DM ausweist, zu berücksichtigen sind. Der bei der Veranlagung 2001 anzusetzende Gewinn ist zu ermitteln. R 17 Abs. 1 Satz 4 EStR ist nicht beantragt.

Die **Lösung** zu dieser Übungsaufgabe ist in einem „Lösungsheft" (Bestell-Nr. 100) enthalten.

19.3 Übergang vom Betriebsvermögensvergleich zur Überschussrechnung

19.3.1 Praktische Bedeutung

Grundsätzlich ist der Stpfl. frei in der Wahl der Gewinnermittlungsverfahren, wenn nicht eine bestimmte Gewinnermittlung gesetzlich zwingend vorgeschrieben ist.

19.3 Übergang vom Betriebsvermögensvergleich zur Überschussrechnung

Die Anwendung der Überschussrechnung setzt nach dem Wortlaut des § 4 Abs. 3 EStG voraus, dass der Stpfl. nicht aufgrund gesetzlicher Vorschriften verpflichtet ist, Bücher zu führen und regelmäßig Abschlüsse zu machen, und dass er solche Bücher und Abschlüsse auch nicht freiwillig führt. Damit ist ein Übergang zur Überschussrechnung ausgeschlossen, wenn Buchführungspflicht nach § 140 oder § 141 AO besteht. Ein Übergang zur Überschussrechnung kann somit nur in Betracht kommen,

- wenn durch Löschung der Firma eines Gewerbetreibenden im Handelsregister oder Aufgabe eines Grundhandelsgewerbes keine Buchführungspflicht gemäß § 140 AO i. V. m. §§ 238, 239 HGB mehr besteht und
- wenn nach den Feststellungen der Finanzbehörden Umsatz und Gewinn unter die Grenzen des § 141 AO gesunken sind und dadurch keine Buchführungspflicht mehr gegeben ist oder
- wenn ein Stpfl. zunächst nach § 141 AO buchführungspflichtig war, aber nach einer gesetzlich geregelten Heraufsetzung der steuerrechtlichen Buchführungsgrenzen (§ 141 AO) unterhalb der neuen Grenzen bleibt,
- wenn der Stpfl. bisher freiwillig Bücher geführt hat und zur Überschussrechnung übergehen will.

19.3.2 Erforderliche Gewinnberichtigung

Hat ein Stpfl. bisher seinen Gewinn durch Betriebsvermögensvergleich nach § 4 Abs. 1 oder § 5 EStG ermittelt und wechselt er zulässigerweise zur Überschussrechnung über, dann bewirkt auch dieser Wechsel ein Abweichen vom Totalgewinn, der sich bei fortgesetztem Betriebsvermögensvergleich ergeben hätte. Dies ist durch Hinzurechnungen und Abrechnungen zum laufenden Gewinn auszugleichen.

Beispiele

a) Ein Architekt, der bisher seinen Gewinn nach § 4 Abs. 1 EStG ermittelte, geht ab 08 zur Überschussrechnung über. Am 31. 12. 07 betrugen seine Honorarforderungen 11 600 DM. Bei Entstehung der Forderungen wurde gebucht: Forderungen an Erlöskonto 10 000 DM und USt-Schuld 1 600 DM. Bei der Vereinnahmung im folgenden Wirtschaftsjahr ist im Rahmen der Überschussrechnung der Betrag von 11 600 DM als Betriebseinnahme anzusetzen. Durch den Wechsel der Gewinnermittlungsart würde dieser Betrag doppelt erfasst. Zwecks Erfassung des richtigen Totalgewinns muss vom ersten Überschussgewinn ein Abschlag von 11 600 DM gemacht werden.

b) Schuldet der Architekt am 31. 12. 07 noch Umsatzsteuer für das abgelaufene Kalenderjahr im Betrage von 300 DM, so ergibt sich die umgekehrte Auswirkung. Bei Entstehung der Steuerschuld wurde erfolgsneutral gebucht: Forderungen an Erlöse und USt-Schuld. Bei Zahlung im folgenden Wirtschaftsjahr ist die Ausgabe im Rahmen der Überschussrechnung als Betriebsausgabe zu berücksichtigen. Durch diese gewinnmindernde Erfassung würde ein um 300 DM niedrigerer Totalgewinn bei der Besteuerung erfasst. Auszugleichen ist dies durch eine Hinzurechnung von 300 DM zum ersten Überschussgewinn.

19 Wechsel der Gewinnermittlungsart

c) Am 1. 10. des abgelaufenen Wirtschaftsjahres hat der Stpfl. die Miete für seine Büroräume in Höhe von 36 000 DM durch Barzahlung für ein Jahr im Voraus entrichtet. Bei der Mietzahlung war zu buchen: Miete 9000 DM und aktive Rechnungsabgrenzung 27 000 DM an Kasse 36 000 DM. Nur der auf das abgelaufene Jahr entfallende Anteil ist damit als Aufwand erfasst. Im folgenden Jahr kann mangels Zahlung keine Betriebsausgabe abgesetzt werden. Dadurch würde der auf dieses Kalenderjahr entfallende Mietanteil als Betriebsausgabe überhaupt nicht berücksichtigt und ein um 27 000 DM zu hoher Totalgewinn ausgewiesen. Um das zu verhindern, muss vom ersten Überschussgewinn ein entsprechender Abschlag gemacht werden.

d) Hat der Architekt im abgelaufenen Wirtschaftsjahr eine Honorarvorauszahlung von 4000 DM vereinnahmt, so war erfolgsneutral zu buchen: Kasse an Vorschüsse. Im Folgejahr ist mangels Vereinnahmung keine Betriebseinnahme anzusetzen. Die Einnahme würde damit weder im abgelaufenen noch im neuen Jahr als Gewinn erfasst. Sie muss dem ersten Überschussgewinn zwecks Erfassung des richtigen Gesamtgewinns zugesetzt werden.

e) Ein Kleingewerbetreibender, der bisher seinen Gewinn nach § 5 EStG ermittelte, geht ab 1. 1. zur Überschussrechnung über. Der Warenbestand im Zeitpunkt des Wechsels beträgt 12 500 DM.

Beim Einkauf dieser Waren im Vorjahr wurde gebucht: Wareneinkauf und Vorsteuer an Lieferanten. Beim Jahresabschluss wird die Aufwandsbuchung auf dem Wareneinkaufskonto nach dem Ergebnis der Inventur wieder aufgehoben durch die Abschlussbuchung: SBK an Wareneinkauf. Im Endergebnis ist damit der Wareneinkauf im Vorjahr nicht gewinnmindernd erfasst. Im neuen Jahr wird, wenn die Bezahlung der Lieferantenrechnungen im Vorjahr erfolgte, mangels Zahlung ebenfalls keine Betriebsausgabe abgesetzt. Dagegen erscheinen die Erlöse aus dem Verkauf der Waren im neuen Jahr als Betriebseinnahmen. Dadurch würde der Wert der im Zeitpunkt des Übergangs vorhandenen Waren nie als Betriebsausgabe erfasst und der Totalgewinn um 12 500 DM zu hoch ausgewiesen. Die Abrechnung beträgt 12 500 DM.

f) Wenn die für 12 500 DM angeschaffte Ware am 31. 12. mit dem niedrigeren Teilwert von 10 000 DM bilanziert wurde, bedarf es nur einer Abrechnung von 10 000 DM. Der Unterschiedsbetrag hat sich im Vorjahr im Rahmen des Wareneinsatzes gewinnmindernd ausgewirkt.

g) Wenn die im Zeitpunkt des Wechsels vorhandenen Waren noch nicht bezahlt worden sind, ist an sich eine Abrechnung nicht berechtigt, weil bei der Zahlung eine entsprechende Betriebsausgabe in der Überschussrechnung erscheint. Bei teilweiser Bezahlung dürfte nur dieser Teil abgesetzt werden. Da im Allgemeinen nicht festgestellt werden kann, ob die Lieferantenschulden den vorhandenen oder den veräußerten Warenbestand betreffen, erfasst man den Warenbestand als Abrechnung und die Lieferantenschulden durch Hinzurechnung. Wenn also im vorstehenden Beispiel e) von den 12 500 DM 8000 DM im Zeitpunkt des Übergangs noch offen waren, muss eine Hinzurechnung von 8000 DM und eine Abrechnung von 12 500 DM erfolgen.

So wie in diesen Beispielen muss bei jedem einzelnen Bilanzposten die Gewinnauswirkung in der Vergangenheit und der Zukunft untersucht werden. Das setzt voraus, dass die unterschiedliche gewinnmäßige Auswirkung eines Vorgangs bei Buchführung und bei Überschussrechnung beherrscht wird. Durch die Korrekturposten wird der Gewinn des folgenden Wirtschaftsjahres um die Posten berichtigt, die sich bisher schon ausgewirkt haben und bei der Überschussrechnung ein zweites Mal erfasst oder die infolge des Übergangs als Erfolgsposten überhaupt nicht berücksichtigt werden.

Die Gewinnberichtigung dient hier nicht der einmaligen Nachholung der steuerrechtlich noch nicht berücksichtigten Teile des Gewinns, sondern der vorgreifenden Berichtigung der zukünftigen Periodengewinne mit dem Ziel der Erfassung des richtigen Totalgewinns. Deshalb sind im Rahmen der Einnahmen-Überschussrechnung grundsätzlich auch Tilgungsleistungen für solche Verbindlichkeiten Betriebsausgaben, die nach den handelsrechtlichen Grundsätzen ordnungsmäßiger Buchführung schon im Vorjahr im Rahmen des Vermögensvergleichs nach § 5 EStG durch den Ansatz entsprechender Passivposten gewinnmindernd zu berücksichtigen gewesen wären, aber nicht berücksichtigt worden sind. Das gilt nicht, wenn der Stpfl. bei der Gewinnermittlung nach § 5 EStG den Passivposten bewusst nicht ausgewiesen hat, um ungerechtfertigte Vorteile zu erlangen.[23]

19.3.3 Keine Korrektur beim Anlagevermögen

Wie beim Übergang zum Betriebsvermögensvergleich sind beim Übergang zur Überschussrechnung keine Korrekturen erforderlich, wenn Wirtschaftsgüter bei beiden Gewinnermittlungsarten gleich behandelt werden, wie z. B. die Gegenstände des abnutzbaren und nicht abnutzbaren Anlagevermögens. Aus dem gleichen Grunde ist eine Darlehensschuld beim Übergang zur Überschussrechnung nicht zu berücksichtigen.

Beispiel

Im Zeitpunkt des Wechsels zur Überschussrechnung hatte der zum Betriebsvermögen gehörende PKW einen Buchwert von 16 000 DM. Es bestand noch eine Kaufpreisschuld in Höhe von 12 000 DM.

Da die Anschaffungskosten abnutzbarer Anlagegüter auch bei der Überschussrechnung nach § 4 Abs. 3 EStG nur im Wege der AfA berücksichtigt werden können, wird der Totalgewinn durch den Übergang zur Überschussrechnung nicht beeinflusst. Korrekturposten sind deshalb nicht erforderlich.

19.3.4 Aufnahme der Buchwerte in das Anlageverzeichnis

Die Buchwerte des Grund und Bodens und der sonstigen Gegenstände des nicht abnutzbaren Anlagevermögens, die in der letzten Schlussbilanz vor dem Übergang zur Überschussrechnung ausgewiesen sind, müssen in das nach § 4 Abs. 3 Satz 5 EStG zu führende Verzeichnis aufgenommen werden. Sie sind bei einer späteren Veräußerung oder Entnahme als Betriebsausgaben abzusetzen.

---

23 BFH, BStBl 1977 II S. 866.

19 Wechsel der Gewinnermittlungsart

19.3.5 Behandlung des gewillkürten Betriebsvermögens

Nach § 4 Abs. 1 Satz 3 EStG wird ein Wirtschaftsgut nicht dadurch entnommen, dass der Stpfl. zur Gewinnermittlung nach § 4 Abs. 3 EStG übergeht. Wegen der Einzelheiten vgl. o. 17.1.6 und R 14 Abs. 3 Satz 5 EStR.

19.3.6 Betriebsvermögen bei Beginn der Gewinnermittlung durch Bestandsvergleich

Die bei Beginn der Gewinnermittlung vorhandenen Wirtschaftsgüter haben sich bei der bisherigen Buchführung richtig ausgewirkt. Sie dürfen deshalb beim Übergang zur Überschussrechnung nicht noch einmal berücksichtigt werden. Das gilt sowohl für die bei der Neueröffnung des Geschäfts vorhandenen Bestände als auch für die am 21. 6. 1948 vorhandenen Wirtschaftsgüter.

Beispiel

Ein Zahnarzt mit Gewinnermittlung nach § 4 Abs. 1 EStG hatte bei Praxiseröffnung am 1. 6. 1980 die folgenden Bestände:

Zahnersatz, Gold usw.	3000 DM
Honorarforderungen	500 DM
Verbindlichkeiten	200 DM

Seit dem 1. 1. 2001 ermittelt er seinen Gewinn durch Überschussrechnung nach § 4 Abs. 3 EStG.

Das Vorratsvermögen vom 1. 6. 1980 hat sich bei seinem Verbrauch als Materialeinsatz gewinnmindernd ausgewirkt. Die Honorarforderungen sind erfolgsneutral vereinnahmt worden (Kasse an Forderungen). Es besteht deshalb kein Anlass, diese Beträge um die erforderlichen Korrekturposten, die durch den Übergang zur Überschussrechnung ausgelöst werden, zu mindern. Andererseits dürfen die Verbindlichkeiten vom 1. 6. 1980 nicht hinzugerechnet werden. Sie sind bei Zahlung erfolgsneutral gebucht worden (Verbindlichkeiten an Kasse).

19.3.7 Besonderheiten beim Übergang von der Schätzung

Ist der Gewinn in der Vergangenheit nach § 4 Abs. 1 oder § 5 EStG geschätzt worden (z. B. durch Anwendung der Richtsätze) und wird in Zukunft die Überschussrechnung angewendet, so liegt ein Wechsel zwischen § 4 Abs. 1 bzw. § 5 EStG und § 4 Abs. 3 EStG vor. In diesen Fällen sind die gleichen Gewinnkorrekturen vorzunehmen wie bei einem normalen Übergang zur Überschussrechnung. Denn die Schätzung ist keine eigene Form der Gewinnermittlung. Sie hat ihre Rechtsgrundlage in § 162 AO und kommt nur in Betracht, wenn die gesetzlich vorgeschriebene Art der Gewinnermittlung nicht möglich ist. Ziel der Gewinnschätzung ist die Ermittlung des steuerlich richtigen Gewinns.

Da bei diesem Wechsel die Abschläge regelmäßig höher sind als die Summe der Zuschläge, ergibt sich in diesen Fällen die Möglichkeit einer Gewinnminderung.

19.3 Übergang vom Betriebsvermögensvergleich zur Überschussrechnung

Die im Zeitpunkt des Übergangs vorhandenen Bestände werden sich jedoch nicht immer einwandfrei feststellen lassen.

19.3.8 Zeitpunkt der Erfassung der Hinzurechnungen und Kürzungen

Auch beim Übergang zur Überschussrechnung sind die durch den Wechsel bedingten Zusetzungen und Absetzungen i. d. R. im Veranlagungszeitraum des Übergangs, d. h. im ersten Wirtschaftsjahr, in dem der Gewinn nach § 4 Abs. 3 EStG ermittelt wird, vorzunehmen. Dies entspricht für den Regelfall auch den tatsächlichen Verhältnissen. Eine Verteilung der Hinzurechnungen oder Kürzungen, die wegen des Übergangs erforderlich werden, auf mehrere Jahre wird von der Verwaltung und der Rechtsprechung abgelehnt.[24] Dabei ist von Bedeutung, dass der Übergang von der Gewinnermittlung nach § 4 Abs. 1 bzw. § 5 EStG zur Gewinnermittlung nach § 4 Abs. 3 EStG im Belieben des Stpfl. steht, während der umgekehrte Wechsel sehr oft zwingend ist. Der Stpfl. kann aber bei besonders gelagerten Verhältnissen ein berechtigtes Interesse haben, die gebotenen Zusetzungen oder Absetzungen erst in einem späteren Veranlagungszeitraum durchzuführen.

Die Verwaltungsanweisung (R 17 Abs. 2 EStR) unterstellt, dass sich die doppelte Gewinnauswirkung bereits im ersten Jahr nach dem Wechsel vollzieht. Die Erfassung der Zu- und Abschläge im ersten Jahr der Überschussrechnung ist dann sachlich berechtigt und richtig. Im Übrigen dient sie der Vereinfachung. Sie ist nicht zu beanstanden, wenn Einwendungen gegen dieses Verfahren nicht erhoben werden oder nichts Gegenteiliges dargetan wird.

Die erforderlichen Korrekturen können auf Antrag in dem Jahr vorgenommen werden, in dem sich die Betriebsvorgänge auswirken.[25] Der Gedanke der Vereinfachung darf aber nicht ernsthaft verletzt werden. Dem Vereinfachungsgedanken kommt deshalb besondere Bedeutung zu, weil eine eindeutige gesetzliche Regelung der mit dem Übergang zu einer anderen Gewinnermittlung entstehenden Fragen nicht besteht.

Umstände, die für eine Abweichung von den in den EStR enthaltenen Grundsätzen geltend gemacht werden, müssen einfach und leicht nachprüfbar sein. Diese Voraussetzung ist beim Warenbestand nicht erfüllt. Es muss deshalb unterstellt werden, dass der Verkauf im Folgejahr vollzogen ist. Nur wenn einwandfrei nachgewiesen wird, dass die Veräußerung in einem späteren Wirtschaftsjahr erfolgt ist, kann die Absetzung in einem späteren Veranlagungszeitraum erfolgen. Entsprechendes gilt für Warenforderungen und Warenschulden. So kann eine Warenforderung statt im ersten Veranlagungszeitraum der Überschussrechnung vom Gewinn desjenigen Veranlagungszeitraums abgesetzt werden, in dem die Forderung nachweisbar eingegan-

---
24 Siehe hierzu R 17 Abs. 2 EStR und H 17 „Verteilung . . ." EStH.
25 H 17 „Wechsel zur Überschussrechnung" EStH.

gen ist und als Einnahme steuerrechtlich erfasst wird. Bei Warenschulden kann demgemäß die erforderliche Zusetzung in einem späteren Veranlagungszeitraum erfolgen, wenn diese nicht sofort im Folgejahr beglichen werden. Solange die Warenforderungen nicht eingegangen bzw. die Warenschulden nicht beglichen sind, besteht noch kein Anlass zur Korrektur.

Hierbei ist zu berücksichtigen, dass es beim Übergang zur Überschussrechnung keiner Korrektur der Ergebnisse früherer Veranlagungszeiträume bedarf. Es besteht hier kein Grund, das vollständige und richtige Gewinnergebnis der zurückliegenden Wirtschaftsjahre durch ein auf nicht exakte Weise ermitteltes Überschussergebnis zu ändern. Der Zweck der Korrekturposten besteht auch nicht darin, den Stpfl. so zu stellen, als habe er von Anfang an den Gewinn durch Überschussrechnung ermittelt. Sie sollen beim Übergang zur Überschussrechnung lediglich die Vorgänge ausgleichen, die sich bei der bevorstehenden Überschussrechnung zukünftig gewinnerhöhend oder gewinnmindernd auswirken, die aber beim Betriebsvermögensvergleich eine erfolgsneutrale Betriebsvermögensumschichtung gewesen wären. Das Ziel der Zu- und Abrechnungen ist somit allein die Erfassung des zutreffenden Totalgewinns.

19.3.9 Übungsaufgabe 30: Wechsel vom Bestandsvergleich zur Überschussrechnung

Sachverhalt

Ein Handwerksmeister, der bisher die Gewinne seines Betriebs nach § 5 EStG aufgrund einer doppelten Buchführung ermittelte, hat zum 31. 12. 2000 die nachfolgende Jahresschlussbilanz aufgestellt:

Aktiva	Bilanz am 31. 12. 2000		Passiva
Grund und Boden	4 000 DM	Darlehen	10 000 DM
Gebäude	24 000 DM	Garantierückstellung	1 000 DM
Maschinen	800 DM	Rücklage für Ersatzbesch.	600 DM
Waren	13 000 DM	Kundenanzahlung	130 DM
Unfertige Arbeiten	1 500 DM	Lieferantenschulden	5 000 DM
Guthaben bei Lieferanten	50 DM	Schuldwechsel	3 000 DM
Geschäftsguthaben	1 000 DM	USt-Schuld	2 210 DM
Darlehen	300 DM	Rechnungsabgrenzung	380 DM
Kundenforderungen	1 800 DM	Kapital:	
Schecks	30 DM	1. 1. 28 460 DM	
Kasse und Bank	2 310 DM	./. Entnahmen 8 300 DM	
Damnum	200 DM	20 160 DM	
Rechnungsabgrenzung	110 DM	+ Gewinn 6 620 DM	26 780 DM
	49 100 DM		49 100 DM

Weil die Umsätze des Handwerksmeisters gegenüber früher wesentlich zurückgegangen sind, will der Betriebsinhaber seine Buchführung vereinfachen und ab 2001 den Gewinn nach § 4 Abs. 3 EStG ermitteln. Aus diesem Grunde hat er seitdem nur noch Aufzeichnungen über die Betriebseinnahmen und Betriebsausgaben geführt.

19.3 Übergang vom Betriebsvermögensvergleich zur Überschussrechnung

Die Voraussetzungen für eine Buchführungspflicht nach § 140 und § 141 AO sind nicht mehr gegeben.
Zu den einzelnen Bilanzposten wird Folgendes festgestellt:
1. Die Anschaffung des ausschließlich betrieblichen Zwecken dienenden Grundstücks erfolgte im Jahre 1982. Anschaffungskosten 4000 DM. Zum 31. 12. des abgelaufenen Jahres beträgt der Teilwert 80 000 DM.
2. Das Gebäude ist vor einigen Jahren auf dem erworbenen Grundstück errichtet worden. Der Bilanzwert errechnet sich aus den Herstellungskosten abzüglich der betriebsgewöhnlichen AfA. Es wird ausschließlich betrieblich genutzt.
3. Die Maschinen sind mit den Anschaffungskosten abzüglich der bisher verrechneten AfA und nach Abzug einer im abgelaufenen Jahr vorgenommenen Teilwertabschreibung von 2000 DM ausgewiesen.
4. Die Bewertung der Warenvorräte erfolgte nach § 6 EStG mit den Anschaffungskosten.
5. Die am Bilanzstichtag noch nicht fertig gestellten Arbeiten wurden mit den Herstellungskosten (R 33 EStR) bewertet.
6. Das Guthaben bei dem Lieferanten stammt aus einer Warenrücksendung, für die der Kaufpreis durch Nachnahme erhoben war.
7. Vor Jahren ist der Stpfl. einer Einkaufsgenossenschaft beigetreten. Seitdem wurden die Ausgaben für den Genossenschaftsanteil unverändert mit 1000 DM in den Jahresbilanzen ausgewiesen.
8. 2000 wurde einem Arbeitnehmer ein Darlehen gewährt. Es ist bis auf den Restbetrag von 300 DM durch Verrechnung mit den Gehaltsbezügen getilgt worden.
9. Die Kundenforderungen sind mit den Nennbeträgen abzüglich einer den betrieblichen Erfahrungen entsprechenden Pauschalabschreibung in Höhe von 180 DM erfasst.
10. Die Schecks stammen ausschließlich von Kunden.
11. Das Damnum betrifft das auf der Passivseite ausgewiesene Darlehen, welches vor zwei Jahren aufgenommen wurde. Hierbei hat der Darlehensgeber ein Darlehensabgeld von 6 % (600 DM) in Abzug gebracht. Vereinbarungsgemäß ist der Darlehensbetrag am 31. 12. 2001 zu tilgen (Fälligkeitsdarlehen).
12. Als aktive Rechnungsabgrenzungsposten sind im Voraus bezahlte Versicherungsprämien ausgewiesen.
13. Die Darlehensschuld ist mit dem Nennbetrag bilanziert. Im Übrigen Hinweis auf Nr. 11.
14. Die Garantierückstellung entspricht den betriebs- und brancheüblichen Erfahrungssätzen.
15. Die Rücklage für Ersatzbeschaffung ist 2000 gebildet worden, um die Versteuerung einer durch Brand im Werkstattgebäude aufgedeckten stillen Reserve im Warenbestand zu verhindern. Die Ersatzbeschaffung erfolgte 2001.
16. Die Kundenanzahlung wurde 2000 vereinnahmt. Die Lieferung erfolgte 2001.
17. Die Lieferantenschulden sind mit den Nennbeträgen ausgewiesen.
18. Die Schuldwechsel wurden zur Finanzierung von Wareneinkäufen gegeben.
19. Die USt-Schuld entfällt ausschließlich auf Lieferungen und wurde am 17. 1. 2001 entrichtet.
20. Bei dem passiven Rechnungsabgrenzungsposten handelt es sich um eine im Voraus vereinnahmte Miete für eine Maschine.

19 Wechsel der Gewinnermittlungsart

Nach den Aufzeichnungen des Übergangsjahres 2001 ergibt sich folgende Gewinnermittlung nach § 4 Abs. 3 EStG:

Betriebseinnahmen	72 100 DM
./. Betriebsausgaben	61 500 DM
= Gewinn 2001	10 600 DM

Aufgabe

Es ist zu prüfen, welche Gewinnberichtigung wegen des Wechsels in der Gewinnermittlungsart beim ersten Überschussgewinn zu berücksichtigen ist. Der bei der Veranlagung 2001 anzusetzende Gewinn ist zu ermitteln.

Die **Lösung** zu dieser Übungsaufgabe ist in einem „Lösungsheft" (Bestell-Nr. 100) enthalten.

20 Bilanzberichtigung und Bilanzänderung

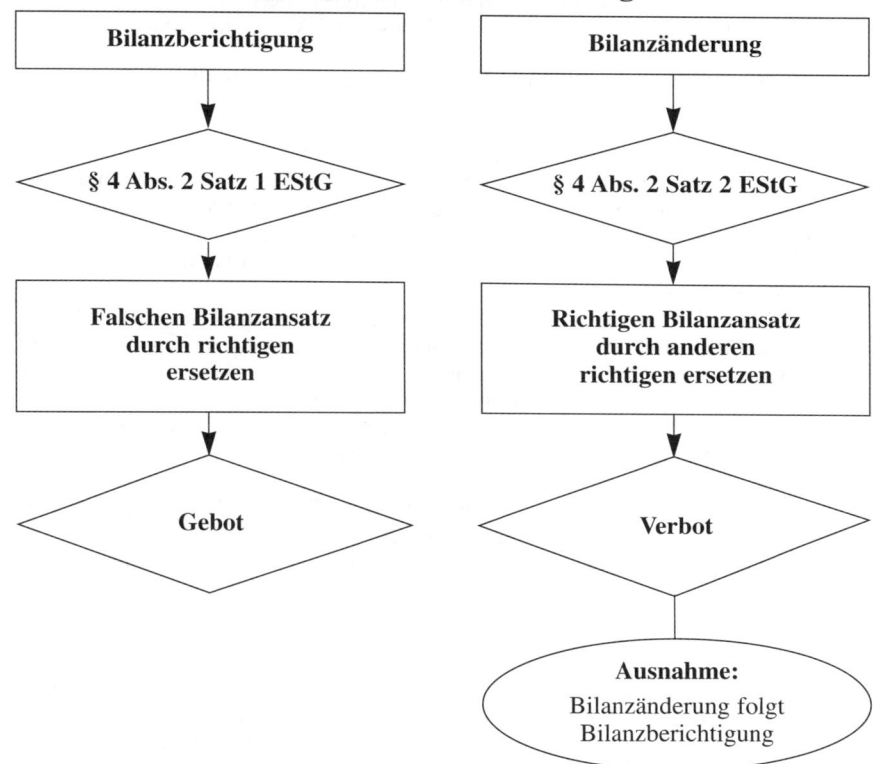

```
┌─────────────────────────┐          ┌─────────────────────────┐
│   Bilanzberichtigung    │          │     Bilanzänderung      │
└───────────┬─────────────┘          └───────────┬─────────────┘
            ▼                                    ▼
      § 4 Abs. 2 Satz 1 EStG              § 4 Abs. 2 Satz 2 EStG
            │                                    │
            ▼                                    ▼
┌─────────────────────────┐          ┌─────────────────────────┐
│   Falschen Bilanzansatz │          │  Richtigen Bilanzansatz │
│     durch richtigen     │          │      durch anderen      │
│        ersetzen         │          │    richtigen ersetzen   │
└───────────┬─────────────┘          └───────────┬─────────────┘
            ▼                                    ▼
         Gebot                                Verbot

                                         Ausnahme:
                                   Bilanzänderung folgt
                                    Bilanzberichtigung
```

20.1 Bilanzberichtigung

20.1.1 Begriff

Eine **Bilanzberichtigung** kommt in Betracht, wenn Bilanzansätze handelsrechtlichen Grundsätzen ordnungsmäßiger Buchführung **oder/und** steuerlichen Vorschriften über die Bilanzierung und Bewertung von Wirtschaftsgütern widersprechen, mithin falsch sind (§ 4 Abs. 2 Satz 1 EStG, R 15 Abs. 1 EStR).

Beispiele
1. Entgeltlich erworbener Firmenwert wurde in der Handelsbilanz (HB) und in der Steuerbilanz (StB) sofort als Aufwand berücksichtigt.
    ▶ HB richtig (§ 255 Abs. 4 HGB), StB falsch (§ 5 Abs. 2 EStG).
    Folge: Bilanzberichtigung

20 Bilanzberichtigung und Bilanzänderung

2. Beteiligungen wurden in HB und StB aufgrund vorübergehender Wertminderung mit dem niedrigeren Börsenwert bzw. Teilwert bewertet.
   ‣ HB richtig (§ 253 Abs. 2 HGB), StB falsch (§ 6 Abs. 1 Satz 2 EStG).
   Folge: Bilanzberichtigung.
3. Rückstellungen in (HB) und (StB) passiviert, obwohl ernstlich mit einer Inanspruchnahme nicht zu rechnen ist.
   ‣ HB falsch (§ 249 Abs. 3 HGB), StB falsch (§ 5 Abs. 1 EStG).
   Folge: Bilanzberichtigung.

Fehlerhaft ist eine Bilanz in diesem Sinne, wenn der Stpfl. bei Aufstellung der Bilanz alle Umstände berücksichtigt hat, die für eine zutreffende Bilanzierung und Bewertung maßgebend sind (§ 252 Abs. 1 Nr. 4 HGB). Nach fristgerechter Aufstellung der Bilanz erworbene abweichende Erkenntnisse führen nicht nachträglich zu einem falschen Bilanzansatz.

Dem Wortlaut der Vorschrift zufolge **darf** eine falsche Bilanz auch nach Einreichung beim Finanzamt geändert werden. Dieses „darf" signalisiert indes kein Wahlrecht, sondern steht im Wortzusammenhang mit § 4 Abs. 2 Satz 2 EStG, wonach darüber hinaus eine **Bilanzänderung** nur unter besonderen Voraussetzungen zulässig ist (vgl. 20.2). Es kann daher kein Zweifel bestehen, dass die Berichtigung des Gewinnes aufgrund unrichtiger Bilanzansätze **geboten** ist, denn der Stpfl. muss Fehler, die zu einer Steuerverkürzung führen können, nach § 153 AO bis zum Ablauf der Festsetzungsfrist anzeigen und die **erforderliche Richtigstellung vornehmen**.[1] Dabei kann der Stpfl. eine insoweit berichtigte Bilanz einreichen. Es dürfte aber formal auch genügen, wenn er dem Finanzamt die fehlerhaften Bilanzansätze und deren Auswirkung auf den Gewinn mitteilt.

Beispiel
Der Stpfl. erkennt nach Einreichung der Bilanz für 02 beim Finanzamt, dass Forderungen gegenüber Kunden in Höhe von 20 000 DM gewinnmindernd unter Berichtigung der Umsatzsteuer in Höhe von 3200 DM ausgebucht worden sind, obwohl ein drohender Forderungsausfall nicht zu erwarten war, weil die Überweisung der Kunden vereinbarungsgemäß Anfang 03 auf einem Auslandskonto des Stpfl. eingegangen war. Der Stpfl. ist nach § 153 AO verpflichtet, dem Finanzamt nach Einreichung der Bilanz 02 von der fehlerhaften Bilanzierung Mitteilung zu machen und die fehlerhaften Bilanzansätze richtig zu stellen. In einer insoweit berichtigten Bilanz zum 31. 12. 02 sind die Forderungen um 23 200 DM und die Umsatzsteuerschuld um 3200 DM zu erhöhen. Der Gewinn 02 ist dem folgend um 20 000 DM zu erhöhen.

Für den Fall, dass bei Eingang der Mitteilung des Stpfl. die Veranlagung bereits **bestandskräftig** sein sollte, ist nach den Vorschriften der AO, insbesondere nach § 173 AO, zu entscheiden, ob eine berichtigte Veranlagung in Betracht kommt, der die zu berichtigenden Bilanzansätze zugrunde zu legen sind. Ist danach eine Berich-

---
1 Dem steht die Entscheidung des BFH v. 4. 11. 1999, BStBl 2000 II S. 129, nicht entgegen. In der fraglichen Entscheidung betont der BFH zwar, dass nur der Stpfl. die Bilanzberichtigung herbeiführen dürfe, jedoch war der Fall insoweit bemerkenswert, weil das Finanzamt im Vorjahr fehlerhaft von der Bilanz des Stpfl. abgewichen war und diese nunmehr fehlerhafte Bilanz als Eröffnungsbilanz des folgenden Jahres mit dem Ziel einer Gewinnerhöhung zugrunde legen wollte. Es kann wohl kein Zweifel bestehen, dass in solchen Fällen kein Berichtigungsgebot bestehen kann.

20.1 Bilanzberichtigung

tigung nicht zulässig, ist grundsätzlich auch die Berichtigung der Eröffnungsbilanz des folgenden Wirtschaftsjahres ausgeschlossen (§ 4 Abs. 1 Satz 1 EStG, § 252 Abs. 1 Nr. 1 HGB). Ist der Fehler allerdings weiterhin existent, **muss**[2] die Schlussbilanz des ersten Jahres berichtigt werden, das nach den Vorschriften der AO noch geändert werden kann (vgl. 20.1.3).

Unabhängig von den Pflichten des Stpfl. muss das **Finanzamt** dem **Amtsermittlungsgrundsatz** zufolge (§§ 85, 88 AO) bei der Veranlagung alle ihm bereits bekannten Fehler von **Amts wegen** berichtigen. Die berichtigten Bilanzansätze **sind** der Gewinnermittlung des folgenden Jahres als **Betriebsvermögen des vorangegangenen Jahres** zugrunde zu legen (§ 4 Abs. 1 Satz 1 EStG).[3] Dafür ist ohne Bedeutung, ob der Stpfl. die Bilanz berichtigt oder nicht.

Beispiele

1. Bei der Veranlagung eines Gewerbebetriebes für 02 wird festgestellt, dass eine Rückstellung für Umweltlasten in Höhe von 2 Mio. DM passiviert wurde. Der Gewinn nach Rückstellung wurde mit 200 000 DM erklärt. Ermittlungen des Finanzamtes ergaben, dass die zuständige Fachbehörde für die Feststellung von Umweltlasten nicht im fraglichen Fall tätig geworden sei und dass Ermittlungen auch nicht beabsichtigt seien.

   Die Rückstellung ist unzulässig.[4] Das Finanzamt **hat** ausgehend von einer zutreffenden Bilanzierung den steuerrechtlich richtigen Gewinn der Veranlagung für 02 zugrunde zu legen. Dieser Bilanzberichtigung folgt im Bilanzzusammenhang ein entsprechend korrigierter Bilanzansatz für die Rückstellungen in der Eröffnungsbilanz des folgenden Wirtschaftsjahres.

2. In der Bilanz einer GmbH & Co. KG zum 31. 12. 02 ist aufgrund Abzinsung einer Ratenverpflichtung ein aktiver Rechnungsabgrenzungsposten in Höhe von 100 000 DM enthalten. Der Rechnungsabgrenzungsposten ist bereits um den Zinsanteil in Höhe von 60 000 DM zutreffend gemindert. Das Finanzamt hat diese Minderung nicht erkannt und den Rechnungsabgrenzungsposten im Rahmen der Gewinnfeststellung für 02 noch einmal um 60 000 DM verringert. Gleichzeitig hat das Finanzamt die Entgelte für Dauerschulden nach § 8 Nr. 1 GewStG um 30 000 DM für 02 erhöht. Feststellungs- und Gewerbesteuermessbescheid sind nicht unter dem Vorbehalt der Nachprüfung ergangen und wurden bestandskräftig.[5]

   Der Rechnungsabgrenzungsposten zum 31. 12. 02 war zutreffend. Die GmbH & Co. KG ist nicht verpflichtet, den falschen Bilanzansatz des Finanzamtes zu übernehmen und der Gewinnermittlung als Betriebsvermögen des vorangegangenen

---

[2] BFH v. 6. 8. 1998, BStBl 1999 II S. 14.
[3] BFH v. 19. 8. 1999, BStBl 2000 II S. 18.
[4] BFH v. 19. 10. 1993, BStBl 1993 II S. 891; vgl. auch Schmidt/Weber-Grellet, EStG, 19. Aufl., § 5 Rz. 363 bis 365, 550 mit Hinweisen auf kritisches Schrifttum. Die Rechtslage ist noch nicht abschließend entschieden, weil der I. Senat des BFH im Rahmen einer Revision gegen eine sachlich vergleichbare Entscheidung des FG Münster (Rückstellungen eines Lackherstellers, EFG 1996 S. 42) zunächst dem Großen Senat die Frage vorgelegt hat, ob im BFH in Fragen des Bilanzsteuerrechts mit Bezug zur 4. EG-Richtlinie verpflichtet sei, den EuGH einzuschalten (Beschluss v. 9. 9. 1998 I R 6/96, BStBl 1999 II S. 129).
[5] Der Sachverhalt lag der BFH-Entscheidung v. 4. 11. 1999, BStBl 2000 II S. 129, zugrunde.

Jahres (02), also als Bilanzansatz in der Eröffnungsbilanz des Folgejahres (03) zugrunde zu legen. Das Finanzamt kann seinen Fehler nicht durch Bilanzberichtigung gewinnerhöhend korrigieren.

Das **Finanzamt darf eine falsche Bilanz des Stpfl.** nicht korrigieren. Soweit der Stpfl. eine berichtigte Bilanz nicht einreicht, muss das Finanzamt die insoweit falsche Bilanz ignorieren und für die Besteuerung eine **eigenständige** Gewinnermittlung zugrunde legen.

Soweit das Finanzamt bei einer Außenprüfung **falsche** Bilanzansätze feststellt und deshalb im Rahmen der berichtigten Gewinnermittlung eine sog. **Prüferbilanz** aufstellt, handelt es sich insoweit **nicht** um die berichtigte Bilanz des Stpfl. Da das Finanzamt nicht zur Aufstellung einer Bilanz verpflichtet ist, kann es sich bei der Prüferbilanz lediglich um „Aufzeichnungen" handeln, um die berichtigte Ermittlung von Besteuerungsgrundlagen auf der Grundlage der Bilanz des Stpfl. durchführen zu können.

Der Stpfl. **kann** aufgrund der Feststellungen der Betriebsprüfung eine berichtigte Bilanz aufstellen, er kann aber auch im Wege der Kapitalangleichung die berichtigten Bilanzansätze im Folgejahr übernehmen und insoweit seine Bilanzen für die Zukunft anpassen.

20.1.2 Bedeutung der Bilanzberichtigung in der Praxis

Abgesehen von den relativ seltenen Fällen, in denen die Stpfl. selbst unter Hinweis auf § 153 AO eine Bilanzberichtigung herbeiführen oder in denen das Finanzamt „vom grünen Tisch" aus im Rahmen der Veranlagung Korrekturen vornimmt, kommen Bilanzberichtigungen vor allem nach **Betriebsprüfungen** in Betracht. Dabei kann die unrichtige Bilanzierung von Vermögenswerten ebenso die Ursache sein wie eine falsche Bewertung der Wirtschaftsgüter oder eine unzutreffende Passivierung von Schulden, insbesondere Rückstellungen. Auch die fehlerhafte Beurteilung von Entnahmen oder Einlagen kann Bilanzberichtigungen auslösen. Im Wege der Bilanzberichtigung kann auch die Beteiligung der Gesellschafter am Gesamthandsvermögen korrigiert und dadurch eine zurückliegende Gewinnverteilung berichtigt werden.[6] Auch die Auflösung eines negativen Kapitalkontos kann Gegenstand einer Bilanzberichtigung sein.[7]

Dabei ist die Bilanzberichtigung auch erforderlich, wenn zwischen fehlerhaft aufgestellter Bilanz und Entdeckung des Fehlers ein Vermögensübergang eines ganzen Betriebes oder Teilbetriebes im Wege der zulässigen Buchwertverknüpfung etwa nach § 6 Abs. 3 EStG, § 20 UmwStG oder § 24 UmwStG erfolgt ist.[8] Dies setzt natürlich voraus, dass der Bilanzierungsfehler noch existent ist.[9]

---
6 BFH v. 11. 2. 1988, BStBl 1988 II S. 825.
7 BFH v. 10. 12. 1991, BStBl 1992 II S. 650; BFH v. 26. 1. 1995, BStBl 1995 II S. 473.
8 BFH v. 7. 6. 1988, BStBl 1988 II S. 886.
9 BFH v. 10. 12. 1997, BStBl 1998 II S. 377; BFH v. 11. 2. 1998, BStBl 1998 II S. 503.

20.1 Bilanzberichtigung

Eine vorherige Berichtigung einer ggf. ebenfalls falschen **Handelsbilanz** ist dabei nicht erforderlich, weil falsche Handelsbilanzansätze ohnehin nicht für die Bilanzierung in der Steuerbilanz maßgeblich sind (§ 5 Abs. 1 EStG).

20.1.3 Zeitpunkt der Bilanzberichtigung

20.1.3.1 Übersicht

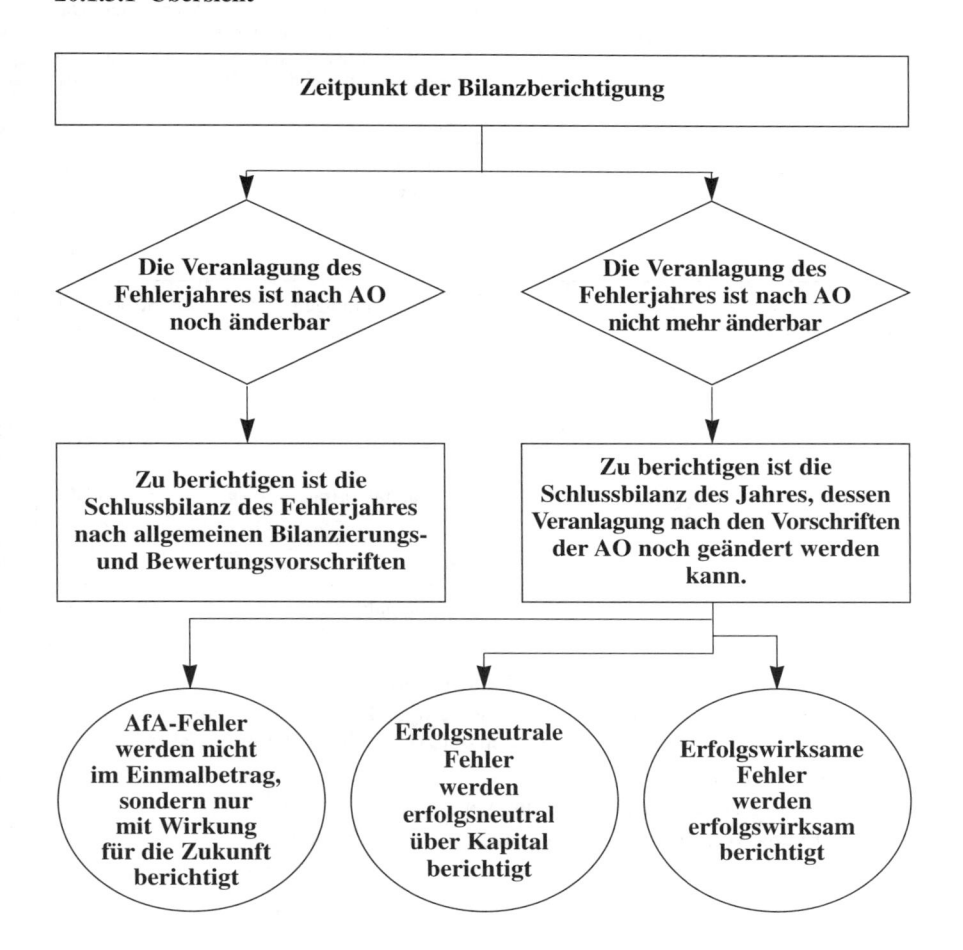

```
                    Zeitpunkt der Bilanzberichtigung
                      /                           \
   Die Veranlagung des                    Die Veranlagung des
   Fehlerjahres ist nach AO               Fehlerjahres ist nach AO
   noch änderbar                          nicht mehr änderbar
           |                                       |
   Zu berichtigen ist die                 Zu berichtigen ist die
   Schlussbilanz des Fehlerjahres         Schlussbilanz des Jahres, dessen
   nach allgemeinen Bilanzierungs-        Veranlagung nach den Vorschriften
   und Bewertungsvorschriften             der AO noch geändert werden
                                          kann.
```

- AfA-Fehler werden nicht im Einmalbetrag, sondern nur mit Wirkung für die Zukunft berichtigt
- Erfolgsneutrale Fehler werden erfolgsneutral über Kapital berichtigt
- Erfolgswirksame Fehler werden erfolgswirksam berichtigt

20 Bilanzberichtigung und Bilanzänderung

20.1.3.2 Grundsatz ▶ Berichtigung des Fehlerjahres

Grundsätzlich ist eine unrichtige Bilanz für das Jahr zu berichtigen, in dessen Bilanz der Bilanzierungs- oder Bewertungsfehler enthalten ist (NORMALFALL). Bei späterer Aufdeckung erfolgt daher eine Berichtigung bis in das Fehlerjahr zurück (▶ Rückwärtsberichtigung).[10]

Beispiel
Anlässlich einer Betriebsprüfung für das Jahr 07 wird festgestellt, dass zum 31. 12. 05 bereits eine Rückstellung für Prozesskosten in Höhe von 50 000 DM hätte passiviert werden müssen. Zum 31. 12. 07 ist mit Prozesskosten von 60 000 DM zu rechnen. Die Veranlagungen der Jahre 05 bis 07 stehen unter dem Vorbehalt der Nachprüfung.

Die Bilanzen sind zurück bis in das Jahr 05 erfolgswirksam zu berichten. Die Gewinnminderung aufgrund der Berichtigung darf nicht ausschließlich im Jahr 07 erfasst werden.

05		
	Rückstellungen	+ 50 000 DM
	Gewinn	− 50 000 DM

06		
	Rückstellungen	+ 50 000 DM
	Kapitalvortrag	− 50 000 DM

07		
	Rückstellungen	+ 60 000 DM
	Gewinn	− 10 000 DM
	Kapitalvortrag	− 50 000 DM

08		
	Kapitalvortrag	− 60 000 DM

20.1.3.3 Bilanzberichtigung erfolgt nicht im Fehlerjahr

Die Berichtigung unrichtiger Bilanzen im jeweiligen Fehlerjahr ist aber nur möglich, wenn das Fehlerjahr nach den Vorschriften der **AO** noch berichtigungsfähig ist:
▶ noch nicht veranlagt;
▶ unter dem Vorbehalt der Nachprüfung veranlagt;
▶ Berichtigungsvorschriften sind anwendbar (z. B. § 173 AO).

---
10 BFH v. 11. 2. 1998, BStBl 1998 II S. 503; BFH [GrS] v. 10. 11. 1997, BStBl 1998 II S. 83, zum Verhältnis von Bilanzberichtigung und Änderung des Steuerbescheides nach § 174 Abs. 4 AO.

20.1 Bilanzberichtigung

Ursache für diese Überlegung ist die sog. **steuerrechtliche Bilanzkontinuität.** Danach kann die Bilanz als Besteuerungsgrundlage nicht mehr korrigiert werden, wenn die Steuerschuld des fraglichen Jahres in Bestandskraft erwachsen ist. Grundsätzlich wäre daraus zu folgern, dass der Fehler nicht mehr korrigiert werden kann. Es ist jedoch zu **beachten,** dass die falsche Schlussbilanz des nicht mehr berichtigungsfähigen Fehlerjahres über den **Bilanzenzusammenhang** mit den folgenden Jahren verbunden ist und dass der Fehler auf diese Weise auch in die folgenden Jahre gelangt (§ 4 Abs. 1 Satz 1 EStG, § 252 Abs. 1 Nr. 1 HGB).

Nach ständiger Rechtsprechung[11] ist daher für den Fall, dass das Fehlerjahr nach den Vorschriften der AO nicht mehr berichtigungsfähig ist, also eine Rückwärtsberichtigung (z. B. wegen des Eintritts der Festsetzungsverjährung) bis in das Fehlerjahr nicht mehr in Betracht kommt, eine **Bilanzberichtigung** im ersten berichtigungsfähigen Jahr durchzuführen (R 15 Abs. 1 EStR).[12] Der BFH[13] hält daran fest, dass der Bilanzenzusammenhang nicht an das materiell-rechtlich richtige Betriebsvermögen des vorangegangenen Jahres anschließt, sondern an das Betriebsvermögen, das tatsächlich der bestandskräftigen Veranlagung zugrunde gelegt wurde (sog. formeller Bilanzenzusammenhang).

20.1.3.4 Erfolgswirksamer Fehler (R 15 Abs. 1 EStR)

Soweit der Fehler das steuerliche Ergebnis im Fehlerjahr beeinflusst hat und der fehlerhafte Bilanzansatz sich noch in der Anfangsbilanz des ersten noch berichtigungsfähigen Jahres befindet, sind folgende Grundsätze zu beachten:

- Der Bilanzierungsfehler muss für die Zukunft korrigiert werden. Die Vorschriften der AO hindern nicht die Richtigstellung im ersten berichtigungsfähigen Jahr!
- Die Anfangsbilanz des ersten nach der AO berichtigungsfähigen Jahres darf allerdings nicht berichtigt werden, weil sonst der Bilanzenzusammenhang durchbrochen werden würde.
- **Grundsätzlich** muss aber eine **erfolgswirksame Berichtigung** der **Schlussbilanz** des ersten nach der AO noch berichtigungsfähigen Jahres erfolgen (vgl. auch R 15 Abs. 1 Satz 3 EStR).

Beispiel 1
Ein im Betrieb des Stpfl. selbst entwickeltes Patentrecht wurde mit 150 000 DM Anfang 03 aktiviert und mit jährlich 30 000 DM abgeschrieben. Buchwert 31. 12. 04 90 000 DM. Für 05 und 06 wurde jeweils eine AfA von 30 000 DM gewinnmindernd gebucht. Nach den Vorschriften der AO sind die Jahre bis einschließlich 04 unstreitig nicht mehr berichtigungsfähig.

---

11 BFH v. 16. 2. 1996, BStBl 1996 II S. 417 (Vorlage an den Großen Senat zum Verhältnis des § 174 Abs. 4 AO zum Bilanzenzusammenhang). Vgl. dazu auch den Beschluss des Großen Senats v. 10. 11. 1997 [GrS 1/96], BStBl 1998 II S. 83.
12 Vgl. auch BFH v. 10. 12. 1997, BStBl 1998 II S. 377.
13 BFH v. 28. 4. 1998, BStBl 1998 II S. 443.

20 Bilanzberichtigung und Bilanzänderung

05

| Immat. Wirtschaftsgut | − 60 000 DM | Gewinn | − 60 000 DM |

06

| Immat. Wirtschaftsgut | − 30 000 DM | Kapitalvortrag | − 60 000 DM |
| | | Gewinn | + 30 000 DM |

07

| Immat. Wirtschaftsgut | 0 | Kapitalvortrag | − 30 000 DM |
| | | Gewinn | + 30 000 DM |

Beispiel 2
Eine Provisionsforderung in Höhe von 11 600 DM, die im Jahre 03 entstanden ist, wurde im Jahre 06 auf dem Privatkonto vereinnahmt. Buchungen sind in den Jahren 03 und 06 unterblieben. Sowohl die Ertragsteuer- als auch die USt-Veranlagungen sind bis einschließlich 04 nach der AO unstreitig nicht mehr berichtigungsfähig.

05

| Forderungen | + 11 600 DM | Gewinn | + 11 600 DM |
| | | USt | 0 |

Beachte: Da auch die USt-Veranlagung 03 nach den Vorschriften der AO nicht mehr geändert werden kann, wird die USt nicht mehr geschuldet. Dementsprechend kommt insoweit keine Berichtigung des Bilanzpostens „USt-Schuld" in Betracht.

06

| Forderungen | 0 | Kapitalvortrag | + 11 600 DM |
| | | Entnahmen (+) | − 11 600 DM |

07

| Forderungen | 0 | Kapitalvortrag | 0 DM |

Beispiel 3
Eine Rückstellung für Prozesskosten ist in 03 nicht passiviert worden. Ende 06 schwebt das Verfahren noch. Während Ende 03 noch mit 120 000 DM gerechnet werden musste, erhöhte sich das Kostenrisiko zum 31. 12. 04 auf 140 000 DM, zum 31. 12. 05 auf 150 000 DM und zum 31. 12. 06 auf 180 000 DM. Nach Aufstellung der Bilanz für 06 wurden in 07 lt. Gerichtsbescheid 200 000 DM bezahlt und als Aufwand gebucht. Die Veranlagungen bis einschließlich 04 sind nach der AO unstreitig nicht mehr berichtigungsfähig.

20.1 Bilanzberichtigung

05		
Rückstellungen	+	150 000 DM
Gewinn	−	150 000 DM

06		
Rückstellungen	+	180 000 DM
Gewinn	−	30 000 DM
Kapitalvortrag	−	150 000 DM

07		
Kapitalvortrag	−	180 000 DM
Gewinn	+	180 000 DM

20.1.3.5 Erfolgsneutrale Fehler

Hat der Fehler das steuerliche Ergebnis im Fehlerjahr **nicht** beeinflusst und befindet sich der Fehler noch in der **Anfangsbilanz** des ersten berichtigungsfähigen Jahres, dann sind folgende Grundsätze maßgebend:

- Der Fehler ist **erfolgsneutral** im ersten noch berichtigungsfähigen Jahr richtig zu stellen. Dabei sind:

  a) zu Unrecht bilanzierte Wirtschaftsgüter zum Buchwert „**auszubuchen**".

  b) zu Unrecht nicht bilanzierte Wirtschaftsgüter mit dem Wert „**einzubuchen**", mit dem sie bei von Anfang an richtiger Bilanzierung zu Buche stehen würden.

  Soweit dabei zulässige **AfA** bisher in anderen Einkunftsarten nicht abgezogen wurde, darf diese AfA nachgeholt werden (R 44 Abs. 10 EStR und H 44 „Unterlassene AfA" EStH).[14]

- Im Allgemeinen dürfte es ausreichen, wenn die Berichtigung über Kapital erfolgt. Dem wird entgegengehalten, dass es sich nur um das Anfangskapital handeln könne, sodass eine Durchbrechung des Bilanzenzusammenhanges vorliege. Dementsprechend soll die Berichtigung **innerhalb** der Bilanz erfolgswirksam erfolgen. Anschließend soll **außerhalb** der Bilanz nach Einlagegrundsätzen (Quasi-Einlage?!) die Korrektur wieder erfolgsneutral gestellt werden.[15]

---

[14] BFH, BStBl 1977 II S. 73; BFH/NV 1994 S. 543, BFH v. 30. 10. 1997, BFH/NV 1998 S. 578; BFH v. 10. 12. 1997, BStBl 1998 II S. 377; Schmidt/Heinicke, EStG, § 4 Rz. 736.
[15] BFH v. 6. 8. 1998, BStBl 1998 II S. 14 gegen wohl h. A. Vgl. Schmidt/Heinicke, EStG, § 4 Rz. 711, 713, 725.

20 Bilanzberichtigung und Bilanzänderung

Beispiel 1
Ein unbebautes Grundstück war bis einschließlich 01 Privatvermögen. Seit dem 1. 1. 02 dient das Grundstück dem Betrieb als Lagerplatz. In 02 ist irrtümlich keine Aktivierung erfolgt.
Bis einschließlich 06 sind die Veranlagungen nach der AO nicht mehr berichtigungsfähig.
Teilwert des Grundstücks 06 = 50 000 DM.
Teilwert des Grundstücks 07 = 150 000 DM.

07			
Grundstück	+ 50 000 DM	Kapital	+ 50 000 DM

08			
Grundstück	+ 50 000 DM	Kapitalvortrag	+ 50 000 DM

Anstelle der Berichtigung des Kapitals, was im Rahmen einer durch EDV erstellten Bilanz in der Tat Probleme bereiten würde, kann die Berichtigung innerhalb der Bilanz gewinnerhöhend erfolgen. Außerhalb der Bilanz für 07 wird der Gewinn wieder gemindert, damit im Ergebnis eine erfolgsneutrale Korrektur erfolgt ist.

Beispiel 2
Ein Gebäude (AfA-Satz 2 %) gehört nach Schenkung seit dem 1. 1. 03 zum Betriebsvermögen. Buchungen sind in 03 ff. irrtümlich unterblieben. Bis inkl. 05 sind die Veranlagungen nach der AO nicht mehr berichtigungsfähig.
Teilwert 03 = 500 000 DM.
Teilwert 06 = 490 000 DM.

a) AfA wurden jährlich mit 10 000 DM bei § 21 EStG angesetzt.

06					
Gebäude	470 000 DM			Kapital	+ 470 000 DM
./. AfA 06	10 000 DM	460 000 DM		Gewinn	− 10 000 DM

07					
Gebäude	460 000 DM			Kapitalvortrag	+ 460 000 DM
./. AfA 07	10 000 DM	450 000 DM		Gewinn	− 10 000 DM

b) AfA wurden für die Jahre 03–05 irrtümlich steuerrechtlich nicht berücksichtigt.

06					
Gebäude	500 000 DM			Kapital	+ 500 000 DM
./. AfA 06	10 000 DM	490 000 DM		Gewinn	− 10 000 DM

20.1 Bilanzberichtigung

	07		
Gebäude	490 000 DM	Kapitalvortrag	+ 490 000 DM
./. AfA 07	10 000 DM 480 000 DM	Gewinn	− 10 000 DM

Erkennbar erfolgt die Nachholung der AfA nicht in einem Einmalbetrag, sondern durch Verlängerung des Abschreibungszeitraums.[16]

20.1.3.6 AfA-Fehler in nicht mehr berichtigungsfähigen Jahren

Ist **AfA** in Jahren **unterblieben,** die nach der AO nicht mehr berichtigungsfähig sind, so darf die AfA nachgeholt werden.[17] Dies geschieht **nicht** durch **Einmalbetrag,** sondern

a) bei linearer AfA gemäß § 7 Abs. 1 EStG bzw. § 7 Abs. 4 Satz 2 EStG durch Verteilung des zu hohen Buchwerts auf die bRND;
b) bei degressiver AfA gemäß § 7 Abs. 2 EStG durch Anwendung des richtigen degressiven AfA-Satzes auf den zu hohen Buchwert.

Beispiel
Maschine nach zu niedriger Abschreibung zum 31. 12. 04 mit 490 000 DM bilanziert.
AK 4/03 500 000 DM, bND zehn Jahre.
Die Veranlagungen für 03 und 04 sind unstreitig nach der AO nicht mehr berichtigungsfähig.

a) lineare AfA für 05   ▶ 490 000 DM : 8 =   61 250 DM
b) degressive AfA für 05 ▶ 490 000 DM × 30 % =   147 000 DM

Im Falle degressiver Abschreibung nach § 7 Abs. 2 EStG orientiert sich die AfA im Rahmen der Nachholung weiterhin an dem gesetzlich vorgeschriebenen AfA-Satz, der sich aufgrund der ursprünglich festgelegten Nutzungsdauer ergibt.

Beispiel
Eine Betriebsvorrichtung ist nach Anschaffung in 4/03 (AK 200 000 DM) irrtümlich mit 10 % degressiv in 03 (AfA 20 000 DM) und 04 (AfA 18 000 DM) abgeschrieben worden. Die bND lt. amtlicher AfA-Tabelle beträgt 20 Jahre.
Bei 20-jähriger Nutzungsdauer beträgt der degressive AfA-Satz nach § 7 Abs. 2 EStG 15 %. Dementsprechend erfolgt die Nachholung der unterlassenen AfA-Beträge dadurch, dass ausgehend vom Buchwert zum 31. 12. 04 mit 15 % degressiv abgeschrieben wird.
Die berichtigte Kontenentwicklung bis zum 31. 12. 06 lautet:

Buchwert 31. 12. 04	162 000 DM
./. AfA 05 (15 % von 162 000 DM)	24 300 DM
Buchwert 31. 12. 05	137 700 DM
./. AfA 06 (15 % von 137 700 DM)	20 655 DM
Buchwert 31. 12. 06	117 045 DM

---

16 BFH, BStBl 1988 II S. 335. Vgl. auch 20.1.3.6.
17 R 44 Abs. 10 EStR. H 44 „Unterlassene oder überhöhte AfA" EStH. Vgl. zur Korrektur in den Fällen, in denen die AfA willkürlich zur Erlangung beachtlicher Steuervorteile unterblieben ist, 20.1.3.8.

Es ist u. E. nicht zulässig, ab 05 von einer Restnutzungsdauer von 18 Jahren auszugehen und den AfA-Satz entsprechend auf 16,67 % zu erhöhen, denn § 7 Abs. 2 EStG schreibt einen **unveränderlichen** AfA-Satz vor. Dagegen hat der Stpfl. natürlich jederzeit die Möglichkeit, durch Wechsel von der degressiven zur linearen AfA-Methode (§ 7 Abs. 3 EStG) eine gleichmäßige Verteilung des Buchwertes auf die Restnutzungsdauer herbeizuführen.

c) Bei Gebäuden, die nach § 7 Abs. 4 Satz 1 EStG typisiert abgeschrieben werden, sind die AfA ab dem ersten berichtigungsfähigen Jahr von den AK/HK (evtl. Einlagewert) und dem für das Gebäude maßgeblichen AfA-Satz vorzunehmen. Die Nachholung ergibt sich in diesen Fällen durch längere Abschreibung.

Beispiel

Ein Gebäude ist zum 31. 12. 04 mit 576 000 DM bilanziert. AK 1/03 600 000 DM, AfA-Satz gemäß § 7 IV 1 EStG 4 %. Irrtümlich wurde die AfA in 03 und 04 mit 2 % berechnet.

Die Veranlagungen für 03 und 04 sind nach der AO nicht mehr berichtigungsfähig.

AfA ab 05 ▶ 600 000 DM × 4 % = 24 000 DM

Ist in Jahren, die nach der AO nicht mehr berichtigt werden können, **AfA überhöht** vorgenommen worden, erfolgt **keine** Berichtigung durch **Einmalbetrag**, sondern unter Beachtung von R 44 Abs. 10 EStR ist

a) der zu niedrige Buchwert bei linearer AfA gemäß § 7 Abs. 1 EStG bzw. § 7 Abs. 4 Satz 2 EStG auf die bRND zu verteilen,

b) der zu niedrige Buchwert bei degressiver AfA gemäß § 7 Abs. 2 EStG durch Anwendung des richtigen degressiven AfA-Satzes abzuschreiben,

c) bei Gebäuden, die nach § 7 Abs. 4 Satz 1 EStG typisiert abgeschrieben werden, die AfA ab dem ersten berichtigungsfähigen Jahr von den AK/HK (evtl. Einlagewert) und dem für das Gebäude maßgeblichen AfA-Satz vorzunehmen.

Die AfA-Bemessungsgrundlage ist nicht zu mindern.[18]

20.1.3.7 Abgrenzung: fehlende Aktivierung

Für den Fall, dass ein abnutzbares Wirtschaftsgut erst gar nicht aktiviert, sondern voll als Aufwand erfasst worden ist, vertritt die Finanzverwaltung die Auffassung, dass nicht die vorstehenden Grundsätze zur Beurteilung von AfA-Fehlern anzuwenden seien. Vielmehr soll eine erfolgswirksame Berichtigung erfolgen.[19]

Beispiel

Anfang 03 erworbener Firmenwert in Höhe von 150 000 DM wurde als Aufwand gebucht. Die Jahre bis inkl. 05 sind unstreitig nach der AO nicht mehr änderbar.

---

18 BFH v. 4. 5. 1993, BStBl 1993 II S. 661.
19 Im Einvernehmen mit dem BMF und den Finanzbehörden der anderen Länder (FinMin Sachsen-Anhalt v. 13. 2. 1996 – S 2134 a – 2). Diese Auffassung hat das FG Rheinland-Pfalz mit Urteil v. 9. 9. 1997 (Az. 2 K 2070/96) bestätigt.

	06	
Firmenwert 120 000 DM	Gewinn	+ 120 000 DM
./. AfA 06 10 000 DM 110 000 DM	Gewinn	− 10 000 DM

	07	
Firmenwert 110 000 DM	Kapitalvortrag	+ 110 000 DM
./. AfA 07 10 000 DM 100 000 DM	Gewinn	− 10 000 DM

20.1.3.8 Vorsätzliche Fehler zur Herbeiführung eines künftigen steuerlichen Vorteils (willkürliche Fehler)

Wird ein Wirtschaftsgut zur Erlangung steuerlicher Vorteile auf der **Aktivseite** der Bilanz zu **hoch** ausgewiesen, ist der Fehler in der **Anfangsbilanz** des ersten berichtigungsfähigen Jahres unter Durchbrechung des Bilanzenzusammenhangs **erfolgsneutral** zu berichtigen mit der **Buchung:**

Kapital an Wirtschaftsgut.

Es handelt sich nicht gerade um einen praxistypischen Fall. Dergleichen kann geschehen, wenn z. B. AfA unterlassen wird, um in späteren Jahren bei höherer progressiver Steuerlast beachtliche Steuereinsparungen zu erzielen. Deckt die Finanzverwaltung dies im Rahmen einer Prüfung auf, geht die unterlassene AfA endgültig verloren.[20]

Wird eine Verbindlichkeit/Rückstellung zur Erlangung beachtlicher steuerlicher Vorteile auf der **Passivseite** der Bilanz **nicht** oder zu **niedrig** ausgewiesen, ist der Fehler in der **Anfangsbilanz** des ersten berichtigungsfähigen Jahres unter Durchbrechung des Bilanzenzusammenhangs **erfolgsneutral** zu berichtigen mit der **Buchung:**

Kapital an Schuldposten.

Die mit der Rückstellung verbundene Gewinnminderung geht damit verloren.

Beispiele

1. Die XY-KG hat zum 31. 12. 05 Rückstellungen wegen der Verletzung fremder Schutzrechte in Höhe von 500 000 DM nicht passiviert, obwohl der Ausgleich vom Geschädigten geltend gemacht wurde und eine gerichtliche Durchsetzung angekündigt ist. Feststellungen haben ergeben, dass die Passivierung unterlassen wurde, weil in den folgenden Wirtschaftsjahren erhebliche Gewinnsteigerungen erwartet werden, die wegen der Progression eine höhere Steuerbelastung auslösen werden.

   Die Feststellung des Gewinns für das Jahr 05 ist bestandskräftig und kann nach den Vorschriften der AO nicht mehr geändert werden.

---

[20] Vgl. auch H 15 „Berichtigung ..." EStH, H 44 „Unterlassene ... AfA" EStH.

20 Bilanzberichtigung und Bilanzänderung

Der Bilanzansatz Rückstellungen ist in der Eröffnungsbilanz 1. 1. 06 unter Durchbrechung des Bilanzenzusammenhangs mit der Buchung:

Kapitalkonten II
(aller Gesellschafter)   500 000 DM   **an Rückstellungen**   500 000 DM

erfolgsneutral zu berichtigen, denn der Passivposten wurde bewusst zu niedrig angesetzt, um beachtliche steuerliche Vorteile zu erzielen. Wenn die ungewisse Verbindlichkeit getilgt wird, wird es in Höhe von 500 000 DM lediglich zu einer Umschichtung kommen. Die Gewinnminderung aufgrund der Belastung mit Schadenersatz ist endgültig verloren. Der Eingriff in den Totalgewinn ist deutlich erkennbar und wird durch den Verstoß gegen Treu und Glauben gerechtfertigt.

2. Die X-AG, die nach § 325 HGB verpflichtet ist, ihren Jahresabschluss zum Handelsregister einzureichen, hat zum 31. 12. 05 Rückstellungen wegen Schadenersatzverpflichtungen gegenüber geschädigten Arbeitnehmern aufgrund Verletzung von Unfallverhütungsvorschriften in Höhe von 500 000 DM nicht passiviert. Feststellungen ergaben, dass die Passivierung unterblieb, weil der Vorstand der AG sein Fehlverhalten vor Aufsichtsrat und Gesellschafterversammlung vertuschen wollte.

Die Feststellung des Gewinns für das Jahr 05 ist bestandskräftig und kann nach den Vorschriften der AO nicht mehr geändert werden.

Der Bilanzansatz Rückstellungen ist nicht in der Eröffnungsbilanz 1. 1. 06 unter Durchbrechung des Bilanzenzusammenhangs zu berichtigen. Ein Verstoß gegen Treu und Glauben gegenüber dem Fiskus liegt offensichtlich nicht vor, denn der Passivposten wurde nicht bewusst zu niedrig angesetzt, um beachtliche steuerliche Vorteile zu erzielen, sondern aus außersteuerlichen Erwägungen. Die Berichtigung findet deshalb nach allgemeinen Grundsätzen erfolgswirksam in der Schlussbilanz 31. 12. 06 statt. Die Gewinnminderung aufgrund der Belastung mit Schadenersatz ist damit nicht verloren.

20.2 Bilanzänderung

20.2.1 Begriff

Bei einer Bilanzänderung wird ein richtiger durch einen anderen möglichen Bilanzansatz ersetzt. Voraussetzung für eine Bilanzänderung ist somit, dass ein Bilanzierungs- oder Bewertungswahlrecht besteht.[21]

Kann der Stpfl. zwischen mehreren Wertansätzen wählen, so trifft er durch die Einreichung der Steuererklärung nebst Bilanz und Gewinn-und-Verlust-Rechnung seine **Entscheidung.** Dabei ist zu beachten, dass bilanzsteuerrechtliche Wahlrechte bei der Gewinnermittlung für Zwecke der GewSt nicht anders als für Zwecke der ESt ausgeübt werden dürfen.[22]

Ausgangspunkt für eine zulässige Bilanzänderung muss ein Wahlrecht sein. Die Bilanzänderung ist nicht geeignet, **Geschäftsvorfälle** rückgängig zu machen. Des-

---
21 BFH v. 24. 3. 1998, BStBl 1999 II S. 272.
22 BFH, BStBl 1990 II S. 195.

20.2 Bilanzänderung

halb ist die nachträgliche Erhöhung der Wertansätze eines zu Buchwerten in eine Kapitalgesellschaft eingebrachten Betriebsvermögens und damit die Änderung des Einbringungsvorgangs in eine gewinnrealisierende Betriebsveräußerung keine Bilanzänderung, sondern eine rückwirkende Sachverhaltsgestaltung, die steuerrechtlich nicht anerkannt wird.[23] Gleiches gilt für die **Einbringung** eines Betriebs in eine Personengesellschaft.[24][25] Auch eine **Entnahme** von Wirtschaftsgütern kann nicht rückwirkend im Wege der Bilanzänderung geschehen.

Beispiel

Ein Stpfl. hat zum Anschaffungspreis von 10 000 DM Wertpapiere gekauft und als Betriebsvermögen ausgewiesen. Nachdem der Kurswert erheblich gestiegen ist, beantragt er, die Wertpapiere von Anfang an als Privatvermögen zu behandeln. Der Teilwert ist inzwischen auf 30 000 DM gestiegen.

Dem Antrag kann nicht stattgegeben werden. Eine rückwirkende Überführung ins Privatvermögen ist nicht möglich. Lediglich durch eine erfolgswirksame Entnahme können die Wertpapiere ins Privatvermögen überführt werden. Dabei wird die inzwischen eingetretene Kurssteigerung als Gewinn ausgewiesen.

Schließlich kommt eine Bilanzänderung auch nicht in Betracht, um **Erkenntnisse**, die der Stpfl. **nach Bilanzaufstellung** erlangt hat, nachträglich zu berücksichtigen.

Eine Änderung der Steuerbilanz setzt bei Betrieben, die zur Aufstellung einer **Handelsbilanz** verpflichtet sind und neben der Steuerbilanz eine eigenständige Handelsbilanz aufstellen, wegen der Maßgeblichkeit der Handelsbilanz für die Steuerbilanz regelmäßig eine entsprechende Änderung der Handelsbilanz voraus.[26]

20.2.2 Voraussetzungen für eine Bilanzänderung

Nachdem die früher auf Antrag zulässige Möglichkeit der Bilanzänderung zunächst durch das StEntlG 1999 vollständig beseitigt worden war, wurde die Bilanzänderung nach **§ 4 Abs. 2 Satz 2 EStG** mit dem StBereinG 1999 unter geänderten Voraussetzungen wieder eingeführt.

Nach § 4 Abs. 2 Satz 2 EStG ist es nunmehr zulässig, ein **Bilanzierungs- oder Bewertungswahlrecht** im Wege der Bilanzänderung nachträglich auszuüben, wenn die **Bilanzänderung** in einem **engen zeitlichen und sachlichen Zusammenhang** mit einer (vorangegangenen) **Bilanzberichtigung** steht. Dabei ist die gewinnmindernde Wirkung der Bilanzänderung **begrenzt** auf die Gewinnauswirkung, die die Bilanzberichtigung ausgelöst hat.

Anders als nach altem Recht unterliegt die Erlaubnis zur Bilanzänderung nicht mehr der Zustimmung im Rahmen des Ermessens des Finanzamtes. Vielmehr hat der Stpfl. Anspruch auf eine Bilanzänderung, wenn die Voraussetzungen dafür vor-

---
23 BFH, BStBl 1981 II S. 620; BMF v. 25. 3. 1998, BStBl 1998 I S. 268, Tz. 20.33.
24 BFH, BStBl 1994 II S. 458.
25 Vgl. u. 21.8.2.1.
26 BFH, BStBl 1983 II S. 512.

20 Bilanzberichtigung und Bilanzänderung

liegen. Nach § 52 Abs. 9 EStG gelten diese Grundsätze auch für Veranlagungszeiträume **vor 1999**.

Nach § 4 Abs. 2 Satz 2 EStG ist eine Bilanzänderung nur unter den folgenden **Voraussetzungen** zulässig:

a) Die **Bilanzänderung** muss in einem engen zeitlichen und sachlichen Zusammenhang mit einer (vorangehenden) **Bilanzberichtigung** stehen.

> **Beispiel**
> Es wurde bei der Bilanzaufstellung für 08 versäumt, eine Ansparabschreibung (Ansparrücklage) nach § 7 g Abs. 3 EStG zu passivieren, obwohl alle Voraussetzungen hierfür vorlagen. Die Veranlagung für 08 ist unter dem Vorbehalt der Nachprüfung erfolgt.
> Der Stpfl. reicht dem Finanzamt in 09 eine geänderte Bilanz für 08 unter Ausweis der Rücklage ein und bittet das Finanzamt, diese Bilanz der endgültigen Veranlagung für 08 zugrunde zu legen. Die bisher aufgestellte Bilanz für 08 ist nicht zu beanstanden.
> Da eine Bilanzberichtigung für 08 nicht erfolgt, kommt eine Bilanzänderung nicht mehr in Betracht.

b) Die **Bilanzänderung** muss in einem **engen** zeitlichen und **sachlichen** Zusammenhang mit einer (vorangehenden) Bilanzberichtigung stehen. Ein **sachlicher** Zusammenhang in diesem Sinne liegt vor, wenn sich Bilanzberichtigung und Bilanzänderung auf dieselbe Bilanz beziehen.[27] Nach Auffassung der Finanzverwaltung setzt dies voraus, dass im Rahmen einer Bilanzberichtigung Wirtschaftsgüter, Schulden, Rückstellungen oder Rechnungsabgrenzungsposten nach fehlerhafter Bilanzierung korrigiert werden. Ohne Belang ist dagegen, welche Bilanzposten zu berichtigen waren. Es bedarf also für eine Bilanzänderung keines unmittelbaren Zusammenhangs mit einem bestimmten Bilanzposten, auf den sich auch die Bilanzänderung bezieht.

> **Beispiel**
> Wegen Aktivierung nachträglicher Herstellungskosten bei einem Gebäude wird die Bilanz zum 31. 12. 02 berichtigt. Im Wege der Bilanzänderung macht der Stpfl. eine nach § 7 g Abs. 3 EStG zulässige Ansparabschreibung für 02 geltend, die er bisher noch nicht passiviert hatte.

Der BMF[28] nennt für eine Bilanzberichtigung nicht den Bilanzposten „Rücklagen bzw. Sonderposten mit Rücklageanteil". Es kann jedoch kein Zweifel bestehen, dass sich eine Bilanzberichtigung auch auf eine Rücklage etwa nach § 6 b EStG oder R 35 EStR und neuerdings § 52 Abs. 16 EStG beziehen und deshalb eine Bilanzänderung nach sich ziehen kann.

> **Beispiel**
> Im Rahmen einer Außenprüfung korrigiert das Finanzamt eine Rücklage für Ersatzbeschaffung, weil fehlerhafterweise in die Rücklage auch eine Entschädigung für entgangenen Gewinn einbezogen worden war.[29] Die Gewinnerhöhung beträgt insoweit

---
27 BMF v. 18. 5. 2000, BStBl 2000 I S. 587.
28 BMF v. 18. 5. 2000, BStBl 2000 I S. 587.
29 Vgl. H 35 (1) „Entschädigung" EStH.

20.2 Bilanzänderung

200 000 DM. Im Wege der Bilanzänderung macht der Stpfl. eine nach § 7 g Abs. 3 EStG zulässige Ansparabschreibung nach § 7 g Abs. 3 EStG für 02 geltend, die er bisher noch nicht passiviert hatte.

Die Bilanzänderung ist zulässig, obwohl die Berichtigung von Rücklagen im Schreiben des BMF nicht ausdrücklich als Voraussetzung für eine Bilanzänderung genannt ist.

Ausdrücklich soll eine Bilanzänderung **nicht** zulässig sein, wenn eine „Änderung des steuerlichen Gewinns **ohne** Auswirkung auf den Ansatz eines Wirtschaftsgutes oder Rechnungsabgrenzungspostens" vorliegt. Dies ist sicher zutreffend, soweit es sich um Gewinnänderungen handelt, die auf außerbilanziellen Maßnahmen beruhen (z. B. § 4 Abs. 4 a EStG, § 4 Abs. 5 EStG, § 6 b Abs. 7 EStG, § 7 g Abs. 5 EStG, vGA nach § 8 Abs. 3 Satz 2 KStG).[30]

Dem ist indes nicht zuzustimmen, soweit sich die Gewinnänderungen auf **Entnahmen** beziehen, denn hier stehen sich im Kapitalkonto Entnahmen und Gewinnerhöhung gegenüber, ggf. voneinander abweichend nur in Höhe der Umsatzsteuer für die unentgeltliche Wertabgabe.[31] In diesen Fällen liegt nach unserer Auffassung eine **Bilanzberichtigung** vor.[32]

Beispiel

Im Rahmen einer Außenprüfung im Jahre 09 für das Veranlagungsjahr 06 erhöht der Prüfer den Gewinn aus der Veräußerung eines Betriebsgrundstückes um 500 000 DM, weil ein in das Privatvermögen geflossener Teil des Kaufpreises in der Buchführung nicht erfasst worden ist. In der Bilanz 06 ist eine grundsätzlich zulässige Rücklage nach § 6 b EStG bisher nicht enthalten.

Der Stpfl. reicht dem Finanzamt in 09 vor Durchführung der Berichtigungsveranlagung eine entsprechende geänderte Bilanz für 06 ein, in der der Veräußerungsgewinn in eine Rücklage nach § 6 b EStG eingestellt wurde. Darüber hinaus sind folgerichtig geänderte Bilanzen auch für die Jahre 07 und 08 eingereicht worden.

Die Berichtigung der Außenprüfung führte zur Erhöhung der Entnahmen um 500 000 DM und gleichzeitig zur Erhöhung des Gewinnes. Weder ein Aktivposten noch ein Schuldposten wurde in der Bilanz berichtigt. Das Eigenkapital ist zwar in seiner buchmäßigen Zusammensetzung, nicht jedoch der Höhe nach berichtigt worden. Gleichwohl liegt nach unserer Auffassung eine Bilanzberichtigung vor, der eine Bilanzänderung im Rahmen des § 4 Abs. 2 Satz 2 EStG folgen kann.

c) **§ 4 Abs. 2 Satz 2 EStG** verlangt darüber hinaus einen **zeitlichen** Zusammenhang mit einer Bilanzberichtigung. Der **zeitliche** Zusammenhang soll nach BMF[33] gewahrt sein, wenn die Bilanzänderung **unverzüglich** nach einer Bilanzberichtigung herbeigeführt wird. Eine Festlegung des Zeitrahmens hat die Finanzverwaltung nicht vorgenommen. Man darf wohl davon ausgehen, dass eine Bilanzänderung unverzüglich in diesem Sinne ist, wenn sie vor Durchführung der zu berichtigenden Veranlagung erfolgt. Ob eine Bilanzänderung, die nach Veran-

---

30 BFH v. 29. 6. 1996, DStR 1994 S. 1802; BFH v. 12. 10. 1995, DStR 1996 S. 177.
31 § 3 Abs. 1 b UStG, § 3 Abs. 9 a UStG.
32 Gl. A. Bischof/Börner, StuB 2000 S. 593, und Schoor, BuW 2000 S. 171.
33 BMF v. 18. 5. 2000, BStBl 2000 I S. 587.

lagung, aber vor **Bestandskraft** erfolgt, noch im zeitlichen Zusammenhang mit einer (vorangehenden) Bilanzberichtigung steht, wird vermutlich erst die Rechtsprechung klären.[34]
Formal erfolgt die Bilanzänderung durch Einreichung der geänderten Bilanz beim Finanzamt. In diesem Fall muss der Stpfl. mindestens gleichzeitig auch die (vorangehende) Bilanzberichtigung vornehmen.[35]

d) Die gewinnmindernde Wirkung der Bilanzänderung ist **begrenzt** auf die Gewinnerhöhung, die aufgrund der (vorangehenden) Bilanzberichtigung eintritt. Dabei kann die **Summe** mehrerer Bilanzberichtigungen zugrunde gelegt werden, soweit die Bilanzberichtigungen und die Bilanzänderung in derselben Bilanz erfolgen.

Beispiele

1. Der Stpfl. hat einen PKW seines Betriebes nach unverschuldetem Unfall[36] verschrotten müssen. Die Versicherungsentschädigung (120 000 DM) überschreitet den Buchwert im Zeitpunkt des Ausscheidens (90 000 DM) um 30 000 DM. Diesen Betrag hat der Stpfl. nach R 35 EStR von den Anschaffungskosten eines neu beschafften LKW abgezogen. Nachdem die Betriebsprüfung den Abzug versagt hatte, weil der LKW kein Ersatzwirtschaftsgut[37] sei, strebt der Stpfl. im Rahmen einer Bilanzänderung an, stattdessen die Passivierung einer Rücklage für Ersatzbeschaffung zuzulassen, denn die Beschaffung eines Ersatz-PKW sei ernstlich geplant. Er legt eine entsprechend geänderte Bilanz vor.
   Die Bilanzänderung ist **zulässig**.

2. Im Anschluss an eine Betriebsprüfung für den Veranlagungszeitraum 06 bis 08, die nur für das Jahr 07 zu erheblichen Mehrsteuern nach Korrektur der Warenbewertung (Gewinn + 120 000 DM) geführt hat, beantragt der Stpfl. bei der Schlussbesprechung in 09, eine bisher nicht berücksichtigte, aber zulässige Sonderabschreibung nach § 7 g EStG auf Wirtschaftsgüter des Anlagevermögens für 07 zuzulassen (Gewinn ./. 50 000 DM).
   Die Bilanzänderung ist **zulässig**.

3. Im Anschluss an eine Betriebsprüfung für den Veranlagungszeitraum 06 bis 08, die nur für das Jahr 07 zu erheblichen Mehrsteuern nach Korrektur der Warenbewertung (Gewinn + 120 000 DM) geführt hat, beantragt der Stpfl. bei der Schlussbesprechung in 09, eine bisher nicht berücksichtigte, aber zulässige Sonderabschreibung nach § 7 g EStG auf Wirtschaftsgüter des Anlagevermögens für 08 zuzulassen (Gewinnn ./. 50 000 DM).
   Die Bilanzänderung ist **unzulässig,** weil sich Bilanzberichtigung und Bilanzänderung nicht auf dieselbe Bilanz beziehen.

---

34 BFH, BStBl 1992 II S. 958, hatte eine Bilanzänderung alten Rechts vor Bestandskraft der Veranlagung zugelassen. Nach BFH, BStBl 1996 II S. 568, konnte eine Bilanzänderung auch noch im finanzgerichtlichen Verfahren durchgesetzt werden.
35 BFH v. 4. 11. 1999, BStBl 2000 II S. 129 zur Frage, ob der Stpfl. zur Bilanzberichtigung verpflichtet ist.
36 Entgegen R 35 Abs. 2 EStR hat der BFH mit Urteil v. 14. 10. 1999 – IV R 15/99 bestätigt, dass ein Fall höherer Gewalt i. S. des R 35 EStR auch bei unverschuldetem Verkehrsunfall vorliegt.
37 Mit Urteil v. 29. 4. 1999, BStBl 1999 II S. 488, hat der BFH entschieden, dass ein Ersatzwirtschaftsgut nur im Falle eines wirtschaftlich gleichartigen und ebenso genutzten Wirtschaftsgutes vorliegt.

20.2 Bilanzänderung

4. Im Rahmen der Betriebsprüfung für das Jahr 06 wurde ein bisher nicht bilanziertes Grundstück mit dem Einlagewert (120 000 DM) erfasst. Es handelt sich um die einzige Bilanzberichtigung für 06.

   Im Rahmen der Schlussbesprechung in 09 will der Stpfl. im Wege der Bilanzänderung eine bisher nicht in Anspruch genommene Sonderabschreibung nach § 7 g Abs. 1 EStG für Beschaffungen in 06 (Gewinn ./. 50 000 DM) durchsetzen.

   Die Bilanzänderung ist **unzulässig**, weil sich Bilanzberichtigung und Bilanzänderung zwar auf dieselbe Bilanz beziehen, jedoch als Folge der Bilanzberichtigung keine Gewinnerhöhung eintritt, die für eine kompensierende Maßnahme im Rahmen einer Bilanzänderung zur Verfügung steht.

5. Im Rahmen der Betriebsprüfung für die Jahre 06 bis 08 wurden nichtabziehbare Betriebsausgaben nach § 4 Abs. 5 EStG dem Gewinn hinzugerechnet, und zwar jährlich 30 000 DM.

   Im Rahmen der Schlussbesprechung in 09 strebt der Stpfl. an, im Wege der Bilanzänderung bisher nicht in Anspruch genommene Sonderabschreibungen nach § 7 g Abs. 1 EStG für Beschaffungen in 06 bis 08 zuzulassen. Die entsprechenden Gewinnauswirkungen betragen für 06 ./. 50 000 DM, für 07 ./. 15 000 DM und für 08 ./. 30 000 DM.

   Die Bilanzänderungen sind **unzulässig**, weil mit der Hinzurechnung nach § 4 Abs. 5 EStG keine Berichtigung von Bilanzposten verbunden ist. Die Berichtigung erfolgt außerhalb der Bilanz und bietet damit keinen Anlass für eine Bilanzänderung.

6. Im Rahmen der Betriebsprüfung für die Jahre 07 und 08 wurde bei Wirtschaftsgütern der Geschäftsausstattung (Computer) die als Aufwand behandelte Beschaffung von Zubehör in 07 in Höhe von 25 000 DM nachaktiviert (Beschaffung nach dem 31. 12. 2000). Die fraglichen Wirtschaftsgüter sind bisher linear abgeschrieben worden. Die entsprechende Kontenentwicklung lautete vor Bilanzberichtigung:

Zugang 07	150 000 DM
./. AfA 07	15 000 DM
Buchwert 31. 12. 07	135 000 DM
./. AfA 08	15 000 DM
Buchwert 31. 12. 08	120 000 DM

   Der Stpfl. reicht dem Finanzamt in 09 entsprechend geänderte Bilanzen für 07 und 08 ein, in der die fraglichen Wirtschaftsgüter nunmehr degressiv höchstens mit 20 %[38] und unter Inanspruchnahme der Sonderabschreibung nach § 7 g Abs. 1 EStG abgeschrieben worden sind. Die Voraussetzungen nach § 7 g Abs. 2 EStG liegen sämtlich vor. Die Kontenentwicklung nach Berichtigung und nach Bilanzänderung lautet nunmehr:

	bisher	korrigiert	Auswirkung	
Zugang 07	150 000 DM	175 000 DM	Gewinn	+ 25 000 DM
./. Sonderabschreibung	0 DM	35 000 DM	Gewinn	− 35 000 DM
./. AfA 07	15 000 DM	35 000 DM	Gewinn	− 20 000 DM
Buchwert 31. 12. 07	135 000 DM	105 000 DM		
./. AfA 08[39]	15 000 DM	21 000 DM	Gewinn	− 6 000 DM
Buchwert 31. 12. 08	120 000 DM	84 000 DM		

---

[38] § 7 Abs. 2 EStG i. d. F. des StSenkG.
[39] R 83 Abs. 8 EStR.

20 Bilanzberichtigung und Bilanzänderung

Die Bilanzänderung für 07 ist **begrenzt** auf die Gewinnerhöhung, die sich aufgrund der Bilanzberichtigung für 07 ergibt. Dies ist vorliegend der Betrag der Nachaktivierung (25 000 DM) abzüglich **Mehr-AfA** aufgrund linearer Berechnung (2500 DM). Das für eine Bilanzänderung zur Verfügung stehende Volumen beträgt daher nur 22 500 DM. Die vom Stpfl. gewünschte Bilanzänderung ist daher nicht zulässig. Der Stpfl. ist gehalten, seine Bilanzänderung unter Ausnutzung des zulässigen Rahmens zu gestalten. Unter Berücksichtigung der Tatsache, dass die Sonderabschreibung innerhalb eines 5-jährigen Begünstigungszeitraumes **nachgeholt** werden kann, wäre ihm zu empfehlen, die Bilanzänderung auf die degressive AfA zu begrenzen und die Sonderabschreibung erst in 09 vorzunehmen. Dies würde eine höhere degressive AfA für 08 ermöglichen.

Unter der Voraussetzung, dass die Bilanz des Jahres 09 dem Finanzamt noch nicht eingereicht wäre, würde die Kontenentwicklung dann lauten:

Kontenentwicklung	bisher	korrigiert	Auswirkung
Zugang 07	150 000 DM	175 000 DM	Gewinn + 25 000 DM
./. AfA 07	15 000 DM	35 000 DM	Gewinn − 20 000 DM
Buchwert 31. 12. 07	135 000 DM	140 000 DM	
./. AfA 08	15 000 DM	28 000 DM	Gewinn − 13 000 DM
Buchwert 31. 12. 08	120 000 DM	112 000 DM	
./. AfA 09	15 000 DM	22 400 DM	Gewinn − 7 400 DM
./. Sonderabschreibung	0 DM	35 000 DM	Gewinn − 35 000 DM
Buchwert 31. 12. 09	105 000 DM	54 600 DM	

Ungeklärt ist die Folgewirkung für ein Jahr, dessen Bilanz dem Finanzamt bereits eingereicht wurde. Im vorstehenden Beispiel ist der Konflikt deutlich zu sehen.[40] Zwar erfolgt für 08 eine Bilanzberichtigung, die aber wegen Korrektur der linearen AfA lediglich eine Gewinnminderung (2500 DM) auslösen würde. Als Folge der zulässigen Bilanzänderung für 07 ergibt sich aber eine weitere Gewinnminderung aufgrund degressiver Abschreibung (siehe Kontenentwicklung). Nach unserer Auffassung ist dies notwendige Folge und nicht erneut unter dem Gesichtspunkt der Begrenzung der Bilanzänderung auf die Gewinnauswirkung einer Bilanzberichtigung zu untersuchen.

20.2.3 Gewerbesteuerrückstellung nach Betriebsprüfung

Nach R 20 Abs. 3 Nr. 1 und 2 EStR in der Fassung vor 1999 konnten die Mehrsteuerbeträge aufgrund einer Betriebsprüfung zulasten des Wirtschaftsjahres der Nachforderung oder **wahlweise** auf Antrag zulasten des Wirtschaftsjahres der wirtschaftlichen Zugehörigkeit berücksichtigt werden.

Mit R 20 EStR in der Fassung ab 1999 ist diese Verwaltungsanweisung **ersatzlos** aufgehoben worden. Während bisher hinsichtlich der Erhöhung der Gewerbesteuerrückstellung etwa aufgrund einer Außenprüfung eine Bilanzänderung vorliegen sollte, geht die Finanzverwaltung nunmehr ohne weitere Begründung von einer

---

[40] Von Steuerentlastung und Steuerbereinigung, insbesondere von Steuervereinfachung ist hier übrigens nichts zu sehen. Überhaupt bleibt unerfindlich, welche Steuer durch das StBereinG überhaupt bereinigt worden ist.

20.2 Bilanzänderung

Bilanzberichtigung aus.[41] Dementsprechend dürfen die Mehrsteuern nicht mehr im Jahr der Nachforderung gewinnmindernd berücksichtigt werden, sondern **müssen** zulasten des Wirtschaftsjahres passiviert werden, zu dem sie wirtschaftlich gehören. Diese Rechtsfolge war bisher schon zwingend in den Fällen, in denen es sich um hinterzogene Steuerbeträge gehandelt hat.

Das **Passivierungsgebot** im Zuge einer Bilanzberichtigung betrifft nunmehr alle Steuernachzahlungen. Das gilt auch für die Körperschaftsteuer und den Solidaritätszuschlag, und zwar ungeachtet der Besonderheit, dass diese Aufwendungen bei der Ermittlung des zu versteuernden Einkommens nach § 10 Nr. 2 KStG wieder hinzuzurechnen sind. Da die Steuernachzahlungen regelmäßig gewinnmindernde Wirkungen entfalten, reduzieren sie das Volumen der gesamten Bilanzberichtigung, auf die eine Bilanzänderung begrenzt ist. Es fragt sich daher, ob die Gewerbesteuerrückstellung aufgrund einer Außenprüfung zunächst ohne die Auswirkungen der Bilanzänderung zu passivieren ist und sich erst dann der Rahmen der Bilanzänderung abgrenzen lässt, mit der Folge, dass sich nach Bilanzänderung die zunächst passivierte Gewerbesteuerbelastung wieder reduziert, oder ob die Berichtigung der Gewerbesteuerrückstellung erst nach Bilanzänderung eingreift. Letzteres führt zum selben Ergebnis und sollte deshalb schon aus Vereinfachungsgründen die richtige Lösung sein.

Beispiel

Im Rahmen einer Außenprüfung ist der Warenbestand nach unzulässiger Teilwertabschreibung um 120 000 DM erhöht worden. Der Hebesatz für die Gewerbesteuer beträgt 400 %.

Im Anschluss an die Schlussbesprechung trägt der Stpfl. vor, dass er der Gewinnerhöhung mit einer Ansparabschreibung nach § 7 g Abs. 3 EStG in Höhe von 120 000 DM im Wege der Bilanzänderung begegnen will. Die Voraussetzungen nach § 7 g EStG liegen vor.

Aufgrund der Bilanzberichtigung erhöht sich die Gewerbesteuerrückstellung um 20 000 DM (120 000 DM × 5 % × 400 % × 5/6).[42] Die Gewinnerhöhung aufgrund aller Bilanzberichtigungen im Wirtschaftsjahr beträgt damit 100 000 DM. Die Bilanzänderung wäre folglich auf 100 000 DM zu begrenzen.

Nachdem die Bilanzänderung durchgeführt wurde, erhöht sich der Gewerbeertrag jedoch nur noch um 20 000 DM (120 000 DM ./. 100 000 DM). Die Gewerbesteuerrückstellung wäre nur noch um 3333 DM zu erhöhen. Damit steht nach dieser „Operation" eine Gewinnerhöhung im Volumen von 116 667 DM (120 000 DM ./. 3333 DM) für eine Bilanzänderung zur Verfügung. Führt man diese Rechnungen fort, so ergibt sich offensichtlich, dass im Ergebnis die Rücklage im vollen Umfang von 120 000 DM im Wege einer Bilanzänderung passiviert werden kann, weil eine gewerbesteuerliche Mehrbelastung nicht eintritt.

Obwohl es sich (neuerdings) bei der Berichtigung der Gewerbesteuerrückstellung aufgrund einer Außenprüfung um eine Bilanzberichtigung i. S. des § 4 Abs. 2 Satz 1 EStG handelt, sollte aus Vereinfachungsgründen eine evtl. zulässige und vom Stpfl.

---

41 Sitzung der Einkommensteuerreferenten der obersten Finanzbehörden des Bundes und der Länder v. 30. 5. 2000. Vgl. auch ESt-Kartei NRW § 4 (1 bis 3) mit Zusatz für die OFD Düsseldorf und OFD Münster.
42 R 20 Abs. 2 Satz 2 EStR.

gewünschte Bilanzänderung vor Ermittlung der berichtigten Gewerbesteuerrückstellung oder jedenfalls unter Berücksichtigung der insoweit entlastenden Wirkung vorgenommen werden.

20.2.4 Bilanzänderung bei Personengesellschaften

Der Gewinn einer Personengesellschaft wird nach dem Prinzip der **additiven Gewinnermittlung** festgestellt. Neben dem Ergebnis der Gesamthandsbilanz ist in den mitunternehmerischen Gesamtgewinn auch das Ergebnis der Sonderbilanzen und Ergänzungsbilanzen der Mitunternehmer einzubeziehen. Einer Konsolidierung bedarf es deshalb jedoch nicht. Im Rahmen der Gewinnverteilung wird anschließend jedem Mitunternehmer sein Anteil am Gesamthandsergebnis unter Berücksichtigung von Vorweggewinnanteilen sowie die Ergebnisse der für ihn aufgestellten Sonder- und Ergänzungsbilanzen zugerechnet.

Vor diesem Hintergrund stellt sich die Frage, ob eine **Bilanzänderung** etwa in der Gesamthandsbilanz einer Personengesellschaft zulässig ist, wenn die (vorangehende) **Bilanzberichtigung** in der Sonderbilanz eines Gesellschafters stattgefunden hat. Entsprechende Überlegungen gelten für den umgekehrten Fall oder für Fälle mit Ergänzungsbilanzen. Nach dem Wortlaut der Ausführungen des BMF[43] müsste eine Bilanzänderung unzulässig sein, weil sich die Bilanzänderung und Bilanzberichtigung auf **dieselbe Bilanz** beziehen sollen. Man darf aber wohl davon ausgehen, dass bei Abfassung des Schreibens des BMF überhaupt nicht an die Besonderheit der Bilanzierung bei Personengesellschaften gedacht worden ist. Nach unserer Auffassung kann kein Zweifel bestehen, dass es mit dem Prinzip der additiven Gewinnermittlung **nicht** zu vereinbaren wäre, wenn man die Bilanzänderung in der Gesamthandsbilanz nach einer Bilanzberichtigung in der Sonderbilanz eines Mitunternehmers desselben Wirtschaftsjahres untersagen würde.

Beispiel
An der AB-GmbH & Co. KG sind A und B als Kommanditisten mit je 50 % beteiligt. Die GmbH ist lediglich Komplementärin, jedoch vermögensmäßig nicht beteiligt. In der Sonderbilanz für A ist eine Forderung gegenüber der KG in Höhe von 100 000 DM im Wege der korrespondierenden Bilanzierung gewinnerhöhend aktiviert worden.
Die KG strebt durch Bilanzänderung im Gesamthandsbereich die Passivierung einer Ansparrücklage in Höhe von 120 000 DM an. Die Voraussetzungen nach § 7 g EStG liegen vor.
Die Bilanzänderung ist u. E. **zulässig**. Problematisch ist allerdings die Begrenzung auf den Umfang der Gewinnauswirkung der Bilanzberichtigung. Während die Gewinnauswirkung im Rahmen der Sonderbilanz **allein** dem Gesellschafter A zuzurechnen ist, wird demgegenüber die Gewinnminderung aufgrund der Bilanzänderung der gesellschaftsvertraglichen Gewinnverteilungsabrede entsprechend aber A und B zugerechnet. Dies ist Folge der **Gewinnverteilung,** nicht jedoch Ergebnis der **Gewinnermittlung.** Da die Bilanzänderung Bestandteil der Gewinnermittlung ist, ist sie bis zum Betrag von 100 000 DM **zulässig.**[44]

---
43 BMF v. 18. 5. 2000, BStBl 2000 I S. 587.
44 Bischof/Börner, StuB 2000 S. 593/598 wollen die Bilanzänderung in diesen Fällen ablehnen.

20.3 Gewinnauswirkung von Bilanzberichtigungen und Bilanzänderungen

20.3.1 Berichtigung oder Änderung der Jahresschlussbilanz

20.3.1.1 Auswirkung auf den Gewinn des abgelaufenen Jahres

Berichtigungen und Änderungen einer Jahresschlussbilanz können erfolgswirksam oder erfolgsneutral sein. Das richtet sich danach, ob das Betriebsvermögen (Kapital) nur umgeschichtet oder geändert wird. Bei Betriebsvermögensänderungen kommt es auf die Ursachen der Änderung an. Regelmäßig sind die Berichtigungen oder Änderungen erfolgswirksam. Stehen sie mit der Berichtigung von Entnahmen oder Einlagen im Zusammenhang, ergibt sich eine Gewinnauswirkung nur, wenn bei Entnahmen Teilwert und Buchwert voneinander abweichen. Gewinnberichtigungen ergeben sich auch, wenn Nutzungen oder Leistungen Gegenstand der Entnahme oder Einlage sind.

Damit gelten für die Gewinnauswirkung einer Bilanzberichtigung oder Bilanzänderung die gleichen Grundsätze wie bei der Frage, ob Geschäftsvorfälle erfolgswirksam oder erfolgsneutral sind.[45]

20.3.1.2 Auswirkung auf den Gewinn der folgenden Geschäftsjahre

Bilanzberichtigungen oder Bilanzänderungen können neben dem Gewinn des abgelaufenen Jahres auch das Ergebnis des Folgejahres oder die Gewinne mehrerer folgender Jahre beeinflussen. Die steuerrechtliche Auswirkung ist regelmäßig umgekehrt als im ersten Wirtschaftsjahr (Wechselwirkung). Sie kann sich erst nach vielen Jahren ergeben. Möglich ist schließlich, dass der steuerrechtliche Totalgewinn insgesamt betrachtet überhaupt nicht beeinflusst wird.

20.3.2 Berichtigung oder Änderung der Eröffnungsbilanz

Auch die Berichtigung oder Änderung eines Bilanzansatzes der steuerrechtlichen Eröffnungsbilanz kann zu Gewinnauswirkungen führen. Sie ergibt regelmäßig umgekehrte Wirkungen wie die Berichtigung oder Änderung einer Jahresschlussbilanz (Wechselwirkung des Bilanzenzusammenhangs). Die Auswirkung auf den Gewinn kann in einem oder verteilt auf mehrere Wirtschaftsjahre eintreten. Sie kann sich kurzfristig oder erst nach vielen Jahren ergeben.

Die Berichtigung oder Änderung der steuerrechtlichen Eröffnungsbilanz führt dann nicht zur Gewinnberichtigung, wenn mehrere Posten geändert werden und diese Änderungen sich gegenseitig aufheben. Entsprechendes gilt, wenn die Änderung

---

45 Vgl. hierzu die Übersicht über die Einteilung der Geschäftsvorfälle (s. o. 3.4).

des Anfangskapitals durch eine Berichtigung der Entnahmen oder Einlagen wieder ausgeglichen wird.

20.4 Mehr-und-Weniger-Rechnung

Bilanzberichtigungen und in der Folge Bilanzänderungen kommen besonders häufig nach Außenprüfungen vor. Ihre Auswirkungen auf den Gewinn werden von den Betriebsprüfern regelmäßig in einer besonderen Übersicht zusammengestellt, die als Mehr-und-Weniger-Rechnung (auch Plus-und-Minus-Rechnung oder Ergebnisrechnung) bezeichnet wird. Soll die Mehr-oder-Weniger-Rechnung eine echte Verprobung und eine wirkliche Übersicht über die Auswirkung der Bilanzberichtigungen sein, so muss man von den Folgen der Bilanzberichtigungen für die Gewinn- und-Verlust-Rechnung ausgehen. Das setzt eine gründliche Kenntnis der Buchführung und der Zusammenhänge von Bilanz- und Erfolgsposten voraus. Als zweckmäßige Form hat sich die folgende Darstellung bewährt.

Mehr-und-Weniger-Rechnung

Tz.	Bilanzposten	Erfolgsposten	01 +	01 −	02 +	02 −	03 +	03 −
1	**Gebäude** Aktivierte Herstellungskosten Berichtigung der AfA	Reparaturaufwand Abschreibungen	50 000 —	— 500	— —	— 1 000	— —	— 1 000
2	**Maschinen** Berichtigung der AfA	Abschreibungen	—	—	—	5 000	—	—
3	**Vorräte** nicht erfasste Warenposten	Wareneinsatz	3 000	—	—	3 000	—	—
4	**Rückstellungen** GewSt-Nachzahlungen	Betriebssteuern	—	6 000	—	1 000	—	200
5	**Entnahmen** Privatteil Autokosten Warenentnahmen	Kfz-Kosten u. AfA Wareneinsatz	1 000 2 900	— —	1 000 2 900	— —	3 400 1 500	— —
		Summen	56 900	6 500	8 900	5 000	4 900	1 200
		Mehr oder Weniger	+50 400		+3 900		+3 700	
		Gewinn lt. HB (StB)	24 000		64 000		68 000	
		Gewinn lt. PB	74 400		67 900		71 700	

20.5 Übungsaufgaben[46]

20.5.1 Übungsaufgabe 31: Bilanzberichtigung für ein Jahr

A. Sachverhalt

Ein Gewerbetreibender, der seine Umsätze nach den allgemeinen Vorschriften des UStG mit 16 % versteuert und die Vorsteuern nach § 15 Abs. 4 UStG aufteilt, hat die folgenden Jahresabschlussbilanzen (HB) aufgestellt:

Tz.	Bilanzposten	31. 12. 02 DM	31. 12. 03 DM
	Aktiva		
1	Grund und Boden	—	20 000
2	Gebäude	—	522 500
3	Maschinen	20 000	20 000
4	PKW	4 000	3 000
5	Vorräte	48 000	60 000
6	Forderungen	1 200	1 200
	Sonstige Aktivposten	127 500	173 100
	Summe	200 700	799 800

Tz.	Bilanzposten	31. 12. 02 DM	31. 12. 03 DM
	Passiva		
	Kapital 31. 12.	81 700	201 400
8	Darlehen	115 000	515 000
	USt-Schuld	2 000	6 000
7	Sonstige Verbindlichkeiten	2 000	75 000
9	Rückstellungen	—	2 400
	Summe	200 700	799 800

	Betriebsvermögensvergleich	
	Kapital 31. 12. 03	201 400 DM
	./. Kapital 1. 1. 03 (s. Tz. 5)	85 700 DM
	Unterschiedsbetrag	115 700 DM
	+ Entnahmen	5 900 DM
		121 600 DM
	./. Einlagen	6 600 DM
	= Gewinn	115 000 DM

---

46 Die **Lösungen** zu diesen Übungsaufgaben sind in einem „Lösungsheft" (Bestell-Nr. 100) enthalten.

20 Bilanzberichtigung und Bilanzänderung

Die Prüfung der Bilanz zum 31. 12. 03 ergibt Folgendes:

1. Grund und Boden

Das Grundstück wurde 03 aus privaten Ersparnissen für betriebliche Zwecke erworben. Buchung: Grund und Boden an Einlagen. Grunderwerbsteuer (700 DM), Gerichtskosten (100 DM) und Notariatskosten (600 DM zzgl. 16 % = 96 DM USt) sind ebenfalls aus privaten Mitteln entrichtet worden und nicht gebucht.

2. Gebäude

Die aktivierungspflichtigen Herstellungskosten haben 550 000 DM betragen. Das Gebäude wurde am 1. 10. 03 (Bauantrag vom 18. 10. 1996) bezugsfertig und dient zu 80 % eigenbetrieblichen und zu 20 % Wohnzwecken eines Arbeitnehmers aus betrieblichen Gründen.

Eine Mietzahlung leistet der Arbeitnehmer nicht. Der Mietwert für die Überlassung (Sachbezug) beträgt monatlich 500 DM und ist lohnsteuerlich zutreffend behandelt, im Übrigen jedoch nicht gebucht worden.

Die Grundstücksaufwendungen (GrdSt, Haftpflicht, Reparaturen etc.) in Höhe von 6000 DM) wurden als Aufwand erfasst. Darüber hinaus wurde als AfA für 03 ein Betrag von 27 500 DM (§ 7 Abs. 5 Nr. 3 EStG) abgezogen und gewinnmindernd gebucht.

Die Vorsteuerbeträge wurden sowohl umsatzsteuerrechtlich als auch buch- und bilanzmäßig richtig behandelt.

3. Maschinen

Die AfA von 2500 DM ist irrtümlich nicht gebucht worden.

4. PKW

Der PKW ist 03 lt. ordnungsgemäßem Nachweis durch Fahrtenbuch zu 30 % privat genutzt worden. Die gesamten Kraftfahrzeugkosten von 5000 DM (davon KfzSt und KfzVers. 1000 DM) und die der Höhe nach nicht zu beanstandende AfA von 1000 DM wurden als Aufwand gebucht. Hinweis zur Lösung: Das Fahrzeug ist vor dem 1. 4. 1999 mit Vorsteuerabzug erworben worden.

Der Stpfl. hat Anfang Dezember 03 einen neuen PKW bestellt, der im Januar nächsten Jahres geliefert wurde. Den alten PKW, der einen Teilwert (= Wiederbeschaffungskosten) von 5000 DM hatte, hat er zu Weihnachten seinem Sohn geschenkt. Der Abgang wurde nicht gebucht. Hinweis zur Lösung: Das Fahrzeug ist vor dem 1. 4. 1999 mit Vorsteuerabzug erworben worden.

5. Vorräte

Die Ende 02 vorhandenen Vorräte mit Anschaffungskosten von 48 000 DM hatten einen Teilwert von 52 000 DM. Bei der Konteneröffnung für 03 wurden statt 48 000 DM 52 000 DM auf dem Wareneinkaufskonto vorgetragen und das Kapital vom 1. 1. 03 entsprechend um 4000 DM erhöht.

Die Vorräte Ende 03 wurden um 5000 DM zu niedrig bewertet. Private Warenentnahmen im Teilwert (Wiederbeschaffungskosten, d. h. aktueller Einkaufspreis zzgl. Nebenkosten) von 4000 DM sind nicht gebucht.

6. Forderungen

Die Forderung ist durch Warenlieferung an das Finanzamt am 3. 12. 02 entstanden. Sie wurde im Mai 03 mit fälliger Einkommensteuer und Kirchensteuer verrechnet. Der Vorgang ist nicht gebucht.

7. Sonstige Verbindlichkeiten
Nicht berücksichtigt und gebucht wurde das noch zu zahlende Steuerberaterhonorar in Höhe von 800 DM zzgl. 128 DM USt für die in 03 geleisteten Buchführungsarbeiten. Die Rechnung lag am Bilanzstichtag bereits vor.

8. Darlehen
Die fälligen Tilgungsraten von insgesamt 5000 DM wurden aus privaten Mitteln gezahlt. Die Tilgung ist nicht gebucht. Die Zinszahlungen sind zutreffend erfasst.

9. Rückstellungen
Bei dem bilanzierten Betrag handelt es sich um die noch zu leistende Einkommensteuernachzahlung für 02. Buchung: Betriebssteuern an Rückstellungen 2400 DM.

B. Aufgabe
I. Die Bilanz zum 31. 12. 03 ist zu überprüfen und eine berichtigte Steuerbilanz aufzustellen. Betriebsvermögensvergleich und Kapitalentwicklung sind darzustellen. Soweit Vorgänge noch nicht gebucht sind, trifft dies auch für die USt zu, die nicht gezahlt wurde.
II. Die Bilanzberichtigungen sind zu begründen und die Erfolgsauswirkung anzugeben.
III. Die Gewinnberichtigungen sind in einer Mehr-und-Weniger-Rechnung darzustellen.[47]
IV. Auf die Berichtigung der GewSt-Rückstellung ist aus Vereinfachungsgründen nicht einzugehen.

20.5.2 Übungsaufgabe 32: Bilanzberichtigung für ein Jahr

A. Sachverhalt
Der Baustoffgroßhändler Anton Stein, der seine Umsätze mit 16 % nach den allgemeinen Vorschriften des UStG versteuert, hat aufgrund seiner Buchführung die nachstehenden Steuerbilanzen aufgestellt. Die Nachprüfung der Steuerbilanz 07 ergibt Folgendes:

1. Grund und Boden
Das 05 erworbene Grundstück ist 4125 qm groß und dient dem Betrieb als Lagerplatz. In der Steuerbilanz 06 wurde es mit den Anschaffungskosten von 82 500 DM angesetzt. Wegen der hohen Nachfrage sind die Grundstückspreise bis zum 31. 12. 07 um durchschnittlich 50 % gestiegen. St. hat deshalb bei den vorbereitenden Abschlussbuchungen gebucht:
Grund und Boden an sonstige betriebliche Erträge 41 250 DM.
Am 10. 11. 07 hatte St. eine Teilfläche von 500 qm für 15 000 DM verkauft. Der Verkaufserlös wurde privat vereinnahmt. Der Veräußerungsvorgang ist nicht gebucht worden.

2. Gebäude
Im Laufe des Jahres 07 hat St. auf dem 05 erworbenen Grund und Boden ein Bürogebäude (Bauantrag nach dem 31. 12. 1995) errichtet, das am 1. 8. 07 bezogen wurde

---

[47] Nur bei fortgeschrittener Ausbildung (s. S. 978).

und eine betriebsgewöhnliche Nutzungsdauer von etwa 67 Jahren hat. Der Bilanzwert wurde wie folgt ermittelt:

Herstellungskosten	86 000 DM
./. AfA 1,5 %	1 290 DM
31. 12. 07	84 710 DM

Nach Feststellung des Prüfers handelt es sich bei den aktivierten Herstellungskosten ausschließlich um Fremdleistungen der Bauhandwerker. Nicht erfasst waren die dem eigenen Warenlager entnommenen Baumaterialien mit Anschaffungskosten von 34 000 DM. Im Zeitpunkt der Entnahme aus dem Lagerbestand betrugen die Wiederbeschaffungskosten dieser Baustoffe 36 000 DM.

3. Fuhrpark

Der Bilanzansatz errechnet sich wie folgt:

	31. 12. 06	Zugang	AfA	31. 12. 07
LKW	108 000 DM	—	24 000 DM	84 000 DM
Anhänger	—	12 000 DM	3 600 DM	8 400 DM
	108 000 DM	12 000 DM	27 600 DM	92 400 DM

Die Nachprüfung hat ergeben, dass es sich bei dem Anhänger um einen Wohnwagen handelt, der am 2. 7. 07 erworben, sofort vom betrieblichen Bankkonto bezahlt und auf einem Campingplatz abgestellt wurde. Er wird seitdem ausschließlich privat genutzt. Seine Nutzungsdauer beträgt etwa 10 Jahre. Die beim Kauf besonders in Rechnung gestellte USt von 1920 DM wurde auf dem Vorsteuerkonto gebucht. Die AfA des am 12. 7. 06 angeschafften LKW wurde entsprechend einer nicht zu beanstandenden betriebsgewöhnlichen Nutzungsdauer von fünf Jahren berechnet.

4. Büroeinrichtung

Die Bilanzansätze errechnen sich aus den Anschaffungskosten abzüglich einer nicht zu beanstandenden jährlichen AfA von 2000 DM. Im Juni 07 wurde ein Personalcomputer (PC) angeschafft. Den Rechnungsbetrag von 1500 DM zzgl. 240 DM USt = 1740 DM buchte St. auf dem Aufwandskonto für Büromaterial. Die betriebsgewöhnliche Nutzungsdauer beträgt acht Jahre.

Hinweis:
Rechtslage 2001: § 7 Abs. 2 EStG = 20 %. Auf § 7 g EStG ist nicht einzugehen.

5. Waren

a) Versehentlich wurden bei der Inventur vom 31. 12. 07 ordnungsgemäß aufgenommene Waren, die in einem Schuppen lagerten, bei der Zusammenstellung des Bestandes übersehen. Die Anschaffungskosten dieser Waren haben 18 200 DM betragen. Am Bilanzstichtag betrugen die Wiederbeschaffungskosten der Waren 19 000 DM.

b) Bei einem Unwetter waren 200 Sack Zement und 80 Sack Kalk feucht und dadurch unbrauchbar geworden. St. ließ diese Vorräte Anfang November 07 zur Müllkippe fahren. Während der Anschaffungsvorgang richtig gebucht war, hat St. den Warenverderb nicht gebucht. Die Anschaffungskosten der verdorbenen Waren hatten 6500 DM betragen.

c) Im Bilanzwert sind 2000 Sack Zement mit den tatsächlichen Anschaffungskosten von 40 000 DM erfasst worden. Infolge des großen Angebots und der geringen Nachfrage ist der Marktpreis bis zum 31. 12. 07 nachhaltig auf 18 DM/Sack zzgl. 16 % USt zurückgegangen.

20.5 Übungsaufgaben

6. Rechnungsabgrenzungsposten

Zwecks Einführung eines neuen Bauelements hat St. im Dezember 07 eine größere Werbeanzeige in einer Fachzeitschrift veröffentlichen lassen. Buchung bei Eingang der Rechnung: Rechnungsabgrenzungsposten 7200 DM und Vorsteuer 1152 DM an Sonstige Verbindlichkeiten 8352 DM. St. will den Betrag von 7200 DM jeweils mit 50 % in 08 und 09 als Aufwand buchen, weil er in diesen Jahren den Erfolg seiner Werbemaßnahme erwartet.

7. Rückstellungen

In der Steuerbilanz 06 hat St. eine Rückstellung für die Gewerbesteuerabschlusszahlung in Höhe von 2000 DM gebildet, die bei der Zahlung im Oktober 07 aufgelöst wurde. Für 07 hat St. auf die Bildung einer Gewerbesteuerrückstellung verzichtet. Er ist der Auffassung, dass die Aufwandsbuchung in 08 für ihn günstiger sei, und möchte deshalb die Nachzahlung erst im Jahr der Nachforderung erfassen. Die voraussichtliche Abschlusszahlung für 07 beträgt unstreitig 3700 DM.

8. Sonstige Feststellungen

a) St. hat seinem Sohn gestattet, Baumaterial mit Anschaffungskosten von 1800 DM dem Lager zu entnehmen. Wegen der schlechten Baukonjunktur betrugen die Wiederbeschaffungskosten der Materialien nur 1600 DM.

b) Am 24. 12. 07 hat St. seinem Enkel einen gebrauchten PC seiner Geschäftsausstattung geschenkt, den er in 04 preiswert unter Inanspruchnahme eines Vorsteuerabzuges angeschafft hatte. Die Anschaffungskosten von 660 DM waren im Anschaffungsjahr nach § 6 Abs. 2 EStG voll als Aufwand gebucht worden. Der Teilwert (= Wiederbeschaffungskosten) des PC betrug zum Zeitpunkt der Schenkung noch 150 DM.

B. Aufgabe

I. Die Bilanz 07 ist zu überprüfen und ggf. eine berichtigte Steuerbilanz zum 31. 12. 07 zu erstellen. Die Berichtigung der USt-Schuld und der Entnahmen sind kontenmäßig festzuhalten.

Die Buch- und Inventurwerte stimmen überein, soweit sich aus den Sachverhalten nichts anderes ergibt. Soweit Bewertungswahlrechte bestehen, ist grundsätzlich der Entscheidung des Stpfl. zu folgen. Im Übrigen ist die Lösung zu wählen, die für 07 den niedrigsten Gewinn ergibt.

II. Die Berichtigung der Bilanzposten ist in der Lösung zahlenmäßig zu entwickeln und unter Hinweis auf die gesetzlichen Vorschriften bzw. Richtlinien kurz zu begründen. Zu jeder Berichtigung ist die Gewinnauswirkung anzugeben, und zwar jeweils

   a) die Auswirkung auf den Betriebsvermögensvergleich,

   b) die Auswirkung auf die Gewinn-und-Verlust-Rechnung.

III. Der Gewinn ist durch Betriebsvermögensvergleich zu ermitteln.

IV. Die Gewinnberichtigungen sind in einer Mehr-und-Weniger-Rechnung darzustellen. Dabei ist die Auswirkung auf die Gewinn-und-Verlust-Rechnung einzeln (unsaldiert) zu zeigen.[48]

V. Die berichtigte Bilanz (PB) ist nachfolgend darzustellen:

---

[48] Nur bei fortgeschrittener Ausbildung.

20 Bilanzberichtigung und Bilanzänderung

Tz.	Bilanzposten	31. 12. 06 StB	31. 12. 07 StB	PB
		DM	DM	DM
1	Grund und Boden	82 500	123 750	
2	Gebäude	—	84 710	
3	Fuhrpark	108 000	92 400	
4	Büroeinrichtung	6 000	4 000	
5	Waren	86 400	92 700	
	Sonstige Aktiva	72 700	109 800	
6	Rechnungsabgrenzungsposten	—	7 200	
	Summe der Aktiva	355 600	514 560	
	Kapital	226 500	279 718	
7	Rückstellungen	2 000	—	
	Sonstige Verbindlichkeiten	500	7 992	
	USt-Schuld	5 100	8 250	
	Sonstige Passiva	121 500	218 600	
	Summe der Passiva	355 600	514 560	

Betriebsvermögensvergleich	bisher	berichtigt
Betriebsvermögen 31. 12. 07	279 718	
./. Betriebsvermögen 31. 12. 06	226 500	
Unterschiedsbetrag	53 218	
+ Entnahmen	44 600	
= Gewinn	97 818	

20.5.3 Übungsaufgabe 33: Bilanzberichtigung für ein Jahr

A. Sachverhalt

Fritz Manta (M.) betreibt die Fabrikation von Sport- und Trimmgeräten. Er hat die nachstehenden Steuerbilanzen aufgestellt. Die Buch- und Bilanzwerte stimmen mit den Inventurwerten überein, soweit sich aus den nachstehenden Tz. nichts anderes ergibt. Seine Umsätze versteuert er nach den allgemeinen Vorschriften des UStG mit 16 % (Regelbesteuerung). Er ist zum Vorsteuerabzug berechtigt. Bei einer Außenprüfung wird festgestellt:

1. Unbebautes Grundstück

Durch Kaufvertrag vom 18. 6. 07 hat M. ein unbebautes Grundstück zum Kaufpreis von 100 000 DM erworben, um die Fabrikationsstätte demnächst verlegen zu können. Bei Vertragsabschluss wurden 50 000 DM gezahlt. Buchung: Unbebautes Grundstück an Bank.

Die restlichen 50 000 DM sind vereinbarungsgemäß in zwei Raten von je 25 000 DM am 18. 12. 07 und 18. 6. 08 gezahlt worden. Die am 18. 12. 07 fällige Zahlung wurde aus privaten Mitteln geleistet und ist nicht gebucht worden.

20.5 Übungsaufgaben

Die Grunderwerbsteuer von 3500 DM, die Notariatskosten von (1000 DM zzgl. 16 % gesondert berechneter USt =) 1160 DM sowie die Gerichtskosten von 200 DM wurden bei der Zahlung im Jahre 07 auf das Konto „Grundstücksaufwendungen" gebucht.

2. Bebautes Grundstück

a) Grund und Boden

Der Grund und Boden wird seit Jahren mit den Anschaffungskosten bilanziert. Ein niedrigerer Teilwert ist nicht gegeben.

b) Gebäude

In dem Gebäude (Bauantrag vor dem 1. 4. 1985) befinden sich die Produktions-, Verkaufs- und Büroräume sowie die Wohnung eines Arbeitnehmers, wobei die Vermietung allerdings nicht aus betrieblichen Gründen erfolgt. Das Gebäude, das zu $^3/_4$ betrieblich und zu $^1/_4$ als Wohnung genutzt wird, wird ganz als Betriebsvermögen behandelt. Die Miete in Höhe von mtl. 600 DM ist in 07 in Höhe von 2400 DM als Mietertrag gebucht worden. Zahlungen in Höhe von 4800 DM gingen auf dem Privatkonto des M. ein und wurden nicht gebucht. Die auf die Hausaufwendungen entfallenden Vorsteuern sind zutreffend gebucht worden.

Der Bilanzwert wurde wie folgt entwickelt:

31. 12. 06	364 800 DM
./. AfA 2 % der Herstellungskosten von 380 000 DM	7 600 DM
31. 12. 07	357 200 DM

Die AfA wurde bis 06 voll als Aufwand gebucht. Erstmals in 07 hat M. eine Aufteilung vorgenommen und gebucht: AfA 5700 DM und Privatkonto 1900 DM an Gebäude 7600 DM.

3. Fuhrpark

Neben einem LKW nutzt M. seit Anfang Januar 07 einen PKW ausschließlich für betriebliche Zwecke. Die Nutzungsdauer beider Fahrzeuge beträgt fünf Jahre. In Ermangelung betrieblicher Anschaffungskosten ist der PKW in der StB 07 nicht erfasst worden. Das Fahrzeug war am 3. 1. 05 für 20 000 DM zzgl. 3200 DM USt = 23 200 DM zur ausschließlich privaten Nutzung angeschafft worden. Sein Teilwert betrug Anfang 07 12 000 DM.

Den LKW hat M. am 1. 4. 07 erworben. Der Rechnungsbetrag von 92 800 DM wurde gebucht: Fuhrpark 80 000 DM und Vorsteuern 12 800 DM an sonstige Verbindlichkeiten 92 800 DM.

Die Überweisung erfolgte am 3. 4. 07 unter Abzug von 2 % Skonto. Buchung: Sonstige Verbindlichkeiten 92 800 DM an Skontierträge 1856 DM und Bank 90 944 DM.

Hiernach ergab sich die folgende Entwicklung des Bilanzpostens:

Anschaffungskosten	80 000 DM
./. 20 % AfA für 9 Monate	12 000 DM
Bilanzansatz	68 000 DM

Fahrzeugversicherungen und Kraftfahrzeugsteuer im Betrage von insgesamt 6000 DM wurden in 07 gezahlt und als Aufwand (Kfz-Kosten) gebucht. Davon entfallen $^3/_{12}$ auf das Kalenderjahr 08.

Hinweis:
Auf § 7 g EStG ist nicht einzugehen. Der PKW wird unstreitig nicht privat genutzt.

20 Bilanzberichtigung und Bilanzänderung

4. Vorräte

Laut Inventur vorhandenes Rohmaterial mit Anschaffungskosten von 18 000 DM wurde in der StB zum 31. 12. 07 nicht erfasst, weil es zum sofortigen Verbrauch bestimmt ist. Die Wiederbeschaffungskosten für das Material betrugen am 31. 12. 07 18 500 DM.

5. Forderungen

a) Am 3. 1. 08 erteilt M. dem Sportverein ASV Köln folgende Rechnung:

Lieferungen im Dezember 07 lt. Lieferschein	42 000 DM
+ Verpackung	200 DM
	42 200 DM
+ 16 % USt	6 752 DM
Rechnungsbetrag	48 952 DM

Die Rechnung hat M. in 08 gebucht: Forderungen 48 952 DM an Verkaufserlöse 42 200 DM und USt-Schuld 6 752 DM.

b) Im Bilanzansatz der Forderungen ist ein Anspruch aus der Lieferung eines Trimmgeräts in Höhe von 1160 DM (einschließlich 16 % USt) gegenüber dem Kunden Ernst Müller enthalten, der am 20. 1. 07 verstorben ist. Über den Nachlass des M. wurde das Insolvenzverfahren eröffnet. Es ist nicht damit zu rechnen, dass die Forderung ganz oder teilweise beglichen wird.

6. Darlehensschuld

Das Darlehen wurde zwecks Errichtung des Gebäudes aufgenommen. Es wird mit 7,5 % verzinst; die Zinsen werden halbjährlich nachträglich gezahlt. Die Zinsen für die Zeit vom 1. 7. bis 31. 12. 07 in Höhe von 3750 DM wurden am 4. 1. 08 überwiesen und in 08 als Aufwand erfasst.

7. Gewerbesteuerrückstellung

Aufgrund der Prüfung ergibt sich eine Gewerbesteuernachzahlung von etwa 15 000 DM.

8. Sonstige Feststellungen

a) Der Privatanteil der Telefonnutzung ist nicht als Entnahme erfasst. Er wird im Einvernehmen mit dem Stpfl. auf 1200 DM geschätzt. Die auf die anteiligen Telefonkosten entfallende Umsatzsteuer in Höhe von 192 DM wurde als abziehbare VorSt behandelt.

b) M. erwarb in 07 Goldbarren zur privaten Kapitalanlage. Den Gesamtkaufpreis von 45 200 DM buchte er: Materialeinkauf an Bank.

c) Am 11. 12. 07 erhielt M. von seinem Hausarzt wegen ärztlicher Bemühungen eine Rechnung, die auf 928 DM lautete. Am 16. 12. 07 erschien der Arzt im Betrieb des Stpfl. Er suchte sich für seinen Sohn ein Trimmgerät aus, das normalerweise für 850 DM zzgl. USt verkauft wird. Die Herstellungskosten des Geräts haben 680 DM betragen. M. vereinbarte mit seinem Hausarzt, dass wegen des geringen Wertunterschiedes mit der Hingabe des Geräts die gegenseitigen Ansprüche erloschen sein sollen. Eine Buchung nahm M. nicht vor.

B. Aufgabe

I. Die Steuerbilanz 07 ist zu überprüfen und ggf. zu berichtigen.
   Bei Bewertungswahlrechten ist der Entscheidung des Stpfl. zu folgen.

20.5 Übungsaufgaben

II. Die Berichtigung der Bilanzposten ist in der Lösung zahlenmäßig zu entwickeln und zu begründen. Zu jeder Berichtigung ist die Gewinnauswirkung anzugeben, und zwar jeweils
   a) die Auswirkung auf den Betriebsvermögensvergleich,
   b) die Auswirkung auf die Gewinn-und-Verlust-Rechnung.

III. Der Gewinn ist durch Betriebsvermögensvergleich zu ermitteln.

IV. Es ist eine Mehr-und-Weniger-Rechnung nach der GuV-Methode zu fertigen. Dabei sind die Veränderungen der Gewinn-und-Verlust-Rechnung einzeln (unsaldiert) zu zeigen.[49]

V. Die berichtigte Bilanz (PB) ist nachfolgend darzustellen:

Tz.	Bilanzposten	31.12.06 StB	31.12.07 StB	PB
		DM	DM	DM
1	Unbebautes Grundstück	—	50 000	
2	Bebautes Grundstück			
	a) Grund und Boden	42 000	42 000	
	b) Gebäude	364 800	357 200	
	Maschinen	126 400	177 500	
3	Fuhrpark	—	68 000	
4	Vorräte	97 200	111 500	
5	Forderungen	36 200	74 180	
	Rechnungsabgrenzungsposten	500	800	
	Sonstige Aktiva	20 100	43 700	
	Summe der Aktiva	687 200	924 880	
	Kapital	487 100	735 180	
6	Darlehensschuld	100 000	100 000	
	Kaufpreisschuld	—		
	Sonstige Verbindlichkeiten	3 000	2 000	
7	Gewerbesteuerrückstellung	12 000	8 500	
	USt-Schuld	4 100	2 700	
	Sonstige Passiva	81 000	76 500	
	Summe der Passiva	687 200	924 880	

Betriebsvermögensvergleich

Betriebsvermögen 31.12.07	735 180
Betriebsvermögen 31.12.06	487 100
Unterschiedsbetrag	248 080
+ Entnahmen	82 700
	330 780
./. Einlagen	10 000
= Gewinn	320 780

---

[49] Nur bei fortgeschrittener Ausbildung.

20 Bilanzberichtigung und Bilanzänderung

20.5.4 Übungsaufgabe 34: Bilanzberichtigung für mehrere Jahre

A. Sachverhalt

Bei einem Gewerbetreibenden mit Gewinnermittlung nach § 5 EStG wurde für die letzten drei Wirtschaftsjahre (05, 06, 07) eine Außenprüfung durchgeführt. Soweit sich aus den nachstehenden Ausführungen nichts Gegenteiliges ergibt, entsprechen die Ansätze der in der Anlage beigefügten HB (= StB) den gesetzlichen Vorschriften. Die Anfangsbilanz für 05 schließt an die bei der letzten Außenprüfung aufgestellte Prüferbilanz (PB) an. Die Steuerveranlagungen bis einschließlich 04 sind bestandskräftig und können – außer der USt – auch aufgrund der vorliegenden Prüfungsfeststellungen nicht mehr geändert werden.

Hinweis: Auf § 7 g EStG ist nicht einzugehen.

Zu den einzelnen Bilanzposten der eingereichten HB/StB, die den Einkommensteuerveranlagungen zugrunde liegen, stellt der Betriebsprüfer fest:

1. Gebäude

Das Gebäude (Bauantrag nach dem 31. 12. 1995) wurde am 1. 7. 06 bezogen. AfA 4 % linear. Nach einer im Betrieb vorgefundenen Zusammenstellung betragen die Herstellungskosten (ohne die verrechenbare Vorsteuer) 64 000 DM. Diese wurden wie folgt entrichtet:

06 durch Banküberweisung	37 120 DM (einschl. 5120 DM USt)
06 durch Gegenlieferung an die Handwerker	4 000 DM
07 durch Banküberweisung	32 480 DM (einschl. 4480 DM USt)

Die Entwicklung der Bilanzwerte zeigt das Gebäudekonto:

Soll		Gebäudekonto		Haben
Zugang 06	32 000 DM	31. 12. AfA		640 DM
		31. 12. SBK		31 360 DM
	32 000 DM			32 000 DM
1. 1. EBK	31 360 DM	31. 12. AfA		2 400 DM
Zugang 07	28 000 DM	31. 12. SBK		56 960 DM
	59 360 DM			59 360 DM

Für die durch Gegenlieferungen beglichenen Leistungen der Handwerker (4000 DM) konnte der Stpfl. zwar Rechnungen mit gesondertem Steuerausweis (§ 14 Abs. 1 UStG) in Höhe von 640 DM vorlegen. Die Rechnungsbeträge einschließlich der Vorsteuerbeträge sind aber ebenso nicht gebucht worden wie die Gegenlieferungen. Es wurde also weder USt für die Gegenlieferungen entrichtet noch der Vorsteuerabzug aus den vorliegenden Handwerkerrechnungen in Anspruch genommen.

Die Vorsteuer aus der in 07 beglichenen Rechnung (16 % von 28 000 DM) in Höhe von 4480 DM wurde im Zeitpunkt der Zahlung auf dem Vorsteuerkonto erfasst, obwohl die Rechnungen bereits im Vorjahr eingegangen waren. Im Übrigen sind die Vorsteuerbeträge richtig gebucht worden.

2. Geschäftseinrichtung

In den Bilanzansätzen ist ein Teppich erfasst, der 05 für 5000 DM zzgl. 800 DM USt angeschafft und mit jährlich 500 DM (10 %) abgeschrieben wurde. Die USt wurde auf dem Vorsteuerkonto gebucht. Nach den Feststellungen des Betriebsprüfers ist der

20.5 Übungsaufgaben

Teppich nie in den Geschäftsräumen genutzt, sondern vom Lieferanten in der Privatwohnung des Stpfl. abgeliefert und nur dort genutzt worden.

3. Geringwertige Wirtschaftsgüter

Am 20. 4. 07 wurde ein Wirtschaftsgut, das eine Nutzungsdauer von fünf Jahren hat, für insgesamt 1500 DM zzgl. 240 DM USt erworben. Auf Wunsch hat der Lieferant zwei Rechnungen über je 750 DM zzgl. USt ausgestellt. Die USt wurde auf dem Vorsteuerkonto, die Anschaffungskosten nach § 6 Abs. 2 EStG als Aufwand gebucht.

4. Vorratsvermögen

In der Bestandsaufnahme zum 31. 12. 05 fehlt Ware, die noch am 31. 12. eintraf, nachdem die Inventur für dieses Teillager bereits abgeschlossen war. Die Lieferantenrechnung war am 28. 12. 05 eingegangen und gebucht worden: Wareneinkauf 2000 DM und Vorsteuer 320 DM an Lieferantenschulden 2320 DM.

Zum 31. 12. 06 wurde eine Warenbestandsaufnahme nicht durchgeführt. Der Warenbestand wurde auf 45 000 DM geschätzt. Verprobungen haben ergeben, dass die Schätzung zutreffend sein dürfte.

5. Wertpapiere

Es handelt sich um 200 Aktien, die in 05 in der Absicht der vorübergehenden Kapitalanlage für 9000 DM erworben wurden. Zu- und Abgänge sind nicht zu verzeichnen. Die Bewertung erfolgte nach den jeweiligen Wertpapierkursen. Im Jahr 06 drohte der Kurs der Wertpapiere in den „Keller" zu gehen. Der Börsenpreis zum 31. 12. 06 in Höhe von 7500 DM war bis zum Tage der Bilanzaufstellung für 06 weiter gefallen auf 5000 DM. Erst ab Oktober 06 erholte sich der Kurs wieder und stieg zum 31. 12. 07 auf 9800 DM. Wertminderungen bzw. Werterhöhungen sind als sonst. betriebl. Aufwendungen bzw. sonst. betriebl. Erträge gebucht worden.

6. Sonstige Forderungen

Durch Vermittlungsgeschäfte erzielt der Stpfl. laufend Provisionseinnahmen. Jeweils im Januar wurden aus Lieferungsgeschäften des Monats Dezember die nachstehenden Beträge vereinnahmt und auf dem Konto für Provisionserträge bzw. die gesondert in der Abrechnung ausgewiesene USt auf dem USt-Schuldkonto gebucht:

05 1750 DM zzgl. 280,00 DM USt,
06   970 DM zzgl. 155,20 DM USt,
07 2410 DM zzgl. 385,60 DM USt,
08 3820 DM zzgl. 611,20 DM USt.

Besondere Vereinbarungen über die Entstehung der Provisionsansprüche bestehen nicht.

7. Rückstellungen

Passiviert wurden die Rückstellungen für die Gewerbesteuer. Aus Vereinfachungsgründen sind diese nicht zu berichtigen.

Außerdem wurde zum 31. 12. 07 für eine Tantieme, die der Stpfl. am 1. 4. 08 einem Angestellten anlässlich der 25-jährigen Betriebszugehörigkeit versprochen und wenige Tage später überwiesen hat, ein Betrag von 3000 DM passiviert. Buchung: Freiwillige Sozialaufwendungen an Rückstellungen.

8. USt-Schuld

Über die Korrekturen aufgrund der vorstehenden Sachverhalte hinaus ergeben sich Umsatzsteuernachzahlungen für 05 in Höhe von 500 DM, für 06 800 DM und 07 50 DM, weil für einige Wareneinkäufe keine vorschriftsmäßigen Rechnungen mit

Steuerausweis vorgelegt werden konnten (§ 15 Abs. 1 Nr. 1 UStG). Die fraglichen Waren sind jeweils kurz nach dem Erwerb veräußert worden. Am Ende des Wirtschaftsjahres waren sie daher nicht mehr vorhanden.

B. Aufgabe

I. Die Prüferbilanzen sind unter Verwendung der nachfolgenden Anlage zu erstellen. Alle Umsätze unterliegen der Regelbesteuerung zum Steuersatz von 16 %.

II. Die erfolgsmäßige Auswirkung der Bilanzberichtigungen ist in einer Mehr-und-Weniger-Rechnung darzustellen. Dabei ist die GuV-Methode anzuwenden.

III. Die einzelnen Berichtigungen sind zu erläutern und kurz zu begründen. Die rechnerische Entwicklung der Bilanzposten ist darzustellen. Die AfA sollen, auch soweit aus dem Sachverhalt nicht erkennbar, linear vorgenommen werden.

20.5 Übungsaufgaben

Anlage: Bilanztabelle

Nr.	Bilanzposten	05 HB-StB DM	05 PB DM	06 HB-StB DM	06 PB DM	07 HB-StB DM	07 PB DM
	I. Anlagevermögen						
1	Grund und Boden	—		20 000		20 000	
2	Gebäude	—		31 360		56 960	
3	Geschäftseinrichtung	37 800		33 600		29 400	
	Geringwertige Wirtschaftsgüter	—		—		—	
	II. Umlaufvermögen						
4	Vorratsvermögen	24 000		45 000		44 000	
5	Wertpapiere	11 000		7 500		9 800	
6	Kasse und Bank	3 970		4 520		13 490	
	Sonstige Forderungen	—		—		—	
		76 770		141 980		173 650	
	III. Eigenkapital	65 660		54 960		88 290	
	IV. Fremdkapital						
7	Rückstellungen	2 000		2 500		4 400	
	Lieferantenschulden	8 700		82 900		79 100	
8	USt-Schuld	410		1 620		1 860	
		76 770		141 980		173 650	
	Kapitalentwicklung:						
	Kapital am 1.1.	56 280		65 660		54 960	
	./. Entnahmen	24 500		28 639		3 670	
	+ Gewinn	31 780		37 021		51 290	
		33 880		17 939		37 000	
	= Kapital am 31.12.	65 660		54 960		88 290	

21 Personengesellschaften

21.1 Gewerbliche Mitunternehmergemeinschaften

21.1.1 Steuersubjekteigenschaft und Transparenzprinzip

Die **Personengesellschaft** ist im Gegensatz zur Umsatzsteuer für die Einkommensteuer und Körperschaftsteuer **kein** taugliches **Steuersubjekt, dem Einkommen zugerechnet wird.** Nach § 1 EStG sind nur **natürliche Personen,** nach § 1 i. V. m. § 3 KStG nur die dort genannten **Körperschaften** und Vermögensmassen subjektiv steuerpflichtig. Für die nichtrechtsfähigen Personengesellschaften (OHG, KG und GbR) sowie andere unter § 15 Abs. 1 Nr. 2 EStG fallende Gemeinschaften ergibt sich aus § 3 KStG i. V. m. § 15 Abs. 1 Nr. 2 EStG, dass sie gerade keine Steuersubjekte für die Einkommensbesteuerung sind, weil „ihr Einkommen ... nach dem EStG (nämlich § 15 Abs. 1 Nr. 2) unmittelbar bei (einem) anderen Steuerpflichtigen (nämlich den Gesellschaftern als Mitunternehmern!) zu versteuern ist". Der von der Personengesellschaft erwirtschaftete Gewinn wird nicht bei dieser der Einkommensbesteuerung unterworfen, sondern bei ihren Gesellschaftern, sofern diese die steuerlichen Zurechnungskriterien des Mitunternehmers erfüllen. Insoweit wird von einer **transparenten Besteuerung** gesprochen. Damit soll zum Ausdruck gebracht werden, dass die Zurechnung des Gewinnes als (Teil der) Einkünfte – und damit Einkommensbestandteil – bei den Gesellschaftsmitunternehmern und nicht bei der Gesellschaft selbst erfolgt.

Damit kontrastiert das **Trennungsprinzip** bei **Körperschaften** und anderen KSt-Subjekten. Hier werden die von der Körperschaft erzielten Einkünfte dieser selbst als ihr Einkommen zugerechnet. Die Gesellschafter (oder sonstigen Mitglieder) einer Körperschaft erzielen erst dann eigene Einkünfte, wenn die Körperschaft Ausschüttungen an sie vornimmt. Demgegenüber bedeutet das Transparenzprinzip, dass den Gesellschaftermitunternehmern der von der Gesellschaft erzielte Gewinn (bei Gewinneinkünften nach §§ 15, 18 und 13 EStG) oder Überschuss (bei den Überschusseinkünften) unabhängig davon zugerechnet wird, ob er bei der Gesellschaft **thesauriert** wird oder ob er von den Gesellschaftern **entnommen** (an sie „ausgeschüttet") wird.

Rspr.[1] und h. M. gehen allerdings davon aus, dass die Personengesellschaft selbst die Tatbestandsmerkmale des jeweiligen Einkünftetatbestandes verwirklicht. Sie sei insoweit zwar nicht Einkommensteuersubjekt, wohl aber das Subjekt hinsichtlich der Einkünfteerzielung und -ermittlung (also bezüglich Einkunftsart, Einkunftsermittlungsart und Einkunftshöhe) = **sog. Gewinnerzielungssubjekt bzw. beschränktes (partielles) Steuerrechtssubjekt.** Mit dieser Lehre von der partiellen

---
[1] Grundlegend BFH [GrS], BStBl 1984 II S. 751; vgl. auch BFH, BStBl 1998 II S. 328; Gschwendtner, DStZ 1998, 325; dagegen Reiß, in Kirchhof, EStG, § 15 Rn. 200 ff.

21.1 Gewerbliche Mitunternehmergemeinschaften

Steuerrechtssubjektivität der Personengesellschaft soll vor allem erklärt werden, dass zwischen der Gesellschaft und dem Gesellschafter normale gewinnrealisierende Veräußerungsgeschäfte möglich sind. Außerdem betont sie, dass bei der steuerlichen Würdigung hinsichtlich Einkunftsart und Einkunftsermittlung primär von der Einheit der Personengesellschaft (**sog. Einheitstheorie**) auszugehen ist. Allerdings sollen im Einzelfall doch die persönlichen Verhältnisse auf der Ebene des Gesellschafters zu berücksichtigen sein. Dann müsse ein **Durchgriff auf die Ebene des Gesellschafters** erfolgen, etwa beim Halten einer Beteiligung an einer an sich nur vermögensverwaltenden Gesellschaft im eigenen Gewerbebetrieb (sog. Zebragesellschaft) oder bei der Frage, ob beim Gesellschafter ein gewerblicher Grundstückshandel vorliege. Daher liege in Wahrheit ein **duales System** vor, bei dem von der Einheit der Gesellschaft auszugehen sei (Einheitstheorie), dann aber doch auch die Ebene des Gesellschafters anschließend mit zu betrachten sei.

Für die **GewSt** wird die Personengesellschaft weitgehend als Steuersubjekt betrachtet. Dies beruht darauf, dass nach § 5 Abs. 1 Satz 3 GewStG die **Personengesellschaft** selbst der **Steuerschuldner** der Gewerbesteuer ist. Richtigerweise betrifft dies aber nur die Steuerschuldnerschaft, d. h. die Frage, wer die Gewerbesteuer als Schuldner der Gemeinde (Steuergläubiger) im Sinne einer Zahlungsverpflichtung schuldet. Davon bleibt unberührt, dass auch bei der GewSt die **Gesellschaftermitunternehmer** die eigentlichen **Steuersubjekte** sind, denn für ihre Rechnung wird das Gewerbe betrieben, § 5 Abs. 1 Satz 2 GewStG.[2] Daher geht beim **Gesellschafterwechsel** ein anteiliger **Verlustvortrag** nach § 10 a GewStG verloren.[3]

21.1.2 Kriterien der gewerblichen Mitunternehmerschaft

21.1.2.1 Tatbestandsmerkmale

Die **Tatbestandsmerkmale einer gewerblichen Mitunternehmerschaft** ergeben sich aus § 15 Abs. 1 Nr. 2 i. V. m. Abs. 2 sowie ergänzend § 15 Abs. 3 Nrn. 1 und 2 EStG. Dabei geht es darum, welche Tatbestandsmerkmale erfüllt sein müssen, damit einer Person (natürliche Person und juristische Person) gewerbliche Einkünfte als Teil ihres Einkommens zugerechnet werden, wenn sie nicht allein, sondern zusammen mit anderen zum Zwecke der Einkünfteerzielung tätig werden. Dazu müssen folgende Tatbestandsmerkmale vorliegen:

- Ein **Gesellschafterverhältnis** oder vergleichbares Gemeinschaftsverhältnis i. S. des § 15 Abs. 1 Nr. 2 EStG
- **Gesellschafterstellung** (oder Gemeinschafterstellung) der betroffenen Person
- **Mitunternehmereigenschaft des Gesellschafters** (Gemeinschafters)

---

[2] BFH [GrS], BStBl 1993 II S. 616; vgl. auch BFH [GrS], BStBl 1995 II S. 617.
[3] BFH [GrS], BStBl 1993 I S. 616.

- **Einkünfte aus Gewerbebetrieb** gemäß § 15 Abs. 2, Abs. 3 Nr. 1 oder 2 EStG; dies erfordert seinerseits
- **Gewinnerzielungsabsicht.**

21.1.2.2 Gesellschaftsverhältnis

§ 15 Abs. 1 Nr. 2 EStG spricht ausdrücklich von der **OHG** (§§ 105 ff. HGB), der **KG** (§§ 161 ff. HGB) und einer **anderen Gesellschaft**. Dazu gehört zweifelsfrei die **GbR** (§§ 705 ff. BGB). Diesen Gesellschaften ist gemeinsam, dass sie auf einem **Gesellschaftsvertrag** beruhen. Der **gemeinsame Zweck** der Gesellschaft, § 705 BGB, besteht im hier interessierenden Zusammenhang im Unterhalten eines **Gewerbebetriebes.**

Die OHG und die KG sind zwingend **Außengesellschaften**. Sie verfügen über ein eigenes Gesellschaftsvermögen (gemeinschaftliches Vermögen), § 718 BGB. Das Gesetz spricht von **Gesamthandsvermögen**. Dieses Vermögen ist auch im Außenverhältnis zu Dritten der Gesellschaft (bzw. allen Gesellschaftern gemeinsam als Gruppe) zuzurechnen. Es ist zivilrechtlich streng vom Eigenvermögen der Gesellschafter zu trennen. Über Gesamthandsvermögen können die Gesellschafter nur gemeinsam (d. h. die Gesellschaft, die ihrerseits vertreten wird) verfügen. Der Gesellschafter kann auch nicht über seinen (gedachten) Anteil am Gesellschaftsvermögen insgesamt oder an den einzelnen Gegenständen verfügen, **§ 719 BGB** (sog. **gesamthänderische Bindung)**, im Unterschied zu Bruchteilseigentum, §§ 741 ff., 1008 ff. BGB. Wegen der Existenz **getrennter Vermögensmassen** ist unbestritten, dass zivilrechtlich zwischen dem Gesellschafter und der Gesellschaft normale Verträge wie unter fremden Dritten abgeschlossen werden können und auch dinglich Eigentum vom Gesellschafter auf die Gesellschaft (also in das Gesamthandseigentum) und umgekehrt übertragen werden kann. Ob dabei die Gesellschaft selbst als Träger von Rechten und Pflichten angesehen wird (quasi wie eine juristische Person oder zumindest die Gruppe der Gesellschafter) oder ob es sich lediglich um ein **gemeinsames Sondervermögen der Gesellschafter** handelt, ist zwar zivilrechtlich umstritten,[4] aber für die Anerkennung von Rechtsbeziehungen zwischen Gesellschafter und Gesellschaft ohne Auswirkung. Die **GbR** ist normalerweise ebenfalls **Außengesellschaft** mit Gesamthandsvermögen.

Auf einem **Gesellschaftsvertrag** beruhen auch die so genannten **Innengesellschaften**. Sie sind wie die Außengesellschaft dadurch gekennzeichnet, dass ein **gemeinsamer Zweck** verfolgt wird. Es existiert aber **kein Gesamthandsvermögen der Innengesellschaft**. Vielmehr gehört im Außenverhältnis zu Dritten das Vermögen dem Hauptbeteiligten. Die bekannteste Form der Innengesellschaft ist die **stille Gesellschaft des HGB (§ 230 ff. HGB)**. Sie ist dadurch gekennzeichnet, dass sich der Stille am Handelsgewerbe eines anderen beteiligt. Dabei besteht, wie sich aus § 230 HGB ergibt, kein Gesamthandsvermögen zwischen dem Inhaber des Handelsgeschäftes und dem Stillen. Vielmehr gehen vom Stillen zu leistende Einlagen in

---

4 Bejahend nunmehr auch für die BGB-Gesellschaft (Rechts- und Parteifähigkeit) BGH v. 29. 1. 2001 – II Z R 331/100, DB 2001, 423.

21.1 Gewerbliche Mitunternehmergemeinschaften

das Vermögen des Inhabers des Handelsgeschäftes über. Der Stille erhält lediglich ein Forderungsrecht auf Rückzahlung der Einlage (soweit nicht durch Verlustbeteiligung verbraucht) bei Beendigung der Gesellschaft, §§ 235, 236 HGB, und auf Auszahlung seines Gewinnanteils, § 232 HGB. Inhaber eines Handelsgeschäftes kann jeder Kaufmann sein, also ein Einzelunternehmer, eine GmbH (oder andere Kapitalgesellschaft) – **GmbH & Still**[5] – oder auch eine OHG oder KG, z. B. **GmbH & Co. KG & Still.** In letzteren Fällen existiert zwar ein Gesamthandsvermögen der OHG oder KG, aber gerade nicht der stillen Gesellschaft. Die stille Gesellschaft nach § 230 HGB setzt eine Beteiligung am Handelsgewerbe voraus. Ist der Inhaber des Geschäftes kein Kaufmann (§§ 1 bis 6 HGB), so kann man sich dennoch am Gewerbe des Inhabers des Betriebes als Stiller beteiligen. Es liegt dann ebenfalls eine **Innengesellschaft** vor, allerdings eine **GbR**. Es gelten dann alle Vorschriften der §§ 705 ff. BGB außer den Vorschriften über das Gesamthandsvermögen. Die Rechtslage entspricht weitgehend den §§ 230 ff. HGB aufgrund der vertraglichen Vereinbarungen. Die **GbR** kann also **Außen- oder Innengesellschaft** sein. Für § 15 Abs. 1 Nr. 2 EStG ist anerkannt, dass auch die **Innengesellschaft Mitunternehmerschaft** sein kann. Insoweit wird allerdings steuerlich unterschieden zwischen der **atypisch stillen Gesellschaft als Mitunternehmerschaft** i. S. des § 15 Abs. 1 Nr. 2 EStG und der **typisch stillen Gesellschaft.** Bei dieser ist der Stille gerade nicht Mitunternehmer. Er bezieht also keine gewerblichen Einkünfte aus der stillen Gesellschaft, sondern **Einkünfte aus Kapitalvermögen** nach **§ 20 Abs. 1 Nr. 4 EStG.**[6] Ob eine steuerlich atypisch stille Gesellschaft oder lediglich eine typisch stille Gesellschaft vorliegt, hängt davon ab, ob nach den vertraglichen Vereinbarungen **im Innenverhältnis** das (im Außenverhältnis) allein dem Inhaber des Betriebes gehörende Vermögen als **gemeinsames Vermögen** zu behandeln ist oder nicht. Im Ergebnis muss der Betrieb auf gemeinsame Rechnung des Inhabers des Geschäftes und des Stillen geführt werden, wobei dem Stillen vertraglich eine **Mitunternehmerstellung** eingeräumt sein muss (dazu unten). Festzuhalten ist hier, dass unter § 15 Abs. 1 Nr. 2 EStG unbestritten sowohl **Außen- wie Innengesellschaften** fallen können.

Eine besondere Form der Innengesellschaft stellen **Unterbeteiligungen** dar. Dabei beteiligt sich der stille Unterbeteiligte nicht am (Handels-)Gewerbe des Inhabers des Geschäftes, sondern am **Gesellschaftsanteil eines Gesellschafters.** Die Innengesellschaft besteht also lediglich zwischen dem Hauptgesellschafter und dem Unterbeteiligten, nicht zu den übrigen Gesellschaftern. Auch hier wird zwischen der **atypischen Unterbeteiligung** (gewerbliche Einkünfte aus § 15 Abs. 1 Nr. 2 EStG) und der **typischen Unterbeteiligung** (Einkünfte nach § 20 Abs. 1 Nr. 4 EStG, vorbehaltlich § 20 Abs. 3 EStG) unterschieden. Entscheidend ist auch hier, ob dem Unterbeteiligten nach den vertraglichen Vereinbarungen so viel Rechte eingeräumt wurden, dass von einer Mitunternehmerstellung ausgegangen werden kann. Selbst

---

[5] Dazu BFH, BStBl 1995 II S. 702.
[6] Allerdings ist § 20 Abs. 3 EStG zu beachten, falls die typisch stille Beteiligung zu einem eigenen Gewerbebetrieb des Stillen gehört.

in diesem Falle wird der atypisch Unterbeteiligte allerdings nicht Gesellschafter im Hauptbetrieb, sondern die Innengesellschaft besteht nur zum Gesellschafter des Hauptbetriebes. Allerdings liegt dann eine **doppelstöckige Mitunternehmerschaft** vor[7] (siehe unten). Verfahrensrechtlich sind bei atypischen Untergesellschaften für die Hauptgesellschaft (= Untergesellschaft) und für die Unterbeteiligungsgesellschaft (= Obergesellschaft) getrennte einheitliche und gesonderte Feststellungen nach §§ 179, 180 AO durchzuführen (vgl. aber § 179 Abs. 2 Satz 3 AO). Der Unterbeteiligte ist nur mittelbarer Mitunternehmer bei der Hauptgesellschaft.[8]

Scheinbar nicht vom Wortlaut des § 15 Abs. 1 Nr. 2 EStG wird es gedeckt, wenn auch die Mitglieder anderer Gemeinschaften als Gesellschaften als gewerbliche Mitunternehmer behandelt werden. Denn § 15 Abs. 1 Nr. 2 EStG spricht nur von der OHG, der KG und **anderen Gesellschaften**. Dieser Begriff wird von der Rechtsprechung aber zutreffend steuerlich ausgelegt. Gesellschaft i. S. des § 15 Abs. 1 Nr. 2 EStG sind daher auch **vergleichbare Gemeinschaftsverhältnisse**.[9] Entscheidend ist, ob zwischen den Beteiligten ein Rechtsverhältnis vorliegt, kraft dessen der Gewerbebetrieb für gemeinsame Rechnung der Beteiligten betrieben wird. Dabei muss das Rechtsverhältnis nicht auf Vertrag beruhen und schon gar nicht auf einem Gesellschaftsvertrag. Es muss auch kein Gesamthandsvermögen (als Außenvermögen) bestehen. Daher kommen als Mitunternehmergemeinschaften u. a. auch in Betracht:

- **Erbengemeinschaft**[10] (§§ 2032 ff.; Gesamthandsvermögen, aber kraft Gesetzes, nicht durch Vertrag)
- **Gütergemeinschaft**[11] (§§ 1415 ff.; Gesamthandsvermögen, aber durch Familienvertrag, nicht Gesellschaftsvertrag)
- **Bruchteilsgemeinschaften**[12] (§§ 745 ff. BGB – kraft Gesetzes oder jedenfalls nicht durch Gesellschaftsvertrag – m. E. fraglich, ob bei Betreiben eines Gewerbes für gemeinsame Rechnung nicht doch eine GbR besteht)
- **Partenreederei**[13] (§§ 489 ff. HGB – wohl ohnehin Gesellschaft, aber kein Gesamthandseigentum)
- **Nießbraucher und Nießbrauchbesteller beim Unternehmensnießbrauch**[14]

---

7 BFH, BStBl 1998 II S. 137.
8 BFH [GrS], BStBl 1974 II S. 414; BFH, BStBl 1974 II S. 480 ist überholt durch BFH, BStBl 1998 II S. 137.
9 BFH [GrS], BStBl 1984 II S. 751.
10 BFH, BStBl 1990 II S. 837.
11 BFH, BStBl 1993 II S. 574; BFH, BStBl 1999 II S. 384 (nach niederld. Recht). – Nach der Rechtsprechung soll allerdings keine Mitunternehmerschaft nach § 15 Abs. 1 Nr. 2 EStG bestehen, wenn der Gewerbebetrieb keinen wesentlichen Kapitaleinsatz erfordert, sondern im Wesentlichen auf der persönlichen Leistung des tätigen Ehegatten beruht, BFH, BStBl 1990 II S. 377 m. w. N.
12 BFH, BStBl 1995 II S. 617.
13 BFH [GrS], BStBl 1984 II S. 751.
14 BFH, BStBl 1996 II S. 523; BStBl 1997 II S. 530 (der lfd. Gewinn gebührt dem Nießbraucher, die stillen Reserven dem Besteller).

21.1 Gewerbliche Mitunternehmergemeinschaften

Soweit die Mitunternehmerschaft auf einem Vertrag beruht, insbesondere bei Gesellschaften, ist nicht erforderlich, dass dieser Vertrag zivilrechtlich fehlerfrei ist. Ein Rechtsverhältnis (Gesellschaftsverhältnis i. S. des § 15 Abs. 1 Nr. 2 EStG) liegt auch vor, wenn ein zivilrechtlich fehlerhafter Gesellschaftsvertrag ins Werk gesetzt wurde – **sog. faktische oder fehlerhafte Gesellschaft.** Schon zivilrechtlich ist dann für die Rückabwicklung, falls nicht ohnehin der Fehler geheilt wird, vom Bestehen einer Gesellschaft für die Zeit bis zur Rückabwicklung auszugehen.

21.1.2.3 Gesellschafterstellung – faktische Mitunternehmerschaft

§ 15 Abs. 1 Nr. 2 EStG spricht vom Gesellschafter einer OHG, KG oder anderen Gesellschaft. Daraus wird von der Rechtsprechung zutreffend gefolgert, dass gewerbliche Einkünfte nach § 15 Abs. 1 Nr. 2 EStG nur beziehen kann, wer zivilrechtlich Gesellschafter (einer Außen- oder Innengesellschaft) ist oder wer zivilrechtlich Gemeinschafter eines vergleichbaren Gemeinschaftsverhältnisses ist. Abgelehnt wird damit die so genannte **faktische Mitunternehmerschaft,** nach der auch ohne Vorliegen eines Gesellschafts- oder Gemeinschaftsverhältnisses eine Mitunternehmerschaft des Betreffenden aufgrund rein faktischer Beziehungen angenommen werden könne.[15] Die eigentliche Problematik ist damit aber nur scheinbar gelöst. Denn die kritische Frage lautet dann, ob nicht ein **verdecktes Gesellschaftsverhältnis** (oder vergleichbares Gemeinschaftsverhältnis) zugrunde liegt. Dabei kann weder vom Wortlaut der Verträge ausgegangen werden (geschriebene Verträge existieren teilweise nicht, teilweise werden sie nicht vorgelegt, und vor allem ist nicht der Wortlaut entscheidend, sondern das tatsächlich von den Parteien Gewollte), noch käme es auf eine zivilrechtliche Fehlerlosigkeit an. Entscheidend kann allein sein, ob eine gemeinsame Zweckverfolgung der Beteiligten vorliegt (Gesellschaftsverhältnis) und der Betrieb im Innenverhältnis für gemeinsame Rechnung betrieben wird. Dann muss auch das Vermögen jedenfalls im Innenverhältnis als gemeinsames Vermögen behandelt werden. Dabei kann oftmals nur aus der bisherigen Behandlung geschlossen werden, ob die Beteiligten durch ein verdecktes Gesellschaftsverhältnis (gemeinsamer Zweck) miteinander verbunden sind oder ob tatsächlich nur gegenseitige Austauschverträge (Arbeits-, Miet-, Darlehensverträge) vorliegen. Die bloße Häufung solcher Verträge mit derselben Person reicht nicht aus, um von einem verdeckten Gesellschaftsverhältnis auszugehen.[16] Für ein (durch solche Verträge in Wahrheit) verdecktes Gesellschaftsverhältnis spricht es aber, wenn faktisch vom angeblichen Nichtgesellschafter Entnahmen und Einlagen getätigt werden, wenn dieser auf ihm angeblich zustehende Auszahlungsansprüche verzichtet, wenn es dem Unternehmen schlecht geht, wenn über gewinnabhängige Entgeltsbestandteile praktisch ein Großteil des Gewinns ihm zugute kommt.[17]

---
15 BFH [GrS], BStBl 1984 II S. 84, 751; vgl. auch BFH, BStBl 1998 II S. 480.
16 BFH, BStBl 1998 II S. 480 m. w. N.; BFH, BStBl 1994 II S. 282.
17 BFH, BStBl 1998 II S. 480 m. w. N.

Rechtstatsächlich geht es im Wesentlichen um **Ehegattenverhältnisse.** Hier besteht steuerlich ein Interesse, die Mitunternehmerschaft zu verschleiern, um vermeintliche Entgelte als Betriebsausgaben abziehen zu können (Minderung der Gewerbesteuer), um einen vorzeitigen Abzug zu erreichen (Pensionszusagen für ESt und Gewerbesteuer), um bei der Einkunftsart einkommensteuerliche Abzüge zu erreichen (Werbungskostenpauschale für Arbeitnehmer, Sparerfreibetrag) und vor allem, um Wirtschaftsgüter als Privatvermögen behandeln zu können (Grundstücke). Insgesamt ist letztlich danach zu entscheiden, ob sich aus den erkennbaren vertraglichen Vereinbarungen und/oder dem faktischen Verhalten der Rückschluss ergibt, dass die Beteiligten einander wie fremde Austauschpartner gegenüberstehen oder ob sich im Gegenteil ergibt, dass der dem Wortlaut nach als bloßer Vertragsgegner Bezeichnete in Wahrheit mit dem angeblichen Geschäftsinhaber durch die gemeinsame Zweckverfolgung des Betreibens eines Gewerbebetriebs auf gemeinsame Rechnung verbunden ist.

Obwohl zivilrechtlich **Nichtgesellschafter,** sind allerdings bei **Treuhandverhältnissen** der Treugeber[18] und auch sonst bei Auseinanderfallen von rechtlichem und wirtschaftlichem Eigentum der **wirtschaftliche Eigentümer des Gesellschaftsanteils**[19] die Mitunternehmer. Dies sind aber keine echten Durchbrechungen des Grundsatzes. Denn steuerlich ist selbstverständlich, dass der Gesellschaftsanteil im Falle einer Treuhandschaft oder sonst bei wirtschaftlichem Eigentum dem wirtschaftlich Berechtigten zuzurechnen ist. Insoweit ist er dann steuerlich der Inhaber der Gesellschafterstellung, weil er das Risiko trägt und ihm die Chancen zugute kommen.

21.1.2.4 Mitunternehmer – Mitunternehmerrisiko und Mitunternehmerinitiative

Die bloße zivilrechtliche Gesellschafter- oder Gemeinschafterstellung ist zwar unabdingbar, aber für die Zurechnung gewerblicher Einkünfte nach § 15 Abs. 1 Nr. 2 EStG nicht ausreichend. Vielmehr muss der Gesellschafter die **steuerlichen Kriterien eines Mitunternehmers** erfüllen. § 15 Abs. 1 Nr. 2 konkretisiert mit dem Begriff des Mitunternehmers die **persönliche Zurechnung** für gemeinsam erzielte gewerbliche Einkünfte. Einkünfte sind demjenigen Stpfl. zuzurechnen, der sie durch Tatbestandserfüllung erzielt, § 2 Abs. 1. Dies ist bei gewerblichen Einkünften i. S. des § 15 EStG der Unternehmer, der sich gewerblich i. S. des § 15 Abs. 2 EStG betätigt. Der Gewerbebetrieb wird von ihm auf seine Rechnung geführt. Für die gemeinsame gewerbliche Betätigung im Rahmen eines Gesellschafts- oder vergleichbaren Gemeinschaftsverhältnisses sind die gewerblichen Einkünfte anteilig nur demjenigen persönlich zuzurechnen, der wegen des von ihm getragenen Unternehmerrisikos und der von ihm entfalteten Unternehmerinitiative

---
18 BFH [GrS], BStBl 1991 II S. 691; BFH, BStBl 1993 II S. 574.
19 BFH, BStBl 1994 II S. 645.

21.1 Gewerbliche Mitunternehmergemeinschaften

als gewerblicher Unternehmer angesehen werden kann. Da es sich aber bei § 15 Abs. 1 Nr. 2 EStG um eine gemeinsame gewerbliche Betätigung handelt, muss jeder Gesellschafter/Gemeinschafter, dem die gewerblichen Einkünfte persönlich zugerechnet werden sollen, auch selbst **Mitunternehmerrisiko tragen und Mitunternehmerinitiative** entfalten können.

Mit dem Merkmal des **Mitunternehmerrisikos** wird dabei ausgedrückt, dass der Gewerbebetrieb hinsichtlich des **vermögensmäßigen Erfolges/Misserfolges** (auch) auf Rechnung des Mitunternehmers geführt werden muss. Mit dem Merkmal der **Mitunternehmerinitiative** wird darauf abgestellt, dass der Mitunternehmer einen **Einfluss auf die Geschäftstätigkeit** ausüben kann. Mitunternehmerrisiko drückt sich aus in der Teilnahme am **Gewinn und Verlust** (Teilhabe an der Vermögensmehrung) sowie allgemein in der Teilhabe zumindest im Innenverhältnis am Betriebsvermögen.[20] Anders als beim Einzelunternehmer trägt der Mitunternehmer aber das Unternehmerrisiko nicht allein, vielmehr wird es von mehreren Mitunternehmern getragen. Daher sind auch Abstufungen möglich, bis zu denen noch Mitunternehmerrisiko bejaht werden kann. Unproblematisch sind dabei die folgenden Grenzziehungen: Mitunternehmerrisiko liegt immer vor, wenn der Gesellschafter (anteilig) am **laufenden Gewinn und Verlust** sowie an den **stillen Reserven einschließlich Firmenwert** beteiligt ist.[21] Umgekehrt kann Mitunternehmer nicht sein, wer nicht **zumindest am Gewinn** beteiligt ist.[22] In diesen Fällen liegt auch schon keine Innengesellschaft vor. Besteht zwar formal eine Gewinnbeteiligung, ist aber objektiv erkennbar, dass vom Gesellschafter für die Dauer seiner Beteiligung ein Gewinn nicht erzielt werden kann, ist dieser kein Mitunternehmer.[23] Normalerweise ist eine **Verlustbeteiligung** ebenfalls erforderlich. Diese kann aber durchaus nur begrenzt sein, z. B. beim Kommanditisten bis zur Höhe seiner Einlage. Eine Mitunternehmerschaft scheidet aber aus, wenn im Innenverhältnis jede Teilnahme am Verlust ausgeschlossen ist und auch im Außenverhältnis mangels Einlage kein Verlust droht sowie keine persönliche Haftung besteht.[24] Die Teilnahme an den stillen Reserven ist jedenfalls dann unerheblich, wenn nach der Art des Geschäftes stille Reserven einschließlich eines Firmenwertes keine Rolle spielen. Umgekehrt genügt eine Teilnahme an den stillen Reserven jedenfalls dann, wenn diese erheblich sind.

Mitunternehmerinitiative bedeutet Einfluss auf und Teilhabe an den geschäftlichen Entscheidungen. Auch hier sind wegen der lediglich bestehenden **Mit**unternehmer**initiative** Abstufungen denkbar von der maximalen Stellung als Alleingeschäftsführer, über die gemeinsame **Geschäftsführung** mit anderen Gesellschaf-

---

20 Allerdings ist nicht erforderlich, dass eine Einlage von Vermögensgegenständen erbracht wurde, BFH, BStBl 1988 II S. 62 m. w. N.
21 BFH, BStBl 1994 II S. 282.
22 BFH, BStBl 2000 II S. 183 m. w. N.; überholt insoweit BFH, BStBl 1987 II S. 33, 60 (sog. „angestellter Komplementär").
23 BFH/NV 1991, 432 m. w. N. (befristete Gesellschafterstellung).
24 BFH/NV 99, 1196 m. w. N.; vgl. auch BFH, BStBl 1987 II S. 33, 60, 553 (jeweils zur Komplementär-GmbH, hier genügt persönliche Haftung, unabdingbar aber auch hier jedenfalls Gewinnbeteiligung!).

tern bis zu bloßen **Unterrichtungs- und Kontrollrechten** sowie Mitwirkung an **Grundlagenentscheidungen** über Änderungen des Gesellschaftsvertrages und Beendigung der Gesellschaft. Die Rechtsprechung schließt aus der Erwähnung der Kommanditgesellschaft in § 15 Abs. 1 Nr. 2 EStG zutreffend, dass dem Mitunternehmer wenigstens diejenigen Kontroll- und Unterrichtungsrechte zustehen müssen, die nach dem gesetzlichen **Regelstatut einem Kommanditisten** zustehen[25] (vgl. § 164 HGB – keine Geschäftsführungsbefugnis, aber Widerspruchsrecht bei ungewöhnlichen Geschäften; § 166 HGB Einsichts- und Kontrollrechte). Der Bejahung von Mitunternehmerinitiative steht nicht entgegen, dass der Mitunternehmer aufgrund von Verfügungsbeschränkungen oder aus anderen Gründen **handlungsunfähig** ist. Dann wird für ihn die Mitunternehmer von den für ihn bestellten Vertretern, Organen oder Amtspersonen ausgeübt. Daher können auch minderjährige **Kinder** (für sie handeln die Eltern als gesetzliche Vertreter oder sonst ein Vormund), **Körperschaften** (für sie handeln die Geschäftsführer als gesetzliche Vertretungsorgane), Erben bei **Testamentsvollstreckung** oder **Nachlassverwaltung,** Insolvenzschuldner ohne Verfügungsbefugnis (für sie handelt der **Insolvenzverwalter**) Mitunternehmer sein.

Nach der Rechtsprechung ist über das Vorliegen oder Nichtvorliegen einer Mitunternehmerstellung durch eine **Gesamtwürdigung** zu entscheiden. Dabei kann ein schwaches Unternehmerrisiko durch eine starke Unternehmerinitiative kompensiert werden und umgekehrt. Es darf aber nicht ein Merkmal vollständig fehlen.[26] Deshalb ist bei **atypischen stillen Innengesellschaften** regelmäßig eine Beteiligung auch an den **stillen Reserven** einschließlich Geschäftswert erforderlich, um die schwache Teilhabe bei der Mitunternehmerinitiative zu kompensieren. Umgekehrt kann aber bei **verdeckten stillen Gesellschaftsverhältnissen** auch eine besonders starke Teilhabe an den unternehmerischen Entscheidungen als **Geschäftsführer** (aufgrund eines formal als Arbeitsvertrag bezeichneten Vertrages!) eine fehlende Beteiligung an den stillen Reserven und am Verlust von eingesetztem Vermögen kompensieren.[27]

Im Tatsächlichen spielt die fehlende oder vorhandene Mitunternehmerschaft vor allem im Verhältnis **Eltern** (Großeltern) **und Kinder** (Enkel) eine Rolle. Hier besteht im Gegensatz zu Eheleuten oftmals ein Interesse, dass Kinder steuerlich als Mitunternehmer behandelt werden. Dies führt wegen der eigenen Einkünfte dann zu einer Milderung von Progression und zur Ausschöpfung eigener Grundfreibeträge für die Kinder (faktisches Familiensplitting). Dies ist nicht zu beanstanden, wenn den Kindern tatsächlich gesellschaftsrechtlich die Befugnisse eines Mitunternehmers eingeräumt werden. Im Einzelnen ist dabei zu beachten, dass bei **minderjährigen Kindern** die Gesellschafterstellung auf einem zivilrechtlich wirksamen Gesellschaftsvertrag beruhen muss – **Abschlusspfleger** nach § 1909 BGB und **vormund-**

---
25 BFH [GrS], BStBl 1984 II S. 751; BFH, BStBl 1994 II S. 635 (auch zur stillen Gesellschaft).
26 BFH, BStBl 1998 II S. 480.
27 Vgl. auch BFH, BStBl 1994 II S. 702 (zu GmbH & Still).

21.1 Gewerbliche Mitunternehmergemeinschaften

schaftsgerichtliche Genehmigung nach §§ 1629, 1795 BGB erforderlich, nicht Ergänzungspfleger für den laufenden Vertrag[28] – und dass darüber hinausgehend nicht die Kinder als Gesellschafter quasi weitestgehend zugunsten des Elterngesellschafterteiles entrechtet werden – etwa freie Widerruflichkeit bei Schenkung des Gesellschaftsanteils,[29] einseitige Entnahmebeschränkung durch Zustimmungsvorbehalt des Elternteils auch nach Eintritt der Volljährigkeit,[30] einseitige Kündigungsrechte zum Buchwert für den Elternteil[31] usw. Alles in allem muss den Kindern eine vollwertige Gesellschafterstellung eingeräumt werden. Es darf gerade nicht die Ausübung wesentlicher Gesellschafterrechte vermögensmäßiger und mitwirkungsrechtlicher Art auch nach Eintritt der Volljährigkeit noch von der Zustimmung des Elterngesellschafterteils abhängig sein.

21.1.2.5 Gewerbliche Einkünfte

Der Mitunternehmer erzielt allerdings nur dann nach § 15 Abs. 1 Nr. 2 EStG gewerbliche Einkünfte, wenn sich die Tätigkeit der Gesellschaft (die gemeinsame Tätigkeit der Mitunternehmer) als Gewerbebetrieb darstellt. Dazu müssen grundsätzlich die Merkmale des § 15 Abs. 2 EStG von der Gesellschaft (allen Gesellschaften gemeinsam) selbst erfüllt werden. Liegt hingegen eine **land- und forstwirtschaftliche Tätigkeit** oder eine **freiberufliche Tätigkeit** vor, erzielen die Gesellschafter/Gemeinschafter als Mitunternehmer entsprechende Einkünfte. Im Rahmen der übrigen Gewinneinkünfte gelten allerdings dem § 15 Abs. 1 Nr. 2 entsprechende Vorschriften für mitunternehmerische Einkünfte aus § 13 bzw. § 18 EStG (vgl. § 13 Abs. 7, § 18 Abs. 4 EStG). Dies gilt selbst dann, wenn Gesellschaften mit ausschließlich freiberuflicher oder luf Tätigkeit fälschlicherweise als OHG oder KG eingetragen sind – vgl. dazu § 105 HGB i. V. m. §§ 1 bis 3 HGB. Die sog. **Schein-KG** (oder OHG) ist in Wahrheit nur GbR. Sie erzielt ungeachtet § 5 HGB (sog. Scheinkaufmann) keine gewerblichen Einkünfte.[32] Zu beachten ist allerdings, dass insgesamt keine freiberufliche Tätigkeit vorliegt, wenn an der Gesellschaft (Sozietät) auch Berufsfremde beteiligt sind.[33] Außerdem liegt insgesamt keine freiberufliche Tätigkeit vor, wenn damit untrennbar gewerbliche Tätigkeit verbunden ist und diese der Tätigkeit das Gepräge gibt.[34] Bei an sich trennbaren Tätigkeiten führt die Abfärbung nach § 15 Abs. 3 Nr. 1 EStG zu gewerblicher Tätigkeit (dazu unten).

Übt die Gesellschaft keine gewerbliche Tätigkeit i. S. des EStG aus, sondern lediglich eine **vermögensverwaltende Tätigkeit** (Einkünfte aus VuV, § 21 EStG, oder Kapitalvermögen, § 20 EStG), so ist § 15 Abs. 1 Nr. 2 EStG auch dann nicht

---
28 BFH, BStBl 1996 II S. 269 (auch zur Rückwirkung einer unverzüglich beantragten Genehmigung).
29 BFH, BStBl 1994 II S. 635.
30 BFH, BStBl 1987 II S. 54; vgl. aber BFH v. 7. 11. 2000 – VIII R 16/97, DB 2001, 234.
31 BFH, BStBl 1996 II S. 296; 1992 II S. 330.
32 BFH, BStBl 1985 II S. 291, 293, 584.
33 BFH, BStBl 1987 II S. 124, BStBl 1994 II S. 922 (berufsfremder Erbe!).
34 BFH, BStBl 1997 II S. 567 (Handel bei ingenieurwissenschaftlicher Tätigkeit).

anwendbar, wenn es sich nach Handelsrecht um eine (**steuerlich vermögensverwaltende**) **OHG oder KG** nach §§ **105 Abs. 2, 161 HGB** (Kaufmann!) handelt.[35] Hält ein Gesellschafter eine Beteiligung an einer vermögensverwaltenden Gesellschaft seinerseits in einem eigenen Gewerbebetrieb (zwingend nach § 8 Abs. 2 KStG, falls eine Kapitalgesellschaft Gesellschafter ist), so erzielt er zwar gewerbliche Beteiligungserträge (sog. **Zebragesellschaft**), aber § 15 Abs. 2 Nr. 1 EStG ist nicht anwendbar. Richtigerweise hat allerdings auf der Ebene der Gesellschaft bereits eine **doppelte Ergebnisermittlung** stattzufinden (gewerbliche Einkünfte als Gewinn normalerweise durch Bilanzierung, § 4 Abs. 1 EStG, und Überschusseinkünfte) und eine einheitliche und gesonderte Einkünftefeststellung für alle Beteiligten.[36]

Bei **Grundstücksveräußerungen** ist die **Drei-Objekt-Grenze** auch im Zusammenhang mit Gesellschaften zu beachten. Veräußert die **Gesellschaft selbst** im engen zeitlichen Zusammenhang (etwa fünf Jahre zwischen An- und Verkauf)[37] mehr als drei Objekte, so handelt es sich bei der Gesellschaft um eine gewerbliche Mitunternehmerschaft nach § 15 Abs. 1 Nr. 2 EStG. Werden hingegen vom Gesellschafter Gesellschaftsanteile von an sich lediglich vermögensverwaltenden Gesellschaften mit Grundbesitz veräußert, so unterhält der **Gesellschafter** selbst einen **eigenen Gewerbebetrieb**, wenn entweder die Gesellschaft mehr als drei Objekte hält oder wenn mehr als drei Anteile an Grund besitzenden Gesellschaften im engen zeitlichen Zusammenhang veräußert werden. Ein **eigener Gewerbebetrieb** ist auch anzunehmen, wenn innerhalb des engen zeitlichen Zusammenhanges zusammengefasst mehr als drei Objekte – addiert aus eigenen Veräußerungen und Veräußerungen durch eine vermögensverwaltende Gesellschaft – veräußert werden.[38]

Zu beachten ist allerdings, dass nach EStG auch in nachfolgenden Fällen eine **gewerbliche Tätigkeit** vorliegt und daher § 15 Abs. 1 Nr. 2 EStG uneingeschränkt anzuwenden ist bei:

- **Betriebsaufspaltung**[39]
- **Abfärbung nach § 15 Abs. 3 Nr. 1 EStG** bei an sich nur teilweiser gewerblicher Tätigkeit einer zivilrechtlichen (Außen- oder Innen-)**Gesellschaft**[40]
- **Gewerblich geprägten Gesellschaften nach § 15 Abs. 3 Nr. 2 EStG**.[41]

---

35 Vgl. auch BFH, BStBl 1987 II S. 212, 573, 707 (allerdings zum HGB vor Änderung des § 105 Abs. 2 HGB).
36 BFH, BStBl 1999 II S. 401; 1997 II S. 39; BFH/NV 1999 S. 859; vgl. aber BMF, BStBl 1999 I S. 582 (Nichtanwendungserlass – Umqualifizierung erst auf der Ebene des Gesellschafters); dagegen erneut BFH, DB 2001, 72.
37 Vgl. BFH, BStBl 2000 S. 28 m. w. N.
38 Vgl. dazu u. a. BFH, BStBl 2000 II S. 28; BFH, BStBl 1999 II S. 401 (Objekt jedes bebaute und unbebaute Grundstück, unabhängig von Größe, Wert und Nutzung); a. A. FinVerw BMF, BStBl 1990 I S. 884 (nur Wohngrundstücke und dann auch nur Ein- und Zweifamilienhäuser); BFH [GrS], BStBl 1995 II S. 617 (Addition von Veräußerungen auf Gesellschafts- und Gesellschafterebene); BMF, BStBl 1990 I S. 884 (zu Anteilsveräußerungen – allerdings nur, soweit Beteiligung über 10 %!).
39 Dazu Ausführungen unter 22.
40 Dazu Ausführungen unter 21.1.4.
41 Dazu Ausführungen unter 21.1.5.

21.1.2.6 Gewinnerzielungsabsicht

Nach § 15 Abs. 2 EStG erfordern gewerbliche Einkünfte eine Gewinnerzielungsabsicht. Die Rechtsprechung verlangt insoweit eine **doppelte Prüfung,** sowohl auf der **Ebene der Gesellschaft** als auch auf der Ebene des einzelnen **Mitunternehmers.**[42] Dabei ist in die Betrachtung des Totalgewinnes sowohl das Gesellschaftsvermögen als auch das Sonderbetriebsvermögen einzubeziehen. Ist die Gewinnerzielungsabsicht bereits zu verneinen, kommt das Verlustausgleichsverbot des § 2 b EStG erst gar nicht mehr zum Zuge. Nur wenn überhaupt gewerbliche Einkünfte vorliegen, kann das Verlustausgleichsverbot nach § 2 b EStG[43] für die Beteiligung an **sog. Verlustzuweisungsgesellschaften** überhaupt eingreifen.

21.1.3 Erbengemeinschaft und Vererbung eines Mitunternehmeranteils

21.1.3.1 Erbengemeinschaft nach Einzelunternehmer

Gehört zum **Nachlass** ein gewerbliches Unternehmen, so wird dieses Gesamthandsvermögen der Erben; die Erbengemeinschaft ist nach dem Erbfall Träger des Unternehmens. Die Erben können das ererbte Unternehmen in der Rechtsform der Erbengemeinschaft ohne zeitliche Begrenzung fortführen.[44] Die **Erbengemeinschaft** ist zwar keine Gesellschaft i. S. des § 705 BGB; sie wird jedoch bei Anwendung des § 15 Abs. 1 Satz 1 Nr. 2 EStG als **wirtschaftlich vergleichbares Gemeinschaftsverhältnis** einer solchen Gesellschaft gleichgestellt.[45]

Steuerrechtlich sind die **Erben Mitunternehmer** i. S. des § 15 Abs. 1 Satz 1 Nr. 2 EStG. Da das Unternehmen für ihre Rechnung und Gefahr geführt wird, sie Gewinn und Verlust tragen sowie für die Unternehmensschulden haften, tragen sie Unternehmerrisiko, und aufgrund ihres erbrechtlichen Mitwirkungsrechts können sie seit dem Erbfall auch Mitunternehmerinitiative ausüben.

Diese Beurteilung hängt nicht von der Dauer des Zeitraums ab, in dem die Erbengemeinschaft das Unternehmen fortführt. Auch wenn die Erben das Unternehmen alsbald nach dem Erbfall abwickeln und einstellen oder es auf einen anderen übertragen, haben sie zunächst doch die Eigenschaft von Mitunternehmern erlangt und diese Eigenschaft wie bei der Abwicklung einer Personengesellschaft auch während des Zeitraums der Erbauseinandersetzung behalten.[46] Der laufende Gewinn der Erbengemeinschaft wird wie der Gewinn einer gewerblich tätigen Personengesellschaft entsprechend den §§ 4, 5 EStG für die Gemeinschaft ermittelt, nach den Erb-

---

42 BFH, BStBl 1992 II S. 328; BStBl 1997 II S. 202; BStBl 1999 II S. 468 (für VuV-Immobilienfonds).
43 Einzelheiten dazu BMF, BStBl 2000 I S. 1148.
44 BGH, Urteil v. 8. 10. 1984, BGHZ 92 S. 259.
45 BFH, BStBl 1984 II S. 751, 768; BStBl 1996 II S. 66.
46 BFH, BStBl 1990 II S. 837.

anteilen auf die Miterben aufgeteilt und von ihnen als Mitunternehmern entsprechend § 15 Abs. 1 Satz 1 Nr. 2 EStG versteuert. Da die Erbengemeinschaft eine gesetzliche Zufallsgemeinschaft ist, kann der laufende Gewinn dieser Gemeinschaft **ausnahmsweise** rückwirkend ab dem Erbfall ungeschmälert dem die Einkunftsquelle übernehmenden Miterben zugerechnet werden, wenn die Erben eine entsprechende Auseinandersetzungsvereinbarung innerhalb von **sechs Monaten** nach dem Erbfall getroffen haben. Dies gilt auch für Teilerbauseinandersetzungen. Bei rückwirkender Zurechnung laufender Einkünfte ist die Auseinandersetzung steuerlich so zu behandeln, als ob sich die Erbengemeinschaft unmittelbar nach dem Erbfall auseinander gesetzt hätte.[47] Bei einer entsprechenden **Teilungsanordnung** hält die Rechtsprechung auch einen längeren Zeitraum für zulässig, wenn sich die Auseinandersetzung wegen Meinungsverschiedenheiten verzögerte. Auch bei einer Teilungsanordnung sollen aber jedenfalls für Veräußerungsgewinne nach § 16 EStG alle Erben als Mitunternehmer anzusehen sein.[48]

Die Rückwirkung auf den Zeitpunkt des Erbfalls betrifft nur die Zurechnung der laufenden Einkünfte ab Erbfall. Die unentgeltliche Übertragung auf die Erbengemeinschaft und daraus folgend die Entstehung einer aus sämtlichen Miterben bestehenden Mitunternehmerschaft wird dadurch nicht beeinträchtigt. Es liegt Durchgangserwerb vor.[49]

Ist ein Gewerbebetrieb (Einzelunternehmen) aufgrund eines Sachvermächtnisses an einen der Miterben oder einen Dritten (Vermächtnisnehmer) herauszugeben, so sind die nach dem Erbfall bis zur Erfüllung des Vermächtnisses erzielten gewerblichen Einkünfte grundsätzlich den Miterben als Mitunternehmern zuzurechnen. Abweichend von diesem Grundsatz sind die zwischen Erbfall und Erfüllung des Vermächtnisses angefallenen Einkünfte dem Vermächtnisnehmer zuzurechnen, wenn dieser ausnahmsweise schon vor der Erfüllung des Vermächtnisses als wirtschaftlicher Inhaber des Gewerbebetriebs (Unternehmer) anzusehen ist.[50]

Die durch § 2033 Abs. 1 BGB ermöglichte Übertragung des Erbanteils an einer gewerblich tätigen Erbengemeinschaft bedeutet die Veräußerung eines Mitunternehmeranteils i. S. von § 16 Abs. 1 Nr. 2 EStG, und zwar auch dann, wenn der Erwerber ein Miterbe ist. Anschaffungskosten und Veräußerungsgewinn errechnen sich wie bei der Übertragung eines Gesellschaftsanteils.[51] [52]

Scheidet ein Miterbe gegen Abfindung aus der Erbengemeinschaft aus, wächst zivilrechtlich sein Anteil am Gemeinschaftsvermögen den verbliebenen Miterben zu. Wie beim Ausscheiden eines Gesellschafters können hieraus für den Ausscheiden-

---

47 BMF, BStBl 1993 I S. 62/65, Tz. 8.
48 BFH, BStBl 1999 II S. 291 m. w. N.; vgl. aber Reiß, in: Kirchhof, § 16 Rz. 111.
49 BFH, BStBl 1999 II S. 291 m. w. N.
50 BFH, BStBl 1992 II S. 330.
51 BFH, BStBl 1990 II S. 837, 843 m. w. N.
52 S. u. 21.9.1 und 21.9.2.

den ein nach 16,34 begünstigter Veräußerungsgewinn und für die verbliebenen Miterben Anschaffungskosten entstehen.[53]

Wird die Abfindung in Sachwerten geleistet, kann sich auch für die verbliebenen Gesellschafter im Hinblick auf ihre Anteile an den stillen Reserven der hingegebenen Wirtschaftsgüter ein laufender Gewinn ergeben.[54][55] Gelangt die Sachwertabfindung beim Gesellschafter in ein Betriebsvermögen, müssen nach § 6 Abs. 5 Satz 3 EStG die Buchwerte fortgeführt werden.[56] Wird der Ausscheidende mit einem Teilbetrieb abgefunden, ist nach § 16 Abs. 3 Satz 2 EStG der Buchwert fortzuführen, wird er mit einem ganzen Betrieb abgefunden (mehrere Betriebe beim Erblasser), erwirbt er nach § 6 Abs. 3 EStG unentgeltlich von der Erbengemeinschaft.[57]

21.1.3.2 Tod eines Mitunternehmers

Ob **Erben eines Mitunternehmers** anstelle des Erblassers Mitunternehmer werden, hängt von der Erbfolgeregelung und der Vereinbarung im Gesellschaftsvertrag ab.

- **Ist eine Fortsetzungs- oder Nachfolgeklausel im Gesellschaftsvertrag nicht vorgesehen, so wird die GbR durch den Tod eines Gesellschafters aufgelöst** (§ 727 BGB).

  Die Gesellschaft besteht ab Erbfall bis zur Liquidation als Abwicklungsgesellschaft fort. **Die Erben** treten in ihrer Verbundenheit als Erbengemeinschaft anstelle des Erblassers in die Abwicklungsgesellschaft ein.[58] Sie **beziehen als Mitunternehmer der Liquidationsgesellschaft Einkünfte aus Gewerbebetrieb.**

- Bei Fortsetzung der Gesellschaft ohne die Erben (sog. **Fortsetzungsklausel** nach § 138 HGB) wächst die Beteiligung des verstorbenen Gesellschafters den übrigen Gesellschaftern anteilig an (§ 738 BGB). Die Erben erhalten einen zum Nachlass gehörenden schuldrechtlichen Abfindungsanspruch gegen die Gesellschaft. Dies ist mangels abweichender Bestimmung im Gesellschaftsvertrag die gesetzliche Regelung für den Tod des OHG-Gesellschafters, § 131 Abs. 3 HGB, § 139 HGB.

  Einkommensteuerrechtlich liegt in diesem Falle eine entgeltliche Veräußerung des Mitunternehmeranteils des verstorbenen Gesellschafters an die übrigen Gesellschafter auf den Todesfall vor, die zu einem dem Erblasser zuzurechnenden Veräußerungsgewinn i. S. des § 16 EStG führt, soweit der Abfindungs-

---

53 S. u. 21.9.3.
54 BFH, BStBl 1990 II S. 837, 843, BStBl 1996 II S. 194.
55 S. u. 21.9.3.5.
56 S. u. 21.7.2.3.
57 Reiß, in: Kirchhof, § 16 Rz. 115 ff.; zur alten Rechtslage vgl. BMF, BStBl 1993 I S. 62 f.; BFH, BStBl 1995 II S. 700 m. w. N.
58 S. auch BFH, BStBl 1992 II S. 512.

anspruch der Erben gegen die Gesellschaft höher ist als der Buchwert des Gesellschaftsanteils des Erblassers.[59][60] **Die Miterben sind in diesem Fall keine Mitunternehmer geworden.**

● Bei Erbnachfolge eines Alleinerben oder **aller** Miterben (sog. **einfache Nachfolgeklausel**) wird der **Alleinerbe** bzw. werden **sämtliche Miterben zivilrechtlich unmittelbar Gesellschafter.** Da eine Miterbengemeinschaft nicht Mitglied einer werbenden Personengesellschaft sein kann, geht die Beteiligung geteilt nach Erbquoten auf die Erben über. Dies folgt für die Kommanditbeteiligung aus § 177 HGB, bedarf aber sonst der Vereinbarung im Gesellschaftsvertrag.[61] Damit wird jeder Miterbe entsprechend seiner Erbquote unmittelbar Gesellschafter (durch quotale Sonderrechtsnachfolge).

Mitunternehmeranteile, die vom Erblasser gesondert auf die Miterben übergegangen sind, können in die Erbauseinandersetzung einbezogen und abweichend aufgeteilt werden. Ausgleichszahlungen an die weichenden Miterben führen auch in diesem Fall zu Anschaffungskosten.[62]

Etwa bestehende Pflichtteils-, Erbersatz- oder Vermächtnisverbindlichkeiten bilden keine zusätzlichen, im Ergänzungsbereich zu aktivierende Anschaffungskosten.[63] Einkommensteuerrechtlich erwerben die Erben ihre Mitunternehmeranteile, indem der Gesellschaftsanteil des verstorbenen Gesellschafters zum **Buchwert** insgesamt auf den Alleinerben oder anteilig auf die Miterben übergeht (§ 6 Abs. 3 EStG).[64]

Sind mehrere Erben vorhanden und einigen sich diese alsbald nach dem Erbfall, dass nur einer von ihnen (oder einige) in die Gesellschafterstellung nachrückt (vorausgesetzt, der Gesellschaftsvertrag lässt dies zu) und die anderen Miterben aus eigenem Vermögen abfindet, liegt für die weiteren Erben eine Veräußerung nach § 16 Abs. 1 Nr. 2 EStG vor. Die ausscheidenden Miterben waren, wenn auch nur für kurze Zeit, Mitunternehmer und haben ihren Mitunternehmeranteil veräußert.[65] Der dabei erzielte Gewinn ist Veräußerungsgewinn. Der fortführende Miterbe hat in Höhe der geleisteten Abfindung Anschaffungskosten. Soweit die Anschaffungskosten das übernommene Kapitalkonto in der Gesell-

---

59 BFH, BStBl 1994 II S. 227 m. w. N.
60 Zum Veräußerungsgewinn des Erblassers gehört auch der Gewinn aus der „Zwangsentnahme" seines Sonderbetriebsvermögens infolge des durch den Tod herbeigeführten Austritts aus der Mitunternehmerschaft (BFH, BStBl 1998 II S. 290; BFH, BStBl 1994 II S. 290).
61 BFH, BStBl 1992 II S. 510; BFH, BStBl 1992 II S. 512, jeweils m. w. N.; vgl. auch BFH, BStBl 1995 II S. 241.
62 BFH, BStBl 1992 II S. 510.
63 BFH, BStBl 1992 II S. 510, 512.
64 Etwa vorhandenes Sonderbetriebsvermögen des Erblassers unterliegt nicht der Sonderrechtsnachfolge, sondern fällt in den Nachlass und wird daher zivilrechtlich Gesamthandsvermögen der Erbengemeinschaft. Steuerrechtlich haben auch hier die Erben anteilig im Sonderbereich die Buchwerte fortzuführen (BFH, BStBl 1995 II S. 241/243).
65 BFH, BStBl 1990 II S. 837.

schaftsbilanz übersteigen und deshalb auf stille Reserven entfallen, sind sie in einer Ergänzungsbilanz zu aktivieren.

Die Gewinnrealisierung kann vermieden werden, wenn zum Nachlass außer dem Gesellschaftsanteil z. B. noch Privatvermögen gehört und ein Miterbe im Wege der Realteilung[66] den Gesellschaftsanteil, der andere Miterbe das Privatvermögen übernimmt.

● Bei Fortsetzung der Gesellschaft lt. Gesellschaftsvertrag mit einem (oder einigen) **bestimmten** Miterben (sog. **qualifizierte Nachfolgeklausel**) wird zivilrechtlich **nur dieser Miterbe** unmittelbar mit dinglicher Wirkung durch Sonderrechtsnachfolge **Gesellschafter**.[67] Steuerrechtlich hat er die **Buchwerte** des auf ihn übergegangenen Mitunternehmeranteils fortzuführen (§ 6 Abs. 3 EStG).[68]

Der erbrechtliche Wertausgleichsanspruch der anderen Miterben stellt steuerrechtlich keine Anschaffungskosten des Mitunternehmeranteils dar, weil die übrigen Miterben zivilrechtlich zu keinem Zeitpunkt Gesellschafter geworden sind.[69]

Wertausgleichsschulden sind wie auch andere Erbfallschulden (Erbersatzanspruch, Pflichtteilsanspruch und Vermächtnis) selbst insoweit privater Natur, als sie auf Betriebsvermögen beruhen. Sind diese Schulden keine Betriebsschulden, stellen die dafür zu zahlenden Zinsen keine Betriebsausgaben dar.[70]

Dementsprechend sind Darlehen, die zur Finanzierung von Pflichtteilsverbindlichkeiten, Vermächtnisschulden, Erbersatzverbindlichkeiten, Zugewinnausgleichsschulden, Abfindungsschulden nach der Höfeordnung, Abfindungsschulden im Zusammenhang mit der Vererbung eines Anteils an einer Personengesellschaft im Wege der qualifizierten Nachfolgeklausel oder im Wege der qua-

---

66 S. u. 21.15.
67 BFH, BStBl 1992 II S. 512/514 m. w. N.
68 Da Sonderbetriebsvermögen des Erblassers zivilrechtlich nicht im Rahmen der Sonderrechtsnachfolge auf den oder die nachfolgeberechtigten Erben übergeht, vielmehr Gesamthandsvermögen wird, gilt Folgendes:
Soweit das Sonderbetriebsvermögen auf diejenigen Miterben entfällt, die nicht Mitunternehmer geworden sind, liegt eine Entnahme aus dem Sonderbetriebsvermögen vor. Der Entnahmegewinn ist dem Erblasser zuzurechnen (BMF, BStBl 1993 I S. 77). Auch wenn es sich um wesentliches Sonderbetriebsvermögen handelt, liegt hinsichtlich des Gesellschaftsanteiles keine Aufgabe oder Veräußerung nach § 16 EStG vor, sondern der Buchwert ist nach § 6 Abs. 3 EStG vom qualifizierten Miterben fortzuführen (BFH, BStBl 2000 II S. 316).
Setzen sich die Miterben dahin gehend auseinander, dass der qualifizierte Nachfolger auch das Sonderbetriebsvermögen gegen Abfindung als Alleineigentum erhält, so liegen in Höhe der Abfindung Anschaffungskosten vor. Dann hat der qualifizierte Nachfolger das Sonderbetriebsvermögen in der Sonderbilanz mit dem übernommenen Buchwert zzgl. der aufgrund der Abfindung begründeten Anschaffungskosten zu aktivieren (BFH, BStBl 1990 II S. 837). Werden jedoch aufgrund der Auseinandersetzung die nicht nachfolgeberechtigten Miterben Eigentümer der Wirtschaftsgüter des Sonderbetriebsvermögens, verliert zu diesem Zeitpunkt auch der Anteil desjenigen Erben, der Mitunternehmer geworden ist, seine Eigenschaft als Sonderbetriebsvermögen und wird daher von diesem zum Teilwert entnommen (BFH, BStBl 1990 II S. 837).
69 BFH, BStBl 1992 II S. 512/515.
70 BFH, BStBl 1994 II S. 619, 1994 II S. 625, 1995 II S. 413; vgl. auch BMF, BStBl 1994 I S. 603.

lifizierten Eintrittsklausel aufgenommen wurden, keine Betriebsschulden und die dafür zu zahlenden Zinsen keine Betriebsausgaben.[71]

- Bei Fortsetzung der Gesellschaft lt. Gesellschaftsvertrag mit nur einem Teil der Erben mit dem ihrer Erbquote entsprechenden Bruchteil (sog. **Teilnachfolgeklausel**) spaltet sich der Gesellschaftsanteil des Erblassers.

Soweit der Gesellschaftsanteil auf den (die) Nachfolgeerben übergeht, ist steuerrechtlich der Buchwert fortzuführen (§ 6 Abs. 3 EStG); insoweit gelten die Grundsätze der einfachen Nachfolgeklausel.

Der andere Bruchteil wächst den bisherigen Gesellschaftern an, während die nicht nachfolgeberechtigten Miterben einen Abfindungsanspruch gegenüber diesen Gesellschaftern haben. Insoweit gelten die Grundsätze der sog. Fortsetzungsklausel: Der Erblasser erzielt einen Veräußerungsgewinn (§§ 16, 34 EStG), während die bisherigen Gesellschafter in Höhe der den anteiligen Buchwert übersteigenden Abfindung Anschaffungskosten haben.

- Ist im Gesellschaftsvertrag eine **Eintrittsklausel** des Inhalts vereinbart worden, dass ein oder mehrere Erben mit dem Tod eines Gesellschafters das Recht haben, in die Gesellschaft einzutreten, **so wird die Gesellschaft zunächst mit den verbleibenden Gesellschaftern fortgesetzt.** Der Gesellschaftsanteil des verstorbenen Gesellschafters wächst mithin den übrigen Gesellschaftern an, und die **eintrittsberechtigten Erben erben lediglich das Eintrittsrecht.** Hieraus folgt grundsätzlich, dass bei Zahlung einer Abfindung im Fall des Nichteintritts – wie bei der Fortsetzungsklausel – der Erblasser einen tarifbegünstigten Veräußerungsgewinn erzielt. **Wird allerdings das Eintrittsrecht innerhalb von sechs Monaten nach dem Erbfall ausgeübt, so gelten, wenn** alle Erben von ihrem Eintrittsrecht Gebrauch machen, die Ausführungen über die **einfache Nachfolgeklausel, wenn** nur einer oder einige Erben von ihrem Eintrittsrecht Gebrauch machen, die Ausführungen über die **qualifizierte Nachfolgeklausel** entsprechend.[72]

- Ist lt. Gesellschaftsvertrag nur ein (oder einige) **bestimmter** Miterbe berechtigt, Gesellschafter zu werden (sog. **qualifizierte Eintrittsklausel**), und nimmt er sein Eintrittsrecht wahr, treten ertragsteuerrechtlich dieselben Rechtsfolgen ein wie bei der qualifizierten Nachfolgeklausel.

21.1.4 Abfärbung gewerblicher Einkünfte bei Personengesellschaften

Nach § 15 Abs. 3 Nr. 1 EStG gilt als Gewerbebetrieb in vollem Umfang die mit Einkünfteerzielungsabsicht unternommene Tätigkeit einer OHG, einer KG oder einer

---

71 BMF, BStBl 1994 I S. 603 mit Hinweis auf die BFH-Rechtsprechung; vgl. auch BFH, BStBl 1995 II S. 413.
72 BMF, BStBl 1993 I S. 62/76.

anderen Personengesellschaft, wenn die Gesellschaft auch eine Tätigkeit i. S. des § 15 Abs. 1 Nr. 1 EStG ausübt. Andere Personengesellschaft in diesem Sinne sind die atypische stille Gesellschaft, die Partenreederei (Reederei i. S. des § 489 HGB) und die GbR. Es muss sich zivilrechtlich um eine Gesellschaft mit Gesellschaftsvertrag handeln.[73] Daher gilt die mit Einkünfteerzielungsabsicht unternommene Tätigkeit der Erbengemeinschaft sowie der ehelichen Gütergemeinschaft nicht in vollem Umfang als Gewerbebetrieb.[74]

Beispiel
Zum Nachlass gehört ein Gewerbebetrieb, ein Mietwohngrundstück und Kapitalvermögen. Die Erben erzielen im Rahmen der Erbengemeinschaft Einkünfte aus Gewerbebetrieb nach § 15 Abs. 1 Nr. 2 EStG als Mitunternehmer und daneben Einkünfte nach § 21 EStG sowie nach § 20 EStG.

Jede im Rahmen einer Personengesellschaft ausgeübte gewerbliche Tätigkeit führt zur steuerlichen Umqualifizierung der Einkünfte, die durch andere – nicht gewerbliche – Tätigkeiten erzielt werden. Daraus folgt, dass es grundsätzlich auf den Umfang der gewerblichen Tätigkeit im Verhältnis zur nicht gewerblichen Tätigkeit (z. B. freiberufliche Tätigkeit) nicht ankommt. Auch wenn der gewerbliche Anteil an der Gesamttätigkeit geringfügig ist, werden sämtliche Tätigkeiten steuerlich als gewerblich beurteilt.[75] Allerdings soll bei einem „äußerst" geringfügigen Anteil keine Abfärbung eintreten.[76] Hält eine GbR (Obergesellschaft) eine Beteiligung an einer gewerblich tätigen anderen Gesellschaft (Untergesellschaft), so führt schon dies für die Obergesellschaft zur Abfärbung.[77]

Bei Personengesellschaften mit gemischten Tätigkeiten ist grundsätzlich von einem einheitlichen Gewerbebetrieb auszugehen. Im Rahmen dieses so gefärbten Gewerbebetriebs können allerdings einzelne Tätigkeitsbereiche wegen fehlender Gewinnerzielungsabsicht auszuscheiden sein (Segmentierung). Aufwendungen und Erträge, die diesen selbstständigen Teilbereichen zuzuordnen sind, dürfen in den Betriebsvermögensvergleich wegen außerbetrieblicher Veranlassung nicht einbezogen werden.[78]

21.1.5 Gewerblich geprägte Personengesellschaften

Nach § 15 Abs. 3 Nr. 2 EStG gilt als Gewerbebetrieb insgesamt die mit **Einkünfteerzielungsabsicht** unternommene Tätigkeit einer Personengesellschaft, die keine Tätigkeit i. S. des § 15 Abs. 1 Nr. 1 EStG ausübt und bei der ausschließlich eine oder mehrere Kapitalgesellschaften persönlich haftende Gesellschafter sind

---
[73] BFH, BStBl 1989 II S. 797; BFH, BStBl 1995 II S. 171.
[74] Vgl. R 138 Abs. 5 EStR und H 138 (5) EStH.
[75] BFH, BStBl 1995 II S. 171, 172 m. w. N.
[76] BFH, BStBl 2000 II S. 229.
[77] BFH, BStBl 1996 II S. 264; R 138 Abs. 5; zu Vermeidungsstrategien siehe unter Schwesterpersonengesellschaften.
[78] BFH, BStBl 1997 II S. 202.

und nur diese oder Personen, die nicht Gesellschafter sind, zur Geschäftsführung befugt sind. Eine solche Personengesellschaft wird als gewerblich geprägte Personengesellschaft bezeichnet.

Haftet bei einer Personengesellschaft, die keinen Gewerbebetrieb unterhält, neben einer Kapitalgesellschaft oder mehreren Kapitalgesellschaften eine natürliche Person persönlich, wobei unerheblich ist, ob sie auch zur Geschäftsführung befugt ist, ist § 15 Abs. 3 Nr. 2 EStG nicht anwendbar. § 15 Abs. 3 Nr. 2 EStG kann ebenfalls nicht angewendet werden, wenn zwar nur Kapitalgesellschaften persönlich haften, aber eine natürliche Person, die Gesellschafter ist, zur Geschäftsführung befugt ist. Praktisch kann daher § 15 Abs. 3 Nr. 2 EStG leicht vermieden werden, indem einem Kommanditisten Geschäftsführerbefugnis gesellschaftsvertraglich eingeräumt wird (Gewerbebetrieb auf Antrag). Nach Auffassung der Rechtsprechung soll auch eine Innengesellschaft gewerblich geprägt sein können.[79]

§ 15 Abs. 3 Nr. 2 EStG stellte die seit vielen Jahren praktizierte sog. Geprägerechtsprechung[80] auf eine gesetzliche Grundlage. Anlass dazu war die Aufgabe dieser Rechtsprechung durch BFH-Beschluss v. 25. 6. 1984.[81]

Als gewerblich geprägte Personengesellschaft wird auch eine doppelstöckige Personengesellschaft behandelt. Bei der doppelstöckigen Gesellschaft handelt es sich um eine Personengesellschaft, an der anstelle einer Kapitalgesellschaft eine gewerblich geprägte Personengesellschaft als persönlich haftende Gesellschafterin beteiligt ist. Ist eine gewerblich geprägte[82] Personengesellschaft persönlich haftende Gesellschafterin einer anderen Personengesellschaft, so gilt die Tätigkeit dieser Personengesellschaft nach § 15 Abs. 3 Nr. 2 Satz 2 EStG als Gewerbebetrieb, wenn bei ihr die Voraussetzungen des § 15 Abs. 3 Nr. 2 Satz 1 EStG vorliegen.

Beispiele

a) Vermögensverwaltend tätige GmbH & Co. KG I, die durch die GmbH gewerblich geprägt ist (§ 15 Abs. 3 Satz 1 Nr. 2 EStG).

```
                  Kompl.                         K₁ ⎫
   ┌──────┐  ─────────▶  ┌──────────────────┐  ◀──   ⎬ Kommanditisten
   │ GmbH │              │ GmbH & Co. KG I  │        ⎪
   └──────┘              └──────────────────┘  ◀──   ⎭
                                                K₂
```

b) Vermögensverwaltend tätige doppelstöckige GmbH & Co. KG II, die durch die gewerblich geprägte GmbH & Co. KG I gewerblich geprägt ist (§ 15 Abs. 3 Satz 1 Nr. 2 EStG).

---

79 BFH, BStBl 1998 II S. 328; vgl. aber Reiß, in: Kirchhof, § 15 Rz. 137, 230.
80 BFH, BStBl 1966 II S. 171, BStBl 1972 II S. 480, BStBl 1973 II S. 405.
81 BStBl 1984 II S. 751.
82 Es kommt nur auf die Struktur (Haftung, Geschäftsführung) an. Unschädlich ist die Ausübung originär gewerblicher Tätigkeit, BFH v. 8. 6. 2000 – IV R 37/99, DB 2001, 126.

21.1 Gewerbliche Mitunternehmergemeinschaften

```
┌─────────────────┐  Kompl.   ┌──────────────────┐ ←── K₁ ⎫
│ GmbH & Co. KG I │──────────▶│ GmbH & Co. KG II │          ⎬ Kommanditisten
└─────────────────┘           └──────────────────┘ ←── K₂ ⎭
```

Ist die GmbH & Co. KG II alleinige persönlich haftende und geschäftsführende Gesellschafterin einer GmbH & Co. KG III, so ist diese ebenfalls gewerblich geprägt (sog. mehrstöckige GmbH & Co. KG).

Die so genannte Schein-KG (eine zu Unrecht in das Handelsregister eingetragene GbR) ist mangels Haftungsbeschränkung für die vermeintlichen Kommanditisten[83] keine gewerblich geprägte Personengesellschaft. Die entgegenstehende frühere BFH-Rechtsprechung ist überholt.[84] Allerdings ist zu beachten, dass die nach §§ 161, 105 Abs. 2 HGB in das Handelsregister eingetragene vermögensverwaltende KG nunmehr eine echte KG ist, bei der die Kommanditisten nicht persönlich unbeschränkt haftende Gesellschafter sind.

21.1.6 Doppelstöckige Personengesellschaften

Von einer doppelstöckigen Personengesellschaft wird gesprochen, wenn an einer Personengesellschaft (sog. Untergesellschaft) eine andere Personengesellschaft (so genannte Obergesellschaft) als Gesellschafter beteiligt ist. Bei der GbR ist zivilrechtlich umstritten, ob diese selbst Gesellschafter sein kann. Verneinendenfalls wären ihre Gesellschafter zivilrechtlich die wahren Gesellschafter an der Untergesellschaft. Bei der OHG und KG ist hingegen zivilrechtlich unstrittig, dass diese selbst und nicht erst ihre Gesellschafter die Gesellschafter der Untergesellschaft sind.

Steuerlich bestimmt § 15 Abs. 1 Satz 1 Nr. 2 Satz 2 EStG, dass bei einer doppelstöckigen (oder sogar mehrstöckigen) Personengesellschaft „der mittelbar über eine (doppelstöckige) oder mehrere Personengesellschaften (Obergesellschaften) beteiligte (an der Untergesellschaft) Gesellschafter dem unmittelbar (an der Untergesellschaft) beteiligten Gesellschafter gleichsteht". Als Rechtsfolge bestimmt § 15 Abs. 1 Satz 1 Nr. 2, 2. Halbsatz EStG, dass auch der mittelbare Gesellschafter als **Mitunternehmer der Untergesellschaft** anzusehen ist. Allerdings setzt dies tatbestandsmäßig voraus, dass der mittelbare Gesellschafter

- **Mitunternehmer in der Obergesellschaft** ist (an dieser ist er als Gesellschafter beteiligt) und

---

[83] Dazu BGH, DStR 1999, 1704.
[84] BMF, BStBl 2000 I S. 1198 mit Übergangsregelungen wegen BFH, BStBl 1987 II S. 553.

21 Personengesellschaften

- die vermittelnde **Obergesellschaft Mitunternehmer** (des Betriebes) **der Untergesellschaft** ist.

Der Zweck dieser Regelung besteht unstrittig darin, den nur mittelbar über eine Obergesellschaft beteiligten Gesellschafter hinsichtlich der von der Untergesellschaft unmittelbar erhaltenen **Sondervergütungen** sowie hinsichtlich seiner dem Betrieb der Untergesellschaft dienenden Wirtschaftsgüter (Sonderbetriebsvermögen) dem unmittelbar beteiligten Gesellschafter gleichzustellen. Die Vergütungen sollen also mit allen Konsequenzen sowohl für die ESt als auch die GewSt als **gewerbliche Einkünfte der mittelbaren Gesellschafter bei der Untergesellschaft** behandelt werden und ebenso die **Wirtschaftsgüter als sein Sonderbetriebsvermögen bei der Untergesellschaft.** Diese Regelung erschien dem Gesetzgeber notwendig, weil die Rechtsprechung nur die Obergesellschaft und nicht deren Gesellschafter als Mitunternehmer der Untergesellschaft behandelte.[85] Dadurch konnte die doppelstöckige Personengesellschaft eingesetzt werden, um Sondervergütungen und Sonderbetriebsvermögen zu vermeiden (sog. Abschirmwirkung). Dem ist der Gesetzgeber mit § 15 Abs. 1 Satz 1 Nr. 2 Satz 2 EStG entgegengetreten.

Danach ergibt sich nunmehr folgende unstrittige steuerliche Behandlung für den steuerlichen Gewinn und das steuerliche Betriebsvermögen bei der Untergesellschaft:

- **Gesellschaftsvermögen und Gesellschaftsgewinn der Untergesellschaft;** der Gewinn ist anteilig auf die **unmittelbaren Gesellschafter und Mitunternehmer der Untergesellschaft** aufzuteilen. Die **Obergesellschaft** ist insoweit als **Mitunternehmer der Untergesellschaft** zu behandeln.

- **Sondergewinne und Sonderbetriebsvermögen der unmittelbaren Gesellschaftermitunternehmer** einschließlich der **Obergesellschaft;** diese sind den jeweiligen Mitunternehmern allein zuzurechnen.

- **Sondergewinne und Sonderbetriebsvermögen der mittelbaren Gesellschaftermitunternehmer,** also der Gesellschafter der Obergesellschaft, vorausgesetzt, dass sie dort Mitunternehmer sind; diese sind den jeweiligen Gesellschaftermitunternehmern allein zuzurechnen.

Verfahrensrechtlich ist insoweit hinsichtlich dieser Gewinnkomponenten auf der **Ebene der Untergesellschaft** eine **einheitliche und gesonderte Gewinnfeststellung** nach §§ 179, 180 AO durchzuführen.

Auf der **Ebene der Obergesellschaft ist eine (zweite) eigene einheitliche und gesonderte Gewinnfeststellung** durchzuführen. In diese gehen ein:

➡ (ein eventueller) **eigener Gewinn** (einschließlich Beteiligungserträge aus anderen Gesellschaften);

---
[85] BFH [GrS] BStBl 1991 II S. 691 – daraufhin Einfügung von § 15 Abs. 1 Satz 1 Nr. 2 Satz 2 durch das StÄndG 1992 mit Wirkung ab 1. 1. 1992.

21.1 Gewerbliche Mitunternehmergemeinschaften

- **der Gewinnanteil am Gesellschaftsgewinn der Untergesellschaft** (aus Feststellungsbescheid bei Untergesellschaft zu übernehmen, § 175 Abs. 1 Nr. 1 AO);
- **Sondergewinne der Obergesellschaft** als Mitunternehmer an der Untergesellschaft (aus Feststellungsbescheid bei der Untergesellschaft zu übernehmen, § 175 Abs. 1 Nr. 1 AO);
- **Sondergewinne und Sonderbetriebsvermögen der Mitunternehmer an der Obergesellschaft.**

Beispiel
O1 und O2 sind Gesellschafter der O-KG (Gewinnverteilung 50:50). Diese ist ihrerseits Gesellschafter der U-OHG, an der außerdem noch U1 und U2 beteiligt sind (Gewinnverteilung 1:1:1). O1 ist als Prokurist bei der U-OHG angestellt. Diese hat ihm neben dem laufenden Gehalt auch eine Pensionszusage erteilt. O2 hat an die U-OHG ein Grundstück vermietet. Die O-KG hat der U-OHG Lizenzen für ein Patent gewährt. U1 hat ein Grundstück an die U-OHG und ein weiteres Grundstück an die O-KG vermietet.

Bei der U-OHG sind in die einheitliche und gesonderte Gewinnfeststellung einzubeziehen und zu verteilen:
1. Gesellschaftsgewinn (1:1:1 auf O-KG, U1 und U2)
2. Sondergewinne für O-KG (Lizenzgebühren) und U1 (Mieten für an U-OHG vermietetes Grundstück)
3. Sondergewinne für O1 (laufendes Gehalt und Zuführung Pensionsrückstellung) und O2 (Mieten Grundstück)

Bei der O-KG sind in die einheitliche und gesonderte Gewinnfeststellung einzubeziehen:
1. Ihr eigener sonstiger Gewinn (50:50 auf O1 und O2)
2. Ihr Gewinnanteil an der U-OHG bestehend aus Anteil am Gesellschaftsgewinn und Sondergewinn Lizenzgebühren (zu verteilen 50:50 auf O1 und O2)

Hinweis: Die Vermietung durch U1 an die O-KG führt nicht zu Sondergewinnen, weil U1 an der O-KG auch nicht mittelbar beteiligt ist. Für die O-KG liegen normale Betriebsausgaben vor, für U1 Einkünfte aus VuV.

Zu beachten ist, dass die Obergesellschaft bereits durch das Halten einer Beteiligung an einer Untergesellschaft mit gewerblichen Einkünften ihrerseits gewerbliche Mitunternehmerschaft wird (Abfärbewirkung)[86] und dass auch bei einer Unterbeteiligung am Mitunternehmeranteil bei der Untergesellschaft[87] eine doppelstöckige Personengesellschaft vorliegt. Für § 10 a GewStG folgert die Rechtsprechung aus der Mitunternehmerstellung der Obergesellschaft, dass ein Gesellschafterwechsel bei der Obergesellschaft ohne Bedeutung für den Verlustvortrag nach § 10 a GewStG bei der Untergesellschaft ist.[88]

---

86 BFH, BStBl 1996 II S. 264.
87 BFH, BStBl 1998 II S. 137.
88 BFH, BStBl 1999 II S. 794; BFH v. 29. 8. 2000 VIII R 1/00; a. A. Reiß, in: Kirchhof, § 15 Rz. 422.

21.1.7 Schwesterpersonengesellschaften

Von Schwesterpersonengesellschaften ist die Rede, wenn nebeneinander zwei oder mehrere selbstständige Personengesellschaften bestehen, an denen ganz oder teilweise dieselben Gesellschafter beteiligt sind.

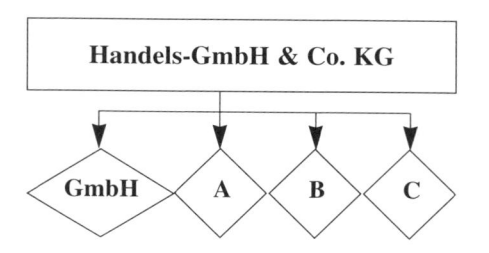

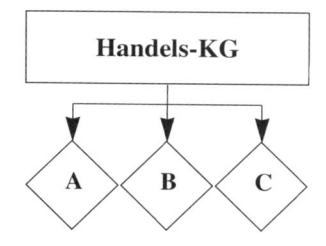

```
┌─────────────────────────┐      ┌─────────────────────────┐
│   Handels-GmbH & Co. KG │      │      Handels-KG         │
└─────────────────────────┘      └─────────────────────────┘
    │    │    │    │                  │    │    │
    ▼    ▼    ▼    ▼                  ▼    ▼    ▼
  ◇GmbH◇ ◇A◇ ◇B◇ ◇C◇               ◇A◇  ◇B◇  ◇C◇
```

Die Gesellschafter von Schwesterpersonengesellschaften sind **nur** Mitunternehmer jeweils ihrer eigenen PersG und im **Unterschied** zur doppelstöckigen Personengesellschaft **nicht** im Wege mittelbarer Betrachtung gleichzeitig Mitunternehmer der anderen PersG. Der Unterschied besteht darin, dass bei Schwestergesellschaften nicht die eine Gesellschaft an der anderen beteiligt ist.

Der BFH geht davon aus, dass eine mitunternehmerisch, mithin selbst **gewerblich** tätige PersG **Gewinnermittlungssubjekt** ist und dass deren Wirtschaftsgüter dementsprechend nur zu ihrem Betriebsvermögen gehören können. Dies schließt es aus, dass die fraglichen Wirtschaftsgüter **Sonderbetriebsvermögen** bei einer anderen PersG sind, und zwar auch dann nicht, wenn an beiden PersG ganz oder teilweise dieselben Gesellschafter beteiligt sind. Es handelt sich selbst dann um zwei verschiedene Mitunternehmerschaften, wenn Beteiligungsidentität gegeben ist.[89]

Auf die **Rechtsform** kommt es dabei **nicht** an. Dementsprechend wendet der BFH die Grundsätze zur Beurteilung von gewerblich selbstständig tätigen Schwester-PersG an auf

a) Personenhandelsgesellschaften (OHG, KG),
b) gewerblich tätige Gesellschaften bürgerlichen Rechts,
c) gewerblich geprägte PersG (§ 15 Abs. 3 Nr. 2 EStG),[90]
d) gewerblich geprägte atypisch stille Gesellschaften,[91]
e) vermögensverwaltende GbR, die aufgrund mitunternehmerischer Betriebsaufspaltung gewerblich tätig sind.[92]

---
[89] BFH, BStBl 1999 II S. 348; BFH, BStBl 1998 II S. 325 m. w. N.
[90] BFH, BStBl 1996 II S. 82.
[91] BFH, BStBl 1998 II S. 328.
[92] BFH, BStBl 1999 II S. 483; BFH, BStBl 1996 II S. 82, 93; Übergangsregelung BMF, BStBl 1998 I S. 583.

21.1 Gewerbliche Mitunternehmergemeinschaften

Daher sind Vergütungen für Dienstleistungen (z. B. Beratungsleistungen) einer PersG (z. B. GbR) an eine beteiligungsidentische SchwesterPersG (z. B. KG) **nicht** von § 15 Abs. 1 Nr. 2, 2. Halbsatz EStG als **Sonderbetriebseinnahmen** der Gesellschafter mit gewerbesteuerlicher Wirkung bei der KG zu erfassen. Stattdessen sind die Vergütungen für die fraglichen Leistungen in der **Gewinnermittlung** der leistenden Gesellschaft (GbR) als Erlöse zu beurteilen und **ihren** Gesellschaftern nach Maßgabe des Gewinnverteilungsschlüssels zuzurechnen.

Dies gilt jedenfalls dann, wenn die Leistungen **fremdüblich** vereinbart und abgewickelt werden.

Voraussetzung für diese Beurteilung ist allerdings, dass es sich jeweils um **gewerblich** tätige Mitunternehmerschaften handelt. Dementsprechend ist bei einer nur **vermögensverwaltend tätigen GbR** weiterhin der Vorrang des § 15 Abs. 1 Nr. 2 EStG bei der gewerblich tätigen PersG zu beachten. Das Gleiche gilt für die Vermögensgegenstände einer lediglich **freiberuflich** tätigen Gesellschaft oder auch bei **land- und forstwirtschaftlich** tätigen GbR. Hier können zwar SchwesterPersG zur Trennung von Tätigkeiten und zur Vermeidung der Abfärbetheorie gegründet werden (vgl. unten zur Abfärbetheorie), Sonderbetriebsvermögen im Falle der Überlassung an eine gewerblich tätige SchwesterPersG kann damit jedoch nicht verhindert werden.

Beispiel

Kommanditisten der Bau-GmbH & Co. KG sind X + Z, die auch zugleich gemeinschaftlich ein Architekturbüro in der Rechtsform einer GbR betreiben. Die XZ-GbR führt Architektenleistungen an die KG gegen Entgelt aus.

Die Vergütungen für die Leistungen des Architekturbüros an die Bau-KG sind auch bei fremdüblicher Gestaltung nicht nach § 18 EStG im Rahmen der Gewinnermittlung der GbR zu erfassen, sondern stellen Sonderbetriebseinnahmen von X und Z dar, die ihnen als Mitunternehmer der Bau-KG mit gewerbesteuerlicher Wirkung zuzurechnen sind.

Entsprechendes gilt für land- und forstwirtschaftlich tätige PersG, die Leistungen an gewerblich tätige beteiligungsidentische SchwesterPersG ausführen.

Die vorstehenden Grundsätze gelten ebenfalls, wenn eine gewerblich tätige PersG an eine ganz oder teilweise beteiligungsidentische SchwesterPersG Darlehen gewährt und Vergütungen in **fremdüblicher Weise** dafür bezieht.[93] Beachtlich ist dabei, dass eine fremdübliche Darlehensgewährung nur vorliegt, wenn neben einer **angemessenen Verzinsung** auch eine **Tilgungsabrede** besteht und eingehalten wird. Außerdem muss eine ausreichende **Besicherung** der Schuld vereinbart sein.[94]

Ein **Forderungsausfall** oder eine **Wertberichtigung** der Forderung ist in diesen Fällen bei der Darlehensgläubigerin **gewinnmindernd** zu erfassen.[95]

---
93 BFH, BStBl 1992 II S. 375.
94 BFH, BStBl 1996 II S. 642.
95 BFH, BStBl 1995 II S. 589.

Auch im Falle der **Überlassung** von **Wirtschaftsgütern zur Nutzung durch Vermietung oder Verpachtung** zwischen gewerblich tätigen SchwesterPersG greift § 15 Abs. 1 Nr. 2, 2. Halbsatz EStG grundsätzlich nicht ein. Das führt insbesondere dazu, dass die fraglichen Wirtschaftsgüter weiterhin bei **der** PersG Betriebsvermögen bleiben und zu bilanzieren sind, bei **der** sie zum Gesellschaftsvermögen gehören. **Sonderbetriebsvermögen** liegt folglich nicht vor.

Beispiel

Kommanditisten der Bau-GmbH & Co. KG sind X + Z. Sie sind auch Gesellschafter einer Baustoffhandels-OHG, die an die Bau-KG bei Bedarf Fahrzeuge vermietet.

Die Vergütungen für die Überlassung der Fahrzeuge sind nach allgemeinen Grundsätzen Mietaufwand der Bau-KG und Mietertrag der OHG. Die Fahrzeuge gehören in vollem Umfang zum Betriebsvermögen der OHG.

Von besonderer Bedeutung ist, dass die Vermietung und Verpachtung von Grundstücken im Rahmen einer mitunternehmerischen Betriebsaufspaltung wegen der gewerblichen Tätigkeit des vermietenden Besitzunternehmens nach nunmehr zutreffender Auffassung ebenfalls nach diesen Regeln zu behandeln ist[96] (sog. **Vorrang der mitunternehmerischen Betriebsaufspaltung**).

Von einer mitunternehmerischen Betriebsaufspaltung ist die Rede, wenn die Betriebs-/Vertriebsgesellschaft eine **Personengesellschaft** ist und diese von einer anderen PersG (i. d. R. = GbR) wesentliche Betriebsgrundlagen pachtet, wobei an der Besitzgesellschaft und an der Betriebsgesellschaft ganz oder mindestens überwiegend dieselben Personen beteiligt sind, sodass eine mitunternehmerische Betriebsaufspaltung mit SchwesterPersG vorliegt.

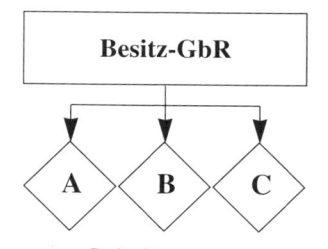

```
        Besitz-GbR                           Handels-KG
      ┌──┬──┬──┐                          ┌──┬──┬──┐
      │A │ B│ C│                          │A │ B│ C│
      └──┴──┴──┘                          └──┴──┴──┘
```

Beispiel

A + B + C sind mit Anteilen von jeweils ¹/₃ Gesellschafter der Grundstücks-GbR, die ihren Grundbesitz an die ABC-KG vermietet hat.

Folgen:

▶ Die Wirtschaftsgüter gehören zum Betriebsvermögen der BesitzPersG.

▶ Miet- oder Pachtzahlungen sind Erträge der BesitzPersG.

---

96 Vgl. BFH, BStBl 1999 II S. 483; BMF, BStBl 1998 I S. 583 gegen früher BFH, BStBl 1985 II S. 622; BMF, BStBl 1996 I S. 82.

21.1 Gewerbliche Mitunternehmergemeinschaften

▶ Die BesitzPersG unterliegt selbstständig der Gewerbesteuer und erhält einen Staffelfreibetrag (§ 11 GewStG).

▶ Soweit unter Befolgung der nunmehr überholten früheren Rechtsprechung Wirtschaftsgüter in Sonderbilanzen der PersG geführt wurden, sind diese zu Buchwerten in die Bilanz des Besitzunternehmens zurückzuführen.

Der Umstand, dass Schwesterpersonengesellschaften trotz Beteiligungsidentität selbstständige Gewinnermittlungssubjekte sind, ist geeignet, Personengesellschaften mit verschiedenen Tätigkeiten aus der **Abfärbung** des § 15 Abs. 3 Nr. 1 EStG zu führen. Dies gilt für land- und forstwirtschaftlich tätige PersG ebenso wie für freiberufliche Sozietäten, aber auch für lediglich vermögensverwaltende BesitzPersG ohne gewerbliche Prägung. Dafür sind folgende Überlegungen von Bedeutung:

Soweit Personengesellschaften ihrerseits eine Beteiligung an einer anderen Personengesellschaft halten, ist die beteiligte PersG als **Obergesellschaft** selbst Mitunternehmerin ihrer **Untergesellschaft**. Darüber hinaus sind auch die Gesellschafter der Obergesellschaft im Wege mittelbarer Beteiligung Mitunternehmer der Untergesellschaft.[97]

Dies bereitet wegen der Abfärbung nach § 15 Abs. 3 Nr. 1 EStG Probleme, wenn die Obergesellschaft eine nicht gewerblich tätige Personengesellschaft ist, die an einer gewerblich tätigen PersG (Untergesellschaft) beteiligt ist.[98]

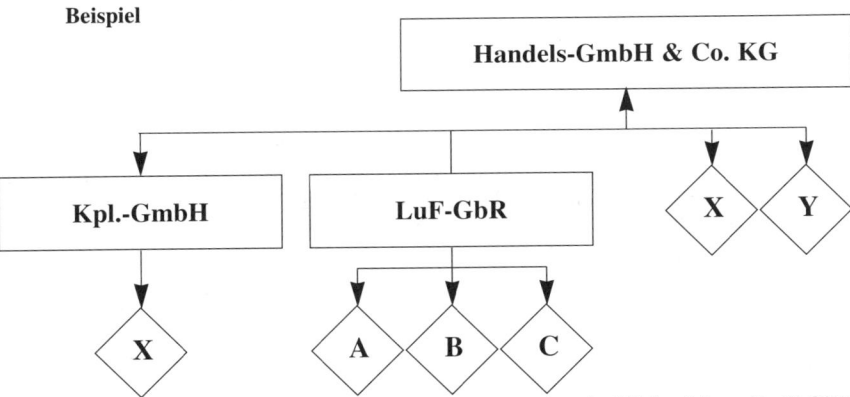

Beispiel

```
                    Handels-GmbH & Co. KG
                            ▲
         ┌──────────────────┼──────────────────┐
         │                  │                  │
    Kpl.-GmbH           LuF-GbR             X    Y
         │                  │
         ▼                  ▼
         X               A  B  C
```

Die Gesellschafter der im übrigen land- und forstwirtschaftlich tätigen LuF-GbR sind als gewerblich tätige Mitunternehmer zu beurteilen, weil die GbR an einer gewerblich tätigen Personengesellschaft beteiligt ist. Dies betrifft alle Personenvereinigungen, die

▶ land- und forstwirtschaftlich,

---
97 Siehe 21.1.6.
98 BFH, BStBl 1995 II S. 171; BFH, BStBl 1996 II S. 264.

21 Personengesellschaften

◆ freiberuflich oder
◆ lediglich vermögensverwaltend

tätig sind und Beteiligungen an gewerblich tätigen PersG halten.

1. Beispiel
Die landwirtschaftlich tätige Viehzucht-GbR ist als Kommanditist beteiligt an der Viehhandels-GmbH & Co. KG. Die Gewinne aus der Viehzucht betragen 200, der Gewinnanteil aus der Beteiligung beträgt 80.
Die gewerbesteuerpflichtigen Einkünfte der GbR betragen 280.

2. Beispiel
Eine Steuerberatersozietät ist beteiligt an einer atypisch stillen Gesellschaft, die sich mit der gewerblichen Betreuung von Bauherrenmodellen befasst.
Die Sozietät erzielt insgesamt gewerbliche Einkünfte.

Die Folgen der Abfärbung lassen sich durch Gründung von SchwesterPersG vermeiden.

Beispiel

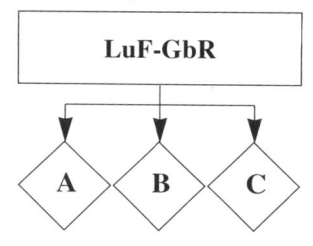

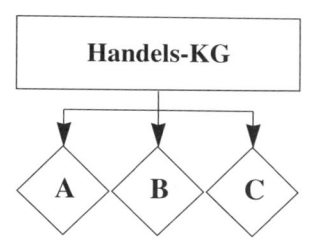

```
        LuF-GbR                           Handels-KG
       /   |   \                         /    |    \
      A    B    C                       A     B     C
```

A + B + C erzielen mit der GbR land- und forstwirtschaftliche Einkünfte und mit der KG gewerbliche Einkünfte, denn SchwesterPersG werden getrennt beurteilt. Entsprechendes gilt für den Fall, dass die Anteile lediglich zum Betriebsvermögen einer SchwesterPersG gehören.

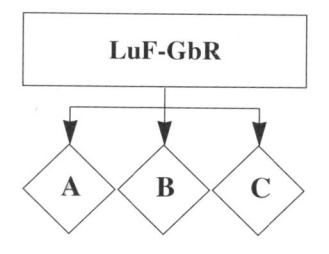

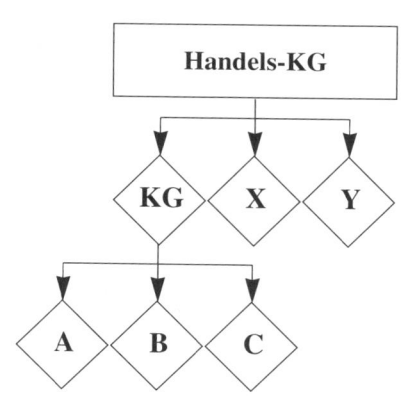

```
        LuF-GbR                           Handels-KG
       /   |   \                         /    |    \
      A    B    C                       KG    X     Y
                                       /  |  \
                                      A   B   C
```

21.1 Gewerbliche Mitunternehmergemeinschaften

A + B + C erzielen mit ihrer LuF-GbR nach wie vor land- und forstwirtschaftliche Einkünfte. Die Tatsache, dass sie selbst gleichzeitig an einer KG beteiligt sind, die ihrerseits eine Beteiligung an einer gewerblich tätigen KG hält, ist nicht schädlich im Sinne der Abfärbetheorie.

Ebenso wie die gewerbliche Infektion der Einnahmen (Abfärbetheorie) durch das Halten einer Beteiligung an einer gewerblich tätigen PersG durch Gründung von SchwesterPersG vermieden werden kann, ist dies auch bei PersG mit **verschiedenen Tätigkeiten** möglich.

Eine PersG etwa, die sowohl Land- und Forstwirtschaft betreibt und gleichzeitig einen Handelsbetrieb mit erheblichem Zukauf[99] fremder Erzeugnisse unterhält, ist nach § 15 Abs. 3 Nr. 1 EStG insgesamt gewerblich tätig. Die Gründung einer SchwesterPersG, auf die die „schädliche" gewerbliche Tätigkeit ausgegliedert wird, ermöglicht es den Beteiligten, die nunmehr „reine" nur **freiberuflich** oder **land- und forstwirtschaftlich** tätige PersG gewerbesteuerfrei zu fahren. Die Übertragung von Wirtschaftsgütern zwischen den beiden Gesellschaften ist bei Beteiligungsidentität zu Buchwerten nach § 6 Abs. 5 Satz 3 EStG ab 1. 1. 2001 wieder zulässig.

Entsprechendes gilt für freiberufliche Tätigkeiten im Rahmen einer Sozietät (sog. **Ausgliederungsmodell**).

Beispiel

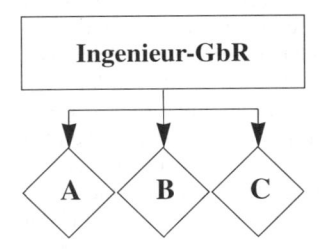

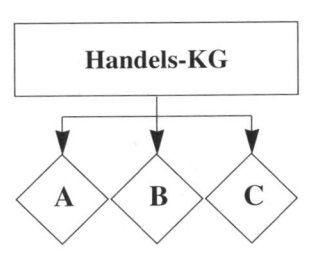

```
┌─────────────────────┐              ┌─────────────────────┐
│   Ingenieur-GbR     │              │     Handels-KG      │
└─────────────────────┘              └─────────────────────┘
    │     │     │                        │     │     │
   ◇A◇  ◇B◇  ◇C◇                      ◇A◇  ◇B◇  ◇C◇
```

Bei der **Ausgliederung** von gewerblichen Aktivitäten in SchwesterPersG müssen die folgenden **Voraussetzungen** beachtet werden:[100] Die Tätigkeiten der beiden Gesellschaften müssen eindeutig voneinander abgegrenzt sein. Zu diesem Zweck sind **Gesellschaftsverträge** so zu gestalten, dass eine **wirtschaftliche, finanzielle und organisatorische Unabhängigkeit** sichergestellt ist. Es sind **getrennte Aufzeichnungen** zu führen bzw. voneinander **unabhängige Buchführungen** einzurichten. Jede Gesellschaft muss über **eigene Bankverbindungen** verfügen und **mit eigenen Rechnungsformularen** arbeiten.

---
99 R 135 EStR.
100 BMF, BStBl 1997 I S. 566.

21.2 Besonderheiten in Buchführung und Jahresabschluss

21.2.1 Kapitalkonten für jeden Gesellschafter

Die laufende Buchhaltung der Personengesellschaften weist im Vergleich zur Buchführung der Einzelfirmen keine wesentlichen Besonderheiten auf. Es werden lediglich getrennte Kapitalkonten für jeden Mitunternehmer geführt. Wie bei Einzelfirmen ist das Kapital variabel. Es verändert sich durch Entnahmen, Einlagen, Gewinne und Verluste.

Nach der gesetzlichen Regelung (§ 120 Abs. 2 HGB) hat jeder Gesellschafter einer Personenhandelsgesellschaft nur einen einzigen variablen Kapitalanteil. Abweichend davon hat die Vertragspraxis in Anlehnung an das Recht der Kapitalgesellschaften das System der festen Kapitalanteile und der geteilten Kapitalkonten entwickelt. Danach wird für jeden Gesellschafter ein festes Kapitalkonto geführt und daneben ein zweites – variables – Kapitalkonto, das der Verrechnung der Entnahmen, Einlagen und Gewinnanteile dient. Die Bezeichnung für dieses Konto schwankt u. a. Kapitalkonto II, aber auch Verrechnungskonto, Privatkonto, Seperatkonto. Das Problem liegt darin, Eigenkapitalkonten von Forderungs- und Verbindlichkeitskonten klar abzugrenzen. Diese Problematik besteht nur bei Personengesellschaften, weil hier im Gegensatz zum Einzelunternehmer Forderungen und Verbindlichkeiten zwischen Personengesellschaft und Gesellschafter bestehen können. Bei der Kapitalgesellschaft bestehen umgekehrt keine Kapitalkonten der Gesellschafter. Bei den unklaren Bezeichnungen Verrechnungskonto, Privatkonto usw. muss daher anhand des Gesellschaftsvertrages oder anderer Vereinbarungen festgestellt werden, **ob** es sich um variable Kapitalkonten oder um Forderungs- (Darlehens-) bzw. Verbindlichkeitskonten handelt.[101] Konten, über die Verluste abgewickelt wurden, sind immer Kapitalkonten. An sich gilt dies gleichermaßen für Konten, über die Gewinnanteile, Entnahmen und Einlagen abgewickelt werden. Allerdings kann der Gewinnanteil gesellschaftsrechtlich bereits dadurch entnommen werden, dass er einem Forderungskonto des Gesellschafters = Verbindlichkeit der Gesellschaft gutgeschrieben wird.

Auf unklaren Konten ausgewiesene Beträge stellen dann Eigenkapital dar, wenn künftige Verluste mit diesen Konten bis zur vollen Höhe – auch mit Wirkung gegenüber den Gesellschaftsgläubigern – zu verrechnen sind, wenn sie im Falle eines Konkurses der Gesellschaft nicht als Konkursforderung geltend gemacht werden können oder wenn sie bei einer Liquidation der Gesellschaft erst nach Befriedigung aller Gesellschaftsgläubiger auszugleichen sind.[102]

---

101 BFH, BStBl 1988 II S. 551.
102 BFH, BStBl 1997 II S. 36, BStBl 1997 II S. 277; vgl. auch BMF, BStBl 1997 I S. 627.

21.2.2 Feste Konten für Kommanditeinlagen

Während nach der gesetzlichen Regelung der Kapitalanteil des Gesellschafters einer OHG oder des Komplementärs variabel ist (§ 120 Abs. 2 HGB), wird dem Kapitalanteil des Kommanditisten der Gewinn nur so lange gutgeschrieben, als der Kapitalanteil den Betrag der bedungenen Einlage nicht erreicht (§ 167 Abs. 2 HGB). Nach Erreichen des Betrags der bedungenen Einlage wird das Kapitalkonto festgeschrieben. Gewinne darf der Kommanditist bei voll eingezahlter Einlage entnehmen, soweit durch frühere Verluste das Kapitalkonto nicht unter die bedungene Einlage gesunken ist. Gutgeschriebene Gewinnanteile stellen dann handelsrechtlich eine Verbindlichkeit gegenüber dem Kommanditisten dar und müssen auf einem besonderen Darlehens- oder Verbindlichkeitenkonto aufgenommen werden (§ 169 Abs. 1 HGB). Bei späteren Verlusten der Gesellschaft ist der Kommanditist zur Rückzahlung der in der Vergangenheit bezogenen Gewinne nicht verpflichtet (§ 169 Abs. 2 HGB).[103]

Die auf einem solchen Schuldkonto gebuchten Beträge sind nicht Teil der Kommanditeinlage, sondern echte Verbindlichkeiten. Das ist im Konkursfalle von Bedeutung. Der Kommanditist ist wegen dieser **Forderungen** Konkursgläubiger.

Wurde jedoch für die Kommanditisten abweichend von der gesetzlichen Regelung gleichfalls das System der festen Kapitalanteile und der geteilten Kapitalkonten vereinbart und werden auch Verluste auf dem separat geführten Gesellschafterkonto (**Kapital II**) verrechnet, so spricht dies grundsätzlich für die Annahme eines Eigenkapitalkontos. Damit ist der Kommanditist gerade kein Gläubiger, auch nicht im Falle der Insolvenz der KG. Das ergibt sich aus § 120 Abs. 2 HGB, wonach der Kapitalanteil begrifflich aus der ursprünglichen Einlage, den späteren Gewinnen und Verlusten sowie aus den Entnahmen besteht. Damit werden stehen gelassene Gewinne, soweit vertraglich nichts anderes vereinbart ist, **wie** eine Einlage behandelt; sie begründen keine Forderung gegen die Gesellschaft. Verluste mindern die Einlage; sie mindern dagegen keine Forderung des Gesellschafters gegen die Gesellschaft. Dann stellt die Einlage einschließlich der stehen gelassenen Gewinne und abzüglich der Verluste und der Entnahmen für die Gesellschaft Eigen- und kein Fremdkapital dar.[104]

Die Guthaben auf den „Kapitalkonten II" der Kommanditisten weisen jedoch Forderungen gegen die KG und keine Beteiligung an der Gesellschaft aus, wenn auf diesen Konten zwar Gewinnanteile gutgeschrieben sowie „Entnahmen" (zivilrechtlich handelt es sich dann nicht um gesellschaftsrechtliche Entnahmen aus dem Eigenkapital, sondern um die Begleichung einer Forderung!) gebucht werden, nach dem Gesellschaftsvertrag aber die Kapitalkonten I die Haftsumme darstellen und auf

---
103 BFH, BStBl 1982 II S. 211.
104 BFH, BStBl 1988 II S. 551, BStBl 1993 II S. 594, BStBl 1997 II S. 36 und S. 277; BMF, BStBl 1997 I S. 627; BFH, BStBl 2000 II S. 390.

diesen die Verluste erfasst werden.[105] Gleiches gilt, wenn die Gesellschafter im Verlustfall nach dem Gesellschaftsvertrag Nachschüsse leisten müssen und die nachzuschießenden Beträge gemäß §§ 387 ff. BGB durch Aufrechnung mit Gesellschafterforderungen zu erbringen sind.[106]

Beispiel

Die X-KG weist, bezogen auf den Kommanditisten A, in der Bilanz zum 31. 12. 02 folgende Positionen aus:

A	KG-Bilanz 31. 12. 02 (Auszug)		P
		Kommanditeinlage A	100 000 DM
		Verbindlichkeiten A	70 000 DM

A	Sonderbilanz A 31. 12. 02		P
Forderung KG	70 000 DM	Kapital	70 000 DM

Von dem Verlust 03 in Höhe von 500 000 DM entfallen auf den Kommanditisten A 170 000 DM. Nach dem Gesellschaftsvertrag sind die Gesellschafter im Verlustfall zum Nachschuss verpflichtet. A hat seine Nachschussverpflichtung von 170 000 DM in Höhe von 70 000 DM durch Verrechnung mit seiner Forderung gegenüber der KG und in Höhe von 100 000 DM durch Überweisung zu erfüllen.

A	KG-Bilanz 31. 12. 03 (Auszug)		P
Forderung A	100 000 DM	Kommanditkapital A	100 000 DM

A	Sonderbilanz A 31. 12. 03		P
Kapital	100 000 DM	Verbindlichkeiten KG	100 000 DM
	170 000 DM		170 000 DM

Das als „Verbindlichkeiten A" bezeichnete, separat geführte Gesellschafterkonto beinhaltet eine individualisierte Gesellschafterforderung (= Fremdkapital) und kein Eigenkapital der KG, weil der Gesellschafter im Verlustfall vertraglich zum Nachschuss verpflichtet ist und die nachzuschießenden Beträge durch Aufrechnung mit Gesellschafterforderungen und Nachzahlung zu erbringen sind. Nach Aufrechnung verbleibt daher eine Forderung der KG gegenüber A in Höhe von 100 000 DM.

21.2.3 Ausstehende Einlagen

Ausstehende eingeforderte Pflichteinlagen von Gesellschaftern können in Anlehnung an die Bilanzierung bei Kapitalgesellschaften auf der Aktivseite der Bilanz als solche ausgewiesen werden oder auf der Passivseite offen von den Kapitalanteilen abgesetzt werden. Werden auch nicht eingeforderte Pflichteinlagen bilanziert, so ist dies kenntlich zu machen. Zu beachten ist aber, dass das steuerliche

---

105 BFH, BStBl 1981 II S. 280.
106 BFH, BStBl 1988 II S. 551, BStBl 1994 II S. 88 m. w. N.

Eigenkapital ausstehende Einlageforderungen nicht umfasst, gleichgültig, ob eingefordert oder nicht.

21.2.4 Ausweis des Jahresergebnisses

Wie bei Einzelfirmen kann das Jahresergebnis in drei verschiedenen Formen[107] ausgewiesen werden. Alle diese Formen entsprechen den Grundsätzen ordnungsmäßiger Buchführung.

21.2.4.1 Unverteilter Ausweis des Gewinns in der Bilanz

Abschlussbuchung: GuV-Konto an SBK. Erst am Anfang des nächsten Jahres erfolgt die Gutschrift der Gewinnanteile auf den Kapitalkonten.

21.2.4.2 Kein besonderer Ausweis des Gewinns in der Bilanz

In der Schlussbilanz wird der Endbestand der Kapitalkonten nach Gewinnverteilung ausgewiesen. Abschlussbuchung: GuV-Konto an verschiedene Kapitalkonten. Diese Darstellung wird in der Praxis bevorzugt.

21.2.4.3 Ausweis der Kapitalanteile in der (veröffentlichten) Handelsbilanz

Die h. M. hält es für zulässig, dass in der veröffentlichten Handelsbilanz das Kapital zusammengefasst ausgewiesen wird. Allerdings wird eine Trennung der zusammengefassten Kapitalanteile der persönlich haftenden Gesellschafter und der Kommanditisten bei der KG überwiegend für erforderlich gehalten. Für die GmbH & Co. KG schreibt der Gesetzgeber dies vor, § 264 c HGB.

21.2.4.4 Einbeziehung in die Darstellung der Veränderungen der Kapitalkonten

Der verteilte Gewinn wird beim Abschluss an die Kapitalkonten abgegeben. In einer Vorspalte der Bilanz oder horizontalen Entwicklung wird die Veränderung der Kapitalkonten dargestellt.

21.3 Verluste bei beschränkter Haftung

21.3.1 Allgemeines

Die folgenden Ausführungen haben nur Bedeutung, wenn die Verluste im Rahmen einer gewerblichen Mitunternehmerschaft entstanden sind.

---
[107] S. o. 8.5.2.

21.3.2 Rechtslage vor Beginn des Anwendungszeitraums des § 15 a EStG

Die Vorschrift des § 15 a EStG war grundsätzlich erstmals auf Verluste anzuwenden, die in dem nach dem 31. 12. 1979 beginnenden Wirtschaftsjahr entstanden. In bestimmten Fällen (u. a. Schiffbau) ist § 15 a EStG sogar erst ab nach dem 31. 12. 1999 beginnenden Wirtschaftsjahren anwendbar, § 52 Abs. 33 EStG. Aus diesem Grunde, vor allem aber zum Verständnis der Regelung des § 15 a EStG, ist es erforderlich, die bis zu seiner Einführung geltende Rechtslage noch darzustellen.

Danach ist einem Kommanditisten, dessen gesellschaftsrechtliche Stellung sich im Innen- und Außenverhältnis nach den Vorschriften des HGB, insbesondere des § 167 Abs. 3 HGB, bestimmt, ein Verlustanteil, der nach dem allgemeinen Gewinn- und Verlustverteilungsschlüssel auf ihn entfällt, einkommensteuerrechtlich auch insoweit zuzurechnen, als er in einer den einkommensteuerrechtlichen Bilanzierungs- und Bewertungsvorschriften entsprechenden Gesellschaftsgesamthandsbilanz der KG zu einem negativen Kapitalkonto des Kommanditisten führen würde.[108] Dies gilt nicht, soweit bei Aufstellung der Bilanz nach den Verhältnissen am Bilanzstichtag feststeht, dass ein Ausgleich des negativen Kapitalkontos mit künftigen Gewinnanteilen des Kommanditisten nicht mehr in Betracht kommt.[109] In einem solchen Fall ist der Verlust auf die persönlich haftenden Gesellschafter und die übrigen Kommanditisten zu verteilen (auf die Kommanditisten allerdings nur bis zur Höhe ihrer Kapitalanteile).

Beim Wegfall eines durch einkommensteuerrechtliche Verlustzurechnung entstandenen negativen Kapitalkontos eines Kommanditisten durch Ausscheiden, Betriebsveräußerung oder Betriebsaufgabe der KG ergibt sich in Höhe dieses nicht auszugleichenden negativen Kapitalkontos ein steuerpflichtiger Gewinn des Kommanditisten. Dieser Gewinn ist ein Veräußerungs- oder Aufgabegewinn i. S. der §§ 16 und 34 EStG. Bei den übrigen Altgesellschaftern sind in dieser Höhe Verlustanteile anzusetzen.[110]

Soweit Forderungen des Kommanditisten gegen seine KG (Sonderbetriebsvermögen) wegen eines Konkurses der Gesellschaft verloren gehen, wirkt sich dieser Verlust spätestens bei Beendigung der Gesellschaft einkommensmindernd (Sonderbetriebsausgabe) aus. Einem etwaigen Gewinn des Gesellschafters aus dem Wegfall eines negativen Kapitalkontos in der Steuerbilanz der Gesellschaft steht dann ein Verlust des Gesellschafters aus der Sonderbilanz (Verlust des in der Sonderbilanz ausgewiesenen Eigenkapitals) gegenüber.[111]

Im Ergebnis bewirkte die Regelung ohne § 15 a EStG, dass der Kommanditist auf ihn buchmäßig entfallende Verluste im Gesellschaftsbereich sofort geltend machen

---
108 BFH [GrS], BStBl 1981 II S. 164.
109 Vgl. auch BFH, BStBl 1988 II S. 825.
110 § 52 Abs. 33 Sätze 3 und 4 EStG.
111 BFH, BStBl 1986 II S. 58.

konnte, obwohl er dadurch keine gegenwärtige Vermögenseinbuße erlitt und auch nicht haftete. Er hatte lediglich mit künftigen Gewinnen seine buchmäßigen Verluste auszugleichen. Zum Ausgleich war allerdings bei Ausscheiden oder sonstiger Beendigung ein Gewinn in Höhe des nunmehr endgültig nicht mehr auszugleichenden negativen Kapitalkontos zu versteuern. Aber dies war regelmäßig insoweit vorteilhaft, als ein begünstigter Veräußerungsgewinn vorlag, während die Verluste das reguläre Einkommen minderten.

21.3.3 Rechtslage im Anwendungszeitraum des § 15 a EStG

Aufgrund dieser Rechtslage hatte sich eine ganze Branche entwickelt, die sich ausschließlich aus Gründen der Steuerersparnis auf die „Produktion" von Verlusten spezialisiert hatte. Dem trat der Gesetzgeber mit § 15 a EStG entgegen. § 15 a EStG ist verfassungsgemäß.[112]

§ 15 a EStG gilt nicht nur für Kommanditisten, sondern auch für die in § 15 a Abs. 5 EStG bezeichneten in der Haftung beschränkten Unternehmer.

Nach § 15 a EStG werden dem Kommanditisten wie bisher Verluste im Gesellschaftsbereich auch zugerechnet, soweit er für sie wegen seiner nach §§ 171, 172 HGB beschränkten Haftung zunächst nicht einzustehen braucht. Derartige zur Bildung eines negativen Kapitalkontos führende Verluste dürfen aber weder mit anderen Einkünften aus Gewerbebetrieb bzw. Einkünften aus anderen Einkunftsarten ausgeglichen noch nach § 10 d EStG abgezogen werden (§ 15 a Abs. 1 Satz 1 EStG). Sie mindern (als sog. lediglich **verrechenbare Verluste**) die Gewinne, die dem Kommanditisten in späteren Wirtschaftsjahren aus seiner Beteiligung an der KG zuzurechnen sind (§ 15 a Abs. 2 EStG). Zwecks Erfassung dieses **verrechenbaren Verlustes** schreibt § 15 a Abs. 4 EStG seine gesonderte Feststellung vor, über die ein Feststellungsbescheid zu erlassen ist.

Bei der Ermittlung der Höhe des Kapitalkontos i. S. des § 15 a Abs. 1 Satz 1 EStG ist das – positive und negative – Sonderbetriebsvermögen des Kommanditisten außer Betracht zu lassen. Maßgeblich für die Anwendung des § 15 a EStG ist nur das Kapitalkonto nach der steuerlichen Gesellschaftsbilanz, nicht jedoch das in Sonderbilanzen ausgewiesene Sonderkapital.[113] Ergänzungskapital gehört zum Kapital der steuerlichen Gesellschaftsbilanz.

Aus der Trennung der beiden Vermögensbereiche folgt, dass

– in die Ermittlung der ausgleichs- und abzugsfähigen Verluste nach § 15 a Abs. 1 EStG nur die Verluste aus dem Gesellschaftsvermögen einschließlich einer etwaigen Ergänzungsbilanz ohne vorherige Saldierung mit Gewinnen aus dem Sonderbetriebsvermögen einbezogen werden können; nur ein nach Anwendung des § 15 a

---
[112] BFH, BStBl 1996 II S. 474; BFH, BStBl 2000 II S. 347; BFH, BStBl 2000 II S. 265.
[113] BFH, BStBl 2000 II S. 347 m. w. N.; BFH, BStBl 1996 II S. 474 m. w. N.

Abs. 1 EStG verbleibender ausgleichs- und abzugsfähiger Verlust ist mit Gewinnen aus dem Sonderbetriebsvermögen zu saldieren;[114]
- Gewinne späterer Jahre aus dem Gesellschaftsvermögen einschließlich einer etwaigen Ergänzungsbilanz mit verrechenbaren Verlusten der Vorjahre verrechnet werden müssen (§ 15 a Abs. 2 EStG) und Verluste aus dem Sonderbetriebsvermögen nur mit einem danach verbleibenden Gewinn aus dem Gesellschaftsvermögen einschließlich einer etwaigen Sonderbilanz ausgeglichen werden können.[115]

Die Abgrenzung zwischen dem Anteil am Gewinn oder Verlust der KG und dem Sonderbilanzgewinn bzw. -verlust richtet sich nach der Abgrenzung zwischen Gesellschafts- und Sonderbetriebsvermögen.[116]

Bei der Ermittlung des Kapitalkontos i. S. des § 15 a EStG sind im Einzelnen folgende Positionen zu berücksichtigen:

- geleistete Einlagen; hierzu rechnen insbesondere erbrachte Haft- und Pflichteinlagen, aber auch z. B. verlorene Zuschüsse zum Ausgleich von Verlusten. Pflichteinlagen gehören auch dann zum Kapitalkonto i. S. des § 15 a Abs. 1 Satz 1 EStG, wenn sie unabhängig von der Gewinn- und Verlustsituation verzinst werden. Ausstehende Einlagen sind nicht zu berücksichtigen, auch wenn sie bereits eingefordert sind;[117]
- in der Bilanz ausgewiesene Kapitalrücklagen. Wenn eine KG zur Abdeckung etwaiger Bilanzverluste ihr Eigenkapital vorübergehend durch Kapitalzuführung von außen im Wege der Bildung einer Kapitalrücklage erhöht, so verstärkt sich das steuerliche Eigenkapital eines jeden Kommanditisten nach Maßgabe seiner Beteiligung an der Kapitalrücklage;
- in der Bilanz ausgewiesene Gewinnrücklagen. Haben die Gesellschafter einer KG durch Einbehaltung von Gewinnen Gewinnrücklagen in der vom Gesellschaftsvertrag hierfür vorgesehenen Weise gebildet, so verstärkt sich das steuerliche Eigenkapital eines jeden Kommanditisten nach Maßgabe seiner Beteiligung an der Gewinnrücklage.

Beispiel
A und B gründen mit Wirkung vom 1. 1. 03 die A-KG, bei der das Wirtschaftsjahr dem Kalenderjahr entspricht. A erhält als Komplementär und alleiniger Geschäftsführer ein monatliches Gehalt von 8000 DM. Der Kommanditist B ist Eigentümer eines unbebauten Grundstücks, das er der KG gegen eine Monatspacht von 1000 DM zur Nutzung überlässt. Eine Option nach § 9 UStG liegt nicht vor. Die Grundstücksaufwendungen trägt die KG als Pächterin. Zur Finanzierung des Grundstücks hat B ein

---

114 BFH, BStBl 1999 II S. 592, 163.
115 BMF, BStBl 1993 I S. 976; BFH, BStBl 1995 II S. 467.
116 Dazu BFH, BStBl 1986 II S. 58; BFH, BStBl 1987 II S. 816 (Tätigkeitsvergütungen); BFH, BStBl 2000 II S. 390; BMF, BStBl 1993 I S. 934 (Abgrenzung Darlehen als Sonderkapital vom Eigenkapital in Gesellschaftsbilanz); BFH, BStBl 2000 II S. 347 (Eigenkapital ersetzende Darlehen Sonderkapital).
117 BFH, BStBl 2000 II S. 347 m. w. N.; vgl. auch BFH, BStBl 1992 II S. 232 und BFH, BStBl 1996 II S. 226 zum Zeitpunkt der Einlage sowie BFH, BStBl 2000 II S. 265.

21.3 Verluste bei beschränkter Haftung

Fälligkeitsdarlehen aufgenommen, für das er jährlich 5000 DM Zinsen zahlt. Pacht- und Zinszahlungen werden über ein privates Konto des B abgewickelt. Für B ergeben sich folgende Sonderbilanzen:[118]

A	1. 1. 03		P
Grundst.	100 000	Darl.	60 000
		Kap.	40 000
	100 000		100 000

A	31. 12. 03, 04		P
Grundst.	100 000	Darl.-Verb.	60 000
		Kap. 1. 1.	40 000
		./. PE (Pacht)	12 000
		+ NE (Zinsen)	5 000
		+ Gewinn	7 000
		Kap. 31. 12.	40 000
	100 000		100 000

A hat seine Einlage in Höhe von 800 000 DM und B seine Kommanditeinlage in Höhe von 200 000 DM geleistet. Am Gewinn und Verlust ist A mit 80 %, B mit 20 % beteiligt. Die KG hat 03 einen Verlust von 1 600 000 DM, 04 einen Gewinn von 900 000 DM erzielt. Gehalt und Pacht wurden als Vergütungen gewinnmindernd gebucht.

Unter Beachtung von § 15 Abs. 1 Satz 1 Nr. 2 EStG ergibt sich folgende Gewinnverteilung:[119]

03		gesamt		A		B
Verlust lt. HB	./.	1 600 000	./.	1 280 000	./.	320 000
Gehalt	+	96 000	+	96 000		—
Gewinn lt. Sonderbilanz	+	7 000		—	+	7 000
steuerlicher Verlust	./.	1 497 000	./.	1 184 000	./.	313 000
04						
Gewinn lt. HB		900 000		720 000		180 000
Gehalt		96 000		96 000		—
Gewinn lt. Sonderbilanz		7 000		—		7 000
steuerlicher Gewinn		1 003 000		816 000		187 000

Das Kapitalkonto des B i. S. des § 15 Abs. 1 EStG zeigt folgende Entwicklung:

Kommanditeinlage = Bestand 1. 1. 03	200 000 DM
Verlust 03 aus dem Gesamthandsbereich	./. 320 000 DM
Bestand 31. 12. 03	./. 120 000 DM
Gewinn 04 aus dem Gesamthandsbereich	180 000 DM
Bestand 31. 12. 04	60 000 DM

B ist für 03 ein Verlustanteil aus dem Gesamthandsbereich von 320 000 DM zuzurechnen, auf den § 15 a Abs. 1 Satz 1 EStG wie folgt anzuwenden ist:

Verlustanteil insgesamt	320 000 DM
ausgleichs- bzw. abzugsfähig	200 000 DM
später verrechenbar	120 000 DM

118 S. u. 21.6.
119 S. u. 21.14.

21 Personengesellschaften

Der später verrechenbare Verlust von 120 000 DM ist nach § 15 a Abs. 4 EStG gesondert festzustellen.

Der Gewinnanteil des B für 04 aus dem Gesamthandsbereich in Höhe von	180 000 DM
ist gemäß § 15 a Abs. 2 EStG um den verrechenbaren Verlust von	120 000 DM
zu mindern, sodass lediglich der Betrag von	60 000 DM

in die Einkünfte aus Gewerbebetrieb 04 einzubeziehen ist.

Nach § 15 a Abs. 1 Satz 2 EStG können in Fällen, in denen der Kommanditist am Bilanzstichtag den Gläubigern der Gesellschaft aufgrund des § 171 Abs. 1 HGB haftet, abweichend von der Grundsatzregelung in § 15 a Abs. 1 Satz 1 EStG Verlustanteile des Kommanditisten bis zur Höhe des Betrags, um den die im Handelsregister eingetragene Einlage des Kommanditisten seine geleistete Einlage übersteigt, auch ausgeglichen oder abgezogen werden, soweit durch den Verlust ein negatives Kapitalkonto entsteht oder sich erhöht. Nach dem eindeutigen Wortlaut des § 15 a Abs. 1 Satz 2 EStG kommt ein erweiterter Verlustausgleich nur in Betracht, wenn der Kommanditist am Bilanzstichtag den Gläubigern der KG aufgrund des § 171 Abs. 1 HGB haftet. Eine analoge Anwendung des § 15 a Abs. 1 Satz 2 EStG in den Fällen der Haftung des Kommanditisten nach § 172 Abs. 2 HGB oder aus anderen Gründen als § 171 Abs. 1 HGB ist nicht möglich.[120]

Die weiteren Voraussetzungen des § 15 a Abs. 1 Satz 3 EStG müssen erfüllt sein, nämlich Eintragung im Handelsregister, Haftung nicht vertraglich ausgeschlossen oder Eintritt unwahrscheinlich. Jedoch stellt das wirtschaftliche Risiko, aus der Kommandithaftung in Anspruch genommen zu werden, insbesondere bei neu gegründeten Gesellschaften, deren wirtschaftliche Entwicklung noch schwer abschätzbar ist, den Normalfall dar. Nur in besonders gelagerten Fällen – bereits längeres Bestehen der Gesellschaft, gute bisherige Geschäftserfolge, erfahrene und seriöse Manager – wird ein objektiver Betrachter die Prognose wagen können, die wirtschaftliche Lage der Gesellschaft sei so günstig, dass eine Inanspruchnahme der Kommanditisten aus ihrer Haftsumme nicht wahrscheinlich ist.[121]

Beispiel

An der zum 1. 1. 03 gegründeten A-KG ist B als Kommanditist mit einer Einlage von 100 000 DM beteiligt. Diese in das Handelsregister eingetragene Hafteinlage war am Bilanzstichtag 31. 12. 03 nur zu 40 % geleistet. Die Voraussetzungen des § 15 a Abs. 1 Satz 3 EStG sind erfüllt. Auf B entfällt für 03 ein Verlustanteil von 150 000 DM.

Nach § 15 a Abs. 1 Satz 1 EStG könnte nur ein Verlust in Höhe von 40 000 DM berücksichtigt werden. § 15 a Abs. 1 Satz 2 EStG gestattet aber folgende weitergehende Verlustbehandlung:

Hafteinlage	100 000 DM
./. geleistete Einlage	40 000 DM
= übersteigender Betrag, der ausgeglichen oder abgezogen werden kann	60 000 DM

---

120 BFH, BStBl 2000 II S. 265 m. w. N.; BFH, BStBl 1993 II S. 665.
121 BFH, BStBl 1992 II S. 164.

21.3 Verluste bei beschränkter Haftung

Verlustanteil insgesamt	150 000 DM
ausgleichs- bzw. abzugsfähig (gezahlte Einlage = 40 000 DM + Haftungsbetrag nach § 171 Abs. 1 HGB = 60 000 DM)	100 000 DM
später verrechenbar	50 000 DM

Im Rahmen des § 15 a Abs. 1 Sätze 2 und 3 EStG ist also trotz Bildung des negativen Kapitalkontos in Höhe von (40 000 DM ./. 150 000 DM =) 110 000 DM für 03 ein Verlustausgleich in Höhe von 100 000 DM möglich. Der später verrechenbare Verlust von 50 000 DM (§ 15 a Abs. 2 EStG) ist gemäß § 15 a Abs. 4 EStG gesondert festzustellen.

Wenn es in § 15 a Abs. 1 Satz 1 EStG heißt: „... soweit ein negatives Kapitalkonto des Kommanditisten entsteht oder sich erhöht", ist damit jeweils der Stand vom Bilanzstichtag gemeint (§ 242 Abs. 1 HGB, § 4 Abs. 1 EStG). Der Kommanditist könnte also durch **Einlagen** kurz vor dem Bilanzstichtag sein Kapital und damit sein Verlustausgleichsvolumen vergrößern und die eingelegten Beträge sofort nach dem Bilanzstichtag wieder **entnehmen,** falls der Gesellschaftsvertrag dies zulässt. Ein insoweit vom Gesetzgeber nicht gewollter Verlustausgleich wird durch **§ 15 a Abs. 3 Satz 1 EStG** verhindert. Soweit ein negatives Kapitalkonto des Kommanditisten durch Entnahmen entsteht oder sich erhöht und soweit nicht aufgrund der Entnahmen eine nach § 15 a Abs. 1 Satz 2 EStG zu berücksichtigende Haftung besteht oder entsteht, ist der Betrag der **Einlageminderung** dem Kommanditisten als Gewinn zuzurechnen. Dieser gewinnerhöhende Betrag darf die Summe der ausgleichs- und abzugsfähigen Verluste im Wirtschaftsjahr der Einlageminderung und den vorangegangenen zehn Wirtschaftsjahren nicht übersteigen (§ 15 a Abs. 3 Satz 2 EStG).

Beispiel

An der zum 1. 1. 03 gegründeten A-KG ist B mit einer voll eingezahlten Einlage von 100 000 DM, die der Haftsumme entspricht, beteiligt.

Kapitalkontenentwicklung:

1. 1. 03	Bestand	100 000 DM
19. 12. 03	Einlagen (gesellschaftsvertragsgemäß gebucht auf dem Kapitalkonto II, das gesamthänderisch gebundenes Guthaben und kein Sonderbetriebsvermögen darstellt)	+ 70 000 DM
31. 12. 03	Verlustanteil 03 (gebucht auf dem Kapitalkonto II)	./. 200 000 DM
31. 12. 03	Bestand	./. 30 000 DM
5. 1. 04	Entnahmen (gebucht auf dem Kapitalkonto II)	./. 70 000 DM
31. 12. 04	Verlustanteil 04 (gebucht auf dem Kapitalkonto II)	./. 40 000 DM
31. 12. 04	Bestand	./. 140 000 DM

Der Verlust **03** von 200 000 DM hat zu einem negativen Kapitalkonto von 30 000 DM geführt und mindert in Höhe von (200 000 ./. 30 000 =) 170 000 DM andere positive Einkünfte des B. Der später verrechenbare Verlust von 30 000 DM (§ 15 a Abs. 2 EStG) ist gemäß § 15 a Abs. 4 EStG gesondert festzustellen.

Die Entnahmen **04** erhöhen das negative Kapitalkonto um 70 000 DM und übersteigen nicht den für 03 ausgleichsfähigen Verlustanteil von 170 000 DM. Da die Entnahmen der 03 eingelegten Beträge die handelsrechtliche Haftsumme nicht beeinflussen, kann durch diese Einlagenminderung keine Haftung i. S. des § 171 Abs. 1 HGB entstehen.

Also ist der Betrag von 70 000 DM dem B als Gewinn 04 zuzurechnen (§ 15 a Abs. 3 Satz 1 EStG) und nach § 15 a Abs. 4 EStG als später verrechenbarer Verlust gesondert festzustellen.

Gesonderte Feststellung des später verrechenbaren Verlustes gemäß § 15 a Abs. 4 EStG:

nicht ausgleichsfähiger Verlust 03 =
Bestand 31. 12. 03	30 000 DM
Einlageminderung 04	+ 70 000 DM
nicht ausgleichsfähiger Verlust 04	+ 40 000 DM
Bestand 31. 12. 04	140 000 DM

Besteht oder entsteht aufgrund der Entnahme eine nach § 15 a Abs. 1 Satz 2 EStG zu berücksichtigende Haftung, kommt trotz des durch Entnahme entstandenen oder erhöhten negativen Kapitalkontos des Kommanditisten eine Nachversteuerung nicht in Betracht (§ 15 a Abs. 3 Satz 1 EStG). Dann ist letztendlich ein Verlustausgleich zwar nicht nach § 15 a Abs. 1 Satz 1 EStG, jedoch nach § 15 a Abs. 1 Sätze 2 und 3 EStG vorgenommen worden.

Beispiel

An der zum 1. 1. 03 gegründeten A-KG ist B als Kommanditist mit einer Einlage von 100 000 DM beteiligt, die er

a) voll,
b) zu 70 %

eingezahlt hat.

Kapitalkontenentwicklung:

a)	1. 1. 03	Bestand	100 000 DM
	31. 12. 03	Verlustanteil 03	./. 80 000 DM
	31. 12. 03	Bestand	20 000 DM
	20. 9. 04	Entnahme (Teilrückzahlung der Einlage)	./. 60 000 DM
	31. 12. 04	Verlustanteil 04	./. 10 000 DM
	31. 12. 04	Bestand	./. 50 000 DM
b)	1. 1. 03	Bestand	70 000 DM
	31. 12. 03	Verlustanteil 03	./. 80 000 DM
	31. 12. 03	Bestand	./. 10 000 DM
	20. 9. 04	Entnahme (Teilrückzahlung der Einlage)	./. 60 000 DM
	31. 12. 04	Verlustanteil 04	./. 10 000 DM
	31. 12. 04	Bestand	./. 80 000 DM

Zu a: Der dem B zuzurechnende Verlustanteil 03 ist in vollem Umfang ausgleichs- bzw. abzugsfähig; ein negatives Kapitalkonto ist nicht vorhanden (vgl. auch § 15 a Abs. 1 Satz 1 EStG).

Die Entnahme 04 führt zwar zu einem negativen Kapitalkonto in Höhe von (20 000 ./. 60 000 =) 40 000 DM. Dennoch ist der Betrag von 40 000 DM dem B nicht als Gewinn zuzurechnen (§ 15 a Abs. 3 Satz 1 EStG), weil die Rückzahlung der Einlage nach § 172 Abs. 4 Satz 1 i. V. m. § 171 Abs. 1 HGB zu einem Wiederaufleben der Haftung in Höhe von 60 000 DM führt. Voraussetzung ist allerdings das Vorliegen der in § 15 a Abs. 1 Satz 3 EStG geforderten Tatbestandsmerkmale.

Der Verlustanteil 04 in Höhe von 10 000 DM ist vollständig ausgleichs- bzw. abzugsfähig, wenn die Voraussetzungen des § 15 a Abs. 1 Satz 3 EStG vorliegen. Es besteht

21.3 Verluste bei beschränkter Haftung

zwar ein negatives Kapitalkonto von 50 000 DM, gleichzeitig aber eine Haftung i. S. des § 171 Abs. 1 HGB bis zur Höhe von 60 000 DM (§ 15 a Abs. 1 Satz 2 EStG). Es hätte noch ein weiterer Verlustanteil von 10 000 DM ausgeglichen werden können:

Haftung i. S. des § 172 Abs. 4 i. V. m. § 171 Abs. 1 HGB	60 000 DM
negatives Kapitalkonto	50 000 DM
verbleibendes Haftungsvolumen	10 000 DM

Betrüge der Verlustanteil 04 mehr als 20 000 DM, wäre der 20 000 DM übersteigende Betrag nicht ausgleichs- bzw. abzugsfähig, sondern in späteren Jahren verrechenbar (§ 15 a Abs. 2 und 4 EStG).

Zu b: Der dem B zuzurechnende Verlustanteil 03 ist in vollem Umfang ausgleichsbzw. abzugsfähig, und zwar in Höhe von 70 000 DM (Minderung des Kapitals auf 0 DM) nach § 15 a Abs. 1 Satz 1 EStG, in Höhe von 10 000 DM nach § 15 a Abs. 1 Satz 2 EStG, wenn die Voraussetzungen des § 15 a Abs. 1 Satz 3 EStG vorliegen. Das Haftungsvolumen nach § 171 Abs. 1 HGB beträgt (Hafteinlage 100 000 DM abzügl. geleistete Einlage 70 000 DM =) 30 000 DM und wird durch den Betrag von 10 000 DM nicht überschritten. B hätte sogar einen Verlust bis zu 30 000 DM ausgleichen bzw. abziehen können, weil insoweit die Haftung noch reicht.

Die Entnahme 04 erhöht zwar das negative Kapitalkonto, bewirkt aber ein Wiederaufleben der Haftung nach § 172 Abs. 4 Satz 1 i. V. m. § 171 Abs. 1 HGB bis zur Höhe von 60 000 DM. Folglich ist der Betrag von 60 000 DM dem B nicht nach § 15 a Abs. 3 Satz 1 EStG als Gewinn zuzurechnen, wenn die Voraussetzungen des § 15 a Abs. 1 Satz 3 EStG vorliegen.

Der Verlustanteil 04 in Höhe von 10 000 DM ist unter den Voraussetzungen des § 15 a Abs. 1 Satz 3 EStG trotz des negativen Kapitalkontos vollständig ausgleichs- bzw. abzugsfähig (§ 15 a Abs. 1 Satz 2 EStG). Das zunächst bestehende Haftungsvolumen von 30 000 DM erhöht sich durch die Entnahme um 60 000 DM auf 90 000 DM. Wegen des Haftungsvolumens konnten letztendlich bereits berücksichtigt werden:

Verlustanteil 03 in Höhe von 10 000 DM	(von vornherein nach § 15 a Abs. 1 Sätze 2 und 3 EStG)
Verlustanteil 04 in Höhe von 60 000 DM	(zunächst nach § 15 a Abs. 1 Satz 1 EStG, durch Umqualifizierung jedoch nach § 15 a Abs. 1 Sätze 2 und 3 EStG, da keine Gewinnzurechnung 04 nach § 15 a Abs. 3 Satz 1 EStG erfolgt)
70 000 DM	

Das verbleibende Haftungsvolumen von (90 000 ./. 70 000 =) 20 000 DM wird durch den Verlustanteil 04 in Höhe von 10 000 DM nicht überschritten. Betrüge der Verlustanteil 04 mehr als 20 000 DM, wäre der 20 000 DM übersteigende Betrag nicht ausgleichs- bzw. abzugsfähig, sondern in späteren Jahren verrechenbar (§ 15 a Abs. 2 und 4 EStG).

Scheidet ein Kommanditist, dessen Kapitalkonto in der Steuerbilanz der Gesellschaft lediglich aufgrund nicht ausgleichs- oder abzugsfähiger Verluste (= später verrechenbare Verluste i. S. des § 15 a Abs. 2 und 4 EStG) negativ geworden ist, aus der Gesellschaft aus oder wird in einem solchen Fall die Gesellschaft aufgelöst, so gilt der Betrag, den der Mitunternehmer nicht ausgleichen muss, als Veräußerungsgewinn i. S. des § 16 EStG. Eine steuerrechtliche Auswirkung ergibt sich jedoch nicht, weil die verrechenbaren Verluste den Veräußerungsgewinn mindern (§ 15 a Abs. 2 EStG).[122] [123]

Beispiel

Die eingezahlte Haftsumme des Kommanditisten C beträgt 100 000 DM. Weder im Gesamthandsbereich noch im Sonderbereich noch im Ergänzungsbereich sind weitere Kapitalkonten für C vorhanden.

Entwicklung des Kapitalkontos:

Bestand 1. 1. 01	100 000 DM
Verlust 01	20 000 DM
Bestand 31. 12. 01	80 000 DM
Verlust 02	150 000 DM
Bestand 31. 12. 02	./. 70 000 DM
Gewinn 03	20 000 DM
Bestand 31. 12. 03	./. 50 000 DM

Mit Vertrag vom 23. 12. 03 hat C seinen Anteil an der KG an D mit Wirkung vom 1. 1. 04 veräußert. D hat zur Abgeltung der auf diese KG-Beteiligung anteilig entfallenden stillen Reserven der aktivierten Wirtschaftsgüter sowie des Firmenwerts das negative Kapitalkonto übernommen und außerdem an C eine Abfindungszahlung in Höhe von 10 000 DM geleistet. Die von D bezahlten stillen Reserven von insgesamt 60 000 DM entfallen auf

Firmenwert	10 000 DM
Grund und Boden	45 000 DM
GWG	5 000 DM
	60 000 DM

Der Verlust 01 ist in voller Höhe ausgleichs- bzw. abzugsfähig; C hat kein negatives Kapitalkonto.

Der Verlust 02 ist in Höhe von 80 000 DM ausgleichs- bzw. abzugsfähig, in Höhe von 70 000 DM lediglich mit späteren Gewinnen verrechenbar, denn insoweit entsteht ein negatives Kapitalkonto (§ 15 a Abs. 1 Satz 1 i. V. m. Abs. 2 und 4 EStG).

Von dem im Jahre 03 vorhandenen, nach § 15 a Abs. 4 EStG gesondert festgestellten verrechenbaren Verlust in Höhe von 70 000 DM werden 20 000 DM gemäß § 15 a Abs. 2 EStG von dem Gewinn 03 des C abgezogen, sodass kein zu versteuernder Gewinn verbleibt. Danach beträgt der gesondert festzustellende Verlust (70 000 DM ./. 20 000 DM =) 50 000 DM.

C erzielt im Jahre 04 einen Veräußerungsgewinn i. S. des § 16 EStG in Höhe von (10 000 DM abzügl. ./. 50 000 DM =) 60 000 DM, der nach § 34 EStG begünstigt ist. Der Veräußerungsgewinn ist gemäß § 15 a Abs. 2 EStG um den noch vorhandenen verrechenbaren Verlust in Höhe von 50 000 DM zu mindern. Der zu versteuernde, begünstigte Veräußerungsgewinn beträgt damit 10 000 DM und wird ggf. durch den Freibetrag nach § 16 Abs. 4 EStG aufgezehrt.

---

[122] Vgl. auch BFH, BStBl 1995 II S. 467.
[123] Wegen Ausscheidens eines Kommanditisten mit negativem Kapitalkonto in den Sonderfällen des § 52 Abs. 19 Sätze 4 und 5 EStG s. auch u. 21.9.3.2.1.

D weist den geleisteten Betrag in einer steuerlichen Ergänzungsbilanz aus:

A	Ergänzungsbilanz D 1. 1. 04		P
Firmenwert	10 000 DM	Mehrkapital	60 000 DM
Grund und Boden	45 000 DM		
GWG	5 000 DM		
	60 000 DM		60 000 DM

Das steuerliche Kapital des D beträgt:
Ergänzungsbilanz 60 000 DM
KG-Bilanz ./. 50 000 DM
10 000 DM

21.4 Gewinnermittlung

21.4.1 Handelsbilanz, Steuerbilanz, Sonderbilanzen

Grundlage der steuerrechtlichen Gewinnermittlung ist wie bei Einzelfirmen die Steuerbilanz. Sie wird aus der Handelsbilanz abgeleitet.

In der Handelsbilanz kann nur das Gesellschaftsvermögen (Gesamthandsvermögen) ausgewiesen werden. Wirtschaftsgüter, die nicht zum Gesamthandsvermögen gehören, aber den Gesellschaftern gehören und der Personengesellschaft dienen, sind steuerrechtlich Betriebsvermögen. Diese Wirtschaftsgüter müssen daher neben dem Gesamthandsvermögen als **Sonderbetriebsvermögen** in den steuerrechtlichen Betriebsvermögensvergleich einbezogen werden. Das Sonderbetriebsvermögen[124] wird nicht in der von der Handelsbilanz abgeleiteten Steuerbilanz, vielmehr in einer **Sonderbilanz**[125] der einzelnen Gesellschafter bilanziert.[126]

Hinsichtlich des Gesellschaftsvermögens müssen die Gesellschafter bei Bewertungswahlrechten **einheitlich** verfahren. So kann beim abnutzbaren Anlagevermögen nicht ein Gesellschafter linear und der andere degressiv abschreiben. Auch Teilwertabschreibungen, Sonderabschreibungen, die sofortige Absetzung geringwertiger Wirtschaftsgüter (§ 6 Abs. 2 EStG) u. ä. Bewertungswahlrechte können nur einheitlich und nicht für jeden Gesellschafter verschieden vorgenommen werden.

Dabei ist zu beachten, dass die Aufstellung der Jahresbilanz in den alleinigen **Zuständigkeitsbereich** der geschäftsführenden Gesellschafter fällt. Ihre Feststellung ist ein Grundlagengeschäft, das vorbehaltlich einer anderweitigen Regelung im Gesellschaftsvertrag des Einverständnisses **aller** Gesellschafter – bei der KG auch

---
[124] S. u. 21.5.3.
[125] S. u. 21.6.1.
[126] BFH, BStBl 1986 II S. 58.

der Kommanditisten – bedarf. Ist dieses Recht der Kommanditisten nach dem Gesellschaftsvertrag einem aus ihnen gebildeten **Beirat** übertragen, bedarf die Bilanzfeststellung der Zustimmung der geschäftsführenden Gesellschafter und des Beirates, der seinen Willen mangels abweichender gesellschaftsvertraglicher Regelung nach dem Mehrheitsprinzip bildet.

Bilanzierungsmaßnahmen, die der Darstellung der **Lage des Vermögens** des Unternehmens i. S. des § 238 Abs. 1 Satz 2 HGB dienen, können von den geschäftsführenden Gesellschaftern durchgeführt werden. Sie haben dabei die Grenzen, die sich aus den gesetzlichen Regeln einschließlich der Grundsätze ordnungsgemäßer Buchführung ergeben, zu beachten. Den übrigen Gesellschaftern steht das Recht auf **Prüfung** zu, ob diese Grenzen eingehalten worden sind.

Bilanzierungsentscheidungen, die der Sache nach **Ergebnisverwendungen** sind, wie die Bildung offener Rücklagen, die Bildung zusätzlicher Abschreibungen nach § 253 Abs. 4 HGB, die Bildung von Aufwandsrückstellungen nach § 249 Abs. 1 Satz 3, Abs. 2 HGB **sowie die Bildung steuerlicher Sonderabschreibungen, können grundsätzlich nur durch alle Gesellschafter gemeinschaftlich getroffen** werden, soweit der Gesellschaftsvertrag keine anderweitige Regelung enthält. Die Entscheidung über die Ergebnisverwendung steht nicht im Belieben eines jeden Gesellschafters. Vielmehr sind die Ausschüttungsinteressen der einzelnen Gesellschafter gegenüber dem Bedürfnis der Selbstfinanzierung und Zukunftssicherung der Gesellschaft abzuwägen.[127]

Nur bei Inanspruchnahme von Steuervergünstigungen, die auf persönlichen Eigenschaften der Gesellschafter beruhen und deshalb nur diesen Gesellschaftern zugute kommen dürfen, können die berechtigten Mitunternehmer einzeln entscheiden.

21.4.2 Aufgabe der Bilanzbündeltheorie

Die Rechtsprechung des RFH[128] und bis in die 60er-Jahre des BFH hatte aus § 15 Abs. 1 Satz 1 Nr. 2 EStG geschlossen, dass das von der Gesellschaft betriebene Handelsgeschäft nur die Summe der Einzelbetriebe der Gesellschafter und die Bilanz der Gesellschaft nichts anderes als die Zusammenfassung der Bilanzen der Einzelgesellschafter darstelle. Nach dieser als Bilanzbündeltheorie bezeichneten Vorstellung sollte der Gesellschafter einer Personengesellschaft einkommensteuerrechtlich in jeder Hinsicht dem Einzelunternehmer gleichstehen.

Der BFH hat die Bilanzbündeltheorie aufgegeben.[129] Grundlage für die Gewinnermittlung ist nunmehr der Betriebsvermögensvergleich anhand der aus der Handelsbilanz der Gesellschaft abgeleiteten Steuerbilanz der Gesellschaft und nicht etwa gedachte oder wirkliche Einzelbilanzen der Gesellschafter. Deshalb ist

---
127 BGH, Urteil v. 29. 3. 1996 – II ZR 263/94.
128 RFH, RStBl 1937 S. 937; Becker, Grundlagen der Einkommensteuer, S. 40, 97.
129 Vgl. insbes. BFH, BStBl 1981 II S. 164.

zunächst der Gewinn oder Verlust der Gesellschaft zu ermitteln; die „Gewinne" oder „Verluste" der einzelnen Gesellschafter sind nur Anteile am Gewinn oder Verlust der Gesellschaft als Teile des Ganzen.[130] Vor allem wird anerkannt, dass zwischen der Gesellschaft und dem Gesellschafter und umgekehrt in vollem Umfang gewinnrealisierende Geschäftsvorfälle wie zwischen Fremden stattfinden können.

Die Personengesellschaft wird nach der neueren Rechtsprechung – wenn auch nicht als Subjekt der Einkommensbesteuerung – als Subjekt der Gewinnerzielung beurteilt und als eine Einheit behandelt.[131]

21.4.3 Einheitliche Gewinnermittlung und Gewinnfeststellung

21.4.3.1 Einheitliche Ermittlung des Gewinns

Gewerbliche Mitunternehmerschaften sind Gewerbebetriebe, die normalerweise nach §§ 140, 141 AO zur Buchführung verpflichtet sind und ihren Gewinn nach § 5 EStG ermitteln. Die Gewinnanteile der Mitunternehmer werden nicht getrennt für jeden Gesellschafter ermittelt, sondern gemeinsam wird zunächst der Gewinn der Personengesellschaft (Mitunternehmerschaft) aufgrund von deren Steuerbilanz (gemeinsame Bilanz aller Mitunternehmer und nicht Summe von Einzelbilanzen) ermittelt und erst anschließend daraus der Gewinnanteil des einzelnen Mitunternehmers abgeleitet. Dies ergibt sich aus § 15 Abs. 1 Satz 1 Nr. 2 Satz 1, 1. Alternative (Gewinnanteil). Es findet keine Gewinnermittlung für die einzelnen Gesellschafter statt, sondern ausschließlich für die Mitunternehmerschaft.[132]

Die Vorschrift des § 12 Nr. 1 EStG zum Abzugsverbot für Kosten der Lebensführung und zum Aufteilungsverbot dieser Kosten gilt auch für die Fälle, in denen eine Personengesellschaft solche Kosten zugunsten ihrer einkommensteuerpflichtigen Gesellschafter übernimmt. Insoweit liegen Entnahmen nach § 4 Abs. 1 EStG vor. Unbeachtlich ist dafür, in welchem Umfang die Gesellschafter am Kapital der Gesellschaft beteiligt sind. Eine solche Auslegung des § 12 Nr. 1 EStG entspricht auch dem Zweck des § 15 Abs. 1 Satz 1 Nr. 2 EStG, den Mitunternehmer einer Personengesellschaft nach Möglichkeit dem Einzelunternehmer gleichzustellen.

Eine andere steuerrechtliche Beurteilung kann deshalb auch nicht darauf gestützt werden, dass die Personengesellschaft einkommensteuerrechtlich als Einheit und Ausgangspunkt für die Einkommensbesteuerung der Mitunternehmer behandelt wird; denn durch diesen Grundsatz wird die Frage, inwieweit bei der Einkommensbesteuerung der Gesellschaft nichtabzugsfähige Kosten der Lebensführung anzunehmen sind, nicht berührt. Deshalb kann eine Personengesellschaft, die beispielsweise auch Handel mit Jagdwaffen und Jagdmunition betreibt, die Kosten einer von

---
130 BFH, BStBl 1993 II S. 616, 622 m. w. N.
131 Siehe o. 21.1.1.
132 BFH, BStBl 1977 II S. 241.

ihr zur Erprobung der Waffen und Munition gepachteten Jagd nicht als Betriebsausgaben absetzen, wenn die Jagd auch zwei Gesellschaftern zur Durchführung privater Jagdveranstaltungen dient. Dies gilt auch, wenn die beiden Gesellschafter mit weniger als 50 % am Gesellschaftskapital beteiligt sind.[133]

Verfahrensrechtlich wird dem sich aus § 15 Abs. 1 Nr. 2 EStG ergebenden, materiellrechtlichen Tatbestand, dass die Mitunternehmer nur einen gemeinsamen Gewerbebetrieb unterhalten, an dessen Gewinn sie Anteil haben, durch die nach §§ 179, 180 Abs. 1 Nr. 2 a AO vorgeschriebene **einheitliche und gesonderte Gewinnfeststellung** Rechnung getragen.

21.4.3.2 Vergütungen für Tätigkeit, Hingabe von Darlehen und Überlassung von Wirtschaftsgütern

Nach § 15 Abs. 1 Satz 1 Nr. 2 EStG sind nicht nur die Gewinnanteile der Gesellschafter Einkünfte aus Gewerbebetrieb, sondern auch die dort aufgeführten Vergütungen, die der Gesellschafter von der Gesellschaft für seine Tätigkeit im Dienst der Gesellschaft oder für die Hingabe von Darlehen oder für die Überlassung von Wirtschaftsgütern bezogen hat. Auch sie müssen in die einheitliche Ermittlung des Gewinns einbezogen werden. Deshalb unterscheidet sich der Gesamtgewinn der Mitunternehmer (Mitunternehmerschaft) von demjenigen der Gesellschaft.[134] Dies hat vor allem für die Gewerbesteuer Bedeutung, die an den Gesamtgewinn der Mitunternehmerschaft anknüpft. Verfahrensrechtlich erstreckt sich die einheitliche und gesonderte Gewinnfeststellung auch auf die gewerblichen Sondervergütungen.

Wie der eigentliche Gewinnanteil leiten sich diese Einkünfte aus Handlungen des Gesellschafters ab, die im ursächlichen Zusammenhang mit dem Betrieb der Gesellschaft stehen. Dabei ist unmaßgeblich, ob die betreffenden Leistungen des Gesellschafters bereits gesellschaftsrechtliche Beiträge zur Förderung des Gesellschaftszwecks sind oder zwar auf der Grundlage eines neben dem Gesellschaftsverhältnis bestehenden Schuldverhältnisses zwischen Gesellschaft und Gesellschafter erbracht werden, sich aber bei wirtschaftlicher Betrachtungsweise als **Beitrag zur Förderung des Gesellschaftszwecks** darstellen.[135]

Das gilt auch, wenn die fraglichen Leistungen von nichtgewerblich tätigen Schwesterpersonengesellschaften ausgeführt werden. Zahlungen, die diese Gesellschaften und Gemeinschaften für ihre Leistungen von der leistungsempfangenden Gesellschaft oder Gemeinschaft erhalten, sind als Sondervergütungen der Mitunternehmer i. S. von § 15 Abs. 1 Nr. 2, 2. Halbsatz EStG bei der leistungsempfangenden gewerblichen Schwesterpersonengesellschaft zu erfassen.[136] Der Grund liegt in der

---
133 BFH, BStBl 1983 II S. 668.
134 BFH, BStBl 1989 II S. 890 m. w. N.
135 BFH, BStBl 1979 II S. 236.
136 Vgl. 21.1.7; dort auch zur anderen Behandlung bei Leistungen gewerblicher Schwesterpersonengesellschaften.

21.4 Gewinnermittlung

Berücksichtigung des mit § 15 Abs. 1 Nr. 2, 2. Halbsatz EStG verfolgten Zwecks, im Bereich der Sondervergütungen die Vergütungen den Einkünften aus Gewerbebetrieb zuzuweisen. Dieser Zweck würde vereitelt, wenn es einem Gesellschafter, der seiner Gesellschaft Wirtschaftsgüter zur Nutzung überlassen will, möglich wäre, diese Leistungen dadurch aus dem Anwendungsbereich des § 15 Abs. 1 Nr. 2, 2. Halbsatz EStG auszuklammern, dass er sie zusammen mit anderen Gesellschaftern erbringt. Die mittelbare Leistung über einen nichtgewerblich tätigen Personenzusammenschluss – gleichgültig, in welcher Rechtsform dieser organisiert ist – steht hier der unmittelbaren Leistung gleich.[137]

Die **Zurechnungsnorm des § 15 Abs. 1 Satz 1 Nr. 2 EStG hat Vorrang** vor § 15 Abs. 1 Satz 1 Nr. 1 EStG mit der Folge, dass Vergütungen i. S. des § 15 Abs. 1 Satz 1 Nr. 2, 2. Halbsatz EStG selbst dann als Einkünfte im Rahmen der Mitunternehmerschaft anzusehen sind, wenn sie ohnehin in einem inländischen gewerblichen Betrieb des Mitunternehmers als Betriebseinnahmen zu erfassen wären – **keine Subsidiarität** –. Das gilt auch, wenn die betreffende Mitunternehmerin eine Kapitalgesellschaft ist. Die der Personengesellschaft zur Nutzung überlassenen Wirtschaftsgüter sind in diesen Fällen nicht dem gewerblichen Betrieb des Mitunternehmers zuzuordnen, sondern als Sonderbetriebsvermögen in die Gewinnermittlung der Mitunternehmerschaft einzubeziehen.[138]

Aber nicht jede Zahlung oder Leistung, die der Gesellschafter von der Gesellschaft bezieht, gehört zu den Einkünften aus Gewerbebetrieb. Zu den „Sondervergütungen" i. S. des § 15 Abs. 1 Satz 1 Nr. 2 EStG gehören nur solche Entgelte für Leistungen, die im weitesten Sinne als Beiträge zur Förderung des Gesellschaftszwecks angesehen werden können, auch wenn sie aufgrund besonderer schuldrechtlicher Verträge (Dienstvertrag, Darlehensvertrag, Mietvertrag)[139] erbracht werden. Die Stellung des Gesellschafters einer Personengesellschaft ist dennoch nicht in jeder Hinsicht der eines Einzelunternehmers vergleichbar,[140] weil prinzipiell zivilrechtliche Austauschverträge möglich sind und ungeachtet § 15 Abs. 1 Nr. 2 EStG auch steuerlich anerkannt werden.

Beispiel

Die Gesellschaft gewährt dem Gesellschafter ein verzinsliches Darlehen. Die Auszahlung der Darlehensvaluta ist keine Entnahme des Gesellschafters. Die gezahlten Zinsen sind keine Einlage, sondern Betriebseinnahmen.

---

137 BFH, BStBl 1995 II S. 214 m. w. N.
138 BFH, BStBl 1979 II S. 750; BFH, BStBl 1988 II S. 128.
139 Zur Behandlung der Verträge im Einzelnen s. u. 21.4.4 und Mitunternehmererlass, BStBl 1978 I S. 8.
140 BFH, BStBl 1976 II S. 746.

21.4.3.3 Vergütungen als nachträgliche Einkünfte

Nach § 15 Abs. 1 Satz 2 EStG gehören Sondervergütungen, die ehemaligen Gesellschaftern oder deren Rechtsnachfolgern gezahlt werden, zu den Einkünften aus Gewerbebetrieb i. S. des § 15 Abs. 1 Nr. 2 EStG. Derartige Vergütungen sind insbesondere **Pensionszahlungen** als nachträgliche Tätigkeitsvergütungen, die als Teil des Gesamtgewinns der Mitunternehmerschaft in Form der Sonderbetriebseinnahmen des ehemaligen Gesellschafters oder seines Rechtsnachfolgers in die Gewinnermittlung und daher auch in die gesonderte und einheitliche Feststellung des Gewinns nach § 180 Abs. 1 Nr. 2 a AO einzubeziehen sind.[141] Aufgrund des § 15 Abs. 1 Satz 2 EStG erstreckt sich die Gewinnfeststellung auch auf Personen, die keine Mitunternehmer (mehr) sind.[142]

Daher gehören Witwenpensionen nach § 15 Abs. 1 Satz 2 EStG auch dann zu den Sondervergütungen i. S. von § 15 Abs. 1 Satz 1 Nr. 2 EStG, wenn

– die Witwe des Gesellschafters nicht Gesellschafterin der die Bezüge gewährenden Gesellschaft war oder ist und
– die Witwe nicht Erbin ihres verstorbenen Ehemannes geworden ist.[143]

21.4.3.4 Sonderbetriebsausgaben, Sonderbetriebseinnahmen

Die Beteiligung an einer Personengesellschaft wird einkommensteuerrechtlich als gewerbliche Betätigung behandelt, was sich auch aus § 16 EStG ergibt. Daraus folgt, dass Aufwendungen eines Gesellschafters, die durch die Beteiligung veranlasst sind, Betriebsausgaben i. S. des § 4 Abs. 4 EStG sind. Sie hängen wirtschaftlich mit dem Gewinnanteil des Gesellschafters zusammen. Solche Aufwendungen des einzelnen Gesellschafters bezeichnet man als **Sonderbetriebsausgaben.**

Beispiele

a) Ein Gesellschafter hat zur Aufbringung der Gesellschaftereinlage ein Darlehen aufgenommen. Dadurch sind im Veranlagungszeitraum 8200 DM Kreditzinsen entstanden.

Die Zinsen sind Sonderbetriebsausgaben des Gesellschafters.[144]

b) Ein Gesellschafter hat einen Wirtschaftsprüfer mit einer Überprüfung des Jahresabschlusses beauftragt, weil er vermutet, von seinen Mitgesellschaftern betrogen zu werden. Dadurch entstehen dem Gesellschafter zusätzliche Ausgaben in Höhe von 5000 DM.

Es handelt sich um Sonderbetriebsausgaben.

c) Kommanditist K ist beteiligt an der Bau-GmbH & Co. KG. Daneben ist K selbstständig als Architekt tätig. Bauplanungen und die Bauleitung von Projekten der KG betreut K gegen Honorar.

Das Honorar gehört zu den Vergütungen i. S. des § 15 Abs. 1 Nr. 2, 2. Halbsatz EStG. Die mit der Erbringung der Leistung (Bauplanung und -leitung) im Zusammenhang

---
141 S. u. 21.4.4.2.1.
142 Vgl. auch BMF, BStBl 1992 I S. 190.
143 BFH, BStBl 1994 II S. 455.
144 BFH, BStBl 2000 II S. 390 m. w. N.

21.4 Gewinnermittlung

stehenden Aufwendungen des K (Bürokosten, Mitarbeiterlöhne, Fahrtkosten etc.) sind Sonderbetriebsausgaben. Zur Abgrenzung der Aufwendungen, die § 18 EStG zuzuordnen sind, ist ggf. eine Schätzung geboten (StEK § 15 EStG Nr. 153).

Sonderbetriebsausgaben sind ebenfalls im Verfahren der einheitlichen Feststellung des Gewinns der Gesellschaft zu berücksichtigen. Sie müssen auch dann bei der einheitlichen Gewinnfeststellung geltend gemacht werden, wenn die Aufwendungen vor der Personengesellschaft geheim gehalten werden sollen. Die Möglichkeit, dass die Mitgesellschafter Kenntnis von persönlichen Betriebsausgaben erlangen, gehört zu den zwingend in Kauf genommenen Folgen, die ein Gesellschafter mit seiner Beteiligung an einer solchen Personengesellschaft auf sich nimmt. Das Steuergeheimnis (§ 30 AO) wird nicht verletzt.[145]

Vorsteuer, die bei Sonderbetriebsausgaben anfällt, darf die Personengesellschaft nur dann verrechnen, wenn sie Leistungsempfängerin ist und wenn die entsprechenden Rechnungen auf sie lauten. Das ist im Allgemeinen nicht der Fall. Allerdings ist die Vorsteuer normalerweise vom Gesellschafter als Unternehmer abziehbar.

Neben den Sondervergütungen i. S. des § 15 Abs. 1 Nr. 2, 2. Halbsatz EStG sind auch solche **Sonderbetriebseinnahmen** bei der einheitlichen Ermittlung des Gewinns zu berücksichtigen, die der Gesellschafter durch den Einsatz von Wirtschaftsgütern erlangt, die der Personengesellschaft oder der Beteiligung an der Personengesellschaft dienen (Sonderbetriebsvermögen). Denn sie dienen damit der Erzielung seines Gewinnanteils.

Beispiele

a) Aufgrund seiner Beteiligung an einer Komplementär-GmbH bezieht der Kommanditist eine Gewinnausschüttung.

Die Gewinnausschüttung ist weder Gewinnanteil i. S. des § 15 Abs. 1 Nr. 2, 1. Halbsatz EStG, noch Vergütung i. S. des § 15 Abs. 1 Satz 1 Nr. 2, 2. Halbsatz EStG. Dennoch ist sie bei der Gewinnfeststellung der KG als Sonderbetriebseinnahme des Kommanditisten zu erfassen.[146]

b) Der Komplementär einer Autohandels-KG hat bei einem vom Autohersteller veranstalteten Preisausschreiben eine Auslandsreise gewonnen.

Der Ertrag hat seine Ursache im Gesellschaftsverhältnis. Deshalb erhöht der Wert der Auslandsreise als Sonderbetriebseinnahme des Gesellschafters den gesondert und einheitlich festzustellenden Gewinn der KG.[147]

Überlässt der Gesellschafter einer Personengesellschaft dieser ein Wirtschaftsgut zur Nutzung, das er im Rahmen seines Gewerbebetriebs von einem Dritten (Vermieter) gemietet hat, und verpflichtet sich die Personengesellschaft gegenüber ihrem Gesellschafter, das zwischen diesem und dem Vermieter vereinbarte Nutzungsentgelt unmittelbar an den Vermieter zu zahlen, so stellt sich diese Zahlung für den Gesellschafter sowohl als Vergütung i. S. des § 15 Abs. 1 Satz 1 Nr. 2 EStG

---
145 BFH, BStBl 1989 II S. 343; BFH, BStBl 1992 II S. 4.
146 BFH, BStBl 1980 II S. 119.
147 BFH, BStBl 1996 II S. 273; BMF, BStBl 1996 I S. 1192.

und damit als Sonderbetriebseinnahme wie auch als Sonderbetriebsausgabe des Gesellschafters im Rahmen des Betriebs der Personengesellschaft dar.[148]

Gehören zum **Gesamthandsvermögen** einer Personengesellschaft Beteiligungen an KapG, so umfasst der Beteiligungsertrag auch die einbehaltene Kapitalertragsteuer. Allerdings liegt hinsichtlich der Kapitalertragsteuer, die die Gesellschaft de facto ja nicht erhält und die auf die Einkommensteuer der Gesellschafter nach § 36 Abs. 2 EStG angerechnet wird, zugleich eine Entnahme der Gesellschafter vor. Sondereinnahmen liegen nicht vor.[149]

Beispiel

Die AB-KG ist an der U-GmbH beteiligt. Sie erhält im Jahr der Beschlussfasssung eine Dividende von 350 000 DM ./. 70 000 DM KapErtrSt = 280 000 DM ausgezahlt.

Buchung:

Bank	280 000 DM		
Entnahmen	70 000 DM	an Beteiligungserträge	350 000 DM

Soweit für Ausschüttungen noch das Anrechnungsverfahren anwendbar ist (Ausschüttungen in 2001 beginnenden Wirtschaftsjahren), stellt die anrechenbare Körperschaftsteuer keinen Ertrag im Gesellschaftsbereich, sondern Ertrag im Sonderbereich, also Sonderbetriebseinnahme, dar. Dort liegt zugleich eine Entnahme vor.[150]

21.4.3.5 Unterbeteiligung

Bei Unterbeteiligungen am Gesellschaftsanteil ist steuerlich zu unterscheiden zwischen der atypischen Unterbeteiligung und der typischen Unterbeteiligung.[151] Der atypisch Unterbeteiligte ist Mitunternehmer der Unterbeteiligungsgesellschaft. Diese ist ihrerseits Mitunternehmer der Hauptgesellschaft. Es liegt eine doppelstöckige Mitunternehmergesellschaft vor, falls die Unterbeteiligung am Anteile eines Mitunternehmers besteht. Insoweit sind dann auch zwei einheitliche und gesonderte Feststellungen vorzunehmen.[152] Nur bei Einverständnis aller Beteiligten – Hauptgesellschaft und deren Gesellschafter sowie der Unterbeteiligten – kann die Unterbeteiligung im Rahmen des einheitlichen Gewinnfeststellungsverfahrens für die Hauptgesellschaft berücksichtigt werden.[153]

Die Unterbeteiligung an der atypischen stillen Beteiligung an einer Kapitalgesellschaft ist gesellschaftsrechtlich wirksam möglich und auch steuerrechtlich anzuerkennen. Die schenkweise Unterbeteiligung von Kindern an der atypischen stillen Beteiligung ihres Vaters an einer Kapitalgesellschaft bedarf als rein schuldrecht-

---
148 BFH, BStBl 1986 II S. 304.
149 Stellungnahme des IdW, HFA 2/1993, Wpg 1994, S. 22.
150 BFH, BStBl 1996 II S. 531, mit Nachweis zur BGH-Rechtsprechung.
151 S. o. 21.1.2.2 und 21.1.2.4.
152 S. o. 21.1.6.
153 Vgl. auch BFH, BStBl 1995 II S. 531; BFH, BStBl 1996 II S. 269.

liche Verpflichtung gemäß § 518 Abs. 1 Satz 1 BGB zu ihrer steuerrechtlichen Anerkennung u. a. der notariellen Beurkundung.[154][155]

Bei **typisch stiller Unterbeteiligung** sind hingegen die Einnahmen des Unterbeteiligten beim Hauptbeteiligten als Sonderbetriebsausgabe zu erfassen, und zwar im Rahmen der einheitlichen Gewinnfeststellung für die Gesellschafter der Hauptgesellschaft.[156] Es findet also gerade keine einheitliche und gesonderte Gewinnfeststellung für die Unterbeteiligungsgesellschaft statt.

21.4.4 Verträge zwischen Gesellschaft und Gesellschaftern

21.4.4.1 Zivilrechtliche Beurteilung

Zwischen Personengesellschaften und ihren Gesellschaftern sind zivilrechtlich Verträge möglich. So kann ein Gesellschafter mit seiner Personengesellschaft einen Miet-/Pachtvertrag, Dienstvertrag oder einen Darlehensvertrag abschließen. Die dafür von der Gesellschaft gezahlten Vergütungen mindern nicht nur den handelsrechtlichen Gewinn, sondern auch den Gesamthandsgewinn in der Steuerbilanz.

Beispiel
Rechtsanwälte, Wirtschaftsprüfer oder Steuerberater beraten eine Gesellschaft, an der sie als Gesellschafter beteiligt sind, und erhalten dafür die üblichen Honorare.
Die Honorare sind Aufwand der Personengesellschaft.

21.4.4.2 Steuerrechtliche Beurteilung

21.4.4.2.1 Dienst-, Darlehens- und Überlassungsverträge

Die aufgrund solcher Verträge gezahlten Vergütungen gehören nach § 15 Abs. 1 Satz 1 Nr. 2 EStG zum Gewinn aus Gewerbebetrieb. Der Aufwandsbuchung im Gesamthandsbereich steht die Hinzurechnung zum mitunternehmerschaftlichen Gesamtgewinn gegenüber **(additive Gewinnermittlung)**. Auf die Bezeichnung kommt es nicht an, deshalb gehören dazu Gehälter, Tantiemen, Gratifikationen, Provisionen, Zinsen, Mieten, Pachten und Kapitalzinsen, die der Gesellschafter von der Gesellschaft erhält. Die Überlassung von Wirtschaftsgütern i. S. des § 15 Abs. 1 Satz 1 Nr. 2 EStG ist als Überlassung zur Nutzung zu verstehen.[157]

Für die Anwendung des § 15 Abs. 1 Satz 1 Nr. 2 EStG ist es grundsätzlich ohne Bedeutung, ob die Leistung des Gesellschafters auf einer gesellschaftsrechtlichen

---
154 BFH, BStBl 1979 II S. 768.
155 Wegen der übrigen Voraussetzungen: Mitwirkung eines Ergänzungspflegers, vormundschaftliche Genehmigung vgl. BFH, BStBl 1994 II S. 635; BFH, BStBl 1995 II S. 449.
156 BFH, BStBl 1989 II S. 343.
157 BFH, BStBl 1979 II S. 757.

Beitragspflicht i. S. der §§ 705 bis 707 BGB oder auf einer anderen Rechtsgrundlage beruht. § 15 Abs. 1 Satz 1 Nr. 2 EStG stellt bestimmte Schuldrechtsverhältnisse, unabhängig davon, ob diese zivilrechtlich gesehen gesellschaftsrechtlicher oder schuldrechtlicher Natur sind, wirtschaftlich den gesellschaftsrechtlichen Gewinnverteilungsabreden gleich. Sie sind deshalb einkommensteuerrechtlich wie diese zu beurteilen.[158] Bei Dauerschuldverhältnissen, z. B. Arbeitsverträgen, Mietverträgen, fallen jedoch nur solche Vergütungen unter § 15 Abs. 1 Satz 1 Nr. 2 EStG, welche auf einen Zeitraum entfallen, in dem der Leistende Mitunternehmer der Gesellschaft ist. Auf die Fälligkeit und den Zeitpunkt der Zahlung kommt es nicht an.

Erhält bei einer **GmbH & Co. KG** ein Kommanditist, der zugleich Geschäftsführer der Komplementär-GmbH ist, für seine Tätigkeit als Geschäftsführer der GmbH eine Vergütung, so bezieht er die Geschäftsführervergütung letztlich als Entgelt für seine Tätigkeit im Dienste der KG. Diese Vergütung fällt unter die Regelung des § 15 Abs. 1 Satz 1 Nr. 2 EStG.[159]

Wird eine Schwester-GmbH aufgrund eines Geschäftsführungs- und Verwaltungsvertrags mit der Geschäftsführung einer KG beauftragt und ist der Geschäftsführer der GmbH zugleich Kommanditist der KG, so sind die dem GmbH-Gesellschafter-Geschäftsführer gezahlten Gehälter Vergütungen für die Tätigkeit im Dienste der Gesellschaft (mittelbare Leistung).[160]

Zu den Vergütungen gehören auch Provisionen für Vermittlungsgeschäfte.[161]

Mietzinsen gehören auch dann zu den Vergütungen i. S. des § 15 Abs. 1 Satz 1 Nr. 2 EStG, wenn der an die Personengesellschaft vermietete Grundstücksteil von untergeordneter Bedeutung ist.[162]

Auf Vergütungen für Arbeitsleistungen ist § 15 Abs. 1 Satz 1 Nr. 2 EStG auch anzuwenden, wenn der Dienstleistende an der Gesellschaft nur geringfügig beteiligt ist, die Tätigkeitsvergütung den Tariflohn eines vergleichbaren Arbeitnehmers nicht übersteigt und die geleisteten Dienste von untergeordneter Bedeutung sind.[163] Etwas anderes kann nur gelten, wenn das Zusammentreffen von Mitunternehmerschaft und Arbeitsverhältnis nur zufällig (z. B. Erbfall), vorübergehend und kurzfristig ist.[164]

Vergütungen i. S. des § 15 Abs. 1 Satz 1 Nr. 2, 2. Halbsatz EStG bilden bei der Personengesellschaft Betriebsausgaben und werden deshalb als Aufwendungen gebucht. Da diese Vergütungen jedoch Einkünfte aus Gewerbebetrieb sind (§ 15 Abs. 1 Satz 1 Nr. 2, 2. Halbsatz EStG), müssen sie bei der einheitlichen und gesonderten Gewinnfeststellung wieder hinzugerechnet werden. Das gilt auch für **Arbeit-**

---

158 BFH, BStBl 1987 II S. 553.
159 BFH, BStBl 1979 II S. 284.
160 BFH, BStBl 1999 II S. 720.
161 BFH, BStBl 1995 II S. 473.
162 BFH, BStBl 1978 II S. 647.
163 BFH, BStBl 1971 II S. 177; BFH, BStBl 1982 II S. 192.
164 BFH, BStBl 1980 II S. 271.

21.4 Gewinnermittlung

geberanteile die die Gesellschaft wegen eines Arbeitsverhältnisses mit einem Gesellschafter nach den Sozialversicherungsgesetzen zu entrichten hat.[165] § 3 Nr. 62 EStG ist nicht anwendbar. Entsprechendes gilt für Abfindungen an ArbN-Kommanditisten. Hier ist § 3 Nr. 9 EStG nicht zu berücksichtigen.[166] In Höhe der Arbeitgeberanteile bzw. der Abfindungen sind steuerpflichtige Sonderbetriebseinnahmen dem Gesellschafter zuzurechnen. Die fraglichen Steuerbefreiungen können nicht greifen, weil sie nur für nichtselbstständig tätige Arbeitnehmer gelten.

Die Versicherungssumme, die die Witwe eines tödlich verunglückten Gesellschafters aus einer Insassenunfallversicherung erhält, die die Personengesellschaft abgeschlossen hat, gehört als Sonderbetriebseinnahme zum Gewinnanteil des Gesellschafters.[167]

Aus § 15 Abs. 1 Satz 1 Nr. 2 EStG folgt, dass **Forderungen** an die Mitunternehmerschaft, die Schulden gegenüber dem Mitunternehmer darstellen, in diesem Bereich steuerrechtlich – jedenfalls in der gedachten Gesamtbilanz der Mitunternehmerschaft – Eigenkapital darstellen.[168] Der Anspruch erscheint in der Sonderbilanz des Gesellschafters als Forderung, der in der Steuerbilanz der Gesellschaft (Gesamthandsbilanz) eine Verbindlichkeit gegenübersteht. Die Verpflichtungen und Ansprüche sind der Zeit, dem Grunde und der Höhe nach korrespondierend zu bilanzieren, und zwar in der Gesellschaftsbilanz gewinnmindernd und in der Sonderbilanz gewinnerhöhend.[169]

Beispiele
Verbindlichkeiten aus Anstellungsverträgen mit Gesellschafter-Geschäftsführern.
Verpflichtung der Gesellschaft zur Zahlung rückständiger Darlehenszinsen oder rückständiger Mietzinsen für die Überlassung von Wirtschaftsgütern.

Darlehensschulden sind erfolgsneutral in der Gesellschaftsbilanz zu passivieren und in der Sonderbilanz zu aktivieren. Für Teilwertabschreibungen ist in der Sonderbilanz kein Raum.[170]

Diese Rechtsfolgen ergeben sich auch bei grenzüberschreitenden Beteiligungen an einer Personengesellschaft.[171] Deshalb können wechselkursbedingte Wertminderungen eines Gesellschafterdarlehens an eine ausländische Mitunternehmerschaft nicht gewinnmindernd in der StB des inländischen Gesellschafters geltend gemacht werden.[172]

Tritt der Gesellschafter einer Personengesellschaft ihm gegen die Gesellschaft zustehende Darlehensansprüche oder andere Geldforderungen an Dritte zur Ab-

---
165 BFH, BStBl 1992 II S. 812.
166 BFH, BStBl 1996 II S. 515.
167 BFH, BStBl 1972 II S. 277.
168 BFH, BStBl 1981 II S. 422.
169 BFH, BStBl 1996 II S. 219 m. w. N.
170 BFH, BStBl 1995 II S. 594.
171 BFH, BStBl 2000 II S. 399.
172 BFH, BStBl 1993 II S. 714 m. w. N.

lösung einer Pflichtteilsverbindlichkeit ab und belässt dieser die Beträge der Personengesellschaft weiterhin als Darlehen, verliert die bisherige Darlehensforderung des Gesellschafters den Status des Sonderbetriebsvermögens.[173] Nicht unter die Vorschrift des § 15 Abs. 1 Satz 1 Nr. 2, 2. Halbsatz EStG fällt der umgekehrte Fall, also eine Vergütung, die der Gesellschafter der Gesellschaft für die Nutzungsüberlassungen zahlt.[174] Insoweit liegen Betriebseinnahmen der Gesellschaft und, je nach Sachlage, Betriebsausgaben, Werbungskosten oder nichtabziehbare Ausgaben des Gesellschafters vor.[175]

Beispiel
> Die OHG gewährt ihrem Gesellschafter zur Finanzierung privater Investitionen ein Darlehen zu marktüblichen Konditionen.
>
> Das Darlehen ist auch steuerlich als solches zu behandeln mit der Folge, dass es in der Gesellschaftsbilanz (= Gesamthandsbilanz) der Mitunternehmerschaft als Aktivposten erscheint. Die vom Mitunternehmer gezahlten Zinsen erhöhen als Betriebseinnahmen den Gewinn der OHG.

Wird das Darlehen nicht angemessen verzinst oder hält es bei einer Gesamtbetrachtung in anderer Hinsicht einem **Fremdvergleich** nicht stand, so gehört es zwar zivilrechtlich zum Gesellschaftsvermögen, aber nicht zum steuerlichen Betriebsvermögen.[176] Die Gewährung eines außerbetrieblich veranlassten Darlehens stellt eine Entnahme der Darlehensvaluta aus dem Betriebsvermögen der Gesellschaft in das gesamthänderisch gebundene Privatvermögen aller Gesellschafter dar.

Die Entnahme ist allen Gesellschaftern nach Maßgabe ihres jeweiligen Anteils am Gesamthandsvermögen zuzurechnen, da ihnen der Darlehensbetrag spätestens im Rahmen der Liquidation anteilig zurückfließt. Dementsprechend sind „Tilgungsleistungen" sowie „Zinsleistungen" des Darlehensnehmers bei allen Gesellschaftern anteilig als Einlagen zu erfassen.

Sofern die Darlehensvaluta aus dem steuerlichen Betriebsvermögen in das gesamthänderisch gebundene Privatvermögen entnommen wird, sind zugehörige Refinanzierungskosten der Gesellschaft nicht betrieblich veranlasst und deshalb vom Betriebsausgabenabzug ausgeschlossen.

Pensionszusagen gegenüber Mitgesellschaftern sind nach § 249 Abs. 1 HGB und damit auch für steuerrechtliche Zwecke (§ 5 Abs. 1 EStG) in der **Gesellschaftsbilanz** auf der Passivseite als Rückstellung gewinnmindernd und in der steuerrechtlichen **Sonderbilanz** auf der Aktivseite gewinnerhöhend zu erfassen. Durch diese korrespondierende Bilanzierung wird gewährleistet, dass die Zuführungen zur Rückstellung entsprechend § 15 Abs. 1 Satz 1 Nr. 2 EStG den steuerrechtlichen Gewinn nicht mindern, aber der Gewinn zutreffend verteilt wird.[177] Erfüllt die Per-

---

173 BFH, BStBl 1987 II S. 628.
174 BFH, BStBl 1983 II S. 598.
175 BFH, BStBl 1993 II S. 616.
176 BFH, BStBl 1996 II S. 642.
177 BFH/NV 2000 S. 469; BFHE S. 184, 571.

21.4 Gewinnermittlung

sonengesellschaft später ihre Ruhegehaltsverbindlichkeit, so sind die Zahlungen mit den in der Sonderbilanz aktivierten Ansprüchen zu verrechnen.[178] Die sich dabei später zwischen dem Barwertabbau und der Zahlung ergebenden Differenzen sind gewinnerhöhend über die Sonderbilanz dem Berechtigten zuzurechnen. Insoweit handelt es sich um nachträgliche Einkünfte i. S. des § 15 Abs. 1 Satz 2 EStG.[179] Entsprechendes gilt für die Versorgungszusage zugunsten der Witwe eines verstorbenen Gesellschafter-Geschäftsführers einer Personengesellschaft, wenn die Versorgungszusage betrieblich veranlasst ist. Auch in diesem Fall steht der in der Gesellschaftsbilanz passivierten Rückstellung ein in der Sonderbilanz für die Witwe aktivierter Anspruch gegenüber (§ 15 Abs. 1 Satz 2 EStG).[180]

Dagegen ist eine bisher gebildete Pensionsrückstellung nicht in der Sonderbilanz gewinnerhöhend zu aktivieren, wenn ein Angestellter einer Personengesellschaft, dem eine Pensionszusage erteilt wurde, Gesellschafter wird. Die Pensionszusage ist insoweit keine Vergütung für die Tätigkeit eines Gesellschafters, sondern die Vergütung für die Tätigkeit eines Angestellten.[181] Die Barwertaufstockung für Dienstzeiten nach dem Eintritt in die Gesellschaft ist jedoch zu aktivieren.

Nach der Rechtsprechung ist § 15 Abs. 1 Satz 1 Nr. 2 EStG auch dann anzuwenden, wenn der Gesellschafter für die Gesellschaft im Rahmen eines freien Berufs von Fall zu Fall gegen das übliche Honorar tätig wird und seine Tätigkeit nicht auf gesellschaftsrechtlichen Vereinbarungen beruht.[182] Der Begriff der Dienstleistung wird also weit ausgelegt.

Beispiel

Ein Steuerberater ist als Kommanditist an einer KG beteiligt. Für die Durchführung des Jahresabschlusses hat er nach der Gebührenordnung das übliche Honorar von 6000 DM zzgl. USt berechnet und erhalten.

Das Honorar gehört nach § 15 Abs. 1 Satz 1 Nr. 2 EStG zum Gewinn aus Gewerbebetrieb. Es darf bei der Gewinnermittlung für die Steuerberaterpraxis nicht als Betriebseinnahme angesetzt werden. Aufwendungen des Steuerberaters, die mit der Durchführung des Jahresabschlusses wirtschaftlich zusammenhängen, müssen als Sonderbetriebsausgabe des Gesellschafters berücksichtigt und bei der Steuerberaterpraxis ausgeschieden werden. Das ist vor allem wegen der GewSt wichtig. Hinsichtlich der USt bestehen keine Besonderheiten, denn KG und Steuerberater sind getrennt zu beurteilende Unternehmer.

Wenn jedoch die Leistung und die Mitunternehmerschaft des Leistenden nur zufällig und vorübergehend zusammentreffen und demgemäß jeglicher wirtschaftliche Zusammenhang zwischen Leistung und Mitunternehmerverhältnis ausgeschlossen erscheint, ist § 15 Abs. 1 Satz 1 Nr. 2 EStG nicht anwendbar. Das könnte z. B. bei einem Rechtsanwalt sein, der von einer Publikums-KG, an der er neben zahlreichen

---

[178] BFH, BStBl 1993 II S. 792.
[179] Vgl. o. 21.4.3.3.
[180] Vgl. auch BFH, BStBl 1995 II S. 400.
[181] BFH, BStBl 1975 II S. 437; BFH, BStBl 1981 II S. 422.
[182] BFH, BStBl 1970 II S. 43.

anderen Kommanditisten geringfügig beteiligt ist, einen einmaligen Auftrag zur Führung eines Prozesses erhält.[183]

Eine **Vermittlungsprovision,** die eine KG an einen ihrer Gesellschafter für die Vermittlung neuer Kommanditisten zahlt, ist als Vergütung i. S. des § 15 Abs. 1 Satz 1 Nr. 2 EStG zu qualifizieren.[184]

Ist eine Personengesellschaft (= Obergesellschaft) an einer anderen Personengesellschaft (= Untergesellschaft) beteiligt, so ist zivilrechtlich die **Obergesellschaft** Gesellschafterin der Untergesellschaft (**doppelstöckige Personengesellschaft**). Daneben sind auch die Gesellschafter (= Mitunternehmer) der Obergesellschaft gleichzeitig Mitunternehmer der **Untergesellschaft** (vgl. § 15 Abs. 1 Satz 1 Nr. 2 Satz 2 EStG).[185] Daher sind Vergütungen, die die Obergesellschaft von der Untergesellschaft für eine Tätigkeit, eine Vermietung oder eine Darlehensgewährung beziehen, als Sonderbetriebseinnahmen der Obergesellschaft bei der Untergesellschaft festzustellen. Diese Zuordnung geht der Zuordnung zum eigenen Gewerbebetrieb vor – **keine Subsidiarität** –.

Unabhängig von der Frage, dass Vergütungen für eine Tätigkeit im Dienst der Gesellschaft dem Gewinnanteil des Mitunternehmers hinzuzurechnen sind, ist auf der Ebene des Gesellschaftsvermögens zu prüfen, ob die Vergütung als **sofort gewinnmindernder Aufwand oder als Teil aktivierungspflichtiger Herstellungskosten zu beurteilen ist.**

Steht die Leistung des Mitunternehmers mit der Herstellung eines Wirtschaftsgutes im Zusammenhang, dann ist die Vergütung als Teil der Herstellungskosten zu aktivieren. Darin ist keine unzulässige doppelte Gewinnerhöhung zu sehen.[186]

Beispiel 1

K ist Kommanditist der XY-KG und außerdem als Architekt selbstständig tätig. Für die Errichtung eines Bürogebäudes der XY-KG hat K die Bauplanung und Bauleitung übernommen. Er erhält von der KG ein Honorar in Höhe von 120 000 DM.

1. Gesamthandsbereich der KG

Die Vergütung ist als Teil der Herstellungskosten des Gebäudes zu aktivieren. Die Tatsache, dass die Vergütung zu den Herstellungskosten gehört, gewinnt nicht nur für die AfA, sondern insbesondere auch für den Fall Bedeutung, dass ein Anspruch auf Investitionszulage besteht.

2. Behandlung bei Kommanditist K

Das Honorar gehört zu den gewerblichen Einkünften des Architekten! Anteilige Aufwendungen sind dementsprechend nicht bei § 18 EStG zu berücksichtigen, sondern als Sonderbetriebsausgaben abzuziehen.

---

183 BFH, BStBl 1980 II S. 269; vgl. auch BFH, BStBl 1980 II S. 275.
184 BFH, BStBl 1980 II S. 499; BFH, BStBl 1995 II S. 473.
185 S. o. 21.1.6.
186 BFH, BStBl 1986 II S. 553; BFH, BStBl 1996 II S. 427.

21.4 Gewinnermittlung

Beispiel 2

Kommanditist B erhält für seine Tätigkeit als **Mitarbeiter in der Fertigung** der A&B-KG ein Gehalt von monatlich 6000 DM. B ist sozialversicherungspflichtig (nur bei Kommanditisten möglich), deshalb hat die KG unter Einbehaltung des Arbeitnehmeranteils zur **Sozialversicherung** monatlich an B 5100 DM ausgezahlt. Arbeitgeberanteil zur Sozialversicherung 900 DM.

Außerdem hat die KG dem B eine Pensionszusage gemacht und erstmals nach § 6 a EStG eine Pensionsrückstellung in Höhe von 5000 DM passiviert.

1. Gesamthandsbereich der KG

Das Gehalt und der Arbeitgeberanteil zur Sozialversicherung sind zwar zunächst gewinnmindernd als Aufwand zu buchen. Die Beträge sind aber bei der Bewertung der fertigen und unfertigen Erzeugnisse in die Herstellungskosten einzubeziehen.

Die Passivierung der Pensionsrückstellung ist nicht zu beanstanden.

Der Pensionsaufwand braucht nicht in die Herstellungskosten einbezogen zu werden (R 33 Abs. 5 EStR).

2. Sonderbereich des B

Das Gehalt zzgl. Arbeitgeberanteil zur Sozialversicherung gehört ebenso zu den **Vergütungen,** die B als Mitunternehmer im Dienste für seine Gesellschaft bezogen hat, wie der Aufwand aufgrund der Pensionszusage. § 3 Nr. 62 EStG ist nicht anzuwenden, weil B im steuerlichen Sinne kein Arbeitnehmer ist.[187]

B hat die Vergütungen von monatlich 6900 DM, mithin jährlich 82 800 DM zzgl. 5000 DM aufgrund der Pensionszusage, also 87 800 DM als gewerbliche Einkünfte zu versteuern.

3. Sonderbilanz für B

In Höhe der Pensionsrückstellung, die in der KG-Bilanz zu passivieren ist, muss in der **Sonderbilanz** für B korrespondierend dem Grunde und der Höhe nach ein Aktivposten ausgewiesen und fortgeführt werden.

4. Sonderausgaben des B

Zu den Sonderausgaben des B gehört neben dem Arbeitnehmeranteil zur Sozialversicherung auch der „Arbeitgeberanteil".

Eine Kürzung des Vorwegabzugs nach § 10 Abs. 3 EStG erfolgt daher nicht, weil § 3 Nr. 62 EStG auf den Arbeitgeberanteil nicht anwendbar ist!

21.4.4.2.2 Kaufverträge, Werklieferungsverträge

§ 15 Abs. 1 Satz 1 Nr. 2 EStG erfasst nicht alle Rechtsbeziehungen zwischen der Gesellschaft und den Gesellschaftern, sondern nur Dienstleistungen, Nutzungsüberlassungen von Fremdkapital und Wirtschaftsgütern mit im weitesten Sinne Veranlassung im Gesellschaftsverhältnis. Darunter fallen nicht die Lieferung von Waren im üblichen Geschäftsverkehr,[188] die Gewährung des üblichen Lieferanten-

---
187 BFH, BStBl 1992 II S. 812.
188 BFH, BStBl 1970 II S. 43; BFH, BStBl 1969 II S. 480.

kredits und die Ausführung von Bauarbeiten aufgrund von Werklieferungsverträgen.[189] Auf die zivilrechtliche Qualifikation Werkvertrag oder Werklieferungsvertrag kommt es nicht an. § 15 Abs. 1 Nr. 2 EStG ist immer dann nicht anwendbar, wenn die Leistung des Gesellschafters zu einem nicht unerheblichen Teil darin besteht, der Gesellschaft wirtschaftliches Eigentum an Gütern zu verschaffen, etwa bei Bauleistungen unter Verwendung von Material.[190]

Vertragliche Beziehungen können also auch zu Zahlungen der Gesellschaft an die Gesellschafter führen, die nicht zu den Vergütungen i. S. des § 15 Abs. 1 Satz 1 Nr. 2 EStG gehören. Diese Folgerung ergibt sich schon daraus, dass solche Zahlungen nicht als „Vergütungen für Dienstleistungen" oder für „die Überlassung von Wirtschaftsgütern" bezeichnet werden können. Die Lieferung von Waren im Rahmen eines Kaufvertrages ist – anders als etwa die Vermietung – keine „Überlassung" von Wirtschaftsgütern.[191] Folgerichtig ist in diesen Fällen nicht ausgeschlossen, dass u. U. in der eigenen Steuerbilanz des gewerbetreibenden Mitunternehmers eine Teilwertabschreibung auf die Forderung gegenüber der Mitunternehmerschaft vorgenommen werden kann.[192]

Beispiel

Der Geschäftsbetrieb einer Personengesellschaft ist auf Errichtung und Veräußerung von Wohnungen gerichtet. Ein Gesellschafter betreibt daneben als Einzelunternehmer ein Baugeschäft. Im Rahmen dieses Einzelunternehmens führt er Bauarbeiten für die Gesellschaft aus.

Die von der Personengesellschaft dafür erbrachte Gegenleistung stellt keine Vergütung i. S. des § 15 Abs. 1 Satz 1 Nr. 2 EStG dar. Sie gehört bei der Personengesellschaft in Höhe des vereinbarten Werkpreises (./. USt) zu den Herstellungskosten des Gebäudes der Gesellschaft.

Forderungen eines Gesellschafters einer Personengesellschaft aus Warenlieferungen an die Gesellschaft stehen aber Einlagen (aber Einlage im Sonderbereich!) oder durch das Gesellschaftsverhältnis veranlassten Darlehensforderungen gleich, wenn der Wareneinkauf der Personengesellschaft in der Hauptsache bei den Gesellschaftern erfolgt und die durch fortgesetzte Kreditierung bewirkte Zufuhr von Mitteln die wirtschaftliche Grundlage der Gesellschaft bildet.[193]

Zur Behandlung von Veräußerungsgeschäften schuldrechtlicher Natur siehe im Übrigen unter 21.7.

---

189 BFH, BStBl 1973 II S. 630.
190 BFH, BStBl 2000 II S. 339 m. w. N.
191 BFH, BStBl 1970 II S. 43.
192 Nicht zu verwechseln mit einer unzulässigen Abschreibung der Beteiligung an der Personengesellschaft auf den niedrigeren Teilwert, s. o. 11.5.3.3.
193 BFH, BStBl 1981 II S. 427.

21.4.4.2.3 Leistungen an eine andere ganz oder teilweise beteiligungsidentische Personengesellschaft (Schwesterpersonengesellschaften)

Bei Leistungen zwischen Schwesterpersonengesellschaften ist zu differenzieren. Sind beide Gesellschaften gewerblich tätig oder geprägt, ist § 15 Abs. 1 Nr. 2 EStG (Sondervergütungen) nicht anwendbar. Es verbleibt bei der normalen Behandlung von Leistungen und Leistungsentgelten wie unter Fremden, d. h. Betriebsertrag bei der leistenden Gesellschaft und Aufwand bei der leistungsempfangenden Gesellschaft.[194]

Eine andere Beurteilung ist jedoch geboten, wenn die leistende **Schwesterpersonengesellschaft keine gewerbliche Mitunternehmerschaft** ist. Dann ist § 15 Abs. 1 Nr. 2 EStG (Sondervergütungen) bei der leistungsempfangenden gewerblichen Schwesterpersonengesellschaft anzuwenden. Damit scheiden umgekehrt die Einnahmen und damit zusammenhängenden Ausgaben aus der Ergebnisermittlung bei der leistenden Gesellschaft aus.[195]

Auch bei gewerblichen Schwesterpersonengesellschaften ist jedoch eine nicht betrieblich, sondern gesellschaftsrechtlich veranlasste **Verlustübernahme** für die Gewinnermittlung unbeachtlich. Die Verlustübernahme stellt sich als Einlage in die Verlustgesellschaft und Entnahme in der Gewinngesellschaft dar.[196]

Zur Frage der Überlassung von Gegenständen zwischen Schwesterpersonengesellschaften, insbesondere auch im Fall der **mitunternehmerischen Betriebsaufspaltung**, vgl. vor allem 21.1.7.

21.4.5 Buchmäßige Behandlung von Vergütung und Vorweggewinn

21.4.5.1 Vergütungen und korrespondierende Bilanzierung

Der Gewinnanteil eines Mitunternehmers setzt sich aus dem Anteil am Gewinn (§ 15 Abs. 2, 1. Halbsatz EStG) und den Vergütungen i. S. des § 15 Abs. 1 Nr. 2 2. Halbsatz EStG zusammen. Aus diesem Grunde wird auch von der **additiven zweistufigen Gewinnermittlung** gesprochen.

Während der Anteil am Gewinn der Gesellschaft aus der **Gesamthandsbilanz** und einer ggf. daneben aufzustellenden **Ergänzungsbilanz** abgeleitet wird, beruhen die Vergütungen auf vertraglich besonders geregelten **Schuldverhältnissen**. Der Gewinn ist insoweit bei Bilanzierungspflicht aus Sonderbilanzen der Gesellschafter bei der Gesellschaft abzuleiten.

Fälschlich werden diese Vorgänge oftmals als so genannte **Vorabvergütungen** bezeichnet. Tatsächlich handelt es sich indes nicht um ein Vorab im Rahmen der

---
194 Dazu näher unter 21.1.7.
195 BFH, BStBl 1983 II S. 598.
196 BFH, BStBl 1994 II S. 398.

21 Personengesellschaften

Gewinnverteilung, sondern um Betriebsausgaben der Personengesellschaft, die den verteilungsfähigen Gewinn für alle Gesellschafter mindern. Insoweit besteht für die Gesellschaft eine **Vergütungspflicht**, die grundsätzlich als **Aufwand** zu erfassen ist.[197]

Beispiele
Zinsaufwand an Verbindlichkeiten gegenüber dem Gesellschafter.
Lohnaufwand an Verbindlichkeiten gegenüber dem Gesellschafter.
Mietaufwand an Verbindlichkeiten gegenüber dem Gesellschafter.
Bei Auszahlung der fraglichen Beträge ist die Verbindlichkeit erfolgsneutral gegen Geldkonto zu buchen.

Soweit die Vergütung für eine Leistung gezahlt wird, die der Herstellung eines Wirtschaftsgutes dient, ist der Betrag als Teil der Herstellungskosten des fraglichen Wirtschaftsgutes zu aktivieren.[198]

Beispiel
Lohnaufwand an Verbindlichkeiten gegenüber dem Gesellschafter.
Fertigerzeugnisse an Bestandsveränderungen.

Soweit die Vergütungen bis zum Bilanzstichtag nicht ausgezahlt worden sind, ist die **Verpflichtung** in der Bilanz der Personengesellschaft auszuweisen. Der Ausweis einer Verbindlichkeit darf nicht mit dem Hinweis auf die Hinzurechnung nach § 15 Abs. 1 Nr. 2, 2. Halbsatz EStG unterbleiben.

Dementsprechend sind noch nicht ausgezahlte (Vorab-)**Vergütungen für eine Tätigkeit** im Dienst der Gesellschaft ebenso zu passivieren wie rückständige **Miet- bzw. Pachtzahlungen** bei der Überlassung von Gegenständen. Natürlich gilt das Passivierungsgebot auch für **rückständige Zinszahlungen** für Darlehen eines Gesellschafters gegenüber der Personengesellschaft.

Dabei kommt es weder auf die Bezeichnung der Vergütung noch auf die Bezeichnung des Schuldvertrages an. Dementsprechend sind **Provisionen für Vermittlungsgeschäfte**[199] des Gesellschafters ebenso zu passivieren wie Honorarverpflichtungen aus **Beraterverträgen** mit Gesellschaftern oder **Tantiemeverpflichtungen.** Und schließlich gilt das Passivierungsverbot auch **für Pensionsverpflichtungen** aufgrund von Versorgungszusagen gegenüber einem Mitunternehmer.

Auch **Abfindungen,** die einem Mitunternehmer für die **Aufgabe von Pensionsansprüchen** gegen die Personengesellschaft gewährt werden, sind bis zu ihrer Erfüllung als Schuld im Gesamthandsbereich auszuweisen. Das Gleiche gilt für **Abfindungen an Arbeitnehmer-Kommanditisten** für das Ausscheiden aus dem

---
197 BFH, BStBl 1991 II S. 691.
198 BFH, BStBl 1996 II S. 427.
199 BFH, BStBl 1995 II S. 473.

21.4 Gewinnermittlung

Arbeitsverhältnis mit der Personengesellschaft. Die Steuerbefreiung nach § 3 Nr. 9 EStG greift nicht.[200]

Korrespondierend dem **Grunde** und der **Höhe** nach sind diese Ansprüche in einer **Sonderbilanz** für den Gesellschafter **gewinnerhöhend** zu aktivieren und erst bei Zahlung als **Entnahme im Sonderbereich** zu erfassen.[201] Damit wird sichergestellt, dass die Vergütungen dem Mitunternehmer nach § 15 Abs. 1 Nr. 2, 2. Halbsatz EStG in dem Wirtschaftsjahr zugerechnet werden, in dem sie im **Gesamthandsbereich** als **Aufwand** (Achtung: auch als aktivierungspflichtiger Herstellungsaufwand) in Erscheinung getreten sind.[202] Auf den Zufluss der Vergütungen kommt es nicht an.

Passiviert etwa eine KG für umstrittene Ansprüche eines Gesellschafters in ihrer Gesamthandsbilanz **Rückstellungen,** so ist in der **Sonderbilanz** für den Gesellschafter in gleicher Höhe eine Forderung **gewinnerhöhend** zu aktivieren.

Auch die auf **Pensionszusagen** gegenüber den Gesellschaftern, insbesondere den geschäftsführenden Gesellschaftern, beruhenden **Pensionsverpflichtungen** sind in der Gesellschaftsbilanz zu passivieren und in der Sonderbilanz zu aktivieren. Handelt es sich um eine GmbH & Co. KG und wurde die Zusage von der GmbH gemacht, dann ist die Verpflichtung in der **Sonderbilanz** der GmbH als Rückstellung nach den Grundsätzen des § 6 a EStG zu passivieren. Das gilt auch dann, wenn der Geschäftsführer seinerseits als Kommanditist Mitunternehmer der fraglichen Personengesellschaft (KG) ist. Der Pensionsanspruch des Kommanditisten ist in diesen Fällen gleichzeitig in dessen Sonderbilanz **korrespondierend zu aktivieren** und erhöht sich im gleichen Umfang wie die Rückstellung in der Sonderbilanz der GmbH.[203]

Bei **Auszahlung der Pension (Bezug)** ist die Einnahme des Kommanditisten steuerlich nur zu erfassen, soweit die Zahlung den Barwertabbau übersteigt. Im Übrigen handelt es sich um einen erfolgsneutralen Vorgang.

Beispiel

Die Komplementär-GmbH hält eine Beteiligung an der X-KG in Höhe von 50 000 DM. Ihr Gewinnanteil beträgt alljährlich 20 000 DM zzgl. Erstattung des Aufwands für Geschäftsführung. Dieser beträgt für 01 120 000 DM und für 02 130 000 DM zzgl. Aufwand aus der Zuführung zur Pensionsrückstellung aufgrund einer Pensionszusage an den Geschäftsführer seit 01. Zugang zur Pensionsrückstellung für 01 6000 DM, für 02 7000 DM. Die Ansprüche der GmbH werden hinsichtlich der laufenden Aufwendungen ratierlich erstattet und im Übrigen von der KG zum Jahresschluss bei Fälligkeit auf einem Darlehenskonto passiviert. Zutreffende Buchungen der KG: Aufwendungen 120 000 DM (130 000 DM); Pensionsaufwendungen 6000 DM (7000 DM); Gewinn (Kapital) 20 000 DM (20 000 DM) an Geld 120 000 DM

---
200 BFH, BStBl 1996 II S. 515.
201 BFH, BStBl 1996 II S. 219.
202 BFH, BStBl 1986 II S. 553.
203 BFH, BStBl 1993 II S. 792 i. V. m. BFHE 184 S. 571; BFH/NV 2000 S. 249.

(130 000 DM) und Darlehensverbindlichkeit 26 000 DM (27 000 DM). Bei der GmbH und dem Geschäftsführerkommanditisten ergibt sich:

Aktiva	Handelsbilanz der GmbH für 01		Passiva
Darlehensforderung	26 000 DM	Gezeichnetes Kapital	50 000 DM
Beteiligung KG	50 000 DM	Jahresüberschuss	20 000 DM
		Pensionsrückstellung	6 000 DM
	76 000 DM		76 000 DM

Aktiva	Handelsbilanz der GmbH für 02		Passiva
Darlehensforderung	53 000 DM	Gezeichnetes Kapital	50 000 DM
Beteiligung KG	50 000 DM	Gewinnvortrag	20 000 DM
		Jahresüberschuss	20 000 DM
		Pensionsrückstellung	13 000 DM
	103 000 DM		103 000 DM

Aktiva	Steuerbilanz der GmbH für 01*		Passiva
Beteiligung KG	70 000 DM	Gezeichnetes Kapital	50 000 DM
		Jahresüberschuss	20 000 DM
	70 000 DM		70 000 DM

Aktiva	Steuerbilanz der GmbH für 02*		Passiva
Beteiligung KG	90 000 DM	Gezeichnetes Kapital	50 000 DM
		Gewinnvortrag	20 000 DM
		Jahresüberschuss	20 000 DM
	90 000 DM		90 000 DM

* Die Bilanzierung folgt den Grundsätzen der so genannten Spiegelbildmethode.[204] Danach ist steuerrechtlich davon auszugehen, dass die Beteiligung selbst in der Steuerbilanz keine Bedeutung hat. Vielmehr wird der Anteil am Betriebsvermögen der Personengesellschaft ausgewiesen. Dieser Anteil ist gleichzusetzen mit dem Mitunternehmeranteil i. S. des § 16 Abs. 1 Nr. 2 EStG und umfasst den Anteil am Gesamthandsvermögen und das Sonderbetriebsvermögen der GmbH.[205] Darlehensforderungen der Komplementär-GmbH gegenüber ihrer KG gehören zum Sonderbetriebsvermögen. Die Pensionsrückstellung stellt dagegen negatives Sonderbetriebsvermögen dar.
Zur Beurteilung des Aufwendungsersatzes durch die KG vgl. auch nachfolgend 21.4.5.2.

204 Vgl. dazu Reiß, in: Kirchhof, § 15 Rz. 338 f. und Rz. 310 zur Bilanzierung des Sonderbetriebsvermögens.
205 BFH, BStBl 1995 II S. 890.

21.4 Gewinnermittlung

Aktiva	Sonderbilanz der GmbH für 01		Passiva
Darlehensforderung	26 000 DM	Sonderkapital 1.1.	0 DM
		Einlagen	20 000 DM[206] (Gewinnanspruch)
		Gewinn 02	0 DM[205]
		Sonderkapital 31.12.	20 000 DM
		Pensionsrückstellung	6 000 DM
	26 000 DM		26 000 DM

Aktiva	Sonderbilanz der GmbH für 02		Passiva
Darlehensforderung	53 000 DM	Sonderkapital 1.1.	20 000 DM
		Einlagen	20 000 DM[206]
		Gewinn 02	0 DM[206]
		Sonderkapital 31.12.	40 000 DM
		Pensionsrückstellung	13 000 DM
	53 000 DM		53 000 DM

Aufwand	Sonder-GuV 01		Ertrag
Aufwendungen	120 000 DM	Aufwandsersatz von KG	120 000 DM
Pensionsaufwendungen	6 000 DM	Darlehen/Pension	6 000 DM
Gewinn	0 DM		
	126 000 DM		126 000 DM

Aufwand	Sonder-GuV 02		Ertrag
Aufwendungen	130 000 DM	Aufwandsersatz von KG	130 000 DM
Pensionsaufwendungen	7 000 DM	Darlehen/Pension	7 000 DM
Gewinn	0 DM		
	137 000 DM		137 000 DM

---

206 In 01 und 02 wird der Gewinnanspruch von je 20 000 DM in der KG-Bilanz als Darlehensverbindlichkeit stehen gelassen. Dem liegt dort eine Entnahme von Kapital zugrunde, nämlich Kapital an Verbindlichkeit. Dem entspricht im Sonderbereich eine Einlage, nämlich Darlehensforderung an Kapital.

21 Personengesellschaften

Aktiva	Sonderbilanz des Gesellschafters für 01		Passiva
Pensionsanspruch	6 000 DM	Sonderkapital 1.1.01	0 DM
		Gewinn 01	6 000 DM	6 000 DM
	6 000 DM		6 000 DM

Aktiva	Sonderbilanz des Gesellschafters für 02		Passiva
Pensionsanspruch	13 000 DM	Sonderkapital 1.1.02	6 000 DM
		Gewinn 02	7 000 DM	13 000 DM
	13 000 DM		13 000 DM

Erteilt die KG dem Geschäftsführer der GmbH und Kommanditisten selbst die Pensionszusage, so hat es mit einer Passivierung bei der KG und Aktivierung beim Kommanditisten sein Bewenden. Die GmbH wird nicht berührt.

Damit „erleiden" die **nichtbegünstigten** Gesellschafter zutreffend die Gewinnminderung in dem Geschäftsjahr, in dem die Pension vom Geschäftsführer verdient wurde und damit das Ergebnis belastet hat. Andererseits hat der **begünstigte** Gesellschafter seine Pension bereits zu einem Zeitpunkt versteuert, in dem sie ihm noch nicht zugeflossen ist. Dies ist konsequent, denn die Pension gehört zu den mitunternehmerschaftlichen Einkünften i. S. des § 15 EStG. Hier aber gilt das Prinzip der **periodengerechten Gewinnermittlung** und nicht das Zuflussprinzip.

21.4.5.2 Vorweggewinn und Gewinnverteilung

Von den Sondervergütungen abzugrenzen ist der so genannte **Vorweggewinn** (Vorabgewinn). Dies ist ein Betrag, der dem Gesellschafter vor Verteilung des **Gesellschaftsgewinns** vorweg zugerechnet wird. Dieser Betrag darf nicht als Aufwand gewinnmindernd gebucht werden. Vielmehr handelt es sich im Zeitpunkt der Auszahlung um Entnahmen.

Als Vorweggewinn kommen nur Gewinnverteilungen aufgrund des Gesellschaftsvertrages in Betracht, etwa die **Verzinsung der Kapitalkonten** (§ 121 Abs. 1 HGB) sowie **Gewinnanteile**, die den Gesellschaftern für besondere Leistungen (auch Tätigkeit) oder Beiträge im Rahmen einer Gewinnverteilungsabrede **zusätzlich** zugewiesen werden.

Eine mit der Gesellschafterstellung notwendig verbundene Haftungsvergütung (Komplementär) kann nur Vorweggewinn sein und darf auch handelsrechtlich **nicht** gewinnmindernd gebucht werden.[207]

---
[207] Gl. A. Schulze zur Wiesche, in: Bonner Handbuch der PersG, Stollfuß-Verlag, Fach F, RdNr. 757.

21.4 Gewinnermittlung

Vorweggewinn liegt auch vor, wenn eine **Komplementär-GmbH** kraft Gesellschaftsvertrages zur Tätigkeit im Sinne eines gesellschaftsrechtlichen Beitrags verpflichtet ist (§ 706 Abs. 3 BGB i. V. m. § 105 Abs. 2 und § 161 Abs. 2 HGB). Allerdings ist zu differenzieren. Soweit für einen gesellschaftsrechtlichen Beitrag ein **gewinnunabhängiger Kostenersatz** geschuldet wird, fällt dieser unter § 15 Abs. 1 Nr. 2 EStG (Sondervergütungen) und ist daher auf der Ebene der Gesellschaft als Aufwand und nicht als Vorabgewinn zu behandeln.[208]

Die von der GmbH getragenen Aufwendungen für die Geschäftsführung sind als ihre **Sonderbetriebsausgaben** beim steuerlichen Gesamtgewinn der Mitunternehmerschaft zu berücksichtigen. Das gilt allerdings nur für solche Aufwendungen, die durch die geschäftsführende Tätigkeit oder die Beteiligung an der Personengesellschaft veranlasst sind.[209]

Die **Jahresabschlusskosten, IHK-Beiträge** und **ähnliche Kosten** der Komplementär-GmbH dürfen daher **nicht** in den Aufwendungsersatz und damit in die Gewinnverteilung der Personengesellschaft einbezogen werden. Sie sind folglich auch nicht als Sonderbetriebsausgaben abziehbar.

Diese Aufwendungen bleiben „**eigene**" Kosten der GmbH, die unmittelbar das zu versteuernde Einkommen der GmbH mindern und folglich **gewerbesteuerlich** keine Berücksichtigung **bei der KG** finden können.[210]

> **Beispiel für eine zutreffende Gewinnermittlung und -verteilung**
>
> Gesellschafter der KK-GmbH & Co. KG mit Sitz in Westfalen sind als Kommanditisten K-Senior und K-Junior sowie als Komplementärin ohne Kapitalanteil die G-GmbH. K-Senior ist Gesellschafter-Geschäftsführer der Komplementär-GmbH.
>
> Der KG-Gewinn beträgt für das Geschäftsjahr 360 000 DM und entfällt mit je 50 % auf die Kommanditisten. Die Kapitalkontenverzinsung beträgt für K-Senior 36 000 DM und für K-Junior 24 000 DM.
>
> Die GmbH erhält von der KG die ihr im Rahmen der Geschäftsführung entstandenen Aufwendungen in Höhe von 240 000 DM ersetzt und daneben eine angemessene Haftungsvergütung von 20 000 DM.
>
> In den Aufwendungen ist das Geschäftsführer-Gehalt für K-Senior in Höhe von 200 000 DM und die Zuführung zur Pensionsrückstellung für eine Pensionszusage an K-Senior von 14 000 DM der Höhe nach angemessen enthalten.
>
> 26 000 DM entfallen auf diverse Aufwendungen im Zusammenhang mit der Geschäftsführung für die KG. An IHK-Beiträgen, Beratungskosten etc. sind der

---
208 BFH, BStBl 1999 II S. 284; überholt BFH, BStBl 1994 II S. 282.
209 BFH, BStBl 1996 II S. 295.
210 Auch bei der Komplementär-GmbH erfolgt i. d. R. keine gewerbesteuerliche Minderung, denn diese unterliegt wegen **§ 9 Nr. 2 GewStG** i. d. R. erst gar nicht der Gewerbesteuer.

GmbH darüber hinaus 10 000 DM entstanden. Die Kommanditisten haben im Übrigen keine Sonderbetriebseinnahmen bzw. -ausgaben gehabt.

Gewinnverteilung

		GmbH	K-Senior	K-Junior	Gesamt
KG-Gewinn		360 000			
Vorweggewinn					
a) Kapitalverzinsung		− 60 000	36 000	24 000	60 000
b) Haftung		− 20 000	20 000		20 000
Restgewinn		280 000	−	140 000	140 000	280 000
		20 000	176 000	164 000	360 000
Sonderbereich					
a) Aufwendungsersatz		240 000	−	−	+ 240 000
b) Sonderaufwendungen		− 240 000	−	−	− 240 000
c) Gehalt		−	+ 200 000	−	+ 200 000
d) Pension		−	+ 14 000	−	+ 14 000
		20 000	390 000	164 000	574 000

21.5 Umfang des Betriebsvermögens

21.5.1 Zivilrechtlich

Bilanzierungsfähig sind nur diejenigen Vermögensgegenstände und Schulden, die bei wirtschaftlicher Betrachtung Gesellschaftsvermögen sind. Dabei macht es für die Bilanzierung keinen Unterschied, ob die Vermögensgegenstände betrieblich genutzt werden oder nicht (§ 238 Abs. 1 Satz 1, § 242 Abs. 1 HGB).

Vermögensgegenstände, die einzelnen Gesellschaftern gehören, also kein Gesellschaftsvermögen sind, dürfen handelsrechtlich auch dann nicht von der Personenhandelsgesellschaft bilanziert werden, wenn sie dem Geschäftsbetrieb dieser Gesellschaft dienen (z. B. das von einem Gesellschafter an die Gesellschaft vermietete oder aufgrund des Gesellschaftsvertrags zur Nutzung, jedoch nicht dem Werte nach überlassene Grundstück – Einbringung quo ad usum –.

Wird ein Vermögensgegenstand, z. B. ein Grundstück, quoad sortem (dem Werte nach) in eine Gesellschaft eingebracht, ist damit zivilrechtlich kein Gesamthandseigentum der Gesellschaft an dem Grundstück begründet. Hinsichtlich des Gegenstands bleibt der Gesellschafter weiter verfügungsberechtigt. Er kann etwa das Grundstück weiter belasten, und es steht seinen Gläubigern zur Verfügung. Die Gesellschaft selbst hat nur eine Gläubigerposition. Es bestehen also nur schuldrechtliche Rechtsbeziehungen, die sich jedoch auf die Überlassung des Grundstücks seinem Wert nach beziehen.[211] Eine Rückgabe des Grundstücks im Zuge der Liquidation der Gesellschaft oder beim Ausscheiden des einbringenden Gesellschafters ist im Unterschied zum Fall der Gebrauchsüberlassung (§ 732 BGB) gesetzlich nicht vorgesehen. An ihre Stelle tritt die Verwertung der Sache durch die Liquidation oder die Teilung in Natur.[212] Da die Sache (z. B. das Grundstück) so behandelt wird, als ob das Eigentum auf die Gesellschaft übertragen worden wäre,[213] wird sie auch in der Bilanz der Gesellschaft so behandelt.[214] Deshalb liegt wirtschaftliches Eigentum der Gesellschaft vor.[215]

21.5.2 Steuerrechtlich

21.5.2.1 Grundsätze

Zum Betriebsvermögen der Personengesellschaft gehören grundsätzlich die Wirtschaftsgüter, die gemeinschaftliches Eigentum der Gesellschafter (Gesamthandsvermögen, vgl. § 718 BGB) sind. Für die Zurechnung von Wirtschaftsgütern ist in erster Linie die bürgerlich-rechtliche Zuordnung eines Vermögensgegenstandes zum Gesamthandsvermögen einer Personengesellschaft maßgebend.

> **Beispiel**
> Eine OHG ist im Grundbuch selbst als Eigentümerin eines Betriebsgrundstücks eingetragen (§ 124 HGB).
> Das handelsrechtlich zum gesamthänderisch gebundenen Gesellschaftsvermögen gehörende Grundstück ist steuerrechtlich Betriebsvermögen (§ 5 Abs. 1 EStG).

Zum Gesamthandsvermögen gehören auch Wirtschaftsgüter, die der Gesamthandsgemeinschaft nach den für die Zurechnung wirtschaftlichen Eigentums geltenden Grundsätzen zuzurechnen sind (§ 39 Abs. 2 Nr. 1 Satz 1 AO), z. B. ein erworbenes Grundstück, bei dem Besitz, Nutzungen und Lasten bereits vor Eigentumsübertragung auf die Gesellschaft übergegangen sind.

Die Wirtschaftsgüter des Gesamthandsvermögens sind notwendiges Betriebsvermögen der Personengesellschaft, wenn sie unmittelbar dem Betrieb der Personengesellschaft dienen oder zu dienen bestimmt sind. Darüber hinaus sind auch Wirtschaftsgüter, die nicht unmittelbar dem Betrieb der Gesellschaft dienen, notwendiges

---
211 BFH, BStBl 1989 II S. 983; BFH, BStBl 1990 II S. 244.
212 BFH, BStBl 1988 II S. 453.
213 BFH, BStBl 1988 II S. 453.
214 Stellungnahme HFA 1/76 des Hauptfachausschusses beim IdW, Düsseldorf, WPg Heft 4/1976 S. 114.
215 BFH, BStBl 1994 II S. 856.

21 Personengesellschaften

Betriebsvermögen der Personengesellschaft. Dies folgt aus § 15 Abs. 3 Nr. 1 EStG. Denn danach (Abfärbung) ist der gesamte Betrieb einer Personengesellschaft immer in vollem Umfange Gewerbebetrieb. Eine Maßgeblichkeit kann es nicht geben, weil die Handelsbilanz kein „Betriebsvermögen" kennt.[216]

Wirtschaftsgüter, die bei einem Einzelunternehmer gewillkürtes Betriebsvermögen sein können, gehören bei einer Personengesellschaft daher stets zum notwendigen Betriebsvermögen (z. B. Wertpapiere, vermietete Grundstücke). Das gilt auch für Grundstücke, die fremdüblich an die eigenen Gesellschafter vermietet sind. Dementsprechend wird ein zum Gesellschaftsvermögen gehörendes Grundstück aus dem Betriebsvermögen nicht dadurch entnommen, dass es zugunsten eines Gesellschafters mit einem Erbbaurecht belastet und von dem Gesellschafter mit einem für seine eigenen Wohnzwecke bestimmten und später genutzten Gebäude bebaut wird.[217]

Die Zugehörigkeit zum Betriebsvermögen der Gesellschaft kann bei einem zum Gesamthandsvermögen einer Personengesellschaft gehörenden Grundstück im Allgemeinen nur durch zivilrechtliche Übertragung auf Dritte oder auf die Gesellschafter beendet werden. Anstelle der Gesellschaft müssen die Gesellschafter im Grundbuch eingetragen werden.[218]

Grundstücke oder Grundstücksteile, die den Gesellschaftern unentgeltlich zur privaten Nutzung überlassen worden sind, gehören dagegen nicht zum Betriebsvermögen.[219] Für den Fall, dass ein solchermaßen privat genutztes Grundstück teilweise auch betrieblichen Zwecken dient, ist nach Auffassung der Finanzverwaltung § 8 EStDV anwendbar, wenn der fragliche Grundstücksteil von untergeordneter Bedeutung ist.[220]

Die atypische stille Gesellschaft hat zwar kein Gesamthandsvermögen, wohl aber Gesellschaftsvermögen im steuerlich maßgebenden Innenverhältnis. Soweit die dem Betrieb dienenden Wirtschaftsgüter im Alleineigentum des Inhabers des Handelsgewerbes stehen, sind sie steuerliches Betriebsvermögen der atypisch stillen Gesellschaft. Bei der atypischen stillen Gesellschaft entspricht das Betriebsvermögen des Inhabers des Handelsgeschäfts dem Gesellschaftsvermögen einer Personengesellschaft mit Gesamthandsvermögen (OHG, KG, GbR). Daneben kommt Sonderbetriebsvermögen in Betracht, wenn der atypische stille Gesellschafter dem Inhaber des Handelsgewerbes Wirtschaftsgüter zur Nutzung überlässt.[221]

---

216 Verfehlt BFH, BStBl 1983 II S. 459.
217 BFH, BStBl 1990 II S. 961.
218 BFH, BStBl 1973 II S. 209.
219 H 13 (11) „Ausnahme..." EStH; vgl. auch unten 21.5.2.2.
220 R 13 Abs. 11 Satz 3 EStR.
221 BFH, BStBl 1984 II S. 820.

21.5.2.2 Gesellschaftsvermögen, das nicht Betriebsvermögen der Personengesellschaft sein kann (gesamthänderisch gebundenes Privatvermögen)

Die zivilrechtliche Zuordnung zum Gesellschaftsvermögen i. S. des § 718 BGB (Gesamthandsvermögen) hat nicht stets auch die steuerrechtliche Zuordnung zum Betriebsvermögen der Gesellschaft zur Folge.[222] Fehlt aus der Sicht der Personengesellschaft jeglicher betriebliche Anlass für den Erwerb des Wirtschaftsgutes, so kann es nicht in deren Betriebsvermögen einbezogen werden. Der Grundsatz der Maßgeblichkeit der Handelsbilanz für die Steuerbilanz wird insoweit durch die zwingenden (§ 5 Abs. 6 EStG) steuerrechtlichen Vorschriften über das Betriebsvermögen (§ 4 Abs. 1 EStG) und über die Betriebsausgaben (§ 4 Abs. 4 EStG) verdrängt. Im Übrigen kennt das HGB auch kein „Betriebsvermögen".

Beispiele

a) Eine KG hat aus außerbetrieblichen Gründen Anteile an einer gemeinnützigen Wohnungsbau-Gesellschaft mbH erworben. Der Erwerb konnte dem Betrieb nicht nur keinen Nutzen, sondern nur Verluste bringen.
Obwohl der Anteil zum Gesamthandsvermögen gehört, rechnet er steuerrechtlich nicht zum Betriebsvermögen.[223]

b) Eine KG erwirbt von der Komplementär-GmbH eine Darlehensforderung (zivilrechtlich Gesamthandsvermögen). Die Forderung ist kurz danach ausgefallen. Ein betrieblicher Anlass für den Erwerb der Forderung fehlte. Von einem Fremden hätte die KG sie nicht erworben.
Die Forderung ist kein Betriebsvermögen der KG.[224]

c) Eine KG hat aus nicht betrieblichen Gründen eine Bürgschaft übernommen.
Die Bürgschaftsschuld gehört nicht zum Betriebsvermögen der KG.[225]

d) Eine KG gewährt einer anderen Personengesellschaft ein Darlehen. Die Darlehensgewährung war weder im Interesse der KG noch im Interesse eines Gesellschafters der KG betrieblich veranlasst; sie hatte lediglich ihre Wurzel in der Mitgliedschaft des einflussgebenden Gesellschafters der KG in der darlehensempfangenden Personengesellschaft.
Die Darlehensforderung ist kein Betriebsvermögen; eine Teilwertabschreibung zulasten des Gewinns der KG ist nicht möglich.[226]

e) Zur Absicherung eines Bankkredits schloss die A-KG eine Risikolebensversicherung auf das Leben ihres Komplementärs A ab; als Bezugsberechtigte war die Kredit gebende Bank bezeichnet.
Aufwendungen und Erträge aus dem von der KG auf das Leben des Gesellschafters A geschlossenen Lebensversicherungsvertrag müssen bei der Ermittlung der gewerb-

---

222 BFH, BStBl 1996 II S. 642.
223 BFH, BStBl 1967 III S. 391.
224 BFH, BStBl 1975 II S. 804.
225 BFH, BStBl 1976 II S. 668.
226 BFH, BStBl 1985 II S. 6.

lichen Einkünfte der Gesellschafter außer Ansatz bleiben. Versichert sind nicht betriebliche Risiken, sodass der Empfang von Versicherungsleistungen durch die Gesellschaft so behandelt werden muss, als seien sie den Gesellschaftern bzw. ihren Rechtsnachfolgern zugegangen und von ihnen in das Gesellschaftsvermögen eingelegt worden.[227]

Diese Grundsätze gelten in vollem Umfang auch dann, wenn zur Absicherung betrieblicher Schulden der KG eine Versicherung auf den Lebens- oder Todesfall nicht einmal von der Personengesellschaft, sondern von einem ihrer Gesellschafter abgeschlossen worden ist. Auch in diesem Fall sind weder die Versicherungsprämien Betriebsausgaben noch führen die Versicherungsleistungen zu Betriebseinnahmen.[228]

f) Gewährung eines Darlehens zu nicht fremdüblichen Bedingungen an einen Gesellschafter.

Die Darlehensforderung gehört nicht zum Betriebsvermögen der Personengesellschaft. Aufwendungen und Erträge entstehen mit steuerlicher Wirkung nicht. Vielmehr liegen Entnahmen und Einlagen aller Gesellschafter vor.[229]

Unter Berücksichtigung dieser Grundsätze kann ein zum Gesamthandsvermögen der Personengesellschaft gehörendes Wirtschaftsgut auch dann nicht zum Betriebsvermögen gezogen werden, wenn es ausschließlich oder fast ausschließlich der privaten Lebensführung eines, mehrerer oder aller Mitunternehmer der Gesellschaft dient. So ist ein Grundstück, das zum Gesamthandsvermögen einer gewerblich tätigen und bilanzierenden Personengesellschaft gehört, dann nicht Betriebsvermögen der Gesellschaft, wenn es eigenen Wohnzwecken der Gesellschafter zu dienen bestimmt ist und die Personengesellschaft für die Grundstücksüberlassung **kein Entgelt** verlangt.[230][231]

Jedoch wird ein zum Gesellschaftsvermögen gehörendes Grundstück aus dem Betriebsvermögen der Personengesellschaft nicht dadurch entnommen, dass es zugunsten eines Gesellschafters mit einem Erbbaurecht belastet und von dem Gesellschafter mit einem für seine Wohnzwecke bestimmten und später genutzten Gebäude bebaut wird.[232]

Die Anschaffung von Wirtschaftsgütern, die zum Gesamthandsvermögen einer Personengesellschaft gehören, ist nicht nur dann der Privatsphäre der Gesellschafter zuzurechnen, wenn schon beim Erwerb erkennbar war, dass dieser für den Betrieb keinen Nutzen, sondern nur Verluste bringen wird. Auch aus Umständen anderer Art, z. B. aus der Behandlung der Geschäfte in der Buchführung, kann auf die private Veranlassung geschlossen werden.[233]

---

227 BFH, BStBl 1989 II S. 657, BStBl 1997 II S. 343.
228 BFH, BStBl 1990 II S. 1017.
229 BFH, BStBl 1996 II S. 642.
230 BFH, BStBl 1973 II S. 705, BStBl 1983 II S. 459, BStBl 1988 II S. 418, BStBl 1990 II S. 319, BStBl 1991 II S. 216; BVerfG v. 8. 8. 1991, HFR 1992 S. 22; vgl. auch R 13 Abs. 11.
231 Zur bilanzmäßigen Darstellung des gesamthänderisch gebundenen Privatvermögens s. u. 21.13.
232 BFH, BStBl 1990 II S. 961; vgl. auch BFH, BStBl 1990 II S. 216.
233 BFH, BStBl 1979 II S. 257.

21.5.3 Sonderbetriebsvermögen der Gesellschafter

21.5.3.1 Begriff

Zum Sonderbetriebsvermögen gehören die Wirtschaftsgüter, die zwar nicht zum Gesamthandsvermögen gehören, gleichwohl aber in den steuerrechtlichen Betriebsvermögensvergleich einbezogen werden müssen, weil sie dem Bereich der gewerblichen Betätigung des Mitunternehmers im Rahmen der Personengesellschaft zuzuordnen sind. Es handelt sich um Wirtschaftsgüter, die einem, mehreren oder allen beteiligten Gesellschaftern gehören und die geeignet und bestimmt sind, dem Betrieb der Personengesellschaft (Sonderbetriebsvermögen I) oder der Mitunternehmerstellung der Gesellschafter in der Personengesellschaft (Sonderbetriebsvermögen II) zu dienen.[234] Für diese Zuordnung gibt es im Einkommensteuerrecht keinen Grundsatz des Inhalts, ein Mitunternehmer müsse in jeder Hinsicht dem Einzelunternehmer gleichstehen. Eine solche Gleichstellung ist aber in dem Umfange geboten, in dem die Wirtschaftsgüter dem Mitunternehmer zur Erzielung seines Gewinnanteils oder seiner Sondervergütungen als seine gewerblichen Einkünfte dienen. Soweit dies noch nicht feststeht, sind die Wirtschaftsgüter des Gesellschafters kein Sonderbetriebsvermögen.[235]

Zum Sonderbetriebsvermögen können gehören

- Wirtschaftsgüter, die einem Mitunternehmer allein zuzurechnen sind.
- Wirtschaftsgüter, die einer Bruchteilsgemeinschaft gehören, an der ein Gesellschafter oder mehrere Gesellschafter oder alle Gesellschafter beteiligt sind.[236]
- Wirtschaftsgüter, die einer neben der Personengesellschaft bestehenden Gesamthandsgemeinschaft gehören, an der ein Gesellschafter oder mehrere Gesellschafter beteiligt sind. Voraussetzung ist, dass die Gesamthandsgemeinschaft ihrerseits nicht gewerblich tätig oder gewerblich geprägt ist (vgl. dazu unter Schwesterpersonengesellschaften 21.1.5.3).
- Forderungen des Gesellschafters gegen die Gesellschaft.[237]
- Verbindlichkeiten, die in unmittelbarem wirtschaftlichen Zusammenhang mit Wirtschaftsgütern des Sonderbetriebsvermögens stehen. Sie bilden (negatives) Sonderbetriebsvermögen.[238]

Sind an der Bruchteilsgemeinschaft oder an der Gesamthandsgemeinschaft auch Personen beteiligt, die nicht Mitunternehmer der Personengesellschaft sind, so kann das Wirtschaftsgut nur **insoweit** Sonderbetriebsvermögen sein, als es anteilig auf die Beteiligten entfällt, die auch Mitunternehmer sind.[239]

---
234 BFH, BStBl 1990 II S. 677 m. w. N., BStBl 1991 II S. 786 m. w. N.
235 Vgl. BFH, BStBl 1982 S. 107 (Ankaufsrecht für von OHG genutztes Grundstück).
236 BFH, BStBl 1981 II S. 430.
237 Vgl. auch BFH, BStBl 1992 II S. 585.
238 BFH, BStBl 1992 II S. 585.
239 BFH, BStBl 1996 II S. 193.

Das Sonderbetriebsvermögen kann – anders als Gesellschaftsvermögen – notwendiges und gewillkürtes Betriebsvermögen sein. Rechtsgrundlage für die Einbeziehung des Sonderbetriebsvermögens in den Betriebsvermögensvergleich ist nicht § 15 Abs. 1 Satz 1 Nr. 2 EStG, sondern § 4 Abs. 1 EStG. Deshalb gehören Wirtschaftsgüter auch dann zum Sonderbetriebsvermögen, wenn sie der Gesellschaft **unentgeltlich** überlassen werden.[240] Die sich aus § 4 Abs. 1 EStG ergebende und durch Auslegung zu ermittelnde Umschreibung des Betriebsvermögens, die bei Mitunternehmerschaften auch das Sonderbetriebsvermögen einzelner Mitunternehmer umfasst, erfährt allerdings durch § 15 Abs. 1 Satz 1 Nr. 2 EStG eine Bestätigung und Klarstellung. Wo das EStG bestimmte Einkünfte als betriebliche Einkünfte erfasst, geht es abgesehen von den Fällen des § 17 EStG davon aus, dass das den Einkünften zugrunde liegende Vermögen Betriebsvermögen darstellt. Auch aus § 15 Abs. 1 Satz 1 Nr. 2 EStG ist demnach die Schlussfolgerung zu ziehen, dass Wirtschaftsgüter, die ein Mitunternehmer einer gewerblich tätigen Gesellschaft, an der er beteiligt ist, zur Nutzung überlässt, zum Betriebsvermögen, d. h. zum Sonderbetriebsvermögen des Mitunternehmers, gehören.[241] Diese dem § 15 Abs. 1 Satz 1 Nr. 2 EStG zugrunde liegende Vorstellung gilt auch bei land- und forstwirtschaftlichen und freiberuflichen Mitunternehmerschaften, § 13 Abs. 5, § 18 Abs. 5 EStG.[242] Sie gilt auch für Sonderbetriebsvermögen II (vgl. 21.5.3.2.2), denn § 15 Abs. 1 Satz 1 Nr. 2 EStG umschreibt den Kreis der zugehörigen Einnahmen und Ausgaben nicht abschließend.[243]

Wirtschaftsgüter, die Sonderbetriebsvermögen des Gesellschafters einer Personengesellschaft sind, können nicht Sonderbetriebsvermögen dieser Personengesellschaft bei einer zweiten Personengesellschaft sein, an der die erste Personengesellschaft, aber nicht ihr Gesellschafter, beteiligt ist.[244]

21.5.3.2 Notwendiges Sonderbetriebsvermögen

21.5.3.2.1 Wirtschaftsgüter, die der Personengesellschaft dienen (Sonderbetriebsvermögen I)

Ein Wirtschaftsgut ist notwendiges Sonderbetriebsvermögen, wenn es unmittelbar dem Betrieb der Gesellschaft dient.[245] Das gilt unabhängig davon, ob das Wirtschaftsgut der Gesellschaft aufgrund einer im Gesellschaftsverhältnis begründeten Beitragspflicht oder aufgrund eines neben dem Gesellschaftsvertrag bestehenden Mietvertrags, Pachtvertrags, Leihvertrags oder eines anderen Rechtsverhältnisses

---
240 BFH, BStBl 1995 II S. 241, 243 m. w. N.
241 BFH, BStBl 1995 II S. 112, 113; BFH, BStBl 1995 II S. 241/243 m. w. N.
242 BFH, BStBl 1983 II S. 215.
243 BFH, BStBl 1989 II S. 890.
244 BFH, BStBl 1986 II S. 55.
245 BFH, BStBl 1992 II S. 721.

21.5 Umfang des Betriebsvermögens

zur Nutzung überlassen wird. So gehört ein Grundstück, das bürgerlich-rechtlich dem Gesellschafter einer Personengesellschaft gehört und das der Gesellschafter seiner Gesellschaft zur betrieblichen Nutzung vermietet, nicht zum Privatvermögen, sondern zum notwendigen Sonderbetriebsvermögen des Gesellschafters.[246] Auch eine Gastwirtschaft, die dem Gesellschafter der Brauerei gehört, ist deshalb Sonderbetriebsvermögen.[247] Das gilt auch dann, wenn die Personengesellschaft das Grundstück aufgrund eines mit dem Gesellschafter abgeschlossenen Miet- oder Pachtvertrages für eigene Rechnung durch Überlassung an Dritte nutzt[248] oder der Gesellschafter einer Personengesellschaft das Grundstück einem Dritten vermietet, damit dieser es der Gesellschaft zur betrieblichen Nutzung überlässt.[249]

Zum notwendigen Sonderbetriebsvermögen I gehören aber nicht nur die Wirtschaftsgüter, die ein Gesellschafter der Gesellschaft zur Nutzung überlässt, sondern alle dem Gesellschafter gehörenden Wirtschaftsgüter, die objektiv erkennbar zum unmittelbaren Einsatz im Betrieb der Gesellschaft bestimmt sind. Stellt ein Gesellschafter einer Personengesellschaft, deren Gesellschaftszweck in der Errichtung und Vermarktung von Eigentumswohnungen im Bauherrenmodell besteht, ein ihm gehörendes Grundstück für diese Zwecke zur Verfügung, dann ist das Grundstück dem notwendigen Sonderbetriebsvermögen des Gesellschafters zuzurechnen.[250]

Eine gewerblich tätige Personengesellschaft erzielt auch dann Einkünfte aus Gewerbebetrieb, wenn sie neben bereits ihrer Natur nach gewerblichen Tätigkeiten, wie Produktion und Handel, Nutzungen aus der Überlassung von Kapital und Grundstücken zieht. Daraus folgt, dass notwendiges Sonderbetriebsvermögen I auch dann vorliegt, wenn eine Personengesellschaft das überlassene Grundstück an Dritte weitervermietet.[251]

Zum (notwendigen) Sonderbetriebsvermögen I können auch persönliche Verbindlichkeiten des Gesellschafters gehören. Das ist der Fall, wenn die Darlehensmittel für betriebliche Zwecke der Personengesellschaft oder für Aufwendungen im Bereich des Sonderbetriebsvermögens des Gesellschafters verwendet werden und so dem Betrieb der Gesellschaft dienen.[252]

Das Sonderbetriebsvermögen ist in den ertragsteuerrechtlichen Betriebsvermögensvergleich, der der Ermittlung des steuerrechtlichen Gewinns der Personengesellschaft und der Gewinnanteile ihrer Gesellschafter dient, einzubeziehen.[253] Gehört das einer Mitunternehmerschaft zur Nutzung überlassene Wirtschaftsgut zu dem gewerblichen Betriebsvermögen eines Mitunternehmers, so ist es gleichwohl zwingend als dessen Sonderbetriebsvermögen in die Gewinnermittlung bei der Mitunter-

---

246 BFH, BStBl 1966 III S. 365; BFH, BStBl 1967 III S. 180; BVG, BStBl 1969 II S. 719.
247 BFH, BStBl 1967 III S. 47.
248 BFH, BStBl 1977 II S. 150.
249 BFH, BStBl 1981 II S. 314.
250 BFH, BStBl 1991 II S. 789.
251 BFH, BStBl 1991 II S. 800.
252 BFH, BStBl 1991 II S. 238.
253 BFH, BStBl 1976 II S. 88.

nehmerschaft einzubeziehen (§ 15 Abs. 1 Satz 1 Nr. 2 EStG). Es ist für die Zwecke der steuerlichen Gewinnermittlung auch dann nicht dem Betrieb des Mitunternehmers zuzurechnen, wenn dieser eine Kapitalgesellschaft ist[254] – **Zuordnungsvorrang, Ablehnung der Subsidiaritätstheorie.**

Diese Grundsätze gelten in gleicher Weise, wenn ein Wirtschaftsgut, das die Voraussetzungen für Sonderbetriebsvermögen I eines Gesellschafters erfüllt, dessen Beteiligung an einer weiteren Personengesellschaft stärkt und damit die Voraussetzungen für Sonderbetriebsvermögen II des Gesellschafters bei dieser Gesellschaft vorliegen. Die Zuordnung zum Sonderbetriebsvermögen I geht einer Zuordnung zu Sonderbetriebsvermögen II vor.[255]

Beispiel

A ist sowohl persönlich haftender Gesellschafter der A-KG als auch der B-KG. Die A-KG ist eine der Hauptabnehmerinnen der von der B-KG hergestellten Erzeugnisse. Um der A-KG weitere Kredite zu ermöglichen, hat A Bürgschaften für Verbindlichkeiten der A-KG übernommen. Nach einer Reihe von Verlustjahren kam es zum Konkurs der A-KG. Dadurch hatte A seine in 05 aufgrund geleisteter Bürgschaftszahlungen begründete Forderung in Höhe von 500 000 DM im Jahre 06 verloren.

Die aufgrund der Bürgschaftszahlungen an verschiedene Kreditgeber begründete Forderung des A gegenüber der A-KG dient dem Betrieb der A-KG und erfüllt somit die Voraussetzungen für Sonderbetriebsvermögen I des A in der A-KG. Andererseits dient die Bürgschaft der Mitunternehmerstellung des A in der B-KG in Form der Stärkung seiner Beteiligung an der B-KG und erfüllt ebenfalls die Voraussetzungen für Sonderbetriebsvermögen II des A in der B-KG.

Nach der Rechtsprechung wird der Zuordnung zu Sonderbetriebsvermögen I der Vorrang eingeräumt mit der Folge, dass der Aufwand aufgrund des Ausfalls der Bürgschaftsforderung in Höhe von 500 000 DM den steuerlichen Verlust der maroden A-KG und damit den steuerlichen Verlustanteil des A an dieser KG erhöht. Der steuerliche Gesamtgewinn der B-KG bleibt also unberührt.

Die in Erfüllung einer Bürgschaftsverpflichtung geleisteten Zahlungen sind einkommensteuerrechtlich als Kapitaleinlage zu beurteilen. Dies gilt nicht nur für den Fall, dass die Übernahme der Bürgschaft und die Zahlung der Bürgschaftssumme auf dem Gesellschaftsverhältnis beruhende Beitragsleistungen des Kommanditisten darstellen, die während des Bestehens der Gesellschaft keinen Ersatzanspruch des Kommanditisten begründen. Eine Einlage (dann allerdings im Sonderbereich) liegt vielmehr auch vor, wenn dem Kommanditisten zivilrechtlich als Folge der Bürgschaftsleistung ein selbständiger, noch nicht erfüllter Ersatzanspruch gegenüber der KG oder den persönlich haftenden Gesellschaftern zusteht. Ein etwaiges Wertloswerden einer solchen Forderung, die zum Sonderbetriebsvermögen des Kommanditisten gehört, wirkt sich nicht schon während des Bestehens, sondern erst mit Beendigung der Gesellschaft steuerlich aus.[256]

---

254 BFH, BStBl 1979 II S. 750, BStBl 1983 II S. 771.
255 BFH, BStBl 1988 II S. 679 (zur Bürgschaftsübernahme).
256 BFH, BStBl 1991 II S. 64, BStBl 1993 II S. 747.

21.5 Umfang des Betriebsvermögens

Hat ein Gewerbetreibender gegen eine Personengesellschaft Forderungen aus Warenlieferungen und tritt er als Gesellschafter in die Gesellschaft ein, so verwandeln sich die Forderungen nicht ohne weiteres in Eigenkapital, es sei denn, die geschuldeten Beträge werden mit Rücksicht auf das Gesellschaftsverhältnis der Gesellschaft als Darlehen überlassen (dann Sonderkapital) oder vereinbarungsgemäß als Gesellschaftereinlage behandelt (dann erlischt die Forderung!).[257]

Überlässt ein Gesellschafter als Vorbehaltsnießbraucher das Grundstück weiterhin der Personengesellschaft zur Nutzung, so gehört das Nießbrauchsrecht notwendigerweise zu seinem Sonderbetriebsvermögen.[258] Durch die Belastung mit einem Nießbrauch wird ein Grundstück des Sonderbetriebsvermögens nicht notwendigerweise entnommen.[259]

21.5.3.2.2 Wirtschaftsgüter, die der Beteiligung des Gesellschafters dienen (Sonderbetriebsvermögen II)

Notwendiges Sonderbetriebsvermögen sind auch die Wirtschaftsgüter, die in einem unmittelbaren wirtschaftlichen Zusammenhang mit der Beteiligung eines Mitunternehmers an der Personengesellschaft stehen. Das ist der Fall, wenn sie unmittelbar zur Begründung oder Stärkung der Beteiligung eingesetzt werden sollen – sog. Sonderbetriebsvermögen II.[260] Verbindlichkeiten, die der Gesellschafter zur Finanzierung seiner gesellschaftsrechtlichen Einlageverpflichtung eingeht, gehören zu seinem (negativen) Sonderbetriebsvermögen II.[261]

Die Rechtsprechung unterscheidet zwischen Sonderbetriebsvermögen I und II. Der Unterscheidung kommt rechtlich so gut wie keine Bedeutung zu. Lediglich bei Konkurrenz von Sonderbetriebsvermögen I und II kommt der Zuordnung zum Sonderbetriebsvermögen I der Vorrang zu. Außerdem kommt Sonderbetriebsvermögen I nur als notwendiges Betriebsvermögen vor, während Sonderbetriebsvermögen II auch gewillkürtes Betriebsvermögen sein kann. Ob überhaupt Sonderbetriebsvermögen oder nicht Privatvermögen vorliegt, ist praktisch nur in der Abgrenzung zu Sonderbetriebsvermögen II problematisch.

Bei einer **GmbH & Co. KG** gehört grundsätzlich der Geschäftsanteil eines Kommanditisten an der Komplementär-GmbH zum Sonderbetriebsvermögen II des Kommanditisten, weil dieser Geschäftsanteil es dem Kommanditisten ermöglicht, über seine Stellung in der Komplementär-GmbH Einfluss auf die Geschäftsführung der GmbH & Co. KG auszuüben. Das gilt jedenfalls dann, wenn sich die GmbH auf

---
257 BFH, BStBl 1979 II S. 673.
258 BFH, BStBl 1986 II S. 713.
259 BFH, BStBl 1995 II S. 241.
260 S. auch BFH, BStBl 1983 II S. 771 und BStBl 1990 II S. 677 m. w. N.
261 BFH, BStBl 1985 II S. 323 m. w. N.

die Geschäftsführung der KG beschränkt oder wenn ein daneben bestehender eigener Geschäftsbetrieb von ganz untergeordneter Bedeutung ist.[262] Aber auch ein Geschäftsbetrieb der Komplementär-GmbH von nicht ganz untergeordneter Bedeutung kann zu notwendigem Sonderbetriebsvermögen der von den Kommanditisten gehaltenen GmbH-Anteile führen, wenn die GmbH über ihre Tätigkeit als Geschäftsführerin hinaus aufgrund von Geschäftsbeziehungen auch wirtschaftlich eng mit der KG verflochten ist, also beispielsweise auch den Alleinvertrieb der Produkte der KG übernommen hat.[263]

Ist die GmbH Komplementärin mehrerer KG und beschränkt sich ihre Tätigkeit auf die Geschäftsführung dieser GmbH & Co. KG, so sind die GmbH-Anteile dem notwendigen Sonderbetriebsvermögen II der Kommanditisten der zuerst gegründeten GmbH & Co. KG zuzurechnen.[264] Wenn aber die GmbH als Komplementärin mehrerer GmbH & Co. KG einen eigenen Geschäftsbetrieb von nicht ganz untergeordneter Bedeutung unterhält, sind bei entsprechenden Geschäftsbeziehungen der GmbH nur zu einer GmbH & Co. KG die GmbH-Anteile im Sonderbetriebsvermögen der Kommanditisten dieser GmbH & Co. KG zu bilanzieren.

Ist jedoch die GmbH Kommanditistin und der Mehrheitsgesellschafter und Komplementär an der GmbH beteiligt, so ist nicht erkennbar, dass die Beteiligung an der GmbH der Gesellschafterstellung des Komplementärs in der KG dient. Die GmbH-Anteile bilden dann kein Sonderbetriebsvermögen.[265] Bei einer doppelstöckigen GmbH & Co. KG wird die Stellung eines Kommanditisten der Untergesellschaft durch seine Beteiligung an der Komplementär-GmbH der Obergesellschaft nur dann verstärkt, wenn der betreffende Kommanditist in der Obergesellschaft einen beherrschenden Einfluss ausüben kann.[266] Die Zugehörigkeit der Geschäftsanteile zum Sonderbetriebsvermögen des Kommanditisten bewirkt, dass die Gewinnausschüttungen der GmbH an ihn als Sonderbetriebseinnahmen zu erfassen sind und den Gesamtgewinn der KG erhöhen.[267]

Zum notwendigen Sonderbetriebsvermögen der Kommanditisten gehören auch die Geschäftsanteile an einer GmbH, die ihr Unternehmen an die KG verpachtet hat und die ebenfalls Kommanditist der KG ist.[268] Im umgekehrten Fall einer echten **Betriebsaufspaltung**[269] sind die Anteile an der Betriebskapitalgesellschaft, die den Gesellschaftern der Besitzpersonengesellschaft gehören, notwendiges Sonderbetriebsvermögen II der Gesellschafter der Personengesellschaft. Veräußert ein Kommanditist solche Geschäftsanteile, dann handelt es sich um die Veräußerung

---

262 BFH, BStBl 1993 II S. 706; BFH, BStBl 1994 II S. 448; BFH, BStBl 1999 II S. 268 m. w. N. (dort auch zur entsprechenden Lage bei der GmbH & atypisch Still).
263 BFH, BStBl 1989 II S. 890; BFH, BStBl 1994 II S. 444; BFH, BStBl 1998 II S. 383, 652.
264 FinVerw, DStR 1998 S. 1793.
265 BFH, BStBl 1992 II S. 832, 833, 937.
266 BFH, BStBl 1991 II S. 510.
267 BFH, BStBl 1980 II S. 119.
268 BFH, BStBl 1976 II S. 88.
269 S. u. 22.

eines Gegenstandes des Betriebsvermögens, nicht des Privatvermögens.[270] In anderen Fällen als der GmbH & Co. KG bzw. GmbH & atypisch Still oder der Betriebsaufspaltung sind Anteile an Kapitalgesellschaften nur dann Sonderbetriebsvermögen II, wenn ein besonders enges wirtschaftliches Verhältnis oder ein Abhängigkeitsverhältnis besteht.[271]

So dienen Aktien im Privatvermögen der Gesellschafter einer Personengesellschaft, die mit der AG in Geschäftsbeziehungen steht, nicht der Begründung oder Stärkung der Beteiligung der Gesellschafter an der Personengesellschaft, wenn die Gesellschafter die AG zwar beherrschen, die Geschäftsbeziehungen zwischen der Personengesellschaft und der AG aber von geringer Bedeutung sind und die AG neben dem Vertrieb der Erzeugnisse der Personengesellschaft in erheblichem Umfang anderweitig geschäftlich tätig ist[272] oder wenn die verschiedenen Beziehungen zwischen der Personen- und der Kapitalgesellschaft dem Unternehmen der Personengesellschaft nur mittelbar über die wirtschaftlichen Interessen des beide Gesellschaften umfassenden Familien(gesamt)unternehmens dienen.[273]

Gewähren die Gesellschafter einer **Besitzgesellschaft** (GbR), die gleichzeitig Gesellschafter der Betriebs-GmbH sind, der Betriebs-GmbH bei deren Gründung ein **Darlehen,** dessen Laufzeit an die Dauer ihrer Beteiligung an der GmbH gebunden ist, so gehört dieses Darlehen zu ihrem notwendigen Sonderbetriebsvermögen II bei der Besitzgesellschaft. Darlehen mit der Bindung ihrer Laufzeit an die Beteiligung an der GmbH sind nicht austauschbar. Sie beruhen auf der Betriebsaufspaltung und dienen dazu, die beherrschende Stellung der Gesellschafter sowohl in der Betriebs- als auch in der Besitzgesellschaft zu verstärken.[274] Zum notwendigen Sonderbetriebsvermögen II können bei der **Betriebsaufspaltung** auch Grundstücke gehören, die der Gesellschafter der Besitzpersonengesellschaft unmittelbar an die Betriebskapitalgesellschaft vermietet, falls diese Vermietung seinen Einfluss in der Besitzgesellschaft stärkt.[275]

Wird der Gesellschafter einer Personengesellschaft, der zugleich einen eigenen Betrieb unterhält, in diesem Betrieb ausschließlich für die Personengesellschaft i. S. von § 15 Abs. 1 Satz 1 Nr. 2 EStG tätig, so ist das Betriebsvermögen des eigenen Betriebes dem Sonderbetriebsvermögen des Gesellschafters zuzurechnen.[276] Es handelt sich nicht um Sonderbetriebsvermögen I, weil diese Wirtschaftsgüter dem Betrieb der Gesellschaft nicht unmittelbar dienen; die Gesellschaft selbst nutzt diese Wirtschaftsgüter nicht. Die Wirtschaftsgüter sind jedoch dem Sonderbetriebsvermögen II zuzuordnen, denn die Nutzung dieser Wirtschaftsgüter durch den Gesellschafter für die Gesellschaft stärkt und fördert die Beteiligung des Gesellschafters.

---
270 BFH, BStBl 1999 II S. 715 m. w. N.
271 BFH, BStBl 1998 II S. 652; BFH, BStBl 1998 II S. 383.
272 BFH, BStBl 1990 II S. 677.
273 BFH, BStBl 1993 II S. 328.
274 BFH, BStBl 1995 II S. 452.
275 BFH, BStBl 1999 II S. 715, 357.
276 BFH, BStBl 1988 II S. 667.

Zum sog. Sonderbetriebsvermögen II gehören, wie oben ausgeführt, auch Wirtschaftsgüter, die der Mitgliedschaft des Gesellschafters in anderer Weise als durch Überlassung zur Nutzung unmittelbar an die Gesellschaft dienen. Deshalb gehört ein Grundstück, das der Gesellschafter einer Personengesellschaft untervermietet, auch dann zum notwendigen Sonderbetriebsvermögen des Gesellschafters, wenn er das Grundstück zu einem Zeitpunkt erworben und an den Dritten vermietet hat, in dem er noch nicht Gesellschafter war. Das Grundstück wird dann in dem Zeitpunkt Sonderbetriebsvermögen, in dem der Vermieter in die Gesellschaft eintritt. Allein die Möglichkeit, das eine wesentliche Betriebsgrundlage bildende Grundstück nach Ablauf des Mietvertrags anderweitig zu nutzen, bedeutet eine beachtliche Stärkung der wirtschaftlichen Stellung des Vermieters im Rahmen der Gesellschaft.[277]

Bestellt der Gesellschafter einer gewerblich tätigen Personengesellschaft einem Dritten an einem unbebauten Grundstück ein Erbbaurecht und wird das Grundstück nach Bebauung vom Erbbauberechtigten vereinbarungsgemäß an die Personengesellschaft zur betrieblichen Nutzung vermietet, so gehört der Grund und Boden, auf dem das Gebäude errichtet wurde, zum notwendigen Sonderbetriebsvermögen II des Gesellschafters. Dementsprechend sind die gezahlten Erbbauzinsen als Sonderbetriebseinnahmen zu erfassen.[278]

21.5.3.3 Gewillkürtes Sonderbetriebsvermögen

Unter den gleichen Voraussetzungen wie bei Einzelunternehmen ist es zulässig, dass der einzelne Gesellschafter im Rahmen seines Sonderbetriebsvermögens gewillkürtes Betriebsvermögen bildet.[279] Wirtschaftsgüter sind gewillkürtes Sonderbetriebsvermögen, wenn sie **objektiv** geeignet sind, mittelbar den Betrieb der Personengesellschaft oder die Beteiligung des Mitunternehmers an der Personengesellschaft zu fördern, und **subjektiv** durch entsprechenden buch- und bilanzmäßigen Ausweis einem oder beiden dieser Zwecke gewidmet worden sind.[280] Ist ein objektiver Zusammenhang mit dem Betrieb der Personengesellschaft nicht erkennbar, kann ein Wirtschaftsgut nicht gewillkürtes Sonderbetriebsvermögen des Gesellschafters einer Personengesellschaft werden.[281]

Wirtschaftsgüter eines Gesellschafters kommen also nicht nur dann als Betriebsvermögen in Betracht, wenn sie tatsächlich unmittelbar für betriebliche Zwecke genutzt werden, sondern auch dann, wenn

- der Gesellschafter sie zur Sicherung eines der Personengesellschaft von dritter Seite gewährten Kredits verpfändet oder

---

[277] BFH, BStBl 1994 II S. 250 m. w. N.
[278] BFH, BStBl 1994 II S. 796 m. w. N.
[279] Vgl. auch BFH, BStBl 1983 II S. 288.
[280] BFH, BStBl 1981 II S. 731; BFH, BStBl 1983 II S. 215; BFH, BStBl 1985 II S. 654; BFH, BStBl 1993 II S. 328/330; BFH, BStBl 1994 II S. 559.
[281] BFH, BStBl 1976 II S. 180.

21.5 Umfang des Betriebsvermögens

- der Gesellschafter sie als Tauschobjekt zum Erwerb eines dann der Personengesellschaft zur eigenbetrieblichen Nutzung zu überlassenden Grundstücks verwenden will, oder wenn
- im Rahmen des noch nicht endgültig festgelegten Verwendungszwecks des Wirtschaftsgutes u. a. ein solcher Einsatz als Tauschobjekt konkret in Betracht kommt[282] oder
- die Möglichkeit besteht, den Grundbesitz des Gesellschafters zur Sicherung betrieblicher Kredite einzusetzen oder
- die Mieterträge ggf. dazu verwendet werden können, der Gesellschaft zusätzliche Mittel für betriebliche Zwecke zuzuführen.[283]

Sonderbetriebsvermögen können z. B. im Alleineigentum eines Gesellschafters stehende, gesellschaftsrechtlich nicht eingelegte Wertpapiere sein.[284] Die Verpfändung von Wertpapieren eines Gesellschafters für Betriebskredite allein führt nicht notwendig zu Sonderbetriebsvermögen. Da die Wertpapiere allerdings in einem Förderungszusammenhang mit dem Betrieb stehen, können sie grundsätzlich als gewillkürtes Sonderbetriebsvermögen behandelt werden.[285]

Ein als Betriebsvermögen bilanziertes Gebäude, das einem Einzelunternehmer gehört und das dieser ursprünglich an fremde Arbeitnehmer und dann an seinen im Unternehmen als Arbeitnehmer tätigen Sohn für Wohnzwecke vermietet, bleibt jedenfalls dann (gewillkürtes) Betriebsvermögen, wenn das Einzelunternehmen, jedoch ohne das bebaute Grundstück, in das Gesellschaftsvermögen einer aus dem bisherigen Einzelunternehmer und seinem Sohn bestehenden KG eingebracht wird. Voraussetzung für die Beibehaltung der Eigenschaft als Betriebsvermögen ist, dass das früher als Werkswohnungen eingesetzte bebaute Grundstück weiterhin als (Sonder-)Betriebsvermögen bilanziert wird und eine Wiederverwendung als Werkswohnung den Umständen nach nicht ausgeschlossen erscheint.[286]

Bei einem trotz fehlender betrieblicher Nutzung zum Sonderbetriebsvermögen gehörenden Grundstück bewirkt die bloße Absicht, das Grundstück auf Dauer einer außerbetrieblichen Nutzung zuzuführen, noch nicht die Entnahme. Zur Entnahme durch Nutzungsänderung, insbesondere durch Bebauung mit einem für eigene Wohnzwecke bestimmten Haus, kommt es erst, wenn die Nutzungsänderung tatsächlich vollzogen wird.[287]

Bringt der Gesellschafter einer OHG sein Einzelunternehmen in die Gesellschaft ein und behält er dabei ein Mietwohngrundstück zurück, das zum Betriebsvermögen des Einzelunternehmens gehörte, so kann er das Grundstück zumindest dann als

---
282 BFH, BStBl 1977 II S. 150.
283 BFH, BStBl 1993 II S. 21.
284 BFH, BStBl 1972 II S. 928.
285 BFH, BStBl 1973 II S. 628.
286 BFH, BStBl 1980 II S. 40.
287 BFH, BStBl 1993 II S. 225.

Sonderbetriebsvermögen behandeln, wenn es mit Grundpfandrechten zur Sicherung von Krediten der OHG belastet ist. Hieran ändert sich auch dann nichts, wenn er eine Wohnung des Gebäudes an einen Angehörigen und Mitgesellschafter der OHG zu marktüblichen Bedingungen vermietet.[288]

Fremdvermietete Grundstücke, die dem Gesellschafter einer KG gehören, können in der Gesamtbilanz der Mitunternehmerschaft auch dann als gewillkürtes Sonderbetriebsvermögen ausgewiesen werden, wenn sie nicht mit Grundpfandrechten zur Sicherung von Darlehensverbindlichkeiten der KG belastet sind. Das gilt jedenfalls dann, wenn die Grundstücke schon vor Gründung der KG in dem Einzelunternehmen des Gesellschafters als gewillkürtes Betriebsvermögen behandelt worden sind. Auch wenn die Grundstücke bisher nicht für betriebliche Zwecke der KG genutzt worden sind, sind sie objektiv geeignet, künftig für derartige Zwecke eingesetzt zu werden.[289]

Schenkt der Gesellschafter einer Personengesellschaft ein zu seinem Sonderbetriebsvermögen gehörendes Grundstück einem anderen Gesellschafter unter Vorbehalt des Nießbrauchs und überlässt er aufgrund seines Nießbrauchs das Grundstück weiterhin der Personengesellschaft zur Nutzung, so gehört das Nießbrauchsrecht notwendigerweise zu seinem Sonderbetriebsvermögen, während der Beschenkte das mit dem Nießbrauch belastete Grundstück als gewillkürtes Sonderbetriebsvermögen zumindest ausweisen kann.[290]

Ein zum gewillkürten Betriebsvermögen gehörender Miteigentumsanteil an einem Grundstück verliert die Betriebsvermögenseigenschaft nicht dadurch, dass der Anteil des anderen Miteigentümers hinzuerworben, aber nicht dem Betriebsvermögen zugeordnet wird, sondern Privatvermögen bleibt.[291]

Der Gesellschafter einer Personengesellschaft, die sich mit der Verwaltung von Beteiligungen befasst, kann grundsätzlich Wertpapiere aus seinem Privatvermögen, die zur Finanzierung des Erwerbs weiterer Beteiligungen verwendet werden sollen, als Betriebsvermögen behandeln, da Wertpapiere für einen solchen Erwerb objektiv geeignet sind. Dies hat u. a. zur Folge, dass eventuelle Kursverluste als Sonderbetriebsausgaben abgezogen werden können. Für die Behandlung als gewillkürtes Sonderbetriebsvermögen reicht die Erwerbsabsicht allein nicht aus; vielmehr muss der Wille des Gesellschafters, die Wertpapiere als Betriebsvermögen zu behandeln, klar und eindeutig zum Ausdruck kommen. Daher ist es notwendig, die Wertpapiere auch in die laufende Buchführung der Personengesellschaft aufzunehmen. Die Erstellung einer Sonderbilanz über das Sonderbetriebsvermögen des Gesellschafters ist nicht ausreichend. Es sind alle Geschäftsvorfälle, die das Sonderbetriebsvermögen betreffen, laufend und zeitnah in der Buchführung der Personengesellschaft

---
288 BFH, BStBl 1991 II S. 216.
289 BFH, BStBl 1993 II S. 21.
290 BFH, BStBl 1986 II S. 713.
291 BFH, BStBl 1994 II S. 559.

zu dokumentieren. Ist dies nicht geschehen, werden in diesen Fällen Sonderbetriebsausgaben steuerlich nicht anerkannt. Eine nachträgliche buchmäßige Erfassung der Geschäftsvorfälle kann nicht berücksichtigt werden.[292] [293]

21.5.3.4 Betriebseinnahmen und Betriebsausgaben bei zum Sonderbetriebsvermögen gehörenden Wirtschaftsgütern

Erträge (Einnahmen) und Aufwendungen (Ausgaben) im Zusammenhang mit der Nutzung oder der Veräußerung von Wirtschaftsgütern des Sonderbetriebsvermögens sind Betriebseinnahmen bzw. Betriebsausgaben, die im Rahmen der gesonderten Gewinnfeststellung (§§ 179, 180 AO) zu erfassen sind. Sie sind immer nur dem wirtschaftlichen Eigentümer des Sonderbetriebsvermögens zuzurechnen, nicht den anderen Mitunternehmern, es sei denn, diese hätten sie vereinbarungsgemäß zu tragen. Dann stellen sie aber Aufwand oder Ertrag im Gesellschaftsbereich dar und betreffen nicht die Gewinnverteilung.

21.6 Erfassung des Sonderbetriebsvermögens

21.6.1 Steuerrechtliche Sonderbilanzen

In der Handelsbilanz dürfen keine fremden, der Personengesellschaft nicht gehörenden Wirtschaftsgüter ausgewiesen werden. Steuerrechtlich sind jedoch auch solche Wirtschaftsgüter zum Betriebsvermögen zu rechnen, die nur einem (oder mehreren) Mitunternehmer gehören, wenn sie dem Betrieb der Gesellschaft überwiegend und unmittelbar dienen oder der Beteiligung des Gesellschafters zu dienen bestimmt sind.[294] Um solche zum Sonderbetriebsvermögen der Gesellschafter gehörenden Wirtschaftsgüter deutlich vom Gesamthandsvermögen zu trennen, werden sie in steuerrechtlichen Sonderbilanzen der Gesellschaft erfasst.

Da bei der gesonderten und einheitlichen Gewinnfeststellung der gesamte gewerbliche Gewinn (gewerbliche Einkünfte) erfasst werden muss, ist hierbei auch der Mehr- oder Mindergewinn (= Sonderbilanzgewinn oder Sonderbilanzverlust) des betreffenden Gesellschafters aufgrund der für ihn bei der Personengesellschaft (§ 141 AO) erstellten Sonderbilanz zu erfassen. Solange Sonderbetriebsvermögen existiert, müssen die Sonderbilanzen neben der Handelsbilanz bzw. der daraus abgeleiteten Steuerbilanz fortgeführt und die sich daraus ergebenden Auswirkungen in die Gewinnermittlung (§§ 15 Abs. 1 Nr. 2, 4, 5 EStG) und Gewinnfeststellung nach §§ 179, 180 AO übernommen werden.

---
292 BFH, BStBl 1991 S. 401.
293 Zur Buchführungspflicht s. o. 1.4.2.3.
294 S. o. 21.5.3.

21.6.2 Entgeltliche Überlassung der Nutzung eines Grundstücks des Gesellschafters an die Gesellschaft

Die Überlassung eines Grundstücks zur Nutzung erfolgt in der Regel aufgrund eines Miet- oder Pachtvertrags. Deshalb ist das für die Überlassung gezahlte Entgelt für die Gesellschaft Aufwand. Steuerrechtlich ist dieser Aufwand der Gesellschaft zugleich Vergütung und damit Gewinn des betreffenden Gesellschafters (§ 15 Abs. 1 Satz 1 Nr. 2, 2. Halbsatz EStG) mit der Folge, dass der steuerrechtliche Gewinn den HB-Gewinn in Höhe der Vergütung übersteigt. Dieser übersteigende Betrag ist aber ausschließlich dem betreffenden Gesellschafter zuzurechnen. Die im Alleineigentum eines Mitunternehmers stehenden Wirtschaftsgüter sind Sonderbetriebsvermögen des Gesellschafters. Dagegen fallen Miet- und Pachtverträge mit den Ehegatten der Mitunternehmer nicht unter die Vorschrift des § 15 Abs. 1 Satz 1 Nr. 2 EStG.

Die nicht zum Gesellschaftsvermögen gehörenden und deshalb nicht in der Handelsbilanz erfassten Grundstücke, die ein Mitunternehmer der Gesellschaft zur Nutzung überlässt, sind notwendiges Sonderbetriebsvermögen. Sie werden in einer steuerrechtlichen Sonderbilanz ausgewiesen. Wegen der Buchführungspflicht bei Sonderbetriebsvermögen vgl. o. 1.4.2.3. Gewinne und Verluste, die sich aus der Sonderbilanz ergeben, sind bei der Gewinnfeststellung zu berücksichtigen und dem betreffenden Gesellschafter zuzurechnen. Die Gewinnermittlung für Sonderbetriebsvermögen der Gesellschafter einer gewerblich tätigen Personengesellschaft erfolgt nach § 5 EStG.[295]

Grundstücke oder Grundstücksteile, die im Allein- oder Miteigentum eines oder mehrerer Gesellschafter stehen, können auch gewillkürtes Sonderbetriebsvermögen sein.[296][297]

Beispiel

Eine OHG, an der A und B mit je 50 % Gewinn beteiligt sind, betreibt ihren Geschäftsbetrieb auf dem vom Gesellschafter A gemieteten Grundstück. Die an A gezahlte vereinbarte Jahresmiete beträgt 10 000 DM. Sie wurde in der handelsrechtlichen Buchführung als Aufwand gebucht. Die Haus- und Grundstücksaufwendungen in Höhe von 1200 DM (GrSt, Reparaturen usw.) hat A vereinbarungsgemäß selbst getragen. Bei Gründung der OHG betrug der steuerrechtliche richtige Wert des Grundstücks 100 000 DM. Davon entfallen 20 000 DM auf den Grund und Boden und 80 000 DM auf das Gebäude, das nach dem 31. 12. 1924 errichtet wurde und linear mit 2 % jährlich abgeschrieben wird. Bei Gründung der Gesellschaft und am Ende des ersten Wirtschaftsjahres sind die folgenden Sonderbilanzen für A aufzustellen:

---

295 BFH, BStBl 1992 II S. 797.
296 H 13 (12) „Gewillkürtes ..." EStH; BFH, BStBl 1991 II S. 216.
297 S. o. 21.5.3.3.

21.6 Erfassung des Sonderbetriebsvermögens

Aktiva	Sonderbilanz A zum 1. 1.		Passiva
Grund und Boden	20 000 DM	Kapital	100 000 DM
Gebäude	80 000 DM		
	100 000 DM		100 000 DM

Aktiva		Sonderbilanz A zum 31. 12.		Passiva
Grund und Boden		20 000 DM	Kapital 100 000 DM	
Gebäude	80 000 DM		./. Entnahmen 10 000 DM	
./. AfA	1 600 DM	78 400 DM	+ Einlagen 1 200 DM	
			+ Gewinn 7 200 DM	98 400 DM
		98 400 DM		98 400 DM

Beträgt der Gewinn lt. Gesellschaftsbilanz 34 000 DM, so ergibt sich die folgende gesonderte und einheitliche Gewinnfeststellung:

Gewinn lt. GuV		34 000 DM
+ Sonderbetriebseinnahmen = Miete A		
(§ 15 Abs. 1 Nr. 2 EStG)		10 000 DM
		44 000 DM
./. Sonderbetriebsausgaben:		
Haus- und Grundstücksaufwendungen	1 200 DM	
AfA	1 600 DM	2 800 DM
= Gewinn der Mitunternehmerschaft		41 200 DM

Dieser gesondert festgestellte Gewinn ist auch Grundlage für die Ermittlung des Gewerbeertrags.

In den Folgejahren wird die Sonderbilanz entsprechend fortgeführt, sodass sich jedes Jahr der festzustellende Gewinn um die Miete erhöht und um die Haus- und Grundstücksaufwendungen und die Gebäude-AfA mindert, bis das Gebäude entweder voll abgeschrieben oder aus dem Betriebsvermögen ausgeschieden ist.

Gewinnverteilung[298]

	insgesamt	A	B
Gewinn lt. Gesellschaftsbilanz	34 000 DM	17 000 DM	17 000 DM
+ Gewinn lt. Sonderbilanz	7 200 DM	7 200 DM	—
Gewinnanteile		24 200 DM	17 000 DM

Man kann den Sonderbilanzgewinn auch durch eine Sonder-GuV-Rechnung belegen.

Aufwendungen		Sonder-GuV-Rechnung für A	Erträge
Haus- und Grundstücks-		Mieterträge	10 000 DM
aufwendungen	1 200 DM		
AfA Gebäude	1 600 DM		
Gewinn	7 200 DM		
	10 000 DM		10 000 DM

---

[298] S. u. 21.14.

Errichtet der Gesellschafter auf seinem zum Sonderbetriebsvermögen gehörenden Grundstück aus betrieblichem Anlass ein Gebäude, so sind die Herstellungskosten in der Sonderbilanz zu aktivieren. Ergibt sich dabei ein Vorsteuerguthaben, so ist dieses – ebenso wie bei Haus- und Grundstücksaufwendungen – als Wirtschaftsgut des Sonderbetriebsvermögens in der Sonderbilanz zu aktivieren. Eine USt-Schuld, die sich im Zusammenhang mit einer steuerpflichtigen Vermietung oder Verpachtung des Grundstücks ergibt, ist demgemäß als Schuld in der Sonderbilanz auszuweisen. Soweit Geldzahlungen erfolgen und diese privat vereinnahmt werden (Sondererträge), liegen im Sonderbereich Entnahmen vor, umgekehrt Einlagen, wenn Sonderbetriebsausgaben mit privaten Geldmitteln beglichen werden.

21.6.3 Entgeltliche Überlassung der Nutzung einer beweglichen Sache an die Gesellschaft

Zivilrechtlich sind ebenso wie bei Grundstücken auch für bewegliche Sachen Miet- oder Pachtverträge zwischen der Gesellschaft und den Gesellschaftern möglich. Die von der Gesellschaft gezahlten Vergütungen sind Aufwand im Rahmen der Gesamthandsbilanz der Gesellschaft. Die Vergütungen erhöhen den Gewinn (§ 15 Abs. 1 Satz 1 Nr. 2 EStG). Im Übrigen gelten die vorstehenden Ausführungen zu Grundstücken entsprechend. Das gilt auch für die Aufstellung steuerrechtlicher Sonderbilanzen.

Fällt bei der Anschaffung der Wirtschaftsgüter Vorsteuer an, ist sie in der Sonderbilanz zu aktivieren, soweit sie am Bilanzstichtag noch nicht verrechnet ist. Das setzt aber voraus, dass der Gesellschafter selbst Unternehmer ist und hinsichtlich dieser Vorsteuer zum Abzug berechtigt ist (§§ 2 Abs. 1, 15 Abs. 1 UStG). Dies ist bei Vermietung von Sonderbetriebsvermögen zu bejahen, denn umsatzsteuerlich gehört das Sonderbetriebsvermögen zum Unternehmen des Gesellschafters.

21.6.4 Veräußerung von Sonderbetriebsvermögen

Durch die Veräußerung von Wirtschaftsgütern des Sonderbetriebsvermögens können Gewinne und Verluste realisiert werden. Das gilt auch für Veräußerung an andere Mitunternehmer. Wird z. B. ein im Alleineigentum eines Gesellschafters stehendes Grundstück an einen Mitgesellschafter verkauft, so verwirklicht der Veräußerer in dem Unterschiedsbetrag zwischen Veräußerungspreis und Buchwert laut Sonderbilanz einen Gewinn.[299]

Der durch Veräußerung eines im Alleineigentum eines Gesellschafters stehenden Grundstücks erzielte Veräußerungsgewinn ist dem Gesellschafter als Sonderbetriebseinnahme zuzurechnen.

---
299 BFH, BStBl 1978 II S. 191.

21.6.5 Auflösung von Sonderbetriebsvermögen bei Veräußerung des Mitunternehmeranteils bzw. bei Einbringung des Mitunternehmeranteils in eine Kapitalgesellschaft

Sonderbetriebsvermögen verliert diese Eigenschaft, wenn die Mitunternehmerstellung des Gesellschafters endet. Soweit es dann nicht in einen eigenen Betrieb nach § 6 Abs. 5 Satz 2 EStG zwingend zum Buchwert überführt wird, liegt wegen der notwendigen Überführung in Privatvermögen sachlich eine Entnahme aus dem Betriebsvermögen vor. Daraus ergeben sich im Einzelnen folgende Konsequenzen:

Scheidet der Gesellschafter aus der Gesellschaft aus oder veräußert er seinen Gesellschaftsanteil an einen anderen, behält aber das Sonderbetriebsvermögen zurück, so ist in Höhe der Differenz zwischen Buchwert und gemeinem Wert ein nach §§ 16, 34 EStG begünstigter Gewinn zu erfassen. Dieser ist Teil des Veräußerungsgewinnes, der sich nach § 16 Abs. 1 Nr. 2 EStG für die Veräußerung des Mitunternehmeranteiles ergibt. Der Sache nach liegt eine Kombination aus Veräußerung des Mitunternehmeranteiles nach § 16 Abs. 1 Nr. 2 EStG und aus der Aufgabe des Anteiles nach § 16 Abs. 3 EStG vor.[300] Wird das Sonderbetriebsvermögen an die Altgesellschafter anlässlich des Ausscheidens oder an den Erwerber bei Veräußerung mit veräußert, so liegt ohnehin eine einheitliche Veräußerung des Mitunternehmeranteiles nach § 16 Abs. 1 Nr. 2 EStG vor.

Wird Sonderbetriebsvermögen zurückbehalten, aber nach § 6 Abs. 5 Satz 2 EStG zum Buchwert in einen eigenen Betrieb übernommen, so ist zu differenzieren:

Handelt es sich um unwesentliches Betriebsvermögen, so hindert dies nicht die Annahme einer nach §§ 16, 34 EStG begünstigten Veräußerung des Mitunternehmeranteiles.

Handelt es sich aber um wesentliches Betriebsvermögen, so ist der Gewinn aus der Veräußerung/Aufgabe des Gesellschafteranteiles nicht nach §§ 16, 34 EStG begünstigt, sondern als laufender Gewinn zu versteuern.[301]

Wird ein Gesellschaftsanteil an einer Mitunternehmerschaft in eine Kapitalgesellschaft gegen Gewährung von Gesellschaftsrechten an dieser Kapitalgesellschaft eingebracht, so bedeutet dies die Veräußerung des Gesellschaftsanteiles. Da die Gegenleistung in Anteilen an der Kapitalgesellschaft besteht, liegt ein Tauschvorgang vor.[302] Dieser ist nach §§ 16 Abs. 1 Nr. 2, 16 Abs. 4, 34 EStG begünstigt, wenn auch das Sonderbetriebsvermögen in die Kapitalgesellschaft eingebracht wird. Stattdessen kann nach § 20 Abs. 2 UmwStG von der Kapitalgesellschaft auch die Buchwertfortführung gewählt werden. Dann entsteht nach § 20 Abs. 4 UmwStG für den Einbringenden kein Gewinn. Wird aber das Sonderbetriebsvermögen nicht mit eingebracht, so ist § 20 UmwStG nicht anwendbar, wenn es sich um wesentliches Son-

---
300 BFH, BStBl 1983 II S. 771.
301 BFH, BStBl 1991 II S. 635.
302 BFH, BStBl 1996 II S. 342.

derbetriebsvermögen handelt.[303] Dieses wird dann, falls es nicht in einen eigenen Betrieb nach § 6 Abs. 5 Satz 2 EStG zu Buchwerten übernommen wird, Privatvermögen. Insoweit entsteht dann ein nach §§ 16, 34 EStG insgesamt begünstigter Veräußerungsgewinn aus der Veräußerung des Mitunternehmeranteiles an die Kapitalgesellschaft gemäß § 16 Abs. 1 Nr. 2 EStG verbunden mit der Aufgabe des Sonderbetriebsvermögens nach § 16 Abs. 3 EStG.

Wird das Sonderbetriebsvermögen aber nach § 6 Abs. 5 Satz 2 EStG zum Buchwert in einen eigenen Betrieb überführt, so ist wie oben von einem begünstigten Veräußerungsgewinn auszugehen, falls es sich um unwesentliches Betriebsvermögen handelt, hingegen von einem laufenden Gewinn, falls es sich um wesentliches Betriebsvermögen handelt.

Die Differenzierung beruht darauf, dass § 16 Abs. 1 Nr. 2 EStG nur anwendbar ist, wenn der Mitunternehmeranteil mit seinen wesentlichen Betriebsgrundlagen veräußert wird. Sonderbetriebsvermögen wird aber für Zwecke des § 16 EStG als Bestandteil des Mitunternehmeranteiles angesehen, muss also mitveräußert werden oder zumindest aufgegeben werden, sofern es sich um eine für den Mitunternehmeranteil wesentliche Betriebsgrundlage handelt. Es soll nämlich verhindert werden, dass eine Begünstigung nach § 34 EStG eintritt, wenn durch Zurückhaltung wesentlichen Betriebsvermögens nicht alle stillen Reserven aufgedeckt werden.[304]

21.7 Übertragung von Wirtschaftsgütern

21.7.1 Grundlagen

Die Übertragung von Wirtschaftsgütern **vom Mitunternehmer auf die Mitunternehmerschaft** sowie umgekehrt **von der Mitunternehmerschaft auf den Mitunternehmer** wirft hinsichtlich der steuerlichen Behandlung Probleme auf, weil die Mitunternehmerschaft einerseits transparent besteuert wird, also gerade nicht selbstständiges Steuersubjekt ist, zumindest was die Zurechnung von zu besteuerndem Einkommen betrifft. Andererseits ist aber die Personengesellschaft jedenfalls insoweit als Handlungs- und Wirtschaftseinheit zu behandeln, als zwischen ihr und dem Gesellschafter in vollem Umfange gewinnrealisierende Geschäftsvorfälle stattfinden können. Seit der Aufgabe der Bilanzbündeltheorie ist gesicherte Erkenntnis, dass solche Geschäftsvorfälle nicht in partielle Einlagen und Entnahmen umzudeuten sind, soweit der Gesellschafter an der Gesellschaft beteiligt ist.

---
303 BFH, BStBl 1996 II S. 342.
304 Vgl. auch unter 21.9 und 23.6.2.

21.7 Übertragung von Wirtschaftsgütern

Sieht man von der insoweit geklärten Frage hinsichtlich der steuerlichen Behandlung von entgeltlichen Veräußerungen zu fremdüblichen Entgelten ab, so sind im steuerlichen Zusammenhang noch folgende Grundfragen zu lösen:

- Stellt die **Übertragung eines Wirtschaftsgutes** aus dem eigenen Vermögen des Gesellschafters in das Gesellschaftsvermögen eine **entgeltliche Veräußerung gegen Gewährung von Gesellschaftsrechten** dar, weil und wenn der Gesellschafter für die Übertragung des Wirtschaftsgutes eine Vermehrung seines Anteils am Gesellschaftsvermögen erhält, die sich bilanziell in einer Erhöhung seines Kapitalanteils (durch Gutschrift auf dem Kapitalkonto) ausdrückt?

- Stellt umgekehrt die **Übertragung eines Wirtschaftsgutes** aus dem Vermögen der Gesellschaft in das eigene Vermögen des Gesellschafters ebenfalls eine **entgeltliche Veräußerung gegen Minderung der Gesellschaftsrechte** dar, weil und wenn sich der Anteil des Gesellschafters am Gesellschaftsvermögen mindert, was sich bilanziell in einer Verringerung seines Kapitalanteils (durch Belastung des Kapitalkontos) ausdrückt?

- Ist insoweit zwischen **Übertragungen von Betriebsvermögen in Privatvermögen und umgekehrt** sowie zwischen **Übertragungen von und in Betriebsvermögen** zu unterscheiden? Sind jedenfalls für Übertragungen aus Betriebsvermögen in Privatvermögen die **Entnahmevorschriften nach § 4 Abs. 1 Satz 2, § 6 Abs. 1 Nr. 4 EStG** und für Übertragungen aus dem Privatvermögen in Betriebsvermögen die **Einlagevorschriften nach § 4 Abs. 1 Satz 5, § 6 Abs. 1 Nr. 5 EStG** anzuwenden?

Das EStG hatte diese Fragen bis zum Steuerentlastungsgesetz 1999/2000/2002 nicht ausdrücklich geregelt. Nunmehr findet sich eine die Grundfragen offen lassende partielle Regelung hinsichtlich der **Bewertung in § 6 Abs. 5 EStG** für Übertragungen **von und in Betriebsvermögen**. Zu deren Verständnis ist es erforderlich, die bisherige Auffassung kurz darzustellen. Außerdem sind trotz der Bewertungsregel des § 6 Abs. 5 EStG viele Grundfragen weiterhin offen.[305]

Nach bisherigem Verständnis wurde die Übertragung von Wirtschaftsgütern **aus eigenem Betriebsvermögen einschließlich Sonderbetriebsvermögen in Gesellschaftsvermögen** als **tauschähnliches Veräußerungsgeschäft** jedenfalls dann behandelt, wenn eine Gutschrift auf dem Kapitalkonto erfolgte. Rechtsprechung und Finanzverwaltung[306] gewährten jedoch ein **Wahlrecht** zwischen erfolgsneutraler **Buchwertfortführung** und erfolgswirksamem Ansatz zwischen Buchwert und maximalem **Teilwert**. Begründet wurde dies ursprünglich damit, dass trotz eines an sich gewinnrealisierenden Tauschgeschäftes eine Gewinnrealisation nicht geboten sei, weil der einbringende Gesellschafter über seine Beteiligung an der transparenten Personengesellschaft weiterhin die Herrschaft über das eingebrachte Wirt-

---
305 Vgl. dazu grundlegend Reiß, BB 2000 S. 1965.
306 BMF, BStBl 1978 I S. 8, Rz. 24 bis 27, 56 bis 65 (sog. Mitunternehmererlass).

schaftsgut ausübe.[307] Später wurde dieses Wahlrecht mit einer analogen Anwendung des § 24 UmwStG begründet,[308] obwohl dieser die Einbringung von Einzelwirtschaftsgütern ausdrücklich nicht erfasst. Konsequenterweise wurde auch für die **Übertragung aus Gesellschaftsvermögen in eigenes Betriebsvermögen einschließlich Sonderbetriebsvermögen** ein **Wahlrecht** zwischen erfolgsneutraler Buchwertfortführung und erfolgswirksamem Ansatz des Teilwertes gewährt.[309]

Die Übertragung von Wirtschaftsgütern aus **Privatvermögen in Gesellschaftsvermögen** wurde von der Finanzverwaltung ursprünglich als steuerliche **Einlage** nach § 4 Abs. 1 Satz 5 EStG und umgekehrt bei Übertragung von **Gesellschaftsvermögen in Privatvermögen** als steuerliche **Entnahme** nach § 4 Abs. 1 Satz 2 EStG behandelt, also immer steuerlich durch Teilwertansatz gewinnrealisierend.[310] Im Anschluss eines neueren Urteiles des BFH[311] werden nunmehr auch diese Vorgänge als **tauschähnliche Veräußerungsvorgänge** behandelt, soweit sie gegen **Gewährung oder Minderung von Gesellschaftsrechten** erfolgen. Dies soll in dem Umfang vorliegen, in dem dem Kapitalkonto des Gesellschafters Beträge für die Übertragung des Wirtschaftsgutes gutgeschrieben (Gewährung) bzw. belastet (Minderung) werden.[312] Die Einlage- und Entnahmevorschriften werden insoweit dann konsequenterweise nicht angewendet.

Nicht geregelt ist, ob eine Gewährung oder Minderung von Gesellschaftsrechten nur bei einer Gutschrift oder Belastung auf dem Konto des einbringenden oder „entnehmenden" Gesellschafters vorliegt oder ob dies auch dann der Fall ist, wenn anderen Gesellschaftern Beträge gutgeschrieben oder belastet werden. Offen ist auch, wie eine „Gutschrift" oder „Belastung" sog. „gesamthänderischer Rücklagen" zu behandeln ist. Die gesamthänderische Rücklage ist ein von der Praxis in Anlehnung an Kapitalrücklagen und Gewinnrücklagen entwickeltes Instrument. Damit wird zum Ausdruck gebracht, dass gesellschaftsrechtlich vereinbart ist, dass diese Teile des aus Einlagen oder Gewinnen gebildeten Kapitals für die Gesellschafter nicht frei entnehmbar sind, sondern nur bei entsprechender gemeinsamer Beschlussfassung oder Änderung des Gesellschaftsvertrages. Die Bezeichnung gesamthänderische Rücklage ist an sich irreführender Unfug. Gesamthänderisch gebunden können aktive Vermögensgegenstände sein und auch Schulden. Kapital ist bekanntlich ein „Luftposten", nämlich die wertmäßige Differenz von Aktiva und Passiva. Luftposten können nicht „gesamthänderisch" gebunden sein. In der Sache besteht zwischen einer gesamthänderischen Rücklage und vereinbarten Entnahmebeschränkungen – etwa nur nach gemeinsamer Beschlussfassung ist eine Entnahme

---
307 BFH, BStBl 1976 II S. 748.
308 Statt vieler BFH, BStBl 2000 II S. 230 m. w. N.
309 So jedenfalls FinVerw im Mitunternehmererlass, BStBl 1978 I S. 8.
310 BMF, BStBl 1978 I S. 8 Rz. 49.
311 BFH, BStBl 2000 II S. 230.
312 BMF, BStBl 2000 I S. 462.

zulässig – keinerlei Unterschied. So oder so ist bei Personengesellschaften das Eigenkapital auf die Gesellschafter aufzuteilen. Es gibt – anders als bei Kapitalgesellschaften – kein frei schwebendes Eigenkapital, dass nicht im Innenverhältnis den Gesellschaftern zuzuordnen wäre. Allein darauf kommt es aber für die „Besteuerung von Personengesellschaften" an, da bekanntlich nicht diese, sondern ihre Gesellschafter als Mitunternehmer besteuert werden.

Die durch das StEntlG 1999/2000/2002 mit Wirkung ab 1. 1. 1999 neu eingeführte Bewertungsvorschrift des **§ 6 Abs. 5 EStG** betrifft nur die **Übertragung von Betriebsvermögen in Betriebsvermögen**. Gesetzgeberisch nicht ausdrücklich geklärt wird damit die Frage, wie Übertragungen aus **Privatvermögen in Betriebsvermögen und umgekehrt** zu behandeln sind. Vom Gesetzgeber ebenfalls nicht ausdrücklich geregelt wird auch für Übertragungen innerhalb des Betriebsvermögens die Grundfrage, ob überhaupt Tauschvorgänge vorliegen. Im Folgenden wird für Zwecke dieses Lehrbuches die sich aus der bisherigen Rechtsprechung ergebende Auffassung zugrunde gelegt, dass bei Übertragungen von und in das Gesellschaftsvermögen gegen Gewährung bzw. gegen Minderung von Gesellschaftsrechten tauschähnliche Veräußerungsgeschäfte vorliegen. Außerdem wird insoweit der Finanzverwaltung gefolgt, dass die Gewährung oder Minderung von Gesellschaftsrechten sich darin ausdrückt, dass die eintretende Mehrung des Gesellschaftsvermögens dem Kapitalkonto gutgeschrieben bzw. die Minderung dem Kapitalkonto belastet wird, andernfalls hingegen (verdeckte) Einlagen und Entnahmen vorliegen.

Richtigerweise liegen allerdings bei Übertragungen von und in Betriebsvermögen weder tauschähnliche Veräußerungsgeschäfte noch Entnahmen zu betriebsfremden Zwecken noch Einlagen durch Zuführung zum Betrieb vor, sodass die von § 6 Abs. 5 Sätze 1 bis 3 EStG nunmehr angeordnete Buchwertfortführung sich schon daraus ergibt, dass es steuerlich an einem Gewinnrealisierungstatbestand mangelt. Soweit allerdings die Erfassung der stillen Reserven bei demselben Steuersubjekt nicht gewährleistet ist, liegen Entnahmen und korrespondierend Einlagen vor, die zum Teilwertansatz führen. Die Überführung von Betriebsvermögen in Privatvermögen und umgekehrt führt in vollem Umfange zur Anwendung der Entnahme- und Einlagevorschriften.[313]

21.7.2 Übertragungen innerhalb des Betriebsvermögens

21.7.2.1 Möglichkeiten der Übertragung

Bei der Übertragung von Wirtschaftsgütern innerhalb des Betriebsvermögens im Zusammenhang mit einer Mitunternehmerschaft ist hinsichtlich der **Gegenleistung** zwischen folgenden drei Formen zu unterscheiden:

- **Gegen fremdübliches Entgelt**

---

[313] Dazu Reiß, BB 2000 S. 1965 und ders. in: Kirchhof, § 15 Rn. 448 f.

- Gegen Gewährung/Minderung von Gesellschaftsrechten
- Ohne fremdübliches Entgelt und ohne Gewährung/Minderung von Gesellschaftsrechten (sog. verdeckte Einlagen/Entnahmen)

Hinsichtlich der betroffenen **Vermögensmassen** ist zu differenzieren zwischen
- **Gesellschaftsvermögen,**
- **Sonderbetriebsvermögen,**
- **Betriebsvermögen eines eigenen Betriebes.**

Daneben kommen noch in Betracht
- **Gesellschaftsvermögen einer anderen Mitunternehmerschaft** (Schwesterpersonengesellschaft),
- **Sonderbetriebsvermögen bei einer anderen Mitunternehmerschaft.**

21.7.2.2 Entgeltliche Veräußerungen

Entgeltliche Veräußerungen zwischen Gesellschaft und Gesellschafter zu fremdüblichen Bedingungen sind für den Veräußerer normale **gewinnrealisierende Veräußerungsgeschäfte** und für den Erwerber normale Anschaffungsvorgänge. Dies gilt gleichermaßen für die Veräußerung von Wirtschaftsgütern des **Gesellschaftsvermögens, Sonderbetriebsvermögens und eigenen Betriebsvermögens.** Soweit die Voraussetzungen des § 6 EStG beim Veräußerer gegeben sind, kann er die aufgedeckten stillen Reserven auf ein Reinvestitionsobjekt übertragen bzw. eine §-6-b-Rücklage bilden. Bei entgeltlichen Veräußerungen des Betriebsvermögens spielt es letztlich für die Behandlung des Veräußerers auch keine Rolle, ob der Erwerber seinerseits eine Anschaffung im Betriebsvermögen tätigt oder im Privatvermögen. Ebenso wird selbstverständlich die Veräußerung von **Sonderbetriebsvermögen an einen anderen Mitunternehmer** behandelt, gleichgültig, ob dieser es für sein Sonderbetriebsvermögen bei derselben, bei einer anderen Mitunternehmerschaft oder für eigenes Betriebs- oder Privatvermögen anschafft.

Beispiel

Die A- und B-OHG veräußert ein Grundstück mit Buchwert von 100 000 DM für 500 000 DM an ihren Gesellschafter A, der es nunmehr an die OHG vermietet. Das Grundstück gehörte sei 20 Jahren zum Anlagevermögen bei der OHG. Im gleichen Jahr erwirbt die OHG von B ein Grundstück für 300 000 DM, das bisher zu 50 000 DM im eigenen Betrieb des B bilanziert war.

Bei der OHG entsteht ein Gewinn von 400 000 DM, der aber zu 300 000 DM nach § 6 b EStG durch Übertragung auf das von B angeschaffte Grundstück neutralisiert werden kann. Bei B entsteht im eigenen Betrieb ein Gewinn von 250 000 DM. Auch B könnte diesen Gewinn nach § 6 b neutralisieren, soweit das veräußerte Grundstück entsprechend lange zu seinem Anlagevermögen gehörte. Nach § 6 b Abs. 10 EStG ist es aber nicht möglich, dass etwa die restlichen 100 000 DM, soweit sie anteilig auf A entfallen, von dessen Anschaffungskosten von 500 000 DM hinsichtlich des als Sonderbetriebsvermögen erworbenen Grundstückes abgezogen werden.

21.7.2.3 Überführungen in und aus eigenem Betriebsvermögen/ Sonderbetriebsvermögen

Mit Wirkung ab 1. 1. 1999 schreiben § 6 Abs. 5 Sätze 1 und 2 EStG ausdrücklich vor, dass bei der **Überführung** eines Einzelwirtschaftsgutes **aus dem Betriebsvermögen** eines Betriebes **desselben Stpfl.** in ein anderes **Betriebsvermögen** der bisherige **Buchwert** fortzuführen ist. Dasselbe gilt für die Überführung von eigenem Betriebsvermögen in Sonderbetriebsvermögen oder umgekehrt sowie für die Überführung von einem in ein anderes **Sonderbetriebsvermögen**. Voraussetzung ist allerdings, dass die **Erfassung der stillen Reserven gesichert** bleibt. Die Rechtsfolge ist insofern klar. Es kommt zu **keiner steuerlichen Gewinnrealisierung**. Dies ist auch nicht wahlweise möglich.[314] Unerheblich ist, ob das Wirtschaftsgut in einen Betrieb derselben Gewinneinkunftsart überführt wird oder nicht. Die Buchwertfortführung ist auch dann zwingend, wenn Wirtschaftsgüter **aus Gewerbebetrieb in** einen Betriebe oder **in freiberufliche Betriebe** und **umgekehrt** überführt werden. Da es sich bei § 6 Abs. 5 Sätze 1 und 2 EStG lediglich um eine Bewertungsvorschrift handelt, bleibt offen, ob lediglich klargestellt wird, dass es an einem steuerlichen Realisierungstatbestand fehlt, oder ob § 6 Abs. 5 Sätze 1 und 2 EStG eine dem § 6 Abs. 1 Nrn. 4 und 5 EStG vorgehende Spezialvorschrift darstellen, weil an sich die Vorgänge zu einer Entnahme im abgebenden und einer Einlage im aufnehmenden Betriebsvermögen führen. Richtigerweise sollte man davon ausgehen, dass keine Entnahme und keine Einlage i. S. des § 4 Abs. 1 EStG vorliegen, solange ein Wirtschaftsgut im Betriebsvermögen irgendeiner Gewinneinkunftsart desselben Steuerpflichtigen verbleibt – sog. **weiter Entnahmebegriff.** Technisch werden diese Überführungen in der Buchführung des jeweiligen Betriebes (Sonderbetriebsvermögen) durch die Buchung Wirtschaftsgut an Kapital (im aufnehmenden Betriebsvermögen) bzw. Kapital an Wirtschaftsgut (im abgebenden Betriebsvermögen) erfasst. Beim Betriebsvermögensvergleich ist dann entweder technisch das Anfangsvermögen entsprechend zu ändern oder die Kapitalbuchung technisch wie eine Einlage oder Entnahme zum Buchwert zu behandeln.

Beispiel
A ist Gesellschafter der A- und B-OHG. Er unterhält auch einen eigenen Gewerbebetrieb. Ein bisher zu dessen Betriebsvermögen gehörendes Grundstück mit Buchwert von 200 000 DM (Teilwert 500 000 DM) wird ab 1. 7. an die OHG vermietet.
Das Grundstück ist ab 1. 7. Sonderbetriebsvermögen I bei der OHG. Es ist in der Sonderbilanz nach § 6 Abs. 5 Satz 2 EStG mit dem Buchwert anzusetzen. Im Einzelunternehmen erfolgt ein Abgang zum Buchwert. Beim Betriebsvermögensvergleich für das Betriebsvermögen des Einzelbetriebes ist dem Unterschiedsbetrag der Buchwert als „technische Entnahme" hinzuzurechnen (bzw. schon das Anfangskapital um den Buchwert zu mindern). Bestand für A bereits aus anderen Gründen vor dem 1. 7. eine Sonderbilanz, so ist beim Betriebsvermögensvergleich für das Sonderbetriebsvermögen vom Unterschiedsbetrag der Buchwert als „technische Einlage" abzuziehen (bzw. das Anfangskapital um den Buchwert zu erhöhen).

---

314 Das bis 1999 nach R 14 Abs. 2 EStR gewährte Wahlrecht ist damit überholt. Es entbehrte schon früher jeder Rechtsgrundlage.

21 Personengesellschaften

21.7.2.4 Übertragung in das Gesellschaftsvermögen

Für die **Übertragung** von Wirtschaftsgütern aus **eigenem Betriebsvermögen** oder **Sonderbetriebsvermögen in** das **Gesamthandsvermögen einer Mitunternehmerschaft** schreibt **§ 6 Abs. 5 Satz 3** i. d. F. des StSenkG zwingend die Fortführung der **Buchwerte** vor. Dies gilt allerdings erst für Übertragungen seit dem 1. 1. 2001. Für Übertragungen in der Zeit vom 1. 1. 1999 bis 31. 12. 2000 schrieb § 6 Abs. 5 Satz 3 i. d. F. des StEntlG zwingend den gewinnrealisierenden Ansatz des Teilwertes vor. Bis 1. 1. 1999 wurde – wie ausgeführt – ein Wahlrecht gewährt. Auch hier ist unerheblich, ob es sich bei abgebendem und aufnehmendem Betriebsvermögen um Betriebsvermögen derselben Gewinneinkunftsart handelt.

Nach dem Wortlaut erfasst § 6 Abs. 5 Satz 3 EStG jegliche Übertragung. Richtigerweise ist er aber auf Veräußerungen zu fremdüblichen Entgelten nicht anzuwenden, sondern nur auf **gesellschaftsrechtliche Beiträge/Einlagen.** Die Übertragung muss ihren Grund im Gesellschaftsverhältnis haben und das Gesellschaftsvermögen mehren. Dabei umfasst § 6 Abs. 5 Satz 3 EStG sowohl die **offene gesellschaftsrechtliche Einlage gegen Gewährung von Gesellschaftsrechten** als auch die **verdeckte Einlage** ohne Gewährung von Gesellschaftsrechten. Obwohl nach herrschender Auffassung die Übertragung gegen Gewährung von Gesellschaftsrechten einen tauschähnlichen Vorgang darstellt, ist **§ 6 Abs. 6 Satz 1 EStG nicht anzuwenden,** weil § 6 Abs. 5 Satz 3 EStG als Spezialvorschrift Vorrang hat.

Die Buchwertfortführung des § 6 Abs. 5 Satz 3 EStG ist nur insoweit zulässig und zwingend, als die **Erfassung der stillen Reserven sichergestellt** ist. Daran fehlt es einmal, wenn das Wirtschaftsgut in ein Gesamthandsvermögen überführt wird, das insgesamt nicht mehr der deutschen Besteuerung unterliegt. Daran fehlt es aber auch, wenn ganz oder teilweise **stille Reserven** auf andere Stpfl. **verlagert** werden. Denn die Erfassung der stillen Reserven muss **bei demselben Stpfl.** sichergestellt sein. Ist dies nicht der Fall, liegt eine **Entnahme zu betriebsfremden Zwecken nach § 4 Abs. 1 Satz 2 EStG** vor. Insoweit ist dann der **Teilwert** anzusetzen. Zu einer partiellen Entnahme kommt es immer dann, wenn dem einbringenden Stpfl. nicht der volle Wert des Wirtschaftsgutes (Buchwert + stille Reserven) gutgebracht wird. Technisch kann dies dadurch erreicht werden, dass dem Einbringenden in der Handels- und Steuerbilanz der Gesellschaft der volle Wert gutgebracht wird und über eine **negative Ergänzungsbilanz** der Buchwert fortgeführt wird. Ist hingegen beabsichtigt, dass auch den übrigen Gesellschaftern nach Maßgabe des Gewinnverteilungsschlüssels ein Teil der stillen Reserven aus betriebsfremden Erwägungen zugute kommen soll, so ist insoweit von einer gewinnrealisierenden Entnahme im abgebenden Betriebsvermögen und einer Einlage im Gesamthandsvermögen auszugehen.

Beispiele

a) An der V & S KG sind Vater V zu 50 % und Sohn S zu 50 % beteiligt. V bringt ein Grundstück aus einem eigenen Betrieb im Buchwert von 100 000 DM und Teilwert/ Verkehrswert von 600 000 DM ein. In der Handels- und Steuerbilanz der OHG (Ein-

21.7 Übertragung von Wirtschaftsgütern

heitsbilanz) wird das Grundstück mit 600 000 DM angesetzt und dem Kapitalanteil des V gutgeschrieben. Nach § 6 Abs. 5 Satz 3 EStG ist zwingend der Buchwert fortzuführen. Ein Wahlrecht besteht nicht. § 6 Abs. 6 Satz 1 EStG ist nicht anwendbar. Daher ist der Buchwertansatz in der Steuerbilanz anzusetzen. Technisch geschieht dies am einfachsten durch Erstellung einer **negativen Ergänzungsbilanz** für V. Darin ist ein Korrekturposten von 500 000 DM zum Grundstücksansatz (auf der Passivseite) und zum Kapitalanteil (negatives Eigenkapital auf der Aktivseite) auszuweisen.

b) Wie oben, aber in der Einheitsbilanz wird das Grundstück mit seinem Buchwert von 100 000 DM angesetzt und dem Kapitalanteil des V gutgeschrieben. V möchte, dass sein Sohn S über den Gewinnverteilungsschlüssel zu 50 % an den stillen Reserven partizipiert.

Nach § 6 Abs. 5 Satz 3 ist der Buchwert zwingend fortzuführen, soweit die Erfassung der stillen Reserven bei V gesichert ist. Dies ist bezüglich 50 % der vorhandenen stillen Reserven der Fall, nicht aber bezüglich der auf den S übergehenden 50 %. Insoweit liegt im Einzelunternehmen eine partielle Entnahme zu betriebsfremden Zwecken vor. Im Einzelunternehmen ist daher ein Entnahmegewinn von 250 000 DM zu erfassen. Buchung: Kapital 100 000 DM, Entnahme 250 000 DM an Grundstück 100 000 DM und Ertrag 250 000 DM. Bei der OHG ist das Grundstück steuerlich mit 350 000 DM anzusetzen. Dies kann technisch dadurch geschehen, dass für S eine positive Ergänzungsbilanz erstellt wird, in der für das Grundstück (Aktivseite) und Kapital (Passivseite) ein Korrekturposten von 250 000 DM ausgewiesen wird. Gleichwertig könnte auch das Grundstück in der Steuerbilanz oder OHG mit dem vollen Wert von 600 000 DM ausgewiesen werden und für A eine negative Ergänzungsbilanz mit Korrekturposten von 250 000 DM erstellt werden.

Gesellschafts(haupt)bilanz		(neg.) Ergänzungsbilanz A	
Aktiva	Passiva	Aktiva	Passiva
Grundst. 600 000 DM	Kap. A 600 000 DM	Kapital 250 000 DM	Grundst. 250 000 DM

Zu beachten ist, dass es wegen § 6 Abs. 5 Satz 3 EStG zwingend zu einem Auseinanderfallen von Handelsbilanz und Steuerbilanz kommt, wenn bei der Einbringung von Wirtschaftsgütern dem Einbringenden der volle Verkehrswert des Wirtschaftsgutes gutgebracht wird, wie dies üblich ist, wenn zwischen den Gesellschaftern keine Nahebeziehungen bestehen. Es muss dann in der Steuerbilanz zwingend wegen § 6 Abs. 5 Satz 3 EStG der Buchwert fortgeführt werden, technisch am besten wie ausgeführt über eine negative Ergänzungsbilanz. Umgekehrt liegt immer eine partielle gewinnrealisierende Entnahme vor, wenn in der Handelsbilanz (also auch bei Einheitsbilanz!) trotz Vorhandenseins stiller Reserven die Buchwerte übernommen werden, weil dies dazu führt, dass dann nach Maßgabe des Gewinnverteilungsschlüssels stille Reserven auf die anderen Gesellschafter übergehen.

Problematisch ist, dass § 6 Abs. 5 Satz 3 EStG vom **Gesamthandsvermögen** der Mitunternehmerschaft spricht. Gesamthandsvermögen besteht nach Zivilrecht nur bei den Personengesellschaften (GbR, OHG, KG) als Außengesellschaften, bei der Erbengemeinschaft und Gütergemeinschaft. Damit würden **stille Gesellschaften/ Innengesellschaften** ausscheiden. Sinnvollerweise muss § 6 Abs. 5 Satz 3 EStG

1083

dahin ausgelegt werden, dass der Begriff des Gesamthandsvermögens steuerlich dahin auszulegen ist, dass er auch das lediglich schuldrechtlich als Gesellschaftsvermögen einer mitunternehmerischen Innengesellschaft behandelte Vermögen des Hauptbeteiligten erfasst.

21.7.2.5 Übertragung aus Gesellschaftsvermögen

Für die Übertragung **aus** dem mitunternehmerischen **Gesellschaftsvermögen in ein eigenes Betriebsvermögen** oder in **Sonderbetriebsvermögen** ist ebenfalls die **Buchwertfortführung** (ab 1. 1. 2001, s. oben) zwingend, soweit die Erfassung der **stillen Reserven** bei demselben Stpfl. **sichergestellt** ist. Auch hier ist § 6 Abs. 5 Satz 3 EStG sowohl für die **Übertragung gegen Minderung von Gesellschaftsrechten** als auch für **gesellschaftsrechtlich verdeckte Entnahmen** anzuwenden. Für die Anwendung des § 6 Abs. 5 Satz 3 EStG spielt es also keine Rolle, ob bei einer Übertragung aus dem Gesellschaftsvermögen das Kapitalkonto (ausreichend) belastet wird oder nicht. Allerdings gilt auch hier, dass eine **steuerliche Entnahme zum Teilwert** vorliegt, wenn und soweit stille Reserven verlagert werden. Anders als bei der Übertragung in ein Gesellschaftsvermögen ist dazu zu beachten, dass die Sicherung der Erfassung der stillen Reserven nicht dadurch erfolgen kann, dass im aufnehmenden Betriebsvermögen Ergänzungsbilanzen erstellt werden. Vielmehr sind grundsätzlich die stillen Reserven durch Entnahme aufzudecken, soweit sie auf die anderen Mitunternehmer entfallen. Anders kann dies nur dann sein, wenn zulässigerweise der Gewinn aus einer Übertragung des Wirtschaftsgutes auf den Mitunternehmer nach dem Gewinnverteilungsschlüssel nur diesem gebührt. Soweit eine solche Gewinnverteilungsvereinbarung erst anlässlich der Übertragung getroffen wird, ist sie nur maßgebend, wenn dem betriebliche Gründe zugrunde liegen und sie angemessen ist. Das ist jedenfalls bei Naheverhältnissen normalerweise nicht der Fall. Unter fremden Gesellschaftern kann davon ausgegangen werden, aber dort kommt es normalerweise auch nicht vor. Dort lässt man sich die anteiligen stillen Reserven vergüten. Dies kann auch dadurch geschehen, dass der Anteil am verbleibenden Gesellschaftsvermögen entsprechend den aufgedeckten anteiligen stillen Reserven erhöht wird.

Daher führt die Überführung aus Gesellschaftsvermögen normalerweise trotz § 6 Abs. 5 Satz 3 EStG zu einer Gewinnrealisierung in Höhe der anteilig auf die übrigen Mitunternehmer entfallenden stillen Reserven. In Höhe der anteilig auf den empfangenden Gesellschafter entfallenden stillen Reserven ist allerdings die Buchwertfortführung auch dann zwingend, wenn handelsrechtlich anders verfahren wird.

1. Beispiel

An der E- & F-OHG sind Herr Ehemann und Frau Fremd zu je 50 % beteiligt. Die OHG überträgt auf den E ein Grundstück mit Buchwert von 100 000 und Verkehrswert von 600 000 DM ohne Bezahlung. Damit F keinen „Verlust" erleidet, wird in der Handelsbilanz der Abgang des Grundstückes zum Buchwert von 100 000 DM dem Kapitalkonto des E belastet. Außerdem wird eine Umbuchung des Kapitals in Höhe der auf

F entfallenden anteiligen stillen Reserven von 250 000 DM von E auf F vorgenommen. Buchung also: Kapital E 350 000 DM an Grundstück 100 000 DM und Kapital F 250 000 DM.

Steuerlich ist § 6 Abs. 3 EStG anzuwenden, soweit bei E die Erfassung der stillen Reserven gesichert ist, im Übrigen liegt eine Veräußerung von F an E vor. Diese realisiert den ihr gebührenden Anteil von 250 000 DM an den stillen Reserven. Steuerlich ist der Vorgang daher bei der OHG wie folgt zu erfassen: Kapital E 350 000 DM an Grundstück 100 000 DM und Ertrag 250 000 DM. Dieser Ertrag ist nur der F zuzurechnen. Es handelt sich nicht um einen Veräußerungsgewinn nach § 16 Abs. 1 Nr. 2 EStG. Im Ergebnis stimmen damit die Kapitalanteile laut Handelsbilanz und Steuerbilanz bei der Gesellschaft überein.

In der Bilanz des eigenen Betriebes ist das Grundstück nach § 6 Abs. 5 Satz 3 EStG anteilig mit dem Buchwert und im Übrigen mit den Anschaffungskosten des E in Höhe von 250 000 DM, also insgesamt 350 000 DM auszuweisen.

Abwandlung

Wie oben, aber handelsbilanziell wird der Vorgang als „Quasi-Veräußerung" behandelt. Es wird gebucht:
Kapital E 600 000 DM an Grundstück 100 000 DM und Ertrag 500 000 DM. Der Ertrag wird im Rahmen der Gewinnverteilung zu je 50 % den Kapitalanteilen von E und F zugeschrieben.

Steuerlich ergibt sich dieselbe Lösung wie oben. Es ist nach § 6 Abs. 5 Satz 3 EStG nicht zulässig, wahlweise hier einen Gewinn hinsichtlich des auf E entfallenden Anteils auszuweisen, weil tatsächlich keine Veräußerung stattgefunden hat. Allerdings wäre dieses Ergebnis leicht zu erreichen, indem die Gesellschaft das Grundstück an E tatsächlich für 600 000 DM veräußert. Anschließend könnte E dann wieder 600 000 DM entnehmen.

2. Beispiel

Wie oben, aber F ist die Ehefrau von E. Aus diesem Grunde ist sie mit einer „Entnahme zu Buchwert" einverstanden. Handelsbilanziell wird der Vorgang daher wie folgt erfasst:
Kapital E 100 000 DM an Grundstück 100 000 DM.

Steuerlich ist nach § 6 Abs. 5 Satz 3 EStG hinsichtlich des Anteils des E eine Buchwertfortführung vorzunehmen, im Übrigen liegt eine Entnahme der F zu betriebsfremden Zwecken vor, nämlich als Schenkung an den E. Daher ist bei der OHG steuerlich zu erfassen:
Kapital E 100 000 DM und Entnahme F 250 000 DM an Grundstück 100 000 DM und Ertrag 250 000 DM. Dieser Ertrag ist nur der F zuzuweisen. In der eigenen Bilanz ist das Grundstück mit dem fortgeführten Buchwert nach § 6 Abs. 5 Satz 3 EStG und dem Teilwert nach § 4 Abs. 1 Satz 5 i. V. m. § 6 Abs. 1 Nr. 5 EStG (Einlage) anzusetzen, also mit insgesamt 350 000 DM.

21.7.2.6 Unentgeltliche Übertragung von Sonderbetriebsvermögen

Wird Sonderbetriebsvermögen **von einem Mitunternehmer auf einen anderen Mitunternehmer** übertragen und bleibt bei diesem **Sonderbetriebsvermögen bei derselben Mitunternehmerschaft,** so ordnet nunmehr § 6 Abs. 5 Satz 4 EStG ausdrücklich an, dass zwingend die Buchwerte fortzuführen sind (ab 1. 1. 2001, vom

1. 1. 1999 bis 31. 12. 2000 hingegen zwingend Teilwertansatz). Damit wird die frühere Rechtsprechung[315] gesetzlich abgesichert. Danach fehlte es trotz Verlagerung stiller Reserven an einer Entnahme, weil das Wirtschaftsgut weiterhin dem Betrieb der Personengesellschaft dient. Diese gesetzliche Regelung ist in das Konzept einer transparenten Besteuerung von Mitunternehmerschaften nicht sinnvoll einzuordnen, aber schlicht zu respektieren. Trotz des insoweit missverständlichen Wortlautes des § 6 Abs. 5 Satz 3 EStG ist aber davon auszugehen, dass Veräußerungen zu fremdüblichem Entgelt auch zwischen Mitunternehmern gewinnrealisierend sind. Bei **teilentgeltlichen Veräußerungen** tritt Gewinnrealisierung nur bis zur Höhe des Teilentgeltes ein. Fraglich kann sein, ob eine **Aufteilung** in einen entgeltlichen und unentgeltlichen Teil zu erfolgen hat, wie die Finanzverwaltung verlangt.[316]

Beispiel

Vater V veräußert an seinen Sohn S ein Grundstück seines Sonderbetriebsvermögens mit Buchwert von 100 000 und Teilwert von 400 000 DM zum Preise von 200 000 DM. S ist ebenfalls Gesellschafter und wird das Grundstück weiterhin der Gesellschaft zur Nutzung überlassen. Nach Auffassung der Finanzverwaltung erzielt V im Sonderbereich einen Gewinn von 200 000 DM ./. (100 000 DM ./. 200 000 DM : 400 000 DM × 100 000 DM) = 150 000 DM. S setzt das Grundstück im Sonderbereich mit dem anteiligen fortgeführten Buchwert nach § 6 Abs. 5 Satz 3 EStG von 50 000 DM zzgl. seiner Anschaffungskosten von 200 000 DM = 250 000 DM an. Nach der Gegenauffassung erzielt V lediglich einen Gewinn von 200 000 DM ./. 100 000 DM = 100 000 DM. S setzt das Grundstück mit dem Buchwert von 100 000 DM zzgl. der diesen übersteigenden Anschaffungskosten – also 200 000 DM – an.

Nicht von § 6 Abs. 5 Satz 3 EStGwird erfasst, dass Sonderbetriebsvermögen unentgeltlich auf einen anderen Stpfl. übertragen wird und bei diesem **Sonderbetriebsvermögen in einer anderen Mitunternehmerschaft** wird. Hier liegt eine normale **Entnahme nach § 4 Abs. 1 Satz 2 EStG** vor, die mit dem Teilwert zu bewerten ist. Beim Empfänger liegt eine mit dem Teilwert zu bewertende Einlage in sein Sonderbetriebsvermögen vor.

21.7.2.7 Übertragungen zwischen verschiedenen Mitunternehmerschaften

Die Regelung des § 6 Abs. 5 EStG erfasst trotz des sprachlich großen Aufwandes nicht Übertragungen, die zwischen verschiedenen Mitunternehmerschaften stattfinden, soweit dabei Gesamthandsvermögen beteiligt ist. Geregelt ist in § 6 Abs. 5 Satz 2 EStG lediglich der Fall der Überführung von Sonderbetriebsvermögen aus einer Mitunternehmerschaft in Sonderbetriebsvermögen desselben Stpfl. bei einer anderen Mitunternehmerschaft. Nur insoweit ist der Buchwert fortzuführen. Vom **Wortlaut des § 6 Abs. 5 Satz 3 EStG** werden **ausdrücklich nicht erfasst**:

---
315 BFH/NV 2000 S. 310 m. w. N.; vgl. auch BFH, BStBl 1998 II S. 652.
316 BMF, BStBl 1978 I S. 8, Rz. 39.

21.7 Übertragung von Wirtschaftsgütern

- **Übertragungen zwischen Gesellschaftsvermögen und Sonderbetriebsvermögen verschiedener Mitunternehmerschaften**
- **Übertragungen zwischen Gesellschaftsvermögen verschiedener Mitunternehmerschaften**

§ 6 Abs. 5 Sätze 1 und 2 EStG sind insoweit erkennbar vom Wortlaut her ebenfalls nicht anwendbar. Hält man § 6 Abs. 5 EStG deshalb nicht für anwendbar, ergäben sich auf der Basis der oben dargestellten herrschenden Meinung folgende Lösungen:

- Wird ein Wirtschaftsgut **aus** einem **Sonderbetriebsvermögen in das Gesamthandsvermögen** einer anderen Mitunternehmerschaft gegen Gewährung von Gesellschaftsrechten übertragen, so liegt ein nach § 6 Abs. 6 Satz 1 **gewinnrealisierender Tauschvorgang** vor. Gewinn wird realisiert in Höhe der Differenz zwischen Buchwert und Gutschrift auf dem Kapitalkonto. Wird das Wirtschaftsgut verdeckt (ohne Gewährung von Gesellschaftsrechten) in das Gesellschaftsvermögen eingelegt, so ist von einer gewinnrealisierenden Entnahme nach §§ 4 Abs. 1, 6 Abs. 1 Nr. 4 EStG im Sonderbereich auszugehen. Es kommt also immer zu einer steuerlichen Gewinnrealisierung in Höhe der Differenz zwischen Teilwert und Buchwert. Konsequenterweise gilt dies auch, wenn die Kapitalgutschrift den Teilwert nicht erreicht. Dann liegt in Höhe der Differenz zum Teilwert eine verdeckte Entnahme (im Sonderbereich) und Einlage (im Gesellschaftsbereich) vor.

- Wird umgekehrt ein Wirtschaftsgut **aus Gesellschaftsvermögen in ein Sonderbetriebsvermögen** bei einer anderen Mitunternehmerschaft gegen Minderung von Gesellschaftsrechten übertragen, so ist ebenfalls von einem **gewinnrealisierenden Tauschvorgang** nach § 6 Abs. 6 Satz 1 EStG auszugehen. Bei einer verdeckten Entnahme liegt im Gesellschaftsvermögen eine gewinnrealisierende Entnahme vor. Auch hier kommt es immer zu einer Gewinnrealisierung. Wie oben liegen bei nicht ausreichender Belastung des Kapitalkontos verdeckte Entnahmen und Einlagen in Höhe der Differenz zum Teilwert vor.

- Bei der **Übertragung zwischen Schwesterpersonengesellschaften** kommt es, soweit Belastungen und Gutschriften der Kapitalkonten bei den identischen Gesellschaftern erfolgen, ebenfalls zu **tauschähnlichen Veräußerungs- und Anschaffungsvorgängen** bei jeder Gesellschaft. Sofern ganz oder teilweise **verdeckte Einlagen und Entnahmen** erfolgen, weil keine (ausreichende) Gutschrift auf den Kapitalkonten erfolgt, tritt dann steuerlich **Gewinnrealisierung durch Entnahme** ein. Auch hier kommt es im Ergebnis immer in Höhe der Differenz zwischen Teilwert und Buchwert bei der abgebenden Gesellschaft zur steuerlichen Gewinnrealisierung.

Da das Ergebnis einer zwingenden Gewinnrealisierung auch bezüglich des Anteils der stillen Reserven, bei denen keine Verlagerung der stillen Reserven auf ein anderes Steuersubjekt erfolgt, in klarem Widerspruch zur sonstigen Regelung des § 6

Abs. 5 EStG steht und dafür auch keinerlei Grund ersichtlich ist, wird hier vertreten, dass § 6 Abs. 5 Satz 3 EStG analog auf diese Fälle anzuwenden ist. Diese Analogie ist notwendig, weil andernfalls die unterschiedliche Behandlung gegenüber den in § 6 Abs. 5 Sätze 1 bis 3 EStG geregelten Fällen zu einer gegen Art. 3 GG verstoßenden verfassungswidrigen Ungleichbehandlung führen würde.

Beispiel

A und B sind an der A- und B-OHG 1 zu je 50 % und ebenfalls an der A und B KG 2 zu je 50 % beteiligt. A überträgt ein bisher zu seinem Sonderbetriebsvermögen bei der OHG 1 gehörendes Grundstück mit Buchwert von 100 000 DM auf die KG 2. Handelsrechtlich wird das Grundstück mit dem Verkehrswert von 200 000 DM angesetzt und dem Kapitalkonto des A gutgeschrieben. Außerdem überträgt die OHG ein weiteres Grundstück mit Buchwert von 100 000 DM und Verkehrswert von 600 000 DM auf die KG. Handelsrechtlich wird das Grundstück mit 100 000 DM bei der KG angesetzt und dem A und B werden je 50 000 DM gutgeschrieben.

Nach der hier vertretenen Lösung ist bezüglich des übertragenen Sonderbetriebsvermögens durch negative Ergänzungsbilanz entsprechend § 6 Abs. 5 Satz 3 EStG die Buchwertfortführung zu gewährleisten, aber auch zwingend. Hinsichtlich der Übertragung des Gesamthandsgrundstückes ist ebenfalls sowohl bei der abgegebenen als auch der aufnehmenden Gesellschaft der Buchwert anzusetzen. Eine anteilige Entnahme und Einlage liegt nicht vor, weil es nicht zu einer Verschiebung der stillen Reserven zwischen den Steuersubjekten A und B kommt. Auf die Gewerbesteuer kommt es wie auch sonst bei § 6 Abs. 5 EStG nicht an.

Nach der Gegenauffassung müsste hingegen bezüglich des Sonderbetriebsvermögens von einem Gewinn in Höhe von 200 000 DM ./. 100 000 DM = 100 000 DM nach § 6 Abs. 6 Satz 1 EStG ausgegangen werden und für die Übertragung des Grundstückes des Gesamthandsvermögens von einem Gewinn in Höhe von 500 000 DM wegen einer verdeckten Entnahme.

21.7.2.8 Übertragung bei Beteiligung von Kapitalgesellschaften

§ 6 Abs. 5 Sätze 4 und 5 EStG enthalten **Sondervorschriften** für die Bewertung der Wirtschaftsgüter, wenn **an der Mitunternehmerschaft eine Kapitalgesellschaft** (oder ein anderes Körperschaftsteuersubjekt nach § 1 KStG) zum Zeitpunkt der Übertragung beteiligt (Satz 4) ist oder nachträglich beteiligt wird (Satz 5) oder eine Mitunternehmerschaft in eine Kapitalgesellschaft umgewandelt wird (Satz 5), insbesondere durch einen Formwechsel nach § 25 i. V. m. § 20 UmwStG. Abweichend von § 6 Abs. 5 Satz 3 EStG wird zwingend der **Teilwertansatz** vorgeschrieben, soweit durch die Übertragung der Wirtschaftsgüter auf die Personengesellschaft stille Reserven auf eine beteiligte Kapitalgesellschaft bei Buchwertfortführung übergehen würden, entweder schon im Zeitpunkt der Übertragung (Satz 4) oder erst später (Satz 5). Im letzteren Fall muss rückwirkend der Teilwertansatz erfolgen. Eventuelle bestandskräftige Veranlagungen sind nach § 175 Abs. 1 Nr. 2 AO zu ändern. Verjährung kann praktisch nicht eintreten, § 175 Abs. 1 Satz 2 AO. Der Hintergrund für die in § 6 Abs. 5 Sätze 4 und 5 EStG getroffene Regelung besteht darin, dass verhindert werden soll, dass stille Reserven von Wirtschafts-

21.7 Übertragung von Wirtschaftsgütern

gütern in Anteile an Kapitalgesellschaften verlagert werden und deren Veräußerung dann nach § 3 Nr. 40 EStG nur der Halbeinkünftebesteuerung unterliegt (bei natürlichen Personen) oder gar nach § 8 b Abs. 2 KStG gar nicht zu besteuern ist.

1. Beispiel

Einzelunternehmer E möchte ein Grundstück seines Betriebes mit Buchwert von 100 000 DM und Verkehrswert von 1 000 000 DM veräußern. Auf Anraten seines Betriebswirtschaft und Jura studierenden Sohnes verfährt er wie folgt: Er gründet eine GmbH mit ihm als Alleingesellschafter und anschließend eine GmbH & Co. KG, an der die GmbH zu 99 % und er als Kommanditist zu 1 % beteiligt ist. In diese bringt er – wie er meint – das Grundstück nach § 6 Abs. 5 Satz 3 EStG zum Buchwert ein. Bedenken, ob insoweit denn eine Überführung in Betriebsvermögen vorliegt, hatte sein Sohn unter Hinweis auf § 15 Abs. 3 Nr. 2 EStG (gewerblich geprägte Gesellschaft) erfolgreich zerstreuen können. Anschließend veräußert er an den Erwerber seinen GmbH-Anteil und seinen Kommanditanteil für 1 000 000 DM (Grundstückswert) zzgl. 25 000 DM (eingezahltes Stammkapital bei der GmbH). Die Kommanditeinlage 100 000 DM hatte er durch Einbringung des Grundstückes zum Buchwert erbracht.

Der Rat des S war schlecht. Zwar unterliegt die Veräußerung der Anteile an der GmbH gemäß §§ 17, 3 Nr. 40 EStG in der Tat nur der Halbeinkünftebesteuerung. Aber nach § 6 Abs. 5 Satz 4 EStG ist für die Grundstücksübertragung auf die KG der Teilwert anzusetzen, soweit stille Reserven ansonsten auf die GmbH (und damit auch auf die Anteile an die GmbH) übergingen; hier also ist das Grundstück mit 100 000 DM bisher + 891 000 DM = 991 000 DM anzusetzen. Im Einzelbetrieb entsteht also ein laufender Gewinn von 891 000 DM durch Entnahme (!) nach § 4 Abs. 1 Satz 2 EStG i. V. m. § 6 Abs. 5 Satz 4 EStG. Denksportaufgabe für unseren Studenten S – was hätte gegolten, wenn es § 6 Abs. 5 Satz 4 EStG nicht gäbe?

Außerdem sind die Anschaffungskosten für den GmbH-Anteil um 891 000 DM zu erhöhen, sodass sich der Veräußerungsgewinn nach § 17 EStG (Halbeinkünfte) entsprechend vermindert. Außerdem ist der Anteil der GmbH am steuerlichen Gesellschaftsvermögen der KG (steuerlicher Kapitalanteil) um 891 000 DM aufgrund einer Einlage gemäß § 4 Abs. 1 Satz 5 i. V. m. § 6 Abs. 5 Satz 4 EStG zu erhöhen. Weitere Denksportaufgabe für unseren Studenten S – was hätte ohne § 6 Abs. 5 Satz 4 EStG gegolten?

2. Beispiel

E überträgt im Alter von 30 Jahren ein Grundstück mit Buchwert von 100 000 DM und Verkehrswert von 1 000 000 DM aus seinem Einzelbetrieb auf die E- und F-OHG nach § 6 Abs. 5 Satz 3 EStG zum Buchwert (technisch vermittels Ergänzungsbilanz). Mit 60 Jahren möchte er sein und seiner Ehefrau F Risiko begrenzen. Sie beschließen daher, die OHG nach § 25 UmwStG i. V. m. § 20 UmwStG formwechselnd in eine GmbH umzuwandeln. Die GmbH setzt das vorhandene Betriebsvermögen gemäß § 20 UmwStG zum Buchwert an, damit E und F keinen Veräußerungsgewinn nach § 16 EStG zu versteuern haben.

Nach § 6 Abs. 5 Satz 5 EStG ist nunmehr für die vor 30 Jahren erfolgte Übertragung des Grundstückes der Teilwert mit 1 000 000 DM anzusetzen, sodass ein laufender Gewinn im damaligen Einzelunternehmen des E entsteht. Außerdem ist rückwirkend bei der OHG das Grundstück mit 1 000 000 DM anzusetzen (und von der GmbH so zu übernehmen). Falls es sich um ein bebautes Grundstück handelte, sind für die letzten 30 Jahre allerdings die Abschreibungen zu ändern und die entsprechenden ESt-Veranlagungen für E und F. Festsetzungsverjährung ist wegen § 175 Abs. 1 Satz 2 AO nicht eingetreten. Die Änderung der Bescheide ist nach § 175 Abs. 1 Nr. 2 AO für die Veranlagung des E hinsichtlich des Gewinnes aus dem Einzelbetrieb vor 30 Jahren und für die Änderungen der einheitlichen und gesonderten Feststellungen während der 30 Jahre (falls AfA) bezüglich der OHG zulässig und zwingend, für die ESt-Veranlagungen sodann nach § 175 Abs. 1 Nr. 1 AO i. V. m. § 171 Abs. 10 AO. Man kann nur hoffen, dass bei E und F sowie bei der Finanzverwaltung die Akten 30 Jahre sorgfältig aufbewahrt wurden oder sie oder ein Veranlagungsbeamter ein gutes Gedächtnis haben.

21.7.3 Übertragungen zwischen Betriebs- und Privatvermögen

21.7.3.1 Möglichkeiten der Übertragung

Auch hier ergeben sich prinzipiell **drei Möglichkeiten** der Übertragung unter dem Gesichtspunkt der Entgeltlichkeit: **Übertragung** gegen

- **Fremdübliches Entgelt**
- **Gewährung/Minderung von Gesellschaftsrechten** (Gutschrift auf Kapitalkonto bei gesellschaftsrechtlicher Einlage bzw. Belastung bei gesellschaftsrechtlicher Entnahme)
- **Verdeckte Einlagen bzw. Entnahmen** (ohne Gutschrift bzw. Belastung des Kapitalkontos)

Die drei Möglichkeiten können natürlich auch kombiniert werden, indem teilweise ein Entgelt gezahlt wird, teilweise eine Gutschrift auf dem Kapitalkonto erfolgt und teilweise verdeckt eingelegt wird.

> **Beispiel**
> K ist als alleiniger Kommanditist an der K-GmbH & Co. KG beteiligt. Er ist auch Alleingesellschafter der GmbH. Die GmbH erhält zur Abgeltung ihrer Haftung einen angemessenen Vorabgewinn von 1 % und außerdem ihre Aufwendungen für die Geschäftsführung vergütet. Der verbleibende Gewinn steht K zu. An eventuellen stillen Reserven ist die GmbH nicht beteiligt. K überträgt auf die GmbH & Co. KG ein unbebautes Grundstück, das er vor fünf Jahren mit Anschaffungskosten von 20 000 DM erworben und seither als Schrebergarten genutzt hatte. Weil das Grundstück inzwischen als Bauland ausgewiesen ist, hat es nunmehr einen Verkehrswert von 200 000 DM. Vereinbarungsgemäß hat die KG 10 000 DM zu zahlen und erhält K eine Gutschrift von 10 000 DM auf seinem Kapitalkonto.
> Dann liegt ein teilentgeltliches Geschäft vor, nämlich a) gegen Zahlung von 10 000 DM (insoweit wie unter Fremden), b) gegen Gewährung von Gesellschaftsrechten in Form der Gutschrift von 10 000 DM und c) eine verdeckte Einlage hinsichtlich der Differenz von 180 000 DM zum Verkehrswert.

Von den beteiligten Vermögensmassen her lässt sich unterscheiden zwischen

- **Privatvermögen**
- **Sonderbetriebsvermögen**
- **Gesellschaftsvermögen**

21.7 Übertragung von Wirtschaftsgütern

21.7.3.2 Überführungen zwischen Privatvermögen und Sonderbetriebsvermögen

Überführungen aus dem Privatvermögen **in das Sonderbetriebsvermögen des Mitunternehmers** stellen sich als ganz normale **steuerliche Einlagen** nach § 4 Abs. 1 Satz 5 EStG dar, die nach § 6 Abs. 1 Nr. 5 EStG grundsätzlich mit dem **Teilwert** zu bewerten sind. Es gelten uneingeschränkt dieselben Regeln wie bei der Einlage in einen Gewerbebetrieb eines Einzelunternehmers, also auch § 6 Abs. 1 Nr. 5 Satz 1 Buchstabe a EStG (höchstens Anschaffungs-/Herstellungskosten bei Einlage innerhalb von drei Jahren) und Buchstabe b EStG (höchstens Anschaffungskosten bei Einlage von Anteilen an Kapitalgesellschaften, sofern Beteiligung i. S. des § 17 EStG).[317] Bei der Einlage von Grundstücken ist ebenso wie beim Einzelunternehmer auch § 23 Abs. 1 Satz 5 Buchstabe a EStG zu beachten:

Beispiel

G veräußert ein Grundstück seines Sonderbetriebsvermögens zum Preise von 500 000 DM. Dieses hat einen Buchwert von 400 000 DM. Er hatte das Grundstück vor sechs Jahren zum Preise von 100 000 DM gekauft und ein Jahr vor der Veräußerung zum damaligen Teilwert von 400 000 DM eingelegt.

Überführungen aus dem Sonderbetriebsvermögen in das Privatvermögen führen zu ganz normalen **steuerlichen Entnahmen** nach § 4 Abs. 1 Satz 2 EStG wie bei jedem Einzelgewerbetreibenden und sind demzufolge gemäß § 6 Abs. 1 Nr. 4 EStG mit dem **Teilwert** zu bewerten. Bei der Überführung von Grundstücken ist § 23 Abs. 1 Satz 2 EStG zu beachten.

Terminologisch wird zutreffend nicht von „Übertragungen" gesprochen, sondern von „Überführungen", weil kein Rechtsträgerwechsel eintritt (vgl. auch § 6 Abs. 5 Sätze 1 und 2 im Vergleich zu § 6 Abs. 5 Satz 3 EStG). Für das Zivilrecht spielt die einkommensteuerlich so wichtige Unterscheidung zwischen Betriebsvermögen und Privatvermögen keine Rolle. Hier kann es daher mangels zweiten Rechtsträgers auch keine entgeltlichen Überführungen geben und auch keine mit oder ohne Gewährung von Gesellschaftsrechten.

21.7.3.3 Übertragungen gegen fremdübliches Entgelt

Übertragungen gegen fremdübliches Entgelt sind als Veräußerungsgeschäfte bzw. Anschaffungsgeschäfte zu behandeln. Danach führt die **Veräußerung von Betriebsvermögen/Gesellschaftsvermögen** zu ganz normalen Veräußerungserfolgen. Soweit die Voraussetzungen im Übrigen vorliegen, ist § 6 b EStG anzuwenden. Umgekehrt führt die **Veräußerung von Privatvermögen an die Gesellschaft** normalerweise für den Veräußernden zu keinem steuerbaren Vorgang (Dualismus der Einkunftsarten) und bei der Gesellschaft zu normalen **Anschaffungskosten**. Auch für den veräußernden Gesellschafter sind aber §§ 17, 23 EStG anzuwenden, soweit deren Voraussetzungen vorliegen.

---
[317] Zur Problematik bei niedrigerem Teilwert s. 17.5.2.

21.7.3.4 Übertragungen gegen Gewährung/Minderung von Gesellschaftsrechten

Nach nunmehriger Auffassung der FinVerw[318] und des BFH[319] liegen **tauschähnliche Veräußerungs-** bzw. Anschaffungsgeschäfte vor, soweit eine Gegenleistung in Form von Gesellschaftsrechten (Gewährung oder Minderung) vorliegt. Dies hat vor allem Auswirkung bei Übertragungen **vom Gesellschafter** hinsichtlich der Anwendung von §§ **23, 17 EStG** und hinsichtlich der **Übertragungen von der Gesellschaft** bezüglich § **6 b EStG**.

Beispiel

A bringt in seine Gesellschaft ein vor zwei Jahren für 200 000 DM erworbenes Grundstück ein. Das Grundstück hat inzwischen wegen einer Umwidmung zu hochwertigem Bauland einen Verkehrswert von 1 000 000 DM. A erhält eine Gutschrift in Höhe von 1 000 000 DM.

B „entnimmt" ein Grundstück mit Buchwert von 200 000 DM und einem Teilwert von 1 000 000 DM. Bereits handelsrechtlich (Einheitsbilanz) verbucht die Gesellschaft Kapital B 1 000 000 DM an Grundstück 200 000 DM und §-6-b-Rücklage 800 000 DM und anschließend §-6-b-Rücklage 800 000 DM an (erworbenes) Grundstück.

Nach h. M. hat A nach § 23 EStG einen privaten Veräußerungsgewinn von 800 000 DM zu versteuern, weil er das Grundstück innerhalb von zehn Jahren „veräußert" hat gegen Gewährung von Gesellschaftsrechten. Die Gesellschaft hat Anschaffungskosten von 1 000 000 DM. § 6 Abs. 1 Nr. 5 Satz 1 Buchstabe a EStG ist nicht anzuwenden, weil eine Anschaffung und keine Einlage vorliegt. Die Gesellschaft erzielt aus der „Veräußerung" einen Ertrag von 800 000 DM. Dieser kann – die sonstigen Voraussetzungen als gegeben unterstellt – nach § 6 b EStG neutralisiert werden, weil keine Entnahme, sondern eine Veräußerung vorliegt. Erstaunlich an diesem Ergebnis ist allerdings, dass die Gesellschaft durch die angebliche Veräußerung nicht nur nicht um 800 000 DM reicher geworden ist, sondern sogar um den Buchwert von 200 000 DM ärmer. Das hat seinen Grund darin, dass sie offenkundig die ihr „zurückgewährten" Gesellschaftsrechte" nicht aktivieren kann.

Bilanz vorher		Bilanz nachher	
Aktiva	Passiva	Aktiva	Passiva
v. Aktiva 800 000 DM	1 000 000 DM Kap. A	v. Aktiva 800 000 DM	Kap. A 1 000 000 DM
Grdstck. 1 200 000 DM	1 000 000 DM Kap. B	Grdstck. 1 —	Kap. B —
Grdstck. 2 1 000 000 DM		Grdstck. 2 200 000 DM	
2 000 000 DM	2 000 000 DM	1 000 000 DM	1 000 000 DM

21.7.3.5 Verdeckte Einlagen und Entnahmen

Soweit **aus dem Privatvermögen** in das Gesellschaftsvermögen Wirtschaftsgüter übertragen werden und dafür kein fremdübliches Entgelt gewährt wird und auch keine Gesellschaftsrechte (= Gutschrift auf dem Kapitalkonto), liegt auch **steuerlich**

---
318 BMF, BStBl 2000 I S. 462.
319 BFH, BStBl 2000 II S. 230.

eine (sog. verdeckte) **Einlage** vor, §§ 4 Abs. 1 Satz 5, 6 Abs. 1 Nr. 5 EStG. Werden ein Entgelt und/oder Gesellschaftsrechte zwar gewährt, liegen sie aber unter dem Teilwert, liegt ebenfalls zusätzlich eine (partielle) verdeckte Einlage vor. Umgekehrt liegt bei Übertragung von Wirtschaftsgütern **aus dem Gesellschaftsvermögen** auch **steuerlich eine** (sog. **verdeckte) Entnahme** vor, §§ 4 Abs. 1 Satz 2, 6 Abs. 1 Nr. 4 EStG. Wie bei der Einlage kommt es zu einer partiellen verdeckten Entnahme, falls ein gewährtes Entgelt und/oder die Minderung der Gesellschaftsrechte geringer als der Teilwert sind.

Beispiel
Wie unter 21.7.3.1. – Danach hätte K sein Grundstück zu $^{20}/_{200}$ veräußert und zu $^{180}/_{200}$ verdeckt eingelegt. Hinsichtlich der Veräußerung wäre § 23 EStG anzuwenden. Folgt man der Finanzverwaltung auch hinsichtlich der Notwendigkeit einer Aufteilung, so entstünde für K ein privater Veräußerungsgewinn in Höhe von 20 000 DM ./. $^{1}/_{10}$ der Anschaffungskosten von 20 000 DM = 18 000 DM. Im Übrigen läge eine Einlage vor. Die KG hätte das Grundstück also mit insgesamt (20 000 DM Anschaffungskosten + 180 000 DM Einlagewert =) 200 000 DM anzusetzen.

21.8 Gründung einer Personengesellschaft

21.8.1 Bargründung und Sachgründung

Bei der Bargründung erscheinen die Einlagen in der aufzustellenden handelsrechtlichen Eröffnungsbilanz mit ihrem Nennbetrag als Forderung. Bei Zahlung treten die Geldbeträge an ihre Stelle. Diese Eröffnungsbilanzierung ist steuerrechtlich nicht zu beanstanden. Allerdings bilden die Einlageforderungen keine Wirtschaftsgüter i. S. des § 6 EStG, sondern stellen Korrekturposten zum Kapital dar (vergleichbar den ausstehenden Einlagen bei KapG).

Bei Sachgründung sind aus dem Privatvermögen eingebrachte Wirtschaftsgüter nach § 6 Abs. 1 Nr. 6 EStG in entsprechender Anwendung des § 6 Abs. 1 Nr. 5 EStG, also wie Einlagen, zu bewerten. In der Regel gilt hiernach der Teilwert.[320]

Kann der Teilwert nicht angesetzt werden, weil das zugeführte Wirtschaftsgut innerhalb der letzten drei Jahre vor der Sacheinlage angeschafft oder hergestellt worden ist, so wird der zutreffende Ausweis der Gesellschaftsrechte in der Gesellschaftsbilanz durch die Einrichtung einer negativen Ergänzungsbilanz erreicht. Entsprechendes gilt in den Fällen des § 6 Abs. 1 Nr. 5 b EStG.

Beispiel
A bringt in die A & B-OHG ein vor zwei Jahren erworbenes unbebautes Grundstück ein, dessen Teilwert (Verkehrswert) im Einbringungszeitpunkt 200 000 DM beträgt; die Anschaffungskosten betrugen 160 000 DM. Durch die Übereignung des Grundstücks auf die OHG sind Nebenkosten (GrESt, Notar- und Grundbuchkosten) in Höhe von 3000 DM entstanden, die die OHG übernommen hat.

---

320 Wegen der Ausnahmen s. o. 17.5.

Bezüglich des Grundstückes ergibt sich folgende Bilanzierung:

A	OHG		P
Grundstück	203 000 DM	Kapital A	200 000 DM
		sonstige Verbindl.	3 000 DM

A	Ergänzungsbilanz A		P
Minderkapital	40 000 DM	Grundstück	40 000 DM

Insgesamt ist für A das steuerlich richtige Kapital von (200 000 DM ./. 40 000 DM =) 160 000 DM ausgewiesen, denn die Bewertung der Einlage des Grundstückes richtet sich nach § 6 Abs. 1 Nr. 6 i. V. m. § 6 Abs. 1 Nr. 5 a EStG und darf höchstens mit den Anschaffungskosten erfolgen.

Der Ausweis des Grundstückes in der negativen Ergänzungsbilanz ist **keine** Passivierung eines Wirtschaftsgutes, sondern vielmehr ein **Korrekturposten** zum Ausweis des Grundstückes in der Gesamthandsbilanz. Der Korrekturposten ist deshalb auch korrespondierend fortzuführen.[321]

Bei Einbringung einzelner Wirtschaftsgüter aus einem **anderen Betriebsvermögen** stellt sich nach h. M. die Einbringung als entgeltliche Veräußerung der eingebrachten Wirtschaftsgüter an die Gesellschaft gegen Gewährung des Gesellschaftsanteils (tauschähnlicher Vorgang) dar. Es gelten alle Grundsätze wie bei der Übertragung von Einzelwirtschaftsgütern aus Betriebsvermögen.[322]

21.8.2 Einbringung eines Betriebs, Teilbetriebs oder Mitunternehmeranteils[323]

21.8.2.1 Bewertungswahlrecht nach dem Umwandlungssteuergesetz

Bei der Einbringung handelt es sich um einen tauschähnlichen Vorgang im Sinne einer Betriebsveräußerung;[324] die Gegenleistung besteht in den erhaltenen Gesellschaftsrechten.

---

321 BFH, BStBl 1996 II S. 68.
322 Dazu Ausführungen unter 21.7.
323 Wird eine Personengesellschaft in eine andere Personengesellschaft umgewandelt (z. B. GbR in KG), so haben die Gesellschafter ein Wahlrecht zwischen
  1. der **identitätswahrenden** Fortführung der bisherigen Gesellschaft durch rechtsformwechselnde Umwandlung und
  2. der **identitätswahrenden** Umwandlung mit Übergang des Gesellschaftsvermögens der erlöschenden Gesellschaft auf eine neu gegründete Gesellschaft.
  Im zweiten Fall ist § 24 UmwStG anwendbar.
  Nach BFH in BStBl 1994 II S. 856 ist § 24 UmwStG auch anzuwenden, wenn ein Mitunternehmer der Personengesellschaft einen Mitunternehmeranteil an einer anderen Personengesellschaft einbringt. Bringen alle Mitunternehmer ihre bisherigen Mitunternehmeranteile an einer anderen Personengesellschaft durch Abtretung in eine neu gegründete Personengesellschaft ein, so führt dies – unter gleichzeitiger Vollbeendigung der umgewandelten Personengesellschaft – zum Übergang des Gesellschaftsvermögens der untergehenden Personengesellschaft auf die aufnehmende Gesellschaft durch Anwachsung (§ 738 BGB; §§ 142, 161 Abs. 2 HGB).
324 BFH, BStBl 1994 II S. 458/460 m. w. N.; BFH, BStBl 1994 II S. 856.

21.8 Gründung einer Personengesellschaft

Wird ein **Betrieb** oder **Teilbetrieb** oder ein **Mitunternehmeranteil** in eine Personengesellschaft eingebracht, so darf die Personengesellschaft das eingebrachte Betriebsvermögen in ihrer Bilanz einschließlich der Ergänzungsbilanzen[325] für ihre Gesellschafter mit seinem **Buchwert** oder mit einem **höheren Wert** ansetzen. Buchwert ist der Wert, mit dem der Einbringende das eingebrachte Betriebsvermögen im Zeitpunkt der Einbringung nach den steuerrechtlichen Vorschriften über die Gewinnermittlung anzusetzen hat. Bei dem Ansatz des eingebrachten Betriebsvermögens dürfen die Teilwerte der einzelnen Wirtschaftsgüter nicht überschritten werden (§ 24 Abs. 1 und 2 UmwStG).[326]

Unter „Betrieb" ist auch das Vermögen, das einer selbstständigen Tätigkeit dient, zu verstehen. § 24 UmwStG ist auch anwendbar, wenn der Gewinn beim Einbringenden nach § 4 Abs. 3 EStG und/oder bei der aufnehmenden Personengesellschaft (ebenfalls) nach dieser Vorschrift ermittelt wird.[327]

Die Einbringung ist auch bei Buchwertfortführung ein tauschähnlicher Veräußerungsvorgang. Die Buchwertverknüpfung hat lediglich zur Folge, dass im Zeitpunkt der Einbringung kein Gewinn realisiert wird.[328]

Der Wert, mit dem das eingebrachte Betriebsvermögen in der Bilanz der Personengesellschaft einschließlich der Ergänzungsbilanzen für ihre Gesellschafter angesetzt wird, gilt für den Einbringenden als Veräußerungspreis (§ 24 Abs. 3 Satz 1 UmwStG). Daraus folgt gleichzeitig, dass dieser Wertansatz bei der aufnehmenden Gesellschaft die rechtliche Bedeutung von Anschaffungskosten für die eingebrachten Wirtschaftsgüter hat. Hat die aufnehmende Gesellschaft einen Ansatz des Betriebsvermögens mit Werten über seinem Buchwert gewählt, ist dieser Wert auf die einzelnen Wirtschaftsgüter nach den gleichen Grundsätzen zu verteilen, die auch sonst für die Bewertung eines entgeltlich erworbenen Betriebsvermögens gelten (§ 6 Abs. 1 Nr. 7 EStG). Nach diesen Grundsätzen ist der Anschaffungspreis nach dem Verhältnis der Teilwerte auf die einzelnen Wirtschaftsgüter zu verteilen. Denn das UmwStG beurteilt die Einbringung eines Betriebs, Teilbetriebs oder Mitunternehmeranteils in eine Gesellschaft unter Ansatz eines über dem Buchwert liegenden Wertes wie einen Veräußerungsvorgang einerseits und einen Anschaffungsvorgang andererseits.[329]

Nach § 24 Abs. 3 Satz 2 UmwStG sind §§ 16 Abs. 4, 34 Abs. 1 EStG nur anzuwenden, wenn das eingebrachte Betriebsvermögen mit seinem **Teilwert** angesetzt wird. Soweit auf der Seite des Veräußerers und auf der Seite des Erwerbers dieselben

---

325 **Ergänzungsbilanzen** enthalten Wertkorrekturen zu den Bilanzansätzen in der StB bzw. HB der Gesellschaft, die mit dem Abgang oder Verbrauch der Wirtschaftsgüter des Gesellschaftsvermögens erfolgswirksam aufzulösen sind (BFH, BStBl 1996 II S. 68), während die **Sonderbilanzen** das Sonderbetriebsvermögen der Gesellschafter darstellen. Vgl. BMF, BStBl 1998 I S. 268, Tz. 24.13 f. zu Ergänzungsbilanzen.
326 BFH, BStBl 1996 II S. 68.
327 BFH, BStBl 1980 II S. 239.
328 BFH, BStBl 1988 II S. 374.
329 BFH, BStBl 1994 II S. 458 m. w. N.

Personen Unternehmer oder Mitunternehmer sind, gilt der Gewinn jedoch als laufender Gewinn (§ 24 Abs. 3 Satz 3 UmwStG i. V. m. § 16 Abs. 2 Satz 3 EStG). Der **originäre Geschäftswert** muss ebenfalls mit dem Teilwert angesetzt werden. Ist ein Ansatz dafür in der Eröffnungsbilanz der Personengesellschaft nicht enthalten und ergibt sich auch sonst kein Anhaltspunkt dafür, dass ein Geschäftswert übertragen wurde (z. B. aus der Gewinnverteilung), so muss im Allgemeinen davon ausgegangen werden, dass ein Geschäftswert nicht vorhanden war oder bei der Bemessung des Beitrags des eintretenden Gesellschafters nicht berücksichtigt wurde.[330] Wegen der Berechnung der AfA siehe § 24 Abs. 4 i. V. m. § 22 UmwStG.

Eine betrieblich begründete ungewisse Verbindlichkeit bleibt grundsätzlich auch nach der Veräußerung oder Aufgabe des Betriebs Betriebsvermögen. Entsprechendes gilt bei der Einbringung eines Betriebs in eine Personengesellschaft, auch wenn die Gesellschaft als solche diese Verbindlichkeit nicht übernimmt. Dann handelt es sich um negatives Sonderbetriebsvermögen des einbringenden Einzelunternehmers.[331]

Bringt ein Gesellschafter bei Gründung einer Personengesellschaft sein bisheriges Einzelunternehmen ein, so ergeben sich nach § 24 UmwStG also **verschiedene Möglichkeiten.** Die übernehmende Personengesellschaft kann das eingebrachte Betriebsvermögen mit dem **Buchwert** oder einem **höheren Wert,** jedoch **höchstens** mit dem **Teilwert** ansetzen. Entsprechend der Behandlung der stillen Reserven sind somit folgende Fälle zu unterscheiden: **Buchwertverknüpfung, Vollrealisierung** und **Teilrealisierung.**

21.8.2.2 Buchwertverknüpfung

Bei Fortführung der Buchwerte tritt die Personengesellschaft hinsichtlich AfA, erhöhter Absetzungen, Sonderabschreibungen, Bewertungsabschläge, den steuerlichen Gewinn mindernder Rücklagen sowie des Wertzusammenhangs nach § 6 Abs. 1 Nr. 1 Satz 4, Nr. 2 Sätze 2 und 3 EStG in die Rechtsstellung des Einbringenden ein (§ 24 Abs. 4 i. V. m. §§ 22 Abs. 1, 12 Abs. 3 UmwStG).[332] Der zwischen der Schlussbilanz des Einbringenden und der Eröffnungsbilanz der Personengesellschaft bestehende Bilanzzusammenhang hat zur Folge, dass sich in dem bisherigen Einzelunternehmen gebotene Bilanzberichtigungen auf Bilanzen und Ergebnisse der Personengesellschaft auswirken.[333]

Hat die Dauer der Zugehörigkeit eines Wirtschaftsgutes zum Betriebsvermögen für die Besteuerung Bedeutung (z. B. nach § 6 b Abs. 4 Nr. 2 EStG), so ist der Zeitraum der Zugehörigkeit zum Betriebsvermögen des Einbringenden der übernehmenden Personengesellschaft anzurechnen.

---
330 BFH, BStBl 1972 II S. 270.
331 BFH, BStBl 1993 II S. 509.
332 Dazu näher BMF, BStBl 1998 I S. 268, Tz. 24.04 i. V. m. Tz. 22.01 f.
333 BFH, BStBl 1988 II S. 886.

21.8 Gründung einer Personengesellschaft

Setzt die Personengesellschaft in ihrer Eröffnungsbilanz das eingebrachte Betriebsvermögen mit seinem Buchwert an, obgleich es stille Reserven enthält, werden die übrigen Gesellschafter als Gesellschaftseinlage höhere Barbeträge leisten müssen, als ihnen in der Bilanz der Personengesellschaft als Kapital gutgeschrieben wird. In diesen Fällen sind für die Gesellschafter der Personengesellschaft **Ergänzungsbilanzen** aufzustellen. Und zwar positive Ergänzungsbilanzen für die Gesellschafter, deren Einlagen das zugewiesene Kapitalkonto überschreiten, und eine negative Ergänzungsbilanz für den Einbringenden, durch die die sofortige Versteuerung eines Veräußerungsgewinns für den Einbringenden vermieden werden kann.[334]

Beispiel 1
A und B gründen am 1. 1. eine OHG. Das Beteiligungsverhältnis soll 50:50 betragen. A bringt sein bisheriges Einzelunternehmen ein, das einen Teilwert von 150 000 DM hat. B bringt 150 000 DM in bar ein.

Die letzte Steuerbilanz des Einzelunternehmens zeigt folgende Werte:

Aktiva	Bilanz vom 31. 12.		Passiva
Anlagevermögen	40 000 DM	Kapital	80 000 DM
Umlaufvermögen	50 000 DM	Schulden	10 000 DM
	90 000 DM		90 000 DM

Die Teilwerte und die sich danach ergebenden stillen Reserven betragen:

	Teilwerte	stille Reserven
Anlagevermögen	60 000 DM	20 000 DM
Umlaufvermögen	70 000 DM	20 000 DM
Firmenwert	30 000 DM	30 000 DM
	160 000 DM	70 000 DM
Schulden	10 000 DM	—
insgesamt	150 000 DM	70 000 DM

A bringt also ebenso wie B Vermögen im Werte von 150 000 DM ein.

Für die OHG ergibt sich die folgende Eröffnungsbilanz:

Aktiva	Eröffnungsbilanz zum 1. 1.		Passiva
Anlagevermögen	40 000 DM	Kapital A	115 000 DM
Umlaufvermögen	50 000 DM	Kapital B	115 000 DM
Kasse	150 000 DM	Schulden	10 000 DM
	240 000 DM		240 000 DM

B hat zwar eine Einlage in Höhe von 150 000 DM geleistet, ihm wurde aber in der Gesellschaftsbilanz seiner 50 %igen Beteiligung entsprechend nur ein Buchkapital von 115 000 DM zugewiesen. Der Unterschiedsbetrag zwischen dem Wert der Einlage

---
334 BMF, BStBl 1998 I S. 268, Tz. 24.13 bis 24.14.

und dem Buchkapital in Höhe von (150 000 DM ./. 115 000 DM =) 35 000 DM stellt die Hälfte der stillen Reserven dar, die B dem A „abgekauft" hat. Dieses in der Bilanz der Personengesellschaft nicht ausgewiesene Mehrkapital ist in einer Ergänzungsbilanz wie folgt darzustellen:

Aktiva		Ergänzungsbilanz B	Passiva
Firmenwert	15 000 DM	Mehrkapital	35 000 DM
Anlagevermögen	10 000 DM		
Umlaufvermögen	10 000 DM	—	
	35 000 DM	—	35 000 DM

Das von A eingebrachte Betriebsvermögen ist insgesamt mit 115 000 DM bilanziert, und zwar in Höhe von 80 000 DM (Anlagevermögen 40 000 DM + Umlaufvermögen 50 000 DM ./. Schulden 10 000 DM) in der Bilanz der Personengesellschaft und in Höhe von 35 000 DM in der Ergänzungsbilanz B. Das Kapital des A hat sich im Rahmen der Einbringung um 35 000 DM erhöht. In dieser Höhe ist für A grundsätzlich ein Veräußerungsgewinn entstanden, der durch Aufstellung einer Ergänzungsbilanz neutralisiert werden kann. In dieser sog. negativen Ergänzungsbilanz werden die in der Ergänzungsbilanz des B aktivierten Mehrwerte in gleichem Umfang und in gleicher Höhe als Minderwerte passiviert.

Aktiva		Ergänzungsbilanz A	Passiva
Minderkapital	35 000 DM	Firmenwert	15 000 DM
		Anlagevermögen	10 000 DM
		Umlaufvermögen	10 000 DM
	35 000 DM		35 000 DM

Da sich die beiden Ergänzungsbilanzen gegenseitig aufheben, ist das von A eingebrachte Betriebsvermögen trotz Mehrzahlung des B insgesamt mit dem bisherigen Buchwert bilanziert mit der Folge, dass für A kein Veräußerungsgewinn entstanden ist (§ 24 Abs. 3 Satz 1 UmwStG).

Die Pflicht, positive Ergänzungsbilanzen aufzustellen, und das Wahlrecht, negative Ergänzungsbilanzen zur Gestaltung der Einbringung aufzustellen, trifft die Personengesellschaft.

Statt Buchwertfortführung in der Hauptbilanz mit positiver und negativer steuerlicher Ergänzungsbilanz kann vielfach technisch einfacher auch so verfahren werden, dass in der **Hauptbilanz** die **Teilwerte** (wahren Werte) angesetzt werden und lediglich eine negative Ergänzungsbilanz erstellt wird.[335]

Fortsetzung Beispiel 1
Wie oben, aber in der Hauptbilanz werden die Teilwerte angesetzt und für A eine negative Ergänzungsbilanz erstellt.

---

335 S. auch BMF, BStBl 1998 I S. 268, Tz. 21.14 am Ende.

21.8 Gründung einer Personengesellschaft

Für die OHG ergibt sich die folgende Eröffnungsbilanz:

Aktiva	Eröffnungsbilanz zum 1. 1.		Passiva
Firmenwert	30 000 DM	Kapital A	150 000 DM
Anlagevermögen	60 000 DM	Kapital B	150 000 DM
Umlaufvermögen	70 000 DM	Schulden	10 000 DM
Kasse	150 000 DM		
	310 000 DM		310 000 DM

Das Kapitalkonto für B entspricht seiner Einlage. Insoweit kommt die Aufstellung einer Ergänzungsbilanz nicht in Betracht. Da eine Buchwertverknüpfung angestrebt wird, ist aber zu beachten, dass das Kapitalkonto für A den Buchwert des eingebrachten Betriebs (80 000 DM) um 70 000 DM überschreitet. Die Aufstellung einer negativen Ergänzungsbilanz für A vermeidet die Aufdeckung dieser stillen Reserven, indem Wertkorrekturen passiviert werden:

Aktiva	negative Ergänzungsbilanz A 1. 1.		Passiva
Minderkapital	70 000 DM	Firmenwert	30 000 DM
		Wirtschaftsgüter des AV	20 000 DM
		Wirschaftsgüter des UV	20 000 DM
	70 000 DM		70 000 DM

Ein bei Einbringung eines Betriebs zu Buchwerten in eine Personengesellschaft entstehender Gewinn aus der Überführung eines nicht zu den wesentlichen Betriebsgrundlagen gehörenden Wirtschaftsgutes in das Privatvermögen unterliegt auch dann nicht der Gewerbeertragsteuer, wenn dieser Gewinn bei der Einkommensbesteuerung nach dem Tarif zu versteuern ist.[336] Auch der Entnahmegewinn bei Zurückbehaltung von Wirtschaftsgütern anlässlich der unentgeltlichen Betriebsübertragung unterliegt nicht der Gewerbesteuer.[337]

Fortführung der Buchwerte bedeutet u. a. Beibehaltung der AfA wie bei Gesamtrechtsnachfolge. Dies gilt auch, wenn sich inzwischen die zulässige AfA für neu angeschaffte Wirtschaftsgüter vermindert hat, wie etwa ab 2001 die degressive AfA auf lediglich 20 %. Wurde in dem vorstehenden Beispiel 1 das Anlagevermögen degressiv mit 30 v. H. abgeschrieben, so beträgt die AfA in der Gesellschaftsbilanz 30 % von 40 000 DM = 12 000 DM, in der Ergänzungsbilanz B 30 % von 10 000 DM = 3000 DM und in der Ergänzungsbilanz A 30 % von ./. 10 000 DM = ./. 3000 DM; AfA insgesamt also 12 000 DM (wie bei Fortführung als Einzelunternehmen).

Bei Buchwertverknüpfung trotz Bilanzierung in der HB zu Teilwerten (vgl. Beispiel 2) beträgt die AfA in der Gesellschaftsbilanz 30 % von 60 000 DM =

---
336 BFH, BStBl 1988 II S. 374.
337 BFH, BStBl 2000 II S. 316 (zum Erbfall bei qual. Nachfolge).

21 Personengesellschaften

18 000 DM und in der Ergänzungsbilanz A 30 % von ./. 20 000 DM = ./. 6000 DM; AfA insgesamt also ebenfalls 12 000 DM.

Berücksichtigung der AfA im Rahmen der Gewinnverteilung:

	A	B	gesamt
Beispiel 1			
Gesellschaftsbilanz	6 000 DM	6 000 DM	12 000 DM
Ergänzungsbilanz A, B	./. 3 000 DM	3 000 DM	—
	3 000 DM	9 000 DM	12 000 DM
bei lediglich neg. Ergänzungsbilanz			
Gesellschaftsbilanz	9 000 DM	9 000 DM	18 000 DM
Ergänzungsbilanz A	./. 6 000 DM	—	./. 6 000 DM
	3 000 DM	9 000 DM	12 000 DM

Schwierigkeiten ergeben sich insbesondere bei der **typisierten Gebäude-AfA**.

Beispiel
Zum eingebrachten Betriebsvermögen des bisherigen Einzelunternehmers gehört u. a. ein Gebäude, welches der Einzelunternehmer in den fünf Jahren bis zum Zeitpunkt der Einbringung gemäß § 7 Abs. 4 Satz 1 Nr. 1 EStG linear mit 4 v. H. von den AK in Höhe von 1 000 000 DM auf (1 000 000 DM ./. 4 % × 5 Jahre = 200 000 DM) 800 000 DM abgeschrieben hat. Im Zeitpunkt der Einbringung am 1. 1. 06 betrug der Teilwert des Gebäudes 1 040 000 DM (stille Reserven = 240 000 DM). Nach § 24 Abs. 4 i. V. m. §§ 22 Abs. 1, 12 Abs. 3 Satz 1 UmwStG bedeutet Buchwertverknüpfung die Beibehaltung der AfA-Methode und die Fortführung des bisherigen AfA-Volumens. Die AfA muss insgesamt unverändert wie bisher bleiben.

a) **Bilanzierung des Gebäudes in der Gesellschaftsbilanz mit Buchwert sowie Aufstellung positiver und negativer Ergänzungsbilanzen**

Die **Bilanzierung** des Gebäudes in der Personengesellschaft erfolgt hier aus Vereinfachungsgründen ohne Beachtung der GrESt, vgl. dazu § 5 Abs. 2 GrEStG, sowie Grundbuch- und Notarkosten:

A	Eröffnungsbilanz OHG 1. 1. 06		P
Gebäude	800 000 DM		

A	Ergänzungsbilanz B 1. 1. 06		P
Gebäude	120 000 DM		

A	Ergänzungsbilanz A 1. 1. 06		P
		Gebäude	120 000 DM

AfA Gebäude 06 lt. Gesellschaftsbilanz 4 % v. 1 000 000 DM= 40 000 DM
AfA Gebäude 06 lt. Ergänzungsbilanz B:
B hat für das Gebäude anteilige AK in Höhe von (50 % v. 1 040 000 DM =) 520 000 DM aufgewendet. Dann beträgt die für ihn in Betracht kommende AfA[338] 4 %

---

338 Vgl. auch BFH, BStBl 1974 II S. 704.

21.8 Gründung einer Personengesellschaft

v. 1 040 000 DM × 0,5 = 20 800 DM. In der Gesellschaftsbilanz sind bereits AfA in Höhe von 40 000 DM berücksichtigt. Davon entfallen auf B 20 000 DM, sodass in der Ergänzungsbilanz B zusätzlich (20 800 DM ./. 20 000 DM =) 800 DM gewinnmindernd anzusetzen sind. Damit korrespondierend sind in der negativen Ergänzungsbilanz A 800 DM gewinnerhöhend zu berücksichtigen,[339] sodass die AfA insgesamt 40 000 DM beträgt.

Verteilung der AfA:		A	B	gesamt
Gesellschaftsbilanz		20 000 DM	20 000 DM	40 000 DM
Ergänzungsbilanz A, B	./.	800 DM	800 DM	—
		19 200 DM	20 800 DM	40 000 DM

b) Bilanzierung des Gebäudes in der Gesellschaftsbilanz mit Teilwert und Korrektur (Neutralisation) der stillen Reserven in einer negativen Ergänzungsbilanz

A	Eröffnungsbilanz OHG 1. 1. 06	P
Gebäude	1 040 000 DM	

A	Ergänzungsbilanz A 1. 1. 06	P
	Gebäude	240 000 DM

Werden in der HB die Teilwerte ausgewiesen, obgleich der Einbringende Buchwertverknüpfung wünscht, führt folgende AfA-Berechnung zur steuerlich richtigen AfA:

AfA Gebäude 06 lt. Gesellschaftsbilanz 4 % v. 1 040 000 =		41 600 DM
AfA Gebäude 06 lt. Ergänzungsbilanz A	./.	1 600 DM
AfA insgesamt (= Ergebnis der Buchwertverknüpfung)		40 000 DM

Verteilung der AfA:		A	B	gesamt
Gesellschaftsbilanz		20 800 DM	20 800 DM	41 600 DM
Ergänzungsbilanz A	./.	1 600 DM	—	./. 1 600 DM
		19 200 DM	20 800 DM	40 000 DM

Bemessungsgrundlage für die auf B entfallende Gebäude-AfA sind die von ihm geleisteten AK, ½ von 1 040 000 DM = 520 000 DM. Dann beträgt die auf B entfallende AfA (§ 7 Abs. 4 Satz 1 Nr. 1 EStG) 4 % v. 520 000 DM = 20 800 DM. Da aber Buchwertverknüpfung gewollt ist, kann die Jahres-AfA insgesamt nicht höher sein, als hätte A den Betrieb als Einzelunternehmer weitergeführt. Der Minderungsbetrag – hier 1600 DM – geht daher voll zulasten des A.

---

339 Vgl. BFH, BStBl 1996 II S. 68.

Das AfA-Volumen in Höhe von 800 000 DM (= Buchwert Gebäude am 31. 12. 05/ 1. 1. 06) verteilt sich danach wie folgt:

	Gesellschaftsbilanz	Ergänzungsbilanz A	gesamt
06 bis 30 (25 Jahre) 41 600 DM × 25 =	1 040 000 DM	—	1 040 000 DM
06 bis 25 (20 Jahre)	—	./. 1 600 DM × 20 = ./. 32 000 DM	./. 32 000 DM
26 bis 30 (5 Jahre)	—	./. 41 600 DM × 5 = ./. 208 000 DM	./. 208 000 DM
	1 040 000 DM	./. 240 000 DM	800 000 DM

A	Ergänzungsbilanz A für 06 bis 30		P
1. 1. 06 Minderkapital	240 000 DM	1. 1. 06 Minderwert Gebäude	240 000 DM
Gewinn 06 bis 30 wegen AfA-Korrektur	./. 240 000 DM	AfA-Korrektur 06 bis 25	./. 32 000 DM
	./. 0 DM		208 000 DM
		AfA-Korrektur 26 bis 30	./. 208 000 DM
	0 DM		0 DM
	0 DM		0 DM

In den letzten fünf Jahren hat A den gesamten AfA-Betrag der Gesellschaftsbilanz auszugleichen, weil er seinen AfA-Anteil bereits verbraucht hat. Für A gilt Buchwertverknüpfung, und das bedeutet AfA über einen Gesamtzeitraum von 25 Jahren (fünf Jahre Einzelunternehmen, 20 Jahre OHG). Bei Eintritt in die OHG war jedoch bereits ein AfA-Zeitraum von fünf Jahren verstrichen, sodass für A die 25 Jahre Ende 25 beendet sind, während für B der AfA-Zeitraum nicht bereits am 1. 1. 01, sondern erst am 1. 1. 06 begonnen hat (Anschaffungsprinzip).

21.8.2.3 Vollrealisierung

Nach § 24 Abs. 2 UmwStG ist eine volle Auflösung der stillen Reserven zulässig. Dabei werden die Wirtschaftsgüter, auch der **originäre Firmenwert**,[340] mit ihrem Teilwert angesetzt und die Kapitalkonten im richtigen Verhältnis zueinander ausgewiesen. Für die Personengesellschaft gelten die eingebrachten Wirtschaftsgüter als im Zeitpunkt der Einbringung zum Teilwert angeschafft (§ 24 Abs. 4 i. V. m. § 22 Abs. 3 UmwStG), soweit es sich um **Einzelrechtsnachfolge** handelt (Regelfall). Bei Einzelrechtsnachfolge sind hinsichtlich der Bemessung der AfA die für **Anschaffungen** maßgeblichen Regelungen zu beachten. Das bedeutet: Gebäude sind nach § 7 Abs. 4 EStG abzuschreiben (Ausnahme § 7 Abs. 5 Satz 2 EStG), auch wenn der Einbringende degressiv abgeschrieben hat. Bewegliche abnutzbare Anlagegüter können nach § 7 Abs. 1 oder § 7 Abs. 2 EStG abgeschrieben werden,

---
340 BMF, BStBl 1998 I S. 268, Tz. 24.15.

unabhängig davon, ob der Einbringende linear oder degressiv abgeschrieben hat. Geringwertige Wirtschaftsgüter können nach § 6 Abs. 2 EStG abgeschrieben werden. Die Sechsjahresfrist des § 6 b Abs. 4 Nr. 2 EStG beginnt ab dem Einbringungszeitpunkt neu zu laufen. Rücklagen etwa nach § 6 b EStG, R 35 EStR oder § 7 g EStG können von der Personengesellschaft nicht fortgeführt werden, denn die Gesellschaft tritt nicht – wie bei der Buchwertverknüpfung – in die Rechtsstellung des Einbringenden ein.

Beispiel 1

Aufgrund des Sachverhalts in vorstehendem Beispiel ergibt sich für die OHG die folgende Eröffnungsbilanz:

Aktiva	Eröffnungsbilanz 1. 1.		Passiva
Firmenwert	30 000 DM	Kapital A	150 000 DM
Anlagevermögen	60 000 DM	Kapital B	150 000 DM
Umlaufvermögen	70 000 DM	Schulden	10 000 DM
Kasse	150 000 DM		
	310 000 DM		310 000 DM

A hat einen Einbringungsgewinn von 70 000 DM erzielt. Da sämtliche stillen Reserven (auch der Firmenwert) aufgedeckt wurden, sind § 16 Abs. 4 und § 34 Abs. 1 EStG anzuwenden (§ 24 Abs. 3 Satz 2 UmwStG). Von dem insgesamt erzielten Gewinn in Höhe von 70 000 DM gelten entsprechend der Beteiligung des A an der OHG 50 % als laufender Gewinn (§ 24 Abs. 3 Satz 3 UmwStG i. V. m. § 16 Abs. 2 Satz 3 EStG). Somit sind § 16 Abs. 4 und § 34 Abs. 1 EStG nur auf die restlichen 50 % (= 35 000 DM), die als Veräußerungsgewinn verbleiben, anzuwenden. Eine steuerrechtliche Ergänzungsbilanz kommt nicht in Betracht. Der Einbringungsgewinn ist am 1. 1. entstanden.[341]

Der Teil des Veräußerungsgewinns, der als „laufender Gewinn" gilt, unterliegt im Einzelgewerbebetrieb (noch) der Gewerbesteuer.[342]

Im Falle der **Gesamtrechtsnachfolge** verlangt § 22 Abs. 3 UmwStG (i. V. m. § 24 Abs. 4 UmwStG), dass die AfA nach § 22 Abs. 2 UmwStG unter Berücksichtigung der bisherigen AfA-Bemessungsgrundlage und AfA-Methode ermittelt wird. Zu diesem Zweck wird die bisherige AfA-Bemessungsgrundlage um die aufgedeckten stillen Reserven erhöht (aufgestockt). Ein Fall der Gesamtrechtsnachfolge liegt aber nur vor, wenn die Einbringung nach den Vorschriften des UmwG erfolgt und als solche im Handelsregister eingetragen wurde. In Betracht kommt hier nur die **Spaltung zur Ausgliederung** (§§ 123 Abs. 3, 124 Abs. 1, 152 UmwG). § 24 UmwStG ist nicht anzuwenden im Fall des Formwechsels einer Personengesellschaft in eine andere Personengesellschaft, weil es an einer Übertragung von Vermögen fehlt.

---
341 BFH, BStBl 1992 II S. 525.
342 So jedenfalls BMF, BStBl 1998 I S. 268, Tz. 24.17; R 39 GewStR, aber wohl kaum mit BFH, BStBl 2000 II S. 316 zu vereinbaren.

Entsprechendes gilt für den Eintritt einer GmbH in eine Personengesellschaft, wenn die GmbH (etwa als Komplementärin) vermögensmäßig nicht beteiligt wird. Bringt ein Rechtsanwalt, der seinen Gewinn nach § 4 Abs. 3 EStG ermittelt, seine bisher von ihm allein betriebene Praxis in eine Sozietät ein, die ihren Gewinn ebenfalls nach § 4 Abs. 3 EStG ermittelt, so setzt die anteilige steuerliche Begünstigung des hierbei erzielten Einbringungsgewinns nach § 24 UmwStG voraus, dass das gesamte Betriebsvermögen mit seinem Teilwert in die Sozietät eingebracht und der Einbringungsgewinn auf der Grundlage einer Einbringungs- und Eröffnungsbilanz ermittelt worden ist. Der Einbringungsgewinn ist in der Person des Einbringenden entstanden und hat mit der erst hierauf folgenden gemeinsamen Tätigkeit in der Sozietät nichts zu tun.[343]

Für die Unternehmen stellt sich die Frage, ob man bei Ansatz der vollen Teilwerte in der Eröffnungsbilanz die Versteuerung des Einbringungsgewinns mit teilweiser Begünstigung nach §§ 16, 34 EStG in Kauf nehmen oder ob man sie mithilfe einer negativen Ergänzungsbilanz verhindern soll. Bei der Entscheidung ist zu berücksichtigen,

- ob die stillen Reserven im abnutzbaren Anlagevermögen, nicht abnutzbaren Anlagevermögen oder im Umlaufvermögen stecken; denn davon hängt es ab, wann die versteuerten Mehrwerte den Gewinn der Personengesellschaft mindern,
- dass evtl. der Freibetrag des § 16 Abs. 4 EStG in Betracht kommt,
- dass nur ein Teil des Einbringungsgewinns nach § 16 i. V. m. § 34 EStG dem halben Steuersatz unterliegt,
- dass im Falle der Buchwerteinbringung ein Zinsgewinn wegen späterer Versteuerung entsteht,
- ob im Jahr der Einbringung Verluste aus anderen Einkunftsarten (z. B. Vermietung und Verpachtung) vorhanden sind, die mit dem Einbringungsgewinn ausgeglichen werden können,
- dass der Einbringungsgewinn nicht der Gewerbesteuer unterliegt, soweit er nicht nach § 16 Abs. 2 Satz 3 EStG als „laufender Gewinn" gilt. Allerdings ist nunmehr auch die Tarifermäßigung durch „Anrechnung der Gewerbesteuer" nach § 35 EStG zu beachten.

Die volle Auflösung der stillen Reserven mit sofortiger Versteuerung, d. h. der Verzicht auf eine Neutralisierung mithilfe der negativen Ergänzungsbilanz, kann aus diesen Gründen im Einzelfall günstiger sein als die spätere Versteuerung zum normalen Steuersatz.

Die Aufstellung einer negativen Ergänzungsbilanz, mit der die sofortige Versteuerung verhindert wird, ist zu empfehlen, wenn die stillen Reserven in Wirt-

---
343 BFH, BStBl 1984 II S. 518.

schaftsgütern stecken, bei denen sie langfristig oder erst bei einer künftigen Betriebsveräußerung bzw. Betriebsaufgabe realisiert werden (Gebäude, Grund und Boden, Firmenwert).

In der sog. negativen Ergänzungsbilanz wird die Differenz zwischen Teilwert und Buchwert als Minderkapital ausgewiesen mit der Folge, dass das eingebrachte Betriebsvermögen in der Bilanz der Personengesellschaft einschließlich der Ergänzungsbilanzen für ihre Gesellschafter mit dem Buchwert angesetzt ist. Mithin entsteht gem. § 24 Abs. 3 UmwStG kein Veräußerungsgewinn.

Beispiel 2
Sachverhalt wie im vorstehenden Beispiel.
Für die OHG und den Gesellschafter A ergeben sich die folgenden Bilanzen bzw. Ergänzungsbilanzen:

Aktiva	Eröffnungsbilanz 1. 1.		Passiva
Firmenwert	30 000 DM	Kapital A	150 000 DM
Anlagevermögen	60 000 DM	Kapital B	150 000 DM
Umlaufvermögen	70 000 DM	Schulden	10 000 DM
Kasse	150 000 DM		
	310 000 DM		310 000 DM

Aktiva	Ergänzungsbilanz A		Passiva
Minderkapital	70 000 DM	Firmenwert	30 000 DM
		Anlagevermögen	20 000 DM
		Umlaufvermögen	20 000 DM
	70 000 DM		70 000 DM

Die Versteuerung der stillen Reserven wird bis zur Realisierung verschoben.

Die in der Ergänzungsbilanz ausgewiesenen Korrekturposten sind, wenn sie sich nicht vorher durch AfA verzehrt haben, aufzulösen, sobald die entsprechenden Wirtschaftsgüter aus dem Betriebsvermögen ausscheiden, insbesondere veräußert werden. Die sich dadurch ergebenden Gewinne sind Teil des laufenden Gewinns, der nach allgemeinen Grundsätzen zu versteuern ist.

21.8.2.4 Teilrealisierung

§ 24 Abs. 2 UmwStG gestattet auch Bilanzansätze, die zur teilweisen Aufdeckung der stillen Reserven führen. §§ 16 Abs. 4, 34 Abs. 1 EStG sind in diesem Falle aber nicht anzuwenden, weil das eingebrachte Betriebsvermögen nicht mit seinem Teilwert angesetzt wird (§ 24 Abs. 3 Satz 2 UmwStG). Werden also nicht die gesamten stillen Reserven aufgedeckt, dann entfällt sowohl der Freibetrag nach § 16 Abs. 4 EStG als auch die Steuerermäßigung nach § 34 EStG.

Der Ansatz von Zwischenwerten in der Bilanz der Personengesellschaft bedeutet eine Aufstockung der Buchwerte des eingebrachten Betriebsvermögens, soweit in den Buchwerten stille Reserven enthalten sind; denn die Teilwerte dürfen nicht überschritten werden. Die stillen Reserven sind gleichmäßig aufzustocken.[344] Dabei ist sowohl das Anlagevermögen einschließlich selbst geschaffener immaterieller Wirtschaftsgüter als auch das Umlaufvermögen zu berücksichtigen.

Bei der Aufstockung ist ein originärer Geschäftswert nur zu berücksichtigen, wenn die übrigen Wirtschaftsgüter, soweit sie stille Reserven enthalten, bis zu den Teilwerten aufgestockt sind, aber gegenüber dem Wert, mit dem das eingebrachte Betriebsvermögen von der Personengesellschaft angesetzt wird, noch eine Differenz verbleibt; diese Differenz ist dann durch den Ansatz eines Geschäftswerts auszufüllen. Würde der originäre Geschäftswert zu 100 % angesetzt, läge eine Vollrealisierung (= Ansatz zu Teilwerten) vor.

Beim Ansatz von Zwischenwerten tritt die Personengesellschaft – wie bei der Buchwertfortführung – bezüglich AfA, erhöhter Absetzungen, Sonderabschreibungen, Bewertungsfreiheiten, Bewertungsabschläge, sog. steuerfreier Rücklagen sowie des Wertzusammenhangs in die Rechtsstellung des Einbringenden ein (§ 24 Abs. 4 i. V. m. §§ 22 Abs. 2, 12 Abs. 3 UmwStG). Das bedeutet Beibehaltung der AfA-Methode, jedoch Behandlung der Aufstockungsbeträge wie nachträgliche Anschaffungskosten (§ 22 Abs. 2 UmwStG). Vorhandene sog. steuerfreie Rücklagen etwa nach § 6 b EStG können übernommen werden. Eine Besitzzeitanrechnung findet jedoch nicht statt, denn in § 22 Abs. 2 wird nicht auf § 4 Abs. 2 UmwStG verwiesen.

Beispiel

In der Eröffnungsbilanz setzt die OHG durch gleichmäßige prozentuale Aufstockung an (Sachverhalt wie im vorstehenden Beispiel):

Aktiva	Eröffnungsbilanz 1. 1.		Passiva
Anlagevermögen	50 000 DM	Kapital A	100 000 DM
Umlaufvermögen	60 000 DM	Kapital B	150 000 DM
Kasse	150 000 DM	Schulden	10 000 DM
	260 000 DM		260 000 DM

Eine negative Ergänzungsbilanz für A wird nicht aufgestellt.

Da das eingebrachte Betriebsvermögen nicht mit seinem Teilwert angesetzt wird, muss A einen Gewinn von 20 000 DM nicht nach § 34 EStG begünstigt versteuern.

---

344 BFH, BStBl 1984 II S. 747; BMF, BStBl 1998 I S. 268, Tz. 24.04 i. V. m. Tz. 22.08, 22.09.

21.8 Gründung einer Personengesellschaft

Anstelle einer Teilwertaufstockung in der Gesellschaftsbilanz kann auch hier zur Sicherstellung der richtigen Gewinnverteilung mit positiven und negativen Ergänzungsbilanzen gearbeitet werden:

Aktiva	Eröffnungsbilanz OHG 1. 1.		Passiva
Anlagevermögen	50 000 DM	Kapital A	125 000 DM
Umlaufvermögen	60 000 DM	Kapital B	125 000 DM
Kasse	150 000 DM	Verbindlichkeiten B	10 000 DM
	260 000 DM		260 000 DM

Aktiva	Ergänzungsbilanz B 1. 1.		Passiva
Firmenwert	15 000 DM	Mehrkapital	25 000 DM
Anlagevermögen	5 000 DM		
Umlaufvermögen	5 000 DM	—	
	25 000 DM		25 000 DM

Aktiva	Ergänzungsbilanz A 1. 1.		Passiva
Minderkapital	25 000 DM	Firmenwert	15 000 DM
		Anlagevermögen	5 000 DM
—		Umlaufvermögen	5 000 DM
	25 000 DM		25 000 DM

Es bietet sich als Variante auch an, die Gesamthandsbilanz zu Teilwerten aufzustellen und eine negative Ergänzungsbilanz für A zu erstellen:

Aktiva	Eröffnungsbilanz OHG 1. 1.		Passiva
Firmenwert	30 000 DM	Kapital A	150 000 DM
Anlagevermögen	60 000 DM	Kapital B	150 000 DM
Umlaufvermögen	70 000 DM	Verbindlichkeiten	10 000 DM
Kasse	150 000 DM	—	
	310 000 DM		310 000 DM

Aktiva	Ergänzungsbilanz A 1. 1.		Passiva
Minderkapital	50 000 DM	Firmenwert	30 000 DM
		Anlagevermögen	10 000 DM
—		Umlaufvermögen	10 000 DM
	50 000 DM		50 000 DM

Eine echte Teilrealisierung durch Veräußerung liegt vor, wenn bei Fortführung der Buchwerte in der Gesamthandsbilanz jedem Gesellschafter zunächst der Einbringungswert seiner Einlagen gutgeschrieben, anschließend aber eine Umbuchung von

Kapitalkonto zu Kapitalkonto vorgenommen wird, die dem Anteil der auf B übergegangenen stillen Reserven entspricht.

S	Kapital A	H	S	Kapital B	H
	1. 1. 80 000 DM		1) 35 000 DM	1. 1. 150 000 DM	
	1) 35 000 DM				

Buchung
Diese Umbuchung kommt einer Zahlung gleich. A versteuert deshalb 35 000 DM; für B stellen die 35 000 DM Anschaffungskosten dar. Diese müssen irgendwann einmal als Aufwand erfasst werden. Zu diesem Zweck ist die nachstehende Ergänzungsbilanz aufzustellen und fortzuführen:

Aktiva	Ergänzungsbilanz B vom 1. 1.		Passiva
Anlagevermögen	17 500 DM	Mehrkapital	35 000 DM
Umlaufvermögen	17 500 DM		
	35 000 DM		35 000 DM

Die Kapitalkonten beider Gesellschafter betragen nach der Umbuchung 115 000 DM. Nur die von B entgeltlich erworbenen stillen Reserven führen bei A zum Gewinn. Die dem A verbliebenen stillen Reserven werden nicht aufgelöst. § 24 UmwStG ist insoweit mangels Gewährung von Gesellschaftsrechten an den A nicht anwendbar. §§ 16 Nr. 4, 34 EStG sind nicht anwendbar, weil nicht die Veräußerung eines Betriebes insgesamt oder eines Mitunternehmeranteils vorliegt.[345] Eine negative korrespondierende Ergänzungsbilanz ist unzulässig, weil eine Veräußerung von A an B vorliegt.

Entsprechendes gilt, wenn das Kapital sofort in der Eröffnungsbilanz mit je 115 000 DM angesetzt wird.

Ein Fall der Teilrealisierung ist auch dann gegeben, wenn wegen der eingebrachten stillen Reserven außerhalb der betrieblichen Sphäre ein Ausgleich erfolgt, in vorstehendem Beispiel B dem A 35 000 DM zahlt. Für B sind dies Anschaffungskosten. Für A ergeben sie einen Gewinn, der nicht durch eine negative Ergänzungsbilanz neutralisiert werden kann.[346] Vgl. dazu im Einzelnen 21.8.2.8.

21.8.2.5 Zurückbehaltung einzelner Wirtschaftsgüter als Sonderbetriebsvermögen

Bringt der bisherige Einzelunternehmer nicht das gesamte Betriebsvermögen in die Personengesellschaft ein, sondern behält er ein oder mehrere Wirtschaftsgüter in seinem Alleineigentum und überlässt diese Wirtschaftsgüter der Personengesellschaft zur Nutzung, so liegt insoweit Sonderbetriebsvermögen vor. Gleichwohl ist § 24 UmwStG anwendbar. Entscheidend dafür ist, dass die wesentlichen Betriebs-

---
345 BFH [GrS], BStBl 2000 II S. 123; s. auch unter 21.9 und 21.10.
346 BFH, BStBl 1995 II S. 599.

grundlagen in das Betriebsvermögen der Personengesellschaft überführt werden. Hier wird das gesamte Betriebsvermögen des Einzelunternehmens überführt, denn zum Betriebsvermögen der Personengesellschaft gehört neben dem Gesamthandsvermögen auch das Sonderbetriebsvermögen.[347]
Soll das eingebrachte Betriebsvermögen mit dem Teilwert angesetzt werden, so muss auch das Sonderbetriebsvermögen mit dem Teilwert angesetzt werden. Dies hält der BFH abweichend von allgemeinen Bilanzierungsprinzipien nach § 24 UmwStG für zulässig; es handelt sich um einen einheitlichen Einbringungsvorgang in das Betriebsvermögen der Personengesellschaft.[348]
Soweit auf der Seite des Veräußerers und auf der Seite des Erwerbers dieselben Personen Unternehmer oder Mitunternehmer sind, gilt der Gewinn insoweit jedoch als laufender Gewinn (§ 24 Abs. 3 Satz 3 UmwStG i. V. m. § 16 Abs. 2 Satz 3 EStG). Daraus folgt, dass
a) der Einbringungsgewinn in Höhe der Beteiligung des Einbringenden und
b) der gesamte Gewinn aus der Aufdeckung der im Sonderbetriebsvermögen enthaltenen stillen Reserven

nicht nach §§ 16 Abs. 4, 34 Abs. 1 EStG begünstigt sind.
Bei Einbringung zu Buchwerten ist im Betriebsvermögen der Personengesellschaft ebenfalls einheitlich zu verfahren, d. h. auch in der Sonderbilanz ist Buchwertverknüpfung geboten. Bei Einbringung zu Zwischenwerten sind auch in der Sonderbilanz Zwischenwerte auszuweisen.

21.8.2.6 Zurückbehaltung einzelner Wirtschaftsgüter

Ein bei Einbringung eines Betriebs zu Buchwerten in eine Personengesellschaft entstehender Gewinn aus der Überführung eines nicht zu den wesentlichen Betriebsgrundlagen gehörenden Wirtschaftsgutes in das Privatvermögen[349] ist nach dem Tarif zu versteuern; dieser Gewinn unterliegt aber nicht der Gewerbesteuer.[350]

21.8.2.7 Übungsaufgabe 35: Umwandlung eines Einzelunternehmens in eine Personengesellschaft

Sachverhalt

A (60 Jahre alt) hat sein bisheriges Einzelunternehmen mit einem wahren Wert von 1 500 000 DM in die mit B und C zum 2. 1. 06 gegründete A-KG eingebracht. Am Gewinn und Verlust sind beteiligt A als Komplementär mit 60 v. H., B und C als Kommanditisten mit jeweils 20 v. H. B und C haben ihre Einlage in Höhe von jeweils 500 000 DM durch Banküberweisung geleistet.

---

347 BFH, BStBl 1981 II S. 419; BFH, BStBl 1994 II S. 856.
348 BFH, BStBl 1994 II S. 458; BFH, BStBl 1994 II S. 856 m. w. N.; so auch BMF, BStBl 1998 I S. 268, Tz. 24.06.
349 Vgl. BFH, BStBl 1975 II S. 571 zum Zeitpunkt der Entnahme.
350 BFH, BStBl 1988 II S. 374.

21 Personengesellschaften

Handels- und Steuerbilanz des Einzelunternehmens A zum 31. 12. 05/1. 1. 06:

Aktiva	DM	DM	Passiva	DM
Grund und Boden		100 000	Kapital	900 000
Gebäude	640 000		Verbindlichkeiten	576 000
AfA § 7 Abs. 5 Satz 1 Nr. 1 EStG 10 % v. 800 000	80 000	560 000		
Maschinen (AK 10. 1. 04 = 200 000 DM, ND = 10 J.)	140 000			
AfA § 7 Abs. 2 EStG 30 % v. 140 000 DM	42 000	98 000		
Geschäftsausstattung	35 000			
AfA § 7 Abs. 1 EStG 10 % v. 70 000 DM	7 000	28 000		
übriges Anlagevermögen		190 000		
Umlaufvermögen		500 000		
		1 476 000		1 476 000

Es bestehen folgende stille Reserven:

Grund und Boden	250 000 DM
Gebäude	80 000 DM
Maschinen	20 000 DM
GWG (Teilwert je WG nicht über 800 DM)	50 000 DM
Firmenwert	200 000 DM
	600 000 DM

Die KG übernimmt die GrESt sowie die Grundbuch- und Notariatskosten in Höhe von insgesamt 16 000 DM. Im Umlaufvermögen sind Geldforderungen in Höhe von 200 000 DM enthalten; im Übrigen handelt es sich um Vorräte.

Aufgabe

Aufgrund der KG-Gründung sind darzustellen
1. die umsatzsteuerrechtliche Behandlung,
2. die ertragsteuerrechtliche sowie buch- und bilanzmäßige Behandlung bei
   a) Einbringung zu Teilwerten,
   b) Einbringung zu Buchwerten.

In der **Handelsbilanz** sind trotz steuerrechtlich gewollter Buchwertverknüpfung die Teilwerte ausgewiesen. Bei Wahlrechten soll so verfahren werden, dass die KG für 06 den niedrigstmöglichen Gewinn ausweist. Der Firmenwert soll nach § 255 Abs. 4 Satz 3 HGB entsprechend der Regelung in § 7 Abs. 1 Satz 3 EStG auf 15 Jahre abgeschrieben werden. Das Gebäude ist handelsrechtlich zutreffend mit 4 % planmäßig abzuschreiben (§ 253 Abs. 2 Sätze 1 und 2 HGB).

Die **Lösung** zu dieser Übungsaufgabe ist in einem „Lösungsheft" (Bestell-Nr. 100) enthalten.

21.8.2.8 Einbringung eines Betriebs in eine Personengesellschaft mit Zuzahlung des anderen Gesellschafters in das Privatvermögen des Einbringenden

Im Zusammenhang mit der Einbringung eines Betriebs in eine Personengesellschaft liegt der Fall in der Praxis häufig so, dass die **Bareinlage,** die von dem anderen Gesellschafter zu leisten ist, nicht in das Gesamthandsvermögen eingezahlt wird, sondern dass diese Zahlung (ganz oder teilweise) unmittelbar in das Vermögen des Einbringenden übergeht.

Beispiel
A und B gründen die A & B-KG (Bauunternehmen. A wird Komplementär der KG. Seine Beteiligung beträgt 75 %. B wird Kommanditist. Seine Beteiligung beträgt 25 %.
A bringt seinen Gewerbebetrieb (Teilwert inkl. Firmenwert 1 000 000 DM; Buchwert 200 000 DM) in die A & B-KG ein. B zahlt auf ein Privatkonto des A 250 000 DM ein.

Obwohl alle Wirtschaftsgüter in das Gesamthandsvermögen übertragen werden, ist die Anwendung des § 24 UmwStG mit Buchwertfortführung gleichwohl nur **teilweise** möglich.[351]

Soweit der einbringende Gesellschafter (A) schließlich am Gesellschaftsvermögen beteiligt ist (75 %), handelt es sich nach BFH um eine **Einbringung** für **eigene Rechnung** (➡ 75 % Teilwert 750 000 DM / ➡ 75 % Buchwert 150 000 DM). Der darüber hinausgehende Anteil am Betrieb des A (25 %) ist für **fremde Rechnung** eingebracht worden. Folgen:

- Für eigene Rechnung = § 24 UmwStG bleibt anwendbar.
- Für fremde Rechnung = § 24 UmwStG ist **nicht** anwendbar.

Der für **eigene Rechnung** eingebrachte Teil des Betriebs kann nach Wahl des Stpfl. mit Buchwerten (150 000 DM) oder Teilwerten (750 000 DM) fortgeführt werden.

Bei einer Einbringung zu Buchwerten kann insoweit bei Ansatz des Teilwerts in der Gesamthandsbilanz zur Neutralisierung der stillen Reserven (hier 75 % = 600 000 DM) eine negative Ergänzungsbilanz für A aufgestellt werden.

Der für **fremde Rechnung** eingebrachte Teil des Betriebs ist im Innenverhältnis teilweise veräußert worden. Diese Veräußerung fällt nicht unter § 24 UmwStG. Dieses setzt voraus, dass dem Einbringenden Gesellschaftsrechte zugewiesen werden, hier dem A. Sie fällt auch nicht unter § 16 EStG, weil weder ein ganzer Betrieb noch ein Mitunternehmeranteil oder Teilbetrieb veräußert wurde. Daher sind auch §§ 16, 34 EStG nicht anwendbar.[352] Bei der Gesellschaft muss der für fremde Rechnung eingebrachte Teil (nicht Teilbetrieb!) mit den Anschaffungskosten des Käufers, hier B, angesetzt werden. Der Sache nach ist insoweit B als Einbringender i. S. des § 24 UmwStG zu behandeln.

---
351 BFH, BStBl 1995 II S. 599.
352 BFH [GrS], BStBl 2000 II S. 123.

Die Aufstellung einer negativen Ergänzungsbilanz ist für diesen Teil der stillen Reserven nicht zulässig. Es entsteht daher ein **Veräußerungsgewinn** (hier 200 000 DM). Allerdings ist nach der Rechtsprechung des IV. Senates der Ansatz mit den Teilwerten nach § 24 UmwStG insgesamt möglich. Dann ist der entstehende Gewinn nach § 24 Abs. 3 Satz 2 UmwStG i. V. m. § 16 Abs. 4, § 34 EStG begünstigt,[353] soweit er auf die gedanklich nachfolgende Veräußerung entfällt.

21.8.3 Umwandlung einer GmbH in eine Personengesellschaft

21.8.3.1 Allgemeines

Auf die Umwandlung einer Kapitalgesellschaft in eine Personengesellschaft sind die §§ 3 ff. UmwStG anzuwenden. Daraus ergibt sich im Prinzip folgende steuerrechtliche Behandlung:

1. Die GmbH kann in ihrer letzten Schlussbilanz die Wirtschaftsgüter mit dem Buchwert, höheren Teilwert oder einem Zwischenwert ansetzen (§ 3 Abs. 1 UmwStG). Soweit aufgestockt wird, muss die Erhöhung der Bilanzansätze grundsätzlich gleichmäßig bei allen Wirtschaftsgütern mit stillen Reserven erfolgen. Eine Aufstockung erfasst allerdings nicht originäre immaterielle Einzelwirtschaftsgüter und den originären Firmenwert.[354] Nach Auffassung der Verwaltung[355] gilt insoweit die Maßgeblichkeit. Da nach § 17 Abs. 2 UmwG bei Umwandlung die Buchwerte handelsrechtlich anzusetzen sind, läuft das Wahlrecht zum Ansatz der Teilwerte weitgehend leer. Die Rechtsfrage ist umstritten.
2. Ein durch Buchwertaufstockung entstehender **Übertragungsgewinn** unterliegt der **KSt** und der GewSt.
3. Die Personengesellschaft hat die auf sie übergegangenen Wirtschaftsgüter mit dem in der steuerlichen Schlussbilanz der übertragenden GmbH enthaltenen Wert zu übernehmen (Buchwert, Teilwert oder Zwischenwert). Diese Wertverknüpfung (vgl. § 4 Abs. 1 UmwStG) hat bei gewählter Buchwertfortführung zur Folge, dass bei der GmbH kein Übertragungsgewinn entsteht und die in der GmbH entstandenen stillen Reserven auf die Personengesellschaft übergehen. Dies gilt auch dann, wenn die übernehmende Personengesellschaft in ihrer Handelsbilanz nach § 24 UmwG die Zeitwerte ansetzt. Allerdings soll dann in der steuerlichen Jahresschlussbilanz eine steuerlich erfolgswirksame Aufstockung erfolgen müssen.[356]
4. Die übernehmende Personengesellschaft ist **Gesamtrechtsnachfolgerin** der GmbH und tritt deshalb auch steuerlich in die Rechtsstellung der übertragenden GmbH ein (Ausnahme: Verlustabzug i. S. des § 10 d Abs. 3 Satz 2 EStG, vgl. § 4 Abs. 2 Satz 2 UmwStG).

---
353 BFH v. 21. 9. 2000 IV R 54/99, BB 2001, 128.
354 BMF, BStBl 1998 I S. 268.
355 BMF, BStBl 1998 I S. 268, Tz. 3.01.
356 BMF, BStBl 1998 I S. 268, Tz. 3.02.

21.8 Gründung einer Personengesellschaft

Das bedeutet nach § 4 Abs. 2 UmwStG:
- Fortführung der AfA,
- Vornahme von Sonderabschreibungen und erhöhten Absetzungen,
- Inanspruchnahme von steuerlichen Bewertungsfreiheiten oder eines Bewertungsabschlags,
- Fortführung eines niedrigeren Buchwerts nach einer Teilwertabschreibung i. S. des § 6 Abs. 1 Nr. 1 Satz 2 und Nr. 2 Satz 2 EStG,
- Wertaufholung nach einer Teilwertabschreibung gemäß § 6 Abs. 1 Nr. 1 Satz 4 und Nr. 2 Satz 3 EStG unter Beachtung des für den Rechtsvorgänger maßgebenden Höchstwerts (in der Regel historische Anschaffungs- oder Herstellungskosten),
- Bemessung der Dauer der Zugehörigkeit eines Wirtschaftsgutes zum Betriebsvermögen desselben Stpfl.

Die Grundsätze der Gesamtrechtsnachfolge gelten auch, wenn die übertragende GmbH die stillen Reserven ganz oder teilweise aufgedeckt hat (aber wegen Maßgeblichkeit praktisch leer laufend!). Dann bemisst sich die AfA nach § 4 Abs. 3 UmwStG wie folgt:

- Bei Gebäuden in den Fällen des § 7 Abs. 4 Satz 1 und Abs. 5 EStG
    bisherige Bemessungsgrundlage
    + Aufstockungsbetrag
    = neue Bemessungsgrundlage;
- in anderen Fällen
    bisheriger Buchwert
    + Aufstockungsbetrag
    = neue Bemessungsgrundlage.

5. Ein Körperschaftsteuerguthaben (aus EK 40 alt) und eine KSt-Schuld (aus EK 02) gemäß §§ 37, 38 KStG mindern oder erhöhen die KSt-Schuld der übertragenden GmbH im (letzten) Veranlagungszeitraum der Umwandlung, § 10 UmwStG. Soweit noch das alte Körperschaftsteuerrecht für die übertragende GmbH anzuwenden ist (dazu § 27 Abs. 1 a UmwStG[357]), gilt nach § 10 UmwStG a. F. Folgendes: Die auf den Teilbeträgen i. S. des § 30 Abs. 1 Nrn. 1 und 2 KStG des verwendbaren Eigenkapitals der übertragenden GmbH lastende KSt ist auf die ESt/KSt der Gesellschafter der übernehmenden Personengesellschaft anzurechnen, soweit dies nicht ausdrücklich durch § 10 Abs. 2 UmwStG ausgeschlossen ist.

6. Die Umwandlung der GmbH in eine Personengesellschaft bewirkt den Untergang der GmbH-Anteile, soweit sie zum Betriebsvermögen der Personengesell-

---
[357] I. d. R. also bei Umwandlungen mit Umwandlungsstichtag ab 1. 1. 2001, anders bei abweichendem Wirtschaftsjahr, dann eventuell auch noch nach dem 1. 1. 2002.

21 Personengesellschaften

schaft gehören. Übersteigen die aus der Übertragungsbilanz der GmbH zu übernehmenden Werte der einzelnen Wirtschaftsgüter den Buchwert der GmbH-Anteile im Betriebsvermögen der Personengesellschaft, so entsteht nach § 4 Abs. 4 UmwStG in Höhe des Mehrwerts ein **Übernahmegewinn**, der im Rahmen des Betriebsvermögensvergleichs der übernehmenden Personengesellschaft zu erfassen ist. Dieser Übernahmegewinn ist nach § 20 Abs. 7 UmwStG für die ESt der Gesellschafter nur zur Hälfte anzusetzen. Handelt es sich bei den Gesellschaftern um Kapitalgesellschaften (oder andere Körperschaften), bleibt er steuerfrei. Soweit noch das Anrechnungsverfahren nach altem Körperschaftsteuerrecht gilt, erhöht sich der Übernahmegewinn um die nach § 10 UmwStG anzurechnende KSt, § 4 Abs. 5 UmwStG a. F. (dazu sogleich unter 8.). GewSt fällt in der Regel nicht an (§ 18 Abs. 2 und 4 UmwStG).

7. Bei Buchwertansatz umfasst der Übernahmegewinn nur die offenen Reserven, die i. d. R. dem verwendbaren Eigenkapital der GmbH entsprechen. Bei Teilwertansatz umfasst der Übernahmegewinn außerdem die stillen Reserven.

8. Der Übernahmegewinn erhöht (soweit noch altes Recht anzuwenden ist, also normalerweise für Umwandlungen vor dem 1. 1. 2001) sich um die auf dem verwendbaren Eigenkapital lastende KSt (§ 4 Abs. 5 UmwStG), die aber auf die ESt oder KSt der Gesellschafter der übernehmenden Personengesellschaft anzurechnen ist (§ 10 Abs. 1 UmwStG). Angerechnet wird hierbei nicht wie bei üblichen Ausschüttungen ein Betrag von $^3/_7$ der Ausschüttung, sondern die gesamte auf dem jeweiligen Teilbetrag des verwendbaren Eigenkapitals lastende KSt, d. h. 40 v. H. beim EK 40, 30 v. H. beim EK 30, 0 v. H. beim EK 0.

9. Ist der Buchwert der untergehenden GmbH-Anteile im Zeitpunkt der Übertragung höher als der Wert des übernommenen Vermögens in der Übernahmebilanz, so entsteht ein **Übernahmeverlust**, der sich nach altem Recht um die nach § 10 Abs. 1 UmwStG anzurechnende KSt verringert (§ 4 Abs. 5 UmwStG). Verblieb auch nach Anrechnung noch ein Übernahmeverlust, so waren die Wertansätze der übergegangenen Wirtschaftsgüter nach § 4 Abs. 1 UmwStG in der Bilanz der Personengesellschaft einschließlich Ergänzungsbilanzen für ihre Gesellschafter bis zu den Teilwerten der Wirtschaftsgüter (prozentual gleichmäßig) aufzustocken. Ein nach Abzug dieser Aufstockungsbeträge ggf. noch verbleibender Verlust war als Anschaffungskosten der übernommenen selbst geschaffenen immateriellen Wirtschaftsgüter einschließlich eines originären Firmenwerts zu aktivieren. Sollte auch nach dieser Aktivierung noch ein Übertragungsverlust verbleiben, so war dieser Betrag zu aktivieren und auf 15 Jahre gleichmäßig abzuschreiben (§ 4 Abs. 6 UmwStG). Nach dem ab 1. 1. 2001 anwendbaren UmwStG bleibt nach § 4 Abs. 6 UmwStG n. F. ein Übernahmeverlust immer, also auch für natürliche Personen, unberücksichtigt. Für die Gewerbesteuer galt dies schon nach § 18 Abs. 2 UmwStG a. F. jedenfalls ab 1999.

Weitere Einzelheiten ergeben sich aus §§ 3 bis 8, 10, 14, 16, 18 UmwStG.

21.8 Gründung einer Personengesellschaft

21.8.3.2 Beispiel zur Umwandlung einer GmbH in eine OHG

Die A & B-GmbH, an der die Gesellschafter A und B mit je 50 % beteiligt sind, wird zum 31. 12. 2000 in die A & B-OHG umgewandelt. A und B halten ihre GmbH-Anteile, die wesentliche Beteiligungen i. S. des § 17 EStG sind, im Privatvermögen. Die Anschaffungskosten haben insgesamt 400 000 DM betragen (je 200 000 DM). Am Kapital und am Gewinn/Verlust der OHG sind A und B mit je 50 v. H. beteiligt. Aus didaktischen Gründen wird die alte und neue Rechtslage dargestellt. Daher Abwandlung wie folgt: Steuerlicher Übertragungsstichtag ist der 1. 1. 2001. Die Schlussbilanz per 1. 1. 2001 ist mit der Bilanz per 31. 12. 2000 identisch.

Handels- und Steuerbilanz der GmbH zum 31. 12. 2000:

Aktiva		Bilanz 31. 12. 2000	Passiva
Anlagevermögen	500 000 DM	Gezeichnetes Kapital	400 000 DM
Umlaufvermögen	600 000 DM	Gewinnrücklagen	100 000 DM
		Gewinnvortrag	50 000 DM
		Jahresüberschuss	180 000 DM
		Verbindlichkeiten	370 000 DM
	1 100 000 DM		1 100 000 DM

Es bestehen folgende stille Reserven:

bilanziertes Anlagevermögen	200 000 DM
bilanziertes Umlaufvermögen	100 000 DM
Firmenwert	100 000 DM
	400 000 DM

Gliederung des verwendbaren Eigenkapitals:

	Vorspalte	Summenspalte	EK 40	EK 02
31. 12. 99		150 000 DM	140 000 DM	10 000 DM
Einkommen 00 (keine sonst. nichtabz. Ausgaben)	300 000 DM			
40 % KSt	./. 120 000 DM			
	180 000 DM	+ 180 000 DM	+ 180 000 DM	—
31. 12. 00		330 000 DM	320 000 DM	10 000 DM

Die GewSt beträgt 18 % vom Mehrgewinn.

a) Buchwertverknüpfung (nach § 27 Abs. 1 a UmwStG ist noch das alte Recht anwendbar)

Bei der **GmbH** entsteht kein Übertragungsgewinn (§ 3 UmwStG).

Die **OHG** hat die auf sie übergegangenen Wirtschaftsgüter mit den Buchwerten zu übernehmen (§ 4 Abs. 1 UmwStG). Die GmbH-Anteile sind wesentliche Beteiligungen i. S. des § 17 EStG und gelten für die Ermittlung des Übernahmegewinns als am Umwandlungsstichtag 31. 12. 00 in das Betriebsvermögen der OHG eingelegt (§ 5 Abs. 2 UmwStG). Da der Buchwert der GmbH-Anteile den von den Gesellschaftern geleisteten Anschaffungskosten entspricht, ergibt sich zwangsläufig ein Übernahmegewinn in Höhe der offenen Rücklagen. Offene Rücklagen sind

1115

Gewinnrücklagen	100 000 DM
Gewinnvortrag	50 000 DM
Jahresüberschuss	180 000 DM
	330 000 DM

Damit beträgt der Übernahmegewinn 1. Stufe:

Buchwert des übergegangenen Betriebsvermögens	730 000 DM
./. Buchwert (= Anschaffungskosten) der GmbH-Anteile	400 000 DM
= Übernahmegewinn 1. Stufe (= offene Rücklagen der GmbH)	330 000 DM

Dieser Übernahmegewinn erhöht sich um die nach § 10 Abs. 1 UmwStG anzurechnende KSt (§ 4 Abs. 5 UmwStG).

Die anzurechnende KSt beträgt ($^{40}/_{60}$ v. 320 000 DM = 213 333 DM)

Übernahmegewinn 1. Stufe	330 000 DM
+ KSt-Guthaben	213 333 DM
= Übernahmegewinn 2. Stufe	543 333 DM

Dieser Übernahmegewinn 2. Stufe unterliegt bei der OHG nicht der GewSt (§ 18 Abs. 2 UmwStG), wohl aber der ESt der Gesellschafter der OHG. Die anrechenbare KSt ist von der ESt-Schuld der Gesellschafter der OHG abzuziehen (§ 10 Abs. 1 UmwStG).

Übernahmebilanz der OHG zum 31. 12. 00:

Aktiva	Bilanz 31. 12. 00		Passiva
Anlagevermögen	500 000 DM	Kapital A	365 000 DM
Umlaufvermögen	600 000 DM	Kapital B	365 000 DM
		Verbindlichkeiten	370 000 DM
	1 100 000 DM		1 100 000 DM

b) Buchwertansatz nach neuem Recht (1. 1. 2001)

Erfolgte die Umwandlung erst mit Ablauf des 1. 1. 2001, vermindert sich die KSt um das KSt-Guthaben aus dem EK 40 und erhöht sich um die KSt-Schuld aus dem EK 02, § 10 UmwStG. Das KSt-Guthaben beträgt nach § 37 KStG $^1/_6$ von 320 000 DM = 53 333 DM, die KSt-Schuld nach § 38 Abs. 2 KStG $^3/_7$ von 10 000 DM = 4286 DM. Damit ergibt sich für das Rumpfwirtschaftsjahr 1. 1. 01 eine KSt von 0 DM × 25 % = 0 DM ./. 53 333 DM + 4286 DM = ./. 49 047 DM (Erstattung). Wie oben ergibt sich für die GmbH kein Übertragungsgewinn.

Der Übernahmegewinn beträgt:	330 000 DM (offene Rücklagen)
+	49 047 DM (KSt-Erstattung)
	379 047 DM

Er ist von den Gesellschaftern mit je 94 762 wegen Anwendung des Halbeinkünfteverfahrens nach § 4 Abs. 7 UmwStG zu versteuern. Eine Anrechnung von KSt findet nicht statt.

21.8 Gründung einer Personengesellschaft

Die Übernahmebilanz der OHG zum 1. 1. / 2. 1. 01:

Aktiva	Bilanz 1. 1. 01		Passiva
Anlagevermögen	500 000 DM	Kapital A	389 523 DM
Umlaufvermögen	600 000 DM	Kapital B	389 524 DM
KSt-Erstattung	49 047 DM	Verbindlichkeiten	370 000 DM
	1 149 047 DM		1 149 047 DM

c) Teilwertansatz

Auf eine eingehende Darstellung wird hier verzichtet, weil praktisch der Teilwertansatz nach § 3 UmwStG nicht in Betracht kommt, wenn man der Ansicht der FinVerw zur Maßgeblichkeit folgt.

Für die GmbH ergäbe sich ein Übertragungsgewinn in Höhe der stillen Reserven			300 000 DM
abzügl. Gewerbesteuer 18 %			54 000 DM
			246 000 DM
Darauf entfiele (neues Recht) 25 % KSt		./.	61 500 DM
abzügl. KSt-Erstattung § 10 UmwStG		+	49 047 DM
handelsbilanzieller Übertragungsgewinn			233 547 DM
Übernahmegewinn OHG			
Teilwert Aktiva			1 400 000 DM
Verbindlichkeiten	370 000 DM		
KSt-/GewSt-Rückstellung	66 453 DM		
	436 453 DM	./.	436 453 DM
			963 547 DM
./. Buchwert unterbeg. Anteile		./.	400 000 DM
			563 547 DM

Der Gewinn ist von A zu $1/4$ und von B zu $1/4$ zu versteuern, § 4 Abs. 7 UmwStG.

Aktiva	Übernahmebilanz OHG		Passiva
Anlagevermögen	700 000 DM	Kapital A	481 773 DM
Umlaufvermögen	700 000 DM	Kapital B	481 774 DM
		Verbindlichkeiten	370 000 DM
		GewSt-Rückstellung	54 000 DM
		KSt-Rückstellung	12 453 DM
	1 400 000 DM		1 400 000 DM

21.8.4 Gründung einer Personengesellschaft durch Aufnahme von Kindern

21.8.4.1 Steuerrechtliche Anerkennung

Auch um die einkommensteuerliche Progression und die spätere Belastung mit ErbSt zu mildern, werden in zunehmendem Maße Kinder als Gesellschafter in das elterliche Unternehmen aufgenommen. Das gilt nicht nur für volljährige und im Unternehmen der Eltern mitarbeitende, sondern auch für minderjährige Kinder. Solche Gesellschaftsverträge zwischen Eltern und Kindern können der Einkommensbesteuerung der Beteiligten nur dann zugrunde gelegt werden, wenn sie ernsthaft gewollt sind. Erforderlich ist zunächst einmal zivilrechtliche Wirksamkeit. Dies erfordert beim Abschluss des Gesellschaftsvertrages für minderjährige Kinder die Vertretung durch einen Abschlusspfleger und vormundschaftsgerichtliche Genehmigung, sofern ein Elternteil ebenfalls Gesellschafter ist. Die Eltern sind dann von der Vertretung des Kindes ausgeschlossen, §§ 181, 1629, 1822 BGB. Eine notarielle Beurkundung ist auch bei Schenkung des Gesellschaftsanteiles jedenfalls für Außengesellschaften nicht erforderlich, weil mit der Umbuchung des Kapitalanteils die Schenkung vollzogen ist, § 518 Abs. 2 BGB. Bei Innengesellschaften ist dies fraglich.[358] Die rechtzeitig beantragte vormundschaftsgerichtliche Genehmigung wirkt auch steuerlich zurück.[359]

Entsprechendes gilt auch für die Änderung eines Gesellschaftsvertrages. Die Bestellung eines Dauerergänzungspflegers für die Dauer der Minderjährigkeit und der Mitgliedschaft der Kinder ist nicht erforderlich.[360] Der Vertrag muss sodann tatsächlich durchgeführt werden. Die Eltern als gesetzliche Vertreter haben das Kindesvermögen als fremdes zu verwalten. Auch bei zivilrechtlich wirksamer Gesellschafterstellung wird das Kind nicht Mitunternehmer, wenn seine Gesellschafterstellung so eingeschränkt ist, dass das Gewerbe nicht auch auf seine Rechnung betrieben wird.[361]

Die Aufnahme der Kinder erfolgt oft in der Weise, dass die Eltern einen Teil ihres Kapitals den Kindern schenken. Die steuerrechtliche Anerkennung der Aufnahme von Kindern durch Übertragung von Teilen des elterlichen Kapitals setzt voraus, dass die Beteiligung der Kinder buchmäßig einwandfrei dargestellt und die auf sie entfallenden Gewinnanteile klar und eindeutig ihnen und nicht nach wie vor den Eltern gutgeschrieben werden. Außerdem werden die schenkweise als Kommanditisten in eine Familien-KG aufgenommenen Kinder nur dann Mitunternehmer i. S. des § 15 Abs. 1 Satz 1 Nr. 2 EStG, wenn ihnen wenigstens annäherungsweise diejenigen Rechte eingeräumt sind, die einem Kommanditisten nach den weitgehend dispositiven Vorschriften des HGB für die Kommanditgesellschaft zukommen.[362] Diese Rechte (Pflichten) sind

— Beteiligung am Gewinn sowie bei Ausscheiden und Liquidation Beteiligung an den stillen Reserven einschließlich Firmenwert (§§ 738 ff. BGB, §§ 138, 155, 161 Abs. 2, 168 HGB),

---

358 Dazu BFH, BStBl 1979 II S. 768.
359 BFH, BStBl 1973 II S. 307.
360 BFH, BStBl 1976 II S. 328.
361 S. unter 21.1.2.4.
362 BFH, BStBl 1979 II S. 670; BFH, BStBl 1986 II S. 798 m. w. N.

- Verlustteilnahme mit der Einlage[363] (§ 167 Abs. 3 HGB),
- Stimmrecht in der Gesellschafterversammlung (§ 161 Abs. 3 i. V. m. § 119 HGB),
- Widerspruchsrecht gegenüber außergewöhnlichen Handlungen der Geschäftsführung (§ 164 HGB),
- Kontrollrechte (abschriftliche Mitteilung des Jahresabschlusses durch die Gesellschaft und Richtigkeitsprüfung, § 166 HGB).

Gewinn- und Verlustbeteiligung sind Merkmale des Unternehmerrisikos, während es sich bei den übrigen Positionen um Merkmale der Unternehmerinitiative des Kommanditisten handelt. Können die Kinder über die auf ihre Anteile entfallenden Gewinnanteile auch nach Volljährigkeit nur in dem von den Eltern gebilligten Umfang verfügen, liegt eine Mitunternehmerschaft nicht vor.[364]

Dem Ausschluss des Stimmrechts steht gleich, wenn Kommanditisten in keinem Fall den Mehrheitsgesellschafter an einer Beschlussfassung hindern können, z. B. auch dann nicht, wenn es um die Änderung der Satzung oder die Auflösung der Gesellschaft geht.[365]

21.8.4.2 Gewinnverteilung

Die Gewinnverteilung muss so geregelt sein, dass sie in den Leistungen der einzelnen Gesellschafter wirtschaftlich begründet ist und auch unter Fremden denkbar wäre. Für die Frage der **Angemessenheit** ist außer dem Kapitaleinsatz besonders der **Arbeitseinsatz** und das übernommene **Kapitalrisiko** (Mitarbeit, Haftung) von Bedeutung, aber auch ein angesehener Name, Kreditwürdigkeit, persönliche Eigenschaften und Einbringung eines eingeführten Unternehmens.[366]

Bei der Einbringung eines Einzelunternehmens in eine mit nicht mitarbeitenden Kindern gegründete KG, bei der den Kindern Kapitalanteile schenkungsweise übertragen werden, kann mit steuerrechtlicher Wirkung eine Gewinnverteilung nur anerkannt werden, die auf längere Sicht zu einer angemessenen Verzinsung des tatsächlichen Werts des Kommanditanteils (nicht Nominalkapitals) führt. Für die atypische stille Beteiligung gilt Entsprechendes. Eine Gewinnverteilung wird im Allgemeinen dann nicht zu beanstanden sein, wenn der Gewinnverteilungsschlüssel eine **durchschnittliche Rendite von nicht mehr als 15 % des tatsächlichen Werts** der Beteiligung ergibt. Die Art und Weise der Gewinnverteilung (mit oder ohne Vorabvergütungen) ist dabei ohne Bedeutung.[367]

---

363 Dazu BFH, BStBl 1973 II S. 526 (mindestens stehen gelassenen Gewinne).
364 BFH, BStBl 1989 II S. 720.
365 BFH, BStBl 1989 II S. 762; vgl. auch BFH v. 7. 11. 2000 – VIII R 16/97, DB 2001, 234.
366 BFH, BStBl 1973 II S. 5.
367 BFH, BStBl 1987 II S. 54 m. w. N.

Maßgebend sind für die Beurteilung der Angemessenheit die tatsächlichen und rechtlichen Verhältnisse bei Vertragsabschluss. Demnach ist eine Gewinnverteilungsabrede angemessen, wenn nach den Erfahrungen der vorausgegangenen Jahre und vernünftiger kaufmännischer Beurteilung der Zukunftsaussichten zu erwarten ist, dass die Beteiligung nicht mehr als 15 % des tatsächlichen Werts im Zeitpunkt des Vertragsabschlusses gewährt. Ist der vereinbarte Gewinnverteilungsschlüssel hiernach angemessen, so ist er regelmäßig auch dann der Besteuerung zugrunde zu legen, wenn sich später die Ertragslage günstiger oder ungünstiger als erwartet gestaltet. Erweist sich der vereinbarte Gewinnverteilungsschlüssel als unangemessen, ist die Besteuerung so vorzunehmen, als ob eine angemessene Gewinnverteilungsabrede getroffen worden wäre.[368] Der unangemessene Teil stellt sich als nach § 12 EStG unbeachtliche Einkommensverwendung durch den Elternteil als Mitgesellschafter dar.

Beispiel

V nimmt seinen Sohn (S), der z. Z. noch studiert, unter gleichzeitiger Gründung einer KG als Kommanditisten in sein Unternehmen auf. V schenkt S den Gesellschaftsanteil und zweigt von seinem Buchkapital in Höhe von 500 000 DM 100 000 DM ab (tatsächlicher Wert = 200 000 DM). Nach dem Gesellschaftsvertrag erhält V vom Jahresgewinn vorab ein Geschäftsführergehalt von 130 000 DM und als Vergütung für das Haftungsrisiko 20 000 DM. Der Restgewinn wird im Verhältnis 80:20 auf V und S verteilt. S arbeitet auch in seiner Freizeit nicht im Betrieb mit. Der durchschnittliche Jahresgewinn des Einzelunternehmens hat in den letzten fünf Jahren 750 000 DM betragen. Der Gewinn des Jahres 06 in Höhe von 800 000 DM ist wie folgt verteilt worden:

	gesamt	V	S
Gehalt	130 000 DM	130 000 DM	—
Haftungsrisiko	20 000 DM	20 000 DM	—
Restgewinn 80:20	650 000 DM	520 000 DM	130 000 DM
Gewinnanteile	800 000 DM	670 000 DM	130 000 DM

S hat seinen Kommanditanteil geschenkt erhalten und arbeitet nicht im Betrieb mit. Bei dieser Sachlage ist die Gewinnverteilung noch angemessen, wenn der vereinbarte Gewinnverteilungsschlüssel eine durchschnittliche Rendite von höchstens 15 % des tatsächlichen Wertes der Beteiligung des S ergibt.

Kontrollrechnung:

15 % von 200 000 DM = 30 000 DM

30 000 DM sind ins Verhältnis zum durchschnittlichen Restgewinn – d. h. Durchschnittsgewinn abzügl. Vorabvergütungen – zu setzen. Der durchschnittliche Restgewinn beträgt (750 000 DM abzügl. 150 000 DM =) 600 000 DM.

30 000 DM sind $\left(\frac{30\,000 \times 100}{600\,000}=\right)$ 5 % von 600 000 DM.

Der steuerlich höchstmögliche Gewinnanteil des S beträgt 5 % des jeweiligen tatsächlich erzielten Restgewinns, für das Jahr 06 also (5 % von 650 000 DM =) 32 500 DM.

---

[368] BFH, BStBl 1974 II S. 51.

21.8 Gründung einer Personengesellschaft

Die steuerliche Gewinnverteilung muss lauten:

	gesamt	V	S
Gehalt	130 000 DM	130 000 DM	—
Haftungsrisiko	20 000 DM	20 000 DM	—
Restgewinn 95:5	650 000 DM	617 500 DM	32 500 DM
Gewinnanteile	800 000 DM	767 500 DM	32 500 DM

Die vorstehenden Grundsätze sind auf Gesellschaftsverhältnisse, die nicht auf einer Schenkung des Gesellschaftsanteils durch den bisherigen Alleinunternehmer (Vater) beruhen, sondern in der Weise zustande gekommen sind, dass der in die Gesellschaft aufgenommene Familienangehörige dem Unternehmen aus eigenen Mitteln neues Kapital zuführt, nicht übertragbar. Für die Prüfung der Angemessenheit bildet in diesen Fällen die unter Fremden übliche Gestaltung den Maßstab.[369]

Stammt die Kapitaleinlage des typisch stillen Gesellschafters nicht aus einer Schenkung des Unternehmers und ist der stille Gesellschafter nicht am Verlust beteiligt, so ist in der Regel eine Gewinnverteilungsabrede angemessen, die im Zeitpunkt der Vereinbarung bei vernünftiger kaufmännischer Beurteilung eine durchschnittliche Rendite von bis zu 25 % der Einlage erwarten lässt.[370] Ist in diesen Fällen der stille Gesellschafter auch am Verlust beteiligt, erhöht sich die Angemessenheit der Gewinnverteilungsabrede auf bis zu 35 % des tatsächlichen Werts der Einlage.[371]

Beispiele

a) Die Einlage eines stillen Gesellschafters beträgt 10 000 DM, der jährlich zu erwartende Gewinn des Unternehmens 100 000 DM. Die Einlage wurde durch Schenkung des Vaters erbracht.

Angemessen sind 15 % der Einlage = 1500 DM (1,5 % des Gewinnes).

b) Die Einlage wurde nicht vom Kapital des Vaters abgezweigt, sondern aus eigenen Mitteln des Kindes dem Unternehmen zugeführt. Das Kind ist nicht am Verlust beteiligt.

Da dem Unternehmen neue Mittel zugeführt werden und eine Verlustbeteiligung ausgeschlossen ist, sind 25 % der Einlage (2,5 % des Gewinnes) als angemessen anzuerkennen.[372]

Werden Familienangehörige als stille Gesellschafter an einem neu gegründeten Unternehmen beteiligt, ist eine Gewinnverteilungsabrede, nach der die Anteile der stillen Gesellschafter am Restgewinn (Gewinn nach Abzug der Vergütungen für Sonderleistungen) nach dem Verhältnis des eingesetzten Kapitals zum Gesamtkapital des Unternehmens bestimmt werden, als angemessen anzusehen. Auf die künftige Ertragslage des Unternehmens kann nicht abgestellt werden, da insoweit im Zeitpunkt der Neugründung keine Anhaltspunkte, insbesondere keine Ergebnisse aus zurückliegenden Wirtschaftsjahren, vorhanden sind. Eine Abänderung der

---
369 BFH, BStBl 1973 II S. 866.
370 BFH, BStBl 1973 II S. 395 und S. 650.
371 BFH, BStBl 1982 II S. 387.
372 BFH, BStBl 1973 II S. 395.

Gewinnverteilung ist regelmäßig erst zulässig, wenn auch zwischen Fremden eine Änderung in Betracht kommen würde.[373]
Wird eine angemessene Gewinnverteilungsabrede geändert, kann diese nur insoweit berücksichtigt werden, als sie nicht auf privaten, sondern auf betrieblichen Erwägungen beruht.[374]
Gewinnanteile der Kinder, die am Unternehmen des Vaters als typische stille Gesellschafter beteiligt sind und im Unternehmen mitarbeiten, sind insoweit keine Betriebsausgaben, als sie unangemessen hoch sind. Bei der Angemessenheitsprüfung kann ein zu niedriges Arbeitsentgelt der Kinder nicht berücksichtigt werden.[375]

21.8.4.3 Gewinnrealisierung bei Schenkungen

Die unentgeltliche Übertragung eines Betriebes oder eines Teilbetriebes ist keine Betriebsaufgabe nach § 16 EStG. Ebenso führt die Gründung einer Personengesellschaft durch Aufnahme von Kindern in das väterliche Einzelunternehmen unter unentgeltlicher Abzweigung eines Teils des Kapitalkontos des Vaters auf die Kinder zu keiner Gewinnrealisierung. Vielmehr ist auf die Einbringung für eigene Rechnung des Vaters § 24 UmwStG anzuwenden. Hinsichtlich der Einbringung auf Rechnung des Kindes ist § 6 Abs. 3 EStG (Buchwertfortführung) anzuwenden.[376] Das gilt grundsätzlich auch in dem Fall, dass das Kapitalkonto des Vaters negativ ist. Die unentgeltliche Übertragung unterliegt der Schenkungsteuer.

21.8.5 Behandlung der Gründungskosten

Gründungskosten von Personengesellschaften, z. B. die Kosten des Gesellschaftsvertrages und die Kosten der Handelsregistereintragungen, zählen in gleicher Weise wie die Aufwendungen bei der Gründung eines Einzelunternehmens zu den abzugsfähigen Betriebsausgaben (§ 248 Abs. 1 HGB).[377] Sofort abziehbare Betriebsausgaben sind auch Kosten für die Ingangsetzung des Gewerbebetriebs und die Beschaffung von Eigenkapital.[378] Das gilt grundsätzlich auch für die Aufwendungen, die im Zusammenhang mit der Gründung von Familiengesellschaften entstehen. Selbst dann, wenn die Mittel der neu eintretenden Gesellschafter aus Schenkungen des bisherigen Betriebsinhabers stammen, kann den Gründungskosten danach die Anerkennung als Betriebsausgaben nicht versagt werden. Anders sind jedoch die Kosten zu behandeln, die mit der Schenkung der Einlagen zusammenhängen (z. B. Notariatskosten). Diese Kosten können mangels einer betrieblichen Veranlassung in keinem Falle als Betriebsausgaben abgezogen werden.

---

373 H 138 a [3] EStH.
374 BFH, BStBl 1975 II S. 692.
375 BFH, BStBl 1978 II S. 427.
376 Vgl. BFH [GrS], BStBl 2000 II S. 123 bezügl. entgeltlicher teilweiser Einbringung für fremde Rechnung; zur Problematik Reiß, in: Kirchhof, § 16 Rz. 38.
377 BFH, BStBl 1984 II S. 101; BMF, BStBl 1984 I S. 157.
378 BFH, BStBl 1993 II S. 538/542.

21.9 Veräußerung eines Mitunternehmeranteils

21.9.1 Gesellschafterwechsel (Veräußerung an einen Dritten)

21.9.1.1 Kaufpreis höher als der übernommene Kapitalanteil

Zivilrechtlich geschieht der Gesellschafterwechsel unter Lebenden durch formlose Abtretung des Gesellschaftsanteils, der entweder der Zustimmung der übrigen Gesellschafter bedarf[379] oder durch eine besondere Regelung im Gesellschaftsvertrag zulässig ist.[380] Es handelt sich um einen schlichten Rechtsübergang i. S. des § 413 BGB, der bürgerlich-rechtlich keiner weiteren Vollzugsakte bedarf.[381]

Beim Gesellschafterwechsel veräußert der Gesellschafter einer bereits bestehenden Personengesellschaft seinen Anteil an einen Dritten, der noch nicht Gesellschafter war. Der Gesellschafterwechsel bedeutet keine Neugründung einer Personengesellschaft. Durch den Erwerb des Gesellschaftsanteils von dem ausscheidenden Gesellschafter tritt eine Änderung der Rechtspersönlichkeit nicht ein. Eine neue Eröffnungsbilanz ist somit nicht aufzustellen,[382] denn der Vorgang führt nicht zur Bildung eines Rumpfwirtschaftsjahres i. S. des § 8 b EStDV. Die gesonderte und einheitliche Feststellung nach § 180 Abs. 1 Nr. 2 a AO umfasst das ganze Wirtschaftsjahr. In den Feststellungsbescheid ist für den ausgeschiedenen Gesellschafter eine Feststellung über die Höhe seines Anteils am Freibetrag nach § 16 Abs. 4 EStG sowie über die Dauer seiner Zugehörigkeit zur Gesellschaft aufzunehmen, damit das Veranlagungsfinanzamt erkennen kann, welchem Veranlagungszeitraum der festgestellte Gewinn zuzurechnen ist.[383]

Wenn der Verkauf des Gesellschaftsanteils zum Buchwert erfolgt, ergeben sich keine Probleme. Oft entspricht der Buchwert des Kapitalkontos jedoch nicht dem wirklichen Wert der Beteiligung, weil die Wirtschaftsgüter stille Reserven aufweisen. Diese lässt sich der ausscheidende Gesellschafter bezahlen, sodass der Kaufpreis für die Beteiligung höher ist als das übernommene Kapital.

21.9.1.1.1 Behandlung beim Erwerber

Die übrigen Gesellschafter stimmen einem solchen Gesellschafterwechsel im Allgemeinen unter der Voraussetzung zu, dass der eintretende Gesellschafter das Kapital des bisherigen Gesellschafters unverändert fortführt und dessen Pflichten übernimmt. Zahlt der eintretende Gesellschafter jedoch mehr, als es dem Wert des Kapitalkontos entspricht, so hat er Aufwendungen, die mit seinem nominellen Kapital nicht übereinstimmen.

---

379 Vgl. auch BFH, BStBl 1992 II S. 921/923.
380 BFH, BStBl 1993 II S. 228, 229 m. w. N.
381 BFH, BStBl 1993 II S. 228/230 m. w. N.
382 BFH, BStBl 1977 II S. 241.
383 BFH, BStBl 1989 II S. 312.

Gegenstand der Anschaffung sind nach wohl herrschender Auffassung einkommensteuerrechtlich nicht der Gesellschaftsanteil (als einheitliches nicht abnutzbares Wirtschaftsgut), sondern entsprechende Anteile an den einzelnen materiellen und immateriellen, bilanzierten und nicht bilanzierten Wirtschaftsgütern des Gesellschaftsvermögens. Demgemäß sind die Aufwendungen des Erwerbers für den Gesellschaftsanteil, soweit diese höher sind als der Buchwert des Gesellschaftsanteils, in einer **Ergänzungsbilanz** als Anschaffungskosten für einen entsprechenden Anteil an den stillen Reserven der materiellen und bilanzierten immateriellen Wirtschaftsgüter sowie an den nicht bilanzierten immateriellen Einzelwirtschaftsgütern und am Geschäftswert der Personengesellschaft zu aktivieren.[384] Unter diesen Voraussetzungen gehört zu den in der Ergänzungsbilanz zu erfassenden Anschaffungskosten auch die Übernahme des negativen Kapitalkontos des ausscheidenden Gesellschafters.[385]

In der Bilanz der Gesellschaft kann der Unterschiedsbetrag nicht aktiviert werden, weil es sich dabei nicht um Anschaffungskosten der Gesamtheit der Gesellschafter für das Gesellschaftsvermögen handelt. Damit der Erwerber auch den Mehrpreis abschreiben bzw. als Aufwand verrechnen kann, ist für ihn eine steuerrechtliche Ergänzungsbilanz erforderlich.[386]

Beispiel
A veräußert am 1. 1. 01 seinen Anteil an der OHG X für 360 000 DM an D. Das Kapitalkonto beträgt im Zeitpunkt des Gesellschafterwechsels 200 000 DM. Die übrigen Gesellschafter haben dem Gesellschafterwechsel zugestimmt unter der Voraussetzung, dass D das Kapital unverändert fortführt.
A erzielt einen Veräußerungsgewinn i. S. des § 16 EStG in Höhe von 160 000 DM. D weist den Mehrpreis von 160 000 DM in einer steuerrechtlichen Ergänzungsbilanz aus. Sein Kapital beträgt vom handelsrechtlichen Standpunkt 200 000 DM. Steuerrechtlich beträgt es jedoch 360 000 DM. Davon werden 200 000 DM in der Gesellschaftsbilanz und 160 000 DM in der Ergänzungsbilanz ausgewiesen.

Für die Ergänzungsbilanz und deren Fortführung ist von entscheidender Bedeutung, wofür der Mehrpreis gezahlt wurde, d. h., welche Aktivwerte ihm gegenüberstehen. Denn davon ist es abhängig, wann der Mehrpreis den Gewinn mindern kann.

Beispiel
Der Mehrpreis von 160 000 DM entfällt auf das Gebäude. D ist, wie zuvor A, an der OHG X mit 40 % beteiligt. Die OHG schreibt das Gebäude seit der Anschaffung linear mit 2 % der Anschaffungskosten ab (Bauantrag vor dem 1. 4. 1985). Die jährliche AfA beträgt 2 % von 1 500 000 DM = 30 000 DM. Am 1. 1. 01 – nach Ablauf von 20 Jahren – beträgt die tatsächliche Nutzungsdauer des Gebäudes noch mindestens 50 Jahre, der Teilwert des Gebäudes 1 300 000 DM, sein Buchwert 900 000 DM. D hat von den stillen Reserven in Höhe von (1 300 000 DM ./. 900 000 DM =) 400 000 DM 40 % = 160 000 DM übernommen.

---
384 BFH, BStBl 1986 II S. 176, 350; BFH, BStBl 1993 II S. 706; BFH, BStBl 1994 II S. 224.
385 BFH, BStBl 1993 II S. 706 m. w. N.
386 BFH, BStBl 1984 II S. 101.

21.9 Veräußerung eines Mitunternehmeranteils

Auf den 1. 1. 01 ergibt sich folgende Ergänzungsbilanz:

Aktiva	Ergänzungsbilanz D vom 1. 1. 01		Passiva
Gebäude	160 000 DM	Mehrkapital	160 000 DM

Für die Aufstellung der Ergänzungsbilanz zum 31. 12. 01 ist die zutreffende Behandlung der Gebäude-AfA von Bedeutung. D hat, bezogen auf seinen Anteil von 40 % am Gebäude, Anschaffungskosten in Höhe von (40 % von 1 300 000 DM Teilwert =) 520 000 DM (oder: 40 % vom Buchwert 900 000 DM = 360 000 DM + 40 % der stillen Reserven 400 000 DM = 160 000 DM = insgesamt 520 000 DM). Da D den auf ihn entfallenden Anteil am Gebäude erworben hat, die Voraussetzungen des § 7 Abs. 4 Satz 1 Nr. 1 EStG nicht vorliegen (Bauantrag nicht nach dem 31. 3. 1985) und auch § 7 Abs. 4 Satz 2 EStG keine Anwendung findet (die tatsächliche Nutzungsdauer des Gebäudes beträgt am 1. 1. 01 nicht weniger als 50 Jahre), richtet sich die AfA nach § 7 Abs. 4 Satz 1 Nr. 2 a EStG. Die D zustehende jährliche AfA beträgt 2 % von 520 000 DM = 10 400 DM.

Die AfA lt. Gesellschaftsbilanz beträgt weiterhin jährlich 2 % von 1 500 000 DM = 30 000 DM; davon entfallen auf D 40 % = 12 000 DM. Das sind (12 000 ./. 10 400 =) 1 600 DM mehr, als ihm zustehen. Der Ausgleich findet in der Ergänzungsbilanz statt. Dort ist zunächst 30 Jahre lang die AfA-Differenz von jährlich 1 600 DM durch Zuschreibung beim Gebäude gewinnerhöhend zu berücksichtigen, bis das Gebäude in der Gesellschaftsbilanz auf 0 DM abgeschrieben ist. Danach beträgt die AfA in der Ergänzungsbilanz 20 Jahre lang jährlich 10 400 DM, bis auch hier der Stand von 0 DM erreicht ist.

Die dem D 50 Jahre lang zustehende AfA von jährlich 10 400 DM wird wie folgt berücksichtigt:

	Gesellschaftsbilanz	Ergänzungsbilanz	gesamt
01–30 = 30 Jahre	(12 000 x 30 =) 360 000 DM	(./. 1 600 x 30 =) ./. 48 000 DM	(10 400 x 30 =) 312 000 DM
31–50 = 20 Jahre	–	(10 400 x 20 =) 208 000 DM	(10 400 x 20 =) 208 000 DM
50 Jahre	360 000 DM	160 000 DM	520 000 DM

Aktiva			Ergänzungsbilanz D 31. 12. 01			Passiva
Gebäude	160 000 DM			Mehrkapital	160 000 DM	
+ AfA	1 600 DM	161 600 DM		+ Gewinn	1 600 DM	161 600 DM
		161 600 DM				161 600 DM

Entwicklung des Postens Gebäude in der Ergänzungsbilanz:

Zugang 1. 1. 01	160 000 DM
+ AfA 01 bis 30 (1600 × 30 =)	48 000 DM
	208 000 DM
./. AfA 31 bis 50 (10 400 × 20 =)	208 000 DM
31. 12. 50	0 DM

1125

21 Personengesellschaften

Bei der gesonderten und einheitlichen Gewinnfeststellung wird der Gewinnanteil des D aus der Gesellschaftsbilanz in den Jahren 01 bis 30 jeweils um 1600 DM Gewinn aus der Ergänzungsbilanz erhöht, in den Jahren 31 bis 50 jeweils um 10 400 DM Verlust aus der Ergänzungsbilanz gemindert.

Ergänzungsbilanzen sind nicht nur zum Zeitpunkt des Gesellschafterwechsels, sondern auch für die folgenden Jahre erforderlich. Solange die Mehrwerte fortbestehen und nicht abgeschrieben sind, muss jedes Jahr bei der Bilanzaufstellung geprüft werden, ob die Mehrwerte noch vorhanden sind.

Entfallen die stillen Reserven ausschließlich auf **Waren** und sind diese am Ende des Wirtschaftsjahres nicht mehr vorhanden, so kann der Mehrpreis gleich im ersten Wirtschaftsjahr als Aufwand (zusätzlicher Wareneinsatz) abgesetzt werden. Der in der Buchführung für den eingetretenen Gesellschafter anteilig ausgewiesene Wareneinsatz ist gemessen an seinen tatsächlichen Anschaffungskosten zu niedrig. Sein Gewinnanteil wäre ohne Berücksichtigung des Verlusts der Ergänzungsbilanz um den gleichen Betrag zu hoch. Für die Folgejahre ist insoweit eine Ergänzungsbilanz nicht mehr erforderlich.

Im Allgemeinen verteilen sich die stillen Reserven auf mehrere Wirtschaftsgüter. Dann muss der Mehrpreis in der Ergänzungsbilanz entsprechend aufgeteilt werden.

Beispiel

Der Mehrpreis von 160 000 DM entfällt mit 40 000 DM auf ein unbebautes Grundstück, 20 000 DM auf den Warenbestand und 100 000 DM auf Konzessionen. Am Ende des Wirtschaftsjahres sind das Grundstück und die Konzessionen noch vorhanden. Wertminderungen sind nicht eingetreten. Die Ware ist dagegen restlos verkauft.

Aktiva	Ergänzungsbilanz D vom 1. 1. 01		Passiva
Grundstück	40 000 DM	Mehrkapital	160 000 DM
Waren	20 000 DM		
Konzessionen	100 000 DM		
	160 000 DM		160 000 DM

Aktiva	Ergänzungsbilanz D vom 31. 12. 01			Passiva
Grundstück	40 000 DM	Mehr-		
Waren	—	kapital	160 000 DM	
Konzessionen	100 000 DM	./. Verlust	20 000 DM	140 000 DM
	140 000 DM			140 000 DM

In der einheitlichen Gewinnfeststellung muss dieser Verlust, der aus dem für D zu niedrigen Wareneinsatz stammt, abgesetzt werden.

Soweit die Mehrzahlung auf **abnutzbare Anlagegüter** entfällt, ist für die Berechnung der AfA grundsätzlich die gleiche Absetzungsmethode und die gleiche Rest-

21.9 Veräußerung eines Mitunternehmeranteils

nutzungsdauer wie bei den entsprechenden Wirtschaftsgütern in der Gesellschaftsbilanz zugrunde zu legen. Ausnahmen sind geboten, wenn die Abweichung zwischen Gesellschafts- und Ergänzungsbilanz durch Sonderregelungen entweder zugelassen oder zwingend vorgeschrieben ist (z. B. bei Gebäuden, weil die AfA nach § 7 Abs. 5 EStG dem Bauherrn und nur in bestimmten Fällen dem Erwerber zusteht). Hinsichtlich der Nutzungsdauer kommen Abweichungen in Betracht, wenn der von dem eintretenden Gesellschafter gezahlte Mehrbetrag erheblich ist und im Zeitpunkt seines Eintritts die zu erwartende tatsächliche Restnutzungsdauer des Wirtschaftsgutes wesentlich länger ist als die Nutzungsdauer, die sich aus der in der Gesellschaftsbilanz zugrunde gelegten Gesamtnutzungsdauer rein rechnerisch ergeben würde. Eine Abweichung ist jedoch nur dann geboten, wenn sonst ein wirtschaftlich offensichtlich unzutreffendes Ergebnis entstehen würde. – Besonders deutlich wird die Frage bei Wirtschaftsgütern, die nur noch mit einem Erinnerungsposten von 1 DM erscheinen. Entfällt der Mehrpreis auf geringwertige Wirtschaftsgüter, die von der Personengesellschaft bei der Anschaffung sofort abgesetzt wurden, so kann der eintretende Gesellschafter in seiner Ergänzungsbilanz die hierfür aufgewendete Mehrzahlung sofort absetzen.

Sinkt der Teilwert von Wirtschaftsgütern des Gesellschaftsvermögens, für die wegen vorhandener stiller Reserven beim Gesellschafterwechsel Mehrpreise bezahlt und die in einer Ergänzungsbilanz aktiviert wurden, so ist die Teilwertabschreibung wie folgt zu ermitteln:

    anteiliger Buchwert lt. Gesellschaftsbilanz
+ Buchwert lt. Ergänzungsbilanz
= anteiliger Buchwert insgesamt
./. anteiliger Teilwert
= Teilwertabschreibung

Beispiel

In der Gesellschaftsbilanz der ABC-OHG sind Wertpapiere des Anlagevermögens mit einem Buchwert von 21 000 DM ausgewiesen, während ihr Teilwert im Zeitpunkt des Gesellschaftswechsels 90 000 DM beträgt. Der neue Gesellschafter D, der wie der ausscheidende Gesellschafter C mit $1/3$ beteiligt ist, zahlt für seinen Anteil an den Wertpapieren an C ($1/3$ v. 90 000 DM =) 30 000 DM. Von den 30 000 DM sind anteilig, auf D entfallend, ($1/3$ v. 21 000 DM =) 7 000 DM in der Gesellschaftsbilanz und der Mehrpreis von (30 000 DM ./. 7 000 DM =) 23 000 DM in der Ergänzungsbilanz D ausgewiesen. Am 31. 12. 05 beträgt der beizulegende Wert (= Teilwert) der gesamten Wertpapiere 60 000 DM. Es handelt sich um eine voraussichtlich dauernde Wertminderung.

Nach § 6 Abs. 1 Nr. 2 Satz 2 i. V. m. § 5 Abs. 1 EStG und § 253 Abs. 2 Satz 3 HGB ist bei einer voraussichtlich dauernden Wertminderung der niedrige beizulegende Wert (= steuerlicher Teilwert) anzusetzen. In der Gesellschaftsbilanz kommt eine Teilwertabschreibung nicht in Betracht, weil der Teilwert in Höhe von 60 000 DM nicht niedriger als der Bilanzwert in Höhe von 21 000 DM ist.

Für den Gesellschafter D ist jedoch, bezogen auf seinen Anteil an den Wertpapieren, in der Ergänzungsbilanz eine Teilwertabschreibung vorzunehmen:

anteiliger Buchwert lt. Gesellschaftsbilanz	7 000 DM
+ Buchwert lt. Ergänzungsbilanz	23 000 DM
= anteiliger Buchwert insgesamt	30 000 DM
./. anteiliger Teilwert ($^1/_3$ v. 60 000 DM =)	20 000 DM
= Teilwertabschreibung lt. Ergänzungsbilanz	10 000 DM

Die Aktivierung in der Ergänzungsbilanz kommt nur in Betracht, wenn mit den Aufwendungen Anteile an Wirtschaftsgütern i. S. des § 5 Abs. 1 und 2 EStG erworben wurden. Wegen des Grundsatzes der Maßgeblichkeit der Handelsbilanz für die Steuerbilanz ist dabei erforderlich, dass es sich bei den anteilig erworbenen Werten um Vermögensgegenstände im Sinne der handelsrechtlichen Grundsätze ordnungsmäßiger Buchführung handelt (§§ 238 ff. HGB). Steht hingegen fest, dass dem Aufwand, der den Betrag des übergehenden Kapitalkontos übersteigt, keine nach den handelsrechtlichen Grundsätzen ordnungsmäßiger Buchführung aktivierbaren Werte gegenüberstehen, so ist der Mehrbetrag sofort als Betriebsausgabe abzuziehen, und zwar als Sonderbetriebsausgabe des Gesellschafters, der den Mehrbetrag aufwendet.[387] Der Erwerb der Beteiligung hat sich insoweit als Fehlmaßnahme erwiesen, wie dies auch beim Erwerb eines einzelnen Wirtschaftsgutes zu einem den Teilwert übersteigenden Kaufpreis vorkommen kann.

Die Behandlung als Fehlmaßnahme mit sofortigem Abzug als Betriebsausgabe kommt aber nicht infrage, wenn bei Erwerb eines Kommanditanteils ein negatives Kapitalkonto dem Kaufpreis hinzugerechnet wird. Dann ist der über die anteiligen stillen Reserven hinausgehende Mehrbetrag nicht sofort als Betriebsausgabe abzusetzen, sondern in einer Ergänzungsbilanz zu aktivieren.[388][389] Dieser aktive **Ausgleichsposten** wird gegen künftige Gewinnanteile des Gesellschafters erfolgsmindernd abgeschrieben; denn beim Erwerber sollen solche Gewinnanteile außer Ansatz bleiben, die sich auf die frühere Zurechnung von Verlusten beim Veräußerer gründen.[390]

Beispiel

D, der als Kommanditist an der A-KG mit 25 % beteiligt ist, veräußert seine KG-Beteiligung mit Wirkung vom 1. 1. 05 an F. Der Veräußerungserlös beträgt 1 DM, das Kapitalkonto des D im Zeitpunkt der Veräußerung ./. 99 999 DM, sodass der von D erzielte Veräußerungsgewinn (1 DM ./. 99 999 DM =) 100 000 DM beträgt. Die im Unternehmen enthaltenen stillen Reserven, an denen D mit 25 % beteiligt ist, betragen am 1. 1. 05 288 000 DM und entfallen auf

---

387 BFH, BStBl 1994 II S. 224.
388 BFH, BStBl 1995 II S. 246.
389 Nach BFH, BStBl 1995 II S. 246 kann der Mehrbetrag, der die anteiligen stillen Reserven übersteigt und nicht sofort als Betriebsausgaben abziehbar ist, bilanzrechtlich auch durch **Merkposten** außerhalb der Bilanz gesichert werden. Diese wenig praxisgerechte Entscheidung sollte nicht weiterverfolgt werden, weil der Nachweis des Verlustausgleichs in späteren Jahren zunehmend schwieriger wird. Die Fortführung eines Ausgleichspostens in der Ergänzungsbilanz sichert über den Bilanzenzusammenhang die künftige Erfassung und Verrechnung, spätestens bei Veräußerung.
390 BFH, BStBl 1994 II S. 745.

21.9 Veräußerung eines Mitunternehmeranteils

	Gesamtkosten	Anteil D
Geschäftswert	120 000 DM	30 000 DM
Maschinen	168 000 DM	42 000 DM
	288 000 DM	72 000 DM

Die zu beachtende betriebsgewöhnliche Nutzungsdauer beträgt für den Geschäftswert 15 Jahre, für die Maschinen drei Jahre (lineare AfA). Die KG hat für das Jahr 05 einen Gewinn von 160 000 DM, für das Jahr 06 von 300 000 DM. Daran ist F mit 25 % beteiligt.

Durch den Erwerb des Mitunternehmeranteils hat F Anschaffungskosten in Höhe von 100 000 DM aufgewendet. Die Differenz zum Kapitalkonto in der Gesellschaftsbilanz ist in der für F aufzustellenden Ergänzungsbilanz mit insgesamt 100 000 DM auszuweisen, sodass das steuerliche Kapital des F (Gesellschaftsbilanz ./. 99 999 DM, Ergänzungsbilanz + 100 000 DM) 1 DM beträgt.

A	Ergänzungsbilanz F 1. 1. 05		P
Firmenwert	30 000 DM	Mehrkapital	100 000 DM
Maschinen	42 000 DM		
Ausgleichsposten	28 000 DM		
	100 000 DM		100 000 DM

A	Ergänzungsbilanz F 31. 12. 05				P
Firmenwert	30 000 DM		Mehr-		
./. AfA	2 000 DM		kapital	100 000 DM	
		28 000 DM	./. Verlust	40 000 DM	
Maschinen	42 000 DM				60 000 DM
./. AfA	14 000 DM				—
		28 000 DM			
Ausgleichs-					
posten	28 000 DM				
./. Abschr.	24 000 DM				
		4 000 DM			
		60 000 DM			60 000 DM

Berechnung der Abschreibung auf den Ausgleichsposten:

Gewinnanteil des F 25 % v. 160 000 DM =	40 000 DM
Davon entfallen auf AfA Firmenwert und Maschinen	16 000 DM
Es verbleiben zur Verrechnung mit dem Ausgleichsposten	24 000 DM

Ermittlung des Gewinnanteils F für 05:

Gewinnanteil lt. KG-Bilanz (25 % v. 160 000 DM =)	40 000 DM
Verlust lt. Ergänzungsbilanz	./. 40 000 DM
steuerlicher Gewinnanteil	0 DM

A		Ergänzungsbilanz F 31. 12. 06			P
Firmenwert	28 000 DM		Mehr-		
./. AfA	2 000 DM		kapital	60 000 DM	
		26 000 DM	./. Verlust	20 000 DM	
Maschinen	28 000 DM				40 000 DM
./. AfA	14 000 DM				
		14 000 DM			
Ausgleichs-					
posten	4 000 DM				
./. Abschr.	4 000 DM				
		0 DM			
		40 000 DM			40 000 DM

Ermittlung des Gewinnanteils F für 06:
Gewinnanteil lt. KG-Bilanz (25 % v. 300 000 DM =)   75 000 DM
Verlust lt. Ergänzungsbilanz   ./. 20 000 DM
steuerlicher Gewinnanteil   55 000 DM

Scheidet ein Kommanditist mit negativem Kapitalkonto ohne Abfindung aus einer KG aus, wird allerdings angenommen, dass die verbleibenden Gesellschafter mit der Übernahme des negativen Kapitalkontos des Ausgeschiedenen einen Verlust erleiden.[391]

Dieses Ergebnis lässt sich daraus erklären, dass die Gesellschaftsbeteiligung des ausgeschiedenen Gesellschafters mit der Folge untergeht, dass die vorhandenen Rechte und Verpflichtungen entsprechend § 738 Abs. 1 BGB auf die verbliebenen Gesellschafter übergehen und damit die in der Vergangenheit entstandenen Verluste nunmehr ihnen zuzurechnen sind. Es steht nunmehr fest, dass die verbleibenden Altgesellschafter die damals dem Ausscheidenden angerechneten Verluste in Wahrheit selbst erlitten haben. Diese Überlegungen gelten jedoch nicht, wenn der Mitunternehmeranteil veräußert wird. In diesem Fall kommt es nicht zur Anwachsung nach § 738 Abs. 1 BGB. Für den bisher nicht beteiligten Käufer kann demgemäß die bisherige Gewinnverteilung nicht rückgängig gemacht werden. Die Korrektur der Gewinnanteile wird vielmehr dadurch erreicht, dass in der Ergänzungsbilanz des Erwerbers ein aktiver Korrekturposten geführt wird, der erfolgsmindernd gegen spätere Gewinnanteile des Erwerbers aufzulösen ist. Hierdurch wird vermieden, dass Gesellschaftsanteile mit dem Ziel gehandelt werden, dem Erwerber einen das tarifbesteuerte Einkommen mindernden Erwerbsverlust zu verschaffen, während bei der anschließenden Wiederveräußerung ein tarifbegünstigter Veräußerungsgewinn entsteht.[392] Auf der anderen Seite hat der Erwerber zukünftige Gewinne im Gesellschaftsbereich tatsächlich zur Auffüllung des negativen übernommenen Kapital-

---
391 S. u. 21.9.3.2.1.
392 BFH, BStBl 1994 II S. 745 m. w. N.

kontos zu verwenden. Daher braucht er bis zum Ausgleich diese Gewinnanteile nicht zu versteuern. Dies wird technisch durch die Auflösung des Ausgleichspostens = Aufwand in der Ergänzungsbilanz erreicht.

21.9.1.1.2 Behandlung beim Veräußerer

Gewinne, die bei der Veräußerung eines Mitunternehmeranteils erzielt werden, gehören zu den Einkünften aus Gewerbebetrieb (§ 16 Abs. 1 Nr. 2 EStG). Für den ausscheidenden Gesellschafter stellt ein Mehrpreis einen solchen Veräußerungsgewinn dar. Während über die Höhe des Veräußerungsgewinns im Verfahren zur gesonderten und einheitlichen Gewinnfeststellung befunden werden muss, wird über die Gewährung eines Freibetrags nach § 16 Abs. 4 EStG bei der Veranlagung zur ESt entschieden.[393]

In die gesonderte und einheitliche Feststellung der Einkünfte, an denen mehrere Personen beteiligt sind, ist auch der Gewinn einzubeziehen, den ein Gesellschafter aus der Veräußerung seines Mitunternehmeranteils am ersten Tag des Wirtschaftsjahres erzielt.[394]

Auch der Tausch von Mitunternehmeranteilen führt grundsätzlich zur Gewinnrealisierung, und zwar selbst dann, wenn es sich um den Tausch von Anteilen an gesellschafteridentischen Personengesellschaften handelt.[395]

Gehören zu einem Gesellschaftsanteil Wirtschaftsgüter des **Sonderbetriebsvermögens,** ist § 16 Abs. 1 Nr. 2 EStG (entgeltliche Veräußerung eines Mitunternehmeranteils) erfüllt, wenn das Sonderbetriebsvermögen zusammen mit der gesamthänderischen Beteiligung auf den neuen Gesellschafter entgeltlich übertragen wird; denn der Begriff des Mitunternehmeranteils umfasst auch das Sonderbetriebsvermögen.[396]

Wird das Sonderbetriebsvermögen nicht mitveräußert, sondern in das Privatvermögen überführt, so gehört zum Veräußerungserlös auch der gemeine Wert des Sonderbetriebsvermögens.[397] Dann liegt zwar insgesamt keine Veräußerung, aber eine ebenfalls begünstigte Aufgabe eines Mitunternehmeranteils vor. Das muss auch gelten, wenn das Sonderbetriebsvermögen nicht an den Erwerber des Mitunternehmeranteils, sondern gleichzeitig an einen Dritten veräußert wird.

Wird das Sonderbetriebsvermögen, soweit es wesentliche Betriebsgrundlagen bildet, im Rahmen der Anteilsveräußerung mit dem Buchwert in ein anderes Betriebs-

---
393 Vgl. auch R 139 Abs. 13 EStR.
394 BFH, BStBl 1993 II S. 666.
395 BFH, BStBl 1992 II S. 946.
396 BFH, BStBl 1995 II S. 890.
397 Vgl. auch BFH, BStBl 1983 II S. 771.

vermögen des Ausscheidenden überführt, ist insgesamt keine begünstigte Veräußerung gegeben.[398]

Veräußert der Gesellschafter einer Personengesellschaft seinen Mitunternehmeranteil an einen Mitgesellschafter und entnimmt er im Einverständnis mit dem Erwerber und den Mitgesellschaftern vor der Übertragung des Gesellschaftsanteils bestimmte Wirtschaftsgüter des Gesellschaftsvermögens, gehört der daraus entstehende Entnahmegewinn zum begünstigten Veräußerungsgewinn. Das gilt auch bei der Veräußerung eines Bruchteils eines Mitunternehmeranteils.[399]

Wird die Übertragung des Gesellschaftsanteils einer Personengesellschaft nach den Vereinbarungen der Beteiligten im **Jahreswechsel,** d. h. im Schnittpunkt der Kalenderjahre, wirksam, so ist unter Würdigung aller Umstände zu entscheiden, welchem Feststellungszeitraum der Veräußerungsvorgang zuzurechnen ist.[400] Dabei kommt es auf den Willen der Vertragsparteien an.

Soll jedoch nach der vertraglichen Vereinbarung die Übertragung nicht im Schnittpunkt der Jahre, sondern a) mit Ablauf des alten oder b) mit Beginn des neuen Jahres wirksam werden und wird auch so verfahren, so sind Veräußerung und Erwerb im Fall a) noch dem abgelaufenen, im Fall b) dem neuen Jahr zuzuordnen.[401]

21.9.1.2 Übungsaufgabe 36: Gesellschafterwechsel

Sachverhalt

An einer OHG, deren Wirtschaftsjahr mit dem Kalenderjahr übereinstimmt, waren bisher beteiligt: A mit 50 %, B mit 25 % und C mit 25 %.

In der letzten Jahresabschlussbilanz hat die OHG folgende Werte ausgewiesen:

Aktiva	Jahresschlussbilanz 31. 12. 07		Passiva
Grund und Boden	20 000 DM	Kapital A	190 000 DM
Gebäude	72 000 DM	Kapital B	58 000 DM
Maschinen	18 000 DM	Kapital C	40 000 DM
Einrichtung	9 600 DM	Lieferantenschulden	36 000 DM
Kraftfahrzeuge	7 400 DM	Rechnungsabgrenzung	1 000 DM
Vorräte	80 000 DM	USt-Schuld	3 000 DM
Kundenforderungen	120 000 DM		
Kasse und Bank	1 000 DM		
	328 000 DM		328 000 DM

Mit Kaufvertrag v. 20. 12. 07 hat der Gesellschafter C seinen Mitunternehmeranteil gegen Barzahlung in Höhe von 100 000 DM an D veräußert. Der Gesellschafterwechsel soll zum Jahresende wirksam werden. Zur Ermittlung des angemessenen

---
398 BFH, BStBl 1991 II S. 635; vgl. auch BFH, BStBl 2001 II S. 26 und BFH v. 16. 12. 2000 – VIII R 21/00, DB 2001, 456 bei Bruchteilsveräußerung eines Anteils.
399 BFH, BStBl 1990 II S. 132.
400 BFH, BStBl 1974 II S. 707.
401 BFH, BStBl 1992 II S. 525; BFH, BStBl 1993 II S. 228, S. 666.

21.9 Veräußerung eines Mitunternehmeranteils

Kaufpreises haben C und D einen Sachverständigen beauftragt, der den Gesamtwert der Unternehmung wie folgt auf 528 000 DM errechnet hat:

Aktiva	Abfindungsbilanz 31. 12. 07		Passiva
Firmenwert	97 000 DM	Lieferantenschulden	36 000 DM
Patente	50 000 DM	Rechnungsabgrenzung	1 000 DM
Grund und Boden	60 000 DM	USt-Schuld	3 000 DM
Gebäude	80 000 DM	Gesamtwert der	
Maschinen	30 000 DM	Unternehmung	528 000 DM
Einrichtung	12 600 DM		
Kraftfahrzeuge	7 400 DM		
GWG	20 000 DM		
Vorräte	90 000 DM		
Kundenforderung	120 000 DM		
Kasse und Bank	1 000 DM		
	568 000 DM		568 000 DM

Die übrigen Gesellschafter haben dem Gesellschafterwechsel unter der Voraussetzung zugestimmt, dass D das Kapitalkonto des C mit 40 000 DM unverändert fortführt.

Nach der Bilanz hat die OHG für das Geschäftsjahr 08 einen Gewinn von 180 000 DM erzielt. Vorabvergütungen sind im Gesellschaftsvertrag nicht vorgesehen.

Aufgabe

1. Wie hoch ist der von C erzielte Veräußerungsgewinn?
2. Die für den neu eintretenden Gesellschafter D erforderlichen Ergänzungsbilanzen zum 1. 1. und 31. 12. 08 sind aufzustellen. Hierbei ist Folgendes zu beachten:
   a) Der Grund und Boden ist am 31. 12. 08 noch in vollem Umfang vorhanden.
   b) Das Gebäude wurde bislang zutreffend mit 2 % der Anschaffungskosten in Höhe von 200 000 DM abgeschrieben:

Anschaffungskosten = Zugang	200 000 DM
./. AfA für 32 Jahre (4000 DM × 32 =)	128 000 DM
31. 12. 07	72 000 DM

   Am 1. 1. 08 beträgt die tatsächliche Nutzungsdauer noch 40 Jahre.
   c) Die wirtschaftliche Nutzungsdauer der Patente beträgt voraussichtlich noch fünf Jahre.
   d) Die Maschinen haben eine Restnutzungsdauer von drei Jahren.
   e) Für die Einrichtung ist ebenfalls mit einer Restnutzungsdauer von drei Jahren zu rechnen.
   f) Von den am 1. 1. 08 vorhandenen Vorräten wurden bis zum Jahresende ³/₄ verkauft. Bei dem Restbestand ist eine Wertminderung nicht eingetreten.

   Soweit Bewertungswahlrechte bestehen, wünscht der Stpfl. die Lösung, die den niedrigsten Gewinn ergibt.
3. Der gesondert und einheitlich festzustellende Gewinn des Wirtschaftsjahres 08 ist zu ermitteln. Die Gewinnanteile der einzelnen Mitunternehmer sind festzustellen.

Die **Lösung** zu dieser Übungsaufgabe ist in einem „Lösungsheft" (Bestell-Nr. 100) enthalten.

21.9.1.3 Kaufpreis niedriger als der übernommene Kapitalanteil

Seltener sind die Fälle, in denen der Erwerber des Gesellschaftsanteils weniger zahlt, als das übernommene Kapitalkonto ausweist. Das kann vorkommen, wenn in der Bilanz Wirtschaftsgüter mit höheren Beträgen ausgewiesen sind als mit dem Teilwert. Wegen des handelsrechtlichen Niederstwertprinzips und des Grundsatzes der Maßgeblichkeit der Handelsbilanz für die Steuerbilanz ist das beim Umlaufvermögen nur selten möglich. Dagegen sind solche Fälle beim Anlagevermögen denkbar. Denkbar sind auch Fälle, in denen die Minderwerte nicht an konkreten Wirtschaftsgütern festgemacht werden können, sondern in denen die ungünstige betriebliche Situation (Standort, Konkurrenz, Innovation, technische Rückständigkeit) Ursache für den niedrigen Preis darstellt.

Ist der Anschaffungspreis für einen Mitunternehmeranteil niedriger als das übernommene Kapitalkonto, so muss der Erwerber den Minderbetrag in seiner Ergänzungsbilanz auf die Wirtschaftsgüter der Gesellschaft verteilen. Der Minderwert kann nicht als „negativer Geschäftswert" bilanziert werden.[402] Wegen des Nominalwertprinzips kommt dabei allerdings (natürlich) keine Abstockung auf Bargeld oder Bankguthaben in Betracht.[403]

Beispiel

An der OHG X waren beteiligt:

Gesellschafter	Gewinnbeteiligung	Kapitalkonto
A	80 %	160 000 DM
B	10 %	20 000 DM
C	10 %	20 000 DM

C verkauft am 5. 1. seinen Mitunternehmeranteil an D für 19 000 DM. Der Minderwert beruht auf einem erhöhten Buchwert der Maschinen von 100 000 DM, die tatsächlich durch voraussichtlich vorübergehende Preisrückgänge nur noch einen Teilwert von 90 000 DM haben. Die ursprünglichen Anschaffungskosten betragen 200 000 DM, die jährliche AfA 10 % und die betriebsgewöhnliche Restnutzungsdauer fünf Jahre. Von dem Minderwert entfallen 10 % = 1000 DM auf den ausscheidenden C. Stille Reserven sind nicht vorhanden.

C als Veräußerer erzielt einen Veräußerungsverlust. Dieser ist mit positiven Einkünften auszugleichen. D als Käufer hat niedrigere Anschaffungskosten, als es dem übernommenen Kapital entspricht. Die OHG verrechnet für D eine zu hohe AfA, denn sie schreibt weiterhin 10 % von 200 000 DM = 20 000 DM ab. Davon entfallen auf D 10 % = 2000 DM jährlich, in fünf Jahren insgesamt 10 000 DM. D hat tatsächlich aber nur Anschaffungskosten von 9000 DM gehabt. Um je 200 DM ist die AfA für D in den restlichen Jahren zu hoch. Dies wird in der Ergänzungsbilanz ausgeglichen.

Aktiva	Ergänzungsbilanz D vom 5. 1.		Passiva
Minderkapital	1 000 DM	Maschinen	1 000 DM

---

402 BFH, BStBl 1994 II S. 745 m. w. N.
403 BFH, BStBl 1998 II S. 180.

21.9 Veräußerung eines Mitunternehmeranteils

Aktiva	Ergänzungsbilanz D vom 31. 12.		Passiva
Minderkapital 1 000 DM		Maschinen 1 000 DM	
./. Gewinn 200 DM		./. AfA 200 DM	800 DM
Minderkapital v. 31. 12. 800 DM			
800 DM			800 DM

Der Gewinn der Ergänzungsbilanz ist bei der einheitlichen Gewinnfeststellung zu berücksichtigen. Die Ergänzungsbilanz ist bis zum Ablauf der betriebsgewöhnlichen Nutzungsdauer oder bis zum vorzeitigen Ausscheiden der Maschinen aus dem Betriebsvermögen fortzuführen.

Liegt der Kaufpreis für einen vollentgeltlich erworbenen Gesellschaftsanteil unter dem Betrag des zugehörigen positiven Kapitalkontos, muss der Minderbetrag in der Ergänzungsbilanz passiviert werden, damit der tatsächliche Kaufpreis ausgewiesen und gewinnwirksam wird.

Zu diesem Zweck werden die auf den Erwerber entfallenden Buchwerte der Wirtschaftsgüter des Gesellschaftsvermögens in der Ergänzungsbilanz durch Korrekturen herabgesetzt, die in der Folge entsprechend dem Verbrauch der Wirtschaftsgüter gewinnerhöhend aufgelöst werden. Der Anteil des Erwerbers bestimmt sich hierbei nach der Beteiligung am Gewinn und Verlust der Gesellschaft, weil der Verbrauch der Wirtschaftsgüter für ihn in diesem Umfang gewinnwirksam wird und nur insoweit durch Auflösung von Abstockungsbeträgen berichtigt werden kann.[404]

Übersteigt das übernommene positive Kapitalkonto diesen Abstockungsbetrag und, wenn andere Gesellschafter negative Kapitalkonten haben, sogar das vorhandene Reinvermögen der Personengesellschaft, ist in der Ergänzungsbilanz des Erwerbers für den nicht durch Abstockung zu verteilenden Minderbetrag ein passiver Ausgleichsposten zu bilden, der gegen spätere Verlustanteile sowie bei gänzlicher oder teilweiser Beendigung der Beteiligung gewinnerhöhend aufgelöst wird.[405]

Beispiel

C, der als Kommanditist an der A-KG mit 25 % beteiligt ist, veräußert seine KG-Beteiligung mit Wirkung vom 1. 1. 05 an D. Der Veräußerungspreis beträgt 1 DM, das Kapitalkonto des C im Zeitpunkt der Veräußerung 500 001 DM, sodass der von C erzielte Veräußerungsverlust (500 001 DM ./. 1 =) 500 000 DM beträgt.

A	Bilanz der A-KG 31. 12. 04		P
Anlagevermögen	300 000 DM	Kapital A	./. 70 001 DM
Vorräte	60 000 DM	Kapital B	./. 70 000 DM
		Kapital C	500 001 DM
	360 000 DM		360 000 DM

---

404 BFH, BStBl 1994 II S. 745 m. w. N.
405 BFH, BStBl 1994 II S. 745.

21 Personengesellschaften

Die AfA auf das Anlagevermögen beträgt für 05 100 000 DM; die Vorräte werden im Laufe des Jahres 05 verbraucht. Die KG hat für das Jahr 05 einen Gewinn von 240 000 DM, für das Jahr 06 einen Verlust von 40 000 DM erzielt. Durch den Erwerb des Mitunternehmeranteils hat D Anschaffungskosten in Höhe von 1 DM aufgewendet. Der Unterschiedsbetrag zum Kapitalkonto in der Gesellschaftsbilanz ist in der für D aufzustellenden Ergänzungsbilanz mit ./. 500 000 DM auszuweisen, sodass das steuerliche Kapital des D (Gesellschaftsbilanz 500 001 DM, Ergänzungsbilanz ./. 500 000 DM) 1 DM beträgt.

A	Ergänzungsbilanz D 1. 1. 05		P
Minderkapital	500 000 DM	Anlagevermögen	75 000 DM
		Vorräte	15 000 DM
		Ausgleichsposten	410 000 DM
	500 000 DM		500 000 DM

Da D mit 25 % am Gewinn/Verlust beteiligt ist, beträgt der auf ihn entfallende Abstockungsbetrag jeweils 25 % auf Anlagevermögen und Vorräte. Der übersteigende Betrag von 410 000 DM wird als Ausgleichsposten passiviert und gegen spätere Verlustanteile gewinnerhöhend aufgelöst. Sollte bei Beendigung der Beteiligung noch ein Ausgleichsposten vorhanden sein, ist er in diesem Zeitpunkt gewinnerhöhend aufzulösen.

A		Ergänzungsbilanz D 31. 12. 05			P
Minderkapital	500 000 DM	Anlagevermögen	75 000 DM		
./. Gewinn	40 000 DM	./. AfA	25 000 DM		50 000 DM
	460 000 DM				
		Vorräte	15 000 DM		
		./. Verbrauch	15 000 DM		
					0 DM
		Ausgleichsposten			410 000 DM
	460 000 DM				460 000 DM

Ermittlung des Gewinnanteils D für 05:
Gewinnanteil lt. KG-Bilanz (25 % v. 240 000 =)	60 000 DM
Gewinn lt. Ergänzungsbilanz	40 000 DM
steuerlicher Gewinnanteil	100 000 DM

A		Ergänzungsbilanz D 31. 12. 06			P
Minderkapital	460 000 DM	Anlagevermögen	50 000 DM		
./. Gewinn	35 000 DM	./. AfA	25 000 DM		25 000 DM
	425 000 DM				
		Ausgleichsposten	410 000 DM		
		./. Auflösung	10 000 DM		
					400 000 DM
	425 000 DM				425 000 DM

Ermittlung des Gewinnanteils D für 06:
Verlustanteil lt. KG-Bilanz (25 % v. 40 000 =)	./. 10 000 DM
Gewinn lt. Ergänzungsbilanz	35 000 DM
steuerlicher Gewinnanteil	25 000 DM

21.9.1.4 Teilentgeltliche Veräußerung

Bei der teilentgeltlichen Veräußerung eines Mitunternehmeranteils ist der Vorgang nicht in ein vollentgeltliches und ein voll unentgeltliches Geschäft zu zerlegen. Der Veräußerungsgewinn ist vielmehr durch Gegenüberstellung des Entgelts und des Kapitalkontos des Gesellschafters zu ermitteln.[406] Ein Veräußerungsgewinn ergibt sich aber nur, wenn die Gegenleistung den Buchwert des Mitunternehmeranteils übersteigt.[407] Ist die Gegenleistung nicht höher als der Buchwert, muss der Erwerber die stillen Reserven seines Vorgängers nach § 6 Abs. 3 EStG fortführen.

Wird ein Veräußerungsgewinn erzielt, so ist dieser nach § 34 EStG tarifbegünstigt, auch wenn nicht alle stillen Reserven aufgelöst werden. Die Vergünstigung wird gewährt, weil der ausscheidende Gesellschafter sein gesamtes Betriebsvermögen einschließlich noch vorhandener stiller Reserven veräußert und es bei ihm deshalb nicht mehr zu einer Besteuerung dieser Reserven in einem späteren Zeitraum kommen kann. Ein erzielter Veräußerungsgewinn nimmt auch an der Freibetragsregelung des § 16 Abs. 4 EStG teil.[408]

Diese Rechtsprechung ist aber nicht auf die Übertragung von Mitunternehmeranteilen oder von Sonderbetriebsvermögen zwischen Mitunternehmern im Rahmen der **Erbauseinandersetzung mit Abfindungszahlung** anwendbar. Es handelt sich nicht um einen einheitlichen Erwerbsvorgang, sondern um zwei rechtlich selbstständige Vorgänge. Die Erfüllung des Auseinandersetzungsanspruchs durch Realteilung[409] und die Abfindungsvereinbarung sind getrennte Rechtsgeschäfte, wobei die Realteilung zu unentgeltlichem, die Abfindung zu entgeltlichem Erwerb führt. Hinsichtlich des unentgeltlichen Teils sind die Buchwerte fortzuführen und diese hinsichtlich des entgeltlichen Teils aufzustocken.[410]

21.9.2 Ausscheiden eines Gesellschafters (Veräußerung an einen Gesellschafter)

Der ausscheidende Gesellschafter kann seinen Anteil an einen seiner bisherigen Mitgesellschafter veräußern. Die steuerrechtlichen Folgen sind die gleichen wie bei

---
406 BFH, BStBl 1986 II S. 811; BFH, BStBl 1992 II S. 832.
407 H 139 [7] EStH.
408 BFH, BStBl 1986 II S. 811.
409 S. u. 21.15.
410 BFH, BStBl 1990 II S. 837/844; BFH, BStBl 1992 II S. 512/514.

21 Personengesellschaften

der Veräußerung an einen Dritten. Die in 21.9.1 herausgestellten Grundsätze gelten gleichermaßen.

Leistet der verbleibende Gesellschafter an den ausscheidenden Gesellschafter wegen dessen Lästigkeit (vgl. u. 21.9.3.3) Abfindungszahlungen, so sind diese außerhalb der Ergänzungsbilanz zu erfassen. Es handelt sich um Aufwand im Zusammenhang mit der Begründung bzw. Stärkung der eigenen Beteiligung, der dem Bereich des Sonderbetriebsvermögens II zuzuordnen ist,[411] und zwar als Sonderbetriebsausgaben.

21.9.3 Ausscheiden eines Gesellschafters (Veräußerung an die Gesellschaft oder Gesellschafter)

21.9.3.1 Höhe der Abfindung; Abfindungsformen

Scheidet ein Gesellschafter aus einer Personengesellschaft aus, so wächst sein Anteil am Gesellschaftsvermögen kraft Gesetzes (§§ 177, 161 Abs. 2, 105 Abs. 2, 138 HGB, § 738 BGB) den verbleibenden Gesellschaftern zu. Diese haben den ausscheidenden Gesellschafter für seinen Anteil am Gesellschaftsvermögen abzufinden. Was zivilrechtlich als Anwachsung des Anteils des ausscheidenden Gesellschafters am Gesellschaftsvermögen anzusehen ist, wird ertragsteuerrechtlich für den ausscheidenden Gesellschafter als Veräußerung und für die übernehmenden Gesellschafter als Anschaffung behandelt.[412]

Ist im Gesellschaftsvertrag einer zweigliedrigen OHG bestimmt, dass bei Ausscheiden eines Gesellschafters der verbleibende Gesellschafter das Unternehmen als Einzelunternehmen fortführen darf, wächst mit dem Tag des Ausscheidens des einen Gesellschafters dessen Anteil am Gesellschaftsvermögen dem verbleibenden Gesellschafter zu. Das ist auch dann der Fall, wenn über die Höhe der Abfindung des ausscheidenden Gesellschafters am Tag des Ausscheidens noch keine Einigung erzielt worden ist.

Das Ausscheiden eines Gesellschafters aus einer nach seinem Ausscheiden noch weiter bestehenden Personengesellschaft zwingt nicht zur Bildung eines Rumpfwirtschaftsjahres i. S. des § 8 b EStDV; denn es handelt sich bei einem solchen Vorgang weder um die Aufgabe oder Veräußerung des bisherigen noch um die Gründung eines neuen Betriebs. Die bisherige Personengesellschaft besteht unter den übrigen Gesellschaftern weiter, sodass die Identität der Gesellschaft erhalten bleibt.[413] Wird

---

411 BFH, BStBl 1993 II S. 706; a. A. Reiß, in: Kirchhof, § 16 Rz. 229.
412 BFH, BStBl 1999 II S. 269 m. w. N.; a. A. Reiß, in: Kirchhof, § 16 Rz. 330 f. (Aufgabe nach § 16 Abs. 3 S. 1).
413 BFH, BStBl 1989 II S. 312.

auf einen Zwischenabschluss verzichtet, kann der bis zum Ausscheiden angefallene Gewinn zeitanteilig geschätzt werden.[414]

Auch der bloße Wechsel der Rechtsform einer durchgängig bestehenden Mitunternehmerschaft, wie Umwandlung einer GbR in eine atypisch stille Gesellschaft, führt nicht zu einer Betriebsveräußerung oder Betriebsaufgabe oder Betriebsgründung. Dies gilt auch dann, wenn einzelne Mitunternehmer im Rahmen der Umwandlung ausscheiden und die Mitunternehmerschaft von den verbliebenen Beteiligten fortgesetzt wird. Insofern kann von einer einkommensteuerrechtlich formwechselnden Umwandlung gesprochen werden.[415]

Das Ausscheiden selbst stellt für die Gesellschaft jedoch einen Geschäftsvorfall dar. Die Zahlungen an den ausscheidenden Gesellschafter sind die Gegenleistung der verbleibenden Gesellschafter für die Aufgabe der Beteiligung und demzufolge die Anschaffungskosten für die durch den Gesellschaftsanteil anteilmäßig repräsentierten materiellen und immateriellen, bilanzierten und nicht bilanzierten Wirtschaftsgüter des Gesellschaftsvermögens.[416]

Im Allgemeinen richtet sich die Höhe der Abfindung nach dem Gesellschaftsvertrag. Enthält der Gesellschaftsvertrag keine Bestimmung, so ist dem Ausscheidenden das zu zahlen, was er bei der Auseinandersetzung erhalten würde, wenn die Gesellschaft zur Zeit seines Ausscheidens aufgelöst worden wäre (§ 738 Abs. 1 Satz 2 BGB, §§ 105 Abs. 2, 161 Abs. 2 HGB). Danach hat die Abfindung dem wirklichen Wert des Unternehmens einschließlich aller stillen Reserven und des Geschäftswerts zu entsprechen. Zur Feststellung des wirklichen Werts ist eine Auseinandersetzungsbilanz (Abschichtungsbilanz) aufzustellen.

Die Abfindung kann in einem festen Betrag oder in laufenden Bezügen bestehen. Sie kann zum Buchwert, über Buchwert und unter dem Buchwert des Kapitalkontos erfolgen. Entspricht die Abfindung dem Kapitalkonto, ergibt sich beim Ausscheiden eines Gesellschafters die folgende Buchung: Kapitalkonto X an Geldkonto. Die übrigen Buchansätze bleiben unverändert.

21.9.3.2 Abfindung höher als Buchwert

21.9.3.2.1 Behandlung bei der Gesellschaft

Sehr oft übersteigt die gezahlte Abfindung den Wert des Kapitalkontos. Es spricht eine widerlegbare tatsächliche Vermutung dafür, dass der Mehrpreis auf stille Reserven und/oder den Geschäftswert entfällt.[417] Soweit der Abfindungsanspruch

---
414 BFH, BStBl 1973 II S. 544.
415 BFH, BStBl 1990 II S. 561.
416 BFH, BStBl 1986 II S. 176.
417 BFH, BStBl 1984 II S. 584.

den Buchwert des Kapitalanteils übersteigt, muss der Unterschiedsbetrag in der Bilanz der Gesellschaft bei den Vermögensposten anteilig aktiviert werden, deren Wertansätze unter den Zeitwerten/Teilwerten liegen.[418] Auch insoweit handelt es sich um Anschaffungskosten, die mit dem gesetzlichen Übergang der dinglichen Mitberechtigung des ausscheidenden Gesellschafters an den einzelnen Gegenständen des Gesellschaftsvermögens auf die verbleibenden Gesellschafter in Zusammenhang stehen.[419] [420] Die Bewertung mit den Anschaffungskosten bewirkt, dass bei den verbleibenden Gesellschaftern kein Verlust entsteht.

Stille Reserven können auch in immateriellen Wirtschaftsgütern stecken, z. B. in **Gewinnchancen aus schwebenden Geschäften** oder ähnlichen bisher nicht aktivierten Werten. Würden diese nicht besonders ausgewiesen, würden sie in dem anders gearteten Firmenwert erfasst. Voraussetzung für ein selbstständiges Wirtschaftsgut ist jedoch, dass im Einzelfall tatsächlich bereits feste Aufträge erteilt sind, die eine selbstständig bewertbare Gewinnchance beinhalten.[421] Nur wenn nach Aufdeckung aller dieser Reserven ein Mehrbetrag verbleibt, ist dieser als Zahlung auf den Geschäftswert (Firmenwert) anzusehen.[422]

Ergibt sich, dass weder stille Reserven noch ein Geschäftswert beim Ausscheiden des Gesellschafters vorhanden waren, so kann in der über das Kapitalkonto hinausgehenden **Mehrabfindung** für entgehende künftige Gewinnaussichten ein beim verbleibenden Gesellschafter zu aktivierender Geschäftswert nicht angenommen werden.[423] Das kann aber nur in Sonderfällen gelten und darf nicht verallgemeinert werden.[424] Vielmehr ist davon auszugehen, dass im Allgemeinen für die Mehrzahlung ein Gegenwert erlangt wird, vor allem, wenn beim Ausscheiden des Gesellschafters ein Geschäftswert vorhanden war. Auch im Falle des vorzeitigen Ausscheidens ist anzunehmen, dass die Mehrabfindung nicht eine Vergütung für entgehende Gewinnansprüche, sondern für den Anteil des Ausgeschiedenen am Geschäftswert ist, sofern ein entsprechender Geschäftswert festgestellt ist. Eine entgegenstehende Parteivereinbarung ist steuerrechtlich ohne Wirkung.

Auch wenn nach dem Gesellschaftsvertrag der Gesellschafter bei Ausscheiden nicht an den stillen Reserven beteiligt sein soll, nach den üblichen betriebswirtschaftlichen Methoden sich kein Geschäftswert ergibt oder behauptet wird, ein streitiger Schadensersatzanspruch werde befriedigt, kann eine das Kapitalkonto übersteigende Mehrzahlung nicht ohne weiteres sofort als Aufwand abgezogen werden.[425] Nur ausnahmsweise kommt bei Nachweis, dass auf keinen Fall ein Geschäftswert und/oder

---

418 BFH, BStBl 1994 II S. 243/245 m. w. N.
419 BFH, BStBl 1996 II S. 194.
420 Die anteilige Aktivierung ist auch in der HB möglich (HFA 2/1993 Teil C, WPg 1994, 24).
421 BFH, BStBl 1986 II S. 176.
422 BFH, BStBl 1970 II S. 740.
423 BFH, BStBl 1970 II S. 740.
424 BFH, BStBl 1975 II S. 236.
425 Vgl. BFH, BStBl 1984 II S. 584; BFH, BStBl 1979 II S. 74; BFH, BStBl 1975 II S. 807; BFH, BStBl 1993 II S. 306.

21.9 Veräußerung eines Mitunternehmeranteils

andere stille Reserven vorhanden sind, ein sofortiger Abzug wegen Abfindung eines lästigen Gesellschafters in Betracht.[426]

Scheidet ein Gesellschafter aus, so sind mit Wirkung für die verbleibenden Gesellschafter in der Gesellschaftsbilanz die Buchwerte derjenigen Wirtschaftsgüter anteilig **aufzustocken,** die stille Reserven beinhalten. Auf der Passivseite ist dementsprechend nach Ausbuchung des Gesellschafterkapitalkontos die **Abfindungsverbindlichkeit** gegenüber dem Ausscheidenden auszuweisen.[427] Erst durch die AfA erscheint der Mehrpreis abnutzbarer Anlagegüter als Aufwand. Im Übrigen ist eine Gewinnminderung erst möglich, wenn die aufgestockten Wirtschaftsgüter aus dem Betriebsvermögen ausscheiden oder Teilwertabschreibungen in Betracht kommen.

Beispiel

Die letzte Bilanz einer OHG enthält die folgenden Werte:

Aktiva	Bilanz vom 31. 12.		Passiva
Grund und Boden	20 000 DM	Kapital A	100 000 DM
Gebäude	82 000 DM	Kapital B	80 000 DM
Maschinen	15 000 DM	Kapital C	20 000 DM
Vorräte	65 000 DM		
Sonstige Aktivposten	18 000 DM	—	
	200 000 DM		200 000 DM

C, der mit $^1/_3$ am Gewinn beteiligt war, scheidet vereinbarungsgemäß aus und erhält von A und B aus dem Betriebsvermögen der OHG eine Abfindung von 60 000 DM. Das sind 40 000 DM mehr als sein Kapitalkonto. Die Mehrabfindung erklärt sich wie folgt:

	Teilwert	Buchwert	Stille Reserven
Grund und Boden	30 000 DM	20 000 DM	10 000 DM
Maschinen	18 000 DM	15 000 DM	3 000 DM
Vorräte	77 000 DM	65 000 DM	12 000 DM
GWG	5 000 DM	—	5 000 DM
	130 000 DM	100 000 DM	30 000 DM

An den stillen Reserven ist C mit $^1/_3$ = 10 000 DM beteiligt. Wenn darüber hinaus nun weitere 30 000 DM gezahlt werden, so handelt es sich dabei offensichtlich um die Abfindung für den Firmenwert.

---
[426] BFH, BStBl 1995 II S. 246 (Sonderbetriebsaufwand).
[427] BFH, BStBl 1996 II S. 194.

Buchung

Kapitalkonto C	20 000 DM		
Grund und Boden	3 333 DM		
Maschinen	1 000 DM		
Vorräte	4 000 DM		
GWG	1 667 DM		
Firmenwert	30 000 DM	an Abfindungsverbindlichkeit	60 000 DM

Mit Ausnahme der Zahlung für die geringwertigen Wirtschaftsgüter ergibt sich zunächst kein Aufwand. Der Mehrpreis für die Maschinen und für den Firmenwert wird im Wege der AfA erfasst, die Mehrzahlung für die Vorräte erscheint als Wareneinsatz. Im Übrigen ergibt sich erst beim Ausscheiden bzw. bei einer Teilwertminderung der Wirtschaftsgüter ein Aufwand. Ergänzungsbilanzen sind nicht aufzustellen.

Es liegt nicht im Ermessen der Gesellschaft, bei welchen Wirtschaftsgütern sie die Aktivierung vornimmt. Die Mehrabfindung ist **gleichmäßig** prozentual auf alle Wirtschaftsgüter zu verteilen, in denen stille Reserven vorhanden sind.[428] Das ist von Bedeutung, wenn die Abfindung niedriger ist als das Kapitalkonto zuzüglich des Anteils an den stillen Reserven. In diesen Fällen ist eine willkürliche Verteilung auf schnell abschreibbare Bilanzposten nicht statthaft.

Beispiel

A, der mit 50 % beteiligt war, scheidet aus der OHG aus. Die festgestellten stillen Reserven betragen:

Wirtschaftsgut	Betrag	Anteil A
Grundstück	100 000 DM	50 000 DM
Waren	150 000 DM	75 000 DM
insgesamt	250 000 DM	125 000 DM

Hiernach hätte ihm eine Mehrabfindung von 125 000 DM zugestanden. Man einigt sich jedoch auf eine Mehrabfindung von nur 100 000 DM.
Von den aufgedeckten stillen Reserven entfallen 40 v. H. auf das Grundstück und 60 v. H. auf die Waren. In diesem Verhältnis ist auch die Mehrabfindung zu verteilen.

Buchung

Grundstück	40 000 DM		
Wareneinkauf	60 000 DM	an Bank	100 000 DM.

Es ist nicht zulässig, zunächst 75 000 DM beim Warenkonto und nur die restlichen 25 000 DM auf dem Grundstückskonto zu buchen.

Eine Abfindung über dem Nennwert und damit ein Veräußerungsgewinn i. S. des § 16 EStG liegt auch dann vor, wenn der ausscheidende Gesellschafter ein **negatives Kapitalkonto** hatte, er sein negatives Kapitalkonto nicht ausgleichen muss und es sich nicht um eine unentgeltliche Übertragung eines Mitunternehmeranteils i. S. des § 6 Abs. 3 EStG handelt.[429] Es ist sodann allerdings zu differenzieren: Soweit § 15 a anwendbar ist und verrechenbare Verluste des Ausscheidenden vorhanden sind, ist der Veräußerungsgewinn nach § 15 a Abs. 2 EStG mit den ver-

---

428 BFH, BStBl 1984 II S. 747.
429 BFH, BStBl 1995 II S. 112 m. w. N.

21.9 Veräußerung eines Mitunternehmeranteils

rechenbaren Verlusten bis zu deren Höhe auszugleichen. Nur ein eventueller Rest ist sodann nach §§ 16 Abs. 4, 34 EStG begünstigt. Soweit § 15 a EStG noch nicht anwendbar ist, ist der Gewinn nach §§ 16, 34 EStG in vollem Umfange begünstigt.[430]

In Höhe des die stillen Reserven (einschließlich Firmenwert) übersteigenden Teilbetrags des negativen Kapitalkontos sind bei den Mitunternehmern, auf die der Anteil übergeht, Verlustanteile anzusetzen.[431] In Höhe der in dem Anteil enthaltenen und auf die übernehmenden Mitunternehmer übergehenden stillen Reserven sind Anschaffungskosten zu aktivieren.[432] Soweit die übernehmenden Mitunternehmer beschränkt haften, ist bei ihnen die Beschränkung des Verlustausgleichs nach § 15 a EStG zu beachten.[433] Der Grund für die nunmehrige Verlustzurechnung bei den Altgesellschaftern besteht darin, dass jetzt feststeht, dass diese Verluste sie treffen, weil der ausscheidende Kommanditist sie im Ergebnis nicht trägt.

Die Übernahme des negativen Kapitalkontos durch eine OHG bzw. eines in ihr verbleibenden Gesellschafters stellt einen außerbetrieblichen Vorgang dar, wenn sie aus familiären Gründen erfolgt. Insoweit ist dann § 6 Abs. 3 EStG anzuwenden.

Kein Veräußerungsgewinn liegt vor, wenn die den Betrieb fortführenden Gesellschafter dem Ausgeschiedenen zusagen, ihn von den Geschäftsschulden zu befreien, diese Freistellung wegen der Vermögenslage des Übernehmers wirtschaftlich jedoch ohne Bedeutung ist und der Ausscheidende nach wie vor mit der Inanspruchnahme durch die Gesellschaftsgläubiger zu rechnen hat. Ebenso verwirklicht ein Kommanditist aus dem Fortfall eines negativen Kapitalkontos keinen Veräußerungsgewinn, wenn er mit der Inanspruchnahme aus einer für die KG eingegangenen **Bürgschaft** rechnen muss.[434]

Ein Veräußerungsgewinn ergibt sich schließlich auch nicht, wenn der Ausscheidende sein negatives Kapitalkonto ausgleichen muss. In diesem Fall kann sich aber nachträglich ein **Veräußerungsverlust** ergeben, wenn etwa aufgrund einer Betriebsprüfung für die Zeit vor dem Ausscheiden Gewinnerhöhungen festgestellt und auch dem ausgeschiedenen Gesellschafter zugerechnet werden. Kann der Ausscheidende das aufgrund dieser Gewinne nunmehr positive Kapitalkonto nicht im Wege der Abfindung realisieren, erleidet er einen Veräußerungsverlust.[435]

21.9.3.2.2 Behandlung beim Veräußerer

Der ausscheidende Gesellschafter erzielt einen **Veräußerungsgewinn** i. S. des § 16 Abs. 1 EStG. Im Übrigen gilt das Gleiche wie beim Gesellschafterwechsel.[436]

---

430 Dazu Ausführungen unter 21.3; s. auch § 52 Abs. 33 EStG.
431 § 52 Abs. 33 Satz 3 EStG; R 138 d Abs. 6 EStR; BFH, BStBl 1992 II S. 650.
432 R 138 d Abs. 6 Satz 3 EStR.
433 R 138 d Abs. 6 Satz 5 EStR.
434 BFH, BStBl 1991 II S. 64.
435 BFH, BStBl 1997 II S. 241.
436 S. o. 21.9.1.1.2.

21.9.3.3 Mehrabfindung an lästigen Gesellschafter als Aufwand

Nach ständiger Rechtsprechung wird die Mehrabfindung, die an einen **lästigen** Gesellschafter über die Vergütung für die stillen Reserven einschließlich Geschäftswert hinaus geleistet wird, als sofort **abzugsfähige Betriebsausgabe** der verbleibenden Gesellschafter anerkannt, wenn der Gesellschafter sich betriebsschädigend verhalten hat.[437] Bloße Streitigkeiten unter den Gesellschaftern genügen hierfür nicht. Der ausgeschiedene Mitgesellschafter muss den Bestand und das Gedeihen der Gesellschaft durch dauernde Störungen des Betriebs ernsthaft gefährden und für einen bereits absehbaren Zeitpunkt infrage stellen. Das Vorliegen des Tatbestandsmerkmals „lästiger Gesellschafter" muss von den Beteiligten **nachgewiesen** werden. Es muss ein Sachverhalt vorliegen, der die Untragbarkeit des fraglichen Gesellschafters offenkundig macht. Dabei muss es sich um Gesellschafter handeln, die auf „Wohl und Wehe" der Gesellschaft Einfluss nehmen können. Dementsprechend kann ein von der Geschäftsführung ausgeschlossener Gesellschafter in diesem Sinne regelmäßig nicht lästig sein. Auch zur Nachfolge in die Gesellschafterstellung berufene Erben sind aufgrund dieses Umstandes jedenfalls nicht lästig. Negatives Kapital oder hohe Entnahmen allein reichen ebenfalls nicht aus.

Es wird die Auffassung vertreten, dass die Anerkennung als „lästiger Gesellschafter" und damit die sofortige Abzugsfähigkeit nur dann in Betracht komme, wenn der Ausschluss des Gesellschafters möglich sei. Eine Ausschlussklage nach § 140 HGB ist z. B. unter den folgenden Voraussetzungen möglich: Verfolgung gesellschaftsfremder Interessen, Handeln zum Nachteil der Gesellschaft, Verletzung des Wettbewerbsverbots, Überschreitung des Entnahmerechts, Verletzung der Verpflichtung zur Geschäftsführung, ungehöriges Benehmen. Auch das Verschweigen bestimmter Vorstrafen und die Vorspiegelung von Fachkenntnissen bei der Gründung kann ein Ausschlussgrund sein.

Neben solchen Umständen muss die Zahlung einer Abfindung über dem Wert des Gesellschaftsanteils hinzukommen. Die Mehrleistung muss erfolgen, um den Gesellschafter hinauszubekommen, d. h., um Kosten, Ärger und Geschäftsschaden durch einen langen Prozess zu verhindern.

Auch in diesen Fällen darf die Mehrzahlung nicht ohne Prüfung als Aufwand verrechnet werden. Soweit sie auf stille Reserven und den Firmenwert entfällt, ist sie nach allgemeinen Grundsätzen zu aktivieren. Das gilt auch dann, wenn die Beteiligten vereinbart haben, dass ein Teil der Abfindung unabhängig vom Wert des Anteils wegen Lästigkeit geleistet wird. Voraussetzung für den sofortigen Abzug ist also, dass eine Mehrabfindung gezahlt wird, die über dem wirklichen Wert des Anteils (Kapitalkonto + anteilige stille Reserven + anteiliger Firmenwert) liegt.

Nur wenn die Beteiligten dartun können, dass und aus welchen Gründen ausnahmsweise mehr gezahlt werden musste als der wahre Wert des Anteils, kann die Mehr-

---

437 BFH/NV 1990 S. 496.

zahlung als sofort abzugsfähige Betriebsausgabe behandelt werden. Diese Fälle sind selten. Für den Fall, dass die Mehrzahlung von den verbleibenden Gesellschaftern **zulasten des Gesellschaftsvermögens** gezahlt wird, ist der Aufwand den Verbleibenden im Rahmen der **Gewinnverteilung** zur Gesamthandsbilanz zuzurechnen. Soweit die Mehrabfindung von **einzelnen Gesellschaftern** übernommen wird, liegt bei diesen ein Zusammenhang mit der Beteiligung vor. Es handelt sich sodann um **Sonderbetriebsausgaben** dieser Gesellschafter.[438]

21.9.3.4 Ermittlung des Firmenwerts

Da eine **Mehrabfindung** für einen lästigen Gesellschafter erst angenommen werden kann, wenn die Abfindung die stillen Reserven einschließlich Anteil am Geschäftswert übersteigt, liegt das entscheidende Problem in diesen Fällen in der Feststellung des Firmenwerts. Das ist der von persönlichen Eigenschaften der Inhaber losgelöste, dem Unternehmen innewohnende Wert, der im Wirtschaftsleben als verkehrsfähig anerkannt wird. Wegen der verschiedenen Möglichkeiten zur Berechnung des Firmenwerts s. o. 15.11.5.

21.9.3.5 Abfindung in Sachwerten

Bei der Abfindung in Sachwerten kann sich, wenn der Buchwert des zur Abfindung hingegebenen Gegenstands unter dem Verkehrswert liegt, neben dem Veräußerungsgewinn für den ausscheidenden Gesellschafter auch für die Gesellschaft ein verwirklichter Gewinn oder Verlust ergeben.[439] Für die fortführenden Gesellschafter liegt ein Veräußerungs- und Anschaffungsgeschäft vor, bei dem diese in Höhe ihres Anteils an den stillen Reserven des Abfindungsguts einen laufenden Gewinn erzielen.[440] Der auf den Ausscheidenden entfallende Anteil an den stillen Reserven des Abfindungsguts ist Teil des begünstigten Veräußerungsgewinns. Das gilt auch, wenn der Ausscheidende vor der Übertragung des Gesellschaftsanteils im Einverständnis mit den Mitgesellschaftern bestimmte Wirtschaftsgüter entnimmt.[441]

Beispiel

D scheidet aus einer OHG, an deren Gewinn er mit 25 % beteiligt war, aus. Sein Kapitalkonto beträgt 100 000 DM. Zur Abfindung seiner Rechte erhält er von den verbleibenden Gesellschaftern A, B u. C kein Bargeld, sondern ein für den Betrieb entbehrliches unbebautes Grundstück, das einen Buchwert von 70 000 DM und einen Teilwert von 140 000 DM hat. Das Grundstück wird von D privat genutzt. Der Wert des Grundstückes entspricht dem Wert des Gesellschaftsanteils, und D erklärt sich

---
438 BFH, BStBl 1993 II S. 706; BStBl 1995 II S. 246.
439 BFH, BStBl 1996 II S. 194.
440 BFH, BStBl 1990 II S. 561; BFH, BStBl 1996 II S. 194; BMF, BStBl 1993 I S. 62/73.
441 BFH, BStBl 1990 II S. 132.

daher für abgefunden. Stille Reserven sind außer im Grundstück nur noch im Geschäftswert festzustellen.

D erzielt einen Veräußerungsgewinn von (140 000 ./. 100 000 =) 40 000 DM. A, B u. C erzielen einen laufenden Gewinn von 52 500 DM dadurch, dass sie die Abfindungsverpflichtung durch Übertragung des Grundstücks erfüllen.

Buchungen bei der OHG

Kapital D	100 000 DM		
Grundstück ($^1/_4$)	17 500 DM		
Firmenwert	22 500 DM	an Abfindungsschuld	140 000 DM
Abfindungsschuld	140 000 DM	an Grundstück	87 500 DM
		an sb Erträge ($^3/_4$)	52 500 DM

S	Kapital D	H		S	Unbebaute Grundstücke	H
1)	100 000 DM	1. 1.	100 000 DM	1. 1. 1)	70 000 DM 17 500 DM	2) 87 500 DM

S	Abfindungsverpflichtung D	H		S	Firmenwert	H
2)	140 000 DM	1)	140 000 DM	1)	22 500 DM	

S	sonst. betriebl. Erträge	H
	2)	52 500 DM

Begründung: Wenn D 40 000 DM Mehrabfindung bekommt, müssen die stillen Reserven insgesamt 160 000 DM betragen. Hiervon stecken im Grundstück 70 000 DM; auf den Firmenwert entfallen dann noch 90 000 DM.

Für die verbleibenden Gesellschafter bildet der Abfindungsbetrag Anschaffungskosten für die durch den Gesellschaftsanteil des D anteilmäßig repräsentierten Wirtschaftsgüter des Gesellschaftsvermögens. Von diesen Anschaffungskosten muss der Mehrbetrag, der dem ausscheidenden Gesellschafter für seinen Anteil an den stillen Reserven zusteht, in der StB aktiviert werden. In der Höhe, in der das Abfindungsguthaben des D den schon durch den Veräußerungsgewinn des D erhöhten Buchwert des Abfindungsguts (Grundstück) übersteigt, fällt durch das Ausscheiden des Grundstücks ein sonstiger betrieblicher Ertrag an.[442]

Der Vorgang ist dadurch insgesamt gekennzeichnet, dass D zunächst seinen Mitunternehmeranteil veräußert (§ 16 Abs. 1 Nr. 2 EStG). Der Veräußerungsgewinn beträgt 40 000 DM (140 000 DM Abfindung ./. 100 000 DM Kapitalkonto).

Danach veräußern A, B und C zwecks Erfüllung ihrer Abfindungsverpflichtung das Grundstück an D und realisieren dadurch ihren Anteil an den stillen Reserven des Grundstücks:

---

442 BFH, BStBl 1996 II S. 194.

21.9 Veräußerung eines Mitunternehmeranteils

75 % von 70 000 DM = 52 500 DM

oder

Veräußerungserlös	140 000 DM
./. Buchwert (70 000 DM + 17 500 DM =)	87 500 DM
= Veräußerungsgewinn	52 500 DM

Diese Lösung führt zum gleichen Ergebnis wie eine Barabfindung von 140 000 DM nach vorangegangenem Verkauf des Grundstücks durch die Gesellschaft.

Gelangt die Sachwertabfindung beim ausscheidenden Mitunternehmer in ein Betriebsvermögen, so wurde bis zum 1. 1. 1999 ein Wahlrecht zur Buchwertfortführung gewährt. Seit dem 1. 1. 1999 ist fraglich, ob auf das Ausscheiden gegen Sachwertabfindung § 16 Abs. 3 EStG anzuwenden ist (Aufgabe des Mitunternehmeranteils). Nimmt man dies an, ordnet § 16 Abs. 3 Satz 5 EStG an sich den Ansatz mit dem gemeinen Wert an. Selbst dann müsste aber angenommen werden, dass vorrangig § 6 Abs. 5 Satz 3 EStG anzuwenden ist. Geht man davon aus, dass an sich die Veräußerung eines Mitunternehmeranteils nach § 16 Abs. 1 Nr. 2 EStG an die übrigen Mitunternehmer vorliegt, ist gleichwohl § 6 Abs. 5 Satz 3 EStG anzuwenden. Danach sind die Wirtschaftsgüter in der Zeit vom 1. 1. 1999 bis 31. 12. 2000 mit dem Teilwert anzusetzen gewesen, seit dem 1. 1. 2001 mit dem Buchwert. Ein Wahlrecht besteht nicht mehr. Soweit danach seit dem 1. 1. 2001 der Buchwert anzusetzen ist, entsteht weder ein Veräußerungsgewinn für den Ausscheidenden noch ein laufender Gewinn für die Verbleibenden. Es kommt vielmehr zu einem endgültigen „Überspringen stiller Reserven" durch Kapitalkontenanpassung.[443]

Beispiel

Das vorstehende Beispiel wird dahin abgewandelt, dass D das unbebaute Grundstück in das Betriebsvermögen seines Einzelunternehmens überführt.

D muss ab 1. 1. 2001 das ihm zur Abfindung übereignete Grundstück zum Buchwert in das Betriebsvermögen seines Einzelunternehmens überführen. In diesem Fall ist nach Ansicht des Gesetzgebers wohl kein Zwang zur Gewinnrealisierung geboten, weil die Versteuerung der stillen Reserven sichergestellt ist.

Bei der Lösung sind die Grundsätze zur Beurteilung einer Realteilung ohne Wertausgleich maßgebend. Dabei ist beim Ausgeschiedenen hinsichtlich seines Anteils an den stillen Reserven aller Wirtschaftsgüter des Gesellschaftsvermögens kein Veräußerungsgewinn entstanden. Auch die Verbleibenden haben hinsichtlich der anteiligen stillen Reserven im Sachabfindungsgut keinen Gewinn realisiert. Vielmehr „springen" die stillen Reserven anteilig vom Ausgeschiedenen auf die Verbleibenden und umgekehrt über.

Dies kann aber nur geschehen, wenn die Verbleibenden ihre Kapitalkonten erfolgsneutral den Buchwerten der verbliebenen Wirtschaftsgüter des Gesellschaftsvermögens anpassen. Gleichzeitig muss der Ausgeschiedene in seiner Eröffnungsbilanz das übernommene Abfindungsgut mit dem Buchwert unter entsprechendem Ausweis seines

---

443 Vgl. Reiß, in: BB 2000, 1965 (1972).

Kapitalkontos (Einlage) ansetzen. Dieses Vorgehen wird im Allgemeinen auch als Kapitalkontenanpassungsmethode bezeichnet.[444]

Das Ausscheiden ist in der Personengesellschaft buchmäßig wie folgt zu erfassen:

Kapital D	100 000 DM	an Grundstück	70 000 DM
		an Kapital A	10 000 DM
		an Kapital B	10 000 DM
		an Kapital C	10 000 DM

A	Eröffnungsbilanz der Einzelfirma D		P
Grundstück	70 000 DM	Kapital	70 000 DM

Die gleichen Grundsätze gelten für die Zeit ab 1. 1. 2001, wenn es sich bei der Mitunternehmerschaft um eine Erbengemeinschaft handelt und die Sachwertabfindung beim ausscheidenden Miterben in ein Betriebsvermögen gelangt.[445] Hingegen wird man nach § 6 Abs. 5 Satz 3 EStG i. d. F. des StEntlG anzunehmen haben, dass in der Zeit vom 1. 1. 1999 bis 31. 12. 2000 auch bei Erbengemeinschaften der Teilwert angesetzt werden müsste.

21.9.3.6 Abfindung niedriger als der Kapitalanteil

Liegt die Abfindung unter dem Buchwert des Kapitalanteils des Ausscheidenden, so führt das bei diesem zu einem Veräußerungsverlust nach § 16 EStG und zu einer entsprechenden Herabsetzung der Buchwerte der einzelnen Wirtschaftsgüter der erwerbenden Gesellschafter. Das gilt auch dann, wenn der Teilwert des Kapitalanteils dem Buchwert entspricht. Denn die Anschaffungskosten stellen den zulässigen Höchstwert dar.[446] Die Bewertung mit den Anschaffungskosten bewirkt, dass bei den verbleibenden Gesellschaftern kein Gewinn entsteht.

Beispiel

A scheidet im Laufe des Jahres aus einer OHG aus, an der er mit 25 % beteiligt war. Sein Kapital beträgt 100 000 DM. B und C übernehmen seinen Anteil gegen eine Abfindung von 90 000 DM. Der Minderpreis ist dadurch begründet, dass der Buchwert der Maschinen in Höhe von 900 000 DM wegen einer voraussichtlich vorübergehenden Wertminderung um 40 000 DM höher als der Teilwert ist. Stille Reserven sind im Unternehmen nicht vorhanden.

A hat einen Veräußerungsverlust erzielt:

Veräußerungserlös			90 000 DM
Buchwert des Mitunternehmeranteils			100 000 DM
Veräußerungsverlust			10 000 DM

Buchung

Kapital A	100 000 DM	an Maschinen	10 000 DM
		an Bank	90 000 DM

---
444 Vgl. BFH, BStBl 1992 II S. 385.
445 Vgl. BFH, BStBl 1990 II S. 837; BMF, BStBl 1993 I S. 62, Tz. 55 zur Buchwertfortführung nach früherem Wahlrecht.
446 BFH, BStBl 1974 II S. 352.

S	Maschinen	H		S	Kapital A	H
1.1. 900 000 DM	1)	10 000 DM		1) 100 000 DM	1.1.	100 000 DM

S	Bank	H
	1)	90 000 DM

Kein Veräußerungsverlust entsteht allerdings, wenn aus außerbetrieblichen Gründen eine teilentgeltliche Veräußerung erfolgt und das Entgelt unter dem Buchwert des Kapitalanteils liegt. Hier ist insgesamt von einer unentgeltlichen Übertragung auszugehen, sodass nach § 6 Abs. 3 EStG die Buchwerte fortzuführen sind. Eine Buchwertfortführung nach § 6 Abs. 3 EStG mit Entstehung eines Erwerbsgewinnes in Höhe der Differenz zwischen Zahlung und Buchwert kommt aber nicht in Betracht.[447]

21.10 Eintritt eines Gesellschafters in eine bestehende Personengesellschaft

21.10.1 Einbringung von Mitunternehmeranteilen

Auch der Eintritt eines weiteren neuen Gesellschafters in eine Personengesellschaft bedeutet handelsrechtlich keine Beendigung der alten und Gründung einer neuen Gesellschaft. Die **zivilrechtliche** Identität der bereits bestehenden Gesellschaft bleibt gewahrt. Es tritt lediglich eine Änderung in der sachenrechtlichen Rechtszuständigkeit insoweit ein, als dem neu eintretenden Gesellschafter eine gesamthänderische dingliche Mitberechtigung am Gesellschaftsvermögen anwächst. Eine neue Eröffnungsbilanz ist nicht erforderlich.[448] Findet die Aufnahme eines weiteren Gesellschafters zu Beginn eines Geschäftsjahres statt, so müssen die Wertansätze in der Eröffnungsbilanz der durch den Aufnahmevertrag erweiterten Personengesellschaft mit denen der Schlussbilanz des vorhergehenden Geschäftsjahres übereinstimmen, die für dieselbe Personengesellschaft in ihrem früheren Gesellschafterbestand erstellt wurde (Grundsatz der Bilanzidentität nach § 252 Abs. 1 Nr. 1 HGB).[449]

Steuerrechtlich wird der Vorgang nach noch herrschender Meinung[450] dahin gewertet, dass die bisherigen Gesellschafter ihre Mitunternehmeranteile an der bis-

---
447 Überholt BFH, BStBl 1974 II S. 50; vgl. Reiß, in: Kirchhof, § 16 Rz. 231; BFH, BStBl 1999 II S. 269, 266.
448 BFH, BStBl 1985 II S. 695.
449 BFH, BStBl 1989 II S. 570.
450 Vgl. aber BFH, BStBl 1999 II S. 604 (bloße Beteiligungsänderung – keine Neugründung); ablehnend insgesamt Reiß, in: Kirchhof, § 15 Rz. 330.

herigen Personengesellschaft in die durch den hinzutretenden Gesellschafter vergrößerte Personengesellschaft einbringen. Bei den Altgesellschaftern handelt es sich um die Veräußerung jeweils eines Teils eines Mitunternehmeranteils und bei dem Eintretenden um die Anschaffung von Anteilen an den Wirtschaftsgütern der bisherigen Personengesellschaft einschließlich eines Anteils am Geschäftswert. Das kann zu einer Gewinnrealisierung der bisherigen Gesellschafter führen. § 24 UmwStG ist jedoch anwendbar.[451]

Sind im Unternehmen stille Reserven vorhanden und wird der eingetretene Gesellschafter daran beteiligt, dann erzielen die bisherigen Gesellschafter einen Veräußerungsgewinn. Sie realisieren den Mehrwert der gesellschaftlichen Beteiligung gegenüber dem Kapitalkonto insoweit, als sie ihn abgeben. Auf den Gewinn sind §§ 16 Abs. 4, 34 Abs. 1 EStG mit den Einschränkungen des § 24 Abs. 3 Satz 3 UmwStG anzuwenden, wenn die veräußernden Gesellschafter sämtliche stillen Reserven (auch den Firmenwert) auflösen. Sie veräußern steuerlich betrachtet einen Bruchteil ihres Mitunternehmeranteils. Dafür gelten die gleichen Grundsätze wie für die Veräußerung eines ganzen Mitunternehmeranteils.[452]

Tritt ein Gesellschafter im Laufe des Wirtschaftsjahres in die Gesellschaft ein und übernimmt er einen Verlust, der vor seinem Eintritt entstanden ist, so handelt es sich um einen Veräußerungsvorgang mit der Folge, dass bei den Altgesellschaftern insoweit Veräußerungsgewinne und bei dem Neugesellschafter Anschaffungskosten entstehen.[453]

Zu beachten ist jedoch **§ 24 Abs. 3 Satz 3 UmwStG,** wonach §§ 16 Abs. 4, 34 Abs. 1 EStG nicht anzuwenden sind, soweit die bisherigen Gesellschafter noch an der Personengesellschaft beteiligt sind. Insoweit gilt der aufgrund des Gesellschaftereintritts realisierte Gewinn als laufender Gewinn mit Gewerbesteuerpflicht.[454] Fraglich ist, ob der übrige Gewinn nach §§ 16, 34 EStG begünstigt ist, da nur der Teil eines Mitunternehmeranteils übertragen wird.[455]

Beispiel

In die aus den Gesellschaftern A & B (je 50 %) bestehende OHG wird C als weiterer Gesellschafter aufgenommen. Er leistet seine Kapitaleinlage von 1 000 000 DM durch Einzahlung auf das Bankkonto der OHG. Insgesamt sind stille Reserven (Grundstücke 900 000 DM, Firmenwert 300 000 DM) von 1 200 000 DM vorhanden, die vollständig aufgelöst werden. Nach Eintritt des C sind A, B und C mit je 33^1/$_3$ % beteiligt.

---
451 BFH, BStBl 1985 II S. 695; BFH, BStBl 1994 II S. 458; BMF, BStBl 1998 I S. 68, Tz. 24.01.
452 Vgl. auch R 139 Abs. 4 EStR.
453 OFD Düsseldorf v. 3. 5. 1988 – S 2243 A – St 11 H.
454 BMF, BStBl 1998 I S. 68; so auch BFH v. 24. 8. 2000 – IV R 51/98 – Tz. 24.16 bis 24.17.
455 Dazu BFH [GrS], BStBl 2000 II S. 123 (offen); BFH, BStBl 2001 II S. 26.

21.10 Eintritt eines Gesellschafters in eine bestehende Personengesellschaft

Aktiva	Bilanz der A & B-OHG (zusammengefasst)		Passiva
verschiedene Aktiva	1 000 000 DM	Kapital A	400 000 DM
Grundstücke	500 000 DM	Kapital B	400 000 DM
		Verbindlichkeiten	700 000 DM
	1 500 000 DM		1 500 000 DM

Buchungen

Bank	1 000 000 DM		
Grundstücke	900 000 DM		
Firmenwert	300 000 DM	an Kapital A	600 000 DM
		an Kapital B	600 000 DM
		an Kapital C	1 000 000 DM

Aktiva	Bilanz der ABC-OHG (zusammengefasst)		Passiva
Firmenwert	300 000 DM	Kapital A	1 000 000 DM
Grundstücke	1 400 000 DM	Kapital B	1 000 000 DM
verschiedene Aktiva	1 000 000 DM	Kapital C	1 000 000 DM
Bank	1 000 000 DM	Verbindlichkeiten	700 000 DM
	3 700 000 DM		3 700 000 DM

A und B haben je einen Veräußerungsgewinn in Höhe von 600 000 DM erzielt, der aber insoweit als laufender Gewinn gilt, als A und B auf der Seite des Veräußerers und auf der Seite des Erwerbers Mitunternehmer sind (§ 24 Abs. 3 Satz 3 UmwStG i. V. m. § 16 Abs. 2 Satz 3 EStG).

Veräußerungsgewinn A (50 %)	600 000 DM
davon laufender Gewinn ($^2/_3$)	400 000 DM
begünstigt nach § 34 Abs. 1 EStG	200 000 DM

Der laufende Gewinn unterliegt der Gewerbesteuer.[456] Für B ergibt sich die gleiche Berechnung.

Die Versteuerung des Veräußerungsgewinns kann jedoch durch negative Ergänzungsbilanzen verhindert werden.[457] [458]

Beispiel

Sachverhalt wie im vorstehenden Beispiel; die Gesellschafter A und B wählen jedoch Buchwertverknüpfungen, obgleich in den Gesellschaftsbilanzen die tatsächlichen Werte ausgewiesen werden sollen.

---

[456] Dazu BFH v. 20. 8. 2000 – IV R 51/98, BFH/NV 2000, 1554, möglicherweise auch der begünstigte Teil, denn der Gewerbebetrieb wird durch den Mitunternehmer nicht vollständig aufgegeben.
[457] BMF, BStBl 1998 I S. 68, Tz. 24.13 f.
[458] S. o. 21.8.2.2 und 21.8.2.3.

21 Personengesellschaften

In diesem Fall kann die Einbringung zu Buchwerten wie folgt dargestellt werden:

Aktiva	Bilanz der ABC-OHG (zusammengefasst)		Passiva
Firmenwert	300 000 DM	Kapital A	1 000 000 DM
Grundstücke	1 400 000 DM	Kapital B	1 000 000 DM
verschiedene Aktiva	1 000 000 DM	Kapital C	1 000 000 DM
Bank	1 000 000 DM	Verbindlichkeiten	700 000 DM
	3 700 000 DM		3 700 000 DM

Aktiva	Ergänzungsbilanz A		Passiva
Minderkapital	600 000 DM	Firmenwert	150 000 DM
		Grundstücke	450 000 DM

Aktiva	Ergänzungsbilanz B		Passiva
Minderkapital	600 000 DM	Firmenwert	150 000 DM
		Grundstücke	450 000 DM

A und B haben keinen Veräußerungsgewinn erzielt.

Anstelle der Aufstellung einer Gesamthandsbilanz zu Teilwerten mit negativen Ergänzungsbilanzen kann die Gesamthandsbilanz unter Anpassung der Kapitalkonten auch zu Buchwerten fortgeführt werden. In diesem Fall müssen positive und negative Ergänzungsbilanzen aufgestellt werden:

Buchungen
Bank   1 000 000 DM

                           an Kapital A   200 000 DM
                           an Kapital B   200 000 DM
                           an Kapital C   600 000 DM

Aktiva	Bilanz der ABC-OHG (zusammengefasst)		Passiva
Grundstücke	500 000 DM	Kapital A	600 000 DM
verschiedene Aktiva	1 000 000 DM	Kapital B	600 000 DM
Bank	1 000 000 DM	Kapital C	600 000 DM
		Verbindlichkeiten	700 000 DM
	2 500 000 DM		2 500 000 DM

Aktiva	Ergänzungsbilanz A		Passiva
Minderkapital	200 000 DM	Firmenwert	50 000 DM
		Grundstücke	150 000 DM

21.10 Eintritt eines Gesellschafters in eine bestehende Personengesellschaft

Aktiva	Ergänzungsbilanz B		Passiva
Minderkapital	200 000 DM	Firmenwert	50 000 DM
		Grundstücke	150 000 DM

Aktiva	Ergänzungsbilanz C		Passiva
Firmenwert	100 000 DM	Mehrkapital	400 000 DM
Grundstücke	300 000 DM		

Die Ergänzungsbilanzen sind fortzuführen und korrespondierend entsprechend dem Verbrauch der fraglichen Wirtschaftsgüter aufzulösen.[459] Daraus folgt für die Gesellschafter A und B jeweils zusätzlich ein laufender Gewinn und für den Gesellschafter C ein Verlust, der im Rahmen der gesonderten und einheitlichen Feststellung den Gesellschaftern jeweils zugewiesen wird. Es handelt sich dabei um Ergebnisse, die zum Gewinnanteil nach § 15 Abs. 1 Nr. 2, 1. Halbsatz EStG, mithin zur ersten Gewinnermittlungsstufe gehören.

Für den Fall, dass Gesellschafter C nicht einer OHG, sondern als Kommanditist einer KG beigetreten sein sollte, kann sich daher ergeben, dass sein Ergänzungsbilanzverlust von § 15 a EStG bedroht wird.

Der Aktivierung der zusätzlichen Anschaffungskosten in einer Ergänzungsbilanz liegt die widerlegbare tatsächliche Vermutung zugrunde, dass

- die bilanzierten materiellen und immateriellen Wirtschaftsgüter des Gesellschaftsvermögens stille Reserven enthalten oder dass nicht bilanzierte immaterielle Einzelwirtschaftsgüter oder ein originärer Geschäftswert vorhanden sind, an denen der eintretende Gesellschafter teilhat,

und

- der den Buchwert übersteigende Teil der Abfindung Engelt für den Anteil des neuen Gesellschafters an den stillen Reserven und/oder an einem Geschäftswert ist.

Diese Vermutung ist widerlegt, wenn und soweit feststeht, dass die bilanzierten und nicht bilanzierten Einzelwirtschaftsgüter des Gesellschaftsvermögens keine stillen Reserven enthalten und kein Geschäftswert vorhanden ist oder dass der neue Gesellschafter gesellschaftsrechtlich an den stillen Reserven und/oder am Geschäftswert nicht beteiligt ist. In diesen Fällen kommt keine Aktivierung der Mehranschaffungskosten, sondern ihr sofortiger Abzug als Betriebsausgaben in Betracht.

Da die Teilabtretung eines Gesellschaftsanteils zulässig ist,[460] kann der Eintritt auch dadurch geschehen, dass ein Gesellschafter einen Teil seines Gesellschaftsanteils an einen Dritten abtritt. In diesem Fall ist nicht § 24 UmwStG anzuwenden. Vielmehr handelt es sich um eine Veräußerung eines Bruchteils des Mitunternehmeranteils.

---

459 BFH, BStBl 1996 II S. 68.
460 Vgl. BFH, BStBl 1992 II S. 923 m. w. N.

Nach früher herrschender Auffassung war darauf §§ 16 Abs. 1 Nr. 2 und 34 EStG anzuwenden. Ob dies noch immer gilt, ist offen.[461] Richtigerweise ist es zu verneinen.

21.10.2 Eintritt eines weiteren Gesellschafters mit Zuzahlung in das Privatvermögen der Alt-Gesellschafter

Die Aufnahme neuer Gesellschafter in eine bestehende Personengesellschaft erfolgt häufig in der Weise, dass die **Bareinlage**, die von dem Neu-Gesellschafter zu leisten ist, nicht in das Gesamthandsvermögen eingezahlt wird, sondern dass diese Zahlung (ganz oder teilweise) unmittelbar in das Vermögen der Alt-Gesellschafter übergeht. Das gilt insbesondere auch für die Aufnahme von Junior-Partnern in freiberufliche Sozietäten. Die steuerrechtliche und bilanzielle Beurteilung ist im Falle einer Personenhandelsgesellschaft und im Falle einer Sozietät die gleiche.

> **Beispiel**
> Steuerberater Alt^1 und Alt^2 haben sich zu einer Sozietät zusammengeschlossen. Sie nehmen den Steuerberater Jung als gleichberechtigten Partner in die Sozietät (Teilwert inkl. Praxiswert 600 000 DM; Buchwert 150 000 DM) auf. Jung überweist 200 000 DM auf die Privatkonten der Alt^1 und Alt^2, und zwar jeweils 100 000 DM. An der erweiterten Sozietät sind die drei Steuerberater mit jeweils $^1/_3$ beteiligt.

Mit dem Eintritt des Neu-Gesellschafters bringen die Alt-Gesellschafter ihre Anteile an der Alt-Sozietät in die erweiterte Sozietät ein. Da der Neugesellschafter seine Bareinlage nicht in das Gesamthandsvermögen leistet, ist die Anwendung des § 24 UmwStG nur **teilweise** möglich.[462]

Soweit die Alt-Gesellschafter schließlich am Gesellschaftsvermögen beteiligt sind ($^2/_3$), handelt es sich um eine **Einbringung** für **eigene** Rechnung. Insoweit bleibt § 24 UmwStG anwendbar.

- Teilwert   600 000 DM × $^2/_3$ = 400 000 DM
- Buchwert   150 000 DM × $^2/_3$ = 100 000 DM
- **Stille Reserven**   = **300 000 DM**

Die darüber hinausgehenden Anteile an der Sozietät ($^1/_3$) sind für **fremde Rechnung** eingebracht worden. Für diesen Teil der stillen Reserven steht das Wahlrecht zur Buchwertfortführung des § 24 UmwStG nicht zur Verfügung.

Folgen

a) Der für **fremde Rechnung** eingebrachte Mitunternehmeranteil muss mit den Anschaffungskosten (= Zahlung 200 000 DM) bewertet werden. Es kommt

---
461 Vgl. BFH [GrS], BStBl 2000 II S. 123; BFH v. 20. 8. 2000 – IV R 51/98; BFH/NV 2000, 1554 und BFH, BStBl 2001 II S. 26.
462 BFH, BStBl 1995 II S. 599; BFH [GrS], BStBl 2000 II S. 123.

21.10 Eintritt eines Gesellschafters in eine bestehende Personengesellschaft

mithin zu einer Aufdeckung der stillen Reserven im Umfang von $^1/_3$ = 150 000 DM. Die Aufstellung einer negativen Ergänzungsbilanz ist nach BFH für diesen Teil der stillen Reserven nicht zulässig.[463] Der Gewinn ist aber nach § 24 Abs. 3 Satz 2 UmwStG i. V. m. §§ 16, 34 EStG begünstigt, wenn insgesamt der Teilwertansatz erfolgt. Bei Buchwertansatz für den auf eigene Rechnung eingebrachten Teil handelt es sich hingegen um einen nicht begünstigten laufenden Gewinn.[464] Zur Aufnahme eines Gesellschafters in eine Einzelfirma/Einzelpraxis mit Zuzahlung in das Privatvermögen des Einbringenden vgl. 21.8.2.8.

b) Die für **eigene Rechnung** eingebrachten Mitunternehmeranteile können mit Buchwerten (100 000 DM) oder den Teilwerten (400 000 DM) fortgeführt werden.

Bei einer **Einbringung zu Buchwerten** kann insoweit bei Ansatz des Teilwerts in der Gesamthandsbilanz zur Neutralisierung der stillen Reserven (hier $^2/_3$ = 300 000 DM) eine negative Ergänzungsbilanz für die Alt-Gesellschafter aufgestellt werden. Die Versteuerung der stillen Reserven wird in diesem Umfang vermieden. Für den für fremde Rechnung eingebrachten Teil entsteht aber ein laufender Gewinn.

Aktiva	Eröffnungsbilanz der A^1 & A^2 & J-Sozietät		Passiva
Praxiswert	450 000 DM	Kapital A^1	200 000 DM
Übrige Aktiva	150 000 DM	Kapital A^2	200 000 DM
		Kapital J	200 000 DM
Summe	600 000 DM	Summe	600 000 DM

Aktiva	Eröffnungsbilanz für A^1 & A^2		Passiva
Minderkapital A^1	150 000 DM	Praxiswert	300 000 DM
Minderkapital A^2	150 000 DM		
Summe	300 000 DM	Summe	300 000 DM

c) Bei einer **Einbringung zu Teilwerten** ist der Einbringungsgewinn (300 000 DM) nicht nach § 34 EStG begünstigt, denn im Hinblick auf die Einbringung für **eigene Rechnung** liegt „*eine Veräußerung an sich selbst*" vor (§ 16 Abs. 2 Satz 3 EStG). Für den für fremde Rechnung eingebrachten Teil entsteht aber ein nach § 24 Abs. 3 Satz 2 UmwStG begünstigter Gewinn, da alle stillen Reserven aufgelöst wurden.

---
[463] So auch BMF, BStBl 1998 I S. 68, Tz. 24.08.
[464] Vgl. BFH v. 21. 9. 2000 IV R 54/99, BFH/NV 2001, 251.

21.11 Änderung der Beteiligungsverhältnisse

Die entgeltliche Änderung der Gewinnverteilung stellt ebenfalls eine Veräußerung einer gesellschaftsrechtlichen Beteiligung dar, und zwar selbst dann, wenn die Kapitalkonten unverändert bleiben.[465] Sie steht der Veräußerung eines Teils eines Mitunternehmeranteils gleich.[466] Dagegen führt eine unentgeltliche Änderung der Gewinn- und Beteiligungsverhältnisse trotz teilweiser Verlagerung der stillen Reserven auf den begünstigten Gesellschafter zu keiner Gewinnrealisierung.[467] Insoweit ist § 6 Abs. 3 EStG anzuwenden, falls dafür keine betrieblichen Gründe vorliegen.

Beispiel

An einer OHG, die zuletzt die nachstehende Bilanz aufgestellt hat, waren bisher A, B und C im Verhältnis 50:25:25 beteiligt. A scheidet ab 1. 1. aus der Geschäftsführung zugunsten von B aus. A veräußert die Hälfte seines Anteils an B. Das neue Beteiligungsverhältnis beträgt 25:50:25.

Aktiva	Bilanz vom 31. 12.		Passiva
Grund und Boden	30 000 DM	Kapital A	200 000 DM
Gebäude	200 000 DM	Kapital B	50 000 DM
Maschinen	80 000 DM	Kapital C	50 000 DM
Sonstige Aktivposten	120 000 DM	Verbindlichkeiten	130 000 DM
	430 000 DM		430 000 DM

Die stillen Reserven betragen:

Bilanzposten	insgesamt	Anteil A 50 %	Verkauf an B
Grund und Boden	40 000 DM	20 000 DM	10 000 DM
Gebäude	20 000 DM	10 000 DM	5 000 DM
Maschinen	20 000 DM	10 000 DM	5 000 DM
Firmenwert	80 000 DM	40 000 DM	20 000 DM
	160 000 DM	80 000 DM	40 000 DM

B zahlt an A 140 000 DM durch Überweisung auf ein privates Konto gegen eine Kapitalumbuchung von 100 000 DM.

Aktiva	Bilanz OHG 1. 1. 06		Passiva
Grund und Boden	30 000 DM	Kapital A	100 000 DM
Gebäude	200 000 DM	Kapital B	150 000 DM
Maschinen	80 000 DM	Kapital C	50 000 DM
Sonstige Aktiva	120 000 DM	Verbindlichkeiten	130 000 DM
	430 000 DM		430 000 DM

---

465 BFH, BStBl 1992 II S. 335 m. w. N.
466 BFH, BStBl 1995 II S. 407.
467 Vgl. BFH, BStBl 1972 II S. 419.

A versteuert einen möglicherweise nach §§ 16, 34 EStG begünstigten Veräußerungsgewinn von 40 000 DM, der nicht der GewSt unterliegt. B muss diese Mehrzahlung in der Ergänzungsbilanz ausweisen und fortführen.

21.12 Ergänzungsbilanzen bei objekt- und personenbezogenen Steuervergünstigungen

Ist ein Wirtschaftsgut mehreren Beteiligten zuzurechnen und sind die Voraussetzungen für erhöhte Absetzungen oder Sonderabschreibungen nur bei einzelnen Beteiligten erfüllt, so dürfen die erhöhten Absetzungen und Sonderabschreibungen nur anteilig für diese Beteiligten vorgenommen werden. Die erhöhten Absetzungen oder Sonderabschreibungen dürfen von den Beteiligten, bei denen die Voraussetzungen dafür erfüllt sind, grundsätzlich nur einheitlich vorgenommen werden (§ 7 a Abs. 7 EStG). Sollen die Vergünstigungen nur den berechtigten Gesellschaftern zugute kommen, werden sie in der handelsrechtlichen Buchführung und Bilanz nicht verrechnet, sondern in steuerrechtlichen Ergänzungsbilanzen. **Objektbezogene Vergünstigungen** liegen jedenfalls vor, wenn ausdrücklich die Personengesellschaft selbst als anspruchsberechtigt bezeichnet wird, wie z. B. in § 1 FördGG und § 1 InvZulG. Objektbezogen oder besser gesellschaftsbezogen ist nunmehr[468] auch § 6 b EStG, wie aus § 6 b Abs. 10 EStG folgt. Bei objektbezogenen Vergünstigungen ist jeweils nur auf die Gesellschaft abzustellen. Bilanzielle Probleme ergeben sich nicht. Ein Gesellschaftswechsel bleibt ohne Folgen. Speziell zu § 6 b EStG folgt nunmehr aus § 6 b Abs. 10 EStG, dass eine Übertragung nur noch aus Gesellschaftsvermögen (Gesamthandsvermögen) auf Gesellschaftsvermögen zulässig ist. Ausgeschlossen ist damit auch eine Übertragung von Gesamthandsvermögen auf Sonderbetriebsvermögen und umgekehrt. Nach wie vor möglich ist aber eine Übertragung von Sonderbetriebsvermögen auf eigenes Betriebsvermögen und umgekehrt.

Beispiel

G veräußert ein Grundstück seines Sonderbetriebsvermögens an seine Gesellschaft. Die aufgedeckten stillen Reserven können nach § 6 b EStG begünstigte Reinvestition in seinem Sonderbetriebsvermögen bei dieser oder einer anderen Mitunternehmerschaft oder in einem eigenen Betrieb übertragen werden. Sie können nicht auf ein Reinvestitionsobjekt bei der Gesellschaft selbst übertragen werden, auch nicht anteilig.

Veräußert umgekehrt die Gesellschaft ein Grundstück, so können die aufgedeckten stillen Reserven nur auf ein von der Gesellschaft angeschafftes Reinvestitionsobjekt übertragen werden. Rücklagen nach § 6 b EStG können nur in dem Bereich gebildet werden, in dem durch die Veräußerung die stillen Reserven aufgedeckt wurden.

Personenbezogene Vergünstigungen liegen jedenfalls vor, wenn die Vergünstigung bei der Gewinnermittlung von persönlichen Eigenschaften abhängig gemacht

---

[468] Zur früheren Rechtslage, d. h. vor 1999, vgl. BFH, BStBl 1987 II S. 782; Schmidt, EStG, 18. Auflage, § 66 Rz. 4 bis 9.

wird. Klassisches Beispiel waren früher Vergünstigungen durch Bildung steuerfreier Rücklagen für Vertriebene. Solche Vergünstigungen bestehen im gegenwärtigen Recht nicht mehr. Als personenbezogen werden aber auch Vergünstigungen angesehen, die auf ein bestimmtes Verhalten abstellen, etwa in § 7 Abs. 5 EStG auf die Herstellung oder Anschaffung im Jahr der Fertigstellung, oder für deren Inanspruchnahme eine bestimmte Verwendung für einen längeren Zeitraum (Verbleibensvoraussetzungen) vorgeschrieben ist, etwa nach § 7 c EStG (Errichtung von Mietwohnungen).

Diese **personenbezogenen Vergünstigungen** können nach einem **Gesellschafterwechsel** von den neuen Gesellschaftern nicht in Anspruch genommen werden, wenn diese nicht die Voraussetzungen erfüllen. Hingegen können sie von den verbleibenden Altgesellschaftern weiter beansprucht werden. Dem könnte bilanziell dadurch entsprochen werden, dass schon in der Gesellschaftsbilanz die Vergünstigung dann nur noch in dem Umfang gewährt wird, in dem sie von den Gesellschaftern noch in Anspruch genommen werden kann. Dann muss dies aber auch bei der Gewinnverteilung entsprechend berücksichtigt werden. Dies bereitet technische Schwierigkeiten. Der einfachere Weg ist es, diese Umstände durch Ergänzungsbilanzen zu berücksichtigen.

Beispiel
Die A & B-OHG errichtete in 01 ein Gebäude mit Herstellungskosten von 1 000 000 DM und schrieb dieses nach § 7 Abs. 5 EStG bis zum Jahre 03 mit 300 000 DM ab. Mit Wirkung ab 1. 1. 04 trat G3 in die Gesellschaft ein. Nunmehr waren G1, G2 und G3 zu je $^1/_3$ beteiligt, in 01 aber nur G1 und G2 zu je $^1/_2$. Da das Gebäude zum 1. 1. 04 einen Teilwert von 1 200 000 DM hatte, entrichtete G3 eine Einlage von 600 000 DM. Dem G3 steht eine Abschreibung nach § 7 Abs. 5 EStG nicht zu, da er die Voraussetzungen nicht erfüllt. Er hat das Gebäude weder hergestellt noch im Jahr der Fertigstellung angeschafft. G1 und G2 stehen hingegen weiterhin die Abschreibung nach § 7 Abs. 5 EStG zu, allerdings nicht mehr für den Teil, der nunmehr auf G3 übergegangen ist.

Es ergibt sich eine Abschreibung von $^2/_3$ von 1 000 000 DM × 10 % = 66 666 DM nach § 7 Abs. 5 EStG für G1 und G2 und von 400 000 DM × 3 % = 12 000 DM für G3 nach § 7 Abs. 4 Nr. 1 EStG. Das AfA-Volumen beträgt 866 666 DM am 1. 1. 04. Dieses entfällt zu 400 000 DM auf G3 und zu 466 666 DM auf G1 und G2. Am Jahresende 04 ergäbe sich folgende Bilanz:

Aktiva		31. 12. 04		Passiva
Gebäude	700 000 DM	G1	350 000 DM	
./. AfA	78 666 DM		./. 33 333 DM	
	621 334 DM			316 667 DM
Geld	600 000 DM	G2	350 000 DM	
			./. 33 333 DM	
				316 667 DM
		G3	600 000 DM	
			./. 12 000 DM	
				588 000 DM
	1 221 334 DM			1 221 334 DM

21.12 ErgBil bei objekt- und personenbezogenen Steuervergünstigungen

Dabei ist unterstellt, dass sich weiter keine Geschäftsvorfälle ereignet haben. Außerdem müsste für steuerliche Zwecke festgehalten werden, dass noch ein AfA-Volumen von 166 666 DM mehr zur Verfügung steht. Die Kapitalanteile weisen nicht das zutreffende Beteiligungsverhältnis aus. Bei einer Bilanz mit weiteren Aktiva und Passiva und vor allem mit einem Gewinn wäre dieser Gewinn 1:1:1 zu verteilen, aber die AfA wie oben. All dies ist höchst unpraktisch. Daher würde hier bezüglich der persönlichen Vergünstigung von vornherein mit Ergänzungsbilanzen gearbeitet.

Diese können einschließlich Gesellschaftsbilanz wie folgt aussehen (nur bezogen auf das Gebäude):

Aktiva			Gesellschaftsbilanz 31. 12. 04		Passiva
Gebäude	700 000 DM		G1	433 333 DM	
./. AfA	100 000 DM		./.	33 333 DM	
		600 000 DM			400 000 DM
Geld		600 000 DM	G2	433 333 DM	
			./.	33 333 DM	
					400 000 DM
			G3	433 334 DM	
			./.	33 334 DM	
					400 000 DM
		1 200 000 DM			1 200 000 DM

Aktiva		(positive) Ergänzungsbilanz G3		Passiva
Gebäude	166 666 DM	1. 1.	166 666 DM	
	./. 12 000 DM	Gewinn	+ 21 334 DM	
	33 334 DM			
	188 000 DM		188 000 DM	

Aktiva		(negative) Ergänzungsbilanz G1 (= G2)		Passiva
Kapital 1. 1.	83 333 DM	Gebäude 1. 1.	83 333 DM	
Gewinn	./. 2 500 DM	./.	2 500 DM	
	80 833 DM		80 833 DM	

Unter Einbeziehung der Ergänzungsbilanzen wird die zutreffende AfA von 78 766 DM mit der zutreffenden Verteilung ausgewiesen. Nach Ablauf der AfA nach § 7 Abs. 5 EStG im Jahre 25 wird in der Gesellschaftsbilanz das Gebäude abgeschrieben sein. In der Ergänzungsbilanz für G3 wird das Gebäude mit (166 666 DM + 233 334 DM ./. 264 000 DM =) 136 000 DM ausgewiesen sein. Es wird sich dann noch für weitere 11,33 Jahre eine Abschreibung von 12 000 DM ergeben (insgesamt $33^1/_3$ Jahre wegen 3 %). Problematisch ist, in welchem Zeitraum die negativen Ergänzungsbilanzen für G1 und G2 aufzulösen sind. Hier wird vorgeschlagen, sie linear auf dieselbe Zeit aufzulösen, also für $22 + 11^1/_3$ Jahre, d. h. mit 3 %.

21 Personengesellschaften

Problematisch erscheint, inwieweit mit Ergänzungsbilanzen dem Grundsatz der Maßgeblichkeit Genüge getan wird. Im Allgemeinen wird davon ausgegangen, dass Ergänzungsbilanzen nur eine steuerliche Funktion zukomme. Dies trifft zu, wenn in Ergänzungsbilanzen Korrekturen zu handelsrechtlich zwingenden Ansätzen erfolgen, weil das Steuerrecht zwingend davon abweicht. Anders ist es aber, wenn – wie bei den persönlichen Vergünstigungen – auch handelsrechtlich nach §§ 254, 247 Abs. 3 HGB zulässige Ansätze gewählt werden. Hier stellen Ergänzungsbilanzen auch einen Korrekturansatz zur Handelsbilanz dar, genauer – sie sind Teil der Handelsbilanz. Die Technik der Darstellung folgt dem materiellen Recht, und nicht umgekehrt hat sich dieses der Technik zu beugen.[469]

21.13 Ergänzungsbilanzen bei Gesellschaftsvermögen, das notwendiges Privatvermögen ist

Grundsätzlich gehören die Wirtschaftsgüter des Gesellschaftsvermögens zum notwendigen Betriebsvermögen.[470] Gesellschaftsvermögen, das ausnahmsweise notwendiges Privatvermögen ist, darf dagegen nicht als Betriebsvermögen ausgewiesen werden.[471] Das ist der Fall, wenn Vermögensgegenstände oder Schulden nicht betrieblich veranlasst sind.[472] Diese vom Handelsrecht wegen §§ 4 Abs. 1, 5 Abs. 6 EStG abweichende steuerrechtliche Behandlung findet ihren Niederschlag entweder in einer neben der Handelsbilanz aufgestellten Steuerbilanz oder in steuerrechtlichen Korrekturbilanzen (ähnlich einer Ergänzungsbilanz). Diese sind gerade kein Teil der Handelsbilanz.[473]

Beispiel

Die A & B-OHG, an der A und B mit je 50 % beteiligt sind, ist als Eigentümer eines Einfamilienhausgrundstücks im Grundbuch eingetragen. Das Grundstück war vom 1. 5. 01 bis zum 30. 4. 08 aus betrieblichen Gründen an einen leitenden Angestellten der OHG vermietet und dient seit dem 1. 5. 08 dem Gesellschafter A und seiner Familie zu privaten Wohnzwecken. A zahlt dafür keine Miete. Eine anderweitige Verwendungsart ist in absehbarer Zeit nicht geplant. B ist mit der nachhaltigen privaten Nutzung durch A einverstanden. Am 1. 5. 08 betrug der Teilwert des Grund und Bodens 200 000 DM, des Gebäudes 180 000 DM.

---

469 Reiß, in: Kirchhof, § 15 Rz. 341 f.
470 BFH, BStBl 1988 II S. 418.
471 Vgl. auch unter 21.5.2.2.
472 Darlehensforderung: BFH, BStBl 1996 II S. 642; Schulden: BFH, BStBl 1991 II S. 516 und S. 765; Lebensversicherung: BFH, BStBl 1989 II S. 657.
473 § 60 Abs. 2 EStDV.

21.13 ErgBil bei Gesellschaftsvermögen, das notwendiges Privatvermögen ist

A	Handelsbilanz A & B-OHG 31. 12. 08 (Auszug)		P
Grund und Boden	50 000 DM	Kapital A	225 000 DM
Gebäude 150 000 DM		Kapital B	217 000 DM
AfA 6 000 DM			
Geldmittel	144 000 DM		

Das Grundstück ist ab 1. 5. 08 notwendiges Privatvermögen[474] und darf deshalb nicht mehr in der Steuerbilanz ausgewiesen werden.

Wird auf die Darstellung einer besonderen Steuerbilanz verzichtet, kann das steuerrechtliche Betriebsvermögen mittels negativer Ergänzungsbilanzen nach § 60 Abs. 2 Satz 1 EStDV abweichend von der Handelsbilanz dargelegt werden.

Die am 1. 5. 08 vollzogene Nutzungsänderung führt zu einer gewinnrealisierenden Entnahme des Grundstücks:

	Grund u. Boden	**Gebäude**	**gesamt**
Teilwert 1. 5. 08	200 000 DM	180 000 DM	380 000 DM
Buchwert	50 000 DM	148 000 DM[475]	198 000 DM
Entnahmegewinn (sonstiger betriebl. Ertrag)	150 000 DM	32 000 DM	182 000 DM

Mangels besonderer Vereinbarungen ist der Entnahmegewinn von 182 000 DM den Gesellschaftern je zur Hälfte zuzuordnen.[476]

A	Ergänzungsbilanz A 31. 12. 08		P
Entnahmen 190 000 DM		Grund und Boden	25 000 DM
Gewinn 93 000 DM		Gebäude 74 000 DM	
	97 000 DM	AfA 1. 5.	
		bis 31. 12. 08 2 000 DM	72 000 DM
	97 000 DM		97 000 DM

Aufwendungen	Ergänzungs-GuV A 08		Erträge
Gewinn	93 000 DM	sonstige betriebl. Erträge	91 000 DM
		Weniger-AfA	2 000 DM
	93 000 DM		93 000 DM

Die für B aufzustellende Ergänzungsbilanz nebst Ergänzungs-GuV-Rechnung hat den gleichen Inhalt.

Beachte: Im Falle (überwiegend) **entgeltlicher** Nutzung durch den Gesellschafter bleibt das Grundstück Betriebsvermögen der Personengesellschaft.[477]

---

474 BFH, BStBl 1973 II S. 705; BFH, BStBl 1983 II S. 459; vgl. auch BFH, BStBl 1988 II S. 418.
475 Wert 31. 12. 07 150 000 DM abzügl. AfA 1. 1. bis 30. 4. 08 in Höhe von 2000 DM.
476 Vgl. BFH, BStBl 2000 II S. 390 m. w. N.; BFH, BStBl 1996 II S. 276.
477 BFH, BStBl 1990 II S. 961, für den vergleichbaren Fall der Erbbaurechtsbestellung; Schmidt, EStG, § 15 Rz. 496.

21.14 Gewinnverteilung

21.14.1 Zivilrechtliche Gewinnverteilung

21.14.1.1 Gewinnverteilung nach Gesetz

Wenn der Gewinn festgestellt ist, muss er auf die Gesellschafter verteilt werden. Dies richtet sich zunächst nach dem Gesellschaftsvertrag. Enthält dieser keine Vereinbarungen, so gelten die gesetzlichen Bestimmungen (§§ 121, 168 HGB). Hiernach erhält bei der OHG jeder Gesellschafter zunächst eine Kapitalverzinsung von 4 %. Dabei handelt es sich um einen reinen Gewinnanteil, keinen Zins.[478] Er wird daher nur gutgeschrieben, wenn Gewinn in dieser Höhe erzielt ist. Reicht der Gewinn hierzu nicht aus, so wird entsprechend weniger gutgeschrieben. Ist kein Gewinn erzielt, kann überhaupt keine Zinsgutschrift erfolgen. Eine Belastung eines negativen Kapitalanteils erfolgt nicht. Der Restgewinn wird nach Köpfen aufgeteilt. Bei der Kommanditgesellschaft ist der Rest angemessen zu verteilen. Hierbei sind besonders die Geschäftsführung, die unterschiedliche Haftung und das Wettbewerbsverbot, dem die Komplementäre unterliegen, zu berücksichtigen. Ein Jahresverlust der OHG wird gleichmäßig (nach Köpfen) auf die einzelnen Gesellschafter verteilt (§ 121 Abs. 3 HGB).

Beispiel

Handelsrechtlicher Gewinn einer OHG 122 000 DM, beteiligt sind die drei Gesellschafter A, B und C. Kapitalkonten am 1. 1.: 500 000 DM, 300 000 DM und 200 000 DM. Entnahmen und Einlagen haben sich im laufenden Geschäftsjahr nicht ergeben.

Der Gewinn ist wie folgt zu verteilen:

		A	B	C
Gewinn	122 000 DM			
./. 4 % Zinsen	40 000 DM	20 000 DM	12 000 DM	8 000 DM
= Restgewinn	82 000 DM	27 333 DM	27 333 DM	27 334 DM
		47 333 DM	39 333 DM	35 334 DM

Buchungen (bei Gutschrift der Gewinne am 31. 12.):

S	Kapital A	H
	1. 1.	500 000 DM
	GuV	47 333 DM

S	Kapital B	H
	1. 1.	300 000 DM
	GuV	39 333 DM

S	Kapital C	H
	1. 1.	200 000 DM
	GuV	35 334 DM

S	GuV	H
Gewinn 122 000 DM	...	...

---

[478] RGZ 67, 19.

Wenn im laufenden Jahr Entnahmen und Einlagen vorgekommen sind, muss mangels anderweitiger Vereinbarungen die Kapitalverzinsung mithilfe einer Zinsstaffel berechnet werden.

Die Gutschrift auf den Gesellschafterkonten führt dazu, dass in der Jahresbilanz nur der Endstand der Gesellschafterkonten ausgewiesen wird. Das Jahresergebnis geht dann ausschließlich aus der Gewinn-und-Verlust-Rechnung hervor. Es wird jedoch in der Jahresbilanz oftmals auch unverteilt als Jahresüberschuss ausgewiesen. Dann erfolgt die Gutschrift auf den Kapitalkonten zu Beginn des neuen Geschäftsjahres.

21.14.1.2 Gewinnverteilung nach Vertrag

Der Gesellschaftsvertrag kann von der gesetzlichen Regelung Abweichungen vorsehen. So kann z. B. die Gewinnverteilung nach Kapitalanteilen, nach festgelegten Quoten, mit oder ohne Kapitalverzinsung sowie mit und ohne Vorabgewinn bestimmt werden. Vorabgewinne (Vorweggewinne, Vorausgewinne) lösen das Problem der Angemessenheit der Gewinnverteilung bei unterschiedlichen Leistungen, z. B. die Geschäftsführertätigkeit des Gesellschafters.[479]

Beispiele

a) An einer OHG sind A, B und C beteiligt. Der Gewinn beträgt 150 000 DM. Nach dem Gesellschaftsvertrag erhält A vorweg aus dem Gewinn für seine Tätigkeit 50 000 DM, außerdem von dem danach verbleibenden Gewinn 5 % Tantieme. Diese Beträge werden vereinbarungsgemäß nicht als Aufwand gebucht, sondern lediglich im Rahmen der Gewinnverteilung vorab berücksichtigt. Alle Gesellschafter erhalten eine Kapitalverzinsung von 4 % ihres Kapitals, das im Laufe des Jahres dem Betrieb gedient hat. Der Rest wird im Verhältnis 40:40:20 auf die Gesellschafter verteilt. Hiernach ergibt sich die folgende Gewinnverteilung:

		A	B	C
Gewinn	150 000 DM			
./. Vorweggewinn für Tätigkeit	50 000 DM	50 000 DM	—	—
	100 000 DM			
./. 5 % Tantieme	5 000 DM	5 000 DM	—	—
	95 000 DM			
./. Zinsen lt. Zinsstaffel	10 700 DM	7 500 DM	2 700 DM	500 DM
= Restgewinn	84 300 DM	33 720 DM	33 720 DM	16 860 DM
Gewinnanteile		96 220 DM	36 420 DM	17 360 DM

---

[479] Vorabgewinne dürfen nicht verwechselt werden mit den Vergütungen i. S. des § 15 Abs. 1 Nr. 2, 2. Halbsatz EStG. Letztere werden vielfach fälschlich als „Vorabvergütungen" bezeichnet. Diese Bezeichnung ist nicht nur irreführend, sie ist auch wenig hilfreich, denn im Falle der Vergütungen wird nichts „Vorab" oder „Vorweg" zugewiesen. Vielmehr liegen Dienstverträge, Darlehensverträge, Mietverträge etc. vor, auf deren Grundlage Zahlungen beruhen, die bei der Personengesellschaft selbst in der Regel Betriebsausgabe sind.

21 Personengesellschaften

Kapitalentwicklung

	insgesamt	A	B	C
Stand 1. 1.	289 000 DM	200 000 DM	75 000 DM	14 000 DM
./. Entnahmen	48 000 DM	28 000 DM	14 000 DM	6 000 DM
	241 000 DM	172 000 DM	61 000 DM	8 000 DM
+ Gewinn	150 000 DM	96 220 DM	36 420 DM	17 360 DM
Stand 31. 12.	391 000 DM	268 220 DM	97 420 DM	25 360 DM

b) Die Jahresanfangsbilanz einer Kommanditgesellschaft enthält die folgenden Zahlen:

Aktiva		Bilanz 1. 1.	Passiva
Versch. Aktivposten	182 000 DM	Kapital A	90 000 DM
Sonstige Forderungen	3 000 DM	Kapital B	60 000 DM
		Kommanditeinlage C	20 000 DM
		Kommanditeinlage D	15 000 DM
	185 000 DM		185 000 DM

D hat bisher nur 12 000 DM eingezahlt. Die restlichen 3000 DM sind als sonstige Forderungen ausgewiesen, weil D zur Zahlung aufgefordert wurde.

Nach dem Gesellschaftsvertrag erhält jeder Gesellschafter zunächst 4 % seines eingezahlten Kapitals vom 1. 1. Der Rest soll im Verhältnis 50:30:10:10 aufgeteilt werden. Nach der Jahresabschlussbilanz beträgt der Gewinn 231 280 DM. Er ist wie folgt zu verteilen:

		A	B	C	D
Gewinn	231 280 DM				
./. Zinsen	7 280 DM	3 600 DM	2 400 DM	800 DM	480 DM
= Restgewinn	224 000 DM	112 000 DM	67 200 DM	22 400 DM	22 400 DM
Gewinnanteile		115 600 DM	69 600 DM	23 200 DM	22 880 DM

Buchungen

S	Kapital A	H	S	Kapital B	H
PE	...	1.1. 90 000 DM	PE	...	1.1. 60 000 DM
31. 12.	...	GuV 115 600 DM	31. 12.	...	GuV 69 600 DM

S	Kommanditeinlage C	H	S	Kommanditeinlage D	H
		1.1. 20 000 DM			1.1. 15 000 DM

S	Sonstige Forderung D	H	S	Sonstige Verbindlichkeit D	H
1.1. 3 000 DM	GuV	3 000 DM		GuV	19 880 DM

S	Sonstige Verbindlichkeit C	H
	GuV	23 200 DM

Gewinnanteile der Kommanditisten, die nicht zum Ausgleich früherer Verluste bzw. ausstehender Einlagen verwendet werden müssen, sind entnahmefähig und müssen vorbehaltlich anderer gesellschaftsvertraglicher Vereinbarungen bis zur Auszahlung als Schuldposten in der KG-Bilanz ausgewiesen werden. Bis zur Auszahlung sind die Ansprüche der Kommanditisten korrespondierend in einer Sonderbilanz zu aktivieren.

21.14.2 Steuerrechtliche Gewinnverteilung

21.14.2.1 Gesellschaftsvertragliche Gewinnverteilungsabrede

Die steuerrechtliche Gewinnverteilung folgt grundsätzlich der gesellschaftsrechtlich vereinbarten Gewinnverteilungsabrede. Nur wenn der vertragliche Gewinnverteilungsschlüssel von außerbetrieblichen Erwägungen beeinflusst ist, z. B. bei Familienpersonengesellschaften, ist er steuerrechtlich unbeachtlich. Besonderheiten ergeben sich steuerrechtlich jedoch dadurch, dass Vergütungen i. S. des § 15 Abs. 1 Satz 1 Nr. 2, 2. Halbsatz EStG und andere Sonderbetriebseinnahmen dem Gewinn hinzugerechnet, andererseits aber Sonderbetriebsausgaben bei der Gewinnfeststellung abgesetzt werden müssen. Dies ist bei der Gewinnverteilung zu berücksichtigen. Dasselbe gilt für Gewinne und Verluste, die sich aus steuerrechtlichen Sonder- und/oder Ergänzungsbilanzen ergeben.

Beispiel

Der handelsrechtliche Jahresüberschuss einer KG beträgt 297 300 DM. Nach dem Gesellschaftsvertrag sind hieran A mit 50 %, B und C mit je 25 % beteiligt. Eine Kapitalkontenverzinsung erfolgt nicht. Der Komplementär A hat für die Geschäftsführung ein Gehalt in Höhe von 6000 DM monatlich = 72 000 DM erhalten. Der Kommanditist B ist Eigentümer eines unbebauten Grundstücks, das er der KG gegen eine jährliche Miete von 60 000 DM überlassen hat. Der Kommanditist C hat der Gesellschaft ein Darlehen gewährt und dafür Zinsen in Höhe von 10 200 DM erhalten. Sämtliche Vergütungen an die Gesellschafter wurden zulasten des Gewinns gebucht. Die von B selbst gezahlten Grundstücksaufwendungen haben 8200 DM betragen.

Der steuerrechtlich festzustellende Gewinn beträgt 431 300 DM. Er ist wie folgt auf die Mitunternehmer zu verteilen:

	A	B	C	insgesamt
Gewinn lt. HB	148 650 DM	74 325 DM	74 325 DM	297 300 DM
Gehalt A	72 000 DM	—	—	72 000 DM
Miete B	—	60 000 DM	—	60 000 DM
Grundstücksaufwendungen B	—	./. 8 200 DM	—	./. 8 200 DM
Darlehenszinsen C	—	—	10 200 DM	10 200 DM
Steuerrechtliche Gewinnanteile	220 650 DM	126 125 DM	84 525 DM	431 300 DM

Der zwischen Gesellschaftern einer Personengesellschaft vereinbarte Gewinnverteilungsschlüssel bezieht sich grundsätzlich auf den Jahresüberschuss lt. HB. Weicht dieser vom Steuerbilanzgewinn deshalb ab, weil er durch die Auflösung von **Bilanzierungshilfen** geringer ist als der Steuerbilanzgewinn, müssen bei Anwendung des Gewinnverteilungsschlüssels auf den Steuerbilanzgewinn Korrekturen hinsichtlich der Gesellschafter angebracht werden, die bei der Bildung der Bilanzierungshilfe an dem Unternehmen noch nicht beteiligt waren.[480]

Wird bei einer KG im Zusammenhang mit einer Erhöhung des Kommanditkapitals der gesellschaftsvertragliche Gewinn-und-Verlust-Verteilungsschlüssel dahin geändert, dass künftige Gewinne oder Verluste in begrenztem Umfang nur auf die Kommanditisten verteilt werden, die weitere Kommanditeinlagen erbringen, oder dass diese Kommanditisten „Vorabanteile" von künftigen Gewinnen oder Verlusten erhalten, so ist der neue Gewinn-und-Verlust-Verteilungsschlüssel im Allgemeinen auch der einkommensteuerrechtlichen Gewinn-und-Verlust-Rechnung zugrunde zu legen.[481] Das gilt nicht, wenn eine derartige Änderung des Gewinn-und-Verlust-Verteilungsschlüssels außerbetrieblich veranlasst oder rechtsmissbräuchlich ist.

21.14.2.2 Rückwirkungsverbot

Eine abweichende Vereinbarung über die Verteilung des Gewinns kann steuerrechtlich nicht zurückwirken, denn das steuerrechtliche Rückwirkungsverbot gilt auch bei Vereinbarungen über die Gewinnverteilung.[482] Dagegen wird die rückwirkende Kraft eines Vergleichs zur Regelung streitiger Rechtsverhältnisse auch bei der Gewinnverteilung anerkannt.[483]

21.14.2.3 Steuerrechtliche Mehrgewinne bei Außenprüfungen

Mehrgewinne, die durch Außenprüfungen entstehen, sind grundsätzlich nach dem vereinbarten Gewinnverteilungsschlüssel des geprüften Jahres allen Gesellschaftern zuzurechnen.[484] Dies gilt auch für bereits ausgestiegene Gesellschafter. Dies kann dann zu einer Änderung des Veräußerungsgewinnes nach § 16 EStG führen.

21.14.2.4 Gewinnverteilung und nicht abziehbare Betriebsausgaben

Der handelsrechtliche Gewinn einer Personengesellschaft wird auch durch Betriebsausgaben gemindert, die nach § 4 Abs. 4 a, 5 bis 7 EStG oder § 160 AO steuerrecht-

---

480 BFH, BStBl 1990 II S. 965.
481 BFH, BStBl 1984 II S. 53.
482 BFH, BStBl 1980 II S. 723; BFH, BStBl 1984 II S. 53; BFH, BStBl 1987 II S. 558.
483 BFH, BStBl 1975 II S. 603.
484 BFH, BStBl 1997 II S. 241.

lich vom Abzug ausgeschlossen sind. Die Gewinnminderung entfällt auf alle Gesellschafter nach Maßgabe der Gewinnverteilungsabrede.

Dem Abzugsverbot wird dadurch Rechnung getragen, dass der handelsrechtlich festgestellte Gewinn für steuerrechtliche Zwecke außerhalb der Bilanz erhöht wird. Dieser rein steuerliche Mehrgewinn ist allen Gesellschaftern nach Maßgabe des Gewinnverteilungsschlüssels außerhalb der Bilanz zuzurechnen. Das gilt auch dann, wenn die nichtabziehbaren Betriebsausgaben nur durch das Handeln eines Gesellschafters verursacht worden sind.

Beispiel

Nichtabziehbare Betriebsausgaben wegen der Bewirtung von Geschäftsfreunden, an denen auch ein Gesellschafter teilgenommen hat, sind im Umfang von 20 % der Aufwendungen nach vertraglichem Gewinnverteilungsschlüssel zuzurechnen.

Anders kann es nur dann sein, wenn bereits gesellschaftsvertraglich vereinbart ist, dass die handelsrechtlichen Aufwendungen nur das Kapitalkonto des begünstigten Gesellschafters belasten, und auch so verfahren wird. Eine lediglich steuerlich wirkende abweichende Gewinnverteilung nur für nichtabziehbare Betriebsausgaben verstößt gegen das Verbot von Steuervereinbarungen Privater zulasten des Fiskus.

Beispiel

G1 nutzt ein besonders aufwendiges Fahrzeug für Fahrten Wohnung/Betrieb. Die Aufwendungen dafür betragen jährlich 10 000 DM, davon sind 6000 DM nichtabziehbar nach § 4 Abs. 5 Nr. 6 EStG. Nach dem Gesellschaftsvertrag sind

a) Aufwendungen für diese Fahrten ganz normal als Aufwendungen zu behandeln, sodass der verbleibende Jahresüberschuss nach dem allgemeinen Gewinnverteilungsschlüssel auf die Gesellschafter verteilt wird. Es werden also alle Gesellschafter belastet.

b) Die entsprechenden Aufwendungen sind, soweit sie steuerlich nichtabziehbar sind, allein vom Gesellschafter G zu tragen. Nur er wird insoweit belastet.

Dann sind im Falle a) die außerhalb der Bilanz hinzugerechneten Aufwendungen von 6000 DM nach dem allgemeinen Gewinnverteilungsschlüssel (z. B. zu je $^1\!/_3$ auf G1, G2 und G3) zu verteilen, im Falle b) hingegen allein dem G3 zuzurechnen. Die Unterscheidung knüpft an tatsächlich unterschiedliche Sachverhalte an. Im Falle a) werden von den steuerlich nichtabziehbaren Mehraufwendungen alle Gesellschafter betroffen, weil sich ihr tatsächlicher Anteil am Jahresüberschuss auch anteilig minderte. Im Falle b) hingegen treffen die Mehraufwendungen nur den G3. Sie haben auch nur seinen Anteil am Jahresüberschuss gemindert.

Unzulässig aber wäre eine rein steuerliche Vereinbarung etwa für den Fall a) dahin gehend, dass trotz handelsbilanzieller Belastung aller mit den Aufwendungen nur G3 die nichtabziehbaren Aufwendungen steuerlich hinzugerechnet bekäme oder im Falle b) umgekehrt bei G1, G2 und G3 anteilig die außerbilanzielle Zurechnung steuerlich zu berücksichtigen wäre.

Eine besondere Problematik werfen die nach **§ 4 Abs. 4 a EStG nichtabziehbaren Schuldzinsen** bei Personengesellschaften auf. Hier wird von der Finanzverwaltung eine so genannte **gesellschaftsbezogene Betrachtung** für zutreffend gehalten.[485] Danach sind für § 4 Abs. 4 a EStG zunächst einmal alle Gewinne, Entnahmen, Einlagen und Kapitalbestände im Gesellschaftsbereich, Ergänzungsbereich und den Sonderbereichen zu berücksichtigen. Dies soll zusammengefasst für alle Gesellschafter gemeinsam erfolgen. Auch soll der „Freibetrag" von 4000 DM nur zusammengefasst für die Mitunternehmerschaft gewährt werden. Die sich danach insgesamt ergebenden nichtabziehbaren Schuldzinsen (wohl ebenfalls zusammengefasst aus Gesellschafts- und Sonderbereich) sollen sodann außerhalb der Bilanz den Mitunternehmern nach dem allgemeinen Gewinnverteilungsschlüssel zugerechnet werden. Allerdings sollen die Gesellschafter auch eine andere Zurechnung vereinbaren können.

Beispiel

G1 und G2 sind Gesellschafter der G-OHG. Nach dem Gesellschaftsvertrag sind Gewinn und Verlust im Verhältnis 1:1 zu verteilen.

a) Es fallen betrieblich veranlasste Schuldzinsen für laufende Aufwendungen von 10 000 DM im Gesellschaftsvermögen und 20 000 DM im Sonderbetriebsvermögen von G1 an, also insgesamt 30 000 DM. G1 hat isoliert betrachtet Überentnahmen von 100 000 DM getätigt. G2 hat umgekehrt seine Gewinnanteile stehen gelassen und noch Einlagen getätigt. Sein positives Kapital überwiegt die Überentnahmen des G1 bei weitem.

Nach Auffassung der FinVerw sind die gesamten Schuldzinsen uneingeschränkt abziehbar. Die isoliert betrachteten „Überentnahmen" des G1 werden durch die „Übereinlagen" des G2 kompensiert.

b) Wie oben, aber G2 hat seine Gewinnanteile immer entnommen und keine Einlagen getätigt. Daher führen die Überentnahmen des G1 in voller Höhe von 100 000 DM auch insgesamt zu Überentnahmen bei der Mitunternehmerschaft.

Dann sind 6 % von 100 000 DM = 6000 DM (niedriger als 30 000 DM ./. 4000 DM) als nichtabziehbare Betriebsausgabe zu behandeln und dem G1 und G2 zu je 3000 DM außerhalb der Bilanz als Gewinn hinzuzurechnen. Dies wird den G2 besonders erfreuen. Allerdings soll er sich nach Auffassung der FinVerw mit G1 dahin verständigen können, dass nur bei G1 die Hinzurechnung erfolgt. Ob G1 dem zustimmt, dürfte davon abhängen, wieviel G2 für die Zustimmung zu zahlen bereit ist.

Die Auffassung der FinVerw ist sehr problematisch. Weder leuchtet ein, dass Überentnahmen dadurch kompensiert werden können, dass ein anderer Stpfl. „Übereinlagen" tätigt, noch erscheint es akzeptabel, dass ein anderer Stpfl. durch den privaten Konsum eines anderen Stpfl. jedenfalls mit veranlasste Schuldzinsen als Einkommen zu versteuern hat.[486] Richtigerweise darf § 4 Abs. 4 a EStG nur **gesellschafterbezogen** angewendet werden. Danach sind die Überentnahmen für jeden Gesellschafter gesondert zu ermitteln anhand seiner Entnahmen und Einlagen sowie seines Gewinnes addiert aus Gesamthands-, Ergänzungs- und Sonderbereich. Betrieblich veranlasste Zinsaufwendungen im Sonderbereich betreffen nur diesen

---
485 BMF, BStBl 2000 I S. 588.
486 Zur Kritik Reiß, StuW 2000, Heft 4.

Gesellschafter und die Zinsen im Gesellschaftsbereich sind dem Gesellschafter für Zwecke des § 4 Abs. 4 a EStG nach dem handelsrechtlichen Gewinnverteilungsschlüssel zuzurechnen. Entgegen der Auffassung der FinVerw dürfen daher Zinsen als Betriebsausgaben im Gesellschaftsbereich und als Zinserträge im Sonderbereich nicht einfach saldiert und damit „weggelassen" werden.

Beispiel
Wie oben.
Lösung zu a): Auf G2 entfallende Schuldzinsen 20 000 DM (Sonderbereich) + 5000 DM ($^1/_2$ Gesellschaftsbereich) = 15 000 DM ./. 4000 DM = 11 000 DM, aber maximal 100 000 DM (Überentnahme) × 6 % = 6000 DM sind als nichtabziehbare Betriebsausgabe nach § 4 Abs. 4 a EStG dem G2 allein außerhalb der Bilanz zuzurechnen.
Lösung zu b): Im Ergebnis wie zu a)!

21.14.2.5 Entnahmen im Rahmen der Gewinnverteilung

Gewinnerhöhungen, die auf Entnahmen der Gesellschafter beruhen, werden grundsätzlich allen Gesellschaftern entsprechend dem vereinbarten Gewinnverteilungsschlüssel zugewiesen, wenn im Gesellschaftsvertrag keine besonderen Regelungen getroffen wurden.[487]

Beispiel
Die ABC-KG (Möbelhandel) liefert an ihren Komplementär A mit Zustimmung aller Gesellschafter für seine Privatwohnung unentgeltlich Möbel.

Einkaufspreis lt. Buchführung	8 000 DM zzgl. Umsatzsteuer
Wiederbeschaffungspreis	10 000 DM zzgl. Umsatzsteuer
Verkaufspreis lt. Kalkulation	16 000 DM zzgl. Umsatzsteuer

Lösung
Die unentgeltliche Warenabgabe stellt eine **Entnahme** dar, die nach § 6 Abs. 1 Nr. 4 EStG mit dem Teilwert zu bewerten ist. Der Teilwert entspricht dem Wiederbeschaffungspreis zum Zeitpunkt der Entnahme. Umsatzsteuerrechtlich handelt es sich um eine steuerbare unentgeltliche Lieferung nach § 1 Abs. 1 Nr. 1 i. V. m. § 3 Abs. 1 b Nr. 1 UStG.

Buchung

Entnahme A	11 600 DM	an Eigenentnahme	10 000 DM
		an Umsatzsteuer	1 600 DM

Die Gewinnerhöhung von 2000 DM (Eigenentnahme 10 000 DM ./. Wareneinkauf 8 000 DM) ist allen Gesellschaftern zuzurechnen.

Die Gesellschafter können aber auch **bestimmen,** dass die fragliche Zuwendung dem begünstigten Gesellschafter zusätzlich zum Gewinnanteil zufließen soll. Das kann entweder ausdrücklich durch gesellschaftsvertragliche Regelung oder für einen

---
[487] BFH, BStBl 1996 II S. 276.

21 Personengesellschaften

Einzelfall durch besondere mündliche oder schriftliche Vereinbarung geschehen. Es handelt sich dann um ein Gewinnvorab.

In diesem Fall ist dem **begünstigten Gesellschafter** der fragliche Gewinn allein **vorweg** zuzurechnen. Diese Regelung kommt insbesondere bei Nutzungsentnahmen durch die Gesellschafter (private PKW-Nutzung, private Telefonnutzung etc.) in Betracht.[488]

Beispiel
An der DX-OHG sind D mit 40 v. H. und X mit 60 v. H. beteiligt. D nutzt den Geschäftswagen der DX-OHG auch für private Fahrten. Der Gewinn lt. GuV hat im fraglichen Geschäftsjahr 186 000 DM betragen. Dabei sind privatanteilige Kfz-Kosten von 6000 DM gewinnerhöhend umgebucht worden.

Lösung

		D	X	Gesamt
Gewinn der OHG	186 000 DM			
./. Vorabgewinn des D	6 000 DM	6 000 DM		6 000 DM
Rest 40:60	180 000 DM	72 000 DM	108 000 DM	180 000 DM
Zu versteuern		78 000 DM	108 000 DM	186 000 DM

Soweit der Gesellschaftsvertrag zur Beurteilung von Entnahmegewinnen klare Regelungen enthält, ergeben sich keine Schwierigkeiten. Fehlen aber entsprechende vertragliche Vereinbarungen, muss im Wege der ergänzenden, evtl. auch ändernden Auslegung der Gewinnverteilungsabrede der jeweilige Einzelfall gewürdigt werden:

- Ist danach die **Entnahme als Vorwegleistung** (nach Art einer Abschlagszahlung) auf den zu erwartenden Gewinnanteil zu beurteilen, dann ist die Gewinnerhöhung dem Gewinnanteil aller Gesellschafter zuzurechnen.

  Beispiel
  Gesellschafter G ist mit Zustimmung aller Gesellschafter berechtigt, ein Grundstück (Buchwert 100 000 DM/Teilwert 500 000 DM) zum Zwecke der privaten Bebauung aus dem Gesellschaftsvermögen zu entnehmen. Es besteht Einigkeit, dass die Entnahme auf den zu erwartenden Gewinnanteil angerechnet wird.
  In diesem Fall ist die vertragliche Gewinnverteilungsabrede nicht abgeändert worden. Der Gesellschafter erhält nur, was ihm gesellschaftsvertraglich zusteht. Die Buchung auf seinem Entnahmekonto bewirkt zu Recht eine Minderung seines Auseinandersetzungsanspruchs. Die **Zurechnung** des Gewinnes erfolgt nach **Gewinnverteilungsschlüssel**.[489]

- Handelt es sich bei der Entnahme um eine zusätzliche **Zuwendung** etwa für erbrachte Leistungen des Gesellschafters, dann ist ihm der Vorteil dieser Zuwendungen vorweg zuzurechnen. Nach diesen Grundsätzen sind grundsätzlich

---
488 Bolk, StBHdB 2000/01, Einkommensteuer, Rz. 115.
489 BFH v. 30. 6. 1987, BStBl 1988 II S. 418 bestätigt das Vorliegen einer Entnahme in diesem Fall, nimmt aber – leider – zur Zurechnung des Entnahmegewinnes nicht Stellung; vgl. aber nunmehr BFH, BStBl 2000 II S. 390; BFH, BStBl 1996 II S. 276; BFH, BStBl 1993 II S. 594.

laufende **Nutzungsentnahmen** – wie etwa die private PKW-Nutzung – zu beurteilen. Auch ohne eine ausdrückliche gesellschaftsvertragliche Regelung stellen sich diese Vorgänge in der Praxis regelmäßig als zusätzliche Zuwendungen dar. Abgrenzend ist allerdings zu beachten, dass die Fahrzeugüberlassung auch als Teil der Vergütung für eine Tätigkeit im Dienst der Gesellschaft vereinbart sein kann. In diesem Fall liegt keine Entnahme im Gesamthandsbereich vor. Der Aufwand wird vielmehr durch die Hinzurechnung nach § 15 Abs. 1 Nr. 2, 2. Halbsatz EStG neutralisiert.

- Handelt es sich um die **unentgeltliche** Überlassung einer Wohnung, liegt eine Entnahme des fraglichen Grundstücks bzw. Grundstücksteils hinsichtlich Grund und Boden sowie Gebäude zum Teilwert vor.[490] Der Wert der **Entnahme** ist ebenso wie der **Entnahmegewinn** allen Gesellschaftern nach Maßgabe des vertraglichen Gewinnverteilungsschlüssels zuzurechnen. Einer gesellschaftsvertraglich abweichenden Vereinbarung müsste in diesen Fällen die **Anerkennung** versagt werden. Eine **Entnahme** liegt allerdings nicht vor, wenn die Personengesellschaft die fragliche Wohnung wie unter Fremden an den Gesellschafter **vermietet**.

- Soweit eine Personengesellschaft ein Wirtschaftsgut an ihren Gesellschafter **unentgeltlich** überträgt **oder** zu einem **unter dem Verkehrswert** liegenden Preis veräußert, ist der **Mehrgewinn,** der sich hinsichtlich der Differenz zum höheren Teilwert ergibt, nach dem allgemeinen Verteilungsschlüssel allen Gesellschaftern zuzurechnen. In diesen Fällen ist davon auszugehen, dass die stillen Reserven des fraglichen Wirtschaftsgutes dem begünstigten Gesellschafter geschenkt worden sind.[491] Insoweit liegen dann auch Entnahmen bei den übrigen Gesellschaftern vor.[492]

Beispiel
Gesellschafter G hat mit notariellem Vertrag vom 1. 4. XX von seiner Personengesellschaft ein unbebautes Grundstück aus dem Gesellschaftsvermögen zum Zwecke der privaten Bebauung für 300 000 DM erworben (Buchwert 100 000 DM/Teilwert 500 000 DM).
Der Mehrgewinn von 200 000 DM ist allen Gesellschaftern nach **Gewinnverteilungsschlüssel** zuzurechnen, weil der Grund für den zu niedrigen Kaufpreis nur im Gesellschaftsverhältnis zu suchen ist. Im gleichen Umfange sind auch allen Gesellschaftern anteilig Entnahmen zuzurechnen.

21.14.2.6 Mehrgewinn bei unerlaubten Handlungen eines Gesellschafters

Unerlaubte Handlungen eines Gesellschafters einer Personengesellschaft, etwa durch **Unterschlagung, Diebstahl** oder **Veruntreuung,** stellen **keine Entnahmen**

---
[490] § 6 Abs. 1 Nr. 4 EStG; R 13 Abs. 11 Sätze 3 und 4 EStR.
[491] BFH, BStBl 1996 II S. 276.
[492] BFH, BStBl 1996 II S. 276; BFH, BStBl 2000 II S. 390.

i. S. des § 4 Abs. 1 Satz 2 EStG dar.[493] Dementsprechend kann es auch nicht ohne weiteres zu einer Gewinnerhöhung beim ungetreuen Gesellschafter kommen. Es handelt sich grundsätzlich um betrieblich veranlasste Vorgänge, die zur **Gewinnminderung** bei der Personengesellschaft führen, denn bei Diebstahl etwa ergibt sich eine Vermögensminderung, und bei der Umleitung von Einnahmen in die Tasche des Gesellschafters fehlt es an einer Gewinnerhöhung.

Diese Gewinnminderung trifft alle Gesellschafter nach Maßgabe des Gewinnverteilungsschlüssels, auch den ungetreuen Gesellschafter.[494] Dem steht zugleich ein **Schadensersatzanspruch** und ggf. darüber hinaus ein Bereicherungsanspruch der Gesellschaft gegenüber. Soweit die Erfassung dieses Anspruchs zu einer Gewinnrealisation führt, kommt diese allen Gesellschaftern nach Maßgabe des Gewinnverteilungsschlüssels zugute.[495]

Verzichtet die Gesellschaft nachträglich ausdrücklich oder konkludent auf die Geltendmachung des Ersatzanspruchs, dann ist die gebotene Gewinnerhöhung dem begünstigten Gesellschafter allein zuzurechnen, denn in diesem Fall hat die Gesellschaft erkennbar dem Gesellschafter einen Vorteil **zusätzlich** zugewendet,[496] falls nicht von einer Schenkung auszugehen ist. Die gleiche Lösung ist geboten, wenn der Ersatzanspruch in den Fällen der „Umleitung von Einnahmen" gegen den ungetreuen Gesellschafter nicht durchzusetzen ist und daher auf ihn verzichtet wird.[497] In den Fällen der Veruntreuung von **Geldbeträgen** rechnet der BFH den Verlust im Falle eines nicht realisierbaren Ersatzanspruchs allein dem **geschädigten** Gesellschafter letztlich bei Beendigung der Gesellschaft zu.[498] Dem ungetreuen Gesellschafter aber verbliebe dann die unbesteuerte Beute.[499]

21.14.2.7 Einfluss der sich aus Ergänzungs- und Sonderbilanz ergebenden GewSt-Belastung auf die Gewinnverteilung

Der Gewerbeertrag der Mitunternehmerschaft errechnet sich durch Addition der Ergebnisse der Gesamthandsbilanz der Gesellschaft sowie der Sonderbilanzen und der Ergänzungsbilanzen, soweit solche für die Gesellschafter aufzustellen sind.[500]

- In der **Gesamthandsbilanz** wird das Gesamthandsvermögen der Gesellschaft ausgewiesen, sodass diese i. d. R. mit der Handelsbilanz übereinstimmt.

---

493 Groh, DB 1995 S. 844; BFH, BStBl 2000 II S. 670.
494 BFH v. 22. 9. 1994 – IV R 41/93, DB 1995 S. 855.
495 Für den Fall der Veruntreuung von Geldbeträgen eines Miteigentümers bei Einkünften aus Vermietung und Verpachtung hat der BFH den Abzug von Werbungskosten beim Stpfl. abgelehnt: BFH v. 20. 12. 1994, BStBl 1995 II S. 534.
496 BFH, BFH/NV 1987 S. 775.
497 BFH, BFH/NV 1992 S. 888.
498 BFH v. 22. 9. 1994 – IV R 41/93, DB 1995 S. 855.
499 Groh (DB 1995 S. 844) schlägt vor, den veruntreuten Geldbetrag als Sonder-BE zu erfassen und die Schadensersatzverpflichtung in der Sonderbilanz nicht zur Passivierung zuzulassen. Damit korrespondiere die Passivseite der Sonderbilanz des Schädigers mit der fehlenden Aktivierung in der Gesamthandsbilanz. Unklar bleibt dabei der Rechtsgrund für die Erfassung einer Sonderbetriebseinnahme.
500 BFH [GrS], BStBl 1991 II S. 691.

21.14 Gewinnverteilung

- In einer **Ergänzungsbilanz** werden dagegen Wertkorrekturen erfasst, die zwar Vermögensgegenstände des Gesamthandsvermögens betreffen, die aber nur einzelnen Gesellschaftern beteiligungsabhängig zuzurechnen sind.[501]
- In einer **Sonderbilanz** werden dagegen Wirtschaftsgüter ausgewiesen, die einem Gesellschafter gehören und der Gesellschaft zur Nutzung überlassen werden (**Sonderbetriebsvermögen** I) oder der Beteiligung an der Personengesellschaft dienen (**Sonderbetriebsvermögen** II).

Der sich nach allem ergebende Gesamtgewinn der Mitunternehmerschaft bildet den Gewerbeertrag (§ 7 GewStG). **Steuerschuldner** der Gewerbesteuer ist nach § 5 GewStG die Personengesellschaft, Unternehmer sind allerdings auch hier die Gesellschafter als Mitunternehmer.[502] Daraus folgt, dass die Gewerbesteuer als **Aufwand in der Gesamthandsbilanz** zu erfassen ist. Das gilt auch für die **Mehrbelastung,** die sich durch die Einbeziehung der Ergebnisse der Ergänzungs- und Sonderbilanz ergibt.[503]

Entsprechende Probleme ergeben sich in den Fällen, in denen einzelne Gesellschafter von der Möglichkeit des **Verlustabzugs nach § 10 a GewStG** ausgeschlossen sind, weil der fragliche Gewerbeverlust nicht in ihrer Person als Mitunternehmer entstanden ist.[504]

Die Minderung des Ergebnisses der Gesamthandsbilanz trifft alle Gesellschafter nach Maßgabe ihrer Beteiligung und unter Beachtung der gesellschaftsvertraglichen Gewinnverteilungsabrede.[505] Damit geht die Mehrbelastung an Gewerbesteuer auch zulasten der Gesellschafter, denen das Sonder- oder Ergänzungsbilanzergebnis nicht zuzurechnen ist.

Soll der **Einfluss** der Gewerbesteuermehrbelastung auf die allgemeine Gewinnverteilung **verhindert** werden, sind gesellschaftsvertraglich abweichende Vereinbarungen erforderlich, die bei der Gewinnverteilung vorweg zu berücksichtigen sind.[506] Eine entsprechende gesellschaftsvertragliche Regelung könnte lauten:

> Belastungen oder Entlastungen der Gesellschaft durch Gewerbesteuer, die ihre Ursache im Bereich des Sonderbetriebsvermögens und den Vergütungen i. S. des § 15 Abs. 1 Nr. 2 EStG sowie den Ergebnissen aufgrund evtl. Ergänzungsbilanzen haben oder durch die personenbezogene Anwendung des § 10 a GewStG verursacht werden, sind bei der Gewinnverteilung vorweg bei den Gesellschaftern zu berücksichtigen, in deren Person die Abweichung begründet ist.

---

501 BFH, BStBl 1991 II S. 647.
502 BFH [GrS], BStBl 1993 II S. 616; BFH [GrS], BStBl 1995 II S. 617.
503 BFH, BStBl 1986 II S. 350.
504 BFH [GrS], BStBl 1993 II S. 616; BFH, BStBl 1994 II S. 331; BFH, BStBl 1994 II S. 364.
505 BFH, BStBl 1990 II S. 965.
506 Bordewin, NWB, Fach 18, S. 3237, 3246; Bolk, Betrieb und Wirtschaft 1995, S. 227, 229; aber strittig. Nach anderer Auffassung ist bei Schweigen des Gesellschaftsvertrages umgekehrt davon auszugehen, dass jeder Gesellschafter die auf seinen Sonder- und Ergänzungsbereich entfallende Gewerbesteuer im Innenverhältnis selbst zu tragen hat.

21 Personengesellschaften

Beispiel
A und B sind mit jeweils 50 % an der AB-PersG beteiligt. Die Belastung mit Gewerbeertragsteuer soll nach Abzug des Staffelfreibetrags 15 % betragen:

Gewinn lt. Gesamthandsbilanz vor GewSt			**1 000 000 DM**
Gewerbesteueraufwand PersG		./.	150 000 DM
Gewerbeverlustvortrag für A	60 000 DM		
GewSt-Entlastung		+	9 000 DM
Sonderbilanzgewinn B	400 000 DM		
GewSt-Belastung		./.	60 000 DM
Ergänzungsbilanzverlust B	20 000 DM		
GewSt-Entlastung		+	3 000 DM
Jahresüberschuss lt. HB			**802 000 DM**

Gewinnverteilung		A	B
Jahresüberschuss	802 000 DM		
+ GewSt/Sonder-BV	60 000 DM		./. 60 000 DM
./. GewSt/ErgBilanz	3 000 DM		+ 3 000 DM
./. GewSt/§ 10 a GewStG	9 000 DM	+ 9 000 DM	
Restgewinn (50:50)	850 000 DM	+ 425 000 DM	+ 425 000 DM
		434 000 DM	368 000 DM
+ Sonderbilanzgewinn			400 000 DM
./. Ergänzungsbilanzverlust			./. 20 000 DM
Zu versteuernder Gewinn		**434 000 DM**	**748 000 DM**
Ohne Vereinbarung dagegen		401 000 DM	781 000 DM

Neue Probleme wirft nunmehr die **Tarifermäßigung des § 35 EStG** bei Personengesellschaften auf. Danach ermäßigt sich die Einkommensteuer um das **1,8fache** des für das Unternehmen festgesetzten **Gewerbesteuermessbetrages,** soweit sie auf anteilig im Einkommen enthaltene gewerbliche Einkünfte entfällt. Die anteilige auf gewerbliche Einkünfte entfallende Einkommensteuer ergibt sich aus dem Verhältnis der gewerblichen Einkünfte zum Gesamtbetrag der Einkünfte × insgesamt festzusetzender Einkommensteuer. Sonderausgaben und außergewöhnliche Belastungen mindern also anteilig auch die auf die gewerblichen Einkünfte entfallende Einkommensteuer. Bei Mitunternehmerschaften ist für den einzelnen **Mitunternehmer** der auf ihn entfallende **Anteil am Gewerbesteuer-Messbetrag** maßgebend. Diese Anteile sind gesondert und einheitlich festzustellen. Für die Aufteilung ist ausdrücklich bestimmt, dass diese sich nach dem allgemeinen Gewinnverteilungsschlüssel richtet. Nicht zu berücksichtigen sind für die Aufteilung Sonder- und Ergänzungsgewinne, obwohl sie selbstverständlich in den Gewerbeertrag und damit in den Gewerbesteuermessbetrag eingehen. Dies ist insoweit konsequent als, wie ausgeführt, die darauf entfallende Gewerbesteuer den Gesamthandsgewinn mindert. Nicht zu berücksichtigen sind bei der Aufteilung aber ausdrücklich auch Vorabgewinnanteile. Dies bedeutet, dass trotz gesellschaftsrechtlicher Gewinnverteilungsvereinbarung, wonach jeder Gesellschafter die auf seinen Sonder- und Ergänzungsbereich entfallende Gewerbesteuer selbst zu tragen habe, dies bei § 35 EStG nicht berücksichtigt werden kann. Denn die Berücksichtigung stellt sich als Vorabgewinnanteil dar.

Beispiel
Wie oben.
Die Gewerbesteuer von insgesamt 150 000 DM + 60 000 DM ./. 12 000 DM = 198 000 DM wird im Innenverhältnis mit 66 000 DM von A und mit 132 000 DM von B getragen. Dennoch erhalten A und B eine gleiche Entlastung bei der Einkommensteuer in Höhe von 50 % (allgemeine Gewinnverteilung) von 40 100 DM (Steuermessbetrag 802 000 DM × 5 %) × 1,8 = 36 090 DM. Dies ist eine völlig missratene Regelung.

21.15 Realteilung

21.15.1 Begriff und steuerliche Folgen

Eine Realteilung liegt vor, wenn sich die Gesellschafter in der Weise auseinander setzen, dass sie die vorhandenen Wirtschaftsgüter nach Maßgabe ihres Beteiligungsverhältnisses in natura aufteilen und mit diesen jeweils ein Einzelunternehmen fortführen oder dass die übernommenen Wirtschaftsgüter bei den Realteilern auf andere Weise Betriebsvermögen bleiben. Das ist z. B. der Fall, wenn einem Realteiler nicht ein Teilbetrieb, sondern nur einzelne Wirtschaftsgüter zugeteilt werden und diese Wirtschaftsgüter einem Einzelunternehmen des Realteilers (oder dem BV einer Personengesellschaft, an der der Realteiler beteiligt ist) zugeführt werden. Die Realteilung ist eine **Betriebsaufgabe.**[507]

Die Gesellschafter hatten jedoch bis zum 1. 1. 1999 in analoger Anwendung des § 24 UmwStG[508] ein **Wahlrecht,** die ihnen zugewiesenen Wirtschaftsgüter mit den bisherigen Buchwerten fortzuführen, wenn sie diese Wirtschaftsgüter in einen Betrieb einbrachten und die steuerliche Erfassung der stillen Reserven gewährleistet war. Das Wahlrecht ist seit dem 1. 1. 1999 beseitigt. Für die Zeit ab dem 1. 1. 1999 gilt nach § 16 Abs. 3 EStG nunmehr, dass bei der Realteilung unter Zuweisung von Teilbetrieben oder Mitunternehmeranteilen zwingend die Buchwerte fortzuführen sind. Demzufolge sind die Kapitalkonten vorher an die übernommenen Buchwerte anzupassen. Dies führt zu einer Verlagerung stiller Reserven. Werden Einzelwirt-

---

507 BFH, BStBl 1982 II S. 456; BFH, BStBl 1994 II S. 809 m. w. N.; BFH, BStBl 1995 II S. 700; BFH, BStBl 1996 II S. 70.
508 BFH, BStBl 1992 II S. 385 m. w. N.

schaftsgüter zugewiesen, ist zu differenzieren: Für die Zeit bis zum 31. 12. 2000 ist hier gewinnrealisierend nach § 16 Abs. 3 Sätze 2, 5 und 6 EStG der gemeine Wert der Wirtschaftsgüter anzusetzen. Für die Zeit ab dem 1. 1. 2001 sind hier nach § 6 Abs. 5 Satz 3 EStG i. d. F. des StSenkG erfolgsneutral die Buchwerte fortzuführen. § 6 Abs. 5 Satz 3 EStG ist trotz Bedenken aus systematischen Gründen als gegenüber § 16 Abs. 3 Satz 5 EStG vorrangig anzusehen. Dieser regelt nunmehr nur noch die Bewertung bei Überführung in Privatvermögen.[509]

Beispiel
Die Gesellschafter einer OHG setzen sich in der Weise auseinander, dass A den Teilbetrieb X mit Buchwerten von 420 000 DM (Teilwert 500 000 DM) und B den Teilbetrieb Y mit Buchwerten = Teilwert von 502 000 DM übernehmen. In beiden Teilbetrieben werden die Wirtschaftsgüter mit den bisherigen Buchwerten fortgeführt. Die Kapitalkonten haben betragen: A 450 000 DM, B 472 000 DM. Gewinnbeteiligung je 50 %.
Eine Gewinnrealisierung tritt durch die Realteilung nicht ein. Die Kapitalkonten sind den Summen der übernommenen Buchwerte erfolgsneutral anzupassen. Die Verlagerung der stillen Reserven auf ein anderes Steuersubjekt (40 000 DM von B auf A) wird in Kauf genommen.
Die Eröffnungsbilanzen zeigen folgendes Bild:

A	E-Bilanz A		P
Teilbetrieb X	420 000 DM	Kapital	450 000 DM
		Abstockung ./.	30 000 DM
			420 000 DM
	420 000 DM		420 000 DM

A	E-Bilanz B		P
Teilbetrieb Y	502 000 DM	Kapital	472 000 DM
		Aufstockung +	30 000 DM
			502 000 DM
	502 000 DM		502 000 DM

Im Zeitpunkt der Realteilung sind etwaige Ergänzungsbilanzen aufzulösen. Das gilt auch bei Buchwertfortführung. Das Kapitalkonto des Realteilers in der Eröffnungsbilanz ist erfolgsneutral an die Buchwerte der übernommenen Wirtschaftsgüter anzupassen. Hierbei sind auch Auf- und Abstockungen in den Ergänzungsbilanzen zu berücksichtigen.[510]

Überführt einer der Realteiler die ihm zugeteilten Wirtschaftsgüter in das Privatvermögen, ist gleichwohl eine Buchwertfortführung für die anderen Realteiler möglich.[511]

---
509 Dazu Reiß, BB 2000, 1965.
510 BFH, BStBl 1996 II S. 70.
511 BFH, BStBl 1994 II S. 604; BMF, BStBl 1993 I S. 62, Tz. 12, Tz. 18.

21.15.2 Spitzenausgleich

Bei der Realteilung findet oft ein Spitzenausgleich statt, weil die Verkehrswerte der übernommenen Wirtschaftsgüter nicht den tatsächlichen Werten der aufgegebenen Gesellschaftsrechte entsprechen. Unter Spitzenausgleich versteht man dabei eine Abfindung in Höhe der Differenz zwischen den jeweils zugeteilten Verkehrswerten.

Nach Auffassung der Finanzverwaltung ist der Ausgleichsbetrag in die Teilbeträge „anteiliger Buchwert" und „anteilige stille Reserven" zu zerlegen. Zwecks Ermittlung dieser Teilbeträge ist der Ausgleichsbetrag dem Teil des Kapitalkontos gegenüberzustellen, der dem Verhältnis von Ausgleichszahlung zum Wert des übernommenen Betriebsvermögens entspricht.[512][513]

Beispiel

Die Gesellschafter der A & B-OHG setzen sich in der Weise auseinander, dass A den Teilbetrieb X mit Buchwerten von 420 000 DM (Teilwert 500 000 DM) und B den Teilbetrieb Y mit Buchwerten von 490 000 DM (Teilwert 540 000 DM) übernimmt. Die Gesellschafter sind am Gewinn/Verlust mit je 50 % beteiligt. Die Kapitalkonten betragen je 455 000 DM. B hat an A eine Ausgleichszahlung in Höhe von (40 000 DM : 2 =) 20 000 DM zu leisten.

A	S-Bilanz OHG		P
Teilbetrieb X	420 000 DM	Kapital A	455 000 DM
Teilbetrieb Y	490 000 DM	Kapital B	455 000 DM
	910 000 DM		910 000 DM

A	Bilanz Teilbetrieb X vor Realteilung		P
	420 000 DM	Kapital A	210 000 DM
		Kapital B	210 000 DM
	420 000 DM		420 000 DM

A	Bilanz Teilbetrieb Y vor Realteilung		P
	490 000 DM	Kapital A	245 000 DM
		Kapital B	245 000 DM
	490 000 DM		490 000 DM

B stehen wertmäßig (500 000 DM + 540 000 DM) × 0,5 = 520 000 DM zu. Da er aber 540 000 DM erhält, also 20 000 DM mehr, zahlt er den Betrag von 20 000 DM für 20 000 DM/540 000 DM = 3,7 % des Teilbetriebs Y. Somit erwirbt B 3,7 % des Teilbetriebs X entgeltlich und 96,3 % unentgeltlich. Auf 3,7 % entfällt ein Buchwert von (3,7 % v. 490 000 DM =) 18 130 DM, sodass B die Aktivwerte um

---

[512] BMF, BStBl 1993 I S. 62/66; vgl. auch BFH, BStBl 1992 II S. 385/388, S. 512/514.
[513] Soweit dem BFH-Urteil in BStBl 1994 II S. 607 etwas anderes zu entnehmen ist, sind die Urteilsgrundsätze nicht über den entschiedenen Einzelfall hinaus anzuwenden (BMF, BStBl 1994 I S. 601).

21 Personengesellschaften

(20 000 DM ./. 18 130 DM =) 1870 DM aufstocken muss. A hat einen Veräußerungsgewinn von 1870 DM erzielt, der tarifbegünstigt ist.[514]

Zwecks erfolgsneutraler Anpassung der Kapitalkonten an die Buchwerte der übernommenen Teilbetriebe ist zu buchen:

Kapitalkonto A	35 000 DM	an Kapitalkonto B	35 000 DM

Nunmehr ergibt sich folgende Entwicklung:
Umbuchung im Teilbetrieb X

Kapital B	210 000 DM	an Kapital A	210 000 DM

Buchung der Ausgleichszahlung des B an A in Höhe von 20 000 DM im Teilbetrieb Y

versch. Aktiva			
Zahlung für st. Reserven	1 870 DM		
Kapital A (Zahlung für Buchwert)	18 130 DM	an (NE) Kapital B	20 000 DM

Umbuchung im Teilbetrieb Y

Kapital A	226 870 DM	an Kapital B	226 870 DM

A	Bilanz Teilbetrieb X (= Betrieb A) nach Realteilung		P
	420 000 DM	vorl. Kapital 210 000 DM	
		Umbuchung + 210 000 DM	
			420 000 DM
	420 000 DM		420 000 DM

A	Bilanz Teilbetrieb Y (= Betrieb B) nach Realteilung		P
	490 000 DM	vorl. Kapital 245 000 DM	
Zugang	1 870 DM	Einlage + 20 000 DM	
		Umbuchung + 226 870 DM	
			491 870 DM
	491 870 DM		491 870 DM

Hinweis: Nach der vom BMF abgelehnten BFH-Auffassung hätte A den vollen Spitzenausgleich von 20 000 DM ohne Gegenrechnung eines Buchwertes zu versteuern. Im Gesellschaftsvermögen sind 130 000 DM stille Reserven vorhanden, davon entfallen je 65 000 DM auf A und B. B hat dem A dessen Anteil an den stillen Reserven in Betrieb Y abgekauft und insoweit Anschaffungskosten von 20 000 DM.[515]

---

[514] BMF, BStBl 1994 I S. 601 entgegen BFH, BStBl 1994 II S. 607, S. 809.
[515] Zur Problematik vgl. Reiß, in: Kirchhof, § 16 Rz. 124 f. und 353 f.

22 Betriebsaufspaltung

22.1 Begriff

Betriebsaufspaltung liegt vor, wenn ein Unternehmen (Besitzunternehmen) einem anderen von ihm beherrschten Unternehmen (Betriebsunternehmen) Wirtschaftsgüter, die zu den wesentlichen Grundlagen des Betriebsunternehmens gehören, zur Nutzung, in der Regel miet- oder pachtweise, überlässt. Bei der **echten** Betriebsaufspaltung wird ein einheitliches Unternehmen aufgeteilt, während bei der **unechten** Betriebsaufspaltung die beiden (oder mehrere) Unternehmen bereits unabhängig voneinander existiert haben und nunmehr in bestimmte wirtschaftliche Beziehungen zueinander treten. Der häufigste Fall ist der, dass es sich bei dem Betriebsunternehmen um eine GmbH und beim Besitzunternehmen um ein Einzelunternehmen, eine Bruchteilsgemeinschaft oder eine GbR handelt. Als Besitzgesellschaften kommen aber auch Erben- oder Gütergemeinschaften in Betracht.[1]

Nach ständiger Rechtsprechung ist eine Betriebsaufspaltung anzunehmen, wenn an eine Kapitalgesellschaft wesentliche Betriebsgrundlagen überlassen werden – **sachliche Verflechtung** – und die hinter dem Besitzunternehmen stehenden Personen ihren Willen auch in der Betriebsgesellschaft durchsetzen können – **personelle Verflechtung** –.[2]

In **sachlicher** Hinsicht setzt die Betriebsaufspaltung voraus, dass die von dem Besitzunternehmen vermieteten oder verpachteten Wirtschaftsgüter zu den **wesentlichen Grundlagen** der Betriebsgesellschaft gehören.[3] Ein **Grundstück** ist unabhängig von seiner baulichen Gestaltung im Rahmen einer Betriebsaufspaltung für das Betriebsunternehmen eine wesentliche Betriebsgrundlage, wenn es zur Erreichung des Betriebszweckes erforderlich ist und besonderes Gewicht für die Betriebsführung besitzt,[4] was insbesondere für ein Hotel, ein Restaurant, aber auch für ein von seiner Lage abhängiges Einzelhandelsgeschäft anzunehmen ist.[5]

Auch die leihweise (unentgeltliche) Überlassung wesentlicher Betriebsgrundlagen begründet eine Betriebsaufspaltung. Die Gewinnerzielungsabsicht ergibt sich aus den gesellschaftsrechtlichen Beziehungen. Die Gewinnerzielungsabsicht ist nicht nur an den tatsächlichen, sondern auch an den möglichen Ausschüttungen zu

---

1 BFH, BStBl 1993 II S. 876 m. w. N.
2 BFH, BStBl 2000 II S. 255; BFH, BStBl 2000 II S. 417.
3 BFH, BStBl 2000 II S. 255 m. w. N.
4 BFH, BStBl 2000 II S. 417 m. w. N.
5 BFH, BStBl 1992 II S. 347, S. 723, jeweils m. w. N.

messen und erst dann zu verneinen, wenn der Gesellschafter mit den tatsächlichen und möglichen Ausschüttungen auf die Dauer keine Erträge erwarten kann.[6]

Grundstücke, die der Fabrikation dienen, gehören nach ständiger Rechtsprechung regelmäßig im Rahmen der Betriebsaufspaltung zu den wesentlichen Betriebsgrundlagen.[7]

Unerheblich ist, dass das Gebäude auch von Unternehmen anderer Branchen genutzt werden könnte. Es bedarf keiner branchenspezifischen Ausgestaltung.[8] Somit kommt es nicht darauf an, ob der Betrieb auch in einem anderen gemieteten oder gekauften Gebäude ausgeübt werden könnte.[9]

Liegt Betriebsaufspaltung vor, so gehören mitverpachtete (d. h. neben den wesentlichen Betriebsgrundlagen verpachtete) Grundstücke zum notwendigen Betriebsvermögen des Besitzunternehmens auch dann, wenn sie nicht wesentliche Betriebsgrundlage des Betriebsunternehmens werden.[10]

Als wesentliche Betriebsgrundlage kommen auch **immaterielle Wirtschaftsgüter,** insbesondere Erfindungen, in Betracht, sofern die Umsätze des Betriebsunternehmens in erheblichem Umfang auf ihnen beruhen. Dabei ist es unerheblich, ob die Betriebsgesellschaft auf der Grundlage der Erfindungen selbst produziert oder ob sie sich auf die weitere Verwertung der Erfindungen beschränkt. Unerheblich ist auch, ob das überlassene Wirtschaftsgut für das Besitzunternehmen eine wesentliche Betriebsgrundlage darstellt.[11]

Reine Büro- und Verwaltungsgebäude sind im Allgemeinen nicht für die Bedürfnisse der Betriebsgesellschaft gestaltet. Ihre Verpachtung an die Betriebsgesellschaft hat bisher regelmäßig nicht zur Begründung einer Betriebsaufspaltung geführt. Im Einzelfall kann es aber durchaus anders sein.[12]

Die Darlehensforderung des Besitzunternehmens gegen die Betriebsgesellschaft gehört zum notwendigen Betriebsvermögen des Besitzunternehmens, wenn das Darlehen dazu dient, die Vermögens- und Ertragslage der Besitzgesellschaft zu verbessern und damit den Wert der Beteiligung des Besitzunternehmens an der Betriebsgesellschaft zu erhalten oder auch zu erhöhen.[13]

Gewährt nicht die Besitzgesellschaft selbst (GbR), sondern gewähren ihre Gesellschafter, die auch Gesellschafter der Betriebs-GmbH sind, der Betriebs-GmbH bei deren Gründung ein Darlehen, dessen Laufzeit an die Dauer ihrer Beteiligung an der GmbH gebunden ist, so gehört dieses Darlehen zu ihrem notwendigen **Sonderbetriebsvermögen II** bei der Besitzgesellschaft. Darlehen mit Bindung ihrer Lauf-

---

6 BFH, BStBl 1991 II S. 713.
7 BFH, BStBl 1992 II S. 347 m. w. N.
8 BFH, BStBl 1992 II S. 349.
9 BFH, BStBl 1992 II S. 830; BFH, BStBl 1993 II S. 718 m. w. N.
10 BFH, BStBl 1993 II S. 233.
11 BFH, BStBl 1992 II S. 415 m. w. N.; BFH, BStBl 1994 II S. 168.
12 Vgl. dazu u. a. BFH, BStBl 1997 II S. 565 m. w. N.
13 BFH, BStBl 1978 II S. 378, 1995 II S. 452.

22.1 Begriff

zeit an die Beteiligung an der GmbH sind nicht austauschbar. Sie beruhen auf der Betriebsaufspaltung und dienen dazu, die beherrschende Stellung der Gesellschafter sowohl in der Betriebs- als auch in der Besitzgesellschaft zu verstärken.[14] Generell ist von notwendigen Sonderbetriebsvermögen II auszugehen, wenn die unmittelbare Überlassung von für die Betriebsgesellschaft wesentlichen Betriebsgrundlagen durch die Gesellschafter der Besitzgesellschaft den Interessen der Besitzgesellschaft dient. Dafür sprechen Überlassung zu nicht fremdüblichen Bedingungen, Nutzungsdauer abhängig von Beteiligung am Besitzunternehmen, enger zeitlicher Zusammenhang mit Begründung der Betriebsaufspaltung.[15]

In **personeller** Hinsicht müssen **enge personelle Verflechtungen** zwischen Besitz- und Betriebsunternehmen bestehen. Danach ist entscheidend, dass die hinter den beiden Unternehmen stehenden Personen einen einheitlichen geschäftlichen Betätigungswillen haben.[16] Dieser tritt am klarsten zutage, wenn an beiden Unternehmen dieselben Personen im gleichen Verhältnis beteiligt sind **(Beteiligungsidentität)**. Es genügt aber, dass die Person oder die Personen, die das Besitzunternehmen tatsächlich beherrschen, in der Lage sind, auch in der Betriebsgesellschaft ihren Willen durchzusetzen **(Beherrschungsidentität)**. Diese Voraussetzung ist grundsätzlich erfüllt, wenn den Personen, die an beiden Unternehmen beteiligt sind, auch die Mehrheit der Anteile an beiden Gesellschaften gehört. Dabei können die Beteiligungsverhältnisse in der Besitz- und Betriebsgesellschaft auch unterschiedlich sein, solange nur jeweils die Gruppe in beiden Unternehmen über die Mehrheit verfügt. Unschädlich ist auch, wenn im Besitz- und Betriebsunternehmen innerhalb der an beiden Gesellschaften beteiligten Gesellschafter entgegengesetzten Mehrheitsverhältnisse bestehen.[17] Den für den einheitlichen geschäftlichen Betätigungswillen maßgebenden Einfluss gewährt einem Gesellschafter auch eine **mittelbare Beteiligung** an der Gesellschaft in jedem Fall dann, wenn der Inhaber des Besitzunternehmens an einer GmbH ausschließlich beteiligt ist und diese wiederum alleinige Gesellschafterin der Betriebsgesellschaft ist.[18]

Aber auch ohne Mehrheitsbeteiligung kann aufgrund besonderer Machtstellung in Ausnahmefällen eine personelle Verflechtung vorliegen. Dies hat der BFH[19] angenommen für den Fall, dass bei einem Anteilsbesitz von lediglich 49 % jederzeit die Aufstockung zur Mehrheitsbeteiligung möglich gewesen wäre.

Die erforderliche einheitliche Willensbildung liegt aber nicht vor, wenn die Gesellschafter, die in der Lage sind, in den Betriebsgesellschaften ihren Willen durchzusetzen, an der Besitzgesellschaft, einer GbR, zu zwei Dritteln beteiligt sind, aber nach dem Gesellschaftsvertrag der Besitzgesellschaft **Gesellschafterbeschlüsse**

---
14 BFH, BStBl 1995 II S. 452.
15 BFH, BStBl 1999 II S. 357 und S. 715 m. w. N.
16 BFH [GrS], BStBl 1972 II S. 63.
17 BFH, BStBl 2000 II S. 417 m. w. N.
18 BFH, BStBl 1988 II S. 537 m. w. N.
19 BStBl 1997 II S. 437.

22 Betriebsaufspaltung

einstimmig gefasst werden müssen.[20] Eine Betriebsaufspaltung kann zwischen einem Besitzunternehmen und mehreren Betriebskapitalgesellschaften bestehen, wobei Besitzunternehmen auch eine Bruchteilsgemeinschaft sein kann.[21] Einzelheiten hinsichtlich der Zusammenrechnung der Anteile von Eltern und minderjährigen Kindern ergeben sich aus H 137 (7) EStH sowie R 137 Abs. 8 EStR.

Eine Zusammenrechnung von Ehegattenanteilen kommt nur in Betracht, wenn zusätzlich zur ehelichen Lebensgemeinschaft Beweisanzeichen vorliegen, die für gleichgerichtete wirtschaftliche Interessen der Ehegatten sprechen.[22] Allerdings sind Ehegatten auch nicht privilegiert. Sie bilden daher durchaus eine Gruppe, die in beiden Unternehmen beherrschend sein kann.[23]

Nach ständiger Rechtsprechung des BFH reicht es für die Beherrschung von Besitz- und Betriebsunternehmen aus, dass an beiden Unternehmen mehrere Personen beteiligt sind, die zusammen beide Unternehmen beherrschen (Personengruppentheorie). Treffen die Voraussetzungen der Personengruppentheorie auf Familienangehörige zu, sind also beispielsweise Ehegatten in der Lage, zusammen beide Unternehmen zu beherrschen, so beruht der von der Rechtsprechung vermutete Interessengleichklang nicht auf der familiären Beziehung, sondern auf dem zweckgerichteten Zusammenschluss derselben Personen in beiden Unternehmen. Die Familienangehörigen werden in diesen Fällen nicht schlechter, sondern ebenso behandelt wie nicht durch die Familie verbundene Stpfl.

Die – wenn auch besonders starke – Stellung des Geschäftsführers der Betriebskapitalgesellschaft reicht nicht aus, ihn der geschlossenen Personengruppe mit einheitlich geschäftlichem Betätigungswillen zuzuordnen. So hat der BFH[24] entschieden: „Verpachtet der Vater seinen Betrieb an eine GmbH, deren Anteilseigner ausschließlich erwachsene und teilweise fachlich entsprechend vorgebildete Kinder sind, so fehlt es i. d. R. an dem für eine Betriebsaufspaltung erforderlichen einheitlichen geschäftlichen Betätigungswillen zwischen Verpächter und Pächter, und zwar auch dann, wenn der Vater einer der Geschäftsführer der GmbH ist." Ferner entfällt eine Betriebsaufspaltung, wenn Besitz- und Betriebsunternehmen keine gemeinsamen Gesellschafter (Unternehmer) haben (Wiesbadener Modell). Das gilt auch für Ehegatten.[25]

Im Rahmen der Betriebsaufspaltung beginnt der gewerbliche Betrieb des Besitzunternehmens in dem Zeitpunkt, in dem der spätere Besitzunternehmer Tätigkeiten entfaltet, die eindeutig und objektiv erkennbar auf die Vorbereitung der endgültig

---
20 BFH, BStBl 1984 II S. 212; BFH, BStBl 1997 II S. 44.
21 BFH, BStBl 1983 II S. 299, 1987 II S. 858.
22 BVerfG, BStBl 1985 II S. 475; BFH, BStBl 1986 II S. 362, 611, 913; BFH, BStBl 1987 II S. 858; BMF, BStBl 1986 I S. 537.
23 Dazu BFH, BStBl 2000 II S. 147.
24 BStBl 1984 II S. 714.
25 BFH, BStBl 1986 II S. 359.

beabsichtigten Überlassung von wesentlichen Betriebsgrundlagen an die von ihm beherrschte Betriebsgesellschaft gerichtet sind.[26]

Die Beendigung der Betriebsaufspaltung hat die **Betriebsaufgabe** des Besitzunternehmens zur Folge.[27] Das gilt auch im Falle der Konkurseröffnung über das Vermögen der Betriebsgesellschaft.[28]

Im Falle doppelstöckiger Personengesellschaften hat § 15 Abs. 1 Nr. 2 EStG Vorrang vor einer Betriebsaufspaltung, d. h., von der Obergesellschaft an die Untergesellschaft überlassene Wirtschaftsgüter sind Sonderbetriebsvermögen bei der Untergesellschaft. Bei Schwesterpersonengesellschaften ist hingegen § 15 Abs. 1 Nr. 2 EStG nicht anzuwenden – sog. **Vorrang der Betriebsaufspaltung.** Vgl. dazu ausführlich 21.1.5.3 **„Schwesterpersonengesellschaften".**

Vgl. zu allem auch die umfangreichen Hinweise in H 137 (4) bis (8) EStH.

22.2 Rechtsfolgen

Liegen beide Voraussetzungen (sachliche und personelle Verflechtung) vor und ist damit der Tatbestand der Betriebsaufspaltung erfüllt, so betreibt nicht nur die Betriebsgesellschaft, sondern auch das **Besitzunternehmen** einen **Gewerbebetrieb,** der der GewSt unterliegt, denn das Besitzunternehmen nimmt über das Betriebsunternehmen am allgemeinen wirtschaftlichen Verkehr teil. Der Unternehmer bzw. die Mitunternehmer des Besitzunternehmens hat bzw. haben folglich keine Einkünfte aus Vermietung und Verpachtung, sondern Einkünfte aus Gewerbebetrieb und insoweit kein Privatvermögen, sondern **Betriebsvermögen.** Entsprechend erzielt ein Erfinder, der einer von ihm beherrschten Produktions-GmbH Lizenzen an den von ihm geschaffenen Schutzrechten (= wesentliche Betriebsgrundlage) zur gewerblichen Auswertung einräumt, nicht Einkünfte aus freiberuflicher Tätigkeit i. S. des § 18 Abs. 1 Nr. 1 EStG, vielmehr Einkünfte aus Gewerbebetrieb.[29]

Die gewerbliche Tätigkeit des Besitzunternehmens umfasst auch die Anteile und die Einkünfte der Personen, die nur am Besitzunternehmen, nicht auch am Betriebsunternehmen beteiligt sind.[30]

Die **Anteile an der Betriebs-GmbH** gehören zum notwendigen Betriebsvermögen des Besitzunternehmers bzw. zum notwendigen Sonderbetriebsvermögen der Gesellschafter des Besitzunternehmens.[31] Nicht zum Betriebsvermögen gehören jedoch die Anteile von nahen Angehörigen, wenn diese nicht am Besitzunternehmen

---

26 BFH, BStBl 1991 II S. 773.
27 BFH, BStBl 1994 II S. 23 m. w. N.
28 BFH, BStBl 1997 II S. 460.
29 BFH, BStBl 1989 II S. 455.
30 BFH, BStBl 1972 II S. 796.
31 BFH, BStBl 2000 II S. 255 m. w. N.

22 Betriebsaufspaltung

beteiligt sind, auch wenn diese Anteile bei der Prüfung der Beherrschungsidentität mitgerechnet wurden.

Bei einer echten Betriebsaufspaltung ließ die FinVerw die erfolgsneutrale Buchwertfortführung bei Übertragung von Wirtschaftsgütern zu.[32] Dem ist der Gesetzgeber seit dem 1. 1. 1999 entgegengetreten. Die Einbringung in eine Betriebskapitalgesellschaft ist nach § 6 Abs. 6 Sätze 1 oder 2 (verdeckte Einlage) EStG als **gewinnrealisierender Tausch** zu behandeln. Bei einer Mitunternehmerschaft als Betriebsunternehmen ist allerdings nach der hier vertretenen Auffassung § 6 Abs. 5 Satz 3 EStG analog anzuwenden.[33]

Überträgt später das Besitzunternehmen oder übertragen die Gesellschafter des Besitzunternehmens Anteile an der Betriebs-Kapitalgesellschaft auf nicht am Besitzunternehmen beteiligte nahe stehende Personen zu einem Kaufpreis, der niedriger als der bei Veräußerung an einen fremden Dritten erzielbare Kaufpreis ist, so liegt in Höhe des Unterschiedsbetrags zwischen erzielbarem und vereinbartem Kaufpreis eine Entnahme i. S. der §§ 4 Abs. 1 Satz 2 EStG, 6 Abs. 1 Nr. 4 EStG vor.[34][35]

Muss die Betriebsgesellschaft die zum Schätzwert übernommenen Pachtgegenstände ersetzen, so ist die Verpflichtung zur Ersatzbeschaffung mit den Wiederbeschaffungskosten zu passivieren. Dies gilt allerdings nur für solche Pachtgüter, die voraussichtlich während der Pachtzeit sich verbrauchen und daher erneuert werden müssen.[36] Das Besitzunternehmen muss den Anspruch aktivieren, und zwar grundsätzlich in gleicher Höhe.[37] Es gilt kein Grundsatz korrespondierender Bilanzierung.[38]

Wurde der Warenbestand nicht an die Betriebsgesellschaft veräußert, sondern als Sachwertdarlehen übergeben, hat das Besitzunternehmen eine entsprechende Rückgabeforderung zu aktivieren, die grundsätzlich mit dem gleichen Wert anzusetzen ist, mit dem die Betriebs-GmbH die Rückgabeverpflichtung passiviert hat.[39] Bei gestiegenem Teilwert kommt es somit zu Gewinnrealisierungen, denen jedoch in gleicher Höhe Aufwendungen im Abschluss der Betriebs-GmbH gegenüberstehen. Damit ist das Ergebnis erreicht, das bei gewerblicher Tätigkeit in **einem** Unternehmen (ohne Betriebsaufspaltung) auch erreicht wäre, denn die maßgebende Person oder Personengruppe muss ihren Willen in beiden Unternehmen folgerichtig und frei von Widersprüchen, d. h. **ungespalten,** verwirklichen.[40]

---

32 BMF, BStBl 1985 I S. 97.
33 S. Ausführungen unter 21.7.2.7.
34 BMF, BStBl 1985 I S. 97.
35 Vgl. auch o. 17.3.2.
36 BFH, BStBl 1993 II S. 89; s. auch 16.2.18.
37 BFH, BStBl 1975 II S. 700; BFH, BStBl 1989 II S. 714; BFH, BStBl 1993 II S. 89.
38 BFH, BStBl 1999 II S. 547; BFH, BStBl 1998 II S. 710.
39 BFH, BStBl 1975 II S. 700; BFH, BStBl 1989 II S. 714.
40 Vgl. BFH, BStBl 1989 II S. 714.

22.2 Rechtsfolgen

Da die Anteile an der Betriebs-GmbH zum Betriebsvermögen des Besitzunternehmers bzw. zum Sonderbetriebsvermögen der Gesellschafter des Besitzunternehmens gehören, sind die Beteiligungserträge gem. § 20 Abs. 3 i. V. m. § 15 EStG Einkünfte aus Gewerbebetrieb.[41] Auch bei Mehrheitsbeteiligung des Besitzunternehmens an der Betriebs-GmbH ist der Gewinnausschüttungsanspruch des Besitzunternehmens gegenüber der Betriebs-GmbH nicht bereits in dem Jahr anzusetzen, für das ausgeschüttet wird.[42] [43]

Zu den Beteiligungserträgen gehören auch verdeckte Gewinnausschüttungen (§ 20 Abs. 1 Nr. 1 Satz 2, Abs. 3 i. V. m. § 15 EStG). Diese können sich dadurch ergeben, dass die von der Betriebs-GmbH gezahlte Pacht zu hoch ist. Dieser Überbetrag erhöht das zu versteuernde Einkommen der Betriebs-GmbH.

Entfallen die tatbestandsmäßigen Voraussetzungen einer Betriebsaufspaltung (z. B. Wegfall der personellen Verflechtung zwischen Besitz- und Betriebsunternehmen), so ist dieser Vorgang als Betriebsaufgabe des Besitzunternehmens zu beurteilen mit der Folge, dass die im Betriebsvermögen des früheren Besitzunternehmens enthaltenen stillen Reserven aufzulösen sind.[44] Dadurch können erhebliche Steuerlasten entstehen, die ggf. den Bestand der Betriebsgesellschaft gefährden. Das erscheint dann bedenklich, wenn die Betriebsaufspaltung durch Umstände beendet wird, die vom Stpfl. nicht beeinflusst werden können. Im Hinblick darauf wären Billigkeitsmaßnahmen angezeigt,[45] die die Verwaltung nun für den in R 139 Abs. 2 Satz 3 EStR geregelten Tatbestand vorsieht: Fällt im Rahmen einer Betriebsaufspaltung die personelle Verflechtung durch Eintritt der Volljährigkeit bisher minderjähriger Kinder weg, so wird dem Stpfl. aus Billigkeitsgründen das Wahlrecht zur Fortsetzung der gewerblichen Tätigkeit im Rahmen einer Verpachtung auch dann eingeräumt, wenn nicht alle wesentlichen Betriebsgrundlagen an das Betriebsunternehmen verpachtet sind. Wird danach die Betriebsverpachtung nicht als Betriebsaufgabe behandelt, können in diesen Fällen weiterhin die auf einen Betrieb bezogenen Steuervergünstigungen (z. B. Übertragung stiller Reserven nach den §§ 6 b und 6 c EStG, erhöhte Absetzungen und Sonderabschreibungen) gewährt werden.

Beispiel

Peter Pötter (PP) betrieb bis zum 31. 12. 05 als Einzelunternehmer auf eigenem Grundstück mit Fabrik- und Verwaltungsgebäude eine mittelständische Fabrik für bestimmte Zubehörteile. Mit Wirkung vom 1. 1. 06 hat PP als alleiniger Gesellschafter die Pötter-GmbH gegründet. Die GmbH, deren alleiniger Geschäftsführer PP mit einer angemessenen monatlichen Vergütung von 10 000 DM ist, führt die Fabrikation von Zubehörteilen fort.

Zu diesem Zweck erwarb die GmbH von PP zum 1. 1. 06 das Vorratsvermögen und pachtete ab diesem Zeitpunkt das gesamte Anlagevermögen. Die GmbH hat vertrag-

---

41 BFH, BStBl 2000 II S. 255 (Betriebsaufspaltung muss bei Gewinnausschüttungsbeschluss vorliegen).
42 BFH [GrS], BStBl 2000 II S. 632; BFH v. 31. 10. 2000 VIII R 85/94, DB 2001, 412; überholt BFH, BStBl 1989 II S. 714.
43 Vgl. o. 11.5.2 und 13.3.10.
44 BFH, BStBl 1984 II S. 474, BStBl 1994 II S. 23.
45 BFH, BStBl 1989 II S. 363.

lich das **bewegliche** Anlagevermögen (bND = fünf Jahre) zu unterhalten, unbrauchbar gewordene Wirtschaftsgüter des **beweglichen** Anlagevermögens zu ersetzen und bei Pachtende das **bewegliche** Anlagevermögen im Wertigkeitsgrad wie bei Pachtbeginn zurückzugeben oder einen entsprechenden Wertausgleich zu leisten.

Die Wiederbeschaffungskosten für das gepachtete **bewegliche** Anlagevermögen betrugen am 31. 12. 05 und 31. 12. 06 400 000 DM, am 31. 12. 07 und 31. 12. 08 430 000 DM, am 31. 12. 09 sowie am 31. 12. 10 470 000 DM.

Der Bilanzwert betrug am 31. 12. 05 (AK Anfang 05 380 000 DM ./. AfA 20 % = 76 000 DM) 304 000 DM. Die GmbH hat das gesamte bewegliche Anlagevermögen Anfang Jan. 10 für 470 000 DM zzgl. 75 200 DM USt (als VorSt abziehbar) erneuert.

Die Pacht für das **bewegliche** Anlagevermögen beträgt monatlich 3000 DM zzgl. USt und wird jeweils durch Überweisung gezahlt.

PP betreibt ab 1. 1. 06 mit der Verpachtung des unbeweglichen und beweglichen Anlagevermögens zwar Vermögensverwaltung. Das geschieht jedoch im Rahmen einer Betriebsaufspaltung, denn PP beherrscht das Besitzunternehmen und die Betriebs-GmbH (zu jeweils 100 %), und außerdem sind beide Unternehmen dadurch sachlich miteinander verflochten, dass die vom Besitzunternehmen verpachteten Wirtschaftsgüter zu den wesentlichen Grundlagen der Betriebsgesellschaft gehören. Damit betreibt auch das Besitzunternehmen einen Gewerbebetrieb. Daraus folgt, dass die Verpachtung nicht zu Einkünften i. S. des § 21 EStG, sondern zu Einkünften aus Gewerbebetrieb führt und die verpachteten Wirtschaftsgüter nicht zum Privatvermögen, sondern zum Betriebsvermögen gehören.

Zum Betriebsvermögen des PP gehört auch seine Beteiligung an der GmbH. Die Beteiligung ermöglicht die Durchsetzung des einheitlichen geschäftlichen Betätigungswillens. Damit sind Gewinnausschüttungen der GmbH für PP Einkünfte aus Gewerbebetrieb.

PP erzielt als Geschäftsführer der GmbH-Einkünfte aus nichtselbstständiger Arbeit. Aus dem Sachverhalt ist nicht erkennbar, dass ein steuerlich anzuerkennender Dienstvertrag nicht vorliegt.

Die GmbH ist nicht wirtschaftliche Eigentümerin der gepachteten Wirtschaftsgüter, denn diese bleiben durch antizipiertes Besitzkonstitut (§ 930 BGB) im rechtlichen Eigentum des Besitzunternehmens. Das wirtschaftliche Eigentum weicht davon nicht ab.[46] Das gilt auch für die ersatzbeschafften Wirtschaftsgüter (§ 582 a Abs. 2 BGB).

Aus der Verpachtung des beweglichen Anlagevermögens ergeben sich folgende Konsequenzen:

a) Bilanzierung und Buchungen bei der GmbH

aa) Rückstellung für Pachterneuerung bzw. Ausgleichsanspruch

31. 12. 06   Wertigkeitsgrad bei Pachtbeginn entsprechend der Rest-ND von vier Jahren noch 80 % v. 400 000 DM Wiederbeschaffungskosten = 320 000 DM. Zuführung zur Rückstellung ($^1/_4$ v. 320 000 DM) = 80 000 DM. Das entspricht dem jährlichen Wertverzehr gemessen an den Wiederbeschaffungskosten (400 000 DM × 20 %).
Buchung: Pachtaufwand an Rückstellung 80 000 DM.

31. 12. 07   Wertigkeitsgrad 80 % v. 430 000 DM Wiederbeschaffungskosten = 344 000 DM. Rückstellung 31. 12. 07 somit $^2/_4$ v. 344 000 DM = 172 000 DM. Das ergibt eine Zuführung für 07 von (172 000 ./. Rückstellung bisher 80 000 DM =) 92 000 DM. Für 06 werden wegen der Preis-

---

46 Vgl. auch BFH, BStBl 1966 III S. 61.

22.2 Rechtsfolgen

steigerung 6000 DM nachgeholt. Buchung: Pachtaufwand an Rückstellung 92 000 DM.

31. 12. 08 Da keine Preisänderung eingetreten ist, beträgt der Wertigkeitsgrad wie 07 = 344 000 DM. Zuführung zur Rückstellung ($^1/_4$ v. 344 000 DM) = 86 000 DM.
Buchung: Pachtaufwand an Rückstellung 86 000 DM.
Rückstellung 31. 2. 08 insgesamt $^3/_4$ v. 344 000 DM = 258 000 DM.

31. 12. 09 Wertigkeitsgrad 80 % v. 470 000 DM Wiederbeschaffungskosten = 376 000 DM. Rückstellung somit $^4/_4$ v. 376 000 DM = 376 000 DM. Das ergibt eine Zuführung für 09 von (376 000 ./. Rückstellung bisher 258 000 DM =) 118 000 DM. Für 06 bis 08 werden wegen der Preissteigerung 24 000 DM nachgeholt.
Buchung: Pachtaufwand an Rückstellung 118 000 DM.

31. 12. 10 Buchung 10 wegen der Ersatzbeschaffung:
Rückstellung   376 000 DM
Ausgleichsanspruch
(470 000 DM ./. 376 000 DM =) 94 000 DM
VorSt   75 200 DM   an Finanzkonto 545 200 DM.
Buchung 10 wegen Aufzehrung des Ausgleichsanspruchs:
Pachtaufwand   94 000 DM   an Ausgleichsanspruch 94 000 DM

Zum 31. 12. 10 ist nach Auflösung des Wertausgleichsanspruchs wieder der Zustand bei Pachtbeginn erreicht (Wertigkeit 80 %). Zum 31. 12. 11 sind sodann auf der Basis evtl. erneut gestiegener Wiederbeschaffungskosten Rückstellungen zu passivieren.

ab) Pachtzahlungen

Außerdem hat die GmbH die an PP gezahlten Pachtbeträge zu buchen. Das sind für 06 insgesamt 3480 DM × 12 = 41 760 DM.

Buchung:

Pachtaufwand   36 000 DM
VorSt   5 760 DM   an Bank   41 760 DM

b) Bilanzierung und Buchungen im Besitzunternehmen PP

ba) Substanzerhaltungsanspruch bzw. Ausgleichsverpflichtung

31. 12. 06	Substanzerhaltungsanspruch an Pachterträge	80 000 DM
31. 12. 07	Substanzerhaltungsanspruch an Pachterträge	92 000 DM
31. 12. 08	Substanzerhaltungsanspruch an Pachterträge	86 000 DM
31. 12. 09	Substanzerhaltungsanspruch an Pachterträge	118 000 DM
		376 000 DM

31. 12. 10 Buchung 10 wegen der Ersatzbeschaffung durch das Betriebsunternehmen:
Maschinen etc. 470 000 DM an Substanzerhaltungsanspruch 376 000 DM
                             an Ausgleichsverpflichtung   94 000 DM

22 Betriebsaufspaltung

Buchung 10 wegen Wegfalls der Ausgleichsverpflichtung:
Ausgleichsverpflichtung   94 000 DM   an Pachterträge   94 000 DM

bb) Pachtzahlungen
Außerdem hat PP die von der GmbH geleisteten Pachtzahlungen zu buchen. Das sind für 06 insgesamt 41 760 DM.
Buchung:
Bank   41 760 DM   an Pachterträge   36 000 DM
                      an USt-Verbindlichkeit   5 760 DM

bc) Ersatzbeschaffung bewegl. Anlagevermögen
PP hat den Zugang 10 mit 470 000 DM zu erfassen und entsprechend der bND abzuschreiben. Bei einer bND von fünf Jahren und linearer AfA ergibt sich ein jährlicher AfA-Betrag von (20 % v. 470 000 DM =) 94 000 DM.
Buchung 10:
AfA   94 000 DM   an Maschinen etc.   94 000 DM

23 Kapitalgesellschaften

23.1 Begriff und Wesen der Kapitalgesellschaft

23.1.1 Begriff

Die wichtigste Gruppe der steuerpflichtigen Körperschaften bilden die Kapitalgesellschaften, § 1 Abs. 1 Nr. 1 KStG. Dazu gehören die AG, die KGaA und die GmbH. Sie sind Gesellschaften mit eigener Rechtspersönlichkeit, §§ 1, 278 AktG, § 13 Abs. 1 GmbHG.

Aktiengesellschaften einschließlich KGaA und Gesellschaften m.b.H. gelten als Handelsgesellschaften (§ 3 AktG, § 278 Abs. 3 AktG, § 13 Abs. 1 GmbHG). Sie sind zur Führung von Büchern verpflichtet (§ 6 Abs. 1, §§ 238 ff. HGB). Alle Einkünfte, die sie erzielen, gelten als Einkünfte aus Gewerbebetrieb (§ 8 Abs. 2 KStG).

23.1.2 Wesen und wirtschaftliche Bedeutung der wichtigsten Kapitalgesellschaften des Handelsrechts

23.1.2.1 Aktiengesellschaft

Die AG ist eine Gesellschaft mit eigener Rechtspersönlichkeit. Für die Verbindlichkeiten der Gesellschaft haftet den Gläubigern nur das Gesellschaftsvermögen (§ 1 Abs. 1 AktG). Den Gesellschaftsvertrag bezeichnet man als Satzung (§ 2 AktG). Die AG hat ein in Aktien zerlegtes Grundkapital (§ 1 Abs. 2 AktG) von mindestens 50 000 Euro (§ 7 AktG). Der Mindestnennbetrag der Aktien beträgt 1 Euro (§ 8 Abs. 1 bis 3 AktG). Die Leitung der AG hat der Vorstand (§ 76 AktG). Ihm obliegt neben der Geschäftsführung die Vertretung der AG nach außen. Der Aufsichtsrat überwacht die Geschäftsführung (§ 111 Abs. 1 AktG). Die Aktionäre üben ihre Rechte in der Hauptversammlung aus (§ 118 AktG).

Die wirtschaftliche Bedeutung der AG beruht auf der Möglichkeit, große Kapitalbeträge aufzubringen, wie sie das moderne Großunternehmen erfordert. Vom Mitgliederbestand, d. h. dem Wechsel der Mitglieder, ist die Existenz der AG unabhängig.

Die Feststellung des Jahresabschlusses obliegt Vorstand und Aufsichtsrat, in Ausnahmefällen der Hauptversammlung (§§ 172, 173 AktG). Der Jahresabschluss und der Lagebericht sind von den gesetzlichen Vertretern in den ersten drei Monaten des Geschäftsjahrs für das vergangene Geschäftsjahr aufzustellen. Kleine Aktiengesellschaften (§ 267 Abs. 1 HGB) dürfen den Jahresabschluss und den Lagebericht auch später aufstellen, wenn dies einem ordnungsmäßigen Geschäftsgang entspricht; diese Unterlagen sind jedoch innerhalb der ersten sechs Monate des Geschäftsjahrs aufzustellen (§ 264 Abs. 1 HGB). Dabei ist eine gesetzliche Rücklage zu bilden (§ 150 AktG). Der Vorstand hat den Jahresabschluss und den Lagebericht unverzüglich nach ihrer Aufstellung dem Aufsichtsrat vorzulegen. Ist der Jahresabschluss durch einen Abschlussprüfer zu prüfen, so sind diese Unterlagen zusammen mit dem Prüfungsbericht des Abschlussprüfers unverzüglich nach dem Eingang des Prüfungsberichts dem Aufsichtsrat vorzulegen (§ 170 AktG). Die endgültige Feststellung des Jahresabschlusses obliegt dem Vorstand und dem Aufsichtsrat (§ 172 AktG), ggf. der Hauptversammlung (§ 173 AktG). Damit stellen grundsätzlich Vorstand und Aufsichtsrat (also die Verwaltung) den Bilanzgewinn fest. Sie entscheiden demnach auch über die Bewertung der verschiedenen Wirtschaftsgüter. Die Hauptversammlung, die über die Verwendung des Bilanzgewinns entscheidet, ist hieran gebunden (§ 174 AktG).

23.1.2.2 Kommanditgesellschaft auf Aktien

Die KGaA ist nach § 278 AktG eine Gesellschaft mit eigener Rechtspersönlichkeit, bei der mindestens ein Gesellschafter den Gesellschaftsgläubigern unbeschränkt haftet (persönlich haftender Gesellschafter) und die übrigen an dem in Aktien zerlegten Grundkapital beteiligt sind, ohne persönlich für die Verbindlichkeiten der Gesellschaft zu haften (Kommanditaktionäre).

Wie die AG ist die KGaA eine selbstständige juristische Person. Sie ist im AktG geregelt. Für Rechtsverhältnisse des persönlich haftenden Gesellschafters einschließlich Geschäftsführung und Vertretung sind jedoch die Vorschriften des HGB über die KG maßgebend (§ 278 Abs. 2 AktG). Wirtschaftlich gesehen ist die KGaA eine Mischform zwischen Kapitalgesellschaft und Personengesellschaft, denn mindestens ein Gesellschafter haftet den Gesellschaftsgläubigern gegenüber unbeschränkt. Er nimmt eine ähnliche Stellung ein wie der Komplementär einer KG. Die übrigen Gesellschafter (Kommanditaktionäre) haben dagegen eine ähnliche Stellung wie die Aktionäre einer AG.

Die Hauptversammlung beschließt über die Feststellung des Jahresabschlusses. Der Beschluss bedarf der Zustimmung der persönlich haftenden Gesellschafter (§ 286 AktG).

Der Mischform zwischen AG und KG entspricht die steuerrechtliche Behandlung der KGaA. Der persönlich haftende Gesellschafter einer KGaA ist gemäß § 15 Abs. 1 Satz 1 Nr. 3 EStG als Gewerbetreibender zu behandeln. Der von ihm im Rahmen der KGaA erzielte anteilige Gewinn ist ihm einkommensteuerrechtlich (falls natürliche Person, sonst körperschaftsteuerlich falls Kapitalgesellschaft) unmittelbar zuzurechnen. Er kann wie ein Mitunternehmer (§ 15 Abs. 1 Satz 1 Nr. 2 EStG) Sonderbetriebsvermögen haben. Der Gewinnanteil des Komplementärs einer KGaA einschließlich seiner Sondervergütungen und Sonderbetriebsausgaben ist durch

Betriebsvermögensvergleich zu ermitteln. Das Wirtschaftsjahr stimmt mit dem Wirtschaftsjahr der KGaA überein. Die dem Komplementär gehörigen Kommanditaktien sind kein Sonderbetriebsvermögen. Ausschüttungen auf die Kommanditaktien sind erst im Zeitpunkt des Zuflusses als Einnahmen aus Kapitalvermögen zu erfassen (es sei denn, es handelt sich um Betriebsvermögen).[1] Komplementär kann auch eine Kapitalgesellschaft (z. B. GmbH) sein.[2] Dann ergeben sich für die GmbH weitgehend dieselben steuerlichen Rechtsfolgen wie bei der GmbH & Co. KG.

Da der Gewinnanteil des Komplementärs und die Vergütungen, ggf. auch Tantiemen, unmittelbar der ESt unterliegen, wird die Summe dieser Beträge für körperschaftsteuerliche Zwecke vom Einkommen der KGaA abgesetzt (§ 9 Abs. 1 Nr. 1 KStG). Nur der verbleibende Betrag unterliegt der KSt. Da das Einkommen der KGaA auf diese Weise gemindert wird, ist für gewerbesteuerliche Zwecke der fragliche Betrag nach § 7 i. V. m. § 8 Nr. 4 GewStG zur Ermittlung des Gewerbeertrags wieder hinzuzurechnen. Sondervergütungen für die Hingabe von Darlehen oder die Überlassung von Wirtschaftsgütern sind hingegen nicht nach § 8 Nr. 4 GewStG, sondern nur nach § 8 Nrn. 1 und 7 GewStG hinzuzurechnen.[3]

23.1.2.3 Gesellschaft mit beschränkter Haftung

Die GmbH ist wie die AG juristische Person. Ihre Mitglieder haften nicht persönlich für die Schulden der Gesellschaft. In einer Reihe von Punkten unterliegt die GmbH weniger scharfen Vorschriften als die AG.

Dem Grundkapital der AG entspricht das Stammkapital der GmbH (§ 5 GmbHG). Es muss im Gesellschaftsvertrag zahlenmäßig genau festgelegt werden und mindestens 25 000 Euro betragen. Ebenso wie das Grundkapital der AG kann es nur durch Änderung des Gesellschaftsvertrages erhöht oder verringert werden. Das Stammkapital setzt sich aus den Stammeinlagen (mindestens 100 Euro pro Gesellschafter) der Gesellschafter zusammen. Der Aktie entspricht der Geschäftsanteil. Er kann aber nicht in einem Wertpapier verbrieft werden. Es können zwar Geschäftsanteilscheine ausgegeben werden. Sie stellen bloße Beweisurkunden dar.

Das Stammkapital hat eine ähnliche Bedeutung wie das Grundkapital einer AG. Es ist eine Garantie für die Gläubiger. Solange das Gesellschaftsvermögen den Betrag des Stammkapitals nicht übersteigt, dürfen keine Zahlungen an die Gesellschafter erfolgen.

Während die AG besonders bei Großbetrieben in Betracht kommt, ist die GmbH am häufigsten bei mittleren Betrieben anzutreffen, deren Kapitalbedarf nicht durch eine Vielzahl von Gesellschaftern gedeckt werden muss, sondern durch eine begrenzte Zahl von Gesellschaftern, die ihre Haftung jedoch auf ihre Einlagen beschränken wollen.

---

1 BFH, BStBl 1989 II S. 881.
2 BGHZ 134, 392.
3 R 55 GewStR (verfehlt, richtigerweise gehören sie zum Ertrag nach § 7 GewStG).

Zur Buchführung und Aufstellung des Jahresabschlusses nebst Lagebericht sind die Geschäftsführer verpflichtet (§§ 41, 42 a Abs. 1 GmbHG, § 264 Abs. 1 HGB). Die Feststellung des Jahresabschlusses und die Verwendung des Ergebnisses unterliegen der Bestimmung der Gesellschafter (§ 42 a Abs. 1 und 2, § 46 GmbHG). Die GmbH hat also nur zwei notwendige Organe, nämlich Geschäftsführer und Gesellschafterversammlung. Ein Aufsichtsrat ist erst ab einer bestimmten Arbeitnehmerzahl vorgeschrieben (§§ 1, 6 MitbestG).

Anders als bei der AG kann im Gesellschaftsvertrag der GmbH eine Nachschusspflicht für die Gesellschafter bestimmt werden (§ 26 GmbHG).

23.2 Besonderheiten gegenüber der Einzelfirma und den Personengesellschaften

23.2.1 Körperschaftsteuer: Ersetzung des Anrechnungsverfahrens durch das so genannte Halbeinkünfteverfahren

Die Kapitalgesellschaften unterliegen als selbstständige Körperschaftsteuersubjekte mit ihrem Einkommen der KSt, § 1 Abs. 1 Nr. 1 KStG (für unbeschränkte KStpflicht). Mit ihren inländischen Betrieben unterliegen sie außerdem der Gewerbeertragsteuer.

Ab dem Veranlagungszeitraum 2001 (bei abweichendem Wirtschaftsjahr ab VZ 2002) ist Deutschland zu einem klassischen Körperschaftsteuersystem zurückgekehrt. Das Einkommen der Körperschaft wird definitiv mit 25 % Körperschaftsteuer belastet, § 23 KStG. Eine Anrechnung der Körperschaftsteuer auf die Einkommensteuer der Anteilseigner bei Ausschüttung findet nicht mehr statt. Diese haben vielmehr die Ausschüttung ihrerseits als Einkünfte aus Kapitalvermögen (oder als gewerbliche Einkünfte) zu versteuern. Die dadurch eintretende wirtschaftliche Doppelbelastung wird danach gemildert, dass die Ausschüttungen nur zur Hälfte besteuert werden – sog. Halbeinkünfteverfahren. Technisch wird dies dadurch erreicht, dass die Einnahmen/Erträge aus der Ausschüttung auf der Ebene des Anteilseigners zur Hälfte befreit werden, § 3 Nr. 40 EStG, allerdings umgekehrt dann auch Werbungskosten und Betriebsausgaben nur zur Hälfte berücksichtigt werden, § 3 c Abs. 2 EStG. Entsprechendes gilt für Veräußerungsgewinne aus der Veräußerung der Anteile nach §§ 17, 16, 15 EStG. Wirtschaftlich tritt mithin eine Einmalbelastung auf der Ebene der Körperschaft mit Körperschaftsteuer und zusätzlich eine weitere – allerdings gemilderte – Belastung auf der Ebene des Anteilseigners (= sog. klassisches Körperschaftsteuersystem) mit Einkommensteuer ein.

Eine Mehrfachbelastung mit Körperschaftsteuer bei Beteiligung von Körperschaften an Körperschaften wird hingegen vermieden. Nach § 8 b Abs. 1 und 2 KStG bleiben Beteiligungserträge sowie Veräußerungsgewinne von Körperschaften aus Anteilen

23.2 Besonderheiten gegenüber der Einzelfirma und den PersGes

an anderen Körperschaften außer Ansatz. Umgekehrt gilt dies dann nach § 8 b Abs. 3 KStG allerdings auch für Veräußerungsverluste und Teilwertabschreibungen. Nach § 3 c Abs. 1 EStG werden allerdings auch Betriebsausgaben/Werbungskosten, die in unmittelbarem wirtschaftlichen Zusammenhang mit Beteiligungserträgen (an inländischen Kapitalgesellschaften) nach § 8 b Abs. 1 KStG stehen, nicht einkommensmindernd berücksichtigt. Für Dividenden aus ausländischen Gesellschaften sind nach § 8 b Abs. 5 KStG pauschal 5 % der Dividenden als nicht abziehbare Betriebsausgabe zu behandeln.

Für Körperschaften und Ausschüttungen von Körperschaften erfolgt keine Tarifermäßigung nach § 35 EStG durch partielle Anrechnung der Gewerbeertragsteuer auf die Körperschaftsteuer oder Einkommensteuer der Anteilseigner. Auch die Belastung mit Gewerbesteuer auf der Ebene der Körperschaft wird daher definitiv. Unter Einbeziehung der Gewerbesteuer ergibt sich daher für thesaurierte Gewinne von Kapitalgesellschaften eine Definitivbelastung von 37,5 % bei einem Hebesatz von 400 % (40 % bei einem Hebesatz von 500 %) des Gewinnes vor Steuern. Im Ergebnis soll damit die Belastung thesaurierter Gewinne von Körperschaften mit KSt und Gewerbesteuer in etwa der Belastung gewerblicher Einkünfte von Einzelunternehmern und Mitunternehmern nach § 15 EStG mit Einkommensteuer und Gewerbesteuer entsprechen. Dieses Ziel wird erkennbar nur unvollkommen erreicht. Soweit keine Thesaurierung erfolgt, sondern ausgeschüttet wird, liegt die Belastung ausgeschütteter Gewinne von Kapitalgesellschaften höher als bei gewerblichen Gewinnen von Einzelunternehmern und Mitunternehmern, wenn der Spitzensteuersatz Anwendung findet. Umgekehrt werden thesaurierte Gewinne von Kapitalgesellschaften günstiger besteuert als bei Personenunternehmen.

Beispiel

	Kapitalgesellschaft	Einzelunternehmer
Gewinn v. Steuern	100	100
Gew-Steuer (500 %)	./. 20	./. 20
	80	80
KSt 25 %	./. 20	—
	60	80
ESt 48,5 % (ab 2005 42 %)		
Halbeinkünfte (30)	./. 14,55 (12,6)	—
Voll (80), aber		./. 38,8 (33,6)
Tarifermäßigung, § 35 EStG	—	+ 7,2
Verbleiben	45,45 (47,4)	48,4 (53,6)
Steuerbelastung	54,55 (52,6)	51,6 (46,4)
(GewSt)	(20,00)	(20,00)
(KSt)	(20,00)	—
(ESt)	(14,55)	(31,60)

23 Kapitalgesellschaften

Der ausgeschüttete Gewinn der Kapitalgesellschaft unterliegt mithin 2001 einer Belastung von 54,55 % (2005 = 52,6 %), während bei Thesaurierung die Belastung nur 40 % beträgt. Bei dem Personenunternehmen beträgt die Belastung hingegen sowohl im Falle der Ausschüttung als auch der Thesaurierung unterschiedslos 51,6 % (2005 = 46,4 %).

Auf der Ebene der Körperschaft findet das bisherige Anrechnungsverfahren für Körperschaften mit einem dem Kalenderjahr entsprechenden Wirtschaftsjahr letztmals für den Veranlagungszeitraum 2000 Anwendung, für Körperschaften mit einem abweichenden Wirtschaftsjahr letztmals für den Veranlagungszeitraum 2001, § 34 Abs. 1, Abs. 1 a KStG. Offene Gewinnausschüttungen im ersten Wirtschaftsjahr, das nach dem 31. 12. 2000 beginnt (also am 1. 1. 2001 bei Wirtschaftsjahr = Kalenderjahr), für ein abgelaufenes Wirtschaftsjahr (also Ende vor dem 1. 1. 2001 bei Wirtschaftsjahr = Kalenderjahr) sind sowohl auf der Ebene der Körperschaft als auch auf der Ebene des Anteilseigners noch nach altem Recht zu behandeln. Bei der Körperschaft ist mithin die Ausschüttungsbelastung nach §§ 27 ff. KStG a. F. noch herzustellen und bei den Anteilseignern erfolgt noch eine Anrechnung nach § 36 Abs. 2 Nr. 3 EStG a. F. (§ 34 Abs. 10 a KStG, §§ 52 Abs. 36, 50 b EStG). Andere (verdeckte) Ausschüttungen sind nach altem Recht zu behandeln, wenn sie noch in Wirtschaftsjahren vollzogen werden, die vor dem 1. 1. 2001 beginnen (also vor dem 1. 1. 2001 bei Kalenderjahr = Wirtschaftsjahr). Für die Veräußerung von Anteilen an Kapitalgesellschaften findet die Halbeinkünftebesteuerung nach § 3 Nr. 40 EStG bzw. die Befreiung nach § 8 b Abs. 2 KStG erstmals für Veräußerungen statt, die im zweiten Wirtschaftsjahr nach Geltung des neuen Rechtes erfolgen, mithin 2002 bei Wirtschaftsjahr = Kalenderjahr (§ 34 Abs. 6 d KStG, § 52 Abs. 4 a EStG). Für davor erfolgende Veräußerungen gilt das alte Recht.

Der Übergang vom Anrechnungsverfahren zum sog. Halbeinkünfteverfahren führt dazu, dass ab 2001 (bei Kalenderjahr = Wirtschaftsjahr, sonst ab Veranlagungszeitraum 2002) das (neue) Einkommen der Körperschaft definitiv mit 25 % KSt belastet wird. Bei späteren Ausschüttungen findet eine Anrechnung dieser KSt auf die Einkommensteuer der Anteilseigner nicht mehr statt. Für offene Gewinnausschüttungen im Jahr 2001 (bei Kalenderjahr = Wirtschaftsjahr, sonst bei Ausschüttungen im Wirtschaftsjahr, das im Jahr 2002 endet) für frühere Wirtschaftsjahre (also für das Einkommen früherer Jahre) wird auf der Ebene der Körperschaft noch die Ausschüttungsbelastung mit 30 % hergestellt durch Minderung der Körperschaftsteuer bei Ausschüttung aus dem EK 40 und durch Erhöhung der Körperschaftsteuer aus dem EK 02, 03. Insoweit erhalten die Anteilseigner auch noch die Anrechnung von $^3/_7$ KSt nach § 36 Abs. 2 Nr. 3 EStG a. F. Erfolgen die offenen Ausschüttungen auch für frühere Wirtschaftsjahre hingegen erst in danach liegenden Wirtschaftsjahren und Veranlagungszeiträumen, erfolgt auf der Ebene der Anteilseigner keine Anrechnung mehr. Vielmehr unterliegen die Ausschüttungen dann dem neuen Halbeinkünfteverfahren, d. h. sie bleiben zur Hälfte nach § 3 Nr. 40

23.2 Besonderheiten gegenüber der Einzelfirma und den PersGes

EStG (bei natürlichen Personen) oder vollständig nach § 8 b Abs. 1 KStG (bei Kapitalgesellschaften) außer Ansatz.

Diese Regelung würde bedeuten, dass einerseits die Belastung mit 40 % KSt in früheren Veranlagungszeiträumen (ab VZ 1999, vorher 45 %) bei Ausschüttungen aus früherem EK 40 definitiv würde, aber andererseits keine definitive Belastung mit KSt bei Ausschüttungen aus dem früheren EK 02 einträte. Um dieses Ergebnis zu vermeiden, ist für eine 15-jährige Übergangszeit in den §§ 36 bis 40 KStG eine Sonderregelung getroffen worden. Die Grundidee dabei ist, dass für Ausschüttungen aus Eigenkapital, das vor dem Systemwechsel gebildet wurde, eine Definitivbelastung in Höhe der früheren Ausschüttungsbelastung von 30 % auf der Ebene der Körperschaft hergestellt wird. Zu diesem Zweck wird aus dem bei Systemwechsel vorhandenen EK 40 ein Körperschaftsteuerguthaben ermittelt. Dieses beträgt $1/6$ des bei Systemwechsel vorhandenen EK 40 (§ 37 Abs. 1 KStG) – nämlich 100 % 40 (KSt) = 60 (EK 40) + 10 (KSt-Minderung = $1/6$ des EK 40 = KSt-Guthaben i. S. des § 37 KStG) = 70. Das Guthaben und die Körperschaftsteuer im Jahr der Ausschüttung mindern sich um jeweils $1/6$ der in den folgenden 15 Jahren erfolgenden offenen Gewinnausschüttungen, § 37 Abs. 2 KStG. Umgekehrt ist bei Ausschüttungen aus früherem EK 02 noch die Körperschaftsteuerbelastung mit $3/7$ des für die Ausschüttung verwendeten Betrages herzustellen, § 38 Abs. 1 und 2 KStG. KSt-Guthaben, die bis zum Ablauf des Veranlagungszeitraumes, in dem das 15. nach dem Systemwechsel folgende Wirtschaftsjahr endet (also ab 1. 1. 2016, falls Wirtschaftsjahr = Kalenderjahr), durch Ausschüttungen noch nicht verbraucht sind, verfallen. Umgekehrt ist für danach erfolgende Ausschüttungen aus EK 02 keine Belastung mit $3/7$ mehr herzustellen. Um diese Zielrichtung technisch zu verwirklichen, sind letztmalig auf den 31. 12. 2000 (bei Wirtschaftsjahr = Kalenderjahr, sonst auf das Ende des Wirtschaftsjahres 2000/2001) die Endbestände des verwendbaren Eigenkapitals entsprechend § 30 KStG a. F. nach § 47 KStG a. F. festzustellen und sodann gemäß § 36 KStG n. F. weiterzuentwickeln und festzustellen.

Das nach § 47 KStG a. F. festgestellte EK 40 wird noch um die offenen und anderen Gewinnausschüttungen vermindert, für die noch das Anrechnungsverfahren Anwendung findet (bei Wirtschaftsjahr = Kalenderjahr sind dies die offenen Ausschüttungen des Jahres 2001 und andere Ausschüttungen des Jahres 2000). Dabei ist zu berücksichtigen, dass die KSt-Minderung als für die Ausschüttung verwendet gilt. Das EK 40 mindert sich mithin um $60/70$ des Ausschüttungsbetrages. Aus dem danach verbleibenden EK 40 wird nach § 37 KStG das ESt-Guthaben mit $1/6$ des EK 40 ermittelt. Eine Fortführung des EK 40 erfolgt dann nicht mehr. Vielmehr wird stattdessen das KSt-Guthaben für die folgenden 15 Wirtschaftsjahre fortgeführt und je nach Ausschüttungen gemäß § 37 KStG vermindert. Dabei ist zu berücksichtigen, dass für § 37 KStG nur offene Gewinnausschüttungen, allerdings sowohl für abgelaufene Wirtschaftsjahre als auch Vorabausschüttungen, nicht aber verdeckte Gewinnausschüttungen, berücksichtigt werden. Die insoweit eintretende KSt-Min-

1195

derung von $^1/_6$ des Ausschüttungsbetrages ist jeweils im Jahr der offenen Ausschüttung zu berücksichtigen. Anders als nach den § 27 Abs. 4 KStG wird also nicht die KSt des Jahres vermindert, für das die Ausschüttung erfolgt. Der Bestand des KSt-Guthabens ist jeweils gesondert festzustellen.

Auch mit dem EK 02 sind zunächst noch die (offenen und verdeckten) Ausschüttungen zu verrechnen, auf die noch das Anrechnungsverfahren Anwendung findet (also des Jahres 2001 bei offenen und des Jahres 2000 bei anderen Ausschüttungen, sofern Wirtschaftsjahr = Kalenderjahr). Der danach verbleibende Bestand ist nach § 38 KStG fortzuschreiben und jeweils gesondert festzustellen. Anders als für das EK 40 (dort nur Fortführung und Feststellung des KSt-Guthabens) wird mithin das EK 02 selbst weiter fortgeführt. Bei der Verrechnung von späteren Ausschüttungen mit dem EK 02 ist zu berücksichtigen, dass die KSt-Erhöhung um $^3/_7$ ebenfalls das EK 02 mindert. Das EK 02 mindert sich mithin bei zu berücksichtigenden Ausschüttungen um $^{100}/_{70}$ des Ausschüttungsbetrages bzw. um $^{70}/_{70}$ der Ausschüttung + $^{30}/_{70}$ des Ausschüttungsbetrages.

Um bei Ausschüttungen zu entscheiden, ob eine KSt-Minderung nach § 37 oder umgekehrt eine Erhöhung nach § 38 KStG auf der Ebene der Körperschaft bei Ausschüttungen in der Zeit vom 1. 1. 2001 bis 31. 12. 2015 (bzw. bis 2016 bei abweichendem Wirtschaftsjahr) oder beides stattzufinden hat, muss festgelegt werden, in welcher Verwendungsreihenfolge Ausschüttungen zu berücksichtigen sind. Nach § 27 Abs. 1 und 2 und § 38 Abs. 1 KStG gilt dabei folgende Verwendungsreihenfolge:

- Erstens und vorrangig Verwendung zum Verbrauch des KSt-Guthabens nach § 37 KStG, aber nur bei offenen Ausschüttungen

- Zweitens Verwendung so genannten neutralen Vermögens aus früherem EK 30, EK 01 und EK 03 sowie steuerpflichtigem neuen Einkommen ab 2001 oder steuerfreier Vermögensmehrungen ab 2001

- Drittens Verwendung des EK 02 mit der Folge der KSt-Erhöhung

- Viertens und letztens Verwendung von Einlagen, u. a. des früheren EK 04.

Beispiel

Auf den 31. 12. 2000 (Wirtschaftsjahr = Kalenderjahr) ergeben sich nachfolgende Bestände des verwendbaren Eigenkapitals bei einer GmbH. Im Wirtschaftsjahr 2001 beträgt das Einkommen der GmbH 100 000 DM. Im Wirtschaftsjahr 2001 erfolgt für 2000 eine offene Ausschüttung von 70 000 DM. Im Wirtschaftsjahr 2002 mit Einkommen = 0 DM erfolgt für das Wirtschaftsjahr 2001 eine offene Ausschüttung von weiteren 100 000 DM.

23.2 Besonderheiten gegenüber der Einzelfirma und den PersGes

Zeit	neutral	insgesamt	EK 40	EK 02
31. 12. 2000		170 000	70 000	100 000
Ausschüttung für 2000		./. 60 000 ($6/7$ von 70 000)	./. 60 000	—
		110 000	(10 000) nicht fortzuführen, aber KSt-Guthaben $1/6 = 1667$ für Ausschüttungen ab 2002	100 000
Einkommen 01	+ 100 000		—	—
./. KSt 25 %	./. 25 000		—	—
31. 12. 01	+ 75 000	185 000	(10 000)	100 000
Einkommen 02	0			
KSt 25 %	0		—	
Auschüttung für 01		./. 100 000		
davon		(10 000) für KSt-Minderung von 1667 DM (./. 10 000)		
davon	./. 75 000	(75 000) für neutral aus Einkommen 2001		
davon		(15 000) aus EK 02		./. 15 000
KSt-Erhöhung $3/7$		./. 6 429		./. 6 429
31. 12. 02	0	78 571	(0)	78 571

Die KSt für 2000 mindert sich durch Herstellung der Ausschüttungsbelastung nach § 27 Abs. 4 KStG a. F. um $10/70$ von 70 000 DM = 10 000 DM.

Die KSt für 2001 beträgt 100 000 DM × 25 % = 25 000 DM. Die Ausschüttung in 2001 ist noch für 2000 nach altem Recht zu berücksichtigen.

Die KSt für 2002 beträgt: a) Einkommen = 0 DM × 25 % = 0 DM ./. KSt-Minderung nach § 37 KStG in Höhe von 1667 = ./. 1667 DM + KSt-Erhöhung nach § 38 KStG in Höhe von 6429 DM = insgesamt 4762 DM.

Aus dem KSt-Guthaben von 1667 DM konnte vorrangig eine offene Ausschüttung des Jahres 2002 (auch für frühere Jahre!) in Höhe von $60/10$ = 10 000 DM bestritten werden. Aus dem neutralen Vermögen (hier Einkommen des Jahres 2001) konnten weitere 75 000 DM Ausschüttung bestritten werden. Die restlichen 15 000 DM Ausschüttung waren aus dem EK 02 zu bestreiten. Insoweit erhöht sich die KSt des Jahres 2002 als dem Jahr der Ausschüttung um $3/7$ des Ausschüttungsbetrages. Diese Erhöhung vermindert neben der Ausschüttung den Bestand des EK 02, bzw. dieser vermindert sich um $100/70$ des Ausschüttungsbetrages aus EK 02.

Zusammenfassend ergibt sich hinsichtlich des Schicksals des in der Zeit des Anrechnungsverfahrens gebildeten verwendbaren Eigenkapitals nach dem Systemwechsel Folgendes:

- Aus positivem EK 40 errechnet sich nach Verrechnung mit noch nach dem Anrechnungsverfahren zu berücksichtigenden Ausschüttungen ein Körperschaftsteuerguthaben in Höhe von $1/6$ des Endbestandes. Bei offenen Ausschüt-

tungen nach dem Systemwechsel während der 15-jährigen Übergangszeit vermindert sich die KSt jeweils um $^1\!/_6$ des Ausschüttungsbetrages, § 37 KStG.
- Positives EK 02 ist fortzuführen. Ausschüttungen daraus nach dem Systemwechsel führen zu einer KSt-Erhöhung von $^3\!/_7$ des Ausschüttungsbetrages, § 38 KStG.
- Bisheriges EK 30, EK 01 und EK 03 wird nicht mehr gesondert festgestellt. Es bildet zusammen mit steuerpflichtigen und steuerfreien Vermögensmehrungen nach dem Systemwechsel das so genannte neutrale Vermögen. Ausschüttungen daraus führen auf der Ebene der Körperschaft auch während der 15-jährigen Übergangszeit weder zu einer KSt-Minderung noch zu einer KSt-Erhöhung.
- Bisheriges EK 04 bildet den Anfangsbestand des neuen steuerlichen Einlagekontos, § 39 i. V. m. § 27 KStG. Ausschüttungen aus dem Einlagenkonto = Rückgewähr von Einlagen unterliegen beim Anteilseigner grundsätzlich nicht der Besteuerung, § 20 Abs. 1 Nr. 1 Satz 2 EStG. Sie mindern allerdings die Anschaffungskosten der Anteile. Übersteigen sie die Anschaffungskosten bzw. bei Anteilen im Betriebsvermögen den Buchwert, so führt der übersteigende Betrag in den Fällen des § 17 EStG zu einem dem Halbeinkünfteverfahren nach § 3 Nr. 40 EStG unterliegenden Veräußerungsgewinn bzw. zu dem Halbeinkünfteverfahren unterliegenden gewerblichen Einkünften nach §§ 15, 16 EStG. Ist der Anteilseigner eine Körperschaft, ist insoweit Steuerfreiheit nach § 8 b Abs. 1 und 2 KStG gegeben.

Auf folgende Besonderheiten wird hingewiesen:
- Ein positives EK 45 ist in EK 40 und EK 02 umzugliedern, § 36 Abs. 3 KStG.
- Ein negatives EK 02 ist vorrangig mit einer positiven Summe aus EK 01 und EK 03 auszugleichen und umgekehrt, § 36 Abs. 5 KStG, solange die Gesamtsumme aus EK 01 bis EK 03 insgesamt positiv bleibt.
- Ist die Summe aus EK 01 bis EK 03 insgesamt negativ, erfolgt nach § 36 Abs. 4 KStG eine Verrechnung mit dem EK 30 und, falls nicht ausreichend, mit dem EK 40. Dadurch wird letztlich KSt-Guthaben vernichtet.
- Ein in der Summe negatives belastetes EK (EK 30 und EK 40) ist zunächst mit einem verbliebenen positiven EK 02 auszugleichen, danach mit einer positiven Summe aus EK 01 und EK 03. Reicht auch dies nicht aus, verbleibt es bei einem nicht mehr zuzuordnenden Negativbetrag, § 36 Abs. 6 KStG.

Aus der Sicht der Körperschaft ist die Verrechnung eines negativen EK 01 bis EK 03 mit positivem EK 40 nachteilig, weil KSt-Guthaben vernichtet wird, hingegen die Verrechnung mit positivem EK 02 vorteilhaft, weil eine zukünftige KSt-Erhöhung vermieden wird. Wird im Ergebnis ein positives EK 02 mit einem negativen EK 40 und EK 30 verrechnet, so ist dies für die Körperschaft ebenfalls vorteilhaft. Es kommt bezüglich des EK 02 ebenfalls nicht mehr zu einer KSt-Erhöhung. Durch den Systemwechsel werden auch zukünftige steuerpflichtige Einkommen nicht mehr mit negativem belastetem Eigenkapital verrechnet.

23.2.2 Rechtsformbedingte Abweichungen zu gewerblichen Personenunternehmen

Die **Kapitalgesellschaft** (wie auch andere Körperschaften) ist selbstständiges (Körperschaft) Steuersubjekt. Ihr Einkommen ist daher der Kapitalgesellschaft selbst als dem Steuersubjekt zuzurechnen und von ihr zu versteuern. Im Verhältnis zu den Gesellschaftern gilt in Entsprechung zum Zivilrecht ein strenges **Trennungsprinzip**. Danach ist das aus dem Steuer(bilanz)gewinn als Ergebnis der gewerblichen Einkünfte nach § 8 Abs. 1 und 2, § 7 KStG i. V. m. §§ 4, 5 EStG entwickelte Einkommen der Kapitalgesellschaft nur dieser und nicht ihren Gesellschaftern zuzurechnen.

Diese erzielen erst hinsichtlich der an sie ausgeschütteten Gewinne eigene Einkünfte. Aus der Sicht der Kapitalgesellschaft handelt es sich bei diesen offenen und verdeckten Gewinnausschüttungen um Einkommensverwendungen, die das Einkommen der Kapitalgesellschaft gerade nicht mindern, § 8 Abs. 3 KStG. In einer steuerlichen GuV sind die Ausschüttungen daher nicht als Aufwendungen bei der Ergebnisermittlung zu berücksichtigen. Dies gilt eventuell abweichend vom Handelsrecht auch für verdeckte Gewinnausschüttungen. Offene Gewinnausschüttungen stellen auch handelsrechtlich lediglich Ergebnisverwendung und nicht Aufwendungen dar. Bei der Gewinnermittlung durch Betriebsvermögensvergleich sind offene wie verdeckte Gewinnausschüttungen wie Entnahmen dem Unterschiedsbetrag nach § 4 Abs. 1 EStG hinzuzurechnen, um den Steuerbilanzgewinn zu ermitteln. Insoweit entsprechen die offenen wie verdeckten Gewinnausschüttungen bei Kapitalgesellschaften den Entnahmen bei Einzelunternehmen und Personengesellschaften/Mitunternehmerschaften. In beiden Fällen liegt Ergebnis- und damit Einkommensverwendung vor.

Demgegenüber ist bei **Einzelunternehmern und Mitunternehmern** hinsichtlich der von ihnen zu versteuernden Einkünfte nicht zwischen thesaurierten und ausgeschütteten Gewinnen zu unterscheiden. Ihnen wird als den Steuersubjekten auch der nicht entnommene Gewinn bereits selbst zugerechnet, beim Einzelunternehmer in vollem Umfange, bei Mitunternehmern nach § 15 Abs. 1 Nr. 2 EStG anteilig nach dem geltenden Gewinnverteilungsschlüssel hinsichtlich des steuerlichen Gesellschaftsgewinnes. Inoweit gilt für Personengesellschaften und Personenunternehmer das **Transparenzprinzip.**

Beim Einzelunternehmer kommen schon zivilrechtlich Verträge zwischen ihm und seinem Betrieb nicht in Betracht. Der Betrieb ist kein Rechtssubjekt. Dem entspricht steuerlich, dass der Einzelunternehmer nicht für (dem Betrieb) geleistete Dienste, Kapitalzuführungen oder Nutzungsüberlassungen von Wirtschaftsgütern vom Betrieb Vergütungen erhalten kann, die dann bei ihm zu Einkünften als selbstständiger oder nichtselbstständiger Arbeit, §§ 19, 18 EStG, oder aus Kapitalvermögen, § 20 EStG, oder aus VuV, § 21 EStG, führen könnten, während beim Betrieb Betriebsausgaben vorliegen. Vielmehr führen solche angeblichen Vergütungen des

23 Kapitalgesellschaften

Betriebes an den Einzelunternehmer zu Entnahmen, die den gewerblichen Gewinn gerade nicht mindern. Soweit der Einzelunternehmer in seinem Betrieb Wirtschaftsgüter einsetzt, werden diese notwendigerweise sein notwendiges gewerbliches Betriebsvermögen. Bei Mitunternehmern einer gewerblichen Personengesellschaft sind zwar wie bei einer Kapitalgesellschaft zivilrechtlich Verträge zwischen dem jeweiligen Gesellschafter und der Personengesellschaft (oder einer anderen Mitunternehmerschaft) durchaus möglich. Dabei kann dahinstehen, ob die Personengesellschaft selbst dann der Vertragspartner ist oder ob dies lediglich die Gesellschafter in ihrer Verbundenheit sind. Das Steuerrecht erkennt dies auch durchaus an. Allerdings ordnet es in § 15 Abs. 1 Nr. 2 EStG an, dass die Vergütungen, die ein Gesellschaftermitunternehmer für Leistungen an seine Gesellschaft erhält, bei ihm zu seinen gewerblichen Einkünften gehören und nicht etwa zu Einkünften aus §§ 18, 19, 20, 21 EStG führen. Konsequenterweise gehören auch Wirtschaftsgüter, die der Gesellschafter seiner Gesellschaft zur Nutzung überlässt, zum (Sonder-)Betriebsvermögen des Gesellschafters im Rahmen des gemeinsamen Gewerbebetriebes der Gesellschaft(er). Dies stellt keine Missachtung des Zivilrechtes oder gar eine Nichtanerkennung zivilrechtlicher Rechtsbeziehungen dar. Es werden vielmehr nur steuerliche Rechtsfolgen – nämlich Zugehörigkeit zu gewerblichen Einkünften und zu gewerblichem Betriebsvermögen – bestimmt. Dazu verhält sich das Zivilrecht verständlicherweise nicht, sodass auch keine ihm widersprechenden Regelungen vorliegen können. Der Mitunternehmer einer gewerblichen Mitunternehmerschaft, insbesondere einer Personengesellschaft, wird im Ergebnis daher hinsichtlich der von ihm geleisteten Dienste, Darlehensgewährungen und Nutzungsüberlassungen weitgehend wie ein Einzelunternehmer behandelt, indem dies nicht zu einer Verminderung seiner gewerblichen Einkünfte und einer Erhöhung seiner anderen Einkünfte führt und dafür eingesetzte Wirtschaftsgüter notwendiges Betriebsvermögen und nicht steuerliches Privatvermögen bilden. Demgegenüber gilt bei Kapitalgesellschaften bei vergleichbaren Leistungen der Gesellschafter an die Kapitalgesellschaft auch insoweit das Trennungsprinzip. Es gibt insoweit keine gewerblichen Sondergewinne der Gesellschafter und kein Sonderbetriebsvermögen.

Diese rechtsformbedingten Unterschiede wirken sich bei der Einkommensteuer insbesondere wegen der zu beklagenden Unterschiede in der Behandlung der Einkunftsarten, insbesondere der Behandlung von Veräußerungserfolgen von Betriebsvermögen und Privatvermögen, aus. Vor allem aber wirken sie sich bei der Gewerbertragsteuer aus. Hier schafft § 35 EStG mit der Tarifermäßigung nur einen unvollkommenen Ausgleich der Sonderbelastung. Durch den Systemwechsel zurück zur klassischen Doppelbesteuerung sind die vorgenannten rechtsformbedingten Abweichungen weder bei der Gewerbesteuer noch bei der Einkommensbesteuerung beseitigt, noch auch nur vermindert worden. Im Gegenteil sind sie hinsichtlich der Einkommensbesteuerung noch dadurch verstärkt worden, dass nur bei der Kapitalgesellschaft der thesaurierte Gewinn begünstigt wird und umgekehrt der ausgeschüttete Gewinn diskriminiert wird.

23.2.3 Laufende Buchhaltung und Jahresabschluss

23.2.3.1 Betriebsvermögen der Kapitalgesellschaft

Die bei Einzelfirmen und Personengesellschaften wichtige Abgrenzung des Betriebsvermögens vom Privatvermögen entfällt grundsätzlich bei Kapitalgesellschaften. Alle im Eigentum einer Kapitalgesellschaft stehenden Wirtschaftsgüter gehören steuerrechtlich zum Betriebsvermögen. Dies gilt auch dann, wenn sie nicht dem Zwecke der Einkunftserzielung dienen, sondern privaten Interessen der Anteilseigner. Insoweit liegen dann allerdings zumindest hinsichtlich der Aufwendungen verdeckte Gewinnausschüttungen vor, die das Einkommen nicht mindern dürfen.

Nach neuerer Rechtsprechung des BFH soll aus § 8 Abs. 2 KStG folgen, dass eine Kapitalgesellschaft auch dann gewerbliche Einkünfte hat, wenn isoliert keine der sieben Einkunftsarten vorläge.[4] Dies erscheint insbesondere nach Aufgabe des Anrechnungsverfahrens zweifelhaft.

Wirtschaftsgüter, die im Eigentum der Gesellschafter stehen, sind, anders als bei Personengesellschaften, auch dann kein notwendiges Betriebsvermögen der Gesellschaft, wenn sie dem Betrieb dienen, d. h. an die Gesellschaft vermietet oder verpachtet sind. Allerdings kann eine Betriebsaufspaltung vorliegen.

23.2.3.2 Keine Kapitalkonten der Gesellschafter

Anders als bei Einzelfirmen und Personengesellschaften gibt es bei einer Kapitalgesellschaft für die einzelnen Gesellschafter keine Kapitalkonten. Die Gesellschafter sind zu Entnahmen nicht berechtigt. Sie haben lediglich Anspruch auf den Handelsbilanzgewinn bzw. Jahresüberschuss, soweit dieser nicht anderweitig verwendet wird (§ 58 Abs. 4 AktG, § 29 Abs. 1 GmbHG). Diese Ausschüttungen werden nicht als Entnahmen erfasst, sondern als Ergebnisverwendung (vgl. 23.3.5).

Die in der Praxis üblichen **Verrechnungskonten** sind keine Entnahmekonten. Vielmehr handelt es sich um Forderungen der Gesellschaft oder um Verbindlichkeiten gegenüber dem Gesellschafter, wenn vereinbarungsgemäß und mit Rückzahlungsanspruch Zahlungsvorgänge über die Kapitalgesellschaft abgewickelt werden, obgleich es sich um Angelegenheiten des Gesellschafters handelt. Verdeckte Gewinnausschüttungen liegen vor, wenn es an fremdüblichen Vereinbarungen fehlt.[5]

Eine Ausnahme besteht lediglich bei der KGaA für persönlich haftende Gesellschafter (Komplementäre). Für sie ist wie für die persönlich haftenden Gesellschafter

---

4 BFHE 182, 123; BFH, BStBl 1997 II S. 48; a. A. noch BFH, BStBl 1970 II S. 470 und Pezzer, StuW 1998 S. 76.
5 Vgl. auch Abschn. 31 KStR.

einer KG bzw. die Gesellschafter einer OHG ein echtes (variables) Kapitalkonto zu führen.

23.2.3.3 Eigenkapital

Handels- wie steuerrechtlich stellt das Eigenkapital den Saldo aus positiven Vermögensgegenständen/Wirtschaftsgütern und Schulden/negativen Wirtschaftsgütern dar. Bei Kapitalgesellschaften wird das Eigenkapital aber weiter untergliedert. Zunächst in das in Aktien zerlegte Grundkapital einer AG und das Stammkapital einer GmbH. Das Grundkapital einer AG entspricht den von den Aktionären aufzubringenden Einlagen, d. h. dem Nennwert der übernommenen Anteile. Es ist durch Gesellschaftsvertrag (Satzung) festgelegt. Nur durch einen förmlichen Beschluss der Hauptversammlung kann das Grundkapital heraufgesetzt oder herabgesetzt werden (§§ 182 ff. AktG). Das Stammkapital der GmbH ist durch die Stammeinlage der Gesellschafter zu bilden (§ 5 Abs. 1 GmbHG). Nach der Höhe des Anteils am Grundkapital (Aktien) bzw. am Stammkapital (Geschäftsanteil) richten sich z. B. der Anteil am Gewinn (§ 60 AktG, § 29 Abs. 3 GmbHG) und das Stimmrecht (§ 134 AktG, § 47 GmbHG).

Das Grundkapital der AG und das Stammkapital der GmbH werden in der Bilanz als „Gezeichnetes Kapital" ausgewiesen (§§ 266 Abs. 3 Buchstabe a, I., 272 Abs. 1 Satz 1, 283 HGB).

Bei Kapitalgesellschaften können Gewinn und Verlust nicht mit dem gezeichneten Kapital verrechnet werden. Das gezeichnete Kapital bleibt also in seiner Höhe durch Gewinne und Verluste unberührt. Der Jahreserfolg ist in der Schlussbilanz als besonderer Posten auszuweisen. Über die Verwendung des Jahresüberschusses bzw. des Bilanzgewinns beschließt die Hauptversammlung (§ 174 AktG) bzw. die Gesellschafterversammlung (§ 46 GmbHG). Das ist erst möglich, nachdem der Jahresüberschuss bzw. der Bilanzgewinn festgestellt ist (§§ 48, 46 Nr. 1 GmbHG, §§ 172, 173 AktG). Die strengen Vorschriften bezüglich des Eigenkapitals und seiner Gliederung sowie über die Feststellung der Bilanz und die Beschlüsse über die Ergebnisverwendung sind vor dem Hintergrund des Grundsatzes der Kapitalaufbringung und -erhaltung bei Kapitalgesellschaften zu sehen, weil hier keine persönliche Haftung der Gesellschafter besteht.

Nach § 266 Abs. 3 HGB ist das Eigenkapital wie folgt zu gliedern:

A. Eigenkapital

I. Gezeichnetes Kapital

II. Kapitalrücklage

III. Gewinnrücklagen

   1. gesetzliche Rücklage

   2. Rücklage für eigene Anteile

23.2 Besonderheiten gegenüber der Einzelfirma und den PersGes

    3. satzungsmäßige Rücklagen
    4. andere Gewinnrücklagen
IV. Gewinnvortrag/Verlustvortrag
V. Jahresüberschuss/Jahresfehlbetrag

Während der **Gewinn-/Verlustvortrag** den Rest des Gewinns bzw. Verlusts aus der Vorjahresrechnung darstellt, ist der **Jahresüberschuss/Jahresfehlbetrag** das Ergebnis lt. Gewinn-und-Verlust-Rechnung des abgelaufenen Geschäftsjahres.

Die Bilanz darf gemäß § 268 Abs. 1 Satz 1 HGB auch unter Berücksichtigung der vollständigen oder teilweisen Verwendung des Jahresergebnisses aufgestellt werden. Das in § 266 Abs. 2 und 3 HGB vorgeschriebene Bilanzschema geht von der Aufstellung der Bilanz **vor Ergebnisverwendung** aus. Es bedarf entsprechender Abschlussbuchungen, wenn der Jahresabschluss nach teilweiser oder vollständiger Ergebnisverwendung aufgestellt wird. In diesem Fall wird der Posten „Jahresüberschuss/Jahresfehlbetrag" nach § 268 Abs. 1 Satz 2 HGB unter Einbeziehung des Postens „Gewinnvortrag/Verlustvortrag" durch den Posten **„Bilanzgewinn/Bilanzverlust"** ersetzt. Der Posten „Bilanzgewinn/Bilanzverlust" entfällt ersatzlos, wenn die Bilanz nach vollständiger Verwendung des Ergebnisses aufgestellt wird. Die teilweise Ergebnisverwendung umfasst vor allem die Einstellung und Entnahme aus Rücklagen (vgl. § 158 AktG). Der danach verbleibende Bilanzgewinn kann maximal an die Aktionäre ausgeschüttet werden (§§ 174, 58 Abs. 3 und 4 AktG). Die vollständige Ergebnisverwendung würde auch noch die Auschüttungen umfassen.

Der Jahresfehlbetrag (= Verlust des Geschäftsjahres) wird nach § 266 Abs. 3 HGB auf der Passivseite der Bilanz ausgewiesen. Ist jedoch das **Eigenkapital durch Verluste aufgebraucht** und ergibt sich ein Überschuss der Passivposten über die Aktivposten, so ist dieser Betrag nach § 268 Abs. 3 HGB am Schluss der Bilanz auf der Aktivseite gesondert unter der Bezeichnung **„Nicht durch Eigenkapital gedeckter Fehlbetrag"** auszuweisen. Damit wird der Ausweis eines negativen Eigenkapitals auf der Passivseite vermieden.

Beispiel

Am Bilanzstichtag 31. 12. 03 setzt sich das Eigenkapital der Y-GmbH wie folgt zusammen:

  A. Eigenkapital
    I.   Gezeichnetes Kapital   500 000 DM
    II. Kapitalrücklage   50 000 DM
    III. Gewinnrücklagen   —
    IV. Verlustvortrag   ./. 200 000 DM
    V. Jahresfehlbetrag   ./. 700 000 DM
                                           ./. 350 000 DM

Die Y-GmbH hat gemäß § 268 Abs. 3 HGB den Betrag von 350 000 DM am Schluss der Bilanz auf der Aktivseite gesondert als **„Nicht durch Eigenkapital gedeckter Fehlbetrag"** auszuweisen.

23 Kapitalgesellschaften

Aktivseite		Bilanz zum 31. 12. 03		Passivseite
A. Anlagevermögen	1 000 000 DM	A. Eigenkapital		
B. Umlaufvermögen	3 000 000 DM	I. Gezeichnetes Kapital	500 000 DM	
C. Rechnungsabgrenzungsposten	150 000 DM	II. Kapitalrücklage	50 000 DM	
D. Nicht durch Eigenkapital gedeckter Fehlbetrag	350 000 DM	III. Gewinnrücklagen	—	
		IV. Verlustvortrag	./. 200 000 DM	
		V. Jahresfehlbetrag	./. 700 000 DM	
			./. 350 000 DM	
		B. Rückstellungen		400 000 DM
		C. Verbindlichkeiten		4 000 000 DM
		D. Rechnungsabgrenzungsposten		100 000 DM
	4 500 000 DM			4 500 000 DM

Der ausgewiesene **Jahresüberschuss** bzw. im Fall des § 268 Abs. 1 Satz 2 HGB der Bilanzgewinn ist ein besonderer Kapitalposten, der aufgelöst wird, wenn das Ergebnis bzw. der Bilanzgewinn an die Gesellschafter verteilt wird. Der nicht ausgeschüttete Betrag wird entweder in Gewinnrücklagen eingestellt oder bleibt als Gewinnvortrag stehen.

Ein **Jahresfehlbetrag** wird, soweit er nicht durch einen Gewinnvortrag aus dem Vorjahr gedeckt ist, in der nächsten Bilanz als Verlustvortrag ausgewiesen.

Anders als bei Einzelfirmen und Personengesellschaften kann sich das gezeichnete Kapital nicht um Entnahmen, Einlagen, Gewinngutschriften usw. verändern. Kapitalgesellschaften haben kein variables, sondern ein konstantes gezeichnetes Kapital, das sich nur in ganz bestimmten Fällen, z. B. bei Kapitalerhöhungen oder Kapitalherabsetzungen, ändert. Die Veränderung des Eigenkapitals darf nur auf den dafür gesetzlich vorgeschriebenen Positionen erfolgen, insbesondere beim Jahresüberschuss und Jahresfehlbetrag sowie den Rücklagen (§ 272 Abs. 2 und 3 HGB).

23.2.3.4 Behandlung des Jahreserfolgs

Bei Einzelfirmen wird der Jahreserfolg, der durch Gewinn-und-Verlust-Rechnung festgestellt ist, beim Jahresabschluss im Allgemeinen direkt an das Kapitalkonto abgegeben, wenngleich auch hier die Möglichkeit gegeben ist, den Gewinn zu bilanzieren und ihn erst am Anfang des folgenden Wirtschaftsjahres auf das Kapitalkonto zu übertragen.[6] Entsprechend kann bei Personengesellschaften verfahren werden. Der Gewinn erscheint dann als besonderer Posten in der Jahresschlussbilanz. Bei

---

6 S. o. 8.5.

23.2 Besonderheiten gegenüber der Einzelfirma und den PersGes

Kapitalgesellschaften wird der Gewinn immer bilanziert, bis über seine Verwendung entschieden ist.

23.2.3.5 Ausstehende Einlagen

Bei Personengesellschaften wird erst die geleistete Einlage bilanziert. Bei Kapitalgesellschaften wird wegen des Trennungsprinzips die ausstehende Einlage als Forderung erfasst. § 272 Abs. 1 Satz 2 HGB schreibt vor, dass die **ausstehenden Einlagen** auf das gezeichnete Kapital auf der Aktivseite vor dem Anlagevermögen gesondert auszuweisen und entsprechend zu bezeichnen sind, während die davon eingeforderten Einlagen vermerkt werden müssen. Nach § 272 Abs. 1 Satz 3 HGB dürfen die nicht eingeforderten ausstehenden Einlagen auch von dem Posten „Gezeichnetes Kapital" offen abgesetzt werden. In diesem Fall ist der verbleibende Betrag als **„Eingefordertes Kapital"** in der Hauptspalte der Passivseite auszuweisen und außerdem der eingeforderte, aber noch nicht eingezahlte Betrag unter den Forderungen gesondert auszuweisen und entsprechend zu bezeichnen.

Beispiel (zu § 272 Abs. 1 Satz 2 HGB)

Aktiva		Bilanz 31. 12. 01	Passiva
A. Ausstehende Einlagen auf das gezeichnete Kapital	400 000 DM	A. Eigenkapital I. Gezeichnetes Kapital	1 000 000 DM
davon eingefordert 100 000 DM			

Beispiel (zu § 272 Abs. 1 Satz 3 HGB)

Aktiva		Passiva
B. Umlaufvermögen II. Forderungen und sonstige Vermögensgegenstände 4. Eingefordertes, noch nicht eingezahltes Kapital	100 000 DM	A. Eigenkapital I. Gezeichnetes Kapital 1 000 000 DM nicht eingeforderte Einlage ./. 300 000 DM Eingefordertes Kapital 700 000 DM

23.2.3.6 Eigenkapital in der Steuerbilanz

Für Zwecke der steuerrechtlichen Gewinnermittlung durch Betriebsvermögensvergleich ist zu beachten, dass sämtliche handelsrechtlich bilanzierten Kapitalposten das einheitliche Betriebsvermögen widerspiegeln. Ausstehende Einlagen werden als Korrekturposten zum Eigenkapital = Betriebsvermögen behandelt.

23 Kapitalgesellschaften

Beispiel
Eine GmbH hat die folgenden Bilanzen aufgestellt:

	31. 12. 06	31. 12. 07
Verschiedene Aktiva	440 000 DM	600 000 DM
Ausstehende Einlagen	80 000 DM	—
Summe	520 000 DM	600 000 DM
Gezeichnetes Kapital	300 000 DM	400 000 DM
Kapitalrücklage	10 000 DM	10 000 DM
Gewinnrücklagen	—	40 000 DM
Jahresüberschuss	140 000 DM	110 000 DM
Verschiedene Passiva	70 000 DM	40 000 DM
Summe	520 000 DM	600 000 DM

Das für die Ermittlung des steuerrechtlichen Gewinns maßgebende Betriebsvermögen beträgt am 31. 12. 07 560 000 DM (400 000 DM + 10 000 DM + 40 000 DM + 110 000 DM), das Betriebsvermögen vom 31. 12. 06 370 000 DM (300 000 DM + 10 000 DM + 140 000 DM ./. 80 000 DM).

Die handelsrechtlich vorgeschriebene Aufgliederung des Eigenkapitals beruht auf gesetzlichen Regelungen. Das gezeichnete Kapital ist stets unverändert als Haftungskapital für die Verbindlichkeiten der Kapitalgesellschaft gegenüber den Gläubigern unter den Passiva auszuweisen (§ 272 Abs. 1 Satz 1 HGB). Kapitalrücklagen beruhen auf Einzahlungen/Einlagen der Gesellschafter in das Eigenkapital über den Betrag des gezeichneten Kapitals als Mindesthaftungskapital hinaus, § 272 Abs. 2 HGB. Steuerlich liegen regelmäßig Einlagen i. S. des § 27 KStG vor.

Die **Gewinnrücklagen** werden aus nicht ausgeschütteten Gewinnen gebildet (§ 266 Abs. 3 A. III., § 272 Abs. 3 und 4 HGB). Sie sind entweder zwingend nach dem Gesetz (§ 150 Abs. 1 AktG, § 272 Abs. 4 HGB) zu bilden oder können freiwillig gebildet werden. Die gesetzliche Rücklage ist gebunden; sie darf nur in ganz bestimmten Fällen verwendet werden, z. B. zum Ausgleich eines Jahresfehlbetrags des soeben abgelaufenen Geschäftsjahres oder eines Verlustvortrags aus dem Vorjahr (§ 150 Abs. 3 und 4 AktG). Bilanzmäßig gesehen haben gesetzliche und andere Rücklagen dieselbe Natur. Sie sind Teil des Eigenkapitals der Gesellschaft und gehören folglich zum Betriebsvermögen i. S. des § 4 Abs. 1 Satz 1 EStG. Die Bildung und Auflösung von Gewinnrücklagen stellt handels- wie steuerrechtlich Ergebnisverwendung dar. Sie beeinflusst daher nicht den zu versteuernden Gewinn.

23.2.3.7 Körperschaftsteuerrückstellung

Auf die KSt-Jahresschuld sind Vorauszahlungen zu leisten. Soweit diese zur Abdeckung der Jahressteuerschuld nicht ausreichen, ist die restliche Körperschaftsteuerverbindlichkeit in Höhe der noch zu leistenden Abschlusszahlung als Rückstellung (der Sache nach handelt es sich um eine nach Grund und Höhe gewisse Verbindlichkeit!) in der Bilanz auszuweisen. Im Falle einer Überzahlung ist eine

23.2 Besonderheiten gegenüber der Einzelfirma und den PersGes

Erstattungsforderung in der Bilanz auszuweisen. Die laufenden Zahlungen und die noch zu leistende Abschlusszahlung werden als Aufwand erfasst. Im Falle einer Erstattungsforderung mindert sich zuvor erfasster zu hoher Aufwand.

Der KSt-Schuld (Rückstellung) stellt – anders als die ESt-Schuld bei Einzelunternehmen und Mitunternehmerschaften – auch für die Steuerbilanz eine zu passivierende Betriebsschuld dar. Die Körperschaftsteuer führt auch – anders als die Einkommensteuer – steuerlich zu betrieblichem Aufwand. Zahlungen der Körperschaftsteuer stellen weder Entnahmen noch Ausschüttungen dar. Allerdings handelt es sich gemäß § 10 Nr. 2 KStG um nicht abziehbare Betriebsausgaben. Im Ergebnis mindert die Körperschaftsteuer daher nicht das zu versteuernde Einkommen der Körperschaft und wird insoweit übereinstimmend mit dem Einkommensteueraufwand natürlicher Personen behandelt. Dies ändert aber nichts daran, dass die Körperschaftsteuerschuld handelsrechtlich das Eigenkapital und steuerlich das Betriebsvermögen i. S. des § 4 Abs. 1 EStG mindert. Bei der steuerlichen Gewinnermittlung durch Betriebsvermögensvergleich ist der Körperschaftsteueraufwand wie bei jeder nicht abziehbaren Betriebsausgabe dem Ergebnis des Betriebsvermögensvergleichs „außerhalb der Bilanz" hinzuzurechnen, um zum zu versteuernden steuerlichen Gewinn zu gelangen.

Nach dem Systemwechsel vom Anrechnungsverfahren zurück zum klassischen Körperschaftsteuersystem hängt die Höhe der Körperschaftsteuer grundsätzlich nur noch von der Höhe des erzielten steuerpflichtigen Einkommens und dem Steuersatz (zurzeit 25 % nach § 23 KStG) des betreffenden Wirtschaftsjahres ab. Die Verwendung des Einkommens zu Ausschüttungen beeinflusst grundsätzlich nicht mehr die Höhe der Körperschaftsteuer. Allerdings sind während der 15-jährigen Übergangszeit bis 2015 (bzw. 2016) noch zusätzlich die §§ 36 bis 38 KStG zu beachten, sodass es wegen offener Ausschüttungen nach § 37 KStG n. F. zu Körperschaftsteuerminderungen und nach § 38 KStG zu Körperschaftsteuererhöhungen (auch wegen verdeckter Gewinnausschüttungen) aus früherem EK 40 (Minderung um $^1/_6$) oder aus früherem EK 02 (Erhöhung um $^3/_7$) kommen kann. Diese Minderungen oder Erhöhungen sind – anders als vor dem Systemwechsel nach § 27 Abs. 3 KStG a. F. – jeweils erst im Jahr der vollzogenen Ausschüttung zu berücksichtigen und beeinflussen insoweit dann die Höhe der für dieses Jahr zu bildenden Körperschaftsteuerrückstellung. Eine „Rückwirkung" auf das Wirtschaftsjahr und den Veranlagungszeitraum, für den die Ausschüttung vorgenommen wird, findet mithin nicht mehr statt.

Beispiel

Das zu versteuernde Einkommen einer GmbH (Wirtschaftsjahr = Kalenderjahr) im Jahre 2002 beträgt 100 000 DM. Im Jahre 02 wird für das Wirtschaftsjahr 2000 eine offene Ausschüttung von 60 000 DM beschlossen und vollzogen. Außerdem wurde in 2002 eine verdeckte Gewinnausschüttung von 70 000 DM vorgenommen. Die GmbH verfügte am 31. 12. 00 über ein EK 40 von 60 000 DM und ein EK 02 von 100 000 DM, sodass sich nach § 37 KStG ein Körperschaftsteuerguthaben von

23 Kapitalgesellschaften

10 000 DM ergab. Im Jahre 01 erzielte die GmbH kein zu versteuerndes oder sonstiges Einkommen. Für 02 wurden Vorauszahlungen von 10 000 DM geleistet.

Dann ergibt sich für 02 folgender Körperschaftsteueraufwand: a) Einkommen 100 000 DM × 25 % = 25 000 DM, b) Körperschaftsteuerminderung um 60 000 DM × $^1/_6$ = ./. 10 000 DM nach § 37 KStG und c) Körperschaftsteuererhöhung um $^3/_7$ von 70 000 DM = + 30 000 DM.

Insgesamt also für 02: 25 000 DM + 30 000 DM ./. 10 000 DM = 45 000 DM. Nach Abzug der bereits geleisteten Vorauszahlungen von 10 000 DM verbleibt für 02 eine Körperschaftsteuerrückstellung von 35 000 DM. In der GuV wird ein Körperschaftsteueraufwand von 10 000 DM (Vorauszahlung) + 35 000 DM (Rückstellung) = 45 000 DM erfasst. Dieser ist aber zur Ermittlung des Einkommens als nicht abziehbare Betriebsausgabe dem durch Betriebsvermögensvergleich ermittelten steuerlichen Gewinn „außerhalb der Bilanz" hinzuzurechnen. Für den Veranlagungszeitraum 2000 wird die KSt-Schuld abweichend von § 27 Abs. 3 KStG a. F. nicht um $^1/_7$ von 70 000 DM = 10 000 DM mehr gemindert, da § 27 Abs. 3 KStG a. F. auf erst 2002 vollzogene Ausschüttungen nicht mehr anwendbar ist.

Wie die Körperschaftsteuer ist auch der zu ihr als Ergänzungsabgabe erhobene **Solidaritätszuschlag von 5,5 %** zu behandeln. Auch insoweit liegt betrieblicher Aufwand und eine Betriebsschuld vor, aber es ist ebenfalls § 10 Nr. 2 KStG zu beachten.

Für offene Ausschüttungen im Jahre 2001 (bzw. bei abweichendem Wirtschaftsjahr auch noch 2002) für bereits abgelaufene Wirtschaftsjahre (also auch für 2000) ist noch das Anrechnungsverfahren auf der Ebene der Körperschaft und der Ebene der Anteilseigner anzuwenden. Außerdem ist es natürlich noch für alle Veranlagungszeiträume vor 2001 generell anzuwenden, soweit bisher Veranlagungen noch nicht erfolgt sind oder sich im Zuge von Betriebsprüfungen Änderungen ergeben. Insoweit wird daher die bisherige Rechtslage noch kurz dargestellt:

Die Höhe der festzusetzenden Körperschaftsteuer hängt einerseits vom zu versteuernden Einkommen ab, das ab 1999 grundsätzlich mit einem Steuersatz von 40 % (davor 45 %) zu versteuern war – so genannte Tarifbelastung. Sie wird aber andererseits durch für den Veranlagungszeitraum zu berücksichtigende Ausschüttungen beeinflusst. Insoweit ist auf der Ebene der Körperschaft die so genannte Ausschüttungsbelastung von 30 % herzustellen, § 27 KStG a. F. Dabei ergibt sich für Ausschüttungen aus dem EK 40 eine KSt-Minderung um $^1/_6$ des verwendeten EK 40 und für Ausschüttungen aus dem EK 02 und EK 03 eine KSt-Erhöhung um $^3/_7$ des verwendeten EK 0. Bei offenen Gewinnausschüttungen ist die Herstellung der Ausschüttungsbelastung für das Wirtschaftsjahr zu berücksichtigen, auf das sich der Ausschüttungsbeschluss bezieht, bei anderen (insbesondere verdeckten) Gewinnausschüttungen hingegen für das Wirtschaftsjahr, in dem sie tatsächlich vollzogen wird, § 27 Abs. 3 KStG a. F.

Bilanziell ist grundsätzlich diejenige Körperschaftsteuerrückstellung (und in der GuV derjenige KSt-Aufwand) auszuweisen, die sich für das Wirtschaftsjahr unter Berücksichtigung der Änderungen durch die Herstellung der Ausschüttungs-

23.2 Besonderheiten gegenüber der Einzelfirma und den PersGes

belastung ergibt. Dies ist unproblematisch für bereits vollzogene andere Ausschüttungen. Anders sieht es aus für erst nach Bilanzaufstellung und ggf. Bilanzfeststellung beschlossene (durch die Gesellschafter!, vgl. § 46 GmbHG, § 174 AktG) offene Gewinnausschüttungen für abgelaufene Wirtschaftsjahre. Daher bestimmt § 278 HGB, dass für die Steuerberechnung von dem Gewinnverwendungsvorschlag der Geschäftsführung (GmbH) oder des Vorstandes (AktG) auszugehen ist, wenn – wie regelmäßig – bei Bilanzaufstellung noch kein Gewinnverwendungsbeschluss vorliegt. Weicht der Beschluss später von dem Vorschlag ab, so ist der Jahresabschluss nicht zu ändern, § 278 Satz 2 HGB. Ein sich aus der Abweichung ergebender zusätzlicher KSt-Aufwand (Ausschüttung aus EK 0) oder verminderter KSt-Aufwand (Ausschüttung aus EK 40) wird bilanziell erst im Jahr der abweichenden Beschlussfassung berücksichtigt. Dies gilt auch für die Steuerbilanz, ungeachtet dessen, dass verfahrensrechtlich die KSt-Schuld des früheren Jahres betroffen ist.

Beispiel

	Aus vorläufiger GuV (handels- und steuerrechtlich) für 2000	
	Jahresüberschuss	282 525 DM
§ 10 II Nr. 2 KStG	+ KSt-Vorauszahlung	50 000 DM
§ 10 II Nr. 2 KStG	+ anrechenbare KSt aus Dividende	40 000 DM
§ 10 II Nr. 2 KStG	+ anrechenbare Kapitalertragsteuer	25 000 DM
§ 10 II Nr. 2 KStG	+ Solidaritätszuschlag	2 475 DM
zu versteuerndes Einkommen		400 000 DM

Nach dem Gewinnverwendungsvorschlag sollen für 2000 70 000 DM ausgeschüttet werden. Das verwendbare EK zum 31. 12. 2000 beträgt 120 000 DM und besteht aus EK 40. a) In 2001 werden tatsächlich 70 000 DM ausgeschüttet. b) In 2001 werden abweichend vom Gewinnverwendungsvorschlag der Geschäftsführung tatsächlich 140 000 DM nach entsprechendem Beschluss ausgeschüttet.

Berechnung KSt-Aufwand und KSt-Rückstellung für 2000:

Tarifbelastung	400 000 DM × 40 % =	160 000 DM
./. KSt-Minderung	70 000 DM × $^{10}/_{70}$ =	./. 10 000 DM
festzusetzende KSt für 2000		150 000 DM
./. Vorauszahlungen		./. 50 000 DM
./. anrechenbare KSt (§ 36 II S. 3 EStG)		./. 40 000 DM
./. anzurechnende KapErtrSt (§ 36 II S. 2 EStG)		./. 25 000 DM
KSt-Rückstellung/Aufwand		35 000 DM
Außerdem Rückstellung Solidaritätszuschlag gemäß §§ 3 und 4 SolzG 5,5 % von (150 000 DM ./. 40 000 DM =) 110 000 DM	=	6 050 DM
./. Vorauszahlungen		./. 2 475 DM
Solidaritätsrückstellung/-aufwand		3 575 DM

Wurde entsprechend b) ein abweichender Beschluss gefasst und vollzogen, ändert sich für die Bilanz des Jahres 2000 nichts. Allerdings ergibt sich wegen der höheren Ausschüttung für das Jahr 2000 eine höhere KSt-Minderung durch Herstellung der Ausschüttungsbelastung und damit eine geringere KSt-Schuld, nämlich Minderung um 20 000 DM ($^1/_7$ von 140 000 DM) statt bisher berücksichtigt um lediglich 10 000 DM, sodass die festzusetzende KSt-Schuld für 2000 nur 140 000 DM (statt 150 000 DM) beträgt. Der um 10 000 DM verminderte KSt-Aufwand ist bilanziell erst beim Jahresabschluss 2001 zu berücksichtigen (steuerlich erfolgsneutral, strittig, ob handelsrechtlich erfolgswirksam in der GuV 2001 oder erfolgsneutral über Verrechnung im Gewinnverwendungskonto mit dem Bilanzgewinn).

Für die nach altem Recht erforderliche Abstimmung zwischen steuerlichem bilanziellen Eigenkapital und verwendbarem Eigenkapital nach der Gliederungsrechnung gemäß §§ 29, 39 KStG a. F. ist zu beachten, dass in der Gliederungsrechnung im Gegensatz zur Bilanz KSt-Minderungen und -Erhöhungen sowie vollzogene andere (verdeckte) Ausschüttungen noch nicht berücksichtigt sind.

Dementsprechend bedarf es einer Abstimmung zwischen dem Eigenkapital lt. Steuerbilanz und dem verwendbaren Eigenkapital lt. Gliederungsrechnung nach folgender Rechnung:

Gezeichnetes Kapital

+ Kapitalrücklage

+ Gewinnrücklagen

+ Gewinnvortrag (./. Verlustvortrag)

+ Jahresüberschuss (./. Jahresfehlbetrag)

= **Eigenkapital lt. Steuerbilanz**

./. Gezeichnetes Kapital

./. KSt-Minderung (§ 27 Abs. 1 KStG)

+ KSt-Erhöhung (§ 27 Abs. 1 KStG)

+ Andere Ausschüttungen (z. B. vGA)

= **Verwendbares Eigenkapital (§ 29 Abs. 1 KStG)**

23.3 Besondere Buchungsfälle

23.3.1 Vorstandstantieme

Vorstandsmitglieder einer AG und Geschäftsführer einer GmbH sind normalerweise aufgrund eines Anstellungsvertrages (Dienstvertrag) für die AG bzw. GmbH tätig. Neben einem festen Gehalt wird dem Vorstand/Geschäftsführer in aller Regel eine Gewinnbeteiligung gewährt (Vorstandstantieme).

Grundlage dieser Gewinnbeteiligung ist der Anstellungsvertrag, und zwar auch dann, wenn die Vorstandsmitglieder/Geschäftsführer gleichzeitig Gesellschafter sind.

In der Gewinn-und-Verlust-Rechnung wird die Vorstandstantieme (Tantieme für Geschäftsführer) unter den Löhnen und Gehältern ausgewiesen. In der Schlussbilanz des abgelaufenen Geschäftsjahres ist die noch zu zahlende Tantieme als sonstige Verbindlichkeit zu erfassen.

Beispiel
Die Vorstandstantieme beträgt 5 % des Jahresgewinns (§ 86 Abs. 2 AktG) = 125 000 DM.

S	Gehälter	H		S	Sonstige Verbindlichkeiten	H
1)	125 000 DM	2)	125 000 DM	3)	125 000 DM	1) 125 000 DM

S	GuV	H		S	SBK	H
2)	125 000 DM				3)	125 000 DM

Die sonstigen Verbindlichkeiten umfassen noch keine einbehaltenen und abzuführenden Abgaben, denn die Tantiemen sind erst in dem Zeitpunkt steuerpflichtig, in dem sie den Vorstandsmitgliedern zugeflossen sind (§ 11 EStG).

Werden dem Vorstand Optionsrechte auf den Erwerb von Aktien eingeräumt (sog. stock options), liegt ein Lohnzufluss erst bei Ausübung der Option vor.[7]

23.3.2 Aufsichtsratstantieme

Den Aufsichtsratsmitgliedern kann für ihre Tätigkeit eine Vergütung gewährt werden. Sie kann in der Satzung festgesetzt oder von der Hauptversammlung bewilligt werden (§ 113 Abs. 1 AktG). Wie die Vorstandsmitglieder, so erhalten auch die Mitglieder des Aufsichtsrats meist eine gewinnabhängige Vergütung (Aufsichtsratstantieme). Grundlage dieser Gewinnbeteiligung ist der mit der AG abgeschlossene Bestellungsvertrag, durch den ihnen die Rechtsstellung als Aufsichtsratsmitglied übertragen wurde.[8]

Auch die Aufsichtsratsvergütung ist für die AG (bzw. GmbH) ein Aufwand, allerdings kein Lohnaufwand. Steuerlich begrenzt § 10 Nr. 4 KStG den Abzug auf die Hälfte. Das Aufsichtsratsmitglied erzielt Einkünfte aus § 18 Nr. 3 EStG.

Wenn die Höhe der Aufsichtsratstantieme in der Satzung festgesetzt ist, wird die noch nicht ausgezahlte Aufsichtsratstantieme in der Schlussbilanz des abgelaufenen Geschäftsjahres als sonstige Verbindlichkeit ausgewiesen (§ 266 Abs. 3

---

7 BFH, BStBl 1999 II S. 684; vgl. auch Herzig, DB 1999 S. 1.
8 Bei einer GmbH ist die Bestellung eines Aufsichtsrates möglich (§ 52 GmbHG) bzw. im Fall des § 77 Betriebsverfassungsgesetz (GmbH mit mehr als 500 Arbeitnehmern) geboten.

23 Kapitalgesellschaften

Buchstabe C. 8. HGB), hingegen als Rückstellung für ungewisse Verbindlichkeiten, wenn sie erst noch von der Hauptversammlung zu bewilligen ist (§ 266 Abs. 3 Buchstabe B. 3. HGB).

Die Ermittlung der gewinnabhängigen Aufsichtsratstantieme knüpft an den Bilanzgewinn, vermindert um mindestens 4 % der auf den Nennbetrag geleisteten Einlagen, an (§ 113 Abs. 3 AktG).

Beispiel
Nach der Satzung der AG ergibt sich eine Aufsichtsratstantieme von 80 000 DM.

S	Sonstige Aufwendungen	H	S	Sonstige Verbindlichkeiten	H
1)	80 000 DM	2) 80 000 DM	3) 80 000 DM	1)	80 000 DM

S	GuV	H	S	SBK	H
2)	80 000 DM			3)	80 000 DM

23.3.3 Personensteuern

Bilanziell betrachtet sind alle Steuern der Kapitalgesellschaften Betriebsschulden und daher Aufwand. Steuerrechtlich ist indes § 10 Nr. 2 KStG zu beachten. Danach sind die Steuern vom Einkommen und sonstige Personensteuern bei der Ermittlung des Einkommens nicht abziehbar. Dazu gehört zunächst die **Körperschaftsteuer.** Sie wird in der Buchhaltung allgemein einem besonderen Aufwandskonto, dem Körperschaftsteuerkonto, belastet. Die Summe, die zulasten der Erfolgsrechnung erfasst ist, wird bei Ermittlung des körperschaftsteuerpflichtigen Einkommens dem Ergebnis der Handels- oder Steuerbilanz (Jahresüberschuss) hinzugerechnet.

Für die **Vermögensteuer** (Erhebung für Jahre bis einschließlich 1996) galt dasselbe wie für die Körperschaftsteuer.

Die **Umsatzsteuer** auf Entnahmen und verdeckte Gewinnausschüttungen (früher Eigenverbrauch, jetzt unentgeltliche Lieferungen und sonstige Leistungen nach § 3 Abs. 1 b Nr. 1 und § 3 Abs. 9 a Nr. 1 und 2 UStG, außer für Personal) sind ebenso wie die Personensteuern nicht abziehbar (§ 10 Nr. 2 KStG). In der Buchhaltung sollte sie auf einem besonderen Aufwandskonto erfasst werden. Bei **verdeckten Gewinnausschüttungen** schließt der anzusetzende Betrag auch die dafür zu entrichtende Umsatzsteuer ein. Diese Umsatzsteuer ist deshalb nicht noch zusätzlich nach § 10 Nr. 2 KStG hinzuzurechnen (Abschn. 31 Abs. 10 KStR). Das Gleiche gilt für die USt, die aufgrund der **Mindestbemessungsgrundlage** (§ 10 Abs. 5 Nr. 1 UStG) im Falle niedrigentgeltlicher Rechtsgeschäfte mit dem Gesellschafter zusätzlich geschuldet wird. Nicht abziehbare Betriebsausgabe ist auch die nach § 15 Abs. 1 a Nr. 1 UStG nicht abziehbare Vorsteuer auf Aufwendungen nach § 4 Abs. 5 Nrn. 1 bis 4, 7 und § 4 Abs. 7 EStG.

Auch der **Solidaritätszuschlag (SolZ)** ist ein nichtabziehbarer Aufwand i. S. des § 10 Nr. 2 KStG. In der GuV wird der SolZ wie Gewerbeertragsteuer und KSt unter den Steuern vom Einkommen und Ertrag ausgewiesen (§ 275 Abs. 2 Nr. 18 HGB).

23.3.4 Einstellungen in und Entnahmen aus offenen Rücklagen

23.3.4.1 Jahresüberschuss, Jahresfehlbetrag; Bilanzgewinn, Bilanzverlust

Jahresüberschuss ist der Überschuss der Erträge über die Aufwendungen des abgelaufenen Geschäftsjahres (§ 275 Abs. 2 Nr. 20, Abs. 3 Nr. 19 HGB). Ein Jahresfehlbetrag ist demgemäß der Überschuss der Aufwendungen über die Erträge. Das Jahresergebnis (= Oberbegriff für Jahresüberschuss und Jahresfehlbetrag) gibt Auskunft über den Erfolg, den die Kapitalgesellschaft im abgelaufenen Geschäftsjahr erwirtschaftet hat.

Vom Jahresergebnis ist das Bilanzergebnis (Bilanzgewinn bzw. Bilanzverlust) zu unterscheiden. Der Bilanzgewinn bzw. Bilanzverlust ergibt sich, wenn das Jahresergebnis um die Beträge korrigiert wird, die in § 158 Abs. 1 Nr. 1 bis 5 AktG aufgezählt sind (vgl. auch § 275 Abs. 4 HGB). Danach sind dem Jahresergebnis hinzuzurechnen: Gewinnvortrag aus dem Vorjahr, Entnahmen aus der Kapitalrücklage und Entnahmen aus den Gewinnrücklagen (Auflösung gesetzlicher oder freier Rücklagen bei Aufstellung des Jahresabschlusses). Vom Jahresergebnis sind abzuziehen: Verlustvortrag aus dem Vorjahr und Einstellungen aus dem Jahresüberschuss in Gewinnrücklagen (gesetzliche, satzungsmäßige und andere). Hieraus folgt, dass ein Bilanzgewinn auch dann ausgewiesen werden kann, wenn das Geschäftsjahr mit einem Jahresfehlbetrag abgeschlossen wurde.

Bilanzgewinn bzw. Bilanzverlust errechnen sich gemäß § 158 AktG wie folgt:

```
    Jahresüberschuss bzw. Jahresfehlbetrag
 +  Gewinnvortrag aus dem Vorjahr bzw.
 ./. Verlustvortrag aus dem Vorjahr
 +  Entnahmen aus der Kapitalrücklage
 +  Entnahmen aus Gewinnrücklagen
      a) aus der gesetzlichen Rücklage
      b) aus der Rücklage für eigene Aktien
      c) aus satzungsmäßigen Rücklagen
      d) aus anderen Gewinnrücklagen
 ./. Einstellungen in Gewinnrücklagen
      a) in die gesetzliche Rücklage
      b) in die Rücklage für eigene Aktien
      c) in satzungsmäßige Rücklagen
      d) in andere Gewinnrücklagen
  = Bilanzgewinn bzw. Bilanzverlust
```

23 Kapitalgesellschaften

Bei Kapitalgesellschaften, insbesondere bei der AG, ist streng zu trennen zwischen der Ermittlung des Jahresergebnisses, der (teilweisen) Verwendung des Jahresergebnisses und der (Bilanz-)Gewinnverwendung. Diese strenge Trennung hat ihren Grund in dem für Kapitalgesellschaften geltenden Grundsatz der Kapitalaufbringung und Kapitalerhaltung, die ihrerseits dem Gläubigerschutz dient, weil es hier an einer persönlichen Haftung fehlt. Andererseits ist insbesondere für Aktiengesellschaften auch auf einen Anlegerschutz zu achten. Daher ist der Grundsatz der Kapitalerhaltung für die AG strenger ausgeprägt, weil diese sich regelmäßig an einen breiteren Kreis von Kapitalgebern wendet. Hier sind auch klare Trennungen hinsichtlich der Kompetenz der Organe zu beachten, die letztlich ebenfalls diesen Schutzzwecken dienen.

Im Einzelnen bestehen insoweit folgende Regelungen hinsichtlich des Jahresabschlusses:

1. Für die Feststellung des Jahresabschlusses (diese beendet die Aufstellung) sind bei der AktG nach § 172 AktG Vorstand und Aufsichtsrat zuständig, grundsätzlich nicht die Hauptversammlung (Ausnahme § 173 AktG). Hingegen ist bei der GmbH die Gesellschafterversammlung schon für die Feststellung des Jahresabschlusses zuständig, § 46 Nr. 1 GmbHG.

2. Schon bei der Feststellung des Jahresabschlusses können – und teilweise müssen (gesetzliche Rücklage, § 150 AktG) – Teile des Jahresüberschusses in Rücklagen (Gewinnrücklagen) eingestellt werden. Dies dient dem Gläubigerschutz, weil insoweit keine Ausschüttung an die Gesellschafter erfolgen kann. Denn an die Aktionäre darf nach § 58 AktG maximal der Bilanzgewinn ausgeschüttet werden. Die Verwendung des Jahresüberschusses (Ergebnisverwendung) zur Einstellung in Rücklagen führt aber dazu, dass insoweit der Jahresüberschuss gerade nicht dem Bilanzgewinn zugeführt wird. Dem Schutz der Aktionäre vor Aushungerung durch unbegrenzte Einstellung in Rücklagen dienen die Begrenzungen der Rücklagenbildung bereits bei Feststellung des Jahresabschlusses in § 58 Abs. 1 bis 2 a AktG. Bereits bei Feststellung des Jahresabschlusses findet daher gegebenenfalls durch Rücklagenbildung eine teilweise Ergebnisverwendung statt. Diese Ergebnisverwendung bei Feststellung des Jahresabschlusses wird vom AktG aber noch nicht als Gewinnverwendung bezeichnet. Als solche bezeichnet § 174 AktG erst den Beschluss der Hauptversammlung über die Verwendung des Bilanzgewinnes. Dies ist die Größe, die maximal zur Ausschüttung an die Aktionäre zur Verfügung steht, § 58 Abs. 4 AktG. Die Ausschüttung ist (Teil der) Gewinnverwendung. Die Hauptversammlung muss aber nicht den gesamten Bilanzgewinn zur Ausschüttung verwenden. Sie kann Teile davon auch ihrerseits in Gewinnrücklagen einstellen oder auf neue Rechnung vortragen (Gewinnvortrag). Auch dies ist dann Gewinnverwendung (des Bilanzgewinnes!).

Bei der GmbH ist dies alles im Prinzip ebenso, aber mangels unterschiedlicher Kompetenzen nicht so deutlich sichtbar. Denn nach § 46 Nr. 1 GmbHG ist die

Gesellschafterversammlung sowohl für die Feststellung des Jahresabschlusses als auch für die Verwendung des Ergebnisses zuständig. Anders als bei der AG werden auch beide Beschlüsse häufig zeitlich zusammengefasst werden. Außerdem gibt es keine gesetzliche Rücklage. Anders als bei der AG wird wegen des geringeren Schutzbedürfnisses der Allgemeinheit dem Gesellschafter vom Grundsatz her nach § 29 Abs. 1 Satz 1 GmbHG nicht lediglich ein (maximaler) Anspruch auf Ausschüttung des (Handels-)Bilanzgewinnes (also schon vermindert um Rücklagen) zugebilligt, sondern auf Ausschüttung des Jahresüberschusses, allerdings vermindert um eine Verlustvortrag. Allerdings kann nach § 29 Abs. 1 Satz 2 GmbHG freiwillig ebenfalls wie bei der AG die Ausschüttung maximal auf den Bilanzgewinn begrenzt werden, wenn die Bilanz bereits unter teilweiser Ergebnisverwendung (Rücklagenbildung) aufgestellt = festgestellt wird. Da hierfür ebenso wie für die eigentliche Gewinnverwendung (Bilanzgewinn) die Gesellschafterversammlung zuständig ist, bedarf es keiner besonderen Begrenzung hinsichtlich des zulässigen Umfanges der Rücklagenbildung schon bei Feststellung wie nach § 58 Abs. 1, 2, 2 a AktG.

§ 29 Abs. 2 GmbHG entspricht hingegen dem § 174 AktG und handelt von der eigentlichen Gewinnverwendung nach Feststellung des Jahresabschlusses. Wird der Jahresabschluss – wie regelmäßig bei der GmbH – vor teilweiser Ergebnisverwendung aufgestellt, so fällt die gesamte Rücklagenbildung (und Auflösung) unter die Ergebnisverwendung i. S. des § 29 Abs. 2 GmbHG. Wird – wie bei der AktG – der Jahresabschluss bereits unter teilweiser Ergebnisverwendung aufgestellt (festgestellt), so betrifft § 29 Abs. 2 GmbHG nur noch die Ergebnis(= Gewinn)verwendung bezüglich des (Handels-)Bilanzgewinnes.

23.3.4.2 Jahresergebniskonto, Bilanzergebniskonto

Bei Kapitalgesellschaften ist es geboten, das Jahresergebnis (Jahresüberschuss/ Jahresfehlbetrag) und das Bilanzergebnis (Bilanzgewinn/Bilanzverlust) rechtlich und daher buchmäßig zu trennen (§ 275 Abs. 4 HGB). Aus diesem Grunde wird in den Fällen, in denen die Bilanz unter Berücksichtigung der vollständigen oder teilweisen Verwendung des Jahresergebnisses aufgestellt wird (vgl. § 268 Abs. 1 HGB), außer dem Jahresergebniskonto (= Gewinn-und-Verlust-Konto), mit dem alle Aufwands- und Ertragskonten abgeschlossen werden, ein besonderes Bilanzergebniskonto eingerichtet.

Auf dem Bilanzergebniskonto werden die Vorgänge erfasst, die – ausgehend vom Jahresergebnis – das Bilanzergebnis noch beeinflussen. Sein Saldo ist bei teilweiser Verwendung des Jahresergebnisses der Bilanzgewinn bzw. Bilanzverlust. Das Bilanzergebniskonto wird dann mit dem Schlussbilanzkonto abgeschlossen. Bei vollständiger Verwendung des Jahresergebnisses ist das Bilanzergebniskonto ausgeglichen, sodass sich kein Abschlusssaldo ergibt, ggf. ein Gewinnvortrag.

23 Kapitalgesellschaften

Inhalt des Bilanzergebniskontos bei Gewinn (Jahresüberschuss)	
Soll	Haben
Verlustvortrag Einstellungen in Gewinnrücklagen Bilanzgewinn (SBK) oder	Jahresüberschuss Gewinnvortrag Entnahmen aus Rücklagen Bilanzverlust (SBK)

Inhalt des Bilanzergebniskontos bei Verlust (Jahresfehlbetrag)	
Soll	Haben
Jahresfehlbetrag Verlustvortrag Einstellungen in Gewinnrücklagen Bilanzgewinn (SBK) oder	Gewinnvortrag Entnahmen aus Rücklagen Bilanzverlust (SBK)

Wie die Übersichten zeigen, ist es denkbar, dass trotz eines Jahresfehlbetrags ein Bilanzgewinn verbleibt oder dass trotz eines Jahresüberschusses sich ein Bilanzverlust ergeben kann. In der Praxis geschieht dies jedoch regelmäßig nicht, weil im Falle eines Jahresüberschusses die Einstellungen in die Gewinnrücklagen den Jahresüberschuss zzgl. Gewinnvortrag normalerweise nicht übersteigen.

Bei vollständiger Verwendung des Jahresergebnisses entfällt die Position Bilanzgewinn/Bilanzverlust. Der Hauptversammlung (AG) bzw. Gesellschafterversammlung (GmbH) steht dann kein verteilungsfähiger (verwendungsfähiger) Gewinn mehr zur Disposition.

23.3.4.3 Buchung der Veränderung von Rücklagen

Werden aus dem Jahresüberschuss bereits bei Feststellung des Jahresabschlusses Teile des Gewinns in Gewinnrücklagen eingestellt, so mindern sie den Bilanzgewinn (§ 158 Abs. 1 Nr. 4 AktG).

Beispiel

Das Grundkapital einer AG beträgt 1 000 000 DM, ihre gesetzliche Rücklage 25 000 DM. Andere Gewinnrücklagen wurden bisher nicht gebildet. Aus dem Jahresüberschuss von 120 000 DM haben Vorstand und Aufsichtsrat bei der Feststellung des Jahresabschlusses (§ 172 AktG) 6000 DM der gesetzlichen Rücklage zugeführt (§ 150 AktG). 30 000 DM wurden erstmals in die satzungsmäßige Rücklage eingestellt. Der Gewinnvortrag beträgt 2000 DM.

S		Bilanzergebniskonto		H
1)		6 000 DM	Jahresüberschuss	120 000 DM
2)		30 000 DM	Gewinnvortrag	2 000 DM
Bilanzgewinn		86 000 DM		

23.3 Besondere Buchungsfälle

S	Gesetzliche Rücklage	H	S	Satzungsmäßige Rücklagen	H
	1.1. 25 000 DM			2) 30 000 DM	
	1) 6 000 DM				

Da die Einstellungen in Rücklagen den Bilanzgewinn mindern, müssen sie ihm hinzugerechnet werden, wenn man zur Ermittlung des zu versteuernden Einkommens von dem Bilanzgewinn der HB ausgeht.

Beachte: Einstellungen in die **Kapitalrücklage** dürfen nicht aus dem Ergebnis erfolgen (vgl. § 158 Abs. 1 Nr. 2 AktG; § 272 Abs. 2 und 3 HGB). Die Entnahme aus der Kapitalrücklage ist jedoch zur Erhöhung des Bilanzgewinns möglich.

Auch aus den **Gewinnrücklagen** können Beträge entnommen werden (§ 158 Abs. 1 Nr. 3 AktG). Aus der gesetzlichen Rücklage kann jedoch nur unter den Voraussetzungen des § 150 Abs. 3 und 4 AktG entnommen werden.

Beispiel

Eine AG hat in früheren Geschäftsjahren eine Kapitalrücklage in Höhe von 200 000 DM gebildet. Dieser werden zugunsten des Bilanzgewinns 100 000 DM entnommen.

S	Kapitalrücklage	H	S	Bilanzergebniskonto	H
1) 100 000 DM	1.1. 200 000 DM			1) 100 000 DM	

Sind den Rücklagen Beträge zugunsten des handelsrechtlichen Bilanzgewinns entnommen worden, so müssen diese zur Ermittlung des Einkommens für steuerrechtliche Zwecke wieder abgezogen werden.

Eine Entnahme aus den Rücklagen liegt auch dann vor, wenn diese zur Abdeckung eines Verlustes verwendet wird.

Beispiel

Das Wirtschaftsjahr einer AG hat einen Jahresfehlbetrag von 25 000 DM ergeben. Da kein Gewinnvortrag vorhanden ist, soll ein gleich hoher Betrag der in früheren Jahren gebildeten anderen Gewinnrücklagen von 80 000 DM entnommen werden.

S	Andere Gewinnrücklagen	H	S	Bilanzergebniskonto	H
1) 25 000 DM	1.1. 80 000 DM		Jahresfehlbetrag	1) 25 000 DM	

Während über die Auflösung (Entnahme) von Rücklagen regelmäßig frei entschieden werden kann, darf eine gesetzliche Rücklage nur zum Ausgleich eines Jahresfehlbetrags, zum Ausgleich eines Verlustvortrags aus dem Vorjahr oder zur Kapitalerhöhung (aus Gesellschaftsmitteln) verwendet werden (§ 150 Abs. 3 und 4 AktG). Im Gegensatz zu den hier zu behandelnden Fällen ist die Auflösung bei Kapitalerhöhung aus Gesellschaftsmitteln jedoch ohne Auswirkung auf den Bilanzgewinn. Bei Rücklagen, deren Bildung gesetzlich nicht zwingend ist, bestehen zwar keine gesetzlichen Einschränkungen zu ihrer Verwendung (Auflösung). Nur wenn für ihre Verwendung die Satzung besondere Bestimmungen enthält (statutarische oder satzungsmäßige Rücklagen), ist das für die Feststellung des Jahresabschlusses zuständige Organ gebunden.

Die Verwaltung darf ohne Satzungsermächtigung nicht mehr als die Hälfte des um die Einstellungen in die gesetzliche Rücklage und einen evtl. Verlustvortrag aus dem Vorjahr geminderten Jahresüberschusses in andere Gewinnrücklagen einstellen (§ 58 Abs. 2 Sätze 1 und 4 AktG). Eine höhere Zuführung zu anderen Gewinnrücklagen ist der Verwaltung im Rahmen der Bilanzfeststellung nur gestattet, wenn eine Satzungsermächtigung besteht und soweit die anderen Gewinnrücklagen die Hälfte des Grundkapitals nicht übersteigen (§ 58 Abs. 2 Sätze 2 und 3 AktG).

Die Konten, die die Einstellungen bzw. die Entnahmen aus offenen Rücklagen aufgenommen haben, werden mit dem Bilanzergebniskonto abgeschlossen.

Beispiele

a) Eine AG mit Grundkapital von 5 000 000 DM hat einen Jahresüberschuss von 230 000 DM erzielt. Der Gewinnvortrag aus dem Vorjahr beträgt 32 000 DM. Vorstand und Aufsichtsrat führen bei Feststellung des Jahresabschlusses der gesetzlichen Rücklage 65 000 DM, anderen Gewinnrücklagen 80 000 DM zu.

S	Gezeichnetes Kapital	H		S	Gesetzliche Rücklage	H
6)	5 000 000 DM	AB 5 000 000 DM		7)	445 000 DM	AB 380 000 DM
						3) 65 000 DM

S	Andere Gewinnrücklagen	H		S	Gewinnvortrag	H
8)	130 000 DM	AB 50 000 DM		2)	32 000 DM	AB 32 000 DM
		4) 80 000 DM				

S	Jahresergebnis (GuV)	H		S	Bilanzergebnis	H
	20 000 000 DM	20 230 000 DM		5)	145 000 DM	1) 230 000 DM
1)	230 000 DM			9)	117 000 DM	2) 32 000 DM

S	Veränderungen der Gewinnrücklagen vor Bilanzergebnis	H		S	SBK	H
3)	65 000 DM	5) 145 000 DM				6) 5 000 000 DM
4)	80 000 DM					7) 445 000 DM
						8) 130 000 DM
						9) 117 000 DM

b) Der Jahresfehlbetrag einer AG mit Grundkapital von 1 000 000 DM beträgt 250 000 DM, die gesetzliche Rücklage 33 000 DM, der Gewinnvortrag aus dem Vorjahr 25 000 DM.

23.3 Besondere Buchungsfälle

S	Gezeichnetes Kapital		H
4)	1 000 000 DM	AB	1 000 000 DM

S	Gewinnvortrag		H
3)	25 000 DM	AB	25 000 DM

S	SBK		H
5)	192 000 DM	4)	1 000 000 DM

S	Gesetzliche Rücklage		H
2)	33 000 DM	AB	33 000 DM

S	Jahresergebnis (GuV)		H
	20 250 000 DM		20 000 000 DM
		1)	250 000 DM

S	Bilanzergebnis		H
1)	250 000 DM	2)	33 000 DM
		3)	25 000 DM
		5)	192 000 DM

Die Verwendung der gesetzlichen Rücklage zum Ausgleich des nicht durch den Gewinnvortrag aus dem Vorjahr gedeckten Jahresfehlbetrags ergibt sich aus § 150 Abs. 3 Nr. 1 AktG.

23.3.5 Gewinnverwendung

23.3.5.1 Gewinn-und-Verlust-Verwendungskonto

Nachdem der handelsrechtliche Jahresüberschuss oder, bei Aufstellung der Bilanz unter Berücksichtigung der teilweisen Verwendung des Jahresergebnisses, der handelsrechtliche Bilanzgewinn festgestellt ist, können die zuständigen Organe der Kapitalgesellschaft (Hauptversammlung oder Gesellschafterversammlung) die Verwendung des Jahresüberschusses zzgl. Gewinnvortrag/abzgl. Verlustvortrag bzw. die Verwendung des Bilanzgewinns beschließen. Sie bestimmen dabei insbesondere, ob und in welcher Höhe der zur Disposition stehende Betrag als Dividende bzw. Gewinnanteil an die Gesellschafter ausgeschüttet werden soll. Im Allgemeinen wird zur buchmäßigen Abwicklung der Gewinnverwendung ein Gewinnverwendungskonto eingerichtet. Darauf wird der handelsrechtliche Jahresüberschuss zzgl. Gewinnvortrag oder abzgl. Verlustvortrag aus dem Vorjahr oder der handelsrechtliche Bilanzgewinn bis zur Beschlussfassung festgehalten.

Zur Klarstellung: In den Fällen, in denen die Bilanz unter Berücksichtigung der vollständigen oder teilweisen Verwendung des Jahresergebnisses festgestellt wird, stellt die bereits vollzogene Gewinnverwendung Geschäftsvorfälle des abgelaufenen Geschäftsjahres dar, die auch, wie in Kapitel 23.3.4 dargestellt, noch in der Buchführung des alten Geschäftsjahres zu erfassen sind.

Bei der Gewinnverwendung **nach Feststellung** des Jahresergebnisses handelt es sich um Geschäftsvorfälle des **neuen Geschäftsjahres,** die auch erst im neuen Geschäftsjahr zu erfassen sind. Zu diesem Zweck wird aus der Eröffnungsbilanz (= Schlussbilanz) des neuen Geschäftsjahres der Bilanzgewinn auf ein sog. Gewinnverwendungskonto übernommen.

23 Kapitalgesellschaften

Beispiel

Der Bilanzgewinn beträgt 82 000 DM. Buchungen am Beginn des neuen Geschäftsjahres bei Verwendung eines Eröffnungsbilanzkontos:

S	EBK	H	S	Gewinnverwendungskonto	H
1) 82 000 DM				1) 82 000 DM	

Werden die Konten ohne Verwendung eines Eröffnungsbilanzkontos eröffnet (heute fast die Regel), so wird der Bilanzgewinn direkt aus der Schlussbilanz (= Anfangsbilanz) übernommen.

Die weiteren Buchungen der Verwendung des Bilanzgewinns richten sich nach den von der Hauptversammlung bzw. Gesellschafterversammlung gefassten Beschlüssen. Die verschiedenen Möglichkeiten ergeben sich aus der folgenden Übersicht:

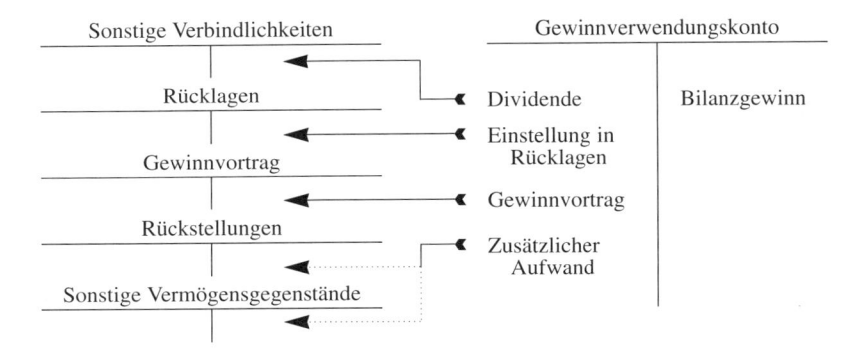

Sonstige Verbindlichkeiten	Gewinnverwendungskonto	
Rücklagen	◄ Dividende	Bilanzgewinn
Gewinnvortrag	◄ Einstellung in Rücklagen	
Rückstellungen	◄ Gewinnvortrag	
Sonstige Vermögensgegenstände	◄ Zusätzlicher Aufwand	

23.3.5.2 Bilanzgewinn wird voll ausgeschüttet

Es ist zu beachten, dass die Gesellschaft bei der Auszahlung von Dividenden und sonstigen Gewinnanteilen nach § 43 EStG Kapitalertragsteuer einbehalten muss.

Beispiel

Nach dem Beschluss der Gesellschafterversammlung soll der Bilanzgewinn von 80 000 DM voll an die Gesellschafter ausgeschüttet werden. Bei der Ausschüttung werden 20 % KapSt (16 000 DM) und 5,5 % SolZ (880 DM) einbehalten, die am 10. des nächsten Monats an die Finanzkasse abgeführt werden. Der Auszahlungsbetrag an die Gesellschafter (Nettodividende) beträgt 63 120 DM.

S	Gewinnverwendungskonto	H		S	Bank	H
1)	80 000 DM	1.1. 80 000 DM		1) 63 120 DM		
				2) 16 880 DM		

S	Sonstige Verbindlichkeiten	H
2) 16 880 DM	1) 16 000 DM	
	1) 880 DM	

Hat die Gesellschaft die Kapitalertragsteuer, die eine besondere Erhebungsform der ESt darstellt, übernommen, so beträgt der Steuersatz 25 % des ausgezahlten Betrags. Das entspricht 20 % des Bruttobetrages. In diesen Fällen wird die KapSt im Allgemeinen als Aufwand gebucht. Für steuerrechtliche Zwecke muss sie dann dem Einkommen des Jahres der Auszahlung hinzugerechnet werden, denn sie ist Teil der Gewinnausschüttung.

23.3.5.3 Bilanzgewinn wird zum Teil ausgeschüttet und zum Teil offenen Rücklagen zugeführt

Beispiel

Nach dem Beschluss der Hauptversammlung soll der Bilanzgewinn einer AG in Höhe von 160 000 DM wie folgt verwendet werden: Zahlung einer Dividende von 12 % auf das Grundkapital von 1 000 000 DM, der Rest wird den anderen Gewinnrücklagen zugeführt.[9] Die KapErtrSt beträgt 24 000 DM, der SolZ 5,5 % (1320 DM).

S	Gewinnverwendungskonto	H		S	Bank	H
1) 120 000 DM	1.1. 160 000 DM			1) 94 680 DM		
2) 40 000 DM						

S	Andere Gewinnrücklagen	H		S	Sonstige Verbindlichkeiten	H
	2) 40 000 DM			1) 24 000 DM		
				1) 1 320 DM		

23.3.5.4 Ausweis als Gewinnvortrag

Die für die Verwendung des Gewinns zuständigen Organe können auch beschließen, den Gewinn ganz oder zum Teil vorzutragen. Dieser Betrag ist dann in der Schlussbilanz des folgenden Geschäftsjahres als Teil des Eigenkapitals gesondert auszuweisen (§ 266 Abs. 3 Buchstabe A. IV. HGB). Dadurch ergibt sich die Möglichkeit, im folgenden Jahr eine höhere Dividende zu zahlen. Ein Gewinnvortrag wird vor allem für den Spitzenbetrag des Bilanzgewinns beschlossen, der zur Erhöhung der Dividende um 1 % nicht ausreicht.

---

9 Wegen der Auswirkung auf die KSt-Rückstellung s. u. 23.3.5.5.

Beispiel
Eine AG mit Bilanzgewinn von 200 000 DM, deren gesetzliche Rücklage die vorgeschriebene Grenze erreicht hat, beschließt, eine Dividende von 12 % auf das Grundkapital von 1 000 000 DM zu zahlen. Der Restgewinn soll in Höhe von 60 000 DM den anderen Gewinnrücklagen zugeführt und mit 20 000 DM als Gewinnvortrag ausgewiesen werden.[9] Die KapErtrSt beträgt 24 000 DM, der SolZ 5,5 % (1320 DM).

S	Gewinnverwendungskonto	H		S	Bank	H
1)	120 000 DM	1.1. 200 000 DM		1)		94 680 DM
2)	60 000 DM			4)		25 320 DM
3)	20 000 DM					

S	Sonstige Verbindlichkeiten	H		S	Andere Gewinnrücklagen	H
4)	25 320 DM	1) 24 000 DM			2)	60 000 DM
		1) 1 320 DM				

S	Gewinnvortrag	H
		3) 20 000 DM

Am Ende des Jahres wird der Gewinnvortrag vom Bilanzergebniskonto übernommen (s. o. 23.3.4.2), wenn die Bilanz unter Berücksichtigung der vollständigen oder teilweisen Verwendung des Jahresergebnisses aufgestellt wird (s. o. 23.3.4.2), ansonsten erscheint er in der Schlussbilanz als gesonderter Posten des Eigenkapitals (vgl. § 266 Abs. 3 Buchstabe A. IV. HGB).

Für steuerrechtliche Zwecke muss, wenn der Gewinn des Folgejahres aufgrund des handelsrechtlichen Bilanzgewinns ermittelt wird, beachtet werden, dass der Gewinnvortrag aus dem Vorjahr im Bilanzgewinn enthalten ist. Er muss deshalb bei der Einkommensermittlung abgezogen werden.

23.3.5.5 Zusätzlicher steuerrechtlicher Aufwand oder Ertrag

Nach dem Systemwechsel zum Halbeinkünfteverfahren ab 2001 hängt die Höhe der Körperschaftsteuer nicht mehr vom Umfang zu berücksichtigender Ausschüttungen ab.[10] Das Problem der Behandlung zusätzlichen KSt-Aufwandes oder -Ertrages wegen Herstellung der Ausschüttungsbelastung stellt sich daher nur noch für Ausschüttungen in 2001 bzw. 2002 bei abweichendem Wirtschaftsjahr. Wegen der Bedeutung wird es hier noch einmal zusammenfassend behandelt. Die Höhe der Körperschaftsteuer für das abgelaufene Geschäftsjahr war abhängig von der Verwendung des Jahresergebnisses. Je weniger davon ausgeschüttet wurde, desto höher war im Normalfall die KSt (Grundsatz: Thesaurierungssteuersatz = 40 %, § 23 Abs. 1 KStG, Ausschüttungssteuersatz = 30 %, § 27 Abs. 1 KStG). Um eine mög-

---
10 S. u. 23.2.3.7.

23.3 Besondere Buchungsfälle

lichst zutreffende Steuerabgrenzung zu erreichen, bestimmt § 278 HGB, dass die Steuern vom Einkommen und vom Ertrag auf der Grundlage des Beschlusses über die Verwendung des Ergebnisses zu berechnen sind. Liegt ein solcher Beschluss im Zeitpunkt der Feststellung des Jahresabschlusses nicht vor, so ist vom Vorschlag über die Verwendung des Ergebnisses auszugehen. Weicht der Beschluss über die Verwendung des Ergebnisses vom Vorschlag ab, so braucht der Jahresabschluss nicht geändert zu werden (§ 278 Satz 2 HGB). Bei einer AG darf der Jahresabschluss in einem solchen Fall nicht geändert werden (§ 174 Abs. 3 AktG).

Beispiele

a) Die Y-AG hat für das Geschäftsjahr 2000 einen vorläufigen Jahresüberschuss vor Körperschaftsteuerrückstellung und SolZ-Rückstellung von 683 500 DM erzielt. Vorstand und Aufsichtsrat stellen einen Betrag von 100 000 DM in andere Gewinnrücklagen ein (Stand 1. 1. = 0 DM). Im Zeitpunkt der Aufstellung des Jahresabschlusses konnte der Vorstand davon ausgehen, dass die Hauptversammlung dem von ihr zur Disposition stehenden Gewinn vorschlagsgemäß einen Betrag von 320 000 DM an die Aktionäre ausschütten und den Rest vortragen wird. In der Bilanz zum 31. 12. 1999 ist kein Gewinn- oder Verlustvortrag ausgewiesen.

Das zu versteuernde Einkommen beträgt 1 000 000 DM, die als Aufwand gebuchte KSt-Vorauszahlung 300 000 DM und die ebenfalls als Aufwand gebuchte Vorauszahlung auf den Solidaritätszuschlag = 16 500 DM.

Am 31. 12. 1999 ist noch EK 45 in Höhe von 110 000 DM, im Übrigen genügend EK 40 vorhanden.

Die KSt 2000 ist gemäß § 278 HGB unter Berücksichtigung des Vorschlages über die Verwendung des Ergebnisses 2000 wie folgt zu berechnen:

Zu versteuerndes Einkommen	1 000 000 DM
40 % KSt =	400 000 DM
KSt-Minderung auf Ausschüttung:	
Zunächst gilt das noch vorhandene EK 45 als für die Ausschüttung verwendet (§ 28 Abs. 3 Satz 1 i. V. m. § 54 Abs. 11 KStG). Nach § 28 Abs. 6 Satz 1 KStG gilt auch der Betrag als verwendet, um den sich die KSt mindert.	
Ausschüttung aus EK 45 mithin	110 000 DM
Ausschüttung aufgrund der damit verbundenen KSt-Minderung $^{15}/_{55}$ v. 110 000 DM	30 000 DM
Das restliche Ausschüttungsvolumen von (320 000 DM ./. 110 000 DM ./. 30 000 DM =) 180 000 DM gilt als aus dem EK 40 entnommen (§ 28 Abs. 3 Satz 1 KStG). Die daraus resultierende KSt-Minderung (§ 28 Abs. 6 Satz 1 KStG) beträgt $^{10}/_{70}$ von 180 000 DM	25 714 DM
(Der Ausschüttungsteilbetrag von 180 000 DM resultiert in Höhe von $^{60}/_{70}$ von 180 000 DM = 154 286 DM aus EK 40 und in Höhe von $^{10}/_{70}$ von 180 000 DM = 25 714 DM aus der Minderung der KSt.)	
= festzusetzende Körperschaftsteuer / Übertrag	344 286 DM

23 Kapitalgesellschaften

= festzusetzende KSt / Übertrag	344 286 DM
./. KSt-Vorauszahlung 02	300 000 DM
= Zuführung zur KSt-Rückstellung	44 286 DM
SolZ 5,5 % v. 344 286 DM	18 935 DM
./. Vorauszahlung	16 500 DM
= Zuführung zur Rückstellung für SolZ	2 435 DM
Gewinn vor KSt und SolZ-Rückstellung	683 500 DM
./. Zuführung zur KSt-Rückstellung 44 286 DM	
./. Zuführung zur Rückstellung für SolZ 2 435 DM	46 721 DM
= Jahresüberschuss	636 779 DM

Das Bilanzergebniskonto zeigt folgendes Bild:

Soll	**Bilanzergebniskonto 02**		**Haben**
Einstellung in andere		Jahresüberschuss	636 779 DM
Rücklagen	100 000 DM		
Bilanzgewinn	536 779 DM	—	
	636 779 DM		636 779 DM

Es ergeben sich noch folgende Buchungen:

1) Steuern vom Einkommen und Ertrag 46 721 DM
    an Steuerrückstellungen   46 721 DM
2) GuV-Konto 636 779 DM
    an Bilanzergebniskonto   636 779 DM
3) Bilanzergebniskonto 636 779 DM
    an andere Gewinnrücklagen   100 000 DM
    an Schlussbilanzkonto   536 779 DM
    (Bilanzgewinn gemäß § 268 Abs. 1 HGB)

In dem der Hauptversammlung vorgelegten Jahresabschluss erscheinen auf der Passivseite der Bilanz u.a. die Posten andere Gewinnrücklagen = 100 000 DM, Bilanzgewinn = 536 779 DM, während die Gewinn-und-Verlust-Rechnung nach dem Posten Jahresüberschuss 636 779 DM wie folgt ergänzt wird (§ 158 AktG):

Jahresüberschuss	636 779 DM
Einstellung in andere Gewinnrücklagen	./. 100 000 DM
Bilanzgewinn	536 779 DM

Der Posten Bilanzgewinn tritt in der Bilanz an die Stelle von „Gewinnvortrag/Verlustvortrag" und „Jahresüberschuss/Jahresfehlbetrag" (§ 268 Abs. 1 HGB).

Der Beschluss der Hauptversammlung am 6. 6. 03 löst folgende Buchungen aus:

1) Bilanzgewinn 536 779 DM
    an Gewinnverwendungskonto   536 779 DM
2) Gewinnverwendungskonto 536 779 DM
    an sonst. Verbindl. (Dividende)   320 000 DM
    an Gewinnvortrag   216 779 DM

23.3 Besondere Buchungsfälle

Soll	Gewinnverwendungskonto 03		Haben
6. 6. sonst. Verbindlichkeiten	320 000 DM	1. 1. Bilanzgewinn	536 779 DM
6. 6. Gewinnvortrag	216 779 DM		
	536 779 DM		536 779 DM

b) Abweichend von dem Vorschlag, aus dem Bilanzgewinn (536 779 DM) 320 000 DM an die Aktionäre auszuschütten und den Rest vorzutragen, beschließt die Hauptversammlung am 6. 6. 2001 eine Dividende von lediglich 8 % auf das Grundkapital von 1 000 000 DM = 80 000 DM. Der wegen der geringeren Ausschüttung (gegenüber Beispiel a) sich ergebende erhöhte KSt-Aufwand wird erfolgsneutral behandelt (§ 278 HGB, § 174 Abs. 3 AktG).

Berechnung des zusätzlichen KSt-Aufwands:

KSt-Minderung aufgrund der vorgeschlagenen Ausschüttung	55 714 DM
KSt-Minderung aufgrund der tatsächlichen Ausschüttung ($^{15}/_{70}$ v. 80 000 =)	17 143 DM
Erhöhung der KSt-Rückstellung	38 571 DM
Erhöhung der Rückstellung für SolZ (5,5 % v. 38 571 DM =)	2 121 DM
Erhöhung der Steuerrückstellung insgesamt	40 692 DM

Berechnung des Gewinnvortrags:

Bilanzgewinn		536 779 DM
Dividende	80 000 DM	
Erhöhung der Steuerrückstellung	40 692 DM	120 692 DM
Gewinnvortrag		416 087 DM

Buchungen am 6. 6. 2001:

1) Bilanzgewinnkonto	536 779 DM	
an Gewinnverwendungskonto		536 779 DM
2) Gewinnverwendungskonto	536 779 DM	
an sonst. Verbindl. (Dividende)		80 000 DM
an Steuerrückstellungen		40 692 DM
an Gewinnvortrag		416 087 DM

Soll	Gewinnverwendungskonto 03		Haben
6. 6. sonst. Verbindlichkeiten	80 000 DM	1. 1. Bilanzgewinn	536 779 DM
6. 6. Steuerrückstellungen	40 692 DM		
6. 6. Gewinnvortrag	416 087 DM		
	536 779 DM		536 779 DM

23.3.6 Verlustdeckung

Die Gesellschafter einer Kapitalgesellschaft haften nur mit ihrer Einlage. Da die Kapitalgesellschaft eine juristische Person ist, ist ein Ausweis von Verlusten und von Kapitalanteilen, getrennt nach Gesellschaftern, nicht zulässig.

Wie der Gewinn, so kann auch ein Verlust vorgetragen werden. Dann wird ein späteres Geschäftsjahr mit dem Verlust belastet.

Beispiel
Es wird beschlossen, den Jahresfehlbetrag bzw. Bilanzverlust des letzten Geschäftsjahres in Höhe von 62 000 DM vorzutragen.

S	Gewinnverwendungskonto	H	S	Verlustvortrag	H
1.1.	62 000 DM	1) 62 000 DM	1) 62 000 DM		

Der Verlustvortrag mindert den zum Ende des nächsten Geschäftsjahres ggf. festzustellenden Bilanzgewinn (nicht einen evtl. Jahresüberschuss). Ergibt das neue Geschäftsjahr einen Jahresfehlbetrag, so erhöht sich der ggf. auszuweisende Bilanzverlust (nicht der Jahresfehlbetrag) durch den Verlustvortrag. Der Verlustvortrag wird deshalb am Ende des Jahres vom Bilanzergebniskonto übernommen (s. o. 23.3.4.2).

23.4 Steuerrechtliche Gewinnermittlung

23.4.1 Jahresüberschuss, Handelsbilanzgewinn und steuerlicher Gewinn

Kapitalgesellschaften sind als Kaufleute gemäß §§ 6, 238 ff. HGB zur Buchführung verpflichtet. Dabei gelten für sie neben den allgemeinen Vorschriften der §§ 238 ff. HGB die ergänzenden Vorschriften der §§ 264 ff. HGB für Kapitalgesellschaften. Dem handelsrechtlichen Jahresabschluss für Kapitalgesellschaften kommt insbesondere eine wichtige **Informationsfunktion** für die Gesellschafter selbst, für potenzielle Anleger, für aktuelle und potenzielle Gläubiger sowie auch für die Allgemeinheit zu. Mit dem Jahresabschluss wird einerseits Rechenschaft durch das Management abgelegt über die Vermögensverhältnisse zu einem bestimmten Stichtag (Bilanz) und über den in der vergangenen Periode erzielten Erfolg (GuV). Da bei Kapitalgesellschaften die Gesellschafter nicht persönlich haften, kommt hier dem Gläubigerschutz eine besondere Bedeutung zu. Dem tragen einerseits schon die handelsbilanziellen Ansatz- und Bewertungsvorschriften mit dem Anschaffungskostenprinzip, dem Realisationsprinzip und dem Imparitätsprinzip Rechnung. Auf der anderen Seite darf die im Gläubigerinteresse gebotene Beachtung des Vorsichtsprinzips als Leitidee nicht dazu führen, dass den Anlegern wichtige Informationen über die „tatsächlichen Verhältnisse der Vermögens-, Finanz- und Ertragslage der Kapitalgesellschaft" (vgl. § 264 HGB) vorenthalten werden. Speziell für Kapitalgesellschaften kommt dem Jahresabschluss (Bilanz und GuV nach § 242 HGB, für Kapitalgesellschaften um einen erläuternden Anhang erweitert, § 264 Abs. 1 HGB)

23.4 Steuerrechtliche Gewinnermittlung

zum Ausgleich zwischen Gläubigerinteressen und Gesellschafterinteressen eine besondere Funktion zu – nämlich die sog. **Ausschüttungsbemessungsfunktion** im Interesse der Kapitalerhaltung. Wegen der fehlenden persönlichen Haftung der Gesellschafter muss verhindert werden, dass durch Ausschüttungen das Vermögen der Kapitalgesellschaft so geschmälert wird, dass die Gläubiger nicht mehr bedient werden können. Auf der anderen Seite darf aber der Gesellschafter nicht so entrechtet werden, dass schon durch willkürliche Unterbewertung des tatsächlich vorhandenen Vermögens seitens der für die Aufstellung/Feststellung des Jahresabschlusses verantwortlichen Organe kein durch Ausschüttungen verteilungsfähiger Gewinn ausgewiesen wird.

Vor diesem Hintergrund sind die Vorschriften des 3. Buches über die handelsrechtliche Rechnungslegung und die sie ergänzenden Regelungen zur Rechnungslegung im AktG und im GmbHG zu sehen. Dieser Hintergrund bestimmt auch den Inhalt der handelsbilanziellen Begriffe des **Jahresüberschusses** und des **(Handels-)Bilanzgewinnes**.

Der **Jahresüberschuss/Jahresfehlbetrag** gibt den **in der Periode (Geschäftsjahr) erwirtschafteten Erfolg** als Saldo aus Erträgen und Aufwendungen an. Insoweit wird Rechenschaft abgelegt und informiert. Dieser Saldo entspricht der seit dem Ende der Vorperiode erwirtschafteten Vermögensmehrung bzw. Vermögensminderung. Vermögensmehrungen durch Einlagen der Gesellschafter sowie durch Vermögensverteilungen an die Gesellschafter (Ausschüttungen) bleiben allerdings außer Betracht. Im Grundsatz entspricht daher der Jahresüberschuss/Jahresfehlbetrag dem **steuerlichen Gewinnbegriff,** wie er sich aus § 4 Abs. 1 EStG ergibt. Abweichungen zum steuerlichen Gewinn können sich allerdings dadurch ergeben, dass das Steuerrecht zum Teil **strengere Ansatz- und Bewertungsvorschriften** enthält (etwa Ausschluss von Aktivierungs- und Passivierungswahlrechten, Einschränkung der Rückstellungsbildung, zwingende Vorschriften über die Abschreibungshöhe) und die Abgrenzung zur betrieblichen Sphäre der Kapitalgesellschaft gegenüber der Sphäre der Gesellschafter ggf. anders gezogen wird (Beispiel **verdeckte Gewinnausschüttungen**). Die Abweichungen erklären sich jedenfalls im Grundsatz daraus, dass im Steuerrecht schon aus Gründen der Gleichbehandlung aller Stpfl. der Gewinnbegriff stärker objektiviert werden muss. Diese Notwendigkeit wird im Hinblick auf einen möglichen vorsichtigen (niedrigen) Ergebnisausweis im Handelsrecht bisher nicht in dieser Schärfe gesehen, obgleich auch hier die Informationsfunktion wie auch ein richtig verstandener Gläubigerschutz eine stärkere Objektivierung verlangen. Im Übrigen können sich Abweichungen zwischen handelsrechtlichem Jahreserfolg und steuerpflichtigem Gewinn auch dadurch ergeben, dass nach Steuerrecht bestimmte handelsrechtliche Aufwendungen und steuerliche Betriebsausgaben dennoch als nicht abziehbar zu behandeln sind, während umgekehrt bestimmte Erträge als steuerfrei zu behandeln sind. In diesen Fällen weicht allerdings auch der gemäß § 4 Abs. 1 EStG ermittelte Steuer(bilanz)gewinn von dem dann endgültig steuerpflichtigen Gewinn ab – etwa bei Befreiungen nach

§ 3 EStG oder § 8 b KStG oder **nichtabziehbaren Betriebsausgaben** nach § 3 c EStG, § 10 KStG. Der handelsrechtliche Jahresüberschuss kann daher nicht unbesehen als steuerpflichtiger Gewinn zugrunde gelegt werden. Aber aus dem handelsrechtlichen Jahresüberschuss kann der steuerpflichtige Gewinn abgeleitet werden, indem er für steuerliche Zwecke um die oben genannten Abweichungen „korrigiert" wird.

Der **(Handels-)Bilanzgewinn** gibt das am Ende der Periode (Geschäftsjahr) vorhandene Vermögen der Gesellschaft an, soweit es durch Ausschüttungen an die Gesellschafter als verteilungsfähig angesehen wird. Ob es tatsächlich ausgeschüttet wird, hängt dann noch von der Beschlussfassung der Gesellschafter ab. Diese (vom Handelsgesetzgeber eher irreführend als Bilanzgewinn bezeichnete) Größe hat ausschließlich Gläubiger schützende und gesellschaftsrechtliche Bedeutung. Sie gibt weder das Gesamtvermögen der Gesellschaft an (das ergibt sich aus der Bilanz insgesamt) noch den in der letzten Periode erwirtschafteten Erfolg (das zeigt der Jahresüberschuss) noch auch nur die Vermögensänderung der letzten Periode überhaupt unter Einschluss von Einlagen und Ausschüttungen. Über die teilweise zwingenden (gesetzliche Rücklage, Verlustverrechnung), teilweise den für die Feststellung der Bilanz zuständigen Organen Ermessen gewährenden (Rücklagenbildung, Rücklagenauflösung) Vorschriften zur Bestimmung des Bilanzgewinnes schon bei Feststellung der Bilanz wird dem Grundsatz des Gläubigerschutzes speziell bei der AG durch Kapitalerhaltung vermittels einer Ausschüttungssperre Rechnung getragen. Dieser Gesichtspunkt kann für eine periodengerechte Besteuerung nach Maßgabe der in der Periode erzielten Vermögensmehrung oder -minderung keine Rolle spielen. Der Handelsbilanzgewinn ist daher ein völlig ungeeigneter Anknüpfungspunkt zur Ermittlung des steuerlichen Gewinnes. Allerdings ist es natürlich technisch möglich, vom Handelsbilanzgewinn ausgehend – dem Weg des § 158 AktG folgend – den Jahresüberschuss zu errechnen und daraus dann den steuerlichen Gewinn abzuleiten.

23.4.2 Maßgeblichkeit der einkommensteuerrechtlichen Gewinnermittlungsvorschriften

Nach § 8 Abs. 1 KStG bestimmt sich nach den Vorschriften des EStG und nach dem KStG, was als Einkommen der Körperschaften gilt und wie das Einkommen zu ermitteln ist. Abgesehen von Vorschriften, die ihrem Wesen nach nur für natürliche Personen gelten, sind also für das Körperschaftsteuerrecht weitgehend die Vorschriften des EStG und der EStDV maßgebend (vgl. Abschn. 26 KStR). Das gilt auch für die Gewinnermittlung.

Damit gilt der einkommensteuerrechtliche Gewinnbegriff auch für die Kapitalgesellschaften und andere Körperschaften mit Gewinneinkünften. Gewinn ist also auch bei Körperschaften der Unterschied zwischen dem Betriebsvermögen am Schluss des Wirtschaftsjahres und dem Betriebsvermögen am Schluss des vorangegangenen Wirtschaftsjahres, vermehrt um den Wert der Entnahmen und vermindert um den Wert der Einlagen. Auch für Körperschaften erfolgt also die steuerrechtliche Gewinnermittlung grundsätzlich durch Betriebsvermögensvergleich (§ 4 Abs. 1 Satz 1 EStG).

23.4.3 Steuerrechtlich zwingend zu beachtende Gewinnermittlungsvorschriften

23.4.3.1 Offene und verdeckte Ausschüttungen, offene und verdeckte Einlagen

Nach § 8 Abs. 2, Abs. 1 KStG sind für die Ermittlung des Gewinnes aus Gewerbebetrieb auch für Kapitalgesellschaften die Vorschriften des EStG, hier also auch §§ 4 und 5 EStG, maßgebend, soweit das KStG keine abweichenden Sondervorschriften enthält. Bei der insoweit nach § 4 Abs. 1 EStG durch Betriebsvermögensvergleich erfolgenden Gewinnermittlung sind **Entnahmen und Einlagen** zu berücksichtigen. § 5 Abs. 6 EStG verlangt auch in den Fällen der grundsätzlichen Maßgeblichkeit handelsrechtlicher Grundsätze ordnungsmäßiger Buchführung ausdrücklich die Beachtung der Vorschriften über steuerliche Entnahmen und Einlagen. Dies gilt auch für Kapitalgesellschaften.[11]

Allerdings haben Kapitalgesellschaften keine private Lebenssphäre und nach Auffassung des BFH auch keine außerbetriebliche Sphäre.[12] Daher können **Entnahmen** in der Form, dass Wirtschaftsgüter in die außerbetriebliche Sphäre der Kapitalgesellschaft überführt werden, nicht vorkommen. Wohl aber kann Vermögen der Kapitalgesellschaft den Gesellschaftern aufgrund des Gesellschaftsverhältnisses zugewendet werden, ohne dass diese dafür eine angemessene Gegenleistung erbringen. Insoweit liegen dann **Ausschüttungen an die Gesellschafter** vor. Für diese Ausschüttungen an die Gesellschafter bestimmt § 8 Abs. 3 KStG ausdrücklich, dass sie „das Einkommen nicht mindern". Dies gilt sowohl für **offene Ausschüttungen,** § 8 Abs. 3 Satz 1 KStG, als auch für sog. verdeckte Gewinnausschüttungen, § 8 Abs. 3 Satz 2 KStG. Die Vorschrift des § 8 Abs. 3 KStG stellt als Spezialvorschrift klar, dass Ausschüttungen bei einer Kapitalgesellschaft für die Gewinnermittlung nach § 4 Abs. 1 EStG jedenfalls wie Entnahmen zu betriebsfremden Zwecken zu behandeln sind (m. E. sind sie Entnahmen zu betriebsfremden Zwecken), nämlich nicht als gewinnmindernder betrieblich veranlasster Aufwand. In der handelsrechtlichen GuV sind offene Ausschüttungen bereits nicht als den Jahresüberschuss mindernder Aufwand behandelt worden. Dies entspricht der steuerlichen Behandlung. Bei der Gewinnermittlung durch Vermögensvergleich sind offene Ausschüttungen wie (als) Entnahmen dem Unterschiedsbetrag hinzuzurechnen. Bei der GuV bedarf es insoweit keiner Anpassungen mehr.

---
11 BFH [GrS], BStBl 1988 II S. 348.
12 BFH, BStBl 1997 II S. 548.

Steuerlich sind **verdeckte Gewinnausschüttungen** bei der Gewinnermittlung ebenso zu behandeln. Handelsrechtlich können verdeckte Ausschüttungen als den Jahreserfolg schmälernder Aufwand behandelt worden sein. Dann muss gemäß § 8 Abs. 3 Satz 2 KStG dem Jahresüberschuss die als Aufwand behandelte vGA hinzugerechnet werden, nicht anders als eine **fälschlich als Aufwand** behandelte Entnahme, um zum steuerlichen Gewinn zu gelangen. Soweit der I. Senat des BFH[13] auch die vGA als betrieblich veranlasste Betriebsausgabe betrachtet, ist ihm m. E. in der Begründung nicht zu folgen. § 8 Abs. 3 Satz 2 KStG handelt nicht von (nichtabziehbaren) Betriebsausgaben, die ausnahmsweise das Einkommen nicht mindern dürfen, sondern von Betriebsvermögensminderungen, die nicht betrieblich veranlasst sind (Einkommensverteilungen) und daher als oder wie Entnahmen den Gewinn nicht mindern dürfen. Daher sind sie in einer steuerlichen GuV **nicht als Betriebsausgaben** (betrieblich veranlasste Aufwendungen) zu behandeln (anders als ggf. in der handelsrechtlichen GuV) und beim Betriebsvermögensvergleich hinzuzurechnen. Sind sie in der handelsrechtlichen GuV als Aufwand behandelt worden, so ist der **Jahresüberschuss um die vGA** zu erhöhen, um zum steuerlichen Gewinn zu gelangen.

Verdeckte Ausschüttungen können auch vorliegen, wenn aus gesellschaftsrechtlichen Gründen die Gesellschaft an den Gesellschafter unentgeltlich oder verbilligt leistet. In diesen Fällen wird in der handelsrechtlichen GuV kein oder ein **zu geringer Ertrag** ausgewiesen. Auch dann muss nach § 8 Abs. 3 Satz 2 KStG der Jahresüberschuss um den steuerlich fehlenden Ertrag erhöht werden.

Schließlich können **verdeckte Ausschüttungen** auch zunächst **ohne Erfolgsauswirkung** sein, weil lediglich der Vermögensausweis in der Bilanz, aber noch nicht die GuV berührt wird. In diesem Falle sind die Bilanzansätze und das Eigenkapital in der Steuerbilanz (oder lediglich einer Zusatzrechnung zur Handelsbilanz) abweichend zu erfassen. Auswirkungen auf den steuerlichen Gewinn (das Ergebnis) ergeben sich dann erst in Folgeperioden.

Beispiel

Die KapG erwirbt vom Gesellschafter in 01 ein unbebautes Grundstück zum Preise von 600 000 DM. Das Grundstück wird in der Handelsbilanz mit 600 000 DM bilanziert. Unstrittig wären einem fremden Dritten nur 500 000 DM gezahlt worden. Steuerlich liegt in Höhe von 100 000 DM eine vGA vor. In der (gedachten) Steuerbilanz ist das Grundstück lediglich mit seinen Anschaffungskosten von 500 000 DM zu bilanzieren. Die steuerliche GuV wird durch den vermögensumschichtenden Anschaffungsvorgang nicht angesprochen. Allerdings hat sich das Vermögen um die vGA von 100 000 DM gemindert. Da die vGA aber nach § 4 Abs. 1 EStG, § 8 Abs. 3 Satz 2 KStG dem Unterschiedsbetrag hinzuzurechnen ist, ergibt sich eine Gewinnauswirkung von 0. Für 01 weist insoweit auch die handelsrechtliche GuV bereits mit dem Jahreserfolg den steuerlich zutreffenden Gewinn aus, weil auch hier der Anschaffungsvorgang für dieses Jahr erfolgsneutral behandelt wurde. Allerdings wird in der Handels-

---

[13] BFH, BStBl 1997 II S. 548.

23.4 Steuerrechtliche Gewinnermittlung

bilanz das Grundstück und insgesamt das Eigenkapital um 100 000 DM höher als in der (gedachten) Steuerbilanz ausgewiesen. Ob dies handelsrechtlich überhaupt zutreffend ist, bleibe hier dahingestellt.

Offene und verdeckte Einlagen der Gesellschafter in das Gesellschaftsvermögen erhöhen dieses. Die Vermögensmehrung ist aber zumindest steuerlich nicht betrieblich erwirtschaftet, sondern von außen zugeführt. Daher sind die Einlagen nach § 4 Abs. 1 EStG von der Vermögenserhöhung abzuziehen, um zum Steuerbilanzgewinn zu gelangen. Dies gilt gleichermaßen für offene und verdeckte Einlagen.

Offene Einlagen in das Gesellschaftskapital werden bereits im handelsrechtlichen Jahresabschluss erfolgsneutral behandelt. Sie berühren nicht die handelsrechtliche GuV und damit den Jahreserfolg. Es handelt sich entweder um Einlagen auf das gezeichnete (Grund- oder Stamm-)Kapital oder um Einlagen, die unmittelbar in Kapitalrücklagen nach § 272 Abs. 2 HGB eingestellt werden, z. B. ein **Ausgabeagio**. Aus diesem Grunde bedarf es bei offenen Einlagen auch keiner „Korrektur" des handelsrechtlichen Jahresüberschusses, um zum steuerlichen Gewinn zu gelangen. Denn auch die steuerliche GuV wird durch die offene Einlage nicht berührt. Bei der (auch handelsrechtlich möglichen und in Wahrheit auch erfolgenden) Gewinnermittlung durch (steuerlich Betriebs-)Vermögensvergleich sind die offenen Einlagen vom Unterschiedsbetrag abzuziehen, wie es auch § 4 Abs. 1 EStG ausdrücklich für die Steuerbilanz vorschreibt.

Verdeckte Einlagen werden im handelsrechtlichen Jahresabschluss nicht als solche ausgewiesen. Steuerlich sind sie aber ebenso wie die offenen Einlagen uneingeschränkt als steuerliche Einlagen gemäß § 4 Abs. 1 EStG zu behandeln. Werden verdeckte Einlagen in der handelsrechtlichen GuV als **Ertrag** ausgewiesen (z. B. Zuschüsse der Gesellschafter) oder aufwandsmindernd behandelt, so ist für steuerliche Zwecke das **Ergebnis zu korrigieren** durch **Verminderung des handelsrechtlich** ausgewiesenen **Jahreserfolges** um die ertragswirksam behandelte verdeckte Einlage. Allerdings ist insoweit zu beachten, dass Nutzungen und Arbeitsleistungen auch steuerlich keine einlagefähigen Güter sind. Ebenso wie vGA können auch **verdeckte Einlagen** schon im handelsrechtlichen Jahresabschluss zunächst vollkommen **erfolgsneutral** behandelt worden sein. Dann bedarf es für dieses Jahr trotz Vorliegens einer verdeckten Einlage **keiner steuerlichen Korrektur** des handelsrechtlichen Jahresergebnisses.

Beispiel

Wie oben, aber das Grundstück wird von der KapG um 100 000 DM verbilligt zum Kaufpreis von 400 000 DM erworben. Dann ist der Jahreserfolg nicht zu korrigieren, wenn in der Handelsbilanz das Grundstück mit Anschaffungskosten von 400 000 DM angesetzt wurde. In der (gedachten) Steuerbilanz ist das Grundstück aber mit seinem Teilwert von 100 000 DM + Anschaffungskosten von 400 000 DM = 500 000 DM anzusetzen. Das steuerliche Betriebsvermögen hat sich um 100 000 DM vermehrt, aber dies führt nicht zu einem Gewinn, weil die Einlage von 100 000 DM abzuziehen ist.

23.4.3.2 Steuerliche Ansatz- und Bewertungsvorbehalte

Trotz Maßgeblichkeit nach § 5 Abs. 1 sind nach § 5 Abs. 6 EStG auch bei Kapitalgesellschaften die steuerlichen Vorschriften über die **Bewertung** gemäß § 6 EStG und die **Abschreibungen** gemäß § 7 EStG zu beachten. Darüber hinausgehend sind auch steuerlich zwingende abweichende **Ansatzvorschriften** für die steuerliche Gewinnermittlung zu beachten. So sind nach der Rechtsprechung etwa **handelsrechtliche Aktivierungs- und Passivierungsrechte** für die steuerliche Gewinnermittlung unbeachtlich, vielmehr muss dann steuerlich eine Aktivierung erfolgen und darf eine Passivierung nicht erfolgen. Ein derivativ erworbener **Firmenwert** muss steuerlich bilanziert werden. Umgekehrt dürfen handelsrechtliche **Bilanzierungshilfen**[14] (§ 269 HGB Aufwendungen für Ingangsetzung) nicht aktiviert werden. § 5 Abs. 3 bis 4 b EStG enthält steuerliche Einschränkungen für die Rückstellungsbildung, § 6 Abs. 1 Nr. 3, 3 a bis e EStG für die Bewertung von **Rückstellungen und Verbindlichkeiten**. Soweit derartige Sachverhalte vorliegen, kommt es zwingend zu Abweichungen a) hinsichtlich des Ansatzes und der Bewertung der einzelnen Vermögensgegenstände/Wirtschaftsgüter in der Handels- und der (gedachten) Steuerbilanz, b) in der Höhe des handelsrechtlichen Eigenkapitals und des steuerlichen Betriebsvermögens/Eigenkapitals[15] und schließlich c) im Umfange des handelsrechtlichen Jahreserfolges und des steuerlichen Gewinnes.

23.4.3.3 Nicht abziehbare Betriebsausgaben und steuerfreie Betriebseinnahmen

Aus unterschiedlichen Gründen wird in steuerrechtlichen Vorschriften statuiert, dass bestimmte **Betriebsausgaben** den **steuerlichen Gewinn nicht mindern** dürfen. So enthält etwa § 4 Abs. 5 Nr. 1 bis 10 EStG eine ganze Reihe solcher **betrieblich veranlasster Aufwendungen,** denen weitgehend der Gedanke zugrunde liegt, dass hier eine Nähe zu schon dem Grunde nach nicht abziehbaren Aufwendungen für die Lebensführung vorliegt. Soweit diese Abzugsverbote auf natürliche Personen zugeschnitten sind, können sie allerdings auf die Gewinnermittlung bei Kapitalgesellschaften nicht angewendet werden. Anwendbar sind aber u. a. § 4 Abs. 5 Nr. 1 bis 4, 8 bis 10 EStG. Speziell für Körperschaften von Bedeutung sind die **nichtabziehbaren Betriebsausgaben** nach § 10 Nr. 1 bis 4 KStG, für Kapitalgesellschaften insbesondere die **Personensteuern (KSt,** Solidaritätszuschlag), die Umsatzsteuer und nicht abziehbare Vorsteuer auf unentgeltliche oder verbilligte Leistungen an die Gesellschafter als verdeckte Gewinnausschüttungen sowie auf bestimmte Aufwendungen nach § 4 Abs. 5 EStG, § 10 Nr. 2 KStG, **Geldstrafen** und andere Leistungen als Folge eines Strafverfahrens, § 10 Nr. 3 KStG, sowie die **Hälfte der Aufsichtsratsvergütungen** § 10 Nr. 4 KStG.

---

14 Vgl. BFH [GrS], DStR 2000 S. 1682 (Dividendenansprüche – keine phasengleiche Aktivierung vor Beschluss).
15 Vgl. 23.4.8.1 zu steuerlichen Ausgleichsposten.

23.4 Steuerrechtliche Gewinnermittlung

Im Zusammenhang mit der im Zuge der Systemumstellung auf das Halbeinkünfteverfahren eingeführten Befreiung von Beteiligungserträgen nach § 8 b Abs. 1 KStG wird zukünftig auch das **Abzugsverbot nach § 3 c Abs. 1 EStG** eine größere Rolle spielen sowie das Abzugsverbot nach **§ 8 b Abs. 3 KStG für Veräußerungsverluste** und Teilwertabschreibungen bei von Kapitalgesellschaften gehaltenen Anteilen an Kapitalgesellschaften. Als Betriebsausgaben mindern auch die ausdrücklich als nicht abziehbar oder als nicht zu berücksichtigend erklärten Aufwendungen das Betriebsvermögen. Da es sich auch nicht um Aufwendungen zu betriebsfremden Zwecken handelt, liegen auch keine Entnahmen und auch keine Ausschüttungen/ Gewinnverwendungen i. S. der § 4 Abs. 1 EStG, § 8 Abs. 3 KStG vor. Nach der Formel des § 4 Abs. 1 EStG wirken sich daher diese nicht abziehbaren Aufwendungen dennoch mindernd auf den dort als Gewinn definierten Unterschiedsbetrag korrigiert um Entnahmen und Einlagen aus. Der gesetzlichen Anordnung, dass bestimmte Aufwendungen dennoch als nicht abziehbar oder als nicht zu berücksichtigen zu behandeln seien, ist im Ergebnis dann dadurch Rechnung zu tragen, dass der sich nach § 4 Abs. 1 EStG ergebende Betrag (= **Steuerbilanzgewinn**) um die in ihm enthaltenen nicht abziehbaren Aufwendungen „**außerhalb der Bilanz**" **zu erhöhen** ist, um zum sachlich steuerpflichtigen Gewinn zu gelangen.

> **Beispiel**
> Die A-AG veräußert für 1 000 000 DM eine Beteiligung an der B-GmbH. Diese hatte einen Buchwert von 2 000 000 DM. Außerdem nahm die A-AG auf die Beteiligung an der C-GmbH eine außerplanmäßige Abschreibung von 2 000 000 DM vor, weil über das Vermögen der C-GmbH das Insolvenzverfahren eröffnet wurde und mit einer Quote für die Anteilseigner nicht mehr zu rechnen ist. Handels- wie steuerrechtlich ergibt sich aus diesen Vorgängen in der GuV eine Ergebnisminderung um insgesamt 3 000 000 DM. Auch steuerlich ist nach § 6 Abs. 1 Nr. 2 EStG i. V. m. § 253 Abs. 2 HGB die Teilwertabschreibung zwingend. Das Betriebsvermögen hat sich insoweit auch um 3 000 000 DM vermindert. Diese Minderung beruht auch nicht auf Ausschüttungen an die Gesellschafter oder sonst außerbetrieblicher Veranlassung. Gleichwohl ist für Zwecke der Besteuerung wegen § 8 b Abs. 3 KStG der nach § 4 Abs. 1 EStG ermittelte Gewinn „außerhalb der Bilanz" um 3 000 000 DM zu erhöhen.

Sachlich korrespondierend zu nicht abziehbaren Betriebsausgaben gibt es auch **steuerfreie Betriebseinnahmen.** Hier enthält insbesondere § 3 einen bunten Strauß, die aber weitgehend Kapitalgesellschaften nicht betreffen. Von großer Bedeutung sind aber nunmehr die schon rein innerstaatlichen Befreiungen für Körperschaften nach **§ 8 b Abs. 1 und 2 KStG** für **Beteiligungserträge an in- und ausländischen Körperschaften** sowie für **Gewinne aus der Veräußerung von Anteilen an solchen Körperschaften.** Zu beachten sind insoweit allerdings die Einschränkungen für von Banken gehaltene Anteile und für einbringungsgeborene Anteile. Darüber hinausgehend kommen Befreiungen auch für ausländische Einkünfte in Betracht, wenn diese nach einem **Doppelbesteuerungsabkommen steuerfrei** (Freistellungsmethode) sind, z. B. aus **ausländischen Betriebsstätten** oder nach dem **internationalen Schachtelprinzip.** Letztere Befreiung bleibt bestehen, hat allerdings angesichts der regelmäßig schon innerstaatlich nach § 8 b Abs. 1 KStG bestehenden Befreiung zurzeit keine große Bedeutung mehr. Soweit eine Befreiung

1233

nach § 8 b Abs. 1 und 2 KStG besteht, greift allerdings auch das Abzugsverbot für Betriebsausgaben nach § 3 c Abs. 1 EStG. Danach dürfen dann Betriebsausgaben, die in „unmittelbarem Zusammenhang mit den steuerfreien Einnahmen stehen", nicht abgezogen werden. Dies betrifft insbesondere Finanzierungsaufwendungen aus dem Erwerb der Anteile. Allerdings ist hier problematisch, wann von einem unmittelbaren Zusammenhang auszugehen ist.[16] Für ausländische Beteiligungen schafft § 8 b Abs. 5 KStG eine Sonderregelung, indem dort unwiderleglich statuiert wird, dass 5 % der Dividendeneinnahmen als nicht abziehbare Betriebsausgaben i. S. des § 3 c Abs. 1 EStG gelten, gleichgültig, ob überhaupt und in welcher Höhe tatsächlich Aufwendungen vorliegen.[17]

Beispiel
Das vorläufige Jahresergebnis (ohne Berücksichtigung von Personensteuern) beträgt 1 250 000 DM. Darin enthalten sind nach DBA steuerfreie Schachteldividenden von 500 000 DM, mit denen 300 000 DM Finanzierungsaufwendungen zusammenhängen und weitere 500 000 DM inländische Beteiligungserträge, mit denen ebenfalls 300 000 DM Finanzierungsaufwendungen unmittelbar zusammenhängen. Dann beträgt der steuerpflichtige Gewinn (= das Einkommen): 1 250 000 DM (vorläufiges Jahresergebnis ohne Steueraufwand) ./. 1 000 000 DM (§ 8 b Abs. 1 KStG Inland und Ausland sowie DBA für Ausland) + 300 000 DM (§ 3 c Abs. 1 EStG Betriebsausgaben Inland) + 25 000 DM (statt 300 000 DM gemäß § 8 b Abs. 5 KStG) = 575 000 DM. Das ist unter gleichheitsrechtlichen Aspekten ein offenkundig höchst fragwürdiges Ergebnis. Im Ergebnis werden 275 000 DM inländische andere Einkünfte steuerfrei gestellt.

Technisch sind **steuerfreie Betriebseinnahmen** (Hinweis: an sich sollte im Zusammenhang mit einer bilanziellen Gewinnermittlung von steuerfreien Erträgen die Rede sein, aber der Ausdruck steuerfreie Betriebseinnahmen hat sich durchgesetzt) **„außerhalb der Bilanz"** vom bilanziellen **Ergebnis abzuziehen.** Es gilt insoweit dasselbe wie für die nicht abziehbaren Betriebsausgaben. Ebenso sind **Erstattungen nicht abziehbarer Betriebsausgaben** in anderen Gewinnermittlungszeiträumen als des Abzuges zu behandeln.

23.4.4 Gewinnermittlung durch Betriebsvermögensvergleich

Das beim Betriebsvermögensvergleich der Kapitalgesellschaften anzusetzende Betriebsvermögen besteht im Allgemeinen aus mehreren handelsrechtlichen Eigenkapitalpositionen.[18] Bei der Gewinnermittlung müssen die steuerrechtlich nicht

---
16 Vgl. insoweit BMF, BStBl 1997 I S. 99; BFH, BStBl 1997 II S. 63.
17 Vgl. dazu BMF, BStBl 2000 II S. 71.
18 Gezeichnetes Kapital
    – ausstehende Einlagen
    + Kapitalrücklage
    + Gewinnrücklagen
  +/– Gewinnvortrag/Verlustvortrag
  +/– Jahresüberschuss/Jahresfehlbetrag
    = Eigenkapital (Betriebsvermögen)
Sonderposten mit Rücklagenanteil gehören in diesem Sinne nicht zum Eigenkapital (§ 247 Abs. 3 HGB).

23.4 Steuerrechtliche Gewinnermittlung

abziehbaren Aufwendungen dem Unterschiedsbetrag des Betriebsvermögens hinzugerechnet sowie steuerfreie Vermögensmehrungen von diesem abgesetzt werden.

Beispiel

Eine GmbH hat die folgenden Bilanzen aufgestellt:

	31. 12. 06	31. 12. 07
Ausstehende Einlagen	80 000 DM	—
Verschiedene Aktivposten	440 000 DM	600 000 DM
Summe	520 000 DM	600 000 DM
Gezeichnetes Kapital	300 000 DM	400 000 DM
Gewinnrücklagen	10 000 DM	50 000 DM
Bilanzgewinn[19]	140 000 DM	110 000 DM
Verschiedene Passivposten	70 000 DM	40 000 DM
Summe	520 000 DM	600 000 DM

Im Laufe des Geschäftsjahres 07 haben sich u. a. die folgenden Geschäftsvorfälle ereignet:
1. Die am 31. 12. 06 noch ausstehenden Einlagen wurden in 07 eingefordert und eingezahlt.
2. Das Stammkapital (gezeichnetes Kapital) wurde durch Einzahlung der Gesellschafter um 100 000 DM erhöht.
3. Vom Bilanzgewinn 06 wurden 100 000 DM an die Gesellschafter ausgeschüttet und 40 000 DM den Gewinnrücklagen zugeführt.
4. Die als Aufwand gebuchten Personensteuern betragen in 07 130 000 DM.

Nach der Gewinnermittlungsformel des § 4 Abs. 1 EStG, die mit den Einschränkungen des § 5 Abs. 1 EStG auch für Kapitalgesellschaften gilt (§ 8 Abs. 1 KStG),[20] ergibt sich der folgende Betriebsvermögensvergleich:

Betriebsvermögen am 31. 12. 07	560 000 DM
./. Betriebsvermögen am 31. 12. 06	370 000 DM
= Unterschiedsbetrag	190 000 DM
+ Gewinnausschüttungen/Entnahmen	100 000 DM
./. Einzahlung Einlage	80 000 DM
./. Einzahlung Kapitalerhöhung/Einlage	100 000 DM
Gewinn i. S. des § 4 Abs. 1 EStG	110 000 DM
+ Personensteuern/nichtabzugsfähige Betriebsausgabe	130 000 DM
= steuerrechtlicher Gewinn/Einkommen	240 000 DM

23.4.5 Besonderheiten bei der Ermittlung der Personensteuern

Beim Betriebsvermögensvergleich sind nicht nur die im Wirtschaftsjahr geleisteten Beträge dem Jahresüberschuss bzw. dem Ergebnis des Betriebsvermögensvergleiches nach § 4 Abs. 1 EStG für Zwecke der Ermittlung des zu versteuernden Ein-

---
19 Vgl. 23.2.3.3 und 23.3.4.1.
20 BFH, BStBl 1997 II S. 92.

kommens hinzuzurechnen, sondern auch die am Jahresende noch rückständigen bzw. noch nicht fälligen KSt-Beträge des abgelaufenen Wirtschaftsjahres (rückständige Vorauszahlungen, voraussichtliche Abschlusszahlung), für die in der Bilanz sonstige Verbindlichkeiten bzw. Rückstellungen zu passivieren sind unter Belastung des Steueraufwandes in der GuV. Auch Nachzahlungen für frühere Jahre, die nicht durch entsprechende Verbindlichkeiten bzw. Rückstellungen abgedeckt waren und die deshalb erfolgswirksam gebucht werden mussten, sind dem Jahresüberschuss bzw. dem steuerlichen Bilanzgewinn (§ 4 Abs. 1 EStG) hinzuzurechnen. Andererseits sind im Laufe des Wirtschaftsjahres geleistete, aber nicht erfolgswirksam gebuchte Beträge (z. B. zulasten von in früheren Jahren gebildeten Rückstellungen gebuchte Beträge) dem Jahresüberschuss bzw. dem steuerlichen Bilanzgewinn nicht hinzuzurechnen.

Eine Hinzurechnung der KSt scheidet immer aus, wenn die Zahlung nicht gewinnmindernd behandelt wurde, z. B. bei Buchung über Gewinnverwendungskonto.

Beispiel

Eine GmbH, die einen Jahresüberschuss von 369 125 DM ausweist, hat in 07 die nachstehenden Steuern gebucht:

KSt-Vorauszahlungen für 07 Buchung: Steueraufwand an Bank.	90 000 DM
Voraussichtliche KSt-Abschlusszahlung für 07 Buchung: Steueraufwand an KSt-Rückstellung.	35 000 DM
KSt-Nachzahlung für 04 Buchung: KSt-Rückstellung 10 000 DM und Steueraufwand 500 DM an Bank.	10 500 DM
KSt-Erstattung für 05 Buchung: Bank an sonstige betriebliche Erträge.	1 500 DM
SolZ-Vorauszahlungen für 07 Gebucht wurde im Soll des Steueraufwandskontos.	4 950 DM
SolZ-Nachzahlung für 04 Die hierfür in 04 gebildete Rückstellung wurde aufgelöst.	8 000 DM
Voraussichtliche SolZ-Abschlusszahlung für 07 Buchung: Steueraufwand an SolZ-Rückstellung.	1 925 DM
GewSt-Vorauszahlungen für 07 Buchung: Steueraufwand an Bank.	15 000 DM
Voraussichtliche GewSt-Abschlusszahlung für 07 Buchung: Steueraufwand an GewSt-Rückstellung.	8 000 DM

Dem Jahresüberschuss von 369 125 DM sind **hinzuzurechnen:**

KSt-Vorauszahlungen 07	90 000 DM
Voraussichtliche KSt-Abschlusszahlung 07	35 000 DM
KSt-Nachzahlung für 04	500 DM
Voraussichtliche SolZ-Abschlusszahlung 07	4 950 DM
SolZ-Vorauszahlungen für 07	1 925 DM
insgesamt	132 375 DM

23.4 Steuerrechtliche Gewinnermittlung

Abzusetzen sind vom Jahresüberschuss:
KSt-Erstattung für 05   1 500 DM

Die GewSt ist zutreffend als Steueraufwand gebucht worden. Eine Hinzurechnung sieht § 10 Nr. 2 KStG insoweit nicht vor. Das Einkommen (steuerpflichtiger Gewinn) beträgt 369 125 DM + 132 375 DM ./. 1500 DM = 500 000 DM. Die KSt 500 000 DM × 25 % = 125 000 DM.

Wie die KSt ist auch die **Kapitalertragsteuer** zu behandeln, die von einer Kapitalgesellschaft bei Kapitalerträgen, die ihr zugeflossen sind, durch Steuerabzug entrichtet wurde. Entsprechendes gilt für den SolZ. Die für Ausschüttungen vor dem Systemwechsel[21] anrechenbare KSt (Steuergutschrift) aufgrund von Beteiligungserträgen, die die Kapitalgesellschaft vereinnahmt hat, ist bei der Ermittlung des Einkommens ebenfalls hinzuzurechnen.

Beispiel

Eine GmbH hat Anspruch auf Dividenden in Höhe von 7000 DM. Bei der Auszahlung wurden 25 % KapErtrSt und 5,5 % SolZ einbehalten. Die Steuergutschrift beträgt 3000 DM. Buchung: Bank 5135,75 DM, KapErtrSt 1750 DM, SolZ 96,25 DM und anrechenbare KSt 3000 DM an Dividendenerträge 10 000 DM.

Da die Buchung auf den Steueraufwandskonten den Jahresüberschuss mindert, müssen KapErtrSt, SolZ und anrechenbare KSt dem Gewinn hinzugerechnet werden. Das gilt auch dann, wenn fälschlich die KapErtrSt bzw. anrechenbare KSt überhaupt nicht und nur der Nettobetrag als Ertrag gebucht worden wäre. Denn der volle Bruttobetrag muss im Ergebnis erfasst werden (§ 20 Abs. 1 Nrn. 1 und 3 EStG, § 20 Abs. 3 EStG, § 15 EStG, § 8 KStG).

Für Beteiligungserträge nach dem Systemwechsel ist die Befreiung nach § 8 b Abs. 1 KStG zu beachten. Die Kapitalertragsteuer beträgt nur noch 20 %. Eine Körperschaftsteueranrechnung findet nicht mehr statt. Mithin ergibt sich nunmehr für das

Beispiel

Wie oben, aber nach 2001.

Buchung

Bank 5523 DM, KapErtrSt 1400 DM, SolZ 77 DM und an Dividendenerträge 7000 DM. Vom Jahresergebnis sind dann 7000 DM steuerfreie Erträge abzuziehen, und die KapErtrSt sowie der SolZ hinzuzuzählen.

23.4.6 Ableitung des Steuerbilanzergebnisses aus dem Bilanzgewinn

Wird das steuerrechtliche Ergebnis aus dem Bilanzgewinn abgeleitet, so müssen die nicht abziehbaren Ausgaben, die Eigenkapitalveränderungen und die Gewinn- und Verlustvorträge aus dem Vorjahr neutralisiert werden.

---

21 Vgl. 23.2.1.

23 Kapitalgesellschaften

Beispiel

Bei der Feststellung des Jahresabschlusses 07 hat eine AG aus dem Jahresüberschuss i. S. des § 275 Abs. 2 Nr. 20 HGB in Höhe von 600 000 DM 5 % = 30 000 DM in die gesetzliche Rücklage eingestellt und weitere 100 000 DM anderen Gewinnrücklagen zugeführt. Aus dem Vorjahr wurde ein Gewinnvortrag von 21 680 DM vorgetragen. Die erfolgswirksam gebuchten Personensteuern haben 200 000 DM betragen.

Geht man zur steuerrechtlichen Gewinnermittlung vom Bilanzgewinn i. S. des § 158 Abs. 1 Nr. 5 AktG, § 268 Abs. 1 Satz 2 HGB aus, so ergibt sich die folgende Rechnung:

Bilanzgewinn	491 680 DM
+ Zuführung zur gesetzlichen Rücklage	30 000 DM
+ Zuführung zu anderen Gewinnrücklagen	100 000 DM
	621 680 DM
./. Gewinnvortrag	21 680 DM
= Jahresüberschuss	600 000 DM
+ als Aufwand gebuchte Personensteuern	200 000 DM
= steuerrechtlicher Gewinn	800 000 DM

23.4.7 Besondere Steuerbilanzen

Eine gemeinsame Bilanz (sog. Einheitsbilanz) nach Handels- und Steuerrecht, wie sie bei Einzelfirmen und Personengesellschaften regelmäßig anzutreffen ist, ist auch bei Kapitalgesellschaften wegen der handelsrechtlichen Öffnungsklauseln (§§ 247, 254, 281 HGB) grundsätzlich möglich. Wenn die Ansätze in der HB allerdings steuerrechtlich nicht zu vertreten sind, können die Kapitalgesellschaften unter Beachtung der bilanzsteuerrechtlichen Spezialvorschriften, die nach § 5 Abs. 6 EStG Vorrang haben, besondere Steuerbilanzen aufstellen. Das gilt vor allem dann, wenn erhebliche Bilanzierungs- und Bewertungsunterschiede bestehen und diese über mehrere Jahre hinaus wirken. Mit den Steuerbilanzen werden dann auch besondere Gewinn-und-Verlust-Rechnungen erstellt, die aus den handelsrechtlichen Erfolgsrechnungen entwickelt werden (§ 60 Abs. 2 EStDV). Eine besondere Buchführung, die ausschließlich steuerrechtlichen Zwecken dient und aus der sich die Steuerbilanz ergibt, ist in der Praxis jedoch nur selten anzutreffen, sie ist auch nicht vorgeschrieben.

Bei der Entwicklung der steuerrechtlichen Erfolgsrechnungen aus den handelsrechtlichen Gewinn-und-Verlust-Rechnungen beschränken sich viele Firmen aus Vereinfachungsgründen auf eine Zusammenstellung der Gewinnunterschiede. Das ist nach § 60 Abs. 2 Satz 1 EStDV auch zulässig. Sie stellen die Abweichungen bei den Erfolgsposten in einer Übersicht zusammen, die mit der Mehr-oder-Weniger-Rechnung der Betriebsprüfer vergleichbar ist.

Beispiel

Eine GmbH hat die folgenden handelsrechtlichen Jahresabschlussbilanzen aufgestellt:

23.4 Steuerrechtliche Gewinnermittlung

	31. 12. 06	31. 12. 07
Aufwendungen für die Erweiterung des Geschäftsbetriebs	—	30 000 DM
Firmenwert	600 000 DM	400 000 DM
Beteiligungen	280 000 DM	331 500 DM
Vorräte	320 200 DM	418 900 DM
Verschiedene Aktivposten	1 306 700 DM	1 550 900 DM
Summe	2 506 900 DM	2 731 300 DM
Gezeichnetes Kapital	1 000 000 DM	1 000 000 DM
Gewinnrücklagen	86 000 DM	186 000 DM
Jahresüberschuss	100 000 DM	164 300 DM
Rückstellungen	182 000 DM	331 400 DM
Verschiedene Passivposten	1 138 900 DM	1 049 600 DM
Summe	2 506 900 DM	2 731 300 DM

Bei der Aufstellung der Steuerbilanzen sind die folgenden Feststellungen auszuwerten:

1. In 07 wurden Aufwendungen für die Erweiterung des Geschäftsbetriebs in Höhe von 30 000 DM als Bilanzierungshilfe aktiviert (§ 269 Satz 1 HGB). Die GmbH hat mit der Abschreibung dieser Aufwendungen in 08 begonnen (§ 282 HGB).

   Außerdem hat sie in der Bilanz zum 31. 12. 07 eine Rückstellung für latente Steuern in Höhe von GewSt   5 400 DM
   KSt   12 300 DM
   17 700 DM

   gebildet und diese im Anhang gesondert angegeben (§ 274 Abs. 1 HGB).

2. Im Januar 06 hat die GmbH ein Konkurrenzunternehmen aufgekauft. Der dabei für den Geschäfts- oder Firmenwert gezahlte Betrag von 800 000 DM wurde in 06 aktiviert und mit jährlich 25 % abgeschrieben.

3. Die GmbH ist an einer KG beteiligt. In 07 wurde dem von der KG für die GmbH geführten Kapitalkonto der Gewinnanteil 06 in Höhe von 51 500 DM gutgeschrieben. Buchung bei der GmbH in 07: Beteiligungen an Beteiligungserträge 51 500 DM. Der Gewinnanteil aus 07 in Höhe von 63 800 DM ist noch nicht gebucht.

   Nach der gesonderten und einheitlichen Gewinnfeststellung (§ 180 Abs. 1 Nr. 2 a AO) entfallen auf die GmbH die folgenden Gewinnanteile: 06 55 800 DM, 07 69 500 DM. Die Mehrgewinne im Gewinn der KG haben sich aus einer von der HB abweichenden Bewertung der Wirtschaftsgüter des abnutzbaren Anlagevermögens ergeben.

4. Bei der Bewertung der Vorräte hat die GmbH das Hifo-Verfahren (highest in – first out) angewendet, obwohl sich aus der Art der Lagerung nicht ergibt, dass immer die Wirtschaftsgüter mit den höchsten Anschaffungskosten zuerst verbraucht oder veräußert werden. Bei Anwendung des Lifo-Verfahrens (last in – first out) ergeben sich die folgenden Werte:
   31. 12. 06   370 000 DM,   31. 12. 07   420 000 DM.

   Nach den Grundsätzen der Einzelbewertung sind die folgenden Beträge maßgebend:
   31. 12. 06   396 200 DM,   31. 12. 07   448 900 DM.

5. a) Für die Verpflichtung zur Zahlung eines Ausgleichs nach § 89 b HGB hat die GmbH in 07 eine Rückstellung in Höhe von 50 000 DM gebildet. Die Vertragsverhältnisse mit den Handelsvertretern bestehen fort.
b) Wegen einer in etwa drei Jahren erforderlichen Großreparatur wurde zum 31. 12. 07 der dem Geschäftsjahr 07 zuzuordnende anteilige Aufwand in Höhe von 120 000 DM gemäß § 249 Abs. 2 HGB zurückgestellt.
c) Die für die Personensteuern zulasten der Erfolgsrechnung gebildete Rückstellung wurde zutreffend nach dem zu versteuernden Einkommen ermittelt und beträgt zum 31. 12. 07 41 500 DM.
Die in 07 fälligen und ebenfalls als Aufwand gebuchten Vorauszahlungen an Personensteuern betragen 58 500 DM.
6. Ein Abgrenzungsposten für aktivische latente Steuern wurde nicht gebildet (§ 274 Abs. 2 HGB). Der Jahresüberschuss des Geschäftsjahres 06 wurde lt. Gewinnverwendungsbeschluss der Gesellschafterversammlung vom 3. 5. 07 voll den Gewinnrücklagen zugeführt.

Nach diesen Feststellungen ergeben sich die folgenden Steuerbilanzen:

	31. 12. 06	31. 12. 07
Firmenwert	746 667 DM	693 334 DM
Beteiligungen	335 800 DM	405 300 DM
Vorräte	396 200 DM	448 900 DM
Verschiedene Aktivposten	1 306 700 DM	1 550 900 DM
Summe	2 785 367 DM	3 098 434 DM
Gezeichnetes Kapital	1 000 000 DM	1 000 000 DM
Gewinnrücklagen	86 000 DM	186 000 DM
Jahresüberschuss	100 000 DM	164 300 DM
Rückstellungen	182 000 DM	143 700 DM
Verschiedene Passivposten	1 138 900 DM	1 049 600 DM
Steuerrechtlicher Ausgleichsposten[22]	278 467 DM	554 834 DM
	2 785 367 DM	3 098 434 DM

Begründung:
1. Handelsrechtlich dürfen Aufwendungen für die Erweiterung des Geschäftsbetriebs, soweit sie nicht bilanzierungsfähig sind, als Bilanzierungshilfe aktiviert werden (§ 269 Satz 1 HGB). Da es sich hierbei steuerrechtlich weder um ein Wirtschaftsgut noch um einen Rechnungsabgrenzungsposten i. S. des § 5 Abs. 5 EStG handelt, ist ein Ansatz in der StB nicht zulässig (§ 5 Abs. 1 EStG).

Ob eine Rückstellung für latente Steuern nur in Höhe des Betrags ausgewiesen werden darf, der sich ergibt, wenn alle Sachverhalte, die entweder eine aktive Steuerabgrenzung gestatten (§ 274 Abs. 2 HGB) oder eine passive Steuerabgrenzung gebieten (§ 274 Abs. 1 HGB), zusammengefasst einen Passivsaldo ergeben, mag dahinstehen.[23] Die Rückstellung für latente Steuern ist jedenfalls steuerrechtlich ohne Bedeutung.

Es handelt sich ausschließlich um eine handelsrechtliche Passivierung, denn Zweck des § 274 HGB ist es, wegen der Abweichung der HB von der StB sich zunächst ergebende aperiodische Steueraufwendungen bei der handelsrechtlichen Gewinnermittlung periodengerecht zu gestalten. Bei Übernahme dieses Passivpostens in

---

22 S. u. 23.4.8.
23 So die herrschende Meinung (s. o. 12.3.5).

23.4 Steuerrechtliche Gewinnermittlung

die StB würde man im Rahmen der steuerrechtlichen Gewinnermittlung gerade das Gegenteil erreichen. Der Gewinn wäre doppelt gemindert, und zwar einmal durch Nichtansatz des Aktivpostens und außerdem durch Bildung der Rückstellung für latente Steuern.

2. Handelsrechtlich können die Anschaffungskosten eines entgeltlich erworbenen Firmenwerts sofort als Aufwand gebucht werden. Werden sie aktiviert, müssen sie ab dem folgenden Geschäftsjahr zu mindestens einem Viertel durch Abschreibungen getilgt werden. Die Abschreibung kann aber auch planmäßig auf die voraussichtliche Nutzungsdauer verteilt werden (§ 255 Abs. 4 HGB). Steuerrechtlich gehört der Firmenwert zu den unbeweglichen abnutzbaren Anlagegütern. Als betriebsgewöhnliche Nutzungsdauer ist ein Zeitraum von 15 Jahren zwingend (§ 7 Abs. 1 Satz 3 EStG).

3. Bei der steuerrechtlichen Gewinnermittlung eines Mitunternehmers sind die sich aus dem Gewinnfeststellungsbescheid ergebenden Gewinnanteile zu erfassen (§ 182 Abs. 1 AO). Das gilt auch bei Kapitalgesellschaften, die Mitunternehmer sind.

4. Das Hifo-Verfahren ist handelsrechtlich zulässig (§ 256 Satz 1 HGB). Steuerrechtlich ist grundsätzlich die Einzelbewertung (ggf. in Form der Durchschnittsbewertung, § 6 Abs. 1 Satz 1 EStG, § 6 Abs. 1 Nr. 2 EStG, R 36 Abs. 3 EStR) geboten. Darüber hinaus ist steuerrechtlich auch die Bewertung nach unterstellten Verbrauchs- und Veräußerungsfolgen zulässig. Das gilt aber nur für die Last-in-first-out-Methode (§ 6 Abs. 1 Nr. 2 a EStG, R 36 a EStR). Voraussetzung für die Anwendung des Lifo-Verfahrens in der Steuerbilanz ist nach § 5 Abs. 1 Satz 2 EStG eine gleich lautende Bewertung in der Handelsbilanz (umgekehrte Maßgeblichkeit). Da dies im vorliegenden Fall nicht gewährleistet ist, muss in der Steuerbilanz nach dem Grundsatz der Einzelbewertung verfahren werden.

5. a) Da handelsrechtlich keine Pflicht, sondern nur ein Wahlrecht zum Ausweis einer Rückstellung für die Verpflichtung zur Zahlung eines Ausgleichs nach § 89 b HGB besteht, kann steuerrechtlich vor Beendigung des Vertragsverhältnisses die Rückstellung nicht anerkannt werden.[24]

   b) Steuerrechtlich sind nur Rückstellungen für ungewisse Verbindlichkeiten und die in § 249 Abs. 1 Satz 2 HGB bezeichneten Aufwandsrückstellungen geboten. Sonstige Aufwandsrückstellungen i. S. des § 249 Abs. 2 HGB dürfen den steuerrechtlichen Gewinn nicht beeinflussen. Ein Passivierungswahlrecht des Handelsrechts wirkt steuerrechtlich als Passivierungsverbot.

   c) Personensteuern gehören zu den nichtabziehbaren Aufwendungen (§ 10 Nr. 2 KStG). Deshalb müssen die Zuführungen zu den Rückstellungen – wie die laufenden Steuerzahlungen – dem Einkommen hinzugerechnet werden.

6. Selbst wenn in der HB gemäß § 274 Abs. 2 HGB ein Aktivposten für latente Steuern gebildet worden wäre, könnte dieser nicht in die StB übernommen werden. Der Posten stellt lediglich eine handelsrechtlich zulässige Bilanzierungshilfe dar, während in der StB nur Wirtschaftsgüter (§ 5 Abs. 1 EStG) und Abgrenzungsposten i. S. des § 5 Abs. 5 EStG aktiviert werden dürfen.

Die Abweichungen zwischen dem Jahresüberschuss und dem Ergebnis der Steuerbilanz ergeben sich aus der folgenden Mehr-und-Weniger-Rechnung:

---

24 BFH, BStBl 1969 II S. 581; BFH, BStBl 1981 II S. 266; BFH, BStBl 1983 II S. 375.

23 Kapitalgesellschaften

Mehr-und-Weniger-Rechnung

	06 +	06 ./.	07 +	07 ./.
1. Aufwendungen für die Erweiterung des Geschäftsbetriebs	—	—	—	30 000 DM
2. AfA Firmenwert	146 667 DM	—	146 667 DM	—
3. Beteiligungserträge	55 800 DM	—	69 500 DM	51 500 DM
4. Wareneinsatz	76 000 DM	—	30 000 DM	76 000 DM
5. Zuführung zur Rückstellung				
a) latente Steuern	—	—	17 700 DM	—
b) Ausgleich § 89 b HGB	—	—	50 000 DM	—
c) Großreparatur	—	—	120 000 DM	—
Summen	278 467 DM	—	433 867 DM	157 500 DM
			157 500 DM ←┘	
Mehrgewinn			276 367 DM	
+ Jahresüberschuss			164 300 DM	
= Ergebnis der Steuerbilanz			440 667 DM	
+ gezahlte Personensteuern			58 500 DM	
+ Zuführung zur Rückst. für Personensteuern			41 500 DM	
Gewinn nach §§ 4, 5 EStG			540 667 DM	

Betriebsvermögensvergleich	31. 12. 06	31. 12. 07
Gezeichnetes Kapital	1 000 000 DM	1 000 000 DM
Gewinnrücklagen	86 000 DM	186 000 DM
Jahresüberschuss	100 000 DM	164 300 DM
Steuerrechtlicher Ausgleichsposten	278 467 DM	554 834 DM
= Betriebsvermögen	1 464 467 DM	1 905 134 DM
	└──→	1 464 467 DM
Unterschiedsbetrag		440 667 DM
+ gezahlte Personensteuern		58 500 DM
+ Zuführung zur Rückst. für Personensteuern		41 500 DM
Gewinn nach §§ 4, 5 EStG		540 667 DM

Entwicklung des steuerrechtlichen Ausgleichspostens:

Steuerrechtlicher Mehrgewinn 06	
= steuerrechtlicher Ausgleichsposten 31. 12. 06	278 467 DM
+ steuerrechtlicher Mehrgewinn 07	276 367 DM
= steuerrechtlicher Ausgleichsposten 31. 12. 07	554 834 DM

Bei der Aufstellung solcher von der Handelsbilanz abweichender Steuerbilanzen und steuerrechtlicher Gewinn-und-Verlust-Rechnungen (ggf. in Form der Mehr-und-Weniger-Rechnung) kann der steuerrechtliche Gewinn – abgesehen von den außerbilanziellen Hinzurechnungen (z. B. § 6 b Abs. 7 EStG) – der Steuerbilanz unmittelbar entnommen werden. In allen anderen Fällen muss das Steuerbilanzergebnis aus dem handelsrechtlichen Ergebnis abgeleitet werden.

23.4.8 Steuerrechtliche Ausgleichsposten

23.4.8.1 Entstehung und Aufgabe der steuerrechtlichen Ausgleichsposten

Die Kapitalkonten der Einzelunternehmen und Personengesellschaften unterliegen keiner strengen handelsrechtlichen Gliederung. Deshalb können steuerrechtliche Mehrgewinne bei solchen Unternehmen dem Kapitalkonto bei der Kapitalkontenentwicklung zugeschlagen werden. Umgekehrt ist es bei Wenigergewinnen. **Kapitalgesellschaften** haben dagegen ein festes Kapital (Grund- oder Stammkapital), das sich nur durch Beschluss der Gesellschafterversammlung, d. h. durch Kapitalerhöhung oder Kapitalherabsetzung, verändern kann. Die anderen Eigenkapitalpositionen (Rücklagen, Vortrag und Jahresüberschuss, evtl. Bilanzgewinn) sind handelsrechtlich definierte Posten und können bei der Aufstellung der Steuerbilanzen ebenfalls nicht verändert werden. Hierdurch ergibt sich die Frage, wie man bei der Fertigung besonderer Steuerbilanzen ein eventuelles Mehr- oder Minderkapital ausweisen soll. Dieses Problem stellt sich vor allem bei steuerrechtlichen Außenprüfungen (Betriebsprüfungen). Obwohl für diese Frage weder eine gesetzliche Regelung zur Verfügung steht noch Anweisungen bestehen, ist eines jedoch sicher: **Gewinnvortrag** und **Jahresüberschuss** sind feststehende Größen (vgl. auch § 29 GmbHG) und können (dürfen) nicht von der Außenprüfung im Rahmen der Aufstellung von berichtigten Steuerbilanzen (so genannten Prüferbilanzen) abgeändert werden.

Die durch abweichende Wertansätze in der Steuerbilanz eintretenden Folgen für das steuerrechtliche Eigenkapital können nur in einem **besonderen Bilanzposten** erfasst werden, der sowohl auf der Aktivseite als auch auf der Passivseite der StB erscheinen kann. Man bezeichnet diesen Bilanzausweis mangels gesetzlicher Regelung als steuerrechtlichen **Ausgleichsposten**.

Die Aufgabe steuerrechtlicher Ausgleichsposten besteht darin, den **Unterschied** zwischen dem Kapital lt. Handelsbilanz und dem Kapital lt. Steuerbilanz zu erfassen. Steht der Ausgleichsposten auf der Passivseite, handelt es sich um ein Mehrkapital. Steht er auf der Aktivseite, besteht gegenüber der Handelsbilanz ein Minderkapital. Der steuerrechtliche Ausgleichsposten ist also ein **Korrekturposten** zu den handelsrechtlichen Kapitalposten für steuerrechtliche Zwecke und ist Teil des Eigenkapitals lt. Steuerbilanz (vgl. auch § 27 KStG n. F.). Beim Betriebsvermögensvergleich gehört er wie gezeichnetes Kapital, Rücklagen, Gewinn-/Verlustvortrag, Jahresüberschuss/Jahresfehlbetrag, ausstehende Einlagen auf das gezeichnete Kapital mit zum Betriebsvermögen im Sinne der steuerrechtlichen Gewinnermittlung. Er ist auch Teil des verwendbaren Eigenkapitals i. S. des § 29 KStG a. F.

23.4.8.2 Erstmaliger Ansatz eines steuerrechtlichen Ausgleichspostens und seine Fortführung

Bei der Aufstellung besonderer Steuerbilanzen findet im ersten Jahr der Berichtigung das Mehr-oder-Weniger-Kapital seinen Ausdruck im Gewinn. Da die Kapitalposten lt. Handelsbilanz **nicht** geändert werden, erscheint diese steuerrechtliche Gewinnabweichung im steuerrechtlichen Ausgleichsposten, der in den nächsten Jahren durch steuerliche Mehrgewinne erhöht oder durch steuerliche Wenigergewinne gemindert wird und ggf. auch als Aktivposten zu bilanzieren ist. Das kommt dann in Betracht, wenn die Summe der Wenigergewinne die Summe der Mehrgewinne übersteigt.

Aber auch **Einlagen** i. S. des § 4 Abs. 1 Satz 5 EStG, die handelsrechtlich nicht oder nicht richtig erfasst wurden, finden ihren Niederschlag im steuerrechtlichen Ausgleichsposten, weil in der Steuerbilanz die Kapitalrücklage nicht abweichend von der Handelsbilanz ausgewiesen werden darf.

Ferner fängt der steuerrechtliche Ausgleichsposten Unterschiede von Bilanzposten auf, die ihre Ursache in verdeckten Gewinnausschüttungen haben. Erwirbt z. B. die Gesellschaft von ihrem Gesellschafter ein unbebautes Grundstück zu einem Überpreis und aktiviert sie das Grundstück entsprechend zu hoch in der HB, dann ist die Differenz zum steuerrechtlich maßgeblichen Wert (Abschn. 31 Abs. 10 KStR) in der StB als negativer Ausgleichsposten zu erfassen, denn das Kapital in der StB ist um den Differenzbetrag niedriger als das Kapital in der HB.[25]

Außerbilanzielle Zu- und Abrechnungen dürfen bei der Bildung steuerrechtlicher Ausgleichsposten allerdings (natürlich) nicht berücksichtigt werden (z. B. § 4 Abs. 5 EStG, § 6 b Abs. 7 EStG).

Der Ausgleichsposten ist so lange fortzuführen, wie die Mehr- oder Minderwerte gegenüber der Handelsbilanz vorhanden sind. Ggf. muss er bis zur Auflösung der Kapitalgesellschaft fortgeführt werden.

23.4.8.3 Beispiel zur Aufstellung besonderer Steuerbilanzen einer Kapitalgesellschaft mit steuerrechtlichen Ausgleichsposten

Eine GmbH hat folgende Handelsbilanzen aufgestellt:

	31. 12. 04 DM	31. 12. 05 DM	31. 12. 06 DM	31. 12. 07 DM
Aufwendungen für die Erweiterung des Geschäftsbetriebs	—	300 000	225 000	150 000
Maschinen	590 300	510 600	780 300	719 000
Betriebsvorrichtungen	182 500	270 300	320 100	298 700
Geschäftsausstattung	53 200	56 600	29 790	94 300
Rohstoffe	200 000	250 000	280 000	240 000
Fertigerzeugnisse	836 200	637 200	934 300	816 500
Sonstige Aktivposten	1 000 000	1 100 000	1 000 000	900 000
	2 862 200	3 124 700	3 569 490	3 218 500

---
25 Vgl. auch 23.4.3.1.

23.4 Steuerrechtliche Gewinnermittlung

	31. 12. 04 DM	31. 12. 05 DM	31. 12. 06 DM	31. 12. 07 DM
Gezeichnetes Kapital	2 000 000	2 000 000	2 000 000	2 000 000
Gewinnrücklagen	50 000	47 250	93 550	99 225
Jahresüberschuss	216 000	246 300	305 675	294 962
Rückstellung f. unterlass. Instandhaltung	60 000	110 000	150 000	80 000
Rückstellung für latente Steuern	—	—	210 000	—
Gewerbesteuerrückstellung	4 000	1 600	5 000	3 000
Körperschaftsteuerrückstellung	2 000	3 400	10 025	13 663
Umsatzsteuerverbindlichkeit	12 000	9 000	7 100	6 500
Sonstige Passivposten	518 200	707 150	788 140	721 150
	2 862 200	3 124 700	3 569 490	3 218 500

Für die Aufstellung besonderer Steuerbilanzen haben folgende Bilanzposten Bedeutung:

1. Aufwendungen für die Erweiterung des Geschäftsbetriebs

Die nicht bilanzierungsfähigen und deshalb lediglich als Bilanzierungshilfe aktivierten Aufwendungen zeigen – unter Beachtung der §§ 269, 282 HGB – folgende Entwicklung:

Zugang Mai 05, gleichzeitig Ansatz 31. 12. 05	300 000 DM
Abschreibung 06	75 000 DM
31. 12. 06	225 000 DM
Abschreibung 07	75 000 DM
31. 12. 07	150 000 DM

2. Maschinen

Bei den Maschinen sind Korrekturen vorzunehmen, soweit sich Abweichungen zwischen den planmäßigen Abschreibungen nach § 253 Abs. 2 Sätze 1 und 2 HGB und den Absetzungen für Abnutzung nach § 7 EStG ergeben. Es handelt sich um folgende Beträge:

	HB	StB
31. 12. 04	590 300 DM	590 300 DM
./. AfA	79 700 DM	51 700 DM
31. 12. 05	510 600 DM	538 600 DM
+ Zugänge	358 000 DM	358 000 DM
./. AfA	88 300 DM	70 600 DM
31. 12. 06	780 300 DM	826 000 DM
+ Zugänge	30 100 DM	30 100 DM
./. AfA	91 400 DM	74 100 DM
31. 12. 07	719 000 DM	782 000 DM

3. Betriebsvorrichtungen

In die Herstellungskosten einer in 05 mit eigenen Arbeitskräften und Material aus eigenem Bestand errichteten Anlage wurden nicht einbezogen angemessene Teile der notwendigen Materialgemeinkosten, der notwendigen Fertigungsgemeinkosten einschließlich der auf die Errichtung dieser Anlage entfallenden Absetzungen für Abnutzung. Zur Ermittlung der Steuerbilanzwerte sind die Handelsbilanzansätze wie folgt zu erhöhen:

23 Kapitalgesellschaften

Zusätzliche steuerrechtl. aktivierungspfl. Herstellungskosten	480 000 DM
./. 30 % AfA[26]	144 000 DM
31. 12. 05	336 000 DM
./. 30 % AfA	100 800 DM
31. 12. 06	235 200 DM
./. 30 % AfA	70 560 DM
31. 12. 07	164 640 DM

4. Fertigungserzeugnisse

Sowohl zum 31. 12. 05 als auch zum 31. 12. 07 wurden entsprechend dem Prinzip kaufmännischer Vorsicht über den Niederstwert hinausgehende Abschreibungen nach § 253 Abs. 3 Satz 3 HGB vorgenommen. Diese steuerrechtlich nicht zulässigen Wertminderungen betrugen am 31. 12. 05 320 000 DM, am 31. 12. 07 150 000 DM.

5. Rückstellung für unterlassene Instandhaltung

Dieser Passivposten beinhaltet Rückstellungen für im Geschäftsjahr unterlassene Aufwendungen für Instandhaltung, die im folgenden Geschäftsjahr nachgeholt werden. Davon entfallen auf Aufwendungen, die im folgenden Geschäftsjahr nach Ablauf der ersten drei Monate entstanden sind:

31. 12. 05	31. 12. 06	31. 12. 07
55 000 DM	80 000 DM	20 000 DM

6. Sonstige Feststellungen

Die Rückstellung für latente Steuern wurde in zutreffender Höhe gebildet. Alle übrigen Bilanzansätze einschließlich Gewerbesteuer- und Körperschaftsteuerrückstellung entsprechen den handels- und steuerrechtlichen Vorschriften.
Somit ergibt sich die nachfolgende Bilanztabelle.
Der steuerrechtliche Ausgleichsposten entwickelt sich wie folgt:

Steuerrechtlicher Mehrgewinn 05	
= Ausgleichsposten 31. 12. 05	439 000 DM
./. Wenigergewinn 06	93 100 DM
= Ausgleichsposten 31. 12. 06	345 900 DM
./. Wenigergewinn 07	98 260 DM
= Ausgleichsposten 31. 12. 07	247 640 DM

Die Mehr- oder Wenigergewinne ergeben sich aus den Übersichten auf den Seiten 1247 und 1248.

---

26 Für nach dem 31. 12. 2000 angeschaffte Wirtschaftsgüter beträgt die degressive AfA nur noch 20 % nach § 7 Abs. 2 EStG.

23.4 Steuerrechtliche Gewinnermittlung

	31.12.04 HB = StB DM	31.12.05 HB DM	31.12.05 StB DM	31.12.06 HB DM	31.12.06 StB DM	31.12.07 HB DM	31.12.07 StB DM
Aufwendungen für die Erweiterung des Geschäftsbetriebs	—	300 000	—	225 000	—	150 000	—
Maschinen	590 300	510 600	538 600	780 300	826 000	719 000	782 000
Betriebsvorrichtungen	182 500	270 300	606 300	320 100	555 300	298 700	463 340
Geschäftsausstattung	53 200	56 600	56 600	29 790	29 790	94 300	94 300
Rohstoffe	200 000	250 000	250 000	280 000	280 000	240 000	240 000
Fertigerzeugnisse	836 200	637 200	957 200	934 300	934 300	816 500	966 500
Sonstige Aktivposten	1 000 000	1 100 000	1 100 000	1 000 000	1 000 000	900 000	900 000
	2 862 200	3 124 700	3 508 700	3 569 490	3 625 390	3 218 500	3 446 140
Gezeichnetes Kapital	2 000 000	2 000 000	2 000 000	2 000 000	2 000 000	2 000 000	2 000 000
Gewinnrücklagen	50 000	47 250	47 250	93 550	93 550	136 814	136 814
Jahresüberschuss	216 000	246 300	246 300	343 264	343 264	322 587	322 587
Rückstellung für unterlassene Instandhaltung	60 000	110 000	55 000	150 000	70 000	80 000	60 000
Rückstellung für latente Steuern	—	—	—	210 000	—	—	—
Gewerbesteuerrückstellung	4 000	1 600	1 600	5 000	5 000	3 000	3 000
Körperschaftsteuerrückstellung	2 000	3 400	3 400	10 025	10 025	13 663	13 663
Rückstellung für SolZ	—	—	—	—	—	6 117	6 117
Umsatzsteuerverbindlichkeit	12 000	9 000	9 000	7 100	7 100	6 500	6 500
Sonstige Passivposten	518 200	707 150	707 150	750 551	750 551	649 819	649 819
Steuerrechtl. Ausgleichsposten	—	—	439 000	—	345 900	—	247 640
	2 862 200	3 124 700	3 508 700	3 569 490	3 625 390	3 218 500	3 446 140

23 Kapitalgesellschaften

Tz.	Bilanzposten	Erfolgsposten	05 +	05 ./.	06 +	06 ./.	07 +	07 ./.
1	Erweiterung des Geschäftsbetriebs	verschiedene Aufwendungen, Abschreibungen	—	300 000	75 000	—	75 000	—
2	Maschinen	Abschreibungen, AfA	28 000	—	17 700	—	17 300	—
3	Betriebsvorrichtungen	verschiedene Aufwendungen, Abschreibungen, AfA	480 000	144 000	—	100 800	—	70 560
4	Fertigerzeugnisse	Abschreibungen, Bestandsveränderungen	320 000	—	—	320 000	150 000	—
5	Rückstellung für unterlassene Instandhaltung	Reparatur-Aufwendungen	55 000	—	80 000	55 000	20 000	80 000
6	Rückstellung für latente Steuern	Steueraufwand	—	—	210 000	—	—	210 000
			883 000	444 000	382 700	475 800	262 300	360 560
			444 000			382 700		262 300
			439 000			93 100		98 260
			246 300		343 264		322 587	
			439 000		—		—	
					93 100		98 260	
			685 300		250 164		224 327	

Jahresüberschuss
+ Mehrgewinn
./. Wenigergewinn
= Ergebnis der Steuerbilanz

23.4 Steuerrechtliche Gewinnermittlung

23.4.8.4 Übungsaufgabe 37: Bilanzberichtigung bei einer Kapitalgesellschaft

Bei der X-GmbH, die wegen steuerrechtlich notwendiger Abweichungen ohnehin schon selbstständige Steuerbilanzen aufgestellt hat (vgl. Anlage 1), wird im Rahmen einer steuerrechtlichen Außenprüfung für die Jahre 06 und 07 festgestellt:

1. Die GmbH gestattet ihrem Gesellschafter A lt. Dienstvertrag neben einem angemessenen Gehalt die unentgeltliche Nutzung des Firmen-PKW I für Privatfahrten (nicht zwischen Wohnung und Arbeitsstätte). Auch der Sachbezug ist noch als angemessen anzusehen. Die auf den Sachbezug entfallenden und nachgewiesenen PKW-Kosten betragen für 06 3000 DM und für 07 4000 DM. Der Vorgang wurde umsatzsteuer- und lohnsteuerrechtlich nicht beachtet. Die o. g. Aufwendungen wurden lediglich dem Aufwandskonto PKW-Kosten belastet. Auf die LSt-Haftung ist nicht einzugehen, weil die GmbH gegenüber A einen durchsetzbaren Erstattungsanspruch hat und diesen geltend macht.

2. Die GmbH gewährt ihrem beherrschenden Gesellschafter B freiwillig, ohne vertragliche Verpflichtung, die unentgeltliche Nutzung des Firmen-PKW II für Privatfahrten. Die auf diese Fahrten entfallenden PKW-Kosten betragen für 06 2000 DM und für 07 2500 DM und wurden als Kfz-Aufwand gebucht. In den PKW-Kosten für 06 sind 200 DM, für 07 300 DM enthalten, bei denen ein Vorsteuerabzug nicht möglich ist. Weitere Buchungen erfolgten nicht. Die Kosten zzgl. USt entsprechen der erzielbaren Vergütung.

3. Der Gesellschafter C veräußerte am 1. 7. 06 an die GmbH einen PC (Personal-Computer) für 10 000 DM zzgl. 1600 DM USt. Der übliche Preis betrug zu diesem Zeitpunkt unbestritten 6000 DM zzgl. 960 DM USt. Eine Aushilfskraft in der Buchhaltung der GmbH buchte den Vorgang:

   allg. Verwaltungskosten   10 000 DM
   Vorsteuer   1 600 DM

   an Bank   11 600 DM

   Der Fehler ist durch die innerbetriebliche Revision nicht aufgedeckt worden. Die betriebsgewöhnliche Nutzungsdauer des PC beträgt drei Jahre.

4. Die GmbH veräußerte am 15. 6. 06 an ihren Gesellschafter D nicht mehr benötigte Büromöbel des Anlagevermögens für 1000 DM zzgl. 160 DM USt. Im Zeitpunkt der Veräußerung betrug der Buchwert 0 DM; die betriebsgewöhnliche Nutzungsdauer war bereits abgelaufen. Bei normalem Verkauf an dritte Personen wäre ein Erlös in Höhe von 3000 DM zzgl. 480 DM USt erzielbar gewesen. Der Betrag von 3000 DM entspricht dem aktuellen Einkaufspreis dieser Büromöbel. Die GmbH buchte:

   Bank   1160 DM

   an sonstige betriebl. Erträge   1000 DM
   an USt   160 DM

5. Um der GmbH aus einem augenblicklichen finanziellen Engpass herauszuhelfen, lieferte der Hauptgesellschafter E am 29. 12. 07 unentgeltlich Rohstoffe an die GmbH. Für diesen Posten, der am 31. 12. 07 noch vollständig im Rohstofflager der GmbH war, hätte die GmbH bei ihren Lieferanten 10 000 DM zzgl. 1600 DM USt zahlen müssen. Der Rohstoffeingang wurde nicht gebucht. Bei dem Inventur wurde dieser Bestand jedoch vollständig erfasst und in der Bilanz zum 31. 12. 07 mit 10 000 DM ausgewiesen.

6. Die in den Handels- und Steuerbilanzen ausgewiesenen Gewerbesteuer- und Körperschaftsteuerrückstellungen sowie die Rückstellungen für den Solidaritäts-

zuschlag (5,5 %) sind, abgesehen von den Feststellungen 1 bis 5, richtig ausgewiesen. Auf Antrag sollen die zu erwartenden Mehrsteuern zulasten der Wirtschaftsjahre 06 und 07 erfasst werden. Der Gewerbesteueraufwand ändert sich um 15 % der Korrektur des Gewerbeertrags.

7. Dem Finanzamt liegt die folgende Gliederung des vEK vor:

		Gesamt **DM**	**EK 45** **DM**	**EK 40** **DM**
31. 12. 05		689 693	689 693	
Offene Gewinnausschüttung in 06 für 05 (Jahresüberschuss 05 246 300 DM ./. Zuf. zu Gewinnrücklagen 46 300 DM =)	200 000			
Davon aus EK 45 $^{55}/_{70}$ v. 200 000 DM	157 143	./. 157 143	./. 157 143	
Davon Minderung KSt $^{15}/_{70}$ v. 200 000 DM	42 857			
		532 550	532 550	
Einkommen 06 ./. 40 % KSt	350 000 140 000	+ 210 000 742 550		+ 210 000
Sonstige nichtabziehbare Ausgaben		./. 24 122		./. 24 122
31. 12. 06		718 428	532 550	185 878
Offene Gewinnausschüttung in 07 für 06 (Jahresüberschuss 06 343 264 DM ./. Zuf. zu Gewinnrücklagen 43 264 DM =)	300 000			
Davon aus EK 45 $^{55}/_{70}$ v. 300 000 DM	235 714	./. 235 714	./. 235 714	
Davon Minderung KSt $^{15}/_{70}$ v. 300 000 DM	64 286			
		482 714	296 836	
Einkommen 07 ./. 40 % KSt	340 000 136 000	+ 204 000 686 714		204 000 389 878
Sonstige nicht abziehbare Ausgaben		./. 33 244		./. 33 244
31. 12. 07		653 470	296 836	356 634

Der Jahresüberschuss 07 wurde lt. Beschluss der Gesellschafterversammlung vom 15. 5. 08 wie folgt verwendet:

Einstellung in Gewinnrücklagen   72 587 DM
Ausschüttung an die Gesellschafter   250 000 DM

Dieser Beschluss entspricht dem Vorschlag der Geschäftsführung.

23.4 Steuerrechtliche Gewinnermittlung

8. Die verdeckten Gewinnausschüttungen beruhen auf der von der Gesellschafterversammlung beschlossenen Geschäftsanweisung, wonach der Geschäftsführer die Befugnis hat, Leistungen der Gesellschaft an Gesellschafter zu vergünstigten Bedingungen abzugeben. Die Geschäftsanweisung sieht ferner vor, dass im Falle der Behandlung der Sondervorteile als verdeckte Gewinnausschüttungen ein Rückgewähranspruch gegenüber dem begünstigten Gesellschafter nicht geltend gemacht wird.

9. Der in den jeweiligen Jahren gezahlte Solidaritätszuschlag ist in den nicht abziehbaren Ausgaben lt. EK-Gliederung zutreffend enthalten.

Aufgabe

1. Zum 31. 12. 06 und zum 31. 12. 07 sind Prüferbilanzen aufzustellen (vgl. Anlage 1 auf der nächsten Seite) und die Gewinnabweichungen gegenüber den Steuerbilanzen in einer an der GuV-Methode orientierten Mehr-und-Weniger-Rechnung darzustellen. Der Solidaritätszuschlag wird in 06 und 07 mit 5,5 % erhoben.

2. Die Gliederung des verwendbaren Eigenkapitals ist zum 31. 12. 06 und 31. 12. 07 zu berichtigen und zum 31. 12. 07 um den nachrichtlichen Teil zu ergänzen.

3. Gehen Sie davon aus, dass 05 = 1998; 06, 07 = 1999, 2000 sind und das Kalenderjahr das Wirtschaftsjahr ist. 1998 betrug die Tarifbelastung 45 %; danach 40 %!
   Auf Ausschüttungen in 2001 für 2000 ist noch das Anrechnungsverfahren anzuwenden. Geben Sie an, welches KSt-Minderungsguthaben ab 2002 zur Verfügung steht.

Die **Lösung** zu dieser Übungsaufgabe ist in einem „Lösungsheft" (Bestell-Nr. 100) enthalten.

23 Kapitalgesellschaften

Anlage 1

	31.12.05 StB DM	31.12.06 StB DM	31.12.06 PB DM	31.12.07 StB DM	31.12.07 PB DM
Maschinen	538 600	826 000		782 000	
Betriebsvorrichtungen	606 300	555 300		463 340	
Geschäftsausstattung	56 600	29 790		94 300	
Rohstoffe	250 000	280 000		240 000	
Fertigerzeugnisse	957 200	934 300		966 500	
Sonstige Aktiva	1 100 000	1 000 000		898 369	
	3 508 700	3 625 390		3 444 509	
Gezeichnetes Kapital	2 000 000	2 000 000		2 000 000	
Gewinnrücklagen	47 250	93 550		136 814	
Jahresüberschuss	246 300	343 264		322 587	
Instandhaltungsrückstellung	55 000	70 000		60 000	
Gewerbesteuerrückstellung	1 600	5 000		3 000	
Körperschaftsteuerrückstellung	3 400	10 025		13 663	
Rückstellung für SolZ	–	–		4 486	
Umsatzsteuerverbindlichkeit	9 000	7 100		6 500	
Sonstige Passiva	707 150	750 551		649 819	
Steuerrechtlicher Ausgleichsposten	439 000	345 900		247 640	
	3 508 700	3 625 390		3 444 509	

23.4 Steuerrechtliche Gewinnermittlung

Anlage 2

Ermittlung des Gewinns lt. StB/PB durch Ableitung aus dem Jahresüberschuss

	31. 12. 06 StB DM	31. 12. 06 PB DM	31. 12. 07 StB DM	31. 12. 07 PB DM
Jahresüberschuss	343 264		322 587	
./. steuerrechtlicher Wenigergewinn	93 100		98 260	
= Gewinn lt. StB/PB	250 164		224 327	

Ermittlung des Gewinns lt. StB/PB durch BV-Vergleich

	31. 12. 06 StB DM	31. 12. 06 PB DM	31. 12. 07 StB DM	31. 12. 07 PB DM
Gezeichnetes Kapital	2 000 000		2 000 000	
Gewinnrücklagen	93 550		136 814	
Jahresüberschuss	343 264		322 587	
steuerrechtlicher Ausgleichsposten	345 900		247 640	
BV Ende	2 782 714		2 707 041	
./. BV Ende Vorjahr	2 732 550		2 782 714	
	50 164		./. 75 673	
+ offene Gewinnausschüttungen	200 000		300 000	
= Gewinn lt. StB/PB	250 164		224 327	

Entwicklung des steuerrechtlichen Ausgleichspostens

	StB DM	PB DM
31. 12. 05	439 000	
./. steuerrechtlicher Wenigergewinn 06	93 100	
31. 12. 06	345 900	
steuerrechtlicher Wenigergewinn 07	98 260	
31. 12. 07	247 640	

Abstimmung des verwendbaren Eigenkapitals

	31. 12. 05 StB DM	31. 12. 06 StB DM	31. 12. 06 PB DM	31. 12. 07 StB DM	31. 12. 07 PB DM
vEK lt. Bilanz	732 550	782 714		707 041	
KSt-Minderung	./. 42 857	./. 64 286		./. 53 571	
verd. Gewinnausschüttung	—	—		—	
vEK i. S. des § 29 I KStG	689 693	718 428		653 470	

1253

23 Kapitalgesellschaften

23.4.8.5 Übungsaufgabe 38: Bilanzberichtigung bei einer Kapitalgesellschaft

Die F-GmbH hat folgende Einheitsbilanzen (HB = StB) aufgestellt:

	31. 12. 05 HB/StB DM	PB DM	31. 12. 06 HB/StB DM	PB DM
Kfz	400 000		300 000	
verschiedene Aktiva	1 770 000		2 055 500	
	2 170 000		2 355 500	
Gezeichnetes Kapital	800 000		800 000	
Gewinnrücklagen	200 000		200 000	
Gewinnvortrag/Verlustvortrag	50 000		./. 14 850	
Jahresüberschuss	285 150		356 000	
Sopo (Rücklage § 6 b EStG)	90 000		90 000	
GewSt-Rückstellung	20 000		50 000	
KSt-Rückstellung	90 000		190 000	
Rückstellung für SolZ	4 950		10 450	
sonstige Verbindlichkeiten	10 000		8 000	
verschiedene Passiva	619 900		665 900	
	2 170 000		2 355 500	

Feststellungen der Außenprüfung für die Jahre 05 und 06:

1. Am 7. 10. 05 veräußerte die GmbH ein unbebautes Grundstück an ihren Gesellschafter A. Im Veräußerungszeitpunkt betrug der Buchwert des Grundstücks 60 000 DM, sein gemeiner Wert (= Verkehrswert) 200 000 DM. Den vereinbarten Kaufpreis in Höhe von 150 000 DM zahlte A am 10. 1. 06. Der für das unbebaute Grundstück festgestellte Einheitswert beträgt seit dem 1. 1. 02 unverändert 40 000 DM. Die Umschreibung im Grundbuch geschah am 22. 12. 05. Nach dem notariellen Kaufvertrag ist A verpflichtet, sämtliche Kosten der Grundstücksübereignung zu tragen.

Die GmbH buchte in 05:

Forderungen	150 000 DM		
		an Grubo	60 000 DM
		an sb Erträge	90 000 DM
sb Aufwendungen	90 000 DM		
		an Sopo mit Rücklageanteil (§ 6 b EStG)	90 000 DM

Sämtliche Voraussetzungen für die Bildung der Rücklage nach § 6 b EStG liegen vor.

Sollte das Finanzamt diese Behandlung nicht akzeptieren, wird im Wege einer Bilanzänderung die Aufstockung der §-6-b-EStG-Rücklage beantragt. Die GmbH lehnt jedoch eine Änderung der HB ab.

2. Der Gesellschafter B veräußerte am 6. 1. 05 einen LKW, der bis dahin zum Anlagevermögen seines Einzelunternehmens gehörte, zum vereinbarten Preis von 100 000 DM zzgl. 16 000 DM gesondert berechneter USt an die F-GmbH. Der Marktpreis betrug 60 000 DM zzgl. 9600 DM USt.

23.4 Steuerrechtliche Gewinnermittlung

Die GmbH buchte

Kfz	100 000 DM		
VorSt	16 000 DM	an Bank	116 000 DM

und schrieb den LKW entsprechend der bND von drei Jahren in 05 und 06 mit jeweils 33 333 DM ab.

3. Der beherrschende Gesellschafter C erhielt ein Monatsgehalt von 10 000 DM, das lt. Vereinbarung vom 1. 12. 05 rückwirkend ab 1. 1. 05 auf den noch angemessenen Betrag von 13 000 DM je Monat angehoben wurde. Die Nachzahlung für die Monate Jan. bis Nov. 05 in Höhe von (3000 DM × 11 =) 33 000 DM wurde, wie vereinbart, am 10. 1. 06 geleistet. Derartige Nachzahlungen für den Zeitraum Jan. bis Nov. 05 haben auch Nichtgesellschafter vereinbarungsgemäß am 10. 1. 06 ausgezahlt erhalten.

Der Gesamtbetrag der Nachzahlung – für den Gesellschafter C = 33 000 DM, für weitere zwei leitende Angestellte, die nicht Gesellschafter sind, zusammen 66 000 DM – in Höhe von 99 000 DM wurde erst bei Zahlung im Jan. 06 gebucht:

Personalaufwendungen 99 000 DM an Bank 99 000 DM

Lohnnebenkosten sind nicht angefallen.

4. Die F-GmbH ist seit vier Jahren mit 20 % an der X-AG beteiligt. Die X-AG hat der F-GmbH am 2. 1. 05 ein Darlehen in Höhe von 200 000 DM gegen halbjährlich nachschüssig zu zahlende Zinsen in Höhe von 3 % gewährt. Die F-GmbH zahlte die Zinsen pünktlich, auch die für das 2. Halbjahr 05 zu leistende Zahlung in Höhe von (3 % × 200 000 × ½ =) 3000 DM. Die GmbH überwies diesen Betrag am 4. 1. 06 auf ein Konto der X-AG und buchte den Vorgang als Zinsaufwand 06. Für 05 und 06 betrug der angemessene Marktzins 10 %.

5. Der Gesellschafter D hat der GmbH am 2. 1. 05 ein mit 18 % verzinsliches Darlehen in Höhe von 200 000 DM gegeben. Die Jahreszinsen 05 und 06 in Höhe von jeweils (18 % v. 200 000 DM =) 36 000 DM abzgl. KapErtrSt in Höhe von 7200 DM und abzgl. SolZ in Höhe von (5,5 % v. 7200 DM =) 396 DM wurden am 31. 12. 05 und 06 auf ein privates Konto des D überwiesen und als Zinsaufwand gebucht. Der für 05 und 06 übliche Marktzins beträgt 10 v. H.

6. Der F-GmbH stand eine Dividende zu aufgrund des Ausschüttungsbeschlusses der Hauptversammlung der X-AG

vom 15. 11. 05 in Höhe von   80 000 DM,
vom 20. 11. 06 in Höhe von 100 000 DM.

Die GmbH buchte den Geldbetrag 05 in Höhe von (80 000 DM ./. 20 % KapErtrSt ./. 5,5 % SolZ =) 63 120 DM „Bank an Erträge aus Beteiligungen 63 120 DM" und ließ die Dividende 06 mit dem verbleibenden Nettobetrag von

	100 000 DM
./. 20 % KapErtrSt	20 000 DM
./. 5,5 % SolZ v. 20 000 DM	1 100 DM
	78 900 DM

am 21. 11. 06 unmittelbar auf das Konto ihres Gesellschafters F überweisen. Diesen Vorgang buchte die F-GmbH nicht. Für die Zuwendung an F sind andere als gesellschaftsrechtliche Gründe nicht erkennbar.

7. In den GuV-Rechnungen sind u. a. als Aufwendungen behandelt worden:

	05	06
KSt-VZ	180 000 DM	200 000 DM
SolZ zu KSt-VZ	9 900 DM	11 000 DM
Zuführung zur KSt-Rückstellung	90 000 DM	100 000 DM
Zuführung zur Rückstellung für SolZ	4 950 DM	5 500 DM
GewSt-VZ	130 000 DM	130 000 DM
Zuführung zur GewSt-Rückstellung	20 000 DM	30 000 DM
nichtabziehbare BA, § 4 V 1 EStG	100 000 DM	80 000 DM
USt auf unentgeltl. Leistungen an Gesellschafter	16 000 DM	12 800 DM
Spenden an politische Parteien	130 000 DM	140 000 DM
Zinsaufwendungen für Darlehen lt. Tz. 4	3 000 DM	9 000 DM
Zinsaufwendungen für Darlehen lt. Tz. 5	36 000 DM	36 000 DM

In den Erträgen sind u. a. enthalten:

Erträge aus Beteiligungen	63 120 DM	

8. Dauerschuldcharakter haben lediglich die in Tz. 4 und 5 bezeichneten Darlehen. Seit der Veräußerung des Grundstücks an A (Tz. 1) hat die GmbH keinen eigenen Grundbesitz. Der Gewerbesteuer-Hebesatz beträgt für 05 und 06 480 %. Die in den Einheitsbilanzen passivierten Steuerrückstellungen sind bereits nach den erklärten Bemessungsgrundlagen falsch und deshalb völlig neu zu berechnen.

9. Die Gesellschafter der F-GmbH haben folgende Beschlüsse gefasst:

– am 12. 4. 05: Ausschüttung des gesamten JÜ 04 in Höhe von 250 000 DM,

– am 15. 4. 06 für 05: Ausschüttung von 350 000 DM, sodass unter Einbeziehung des Gewinnvortrags in Höhe von 50 000 DM sich für 06 ein Verlustvortrag von 14 850 DM ergab.

– am 10. 4. 07 für 06:
  Ausschüttung   240 000 DM
  Einstellung in Gewinnrücklagen   100 000 DM
  Vortrag auf neue Rechnung   10 000 DM

Die Gesellschafterbeschlüsse entsprechen dem jeweiligen Vorschlag der Geschäftsführer.

10. Die verdeckten Gewinnausschüttungen beruhen auf der von der Gesellschafterversammlung beschlossenen Geschäftsanweisung, wonach der Geschäftsführer die Befugnis hat, Leistungen der Gesellschaft an Gesellschafter zu vergünstigten Bedingungen abzugeben. Die Geschäftsanweisung sieht ferner vor, dass im Falle der Behandlung der Sondervorteile als verdeckte Gewinnausschüttungen kein Rückgewähranspruch gegenüber dem begünstigten Gesellschafter geltend gemacht wird.

23.4 Steuerrechtliche Gewinnermittlung

Aufgabe:

a) Zum 31. 12. 05 und zum 31. 12. 06 sind berichtigte Steuerbilanzen (= Prüferbilanzen) aufzustellen. Dabei ist die als Anlage beigefügte Tabelle zu verwenden. Die Rückstellungen für GewSt, KSt und SolZ (5,5 %) sind völlig neu zu berechnen.

b) Es ist davon auszugehen, dass das Anrechnungsverfahren keine Anwendung mehr findet. Am 1. 1. 05 steht ein KSt-Guthaben von 41 667 DM nach § 36 KStG zur Verfügung. Der 1. 1. 05 liegt nach dem 31. 12. 2001.

c) Die sich aus dem Gewinnverwendungsbeschluss vom 10. 4. 07 ergebenden Buchungen sind darzustellen.

Die **Lösung** zu dieser Übungsaufgabe ist in einem „Lösungsheft" (Bestell-Nr. 100) enthalten.

23 Kapitalgesellschaften

Vorgang	Änderung Bil.-Posten	Ausgleichs-posten	zvE	Gewerbe-ertrag	Anmerkungen	Änderung Bil.-Posten	Ausgleichs-posten	zvE	Gewerbe-ertrag	Anmerkungen
			05					06		

23.5 Ermittlung des zu versteuernden Einkommens aus dem Steuerbilanzergebnis

Das Ergebnis der Steuerbilanz ist Grundlage für die Ermittlung des zu versteuernden Einkommens. Da Kapitalgesellschaften nur Einkünfte aus Gewerbebetrieb haben (§ 8 Abs. 2 KStG), kommen bei ihnen andere Einkünfte und Sonderausgaben nicht in Betracht.

Das Ergebnis der Steuerbilanz muss zur Ermittlung des zu versteuernden Einkommens allerdings noch korrigiert werden. Hinzuzurechnen sind z. B. die nichtabziehbaren Aufwendungen, die den Jahresüberschuss gemindert haben, während umgekehrt steuerfreie Betriebseinnahmen abzuziehen sind. Beim Betriebsvermögensvergleich müssen außerdem dem Unterschiedsbetrag offene und verdeckte (Gewinn-)Ausschüttungen hinzugerechnet und offene und verdeckte Einlagen abgezogen werden. Wird der steuerliche Gewinn aus dem handelsrechtlichen Jahresüberschuss abgeleitet, müssen außerdem vGA hinzugerechnet und verdeckte Einlagen abgezogen werden, wenn sie im handelsrechtlichen Jahresergebnis als erfolgswirksamer Aufwand oder Ertrag behandelt wurden.[27]

23.6 Gründung einer GmbH

23.6.1 Bargründung und Sachgründung

Die GmbH wird durch Gesellschaftsvertrag errichtet. Darin wird festgelegt, welche Leistungen der oder die Gründer (§ 1 GmbHG) zu erbringen hat/haben. Der Vertrag bedarf der notariellen Beurkundung. Die Gesellschafter sind zur Leistung der Stammeinlagen (Mindestbetrag 100 Euro) verpflichtet. Die Summe der Stammeinlagen bildet das Stammkapital (Mindestbetrag 25 000 Euro). Es ist auf der Passivseite der Bilanz als gezeichnetes Kapital auszuweisen (§ 42 Abs. 1 GmbHG). Nur durch Änderung des Gesellschaftsvertrags (Kapitalerhöhung, Kapitalherabsetzung, vgl. §§ 53, 55, 57 c, 58 GmbHG) kann es erhöht oder verringert werden. Bei der Gründung kann jeder Gesellschafter nur eine Stammeinlage übernehmen (§ 5 Abs. 2 GmbHG). Die Stammeinlagen können verschieden hoch, ihr Betrag muss in Euro durch 50 teilbar sein (§ 5 Abs. 3 GmbHG). Ihre Veräußerung ist grundsätzlich frei möglich, kann aber von der Genehmigung der Gesellschaft abhängig gemacht werden (§ 15 Abs. 5 GmbHG).

Als Stammeinlagen können Geld, aber auch andere Wirtschaftsgüter, insbesondere Sachen, in Betracht kommen. Demgemäß unterscheidet man Bar- und Sachgründungen. Bei Sachgründungen müssen der Gegenstand der Sacheinlage und der Betrag der Stammeinlage, auf die sich die Sacheinlage bezieht, im Gesellschaftsvertrag

---
27 Vgl. unter 23.4.3.

festgesetzt werden. Die Gesellschafter haben in einem Sachgründungsbericht die für die Angemessenheit der Leistungen für Sacheinlagen wesentlichen Umstände darzulegen und beim Übergang eines Unternehmens auf die Gesellschaft die Jahresergebnisse der beiden letzten Geschäftsjahre anzugeben (§ 5 Abs. 4 GmbHG). Den Gesellschafter trifft eine Nachzahlungspflicht, wenn der Wert der Sacheinlage nicht den Betrag der übernommenen Stammeinlage erreicht (§ 9 GmbHG).

Die Gründung vollzieht sich in drei Phasen. Durch den grundsätzlich formlosen Zusammenschluss der zukünftigen Gesellschafter zum Zwecke der Gründung der GmbH entsteht eine so genannte **Vorgründungsgesellschaft**. Dies ist regelmäßig eine GbR, die mit der späteren GmbH weder zivilrechtlich noch steuerrechtlich identisch ist. Mit der notariellen Beurkundung des Gesellschaftsvertrages entsteht die **Vorgesellschaft**. Erst mit der Eintragung in das Handelsregister entsteht die **GmbH als solche** (§ 11 Abs. 1 GmbHG). Sowohl zivilrechtlich als auch steuerrechtlich wird eine Identität zwischen der Vorgesellschaft und der GmbH angenommen.

Die Anmeldung zum Handelsregister hat durch sämtliche bestellten Geschäftsführer zu erfolgen (§§ 7 und 78 GmbHG). Vor der Anmeldung zum Handelsregister muss auf jede Stammeinlage, soweit nicht Sacheinlagen vereinbart sind, ein Viertel geleistet werden. Das gesamte eingezahlte Stammkapital (Geldeinlagen und Sacheinlagen) muss mindestens 10 000 Euro betragen. Bei einer Einmann-Gründung muss in einem solchen Fall für den Rest der ausstehenden Geldeinlagen eine Sicherheit geleistet werden (s. § 7 Abs. 2 GmbHG). Sacheinlagen müssen vor der Anmeldung nachweislich in vollem Umfange zur freien Verfügung der Geschäftsführer stehen.

Stichtag für die Aufstellung der Eröffnungsbilanz ist der Tag, an dem die (Vor-) Gesellschaft ihre Tätigkeit beginnt. Dieser Zeitpunkt liegt regelmäßig vor der Eintragung in das Handelsregister.

Zur buchmäßigen Abwicklung werden für die einzelnen Gründer Einzahlungskonten eingerichtet. Auf diesen Konten wird der Betrag des übernommenen Stammanteils im Soll gebucht. Bei Erfüllung der Einlageverpflichtung mit den vereinbarten Vermögenswerten erfolgt eine Buchung im Haben.

Die Gründungskosten werden als Aufwand des Geschäftsjahres behandelt (§ 248 Abs. 1 HGB). Dazu gehören die Notariatskosten und die Gerichtskosten. Die Grunderwerbsteuer, die bei der Einbringung von Grundstücken entsteht, gehört dagegen zu den aktivierungspflichtigen Anschaffungskosten (Erwerbsnebenkosten) des jeweiligen Grundstücks. Entsprechendes gilt für die Notariats- und Grundbuchkosten, die sich auf diesen Eigentumsübergang beziehen.

Beispiele

a) A, B und C gründen eine GmbH (Bargründung). Die übernommenen Stammanteile betragen: A 30 000 DM, B 20 000 DM und C 10 000 DM. Eingezahlt werden vereinbarungsgemäß 50 %.

23.6 Gründung einer GmbH

Buchungen

S	Einzahlungskonto A	H		S	Einzahlungskonto B	H
1) 30 000 DM	2)	15 000 DM		1) 20 000 DM	2)	10 000 DM

S	Einzahlungskonto C	H		S	Gezeichnetes Kapital	H
1) 10 000 DM	2)	5 000 DM			1)	60 000 DM

S	Bank	H
2) 30 000 DM		

Das gezeichnete Kapital ist voll zu bilanzieren. Hiernach ergibt sich die folgende Gründungsbilanz:

Aktiva	Gründungsbilanz		Passiva
Ausstehende Einlagen auf		Gezeichnetes Kapital	60 000 DM
das gezeichnete Kapital	30 000 DM		
Bank	30 000 DM		
	60 000 DM		60 000 DM

b) Am 1. 2. gründen A, B, C, D und E eine GmbH (Sachgründung). A übernimmt eine Stammeinlage von 90 000 DM, B übernimmt 60 000 DM, C, D und E übernehmen je 50 000 DM Stammeinlage.

Es bringen ein:

A: Grundstück, Taxwert 100 000 DM, belastet mit einer Hypothek von 40 000 DM. Die Zinsen sind fällig am 1. 1. und 1. 7.; Zinssatz 7,5 %. GrESt, Notariats- und Grundbuchkosten betragen 2600 DM.
B: Maschinen, Wert 65 000 DM, Restkaufschuld 15 000 DM.
C: Patente, Wert 35 000 DM.
D: Unverzinsliche Forderung 20 000 DM, fällig am 30. 3.; Marktzins 12 %.
E: 9 % Pfandbriefe, Nennbetrag 20 000 DM, Kurs 99 %, Zinstermin 1. 6./1. 12.

Die vereinbarte Mindesteinzahlung beträgt 50 %. Falls der Wert der eingebrachten Sachgüter geringer ist, muss der Rest bar gezahlt werden.

S	Einzahlungskonto A	H		S	Einzahlungskonto D	H
1) 90 000 DM	2)	59 750 DM		1) 50 000 DM	5)	19 600 DM
					6)	5 400 DM

S	Einzahlungskonto C	H		S	Gezeichnetes Kapital	H
1) 50 000 DM	4)	35 000 DM			1)	300 000 DM

S	Einzahlungskonto E	H		S	Hypotheken	H
1) 50 000 DM	7) 20 100 DM				2) 40 000 DM	
	8) 4 900 DM					

S	Grundstücke	H		S	Maschinen	H
2) 102 600 DM				3) 65 000 DM		

S	Verbindlichkeiten	H		S	Forderungen	H
	2) 2 600 DM			5) 19 600 DM		
	2) 250 DM					
	3) 15 000 DM					

S	Patente	H		S	Wertpapiere	H
4) 35 000 DM				7) 19 800 DM		

S	Einzahlungskonto B	H		S	Bank	H
1) 60 000 DM	3) 50 000 DM			6) 5 400 DM		
				8) 4 900 DM		

S	Sonstige Forderungen	H
7) 300 DM		

Aktiva	Gründungsbilanz*		Passiva
Ausstehende Einlagen auf		Gezeichnetes Kapital	300 000 DM
das gezeichnete Kapital	105 250 DM	Hypotheken	40 000 DM
Patente	35 000 DM	Sonstige	
Grundstücke	102 600 DM	Verbindlichkeiten	17 850 DM
Maschinen	65 000 DM		
Forderungen	19 600 DM		
Wertpapiere	19 800 DM		
Sonstige Forderungen	300 DM		
Bank	10 300 DM		
	357 850 DM		357 850 DM

* Nach sachlichen Kriterien aufgestellt. Für Zwecke der Offenlegung muss (natürlich) die Gliederung nach § 266 HGB beachtet werden.

23.6.2 Einbringung eines Betriebs, Teilbetriebs oder Mitunternehmeranteils

23.6.2.1 Allgemeines zur Sacheinlage

Eine Sacheinlage liegt auch vor, wenn ein Betrieb oder Teilbetrieb oder ein Mitunternehmeranteil in eine unbeschränkt steuerpflichtige Kapitalgesellschaft eingebracht wird und der Einbringende dafür neue Anteile an der Gesellschaft erhält (§ 20 Abs. 1 UmwStG). Eine Sacheinlage i. S. des § 20 Abs. 1 UmwStG ist auch die **Umwandlung** einer OHG oder KG oder des Unternehmens eines Einzelkaufmanns in eine AG oder GmbH (vgl. auch § 20 Abs. 8 UmwStG).

23.6.2.2 Zeitpunkt der Sacheinlage

Der für die Besteuerung bedeutende Übertragungsstichtag ist nach § 20 Abs. 8 UmwStG zu bestimmen. Dabei wird unterschieden, ob die Sacheinlage

1. im Wege der **Gesamtrechtsnachfolge** durch Verschmelzung i. S. des § 2 UmwG, Aufspaltung, Abspaltung oder Ausgliederung nach § 123 UmwG geschieht oder

2. ein sonstiger Fall der Sacheinlage vorliegt (**Einzelrechtsnachfolge,** die nicht unter das UmwG fällt, bzw. **Gesamtrechtsnachfolge durch Formwechsel**).

Bei Sacheinlagen der 1. Gruppe kann der Übertragungsstichtag bis zu acht Monaten vor der Anmeldung zur Eintragung im Handelsregister liegen (§ 20 Abs. 8 Sätze 1 und 2 UmwStG), bei Sacheinlagen der 2. Gruppe darf die Einbringung ebenfalls bis zu acht Monaten zurückbezogen werden. Sie darf gemäß § 20 Abs. 8 Satz 3 UmwStG auf einen Tag zurückbezogen werden, der höchstens acht Monate vor dem Tag des Abschlusses des Einbringungsvertrages liegt und höchstens acht Monate vor dem Zeitpunkt liegt, an dem das eingebrachte Betriebsvermögen auf die Kapitalgesellschaft übergeht.

Das Einkommen und das Vermögen des Einbringenden und der übernehmenden Kapitalgesellschaft sind auf Antrag so zu ermitteln, als ob das eingebrachte Betriebsvermögen mit Ablauf des steuerlichen Übertragungsstichtags auf die Übernehmerin übergegangen wäre; dies gilt hinsichtlich des Einkommens und des Gewerbeertrags nicht für Entnahmen und Einlagen, die zwischen dem steuerlichen Übertragungsstichtag und dem tatsächlichen Vermögensübergang erfolgen (§ 20 Abs. 7 Sätze 1 und 2 UmwStG). Dies betrifft auch die Entnahme von Sondervergütungen im Sonderbereich.[28] Allerdings führt die Rückwirkung dazu, dass angemessene Sondervergütungen bereits ab Übertragungsstichtag rückwirkend als Betriebsausgaben der Kapitalgesellschaft zu behandeln sind.[29]

Die Umwandlung durch Vermögensübertragung (ebenfalls Gesamtrechtsnachfolge) stellt einen Sonderfall für bestimmte Rechtsträger in der Versicherungswirtschaft und des öffentlichen Rechts dar (§ 175 UmwG).

---

[28] BFH, BStBl 1987 II S. 797.
[29] BMF, BStBl 1998 I S. 268, Tz. 20.21.

23.6.2.3 Bewertungswahlrecht nach dem UmwStG

Wird ein Betrieb oder Teilbetrieb oder ein Mitunternehmeranteil in eine unbeschränkt steuerpflichtige Kapitalgesellschaft (§ 1 Abs. 1 Nr. 1 KStG) eingebracht und erhält der Einbringende dafür neue Anteile an der Gesellschaft (Sacheinlage) – also normalerweise bei Gründung oder Kapitalerhöhung –, so darf die Kapitalgesellschaft das eingebrachte Betriebsvermögen mit seinem Buchwert oder mit einem höheren Wert ansetzen. Für den Einbringenden liegt an sich ein Veräußerungsgeschäft (Tausch gegen Gesellschaftsanteil) vor. Erhält der Einbringende neben den Gesellschaftsanteilen auch andere Wirtschaftsgüter, deren gemeiner Wert den Buchwert des eingebrachten Betriebsvermögens übersteigt, so hat die Kapitalgesellschaft das eingebrachte Betriebsvermögen mindestens mit dem gemeinen Wert der anderen Wirtschaftsgüter anzusetzen. Andere Wirtschaftsgüter liegen auch vor, soweit eine Darlehensforderung begründet wird oder Pensionsverpflichtungen gegenüber Mitunternehmern übernommen werden[30] oder gegenüber Einzelunternehmern begründet werden. Beim Ansatz des eingebrachten Betriebsvermögens dürfen die Teilwerte der einzelnen Wirtschaftsgüter nicht überschritten werden (§ 20 Abs. 1 und 2 UmwStG).

Der Wert, mit dem die Kapitalgesellschaft das eingebrachte Betriebsvermögen ansetzt, gilt für den Einbringenden als Verkaufspreis und als Anschaffungskosten der Gesellschaftsanteile. Soweit neben den Gesellschaftsanteilen auch andere Wirtschaftsgüter gewährt werden, ist deren gemeiner Wert bei der Bemessung der Anschaffungskosten der Gesellschaftsanteile vom angesetzten Wert des eingebrachten Betriebsvermögens abzuziehen (§ 20 Abs. 4 UmwStG).

Auf einen bei der Sacheinlage entstehenden Veräußerungsgewinn ist § 34 Abs. 1 EStG anzuwenden, wenn der Einbringende eine natürliche Person ist. In diesem Fall ist § 16 Abs. 4 EStG nur anwendbar, wenn die Kapitalgesellschaft das eingebrachte Betriebsvermögen mit dem Teilwert ansetzt (§ 20 Abs. 5 UmwStG). Teilwertansatz bedeutet auch den Ansatz eines bestehenden originären Firmenwerts.[31] Dies gilt sowohl im Fall der Einzelrechtsnachfolge wie auch im Fall der Gesamtrechtsnachfolge, wenn die Einbringung nach den Vorschriften des UmwG vollzogen wurde. Gehört zum eingebrachten Betrieb eine Beteiligung an einer KapG, ist insoweit die Befreiung zur Hälfte nach § 3 Nr. 40 EStG zu beachten und vorrangig.

Entnahmegewinne, die zeitlich und wirtschaftlich mit der Einbringung eines Betriebs, Teilbetriebs oder Mitunternehmeranteils in eine Kapitalgesellschaft im Zusammenhang stehen, sind auch dann nach § 20 Abs. 5 Satz 1 UmwStG i. V. m. § 34 EStG tarifbegünstigt, wenn die Kapitalgesellschaft das eingebrachte Betriebsvermögen mit dem Buchwert ansetzt. Nur die Gewährung des Freibetrags nach § 16 Abs. 4 EStG ist gemäß § 20 Abs. 5 Satz 2 UmwStG ausdrücklich vom Ansatz des eingebrachten Betriebsvermögens mit dem Teilwert abhängig. Damit kommt zum

---
30 BMF, BStBl 1998 I S. 268, Tz. 20.42 bis 20.47.
31 BMF, BStBl 1998 I S. 268 (UmwSt-Erlass), Tz. 20.23 i. V. m. 22.11.

Ausdruck, dass die Tarifermäßigung des § 34 Abs. 1 EStG – anders als in anderen Fällen der Betriebsveräußerung nach § 16 EStG – nicht von der Auflösung sämtlicher stillen Reserven des eingebrachten Betriebsvermögens abhängen soll. Die Steuervergünstigung ist daher auch bei einer nur geringfügigen Auflösung stiller Reserven zu gewähren.[32] Der Einbringungsgewinn unterliegt nicht der Gewerbesteuer.[33]

23.6.2.4 Buchwertverknüpfung

Bei der Fortführung der Buchwerte entspricht der Verkaufspreis den bisherigen Buchwerten (vgl. auch § 20 Abs. 4 Satz 1 UmwStG). Vorhandene stille Reserven werden auf die Kapitalgesellschaft übertragen, sodass im Zeitpunkt der Einbringung kein Veräußerungsgewinn entsteht. Das Kapital des Einbringenden kann vollständig in **gezeichnetes Kapital** umgewandelt werden. Es kann aber nur zum Teil zur Bildung von Stammkapital und zum Teil zur Bildung einer Kapitalrücklage oder von Gesellschafterdarlehen (§ 20 Abs. 4 Satz 2 UmwStG) verwendet werden. Der Ansatz mit dem Buchwert ist auch zulässig, wenn in der HB das eingebrachte Betriebsvermögen nach handelsrechtlichen Vorschriften mit einem höheren Wert angesetzt werden muss (§ 20 Abs. 2 Satz 2 UmwStG). Das ist z. B. der Fall, wenn wegen des Verbots, Aktien oder Geschäftsanteile zu einem unter dem Nennwert liegenden Betrag auszugeben (vgl. § 9 AktG, § 5 Abs. 4 GmbHG), das eingebrachte Betriebsvermögen mit einem höheren als dem bisherigen Buchwert angesetzt werden muss.[34]

Der Wert, mit dem die Kapitalgesellschaft das eingebrachte Betriebsvermögen ansetzt, gilt nach § 20 Abs. 4 Satz 1 UmwStG als Anschaffungskosten der Gesellschaftsanteile. Führt die Kapitalgesellschaft die Buchwerte fort, bleiben in dem eingebrachten Betriebsvermögen vorhandene stille Reserven in den Gesellschaftsanteilen repräsentiert. Wegen der Veräußerung der Gesellschaftsanteile vgl. § 21 UmwStG und 23.6.2.7.

Die Kapitalgesellschaft tritt hinsichtlich AfA, erhöhter Absetzungen, Sonderabschreibungen, Bewertungsfreiheiten, Bewertungsabschläge, den steuerlichen Gewinn mindernder Rücklagen sowie des eingeschränkten Wertzusammenhangs nach § 6 Abs. 1 Nr. 1 Satz 4, Nr. 2 Sätze 2 und 3 EStG in die Rechtsstellung des Einbringenden ein (§ 22 Abs. 1 i. V. m. § 12 Abs. 3 UmwStG). Hat die Dauer der Zugehörigkeit eines Wirtschaftsguts zum Betriebsvermögen für die Besteuerung Bedeutung (z. B. nach § 6 b Abs. 4 Nr. 2 EStG), so ist der Zeitraum der Zugehörigkeit zum Betriebsvermögen des Einbringenden der übernehmenden Kapitalgesellschaft anzurechnen (§ 22 Abs. 1 i. V. m. § 4 Abs. 2 Satz 3 UmwStG).

---

32 BFH, BStBl 1992 II S. 406.
33 BFH, BStBl 1988 II S. 374.
34 Vgl. dazu BMF, BStBl 1998 I S. 268, Tz. 20.27 bis 20.29.

23 Kapitalgesellschaften

Beispiel

Die A & B-OHG, an der die Gesellschafter A und B mit je 50 v. H. beteiligt sind, wird zum 1. 1. 06 in die A & B-GmbH umgewandelt.

Handels- und Steuerbilanz der OHG zum 31. 12. 05:

Aktiva		Bilanz am 1. 1.	Passiva	
Grund und Boden		100 000 DM	Kapital A	400 000 DM
Gebäude 640 000 DM			Kapital B	400 000 DM
AfA § 7 Abs. 5 Satz 1			Sonderposten mit Rücklage-	
Nr. 1 EStG 10 %			anteil (Rücklage § 6 b EStG	
v. 800 000 DM	80 000 DM	560 000 DM	aus Veräußerung	
Maschinen (AK 10. 1. 04			Grubo in 04)	100 000 DM
= 200 000 DM, ND = 10 J.)			Verbindlichkeiten	476 000 DM
AfA § 7 Abs. 2 EStG	140 000 DM			
30 % v. 140 000 DM	42 000 DM	98 000 DM		
Geschäftsausstattung				
AfA § 7 Abs. 1 EStG	35 000 DM			
10 % v. 70 000 DM	7 000 DM	28 000 DM		
übriges Anlagevermögen		90 000 DM		
Umlaufvermögen		500 000 DM		
		1 376 000 DM		1 376 000 DM

Es bestehen folgende stille Reserven:

Grund und Boden	250 000 DM
Gebäude	80 000 DM
Maschinen	20 000 DM
GWG (Teilwert je WG nicht über 800 DM)	50 000 DM
Firmenwert	200 000 DM
	600 000 DM

Die GmbH übernimmt sämtliche Wirtschaftsgüter der OHG zu Buchwerten, die gesamte Grunderwerbsteuer in Höhe von (2 % von 990 000 DM =) 19 800 DM, Grundbuchkosten für die Umschreibung des Eigentums am Grundstück in Höhe von 1000 DM sowie die aus der Geschäftsveräußerung resultierende USt, die jedoch durch den Vorsteuerabzug in gleicher Höhe kompensiert wird. Kosten für die Beurkundung des Gesellschaftsvertrags und Eintragung der GmbH in das Handelsregister sind sofort abziehbare Betriebsausgaben (vgl. § 248 Abs. 1 HGB).

Das Stammkapital der GmbH entfällt mit je 50 v. H. auf A und B und beträgt:

Fall 1: 800 000 DM.

Fall 2: 600 000 DM. Der Restbetrag von 200 000 DM wird der Kapitalrücklage zugeführt.

Fall 3: 50 000 DM. In Höhe der restlichen 750 000 DM werden Darlehensverbindlichkeiten gegenüber A und B von jeweils 375 000 DM begründet.

23.6 Gründung einer GmbH

Zu Fall 1: Für die GmbH ergibt sich die folgende Eröffnungsbilanz:

A	Bilanz am 1. 1. 06		P
Grund und Boden	107 354 DM	gezeichnetes Kapital	800 000 DM
Gebäude	573 446 DM	Sonderposten mit	
Maschinen	98 000 DM	Rücklageanteil	100 000 DM
Geschäftsausstattung	28 000 DM	Verbindlichkeiten	476 000 DM
übriges Anlagevermögen	90 000 DM	Sonstige Verbindlichkeiten	
Umlaufvermögen	500 000 DM	(übernommene GrESt,	
		Grundbuchkosten)	20 800 DM
	1 396 800 DM		1 396 800 DM

Wegen der Buchwertfortführung entsteht bei den Einbringenden kein Veräußerungsgewinn; die Anschaffungskosten der GmbH-Anteile betragen insgesamt 800 000 DM (§ 20 Abs. 4 Satz 1 UmwStG).

Die GmbH hat die übernommenen Buchwerte fortzuführen. Das bedeutet Übernahme der Rücklage nach § 6 b EStG (Sonderposten mit Rücklageanteil i. S. des § 273 i. V. m. § 247 Abs. 3 HGB) mit spätestem Auflösungszeitpunkt 31. 12. 06 (vorbehaltlich Sonderfall des § 6 b Abs. 3 Satz 3 EStG), Beibehaltung der AfA-Methode auf Gebäude und Maschinen (hier jedoch gemäß § 7 Abs. 3 EStG Wechsel von § 7 Abs. 2 nach § 7 Abs. 1 EStG möglich) und Geschäftsausstattung (§ 22 Abs. 1 i. V. m. § 12 Abs. 3 UmwStG):

AfA Gebäude 06 (10 % von 813 446 DM, ab 07 5 %)	81 345 DM
AfA Maschinen 06 (30 % von 98 000 DM)	29 400 DM
AfA Geschäftsausstattung 06 (10 % von 70 000 DM)	7 000 DM

Zu Fall 2: Eröffnungsbilanz der GmbH:

A	Bilanz am 1. 1. 06		P
Aktiva wie im Fall 1	1 396 800 DM	gezeichnetes Kapital	600 000 DM
		Kapitalrücklage	200 000 DM
		Sopo mit Rücklageanteil	100 000 DM
		Verbindlichkeiten	476 000 DM
		Sonstige Verbindlichkeiten	20 800 DM
	1 396 800 DM		1 396 800 DM

Es gelten die Ausführungen zu 1.

Auch in diesem Fall betragen die Anschaffungskosten der Gesellschaftsrechte 800 000 DM. Sie finden ihren Ausdruck im Eigenkapital, das sich hier aus dem gezeichneten Kapital und der Kapitalrücklage zusammensetzt (vgl. auch hier §§ 266 Abs. 3 Buchstabe A, 272 HGB).

Die Einlage in die Kapitalrücklage ist dem (außerhalb der Bilanz zu führenden) steuerlichen Einlagekonto gutzubringen, § 27 KStG. Dies hat zur Folge, dass später Ausschüttungen aus dem Einlagekonto bei den Gesellschaftern nicht zu den Einkünften gehören (§ 20 Abs. 1 Nr. 1 Satz 3 EStG). Allerdings sind die Anschaffungskosten zu mindern.

Zu Fall 3: Eröffnungsbilanz der GmbH:

A	Bilanz am 1. 1. 06		P
Aktiva wie im Fall 1	1 396 800 DM	gezeichnetes Kapital	50 000 DM
		Sopo mit Rücklageanteil	100 000 DM
		Darlehen	750 000 DM
		Verbindlichkeiten	476 000 DM
		sonstige Verbindlichkeiten	20 800 DM
	1 396 800 DM		1 396 800 DM

Den Gesellschaftern A und B werden außer den Gesellschaftsanteilen Darlehensforderungen eingeräumt. Dazu bestimmt § 20 Abs. 4 Satz 2 UmwStG: Soweit neben den Gesellschaftsanteilen auch andere Wirtschaftsgüter gewährt werden, ist deren gemeiner Wert bei der Bemessung der Anschaffungskosten der Gesellschaftsanteile von dem Veräußerungspreis abzuziehen.

Berechnung der Anschaffungskosten der Gesellschaftsanteile:

Veräußerungspreis = Buchwert des Betriebsvermögens der GmbH am 1. 1. 06 (1 396 800 DM ./. Rücklage 100 000 DM ./. Verbindlichkeiten, s. Verbindlichkeiten 496 800 DM =)	800 000 DM
./. gemeiner Wert der Darlehensforderungen (andere Wirtschaftsgüter i. S. des § 20 Abs. 4 Satz 2 UmwStG)	750 000 DM
= Anschaffungskosten der GmbH-Anteile	50 000 DM

23.6.2.5 Vollrealisierung

§ 20 Abs. 2 UmwStG ermöglicht eine volle Auflösung der stillen Reserven. Die eingebrachten Wirtschaftsgüter werden dann mit dem Teilwert angesetzt, wobei auch ein originärer Firmenwert zu berücksichtigen ist, wenn es sich um eine Einbringung im Wege der Einzelrechtsnachfolge handelt (vgl. auch § 20 Abs. 3 UmwStG).

Nach § 20 Abs. 4 Satz 1 UmwStG gilt für den Einbringenden der Teilwert als Verkaufspreis und als Anschaffungskosten der Gesellschaftsanteile. Wegen der späteren Veräußerung der Gesellschaftsanteile vgl. § 21 UmwStG und 23.6.2.7. Steuerfreie Rücklagen können nicht von der übernehmenden Kapitalgesellschaft fortgeführt werden; sie sind deshalb aufzulösen[35] und erhöhen den Veräußerungsgewinn.[36] Der Veräußerungsgewinn ist nach § 16 Abs. 4, § 34 Abs. 1 EStG begünstigt (§ 20 Abs. 5 UmwStG).

Für die Kapitalgesellschaft gelten bei Einzelrechtsnachfolge die eingebrachten Wirtschaftsgüter als im Zeitpunkt der Einbringung zum Teilwert angeschafft (§ 22 Abs. 3, 1. Halbsatz UmwStG). Hinsichtlich Bemessung der AfA usw. sind die für Anschaffungen maßgebenden Regelungen zu beachten.

---

35 BFH, BStBl 1998 I S. 268, Tz. 22.11.
36 BFH, BStBl 1992 II S. 392.

23.6 Gründung einer GmbH

Anknüpfend an das vorstehende **Beispiel** ergibt sich für die GmbH die folgende Eröffnungsbilanz:

A	Bilanz am 1. 1. 06		P
Firmenwert	200 000 DM	Gezeichnetes Kapital	1 500 000 DM
Grund und Boden	357 354 DM	Verbindlichkeiten	476 000 DM
Gebäude	653 446 DM	Sonstige	
Maschinen	118 000 DM	Verbindlichkeiten	20 800 DM
GWG	50 000 DM		
Geschäftsausstattung	28 000 DM		
Übriges Anlagevermögen	90 000 DM		
Umlaufvermögen	500 000 DM		
	1 996 800 DM		1 996 800 DM

Ermittlung des Veräußerungsgewinns:
  Veräußerungspreis (= gezeichnetes Kapital)   1 500 000 DM
./. Buchwert des eingebrachten Betriebsvermögens
  (Summe der Kapitalkonten)   800 000 DM
= Veräußerungsgewinn   700 000 DM

Zum Veräußerungsgewinn gehört auch der Gewinn aus der Auflösung der Rücklage nach § 6 b EStG.[37] Auf den Veräußerungsgewinn ist § 34 Abs. 1 EStG und grundsätzlich auch § 16 Abs. 4 EStG anzuwenden (§ 20 Abs. 5 UmwStG). Der Freibetrag nach § 16 Abs. 4 EStG wird jedoch wegen der Höhe des Veräußerungsgewinns vollständig aufgezehrt.

Die Anschaffungskosten der GmbH-Anteile betragen insgesamt 1 500 000 DM (§ 20 Abs. 4 Satz 1 UmwStG).

Für die GmbH gelten die einzelnen Wirtschaftsgüter des eingebrachten Betriebsvermögens als zum Teilwert angeschafft (§ 23 Abs. 3 UmwStG). Deshalb ist für 06 die AfA für den Firmenwert mit (100 : 15 =) $6^{2}/_{3}$ % von 200 000 DM (§ 7 Abs. 1 Satz 3 EStG), die Gebäude-AfA nach § 7 Abs. 4 Satz 1 Nr. 1 EStG mit 4 % von 653 446 DM (aus dem Sachverhalt ist nicht erkennbar, dass die tatsächliche Nutzungsdauer weniger als 25 Jahre beträgt), die AfA für die Maschinen entsprechend der ab 1. 1. 06 unterstellten betriebsgewöhnlichen Nutzungsdauer von acht Jahren entweder mit 20 % degressiv oder mit (100 : 8 =) 12,5 % linear von 118 000 DM, die AfA für die Geschäftsausstattung entsprechend der ab 1. 1. 06 gegebenen Nutzungsdauer von vier Jahren entweder mit 20 % (kommt also nicht infrage!) degressiv oder 25 % linear von 28 000 DM zu bemessen. Die Anschaffungskosten für die GWG können in 06 sofort als Betriebsausgaben abgezogen werden (§ 6 Abs. 2 EStG) oder aktiviert und nach § 6 Abs. 1 Nr. 1 i. V. m. § 7 EStG bewertet werden. Die Sechsjahresfrist des § 6 b Abs. 4 Nr. 2 EStG beginnt für die GmbH am 1. 1. 06.

Im Falle der Einbringung des Betriebsvermögens im Wege der Gesamtrechtsnachfolge nach den Vorschriften des UmwG ergibt sich Folgendes:
  Die Bilanz weist das gleiche Bild wie zuvor aus.

---

37 BFH, BStBl 1998 I S. 268, Tz. 22.11.

Änderungen ergeben sich nur im Hinblick auf die AfA gemäß § 22 Abs. 3, 2. Halbsatz i. V. m. § 22 Abs. 2 UmwStG:

Gebäude: 10 % von (800 000 DM + 80 000 DM + Nebenkosten 13 446 DM) = 89 345 DM

Maschinen: 30 % von 98 000 DM (Teilwert) = 29 400 DM

GWG: Die Sofortabschreibung ist nur möglich, soweit für das einzelne WG die ursprünglichen AK oder HK zzgl. Aufstockungsbetrag in Höhe der stillen Reserven den Nettobetrag von 800 DM nicht übersteigen. Ansonsten sind die stillen Reserven zu aktivieren und auf die Restnutzungsdauer zu verteilen, ggf. nach § 7 Abs. 2 EStG abzuschreiben.

23.6.2.6 Teilrealisierung

Werden die Wirtschaftsgüter des eingebrachten Betriebsvermögens, soweit sie stille Reserven enthalten, mit einem höheren Wert als dem Buchwert und einem niedrigeren Wert als dem Teilwert angesetzt, so entsteht ein Veräußerungsgewinn in Höhe der Differenz zwischen dem Ansatz in der Eröffnungsbilanz der Kapitalgesellschaft und dem Buchwert in der Schlussbilanz des Einbringenden (§ 16 Abs. 2 EStG i. V. m. § 20 Abs. 2 und 4 UmwStG). Da die stillen Reserven nicht vollständig aufgelöst werden, ist der Veräußerungsgewinn nicht nach § 16 Abs. 4 EStG, wohl aber nach § 34 Abs. 1 EStG begünstigt (§ 20 Abs. 5 UmwStG).

Die Anschaffungskosten der Anteile an der Kapitalgesellschaft richten sich, wie bereits in 23.6.2.4 und 23.6.2.5 ausgeführt, nach dem Verkaufspreis des eingebrachten Betriebsvermögens, und dieser bemisst sich nach dem Wertansatz in der Eröffnungsbilanz der Kapitalgesellschaft (§ 20 Abs. 4 Satz 1 UmwStG). Wegen der Veräußerung der Gesellschaftsanteile vgl. § 21 UmwStG und 23.6.2.7.

Der Ansatz von Zwischenwerten in der Eröffnungsbilanz der Kapitalgesellschaft bedeutet eine Aufstockung der Buchwerte des eingebrachten Betriebsvermögens, soweit in den Buchwerten stille Reserven enthalten sind; denn die Teilwerte dürfen nicht überschritten werden (§ 20 Abs. 2 letzter Satz UmwStG). Die stillen Reserven sind gleichmäßig durch Aufstockung zu erfassen.[38] Die früher zulässige Beschränkung der Aufstockung auf das Anlagevermögen ist aufgegeben worden.

Bei der Aufstockung ist ein originärer Geschäftswert nur zu berücksichtigen, wenn die übrigen Wirtschaftsgüter, soweit sie stille Reserven enthalten, bis zu den Teilwerten aufgestockt sind, aber gegenüber dem Wert, mit dem das eingebrachte Betriebsvermögen von der Kapitalgesellschaft angesetzt werden soll, noch eine Differenz verbleibt; diese Differenz ist dann durch den Ansatz eines Geschäftswerts auszufüllen. Wird der originäre Geschäftswert allerdings zu 100 % angesetzt, liegt eine Vollrealisierung = Ansatz zu Teilwerten vor.

Beim Ansatz zu Zwischenwerten tritt die übernehmende Kapitalgesellschaft – wie bei der Buchwertfortführung – bezüglich AfA, erhöhter Absetzungen, Sonderab-

---

[38] BFH, BStBl 1984 II S. 747; BMF, BStBl 1998 I S. 268, Tz. 22.08.

23.6 Gründung einer GmbH

schreibungen, Bewertungsabschläge, Bewertungsfreiheiten, steuerfreier Rücklagen sowie des eingeschränkten Wertzusammenhangs in die Rechtsstellung des Einbringenden ein (§ 22 Abs. 2 i. V. m. § 12 Abs. 3 UmwStG). Das bedeutet Beibehaltung der AfA-Methode (vorbehaltlich Wechsel von § 7 Abs. 2 nach § 7 Abs. 1 gemäß § 7 Abs. 3 EStG), jedoch Behandlung der Aufstockung wie nachträgliche Anschaffungskosten (§ 22 Abs. 2 UmwStG). Vorhandene steuerfreie Rücklagen können fortgeführt werden. Eine Besitzzeitanrechnung findet jedoch nicht statt; in § 22 Abs. 2 wird nicht auf § 4 Abs. 2 UmwStG verwiesen.[39]

Beispiel

Sachverhalt wie im Beispiel zur „Buchwertfortführung". Die GmbH möchte insgesamt 120 000 DM aufstocken. Das sind 30 % der stillen Reserven ohne Firmenwert.

Berechnung der aufgestockten Bilanzwerte:

Grund und Boden:	Buchwert	100 000 DM
	+ 30 % von 250 000 DM =	75 000 DM
	+ anteilige Nebenkosten	7 354 DM
	= Bilanzwert	182 354 DM
Gebäude:	Buchwert	560 000 DM
	+ 30 % von 80 000 DM =	24 000 DM
	+ anteilige Nebenkosten	13 446 DM
	= Bilanzwert	597 446 DM
Maschinen:	Buchwert	98 000 DM
	+ 30 % von 20 000 DM =	6 000 DM
	= Bilanzwert	104 000 DM
GWG:	Buchwert	0 DM
	+ 30 % von 50 000 DM =	15 000 DM
	= Bilanzwert	15 000 DM

Die Eröffnungsbilanz der GmbH lautet dann:

Aktiva	Bilanz am 1. 1. 06		Passiva
Grund und Boden	182 354 DM	Gezeichnetes Kapital	920 000 DM
Gebäude	597 446 DM	Sopo mit Rücklageanteil	100 000 DM
Maschinen	104 000 DM	Verbindlichkeiten	476 000 DM
GWG	15 000 DM	Sonstige	
Geschäftsausstattung	28 000 DM	Verbindlichkeiten	20 800 DM
Übriges Anlagevermögen	90 000 DM		
Umlaufvermögen	500 000 DM		
	1 516 800 DM		1 516 800 DM

---

39 Vgl. auch BFH, BStBl 1992 II S. 988.

Nach § 22 Abs. 2 i. V. m. § 12 Abs. 3 UmwStG beträgt die AfA für 06:

Gebäude:	10 % von (800 000 DM + 37 446 DM =)	83 745 DM
Maschinen:	30 % von 104 000 DM =	31 200 DM
GWG:	Die Sofortabschreibung ist nur möglich, soweit für das einzelne Wirtschaftsgut die ursprünglichen Anschaffungs- oder Herstellungskosten zzgl. Aufstockungsbetrag den Nettobetrag von 800 DM nicht übersteigen. Ansonsten ist der aktivierte Betrag nach § 7 EStG abzuschreiben. Für den AfA-Satz ist die betriebsgewöhnliche **Rest**nutzungsdauer maßgebend.	

Die Rücklage nach § 6 b EStG kann fortgeführt werden (§ 22 Abs. 2 i. V. m. § 12 Abs. 3 UmwStG).

Ermittlung des Veräußerungsgewinns:

Veräußerungspreis (= gezeichnetes Kapital)	920 000 DM
Buchwert des eingebrachten Betriebsvermögens (Summe der Kapitalkonten)	800 000 DM
= Veräußerungsgewinn	120 000 DM

§ 34 Abs. 1 EStG ist anzuwenden, während § 16 Abs. 4 EStG wegen Nichtauflösung aller stillen Reserven nicht berücksichtigt werden kann (§ 20 Abs. 5 UmwStG).

23.6.2.7 Veräußerung der Gesellschaftsanteile

Die Veräußerung von Anteilen an Kapitalgesellschaften, die nicht zu einem Betriebsvermögen gehören, wird steuerlich erfasst, wenn der Vorgang entweder unter § 17 EStG[40] oder unter § 22 Nr. 2 i. V. m. § 23 EStG – Spekulationsgeschäfte – fällt. Nach § 3 Nr. 40 Satz 1 Buchstabe c und Buchstabe i EStG ist bei natürlichen Personen allerdings der „Veräußerungsgewinn" zur Hälfte befreit.

Resultieren die Anteile jedoch aus einer Einbringung – sog. einbringungsgeborene Anteile – und sind die eingebrachten Wirtschaftsgüter bei der Kapitalgesellschaft mit den Buchwerten oder Zwischenwerten angesetzt worden, so sind nicht die allgemeinen Vorschriften des EStG, sondern die Sondervorschriften des § 21 UmwStG zu beachten.[41] Werden danach Anteile an einer Kapitalgesellschaft veräußert, die der Veräußerer oder, bei unentgeltlichem Erwerb der Anteile, der Rechtsvorgänger durch eine Sacheinlage (§ 20 Abs. 1 UmwStG) erworben hat, so gilt der Betrag, um den der Veräußerungspreis nach Abzug der Veräußerungskosten die Anschaffungskosten (§ 20 Abs. 4 UmwStG) übersteigt, als Veräußerungsgewinn i. S. des § 16 EStG. Auch hier greift dann zunächst die hälftige Befreiung nach § 3 Nr. 40 Satz 1

---

40 Bei Beteiligung ab 1 % für Veräußerungen nach dem 31. 12. 2000.
41 Vgl. auch BFH, BStBl 1994 II S. 222 m. w. N.

Buchstabe b EStG ein. Der nach Abzug des Freibetrages nach § 16 Abs. 4 EStG verbleibende Teil unterliegt nicht nach § 34 EStG dem ermäßigten Steuersatz. Für Körperschaften als Veräußerer tritt eine Befreiung nach § 8 b Abs. 2 KStG ein. Allerdings greift weder die Halbeinkünftebesteuerung nach § 3 Nr. 40 EStG noch die volle Befreiung nach § 8 b Abs. 2 KStG ein, wenn die einbringungsgeborenen Anteile innerhalb von sieben Jahren seit der Einbringung des Betriebes, Teilbetriebes oder Mitunternehmeranteils veräußert werden, § 3 Nr. 40 Sätze 3 und 4 EStG, § 8 b Abs. 4 KStG.

Eine Gewinnrealisierung tritt jedoch nicht ein, wenn stille Reserven von Gesellschaftsanteilen, die durch Sacheinlage gemäß § 20 Abs. 1 UmwStG erworben worden sind, bei einer Kapitalerhöhung auf junge, nicht durch Sacheinlage erworbene Anteile eines Dritten übergehen.[42] Das gilt auch, wenn diese stillen Reserven bei einer Kapitalerhöhung auf junge, durch Bareinlage erworbene Anteile desselben Gesellschafters übergehen.[43] Gehen bei einer Kapitalerhöhung stille Reserven von einer Sacheinlage (§ 20 Abs. 1 UmwStG) unentgeltlich auch auf Altanteile über, so tritt zwar keine Gewinnrealisation ein; diese Anteile werden aber insoweit ebenfalls von der Steuerverstrickung des § 21 UmwStG erfasst.[44]

23.6.2.8 Sonstiges

Wegen der Einbringung bei negativem Kapital Hinweis auf § 20 Abs. 2 Satz 4 UmwStG; wegen der Verpflichtung zum Teilwertansatz, wenn das Besteuerungsrecht der Bundesrepublik Deutschland hinsichtlich des Gewinns aus einer Veräußerung der dem Einbringenden gewährten Gesellschaftsanteile im Zeitpunkt der Sacheinlage ausgeschlossen ist, Hinweis auf § 20 Abs. 3 UmwStG; wegen der Einbringung von Beteiligungen an einer Kapitalgesellschaft sowie von Einbringungen innerhalb der EU Hinweis auf §§ 20 Abs. 1 Satz 2 und 23 UmwStG; wegen Einlage der einbringungsgeborenen Gesellschaftsanteile in ein Betriebsvermögen Hinweis auf § 21 Abs. 4 UmwStG.

23.7 Gründung einer Aktiengesellschaft

Zur Gründung einer AG waren bis 1994 mindestens fünf Gründer erforderlich. Seit 1995 ist auch die Gründung einer Ein-Personen-AG zulässig. Der oder die Gründer übernehmen die Aktien gegen ihre Einlagen (Einheits- oder Simultangründung).

---

42 BFH, BStBl 1992 II S. 761.
43 BFH, BStBl 1992 II S. 764.
44 BFH, BStBl 1992 II S. 763; BMF, BStBl 1998 I S. 268, Tz. 21.14 bis 21.16.

23 Kapitalgesellschaften

Übernehmen die Gründer selbst nicht alle Aktien, muss ein Teil beim Publikum untergebracht werden (Stufen- oder Sukzessivgründung). Die Einheitsgründung überwiegt, weil sie wesentlich einfacher ist. Dabei übernimmt eine Bank oder ein Bankenkonsortium als Mitgründer die zum nachträglichen Verkauf (Emission) bestimmten Aktien.

Die AG wird ebenso wie die GmbH durch notariell zu beurkundenden Gesellschaftsvertrag, die Satzung, errichtet. Das Mindestkapital (Nennbetrag des Grundkapitals) muss 50 000 Euro, der Mindestbetrag der Aktien 1 Euro betragen. Die Aktien sind unteilbar (§ 8 AktG). Zulässig ist auch die Ausgabe von Stückaktien. Diese haben keinen Nennbetrag, § 8 Abs. 3 AktG. Ihr „Nennwert" ergibt sich aus der Höhe des Grundkapitals geteilt durch die Anzahl der Stückaktien (= anteiliger Betrag).

Die Ausgabe der Aktien kann zum Nennbetrag (anteiligen Betrag) erfolgen. Sehr häufig wird jedoch ein Ausgabe-Aufgeld berechnet, das als Kapitalrücklage auszuweisen ist (§ 272 Abs. 2 Nr. 1 HGB). Die Ausgabe unter dem Nennwert (unter pari) ist nicht erlaubt (§ 9 AktG). Wie bei der GmbH werden die Gründungskosten als Aufwand des ersten Geschäftsjahres gebucht. Sie dürfen nicht aktiviert werden (§ 248 Abs. 1 HGB). Bei der steuerrechtlichen Gewinnermittlung sind die Kosten der Ausgabe von Gesellschaftsanteilen in voller Höhe als Betriebsausgaben abziehbar.

Nach der Art der einzubringenden Vermögenswerte unterscheidet man auch hier die Bargründung und die Sachgründung. Bei Sachgründungen müssen in der Satzung der Gegenstand der Sacheinlage oder Sachübernahme, die Person, von der die Gesellschaft den Gegenstand erwirbt, und der Nennbetrag der Aktien, die für die Sacheinlage gewährt werden, oder die bei der Sachübernahme zu gewährende Vergütung festgesetzt werden (§ 27 AktG). Bei der Sachgründung ist eine Gründungsprüfung durch Gründungsprüfer (Wirtschaftsprüfer) notwendig, §§ 33, 34 AktG. Der Gründungsvorgang ist beendet und die AG errichtet, wenn die Gründer, die die Satzung festgestellt haben (§§ 28, 29 AktG), alle Aktien übernommen haben. Eine juristische Person wird die AG jedoch erst mit der Eintragung in das Handelsregister (§ 41 AktG). Die Eintragung hat konstitutive Wirkung. Erst jetzt dürfen Aktienurkunden ausgegeben werden (§ 41 Abs. 4 AktG). Auch bei der Gründung einer AG ist wie bei der GmbH zwischen Vorgründungsgesellschaft und Vorgesellschaft zu unterscheiden.[45]

Beispiele

a) Acht Gesellschafter gründen eine AG (Bargründung), deren Grundkapital auf 800 000 DM festgesetzt wird. Jeder Gesellschafter übernimmt 2000 Stücke à 50 DM. Die Ausgabe erfolgt zu pari. Das Kapital wird voll eingezahlt.

---

45 Vgl. 23.6.1.

23.7 Gründung einer Aktiengesellschaft

Buchungen

S	Einzahlungskonten	H	S	Gezeichnetes Kapital	H
1) 800 000 DM	2) 800 000 DM			1) 800 000 DM	

S	Bank	H
2) 800 000 DM		

b) Die Ausgabe erfolgt zum Ausgabekurs von 120 % (60 DM pro Stück). Im Übrigen wie Beispiel a).

Das Ausgabe-Aufgeld ist als Kapitalrücklage auszuweisen (§ 272 Abs. 2 Nr. 1 HGB).

Buchungen

S	Einzahlungskonten	H	S	Gezeichnetes Kapital	H
1) 800 000 DM	2) 800 000 DM			1) 800 000 DM	

S	Bank	H	S	Kapitalrücklage	H
2) 960 000 DM				2) 160 000 DM	

c) Eingefordert werden nur 25 % des Aktienkapitals sowie das Agio von 20 % des Grundkapitals. Im Übrigen wie Beispiel b).

Buchungen

S	Einzahlungskonten	H	S	Gezeichnetes Kapital	H
1) 800 000 DM	2) 200 000 DM			1) 800 000 DM	

S	Bank	H	S	Kapitalrücklage	H
2) 360 000 DM				2) 160 000 DM	

d) Fünf Gesellschafter gründen eine AG, deren Grundkapital auf 1 000 000 DM festgesetzt wird. Der Nennwert jeder Aktie beträgt 5 DM. Davon übernehmen:

A: 200 000 DM zu pari gegen Einbringung von Patenten.

B: 100 000 DM zu pari gegen Einbringung eines unbebauten Grundstücks. GrESt, Notariats- und Grundbuchkosten betragen 5000 DM. Die Nebenkosten trägt die AG.

C: 400 000 DM zu 120 %
D: 50 000 DM zu 120 %   } Einzahlung 25 % zzgl. Agio
E: 250 000 DM zu 120 %

23 Kapitalgesellschaften

Buchungen

S	Einzahlungskonten	H
1) 1 000 000 DM	2) 200 000 DM	
	3) 100 000 DM	
	4) 100 000 DM	
	5) 12 500 DM	
	6) 62 500 DM	

S	Gezeichnetes Kapital	H
	1) 1 000 000 DM	

S	Patente	H
2) 200 000 DM		

S	Kapitalrücklage	H
	4) 80 000 DM	
	5) 10 000 DM	
	6) 50 000 DM	

S	Unbebaute Grundstücke	H
3) 105 000 DM		

S	Sonst. Verbindlichkeiten	H
	3) 5 000 DM	

S	Bank	H
4) 180 000 DM		
5) 22 500 DM		
6) 112 500 DM		

Aktiva	Gründungsbilanz		Passiva
Ausstehende Einlagen auf das gezeichnete Kapital	525 000 DM	gezeichnetes Kapital	1 000 000 DM
Patente	200 000 DM	Kapitalrücklage	140 000 DM
Unbebaute Grundstücke	105 000 DM	Sonstige Verbindlichkeiten	5 000 DM
Bank	315 000 DM		
	1 145 000 DM		1 145 000 DM

24 GmbH & Co. KG

24.1 Begriff

Die **typische** GmbH & Co. KG ist eine Kommanditgesellschaft, bei der alleiniger persönlich, d. h. unbeschränkt haftender Gesellschafter (Komplementär) eine GmbH ist (§ 172 a HGB). Es handelt sich dabei um eine **personengleiche** GmbH & Co. KG, wenn die Kommanditisten (beschränkt haftende Gesellschafter) gleichzeitig Gesellschafter der GmbH sind.

Die GmbH ist allein zur Geschäftsführung befugt (§ 161 Abs. 2 i. V. m. § 114 HGB) und alleiniges Vertretungsorgan der KG (§ 161 Abs. 2 i. V. m. § 170 und § 125 Abs. 1 HGB). Die GmbH & Co. KG ist zivilrechtlich eine Personengesellschaft (KG) und keine juristische Person. Sie wird als Rechtsform häufig deshalb gewählt, weil die Vorteile der Personengesellschaft (größere Flexibilität) mit der wirtschaftlich de facto beschränkten Haftung der natürlichen Personen (als Kommanditisten und Gesellschafter der GmbH als Komplementärin) verbunden werden können. Steuerlich ist von Interesse, dass vorbehaltlich § 15 a EStG Verluste der Kommanditisten mit positiven Einkünften ausgeglichen werden können. Für die GmbH & Co. KG gelten allerdings seit dem 9. 3. 2000[1] die Vorschriften über den Jahresabschluss, den Konzernabschluss, die Prüfung und Offenlegung für Kapitalgesellschaften nach den §§ 264 ff. HGB ebenfalls, § 264 a HGB. Als gezeichnetes Kapital sind die Anteile des (oder der) persönlich haftenden Gesellschafters und der Kommanditisten getrennt auszuweisen. Das Kapital ist aber variabel. Verluste sind vom Kapitalanteil abzuschreiben, § 264 c HGB. Forderungen dürfen nur ausgewiesen werden, wenn eine Einzahlungsverpflichtung besteht. Das ist beim Kommanditisten nicht der Fall, wenn seine Einlage durch Verluste gemindert wurde.

Die GmbH ist selbst dann Mitunternehmerin, wenn sie nach dem Gesellschaftsvertrag weder am Vermögen noch am Verlust der KG beteiligt ist; denn die GmbH trägt aufgrund ihrer persönlichen Haftung Mitunternehmerrisiko und entfaltet aufgrund ihrer Geschäftsführung und Vertretung Mitunternehmerinitiative.[2] Unabdingbar ist aber eine Gewinnbeteiligung.[3]

---

1 KapCoRiLG v. 24. 2. 2000, BGBl I S. 154.
2 Vgl. auch BFH, BStBl 1977 II S. 346; BFH, BStBl 1980 II S. 336 bis 338; BFH, BStBl 1988 II S. 883.
3 BFH, BStBl 2000 II S. 183.

24.2 Gesonderte und einheitliche Gewinnfeststellung

24.2.1 Allgemeine Grundsätze

Bei der Ermittlung des gesondert und einheitlich festzustellenden Gewinns sind, wie überhaupt bei Mitunternehmerschaften, zu berücksichtigen:
- Gewinnanteile i. S. des § 15 Abs. 1 Satz 1 Nr. 2, 1. Halbsatz EStG (s. o. 21.4.3),
- Ergebnisse etwaiger Ergänzungsbilanzen (s. o. 21.8.2, 21.9.1, 21.10, 21.11, 21.12),
- Ergebnisse etwaiger Sonderbilanzen (s. o. 21.5.3, 21.6), in die ggf. Vergütungen i. S. des § 15 Abs. 1 Satz 1 Nr. 2, 2. Halbsatz EStG einbezogen sind,
- eventuelle Gewinne oder Verluste aus der Veräußerung des Mitunternehmeranteils (§ 16 Abs. 1 Nr. 2 EStG, s. o. 21.9.1.1.2),
- Vergütungen i. S. des § 15 Abs. 1 Satz 1 Nr. 2, 2. Halbsatz EStG (s. o. 21.4.3, 21.4.4). Dazu gehört auch eine ggf. vereinbarte Tätigkeitsvergütung der GmbH für ihre Geschäftsführung, der entsprechende Personal- und Verwaltungskosten als Sonderbetriebsausgaben gegenüberstehen.

24.2.2 Vorweggewinn und Vergütungen bei der GmbH & Co. KG

Auch im Falle einer GmbH & Co. KG setzt sich der Gewinnanteil des Mitunternehmers aus dem Anteil am Gewinn (§ 15 Abs. 1 Nr. 2, 1. Halbsatz EStG) und den Vergütungen i. S. des § 15 Abs. 1 Nr. 2, 2. Halbsatz EStG zusammen. Dieses Prinzip der **additiven Gewinnermittlung** gilt auch für die Komplementär-GmbH.

Während der Anteil der Komplementär-GmbH am Gewinn der KG aus der **Gesamthandsbilanz** und einer ggf. daneben aufzustellenden **Ergänzungsbilanz** abgeleitet wird, beruhen die Vergütungen auf vertraglich besonders geregelten **Schuldverhältnissen** zwischen der KG und ihrer Komplementär-GmbH. Hierher gehören Vergütungen für besondere Leistungen der Komplementär-GmbH, die auf Tätigkeit, auf Nutzungsüberlassung von Wirtschaftsgütern oder auf Gewährung von Darlehen gerichtet sind, wenn dies gesondert schuldvertraglich vereinbart ist. **Fälschlich** werden diese Vorgänge oftmals als so genannte **Vorabvergütungen** bezeichnet. Tatsächlich handelt es sich indes nicht um ein Vorab im Rahmen der Gewinnverteilung, sondern um Betriebsausgaben der KG, die den verteilungsfähigen Gewinn für alle Gesellschafter mindern.[4]

Soweit die Vergütungen bis zum Bilanzstichtag nicht ausgezahlt worden sind, ist die **Verpflichtung** von der KG zu passivieren. Dementsprechend sind noch nicht ausgezahlte **Vergütungen** für die **Tätigkeit** im Dienst der KG ebenso zu passivieren

---
4 BFH, BStBl 1991 II S. 691.

24.2 Gesonderte und einheitliche Gewinnfeststellung

wie rückständige **Miet-** bzw. **Pachtzahlungen** im Falle der Überlassung von Gegenständen. Natürlich gilt das Passivierungsgebot auch für **rückständige Zinszahlungen** für ein evtl. Darlehen der Komplementär-GmbH gegenüber der KG.

Korrespondierend dem **Grunde** und der **Höhe** nach sind diese Ansprüche in einer Sonderbilanz der Komplementär-GmbH **gewinnerhöhend** zu aktivieren und erst bei Zahlung als **Entnahme in ihrem Sonderbereich** zu erfassen.[5] Damit wird sichergestellt, dass die Vergütungen der Komplementär-GmbH nach § 15 Abs. 1 Nr. 2, 2. Halbsatz EStG in dem Wirtschaftsjahr für Zwecke der Ermittlung des körperschaftsteuerpflichtigen Einkommens (§ 8 KStG) zugerechnet werden, in dem sie im **Gesamthandsbereich der KG** als **Aufwand** in Erscheinung getreten sind.[6] Auf den Zufluss der Vergütungen kommt es nicht an.

Von den Vergütungen abzugrenzen ist der so genannte **Vorweggewinn** oder Vorabgewinn.[7] Dies ist ein Betrag, der der Komplementär-GmbH vor Verteilung des **Gesellschaftsgewinns** vorweg zugerechnet wird (§ 15 Abs. 1 Nr. 2, 1. Halbsatz EStG). Zur angemessenen Gewinnverteilung vgl. 24.5.

Als Vorweggewinn kommen nur gesellschaftsrechtliche Vereinbarungen in Betracht, etwa die **Verzinsung der Kapitalkonten** (§ 121 Abs. 1 HGB) sowie **Gewinnanteile,** die der Komplementär-GmbH für besondere Leistungen (auch Tätigkeit) oder Beiträge im Rahmen einer Gewinnverteilungsabrede **zusätzlich** zugewiesen werden. Eine **Haftungsvergütung** kann nur Vorweggewinn sein und darf schon handelsrechtlich **nicht** gewinnmindernd gebucht werden.[8]

Vorweggewinn liegt auch vor, wenn eine **Komplementär-GmbH** kraft Gesellschaftsvertrages zur Tätigkeit nur im Sinne eines gesellschaftsrechtlichen Beitrags verpflichtet ist (§ 706 Abs. 3 BGB i. V. m. § 105 Abs. 2 und § 161 Abs. 2 HGB). Der von der KG etwa u. a. für Lohnkosten und sonstige Kosten der Geschäftsführung an die GmbH geleistete **Aufwendungsersatz** darf von der KG in diesen Fällen nicht gewinnmindernd gebucht werden, sondern stellt sich als Vorweggewinn der GmbH im Rahmen der Gewinnverteilung dar.[9]

Die von der GmbH getragenen Aufwendungen sind als ihre **Sonderbetriebsausgaben** beim steuerlichen Gesamtgewinn der Mitunternehmerschaft zu berücksichtigen. Das gilt allerdings nur für solche Aufwendungen, die durch die geschäftsführende Tätigkeit oder die Beteiligung an der Personengesellschaft veranlasst sind.[10]

Die **Jahresabschlusskosten, IHK-Beiträge** und ähnliche Kosten der Komplementär-GmbH dürfen daher **nicht** in den Aufwendungsersatz einbezogen werden und

---

5 BFH, BStBl 1992 II S. 1667; BFH, BStBl 1994 II S. 455; BFH, BStBl 1996 II S. 219.
6 BFH, BStBl 1987 II S. 553.
7 BFH, BStBl 1995 II S. 376; BFH, BStBl 1994 II S. 282.
8 Vgl. A. Schulze zur Wiesche, in: Bonner Handbuch der PersG, Stollfuß-Verlag, Fach F, RdNr. 757.
9 BFH, BStBl 1994 II S. 282.
10 BFH, BStBl 1996 II S. 295.

sind folglich auch **nicht** als Sonderbetriebsausgaben abziehbar. Diese Aufwendungen bleiben „eigene" Kosten der GmbH, die unmittelbar das zu versteuernde Einkommen der GmbH mindern und folglich gewerbesteuerlich keine Berücksichtigung **bei der KG** finden können.[11] Vgl. auch das Beispiel unter 21.4.5.2.

Pensionszusagen an den GmbH-Geschäftsführer sind dagegen wie das Geschäftsführergehalt durch die Komplementär-Tätigkeit der GmbH verursacht. Daher sind entsprechende **Pensionsverpflichtungen** bei Zusage durch die GmbH in der **Sonderbilanz** für die GmbH als Rückstellungen zu passivieren.

Das gilt auch dann, wenn der GmbH-Geschäftsführer gleichzeitig Kommanditist der KG ist. Der Pensionsanspruch des Kommanditisten ist in diesen Fällen gleichzeitig in dessen Sonderbilanz **korrespondierend** zu **aktivieren**[12] und erhöht sich im gleichen Umfang wie die Rückstellung in der Sonderbilanz für die GmbH. Bei **Auszahlung** der Pension (**Bezug**) ist die Einnahme des Kommanditisten steuerlich nur noch zu erfassen, soweit die Zahlung den Barwertabbau übersteigt. Im Übrigen handelt es sich um einen erfolgsneutralen Vorgang. Vgl. auch das Beispiel unter 21.4.5.1.

24.3 Anteile an der Komplementär-GmbH als Sonderbetriebsvermögen

Die Voraussetzungen für die Behandlung der Geschäftsanteile der Kommanditisten an der Komplementär-GmbH als Sonderbetriebsvermögen II sind in Kapitel 21.5.3.2.2 dargestellt.

24.4 Geschäftsführergehälter

24.4.1 Keine Beteiligung des Geschäftsführers an der KG

Für den Fall, dass der Geschäftsführer der Komplementär-GmbH nicht zugleich Kommanditist der GmbH ist, wird regelmäßig ein Anstellungsvertrag zwischen dem Geschäftsführer und der GmbH vorliegen. In diesem Fall beschränkt sich der Vorgang bei der KG auf die Zuweisung eines Vorweggewinns an die GmbH in Höhe der Auslagen, die sie wegen der Geschäftsführung gehabt hat. Insoweit kommen bei der KG folglich keine Aufwandsbuchungen in Betracht (vgl. auch 24.2.2).

Beispiel

An der AB-GmbH & Co. KG sind die C-GmbH als Komplementärin sowie A und B als Kommanditisten beteiligt. Während A und B mit jeweils 50 % an der KG beteiligt

---

11 Wegen § 9 Nr. 2 GewStG wirkt sich der Abzug auch bei der Komplementär-GmbH nicht aus, wenn diese außer dem Beteiligungsertrag keine eigenen Einkünfte hat.
12 BFH, BStBl 1993 II S. 792.

24.4 Geschäftsführergehälter

sind, ist die GmbH kapitalmäßig nicht beteiligt. Geschäftsführer der GmbH ist deren Gesellschafter C. Die Personalaufwendungen der GmbH für die Geschäftsführung betragen 180 000 DM. Die KG ist nach Gesellschaftsvertrag verpflichtet, diese Beträge zu erstatten. Außerdem steht der GmbH wegen der Übernahme der Haftung vorweg ein Gewinnanteil von 20 000 DM zu. Im fraglichen Jahr beträgt der KG-Gewinn 500 000 DM.

Lösung

Bei der Gewinnverteilung der KG ist der GmbH vorweg ein Gewinnanteil von 200 000 DM (180 000 DM + 20 000 DM) zuzurechnen. Da die GmbH Anspruch auf Auszahlung dieser Beträge hat, erfolgt im Zeitpunkt der Auszahlung entweder eine Buchung auf einem Entnahmekonto der GmbH oder wie vielfach in der Praxis üblich auf einem Verrechnungskonto der GmbH.

Die GmbH hat dagegen die folgenden Buchungen vorzunehmen:

a) Personalaufwendungen 180 000 DM an Finanzkonto 180 000 DM
b) Verrechnungskonto KG 200 000 DM an Beteiligungserträge 200 000 DM
c) Finanzkonto 200 000 DM an Verrechnungskonto 200 000 DM

Die Personalaufwendungen sind Sonderbetriebsausgaben der GmbH, sodass der steuerrechtliche Gewinnanteil der GmbH im Ergebnis gleich bleibt:

Gewinnanteil nach § 15 Abs. 1 Nr. 2, 1. Halbsatz EStG	+ 200 000 DM
Sonderbetriebsausgaben	./. 180 000 DM
Gewinnanteil der GmbH als Mitunternehmerin	+ 20 000 DM

Gewinnverteilung der KG (in DM)

		GmbH	A	B
Gewinn der KG	500 000			
./. Vorweg für GmbH	200 000	200 000		
Restgewinn (0:50:50)	300 000	0	150 000	150 000
./. Sonderbetriebsausgaben		./. 180 000		
Zu versteuern		20 000	150 000	150 000

C ist nicht Mitunternehmer der KG. Er versteuert seine Einnahmen aus der geschäftsführenden Tätigkeit nach § 19 EStG.

Es kann auch vorkommen, dass der Anstellungsvertrag unmittelbar mit der KG geschlossen wird. In diesem Fall entstehen die Personalaufwendungen bei der KG und mindern deren verteilungsfähigen Gesamthandsgewinn. Die KG ist zur Erfüllung evtl. sozialversicherungspflichtiger Pflichten und zur Einbehaltung der Lohnsteuer, Kirchensteuer und des SolZ verpflichtet. Der Auslagenersatz gegenüber der Komplementär-GmbH reduziert sich auf die übrigen Kosten der Geschäftsführung.

Häufig ist der Fall, dass die Komplementär-GmbH sich in einem Vertrag gegenüber der KG zur Geschäftsführung verpflichtet hat, wonach der GmbH unabhängig von der Gewinnverteilungsabrede eine feste Vergütung für die Geschäftsführertätigkeit zusteht. Dieser Betrag wird allmonatlich von der KG an die GmbH ausgezahlt. Diese Vereinbarung führt handels- und steuerrechtlich zu Aufwand bei der KG. Die Auszahlungsbeträge sind indes als Sondervergütungen nach § 15 Abs. 1 Nr. 2, 2. Halbsatz EStG dem Gewinnanteil der GmbH wieder hinzuzurechnen.

24 GmbH & Co. KG

Beispiel
An der AB-GmbH & Co. KG sind die C-GmbH als Komplementärin sowie A und B als Kommanditisten beteiligt. Während A und B mit jeweils 50 % an der KG beteiligt sind, ist die GmbH kapitalmäßig nicht beteiligt. Der GmbH steht wegen der Übernahme der Haftung vorweg ein Gewinnanteil von 20 000 DM zu. Die GmbH hat mit der KG einen Geschäftsführervertrag abgeschlossen. Danach ist die KG verpflichtet, unabhängig von den tatsächlichen Aufwendungen der KG dieser für die Übernahme der Geschäftsführung eine Vergütung von jährlich 180 000 DM zu zahlen, die in monatlichen Teilzahlungen fällig ist.

Geschäftsführer der GmbH ist deren Gesellschafter C. Die Personalaufwendungen der GmbH für die Geschäftsführung betragen 180 000 DM. Im fraglichen Jahr beträgt der KG-Gewinn 320 000 DM; dabei wurde die Vergütung an die GmbH jeweils bei Auszahlung zutreffend als Aufwand gebucht.

Lösung
Bei der Gewinnverteilung der KG ist der GmbH vorweg ein Gewinnanteil von 20 000 DM zuzurechnen. Da die GmbH Anspruch auf Auszahlung dieses Betrages hat, erfolgt im Zeitpunkt der Auszahlung entweder eine Buchung auf einem Entnahmekonto der GmbH oder wie vielfach in der Praxis üblich auf einem Verrechnungskonto der GmbH.

Die GmbH hat dagegen die folgenden Buchungen vorzunehmen:

a) Personalaufwendungen	180 000 DM	an Finanzkonto	180 000 DM
b) Finanzkonto (12 Raten)	180 000 DM	an Erlöse[13]	180 000 DM
c) Verrechnungskonto KG	20 000 DM	an Beteiligungserträge	20 000 DM
d) Finanzkonto	20 000 DM	an Verrechnungskonto	20 000 DM

Während die Vergütungen für die Geschäftsführung steuerrechtlich betrachtet Sonderbetriebseinnahmen sind, stellen die Personalaufwendungen gleichzeitig Sonderbetriebsausgaben der GmbH dar, sodass der steuerrechtliche Gewinnanteil der GmbH im Ergebnis wie im vorangehenden Beispiel, jedoch mit anderer Rechtsgrundlage, gleich bleibt:

Gewinnanteil nach § 15 Abs. 1 Nr. 2, 1. Halbsatz EStG	+ 20 000 DM
Sonderbetriebseinnahmen (§ 15 Abs. 1 Nr. 2, 2. Halbsatz EStG)	+ 180 000 DM
Sonderbetriebsausgaben	./. 180 000 DM
Gewinnanteil der GmbH als Mitunternehmerin	+ 20 000 DM

Gewinnverteilung der KG (in DM)

	GmbH	A	B
Gewinn der KG	320 000		
./. Vorweg für GmbH	20 000	20 000		
Restgewinn (0:50:50)	300 000	0	150 000	150 000
Sonderbetriebseinnahmen		180 000		
Sonderbetriebsausgaben		./. 180 000		
Zu versteuern		20 000	150 000	150 000

---

13 Der Vorgang unterliegt nicht der Umsatzsteuer, weil die Komplementär-GmbH nicht selbstständig i. S. des § 2 Abs. 1 UStG handelt (BFH, BStBl 1997 II S. 255 m. w. N.).

Sonderbetriebsausgaben der Komplementär-GmbH liegen nur insoweit vor, als die Aufwendungen durch die Tätigkeit als geschäftsführende Gesellschafterin oder durch die Beteiligung an der KG veranlasst sind.[14]

Dementsprechend sind die Personalaufwendungen und Kosten der Geschäftsführung nur insoweit Sonderbetriebsausgaben, als sie durch die **Geschäftsführung** für die KG veranlasst sind. Bei einer GmbH, die neben ihrer Komplementär-Stellung eine **eigenwirtschaftlich** nicht untergeordnete Tätigkeit entfaltet, sind daher die Aufwendungen für die Geschäftsführung aufzuteilen. Nur der Teil der Aufwendungen, der durch die Tätigkeit für die KG entsteht, gehört zu den Sonderbetriebsausgaben, im Übrigen handelt es sich um originäre Betriebsausgaben der GmbH, die deren Gewerbeertrag und körperschaftsteuerliches Einkommen unmittelbar mindern.

24.4.2 Beteiligung des Geschäftsführers an der KG

Kommanditisten, die zugleich als Geschäftsführer der Komplementär-GmbH tätig sind, beziehen hinsichtlich des Geschäftsführergehalts und evtl. Nebenleistungen (Tantieme, Pensionszusagen, Direktversicherung, PKW-Überlassung) Vergütungen für eine Tätigkeit im Dienst der KG i. S. des § 15 Abs. 1 Nr. 2, 2. Halbsatz EStG.[15] Unerheblich für diese Wertung ist, ob die Vergütung von der GmbH unmittelbar oder von der KG gezahlt wird. Im Ergebnis mindert sich daher der Gewerbeertrag der KG nicht.

Regelmäßig wird die Vergütung von der GmbH unmittelbar gezahlt. Die Lösung entsprechender Fälle hängt dann davon ab, ob die KG der GmbH ihrerseits eine Vergütung für die Übernahme der Geschäftsführung schuldet oder ob die GmbH Anspruch auf Auslagenersatz im Rahmen der Gewinnverteilung hat.[16]

Beispiel 1

An dem Gewinn einer GmbH & Co. KG in Höhe von 500 000 DM sind nach dem Gesellschaftsvertrag beteiligt die GmbH als Komplementärin mit 10 v. H. und die Kommanditisten A und B mit je 45 v. H. Die GmbH hat ihrem Geschäftsführer A lt. Dienstvertrag ein Bruttogehalt von 100 000 DM gezahlt und soziale Aufwendungen in Höhe von 20 000 DM geleistet. Die KG schuldet der GmbH für die Übernahme der Geschäftsführung jährlich 120 000 DM. Der Betrag wird monatlich in Teilbeträgen ausgezahlt.

Zusammengefasste Buchung bei der KG

| Personalaufwendungen | 120 000 DM | an Finanzkonto | 120 000 DM |

Zusammengefasste Buchungen bei der GmbH

| Personalaufwendungen | 120 000 DM | an Finanzkonto | 120 000 DM |
| Finanzkonto | 120 000 DM | an Erlöse | 120 000 DM |

---

14 BFH, BStBl 1996 II S. 295.
15 BFH, BStBl 1979 II S. 284; BFH [GrS], BStBl 1991 II S. 691, 698.
16 BFH, BStBl 1994 II S. 282.

A ist Mitunternehmer der KG mit der Folge, dass seine Geschäftsführerbezüge nach § 15 Abs. 1 Satz 1 Nr. 2, 2. Halbsatz EStG als Einkünfte aus Gewerbebetrieb zu qualifizieren sind und nicht unter § 19 EStG fallen.

Der Gewinn der KG ist wie folgt gesondert und einheitlich festzustellen:

	GmbH	A	B	gesamt
Gewinn lt. HB	50 000	225 000	225 000	500 000
Vergütung i. S. des § 15 I S. 2, 2. Halbsatz EStG GmbH	120 000	—	—	120 000
Sonderbetriebsausgaben	./. 120 000	—	—	./. 120 000
Vergütung i. S. des § 15 I S. 2, 2. Halbsatz EStG A	—	120 000	—	120 000
zu versteuern	50 000	345 000	225 000	620 000

Beispiel 2

Sachverhalt wie im Beispiel 1, jedoch hat die KG die Aufwendungen zu erstatten (§ 706 Abs. 3 BGB) und der GmbH insoweit bei der Gewinnverteilung einen Vorweggewinn zuzuweisen. Da insoweit keine Aufwandsbuchung stattgefunden hat, beträgt der Gewinn der KG 620 000 DM.

Buchung bei der KG

Gewinnverteilungskonto   120 000 DM   an Verrechnungskonto GmbH   120 000 DM

Zusammengefasste Buchungen bei der GmbH

Personalaufwendungen   120 000 DM   an Finanzkonto   120 000 DM
Verrechnungskonto KG   120 000 DM   an Beteiligungserträge   120 000 DM

Der Gewinn der KG ist wie folgt einheitlich und gesondert festzustellen:

	GmbH	A	B	gesamt
Vorweggewinn	120 000	—	—	120 000
Rest 10:45:45	50 000	225 000	225 000	500 000
Gewinn lt. HB	170 000	225 000	225 000	620 000
Sonderbetriebsausgaben	./. 120 000	—	—	./. 120 000
Vergütung i. S. des § 15 I S. 2, 2. Halbsatz EStG A	—	120 000	—	120 000
steuerrechtlicher Gewinn	50 000	345 000	225 000	620 000

Unterhält die GmbH noch einen wirtschaftlich nicht untergeordneten **eigenen Geschäftsbetrieb** und erhält der Kommanditist auch dafür eine Geschäftsführervergütung, handelt es sich bei der GmbH insoweit unmittelbar um Betriebsausgaben und bei dem Geschäftsführer um Einkünfte aus **nichtselbständiger Arbeit**. Der Gewerbeertrag der GmbH & Co. KG darf hinsichtlich dieser Beträge nicht beeinflusst werden. Der Auslagenersatz der KG darf diese Beträge auch nicht einschließen.[17]

---

17 BFH, BStBl 1996 II S. 295.

24.4.3 Tätigkeitsvergütung als verdeckte Gewinnausschüttung

Zahlt die GmbH an ihren Gesellschafter-Geschäftsführer überhöhte Gehälter oder einem beherrschenden Gesellschafter-Geschäftsführer rückwirkend Tätigkeitsvergütungen, so liegen insoweit verdeckte Gewinnausschüttungen i. S. des § 8 Abs. 3 Satz 2 KStG vor, die das Einkommen der GmbH nicht mindern dürfen.[18] Änderungen des Anstellungsvertrages mit dem Geschäftsführer obliegen der Gesellschafterversammlung. Werden Gehaltserhöhungen ohne entsprechende Beschlüsse der Gesellschafterversammlung der GmbH vorgenommen, führt dies zu vGA.

Ist der **Gesellschafter-Geschäftsführer** der GmbH auch Kommanditist der GmbH & Co. KG, dann gehören die GmbH-Anteile des Kommanditisten zu dessen Sonderbetriebsvermögen, hier Sonderbetriebsvermögen II.[19] Sämtliche Ausschüttungen der GmbH an ihren Gesellschafter gehören in diesen Fällen zu den Gewinnanteilen i. S. des § 15 Abs. 1 Satz 1 Nr. 2 EStG und sind im Verfahren der gesonderten und einheitlichen Gewinnfeststellung für die KG zu berücksichtigen.[20] Das gilt auch für verdeckte Gewinnausschüttungen (vGA) der GmbH an diesen Gesellschafter-Geschäftsführer, soweit sie mit der Geschäftsführung für die GmbH & Co. KG in wirtschaftlichem Zusammenhang stehen. Der Zufluss der vGA stellt damit Sonderbetriebseinnahmen dar.[21]

Daraus folgt, dass der Gewinnanteil der Komplementär-GmbH um die vGA erhöht wird. Der Gewinnanteil des Kommanditisten bleibt grundsätzlich unverändert; er reduziert sich um den Teil der Tätigkeitsvergütung, der als vGA anzusehen ist, und erhöht sich wiederum um die vGA. Zusätzlich ist jedoch für vGAs bis 31. 12. 2000 (bei abweichendem Wirtschaftsjahr bis zum Ende des Wirtschaftsjahres 2000/2001) die anzurechnende KSt in Höhe von $^3/_7$ der vGA anzusetzen (§ 52 Abs. 36 i. V. m. §§ 20 Abs. 1 Nr. 3, 36 Abs. 2 Nr. 3 EStG a. F.). Für vGAs nach diesem Zeitpunkt findet keine Anrechnung der dann 25%igen KSt mehr statt.

Beispiel

An dem Gewinn einer GmbH & Co. KG in Höhe von 500 000 DM sind nach dem Gesellschaftsvertrag beteiligt die GmbH (sie hat keinen eigenständigen Geschäftskreis) mit 10 v. H. als Komplementärin und die Kommanditisten A und B mit je 45 v. H. Die GmbH hat im Wirtschaftsjahr = Kalenderjahr 2000 ihrem Gesellschafter-Geschäftsführer A lt. Dienstvertrag Jahresgesamtbezüge von 160 000 DM gewährt, während insgesamt 120 000 DM als noch angemessen anzusehen sind. Die KG hat der GmbH den angemessenen Betrag entsprechend Dienstvertrag in Höhe von 120 000 DM erstattet. Eine Steuerbescheinigung i. S. des § 44 KStG wird rechtzeitig vorgelegt.[22]

Zusammengefasste Buchung bei der KG

Personalaufwendungen	120 000 DM	an Finanzkonto	120 000 DM
Finanzkonto	120 000 DM	an Erlöse	120 000 DM

---

18 Vgl. auch Abschn. 31 KStR.
19 S. o. 21.5.3.2.2.
20 BFH, BStBl 1995 II S. 714.
21 BFH, BStBl 1996 II S. 66.
22 S. o. 11.4.3.

24 GmbH & Co. KG

Zusammengefasste Buchungen bei der GmbH

Personalaufwendungen	160 000 DM	an Finanzkonto	160 000 DM
Finanzkonto	120 000 DM	an Erlöse	120 000 DM

A ist Mitunternehmer der KG. Daraus folgt, dass seine Geschäftsführerbezüge den Einkünften aus Gewerbebetrieb i. S. des § 15 Abs. 1 Satz 1 Nr. 2, 2. Halbsatz EStG zuzuordnen sind. Das gilt auch für die verdeckte Gewinnausschüttung, denn die Beteiligung an der GmbH gehört als Wirtschaftsgut zum Sonderbetriebsvermögen II der KG, an der A als Mitunternehmer beteiligt ist.

Die gesonderte und einheitliche Feststellung des Gewinns der GmbH & Co. KG lautet:

	GmbH	A	B	gesamt
Gewinn	50 000	225 000	225 000	500 000
Vergütung i. S. des § 15 I S. 2, 2. Halbsatz EStG GmbH	120 000	—	—	120 000
Sonderbetriebsausgaben	./. 160 000	—	—	./. 160 000
Hinzurechnung der vGA	40 000	—	—	40 000
Vergütung i. S. des § 15 I S. 2, 2. Halbsatz EStG A				
1) angemessener Betrag	—	120 000	—	120 000
2) vGA (Beteiligungsertr.)	—	40 000	—	40 000
3) KSt-Anrechnung $^3/_7$ von 40 000 DM	—	17 143	—	17 143
zu versteuern	50 000	402 143	225 000	677 143

24.5 Gewinnverteilung

24.5.1 Angemessener Gewinnanteil der am Kapital der KG beteiligten GmbH

Der Gewinnanteil ist angemessen, wenn dadurch insgesamt abgegolten werden:[23]

– Ersatz der Auslagen der Komplementär-GmbH, die ihr im Zusammenhang mit der Geschäftsführung für die KG entstehen.

– eine marktübliche Verzinsung der Kapitaleinlage unter Berücksichtigung des besonderen Risikos für Eigenkapital. Es darf aber nicht lediglich eine Festverzinsung wie bei einem Darlehensgeber zugesagt sein.[24]

– Vergütung des über die Kapitaleinlage hinausgehenden Haftungsrisikos. Bei einer GmbH, die vermögensmäßig an der KG nicht beteiligt ist, wäre daher mindestens ihr Stammkapital gefährdet. Liegt ein besonderes Haftungsrisiko vor, so beträgt

---
23 BFH, BStBl 1997 II S. 346.
24 BFH, BStBl 2000 II S. 183.

die angemessene Vergütung etwa 1 bis 3 % des Teils des Gesamtvermögens der GmbH, der ihre Kapitaleinlage bei der KG übersteigt.

24.5.2 Angemessener Gewinnanteil der nicht am Kapital der KG beteiligten GmbH

Da keine Beteiligung am Kapital der KG vorliegt, beschränkt sich der Gewinnanteil auf:

- Ersatz der Auslagen für die Geschäftsführung,
- Vergütung des Haftungsrisikos der KG. Einen Anhaltspunkt für die angemessene Vergütung bietet eine dem Risiko des Einzelfalls entsprechende, im Wirtschaftsleben für einen derartigen Fall übliche Avalprovision.[25] Der BFH hat in dem zu entscheidenden Fall eine Haftungsvergütung von 6 v. H. des dem Stammkapital der haftenden GmbH entsprechenden Vermögens als angemessen anerkannt.

24.5.3 Unangemessen niedriger Gewinnanteil der GmbH

Ist der im Gesellschaftsvertrag der KG für die Komplementär-GmbH vorgesehene Gewinnanteil unangemessen niedrig und dafür der Gewinnanteil der Kommanditisten entsprechend höher, liegt bei einer sog. personengleichen GmbH & Co. KG (d. h. die Kommanditisten sind gleichzeitig an der geschäftsführenden GmbH beteiligt) eine vGA an die Kommanditisten vor. In diesem Fall ist der GmbH im Rahmen der steuerlichen KG-Gewinnverteilung ein angemessener Anteil zuzurechnen, während sich die Gewinnanteile der Kommanditisten entsprechend verringern. Dabei ist davon auszugehen, dass die GmbH die Differenz zwischen unangemessenem und angemessenem Gewinnanteil an die Kommanditisten ausgeschüttet hat. Diese Ausschüttungen sind bei den Kommanditisten als Sonderbetriebseinnahmen zu erfassen, weil deren Anteile an der Komplementär-GmbH Sonderbetriebsvermögen darstellen.[26][27]

Beispiel

Der Gewinn einer personengleichen GmbH & Co. KG in Höhe von 500 000 DM ist lt. Gesellschaftsvertrag wie folgt zu verteilen: Komplementär-GmbH 10 000 DM, Kommanditist A und Kommanditist B je 245 000 DM. Die GmbH-Anteile haben A und B bei Gründung für jeweils 25 000 DM erworben.

Der auf diese GmbH entfallende angemessene Gewinnanteil beträgt jedoch unstreitig 50 000 DM, sodass verdeckte Gewinnausschüttungen in Höhe von 40 000 DM zu berücksichtigen sind.

---

25 BFH, BStBl 1977 II S. 346.
26 BFH, BStBl 1991 II S. 172 und 173 m. w. N.
27 S. o. 21.5.3.2.2.

Die zulasten des KG-Gewinns gebuchten angemessenen Geschäftsführervergütungen für die Gesellschafter-Geschäftsführer A und B betragen je 120 000 DM.
Die gesonderte und einheitliche Gewinnfeststellung ist wie folgt durchzuführen:

	GmbH DM	A DM	B DM	gesamt DM
Gewinn lt. HB	10 000	245 000	245 000	500 000
Korrektur wegen vGA	+ 40 000	./. 20 000	./. 20 000	—
Gewinn nach § 15 I S. 2, 1. Halbsatz EStG	50 000	225 000	225 000	500 000
Geschäftsführervergütung	240 000	—	—	240 000
Sonderbetriebsausgaben	./. 240 000	—	—	./. 240 000
Gewinn lt. Sonderbilanz (s. u.)	—	140 000	140 000	280 000
steuerrechtliche Gewinnanteile	50 000	365 000	365 000	780 000

Darstellung des Sonderbereichs:

A	Sonderbilanz A		P
GmbH-Anteile	25 000 DM	Kapital 1. 1. 25 000	
		./. Entnahmen 140 000	
		+ Gewinn 140 000	
		Kapital 31. 12.	25 000 DM
	25 000 DM		25 000 DM

Aufwendungen	Sonder-GuV A		Erträge
Gewinn	140 000 DM	Tätigkeitsvergütung	120 000 DM
		Beteiligungsertrag	20 000 DM
	140 000 DM		140 000 DM

Sonderbilanz und Sonder-GuV-Rechnung B zeigen das gleiche Bild.
Zu beachten ist, dass die Beteiligungserträge von 20 000 DM nach § 3 Nr. 40 Satz 1 Buchstabe d EStG der Halbeinkünftebesteuerung unterliegen.

24.5.4 Unangemessen hoher Gewinnanteil der GmbH

Ist der im Gesellschaftsvertrag der KG für die Komplementär-GmbH vorgesehene Gewinnanteil unangemessen hoch und dafür der Gewinnanteil der Kommanditisten entsprechend niedriger, liegt bei einer sog. personengleichen GmbH & Co. KG[28] eine verdeckte Einlage[29] der Kommanditisten und GmbH-Gesellschafter in die

---
28 Vgl. o. 24.1.
29 S. o. 17.4.6.

24.5 Gewinnverteilung

GmbH vor.[30] Die Kommanditisten haben in diesem Fall Teile ihres bereits erzielten Gewinns nicht als solchen ausgewiesen und anschließend der GmbH als gesellschaftsrechtliche Einlage überlassen (richtige Buchung bei der GmbH insoweit: Beteiligung an Kapitalrücklage). Sie haben die Kapitalerhöhung bei der GmbH in Form der Einlage vielmehr verdeckt als höhere Gewinnbeteiligung vorgenommen (tatsächliche Buchung bei der GmbH: Beteiligung an Beteiligungserträge).

Der GmbH ist im Rahmen der steuerrechtlichen KG-Gewinnverteilung ein angemessener Anteil zuzurechnen, während sich die Gewinnanteile der Kommanditisten entsprechend erhöhen. Ferner liegen in Höhe der verdeckten Einlage nachträgliche Anschaffungskosten auf die GmbH-Anteile der Kommanditisten vor. Die Kommanditisten haben diesen Teil ihres Gewinns verwendet, um den Wert ihrer Einlage zu erhöhen.[31]

Beispiel

Der Gewinn einer personengleichen GmbH & Co. KG in Höhe von 500 000 DM ist lt. Gesellschaftsvertrag wie folgt zu verteilen: Komplementär-GmbH 90 000 DM, Kommanditist A und Kommanditist B je 205 000 DM. Der auf die GmbH entfallende angemessene Gewinnanteil beträgt unstreitig 50 000 DM, sodass verdeckte Einlagen in Höhe von 40 000 DM zu berücksichtigen sind.

Die zulasten des KG-Gewinns gebuchten angemessenen Geschäftsführervergütungen für die Gesellschafter-Geschäftsführer A und B betragen je 120 000 DM.

Die gesonderte und einheitliche Gewinnfeststellung ist wie folgt durchzuführen:

	GmbH	A	B	gesamt
Gewinn lt. HB	90 000	205 000	205 000	500 000
Korrektur wegen verdeckter Einlage	./. 40 000	+ 20 000	+ 20 000	0
Gewinnanteil (§ 15 I S. 2, 1. Halbsatz EStG)	50 000	225 000	225 000	500 000
Vergütung § 15 I S. 2, 2. Halbsatz EStG GmbH	240 000	—	—	240 000
Sonderbetriebsausgaben	./. 240 000	—	—	./. 240 000
Vergütung § 15 I S. 2, 2. Halbsatz EStG A und B	—	120 000	120 000	240 000
steuerrechtliche Gewinnanteile	50 000	345 000	345 000	740 000

Richtige Buchungen bei der KG

a) Gesamthandsbereich

Personalaufwendungen	240 000 DM	an Finanzkonto	240 000 DM
Gewinn-und-Verlust-Konto	500 000 DM	an Kapital GmbH	50 000 DM
		an Kapital A	225 000 DM
		an Kapital B	225 000 DM

---

30 BFH, BStBl 1991 II S. 172.
31 BFH, BStBl 1991 II S. 172.

24 GmbH & Co. KG

Einlage in die GmbH:
Kapital A	20 000 DM		
Kapital B	20 000 DM	an Kapital GmbH	40 000 DM

b) Sonderbereich
Entnahmen A	120 000 DM		
Entnahmen B	120 000 DM	an Erträge aus Geschäfts- führertätigkeit	240 000 DM

Einlage in die GmbH als nachträgliche Anschaffungskosten der GmbH-Anteile im Sonderbereich:
GmbH-Anteil A	20 000 DM	an Einlagen A	20 000 DM
GmbH-Anteil B	20 000 DM	an Einlagen B	20 000 DM

A und B haben durch Verwendung eines Teils ihres Gewinns in Höhe von jeweils 20 000 DM Aufwendungen auf den GmbH-Anteil getätigt. Insoweit handelt es sich um nachträgliche Anschaffungskosten für die Anteile, die sich im Sonderbetriebsvermögen II der Gesellschafter befinden.

Richtige Buchungen bei der GmbH
Personalaufwendungen	240 000 DM	an Finanzkonto	240 000 DM
Finanzkonto	240 000 DM	an Erlöse	240 000 DM
Beteiligung an KG	90 000 DM	an Beteiligungserträge	50 000 DM
		an Kapitalrücklage	40 000 DM

Die Einlage in Höhe von 40 000 DM erhöht nicht das gezeichnete Kapital (keine formelle Kapitalerhöhung) und muss deshalb der Kapitalrücklage i. S. des § 272 Abs. 2 Nr. 4 HGB zugeführt werden. Anstelle der Buchung auf dem Konto „Kapitalrücklage" könnte handelsrechtlich auch eine erfolgswirksame Buchung „Beteiligungserträge" mit handelsrechtlicher Wirkung erfolgen. Die Gesellschafter haben die überhöhte Gewinnbeteiligung zivilrechtlich gewollt und insoweit keine Einzahlung „in das Eigenkapital" geleistet (vgl. § 272 Abs. 2 Nr. 4 HGB).[32] Damit wäre der Jahresüberschuss um den Betrag größer, der steuerrechtlich als verdeckte Einlage zu beurteilen ist. Bei der Ermittlung des zu versteuernden Einkommens der GmbH (§ 8 KStG) ist der Wert der verdeckten Einlage dann allerdings abzuziehen. Steuerlich liegt eine Einzahlung in das Einlagekonto nach § 27 KStG vor (früher EK 04 gemäß § 30 Abs. 2 Nr. 4 KStG a. F.).

24.5.5 Änderung der Gewinnverteilungsabrede zulasten der GmbH

Bei einer Änderung der Gewinnverteilungsabrede zulasten der GmbH liegt ebenso eine vGA vor wie bei dem vergleichbaren Fall der Kapitalerhöhung unter Änderung der Beteiligungsverhältnisse, an der die GmbH nicht teilnimmt.[33] Die vGA wird in

---
32 Vgl. auch Glade, Praxishandbuch der Rechnungslegung und Prüfung, § 266 HGB Rz. 597; Budde/Müller in Beck'scher Bilanz-Komm., § 272 Rz. 201 ff.
33 BFH, BStBl 1977 II S. 504.

diesen Fällen allerdings nicht durch eine alljährlich sich wiederholende abweichende steuerrechtliche Gewinnverteilung erfasst. Vielmehr liegt die vGA in dem Übergang eines Bruchteils des bisherigen Mitunternehmeranteils der GmbH.[34]

24.6 Unangemessene Vereinbarungen bei der Übertragung von Wirtschaftsgütern an die Kommanditisten

24.6.1 Allgemeines

Veräußerungsgeschäfte zwischen der GmbH & Co. KG und einem Kommanditisten zu Bedingungen wie unter fremden Dritten sind auch steuerrechtlich in vollem Umfang als Veräußerungs- und Anschaffungsgeschäfte zu berücksichtigen. Dies gilt unabhängig davon, ob die KG oder der Gesellschafter Veräußerer oder Erwerber ist.[35][36] Entsprechendes gilt für Anstellungsverträge und Darlehensverträge zu fremdüblichen Konditionen.

24.6.2 Verbilligte Übertragung von Wirtschaftsgütern

Die Veräußerung eines Wirtschaftsgutes durch die GmbH & Co. KG an einen Kommanditisten, der gleichzeitig Gesellschafter der Komplementär-GmbH ist, zu einem unter dem Teilwert liegenden Preis, für die es keinen konkreten betrieblichen Anlass gibt, kann sich nur aus dem Gesellschaftsverhältnis erklären. Der verdeckte Wertabfluss (Differenz zwischen Teilwert und erzieltem Preis) stellt in Höhe der Beteiligungsquote der GmbH am Gewinn der KG eine **verdeckte Gewinnausschüttung** dar. Im Übrigen ist der Wertabfluss als verdeckte Entnahme[37] anzusehen.[38] Der Entnahmegewinn ist grundsätzlich **allen** Gesellschaftern zuzurechnen, soweit keine abweichende Vereinbarung vorliegt.[39][40]

Beispiel

An der A & B-GmbH sind A und B zu je 50 v. H. beteiligt, die GmbH ist zu 10 v. H. als Komplementärin an der A & B-GmbH & Co. KG beteiligt. Kommanditisten der A & B-GmbH & Co. KG sind A und B mit einer Beteiligung von je 45 v. H. B ist der Sohn von A.

Der für das Geschäftsjahr 05 erzielte KG-Gewinn beträgt 500 000 DM.

---

34 FG München, EFG 1988 S. 290, rkr.
35 BFH [GrS], BStBl 1991 II S. 691/699; BFH, BStBl 1993 II S. 616/622; BHF, BStBl 1996 II S. 684.
36 S. auch 21.7.1, 21.7.2.2, 21.7.3.2.
37 S. o. 17.3.8.
38 BFH, BStBl 1986 II S. 17; BFH, BStBl 1990 II S. 132.
39 BFH, BStBl 1996 II S. 276.
40 Schmidt, EStG, § 15 Rz. 673; Reiß, in: Kirchhof/Söhn, § 15 Rz. E 145; Bolk, BuW 1995 S. 227.

Die KG veräußerte am 6. 6. 05 aus dem Gesellschaftsvermögen ein unbebautes Grundstück – Buchwert am 6. 6. 05 = 100 000 DM, Verkehrswert = Teilwert am 6. 6. 05 = 300 000 DM – zum Preis von 180 000 DM an den Kommanditisten B. Der Vorweggewinnanteil der GmbH beträgt 200 000 DM.

Die Veräußerung des Grundstücks zu einem Preis, der erheblich unter dem erzielbaren Marktpreis liegt, ist hier nur aus dem Gesellschaftsverhältnis verständlich. Da zwei Gesellschaften, eine Kapital- und eine Personengesellschaft, betroffen sind, ist zunächst auf der Ebene der GmbH zu prüfen, ob eine vGA gegeben ist.

Die GmbH ist mit 10 v. H. am Gewinn der KG beteiligt und damit auch mit 10 v. H. am Gewinn aus der Veräußerung des Grundstücks. Aufgrund der verbilligten Grundstücksüberlassung verzichtet die GmbH auf 10 % v. (300 000 DM ./. 180 000 DM =) 12 000 DM. Diese verhinderte Vermögensmehrung stellt eine vGA der GmbH an ihre Gesellschafter A und B dar, wobei A seinen Anteil dem B zuwendete. Da die GmbH-Anteile zum Sonderbetriebsvermögen des B gehören, handelt es sich für A und B auch insoweit um Einnahmen aus § 15 Abs. 1 Satz 1 Nr. 2 EStG.

In Höhe von 90 % v. (300 000 DM ./. 180 000 DM =) 108 000 DM liegt eine verdeckte Entnahme vor. Haben die Gesellschafter keine besondere Vereinbarung über die Zurechnung dieser Entnahme und des daraus resultierenden Gewinns getroffen, sind Entnahme und Entnahmegewinn allen Gesellschaftern nach Maßgabe ihrer Beteiligung zuzuordnen.

Gewinnverteilung lt. Gesellschaftsvertrag (in DM):

		GmbH	A	B	Gesamt
Gewinn lt. KG	500 000				
./. Vorweggewinn	200 000	200 000			200 000
Restgewinn (10:45:45)	300 000	30 000	135 000	135 000	300 000
		230 000	135 000	135 000	500 000
Sonderbetriebsausgaben		./. 200 000			./. 200 000
zu versteuern		30 000	135 000	135 000	300 000

Angemessene Gewinnverteilung unter Berücksichtigung der Tatsache, dass die KG wegen der Aufdeckung der stillen Reserven einen Gewinn von 620 000 DM erzielt hätte:

		GmbH	A	B	Gesamt
Gewinn lt. KG	620 000				
./. Vorweggewinn	200 000	200 000			200 000
Restgewinn (10:45:45)	420 000	42 000	189 000	189 000	420 000
		242 000	189 000	189 000	620 000
Sonderbetriebsausgaben		./. 200 000			./. 200 000
zu versteuern		42 000	189 000	189 000	420 000

Erkennbar sind die Gewinnanteile der Gesellschafter aufgrund der verdeckten Zuwendung an A und B bei Betrachtung der gesellschaftsrechtlichen Gewinnverteilung zu niedrig. Während der Verzicht der GmbH auf den Gewinnanteil zugunsten der A und

24.6 Unangemessene Vereinbarungen bei der Übertragung von WG an die Kdt.

B keine Schenkung ist, sondern diesen als vGA zuzurechnen ist, ist der Verzicht des A gegenüber dem B keine Einnahme nach EStG, sondern vielmehr eine Schenkung nach §§ 1 Nr. 2, 7 Nr. 1 ErbStG.

Steuerrechtlich gebotene Gewinnverteilung (in DM)

	GmbH	A	B	Gesamt
Gewinn lt. KG 620 000 ./. Vorweggewinn 200 000	200 000			200 000
Restgewinn (10:45:45) 420 000	42 000	189 000	189 000	420 000
	242 000	189 000	189 000	620 000
Sonderbetriebsausgaben	./. 200 000			./. 200 000
Sonderbetriebseinnahmen vGA		6 000	6 000	12 000
zu versteuern	42 000	195 000	195 000	432 000

24.6.3 Verdeckte Einlagen in die GmbH durch Übertragung von Wirtschaftsgütern auf die KG

Werden vom Kommanditisten Wirtschaftsgüter verbilligt (oder ohne jede Gegenleistung) auf die KG übertragen, so liegt in Höhe der Differenz zum üblichen Verkehrspreis eine verdeckte Einlage in die Personengesellschaft vor. Wird das **Wirtschaftsgut aus dem Privatvermögen** des Kommanditisten eingebracht, so ist das Wirtschaftsgut nach **§§ 4 Abs. 1, 6 Abs. 1 Nr. 4 EStG** in der Steuerbilanz der Gesellschaft mit dem **Teilwert** anzusetzen. Wird es in der Handelsbilanz nur mit dem vereinbarten Preis als handelsrechtlichen Anschaffungskosten angesetzt, so ist die Differenz zum Teilwert den Kapitalanteilen aller Gesellschafter nach dem zugrunde liegenden Gewinnverteilungsschlüssel gutzubringen. Denn diesen kommt handelsrechtlich später der entsprechende Gewinn zugute. Steuerlich darf es aber nicht zu einem Gewinn kommen, weil die stillen Reserven nicht betrieblich erwirtschaftet wurden. In Bezug auf die anderen Gesellschafter liegt eine Schenkung des einbringenden Gesellschafters vor. In Bezug auf die GmbH liegt allerdings eine verdeckte Einlage bei dieser vor. Insoweit sind auch die Anschaffungskosten für die Anteile an der GmbH zu erhöhen.

Beispiel

E und seine Ehefrau F gründen eine GmbH mit einem Stammkapital von 20 000 Euro. Jeder zahlt 10 000 Euro ein. Anschließend wird eine GmbH & Co. KG gegründet, an der die GmbH mit einer Einlage von 20 000 Euro als Komplementär beteiligt ist. E und F leisten eine Kommanditeinlage von je 90 000 Euro. Der Gewinn wird im Verhältnis 20:90:90 verteilt. Außerdem erhält die GmbH die Aufwendungen für die Geschäftsführung vorab vergütet. E veräußert anschließend an die GmbH & Co. KG ein vor 20 Jahre für umgerechnet 50 000 Euro erworbenes Grundstück für 50 000 Euro.

Das Grundstück hat unbestritten einen Verkehrswert = Teilwert von 150 000 Euro. Das Grundstück war bisher von E privat genutzt worden. In der Handelsbilanz der KG wird das Grundstück mit seinen (angeblichen) Anschaffungskosten von 50 000 Euro angesetzt.

Steuerlich ist das Grundstück mit 150 000 Euro anzusetzen, nämlich 50 000 Euro Anschaffungskosten und 100 000 Euro anteiliger Teilwert für die verdeckte Einlage. Den steuerlichen Kapitalkonten bei der GmbH & Co. KG sind insoweit gutzuschreiben für die GmbH 10 000 Euro und für E und F je 45 000 Euro. In der Steuerbilanz der GmbH ist zu erfassen: Beteiligung (an der KG) 10 000 Euro an Kapital (steuerliches Mehrkapital). In den Sonderbilanzen für E und F sind die Anschaffungskosten der Anteile an der GmbH um je 5000 Euro auf 15 000 Euro zu erhöhen.

Werden **Wirtschaftsgüter aus einem Betriebsvermögen** des Kommanditisten in das Gesamthandsvermögen der KG übertragen, so verlangt § 6 Abs. 5 Satz 3 EStG an sich die erfolgsneutrale Fortführung der Buchwerte, soweit es sich nicht um eine Veräußerung handelt. Dies betrifft die (verdeckten und offenen) gesellschaftsrechtlichen Einlagen, soweit die eingelegten Wirtschaftsgüter aus einem Betriebsvermögen stammen. Hier ordnet nun § 6 Abs. 5 Satz 4 EStG an, dass anstelle des Buchwertes erfolgsrealisierend der Teilwert anzusetzen ist, „soweit sich durch diese Übertragung (des Wirtschaftsgutes aus dem Betriebsvermögen in das Gesamthandsvermögen) der Anteil einer Körperschaft ... an dem Wirtschaftsgut unmittelbar oder mittelbar erhöht". Der Grund für diese Sonderregelung besteht darin, dass verhindert werden soll, dass stille Reserven auf eine Kapitalgesellschaft und damit auf die Anteile an der Kapitalgesellschaft „verschoben" werden können.[41] Befürchtet wird, dass dadurch reguläre Veräußerungsgewinne in nach § 3 Nr. 40 EStG nur hälftig oder nach § 8 b Abs. 2 KStG gar überhaupt nicht zu besteuernde Veräußerungsgewinne aus Anteilen an Kapitalgesellschaften umfunktioniert werden können.

Richtigerweise ist die Vorschrift überflüssig und bestenfalls klarstellend. Sie kommt zur Anwendung, soweit andernfalls bei Buchwertfortführung stille Reserven in den eingebrachten Wirtschaftsgütern auf die GmbH übergehen würden. Dies ist gerade nicht der Fall, wenn mittels **Ergänzungsbilanzen** dafür gesorgt wird, dass stille Reserven bei Aufdeckung von dem Einbringenden zu versteuern sind.

Beispiel
Wie oben, aber das Grundstück stammt aus einem Betriebsvermögen des E und stand dort mit 50 000 Euro zu Buche. Wird das Grundstück in der Handelsbilanz und in der steuerlichen Gesellschaftsbilanz mit 150 000 Euro angesetzt und werden dem Kapitalanteil des E in der Handels- und Gesellschaftsbilanz 100 000 Euro gutgeschrieben, während in der steuerlichen Ergänzungsbilanz für E ein negatives Ergänzungskapital von 100 000 Euro ausgewiesen wird, so bedeutet dies steuerlich Fortführung der Buchwerte i. S. des § 6 Abs. 5 Satz 3 EStG. Da die stillen Reserven bei späterer Aufdeckung allein von E zu versteuern sind, ist § 6 Abs. 5 Satz 4 EStG nicht anwendbar.

Wird hingegen das Grundstück in der Handelsbilanz lediglich mit seinen (angeblichen) Anschaffungskosten von nur 50 000 Euro angesetzt, so werden tatsächlich

---
41 Vgl. BT-Drucksache 14/3760.

24.6 Unangemessene Vereinbarungen bei der Übertragung von WG an die Kdt.

10 % der stillen Reserven = 10 000 Euro auf die GmbH verschoben. Es erhöht sich der Anteil der GmbH an dem übertragenen Grundstück um diese 10 000 Euro. Daher ist in der Steuerbilanz der KG das Grundstück nach § 6 Abs. 5 Satz 4 EStG mit 50 000 Euro Anschaffungskosten + 10 000 Euro (anteiliger Teilwert, soweit auf die GmbH entfallend und nicht durch Anschaffungskosten gedeckt) anzusetzen. Die 10 000 Euro sind dem Kapitalanteil der GmbH steuerlich gutzuschreiben. Bei E entsteht insoweit im eigenen Betrieb ein Gewinn von 10 000 Euro (Buchung: Kasse 50 000 Euro und Kapital/technische Entnahme 10 000 Euro an Grundstück 50 000 Euro und Erträge 10 000 Euro).

Nicht in § 6 Abs. 5 Satz 4 EStG ist aber die Frage geregelt, welche Auswirkungen sich auf die Anschaffungskosten an den Anteilen an der GmbH ergeben. Hier muss von **nachträglichen Anschaffungskosten** ausgegangen werden. Dem entspricht es, dass bei der GmbH **eine verdeckte Einlage** vorliegt. Außerdem ist in § 6 Abs. 5 Sätze 3 und 4 EStG nicht geregelt, wie zu verfahren ist, wenn stille Reserven auf natürliche Personen „verschoben" werden. Auch hier muss richtigerweise davon ausgegangen werden, dass insoweit im Bereich der KG eine Einlage des begünstigten anderen Gesellschafters vorliegt, während im eigenen Betrieb des Übertragenden eine verdeckte Entnahme vorliegt. Denn der Sache nach liegt eine Schenkung aus außerbetrieblichen Gründen an den anderen Gesellschafter vor. Daher ist im eigenen Betrieb § 4 Abs. 1 i. V. m. § 6 Abs. 1 Nr. 4 EStG anzuwenden. Soweit die Übertragung der stillen Reserven auf die GmbH einem anderen an der GmbH beteiligten Gesellschafter zugute kommt und dies seinen Grund in privaten Beziehungen hat, erhöhen sich dessen Anschaffungskosten der GmbH-Anteile und tätigt er bei der GmbH die verdeckte Einlage.

Fortführung des Beispieles

Da durch den Ansatz mit lediglich 50 000 Euro auch der F 45 000 Euro stille Reserven zugewendet wurden, liegt insoweit eine Entnahme im eigenen Betrieb vor. Außerdem kommen der F von den 10 000 auf die GmbH entfallenden Euro 5000 zugute, weil sie neben E zu 50 % an der GmbH beteiligt ist. E hat diese Übertragung nur deshalb verbilligt vorgenommen, weil F seine Ehefrau ist. Daher ist von einer verdeckten Einlage der F und des E in Höhe von je 5000 Euro bei dem GmbH auszugehen. Bei den im Sonderbetriebsvermögen des E und der F stehenden GmbH-Anteile sind in der Sonderbilanz nachträgliche Anschaffungskosten von je 5000 Euro zu erfassen. Zusammengefasst ergibt sich folgende zutreffende steuerliche Behandlung:

Eigene Steuerbilanz des E: Geld 50 000 Euro und Entnahme 45 000 Euro und (technische) Entnahme 10 000 Euro an Grundstück 50 000 Euro und Ertrag 55 000 Euro.

Gesellschaftsbilanz der KG: Grundstück 150 000 Euro an Geld 50 000 Euro und Kapital E 45 000 Euro und Kapital F 45 000 Euro und Kapital GmbH 10 000 Euro.

Negative Ergänzungsbilanz E bei der KG: Kapital 45 000 Euro an Grundstück 45 000 Euro.

Sonderbilanz E und F je: GmbH-Anteile 5000 Euro an Kapital (Einlage) 5000 Euro.

GmbH-Bilanz: Beteiligung an KG 10 000 Euro an Kapital 10 000 Euro (steuerliches Mehrkapital/Ausgleichsposten).

Nach § 6 Abs. 5 Satz 5 EStG soll rückwirkend für ein aus dem Betriebsvermögen übertragenes Wirtschaftsgut der Teilwert angesetzt werden, „soweit sich zu einem späteren Zeitpunkt der Anteil einer Körperschaft ... an dem übertragenen Wirtschaftsgut aus (irgend?)einem anderen Grund erhöht". Gedacht ist an Fälle, bei denen erst nach einer Übertragung zum Buchwert gemäß § 6 Abs. 5 Satz 3 EStG eine Kapitalgesellschaft der Personengesellschaft beitritt oder ein unter § 20 UmwStG fallender Formwechsel von einer Personengesellschaft in eine Kapitalgesellschaft erfolgt und dann durch die Buchwertfortführung es zu einer Verschiebung der stillen Reserven auf die Kapitalgesellschaft kommt.

Beispiel

An der E & F-KG sind E und F zu je 50 % beteiligt. E hat auf die KG in 01 ein Grundstück nach § 6 Abs. 5 Satz 3 zum Buchwert von 50 000 Euro übertragen mit einem Verkehrswert von 150 000 Euro. Die Buchwertfortführung erfolgte durch negative Ergänzungsbilanz. Im Jahre 10 wird die KG formwechselnd in eine GmbH umgewandelt. Es wird Buchwertfortführung nach § 20 Abs. 2 UmwStG gewählt. Dann ist nach § 6 Abs. 5 Satz 5 EStG für das Jahr 01! die damalige Buchwertfortführung rückgängig zu machen und der Teilwert anzusetzen. Dies führt dann für 01 zu einem Gewinn von 100 000 Euro im Betrieb des E. Außerdem hat die GmbH dann im Jahre 10 als Buchwert den um die 100 000 Euro erhöhten Buchwert anzusetzen. Sollte es sich um abnutzbares Anlagevermögen handeln, sind natürlich auch die AfA von 01 bis 10 bei der Personengesellschaft entsprechend zu korrigieren. Dies alles ist erkennbar außerordentlich einfach nachzuhalten und ein wesentlicher Beitrag zur Steuervereinfachung. Der Grund für diese Regelung liegt darin, dass verhindert werden soll, dass die damals vorhandenen stillen Reserven auch auf die Anteile an der Kapitalgesellschaft übergehen, deren Veräußerung nach § 3 Nr. 40 EStG oder sogar nach § 8 b Abs. 2 KStG begünstigt bzw. steuerfrei ist.

24.7 Anteilsveräußerungen

24.7.1 Veräußerung des Kommandit- und GmbH-Anteils

Veräußert der Kommanditist seine Kommanditbeteiligung einschließlich des zum Sonderbetriebsvermögen gehörenden Anteils an der Komplementär-GmbH, handelt es sich steuerrechtlich um eine einheitliche Veräußerung, nämlich die Veräußerung eines Mitunternehmeranteils (§ 16 Abs. 1 Nr. 2 EStG). Ein dabei erzielter Veräußerungsgewinn ist nach §§ 16, 34 EStG begünstigt. Fraglich ist, ob dies noch gilt, wenn der Kommanditist nur einen Bruchteil seines Mitunternehmeranteils sowie den entsprechenden oder vollständigen GmbH-Anteil veräußert, weil die Veräußerung eines Teils (Bruchteils) eines Mitunternehmeranteils der Veräußerung eines Mitunternehmeranteils gleichsteht.[42]

24.7.2 Veräußerung nur des Kommanditanteils

Bei Veräußerung nur des Kommanditanteils wird der bisher zum Sonderbetriebsvermögen gehörende GmbH-Anteil zwangsläufig Privatvermögen. Dann bilden Anteilsveräußerung und Entnahme aus dem Sonderbetriebsvermögen einen einheitlichen, betriebsaufgabeähnlichen Vorgang. Der Gewinn aus der Aufgabe des Mitunternehmeranteils ist nach §§ 16, 34 EStG begünstigt,[43] soweit nicht schon nach § 3 Nr. 40 Satz 1 Buchstabe b EStG befreit. Wird der Kommanditanteil zwar veräußert, der GmbH-Anteil jedoch zur Vermeidung der Aufdeckung stiller Reserven in ein anderes Betriebsvermögen zum Buchwert überführt oder eingebracht, dann ist der Tatbestand des § 16 Abs. 1 Nr. 2 EStG insgesamt nicht erfüllt. Der Gewinn aus der Veräußerung des Kommanditanteils ist nicht nach § 34 Abs. 1 EStG begünstigt.[44]

24.7.3 Veräußerung nur des GmbH-Anteils

Der Gewinn aus der Veräußerung des zum Sonderbetriebsvermögen des Kommanditisten gehörenden GmbH-Anteils ist ein laufender Gewinn, wenn nicht der Sondertatbestand des § 16 Abs. 1 Nr. 1, 2. Halbsatz EStG (100%ige Beteiligung) gegeben ist und die Veräußerung des GmbH-Anteils losgelöst vom Mitunternehmeranteil erfolgt. Aber § 3 Nr. 40 Satz 1 Buchstabe a EStG ist zu beachten.

24.7.4 Unentgeltliche Übertragung des Kommanditanteils

Die unentgeltliche Übertragung des Kommanditanteils ist grundsätzlich ein erfolgsneutraler Vorgang (§ 6 Abs. 3 EStG). Falls in diesem Zusammenhang allerdings Sonderbetriebsvermögen mit dem Charakter wesentlicher Betriebsgrundlagen in das Privatvermögen überführt werden, liegt **insgesamt** die Aufgabe des Mitunternehmeranteils nach § 16 Abs. 3 i. V. m. §§ 16 Abs. 1 Nr. 2 und 34 Abs. 1 EStG vor.[45]

---

42 So die bisherige Rechtsprechung, aber offen nach BFH [GrS], BStBl 2000 II S. 123 m. w. N. zur früheren Rechtsprechung; BFH, BStBl 2001 II S. 26.
43 BFH, BStBl 1983 II S. 791; BFH, BStBl 1986 II S. 896.
44 BFH, BStBl 1991 II S. 635.
45 BFH, BStBl 1995 II S. 890.

Abkürzungen

aA	andere Auffassung	EFG	Entscheidungen der Finanzgerichte
AB	Anfangsbestand	EG	Europäische Gemeinschaft
ABl	Amtsblatt der Europäischen Gemeinschaft	EGHGB	Einführungsgesetz zum HGB
		EntwlStG	Entwicklungsländer-Steuergesetz
AfA	Absetzung für Abnutzung	ErbauRVO	Verordnung über das Erbbaurecht
AfaA	Absetzung für außerordentliche Abnutzung	ESt	Einkommensteuer
AfS	Absetzung für Substanzverringerung	EStDV	Einkommensteuer-Durchführungsverordnung
AG	Aktiengesellschaft	EStG	Einkommensteuergesetz
AktG	Aktiengesetz 1965	EStH	Handbuch zu den EStR
AK	Anschaffungskosten	EStR	Einkommensteuerrichtlinien
AO	Abgabenordnung	EuroEG	Euroeinführungsgesetz
a. o. Aufwand	außerordentlicher Aufwand		
a. o. Ertrag	außerordentlicher Ertrag	FG	Finanzgericht
		FGO	Finanzgerichtsordnung
BB	Betriebsberater	FinMin	Finanzminister/Finanzministerium
BeBiKo	Beck'scher Bilanzkommentar zum HGB	FördGG	Fördergebietsgesetz
BerlinFG	Berlinförderungsgesetz	FR	Finanzrechtsprechung
BetrVerfG	Betriebsverfassungsgesetz		
BewG	Bewertungsgesetz	GbR	Gesellschaft bürgerl. Rechts
BFH	Bundesfinanzhof	GenG	Genossenschaftsgesetz
BFH/NV	Sammlung nicht veröffentlicher BFH-Entscheidungen	GewSt	Gewerbesteuer
BGB	Bürgerliches Gesetzbuch	GewStR	Gewerbesteuerrichtlinien
BGBl	Bundesgesetzblatt	GmbH	Gesellschaft mit beschränkter Haftung
BGH	Bundesgerichtshof		
BierStG	Biersteuergesetz	GmbHG	GmbH-Gesetz
BiRiLiG	Bilanzrichtliniengesetz	grds.	grundsätzlich
BMF	Bundesminister der Finanzen	GrErwStG	Grunderwerbsteuergesetz
bND	betriebsgewöhnliche Nutzungsdauer	GrESt	Grunderwerbsteuer
		GuV	Gewinn-und-Verlust-Rechnung
Bpr	Betriebsprüfer		
BStBl	Bundessteuerblatt	H	Abschnitt im Handbuch
BV	Betriebsvermögen	H	Haben
BVerfG	Bundesverfassungsgericht	HB	Handelsbilanz
DB	DER BETRIEB	HFR	Höchstrichterliche Finanzrechtsprechung
DBA	Doppelbesteuerungsabkommen		
DMEB	DM-Eröffnungsbilanz	HGB	Handelsgesetzbuch
DMEBG	DM-Eröffnungsbilanzgesetz	HK	Herstellungskosten
EBK	Eröffnungsbilanzkonto	i. d. F.	in der Fassung des
EDV	Elektronische Datenverarbeitung	InvZulG	Investitionszulagengesetz

Abkürzungen

KapErhG	Kapitalerhöhungsgesetz	sb Aufwand	sonstiger betrieblicher Aufwand
KapErhStG	Kapitalerhöhungssteuergesetz	sb Ertrag	sonstiger betrieblicher Ertrag
KapErtrSt	Kapitalertragsteuer	SBK	Schlussbilanzkonto
KapStDV	Kapitalertragsteuer-Durchführungsverordnung	s. o.	siehe oben
		SolZ	Solidaritätszuschlag
KG	Kommanditgesellschaft	SolZG	Solidaritätszuschlaggesetz
KGaA	Kommanditgesellschaft auf Aktien	StB	Steuerbilanz
		StBp	Steuerliche Betriebsprüfung
KiSt	Kirchensteuer	StGB	Strafgesetzbuch
KohleAnpG	Kohleanpassungsgesetz	StLex	Steuer-Lexikon
KSt	Körperschaftsteuer	Stpfl.	Steuerpflichtiger
KStG	Körperschaftsteuergesetz	StuW	Steuer und Wirtschaft
KStDV	Körperschaftsteuer-Durchführungsverordnung	StW	Steuerwarte
		s. u.	siehe unten
KStR	Körperschaftsteuerrichtlinien		
LAG	Lastenausgleichsgesetz	u. E.	unseres Erachtens
LG	Landgericht	UmwG	Umwandlungsgesetz
LKW	Lastkraftwagen	UmwStG	Umwandlungssteuergesetz
LStDV	Lohnsteuer-Durchführungsverordnung	USt	Umsatzsteuer
		UStDV	Umsatzsteuer-Durchführungsverordnung
LStR	Lohnsteuerrichtlinien		
m. w. N.	mit weiteren Nachweisen	UStG	Umsatzsteuergesetz
ND	Nutzungsdauer		
nrkr.	nicht rechtskräftig	VA	Vermögensabgabe
NW	Nordrhein-Westfalen	VersStDV	Versicherungssteuer-Durchführungsverordnung
OFD	Oberfinanzdirektion	Vj.	Vierteljahr
OFH	Oberster Finanzhof	VO	Verordnung
OHG	Offene Handelsgesellschaft	VorSt	Vorsteuer
		VP	Verkaufspreis
OLG	Oberlandesgericht	VSt	Vermögensteuer
		VZ	Veranlagungszeitraum
PatG	Patentgesetz		
PB	Prüferbilanz	WEG	Wohnungseigentumsgesetz
PKW	Personenkraftwagen	WEK	Wareneinkaufskonto
PublG	Publizitätsgesetz	WertV	Wertermittlungsverordnung
PV	Privatvermögen		
R	Richtlinien (Abschnitt in Richtlinien)	WES	Wareneinsatz
		WG	Wirtschaftsgut
RfE	Rücklage für Ersatzbeschaffung	Wj.	Wirtschaftsjahr
RFH	Reichsfinanzhof	WPg	Wirtschaftsprüfung
RGZ	Entscheidungen des Reichsgerichts in Zivilsachen	WUS	Warenumsatz
		WVK	Warenverkaufskonto
rkr.	rechtskräftig		
RStBl	Reichssteuerblatt	ZPO	Zivilprozessordnung
S	Soll	ZRFG	Zonenrandförderungsgesetz
SachBezV	Sachbezugsverordnung	ZVG	Zwangsversteigerungsgesetz

Paragraphenschlüssel

Aktiengesetz (AktG)

§	Seite
1	1189
2	1189
3	44, 1189
8	1274
9	1265, 1274
27	1274
28	1274
29	1274
33	1274
34	1274
41	1274
58	354, 1214
58 Abs. 1	1214–1215
58 Abs. 2	1215
58 Abs. 2 a	1214–1215
58 Abs. 2 Satz 1	1218
58 Abs. 2 Satz 2	1218
58 Abs. 2 Satz 3	1218
58 Abs. 2 Satz 4	1218
58 Abs. 3	1203
58 Abs. 4	1201, 1203, 1214
60	1202
76	1189
86	1211
91	43
111	1189
113	1212
118	1189
134	1202
150	1190, 1214, 1216
150 Abs. 1	1206
150 Abs. 3	1206, 1217
150 Abs. 3 Nr. 1	1219
150 Abs. 4	1206, 1217
158	1203, 1213, 1228
158 Abs. 1	1213
158 Abs. 1 Nr. 2	1217
158 Abs. 1 Nr. 3	1217
158 Abs. 1 Nr. 4	1216
158 Abs. 1 Nr. 5	1238
158 Abs. 2	1213
158 Abs. 3	1213
158 Abs. 4	1213
158 Abs. 5	1213
170	1190
172	1189–1190, 1202, 1214, 1216
173	1189–1190, 1202, 1214
174	1190, 1202–1203, 1209, 1214–1215
174 Abs. 3	1223, 1225
182 ff.	1202
220	506
278	1189–1190
286	1190

Abgabenordnung (AO)

§	Seite
1 Abs. 1 Nr. 2	831
30	1039
39	403, 591, 594, 721–722, 724
39 Abs. 1	725, 849
39 Abs. 2	328, 1057
42	810
45	521, 528, 559
85	957
88	957
131	60
140	44, 65, 907, 1035
141	45, 449, 813, 907, 1035, 1071
142	58

§	Seite
143	54, 910
144	55, 910
145	57, 273
146	56, 107, 202, 264, 272
147	58, 273
148	59
153	956, 958
157	464
158	57
160	208, 1166
162	47, 60, 74, 434
164	464, 466, 474, 528–529, 568
165	464, 466
169	465–466
171 Abs. 10	1090
172 ff.	466
173	465, 467, 477, 528, 956, 960
175	528–529
175 Abs. 1 Nr. 1	1013, 1090
175 Abs. 1 Nr. 2	1088, 1090
179	320, 1012, 1036, 1071
180	320, 568, 1012, 1071
180 Abs. 1	1036, 1038, 1239, 1241
233 a	398
328	60
329	60
351	568
370	60
378	60
379 Abs. 1	60

Berlinförderungsgesetz (BerlinFG)

§	Seite
14	702
14 a	702
14 d	702
15	702

Bewertungsgesetz (BewG)

§	Seite
9	535
12 ff.	530, 590, 824
13	530
14	530
15	530
16	530
46	45
68	725
109	479

Bürgerliches Gesetzbuch (BGB)

§	Seite
6	727
90	484, 666
90 a	666
91	485
93	376, 721, 724
94	721, 724, 727
95	666, 674, 688, 709, 720–721, 725, 727
101	522, 771
181	1118
187	558
222	820
241	793
364	301
387	1022
446	399, 507
447	405, 507, 795
455	404
515	399, 535
518 Abs. 1	1041
518 Abs. 2	1118
536	721
547	721
556	728
581	849
582	849
582 a	666, 849, 1186
586	849
633	816
652	505

667	924
677	721
683	721
705	994, 1003, 1042
706	1042, 1055, 1279, 1284
707	1042
718	994, 1057, 1059
719	994
727	1005
732	1057
738	1005, 1118, 1138
738 Abs. 1	1130, 1139
741	994
774	523
812	726, 729–730, 732, 743
873	744, 749
903	555
925	749
930	1186
946	406, 721, 724, 729
951	406, 724, 726, 729–730
1008	994
1041	744
1045	744
1047	744
1353	733
1629	1001, 1118
1795	1001
1822	1118
1909	1000
1922	521
2033	1004

Biersteuergesetz (BierStG)

§	Seite
2	624

Einführungsgesetz zum Handelsgesetzbuch (EGHGB)

Artikel	Seite
28 Abs. 1 Satz 1	853

Eigenheimzulagengesetz (EigZulG)

§	Seite
8	738

ErbbauVO

§	Seite
1	519

Erbschaftsteuergesetz (ErbStG)

§	Seite
1 Nr. 2	1293
7 Nr. 1	1293

Einkommensteuerdurchführungsverordnung (EStDV)

§	Seite
6	38, 469, 577
7	521, 569, 572–573, 577–578, 581, 584
8	206, 437, 1058
8 b	38, 453, 1138
8 c	38
11 c	637, 659–660, 676, 692, 695, 701, 706
11 d	521, 576, 578, 733
15	510
60	450, 480, 770, 779, 809
60 Abs. 1	254, 321
60 Abs. 2	1161, 1238
80	488, 496

Einkommensteuergesetz (EStG)

§	Seite
1	992
2	37, 527–528, 998, 1193

Paragraphenschlüssel

2 b	1003	4 Abs. 3	56, 66, 274, 420, 434, 871, 909, 935, 1095, 1104
3	1228		
3 c	772		
3 c Abs. 1	1193, 1233–1234	4 Abs. 4	734, 748, 863, 1038, 1059
3 c Abs. 2	1192		
3 Nr. 9	1043, 1051	4 Abs. 4 a	420, 422, 425, 567, 1166–1169
3 Nr. 39	290		
3 Nr. 40	314, 318, 772, 1089, 1192, 1194–1195, 1198, 1264, 1272, 1296	4 Abs. 5	56, 201, 309, 572, 620, 821, 973, 1212, 1232
		4 Abs. 5 Nr. 1	1232
		4 Abs. 5 Nr. 2	1232
3 Nr. 40 Satz 1 Buchstabe a	1297	4 Abs. 5 Nr. 3	1232
		4 Abs. 5 Nr. 4	511, 1232
3 Nr. 40 Satz 1 Buchstabe b	1273, 1297	4 Abs. 5 Nr. 5	1232
		4 Abs. 5 Nr. 6	203, 1167, 1232
3 Nr. 40 Satz 1 Buchstabe d	1288	4 Abs. 5 Nr. 6 b	738
		4 Abs. 5 Nr. 7	1232
3 Nr. 40 Satz 4	1273	4 Abs. 5 Nr. 8	1232
3 Nr. 40 Satz 5	1273	4 Abs. 5 Nr. 9	1232
3 Nr. 62	1043, 1047	4 Abs. 5 Nr. 10	1232
4	38, 58, 337, 1003, 1071, 1199, 1229	4 Abs. 6	201
		4 Abs. 7	202–203, 1212
4 Abs. 1	63, 87, 96, 453, 460, 465, 472, 479, 602, 650, 685, 696, 748, 769, 782, 796, 809–810, 813, 907, 1002, 1029, 1035, 1059, 1062, 1081, 1087, 1160, 1199, 1207, 1227, 1229–1231, 1233, 1235, 1295	4 Abs. 8	640
		4 a	38, 46, 453, 497
		5	58, 254, 345, 373, 398, 661, 769, 778, 782, 809–810, 813, 871, 907, 1003, 1035, 1071–1072, 1166, 1199, 1229
		5 Abs. 1	337, 448–449, 451, 470, 487, 495, 498, 503, 530, 540, 542, 549–550, 562, 602, 605, 650, 658, 725, 730, 757, 766, 778, 782, 798–800, 808, 811, 821, 1044, 1057, 1127–1128, 1232, 1240–1241
4 Abs. 1 Satz 1	831, 1206, 1229		
4 Abs. 1 Satz 2	863, 1077–1078, 1082, 1086, 1089, 1091, 1093, 1172, 1184		
4 Abs. 1 Satz 5	1077–1078, 1085, 1089, 1091, 1093		
4 Abs. 2	466, 469, 498, 568–569, 676, 955		
		5 Abs. 1 Satz 1	816
4 Abs. 2 Satz 2	969, 971	5 Abs. 1 Satz 2	349, 1241

Paragraphenschlüssel

5 Abs. 2	344, 723, 726, 743, 750, 753, 756–757, 793, 1128	6 Abs. 1 Nr. 2 ff.	763, 1241
		6 Abs. 1 Nr. 2 Satz 2	1096, 1113, 1127, 1265
5 Abs. 2 a	344, 817, 819, 821	6 Abs. 1 Nr. 2 Satz 3	318, 1096, 1113, 1265
5 Abs. 3	344, 817–818, 821, 844, 1232	6 Abs. 1 Nr. 3	641, 807, 810, 1232
5 Abs. 4	344, 817, 821, 1232	6 Abs. 1 Nr. 3 a	817, 822, 1232
5 Abs. 4 a	344, 780, 784, 817, 821, 838, 1232	6 Abs. 1 Nr. 3 b	1232
		6 Abs. 1 Nr. 3 c	1232
		6 Abs. 1 Nr. 3 d	1232
5 Abs. 4 b	344, 817, 819, 821, 1232	6 Abs. 1 Nr. 3 e	1232
5 Abs. 5	333, 346, 472, 519, 524, 542, 624, 731, 755, 773, 1240–1241	6 Abs. 1 Nr. 4	97, 182, 189, 193, 299, 641, 661, 685, 696, 704, 748, 875, 880, 1077, 1081, 1087, 1091, 1093, 1169, 1184, 1293, 1295
5 Abs. 6	448, 450, 479–481, 606, 755, 785, 898, 1059, 1160, 1229, 1232, 1238	6 Abs. 1 Nr. 5	587, 641, 681–683, 703, 733, 769, 874, 898, 927, 1077, 1081, 1085, 1093
5 a	344		
6	479, 481–483, 543, 604, 867, 1093, 1166		
		6 Abs. 1 Nr. 5 a	899, 1091, 1094
6 Abs. 1	503, 605–606, 609, 794, 1241, 1269	6 Abs. 1 Nr. 5 b	900, 1091, 1093
		6 Abs. 1 Nr. 6	641, 683, 814, 1093–1094
6 Abs. 1 Nr. 1	456, 641, 650, 656, 658, 661, 680, 700–701, 743, 754–755, 757	6 Abs. 1 Nr. 7	584, 814, 1095
		6 Abs. 2	379, 450, 500–501, 510, 515, 554, 568–569, 573, 662, 682, 684, 686, 858, 902, 1033, 1103, 1269
6 Abs. 1 Nr. 1 Satz 2	1113		
6 Abs. 1 Nr. 1 Satz 4	1096, 1113, 1265		
6 Abs. 1 Nr. 2	358, 486, 495, 641, 650, 776, 799–800, 807, 941, 1233	6 Abs. 3	388, 521, 530, 569, 573–578, 581, 584, 733, 877, 915, 1005–1008, 1085, 1137, 1142–1143, 1149, 1156, 1297
6 Abs. 1 Nr. 2 a	481, 487–488, 490, 495–497, 783, 1241		

1305

Paragraphenschlüssel

6 Abs. 4	388, 482, 572, 641, 1137	7 Abs. 1	620, 635–636, 640, 648, 654, 661, 668, 680–682, 697, 699, 703, 709–710, 719, 743, 747, 751–752, 754–758, 763, 965, 1102, 1110, 1267, 1271
6 Abs. 5	555, 641, 866, 878, 1077, 1079, 1086, 1088, 1294		
6 Abs. 5 Satz 1	1079, 1081, 1087–1088, 1091		
6 Abs. 5 Satz 2	1075–1076, 1079, 1081, 1086–1088, 1091		
6 Abs. 5 Satz 3	1005, 1019, 1079, 1082–1086, 1088–1089, 1091, 1147, 1148, 1184, 1294–1295	7 Abs. 1 Satz 3	1241
		7 Abs. 1 Satz 4	903
		7 Abs. 1 Satz 6	894
		7 Abs. 2	640, 661, 669–670, 672, 677, 699, 707, 709–710, 719, 743, 752, 965, 1102, 1110, 1267, 1270–1271
6 Abs. 5 Satz 4	1085, 1088–1089, 1294–1295		
6 Abs. 5 Satz 5	1088–1089, 1296		
6 Abs. 6	535, 641		
6 Abs. 6 Satz 1	1082–1083, 1087–1088, 1184		
6 Abs. 6 Satz 2	1184	7 Abs. 3	661, 671, 675, 680, 1267, 1271
6 a	479, 481, 816, 851–852, 1047	7 Abs. 4	450–451, 541, 599, 620, 633, 635–636, 640, 657, 681, 688, 738, 743, 752, 966, 1102
6 b	58, 318, 364, 449, 480, 533, 538, 544, 554, 571, 586, 662, 679–680, 729, 764, 888, 1080, 1091–1092, 1103, 1106, 1157, 1185, 1267, 1269, 1272		
		7 Abs. 4 Satz 1 Nr. 1	1100–1101, 1125, 1158, 1269
6 b Abs. 3	364	7 Abs. 4 Satz 1 Nr. 2 a	1125
6 b Abs. 3 Satz 3	1267	7 Abs. 4 Satz 2	1125
6 b Abs. 4 Nr. 2	1096, 1103, 1265, 1269	7 Abs. 5	450–451, 541, 599, 635–636, 640, 657, 688, 743, 752, 1102, 1110, 1127, 1158–1159
6 b Abs. 7	862, 1242		
6 b Abs. 8	862		
6 b Abs. 10	1080, 1157		
6 c	922, 1185		
6 d	364	7 Abs. 5 a	693, 710, 752
7	450, 479, 481, 502, 662, 758, 902, 1166, 1245, 1269	7 Abs. 6	661
		7 a	56, 662, 665, 678–679
		7 a Abs. 7	1157

Paragraphenschlüssel

7 b	665		1173, 1183, 1190, 1199–1200, 1281, 1283, 1285
7 c	662, 665, 1158		
7 d	662, 665		
7 f	662, 665	15 Abs. 1 Nr. 2, 1. Halbsatz	1035, 1039, 1153
7 g	58, 354, 662, 665, 719, 1103	15 Abs. 1 Nr. 2, 2. Halbsatz	1015, 1036–1039, 1049–1051, 1165, 1171
7 g Abs. 1	858		
7 g Abs. 3	364, 858, 970		
7 g Abs. 5	862		
7 h	662, 665	15 Abs. 1 Satz 1 Nr. 2 Satz 2	1011–1012, 1046
7 i	662, 665		
7 k	662, 665	15 Abs. 1 Satz 1 Nr. 3	1190
8 Abs. 2	294, 299		
9 Abs. 1 Nr. 6	675	15 Abs. 1 Satz 2	1038, 1045
9 b	66, 193, 510–514, 606, 683	15 Abs. 1 Satz 3	892
		15 Abs. 2	54, 993–994, 998, 1001, 1003, 1049
10	521, 578		
10 Abs. 3	1047	15 Abs. 3 Nr. 1	993–994, 1001–1002, 1008, 1017, 1019, 1058
10 b	893		
10 d	465, 527, 1025, 1112		
11	312, 527, 602, 918, 923	15 Abs. 3 Nr. 2	323, 993–994, 1002, 1009–1010, 1014, 1089
11 a	640		
11 b	640	15 a	1024–1025, 1143, 1153, 1277
11 c	694		
12	39, 721	15 a Abs. 1	1025–1026
12 Nr. 1	1035	15 a Abs. 1 Satz 1	1025–1032
12 Nr. 3	312, 864, 920	15 a Abs. 1 Satz 2	1028–1031
13	46, 434, 527, 892, 992, 1001, 1062	15 a Abs. 1 Satz 3	1028–1031
		15 a Abs. 2	1025–1026, 1028–1029, 1031–1032, 1142
13 a	46, 867, 936		
15	527, 561, 626, 744, 762, 992, 998, 1054, 1185, 1192, 1198, 1237	15 a Abs. 3 Satz 1	1029–1031
		15 a Abs. 3 Satz 2	1029
		15 a Abs. 4	1025, 1028–1032
15 Abs. 1	1027, 1278–1279, 1286	15 a Abs. 5	1025
		16	527–528, 566, 574–575, 581, 584, 679–680, 1004–1005, 1008, 1024, 1031–1032, 1038, 1075–1076, 1089, 1104, 1111, 1142–1143, 1148, 1150, 1157, 1166,
15 Abs. 1 Nr. 1	1009, 1037		
15 Abs. 1 Nr. 2	992–995, 997–1004, 1009, 1015, 1027, 1034–1039, 1041–1049, 1055, 1062, 1064, 1067, 1071–1074, 1118,		

Paragraphenschlüssel

16 Abs. 1 Nr. 2	1192, 1198, 1272, 1296–1297 1004, 1006, 1052, 1075–1076, 1085, 1131, 1146–1147, 1154, 1278, 1296–1297	21 22 23	703, 731, 744, 1001, 1009, 1186, 1199–1200 37, 521, 527, 578, 1272 682, 899, 1091–1093, 1272
16 Abs. 2	1096, 1270	24	527–529, 1150
16 Abs. 2 Satz 3	1103–1104, 1109, 1151, 1155	34	527–529, 566, 1008, 1024,
16 Abs. 3	482, 641, 704, 891, 1005, 1075–1076, 1147, 1175–1176, 1297		1075–1076, 1104, 1106, 1108, 1111, 1143, 1150, 1154–1155,
16 Abs. 4	1032, 1075, 1095, 1103–1106, 1108–1109, 1131, 1143, 1150, 1264, 1268–1269, 1272–1273	34 Abs. 1	1157, 1264, 1273, 1296–1297 1095, 1103, 1105, 1109, 1150–1151, 1264–1265,
16 Abs. 5 Satz 3	1147, 1176		1268–1270,
17	899, 1062, 1089, 1091–1092, 1115, 1192, 1198, 1272	35	1272, 1297 1104, 1174, 1193, 1200
18	45, 527, 992, 1001, 1015, 1039, 1046, 1199–1200	36 Abs. 2 36 Abs. 2 Nr. 3	312, 1040 1285
18 Abs. 1 Nr. 1	1183	38	289
18 Abs. 1 Nr. 3	1211	41	56
18 Abs. 4	1001	50 b	1194
18 Abs. 5	1062	50 c	771
19	904, 1199–1200	52 Abs. 4 a	1194
20	527, 1001, 1009, 1199–1200	52 Abs. 16	364–365
20 Abs. 1	1185, 1285	52 Abs. 23	858
20 Abs. 1 Nr. 1	313, 1198, 1237, 1267	52 Abs. 33 52 Abs. 36	1024 1194, 1285
20 Abs. 1 Nr. 2	995	55	909
20 Abs. 1 Nr. 3	1237	58	702
20 Abs. 1 Nr. 4	995	60 Abs. 1	126
20 Abs. 3	995, 1185, 1237		

Einkommensteuergesetz alte Fassung (EStG a. F.)

§	Seite
36 Abs. 2 Nr. 3	1194

Fördergebietsgesetz (FördG)

§	Seite
1	561, 1157
2	354
3	702
4	702

Genossenschaftsgesetz (GenG)

§	Seite
33	43

Gewerbesteuergesetz (GewStG)

§	Seite
5	993, 1173
7	1173, 1191
8 Nr. 4	1191
8 Nr. 7	1191
8 Nr. 8	1191
10 a	1013, 1173
11	1017

Grundgesetz (GG)

Art.	Seite
3	1088

GmbH-Gesetz (GmbHG)

§	Seite
1	44
5	1191
5 Abs. 1	1202
5 Abs. 2	1259
5 Abs. 3	1259
5 Abs. 4	1260, 1265
7	1260
9	1260
11 Abs. 1	1260
13	44, 1189
15 Abs. 5	1259
26	1192
29	354
29 Abs. 1	1201, 1215
29 Abs. 2	1215
29 Abs. 3	1202
41	43, 1192
42 Abs. 1	1259
42 a	1192
46	1192, 1202, 1209, 1214
47	1202
48	1202
53	1259
55	1259
57 c	1259
57 o	506
58	1259
78	1260

Grunderwerbsteuergesetz (GrEStG)

§	Seite
1	405
5	1100
8	539
9	538–539

Handelsgesetzbuch (HGB)

§	Seite
1	43–44, 48, 995, 1001
2	43, 48, 995, 1001
3	48, 995, 1001
4	995
5	48, 995, 1001
6	44, 995, 1226
6 Abs. 1	1189
8	43

Paragraphenschlüssel

23	379	240	43, 65–66, 403, 449, 483–484, 490, 498, 500, 503, 782, 801, 908
87 a	845		
89 b	347, 655, 796, 846, 1240–1241		
105	44, 994, 1001		
105 Abs. 2	1002, 1011, 1055, 1138–1139, 1279	240 Abs. 3	74, 822
		240 Abs. 4	73
114	1277	241	70
120 Abs. 2	1021	242	43, 80, 336, 453, 459, 801, 908, 1226
121	1162		
121 Abs. 1	1054		
121 Abs. 3	1162	242 Abs. 1	1029, 1056
124	1057	242 Abs. 3	76, 126, 254
125 Abs. 1	1277	243	45, 76, 337, 449, 455, 457–459
131 Abs. 3	1005		
138	1005, 1118, 1138	244	805
139	1005	246	301, 398, 459, 529, 679, 730, 769, 793
140	1144		
155	1118		
161	44, 994, 1002, 1011	247	78, 459, 542, 546, 550, 688, 775, 805, 1238
161 Abs. 2	1055, 1118, 1138–1139, 1277, 1279		
		247 Abs. 3	364, 1160, 1267
		248	723, 726, 754
164	1000	248 Abs. 1	1260, 1274
166	1000	248 Abs. 2	345, 380
167 Abs. 2	1021	249	341, 480
167 Abs. 3	1024, 1119	249 Abs. 1	816, 1034, 1044, 1241
168	1118, 1162		
169 Abs. 1	1021	249 Abs. 2	348, 820, 846, 1034, 1240–1241
169 Abs. 2	1021		
170	1277		
171	1025	249 Abs. 3	345, 825
171 Abs. 1	1028–1031	250	341, 472
172	1025, 1030–1031	250 Abs. 1	346
172 a	1277	250 Abs. 3	333, 347
177	1006, 1138	252	89, 455, 460, 462–463, 472, 483–484, 490, 504, 630, 641, 656, 700, 765, 777, 793–794, 798, 801, 808–809, 908
230	994–995		
232	995		
235	995		
236	995		
238	43, 273, 336, 449, 579, 908, 1128, 1189, 1226		
238 Abs. 1 Satz 1	1056	252 Abs. 1 Nr. 1	957, 961, 1149
238 Abs. 1 Satz 2	1034	252 Abs. 1 Nr. 4	317, 399, 808, 824
239	56, 107, 272		

252 Abs. 2	822	266	80, 301, 459, 488, 717, 724–725, 776, 804
253	348, 449–451, 479–480, 483, 490, 495, 503, 529, 533, 535, 656–658, 661, 757, 765, 769, 773, 777–778, 782, 785, 798–800, 807–811, 813, 908		
		266 Abs. 1	256, 1203
		266 Abs. 3	1202–1203, 1206, 1212, 1221–1222, 1267
		267	77, 79, 1189
		268	341
		268 Abs. 1	1203, 1204, 1215, 1238
253 Abs. 1	822	268 Abs. 2	66, 85, 134
253 Abs. 2	1233	268 Abs. 3	1203
253 Abs. 2 Satz 1	1110, 1245	269	48, 341, 344, 366, 1232, 1239–1240, 1245
253 Abs. 2 Satz 2	1110, 1245		
253 Abs. 2 Satz 3	1127	271	316, 522, 649, 764
253 Abs. 3 Satz 3	1246		
253 Abs. 4	1034	272	1267
253 Abs. 5	349	272 Abs. 1	1202, 1205, 1206
254	349, 354, 450–451, 496, 657, 765, 778, 780, 860–861, 908, 1160, 1238	272 Abs. 2	1204, 1206, 1217, 1231
		272 Abs. 2 Nr. 1	1274
		272 Abs. 2 Nr. 4	1290
		272 Abs. 3	354, 1204, 1206, 1217
255	348, 357, 380, 471, 483, 505, 509–510, 540, 605, 608–609, 630, 639, 643, 693, 753–754, 814, 908	272 Abs. 4	1206
		273	345, 364, 480, 542, 546, 1267
		274	341, 366, 755, 1240
		274 Abs. 1	366, 1239–1240
255 Abs. 4	345, 1110, 1241	274 Abs. 2	367, 1240–1241
256	484, 486–488, 490, 495, 498, 500, 503, 801, 908, 1241	274 a	66, 85
		275	255, 603–604, 610, 621–623, 659
		275 Abs. 2 Nr. 18	1213
257	58, 273	275 Abs. 2 Nr. 20	1213, 1238
261	59	275 Abs. 3 Nr. 19	1213
264	44, 77, 458–459, 470, 1226, 1277	275 Abs. 4	1213, 1215
		276	459
264 Abs. 1	254, 1190, 1192	278	1209, 1223, 1225
264 a	77, 1277	279	349, 449–450, 452, 480, 780
264 c	80, 84, 1023, 1277		
		279 Abs. 2	354
265 Abs. 1	255	280	480

280 Abs. 1	351	8	898, 1237, 1279, 1290
280 Abs. 2	351	8 Abs. 1	1199, 1228–1229
281	351, 1238	8 Abs. 2	1002, 1189, 1199, 1201, 1229, 1259
281 Abs. 1	365		
281 Abs. 2	861	8 Abs. 3	1199, 1229, 1233, 1285
282	1239, 1245		
283	1202	8 b	1228
284	463, 490, 498	8 b Abs. 1	1192–1193, 1195, 1198, 1233–1235, 1237
289	80		
330	86		
335	44	8 b Abs. 2	1089, 1192, 1194, 1198, 1233–1234, 1273, 1296
336	458, 804		
344	410, 865		
383	325	8 b Abs. 3	1193, 1233
489	1009	8 b Abs. 4	1273
		8 b Abs. 5	1193, 1234
		9 Abs. 1 Nr. 1	1191
		10	1228
		10 Nr. 1	1232
		10 Nr. 2	864, 975, 1207–1208, 1212–1213, 1232, 1241

Insolvenzordnung (InsO)

§	Seite
47	404
51	404

Investitionszulagengesetz (InvZulG)

§	Seite
1	1157
9	542
10	542

Kapitalerhöhungsteuergesetz (KapErhStG)

§	Seite
3	506

Körperschaftsteuergesetz (KStG)

§	Seite
1	992, 1088, 1189, 1192, 1264
3	992
5	893
7	1199

10 Nr. 3	1232
10 Nr. 4	1211, 1232
13	649
23	1192, 1207, 1222
27	1198, 1243, 1267, 1290
27 Abs. 1	1196, 1222
27 Abs. 2	1196
27 Abs. 4	1196
28 Abs. 3	1223
28 Abs. 6	1223
30 Abs. 1 Nr. 1	1113
30 Abs. 1 Nr. 2	1113
30 Abs. 2 Nr. 4	318
34 Abs. 1	1194
34 Abs. 1 a	1194
34 Abs. 6 d	1194
34 Abs. 10 a	1194
36	1195, 1207
36 Abs. 3	1198
36 Abs. 4	1198

36 Abs. 5	1198
36 Abs. 6	1198
37	1113, 1116, 1195–1196, 1198, 1207–1208
38	1113, 1195–1198, 1207
39	1195
40	1195
44	1285
54 Abs. 11	1223

Körperschaftsteuergesetz alte Fassung (KStG a. F.)

§	Seite
27	1208
27 Abs. 3	1207–1208
27 Abs. 4	1197
27 ff.	1194
29	1210, 1243
39	1210
47	1195

Lohnsteuer-Durchführungsverordnung (LStDV)

§	Seite
4	56, 294

Mitbestimmungsgesetz (MitbestG)

§	Seite
1	1192
6	1192

Patentgesetz (PatG)

§	Seite
141	845

Publizitätsgesetz (PublG)

§	Seite
5	337, 458, 805

Strafgesetzbuch (StGB)

§	Seite
283	60

Umwandlungsgesetz (UmwG)

§	Seite
2	1263
17 Abs. 2	1112
24	1112
123	1263
123 Abs. 3	1103
124 Abs. 1	1103
152	1103

Umwandlungsteuergesetz (UmwStG)

§	Seite
3	1112, 1114–1115, 1117
4	1114
4 Abs. 1	1112, 1114–1115
4 Abs. 2	1106, 1113, 1265, 1271
4 Abs. 3	1113
4 Abs. 4	1114
4 Abs. 5	1114, 1116
4 Abs. 6	1114
4 Abs. 7	1116–1117
5	1114–1115
6	364, 1114
7	1113–1114
8	1114
10	1113–1114, 1116–1117
10 Abs. 1	1114, 1116
10 Abs. 2	1113

§	Seite
12 Abs. 3	1096, 1100, 1106, 1265, 1267, 1271–1272
14	1114
16	1114, 1270
18	1114, 1116
20	684, 1075, 1088–1089, 1296
20 Abs. 1	889, 1263–1264, 1272–1273
20 Abs. 2	1075, 1264–1265, 1268, 1270, 1273, 1296
20 Abs. 3	1268, 1273
20 Abs. 4	1075, 1264–1265, 1267–1268, 1270, 1272
20 Abs. 5	1264, 1268–1270, 1272
20 Abs. 7	1114, 1263
20 Abs. 8	1263
21	535, 1265, 1268, 1270, 1272–1273
22	1096, 1267
22 Abs. 1	1096, 1100, 1265
22 Abs. 2	1103, 1106, 1270–1272
22 Abs. 3	1103, 1268, 1270
23	1269, 1273
24	469, 684, 1078, 1095–1096, 1103–1104, 1108–1109, 1111, 1150, 1153–1154, 1175
24 Abs. 1	1095
24 Abs. 2	1095, 1102, 1105
24 Abs. 3	1102, 1105
24 Abs. 3 Satz 1	1095, 1098
24 Abs. 3 Satz 2	1095, 1103, 1105, 1155
24 Abs. 3 Satz 3	1096, 1103, 1109, 1150–1151
24 Abs. 4	1096, 1100, 1102–1103, 1106
25	1088–1089
27	536
27 Abs. 1 a	1113, 1115

UmwStG a. F.

§	Seite
18 Abs. 2	1114

Umsatzsteuer-Durchführungsverordnung (UStDV)

§	Seite
13	55
18	55
21	55
56	55
63	55, 137
68	55

Umsatzsteuergesetz (UStG)

§	Seite
1 Abs. 1 Nr. 1	294, 1169
1 a	140
2 Abs. 1	1074
3	514, 536
3 Abs. 1 b	55, 139, 864, 1169, 1212
3 Abs. 9 a	55, 139, 190, 864, 874
3 Abs. 9 a Nr. 1	193, 207, 1212
3 Abs. 9 a Nr. 2	1212
3 Abs. 12	299
4	45, 55
4 Nr. 8 ff.	514
4 Nr. 9	538
4 Nr. 9 a	538
4 Nr. 11	513
4 Nr. 12	746
4 Nr. 14	511
6	55
7	55
9	538, 746, 1026

10 Abs. 2	299
10 Abs. 4	182, 190, 885
10 Abs. 5	55
12	162
13	142, 216
14	138, 399, 536
15	137, 399, 511–514
15 Abs. 1	216, 1074
15 Abs. 1 a	204, 207, 511, 1212
15 Abs. 1 b	193, 883, 887
15 a	514
16 Abs. 2	140
17	177, 573, 803
17 Abs. 1	303
18 Abs. 1	139
19 Abs. 1	876
22	55, 177, 910
25 Abs. 5	55
27 Abs. 3	193, 885

Versicherungsteuer-Durchführungs-verordnung (VersStDV)

§	Seite
7	56

Wohnungseigentumsgesetz (WEG)

§	Seite
8	693

Werteverordnung (WertV)

§	Seite
7	518

Zivilprozessordnung (ZPO)

§	Seite
807	799

Zonenrandförderungsgesetz (ZRFG)

§	Seite
3	702

Zwangsversteigerungsgesetz (ZVG)

§	Seite
49	523
180	523

Stichwortverzeichnis

A

Abbruchverpflichtung 847
Abfärbung 1008
— atypische stille Gesellschaft 1009
— Erbengemeinschaft 1009
— gemischte Tätigkeiten 1009
  — Segmentierung 1009
— Gütergemeinschaft 1009
Abnutzbares Anlagevermögen 132
Abnutzung, technische 653–654
— Kunstgegenstände 653
— Sammlungsstücke 653
Abnutzung, wirtschaftliche 654
Abraumrückstand 841
Abrechnungen 935
Abschlagszahlungen 293
Abschlussbuchungen 114
Abschreibung 132
Abschreibung bei Gebäuden
— Anschaffung oder Herstellung im Laufe des Wirtschaftsjahres 696
— Ausscheiden 705
— außergewöhnliche Absetzungen 697, 700
— Baumaßnahmen 698–699
— Beginn 695
— Betriebsvorrichtungen 688
— Bewertungsobergrenze 700
— degressive AfA 692
— Einlage 703
— Entnahme 704
— Gebäudeteile 688
— lineare AfA 691
— nachträgliche Anschaffungs- oder Herstellungskosten 698
— neues Wirtschaftsgut 699
— Reihenfolge 702
— Teileigentum 688
— Teilwertabschreibung 699, 702
— überhöhte AfA 706
— unterlassene AfA 705
— Wechsel 697
— Wertaufholungsgebot 700
— Wertbeibehaltungswahlrecht 700
— Zuschreibungswahlrecht 700
Abschreibung bei Gebäudeteilen
— Allgemeines 706
— Betriebsvorrichtung 709
— Ladeneinbauten, Schaufensteranlagen, Gaststätteneinbauten u. ä. Einbauten 710
— Scheinbestandteile 709
— sonstige selbstständige Gebäudeteile 710
Abschreibung geringwertiger Wirtschaftsgüter 682
— (teil-)entgeltliche Anschaffung 684
— Akkumulationsrücklage 683
— Anschaffungsnebenkosten 685
— Bestandsverzeichnis 683
— Bewertungswahlrecht 682
— Boni 685
— Einbringung 684
— einheitliches Wirtschaftsgut 686
— Einlage 683
— Einzelfragen 687
— Eröffnung eines Betriebes 683
— Festwert 684
— Gewinnverlagerung 683
— im Jahr der Anschaffung oder Herstellung 683
— Konto 683
— Nachholung 684
— private Zwecke 685
— Rabatte 685
— selbstständig bewertbar 686
— Skonti 685
— Teilrechnungen 686
— übertragene stille Reserven 683
— Umlaufvermögen 684
— Vorratshaltung 684
— Vorsteuer 683
— Wahlrecht 684
— Zuschüsse 683
Abschreibung zwecks Bildung stiller Rücklagen 348

Stichwortverzeichnis

Abschreibungen bei sonstigen Wirtschaftsgütern 732
Abschreibungsarten 661
— Absetzung für Abnutzung 662
— Absetzung für Substanzverringerung 663
— Absetzungen für außergewöhnliche technische Abnutzung 663
— Absetzungen für außergewöhnliche wirtschaftliche Abnutzung 664
— — Gebäudeabbruch 664
— — mangelhafte Bauleistung 664
— Abzug nach R 34 Abs. 4 EStR 662
— Abzug nach R 35 Abs. 3 EStR 662
— Abzug nach § 6 b EStG 662
— degressive 665
— erhöhte Absetzungen 665
— Gebäude mit typisierter Abschreibung 657
— GWG-Abschreibungen 662
— lineare 665
— normale Absetzung 657
— Oberbegriff 661
— progressive 665
— schwankende 665
— Sonderabschreibungen 665
— Teilwertabschreibung 658, 665
Absetzung in fallenden Staffelsätzen 673
— Steuerbilanz 673
Absetzung, arithmetisch-degressive 672
— Handelsrecht 672
— praktische Bedeutung 672
— Steuerbilanz 672
Absetzung, geometrisch-degressive 668
— außergewöhnliche Absetzung 675
— Begrenzung 670
— Bilanzänderung 676
— Buchwertabschreibung 669
— Leistungsabsetzung 675
— Restnutzungsdauer 675
— Restwert 675
— Restwertproblem 671
— Tabelle 672
— Übergang zur linearen AfA 671, 675
— wirtschaftliche Begründung 669
— Zulässigkeit 669
Absetzung, lineare 667
— amtliche AfA-Tabellen 667
— mehrschichtige Nutzung 667

— Wesen 667
Absetzungen, außergewöhnliche 676
— Abgrenzung 677
— Feststellungslast 676
— Wertaufholungsrücklage 676
— Zulässigkeit 676
— Zuschreibung 676
— Zuschreibungsgebot 676
Absetzungsberechtigter 666
— Drittaufwand 666
— Nießbraucher 666
— verpachtete Wirtschaftsgüter 666
— Vorbehaltsnießbrauch 666
Abstandszahlungen 392
Abzinsung 823, 845, 847
Abzinsungsgebot 834
— Geldleistungsverpflichtungen 834
— ungewisse und Sachleistungsverpflichtungen 834
Abzugsverbot 1234
AfA bei Anschaffung oder Herstellung im Laufe eines Jahres 674
— Anzahlungen 674
— Arbeitsmittel 675
— Betriebsgebäude 674
— Dauerkultur 674
— Einlagen 674
— erste Jahreshälfte 674
— Montagefälle 674
— pro rata temporis 674
— Rumpfwirtschaftsjahr 675
— Teilherstellungskosten 674
— Vereinfachungsregelung 674
— Wirtschaftsjahre 674
— Zeitpunkt der Anschaffung oder Herstellung 674
AfA beim Ausscheiden der Wirtschaftsgüter 679
— Betriebsaufgabe 679
— Betriebsveräußerung 679
— R 35 EStR 680
— zeitanteilige Verrechnung 679
— § 6 b EStG 679
AfA nach Ablauf des Begünstigungszeitraums 679
— Restnutzungsdauer 679
— Restwert 679

Stichwortverzeichnis

— Sonderabschreibungen 679
AfA nach der Einlage 681, 903
— Abschreibungsvolumen 681
— Bemessungsgrundlage 681
— Dreijahresfrist 682
— Gebäude 681
— gewillkürtes Betriebsvermögen 681
— nicht abschreibbarer Restwert 682
— Nutzungsänderung 681
— Rechtsvorgänger 681
AfA nach Maßgabe der Leistung 668
AfA nach nachträglichen Anschaffungs- oder Herstellungskosten 677
— anderes Wirtschaftsgut 677
— Entstehung 678
— erhöhte Absetzungen 678
— Grundsätzliches 677
— Sonderabschreibungen 678
— Vereinfachungsregel 678
— lineare AfA 680
AfA neben der Teilwertabschreibung 680
AfA vom Restwert und nach der Restnutzungsdauer 680
AfA, erhöhte Absetzungen und Sonderabschreibungen nach Minderung der Anschaffungs- oder Herstellungskosten 678
— nachträgliche Minderungen 678
— Zuschüsse 678
AfA-Bemessungsgrundlage 903
AfaA 881
Agio 335
Aktiengesellschaft 1189
— Grundkapital 1189
Aktiv-Passiv-Tausch 92
— Bilanzverkürzung 93
— Bilanzverlängerung 92
Aktivierungsgebot 343
Aktivierungsverbot 343
Aktivierungswahlrecht 343
Aktivtausch 91
Akzept 300
Altenteiler 892
Altersruhegeld 853
Altlastensanierung 820
Amerikanische Buchführung 268
Anderes Wirtschaftsgut 677
Anfangsbilanz 963
Anhang 85, 255, 459

Anlagegüter, bewegliche 666
— Begriff 666
— Betriebsvorrichtungen 666
— Schiffe 666
— wesentliche Bestandteile eines Grundstücks 666
Anlagenabgang 310
Anlagengitter 66, 85
Anlagevermögen 940
Anlagevermögen, abnutzbares 649
— Abgrenzung zum Umlaufvermögen 650
— Begriff 650
— Beispiele 653
— Geschäfts- oder Firmenwert 654
— Güterfernverkehrsgenehmigungen 653
— immaterielle Wirtschaftsgüter 654
— zeitlich begrenzte Rechte 655
Anlagevermögen, nicht abnutzbares 763
— Anteile an Personengesellschaften 770, 772
— Spiegelbildtheorie 770
— Begriff und Abgrenzung 763
— Beteiligungen, Anteile an Kapitalgesellschaften 769
— Anlaufverluste 771
— Ausschüttungen 770
— Fehlmaßnahme 771
— Halbeinkünfteverfahren 772
— Kapitalerhöhung 771
— Rückzahlung von Gewinnanteilen 770
— Teilwertabschreibungen 770, 772
— Wertansatz 769
— Bewertungsgrundsätze 764
— Ansatz des niedrigeren Teilwertes 765
— ausländische Währung 767
— Bewertungswahlrecht 764
— buchmäßige Durchführung 767
— Handelsbilanz 765
— mögliche Wertansätze 764
— Regeln zum Ansatz des Teilwertes 769
— striktes Wertaufholungsgebot 764
— Wertbeibehaltungswahlrecht 764
— wieder gestiegener Teilwert 768
— Forderungen, niedrigverzinsliche 772
— Anschaffungskosten 772

Stichwortverzeichnis

— Darlehen an Betriebsangehörige 774
— Teilwert 773
— Zerobonds (Null-Kupon-Anleihen) 774
Anlagevermögen, nichtabnutzbares 652
Anlegerschutz 1214
Anrechenbare Körperschaftsteuer 312
Anrechnungsverfahren 314, 1194
— 15-jährige Übergangszeit 1195
— Ausschüttungsbelastung 1194
— Gewinnausschüttungen 1195
— Körperschaftsteuerguthaben 1195, 1197
— neutrales Vermögen 1198
— offene Gewinnausschüttungen 1194
— Übergang zum Halbeinkünfteverfahren 1194
— verdeckte Gewinnausschüttungen 1195
Ansammlung 823, 847
Ansatz- und Bewertungsvorbehalte 1232
Ansatzvorschriften 342
Anschaffungskosten 505, 524
— Abgrenzung 509
— Anschaffungspreisminderungen 515
— Begriff 505
— besondere Anschaffungskosten 524
— Einzelfragen 519
— Ergänzungsbeschaffungen 519
— Ermittlung 506
— Erwerbsnebenkosten 508
— Finanzierungskosten 517
— Geldbeschaffungskosten 516
— Gesamtkaufpreis 517
— nachträgliche 507
— Vorsteuer 510
— Vorsteuerberichtigung 514
— Zeitpunkt 506
Anschaffungskosten, besondere 524
Anschaffungsnaher Aufwand 519, 637
Anschaffungsvorgänge, besondere 524 ff.
— Erbauseinandersetzung 575
— Erbfolge, vorweggenommene 577
— Ersatzbeschaffung nach R 35 EStR 543
— Erwerb auf Rentenbasis 524
— Kaufpreisraten 524
— Rente 524
— Unterhaltsbezüge 526
— Veräußerungsrente, betriebliche 525

— Versorgungsrente 525, 529
— Grunderwerbsteuer 538
— Leasing 591
— Mietkauf 587
— Reinvestition nach § 6 b EStG 554
— Tausch 535
— Umsatzsteuer 536
— Tausch mit Baraufgabe 535–536
— Tauschgutachten 535
— Übernahme von Verbindlichkeiten 576
— Umsatzsteuer 536
— unentgeltlicher Erwerb eines Betriebs 573
— unentgeltlicher Erwerb einzelner Wirtschaftsgüter 572
— Zuschüsse 539
Ansparrücklage 858
Anteile an der Betriebs-Kapitalgesellschaft 878
Anteile an der Komplementär-GmbH 1280
— Sonderbetriebsvermögen II 1280
Anteile an Personengesellschaften 770, 772
Anteilsveräußerungen 1296
Arbeitslohn 289
Arbeitszimmer 201, 206
Ärztemuster 856
Außenanlagen 752
Außenprüfung 568
Außerplanmäßige Abschreibungen 357
Aufbewahrungsfrist 59
Aufbewahrungspflicht 58
— Erleichterungen 59
Aufsichtsratstantieme 1211
Aufstockung eines Betriebsgebäudes 887
Aufwand 602
Aufwandseinlage 893
Aufwandskonten 120
Aufwandsrückstellung 841
Aufwendungen für die Ingangsetzung und Erweiterung des Geschäftsbetriebs 366
Aufzeichnungspflicht 60
— Verletzung 60
Aufzeichnungspflichten 52
Ausbeuterecht 406
Ausbeuteverträge 219

Stichwortverzeichnis

Ausbietungsgarantie 222
Ausbildungsverträge 839
Ausgaben 602
Ausgleichsanspruch des Handelsvertreters 655, 846
Ausgleichsposten 867, 1243
— außerbilanzielle Zu- und Abrechnungen 1244
— Einlagen 1244
— erstmaliger Ansatz 1243
— Fortführung 1243
— Korrekturposten 1243
— verdeckte Gewinnausschüttung 1244
Ausländische Währung 324
Ausschüttungen 1229
Ausschüttungsbemessungsfunktion 1227
Ausstehende Einlagen 1205

B

Bargründung 1259
Barrengold 432
Baumaßnahmen 698
Baumaßnahmen auf fremden Grundstücken 717
Bauten, unfertige 792
Be- und Entlüfungsanlagen 378
Beginn der AfA 674
— Anschaffung oder Herstellung im Laufe des Jahres 674
— Einlagen 674
— Zeitpunkt der Anschaffung oder Herstellung 674
Beibehaltung niedrigerer Wertansätze 349
Beibehaltungswahlrecht 351, 358
Belegablage 262
Belieferungsrechte 383
Benennung des Zahlungsempfängers 208
Bergschäden 837
Berufsausbildungskosten 842
Beschädigung eines Wirtschaftsguts 553
Beschränkung des Schuldzinsenabzugs 425
Bestandsaufnahme 65
— Buchinventur 65

— falsche Bewertung 74
— fehlende Bestandsaufnahme 74
— jährliche Bestandsaufnahme 65
— körperliche Bestandsaufnahme 65
— unvollständige Bestandsaufnahme 74
— Zwischenbilanz 65
Bestandskonten, Abschluss 237
Bestandskonto 111
— aktive Bestandskonten 111
— Eigenkapital 112
— passive Bestandskonten 112
— Unterkonten des Kapitalkontos 114
Beteiligung 312, 316
— Kapitalgesellschaft 316, 769
— Personenhandelsgesellschaft 319
— Vermögensverwaltende Personengesellschaft 323
Beteiligungserträge 316
— Beteiligung an Personengesellschaft 319
— Beteiligung an Kapitalgesellschaft 316
Betriebliches Rechnungswesen 41
Betriebsabrechnungsbogen 604, 612, 620
Betriebsaufgabe 891
Betriebsaufspaltung 415, 1179
— Anteile an der Betriebs-GmbH 1183, 1185
— Beherrschungsidentität 1181
— Besitzunternehmen 1179
— Beteiligungserträge 1185
— Beteiligungsidentität 1181
— Betriebsaufgabe 1183
— Billigkeitsmaßnahmen 1185
— Bruchteilsgemeinschaft 1182
— Darlehensforderung 1180
— doppelstöckige Personengesellschaften 1183
— echte 1179, 1184
— Ehegatten 1182
— Ehegattenanteile 1182
— Eltern 1182
— Eltern und Kinder 1182
— enge personelle Verflechtungen 1181
— Ersatzbeschaffung 1184, 1188
— Gesellschafterbeschlüsse 1181
— Gewinnerzielungsabsicht 1179
— gewinnrealisierender Tausch 1184
— Grundstücke 1180

Stichwortverzeichnis

- immaterielle Wirtschaftsgüter 1180
- Kinder 1182
- korrespondierende Bilanzierung 1184
- mittelbare Beteiligung 1181
- Pachtgegenstände 1184
- personelle Verflechtung 1179
- Personengruppentheorie 1182
- Rückstellung für Pachterneuerung 1186
- sachliche Verflechtung 1179
- Schwesterpersonengesellschaften 1183
- Sonderbetriebsvermögen II 1180
- Substanzerhaltungsanspruch 1187
- unechte 1179
- Volljährigkeit 1185
- Warenbestand 1184
- Wegfall der personellen Verflechtung 1185
- Wiesbadener Modell 1182

Betriebsausgaben 916
Betriebsbuchhaltung 42
Betriebseinnahmen 912
Betrieberwerb, entgeltlicher 814
- Bewertungsgrundsätze 814
- Erwerb auf Rentenbasis 814

Betriebsübersicht 238
Betriebsveräußerung 944
Betriebsvergleich 167
Betriebsverlagerung 400
Betriebsvermögen 39, 408
Betriebsvermögen bei Personengesellschaften 1056
- gesamthänderisch gebundenes Privatvermögen 1059
  - Darlehensforderung 1059
  - Maßgeblichkeit der Handelsbilanz 1059
  - private Lebensführung 1060
  - private Veranlassung 1060
  - Risikolebensversicherung 1059
  - Teilwertabschreibung 1059
  - Versicherungsleistungen 1060
  - Versicherungsprämien 1060
  - Wohnzwecke der Gesellschafter 1060
- gewillkürtes Betriebsvermögen 1058
- notwendiges Betriebsvermögen 1057
  - Abfärbung 1058
  - atypisch stille Gesellschaft 1058

- Gesamthandsvermögen 1057
- Grundstücke 1058
- privat genutztes Grundstück 1058
- Sonderbetriebsvermögen 1058
- zivilrechtlich 1056
  - Einbringung quo-ad usum 1056
  - Gesamthandseigentum 1057
  - Schulden 1056
  - Vermögengegenstände 1056
  - Vermögensgegenstände und Schulden 1056
  - wirtschaftliches Eigentum 1057

Betriebsvermögensänderungen 93
- Einlagen 97
- Einlagen von Nutzungen und Leistungen (Aufwandseinlage) 99
- Entnahmen 96
- Entnahmen von Nutzungen und Leistungen 98
- erfolgswirksame Entnahmen 97
- Gewinnerhöhungen 94
- Gewinnminderungen 95

Betriebsvermögensumschichtungen 90
- Aktiv-Passiv-Tausch 90
- Aktivtausch 90
- Passivtausch 90

Betriebsvermögensvergleich 39
Betriebsvorrichtung 688, 709, 720, 722
Betriebsvorrichtungen 381, 666
Betriebswirtschaftliche Methoden der AfA 665
Bewertung 479, 482–483
- Allgemeines 479
- Bewertungsmaßstäbe 482
- Bewertungsvorbehalt 480
- Durchschnittsbewertung 485
- Einzelbewertung 483
- Festbewertung 498
- Fifo-Verfahren 487
- Geschäfts- oder Firmenwert 481
- Gruppenbewertung (Sammelbewertung) 484
- Handelsrecht 479
- Hifo-Verfahren 487
- Lifo-Verfahren 487
  - Perioden-Lifo-Verfahren 492
  - permanentes (gleitendes) Lifo-Verfahren 491
- Übergang 496–497

Stichwortverzeichnis

— Steuerrecht 479
Bewertung der Rückstellungen 822
Bewertung des abnutzbaren Anlagevermögens 348
Bewertung des nicht abnutzbaren Anlagevermögens 357
Bewertung des Umlaufvermögens 359
Bewertung in der Handelsbilanz 348
Bewertungsgrundsätze beim abnutzbaren Anlagevermögen 656
— AfA nach Wertaufholung 660
— Bewertungsobergrenze 656
— Bewertungsuntergrenze 659
— dauerhafte Wertminderung 656
— Einheitsbilanz 658
— Gesamtdarstellung 661
— Maßgeblichkeit 658
— mögliche Wertansätze 656
— striktes Wertaufholungsgebot 656, 659
— Teilwertabschreibung 658
— Teilwertsteigerung 659
— Wertbeibehaltungswahlrecht 656, 659
— Werterhöhung 659
— Zuschreibung 659
Bewertungsgrundsätze für Einlagen 898
Bewertungsgrundsätze für Entnahmen 875
Bewertungsstetigkeit 462
Bewertungsvorschriften 342
Bewertungswahlrecht nach dem UmwStG 1264
— Darlehensforderung 1264
— Entnahmegewinn 1264
— originärer Firmenwert 1264
— Pensionsverpflichtung 1264
— Veräußerungsgewinn 1264
Bewirtungskosten 201
Bilanz 75
— Aufstellung der Bilanz 75
— Eigenkapital 75
— Fremdkapital 75
— Frist zur Bilanzaufstellung 76
— Gliederung der Bilanz 78
— Inhalt der Bilanz 75, 78
— Unterschied zum Inventar 78
Bilanzänderung 830, 832, 874, 955, 968, 976–977
— Begriff 968
— Gewerbesteuerrückstellung 832

— Gewerbesteuerrückstellung nach Betriebsprüfung 974
— Gewinnauswirkung 977
— Personengesellschaften 976
— Voraussetzungen 969
Bilanzberichtigung 466, 475, 568, 652, 830, 955, 977
— AfA-Fehler 965
— Begriff 955
— Berichtigung des Fehlerjahres 960
— Bilanzberichtigung erfolgt nicht im Fehlerjahr 960
— erfolgsneutraler Fehler 963
— erfolgswirksamer Fehler 961
— Gewinnauswirkung 977
— willkürliche Fehler 967
— Zeitpunkt der Bilanzberichtigung 959
Bilanzbuch 265
Bilanzbündeltheorie 1034
Bilanzenzusammenhang 87, 460, 464, 831, 961
— AfA, willkürlich unterlassene 476
— Außenprüfung 477
— Auswirkungsvorbehalt 465
— Bestandskraft 465
— Bilanzberichtigung 475
— Durchbrechung 476
— Durchbrechung bei unterlassener AfA 657
— erfolgswirksame Berichtigung 467
— Festsetzungsverjährung 466
— Gebäude-AfA 471
— Personengesellschaft 469
— Reaktivierung 470
— Schätzung 476
— Sonderabschreibung 471
— steuerneutrale Berichtigung 473
Bilanzergebnis 1213
Bilanzergebniskonto 1215
Bilanzgewinn 1203, 1213–1215, 1227–1228
Bilanzgewinn/Bilanzverlust 1203
Bilanzgliederung bei Kreditinstituten 86
Bilanzidentität 87
Bilanzierungsfähigkeit 373
Bilanzierungshilfe für latente Steuern 367
Bilanzierungshilfen 344, 348, 1232
Bilanzierungspflichtiger 403

1323

Stichwortverzeichnis

Bilanzklarheit 165, 458
Bilanzkontinuität 462, 961
— formelle 462
— materielle 462
Bilanzkonto 78
Bilanzsteuerrecht 373
Bilanztheorien 338
— dynamische Bilanzauffassung 339
— organische Bilanzauffassung 340
— pagatorische Bilanzauffassung 340
— statische Bilanzauffassung 338
Bilanzverlust 1203, 1213, 1215
Bilanzwahrheit 459
— Vollständigkeitsprinzip 459
Bodenschatz 376, 381, 430
Bonus 176
— Auswirkungen auf die Umsatzsteuer 179
Börsenkurs 359
Bruttoabschluss 164
Bruttolohn 291
Bruttoverfahren 137, 139
Buchführung 41, 56, 65
— allgemeine Anforderungen 56
— Grundlagen 65
— Inventar 65
— Inventur 65
Buchführungsmängel 58
Buchführungspflicht 48
— Beginn der Buchführungspflicht 48
— Ende der Buchführungspflicht 50
Buchführungspflicht bei Sonderbetriebsvermögen 47
Buchführungspflicht beim gewerblichen Grundstückshandel 50
Buchführungspflicht nach Handelsrecht 43
Buchführungspflicht nach Steuerrecht 44
Buchführungspflicht und Aufzeichnungspflicht 52
Buchführungssysteme 61
— doppelte Buchführung 61
— einfache Buchführung 61
— kameralistische Buchführung 61
Buchung 106
— Buchung ohne Stornobuchung 107
— Buchung und Gegenbuchung 106
Buchung und Gegenbuchung 106

Buchungssatz 148
— Deuten von Buchungssätzen 153
— einfache Buchungssätze 148
— Kontenabschluss 157
— zusammengesetzte Buchungssätze 149
Buchungstext 148
Buchwert 310
Buchwertabsetzung 668
Buchwertverknüpfung 1265
— AfA 1265
— Bewertungsabschläge 1265
— Bewertungsfreiheiten 1265
— erhöhte Absetzungen 1265
— originärer Geschäftswert 1270
— Rücklagen 1265
— Sonderabschreibungen 1265
— Teilrealisierung 1270
— Vollrealisierung 1268
— Zwischenwert 1270
Bürgschaft 522

C

Computerprogramme 383

D

Damnum 222, 332, 920
Darlehen 332, 414
Darlehensabgeld 332
Darlehensaufgeld 335
DATEV-Buchführungssystem
— Arbeitsablauf 277
— automatische Konten 280
— DATEV-Buchungssatz 278
— DATEV-Kontenbuch 277
— DATEV-Standardkontenrahmen 280
— Gegenkonto 278
— laufende Konten 276
— Mandanten-Programmdaten 275
— Primanota und Journal 276
— Stammdaten 274
— Überblick 274
Dauernde Last 526
Debitoren 134
Deckelung 194

Stichwortverzeichnis

Devisengeschäfte 324
Devisentermingeschäfte 432
Disagio 222, 332
Diskont 300
Diskontierung 303
Diskontspesen 221
Dividenden 311
Divisionsverfahren 614, 616
Doppelstöckige Personengesellschaften 1011
— einheitliche und gesonderte Gewinnfeststellung 1012
— mittelbare Mitunternehmer 1012
— Mitunternehmer in der Obergesellschaft 1011
— — Abschirmwirkung 1012
— — Sonderbetriebsvermögen 1012
— — Vergütungen 1012
Doppelte Buchführung 63
— Amerikanische Buchführung 268
— Arten der Bücher 260
— DATEV-Buchführungssystem 274
— Durchschreibebuchführung 268
— elektronische Datenverarbeitung 271
— Geschäftsfreundebuch 263
— Grundbuch 260
— Hauptbuch 262
— Hilfsbücher 266
— Kassenbuch 260
— Kontenplan 282
— Kontenrahmen 282
— Kreditgeschäfte 262
— Methoden 268
— Nebenbücher 265
— Offene-Posten-Buchhaltung 264
— Organisation 260
— zeitnahe Erfassung 262
Drittaufwand 734
— Abgrenzung 735
— Absetzung für Abnutzung 737
— Abziehbarkeit von Aufwendungen 737
— Aufwand im eigenen betrieblichen Interesse 736
— Beendigung der betrieblichen Nutzung 743
— Bilanzierung 742
— Ehegatten 737
— Eigenaufwand 735

— Entwicklung der Rechtsprechung 734
— Gebäude im Miteigentum der Ehegatten 738–739
— laufende Aufwendungen 741
— — grundstücksorientierte Aufwendungen 742
— — nutzungsorientierte Aufwendungen 742
— Topffinanzierung 737
— Zuwendung des verbleibenden Aufwands 741
— Zuwendungsvermutung 737
Drohende Verluste 838
Durchbrechung des Bilanzenzusammenhangs 657, 967
Durchlaufende Posten 915
Durchschnittlicher Unternehmergewinn 362
Durchschnittsbewertung 485, 782
Durchschreibebuchführung 268
Dynamische Bilanzauffassung 339

E

Effektengeschäfte 410
Eigenbesitz 404
Eigenbetrieblich genutzte Gebäudeteile 396
Eigenkapital 1202, 1205
Eigentumswohnung 688
Einbauten für vorübergehende Zwecke 378
Einbringung 1262
Einbringung eines Betriebs 969
Einfache Buchführung 61
Einheitsbilanz 337, 1238
— handelsrechtliche Öffnungsklausel 1238
Einheitstheorie 575, 581
Einkaufskommission 325
Einkommen 37
Einkünfte 37
Einkunftsarten 37
Einlagekonto 123
Einlagen 96, 553, 559, 674, 681, 703, 893
— Bewertungshöchstgrenze 899
— Bewertungsmaßstab 898
— bilanzierungsfähiges Wirtschaftsgut 894
— Dreijahresfrist 899

Stichwortverzeichnis

— Einlage abnutzbarer Anlagegüter 902
— Einlage bei gemischter Schenkung 897
— Einlage nach früherer Entnahme 901
— Einlagefähigkeit 896
— Einlagehandlung 896
— Einlagezeitpunkt 896
— Forderungsverzicht 895
— Gegenstand der Einlage 893
— Nutzungsvorteile 893
— verdeckte Einlage 897
— Vorsteuer 900
— wesentliche Beteiligungen 900
Einlageüberschüsse 427
Einlagewert 905
Einrede der Verjährung 820
Einteilung des Vermögens 649
Eintritt eines Gesellschafters 1149–1150
— Änderung der Beteiligungsverhältnisse 1156
  — entgeltliche Änderung 1156
  — unentgeltliche Änderung 1156
— Einbringung von Mitunternehmeranteilen 1149
  — Altgesellschafter 1150
  — Anschaffungskosten 1150
  — Aufnahmevertrag 1149
  — Bilanzidentität 1149
  — Ergänzungsbilanz 1153
  — Eröffnungsbilanz 1149
  — Firmenwert 1150
  — Geschäftswert 1153
  — Gewerbesteuerpflicht 1150
  — immaterielle Einzelwirtschaftsgüter 1153
  — laufender Gewinn 1150
  — negative Ergänzungsbilanzen 1151
  — stille Reserven 1150, 1153
  — Veräußerung eines Bruchteils des Mitunternehmeranteils 1153
  — Veräußerung eines Teils eines Mitunternehmeranteils 1150
  — Veräußerungsgewinn 1150
  — Verlust 1150
  — zivilrechtliche Identität 1149
— Zuzahlung in das Privatvermögen 1154
  — Bareinlage 1154
  — Buchwertansatz 1155
  — Einbringung für eigene Rechnung 1154

— Einbringung zu Teilwerten 1155
— freiberufliche Sozietäten 1154
— negative Ergänzungsbilanz 1155
— Teilwertansatz 1155
Einzelbewertung 483, 822
Einzelfragen 877
Einzelkosten 604, 834
Einzelrechtsnachfolge 899, 1263
Einzelrechtsnachfolge, unentgeltliche 681
Elektronische Datenverarbeitung
— Buchführung mit Datenverarbeitungsanlagen 272
— DATEV-System 274
— Grundsätze ordnungsmäßiger DV-gestützter Buchführungssysteme (GoBS) 272
— Wesen der elektronischen Datenverarbeitung 271
Entfernungspauschale 204
Entgeltlicher Erwerb 389
Entnahme 543, 556, 704, 969
Entnahme von Grund und Boden 892
Entnahme von Grundstücken 888
Entnahmefähigkeit 864
Entnahmegewinn 873
Entnahmehandlung 442, 869
Entnahmekonto 122
Entnahmen 96, 444, 863
— Bewertungsmaßstab 875
— Entnahmehandlung 869
— Entnahmen und Einlagen 926
— Entnahmezeitpunkt 872
— Gegenstand der Entnahme 863
— Hingabe eines Schecks 925
— kassenärztliche Vereinigung 924
— Kaution 924
— Provisionen 924
— regelmäßig wiederkehrende Einnahmen 925
— Überführung in einen anderen Betrieb 866
— Überweisungsauftrag 925
— Verhältnis zur unentgeltlichen Wertabgabe nach UStG 874
— Verwendung für betriebsfremde Zwecke 865
— vorweggenommene Erbfolge 877
Entschädigung für Gebäudeabbruch 402

Stichwortverzeichnis

Erb- oder Pflichtteilsverzicht 578
Erbbaurecht 384, 443, 519, 654, 890
Erbengemeinschaft 521, 575–577, 872, 1003
— Rückwirkung 1004
— Sachvermächtnis 1004
— Sachwertabfindung 1005
— Teilungsanordnung 1004
Erbfall 417, 521
Erbfallschulden 417, 521, 577
Erbfolge, vorweggenommene 520, 574, 577
Erfolgskonten 119
— Abschluss 232
— Aufwandskonten 232
— Ertragskonten 232
— Reihenfolge der Abschlussbuchungen 232
Ergänzungsbilanzen 1124, 1134, 1151, 1157
Erhaltene Anzahlungen 216
Erhaltungsaufwand 639
Erhöhte Absetzungen 189
Erinnerungsposten/Erinnerungswert 133
Eröffnungsbilanz 104, 941, 977
Eröffnungsbilanzkonto 108, 156
Ersatzbeschaffung nach R 35 EStR 543
Erschließungskosten 225
— Erbbauberechtigte 225
Erstattungen nichtabziehbarer Betriebsausgaben 1234
Erträge aus Beteiligungen 316
Ertragskonten 120
Erzeugnisse 791

F

Fahrten zwischen Wohnung und Betrieb 201, 203
Fahrtenbuch 203, 205, 880
Fälligkeitsdarlehen 333
Fastagen 840
Fernsprechdienstleistungen 196
Festbewertung 73, 498
Feststellung des Jahresabschlusses 1215
Fifo-Verfahren 481

Finanzanlagen 350
Finanzbuchhaltung 42
Finanzierungsaufwendungen 1234
Finanzierungszuschläge 221
Finanzwechsel 301
Firmenwert 382, 1232
Fluktuationsabschlag 843
Forderungen aus Lieferungen und Leistungen 793
— Abgrenzung von den schwebenden Geschäften 794
— Abschreibung 803–804
— Bewertung 797
— Einteilung 794
— Einzelbewertung 801
— Entstehung 793
— Entstehung von bestimmten Forderungen 795
— Fremdwährung 805
— Pausch- oder Sammelbewertung 801
— wertmindernde Umstände 798
Forderungen, niedrigverzinsliche 772
Forderungsverzicht als Einlage 895
Forfaitierung 220
Fremdbetrieblich genutzte Gebäudeteile 397
Fremdvergleichspreis 867

G

Garantierückstellungen 832
Gaststätteneinbauten u. Ä. 710
Gebäude 688
— AfA 688
— Begriff 688
Gebäude auf fremden Grund und Boden 727
— Allgemeines 727
— bürgerlich-rechtliches Eigentum 727
— wirtschaftliches Eigentum 728
Gebäude im Miteigentum 730
Gebäudeabbruch 632
Gebäudeherstellungskosten 626
— Ablösezahlungen 628
— Abstandszahlungen 628
— anschaffungsnaher Aufwand 637

Stichwortverzeichnis

- Bauherren- und vergleichbare Modelle 631
- Baumängel 631
- Einfriedungen 630
- Erhaltungsaufwand 639
- Erschließungsbeiträge 629
- Gebäudeabbruch 632
- nachträglicher Herstellungsaufwand 639
- Schnellbaukosten 628
- vergebliche Aufwendungen 626

Gebäudeteile 395, 706
- AfA 706
- Allgemeines 706

Gebrauchsmuster 383
Gegenkonto 156
Geldbußen 60, 201
Gemeinkosten 604
Gemischte Konten 126
- Abschluss 233
- Erfolgskonten mit Bestand 233

Genossenschaft 402
Geringfügig entlohnte Beschäftigungen 290
Geringwertige Wirtschaftsgüter 86, 682
- Einzelfragen 687
- selbstständige Nutzungsfähigkeit 686

Gesamtgewinn der Mitunternehmer 1036
Gesamthandsvermögen 888
Gesamtkostenverfahren 255, 621
Gesamtrechtsnachfolge 681, 877, 899, 1263
Geschäfts- oder Firmenwert 481, 654, 752
- Aktivierbarkeit 753
- Aufgabegewinn 754
- Begriff 752
- Bewertungsgrundsätze 757
- derivativer 752
- Einheitsbilanz 754
- Einheitstheorie 760
- Einlagefähigkeit 754
- Einordnung 754
- Einzelfragen 763
- Ertragswertmethode 762
- immaterielle Einzelwirtschaftsgüter 757
- Kundenstamm 758
- Methoden zur Ermittlung des Teilwertes 760
- Ertragswertmethode 762
- Mittelwertmethode 761
- Mittelwertmethode 761
- Nutzungsdauer 755
- originärer 752
- Personengesellschaft 757
- planmäßige Abschreibung 754
- Praxiswert 756
- Teilwertabschreibung 759
- Verlagswert 756
- Wettbewerbsverbot 758

Geschäftseröffnung 814
- Bewertung 814

Geschäftsfreundebuch 63, 263
- Befreiung von der Führung 265
- Personenkonten 263

Geschäftsführergehälter 1280
- Anstellungsvertrag 1280–1281
- Direktversicherung 1283
- eigener Geschäftsbetrieb 1284
- Gewerbeertrag 1283–1284
- Kirchensteuer 1281
- Lohnsteuer 1281
- nichtselbstständige Arbeit 1284
- Pensionszusagen 1283
- PKW-Überlassung 1283
- rückwirkende Tätigkeitsvergütungen 1285
- SolZ 1281
- sozialversicherungspflichtige Pflichten 1281
- Tantieme 1283
- überhöhte Gehälter 1285
- verdeckte Gewinnausschüttung 1285
- Vergütungen 1281

Geschäftsverlegung 838
Geschäftsvorfälle 63, 90, 148
- Betriebsvermögensänderungen 90
- Betriebsvermögensumschichtungen 90
- Übersicht 100

Geschenke 201
Gesellschaft mit beschränkter Haftung 1191
- Stammkapital 1191

Gesellschaftsschulden 418
Gesellschaftsvermögen, das Privatvermögen ist 1160
- additive Gewinnermittlung 1278

Stichwortverzeichnis

- Aufwendungsersatz 1279
- „eigene" Kosten der GmbH 1280
- Ergänzungsbilanzen 1278
- Gesamthandsbereich 1279
- gesonderte und einheitliche Gewinnfeststellung 1280
- Gewinnanteile 1278
- Haftungsvergütung 1279
- IHK-Beiträge 1279
- Jahresabschlusskosten 1279
- Miet- bzw. Pachtzahlungen 1279
- Pensionsverpflichtungen 1280
- Sonderbetriebsausgaben 1279
- Sonderbilanzen 1278, 1279
- steuerrechtliche Korrekturbilanzen 1160
  - entgeltliche Nutzung 1161
  - Entnahme 1161
  - Ergänzungsbilanz 1160
  - Handelsbilanz 1160
  - negative Ergänzungsbilanz 1161
  - Nutzungsänderung 1161
- Tätigkeitsvergütung der GmbH 1278
- Veräußerung des Mitunternehmeranteils 1278
- Vergütungen 1278
- Verzinsung der Kapitalkonten 1279
- Vorweggewinn 1278
- Zinszahlungen 1279, 1278

Gewährleistungspflicht 832
Gewährung von Gesellschaftsrechten 901
Gewerbeertrag 427
Gewerbesteuerrückstellung 826, 975
- ⁵/₆-Methode 827
- Divisor 828

Gewerblich geprägte Personengesellschaft 1010
- doppelstöckige Personengesellschaft 1010
- Geschäftsführung 1010
- Schein-KG
  - vermögensverwaltende KG 1011, 1009

Gewerbliche Einkünfte 1001
- Abfärbung 1002
- Betriebsaufspaltung 1002
- gewerblich geprägte Gesellschaften 1002
- Gewinnerzielungsabsicht 1003
- Grundstücksveräußerungen 1002
- Drei-Objekt-Grenze 1002
- eigener Gewerbebetrieb 1002
- Schein-KG 1001
- sog. Zebragesellschaft 1002
- vermögensverwaltende Tätigkeit 1001

Gewerblicher Grundstückshandel 50, 412
Gewillkürtes Betriebsvermögen 431
Gewinn 37
Gewinn-und-Verlust-Konto 118
Gewinn-und-Verlust-Konto, Abschluss 233
Gewinn-und-Verlust-Rechnung 64, 254
- Gesamtkostenverfahren 255
- Gliederung 255
- Umsatzkostenverfahren 255

Gewinneinkünfte 37
Gewinnermittlung 37
Gewinnermittlung nach § 4 Abs. 3 EStG 909
- Aufnahme von Darlehen 914
- Auswirkungen auf die Steuerbelastung 912
- berechtigter Personenkreis 909
- Betriebsausgaben 916
- Betriebseinnahmen 912
- Damnum 920
- Diebstahl und Unterschlagung 921
- Erbbaurecht 913
- Forderungsausfälle 921
- Fremdwährungsdarlehen 919
- Gesamtgewinngleichheit 911
- Incentive-Reise 913
- Kontokorrentkredit 919
- Leibrentenverpflichtung 916
- Rentenzahlungen 922
- Tausch 913
- Teilwertabschreibungen 920
- Tilgung von Darlehen 919
- Totalschaden 920
- Übertragung stiller Reserven 921
- Umsatzsteuer 915
- USt-Zahllast 920
- Voraussetzungen 910
- Vorsteuer 916–917
- Wesen der Überschussrechnung 910

1329

Stichwortverzeichnis

Gewinnermittlungsarten 907
— Angehörige der freien Berufe 907
— Besonderheiten im formellen Bereich 908
— Bilanzierung und Bewertung des Betriebsvermögens 908
— Bodengewinne 909
— Gewerbetreibende 907
— Land- und Forstwirte 907
— Umfang des Betriebsvermögens 908
Gewinnermittlungszeitraum 38
Gewinnrücklagen 817, 1202, 1206, 1214, 1216
Gewinnverteilung 1054, 1162, 1286
— „eigene" Kosten der GmbH 1055
  — ähnliche Kosten 1055
  — IHK-Beiträge 1055
  — Jahresabschlusskosten 1055
— Änderung der Gewinnverteilungsabrede 1290
— angemessener Gewinnanteil 1286
— Avalprovision 1287
— Ersatz der Auslagen 1286–1287
— Haftungsrisiko 1286–1287
— marktübliche Verzinsung 1286
— nachträgliche Anschaffungskosten 1289
— steuerrechtliche Gewinnverteilung 1165
  — „Übereinlagen" 1168
  — Änderung des Veräußerungsgewinnes 1166
  — außerbetriebliche Erwägungen 1165
  — Bewirtung von Geschäftsfreunden 1167
  — Bilanzierungshilfen 1166
  — Diebstahl 1171
  — Entnahmegewinne 1170
  — Entnahmen 1169
  — Fahrzeugüberlassung 1171
  — Familienpersonengesellschaften 1165
  — gesellschaftsbezogene Betrachtung 1168
  — Gewerbeertrag 1172
  — Gewerbesteuer 1173
  — Gewerbesteuermehrbelastung 1173
  — Gewerbeverlust 1173
  — Gewinnverteilungsschlüssel 1165
  — Gewinnvorab 1170
  — Grundstück 1171
  — handelsrechtliche Aufwendungen 1167
  — Mehrbelastung an Gewerbesteuer 1173
  — Mehrgewinne bei Außenprüfungen 1166
  — nicht abziehbare Betriebsausgaben 1166
  — nicht abziehbare Schuldzinsen 1167
  — Nutzungsentnahmen 1170–1171
  — private PKW-Nutzung 1170
  — private Telefonnutzung 1170
  — Rückwirkungsverbot 1166
  — Schadensersatzanspruch 1172
  — Schuldzinsen 1168
  — Sonder- und Ergänzungsbilanzgewinne 1174
  — Sonder- und/oder Ergänzungsbilanzen 1165
  — Sonderbetriebsausgaben 1165
  — Sonderbetriebseinnahmen 1165
  — stille Reserven 1171
  — Tarifermäßigung 1174
  — Überentnahmen 1168
  — unentgeltliche Überlassung 1171
  — unerlaubte Handlungen 1171
  — Unterschlagung 1171
  — Vergleich 1166
  — Veruntreuung 1171
  — Veruntreuung von Geldbeträgen 1172
  — Zinsaufwendungen im Sonderbereich 1168
  — Zinsen im Gesellschaftsbereich 1169
  — Zinserträge im Sonderbereich 1169
— unangemessen hoher Gewinnanteil 1288
— unangemessen niedriger Gewinnanteil 1287
— verdeckte Einlage 1288
— Vorweggewinn 1054
  — Aufwendungen für die Geschäftsführung 1055
  — Gewinnanteile 1054

Stichwortverzeichnis

— gewinnunabhängiger Kostenersatz 1055
— Haftungsvergütung 1054
— Komplementär-GmbH 1055
— Verzinsung der Kapitalkonten 1054
— zivilrechtliche Gewinnverteilung 1162
— Gesellschaftsvertrag 1162–1163
— Jahresverlust 1162
— Kapitalverzinsung 1162
— nach Kapitalanteilen 1163
— Restgewinn 1162
— Vorabgewinne 1163
Gewinnverteilungsschlüssel 873
Gewinnverwendung 1214, 1219
— Bilanzgewinn 1220
— Dividende 1219
— Gewinnanteil 1219
— Gewinnvortrag 1221
— Kapitalertragsteuer 1220
Gewinnverwendungsvorschlag 1209
Gewinnvortrag 1215
GewSt-Rückstellung 427
Gezeichnetes Kapital 1202
Gezogener Wechsel 300
Girosammeldepot 311
Gläubigerschutz 1214, 1226–1228
Gleichstellungsgelder 521, 579
Gliederung der Bilanz 80
— große Kapitalgesellschaft 80
— kleine Kapitalgesellschaft 80
— mittelgroße Kapitalgesellschaft 80
Gliederungsvorschriften 459
GmbH Co. KG 1277
— personengleiche 1277
GmbH-Anteile 415
Going-concern-Prinzip 641
Gratifikationen 842
Grund und Boden 446
— Aufteilung bei mehreren sonstigen selbstständigen Gebäudeteilen 446
Grundbuch 260
Grunderwerbsteuer 538
Grundkapital 1202
Grundpfandrecht 414
Grundsatz der Maßgeblichkeit 342
Grundsätze ordnungsmäßiger Buchführung 40

Grundstück 437
Grundstücke als notwendiges Betriebsvermögen 437
Grundstückskonto 130
Grundstücksteile 437
Grundstücksteile als gewillkürtes Betriebsvermögen 440
Grundstücksteile von untergeordnetem Wert 439
Gründung einer Aktiengesellschaft 1273
— Aufgeld 1274
— Bargründung 1274
— Einheits- und Simultangründung 1273
— Gesellschaftsvertrag 1274
— Gründungskosten 1274
— Gründungsprüfer 1274
— Gründungsprüfung 1274
— Kapitalrücklage 1274
— Sachgründung 1274
— Stückaktien 1274
— Stufengründung 1274
— Sukzessivgründung 1274
— Vorgesellschaft 1274
— Vorgründungsgesellschaft 1274
Gründung einer GmbH 1259
Gründung einer Personengesellschaft 1093
— Aufnahme von Kindern 1117
— Abschlusspfleger 1118
— atypische stille Beteiligung 1119
— Dauerergänzungspfleger 1118
— Gewinnrealisierung bei Schenkungen 1122
— Gewinnverteilung 1119
— KG 1119
— künftige Ertragslage 1121
— Schenkung des Gesellschaftsanteils 1121
— stille Reserven 1118
— typisch stille Gesellschafter 1121
— Unternehmerinitiative 1119
— Unternehmerrisiko 1119
— vormundschaftsgerichtliche Genehmigung 1118
— zivilrechtliche Wirksamkeit 1118
— Bargründung 1093
— Einlageforderungen 1093
— Einbringung eines Betriebs-, Teilbetriebs oder Mitunternehmeranteils 1094

Stichwortverzeichnis

- Absetzungen 1096
- AfA 1096, 1106
- Ansatz von Zwischenwerten 1106
- Anschaffungskosten 1095
- Aufstockungsbeträge 1106
- Besitzzeitanrechnung 1106
- Bewertungsabschläge 1096
- Bewertungswahlrecht 1094
- Bilanzenzusammenhang 1096
- Buchwertfortführung in der Hauptbilanz 1098
- Buchwertverknüpfung 1096
- Einzelrechtsnachfolge 1102
- Einzelunternehmen 1096
- Entnahmegewinn 1099
- Ergänzungsbilanzen 1095, 1097
- Eröffnungsbilanz 1097
- Formwechsel 1103
- Freibetrag 1106
- Freibetrag nach § 16 Abs. 4 EStG 1104
- Gebäude-AfA 1100
- Gesamtrechtsnachfolge 1103
- Gewerbeertragsteuer 1099
- Gewerbesteuer 1104
- laufender Gewinn 1096
- Minderkapital 1105
- negative Ergänzungsbilanz 1097
- originärer Firmenwert 1102
- originärer Geschäftswert 1096, 1106
- positive Ergänzungsbilanz 1097
- Rücklagen 1096
- Sonderabschreibungen 1096, 1106
- Sozietät 1104
- Spaltung zur Ausgliederung 1103
- Steuerermäßigung 1106
- steuerfreie Rücklagen 1106
- stille Reserven 1106
- tauschähnlicher Vorgang 1094
- Teilrealisierung 1105
- Teilwert 1095
- ungewisse Verbindlichkeit 1096
- Veräußerungspreis 1095
- Vollrealisierung 1102
- Einbringung mit Zuzahlung 1111
  - Einbringung für eigene Rechnung 1111
  - Einbringung für fremde Rechnung 1111
  - Einbringung zu Buchwerten 1111
  - negative Ergänzungsbilanz 1112
- Gründungskosten 1122
  - Beschaffung von Eigenkapital 1122
  - Handelsregistereintragungen 1122
  - Ingangsetzung des Gewerbebetriebs 1122
  - Kosten des Gesellschaftsvertrages 1122
  - Notariatskosten 1122
- Sachgründung 1093
  - Einbringung einzelner Wirtschaftsgüter 1094
  - negative Ergänzungsbilanz 1093
  - tauschähnlicher Vorgang 1094
- Umwandlung einer GmbH 1112
  - Aufstockung 1112
  - Ergänzungsbilanzen für Gesellschafter 1114
  - Firmenwert 1112
  - Gesamtrechtsnachfolgerin 1112
  - Gewerbesteuer 1114
  - immaterielle Einzelwirtschaftsgüter 1112
  - immaterielle Wirtschaftsgüter 1114
  - Körperschaftsteuerguthaben 1113
  - Maßgeblichkeit 1112
  - originärer Firmenwert 1114
  - Schlussbilanz 1112
  - stille Reserven 1113
  - Übernahmeverlust 1114
  - Übertragungsgewinn 1112
  - Untergang der GmbH-Anteile 1113
  - Wertverknüpfung 1112
- Zurückbehaltung einzelner Wirtschaftsgüter als Sonderbetriebsvermögen 1108
  - Einbringungsgewinn 1109
  - Einbringungsvorgang 1109
  - Gewerbesteuer 1109
  - laufender Gewinn 1109
  - Sonderbetriebsvermögen 1108
  - wesentliche Betriebsgrundlagen 1109

Gründungskosten 1260
- Gerichtskosten 1260

Stichwortverzeichnis

— Grunderwerbsteuer 1260
— Notariatskosten 1260
Gruppenbewertung 73
Gruppenbewertung (Sammelbewertung) 484, 782
Güterfernverkehrsgenehmigungen 653, 655

H

Habenseite 104
Halbeinkünfteverfahren 314, 317, 1192
— Beteiligungserträge 1192
— Definitivbelastung 1193
— Gewerbesteuer 1193
— Teilwertabschreibungen 1193
— Veräußerungsgewinne 1192
— Veräußerungsverluste 1193
Handelsbilanz 336
Handelsbilanzgewinn 1226
Handelsrechtliche Grundsätze ordnungsmäßiger Buchführung 337
Handelsrechtliche Rechnungslegungsvorschriften 336
Hauptabschlussübersicht
— Aufgabe 238
— Gewinn-und-Verlust-Rechnung 240
— Saldenbilanz 240
— Saldenbilanz II 244
— Schlussbilanz 240
— Umbuchungsliste 245
— Umbuchungsspalte 243
Hauptbuch 262
Hauptversammlung 856
Herstellungskosten 601
— Bedeutung 601
— Betriebsabrechnungsbogen 612
— Einzelfragen 624
— Einzelkosten 604
— Gebäude 626
— Gemeinkosten 604
— Grundbegriffe 602
— Kalkulation 602
— Kosten- und Leistungsrechnung 609
— Selbstkostenrechnung 602
— Umfang 604
Hilfsbücher 266
Hinzurechnungen 935
Honorarforderung 415

I

Immaterielle Wirtschaftsgüter 381, 383, 654, 666, 725, 758, 793
Immaterielle Wirtschaftsgüter des Umlaufvermögens 389
Imparitätsprinzip 642
Importwaren 791
Innerbetrieblicher Verbrauch, Buchung 182
Insassenunfallversicherung 881
Inventar 66
— Anforderungen 66
— Anlageverzeichnis 66
— Bestandsverzeichnis 66
— Eigenkapital 66
Inventarbuch 265
Inventur 65, 158
Inventurerleichterungen 70
— permanente Inventur 71
— Stichprobeninventur 70
— zeitlich verlegte Inventur 72
— zeitnahe Inventur 70
Investitionszulagen 542
Investmentanteile 879

J

Jahresabschluss 188, 1020, 1201
— Aufgabe 188
— ausstehende Einlagen 1022
— — Einlageforderungen 1023
— — Pflichteinlagen 1022
— Durchführung 188
— Kapitalkonten bei PersG 1020
— — Eigenkapital 1020
— — fester Kapitalanteil 1020
— — Forderungskonto des Gesellschafters 1020
— — geteilte Kapitalkonten 1020
— — Privatkonto 1020
— — variabler Kapitalanteil 1020
— — Verrechnungskonto 1020
— Kommanditeinlagen 1021
— — „Entnahmen" 1021
— — bedungene Einlage 1021
— — Gewinne 1021

Stichwortverzeichnis

— Haftsumme 1021
— Kapital II 1021
— Nachschüsse 1022
— stehen gelassene Gewinne 1021
— Verbindlichkeit 1021
— Verluste 1022
— vorbereitende Abschlussbuchungen 188
Jahresabschluss- und Prüfungskosten 856
Jahresbilanz 1033
— Feststellung 1033
— Ergebnisverwendungen 1034
— Sonderabschreibungen 1034
— Zustimmung 1034
— Kosten der Lebensführung 1035
— Entnahmen 1035
Jahreserfolg 1204
Jahresergebnis 1213
Jahresergebniskonto 1215
Jahresfehlbetrag 1203–1204
Jahresüberschuss 1202–1204, 1213, 1226–1227
Journal 269
Jubiläumsrückstellung 843

K

Kalkulationsverfahren 602, 614
— Begriffe 602
Kapitalangleichung 958
Kapitalangleichungsbuchungen 229
Kapitalaufbringung 1214
Kapitalentwicklung 125, 234
Kapitalerhaltung 1214
Kapitalerhöhung aus Gesellschaftsmitteln 1217
Kapitalertragsteuer 312
Kapitalgesellschaft 1189
Kapitalherabsetzung 318
Kapitalkonten der Gesellschafter 1201
Kapitalrücklage 817, 1202, 1206, 1217
— abziehbare Betriebsausgaben 1207
Kapitalrückzahlung 318
Kassenbericht 261
Kassenbuch 260

Kaufmann 43
— eingerichteter Geschäftsbetrieb 43
— Kapitalhandelsgesellschaft 44
— kraft Betätigung 43
— kraft Eintragung 43
— Personenhandelsgesellschaft 44
Kaufpreisraten 524, 526
Kennzahlen 42
Kfz-Überlassung an Arbeitnehmer 299
Klassisches Körperschaftsteuersystem 1192
Know-how 383
Kommanditgesellschaft auf Aktien 1190
— Gewinnanteil des Komplementärs 1191
— Kommanditaktionäre 1190
— Sonderbetriebsausgaben 1190
— Sondervergütung 1190
Kommissionär 325
Kommissionsgeschäfte 325
Kommissionsware 328
Kommittent 325
Kontenarten 134
Kontenplan 282
Kontenrahmen 282
— DATEV-Spezialkontenrahmen (SKR) 283
— Industriekontenrahmen (IKR) 283
Kontenruf 156
Konto 104
Kontokorrentschulden 420
Konzessionen 383
Körperschaftsteuerrückstellung 1206
Kosten 602
Kosten- und Leistungsrechnung 41
Kostenrechnung 609
Kreditgebühren 222
Kreditgewährung 332
Kreditoren 134
KSt-Anrechnungsanspruch 313
Kulanzleistungen 836
Kundendienstverpflichtungen 837
Kunstgegenstände 653
Künstlerhonorare 224, 846

L

Ladeneinbauten 378

Stichwortverzeichnis

Lagerbuch 265
Leasing 223, 406, 591
Leibrente 526
Leichtfertige Steuerverkürzung 60
Leistungen 1049
Leitungsnetz 378
Lifo-Methode 366, 487, 515, 783
Linienbuskonzession 655
Lizenzen 383
Lizenzgebühren 224, 846
Löhne und Gehälter 289
Lohnfortzahlung 840
Lohnnachzahlung 842
Lohnsteuer 289
Lohnvorschüsse 292

M

Maßgeblichkeit 342
Maßgeblichkeitsgrundsatz 448
— Absetzungsverfahren 451
— Durchbrechungen 448
— handelsrechtliche Bewertungswahlrechte 449
— handelsrechtliche Bilanzierungswahlrechte 449
— Inhalt 448
— steuerrechtliche Bewertungswahlrechte 449
— steuerrechtliche Bilanzierungswahlrechte 449
— umgekehrte Maßgeblichkeit 450–451
Markenrechte 383
Marktpreis 359
Maschinenwerkzeuge 378
Mehr-und-Weniger-Rechnung 978
Mehraufwendungen für Verpflegung 201
Mehrsteuern aufgrund von Außenprüfungen 830
Miet- oder Pachtanlagenbeseitigung 847
Mietereinbauten und Mieterumbauten, Begriff und Abgrenzung 717, 724
— besonderer betrieblicher Nutzungsvorteil 724
— Betriebsvorrichtung 722

— Erhaltungsaufwand 719
— Herstellungsaufwand 719
— immaterielles Wirtschaftsgut 725
— Scheinbestandteile 721
— selbstständiges Wirtschaftsgut 719
— sonstige Mietereinbauten oder Mieterumbauten 722
— Übersicht 718
— vorzeitige Beendigung 726
— Zurechnung 406, 721–722
Mieterzuschüsse 542
Mietkauf 587
Mietverhältnis 402
Mietwohngrundstück 415
Minderung der Anschaffungs- oder Herstellungskosten 678
Mindest-Istversteuerung 142
Miterben 417, 872
Mitunternehmer 998
— Mitunternehmerinitiative 999
— Abschlusspfleger 1000
— Geschäftsführung 999
— minderjährige Kinder 1000
— Unterrichtungs- und Kontrollrechte 1000
— vormundschaftsgerichtliche Genehmigung 1001
— Mitunternehmerrisiko 999
— Firmenwert 999
— stille Reserve 999
— Verlustbeteiligung 999
Mitunternehmergemeinschaften 992
Mitunternehmerschaft 873, 993
— doppelstöckige Mitunternehmerschaft 996
— faktische Mitunternehmerschaft 997
— Ehegattenverhältnisse 998
— Treuhandverhältnisse 998
— verdecktes Gesellschaftsverhältnis 997
— Gesellschaftsverhältnis 994
— atypisch stille Gesellschaft 995
— atypische Unterbeteiligung 995
— Außengesellschaften 994
— Bruchteilsgemeinschaften 996
— Erbengemeinschaft 996

Stichwortverzeichnis

— faktische oder fehlerhafte Gesellschaft 997
— Gesamthandsvermögen 994
— GmbH & Co. KG & Still 995
— GmbH & Still 995
— Gütergemeinschaft 996
— Innengesellschaften 994
— Partenreederei 996
— stille Gesellschaft 994
— typisch stille Gesellschaft 995
— typische Unterbeteiligung 995
— Unterbeteiligungen 995
— Unternehmensnießbrauch 996
— vergleichbare Gemeinschaftsverhältnisse 996

N

Nachbetreuungsleistungen 819
Nachträgliche Anschaffungs- oder Herstellungskosten 677
Nachträglicher Herstellungsaufwand 639
Naturalrabatte 176
Negatives Kapitalkonto 583
Nennkapital 318
Nettoabschluss 164
Nettolohn 291
Nettoverfahren 136, 138
Nicht abziehbare Betriebsausgaben 1232
— Aufsichtsratsvergütungen 1232
— Geldstrafen 1232
— Personensteuern 1232
— Teilwertabschreibung 1233
— Veräußerungsverluste 1233
Nicht abzugsfähige Betriebsausgaben 201
— Arbeitszimmer 201
— Bewirtungskosten 201
— Fahrten zwischen Wohnung und Betrieb 201
— Geldbußen 201
— Geschenke 201
— Mehraufwendungen für Verpflegung 201
— Ordnungsgelder 201
— Verwarnungsgelder 201
Nießbrauch 406, 574, 743, 877
— Rückvermietung 751
— Vermächtnisnießbrauch 744

— Vorbehaltsnießbrauch 748–751
— Ablösung 751
— Betriebsgrundstück 748, 750
— Veräußerung des Betriebs 749
— Zuwendungsnießbrauch 743–745, 751
— Ablösung 745
— entgeltlich 743
— unentgeltlich 744
— vorzeitiger Wegfall 751
Niederstwertprinzip 495
Niedrigerer beizulegender Wert 359
Noch nicht verrechenbare Vorsteuer 138
Notwendiges Betriebsvermögen 412
Notwendiges Privatvermögen 430
Null-Kupon-Anleihen 224
Nutzungsänderung 444, 890
Nutzungsdauer 662, 667
— mehrschichtige Nutzung 667
— technische 662
— wirtschaftliche 662
— wirtschaftlicher Verbrauch eines Gebäudes 664
Nutzungsrechte 383

O

Obergesellschaft 320
Objekt- und personenbezogene Steuervergünstigungen 1157
— objektbezogene Vergünstigungen 1157
— Gesellschaftswechsel 1157
— personenbezogene Vergünstigungen 1157
— AfA 1159
— Altgesellschafter 1158
— Ergänzungsbilanzen 1158
— Gesellschafterwechsel 1158
— Gewinnverteilung 1158
— Maßgeblichkeit 1160
— negative Ergänzungsbilanz 1159
— persönliche Eigenschaften 1157
— Rücklagen für Vertriebene 1158
— Verbleibensvoraussetzungen 1158
Objektivierung 1227
Offene Ausschüttungen 1229
Offene Einlagen 1231
— Ausgabeagio 1231

Stichwortverzeichnis

— Kapitalrücklage 1231
Offene Rücklagen 817
Offene-Posten-Buchhaltung 264
Optionsrechte 383
Ordnungsgelder 201
Organische Bilanzauffassung 340

P

Pachterneuerungsrückstellung 849
Pagatorische Bilanzauffassung 340
Passivierungsgebot 343
Passivierungsverbot 342–343
Passivierungswahlrecht 343
Patente 383
Patentverletzung 844
Pauschalbewertung 821
Pauschaler Vorsteuerabzug 295
Pauschalrückstellung 822
Pauschalwertverfahren 844
Pauschsätze 200
Pensionsrückstellungen 851
Pensionsverpflichtungen 845
Personengesellschaften 992
— duales System 993
— Einheitstheorie 993
— Gesellschafterwechsel 993
— Gewinnerzielungsabsicht 992
— partielles Steuerrechtssubjekt 992
— Steuerschuldner der Gewerbesteuer 993
— Steuersubjekt 992
— Transparenzprinzip 992
Personenkonto 110
Personensteuern 1212, 1235
— Körperschaftsteuer 1212
— Mindestbemessungsgrundlage 1212
— Personensteuer 1212
— Solidaritätszuschlag (SolZ) 1213
— Umsatzsteuer 1212
— Vermögensteuer 1212
Pflichtteilsansprüche 577
Pflichtteilsberechtigter 878
Pflichtteilsschulden 417
Phasengleiche Bilanzierung 312, 317
Planung 41

Praxiswert 654
Preisnachlässe 159, 163
Private Nutzung von Fahrzeugen 880
Private Pkw-Nutzung 190
— Beschaffung des Fahrzeugs nach dem 31. 3. 1999 193
— Beschaffung des Fahrzeugs vor dem 1. 4. 1999 190
Private PKW-Nutzung mit 1-%-Regelung 885
Privatkonten, Abschluss 233
Privatkonto 122
Privatvermögen 408
Prolongationswechsel 305
Provisionen 924
Prozesskosten 846

R

Rabatt 175
— Auswirkungen auf die Umsatzsteuer 179
Realisationsprinzip 220, 338, 399, 453, 641
Realteilung 575–576, 1175
— Betriebsaufgabe 1175
— Ergänzungsbilanzen 1176
— Spitzenausgleich 1177
— Wahlrecht 1175
Rechnungsabgrenzungsposten 208, 333, 339, 394, 540, 650
— antizipative Posten 225
— Aufgabe 208
— Auflösung 214
— Ausweispflicht 215
— bestimmte Zeit 217
— Buchung 212
— Einzelfragen zur Rechnungsabgrenzung 221
— geringfügige Beträge 215
— Übersicht 209
— Umsatzsteuer 216
— Voraussetzungen 209
Regelmäßig wiederkehrende Betriebseinnahmen und Betriebsausgaben 925
Reinvestition nach § 6 b EStG 554
Reinvestitionsrücklage 350, 862
Reklamefeldzug 221

Stichwortverzeichnis

Rekultivierungsrückstellung 823, 849
Rente 578
Restbuchwert 680
Restnutzungsdauer 680
— außergewöhnliche Absetzung 680
— nachträglicher Herstellungsaufwand 680
— Sonderabschreibungen 680
— Teilwertabschreibung 680
— unterbliebene AfA 680
— Wechsel der Absetzungsmethode 680
Retrograde Bewertung 67
Rettung einer Forderung 890
Richtsatzsammlung 167, 876
Risikolebensversicherung 433
Rohgewinn 158
Rohgewinnaufschlag 168, 362
Rohgewinnaufschlagsatz 167
— Umrechnung in Rohgewinnsatz 169
Rohgewinnsatz 167
— Umrechnung in Rohgewinnaufschlagsatz 169
Rolltreppen 378
Rückgriffsansprüche 822
Rücklage für Ersatzbeschaffung 350, 550
Rücklage für Reinvestition 562
Rücklage nach § 52 Abs. 16 EStG 350
Rücklagen 816, 857, 1213, 1216
— Abgrenzungen 857
— Ansparrücklage 858
— Auflösung 862
— Rücklage für Ersatzbeschaffung 861
— Rücklage gem. § 6 b Abs. 3 EStG 862
— Zuschüsse 860
Rücklagenbildung 1214
Rücknahmeverpflichtung 840
Rücksendungen 163
Rückstellung für latente Steuern 366
Rückstellungen 338–339, 816
— Abgrenzung von den Rücklagen 817
— Abzinsung 823
— Ansammlung 823
— Ärztemuster 856
— Ausgleichsanspruch des Handelsvertreters 846
— Begriff 816
— Bergschäden 837
— Berufsausbildungskosten 843

— Betriebssteuererklärungen 856
— Bewertung 822
— Bildung und Auflösung 228
— drohende Verluste 838
— Einzelfragen 826
— erwartete Steuernachzahlungen 830
— Fastagen 840
— Garantierückstellungen 832
— Gewerbesteuerrückstellungen 826
— Gratifikation 842
— Grundsätze 227
— Instandhaltungsaufwendungen 841
— Jahresabschlusskosten 856
— Jubiläumsrückstellung 843
— Kulanz 836
— Kundendienstleistungen 837
— Nachholung 825
— nicht abziehbare Betriebsausgaben 821
— Pauschal- oder Sammelrückstellungen 822
— Pensionsverpflichtungen 845
— Pensionszusagen 851
— Prozesskosten 846
— Rückstellungen in der Steuerbilanz 821
— Rückstellungen nach Handelsrecht 818
— Sachleistungsverpflichtungen 824
— Sozialplan 842
— Steuernachzahlungen nach einer Betriebsprüfung 830
— Steuernachzahlungen und Bilanzänderung 832
— Substanzerhaltungs- und Erneuerungsrückstellung 849
— Tantieme 842
— Ungewissheit 820
— Urlaubsverpflichtungen 854
— Verbindlichkeiten öffentlich-rechtlicher Art 820
— Verursachungsprinzip 819
— Vorruhestandsleistungen 853
— Wechselobligo 855
— Wegfall der Voraussetzungen 825
— Weihnachtsgeld 854
Rückstellungen aus Anlass eines Dienstjubiläums 821
Rückstellungen für latente Ertragsteuern 821
Rückstellungen in der Handelsbilanz 817

Rückstellungen in der Steuerbilanz 821
Rückstellungen wegen Verletzung von fremden Schutzrechten 821
Rückwärtsberichtigung 960
Rumpfwirtschaftsjahr 38

S

Sachbezüge 293
Sacheinlage 1262
— Einzelrechtsnachfolge 1263
— Gesamtrechtsnachfolge 1263
— Übertragungsstichtag 1263
— Zeitpunkt 1263
Sachgründung 1259
Sachgründungsbericht 1260
Sachkonto 63, 110–111
Sachwertverpflichtungen 822
Saldenbilanz 240
Saldieren 106
Saldierungsgebot 834
Saldierungsverbot 317
Saldo 106
Sammlungsstücke 653
Schadensersatz 401
Schätzung 942, 950
Scheinbestandteile 709, 720–721, 727
Schenkung 877
Schenkung unter Auflage 574
Schenkung, gemischte 520, 574
Schlussbilanzkonto 114, 157
Schulden 417
Schuldübernahme 579
Schuldzinsen 420
Schwesterpersonengesellschaften 1014
— Abfärbung 1017
   — Ausgliederungsmodell 1019
— Beteiligung an einer anderen Personengesellschaft 1017
— gewerblich tätige Mitunternehmerschaft 1015
— Gewinnermittlungssubjekt 1014
— mitunternehmerische Betriebsaufspaltung 1016
— Rechtsform 1014
   — atypisch stille Gesellschaften 1014

— Betriebsaufspaltung 1014
— Gesellschaften bürgerlichen Rechts 1014
— gewerblich geprägte PersG 1014
— KG 1014
— OHG 1014
— vermögensverwaltende GbR 1014
— vermögensverwaltend tätige GbR 1015
Schwund, Buchung 182
Selbstständige Gebäudeteile 437
Sicherungseigentum 404
Skonto 173, 177
— Auswirkungen auf die Umsatzsteuer 177
Solawechsel 300
Solidaritätszuschlag 313, 1208, 1237
Sollseite 104
Sonderabschreibungen 189
Sonderbetriebsausgaben 418
Sonderbetriebsvermögen 878, 1071
— Sonderbetriebsvermögen bei Einbringung 1075
   — Buchwertfortführung 1075
   — Gewährung von Gesellschaftsrechten 1075
   — laufender Gewinn 1076
   — Tauschvorgang 1075
   — Veräußerungsgewinn 1076
— Sonderbetriebsvermögen bei Veräußerung des Mitunternehmeranteils 1075
   — Aufgabe des Anteils 1075
   — unwesentliches Betriebsvermögen 1075
   — Veräußerungsgewinn 1075
   — wesentliches Betriebsvermögen 1075
— steuerrechtliche Sonderbilanzen 1071
   — bewegliche Sachen 1074
   — Buchführungspflicht 1072
   — Ehegatten 1072
   — Gesamthandsvermögen 1071
   — gesonderte und einheitliche Gewinnfeststellung 1071
   — Grundstück 1072
   — Miet- oder Pachtvertrag 1072
   — Sonderbetriebseinnahmen 1074
   — Sonderbetriebsvermögen der Gesellschafter 1071

Stichwortverzeichnis

— Überlassung der Nutzung eines Grundstücks 1072
— Veräußerung von Sonderbetriebsvermögen 1074
— Veräußerungsgewinn 1074
— Vorsteuer 1074
Sonderbetriebsvermögen der Gesellschafter 1061
— Sonderbetriebsvermögen I 418, 1061–1062
— Beitragspflicht 1062
— Bruchteilsgemeinschaft 1061
— Bürgschaften 1064
— Bürgschaftsverpflichtung 1064
— Forderungen 1061
— Forderungen aus Warenlieferungen 1065
— Gesamthandsgemeinschaft 1061
— Geschäftsanteil 1065
— gewillkürtes Betriebsvermögen 1065
— GmbH & Co. KG 1065
— Grundstück 1063
— Komplementär-GmbH 1065
— Konkurrenz 1065
— Leihvertrag 1062
— Mietvertrag 1062
— Pachtvertrag 1062
— persönliche Verbindlichkeiten 1063
— Subsidiaritätstheorie 1064
— Vorrang 1064
— Zuordnungsvorrang 1064
— Sonderbetriebsvermögen II 418, 1061, 1065
— Aktien im Privatvermögen 1067
— Besitzgesellschaft (GbR) 1067
— Betriebsaufspaltung 1066
— Darlehen 1067
— doppelstöckige GmbH & Co. KG 1066
— eigener Betrieb 1067
— Entnahme 1069
— Erbbaurecht 1068
— Erbbauzinsen 1068
— Erzielung seines Gewinnanteils 1061
— fremdvermietete Grundstücke 1070
— Gebäude 1069
— Geschäftsbetrieb der Komplementär-GmbH 1066
— gewillkürtes Betriebsvermögen 1070
— gewillkürtes Sonderbetriebsvermögen 1068
— Gewinnausschüttungen 1066
— GmbH & atypisch Still 1067
— GmbH-Anteile im Sonderbetriebsvermögen 1066
— Grundpfandrechte 1070
— Grundstücke 1067, 1068
— Mietwohngrundstück 1069
— Miteigentumsanteil 1070
— Nießbrauch 1070
— Sondervergütungen 1061
— Stärkung der Beteiligung 1065
— Verbindlichkeiten 1061
— Verpfändung von Wertpapieren 1069
— Wertpapiere 1069–1070
Sonderbetriebsvermögen I 418
Sonderbetriebsvermögen II 418
Sonderbilanz 314, 418, 1033
— Sonderbetriebsausgaben 1038
— einheitliche Feststellung des Gewinns 1039
— Kreditzinsen 1038
— Steuergeheimnis 1039
— Vorsteuer 1039
— Sonderbetriebseinnahmen 1038
— anrechenbare Körperschaftsteuer 1040
— Beteiligungen an KapG 1040
— Gewinnausschüttung 1039
— Honorar 1038
— Kapitalertragsteuer 1040
— Sonderbetriebsvermögen 1037
— Sondervergütungen der Mitunternehmer 1036
— Beiträge zur Förderung des Gesellschaftszwecks 1037
— Hingabe von Darlehen 1036
— mittelbare Leistung 1037
— nachträgliche Einkünfte 1038
— Pensionszahlungen 1038
— Schwesterpersonengesellschaft 1036
— Subsidiarität 1037
— Tätigkeit im Dienst der Gesellschaft 1036

1340

Stichwortverzeichnis

— Überlassung von Wirtschaftsgütern 1036
— Witwenpensionen 1038
— Zurechnungsnorm 1037
Sonderposten mit Rücklageanteil 351, 364
— Rücklagen 364
— steuerrechtliche Abschreibungen 365
Sonderrechtsnachfolge 444
Sonstige Forderungen 225
— Aktivierung 225
— Behandlung der Umsatzsteuer 227
Sonstige selbstständige Gebäudeteile 395, 710
Sonstige Verbindlichkeiten 225
— noch nicht verrechenbare Vorsteuer 227
— Passivierung 225
Sonstige Wirtschaftsgüter 732
Soziale Abgaben 291
Sozialpläne 842
Sozialversicherungs-Rechnungsgrößen 289
Sozialversicherungsbeiträge 289
Spenden 893
Spezialprogramme 384
Spiegelbildtheorie 321
Stammkapital 1202
Standardprogramme 383
Statische Bilanzauffassung 338
Statistik 41
Steuerabgrenzung 366
— Bilanzierungshilfe für latente Steuern 367
— Rückstellung für latente Steuern 366
Steuerbilanz 337, 373, 1238
Steuererstattung 398
Steuerfreie Betriebseinnahmen 1232–1233
— Abschlusszahlung 1236
— Beteiligungserträge 1233
— Doppelbesteuerungsabkommen 1233
— internationales Schachtelprinzip 1233
— Kapitalertragsteuer 1237
— Nachzahlung 1236
— Vorauszahlung 1236
Steuergefährdung 60
Steuerhinterziehung 60
Steuerlicher Gewinn 1226
Steuerlicher Gewinnbegriff 1227

Steuernachzahlungen 830
Steuerrechtliche Abschreibungen 349
Steuerrechtliche Ausgleichsposten 1243
Steuerrechtliche Gewinnermittlung 1226
Stichtagsprinzip 452
— bessere Erkenntnis 454, 458
— Bewertung 452
— Bilanzierung 452
— maßgebende Zeitpunkte 452
— Realisationsprinzip 453
— Vorgänge nach dem Bilanzstichtag 453
— Wertaufhellungstheorie 454, 457
— wertbeeinflussende Tatsachen 455
Stille Reserven 817
Stille Rücklagen 817
Stornobuchung 107
Stornoreservekonto 924
Streckengeschäft 326
Strukturwandel 870
Stückzinsen 315
Substanzerhaltungsanspruch 851
Substanzerneuerungsrückstellung 849
Summenbilanz 239
Systemprogramme 384

T

Tantieme 842
Tausch 399, 535, 555, 564
Tauschähnlicher Vorgang 889
Teilabrechnungen 400
Teileigentum 688
Teilhaberversicherung 433
Teilweise betriebliche Nutzung 435
Teilweise Ergebnisverwendung 1215
Teilwert 640, 681, 903
— ältere Wirtschaftsgüter 645
— Begriff und Bedeutung 640
— Beteiligung 649
— Betriebsfortführung 642
— Bewertungsmaßstab 640
— bezuschusste Wirtschaftsgüter 644
— Bodenschatz 648
— Einlagen 641
— Einzelfragen 648

Stichwortverzeichnis

— Einzelveräußerungspreis 643
— Entnahmen 641
— Ertragslage 647
— Erwerbsnebenkosten 641, 643
— Fehlmaßnahme 645–646, 648
— Finanzierungskosten 643
— gedachter Erwerber 642
— gemeiner Wert 641
— Gesamtkaufpreis des Unternehmens 642
— Grenzwerte 642
— Grundbesitz 648–649
— Investmentanteile 648
— Neugründung eines Betriebes 641
— nicht abnutzbare Anlagegüter 644
— obere Grenze 642
— Rentabilität 647
— Schätzung 642
— Schnellbaukosten 644
— Schrottwert 643
— Teilwertabschreibung 641
— Überpreis 646
— Übertragung von Wirtschaftsgütern 641
— Umsatzsteuer 641, 643
— untere Grenze 643
— Verlustprodukt 649
— Vermutungen 642–643, 645
— Vorratsvermögen 645
— Wiederbeschaffungskosten 642
— Zinsen 643
Teilwertabschreibung 315, 351, 362, 456, 550, 554, 641, 658–659, 665, 680
— AfA nach Teilwertabschreibung 659
— buchmäßige Durchführung 659
— Verhältnis zur AfaA 665
Teilwertsteigerung 659
— AfA nach Wertaufholung 660
Teilwertverfahren 844
Tiere 793
Tilgungsdarlehen 333
Tod eines Mitunternehmers 1005
— Abwicklungsgesellschaft 1005
— einfache Nachfolgeklausel 1006
— Eintrittsklausel 1008
— Pflichtteils-, Ersatz- oder Vermächtnisverbindlichkeiten 1006
— Realteilung 1007
— Sonderrechtsnachfolge 1006
— Fortsetzungsklausel 1005
— Liquidationsgesellschaft 1005
— qualifizierte Nachfolgeklausel 1007
— Eintrittsklausel 1008
— Erbfallschulden 1007
— Höfeordnung 1007
— Pflichtteilsanspruch 1007
— qualifizierte Eintrittsklausel 1008
— Sonderrechtsnachfolge 1007
— Vermächtnis 1007
— Wertausgleichsanspruch 1007
— Teilnachfolgeklausel 1008
Totalgewinn 41, 89, 937
Totalschaden 881
Transparenzprinzip 1199
Tratte 300
Trennungsprinzip 1199
Trennungstheorie 575
Treuhandverhältnisse 404
Trivialprogramme 383
true and fair view 458

U

Überentnahmen 426
Überführung in anderen Betrieb 866
Überführung in eine ausländische Betriebsstätte 867
Übergang vom Betriebsvermögensvergleich zur Überschussrechnung 946
Übergang von der Überschussrechnung zum Betriebsvermögensvergleich 937
Überschusseinkünfte 37
Übertragung von Wirtschaftsgütern 586, 1076
— Bilanzbündeltheorie 1076
— entgeltliche Veräußerungen 1080
— gewinnrealisierende Veräußerungsgeschäfte 1080
— Sonderbetriebsvermögen 1080
— sog. Mitunternehmererlass 1077
— „gesamthänderische Rücklagen" 1078
— aus Privatvermögen in Gesellschaftsvermögen 1078
— Buchwertfortführung 1079
— Gewährung von Gesellschaftsrechten 1078

1342

Stichwortverzeichnis

— Minderung von Gesellschaftsrechten 1078
— tauschähnliche Veräußerungsvorgänge 1078
— Übertragung von Gesellschaftsvermögen 1078
— Wahlrecht 1077
— Überführung in und aus eigenem Betriebsvermögen 1081
— Erfassung der stillen Reserven 1081
— Gewinneinkunftsart 1081
— in freiberuflichen Betrieb 1081
— in Luf-Betrieb 1081
— Übertragung aus Gesellschaftsvermögen 1084
— anteilige stille Reserven 1084
— Buchwertfortführung 1084
— eigenes Betriebsvermögen 1084
— Entnahme 1084
— Ergänzungsbilanzen 1084
— Gewinnverteilungsschlüssel 1084
— Minderung von Gesellschaftsrechten 1084
— Sonderbetriebsvermögen 1084
— stille Reserven 1084
— verdeckte Entnahme 1084
— Übertragung bei Beteiligung von Kapitalgesellschaften 1088
— Anteile an Kapitalgesellschaften 1089
— bestandskräftige Veranlagungen 1088
— Formwechsel 1088
— Halbeinkünfteverfahren 1089
— Teilwertansatz 1088
— Übertragung in das Gesellschaftsvermögen 1082
— Entnahme zu betriebsfremden Zwecken 1082
— Gesamthandsvermögen 1083
— gesellschaftsrechtliche Beiträge/offene Einlagen
— negative Ergänzungsbilanz 1082
— stille Gesellschaften/Innengesellschaften 1083
— verdeckte Einlage 1082
— Übertragungen zwischen Betriebs- und Privatvermögen 1090
— Anschaffungsgeschäfte 1092
— Entnahmen 1091
— fremdübliches Entgelt 1090
— Gewährung/Minderung von Gesellschaftsrechten 1090
— Gutschrift auf dem Kapitalkonto 1092
— Überführungen zwischen Privatvermögen und Sonderbetriebsvermögen 1091
— Übertragungen gegen fremdübliches Entgelt 1091
— Übertragungen gegen Gewährung/Minderung von Gesellschaftsrechten 1092
— verdeckte Einlagen bzw. Entnahmen 1087, 1090, 1092
— Übertragungen zwischen verschiedenen Mitunternehmerschaften 1086
— gewinnrealisierender Tauschvorgang 1087
— Schwesterpersonengesellschaften 1087
— verdeckte Einlagen und Entnahmen 1087, 1090, 1092
— Verlagerung der stillen Reserven 1087
— unentgeltliche Übertragung aus Sonderbetriebsvermögen 1085
— Entnahme 1086
— teilentgeltliche Veräußerungen 1086
Übertragung von Wirtschaftsgütern an Kommanditisten 1291
— Anschaffungskosten 1293
— Anschaffungskosten der GmbH 1295
— Ergänzungsbilanzen 1294
— nachträgliche Anschaffungskosten 1295
— stille Reserven 1295
— teilentgeltliche Übertragung 1291
— Teilwert 1293
— Veräußerungsgeschäfte 1291
— verdeckte Einlagen 1293
— verdeckte Entnahmen 1291
— verdeckte Gewinnausschüttung 1291
Umbuchungen 243
— Umbuchungsliste 245
Umbuchungsliste 245

1343

Stichwortverzeichnis

Umgekehrte Maßgeblichkeit 349, 452
Umlaufvermögen 650, 775
— aktivierungspflichtige Aufwendungen für Leistungen freier Berufsangehöriger 792
— Begriff 775, 793
— Bewertungsgrundsätze 776
　— Ansatz des niedrigeren Teilwerts 778
　— mögliche Wertansätze 776
　— Regeln zum Ansatz des Teilwerts 782
　— wieder gestiegener Teilwert 781
— Ermittlung der Anschaffungs- oder Herstellungskosten 782
— fertige und unfertige Erzeugnisse 791
— Forderungen aus Lieferungen und Leistungen 793
— Importwaren 791
— Tiere 793
— unfertige Bauten 792
Umsatzkostenverfahren 255, 621
Umsatzprämien 401
Umsatzsteuer-Konten 136
Umsatzvergütung 176
Umweltschäden 820
Unangemessene Aufwendungen 201
Unbewegliche Wirtschaftsgüter 751
Unentgeltlich erlangte Nutzungsrechte 732
Unentgeltliche Übertragung 915
Unentgeltliche Übertragung des Kommanditanteils 1297
Unentgeltliche Wertabgabe 203
Unfallkosten 880
Unfallversicherung 432
Unterbeteiligung 1040
— atypisch Unterbeteiligte 1040
　— an einer Kapitalgesellschaft 1040
　— einheitliche und gesonderte Feststellungen 1040
　— schenkweise Unterbeteiligung von Kindern 1040
— typisch stille Unterbeteiligung 1041
Unterentnahmen 426
Untergesellschaft 320
Unterhaltsbezüge 526
Unterhaltsleistungen 521
Unterlassene AfA 657

Unterlassene Instandhaltung 841
Urheberrechte 383
Urlaubsansprüche 854
Urlaubsgeld 224
USt-Schuldkonto 136
USt-Zahllast 136

V

Valutaverbindlichkeiten 813
Veräußerung 322, 555
Veräußerung der Beteiligung 315
Veräußerung des GmbH-Anteils 1297
— laufender Gewinn 1297
Veräußerung des Kommandit- und GmbH-Anteils 1296
— Bruchteil eines Mitunternehmeranteils 1296
— eines Mitunternehmeranteils 1296
Veräußerung des Kommanditanteils 1297
— Aufgabe des Mitunternehmeranteils 1297
— GmbH-Anteil 1297
— Sonderbetriebsvermögen 1297
Veräußerung eines Mitunternehmeranteils 1123
— Ausscheiden eines Gesellschafters 1137–1138
— Abfindung in Sachwerten 1145
— Abfindungsverbindichkeit 1141
— abzugsfähige Betriebsausgabe 1144
— Anschaffungskosten 1139–1140, 1143
— Anwachsung des Anteils 1138
— Auseinandersetzung 1139
— Bürgschaft 1143
— Erbengemeinschaft 1148
— Firmenwert 1140, 1145
— formwechselnde Umwandlung 1139
— Geschäftswert 1139–1140
— Gewinnchancen aus schwebenden Geschäften 1140
— Kapitalkontenanpassung 1147
— lästige Gesellschafter 1138, 1144

Stichwortverzeichnis

- negatives Kapitalkonto 1142–1143
- Rumpfwirtschaftsjahr 1138
- Sachwertabfindung 1145, 1147
- Sonderbetriebsvermögen II 1138
- stille Reserven 1139
- Veräußerung 1138
- Veräußerungsgewinn 1142–1143
- Veräußerungsverlust 1143, 1148
- Verlustzurechnung bei den Altgesellschaftern 1143
- Wechsel der Rechtsform 1139
- zweigliedrige OHG 1138
- Zwischenabschluss 1139
- Gesellschafterwechsel 1123
  - „negativer Geschäftswert" 1134
  - Abfindung 1137
  - abnutzbare Anlagegüter 1126
  - Abstockungsbeträge 1135
  - Abtretung des Gesellschaftsanteils 1123
  - AfA 1126
  - aktive Ausgleichsposten 1128
  - aktive Korrekturposten 1130
  - Aufgabe eines Mitunternehmeranteils 1131
  - Aufwendungen des Erwerbers 1124
  - einheitliche Feststellung der Einkünfte 1131
  - Entnahmegewinn 1132
  - Erbauseinandersetzung mit Abfindungszahlung 1137
  - Ergänzungsbilanz 1124, 1134
  - Eröffnungsbilanz 1123
  - Erwerbsverlust 1130
  - Fehlmaßnahme 1128
  - Feststellungsbescheid 1123
  - Gegenstand der Anschaffung 1124
  - geringwertige Wirtschaftsgüter 1127
  - gesonderte Feststellung der Einkünfte 1131
  - gesonderte und einheitliche Feststellung der Einkünfte 1131
  - Jahreswechsel 1132
  - negatives Kapitalkonto 1124, 1128, 1130
  - passive Ausgleichsposten 1135
  - Realteilung 1137
- Sonderbetriebsausgaben 1128
- Sonderbetriebsvermögen 1131
- tatsächliche Restnutzungsdauer 1127
- Tausch von Mitunternehmeranteilen 1131
- teilentgeltliche Veräußerung 1137
- Teilwert 1127
- Teilwertabschreibung 1127
- Veräußerer 1131
- Veräußerung eines Bruchteils 1132
- Veräußerungsgewinn 1130–1131, 1137
- Waren 1126
- wesentliche Betriebsgrundlagen 1131

Veräußerungsgewinn 309, 402
Veräußerungsrente, betriebliche 525, 578
Verbindlichkeiten 805
- Ansatz des niedrigeren oder höheren Teilwerts 808
- Ausweis als Betriebsschuld 805
- mögliche Wertansätze 807
- Regeln zum Ansatz des Teilwerts 809
- unverzinsliche oder niedrigverzinsliche Verbindlichkeiten 810
- wieder geminderter Teilwert 809

Verdeckte Ausschüttungen 1229–1230
Verdeckte Einlagen 897, 1231
Verdeckte Entnahmen 888
Verdeckte Gewinnausschüttungen 889
Verdienstsicherung 840
Vereinnahmung und Verausgabung 923
Vergütungsanspruch 141
Verkaufskommission 325
Verkehrsauffassung 379
Verlagsrechte 383
Verlorene Zuschüsse 222
Verlustdeckung 1225
Verluste 428
Verluste bei beschränkter Haftung 1023
- Anwendungszeitraum des § 15 a 1024
- Ausscheiden 1024
- Betriebsaufgabe 1024
- Betriebsveräußerung 1024
- negatives Kapitalkonto 1024
- Veräußerungs- oder Aufgabegewinn 1024
- Verlustanteil 1024

1345

Stichwortverzeichnis

- ausgleichs- und abzugsfähiger Verlust 1026
- Einlageminderung 1029
- Haftung des Kommanditisten 1028
  - Eintragung ins Handelsregister 1028
  - Kommandithaftung 1028
  - Risiko 1028
- Kapitalkonto i. S. des § 15 a EStG 1026
  - Einlagen 1026
  - erbrachte Haft- und Pflichteinlagen 1026
  - Gewinnrücklagen 1026
  - Kapitalrücklagen 1026
- Veräußerungsgewinn 1031
  - verrechenbare Verluste 1032
- verrechenbare Verluste 1025, 1032
  - Ergänzungskapital 1025
  - Gesellschaftsbilanz 1025
  - Sonderbetriebsvermögen 1025
Verlustfreie Bewertung 361
Vermächtnis 574
Vermächtnisansprüche 577
Vermächtnisnehmer 878
Verpfändung einer Forderung 432
Verprobung 167
Versorgungsleistungen 577
Versorgungsrente 525–526, 529, 578
Versteuerung nach vereinnahmten Entgelten 142
Verträge zwischen Gesellschaft und Gesellschaftern 1041
- Dienst-, Darlehens- und Überlassungsverträge 1041
  - additive Gewinnermittlung 1041
  - Gehälter 1041
  - Gratifikationen 1041
  - Kapitalzinsen 1041
  - Mieten 1041
  - Pachten 1041
  - Provisionen 1041
  - Tantiemen 1041
  - Zinsen 1041
- Kaufverträge, Werklieferungsverträge 1047
  - Bauarbeiten 1048
  - fortgesetzte Kreditierung 1048
  - Lieferantenkredit 1048
  - Lieferung von Waren 1047
  - Teilwertabschreibung 1048
  - korrespondierende Bilanzierung 1044, 1049
  - Abfindungen 1050
  - additive Gewinnermittlung 1049
  - Entnahme im Sonderbereich 1051
  - Ergänzungsbilanz 1049
  - Gesamthandsbilanz 1049
  - Pensionsverpflichtungen 1051
  - Pensionszusagen 1051
  - Rückstellungen 1051
  - Tantiemeverpflichtungen 1050
- Schwesterpersonengesellschaften 1049
  - geprägt 1049
  - gewerblich tätig 1049
  - gewerblich geprägt 1049
  - keine gewerbliche Mitunternehmerschaft 1049
  - Verlustübernahme 1049
- Vergütungen 1043
  - Abfindungen 1043
  - aktivierungspflichtige Herstellungskosten 1046
  - Arbeitgeberanteile 1043
  - Arbeitsleistung 1042
  - Beitragspflicht 1042
  - Darlehensschulden 1043
  - Entnahme der Darlehensvaluta 1044
  - Fremdvergleich 1044
  - Geschäftsvergütung 1042
  - grenzüberschreitende Beteiligungen 1043
  - Insassenunfallversicherung 1043
  - mittelbare Leistung 1042
  - nachträgliche Einkünfte 1045
  - Pensionsrückstellung 1045
  - Pensionszusagen 1044
  - Provisionen für Vermittlungsgeschäfte 1042
  - Refinanzierungskosten 1044
  - Teilwertabschreibungen 1043
  - Vermittlungsprovision 1046
  - Versorgungszusage 1045
  - wechselkursbedingte Wertminderungen 1043
Verursachungsprinzip 339, 641

Verwarnungsgelder 201
verwendbares Eigenkapital 1210
Verzehr an Ort und Stelle 200
Vollkosten 822, 834
Vollständigkeitsprinzip 459
Voraussichtlich dauernde Wertminderung 348
Vorbehaltsnießbrauch 578
Vorbereitende Abschlussbuchungen 188, 243
— Grundstücksaufwendungen bei Grundstücksteilen von untergeordneter betrieblicher Bedeutung 199
— Kraftfahrzeugkosten 189
— Nutzungswert der Wohnung im eigenen Haus 197
— privatanteilige Haus- und Grundstücksaufwendungen 198
— Telefonkosten 195
— Warenentnahme für private Zwecke 200
Vorgesellschaft 1260
Vorgründungsgesellschaft 1260
Vorratsvermögen 782–783
Vorruhestand 853
Vorschüsse 924
Vorstandstantieme 1210
Vorsteuerkonto 137
Vorübergehende Wertminderung 348
Vorweggenommene Betriebsausgaben 221
Vorweggenommene Erbfolge 406, 877

W

Warenausgang 55
— Aufzeichnungspflichten 54
Warenbestandskonto 160, 166
Warendiebstahl, Buchung 182
Wareneingang 54
— Aufzeichnungspflichten 54
Wareneinkaufskonto 161
Wareneinsatz 158
Warenentnahmen 182
— Buchung 182
Warenerfolgskonto 160
Warenkonto 127, 158
— Abschluss der Warenkonten 164
— Bestandsveränderungen 166
— Bezugskosten 172
— Bruttoabschluss 164
— einheitliches Warenkonto 158
— Frachtkosten 172
— getrennte Warenkonten 162
— Nettoabschluss 164
— Wareneinkaufskonto 162
— Warenverkaufskonto 163
Warenrücksendungen 159
Warenrückvergütung 402
Warenumsatz 158
Warenverkaufskonto 161
Warenwechsel 301
Warenzeichenrecht 379
Wartungsvertrag 403
Wechsel 924
Wechsel der Gewinnermittlungsart 570, 935
— Anlagevermögen 940
— Behandlung der Umsatzsteuer 939
— Besonderheiten bei Land- und Forstwirten 936
— Grundsätze 935
— Vorratsvermögen und Forderungen 941
Wechsel der Gewinnermittlungsarten
— Übergang vom Betriebsvermögensvergleich zur Überschussrechnung 946
— Übergang von der Überschussrechnung zum Betriebsvermögensvergleich 937
Wechsel in der AfA-Methode 675
Wechselbuch 265
Wechselforderung 301
Wechselgeschäfte 300
Wechselkosten 302
Wechselnehmer 300
Wechselobligo 309, 855
Wechselprotest 307
Wechselschulden 304
Weihnachtsgratifikationen 854
Werbekosten 221
Wertabgabe 868

Stichwortverzeichnis

Wertaufholung 315, 358, 360
Wertaufholungsgebot 350, 358
Wertaufholungsgebot für Kapitalgesellschaften 360
Wertausgleichsforderung 850
Wertminderung 357
Wertpapieraufwand 131
Wertpapiere 311, 410, 435, 442
Wertpapiererträge 131
Wertpapierfonds 402
Wertpapierkonto 129
Wertsicherungsklausel 922
Wertstetigkeit 463
Wettbewerb 221
Wiederaufnahmeverpflichtung 837
Wirtschaftliche Betrachtungsweise 375
Wirtschaftlicher Umsatz 169
Wirtschaftlicher Wareneinsatz 168
Wirtschaftliches Eigentum 403
Wirtschaftsgebäude 689
Wirtschaftsgut 374
Wirtschaftsgüter des Anlagevermögens 414
Wirtschaftsjahr 38
Wirtschaftswert 46

Z

Zeitchartervertrag 839
Zeitpunkt der Bilanzierung 398
Zeitrente 526
Zeitwert 359
Zerobonds (Null-Kupon-Anleihen) 224, 774
Zins- und Gebührenforderungen 221
Zinsen aus festverzinslichen Wertpapieren 311
Zinsfestschreibung 334
Zinszahlenstaffelmethode 421
Zölle und Verbrauchsteuern 225
Zugaben 202
Zukunftswert 360
Zusätzlicher steuerrechtlicher Aufwand 1222
Zuschlagsverfahren 615, 617
Zuschüsse 225, 392, 539, 678
Zuschussrücklage 350, 860
Zwangsgeld 60
Zwangsvergleich 400
Zwangsversteigerung 414
Zwangsversteigerungsverfahren 523
Zweischneidigkeit der Bilanz 460, 465
Zweitkontenmodell 422

Lösungen

Lösungsheft zu den Übungsaufgaben aus diesem Band

92 Seiten, geheftet, 16,– DM (8,18 €)
zuzüglich Versandkostenanteil

ISBN 3-8168-1008-X **(Bestell-Nr. 100)**

Die Lösungen zu dieser
18. Auflage finden Sie
(aus pädagogischen Gründen)
nicht im vorliegenden Hauptband,
sondern in dem o. a. besonderen
Lösungsheft.

efv   **ERICH FLEISCHER VERLAG, 28818 Achim**
Postfach 12 64 · ☎ 04202/517-0 · Fax 04202/51741
Internet: www.efv-online.de · E-Mail: info@efv-online.de

GRÜNE REIHE

Das gesamte Steuerrecht in 16 Bänden auf über 10.000 Seiten.

Staats- und Verfassungsrecht
Maier, Band 1

Abgabenordnung/FGO
Lammerding, Band 2

Einkommensteuer
Plückebaum, Wendt, Niemeier, Schlierenkämper, Band 3

Lohnsteuer
Kirschbaum, Volk, Band 4

Gewerbesteuer
Spangemacher, Band 5

Körperschaftsteuer
Kießling, Pelikan, Jäger, Band 6

Besteuerung von Körperschaften und ihren Anteilseignern
Änderungen nach der Unternehmenssteuerreform 2001
Lang, Sonderband

Volkswirtschaft
Sander, Band 7

Handels- und Gesellschaftsrecht
Spangemacher, Band 8

Buchführung und Bilanz
Falterbaum, Bolk, Reiß, Band 10
Lösungsheft zu Band 10

Umsatzsteuer
Lippross, Band 11

Steuerliche Betriebsprüfung
Wenzig, Band 12
Aufgaben und Lösungen zu Band 12

Verkehrsteuern
Heinz, Kopp, Mayer, Band 13

Vollstreckung
Kussmann, Band 14

Steuerstrafrecht
Lammerding, Hackenbroch, Band 15

Erbschaftsteuer/ Schenkungsteuer
Schulz, Band 16

Internationales Steuerrecht
Grotherr, Herfort, Strunk, Band 17

Zu beziehen über Ihre Buchhandlung oder direkt vom

efv
Erich Fleischer Verlag
Fachverlag für Steuerrecht
Ihr Partner im Steuerrecht

Postfach 12 64 · 28818 Achim
Telefon (0 42 02) 517-0
Fax (0 42 02) 5 17 41
Internet: www.efv-online.de
E-Mail: info@efv-online.de

Bitte fordern Sie unser Verlagsverzeichnis an!